国家出版基金项目
NATIONAL PUBLICATION FOUNDATION

南炳文 主编

明清文化通史

明代卷·

南炳文 何孝荣 著

Cultural History of
the Ming and Qing Dynasties

Vol.1 Ming Period

江苏人民出版社

图书在版编目（CIP）数据

明清文化通史. 明代卷 / 南炳文，何孝荣著. -- 南
京：江苏人民出版社，2023.4
ISBN 978 - 7 - 214 - 27196 - 9

Ⅰ. ①明… Ⅱ. ①南… ②何… Ⅲ. ①文化史-中国
-明代 Ⅳ. ①K248.03

中国版本图书馆 CIP 数据核字（2022）第 083071 号

书　　　　名　明清文化通史·明代卷
主　　　　编　南炳文
著　　　者　南炳文　何孝荣
责 任 编 辑　洪　扬
特 约 编 辑　胡宝亮
装 帧 设 计　周伟伟
责 任 监 制　王　娟
出 版 发 行　江苏人民出版社
地　　　　址　南京市湖南路 1 号 A 楼，邮编：210009
照　　　排　江苏凤凰制版有限公司
印　　　刷　江苏凤凰盐城印刷有限公司
开　　　本　652 毫米×960 毫米　1/16
印　　　张　96.5　插页 12
字　　　数　1293 千字
版　　　次　2023 年 4 月第 1 版
印　　　次　2023 年 4 月第 1 次印刷
标 准 书 号　ISBN 978 - 7 - 214 - 27196 - 9
定　　　价　398.00 元（全三册）

（江苏人民出版社图书凡印装错误可向承印厂调换）

目　录

绪　论

　　1368 年朱元璋建立明朝，至 1644 年春由于李自成领导的农民起义军攻入京城北京，其统治全国的政权宣告灭亡，而后福王在南京即位，建立起控制南部中国的第一个南明政权。1645 年福王政权被清朝消灭，福王做了清朝的俘虏。后来又有鲁监国、唐王、桂王等南明政权的存在，直到 1662 年桂王做了清朝的俘虏，以朱氏子孙为首的控制中国南方部分地区的南明政权才最后结束。但是，此后尚有郑氏政权，沿用桂王的年号永历，作为南明政权的最后一支势力存在于台湾。1683 年，郑氏政权降清，朱元璋建立的明朝至此才算最后终结。上述复杂的历史状况，使得明朝存在的时间下限存在多种不同的说法，或取 1644 年之说，或取 1645 年之说，或取 1662 年之说，或取 1683 年之说，各说皆有一定道理。而统观其时中国大势，在 1644 年以前控制中国大部分地区，作为中国政治生活中最有力量的势力为明朝，而至 1644 年春天之后，这一角色则被清朝代替。因此从宏观的角度讲，1644 年春应视为中国明朝时期与清朝时期的分界线，在此之前应称为明朝时期，在此之后应称为清朝时期。有鉴于此，本卷在写作过程中，遵循着以 1644 年为明朝存在的时间下限的分期主张，基本上将所论述的内容限制在 1368—1644 年的范围之内，只有个别情况，稍有突破。

纵观 1368—1644 年长达 277 年的明代文化,感受最强烈的是其成就相当辉煌,并且特色鲜明,这些概括起来主要表现在以下七个方面。

第一,富于总结性。明代文化在许多领域,将中国人民在以前几千年中创造的成果,作了详细的回顾和整理,写出了许多大部头的总结性著作。如迄今部头之大仍居类书首位的《永乐大典》,采用唐宋以来形成的按韵收字、以字系事的体例,以 37000 万字的浩繁篇幅,对历代文献进行了分类大汇编,"凡书契以来,经、史、子、集百家之书,至于天文、地志、阴阳、医卜、僧道、技艺之言,备辑为一书"①。著名的农学巨著《农政全书》,引用文献 225 种,除历代重要农书外,尤其大量引用明代农书,全书 90% 的篇幅为对前人成果的引用、整理。著名的药物学巨著《本草纲目》,对作者在世时能看到的有关中文药物学资料,作了相当完备的总结,书中所收 1892 种药物中,总结旧有本草著作而来者达 1518 种。这些著作的出现,不仅能够防止已有成就的失传、散失,便于后人学习和继承,而且温故可以知新,有利于新知识的进一步创造和获得。

第二,多有新进展。在继承、总结前人成就的同时,明代文化的各个领域,也取得了不少新成绩、新进展。如《本草纲目》中,所收药物有 374 种是前人未尝记述过的新品种,对于前人记载过的,也多有纠谬补遗之处。著名的科学技术百科全书《天工开物》中,所记内容多是通过作者调查研究而获得的新知识。在文学艺术方面,篇幅空前的《三国演义》《水浒传》《西游记》《金瓶梅》等优秀的古典长篇小说出现,清新真挚的民间小曲空前繁荣,十二平均律的创建使音律学上的旋宫难题得以解决。

第三,反映和适应商品经济的发展及其需要。明代文化的许多领域中,受到商品经济发展繁荣的影响极为明显。如明代数学书中收集的应用问题,与商品经济有关者甚多,或涉及利息计算,或涉及合伙经营,显示出商业数学的兴盛。适应商品经济发达、数学计算日益增多、对计算

①《明太宗实录》卷 20。

工具之快捷方便提出了迫切要求的客观情势,明代的计算工具最终由珠算盘代替了古老的算筹。在"三言""二拍"以及其他文艺作品中,商贾和手工业者成了重要的角色,或描述其生活,或赞扬其相互间的友谊,或肯定其发财致富的事迹,这无疑是现实生活中商品生产和交换广泛存在的写照。在明代的出版物中,出现了许多商人编撰的士商用书:晋商李晋德编撰的《商客一览醒迷》,记述了从商的经验以及商人的训诫,徽商黄汴编撰的《天下水陆路程》,是根据各种程图和路引汇编而成的明代国内交通指南,徽商程春宇编撰的《士商类要》,既记载了水陆行程,又记载了经营知识和经商经验等。这类出版物的出现,显然是由于受到了商品经济空前繁荣情况下走南闯北的大小商人的实际需要的驱动。

第四,带有浓厚的反传统、冲击封建网罗的近代启蒙色彩。这在哲学思想和文艺思想方面表现得尤其突出。如李贽反对把孔子的学说神化为万古不变的教条和是非的标准,提出"咸以孔子之是非为是非,故未尝有非耳"①,反对封建礼教通过道学家们的仁义说教而绞杀"童心",要求恢复"真心",做"真人"②,即冲破封建伦常的束缚,实现个性解放。公安派诗文作家主张诗文创作要随时代而变化,要求表现作者的真感情、真性灵,反对复古模拟。为了维护封建等级制度,明初对各等级人士的服饰都有严格的规定,但是现实生活中不断出现逾制的现象,这在明中期之后尤其广泛,所谓"代变风移,人皆志于尊崇富侈,不复知有明禁"③。这类现象说明,在社会风俗方面,冲破封建网罗的潮流也颇为强劲。

第五,国内各民族互相影响、共同提高。如女真族④最早的文字即老满文,是借用了蒙古文的字母来拼写女真族的词汇和句子。该族将辽、金、元三史以及其他许多汉文书籍翻译成满文(有的作了删削),加

---

① 《藏书·世纪列传总目前论》。
② 《焚书》卷 3《童心说》。
③ 张瀚:《松窗梦语》卷 7。
④ 后期改为满族。

速了对汉族文化的吸收。蒙族人火源洁奉朱元璋之命以汉字翻译蒙古文,成《华夷译语》,大大方便了汉族人对蒙文的了解。蒙古族灵觉寺的壁画,带有汉族画家仇英、徐渭画风影响的明显痕迹。该寺的主体建筑经堂和大雄宝殿等,既有纯藏式的砖墙,又有明显的汉族宫廷建筑的种种特色。在明朝的钦天监中,有许多回族天文学家供职于回回历专科,对中华民族天文学的发展作出了贡献。西藏地区的许多寺院,其建筑材料、布局以及壁画等方面,既有藏族雄伟壮丽、热烈鲜艳的风格,又吸收了汉族斗拱、梁架、藻井等有特色的形式。李时珍的《本草纲目》中,记载有壮族的药物及其应用经验。汉族的中草药在壮族地区也有流传。

第六,中外交流,尤其是中西交流成效显著。中国与外国在文化上进行交流,具有悠久的历史传统,在明代仍在继续进行。与朝鲜、日本、越南等近郊的交流关系,跟明代以前状况大体相同,一方面是交流频繁而广泛,另一方面是以中国文化更多地影响对方为特征。随着郑和下西洋和明中叶以后大批中国人移向南洋,中国与东南亚、南亚、西亚以及东非各国的文化交流也超过了以往的规模,先进的中国文化对这些国家产生了有益的影响。而这时最引人注目的是中西交流开始大规模展开。伴随着耶稣会士大批来华,基督教第三次传入中国,西方的天文历法、数学、机械工程与物理、火器技术、地理、医药等自然科学技术,以及语言学、音乐、绘画、哲学等传入中国。为了使在华的传教活动在欧洲本土获得理解和支持,耶稣会士在来中国以后,也用写信、著书等方式,将了解到的中国国情,包括中国的文化成就,通报给欧洲,从而使中国文化得以传向西方。在这次东西文化的交流热潮中,更多是西方文化传入中国,与同一时期中国与周边国家以及其他亚非国家的交流有所不同。由于耶稣会士来华的主要目的是传播基督教,其介绍西方科学知识是当作便于传教的一种手段,因而往往不尽所知,甚至为了宗教而曲解有关知识,加上明朝政府对西方科学知识缺乏全面的认识,所关心者只是与其行使政令及巩固政权有关的内容,至于对生产日用极有价值的部分往往漠不关心,这些因素严重影响了其时西学东渐的实际效果。但这次中西交流毕竟规模空前,其效果相当显著,对促进中国的生产发展和社会进步,对提高中国人的科学水平和文化素质,起了不可忽视的积极作用,其在启发中国知识分子的思想、开阔中国知识分子的眼界、使中国知识分子会通中西的意识渐趋强烈方面,尤其功不可没。

第七,封建政府为推行政令,巩固政权,积极参与文化事业。从推行政令、宣传封建思想、巩固封建王朝的统治秩序出发,任何封建政府都积极参与文化事业,寓控制于推动、组织之中。明朝作为一个已经进入封建社会晚期的封建王朝,对此表现得尤为积极。如在史学方面,洪武时修有《元史》,有明一代每位新皇帝即位都为刚去世的老皇帝编修实录,万历时除修有《万历起居注》外,还开展了一次大规模的编修纪传体本朝史的活动,天启时修有《三朝会典》。在地理方面,景泰时修有《寰宇通志》。在制度专书方面,除弘治时修有《大明会典》外,而后此书又先后两次续修。在儒家经典方面,永乐时编有《性理大全》《四书大全》《五经大全》。在佛经方面,洪武、永乐年间,先后雕造了三部官版《大藏经》。在自然科学方面,崇祯时撰有《崇祯历书》。在类书方面,永乐时编有《永乐大典》。上述编修活动,规模都很大,对后世产生的影响相当深远,而其进行的动机几乎无不含有强烈的政治性。如编纂儒家经典,目的在于提倡程朱理学,加强对知识分子的思想控制;编辑《永乐大典》,出发点主要在于藻饰太平,笼络文人。

有明一代的文化成就,为什么非常辉煌而且特色鲜明呢? 其原因主要有五个方面。

第一,明朝在时代上讲较清朝以外的其他封建王朝都晚。文化事业的发展,不可能一蹴而就,只有经过长期的积累,才能根深叶茂。明朝在时间上的这一优势,使之在发展文化事业上可以席丰履厚,起点远远高于清朝以外的其他封建王朝。如在得以写出总结性的集大成著作的条件上,其以前的各个王朝都与之无法相比。

第二,明朝是一个存在时间近 300 年的统一王朝。这期间,尽管发生过一些农民起义、统治阶级的内部拼杀以及其他武装冲突,但除了"靖难"之役期间及明朝末年的十几年外,总的说来各次武装冲突延续的时间都不长,规模有限,涉及的地区较小,从总体上看,全国大体处于和平安定的局面之中。这种局面为发展文化事业提供了良好的环境,其有关活动不易中断。

第三,明朝是中国封建社会的一个重要转折时期。明朝的生产力水平,比以前有所提高,元末战乱期间遭到破坏的农业、手工业生产在明初逐渐得到恢复,而后又逐渐发展到空前的高度。在生产发展的基础上,明中叶以后商品交换出现相当繁荣的局面,并在若干地区和若干经济部门中较多出现雇佣劳动。这样,当时的中国社会虽然从总体上看,仍是封建生产关系占主导地位的封建社会,但它已不是封建社会的全盛时期,已进入了晚期阶段。旧有的各种社会矛盾变得比以前更为尖锐,一些新的社会矛盾产生出来。明朝社会经济和社会性质的上述变化,不能不对其时的文化产生重大影响。经济的发展为文化上总结和创新的工作提供了比较充足的物质前提。商品经济的繁荣和雇佣劳动的较多出现,显然是其时文化上反映商品经济发展、为商品经济服务以及带有浓厚的反传统、冲击封建网罗的近代启蒙色彩等特色的客观依据。至于社会矛盾的趋向尖锐和复杂化,则无疑与明朝政府更积极地参与文化事业、寓控制于推动和组织之中息息相关。

第四,明朝对边疆少数民族地区的经营和管辖非常积极有效。这是自洪武时期就开始实行的国策,到了永乐时期,实行得更加坚定。这一国策使得明朝不仅政权存在的时间长久,而且版图极为辽阔,其臣民从民族上看几乎包括了今天中华民族大家庭的所有成员,中国作为一个统一的多民族国家这时得到了空前的发展和巩固。这样多的民族,在同一个政权的管辖之下,共同生活在祖国的土地上,其相互间的文化交流,不言而喻,是十分方便的,其时的中国文化具有国内各民族互相影响、共同提高的特色,实在是顺理成章的事情。

第五,明朝处于世界性大航海和地理大发现的时代。15—16 世纪,人类历史上发生了空前规模的大航海,东有中国郑和的航海,西有欧洲的环球探险。这些航海活动,尤其是西方的环球探险,影响巨大。15 世纪末、16 世纪初,西欧资本主义进入原始资本积累时期,迫切需要发展海外贸易和殖民掠夺,包括中国在内的世界东方成为其重要目标,于是欧洲殖民者纷纷东来,实现了地理大发现。葡萄牙人沿大西洋东岸绕过非洲南端,经印度而至东方,1511 年到达中国。西班牙支持意大利人哥伦布自大西洋西行,发现美洲新大陆,再经太平洋至菲律宾。1626 年其势力侵入中国台湾。随后,荷兰人、英国人也先后东来,到达中国。西方传教士东来中国,正是乘了欧洲殖民者东来的潮流。殖民者开其端的这次东西往来,不仅在东西交流上规模之大、范围之广是空前的,而且超过了以前的其他任何国际交往,这便为明朝中西交流的大规模展开并取得显著成效,提供了难得的机会。

明代的文化诚然堪称成就辉煌、特色鲜明,令人自豪,但这主要是着眼于与明朝以前的中国历代文化相比,是从其自身有否发展上来肯定其成绩的,而如果从世界的角度来看,特别是从中国与西方的比较、从两者的发展趋势和速度的比较来看,则令人自豪的程度将有所折扣。明代的中国文化虽然比同时代的欧洲有进步的地方,但也有不少落后于欧洲的方面,特别是天文历法、世界地理、火器制造技术等若干自然科学技术部门,尤其有明显的差别,并且差距有日益扩大之势。究其原因,除了中国封建统治者政策的束缚和错误导向(如科举制度以束缚士子思想、要求代古代圣贤立言的八股文为考试内容)外,主要的应从当时的中国社会经济状况中去寻找。其时中国的社会环境与西方相比,是相对安定的,这导致人们安土重迁,缺乏另辟新径的冒险意识和进取精神,而基本上不出国门自然就妨碍了眼界的开阔,不易产生从事创造发明的新思路和欲望。就其时中国的社会形态讲,如前所述,虽然雇佣劳动已较多出现,但是发展程度很微弱,占主导地位的仍是封建生产关系。在这种经济形态下,生产虽然随着时间的推移会有规模的扩大和技术的提高,但发展极为缓慢,这对科学的进步不可能提出迫切的强烈的要求,从而推动其迅猛前进。通过探讨明代中国文化与欧洲相比的差别,我们不仅可以了解到国家政策对文化发展的重大影响,而且可以加深对唯物史观关于文化与物质生产相互关系的理解。

第一章 科学和技术

第一节 天文历法、数学和气象学

一、天文历法

天文历法是中国古代文化史上很有成就的科学技术部门,但是有明一代在其末年西法传入之前没有取得什么突出的成就。究其原因,在于封建专制统治的束缚。明朝初年,"学天文有历禁,习历者遣戍,造历者殊死",直至孝宗年间,才"弛其禁"①。这严重地摧残了天文历法科技工作者的研究积极性,使当时的天文历法事业只能沿着极其曲折的道路艰难地行进。明代天文历法所取得的若干成绩,主要是由于客观需要的推动,才得以实现的。

明朝所用的历法叫"大统历",而实际上基本是元朝的"授时历",只是略有改变,如"去其岁实消长之说"②。其"岁实"现定为 365.2425 日,朔策

---

① 《万历野获编》卷 20《历法·历学》。
② 《明史》卷 31《历志·历法沿革》。所谓岁实,是指一岁的日数,即回归年长度,科学研究证明,它不是永恒不变的,而是随时间的变化而变化。我国古代南宋天文学家杨忠辅首先提出回归年古大今小的概念,元人郭守敬接受这一概念,并应用于授时历中,规定百年消长一分。

(即一月的日数)规定为 29.530593 日,其起算之点名义上是以洪武十七年甲子(1384)为元,而实际上仍用至元辛巳(1281)为元,与授时历相同。

授时历是非常进步的历法,但也有不甚精确之处,在使用中需要不断校改。大统历虽然基本上遵从授时历,但有些微改变,而且其改变总的来说不如改变以前的方法精确,因此更需在使用中不断加以校正。而事实上,当时并不能在沿用中适时地进行适当的校正。这使得使用不久,就不断出现差误。于是要求改正历法者不断出现,从而出现了若干有价值的意见。史称:"唯明之大统历,实即元之授时,承用二百七十余年,未尝改宪。成化以后,交食往往不验,议改历者纷纷。如俞正己、冷守中不知妄作者无论已,而华湘、周濂、李之藻、邢云路之伦颇有所见。郑世子载堉撰《律历融通》,进《圣寿万年历》,其说本之南都御史何瑭,深得授时之意,而非其不逮。台官泥于旧闻,当事惮于改作,并格而不行。"①

在上述建议改历者中,特别值得一提的是郑世子朱载堉。他是当时杰出的自然科学家和艺术家,生于嘉靖十五年(1536),死于万历三十九年(1611),是仁宗朱高炽的第六代孙,其父为郑恭王朱厚烷,因而有郑世子的身份。他曾先后编撰了两种历法:黄钟历和圣寿万年历。前者编成于万历九年(1581)以前,后者编成于万历二十三年(1595)之前不久。万历二十三年,他向明神宗进献了《历学新书》一书,其中包括《律历融通》4卷(含《黄钟历法》和《黄钟历议》各 2 卷)、《圣寿万年历》2 卷、《万年历备考》3 卷(含《诸历冬至考》《二至晷景考》和《古今交食考》各 1 卷)等,这便将其所编撰的两种历法全进献给了朝廷。他所编撰的这两种历法,除所设历元不同及因此而引起的所用若干天文数据有所差异外,相互间并无重大区别。其实他在编撰这种历法时,都是基本上依据授时历的办法来进行的,另外只是做了十余处修改,用他自己的话说,就是"大旨出于许衡,而与衡历(指授时历)不同"②。他所作的修正,有的并不太妥当,但有

---

① 《明史》卷 31《历志·历法沿革》。
② 《明史》卷 31《历志·历法沿革》。

的是很有价值的,比如其关于回归年长度的意见就是很值得重视的。他一方面坚持了回归年长度古今不同的正确立场,另一方面又认为"阴阳消长之理,以渐而积,未有不从秒起。授时(历)考古,于百年之际顿加一分,于理未安",主张加以修正①。结果他提出了更精确的计算方法,使其所取回归年长度值的精确度超过了授时历,并且这也是我国古代历法中最精确的回归年长度计算方法。除此之外,朱载堉所编撰的历法,在木、土二星近日点黄经值和五星近日点每年进动值的总精度上,也都优于授时历。黄钟历和万年历所用"京师北极出地四十度太",化为 360°制为40.16°;授时历所用"大都北极出地四十度太强",化为360°制为40.25°。而实际上北京的北极出地高度极接近 40°,可见朱载堉在这一方面所用的数值也比授时历更精确②。

明代"非历官而知历者",朱载堉之外,尚有唐顺之、周述学、陈壤、袁黄、雷宗等人。他们都有相关著述,在历法上皆有或多或少的贡献,史称"皆会通回回历以入授时(历),虽不能如郑世子(载堉)之精微,其于中西历理,亦有所发明"。至于世其业的"历官","成(化)、弘(治)间尚能建修改之议,万历以后则皆专己守残而已"③。

明代天文学方面另一个值得重视的成绩,是留下了航海天文学的宝贵资料——《郑和航海图》。这个海图是根据明初郑和下西洋的实践而绘制的,原名"自宝船厂开船从龙江关出水直抵外国诸番图","郑和航海图"为其简称(郑和下西洋的具体情况见本章第五节)。原图一共 24 页,包括序 1 页、地图 20 页、过洋牵星图 2 页(4 幅)和空白 1 页,收于明人茅元仪所编的《武备志》一书中。该图不仅有普通的航海地图,而且有颇为完备的牵星(即通过观察北极星等星辰的海平高度来确定海上船舶在南北纬度上所处的位置)记载,除了专门的 2 页(4 幅)过洋牵星图外,还在20 页地图中,有 3 页半标有牵星数据,是我国最早详细地记载牵星术的

---

① 《明史》卷 31《历志·历法沿革》。
② 参见戴念祖:《朱载堉——明代的科学和艺术巨星》,人民出版社 1986 年版。
③ 《明史》卷 31《历志·历法沿革》。

重要图籍。这4幅过洋牵星图包括自锡兰山(今斯里兰卡)回苏门答剌(今苏门答腊)过洋牵星图、自龙涎屿(今布腊斯岛)往锡兰过洋牵星图、自忽鲁谟斯(今霍尔木兹海峡北)回古里国(今印度卡利卡特)过洋牵星图和自古里国往忽鲁谟斯过洋牵星图。这4幅过洋牵星图是在两条航线上使用的:一为横渡孟加拉湾的苏门答腊与斯里兰卡之间的航线,一为横渡阿拉伯海的印度西海岸与波斯湾口之间的航线。据统计,全图所记星名有18个,出现次数超过70次,而除去同星异名,实际上共包括北辰(小熊座 α)、小斗(小熊座)、华盖(小熊座 β 和 γ)、北斗头双星(天璇和天枢)、南门双星(半人马座 α 和 β)、灯笼骨星(南十字座 α、β、γ 和 δ)、七星(昴星团)、织女星(天琴座 α)、布司等9个恒星、星对、星组和星座,其中使用最多的是小熊座 α、小熊座 β 和 γ,以及南十字座 α、β、γ 和 δ。在记载星辰的海平高度时,其采用的单位是指和角,一指的度数大约是1.9°。中国的牵星术早在明朝以前就已产生了,《郑和航海图》既总结了郑和下西洋的牵星经验,也继承了前代,尤其是宋元的牵星技术。但是,它给后人留下如此完备丰富的资料,却是前人无法比拟的。这给后人研究明代的航海天文学提供了可能,从一个侧面生动地反映出明代航海天文学所达到的水平。

明代天文学方面还有一个值得一提的成绩,是海宁人董毅提出了具有朴素唯物主义和朴素辩证法思想的宇宙演化论。他在其所著《豢龙子》一书中写道:

> 或问:"天地有始乎?"曰:"无始也。""天地无始乎?"曰:"有始也。"未达曰:"自一元而言,有始也;自元元而言,无始也。"

这就是说,他认为宇宙是没有开端的,但是作为一个具体的天体系统,则是有起始的。董毅生活在明代中期,他在当时能提出如此宝贵的看法,是难能可贵的。

二、数学

在明代,作为古代主要科学之一的数学发展状况不太理想,对宋元时代高度发达的数学方法,没有继承下来。这与当时天文学的停滞有关。不过,由于商品经济的发达,这时的数学仍有一些成绩,取其要者,一为商业数学的发展,二为珠算术的普及。

明人所著数学书的具体种数,今已不可得知。而其现存者,至少有十几种,据李俨《中国算学史》、钱宝琮《中国数学史》及《中国丛书综录》载,它们是:吴敬《九章算法比类大全》、王文素《新集通证古今算学宝鉴》、顾应祥《勾股算术》《测圆海镜分类释术》《弧矢算术》和《测圆算术》、周述学《历宗算会》、徐心鲁《盘珠算法》、柯尚迁《数学通轨》、朱载堉《嘉量算经》和《算学新说》,程大位《直指算法统宗》、黄嘘云《算法指南》等。

中国古代的数学书,大都是应用问题及其解法的汇编,明代也是如此。而明代数学书中所收集的应用问题,与商品经济有关者甚多,反映了商业数学的发展。其最突出的例子,是吴敬的《九章算法比类大全》。吴敬,字信民,浙江仁和(今杭州市)人,曾在浙江布政司任职,熟悉全省的田赋、税收情况。景泰元年(1450),他写出《九章算法比类大全》这部杰出的数学著作。该书卷首为“乘除开方起例”,介绍大数记法、小数记法、度量衡单位、乘除算法的用字含义以及整数四则运算和分数四则运算等,并列举了近 200 个应用问题的解法。卷 1 至卷 9 是 1300 多个应用问题及其解法的分类汇编,其类别包括方田、粟米、衰分、少广、商功、均输、盈不足、方程、勾股等九个。卷 10 乃专论开方,涉及开平方、开立方、开高次幂、开带从平方及开带从立方。全书所收 1000 多个应用问题中,有的引自古数学书(如南宋人杨辉的《详解九章算法》、魏晋时人刘徽的《海岛算经》和唐朝人王孝通的《缉古算术》),被称为“古问”,另有许多应用问题是结合当时的社会生活实践的,被称为“比类”。在这些应用问题中,有不少与商品经济有关,或涉及利息计算,或涉及合伙经营,或涉及“就物抽分”(以货物作价来抵补运费、加工费等的计算方法)。阅读该书的这些应用问题,很易使人想及当时的商品经济是如何发达。

明朝以前,中国数学的计算工具主要是算筹,在计算中需不断更动算筹的位置,花费时间较多。到了元朝,各种计算口诀的形成使得数学计算的思维过程大大缩短,从而更加突出了算筹作为计算工具的费时和不便,于是导致了珠算盘的产生。珠算盘产生的具体时间,已无从搞清,但最晚在元朝即已出现。《元曲选》收有无名氏的杂剧《庞居士误放来生债》,其中有"闲着手,去那算盘里拨了我的岁数"之语①。又,元人陶宗仪的《南村辍耕录》卷29有一段记述婢仆情况的话,其中说:"凡纳婢仆,初来时曰'擂盘珠',言不拨自动。稍久曰'算盘珠',言拨之则动。既久曰'佛顶珠',言终日凝然,虽拨之亦不动。"这些关于"算盘""算盘珠"的记载,反映了当时珠算已经产生。但这时珠算盘尚未广泛使用,筹算尚未废除;《南村辍耕录》一书中,在其他部分仍有论述筹算的记载,就说明了这一点。进入明朝,特别是进入明中期以后,随着商品经济的发展,数学计算日益增多,对计算工具之快捷方便更提出了迫切的要求,于是珠算盘的使用遂广泛推行,并最终代替了算筹。

吴敬的《九章算法比类大全》和王文素的《算学宝鉴》都提到算盘,但它们是主要介绍筹算方法的书,明人所撰流传至今的珠算术著作有徐心鲁的《盘珠算法》、柯尚迁的《数学通轨》、朱载堉的《算学新说》、程大位的《直指算法统宗》、黄嘘云的《算法指南》等。徐心鲁的《盘珠算法》和柯尚迁的《数学通轨》都绘有珠算盘的图式,它们是流传至今的对珠算术进行系统介绍的最早的书籍。但这类书籍中流传最广、影响最大的,却是比之略晚约一二十年出现的程大位的《直指算法统宗》。程大位,字汝思,号宾渠,新安人。他自幼喜欢数学,青年时期到长江下游经商,曾遍访名师,后综合诸家说法,参以自己的心得,于万历二十年(1592)其60岁时撰成了《直指算法统宗》一书。此书的体例与中国古代的其他数学书大体一致,是一部应用数学书,共收集了近600个数学题,并且其中的大部分是从其他数学书摘录出来的。但其解题时的数字计算工作,都是在珠算盘里演算,而不用筹算。所记珠算的加减乘除歌诀都已非常完善,直至现在行用者,仍是这些歌诀。此外,它行文通俗,详略得中,因而广为

---

① 参见严敦杰:《算盘探源》,《东方杂志》第40卷第2号。

流传。其曾孙程光绅在康熙五十五年(1716)重刻该书的序言中称:"风行宇内,迄今盖已百有数十余年。海内握算持筹之士,无不家藏一编,若业制举者之于四子书、五经义,翕然奉以为宗。"这并非毫无根据的虚美之词。17 世纪初李之藻编译《同文算指》时,曾摘录了该书的很多应用问题,来补充西洋算法的不足之处。清代著名的大类书《古今图书集成》将该书全部辑录。清末出版的珠算术书,皆为该书的翻刻本或改编本。该书的编成和广泛流传,成了中国古代计算方法由筹算改为珠算的标志。明代的其他珠算术著作,也各有其不可忽视的价值。如朱载堉的《算学新说》,是迄今所知最早提出开方的珠算方法的著作[1]。

珠算术是中国的一大发明,是中国人民对世界文明的一项贡献,最晚在明代即已传到了日本等国[2]。

三、气象学

气象学与农业生产、日常生活关系极大,因而我国古代人民很早就积累了丰富的气象知识。明代继承、发展了前代的气象学成果。

明代重视对灾害性天气和反常的气候现象的记载,在当时的史书、方志等文献中,有关各地的恒寒、恒明、陨霜、冰雹、雷震、水潦、恒燠、恒雨、恒旸、恒风、风霾、大水、飓风、干旱等情况,均有详细记载。其项目之多,范围之广,以前各代都不可与之相比拟。

明代还重视对降水量的测定。早在洪武时期,朝廷即已下令各州县的官吏按时上报降水的情况。后来,明太祖的子孙们继承了这一做法,顾炎武所著《日知录》记载:"洪武中,令天下州县长吏月奏雨泽。……永乐二十二年十月(原注:仁宗即位),通政司请以四方雨泽奏章类送给事中收贮,上曰:'祖宗所以令天下奏雨泽者,欲前知水旱,以施恤民之政。

---

[1] 参见戴念祖:《朱载堉——明代的科学和艺术巨星》,人民出版社 1986 年版。

[2] 上文除注明出处者外,主要参考了李俨:《中国算学史》,商务印书馆 1998 年版;李俨、杜石然:《中国古代数学简史》,中华书局 1964 年版;钱宝琮:《中国数学史》,科学出版社 1964 年版;杜石然等:《中国科学技术史稿》(下册),科学出版社 1982 年版。

此良法美意。今州县雨泽章奏,乃积于通政司,上之人何由知? 又欲送给事中收贮,是欲上之人终不知也。如此,徒劳州县何为? 自今四方所奏雨泽,至即封进,朕亲阅焉。'(原注:今《大明会典》具载雨泽奏本式)"①为了便于测定降水量,明朝还向各州县颁发了雨量器②。

在明代的一些文献中,常常有关于某些地区的气候特征和物候现象的记载。如谢肇淛的《五杂俎》中记载:"燕齐之地,无日不风,尘埃涨天,不辨咫尺。江南人初至者,甚以为苦,土人殊不屑意也。楚蜀之地,则十日九雨,江干岭侧,行甚艰难,其风日晴朗者,一岁中不能三十日也。""江南每岁三四月苦淫雨不止,百物霉腐,俗谓之梅雨,盖当梅子青黄时也。自徐淮而北,则春夏常旱,至六七月之交,愁霖不止,物始霉焉,俗亦谓之梅雨,盖'霉'与'梅'同音也。""闽中无雪,然间十余年亦一有之,则稚子里儿奔走狂喜,以为未始见也。……至岭南则绝无矣。"③此书中还记载:"闽距京师七千余里,闽以正月桃华开,而京师以三月桃花开,气候相去差两月有余。然则自闽而更南,自燕而更北,气候差殊,复何纪极。……历家所载二月桃始华,盖约其中言之耳。"④这类记载的大量存在,无疑反映了明代关于气候和物候知识的增多。

在明代的一些文献中,更有不少关于天气预报的谚语,如邝璠的《便民图纂》、周履靖的《天文占验》、张燮的《东西洋考》和徐光启的《农政全书》(此书及其作者将在本书本章第二节中详加介绍)等书中就是如此。从这些谚语,可以看出当时的天气预测水平,已达到了一定的高度。这些谚语或"占天",或"占云",或"占风",或"占日",或"占虹",或"占雾",或"占电",或"占海",不仅朗朗上口,便于记忆,而且相当可靠,很有实用价值。如"占天"说:"朝看东南黑,势急午前雨;暮看西北

---

① 顾炎武:《日知录》卷12《雨泽》。参见《明史》卷8《仁宗本纪》。

② 参见谢世俊:《气象史漫话》,辽宁人民出版社1981年版;洪世年、陈文言:《中国气象史》,农业出版社1983年版。

③ 谢肇淛:《五杂俎》卷1《天部一》。

④ 《五杂俎》卷2《天部二》。

黑,半夜看风雨。""占云"说:"早起天无云,日出光渐明;暮看西边朗,明日定晴明。""占风"说:"深秋风势动,风势浪未静;夏风连夜顷,不昼便晴明。""占日"说:"早白暮赤,飞沙走石;日没暗红,无雨必风。""占虹"说:"虹下雨垂,晴明可期;断虹晚见,不明天变。""占雾"说:"晓雾即收,晴天可求;雾收不起,细雨不止。""占电"说:"电光西南,明日炎炎;电光西北,雨下连宿。""占海"说:"蝼蛄放洋,大飔难当;两日不至,三日无妨。"在上述谚语中,"占海"部分与航海直接有关;而在此之外,尚有许多与航海有关的谚语,如"占风"说:"三月十八雨,四月十八至;风雨带来潮,傍船人难避。"①这类谚语的流传殆与明代航海贸易有一定发展密切相关。

在明代文献内所记载的关于预报天气的谚语,并不完全是明代产生的,相反,其相当大的一部分乃是承自前代的有关著作。这反映了明代气象成就与前代的关系。另外,在这些谚语中,也有一些粗糙不准确的内容,并且在记载这些谚语的时候,明代收集者们一般没有提及它们所适用的地区。这些不完善之处的存在,说明这时的气象学虽比前代有一定的进步,但仍有历史局限性,不可对其作过分的评价。

第二节　农学及有关科技

明代的农业科学和有关技术,成绩相当辉煌。200多年相对稳定的统一局面,明初以来农业生产的恢复与发展和历代祖先在数千年的生产、研究中积下的丰富的有关科学技术遗产,是其得以出现的重要条件。

一、以《农政全书》为首的农学著作

（一）农学著作琳琅满目

明代的农学著作,堪称琳琅满目,这是明代农学成绩辉煌的重要表

---

① 《夷门广牍·天文占验》,《景印元明善本丛书》本。

现。概括起来,明代的农学著作有总量多、作物栽培学专书多、救荒农书多、地区性农书多、重视农作物性状特征的研究、重视农学理论等特点。

1964年农业出版社出版的农学史家王毓瑚编著的《中国农学书录》,虽然不能说已把中国大约20世纪初以前的农学书全部收罗了进来,但所收已极为宏富,基本上反映出这一时期中国农学书的概貌。根据该书的资料进行统计,明代写出的农学著作有:农业通论类36种,现存(包括能确定下来的或完璧,或残存,或仅存辑本几种情况,下同)19种;农业气象、占候类5种,存2种;耕作、农田水利类4种,存2种;大田作物类3种,存1种;竹木、茶类6种,存4种;园艺通论类10种,存6种;蔬菜及野菜类9种,存8种;果树类5种,存5种;花卉类32种,存15种;蚕桑类5种,存1种;畜牧、兽医类9种,存3种;水产类5种,存5种。以上共12类129种,存71种,其余不知存否者58种。根据该书的资料进行统计,中国在20世纪初以前历代所写农学著作的总数为546种,存311种。由此推算,明代短短的二百余年所写的农学著作数,占到了中国在20世纪初以前历代所写农学著作总数的23.6%,其数量确实不可谓不大。

专讲一种作物的栽培技术的专书,以前比较少见,而明代则有较多的专书出现。其著名者有黄省曾的《稻品》和《芋经》,以及马一龙的《农说》等。《稻品》专记稻的品种,传世者有数种版本,有的在书名上多“理生玉镜”四字。《芋经》除了汇集古书有关芋的记载外,对明代的种芋法也有叙述。它的传世版本同样有好多种,题名或作“种芋法”。《农说》的内容是分析水稻的耕作技术,该书传播甚广。

明代农书中兼论救荒、备荒等荒政问题者甚多,而尤其值得注意的是写出远较以前为多的以救荒为目的的专书,其中最著名者是朱橚的《救荒本草》一书。朱橚是朱元璋的第五子,封在开封,为周王。其《救荒本草》记有414种荒年可采来充饥的野生植物,除过去的本草书中见于记载者以外,新增入 276 种。凡分五部,其中草部 245 种,木部 80 种,米谷部 20 种,果部 23 种,菜部 46 种。对其所收植物,分别说明了其可食的花、实、根、茎、皮、叶及食法等。此外还有王磐的《野菜谱》(所记有数十种野菜),周靖的《茹草编》(所记有野菜逾百种),以及鲍山的《野菜博录》(所记分草、木二部,凡 435 种,但多有采自朱橚《救荒本草》者),皆是关于救荒的流传颇广的专书。

我国幅员辽阔,各地土壤、气候差异颇大,对农业生产技术要求不同。明代以前农书所反映者侧重北方,而又比较笼统和一般化,因此不能满足具体地区的实际需要。自明代始,为了克服这一缺陷,具有较强地方特色的地区性农书陆续面世,大大增强了其参考、指导价值。明代的这类农书中,最为人们称道的是《沈氏农书》。该书作者是湖州涟川的沈某,大约书成于明末。全书五部分,包括"逐月事宜"(讲农家逐月应做的各项事宜)、"运田地法"(讲水田耕作)、"蚕务"(含有六畜饲养)、"家常日用"和"区田法",所讲的都是湖州地区的农业生产技术和农场经营管理中的实际问题,很有实用意义。

关于植物性状特征的观察和研究,在本草书中早有比较完全的记载,但农书里都记载很少,到了明代才重视起来。朱橚的《救荒本草》和王象晋的《群芳谱》等是突出的例证。《救荒本草》对所收 414 种植物的各器官特征、可食部分的寒热之性、甘苦之味等都有简单明了的介绍。其介绍相当准确,术语丰富,抓住了特征。特别值得注意的,是它对植物分类中的关键器官即花器官(花与果实)非常重视其描述,不仅述及花形和花色,而且记录了花瓣的枚数,果实和种子的颜色、大小及形状。历代本草一般对植物的描述,比较简单,少有记载花之性状者,偶有也是只谈花色。由此看来,《救荒本草》对植物的记载描述,是超历代本草而过之了[1]。《群芳谱》又名《二如亭群芳谱》,它或者汇录前人文字,或者记录作

---

[1] 参见周肇基:《〈救荒本草〉的通俗性、实用性和科学性》,载华南农业大学农业历史遗产研究室编《农史研究》1990 年第 10 辑。

者的闻见，虽被前人讥为"略于种植，而详于疗治之法与典故艺文，割裂饾饤，颇无足取"①，但它对谷、蔬、果以及茶、竹、桑、麻等栽培作物的性状特征，作了比较细致的记述，实为不可忽视之作。如关于小麦，其描写说："苗生如韭，成似稻，高二三尺，实居壳中，芒生壳上，生青熟黄。"可说是极为准确。

从理论的高度解释农业生产技术方面，明代比以前也有较大进步。以前的农书虽对农业技术有相当详细的记载，但一般不能从理论的高度来认识和阐述。前述马一龙的分析水稻耕作技术的《农说》一书，则是首辟蹊径，专门从理论上着笔，对于每一个技术措施都给予理论上的解释。如其论述耕地深浅应随着原隰土质的不同而有所区别时说：

> 至如地之高下，有气脉所行而生气钟其下者，有气脉所不钟而假天阳以为生气者，故原之下多土骨，而隰之下皆积泥，启原宜深，启隰宜浅，深以接其生气，浅以就其天阳。盖土骨如人身之经络，而积泥如人身之余肉耳。经络者，气血流行之所；余肉者，块然附赘之区也。

马一龙的解释，不一定全部正确，但这种尝试是可贵的。在重视探讨农学理论的基础上，马一龙的《农说》还发展了古代关于在农业生产中正确认识和对待客观规律的思想，提出了因时制宜、因地制宜、因物制宜的"三宜"原则，坚定了"人定胜天"的信念，其中曾说过：

> 故知时为上，知土次之，知其所宜，用其不可弃，知其所宜，避其不可为，力足以胜天矣。

又说过：

> 合天时、地脉、物性之宜，而无所差失，则事半而功倍矣。

这显然是极其宝贵的见解。其时，这种见解在其他农学家的著作中也曾

---

① 《四库全书总目》卷116《〈群芳谱〉提要》。

提出过,如王象晋的《群芳谱》中曾说:

> 善种花者,须择种之佳者种之。若事事合法,时时着意,则
> 花必盛茂,间变异品,此则以人力夺天工者也①。

可见,在农业生产中正确认识和对待客观规律,就能"人定胜天"的思想,已是明代相当一部分农书中的观点,它在一个方面反映出了明代农学理论的进步。

（二）集大成的农学著作《农政全书》

明代农学著作更值得一提的一个特点,是出现了集大成的农学著作——徐光启的《农政全书》。

徐光启,字子先,号玄扈,上海人。他生于嘉靖四十一年(1562),万历二十五年(1597)中举人,七年后成进士,由庶吉士历赞善,又先后担任少詹事兼河南道御史、礼部侍郎、礼部尚书等职,崇祯五年(1625)五月升大学士,第二年死去。他"雅负经济才,有志用世",但最初仕途不顺,曾受阉党阻扼,晚年"柄用"时,年事已高,且"值周延儒、温体仁专政,不能有所建白"②,所以一生并没能在政治上有什么大作为。不过,他在科学研究上成绩卓著,是明末贡献重大的科学家之一。约在万历二十三年(1595)于韶州城西天主教堂,徐光启与意大利人、协助利玛窦传教的郭居静相晤③,此后与利玛窦等西方传教士交往甚多,除了在宗教思想上受影响外,更重要的是积极向其学习西方先进的科技知识,成为沟通中西文化交流的先行者。他对天文、历法、数学、测量、农学等都有深入的研究,在农学方面的著作有《农遗杂疏》《屯盐疏》《种棉花法》《甘薯疏》《种竹图说》《北耕录》《宜垦令》《农辑》《农政全书》等,而其中最重要的、最具代表性的是《农政全书》。

《农政全书》的编写主要是在天启五年(1625)至崇祯元年(1628),但

---

① 王象晋纂辑、伊钦恒诠释:《群芳谱诠释》,农业出版社1985年版,第240页。
②《明史》卷251《徐光启传》。
③ 梁家勉:《徐光启年谱》,上海古籍出版社1981年版。

其起意编写当在天启五年之前，材料的收集当是多年之功，到崇祯元年也未必完全停止下来。直到崇祯六年徐光启死去，全书仍未出版①。最后遗稿是由陈子龙加以整理，由应天巡抚张国维及松江知府方岳贡刊行，这时已为崇祯十二年（1639）。陈子龙在整理时，大约删去了遗稿的30％，增入者约 20％②。全书共有 60 卷，分为 12 目，包括农本（传统的重农理论）、田制（土地利用方式）、农事（耕作、气象）、水利、农器、树艺（谷类作物与园艺作物各论）、蚕桑、蚕桑广类（纤维作物各论）、种植（植树和其他经济作物各论）、牧养、制造（农产品加工）、荒政等。每目之下又各分若干子目。书中内容多是引用现成文献，据统计共引用文献 225 种，有的全书照原样引入，有的分散引用，其中明代农书被引用者尤多，而历代的重要农书如《齐民要术》《农桑辑要》《王祯农书》等皆被大量引用。对所引用的文献，作者都进行了极审慎的处理，或精心剪裁，或增写夹注、旁注和评语，或加以圈点，再加上安排位置得当，这些文献相互间形成了有机的整体，毫无拼凑之感。书中作者自撰的部分约有六万多字，约占全书的十分之一，这是他根据亲身试验和观察所取得的材料写成的。由上看来，此书的内容包括了历代谈论农学者所涉及的各个方面，并归纳成了一个完整的体系，对于历代，特别是明代的农学成果，进行了一次大总结，不愧是难得的集大成的农学巨著。

《农政全书》不仅记载了大量关于农业生产技术的知识，而更珍贵的是展示了作者的许多宝贵思想。比如在引进新的作物品种上，作者极力主张大胆实验，反对因循守旧，他说：

> 若谓土地所宜，一定不易，此则必无之理。立论若斯，固后世惰窳之吏，游闲之民，媮不事事者之口实耳。古来蔬果，如颇稜、安石榴、海棠、蒜之属，自外国来者多矣。今姜、荸荠之属，移栽北方，其种特盛，亦向时所谓土地不宜者也。凡地方所无，

①《农政全书》附徐延璋《校勘附记》，曙海楼本。
②《农政全书》凡例。

　　皆是昔无此种，或有之而偶绝，果若尽力树艺，殆无不可宜者。
　　就令不宜，或是天时未合，人力未至耳，试为之，无事空言抵
　　捍也①。

再如对于权威，敢于从实际出发，持不同意见，不肯盲从。众家称颂的名
著贾思勰《齐民要术》认为，芜菁宜于七月初种，六月或七月末都不行，而
徐光启根据自己的实验，对之提出了异议②。《农政全书》所展示的宝贵
思想，不仅使该书的内容更加深刻，而且对于后人留下不可忽视的启示。

二、农业技术及有关认识的提高

　　明代的农业技术及有关认识有所提高。根据有关农书及文献的记
载，其主要表现有如下八个方面。

　　第一，作物的品种增加。自国外传进了甘薯、玉米、烟草和落花生。
甘薯原产美洲墨西哥、哥伦比亚一带，自 15 世纪末和 16 世纪初，葡萄牙
人把它带到非洲沿海地区、印度和印尼等地，而西班牙人则将它传到包
括菲律宾的西太平洋地区。在此基础上，甘薯便从陆、海两路传进中国。
陆路的路线是自印度、缅甸而云南，其时间约在 16 世纪最初的三四十年
代。海路的路线是由菲律宾到福建，时当 16 世纪初。通过海路传进的
还有广东地区，其时间与福建差不多。南直隶和浙江在明代也传进了甘
薯，其中南直隶是从福建引进的，而浙江则搞不清是直接从海外输入的，
还是经由其他省份引进的。玉米的原产地也是美洲，传入中国的时间在
16 世纪，一由滇缅陆路到云南，一从东南沿海传到浙江、福建和广东。内
地省份如贵州、四川、河南，在明亡前已有玉米种植，但总的说来，明代内
地尚种植不多。烟草在"明神宗时始入中国"③，最早传入的地区是福建，
清人王士禛《香祖笔记》卷 3 记载："吕宋国有草，名淡巴菰……初漳州人

---

①《农政全书》卷 2。
②《农政全书》卷 28。
③ 阮葵生：《茶余客话》卷 20。

自海外携来,莆田亦种之,反多于吕宋。"这里的"淡巴菰"即指烟草。广东也是较早传入烟草的地区,崇祯七年(1634)广东《恩平县志》卷7《地理志·物产》载:"(烟草)出自交趾,今所在有之。"到了崇祯末年,烟草的种植已发展到许多地区,诸如嘉兴、上海、苏州、北方等地区皆有记载[①]。落花生起源于美洲的巴西。嘉靖《常熟县志》的"物产"中,已经列有落花生;16世纪初的苏州学者黄省曾在他所著的《种芋法》(即《芋经》)中,也提到了"引蔓开花,花落即生,名之曰落花生","嘉定有之"。这说明早在16世纪初期,落花生已经传到江南地区了。除了江南以外,福建沿海地区也是当时落花生输入的主要地区,并且进而由福建传入浙江。清初上海人叶梦珠说:"万寿果,一名长生果,向出徽州。"[②]这说明徽州在明代一定早就种植落花生了。

第二,选育良种方法的改进。关于选育良种的方法,汉代《氾胜之书》中已有简略记载,其后北魏的《齐民要术》在《氾胜之书》的基础上又总结出了几个原则。到了明代,选育良种的方法进一步改进。明末河北灵寿人耿荫楼在山东临淄和寿光二县任知县时所写劝农书《国脉民天》,有"养种篇",其中便介绍了当时的选育良种方法。书中记载:要选"上好地若干亩"作为留种田,并将经过粒选的"肥实光润"的种子播在留种田中;留种田的行距与株距,要比一般大田为大;其耕种、施肥、浇灌,要比一般大田更加精心;如此处理,所收之籽比原下之种必然"更加饱满";而后再将留种地所收之籽选其最优者,继续在留种地上精心栽培;如此连续三年,必有满意的效果。如果所选育者为蔬菜瓜果,"则每亩止留一子"。耿荫楼所介绍的这种方法,与今天所常用的多次混合选种方法很相似,有利于品种纯度的提高,也能在混杂程度较高的农家品种群体中,选出新的品种,说明当时选育良种的方法已达到相当高的水平。

第三,施肥知识较前丰富。明代的施肥知识比以前更加丰富,举凡

---

① 王逋:《蚓菴琐语》;叶梦珠:《阅世编》卷7;乾隆《苏州府志》"物产";杨士聪:《玉堂荟记》卷下。
② 《阅世编》卷7。按,万寿果、长生果,即落花生。

对肥料功能的认识、所使用的肥料种类、制造肥料的方法、施肥技术等等皆有提高、增多和发展。《农政全书》中说："余姚河塌之人,种棉极勤……其为畦广丈许,中高旁下,畦间有沟,深广各二三尺。秋叶落积沟中烂坏,冬则就沟中起生泥壅田。岁种蚕豆,至春翻罨作壅。即地虚,行根极易,又根深,则能久雨,能久旱,能大风。"[1]这反映出对有机肥料疏松土壤结构的功能有明确的认识。《沈氏农书》中说:"人粪力旺,牛粪力长。"这说明当时已知人粪为速效肥料,牛粪为迟效肥料。徐光启有未发表的"手稿"(现存上海历史博物馆),其中"广粪壤篇"载有 100 多种可以充作肥料的原料,而尤以使用无机肥料最为突出,说明广泛使用无机肥料已经成为明代的一个重大特点。人们在采用矿物质肥料以前,最主要的磷肥来源是动物骨骼。早在西汉《氾胜之书》中就已提出了用动物骨骼当原料来制造肥料的溲种法,不过这种方法并不能得到磷肥,真正能得到磷肥的最早记载在徐光启的"手稿"和宋应星的《天工开物》中,《天工开物》第一卷《乃粒·稻宜》载:"土性带冷浆者,宜骨灰蘸秧根。"这里的骨灰就是磷肥。《天工开物》初刊于 1637 年,徐光启的"手稿"写得更早一些,而欧洲在 1653 年才有英国用兽骨做原料的记载[2],可见明代之使用磷肥不仅在中国是首创,在世界也是第一次。明代制造肥料的方法有许多种,仅明代后期袁黄的《宝坻劝农书》所载制造堆肥的方法就有踏粪、窖粪、蒸粪、酿粪、煨粪、煮粪等数种。在明代的制肥法中,值得特别一提的是创造了粪丹制造法。它记载于徐光启"手稿"中,依此法制造出的肥料,既包括植物有机肥料(如豆饼),又包括无机肥料(如砒),还含有动物性有机肥料(如鸟兽肠胃),养分浓度极高,对植物的发育好处极大。关于肥料施用的技术,明人有一个很宝贵的认识,就是酌情施用,或强调根据土壤的肥瘠,或强调考虑天时,或考虑观察作物的生长状况。如《农政全书》载:"凡棉田,于清明前先下壅,或粪、或灰、或豆饼、或生泥,多寡

---

① 《农政全书》卷 35《蚕桑广类》。
② 参见陈学达:《肥料手册》,中华书局 1955 年版。

量田肥瘠。"①《天工开物》载:"凡粪田若撒枯浇泽,恐霖雨至,过水来,肥质随漂而去。谨视天时,在老农心计也。"②《沈氏农书》载:"接力一壅(追肥),须相其时候,察其颜色,为农家最要紧机关。"

第四,对耕熟土壤的认识有所提高。为了耕熟土壤,一要做到深,二要做到遍。在这两方面,明代的认识都有提高。我国早在先秦即已提出了深耕的要求,但达到什么程度才算深,在农书中少有涉及。明代的《农说》一书第一次提出了深耕的具体标准,指出:"农家栽禾启土,九寸为深,三寸为浅。"关于耕地要遍的作用,过去大体只知道使以后耕地较为省力和便于保持土壤中的水分以利耐旱两点,而《农说》的认识大为提高,指出耕地要遍,可以消灭两犁犁底之间的隔条,利于作物根群的发展,从而得以更充分地利用地力,它写道:

> 镃錤寸隙,垦之不遍也。虽所余径寸,他日禾根适当之,则诘屈不入,叶虽丛生,亦必以渐消尽,而至于濯濯然,今俗云缩科是已。故犁锄者,必使翻耖数过,田无不耕之土,则土无不毛之病。

第五,发挥了传统的重视除草的思想。我国古代劳动人民和农学家一向重视除草,明代继承和进一步发挥了这一思想。《农说》主张消灭杂草于萌生之前,"害生于莨莠,法谨于芟耘。与其滋蔓而难图,孰若先务于决去。故上农者治未萌,其次治已萌矣,已萌不治,农其何农?""上农者,智力兼至,知莨莠之害苗,不惟不容其延蔓,于根芽未萌之时,先有以治之矣。是以用力少而成功多。"《沈氏农书》甚至提出了将秧田预先刮去一层以彻底除草的办法。"稻田最忌稗子,先将面泥刡去寸许,扫净去之,然后垦倒,临时罱泥铺面,而后撒种。"这种办法,费工颇多,后世未有采用者,但其千方百计除去杂草的思想是正确的。

第六,对棉花栽培技术进行了出色总结。宋元之际,我国的植棉面

---

① 《农政全书》卷35《蚕桑广类》。
② 《天工开物》卷1《乃粒·稻工》。

积开始扩大,明初由于实行了鼓励种棉的政策,其种植遂得到进一步推广。到明代后期,全国形成了三个主要的棉花地区:一为长江下游到浙东沿海,所产以余姚的浙花为最有名;二为楚地,所产名江花;三为北直隶和山东,所产称北花。在种植广泛的条件下,种植经验日益丰富,栽培技术比以前提高,以此为基础,《农政全书》等对棉花的栽培技术进行了出色的总结。《农政全书》载:"余为《吉贝疏》,说棉颇详,恐不能遍农家,兹刻宜可遍。或不逮不知书者,今括之以四言,倘知书者口授之,妇女婴儿必可通也。曰:精拣核,早下种,深根短干,稀科肥壅。"①这四句话,共14字,概括出了栽培棉花的六个环节:一、精拣核,即精选种子,目的是提高棉株的健壮程度;二、早下种,就是抓紧时机早播种,以求延长营养生长期;三、深根,指采取措施使棉花根系深入土中,以扩大吸收营养的范围,提高抗旱、抗风等抗灾能力;四、短干,是要求对棉株进行整枝摘心,以改善通风透光条件,使营养能得到合理使用;五、稀科,乃谓反对当时有些人的过分密植,实现合理密植,以改良棉株的生活环境;六、肥壅,则要求多施肥料,以改良土壤,提高地力。如上六点显然都是非常科学的,对于棉花增产意义极大。除了上面六点之外,《农政全书》实际上还提出了另外一些植棉诀窍,如:"总种棉不熟之故,有四病:一秕,二密,三瘠,四芜。"②这里的"芜"指"锄不数",强调了除草、松土的重要性。《农政全书》等对棉花栽培技术的出色总结,反映明代棉花栽培学的重大进步。

第七,加深了对轮作倒茬的认识。明代对轮作倒茬的作用已经有了若干明确的认识,并且形成了一些定型的轮作倒茬制度。如《农政全书》记载:"苜蓿七八年后,根满,地亦不旺,宜别种之。"③又记载:"凡高仰田、可棉可稻者,种棉二年,翻稻一年,即草根溃烂,土气肥厚,虫螟不生。多不得过三年,过则生虫。"④

---

① 《农政全书》卷 35《蚕桑广类》。
② 《农政全书》卷 35《蚕桑广类》。
③ 《农政全书》卷 28《树艺》。
④ 《农政全书》卷 35《蚕桑广类》。

第八，首次出现为积肥而养猪的记载。我国很早就已养猪，其粪便用作肥料也不是始于明朝。但在农书中明确提出为积肥而养猪的是明朝末年的《沈氏农书》。该书的作者曾就养猪算过一笔经济账，认为所支出的饲料费、垫巢稻草费以及最初买小猪的身本，合计起来要超过养成后所得猪肉的价值，后者数额大约是小猪的身本，"亏折本，此其常规"。但他仍旧主张养猪，指出这是农家的"第一要着"，因为可以因此而积肥，为种好水稻等提供条件。他引用了当时的两句谚语来阐述自己的主张，"养了三年无利猪，富了人家勿得知"，"种田不养猪，秀才不读书"。这里的所谓"无利猪"，就是指养猪本身无利可图，而"富了人家"，就是指积下的肥料可以使农作物增加产量。《沈氏农书》首次记载为积肥而养猪，这就将劳动人民的这一经验总结起来，是对农学的一个贡献。此外，《沈氏农书》所讲的为积肥而养猪，又是跟手工业生产中的酿酒结合起来的，其载："猪专吃糟麦（造酒时所得糟粕），则烧酒又获赢息，有盈无亏，白落肥壅，又省载取人工。"由此看来，这里主张的为积肥而养猪，也是对农、牧、副相结合的多种经营方式的一个总结。

三、养蚕技术的进步

蚕桑业是中国古代农民的传统性副业。明代由于棉花种植的推广，蚕桑业在大部分地区衰落下去，但在浙江的嘉兴、湖州一带与四川的阆中地区却仍是繁荣景象。在这里，随着经验的积累，养蚕技术有所进步。

明代记载养蚕技术的书籍有许多种。黄省曾写有《蚕经》一卷，又名《养蚕经》，分艺桑、宫宇、器具、种连、育饲、登簇、择茧、缫拍、戒宜等九部分，简明扼要地记载了养蚕技术的各个环节。此外，金瑶写有《蚕训》，许闻造写有《蚕谱》，沈如封写有《吴中蚕法》，陈克任写有《蚕桑志》，都是关于养蚕的专门技术书。至于农业通论性的明代著作以及范围更广的与各种生产技术有关的明代著作，也多载有养蚕技术，前者如《农政全书》，后者如《天工开物》，其记载的内容总量比专门的养蚕技术书并不为少。明代养蚕技术的进步，即反映在上述各类书籍之中。

家蚕杂交是改进品种的重要方法。《天工开物》在中国养蚕史上第一次记下了人工进行的家蚕杂交工作。其卷2《乃服·种类》载:"凡茧色,唯黄、白二种。川、陕、晋、豫有黄无白,嘉、湖有白无黄。若将白雄配黄雌,则其嗣变成褐茧。"同卷同节亦载:"今寒家有将早雄配晚雌者,幻出嘉种。"上述文字记录了当时蚕农进行的两组杂交,第一组是吐白丝的雄蚕与另一种吐黄丝的雌蚕进行杂交,第二组是早种(即一化性蚕)的雄蚕与晚种(即二化性蚕)的雌蚕相交,而且明确记下了杂交后产生出不同于原品种的新品种或优良品种。这无疑是对家蚕人工杂交的肯定和宣传。欧洲养蚕史上杂交工作开始于18世纪,其距中国养蚕史上的第一次记载已晚了一百多年。

为了增强蚕儿体质、提高茧产量,我国古代皆对蚕卵进行洗浴和消毒处理。如宋代蚕农,于蚕卵孵化临近时,用朱砂调温水浴洗蚕卵。明代继承了这一技术,并增添了新的方法。《蚕经·种连》载:"至腊之十二,浸之(指带蚕卵的纸)于盐之卤,至二十四出焉,则利于缲丝。"《天工开物》卷2《乃服·蚕浴》载:"凡蚕用浴法,唯嘉、湖两郡。湖多用天露、石灰,嘉多用盐卤水。每蚕纸一张,用盐仓走出卤水二升,掺水浸于盂内,纸浮其面(原注:石灰仿此)。逢腊月十二即浸浴,至二十四日,计十二日,周即漉起(指自水中捞出,并使水慢慢滴干),用微火烘干。"这两段文字记载了盐浴、石灰浴和天露浴三种方法。其中"天露浴"是在腊月里将蚕种放在屋外12天,使其接受自然低温,其作用是有利于促使休眠卵转化为活性卵。这种处理方法早在宋元时期已经出现,这里不必细说,特别应注意的是另外两种,它们是明代出现的新方法。盐和石灰都有杀菌能力,盐浴和石灰浴的作用在于为带蚕卵的纸消毒,它可以保证蚕胚子不受细菌感染,也使蚕出壳时能得到比较清洁的环境。盐和石灰皆不是价格高昂的物品,盐浴和石灰浴的发明,在降低养蚕成本上也有一定的意义。

明代对蚕病的认识也有重要进步。《天工开物》卷2《乃服》中有专门讨论蚕病的一节"病症",其载:"凡蚕将病,则脑上放光,通身黄色,头渐大而尾渐小。并及眠之时,游走不眠,食叶又不多者,皆病作也。急择而去之,勿使败群。"这里所记的即软化病的症状。这一描写与以前的记载相比,较为具体。所谓"急择而去之,勿使败群",说明已经认识到了软化病的传染性,主张及时淘汰患上该症的病蚕,以防传染。这在古农书中还是第一次记载,在预防蚕病上是一大贡献。

关于熟蚕上簇①后的处理措施,明代蚕农创造了置火保温去湿的办法,这同样值得一提。熟蚕上簇后,如果簇中温度低,蚕儿就会吐丝慢而少,丝的色泽也受影响;如果簇中潮湿,结茧时茧内就会存有水分,从而造成茧的解舒性欠佳,色泽变暗。所以熟蚕上簇后要设法保温去湿。明代蚕农创造的置火保温去湿法记于《天工开物·乃服》中,其"结茧"节载:

> 凡结茧必如嘉湖,方尽其法。他国不知用火烘,听蚕结出,甚至丛秆之内,箱匣之中,火不经,风不透。故所为屯(指安徽屯溪)漳(指福建漳州)等绢,豫蜀等绸,皆易朽烂。若嘉湖产丝成衣,即入水浣濯百余度,其质尚存。其法析竹编箔,其下横架料木,约六尺高,地下摆列炭火(原注:炭忌爆炸),方圆去四五尺即列火一盆。初上山(指上簇)时,火分两略轻少,引他成绪,蚕恋火意,即时造茧,不复缘走。茧绪既成,即每盆加火半斤,吐出丝来,随即干燥,所以经久不坏也。其茧室不宜楼板遮盖,下欲火而上欲风凉也。

这段记载,写得很具体,其方法的科学性也很高,直到现在仍被采用。

四、兽医学术的发展

明代畜牧业有一定的规模,如马匹的苑监官牧及民养官马,数量相当庞大。在此基础上,兽医学术得到相应的发展。有人统计,明代兽医

---

① 供熟蚕结茧的、用软硬适中的禾秆或竹篾等做成的装置叫簇,将熟蚕移置于簇结茧叫上簇。

科技成就已上升到"我国封建社会传统兽医学的顶峰"①。

明代的兽医学著作数量较多。《农政全书》之类的综合性农书中,往往用部分篇幅专门论述有关兽医学的内容。专门性著作也有出现。成化年间,太监钱能总掌御马监时,命人参考旧本编写了一部6卷本的马医书《类方马经》,此书到嘉靖年间曾经增补翻刻,天启年间再次重刻,并改题书名为《图像马经全书》。此书在重刻过程中,由于增补了内容,卷数由6卷变为10卷。现存朝鲜抄本《纂图类方马经》残本是据嘉靖本抄写的,天启重刻本存世者也是残本②。主管马政的太仆寺卿杨时乔在万历年间著有《马书》14卷,该书讲述养马法、相马法、疗马法。其中疗马法包括色脉、运气症候、脏腑针烙、八十一难、三十六黄、蹄病、三十六起卧、七十二大病、痊骥通玄三十九论和四十六说、七十二症图说、四时调养诸方等,后面还附有对骆驼的治疗,可说是基本上把唐李石的《司牧安骥集》和元朝卞某的《司牧马经痊骥通玄论》编在了一起,成为兽医学专著中内容相当丰富的一种③。比《马书》的编写约晚十几年,又出现了《元亨疗马集》。此书出于南直隶六安州兽医俞仁(字本元,号曲川)、俞杰(字本亨,号月川)兄弟之手,书名乃系对二人之字各取一字而成。二人精于医术,据万历三十六年(1608)丁宾为该书所作序言介绍,当丁宾任职于南京太仆寺(在滁州)时,官民牛马普染疫病,庸医不职,死亡相继,后访得俞氏兄弟请来诊治,"不浃月而马大蕃息。时出其余绪以治牛,民赖以有耕者无算"④。俞氏兄弟是结合自己丰富的临床经验,通过总结本朝与历代兽医学家的诊疗经验、科研成果,而写成这部兽医学专著的。该书以临床诊疗为核心,用问答、歌赋及绘图等方式,对家畜的饲养管理、疾病诊断、针烙手术、防治法则等进行了系统论述,理、法、方、药兼备。其

---

① 邹介正:《明代兽医学术的发展》,载华南农业大学农业历史遗产研究室主编《农业研究》第七辑。

② 参见王毓瑚:《中国农学书录·类方马经》,台湾明文书局1981年版。

③ 参见王毓瑚:《中国农学书录·马书》。

④ 中国农业科学院中兽医研究所:《元亨疗马集选释》附《原序》,农业出版社1984年版。

内容之丰富,论述之正确,超过了以往的所有同类著作,因而刊刻之后,广泛流传,直到今天仍是兽医的必读书之一,成为中兽医的经典著作。该书在流传过程中,形成了不同的版本,内容和编排也有变化。除了在国内流传,该书也传到了朝鲜、日本等国,并被节译成德文和法文。上述之外,明代的兽医学专著还有杨时乔的《牛书》13 卷、贾某的《牛经》4卷等。

从医疗的具体技术上说,明代取得成绩的主要是医马方面。其诊断手段中,发展了色诊①和脉诊法(也叫切诊),并形成了一个比较完整的辩证施治体系。在用药知识方面,除了著名的本草学家的一些著作外,兽医书中也出现了若干兽医用药须知一类的文献,并把常用的经验良方编成歌诀,颇便记忆。在针灸方面,从针具到使用方法,再到有关论著,皆有新进展。中国现代的兽医针灸学,实际上是以明代的兽医针灸技术为基础而发展形成的。此外,明代在传染病、寄生虫病、外科病等的治疗方面,也都达到了很高的水平。

第三节　水利和建筑工程技术

一、水利工程技术

明代的水利工程主要有治理大运河、治理黄河和农田水利灌溉工程建筑等三大项,在这些工程进行中,都继承和利用了前人积累下来的技术和经验,并有所创造和发展。

（一）大运河的治理

明代对大运河的治理,在前期和中后期皆有相当突出的成就。前期治运河的突出人物是宋礼和陈瑄。

宋礼的功劳在治理会通河。会通河是山东境内的大运河,开凿于元朝。但这里地势较高,水源较少,加之引水路线不是最佳方案,所以"岸

---

① 指察看了解口腔的各部颜色、细胞组织的光泽度、唾液即津量的多寡粘稠程度、口腔的温度。

狭水浅,不任重载",终元之世,作用不大。入明不久,由于受黄河决口的影响,又进一步被淤塞。及明成祖朱棣决定建都北京,南粮需大量北运,只好采取河海兼运之法。但海运路途遥远而且很危险,"而河运则由江淮达阳武,发山西、河南丁夫陆辇百七十里入卫河",极为烦劳。于是根据济宁州同知潘叔正的建议,朱棣遂决定重开会通河,命工部尚书宋礼主持其事,时在永乐九年(1411)①。

　　宋礼的这次重开会通河,并不仅仅限于疏浚旧有河道,重要的是找到了引水路线的最佳方案。元代之开会通河,是将泗水和卫水连接起来。其所用水源为汶水和附近的泉水,引水口在位于宁阳北面的堽城,通过在堽城拦汶筑堰壅水入洸河,沿途汇宁阳诸泉水,最后流至济宁会源闸,进入运河。这些进入运河的水,自会源闸南北分流,北至临清入卫河,南至鲁桥入泗水。其中自济宁向北至临清者,途中要经过地势比济宁较高的南旺(在今山东汶上县西南),所以其流不畅,元代会通河之作用不大,原因即在这里。宋礼在这次治理中,通过调查研究,从汶上老人白英那里得知了南旺地势居高的地形状况,知道了引汶至南旺而后南北分流是最佳引水路线,因而听取了其意见,从而使会通河工程达到了甚高的水平,将元代未能解决的水量偏少问题顺利地加以解决。《明史·宋礼传》载其事:

> 礼以会通之源,必资汶水,乃用汶上老人白英策,筑堽城及戴村坝,横亘五里,遏汶流,使无南入洸而北归海,汇诸泉之水,尽出汶上,至南旺,中分之为二道,南流接徐沛者十之四,北流达临清者十之六。南旺地势高,决其水,南北皆注,所谓水脊也。因相地置闸,以时蓄泄。自分水北至临清,地降九十尺,置闸十有七,而达於卫;南至沽头,地降百十有六尺,置闸二十有一,而达于淮。

---

① 《明史》卷153《宋礼传》。

这里所说的戴村,在堽城之西,位于今汶上县东北。从《明史·宋礼传》的这段记载来看,宋礼的这次治理运河,除解决会通河的引水路线外,对其上的水闸设置也有周密的安排。

陈瑄之治理大运河,是继宋礼之后紧接着进行的。他用力的地段在济宁至长江北岸,主要工程是开凿清江浦、整治吕梁和百步二洪、开辟泰州白塔河航线等。

开凿清江浦是为解决运河穿淮的问题。当时,南来船只到达淮安后,要卸下货物,用辘轳绞拉通过城北的堤坝,才能进入淮河、重新装上货物,并且接着还需在淮河中逆水行驶数十里,才能出淮河,通过清江口,进入徐州与淮安间的运河,非常费时费力,船货也蒙受损失。永乐十三年,陈瑄"用故老言",在淮安城西凿渠二十里,导管家湖的水到淮河边的鸭陈口入淮,与隔河的清江口相对。又在渠上建四闸以控制水量,在管家湖边筑堤砌石,充作牵路。这样,南来船只即可以不经淮安城北的堤坝而直达淮河,继而穿淮而过。其省费显然不小。①

徐州与淮安间的运河,本为泗水的河道,黄河南徙时,也常常以之作为入淮的重要通道之一,因此这段运河是借黄行运,被称为河漕。这段运河除因黄河的迁徙不常而受影响外,突出的困难是徐州城东南二里有百步洪(也叫徐州洪)、五十里有吕梁洪。这是两个险要河段,其中怪石暗礁极多,而且水流湍急,行船极为危险。对于这两个险要河段,历代都注意整治,但难于彻底。明代永乐以后,大运河的运输任务加重,因此急需进一步治理。为此,陈瑄在整治二洪上下力颇多,其中对吕梁洪用力尤多。《明史·河渠志》说他"凿吕梁、百步二洪石以平水势","久之,复置吕梁石闸";《明史·陈瑄传》说他"以吕梁洪险恶,于西别凿一渠,置二闸,蓄水通漕"。陈瑄对二洪的整治,无疑不可能根本改善这里的通航条件,但有利于其通航条件的改善是肯定的。

开辟泰州白塔河航线是为了便于江南运船过江。明初长江北岸的

---

① 《明史》卷153《陈瑄传》。

运河进口共有三个：一为仪真运口，是湖广、江西及上游其他地区来船的进运河之路；一为瓜洲渡口，是江南运河北上的船只过江后进运河的通道；一为白塔河口，是江南苏、松、常诸地及浙江诸处通过孟渎过江的船只过江后开向运河的路线。陈瑄对这三个进口都曾疏治过，而其中开辟白塔河航线尤其受到人们的重视。这个航线的开辟，使自孟渎过江的船只，不用再沿江溯流至瓜洲，航行条件大为改善。

　　由于宋礼和陈瑄的相继努力，大运河空前畅通，史称："自是漕运直达通州，而海陆运俱废。"[1]

　　明代中后期治理大运河的工程，主要是开凿南阳新河和开凿泇河运河。开凿南阳新河是对会通河南段的一次改造。这里的南阳是今山东鱼台县境内的一个镇子，会通河从此通过到徐州北的茶城口，以与黄河相会。明中叶以前，会通河由南阳镇起沿着昭阳湖的西岸经沛县西北而南下。这里地势很低并且靠近黄河，这就给运河带来两大威胁：一是黄河在单、丰、沛一带极易决口，一旦发生决口，河水就会冲坏运河的河堤；二是"泥沙易集，以故累浚累塞"[2]。这是开凿南阳新河的原因所在。嘉靖六年（1527），"黄河水溢入漕渠，沛北庙道口淤数十里，粮艘为阻"，吴江人盛应期被任命为右都御史前往治理，他提议在昭阳湖东，"北进江家口，南出留城口，开浚百四十余里"，并认为开这条新河比疏浚原来的河道"力省而利永"[3]。当时规定开凿新河的期限为六个月，但进行了四个月后就因故而中止。嘉靖四十四年（1565）秋，"河决沛县飞云桥，东注昭阳湖，运河淤塞百余里"，朱衡受命以工部尚书兼右副都御史，总理河漕。朱衡来到决口处，发现"旧渠已成陆，而故都御史盛应期所开新河，自南阳以南东至夏村，又东南至留城，故址尚在。其地高，河决至昭阳湖止，不能复东，可以通运"，于是定议"循新河遗迹成之"。第二年，新河开凿

①《明史》卷85《河渠志三》。
②《明世宗实录》卷84，嘉靖七年正月乙酉。
③《明史》卷223《盛应期传》。按，"江家口"应作"汪家口"，见《明史》卷85《河渠志三》、《明世宗实录》卷84、《行水金鉴》卷113；留城今已沦入微山湖。

成功,运粮船得以通行。隆庆元年(1567),"山水骤溢,决新河",朱衡又根据给事中吴时来的建议,开四条支河,"泄其水入赤山湖"①。至此,南阳新河的开凿工程最后完成。新河与旧道相比,向东移了30里,旧河自留城向北,中经沛县等地而至南阳,新河则自留城而北,经由夏镇等地到南阳,与旧河合。南阳新河的开凿成功,使此段运河航行通畅了许多。

伽河运河的开凿是为了避开徐州以下借黄行运的所谓河漕。河漕因黄河之多变易决而甚少保证,特别是吕梁洪与徐州洪更是难于彻底整治的多险地段。开凿伽河之议"始于翁大立",继之者傅希挚,最后实现则在李化龙、曹时聘②,其时在隆庆至万历年间。伽河运行自夏镇(微山)向南经韩庄(山东峄县西南60里)、台庄,到邳州直河口入黄河,长200余里,代替了原来自夏镇经徐州到达直河口的长330里的黄河运道。此后继续用作运道的黄河河床只剩下邳州直河口以下的一段,运船的来往安全多了。

通观明代对大运河的治理,可以看出当时在合理引用水源、选择正确的河道位置以避开险滩、改善航行条件等方面,都做出了不少成绩,反映了治运工程技术的提高。更为可贵的是,除了利用当时已达到的技术水平从事治运之外,明代的许多治运专家,还拿起笔来,撰写专著,将实践中创造的经验进行总结,为后世留下宝贵的文字遗产。弘治年间,王琼撰有《漕河图志》,全书8卷,是现存最早的京杭运河专志。时王琼以工部郎中管理河道,乃在成化年间三原王恕所撰《漕河通志》14卷的基础上,加以增删改编,而成其书。书中绘出了通州至仪真段的运河详图,记载了沿河闸坝、湖河,历代变迁等,还收录了有关"奏议碑记"③。该书是研究京杭运河前期工程技术史的宝贵资料。嘉靖年间,吴仲撰《通惠河志》,这是关于通惠河改建情况的专书。元代郭守敬所修通州运河即通惠河,在明初淤塞,嘉靖中吴仲任直隶巡按御史,奏请加以疏浚,事后写

①《明史》卷223《朱衡传》。
②《明史》卷87《河渠志五》。
③《四库全书总目》卷75《〈漕河图志〉提要》。

出此书，"上卷载闸坝建置、开浚事宜，而冠以源委图说，中卷及附录皆诸司奏疏，下卷皆碑记诗章也"[①]。万历年间，谢肇淛著《北河纪》，这是记载山东至天津段京杭运河的专著。它对运河水源、工程等皆有记载，被称为"了解明代运河的权威性著作"[②]。此外，嘉靖末年游季勋等编《新河成疏》，记载开凿南阳新河工程，万历时李化龙撰《治河奏疏》，对迦河工程加以记载，也都是明代关于大运河的重要著作。

（二）治理黄河工程

治理黄河主要在明中期以后进行，出现了很多著名的治河组织者和专家。其中第一个是徐有贞。徐有贞，初名珵，正统十四年（1449）土木之变后，曾向景泰帝提议南迁首都，为兵部侍郎于谦等所斥责，而后改名为有贞。他在抵抗瓦剌上虽然表现得软弱退避，但"为人短小精悍，多智数，喜功名。凡天官、地理、兵法、水利、阴阳方术之书，无不谙究"[③]，所以在治河上能作出贡献。正统十三年秋，黄河在新乡八柳树口决口，漫曹濮，抵东昌，冲张秋，溃寿张沙湾，大运河的航道遭到破坏。工部侍郎王永和、工部尚书石璞等先后修治，景泰三年（1452）五月，筑成沙湾石堤。六月，大雨浃旬，复决沙湾北岸，掣运河之水东流，近河地皆淹没。此后仍旧屡修屡决。于是，廷臣共举徐有贞升任左佥都御史，前往专治。他来到沙湾后，调查了地形水势，提出了治河三策：一为置水闸门，二为开分水河，三为挑深运河。景泰帝批准了他的方案。于是他"大集民夫，躬亲督率，治渠建闸"[④]。所开水渠，"起张秋金堤之首，西南行九里至濮阳泺，又九里至博陵陂，又六里至寿张之沙河，又八里至东西影塘，又十有五里至白岭湾，又三里至李崋，凡五十里。由李崋而上二十里至竹口莲花池，又三十里至大伾潭，乃逾范暨濮，又上而西，凡数百里，经澶渊以接河、沁。筑九堰以御河流旁出者，长各万丈，实之石而键以铁。（景泰）六

[①]《四库全书总目》卷75《〈通惠河志〉提要》。
[②] 水利水电科学研究院：《中国水利史稿》下册，水利电力出版社1989年版，第460页。
[③]《明史》卷171《徐有贞传》。
[④]《明史》卷171《徐有贞传》。

年七月功成,赐渠名广济"①。沙湾决口将近十年,至此时才告堵毕。从此黄河之水"北出济漕",而阿、鄄、曹、郓间百数十万顷土地,由沮洳变良田。接着,又挑浚漕渠,由沙湾北至临清,南抵济宁。复建八闸于东昌,其间"实其底,令高常水五尺",水"小则拘之以济运,大则疏之使趋海","有通流之利,无堙塞之患"②。经过这样一番修治,山东河患就暂时被解决了。景泰七年秋,畿辅、山东大雨,诸水并溢,高地丈余,堤岸多冲决,"惟有贞所筑如故"③。

另一个值得一提的治河组织者是刘大夏。弘治六年(1493)春,黄河在张秋戴家庙决口,挈运河与汶水合而北行。经吏部尚书王恕等推举,刘大夏被任命为右副都御史前往治理。经过调查,刘大夏提出,为了堵住决口,首先应当治理决口的上游。他首先组织民工疏浚仪封黄陵冈南贾鲁旧河40余里,引河水由曹出徐,以减小水势;又疏浚荥泽孙家渡口,别凿新河70余里,导河水南行,经中牟、颍川东入淮河;再疏浚祥符四府营淤河,引河水由陈留至归德,而后进入淮河。在治好上游之后,刘大夏才组织人力在张秋直接堵塞决口,经过"昼夜不息"的努力,终于治服河水,达到目的,时在弘治七年十二月。事后张秋之名被改成了安平镇④。

黄河进入河南以后,经常改道,在明代其入海的通道主要有三条:一为北路,从封丘荆隆口东北经曹州、濮阳、沙湾、张秋,合大清河入海;一为中路,由开封东经徐州、邳县、宿迁、清河,会淮入海;一为南路,走武阳、中牟一带南下,入涡河,经亳县,会淮入海。这三条只有中路对保持运河漕运的畅通有利,所以明代治河者,大多设法让它走中路。刘大夏治河期间,也注意到这一点。他堵塞了张秋决口后,在弘治八年正月又组织了筑塞黄陵冈及荆隆等七口的工程,历时半月完成任务。黄陵冈位于张秋的上流,广90余丈,荆隆等口又居黄陵冈的上流,广430余丈。黄河流到这里,宽漫奔

---

① 《明史》卷83《河渠志一》。
② 《明史》卷83《河渠志一》。
③ 《明史》卷171《徐有贞传》。
④ 《明史》卷83《河渠志一》。

放,"皆喉襟重地"。诸口既塞,"于是上流河势复归兰阳、考城",分流经归德、宿迁,会淮水,东注于海。他还组织民工修筑了沿黄河北岸的内外两道护堤,外堤西起胙城,经滑县、长垣、东明、曹州、曹县,抵虞城;内堤西起祥符于家店,历兰阳铜瓦厢、陈桥,抵仪封东北小宋集(今考城县东)。外堤长360里,内堤长160里,"大小二堤相冀,而石坝俱培筑坚厚"①,于是黄河北决自张秋冲毁大运河的危险大大减少。

明代治理黄河最有贡献、名声也最大的组织者和专家是潘季驯。他一生共办河务四次。第一次在嘉靖四十四年(1565),第二年因丁忧离职;第二次在隆庆四年(1570),第二年受弹劾落职;第三次在万历六年(1578),至八年秋擢南京兵部尚书而去;第四次在万历十六年(1588),至二十一年(1593)罢去。四次当中,以第三次成绩最突出。当时,河决崔镇(在泗阳县西北),"宿(迁)、沛(县)、清(河,即今淮阴)、桃(源,即今泗阳)两岸多坏,黄河日淤垫,淮水为河所迫,徙而南"②,"高堰(即高家堰,在淮阴西南四十里)湖堤大坏,淮、扬、高邮、宝应间皆为巨浸"③。在这种情况下,潘季驯被任命为右都御史兼工部左侍郎,挑起了治河的重担。那时,朝廷上关于治河的方案议论纷纷,有的"请多浚海口,以导众水之归",有的"请塞崔镇决口,筑桃、宿长堤,修理高家堰,开复老黄河"④。潘季驯没有被朝廷上的各种议论束缚,他与督漕侍郎江一麟详细观察了水势,最后得出结论:"故道久湮,虽浚复,其深广必不能如今河",应"筑崔镇以塞决口,筑遥堤以防溃决";"淮清河浊,淮弱河强,河水一斗,沙居其六,伏秋则居其八,非极湍急,必至停滞,当藉淮之清以刷河之浊,筑高(家)堰束淮入清口,以敌河之强,使二水并流,则海口自浚"⑤。于是,他上疏神宗,提出了治河的六条办法:"塞决口以挽正河""筑堤防以杜溃决""复闸坝以防外河""创滚水坝以固堤岸""止浚海工程以省糜费""寝

---

① 《明史》卷 83《河渠志一》。
② 《明史》卷 84《河渠志二》。
③ 《明史》卷 223《潘季驯传》。
④ 《明史》卷 84《河渠志二》。
⑤ 《明史》卷 223《潘季驯传》。

开老黄河之议以仍利涉"①。他的报告获得了批准,于是按照计划行动起来。自万历六年夏至第二年十月工程结束,共"筑高家堰堤六十余里,归仁集堤四十余里,柳浦湾堤东西七十余里,塞崔镇等决口百三十,筑徐、睢、邳、宿、桃、清两岸遥堤五万六千余丈,砀、丰大坝各一道,徐、沛、丰、砀缕堤百四十余里,建崔镇、徐昇、季泰、三义减水石坝四座,迁通济闸于甘罗城南,淮扬间堤坝无不修筑"。此后"连数年,河道无大患"②。

潘季驯不仅实地组织领导了成绩卓著的治河工程,而且很注意对治河经验进行总结。他曾于万历七年,"汇集前后章奏及诸人赠言,纂成一书,名塞(按:'塞'为'宸'之误)断大工录",既而"以其犹未赅备,复加增削",辑为《河防一览》之书,"首敕谕图说一卷,次河议辨惑一卷,次河防险要一卷,次修守事宜一卷,次河源河决考一卷,次前人文章之关系河务及诸臣奏议,凡八十余篇,分为九卷"③。后来他还编有《总理河漕奏疏》十四卷,汇集了其治河的主要奏章。这些著作提出了许多有价值的治河方法,反映了他的治河思想。根据他的著作和奏疏,他的治河方法以束水攻沙为基本原则,即"缮治堤防,俾无旁决",从而使"水由地中,沙随水去"④。他的这个治河原则是合乎科学道理的,因为黄河之水"合则流急,急则荡涤而河深,分则流缓,缓则停滞而沙积"⑤。为了贯彻这一束水攻沙基本原则,潘季驯提出的治河方法中,非常重视河堤的修建。他提出的修堤方法有很多,其中主要有三个:"缕堤以束其流""遥堤以宽其势""滚水坝以泄其怒"。缕堤筑于接近河滨的地段,这是平时用来约束河水使之奔流于河床之中的。洪水到来之后,流量太大,河床往往不能容纳,因而须事先离河二三里另外筑堤一道,以防洪水侵入陆地,这便是遥堤的作用。至于滚水坝,那是选择地势

①《明史》卷84《河渠志二》,《明神宗实录》卷76。
②《明史》卷84《河渠志二》。
③《四库全书总目》卷69《〈河防一览〉提要》。
④《明史》卷84《河渠志二》。
⑤《明史》卷84《河渠志二》。

低洼而又地基坚实的地段,用石头筑成,当洪水涨到一定高度时,洪水会通过减水坝宣泄一部分,贮水低洼地带,以免河床里水量过多。由于减水坝用石头做成,因而不会被水冲溃而造成灾害。为了使缕堤、遥堤等坚固不坏,潘季驯对于筑堤所用的泥土等也非常注意。他说:"必真土而勿杂浮沙,高厚而勿惜钜费,让远而勿与争地,则堤乃可固也。"①这就是说,要用富于粘性的土壤,不要杂以浮沙,要注意有足够的高度厚度,不可为省开支不管质量,要在远处挖土培堤,不可挖及堤基、动摇基础。堤坝修成后,重要的是要搞好日常维修和度汛防守,潘季驯对此同样重视。他在前人的基础上,加入自己的经验,提出了一套系统的堤坝修守制度,其中包括铺夫制度(建立堤坝修守专业队伍的制度)、堤坝每年加固制度、四防二守制度②、岁办物料制度和防汛报警制度等③。潘季驯总结的上述治河经验,直到今天仍有一定的参考价值。

上述诸人,尤其是潘季驯的治河实践和理论,集中反映了明代治河工程技术所达到的水平。而在此之外,还有一系列治河专著,在一定程度上表现了当时治河工程技术及其研究的新发展,很值得一提。下面再择其最突出者,加以简述。

嘉靖时吴江人吴山撰《治河通考》一书。作者认为,此前不久车玺所撰《治河总考》一书多有疏漏,而且重复混乱现象颇多,因此另编而成本书。它共有 10 卷,包括河源考、河决考、议河治河考、理河职官考等,"上溯夏周,下迄明代"④。这是一部对历代治河进行总结的著作。

嘉靖时,麻城人刘天河撰《问水集》一书。作者曾以左副都御史总理河道,在河南、江苏、山东交界处组织民工治河数月。《问水集》即此后所

---

① 《明史》卷 84《河渠志二》。
② 四防指昼防、夜防、风防和雨防,二守指官守和民守,这是加强汛期防守、健全汛期防汛指挥系统和增加汛期防守民夫的制度。
③ 《河防一览》;参见《中国水利史稿》,第 125—126 页。
④ 《四库全书总目》卷 75《〈治河通考〉提要》。按,吴山,《四库全书总目》卷 75《〈治河通考〉提要》作"高安人",误。参见李小林:《〈四库全书总目〉未被发现之一误》,《南开史学》1988 年第 1 期。

撰。刘天河治河经历不长,但却善于总结,其《问水集》既总结了自己的经验,又总结了前人的成果,从而提出了许多有价值的见解和方法。如它系统阐述了黄河迁徙不定的六条原因:"河水至浊,下流束隘停阻则淤,中道水散流缓则淤,河流委曲则淤,伏秋暴涨骤退则淤,一也;从西北极高之地,建瓴而下,流极湍悍,堤防不能御,二也;易淤故河底常高,今于开封境测其中流,冬春深仅丈余,夏秋亦不过二丈余,水行地上,无长江之深渊,三也;傍无湖陂之停潴,四也;孟津而下,地极平衍,无群山之束隘,五也;中州南北悉河故道,土杂泥沙,善崩易决,六也。"①又如在疏浚河道的施工技术和建筑堤防的具体办法上,它都提出了很周到的意见。关于前者,其载:"淤深泥陷不能着足之工,则杂施土草,截河筑坝,纵横填路,下施新制兜杓、方杓、杏叶杓,鱼贯以浚之;泥最稀、陷最深者,则用木筲柳斗下取,猿臂传递登岸;瓦砾之工则用锹镢;溜沙之工则用兜杓;沙姜石之工,则制锯齿铁叉,尺寸凿之;浚深泉涌之工,则先择泉稍浅者,分番役夫车戽,并力急浚,而后将泉深者倒水施工。"②关于后者,其载:"必用新制石夯,每土一层,用夯密筑一遍,次石杵,次铁尖杵,各杵一遍,复用夯筑平。堤根宜阔,堤顶宜狭,俾马可上下,谓之走马堤,毋太峻,水易冲啮。凡帮堤,必止帮堤外一面,毋帮堤内,恐新土水涨易坏。"③从上述来看,《问水集》所提出的许多见解和方法都是很合乎科学道理的,是一部重要的河工专著,对后世产生了积极的影响。

万历年间万恭撰《治水筌蹄》,也是一部重要的河工专著。万恭,南昌人,自隆庆六年(1572)起,以金都御史总理河道,治水三年。他上任后,一个河南虞城生员提出了通过筑堤来改变河水流速,从而冲走泥沙、加深河床的建议,他接受了这个建议,将之初步应用于治河实践中。《治水筌蹄》一书即是作者结合前人理论、记录自己的治水经验的书籍。该书的成果为潘季驯所吸收,对其系统的束水攻沙治河思想的形成产生了

---

① 刘天河:《问水集》卷1。
②《问水集》卷2。
③《问水集》卷1。

有益的影响①。

（三）农田水利灌溉工程

早在明朝初年，太祖即对农田水利灌溉非常重视，曾下令"所在有司，民以水利条上者，即陈奏"，还曾"特谕工部，陂塘湖堰可蓄泄以备旱潦者，皆因其地势修治之，乃分遣国子生及人材，遍诣天下，督修水利"②。由于明太祖开了一个好头，此后整个明朝对农田水利灌溉都很注意，史称"终明世水政屡修"。

江南地区是经济上的重要区域，而江湖浦港交错，地势很低，一旦水利失修便会造成严重灾害，所以是明代着重进行农田水利灌溉工程的地区，疏浚河流、筑圩建闸经常不断。永乐元年（1403），夏原吉曾"浚吴淞下流，上接太湖，而度地为闸，以时蓄泄"，第二年又"浚白茆塘、刘家河、大黄浦"，使苏松地区农田大获其利③。后来徐贯和何鉴在弘治年间、李充嗣在嘉靖年间、海瑞在隆庆年间，都曾在这里进行过类似的工程。

北直隶地区是明代着重进行农田水利灌溉工程的又一个地区。万历十三年（1585），江西贵溪人徐贞明被起用为尚宝少卿，兴办北方水利；不久又受命兼监察御史，领垦田使，对阻挠其事的官吏有权劾治。他花了不到一年的时间，在京东组织群众开辟水田达三万九千余亩④。万历三十年，保定巡抚、都御史汪应蛟建议在北直隶中、南部"设坝建闸，通渠筑堤"，"用南方水田法"，兴办水田。朝廷批准了他的建议，他便于"天津葛沽、何家圈、双沟、白塘，令防海军丁屯种，人授田四亩，共种五千余亩"⑤，"为水田者十之四，亩收至四五石，田利大兴"⑥。天启年间，太仆卿董应举"管天津至山海屯田，规划数年，开田十八万亩，积谷无算"⑦。

---

①《明史》卷223《万恭传》，《中国水利史稿》第116—117页。

②《明史》卷88《河渠志六·直省水利》。

③《明史》卷149《夏原吉传》。

④《明神宗实录》卷172。

⑤《明史》卷88《河渠志六·直省水利》。

⑥《明史》卷241《汪应蛟传》。

⑦《明史》卷88《河渠志六·直省水利》。

在屯田的过程中,"浚渠筑防"①,水利工程也得到了发展。

江南和北直隶两地区之外,其他各地修建农田水利灌溉工程的活动也很活跃,像江苏、安徽、江西数省长江两岸的圩田的修筑,长江中游的滨湖、滨江地区的垸田的兴建,以及其他各省的渠系灌溉工程的兴修等,都史不绝书。

伴随着农田水利灌溉工程的建设,有关的科学研究也在大量进行,许多专门著作不断出现。徐贞明写有《潞水客谈》,这是专门论述北直隶地区兴修水利的著作。耿桔撰有《常熟县水利全书》,这是总结圩区水利经验的著作。徐光启的伟大农学著作《农政全书》虽然不是专讲农田水利灌溉工程的,但农田水利灌溉工程是其重要的论述内容,全书共60卷,农田水利部分计9卷,占全书的近六分之一。此外,如姚文灏的《浙西水利书》、张内蕴和周大韶《三吴水考》等有关太湖流域水利的专书,以及其他若干水利专书等,也都是明代对农田水利灌溉工程进行科学研究的宝贵成果。

通过科学研究,明代对兴修农田水利灌溉工程的重要性认识得更加深刻。如因在北方治水而出名的徐有贞曾指出:"水利不修,则旱潦无备;旱潦无备,则田里日荒,遂使千里沃壤,莽然弥望。""水旱之未除者,正以水利之未修也。"②杰出的农学家徐光启指出:"其不能多生谷者,土力不尽也;土力不尽者,水利不修也。能用水,不独救旱,亦可弭旱。灌溉有法,潢润无方,此救旱也。均水田间,水土相得,兴云歊雾,致雨甚易,此弭旱也。能用水,不独救潦,亦可弭潦。疏理节宣,可蓄可泄,此救潦也。地气发越,不致郁积,既有时雨,必有时旸,此弭潦也。不独此也,三夏之月,大雨时行,正农田用水之候,若遍地耕垦,沟洫纵横,播水于中,资其灌溉,必减大川之水。先臣周用曰:使天下人人治田,则人人治河也。是可损决溢之患也。"③他们关于兴修水利与农业生产的关系、兴

---

① 《明史》卷242《董应举传》。
② 《农政全书》卷12。
③ 《农政全书》卷16。

修水利在对付水旱灾害和预防水旱灾害上的作用，讲得相当透彻。另外，明代已懂得淡水可以洗碱，所以往往把兴修农田水利工程与改造盐碱地结合起来，这也是当时对兴修农田水利工程作用的认识更加扩大的表现之一。万历年间，宝坻知县袁黄著《宝坻劝农书》，提出了在盐碱地修筑四周环绕水沟的台田的治碱办法，这就是将兴修农田水利工程与改造盐碱地结合起来的一种主张。

通过科学研究，明代对兴修农田水利灌溉工程的办法，也有了非常系统的总结。如徐光启曾提出"旱田用水"五法，就是生动的一例。其五法如下：

一为"用水之源"，即利用地下泉水。其具体办法为："源来处高于田，则沟引之"；"溪涧傍田而卑于田，急则激之①，缓则升之②"；"源之来甚高于田，则为梯田以递受之"；"溪涧远田而卑于田，缓则开河导水而车升之，急则或激水而导引之"③；"泉在于此，田在于彼，中有溪涧隔焉，则跨涧为漕而引之"；"平地仰泉，（水）盛则疏引而用之，微则为池塘于其侧，积而用之"。

二为"用水之流"，即利用江河之水。其具体办法为："江河傍田则车升之"；"江河之流自非盈涸无常者，为之闸与坝"，引水为渠，渠通于田，"其下流，复为之闸坝，以合于江河。欲（渠水）盈则上开下闭而受之，欲（渠水）减则上闭下开而泄之"；"塘浦泾浜之属（指小河汊），近（田）则车升之，远则疏导而车升之"；"江河塘浦之水溢入于田，则（修筑）堤岸以卫之，（筑有）堤岸之田而积水其中，则车升出之"；"江河塘浦源高而流卑，易涸也，则于下流之处多为闸以节宣之，旱则尽闭以留之，潦则尽开以泄之"；"江河之中，洲渚而可田者，堤以固之，渠以引之，闸坝以节宣之"；"流水之入于海而迎得潮汐者，得淡水迎而用之，得咸水闸坝遏之，以留上源之淡水"。

---

① 指用流水本身转动龙骨翻车、龙尾车、筒车等，从而将水带入田中。
② 指用人力、畜力、风力等转动提升工具，从而将水带入田中。
③ 指用流水本身转动龙骨翻车等，从而将水带至高处，然后开沟导水入田。

三为"用水之潴",即利用积聚之水。其具体办法为："湖荡之傍田者,田高则车升之,田低则堤岸以固之,(田中)有水、车升而出之,欲得水、决堤引之",湖荡离田远者,"疏导而车升之";"湖荡有源而易盈易涸,可为害可为利者,疏导以泄之,闸坝以节宣之";"湖荡之上不能来者,疏而来之(以免上流之害),下不能去者,疏而去之(以免湖岸崩决、害及下流)";"湖荡之洲渚可田者,堤以固之";"湖荡之潴太广而害于下流者,从其上源分之";"湖荡之易盈易涸者",利用秋冬干涸之机播植小麦。

四为"用水之委",即利用海水的潮汐以及岛屿、沙洲。其具体办法为："海潮之淡可灌者,迎而车升之,易涸则(修筑)池塘以蓄之,(修筑)闸坝堤堰以留之";"海潮入而泥沙淤垫、屡烦浚治者,则为闸为坝为窦以遏浑潮而节宣之";"岛屿而可田,有泉者疏引之,无泉者为池塘井库之属以灌之";"海中之洲渚多可田,又多近于江河而迎得淡水也,则为渠以引之,为池塘以蓄之"。

五为"作源作潴以用水",即开凿水井、修建池塘水库。其具体办法为："地高无水、掘深数尺而得水者,为池塘以蓄雨雪之水而车升之";"池塘无水脉而易干者",将底夯实,并以椎椎底作孔,涂以胶泥,使水不得下漏;"掘土深丈以上而得水者,为井以汲之";"井深数丈以上、难汲而易竭者,为水库以蓄雨雪之水";土地宽旷,"力不能多为井为水库者",依靠上天下雨,"歉多稔少",宜于多种树木[①]。

上面的旱田用水五法,全面地叙述了在各种条件下兴修水利的不同措施,是非常系统的总结。由此也可以看出,当时修建农田水利灌溉工程的知识已经相当丰富。

二、建筑工程技术

明代建筑工程技术在继承传统的基础上,有了进一步提高。砖的质

---

① 《农政全书》卷 16《旱田用水疏》。

量和加工技术有所进步，其应用普遍起来。琉璃面砖和琉璃瓦由于用白泥（即高岭土）代替粘土制胎，质地变得细密坚硬，加之其彩色和预制拼装技术超过了前代，所以其应用也更加广泛。在木结构方面，斗拱的结构作用减少，梁柱构架的整体性加强。建筑的风格（主要是官式建筑的风格）显得更为严谨稳重，建筑群的布置手法更趋成熟，建筑的装修水平达到新高度。因此当时的都城、宫殿、坛庙、陵寝、宗教建筑、住宅以及边境防御工事等方面的建设都取得了辉煌的成就。下面选择几种最著名、最有代表性的明代建筑加以简单叙述，以见一斑。另外，明代的园林建筑也很发达，下面对其情况也加介绍。

（一）以宫室为中心的北京城

明朝的北京，是在元朝大都的基础上改建、扩大而成的。当明太祖朱元璋的军队从元朝手中夺得元大都后，改名北平，并很快加以改造。当时，主要是将北面的城墙拆掉，南移五里另建新的北城墙，其位置就是现在的德胜门至安定门一线。此后不久，又有计划地拆毁了位于今故宫一带的元朝宫殿。"靖难"之役后，明成祖朱棣决定迁都北平，因而改名北京，并进行了大规模的改建。这次改建，除了重建大内宫殿外，还把南城墙由今天安门前东西长安街所在的地方，向南推移二里多，使之位于今前门所在的东西一条线上。到了嘉靖年间，明朝又将北京城扩建了一次，即在南面加筑了一个外罗城。至此，明代北京城的平面轮廓最后形成，呈凸字状。这种形状，一直延续到 1949 年中华人民共和国成立，大体没有改变。

建成后的明代北京城，共分两大部分：嘉靖年间所筑外罗城围成的部分为外城，其余部分为内城。外城东西 7950 米，南北 3100 米，南面有右安、永定、左安三门，东面有广渠门，西面有广宁门，北面有城门五座，其中中间的崇文、正阳、宣武三门与内城相通，分居两端的东便门和西便门分别通向内城城东、城西。内城东西 6650 米，南北 5350 米，南面有城门三座，即外城北面与之能相通的中间三座城门，东面有朝阳、东直二门，北面有安定、德胜二门，西面有西直、阜成二门。内城之里有皇城，皇城之里又有宫城,三者层层相套。皇城位于内城的中心稍稍偏南之处,东西 2500 米,南北 2750 米,四向开门,南门为承天门(清初改称天安门),承天门之前有大明门,位于今毛主席纪念堂一带,是皇城的前导。宫城东西 760 米,南北 960 米,四面都有城门一座,北为玄武门,东为东华门,西为西华门,南为午门,四周挖有护城河一道,将之与皇城的其他部分隔开。

明代北京城突出地体现了封建社会的都城以宫室为主体的规划思想。南自外城的永定门起,中经正阳门、大明门、承天门、午门、玄武门,北至内城北部中心的钟楼和鼓楼止,有一条贯穿南北、长达 7.5 千米的中轴线,形成了全城的骨干。城内的宫殿和其他重要建筑,都分布在这条中轴线上或其两侧,形成很有系统的组合。从永定门到正阳门,是一条宽阔笔直的南北大街,其南段的东西两侧分别建有天坛和先农坛两组重要建筑。进正阳门往北,即到达大明门和承天门之间,这里有一条宽平的南北石板御路,两侧建有整齐的廊庑,叫千步廊,千步廊的外侧,隔街建有东西向的各种衙署。承天门东侧是祭祀皇帝祖先的太庙,西侧是祭祀土地和五谷神的神稷坛。自承天门继续向北,再自午门穿过皇帝听政和居住的宫城北出玄武门,迎面而来的是利用挖掘宫城护城河所得泥土而成的高大的万岁山(俗称煤山,清朝改称景山)。登万岁山向正北方向望去,皇城的北门即地安门和位于中轴线终点的形体高大的鼓楼与钟楼,便会依次进入视野。上述布局,对于全城东西向的交通,不可避免带来一些不方便,但宫殿占据了全城的中央部分,其地位被充分地突出。

内城和外城的各座城门内,都有一段或长或短的大街与之相通,这些大街或东西、或南北,相互交叉连结,形成了城内的交通干道,干道两侧又有与之相垂直的胡同通向居民住宅区的深处。这些街道胡同结合起来,将居民区分割成了一个个相互垂直的方格形。这正是对中国古代城市街道传统的布局方式的继承。

通观明代北京的布局,可以看出严密的规划性,它反映出了当时城市建设相当高的技术水平。

（二）庞大、精美的北京宫殿建筑群

永乐时期营建的北京宫城中的宫殿建筑，后来虽有部分重建和改建，但基本布局一直未变，被明清两代连续使用达数百年之久。这是一组世界上少有的庞大而精美的宫殿建筑群。

北京宫城的宫殿建筑，分为外朝和内廷两大部分。外朝主要是三大殿：奉天殿、华盖殿和谨身殿①。它们的东面配有文华殿，西面配有武英殿。三大殿是皇帝登基和举行重大典礼的地方。内廷以乾清宫、交泰殿和坤宁宫为主体，其东西两侧分别有东六宫和西六宫等，是皇帝和后妃居住的处所。外朝居南为前部，内廷处北为后部，这是按照历代相沿的前朝后寝制而设计的布局。宫城内处于整个北京城南北中轴线上的宫殿建筑，是外朝的三大殿和内廷的乾清宫、交泰殿、坤宁宫等主要建筑，其余的次要建筑则左右对称地排列在中轴线的两侧。

北京宫城的宫殿建筑规模之大，是宫殿建筑中少有的。据统计，其房屋总数近万间，建筑面积十几万平方米。有的单体建筑，也形体庞大，极其雄伟。如规格最高的奉天殿，不仅本身长、宽、进深超过一般，而且建在高高的台基之上，更显得高大壮观，淋漓尽致地宣扬着封建帝王至尊无上的地位和主宰一切的权威。

北京宫城的宫殿建筑群不仅雄壮，而且精美。只说那宫城四角的角楼，其造型之秀丽、妩媚，就使人们在走近宫城、而尚未进入其中时，已经拍手叫绝。宫城内宫殿的屋顶，铺满了以金黄色为主的琉璃瓦件，在阳光下闪闪发光，殿里的天花、藻井以及殿外檐下的斗拱，都是彩绘遍施，交相辉映，不禁使人深深感到其表里内外的富丽堂皇、美妙绝伦。

尤其应该注意的，是它们将中国古代建筑许多优秀的传统处理方法，恰到好处地运用起来，产生了极好的艺术效果。比如在奉天殿的前面设置了宫城内最大的广场，这无疑是运用衬托手法，理想地表现出奉

①　嘉靖年间重修，分别改称皇极殿、中极殿和建极殿，清朝又分别称为太和殿、中和殿和保和殿。

天殿在宫廷中的主体地位。再如体形巨大、具有复杂屋顶的宫城正门即午门之前,是两侧建有低矮廊庑的狭长庭院,这显然是运用反衬手法,用纵长而平缓的轮廓与午门的高峻壮丽作对比,从而强烈地渲染了午门的威严。

（三）气势宏伟而肃穆的十三陵

明代皇帝共有 16 位,除朱元璋埋在南京（即孝陵）、建文帝死后下落不明未建陵墓、景泰帝因政变被废死后葬于北京西山外,其余 13 位皇帝都集中埋葬在北京市区以北的昌平天寿山下,形成了闻名世界的十三陵建筑群。

十三陵建筑群座落在北、东、西三面山岭环抱的盆地边缘,中心建筑是辈份最高的明成祖朱棣的长陵,位于陵区北部天寿山主峰之下。其余十二陵分布在其东南、西北和西南,各占据一个山峦,面向其处。在盆地的南部边缘,恰有崛起对峙的两座小山,形成陵区的天然门阙。山口外不远建有石牌坊一座,正对天寿山的主峰,成了整个陵区的入口;而后通过位于两座小山间微微隆起的横脊上的大红门,建有通向长陵的神道。由于陵区的山势东低西高,神道微有弯折,向较低的一侧的山峰稍作偏移,从而使左右的远山在视觉上得到了其体量大致均衡的效果。神道的南半段两侧,布置有巨大整石雕刻而成的文臣、武将、象、骆驼、马等。整个陵区,南北约九公里,东西约六公里,面积辽阔,加之巧妙地利用了自然地形,各陵之间彼此呼应,共同形成了浑然一体的局面,气势恢宏。

在十三个陵墓的地面建筑中,最为宏伟的是长陵。它主要由宝顶、方城、明楼和祾恩殿等组成,巨大的宝顶建成圆形,直径达三百米,周围绕有形同城墙的墙壁。在宝顶之下,就是深埋地下的地宫（墓室）。宝顶的前面正中部分做成方台,叫作方城,上建碑亭,名为明楼。方城明楼之前,以祾恩殿为中心,布置成三重庭院。祾恩殿位于第二进庭院中,面阔九间,长达 66.75 米,重檐庑殿顶,下面由三层的石台基承托,形态稳重。由于其前面的庭院比现存故宫太和殿前面的广场面积小许多,因而它的气魄赶不上太和殿雄伟,但它的面阔是木构建筑中最大的,也是现存总面积最大的木构殿宇之一。另外,其用料之精也超越其他所有建筑。殿内有 32 根优质楠木柱,皆以独木制成,高者达 12 米,中央明间的四根直径达 1.17 米。此殿建成后,经历过多次地震、雷击等自然灾害,但迄今无闪失倾斜,其工程质量之高,令人赞叹。

十三陵的地宫因封土深厚、石券紧密,均未遭到破坏。中华人民共和国成立后,发掘了明神宗的定陵,揭开了明陵地下宫殿状况之谜。定陵是十三陵中规模最大的一座,现存地面建筑只有明楼和宝顶。其地宫是用巨石发券构成的。它包括正殿一座,位于正殿前面两侧的配殿两座,正殿正前面有甬道一条,甬道设门三重。两座配殿通过一条与甬道十字交叉的隧道跟甬道及正殿相通。这种布局实即模仿地上的庭院,甬道上设门三重,代表院落的划分。这座地下宫殿的石券的最大跨度达 9.1 米,净高亦达 9.5 米,施工质量也很高。殿内除石门檐楣上雕刻些花纹外,整体说来朴素无华,再加上其空间尺度高大宽敞,所用建筑材料即石材具有沉重坚实的质感,形成的气势颇为肃穆①。

(四)世界建筑史上的奇迹万里长城

自春秋战国时期各诸侯国在边境险要处修筑长城以互相防御起,长城成了中国古代重要的防御工事之一。秦朝统一中国后,曾将燕、赵、秦三国北边的长城连结起来,建成了西起甘肃临洮,东至辽东的著名的万里长城。后来的各个朝代,大都在北部边境构筑过长城,而其中投力最多的是明朝。今天完整地保存下来的万里长城就是明朝的遗物。

明太祖在建国以前,就已经采纳了谋士朱升的"高筑墙,广积粮,缓称王"的建议,十分重视筑城设防之事。他的继承者也沿袭祖例。所以,明代不仅两京及全国各府州县的城墙都修得十分坚固,全部用砖包砌,而且 200 多年中几乎一直没有停止过对长城的修筑活动。明代所修长

---

① 参见定陵发掘委员会工作队:《定陵试掘简报》,载《考古通讯》1958 年第 7 期;刘敦桢:《中国古代建筑史》,中国建筑工业出版社 1984 年第 2 版,第 357—363 页。

城西起嘉峪关,东至鸭绿江,全长 12700 多里,但其中山海关至嘉峪关之间工程质量较高,保存较为完整,所以许多人说,明代长城西起嘉峪关,东至山海关。有人推算,倘将明代修筑长城所用砖石、土方堆筑成一道厚一米、高五米的长墙,可以绕地球一周而有余。这确实是一件了不起的大工程。

长城的主体是城墙,城墙在山区多建在山脉的分水岭上。根据地区条件的不同,它或为条石墙(内包夯土或三合土),或为块石墙,或为夯土墙,或为砖墙(内包夯土或三合土),有的地方是劈崖为墙,或利用山崖建雉堞,甚至有的是建成木板墙或柳条墙。而数量最多的,是夯土墙和砖石墙。大体说来,山西以西多用夯土墙,山西以东多用砖石墙。城墙的高度和宽度,也视具体地形条件等而有所不同,但大体上都是上窄下宽,造型利于提高稳固性。城墙上每隔一段距离,还设敌台一座,或空心,或实心。空心者可住兵卒,贮存器械,并可瞭望射击。实心者的功能仅为瞭望射击。长城的城墙并非各处都是一道,而是根据战略地位和地形状况互不相同,有的地方则有两道,甚至可以多至几十道。城墙的附近,还建有烟墩,为单独存在的高台,往往建在高峰之上或平地转折之处,一般用夯土筑成,重要者外面包砖,上建雉堞和瞭望室。台上贮薪,发现敌情,夜间举火,白昼焚烟,在当时不失为快速的传递军情的通讯手段。在长城沿线最险要的地带,更设有许多关隘,以加强防御。在设置关隘之处,建筑营堡以屯兵,多建墩台以提高防御能力。著名的关隘,除北京附近的居庸关、东面的山海关、西头的嘉峪关外,还有偏头关、宁武关、雁门关、紫荆关、倒马关、古北口、喜峰口等多处。

城墙、雄关、敌台、烟墩,构成了严密的防御体系,这令人不能不赞叹当时军工匠师的聪明智慧。在现代科技高度发展的今天,虽然万里长城在军事上已经没有现实价值可言,但其蜿蜒于崇山峻岭之间的雄姿和高超的建筑技术,体现了中国人民的伟大气魄,反映了明代建筑工程的杰出成就,被誉为世界建筑史上的伟大奇迹①。

（五）精美的园林建筑

明朝继承了历代以来修筑园林的优良传统,造园水平更加提高。

明朝的皇家园林主要是西苑,是在元朝太液池、万岁山的基础上改造、扩建而成的。永乐年间开凿南海,从而与原来的太液池形成了延续至今的北海、中海、南海三海相连的格局。此外,明朝还拆去了原在万岁山顶的元广寒殿,在北海沿岸修建了不少殿宇,在北海与中海之间建金鳌玉蝀桥,在中南海一带也搞过一些营建。通过连续不断的改造和扩建,西苑成为相当美丽的皇家禁苑,皇帝经常在其中泛舟、游玩,一些政务活动也在此处理,有的皇帝还长期居住于斯,不回紫禁城中②。

明朝园林建筑的突出成就是私家宅园型的园林大量出现,并且相当精美。首都北京勋贵达官云集,因而私家园林甚多,有"园亭相望"之称。如"张惠安园",芍药"至数万本,春杪贵游,分日占赏"③;米万钟的勺园,"一望尽水,长堤大桥,幽亭曲榭"④;武清侯李伟的清华园,"大数百亩,穿池迭山"⑤,"亭如鸥,台如凫,楼如船,桥如鱼龙"⑥。其他如东城成国公园、石大人胡同中咸宁侯仇鸾所建的宜园、驸马万公曲水园等等,也都是享有盛誉的名园。南京是第二京城,名园数量也很多。现存瞻园即是明初中山王徐达的西花园。明人王世贞《游金陵诸园记》所记私家园林多达 36 处。其他地区同样有不少私家园林,其中尤以经济发达的江浙地区为最。如苏州在明代中后期出现了造园的高潮,最负盛名的是御史王献臣建造的以水为中心的拙政园,徐泰时建造的今著名园林留园的前身

---

① 参见《皇明九边考》《九边图说》;《中国古代建筑史》第 7 章第 6 节;罗哲文:《山海关和附近的万里长城》,载《科技史文集》第 5 辑;罗哲文:《长城》,北京出版社 1982 年版。
② 参见侯仁之:《历史上的北京城》,中国青年出版社 1982 年版;陈文良等:《北京名园趣谈》,中国建筑工业出版社 1983 年版。
③《万历野获编》卷 24《京师园亭》。
④《春明梦余录》卷 65《名迹二》。
⑤《万历野获编》卷 24《京师园亭》。
⑥《帝京景物略》卷 3《李皇亲新园》。

东园。无锡于正德年间(1506—1521)由兵部尚书秦金建成别墅"凤谷行窝",这是今天位于惠山东麓的名园寄畅园的前身。太仓出现了文学家王世贞的弇园。上海出现了曾任四川布政使的潘允端为其父建造的豫园。在扬州,万历年间,太守吴秀筑有梅花岭,叠石为山,周以亭台;明朝末年,郑元嗣兄弟建有影园、休园、嘉树园以及五亩之园,皆富有特色,景色诱人。在海宁,万历时太常寺少卿陈与郊始建隅园,占地30亩,后来其水面渐大,景物也日趋精美。在绍兴,据《祁彪佳集》卷八《越中园亭记》所记,仅城内园林即达几十处,此外城南、城东、城西、城北还各有园林多处。有的构造不多,但曲流孤峰,取境甚佳;有的景区繁多,或以石胜,或以水胜,或以幽邃胜,或以轩敞胜,更具匠心。

私人宅园型园林有许多是建在城市之中的,因而受到用地的局限,这就使得它们必须在狭小的空间中布置出山水意境。于是,造园的技巧必须十分讲求。当时,在景区划分、建筑安排、花木处理以及水面利用等方面,都达到了前所未有的新水平,造景、借景的手法更趋纯熟,装修、铺地等工程技术也都有新发展。叠石盛行是当时造园的一个重要特点,或为峰峦洞壑,或为峭壁危径,不同的叠石手法使得各个园林各具特色。伴随着叠石的盛行,一批叠石专家应运而生,诸如张南阳、曹谅、顾山师、周秉忠就是其中的佼佼者①。

(六)《鲁班经》和《园冶》

在各项建筑工程和园林建造不断进行过程中,应实践的需要,明代也出现了一些有关专业书籍,其中最为人们所注意的是《鲁班经》和《园冶》。

关于《鲁班经》,有人认为与《鲁般营造正式》是同一种书的两个名字②,有人认为前者是由后者增编而成③。其实,两者并不是一种书,

---

① 参阅《明代上海的三个叠山家和他们的作品》及《园史偶拾》二文,均载陈从周:《园林谈丛》,上海文化出版社1980年版。
② 参见《中国古代科学技术大事记》,人民教育出版社1978年版。
③ 参见刘敦桢:《钞本〈鲁班营造正式〉校阅记》,载《中国营造汇刊》1937年第6卷第4期。

前者也不是后者的增编。《鲁般营造正式》成书最迟不会晚于元代,而《鲁班经》的成书在明朝万历年间。《鲁般营造正式》所讲内容主要是房舍建筑即大木作的有关问题,而《鲁班经》的内容除了大木作之外,还包括家具、农具等方面的木工知识,另外尚有大量关于风水迷信的内容。这就是说,后者包括了木工匠师在进行工作时必须具备的有关知识和资料,是一种职业用书。《鲁班经》的形成,既摘录了《鲁般营造正式》的一些内容,也摘录了另外许多书籍的资料。虽然它的内容无疑存在许多糟粕,但价值也是值得重视的。依靠它,我们可以了解明代民间匠师的业务职责范围及工程进行中所涉及的各种问题、有关行帮规矩,也可以了解当时大木作以及家具、农具制造中的某些技术要求和名称、形状、尺寸等[①]。

《园冶》是我国第一部系统论述园林建造艺术的专著。作者计成,吴江人,字无否,号否道人,能诗文,善绘画,并擅长建造园林。他根据自己造园的体会,总结了明代的造园经验,于崇祯四年(1631)写成了《园冶》一书。此书共三卷,首先为《兴造论》和《园说》两篇概论,而后依次是《相地》《立基》《屋宇》《装折》《门窗》《墙垣》《铺地》《掇山》《选石》《借景》等十篇,详论造园的各个方面。该书在《兴造论》中提出了"巧于因借,精在体宜"的造园总原则,在《园说》篇中指出了"虽由人作,宛自天开"的造园总目标,见解甚为精辟。其余关于地形选择、基础建立、房屋门窗的设置,以及墙垣建造、地面铺设、假山堆叠、借景手法的运用等,也都讲得十分精彩。比如借景一篇,所述涉及远借、邻借、仰借、应时而借,实为难得的宏论。此书后来曾流传到日本,受到高度重视,被尊为"世界造园学最古名著"[②]。《园冶》一书之在明末写成,不仅反映了当时造园学研究水平的提高,也从一个侧面说明了当时园林建造的兴盛。

---

① 参见郭湖生:《关于〈鲁般营造正式〉和〈鲁班经〉》,载《科技史文集》第 7 辑。

② 陈植:《园冶注释》序,中国建筑工业出版社 1988 年版。

第四节　医药学

明代医药学的成就,堪称中国科技史上的光辉一页。医药学家自明初至明末不断涌现,著名者有楼英、戴思恭、虞抟、江瓘、汪机、薛己、万全、徐春甫、李梴、高武、杨继洲、方有执、王肯堂、武之望、陈实功、张介宾、赵献可、缪希雍、李中梓、陈司成、李时珍、吴有性等,不下20余位。医药学著作数量繁多,清朝乾隆年间所编的《四库全书总目》子部“医家类”共著录历代医药学著作115种、1815卷,其中属于明代者达30种、962卷,在总数中分别占26％强和53％强;《四库全书总目》子部“医家类存目”中共收载历代医药学著作99种、711卷,其中属于明代者达47种、340卷,在总数中分别占47.5％弱及47.8％强。研究明代医药学家的事迹以及他们留下的有关著作可知,明代在医学理论、治疗方法、药物认识、疾病预防以及养生保健等方面,都有新的突破,并对以前的成就多有总结。

一、综合性、专科性医疗著作硕果累累

明代关于医疗方面的著作,从内容的覆盖面来分,有综合性和专科性两大类,其数量都很庞大。这些著作反映了当时的临证医学在各科均有新发展。

综合性的医疗著作中,比较著名的有《医学正传》《明医杂著》《名医类案》《古今医鉴》《万病回春》《证治准绳》和《景岳全书》。

《医学正传》的作者为浙江义乌人虞抟,书成于正德十年(1515)。该书共8卷,是作者学习古代经典医籍与名家学说,并总结自己的从医经验而写成的。书中所论述者,以内科病症为主,而其他各科也多有涉及,内容具有较高的参考价值。如关于中风,它正确地指出了其先兆症候、各种临床表现;关于肠痈,它不仅记载了作者诊治过的病例,而且提出了明确的诊断;关于小儿便秘,它记载了香油灌肠术,这是一

种很高明的创造①。

《明医杂著》6 卷，鄞人王纶著，苏州人薛己曾为之作注。该书论述了发热、劳瘵（以上卷 1）、泄泻、痢疾、咳嗽、痰饮（以上卷 2）、风症（卷 4）等许多内科病症，以及妇人女子经脉不行、妇人半产（以上卷 3）、惊搐、出痘发搐（以上卷 5）、眼赤肿痛、牙床肿痛（以上卷 3）等若干种妇、儿、眼、口腔等科的病症。

《名医类案》12 卷，作者为安徽歙县人江瓘及其子江应宿。江瓘有感于《褚氏遗书》"博涉知病，多诊识脉，屡用达药"②之言，因而搜寻历代医案，"自《史记》《三国志》所载秦越人、淳于意、华佗诸人，下迄元明诸名医，捃摭殆遍"③，搜得各案，被依类分门编排而成一书。各案皆详述病情与方药，作者还随事评论。此外，作者的验案也收了进来。此书写成后，直至江瓘于嘉靖四十四年（1565）去逝④，仍未刊刻。后其子江应宿对该书进行增补，其中"间附己案"⑤，并将之刊刻行世。该书共205 门⑥，各门共涉及内科（如"中风""痰""痢""黄疸"）、妇产科（如"带下""娠症""堕胎"）、儿科（如"胎毒""脐风""痘疮"）、外科（如"疮疡"）、五官科（如"耳""鼻""目""牙"）等几乎所有的病症。作者的许多议论也很有见地，《四库全书总目》对该书评论说："（江）瓘所随事评论者，亦夹注于下。如伤寒门中许叔微治秘结而汗出一案，众医谓阳明自汗，津液已漏，法当用蜜兑，而叔微用大柴胡汤取效，瓘则谓终以蜜兑为稳。又如转胞门中朱震亨治胎压膀胱一案，称令产媪托起其胎，瓘

---

① 参见傅维康：《中国医学史》，上海中医学院出版社 1990 年版。另，本节对此书多有参考之处，以下不一一注明。

② 《名医类案》原序。

③ 《四库全书总目》卷 104《〈名医类案〉提要》。

④ 按，江瓘卒年，据汪道昆《明处士江民莹墓志铭》，载《名医类案》，人民卫生出版社 1982 年影印本。

⑤ 《名医类案》"凡例"述补。

⑥ 按，《名医类案》（《四库全书》本）原序称，该书"为门一百八十有奇"。此原序可能为江瓘所作。若其说成立，则此门数可能是江瓘所编原书的设门数目。

则谓无此治法，其言不确。凡斯之类，亦多所驳正发明，颇为精审。"①

《古今医鉴》，万历时人龚信编，信子廷贤续，后又由王肯堂订补。内容涉及内、外、妇、儿、五官口齿等各科。书中有不少引人注目之处，如麻疹之病名即最早见于此书，其对该病症状、并发症、治法与预后等的叙述也很详细，并从证候上与容易相混的痘疹作了鉴别。

《万病回春》，龚廷贤撰。书中总结了其祖传及本人的医疗经验，对中风证治叙述甚详，提出了区别"真中风"与"类中风"以及在发现中风前兆后马上服药、治于未病之先的正确见解。此外，书中对伤寒、伤风、内伤、郁证、霍乱、呕吐、便闭、消渴等数十种内科疾病的诊治也作了论述；对其他各科的病证，也有记载，并不乏精彩之处，如书中对小儿麻疹症状的归纳等即是其例。

《证治准绳》，江苏金坛人王肯堂撰。作者自述其业医缘起说："嘉靖丙寅(四十五年，1566)，母病阽危，常、润名医，延致殆遍，言人人殊，罕得要领，心甚陋之，于是锐志学医。"②后来，他感到只靠行医的个人实践，"所济仅止一方"，遂立志写下《证治准绳》一书，总结古人及自己的行医实践经验，以传"天下万世"③。该书分成几部分逐渐写成，"先撰'证治准绳'八册，专论杂证，分十三门，附以类方八册"，后又撰"伤寒准绳"八册、"疡医准绳"六册，最后撰"幼科准绳"九册、"女科准绳"五册，后四部分"皆以补前书所未备，故仍以'证治准绳'为总名。惟其方皆附各证之下，与'杂证'体例稍殊耳"④。《四库全书》在收入此书时，鉴于其"篇页繁重，循览未便"，而"离析其数，定为一百二十卷"⑤。其卷1—18为"准绳"，卷19—38为"类方"，卷39—53为"伤寒"，卷54—70为"女科"，卷71—99为"幼科"，卷100—120为"外科"。该书对医之"脉""因""病""证""治"五个方面全都涉及，但

---

① 《四库全书总目》卷104《〈名医类案〉提要》
② 《证治准绳》原序。
③ 《证治准绳》原序。
④ 《四库全书总目》卷104《〈证治准绳〉提要》。
⑤ 《四库全书》本《证治准绳》提要。

对"证""治"独详,目的是使"不知医、不能脉者,因'证'检书而得'治'法",所以书名为《证治准绳》。不过,作者要求读者对书中的内容要掌握精神实质,活学活用,不可拘泥墨守。他说:"大匠之所取平与直者,准绳也。而其能用准绳者,心目明也。倘守死句而求活人,以准绳为心目,则是书之刻且误天下万世,而余之罪大矣。"①该书论述的病症,既有黄疸、咯血、便血、腹泻、眩晕等许多内科方面的内容,也广泛地讨论了妇、幼、外、五官等科的内容。在论述深度上,清人曾给予极高的评价,称之"采撫繁富,而参验脉证,辨别异同,条理分明,具有端委,故博而不杂,详而有要"②。只要对该书作过一番研究,就会认为这个评价是合乎实际的。该书的许多记载,还是医史上较早出现的。如关于气管吻合术及耳朵砍跌打落后的修复术的记载,即是其例。对前者,该书载:"以丝线先缝内喉管,却缝外颈皮,用封口药涂敷外,外以散血膏敷贴、换药。"③对于后者,该书载:"凡耳砍跌打落,或上脱下粘,或下脱上粘。内用封口药挨,外用散血膏敷贴及耳后。看脱落所向,用鹅翎横夹定、却用竹夹子直上横缚定。缚时要两耳相对,轻缚住。"④

《景岳全书》,张介宾撰。该书"首为'传忠录'三卷,统论阴阳六气及前人得失。次'脉神章'三卷,录诊家要语。次为'伤寒典''杂证谟''妇人规''小儿则''痘疹诠''外科钤',凡四十一卷。又'本草正'二卷,采药味三百种,以人参、附子、熟地、大黄为药中四维,更推人参、地黄为良相,大黄、附子为良将。次'新方'二卷,'古方'九卷,皆分八阵,曰补、曰和、曰寒、曰热、曰固、曰因、曰攻、曰散。又别辑妇人、小儿、痘疹、外科方四卷,终焉"⑤。这部涉及科别十分广泛的综合性医书中,多有作者个人的

①《证治准绳》原序。
②《四库全书总目》卷104《〈证治准绳〉提要》。
③《证治准绳》卷118《外科·损伤门·跌扑伤损》。
④《证治准绳》卷118《外科·损伤门·跌扑伤损》。
⑤《四库全书总目》卷104《〈景岳全书〉提要》。按,《四库全书》本该书卷首所载张介宾外孙林日蔚所撰《景岳全书纪略》中,所记该书总卷数为64,但其所记"脉神章"等各部分的卷数与《四库全书》本多有出入,且其相加总数不是64,而是99。另外,康熙本《景岳全书》的总卷数、各部分的卷数与《四库全书》本同;康熙本《景岳全书》卷首亦有《景岳全书纪略》,其内容与《四库全书》本所载者相同。林文所载何以与实际卷数有别,其故待查。

经验体会。如关于治疗不育症,他提出了应从五个方面着手:天时、地利、人事、药食、疾病。作者指出:"但犯其一,便足败乃公事矣。宾于晚年得子,率鉴乎此。"①作者对许多疾病的论述,也是很有见地的,如关于"非风",书中云:"非风一证,即时人所谓中风证也。此证多见卒倒。卒倒多由昏愦,本皆内伤积损颓败而然,原非外感风寒所致,而古今相传,咸以中风名之,其误甚矣。故余欲易去中风二字……竟以非风名之。"②该书在医学理论上的见解,更值得特别指出,《四库全书总目》曾详论这一点:"其持论则谓,金元以来,河间刘守真立诸病皆属于火之论,丹溪朱震亨立阳有余阴不足及阴虚火动之论,后人拘守成方,不能审求虚实,寒凉攻伐,动辄贻害;是以力救其偏。谓人之生气,以阳为主,难得而易失者惟阳,既失而难复者亦惟阳,因专以温补为宗,颇足以纠卤莽灭裂之弊,于医术不为无功。"③该书所主张的理论和依此而提出的方剂,对后世产生了不小的影响。

明代专科性的医疗著作,内容遍及内科、外科与伤科、妇产科、儿科、五官与口齿科等。内科方面的专著有《内科摘要》和《理虚元鉴》等。《内科摘要》,薛己撰,是中国医学史上第一本以内科命名的医学书籍。它共两卷,搜集了内科杂病 200 余例的医案,包括"元气亏损内伤外感等症""饮食劳倦亏损元气等症""脾胃亏损心腹作痛等症""脾肾虚寒阳气脱陷等症""命门火衰不能生土等症",凡 21 部分,另有"各症方药"两部分。《理虚元鉴》,作者是绮石。此书专论虚劳,对其病因、病机、治疗均作论述。书中文字不多,但论说透彻,实用价值很大。清人葛元煦称赞该书说:"其治虚症,分别阴阳,立论尤为明晰,方药亦极简要,实发前人所未发。余倚重此书,十数年来所治虚症,无不奏效。"④

外科与伤科方面的专著有《正体类要》《疬疡机要》《外科枢要》《外科

---

① 《景岳全书》卷 39。
② 《景岳全书》卷 11。
③ 《四库全书总目》卷 104《〈景岳全书〉提要》。
④ 《理虚元鉴》葛元煦跋,《啸园丛书》本。

理例》《解围元薮》《外科正宗》和《霉疮秘录》等。《正体类要》《疠疡机要》和《外科枢要》都是薛己所撰。《正体类要》2卷，论述了许多外科方剂，并介绍了许多关于扑伤之症、坠跌金伤及汤火所伤的医案，该书"间取身所治验，总而集之"。《疠疡机要》三卷，是关于麻风病的专书，论述了该病的本症、变症、兼症、类证的证治与方药，"大率以己意而订古方，以医案而验治效，以调补为守备之完策，以解利为攻击之权宜"[①]。《外科枢要》4卷，是关于疮疡的证治专书。书中前3卷有"论疮疡二十六脉所主"等60"论"，论述了各种疮疡的病因、症状等，并附有大量医案，第4卷有"治疮疡各症附方"及"肩尖肘尖二六图"二部分。《外科理例》8卷（其中一卷为"附方"），作者为汪机。该书也是关于疮疡的专书，但作者以为"痈疽疮疡皆见于外"，故以"外科"名其书，而书名中之所以有"理例"二字，则是因为"谓古人所论治无非理，欲学者仿其例而推广之也"[②]。全书"分一百四十七类，又补遗七类，共为一百五十四门。后附方一卷，凡一百六十五则"。作者认为"外科必本于内，知乎内以求乎外，其如视诸掌乎"，"有诸中然后形诸外，治外遗内，所谓不揣其本而齐其末"。这种意见被《四库全书》的提要作者称为"可为探源之论"。该书的"大旨"是"主于调补元气，先固根柢，不轻用寒凉攻利之剂"[③]。《解围元薮》四卷，作者沈之问。该书是最早的麻风病专书，介绍了该病的病因、症候、预防与治疗方法等，对前人的一些误解（如认为多服大枫子将导致失明）作了纠正。《外科正宗》，撰者为陈实功，是记载各种外科病症的医书。该书分门别类加以编排，条理清晰，且附有若干图解，颇便读者掌握。书中对痈疽的治疗，重视内治与外治相结合。内治强调调理脾胃，外治强调以腐蚀药或刀针清除坏死腐肉、引流浓液。作者所介绍的鼻息肉摘除术、咽喉食道内铁针取出术以及枯痔散治痔法等，均很有价值。该书对后世外科学的发展产生了相当的影响。《霉疮秘录》，作者陈司成，该书是最早的系统

---

① 《疠疡机要》沈启原序，嘉庆十四年书业堂刊《薛氏医案二十四种》本。
② 《外科理例》原序及提要，《四库全书》本。
③ 《外科理例》原序及提要，《四库全书》本。

论述梅毒病的专著。该书是作者总结前人（包括其家族前辈）的治疗经验及本人的长期调查研究而写出来的，全面记载了梅毒病的病因、传染途径、种类、症状、治疗方法及预防等。书中指出，梅毒的主要传染途径是性交，但也有遗传及其他途径。书中还在世界医学史上第一次提出应用砷剂治疗梅毒的方法。

妇产科方面的专著，有《女科撮要》和《济阴纲目》等。《女科撮要》，薛己撰，共2卷。第一卷记述了"经候不调""经漏不止"等十几种妇科疾病的病因、症状及其医案，第二卷记述了"保胎""小产"等十几种产科疾病的病因、症状及其医案。此外，两卷还各有相应的各症方药。《济阴纲目》，武之望撰，共5卷，论列了经、带、胎、产诸病。该书吸收了王肯堂《证治准绳》等书的研究成果，搜采广博，反映了明代妇产科所达到的水平。

儿科方面的专著，有《保婴撮要》《育婴家秘》《片玉心书》《幼科发挥》《痘疹心法》《片玉痘疹》《小儿推拿秘旨》及《小儿推拿秘诀》等。《保婴撮要》20卷，是薛己与其父薛铠所合著。该书论述了婴儿各种病症的病因、病机、治则及治法、方药，内容详尽，实用价值很高。作者很重视乳母对婴儿身体的影响，认为"保婴之法，未病则调治乳母，既病则审治婴儿，亦必兼治其母为善"①，这是很有见地的说法。《育婴家秘》4卷、《片玉心书》5卷、《幼科发挥》2卷、《痘疹心法》23卷、《片玉痘疹》13卷等五书，皆为万全撰。万全是出身医学世家的著名儿科医生，五书汇集了万全及其祖辈的丰富医疗经验，其中不乏有价值的创见。《小儿推拿秘旨》2卷，撰者为龚云林。该书主要介绍以按摩治疗小儿疾患的方法，以及一些药物疗法。该书多处运用歌诀，通俗易懂，便于记忆，颇具特色。《小儿推拿秘诀》，周于蕃撰，简明扼要地讲述了按摩的要点、穴位与功效等，书中还绘有周身穴位图，颇便学习。

五官与口齿科方面的专著，有《口齿类要》和《眼科大全》等。《口齿类要》1卷，薛己撰，分"茧唇""口疮""齿痛""舌症""喉痹诸症""诸虫入

---

① 《保婴撮要》卷1《护养法》。

耳"等12部分,论述了口腔、耳鼻喉等方面的许多疾患的症状和治疗方法,前六部分还附有医案。书末附方近70种,介绍了许多常用的有关方剂。这是一部现存重要的早期中医口齿科专书。《眼科大全》6卷,又名《审视瑶函》,作者傅仁宇,摘录前人论述并总结自己的行医经验而写成,后由其子傅国栋等做过增补。书中记载了眼科各种疾患的病因、病机、治疗方法等,共列108症、300余方,内容丰富,是眼科史上占有一定地位的专门著作。

二、《瘟疫论》对传染病学的新认识

瘟疫,指传染性热性疾患,也称"温疫",或单称"疫""瘟"。"古人以瘟疫为杂证,医书往往附见,不立专门。又或误解《素问》'冬伤于寒,春必病温'之文,妄施治疗。"[1]明末,吴县人吴有笪(字又可)"因崇祯辛巳(十四年)南北直隶、山东、浙江大疫,以伤寒法治之不效,乃推究病源,参稽医案"[2],撰《瘟疫论》。此书有2卷,另有补遗1卷,成于崇祯壬午(十五年)。它对传染病提出了许多新认识,对传染病学作出了重大贡献,所谓"瘟疫一证,始有绳墨之可守,亦可谓有功于世矣"[3]。

该书将传染病的病原归结为"戾气",有时又称之为"杂气""厉气""邪气"或"异气"。"疫者,感天地之戾气也。戾气者,非寒、非暑、非暖、非凉,亦非四时交错之气,乃天地别有一种戾气"[4];"大约病偏于一方,延门合户众人相同者,皆时行之气即杂气为病也"[5];"夫疫,乃热病也。邪气内郁,阳气不得宣布,积阳为火"[6];"疫者,感天地之厉气"[7];"夫温疫

---

①《四库全书总目》卷104《〈瘟疫论〉提要》。
②《四库全书总目》卷104《〈瘟疫论〉提要》。
③《四库全书总目》卷104《〈瘟疫论〉提要》。
④《瘟疫论》补遗《伤寒例正误》。
⑤《瘟疫论》卷下《杂气论》。
⑥《瘟疫论》卷上《解后宜养阴忌投参术》。
⑦《瘟疫论》卷上《原病》。

之为病,非风、非寒、非暑、非湿,乃天地间别有一种异气所感"①。

关于戾气感染人体的途径,《瘟疫论》认为有两个,"邪之所著,有天受,有传染"②。这里所说的"天受",是指通过自然界的空气来感染;而所说的"传染",是指通过接触患者而被传及。

《瘟疫论》又认为,戾气感染人体后,只是具备了使人致病的可能性,但不一定被感染者都发病,其发病者也不全是马上发作。这是因为能否致病以及致病的早晚,与戾气的侵入量多少及人体的状况健康与否关系极大。人体健康,"正气"充盈,就能虽受感染而不发病或晚发病;只有"邪气"过分强大,或人体的"正气"由于某种原因而受到削弱时,造成了"正气"不敌"邪气"的局势,才能使被感染者发病。"凡人口鼻之气通乎天气。本气充满,邪不易入。本气适逢亏欠,呼吸之间,外邪因而乘之。昔有三人冒雾早行,空腹者死,饮酒者病,饱食者不病,疫邪所著又何异邪!若其年气来之厉,不论强弱,正气稍衰者,触之即病,则又不拘于此矣。其感之深者,中而即发,感之浅者,邪不胜正,未能顿发,或遇饥饱劳碌,忧思气怒,正气被伤,邪气始得张溢。"③

《瘟疫论》更认为,戾气有不同的种类,其所侵犯的脏器部位及引起的疾病各有不同,亦即认为病原体有器官定位的特异性和致病的特异性。"是气也,其来无时,其著无方,众人有触之者,各随其气而为诸病焉。……为病种种,是知气之不一也。……某气专入某脏腑、某经络,专发为某病,故众人之病相同。"④

《瘟疫论》还认为,使人和禽兽致病的戾气是互不相同的,使各种禽兽致病的戾气相互间也有区别。这就是说,病原体具有种属的特异性。"至于无形之气偏中于动物者,如牛瘟、羊瘟、鸡瘟、鸭瘟,岂但人疫而已哉!然牛病而羊不病,鸡病而鸭不病,人病而禽兽不病,究其所伤不同,

①《瘟疫论》原序。
②《瘟疫论》卷上《原病》。
③《瘟疫论》卷上《原病》。
④《瘟疫论》卷下《杂气论》。

因其气各异也。知其气各异，故谓之杂气。"①

传染病的流行过程，有大流行与散发性两种形式，《瘟疫论》对此也注意到了。《杂气论》中载："至于发颐、咽痛、目赤、斑疹之类，其时村落中偶有一二人所患者，虽不与众人等，然考其症，甚合某年某处众人所患之病，纤悉相同，治法无异，此即当年之杂气，但目今所钟不厚、所患者希少耳。"其中的所谓"偶有一二人所患者"与"某年某处众人所患之病"，所指的正是散发与大流行的传染病两种流行形式。

关于传染病的治疗原则，《瘟疫论》中有三点引人注目，即早治疗、因人因病制宜以及抓住发病的原因。其《注意逐邪勿拘结粪》篇写道："大凡客邪贵乎早逐。乘人气血未乱，肌肉未消，津液未耗，病人不至危殆，投剂不至掣肘，愈后亦易平复。欲为万全之策者，不过知邪之所在，早拔去病根为要耳。但要量人之虚实，度邪之轻重，察病之缓急，揣邪气离膜原之多寡，然后药不空投，投药无太过、不及之弊。"这是论述早治疗及因人因病制宜的原则。其《标本》篇写道："今时疫首尾一于为热，独不言清热者，是知因邪而发热，但能治其邪，不治其热，而热自已。夫邪之与热，犹形影相依，形亡而影未有独存者。"这是论述抓住发病原因进行治疗的原则。上述三个治疗原则，无疑都是很宝贵的。

由上所述可知，《瘟疫论》对传染病的论述是很全面、很深入的，已经远远超过前人所达到的水平，但其意义还不仅止于此。该书《杂气论》载："天地之杂气，种种不一，亦犹天之有日月星辰，地之有水火木石。"这就是说，"杂气"即"戾气"是与"日月星辰""水火木石"这些客观存在的物质相同的东西。由此看来，《瘟疫论》之用"杂气"即"戾气"对传染病进行解释，还是从唯物主义的立场出发的。《瘟疫论》所表现的唯物主义立场，毋庸置疑，尚未脱离朴素唯物主义的范围；其对传染病的解释，与后来人类发现细菌后对传染病所作出的新解释相比，自然也存在一定的距离；但是，它的价值是巨大的，它标志着人类对传染病的认识已经达到了

---

① 《瘟疫论》卷下《论气所伤不同》。

一个新阶段,为明清以来的中医传染病学奠定了基础,对后世医学影响极大。

三、针灸学的继承和发展

在针灸疗法方面,明代不仅继承了前代的成果,而且将之向前推进了一步。

如所周知,北宋时为了便于教学,曾经总结历代针灸医学的实践经验,铸成了标明针灸穴位的针灸铜人,这是世界上最早的医学模型。与之相配合,还搞了"新铸铜人腧穴针灸图经"石刻。到了明代,由于已历数百年,针灸铜人上的穴位变得昏暗不清。于是,明政府组织专人仿造,同时仿刻针灸铜人图经石碑。这一举动,不仅表现了当时对针灸学的重视,也是对前代针灸学成果的积极继承,对针灸学的继续流传极为有益。

更能表现明代针灸学成绩的,是出现了《针灸大全》《针灸问对》《针灸节要》《针灸聚英》及《针灸大成》等许多部著名的针灸学著作。

《针灸大全》6卷,江西人徐凤编撰。其内容除了论述穴位、针法、灸法外,重要特色之一是在书末专门列出了一穴多名(二名、三名乃至六名)和两穴一名的情形。

《针灸问对》,安徽祁门人汪机撰。作者于嘉靖庚寅(九年,1530)所作的序言称:"余因有感,乃取《灵枢》《素》《难》及诸家针灸之书,穷搜博览,遇有论及针灸者,日逐笔录。积之盈箧,不忍废弃。因复序次其说,设为问难,以著明之。遂用装潢成帙,名曰《针灸问对》,以便老景之检阅焉。"①这段话将《针灸问对》的资料来源、写作过程和体例特点可说是交待得一清二楚。

该书的重要特点是全书采用问答体的结构。全书共3卷,前两卷论针法,最后一卷论灸法及经络穴道。它共用84个问对,以简单明了的语言,广泛地论述了针灸理论、经络、穴位、各种病症的针灸疗法、各种针刺

---

① 《针灸问对》原序。

法、不同体质患者的针刺注意点等针灸学上的许多课题，其中主要是记载整理了《内经》等古代医著及医家有关针灸的各种意见，但也有作者个人的许多评论和见解。

作者在书中所发表的见解，有许多是很有价值的。而尤其可贵的是，作者的写作态度极为诚恳。《四库全书总目》评论说："其论针能治有余之病，不能治不足之病；详辨《内经》虚补实泻之说为指虚邪实邪，非指病体之虚实；又论古人充实，病中于外，故针灸有功，今人虚耗，病多在内，针灸不如汤液；又论误针误灸之害，与巧立名目之诬；皆术家所讳不肯言者，其说尤为笃实。"①正是出于这种诚恳态度，他在书中特别对某些人在施针时故弄玄虚或草率处之的做法大加批评，其卷中有"或曰：今医用针，动辄以袖覆手，暗行指法，谓其法之神秘，弗轻示人，惟恐有能盗其法者。不知果何法耶"；"或曰：今医置针于穴，略不加意，或谈笑，或饮酒，半晌之间，又将针捻几捻，令呼几呼，仍复登筵，以足其欲，然后起针。果能愈病否乎"，就是专门为此而设的。中国医药学界讲究职业道德的优良传统，在此得到了很好地继承和发扬。

《针灸节要》和《针灸聚英》皆出于浙江宁波人高武。高武曾中武举，自中年起转习医学。习医之初，轻视针灸，后因遇到适于针灸而用药物无济的许多病例，始努力学习针灸之术，并达到精通的程度。他认为，在男、女及儿童身上，针灸穴位的定位有所不同，因而曾设计铸造男、女、儿童的针灸铜人各一座，以作为定位标准，这是针灸史上最早的私人铸造的针灸铜人。《针灸节要》主要是摘录《内经》《难经》有关针灸的重要论述。《针灸聚英》主要是汇集16世纪以前十余种针灸文献的研究成果。其所以以"聚英"名书，作者称："诸书于《素问》《难经》多异少同，今取其同，议其异，故以聚英名。"②由此可见，书中作者本人的见解也是所在皆有。

《针灸大成》，浙江衢县人杨继洲编撰。作者出身于世医之家，本身也是医生，对针灸学有深入的研究，因曾以针灸治病取得奇效而获得很

---

① 《四库全书总目》卷104《〈针灸问对〉提要》。
② 《针灸聚英》凡例。

高的声誉。他感到存世的针灸文献记述不一,于是在家传《卫生针灸玄机秘要》基础上,大量研究有关资料,而后从《医经小学》《针灸聚英》《标幽赋》《金针赋》《神应赋》《医学入门》等几十种文献中,摘录了许多有关针灸的记载,并加以编辑和注解,又附上自己的针灸治疗病案等,从而撰成长达 10 卷的《针灸大成》(另有一种版本为 12 卷)。作者在书中强调了针灸疗法的方便、快捷等优越性,但也反复指出针灸与药物应配合使用,以取得最好的疗效。作者在书中除广泛摘引前人的记述,并作了一些补充说明性的按语外,还介绍了自己对针灸医术的若干创造和发展,如关于透穴针治法及多种针刺手法等,就包含有作者的新贡献。总之,《针灸大全》内容十分丰富,并且在学术上多有新创造;特别是其广收前人记述,在针灸学史上具有承前启后的作用,其价值不可忽视。不过,此书"议论过于繁冗"[①],这是其美中不足之处。

四、方剂学和药物炮制

明代关于方剂学和药物炮制学也有值得一提的成就。

明代不仅在许多本草著述中,对方剂的组成、功效、用法等做过不同程度的论述,而且写有许多方剂学的专书。其中最为著名的是明初编出的《普剂方》。该书"取古今方剂,汇辑成编。(周定王朱)橚自订定,又命教授滕硕、长史刘醇等同考论之"。原书为 168 卷,《四库全书》收此书为 426 卷,殆为重新调整而成。全书"凡一千九百六十论,二千一百七十五类,七百七十八法,六万一千七百三十九方,二百三十九图"。书中资料,不仅引自历代各家方书以及大量时方,而且引自其他传记杂说和佛道典籍等。在编排上,本书按照方脉总论、脏腑总论、脏腑各论、伤寒杂病、外科伤科、妇产科、儿科、针灸等门类统系资料,头绪清楚,颇便检寻。该书是我国古代最大的一部方书专著,是 15 世纪以前中国方书的集大成之作。《四库全书总目》评论道:"采摭繁富,编次详析,自古经方,无更赅备

---

① 《四库全书总目》卷 105《〈针灸大全〉提要》。

于是者。"①这个评论，一点也不过誉。由于该书"搜罗务广"，其内容难免"重复牴牾"，但这并非其缺点，因为它实际上有利于全面保存古代方剂资料，为后人研究提供了方便。正如《四库全书总目》所说："（朱）橚当明之初造，旧籍多存。今以《永乐大典》所载诸秘方勘验是书，往往多相出入。是古之专门秘术，实藉此以有传。后人能参考其异同，而推求其正变，博收约取，应用不穷。是亦仰山而铸铜，煮海而为盐矣，又乌可以繁芜病哉。"②医生治病，要因病以立方，视症而下药。因此，《方剂考》在著录古今方剂的同时，对各种疾病的症状、病理等也作了论述，而且有的论述极为详细、准确，这也是该书的一个重要价值。如其在论述"痟渴"病（俗作消渴病）时写道："日夜饮水，百杯不歇……久则其病变为小便频数，其色如浓油，上有浮膜，味甘甜如蜜，淹浸之久，诸虫聚食，是恶候也，此名痟渴。中焦得此病，谓之脾痟，吃食倍常，往往加三两倍，只好饮冷，入口甚美，早夜小便频数，腰膝无力，小便如泔，日渐瘦弱，此名痟中也。下焦得此病，谓之痟肾。肾宫日耗，饮不多，吃食渐少，腰脚细瘦，遗泄散尽，手足久如柴形，其疾已牢矣。庸医不识义理，呼为痨疾，或云不冷。日久不见其痊。病之久，或变为水肿，或发背疮，或足膝发为恶疮，至死不救。"③这可说是对糖尿病的症状、类型、并发症及预后等，作了极为详确的精彩描述。

明代有名的方剂专著还有《奇效良方》《医方考》及《祖剂》等。《奇效良方》，原编者是正统年间太医院使董宿，董死后，太医院判方贤和御医杨文翰又作增补、订正。该书载方 7000 余，所收集者主要是宋代至明初的医方。《医方考》，作者是安徽歙县人吴昆，其自序作于万历十二年甲申（1584）。此书证候分为 72 门，采录传世方剂 700 余。其优点是对方剂的命名、组成、方义、功效、加减应用、禁忌等作了扼要叙述和分析，参考价值相当高。作者自序说："取古昔良医之方七百余首，揆之于经，酌

---

① 《四库全书总目》卷 104《〈普济方〉提要》。
② 《四库全书总目》卷 104《〈普济方〉提要》。
③ 《普济方》卷 176《痟渴门》，《四库全书》本。

以心见,订之于证,发其微义,编为六卷,题之端曰'医方考'。盖以考其方药,考其见证,考其名义,考其事迹,考其变通,考其得失,考其所以然之故,匪徒苟然志方而已。"①不过,该书所收方剂数量较少,为不足之处。《祖剂》四卷,明末华亭人施沛所编,收集明代及明代以前的名方800余,对研究古方也有一定的参考价值。

明代药物炮制学的成就,主要是明末常熟人缪希雍的药物炮制学专著《炮炙大法》。该书除了引用前人著作中所保存的《雷公炮炙论》②的一些资料外,主要是介绍了当时的炮制方法。该书列举了炮、炙、煨、炒、煅、晒等17个雷公炮制方法,后世所谓"炮制十七法"即指此。该书叙述了400多种药物的炮制方法,并叙述了炮制后药物性质的变化。此外,该书还论述了丸散汤膏等各种药剂剂型的定义、作用等。该书对后世产生了一定的影响。此外,明代的其他一些医药书籍,对炮制学也有附带论述,如陈嘉谟的《本草蒙筌》、李中梓的《雷公炮制药性解》即是如此。《本草蒙筌》中曾系统地论述了若干种炮制辅料的作用原理,是对炮制理论的一个重要贡献。

五、李时珍的名著《本草纲目》及其他本草著作

明代后期,出现了著名的药物学著作《本草纲目》,这是明代药物学中最突出的成就。这部药物学著作的出现使明代药物学成为明人各种自然科学技术部门中成就最为突出的部门之一。

《本草纲目》的作者李时珍(1518—1593),字东璧,号濒湖山人,湖广蕲州(今湖北蕲春)人。他出身于世医之家,祖父与父亲皆善医术,尤其是其父李言闻声望更高,并著有《四诊发明》《痘疹证治》等医籍。在家学熏陶下,李时珍自幼喜爱医学。但因受到当时社会风气的影响,其父最

---

① 吴昆:《医方考》自序,1980年天津市新华书店古旧书门市部复印日本元禄十年田屋平左卫门板《医方考绳愆》本。
② 雷公,姓雷,名学文,或说为隋朝人,或说为黄帝臣,一般认为是南朝刘宋人。

初期望他走科举入仕之路,所以在青少年时代,亦曾攻读时文,于嘉靖十年(1513)考中秀才。可是,此后他连续三次参加乡试,皆名落孙山。嘉靖十九年,他第三次参加乡试失败后,遂放弃科举道路,一心从医①。李时珍从医后,刻苦钻研,努力吸收前人的经验和研究成果,积极总结自己的实践体会,医术很快达到相当高的水平,声誉日盛。他曾被楚王府聘为奉祠正,兼管良医所,后又曾被荐任太医院判。不过,其一生中大部分时间还是在家乡一带行医②。通过行医,李时珍编写了《濒湖脉学》《奇经八脉考》等颇有水平的医学书籍,又发现原有的讲药物学的各种本草著作,"舛谬差讹遗漏不可枚数",乃"奋编摩之志",重新编撰,"岁历三十稔,书考八百余家,稿凡三易",对旧有本草"复者芟之,阙者缉之,讹者绳之"③,从而写成了中国古代集大成的药物学专著《本草纲目》。

《本草纲目》共 52 卷,约 190 万字,收药物 1892 种,每种药物之下列"释名""集解""辨疑""正误""修治""气味""主治""发明""附方"等若干项,用以说明其名称、形态、采集、加工、功效、与其他药物的区别等。全书附方一万多个,另有插图 1000 多幅。

《本草纲目》对当时传世的药物学中文资料作了相当完备的总结。作者在写作中,不仅阅读了各种本草著作,而且搜集了其他文献中有关资料。对此,与作者同时代的著名学者王世贞曾评价说:"上自坟典,下及传奇,凡有相关,靡不备采。"④书中所收的 1892 种药物中,有 1518 种即为总括旧有本草著作而来。

《本草纲目》不仅总结继承前人的成果,更作出了许多新创造。其所收药物中,有 374 种是前人未尝记述过的新增品种。由于收进了这些新品种,《本草纲目》所收药物种数相当齐全,超过了前代的任何一种本草

---

① 参见吴佐忻:《李时珍生平年表》,载《李时珍研究论文集》,湖北科学出版社 1985 年版。
② 参见吴佐忻:《李时珍生平年表》。
③《本草纲目》王世贞序。
④《本草纲目》王世贞序。

著作。对此,作者曾称"虽非集成,亦粗大备"①,这应该说是毫无夸张的。对于前人记载过的药物,《本草纲目》也多有纠正错误、补充遗漏之处,这也表现了该书的新贡献。如"桃花",在古书中或说"酒渍桃花饮之,除百疾,盖颜色",或说"服三树桃花尽,则面色红润,悦泽如桃花"。李时珍发现这些说法都是错误的,就从分析桃花的药性入手,对其进行深入的批驳:"桃花性走泄下降,利大肠甚快,用以治气实人病水饮肿满积滞、大小便闭塞者,则有功无害,若久服,即耗人阴血,损元气,岂能悦泽颜色耶?"②再如,"灵芝"是一种补肺益气、养心安神的药物,确有药用价值,但一些古书上将其功用大加夸张,甚至说"久食,轻身不老,延年神仙"。《本草纲目》对这种夸张不实之说,也痛加批评:"芝乃腐朽余气所生,正如人生瘤赘,而古今皆以为瑞草,又云服食可仙,诚为迂谬。"③

《本草纲目》对收载的药物按部排列,其部共有 16 个,包括:水、火、土、金石、草、谷、菜、果、木、服器、虫、鳞、介、禽、兽、人。其前后顺序的确定,或根据"从微至巨"的原则,或根据"从贱至贵"的原则④,反映了从低等到高等、自无机到有机的观点,这与进化论的思想是大体相合的。这种分类思想,在当时的世界上是最为先进的。此外,本书对人体生理、病理、疾病症状、卫生预防、植物学、动物学、矿物学、物理学、化学、农学、天文、气象等方面均有不少论述,其在科学技术上的贡献,远不止于药物学。

《本草纲目》之所以能够作出如此重大的贡献,除了前人的长期积累已为其产生提供了良好的基础之外,重要的原因之一是作者李时珍具有严肃认真、一丝不苟的写作态度。如上所述,作者为写作此书,阅读了大量的文献资料,但他并不以此为满足,还以顽强的努力进行了大量的调查研究工作。为了弄清真相、获得第一手资料,他几乎跑遍大江南北,湖北、湖南、江西、安徽、江苏、河南、河北等地都留下了他的足迹。他不仅

---

① 《本草纲目》王世贞序。
② 《本草纲目》卷 29《桃》。
③ 《本草纲目》卷 28《芝》。
④ 《本草纲目》凡例。

深入到荒山老林、江河湖泽去辨认和采集药物标本，而且亲手种植过薄荷、地黄、石斛、红花、黄芪、萱草、黄精、蕲艾、麦门冬等许多药用植物，甚至解剖过一些动物，亲自试服过若干种药物。至于向农夫、渔人、猎人、山人、皮工等虚心请教，就更是数不胜数。在《本草纲目》中，可以找到许多通过调查研究而获得宝贵收获的生动例证。如散血消肿的药用蔬菜芸苔，"方药多用"，但过去的文献中对其究竟为何物所述含混不清，明人也"不识为何菜"，李时珍"访考之"，得知其为明代称为"油菜"者①。又如，对既是调味品，又有发散风寒功能的生姜，李时珍通过亲自试用，得知了关于它的许多前人未知的知识："食姜久，积热患目，珍屡试有准。凡病痔人多食兼酒，立发甚速。痈疮人多食，则生恶肉，此皆昔人所未言者也。"②再如苹、莼、荇三种水生植物，古书上对其形态说法不一，莫衷一是。李时珍认为这是由于"未深加体审，惟据纸上猜度"。他"一一采视，颇得其真"，"其叶径一二寸，有一缺而形圆如马蹄者，莼也。似莼而稍尖长者，荇也。……四叶合成一叶如田字形者，苹也"③。这些例证，都很好地说明了问题④。

《本草纲目》在海内外产生了很大影响。万历二十一年（1593），该书第一次出版，此后不断翻刻、印刷。据统计，到 20 世纪 80 年代，其刊行已约 80 版⑤。直到现在，它仍是中医的案头必备之书。《本草纲目》不仅在国内受到重视，而且传到朝鲜、日本、欧美等国家和地区，被翻成了日本、朝鲜、拉丁、英、法、德、俄等文字，英国的著名科学家达尔文在其《物种起源》等著作中，就曾引用过《本草纲目》的资料。《本草纲目》不仅是中国人民的珍贵历史遗产，也是全人类文化宝库中的重要财富。

---

① 《本草纲目》卷 26《芸苔》。
② 《本草纲目》卷 26《生姜》。
③ 《本草纲目》卷 19《苹》。
④ 参见周一谋：《李时珍的科学态度》，载《李时珍研究论文集》，湖北科学技术出版社 1985 年版。
⑤ 参见马继兴等：《〈本草纲目〉版本的考察》，载《李时珍研究论文集》，湖北科学技术出版社 1985 年版。

《本草纲目》之外,明代还出现了一些较为有名的药物学著作,它们是《滇南本草》《本草集要》《本草品汇精要》《本草蒙筌》《本草汇言》以及《神农本草经疏》。《滇南本草》,云南人兰茂编撰。最初只有抄本流传,以致各种版本内容或有不同。现在的通行本共三卷,载药 400 多种,有图有文。它在医学史上最早集中地记载了云南及附近地区各族的药物及其治疗经验,是我国古代内容最丰富,保存最完整的一部地方性药物学专书,对后世发生了一定的影响。《本草集要》,王纶编撰。全书分三部:上部为总论,依据前人著作《神农本草经》等,论述本草大意、方剂配制分量等;中部载药物五百多种,系将旧有本草等书所载加以考订,删其繁芜,节其要略;下部将药物根据药性功能分为 12 门,每门之中又分成若干类,这种把药物按性能分门别类的办法,对临病用药制方,在检寻上提供了方便。《本草品汇精要》,太医院院判刘文泰等奉皇帝命令编撰,是明代唯一的官修药物学专书。全书共 42 卷,收药物 1815 种。对每种药物的介绍,先引《神农本草经》等前代文献,列举其功能,而后按名(名称)、苗(药物生长状况)、地(产地)、时(采集时节)、收(蓄藏)、用(药用部分)等"二十四则"详细叙述其各方面的情况。此书直到 1937 年才有印本,因而影响不大。但它篇幅较多,叙述精当简要,绘图讲究,有一定的参考价值,反映了 16 世纪初我国药物学所达到的水平。《本草蒙筌》,安徽新安人陈嘉谟编撰,又名《撮要便览本草蒙筌》《撮要本草蒙筌》。其书"创自嘉靖己未(三十八年,1559),凡五易稿,七阅岁而始成"①。它是作者整理前人有关著述并加入自己的心得而写成的。由于是为"童蒙"而作,故名"蒙筌"②。全书 12 卷,按草、木、谷、菜、果、石、兽、禽、虫鱼及人等 10 部,收药 448 种,附录388 种。每种药物,都分述其气味、升降、五行属性、有毒无毒、产地、优劣、采集、炮炙、藏留、归经、主治等;在许多药物之后,作者还写有按

---

①《本草蒙筌》自序。
②《本草蒙筌》凡例。

语,发表自己的意见,"或援引诸贤确言",以扩未尽之"旨"①,颇富特色。作者在书中重视药物性味的正确应用,强调药物与产地的关系,注意对易混药物及真伪药物的鉴别,其对药物学的贡献历来颇受重视。《本草汇言》,浙江钱塘(今杭州)人倪朱谟编撰。作者有感于《本草纲目》以前各种本草著述多有重复,因而对 40 余种旧有本草书进行整理,并作订正补充。全书 20 卷,载药 600 多种。《神农本草经疏》,缪希雍注疏。全书 30 卷,收药近 500 种,目录次序基本上依照宋《证类本草》。该书将药物分成了玉石、草、木、人、兽、禽、虫鱼、果、米谷、菜等10 部。对药物的介绍,"皆以神农本经为主而发明之,附以名家主治、药味、禁忌"②。该书自序称,"据经以疏义,缘义以致用,参互以尽其长,简误以防其失"③,正好说出了其最突出的特点。

六、养生和疾病预防

在养生学方面,明代也有许多著作。

明代养生学的专门著作,有冷谦的《修龄要指》、万全的《万氏家传养生四要》、王象晋的《清寤斋心赏编》、周履靖的《赤凤髓》、高濂的《遵生八笺》、陈继儒的《养生肤语》、息斋居士的《摄生要语》和袁黄的《摄生三要》等。这些著作多言简意明,易于领会奉行。如《修龄要指》在其"导引却病歌诀"一节中写了"淡食能多补"一条,其中说:"五味之于五脏,各有所宜。若食之不节,必至亏损。孰若食淡谨节之为愈也,然此淡亦非弃绝五味,特言欲五味之冲淡耳。仙翁有云:断盐不是道,饮食无滋味。可见其不绝五味。淡对浓而言,若膏粱过度之类,如吃素是也。"这段话后还附有如下一段口诀:"厚味伤人无所知,能甘淡薄是吾师。三千功行从兹始,天鉴行藏信有之。"这样的语言、口诀,真可说是无人不可晓;这样的

---

① 《本草蒙筌》凡例。
② 《四库全书总目》卷 104《〈神农本草经疏〉提要》。
③ 《神农本草经疏》自序。

要求、做法,真可说是无人不可行。明代的养生学专著,不仅总结了明代的养生经验,而且充分继承了前代的成果。如《清寤斋心赏编》即是将前人的有关养生论述,辑录在一起而成,而其中属于明代以前者数量相当多。该书分成"葆生要览""淑身懿训""佚老成说""涉世善术""书室清供"和"林泉乐事"等六篇,其中大部分内容是关于养老长寿的。其被引用的明代以前的论述,讲得也多半通俗生动。如"葆生要览"篇所引"古乐府"的一段歌词说:"昔有行道人,陌上见三叟,年各百余岁,相与锄禾莠。住车问三叟,何以得此寿?上叟前置辞,量腹节所受。中叟前置辞,室内妪粗丑。下叟前置辞,暮卧不覆首。要哉三叟言,所以能长久。"十分形象地说明了合理饮食、起居及节制性生活对于养生长寿的重要作用。

除了养生学的专门著作外,明代的综合性医籍之中也多有关于养生的论述。如龚廷贤的《寿世保元》和张介宾的《景岳全书》中就有不少这方面的内容。《景岳全书》卷2有一篇"中兴论",曾对人们往往不讲究养生发出慨叹:"《内经》曰,人生十岁,血气始通,其气在下,故好走。二十,气血方盛,肌肉方长,故好趋。三十,五脏大定,血脉盛满,故好步。四十,脏腑经脉其盛已定,腠理始疏,故好坐。五十,肝气衰,故目不明。六十,心气衰,故好卧。七十,脾气衰。八十,肺气虚,故言善误。九十,肾气竭。百岁,五脏六腑皆虚,神气皆去,故形骸独居而终矣。此即先天之常度,是即所谓天年也。天畀之常,人人有之。其奈今时之人,自有知觉以来,恃其少壮,何所不为! 人生之常度有限,而情欲无穷,精气之生息有限,而耗损无穷,因致戕此先天,而得全我之常度者,百中果见其几?残损有因,惟人自作!"

明代在疾病预防上的成绩,最值得一书的是关于接种人痘预防天花的发明。天花是一种烈性传染病,为害极大,我国古代人民与之进行过长期的斗争,而真正找到较为有效的办法是发明了人痘接种术。接种的方法有痘衣法和鼻苗法两种:前者是将患者穿的内衣给未患病的人穿用,使之传上天花而产生抵抗力;后者包括浆苗法①、旱苗法②和水苗法③。以上诸法中,以旱苗法和水苗法的效果为较好,其余的办法有较多的感染过重之虞,有的还可能根本无效。关于人痘接种术发明的时间,有的说是唐朝,有的说是宋朝,但这两种说法都没有确凿的证据。比较可信的说法是清人俞茂鲲《痘科金镜赋集解》卷 2 中的记载:"闻种痘法起于明朝隆庆年间(1567—1572)宁国府太平县……由此蔓延天下。"明代发明的人痘接种法是更加安全的牛痘接种法发明前预防天花的最有效的办法,也是人工免疫法的先驱,在医学史上占有重要的地位。17 世纪后,它渐次传到日本以及其他亚洲、欧洲国家,成为全人类与天花作斗争的有力武器。

明代随着手工业的发展和若干行业职业病的增多,人们在认识和预防职业病上,较前也有提高。如薛己在其《内科摘要》中就记载了一例银匠职业病的病案,其中记下了一个销银匠因职业所致的劳倦、手麻等症状,以及"用补中益气及温和之药煎汤渍手",而使之痊愈的治疗过程④。再如《本草纲目》记下了铅矿工人的职业病状况:"铅生山穴石间,人挟油灯入至数里,随矿脉上下曲折斫取之。其气毒人,若连月不出,则皮肤痿黄,腹胀不能食,多致疾而死。"⑤对职业病有了认识,预防的办法也便渐渐掌握起来。比如《天工开物》中记载,当时人们已经知道为了预防烧砒的职业病,从业者要"经两载即改徙"⑥。

第五节　地理学

明代的地理学颇有成就。对边疆和域外地理的考察研究作出了不

---

① 以棉团蘸患者的疮浆,再塞入健康人的鼻腔内,使受感染。
② 将痊愈期患者的痘痂研细后,以管吹入健康人的鼻腔内,使染上天花。
③ 将痊愈期患者的痘痂研细后,加水调和,再以棉团蘸附,塞入健康人的鼻腔,使受传染。
④《薛氏医案》卷 1。
⑤《本草纲目》卷 8。
⑥《天工开物》卷 11《燔石》,广东人民出版社 1976 年注释本。

少新成绩,传统的制图学也有所进步。尤其令人赞叹不已的是,出现了伟大的地理学家徐霞客和王士性,他们的地理名著在中国以至世界地理学史上都占有重要的地位。另外,商人编写的路程图也引人注目。

一、边疆和域外地理考察研究的发展

在这一方面最值得一叙的是郑和下西洋的壮举。

郑和(1371—1435),本姓马,小字三保,回族,云南昆阳(今晋宁)人。洪武时入宫为宦官,分至燕王府听用。后从燕王起兵,参加靖难之役,因功赐姓郑,擢内宫监太监。永乐三年(1405)六月,明成祖怀疑建文帝亡命于海外,"欲踪迹之,且欲耀兵异域,示中国富强"[①],派郑和及另一宦官王景弘等,率将士27800多人,以巨舶通使"西洋"(即今加里曼丹至非洲之间的南洋群岛和印度洋一带)。他们自苏州刘家河(今江苏太仓东浏河镇)出发,泛海至福建,而后到达占城(今越南南部),历爪哇(今印度尼西亚爪哇岛)、暹罗(今泰国)、满剌加(今马来半岛南端马六甲)、苏门答剌(今印度尼西亚苏门答腊)等地,于永乐五年回国,历时二年有余。而后,自永乐六年至宣德年间,郑和又进行了类似的远航达六次之多,先后访问了亚、非30多个国家和地区,包括"占城、爪哇、真腊、旧港、暹罗、古里、满剌加、渤泥、苏门答剌、阿鲁、柯枝、大葛兰、小葛兰、西洋琐里、琐里、加异勒、阿拨把丹、南巫里、甘把里、锡兰山、喃渤利、彭亨、急兰丹、忽鲁谟斯、比剌、溜山、孙剌、木骨都束、麻林、剌撒、祖法儿、沙里湾泥、竹步、榜葛剌、天方、黎伐、那孤儿"[②],最远到达非洲东岸和红海。

郑和的船队所到之处,以所带中国的瓷器、丝织品等交换当地的特产,加强明朝与各国的联系,这在促进中国与亚非诸国的友好交流上起了重大的作用(详见本书第七章第五节)。而从增广中国人民的域外地理知识方面来说,它也有非常重大的意义。所历国家、地区的山

---

① 《明史》卷304《郑和传》。
② 《明史》卷304《郑和传》。

川形势、气候物产、人文景观、海洋岛屿等,都由于这些远航而为郑和及其同行者所目睹亲闻。这些地理知识,有的是此前中国人根本没有接触过的,十分珍贵;而其中那些此前中国人曾经有所了解的,经过这些航海调查,也得到了印证和加深,价值同样很高。郑和航海时的随从——浙江会稽人马欢、江苏太仓人费信、南京人巩珍分别撰写的《瀛涯胜览》《星槎胜览》和《西洋番国志》三书,记载了作者在随从航海时的所见所闻,都具体生动地反映了郑和航行在增加中国人民的域外地理知识方面所作出的重大贡献。此外,本章第一节所谈及的《郑和航海图》,绘出了自长江口到非洲东岸的地理状况,20世纪熟悉马来半岛海岸线的欧洲学者米尔斯(J. V. Mills)和布莱格登(C. O. Blagden)曾对其精确性给予很高的评价[1]。这些都反映出通过郑和航海,中国人民对南洋群岛和印度洋一带的地理知识的了解达到了前所未有的新高度。

在通过郑和航海而增加对南洋群岛和印度洋一带地理状况的了解的同时,明朝对西域和黑龙江流域的地理状况的了解也进一步增多。其对西域地理状况了解的增多,与明成祖派遣陈诚等人出使西域有关。陈诚,江西吉水人,洪武年间成进士。永乐十一年(1413)受命出使西域,第二年春天出发,十三年回国。与其一起出使的有宦官李达等人,所历有撒马尔罕、哈烈(在今阿富汗西北部)、达失干(今塔什干)等地。根据沿途见闻,陈诚写出了《使西域记》一书,记载了许多关于西域的地理状况。如记撒马尔罕云:"在哈烈东北,去陕西肃州卫嘉峪关九千七百余里,去哈烈二千八百余里。地宽平,土壤膏腴,有大溪达河,东北流。城广十余里,开六门,其有子城。国主居室稠密。西南诸番,百货多聚此。"[2]记哈烈云:"一名黑鲁,在撒马尔罕西南,去陕西肃州嘉峪关万一千一百里。其地四周多山,中有河西流。城近东北山下,方十余里……其土饶沃,气

---

[1] 参见李约瑟:《中国科学技术史》第3卷第22章第4节第6小节;中国科学院自然科学史研究所地学史组:《中国古代地理学史》第1章第5节,科学出版社1984年版。
[2] 转引自张星烺:《中西交通史料汇编》第5册,中华书局1978年版,第209页。

候多暖少雨。土产有白盐、铜、铁、琉璃、金、银、珊瑚、琥珀、珠翠之属。多育蚕,善为纨绮。木有桑、柳、榆、槐、松、桧、白杨。果有桃、杏、梨、葡萄、石榴。谷有麻、豆、菽、麦、粟。兽有狮、豹、良马、牛、羊、鸡、犬。"①

明人对黑龙江流域地理状况了解的增多,与明成祖、仁宗、宣宗加强对东北地区的经营有关。在洪武时期经营东北的基础上,明成祖、仁宗、宣宗继续经营东北,明成祖尤其如此。这一时期,他们在黑龙江流域建立了许多卫所,任用当地少数民族的首领担任指挥、千百户等官;又在永乐七年决定置奴儿干都司,于黑龙江下游东岸亨滚河口附近的特林地方(今俄罗斯蒂尔)设置流官(实际到任在永乐九年),统辖西起斡难河(今鄂嫩河)、北至外兴安岭、东抵大海、东北越海包括库页岛的广大地区的卫所。此外,明朝还常派官员等前往黑龙江流域巡视。如太监亦失哈自永乐至宣德即曾多次视察,曾奉命建永宁寺于奴儿干都司的所在地特林,并立石碑两块:一在永乐十一年镌刻,名《永宁寺记》;一在宣德八年镌刻,名《重建永宁寺记》。随着明成祖等对黑龙江流域经营的加强,这一地区的地理状况,被内地人士了解得越来越清楚。如《永宁寺记》载:"惟东北奴儿干国,道在三译之表,其民曰吉列迷,及诸种野人杂居焉……其地不生五谷,不产布帛,畜养惟狗……或以捕鱼为业,食肉而衣皮,好弓矢。诸般衣食之艰,不胜为言……(永乐)十一年秋,卜奴儿干西,有站满泾,站之左,山高而秀丽。先是,已建观音堂于其上,今造寺塑佛,形势优雅,粲然可观。"②这段话对奴儿干地区的地理方位、山川形势及物产风俗的描写,可谓具体生动,是当时内地人对这里的地理状况已有相当了解的有力证据。

明中叶以后,研究边疆和域外地理的人仍旧很多,写出了许多记载有边疆和域外地理状况的书籍,如董越有《朝鲜赋》,黄省曾有《西洋朝贡典录》,黄衷有《海语》,郑开阳有《筹海图编》(原题胡宗宪辑)和《郑开阳杂著》,严从简有《殊域周咨录》,罗曰褧有《咸宾录》,张燮有《东西洋考》。这些著作,有的是依靠调查访问所得资料而写成,有的是通过阅读大量

---

① 转引自张星烺:《中西交通史料汇编》第3册,中华书局1978年版,第278—279页。
② 转引自杨旸等:《明代奴儿干都司及其卫所研究》,中州书画社1982年版,第54—56页。

古今文献而编就,不管是哪一种,都有不可忽视的价值。如黄省曾的《西洋朝贡典录》,根据《瀛涯胜览》《星槎胜览》等书的资料,又"征之父老,稽之宝训"①,记载了"郑和所历之国","自占城以迄天方"等 23 国的状况②。它虽然与今尚存世的《瀛涯胜览》等书所记有所重复,但也记载了一些它们所不记的资料,可以纠正其关于地名的误载、校正其中的文字错讹。又如张燮的《东西洋考》是关于明后期的东南亚诸国的地理书。该书对各国皆记其物产、形胜等,眉目极为清楚。其卷五"东洋列国考"之"文莱"条,写有"文莱,即婆罗国,东洋尽处,西洋所自起也"数语,第一次明确地指出了"东洋"和"西洋"的界线,使其地域概念空前明确,这从一个角度反映了该书的价值,也反映了当时中国人域外地理知识的一个进步。

二、传统制图学有所进步

明代是中国古代地图绘制比较发达的时期之一,传统的制图技术有所进步。这主要表现在《杨子器跋舆地图》和罗洪先《广舆图》的出现。

杨子器,字名父,浙江慈溪人,成化二十三年(1487)进士。曾任昆山知县、吏部考功主事等职,官至河南左布政使,正德八年(1513)十二月去逝,享年 56 岁③。《杨子器跋舆地图》绘于正德七年至八年,现存辽宁大连旅顺博物馆。它是以元代地理学家朱思本所绘长宽各七尺的《舆地图》为基础而绘出的,所反映的地域范围包括了明朝的全部版图。该图所绘海岸线已与今天的地图十分接近,河系的平面图形、河流流向以及主要湾曲,也与今天的地图大体一致。其所描绘的河流,比传世的宋代地图准确了许多。表示山脉用写景法,形象生动。所标明的各行政区名的相对位置基本正确,不同级别的行政区名分别使用了方形、圆形以及

---

① 黄省曾:《西洋朝贡典录》自序。
②《四库全书总目》卷 78《〈西洋朝贡典录〉提要》。
③《国朝献征录》卷 92《杨子器墓志》。

菱形等符号。对万里长城、庙宇、陵墓、桥梁等名胜古迹,也有醒目的表示,开我国古代旅游地图的先声①。

《广舆图》的绘成比《杨子器跋舆地图》略晚,约于嘉靖二十年(1541)前后。其底本也是朱思本的《舆地图》,并有所发展。《广舆图》的作者罗洪先,字达夫,江西吉水人,嘉靖八年进士,曾任春坊左赞善之职,因上疏触明世宗之忌,而被革职。他归家后,"跃马挽强,考图观史",对"天文、地志、礼乐、典章、河渠、边塞、战阵、攻守、阴阳、算数","靡不精究"②,知识相当渊博。他鉴于朱思本的《舆地图》长宽各七尺,不便卷舒,因而加以改编,并作补充,从而绘成了包括 40 多幅小图的可以刊印成书的《广舆图》。最初的《广舆图》包括舆地总图 1 幅、两直隶及十三布政司图 16 幅、九边图 11 幅、洮河松潘虔镇麻阳诸边图 5 幅、黄河图 3 幅、漕河图 3 幅、海运图 2 幅、朝鲜朔漠安南西域图 4 幅;此外,"凡沿革附丽,统驭更互,难以旁缀者,各为副图六十八"。③ 其中,舆地总图及两直隶十三布政司图等主要是根据朱思本的《舆地图》改绘的,九边图、黄河图、海运图等则是罗洪先增加的。

《广舆图》在内容设计上是十分值得称道的。它组合多方面内容于同一图集之中,构成了相当完整的统一体,从而使我国在 16 世纪就出现了综合性的地图集。它以总图为首,分省列图,从而建立了按行政区划分幅的地图体系。它根据当时的政治、经济如军事形势的需要,分别列出了安南、朝鲜、海运、漕运和九边等图幅,这又在综合性地图集中树立了设置专题图幅的榜样。

《广舆图》绘出后,曾多次翻刻,流传甚广。后来的许多地图,都是以它为蓝本而绘制的,如万历时汪作舟的《广舆考》、崇祯年间陈组绶的《皇明职方地图》以及清初顾祖禹的《读史方舆纪要》,都与它有一定的关系,

---

① 参见中国科学院自然科学史研究所地学史组:《中国古代地理学史》第 8 章第 4 节,科学出版社 1984 年版。
② 《明史》卷 283《罗洪先传》。
③ 罗洪先:《广舆图》自序。

影响所及，直到清代①。

三、徐弘祖及其不朽著作《徐霞客游记》

徐弘祖，字振之，号霞客，南直隶江阴（今江苏省江阴市）人。自幼"特好奇书，侈博览古今史籍及舆地志、山海图经，以及一地冲举高蹈之迹，每私覆经书下潜玩，神栩栩动"。② 科举应试失败后，他更厌弃世俗，遂在家庭的支持下，频频出家旅游，"问奇于名山大川"③。他的旅游活动始于 22 岁，直到崇祯十三年（1640 年）55 岁时，前后 30 多年间，几乎年年出游，足迹遍及今江苏、浙江、山东、河北、山西、陕西、河南、安徽、江西、福建、广东、湖南、湖北、广西、云南、贵州等 16 个省区及北京、天津、上海等地。

徐霞客的游历，以崇祯八年为界，可以分为前后两个阶段。前一阶段，主要是游览名胜区，时间短，所至交通也较方便。全国主要名山除峨眉山、衡山、云南鸡足山外，他已遨游殆遍。后一阶段从崇祯九年开始，经过长期周密的准备，他从浙江开始，经江西、湖南、广西、贵州，而达云南，进行了一次时间最长、行程最远、成就也最大的旅游考察。在旅游过程中，徐霞客以惊人的毅力，克服了重重困难。其早年游览，往往与一亲友作伴，后来只与一熟识的僧人同行，另外再带一二仆人以挑行装。三次遇盗，四次绝粮，未能阻止住他的步伐。路途险远使同伴、向导裹足不前，徐霞客却继续前进。晚年去西南时，同行僧人病死，仆人又私自逃跑，徐霞客仍坚持前行。最后，他的脚病加重，行走不便，丽江土知府木生白派人用山轿送他东归，到湖北后黄冈侯知县又派船相送，他才得以回到家中。这次旅行归来后的第二年，即崇祯十四年（1641 年）正月，他即病殁于家。

---

① 参见中国科学院自然科学史研究所地学史组：《中国古代地理学史》第 8 章第 4 节；高俦：《明清两代全国和省区地图集编制概况》，载《测绘学报》1962 年第 5 卷第 4 期。
② 陈函辉：《徐霞客墓志铭》。
③ 陈函辉：《徐霞客墓志铭》。

在长期而艰苦的旅游中,徐霞客坚持著述,为后人留下了珍贵的《徐霞客游记》。此书全文已不可得,现在保存下来的约有 60 多万字,分为 10 卷,每卷分上下,实际为 20 卷。它以日记的体裁,详尽地记录了作者的旅游历程和所见所闻。该书文字优美生动,是难得的旅游文学作品。其所记涉及民情风俗、民族关系、山川地貌,内容十分丰富,而其中数量最多的是关于自然地理的记载和论述。如在河流的水文观察和推断方面,徐霞客认为河床地方坡度的大小与河流距海的远近有关,曾说:"(福建)宁洋之溪,悬溜迅急,十倍建溪。盖蒲城至闽安入海,八百余里;宁洋至海澄入海,止三百余里。程愈迫,则流愈急。"①他还记述和论证了河流的侵蚀作用,曾说:"江抵新宁,不特石山最胜,而石岸尤奇,盖江流击山,山削成壁。"②又如,在自然界中各种地理因素的相互关系方面,他认为植物的生长状况与高度、温度和风速有密切的联系,其在描写天台山的情况时曾说:"复上至太白,循路登绝顶,荒草靡靡,山高风冽,草上结霜高寸许,而四山回映,琪花玉树,玲珑弥望。岭角山花盛开,顶上反不吐色,盖为高寒所勒耳。"③

《徐霞客游记》中最有价值的内容,是对我国西南地区石灰岩溶蚀地貌的描述和研究,这一部分内容在日记中占有三分之二以上的篇幅。关于地下岩溶地形,徐霞客考察了西南地区的洞穴 100 多个,结论相当准确。关于地表岩溶地形,他作出了三个方面的显著贡献。一是厘订岩溶地形的类型及名称。他把漏陷地形分为"眢井"(今称落水洞)、"盘洼"或"环洼"(今称圆洼地、漏斗),"小者为眢井,大者为盘洼"④。他又把大型溶蚀洼地订为"坞",坞有长、圆之分。峰林地形在明代以前称谓不一,或称岩,或称崖,或称峰。徐霞客对此也进行了订正,他广泛吸收民间用语,将之用"石山"二字加以指称。此外,他把石芽、石沟地形称为"石脊"

---

① 《徐霞客游记》卷 1 下《闽游日记前》,上海古籍出版社 1980 年版。
② 《徐霞客游记》卷 4 上《粤西游日记三》。
③ 《徐霞客游记》卷 1 上《游天台山日记》。
④ 《徐霞客游记》卷 5 上《滇游日记二》。

或"石齿",把干谷地形称为"枯涧"。二是指出岩溶地形发育的地区差异。徐霞客在实地考察的基础上指出,我国西南地区峰林石山的分布,是东自湖南道州,西到云南罗平,向南则延入广西境内。三处的峰林石山也有不同特征:"粤西之山,有纯石者,有间石者,各自分行独挺,不相混杂。滇南之山,皆土峰缭绕,间有缀石,亦十不一二,故环洼为多。黔南之山,则界于二者之间,独以逼耸见奇。滇山惟多山,故多壅流成海,而流多浑浊。(原注:惟抚仙湖最清)粤山惟石,故多穿穴之流,而水悉澄清。而黔流亦界于二者之间。"①这样的结论,今天看来也是相当正确的。三是对岩溶地形的成因作出了科学的分析。如他指出,漏陷地形是由于流水的侵蚀或溶陷崩塌而成,在描写湖南的漏陷地形时曾说:"东岭坞内居人段姓,引南行一里,登东岭。即从岭上西行,岭头多漩涡成潭,如釜之仰,釜底俱有穴直下为井,或深或浅,或不见其底,是为九十九井。始知是山下皆石骨玲珑,上透一窍,辄水捣成井。窍之直者,故下坠无底,窍之曲者,故深浅随之。"②

徐霞客是我国有计划、有系统、大规模考察和研究石灰岩地貌的第一人,也是世界上研究石灰溶蚀地形(西方称为"喀斯特地形")的先驱。他的考察和研究比欧洲人爱士倍尔在 18 世纪 70 年代的研究早 130 多年,比瑙曼在 19 世纪 50 年代对石灰岩地貌作系统分类早 200 多年。③

徐霞客根据旅游见闻而撰写并存至今天的著作,除旅游日记外,还有许多诗文,其中《江源考》和《盘江考》二篇论文在地理学上也很有价值。徐霞客不受《尚书·禹贡》"岷山导江"说的束缚,通过实地考察,写成《江源考》(又名《溯江纪源》),提出"故推江源者,必当以金沙(江)为首"的结论。尽管他的结论还是不完善的,但有力地冲击了拘守经书的错误观点,发展了我国古代的河源理论。徐霞客在《江源考》中明确反对"舍远而宗近""弃大源而取支水"的观点,主张把同一水系中最大和最长

---

① 《徐霞客游记》卷 5 上《滇游日记二》。
② 《徐霞客游记》卷 2 下《楚游日记》。
③ 参见中国科学院自然科学史研究所地学史组:《中国古代地理学史》第 2 章第 5 节。

的一条河流作为主源。这表明,明朝已有了明确而科学的确定河源的原则了。虽然《盘江考》的论述也有不正确的地方,但也纠正了不少原有记载的错误。

四、王士性在地理学上的贡献

王士性,字恒叔,号太初,又号元白道人,浙江台州临海人。其生活的时代略早于徐弘祖。万历五年(1577 年)成进士,初授确山知县,"有异绩,考选礼科给事中",后迁吏科给事中,"出为四川参议","参粤藩,副滇宪,衡文两河,所至闻望翕然",最后官至南京鸿胪寺卿①。他善诗文,著有《五岳游草》《广游志》《广志绎》《吏隐堂集》《东湖志》《玉岘集》《王恒叔近稿》等②。他喜游历,明代分全国为两京十三布政司,其所未到者仅福建一个布政司。他将游历中的见闻记录下来,并作研究整理,从而写出了极具科学价值的地理学著作,上述《五岳游草》《广游志》《广志绎》就是这类著作,其中《广志绎》尤其思想深刻,在地理学史上占有重要地位。

王士性的地理学著作中,有许多关于自然地理学的论述。如关于地貌学,在《广游志》中详细阐明了以北龙、中龙和南龙为三大主干的山脉分布系列,发展了唐代僧一行的山河两戒说,虽仍不免落入堪舆家的窠臼,但其关于中国山脉走向的论述,对现代中国地理学有很大的影响。在《广志绎》中,他对许多地区的地形特点有生动的描绘。其中,卷5 对广西桂林及平乐一带记载云:

> 桂林无地非山,无山而不雁荡,无山非石,无石而不太湖,
> 无处非水,无水而不严陵、武夷。百里之内,独尧山积土成阜,
> 故名天子田,独七星山一片平芜,故名省春岩。平乐以上,两岸

---

① 《明史》卷 223《王士性传》;康熙《台州府志》卷 10《王士性》。
② 参见周振鹤:《王士性的地理学思想及其影响》,梁辉:《王士性的家世及其他》,丁式贤:《王士性与王氏家族闻人述略》,朱汝略:《王士性诗歌概论》,及徐建春:《徐霞客与王士性》,均载《东南文化》1994 年第 2 期;徐建春:《王士性及其〈广志绎〉》,载《杭州大学学报》1990 年第 3 期。

> 咸石壁林立,则溪中皆沙滩无石,舟堪夜发。平乐以下,两岸土
> 山迤行,则江中皆石矶岩笋,动辄坏舟。

又云:

> 自灵川至平乐,皆石山拔地而起,中乃玲珑透露,宛转游
> 行。如栖霞一洞,余秉炬行五里余,人物飞走,种种肖形,钟乳
> 上悬下滴,终古累缀,或成数丈,真天下之奇观也。

这使读者对桂林、平乐地区的地貌状况有清晰的了解。特别是其对该地区喀斯特地形分布范围以及峰丛、溶洞、石钟乳等地表地下现象的真实记载,令人有身临其境的感觉,其"钟乳上悬下滴,终古累缀"一语,已对石钟乳的成因进行了探讨,所持观点与现代科学已无区别。王士性记载喀斯特地形,远不如徐弘祖全面、深刻,但其时间比徐弘祖要早,其意义不可忽视。

关于水文地理学,《广志绎》从流域内的地形、地下水位、支流的多少大小、雨季的长短、河流补给源等多个方面,综合分析了长江和黄河河口流量大小不同的原因,这已与现代综合自然地理学的分析思路颇为接近。其将长江稳定、黄河善决的原因,归结为前者"缓而阔,又江南泥土粘",后者"迅而狭,又河北沙土疏",这也是十分正确的[1]。

关于土壤地理学,《广志绎》对长沙土壤的性质进行了研究,指出:

> 长沙卑湿,贾生赋鵩以死,古今一词。余过其地,见长沙虽
> 湿,非卑而湿也,盖犹在洞庭上流,岳渚、汉阳尚在其下,安言卑
> 也?惟诸郡土皆黑壤,而长沙独黄土,其性粘密不渗,故湿气凝
> 聚之深;谊,洛阳人,故不宜也[2]。

此外,王士性对生物地理学、气候学等也有不少有价值的论述。

在王士性的地理学著作中,数量更多、价值更高的论述,是关于人文

---

[1] 参见徐建春:《王士性及其〈广志绎〉》,《杭州大学学报》1990 年第 3 期。
[2]《广志绎》卷 4《江南诸省》,中华书局 1981 年版。

地理学方面的。他不仅深刻地论述了人地关系,而且广泛地记载了社会文化地理、经济地理、人口地理、旅游地理等人文地理资料,发表了若干极为高明的见解。

中国对人地关系的研究源远流长。先秦的著作《礼记·王制》篇中,提出"广谷大川异制,民生其间者异俗",《孟子·公孙丑下》中提出"天时不如地利,地利不如人和",唐代的刘禹锡则在《天论》中提出"天与人交相胜","还相用"。这些思想都是珍贵的。但到了王士性,关于人地关系的论述才更加丰富和深刻。他反复表达了地理环境对人们的生产、生活、体质、风俗等有重大影响的思想。如曾说:

> (山西)水泉深厚,故其力多坚劲,而少湿郁微肿之疾……地高燥,人家盖藏多以土窖,谷粟入窖,经年如新。[1]

> 关中多高原横亘,大者跨数邑,小者亦数十里,是亦东南冈阜之类。但冈阜有起阜而原无起伏,惟是自高而下,牵连而来,倾跌而去,建瓴而落,拾极而登。葬以四五丈不及黄泉,井以数十丈方得水脉,故其人禀者博大劲直而无委曲之态。[2]

> 江南饶薪,取火于木,江北饶煤,取火于山。西北山高,陆行而无舟楫,东南泽广,舟行而鲜车马。[3]

尤其为人重视的是其在分析浙江地理环境与人的关系时,提出了泽国之民、山谷之民和海滨之民的划分办法,使人地关系的论述更趋深刻。他说:

> 杭、嘉、湖平原水乡,是为泽国之民;金、衢、严、处丘陵险阻,是为山谷之民;宁、绍、台、温连山大海,是为海滨之民。三民各自为俗。泽国之民,舟楫为居,百货所聚,闾阎易于富贵,俗尚奢侈,缙绅气势大而众庶小;山谷之民,石气所钟,猛烈鸷

---

[1]《广志绎》卷3《江北四省》。
[2]《广志绎》卷3《江北四省》。
[3]《广志绎》卷1《方舆崖略》。

傻,轻犯刑法,喜习俭素,然豪民颇负气,聚党与而傲缙绅;海滨之民,餐风宿水,百死一生,以有海利为生不甚穷,以不通商贩不甚富,闾阎与缙绅相安,官民得贵贱之中,俗尚居奢俭之半。①

西方提出类似划分办法的是黑格尔。他在《历史哲学》一书中将世界分为高地、平原、滨海三类地区,指出这三类地区的居民由于地理环境不同而具有不同的生活方式、性格、习俗等。但他与王士性相比,已晚了200多年。

鉴于人地关系中地的作用甚大,王士性坚决反对不顾地理条件而肆意行事。他曾说:

> 江南泥土,江北沙土,南土湿,北土燥,南宜稻,北宜黍、粟、麦、菽,天造地设,开辟已然,不可强也。徐尚玺贞明《潞水客谈》欲兴京甸为水田,彼见玉田、丰润间间有一二处水田者,遂概其大势,不知此乃源头水际,民已自稻之,何待开也。即如京师西湖畔岂无水田,彼种稻更自香馥,他处岂尽然乎?余初见而疑之,犹以此书生闲谈耳,不意后乃径任而行之。无水之处,强民浚为塘堰,民一亩费数十亩之工矣,及塘成而沙土不潴水,雨过则溢,止则涸。北人习懒,不任督责,几鼓众成乱,幸被参而其事中止也……固知天下事不可懦而无为,尤不可好于有为。②

王士性重视地理环境的影响,但并不认为这是决定习俗习惯等文化现象的唯一因素,而认为社会经验、历史背景等与之一起发生影响,表现了辩证的思维方式,相当可贵。反映其这一思想的典型事例,是其对杭州风俗的分析,他说:

> 杭俗儇巧繁华,恶拘检而乐游旷,大都渐染南渡盘游余习,

---

① 《广志绎》卷4《江南诸省》。
② 《广志绎》卷2《两都》。

而山川又足以鼓舞之。①

这就是说,杭州"恶拘检而乐游旷"风俗的形成,既导引于当地的山川景色,又与宋室南迁杭州后不思危殆、继续奢侈的历史影响有关。

中国对社会文化地理的研究开始得也很早,在《史记·货殖列传》和《汉书·地理志》中已有比较系统的风俗区域的记载。不过,此后这一活动没能很好地继承发展,有关正史中多无这方面的记载。而到了王士性,这一活动重被大量开展起来,其地理学著作中大量记载了关于文化区域的内容。如关于浙江,《广志绎》将之分为浙东、浙西两个文化区域,并进而将浙东再细分为三个更小一级的文化区域:

> 两浙东西以江为界而风俗因之。浙西俗繁华,人性纤巧,雅文物,喜饰鞶悦,多巨室大豪,若家僮千百者,鲜衣怒马,非市井小民之利。浙东俗敦朴,人性俭啬椎鲁,尚古淳风,重节概,鲜富商大贾。而其俗又自分为三:宁、绍盛科名逢掖,其戚里善借为外营,又佣书舞文,竞贾贩锥刀之利,人大半食于外;金、衢武健,负气善讼,六郡材官所自出;台、温处山海之民,猎山渔海,耕农自食,贾不出门,以视浙西迥乎上国矣。②

书中对非汉族居住的文化区域,也有丰富的记述,如关于施州、保靖、永顺、辰州、柳州、庆远一带少数族居住区,《广志绎》有如下记述:

> 施州、保靖、永顺正当海内山川土宇之中,反为槃瓠种类盘踞。施州东抵巴东五百里,西抵酉阳九百里,南抵安定硐、北抵石柱司各七百里,依稀闽浙全省地。而永顺东南西北咸径六百里。保靖东西亦五百里,南北半之。其俗男不裹头,女衣花布,亲丧打葬,就日而埋,疾病则击铜鼓、沙锣以祀鬼神,居常则渔猎腥膻、刀耕火种为食,不识文字,刻木为契,短裙椎髻,常带刀

---

① 《广志绎》卷4《江南诸省》。
② 《广志绎》卷4《江南诸省》。

弩为威。其人杂夷獠，不可施以汉法，故历代止羁縻之。本朝笼以卫所、土司，有事调之则从征，逮之则不至。南去为辰州，又南为柳、庆，族皆其种，俗亦近之，秦汉所称黔中之地。然辰以南屡经征伐，其人遂分夷、汉。夷者统以土司，汉者治以有司，不若施、永之一概羁縻也。然虽汉人、汉法之处，其城市者衣服言语皆华人，而山谷间亦颇杂以瑶俗，不尽纯也。①

王士性的地理学著作中所记经济地理资料，涉及的领域非常广泛。有的概述各地物产，如：

> 东南饶鱼盐秔稻之利，中州、楚地饶渔，西南饶金银矿、宝石、文贝、琥珀、朱砂、水银，南饶犀、象、椒、苏、外国诸币帛，北饶牛、羊、马、羸、绒毡，西南川、贵、黔、粤饶楩楠大木。②

有的专述一地的资源或名产，如：

> （景德镇瓷器）以宣、成二窑为佳，宣窑以青花胜，成窑以五彩。宣窑之青，真苏浡泥青也，成窑时皆用尽，故成不及宣。宣窑五彩堆垛深厚，而成窑用色浅淡，颇成画意，故宣不及成……近则多造滥恶之物，惟以制度更变、新诡动人，大抵轻巧最长，古朴尽失……遍国中以至海外夷方，凡舟车所到，无非饶器也。近则饶土入地渐恶，多取于祁、婺之间。婺人造土成砖，磨砖作浆，澄浆作块，计块受钱，饶人买之以为瓷料。③

有的讲述两地的经济互补状况，如：

> 广东用广西之木，广西用广东之盐，广东民间资广西之米谷东下，广西兵饷则借助于广东。④

---

① 《广志绎》卷 4《江南诸省》。
② 《广志绎》卷 1《方舆崖略》。
③ 《广志绎》卷 4《江南诸省》。
④ 《广志绎》卷 5《西南诸省》。

有的记载生产部门的生产关系,如:

> 滇中凡土皆生矿苗。其未成硐者,细民自挖掘之,一日仅足衣食一日之用,于法无禁。其成硐者,某处出矿苗,其硐头领之,陈之官而准焉,则视硐大小,召义夫若干人。义夫者,即采矿之人,惟硐头约束者也。择某日入采,其先未成铜,则一切工作公私用度之费皆硐头任之,硐大或用至千百金者。及硐已成,矿可煎验矣,有司验之。每日义夫若干人入硐。至暮尽出硐中矿为堆,画其中为四聚瓜分之,一聚为官课,刚监官领煎之以解藩司者也,一聚为公费,则一切公私经费、硐头领之以入簿支销者也,一聚为硐头自得之,一聚为义夫平分之。[①]

此外,还有的论述经商技巧、商业部门中的生产关系等,限于篇幅,不再一一引述。

王士性的地理学著作中所记人口地理资料,涉及的领域也相当广泛。有的单记一地人口数量,如:

> 樟树镇在丰城、清江之间,烟火数万家。[②]

有的对不同地区的人口密度进行对比,如:

> 杭城北湖州市、南浙江驿,咸延袤十里,并屋鳞次,烟火数十万家,非独城中居民也。又如宁、绍人什七在外,不知何以生齿繁多如此。而河北郡邑乃有数十里无聚落,即一邑之众,尚不及杭城南北市驿之半者。岂天运地脉旋转有时,盛衰不能相一耶?[③]

有的对某地的人口构成进行分析,如:

> 廉州,中国穷处,其俗有四民。一曰客户,居城郭,解汉音,业商贾。二曰东人,杂处乡村,解闽语,业耕种。三曰俚人,深

---

① 《广志绎》卷 5《西南诸省》。
② 《广志绎》卷 4《江南诸省》。
③ 《广志绎》卷 4《江南诸省》。

居远村,不解汉语,惟耕垦为活。四曰蛋户,舟居穴处,仅同水族,亦解汉音,以采海为生。[1]

关于旅游地理,王士性发表了很有见识的意见:

> 游观虽非朴俗,然西湖业已为游地,则细民所藉为利,日不止千金。有司时禁之,固以易俗,但渔者、舟者、戏者、市者、酤者咸失其本业,反不便于此辈也。[2]

作为一个封建士大夫而能够如此看重旅游业的社会作用,实为难能可贵。

上述之外,王士性对军事地理、政治地理、历史地理等,也都留下了值得重视的丰富记载。

五、引人注目的商用路程书

明代商品经济发达,商人奔走于全国各地,为了旅行的方便,甚需了解各地的交通路线及沿线的有关情况,于是根据自己的见闻并参考有关资料,亲自动手,编写了许多路程书,或传抄,或印行,成为其时影响甚大的一种地理文献,构成明代地理学的一大特色。

明代商人编写的路程书,以两种形式而存在:一为单独成书;二为与有关经商经验的内容等合编一书,但又各自相对集中、单独成篇。至今尚存于世的明代商人编写的路程书,有黄汴《一统路程图记》、黄汴《新刻水陆路程便览》、黄汴《图注水陆路程途》、黄汴《天下水陆路程》、憺漪子《天下路程图引》、陶承庆《新刻京本华夷风物商程一览》、佚名《图相南北两京路程》等。其中《天下路程图引》为 3 卷本《士商要览》中的 1 卷,也收进了 4 卷本《士商类要》中充作其第 1 卷和第 2 卷的前半部分,《天下水陆路程》则与闽商李晋德所编《客商一览醒迷》一书合刻、另冠总名为《新

---

① 《广志绎》卷 4《江南诸省》。
② 《广志绎》卷 4《江南诸省》。

刻客商一览醒迷天下水陆路程》,均属于上述第二种存在形式的路程书。

明代商人编写的路程书,以路引为主体,简洁明确地记述了水陆交通路线、各地的行程里距和道路的起迄分合等,是关于明代交通地理的优秀文献。如《一统路程图记》收路引 143 条,《天下路程图引》收路引 100 条,据之可查出明代全国的主要交通路线及其分合、起迄、里程。如《天下水陆路程》卷 8 所载的第 16 条路引"南京由江南至安庆府路"是:

> 出南门(六十里)江宁镇(六十里)采石(二十里)太平府(二十里)芜湖县(四十里)石跪(三十里)井泉铺(三十里)南陵县(六十里)司边铺(六十里)绛壁桥(二十里)青阳县(八十里)池州府(六十里)殷家汇(三十里)黄溢(渡江二十里)安庆府。
>
> 或遇水大,自芜湖七十里至繁昌县,又三十里获港驿、一百十里至青阳亦可。①

读过这段文字,对于南京到安庆府的所经路线、各地间的距离,以及特殊情况下所经路线的改变等,可说是一清二楚了。中国史志多半不重视交通路线和里程的记载,如《明史·地理志》即不载水马驿站,《明会典》只载驿名而不载驿路。因此,欲搞清明代全国的交通路线和里程,只能依靠这类路程书。

明代商人编写的路程书中,往往还绘有路程图。其中,最为人注意的是《一统路程图记》一书卷首的《北京至十三省各边路图》和《南京至十三省各边路图》两幅路程图。它们绘有明代二京十三省等重要地名及主要交通路线,地名之间绘有代表交通干线的虚线。它们与书中的路引互相配合,犹如总纲与细目。路程图显示了全国的交通干线和大范围的地理位置、行程方向,路引则详载站名、距离等。行旅根据路程图所示,检索路引目录,查找相关地名,便能了解沿途的具体距离等,为旅行提供帮助。这两幅路程图是至今尚存的同类地图中绘制年代最早者,在地图学

---

① 《天下水陆路程》卷 8,山西人民出版社 1992 年版,第 258 页。按,引文中括号里的文字原来为小字,下同。

史上占有一定的地位①。

明代商人编写的路程书中,对交通路线沿途的山川形势、物产种类、商品品种、纳税地点、牙行所在、交通工具、路费多寡、住宿条件、卫生状况、社会风气、治安好坏、名胜古迹等也多有记载。关于山川形势,如《天下水陆路程》卷 7 所载第 1 条路引"大江源下水由夏港至无锡县"中有云:

> 江源自大分水岭流至成都九百九十里,水不甚急,百石船止于泸州。泸之东,合西汉江、马湖、嘉陵江、涪江、巴江、乌江,水始大。至夔州府西一里,江中孤石独立,即滟滪堆,冬出二十丈,夏即没。谚云"犹豫";舟人云"犹豫大如象,瞿塘不可上,犹豫大如马,瞿塘不可下";又云"水满石没",即此也。"犹豫",舟人取途不定,因名,以此为水候。②

又如《士商类要》卷 1 所载第 36 条路引"芜湖由江西樟树至广东路"中有云:

> 浈江多滩无石,上难而下易。③

关于物产种类,如《一统路程图记》卷 5 所载第 12 条路引"颍州至襄城县、钧州水、陆路"中有云:

> 襄城县至钧州、许州并九十里,至郏县六十里,又六十里至营里,产硫黄。④

又如《图相南北两京路程》中有云:

> 无锡县……出糯米、白糖、皮底、铁锅。⑤

---

① 参见杨正泰:《明清商人地域编著的学术价值及其特点》,载《文博》1994 年第 2 期。
②《天下水陆路程》卷 7,第 190 页。
③《士商类要》卷 1,《明代驿站考》附录本,上海古籍出版社 1994 年版,第 262 页。
④《一统路程图记》卷 5,《明代驿站考》附录本,上海古籍出版社 1994 年版,第 185 页。
⑤《图相南北两京路程》,转引自牧田谛亮:《策彦入明记の研究》上册,日本佛教文化研究所,第 306 页。

关于商品品种,如《图相南北两京路程》中有云:

> 石门湾……有米麦丝绵等卖。①

又如《天下水陆路程》卷 7 第 5 条路引"杭州府官塘至镇江府水"中有云:

> 苏、杭聚货,段匹外难以尽述,凡人一身、诸行日用物件,从其所欲皆有。②

关于纳税地点,如《图相南北两京路程》中有云:

> 东新桥至沈塘湾五里,来往船纳钞。③

又如《天下水陆路程》卷 5 第 11 条路引"颍州由前河至汴城水"中有云:

> 右颍州至汴城为前河,好行,惟南顿纳税。④

关于牙行所在,如《天下水陆路程》卷 7 第 2 条路引"大江上水由洞庭湖东路至云贵"中有云:

> 上新河(牙行聚此)。⑤

关于交通工具,如《天下水陆路程》卷 8 第 1 条路引"镇江府丹阳县至南京路"中有云:

> 丹阳至南京路平,轿马并备。⑥

又如《天下路程图引》卷 1 第 33 条路引"芜湖由宁国府至河沥溪路"中有云:

> 五里渡(往徽州货物由此发牌,一百一十里至胡乐司雇车,

---

① 《图相南北两京路程》,转引自牧田谛亮:《策彦入明记の研究》上册,第 305 页。
② 《天下水陆路程》卷 7,山西人民出版社 1992 年版,第 204 页。
③ 《图相南北两京路程》,转引自牧田谛亮:《策彦入明记の研究》上册,第 305 页。
④ 《天下水陆路程》卷 5,第 156 页。
⑤ 《天下水陆路程》卷 7,第 198 页。
⑥ 《天下水陆路程》卷 8,第 245 页。

陆路七十五里至灵山下,又雇牌,五十五里至徽州府)。①

关于路费多寡,如《天下水陆路程》卷 7 第 24 条路引"杭州府至补陀山水"中有云:

> 西兴搭船,每人银二分,至东关驿。一分一挑,一里至梁湖。渡曹娥江,三分一人,搭至宁波府。②

又如《天下路程图引》卷 1 第 34 条路引"芜湖由安庆转至团风镇路"中有云:

> 石牌(如水小,就在此雇骡。如水大,竟搭船至太湖县起旱,头口钱略可省些)。③

关于住宿条件,如《一统路程图记》卷 5 第 6 条路引"瓜洲至庙湾场水路"中有云:

> 客店草篱茅舍,无夜盗之虑,有火延之防。④

又如《天下路程图引》卷 2 第 59 条路引"瓜州由凤阳府至颖州陆路"中有云:

> 池河驿(南去六十里至定远县,六十里永康镇,三十五里白鹭桥,四十里姚杲店,四十里中心渡,十里寿州。此路比走凤阳近五十里,但路空僻,店不好宿)。⑤

关于卫生状况,如《一统路程图记》卷 5 第 6 条路引"瓜洲至庙湾场水路"有云:

> 夏疫宜防。⑥

---

① 《天下路程图引》卷 1,第 408 页。
② 《天下水陆路程》卷 7,第 232 页。
③ 《天下路程图引》卷 1,第 408 页。
④ 《一统路程图记》卷 5,《明代驿站考》附录本,第 184 页。
⑤ 《天下路程图引》卷 2,第 447 页。
⑥ 《一统路程图记》卷 5,《明代驿站考》附录本,第 184 页。

又如《天下路程图引》卷 1 第 36 条路引"芜胡由江西樟树至广东路"中有云：

> 赣州以上，多有山岚瘴气，陆路出门宜迟，水路舟中无害。
> 梅岭路隘，驴马遗溺甚臭，宜醉饱而行。至于广城，乃阳泄阴盛
> 之地，冬不下雪，树不落叶，人多湿疾，宜保真元。①

关于社会风气，如《图相南北两京路程》中有云：

> 盘门……此处人狡猾，买物不可信他哄。②

又如《天下水陆路程》卷 7 第 18 条路引"祁门县至湖口县水"中有云：

> 饶州牙行用筐子船出湖接客，好恶难分，切不可上。③

又如《天下水陆路程》卷 7 第 4 条路引"江西城由广信府过玉山至浙江水"中有云：

> 衢州船户良善。④

又如《一统路程图记》卷 7 第 2 条路引"大江上水由洞庭湖东路至云贵"中有云：

> 芜湖……南北商人交易于此，有聚无产，牙行诚实，利
> 心轻。⑤

关于治安好坏，如《天下水陆路程》卷 6 第 10 条路引"扬州府至山西平阳府路"中有云：

> 清化以西无盗，夜月可行。⑥

---

① 《天下路程图引》卷 1，第 411 页。
② 《图相南北两京路程》，转引自牧田谛亮：《策彦入明记の研究》上册，第 305 页。
③ 《天下水陆路程》卷 7，第 227 页。
④ 《天下水陆路程》卷 7，第 203 页。
⑤ 《一统路程图记》卷 7，《明代驿站考》附录本，第 202 页。
⑥ 《天下水陆路程》卷 6，第 169 页。

又如《一统路程图记》卷6第4条路引"巢县由汴城至临清州路"中有云：

> 自颍州至大名府，响马贼甚恶，出没不时，难防。卫辉、彰德近有坑墙，稍可避。①

又如《一统路程图记》卷7第21条路引"吉安府至茶陵州水路"中有云：

> 自吉安府至路江，每处十里。路江雇人夫，陆路六十里至小关洲。中途土豪口称"粮长"，每挑索银五分，不与即打，有司不知，过客甚受其害。②

又如《天下路程图引》卷2第71条路引"宿迁县至郯城马头陆路程"中有云：

> 此路防山洞中藏断路贼，非货车驴驮，宜从直河起旱更稳当些。③

又如《士商类要》卷1所载第10条路引"杭州府由苏州至扬州府水路"中有云：

> 平望、八尺、五龙桥、虎丘山脚数处，凶年多盗，宜防。④

关于名胜古迹，如《图相南北两京路程》中有云：

> 沛县四亭驿……此乃汉高祖为四亭长起身之地。东有歌风亭，北有琉璃井。⑤

又如《天下水陆路程》卷6第1条路引"北京至陕西宁夏镇路"中有云：

> 真定府（铜观音高七十三尺，在龙兴寺，阁五层，高一百三十尺）。⑥

---

① 《一统路程图记》卷6，《明代驿站考》附录本，第189页。
② 《一统路程图记》卷7，《明代驿站考》附录本，第212页。
③ 《天下路程图引》卷2，第459页。
④ 《士商类要》卷1，《明代驿站考》附录本，第252页。
⑤ 《图相南北两京路程》，转引自牧田谛亮：《策彦入明记の研究》上册，第309页。
⑥ 《天下水陆路程》卷6，第159页。

这些记载,无疑为商人的旅行提供了极大的方便。而从地理学的角度讲,则为水文地理等自然地理学以及经济地理、旅游地理等人文地理学保存了宝贵的资料。

明代商人编写的路程书,由于实用性强,因而往往被多次翻刻,翻刻时有的还另用新名,在内容上或有稍微改动。如《新刻水陆路程便览》《图注水陆路程途》《天下水陆路程》以及商浚校订的《水陆路程》,实即《一统路程图记》的改换书名的翻刻本或改编本。各种路程书相互间也有彼此抄用而雷同之处。这使它们的版本源流情况相当复杂,为今人研究其相互关系增加了麻烦,但也为通过不同版本的互相参校来研究提供了有利条件①。

上述之外,明代在生物地理、土壤地理以及方志编写方面等,也取得了一定的成就,反映了地理学的发展。

第六节　化学及其他科技

一、化学

在明代,作为一门独立的自然科学的近代化学在我国尚未出现,化学及其工艺是交织在一起、无法绝然划分的,因此这里的化学所包括的内容,既有化学科学,也有化学工艺。由这一角度来考察,明代的化学有如下九个方面的成就。

（一）精美的彩瓷

在瓷器的装饰艺术上,明代除继承以前的雕贴、印花、划花、凸雕、剔花等外,还大量兴起用笔画彩的方法,这种用彩料画出花纹后烧制的瓷器,叫作彩瓷。彩瓷有釉下彩和釉上彩之分。在胎胚上先画花纹而后上釉入窑烧制的是釉下彩,先上釉烧制而后加画花纹,并且经炉火烘烧的

---

① 参见山根幸夫:《明代"路程"书考》,载《明史论文集》,黄山书社 1994 年版;杨正泰:《明清商人地域编著的学术价值及其特点》,《文博》1994 年第 2 期。

叫作釉上彩。由于彩料选用恰当、烧制温度及火焰性质掌握适宜,明代的彩瓷非常精美。

明初的著名彩瓷是青花瓷,属于釉下彩。这种彩瓷在元代已烧制成功,入明以后继续烧制,其技术则不断进步。宣德时烧制这种瓷器采用麻仓(景德东乡麻仓山)的陶土作陶胎,彩料为由南洋输入的"苏泥勃青"(也称"苏离勃青"),所制成品,洁白细腻,色调幽雅。明代中期以后,青花瓷的烧造更形成独特的风格,并由此发展出著名的斗彩和五彩。

所谓斗彩,是在釉下先用细线描好青花图样,入窑烧制,然后再在釉上就青料勾画的轮廓用彩填绘。由于釉上和釉下的色料互相争妍媲美,所以称为斗彩。斗彩创始于成化年间,现在收藏于故宫博物院的斗彩葡萄纹杯,就是当时烧制的精品之一。杯上的纹饰以红彩为枝,红中闪紫,极为粗壮;绿彩为叶,绿油油的叶子透视出青花的叶茎,非常逼真;黄彩为蔓,娇嫩的蔓须似正生长;紫彩为实,正如熟透了的紫葡萄悬挂枝头。这件瓷器上的纹饰如此形象生动,充分反映出斗彩技法的高超[①]。

五彩瓷器出于嘉靖、万历时期者很有盛名,它是在斗彩的基础上发展起来的。所谓五彩,非实指五种颜色,而是指多种颜色。其彩绘方法与斗彩基本相同,不过五彩虽有釉下青花,但它不仅是用以勾画轮廓,多数还绘成完整或部分图案,并常用褐黑或褐赤色代替青花作为图案的线描,甚至还有的不用青花作为线描,而直接在上了釉的白瓷上加彩。这是两者的主要区别。故宫博物院收藏有一个万历五彩鸳鸯莲花纹瓶,青花上加绿、黄、茄紫、矾红各种色彩,并用褐黑或褐赤色作为图案的线描。整个纹饰浓艳可爱,自然生动,由此可以窥见当时五彩瓷器之一斑[②]。

(二)造纸技术的提高

造纸术是我国古代的四大发明之一,出现甚早,但明代以前的史籍中少有关于造纸技术的记录,偶有记载者也多语焉不详,谈不上完整系统。

---

① 参见李辉炳:《略谈明清的"彩瓷"》,《文物》1974年第8期。
② 参见李辉炳:《略谈明清的"彩瓷"》,《文物》1974年第8期。

到了明代,出现了两部比较详细地记载造纸工艺的书籍,一是王宗沐的《江西省大志》,一是宋应星的《天工开物》。两书的出现,不仅使后人能够得知古代造纸的工艺状况,而且反映了明代造纸技术水平的提高。

由《天工开物》卷13《杀青》的记载看,明代已可以造出许多品种的纸张。"近世(用竹新制)阔幅者,名大四连";在制作工序上,"不用烘焙",仅"压水去湿、日晒成干"者,叫"火纸""糙纸";"其最粗而厚者,名曰包裹纸,则竹麻和宿田(没种庄稼的隔年田)晚稻稿所为也";若"柬纸则全用细竹料厚质荡成","最上者曰官柬",富贵之家用作名片,倘用白矾水浸过,再染上红花汁,即成办喜事的"吉柬";用楮皮和绝嫩竹麻等制成的纸是皮纸;坚固的皮纸,"纵文扯断如绵丝,故曰绵纸";"其最上一等"供皇宫糊窗格,长过七尺,阔过四尺,名"棂纱纸","其次曰连四纸,连四中最白者曰红上纸";名皮纸而实为"竹与稻杆参和而成料者,曰揭帖呈文纸";"芙蓉等皮造者统曰小皮纸";"桑皮造者曰桑穰纸";"永喜蠲糨纸,亦桑穰造";四川薛涛笺,"亦芙蓉皮为料",煮烂后加入芙蓉花末汁,"其美在色,不在质料"。各种不同名目的纸张,或原料不同,或制法有异,满足着人们的多种需要,也反映着当时造纸工艺的进步。

尤其值得注意的是,明代在蒸煮纸浆时已知道应用石灰。如万历《江西省大志》在叙述江西省生产楮纸的情况时说:"(将制纸原料)甑火蒸烂,剥去其骨,扯碎成丝,用刀锉断,搅以石灰,存性月余,仍入甑蒸。"[1]这实际就是现代造纸工艺中所用的化学处理法,对于提高纸的质量很有好处。

(三)油漆工艺的进步和《髹饰录》

油漆工艺在我国有悠久的历史,技术甚为高超,而到明代更有明显的进步,被赞为"极尽漆艺之能事"[2]。明政府对漆的生产极为重视,洪武初曾在南京东郊设漆园、桐园和棕园,以示提倡,其遗址至今尚存[3]。迁

---

[1] 万历《江西省大志》卷8《楮书引》。
[2] 沈福文:《谈漆器》,载《文物参考资料》1957年第7期。
[3] 参见史树青:《漆林识小录》,载《文物参考资料》1957年第7期。

都北京后,明政府以果园厂为制造宫廷所用漆器之地,永乐、宣德年间的产品甚为有名,今故宫博物院尚收藏有当时的精品甚多①。明代民间的油漆技艺也堪称赞,出了不少有名的工匠,明中叶黄成即是其一。黄成,号大成,新安平沙人。明高濂《燕闲清赏笺》称:"穆宗时,新安黄平沙造剔红,可比果园,花果人物之妙,刀法圆活清朗。"清吴骞《尖阳丛笔》说:"元时攻漆器者有张成、杨茂二家,擅名一时。明隆庆时,新安黄平沙造剔红,一合三千文。"明末又有嘉兴西塘人杨明(字清仲),也是著名的漆工②。明代民间工匠所造漆器,传至现代者也很多。20世纪50年代,有人撰文称:山西省南部各县的民家,往往藏有明代金漆、彩漆、雕填、螺钿的大屏风、大木箱和大立柜,这种漆器多数是用洪洞县一带所产的漆作涂料,立柜高约八尺、一丈不等,柜门多作山水、人物、花鸟等图画,极富民间工艺价值。从前北京古玩商人每赴晋南一带买其柜门,在北京配制柜身出售。北京历史博物馆内即收藏有不少这类髹漆柜门,以及漆柜、漆箱和屏风等③。由于工匠们的努力,明代漆器的装饰方法极为繁多,明人自己曾评论说:"今之工法,以唐为古格,以宋元为通法,又出国朝厂工之始制者殊多,是为新式。"④

　　在油漆工艺盛行和进步的基础上,上面说到的黄成还写出了漆工专著《髹饰录》,后来杨明又为之作注。此书及其注解的出现,不仅反映了明代油漆工艺的进步,而且说明了当时对这一化学工艺进行科学研究取得了丰硕的成果。作为中国古代的漆工专著,它虽然不是最早的⑤,却是唯一流传至今的,这使其价值尤为珍贵。该书共分"乾""坤"两集,包括18章186条,内容涉及油漆工艺的原料、工具、操作方法及品种形态等各个方面。如在介绍各种原料时,就桐油的作用,正文指出用它调色叫"油饰",可使"各

---

① 王畅安:《髹饰录解说》,南开大学图书馆藏油印本,第30页;《万历野获编》卷26《云南雕漆》。
② 关于黄成、杨明的情况,参见《髹饰录解说》第6页、第30—31页。
③ 参见史树青:《漆林识小录》,载《文物参考资料》1957年第7期。
④ 杨明:《髹饰录》序。
⑤ 按,中国古代起码在五代时期已有朱遵度著《漆经》,见《宋史·艺文志》。

色鲜明","然不宜黑",注文指出"油清如露,调颜色则如露在百花上"①。再如,关于制造漆器的工序,在"坤"集"质法"一章中,正文依序介绍了棬榡(做胎骨)、合缝(木胎的粘合)、捎当(填裂缝及通体漆刷生漆)、布漆(糊麻皮)、垸漆(上灰漆)、糙漆(再次上灰漆及漆,使其光而厚,以便最后上色漆,加绘饰)等六个生产过程。注文则说明各个工序的作用及注意点等。又如,关于漆工的忌病,在"乾"集"楷法"章中,正文指出了每一种做法容易发生的毛病,注文除作一般说明外,更进一步解释了每一忌病的原因。这些表明,《髹饰录》对于我国古代的油漆工艺做了一个杰出的总结,是后人研究和学习的难得的宝贵资料。此书原来只有抄本,国内久已失传,1926 年始据在日流传的抄本在国内刊印②。

(四)丰富的煤炭知识和先进的采煤技术

中国是世界上用煤最早的国家之一。到了明代,煤被作为燃料更广泛地应用在日常生活和许多手工业部门之中。当时人李时珍曾说:"石炭,南、北诸山产处亦多。昔人不用,故识之者少,今则人以代薪炊爨,锻炼铁石,大为民利。"③其所谓"古人不用"虽不正确,但明代广泛应用而"大为民利"的叙述,则确实反映了当时的实情。

明代之所以能广泛使用煤炭,是因为当时已对煤炭有比较深刻的认识,而其广泛应用反过来又进一步加深了这类认识。明人关于煤炭的知识是非常丰富的。如对煤炭可燃性的认识,已达到空前的高度。发热量不同的煤,这时有不同的称呼和用途。孙廷铨的《颜山杂记》讲:有的煤"其火文以柔",只能用于"房闼围炉";而有的煤"其火武以刚",以"煅金冶陶"④。宋应星的《天工开物》也说:"大块如斗许","以木炭少许引燃,灿炽达昼夜"的煤,叫"明煤";碎煤中"炎高者曰饭炭,用以炊烹,炎平者

---

① 《髹饰录》乾集《利用·罂子桐油》、坤集《质色·油饰》。
② 参见《髹饰录解说》自序;王世襄:《髹饰录——我国现在唯一的漆工专著》,载《文物参考资料》1957 年第 7 期。
③ 《本草纲目》卷 9。
④ 转引自《中国古代煤炭开发史》第 4 章第 12 节,煤炭工业出版社 1986 年版。

曰铁炭，用以冶煅"；"末煤如面者，名曰自来风"①。为了使煤炭燃烧得更旺，这时已创造出可贵的经验：对于铁炭是"入炉先用水沃湿"，对于"自来风"是"泥土调"之成饼，使块头加大，便于通风，从而得以"既灼之后，与明煤相同，经昼夜不灭"②。再如，对于烟煤的粘结性已有清楚的认识。烟煤加热后，产生胶质体，因而表现出一定的粘结性，在此基础上可以炼出焦炭。关于这种认识，早在明代以前已经产生，但将之记载成文字却是始于明代。明末方以智的《物理小识》中说："煤则各处产之，臭者烧熔而闭之，成石，再凿而入炉，曰礁，可五日不绝水，煎矿煮石，殊为省力。"③这里所说烧起来发臭的煤，应是一种含硫烟煤，所用"熔"字是对烟煤粘结性的准确概括，所说的"礁"即是焦炭。欧洲最早炼焦炭的是 18 世纪后的德国斯陀夫（Stauff），比中国至少晚了 200 年④。

为了满足广泛的需要，明代采煤业较前大为发展，其技术提高到新的水平，站在了世界的前列。由于地质的变化，煤层往往有露头，这是勘察煤藏的有利条件。当时，经验丰富的采煤工匠能从土面辨识有无之色，然后挖掘，已经熟练地掌握了利用露头找煤的方法。煤炭在生成过程中，伴随产生以沼气（即甲烷）为主要成分的瓦斯，无味而易燃，对人体有毒害作用。为了安全生产，采煤之先，必须设法将之排出。明代已经找到了这种方法，所谓"初见煤端时，毒气灼人。有将巨竹凿去中节，尖锐其末，插入炭中，其毒烟从竹中透上，人从其下施镬拾取者"。⑤ 这是一个很合乎科学道理的方法。瓦斯的比重比空气小，倘含有瓦斯的空洞直接和地势较高的空间接通，瓦斯就会立刻上升。由于排除了瓦斯，当时在采煤的巷道里，已经能够用灯照明而不怕引起瓦斯燃烧爆炸。李时珍的《本草纲目》中，附有采煤图一幅，画面偏右部位画一高于人体顶有

---

① 《天工开物》卷 11《燔石·煤炭》。
② 《天工开物》卷 11《燔石·煤炭》。
③ 《物理小识》卷 7。
④ 参见赵承泽：《由明嘉靖后期至清顺治末中国的煤炭科学知识》，载《科学史集刊》1962 年第 4 期。
⑤ 《天工开物》卷 11《燔石·煤炭》。

横担的竿子,上悬烛灯两个,人在灯下采煤①。这与当时的欧洲相比,显得相当先进。直到 16、17 世纪时,欧洲的煤矿因为没能解决瓦斯问题,采煤工人还只好在暗中摸索着工作,没有任何照明设备②。支撑巷道顶部预防发生事故的办法,在明代也找到了。当时,采煤工人在井下掘进时,其上支板,以防压崩③。这就为扩大采煤面和加深井下巷道提供了保证。据顾炎武《日知录》卷 32《石炭》注引崔铣修弘治《彰德府志》,当时安阳县龙山煤矿的巷道长度,已经"深数百丈"。这也是当时欧洲煤矿远远不能赶上的④。

（五）钢铁冶炼技术的改进

中国是世界上最早发明钢铁冶炼技术的国家,其最初的冶炼技术的出现,至迟不晚于春秋战国时期,以后历代不断发展,到明代更达到新的水平,有许多改进。

明代炼铁的炉具甚大。明末朱国桢所著《涌幢小品》卷上《铁炉》记载:"遵化铁炉,深一丈二尺,广前二尺五寸,后二尺七寸,左右各一尺六寸。前辟数丈为出铁之所,俱石彻。以简千石为门(指炉门),牛头石为心(指内壁)。黑沙(指铁沙)为本,石子为佐(指作熔剂),时时旋下。用炭火,置二鞴扇之。得铁日可四次。"由此看来,这是一种方形竖炉,高约三米多,烧炭,每日出铁四次,实在是一种庞然大物。

明代钢铁冶炼业中所使用的鼓风装置,已是装有活塞、活门的木风箱。宋应星《天工开物》卷 8《冶铸》所附图谱上,可以普遍看到它。其形式已和中华人民共和国成立初期铁匠铺工匠所用者相同。这种装置,结构巧妙,供风充足,是钢铁史上的一大改进。欧洲使用靠活塞推动和压缩空气的鼓风装置开始于 18 世纪后期,比中国始于明朝至少晚 100 年

---

① 《本草纲目》,人民卫生出版社影印光绪十一年张氏味古斋刻本,1963 年。

② 参见赵承泽:《由明嘉靖后期至清顺治末中国的煤炭科学知识》,载《科学史集刊》1962 年第 4 期。

③ 《天工开物》卷 11《燔石·煤炭》。

④ 参见赵承泽:《由明嘉靖后期至清顺治末中国的煤炭科学知识》,载《科学史集刊》1962 年第 4 期。

以上①。

在冶炼生铁时，明代已实现了操作过程的半连续性，当炼铁炉出铁孔流完铁水后，用泥塞住出铁孔，马上可以加料，鼓风再炼。这比当时欧洲的办法——等炉冷却后才把炼成的铁取出来，要先进得多②。

炼铁炉与炒铁塘串联使用，是明代钢铁生产中又一种先进技术。《天工开物》卷14《五金》载："若造熟铁，则生铁（自烧铁炉腰孔）流出时，相连数尺内低下数寸筑一方塘，短墙抵之。其铁流入塘内，数人执持柳木棍排立墙上，先以污潮湿泥晒干，舂筛细罗如面，一人疾手撒掩，众人柳棍疾搅，即时炒成熟铁。"这种串联工艺减少了炒炼熟铁时再熔化的过程，可以节约时间，降低成本，是现代冶金技术上的一个重要起点。用撒入污潮泥干粉和柳木棍疾搅冶炼熟铁，也很值得注意。污潮泥干粉在这里起熔剂作用，其中含有硅酸铁和氧化铁，撒进它能促使碳氧化成二氧化碳飞走，从而减少碳含量，使生铁变成熟铁。其中的硅，能与氧化铁化合而形成易熔氧化物渣，促使熟铁凝成大块。柳木棍的疾搅，能扩大生铁水和空气的接触面积，从而促进氧化作用，加速熟铁的形成。这些也反映了当时钢铁技术的先进。

中国钢铁生产发展史上，有一种称为灌钢冶炼法的引以自豪的创造，它是利用生铁的铁液灌入未经锻打的熟铁，这样不但可以产生强烈的氧化作用，把渣滓较快地除去，而且能使碳分较快地渗入，炼成硬度极高的灌钢。明代继续沿用了这种炼钢法，《天工开物》卷14《五金·铁》记录了具体操作办法："凡钢铁炼法，用熟铁打成薄片如指头阔，长寸半许，以铁片束包夹紧，生铁安置其上（原注：广南生铁名堕子生钢者妙甚），又用破草覆盖其上（原注：粘带泥土者，故不速化），泥涂其底下。洪炉鼓鞴，火力到时，生钢先化，渗淋熟铁之中，两情投合。取出加锤，再炼再锤，不一而足。俗名团钢，亦曰灌钢者是也。"由这段记载看，在炉中将生

① 参见杨宽：《中国古代冶铁技术的发明和发展》，上海人民出版社1956年版。
② 参见钟广言注《天工开物》卷14《五金》说明，广东人民出版社1976年版。

熟铁一起加热后,还要"取出加锤",其原因是单靠加热使生熟铁融合在一起所得的钢,组织还不够均匀,性能较差,所以取出后还要锻打加工。这段记载中还指出要"再炼再锤",这则是为了进一步去掉其中所含的杂质,并使碳素分布更加均匀,以提高钢的质量。明代除了继续沿用灌钢冶炼法之外,还将之加以发展。其中之一是将它应用在工具锋刃的锻制上,创造出"生铁淋口"的方法,就是先用熟铁制成坯件,然后熔化生铁,在坯件的刃口淋上一层生铁水。这实际上是用灌钢冶炼法的原理,将刃口加工硬化。《天工开物》卷10《锤锻·锄镈》记载应用这种方法制造锄、镈(一种锄草用的阔口锄)的操作程序说:"凡治地生物,用锄、镈之属。熟铁锻成,熔化生铁淋口,入水淬健,即成钢劲。每锹、锄重一斤者,淋生铁三钱为率,少则不坚,多则过刚而折。"这种炼制工具钢刃的办法,既不需要夹进炼好的钢条,又不需要把工具加以熔化,简便易行,闪耀着中国古代劳动人民智慧的火花。

(六)冶炼纯锌的最早记载和黄铜冶炼新法

锌最初是作为合金的一种成分而被人们认识和使用的,至于纯锌的使用,有人认为不会晚于五代[①]。进入明代,使用纯锌的记载就更多了。据旧题吕震等著《宣德鼎彝谱》,明宣宗时期制造供郊坛、宗庙、内廷使用的黄铜鼎彝时,"倭源白水铅"(即锌)是重要的原料之一。使用了纯锌,就可能已经掌握了冶炼纯锌的方法。但是,关于纯锌的冶炼方法的最早记载,到了明朝末年才出现。宋应星《天工开物》卷14《五金·铜附倭铅》载:

> 凡倭铅,古书本无之,乃近世所立名色。其质用炉甘石熬炼而成,繁产山西太行山一带,而荆衡为次之。每炉甘石十斤,装载入一泥罐内,封裹泥固,以渐砑干,勿使见火拆裂。然后逐层用煤炭饼垫盛,其底铺薪,发火锻红,罐中炉甘石熔化成团。冷定毁罐取出,每十耗其二,即倭铅也。此物无铜收伏,入火即成烟飞去。以其似铅而性猛,故名之曰倭云。

---

① 参见张子高:《中国化学史稿》(古代之部),科学出版社1964年版,第112页。

这里所说的倭铅即锌。其原料炉甘石乃碳酸锌,当它因罐外炭火的烧灼而温度升高后,就初步分解为氧化锌和二氧化碳,其中二氧化碳气体会从泥罐缝隙冲泄出去,而氧化锌固体则受到由缝隙进入的碳的作用而发生还原反应,从而冶炼出纯锌。按这一方法冶炼,由理论上计算,产锌应为 52.1%,即失重 47.9%。作者说只失重 20%,这大概是由于分解和还原反应不完全以致产品不纯。锌的沸点为 907℃,铜的沸点为 2336℃,锌铜合金的沸点在两者之间,所以单纯的锌与锌铜合金相比,易于挥发,"无铜收伏,入火即成烟飞去",即指这种现象。明末冶炼纯锌记载的出现,说明当时这种生产已经相当发达。欧洲冶炼纯锌比中国晚,其冶炼方法一般认为是从中国传去的①。

黄铜是锌铜合金,一般锌含量为 10%—40%,古书中称为鍮石。明代以前,冶炼黄铜是用炉甘石即碳酸锌和铜作原料。到了明代,用纯锌代替了炉甘石,冶炼方法有所改进。《天工开物》卷 14《五金·铜》记载:

> 凡红铜升黄色为锤锻用者,用自风煤炭百斤,灼于炉内;以
> 泥瓦罐载铜十斤,继入炉甘石六斤,坐于炉内,自然熔化。后人
> 因炉甘石烟洪飞损,改用倭铅,每红铜六斤,入倭铅四斤,先后
> 入罐熔化。冷定取出,即成黄铜,唯人打造。

炉甘石在 300℃时即分解成氧化锌和碳酸气,其碳酸气在逸散时往往把氧化锌带走一些,所以就造成了"烟洪飞损"的情形。而锌的沸点是 907℃,相比之下,较为稳定,因此可以避免"烟洪飞损"情形的出现。用纯锌代替炉甘石冶炼黄铜,其优点正在于此②。

（七）皂角结盐法和进步的深井钻凿技术

盐是人类生活的必需品,很早以来制盐业就是我国的重要手工业部

---

① 参见钟广言注释本《天工开物》,第 359 页;江琳才:《中国古代化学史话》第 4 章第 3 节,广东人民出版社 1978 年版。
② 参见钟广言注释本《天工开物》,第 357 页注文;江琳才:《中国古代化学史话》第 4 章第 1 节,广东人民出版社 1978 年版。

门之一,产量越来越大,技术日益成熟。明代在以前的基础上更发展到新阶段。据《天工开物》记载,明代产盐约分六种:海盐、池盐、井盐、土盐、崖盐、砂石盐①。从生产技术的角度看,明代制盐业中出现皂角结盐法是突出的一个成就。另外,在井盐的制取中已采用了相当进步的深井钻凿技术,也很值得一提。

关于皂角结盐法,《天工开物》卷5《作咸·海水盐》记载说:"凡煎卤未即凝结,将皂角椎碎,和粟米糠二味,卤沸之时,投入其中搅和,盐即顷刻结成。盖皂角结盐,犹石膏之结腐也。"按皂角,又名皂荚,能发泡,可以絮凝卤水中的杂质促进食盐结晶。这种皂角结盐法是明代以前煎盐技术中所没有的②。

关于深井钻凿技术,《天工开物》也有简明的记载。它说:

> 盐井周围不过数寸,其上口一小盂覆之有余,深必十丈以外,乃得卤信(按,指盐层),故造井功费甚难。其器冶铁锥,如碓嘴形,其尖使极刚利,向石山舂凿成孔。其身破竹缠绳,夹悬此锥。每舂深入数尺,则又以竹接其身,使引而长。初入丈许,或以足踏碓稍(梢),如舂米形。太深则用手捧持顿下。所舂石成碎粉,随以长竹接引,悬铁盏挖之而上。大抵深者半截,浅者月余,乃得一井成就。③

由此可见,这时钻凿使用的钻头是"碓嘴形"的铁锥,已相当于近代冲击式的钻井工具,是顿钻的雏形。在钻凿深井中,卡钻事故难免发生。遇到这种情况,明人也能巧妙地处理,其技术和器具与近代处理这类问题的器具的结构和工作原理,也都一致④。

---

① 《天工开物》卷5《作咸·盐产》。
② 参见钟广言注释本《天工开物》,第150页注释;张子高:《中国化学史稿》(古代之部)。
③ 《天工开物》卷5《作咸·井盐》。
④ 曹学佺:《蜀中广记》卷66引马骥:《盐井图说》,《四库全书珍本初集》本,第24—25页。参见《中国古代科学技术大事记》,人民教育出版社1978年版,第137页。

（八）对火药认识的加深和火器制造的进步

火药是中国的伟大发明之一，并很早就成功地应用于军事、娱乐等方面。到了明代，对火药的认识进一步加深，在制造军用火器方面也有了长足的进步。

宋应星的《天工开物》说："凡火药以硝石、硫黄为主，草木灰为辅。硝性至阴，硫性至阳，阴阳两神物相遇于无隙可容之中，其出也，人物膺之，魂散惊而魄齑粉。"[1]这是用阴阳矛盾的观点来解释火药爆炸的原因，它虽然还不像现代科学那样深刻、准确，但反映了朴素的辩证观点，是难能可贵的。该书还说："凡硝性主直，直击者硝九而硫一；硫性主横，爆击者硝七而硫三。"[2]这说明，这时火药的成分已较单纯，已经掌握发射用的火药和爆炸用的火药的配制规律。特别应予指出的，是明末茅元仪所著《武备志》卷124中记有一个配制铳火药的处方：硝一两，硫黄一钱四分，柳炭一钱八分。按照这种配法，硝占75%，硫黄占11%，木炭占15%，已与现代黑色火药的配制处方（硝75%、硫黄10%、木炭15%）基本相同。此外，《武备志》还记载着其他提炼硝黄和配制各种火药的处方数十个，其产品的性能包括烟幕、毒气、燃烧、杀伤、催泪、致昏等多种，也非常值得注意[3]。

明政府对军用火器的制造极为重视，不仅种类增多，而且质量不断提高，其进步速度之快，在我国历史上是空前的。其中，进步最快的是管形火器。原来只是简单的火铳，后来发展到型号繁多的各种枪支和火炮。原来没有瞄准装置，明中叶由葡萄牙人传入带有瞄准装置的佛郎机火炮后，明朝的管形火器也先后仿之装配，使命中性能大大提高。原来是用火绳点火，遇到风雨，火门里的火药或被吹走，或被打湿，致使不能发射，即使没有风雨，燃放时间也不易准确掌握。而到明朝崇祯年间，毕懋康发明了自生火铳，改用燧石发火，不但克服了风雨对射击带来的影响，而且可以随时发射，避免了燃放时间不准对战机的妨害。原来只是单管，装填发射速度很

① 《天工开物》卷15《佳兵·火药料》。
② 《天工开物》卷15《佳兵·火药料》。
③ 《武备志》卷119。

111

慢,后来造出了两头铳,可旋转连放,更进而制造出夹靶铳(二眼)、三眼、四眼、五眼、七眼、十眼等多管或多节铳,可以单放、齐放和连放,原来装填发射缓慢的缺点大大改进。原来所发射的都是实心弹,而明中叶以后,有的火炮已改为发射爆炸弹,这不仅是中国炮弹的一次重要改革,而且也在世界上填补了管形火器没有开花炮弹的空白①。

明代的燃烧性和爆炸性火器比以前也都有改进。其燃烧性火器除主要作用燃烧外,常兼有烟幕、毒气等功能。宋元的这类火器,是用烧红的烙锥点火,明代则改进为引信发火。在使用方法上,除沿用原有的以冷兵器和人力抛射方式外,更创制了喷筒类火器,用于攻守城寨和水战。其名目有毒药喷筒、满天喷筒以及毒龙喷火神筒等。如毒药喷筒,是将长二尺余直径二寸的圆竹筒,用麻绳密缠,下端接五尺长的竹木柄。筒内先装炭多硝少的慢药(燃烧药),接着装喷药(发射药),再装含有硝黄、松香、砒霜等成分的药饼,"饼照原制,务要合口,用力筑之,筑过力饼碎无用也,此处要妙。如此五次完"。药饼被发射出去时,可远达数十丈,粘在敌方的船帆上,使之立即燃烧②。爆炸性火器在明代已发展至接近于近代的水平。依其性能和作用,可分为炸弹、地雷和水雷三类。炸弹类在宋元时已经出现,而明代的炸弹种类更加繁多,有铁弹、石弹、木弹、泥弹等。点火的方法也大有进步,或触发,如击贼神机石榴炮③,或拉发,如威远石炮④,还有的能定时爆炸,如慢炮。地雷类是明代创造的,其制造材料"或铁、或石、或瓷、或瓦";若干个连在一起,埋于地下,引发的方式,也包括踏发、绊发、拉发、点发等多种。如有一种名叫炸炮的地雷,"制以生铁铸,大如碗,空腹。上留指状一口容药,木杵填实。入小竹筒穿火线于内,外长线穿火槽(按,火槽是总引信,装于空竹管中)。择寇必由之路掘坑,连连数十,埋于坑中,药槽通按钢轮(按:钢轮为发火装置),

---

① 参见《中国军事史》第 3 章第 1 节、第 2 节,解放军出版社 1983 年版。
②《武备志》卷 129。
③《武备志》卷 123。
④《武备志》卷 122。

土掩，使贼不知。踏动发机，地雷从下震起，火焰冲天，铁块如飞"①。明代创制的水雷有水底龙王炮、混江龙等。它们或者采用定时发火装置，或者采用拉火装置，其作用已与现代的漂雷和沉雷相似②。

明代火器制造中最值得一书的，是发明了利用火药燃烧时喷出的气体所产生的反作用力推动的原始火箭。明代以前即有火箭，但那是指在箭镞下缚绑一些灌有油脂的麻布等，点燃后用弓或弩射出去，对敌人加以火攻，或者是将火药包缚绑在箭杆上，再用弓弩射出去，引起燃烧，它们与明代发明的这种以火药燃烧后喷出的气体所产生的反作用力为动力的火箭有本质的区别。明代发明的火箭有两类，一为单级火箭，二为多级火箭，它们是现代火箭的雏形。单级火箭有单发的——一次发射一次箭，还有多发的——一次发射几支、几十支以至上百支箭。单发的如飞空击贼震天雷，它是用竹篾编成圆球形，直径三寸五分，两旁安翅膀，球内装爆炸药，中间夹三寸长的纸筒，筒内装发射药，并用引信与球内的爆炸药相连。攻击敌人时，顺风点信，即飞向敌方。发射药燃尽，爆炸药爆炸，敌方即被搞得"烟飞雾障，迷目钻孔"③。多发的原理与单发的完全相同，只是把多支火箭装在一个竹筒或木筒内，其引线连在一起，因而点火时一齐发射出去而已。多级火箭要设置两个（组）或两个（组）以上的推送药筒，并使其先后点燃，从而能产生两次或两次以上的推送作用。这类火箭有"火龙出水"及"飞空砂筒"等。"火龙出水"由五尺长的毛竹制成，两头装上木雕的头和尾，龙口向上，龙腹内装火箭数支，龙头和龙尾下面分别装两个火箭筒，四个火箭筒的引信总会一处，并与龙腹内火箭的引信相连。发射时先点燃四支火箭筒，推动火龙前进，等火箭筒燃烧完毕，龙腹内的火箭即被引燃，并飞出龙口，射向目标④。"飞空砂筒"是由装着三个药筒的火箭组成的，一个药筒中装有燃烧药和炒过的药

---

① 《武备志》卷 134。
② 参见《中国军事史》第 3 章第 2 节。
③ 《武备志》卷 123。
④ 《武备志》卷 133。

砂;另两个药筒装有起推动作用的火药,但它们安装的方向恰好相反,一个可把火箭向前推动,一个朝后推动。使用时先点燃向前推动的药筒,于是整个火箭飞向敌方,到达目标后装有燃烧药和药砂的药筒即喷射细砂和火焰,杀伤敌人,同时朝后推动的药筒发动起来,使火箭飞回己方,这可以使敌人莫明其妙,引起惊恐①。这种往复火箭设计之巧妙,实为难得。明代所用的火箭发射架最初是树丫叉,万历时火器专家赵士桢发明火箭溜,其形状类似短枪,它是一种滑槽,可较好地控制方向,提高命中率②。明代发明的火箭的发射原理,直到现在,仍然被世界各国采用。

二、其他科技

(一) 声学

明代声学中的成就最为可述者有二:一为朱载堉创建十二平均律,一为宋应星关于声音的产生和传播的正确解释。

音律学是声学的一个分支学科,朱载堉创建十二平均律是音律学史上的一大贡献。我国古代音律学中,一般在八度内设十二个音高不同的半音,它们的音高顺序和名称是:黄钟、大吕、太簇、夹钟、姑洗、仲吕、蕤宾、林钟、夷则、南吕、无射、应钟,这十二个半音即所谓十二律。十二律之外,还有五声音阶宫、商、角、徵、羽以及七声音阶宫、商、角、变徵、徵、羽、变宫。在十二律与五声音阶及七声音阶配合时,如果以黄钟与宫音相对应,那就形成了如下的配合关系:

十二律名	黄钟	大吕	太簇	夹钟	姑洗	仲吕	蕤宾	林钟	夷则	南吕	无射	应钟
五声音阶	宫		商		角			徵		羽		
七声音阶	宫		商		角		变徵	徵		羽		变宫

在这种配合中,不一定非以黄钟与宫音相对应不可,也可以大吕、太簇等

---

① 《武备志》卷129。
② 《神器谱》卷2《原铳》;参见杜婉言:《赵士桢及其〈神器谱〉初探》,《中国史研究》1985年第4期。

与宫音相对应,这就构成了音高不同的各种五声音阶和七声音阶。这种十二律轮流与宫音相对应的状况,就是所谓的"旋宫"或"旋相为宫"。有了旋宫,使乐曲的调式可以随时更换,大大提高表现力。不过,要使旋宫在乐器上成为可能,必须保证十二律中各律之间的音程(即音高距离)是相等的。为了满足这个条件,中国古代摸索了很长时间,到了朱载堉才得到解决。

在中国古代生律法中应用最广、理论发展最完备的是三分损益法,它是将起始音的弦长乘以 2/3,得到次律;再将次律乘以 4/3,得次一律;又乘 2/3……如此共依次乘十二次,再作一些调整,即完成了十二律各律弦长的计算。由这种方法得到的十二律,称为三分损益律。除了三分损益法外,中国古代生律法中还有纯律生律法,它是将三分损益法所得到的十二律再进一步加以调整,其所得十二律被称为纯律。三分损益律和纯律听起来非常悦耳,纯律尤其如此。但它们都是不平均律,即十二律的各律之间音程互不相同,因此不能旋宫。因此,我国古代很久以来即已开始探求满足在乐器上旋宫要求的平均律的问题。自秦汉时起,在演奏实践中,即已运用了平均律的音程,如秦汉时期的弦鼗、卧箜篌等。但直到朱载堉创建"新法密率"即十二平均律之时,才真正从实践上和理论上彻底、圆满地解决这一问题。在成书于嘉靖四十五年(1566)到万历九年(1581)之间的《律学新说》(初稿名《律学四物谱》)中,朱载堉最早提出了十二平均律的理论。他在另一部著作《律吕精义》(又名《律书》)中,进一步阐述此理论。朱载堉提出的这个十二平均律,是将十二律的每两律之间的音程,都规定为 $\sqrt[12]{2}$,从而使十二律构成了以 $\sqrt[12]{2}$ 为公比的等比数列。由十二平均律产生的音,使人稍感不太纯正、自然,和弦时所能达到的和谐性也稍嫌生硬,但对该体系习惯后,不会感到不悦。其巨大的优点是能够旋宫转调,其优点远远超过其缺陷。十二平均律的创建是音律学史上一个划时代的贡献。

朱载堉之所以能够创建十二平均律,是因为明代商品经济发达、城市繁荣、音乐戏曲发达,从而对解决旋宫转调问题提出了强烈要求。另外,也是由于他本人的刻苦努力。他的父亲朱厚烷与外舅祖何瑭皆精通音律,或对他有耳提面命的指导,或留有遗著使之阅读接受启发,他们对于朱载堉之创建十二平均律无疑皆有相当的积极作用。

朱载堉创建十二平均律后,在国内长期不受重视,甚至受到不公正的攻击,只有个别人对之极为赞赏,直到 20 世纪 30 年代以后,才逐渐得到普遍赞扬和肯定。但其在国外,却是另外一种情况。在西方,第一个找到了解决十二平均律数学方法的人,是荷兰的数学家和工程师斯特芬,但他的有关论文的手稿写成的时间比朱载堉要晚至少几年,并且写成后由其一位朋友浏览一遍即搁置一边,直到 1884 年被人重新发现才加以发表。1636 年法国数学家、哲学家默森在其著作《和谐宇宙》中提出了与朱载堉同样的关于十二平均律的数学表示,他的发现对欧洲的音乐界产生了很大的影响。而他的发现,比朱载堉晚几十年。在这几十年中,正是西方传教士纷纷来华、中西文化交流大发展之时,学者们认为默森可能是受了朱载堉的影响和启发。朱载堉的十二平均律传到欧洲后,受到了广泛的注意和赞叹。它也很快传到了日本,1692 年日人中根璋(1662—1733)所撰《律原发挥》一书,即介绍了十二平均律的理论和计算方法。直到现在,乐器的制造都是用十二平均律来定音的①。

宋应星关于声音的产生和传播的正确解释,见于其所著《论气·气声》之中,他说:“气本浑沦之物……冲之有声焉,飞矢是也……振之有声焉,弹弦是也”;“物之冲气也,如其激水然”,“以石投水,水面迎石之位,一拳而止,而其文(纹)浪以次而开,至纵横寻文而犹未歇,其荡气也亦犹是焉。”②这就是说,宋应星认为声音是由于物体振动或急速运动冲击空气而产生的,这声音是通过空气来传播的,同水波相类。这样的解释显然是合乎科学的③。

(二)纺织技术

明代不论是棉纺织业,还是丝纺织业,技术都有进步。

---

① 参见戴念祖:《朱载堉——明代的科学和艺术巨星》,人民出版社 1986 年版。
②《论气》,上海人民出版社 1976 年版,第 66、75 页。
③ 参见《中国古代科学技术大事记》,人民教育出版社 1978 年版,第 128 页。

由于明政府的提倡,明代棉纺织业空前发达,这为绵纺织业技术的进步提供了基础。其原棉加工工具多有明显的改进。在去籽方面,元代用"搅车",明末仍用,但有变化。元代的搅车用两个人操作,明末"止用一人",其效率据徐光启指出"今之搅车,以一人当三人矣,所见句容式,一人可当四人,太仓式两人可当八人"。在弹松方面,元代用弹弓,明末仍用弹弓,但明末的弹弓易竹为木,其弦易绳而蜡丝,这样,振动力得以加大,工效随之提高。在纺纱方面,元代用手摇纺车,明末也同样用它,但"间有容四维者,江西乐安至容五维",比元代的仅"容三维"有所提高①。手摇纺车工作时,棉纱的牵伸由人手挟持棉条来进行,一个棉条牵伸出一条线,纺车容四维或五维,操作者就需同时挟持四个或五个棉条,牵伸出四条或五条线,这显然是不容易办到的,而当时有的地方办到了,不能不令人赞叹其纺纱技术的高超。

丝织业从缫丝算起,要经过络丝、牵经、治纬和开织等许多工序。明代这些工序的工具或操作技术,能看出不同程度的提高。缫丝工序,当时注意了"出水干",从茧锅中抽出的丝上车时,要用适度炭火烘干。这个"出水干"与结茧时的"出口干"(蚕吐丝时用炭火将之烘干)成为当时治丝的六字诀窍。按照六字诀窍办理,缫出的丝洁净光莹,并且坚韧有力。牵经工序这时所用工具包括溜眼、掌扇、经耙、经牙等装置,其完善程度远远超过了以前的任何朝代,为清代丝织业的发展打下了基础。治纬的工具主要是纺车,这时的纺车运用了曲柄和轮轴的机械原理,构造简单,操作方便,纺车的铤(即锭)上套有粉笔大小的竹管(维管),摇车"转铤",籰丝便可层层绩于维管之上。开织是丝织业最重要的一环,当时所用的织机有两种:一是织平面纹的腰机,这是小机,"织匠以熟皮一方置坐下,其力全在腰尻之上,故名腰机";另一种是花机,花机长达一丈六尺,其构造包括有楼门、涩木、老鸦翅、花楼、衢盘、衢脚、叠助、眠木牛、的杠、称庄等多种部件,十分复杂,工作时要有两人协作,一人司织,一人

① 《农政全书》卷 35。

"坐立花楼架木上"负责提花。综观前此所有关于织机的记载，可知这时的花机确是达到了前所未有的水平。由于它构造完善齐备，再加上织者技术高超，可以织出画师所绘任何花纹和图案。宋应星记载说："凡工匠结花本(织花的样稿)者，心计最精巧"；画师先画某种花色于纸上，结花本者用丝线按着画面量度，计算得十分精细，而后编结成花样，"张悬花楼之上"；这样的花本，即使织者也看不出"成何花色"，但依法织去，"梭过之后，居然花现"；"天孙(牛郎织女神话中的织女)机杼，人巧备矣"！①

（三）造船和航海技术

明代造船事业有官营和私营两种，造船厂几乎遍设沿江沿海各省，其技术水平在前代的基础上，得到进一步提高。

明代可造成形制各异的多种船只。《天工开物》卷九《舟车》说："凡舟古名百千，今名亦百千。如以形名(如海鳅、江鳊、山梭之类)，或以量名(载物之数)，或以质名(各色木料)，不可殚述。"除了这段文字中所提到的船只名称外，在这一节中宋应星所述及的船只，还有元朝到明初用于海运粮食的遮洋浅船，明初以后在运河运送漕粮的平底浅船，以及各种杂船：江汉课船，三吴浪船，东浙西安船，福建清流、梢篷船，四川八橹等船，黄河满篷梢，广东黑楼船、盐船，黄河素船(俗名摆子船)等。上述船只名单，远远没有包括明代所造船只的全部种类，但即此也可反映出明代所造船只种类之多。船只种类的复杂满足了各方面的需要，如《明史·兵制》记明代用于海上的战船说："(大福船)能容百人，底尖上阔，首昂尾高，柁楼三重，帆桅二，傍护以板，上设木女墙及炮床，中为四层：最下实土石；次寝息所；次左右六门，中置水柜，扬帆炊爨皆在是；最上如露台，穴梯而登，傍设翼板，可凭以战，矢石火器皆俯发，可顺风行。""开浪船能容三五十人，头锐，四桨一橹，其行如飞，不拘风潮顺逆。""沙、鹰二船相胥成用。沙船可接战，然无翼蔽。鹰船两端锐，进退如飞，傍钉大茅竹，竹间窗可发铳箭，窗内弦外隐人以荡桨。先驾此入贼队，沙船随进，

---

① 《天工开物》卷 2《乃服》。

短兵接战，无不胜。"战船如此，其他船只也因形制的不同而适应了不同的需要。有的船只被广泛地应用于内河航运和外海航行，或运送货物，或接送人员，或驰骋战场。其所以能够如此，当时能造多种类型的船只是一个重要条件。

明代造船技术之高的突出表现，是明初造出了船体极大的巨型海舶，这就是郑和下西洋时所使用的大型宝船。《明史·郑和传》记"其长为四十四丈，宽十八丈"。郑和下西洋的随行人员马欢在其所著《瀛涯胜览》卷首记"其长四十四丈四尺，宽一十八丈"。两者略有区别，而实际上是一致的，区别点只在是否省略丈以下的零数。另一跟随郑和下西洋的巩珍，在其所著《西洋番国志》自序中说："其所乘之宝舟，体势巍然，巨无与敌，篷帆锚舵，非二三百人莫能举动。"这样庞大的船体，在中国历史上是空前的，在当时的世界上也是惟一的。船体庞大，在船行中所受风浪的冲击力就会变得加大许多，这便要求船体的结构十分坚固，对造船技术提出了更高的要求。这充分说明，当时的中国在造船技术上站在了世界的最前列。

明代的航海技术可说是利用了前代所创造的所有成果，从而达到相当高的水平。本书讲天文学成就时，曾叙及《郑和航海图》在航海天文学上留下了宝贵的资料。这说明明代在航海中充分使用了牵星定位法，即使用了天文导航的方法。明代在牵星定位时，使用名为牵星板的观测仪器，数据准确。关于牵星板，明李诩所撰《戒庵老人漫笔》记有其构造：用乌木做成方形板十二板，"自小渐大，大者长七寸余，标为一指、二指以至十二指，俱有细刻若分寸然。又有象牙一块，长二寸，四角皆缺，上有半指、半角、一角、三角等字，颠倒相向"。这些木板和小象牙块配合使用，即能测出船体所在的地理纬度。明代航海中确定航行方向时，使用的是罗盘针。巩珍在《西洋番国志》自序中说："皆斲木为盘，书刻干支之字，浮针于水，指向行舟。"如所周知，这种确定航行方向的方法，在当时是极为先进的。航海方向确定之后，要成功地到达目的地，另一个需要解决的重要问题是对距离的计算。在明代，这个问题也解决了，其所使用的计程单位叫作更。更本为我国古代的夜间计时单位，一夜分为五更。在航海中也用更计时，但它不仅用于夜间，而且也用于白天，一昼夜共分十更。此外，在航海中还用更来指称一更的时间里船只在标准航速下航行的距离。明人黄省曾《西洋朝贡典录》卷上《占城国》第一里说："海行之法，六十里为一更。"这里的更，就是航海中的计程单位。明代航海中，还使用有相当完善的航海图和记载航线的专用书籍。如《郑和航海图》是我国最早不依附于航路说明而能独立指导航海的地图，也是现存最早的航海图集。其内容非常丰富，除了描绘有大陆岸线、岛屿、礁石、浅滩、港口、江河口以及陆地上可作航行目标的宝塔、寺庙、桥梁、旗杆等地物外，还详细地标出了地名，绘出了航线，航线上并注明了针位（罗盘方位）和更数（距离），有的将航道深度、航行的注意事项以及天体高度也注明了。这些内容所涉及的范围，与现代航海图几乎大致相同。关于记载航线的专用书籍，有郑和下西洋时根据历次航行所撰的《针位编》①，以及万历年间张燮所著《东西洋考》②等。完善的航海图和记载航线的专门书籍的使用，使得明代的航海提高了准确、安全、迅速的程度。许多学者指出，明朝初年郑和下西洋的大规模远距离航海活动，比哥伦布发现新大陆、迪亚士发现好望角、达·迦马发现新航路、麦哲伦到达菲律宾，都早几十年，甚至一百多年，这正是以明代较高水平的航海技术为基础的。

三、宋应星和《天工开物》

在前面的叙述中，多次提及宋应星和他的著作《天工开物》。宋应星是明末杰出的科学家之一，《天工开物》是明代最伟大的科学技术著作之一。为了对明代的自然科学技术成就有充分的了解，有必要将宋应星和《天工开物》专门提出来加以论述。

宋应星，字长庚，万历十五年（1587）生，江西奉新县北乡人。曾祖宋

---

① 此书已佚，黄省曾在《西洋朝贡典录》自序中曾将之与《星槎胜览》《瀛涯胜览》二书并举。
② 此书卷九《舟师考》中有"西洋针路""东洋针路"，是专门记载航线者。

景曾任南京工部尚书、吏部尚书,转兵部尚书,参赞机务,后至北京任左都御史①,其家族遂成为奉新的望族。但到其父亲宋国霖一辈,尽管仍颇有家产,但已经开始家道中落。宋应星年幼时,与兄应昇从学于叔祖和庆和族叔国祚,万历四十三年与兄应昇同中举人,第二年参加会试而落榜,此后又连续参加会试四次,皆名落孙山。其第五次应试是崇祯四年(1631),这时他的年龄已超过四十岁,受挫后遂决定放弃会试。崇祯七年,以举人身份出任袁州府分宜县教谕,十一年升任福建汀州府推官,十三年离职归乡。十六年下半年出任亳州知州,第二年离任返乡。清朝建立后,宋应星拒不出仕,一直隐居至死。其卒年不详,大约在康熙初年。宋应星博学多才,著作除《天工开物》外,还有《画音归正》《原耗》《野议》《思怜诗》《谈天》《论气》《观象》《乐律》《杂色文》《美利笺》《春秋戎狄解》等。这些著作已不能全部看到,今天尚传世的是《天工开物》和《野议》《思怜诗》《谈天》《论气》。后面的四种原非一书,但后人将之合装成一书。《野议》是一部政论著作,《思怜诗》是自选诗集,《论气》是有关自然哲学的著作,《谈天》是谈论天体的作品。他的著作除个别者外,大部分是在分宜县教谕任上写出的。

宋应星生活在明清之际,目睹了明朝末年政治的黑暗、社会矛盾的尖锐,加上家庭的由盛至衰、个人在会试中的屡次受挫,使之头脑比较清醒,能够在一定程度上看清封建社会末期的一些弊病,从而具有比较进步的社会政治思想。宋应星在年龄不大时就喜欢游历,后来五次北上参加会试,虽然进士没考中,但却遍游了南直隶、山东、北直隶等省区,大大增加了见闻,再加上他勤于钻研,因此具有广博的知识。进步的政治社会思想和广博的知识修养,又影响了他的哲学思想,使之具有比较进步的世界观。宋应星对于明末的腐败吏治以及地主阶级挥霍浪费、肆意盘剥农民非常不满,积极主张进行社会改革,革除弊政。他尖锐指出"隆万重熙而后,读书应举者竟不知作官为何本领,第以位跻槐棘,阶荣祖父,

①《明史》卷 202《宋景传》。

荫及儿孙,身后祀名宦、入乡贤,墓志文章夸扬于世";①"百年以来,守令视其□□为传舍,全副精神尽在馈送邀誉,调繁内转"。② 他批评"富贵闻人全副精神只在延师教子,联绵科第,美宫室,饰厨传;家人子弟出其称贷母钱,剥削耕耘蚕织之辈,新谷新丝,簿帐先期而入囊,遑恤其他";致使劳苦大众"即令田亩有收,绩蚕有绪,既有称贷重息,转眄输入富家;铚镰筐箔未藏,室中业已悬罄"。③ 他的批判矛头甚至直指皇帝:"然十年议节省,谁敢议及上供者,微论仪真酒缸十万口,楚衡岳、浙台严诸郡黄丝绢解充大内门帘者,动以百万计,诸如此类,不可纪极,解至京师,何常切用!"④在哲学思想上,宋应星具有朴素的唯物论观点。在我国古代,朴素唯物论者把物质性的气看作构成万物的基础,宋应星正是如此。他说:"天地间非形即气,非气即形","由气而化形,形复返于气,百姓日习而不知也。"⑤宋应星的思想中也有明显的辩证法因素。他在《谈天·日说》中提出:"以今日之日为昨日之日,刻舟求剑之义。"这是很明确的发展变化的观点,后来王夫之又作进一步的发挥。

由上述来看,宋应星是个很有见识的思想家。但他更重要的是一个在自然科学技术方面有重要贡献的科学家,写出了《天工开物》这一伟大的科学技术著作。

《天工开物》一书写成于崇祯九年(1636),次年正式出版,共分上、中、下三部分,上部包括《乃粒》《乃服》《彰施》《粹精》《作咸》《甘嗜》等 6 卷,中部包括《陶埏》《冶铸》《舟车》《锤锻》《燔石》《膏液》《杀青》等 7 卷,下部包括《五金》《佳兵》《丹青》《曲蘖》《珠玉》等 5 卷。全书共 18 卷,涉及农业、手工业的各个方面,是一部难得的科学技术百科全书,对明代及明代以前的农业和手工业科学技术进行了全面的总结,在科学技术史上

① 《野议·进身议》。
② 《野议·民财议》。
③ 《野议·民财议》。
④ 《野议·军饷议》。
⑤ 《论气·形气化》。

占有重要的地位。前面我们已经多次引用了该书对明代科学技术成就的记述,而为了反映该书在记载古代科学技术成就上的贡献,不妨再引用一些其关于历代科学技术成就的记载于下:

该书卷6《甘嗜》中记载了甘蔗种植中的育苗移栽方法(芽"长六七寸,锄起分栽")和中耕培土的方法("犁沟深四寸,蔗栽沟内","掩土寸许,土太厚则芽发稀少也。芽发三四个或六七个时,渐渐下土,遇锄耨时加之。加土渐厚,则身长根深,蔗免欹倒之患")。这是我国先民独创的先进技术,一直是使甘蔗增产的有效措施,到今天仍值得进一步总结和推广。

该书卷12《膏液》中,对食用、点灯、造烛所用的植物油脂的原料、提制方法等进行了论述,其中所记油料作物达16种之多,并对它们的效用作了详细的比较分析,这在当时的农书中是最为全面的。

该书卷8《冶铸》中,比较全面地记载了明代先进的铸造工艺。通过介绍钟、釜、铜钱等的铸造,总结出了三种典型的铸造工艺:第一是用油蜡塑造铸型的失蜡铸造;第二是实体模型铸造;第三是无模铸造,即直接在造型材料上塑出反模,而不用实体模型。这三种工艺的原理,至今仍旧适用。在这一卷中,还记述了用槽道会合铸液的方法铸造万斤以上的巨型铸件以及用许多可移熔炉轮流将铸液倾入铸模的方法铸造千斤以内的器件的情况,解开了古代以小熔炉铸造大器物的技术之谜。

该书卷10《锤锻》中,系统地记述了以锤锻方法制造铁器与铜器的工艺过程,所述对象自重万钧的大铁锚到轻一羽的绣花针,无所不包。其对生铁、熟铁、钢、铜等的性能以及锤锻工艺,记载得相当准确,有些技术细节是首次见于记载,极为重要。

该书卷14《五金》中,记载了利用金、银、铜、铁、汞等具有不同的物理性质和化学活泼性这一点来分离或检验金属的各种有效方法。如其中的"黄金"一节中记载去除金银合金中的银的办法:"将其打成薄片剪碎,每块以土泥裹涂,入坩埚中鹏砂熔化,其银即吸入土内,让金流出,以成足色。"这个分离金、银的办法,实际上是利用了银的熔点低于金,因而受热后先行熔化"吸入土内",从而使金流出而成足色。其中所用"鹏砂",即硼砂,学名为十水四硼酸钠($Na_2B_4O_7 \cdot 10H_2O$),在这个化学反应中,它因熔点低而起助熔剂的作用。

该书卷17《曲蘖》中,对于培制酒母、神曲和丹曲(红曲)所用的原料以及培制方法,进行了详细叙述,其中特别是对丹曲的制造的叙述,为最早的详细文字记载。它指出"凡曲信必用绝佳红酒糟为料",这是要求用最好的红酒糟作为制红曲的菌种。又指出"每槽一斗,入马蓼自然汁三升,明矾水和化",这是要求用明矾水来调节培养料的酸度,目的在于抑制杂菌的生长,以培养出较纯的红曲。还指出制造过程中,"凡(曲饭)黑色转褐,褐转红,皆过水一度。红则不复入水"。这是要求分段加水,以使曲饭的含水量维持在最适当的程度,既可保证菌丝旺盛生长以进入米粒之中,又不致使米粒中的淀粉变成酒精等挥发散失,从而制出质量优良的红曲来。以上这些记述,可说是抓住了工艺的关键。

上面所引数例,并不是《天工开物》对古代科学技术成就所作记述的全部内容。但仅举这些例子,已经可以看出它确确实实是对我国古代科学技术的一个了不起的大总结。值得指出的,是《天工开物》除了详实的文字记载外,还有大量插图。全书共有插图100多幅,生动地反映了生产设备的结构、操作办法及生产场面,使读者看后如身临其境,无疑使该书的价值更加提高。

《天工开物》不仅记载了许多古代的科学技术成就,而且反映了许多宝贵的科技思想,重视实用即其之一。作者在该书开头就鲜明地表达了这一点。他说:"世有聪明博物者,稠人推焉。乃枣梨之花未赏,而臆度楚萍;釜鬵之范鲜经,而侈谈莒鼎;画工好图鬼魅而恶犬马,即郑侨、晋华,岂足为烈哉!"①这段话对夸夸其谈、脱离实际的人,可说是进行了极为辛辣的讽刺。《天工开物》记载了大量被广泛使用于农业和手工业生产中的科学技术知识的原因,显然与作者重视实用的科技思想是密切相

---

① 《天工开物》序。

关的。

《天工开物》反映的另一个宝贵的科技思想，是认为科学技术知识需经过试验、观察才能获得。该书卷 15《佳兵·火药料》载："其狼粪烟昼黑夜红，迎风直上，与江豚灰能逆风而炽，皆须试见而后详之。"这段话虽是论述两种具体的科技知识的获得，但重视试验、观察的思想却是十分明确的。正是因为作者重视试验和观察，所以该书所记科学技术成就，多有通过作者自己的调查研究而获得者。例如关于农业方面的内容，就是主要依靠调查采访的资料而写成的。重视实际调查研究，并不妨碍作者利用前人文献所积累的成果。事实上，《天工开物》也注意利用前人文献。据统计，其所引用的经史诸子书籍有 24 种，特别是对李时珍的《本草纲目》多次引用。而由于宋应星重视调查研究，因此往往纠正前人文献中的错误之处或丰富其内容。如卷 11《燔石》的"砒石"一节，除引用了《本草纲目》卷 10《石部·石类》砒石条的一些内容外，还补充了烧砒技术、砒霜被"宁绍郡稻田"用于"蘸秧根"等新资料。

《天工开物》反映的又一个宝贵的科技思想，是重视数量关系。它在叙述生产过程时，很注意原料、产品等相互间的数量关系，对生产设备的各部件也注意交待其尺寸大小。如卷 16《丹青·朱》中叙述人造银朱（硫化汞）的制造时说："每升水银一斤，得（银）朱十四两，次朱三两五钱。出数借硫质而生。"这是说，每用十六两水银，能得银朱共计十七两五钱，其多出的一两五钱重量，是靠硫质而来的。这一叙述，既表明作者已认识到化学反应中存在着质量守恒的规律，也表明了作者对数量关系极为重视。如所周知，重视数量关系是近代科学技术的一大特点，而宋应星的《天工开物》能达到这一点，虽不能说明它已进入近代科学技术著作的范畴，而其明显的进步性是不可忽视的。

《天工开物》也存在一些缺点。比如关于火器的记载，不如《武备志》详细；关于农业的记载，遗漏了当时新引进的重要品种玉蜀黍、甘薯；关于瓷器施釉技术的记载，没有提及明代比较先进的吹釉法；在引用前人文献上，间或发生疏漏差误等，这些都是不能令人满意的。但限于作者个人的财力、经历等，它们是难于避免的。这些缺点与其成就相比，也是微不足道的。

《天工开物》不仅对古代的科学技术进行了一次难得的大总结，而且对后世产生了积极的影响。它问世不久，即被成书于崇祯十六年的方以智《物理小识》引用。清代所编《古今图书集成》《授时通考》《滇南矿厂图略》《植物名实图考》《格物中法》等，也都加以引用。此外，它还东传朝鲜和日本，西传欧美，除多次中文翻刻本外，还有日文和英文全译本以及法文、德文、意文、俄文等摘译本。它已成为全世界共有的科学技术名著，在中国和世界科技史上占有重要的地位①。

---

① 参见钟广言注释本《天工开物》；潘吉星《天工开物校注及研究》，巴蜀书社 1989 年版。

第二章　学术研究

学术指较为专门而有系统的学问。从这个含义着眼,本书所叙述的许多部分都可归于本章。但是因为顾及内容的多少以及叙述的方便,本书将许多本可归在本章的内容,另辟章节加以叙述了,留在本章的只剩下史料编纂、语言学以及考据学三个领域。

第一节　不乏成果的史料编纂

明代史料编纂与前代一样,既有官修,也有私纂,并皆取得了一定的成果,有些史学家还提出了一些值得重视的史学主张。明代就史料编纂来说,在整个中国古代历史上,虽不属大发展的时期,却有不少成绩值得一叙。①

一、官修史书

明代,封建国家曾先后组织力量编修《元史》,重修宋史及撰写纪传

---

① 本节除注明外,另参阅朱杰勤:《中国古代史学史》,河南人民出版社 1980 年版;仓修良、魏德良:《中国古代史学史简编》,黑龙江人民出版社 1983 年版;尹达:《中国史学发展史》,中州古籍出版社 1985 年版。

体本朝史、实录、会典等。

《元史》的修撰起于明朝开国之初。洪武元年(1368)八月,大将军徐达率领北伐明军攻克元朝首都大都(今北京),得元十三朝实录。十二月,明太祖朱元璋即下令编写元史,以左丞相李善长为监修,以前起居注宋濂、漳州府通判王祎为总裁,起"山林遗逸之士"汪克宽、胡翰、赵埙等16 人为纂修官。次年二月,开局于天界寺,以元实录、《经世大典》等书为参考,八月便写完了除顺帝以外的本纪、志、表、列传,其中本纪 37 卷、志53 卷、表 6 卷、传 63 卷,共 159 卷。宋濂等将修成部分进呈朝廷,史局随之解散。不过,因为最初得到的元十三朝实录缺元统以后的记载,因而明朝曾派儒士欧阳佑等 12 人往北平、山东采求遗事,史局散时尚未回还。洪武三年二月,欧阳佑等采遗事归,因而明朝又下令重开史局,仍以宋濂、王祎为总裁,征"四方文学士"朱右、贝琼、赵埙等十几人为纂修官。至七月书成,新成本纪 10 卷、志 5 卷、表 2 卷、传 36 卷,"合前后二书,复厘分而附丽之,共成二百一十卷"。①

《元史》两次纂修,时间不到一年,记载了从成吉思汗元年(1206)到元顺帝二十八年(1368)诸朝共 160 余年的历史。《元史》修成后,时人及后人对其批评指责颇多,归纳起来有以下几个方面:首先,它未能反映元朝历史的全貌,该书所详仅在元世祖以后,而对元太祖、太宗朝征战等史实则语焉不详;其次,取材不足,当时所依据者仅元十三朝实录及《经世大典》等,而对其他珍贵史料,如《元朝秘史》《黑鞑事略》等则未曾采录;另外,还有剪裁欠细密、编次失当、考证疏漏、记事失实等弊病。由于《元史》存在诸多弊病,所以后世改编、重著元史者比较多,其中较著名者有魏源《元史新编》95 卷、屠寄《蒙兀儿史记》160 卷、柯劭忞《新元史》257 卷。

《元史》虽有缺陷,但其作用和价值不能否定。如纂修《元史》时所依据的元十三朝实录、《经世大典》等珍贵资料皆已散佚,幸赖《元史》有所

---

① 《元史》附录《宋濂目录后记》。

保存;《元史》的"志"中,以天文、地理、历、河渠四志的资料最为珍贵,它不仅反映了当时科学技术的先进水平,而且对以后天文学、地理学和水利事业的发展都有很大影响。因此,《新元史》等书的作用再大,也是无法完全取代宋濂等人所修《元史》地位的。

《宋史》编修于元顺帝至正三年(1343)三月到至正五年十月,全书详于北宋而略于南宋,而且对宋与辽、金的交涉少有记载,至于前后矛盾、重复错乱等毛病更是不一而足,历代正史中以其最繁冗;另一方面,元人对宋、辽、金"各与正统",分编成史,也引起不少人的不满。因此,明代要求重修宋史的呼声很高。正统末年,周叙请重修宋史,以继祖志(其曾祖周以立在元朝时欲重修宋史,未成),朝廷许其自撰,"铨次数年,未及成而卒"①。嘉靖年间,廷议更修宋史,"辅臣请留(严)嵩,以礼部尚书兼翰林学士董其事"②,结果也未成功。

明代由政府主持编纂纪传体本朝史的活动发生在万历中期,由当时的大学士陈于陛倡导。陈于陛,字元忠,前大学士陈以勤之子。隆庆二年(1568)进士,选庶吉士,授编修,万历初预修世宗、穆宗两朝实录,历官礼部右侍郎、吏部左侍郎、礼部尚书等职。他关心史书的编写,曾援宋朝故事,上疏请修纪传体本朝史。万历二十二年(1594)三月,遂受命与沈一贯、冯琦等人任副总裁,"分曹类纂",开馆修撰。同年夏,兼东阁大学士,入阁参机务,而仍主管修史之事。史馆搜集实录和朝野见闻,纪传志书,"颇有成绪"。但明神宗荒淫无度,怠于政事,作为大学士的陈于陛积忧成疾,万历二十四年冬竟卒于位。次年六月,皇宫内皇极、中极、建极三殿发生火灾,妒其功的掌权者乘机活动,遂使这次修史活动被下令中止,"史亦竟罢"③。不过,这次纂修活动虽未最后成功,但留下了焦竑撰成的《国史经籍志》等多种成果,在史学史上占有一定的地位。④

---

① 《明史》卷 152《周叙传》。
② 《明史》卷 308《严嵩传》。
③ 《明史》卷 217《陈于陛传》。
④ 参阅李小林:《万历官修本朝正史研究》,南开大学出版社 1999 年版。

明代的实录编修成绩较好。明初沿袭旧制,设史官,掌修国史。每逢皇帝去世,嗣君即任命正副总裁及纂修诸官,搜集前朝史料,编成前朝皇帝实录。从明初到明末的 200 多年中,共修成了明太祖朱元璋到明熹宗朱由校十三朝皇帝实录,记载了明朝十五帝事迹(建文一朝附太祖朝实录中,景泰一朝附于英宗朝实录中)。现在传世的《明实录》有写抄本几十种,分藏于中国(包括大陆及台湾地区)以及日本、美国、英国、法国等国的图书馆,其中北京图书馆所藏的原内阁副本较为完备,达 3045 卷。20 世纪 60 年代以后,台湾"中央研究院"历史语言研究所以北京图书馆藏本的缩微胶卷为依据,将之影印出版,又附印了校勘记及《崇祯实录》《崇祯长编》等书,这是目前最为完备的《明实录》。此外,流传于世的印本《明实录》还有 1941 年梁鸿志影印的江苏省立国学图书馆本。

《明实录》和历朝实录一样,以编年体形式按年、月不间断地记录了各朝的情况。其内容非常丰富,凡国家政治、军事、经济、文化、民族、外交等各方面的活动均有详细记载;对于诏令奏议、百司重要案牍、大臣生平事迹等,也都择要选载。这些记载,既有档案作为依据,又有史官等编撰的起居注、时政记、日历等作为底本,因此一般来说较为准确。不过,其中曲笔隐讳也多有发生。如《太祖实录》始修于建文年间,至永乐时又两次重修,将其中"有碍于燕(指明成祖朱棣,因其初封为燕王)者悉裁革",因而多有失实之处。但从总体上看,《明实录》的史料价值要远远高出一般的史书,它是研究明史的最基本、最重要的史料之一。

《明会典》是明代官修的专记明代典章制度的最重要、最基本的史料,在明代曾几次纂修。弘治十年(1497)三月,明孝宗敕阁臣徐溥纂修会典,十五年书成,正德四年(1509)由李东阳重校刊行,凡 180 卷。嘉靖年间,明世宗命阁臣霍韬等续修,补充了从弘治十五年到嘉靖二十八年(1549)的内容,并对原书"正其差讹,补其脱漏",成《续修大明会典》53 卷,然未颁行。万历四年(1576),明神宗下令对弘治、嘉靖两朝旧本会典进行校订补辑,至万历十五年成《万历重修会典》,凡 228 卷,增加了正德到万历年间的事例。《明会典》以先文职衙门后武职衙门的顺序,详细叙述了宗人府、吏、户、礼、兵、刑、工、都察院、通政使司以及五军都督府等衙门的职掌与事例,其南京诸衙门分附于北京诸衙门之后。《明会典》内容丰富,"凡史志之所未详,此皆具有始末,足以备后来之考证"①。

二、私修史书

明人私修史书风气甚浓,或撰写前代史,或撰写本朝史,评价人物,议论朝政,所撰史书诸体皆备。

明代私修纪传体史书中,改修前代史者,有王洙《宋史质》、柯维骐《宋史新编》和王惟俭《宋史记》等;叙述本朝史者,著名的有郑晓《吾学编》、何乔远《名山藏》、邓元锡《明书》等。

《宋史质》100卷,作者王洙,字崇教,号一江,浙江临海人,正德十六年(1521)进士。该书写于嘉靖十一年(1532)至二十五年,依《宋史》重修,于祥兴二年(1279)帝昺投海后,"以明继宋,非惟辽、金两朝皆列于外国,即元一代年号亦尽削之"②,即以明太祖之先祖上嗣宋统,革元代纪年而不录,否认元朝的正统地位。

《宋史新编》200卷,作者柯维骐,字奇纯,浙江莆田人。嘉靖二年(1523)进士,授南京户部主事,未赴任而因病归里。谢宾客,潜心于读书讲学,从者甚众。廷臣数荐不起,隆庆初授承德郎致仕,78岁时去世。《宋史新编》撰写历时20年,它合宋、辽、金三史为一,以宋为正统,辽、金附之,对《宋史》中的一些疏漏舛误有所订正,然而删节过多,又囿于民族偏见,成就不大。清人钱大昕评其"用功已深,义例亦有胜于旧史者,惜其见闻未广,有史才而无史学耳"③。

《宋史记》250卷,作者王惟俭,河南祥符人。万历二十三年(1595)进士,历任潍县知县、兵部职方主事、山东巡抚、工部右侍郎等职。他"知敏

① 《四库全书总目》卷81《〈明会典〉提要》。
② 《四库全书总目》卷50《〈宋史质〉提要》。
③ 〔清〕钱大昕:《潜研堂文集》卷28《跋柯维骐〈宋史新编〉》。

好学","肆力经史百家","苦《宋史》繁芜,手加刊定"①,删改《宋史》而成《宋史记》,体例略如《宋史新编》,但因撰于其后,较之稍为完密。

《吾学编》69 卷,撰者郑晓,字室甫,浙江海盐人。嘉靖进士,授兵部职方主事,调吏部考功郎中,因事忤权相严嵩而遭贬谪。后任刑部右侍郎,改兵部,兼副都御史总督漕运,严兵备数败倭寇,又历任吏部左侍郎、南京吏部尚书、刑部尚书等职,最后终因与严嵩不协而削职。他"谙悉掌故,博洽多闻"②,著有《吾学编》等多种著作。《吾学编》的记事,大体起自洪武,迄于正德。全书分记、传、表、述、考。有大政记,建文逊国记,同姓诸王表、传,异姓诸侯表、传,直文渊阁诸臣表,两京典铨尚书表,名臣记,逊国臣记,天文述,地理述,三礼述,百官述,四夷考,北虏考等 14 篇。该书史料丰富,是明人私修国史的代表作之一,谈迁作《国榷》时常引用该书。

《名山藏》未分卷,撰者何乔远,字稚孝,号匪莪,福建晋江人。万历进士,历任刑部主事、礼部郎中、光禄少卿、左通政等职。该书有"典谟记"相当于本纪,"坤则记""分藩记""勋封记""宦者杂记"分别相当于后妃传、诸王传、勋臣传、宦官传,"舆地记"即地理志,盐法、漕运、钱法、兵制、马政、茶马等记实即食货志及兵志,因此是一部包括纪、传等内容的明史。该书记事始于洪武,终于隆庆,其中有的材料为他书所不载,十分可贵。不过,该书记载也有不准确之处。

《明书》45 卷,作者邓元锡,字汝极,江西南城人。嘉靖举人。先后游王守仁弟子罗汝芳、邹守益之门,其理学"渊源王守仁,不尽宗其说",学者称"潜谷先生"③。他生平博览群书,不应会试,杜门著述,著书多种。《明书》分篇有帝典、后妃内纪、外戚传、货殖、方技、心学等名目。该书记事起自明太祖,止于明世宗,颇有参考价值,但也有曲笔隐讳之处。

明代私修编年体史书中,记述前朝史事的有陈桱《通鉴续编》、王宗

①《大清一统志》卷 153《王惟俭传》。
②《明史》卷 199《郑晓传》。
③ 雍正《江西通志》卷 84《邓元锡传》。

沐《宋元资治通鉴》、薛应旂《宋元资治通鉴》等；记本朝史事者，有薛应旂《宪章录》、文秉《烈皇小识》、陈建《皇明从信录》、朱国祯《皇明大政记》、谈迁《国榷》等。

《通鉴续编》24卷，撰者陈桱，字子经，元朝奉化人，流寓长洲（今江苏苏州）。入明，陈桱为翰林编修，以附杨宪迁待制。他因《资治通鉴》和《通鉴纲目》记事皆终于五代，而周威烈王以前虽有宋人金履祥《通鉴前编》，也只断自陶唐，因此写出此书。"首述盘古至高辛氏，以补金氏所未备，为第一卷。次摭契丹在唐及五代时事，以志其得国之故，为第二卷。其二十二卷皆宋事，始自太祖，终于二王，以继《通鉴》之后，故以续编为名。"①

《宋元资治通鉴》有两种，一为64卷本，撰者王宗沐，字新甫，浙江临海人，嘉靖进士，官至刑部左侍郎。该书取材贫乏，不为学术界所重视。另一种为157卷本，撰者薛应旂，字仲常，号方山，南直隶武进（今属江苏）人。嘉靖进士，曾任南京吏部考功郎中、浙江提学副使等官。他受王守仁影响，颇致力于理学，著述较多。其《宋元资治通鉴》大抵以商辂等《通鉴纲目续编》为蓝本，而稍摭他书附益之，"于宋、元二史未尝参考，其表、志故于元丰之更官制、至元之定赋法、一切制度语多闇略，于本纪、列传亦未条贯，凡一人两传、一事互见者异同详略无所考证，往往文繁而事复"。但该书"所载道学诸人，颇能采据诸家文集，多出于正史之外"②。

《宪章录》47卷，是薛应旂为其《宋元资治通鉴》所写的续书，记事上起洪武，下迄正德。该书保存了一些明代中叶以前的史料，然有的采自杂书传闻，有失甄别。

《烈皇小识》8卷，作者文秉，南直隶吴县（今江苏苏州）人，崇祯年间礼部左侍郎兼东阁大学士文震孟之子。该书记崇祯一朝史事，其中对党争、农民起义以及明清间的和战的记载尤为详细。

---

① 《四库全书总目》卷47《〈通鉴续编〉提要》。
② 《四库全书总目》卷48《〈宋元资治通鉴〉提要》。

《皇明从信录》40 卷,陈建辑,沈国元订。陈建,字廷肇,广东东莞人,嘉靖举人。曾任侯官教谕、临江府学教授、信阳县令等职。他"究心因革治乱之迹及道术邪正之机","锐意于著述",有乐府、理学等著作多种。他留心掌故,著有《皇明通纪》,记元末至正德史事,又作《续纪》,补记嘉靖、隆庆两朝,"为海内所宗"①。沈国元,浙江秀水(今嘉兴)人,诸生。他将陈建的《皇明通纪》《续纪》二书合并,并补万历朝史事,成《皇明从信录》。该书叙述了万历为止的明代制度、边防、吏治等内容,经常引用当时的重要敕令奏章,保存了不少史料。

《皇明大政记》36 卷,撰者朱国祯,字文宁,浙江乌程(今湖州)人。万历进士,天启三年(1623)拜礼部尚书兼东阁大学士,不久改为文渊阁大学士。时值宦官魏忠贤擅权,他佐首辅叶向高、次辅韩爌,多所调护,次年致仕。崇祯五年(1632)卒,赠太傅,谥文肃。该书按编年形式记载明代帝王及大臣事迹,起自明初,终于隆庆六年(1572),叙述颇为详细。此书与作者编纂的《皇明大训记》16 卷、《皇明大事记》50 卷、《皇明开国臣传》13 卷、《皇明逊国臣传》5 卷等合在一起,总名《皇明史概》。

《国榷》,撰者谈迁,明末清初浙江海宁人,原名以训,字观若,明亡后改名迁,字孺木,自署江左遗民。明时为诸生,性喜综博,熟悉明代典故,破屋颓垣,凭几著书。崇祯时受知于高弘图、张慎言,南明弘光时高弘图欲荐其入史馆,力辞未就。而后归家,以明朝遗民自居,拒不事清。他不满于明代官私史书失实陋冗等弊,立志另编明史。天启年间,他写成《国榷》初稿。清顺治二年(1645)以后,不忍国(明朝)亡史灭,又增补了崇祯、弘光两朝史事。但两年后书稿全部被盗,于是发奋重著。顺治十年到十三年,曾携稿赴京,以访问调查所得史料加以修订。黄宗羲为撰墓表称,谈迁"汰十五朝之实录,正其是非,访崇祯十七年之邸报,补其缺文,成书名曰《国榷》"②。《国榷》写作前后共用时 30 余年,原稿为 100

---

① 雍正《广东通志》卷 47《陈建传》。
②《南雷文定前后三四集·南雷文定》卷 17《谈孺木墓表》。

卷,近人张宗祥整理标点分为 108 卷。卷首四卷,汇辑了有明一代朝章典制,对其作分门别类的综合性叙述;正文则纂辑明代史事,按年、月、日编载,上起元文宗天历元年(1328),终于南明弘光元年(1645)。叙述过程中,间附本人及有关史家的评语,以阐述事实,辨明得失。该书主要依据列朝实录和邸报,又广求遗闻,参以诸家著述,所采明人著述凡百余种。在撰写中,该书以实录为底本而不盲从,对私家著述也谨慎地选择,作者提出了"人与书当参观"的对待野史的态度和采摘标准,这些都使该书有较高的史料价值。尤应注意的是,该书保存了大量的明季史料,特别是大量的关于万历以来建州女真发展情况和后金国同明朝相互关系的史料,为他书所少见,极为珍贵。美中不足者,是该书在文字叙述上过分追求简约,致使一些事实叙述不清;封建史家敌对农民起义的通病,它也未能避免。不过,从总体上说,它仍不愧为一部难得的编年体史书①。

明代的私修纪事本末体史书主要有陈邦瞻《宋史纪事本末》《元史纪事本末》和高岱《鸿猷录》等。

《宋史纪事本末》《元史纪事本末》的作者陈邦瞻,字德远,江西高安人。万历进士,历任南京大理寺评事、兵部右侍郎、总督两广军务兼巡抚广东、户工二部侍郎等职。天启三年(1623)卒,赠尚书。在其前,有本朝人冯琦草创《宋史纪事本末》,书未成而去世;又有沈越以纪事本末体编录宋代历史而成的《事纪》若干篇。陈邦瞻以二书为基础编成《宋史纪事本末》,分 109 目,编为 28 卷,纪事起宋太祖代周,迄文、谢之死,"于一代兴废治乱之迹,梗概略具","铨叙颇有条理"。纪传体《宋史》篇幅繁多,头绪不易把握,《宋史纪事本末》之问世,正好解决了这个难题,"部列区分,使一一就绪"②。清人称赞该书"于记载冗杂之内,实有披榛得路之功。读《通鉴》者不可无袁枢之书,读《宋史》者亦不可无此一编也"。③《元史纪事本末》编写于《宋史纪事本末》之后,并经臧懋循加以增补,臧

---

① 参阅吴晗:《谈迁和国榷》,载谈迁:《北游录》附录,中华书局 1960 年版,第 419—440 页。
②《四库全书总目》卷 49《〈宋史纪事本末〉提要》。
③《四库全书总目》卷 49《〈宋史纪事本末〉提要》。

所增补为其中的"律令之定"一篇。全书立 27 目,合 6 卷,对元代政治、经济、文化、军事等各方面的情况及历史人物的活动都有记述。但其取材主要是《元史》及商辂等撰《续资治通鉴纲目》,"故未能及《宋史纪事(本末)》之该博"。又以宋亡以前诸事归入了《宋史纪事本末》,朱元璋起兵以后诸事则留待《明史纪事本末》叙述,"是一代兴废之大纲,皆没而不著"①,失于简略。《宋史纪事本末》《元史纪事本末》行世后,崇祯年间张溥重刊,逐篇作论附后,以篇为卷,于是《宋史纪事本末》分为 109 卷,《元史纪事本末》分为 27 卷。

《鸿猷录》16 卷,作者高岱,字伯宗,湖广京山(今属湖北)人,嘉靖进士,曾任刑部郎中等职。他"好读先秦古文,为唐人诗,多论著"②。该书记述元末朱元璋起义到嘉靖年间的主要兵事,"仿纪事本末之体","每事标四字为题,前叙后论"③。全书取材多为当时人的奏疏案牍及传记、墓志等,保存了一些有价值的史料,是研究明代战争史、阶级关系和民族关系等方面的重要史料书。

明代私修典章制度史书的数量稍多,主要的有王圻《续文献通考》、徐学聚《国朝典汇》、陈仁锡《皇明世法录》等。

《续文献通考》254 卷,著者王圻,字元翰,上海人。嘉靖进士,初授知县,擢御史。后因忤时相,仕途不顺,自请还乡,筑室于淞江之滨,种梅万树,称"梅花源",勤奋读书,"丙夜不辍"④。《续文献通考》与宋人马端临《文献通考》相接,上起宋宁宗嘉定,下迄明神宗万历,尤详于明代。与《文献通考》相比,该书多节义、书院(附于《学校考》)、谥法、六书、道统、氏族、方外诸考。但作者希望该书兼有《通志》之长,既收人物,"已为泛滥",又分条标明,"复治丝而棼","遂致牵于多岐,转成踳驳"⑤,以致体例

① 《四库全书总目》卷 49《〈元史纪事本末〉提要》。
② 雍正《湖广通志》卷 49《高岱传》。
③ 《四库全书总目》卷 49《〈鸿猷录〉提要》。
④ 《明史》卷 286《王圻传》。
⑤ 《四库全书总目》卷 138《〈续文献通考〉提要》。

杂乱。

《国朝典汇》200 卷,作者徐学聚,字敬舆,浙江兰溪人。万历进士,曾任浮梁知县,官至副都御史,巡抚福建。该书记载了洪武至隆庆年间的朝章典故,卷 1—33 为朝政大端,卷 34 以下则按六部分标。其史料"上自实录,下讫稗乘","以六部分标,记载颇为繁富"①,对于研究明代政治、军事、经济等问题较有参考价值。

《皇明世法录》92 卷,作者陈仁锡,字明卿,南直隶长洲(今江苏苏州)人。天启进士,授翰林编修,后因扼魏忠贤冒边功,削籍归里。崇祯初复官,并以预修神宗、光宗两朝实录而进官右谕德。他"好古博洽,著书甚富"②。该书包括"维皇建极""悬象设教""祖法垂宪""裕国恤民"等十目,内容涉及兵制、漕运、边防、征战等明代大政的各个方面,记事范围上起洪武,下迄万历。所记之事或为耳闻目睹,或见诸文献,是研究明代典章制度的重要参考书。

明代私修人物传记史书特别盛行,其中收录人物较多、具有较大代表性的是焦竑《国朝献征录》和李贽《藏书》《续藏书》。

《国朝献征录》120 卷,编者焦竑,字弱侯,南直隶江宁(今南京市)人。幼时读书即有盛名,中万历进士,授翰林院修撰,曾任皇长子讲官。为人直言无隐,遭到同僚及大学士的嫉恨,万历二十五年(1597)被贬为福建福宁州同知。不久,朝廷考察官吏,又被降秩。于是他归家不出,"拥书数万卷,日哦咏其中,有若寒士③,专心著述,有著作近 20 种,万历四十八年卒。焦竑是明朝有名的史学家之一,陈于陛主修纪传体本朝史时,他曾参与其事,并撰成《国史经籍志》。《国朝献征录》的编写,也是在参与这次修史活动时奠定的基础。该书是明代人物传记资料的汇编,所收人物上起洪武,下迄万历,按宗室、戚畹、勋爵、内阁及各部等官衔分类标目,无官者又分孝子、义人、儒林、艺苑等目载录,搜采极博,为研究明人

---

① 《四库全书总目》卷 83《〈明朝典汇〉提要》。
② 康熙《江南通志》卷 165《陈仁锡传》。
③ 《明名臣言行录》卷 74《修撰焦文端公竑》。

生平提供了丰富的资料。但该书"文颇泛滥,不皆可据,又于引据之书或注或不注,亦不免疏略"①。

《藏书》68卷、《续藏书》27卷,撰者李贽,是明代后期著名的思想家(详见第四章),其史学思想也具有鲜明的反传统特色。他认为,史书是一定社会政治的产物,史学家要通过编纂和评价历史来表达自己的政治见解,"六经"不过是儒家编纂的先秦史书。同时,他还提出了"变易匪常"的史论标准,认为历史评论的标准要随社会的发展而变化,不能以孔子之是非为是非。《藏书》和《续藏书》正是李贽历史观和史学思想的体现与运用。《藏书》记载战国到金元各代历史人物近800名,《续藏书》记载明朝自开国到万历年间人物400多名;《藏书》取材于历代正史和《通鉴》等书,《续藏书》取材于明代的人物传记和文集。作者按自己的观点对人物进行重新分类,加以评述,重点突出一些因时改革、起过一定作用的历史人物。《藏书》和《续藏书》的价值不在于它们保存了多少史料,也不在于其体裁有无创新,而在于其作者作为进步的历史学家针对时弊,利用历史编纂和评论来表达自己的政治见解,把评史和论政有机地结合在一起。

明代私修史书除了上述数类以外,还有一些体例不规范,难于归入某一类之中者,或者仅是札记笔谈者,它们可以"杂史笔记"一词概括。这些史书内容广泛,涉及生产发展、社会风俗、人物事迹、朝章典故、人民起义、少数民族、对外关系、地理沿革、科学技术、哲学思想和文献典籍等生产和生活的各个方面,很值得重视。其数量也非常多,这里仅叙述王世贞《弇州史料》及沈德符《万历野获编》两种,以见一斑。

《弇州史料》100卷,著者王世贞,字元美,自号凤洲,又号弇州山人,南直隶太仓(今属江苏)人。嘉靖二十六年(1547)进士,任职刑部,因秉公执法,忤权相严嵩而调外职。父因事下狱,他曾求严嵩帮助,严嵩表面应允,实则终置之死地。隆庆至万历间,先后任山西按察使、广西右布政

---

① 《四库全书总目》卷62《〈献征录〉提要》。

使、太仆卿、南京大理卿、应天府尹、南京刑部尚书等职。王世贞是当时文学复古运动的主将,主张"文必西汉,诗必盛唐",在文学上有很大影响(详见第三章),同时他也是一位有作为的史学家。他接受了"六经皆史"说,提出"六经"是"史之言理者",主张"君子贵读史",因为"道"须通过史书来传播,强调"史"的作用大于"经",表现出反对理学的倾向。他分析了国史、野史、家史的优缺点,主张应综核官私史籍中的各种记载,加以全面考订。在史书编纂上,他力主做到秉笔直书。在其史学思想中,反对封建迷信的主张表现得尤为激烈,这也是难能可贵的。王世贞勤于读书著述,"其考核赅博,固有自来"①,开创了嘉靖以来以实事求是精神考订史料的风气,使明代的写史风气为之一变,并直接影响了明末清初的浙东史学。《弇州史料》是王世贞门人董复表从其有关著作中选出、编辑而成的,是记载明代历史的杂史。它包括前集 30 卷,为表、志、考、世家、史传等;后集 70 卷,为与史学有关的杂著。该书史料价值较高,清代修《明史》时被当作重要参考书。

《万历野获编》,作者沈德符,字景倩,浙江嘉兴人。其祖、父皆以进士起家,他随寓京师,收集了许多朝野掌故。沈德符好读书,然仕途不畅,至万历四十六年(1618)才中举人,寻归不出,自署其居曰"敝帚斋",专心著述。他根据收集的资料和记忆所及,写成札记性质的《万历野获编》《续编》,共数十卷,清人钱枋按照类别另编为 30 卷、48 门。本书还有补遗,是康熙年间沈德符后人所辑,原为 8 卷,后按钱枋分类重编成 4 卷。该书记载明代史事,尤详于万历时期,上涉朝章典故,下及风土人情,琐事遗闻无不毕陈。谢国桢谓"有明一代掌故,此篇所记,最为详赡"②。

第二节 语言学的成就

语言学在中国古代称为"小学",以书面语言为研究对象,从为经学

---

① 谢肇淛:《五杂俎》卷 13《事部》一。
② 谢国桢:《增订晚明史籍考》卷 2《〈万历野获编〉按》。

服务发展起来,主要包括文字学、训诂学、音韵学三个方面。明代前期仅音韵学有些成绩,嘉靖以后,杨慎、陈第、方以智等人运用考据方法进行语言学研究,才一扫空疏学风,使语言学出现起色①。

一、文字学

文字学研究文字的起源、演变、形音义及其相互关系等。明中叶以后,杨慎、焦竑、方以智等人在这一领域取得了一些成绩。

杨慎,字用修,号升庵,成都人,大学士杨廷和之子。他 24 岁时举正德六年(1511)殿试第一,授翰林修撰,曾疏谏明武宗微行游玩。嘉靖初,争大礼议,他为明世宗所嫉恨,谪戍云南永昌卫,嘉靖三十八年(1559)七月,卒于云南,享年 72 岁。他自幼警敏,能诗擅文,曾预修武宗实录,书无所不览,"明世记诵之博,著作之富,推(杨)慎为第一"②。他在文字学方面著有《说文先训》、《六书练证》、《六书索引》(三书皆佚)、《奇字韵》、《古音复字》、《古音骈字》等著作。他推重东汉许慎所撰《说文解字》,对不遵许慎之说者加以猛烈的批评。

焦竑对字形的变迁失真导致讹误颇为不满,其《俗书刊误》前 4 卷即列出俗书讹误者,加以辨正。

方以智,字密之,号鹿起,南直隶桐城(今属安徽)人,明末湖广巡抚方孔炤之子。他少时即广泛出游,博览群书,后"接武东林,主盟复社"③,裁量人物,讽议朝政,朋友益众,与陈贞慧、吴应箕、侯方域等并称明季"四公子"。崇祯时,方以智中进士,官检讨,后仕定王讲官,言时政得失,为崇祯帝赞许。明亡后,南明永历政权十召他为大学士,皆不就。清兵入粤西后,他拒不事清,削发为僧,号弘智,字无可,人称药地和尚。康熙十年(1671),他无端被捕,沉水自杀。他兴趣广泛,于哲学、文学、音韵、

---

① 本节参阅岑麒祥:《语言学史概要》,科学出版社 1958 年版;王力:《中国语言学史》,山西人民出版社 1981 年版;何九盈:《中国古代语言学史》,广东教育出版社 1995 年版。
② 《明史》卷 192《杨慎传》。
③ 王士祯:《感旧集》卷 3《释弘智》。

训诂、历史、天文、地学、医学、美术等方面都有一定见解,平生著述百余种,书画题跋亦为数甚多。在文字学方面,他曾对《说文解字》进行研究,对其中一字分为二字或三字、说解牵强附会、收字疏漏等错误有所纠驳,多为中肯之见。

杨慎等人的上述成绩,诚为可贵。然而,他们的有关考证规模小,范围狭窄,内容琐碎而不成系统,因而影响有限。

明代在文字学方面另一值得叙述的成绩,是编出了两部有价值的字典——《字汇》和《正字通》。《字汇》14 卷,编成于万历四十三年(1615)。编者梅膺祚,字诞生,南直隶宣城(今属安徽)人。《字汇》吸收了 17 世纪以前的经验,出色地完成了字典编纂体例的革新。《字汇》检字方便。它依据楷体,将《说文解字》540 个部首简化为 214 部,按子、丑、寅、卯等地支分为 12 集,部首和各部中文字,又按笔画多少顺序排列;书中附有"检字",按笔画排列不易辨明部首的难查字;每卷前还有图表,载明该卷所收的各部首以及每部所在的页数,这些都是便于读者查找的新创造。面向普通大众、重在实用是《字汇》的突出特点。它收字以常用字为主,兼及俗字,不收僻字,凡 33179 字。在注音方面,它使用了直音、反切、纽四声法(即平上去入四声互证)、音近某等四种方法,极便使用者掌握。其解释字义力求全面,而且尽量列举书证,以求通俗易懂。在该书的首卷和末卷还列有"运笔""辨似""醒误""韵法"等附录,意在指导初学者写字、辨字、读字;卷首的"从古""遵时""古今通用"等附录实为正字法则,共列出 400 余字说明写法,妥善地处理了文字的继承性与变动性之间的关系。当然,《字汇》也有缺点,如引书举书名(或篇名)而不举篇名(或书名),引前人之说而不注明出处等。另外,其字类归属、释义等方面也存在着错误。但总的看来,该字典是很有实用价值的一部好书,在中国文字学史上占有一定的地位。

《正字通》12 卷,编者张自烈(一作列),字尔公,明末江西南昌人。《正字通》"部画次第一仍梅氏之旧",但比《字汇》征引稍博,对《字汇》的一些乖误有所改正,释义方面也有一些新见解。此书成后,清康熙时为廖文英购得,加满文十二字母掩为己有。因此又有人说作者为张自烈、廖文英,也有人说作者为廖文英。《康熙字典》即直接以《正字通》为蓝本,而《正字通》又以《字汇》为蓝本。

清代学者对《康熙字典》倍加赞叹,但对《字汇》《正字通》却极为鄙斥。朱彝尊说:"小学之不讲,俗书繁兴,三家村夫子挟梅膺祚之《字汇》,张自烈之《正字通》,以为兔园册。问奇字者归焉,可为齿冷目张也。"①其实,批评正反映了它们的价值,因为"兔园册者,乡校俚儒教田夫牧子之所诵也"②。它们在普及语文教育方面发挥了积极的作用,在当时极为流行,所谓"字学一书,书不一家,近世之所流传而人人奉为拱璧者,莫如《字汇》。盖以笔画之可分类而求,悉数而得也,于是老师宿儒、蒙童小子莫不群而习之"③。

二、训诂学

训诂学的任务是研究词义。明代训诂学方面的著作主要有朱谋㙔《骈雅》、方以智《通雅》、李实《蜀语》等。

《骈雅》,作者朱谋㙔,宁献王朱权的七世孙,万历年间曾以中尉摄石城王府事,敦行好学,著书100多种。《骈雅》分7卷13门,体例全仿《尔雅》,专门搜集古书中冷僻深奥的词语,加以解释,"自释诂、释训以至虫鱼鸟兽,凡二十篇"。"骈"意"联",即此书所收词条是双音节的,用作解释的词也是双音节的。该书"征引详博,颇具条理,非乡塾陋儒捃拾残剩者可比","于词章要不为无补也"④。但因作者不懂上古音,对许多联绵字不能从语音上进行分析,词条的排列和词语的解释也不尽合理。

方以智《通雅》,52卷。卷首有五篇论文:《音义杂论》《读书类略》《小学大略》,论小学;《诗说》《文章薪火》,谈辞章。作者在这里谈到自己关

---

① 朱彝尊:《曝书亭集》卷43《汗简跋》。
② 《新五代史》卷55《刘岳传》。
③ 年希尧:《五方元音》序。
④ 《四库全书总目》卷40《〈骈雅〉提要》。

于语言文字的一些根本看法，与正文在内容上有密切关系，可视为全书的"楔子"。书末有《切韵声原》《脉考》《古方解》等篇，作为附录。该书正文分21类，即疑始、释诂、天文、地舆、身体、称谓、姓名、官制、事制、礼仪、乐曲、乐舞、器用、衣服、宫室、饮食、算数、植物、动物、金石、谚原，对各种语词进行了精密的考释。

《通雅》作为训诂学著作，步《尔雅》以来"雅"书的后尘，但其范围超过了《尔雅》等书。其卷首的五篇论文与书末的附录都是《尔雅》等书没有的，正文部分体例略同于《尔雅》等书，但内容大为加广。在研究方法上，方以智提出"欲通古义，先通古音"①，"因声知义，知义而得声"②，即通过研究古音来研究古义。这无论在理论上，还是在实践上都超越了前人。该书的长处还在于把考订语词与探讨社会文化相结合。著者对小学、文学、哲学、物理、医学、天文、地理等均有研究，所以他既能从词源的探索推知古代社会文化面貌，又能从社会文化的角度考求语词的来历，左右逢源，考证方法运用娴熟。因此，《通雅》又是明代一部杰出的考据学著作。

《通雅》解释了不少从唐至明的词汇，因而研究先秦词汇要读《尔雅》，研究汉魏词汇须读《广雅》，研究唐宋元明词汇则不可不读《通雅》。中国的"雅"书，最为重要的就是这三部。近人梁启超高度评价《通雅》，称其为"近代声音训诂学第一流作品，清代学者除高邮王氏父子以外，没有哪位赶得上他"③。《通雅》通过考证方法研究词义，对清代的语言学产生了不小的影响。当然，该书也存在一些缺点，如内容庞杂、文字有雷同处等。

《蜀语》，作者李实，字如石，四川遂宁人。崇祯十六年（1643年）进士，次年明亡，寓居苏州，著有《蜀语》《吴语》。《蜀语》不分卷，也不分类，其记载四川方言词汇564条，按属性可分为称谓、动作、形容词等类，对

---

① 《通雅》卷首《音义杂论》。
② 《通雅》卷6《释诂》。
③ 梁启超：《中国近三百年学术史》，上海三联书店2006年版，第139页。

了解明代四川方言和研究现代汉语词汇都有意义。

三、音韵学

明代语言学中成绩较大的是音韵学领域的研究，除了写出几部有名的韵书外，在古音学、等韵学方面都有所成就。

（一）著名的韵书

明代出现的著名韵书有《洪武正韵》《韵略易通》《韵略汇通》等，它们的共同特点是以北方语音为依据。

《洪武正韵》16卷，洪武八年（1375）由翰林侍讲学士乐韶凤、宋濂等11人奉诏编撰。当时编撰此书是因为"韵学起于江左，殊失正音"，要"一以中原雅音为定"①。该书分韵共76部，平、上、去三声各22部，入声10部。其注释以宋毛晃《增修互注礼部韵略》为蓝本，并参考他书稍加损益。该书反映了当时北方官话（读书音）的大体状况，为汉语官话形成的研究提供了资料。由于该书存在一些缺点，写成后在学者士大夫中不太受重视。

《韵略易通》2卷，撰者兰茂，字廷秀，号止庵，云南嵩明人，生活于明初，喜读书，过目成诵。他勤于著述，所作颇丰，有《元壶集》《经史余论》《韵略易通》《声律发蒙》《医门览要》《滇南本草》（该书在本书第一章已经叙及）等。《韵略易通》成于正统七年（1442），是利用韵书形式编写的识字课本。为了便于初学识字者，书中"只以应用便俗字样收入，其音义同而字形异者，止用其一"②。鉴于以往的字书、韵书不是"音切隐奥"，即"方言不一"，使"览者不知孰是"③，该书完全以当时与北方话关系密切的云南实际说话音来处理字音事宜。其韵共分二十，前十韵平、上、去、入四声俱全，后十韵无入声。在声类方面，该书明确地划分为二十类，并用一首《早梅诗》来概

---

① 《洪武正韵》序。
② 《韵略易通》凡例。
③ 《韵略易通》凡例。

括:"春风破早梅,向暖一枝开。冰雪无人见,春从天上来。"诗中的每一个字,都代表声母相同的一类字,对后人颇有影响。该书对于研究云南方音演变的历史以及明代的北方话,都有不可忽视的价值。

《韵略汇通》,作者毕拱宸,字星伯,山东掖县人。该书成于崇祯十五年(1642),是为了更便于蒙童入门而以兰茂《韵略易通》为基础加以增损改编而写成的。该书分韵为十六,前六韵有入声,后十韵无入声,并把平声分成上平和下平(即阴平和阳平)。《韵略汇通》对《韵略易通》的上述调整,是从掖县实际语音出发的,这反映出当时的云南方言和掖县方言虽皆属北方音系,但发音却有很大不同,《韵略汇通》的价值正在于此。

（二）古音学成就

开明代古音学研究风气之先的是杨慎。他运用考据方法研究古音,取得了一定的成绩。他的古音学著作较多,有《转注古音略》《古音略例》《古音丛目》《古音拾遗》等多种。通过考订,杨慎对《切韵》系韵书与上古音的不同有一定认识。他说:"自沈约之韵一出,作诗者据以为定,若法家之玉条金科,而古学遂失传矣。"[1]他不同意宋人的叶音说,因为宋人的叶音是无标准的,他认为古人的叶音从转注而来。"《周官·保氏》六书,终于转注。其训曰'一字数音,必展转注释而后可知'。《虞典》谓之和声,《乐书》谓之比音,小学家曰动静字音,训诂以定之,曰'读作某',若'于戏'读作'呜呼'是也……《毛诗》《楚辞》悉谓之叶韵,其实不越《保氏》转注之义耳。"[2]杨慎还对宋人吴棫(才老)的《韵补》进行增补,"其才老所取已备者不复载,间有复者,或因其谬音误解,改而正之,单文孤证,补而广之,故非勤说雷同也"[3]。

杨慎反对宋人的随意叶音是正确的,但他不懂得字音的发展,其转注论仍是以今音去看古音,实际上还未跳出宋人的窠臼。杨慎在古音学方面的缺失不少,其真正贡献在于开了风气之先。其后,焦竑、陈第等人

---

[1] 杨慎:《转注古音略·答李仁夫论转注书》。
[2] 杨慎:《转注古音略》题辞。
[3] 杨慎:《转注古音略》序。

均从他的研究中汲取营养,使得明代的古音学研究发展兴盛起来。

万历时期,焦竑经过考订,明确提出了"古诗无叶音"。他说:"诗有古韵今韵,古韵久不传,学者于《毛诗》《离骚》皆以今韵读之,其有不合,则强为之音,曰此'叶'也……如此则'东'亦可音'西','南'亦可音'北','上'亦可音'下','前'亦可音'后'。凡字皆无正呼,凡诗皆无正字,岂理也哉?"①

对明代古音学作出重大贡献的是陈第。陈第,字季立,号一斋,福建连江人。幼时读书之暇,喜击剑谈兵,嘉靖三十八年(1599)成秀才。四十一年,进平倭策于戚继光,次年戚继光大破倭寇。万历元年(1573),为俞大猷聘入幕府,从览北方边陲,考察形势。万历三年,上书兵部尚书谭纶,请求在北方边境择地主持防务,并与其讨论战车制度。谭纶叹服,即补授镇抚,充教车官,董其事。此后他一直在军中任职,万历七年,题补蓟镇三屯车兵前营游击将军,署参将,驻守古北口附近之汉儿庄,用副总兵体统行事。十一年,他因不徇私情而得罪大僚,弃官归家,筑倦游庐,专心读书著述,二十六年起,畅游南北名山,四十五年,病卒。

陈第小时候就受父亲影响,以为叶音不可信。后来读杨慎、焦竑等人的著作,称赞焦竑"古诗无叶音"是"前人未道语也,知言哉"②。其论古音著作有《毛诗古音考》《读诗拙言》《屈宋古音义》等。

陈第在古音研究方面的贡献主要有两条。首先是推翻"叶音"说,建立了历史的语言观。通过对古音的考证,陈第宣称:"盖时有古今,地有南北,字有更革,音有转移,亦势所必至。故以今之音读古之作,不免乖剌而不入";③"一郡之内,声音不同,系乎地者也;百年之间,语有递转,系乎时者也。"④他知道音有古今,并根据押韵的规律,订定一些字的古读。此后,"叶音"说被彻底否定。这一贡献不小,王国维誉其为明清古音学

---

① 焦竑:《焦氏笔乘》卷3。
②《毛诗古音考》跋。
③《毛诗古音考》自序。
④《读诗拙言》。

上的三大发明之一①。其次,确定古音学研究范围,发明新的研究方法。陈第认为,古音研究的下限应断至秦汉,即"荟萃秦汉之先,宪限上古必然之韵",而不应推至唐宋,吴棫、杨慎等人的错误在于"未尝合《诗》《骚》古赋参读之"。在研究方法上,他不像吴棫等人那样逐字标韵,注明通转,而是以本证、旁证互相结合进行考订。他说:"本证者,《诗》自相证也;旁证者,采之他书也。二者俱无,则宛转以审其音,参错以谐其韵。"②《毛诗古音考》列《诗经》中韵字 497 个,于各字下注明古读,以本证探求古音之原,以旁证竟古音之委。《屈宋古音义》从屈原、宋玉等人赋里选出 234 字,各推其本原,与《毛诗》相印证,进行比较研究。在《读诗拙言》中,他又提出《说文》形声字从某得声之例,其中很多可用来证明《毛诗》的音读。

陈第在古音学上的成就是卓越的,时人焦竑即对其古音学著作大加赞赏。连一向鄙薄明人之学的清人也承认,吴棫是"古音之先导",陈第则"得其门而入也",顾炎武、江永"升堂矣",段玉裁"入室矣"③。《四库全书总目》称:"自陈第作《毛诗古音考》《屈宋古音义》,而古音之门径始明。"④

当然,陈第考订古音还存在缺失,一方面表现为资料取舍失当,尽管他认识到东晋以前音已变迁,但仍取汉、魏之书为旁证;另一方面表现在他仍未完全摆脱"叶音"说的困扰和韵部观念模糊等。

(三)等韵学著作

等韵学是研究汉语发音原理和发音方法的学问。明代出现了不少关于这门学问的著作,它们主要产生于万历年间,著名者有《司马温公等韵图经》《韵法直图》和《韵法横图》。

《司马温公等韵图经》成书于万历三十年(1602),附于张元善《合并字学篇韵便览》中。它虽打着司马温公旗号,但与司马光并无关系。该书在

---

① 王国维:《观堂集林》卷 8《五声说》。
②《毛诗古音考》自序。
③ 江有诰:《音学十书》古韵凡例。
④《四库全书总目》42《〈音论〉提要》。

归并元人刘鉴《切韵指南》韵摄的基础上写成,然而反映的语音系统与《切韵指南》却大不一样。该书分十三韵摄,共二十五图,一m尾已消失,深摄并入臻摄(一n),咸摄并入山摄(一n),并梗摄于通摄,即庚青与东钟并为一图。在声母方面,将三十六字母并为二十二(实际有效者仅十九)。在声调方面,分平、上、去、如四声,"设如声者,谓如平声也"①,即阳平。

《韵法直图》,作者不详,梅膺祚称万历四十年(1612)得于新安。该书共有四十四图,每一图即一韵,以起头第一字为韵名,如公韵、庚韵,图中分开、齐、合、撮、闭等十呼。现代汉语中的四呼在明代已经形成,在《韵法直图》中可以看到其名称。

《韵法横图》,又名《切韵射标》,作者李世泽。该书与《韵法直图》在排列方式上不同,音系亦有差别,如《韵法横图》仍保留三十六字母,《韵法直图》把知彻澄娘并入照穿床泥,仅三十二字母,呼的名称则取消了咬齿呼、舌向上呼。

第三节　考据学的兴起

一、明代考据学的兴起原因及特点

考据又称考证,是通过搜集资料,罗列确实证据,解决历史研究中涉及的各种问题(如名物、典制、人物生平、地理、史实等)的疑难真伪,从而作出符合历史本来面目的陈述的一种治学方法。考据学起于先秦,后来代有发展,至宋代终成一专门学科而独立于学术之林。

明代前期,从事考据者寥寥无几,也少有成绩。到了明代中叶以后,随着一批考据学者的出现,明代的考据学才发展起来,并取得了很大成就。明代中叶以后考据学风的兴起,主要有以下几方面的原因:

第一,程朱理学与陆王心学弊窦丛生。众所周知,明初把程朱理学规定为官方哲学,一般士子惟抄袭、剽窃朱学以图仕进,而当时所谓的理

---

① 《司马温公等韵图经》凡例。

学家,如薛瑄、吴与弼等人,只是"谨守矩矱",使程朱理学日益僵化、支离,在人们心目中的声望江河日下。明中叶出现的王守仁心学鼓吹"心外无理",提倡"致良知",宣扬"知行合一",很快风靡天下,成为当时思想界的主潮。但是,王学在流传中也逐渐失去其本色,王学后人多"空言心性","遁入于禅"。因此,明代前中期,学风浅薄浮泛,士人多不求甚解(详见第四章)。当时的一些学者看到这种弊病,指责时人"以传注为支离,以经书为糟粕,以躬行实践为迂腐,以纲纪法度为桎梏"[1]。他们反对重心性理气的宋学,主张恢复重名物训诂的汉唐之学。而宋学是玄想的,汉学是考证的,这不能不引起考据的兴起。同时,理学内部的矛盾和斗争也使一些士人感到迷惘。因为程朱理学和陆王心学都标榜自己为"儒家正传",但一个宣扬"读书穷理",一个鼓吹"致良知",聚讼纷纭。为了解决朱、陆的义理之争,他们也主张求之于经典,开始从事读书考证。

第二,文学复古运动的影响。明代中期以后,以李梦阳、何景明、李攀龙、王世贞为代表的前后"七子"大力鼓吹文学复古,提倡"文必秦汉","诗必盛唐"。前后"七子"的文学复古运动在当时有很大影响,一时间曾垄断文坛(详见第三章)。这对考据学的兴起有很大推动力。因为要写汉唐诗文,必读汉唐之书。时代久远,语言文字等变化不小,奇事僻典在在有之,考证遂不可避免。而且,汉唐之人重于考证,读其书,势不能不受其影响。因此,朱希祖先生说:"欲作秦汉之文,必先能读古书。欲读古书,必先能识古字。于是,《说文》之学兴焉","然古书之难读,不仅在字形,而尤在字音。于是,音韵之学兴焉。"[2]

第三,刻书和藏书风气的兴盛。明代中叶以后,福建、江南等地书坊蔚然兴起,书商迎合士大夫的口味,大量翻刻奇僻博杂之书,形成"异书辈出,剞劂无遗"的局面[3]。同时,各地私人纷纷藏书,出现了许多私人图书馆(详见第五章)。刻书和藏书风气的兴盛,为搜取足够资料进行考证提供了可能。

---

① 《明史》卷 224《杨时乔传》。
② 肖一山:《清代通史》初版序,台湾商务印书馆 1963 年版。
③ 《五杂俎》卷 13《事部一》。

第四，政治黑暗，士人仕途受阻。明代中叶以后，政治日益黑暗腐朽，封建士大夫动辄得罪，仕途不畅，不少人遂埋头读书作文，从事考据，以避政治是非。这在当时的著名考据学者，如杨慎、陈耀文、胡应麟、焦竑、陈第等人身上皆有体现。

明代考据学从中叶以后兴起，发展到明末，呈现出以下几个特点：其一，内容广博庞杂。与前代考据重考订儒家经典和史地不同，明人考据涉及的领域更为广博，举凡儒家经典、史地、文字音义、伪书、戏曲本事、民间传说、动植物、天文、金石等皆入其考据范围。其二，成绩突出。明代以前的考据，并不刻意作缜密详博的考订。明中叶以后的考据，重视博证，有收集证据至数十或数百条者。在这种风气的推动下，其考据成绩自易突出。其三，在纠驳错误中发展。明代考据家，从杨慎到陈耀文，从陈耀文到胡应麟，再到周婴、方以智等，有后人重视纠驳前人疏漏的良好习惯。这成为一股强大的力量，推动着明代考据学向严谨、客观的方向发展。其四，好奇炫博。明代的考据学者喜争奇斗胜，遂使考据带上浓厚的好奇色彩。如，或考奇事僻典，或考古代单、双人名，或考古代面貌相同的夫妇，或考古代妇女做官等，不一而足。他们还喜炫耀博奥。如，"且"字，有的考为十四音，有的考为十七音，有的以为有数十音。"离"字有的考为十六义，有的以为十六义以外，还有一百六十义。这股歪风缠绕着有明一代的考据学，直到明末清初始渐歇息。

二、主要的考据学者

明代从事考据并卓有成效的学者，多数生活在明代中期以后，主要有杨慎、陈耀文、胡应麟、梅鷟、焦竑、陈第、周婴、方以智等。

杨慎富于怀疑精神，认为"古之学者，成于善疑。今之学者，画于不疑"①。他提倡汉学，批评"宋儒之失，在废汉儒而自用己见"。他注重积

---

① 杨慎：《丹铅续录》原序。

累资料，"自束发以来，手所抄集，帙成逾百，卷计越千"①。他知识渊博，音韵学、金石学、方志学、书画等无不精通，因此在从事研究和考证时能够广征博引，得心应手，颇有成绩。他是明代中叶开考据风气之先的人物。其有关考据的著作，多以"丹铅"为名，有《丹铅录》《丹铅别录》《丹铅续录》《丹铅要录》《丹铅余录》《丹铅闰录》《丹铅赘录》《丹铅摘录》《丹铅总录》《丹铅杂录》《谭苑醍醐》等十数种，都收集在《升庵外集》中。考据内容，涉及儒家经典、文字音义和史地等多方面。

杨慎虽然开风气之先，但是其考据著作中却常出偏差。因为他的考据著作多成于贬谪地云南，而云南的图书资料相当缺乏，故而其引用资料时多凭记忆，难免有错。同时，由于杨慎博闻强记，在朝又正直敢言，因此被贬后声望益重，其考据著作也很受欢迎，流传极快，这使之随出随刊，很少经过仔细校对，错误于是更易出现。此外，杨慎争强好胜，喜欢假造古书以证成己说，这又增加了其考据著作中的错误。鉴于这种情况，一些态度严谨的学者纷纷著述，对他加以纠驳，陈耀文、胡应麟、周婴等人即是其中的代表，考据之风遂蔚然而张大。史称："杨用修(慎)先生《丹铅录》出，而陈晦伯(耀文)《正杨》继之，胡元瑞(应麟)《(少室山房)笔丛》又继之，时人颜曰《正〈正杨〉》。当时，如周方叔(婴)、谢在杭(肇淛)、毕湖目(拱宸)诸君子集中，与用修为难者，不止一人。"②

陈耀文，字晦伯，号笔山，河南确山人。他生而聪颖，乡里传为神童，12岁时补邑庠生，嘉靖二十二年(1543)中举，二十九年中进士，授中书舍人，迁工科给事中。他目睹时事日非，数疏抨击，为权相所不容，谪魏县丞。后他又在淮安、宁波、苏州等地为小官，迁南京户部郎中、淮安兵备副使，嗣因有政绩，改陕西行太仆寺卿。此时，他已倦游而不乐边塞，遂请归。抵家后，杜门著述，不问产业，82岁时卒。

陈耀文博览群书，经史、天文无不该览，时人对其评价很高，连王世

---

① 杨慎：《丹铅总录》原序。
② 周亮工：《因树屋书影》卷8。

贞、焦竑等博学之人都对他推崇备至。焦竑称其"文理贯综,叙致雅畅,经疑证隐,语类搜奇,收百代之缺文,采千载之遗韵,顿挫万汇,囊括九围。非旷代之通材,孰与于此!"①陈耀文的著作,有《经典稽疑》2 卷、《正杨》4 卷、《学林就正》4 卷、《学圃萱苏》6 卷、《天中记》60 卷、《花草粹编》12 卷等。其中,涉及考证的为《正杨》,因其为纠正杨慎考据诸说之误而作,故名。全书共有 100 余条,或纠驳杨慎的引文错误,或驳正杨慎引事错误,或驳正杨慎的论证错误。对于杨慎的论证不足处,则尽作者所能,历引诸书,加以补充。由于陈耀文涉猎广泛,加上有比较严谨的态度,所以该书对杨慎的纠驳多能深中肯綮。

不过,陈耀文的考据工作也有缺陷。首先表现在他对杨慎错误的态度,被评为"衅起争名,语多攻讦,丑词恶谑,无所不加"。因此,《四库全书》编撰者提醒人们"观其博赡,亦不可不戒其浮嚣也"②。其次还表现在往往杨慎不错而他却驳之致误,以及所引资料也间或有失。陈耀文的考证虽有不少缺陷,但是他首先高举起纠错大旗,从而对明代考据学向严谨、客观的方向发展起了推动作用。

胡应麟继陈耀文之后,继续纠驳杨慎的错误。胡应麟,字元瑞,后更字明瑞,号少室山人,后更号石羊生,浙江兰溪人。嘉靖四十五年(1566),他 16 岁补博士弟子员,不久随父北游,诗名远播京师内外。万历四年(1576),中举人。十一年,与王世贞、戚继光、汪道昆及吴越名士大会于西湖,赋《宝刀歌》,挥笔立就千余言,众人惊叹。他曾三次参加会试,都没有成功,后卒于家。

胡应麟自幼酷爱书籍,长大后百计搜罗,家中藏书甚富。他认为不仅要搜书,更重要的是读书,善于读书。他反对随意诋诃古人,称"智者千虑,必有一失。昔人所见,岂必皆长?第文字烟埃,纪籍渊薮,引用出处,时或参商,意义重轻,各有权度,加以鲁鱼亥豕,讹谬万端。凡遇此

---

① 《澹园集》卷 13《与陈晦伯》。
② 《四库全书总目》卷 119《〈正杨〉提要》。

类,当博稽典故,细绎旨归,统会殊文,厘正脱简,务成曩美,毋薄前修,力求弗合,各申己见,可也。今偶睹一斑,便为奇货。恐后视今,犹今视昔矣"。① 胡应麟的主张反映到他的考据上,是其考据渐趋严谨。他的著作中,涉及考据的主要是《少室山房笔丛》正(32卷)、续(16卷)二集,收书16种。其中,《四部正讹》3卷为考订伪书专著,《三坟补遗》2卷论辩《竹书纪年》《逸周书》《穆天子传》,《丹铅新录》8卷、《艺林学山》8卷则专为纠驳杨慎考据错误而作。他分析了杨慎的缺点,认为"一曰命意太高,一曰持论太果。太高则迂怪之情合,故有于前人之说,浅也凿而深之,明也汩而晦之。太果则灭裂之衅开,故有于前人之说,疑也骤而信之,是也骤而非之"②。胡应麟对杨慎考据错误的纠驳,范围广于陈耀文。他不仅纠正杨慎的错误,而且对陈耀文的《正杨》也加以补充。其所言多得其实,语气也比较温和。但因其争胜心切,错误仍时或出现。

梅鷟,字鸣歧,号平埜,别号致斋,南直隶旌德(今属安徽)人。他举正德八年(1513)乡试,嘉靖中任南京国子监六堂助教,预修《南雍志》,纂辑"经籍考"部分,后任云南盐课司提举等职。梅鷟著述较多,多为考经之作,但是存者寥寥。其中,较为重要的有《尚书谱》《尚书考异》,致力于辨明《古文尚书》之伪。

焦竑不仅是著名的史学家,也是著名的考据学者。其有关考据的著作,除了关于文字学的《俗书刊误》外,还有《笔乘》正、续集,对经史、诗句、伪书等多有考证。他曾师从泰州学派的耿定向、罗汝芳,与李贽相交游。受他们的影响,焦竑也强调心性,考证时常牵引佛老。但是,与一般心学家不同,他又强调博闻多识,并广泛收集资料,"凡人品之淑慝,注厝之得失,朝廷之论建,隐居之讲求,辄以片纸志之,储之巾箱"③。这是他摆脱空疏学风干扰,成为一名较有成就的考据学者的重要原因。焦竑的考据方法受到杨慎的影响,然而他对金石、方志的征引比杨慎更为娴熟。如,他以碑刻

---

① 《少室山房笔丛》庚部《毕阳博议》下,《少室山房笔丛》。
② 《少室山房笔丛》甲部《丹铅新录》引。
③ 《玉堂丛语》卷首。

资料确定了欧阳修《新五代史》都没能确定的五代十国中的吴越改元问题。

陈第的考据成就，主要在古音学方面，这在本章第二节已经述及。

周婴，字方叔，福建莆田人。他早有才名，崇祯十三年（1640）以明经贡入京，赐进士。授上犹知县，为官清廉，崇尚文雅。未几，辞官归家，与故旧结耆硕会。周婴的考据著作，主要是《卮林》10卷，补遗1卷。该书旨在纠正群书及其注疏的错误，共40家。各家或数条，或十数条不等。每条以二字标目，而各引原撰书人姓氏以系之，如"质鱼（豢）""述洪（迈）""广陈（耀文）""谂胡（应麟）"等。其中，以纠驳洪迈、杨慎、陈耀文、焦竑、胡应麟等人为多，"谂胡"竟占3卷。内容涉及文字音义、史地等许多方面。《卮林》引证极为博洽。如，对"青云"一词，杨慎、陈耀文各有解释，周婴则认为此外还有数义，而且每义的引证是杨、陈的数倍。该书对待考证的态度也很严谨，不仅引文能注明出处，而且论证时能举一反三，因此失误少而创获多。当然，周婴的考据也存在着一些不足，如考证琐屑、时有小误等，但不过是白璧微瑕。可以说，《卮林》是晚明最严谨的考据学著作之一。

方以智也是明末著名的考据学家。他博览群书，杨慎、陈耀文、胡应麟、焦竑等人的考据著作对他有所启发。其祖、父皆反对空谈性理，主张实学，这种家风的熏陶对其从事考据也产生了不小的影响。其生活的年代，正值西学东渐之时，他先受西学于熊明遇，崇祯三年（1630）至九年流寓金陵期间，受教于传教士毕方济，后与汤若望交游甚密，阅读过西学书籍近30种，西方的科学知识及其重实验和证据的特点对其考据水平的提高有很大帮助。方以智的考据著作是本章第二节已经论及的《通雅》，它是明代考据学的集大成之作。他以怀疑的精神、严谨而实证的态度对待考证，"每驳定前人，必不敢以无证妄说"①。他引证资料，必注明出处，是非不决者存疑待考。与以前的考据学家好奇逞强不同，方以智考据的最高目的是会通古今，《通雅》正是为正古今之误而会通之以作。该书考证的范围很广泛，上

---

① 《通雅》卷首一《音义杂论》。

涉天文,下及地理,并有文化、制度、动植物等各方面的内容,"援据博奥,条理分明,明一代考证之书罕与并鹜"①,是明代考据学的集大成之作。

明代考据学,从杨慎发展到陈耀文、胡应麟、焦竑等人,再到周婴、方以智,已经基本上达到了严谨而客观的地步。

三、考据的丰硕成果

明代考据学的成果颇为丰硕,甚足称道。概括起来,主要有如下几个方面:

(一)考订儒家经典

杨慎、焦竑等人对儒家经典颇多考订,或阐发义理,或辨别字音,或考订字句,虽然详略不一、正误并存,但是却表现出一股不受传统限制的创新精神。

杨慎对《周易》的考订偏重于字句,对《诗经》的考订则着重于阐释诗义和辨别诗音。另外,对于"三礼""三传"《论语》《孟子》《尔雅》等书,杨慎亦有所考订。

焦竑对《尚书》的考订,重点在字句。他虽然没有辨订《古文尚书》真伪的专著,但他曾说"余尝疑《尚书古文》之伪"。在考订《诗经》上,他收录了不少前人的有关言论,并发表了自己的意见,对朱熹之说多有辩驳。尤其可贵的是,他通过对诗音的考据,说明了"古音"与"今音"的区别,明确提出"古诗无叶音"的主张。

(二)辨订伪书

明人在辨订伪书方面贡献较大者,是梅鷟对《古文尚书》的考订以及胡应麟对辨伪理论的探讨。

梅鷟以前,宋人吴棫、朱熹和元人吴澄等都曾辨《古文尚书》之伪,但立言仅就《古文尚书》的传授或文体方面着眼,没能详列证据。梅鷟则不同:其《尚书考异》卷1收录了前人对《古文尚书》的辨订言论,并附以评

---

① 《四库全书简明目录》卷13《通雅》提要。

论;卷2—5将《古文尚书》25篇的字句来源一一检出,并批驳其中的谬误;卷6对伏生《尚书》的字句进行了考订。在考订辨伪的同时,梅鷟还推测了作伪者造伪的动机。梅鷟的辨伪,虽然证据尚欠充实,一些论断也间有错误之处,但却对清朝阎若璩、丁晏等人重新审理此案,以至此案最后定谳,都产生了直接的影响。

胡应麟对辨伪理论的探讨,集中表现于《四部正讹》中。此前,考据学者对伪书的辨订基本上只有实践,缺乏系统的理论。胡应麟的《四部正讹》则既有实践,即对具体书籍真伪加以考订,又有理论,即对伪书的情状、辨伪的方法等进行系统的概括。其书卷上有伪书情状21条,对伪书产生的原因、作伪者的动机等详加分析。更为重要的是,他总结了前人的辨伪成果,加上自己的辨伪体会,在该书卷末提出了辨伪八法:"凡核伪书之道,核之《七略》以观其源,核之群志以观其绪,核之并世之言以观其称,核之异世之言以观其述,核之文以观其体,核之事以观其时,核之撰者以观其托,核之传者以观其人。"在上述理论的指导下,《四部正讹》共辨订伪书114种,其中经部14种、史部16种、子部76种、集部8种。

《四部正讹》是我国古代第一部系统的辨伪专著。它建立的辨伪理论与原则,以及它对伪书的辨订,都具有相当的科学性。不仅如此,它还启发了清朝的考据学家,从而使伪书辨订大盛。因此,它在中国学术史上占有一定地位,应当受到足够的重视。

焦竑也为辨订伪书作出了一定贡献。其《笔乘》正、续集中,有"伪书""外篇杂篇多假托""越绝书"等条,对《庄子·外杂篇》《山海经》《三坟》《三略》《六韬》《仓颉篇》《周书》《周易参同契》《越绝书》等伪书进行了辨订,或就避讳、人名、地名辨之,或就文体、隐语辨之,虽然数量不多,但方法很细密,结论很可靠,值得一提。

（三）考订史地

明代考订史地者,以杨慎、焦竑、方以智成绩较为突出。

杨慎对史事的考订常有差错,但所考也有颇具价值者。他曾辨严光的籍贯非余姚、范仲淹之父非范雍等，又曾考察尚书、仆射等官名的取义等，都言之有据，令人信服。在地理考订方面，他主张实地考察，认为山川经络"苟非目睹身历，而欲据文字定之，鲜有不失者矣"①。其贬居云南时，常与人观赏山川形势，并写出《云南山川志》一书。其著作《春秋地名考》(1 卷)及《升庵外集》卷 3—7 都涉及地理考订。概括起来，杨慎的地理考订内容可以分为地名考订和水道考订两个方面。其考地名，涉及古今地名的变迁、地名的不同写法、地名的命名和音读等，范围甚广。其考水道，涉及江源、河源、三江等，虽无新见，但其重视水道的精神影响了后人。杨慎还重视汉桑钦所作《水经》的价值，以其可为《禹贡》义疏、《山海经》补遗，并曾将之刊印流传。

焦竑在考订史事时于《史记》着力颇多，对书中的缺误以及前人的误解都能引史实加以纠正。对典章制度的考订，他也做出了成绩，所考详于汉代的官制和专卖制度等。在考订汉代官制时，他常引《周礼》和明代官制作比较，以此来见其演变情状。

方以智考订史地的文字，集中于《通雅》的若干卷中。其关于史事者，主要是卷 22—25 之考订官制。它们分仕进、文职、武职等目，其特点是就古今各种官职的演变详加考订，以弄清其迁递之迹；对于与官制有关的各种词汇，也有所阐释。其关于地理者，主要是卷 13—17，考订内容包括地名、水道、地名异音以及历代建都等。对于地名，或考古今同名异地者，如有兖州之河东，有并州之河东；或考古今同地异名者，如陕西在各个朝代具有雍州、关中、三秦等不同称谓；或考古今同名同地者。另外，对于西南地区少数民族的居住地也略有考订。对于水道，或考订位置，或考订同名异河，或纠驳《水经》及郦道元《水经注》之误。对于地名异音，或仅明其音，或明其音兼考其地，或考其音兼明其写法，另外还附录了异字同地地名数十条。对历代建都，或考各个正统王朝的建都，或考诸侯及群雄的建都。方以智的地理考订成就并非甚高，但贯彻其中的

① 《升庵集》卷 77《石熊峰溏沱河考》。

会通古今的精神却很值得后人学习。

（四）考订民间文学

明代考订民间文学者主要是胡应麟。在这一领域,他的考订内容包括戏曲文学和民间传说两个方面。胡应麟与当时的剧作家汤显祖、屠隆等人往来甚多,尤其是与汪道昆兄弟交情很深。在与剧作家的交往中,胡应麟深受影响,其考证也涉及了戏曲,开后人研究戏曲的嚆矢。他的这类考订,或谈传奇名称的演变,或论戏曲角色的发展,或辨戏曲本事,多得其实。在考订民间传说时,胡应麟研究了西王母、西施、钟馗、观世音、八仙等,都有一定的价值。

上述之外,明代考据学在辑佚、金石考据等方面也取得了一定的成绩。

明代考据学的影响,直接波及清代,为乾嘉考据学派的产生奠定了基础。清人谓:"明之中叶,以博洽著者杨慎,而陈耀文起而与争。然(杨)慎好伪说以售欺,(陈)耀文好蔓引以求胜。次则焦竑亦喜考证,而习与李贽游,动辄牵缀佛书,伤于芜杂。惟(方)以智崛起崇祯中,考据精核,迥出其上。风气既开,国朝顾炎武、阎若璩、朱彝尊等沿坡而起,始一扫悬揣之空谈。"[1]这里,清人虽然对明代考据学的成绩不以为然,但对其于清代考据学的影响还是持肯定态度的。[2]

---

[1] 《四库全书总目》卷 119《〈通雅〉提要》。

[2] 本节参阅林庆彰:《明代考据学研究》,台湾学生书局 1986 年版;嵇文甫:《晚明考证学风的兴起》,《郑州大学报》1963 年第 3 期。

第三章　文学艺术

第一节　诗文和小说

一、曲折前进的诗歌创作

明代的诗歌,在大部分时期里是在复古与反复古的斗争中曲折前进的,所谓"宋诗近腐,元诗近纤,明诗其复古也"①。但不同的时期,又有各自的特点。

明初较著名的诗人为刘基和高启。他们经元入明,对社会民生和治乱兴亡有较深的体会,写出了一些反映百姓疾苦的诗歌。刘基,字伯温,浙江青田人。他"幼颖异",元文宗时中进士,曾任高安县丞、江浙儒学副提举等职,后参加镇压方国珍起义,不得志而归。朱元璋的部队攻入浙江后,礼聘刘基,佐征战。吴元年(1367)任太史令,寻拜御史中丞兼太史令。明朝建立后,刘基奏立军卫法,洪武三年(1370)被封为诚意伯,次年归乡。因为宰相胡惟庸所潜,不久忧愤而死。

刘基的诗,在元有《覆瓿集》,"哀时愤事","魁垒顿挫";在明有《犁眉

---

① 沈德潜:《明诗别裁集》沈序,上海古籍出版社 1979 年版。

公集》，"悲穷叹老，咨嗟幽忧"①。刘基的诗，尤其是前期作品，如《古戍》《买马词》《畦桑词》《二鬼》等，注重反映社会现实，同情人民疾苦，境界开阔而内容沉着，有着充实的社会内涵和鲜明的时代气息，《明诗别裁集》誉为"一代之冠"。

高启，字季迪，号青丘子，南直隶长洲（今江苏苏州）人。元末隐居不仕，入明后奉召修《元史》，授翰林院国史编修官，"复命教授诸王"。后来，他婉拒户部右侍郎之职，归乡教书。又因作诗有所讽刺，终于洪武七年（1374）被朱元璋借故腰斩于市，死时年仅 39 岁。

高启是一个富有才华的诗人。他主张诗歌要兼采众家之长，以免偏狭。他提倡模拟，其模拟汉魏至宋古诗，神貌酷肖。高启的文学主张和创作，对转变元诗纤丽之风产生了积极的作用，但另一方面也为明诗的拟古开了先河。高启的诗众体兼长，歌行、律诗无不运用自如，风格雄健豪迈，《登金陵雨花台望大江》是最能表现其诗风的代表作。

永乐以后，诗坛上出现了以"三杨"（杨士奇、杨荣、杨溥）为代表的"台阁体"诗派。"三杨"都是台阁重臣，他们为维护封建统治，点缀升平，大量写作应制、酬答的诗歌。这类诗表面上看，"大都词气安闲，首尾停稳，不尚藻辞，不矜丽句，太平宰相之风度"②，实际上内容空虚，没有什么社会价值。由于"三杨"的提倡，加上明初文网较严，所以文人纷纷倾向于台阁体，台阁体得以统治诗坛，直到成化年间。

在"台阁体"盛行之时，有一位不受其所限的杰出诗人——于谦。于谦，字廷益，浙江钱塘（今杭州）人。永乐十九年（1421）中进士，宣德初授御史，出按江西，有政声而超迁兵部右侍郎，巡抚河南、山西，深受百姓欢迎。正统十三年（1448）以兵部左侍郎召回，"土木之变"后任兵部尚书，领导了北京保卫战，对瓦剌的进攻进行了坚决的抵抗。英宗复辟后，惨遭杀害。于谦的诗歌，有抒写自己怀抱和情操者，如《石灰吟》《咏煤炭》

① 钱谦益：《列朝诗集小传》甲前集《刘诚意基传》。
②《列朝诗集小传》乙集《杨少师士奇传》。

等；有反映百姓疾苦者，如《悯农》《田舍翁》等；有反对侵略、关注国家命运者，如《入塞》《出塞》《闻甘州等处捷报有喜》等。这些诗不事雕琢，清新明畅，突破了台阁体的俗套，使诗歌沿着现实主义的道路继续发展。但有时未免推敲不足，失于浅陋。

明代中叶，诗歌领域复古主义潮流渐趋兴盛。成化、弘治年间的"茶陵派"是台阁体向复古主义过渡的一个文学流派，因其代表人物、大学士李东阳籍贯湖南茶陵而得名。李东阳论诗主张宗法杜甫，但仅学其"音响"与"格律"，因此所作诗歌内容比较贫乏。

积极倡导复古主义的是前后"七子"。前"七子"指李梦阳、何景明、徐祯卿、边贡、王廷相、康海、王九思七人，以李梦阳、何景明为代表。李梦阳，字献吉，号空同子，庆阳人；何景明，字仲默，号大复，信阳人。二人都是弘治年间进士，他们目睹台阁体之"骫骳不振"，要"力追雅音"①，强调"诗必盛唐"，主张要像临帖那样模拟古人。前"七子"此呼彼应，得到广泛的赞同，因而取代了台阁体的统治地位。但是，前"七子"的诗多缺乏真情实感，往往"句拟字摹，食古不化"②。后"七子"指嘉靖年间开始出现的李攀龙、王世贞、谢榛、宗臣、梁有誉、徐中行、吴国伦七人，以李攀龙、王世贞为代表。李攀龙，字于鳞，号沧溟，山东历城（今济南）人。后"七子"的持论与前"七子"相同，因而从总体上看，其诗作成就同样不高。当然，前后"七子"的诗歌也有写社会重大题材、反映民生疾苦、笔力雄健者，但因其刻意摹拟，读其诗常有似曾相识之感。

前后"七子"的诗歌风行一时，其复古模拟给诗坛带来很坏影响。王世贞晚年已认识到"是古非今，此长彼短，未为定论。行世已久，不能复秘，惟有随事改正，勿误后人"③。

在前后"七子"倡导复古主义的潮流相当盛行之时，也出现了一些反对复古的诗人，唐寅、沈周、文徵明、祝允明等"吴中"诗人即是其例，他们

① 沈德潜：《明诗别裁》沈序。
②《四库全书总目》卷171《〈空同集〉提要》。
③《列朝诗集小传》丁集上《王尚书世贞传》。

的诗风平易清新,卓然自立,表现出一定的时代特色。而在当时的反复古斗争中影响较大的是稍后于万历年间出现的"公安派"诗人,代表人物为袁宗道、袁宏道、袁中道三兄弟,他们都是湖广公安(今属湖北)人,故有"公安派"之称。袁宗道,字伯修,有《白苏斋集》;袁宏道,字中郎,有《袁中郎全集》;袁中道,字小修,有《珂雪斋集》。"公安派"的诗歌创作以袁宏道的成就为最高。他们论诗主张"变""真","变"就是文学应随时代而变化,"真"就是要表现诗人的真感情、真性灵。他们的诗歌"变板重为轻巧,变纷饰为本色。天下耳目于是一新,又复靡然而从之"①。"公安派"的诗歌虽然注意创新,但内容多抒写士大夫的闲情逸致,较少反映社会现实,因而未能把诗歌引向现实主义道路。

继"公安派"而起的是"竟陵派",因其代表作家钟惺和谭元春都是湖广竟陵(今湖北天门)人。钟、谭也反对复古,对"公安派"抒写性灵的主张是赞同的,但他们追求"幽深孤峭",主张以"孤诣""孤怀""孤峭"为诗的最高境界,其理论和实践也没有把诗歌与现实联系起来,相反却使诗歌走上了更为狭窄的道路。

明末,各种矛盾尖锐复杂,关心国事的诗人纷纷以诗歌为武器,参与政治斗争,抒发思想感情,诗风因之一变,重新走上了现实主义的道路,其代表人物有陈子龙和夏完淳等人。陈子龙,字卧子,南直隶华亭(今上海松江)人。崇祯十年(1637)进士,选绍兴推官。后擢兵科给事中,命甫下而明朝亡。南明福王政权建立后,陈子龙上疏建议训练水师,并列上防守要策。鲁王政权时,陈子龙欲举兵抗清,事露被捕,投水而死。陈子龙也主张"兴复古学",但他吸取前后"七子"及"公安派"的经验教训,认为作诗要思想内容和艺术形式并重,强调诗中的时代内容。他的诗歌,早期多系模拟之作,诗风华艳;明亡后,诗风一变,直抒孤愤,气魄雄伟,表现了强烈的爱国主义感情。

夏完淳,字存古,华亭人,诗人夏允彝之子,陈子龙的学生。他天资

---

① 《四库全书总目提要》卷179《〈袁中郎全集〉提要》。

过人，才思敏捷，从小就受到良好的文化教育，尤其受到父、师的爱国主义熏陶。明朝灭亡，他年仅十四岁就参加了抗清斗争，被捕后宁死不屈，英勇就义。

夏完淳的诗歌，开始也受到老师的影响，模拟因袭。参加抗清斗争后，诗风变得悲壮雄劲，抒发出强烈的爱国主义情怀。其代表作《别云间》，表现了他壮志未酬、视死如归的心情和精神。夏完淳是中国文学史上最有气节、最富才华、成就最高的一个少年诗人。

明末的诗人还有瞿式耜，张煌言、祁彪佳、邝露、黄耀淳、吴易、吴应箕、黎遂球等，他们大多参加了抗清斗争，其诗歌多带有悲壮激昂的风格，洋溢着抗争不挠的爱国主义精神。

二、词的中衰

明代的词上不及宋，下不如清，因而在词的发展史上被视为中衰时期。明人认为词是艳科小道，因而作词者远不如作诗者数量多。比较有名的词人，明初有刘基、高启和杨基，而后为马洪、陈铎、夏言、杨慎、李攀龙、王世贞、汤显祖、赵南星等人，到明末则有陈子龙、夏完淳等。除了明初和明末的词人，多因身处动荡的社会环境之中，目击时艰，所作词慷慨多姿、词采绚烂，表现出大家风范外，其余的词人多数崇尚婉约轻丽，作品浅露轻浮，缺乏新意。不过，在词学研究上，明代取得了一些成绩，写出了不少词谱、词韵、词选、词话作品。在律调方面，有张綖《诗余图谱》、程明善《啸余谱》等。在选本方面，有杨慎《词林万选》、陈耀文《花草粹编》、卓人月《古今词统》等。在评论考证方面，有杨慎《词品》、陈霆《渚山堂词话》、俞彦《爱园词语》等。此外，说部笔记王世贞《艺苑卮言》、祝允明《猥谈》等，也有论词的内容。在丛刻方面，毛晋的汲古阁刊印过《宋六十名家词》等①。

---

① 参见夏承焘、张璋：《金元明清词选》，人民文学出版社 1983 年版。

三、继元而来的散曲

散曲是在宋词的基础上产生的一种新韵文,同传统的诗词相比,除了标明其音乐属性的宫调、曲牌的独特形式外,还有若干新特点。一是用韵比较灵活,虽然要求一韵到底,但平、上、去三声可以通押。二是格式比较自由,在作曲规则以内原曲谱以外可以加上适当的衬字,以增强表现力。三是大量使用方言俚语,使之更加通俗易懂。散曲在体制上分小令和套数两种。小令一般以一支曲子为基本单位,套数由多支曲子连缀而成,是小令的进一步发展和扩大。散曲的鼎盛时期为元代,而明代的散曲由元发展而来,其作家和作品数量皆超过元代,形成散曲发展史上第二个也是最后一个繁荣时期。

明代散曲有南北之别,北曲气势粗豪,慷慨奔放,内容比较丰富;南曲清丽细腻,风调婉约,多写风景与闲情。有些作家,南北兼长。从总体看,先是北曲盛行,后来是南曲趋盛。

明初曲坛比较萧条,作家不多。弘治以后,作者日增。有些散曲作家立足于社会,把笔触伸到市民阶层的底部,并汲取民歌俗曲的艺术营养,写出了不少具有现实意义的作品。其中,有揭露封建社会末期腐败黑暗政治的,以王磐为代表;有描写城市各类人物生活的,以陈铎较为出色;有描写农民生活苦难、边塞军旅艰辛的,以冯惟敏和薛论道为突出。

王磐,字鸿渐,号西楼,南直隶高邮(今属江苏)人。他"家富好学,襟期潇洒,少为诸生,厌其拘挛,弃之"①,筑楼于城西,纵情于山水诗画之间。他生于成化时,卒于嘉靖年间,终生不仕;爱好词曲,精于音律。无论是咏物抒怀、讽刺俳谐,皆称能手,而尤以白描咏物见长,与陈铎并被誉为"南曲之冠"。他的《西楼乐府》包括小令 65 首,套数 9 篇,其中《朝天子·咏喇叭》借宦官行动时吹的喇叭为题,对宦官装腔作势、横行扰民的丑态加以深刻揭露,是广为传诵的名作。

---

① 康熙《扬州府志》卷 25《王磐》。

陈铎，字大声，号秋碧，原籍南直隶下邳（故址在今江苏宿迁），世居南京。生活于弘治、正德年间，以曾祖睢宁伯陈文的关系，袭济州卫指挥。精通音律，擅长制曲，有"乐王"之称。其作品很多，多写闲情，风调流丽。其中《滑稽余韵》是一部用口语写成的散曲集，包括小令 136 首，描写了工匠、巫师、葬士等各阶层人物的生活和习性，从不同角度反映了明代中叶城市的风俗情态，有一定的现实意义。

冯惟敏，字汝行，号海浮，山东临朐人。嘉靖十六年（1537）中举，累考进士不第，嘉靖四十一年（1562）起历任涞水知县、镇江儒学教授、保定通判等职，隆庆六年（1572）弃官归里。他"聪隶博学，诗文雅丽，尤善乐府"[1]，是明代杰出的散曲作家。其散曲集《海浮山堂词稿》收入套曲 49 篇、小令 393首。其散曲名篇《玉芙蓉·喜雨》《玉江引·农家苦》等反映了民生的疾苦，揭露了社会弊端，风格奔放，语言通俗，广为流传。

薛论道，字谭德，号莲溪居士，北直隶定兴（今河北易县）人。他幼年丧亲，因病辍学，中年弃笔从戎，官至指挥金事、神枢参将，身历嘉、隆、万三朝。其散曲集有《石林逸兴》10 卷，多描写边塞风光和戍军的守边思乡的复杂心情，气魄雄健，表现了高昂的爱国热忱和现实的批判精神[2]。

四、诸派迭起的散文

明代的作家多诗文兼长，他们的经历、文学主张不仅反映在诗歌中，也体现在他们创作的散文中。因此，明代散文实际上有着和诗歌基本相同的时代特色，发展曲折，诸派迭起。

明初著名散文作家有宋濂、刘基、方孝孺等人，其作品多能揭露时弊，反映现实，因而具有一定的社会意义。

宋濂，字景濂，号潜溪，浙江金华人。他幼时"英敏强记"，曾师从闻人梦吉、吴莱等。元至正年间，以荐授翰林编修，后辞归著书。朱元璋攻入浙

---

① 雍正《山东通志》卷 34《冯惟敏》。
② 参见石绍勋、违道昌：《元明散曲选》，山西人民出版社 1984 年版。

江后，受聘为江南儒学提举，寻改起居注，常侍朱元璋左右，备顾问。洪武前期，"郊社宗庙山川百神之典，朝会宴享律历衣冠之制，四裔贡赋赏劳之仪，旁及元勋巨卿碑记刻石之辞，咸以委(宋)濂，屡推为开国文臣之首"。①

宋濂能诗，但相比之下，他的散文成就更高。"自少至老，未尝一日去书卷，于学无所不通，为文淳深演迤，与古作者并。"②他的议论性文章，从容不迫，在活泼变化中透露出雍容华贵的气概，《送东阳马生序》是他的代表作之一；他特别擅长于用精练传神笔墨进行人物描写，著名的有《秦士录》《王冕传》等；他的写景散文，如《环翠亭记》等则清雅秀丽；他的寓言体散文集《龙门子凝道记》《燕书》《寓言五首》等揭露了统治阶级对人民的残酷剥削。但他的散文中也有一些歌功颂德的东西，如神道碑文之类，实为后来盛行的"台阁体"的先驱。

宋濂的散文，影响很大，流传很广。当时士大夫造门乞文者先后相踵，外国贡使也知其文名，十分关注他，日本、安南、高丽等国使者曾出数倍的价钱购买其文集。

刘基同样诗文兼长。他的散文风格古朴雄放，锋利遒劲，而又幽深秀丽，富有形象性。《卖柑者言》是他的散文名篇之一，用形象的比喻，揭露了统治阶级"金玉其表，败絮其中"的腐朽本质。《郁离子》是他的一部寓言体散文集，所收六章多数短小精悍，描写生动，引人入胜。

方孝孺，字希直，一字希古，浙江宁海人。年轻时从宋濂游，"尽得其所学，以明王道，辟异端为己任"，有名于时。洪武后期，召授汉中府学教授。建文帝即位后，先后任翰林博士、侍讲学士、文学博士。燕王起兵"靖难"，建文帝"日召谋议，诏檄皆出孝孺手"③。燕兵攻克南京后，不屈而死。方孝孺继承了宋濂的文统与道统，但又有自己的风格。他的散文"醇深雄迈，每一篇出，海内争相传诵"④。

---

① 《明史》卷128《宋濂传》。
② 《明史》卷128《宋濂传》。
③ 雍正《浙江通志》卷165《方孝孺传》。
④ 《明史》卷141《方孝孺传》。

永乐至弘治年间,散文创作也相继被台阁体及茶陵派笼罩。台阁体散文多为"应制""颂圣"及题赠之作,内容平庸,艺术上甚不足道。继起的茶陵派散文虽企图探索新的道路,但追求典雅,实际上并未超出台阁体,作品内容贫乏,成就不高。茶陵派之后,高举复古主义大旗的前后"七子"驰骋文坛,他们既作诗歌,也写散文,极力推崇先秦两汉的散文,在明中叶产生了一定的影响。不过,就整体而言,其散文作品缺乏深刻的社会内容,缺乏新的思想和新的意境,抄袭模拟,只有少数文章抒发真情,具有现实内容。

在前后"七子"的复古主义风靡文坛之时,从理论上和实践上公然与之对抗的是王慎中、唐顺之、茅坤、归有光等人。前后"七子"主张"文必秦汉""勿读唐以后文",他们则极力推崇和提倡学习唐宋八大家散文,因此被称为"唐宋派"。唐宋派认为唐宋诸名家散文,都原本"六经",成就超过秦汉之文。唐宋派主张"为文章但直据胸臆,信手写出,如写家书,虽或疏卤,然绝无烟火酸馅习气,便是宇宙间一样绝好文字"①,强调在师古时有自己的思想和语言。唐宋派创作的文章大多文从字顺,曲折流畅,平易近人。他们的理论和实践,打击了复古主义文风,给后人以很大影响。在唐宋派散文作家中,成就最高的是归有光。

归有光,字熙甫,号震川,南直隶昆山(今属江苏)人。他九岁能属文,早年通经史,嘉靖十九年(1540)中举,而后"八上春官不第",遂徙居嘉定安亭江山,读书谈道,教授生徒。嘉靖四十四年,归有光始中进士,授长兴知县,因得罪上官,调顺德通判,专辖马政。隆庆四年(1570),他迁南京太仆寺丞,留掌内阁制敕房,预修《世宗实录》,卒于官。归有光对复古主义抨击甚力,曾经斥责王世贞为"妄庸竖子"。他的散文,包括学术、赠序、杂记、墓志铭等,其中杂记 50 篇是他创作的精华。他的散文,能选取一些日常生活、家庭琐事,来表现家庭成员之间的深情;在艺术上也别具一格,能以简洁、通顺的语言文字,传神地写出人物的音容笑貌,

---

① 《荆川集》卷 4《与茅鹿门主事书》。

创造出诗一般的意境。其中《项脊轩志》《思子亭记》《寒花葬志》和《先妣事略》等都是不朽的名篇。归有光的散文在当时影响很大,评价颇高,连受其排诋的王世贞也不得不赞其"千载有公,继韩、欧阳"①。明末的黄宗羲则誉其为"明文第一"。

继唐宋派之后反对复古主义并取得成就的散文作家是李贽以及公安派。李贽反对封建传统,批判道学,在哲学史上具有很高的地位,在文学上也有不可忽视的贡献。他对文学创作,包括对散文创作,提倡"童心说"。他的所谓"童心",是指"真心",即"绝假纯真,最初一念之本心"。他认为,一切表现"童心"的文章都是好文章,模拟抄袭者不过是"假言"。只要能表现真情,不论是传奇、院本、戏剧、小说,都是天下"至文"②。李贽的这种观点,显然与复古主义尖锐对立,具有明显进步性。李贽在这种思想指导下所写出的散文,摆脱了传统古文的格局,思想大胆解放,笔锋深刻犀利,极富特色。

"公安派"袁宗道、袁宏道、袁中道三兄弟既是诗人,也是散文作家。他们的散文理论与实践深受李贽的影响。其散文语言清新明快,自然地表露个性,内容以写士大夫闲适生活和自然景物为主,有些也反映了民生疾苦和社会现实。不过,"公安派"主张把心灵当作创作源头,忽视社会实践,所以思想贫弱,题材狭窄,格局不大,文风逐渐流于纤巧轻浮。

明代末期,复杂的阶级斗争和民族矛盾影响了诗风,也影响了散文的创作。由于政治斗争的需要,一些文人纷纷组织兼具政治和文学色彩的社团,切磋学术,议论朝政。如张溥、张采组织了复社,陈子龙、夏允彝等人组织了几社,艾南英等人组织了豫章社,等等。在文学上,复社、几社主张兴复古学,倾向于前后"七子",豫章社则推崇"唐宋派"。这些社团对当时的散文风格也产生了一定的影响。这一时期重要的散文作家有张溥、张岱等人,其作品在一定程度上反映了当时动荡的政治形势。

---

① 《明史》卷287《归有光传》。
② 《焚书》卷3《杂述·童心说》。

张溥,字天如,南直隶太仓(今属江苏)人。自幼嗜学,所读书必抄诵六七遍,因此名其书房曰"七录斋"。崇祯元年(1628)以选贡生入都,不久归里,组织复社。崇祯四年中进士,改庶吉士,以葬亲乞假归。他倾心结纳,交游日广,以东林党后继者自居,"声气通朝右,所品题甲乙,颇能为荣辱"[1],因此颇为执政大僚所厌,攻击日至。张溥卒时,年仅 40 岁。他写过一些反映明末政治斗争的文章,其中《五人墓碑记》记载了苏州市民反抗阉党的英勇斗争,持论严正,气势磅礴,是一篇很有思想内容的散文。

张岱,字宗子,又字石公,号陶庵,浙江山阴(今绍兴)人。一生未仕,长期旅居杭州,性喜山水。明亡后隐居山中,以著述为事。张岱的著作很多,著名的有《陶庵梦忆》《琅嬛文集》《西湖梦寻》等。张岱的散文,结构巧妙,语言清新,描写生动,题材也比较广泛,字里行间充满故国之思。

明末的著名散文作家还有徐弘祖、王思任、祁彪佳等。

五、长篇小说的繁荣

明代的小说创作,体现着由群众集体创作、到文人的加工整理、再到作家个人创作的发展特点。无论是长篇小说还是短篇小说,明代的创作都空前繁荣。长篇小说方面,元末明初,罗贯中、施耐庵在群众集体创作的基础上,经过再加工,分别写成了两部具有划时代意义的伟大作品《三国演义》和《水浒传》。明初到明中叶的 100 多年间,小说创作趋于沉寂,没有出现什么重要的作家和作品。明中叶以后,小说创作走向繁荣,在长篇小说方面产生了我国第一部杰出的浪漫主义神魔小说《西游记》和第一部由文人独创的世情小说《金瓶梅》。在以上"四大奇书"的影响下,还先后出现了一系列的历史演义小说、英雄传奇小说、神魔小说和世情小说,对后世小说的发展影响极大。

（一）历史演义小说《三国演义》

《三国演义》全名《三国志通俗演义》,是我国第一部章回小说,也是

---

[1]《明史》卷 288《张溥传》。

最早的长篇历史小说。它以陈寿《三国志》及裴松之注为依据,以民间早已流传的三国故事和三国戏为素材,经作者罗贯中创造性地劳动而编成。

罗贯中,名本,号湖海散人,山西太原人。据传,元末他曾参加过张士诚的幕府,政治上很有抱负。明朝建立后,他改而从事小说创作,落落寡合,不知所终。题名罗贯中的作品,还有《隋唐两朝志传》《残唐五代史演义》《三遂平妖传》等长篇小说和杂剧《宋太祖龙虎风云会》等。《三国演义》是他作品中成就最大者,问世后不断刊印、改动,清康熙年间毛宗岗父子修订的120回本是现在最通行的本子。

《三国演义》描写了从东汉末年黄巾起义到西晋灭吴统一全国这一历史时期的斗争故事。小说通过对各个统治集团尤其是魏、蜀、吴三国的兴衰过程及其相互间政治、军事、外交斗争的描写,真实地反映了统治阶级内部的钩心斗角、尔虞我诈和军阀混战给人民带来的巨大灾难,体现出反对分裂、渴求和平的强烈愿望;通过对曹操、刘备两个相对照的艺术形象的刻画,表达了向往仁政、反对暴政的政治理想。小说所描写的曹操的身上,体现出封建统治阶级的凶残、狡诈等特点,成为中国古代文学中写得最成功的封建社会奸雄典型;刘备则被描写成忠厚、仁义、知人善任、百折不挠的封建贤明君王,与曹操形成强烈对比。小说艺术地概括了中国封建社会长期积累的政治、军事、外交等斗争经验,这集中地体现在诸葛亮这个人物身上。小说中的诸葛亮是一位杰出的政治家、军事家和外交家,他以自己的活动使蜀国由小变大、由弱变强,成为智慧的化身。小说还描写了许多智谋人物,这对于丰富人们的斗争经验、认识当时的社会,都有重大意义。

《三国演义》的艺术成就是多方面的。首先,在处理历史真实与艺术塑造的关系上,它为历史小说的创作提供了成功的范例。书中的主要人物、主要事件、历史年代和职官都有史实作依据,"七分实事,三分虚构,以致观者往往为所惑乱"①。其次,在人物形象的塑造上,作者以精练的笔墨,浮雕式地勾勒出每个人物形神统一的容貌特征,突出了人物性格最典型、最主要的方面。如关羽的义、张飞的猛、刘备的仁等,都栩栩如生。第三,《三国演义》擅于描写战争,全书共有大小 40 余次战争,作者能抓住每次战争的特点,写得有声有色。最后,小说描写近百年史事,人物众多,场面宏阔,却能做到情节连贯、脉络清晰,使小说的艺术结构既宏伟壮阔,又完整严密。

《三国演义》的影响很大,明中叶以后许多作者仿效其创作方法,"因而有《夏书》《商书》《列国》《两汉》《唐书》《残唐》《南北宋》诸刻,其浩瀚与正史分签并架"。② 现今保存的明代历史演义有 20 多部,以冯梦龙的《新列国志》为代表。《新列国志》描写了从周宣王到秦始皇的五六百年的历史故事,其中主要是写春秋、战国时代动乱的政治局面。小说无情地揭露和鞭挞了那些暴虐、骄淫的统治者,肯定了臣子杀死暴君的正义性,赞扬了那些因时改革、举贤荐能、促进国家富强的贤君明相。小说大体上取材于历史,而增入若干虚构情节。语言朴实生动,有些人物写得比较成功。但书中不少地方宣扬了形形色色的封建道德和因果报应思想。总的来说,文学性不强。

(二) 农民起义小说《水浒传》

《水浒传》又名《忠义水浒传》,是中国历史上第一部描写农民起义的长篇小说。和《三国演义》一样,它也经历了历史记载、民间传说和文人加工三个阶段。

作者施耐庵,现存可靠资料较少,或称其为杭州人,或称其原籍为苏州,后迁淮安,与元末农民起义有一定的联系,甚至参加了农民起义。另外,《水浒传》也有署名罗贯中的,有的材料说罗贯中是施耐庵的门生。《水浒传》的版本比较复杂,现在所见的主要有 100 回本、120 回本和 70

---

① 章学诚:《丙辰札记》。
② 可观道人:《新列国志》序。

回本三种。

《水浒传》以形象的笔墨,描写了北宋徽宗年间宋江领导的梁山起义由酝酿、发生、壮大以至失败的全过程。小说展示了北宋末年的社会图景,揭露了上自朝廷、下至州县的大小官吏残害人民的罪行,描写了林冲、武松等一大批英雄走上梁山的经过,这些都有力地揭示出封建社会的农民起义是"官逼民反"。小说以极大的热情,歌颂了梁山英雄的反抗精神和优秀品质,歌颂了梁山泊的农民革命政权,寄托了作者的社会理想。《水浒传》一方面对最后导致梁山泊农民起义失败的"招安"大加赞颂,另一方面又以清醒的现实主义态度描绘出"招安"后梁山泊起义英雄的悲惨遭遇,这又为后世农民革命提供了深刻的教训。

《水浒传》在艺术上的最大成就是成功地塑造出一批栩栩如生的典型形象。《水浒传》的人物除108将外,还有皇帝、官吏、下层百姓等各色人物,总数在800个以上,"人有其性情,人有其气质,人有其形状,人有其声口"①。小说能紧密联系人物的身世、遭遇来展现人物的性格,显得自然、合理。如林冲、鲁智深同是武艺高强的军官,但由于出身、经历不同,故性格各异,走上梁山的道路也很不一样。《水浒传》在塑造人物时不是将人物性格定型化、凝固化,而是让人物性格随着环境的变化而不断发展。如宋江由孝义黑三郎变成义军领袖,再到朝廷的降将,其性格发展的三部曲,完全是生活逻辑决定的。《水浒传》还善于从人物的行动中去刻画人物的性格,并注重细节的描写。《水浒传》的艺术结构也很有特色。就全书而言,结构完整而富于变化,前70回写梁山事业由小变大,71回以后则写义军走向招安的过程,有开端,有发展,有高潮,有结局。小说用极纯熟的古代白话写成,形成洗练明快、准确通俗的语言特色。《水浒传》在语言运用上的最大成就,就是人物语言的个性化,不同的人物说不同的话,同一人物不同环境也有不同的语言。

《水浒传》对后世的影响是巨大而深远的。从社会影响来说,它对明

---

① 金圣叹:《水浒传》序三。

清农民起义产生过巨大的鼓舞作用。水浒故事家喻户晓,李自成、张献忠、太平天国、义和团等农民起义无不从中汲取有益的成分。《水浒传》对后世的文学艺术也有很大影响。首先,水浒故事为各种文学样式提供了丰富的素材。其次是出现了很多的《水浒传》续书,如陈忱《水浒后传》、天花藏主人《后水浒传》、俞万春《结水浒传》等。再次,其创作方法对后世也有一定的示范作用。

（三）神魔小说《西游记》

《西游记》是我国杰出的富于浪漫主义色彩的长篇神魔小说,它的故事从唐代开始经历了漫长的流传演变过程,成书于明代中叶,是又一部群众创作和文人创作相结合的作品。

《西游记》的作者吴承恩,字汝忠,号射阳山人,南直隶山阳(今江苏淮安)人。他出身于一个由小官僚没落为小商人的家庭,"性敏而多慧,博及群书,为诗文下笔立成,清雅流丽,有秦少游之风。复善谐剧,所著杂记几种,名震一时"。[1] 嘉靖中期,他43岁时补岁贡生,就读于南京国子监。嘉靖四十五年(1566)任长兴县丞,"未久,耻折腰,遂拂袖而归,放浪诗酒"而死[2]。

《西游记》是吴承恩在唐代玄奘西天取经的真实事件和民间流传的西游故事的基础上经过艺术加工写成的。全书可以分为三个部分:前7回写孙悟空的出身和大闹天宫,第8—12回写唐僧出世和取经缘起,第13回以后写取经经过。《西游记》通过神魔故事,曲折而尖锐地揭露了封建社会,特别是明代社会的黑暗和统治者的腐朽凶残。小说中描写的天宫、地府、西天等神权机构和人间王国,实际上就是现实社会的折射;那些胡作非为的妖魔鬼怪,实际上是明代横行霸道的恶势力的缩影。小说通过对道教的嘲讽和抨击,不仅斥责了宗教的虚妄,而且有着鲜明的现实针对性。因为当时明世宗尤好道教,朝政乌烟瘴气。《西游记》最大的

---

① 天启《淮安府志》卷16《吴承恩》。
② 天启《淮安府志》卷16《吴承恩》。

思想价值,在于精心塑造了神话英雄孙悟空的形象。小说除中间一部分外,其余故事都是以孙悟空为中心而展开的。取经以前,孙悟空闯龙宫、斗冥府、战天庭,是一位蔑视封建皇权的叛逆者形象;取经途中,他以惊人的智慧和才干,打败个个妖魔鬼怪,克服重重困难,最终完成取经任务。在孙悟空的身上,体现着我国古代人民为追求理想而百折不挠的斗争意志和乐观主义精神,蔑视与反抗封建剥削和压迫的英雄气概以及聪明智慧等优秀品质。

《西游记》以神魔为主要描写对象,运用大胆的想象和夸张,创造出一个神奇瑰丽的神话世界,使全书充满着浪漫主义色彩。小说在塑造人物形象时,善于将人物的思想性格与动物特有的形态、习性结合起来,使之具有鲜明的个性。如孙悟空由石猴变来,所以其外形、习性都有猴子的特性;猪八戒是猪胎里出生,所以具有猪的特性。文笔诙谐、幽默、富有讽刺意味,是《西游记》的另一艺术特色。

《西游记》在思想内容方面也存在很大局限。小说写取经故事,因此宗教迷信色彩较深。不少地方宣扬"因果报应"等宗教观念。小说写孙悟空皈依佛门,这虽是情节发展的需要,但也反映出作者的封建正统思想。在艺术上,《西游记》也有一些败笔,其人物塑造除孙悟空、猪八戒以外,其他形象多模糊不清;不少情节雷同庸俗,第八十一难更属蛇足。

《西游记》问世以后,流传甚广,影响很大。继其后,明代出现了大量的神魔小说,比较有名的有《封神演义》(作者不详,或说为许仲琳)、罗懋登《西洋记》、余象斗《南游记》、董说《西游补》等。其中,《封神演义》尤其著名。它成于隆、万年间,通过对暴虐无道的商纣王、宽仁爱民的周武王之间斗争的描写,肯定了周伐商的正义性和合理性。小说描写了商朝政治的腐败,具有一定的现实意义。小说还塑造了哪吒、李靖等众多具有鲜明性格的人物,表现了对封建伦理道德的蔑视。但是,该书贯穿着浓厚的封建伦理因素。在艺术上,人物形象嫌概念化,情节雷同,语言平板。

(四)世情小说《金瓶梅》

《金瓶梅》是我国第一部由作家个人创作的长篇小说,约作于隆庆至万历年间。作者署名为兰陵笑笑生,后人推测可能为王世贞或屠隆等,但皆无确据。现存《金瓶梅》有两个版本系统:一个是卷首有万历四十五年(1617)东吴弄珠客序的《金瓶梅词话》,一为天启时的《原本金瓶梅》。二者在回目上有很大不同,内容和文字亦有出入。

《金瓶梅》借《水浒传》中西门庆与潘金莲偷情之事为线索,加以发展敷衍,成为我国第一部以揭露统治阶级荒淫糜烂生活为中心的长篇世情小说。表面上看,小说似乎是潘金莲、李瓶儿、庞春梅等妇人的身世之作。实际上,它以西门庆这个富商、恶霸、官僚为中心,描写了上自擅权朝廷的太师,下到市井为非作歹的地痞无赖各色人物,把明代中后期社会的黑暗现实展现出来,为读者提供了非常丰富的明代中后期社会的各种真实资料。

与以前出现的《三国演义》《水浒传》《西游记》等不同,《金瓶梅》的绝大部分情节和内容是作者根据自己所处时代的社会生活构思出来的,因而能够真实地反映现实生活,是中国第一部成熟的现实主义长篇小说。小说以西门庆家庭的日常生活和平凡琐事为题材,因而与以前的小说相比,理想成分和传奇色彩大减,而现实性和生活气息却大大加浓。小说能把人物放到典型环境中,从而刻画出他们的多层次、立体的性格。《金瓶梅》中大量使用日常口语,并融合了许多方言、成语、歇后语等,读来形象泼辣,比《水浒传》和《西游记》等更接近生活。

《金瓶梅》在思想和艺术上都存在着严重问题。从思想内容上看,小说虽然对种种丑恶现象进行了揭露,但缺乏批判;书中的人物尽管各具形态,但都是灰色、病态的,没有一个胸怀理想、惹人喜爱的形象,给人以窒息感。还有,作品中渗透着浓厚的宿命论思想和封建迷信色彩。在艺术上,取材不当,缺乏典型概括和选择剪裁。尤其是大量铺张的色情描写,毫无艺术情致,社会影响很坏。

上述之外,明代长篇小说中还产生了一些公案小说,著名的有李春芳《海刚峰先生居官公案传》、余象斗《皇明诸司公案传》等。这些小说的出现,反映了封建社会冤假错案的大量存在以及当时人们对清官的期待,在文学上为清代公案小说的大量创作起了先导作用。

六、短篇白话小说的兴盛

明人模拟宋元话本创作了不少白话短篇小说,即"拟话本"。到了明末,产生了冯梦龙的"三言"和凌濛初的"二拍"等白话短篇小说集,其思想内容、艺术成就比宋元话本更为深刻、成熟。

(一)冯梦龙"三言"

"三言"是《喻世明言》《警世通言》《醒世恒言》的简称,是明末由冯梦龙编撰的白话短篇小说集。冯梦龙,字犹龙,别号龙子犹,又号墨憨斋主人,南直隶长洲(今江苏苏州)人。万历二年(1574)生,年少读书,"才情跌荡,诗文丽藻,尤工经学,所著《春秋指月》《[春秋]衡库》二书,为举业家所宗"[1]。崇祯初他补为贡生,曾任福建寿宁知县,明亡后不久,忧愤而死。冯梦龙还是一位有成就的文学家。他受李贽等人影响,强调通俗文学所蕴含的真挚情感和巨大的教化作用,主张小说创作应有艺术集中和概括。他一生著述很多,除"三言"外,还编辑过《古今谈概》《情史》等笔记故事,搜集整理过《挂枝儿》《山歌》两种民歌集,增补改写了《新列国志》《平妖传》等长篇小说,改定过多种他人的曲本,编过散曲集《太霞新奏》,是明代致力最勤、成就最大的通俗文学家。

"三言"都刊行于天启年间,各收小说 40 篇,计 120 篇,包括冯梦龙辑选的宋、元、明话本,明人的拟话本,以及他自己的创作,其中三分之二是明人的作品。"三言"中,恋爱婚姻题材占很大比例。作者通过对一个个爱情故事的描写,抨击了封建制度和封建礼教对妇女的压迫和束缚,表现了青年男女追求幸福生活的愿望,著名的如《杜十娘怒沉百宝箱》《卖油郎独占花魁》等。"三言"中还有不少篇描写了商贾和手工业者的故事,肯定了他们的发财致富,赞扬了他们之间的友谊,如《施润泽滩阙遇友》《吕大郎还金完骨肉》等,对于认识当时的经济和社会状况有很大

---

① 康熙《江南通志》卷 165《冯梦龙传》。

价值。"三言"中还有些篇章揭露了黑暗的政治，表现了忠奸斗争，体现出人民拥贤反奸的思想感情，《沈小霞相会出师表》就是其中比较著名的一篇。当然，"三言"中也有一些宣扬封建伦理道德和宿命论思想的内容，有的作品中还杂以荒诞和色情描写，这是糟粕。

艺术上，与宋元话本相比，"三言"更多的是对现实生活具体真实的描写，生活气息浓厚。作品大多情节曲折，结构严密。在人物形象的塑造上，"三言"善于深刻揭示人物性格的复杂性，通过描写人物的动作和心理活动来体现人物的性格，使得人物形象更加丰满生动。不过，"三言"中有些作品的矛盾冲突不如宋元话本直接尖锐，情节拖沓，篇幅冗长，语言也欠洗练明快。

（二）凌濛初"二拍"

"二拍"是《初刻拍案惊奇》《二刻拍案惊奇》的简称，是继"三言"之后最有代表性的白话短篇小说集。作者凌濛初，字玄房，号初成，别号即空观主人，浙江乌程（今湖州）人，出身于封建官僚家庭，曾任上海县丞、徐州通判。除"二拍"外，他还编有戏曲《李靖》等 20 余种。凌濛初应书商要求而编写"二拍"，皆刊于崇祯年间。"二拍"每集有 40 篇，其中一篇重复，一篇杂剧，因此实收小说 78 篇。"二拍"中有些篇章描写了手工业者和商人的生活，对于认识明朝后期商品经济发达的社会状况有一定价值，如《转运汉巧遇洞庭红》《迭居奇程客得助》等。"二拍"中也有部分反映爱情生活的作品，如《宣徽院仕女秋千会》《莽儿郎惊散新莺燕》等。作者赞颂了爱情的执着专一，肯定了年轻人的婚姻自主，有进步意义。"二拍"中还有一些作品，深刻地揭露了黑暗现实，如《钱多处白丁横带》。但是，由于作者的时代、阶级和个人思想局限，"二拍"中多数篇章充斥着封建主义说教、宿命论、因果报应思想和色情描写，总的来说成就不如"三言"。

（三）《今古奇观》等短篇小说集

"三言""二拍"问世后，明末抱瓮老人选出其中的明人作品 40 篇，经过增删润饰，编成《今古奇观》，这是一部极好的明人拟话本选集。在"三言""二拍"影响下,明末清初还出现了大批拟话本,如天然痴叟《石点头》、东鲁古狂生《醉醒石》、周清源《西湖二集》等。不过,这些作品多缺乏充实的社会内容,基本倾向落后,存在模仿的痕迹,成就远不能与"三言""二拍"相比。

七、承先启后的文言小说

文言短篇小说是我国古代短篇小说的另一分支。明代文言小说的创作也相当盛行。明初有瞿佑《剪灯新话》和李祯《剪灯余话》,二者皆收小说 22 篇。明中叶以后有陶辅《桑榆漫志》收小说 52 篇,《花影集》收小说 20 篇,邵景瞻《觅灯因话》收小说 8 篇,宋懋澄《九龠别集》收小说 44 篇。明代文言短篇小说中的有些作品,揭露了黑暗的社会现实,如《剪灯新话·令狐生冥梦录》;有的抨击了封建礼教,歌颂了男女之间纯真的爱情,如《剪灯余话·凤尾草记》。这些文言小说,为明代拟话本小说和戏曲提供了大量的素材。它们继承了唐宋传奇的精神,又为清代《聊斋志异》的出现准备了条件,因而在中国文言短篇小说发展史上具有承先启后的作用。但是,总的来说,它们所反映的社会生活的深度、广度,及其艺术水平,都远不如唐宋传奇。①

第二节 戏剧、音乐和杂技

一、戏剧

明代的戏剧,主要有杂剧和传奇两种形式。杂剧承元而来,共有 500 多种剧目。传奇是在宋元南戏的基础上吸收元杂剧的某些优点发展起来的,剧目有上千种。两种戏剧形式的演变趋势正好相反,杂剧渐趋衰

---

① 本节除注明外,另参阅刘廷乾等:《新编中国古代文学史》,天津教育出版社 1995 年版;郭预衡:《中国古代文学史长编》(元明清卷),首都师范大学出版社 1998 年版;鲁迅:《中国小说史略》,人民文学出版社 1973 年版;张国风:《中国古代小说史话》,商务印书馆 1996 年版。

落,传奇则日渐兴盛,明代后期在剧坛占主导地位的是传奇。

（一）渐趋衰落的杂剧

明初,统治者加强对思想文化的控制,要求戏剧成为宣传封建伦理道德的工具。明太祖把"四书""五经"比作五谷衣裳,把元人高明的杂剧《琵琶记》比作富贵之家不可缺少的山珍海味。《大明律》明确规定,严禁戏文涉及历代帝王后妃、忠臣烈士、先圣先贤,违者杖之。明成祖时更规定,凡有这种戏文的要限期送交官府焚毁,收藏者全家抄斩。由于统治阶级的干预,明开国后的100多年间,杂剧创作不能正常发展。当时,值得一提的杂剧作家主要有朱权、朱有燉等人。

朱权,朱元璋第十七子,封于大宁（今内蒙古宁城县）,为宁王,永乐元年（1403）徙封于南昌,死后谥献,世称宁献王。朱权少时自称大明奇士,晚年号臞仙、涵虚子、丹邱先生[1]。他精音律,工戏曲,作杂剧12种,今存《冲漠子独步大罗天》《卓文君私奔相如》二种,价值均不高。但是他的《太和正音谱》记录了元及明初的杂剧名目,评论了杂剧作家作品,论述了杂剧的分科、制曲方法、角色源流,记载了戏曲曲谱,是戏曲史上的一部重要著作。

朱有燉,号诚斋,朱元璋第五子周定王之子,袭父爵位,谥号宪,世称周宪王。朱有燉勤学好古,有多方面的才能。他收集古代名迹10卷,手自临摹,勒石名《东书堂集古法帖》,"历代重之"。其所作诗歌数量不少,有《诚斋录》《诚斋新录》诸集,"丰华和婉,沨沨乎盛世之音"[2]。他还著有《诚斋乐府》,收杂剧31种。

朱有燉的杂剧,曾流行一时。其作品多数歌舞升平,宣传封建道德,但有的自《水浒》故事及三国故事取材,有的对妓女表现出同情,对虔婆和老鸨之流加以抨击,走关汉卿的道路,只是才情和斗争性不及关汉卿。在杂剧的演唱形式上,朱有燉经过摸索,打破了元杂剧"一人主唱"和全

---

[1]《列朝诗集小传》乾集下《宁献王朱权传》。
[2]《列朝诗集小传》乾集下《周宪王朱有燉传》。

用北曲的规范,创造了合唱、对唱及南、北曲兼用的新体制,对杂剧形式的发展有一定贡献。

此外,明初的杂剧创作上还有刘东生作杂剧 2 种(今存 1 种),杨景言作杂剧 18 种(今存 2 种),贾仲明作杂剧 17 种(今存 4 种)等,都有一定影响。

明代中叶以后,杂剧作家数量有所增加,反映现实、具有一定思想意义的杂剧作品也有所增加,尤其是讽刺喜剧、寓言剧和影射现实的历史剧占有较大比重。在杂剧的形式上,仅用一二折演一个故事的短剧已屡见不鲜,采用对唱、合唱的形式也较为普遍,有的作品兼用南、北曲,甚至出现了全用南曲的"南杂剧"。不过,这时崇尚南曲的风气已经兴盛,北曲唱法渐渐失去群众,杂剧失去了雄踞剧坛的地位,无可挽回地衰微下去。这一时期著名的杂剧作家有康海、王九思、徐渭等人。

康海是前"七子"之一,字德涵,号对山,陕西武功人。弘治十五年(1502)进士,授翰林院修撰。正德初,宦官刘瑾专权,康海不附,但为救入狱的友人李梦阳,不得已而拜访过刘瑾,刘瑾败后被罢官。家居期间,以山水声妓自娱,间作乐府小令,"工于乐府,兼通历象、太乙六壬、医经、算书"①,放荡不羁。所作诗有《对山集》,散曲集有《沜东乐府》,杂剧有二种,以《东郭先生误救中山狼》(简称《中山狼》)为代表作。

康海的《中山狼》是根据其老师马中锡的文言短篇小说《中山狼传》而创作的,据传《中山狼传》为讥李梦阳在刘瑾败时不为康海说话而作。杂剧《中山狼》共四折,剧中尽力描写中山狼面临危难时苦苦哀求、被救后忘恩负义、为要吃人而强词狡辩的丑恶嘴脸,淋漓尽致地表现了封建社会的世态人情。杂剧告诫人们,对待中山狼这种无情禽兽,不能有半点的仁慈和怜悯,并对愚蠢、迂腐的东郭先生进行了善意的讽刺。该剧的思想意义和现实意义已远远超越了李梦阳与康海的个人恩怨。《中山狼》在艺术上也很有特色,结构谨严,情节紧凑,让人与动物都在舞台上

---

① 《大清一统志》卷 193《康海传》。

说话，幽默风趣，丰富了杂剧的艺术表现形式。

王九思与康海同时，也是前"七子"之一。他字敬夫，陕西鄠县（今户县）人。弘治进士，选庶吉士。为文法大学士李东阳赏识，得授翰林院检讨。后与东阳异，遂出为寿州同知。他"闲美风流，不拘礼节，而谈笑有韵。下及艳曲小令，亦皆新奇工美，极人情之致"①。他作杂剧二种。一种是《杜子美沽酒游春记》，写杜甫出游曲江，痛骂李林甫的故事，颇有现实意义。另一剧本为《中山狼院本》，也是写东郭先生与中山狼的故事。这个剧本仅一折，未能充分展开情节以刻画人物的不同性格，比康海的《中山狼》逊色得多。不过，它较早打破了元杂剧一本四折的旧规范，有创新意义。

徐渭，字文清，后改字文长，号青藤居士，浙江山阴（今绍兴）人。他生于正德十六年（1521），卒于万历二十一年（1593），幼年即有文名，但屡试不中，终生只为诸生。他懂兵法，善奇计，壮年在浙闽总督胡宗宪幕中参加抗倭斗争。胡宗宪因事被诛，他惧祸发狂，自杀未死，终因杀害继室在狱中关押七年，返家后过着以诗文书画自给的生活。徐渭自负高傲一世，"其人高亢狷洁，于人无所俯仰"②。他多才多艺，自谓"吾书第一，诗次之，文次之，画又次之"③。其实，他在戏剧研究和创作方面也是很杰出的，其《南词叙录》是研究宋元南戏与明代传奇的十分重要的资料，杂剧《四声猿》被称为"天地间一种奇绝文字"。

《四声猿》包括《狂鼓史渔阳三弄》《雌木兰替父从军》《女状元辞凰得凤》《玉禅师翠乡一梦》四个剧目，得名于"巴东三峡巫峡长，猿啼三声泪沾裳"的民谣。《狂鼓史渔阳三弄》是以《祢正平裸衣骂贼》为基础衍成的，剧中描写祢衡被天帝选为修文郎，赴任前地府察幽判官重拘曹操亡魂，请他重演生前击鼓骂曹的情景，这是引子；骂曹后判官送祢衡升天，这是尾声；中间骂曹一段是主体，共有 13 支曲子，将权奸的狠毒、阴险、

---

① 雍正《陕西通志》卷 63《王九思传》。
②《万历野获编》卷 23《徐文长》。
③《明史》卷 288《徐渭传》。

贪婪、狡诈揭露无遗,直骂得曹操讨饶,判官称快。徐渭的这个剧本是有现实针对性的,因为在一首诗中,他曾把当时与擅权的严嵩父子展开斗争的大臣沈炼比作祢衡。当然,剧本借祢衡之口斥骂曹操,其意义自应更大,表示了对黑暗残暴势力的极端憎恶,吐尽了胸中抑郁不平之气,淋漓酣畅,大快人心。《雌木兰替父从军》写花木兰女扮男装、代父从军、生擒黑山贼首、功成回乡嫁王郎的事;《女状元辞凰得凤》写黄春桃女扮男装考中状元,巧断疑狱,周丞相欲招为婿,她不得已而吐实情,最后与丞相之子、新科状元周凤羽结为夫妻。这两个剧本从文武两方面歌颂了妇女的才能,冲击着"男尊女卑""三从四德"等封建意识,表现出颇高的格调。《玉禅师翠乡一梦》是徐渭早年的作品,写传说中月明和尚度柳翠的故事,宣扬了因果轮回思想,价值不及另外三剧。艺术上,《四声猿》呈现出一种超群绝俗、恣肆不羁的风格。它突破了杂剧的体制,根据内容的需要,情节或长或短。语言豪放奔逸,有一种雄奇的气势。

这个时期还有一些杂剧作家比较有名,都创作了很有影响的剧目。冯惟敏《僧尼共犯》,通过和尚明净与尼姑惠朗相结合的故事,嘲笑了宗教清规,揭示了宗教违反人性的实质。汪道昆有短剧四种,即《高堂梦》《洛水悲》《远山戏》《五湖游》,写的是历史上文人的风流韵事,语言典丽,抒发了作者个人的闲情逸致。徐复祚《一文钱》,描写了一个虽有万贯家私却极端吝啬的守财奴,以辛辣而夸张的笔调刻画出地主阶级悭吝鬼的艺术典型。王衡《郁轮袍》,通过骗子得道的情节,揭露了明代官场尤其是科场的弊端。陈与郊《昭君出塞》,写王昭君远嫁匈奴的故事,字里行间反映了作者对妇女悲惨命运的深切同情和强烈的爱国思想。孟称舜《桃花人面》,写崔护和秦儿的忠贞爱情,词曲优美动人,具有很强的艺术魅力。

(二)日渐兴盛的传奇

明初的传奇实际上是南戏的改称,在体制上不如明中叶传奇那样完善,其势力也远不如杂剧为大。明中叶以后,传奇逐渐形成篇幅长、题材广、情节曲折、辞采丰富、人物描绘细腻的新型戏剧。一剧往往长达几十出,上场人物皆可有唱,唱腔兼采北曲,而主要用的是南曲。传奇逐渐从杂剧手中夺得霸主地位,标志着古典戏曲的进步与成熟。

在刚刚进入明中叶以及此后相当长的一段时期内,由于统治者的干预,宣扬封建伦理道德的教化戏在传奇创作中占了一定的比重,其中丘濬《五伦全备记》、邵灿《香囊记》是突出的代表。《五伦全备记》虚构了一对异母兄弟五伦全与五伦备的故事,宣扬了他们处理君臣、父子、夫妇、兄弟、朋友等关系的模范行为,充斥着儒家语录和封建说教,当时即有人讥之为"纯是措大袋子语,陈腐臭烂,令人呕秽"①。《香囊记》描写张九成、张九思兄弟忠贞孝友、持节不屈的故事,是"以时文为南曲"的标本。但是,明代中叶以后,传奇创作中更引人注目的是嘉靖时期起出现了许多具有一定社会意义的优秀作品,代表了传奇创作的新倾向,著名的有《宝剑记》《鸣凤记》和《浣纱记》等。

《宝剑记》的作者李开先,字伯华,号中麓,山东章丘人。李开先为嘉靖八年(1529)进士,官至太常少卿,提督四夷馆,九庙灾,上疏自陈,竟罢归。他青年时颇有抱负,不屑以文士自居,归乡后,治田产,蓄声妓,征歌度曲,而"性好蓄书,李氏藏书之名闻天下"②。剧作有《园林午梦》等六种杂剧、《宝剑记》等三种传奇,其中《宝剑记》为其代表作。

《宝剑记》写林冲故事,但与《水浒传》有所不同。林冲因征方腊有功,任征西统制。他上疏劾高俅、童贯,被贬为巡边总旗。因张叔夜提拔,林冲升任禁军教头,又上本劾高俅、朱勔采办花石纲。于是,高俅以看宝剑为名,将他诓入白虎堂,问罪发配。其后,高衙内看中林冲妻子张贞娘,林冲终于被逼上梁山。剧中林冲是忠臣、义士,张贞娘是贤妻、节妇,高俅、童贯等是奸臣谗佞,剧本虽然带着忠孝节义色彩,但包含着现实的社会内容,远非一般教化戏所能比拟。剧本把林冲与高俅的冲突上升至政治高度,而不仅仅是因为高衙内看中林妻,这比《水浒传》有关描

---

① 徐复祚:《三家村老委谈》。
② 《明史》卷 287《李开先传》。

写更为成功。剧本在人物刻画上,也有一定功力。剧本虽有 52 出,但能以宝剑贯串始终,给人以整体感。

《鸣凤记》共 41 出,相传为王世贞所作,也有人说是王世贞门人的作品,其中《法场》一出则是王世贞填写的,可惜皆无确证。本剧写的是嘉靖年间,严嵩父子专权,残害忠良,朝政日非,以夏言、杨继盛、邹应龙为首的八个忠直朝臣同他们进行不屈斗争的故事。剧中人物、事件大多是真实的,而且演出时剧中人物不少还在世,这就开了明代时事戏创作的风气,现实性和战斗性尤强。剧本描写两种势力的斗争,能联系国家与人民利益表现双方的正义性与非正义性,超出了一般忠奸矛盾的描写。在艺术处理上,《鸣凤记》打破了传奇生旦圆场的旧套,在戏曲史上是一个创造。

《浣纱记》共 45 出,作者梁辰鱼,字伯龙,南直隶昆山(今属江苏)人。他身历嘉靖、隆庆、万历三朝,以例贡为太学生,为人慷慨任侠,与李攀龙、王世贞等后"七子"交游,"以诗及行草名嘉、隆间,兼善词曲"[1],精通音律,诗有《远游稿》,杂剧有三种,传奇有一种,即《浣纱记》。《浣纱记》又名《吴越春秋》,因范蠡和西施以一缕浣纱作为定情物而得名。剧本以范蠡、西施之间悲欢离合的爱情为线索,总结了春秋时期吴、越两国兴亡的历史教训,批判了吴国君臣的骄横腐化,歌颂了越国君臣的艰苦奋斗和精诚团结。在当时倭寇侵扰、国事日非的情况下,这些思想有着深刻的现实意义。剧本把爱情和政治结合起来描写,在思想上和艺术上有显著的特点。剧中的主人公把国家兴亡放在首位,让爱情服从国家利益。剧本打破了世俗的贞操观束缚,西施从吴宫回来后与范蠡结合,这种反礼教的精神是难能可贵的。剧本结局是功成身退,归宿于爱情,这比当时的绝大部分剧本的衣锦团圆更充满诗情画意,也更耐人寻味。剧本宾白骈散互用,曲辞俊语如珠。全剧用魏良辅新改进的昆山腔演唱(魏良辅改进昆山腔的情况详下),声腔细腻舒徐,圆润柔美,对昆曲的传播与

---

① 朱谋垔:《续书史会要·梁辰鱼》。

发展有极大影响。

到了万历时期以后,传奇创作更达到了高潮,一方面有大量的才子佳人故事出现,一方面继续产生描写现实生活的剧本。由于对音律的见解不同和创作思想的差异,当时还出现了两个较大的彼此对立的戏剧流派,即吴江派和临川派。吴江派强调戏剧创作要讲究音律,认为"名为乐府,顺教合律依腔,宁使时人不鉴赏,无使人挠喉捩嗓"①。在语言上,他们主张多用民间俚语。临川派的创作主张与吴江派针锋相对,认为戏剧创作以"意趣神色"为胜,"四者到时,或有丽词俊音可用,尔时能一一顾九宫四声否? 如必按字摸声,即有窒滞迸拽之苦,恐不能成句矣"②。

吴江派的剧作家有沈璟、吕天成、卜世臣、王骥德、叶宪祖、沈自晋等人,成就最高者为其首领人物沈璟。沈璟,字伯英,号宁庵,别号洞隐先生,南直隶吴江(今江苏苏州)人。沈璟研究词曲 30 年,著《南九宫十三调曲谱》,作传奇 17 种,称《属玉堂传奇十七种》,今全存者 7 种,其中影响较大的是《义侠记》《博笑记》《红蕖记》。《义侠记》写武松故事,情节大体取材于《水浒传》,但有所变更。剧本歌颂了武松的英武义侠,特别是"除凶""雪恨"二出写武松打虎和杀西门庆,是全剧的精彩部分。但剧中武松一意招安,忠于朝廷,封建色彩较浓。语言平板,结构平直,也是其不足。《博笑记》由十个短小喜剧构成,每剧二至四出,内容大多宣扬戒淫警盗;《红蕖记》写书生郑德璘和韦楚云的纯真爱情,都有一定现实意义。沈璟在当时的剧坛影响甚大,但其创作更重形式而轻内容,艺术上也较平淡,成就并不太高。

临川派的剧作家有汤显祖、孟称舜、阮大铖等人,成就最高者为其首领人物汤显祖。汤显祖,字义仍,号海若、若士,江西临川人,生于嘉靖二十九年(1550),卒于万历四十四年(1616)。他长于书香门第,少好学,博览群书,先后受教于徐良傅、罗汝芳诸名师,万历十一年中进士,次年任

---

① 《博笑记》附录《洞隐先生论曲》。
② 汤显祖:《玉茗堂全集》尺牍卷 4《答吕姜山》。

南京太常博士。十七年，由南京詹事府主簿改官南京礼部祠祭司主事，两年后，因上《论辅臣科臣疏》被贬为徐闻典史。二十一年，调任遂昌知县，任内"哺乳其民，日进儒生，论贯古义"①。五年后弃官归乡，余生读书著作，养亲教子。其思想深受李贽的影响，激烈反对理学家的"存天理""去人欲"说教，认为人不能无欲。他追求摆脱封建专制束缚的合理的"真情"，反对贪恋放纵的不正当的"矫情"。晚年因政治上失意，他开始崇尚佛道，滋长了人生如梦的消极出世思想。在诗文创作上，他反对拟古。在戏剧方面，他创立了临川派。其传奇作品有五部：《紫箫记》《紫钗记》《南柯记》《还魂记》（即《牡丹亭》）和《邯郸记》。除《紫箫记》外，其他四种剧本都有做梦的情节，所以合称《临川四梦》。因其书斋名玉茗堂，所以又称《玉茗堂四梦》。

《牡丹亭》全名《牡丹亭还魂记》，又称《还魂记》，55 出，是汤显祖的代表作，万历二十六年写于临川。故事以话本小说《杜丽娘记》为基础改编而成，写的是南宋初南安太守杜宝有独生女杜丽娘，年已及笄，而尚未许人。为了让女儿知书达理，杜宝聘请陈最良为塾师。在《诗经》情歌的感诱下，杜丽娘开始了青春的觉醒；又在丫头春香的引导下，游赏了花园春色。大自然美丽的春光，进一步唤醒了她的春情，使她终于在梦中与一书生幽会。梦醒后，她因思念梦中人而忧伤成疾，不久死去。其鬼魂南北漂流，寻找情人。三年后，岭南书生柳梦梅赴南安游学，在花园中拾到杜丽娘临终前的自画像，认出是自己曾在梦中见过的小姐，于是日夜呼唤。杜丽娘鬼魂应声而出，与其幽会。在鬼魂的授意下，柳梦梅掘墓求女，杜丽娘因此复生。二人结为夫妻，柳梦梅又考中状元。但他们的婚姻不为已升为宰相的杜宝所承认，最后由皇帝出面调停才得团圆。《牡丹亭》是中国戏剧史上一部杰出的爱情喜剧，是《西厢记》后一部里程碑式的作品。剧本通过杜丽娘因情而死、由情而生的浪漫主义情节，揭露出"真情"与"天理"之间不可调和的矛盾，歌颂了明朝后期商品经济发达

---

① 查继佐：《罪惟录》卷 18《汤显祖传》。

社会背景下青年男女为实现自己的理想，追求个人的幸福所作的不屈斗争。在艺术上，全剧用笔细腻，意脉曲致，即使是描写奇幻的景与事也尽量显示着细节的真实。在人物形象的塑造上，该剧也很成功。它在矛盾斗争的发展过程中逐步揭示人物的性格，在性格与情节的互相推进中逐步完成完美艺术形象的塑造，使人物形象栩栩如生。全剧用语极为讲究，曲辞诗化，优美动人，说白精彩传神，富于个性化。该剧也存在着一些缺陷。它的浪漫主义带有消极成分，主观感情决定一切。剧本的爱情主线和抗金副线联系不紧，大团圆的结局也削弱了剧本的思想意义。

《紫箫记》写于万历初。剧本根据唐传奇小说《霍小玉传》改编，艺术上虽显得不成熟，但曲词优美，心理描写细腻，已显示出作者的创作才华。《紫钗记》在《紫箫记》的基础上改写而成，作于万历十五年前后，共53出。剧中突出地塑造了霍小玉的动人形象，她追求爱情，向往幸福生活，诅咒破坏她幸福的恶势力。此外，剧中其他人物，如李益、卢太尉等也都写得相当成功。此剧在《紫箫记》的基础上安排了卢太尉形象，为霍小玉、李益的爱情挫折找到了社会根源，从而使该剧获得了新的光彩。从《紫箫记》到《紫钗记》，表明了汤显祖在思想上和艺术上的日趋成熟。

《南柯记》根据唐传奇小说《南柯太守传》改编而成，作于万历二十八年，共44出。剧本写东平人淳于棼一日醉卧，梦见槐安国使者来迎，被招为驸马，遂出任南柯太守二十年，颇有政绩。后回朝升任左丞相，权门贵戚争相趋附。而右丞相乘机进谗，诬以结党，使之终于丢官归里。于是淳于棼梦醒，方知槐安国即庭中大槐树洞之蚁穴。最后经禅师点化，淳于棼大悟成佛。此剧内容较为复杂，作者通过淳于棼的形象，表达自己的政治理想和怀才不遇的愤懑，曲折地反映了现实的黑暗和官场的丑恶。另外，剧中贯穿着人生如梦的消极出世思想。爱情在剧中已退居次要地位，作者以梦写政治，这是他创作的一个转折。

《邯郸记》根据唐传奇小说《枕中记》改编，作于万历二十九年，共30出。剧本写卢生在邯郸道上的旅店里枕着吕洞宾借给的枕头睡觉，梦中娶了名门闺秀，通过行贿中了状元，又因开河治边有功而为高官。后虽遭谗被贬,但终为相封公,享了 20 年荣华富贵,80 岁去世。卢生醒来,才知是一场梦,其时店主黄粱尚未煮熟。剧本揭露了封建科举制度的种种弊端,抨击了封建官僚政治上互相倾轧、生活上荒淫无耻的丑恶行径,具有深刻的社会意义。剧本的结尾是吕洞宾超度卢生,表现了消极的出世思想。

在万历以后的传奇作家中,除了上述诸人外,还有高濂、周朝俊、孙仲龄等写出过优秀的作品。高濂的名作是《玉簪记》,该剧写书生潘必正与道姑陈妙常的爱情故事,批判了封建礼教和宗教清规,对陈妙常的性格变化的刻画相当细腻。周朝俊的名作是《红梅记》,该剧描写南宋末年裴禹与李慧娘、卢昭容的爱情故事,着重揭露奸相贾似道的罪恶。孙仲龄的名作是《东郭记》,该剧根据《孟子·齐人有一妻一妾》敷衍而成,是较好的讽刺喜剧。

(三) 戏剧的声腔和戏班

明初,统治者把南戏加上弦索,以官腔推行全国。但是,各地区尤其是江浙、湖广一带,都在当地语音和民歌小曲的基础上建立自己的戏剧声腔。到了明代中叶,形成海盐腔、余姚腔、弋阳腔、昆山腔诸腔竞胜的局面。其中海盐腔、余姚腔主要流行于江浙,弋阳腔则南北通行,昆山腔起初限于昆山一带,嘉靖年间经魏良辅改革后走向全国。

魏良辅,别号尚泉,原籍江西,流寓太仓。他反复研求音律,"足迹不下楼者十年",参考北曲和弋阳、海盐故调,杂以笛、笙、管、琵琶等乐器,把在昆山流行已久的唱腔加以改革创新,变"平直无意致"为"迭换巧掇",成为后来著名的昆腔。因此,史称"魏良辅精通曲律,创造音调,世谓之昆山腔"①。改进后的昆腔,开始尚只用于清唱。自梁辰鱼按其音律要求创作《浣纱记》获得成功后,在文人士大夫中掀起了效仿热潮,昆腔遂走上舞台,并以太仓、苏州为中心,向四方传播。

与其他腔调相比,昆腔更为"清柔而婉折",因此尤其得到文人士子

---

① 《元明事类钞》卷 27《昆山腔》。

的欢迎。弦索官腔和北曲遂趋衰亡,其他诸腔也相形见绌。不过,弋阳腔也依靠善于与各地方言土调相结合的特点,演化成青阳、乐平、潮调、调腔、石台、太平等新的声腔,在社会下层广泛流传。此外,在各地区还流行有梆子腔(秦腔)、宜簧腔等多种戏剧声腔。

明代的戏班,大体上有二种。一为私人的家乐,即个人蓄养的戏班,一为少数人合资集体办的戏班。其演出虽然在一般神庙或农村中已经有了比平地高出数尺的舞台,但是在私人家演出时还是平地居多。戏班在人物扮演上所分名目,基本上仍为元末南戏的旧有分法。戏班中一般为男性伶工,其女性演员则多兼操妓业①。

二、音乐

明代的音乐中,值得特别重视的有四个方面:一是民歌小曲比较兴盛;二是戏曲音乐比较发达;三是明朝统治者在宫廷音乐上下了不少功夫,但是成就不大;四是大音乐家朱载堉提出了十二平均律,在音乐史上作出了重大贡献。关于戏曲音乐及朱载堉所提出的十二平均律,前文已述及,这里仅将民歌小曲及宫廷音乐的情况,叙述于下。

(一)清新真挚的民歌小曲

明代的民歌仍称"山歌"。山歌用乐器伴奏,加上过门,即成小曲。民歌小曲在明初特别是在明中叶以后相当盛行。万历时人沈德符记载其情况:"元人小令,行于燕赵,后浸淫日盛,自宣、正至成、弘后,中原又行《锁南枝》《傍妆台》《山坡羊》之属……自兹以后,又有《耍孩儿》《驻云飞》《醉太平》诸曲,然不如三曲之盛。嘉、隆间,乃兴《闹五更》《寄生草》《罗江怨》《哭皇天》《干荷叶》《粉红莲》《桐城歌》《银纽丝》之属,自两淮以至江南,渐与词曲相远,不过写淫媟情态,略具抑扬而已。比年以来,又有《打枣竿》《挂枝儿》二曲,其腔调约略相似,则不问南北,不问男女,不

---

① 参阅周贻白:《中国戏剧史讲座》,中国戏剧出版社 1958 年版,第 123—172 页;周贻白:《中国戏曲发展史纲要》,上海古籍出版社 1979 年版,第 213—344 页。

问老幼良贱,人人习之,亦人人喜听之。以至刊布成帙,举世传诵,沁人心肺。"①

民歌小曲的繁盛,引起了一些文人的注意,他们开始收集民歌小曲。今天所能见到的最早刊本为成化时金台鲁氏所刻《四季五更驻云飞》《题西厢记咏十二月赛驻云飞》《太平时赛赛驻云飞》《新编寡妇烈妇诗曲》,此外明代的民歌小曲集还有万历刊本《玉谷调簧》及《词林一枝》,天启、崇祯间吴县冯梦龙辑《挂枝儿》及《山歌》,醉月子辑《新镌雅俗同观挂枝儿》及《新锓千家诗吴歌》等。如果加上散见于其他书里的民歌小曲,现存明代民歌小曲的总数约有 1000 首。这些民歌小曲,并不限于一曲一调,而是或产生变体,如《寄生草》有《北寄生草》《南寄生草》《怯音寄生草》等多种,或一曲分开使用,或一曲重叠使用,或多曲联成一套等,形式自由活泼。

明代的民歌小曲,从曲调上分,有的是新兴的民间"俗曲",数量多,流传地域广;有的是传统的歌谣(又称"吴歌"),主要流传于江南吴语地区。其内容有的描写男女情爱,有的反映封建压迫和阶级斗争,还有的反映劳动人民的生活,其中数量最多的是情歌。这些民歌小曲没有修辞、音律方面的严格要求,通俗俚白,新鲜活泼,感情真挚而自然。虽还是仅供清唱的一种艺术歌曲,但它们的盛行却为说唱音乐和戏曲音乐的新发展提供了条件。

(二)气势恢宏的宫廷音乐

明朝统治者很重视宫廷音乐,因为这些音乐是其若干典礼活动和享乐生活所不可缺少者。早在"初克金陵"之时,朱元璋即已"立典乐官",第二年又"置雅乐,以供郊社之祭"②。正式建立明朝后,更设置了一系列管理宫廷音乐的机构,并对宫廷音乐的内容、形式作出了极为具体的规定。他甚至亲自挥毫,撰写有关的歌词。后来的历朝皇帝,特别是明世宗,对宫廷

---

① 《万历野获编》卷 25《词曲时尚小令》。
② 《明史》卷 61《乐志一》。

音乐继续给予很大关注，在明太祖朱元璋所作规定的基础上，根据客观情况的变化以及本人的喜好，将有关机构、制度等作了若干修改。

明朝管理宫廷音乐的机构为礼部和太常寺。礼部的祠祭清吏司，有"籍领""音乐"之责①。太常寺中设有协律郎、司乐等管理宫廷音乐的官吏；该寺关于宫廷音乐的政令，需要服从礼部的领导，所以史书中说："太常掌祭祀礼乐之事，总其官属，籍其政令，以听于礼部。"②在礼部、太常寺之下，具体承办宫廷音乐有关事宜的是神乐观与教坊司。神乐观建于洪武十一年(1378)，设有提点、知观等职，"掌乐舞，以备大祀天地、神祇及宗庙、社稷之祭"，"隶太常寺"③。神乐观中集聚了许多被称为乐舞生的演出人员，他们有时被要求达到很严格的标准，如洪武十三年五月，明太祖曾下令："凡乐舞生必慎择其人，若有过及疾病者，放归为民。"④教坊司设有"奉銮一员，左右韶舞二员，左右司乐二员"，"又有协同官十员、实授俳长四名、协同俳长办事色长十二名，及抄案、执灯色长等"⑤。这些官员、头目皆以"乐户充之，隶礼部"⑥。其任务是当举办朝会、宴享等活动时，要"承应乐舞"，平时则"精选乐工演习听用"⑦。

明代的宫廷音乐主要为祭祀、朝贺和宴享而设。其祭祀包括祭天地、太社、太稷、先农、朝日、夕月、太岁、风雷、岳渎、周天星辰、太庙、孔子、历代帝王等；朝贺包括皇帝生日、正旦、冬至等节日时大臣朝贺皇帝等；宴享分大宴、中宴、常宴、小宴等。为各种不同活动设置的音乐，相互间各有不同：乐工的数量不同，演唱的歌曲互异，使用的乐器有差别。但总的来说，规模都很大，气势恢宏。如关于郊丘庙社祭祀时的乐器，洪武元年规定："乐工六十二人，编钟、编磬各十六，琴十，瑟四，搏拊四，祝、敔

---

①《明史》卷 72《职官志一》。
②《明史》卷 74《职官志三》。
③《明史》卷 74《职官志三》。
④《明太祖实录》卷 131。
⑤《明会典》卷 104《教坊司承应乐舞》。
⑥《明史》卷 74《职官志三》。
⑦《明会典》卷 104《教坊司承应乐舞》。

各一,埙四,篪四,箫八,笙八,笛四,应鼓一,歌工十二,协律郎一人执麾以引之。七年复增篪四,凤笙四,埙用六,搏拊用二,共七十二人。"关于朝贺时的乐器,洪武二十六年规定:"殿中韶乐:箫十二,笙十二,排箫四,横笛十二,埙四,篪四,琴十,瑟四,编钟二,编磬二,应鼓二,祝一,敔一,搏拊二;丹陛大乐:戏竹二,箫十二,笙十二,笛十二,头管十二,䇲八,琵琶八,二十弦八,方响二,鼓二,拍板八,杖鼓十二。"①

明代的宫廷音乐虽受当权者的重视,但成就并不高。这一方面是由于当时的"制作大抵集汉、唐、宋、元人之旧,而稍更易其名。凡声容之次第,器数之繁缛,在当日非不灿然俱举",但在艺术上不见创新,总体上不过是墨守成规。另一方面,宫廷音乐完全是为统治者服务的,由其严密控制,因而所唱歌曲,不出神化封建政权、为统治者歌功颂德的范围,内容贫乏,语言呆板,毫无生气,缺乏真情。如洪武二十六年所定的朝贺乐章共三首,其一为皇帝升殿时所奏《圣安之曲》,歌词是:"乾坤日月明,八方四海庆太平。龙楼凤阁中,扇开帘卷帝王兴。圣感天地灵,保万寿,洪福增。祥光王气生,升宝位,永康宁。"其二为皇帝还宫时所奏《安定之曲》,歌词是:"九五飞圣龙,千邦万国敬依从。鸣鞭三下同,公卿环佩响玎珠,掌扇护御容。中和乐,音吕浓,翡翠锦绣,拥还华盖赴龙宫。"其三为公卿入门时所奏《治安之曲》,歌词是:"忠良为股肱,昊天之德承主恩,森罗拱北辰。御炉烟绕奉天门,江山社稷兴。安天下,军与民,龙虎会风云。"②这样的歌曲,只有熟腔滥调,毫无文学色彩,确实水平不高。明代宫廷音乐由于成就不高,因而在社会上影响不大③。

三、有所创新、广泛存在于民间的杂技

具有悠久历史的杂技到了明代仍在继续发展,不过其在宫廷和民间

---

① 《明史》卷 61《乐志一》。
② 《明史》卷 63《乐志三》。
③ 参阅田青:《中国古代音乐史话》,上海文艺出版社 1984 年版;刘再生:《中国古代音乐史简述》,人民音乐出版社 1989 年版;金文达:《中国古代音乐史》,人民音乐出版社 1994 年版。

的存在很不平衡，相较起来，民间杂技远远盛过宫廷。

明代宫廷的宴飨及其他娱乐活动中，有时要安排一些杂技节目。据刘若愚《酌中志》记载，宦官衙门钟鼓司的职掌之一，即为皇帝承应"杂耍把戏等项"①。明代宫廷名画《宣宗行乐图》和《宪宗行乐图》（又名《新年元宵景图》），对明代宫廷中演出杂技的情况，有生动的反映。如在《宪宗行乐图》上，可以清楚地看出表演罗圈现彩、钻圈、蹬技等许多杂技节目的情况。

明代的杂技艺人主要是在民间进行演出。"跑马卖解"和"撂地"是两种常见的演出形式。"跑马卖解"是指杂技艺人以家庭、师徒为基础，组成或大或小的表演班子，走村串镇，流动演出。这类演出的具体情况，在明代成书的《虞初新志》卷2《九牛坝观觝戏记》中曾有生动的描写。"撂地"主要是指杂技艺人在城市的街巷空地上相对固定的场所卖艺演出。明代民间杂技演出的另一形式是厅堂演出，这时杂技艺人是应召而到富豪、官宦人家的厅堂中作表演。明人的《三才图会》一书中，一些反映杂技的图画记录了这种演出的情景。

利用节日和迎神赛会的机会进行演出，也是明代民间杂技的重要演出形式。节日当中被用于乘机演出杂技者，以元宵及清明为最突出。如在元宵节的北京，自正月初八至正月十七日，在东华门外长二里的范围内，设有灯市，至夜，灯市里除了各式花灯、种种音乐争奇斗艳，令人陶醉之外，还要表演"筒子、筋斗、蹬坛、蹬梯"等总名为"杂耍"的各种杂技，供游人欣赏②。在清明时节的杭州，"苏堤一带桃柳荫浓，红翠间错，走索、骠骑、飞钱、抛铙、踢木、撒沙、吞刀、吐火、跃圈、筋斗、舞盘及诸色禽虫之戏，纷然丛集"③。明代迎神赛会的活动名目繁多，各地互不相同，其中的文艺表演形式也多种多样，而演出杂技是大多数迎神赛会活动必不可少的内容。明代迎神赛会杂技中最有特色的是抬阁，这本是明代以前就已

---

① 《酌中志》卷16《内府衙门职掌》。
② 刘侗、于奕正：《帝京景物略》卷2《灯市》。
③ 田汝成：《西湖游览志余》卷20《熙朝乐事》。

存在的一种节目,其基本形式是用木材制作一个平台,上立装扮神鬼人物的演员,由数人扛抬着沿街行进;但到明代,巧妙地运用幻术、道具与技巧,使之变态百端,极富情趣。抬阁之外,高跷、竿术、走索、舞狮等也是明代迎神赛会杂技中的常演节目①。

除了专门的杂技演出外,在明代的戏剧演出中,也往往串演一些杂技节目,这成为明代民间杂技的又一种存在形式。表现鬼神场面的《目连戏》,在这方面尤为突出。明末人张岱记其情形说:"余蕴叔演武场搭一大台,选徽州旌阳戏子剽轻精悍、能相扑跌打者三四十人,搬演目莲,凡三日三夜。四围女台百什座,戏子献技台上",有"度索舞纽、翻桌翻梯、筋斗蜻蜓、蹬坛蹬臼、跳索跳圈、窜火窜剑之类"。②

由于杂技艺人的艰苦努力,明代的杂技水平较前有所提高。当时演出的节目,有的是新创,有的在旧有的基础上大加发展。如罗圈现彩是新出现的,当时名为筒子,表演时"三筒在案,诸物械藏,示以空空,发藏满案,有鸽飞,有猴跃焉,已复藏于空。捷耳,非幻也"③。这种节目,构思巧妙,直到今天仍为观众所喜爱。"走火"也是新出现的,明人所作《三才图会》一书中绘有"走火图",画着两个赤裸双足的艺人,腾踏跳跃于熊熊的火焰之中,旁边还有一人为之击锣助演。《三才图会》还绘有一幅《弄瓯图》,画着地上排列茶杯十个,艺人反弓弯腰至地,用嘴衔起一只杯子,这也是首次见于记载的一种柔术表演。蹬技在明代大为发展。宋代已有"踢缸"节目,但明代的蹬技形式甚多,仅《宪宗行乐图》上就有表演蹬技的画面三组,或蹬沉重的车轮,或蹬需与蹬者密切合作的另一小演员,或蹬攀有另一演员的直立竿木。把力技、平衡和形体技巧糅合于一体的蹬技,在明代已相当成熟了。明代的杂技节目,有的技巧高难,令人吃惊。如《西湖游览志余》记载,三月三日杭州佑圣观庙会中有一爬杆表演,艺人攀至三丈长的竖竿的顶端表演,有鹞子翻身、金鸡独立、钟馗抹额、玉兔捣药等惊险动作,"变态多方,观

者目瞪神惊,汗流浃背,而为此技者,如蝶拍鸦翻,蓬蓬然自若也"①。这些无疑反映了明代杂技水平的提高②。

第三节 绘画、书法和印刻

一、绘画

明代的绘画获得了进一步发展。三大画科中,山水画最为发达,其次是花鸟画,人物画虽不如前两种画科,但也取得了相当多的成绩。从事绘画的人员,主要是士大夫,但民间专职或兼职的工匠也作出了不小的贡献。明朝没有设立画院这一机构,而在明初,尤其是明宣宗、明宪宗、明孝宗时期,由于皇帝喜爱绘画,本身也能作画,因而常常将画家征来,使之以画技服务于宫中。这些画家被酌情授予翰林待诏以及锦衣卫镇抚、百户、千户、指挥等官衔,领取一定的俸禄。他们作画时受到皇帝的严密控制,皇帝常常根据自己的好恶对之或奖或惩。特殊的工作环境,使这些画家形成了与其他画家具有不同特点的画家群体,即宫廷画家群体。这一群体便是明代绘画队伍中的第三种力量。宫廷画家在明朝前期是称雄画坛的势力,而在明朝的后半段,其人数大减,画坛的大多数成员变成了一般的士大夫画家。

（一）山水画的派别及其消长

明代的山水画家分成了许多派别,风格互有不同。但其表现方法都是以传统为基础加以变化,有的继承五代、北宋董源、巨然、李成、郭熙的画法,以董源、巨然为主;有的继承南宋院体,以马远、夏珪为主;有的取法元人,特别重视黄公望和倪瓒。由于具体条件的变化,风格不同的各画派,或兴或衰,交替执掌山水画坛的牛耳。

---

① 《西湖游览志余》卷 20《熙朝乐事》。
② 参阅傅起凤、傅腾龙:《中国杂技》,天津科学技术出版社 1983 年版,第 137—207 页;刘峻骧:《中国杂技史》,文化艺术出版社 1998 年版。

明朝前期的统治者不喜欢元代山水画枯寂幽淡的风格,看中的是南宋院体的工细典雅,明孝宗在这一方面表现尤为突出。因此,南宋院体山水画成为明朝前期宫廷画家的追逐目标,如倪端、王谔、朱端都是取法于马、夏。影响所及,普通的士大夫画家也多学习这种画法。这样,明朝前期的山水画,遂形成了马、夏风格占上风的局面。当时,浙江人戴进是这种画风的代表人物,他与他的追随者形成的画派被人们称为"浙派"。

戴进,字文进,号静庵,又号玉泉山人,浙江钱塘(今杭州)人。原为工匠,制金银器,技艺精湛,后改学绘画。宣德年间,以善画被征入宫廷,又以同行嫉妒而被谗,逃归家乡,最后穷途老死。其山水画能吸收众家之长,但主要是继承南宋院体的工细、雄健和水墨淋漓的画风,所谓"山水得诸家之妙,大率摸拟李唐、马远居多"①。代表作有《春山积翠图》《风雨归舟图》等。戴进的身后有许多追随者,其中以吴伟最为有名。

吴伟,字士英,号小仙,湖广江夏(今湖北武汉)人,曾应召入宫。其画近受戴进影响,远承马远、夏珪遗法,而更加放纵,笔墨豪爽健劲,喜作大幅。人称其"作山水,落笔健壮,白描尤佳,观者自然起兴"②。代表作有《渔乐图》《松风高士图》等。由于他是江夏人,画史上对他及其追随者有江夏派之称;而实则与戴进等相近,仍应归于浙派。

明中叶以后,山水画坛的主流渐由吴派代替浙派。吴派山水,属于文人画体系,强调"画有士气"。其画法,上探北宋董源、巨然诸家,近追元代四家。苏州自元朝起即是文人荟萃之地,元四家也多在这里活动,留下很大影响。当明初宫廷画家与浙派倡导南宋院体山水画风并称雄画坛之时,这里仍有一些文人坚持以元人风格作画。到明中叶,当地著名画家沈周、文徵明出现,进一步弘扬这一画风,遂形成其主宰山水画坛的局面。由于苏州古称吴,因此这一派画家被称作吴派。

沈周,字启南,号石田,南直隶长洲(今江苏苏州)人。他出身于诗画

---

① 《佩文斋书画谱》卷 55《戴进》。
② 《佩文斋书画谱》卷 56《吴伟》。

及藏书世家,自幼好学,终生未仕。其山水画承继家学,又临摹宋元大家,对元四家中的王蒙、吴镇,体会尤深,加之从江南山水写生中吸收了营养,逐渐形成了自己的画风。他中年以前画法谨细,多画小幅,"所为率盈尺小景",因得"细沈"之称。40 岁以后,他多作大幅,"粗枝大叶,草草而成"①,阔大雄浑,洒脱简练。作于弘治五年(1492)的《夜坐图》,描写夜山茅屋,屋中一人秉烛危坐,抒发了作者对世上"人喧未息"的感慨。其他作品也都借画抒情,自遣意趣。沈周是戴进之后最有影响的画家,向他求画者很多,伪造其画者也不少。

文徵明生活的时代比沈周稍晚,画史上与沈周并称"沈文"。文徵明,初名璧,字徵明,更字徵仲,号衡山,长洲人。他是沈周的学生,早年专心艺术。正德末年,他年过 50,才以岁贡生荐试吏部,授翰林院待诏。数年后,力请归乡,直至 90 岁死去,生活恬淡闲静。他的画,除了学沈周外,还广学宋元的南北各大家,并能融会贯通,进行再创造,所谓"出沈石田之右,兼总诸家之长",形成自己的风格,因而成就与沈周相类,而神采更轶而超之,"名闻天下"②。其画风早年细致清丽,中年用笔粗放,晚年粗细兼具,而得清润自然之致。在明清时期,其粗放之作更受推崇,因而有"粗文"之说。其粗放之作有《山雨图》《古木寒泉图》等,细文之作有《春深高树图》《真赏斋图》等。《真赏斋图》共二幅,一作于 80 岁,一作于88 岁。以文人画著称的吴派,在文徵明时达到了其发展的高峰。

大约与文徵明同时,苏州还有两个著名的画家,即唐寅和仇英。他们在作山水画时,主要追宗南宋院体,但继承的是李唐、刘松年的工细的青绿山水,与戴进、吴伟的浙派主要继承马远、夏珪的水墨山水有所不同。另外,他们也能融汇古代各画家画法的精髓,形成自己的独特风格。因此,他们超出了南宋院体和浙派,画风介于浙派与吴派之间,在明代画坛上也占有相当的地位。

---

① 《佩文斋书画谱》卷 56《沈周》。
② 韩昂:《图绘宝鉴续编·文徵明》。

唐寅，字子畏，一字伯虎，号六如，苏州人。弘治十一年（1498）中乡试第一，声名很大，但继而在会试中，受科场案牵连，竟被下狱。从此，他饱尝人间世态炎凉之苦，于是放浪形骸，玩世不恭，漫游山川，以诗酒绘画为事。其山水画广学宋元诸家，但受其师周臣的影响，吸收李唐画法较多。造景不分雄伟险峻、平远清幽，都是小中见大，粗中有细。画山常用大小斧劈皴，但改斧劈的面为细长挺秀的线，有时又把"披麻"与"乱柴"结合起来，使画中的皴擦细劲流动，不失于板硬、刻露。当其烘染墨彩时，是因物象的阴阳虚实而加变化，从而达到明洁滋润的效果，给人强烈的实感。评者谓"其画远攻李唐，足任偏师，近交沈周，可当半席"①。其代表作有《山路松声图》《骑驴归思图》等。

仇英，字实父，号十洲，本为太仓人，寄居苏州。初为漆匠，后随周臣学画。其山水画多为青绿重彩。无论大幅小幅，无不结构谨严。有时作界画楼阁，更为细密。巨幅山水《剑阁图》是其代表作之一，重彩辉煌，笔法效法李唐，充分表现了剑阁山水的雄伟奇特。又有《观瀑图》《水阁观泉图》等，重在表现溪山的幽美。

沈周、文徵明之后，称雄山水画坛的吴派画家人数极多。人数增多，相互间画风自然地渐有差异。于是，嘉靖以后，吴派画家又分成了不少的小流派，如有盛时泰的江宁派、赵左的苏松派、沈士充的云间派、萧云从的姑孰派等。在众多的小流派中，对后世影响最大的是明末的华亭派。华亭派，也叫松江派，该派山水画的特点是用笔洗练，墨色清淡，其创始者是顾正谊，而代表人物是董其昌。

董其昌，字玄宰，号思白，南直隶华亭（今上海市）人。他少有盛名，万历十七年（1589）进士，改庶吉士，授编修，充皇长子讲官，"因事启沃，皇长子每目属之"。他因"忤执政意，出为湖广副使。移疾归。光宗立，召为太常少卿，掌国子司业事。天启二年（1622），擢本寺卿兼侍读学士。时修《神宗实录》，奉命往南方采辑先朝章疏及遗事。次年秋，擢礼部右侍郎，协理

---

① 《佩文斋书画谱》卷56《唐寅》。

詹事府事。寻转左侍郎。五年正月，拜南京礼部尚书。时宦官魏忠贤专权，其昌告归。崇祯四年(1631)，起故官，掌詹事府事。居三年，屡疏乞休，诏加太子太保致仕。又二年，卒，年八十三"①。董其昌的山水画取董源、巨然、米芾及倪瓒、黄公望之长，讲究笔致墨韵。所画设色画，或采用没骨法，或以浅绛而兼青绿。在敷色用彩上，几乎与水墨用笔相同。所作山水树石，清润秀逸，烟云流动，平淡自然而又沉着痛快。时人评价说："其昌山水树石，烟云流润，神气具足，而出以儒雅之笔，风流蕴藉，为本朝第一。"②其代表作有《江干三树图》《林和靖诗意图》等。董其昌除了作画之外，还在绘画理论上有所作为，其著作《画旨》是专门论述绘画的。他既重视师古人，又重视师造化，曾提出"读万卷书、行万里路"的主张。所谓"行万里路"就是要遍游山川，从真山真水的感受中去进行创作。他还与同属于华亭派的画家陈继儒、莫是龙等一起提出了山水画南北宗之说。按照这种说法，佛教的禅宗自唐时分南、北二宗，山水画也是如此。山水画北宗的始祖是李思训，南宗的始祖是王维，以后的历代山水名画家都分属这两家。南宗山水画是文人画，有书卷气，有天趣，北宗山水画无天趣可言，不应效法。这种南北宗之说，并不完全符合实际，是董其昌等为了为文人画张目、为华亭派争地位而提出来的，但在探索中国画派的渊源上作了尝试，有开创意义。董其昌政治地位很高，交游又很广，因而在当时的画坛上成为领袖式的人物，其绘画风格及绘画理论在清代有很大影响。

（二）花鸟画的繁荣

明代的花鸟画创作相当繁荣。无论工整艳丽的花鸟画，还是水墨写意的花鸟画，都很盛行，后者尤其如此，明代被称为水墨写意花鸟画的大发展时期。

明代工整艳丽的花鸟画画家，以宫廷画家边文进和吕纪最为杰出。边文进，字景昭，福建沙县人。为人夷旷洒落，博学能文，永乐中被征至京，授

---

① 《明史》卷 288《董其昌传》。
② 《佩文斋书画谱》卷 58《董其昌》。

武英殿待诏,宣德时仍供事于内廷。其花鸟画精于勾勒,墨彩沉着,禽鸟形态颇为传神。时人对其评价颇高,称"边景昭善翎毛花果,花之娇笑,鸟之飞鸣,叶之正反,色之蕴藉,不但钩勒有笔,其用墨无不合宜,宋元之后殆其人矣"①。其代表作有《三友百禽图》《竹鹤图》等。吕纪,字廷振,号乐渔,浙江鄞县(今宁波)人。弘治中供事仁智殿,有锦衣卫指挥使的头衔。其花鸟画初学边文进,后仿唐宋名家,笔致工整,设色精丽,造型准确生动。关于他的学画经历,史书记载说:"初学边景昭花鸟,袁忠彻见之,谓出景昭上,馆于家,使临唐宋以来名画,遂入妙品,独步当代。尝戏画雌鸡壁间,而生雄谷谷,绕其侧勿去,殆古点睛之流。"②吕纪的代表作《雪景翎毛图》《鹰雀图》等。其布局往往将花鸟配以风景。其作品也有用笔较豪放的,这是受当时水墨写意风气渐盛的影响所致。工整艳丽的花鸟画在明朝前期的花鸟画坛中占主导地位。当时传边文进画法的有钱永善等,学吕纪的有罗素、叶双石、车明兴等。嘉靖以后,这一画风衰微下去。

明代后期,花鸟画坛中占主导地位的是水墨写意花鸟画。其实,在明代前期,也有水墨写意花鸟画家,只是人少势微。较早从事这类创作的是景泰至成化年间著名的画家林良以及约略同时的沈周,而后是唐寅。沈周和唐寅对后人影响很大。其后又有陈淳、徐渭等花鸟大家出现于嘉、隆、万时期,水墨写意花鸟画遂发展到前所未有的高水平。陈淳,字道复,号白阳山人,南直隶长洲(今江苏苏州)人。他诗文书画兼长,其水墨写意花鸟画多写庭院中常见的花木,风格清雅秀丽、潇洒自如。代表作有《葵石图》《菊花图》等。徐渭不仅是著名的戏剧作家,也是水墨写意花鸟画的集大成者。徐渭作画,对山水、花卉、人物、走兽、虫鱼、瓜果等无一不能,尤擅长花鸟。他继承了沈周等人写意花鸟画的风格,而不拘程式,用笔恣肆狂放,泼墨汪洋淋漓,不求形似而求生韵,"超逸有致"③。其代表作有《石榴》《牡丹蕉石图》等。徐渭的水墨写意画法的出

---

① 《佩文斋书画谱》卷55《边文进》。
② 雍正《浙江通志》卷196《吕纪传》。
③ 《佩文斋书画谱》卷57《徐渭》。

现,标志着明代后期文人画在花鸟画方面的重大发展。徐渭的水墨写意花鸟画对后人影响很大,清代郑板桥以及近人齐白石都对他十分崇拜。

明代花鸟画中,还有周之冕、孙克宏等人使用勾花点叶的笔法,这种画风属于兼工带写的一派,但偏向于写意。

（三）缓慢发展的人物画

明代的人物画比起山水、花鸟画来,发展较为缓慢。其画法基本上继承前代,多学北宋李公麟的白描,或继承宋代画院的传统,工笔细密,设色浓丽。此外,也有的学南宋梁楷减笔写意,或独创旋转用笔,线条质朴,人物形象高大出众。所绘题材,相当狭窄,除历史人物外,多画士大夫与仕女。不过,这时仍有一批杰出的人物画家,如明初有宫廷画家倪端、商喜、谢环,浙派画家戴进等;明中叶有浙派画家吴伟,介于浙派与吴派之间的画家唐寅、仇英,吴派画家文徵明等。到了明朝晚期,又有所谓"南陈（洪绶）北崔（子忠）"和善画人物肖像的曾鲸。特别应予一叙的是"南陈北崔"之中的陈洪绶。他字章侯,号老莲,浙江诸暨人,天姿聪慧,能诗善书,而尤爱绘画。他40余岁进京,入赀为国子监生,召为舍人,专替王室临摹历代帝王像,后因不满于朝政腐败,无意为官而南归。清兵入浙后,坚持民族气节,不怕威胁,拒绝为清军作画,削发为僧。其画人物取法李公麟、赵孟頫等,但多创新,笔调古拙,形象怪僻,寓于夸张,寓意深刻。时人称,陈洪绶"所作博古人物,有秦汉风味,世所罕及"[1]。他的新奇画法,曾影响了清代中期扬州八怪的一些画家和清末的一些画家[2]。

二、书法

明代的许多皇帝和藩王重视书法,如永乐时曾诏求四方能书之士,

---

[1]《画史会要》卷4《陈洪绶》。

[2] 参阅俞剑华:《中国绘画史》,上海商务印书馆1954年版;徐邦达:《中国绘画史图录》,上海人民美术出版社1981年版;王逊:《中国美术史》,上海人民美术出版社1989年版。

仁宗、宣宗、孝宗、神宗等自己就酷爱书法。由于最高统治者的提倡,明代像宋元那样成为帖学盛行的时代,法帖传刻十分活跃,其中著名的有常姓翻刻《淳化阁帖》、周宪王刻《东书堂帖》、莫世龙刻《崇兰馆帖》、王肯堂刻《戏鸿堂帖》等。法帖的兴盛,带来了书法的发展,后人称"帖学大行,故明人类能行草,即不知名者,亦有可观。简牍之美,几越唐宋"。①明代的书法家众多,仅《佩文斋书画谱》一书所载即有 1500 多名,超过了书法盛行的唐代。明代的书法家虽沿袭宋元帖学,但是还能够上追晋唐,集前人书法之大成,同时把自己的性情融入其中,从而形成了自己的特色。明初的书法,以"台阁体"为代表;成化、弘治以后,帖学书法复归旧途——宗法魏晋法帖、畅神适意、抒发个人感情的书风又重新抬头于文人书法之中;明朝后期,并立的各种风格的书法家竞奇争艳。

(一)明初书法的代表"三宋"和"二沈"

明代初期的书法,以"三宋"(宋克、宋璲、宋广)和"二沈"(沈度、沈粲)为代表。

"三宋"是由元入明、主要活动在洪武年间的著名书家,他们的作品体现了洪武时期书法的主要风格。宋克,字仲温,号南宫生,长洲人。少时任侠使气,好学剑走马,日与客饮博。壮年时逢元末战乱,乃谢客学兵。性格抗直,"与人议论,期必胜,援古切今,人莫能难"②。元末农民起义军张士诚据吴,欲罗致之,不就。他闭门辟一室,庋藏历代法书、周彝汉砚、唐雷氏琴,日游其间以自娱,"杜门染翰,日费十纸,遂以善书名天下"③。洪武初,曾任凤翔同知。他是明初第一位著名书家,擅长真、行、草、章草诸体,尤以章草擅名于时。他的楷书法钟繇,行草学王羲之,章草则专习皇象的《急就篇》。他的作品,以草书和章草书多于行、楷书,是一位标准的帖学书法家。代表作有章草《急就章》等。他的字,无论是章草,还是小楷、行书,都修长瘦劲,从而透露出健美的形态。这一书风对

① 马宗霍:《书法藻鉴》。
②《明史》卷 285《宋克传》。
③《明史》卷 285《宋克传》。

当时的书坛颇有影响。宋璲,字仲珩,宋濂次子,官中书舍人,精篆、隶、真、草书。他"尝见梁朝有草堂法师墓篆字奇古,及吴天玺中皇象书三段石刻,皆真迹,观之至忘寝食,遂悟笔法,绝出流辈","小篆之工",为明朝"第一"①。其草书出入变化,不主故常;大小二篆,"纯熟姿媚"②。宋广,字昌裔,河南南阳人,官沔阳同知。他"擅行草,体兼晋唐,笔势翩翩"③,师法张旭、怀素,用笔纵横奔放。

"二沈"生活在永乐、宣德年间。永乐年间开始,诏求四方善书之士写外制,又选其尤善者,于翰林写内制,一大批善书者如沈度、沈粲、滕用亨、陈登、朱孔易等被征入宫,授以中书舍人之职。因为是书写内制、外制,所以要求书法方正、光洁、乌黑、大小一律,从而形成台阁体书法。这种书法盛行于宫廷,波及于民间;始于明初,延续到明代中叶,影响广泛而深远。二沈的书法作品多有反映台阁体风貌者。

沈度,字民则,号自乐,南直隶华亭(今上海市)人。他博涉经史,为文章绝去浮靡,性敦敏,言动不苟,刻志读书,喜亲笔札。及长,其学问赅博,于书法尤精,洪武时举文学,不就,后因事牵连谪戍云南。永乐时期,成祖诏简能书者入翰林,沈度入选,深得成祖之意,"名出朝士右,日侍便殿。凡金版玉册,用之朝廷,藏秘府,颁属国,必命之书"④。由翰林典籍擢检讨,历修撰,迁侍讲学士。其书法擅长篆、隶、真、行书,楷书保持了虞世南的端正秀美书体和遒劲圆润笔画,雍容矩度;隶书是唐宋以来的风貌;行书用笔健劲,书姿遒媚,亦自成家。代表作品有楷书《敬斋箴》、楷隶《四箴》卷、行书《诗札》卷等。

沈粲,字民望,号简庵,沈度之弟。永乐时,以善书由翰林待诏迁中书舍人,擢侍读学士,升大理少卿。与兄齐名,时号"大小学士",又称"云

① 解缙:《文毅集》卷16《跋雪月轩篆额》。
②《佩文斋书画谱》卷40《宋璲传》。
③ 杨士奇:《东里续集》卷21《卫中书所集名书卷后》。
④《明史》卷286《沈度传》。

间二沈"。沈度"书以婉丽胜",沈粲"书以遒逸胜","各臻其妙"①。他善行、楷、草书,尤以草书擅名一时。代表作品有《应制诗》和草书《千字文》卷等。

(二)明中叶书法艺术的新格局

明初的台阁体书法在发展过程中,雍容遒丽的特色逐渐为刻板僵化的风貌所代替,从而呈现出没落之势。天顺时的姜立纲成为以台阁体书法名世的殿军人物。成化、弘治以后,明代的书法家已逐渐厌弃台阁体的束缚,而纷纷探索书法艺术的新风格。这股转变的潮流日渐发展,遂使明中叶出现了书法艺术不同于明初的新局面。这时占据书坛主导地位的是吴门书法,一批活跃在苏州的书法家摒弃台阁体而上追晋唐,他们还大多书画兼擅,以书画自娱,其代表人物为祝允明、文徵明和王宠。

祝允明,字希哲,号枝山,长洲人。他五岁能作径尺大字,九岁能诗。稍长,博涉群籍,文章有奇气。弘治五年(1492)举于乡,正德九年(1514)始出知广东兴宁县,嘉靖初转为应天府通判(故人称祝京兆),未几致仕归里。他筑堂读书,广泛交游,生活放荡,不为"礼法"所拘,每有收入,辄招客豪饮,费尽乃散。因此,他的晚年常靠举债度日,"每出,追呼索逋者相随于后,允明益自喜"②。

祝允明生于书法之家,"幼承内、外二祖(祝颢、徐有贞),长侍妇翁(李应祯)几仗",学晋唐法书而弃宋元时帖,广泛地从古代书法艺术中吸取营养。其书法之博,为明代之冠。他的楷书法钟繇、二王、智永、虞世南、欧阳询、褚遂良、赵孟頫,行草则宗王献之、智永、褚遂良、怀素、张旭、李邕、苏轼、黄庭坚、米芾,莫不临写工绝。在吸收前人成就的基础上,其书法变化出入,不可端倪,风骨烂漫,天真纵逸。王世贞称赞说:"天下法书归吾吴,而祝京兆允明为最。"③

文徵明不仅是一位优秀的画家,而且是一位杰出的书法家。他年少

---

① 朱彝尊:《曝书亭集》卷63《沈度传》。
② 《明史》卷286《祝允明传》。
③ 王世贞:《艺苑卮言》卷11,明万历刻本。

时不善于书,乃刻意临学,初以宋元书法家为榜样,既悟笔意,即尽弃去,专法晋唐。他善楷、行、草、隶诸体,隶书法钟繇,篆书学李阳冰,草书师怀素,行书仿苏轼、黄庭坚、米芾以及王羲之《圣教序》,可与赵孟頫媲美。然最为人称道者为小楷,他90岁时犹作蝇头楷,人以为仙。其小楷自《黄庭经》《乐毅论》中来,法度谨严,温纯精绝。

王宠,字履仁,改履吉,号雅宜山人,苏州人。他擅长楷、行、草书。早年师蔡羽,后来主要宗王献之、虞世南。其书法作品有的用笔圆道,有的方折荒率,尤其讲究用笔变化,中间返笔、复笔、圆折笔、方折笔灵活运用。

明中叶在吴门书法之外,还有另外一些书法家与之交相辉映,他们的成就是当时书法艺术新格局的重要组成部分。其代表是王守仁,专踪晋人法;丰坊,追魏晋草法;陆深,仿李邕、赵孟頫;徐霖,兼善篆、楷、行、草,其榜书师颜、柳,为明人第一。

(三)明后期书法的"百花齐放"

如果说明初以及明中期的书法还有各自的代表人物,而且彼此间都有某些共同艺术理想和共同艺术表现特点的话,那么明朝后期书法已不复存在这种情况。明后期的书坛,书家众多,且很少有艺术瓜葛,形成了"百花齐放"的局面。当时,最有名的书法家是董其昌。

董其昌自17岁学书法,他自述其学习书法的经历说:"初师颜平原(真卿)《多宝塔》,又改学虞永兴(世南)。以为唐书不如晋魏,遂仿《黄庭经》及钟元常(繇)《宣示表》《力命表》《还示帖》《丙舍帖》。凡三年,自谓逼古,不复以文徵仲(徵明)、祝希哲(允明)置之眼角。乃于书家之神理,实未有入处,徒守格辙耳。比游嘉兴,得尽睹项子京(元汴)家藏真迹,又见右军(王羲之)《官奴帖》于金陵,方悟从前妄自标许,譬如香岩和尚一经洞山,问倒愿一生做粥饭僧,余亦愿焚笔研矣,然自此渐有小得。"[1]董其昌是一位习古的集大成者,其作品存世之多为明代书家之最。其书法

---

① 董其昌:《画禅室随笔》卷1《评书法》。

以行草为最多,而"最得意在小楷书"①。他的书法寓生秀于朴茂苍拙,追求自然平淡的风格,与赵孟頫的遒媚圆润判为殊观,以此胜赵书一筹。

明后期与董其昌齐名的书法家有邢侗、张瑞图、米万钟。他们与董其昌一起号称"邢张董米",又称"晚明四大家"。他们也是各自成家的帖学书法家。邢侗,字子愿,山东临邑人。万历二年(1574)进士,官至陕西行太仆卿。他"家资巨万,筑来禽馆于古犁邱,减产奉客"②。其书法宗唐宗晋,钟、王、虞、褚、旭、素、米皆得以师法,得王羲之笔意,把晋人书法风神与自己丰沉雄健的艺术特点较好地结合起来。张瑞图,福建晋江人,官至大学士。其书法体势方而敧侧,用笔扁侧又能取圆浑之意,取法钟、王而又能脱出钟、王,泯功力于拙朴,藏奇媚为丑怪,颇有新意和个性,近人沙孟海称其"并不在董其昌下"。米万钟,字仲诏,号友石,顺天宛平(今北京)人。万历二十三年进士,历官江西按察使。天启五年(1625),宦官魏忠贤党羽倪文焕劾之,遂削籍。崇祯初,起太仆少卿,卒于官③。米万钟的行草得米芾家法。他"尤善署书",笔法粗拙丰厚,"擅名四十年,书迹遍天下",与董其昌齐名,"时有南董北米之誉"④。

在"晚明四大家"以外,明朝后期著名的书法家还有徐渭、黄道周、倪元璐。徐渭书学米芾、黄庭坚、索靖,而又能出诸己意,看不出师法的痕迹。他擅长行、草书,尤以狂草最见本色。袁宏道评为"不论书法而论书神,诚八法之散圣,字林之侠客"⑤。他的《七言律诗》通篇纵横散乱,连行间、字际都分辨不清,真是满幅龙蛇,云烟纷绕,但是又笔画分明,点画必究。

黄道周,字幼平,号石斋,福建漳浦人。天启二年(1622)进士,改庶吉士,授编修,为经筵展书官,不屈服于权阉魏忠贤,不久因家有丧事而

---

①《画禅室随笔》卷1《评书法》。
②《明史》卷288《邢侗传》。
③《明史》卷288《米万钟传》。
④ 朱谋垔:《续书史会要·米万钟》。
⑤《佩文斋书画谱》卷43《徐渭传》。

归。崇祯二年(1629)起故官,进右中允。忠鲠负气节,屡次廷争不屈,以上疏刺大学士周延儒、温体仁,斥为民。南明福王时,官礼部尚书。福王败后,与郑芝龙等在福建拥立唐王,拜武英殿大学士,自请率师出衢州抗清,在婺源与清兵相遇,战败被俘至南京,不屈而死[1]。其学贯通古今,为人所重,所至学者云集。他的书法能入钟、王之室,而且努力寻求钟、王的创造精神。今人评论为:"大胆地去远师钟繇,再参索靖的草法。波磔多,停蓄少;方笔多,圆笔少。所以他的真书,如断崖峭壁,土花斑驳;他的草书,如急湍下流,被咽危石。"[2]

倪元璐,字玉汝,号鸿宝,浙江上虞人。天启二年(1622)进士,改庶吉士,授编修,终礼部尚书、翰林院学士[3]。他和黄道周同时,二人交厚,学问、人品都为人所重。倪元璐的书风接近六朝碑书,具有朴茂奇拙的体势[4]。

三、印刻迈上新台阶

战国、秦汉时期,印刻曾达到很高的水平。而后,自魏晋至宋元,印刻水平有所下降。明代初期,印刻成绩仍旧不大,基本上走宋元老路,未见发展,所用印材,大体上还是象牙、黄杨木等;所刻内容,也无非名字斋号。至明代中期,出现了文彭、何震等印刻名家,文人篆刻大兴,遂使印刻迈上一个新的台阶,于是明代在篆刻史上有了"复兴"的声誉。

文彭,字寿承,号三桥,长洲人,著名书画家文徵明的长子。他"以诸生久次贡,授秀水训导,擢国子助教于南京"。他继承家学而长于书法,"善真、行草书,尤工草隶,咄咄逼其父"[5]。同时,又以临摹和双钩的名手

---

① 《明史》卷 255《黄道周传》。
② 沙孟海:《近三百年的书学》,见《东方杂志》1930 年第 27 卷第 2 期。
③ 《佩文斋书画谱》卷 58《倪元璐传》。
④ 参阅钟明善:《中国书法史》,河北美术出版社 1991 年版;朱仁夫:《中国古代书法史》,北京大学出版社 1992 年版。
⑤ 《佩文斋书画谱》卷 42《文彭传》。

被推为天下第一,也工于诗文,画以墨兰最得意,和弟弟文嘉同时享誉艺坛。作为一个诗、书、画具长的文人,文彭在印刻艺术方面的成就更为可观。他最初使用牙章,亲自落墨,请南京李石英镌刻。后来,发现了民间雕琢首饰用的灯光石,即以之刻章,并亲自篆刻。他主张,篆刻应以六书为准则,创作一丝不苟。其作品朱文作细边,参以小篆结体,圆劲秀丽;白文师法汉印,格调清新,用双刀法刻的草边款,对后人很有启发。他把印刻融入书画,书画以印益美,印以书画更胜,互相衬托,从而增加了书画的美感,提高了篆刻的功用。他把印刻的内容作了发展,其印文不再限于名字斋号,而且有不少诗文佳句,用以表达自己的风雅之趣。文彭的作法,提高了文人对篆刻的兴趣,对当时文人篆刻的兴起影响甚大。在篆刻风格上,学习文彭的人很多,有陈万言、李流芳、归昌世、顾听等,他们终形成篆刻的吴门派。

何震,字主臣,号长卿,又号雪渔,南直隶婺源(今属安徽)人。久住南京,与文彭结师友之交。其篆刻开始受文彭影响,后来大量参考秦、汉玺印,创造出多种篆刻形式,其中仿汉满白文印,刀痕显露,不加修饰,苍润朴厚。其单刀边款,欹斜雄健,奇趣横生。何震的成就标志着篆刻艺术由单一化向多样化发展的趋势,在当时影响很大,宗之者有梁袠、吴忠、程原、程朴等,形成了篆刻史上的徽派。

文彭、何震之后,直到明朝结束,除去上述宗尚文彭、何震的篆刻名家之外,还有许多风格与此不同的文人篆刻家,形成了篆刻的一个兴盛时期。在繁若星辰的篆刻家中,有朱简和汪关两位,成绩尤其突出,值得一叙。朱简,字修能,号畸臣,后改名闻,南直隶休宁(今属安徽)人,活动于万历年间。他善诗,与李流芳、陈继儒等互有唱和。他对古代篆体研究颇多,对战国玺印断为先秦印章,尤属创见。他历时十四年,著成《印品》一书,对玺印考证、章法探讨、真赝辨别、谬误纠正等均有论述。此外,他有关印刻的著作还有《印经》《菌阁藏印》《修能印谱》等。其治印,着重笔意,以切刀法刻印,不拘泥于形似而追求神韵,作品豪放,个性很强,达到很高的艺术境界。汪关,南直隶歙县(今属安徽)人,家居娄东,也活动于万历年间。他原名东阳,后得精美的汉铜印"汪关"一枚,遂改名关,并以"宝印斋"名其室。其篆刻,专攻汉印,而且极得其真。据说他的作品跟汉印放在一起,任何专家都难辨其真伪。他刻过很多当时的书家与画家的自用印。其篆刻风格被称为娄东派,也有将之与清初的沈世和、林皋合称扬州派的①。

第四节　工艺美术

明代的工艺美术在陶瓷、漆器、刺绣、金属、家具、雕刻等方面都取得了引人注目的成就。其中,陶瓷、漆器方面的成就,本书第一章已有较多的叙述。本节只就其他方面再作补充。

一、精美的刺绣

明代刺绣有官府专门机构的产品,也有民间艺人的产品,其中尤以后者为多,工艺水准也以后者为高。当时的刺绣品种,大体上有两类,一是施于服装等上面的实用刺绣,一是以各家名画为绣稿的"美术绣"。最为著名的绣种是上海的顾绣。它始于嘉靖、万历年间,由居于上海露香园的顾氏一家所创,所以又称"露香园绣"。顾绣的名手有顾家的媳妇缪氏、韩希孟以及顾家的女儿顾兰玉等,其中尤以韩希孟技艺为优。顾绣多以名人书画为蓝本,配色典雅,气韵生动,针法巧妙,使人难辨是绣是画。韩希孟曾被人誉为"针圣",名噪一时。各地出售刺绣的店铺,常以顾绣为标榜,称为顾绣庄。

二、金属工艺巧夺天工

明代的金属工艺,无论是铜、锡、铁方面,还是金、银方面,都继承发

---

① 参见方去疾:《明清篆刻流派印谱》,上海书画出版社 1980 年版;叶一苇:《篆刻丛谈》,西泠印社 1985 年版。

展了以前的成就,创造出丰富多彩、巧夺天工的作品,其中最有特色、最为著名的是宣德炉、金银细工以及景泰蓝等三类作品。

宣德炉是宣德年间著名工匠吴邦佐、李澄德等为朝廷制造的祭祀宗庙及陈设玩赏的铜制器皿,因其品种多为香炉式样,于是统称为宣德炉。其所用材料,主要是从暹罗(今泰国)输入的风磨铜,另外还有从日本、荷兰、三佛齐(今苏门答腊)等国输入的铅、锡、紫绯石等近三十种。工匠们将这些不同的材料按不同的比例掺和,并反复精心冶炼,从而使制成的器物呈现出多种复杂的色彩,有朱砂斑、茄皮紫、甘蔗红等不下几十种。在制作过程中,工匠们还参考了历代青铜器及陶瓷制品的形制和纹饰,从而又使制成的器物花纹精美,造型新颖。宣德以后,常有仿制或伪造宣德炉者。崇祯年间,刘侗、于奕正合著的《帝京景物略》卷4《城隍庙市》记载:"后有伪造者,有旧炉伪款者,有真炉真款而钉嵌者。伪造者,有北铸①,有苏铸,有南铸②。"

明代的金银细工运用了编、织、盘、辮、码、拱等多种制作方法,技术比元代有更大的进步。北京定陵、江西南城益庄王墓等处出土的金银器物,都能反映当时金银细工所达到的高度水平。定陵出土了大量的金银器具,其中有一顶金冠,所用金丝纤细超过头发,纺织匀整紧密,金冠的后身,有用双龙戏珠形盘成的双翅,形态生动别致,技巧十分高超。在益庄王墓中也有大量的金银器出土,其中有九件用金丝编成的宫殿楼阁纹头饰,每件见方不过二寸,其上编有树石、神座、仙鹿、白鹤等物,奇巧细致,令人惊叹。

景泰蓝是在铜胎上用铜丝作出图形,然后再填珐琅釉彩的一种金属工艺品。其在景泰年间的出品数量较多,技艺较精,而且多用蓝釉作底色,因此一般称为"景泰蓝"。景泰蓝的制作颇为复杂,大体有七道工序:(1)制胎:用红铜板制作某种器形;(2)掐丝:把压扁的铜丝,根据装饰花

---

① 原书注:嘉靖初之学道,近之施家。施不如学道远甚,间用宣铜别器改铸。然宣别器,铜原次于炉,且小冶单铸,气寒俭无精华。
② 原书注:苏,蔡家;南,甘家。甘不如蔡远甚。蔡惟鱼耳一种可方学道。

纹,用白芨制成的糊浆粘在铜胎上;(3)烧焊:用焊药把铜丝和铜胎焊在一起,并放入稀硫酸液中浸泡,洗去胎上的杂质;(4)点蓝:将各色釉料填在花纹轮廓里,先点地,后点花,最后一次点蓝完后加上亮白;(5)烧蓝:通过烧制,使釉彩固定下来,每点蓝一次都要烧一次,精品约点蓝和烧蓝三次以上;(6)磨光:用粗砂石、细砂石等逐次打磨,以使蓝料和铜丝变得平整;(7)镀金:其目的是增加光泽和防止生锈。经过以上七道工序后,一件景泰蓝工艺品才算完成。

明代的景泰蓝遗物,目前发现最早的为宣德时期所造。宣德时期的产品,铜质厚重,加工细腻,流畅而自然;釉料饱满,色调鲜明,常以天蓝色为底,外加红、黄、白、绿等色;花纹有番莲、饕餮、焦叶等;器型有炉、瓶、盒、盘、熏炉等,仿古的觚、尊和仿瓷瓶的器物最多。景泰年间,景泰蓝工艺进入鼎盛时期,品种上出现了鼎彝之类的大件和大批日常用品,装饰花纹又增加了菊花、楼台、山水、人物、云鹤、龙凤等纹样,釉色种类也增添了葡萄紫、翠蓝、紫红等,同时烧造技术有较大提高,掐丝更为整齐,磨光更为细润,镀金更为匀实,器面上的斑点消失,釉料分外光亮。嘉靖、万历时期,景泰蓝作品的质量依然很高,细腻工整,釉色繁多而富于光泽,只是花纹失于繁琐。万历以后,景泰蓝产品不如以前精致,但仍有很高的水平。总之,明代的景泰蓝工艺,综合汲取了我国锦、玉、瓷、漆等工艺品的许多传统技法和装饰花纹,把造型艺术、装饰艺术、色彩艺术和谐地统一于一体,创造出独具特色的金属工艺新品种,充分表现了中国人民的聪明智慧。

三、科学性和艺术性高度统一的木质家具

家具是广大百姓和上层统治者都不可缺少的物件。我国家具工艺历史悠久,但由于唐以前大都席地而坐等原因,种类并不很多,宋以后发展增快。明代家具在宋、元的基础上,更加成熟,木质家具形成了独特的风格。

明代木质家具的生产遍及全国各地,其中又以北京、苏州、广州三地

的产品最为有名。当时的木质家具种类已很丰富,主要有六类:椅凳类、几案类、橱柜类、床榻类、台架类以及屏座类。每一类又包括各式各样的品种,如几案类中有炕几、茶几、香几、书案、平头案、翘头案、架几案、琴桌、供桌、方桌、八仙桌、月牙桌等许多种。

明代的木质家具讲究选料。紫檀、花梨、红木、杞梓等优质木料很受青睐。这些木料色泽柔和、纹理清晰,质地坚硬而又富有弹性。制成家具后,既坚固又美观,一般不施髹漆,只擦一些透明蜡就可表现光滑柔润的质地美。

明代木质家具的制作充分体现了科学性与艺术性的高度统一。如其各部件的连接,主要是采用榫卯工艺,很少使用金属钉子和粘胶,既使家具结构牢固,又可防止板面的胀裂,同时又能把截板纹隐藏起来,增加美观。再如家具上安装的合页等金属什件,从大小、形状到部位,都设计得十分恰当,既有使用价值,又是装饰构件。又如各种装饰部件牙子、券口、楣子等,除了增加美感外,还兼具增加家具牢固性的功能。

明代木质家具的制造是很严格精细的。其长宽高低的设计,基本上符合人体体形的尺度比例。做工精巧,做到了平整光洁、拼接无缝。明代木质家具的风格是朴实简洁,其造型洗练不繁、落落大方,避免不必要的装饰,偶加雕饰也是以线为主,或仅将小面积的精致浮雕和镂雕等稍作点缀。

明代的木质家具对清代产生了很大的影响,直到今天,"明式"家具仍旧享有很高的声誉。

四、精湛的雕刻工艺

明代雕刻工艺传世极多,大型的多为石雕,小型的多为玉雕、竹雕等。无论形体大小,多半技艺精湛,形态生动。

大型的石雕,主要应用在宫殿、陵墓、牌坊、照壁等装饰上。北京皇宫三大殿基座的各种石刻构件、弘治年间雕刻的曲阜孔庙大成殿前廊的十根盘龙石柱,无不雕刻精细,可说是明代宫殿装饰中石雕的精品。凤阳明皇陵、南京明孝陵、北京明十三陵等,都有石雕的大象、骆驼等以及文臣武将,其风格或造型古朴,或刻工精巧,互有不同,但都显示着陵墓主人显赫的地位,是当时陵墓装饰中石雕的代表作。河北灵寿县城内有座建于崇祯年间的石牌坊,其上透雕云龙等,纹饰十分精美。江苏宜兴县城内文庙前,有座为周延儒修建的表彰功名的石坊,其下部夹柱石雕有狮子,神态非常生动。这两座牌坊的雕刻,反映了明代牌坊装饰中石雕所达到的高度水平。正统元年(1436),襄王朱瞻墡从长沙徙封襄阳时,在襄阳建了一座以青绿色石料砌成的绿影壁,以作王府的照壁。其上雕刻了一排飞舞的巨龙以及数十条形态各异的小龙,相互间照应融洽,格调活泼雄伟,从中可以看出明代照壁装饰中石雕的概貌。上述之外,明代的大型石雕还应用于佛塔装饰以及石窟造像等方面,其中也有艺术水平很高的作品。

明代小型玉石工艺品中,以日用文玩器皿为主,另有少量仿古鼎彝。其表现方法有线刻、深浅浮雕、圆雕、镂空、镶嵌等多种。其风格,明代前期多仿古和摹刻自然界实物,纹饰简练,浑厚圆润;后期追求玲珑剔透,华贵繁复。著名的玉雕艺人是陆子冈、刘谂,其中陆子冈尤其享有盛誉,他的作品今天仍存世的还有很多。

明代的竹雕名家不少,由于所处地域不同和作品风格各异,形成了不同派别,其中比较著名的有嘉定派和金陵派。嘉定派的代表是朱鹤、朱小松、朱三松等祖孙三人,他们的作品以深刻及透雕见长。金陵派最著名的艺人为濮仲谦,其风格是用刀较浅,刀法简洁。无论嘉定派,还是金陵派,其作品今天仍有遗存,观者无不称绝。明代的竹雕作品品种十分丰富,按材料分,有竹根雕、竹筒雕、竹片雕等;按器形分,有人物、花果、鸟兽、笔筒、花插、扇骨、笔床等,真可谓五花八门。装饰的方法也很丰富,有线刻、浮雕、圆雕、透雕、留青、镶嵌等数种。

上述石雕、玉雕、竹雕之外,明代的雕刻工艺品还有木雕、犀角雕、桃核雕、橄榄核雕、象牙雕等多种。木雕工艺多运用于建筑部件和家具之上,如窗格、屏风、隔扇、门栏、床榻之类。小件用具和纯欣赏品遗存较少。浙江东阳雕刻木板印书盛行,逐渐发展成了木雕工艺的著名地区。其余的几种雕刻工艺品,多数为小型雕刻,著名的艺人很多①。

---

① 本节参见中央工艺美术学院:《中国工艺美术简史》,人民美术出版社 1983 年版;田自秉:《中国工艺美术史》,知识出版社 1985 年版;龙宗鑫:《中国工艺美术简史》,陕西人民美术出版社 1985 年版。

第四章 哲学、宗教和社会风俗

第一节 哲学思想

　　明代,程朱理学占统治地位,是官方哲学。明中叶以后,王学崛起,很快风行全国,几取程朱地位而代之。明代哲学思想领域的斗争,主要是程朱理学的客观唯心主义与王学的主观唯心主义的斗争。当然,也有一些唯物主义哲学家提出一些新的命题,把唯物主义和辩证法发展到了新的高度。

一、明初程朱理学的流传

　　程朱理学由北宋时程颢、程颐创立,至南宋时朱熹集大成。他们断言"理"是离开事物而独立存在的实体,是世界的本原;认为"性即理",心的本体为"性",心的作用为"情","性"与"情"是体用关系;提倡"格物致知","即物穷理"。程朱等人提倡的"理",在现实社会中就是封建伦理道德,其"穷理"就是为了"正心",以求"修己治人之道"①,维护封建统治。

① 朱熹:《大学章句》序。

因此,程朱理学产生后,元代即被宣布为官方哲学。明初,明太祖与宋濂、刘基等论经邦之道,议礼乐之制,也规定以孔孟之书为经典,以程朱注解为"规矩"。永乐年间,明成祖下令以程朱为标准、汇辑经传、集注,编成《五经大全》154卷、《四书大全》36卷、《性理大全》70卷,颁行天下,统一思想。这样,程朱理学在明代又取得了独尊的地位。

程朱理学在元代被定为官方哲学后,得到迅速传播。宋濂、刘基均为元末明初朱学在金华的承传人,他们的理学对明初确立以程朱理学为官方哲学以及程朱理学在明代的流传都有很大影响。

宋濂先后师从黄溍、柳贯、吴莱、闻人梦吉等人,是朱学的正传。他又从方凤得闻陈亮事功之学,从李大有得闻吕祖谦之学。元末战乱,隐居浙东龙门山,读书著述,静观时变。其理学著作,如《凝道记》《六经论》《诸子辨》等,大多写成并刊行于这一时期。他认为,自然界中的一切物质和变化都是"无根""无门""不凝滞于物"的"气母"(元气)运行的结果,生生无穷的"天地之心"(理)是元气的主宰,是元气产生一切物质和变化的终极原因。他指出,求道问学,修养德性,就是要体验和获得"天地之心",实现"君子之道"。他主张,"吾心"为天下最大,"天地一太极也,吾心亦一太极也,风霆雷雨皆心中所以具,苟有人焉,不参私伪,用符天道,则其应感之速,捷于桴鼓矣。由是可见,一心至灵,上下无间,而人特自昧之尔"。[①] 他强调儒、佛本一,儒学不过是"化民成俗"的伦常、礼乐刑政的"制治工具",而佛教能"觉悟群迷",入人之心。因此,他援佛入儒,把佛教空寂主义的向内界求作为"识心""明心"的方法。宋濂的理学承继程朱之旨,但其重视的不是朱学烦琐的格物穷理,而是向内的身心冥悟,且强调"吾心"最大,偏向于心学,反映出元末明初调和朱陆的思想倾向,也成为后来心学的先声。

刘基的理学文字主要有《天说》《春秋明经》《郁离子》等,均收于其文集《诚意伯刘文成公文集》。刘基认为,天是"浑浑然气也","气"之聚散

---

① 《宋文宪公全集》卷8《赠云林道士邓君序》。

而成万物，"元气"是其主宰，而"理"是绝对性的主宰。他说："天之质茫茫气也，而理为其心，浑浑乎为善也，善不能自行，载于气以行。"①不过，他也常称上帝是世界的最高主宰，即"宰天地者帝也"。理本体论与上帝主宰论是互相矛盾的，但这是刘基用来宣传自己的政治主张的②。刘基认为，"圣人"与恶人的差别不仅在于禀受不同，后天环境的习染也很重要，"性迁于习"，人性能惑于物、盅于物，因此养其心志、固其心志是人道德修养的出发点。关于道德修养方法，刘基提倡"求诸心"，"无求诸目"③，以彻见真知。如何求"心"，刘基谈到"敬"，即"敬以直内"，离物内求。他指出，通过敬内冥求所得到的体验，要付诸实践，强调修身、齐家、治国、平天下一以贯之。

宋濂、刘基之后，比较著名的理学家有方孝孺和曹端。

方孝孺是宋濂的学生，学奉程、朱。他认为，"理"本于天，"六经"已载，近世大儒也已剖析明白，因此无须论证。"治心"是学道的要旨，与以往理学家不同的是，方孝孺认为学道不仅要包括心性修养的大学工夫，而且包括小学工夫。他把小学列为坐、立、行、寝等二十项，通过日用酬酢，"养其心志"，以端其本。方孝孺认为，经过自省、自悟、端思、澄虑之后获得天道的大我之心，即近于"圣人气象"。不难看出，这种偏于内省的理学方法与宋濂、刘基甚为相似。方孝孺的心性修养方法，虽偏于内省，但并不以修身为终。他认为，君子学道，还应当有"经世宰物"之心，而经世宰物的依据则是《周礼》。方孝孺认为，"明王道"须"辟异端"，为此他对佛、道进行激烈的批判，"放言驱斥"二氏。方孝孺的理学，当世评价很高，被誉为"程朱复出"，"千秋正学"④。

曹端，字正夫，号月川，河南渑池人。永乐年间，中乡试举人，官霍州、蒲州学正。曹端之学"不由师传"，多由自得。他盛称周敦颐是理学

---

① 《天说》上。
② 参见南炳文：《刘基政治思想研究》，载《郑天挺纪念论文集》，中华书局1990年版。
③ 《诚意伯刘文成公文集》卷5《自灵峰适得居过普济寺清远楼记》。
④ 《明儒学案》师说《方正学孝孺》。

宗源,认为"太极"是"理之别名","以通行而言则曰道,以极致而言则曰太极,以不杂而言则曰一"。① 他认为,"太极自会动静",理气一体,"未尝有异",理驭气而化生万物。他指出"自万物观之,则万物各一其性,而万物一太极也。盖合而言之,万物统体一太极也;分而言之,一物具一太极也",因此"天下无性外之物,而性无不在"。② 他认为,"学圣之事,主于一心",君子为学即"事心之学",须在心之已发、未发,即"萌"上做工夫③。总体上说,曹端理学基本上还是程朱的一套,因此黄宗羲称方孝孺后,"斯道之绝而复续者,实赖有先生(指曹端)一人"。④《明史》本传也称曹端"守先儒之正传","大旨以朱学为归"。但若细析,曹端与朱熹在理气观上又有分歧。朱熹为了强调"理"的绝对性,主张太极与动静、理与气不相杂,"决是二物"。曹端认为,按朱熹的说法,理只有乘气之动静而动静,则"理为死理,而不足以为万化之原"⑤,理还有什么可尊的绝对意义?因而,他提出理气一体,理驭气,则理成活理。理气关系是程朱理学的天道观和世界观,是其哲学体系中带有根本性的问题。曹端的理气一体说,无异于是对朱学的动摇。

明代前期有代表性的理学家还有薛瑄和吴与弼。他们的理学思想更加典型地反映了明代前期理学的演变与分化,对明代中期心学的产生有更直接的影响。

薛瑄,字德温,号敬瑄,山西河津人。少随父读"四书""五经",及长,从魏希文、范汝舟研究理学,至忘寝食。永乐十九年(1421)中进士,宣德中授御史,出监湖广银场,"日探性理诸书",学益进。正统初,为山东提学金事,首揭白鹿洞学规,开示学者。因是太监王振的同乡,被荐为大理少卿,但他拒不致谢。不久,因断狱忤王振意而放归。家居七年,四方来

---

① 曹端:《太极图说述解》序。
②《太极图说述解》。
③《录粹》。
④《明儒学案》师说《曹月川端》。
⑤《曹月川集·杂著·辨戾序》。

学者众多。景泰时，又先后任大理寺丞、南京大理寺卿等职，参加了北京保卫战。天顺时，拜礼部右侍郎、翰林院学士，入阁预机务。其间，曾为于谦辩诬，因见曹吉祥、石亨擅权，遂告归，继续研读理学。

薛瑄理学"一本程朱，其修己教人，以复性为主，充养邃密，言动咸可法"，认为"自考亭（指朱熹）以还，斯道已大明，无烦著作，直须躬行耳"。①因此，他没有理学的专门著作。能反映其理学思想的，是他读理学大全等书时所作札记汇辑成的《读书录》和《读书续录》，共 23 卷。

薛瑄认为："凡大小有形之物，皆自理气至微至妙中生出来，以至于成形成著。"②因此，天地间只有"理气"。和曹端一样，他也称"太极能为动静"，否则太极就变成了枯寂之物，理亦如此。他主张"理气无缝隙"，理与气"有则俱有"，"决不可分先后"③。薛瑄认为，"道"是"性"之"实体"，"太极"是"性"之"表德"，因此"性"是包括人在内的万物枢纽、万理总汇，"无所不有，无时不然"④，求道问学、道德修养的目的就是"复性"。在"复性"的方法中，薛瑄特别强调下学的工夫，认为下学工夫不实，欲求上达则"无可据之地"⑤。薛瑄的下学，内容除读圣贤经传外，主要是与切己有关的视听言动、饮食男女等人伦日用。薛瑄指出，只要按封建道德的要求恭行践履，且处之得宜，即为"格物"，即可获得仁义礼智之性，这就是知性、复性。由格物到知性、复性，即由下学到上达，薛瑄认为，中间要经过"豁然贯通"的直觉方法（"心悟"），下学是上达的基础和关键。

薛瑄的理学"一本程朱"，因此人称其谨守朱学矩矱，"开明代道学之基"。不过，薛瑄的理学又试图在某些方面对朱学进行补充，这反而使朱学变得思想枯乏，殆无生气。他重视下学而忽视上达，只求行为的当然而不求其所以然，显然把朱学变得褊狭了。而且，他的践行多限于耳目

---

① 《明史》卷 282《薛瑄传》。
② 《读书录》卷 2。
③ 《读书录》卷 2。
④ 《读书续录》卷 4。
⑤ 《读书录》卷 10。

口鼻之类的"至鄙至陋",难免流于肤浅,不能同朱熹恢阔的格物论相比拟。

薛瑄的门徒很多,在明代影响也比较大。高攀龙称明代学脉有二,一为南方的阳明之学,一为北方的薛瑄之学。薛瑄与弟子张禹、阎禹锡和私淑段坚等形成河东之学,复由段坚门徒周蕙及周的再传弟子吕柟等形成明中期的关中之学。

吴与弼,字子传,号康斋,江西崇仁人。他初习诗赋、经制,十九岁时见朱熹所编《伊洛渊源图》,慨然向慕,遂废弃举业,尽读"四书""五经"及理学著作,"足迹不下楼者数年"。后其家益贫,"躬亲耕稼,非其义一介不取。四方来学者约己分少,饮食、教诲不倦"①。正统、景泰年间,多次被举荐而不出。天顺初,被征至京,授左春坊左谕德,令辅导太子读书,仍坚辞,并在离京前向英宗上"崇圣志""广圣学"等十事,内多以往圣贤格言。归乡途中,绕道至闽,拜朱熹墓,"申愿学之志"。后在家读书授徒,因得罪人多,颇为人诬,死后不得封谥,不得从祀孔庙。

吴与弼的理学,"上无所传",自学自得。他平生不多著述,有《康斋集》12卷,其中的《日录》1卷为日记体,记其修身养性事,比较集中地反映了他的理学思想。吴与弼讲学不作玄妙高谈,以启发方式教授切身修德事,并身体力行。据载,陈献章初来学,不能早起,吴与弼天未亮已亲自簸谷,高呼道:"秀才,若为懒惰,即他日何从到伊川门下,又何从到孟子门下。"②

吴与弼的理学不重视天道自然,主要讲身心修养。他认为,圣贤教人就是修身,修身然后可以齐家、治国、平天下。他说:"圣贤教人,必先格物致知以明其心,诚意正心以修其身,修身以及家而国而天下,不难矣。故君子之心必兢兢于日用常行之间,何者为天理而当存,何者为人

---

① 《明史》卷 282《吴与弼传》。
② 《明儒学案》卷 1《崇仁学案一·聘君吴康斋先生与弼》。

欲而当去。"①吴与弼认为，读书为学就是"反求吾心"，"无非存天理，灭人欲"②。他指出，对"吾心"进行涵养、磨洗、启发，循序渐进，久而久之，就能达到"反求吾心"的目的。由于强调向内径求，"反求吾心"，所以吴与弼特别重视"平旦之气"的静观和枕上的"夜思"冥悟。这实际上是在朱学中杂入了陆九渊的思想，成为后来王学的先声。

吴与弼的门徒也比较多，著名的有娄谅、胡居仁、罗伦、谢复、胡九韶、陈献章、周文、杨杰等，称崇仁之学。他的弟子在其门下又分成二派：陈献章"得其静观涵养，遂开白沙之宗"，即后来的江门心学；胡居仁、娄谅等"得其笃志力行，遂启余干之学"③。

总体来说，程朱理学在明初虽被定为官学，但就其思想本身而言，并没有什么新的发展。曹端、薛瑄、吴与弼作为朱学在明代前期的三个代表人物，从不同方向撕裂了朱学的体系。加上明开国时期的宋濂、刘基的不同体认，程朱理学已支离破碎，呈现出枯竭、不景气的状态。造成这种状况的原因除体认不同外，更重要的是朱学作为一种客观唯心主义哲学体系，本身还不成熟完备，存在着矛盾，如理气问题、同为学方法有关的知行认识论等等。后人往往各执一端，从而不可避免地导致分歧。

二、心学的崛起

明代中期，心学的崛起并风靡一时是明代哲学思想演变的一个重要表现。心学的创立者南宋陆九渊主张"心即理"，提出"宇宙便是吾心，吾心便是宇宙"④，宣扬主观唯心主义。陆九渊的心学产生后，得到迅速传播，并与程朱理学共同构成宋元理学的两大主要流派，互争高低。明初把宣扬客观唯心主义的程朱理学定为官方哲学后，心学的传播和发展受到抑制和排斥。但是，由于条件的变化，至明中期，程朱理学逐渐不适应

---

① 《康斋集》卷 10《励志斋记》。
② 《日录》。
③ 《四库全书总目》卷 170《〈康斋文集〉提要》。
④ 《象山先生全集》卷 22《杂说》。

社会的需要,而且破绽百出,于是陈献章等人复倡心学。迨王守仁出,更把心学发展到登峰造极,王学遂占尽明代中后期理学的风流。

陈献章,字公甫,别号石斋,广东新会人。正统十二年(1447)举乡试,次年会试落第,遂以听选监生入国子监读书。景泰二年(1457)再次会试落第后,开始从吴与弼学习理学。半年后归乡,闭门读书,"数年无户外迹"。成化二年(1466)复游太学,受到京师名士的极高推崇,被誉为"真儒复出",归后"四方来学者日进"①。成化五年第三次会试落第后,被荐征至京,授翰林院检讨以归。陈献章家居新会白沙,因此学者称其为白沙先生。白沙靠近西江入海之江门,故其心学称为江门之学、江门心学。其诗文,后人辑为《陈白沙集》。

陈献章先学读书穷理,两次会试落第后开始转向求之本心,推崇"惟在静坐,久之然后见吾心之体"的修养方法②。第三次会试落第后,不再局限于室内静坐,而逍遥于自然,以自然为宗,主张不离日用,于时事出处中即现"本心",标立"天地我立,万化我出,宇宙在我"的世界观③。至此,他的心学思想体系基本形成。

陈献章主张,"元气"是组成宇宙的基本要素,"元气塞天地,万古常周流"④;在"气"与"道"(理)的关系上,"道"为天地之本,是万物的根源;"道"以外有"心","君子一心,万理完具,事物虽多,莫非在我"⑤。他认为,万事、万物、万理归根到底都是我"心"的产物。

由此出发,他提出"以自然为宗"的修养目标或为学宗旨,即要求充分扩充主观自我,以摆脱生死得失的束缚,"重内轻外","以四大形骸(生、杀、荣、辱)为外物","除了此心此理,便无可贵"⑥。而为实现"以自然为宗",他又主张一方面要以静求心,"为学须从静坐中养出端倪,方有

---

① 《明史》卷283《陈献章传》。
② 《陈白沙集》卷2《复赵提学金宪》。
③ 《陈白沙集》卷3《与林郡博》。
④ 《陈白沙集》卷5《五日雨霁》。
⑤ 《陈白沙集》卷1《论前辈言铢视轩冕尘视金玉》中。
⑥ 《明儒学案》卷5《白沙学案上·文恭陈白沙先生献章·著撰》。

商量处"①;另一方面强调要以"我"观书,"学以变化习气,求至乎圣人而后己"。②

陈献章的心学与陆九渊的心学都主张"心"是世界的本源,因此在本质上是一致的。但是与陆九渊不同,陈献章在一定程度上又受到程朱理学的影响,而且其理学更注重个人超脱,伦理色彩比陆学要淡薄很多。陈献章的江门心学开始了明代学术局面由初期的朱学统治向中后期的心学风靡的转变,并且与后来的王守仁的姚江心学共同构成明代心学的主要内容。因此,它在宋明理学史上有着重要的地位。黄宗羲称,"有明之学","至白沙始入精微","至阳明而后大"③。这虽然是从心学后学的角度而言的,但也反映出一定的真实情况。

陈献章的及门弟子,《明儒学案》录 12 人,其中最著名者为湛若水和张诩。张诩主张"忘形骸","损耳目","去心智",以达到"大悟广大高明,不离乎日用,一真万事,本自圆成,不假人力"的境界④。这实际上已用佛、老思想对心学进行了改造。

湛若水,字元明,广东增城甘泉都人,学者称为甘泉先生。弘治五年(1492)举于乡,次年会试不第。他从陈献章游,因悟出"随处体认天理"而深得嘉许,并被视为其学术继承人。弘治十八年中进士,选庶吉士,授翰林院编修,与王守仁相应和。不久服母丧归家,"筑西樵讲舍,士子来学者,先令习礼,然后听讲"⑤。嘉靖初,入朝,历任编修、侍读、南京国子祭酒、礼部侍郎、南京吏、礼、兵部尚书,数疏谏请经筵日讲,要求抑制南京侈靡之俗。湛若水平生著述繁富,但多散佚,然而其理学思想在现存《甘泉先生文集》中仍可反映出来。

湛若水深受张载影响,把"虚无"当作其自然观的基本范畴,认为"太

---

① 《陈白沙集》卷 2《与贺克恭黄门》。
② 《陈白沙集》卷 1《古蒙州学记》。
③ 《明儒学案》卷 5《白沙学案序》。
④ 《明儒学案》卷 6《白沙学案下·通政张东所先生诩》。
⑤ 《明史》卷 283《湛若水传》。

虚"即气,"宇宙间一气而已"①。世界万物由"气"构成,精神意识现象也是"气"的表现。但是,他并未停留于气本论,而是又提出"理"与"气",或"道"与"器",或"性"与"气",只有存在状态的有形或无形、偏或正之别,而无本质之异,因此"理气一体""宇宙一理""宇宙一性",从而呈现出程朱理气观的色彩。由此出发,他进一步提出"心""事""理"三者合一,"天地古今,宇宙内只同此一个心"②,"万事万物莫非心"③,从而最终站到了心学的阵营。湛若水的为学或修养方法包括"立志""煎销习心""体认天理"④,其中他尤其重视后者,"随处体认天理"是其心学方法的主要内容和特征。

湛若水久仕高级学官,生平所建书院很多,从学弟子甚众,所谓"相从士三千九百余"。他的及门弟子中,最著名者有吕怀、何迁、洪垣、唐枢四人,"(吕)怀之言变化气质,(何)迁之言知止,(唐)枢之言求真心,大约出入王(守仁)、湛(若水)两家之间,而别为一义。(洪)垣则主于调停两家,而互救其失,皆不尽守师说也"⑤。到了湛若水的二传弟子许孚远、三传弟子冯从吾,江门心学的特色已经消失,逐渐地融入了王学。

王守仁,字伯安,自号阳明子、阳明山人,浙江余姚人。出身于仕宦之家,弘治十二年(1499)中进士,任刑部主事、兵部主事。正德元年(1506)冬,因疏救大臣而忤权阉刘瑾,遭廷杖,并谪为贵州龙场驿丞,刘瑾败后回朝。正德十一年,擢右金都御史,巡抚南赣,因镇压当地农民起义,升右副都御史,予世袭锦衣百户,再进副千户。正德十四年,平定明宗室宁王朱宸濠的叛乱。嘉靖初,升南京兵部尚书,参赞机务,封新建伯。嘉靖六年(1527)以后,以南京兵部尚书兼左都御史身份总督两广兼巡抚,讨平思恩、田州土酋叛乱,镇压大藤峡人民起义。后病卒。

---

① 《甘泉先生文集》卷 2《新论》。
② 《明儒学案》卷 37《甘泉学案一·文简湛甘泉先生若水·语录》。
③ 《甘泉先生文集》卷 24《泗州两学讲章》。
④ 《甘泉先生文集》卷 8《新泉问辩录》。
⑤ 《明史》卷 283《湛若水传》。

　　王守仁的心学创立有一个很长的过程。人称其"学凡三变","始泛滥于词章,继而遍读考亭(指朱熹)之书,循序格物,顾物理、吾心终判为二,无所得入,于是出入佛、老者久之",这是前三变。被谪入贵州后,他身处逆境,"情迫于中","势限于外",愤懑之余,"忽悟格物致知之旨、圣人之道,吾性自足,不假外求",逐渐形成心学思想体系。在龙场,他主张"以默坐澄心为学的";从龙场到南京后,他"专提致良知三字";嘉靖初,他居家授徒,"所操益熟,所得益化","是学成之后又三变也"①。王守仁心学的产生,固然与王守仁个人的经历和遭遇有关,但也是程朱理学支离破碎的必然结果,同时也是陆九渊、陈献章、湛若水等所倡心学的继续发展。可以说,王守仁的心学既有对传统儒学的汲取,也有江门心学,主要是湛若水的影响,同时受佛教禅宗的启发也很大,这是王学思想渊源的三个主要方面。王守仁的著作由他的学生汇编成《王文成公全书》,共38卷,其中哲学方面的著作主要是《传习录》(上、中、下)和《大学问》。

　　王守仁的哲学体系,集我国古代主观唯心主义之大成,包括"心外无物""心外无理"的宇宙观,"致良知"及"知行合一"的认识论。

　　"心外无物""心外无理"是王守仁哲学的逻辑起点和理论基础,也是他的宇宙观。他说:"无心则无身,无身则无心。但指其充塞处言之谓之身,指其主宰处言之谓之心,指心之发动处谓之意,指意之灵明处谓之知,指意之涉著处谓之物,只是一件。"②即心不仅使感觉器官能够视听言动,而且通过"知"的"灵明"去指导、规定视听言动的方向。他指出,"意未有悬空的,必著事物③,即主观意念和客观事物是互相依存的;"意之所用,必有其物,物即事也"④,即意念一经发动就要作用于物,物也就成了意所从事加工的对象而失去客观独立性;"有是意即有是物,无是意即

①《明儒学案》卷 10《姚江学案·文成王阳明先生守仁》。
②《传习录》下。
③《传习录》下。
④《传习录》中《答顾东桥书》。

无是物,物非意之用乎?"①即物不仅是意所加工的对象,而且是意所作用的结果,是为了让意有所加工而创造出来的派生物。王守仁认为,寄生于认识的能动性,把"吾心"中一点"灵明"发动起来,就产生了"感应之几"的"妙用",心有所感(动),物有所应,在一刹那间("几")实现心与物的"妙合而凝"。他举例说:"你未看此花时,此花与汝同归于寂。你来看此花时,则此花颜色一时明白起来,便知此花不在你的心外。"②这样,他就得出"心外无物""意之所在便是物"的结论。

在"心"与"理"的关系上,王守仁提出"心外无理"。他说:"天地感而万物化生,实理流行也;圣人感人心而天下和平,至诚发见也,皆所谓贞也。观天地交感之理、圣人感人心之道,不过于一贞,而万物生、天下和平焉,则天地万物之情可见矣。"③即自然和社会的发展是"理"的体现,说到底是圣人"至诚发见"的结果。那么,"理"又是什么呢?王守仁说:"理也者,心之条理也。是理也,发之于亲则为孝,发之于君则为忠,发之于朋友则为信。千变万化,至不可穷竭,而莫非发于吾之一心。"④因此,"心即理也","物理不外乎吾心,外吾心而求物理,无物理矣"⑤。

王守仁把《大学》的"致知"和孟子的"良知"结合起来,提出"致良知"。他说"吾平生讲学,只是致良知三字"⑥,认为"致良知"是"学问大头脑","千古圣圣相传的一点真骨血"⑦。与朱熹不同,王守仁的"致知格物"指的是"致吾心之良知于事事物物","吾心之良知,即所谓天理也。致吾心之良知天理于事事物物,则事事物物皆得其理矣"⑧。即与其烦琐地在外面"穷物理",不如不懈地从内心"致良知"。他认为,认识能力是

① 《传习录》中《答顾东桥书》。
② 《传习录》下。
③ 《王文成公全书》卷 26《五经臆说十三条》。
④ 《王文成公全书》卷 8《书诸阳卷》。
⑤ 《传习录》中《答顾东桥书》。
⑥ 《王文成公全书》卷 26《寄正宪男手墨两卷》。
⑦ 《王文成公全书》卷 33《年谱》二。
⑧ 《传习录》中《答顾东桥书》。

人先天就有的,"知是心之本体","心自然会知,见父自然知孝,见兄自然知悌,见孺子入井自然知恻隐,此便是良知,不假外求"①。因此,"致良知"如"磨明镜",不过是把心中固有的认识能力充分发挥出来。王守仁否认有见闻之知的必要,认为"良知"既不能停滞于见闻之知,也不能混同于见闻之知,"多闻择其善者而从之,多见而识之,既云择,又云识,其良知亦未尝不行于其间","良知不由见闻而有,而见闻莫非良知之用",因此"良知之外,别无知矣"②。

王守仁认为,判断是非善恶的标准是"吾心"之"良知","尔那一点良知,是尔自家底准则。尔意念著处,他是便知是,非便知非,更瞒他一些不得。尔只要不欺他,实实落落依着他做去,善便存,恶便去,他这里何等稳当快乐,此便是格物的真诀,致知的实功"。③ 王守仁指出,"致良知"的目的除了要锻炼一颗"是非之心"外,还要培养一种处理善恶的"好恶之情","良知只是个是非之心,是非只是个好恶。只好恶,就尽了是非。只是非,就尽了万事万变"。④

"知行合一"是王守仁整个哲学体系的"立言宗旨",它强调用封建伦理道德的自觉修养去规范行动。"知"是对于封建伦理道德的认识,"行"是对于封建伦理道德的实践。王守仁认为,"知是行的主意,行是知的工夫。知是行之始,行是知之成","若会得时,只说一个知,已自有行在。只说一个行,已自有知在"⑤。他指出,"知"和"行"互相影响,相互渗透,"知行合一"。他指出,"行之明觉精察处便是知,知之真切笃实处便是行","元来只是一个工夫"⑥。王守仁对"知""行"的依赖关系加以夸大、歪曲,提出"知即是行","我今说个知行合一,正要人晓得一念发动处,便即是行了。发动处有不善,就将这不善的念克倒了,须要彻根彻底,不使

①《传习录》上。
②《传习录》中《答欧阳崇》一。
③《传习录》下。
④《传习录》下。
⑤《传习录》上。
⑥《王文成公全书》卷 6《答友人问》。

那一念不善潜伏在胸中,此是我立言宗旨"。① 而如何克服那"一念不善",王守仁又回到了"致良知"上。

王守仁的心学集宋明以来主观唯心主义的大成,但其中也有一些积极的成分和合理的因素。王守仁在反对朱熹"知先行后"的主张中,有时也强调"行"的重要性;在论述"知行合一并进"中强调学以致用的原则,这在明中期以前学风空疏的环境中是可取的,也是一种比较进步的思想。由于王守仁当时是以反对程朱理学的面目出现的,因此王学又具有摆脱传统束缚的精神,这对明后期以至明清之际的思想发展都有积极的影响。

王守仁提倡心学的目的,是要人们遵守封建伦理道德,"去心中贼",缓和明中期以来激化的社会矛盾,维护明王朝的专制统治,这与程朱是一致的。但由于王学比朱学更为精致和简易,更具有欺骗性,因此尽管它与已成官学的程朱理学不合,但还是得到了统治阶级的认可和提倡。隆庆元年(1567),明穆宗降诏旌褒王守仁,特赠为新建侯,谥文成,"锡之诰命","永为一代之宗臣"②。王学在明代中后期得到广泛流传,一度几乎取代程朱理学的官学地位,后人又称阳明学、阳明心学。

三、王学的流传

王守仁一生门徒众多,最初从学者不过"郡邑之士","龙场悟道"后,"四方弟子始益进焉"③。这些弟子后来在各地讲授"致良知"论,使王守仁心学传遍全国,并且远及日本、朝鲜。但是,由于王学自身体系的不完善和弟子各自的体认不同,王学后学又分化成一些不同的支派,《明儒学案》按地域分为浙中、江右、南中、楚中、粤闽、泰州等七个学派。它们有的向左,有的向右,有的因袭,对王守仁思想的取舍发挥各不相同。在这

---

① 《传习录》下。
② 《王文成公全书》卷35《附录》。
③ 《明儒学案》卷11《浙中王门学案序》。

些支派中,浙中、江右、泰州三派的人数较多,其中也多有代表性学者。

浙中王学是指王守仁家乡余姚及附近士人形成的王学流派,《明儒学案》列 18 人,其中著名的有钱德洪、王畿。史称,"时士大夫率务讲学为名高。而(钱)德洪、(王)畿以(王)守仁高第弟子尤为人所宗"。①

钱德洪,名宽,字德洪,后以字行,改字洪甫,浙江余姚人。王守仁平定宁王叛乱后归家,钱德洪偕数十人从学。嘉靖十一年(1532)中进士,出为苏州府学教授。后补国子监丞,升刑部主事、刑部员外郎。因事斥为民。遂周游四方,讲良知学。隆庆时得复官,寻进阶朝列大夫致仕,万历时又进一阶。钱德洪"在野三十年,无日不讲学。江、浙、宣、歙、楚、广名区奥地,皆有讲舍"②。他待徒严而有礼,注重启发,著作有《阳明夫子年谱》3 卷、《濠园记》1 卷等,其师徒授受言论有《会语》和《论学书》,收于《明儒学案》。

钱德洪的学术也有三变。起初,他以"为善去恶"为"致良知";已而认为"良知""无善无恶","吾安得执以为有而为之而又去之?"后来又认识到"离已发而求未发,必不可得","无善无恶者见也,非良知也。吾惟吾所知以为善者而行之,以为恶者而去之"。③ 钱德洪重视"知",认为"充天塞地间只有此知",一切都是"知"的虚明凝聚、妙用流行,人而有"知"则天地"合",人而无"知"则天地"散"④。这是王守仁"我的灵明"论的延伸。钱德洪认为,"心"以"知"为本体,"知"以"心"的"感应"("意")之是非为本体,感应之事即"物","意"和"物"变化作用都不能干扰作为主宰万物的"知"的"是非之则"。钱德洪以力辟王学空疏倾向、恢宏师说为己任,批语王畿的顿悟,主张于应酬中求本体,"只须于事上识取本心",因此后人多赞成他而不同意王畿。钱德洪的修养论是"无欲",主张要保持"无欲",必须正心、诚意,即"慎独"。钱德洪于王学"把缆放船,虽无大

---

① 《明史》卷 283《钱德洪传》。
② 《明儒学案》卷 11《浙中王门学案一·员外钱绪山先生德洪》。
③ 《明儒学案》卷 11《浙中王门学案一·员外钱绪山先生德洪》。
④ 《明儒学案》卷 11《浙中王门学案一·员外钱绪山先生德洪·会语》。

得,亦无大失"。① 他的哲学思想,只是对王学作一些大同小异的修饰,以便于王学的流传。

王畿,字汝中,别号龙溪,浙江山阴(今绍兴)人。他年少时举于乡,"后受业王守仁,闻其言无底滞,守仁大喜"。② 王守仁征讨思、田时,留其与钱德洪主持书院。王守仁门生弟子日众后,不能亲自教授,乃托二人相助,"二人先为疏通其大旨","而后卒业于守仁"。③ 王守仁死,王畿为其经纪丧事,持心丧三年。嘉靖十一年(1532)中进士,授南京兵部主事,进郎中。后因大学士夏言恶王学,去官。他归后益务讲学,足迹遍东南,吴、楚、闽、越皆有讲舍,"年八十余不肯已",有《龙溪先生全集》20卷行世。

王畿是传播王学最得力的学者,王学也因他而失去原来面目。王畿之学,重在求"真",其讲学、著述多用"真体""真性""真知""真修""真根子""真种子"等提法。他认为世儒的解说皆幻皆假,唯我之说为妙为真。他主张禅与儒"其致一也",因此论学多标举禅理,"君子之学,以无念为宗"④,"以无心而成化,理学之的也"⑤。王畿说"良知"便是"无知""独知","独知便是本体,慎独便是工夫"⑥。他指出,本体既为无、虚寂,自然无所用其工夫,因此"良知"不须致,而在一个"悟"字。王畿的理学中带有浓厚的禅学色彩。它一方面使王学的某些概念、范畴得到翻新,从而加固了王学;另一方面也必然导致对包括封建伦理纲常在内的世俗之见的否定和王学固有藩篱的突破而使其崩溃。泰州学派就是沿此路发展,而认为饥来吃饭困来眠,世间都是圣人,更无须修为研讨。

王畿"居村下四十余年,无日不讲学"⑦,是王守仁死后的王学宗主,

---

① 《明儒学案》卷11《浙中王门学案一·员外钱绪山先生德洪》。
② 《明史》卷283《王畿传》。
③ 《明史》卷283《钱德洪传》。
④ 《龙溪先生全集》卷15《趋庭漫语付应斌儿》。
⑤ 《龙溪先生全集》卷1《抚州拟岘台会语》。
⑥ 《龙溪先生全集》卷13《欧阳南野文选序》。
⑦ 《明儒学案》卷12《浙中王门学案二·郎中王龙溪先生畿》。

在当时影响极大。王学因其与泰州学派而"风行天下",也因其与泰州学派而"渐失其传","盖跻阳明而为禅矣"①,使王学后学近于禅学。

江右王学指明代江西地区的王守仁弟子形成的学术流派。江右王学人数最多,《明儒学案》共列 27 人,其中有的偏于守成,因而被视为王学正传,以邹守益为代表;有的重在标新立异,因而有离异师说之嫌,以聂豹、罗洪先为代表。

邹守益,字谦之,号东廓,学者称东廓先生,江西安福人。正德六年(1511)进士,出王守仁门下,授翰林院编修,次年告归。谒王守仁,讲学于赣州,参与平定宁王叛乱。嘉靖时赴官,因谏"大礼议"而下狱,贬为广德州判官。任内废淫祠,建复初书院,"与学者讲授其间",迁南京礼部郎中,历任南京吏部郎中、太常少卿兼侍读学士、南京祭酒等职。罢归后,日事讲学,"四方从游者踵至",成为王学在江右的主要传人。

邹守益信守师说,以发明"致良知"为宗旨。他从王守仁"独即所谓良知也,慎独者所以致其良知也,戒慎恐惧所以慎其独也"之语中得到启示,称"不睹不闻是指良知本体,戒慎恐惧所以致良知也"②,这是他理学的基本观点。从王守仁"体用合一""动静"无间观点出发,邹守益认为,'寂感(动静)无时","体用无界","寂感体用"合一,"戒惧"既是本体,又是工夫,因此本体工夫合一。邹守益在王守仁"致良知"说遭到多方责难的情况下奋起卫护,并以发明"致良知"宗旨为职志。同时,他广收门徒,专播师说,对王学的流传作出了贡献。黄宗羲以邹守益为王守仁的嫡传,称"阳明之没,不失其传者,不得不以先生(指邹守益)为宗子也"。③

聂豹,字文蔚,江西永丰人。正德十二年(1517)进士,授华亭知县。他在任内浚陂塘,百姓复业者 3000 余户。嘉靖四年(1525),召拜御史,巡按福建,后又出为苏州知府、平阳知府。因退寇功擢陕西副使,备兵潼关,不久因谗落职。"庚戌之变"后,召拜兵部左侍郎,寻迁兵部尚书。任

---

① 《明儒学案》卷 32《泰州学案》序。
② 《东廓邹先生文集》卷 8《答曾弘之》。
③ 《明儒学案》卷 16《江右王门学案一·文庄邹东廓先生守益》。

上拙于谋划,终因反对严嵩等人开海滨互市议而罢归。

聂豹"初好王守仁良知之说,与辨难,心益服。后闻守仁殁,为位哭,以弟子自处"。① 嘉靖二十五年(1546),他被逮下狱,据说"狱中闲久静极,忽见此心真体,光明莹彻,万物皆备,乃喜曰:此未发之中也,守是不失,天下之理皆从此出矣。及出,与来学立静坐法,使之归寂以通感,执体以应用"。② 聂豹提出的"归寂"说仍属于王守仁心学体系的范畴,但是在"致良知"的途径上,他主张外"事"以求"心",舍"动"以求"静",从"未发"中体认"良知",因而遭到同门非难,被目为"禅悟"。

罗洪先"虽宗良知学,然未尝及守仁门,恒举《易大传》'寂然不动'、周子'无欲故静'之旨以告学人"③。他认为,"吾心"是万物本原,心体本寂,万物本静,"致良知"就是"致吾心之虚静而寂",即"主静"所以"致良知"。罗洪先指出,"主静"的实质在于"无欲",从"戒惧"入手,达到"内外两忘"的最高境界。不过,到了晚年,罗洪先又转向"以天下为己任"的"仁体"说。他说:"近来见得吾之一身,当以天下为己任。不论出与处,莫不皆然。真以天下为己任者,即分毫躲闪不得,亦分毫牵系不得。……阳明公'万物一体'之论亦是此胚胎。此方是天地同流,此方是为天地立心、生民立命,此方是天下皆吾度内,此方是仁体。孔门开口教人从此立根脚。"④罗洪先的"仁体"说具有"入世""用世"的思想特点,在王学后学中具有典型的意义。罗洪先认为,"圣贤之学"在于"求以复吾心","以吾心之能应","于是有五伦之交","于是有明伦之实"⑤,即以维护封建伦常为本位。罗洪先宣扬陈献章的心学为明代"正学"开山,至王守仁的"致良知"说出,"圣贤之学"才复明于世,"周遍"而不偏。

聂豹、罗洪先的理学,有继承师说的一面,即都认为"良知本体"是

---

① 《明史》卷 202《聂豹传》。
② 《明儒学案》卷 17《江右王门学案二·贞襄聂双江先生豹》。
③ 《明史》卷 283《罗洪先传》。
④ 《念庵罗先生集》卷 2《寄尹道与》。
⑤ 《念庵罗先生集》卷 5《正学书院记》。

"未发之中""寂然不动"，但是在如何"致良知"的问题上却标新立异，提出"归寂"说、"主静"说，不尽合师意。但是，其立言初衷却是为了补救王学在流传中出现的弊偏，因而他们在发展王学方面是有贡献的。

泰州学派是王学流传久长的一支，因其开创人王艮为泰州人而得名。

王艮，字汝止，号心斋，南直隶泰州安丰场（今江苏东台）人。他出身于世代灶户家庭，7岁入乡塾，11岁时因贫出塾服家事，38岁见王守仁于江西，与辩，"久之大服，拜为弟子。明日告之悔，复就宾位如故。已，心折，卒称弟子"①。40岁时，他自制蒲轮车往游京师，宣传王学，人多目为怪，经王守仁痛责后回乡，立书院，常会同学论道。

作为一位平民出身的学者，王艮虽曾师承王守仁，却没有被王学的思想束缚，而是对其积极因素进行了发挥。他从王守仁的不分贵贱在见闻酬酢中即可"致良知"出发，提出了"百姓日用之道"。王艮的"百姓日用之道"在理论形态上沿袭儒学的传统命题。但实际内容却和儒学正宗相背离。他否认"道"的神圣性，认为"愚夫愚妇，与知能行，便是道"②，指出"圣人之道"无异"百姓日用"。王艮以适应"百姓日用"作为衡量符合"圣人之道"的尺度，否则谓之异端，认为只有"立本安身"，才能治国、平天下。从王守仁"天地万物一体"论出发，王艮认为，"人欲"就是"天理"，"天理者，天然自有之理也，才欲安排如何，便是人欲"③。他肯定饮食男女之性是"自然天则"，反对"适己自便、利己害人"的私欲，主张满足每个人的自然要求。他说："夫仁者，以天地万物为一体，一物不获其所，即己之不获其所也，务使获所而后已。是故人人君子，比屋可封，天地位而万物育，此予之志也。"④王艮的哲学思想中透露出民本主义倾向和要求平等、反对封建统治的理想。

---

① 《明史》卷283《王艮传》。
② 《明儒王心斋先生遗集》卷1《语录》。
③ 《明儒王心斋先生遗集》卷1《语录》。
④ 《明儒王心斋先生遗集》卷1《勉仁方书壁示诸生》。

由于知识底蕴不足和缺乏理论兴趣，王艮对本体论、思想方法和修养方法等很少论及，而只是重复王守仁的一些哲学语言，袭取其理论形式，无足称道。但是，他提出的"百姓日用之道""安身立本"的格物论和追求"人人君子"的社会理想却别具特色，成为泰州学派的主体思想。

由王艮开创的泰州学派由于贯穿了平民意识，提出了与正统儒学不同的"异端"思想，因而获得了下层群众的广泛支持和同情，其影响在当时超过了王守仁后学的其他流派。史称，"心斋先生毅然崛起于草莽鱼盐之中，以道统自任，一时天下之士率翕然从之，风动宇内，绵绵数百年不绝"。① 据不完全统计，自王艮至其五传弟子，泰州学派共有 487 人，有上层官吏，有下层民众，活动范围遍及长江中下游。泰州学派中的著名学者不少，继承王艮的有族弟王栋，二子王襞，弟子林春、徐樾等，徐樾的弟子有赵贞吉、颜钧，颜钧的弟子有何心隐、罗汝芳，王襞的弟子有李贽。他们在不同程度上对王艮的思想加以发展，"赤手搏龙蛇"，"掀翻天地"，是"前不见有古人"的反封建先锋②，从而使泰州学派成为中国封建社会后期的第一个启蒙学派。泰州学派后学们的叛逆行为，不断受到封建统治阶级的严厉打击，颜钧被充军，何心隐被杀，李贽被迫害在狱中自尽。这里仅就表现尤为突出的李贽的思想，专加论述。

李贽，号卓吾，福建晋江人。他 7 岁从父读书，20 岁离家谋生，嘉靖三十一年（1552）26 岁中举，因"困乏"，不再上公车。四年后他被选为河南辉县教谕，历官南京国子监博士、北京礼部司务、南京刑部员外郎、云南姚安知府。李贽于万历八年（1580）辞官，携家至湖北黄安居住，后又只身移居麻城龙潭芝佛院，专心读书著述。他因痛斥同门学者耿定向不救援被明政府逮杀的何心隐，遭耿毁谤、驱逐。万历二十九年他到北通州居住，明政府以"敢倡乱道、惑世诬民"的罪名将其逮捕下狱。次年，他在狱中用剃刀割喉自刎③。

---

① 《明儒王心斋先生遗集》附《弟子师承表序》。
② 《明儒学案》卷 32《泰州学案》序。
③ 《明神宗实录》卷 369。

　　李贽的哲学思想比较复杂,既有自发的唯物主义倾向和辩证法思想的光辉,又有主观唯心主义的浓厚色彩,而且在他的哲学思想发展过程中后者显然占了主导地位。李贽反对把孔子思想神化为万古不变的教条,大胆揭露文化专制带来的蒙昧,提出"是非无定质、无定论"的观点。他说:"人之是非,初无定质;人之是非人也,亦无定论。无定质则此是彼非,并育而不相害;无定论则是此非彼,亦并行而不相悖矣。"①因此,他主张不能以孔子之是非为是非,并否定了"六经"的神圣性。李贽从抽象的、一般的人的观点出发,反对封建等级观的先天决定论,认为人是天赋平等的。他主张男女平等,"不可止以妇人之见为见短也",曾非常尖锐地发问:"人有男女则可,谓见有男女岂可乎? 谓见有长短则可,谓男子之见尽长,女子之见尽短,又岂可乎?"②他从人人都具有"德性"的观点出发,反对道学家认为只有圣人有德、凡人无德的观点。他还从人的身体是一个物质体的观点出发,大胆提出君民平等观。他说:"圣人知天下之人之身,即吾一人之身,我亦人也,是上自天子,下至庶人,通为一身矣。"③

　　李贽认为,人有不同的个性和"不齐之物情","礼"应当保证它们的实现,而不是对它们进行束缚。他揭示了封建礼教通过道学家们的仁义说教而绞杀"童心",使人"失却真心",变成了假人。他指出,"童心"是"绝假纯真、最初一念之本心""真心",提出要复"真心",做"真人"④。即冲决封建伦常束缚,实现个性解放。与道学家们"存天理、去人欲"的伦理说教相对,李贽提出,"穿衣吃饭即是人伦物理,除却穿衣吃饭,无伦物矣"⑤。他公开表示,"夫私者,人之心也。人必有私,而后其心乃见。若无私,则无心矣"⑥。与此同时,他又无情地揭露道学家们的两面派嘴脸,

①《藏书》前附《藏书世纪列传总目前论》。
②《焚书》卷 2《答以女人学道为见短书》。
③《李温陵文集》卷 18《明灯道古录》。
④《焚书》卷 3《童心说》。
⑤《焚书》卷 1《答邓石阳》。
⑥《藏书》卷 32《德业儒臣后论》。

指责他们"阳为道学,阴为富贵,被服儒雅,行若狗彘"①。

李贽的思想虽然反映出时代的某些进步倾向,但从思想体系上看还没有挣脱出唯心主义的束缚。他的世界观基本上承袭着王学和佛教的观点。他说:"心即是境,境即是心,原是破不得的"②,"吾之色身,洎外而山河,遍而大地,并所见之太虚空等,皆是吾妙明真心中一点物相耳。"③他把化生宇宙万物的"妙明真心"又称为"清净本原"或"真空",认为"清净本原"是"万物之母",山河大地的存在不过是"清净本原"所以成为"顽空无用之物""断灭空不能生化之物"的例证④。他虽然感触到客观世界的真实性,用"阴阳二气"的矛盾变化来说明事物的"造端",否定程朱理学的理本体论,但又以个人的直觉为世界的主宰,因而未能跳出主观唯心主义的窠臼。李贽晚年还深信佛学,宣扬佛教的因果说和轮回说,从而在主观唯心主义的泥潭中越陷越深。

尽管李贽未能摆脱主观唯心主义的束缚,但是他对道学的猛烈批判和对个性解放的追求却是前所未有的,在当时影响很大,"后生小子喜其猖狂放肆,相率煽惑"⑤。明朝统治者对李贽的"异端"思想很是害怕,不仅逮捕了李贽,而且下令对其著作"尽搜烧毁,不许存留","如徒党曲庇收藏","并治罪"⑥。但是,统治阶级的禁毁令并未得到严格执行。李贽死后,其书"益传","名益重"⑦。到明末,其著作虽屡遭禁毁,但士大夫却多喜阅读和收藏,以至传到了日本。李贽的反道学思想对其以后的思想界和文艺界也有很大的影响,在中国思想史上有着重要的地位。

综上所述,王守仁把主观唯心主义发展到了极端,其心学中既有理学最落后的内容,又有某些新的形式,二者尖锐对立。王守仁死后,他的

---

① 《续焚书》卷2《三教归儒说》。
② 《续焚书》卷1《复陶石篑》。
③ 《焚书》卷4《解经文》。
④ 《焚书》卷4《观音问》。
⑤ 《明神宗实录》卷369。
⑥ 《明神宗实录》卷369。
⑦ 《续焚书》附汪本钶《续刻李氏书序》。

门徒或补救师说,或流于"狂禅",或走向"异端",倡言反对封建专制,这使封建统治者越来越不能依靠王守仁的心学去解决社会矛盾。于是,明中叶以后,又有以东林学派为代表的一些思想家开始起来对王学进行批判,提倡程朱理学。

四、东林学派和明末两大儒的哲学思想

东林党人更多地是一个在野的地主阶级政治反对派集团,他们目睹封建统治危机的严重性,要求改良政治。但他们中的许多人也从事学术活动,从封建正统思想出发,反对王学末流弃儒入禅、空谈心性,要求宗程朱而斥陆王,崇尚实学,从而形成了东林学派,其主要代表人物是顾宪成和高攀龙。

顾宪成年轻时曾师从张淇、薛应旂,贬斥王学而称道朱学。他认为,"理"是万物本原,"理在气先","理"是主宰。他把"理"也称作"太极",称"太极生天生地之本,阴阳生天生地之具"[①]。顾宪成认为,"善"是天地万物的本原,"性即理也",因此人性也是善的。在伦理观和知行观上,他排斥王学的"无善无恶"说,极力反对"不学不虑""不思不勉"的"见成良知"说,提倡"躬行""重修"的修养工夫。顾宪成为了救正"空言之弊",与王学末流管志道等人进行了多次论辩,对王学加以理论批判,重扬程朱的理本体论和性善学说,在当时影响很大。

高攀龙在理学上也宗奉程朱。他"少读书,辄有志程朱之学"[②],后师事邑中茹澄泉、许静余,"以学行相砥砺,暇则默探讨诸儒语录、性理诸书"[③]。他25岁时,听罗懋忠与顾宪成讲学,跃然而喜,从此"志于学","早夜孜孜,以全副精神用于止敬慎修、存心养性、迁善改过,间而学始有入门矣"[④]。万历二十一年(1593),入京为行人。因司中无事,又多藏书,"得恣

---

① 《小心斋札记》卷16。
② 《明史》卷243《高攀龙传》。
③ 《高子遗书》附华允诚《高忠宪公年谱》。
④ 《东林书院志》卷7叶茂才《高公行状》。

意探讨",取程朱之书及薛瑄《读书录》"手自摘抄"①,从而奠定朱学基础。在其理学形成过程中,高攀龙还受到陈献章心学的影响,强调"主静";与"意主明宗"的李材辩论,服其"修身为本"之学。因此,在高攀龙宗奉程朱的理学思想中,也夹杂了一些心学的主张,这是与顾宪成不同的。

高攀龙认为,"理"是万物本原,"太极"是"理"的总和,天地万物,"理"是生成之本,"气"是生成材料,这与程朱的理气观毫无二致。高攀龙也继承了程朱的"性即理"说,认为做学问"起头要知性,中间要复性,了手要尽性,只一性而已"②。在认识论上,高攀龙修补了程朱的"格物穷理"说,提出"格一草一木之理"。他说:"天地间触目皆物,日用动念皆格","天下之理,无内外,无巨细,自吾之性情以及一草一木,通贯只是一理",故"一草一木之理"也"不可不格"③。高攀龙主张为学要"修悟并重",认为不悟之修"止是妆饰",不修之悟"止是见解"④。"修悟并重"具体到方法上,高攀龙提倡"半日读书","半日静坐","静坐以思所读之书,读书以考所思之要"⑤,"尤以静定为本"⑥。高攀龙提倡"实学",主张"学问必须躬行实践方有益"⑦,呼吁广大士人把从书本中学到的"治国平天下"之术运用到政治实践中。

顾宪成、高攀龙等东林学派之人,在无锡等地大力讲学,宣传自己的政治主张,提倡程朱理学。他们"岁两大会,月一小会",在当时影响很大,"远近名贤同声相应,天下学者咸以东林为归"⑧。他们的行动,一定程度上兴复了程朱理学,打击了王学末流的势力。因此,人称王学风行后,"又百余年,然后顾泾阳(宪成)兄弟讲程朱之学于东林。忠宪高公

---

① 《东林书院志》卷7叶茂才《高公行状》。
② 《高子遗书》卷8下《与许涵淳》。
③ 《高子遗书》卷8下《答顾泾阳先生论格物》。
④ 《高子遗书》卷8上《答肖康侯》。
⑤ 《高子遗书》卷8上《与逯确斋》。
⑥ 《高子遗书》卷8上《与揭阳诸生》。
⑦ 《东林书院志》卷6《东林论学语》下。
⑧ 光绪《无锡金匮县志》卷6《东林书院》。

（攀龙）继之，行尤伟，德尤淳，承其学者尤盛，然后王（守仁）氏之气焰为之少衰"①，确实反映出当时东林学派的理学思想的影响②。

不过，东林学派虽然削弱了王学的势力，但风行了百余年的王学不可能一下子销声匿迹。东林学派虽然使程朱理学有所兴复，但长期的被冷落使之也不可能突然间占尽秋色。于是，明末的唯心主义哲学界形成了"纷乱"的局面，理学家们或宗程朱，或奉陆王，但又都不矩守。明末两大儒刘宗周和黄道周的哲学思想就典型地反映了这一倾向。

刘宗周曾讲学于家乡浙江山阴城北蕺山，因此学者称为蕺山先生，黄宗羲、陈确、张履祥等都是他的学生。他早年除自然观外，基本上崇尚程朱之说；中年仕途不畅，闭门读书，"久之，悟天下无心外之理，无心外之学"③，转向陆王心学；晚年认识到王守仁的"良知"说易于同禅学合流，又试图摆脱心学。

刘宗周继承发展了张载的"气"为宇宙本体的观点，指出"盈天地间一气而已"，"离气无所谓理"，"理即是气之理，断然不在气先，不在气外"④。从此出发，他提出"道不离器"，"盈天地间，凡道理皆从形器而立，绝不是理生气"⑤。从张载的"太虚无形、气之本体"出发，刘宗周指出，"虚即气"。但是，另一方面，刘宗周又把人的自我意识的"独"看作与王守仁的"良知"相同，既是宇宙本体，又是道德和认识的基础。他说："独之外别无本体，慎独之外别无工夫。"⑥这反映出他思想体系的矛盾。由气本体论出发，刘宗周提出，人性是后天形成的，是以人的身体和气质为依据的。他说："人生而有此形骸，便有此气质。就中一点真性命，是形而上者。虽形上，不离形下。"⑦他把人的生理功能看作人性的具体表现，认为"性"是"生而有之之

---

① 《高子全书》附顾琮重刻《序》。
② 参见何孝荣：《论高攀龙的理学思想》，载《江海学刊》1994 年第 6 期。
③ 《刘子全书》卷 40《先君子蕺山先生年谱》。
④ 《刘子全书》卷 11《学言》中。
⑤ 《刘子全书》卷 19《答刘乾所学宪》。
⑥ 《明儒学案》卷 62《蕺山学案·忠端刘念台先生宗周·诸说》。
⑦ 《刘子全书》卷 8《气质说》。

理"，"无处无之"①，指出人性的差别在于后天的环境和主观努力的作用。他把"义理之性"与"气质之性"统一，认为"义理之性"寓于"气质之性"中，因而"天理"与"人欲"也是统一的，二者"本无定分，在公私之间而已"②。刘宗周的人性论虽然不同于程朱的先天人性论，但他也承认"义理之性""道心"和"天理"的存在，有时甚至把"道心"看作"人心之本心"，"义理之性"看作"气质之性之本性"③，势必要回复到宋儒乃至王守仁的先天人性论和先天道德论上。在认识论上，刘宗周也是自相矛盾的。一方面，他认为"良知"是学而后知，强调"闻见之知"是认识的基础。另一方面，他又未能摆脱王学，提出求道之要"莫先于求心"和"识不待求，反之即是"的观点。刘宗周提倡"慎独"和"敬诚"的道德修养方法。他重视"慎独"，认为"独"即"良知"，"学问吃紧工夫，全在慎独。人能慎独，便为天地间完人"④。他强调"敬诚"，即要求保持至诚的精神状态进行内心省察，寻求道德的自我完善，达到天人一体的境界。刘宗周的"慎独""敬诚"之说是在吸收了儒家思孟学派以来直至程朱等人的思想而站在心学的立场上形成的，其目的是补救王学因后学趋宗于禅而带来的"不诚"之病。

刘宗周在本体论、人性论和认识论上提出了与理学对立的有唯物主义倾向的新观点，但是又力图维护心学的地位，对心学危机进行补偏救弊。他的思想体系的矛盾，正是明末新旧交替时期各种社会矛盾在思想上的反映。他的思想中的积极因素，为其后学——蕺山学派的主要代表黄宗羲、陈确等人继承和发展，成为明末清初早期启蒙思潮的重要组成部分。

黄道周，福建漳浦人。在学术方面并无师承，一生著述讲学，从之问业者几千人。他的思想体系比较复杂，在理学方面基本上倾向于朱学，但也调和朱王。

黄道周一生尤喜对《易》学的研究，其自然观主要来自《周易》和《洪

---

① 《刘子全书》卷11《学言》中。
② 《刘子全书》卷10《学言》上。
③ 《刘子全书》卷11《学言》中。
④ 《刘子全书续编》卷1《证人社语录》。

范《月令》中的阴阳五行说及东汉张衡的浑天说,把阴阳二气和五行看作构成天地万物的物质元素。但是,他又指出,作为阴阳二气的"太极"是世界的本原,"盖天以二气、五行化生万物","性命之原,本于太极"①。在气本体论的基础上,黄道周接受了浑天说,并对一些自然现象的变化做出近似科学的解释,批驳了封建迷信。他继承了汉代京房到宋代邵雍的象数学,积极吸收《周易》朴素的自然观点,形成很有价值的易学思想,用以解决社会和人生重大问题。他认为,"易"是"日用之谓"②,即自然界的运动变化规律,因此研究《易》学就要以"天道为经""日月为本"③,即认识自然界的运动变化规律。黄道周认为,象、数构成了《易》理的具体形态和度量,理、象、数三者相互依存,不可分割,因此治《易》须摆正三者的辩证关系。他说:"凡易之必有图象数度,犹人身之必有腑脏肢体。因形测脉,因脉测理。不知形色而谈天性,犹未有人身而言至命也。"④黄道周主张治《易》要取其"实测"精神。他把这种"实测"精神运用到观天象、治历法、定乐律,得出不少有价值的结论,流露出朴素的唯物主义自然观。他还依据《周易》中卦象和数字推导历代治乱和社会伦理的关系,又走向了神秘主义。关于认识论,黄道周认为外界事物是人们认识的本原,指出"格物致知"所要"格"的"物",不是"天理""人伦"等道德教条,而是天文、历象、鸟兽、虫木等自然事物,主张通过读书学习,先博后约,互相渗透,发挥思维的积极作用,取得对外部世界的认识。关于道德修养,黄道周提倡"修己以敬",以"安民""安百姓",并把"敬"和"诚"联系起来,提出"诚是天道,敬是人道",主张通过"慎独"的修养工夫,由"敬"到"诚",达到与天地鬼神"同体"⑤,实现自孟子以来儒家梦寐以求的"天人合一"境

---

①《洪范明义》卷上《访箕章》。
②《黄漳浦集》卷20《大象十二图序》。
③《黄漳浦集》卷29《易象正序例》。
④《黄漳浦集》卷29《易象正序例》。
⑤《榕坛问业》卷15。

界。在人性论上,黄道周认为人性源于"天","性自天命"①,"性是天命"②,并把"诚"作为"天命之性"的本体,这与程朱基本一致。他继承孟子的性善论,指出天命之性从根本上说是至善的,"深辨宋儒气质之性之非"③,认为人之"恶""愚"均是后天"风会不同、习染渐异"的结果,因而通过后天学习和修养可变"善""智"。

作为明末儒学大师之一的黄道周的思想体系也是比较复杂的。他的思想中,既有与传统理学相背离的朴素唯物主义倾向的观点,也有很多落后的理学内容。这一矛盾现象反映了明末理学走向衰微,也预示着新的思潮将要产生。

五、唯物主义和辩证法思想的发展

明代是唯心主义发展到新阶段的时期,也是唯物主义思潮高涨并推进到新的理论高度的时期。在北宋张载反对佛、老、二程唯心主义和南宋陈亮、叶适反对程朱客观唯心主义的基础上,明代罗钦顺、王廷相、方以智等进步思想家进一步开展了反对理学唯心主义的斗争。

罗钦顺,字允升,号整庵,江西泰和人。弘治六年(1492)进士,授编修,迁国子监司业。正德初,遭宦官刘瑾打击排斥而削职。刘瑾败后复官,迁南京太常少卿。后历官南京吏部右侍郎、南京吏部尚书等职。嘉靖年间,因耻与张璁、桂萼等"议礼"新贵同列,致仕。他的主要哲学著作为《困知记》。

罗钦顺自称是程朱的后学,标榜自己在理气关系上的思想来源于程朱理学。其实,他的哲学思想只是表面上未与程朱决裂。实质上,他是我国古代朴素唯物论的传统,即气一元论哲学的直接继承者和发挥者。他把物质性的"气"当作世界本原,认为"通天地,亘古今,无非一气而已"④。他指出,"气"自身永远处于运动之中,"莫或使之";"理"是"气"运

---

① 《榕坛问业》卷 11。
② 《榕坛问业》卷 10。
③ 《明儒学案》卷 56《诸儒学案下四·忠烈黄石斋先生道周》。
④ 《困知记》卷上。

动的一种必然规律，"理只是气之理"，不能离开"气"而独立存在。罗钦顺批判地改造了程朱的"理一分殊"说，认为"理"（"理一""太极"）只是"气"之"理"，"理一"存在于具体事物（"分殊"）之中，即一般存在于个别中，从而丰富了自己的唯物主义思想体系。关于道器关系，他认为"道"是"器"的"道"，"器外无道"，"道外无器"①。

罗钦顺认为，"心"是人的知觉、认识作用，"性"是人的生理，"心"可以千变万化，"性"则不行。因此他把"心"称"情"，"性"称"理""道心"，认为"心""性"虽不同，但只是一个"心"的两个方面，而"性"为心的根本。他说："人心、道心只是一个心，道心以体言，人心以用言。体用原不相离，如何分得？"②他指出，人与物同秉"气"而生，因此也同秉"气"之"理"而为"性"，人性的内容不外乎仁、义、礼、智等封建伦理道德，这又看出程朱的影响。不过，罗钦顺否认"气质之性""天命之性"有区别，认为二者是同一的，"人性至善"，"天理"也就是"人欲"。在认识论上，罗钦顺承认外界客观事物的实在性，认为事物按自己的规律运动，坚持了朴素唯物主义观点。但是，他又深受程朱思想的影响，认为万物与"我"虽不同"性"，却同秉一"气"之"理"，因此只要尽"我"之"性"，也就掌握了万物之"性"，又陷入客观唯心主义。

罗钦顺的哲学思想是在与王守仁心学的斗争中产生的，他的学术活动几乎与王守仁同时。罗钦顺不但集中地批判了陆王心学，而且对陆王心学的重要来源佛教禅宗进行了批判。他指出，天地万物的变化是自然作用，与人的活动无关。因此"心外无物""心外无理"是错误的。他认为，事物变化的规律是其自身固有的，王守仁的"致吾心之良知于事事物物"犯了把规律看作人为安排的错误，使"事物无复本然之则矣"。他批评王守仁的"良知"说，认为"良知"不是"天理"，王守仁实际上把知觉当作了"良知"，指出山河大地、草木金石没有良知，能说它们无性无理吗？

①《困知记续录》卷上。
②《困知记》附录《答林次崖第二书》。

罗钦顺指出,陆王心学看起来讲的是儒家圣门之学,然而他们的"格物穷理"实际上全是禅宗宣扬的"但用此心""明心见性"的一套。罗钦顺钻研佛学,把佛学与儒学分开,批判佛教的"心生万法""一切皆空"的说教,抨击禅宗的顿悟学说。他说:"彼禅学者惟以顿悟为主,必欲扫除意见,屏绝思虑,将四方八面路头一齐塞住,使其心更无一线可通,牢关固闭,以冀其一旦忽然而有省。终其所见,不过灵觉之光景而已,性命之理实未尝有见也。"①自唐以来,除张载以外,反对佛学如此激烈、批评又如此深刻的当推罗钦顺。

王廷相,字子衡,号浚川,河南仪封(今兰考)人。幼有文名,弘治十五年(1502)进士,选庶吉士,授兵科给事中,遇家丧而归。正德年间,回京,因得罪宦官刘瑾而谪为亳州判官,量移高淳知县。历官御史、赣榆丞、四川佥事、山东副使,"皆提督学校"。嘉靖初年,迁山东右布政使,以右副都御史巡抚四川,讨平芒部农民起义。后又历官兵部左侍郎、右侍郎、南京兵部尚书、左都御史、兵部尚书兼左都御史,提督团营,仍理都察院事,加太子少保、太子太保。因与郭勋案有牵连,被斥为民。他的著作编为《王氏家藏集》和《内台集》,其中主要哲学著作是《慎言》《雅述》《太极辩》《横渠理气辩》《答何柏斋造化论》等。

王廷相继承并发展了张载的"气"一元论,断言天地万物都是由"气"构成的,"气"是宇宙中唯一的实体。他说:"二气感化,群象显没,天地万物所由以生也,非实体乎?"②他认为,"理"是"气"之"理","万理皆出于气,无悬空独立之理"③。王廷相指出,"阴阳"是"气"的名称,"动静"是气的感应,因此"理"不能产生"阴阳""动静"。他继承张载"太虚即气"的思想,肯定"太极"("太虚""元气")是"气"的原始状态,认为现在的物质世界是由元气转化而成的。他说:"愚谓天地未生,只是元气。元气具,则

---

① 《困知记续录》卷下。
② 《慎言》卷1《道体》。
③ 《太极辩》。

造化人物之道理即此而在。故元气之上无物、无道、无理。"①他还强调指出，"气"是永恒的、不灭的，其聚散表现为物质的变化，"气"之变化"未尝减也"②，这是关于物质不灭的明确命题。他认为，"元气即道体，有虚即有气，有气即有道，气有变化，是道有变化"③，因此"理"因时致宜，不是永恒不变的，这就否定了程朱的理本体论。从此出发，王廷相对程朱的"万物一理"、封建伦理道德的先天性进行揭露和批判。他承继张载，也以"性""机""神"来说明变化的根源。他说："阴阳也者，气之体也；阖辟动静者，性之能也；屈伸相感者，机之由也；缊缊而化者，神之妙也。"④他认为，精神以物质为基础，不能离开物体而独立存在，即"神者形气之妙用"，"神必藉形气而有"，"无形气则神灭矣"⑤。他对被唯心主义歪曲的五行观念进行了精细的批判，对宗教迷信也予以否定。不过，王廷相虽然主张气本体论，肯定"气"有变化、"道"有变化，是一位朴素的唯物论者，但又认为一切物种在太始以来就已存在，"各为完具，不相假借"⑥，又走向了形而上学。

　　王廷相在认识论上也基本贯彻了唯物主义，对唯心主义的先验论进行了比较深刻的批判。他指出，人心具有思维作用，但必须通过感官经验才能有所认识。他说："心者栖神之舍，神者知识之本，思者神识之妙用也。自圣人以下，必待此而后知。故神者在内之灵，见闻者在外之资，物理不见不闻，虽圣哲亦不能索而知之。"⑦王廷相虽然认识到人的认识是后天形成的，但又把圣人生知限于道德意识方面，仍保留有先验论的残余。王廷相粗略地看到了感性认识和理性认识的区别及联系，认为一切知识必须凭借见闻和思虑。他说："夫神性虽灵，必借见闻思虑而知。

①《雅述》上篇。
②《慎言》卷1《道体》。
③《雅述》上篇。
④《慎言》卷1《道体》。
⑤《内台集》卷4《杂著·答何柏斋造化论十四首之一》。
⑥《五行辩》。
⑦《雅述》上篇。

积知之久，以类贯通，而上天下地，入于至细至精，无不达矣，虽至圣莫不由此。"①他特别强调认识必须凭借感性经验，强调"行"的重要，并批判理学唯心主义者轻视实践。他说："近世学者之弊有二，一则徒为泛然讲说，一则务为虚静以守其心，皆不于实践处用功、人事上体验。往往遇事之来，泛讲论者多失时措之宜，盖事变无穷，讲论不能尽故也；徒守心者茫无作用之妙，盖虚寂寡实，事机不能熟故也。晚宋以来徒为讲说，近日学者崇好虚静，皆于道有害。"②

在人性论方面，王廷相也力图用唯物主义观点说明人性问题，而反对程朱的人性论。他认为，人性是有生以后才有的，以身体的生理条件为基础，即"人有生，则心性具焉，有心性，则道理出焉"③。他否认有"天命之性"，认为"性"就是"气质之性"，把"性"分为"天命之性"和"气质之性"是"儒者之大惑"④。他主张人性有善恶，善与恶在于气质不同，承认有气禀清明纯粹的"圣人"，提出通过后天的努力和教育，使人"习于名教"，去恶为善。在历史观方面，他肯定历史是发展的，反对复古泥古，主张随时改革。但他也继承了传统的英雄史观，并把风俗教化看成是支配历史的力量。

王廷相虽然在人性论、历史观方面不能完全摆脱唯心主义，但是他在自然观、认识论方面发展和推进了过去的唯物主义，对于当时占统治地位的唯心主义展开了有力的批判，从而把古代朴素的唯物主义哲学提升到更高的水平。

明末清初，随着商品经济的发展而兴起了自然科学研究热潮，随着西方传教士的来华，西方哲学、自然科学等也传入我国。于是，在当时的中国不仅出现了大批卓有成就的科学家和具有时代先进水平的科学论著，而且出现了会通古今中西、会通哲学与各门科学的综合研究的倾向。方以智就

---

① 《雅述》上篇。
② 《王氏家藏集》卷27《与薛君采二》。
③ 《雅述》上篇。
④ 《性辩》。

是其中的突出代表。他用广博的自然科学知识，结合科学的新发展来进行世界观和方法论的研究，发展了朴素唯物论和辩证法，批判了"舍物言理""扫物尊心"的宋明理学唯心主义，推进了一代学风。

方以智论学术，区别了"通几""质测"和"宰理"。"质测"是研究"物理"的，概指自然科学；"宰理"是研究"治教"的，指社会政治学说；"通几"是研究"所以为物之至理"的，指哲学。方以智认为，"质测即藏通几者也"①，即"质测"之学的具体知识中蕴含了"通几"之学所探求的原理；"通几护质测之穷"②，即"通几"之学可以帮助克服"质测"之学的局限和片面，予其以理论指导。他主张"通几"与"质测"结合，"不相坏"，并正确地评价了从西方传来的自然科学知识和天主教哲学。对于所谓"专言治教"的"宰理"，即宋明以来的理学，他极为鄙视，认为他们的自然科学知识少得可怜，其哲学"空穷其心，则倏忽如幻"③，不过是唯心主义的幻觉而已。以"寓通几于质测"的科学哲学观为指导，方以智倡导求实学风。他说："吾与方伎游，即欲通其艺也，遇物欲知其名也。物理无可疑者，吾疑之，而必欲深求其故也。"④这种"深求其故"的精神，对宋明以来"蹈虚谈空"的学风是一个否定，对中世纪的愚昧是一个启蒙。

方以智肯定整个宇宙是统一的物质存在，提出"盈天地间皆物也"⑤，"一切物皆气所为也，空皆气所实也"⑥，从而坚持了气一元论的唯物主义宇宙观。他把"气"的变化形态即物质运动形态概括为气、形、光、声四种，"气凝为形，蕴发为光，窍激为声，皆气也。而未凝未发未激之气尚多，故概举气、形、光、声为四几焉"⑦。由此出发，方以智认为，作为物质本原或原始物质的"气""不坏"，即永恒不灭，但可以转化成其他各种形

---

①《物理小识》自序。
②《愚者智禅师语录》卷3《法语·示侍子中履》。
③《愚者智禅师语录》卷3《法语·示侍子中履》。
④《通雅》钱序。
⑤《物理小识》自序。
⑥《物理小识》卷1。
⑦《物理小识》卷1。

态。为了探求"气"变动不息而化生万物的内在根源,方以智继承了前辈学者的思想,把"火"引入自然观中。他认为,五行元素说应推进到阴阳两行说,或者说水火两行说,"上律天时,凡运动,皆火之为也,神之属也。下袭水土,凡滋生,皆水之为也,精之属也。"①他强调,"火"的基本特性是"内阴外阳而主动",其自身内部的矛盾作用是物质自我运动的内在源泉。他把"火"看作"气"的构成分子的一种最根本的属性,认为"气"的运动根源于"火"。方以智根据"质测"的新发展,把标志物质实体的"气"与物质永恒活动的"火"统一起来,创立了"火—气"一元的唯物主义自然哲学,为朴素唯物辩证法的一元论充实了新的内容。

方以智在物质和运动统一原理的基础上,进一步考察宇宙万物的运动变化本源及规律性,把朴素辩证法发展到一个新的阶段。他认为,万物的生灭变化是一个无限的过程,但又有常规可循,常规寓于变化之中,即"变有不变者存"②。他提出,事物变化源于内部的矛盾性,"尽天地古今皆二也,两间无不交,则无不二而一者,相反相因,因二以济"③。他认为,矛盾双方互相依赖,又互相斗争,相反而又相成,"所谓相反相因者,相拯、相胜而相成也"④。方以智认为,"危之乃安,亡之乃存"⑤,表达出关于对立面转化的思想。方以智还提出"交""轮""几"的特殊概念,试图概括事物矛盾运动的一般规律。"交"指"合二而一",即对立面的同一;"轮"指"首尾相衔",即矛盾促成事物的转化;"几"是"权之始""变之端",即贯通转化过程中的动力源泉⑥。他似乎朦胧地意识到,事物内部矛盾推动事物不断转化,而否定性是贯穿这一变化过程的内在动力。但是,在论及对待客观矛盾的主观态度时,他受到佛教天台宗"三谛""三观"的思辨影响,提出"明、暗、合""随、泯、统"等认识范畴,走向了相对主义和

①《物理小识》卷1。
②《物理小识·总论》。
③《东西均·三征》。
④《东西均·反因》。
⑤《东西均·反因》。
⑥《东西均·三征》。

诡辩的歧途。

方以智把朴素辩证法贯彻到认识论中,提出"心物交格""一多相即""不妨矛盾"等原则,对认识过程中的一系列矛盾进行辩证分析,发展了古代唯物主义认识论。他坚持唯物主义反映论,认为人的认识活动实际上是"心物交格",即思维器官(心)同认识对象(物)的交感作用。他指出,认识客观世界要把感性认识与理性思维结合,"觉悟交通",并将认识付于实行,考其实效,"诵习、躬效而兼言之"①。他认为,人心能认识事物的规律性,但认识必须从实际出发,"因物用物"②,反对"离气执理""扫物尊心"的唯心主义先验论。他提出,认识过程必须贯彻"不必回护、不必玄妙、不妨矛盾"原则,"一是多中之一,多是一中之多,一外无多,多外无一③,同"设教"之言的唯心主义分开。从"不妨矛盾"的原则出发,他还揭示、分析了认识过程中的一系列矛盾,包括"多识"和"一贯"、"偏与全"、"疑"与"不疑"、"以智相积"与"后精于前"等之间的辩证关系,解决了认识论史上前人没有透彻解决的不少问题,对于指导人们的认识活动很有意义,对唯物主义认识论的发展作出了贡献。

方以智作为一位学贯中西的学者,试图从自然哲学的侧面冲破宋明以来盘根错节的理学唯心主义。但历史的回流,迫使他晚年违反初心而"逃虚",又编织一些"随、泯、统"之类的网罗来自缚,从而给我们留下一个深刻反映 17 世纪中国的时代矛盾在理论上自我矛盾的哲学体系④。

第二节　宗教

明王朝建立后,统治者尊奉儒学,把程朱理学规定为官方哲学和统

---

① 《通雅》卷 1。
② 《愚者智禅师语录》卷 3《法语·示萧虎符学易》。
③ 《一贯问答》。
④ 本节参阅侯外庐、邱汉生、张岂之:《宋明理学史》(下卷),人民出版社 1997 年版,第 3—694 页;肖萐父、李锦全:《中国哲学史》,人民出版社 1982 年版,第 123—227 页;北京大学哲学系:《中国哲学史》,中华书局 1980 年版。

治思想。但是,明朝统治者也没有忽视正统宗教"阴翊王度"的作用,在采取整顿和限制政策的同时,也加以提倡和保护,因而使佛教、道教在明代尚保有一定势力,伊斯兰教得到很大发展。而由于佛教、道教进一步世俗化、社会化,以及白莲教的影响,社会矛盾日益尖锐激化,明代中期以后,罗教、黄天教等民间秘密宗教大量出现,并吸引着越来越多的民众,对明代社会产生了不可忽视的影响。

一、佛教

明初统治者鉴于元代崇奉藏传佛教(喇嘛教)的流弊,转而支持汉地传统的佛教各宗派,使禅、净诸宗得到一定程度的恢复和发展。

(一)明代的佛教政策

明太祖朱元璋元末曾出家为僧,不仅对佛教有着割不断的情愫,而且深明佛教"阴翊王度"的作用,因此立国后提倡、保护佛教。而对历代,尤其是元代兴衰经验教训的了解,和元末佛教内部混乱的洞悉,又使他清楚必须整顿、限制佛教,才能使其更好地为明王朝服务,为此他制定了一系列相关制度、法令。成祖即位后,又对洪武年间的有关法令制度加以补充和完善。这样,以整顿和限制为主、又加保护和提倡的明代佛教政策基本定型。其后,各朝多沿用明初制定的佛教政策,只是执行时有所异同。

1. 对佛教的整顿和限制

明代对佛教整顿和限制政策的主要内容有:

第一,设置僧司衙门。洪武元年(1368),明朝设立善世院,授僧觉原慧昙为演梵善世利国崇教大禅师,为全国最高僧官,"领释教事"①。七年十一月,太祖又授来朝的印度僧人撒哈咱失里为善世禅师,和林国师朵儿只怯烈失思巴藏卜为都纲、副禅师,"统制天下诸山,绳顽御恶"②。十

---

① 《明太祖实录》卷29。
② 《明太祖实录》卷94。

四年十二月,革善世院①。从史料来看,善世院缺乏健全配套的职官体制,其官员在史籍中也很少记载,且无太多的管理职权,当时重要佛教事务皆由中书省及礼部负责办理。

洪武十四年六月,礼部提出了重新设置僧司衙门方案:在京设僧录司,"掌天下僧教事",各府、州、县分别设僧纲、僧正、僧会等司,分掌其事;僧录司设善世(正六品)、阐教(从六品)、讲经(正八品)、觉义(从八品)各二员,僧纲司设都纲(从九品)、副都纲各一员,僧正司设僧正一员,僧会司设僧会一员;僧录司官员由礼部任命,不支俸(二十五年改为支俸);各级僧司衙门"专一简束"僧人,管理寺院,僧人除"犯奸盗非为""与军民相涉"等罪以外,"有司不许干预"②。次年四月,僧司衙门正式成立,并与明王朝的存亡相始终。

第二,分僧人为禅、讲、教三类,要求各务本业。明太祖重视讲习佛教经典,"诏天下沙门讲《心经》《金刚》《楞伽》三经,命(僧)宗泐、如玘等注释颁行"③,借以统一佛教思想。针对明初佛教现状和民间显密法事盛行现实,洪武十五年五月,太祖下令分天下寺院为禅、讲、教三类,要求僧众分别专业修习。禅即禅宗,讲即宣讲佛教经典的僧人,指禅宗以外的其他宗派,主要包括华严、天台、法相诸宗,教则包括从事祈福弥灾、追荐亡灵等各种法事活动的僧人(名瑜伽僧或赴应僧)。洪武二十四年七月,太祖颁布《申明佛教榜册》,严令禅、讲、教僧"各承宗派,集众为寺",并严禁民间"仿僧瑜伽"④。二十七年正月,又定僧人《避趋条例》,禁止"以化缘为由","奔走市村",不许"交结官府、悦俗为朋",规定"僧有妻者,许诸人捶辱之,更索取钞钱。如无钞者,打死勿论"⑤。《申明佛教榜册》和《避趋条例》是明太祖清事成宗、整顿和限制佛教的重要文件,影响及于有明一代。

---

① 《明太祖实录》卷140;(清)查继佐:《罪惟录》志卷27《职官志·初制杂流》。
② 释幻轮:《释鉴稽古略续集》卷2,江苏广陵古籍刻印社1992年版。
③ 《金陵梵刹志》卷2《钦录集》,洪武十年丁巳。
④ 《释鉴稽古略续集》卷2。
⑤ 《释鉴稽古略续集》卷2。

第三,建立度牒制度,限制出家人数①。洪武五年十二月,太祖宣布给予现有僧人以新朝度牒,罢"免丁钱","著为令"②。次年十二月,太祖决定以后对请度者加以考试,"精通经典者方许",女子"年四十以上者听,未及者不许"③。洪武十七年闰十月,礼部又奏准,"三年一次出给度牒,且严加考试"④。其实,这是四年一次度僧。永乐十六年十月,成祖令"榜谕天下",规定全国僧人总额,即"府不过四十人,州不过三十人,县不过二十人";严格出家年龄,"限年十四以上、二十以下";改行五年一次考试,给发度牒(实际为六年一度僧)⑤。唐赛儿起义被镇压后,成祖又"命尼姑皆还俗"⑥,禁止妇女出家。天顺二年(1458年),因此前度僧、道"滥益甚",英宗下令"十年一度"⑦。

与此同时,明政府禁止私自剃度,清理非法出家者。洪武二十一年三月,太祖下令,对违令簪剃者,"二十已上的发去乌蛮、曲靖等处,每三十里造一座庵,自耕自食,就化他一境的人"⑧。永乐年间,对私度者更加严厉,先后下令将他们发配戍军、边地劳役。宣德八年(1433)三月,令各处关津"但遇(私自)削发之人,捕送原籍,治罪如律"⑨。万历元年(1573),令稽查僧、道,"有私自簪剃及不穿戴本等冠服者,访拿治罪"⑩。

第四,禁止私创寺院,控制寺院数量。明初,各地佛教迅速恢复和发展,寺院大量兴建。洪武六年,令归并寺院,府、州、县"止存大寺、观一所,并其徒而处之"⑪。洪武二十四年七月改令,"凡僧人不许与民间杂

---

① 参阅何孝荣:《论明代的度僧》,载《世界宗教研究》2004年第1期。
②《明太祖实录》卷77。
③《明太祖实录》卷86。
④《明太祖实录》卷167。
⑤《明太宗实录》卷205。
⑥《明宣宗实录》卷55。
⑦《明孝宗实录》卷114。
⑧《释鉴稽古略续集》卷2。
⑨《明宣宗实录》卷100。
⑩《大明会典》卷104礼部六十二《僧道》。
⑪《明太祖实录》卷86。

处,务要三十人以上聚成一寺,二十人以下者听令归并成寺。其原非寺额,创立庵堂寺院名色,并行革去"①。成祖时,重申禁止私创寺院,"凡历代以来,若汉、晋、唐、宋、金、元,及本朝洪武十五年以前寺、观有名额者,不必归并。其新创者,悉归并如旧"②。其后,明朝政府又多次严禁私自创建寺院,控制寺院数量。

第五,抑制寺院经济。吸取历史上寺院土地数量过多、寺院经济强大的教训,明朝统治者特别注意限制寺院土地,赏赐寺院以大量土地者微乎其微。而对寺院扩充而来的土地,各朝不断加以限制和瓜分。建文年间,"天下僧、道,每人止令蓄田五亩"③。景泰年间,令寺观土地"每留六十亩为业"④。对于寺院土地,政府还严格征收赋税。僧人《避趋条例》规定,寺院的"钦赐田地","税粮全免","常住田地"虽免杂派差役,但仍有"税粮"⑤。明代中期以后,即使是"钦赐田地"也不能免税。这样,就使明代寺院很少可能发展成为大土地所有者,寺院经济得到了有效抑制。

2. 禁佛和排佛

明世宗及明思宗在位期间,先后禁佛和排佛,对佛教整顿和限制尤其严厉。

明世宗崇信道教,禁绝佛教。其禁佛表现主要有:(1)毁刮玄明宫佛像,焚烧大善佛殿佛骨等物,拆毁、变卖各地私创寺院及尼僧庵寺。(2)停止开度僧人,鼓励僧人还俗,强令尼僧还俗。(3)严禁僧人设坛传戒说法,"犯者罪无赦"。(4)严厉限制寺院经济,规定"寺观田过五顷以上者,每亩课纳租银一钱入官"⑥,强令僧人"有田粮者编入黄册,同里甲

---

① 《金陵梵刹志》卷 2《钦录集》洪武二十四年七月。
② 《明太宗实录》卷 14。
③ 《明太宗实录》卷 12 下。
④ 《明世宗实录》卷 83。
⑤ 《释鉴稽古略续集》卷 2。
⑥ 《明世宗实录》卷 267。

供应赋役"①。此外,世宗还查革在京藏僧封号,斥逐藏僧等②。

思宗在位期间,明王朝内外交困、大厦将倾。他崇信道教,不断乞求道教诸神和祖先神灵指示和护持。同时,他又求助于天主教,任用传教士修订历法,购买西洋大炮,擢教徒徐光启入阁。崇祯五年(1632),思宗一定程度地皈依天主教,并拆毁宫中的佛教及道教神像,"隆德殿、英华殿诸像俱送至朝天等宫、大隆善等寺安藏"③。崇祯十三年,他再次命将宫中供奉的金银佛像悉数捣毁,以充兵饷。这些反映了思宗对佛教的冷漠和排斥态度。因此,崇祯二年闰四月,有司提出"禁淫祠","得旨申饬"④;户部议准"足饷十一事",其一为"寺田起科"⑤;五年二月,乌程县老妇陈氏等"惑于大士灵验",倡众建庵,"科敛不已"。思宗表示,"邪党自须正法,以后仍当严禁"⑥。这种态度比万历以来各朝严厉多了。

3. 对佛教的保护和提倡

为了发挥佛教"阴翊王度"的作用,更好地维护其统治,明王朝还对佛教加以保护和提倡。同时,明代帝王大多崇信佛教,经常逾制建寺度僧,这在客观上也对佛教起了保护和提倡作用。

明太祖宣扬佛教使"世人良者愈多,顽恶者渐少","阴翊王度"⑦。他鼓吹,佛教所阐述的就是"三纲五常之性理"⑧,儒、佛、道"三教有不可缺者"⑨。太祖频繁而大量地度僧,并定制罢"免丁钱"。他经常召僧人入宫,谈佛问法。他撰《拔儒僧入仕论》等,宣传任用"儒僧"主张。僧吴印、华克勤等"皆拔擢至大官,时时寄以耳目","由是其徒横甚,谗毁大臣,举朝莫敢

---

① 《明世宗实录》卷 489。
② 参阅何孝荣:《论明世宗禁佛》,载《明史研究》第 7 辑,黄山书社 2001 年版。
③ 《酌中志》卷 16《内府衙门职掌》。
④ 《崇祯长编》卷 21。
⑤ 《崇祯长编》卷 21。
⑥ 《崇祯长编》卷 56
⑦ 《明太祖御制文集》卷 8《谕僧纯一》。
⑧ 《明太祖御制文集补·心经序》,黄山书社 1995 年版。
⑨ 《明太祖御制文集》卷 11《三教论》。

言"①。他鼓励僧人游方问道，允许随处结坛，"日则讲经说教，化度一方，夜则取静修心"②。太祖还下令编集、刊刻大藏经(《明洪武本大藏经》)。

明成祖即位初，就以"恢复祖制"为名，取消建文年间限制佛、道田地之令。他保护僧人传教自由，许其随处结坛说法。他还亲自研究佛教，创作佛曲，"使宫中歌舞之"；采辑历代名僧"功行之超卓者"，编《神僧传》(9卷)。他重刊洪武年间编集的大藏经(《南藏》)，迁都以后又编集《北藏》③。成祖尤其崇信藏传佛教。他听说噶玛噶举派黑帽系第五世活佛噶玛巴却贝桑布(《明太宗实录》作"哈立麻")"道行卓异"，派人往征。噶玛巴应召到南京后，被"延请进宫，建立坛城，为皇帝授无量灌顶"④，后封为大宝法王。萨迦派故元帝师后裔贡噶扎西(《明太宗实录》作"昆泽思巴")"有道术"，成祖也召至南京，"讲授诸多佛法"，"传给吉祥喜金刚坛城深奥成熟灌顶、大黑天护法神加持等诸多深奥之法"⑤，后封为大乘法王。成祖仰慕、召请格鲁派创始人宗喀巴，宗喀巴派弟子释迦也失代替入朝。据说，释迦也失用医药和传授灌顶为成祖治好了重病⑥。成祖还在北京宫中设立番经厂、汉经厂，作为准寺院，任使宦官举办藏传、汉传佛教法事。

明仁宗在位不足十个月，却多次令僧人建荐扬大斋，"资皇考妣之福"。此外，他还加封印僧撒哈咱失里弟子智光为灌顶广善大国师。

明宣宗崇信藏传佛教。他大量封授在京藏僧，其中释迦也失封为大慈法王⑦。时京中"番僧数等，曰大慈法王，曰西天佛子，曰大国师，曰国

---

①《明史》卷139《李仕鲁传》。

②《释鉴稽古略续集》卷2。

③ 参阅何孝荣：《明成祖与佛教》，载《佛学研究》2002年第11期。

④ 巴俄·祖拉陈瓦：《贤者喜宴》，第1001—1011页。转引自邓锐龄：《〈贤者喜宴〉明永乐时尚师哈立麻晋京纪事笺证》，载《中国藏学》1992年第3期。

⑤ 阿旺贡嘎索南：《萨迦世系史》，西藏人民出版社1989年版，第231—239页。见《元以来西藏地方与中央政府关系档案史料汇编》第一册，第108页。

⑥ 参阅杨贵明、马吉祥：《藏传佛教高僧传略》，青海人民出版社1992年版，第273页。

⑦《明宣宗实录》卷111。

师,曰禅师,曰都纲,曰剌麻"①,多达一千一百余人。他们的每日酒食,"俱系光禄寺支待",厚加供给②。宣宗任使他们诵经念咒、举办法事等。对汉传佛教,宣宗也有例外度僧、不毁私创寺院之举。

英宗即位后,对京师藏僧"加封号者亦不少"③。他尊崇国寺杨禅师为"上师","仪从同于王者"④。番经厂法事掌坛和教习者是智光的徒弟禅牒室哩、三曼答室哩。朝廷"命启秘密各色坛场",皆由禅牒室哩"掌坛","约千余坛"⑤。三曼答室哩于正统初年"督启各色坛场,念诵真乘"⑥。英宗提倡和保护汉传佛教。正统初年,先后多次不合规例而度僧。正统中期以后,"佞佛"太监王振专权,"掌礼者屈于王振之势,今年曰度僧,明年曰度僧,百千万亿,日炽月盛"⑦。王振指使英宗修大兴隆寺,"壮丽甲于京都内外数百寺",并"树牌楼,号第一丛林"⑧。

景帝给自己崇信的居京藏僧也封以法王,班丹扎释为大智法王、沙加为大善法王。此外,他还封授一大批西天佛子、灌顶大国师、国师、禅师。景帝皈依藏僧道坚,"至召入禁中缉熙殿,亲受法"⑨。景帝即位初,鉴于正统年间所度太多,曾有旨停度僧、道。但太监兴安"崇信释教,请上三年一度僧,至数万人"⑩。由于国家财政紧张,景泰二年(1451)七月,景帝下令,四川"僧、道赴彼(贵州)纳米五石者,给与度牒"⑪,开鬻牒度僧之门。兴安"佞佛甚于王振,请帝建大隆福寺"⑫,严壮可与大兴隆寺

①《明英宗实录》卷 17。
②《明英宗实录》卷 17。
③《明史》卷 331《西域传三》。
④《明英宗实录》卷 183。
⑤ 释道深:《圆寂僧录左街讲经兼弘仁开山掌秘密教禅牒大禅师塔铭》,见《北京图书馆藏中国历代石刻拓本汇编》第五十二册,中州古籍出版社 1990 年版,第 99 页。
⑥ 释道深:《大明诰封圆修慈济国师塔铭》,见《北京图书馆藏中国历代石刻拓本汇编》第五十二册,第 142 页。
⑦《明英宗实录》卷 248。
⑧《明英宗实录》卷 163。
⑨《万历野获编补遗》卷 1《天顺初元盛德》。
⑩ 王圻:《续文献通考》卷 247 仙释考《释家总纪》四,台湾文海出版社有限公司。
⑪《明英宗实录》卷 206。
⑫《明史》卷 164《单宇传》。

媲美。

英宗复辟后，对藏僧复加征召、封授。天顺四年（1460）二月，追封僧智光为大通法王[1]。禅牒室哩"教中贵百余西天坛场，与受灌顶诸戒"[2]。三曼答室哩"于内府番经厂，管教中贵百余员，习授西天各佛坛场好事"[3]。天顺年间，英宗对度僧比较慎重，令十年一度，并切实执行。但对日益增多的私创寺院，英宗不加拆毁，反而两次各赐全国40所寺院以寺额，为它们披上合法外衣。

宪宗极度崇奉藏传佛教，仅法王就封了13位，京师藏僧最多达1200余人。宪宗频繁举行藏传佛教法事，藏僧札巴坚参、札实巴等"每召入大内，诵经咒，撒花米，赞吉祥"[4]。宪宗尤其迷恋藏传佛教中的"秘密教"，札巴坚参等"以秘密教得幸"[5]。所谓"秘密教"，据万历时人沈德符说，就是流行于元代宫廷的"演揲儿法"即房中术，"至是番僧循用其教，以惑圣主"[6]。成化年间，实行十年一度僧、道，但试经、鬻牒并行，尤其是大肆鬻牒，合计开度僧、道达37万（或说35万）余人[7]。宪宗也不断修建寺院，"京师连年创建寺宇不绝，报国寺之工甫毕，崇国寺之役又兴"[8]。继晓得倖后，建大永昌寺于西市，"逼徙民居数百家，废国帑数十万"[9]。

孝宗即位初，下令遣还前朝传升藏僧。但他也崇信藏传佛教，不少藏僧仍留在京。投其所好，被降遣者不久"多潜住京师"，并"转相招引"，

①《明英宗实录》卷312。

② 释道深：《圆寂僧录左街讲经兼弘仁开山掌秘密教禅牒大禅师塔铭》，见《北京图书馆藏中国历代石刻拓本汇编》第52册，第99页。

③ 释道深：《大明诰封圆修慈济国师塔铭》，见《北京图书馆藏中国历代石刻拓本汇编》第52册，第142页。

④《明宪宗实录》卷53。

⑤《明史》卷331《西域传三》。

⑥《万历野获编补遗》卷4《札巴坚参》。

⑦《明孝宗实录》卷113。参阅何孝荣：《论明宪宗度僧》，载《第十届明史国际学术讨论会论文集》，人民日报出版社，2005年版；《论明代中后期的鬻牒度僧》，载《南开学报》2005年第5期。

⑧《明宪宗实录》卷97。

⑨《明史》卷307《继晓传》。

京中"斋醮复兴,糜费渐广"①。由于成化年间度僧太多,孝宗即位后,因大臣要求,下令"将十年一度之例停止"。但至弘治九年(1496)五月,又恢复十年一度,开度僧人。

武宗最崇信藏传佛教。他大量封授在京藏僧,仅法王就封授了八位。他造寺禁中,"常被服如番僧",演法其中。武宗甚至自封为"大庆法王",令铸金印,"定为天字一号云"②。武宗特别崇信噶玛噶举派黑帽系第八世活佛弥觉多吉,派太监刘允乘传往迎,"以十年为期","内府黄金为之一匮","治入番物料",又耗银 13 万两③。武宗大肆度僧。正德二年(1507)五月,他不顾礼部反对,"准度在京、在外僧三万名,道一万名"④。正德八年十一月,他又下令度藏、汉僧行道士四万人,因藏行童"多中国人冒名者","为礼部所持",武宗干脆赐大庆法王领占班丹以藏僧度牒 3000 张⑤。

嘉靖以后,各朝最高统治者对于藏传佛教崇信者不多,但仍时有提倡和保护之举。隆庆至万历初年,针对北方蒙古族信奉藏传佛教,明朝"施同俗之治"⑥,多次赐俺答汗以佛经、佛像等物,并派藏僧前往传教⑦。穆宗信奉佛教,汉经厂"年久颓圮",命重修;其子翊钧(即后来的神宗)出生,剃度童幼"替身出家"⑧。神宗及孝定李太后均佞佛。神宗诸子出生,都"剃度童幼替身出家"。汉经厂诵经做法事,原来皆以宦官为之,神宗又益以宫女,"行香念经,若尼姑然"⑨。逢神宗生日,宫中还举行藏传佛教法事以庆祝,番经厂场地不足,就在隆德殿大门内"跳步吨而诵梵呗",

---

① 《明孝宗实录》卷 48。
② 《明武宗实录》卷 64。
③ 《明武宗实录》卷 131。按,《明武宗实录》及《明史》记载该藏僧为"西域胡僧","土人谓之活佛",未言其名。据藏文史料《贤者喜宴》,该僧即黑帽系第八世活佛、大宝法王弥觉多吉。
④ 《明武宗实录》卷 26。
⑤ 《明武宗实录》卷 106。
⑥ 《明神宗实录》卷 30。
⑦ 参阅何孝荣:《明代皇帝崇奉藏传佛教浅析》,《中国史研究》2005 年第 4 期。
⑧ 《万历野获编》卷 27《京师敕建寺》。
⑨ 《酌中志》卷 16《内府衙门职掌》。

"跳三四个时辰方毕"①。他们大肆兴建寺院,万历初年新建者即有承恩寺、慈寿寺、万寿寺、仁寿寺,重修者有海会寺。对于私创寺院,万历十三年正月,神宗曾传旨"毁新创,存旧址"。但数日后,他又谕令"停之","仍禁以后不得私创"②,默许和纵容私创寺院。李太后又命人将明初以来"述撰诸经未入藏者"补入《北藏》,刊刻流行。

总之,尽管明代各朝多不同程度地提倡和保护佛教,却又始终保持着对佛教的整顿和限制,控制僧人数量、抑制寺院经济的方针一直没有改变。这两方面,共同构成了明代佛教政策的主要特点和核心内容③。

（二）明代佛教各宗概况

明代佛教政策的实施,对明代佛教产生了很大影响。

首先,明代对佛教的提倡和保护,使佛教得以迅速恢复和发展,一定时期内呈现出繁盛景象。我们知道,经过元末农民战争,佛教受到重创,僧人或逃或亡,寺院残破废坏,"多化为煨烬之区,而狐兔之迹交道"④。明初开始,统治者提倡和保护佛教,使佛教迅速得到恢复和发展。以僧人而言。洪武初期,太祖先后两次换发和补发度牒57200余人、96328人⑤。其后,虽然采取考试经典、限制年龄等措施限制出家,但由于度僧制度尚不完备,考试宽松而频繁,出家者迅速增加。自洪武十五年五月设立僧、道二司,至十七年闰十月,又给发僧、道度牒20954名,佛教得到迅速恢复和发展。正统、景泰年间,专权太监王振、兴安佞佛,大肆度僧,"释教盛行,满于京师,络于道路,横于郡县,遍于乡村"⑥。至成化年间,三次度僧计37万,"以前各年所度僧、道不下二十万,共该五十余万"⑦。时人惊呼,"今之僧道,几与

---

① 《酌中志》卷16《内府衙门职掌》。
② 《明神宗实录》卷157。
③ 参阅何孝荣:《明代佛教政策述论》,载《文史》2004年第3辑。
④ 《护法录》卷4《句容奉圣禅寺兴造碑铭》。
⑤ 《明太祖实录》卷77,卷84。
⑥ 《明英宗实录》卷248。
⑦ 倪岳:《青溪漫稿》卷13《止给度疏》。

军民相半"①。以寺院而言,尽管明朝不断重申禁止私创寺院,但从明太祖开始,各朝皇帝都带头修建寺院,并对私创寺院采取默认和容忍的态度,因此各地寺院不断修复、兴建。自正统至天顺,"京城内外建寺二百余区"②。成化十七年以前,京城内外敕赐寺观至 639 所,"后复增建,以至西山等处相望不绝"③。因此,圣严法师指出,"经过元朝蒙古族统治八十多年之后,汉民族的佛教文化,一度衰微至于谷底",明代"对佛教文化的推展,则为一个再生的阶段"④。

其次,它促进了佛教诸宗融合,促成了赴应僧的专业化和队伍的壮大,奠定了日后僧寺分立制度。明代分寺僧为禅、讲、教,太祖又诏令讲习《心经》等三经,"钦定经典并非各宗派根本经典,使讲僧振兴唐代旧宗派的意识淡薄了。他们多以融合诸宗学说为特色,专弘某一派或某一经的人极少"⑤。禅僧也多兼习讲门,"攀附"义学,永乐以后,"念佛之法门风靡天下,禅师之兼净业者多","形成一代风潮"⑥,促进了佛教诸宗的融合。明代把从事世俗法事的"教"僧即赴应僧专业化,使其独立成类,且法事商品化,佛教内部出现了向有可靠收入的赴应僧的倾斜,"教僧占到整个僧侣总数的将近半数"⑦,队伍日益壮大。这也表明,明代佛教日益世俗化,与百姓日常生活紧密联系起来。明代分寺院为禅、讲、教三类,"现行僧寺制度略立于此"⑧。

再次,明代对佛教的整顿和限制,也使佛教趋向"山林佛教""死人佛教""经忏佛教",加剧了佛学的衰微。明代严禁僧人杂处民间,与俗混淆。同时,明太祖专门划分出教僧,作为瑜伽法事仪式的执行者。教僧

① 《明孝宗实录》卷 113。
② 徐学聚:《国朝典汇》卷 134《释教》。
③ 《明宪宗实录》卷 260。
④ 释圣严:《明末佛教研究》,台湾法鼓文化事业股份有限公司 2000 年版,第 111 页。
⑤ 魏道儒:《中国华严宗通史》,江苏古籍出版社 1998 年版,第 277 页。
⑥ 忽滑谷快天撰、朱谦之译:《中国禅学思想史》,上海古籍出版社 2002 年版,第 734 页。
⑦ 龙池清:《明代の瑜伽教僧》,载日本《东方学报》(东京)1940 年第 11 册第 1 期。
⑧ 释印顺:《佛教史地考论》,台湾正闻出版社 2000 年版,第 87 页。

在教理思想上不作探究，也不以明心见性为本宗，只以超荐亡魂为务。而正是他们，占到僧团的半壁江山。于是，"呈现当时佛教趋向'山林佛教''死人佛教''经忏佛教'之特质"①。如果说元末明初佛教的一些宗派尚能传承有人，那么，明代中期佛教各宗则基本上沉寂不振，所谓"自宣德以后，隆庆以前，百余年间，教律净禅，皆声闻阒寂"②，佛学衰落至于谷底③。

明代佛教各宗派中，以禅宗最盛，主要是临济、曹洞二家。临济宗在明初有楚石梵琦，号称"国初第一宗师"，曾奉诏参加南京的蒋山法会，著有《北游集》《凤山集》《西斋集》以及六会语录等，提倡禅净一致，并栖心于净土。明代中期以后，临济宗名僧有笑岩德宝。德宝于万历初年居北京柳巷，以禅道接引诸方学者，名震海内，袾宏、真可、德清都曾从他叩问禅要，有语录汇编《笑岩集》。德宝将"看话禅"与净土念佛结合，即在"看话"时也须"念话"，提倡念佛禅，这与大慧宗杲的"看话禅"的"话头"有了区别。德宝门下有幻有正传，正传门下有密云圆悟、天隐圆修、雪峤圆信，都在江南传禅。圆悟重视临济"棒喝"宗风，"生平不解打之绕，唯以条棒一味从头棒将去"④，令参禅者当下剿绝情识，不落窠臼。圆悟在当时影响很大，有剃度弟子300余人，嗣法12人，"其未及付授者又若干人"，"王臣国士参请归依者，不可胜数"⑤。圆悟有弟子汉月法藏，重视看话禅，后著《五宗原》，对禅宗五家源流、宗旨进行考察，并批评"棒喝"家风，引得师徒论争，一直延续到清初。

曹洞宗在明初有雪轩道成，但没有什么建树。到了明末，无明慧经及其弟子无异元来、永觉元贤等始大振曹洞宗风。慧经晚年住持江西新昌（今黎川县）寿昌寺，倡导劳动和坐禅结合，开山凿田就是示以佛法，并

---

① 释见晔：《明太祖的佛教政策及其因由之探讨》，载台湾《东方宗教研究》1994 年 10 月新 4 期。
② 陈垣：《明季滇黔佛教考》，中华书局 1962 年版，第 13 页。
③ 参阅何孝荣：《明代佛教政策述论》，《文史》2004 年第 3 辑。
④《密云禅师语录》卷 12《〈教外别传〉序》。
⑤《密云禅师语录》卷 13 道忞《明天童密云悟和尚行状》。

身体力行,重振了曹洞宗风,被誉为"百丈(怀海)之后,一人而已"①。慧经反对讲习评唱公案机语,主张"参学之士,道眼未明,但当看个话头"②,将注意力集中于某个话头,令心力不要旁涉。元来,又名大舣,27 岁时受印可于慧经,寻开山于江西信州(今上饶)博山能仁寺,后传法于东南各地。元来重视参话头,又鼓励禅僧多读佛典,禅教并重,"夫为学者,凡经律论三藏文字,大小偏圆,靡不遍涉"③。元来往来闽、越、吴、楚等地,弟子云集,缙绅景附,人称"明兴二百余年,宗乘寥寥,得和尚而丕振"④。元贤 40 岁时始从慧经出家,慧经死后又从元来,先后住持福建鼓山涌泉禅寺、泉州开元禅寺等,"二十余年间,四坐道场,大作佛事,言满天下,道被域中"⑤。元贤生当明末清初战火纷飞,他关注社会,积极率僧埋葬死者、赈济灾民,反对溺杀女婴。他撰《寱言》《续寱言》,会通儒释。又撰《洞上古辙》,梳理和总结曹洞宗学说。他又注疏《楞严》《金刚》《心经》等,以治经而弘禅⑥。

明代的净土宗,由于僧俗名流的大力弘扬,也得到广泛传播,净土法门成为各宗的共同信仰。明初的梵琦、大佑、慧日、妙叶、普智、道衍等都有专门的著作,宣扬净土思想。明代中后期,宗本、传灯等也都宣扬净土思想。特别是云栖袾宏,一生着重传布持名念佛的净土思想,建立净土道场,在当时影响很大,被称为"莲宗八祖"。他的《净土四十八问》《净土疑辨》《弥陀疏钞》等,都是明代净土宗的重要著作。蕅益智旭通究各宗,但以净土为禅、教、律三学的指归,晚年以天台教义讲解《阿弥陀经》,提倡持名念佛,后人尊为净土九祖。他的弟子成时编《净土十要》,流传很广。禅僧也大多兼习净土,禅净一致成为佛教的主流。明代净土思想日益深入普及,成为中

---

① 《永觉元贤禅师广录》卷 30《续寱言》。
② 《无明慧经禅师语录》卷上《小参》。
③ 《无异元来禅师广录》卷 26《示同水禅人》。
④ 《无异元来禅师广录》卷 35 刘日杲:《博山和尚传》。
⑤ 释道霈:《为霖道霈禅师秉拂语录》卷下《〈最后语〉序》。
⑥ 参阅杜继文、魏道儒:《中国禅宗通史》,江苏古籍出版社 1993 年版,第 517—574 页。

国民众最熟知的法门，"明代已是净土宗的天下"①。

天台宗在明代前期一直比较沉寂，没有多大起色。传播的谱系，主要在东溟慧日系统中进行。明代中期，天台宗的重要人物有千松明得、百松真觉。明得以读《楞严经》开悟，讲学以华严思想来阐发天台教旨。真觉为明得弟子，于《楞严经》深有研究。号称明代天台宗中兴之祖的则是无尽传灯。传灯于万历年间住天台幽溪高明寺，重立天台祖庭，大开讲席。他著有《性善恶论》六卷，为天台性具论辩护，即性恶只是性善的异名，会通儒释，统一台教与华严等佛教义学之旨，振兴了天台教学。其后，有蕅益智旭，虽不以天台一宗的学者自居，但所著《法华经会义》16卷、《玄义节要》2卷、《法华经纶贯》1卷、《教观纲宗》1卷、《教观纲宗释义》1卷、《大乘止观释要》4卷等书，于天台教义颇有发挥。智旭重提天台宗传统的五时八教教义，但主张四教各有不同观行。他基于净土本位，将天台教义与净土法门融合，完成了北宋以后台净交融的发展逻辑。此后直到近代，天台宗再未涌现出重量级的大师，因此智旭被视为天台学的终结性人物②。

华严宗在明代前期一直沉寂不振。明代后期，一些僧人弘传华严。如遍融真圆"证华严三昧，得大解脱法门"③，嘉靖后期至万历年间，常住庐山、北京，弘传其教。月川镇澄常住五台山竹林寺，"三演《华严》"，"万指围绕"④。雪浪洪恩精通《法华》《华严》《楞严》《心经》等，驻南京宝华山。他讲经融通禅教，以自己的理解发挥经文，在当时很受欢迎，东南法席之盛"无出其右"⑤。他于华严宗"为得法弟"⑥，曾多次宣讲澄观的《华严》大疏。明末，洪恩再传弟子汰如明河，以华严教义疏释《楞伽》《楞严》

①　陈扬炯：《中国净土宗通史》，江苏古籍出版社 2000 年版，第 491 页。
②　参阅潘桂明、吴忠伟：《中国天台宗通史》，江苏古籍出版社 2001 年版，第 714—776 页。
③《释鉴稽古略续集》卷 3。
④《新续高僧传》卷 7《明清凉山竹林寺沙门释镇澄传》。
⑤《新续高僧传四集》卷 7《明金陵宝华山释洪恩传》。
⑥《列朝诗集小传》闰集《雪浪法师恩公》。

二经,并著《补续高僧传》26 卷①。

律宗自元末以来一直很消寂。万历年间,有古心如馨在南京古林寺等地传戒,徒众累万,嗣法 12 人,各住一方,"接席分灯,相继宏扬,律学所以遍行天下也"②,被称为"中兴律祖"。三昧寂光初从洪恩习贤首教观,后师从如馨,"服膺师传,专宏律法。足迹遍海内,临坛演戒百有余所"③,为明代振兴律宗最重要人物。所著《梵网直解》4 卷及《十六观经忏法》,乾隆时以《梵网直解》编入大藏经。

法相宗在宋元时衰落,典籍渐次失传,至明几成绝学。正德年间,鲁庵普泰稍弘于北地,寻传至南方。其后,洪恩及其后学往往兼弘唯识学。高原明昱曾讲唯识学于南京、北京及杭州等地,著有《成唯识论俗诠》十卷等,可称明代法相宗的一大家④。

(三)晚明四大高僧

明代万历以后,佛教宗匠辈出,出现复兴的景象。其代表,就是被称为晚明四大高僧、明代佛教四大家的云栖袾宏、紫柏真可、憨山德清和蕅益智旭。他们多禅教兼通,不专属于一个教派,提倡诸宗融合、三教同源,且积极践行大乘佛教精神,关注佛教乃至民生社会,在当时有很大影响。

1. 云栖袾宏

云栖袾宏(1535—1615),字佛慧,别号莲池,俗姓沈,浙江杭州仁和(今杭州)人。年轻时为诸生业儒,及壮岁仍不得进,又遭妻子病亡,嘉靖四十五年(1566)遂出家。遍游诸方,参访名宿。隆庆五年(1571),游方至杭州梵村,于古云栖寺故址结茅以居,题名云栖。据说,他讽经施食息虎患,击木鱼念佛祷天雨,村民感激而鼎新其庵,"不日成兰若"。自此,

---

① 参阅魏道儒:《中国华严宗通史》,江苏古籍出版社 2001 年版,第 276—287 页。

②《金陵马鞍山中兴律祖事迹考》。

③《新续高僧传四集》卷 28《明金陵宝华山隆昌寺沙门释寂光传》。

④ 参阅中国佛教协会:《中国佛教》第一辑,知识出版社 1980 年版,第 112—118 页;郭朋:《明清佛教》,福建人民出版社 1982 年版,第 40—176 页;南炳文:《佛道秘密宗教与明代社会》,天津古籍出版社 2001 年版,第 97—122 页。

他"法道大振，海内衲子归心"，云栖寺"遂成丛林"①。万历十六年（1588），应地方官员之请禳疫、造桥。著《放生文》，传诵海内。于净慈寺建放生池，岁费百余金，山中设放生所，岁费粟二百石，救养飞鸟禽虫。其"道风日播"，达官贤士及门问道者以百计，"靡不心折"②。袾宏在中国佛教史上有重要影响，德清誉其为"法门周孔"。著述近 40 种，后人辑为《云栖法汇》。

袾宏主张禅教合一，而以净土为归。他认为，参禅不能离教，"人先宜看教"，否则"通宗不通教，开口便乱道"③。他主张，念佛可以总括禅、教，是求得解脱的最好方式。他宣扬儒、释、道"互资"即互相补充，"三教同归于一理"，皆为教化而设，佛教则高于儒、道。他还用佛教批判当时在中国流传的天主教，指斥西方"天主"只是佛教诸天之一，不值得崇信。

针对明初以来时"教纲灭裂，禅道不明"，袾宏立志振救，著《阿弥陀经疏钞》，"总持圆顿诸经，融会事理，指归一心"，"一时缁素归心净土，若水赴壑"。令僧众读诵《梵网戒经》及比丘诸戒品，著《沙弥要略》《具戒便蒙》《梵网经疏发隐》，"发明"戒律，以立"基本"。编《禅关策进》，与《高峰语录》等并刊，"以示参究之诀"④。

2. 紫柏真可

真可（1543—1603），字达观，晚号紫柏，俗姓沈，南直隶吴江（今江苏苏州）人。他 17 岁时仗剑远游，遇虎丘僧明觉，从而出家，后游历北京、五台山、峨眉山等地，参访知识。神宗皇帝钦崇他，称他"若此真可名一僧"，改名真可。

真可认为，儒、佛、道皆得于"湛然圆满而独存"的"妙心"，仁、义、礼、智、信的儒家"五常"就是佛教的不杀、不盗、不邪淫、不饮酒、不妄语"五戒"，因此三教同源。他以禅僧的立场，强调文字经教的重要，和会禅教、

---

① 《缁门崇行录》附释德清《云栖莲池宏禅师塔铭》。
② 《新续高僧传四集》卷 43《明梵村云栖寺沙门释袾宏传》。
③ 《云栖大师遗稿》卷 3《答问》。
④ 《新续高僧传四集》卷 43《明梵村云栖寺沙门释袾宏传》。

性相,指出宗为佛心、教为佛语,心、语既不相违,宗、教自应融通,通性宗而不通相宗也会迷失路头,精通性、相二宗仍需通透禅宗。因此,时人称他"不以释迦压孔老,不以内典废子史","于佛法中不以宗压教,不以性废相,不以贤首废天台"①。真可的著作,有德清校辑的《紫柏尊者全集》30 卷、钱谦益纂辑的《紫柏尊者别集》4 卷、附录 1 卷。

真可关注佛教发展,倡修《方册藏》,并与德清议修明朝《传灯录》,德清因得罪神宗而谪戍,真可尽力营救。他也关注国事民生,"交结士夫,干预公事"②。时宦官以矿监税使名义横行全国,南康太守吴宝秀因得罪矿税被诬下狱,真可积极赴京营救。他曾说:"憨山不归,我出世一大负;矿税不止,我救世一大负;《传灯》未续,我慧命一大负。"③他为此而奔走于权贵之门。万历三十一年(1603)"妖书"案发,真可被牵连入狱,最后愤死狱中④。

3. 憨山德清

德清(1546—1623),字澄印,晚号憨山,南直隶全椒(今属安徽)蔡氏子。他 12 岁入南京报恩寺剃染,17 岁正式出家,从云谷法会结禅于天界寺,发奋参究,后游学北京、五台山,参名僧遍融、德宝等。万历九年(1581),德清在五台山为神宗建祈储道场,深得慈圣李太后宠信,而结怨于神宗。至东海牢山(今山东青岛崂山),太后率阖宫布金造寺,赐额"海印"。不久,因被诬私造寺院遭戍雷州⑤,中兴禅宗六祖慧能的弘法寺院曹溪南华寺。万历四十二年遇赦,东游吴越,赴真可之葬于双径,吊袾宏于云栖。返庐山,结庵五乳峰下,专修净业。居四年,复往曹溪。天启三年(1623)十月,示寂。他著有《憨山梦游集》40 卷,《东游集》若干卷,《华严法界境》1 卷,《法华通义》7 卷等⑥。

德清主张三教一致,以佛释儒、道,认为三家教义可以互相诠解、补

①《紫柏尊者别集》附录顾仲恭:《跋紫柏尊者全集》。
②《紫柏尊者别集》附录陈矩:《东厂缉访妖书底簿》。
③《紫柏尊者别集》附录陆符:《紫柏尊者传》。
④ 参阅释果祥:《紫柏大师研究》,台湾东初出版社 1987 年版,第 11—79 页。
⑤ 参阅何孝荣:《从高僧到大师:憨山德清的崂山生涯》,《江西社会科学》2014 年第 10 期。
⑥《金陵大报恩寺塔志》卷 6《寺僧》。

充。他和会性相，提倡宗教不二，指出"吾佛世尊摄化群生，所说法门，方便非一，而始终法要，有性、相二宗，以其机有大小，故教有顿、渐之设。末后分为禅、教二门，教则引摄三根，禅则顿悟一心"①。他禅、净兼重，倡导念佛禅，"佛祖修行之要，唯有禅、净二门"，"且念佛即是参禅，更无二法"②。

德清关注教界法门以及社会民生。在五台山，他受李太后命，建祈嗣道场，"阴为王才人祈嗣"。而同时，神宗"遣内官于武当（山），阴为郑贵妃祈嗣"③，为此德清结怨于神宗。谪戍雷州后，他在曹溪复寺产，斥僦舍，严斋戒，养僧才，进行丛林改革，中兴曹溪④。当地饥荒疬疫，他组织收尸掩埋，并为建普济道场。此外，他还在当地劝化平息民变，约束宦官横暴等⑤。

4. 蕅益智旭

智旭（1599—1655），字素华，别号八不道人，晚年称蕅益老人，俗姓钟，南直隶吴县（今江苏苏州）木渎人。他 24 岁时出家，从德清弟子雪岭剃度。27 岁起，他遍阅律藏，见当时禅宗流弊，决意弘律，32 岁开始研究天台教理，33 岁秋始入灵峰（浙江孝丰县东南 15 里），造西湖寺，此后历游江浙闽皖等地，阅藏、讲述和著作。50 岁时，他自金陵归灵峰，仍继续著述。清顺治十二年（1655）正月示寂。其生平著述，经其弟子成时编次，分为宗论和释论二类。宗论即《灵峰宗论》，共 38 卷；释论包含对不同经典的注疏，其中《阅藏知津》44 卷较重要。

智旭融会诸宗，归极净土。他说："若律，若教，若禅，无不从净土法门

---

① 《憨山大师梦游全集》卷 20《净土指归序》。
② 《憨山大师梦游全集》卷 10《示凝畜通禅人》。
③ 释福征：《憨山大师年谱疏》卷上。
④ 参阅江灿腾：《晚明佛教丛林改革与佛学诤辩之研究》，台湾新文丰出版公司 1990 年版，第 145—156 页。
⑤ 参阅释见晔：《以憨山为例探究晚明佛教之"复兴"内涵》，载台湾《中华佛学研究》1998 年 3 月第 2 期。

流出,无不还归净土法门。"①他研究天台教义,继承宋代知礼、明代传灯之说,而又有所发展,乃至用唯识解天台教义。他曾遍阅律藏三次,致力于大小乘律藏的疏释和讲说,可称为元照以后的唯一大家。他特别推崇地藏信仰,曾在九华山华严庵劝众持地藏名号,推动了地藏信仰的兴盛。他著有《周易禅解》《四书蕅益解》等,以佛教观点解释儒家经典,提倡三教会通。

智旭生活的时代,正是明末清初兵荒马乱、天灾人祸频仍之时。面对这样的形势,智旭以宗教行持,如发愿、礼忏、持咒、烧身等,祈求佛法复兴,末世弊端尽革。圣严法师指出,智旭"不只是明末不出世的思想家,更是一位杰出的佛教信仰修行者"②。智旭"真挚而奋力的实践修行家之风格,带给晚明佛教一许清流,使得它再次生辉"③。

（四）士大夫亲佛与居士佛学

明代士大夫多亲近佛教,不少人甚至成为在家居士,对佛教加以研究。

明初翰林学士宋濂,自称无相居士,"尝三阅大藏（经）,暇则习禅观",以佞佛闻名。太祖称佛教"幽赞王纲",廷臣惟宋濂"能深契上旨,每召对,辄与究论佛经奥义"。宋濂重视《楞伽经》,称其为达摩"印心之经"。太祖"读而善之","乃诏天下僧并读《楞伽经》"④。宋濂撰有高僧塔铭等39篇,后被辑为《护法录》,该书是元末明初佛教史的重要资料。

明代中期,心学的创始人王守仁也亲佛。他为官各地,遍求佛刹,访拜高僧。心学产生前,他曾有一段参禅学佛的经历,"出入于佛老者久之"⑤。其创立的心学以"致良知"为宗旨,深受佛教"明心见性"思想的影响,王学实际上是在吸收禅宗本体论、心性说和思维方式的基础上建立起来的。王守仁死后,王学分化,浙中王门王畿等主张"四无",认为良知

①《灵峰宗论》卷6《刻净土忏序》。

② 释圣严著,关世谦译:《明末中国佛教之研究》自序,台湾学生书局1988年版,第Ⅺ页。

③ 释见晔:《以蕅益智旭为例探究晚明佛教之"复兴"内涵》,载台湾《中华佛学研究》1999年3月第3期。

④ 彭绍升:《居士传》卷37《宋景濂传》,江苏广陵古籍刻印社1991年版。

⑤《明儒学案》卷10《姚江学案·文成王阳明先生守仁》。

"当下现成,不假工夫修证而后得"①,更近于禅。泰州学派的王艮、何心隐、罗汝芳等也多与僧人往来,深受禅学影响,被世人目为"狂禅"。

泰州学派后人李贽,出入儒佛之间,尤好禅宗,喜交禅侣,晚年更薙发去冠服,居禅院,以居士身份立言护法,与真可并被尊为"二大教主"②。李贽提倡的童心说,即与王学、佛教的真知、真心有关。他著有《文字禅》《净土诀》《华严经合论简要》等书。公安三袁(袁宏道、袁宗道、袁中道)初学禅于李贽,此后终生保持对佛禅的浓厚兴趣,他们倡导的性灵说文学主张,即与李贽的童心说有关。三袁"向心净土",袁宏道的《西方合论》是明代净土宗的重要著作。

万历以后,随着王学的风行,李贽、袁宏道等人的倡导,以及晚明四大高僧的出现,士大夫中禅悦之风极盛,"缙绅士大夫亦有捧咒念佛,奉僧膜拜,手持数珠以为戒律,室悬妙像以为皈依,不知遵孔子家法,而溺意于禅教沙门者"③,居士佛学呈现复兴气象。瞿汝稷"学通内外,尤尽心于佛法"④,汇集禅门宗师语要,撰《指月录》30 卷。王肯堂因感慈恩著疏亡失,乃辑藏中经论及《华严疏钞》《宗镜录》诸典正释唯识之文,编撰《成唯识论证义》10 卷。焦竑与李贽"往来论学,始终无间,居常博览群书,归心于佛氏"⑤。他著有《楞伽》《法华》《圆觉》等经的《精解评林》各 2 卷。屠隆晚年学佛,著有《佛法金汤录》3 卷,驳宋儒排佛言论。其他如严讷、虞淳熙、庄广还等,多从袾宏习净土法门。庄广还编有《净土资粮全集》6 卷。紫柏真可、密藏道开倡刻嘉兴藏,多得力于袁黄、陆光祖、冯梦祯、陶望龄等的护持。这些居士对于明末佛教的复兴起着很大的作用⑥。而晚明四大高僧门下也形成了相当规模的居士群体⑦,这无疑是当时佛教复

---

① 《明儒学案》卷 12《浙中王门学案二·郎中王龙溪先生畿》。
② 《万历野获编》卷 27《二大教主》。
③ 《明神宗实录》卷 369。
④ 《居士传》卷 44《瞿元立传》。
⑤ 《居士传》卷 44《焦弱侯传》。
⑥ 参阅中国佛教协会:《中国佛教》第一辑,知识出版社 1980 年版,第 118—119 页。
⑦ 参阅释圣严:《明末佛教研究》,台湾法鼓文化事业股份有限公司 2000 年版,第 277—281 页。

兴的重要表现。

（五）藏传佛教在北京等地的传播

由于明代，特别是明代中期的皇帝多崇奉藏传佛教，促进了藏传佛教在北京等地的传播。先看明代藏传佛教在北京传播的具体表现：

其一，大量藏僧聚居北京，锦衣玉食，授徒传戒，内地汉人习学藏传佛教、为藏僧者不断增加。对此，前文已有论述，这里再稍作补充。如，明初僧智光"所度弟子，中外无虑数千人"①。净戒禅师班丹托思巴"于正统年间，本寺国师、禅师、僧官、都纲、剌麻、僧众、中贵官、大臣、宰辅□□，授戒千余员"②。成化时封圆修慈济国师三曼答室哩，"所度徒者百有余，皆能解悟"③。成百上千的藏僧聚居京城，异常活跃，统治者动辄开度数千名藏僧行童，无疑是明代藏传佛教在北京存留和传播的最有力证据。

其二，藏僧在京中频繁举办藏传佛教法事。明代皇帝在宫中及京中各寺频繁举办藏传佛教法事的情况，前文已多有反映。嘉靖以后，民间也举行藏传佛教法事。万历时人记载："京城向有戒坛之游，中涓以妓舍僧，浮棚满路，前僧未出，后僧倚候。平民偶一闯，群僧棰之且死。"④这显然是藏传佛教密宗法会⑤。

其三，京中出现不少藏传佛教寺院。明代前期，藏僧聚居于大隆善寺、大慈恩寺、大能仁寺、大护国保安寺、宝庆寺等，皆为藏传佛教寺院。这些寺院中，雕塑藏传佛教佛像。如，大隆善寺，袁宏道往游，"观曼殊诸大士变像，蓝面猪手，肥而矬，遍身带人头，有十六足骈生者，所执皆兵

① 李贤：《大通法王碑铭》，见《北京图书馆藏中国历代石刻拓本汇编》第52册，第31页。
② 释道深：《五台净戒禅师塔铭》，见《北京图书馆藏中国历代石刻拓本汇编》第52册，第123页。
③ 释道深：《大明诰封圆修慈济禅师塔铭》，见《北京图书馆藏中国历代石刻拓本汇编》第52册，第142页。
④《广志绎》卷2《两都》。
⑤ 参阅丁汉儒、温华等：《藏传佛教源流及社会影响》，民族出版社1991年版，第88页。

刃,形状可骇,僧言乌思藏所供多此像"①。嘉靖年间,京中藏传佛教寺院多数遭到拆毁或圮废。嘉靖以后,统治者不再禁佛,京师又有藏传佛教寺院的兴建。如,万历四年(1576),在阜城门外二里沟建西域双林寺,"寺殿所供,折法中三大士,西番变相也。相皆裸而跣,有冠,有裳,有金璎珞,吼、象、狮各出其座下。中金色,勇猛丈夫也,五佛冠。上二,交而杵铃。下二,跌而坐。左右各蓝色,三目,彩眉,耳旁二面,顶累二首,乃髻。首三项,腰各周以骷髅,而带以蛇"②。

其四,京城人不少也信奉藏传佛教。因信奉藏传佛教而出家为藏僧的情况,前文已述,这里只谈谈在家民众。他们向藏僧礼拜。如,天顺年间,有藏僧"短发衣虎皮,自称西天活佛弟子,京城男女礼拜者盈衢"③。有的以土地布施于藏传佛寺。如,宣德年间,宛平县民"以果园地施崇国寺,请蠲其税"④。当藏僧去世时,他们还送葬哀悼。如,宣德年间,妙济禅师绰巴扎释死后,"奉襄之日,道俗相送者奚啻百千万人,莫不嗟悼尽伤,而复称叹希有"⑤。适应民众信奉藏传佛教的需要,藏传佛教的法器也在京中畅销,甚至有人造假以牟利。如,成化年间,有叶玘、靳鸾等"发人墓,取骷髅及顶骨,以为葛巴剌碗并数珠,假以为西番所产,乘时市利",京师"愚民竞趋之"⑥。这些也都是藏传佛教在明代北京留存和传播的重要标志。

北京之外,藏传佛教也在南京、五台山等地流传。如,永乐、宣德年间,大宝、大乘、大慈三大法王先后在当时都城南京以及五台山传教。释迦也失在南京等地"传布黄教,宏扬道法,设斋供众"⑦。他又赴五台山作

---

① 袁宏道:《袁中郎全集》卷9《崇国寺游记》。
②《帝京景物略》卷5《西域双林寺》。
③《明英宗实录》卷299。
④《明宣宗实录》卷83。
⑤ 释圆瀞:《妙济塔铭》,见《北京图书馆藏中国历代石刻拓本汇编》第51册,中州古籍出版社1990年版,第63页。
⑥《明宪宗实录》卷273。
⑦ 释妙舟:《蒙藏佛教史》,江苏广陵古籍刻印社1993年版,第34页。

法事,"在五台山建了六座寺院,这些寺院按照藏传佛教格鲁派的修行次第修习佛法"①。释迦也失被誉为在汉地首建格鲁派(黄教)本宗之人,"五台山等处之黄教派,皆以(大慈)法王(释迦也失)为鼻祖"②。嘉靖初年,世宗开始禁绝佛教,但藏传佛教并未在内地绝迹。嘉靖二十五年(1546)七月,有官员提出,"诸郡邑名山古刹如有佛子、法师假以讲经,聚众至百人者,一体禁止"③。可见,还有藏僧在各地传教④。

二、道教

(一)明代对道教的整束

明朝建立后,对道教也实行了整顿和检束的政策。龙虎山张"天师"之号封赐于元代,明朝建国前,朱元璋曾对之颇表尊重。但明朝建立后,朱元璋这位"天子"对"天师"之号就不以为然了,认为这是元人不知义理所赐。洪武元年(1368)正月,"天师"张正常入贺继位,明太祖去其"天师"之号,改授"正一嗣教真人",赐银印,秩视二品。对于道教方术,明太祖多次揭露其虚妄。如洪武元年,他对宋濂等人说:"秦始皇、汉武帝好尚神仙,以求长生,疲劳精神,卒无所得。使移此心以图治,天下安有不理?"⑤公侯勋贵中有人热衷道教方术,明太祖加以教育,并明确指出,方术"乃欺世之言","切不可信"⑥。永乐年间,瓯宁人进金丹,明成祖斥曰:"此妖人也。令自饵之,毁其方书。"⑦

为了管理道教,明王朝建立了道官制度。洪武初年,明政府在设立善世院管理佛教的同时,设立了玄教院管理道教。玄教院不久废革。洪武十五年,明政府设道录司,总管道教。道录司隶于礼部,设左右正一

---

① 陈庆英:《论明朝对藏传佛教的管理》,载《中国藏学》2000 年第 3 期。
② 释法尊:《宗喀巴大师传》,中国藏学出版社 1993 年版,第 34—35 页。
③《明世宗实录》卷 313。
④ 参阅何孝荣:《明代皇帝崇奉藏传佛教浅析》,载《中国史研究》2005 年第 4 期。
⑤《明太祖实录》卷 33。
⑥《明太祖实录》卷 159。
⑦《明史》卷 7《成祖本纪三》。

（正六品）、左右演法（从六品）、左右至灵（正八品）、左右玄义（从八品）等僧官。地方上，府设道纪司，长称都纪（从九品）；州设道正司，长称道正；县设道会司，长称道会，作为道录司的派出机构，管理地方道士和女冠。此外，张天师所居龙虎山设正一真人（正二品）一名，法官、赞教、掌书各二名；阁皂山和茅山各设灵官（正八品）一名，太和山（武当山）设提点一名。

明朝对道教的整顿和检束，还包括严禁道士结交世俗、限制道士出家等。由于明朝政府往往对道教、道士与佛教、僧人相提并论，因而这些方面前已多述，此不赘言。

（二）明代皇帝对道教的崇好

虽然明代对道教实行整顿和检束的政策，但同时又有许多皇帝崇好道教。

明太祖虽然严禁道教"僭越"、批斥方术虚妄，抑制和贬责道教，但是为了夺取政权和巩固统治的需要，又利用道教来神化自己，对道教表示崇好。他宣扬自己的降生、征战、除病解厄、登基称帝等活动均有神人相助，并且亲制道教科仪乐章，躬行祈祷斋戒。他为了延年益寿，曾服食金丹，并宠信术士，得"通晓历数、数往知来、试无不验者"，"必封侯，食禄千五百石"[①]。他还重用道士，刘基、张正常等显贵于时。明成祖虽然也批斥方术虚妄，但同样企图长生不老，曾服灵济宫道士仙方。他也曾用道教神化自己，自称起兵"靖难"时有真武大帝阴助，并在夺取政权后在武当山大兴土木，钦赐田地。其后，明仁宗、明宪宗、明孝宗均迷信方术，服食丹药。明宪宗还大量任用道士，时李孜省、邓常恩、赵玉芝、凌中、顾𤣱等皆以方术用，尊显于朝，"羽流加号真人、高士者亦盈都下，佞幸由兹更进矣"[②]。明代诸帝之崇好道教，以明世宗为最严重。他即位后，毁佛，逐僧人，专以道教为依赖，老而弥笃。他不理朝政，却滥行斋醮，"倡率道

[①]《菽园杂记》卷1。
[②]《明通鉴》卷39。

众,时举清醮,以为祈天永命之事"。明世宗还"躬服其衣冠",后妃宫嫔"皆羽衣黄冠","诵法符咒,无间昼夜寒暑","中建大高玄殿、无上等阁,极其绮靡,供奉神祇","外则显灵、灵济等宫,皆为祠祷之所"①。明世宗尤信方术,酷爱长生不老的丹药、符箓秘方和祈风唤雨的咒术。道士、术士遂夤缘而进,因此多尊显一时,其著名者有邵元节、陶仲文。邵元节本是龙虎山上清宫道士,师事范文泰、李伯芳、黄太初,"咸尽其术"。嘉靖三年(1524)应征入京,因施方术多"有验",官至礼部尚书,赐一品服,并在城西有敕建的"真人府",在家乡有敕建的"仙源宫",深得世宗宠信。邵元节死后,世宗为"出涕",赠少师,赐祭十坛,遣中官、锦衣卫护丧还,葬用伯爵礼,谥"文康荣靖"②。陶仲文受符水诀于罗田万玉山,由邵元节推荐给明世宗,以方术屡验而得恩宠,特授少保、礼部尚书,不久又加少傅、少师。史称"一人兼领三孤,终明世,惟(陶)仲文而已"③。嘉靖二十年宫婢之变后,明世宗移居西内,日求长生,君臣不相接,唯陶仲文得时时相见,"见辄赐坐,称之为师而不名"④。明世宗还效法宋徽宗,为其父母及自己先后上道号,成为中国历史上最后一位"道士皇帝"。对于那些反对他崇道的大臣,明世宗一概治罪,太仆卿杨最甚至因谏而被杖死。对于那些帮助他崇道的大臣,明世宗则一概重用,最著名者如夏言、严嵩、袁炜、严讷、李春芳、郭朴等人皆以善写"青词"(斋醮天神的奏章表文)而擢至大学士,以至于嘉靖年间出现了"青词宰相"这种极不正常的政治现象。由于长期服食丹药,明世宗最后也"稍稍发火,不能愈"⑤,终死于道教方术。

明代皇帝对《道藏》的编印也很重视(详见本书第五章第一节),这对道教的传播也有一定作用。

---

① 《松窗梦语》卷5《灾异纪》。
② 《明史》卷307《邵元节传》。
③ 《明史》卷307《陶仲文传》。
④ 《明史》卷307《陶仲文传》。
⑤ 《明史》卷307《王金传》。

（三）明代道教状况

由于帝王的崇好，道士的传承，明代道教能保持一定的势力，尤其是正一道贵盛一时。元代以来，道教诸派逐渐汇为正一、全真二派，前者是符箓派的总合，后者是丹鼎炼养派的代表。明初，明太祖朱元璋鉴于全真道在元代与元帝室关系密切，且其"修身养性独为自己"，而正一道"专以超脱"，"特为孝子慈亲之设"，可以"益人伦，厚风俗"①，转而提擢正一道，令正一天师掌天下道教事，正一道遂得以凌驾于全真道之上。有明一代，朝廷常设斋醮，扶乩降仙，与正一道关系密切。那些被授为"真人""高士"乃至赐爵封官的道士，也大多属于正一道。正一道的贵盛，以天师派为最。第四十二代天师张正常早在明朝建国前就和朱元璋拉上关系，表示归顺。明朝建国后，朱元璋授张正常为正一嗣教真人，并令掌天下道教事。张正常有法术，"投符故永寿宫井中，有疾人饮井水辄瘥"②。张正常卒后，长子张宇初嗣，洪武十三年（1380）授大真人，领道教事。张宇初撰有《道门十规》1 卷、《度人经通义》4 卷、《龙虎山志》10 卷、《岘泉集》12 卷（诗文集）等，宣扬先秦道家之学为道教宗源，强调性命双修、内炼为本，提倡三教同源、儒道融合，主张推广初期全真道的道风以整顿教团，是第 30 代天师张继先以来正一天师中唯一有才华者。其后直至明末，张氏天师之位"代相传袭"，"卒莫废去"③。净明派在明初有赵宜真及其后学刘渊然、邵以正等，值得一提。赵宜真活动于元明之间，以符箓祈禳名世，主张性命双修、内炼为本，撰有《原阳子法语》《灵宝归空诀》，多阐全真北派内丹与清微雷法，被净明道尊为第五代嗣师。刘渊然"颇能呼召风雷"，洪武时赐号"高道"，洪熙时赐号"长春真人"，给二品印诰，"与正一真人等"，宣德初进"大真人"，"为累朝所礼"④，被尊为净明道第六代嗣师。邵以正

①《道藏》洞玄部威仪类《御制玄教立成斋醮仪文序》。
② 郑晓：《今言》卷 4。
③《明史》卷 299《张正常传》。
④《明史》卷 299《刘渊然传》。

275

"早得法"于刘渊然,刘告归时荐之,授道录司左玄义,正统时迁左正一,"领京师道教事",景泰时赐号"通妙真人"①,亦很显贵。神霄派在嘉靖时有陶仲文,为明代道士最显贵者,已见前述。

　　明代的全真道较为沉寂,一直未得到统治阶级的重视,全真道士多修游于江湖,很少能显贵于时。但明初在全真原有诸派之外,出现了张三丰创立的武当派,较有影响。张三丰,名全一,一名君宝,号三丰,辽东懿州(今辽宁阜新)人。传说他活动于元末明初,精通儒、佛、道三教,有奇功异能。洪武、永乐年间,明朝遣使寻访,"遍历荒徼,积数年不遇"②,名声大振。张三丰创立的武当派,以真武大帝为祖师,并尊为雷部至尊天神,习武当内家拳技。该派主张三教合一,认为三教"同此一道也","夫道者,无非穷理尽性,以至于命而已矣"③;重修炼内丹,主张先全人道,而后仙道。张三丰的学说、行径多源自全真道,故武当派后来逐渐并入全真道。张三丰的弟子,有秦淮富户沈万三,传其婿余十舍及富户陆德原等,为在家一系。道士丘玄清、卢秋云、周真得、刘古泉、杨善登、王宗道等先后师事张三丰,为其道中弟子。丘玄清初师黄得祯,洪武初事张三丰,以张三丰荐为武当山五龙宫住持。后拜御史,转太常卿,封三代,卒于京师。丘玄清之徒蒲善渊,洪武时授均州道正,永乐时奉使四方,咨访贤达。全真正宗七派中,龙门派还保持一定的势力,出现了以戒律密传的龙门律宗。龙门律宗的传承,明初有陈通微,陈传周玄朴,周传张静定、沈静圆,张传赵真嵩,赵传王常月,王传伍守阳,沈传卫真定,卫传沈常敬,道脉未断。丹法阴阳派中,出现了东派。创立丹法东派的陆西星,字潜虚,嘉靖、万历时期南直隶兴化(今属江苏)人。他自称得吕洞宾授以丹诀,写成《宾翁自记》《道缘汇录》,辑刊《吕祖全书》,著《方壶外史丛书》《南华副墨》《楞严述旨》等。陆西星继承了阴阳丹法的传统,认为男女双修方可成丹,并有师徒口传"离形交气"之法。

---

① 《明史》卷 299《邵以正传》。
② 《明史》卷 299《张三丰传》。
③ 《张三丰先生全集》卷 3《大道论上篇》。

明代的道教虽然还保持一定的势力,但总的说来已经从停滞走向衰落。道教自东汉产生以后,历经魏晋南北朝、唐、宋的发展,至元代而宗派繁衍,学说成熟,达到巅峰。到了明代,道教教派的分化基本停止,除了武当派以外,不复有有影响的新教派出现。不仅如此,道教原有的各教派中,只有正一道天师派、全真道龙门派等少数教派传派有人,其他各派多湮没无闻,难以为继了。而道教理论,除了承袭宋、元旧说以外,至多加上一些诸宗融合、三教合一等内容,殊少发展。究其原因,在于正一派只满足于社会低层次的需要,把活动主要集中在斋醮法事上,极少注重理论,而全真派势衰力微,也不积极探索和发展教义。此外,道教遭到正统封建士大夫的不断抨击而在知识阶层中日益失去市场,也是明代道教衰落的表现和重要原因。道教自元代以来日益注重打斋设醮等迷信活动,一直为尊奉程朱理学的封建士大夫所鄙视,而明代道教教团的腐化不法又为抨击道教提供了口实。有明一代,封建士大夫对道教的抨击陆续不断,这在各种明代史料,尤其是地方志中比比皆见。道教在知识阶层中市场日狭,自难发展。

不过,尽管以全真派、正一派为代表的正统道教在明代呈现出衰落之势,但是道教的多神崇拜、内丹炼养及立善积功等宗教观念进一步在民间扎根,并与儒学、佛教的通俗之说汇融,和民间传统的宗教、迷信观念结合,对广大百姓的生产和生活产生了广泛的影响。明代,道教除了自己造神以外,又从民间信仰中吸收新神,如关帝、玄帝、文昌帝君、吕祖、天妃、城隍神、王灵官等,编入其神仙系谱而推广于民间。百姓从祈雨求晴、治病除瘟、消灾免祸,到生男育女、发财致富、功名寿考等,无不祈祷于神灵。而且,从宫廷到民间,扶乩之风日盛,各种劝善书、功过格盛行,以神道设教的方式通俗地宣传以封建伦理为中心的道教伦理思想,影响很大。明代的民间文学,如小说、戏剧等也大量吸收道教的宗教观念,使其进一步渗透于社会文化生活之中。此外,勃兴的民间宗教也多从儒、释、道中吸取养分,以通俗的形式宣扬经过改装了的佛、道宗教观念。总而言之,明代道教与佛教一起,已更加世俗化了①。

三、伊斯兰教

伊斯兰教在中国旧称回教、回回教、清真教或天方教,7世纪初产生于阿拉伯半岛后,唐宋时期因阿拉伯使臣、商人等的来华而传入中国。元代,随着大批中亚人、波斯人和阿拉伯人迁入中国,以及元代统治者尊奉伊斯兰教政策的推行,伊斯兰教开始大规模传入中国。

（一）明代对伊斯兰教的优容与约束

在明王朝的建立过程中,广大穆斯林发挥了很大的作用。常遇春、胡大海、丁德兴、汤和、邓愈、沐英、蓝玉、冯国胜、冯国用等著名的穆斯林将领均随朱元璋出生入死,大批的穆斯林士兵也在朱元璋等人的指挥下冲锋陷阵,为朱明江山的肇建立下了汗马功劳。因此,从建国开始,明朝统治者即对伊斯兰教采取尊奉和优容的态度,保护广大穆斯林的利益。

建国初,明太祖即御书《至圣百字赞》,颂扬伊斯兰教的创始人穆罕默德为"亿兆君师,万圣领袖,协助天运,保庇国民","仁覆天下,道冠古今"②。永乐年间,明成祖敕谕保护伊斯兰教,令穆斯林米里哈只"护持所在","官员军民,一应人等,毋得慢侮欺凌",违者"以罪罪之"。这一敕谕的原件存扬州普哈丁墓中,泉州清净寺、福州清真寺、苏州太平坊清真寺等亦有此敕谕碑。明武宗受穆斯林陈大策的影响,精通"天经",并高度评价伊斯兰教。他说:"诸教之道,皆各执一偏,唯清真认主之教,深原正理,此所以垂教万世、与天壤久也。"③明武宗甚至下令,禁民间蓄养、宰杀猪豕,犯者罪之。

明政府为了方便穆斯林的宗教活动,由官府负责修建了许多伊斯兰

---

① 参阅任继愈:《中国道教史》,上海人民出版社 1990 年版,第 590—692 页;卿希泰、唐大潮:《道教史》,中国社会科学出版社 1994 年版,第 274—321 页;傅勤家:《中国道教史》,上海书店 1984 年版。

② 刘智:《天方典礼》卷 1《原教篇》。

③《天方至圣实录》卷 20《赞颂碑记序说·明武宗皇帝评》。

教寺院。洪武年间,明太祖"敕修江南、陕西两省清真寺,赐名礼拜,大启殿宇"①。明太祖还下令,清真寺如有倒塌,"随时修,不许阻滞",穆斯林"与他住坐,恁往来府州县布政司买卖,如遇关津渡口,不许阻滞"②。宣德五年(1430),因太监郑和所奏,明宣宗下令重新建造南京城内被焚的三山街礼拜寺,其人匠、材料于南京内官监或工部支用。明朝皇帝还给一些著名清真寺赐名赐额,如景泰年间景帝敕题北京东四礼拜寺为"清真寺",嘉靖年间世宗赐南京三山街礼拜寺为"净觉寺"等,以示恩眷。

明政府重用伊斯兰教徒,穆斯林在明代的地位颇高。前述常遇春、胡大海等穆斯林将领在明朝建立后均封公封侯,"生著号而殁袭封"③,并子孙承袭,成为明代的特权阶层。洪武年间,明太祖还先后设立回回司天监(后改为回回钦天监)、回回历科,召穆斯林黑的儿、郑阿里等议历法,令人译回回历书,以回回历与《大统历》参用。洪武以后,最受重用的穆斯林当推太监郑和。郑和率领明王朝庞大的般队,于永乐、宣德年间七次下西洋,同信奉伊斯兰教的西洋诸国进行了广泛的交流。其后,又有回民陈友,封武平侯,子孙世袭,明亡乃绝。可以说,穆斯林在明代社会中的地位远非僧人、道士所可比拟。

在尊奉和优容伊斯兰教的同时,为了维护明王朝的专制统治,明朝统治者也对伊斯兰教加以约束,抑制其势力的膨胀。洪武年间,明政府限令伊斯兰教教长只有传教布道权,不得掌理民间词讼;废止伊斯兰教各掌教之专名,统称为"老师傅";谕令以汉习改变穆斯林,禁其自相嫁娶,止其胡衣胡姓,等等。

(二)明代伊斯兰教状况

由于统治阶级的尊奉和优容,伊斯兰教在明代得到了很大的发展。明代前期,伊斯兰教继续在中国普遍传播,伊斯兰教在中国的分布格局基本形成。明代后期,随着中国伊斯兰教的十个民族形式和两大系统的

---

① 西安东大寺《乾隆戊子碑》,转引自王曾善:《长安回城巡礼记》,载《月华》第 5 卷第 3 期。
②《清真先正言行略·赛哈智传》。
③《明史》卷 105《诸王世表一》。

成型,回族等族伊斯兰教经堂教育的倡兴以及汉文译著的发表,中国伊斯兰教开始走向完善和成型。

伊斯兰教在中国的传播,大体上可以分为唐至宋的初传和元至明中叶的普传两个阶段。元代虽然号称回回遍天下,伊斯兰教在各地普遍传播,中书省及各行中书省、路等一、二级政区均有穆斯林的普遍分布,但路以下的三级政区未能达到普遍分布。到了明代,在政府的尊奉和优容伊斯兰教政策下,内地穆斯林开始向中小城市、乡镇农村移动。同时,政府也把一些穆斯林择地安插或迁徙,从而形成了州、县等级政区的穆斯林的普遍分布。据明代史料,如今北京周围的昌平、三河、天津、迁安、易县,运河北段的济宁、德州、沧州,云南的巍山、保山、腾冲、嵩明、沾益、曲靖、玉溪、蒙自、石屏,以及少数一、二级和部分县级区治所都是明代前期才有穆斯林分布的。至明中叶前后,内地绝大多数一级行政单位、三分之二的二级行政单位、二分之一的三级行政单位才见穆斯林分布①。明中叶以后,由于西方殖民者控制了海上霸权,瓦剌等族阻断了西域与内地的联系,穆斯林的大规模来华及伊斯兰教在华的大规模传播基本停止。

在新疆地区,明代中叶以后,穆斯林在维吾尔等民族居住区中已普遍分布,维吾尔等民族普遍信仰伊斯兰教,普传方式与内地迥异。明代的新疆地区主要有吐鲁番、哈密等国,分布着维吾尔(畏兀儿)等民族,也有一部分回回族。明初以前,维吾尔等民族主要信仰佛教。永乐元年(1403),吐鲁番僧人清来率徒弟法泉等到京城朝贡,明成祖"欲令化导番俗",授清来为"灌顶慈慧圆智普通国师","徒七人并为吐鲁番僧纲司官"②。但是,到了成化五年(1469),吐鲁番首领阿力自称速檀,即苏丹,表明该国已改信伊斯兰教。弘治十八年(1505),哈密国王陕巴卒,其子拜牙自称速檀,并投顺了吐鲁番。至此,伊斯兰教在新疆地区占据了主

---

① 参见王友三:《中国宗教史》下册,齐鲁书社 1991 年版,第 643 页。
②《明史》卷 329《吐鲁番传》。

导地位,大规模的传播也告一段落。(参见本书第六章第四节)

在普遍传播结束以后,中国伊斯兰教进入内部的发展、完善和成型阶段。其具体表现为:

第一,中国伊斯兰教十个民族形式和两大系统成型。据调查,我国有维吾尔族、哈萨克族、柯尔克孜族、乌兹别克族、塔吉克族、塔塔尔族、回族、撒拉族、东乡族、保安族等十个民族信仰伊斯兰教,它们大体都是在明代中叶前后最终形成民族共同体,并逐步具有了近代民族的基本特征。在这一过程中,伊斯兰教起了特殊的作用。如,回族即为以伊斯兰教信仰为纽带的唐宋侨居"蕃客"、元代东迁回回的后裔以及后来改信伊斯兰教的汉人、犹太人等在明代最终形成的,维吾尔族则为维吾尔人以伊斯兰教同化周围的蒙兀人、蒙古人、汉人并再次完成各地维吾尔人的统一而形成的。这十个民族共同体形成后,中国伊斯兰教也具有了相应的民族形式,表现为维吾尔族伊斯兰教、哈萨克族伊斯兰教、柯尔克孜族伊斯兰教、乌兹别克族伊斯兰教、塔吉克族伊斯兰教、塔塔尔族伊斯兰教、回族伊斯兰教、撒拉族伊斯兰教、东乡族伊斯兰教、保安族伊斯兰教。按它们表现出来的民族性特点,中国伊斯兰教又明显可分为回族等族(包括回、撒拉、东乡、保安四族)伊斯兰教和维吾尔等族(包括维吾尔、哈萨克、乌兹别克、塔吉克、柯尔克孜、塔塔尔六族)伊斯兰教两大系统。其中,前者主要分布于中国内陆地区,受以儒家文化为中心的汉族文化影响较深,在明代社会生活中较为活跃、影响较大,我们说明代伊斯兰教的发展主要指这一系统。后者主要分布在中国的新疆地区,带有各自民族的一些特点,受汉族文化的影响较小,在明代社会生活中影响也不大①。

第二,回族等族伊斯兰教经堂教育倡兴和汉文译述发表。伊斯兰教经过唐、宋、元、明前期的传播,到了明代中期,穆斯林已遍布中国内地,并在以南京、苏州为中心的江南地区,以河州、狄道、西宁为中心的甘宁青地区,以长安为中心的关中地区,以北京为中心的冀鲁豫地区,

---

① 参见王友三:《中国宗教史》下册,第 780—807 页。

以及云南等地区相对集中,形成大分散、小集中的中国内地穆斯林分布格局。明代,内地的广大穆斯林逐渐由唐宋时的经商为主和元代的农商并重转变为以农业为主。他们定居各地,社会经济发展很快,终于形成了各个民族共同体。随着各个民族共同体的形成和发展,内地伊斯兰教的不适应也日益突出,如构成宗教结构的一些主要因素,包括宗教理论体系、教育制度、教派等,还基本不具备。为了改变这种状况,到明代后期,一些穆斯林学者开始提倡伊斯兰教的经堂教育,以汉文译述伊斯兰教著作。

回族等族伊斯兰教经堂教育始于嘉靖、万历年间的关中地区,创始人为胡登洲。胡登洲幼习儒书,长大后学伊斯兰教教义,不满于当地伊斯兰教经文匮乏,学人寥落,"既传译之不明,复阐扬之无自"的现状,"慨然以发明正道为己任"①,遂吸取和总结前人传播伊斯兰教知识的经验,参照我国传统的私塾教育方式,开始招弟子到家中,由他讲授宗教经典,后其二传弟子"兰州马"将教育场所从私家移到清真寺,人称经堂教育。经堂教育的主要内容是教法和宗教哲学,课本或用阿拉伯文,或用波斯文,目的是以"正道"规范、培养合乎回族等族上层要求的伊斯兰教徒,因而得到了宗教与民族上层的支持,也适应了一般教民学习文化、深究教义的要求,迅速地被各地伊斯兰教徒接受和效法,并日臻完善。

用汉文翻译、注述伊斯兰教经典开始于明末以南京、苏州为中心的江南地区,最初实践者为王岱舆、张中等人。经堂教育兴起后,很快传到了文化水平较高的江南地区。江南地区的穆斯林多与汉民长期杂居,习读儒书,会通东西,对经堂教育以阿拉伯文和波斯文为课本因而影响伊斯兰教在中国的传播、妨碍伊斯兰教教义的彰显表示不满,因而开始以汉文翻译、注述伊斯兰教经典。王岱舆,别号真回老人,明末清初人。其先祖来自西域,洪武时赐居南京。王岱舆自幼精通伊斯兰教经籍,长大

---

① 《建修胡太师祖佳城记》,转引自冯增烈《〈建修胡太师祖佳城记〉碑叙》,载《中国穆斯林》1981年第 2 期。

后涉猎儒学、佛学、道学，常以伊斯兰教教义折服论者，著有《清真大学》1卷、《正教真诠》2卷等。张中，又名时中，自称寒山叟，明末清初苏州人。他幼时习经，崇祯时在南京又随印度苏非经师阿世格学习三年，著述有《归真总义》《四篇要道》等。这些汉文译述以儒家思想来阐发伊斯兰教教义，又用伊斯兰教教义来说明儒家学说，既得到了封建官府和教外人士的认可，也有利于伊斯兰教徒的理解，因而很受欢迎。

明代后期回族等族伊斯兰教经堂教育的倡兴、汉文译述的发表，对中国伊斯兰教的发展起了很大作用。首先，经堂教育引起了回族等族伊斯兰教掌教制度的改变。明代前期，内地伊斯兰教实行伊玛目（职司领拜）、海推布（职司主持念呼图白）、穆安津（职司唱礼）三掌教世袭制。掌教世袭制虽然在初期对伊斯兰教的发展起过积极作用，但其封建世袭制带来的弊端也日益明显，逐渐失去群众基础。经堂教育的开展，培养了一大批学、德、言、行俱备的经生。明清之际，不少礼拜寺开始延聘这些经生和民间的宗教学者担任经师，从而动摇了三掌教世袭制的基础，至清代遂发展为阿訇选聘制。其次，汉文译述的发表，促成了回族等族伊斯兰教宗教学说体系的建立。明代中叶以前，中国内地穆斯林学习的经典主要是从阿拉伯、西域传来的，其伊斯兰教哲学体系与中国社会并不合拍。迨明中叶以后，王岱舆、张中等人把传统的伊斯兰教认主学与儒、释、道之说结合，从而使这种情况有了改变。例如，关于信仰学说，王岱舆《正教真诠》提出真赐说（马安礼校订本作真德说），张中《克里默解》《归真总义》提出伊玛尼说；关于教道学说，《正教真诠》提出"道契于真""教出于真"等；关于伊斯兰教哲学，王岱舆《清真大学》提出由真一的三品（本然、本分、本为）、数一的三品（元勋、代理、代书）构成本体论即宇宙生成论序列，由体一的三品（知认、见认、续认）构成认识论序列；关于伊斯兰道德伦理，《正教真诠》等也以儒家的道德伦理思想发挥和完善伊斯兰教的道德伦理学说。总之，这些译述的发表，在中国建立起一种新的、适应中国内地伊斯兰教社会的伊斯兰教哲学体系。尽管这个体系在明代尚不完备,但它毕竟表明中国伊斯兰教已开始走向完善和成型①。

综上所述,明代是中国伊斯兰教发展的重要阶段。史称回回民族"虽著于元,而实兴于明"②,实为中肯之论。

四、民间秘密宗教

与正统的佛教、道教衰落迥异,明代的民间秘密宗教蓬勃兴起。成化、正德年间,以罗教的出现为契机,民间秘密宗教大量涌现,到明末仅有明确名称的教派即达 80 种。其中,罗教、黄天教、闻香教、红阳教等是有影响的教派。白莲教也在社会中继续发挥作用。

(一)白莲教

白莲教在中国民间宗教中历史最久,流传最广,组织也最为复杂。它初创于南宋初年,开始是一个佛教教派,名白莲宗,教徒半僧半俗,谨戒杀生,念佛修行。由于白莲宗的净土信仰易为灾难深重的广大下层群众接受,因而逐渐成为他们的精神寄托和斗争武器。元代统治者一度承认白莲宗的合法性,使其迅速发展,进入全盛时期,并脱离传统轨道,与农民起义斗争结合。后在元朝政府的两次诏禁下,白莲宗转入地下活动,且吸收了弥勒下生说等其他民间宗教的观点,崇奉弥勒佛,宣扬明王出世,由一个佛教教派逐渐转变为民间秘密宗教——白莲教。元代中期,随着阶级矛盾和民族矛盾的激化,一些白莲教徒以"弥勒佛当有天下"相号召,开始发动反抗元朝统治的农民起义。元朝末年,在韩山童、刘福通、彭莹玉、徐寿辉等人的组织、领导下,白莲教徒在江淮南北纷纷起义,掀起了元末农民大起义的浪潮。

朱元璋本是元末农民起义军郭子兴部的一员,后独领一军,但仍接受刘福通农民起义军的龙凤政权的领导。在不断胜利的情况下,朱元璋

---

① 参阅李兴华等:《中国伊斯兰教史》,中国社会科学出版社 1998 年版,第 356—716 页;马通:《中国伊斯兰教派与门宦制度史略》,宁夏人民出版社 1983 年版,第 112—115 页。

② 易卜拉欣·冯今源、凯里麦·沙秋真:《伊斯兰教历史百问》,今日中国出版社 1989 年版,第 126 页。

逐渐蜕变为地主阶级的政治代表,开始背叛广大白莲教徒和贫苦百姓。至正二十六年(1366),在进攻张士诚的榜文中,他攻击白莲教徒"误中妖术,不解偈言之妄诞,酷信弥勒之真有,冀其治世,以苏其苦,聚为烧香之党,根据汝颍,蔓延河洛,妖言既行,凶谋遂呈,焚荡城郭,杀戮士女,荼毒生灵,无端万状"①。明王朝建立后,为了防止白莲教徒抗争现行秩序,他正式下诏禁止白莲教及明尊教等,"庶几左道不行,民无惑志"②。在随后制定的《大明律》中,明政府又以法律的形式将禁令固定下来:"凡师巫假降邪神,书符咒水,扶鸾祷圣,自号端公太保师婆,及妄称弥勒佛、白莲社、明尊社、白云宗等会,一应左道乱政之术,或隐藏图像,烧香集众,夜聚晓散,佯修善事,煽惑人民,为首者绞,为从者各杖一百,流三千里。"③

　　尽管明政府严厉禁止白莲教的传播,但元末以来弥勒佛信仰早已深入民间,那些与朱元璋争夺政权失败的起义人员也隐于林野,继续传播白莲教,在城乡建立了一个个秘密据点。只要稍有风吹草动,他们即闻声而起,继续组织贫苦百姓展开反抗现行秩序的斗争。白莲教的教义,在明中期以后也有所改变。受罗教"真空家乡""无生父母"的观念影响,正德以后,白莲教奉无生老母为创世主,宣称无生老母派弥勒佛等神佛到人间,保佑迷失红尘中的"皇胎儿女";众人只要信奉白莲教,便可随神佛回到"真空家乡",永享太平之福。白莲教教义的变化,适应了明代中期以后贫苦百姓的需要,为白莲教的传播、发展创造了新的契机。

　　白莲教利用良好的群众基础,在明代又举行了许多次反抗明王朝统治的斗争。明初,白莲教仍在湖北、江西、四川、山东等地活动,组织、领导了多次起义,如洪武年间蕲州王玉二起义、新淦彭玉琳起义、眉县彭普贵起义、汉中高福兴起义和永乐年间的江西李法良起义、山东唐赛儿起义等。其中,影响最大的是高福兴起义和唐赛儿起义。洪武初年,金刚奴、高福兴等率领陕西红巾军余部继续斗争,金刚奴自称四天王,高福兴

―――――――――――――

① 《皇明诏令》卷1《太祖高皇帝上·讨张士诚令》。
② 《明太祖实录》卷53。
③ 《大明律》卷11《礼律一》。

称弥勒佛,田九成称汉明皇帝,坚持战斗历三朝40余年。唐赛儿为蒲台百姓林三之妻,奉弥勒佛,自称佛母,于永乐十八年(1420)率众起义,先后占领诸城、即墨等州县,极大地震动了明朝统治者。明代中叶,随着社会矛盾的尖锐激化,白莲教的活动也日益频繁,起义次数大为增加,其中最有影响的是荆襄流民起义。荆襄山区是元末红巾军的老根据地,明代中期,先后有150多万流民为生计所迫,来此垦荒、开矿。刘通、李原等人在流民中传播白莲教,并于成化元年(1465)、六年两次起义,响应者达百万人。明代后期,社会矛盾更加尖锐激化,白莲教的活动也更加频繁,并先后出现了万历年间徐州徐一平和孟化鲸起义、福建瓯宁吴建和吴昌暴动等。迨明末农民大起义爆发,遍及各地的白莲教徒纷纷加入起义大军,投身于推翻明王朝黑暗统治的斗争,而以白莲教单独号召民众的起义已大为减少。

明代的白莲教除了被广大群众用作反抗明王朝残暴统治的组织形式以外,一些白莲教首领,如李福达等人,还利用白莲教敛财致富,干谒公卿,为自己捞好处;还有一些白莲教首领,如成化时山西王良、嘉靖时山西罗廷玺、崇祯时锦州崔应时等人,勾结异族侵略势力,出卖民族利益。因而,白莲教徒在明代的表现形态十分复杂,不可一概而论。

(二)罗教

罗教又称罗祖教、悟空教、罗道教、无为教,正德年间出现,因其创始人罗清而得名。罗清,又名梦鸿(孟洪)、蔚群、悟空、爱泉,道号无为居士,后人尊称为罗祖,山东即墨(今青岛)人。他幼丧父母,由叔婶抚养长大,成化六年(1470)出家,入佛教临济宗。十三年后,他自称得道,著经卷五部六册,即《苦功悟道卷》《叹世无为卷》《正信除疑自在卷》《巍巍不动泰山深根结果宝卷》以及《破邪显证钥匙卷》(上、下)。

罗清的五部六册受道家的无为思想和佛教的空无宇宙观影响,同时又从白莲教等民间宗教中吸取了营养。它首倡"真空家乡、无生父母"八字真诀,以绝对、永恒的"真空"作为宇宙本原,以"无生父母"("无生老母")作为创世主和人类始祖。罗教宣扬,"无生父母"在无极净土的"真空"创造了宇宙,生下了伏羲和女娲,生殖繁衍出人间 96 亿皇胎儿女,其中 4 亿已返回真空家乡,还有 92 亿皇胎儿女仍沦落人间,受苦受难。罗教提出,"无生父母"或者化为吕祖、观音等,或者差遣弥勒佛、老君等,下凡救苦救难,以使 92 亿皇胎儿女回到永恒、真实、圆满的真空家乡,与真正的父母团聚,获得"无生"的"永生"。罗教还宣扬"不住斋,不住戒,逢世救劫,因时变迁"[①],鼓吹劫变和改造现实世界。

罗清在下层群众中传教,其信徒以漕运水手为主,"愚者多从之"[②]。尽管罗清主观上并不反对封建制度,但是罗教信徒往往以其中的劫变思想来反对官府的残酷剥削和压迫,其五部六册也促进了其他"邪教"的产生,并被引为共同的经卷。

罗教一出现就遭到了佛教正统人士的抨击,一时名僧如憨山德清、云栖袾宏、密藏道开等都对其进行了指斥,称其虽非白莲教,"而为害殆有盛于白莲(教)者"[③]。统治阶级也反对罗教,万历四十四年(1616),明政府宣布严禁罗教传播,烧毁五部六册。

罗教并没有因为佛教正统人士的抨击和统治阶级的严禁而消失。相反,它却迅速传播于运河沿岸乃至更远的赣、闽等地,并举行过起义,至清代逐渐为青帮所吸收利用。

(三)黄天教

黄天教出现于嘉靖年间,因其信奉弥勒佛"度在家贫男贫女,是九叶金莲为黄天"而得名[④]。黄天教的创始人李宾,直隶怀安(今属河北)人。他青年时务农,后应征入伍,在战争中失去一目,故后称虎眼禅师。戍守期间,他参师访友,明修暗炼,自称嘉靖三十二年(1553)在怀安卫顺圣川狮子村遇真传,创黄天教,五年后吐经《普明如来无为了义宝卷》。李宾(道号普明)死后,教权先后由其妻王氏(道号普光)、二个女儿(道号普

---

① 《苦功悟道卷》卷 1《祖师行脚十字恩情妙颂》。
② 释袾宏:《云栖法汇》卷 15《正讹集·无为卷》。
③ 释道开:《藏逸经书标目·五部六册》。
④ 《清代档案史料丛编》第 3 辑,中华书局 1979 年版,第 65 页。

净、普照)、次女之女(道号普贤)接续,称五位"佛祖"。黄天教的经典,除了《普明如来无为了义宝卷》以外,后来还有《太阴生光普照了义宝卷》《普静如来钥匙宝卷》等问世。

黄天教尊奉佛像、"佛祖",提倡佛教的三皈五戒。它主张昼夜行动,采得日月光中的天地精华,性命兼修,结丹成佛(仙),炼出"金刚不坏"之体。黄天教还宣扬圆融三教,讲求夫妇双修。因此,它实际上是外佛内道、以道为尊的民间教派。黄天教还受罗教的影响,把清净无为、摈斥万虑作为修行的首要条件,宣称"无生老母住在三十三天中皇天,名为真空家乡"①,表示要普度92亿皇胎儿女返回"真空家乡"。

李宾开始主要在直隶宣化(今河北张家口)、山西大同一带传教,后来黄天教势炽,迅速传播到直隶、山西的其他地区。明末清初人颜元即称当时黄天教"大行","京师府县以至穷乡山僻都有"②。明末,浙江西安县人汪长生(道号普善)创长生教,尊奉普明、普光及其弟子普静为诸祖,宣扬黄天教义,主张通过修炼内丹而长生久视,是黄天教的一个支派,广泛传播于江苏、浙江、江西等地,很有影响。

黄天教创立之初不反对封建制度,其经典大力颂扬皇权,粉饰太平,要求信徒安于现状,修身养性,保精固丹,以求长生。如《太阴生光普照了义宝卷》即宣称要"辟邪","一切不正之言,谈说国家兴废,刀兵马乱,几时换帝,几时安立银城,自称祖师,祸乱人心,谓之邪也"③。只是到了清代,黄天教的教义中才有了较强的"叛逆"色彩,因而遭到清政府的多次查禁。

(四)闻香教

闻香教又称大乘教、东大乘教、弘封教等,万历年间由王森创立。

王森创教之前,京畿地区传播着西大乘教。正统十四年(1449)七月,明英宗为宦官王振所惑,在军事准备不足的情况下,匆忙亲征侵犯明

---

① 《军机处录副奏折》道光十二年五月九日曹振镛奏折。
② 颜元:《存人编》卷2《第五唤》。
③ 《太阴生光普照了义宝卷·劈邪显正分第十三》。

朝的瓦剌也先部队。传说在居庸关,有陕西尼吕氏"逆驾谏阻",被下狱;"土木之变"后,英宗被因于瓦剌,常恍见吕尼"阴相呵护";英宗复辟后,遂封吕尼为御妹,并在京西黄村建顺天保明寺,俗称"皇姑寺"①。皇姑寺建成后,寺中尼姑即与皇室内廷建立了密切联系。皇姑寺第五代住持归圆,俗姓张,直隶开平中屯卫(在今河北唐山)人。她幼多慧悟,九岁立志出家,隆庆五年(1571)十二岁时颇悟心明,入皇姑寺,开始吐经造卷,创立大乘教。由于得到内廷特别是神宗生母李太后的帮助,至万历元年(1573),归圆已编撰完成五部六册宝卷,即《销释大乘宝卷》《销释显性宝卷》《销释圆通宝卷》《销释圆觉宝卷》(二册)和《销释收圆行觉宝卷》等,并大量刊印流通。归圆的五部六册等经卷合无生老母、观音菩萨为一,称其下凡为吕祖、归圆,沦于苦难的百姓人等只要入其教,虔心供奉,即可脱离劫厄,返回天宫家乡。大乘教以皇姑寺为活动基地,通过举办法会、刻印经卷等方式传播教义,并接受教徒的布施捐资,其教主即为皇姑寺的住持,在京畿地区有很大影响。后王森在滦州创立闻香教,亦称大乘教,于是以皇姑寺为中心的大乘教被称为西大乘教,闻香教则被称为东大乘教。

王森,原名石自然,祖籍北直隶蓟州(今属天津),以皮匠谋生,后改名王森,迁往永平府滦州(今河北滦县)石佛口。受白莲教和当地流行的大乘教等民间宗教影响,王森在石佛口自立教门,创大乘弘通教,即弘封教,也称闻香教。据说,王森先年曾救过一妖狐,妖狐"断尾相谢,传下异香妖术"②。王森以此吸引徒众,使闻香教迅速传播到畿南、山东、南直隶、河南、陕西、四川等地,远近争赴。王森自号闻香教主,其下设总会首、总传头、会首、传头等名目,负责组织和管理教徒,并收取香钱,传递消息,建立起一个秘密宗教王国。

闻香教在很大程度上受白莲教的影响,因此又被视作白莲教的一个

---

① 蒋一葵:《长安客话》卷3《郊坰杂记·皇姑寺》。
② 岳和声:《餐微子集》卷4。

支派。其教义宣称,世界分为三个时期,即燃灯佛的过去世、释迦牟尼佛的现在世和弥勒佛的未来世,人类已进入第二期的末劫,弥勒佛降生于石佛口王家,将解救苦难众生返本归源,进入美好的未来世。关于众生回归净土家乡的途径,闻香教提倡在明师指点下的修炼内丹,这又看出其他教派的影响。

万历二十三年,王森被捕入狱,论死,用贿得以释放。他进入京师,结交外戚、中官,继续传教。后其弟子李国用等"创立别教","以符咒亡灵为事"[1],分裂了闻香教。两派仇争,导致了万历四十二年王森再度入狱,五年后死于狱中。王森死后,其三子王好贤及弟子徐鸿儒、于弘志等人"踵其教,徒党益众"[2]。天启二年(1622),王好贤"密约各省传头",于该年中秋"十方同起"[3]。因计划泄露,徐鸿儒不得不提前起义,而王好贤却背约而逃,天启三年在扬州被逮捕,次年被杀。

徐鸿儒起义失败后,王森长子王好礼、次子王好义未受过重牵连,其后裔以石佛口为根据地,传教如故。王森的弟子张翠花、弓长等人,又创大乘圆顿教,开始流传于北直隶,后来影响到大江南北。需要指出的是,明末的一些闻香教徒曾与后金政权勾结,出卖民族利益,前述锦州崔应时等人即为闻香教徒。

（五）红阳教

红阳教,又称弘阳教、混元红阳教,万历时由韩太湖创立。"混元"取自道教,"弘阳"概源于南宋柴望《丙丁龟鉴》。《丙丁龟鉴》称甲子六十年中,国家遇丙丁、丁未年皆有厄运,丙属火色赤,未与十二属相中的羊对,故称"红羊劫"。韩太湖,号宏阳,法号飘高祖师,直隶广平府曲周(今属河北省)人。他幼读书,解医道,后在直隶临城太虚山曹溪洞修行得道,创弘阳教。他仿罗教五部经,作《混元弘阳飘高祖临凡经》《弘阳苦功悟道经》《混元弘阳叹世真经》《混元弘阳悟道明心经》《弘阳显性结果经》等

---

① 黄尊素:《说略》。
② 《明史》卷 257《赵彦传》。
③ 《餐微子集》卷 4。

经卷。其教尊奉混元老祖、无生老母、飘高祖师等神祇,宣扬三阳劫变,即过去是青阳,现在是弘阳,未来是白阳,混元老祖、无生老母派飘高祖师来救解弘阳劫难,普度失乡儿女,归家(天宫)认母,进入美好的白阳之世。弘阳教还鼓吹劝善惩恶,要求信徒安于现行秩序,通过诵经作会等出离劫难。万历二十三年(1595),韩太湖入京传教,结交了定国公及一些太监,并在他们的协助下于内经厂大量刊印其经卷,弘阳教也逐渐由直隶地区迅速传播到华北、东北等地。

明代民间秘密宗教的大量出现,有着深刻的社会原因。佛教和道教的世俗化、白莲教的广泛传播以及社会矛盾的尖锐激化,为民间秘密宗教的大量出现提供了适宜的社会条件。而最高统治者的漠视,甚至庇护,又使民间秘密宗教的大量出现成为可能。对于勃兴的民间秘密宗教,明后期的不少士大夫忧心忡忡,多次要求查禁。万历十五年(1587),左都御史辛自修疏称:"白莲教、无为教、罗教蔓引株连,流传愈广,踪迹诡秘,北直隶、山东、河南颇众。值此凶年,实为隐忧。"①万历四十三年,又有官员指出:"近日妖僧流道,聚众谈经,醵钱轮会,一名涅槃教,一名红封教,一名老子教,又有罗祖教、南无教、净空教、悟明教、大成无为教,皆讳白莲之名,实演白莲之教","此在天下处处盛行,而畿辅为甚,不及今严为禁止,恐日新月盛,实烦有徒,张角、韩山童等之祸将在今日。"②但这些呼吁并未引起最高统治者的足够重视,因为各民间秘密宗教起初均宣扬维护现行封建秩序,政治叛逆色彩淡薄,而且教主们多与统治阶级上层相结,太监、外戚、勋贵、甚至皇太后都成了他们的信徒和庇护者。正是在最高统治者的庇护下,明代的民间秘密宗教获得很大的发展,从而开辟出中国古代宗教史的新天地③。

---

① 《明神宗实录》卷 182。
② 《明神宗实录》卷 533。
③ 参阅马西沙、韩秉方:《中国民间宗教史》,上海人民出版社 1992 年版,第 165—907 页;李尚英:《民间宗教常识答问》,江苏古籍出版社 1990 年版,第 32—293 页;喻松青:《明清白莲教研究》,四川人民出版社 1987 年版。

第三节　社会风俗

明朝是在推翻蒙古族建立的元朝政权之后建立的汉族政权,明太祖朱元璋自认为是汉、唐的后继者,把汉族传统的礼作为统治天下的有效手段。因此,明初制定了严格的礼法等级制度,规定社会成员的服饰、婚姻、丧葬、娱乐等社会生活的各个方面都必须依礼而行。但是,随着生产的发展、商品经济的繁荣,明中叶以后,社会各阶层的逾礼越制现象普遍发生。这些皆与传统习惯交织在一起,从而使明代社会风俗呈现五彩缤纷之状。

一、岁时令节

岁时令节习俗是社会风俗的重要组成部分,是反映明人生活的一面镜子。

（一）春季

按照中国古代的历法,农历一、二、三月为春季,主要节令有元旦、立春、上元、清明等。

元旦,又称元日,农历正月初一,我国古代以其为新一年的开始。明代,皇帝清晨在奉天殿接受群臣拜贺。宫中,宫女、宦官等五更起身,焚香,放鞭炮,将门闩或木杠在院中地上抛掷三次,称"跌千金";饮椒实、柏叶浸泡的椒柏酒,吃水点心即匾食,或暗包一二枚银钱于其中,得之者以卜一岁之吉;宫内互相拜祝,称"贺新年";用乌金纸或草做成闹蛾、蝴蝶等簪在头上,"以应节景"①。民间,五更或雄鸡初鸣时起身,穿上盛装,摆设酒果香烛,接神,拜天地,祭祀祖先;祭祀毕,奉酒为年长者祝寿,然后出见乡邻,交相贺新年,士大夫及官府人员赴县（府）随队行朝贺礼,谒文庙、城隍庙,拜官长,然后拜亲友;各家设宴招待乡里亲邻拜贺者,至初

---

① 《酌中志》卷 20《饮食好尚纪略》。

三、初五日止,有的延至二三月。北京人元旦出游,路遇亲友长辈,即叩头为贺。山东、北直隶的一些地方,民人举行"隆师"(生徒酬谢师傅)、"逆女"(迎归嫁女)、"追节"(定婚后男方按节给女方馈送礼物)礼①。福建人在岁节后延请"有学识行艺可以师表者"教授子弟,开社学②。

　　立春,二十四节气之首,在每年公历 2 月 4 日前后。立春象征着春天的到来,预示着一年农事的开始,古人以之为春节。明代在北京东直门外五里立春场,建春亭。立春前一日,顺天府长官率僚属至东郊迎春。迎春时,京师勋戚、内臣、达官、武士赴春场跑马,以较优劣。立春日,人不分贵贱,皆咬萝卜,称"咬春";互相请宴,吃春饼和菜;以绵塞耳,"取其聪也"③。民间各地的迎春仪式实际上又是大规模的文艺表演,非常热闹。如杭州迎春时,"集优俳诸人,饰以冠带,被服乘马,效古人云台诸将、瀛洲学士之类,多至数十队。又令娼妓绚装环佩,童子衣被锦绣,令坐台阁中。又制彩亭数十,罗列市肆诸物,备极繁华。远近之人,至期塞途充路,肩摩鳞集,群聚而观,视天气晴和,春仪繁盛,呼为富春,亦祈禳之意也"④。

　　上元,正月十五日,道教以之为上元节。上元之夜称元夕、元夜、元宵,各地有燃灯、观灯之俗,所以上元节又称灯节。元宵赏灯,始于汉代。明代,永乐年间下令自正月十一日至二十日百官放假,"有要紧的事,明白写了封进来。民间放灯,从他饮酒作乐快活,兵马司都不禁,夜巡著不要搅揽生事,永为定例"⑤。宫中,自初九日起,就有灯市卖灯;内臣、宫眷穿灯景补子蟒衣;宫中设鳌山灯,高十余层,饰以金碧,灯如星布,极其侈靡。民间,大体十三日试灯,各家架松棚,悬彩缦,挂五彩灯,有的灯上还有灯谜供猜。到了十五日晚上,诸灯齐明,"荧煌如火城"。男女老少出

① 嘉靖《淄川县志》卷 2《风俗》,嘉靖《河间府志》卷 7《风土志》。
② 嘉靖《龙溪县志》卷 1《地理志》,嘉靖《惠安县志》卷 4《风俗》。
③《酌中志》卷 20《饮食好尚纪略》。
④《松窗梦语》卷 7《时序纪》。
⑤《万历野获编补遗》卷 3《元夕放灯》。

门赏灯,歌舞达旦,称闹元宵。十七、十八日各地烧灯,灯市基本结束。除了观灯以外,宫中、民间皆制元宵以食。十六日,民间妇女纷纷出家门,结伴而行,"前令人持一香辟人,名曰走百病。凡有桥之所,三五相率一过,取度厄之意,或云终岁令无百病"①。北京人还有摸城门钉、击太平鼓、跳百索、戴面具耍大头和尚等习俗。

清明,二十四节气之一,在冬至后106天。寒食为古代节日,在冬至后105天。后人往往把插柳、扫墓、荡秋千、放风筝等寒食节的活动延续至清明,久而久之,清明与寒食已没有什么区别,于是清明既是节气,又是节日,寒食渐渐被人遗忘。明代清明日,皇帝驾幸回龙观等处,观赏海棠花等。内臣、宫女戴柳枝于鬓角,安装秋千以供游玩,宫中疏浚沟渠,刷铜缸换新汲之水,院宇大的内臣还制芦箔为棚以取荫。民间,各家门上插柳,架设秋千,头上簪柳或榴花,谓能避邪。各家还携带酒食扫墓,祭后择风景佳处享用祭物。清明时节,各地春意盎然,生机勃勃,正是郊游踏青的好时光。如杭州,是日"阖城士女尽出西郊,逐队寻芳,纵苇荡桨,歌声满道,箫鼓声闻",游人笑傲于和煦春风中,"乐而忘返"②。

(二)夏季

农历四、五、六月为夏季,主要节令有浴佛节、端午、六月六等。

浴佛节,农历四月初八。佛教称这天是佛祖释迦牟尼的生日,所以又称佛诞节。佛教根据佛生时龙喷香雨浴佛身的传说,节日中要举行法会,以香水灌洗佛像。明代,各寺院为了洗佛,自初一至初八由僧人率童子唱佛曲,鸣鼓乐,喧于道途,沿门救施;寺僧用五色香水洗佛,"作糖豆遍遗礼佛者"③。百姓入寺院烧香,举行法会,拜馈僧人;采梧桐叶与米、谷做成乌饭,互相馈送。泰州妇女相约到尼庵拜礼及祈求子息、还愿。琼台僧人以五色和密水洗佛,"善妇女集尼庵饮浴水,余分送檀越未至者"④。

---

① 《宛署杂记》卷17《民风一》。
② 《松窗梦语》卷7《时序纪》。
③ 嘉靖《江阴县志》卷4《风俗记第三》。
④ 正德《琼台志》卷7《风俗》。

端午，农历五月五日，仲夏的第一个午日，是我国农历三大节之一。明代，京师及边镇最重端午节。在京师，皇帝于午门外赐朝官以糕团、粽子。然后，文官从驾幸西苑，观武将射柳，事毕皆出。皇帝迎太后幸内沼看划龙船，或往万岁山前插柳，看御马监勇士跑马走解。宫眷内臣穿五毒艾虎补子蟒衣，午时饮朱砂、雄黄、菖蒲酒，吃粽子、加蒜过水温淘面，赏石榴花，佩艾叶，合诸药，画治病符。各边镇举行大比武，"射柳较胜，士卒命中者，将帅次第赏赉"。① 民间，各家门挂艾虎，儿童系五彩线，男子戴艾叶，女子画五毒符插钗头，以避邪凶。人们饮雄黄、菖蒲酒，做粽子互相馈遗，捉蛤蟆取蟾酥合百草为药。北方各地行"隆师""逆女""追节"礼②。北京人于午前涌入天坛避毒，午后在天坛墙下骑马游戏。南方水多处，端午节最热闹的活动是赛龙舟，届时"飞旗伐鼓，交桨星驰"，"薄暮乃已"③。据明人记载，当时赛龙舟之俗以南京为盛，闽中次之。

六月六，农历六月初六，既非节日，又非节气，但是各地活动很有特色，所以很值得一提。是日，内府皇史宬古今通集库、銮驾库晒晾书籍、衣物等；宫眷内臣吃过水面、"银苗菜"（嫩藕秧），储水制曲、酱；内府锦衣卫驯象所牵象到城外洗浴，两岸围观者数万人，"面首如鳞次贝编焉"④。民间也晾衣晒书。罗田人设羹饭祭祀先人。太仓人吃馄饨与马齿苋。

（三）秋季

农历七、八、九月为秋季，主要节令有七夕、中秋、重阳等。

七夕，农历七月初七晚。明代，宫眷内臣穿鹊桥补子蟒衣，宫中设乞巧仙子，兵仗局伺候乞巧针，宫女穿针乞巧。民间，妇女在庭院里摆上瓜果酒菜等物祭祀织女，或拜牛郎。妇女乞巧，穿巧针，用五色线对月穿七孔针，过者为巧；或丢巧针，白天将一盏水曝于日光下，"顷之水膜生面，

---

① 《万历野获编》卷 2《端阳》。
② 嘉靖《河间府志》卷 7《风土志》，嘉靖《尉氏县志》卷 1《风俗》，嘉靖《夏邑县志》卷 1《地理》。
③ 万历《慈利县志》卷 6。
④ 《帝京景物略》卷 2《城东内外》。

绣针投之则浮"①,以盏中针影的形状辨巧拙;或捉取小蜘蛛入盆中,"平明视,成茧者为得巧"②。新昌女子煮槿汤沐发。琼台人用纸糊衣裙首饰等祭祖,祭后焚化,曰"烧冥衣";富室斋醮,焚纸衣以赈孤鬼,谓"设施"③。

中元,农历七月十五日,道教节名,道观举行斋醮。佛教称此日盂兰盆节,寺院举行法会,荐祭亡灵。这个习俗传至民间,各家祭祀死者,因此中元节又称鬼节。明代,皇宫中甜食房进供波罗蜜,西苑做法事,放河灯。各地佛寺设斋荐亡,"远近争赴"。各家在院中摆上瓜果麻谷等祭神,备牲礼上坟祭先,农人挂纸钱于田半以祈丰年,称"挂地头"。京师人祭先毕,"辄于墓次掏促织,满袋则喜,秫竿肩之以归",因为该地"是月始斗促织","壮夫士人亦为之"④。琼台人放风筝,"有好事者作大小纸鸢,相担搭为胜负"⑤。

中秋,农历八月十五日,又称团圆节。明代,宫中自初一日即有卖月饼者,宫眷内臣以月饼、西瓜、藕等互相馈遗;十五日,宫内供奉月饼、瓜果,待月上焚香拜祭;祭毕分而食之,并吃螃蟹,蘸醋、蒜佐酒,饮苏叶汤,多竟夜始散席⑥。民间各家也以月饼、瓜果等祭月,祭毕全家团坐共食之,或馈赠亲友。妇女回娘家的,此日必返夫家团圆,一家人月下饮酒啖月饼,称赏月或玩月。福建龙溪、广东惠州妇女通过拜月卜吉凶;湖南常德人以月色明暗定湖鱼有无及来年元宵晴雨。

重阳,农历九月初九日。明代,宫中自初一吃花糕,宫眷内臣自初四穿重阳景菊花补子蟒衣,重阳日皇帝驾幸万岁山或兔儿山旋磨台登高,吃迎霜麻辣兔、菊花酒。民间,北方以枣、面,南方用米粉蒸糕,染以五色,或插上菊花、彩纸花等,成花糕以食,或互相馈赠,有的还拿到集市上出售。人们带酒具、食盒登高,饮茱萸酒或菊酒。是日,京师父母家必迎

①《帝京景物略》卷 2《城东内外》。
② 嘉靖《建宁府志》卷 4《风俗》。
③ 正德《琼台志》卷 7《风俗》。
④《帝京景物略》卷 2《城东内外》。
⑤ 正德《琼台志》卷 7《风俗》。
⑥《酌中志》卷 20《饮食好尚纪略》。

女来食花糕。北方的一些地方行"隆师""逆女""追节"礼。惠州人拜扫坟墓，"一如清明之仪"，儿童放风筝为乐①。

（四）冬季

农历十、十一、十二月为冬季，主要节令有十月一、冬至、祭灶日、除夕等。

十月一，古人以之为冬季之始，从此天气变冷。明代，是日颁布历法，宫中平时摆玩的石榴等花树开始搬入窖中御寒，内臣调鹰、畋猎、斗鸡、赌博。黑夜渐长，内臣无所事事，往往轮流做东，摆酒设席，饮啖笑谈，至二三更始散。民间，各家上坟祭先，送寒衣，"坊民刻板为男女衣状，饰文五色，印以出售。农民竞以是月初一日鬻去，焚之祖考"②。倘若新丧，则用白纸为衣，"曰新鬼不敢衣彩也"③。大户人家开始辞退雇工，北京称雇工为"年作"，因而有谚语云："十月一，家家去了年作的，关了门儿自家吃。"④

冬至，北半球全年中白天最短、黑夜最长的一天，时间在农历十一月（公历十二月二十二日或二十三日）。过了冬至，各地气候进入最寒冷阶段。明代，京中百官戴暖耳入朝贺冬，吉服三日，具红笺互拜，所谓"朱衣交于衢"，"一如元旦"⑤。宫眷内臣穿阳生补子蟒衣，宫中多挂绵羊太子画贴，司礼监刷印《九九消寒图》。民间，官僚、士大夫、亲友、近邻互相贺拜，荐先祭祖，仪如元旦。北直隶、河南等地行"隆师""逆女""追节"礼。江南太仓里巷会酒，名曰"分冬"⑥。

祭灶日，农历腊月二十三日或二十四日，俗谓灶神是日上天向天帝汇报人间善恶。明代，宫眷内臣穿葫芦景补子蟒衣，蒸点心，储生肉，"将为一二十日之费"。乾清宫丹陛内，自二十四日至次年正月十七日，每日

① 嘉靖《惠州府志》卷 5《地理志》。
②《宛署杂记》卷 17《民风一》。
③《帝京景物略》卷 2《城东内外》。
④《宛署杂记》卷 17《民风一》。
⑤《帝京景物略》卷 2《城东内外》。
⑥ 弘治《太仓州志》卷 1《风俗》。

昼间燃放花炮,安鳌山灯,扎烟火。民间,各家白天用竹枝等扫除屋里灰尘,夜晚用糖饼等祭灶,并荐草、豆以祠神马;备办酒肴美饭互相宴请,称别岁或颁年饭。江阴人举行驱除疠疫仪式,"丐者二人傩于市,花面杂裳,傩翁、傩母偶而逐"①。

除夕,农历腊月三十日晚,亦指一年的最后一天。明代,宫中是日互相拜祝,曰"辞旧岁";大饮大嚼,鼓乐喧阗;各门傍植桃符板、将军炭、贴门神,室内悬挂福神、鬼判、钟馗等画,床上悬挂金银八宝、西番经轮或黄线编结成的龙,檐楹插芝麻秸,院中焚柏枝、柴,以避凶邪。民间,各家祭祀祖先,换门神、桃符、春贴,在檐端插芝麻秸,夜分烧苍术、松柴、避瘟丹等,燃放爆竹,"达旦相闻";姻友之家,以酒果等物相馈遗;各家群聚欢饮,祝颂而散,称饮"分岁酒",或围炉团坐,竟夜不寐,称"守岁";具节迎新灶神,仪如祭灶日。是日,北方行"隆师""逆女""追节"礼,并多嫁娶,"以为无忌"。福建龙溪人除了放爆竹驱邪、祭先、聚饮守岁等俗外,还"以竹帚扫屋宇,谓之扫尘,至新岁五日而后出之。自除夕于室内各置明灯,至正月五日乃止,谓之上灯","日用旧衣、故器尽出而濯之,以洁为度,谓之过年"②,与他处小异③。

二、服饰

(一)服饰礼仪

明代推翻了元朝统治后,下令禁"胡服",规定衣冠悉如唐制。

明代皇帝的冠服有冕服、通天冠服、皮弁服、武弁服、常服、燕弁服等。洪武十六年(1383)定衮冕之制。冕,前圆后方,玄表纁里,前后各十二旒;衮,玄衣黄裳,十二章;白罗大带,红里;蔽膝随裳色;玉革带,玉佩;大绶六彩,小绶三,色同大绶;间施三玉环;白罗中单,黻领,青缘襈;黄

---

① 嘉靖《江阴县志》卷4《风俗记第三》。
② 嘉靖《龙溪县志》卷1《地理》。
③ 参见何孝荣:《明代春季主要节令》《明代夏秋两季主要节令》《明代冬季主要节令》,载《紫禁城》1992年第1、2、3期。

袜,黄舄,金饰。洪武二十六年更定,衮冕十二章,冕玄表朱里,衮玄衣纁裳;中单以素纱为之,红罗蔽膝,革带佩玉,大带素表朱里,朱袜,赤舄。永乐、嘉靖年间,冕服又有一些变化。冕服主要用于祭祀天地、宗庙、社稷、先农及正旦、冬至、圣节(皇帝生日)、册拜等场合。通天冠服定于洪武元年,通天冠加金博山,附蝉十二,首施珠翠,黑介帻,组缨,玉簪导;绛纱袍,深衣制,白纱内单,皂领襈裾;绛纱蔽膝,白假带,方心曲领;白袜,赤舄;革带、佩绶同衮服。通天冠服用于郊庙、省牲、皇太子诸王冠婚、醮戒等场合。皮弁服定于洪武二十六年。皮弁用乌纱冒之,前后各十二缝,每缝缀五彩玉十二以为饰,玉簪导,红组缨;服用绛纱衣;蔽膝随衣色;白玉佩革带;玉钩䚢绯白大带;白袜,黑舄。永乐三年(1404)对皮弁服作了改革,皮弁如旧制,惟缝及冠武并贯簪系缨处,皆饰以金玉;绛纱袍,本色领襈裾;红裳,但不织章数;中单,红领襈裾;余俱如冕服内制。皮弁服用于朔望视朝、降诏、降香、进表、四夷朝贡、外官朝觐、策士传胪等场合。嘉靖以后,祭太岁、山川诸神亦服之。武弁服明初即有,嘉靖八年(1529)定制。弁上锐,赤色,上十二缝,中缀五彩玉,落落如星状;韎衣,韎裳,韎韐,俱赤色;佩、绶、革带如常制,佩绶及韎韐俱上系于革带;舄如裳色;玉圭视镇圭差小,剡上方下,有篆文曰"讨罪安民"。武弁服用于亲征、遣将。常服定于洪武三年,乌纱折角向上巾,盘领窄袖袍,束带间用金、琥珀、透犀。永乐三年对常服进行改革,冠以乌纱冒之,折角向上,其后名翼善冠;袍黄,盘领,窄袖,前后及两肩各织金盘龙一;玉带,皮靴。另外,明代皇帝还常服网巾。嘉靖七年更定燕弁服。其制,冠匡如皮弁之制,冒以乌纱,分十二瓣,各以金线压之,前饰五彩玉云各一,后列四山,朱绦为组缨,双玉簪;服如古玄端之制,玄色,青边,两肩绣日月,前盘圆龙一,后盘方龙二,边加盘龙文八十一,领与两祛共龙文五九;祍同前后齐,共龙文四九;衬用深衣之制,黄色,袂圆祛方,下齐负绳及踝十二幅;素带,朱里青表,绿边,腰围饰以玉龙九;玄履,朱缘红缨黄结,白袜。

明代皇后冠服有礼服、常服等。皇后礼服之制初定于洪武三年。其冠,圆匡冒以翡翠,上饰九龙四凤,大花十二树,小花数如之;两博鬓,十二钿;袆衣,深青绘翟,赤质,五色十二等;素纱中单,黻领,朱罗縠襈裾;蔽膝随衣色,以緅为领缘,用翟为章三等;大带随衣色,朱里纰其外,上以朱锦,下以绿锦,纽约用青组;玉革带;青袜,青舄,以金饰。永乐三年,更定皇后礼服。其冠饰翠龙九,金凤四,中一龙衔大珠一,上有翠盖,下垂珠结,余皆口衔珠滴,珠翠云四十片,大珠花、小珠花数如旧;三博鬓,饰以金龙、翠云,皆垂珠滴;翠口圈一副,上饰珠宝钿花十二,翠钿如其数;托里金口圈一副;珠翠面花五事;珠排环一对;皂罗额子一,描金龙文,用珠二十一;翟衣,深青,织翟文十二等,间以小轮花;红领襈裾,织金云龙文;中单,玉色纱为之,红领襈裾,织黻文十三;蔽膝随衣色,织翟为章三等,间以小轮花四,以緅为领缘,织金云龙文;玉縠圭,长七寸,剡其上,瑑縠文,黄绮约其下,韬以黄囊,金龙文;玉革带,青绮鞓,描金云龙文,玉事件十,金事件四;大带,表里俱青红相半,末纯红,下垂织金云龙文,上朱缘,下绿缘,青绮副带一;绶五彩,纁质,间施二玉环,皆织成;小绶三,色同大绶;玉佩二,各用玉珩一,瑀一,琚二,冲牙一,璜二,瑀下垂玉花一、玉滴二;瑑饰云龙文描金;自珩而下,系组五,贯以玉珠;上有金钩,有小绶五彩以副之,纁质,织成;青袜舄,饰以描金云龙,皂纯,每舄首加珠五颗。皇后礼服用于受册、谒庙、朝会等场合。皇后常服初定于洪武三年,双凤翊龙冠,首饰,钏镯用金玉、珠宝、翡翠;诸色团衫,金绣龙凤文,带用金玉。洪武四年更定,龙凤珠翠冠,真红大袖衣霞帔,红罗长裙,红褙子;冠制如特髻,上加龙凤饰,衣用织金龙凤文,加绣饰。永乐三年再次对皇后常服进行改革。冠用皂縠,附以翠博山,上饰金龙一,翊以珠;翠凤二,皆口衔珠滴;前后珠牡丹二,花八蕊,翠叶三十六;珠翠穰花鬓二,珠翠云二十一,翠口圈一;金宝钿花九,饰以珠;金凤二,口衔珠结;三博鬓,饰以鸾凤;金宝钿二十四,边垂珠滴;金簪二,珊瑚凤冠觜一副;大衫霞帔,衫黄,霞帔深青,织金云霞龙文,或绣或铺翠圈金,饰以珠玉坠子,瑑龙文;四襈袄子,深青,金绣团龙文;鞠衣红色,前后织金云龙文,或绣或铺翠圈金,饰以珠;大带红线罗为之,有缘,余或青或绿,各随鞠衣色;缘襈袄子,黄色,红领襟襈裾,皆织金彩色云龙文;缘襈裙,红色,绿缘襈,织金彩色云龙文;玉带,如翟衣内制,第减金事件一;玉花彩结绶,以红绿线罗为结;玉绶花一,璲云龙文;绶带玉坠珠六,金垂头花瓣四,小金叶六;红线罗系带一;白玉云样玎珰二,如佩制,有金钩,金如意云盖一,下悬红组五贯,金方心云板一,俱钑云龙文,衬以红绮,下垂金长头花四,中小金钟一,末缀白玉云朵五;青袜舄,与翟衣内制同。

明代文武官的服饰有朝服、祭服、公服、常服等。文武官朝服定于洪武二十六年,梁冠,赤罗衣,白纱中单,青饰领缘,赤罗裳,青缘,赤罗蔽膝,大带赤、白二色绢,革带,佩绶,白袜黑履。一品至九品,以冠上梁数为差:公冠八梁,笼巾貂蝉,立笔五折,四柱,香草五段,前后玉蝉;侯七梁,笼巾貂蝉,立笔四折,四柱,香草四段,前后金蝉;伯七梁,笼巾貂蝉,立笔二折,四柱,香草二段,前后玳瑁蝉;俱插雉尾;驸马与侯同,不用雉尾;一品,冠七梁,不用笼巾貂蝉,革带与佩俱玉,绶用黄、绿、赤、紫织成云凤四色花锦,下结青丝网,玉绶环二;二品,六梁,革带,绶环犀,余同一品;三品,五梁,革带金,佩玉,绶用黄、绿、赤、紫织成云鹤花锦,下结青丝网,金绶环二;四品,四梁,革带金,佩药玉,余同三品;五品,三梁,革带银,钑花,佩药玉,绶用黄、绿、赤、紫织成盘雕花锦,下结青丝网,银镀金绶环二;一品至五品,笏俱象牙;六品、七品,二梁,革带银,佩药玉,绶用黄、绿、赤织成练鹊三色花锦,下结青丝网,银绶环二,独御史服獬豸;八品、九品,一梁,革带乌角,佩药玉,绶用黄、绿织成鸂鶒二色花锦,下结青丝网,铜绶环二;六品至九品,笏俱槐木。嘉靖八年,曾对朝服之制稍有改动,但无大损益。一般说来,文武官朝服用于大祀、庆成、正旦、冬至、圣节及颁诏、开读、进表、传制等场合。文武官祭服定于洪武二十六年,一品至九品,青罗衣,白纱中单,俱皂领缘,赤罗裳,皂缘,赤罗蔽膝,方心曲领;其冠带、佩绶等差,并同朝服。同时定品官家用祭服,三品以上,去方心曲领;四品以下,并去佩绶。嘉靖八年更定百官祭服,上衣青罗,皂缘,与朝服同;下裳赤罗,皂缘,与朝服同;蔽膝、绶环、大带、革带、佩玉、袜履俱与朝服同;其视牲、朝日夕月、耕耤、祭历代帝王,独锦衣卫堂上官用大红蟒衣,飞鱼,乌纱帽,鸾带,佩绣春刀,祭太庙、社稷则大红便服。文武官祭服为亲祀郊庙、社稷时,文武官分献陪祀所服。文武官公服定于洪武二十六年。其制,盘领右衽袍,用纻丝或纱罗绢,袖宽三尺;一品至四品,绯袍;五品至七品,青袍;八品、九品,绿袍;未入流杂职官,袍、笏、带与八品以下同。公服花样,一品,大独科花,径五寸;二品,小独科花,径三寸;三品,散答花,无枝叶,径二寸;四品、五品,小杂花纹,径一寸五分;六品、七品,小杂花,径一寸;八品以下无纹。幞头,漆纱二等,展角长一尺二寸;杂职官幞头,垂带,后复令展角,不用垂带,与入流官同。笏依朝服为之。腰带,一品玉,或花或素;二品犀;三品、四品,金荔枝;五品以下乌角。鞓用青革,仍垂挞尾于下。靴用皂。文武官公服起初用于每日早晚朝奏事及侍班、谢恩、见辞,在外则每日公座服之。其后,常朝止便服,惟朔望具公服朝参。武官应直守卫者别有服色,公、侯、驸马、伯服色花样、腰带同一品。文武官常服定于洪武三年。凡常朝视事,以乌纱帽、团领衫、束带为公服。其带,一品玉,二品花犀,三品金钑花,四品素金,五品银钑花,六品、七品素银,八品、九品乌角。洪武二十四年又定,公、侯、伯、驸马束带与一品同,杂职官与八、九品同。同年定,公、侯、驸马、伯服绣麒麟、白泽;文官一品仙鹤,二品锦鸡,三品孔雀,四品云雁,五品白鹇,六品鹭鸶,七品鸂鶒,八品黄鹂,九品鹌鹑,杂职练鹊,风宪官獬豸;武官一品、二品狮子,三品、四品虎豹,五品熊罴,六品、七品彪,八品犀牛,九品海马。

士庶人等的冠服。洪武三年令士人戴四方平定巾。洪武二十三年,明朝政府定儒士、生员衣服尺寸,自领至裳,离地一寸,袖长过手,复回不及肘三寸。次年,改定生员巾服式样,襕衫用玉色布绢为料,宽袖皂边,皂绦软巾垂带。洪武末,许士人戴遮阳帽。洪熙年间,改监生衣青圆领。嘉靖二十二年,禁士人戴凌云等巾。万历二年(1573),禁举人、监生、生儒僭用忠静冠巾、锦绮镶履及张伞盖、戴暖耳,"违者五城御史送问"。对于庶民百姓,明初规定结婚时"许假九品服"。洪武三年,令庶人改四带巾为四方平定巾,杂色盘领衣,不许用黄色,衣料只许用绸、绢、素纱,首饰、钗、镯只许用银。洪武六年,令庶人巾环不得用金玉、玛瑙、珊瑚、琥珀,帽不得用顶,帽珠只许水晶、香木。洪武十四年,令农人衣料用绸、纱、绢、布,商贾只许用绢、布,农家有一人从事商贾,"亦不得衣绸、纱"。洪武二十二年,令农夫戴斗笠、蒲笠,"出入市井不禁,不亲农业者不许"①。次年定民人衣服尺寸,耆民之衣袖长过手,复回不及肘三寸,庶人之衣长去地五寸,袖长过手六寸,袖桩广一尺,袖口五寸。洪武二十五年,禁庶人穿靴,而只许穿皮札翰,北边因寒冷许穿牛皮直缝靴。正德元年(1506),禁商贩、仆役、倡优、下贱之人服用貂裘。正德十六年,禁军民穿紫花罩甲,在禁门或四外游走者,"缉事人擒之"。对于士庶之妻,洪武三年,令首饰用银镀金,耳环用金珠,钏镯用银,服浅色团衫,料用纻丝、绫罗、绸、绢。洪武五年,令民间妇人礼服惟紫绝,不用金绣,袍衫只许用紫、绿、桃红及各种浅淡颜色,不许用大红、鸦青、黄色,带用蓝绢布。女子在室者作三小髻,金钗,珠头𩬊,窄袖褙子。奴婢,高顶髻,绢布狭领长袄,长裙;年纪小的双髻,长袖短衣,长裙。成化十年,禁官民妇女僭用浑金衣服,宝石首饰。正德元年,令军民不许用销金衣服、帐幔,宝石首饰、镯钏。对于娼妓人等,洪武三年,令乐艺着青卍字顶巾,系红绿褡褊,乐妓着明角冠,皂褙子,不许与民妻同。

为了维护封建等级制度,明政府严令官民不得违反服饰规定而服。天顺二年(1458),明政府还下令禁止官民衣服用蟒龙、飞鱼、斗牛、大鹏、狮子、四宝相花、大西番莲、大云花样,及玄、黄、紫及玄色、黑、绿、柳黄、姜黄、明黄诸色。

（二）服饰习俗

明初对各色人等的服饰规定并未成为不可逾越的鸿沟。其实,早在明初,文武官员已有打破等级制度而服者。洪武六年(1373),礼部即称,文武官常服"奢侈越制",诏申禁之。明中叶以后,文武官服饰越制现象更为严重。正德十六年(1521),明世宗登极诏称:"近来冒滥玉带,蟒龙、

①《明史》卷 67《舆服志三》。

飞鱼、斗牛服色,皆庶官杂流并各处将领夤缘奏乞,今俱不许。武职卑官僭用公、侯服色者,亦禁绝之。"①嘉靖六年(1527),明政府又因文武官员有"滥服五彩装花织造违禁颜色",下令禁止。

士庶人等打破服饰等级而服是明人服饰逾制的主体。这种现象也从明初开始出现,许多服饰禁令正是在这种情况下颁布的。明中期以后,服饰逾制现象更加广泛。因此,万历时张瀚说:"国朝士女服饰皆有定制,洪武时律令严明,人遵画一之法。代变风移,人皆志于尊崇富侈,不复知有明禁,群相蹈之","今男子服锦绮,女子饰金珠,是以僭拟无涯,逾国家之禁也。"②到了明末,服饰逾越等级制度的情形更甚,团龙、立龙等纹饰已成为普通百姓常用的花纹,甚至乐人也仿效士大夫在服饰上饰以禽鸟,娼优满头珠翠,隶卒脚登云头鞋,"人不以为异"③。

明代服饰习俗的变化,不仅表现为官民服饰打破等级制度,而更重要的是表现于士庶人等的服饰颜色、质地、式样等从初期的单调、朴素、呆板向中期以后丰富、奢华、美观方向发展。从史料记载来看,明初士庶人等的服饰以素色为主,辅以青、黑,用料为绸布土缣,即使富人也难得穿夹色的绸缎;明中叶以后,服饰冲破单调、刻板程式,用料考究,色彩绚丽,式样美观;明代后期,士民竞以艳丽的服饰为尚。例如,南通士大夫于明初"多素练衣、缁布冠",有文名者"白袍青履",而一般百姓所服不过羊肠葛及太仓的本色布;万历时当地罗绮已不为珍品,人们一致追求的是吴绸、宋锦、云缣、驼褐等价高质美的面料,甚至"不衣文采而赴乡人之会,乡人窃笑之,不置之上座"④。服饰的样式,最先是细练褶,老者上长下短,少者上短下长,后来老少一样,类似胡服,不久又改换为阳明衣、十八学士衣、二十四气衣、道袍等,尺寸也趋于宽大,长裙阔领,宽腰细褶。明代末年,妓女的服饰变化超过了士庶人等,在一定程度上领导着穿着

---

① 《明史》卷 67《舆服志三》。
② 《松窗梦语》卷 7《风俗纪》。
③ 万历《通州志》卷 2《风俗》。
④ 万历《通州志》卷 2《风俗》。

的潮流。史称明末秦淮名妓的服饰以淡雅为主，其衫、袖变化随时而异，为世人所模仿，号称"时世妆"①。

综览各种史料，明代士庶所戴头巾有网巾、儒巾、四方头巾、平顶巾、汉巾、软巾、吏巾、四角方巾、二仪巾、平巾、万字巾、番子巾、纯阳巾、披云巾、玉台巾、飘飘巾、包角巾、縑巾、玉壶巾、明道巾、折角巾、东坡巾、阳明巾等多种。其中网巾又称"一统山河巾"，编结若渔网。四方头巾又名四方平定巾，洪武三年令士庶改四带巾为此巾。帽子有棕结草帽、遮阳大帽、圆帽、鹅帽、堂帽、中官帽、瓦楞棕帽、小帽、笠、方斗笠等。大体说来，士大夫和富贵子弟服用以罗、纱等制成的巾帽，贫苦农民服用以竹丝、细藤等编成的笠。士大夫的常服，包括褙襫、道袍、褡护、直身、襕衫、罩甲、程子衣、裤褶、裙子等。褙襫为长袖、两旁有摆的一种衣服，原为内臣所服，后来士大夫在宴会交际时也着之。褡护则是半臂衫，直身为宋以来流传下来的一种宽大而长的、与道袍相似的衣服。罩甲分为两种，对襟式的一般军民步卒不得服用，惟骑马者服，非对襟者士大夫皆可服用。裙子则男女都束。崇祯末年，在李自成起义军逼近北京时，崇祯帝朱由检命其太子、王子易服青布棉袄、紫花布裌衣、白布裤、蓝布裙、白布袜、青布鞋、皂布巾，作民人装束，以便避难。从这里，我们可以看出当时一般百姓的服饰。

三、婚姻

（一）婚姻礼仪

明代对上自皇帝、下及庶人的婚姻礼仪都有繁琐而严格的规定。

明代皇帝的婚姻礼仪有册皇后仪、纳后仪、册妃嫔仪等。册皇后仪是指皇帝即位前已纳某女为妻（或妃）而在即位后册立其为皇后的礼仪，洪武初定制，大体包括准备、册立、庆贺及谒庙三个阶段的礼仪。准备阶段，册立前三日斋戒，遣官祭告天地、宗庙；前一日，侍仪司设册宝案于奉

---

① 余怀：《板桥杂记》卷上《雅游》。

天殿御座前,设奉节官位、掌节者位、承制官位、正副使受制位、承制宣制官位、奉节奉册奉宝官位、正副使受册宝褥位等于规定处所。册立日,早晨,列卤簿,陈甲士,设乐如仪;内官设皇后受册位及册节宝案于宫中,设香案、权置册宝案于殿上,设女乐于丹陛;质明,正副使及百官入;鼓三严,皇帝衮冕,御奉天殿;礼部官奉册宝各置于案,诸执事官各就殿上位立;作乐,四拜;承制官奉发皇后册宝,承制讫,至宣制位;正副使跪,承制官宣制曰:"册妃某氏为皇后,命卿等持节展礼";宣毕,执事者举册宝案出;引礼引正使诣受册位,奉册官以册授正使,正使跪受,置于案,副使受宝亦如之;作乐,四拜,正使随册,副使随宝,掌节者前导,举案者次之,出奉天门;侍仪奏礼毕,驾兴,百官出;掌节者加节衣,奉册宝官皆搢笏,取册宝置龙亭内,仪仗大乐前导,至中宫门外,乐作;皇后具九龙四凤冠,服袆衣,出阁,至殿上,南向立;乐止,正副使奉册宝权置于门外所设案上;引礼引正副使及内使监令各就位;正使诣内使监令前,称册礼使臣某、副使臣某奉制授皇后册宝;内使监令入告皇后,出,复位;引礼引内外命妇入就位;正使奉册授内使监令,内使监令跪受,以授内官,副使授宝亦如之;内使监令率奉册奉宝内官入,各置于案;尚仪引皇后降陛,诣庭中位立;内官奉册宝立于皇后之东西;内使监令称"有制",作乐,皇后四拜;宣制讫,奉册内官以册授读册内官,读讫,以授内使监令,内使监令跪以授皇后,皇后跪受,以授司言;奉宝如前仪,受讫,以授司宝;尚仪奏拜,皇后拜如前;内使监令出,诣正副使前,称"皇后受册礼毕";使者退诣奉天殿横街南,正副使再拜复命曰:"奉制册命皇后礼毕";给事中奏闻,乃退。册立阶段结束。次日,百官上表笺称贺;皇帝御殿受贺,如常仪;卜日,行谒庙礼;谒庙礼毕,皇帝宴群臣于谨身殿,皇后宴内外命妇于中宫,皆如正旦宴会仪。至此,册皇后仪完成。及成祖即位,册皇后徐氏,其制小异。皇帝皮弁服御华盖殿,翰林院官以诏书用宝讫,然后御奉天殿,传制皇后受册;礼毕,翰林官以诏书授礼部官,礼部官奉诏书于承天门开读;皇帝还宫,率皇后具服诣奉先殿谒告毕;皇后具服于内殿,俟皇帝升座;赞引女官导诣拜位,行谢恩礼;次日,皇帝皇后受贺宴会,如前仪。天顺八年(1464),增定亲王于皇帝前庆贺,次诣皇太后庆贺,次诣皇后前八拜仪。嘉靖十三年(1534),册皇后方氏,礼臣具仪注,有谒告内殿仪,无谒告太庙、世庙之礼,世宗命增补。隆庆元年(1567)增定,颁诏次日,命妇行见皇后礼。

纳后仪是皇帝即位后选纳民间女子为皇后的礼仪。明朝建立后,诸帝皆即位后行册立皇后礼。正统七年(1442),英宗大婚,始定纳后仪注。纳后仪大体包括相亲的纳采、问名礼仪,定亲的纳吉、纳征、告期礼仪,成亲的发册奉迎礼仪,以及成亲后拜见皇太后和庆贺礼仪。凡纳采、问名,前期择日,遣官告天地宗庙;至期,设御座、制案、节案、卤簿、彩舆、中和大乐如仪,礼部陈礼物于丹陛上及文楼下;质明,皇帝冕服升座,百官朝服行礼讫,各就位;正副使朝服四拜,执事举制案、节案出,礼物随之,俱置丹陛中道;传制官宣制曰"兹选某官某女为皇后,命卿等持节行纳采、问名礼";正副使四拜,驾兴;正副使取节及制书置彩舆中,仪仗大乐前导,出大明门;释朝服,乘马行诣皇后第;第中设使者幕次于大门外左,南向,设香案于正堂,设制、节案于南,别设案于北;使者至,引礼导入幕次,执事官陈礼物于正堂;使者出次,奉制书于案;礼官先入,主婚朝服出,礼官曰"奉制建后,遣使行纳采、问名礼",引主婚者出迎;使者捧制书及节,主婚者随至堂,置制书及节于案;正副使分立案左右,主婚者四拜,诣案前跪;正使取纳采制。宣讫,授主婚者,主婚者授执事者,置于北案上稍左;副使取问名制宣讫,授如前,置案上稍右;执事举表案,以表授主婚者,主婚者跪授正使;使者出,置表彩舆中;主婚者设酒馔以待使者,捧币以劳使者;使者出,主婚者送至大门外;使者随彩舆入大明门左门,至奉天门外,以表、节授司礼监,复命。相亲阶段结束。其后,纳吉、纳征、告期,传制遣使,并如前仪。但纳征用玄𫄸、束帛、六马、谷圭等物。皇后府第陈设如前,惟更设玉帛案。使者至,以制书、玉帛置案上,六马陈堂下。执事先设皇后冠服诸物于正堂;礼官入,主婚者出迎,执事举玉帛案,正使捧纳吉、纳征制书,副使捧告期制书,执节者捧节,以次入,各置于案;主婚者四拜,诣案前跪;正副使宣制讫,并圭及玄𫄸以授主婚者,俱如前仪；主婚者四拜，使者持节出，主婚者礼使者，使者还，复命如初。成亲阶段，天子无亲迎礼，仍派使发册奉迎。发册奉迎日，所司陈设如前仪；礼部陈雁及礼物于丹陛上，内官监陈皇后卤簿车辂于奉天门外；正副使以册宝置彩舆中，随诣皇后第；至门，取制书册宝置案上；礼官先入，主婚者朝服出见，并出迎；执事者举案前行，使者捧制书及节，执事者以雁及礼物从之，至堂中，各置于案；女官以九龙四凤冠袆衣进皇后；内官陈仪仗于中堂前，设女乐于堂下；使者以书册宝授司礼监官，内赞导入中堂；皇后具服出阁，诣香案前，向阙立，四拜；皇后跪，以次宣册、宝，宣讫授皇后；皇后搢圭而受，以授女官，女官跪受；赞出圭，赞兴，四拜讫，皇后入阁；司礼监官持节出，授使者，报受册宝礼毕；主婚者诣案前跪，正使取奉迎制宣讫以授，副使进雁及礼物；主婚者兴，使者四拜出；主婚者礼使者如初；皇后出阁，至香案前四拜，升堂别父母，降阶升舆；导从出，仪仗大乐前行，次彩舆，正副使随，次司礼监官拥导，从大明门中门入；百官朝服于承天门外班迎；皇后至午门外，鸣钟鼓，卤簿止；正副使以节授司礼监，复命；捧册宝官捧册宝，仪仗女乐前导，进奉天门；至内庭幕次，司礼监以册宝授女官；皇后出舆，由西阶进；皇帝由东阶降迎于庭，揖皇后入内殿；帝更衮冕，后更礼服，同诣奉先殿，行谒庙礼；祭毕，还宫；合卺，帝更皮弁，升内殿；后更衣，从升；各升座，东西相向；执事者举馔案于前，女官进酒、进馔、进饭，以两卺酌酒，合和以进；既饮，又进馔毕，兴，易常服；帝从者馂后之馔，后从者馂帝之馔。成亲后拜见皇太后和庆贺礼仪大体包括：次日早，帝、后皆礼服，谒见太后四拜，后进胈修盘，帝、后四拜。三日早，帝冕服，后礼服，同诣太后宫，行八拜礼；还宫，帝服皮弁，后礼服诣帝前，行八拜礼；后还宫，在内亲属及六尚等女官、各监局内官内使以次行八拜礼；皇帝御奉天殿，颁诏如常仪。四日早，皇帝服衮冕御华盖殿，亲王八拜，次执事官五拜，遂升奉天殿，百官进表，行庆贺礼；是日，太后及皇后各礼服升座，亲王入，八拜出，次内外命妇庆贺及外命妇进表笺，皆如常仪。五日行盥馈礼，尚膳监具膳修；皇后礼服诣太后前，四拜；尚食以膳授皇后，皇后捧膳进于案，复位，四拜，退立于西南；俟膳毕，引出。

至此，纳后仪全部结束。

　　皇帝册妃之仪，自洪武三年册孙氏为贵妃，定皇帝不御殿，承制官宣制，授册，无宝，余并如皇后仪。永乐七年（1409 年）定册妃礼，皇帝皮弁服御华盖殿，传制。至宣德年间立孙贵妃，始授宝，成化年间封万贵妃，始称皇，"非洪武之旧矣"。嘉靖十年（1531 年）册九嫔仪注，先日，所司陈设仪仗如朔望仪；至期，皇帝具衮冕，告太庙、世庙讫，易皮弁服，御华盖殿；百官公服入行礼；正副使朝服承制，举节册至九嫔宫；九嫔迎于宫门外，随至拜位；女官宣册，九嫔受册，先后八拜；送节出宫门复命；九嫔随具服候，皇后率诣奉先殿谒告，及诣皇帝、皇后前谢恩，俱如册妃礼；惟圭用次玉，谷文、银册少杀于皇妃五分之一。嘉靖二十年册德妃张氏，以妃将就室，而世宗方静摄，不传制，不谒告内殿，余并如旧。

　　品官婚姻礼仪定于明初。其制，凡品官婚娶，或为子聘妇，皆使媒氏通书；女氏许之，择吉纳采；主婚者设宾席；至日，具祝牌告庙讫，宾至女氏第；主婚者公服出迎，揖宾及媒氏入，雁及礼物陈于厅；宾左主右，媒氏立于宾南，皆再拜；宾主以次致词，述纳采意；宾主西东相向坐，彻雁受礼讫，复陈雁及问名礼物；宾兴，问名，主婚者对，或以红罗或以销金纸书女之第行年岁；宾辞，主婚者请礼从者；礼毕，送宾至门外；纳吉如纳采仪；纳征如纳吉仪，加玄纁、束帛、函书，不用雁；宾以函书授主婚者，主婚者亦答以函书；请期，亦如纳吉仪；亲迎日，婿父告于祢庙，婿北面再拜立，承命，再拜，媒氏导婿之女家；其日，女氏主婚者告庙讫，醴女如家人礼；婿至门，下马，就大门外之次；女从者请女盛服，就寝门内，南向坐；婿出次，主婚者出迎于门外，揖而入；主婚者入门而右，婿入门而左，执雁者从，至寝户前，北面立；主婚者立于户东，西向；婿再拜，奠雁，就次，主婚者不降送；婿既出，女父母南向坐，保姆导女四拜，父、母、庶母以次命诫；保姆及侍女翼女出门，升车；仪卫导前，送者乘车后；婿先还以俟，妇车至门，出迎于门内，揖妇入；及寝门，婿先升阶，妇从升；入室，婿盥于室之东南，妇从者执巾进水以沃之，妇盥于室之西北，婿从者执巾进水以沃之；盥毕，各就座，婿东妇西；举食案，进酒，进馔；酒食讫，复进如初；侍女以卺注酒,进于婿、妇前;各饮毕,皆兴,立于座南,东西相向,皆再拜;婿、妇入室,易服;婿从者馂妇之余,妇从者馂婿之余。明日见宗庙,次见舅姑,次舅姑醴妇,次盥馈;妇家备馔至婿家,妇进馔于舅姑,舅姑再醴妇,如初仪。

庶人婚姻礼仪,明代规定依据朱熹《家礼》。但《家礼》没有问名、纳吉,只有纳采、纳币、请期,洪武元年(1368)定制用之。凡庶人娶妇,男年十六,女年十四以上,并听婚娶。婿常服,或假九品服,妇服花钗大袖。其纳采、纳币、请期,略仿品官之仪,有媒无宾,词亦稍异。亲迎前一日,女氏使人陈设于婿之寝室,俗谓之铺房。至若告词、醮戒、奠雁、合卺,并如品官仪。见祖祢舅姑,舅姑醴妇,亦略准品官仪。此外,明初还下令禁指腹、割衫襟为亲者。

(二)婚姻习俗

明政府虽然对各色人等的婚姻礼仪做了严格规定,但是士庶人等却没有为这些规定所束缚,婚姻习俗五花八门。

重视门第是明人婚姻习俗的突出特点。中国古代以礼法治国,等级观念强烈,因此婚姻讲究阀阅,特别强调门当户对。明代此风沿袭不已,仕宦旧族为突出。袁桷《清容居士集》卷31《方夫人墓志铭》载:"夫人世居饶之德兴,幼时静好,其父隐君常抱膝上祝曰:吾家世儒林,当为汝慎择婚对。"若门第不符,仕宦旧族则宁愿不为婚姻,有的甚至终生不嫁娶。钱谦益《列朝诗集小传》闰集《邢氏慈静传》载:"慈静,临邑人,太仆卿(邢)侗之妹","母万爱慈静甚,必欲字贵人。年二十八,始适武定人大同知府马拯。"那些市井编氓,一旦富贵,也以与高门大族联姻为荣。谢肇淛即抱怨明代后期流品"混淆之极","有起自奴隶,骤得富贵,无不结姻高门、缔眷华胄者"[1]。天启时的权阉魏忠贤,视王侯将相如土苴,但对家乡肃宁旧族于氏望如王谢,为侄求婚,"非得于氏女不可"。

明人婚姻一般都重财礼。如果说讲究门当户对体现出明人婚姻政

---

[1]《五杂俎》卷14《事部二》。

治色彩较浓的话,那么婚姻重财礼更多地表现出了经济色彩,二者基本上是一致的。明初,民间婚姻即"专论聘财,习染奢侈",故而洪武五年(1372)令由政府颁行仪制,"务从节俭,以厚风俗"①,但禁令并未生效。景泰时,周济为安庆知府,当地民间婚姻仍然"侈费"。明中叶以后,社会皆以豪奢为尚,婚姻重财礼之风更盛。浙江浦江人生女者,"虑嫁奁不足,辄溺之"②。到了明代后期,随着生产的发展,商品经济的繁荣,婚姻重财礼之风也达到极盛。市井编氓一旦富贵则结姻高门,从前者来说是重门第,后者则重的是财礼。李祯昌《剪灯余话》卷 5 记载:"齐仲和……尝往来武平项子坚家为馆客。子坚故微,骤然发迹,欲光饰其门户,故婚姻皆攀援阀阅,炫耀于人。名家右族之贫穷未振者,辄与缔姻,此则慕其华腴,彼则贪其富贵。"谢肇淛对这种情况很不以为然,慨叹说:"主家凌替落薄,反俛首于奴之子孙","世事悠悠,可为太息者此也。"③

明代官吏、士人以及富裕暴发户等纳妾重婚也很普遍。明代规定士庶人等四十以上无子者,许娶一妾。但是,实际生活中,士庶人等纳妾重婚并未受四十以上无子的条件限制,这从各种史籍中均可以看出。而且,妾数也大大突破政府的规定。如《金瓶梅》中的西门庆,先后娶有五妾。陆容《菽园杂记》卷 14 记载:"邱氏,苏人俞钦玉之妻也。钦玉,故刑部尚书士悦子,颇知书,而轻财好色,尝以邱无子,置妾七人。"妾在明代社会中地位极低,不仅供丈夫玩弄,而且受主妇的欺凌。《庚巳编》载,吴人尤弘远娶一妾,其妻"妒悍,日虐之,又为诸厌胜法,咒诅于神,欲使速死"④,最后此妾被凌虐致死。

明人婚娶中有蒙头、看新娘、回鸾、催妆、平安、撒帐等习俗。赵吉士称,用帕或绫纱蒙盖新娘头之俗,本为前代"失时急娶不备礼者而然",明代则通行于婚嫁;新娘迎娶到家后,亲友及一些非亲非旧者还要"列坐觊

①《明史》卷 55《礼志九》。
② 嘉靖《浦江志略》卷 2《民物志·风俗》。
③《五杂俎》卷 14《事部二》。
④ 陆粲:《庚巳编》卷 9《尤弘远》。

妇容",看新娘美丑①。谢肇淛称嫁女三日后,父母家来饷食,俗谓之"馈女",为"汉以来礼也",而明代则是三日后女偕婿省父母,谓之"回鸾",闽人谓之"转马"②。在北京,婚娶前一日,男方携席、公鸡以及其他物品送女家,称"催妆";亲娶日,新娘到家门口下轿舆时,新郎放马鞍在地,令新娘跨过,号曰"平安";新娘入洞房后,由风水先生高唱催妆诗,遍撒五谷及诸果,称"撒帐"③。

此外,明代还有世婚、冥婚、指腹婚等婚姻形式。明初禁世婚,但不久又弛禁,因此明代世婚很兴盛。如,景泰年间进士蓟州钱源,"本沙头郁氏子,郁与钱世连姻,钱无子,郁以一子为其后"④。明代冥婚也很盛行。所谓冥婚,就是亡男亡女之间的婚姻,即为死去的人择偶、完婚。山西石州,凡男子(女子)未娶(嫁)而死,其父母则求乡里女子(男子)死者配之,"议婚、定礼、纳币率如生者,葬日亦复宴会亲戚"⑤。指腹婚又称"指腹联姻""指腹裁襟",明初曾严令禁止,但却并未见效。《菽园杂记》卷15载:"太仓曹用文、查用纯素友善,适其妾各有娠。一日会饮,戏以骰子为卜,云使吾二人一掷而六子皆红,必一男一女,当为婚姻。一掷并如其卜,既而查生男,曹生女,查以子赘曹为婿云。"

北京还有以婚姻为诱饵而恣意行骗者。陆容《菽园杂记》卷7记载,有女子嫁外京人为妻妾者,初看时以长相漂亮者出拜,及临娶却以丑者调换,名曰"戳包儿";有的过门信宿,即盗其所有而逃,名曰"拿殃儿","此特里闬奸邪耳"。还有的年轻男子傅粉缠足,假妆为女子许配人家,过门时趁男家不备溜走。

(三)妇女贞节观和德才观的变化

与婚姻习俗有关的明代妇女贞节观和德才观的变化,也值得一提。

① 赵吉士:《寄园寄所寄》卷8《称谓误》。
②《五杂俎》卷14《事部二》。
③《宛署杂记》卷17《民风一·土俗》。
④《菽园杂记》卷1。
⑤《菽园杂记》卷5。

　　明代对妇女贞节的要求进一步加强。选入宫的女子，必须接受稳婆的检查。稳婆是专司检查妇女裸体之事的女职人员，明代开始出现。只有接受稳婆裸体检查后，签注"不痔不疡"，女子才能留在宫中，否则即淘汰出宫。民间也把女子的贞操看得很重，并出现了有关处女检查的专门书籍，如《杂事秘辛》等。明代的文学作品，如"三言二拍"等中，都有不少对处女、童女破身的描写。与重视女子贞操相一致，明代对寡妇守节采取奖励政策。洪武元年（1368），明政府下令："民间寡妇，三十以前夫亡守志，五十以后不改节者，旌表门闾，除免本家差役。"①明政府还令"巡方督学岁上其事"，"大者赐祠祀，次亦树坊表，乌头绰楔，照耀井间"②。在政府的提倡和奖励下，"乃至僻壤下户之女，亦能以贞白自砥。其著于实录及郡邑志者，不下万余人，虽间有以文艺显，要之节烈为多"③。元代以前，每部正史收录的节烈女子至多不过 60 人，而明初修《元史》，收 187 人。明代节烈女子见于记载者竟不下万余人，《明史·列女传》收其尤者 300 余人。大量的贞节牌坊就是从明代开始树立的。

　　在中国古代，男尊女卑观念起源很早，理学产生后，这种观念得到进一步强化，女子之才不为人重。明代崇尚理学，强调妇女贞节，"女子无才便是德"的提法开始出现。明末，王相之母著《女范捷录》，其《才德篇》中说："男子有才便是德，斯言犹可；女子无才便是德，此语诚非。"这从反面反映"女子无才便是德"的提法已在社会中出现。在否定女子"才"的同时，明代十分重视女子之"德"，不仅各种启蒙读物、家训、理学著述等中有对妇女"德"的具体要求，而且出现了被称为妇女紧箍咒的《女儿经》，明后期由赵南星加注刊印，以通俗的语言宣传束缚和压制妇女的条规、章法、伦理、道德。其后，又有王相编《闺阁四书集注》，收录东汉班昭《女诫》、唐宋若莘和宋若昭《女论语》、明成祖皇后徐氏《内训》及其母刘氏《女范捷录》，对女子之"德"有更多的规定。

①《礼部志稿》卷 24《礼部仪制司职掌·旌表》。
②《明史》卷 301《列女传一》。
③《明史》卷 301《列女传一》。

贞节观和才德观的变化,反映了明代在婚姻方面对妇女歧视的加重,标志着封建礼教对妇女摧残和束缚的深化。

四、丧葬

(一) 丧葬礼仪

明代对上自皇帝,下及庶人的丧葬礼仪也有繁琐而严格的规定。

明代皇帝的丧葬礼仪定于明太祖死后。洪武三十一年(1398),明太祖朱元璋崩,礼部定议,京官闻丧次日,素服、乌纱帽、黑角带,赴内府听遗诏;于本署斋宿,朝晡诣几筵哭,越三日成服,朝晡哭临,至葬乃止;自成服始,二十七日除。命妇孝服,去首饰,由西华门入哭临。诸王、世子、王妃、郡主、内使、宫人俱斩衰三年,二十七日除。凡临朝视事,素服、乌纱帽、黑角带,退朝衰服。群臣麻布圆领衫、麻布冠、麻绖、麻鞋。命妇麻布大袖长衫,麻布盖头。明器如卤簿。神主用栗,制度依《家礼》。行人颁遗诏于天下。在外百官,诏书到日,素服、乌纱帽、黑角带,四拜;听宣读讫,举哀,再四拜;越三日成服,每日设香案哭临,三日除;各遣官赴京致祭,祭物礼部备。孝陵设神宫监并孝陵卫及祠祭署。建文帝诏行三年丧。后因靖难之役,丧葬之制皆不传。明成祖崩,遗诏一遵太祖遗制。其葬祭仪为:发引前三日,百官斋戒;遣官以葬期告天地宗社,皇帝衰服告几筵,皇太子以下皆衰服随班行礼;百官衰服朝一临,至发引止。前一日,遣官祭金水桥、午门、端门、承天门、大明门、德胜门并所过河桥、京都应祀神祇及经过应祀神祇,仪用酒果肴馔;是夕,设辞奠,帝后太子以下皆衰服,以序致祭,司礼监、礼部、锦衣卫命执事者设大昇舆于午门外,陈葬仪于午门外并大明门外。将发,设启奠。皇帝暨皇太子以下衰服四拜。奠帛、献酒、读祝、四拜。举哀,兴,哀止,望瘗。执事者升,彻帷幪,拂拭梓宫,进龙辒于几筵殿下。设神亭、神帛舆、谥册宝舆于丹陛上,设祖奠如启奠仪;皇帝诣梓宫前,西向立。皇太子、亲王以次侍立。内侍于梓宫前奏,请灵驾进发,捧册宝、神帛置舆中;次铭旌出;执事官升梓宫,内执事持翣左右蔽。降殿,内侍官请梓宫升龙辒,执事官以彩帷幕梓宫,内侍持伞扇侍卫如仪。旧御仪仗居前，册宝、神帛、神亭、铭旌以次行。皇帝由殿左门出，后妃、皇太子、亲王及宫妃后随。至午门内，设遣奠，如祖奠仪。内侍请灵驾进发，皇帝以下哭尽哀，俱还宫。梓宫至午门外，升大昇舆，进发；皇太子、亲王以下哭送出端门外，行辞祖礼；执事官设褥位于太庙香案前。皇太子易常服，捧神帛，由左门入，至褥位前跪，置神帛于褥，兴，正立于神帛后跪。礼官跪于左，奏太宗文皇帝谒辞。皇太子俯伏，兴，赞五拜三叩头毕，皇太子捧神帛兴，以授礼官。礼官安舆中，请灵驾进发。皇太子仍丧服，亲王以下随行。梓宫由大明中门出，皇太子以下由左门出，步送至德胜门外，乘马至陵，在途朝夕哭奠临。诸王以下及百官、军民耆老、四品以上命妇，以序沿途设祭。文武官不系山陵执事者悉还。至陵，执事官先陈龙辁于献殿门外，俟大昇舆至。礼官请灵驾降轝，升龙辁，诣献陵。执事官奉梓宫入，皇太子、亲王由左门入，安奉讫，行安神礼。皇太子四拜，兴，奠酒，读祝。俯伏，兴，四拜，举哀，亲王以下陪拜，如常仪。遣官祀告后土并天寿山，设迁奠礼，如上仪。将掩玄宫，皇太子以下诣梓宫前跪，内侍请灵驾赴玄宫，执事官奉梓宫入皇堂。内侍捧册宝置于前，陈明器，行赠礼。皇太子四拜，兴，奠酒，进赠。执事官捧玉帛进于右，皇太子受献，以授内执事，捧入皇堂安置。俯伏，兴，四拜，举哀，遂掩玄宫。行缵礼，如迁奠仪。遣官祀谢后土及天寿山。设香案玄宫门外，设题主案于前，西向。设皇太子拜位于前，北向。内侍盥手奉主置案上，题主官盥手西向题毕，内侍奉主安于神座，藏帛箱中。内侍奏请太宗文皇帝神灵上神主。赞四拜，兴，献酒，读祝。俯伏，兴，四拜，兴，哀。内侍启椟受主讫，请神主降座升舆。至献殿，奏请神主降舆升座，行初虞礼。皇太子四拜，初献，奠帛酒，读祝，俯伏，兴。亚献、终献，四拜，举哀，望瘗。内官捧神帛箱埋于殿前，焚凶器于野。葬日初虞，柔日再虞，刚日三虞，后间日一虞，至九虞止。在途，皇太子行礼。还京，皇帝行礼。神主将还，内侍请神主降座升舆，仪仗侍卫如仪。皇太子随，仍朝夕奠。至京，先于城外置幄次，列仪卫，鼓吹备而不作，百官衰服候城外，主入幄次，百官序列五拜三叩首。神主行，百官从。至午门外，皇帝衰服迎于午门内，举哀，步导主升几筵殿。皇帝立殿上，内侍请神主降舆升座，行安神礼。皇帝四拜，兴，奠酒，读祝。俯伏，兴，四拜，举哀。皇太子以下陪拜。百官于思善门外行礼如仪。明日，百官行奉慰礼。卒哭用虞祭后刚日，礼同虞祭，自是罢朝夕奠。祔祫用卒哭之明日，太常寺设醴馔于太庙，如时祫仪，乐设而不作。设仪卫伞扇于午门外，内侍进御辇于几筵殿前，皇帝衰服四拜，举哀。兴，哀止，立于拜位之东，西向。内侍请神主降座升辇，诣太庙祔祫。至思善门外，皇帝易祭服，升辂，随至午门外，诣御辇前跪。太常卿奏请神主降辇，皇帝俯伏，兴，捧主由左门入，至丹陛上。典仪唱"太宗文皇帝谒庙"。至庙前，内侍捧主至褥位，皇帝于后行八拜礼。每庙俱同。内侍捧主北向，太常卿立坛东，西向。唱"赐坐"，皇帝搢圭，奉神主安于座，诣拜位行祭礼，如时祫仪。太常卿奏请神主还几筵，皇帝捧主由庙左门出，安奉于御辇。皇帝升辂随，至思善门降辂，易衰服，随至几筵殿前。内侍请神主降辇，升座。皇帝由殿左门入，行安神礼毕，释服还宫。明日，百官素服行奉慰礼。大祥，奉安神主于太庙。皇帝祭告几筵殿，皇太后、皇后以下各祭一坛，王府祭官共祭一坛，在京文武官祭一坛。自神主出几筵殿，内侍即撤几筵、帷幄，焚于思善门外。禫祭，遣亲王诣陵行礼。其后，历朝皇帝驾崩，丧葬礼仪均依此规定，仅小有变化而已。

明代皇后的丧葬礼仪定于明初。洪武十五年(1382)，皇后马氏崩，礼部引宋制为请。于是命在京文武官及听除官，人给布一匹，令自制服，皆斩衰二十七日而除，服素服百日。凡在京官，越三日素服至右顺门外，具丧服入临毕，素服行奉慰礼，三日而止。武官五品以上、文官三品以上命妇，亦于第四日素服至乾清宫入临。用麻布盖头，麻布衫裙鞋，去首饰脂粉。其外官服制与京官同，闻讣日于公厅成服，命妇服亦与在京命妇同，皆三日而除。军民男女素服三日。禁屠宰，在京四十九日，在外三日。停音乐，祭祀百日。嫁娶，官停百日，军民一月。将发引，告太庙，遣官祭金水桥、午门等神及钟山之神。帝亲祭于几筵，百官丧服诣朝阳门外奉辞。是日，安厝皇堂。皇太子奠，玄纁玉璧，行奉辞礼。神主还宫，百官素服迎于朝阳门外,仍行奉慰礼。帝复以醴馔祭于几筵殿,自再虞至九虞,皆如之。遣官告谢钟山之神。卒哭,以神主诣庙行祔享礼。丧满百日,帝辍朝,祭几筵殿,致钦不拜。东宫以下奠帛爵,百官素服行奉慰礼。东宫、亲王、妃主以牲醴祭孝陵,公侯等从。命妇诣几筵殿祭奠。自后凡节序及忌日,东宫亲王祭几筵及陵。小祥,辍朝三日。禁在京音乐屠宰,设醮于灵谷寺、朝天宫各三日。帝率皇太子以下诣几筵殿祭。百官素服,诣宫门。进香讫,诣后右门奉慰。外命妇诣几筵殿行香。皇太子、亲王熟布练冠九㮇,皇孙七㮇,皆去首绖,负版辟领衰。见帝及百官则素服、乌纱帽、乌犀带。妃主以下,熟布盖,去腰绖。宗室驸马练冠,去首绖。内尚衣、尚冠,以所释服于几筵殿前丙位焚之。皇太子、亲王复诣陵行礼。大祥,奉安神主于奉先殿,预期斋戒告庙。百官陪祀毕,行奉慰礼。

品官丧葬礼仪,大要包括:凡初终之礼,疾病,迁于正寝。属纩,俟绝气乃哭。立丧主、主妇,护丧以子孙贤能者。治棺讣告。设尸床、帷堂,掘坎。设沐具,沐者四人,六品以下三人,乃沐乃含。置虚座,结魂帛,立铭旌。丧之明日乃小敛,又明日大敛,盖棺,设灵床于柩东。又明日,五服之人各服其服,然后朝哭相吊。既成服,朝夕奠,百日而卒哭。乃择地,三月而葬。告后土,遂穿圹。刻志石,造明器,备大舆,作神主。既发引,至墓所,乃窆。施铭旌志石于圹内,掩圹复土,乃祠后土于墓。题主,奉安。升车,反哭。凡虞祭,葬之日,日中而虞,柔日再虞,刚日三虞。若去家经宿以上,则初虞于墓所行之。墓远,途中遇柔日,亦于馆所行之。若三虞,必俟至家而后行。三虞后,遇刚日卒哭。明日祔家庙。期而小祥。丧至此凡十三月,不计闰。古卜日祭,明代止用初忌,丧主乃易练服。再期而大祥。丧至此凡二十五月,亦止用第二忌日祭。陈禫服,告迁于祠堂。改题神主,递迁而西,奉神主入于祠堂。彻灵座,奉迁主埋于墓侧。大祥后,间一月而禫。丧至此计二十七月。卜日,丧主禫服诣祠堂,祇荐禫事。其在远闻丧者,始闻,易服,哭而行。至家,凭殡哭,四日而成服。若未得行,则设位,四日而变服。若既葬,则先哭诸墓,归诣灵座前哭,四日成服。齐衰以下闻丧,为位而哭。若奔丧,则至家成服。若不奔丧,四日成服。凡有改葬者,孝子以下及妻、妾、女子子,俱缌麻服,周亲以下素服。不设祖奠,无反哭,无方相魌头,余如常葬之仪。既葬,就吉帷灵座前一虞。孝子以下,出就别所,释缌服素服而还。

明代士庶人的丧葬礼仪大略仿品官,稍有捐益。

(二)丧葬习俗

明代的丧葬礼仪规定也没有完全约束住各阶层人士,人殉、火葬、重操办、剪孝帛等风俗盛行于各地。

人殉本为奴隶社会残余的残暴习俗,明代仍很盛行。明代的人殉以明代前期宫廷、王府的殉葬为盛。史称明太祖崩,"宫人多从死者",建文、永乐年间相继优恤这些殉葬宫人之家,人称"太祖朝天女户",后成祖、仁宗、宣宗"亦皆用殉"。景帝以称郕王身份死,"犹用其制","盖当时王府皆然"①。至明英宗临终时,表示:"用人殉葬,吾不忍也。此事宜自我止,后世子孙勿复为。"②此后,宫廷、王府中的殉葬习俗才逐渐消失。民间的人殉和变相人殉(即殉节)在明代则从始至终未曾绝迹。《明史·列女传》即记载了大批妇女在丈夫死后自杀殉夫的事例。这些殉节妇女或绝食饿死,或服毒吞金,或上吊自缢,或跳河投水,或触石撞岩。如福清李广妻卢佳娘,结婚才十月,李广暴卒,卢佳娘乘家人不备,"潜入寝室自经"。后其县有游政妻倪氏殉夫,"亦然"③。明朝政府对这些殉夫妇女大加褒扬旌表,为之树牌立坊,族谱和史志对此也大书特书,从而使人殉之风更加盛行。

明代上自皇帝,下迄百姓,按制皆行土葬。但是,在有些地区,百姓穷苦,无力置办土葬,而行火葬。洪武五年(1372),明太祖诏称"古有掩骼埋胔之令,近世狃元俗,死者或以火葬,而投其骨于水,伤恩败俗,莫此

①《明史》卷113《后妃传一》。
②陈师:《禅寄笔谈》卷3《国事》。
③《明史》卷113《后妃传一》。

为甚"，因而下令禁之，"若贫无地者，所在官司择宽闲地为义冢，俾之葬埋"①。但是，火葬之俗并未因为政府的禁令而止。嘉靖《浦江志略》记载，"民家有父母、兄弟、妻、子死者，或贫不能葬，或谓恶疾传染，往往付之火化"②。明朝后期，"吴越之民多火葬"③。而到了明末清初，顾炎武仍谓"火葬之俗盛行于江南"④。可见，火葬之俗在明代一直比较盛行，而尤以江南地区突出。

明人丧葬一般都重操办。其具体表现为，丧葬时"设宴会亲友，作乐娱尸"，"夸耀殡送"⑤，"僧道兼用，倡优杂进"⑥。洪武初年，明政府曾几次下令禁止丧葬重操办之风，但并未生效。正统年间，御史陈鉴言京师"风俗浇漓"，"营丧破家"⑦。明中期以后，丧葬重操办之风更浓。一些穷人虽然财力不足，但为了大操大办丧葬之事，就组织起来，互相接济。如河南许州，"其丧也，有义社，会众置旌旗、孝巾，贮财以相赗送"⑧。到了明代后期，丧葬重操办之风仍无改变。如万历时张瀚记载，富人举父丧，"丧仪繁盛，至倩优侏绚装前导"⑨。谢肇淛也叹曰："丧不哀而务为观美，一惑也；礼不循而徒作佛事，二惑也；葬不速而待择吉地，三惑也。"⑩

所谓剪孝帛，即丧家剪帛发散给前去吊丧的宾客，称"发孝""散孝"。明代各地不论贫户富家，尽剪孝帛。但地方不同，剪孝帛的目的也不同，"大抵京师人发孝，主于勾引祭赙之资；江南人家发孝，主于勾引人光赍送丧"⑪。

---

① 《明史》卷60《礼志十四》。
② 嘉靖《浦江志略》卷2《民物志·风俗》。
③ 《五杂俎》卷6《人部二》。
④ 顾炎武：《日知录》卷15《火葬》。
⑤ 《明史》卷60《礼志十四》。
⑥ 嘉靖《鄢陵县志》卷4《官师志·风俗》。
⑦ 《明史》卷162《陈鉴传》。
⑧ 嘉靖《许州志》卷7《典礼志·风俗》。
⑨ 《松窗梦语》卷7《风俗纪》。
⑩ 《五杂俎》卷14《事部二》。
⑪ 《菽园杂记》卷6。

此外,明代还有一些特别的丧葬习俗。如北京,民家初丧三日出丧牌,挂钱门外,称"桃煞";死者灵前供奉一盂饭,饭中插着用白面裹的七枝秫秸,称"打狗棒";请风水先生根据死者年月推断煞神所在之日,届时全家避于其他地方,称"躲煞";送葬归来,以盂盛满水,置刀旁边,在宅门外积薪燃火,丧主执刀砺盂三次,即越过火堆而入门,"余者从之"①。福建,死每七日则备一祭,谓之"过七",至四十九日而止;死后朝夕上食,至百日而止,至六十日则不用本家食,"而须外家","或女家送之";客来祭者,不用鼓乐筵宴款待,仅"一尝茶果而出","子姓族戚乃馔其祭余"②。

(三)"夺情"之争

与丧葬习俗有关的还有"夺情"之争。在封建社会里,按照封建礼法,父母死后的儿子或祖父母死后的长房长孙,自闻丧日起,不得任官、应考、嫁娶,须在家守孝二十七个月(不计闰月),以尽亲情,称守制。夺情指丧服未满而朝廷强令出仕的现象,一般只用于战事发生之时,即"父母之丧,自非金革不得起复(即夺情,引者注),著之国典"③。但是,有时皇帝舍不得宠臣离开,或者权臣贪恋权位,虽无兵革之事,也往往以夺情为名留于朝廷,从而与封建礼法发生冲突,引起正统大臣的反对,导致"夺情"之争。

明代的"夺情"之争很激烈。宣德年间,大学士杨溥被令"夺情"。成化二年(1466),大学士李贤遭父丧,宪宗援杨溥故事,诏起复。新科进士、翰林修撰罗仑愤而上疏,认为"夺情"之事违背礼法,破坏人伦,进而指斥"今大臣起复,群臣不以为非,且从而赞之。群臣起复,大臣不以为非,且从而成之。上下成俗,混然同流,率天下之人为无父之归"④。疏入,谪福建市舶司副提举。不过,罗仑争"夺情"虽然以失败告终,但是其奏疏却传诵天下,朝臣不敢以起复为故事。

万历初年,明朝又爆发了一场更大规模的"夺情"之争。当时,明神

---

① 《宛署杂记》卷17《民风一》。
② 《五杂俎》卷14《事部二》。
③ 《日知录》卷15《奔丧守制》。
④ 《明史》卷179《罗仑传》。

宗幼冲在位,国政悉委大学士张居正。张居正进而与宦官冯保相结,控制朝廷。万历五年(1577),张居正的父亲去世,按制张居正应立即回乡守孝。但户部侍郎李幼孜为了讨好张居正,倡议"夺情"。张居正和冯保也担心离朝生变,内心倾向于留在京城。"夺情"议又引起轩然大波,翰林王锡爵、张位、赵志皋、吴中行、赵用贤、习孔教、沈懋学等人皆以为不可,张居正不听。吏部尚书张瀚因反"夺情"被诏责,后又被勒令致仕。廷臣"惴恐","交章请留居正"①。而一些正统的官员则继续上疏,反对张居正"夺情",吴中行、赵用贤以及员外郎艾穆、主事沈思孝、进士邹元标皆因此而被廷杖,"谪斥有差"。但是,对反对"夺情"的官员的打击、迫害并没有什么效果。时逢彗星亘天,京师"人情汹汹,指目居正,至悬谤书通衢"②。最后,张居正等人不得不妥协,由明神宗下诏令不得再论"夺情"事,张居正之子、编修张嗣修与司礼太监魏朝驰传往代司表,而张居正则"无造朝","以青衣、素服、角带入阁治政,侍经筵讲读",并"辞岁俸"③,才基本平息反对"夺情"者的抗议浪潮。

五、陋习劣俗

明代社会中的陋习劣俗很多,除了本节前面提到过的一些以外,兹再举迷信、赌博、嫖娼宿妓等述之。

(一)迷信

明代的生产力虽有很大发展,但在封建生产关系下,这种发展仍是有限的,生产力仍十分低下。同时,人们的科学知识也比较贫乏,不能正确认识自然和社会,因而无力战胜天灾人祸。为了避祸免灾,求得幸福生活,他们不得不求助于封建迷信。而封建统治者为了维护统治,也用封建迷信愚弄百姓,术士、巫者趁机肆意行骗,使明代社会中迷信盛行。

---

① 《明史》卷 225《张瀚传》。
② 《明史》卷 213《张居正传》。
③ 《明史》卷 213《张居正传》。

明代社会中皇历充斥，人们的一切活动均受其指导和影响。皇历每年由政府编撰、颁行，里面除了历法以外，还详细标明每一天甚至每一时刻的禁忌和适宜。《客座赘语》载，明初历中有"袭爵受封""祭祀祈福""求人医治病""乘船渡水""登高履险""收敛货财"等项，"通者曰宜，不通者曰忌"。① 在政府颁行的皇历以外，民间市场上还充斥着其他许多同类书册，内容更为复杂。百姓大众虔诚地相信这些皇历，几乎每户一册，旅行、动土等一切活动均取决于皇历上的规定。明人谢肇淛即称其乡有的缙绅，"凡事必择日"，"裁衣、宴会之类，无不视历"②。谢肇淛还称吴中有大户子妇临蓐欲产，"以其时不吉，劝令忍勿生"，"逾时，子母俱毙"③。对这一陋俗，当时来华的耶稣会士看得更清楚，利玛窦说："整个国家（指明代，引者注）最普遍的一种迷信莫过于认定某几天和某几个钟头是好或坏，是好运气或坏运气，哪些时日要做或不做某些事，因为他们所做的每一件事、结果如何都取决于（皇历的）时间的规定。"④

明代流行星相术，以星相术行骗者比比皆是。明初重臣刘基即以星相术闻名，且留下不少轶事，《明史》称其"博通经史，于书无不窥，尤精象纬之学"⑤。明初另一位著名的星相术士为袁珙，据说其得相术于海外异僧，元时已有名，明初又"辨宰相（指姚广孝）于嵩山佛寺"，"识真王（指燕王朱棣）于长安酒家"⑥，名噪一时，永乐时召拜太常丞，"赐与甚厚"。明代不仅普通百姓深信星相术，那些饱读诗书的官僚士大夫也不免受骗，在其著述中对星相术士往往津津乐道。如陆粲《庚巳编》记载，正统年间虎丘半塘寺有盲僧，"善揣骨，言人贵贱祸福多奇中"⑦。《五杂俎》记载，皇甫玉"善相人"，"至以帛抹眼，摸其骨体，便知休咎，百不爽一"；杨子高

①《客座赘语》卷 1《国初历式》。
②《五杂俎》卷 2《天部二》。
③《五杂俎》卷 2《天部二》。
④《利玛窦中国札记》，中华书局 1983 年版，第 88 页。
⑤《明史》卷 128《刘基传》。
⑥《庚巳编》卷 1《袁珙》。
⑦《庚巳编》卷 1《揣骨僧》。

"挟相人术走天下"，"其辨人贵贱贫富，历历如见，名遂大噪，家致万金"①。对这一陋俗，西方耶稣会士的著作中曾有记载，如利玛窦说："这里(指明朝，引者注)的人民非常关注以出生的确切时辰来判定他们的终身和幸福，因此每个人都要问清楚出生的准确时辰并精确记录下来。这类预告祝福的算命先生各地都非常之多，还有同样之多的自称懂得观察星象和摆弄迷信数字的人。其中有的也相面或看手相，还有的是根据梦或根据从谈话中挑出来的几个字眼或根据人坐时的姿势以及各种其他的方式来预卜吉凶。"②关于星相术士的骗术，利玛窦记载说，他们或结伙行骗，以同伙的吹捧引人上当，或预先了解户籍册，通过基本正确地讲述以前发生的事，使人相信其能预卜未来。

明人还虔诚地相信风水术。风水术认为，宅地或祖宗墓地的吉凶在某种程度上可以导致住家或葬者一家以及子孙的祸福，对人生有很大影响。风水术在中国起源很早，明代更是得到大的发展。据说刘基精于风水，明初的南京城址就是其根据阴阳原则选定的。永乐年间，明成祖长陵为江西风水师廖均卿等人所选。其后，历朝帝陵的选择均有风水先生参与。至明末，农民起义风起云涌，崇祯帝派人到陕西米脂平毁农民起义领袖李自成的祖坟，想借风水的法宝来割断他蒸蒸日上的生气。而李自成在攻占凤阳后，也焚毁明祖陵。最高统治者如此信奉风水，普通大众也就可想而知了。生活于弘治、嘉靖年间的陈洪谟即称"近来士夫多信地理"③。万历年间的谢肇淛曾表示不信风水，称"世间最不足信者，禄命与堪舆二家"④。但是，在他的客人中，有文学之士，有布衣之人，有掾吏，也有地师(即风水术士)，可见他还是信风水的。明末利玛窦说：当时的街上、客店以及所有其他的公共场所，都充斥着风水术士、星相术士等，"人不分高低、平民与贵族，或读过书的和文盲，都在受害者之列，甚

① 《五杂俎》卷 5《人部一》。
② 《利玛窦中国札记》，第 89 页。
③ 《治世余闻》下篇卷 4。
④ 《五杂俎》卷 6《人部二》。

至城内的高官显宦以及皇上本人都不能例外"。① 适应这种需要,明代有大量的风水著述问世。据《中国丛书综录》等书统计,明代以前的风水著述不足 30 种,而明代则出现了 35 种,数量多于此前任何一朝。

明人另一较有影响的迷信劣俗为崇信巫觋,即在生病后不求医问药,而是请巫医来降神去邪。谢肇淛称:"今之巫觋,江南为盛,而江南又闽、广为盛。闽中富贵之家,妇人女子,其敬信崇奉,无异天神,少有疾病即祷赛祈求无虚日,亦无遗鬼,柏陌牲醪相望于道,钟鼓铙铎不绝于庭,而横死者日众。"②正德《顺昌邑志》称:当地人"崇尚鬼神,尊信巫觋,疾病罕延医药,专祀祈祷,淫祠遍于四境,至春赛神尤盛"③。正德《松江府志》称:松江人"信鬼好祀,至今为然,而乡落为甚。疾病专事祷祀,有破产丧生而不悔者"④。陆容称:京城"闾阎多信女巫","莫能制"⑤。

(二)赌博

赌博在中国起源很早,明代社会中也存在着这种丑恶现象,且比以前更严重,参加者上自皇帝、官僚、士大夫,下及太监、平民、流氓无赖等。

明代屡颁诏令,禁止赌博。洪武二十年(1387),明太祖诏谕全国,犯赌者一律"解腕"(砍手)。洪武二十三年,明太祖下旨:"学唱的割了舌头,下棋、打双陆的断手,蹴圆者卸脚,犯者必如法施行。"⑥洪武三十年颁行的《大明律》更规定,凡赌博财物者,皆杖八十,摊场钱物入官,其开张赌场之人同罪,止据见发为坐,职官加一等,赌饮食者勿论。正统年间,明政府下令,凡赌博者"运粮口外"⑦。成化四年(1468),明政府整顿赌风,逮捕赌徒郭猪儿等 43 人,除杖责外,都用 150 斤大枷,在街市上"号令三月"。其后,明政府又下令京师内外不许开设赌坊。

---

① 《利玛窦中国札记》,第 91 页。
② 《五杂俎》卷 6《人部二》。
③ 正德《顺昌邑志》卷 1《风俗》。
④ 正德《松江府志》卷 4《风俗》。
⑤ 《菽园杂记》卷 7。
⑥ 《万历野获编补遗》卷 3《赌博厉禁》。
⑦ 《万历野获编》卷 20《言事·禁嫖赌饮酒》。

　　虽然明政府屡颁赌博禁令，但多流于空文，因为赌博的诱惑力实在是大，而且皇帝自己也带头违犯禁令。明太祖对禁止赌博三令五申，但自己却好下围棋，而且据说曾在输棋后把莫愁湖花园赏给徐达，这恐怕是明代最大的赌博。明宣宗爱斗蟋蟀，竟令苏州进贡十只，因此苏州民谣称："蟋蟀瞿瞿叫，宣德皇帝要。"[1]不过，由于为尊者讳的封建史学传统，史籍中有关明代皇帝赌博的材料十分罕见。

　　宫中的太监也多嗜赌。刘若愚称："内臣读书安贫者少，贪婪成俗者多，是以性好赌博。骨牌、骰子、纸牌、双陆，以致开斗鸡场。"[2]为了在斗场中取胜，太监们往往费重金购买健斗之鸡，雇善养者调训。太监如此嗜赌，与他们朝夕相处的皇帝恐怕不能不受影响。

　　官僚、士大夫也乐赌不疲。顾炎武称："万历之末，太平无事，士大夫无所用心，间有相从赌博者。至天启中，始行马吊之戏。而今之朝士，若江南、山东，几于无人不为此。"[3]顾炎武描述了明末官僚、士大夫的赌博情况，但他把这一阶层参与赌博的时限定在明末却是不准确的，其实，早在明初，官僚、士大夫已参与赌博。生活于正统、弘治年间的陆容说："斗叶子之戏，吾昆城上自士夫，下至僮竖皆能之。"[4]

　　平民百姓与流氓无赖之聚赌求胜，遍于各地。如北京，至七八月，家家养蟋蟀，健夫、小儿四出寻挖蟋蟀，"瓦盆泥罐遍市井皆是"，"不论老幼男女，皆引斗以为乐"[5]。正统年间，有号"风流汉子"的流氓，"专以嫖赌致钱，充花酒费"[6]。万历年间，"京师多乞丐，五城坊司所辖不啻万人，大抵游手赌博之辈，不事生产，得一钱即据地共掷，钱尽，继以襦裤，不数掷，倮呼道侧矣"[7]。又如河南尉氏，"阛阓市井每以赌钱为事，赛神相聚

①《万历野获编》卷24《技艺·斗物》。
②《酌中志》卷20《饮食好尚纪略》。
③《日知录》卷28《赌博》。
④《菽园杂志》卷14。
⑤ 袁宏道:《袁中郎全集》卷16《杂录·畜促织》。
⑥《万历野获编》卷20《言事·禁嫖赌饮酒》。
⑦《五杂俎》卷5《人部一》。

之日尤众","倾家覆产无悔,亦每触禁被刑"①。流氓无赖还常常互相勾结,开设赌局,引良人上钩。万历年间,苕溪张士升即被赌棍勾引,不数月而输银数百两。崇祯时的贵戚田弘遇原为赌场无赖,"善诱致富人斗叶子",结果倾数十家。明末清初的上海,"邑尚赌博,匪人纠合豪棍,中通营兵,开场伙赌。营兵更以重利银钱,恣情盘放。入其陷阱,鲜不破家"。②

明人所赌,除钱钞以外,还包括饮食、古董等各种各样。田艺蘅谓明初所赌"小则饮食,大则钱钞"③。天启时,张岱在龙山脚下设斗鸡社,朋友们常携古董、书画、文锦、川扇之类作注来赌。赌博的方式,有博弈、射注、压宝、斗牛、斗鸡、斗鸭、斗鹌鹑、斗蟋蟀、斗纸牌、叶子戏、马吊牌、混江牌、麻将牌等。关于叶子戏中叶子的形制,时人记载"一钱至九钱各一叶,一百至九百各一叶,自万贯以上,皆图人形。万万贯呼保义宋江,千万贯行者武松,百万贯阮小五,九十万贯活阎罗阮小七,八十万贯混江龙李进,七十万贯病尉迟孙立,六十万贯铁鞭呼延绰,五十万贯花和尚鲁智深,四十万贯赛关索王雄,三十万贯青面兽杨志,二十万贯一丈青张横,九万贯插翅虎雷横,八万贯急先锋索超,七万贯霹雳火秦明,六万贯混江龙李海,五万贯黑旋风李逵,四万贯小旋风柴进,三万贯大刀关胜,二万贯小李广花荣,一万贯浪子燕青","作此者,盖以赌博如群盗劫夺之行,故以此警世,而人为利所迷"④,乐此不疲。

（三）嫖娼宿妓

嫖娼宿妓作为一种陋习劣俗,秦汉以后得到较快发展,至明代则更加突出。

明代前期,官妓盛行。洪武、永乐年间,明政府曾把罪犯、元人俘虏的妻女和忠于建文帝诸臣的妻女和亲戚等发为官妓。明代中期,官妓被

---

① 嘉靖《尉氏县志》卷1《风俗》。
② 康熙《上海县志》卷1《风俗》。
③ 《留青日札》卷3《赌博》。
④ 《菽园杂记》卷14。

取消,娟妓遂完全由私人经营。

明政府严禁官员嫖娟宿妓,情节严重者"罢职不叙"。宣德三年(1428),巡按湖广御史赵伦与"乐妇通奸",事发,夺官,戍辽东。但是,明代中期以后,皇帝却带头嫖娟宿妓。明武宗在宫中建"豹房",称"新宅","日召教坊乐工入'新宅'承应",后又敕礼部移文,"取河间诸府乐户精技业者,送教坊承应"①,淫乐其中。明武宗好巡游,所至则掠良家妇女、娟妓充幸,弄得民间骚然。崇祯年间,皇帝也派宦官到南京、扬州买妓女数人入宫,"甚宠之"②。在这种情况下,官员们也公开地陶情花柳,肆无忌惮地嫖娟宿妓。崇祯年间,左都督田弘遇奉命赴普陀山进香,过南京时挟名妓陈圆圆、顾寿、杨宛以归,后陈圆圆又被送给辽东重将吴三桂。

民间嫖娟宿妓之风更盛于官场。谢肇淛称,明初以官伎佐酒,宣德时下令禁止,"而缙绅家居者不论","故虽绝迹公庭,而常充任牣里闬","又有不隶于官,家居而卖奸者,谓之土妓,俗谓之私窠子,盖不胜数矣";到了万历年间,"娟妓布满天下,其大都会之地动以千计,其他穷州僻邑,在在有之,终日倚门献笑,卖淫为活"③。娟妓之中,不仅有女色,而且有男色,《五杂俎》谓"今天下言男色者,动以闽广为口实,然从吴越至燕云,未有不知此好者也"④。经常出没娟妓之门的,不外乎风流倜傥的士人、家有余资的商贾、无所事事的纨绔子弟以及流氓棍徒。《菽园杂记》卷9记载三个有"卓异"之行的妓女,分别为商人、京师郭公子所眷。《五杂俎》称"风流汉子"专以嫖赌致钱,"充花酒费",已见前述。尤其值得注意的是,这些士人、商贾、公子等捧妓一度成为明代后期城市中的时尚,他们为妓女写诗缀文,向那些色艺双全的妓女求书讨画,并在妓女中选"状元""榜眼""探花"等。《醒世恒言·卖油郎独占花魁》中的妓女王美因为娇艳非常,又擅吹弹歌舞等,被捧为"花魁娘子"。

---

① 毛奇龄:《明武宗外纪》。
② 孙承泽:《思陵典礼录》。
③《五杂俎》卷8《人部四》。
④《五杂俎》卷8《人部四》。

明代娼妓遍布全国，而以北京、南京为最盛，大同、扬州等地次之。北京作为都城，娼妓之多令人吃惊。正统时，有御史上疏，批评北京"风俗浇漓"，其中之一就是"优倡为蠹"①。万历时，谢肇淛又批评"燕云只有四种人多"，其中之一为"娼妓多于良家"②。不过，北京娼妓虽多，与南京相比，仍"邈然莫逮"。南京自六朝以来，一直是风流才士、娼妓等聚居之处。明初，朱元璋更建十六楼以处官妓，轻烟淡粉，以娱嘉宾，盛极风流。明中叶以后，南京逐渐成为全国娼妓聚集的中心，"胭脂粉黛，翡翠鸳鸯，二十四楼，列秦淮之市"③。明末，钱谦益在《金陵社夕诗序》中也说："海宇承平，陪京（指南京，引者注）佳丽，仕宦者夸为仙都，游谈者据为乐土。"钱谦益还对明代南京娼妓和冶游的情况作了概述，认为弘治、正德年间为"风流孔长"时期，嘉靖中期始盛，万历初期再盛，万历末则极盛。明末，陈圆圆、董小宛、柳如是、李香君、顾媚等"秦淮八艳"均色艺双全，名重于一时。大同为北边重镇，明初封代王于此，"所蓄乐户较他藩多数倍"，后政府禁官妓，"在花籍者尚二千人"，"歌舞管弦，昼夜不绝"，号"大同婆娘"，与"宣府教场""蔚州城墙""朔州营房"合称"口外四绝"④。明后期，京城内外娼妓不隶三院者，"大抵皆大同籍中溢出流寓"。扬州娼妓也名噪天下，扬州"瘦马"为举世所艳称。《五杂俎》称："维扬居天地之中，川泽秀媚，故女子多美丽，而性情温柔，举止婉慧，所谓泽气多，女亦其灵淑之气所钟，诸方不能敌也。然扬人习以为奇货，市贩各处童女，加意装束，教以书算琴棋之属，以邀厚值，谓之瘦马。"⑤扬州娼妓以"二十四桥风月"为最集中处。张岱《陶庵梦忆》描述其地巷口曲折而狭窄，"寸寸节节"，名妓、歪妓杂处，"歪妓多可五六百人"⑥。

---

① 《明史》卷 162《陈鉴传》。
② 《五杂俎》卷 3《地部一》。
③ 曹大章：《秦淮士女表》。
④ 《万历野获编》卷 24《畿辅·口外四编》。
⑤ 《五杂俎》卷 8《人部四》。
⑥ 《陶庵梦忆》卷 4《二十四桥风月》。

第五章　图书事业的兴盛

明代的图书事业与前代相比有较大的发展,无论图书的印刻、收藏、流通,还是目录书的撰写、丛书和类书的编纂,均有相当的成绩。

第一节　刻书业的发达和写本书

一、刻书业的基本状况

明初因处长期战乱之后,社会经济凋敝,百废待兴,图书出版事业不甚发达。明人曾说:"国初书版,惟国子监有之,外郡县疑未有,观宋潜溪(濂)《送东阳马生序》可知矣。宣德、正统间,书籍印版尚未广。"①但随着社会经济的恢复和发展,图书出版事业也逐步恢复和发展起来。进入明中叶,封建经济进入少有的繁荣时期,农业、手工业和商业提高到前所未有的水平,城市经济空前发达。与之相伴随,城市居民对出版物提出了越来越多的要求。这时,印刷的工艺水平也有了提高,刻书的价格相当低廉。于是,社会上出版物激增,形成了"所在书版日增月益"②"异书辈

---

① 《菽园杂记》卷10。
② 《菽园杂记》卷10。

出,剖劂无遗"的局面。① 不仅前代的各种著作大量出版,而且当代的著作也纷纷付之梨枣。据说,当时"数十年读书人,能中一榜,必有一部刻稿。屠沽小儿,身衣饱暖,殁时必有一篇墓志"。② 这种刻书盛行的风气一直持续到明末没有衰竭。

洪武时期,朱元璋为了朱明王朝的长治久安,一方面杀戮功臣,大兴文字狱,用高压手段对付知识分子,迫使他们循规蹈矩当顺民;另一方面又继承隋唐以来的科举制度,用八股取士,对知识分子加以收买和笼络,以培养选拔进行封建统治的助手和奴才。科举考试以四书五经为命题依据,因而为了满足需要,儒家经典及有关书籍成为当时出版物中的大宗。此外,为了推行政令,进行统治,政府的法令和记载典章制度的书籍,也是当时最重要的出版物之一。随着时间的推移、社会生活的前进,明初出版物内容狭窄的状况越来越不适应客观的需要;以营利为目的的私人书坊,不大理会封建统治者的需要,只要是社会上销路广的书籍,他们就予以大量印刷,成了打破明初以来出版物内容狭隘的先锋和主力。这样,明中叶之后书籍的印刷范围日益广泛,前代的经、史、子、集四部书都成为印刷的对象,当代的史书、文集等更在出版之列,医书、日用便览、童蒙读本等日用参考书也都大量刻印出来。尤其值得大书特书的,是这时文学书籍的出版进入了一个十分重要的时期,其数量之大、品种之多,无不超越前代。对于唐以前的文学总集、别集的出版,出版家们非常重视,翻刻宋版文集成为风尚,各种文学选本相继出现。《京本通俗小说》《清平山堂话本》等话本集先后出版,大部头的小说《三国志演义》《水浒传》等陆续刻印出来,《顾氏文房小说》《古今说海》等小说丛书也纷纷问世。建安余氏双峰堂、杭州容与堂,都以刊印精图小说而著名,金陵唐氏富春堂、陈氏继志斋,则擅长于刊印插图戏曲,它们都可称为专门出版文学书籍的书坊。苏州的出版家叶昆池等也以刻印了《醒世恒言》《石点

①《五杂俎》卷 13《事部一》。
②《书林清话》卷 7《明时刻书工价之廉》。

头》《列国志》等著名小说,而获得很高的声誉。大量的文学书籍的出版,使之在明中叶以后的出版史中占据了重要地位,形成这一时期图书出版的一个重要特色。

明代刻书地点分布很广,可说所有的省区都在刻书。即使在边远地区,也有刻书之事。如嘉、隆、万时人周弘祖撰有《古今书刻》一书,登录各地刻书情况。从该书可知,连地处海南岛的琼州府也刻了《琼台吟稿》等书三种。但由于各地政治、经济情况的差异,刻书的多少和精劣也有区别。宋金以来的刻书中心,如河南开封、山西平阳、四川成都等都已衰落,浙江杭州也不及明代以前活跃,只有福建的建阳书坊尚能保持旧日的状况,刻书数量很大。但新兴的刻书中心极多,诸如南京、北京、苏州、徽州、湖州等地,都是刻书兴盛的地区。刻书最多的是苏州、南京、建阳。明人胡应麟《少室山房笔丛》说:"吴会、金陵,擅名文献,刻本至多,巨帙类书,咸会萃焉。海内商贾所资,二方十七,闽中十三。"仅据《古今书刻》统计,苏州府刻书达 176 种,南京刻书至 274 种,建阳书坊刻书更有 368 种。这些统计实际上甚不完全,但从中已可看出其刻书数量之多。刻书最精的是苏州、常州和南京,湖州、徽州在万历之后也迎头赶上,进入了刻书最精的地区之列。胡应麟在明代后期指出:"余所见当今刻本,苏、常为上,金陵次之,杭又次之。近湖刻、歙刻骤精,遂与苏、常争价。"[1]与胡应麟约略同时的谢肇淛也曾指出:"宋时刻本以杭州为上,蜀本次之,福建最下。今杭刻不足称矣,金陵、新安、吴兴三地,剞劂之精者,不下宋版。"[2]这里所谓刻书的最精地区,是就一般状况而言的。在其他地区也有刻印甚精之本,如福建地区的汪文盛嘉靖二十八年所刻《前汉书》《后汉书》和浙江地区的元和吴元恭所刻《尔雅注》,即为明代刻书之精品[3]。但从总体看,这些地区与上述刻书最精的地区相比,是有一定差距的。

---

① 《少室山房笔丛》甲部《经籍会通》卷 4。
② 《五杂俎》卷 13《事部一》。
③ 《书林清话》卷 5《明人刻书之精品》。

二、官私刻书

明代的图书出版主要仍是雕版印刷,刻书事业的经营者仍像唐末、五代以来一样,包括政府(官刻)和私人两种,私人又分家刻和坊刻两种类型。对当时官刻、家刻和坊刻的情况加以回顾,将大大有助于对有明一代刻书事业发展水平的深入了解。

(一)官刻书

官刻图书中,重要的是内府刻书、监本和藩刻本。

内府刻本指宫廷刻书。主持其事者是宦官衙门司礼监,其下设有经厂,专司书籍刊刻。据万历《明会典》记载,嘉靖年间,司礼监所属有刊字匠 315 名、印刷匠 134 名、黑墨匠 77 名①,这些匠役当即用于图书的刊印事宜。由此可以推知,内府印书的规模相当之大。内府刻书主要是供宫内书房学习、小内监诵读和颁赐群臣等,所以大多是经史读物、国家政令典制。周弘祖《古今书刻》载有内府刻书 83 种的名单,刘若愚《酌中志》卷 18《内板经书纪略》载有经厂明末存板书籍 158 种的名单(另有佛经、道经等若干种),由这两个名单,可以大体了解有明一代内府刻书的数量和种类。内府刻书具有独特的风格,其书版式宽阔,行格疏朗,字大如钱,纸墨皆精,展卷悦目醒神。明人称"监书、内酒、端砚、浙漆、吴纸,皆为天下第一"。② 这里所说的"监书",即指司礼监所掌管的内府刻书。但是,由于内府刻书为宦官所掌握,过去的藏书家出于对宦官的鄙视,因其人而及其书,对明内府刻本多所指斥诋毁。平心而论,这是不公道的。万历之后,因政治腐败,"讲幄尘封,右文不终",而主管内府书版的太监"鲜谙大体",视书版如泥沙,再加上外朝大臣不敢"越俎"过问,造成经厂库内所存明代历朝积累起来的图书,"多被匠夫厨役偷出货卖"。经厂库内的空地,或被占作园圃,以致书版无处晾晒,渐渐"湿损模糊",有的被削去原有

---

① 《明会典》卷 189《工匠二》。
② 太平老人:《袖中锦》。

刻字改作他用，有的被蛀成千孔百洞的玲珑板，有的因尘土发霉形同泥板，有的甚至被劈毁当柴，烧火取暖。由于日甚一日的丢失亏缺，到了明代末年，内府书版的数量与万历初年相比，已经"什减六七"了①。

监本分南监本和北监本。明代南京和北京皆设国子监，两个国子监都曾刻印书籍，故有南监本和北监本之分。在两监之中，南监刻书尤多。元朝灭宋时，把宋国子监的书版都集中于杭州西湖书院，入元之后西湖书院又刻了一些书版。明初，南京国子监接受了西湖书院所藏书版，还接受了元集庆路儒学旧藏的各种书版，因而"南监多存宋监、元路学旧版，其无正德以后修补者，品不亚于宋元"。② 明人梅鷟撰有《明南雍经籍考》，分九类记载了南监嘉靖年间所藏书版状况，其九类为制书、经、子、史、文集、类书、韵书、杂书、石刻等，每类下载有存版名称及其存缺、好坏、裂破、模糊等详细情形。《古今书刻》分经书、子书、史书、诗文集、杂书、本朝书（即《明南雍经籍考》的"制书"）、法帖等七类，登录了南监所刻书270多种。这两个记录基本上反映出南监本数量之多。南监所藏书版中，有著名的"二十一史"，其中《宋书》《南齐书》《梁书》《陈书》《魏书》《北齐书》《北周书》七种为宋代所刻，辽、金二史，翻刻元版；宋、元两史，出自明刻，其余十种，全系元雕；因而有"三朝本"之称。这套书版直至清代嘉庆年间才因火灾毁掉，其中七种宋代所刻书版存世几达700年之久，为书版史上所少见。由于长期使用，这套书版多有损坏模糊，明代各朝迭有补修，有的补修是罚监中诸生进行的，"草率不堪"，"版式凌杂，字体时方时圆"，又未细加校勘，"致令讹谬百出"，"并脱叶相连，亦不知其误"。③ 但有总胜于无，南监本"二十一史"在古代正史之保存、传播上，其功应是不可忘记的。北京国子监刻书"多据南监本重刻"④，所刻最著名

---

① 《酌中志》卷18《内板经书纪略》
② 《书林清话》卷5《明时诸藩府刻书之盛》。
③ 《书林清话》卷7《明南监罚款修板之谬》。
④ 《书林清话》卷5《明时诸藩府刻书之盛》。

的有《十三经注疏》和"二十一史",均刻于万历年间①,其底本即系南监本。"十三经""二十一史"之外,北监所刻罕见他书,周弘祖《古今书刻》所录仅有 41 种,由此可见北监本大大少于南监本。②

藩府刻书极多,是明代官刻本的一个突出特点。自明初起,有明一代采取分封诸皇子到京城之外为王的制度。为了防止藩王形成地方上的割据势力,在政治上对藩王限制极严,藩王及其子女不许过问政治,领有优厚的禄米,只能吃喝玩乐当寄生虫。其中有些人比较好学,就把精力用在刻书上,于是形成了数量庞大的藩刻书。《古今书刻》上登载有刻书的王府 15 个,清末叶德辉所著《书林清话》卷 5《明时诸藩府刻书之盛》载有刻书的王府 20 个。两者合在一起,除去重复,共记载有蜀府、宁府、代府、吉府、晋府、秦府、周府、徽府、沈府、鲁府、楚府等 20 多个王府。藩刻本不仅数量多,而且多有精本,这一方面是由于藩王们有财力、有时间,因而能够精校细刻,注意质量,另一方面则是因为他们都从朝廷得到了许多赐书,而"其时被赐之书,多有宋元善本"③,从而可以据之翻刻。在藩王刻书中最为有名的是蜀王府,自洪武年间起即已开始刻书,以后几乎在整个明代刻书不绝。《古今书刻》著录蜀王府刻书共 28 种,《书林清话》卷 5 记其刻书至清末尚存者,仍有自洪武二十七年刻《自警编》至万历五年刻《重修政和经世证类备用本草》等五种。嘉靖以后,藩王刻书最有名的是晋王府。其所用堂号有宝贤堂、志道堂、虚益堂、养德书院等。《书林清话》卷 5 记其刻书至清末存者,尚有嘉靖年间所刻《宋文鉴》《唐文粹》《元文类》《元张伯颜本文选注》《安国桂坡馆初学记》等五种之多。其他藩王刻书虽不如蜀、晋二府著名,但数量也往往不少,且亦有极精之本。如吉王府,《书林清话》卷 5 著录其刻书清末尚存者达 20 种以上。唐王府成化年间所刻《文选》、辽王府所刻《东垣十书》等皆极精良,宁王府所刻乐律书《太和正音谱》是音乐史上的名著。

---

① 钱大昕:《十驾斋养新录》。
②《书林清话》卷 5《明时诸藩府刻书之盛》。
③《书林清话》卷 5《明时诸藩府刻书之盛》。

内府刻本、监本和藩刻本之外,中央政府各部院,如礼部、兵部、工部、都察院,都有刻书;钦天监、太医院等部门也以职责所关,刻有本专业的图书;地方上各省布政司、按察司、府州县等官署、各地儒学书院及盐运司等,则刻有方志和其他书籍。这些统统属于官刻的范畴,其总量也不在少数。

（二）家刻书

明代私家刻书风气甚盛,嘉靖以后尤多,并且大多集中在富饶的江浙一带。许多刻书家都是藏书家,他们因藏书而提倡刻书(如无锡安国、苏州顾元庆、宁波范钦),在保存和传播古代典籍上作出了可贵的贡献。家刻本的刊刻者们,除了刊印古籍之外,往往翻刻著名的宋元版,这对提高刻书质量极为有利,使宋元精本化身百千。

传世的及书目著录的明代精良家刻本数量很多,兹择其尤为著名者简记于下,以见一斑:

○正德以前

丰城游明翻刻元中统本《史记集解索隐》,约刻于天顺、成化之际。

江阴知县涂祯于弘治十四年复刻宋本《盐铁论》,后来有许多翻刻本都出自这一涂刻本。

苏州顾元庆于正德十二年开始,用 16 年时间刻出《顾氏文房小说》40 种,校刻很精审。

○嘉靖时期

无锡安国桂坡馆于嘉靖二年刻《颜鲁公文集》及《补遗》;嘉靖十三年刻宋本《初学记》,此本后被多次翻刻。

嘉靖六年,震泽王延喆恩褒四世之堂刻《史记集解索隐正义》,此本出自宋黄善夫本,刻工精细,是《史记》复宋本中之佼佼者。

嘉靖七年,苏州金李泽远堂刻《国语韦昭解》,龚雷刻《鲍彪校注战国策》,两书皆出宋本。

苏州袁褧嘉趣堂于嘉靖十四年据陆放翁刊本重刊《世说新语》,《世说》通行本注皆删节不具,而此本甚为完善。又于嘉靖二十八年刻仿张之纲本《文选注》,精美绝伦,为世所称,书后附有袁褧跋语:"余家藏书百年,此本甚称精善,因命工翻雕。匡郭字体,未少改易,计十六载而完,用费浩繁,梓人艰集。"他在刻印此书中态度堪称审慎。

苏州吴元恭太素馆于嘉靖十七年仿宋刻《尔雅注》,清人阮元曾称赞此本"绝无私意窜改处,为经注之最善者"。①

嘉靖二十九年上海顾从德复宋刻本《黄帝内经》,嘉靖三十三年松江张之象猗兰堂刻《盐铁论》,皆有佳椠之誉。

嘉靖年间苏州沈辨之野竹斋刻有《韩诗外传》及《画鉴》,其刻本多被误作元刻,驰名于时。

○隆庆以后

嘉禾项笃寿万卷堂于隆庆四年刻《郑端简奏议》,于万历十二年刻《东观余论》。

常熟赵用贤于万历十年刻《管子》《韩非子》。明人王世贞为《管子》作序称,"悉其赀力,后先购善本凡数十,穷丹铅之用,而后授梓",可见此本是汇校各本而成。

万历四十三年苏州陈仁锡阅帆堂刻《陈白阳集》与《石田先生集》,字体仿赵孟頫,写刻甚精,自具特色。

万历中新安程荣刻《汉魏丛书》,新安吴勉学刻《韩非子》。②

(三)汲古阁刻书

在谈及明代家刻本之时,有一个人物不能不大书一笔,这就是汲古阁主人常熟人毛晋,他是明末清初由藏书而大量刻书的著名人物,在中国古代图书事业史上作出过重大的贡献。

毛晋,初名凤苞,后更名晋,字子晋,别号潜在,生于万历二十七年(1599),卒于顺治十六年(1659)。父毛清,"以孝弟力田起家",当东林党人杨涟任常熟令时,选县中"有干识者十人,遇有灾荒工务,倚以集事,清其首

---

① 《尔雅注疏校勘记》序。
② 以上参见《书林清话》卷5《明人刻书之精品》;吴则虞:《版本通论》;毛春翔:《古书版本常谈》;沈燮元:《明代江苏刻书事业概述》,《学术月刊》1957年第9期。

也"。① 可见毛晋之父是个乡间地主,这为其后日藏书、刻书提供了经济条件。

毛晋曾为诸生,酷爱书籍。为了吸引有书人把书卖给自己,他不惜出高价,在他的门口有一通榜文说:"有以宋椠本至者,门内主人计叶酬钱,每叶出二百。有以旧钞本至者,每叶出四十。有以时下善本至者,别家出一千,主人出一千二百。"在这通榜文的吸引下,"湖州书舶云集"其门。县内于是传出这样的谚语:"三百六十行生意,不如鬻书于毛氏。"经过多年搜求,毛晋藏书"前后积至八万四千册",并专门创建了"汲古阁目耕楼以庋之"。② 毛晋藏书,皆钤以别具风格的印章,其"宋元刊本之精者,以宋本、元本椭圆式印别之,又以甲字印钤于首"。③ 其余图书所用印章不下十多种,其印文为"毛氏藏书""汲古阁世宝""开卷一乐""笔研精良人生一乐""汲古得修绠"等。④

由于爱书,除了搜求书籍加以收藏之外,毛晋尤其注意大力刻书。他刻书的规模相当大,"汲古阁后有楼九间,多藏书版,楼下两廊及前后,俱为刻书匠所居"。⑤ 他的儿子毛扆后来追忆说:"吾家当日有印书作,聚印匠二十人。"⑥除了自己组织人刻版之外,毛晋还收购其他刻书家的书版,如他编纂印行的丛书《津逮秘书》,其中有一部分原为胡震亨所刻《秘册汇函》毁于火后的残版;他得到这部分残版后,进一步增编付刻,方成《津逮秘书》。"凡版心书名在鱼尾下、用宋版旧式者,皆震亨之旧。书名在鱼尾上、而下刻汲古阁者,皆晋所增也。"⑦毛晋印行的书籍数量庞大,仅天启四年(1624)到崇祯六年(1633)的九年间,刻书即在 200 种以上,⑧

①《牧斋有学集》卷 31《隐湖毛君墓志铭》,《书林清话》卷 7《明毛晋汲古阁刻书之二》。
②《书林清话》卷 7《明毛晋汲古阁刻书之二》引《汲古阁主人小传》。
③《东湖丛记》。
④《清史列传》卷 71《毛晋传》,《重修常昭合志·毛凤苞》,《书林清话》卷 7。
⑤《履园丛话》卷 22《汲古阁》。
⑥《书林清话》卷 7《明毛晋汲古阁刻书之二》。
⑦《四库全书总目》卷 134《〈津逮秘书〉提要》。
⑧ 李谷:《汲古阁书跋·叙》。

种类繁多，"经史子集、道经释典"，无所不及①，其中最著名的有《十三经》《十七史》《津逮秘书》《六十种曲》，以及唐宋元人别集等，其所刻"六十家词"开了汇刻词集的先例②。毛晋所刻书籍运销全国各地，甚至"滇南官长万里遣币以购毛氏书"③，有的还输出国外，当时有"毛氏之书走天下"之誉④。直至清末，毛氏刻书"尚遍天下"⑤。

毛晋刻书对质量相当注意。他多采用宋刻本作底本。有人与之开玩笑说："人但多读书耳，何必宋本为？"他听后就举出唐诗"种松皆老作龙鳞"在明代通行本里误作"老龙鳞"，而宋本保存原样的例子，来加以解释⑥。由此，许多宋本因翻刻而流传下来。为了保证质量，毛晋很注意校勘。他自己亲自做这件事，据说他"日坐阁下，手繙诸部，讐其讹谬，次第行世"⑦。他"又招延海内名士校书，十三人任经部，十七人任史部"。⑧毛晋还为不少所刻典籍写了题跋，或考其源流，或辨其真赝，或提要钩玄，为读者阅读指示门径，具有很高的学术价值。⑨不可讳言，毛晋所刻书也有不少校对草率、错误甚多者，这在当时的编辑、校对和印刷条件下是难于避免的事情。清初以来不少藏书家、学者对此多有批评，他们指出毛晋刻书的这一缺点是应该的，惜其批评用语有嫌过甚⑩。

毛晋刻书所用纸张，由江西特别制造，厚的叫"毛边"，薄的叫"毛太"。"毛边"一名沿用至今。所刻书籍，一般在板心题"汲古阁"三字，间或题作"绿君亭"。上述特点对于后人鉴别毛刻本提供了方便。

毛晋刻书主要在明末。入清以后渐趋衰微，死后其子毛扆曾继续经

---

① 《书林清话》卷 1《总论刻书之益》。
② 《书林清话》卷 7《明毛晋刻六十家词以后继刻者》。
③ 《书林清话》卷 7《明毛晋汲古阁刻书之二》。
④ 《牧斋有学集》卷 31《隐湖毛君墓志铭》。
⑤ 《书林清话》卷 7《明毛晋汲古阁刻书之二》。
⑥ 《书林清话》卷 7《明毛晋汲古阁刻书之二》。
⑦ 《书林清话》卷 7《明毛晋汲古阁刻书之二》。
⑧ 《履园丛话》卷 22《汲古阁》。
⑨ 参见《虞山丛刊·隐湖题跋》，载《汲古图书跋》。
⑩ 《书林清话》卷 7《明毛晋汲古阁刻书之一》。

营,但到后来基本上停止雕刻新书而转入修版,最后竟至不得不出卖毛晋以来搜集的宋元善本。毛晋的刻版也先后被子孙卖掉,有的甚至被劈作烧柴。相传他有一个孙子,性喜喝茶,有一次"购得洞庭山碧螺春茶,虞山玉蟹泉水,患无美薪",而恰好看到毛晋雕刻极精的《四唐人集》版,于是"叹曰:'以此作薪,其味当倍佳也。'遂按日劈烧之"。清末叶昌炽在所著《藏书纪事诗》一书中,为此写诗两句:"只因玉蟹泉香冽,满架薪材煮石铫。"①这真是图书事业史上的一幕悲剧。

（四）坊刻书

明代书坊刻书较前进一步发展,分布地区更为广泛,数量更为增多,人民大众日常所需的各种医书、科技书、经史书等,纷纷由书坊出版发行,文学作品和通俗读物也主要是书坊的产品。有些书坊始于宋元,历史悠久,在古代文化史上占有光辉的一页。

福建建宁府是书坊最发达的地区。宋元时代,建宁府书坊多在建宁府附郭之建安县;至明代,建安书坊衰落,建阳县书坊独盛。建阳县书坊集中于麻沙、崇化两镇。元末麻沙书坊被毁,嘉靖时始略有恢复,而崇化书坊在有明一代一直保持繁荣并有所发展。据记载,崇化书坊在明代的状况是"比屋皆鬻书籍,天下客商贩者如织,每月以一、六日集"。② 这种每月有六天专门卖书的集市,为当时全国所仅有。明代建宁府的书坊总数不下六七十家,其中绝大部分集中于建阳崇化③。建宁府有许多宋元以来的老书坊,如建阳刘氏翠岩精舍、建安刘氏日新堂、叶氏广勤堂、郑氏宗文堂、虞氏务本堂,均为元代老铺,至明代开业或已百余年,或已二百余年。建安余氏,先后在宋代有余仁仲的万卷堂、元代有余志安的勤有堂、明代有余文台的双峰堂等;万卷堂的牌号一直到明代仍在使用。明代刻书最多的两个书坊刘洪慎独斋与刘宗器安正堂也都在建宁府的建阳县。慎独斋所刻大抵以史部书居多,而且卷帙浩繁,"其版本校勘之

---

① 《藏书纪事诗》卷3。
② 嘉靖《建阳县志》卷3。
③ 参见张秀民:《明代印书最多的建宁书坊》,《文物》1979年第6期。

精,亦颇为藏书家所贵重"。① 正德十三年,除了刻《十七史详节》273 卷外,又刻 150 卷《宋文鉴》,由于这样两种卷帙极繁的书均于一年之中刻成,《书林清话》的作者叶德辉曾为其"勇于从事"的精神而赞叹不已②。安正堂所刻多为集部及医经类书,如弘治十七年刻有《针灸资生经》,正德十二年刻有《类聚古今韵府群玉续编》,正德十六年刻有《象山先生集》,嘉靖三年刻有《宋濂学士文集》及其《附录》③。

长江下游的南京、苏州等地也有许多书坊。南京书坊数量比建宁要少,但至少也在 60 家。其牌号多标明"金陵书林"或"金陵书坊"字样,少数标明"白下"或"建业"等。最早的是"金陵王举直",于明初刻有《雅颂正音》。南京书坊以唐姓和周姓所经营者为最多,所刻书籍与建宁相较,医书、杂书及小说数量较少,而戏曲方面则超过建宁。整个明代南京书坊所刻戏曲可能达二三百种。其中唐对溪富春堂所刻最多,据说有上百种,现存者尚有《管鲍分金记》等 30 种。该书坊的刻书在版框四周加有花纹图案,打破了宋元以来单调的单边或双边的呆板式样④。苏州书坊著名者有龚少山、叶昆池及席氏所开扫叶山房等。扫叶山房之名,为与同业者叶姓竞争而起,意取双关。所刻古今书籍有《十七史》《四朝别史》《东都事略》等,版心均有"扫叶山房"字样。

北方地区书坊最多的是北京,可考者有七八家,它们是:永顺书堂(也作永顺堂)、金台鲁氏、国子监前赵铺、正阳门内大街东下小石桥第一巷内金台岳家、刑部街住陈氏、北京宣武门里铁匠胡同叶铺等。1967 年在上海嘉定县发现了永顺书堂刻印的十一种说唱词话和一种南戏《白兔记》⑤。铁匠胡同叶铺于万历十二年刊有《真楷大字全号缙绅便览》及《南北直隶十三省府州县正佐首领全号宦林便览》,开了清代琉璃厂书铺刊

---

① 《书林余话》卷下。
② 《书林余话》卷下。
③ 《书林清话》卷 5《明人私刻坊刻书》,《书林余话》卷下。
④ 参见张秀民:《明代南京的刻书》,《文物》1980 年第 11 期。
⑤ 参见上海市文物管理委员会考古组:《上海发现一批明成代年间刻印的唱本、传奇》,《文物》1972 年第 11 期。

印《缙绅录》的先河①。

（五）佛道藏经的官私刻本

佛教和道教都被明代统治者视作维护封建秩序的思想武器，得到保护，所以佛道藏经在明代都有刻印，直到现在许多印本还有留存，在历史上产生了不小的影响。

佛道藏经在明代主要是官刻本，有洪武南藏、永乐南藏、永乐北藏、番藏和道藏。

洪武五年，明太祖朱元璋命集众僧在蒋山校刻佛教《大藏经》，至建文三年冬基本完成，计678函，称为洪武南藏，或初刻南藏。②永乐十年至十五年，明成祖又下令重刊初刻南藏而略加修改，成永乐南藏。③永乐南藏计收录佛教著作1610部、6331卷、分装636函，字为欧体，刚劲有力，书作梵夹装，与一般书籍有别。后版藏南京大报恩寺，嘉靖、万历时期均有修补。

明成祖朱棣迁都北京后，下令在北京另刻一部佛教《大藏经》，称为永乐北藏。永乐北藏之刊，始于永乐十八年，成于正统五年。卷首正统五年御制序称：共636函、6361卷。后来神宗之母又增刻41函、410卷，称"续入藏经"。永乐北藏与永乐南藏一样作梵夹装，但字作楷体，近似唐代虞世南书法，与永乐南藏相异。永乐北藏曾广为颁赐，因此以前南北名山古刹多有藏本。该书封面及书套都用花色不一的织锦包装，甚为美观。

番藏即西藏文《大藏经》。据说番藏在元代即已有刊本，至明成祖永乐年间又重新刊印。此书底本系中官侯显等奉朱棣之命自西藏取回，刊于司礼监统属的番经厂。万历时又据永乐本重刻，并增刻续藏42帙。据《酌中志》记载，该书共"一百四十七函，十五万七十四叶"④。

---

① 参见张秀民：《明代北京的刻书》，载《文献》1979年第1辑。
② 参见〔日〕野泽佳美：《明代大藏经史の研究》，日本汲古书院1998年版，第141—148页。另有学者称，初刻南藏始刊于建文元年，为建文帝敕命雕造，参见李富华、何梅：《汉文佛教大藏经研究》，宗教文化出版社2003年版，第382—385页。
③ 永乐南藏的刊刻时间，或说为永乐十一年至十八年，参见李富华、何梅：《汉文佛教大藏经研究》，第406—408页。
④《酌中志》卷18《内板经书纪略》。

忽必烈时兴佛灭道,道教经典几乎全部被销毁。明成祖朱棣命四十三代天师张宇初纂修《道藏》,以适应恢复道教的需要。正统年间,《道藏》雕版印行,共 5305 卷、480 函。万历时,五十代天师张国祥又受命续刊道藏,共 32 函。明道藏刻版保存至清末,最后被八国联军烧毁。该书印本尚存,其内容虚伪荒诞之处不少,但也保存了许多古代的哲学、医学、文史著作,是宝贵的文化遗产之一。

明代私人刊印的宗教典籍远不如官刻本多,主要的只有佛教的《径山藏》。佛教的梵夹装典籍,翻检不易。嘉靖年间,杭州昭庆寺僧密藏道开提议把梵夹改为方册(即线装)。万历七年,紫柏真可等重提此议,在山西五台山妙德庵创设募刻方册藏经的组织,至万历十七年遂付之实施,不久刻成数百卷。但因五台山气候不利于刊刻,迁到杭州径山的寂照庵和兴圣万寿寺继续进行。万历三十七年始,因故刊印受挫,进展不速。后来,由于贵州赤水僧继庆和云南姚安陶珽等人的努力,才于康熙十六年刻完正藏。接着,又刻了续藏和又续藏。藏经刻成后,规定凡需该书者,到嘉兴楞严寺接洽;但版片存于径山,印刷也在径山,所以此书叫《嘉兴藏》,又叫《径山藏》。正藏收录佛教著作 1654 部,6956 卷,线装678 函。续藏 19 函,又续藏 43 函。《径山藏》开始以方册形式大量流传佛经,在中国佛教史上很引人注目。

三、印刷装帧技术的进步

明代印刷装帧技术比以前有明显的进步,这主要表现在活字应用、插图套印技术以及装订办法的变化等方面。

(一)多种活字的应用

自北宋毕昇发明活字印刷术之后,由于工艺难度大,活字印刷长期以来没有得到广泛应用。而到了明代,活字印刷之应用,则已经蔚然成风。从地区来讲,遍及江苏、浙江、福建、江西、云南、四川等省,其中尤以江苏最为盛行。从书籍种类来说,经史子集四部皆备,其中集部最多。从活字的质料来说,有铜字、铅字等金属活字,此外还有非金属的木活字。活字印刷在明代的广泛应用,标志着中国印刷术走向了更加成熟的阶段。

过去有人以为宋元时代、甚至五代时期即已有铜活字,但其说语焉不详,甚至词句含混,很难确认。真正可以确定是采用铜活字的,应自明中叶无锡华燧会通馆算起。明代著名的铜活字技术采用者,除华燧会通馆外,还有无锡华坚兰雪堂、安国桂坡馆等。

华燧,字文辉,号会通。生于正统四年(1439),卒于正德八年(1513)。他年少时于经史多所涉猎,中年后好校刊古籍,后来用"铜字版"印书,"名其所曰会通馆,人遂以会通称"①。他用铜活字印书的动机,是为了减少手笔抄录的麻烦,后来乃"以公行天下"②。他的铜活字印刷大约成功于弘治三年(1490),刊印了《宋诸臣奏议》。这部书因缺乏经验印得并不太精,墨色不佳,模糊邋遢,正文和小注不分大小,每行内双排,参差不齐,校对也不精细,脱文误字比比皆是,但它是目前国内见到的最早的一部金属活字印本。以后他继续印书,一直印到正德时期。所印书版心下方多有"会通馆活字铜板印"字样,共有十几种,在明人铜活字印本中数量方面首屈一指。其中最著名的有《锦绣万花谷》《百川学海》《记纂渊海》《古今合璧事类前集》《九经韵览》《十七史节要》《君臣政要》《文苑英华辨证》等书③。

华燧有一叔伯名华珵,也曾用铜活字印过书。所印有《渭南文集》和《剑南续稿》,都印于弘治十五年,比会通馆的早期印本稍晚。

华坚是华燧之侄,字允刚,其书坊称为"兰雪堂"。他用铜活字印书在正德年间,印有《白氏文集》《元氏长庆集》《蔡中郎文集》《艺文类聚》

---

①《书林清话》卷 8《明华坚之世家》。

② 弘治三年华燧《宋诸臣奏议序》。

③ 按,潘天祯《明代无锡会通馆印书是锡活字本》(载《图书馆学通讯》1980 年第 1 期)一文,根据光绪三十一年存裕堂义庄木活字印本《勾吴华氏本书》卷三十之一"三承事南湖公、会通公、东郊公"传,嘉庆十一年华从智刻隆庆六年华察续刻《华氏传芳集》卷 15 所载的两篇华燧传记(一为邵宝撰《会通华君传》,一为乔宇撰《会通华处士墓表》),清初刻华允诚修《华氏传芳集》卷 4 所载《会通府君宗谱传》,断定华燧会通馆印书所用活字,是锡制不是铜制。这一新说法很值得注意。

《春秋繁露》等。华坚印书多有"锡山兰雪堂华坚允刚活字铜板印行"的牌子或刊语，又有"锡山"两字圆印及"兰雪堂华坚活字铜板印"十字篆文小印。其书因一行内排印两行，被称为"兰雪堂双行本"。

安国，字民泰，其书坊称为"桂坡馆"。生于成化十七年(1481)，卒于嘉靖十三年(1534)。居于无锡胶山，很富有，喜爱桂树，在胶山后岗种桂树，绵延二里多，因自号桂坡。他"好古书画彝鼎，购异书"，热心乡里公益事宜①。他以铜活字印书始于正德七年(1512)左右，正德十六年曾印《东光县志》，这是我国唯一用铜活字印的方志，惜已失传。今天可考知明安国用铜活字印行的书籍有十种，数量仅次于华燧。其著名者除《东光县志》外，有《吴中水利通志》《重校魏鹤山先生大全集》《颜鲁公文集》《初学记》等，多成于嘉靖初年，板心上方往往有"锡山安氏馆"五字。安国印书比较认真，错误较少。除了用铜活字印书，他还印了一些木刻书。

无锡华氏、安氏之外，明代采用铜活字的还有常州某家(刊有《杜氏通典纂要》和《艺文类聚》)、苏州金兰馆(刊有《石湖居士集》和《西庵集》)、五云溪馆(刊有《玉台新咏》和《襄阳耆旧考》)、孙凤(刊有《阴何诗》)、南京张氏(刊有《开元天宝遗事》)、浙江庆元教谕韩袭芳(刊有《诸葛孔明心书》)、福建建宁府城某家(刊有兰印《墨子》)、建阳游榕(刊有《文体明辨》，可能印于浙江湖州)等。

明代铅活字印书，见于陆深《金台纪闻》一书的记载。该书称："近日毗陵(常州)人用铜、铅为活字，视板印尤巧便，而布置间讹谬尤易。"《金台纪闻》撰于弘治、正德之交。这一记载说明，明中叶铅活字印书已经开始了。遗憾的是，它未记明印有何书及其他情况，使我们无法得到进一步的了解。

明代木活字比元代更为流行，有书名可考的用木活字印行的书籍约有100多种，弘治以前的极为少见，多印于万历年间。比较著名且有年代可考者，有弘治年间碧云馆刊《鹖冠子》、弘治十七年吴门刊《文心雕

①《书林清话》卷8《明安国之世家》。

龙》、隆庆三年海虞黄美中刊《凤洲笔记》、万历元年鄞人包大炯刊《越
吟》、万历初蜀人张佳胤刊《东巡杂咏》、嘉定徐兆稷刊《世庙识余录》、万
历四年福建朱仁傲刊《新刻史纲历代君断》及万历十四年刊仁和卓明卿
编《唐诗类苑》等。

除了一些私人采用木活字印书外,藩王也有采用木活字的。已知的
是嘉靖二十年蜀王府印了《栾城集》、万历二年益王府印了《辨惑编》和
《辨惑续编》。除了把木活字用于刊印一般书籍外,还有用以刊印家谱
的,如隆庆年间刊印的《东阳卢氏家乘》即是木活字本。尤其值得注意
的,是明朝末年木活字已被应用于邸报的印行上。明清之际的大学者顾
炎武曾说过:"忆昔时邸报,至崇祯十一年方有活板。自此以前并是写
本。"①以活字印邸报是新闻史上的一大进步。

(二)绘图书籍和套版、饾版、拱花技术

书籍之带有图画,很久以前即已如此,到了明代更为盛行、精妙。诸
如《人镜阳秋》《乐书》《隋炀帝艳史》、仇英《绘图列女传》、万历三十七年
刻本顾鼎臣《状元图考》、隆庆元年众芳书斋校刻本《增编会真记》等,皆
是难得的绘图精本。《三国志演义》的一种刻本,绘图竟多至240幅②。
明代绘图书籍之盛行精致与书坊有很大关系。他们为了牟利,千方百计
在书籍装帧插图方面下功夫,把精美的绘画当成吸引读者购买书籍的重
要手段之一。

自明初开始,书籍图画的绘刻风格、插图版式等,对宋元来说逐渐发
生变化。如1967年在上海嘉定县明代宣姓墓中发现的成化年间刊印的
一批书,其图画就反映了这一情况,虽然其中的《花关索传》每页都是上
图下文,仍具宋元传统,但其他的,如《刘智远还乡白兔记》等却是整页插
图,表现出新的发展③。万历以后刊印的书籍,带有图画的更加普遍,所
刻文艺书籍、戏曲、小说等尤其如此,几乎无书无图。在数量增多的情况

①《亭林文集》卷3《与公肃甥书》。
②《书林清话》卷8《绘图书籍不始于宋人》。
③ 参见王红元:《三十年来的考古发现与书史研究》,《文献》1979年第1辑。

下,不同的风格流派逐渐形成。主要流派有三:建宁、金陵和新安(安徽歙县)。建宁派壮健粗豪,古朴简率,所刻书多采用宋元的上图下文的插图旧式。金陵派线条秀劲,布局疏朗,人物生动,上图下文改为整版半幅,或前后页合并成一大幅,图像放大。新安派布景缛丽繁富,人物刻画精细,刀法圆活,生动流利。新安派图画多出于歙县虬村黄姓族人之手。黄氏刻工根据画稿,细心雕镂,不仅不损原画精神,而且有时其刀锋能助画家笔触之未到,深刻地表现出画中人的内心情绪,做到眉目传神,栩栩如生。黄氏一族先后数代精此道,直到清初才逐渐衰落下去。上述建宁、金陵和新安三派之分,是就大体情形而言。其实,倘细加考察,在一个地区也并非风格完全一致,各地区相互间不乏互相影响、渗透的痕迹。如南京,书商唐氏所刊书籍的图画,古拙粗放,富有民间趣味;而陈氏继志斋所刊则渐脱古朴的风格,向秀丽细致发展;又有汪氏环翠堂,所刊力求精丽工致。汪氏环翠堂所为,实属于典型的新安派风格,汪氏是徽州人,寓居南京,这说明刻工的移居是各地刻书风格互相影响的重要途径。当时的刻工移居,主要是安徽刻工迁往南京、杭州、吴兴、苏州等地,这对新安派风格的影响各地,起了很大的促进作用。

印刷术发明以前的写本书,有的用不同颜色区别书中不同作用的文字。印刷术发明后,一块版上只能刷一种颜色即搞单色印刷,使印本书不如使用不同颜色的写本书眉目清楚。为了克服印本书的这一缺陷,人们逐渐发明了套印。所谓套印,是当同一页上需要不同颜色进行印刷的时候,按照颜色的种数,制成大小相同的若干块印版,每块印版将某一种颜色所要表现的内容在其适当部位刻出,然后把所有的印版逐次加印在同一张纸上。这样,带有不同颜色的套印本便可印出了。由于进行这种印刷时,必须使逐次加印的各版版框严密吻合,所以叫作套印,也叫套版。元顺帝至元六年(1340),中兴路(今湖北江陵)资福寺刻有无闻和尚的《金刚般若波罗密经注解》,其经文用红色,注文用黑色,卷首有灵芝图,也是朱墨两色套印。这部经注是已知的现存最早的木刻套印本。但这部经注之后,套印术在一二百年中并未盛行起来,这大概与套印所需成本较高有关。套印术广泛流行是明代后期的事情。

根据胡应麟的记载,明代起码在万历前期即已有套印术的采用。已知现存明代最早的套印本是万历三十年至三十五年之间的《闺范》,从此之后,套印书籍就日益增多。万历以后,特别是天启、崇祯年间,吴兴闵氏、凌氏是搞套印最积极的两家。清末叶德辉说:"明启、祯间,有闵齐伋、闵昭明、凌汝亨、凌濛初、凌瀛初,皆一家父子兄弟刻书最多者。"①他们不仅有两色套印,而且有三色套印、四色套印,如闵昭明所刻《新镌朱批武经七书》,闵齐伋所刻《东坡易传》《左传》《楚辞》,凌汝亨所刻《管子》,凌濛初、凌瀛初所刻《韩非子》《吕氏春秋》《淮南子》,皆是朱墨两色套印;三色套印者有《古诗归》《唐诗归》等,四色套印者有凌瀛初所刻《世说新语》等。他们印的都是带评点的书,自群经、诸子、史抄、文抄、总集、文集,以至词典、杂艺,总数不下百余种。除闵、凌二氏外,归安茅元仪等人也曾采用套印技术刊印书籍。南京书坊种文堂于天启元年刻有两色套印本《苏长公密语》。套印本皆斑斓彩色,娱目怡情,能使读者精神为之一振②。套印术在明代后期的广泛流传,是当时印刷术获得提高的重要表现之一。

饾版是复制美术图画的一种办法。饾版发明以前,人们印刷美术图画的办法是涂色,即用几种颜色涂在一块雕版的不同部位(如用以印红花的部位涂红色,印绿叶的部位涂绿色,印树干的部位涂棕色),而后复上纸进行刷印,即可得到美术图画的印刷品。万历年间印成的《花史》和程君房的《墨苑》,就是采用这种办法印出来的。这种方法虽可印刷多种颜色的美术图画,但由于相邻的颜色容易相混,所印不太美观。明代后期发明了饾板,这一缺点遂得到克服。饾版是把同一个画面分成若干个大小不同的版,每块版只是整个画面的一部分,将它们分别刷上不同的颜色后,按适当的位置逐个印在同一张纸上,完整的具有复杂色彩的画面就可清楚生动地印刷出来。明代后期印刷美术图画的方法,除了发明

①《书林清话》卷8《颜色套印书始于明季盛于清道咸以后》。
②《书林清话》卷8《颜色套印书始于明季盛于清道咸以后》。

"饾版"外,还发明了"拱花"。它是用凹凸两版,将纸夹在中间,互相嵌合,使纸被压出凸起的花纹,这种花纹多是画面上的白云、流水和花叶的脉纹,与画面的其他部分相映衬,素雅大方,极其精彩。当时最有名的饾版和拱花印刷品出自休宁人胡正言。他侨居南京,斋前种竹十余竿,因此名其斋为"十竹斋"。天启七年(1627),他与雕刻工人和印刷工人合作,用饾版法印出了《十竹斋画谱》,上有翎毛、兰、竹、梅、石、果等图案。崇祯十七年(1644),又兼用饾版、拱花二法,印出了《十竹斋笺谱》,上有商鼎周彝、古陶汉玉、山水、人物、花卉羽虫等。这两部书都设色妍丽,形象生动,达到了很高的艺术水平,在中国印刷史上是有名的一段佳话。

　　(三) 版式、字体等刻书风格的演变

　　明初印书的版式、字体等风格,基本上沿袭元代之旧,多是黑口赵(孟頫)体字,行界比较紧密,因此过去有些图利的奸商,往往将明初刊本挖去序文及有关文字,冒充元刊。

　　嘉靖时期,风气发生大变化。当时文化上发生"复古"运动,作文的人模仿秦汉,写诗的人效法盛唐,于是刻书的人争相追模北宋风格。白口本盛行,黑口本几乎绝世,字体也采用了欧阳询、颜真卿的书法,特别重视整齐方板,刀法趋于板滞。版心上方往往刻有字数,下方刻有刻工姓名,有时还有写样人的姓名。

　　万历以后,黑口本渐多,从此黑、白口都成常见。字体方面,复趋方整,终于在明末发展成横轻直重的肤廓字样,只具外壳形式,毫无精神。当时刻工称之为"宋体字",实际上完全不是宋体的本来面目。版本学家称之为"明匠体",有的外国人称之为"明朝字"。以前版心所刻书名一般不是全名,万历以后开始全刻书名①。

　　明人印书用纸有绵纸、竹纸等。嘉靖以前多用绵纸,万历以后以竹纸为最常见。其颜色,初期多用黄色,嘉靖时多用白色,后来又改为多用黄色。印书用墨,少数为色泽清纯之佳品,大多数品质低劣。万历以后

---

① 《书林余话》卷下。

为降低成本,多用煤和以面粉代替墨汁,烟煤往往脱落,使书叶成为大花脸,令人生厌①。

以上所说只是以江南地区为主的明人刻书风格的一般情形。其实际情况,要复杂得多。比如明初的内府本,就不像一般刻本那样完全承袭元刻本的风格。嘉靖时期,济南刻的《黄帝内经》等,又没有随同当时风气的转变而转变,它继续采用赵体字,保存着浓厚的元人气息。在明代后期,一方面是宋体字盛行,另一方面也有许多书籍是用手写体上版,还有的采用行书或草书,皆流利生动,令人喜爱。

(四)由包背装到线装

明初书籍的装订继南宋、元代之后而行包背法。如《明太祖御制诗集》《辽史》《金史》《元史》《永乐大典》等就是包背装明本书,全是朱丝栏写本,明黄绫包背。包背装有两种装订方法:一种是把各书叶粘在包背的纸上;另一种是在书叶边栏外的空白处打孔,穿上纸捻,然后再加上包装的封面。第一种是较早的办法,明代的包背装多数采用第二种方法。

包背装优于蝴蝶装,但仍有缺点,不便于裁切书背即其中之一。这导致了明中叶即 15 世纪线装法的出现。线装是由包背装演变而来的。把包背装的封面裁成两个半叶,分别放在书身的前后,再把它们连同书身一起打孔穿线,装订起来,这样,包背装就变成了线装。线装至清初开始广泛采用,直到现在还有应用。用线装法装订起来的书籍,即使装订线断了,书叶也不易散乱,外观形式非常美观,另外,无论新旧,皆可改装且可整旧如新,保管方便。其稍有不便者,在于书口易于断裂;在遇到书中有大型插图时,往往不如蝴蝶装之反摺书叶更为方便。但从总体上看,线装的出现,是中国古代书籍装帧技术发展到最进步阶段的表现,充分反映着我国古代劳动人民的聪明才智。

---

① 参见王春翔:《古书版本常谈》,《书林余话》卷上。

四、明刻本的评价

明代刻书事业的发展过程中除了取得上述成就外，也出现过一些缺点。这些缺点主要是：

第一，有的书籍校勘不精，致使脱文讹字比比皆是。如王国维曾得到明抄本《张说之文集》25 卷，用它校对该书的明嘉靖刻本，发现该刻本脱掉二页，卷 23 内脱文一篇，又脱落一行者共十处，改正讹字不可胜计。当时官吏奉使出差，回京必刻一书，馈送长官，这种书"世即谓之书帕本"。书帕本"校勘不善"，讹谬尤多①。

第二，有的刻书家随意改动，删略原书。有的改动题目，如《大唐新语》被改为《唐世说新语》，《岩下放言》被改为《蒙斋笔谈》，《释名》被改为《逸雅》，叶德辉对此曾痛加斥责说："全属臆造，不知其意何居！"②有的窜改作者姓名。如郑若曾所撰《筹海图编》，胡宗宪于隆庆时因藏版漫漶，重为翻刻，结果就把作者窜改为自己的姓名，以假乱真。宋阮阅所撰《诗总》，明一号月窗道人的宗室在刊刻时，将作者改为"阮一阅"。有的改动原书结构，如上述《诗总》，月窗道人在刊刻时，曾"条而约之"，根据己意重加"汇次"③。有的窜入他书的文字，如《说文》中窜入《五音韵谱》，《通典》中窜入宋人议论，《夷坚志》窜入唐人事迹，"与原书迥不相谋"④。有的改动若干文字，如明人杨慎《丹铅续录》卷三曾指出，苏州所刻《世说》，"右军清真"被妄改为"右军清贵"，"兼有诸人之差"被妄改作"兼有诸人之美"，"声鸣转急"被妄改成"声气转急"，"皆大失古人语意"。删节内容者多出于书坊刻书，如福建书坊经常翻刻畅销书，其卷数目录虽与他处所刻该书相同，但篇中文字多所删减，一部售价只定为他处所刻该书的

---

① 《书林清话》卷 7《明时书帕本之谬》。
② 《书林清话》卷 7《明人刻书改换名目之谬》。
③ 《四库全书总目》卷 195《〈诗话总龟〉提要》。
④ 杭世骏：《道古堂集》卷 18。

一半，人们不知内情，往往争相购买①。明代所刻丛书，如《格致丛书》《宝颜堂秘籍》等，其所收各书多半任意删节。

第三，有的喜用古体字。如嘉靖年间"闽中许宗鲁刻书，好以《说文》写正楷"。海盐冯丰诸人喜用古体字刻书之癖尤其严重。②

第四，有的喜好堆砌无用的序跋，且日甚一日。

由于明代刻书有如上缺点，招致了当时及后世许多人的批评。对这些缺点进行批评是应该的，但不少批评用语过分严厉，甚至因此而否定了整个明代刻书事业。有的说：明刻诗文"不特谬，而且遗落多矣"。有的说："明人好刻书，而最不知刻书。"有的说："昔人所谓刻一书而书亡者，明人固不得辞其咎矣。"③这些批评都应该说是过了火。我们认为，对明代刻书应作以下全面的评价：

首先，在看到某些明刻本上述缺点时，同时还应看到明代刻书业从刻书数量到印刷装订技术，都取得了可喜的成就，在质量方面，也有许多从校刊到印刷皆属出类拔萃的精品。如果将明代刻书业的成就与缺点作一比较，占主导方面的是成就而不是缺点。这只要对前面的叙述加以回顾即可一目了然。明代刻书业既然成绩是主要的，将之全盘否定显然是说不过去的。

其次，明代刻书的地区很广，刻书人的身份很复杂，各时期刻书的风气也不相同，因而不同地区、不同身份的刻书家和不同时期所刻出的书籍，其质量互有差别，不同地区刻书质量之差别，前文已有论及。关于不同身份的刻书家所刻出的书籍，一般说坊刻本质量稍差，而其他身份的人所刻出的书质量较高。书坊刻书为的是谋利，定价又不能太高，所以往往采用低劣的纸墨，不肯花大力气精校细刻，这自然就容易造成质量低劣。如嘉靖年间，由于建阳书坊所刻"五经四书"，"款制褊狭，字多差讹"，引起官府干涉，规定建阳"刻书匠户"，必须严格按照官发定本翻刊，

---

① 见《七修类稿》。
② 《书林清话》卷7《明许宗鲁刻书用说文体字》《明刻书用古体字之陋》。
③ 《书林清话》卷7《明时书帕本之谬》《明人不知刻书》。

"再不许故违官式,另自改刊"①。其他刻本没有谋利问题,质量一般就较有保障。如家刻本之刊印,一般来说是刊印者的业余活动,其目的是宣传自己的著作,或传布自己所喜爱的古书。刊印者往往是官僚、地主或富商大贾,也有财力在刻书质量上下功夫。因此家刻本大多底本好,校印精,纸墨优良。从时期上看,一般来说嘉靖以前所刻书籍较好,而万历之后质量下降。丁丙《善本书室藏书志》的编辑条例中曾说:"朱氏一朝,自万历后,剞劂固属草草。然近溯嘉靖以前,刻书多翻宋椠,正统、成化刻印尤精,足本、孤本所在皆是。"②由于明代刻书业的情况如此复杂、参差不齐,因而不能简单地将之一概否定。

明代刻书业不仅不应一概否定,而且应该充分估计其价值。其印刷装订技术的提高,是历史悠久的中国印刷业不断向前发展的重要里程碑。其庞大的印刷数量,使许多古籍得以流传于世,昔人不易见到者,明以后成为普通读书人案头之物。宋本大较说来,比明本要好,但也有少数书籍明本反优于宋本,可用以校正宋本。近代著名学者余嘉锡就说过:"今所传六朝唐人写本固多能存古书之真,然其讹谬处,乃至不可胜乙。宋人刻本,悉据写本,所据不同,则其本互异,校者不同,则所刻又异。加以手写之误,传写之讹,故明刻可以正宋刻,刊本可以较写本。"③即使那些质量较差的明刻本,在传播文化上也不能说没起过一点积极作用,在注意它们缺点的同时,也要注意其历史功绩。时代越久,保存旧刻本的困难越大。今天宋元本已属不可多得,明刻本的历史价值与日俱增,万万不可用草率的态度对待这份宝贵的历史遗产。

五、写本书

自从印刷术发明之后,书籍的生产有印、写两个办法。印刷效率高,

---

① 《书林清话》卷 7《明时官刻书只准翻刻不准另刻》。
② 这里说坊刻书和万历以后所刻书质量较差,是就一般情形而言,并不是否认坊刻书和万历以后刻书之中有精品。如不少精美的绘画书籍是出自书坊,而且印于万历之后。
③ 《藏园群书题记序》。

故日益兴盛，而手写效率低，所以渐趋衰微，但写本书一直存在。写本书主要包括手写的稿本和依据稿本或印本抄录下来的抄写本。明代的稿本，今日仍有留存，但最被人注意的却是抄书家的抄本。

明代藏书家多半抄书，把抄书当成补充其藏书的重要手段。其所以如此，原因主要有两个：第一，当时印书虽多，但由于交通条件毕竟不甚发达，再加上其他因素的影响，购买图书仍不是一件十分容易办到的事情。谢肇淛在其钞本王禹偁《小畜集》中曾写下跋语说："余少时得元之诗文数篇，读而善之。锐欲见其全集，遍觅不可得。既知有板梓于黄州，托其州人觅之，又不得。去岁，入长安从相国叶进卿先生借得内府宋本，疾读数过，甚快，因钞而藏之。"①这个跋语说明，印本仍不易求得，是当时抄书盛行的原因之一。第二，有些书，特别是珍贵罕见之书，只有个别人有收藏，市场上没有出售者，藏书家为了扩充自己的藏书，只好借抄。明代著名藏书家祁承爜有一次在河南抄到百余种图书，他在给儿子的家信中提到这批抄本时曾说："此番在中州所录书，皆京内藏书家所少，不但坊间所无者也。而内中有极珍贵重大之书，今俱收备。即海内之藏书者不可知，若以两浙论，恐定无逾于我者。"②从这番话中，不难体察出，当时仍有不少书籍，特别是有不少珍贵书籍，市场上没有售卖，这是当时抄书盛行的第二个原因。上述两个原因，第二个更重要。

喜爱抄书的藏书家在抄书上往往表现出十分勤奋刻苦的精神。如明代前期的叶盛，做官数十年，未尝一日停止抄书，"虽持节边徼，必携钞胥自随，每钞一书成，辄用官印识于卷端"③。谢肇淛有一次在北京借到一本内府藏书，"时方冱寒"，而恰值"需铨旅邸，资用不赡"，就不顾条件艰苦，自为钞写。"每清霜呵冻，十指如槌。"④经过二十天的苦干，终于抄

---

① 方品光：《明代福建著名钞书家——谢肇淛》，转引自《福建省图书馆学会通讯》1981 年第 3 期。

② 黄裳：《天一阁被劫书目》前记，转引自《文献》1979 年第 1 辑。

③《潜研堂文集》卷 31。

④《小草斋集》卷 21，转引自方品光：《明代福建著名钞书家——谢肇淛》，《福建省图书馆学会通讯》1981 年第 3 期。

写完毕。他一生抄书总数已不可知,仅今可见者即近于 20 种。喜爱抄书的藏书家的刻苦努力,换来了丰硕的成果,大量图书因被抄录而增加了副本,而这些藏书家也成为留名青史的著名抄书家。

明代抄本最为后人珍贵的,有吴抄(长洲吴宽丛书堂抄本)、叶抄(昆山叶盛赐书楼抄本)、文抄(长洲文徵明玉兰堂抄本)、王抄(金坛王肯堂郁冈斋抄本)、沈抄(吴县沈与文野竹斋抄本)、杨抄(常熟杨仪七桧山房抄本)、姚抄(无锡姚咨茶梦斋抄本)、秦抄(常熟秦四麟致爽阁抄本)、祁抄(山阴祁承煠淡生堂抄本)、毛抄(常熟毛晋汲古阁抄本)、谢抄(长乐谢肇淛小草斋抄本)等。这些著名的抄本书在用纸、版式上多有独特风格和标记,如吴抄多用红格纸,版心有"丛书堂"三字;叶抄多用绿墨二色格纸,版心有"赐书楼"三字;文抄于格栏外有"玉兰堂录"四字;王抄于版心有"郁冈斋藏书"五字;沈抄于格栏外有"吴县野竹家沈辨之制"九字;杨抄于版心有"嘉靖乙未七桧山房"八字或"万卷楼杂录"五字;姚抄于板心有"茶梦斋抄"四字;秦抄于版心有"致爽阁"三字,或"玄览中区"四字,或"又玄斋"三字,或"玄斋"二字;祁抄往往用兰格纸,于版心有"淡生堂抄本"五字;毛抄于版心有"汲古阁"三字,格栏外有"毛氏正本汲古阁藏"八字;谢抄于版心有"小草斋抄本"五字。这些独特的风格和标记,是识别鉴定的极好依据。[1]

在明代著名抄书家中,尤其突出的是毛晋。据说,他"家蓄奴婢二千指","入门僮仆尽钞书"[2]。凡用钱买不到的"世所罕见而藏诸他氏"的宋版书,毛晋就设法借来,"选善手以佳纸墨影抄之",字体点画,行格款识,一如原式,"名曰影宋抄"。[3] 毛晋的这种"影宋抄",精美绝伦,获得了"古今绝作"之誉[4],后人争相效法。"毛抄"今仍有不少传世品,如国家图书馆藏有毛抄《西昆酬唱集》,纸白如玉,墨光如漆,界栏如发,边栏如带,令

---

①《书林清话》卷 10《明以来之抄本》。
②《书林清话》卷 7《明毛晋汲古阁刻书之二》。
③《东湖丛记》。
④《藏书记要》第三则《抄录》。

人爱不释手①;天津图书馆藏有毛抄《五代名画补遗》,也是纸墨精良,字画秀丽端正②。

除了私人抄书之外,明政府也组织过一些抄书活动。如《永乐大典》编成之初,因字数太多只抄了一份清稿。到嘉靖、隆庆之际,为防止散失损坏,明政府又组织人员重抄一份。明代的历朝实录当时也是没有印本,只有清稿本和若干传抄本,其中一些传抄本是明政府派员抄写的。

明代官私进行的抄书活动,不仅增加了图书数量,而且保存了许多宋元善本的大致面目,许多从未付印的书籍更赖之以延命脉,这些历史功绩是不可忽视的。

第二节　图书的收藏和流通

一、官府藏书

明代官府藏书主要集中于宫廷之内。

（一）图书搜求和收藏数量

朱元璋在推翻元朝创建明朝的过程中,由于复杂的军事、政治斗争的锻炼以及投奔在他周围的知识分子的影响,深刻地懂得了书籍的重要性,懂得了书籍在记载和传授前人历史经验上的巨大作用,因而很注意读书并非常重视访求收藏书籍。早在正式建立明朝之前,他就已经"命有司访古今书籍,藏之秘府,以资览阅"③。洪武元年(1368),大将军徐达率军攻破元朝都城大都(今北京)时,他又命徐达"收其秘阁所藏图书典籍","致之南京"④。元朝的藏书是在承袭宋、辽、金三朝藏书的基础上形

---

① 毛春翔:《古书版本常谈》。
② 陈瑞铭:《试谈抄本》。
③《明太祖实录》卷16;《明经世文编》卷76丘濬:《访求遗书疏》。
④《万历野获编》卷1《访求遗书》;《明史》卷96《艺文志一》。

成的①，徐达根据朱元璋的命令进行的这一接收行动，使明朝把宋、辽、金、元的国家藏书，全部承袭下来，奠定了自己的藏书基础。

朱元璋的继承者们，仍旧进行过一系列搜求书籍的活动。史称："建文即位，尤急儒修，购遗书，申旧典，日惟汲汲不遑逸。"②永乐四年（1406）四月，明成祖"御便殿，召儒臣讲论"，问起文渊阁（洪武以来的国家藏书库，在南京）藏书情况，学士解缙回答："经、史粗备，子、集尚多阙。"成祖听后，说："士人家稍有余资，皆欲积书，况于朝廷，可阙乎？"遂召来礼部尚书郑赐，令其派人"四出购求遗书"，且说："书籍不可较价值，惟其所欲与之，庶奇书可得。"而后他又对解缙等说："置书不难，须常览阅乃有益。凡人积金玉欲遗子孙，朕积书亦欲遗子孙。金玉之利有限，书籍之利岂有穷也！"③

明成祖当政期间，把首都迁到北京，与之相适应，明朝国家藏书的中心也由南京迁来。永乐十七年三月，明成祖从北京派侍讲陈敬宗至南京，"起取文渊阁所贮古今书籍，自一部至百部以上，各取一部北上"。坐镇南京的皇太子"乃遣修撰陈循如数赍送"，其剩余者仍封贮在南京。④运往北京的书籍恰好是一百柜。⑤ 为了存放这些图书，明成祖特在北京新建了一个文渊阁"于午门之东"⑥。但据《万历野获编》的记载，这些北运的图书最初是存放在"左顺门北廊"，直至正统六年才"移入文渊阁中"⑦。随着这批图书的北运，辽、宋、金、元之旧藏再次聚集在北京了。

明宣宗与明太祖、明成祖一样喜爱读书，他曾"临视文渊阁，亲披阅经史，与少傅杨士奇等讨论，因赐士奇等诗"⑧。宣德八年（1433）四月，为了便

---

①《曝书亭集》卷44《文渊阁书目跋》。
②《明书》卷75。
③《典故纪闻》卷6；《明会要》卷26；《明史》卷96。
④《明会要》卷26。
⑤《明史》卷96《艺文志一》。
⑥《西园闻见录》卷8《藏书》。
⑦《万历野获编》卷1《访求遗书》。
⑧《明史》卷96《艺文志一》。

于览阅,他还"命少傅杨士奇、杨荣,于馆阁中择能书数十人",取五经四书及《说苑》之类,"各录数本,分贮广寒、清暑二殿及琼花岛"①。在他当政期间,明朝的国家藏书达到极盛阶段。史载"是时秘阁贮书约二万余部,近百万卷,刻本十三,抄本十七"②。正统六年,杨士奇等人通过清理文渊阁所贮书籍,编出著名的《文渊阁书目》,收书达 7000 多种。这些书多系"宋元所遗,无不精美,装用倒摺,四周外向,虫鼠不能损"③。真是琳琅满目,珍贵之极。

正统末年以后,明朝的国家藏书开始走下坡路。正统十四年南京宫殿发生火灾,南京文渊阁的藏书"悉遭大火。凡宋元以来的秘本,一朝俱尽"④。皇帝们此后不再关心图书的典藏,更没有注意派员搜求。弘治五年(1492)五月,大学士丘濬在《访求遗书疏》中指出:对于国家藏书,"数十年来,在内未闻考校,在外未闻购求"⑤。丘濬建议:要清查文渊阁的藏书,"或有缺本,则行各直省访求,有者借官抄录,以增未备";除去文渊阁之外,还要增加两京国子监的藏书,文渊阁存书凡有副本者,均应分一本送两京国子监,以便"藏贮而有异所,永无疏失之虞"。有"中兴贤君"之誉的明孝宗看到这个建议后曾表赞成,但仅仅停留在口头上,史称"疏入,上纳之,而究未能行"⑥。嘉靖中,御史徐九皋上疏建议,"查历代艺文志、书目参对,凡经籍不备者,行士民之家,借本送官誊写"。当时的皇帝明世宗正"一心玄教",对这种事更不感兴趣,借口"书籍充栋,学者不用心,亦徒虚名耳,苟能以经书躬行实践,为治有余裕矣",公然拒绝⑦。由于皇帝不关心,国家藏书不仅不再增加,而且管理不善,损坏严重,盗窃成风,数量日渐减少。如正德年间,主事李继先曾借整理文渊阁藏书的

①《明宣宗实录》卷 101;倪灿:《明史艺文志序》。
②《明史》卷 96《艺文志一》。
③《明史》卷 96《艺文志一》。
④《万历野获编》卷 1;参见陈登原:《古今典籍聚散考》卷 4。
⑤《明会要》卷 26。
⑥《明会要》卷 26;《明经世文编》卷 76 倪灿:《明史艺文志序》;《明孝宗实录》卷 63。
⑦《万历野获编》卷 1《访求遗书》。

机会,窃取精本①。内阁大学士们,更是混水摸鱼,"假阅者,往往不归原帙"②。万历三十三年(1605),大理寺左寺副孙能传、中书舍人张萱等,奉命清理文渊阁藏书,编出《内阁书目》8卷。这个重编书目所载图书,与160多年前杨士奇等所编正统书目相较,已是"十不存一","惟地志差详,然宋元图经旧本,并不登载,著于录者,悉成、弘以后所编","其他唐宋遗编,悉归子虚乌有"。③ 对于这种情况,《万历野获编》的作者曾辛辣地讽刺说:"更数十年,文渊阁当化为结绳之世矣!"④明清之际,由于战乱频仍,文渊阁藏书进一步遭受损失,康熙时徐乾学修《一统志》,"请权发阁中书资考校",所见竟"寥寥无几"。⑤

(二)掌握图书的机构和职官

明朝开国初,"仍元制",设有专门掌握国家图书的独立机构秘书监⑥,其正式设立的时间是洪武三年(1370)三月,起初规定为正六品衙门,设监丞一人、直长二人,不久改为设令一人,丞和直长各二人,职司"内府书籍"⑦。洪武十三年七月,明政府又决定,"罢秘书监,所藏古今图籍改归翰林院典籍掌之"⑧,从此取消了独立的国家藏书机构。翰林院典籍共有二员,官品很低,只有从八品⑨,很不利于图书的保管。由于秩卑品下,对于内阁大学士之偷窃图书,莫敢谁何;他们自己"皆赀郎幸进,虽不知书,而盗取以市利者实繁有徒"⑩。明代中叶以后,国家藏书状况之日趋糟糕,与独立的国家藏书机构被取消有很大关系。

---

① 《万历野获编》卷1《先朝藏书》。
② 《明史艺文志序》。
③ 张均衡:《内阁书目》跋;《曝书亭集》卷44《跋重编内阁书目》;《明史艺文志序》。
④ 《万历野获编》卷1《先朝藏书》。
⑤ 《鲒埼亭集》外编十七《抄永乐大典记》。
⑥ 《明史艺文志序》。
⑦ 《明史》卷73《职官志二》;《明太祖实录》卷50。
⑧ 《明会要》卷36;《明太祖实录》卷132;《明会典》卷221《南京国子监》;《明史》卷96《艺文志一》。
⑨ 《明史》卷73《职官志二》;《明经世文编》卷76丘濬:《访求遗书疏》。
⑩ 《明史艺文志序》;《万历野获编》卷1《先朝藏书》。

（三）皇史宬

在叙述明代官府藏书事业时，值得一提的还有闻名中外的国家档案库皇史宬。

皇史宬位于东苑（今天安门东南池子一带），建于嘉靖十三年（1534），门额以"史"作"叓"，以"成"作"宬"，左右小门分别有"韹歷左门"和"韹歷右门"字样，以"龙"作"韹"，都是明世宗亲自造字并书写。[①] 它不用木料修建，"宬中四周上下，俱用石甃"。直接装档案的是铜皮鎏金的木柜（即所谓"金匮"），它们在宬中也不直接着地，而是置于石台之上，明朝末年，放金匮的石台，共有 20 个[②]。可见，皇史宬完全是仿古代石室金匮之义特别建造的保险库房。

皇史宬中所存放的档案，主要是历朝实录、宝训和其他"要紧典籍"。当时，每个皇帝一死，继位者要马上为之专门"开局纂修"实录，纂修完毕，一应草稿全部烧掉，而将正本存放在皇史宬之中[③]。《永乐大典》的副本抄出后，也被贮存在这里[④]。每年六月六日，是这里晒晾档案典籍的日期，届时，由"司礼监第一员监官提督，董其事而稽核之，看守则监工也"[⑤]。

清朝取代明朝后，继续以皇史宬作档案库，只是原来所存放的明代实录等被迁到他处，这里另换成清朝的实录、圣训、玉牒等。嘉庆年间还曾对它加以重修，但基本格局未变，只是小有变动。

（四）其他官府藏书

除去文渊阁、皇史宬藏书外，明代属于官府藏书的还有中央各部院、国子监、府州县学等各级衙门和各级学校藏书，以及各藩王府藏书。这些藏书中有许多是朝廷颁发的。如洪武十四年三月，曾"颁四书五经于北方学校"[⑥]，永乐十五年四月，曾"颁五经四书、《性理大全》于两京六部、国子监及

---

① 《春明梦余录》卷 13；《酌中志》卷 17《大内规制纪略》。
② 《春明梦余录》卷 13。
③ 《酌中志》卷 17《大内规制纪略》；《春明梦余录》卷 13。
④ 《春明梦余录》卷 12。
⑤ 《酌中志》卷 17《大内规制纪略》。
⑥ 《明史》卷 2《太祖本纪二》。

天下府、州、县学"①。弘治年间,大学士丘濬曾说:"两京国子监虽设典籍之官,然所收掌,止是累朝颁降之书,及原贮书板,别无其他书籍。"②

在藩王府藏书中,有一些藩王很出名。明代前期有周定王朱橚、晋庄王朱钟铉和宁献王朱权,后期有朱橚的后裔朱睦㮮和朱权的后裔朱郁仪。其中最有名的是朱睦㮮,字灌甫,号西亭,系镇国中尉,生于正德十三年(1518),卒于万历十五年(1587),万历五年出任过周藩宗正。他精通经学,自幼喜好购求书籍,曾购得江都葛涧、章邱李开先的万卷藏书。为了存放书籍,他在宅西建堂五楹,各书按经、史、子、集用不同颜色的牙签加以区别。他编有自藏书目《万卷堂书目》,隆庆四年(1570)晒书之后,为之写了自记。而后,他与其子朱勤美又陆续增购图书若干,并随时补充原来的书目,这使今天可以看到许多不同的《万卷堂书目》抄本。朱睦㮮父子先后积书约五万卷,惜于崇祯年间被大水吞没③。

二、众多的私人藏书家

(一)空前兴盛的私人藏书

明代私人藏书特别兴盛,这是明代藏书的一大特点。清末民初人叶昌炽编有专门记载历代藏书家故事的一本书,名叫《藏书纪事诗》,书中所收五代至清末藏书家共 1175 人,其中明人即有 427 人,高于以往的任何朝代(五代 15 人,宋 184 人,辽 1 人,金 4 人,元 35 人),只有后来的清代比之稍多。由此可见明代私人藏书家的数量确实不小。明代著名的藏书家有宋濂、郑瀾、叶盛、陆容、张泰、陆钺、吴宽、朱存理、杨循吉、都穆、文璧、钱同爱、张寰、顾元庆、徐献忠、何良俊、朱大韶、陆深、黄标、唐顺之、王世贞、钱穀、刘凤、杨仪、茅坤、沈节甫、项元汴、项笃寿、高承埏、范钦、焦竑、李鹗翀、钱谦益、陈继儒、王圻、施大经、宋懋澄、俞汝辑、赵琦美、毛晋、祁承㸁、钮石

---

① 《明会要》卷 26。
② 《明经世文编》卷 76 丘濬:《访求遗书疏》。
③ 《明史》卷 116;王重民:《中国目录学史料·万卷堂书目》,载《吉林省图书馆学会会刊》1981 年第 2 期。

溪、陈第、谢肇淛、徐𤊻、李廷机、晁瑮、高儒、李开先、孙承泽、梁清标、周亮工等①。他们多半集中在经济发达的东南地区，其中江浙一带尤多。从藏书总量上看，明代私家藏书远远超过了国家藏书，而论藏书质量，也以私家所藏多有校勘精审的善本。当时，有的私人藏书家，还总结历代藏书的经验教训，提出了系统的购书、鉴别、收藏理论。如此等等，充分反映出明代私人藏书发展到了前所未有的新阶段。

为了有助于了解明代私人藏书的具体情况，下面从明代众多的藏书家中选择藏书多、有特色的几个最著名的人物（也适当考虑了地区和生活时代等因素），作简单介绍。

（二）嘉隆前最著名的藏书家

有宋濂、叶盛、杨循吉、李开先、王世贞、项元汴等。

宋濂，谥文宪，生平见本书第三章。据祁承㸁《澹生堂藏书约》记载，明初，"宋文宪公读书青萝山中，便已聚书万卷"。

叶盛，字与中，谥文庄，昆山人，生于永乐十八年（1420），卒于成化十年（1474），官至吏部左侍郎。他生平爱书，"手自雠录，至数万卷"，曾欲"作堂以藏之，取《卫风·淇澳》'学问自修'之义，名曰'菉竹'"，但直至其五世孙叶恭焕，"堂乃克成"②。他曾根据家藏图书编出《菉竹堂书目》六卷，其上登录图书共四千六百多册，二万二千七百多卷。他的藏书不算太多，但奇书秘本仅亚于宫中所藏，而且作为明代早期的一个藏书家，开了吴派藏书的先风，在明代私人藏书史上有其重要意义。

杨循吉，字君谦，苏州人，生于景泰七年（1456），卒于嘉靖二十三年（1544），曾任礼部主事，"好读书，每得意，手足踔掉不能自禁，用是得'颠主事'名"③。他也喜欢藏书。"家本素封，以购书故，晚岁赤贫，所藏书十余万卷。"④

---

① 参见袁同礼：《明代私家藏书概略》，载《图书馆学季刊》第 2 卷第 1 期。
② 叶昌炽：《藏书纪事诗》卷 2 引乾隆《苏州府志》。
③《明史》卷 286《杨循吉传》。
④《澹生堂藏书约》。

　　李开先,字伯华,章邱人,生于弘治十四年(1501),卒于隆庆二年(1568),官至太常少卿,性好蓄书,"藏书之富甲于齐东"①,"李氏藏书之名闻天下"②。但其书百余年后散佚无遗,其大半归周藩朱睦㮮之手。

　　王世贞,生平见本书第二章。其藏书处叫"小酉馆",藏书三万卷。另有"藏经阁"专藏释、道经典,"尔雅楼"专藏宋版书,皆极精美③。他收藏的《汉书》等宋版书超过了3000卷④。

　　项元汴,字子京,号墨林,嘉兴人,生于嘉靖四年(1525),卒于万历十八年(1590),是浙江有名的藏书家。他精于鉴赏,其天籁阁藏书皆精妙绝伦。他又凭藉雄厚的资力,"购求法书名画,三吴珍秘,归之如流"。但喜于多钤印章,"每得名迹,以印钤之,累累满幅"。清兵入关之后,所藏"尽为千夫长汪六水所掠,荡然无遗"⑤。

　　(三)范钦和天一阁

　　截止到嘉隆时期,明代所出现的最著名藏书家还有范钦,他所创建的天一阁至今犹存,值得特加叙述。

　　范钦,字尧卿,一字安卿,鄞县人,生于正德元年(1506),卒于万历十三年(1585)。嘉靖十一年(1532)成进士,知随州,迁工部员外郎,后历任袁州知州、南赣巡抚,最后官至兵部右侍郎⑥。他性喜藏书,每至一地,都千方百计搜访书籍。嘉靖四十年,在家乡月湖之西创建著名的天一阁藏书楼,到他去世时,藏书总数已达七万多卷,成为浙东地区藏书最多的一家。据说,这个藏书楼初建时,"凿一池于其下,环植竹木,然尚未署名也";及披阅古代碑帖,见《龙虎山天一池记》中引有汉人郑玄注《易经》"天一生水""地六成水"之语,于是决定将藏书楼命为"天一阁",而阁前所凿水池称为"天一池",从而使阁名与"水"联系起来,企图因之得到以

---

① 《藏书纪事诗》卷2。
② 《明史》卷287《李开先传》。
③ 胡应麟:《少室山房笔丛》卷4甲部《经籍会通》卷4;《五杂俎》卷13《事部一》。
④ 《藏书纪事诗》卷3。
⑤ 姜绍书:《韵石斋笔谈》。
⑥ 阮元:《宁波范氏天一阁书目序》。

水避火的"吉利",有利于图书的保存。为了进一步贯彻这一宗旨,天一阁楼上不分间,以体现"天一生水"之说,楼下分六间,以应"地六成水"之义,甚至连楼内藏书橱的制作,也使之在尺寸上合六一之数。这样的命名法显然是一种迷信举动,但从中却体现了范钦保存图书的强烈欲望和一番苦心①。

天一阁藏书的来源主要有四个:第一,同乡丰氏万卷楼的旧藏。丰氏是南宋以来的望族,广有藏书,至嘉靖时丰氏后裔丰坊与范钦很有交往,范钦常到万卷楼抄书,并请丰坊为之作记。丰坊晚年患病,藏书丢失严重,又遭大火。后其残余,尽归范钦②。第二,范钦之侄范大澈的旧物。范大澈曾随范钦至北京,"酷嗜钞书","所养书佣多至二三十人"。范钦建天一阁后,拒不借给大澈书看,大澈发奋,更加大力搜求"异书秘本,不惜重值购之",凡得到天一阁所未收藏的书籍,"辄具酒茗",迎范钦至家,"以所得书置几上",对之炫耀。范钦看后,只好默不作声③。后来范大澈死去,其书渐入天一阁。第三,明代藏书家互相借钞图书的风气很盛,这也成为天一阁藏书的一个重要来源,如王世贞与天一阁就有互相借抄书籍的约定④。第四,天一阁还通过其他途径,如购买或受赠,得到了大量书籍。

范钦藏书有一个明显的特点,即他不同于一般只注重版本的藏书家,比较重视对明代人著述和明代新刊古籍的收藏,眼界和收藏尺度比较宽,所以在他的藏书中,明代方志、政书、实录、诗文集等特别多。这是他比其他藏家高明之处。不过,他的藏书思想也没有完全摆脱封建士大夫的思想局限,对于更接近下层人民并为之服务的一般通俗实用书等,就很少收集。书籍之外,范钦还注意收藏碑帖,据清人钱大昕编《天一阁碑目》,除去重复者,天一阁所藏自三代迄宋元不下 700 多通。

---

① 《藏书纪事诗》卷 2;王欣荣:《范钦和天一阁藏书楼》,载 1979 年 3 月 21 日《光明日报》。
② 全祖望:《天一阁藏书记》。
③ 吴晗:《江浙藏书家史略》。
④ 陈训慈:《谈四明范氏天一阁》,载《越风》半月刊 1935 年 11 月第 2 期。

范钦还刻印过一些书籍,他死后其子范大冲也刻过一些书。据统计,天一阁刻书共 30 余种,经过范钦校订的有 20 种,未经范钦校订而刻印的古籍有 7 种,范钦和范大冲的著作有 4 种。其中 20 种(有的作 21 种)被后人合成一部丛书,称《范氏奇书》。现在天一阁中还保存着当时的数百片刻书版片①。

范钦死后,天一阁藏书仍在继续增加。但自明清之际开始,其藏书渐渐散失。明清之际的战乱,使之散失 20％左右。乾隆帝修《四库全书》时,天一阁奉命进呈 600 多部,因而得到赐《古今图书集成》一部的奖励。但许多进呈的书籍被承办者扣留侵吞,没能按规定退还。道光年间,发生中英鸦片战争,英国殖民主义者占据宁波,曾掠走不少方志。太平天国运动期间,小偷乘乱窃走大量书籍。民国初年,外国侵略者又勾结上海旧书商,雇用大盗进阁盗窃。经过上述劫夺和偷窃,到中华人民共和国成立前夕,天一阁藏书只剩下一万余卷。中华人民共和国成立后,由于党和人民政府的重视,天一阁才获得了新生。散失在外的许多古籍被重新收集回阁,书楼及其周围环境也得到了整修和妥善保护。现在天一阁藏书中最受人重视的是明代地方志和科举题名录两类书籍。大部分纂修于嘉靖年间及其以前,其中明代方志 271 种,65％是海内孤本,登科录、会试录和乡试录有 389 种,大部分也是仅见之本②。它们是研究明代政治、经济、人物、科技等各方面情况的珍贵资料。

天一阁藏书有的盖着专用印章,仅范钦所用,即有"古司马氏""七十二峰""东明草堂""范钦私印""天一阁主人"等二三十枚,其子范大冲有"范子受氏""范大冲印"等二十多枚,他们的后代也有一些另外字样的印章。这些印章是鉴定天一阁原藏书籍的一个依据,但有的是后人作伪,

---

① 骆兆平:《天一阁刻书考略》,载《图书馆研究与工作》1981 年第 4 期;骆兆平:《天一阁刻书续考》,载《图书馆研究与工作》1983 年第 3 期。
② 骆兆平:《天一阁史话》,载《图书馆学通讯》1980 年第 3 期。

在鉴别时还应参照其他条件①。

（四）万历后最著名的藏书家

有陈第、赵琦美、徐𤊹等。

陈第的生平，本书第二章已经述及。他出身于一个小官僚地主家庭，家中原有一些藏书，但因他"惟书是癖"，祖传书籍不能满足要求，于是在出外居官和游历之时，"遇书辄买"，"不择善本，亦不争价值"。后又在南京藏书家焦竑等处抄过书。经过三四十年的积累，藏书达到万余卷。后来他的儿子又加增补，但数量不多。入清后不久，其藏书即散佚无存②。他作为一个武人而从事藏书，这在明代是为数不多的③。

赵琦美，字玄度，常熟人，生于嘉靖四十二年（1563），卒于天启四年（1624），官至刑部郎中，是明末常熟三大藏书家之一。他网罗载籍，朱黄讐校无虚日，明清之际著名学者钱谦益称他"好之之笃挚，与读之之专勤，近古所未有"④。据说，他曾校一部刻本《洛阳伽蓝记》，先后用了四种抄本和一种刻本，"凡历八载，始为完书"⑤。他藏书之室叫脉望馆，死后其书尽归常熟的另一大藏书家钱谦益的绛云楼。

徐𤊹，字惟起，一字兴公，福建闽县人，生于隆庆四年（1570），卒于顺治元年（1644）或二年，以布衣终。他"博闻多识，善草隶书"，是闽中著名诗人⑥。他非常爱读书，曾自谓"淫嗜生应不休，痴癖死而后已"。⑦万历十七年（1589）前后，他开始收书，而万历二十年至二十九年，又三往吴越，一赴书林，大量购。万历三十年，他的藏书总数达到5.3万余卷。⑧

① 《藏书纪事诗》卷2；王竞：《范氏天一阁藏书印考》，载《吉林省图书馆学会会刊》1981年第5期。
② 王重民：《中国目录学史料》四，载《吉林省图书馆学会会刊》1981年第5期；《藏书纪事诗》卷3。
③ 除他之外，明代武人藏书较多的还有涿州高儒。
④ 《初学集》卷66《刑部郎中赵君墓表》。
⑤ 《藏书纪事诗》卷3。
⑥ 《明史》卷286《徐𤊹传》。
⑦ 《藏书纪事诗》卷3。
⑧ 《红雨楼家藏书目序》。

以后他的藏书又续有增补。他的藏书处称"鳌峰书舍"。① 顺治初,其藏书尚安然无恙。但到康熙初年,则已"并田园尽失之"②。

（五）祁承爜及《澹生堂藏书约》

万历以后出现的最著名的藏书家,也有一个值得特加介绍者,这就是浙东藏书家祁承爜。他不仅藏书甚富,而且提出了系统的藏书建设理论。

祁承爜,字尔光,号夷度,又称旷翁、密士老人,浙江山阴（今绍兴）人。生于嘉靖四十二年（1563）,卒于崇祯元年（1628）。万历三十二年（1604）进士,曾宦游南京、苏州、山东、河南等地,最后官至江西右参政。他从童年起就喜爱读书,时其父有"遗书五七架,庋卧楼上",他常常上楼取观,虽不了解书中所写的内容,但"童子之所喜吸笙摇鼓者,弗乐于此",当母亲促他下楼上学时,"移时不下楼,继之以呵责,恋恋不能舍"。他在青年时期曾得到一部通史,高兴万分,"昼夜展读,一月而竟",由于劳累过甚,弄得神经衰弱,"不能寐者数月,至有性命之忧"。"然而蠹鱼之嗜,终不解也",他感到久不读书,"便尘俗生其间,照镜则面目可憎,对人则语言无味"。③ 一生的辛勤攻读,使他成为学识渊博的学者,其著述甚多,惜大部分已经散失,今存者只有《澹生堂集》《澹生堂外集·宋贤杂佩》《澹生堂藏书约》《澹生堂书目》等数种。

由喜爱读书,祁承爜进一步发展到热心于收集图书。结婚之后,"即内子奁中物,悉以供市书之值"。"凡试事过武林,遍问坊肆所刻",在委巷深衢遇到奇异书籍时,即使是虫鼠咬过的残本,也"无不珍重市归,手为补缀"。"十余年来,馆穀之所得,饘粥之所余,无不归之书者。合之先世,颇踰万卷,藏载羽堂中。"万历二十五年,不幸发生火灾,"先世所遗及半生所购,无片楮存者"。但面对这一严重打击,他毫不气馁,另筑澹生堂书库,重新一本本收集起来,16 年之后,其所藏书籍,"以视旧蓄,似再倍而三矣"④。

---

① 《明史》卷 286《徐爜传》。
② 《藏书纪事诗》卷 3。
③ 《澹生堂藏书约》。
④ 《澹生堂藏书约》。

以后他再接再厉,继续收集,藏书总数达到十余万卷。回顾祁承爜收藏图书的经历,不禁使人对其热爱图书和坚韧不拔的精神肃然起敬。

更值得称道的还是他写出了著名的《澹生堂藏书约》一书。此书除前言部分外,有"读书训""聚书训"和"藏书训略"三部分。"读书训"和"聚书训"是抄录古人聚书、读书的事迹而写成的。"藏书训略"分"购书"和"鉴书"二小节,这是他对自己平生购书经验的总结,写得"若与故人对话,娓娓可听,语语皆从阅历中来,亲切之至"①,是中国古代藏书建设的重要文献。

《澹生堂藏书约·藏书训略》提出的藏书建设理论,主要是购书三术和鉴书五法。其购书三术,包括"眼界欲宽,精神欲注,而心思欲巧"。所谓"眼界欲宽",是指要放开视野,"知旷然宇宙,自有大观",购书时不局限于某一类。他批评一些人,"每见子弟于四股八比之外略有旁览,便恐妨正业,视为怪物",而有些"子弟稍窃窥目前书一二种,便自命博雅,沾沾自喜",这些乃是坐井观天,"不知宇宙大矣"。所谓"精神欲注",是指养成读书的嗜好。祁承爜认为,"古今绝世之技、专门之业,未有不由偏嗜而致者","物聚于所好,奇书秘本,多从精神注向者得之"。因此,他要求购书者要逐渐移种种嗜好于嗜书,最后达到"饮食寝处,口所嗫嚅,目所营注,无非是(指书)者","非此不复知人生之乐"。所谓"心思欲巧",是指多动脑筋,多想办法,他在郑樵提出的"即类以求""旁类以求""因地以求""因家以求""求之公""求之私""因人以求""因代以求"等搜求书籍的八道之外,设想了三种搜求书籍的途径:一为辑佚,二为将某些书一分为二,三为搞待访书目。关于辑佚,他说:"书有著于三代而亡于汉者,然汉人之引经多据之。书有著于汉而亡于唐者,然唐人之著述尚存之。书有著于唐而亡于宋者,然宋人之纂集多存之。每至检阅。凡正文之所引用,注解之所证据,有涉前代之书而今失其传者,即另从其书各为录出。"关于将某些书一分为二,他说:"如《世说》词旨本自简令,已使人识晋人丰度于眉宇间。若刘孝标之注,援引精核,微言妙义,更自灿然,可与《世

_____

① 郑振铎:《劫中得书记》。

说》各为一种,以称快书。"关于搞待访书目,他说:"古书之必可求,必非昭代所梓行者也。若昭代之所梓行,则必见序于昭代之笔,其书即不能卒得,而其所序之文则往往载于各集者可按也。今以某集有序某书若干首,某书之序刻于何年,存于何地,采集诸公序刻之文而录为一目,自知某书可以从某地求也,某书可向某氏索也。置其所已备,觅其所未有,则异本日集,重复无烦。"上述三个搜求书籍途径的提出,他仅是为了当作例证,用以说明应该多动脑筋的思想,因而最后他总结说:"即此三端,可以触类。总之,一巧以用八求,故曰心思欲巧者此也。"①

《澹生堂藏书约·藏书训略》所讲的鉴书五法包括"审轻重""辨真伪""核名实""权缓急"和"别品类"。所谓"审轻重",是指根据各类图书之刊刻、亡佚与时代推移的关系,给予不同的重视。他认为"得史十者不如得一遗经,得今集百者不如得一周秦以上子,得百千小说者不如得汉唐实录一","购国朝之书十不能当宋之五也,宋之书十不能当唐之三也,唐之书十不能当汉与六朝之二也,汉与六朝之书十不能当三代之一也"。所谓"辨真伪",是指分清著作的真假。他分析了各种图书的情况,认为"经不易伪,史不可伪,集不必伪,而所伪者多在予"。所谓"核名实",是指搞清书籍的内容,以不被前人在书名上搞的种种花样迷惑。关于书籍的名实,他认为有五种情形应予注意:"有实同而名异者;有名亡而实存者;有得一书而即可概见其余者;有得其所散见而即可凑和其全文者;又有本一书也,而故多析其名以示异者。"所谓"权缓急",是指根据实用价值的大小,对各类图书给予不同的重视。他认为除尊经以外,"就三部而权之,则子与集缓,而史为急。就史权之,则霸史、杂史缓,而正史为急"。又,"学不通今,安用博古","故凡涉国朝(指明朝)典故者,不特小史宜收,即有街谈巷议,亦当尽采"。所谓"别品类",是指搞好图书分类。他认为书籍分类甚难,应该"博询大方,参考同异",善于吸取前人的经验,但也不能过分拘泥于前人成法,"书有定例,而见不尽同,且亦有无取于

---

① 《澹生堂藏书约》。

同者"①。

祁承㸁提出的包括购书三术和鉴书五法的藏书建设理论,有的内容在今天看来已经不适用了,有的甚至原本就属于应予剔除的糟粕之列。如他主张将某些书一分为二,这在图书馆分析资料或便利读者从多种角度加以利用上有些好处,但将之用于藏书、刻书,就不足为训,这只能破坏原书的完整性,造成混乱。不过,从总体上看,他提出的上述命题都是有参考价值的,其所论具体内容也有不少精彩之处,达到了当时的最高水平。除了上述购书、鉴书的藏书建设理论之外,祁承㸁对于图书的典藏保管及阅览出借等,还提出过有一定积极作用的意见。他的理论对于后世也产生过一定的影响。他在中国图书馆学形成史上,写下了不可磨灭的一页。

（六）战争对私人藏书的影响

私人藏书家对图书有很深厚的感情,他们的活动对图书的保存起了很大的作用。但是,当战争发生之后,他们往往在保护图书上心有余而力不足,而古代的兵将士卒了解图籍重要性者为数极少,不肯加以保护,因此兵荒马乱对古代私人藏书是极大的劫难。明代私人藏书也曾受到战争的严重影响。明初以后,中国东南沿海长期受到倭寇的骚扰,嘉靖时期为祸尤烈,这使东南地区的不少私人藏书归于毁灭。如大学者顾炎武的先人所藏数千卷图书,即因倭寇之侵扰而与室庐"俱焚无孑遗"②。松江府人黄标、李可教、何元朗等也都因遭受倭寇侵犯而丧失了丰富的藏书。明清之际,中国经过了长期战乱,这对私人藏书的破坏尤其严重。如江右陈士业"颇好藏书",康熙初黄宗羲从其子来信得知,"兵火之后,故书之存者,惟熊勿轩一集而已"③。全祖望的先人亦多藏书,在这期间,"里第为营将所居,见有巨库,以为货也",打开一看,全是书籍。因"大

①《澹生堂藏书约》。
②《亭林文集·抄书自序》。
③《南雷文约》卷4《天一阁藏书记》。

怒,付之一炬"①。乌程人潘曾纮,"有意汲古,广储缥缃",后"视学中州,罗致更富"。但明清之际"遭劫,士兵至以书于溪中迭桥为渡,以搬运什物"②。经过明清之际的战乱之后,宋元版书籍大量减少,这是当时的战争严重破坏藏书事业的一个反映。

三、图书保管技术的新成就

火灾、受潮、霉变、虫蛀等是图书保管的大敌,明代私人藏书家多半注意与这些大敌进行不懈的斗争,而官府藏书的有关人员,在某些时候,也能注意防止上述灾变的发生。因而明代的图书保管技术,一般说来是全盘继承了前人的经验,汲取了前人的教训,并在当时藏书家的实践中,取得了新的进步。这些新进步,扼要说来有两项,一是采用了多种多样的防蠹办法,二是在藏书楼室的设计中,注意了对灾变的防范,特别是注意了对多种灾变的综合防范。

（一）防蠹技术

明代藏书家为了防蠹,在汲取前人经验的基础上,各自采用了自认效果最佳的措施。有的在自己的著作中,记下了自己的主张。如天一阁范氏防蠹的办法,是放置芸草。谢坤《春草堂集》记载说:"范氏天一阁藏书甚富,内多世所罕见者,兼藏芸草一本,色淡绿而不甚枯,三百年来书不生蠹,草之功也。"这种芸草即芸香草,也叫七里香,早在明代以前就已被藏书家用做防蠹的药物③。它能分泌抗虫杀菌的物质,用以防蠹确有实效。但年月过久,效用会逐渐变小以至消失。现在天一阁中还保存着芸草三本,它们虽已因年代久远而失效,然而作为研究资料,却是极宝贵的④。福建藏书家谢肇淛重视翻阅、通风等在防蠹中的作用。他说:"书中蠹蛀,无物可辟,惟逐日翻阅而已。置顿之处,要通风日,而装潢最忌

---

①《鲒埼亭集》外编卷 17《双韭山房藏书记》。

②《江浙藏书家史略》引《吴兴藏书录》。

③ 沈括:《梦溪笔谈》。

④ 骆兆平:《漫谈天一阁藏书管理的历史经验》,载《图书馆研究与工作》1980 年第 3 期。

糊浆厚裱之物。宋书多不蛀者,以水裱也。日晒火焙固佳,然必须阴冷而后入笥,若热而藏之,反滋蠹矣。"①明末常熟大藏书家毛晋注意在裱糊时采取防蠹措施,清人孙庆增在《藏书记要》中叙述其防蠹措施说:"毛氏汲古阁用伏天糊裱,厚衬料,压平伏。裱面用洒金墨笺,或石青、石绿、棕色紫笺,俱妙。内用科举连裱里。糊用小粉、川椒、白礬、百部草细末,庶可免蛀。"②

明代防蠹技术中最突出的成绩是发明了名为"万年红"的防蠹纸。它是广东南海(佛山一带)发明的,上面涂有用铅、土硫黄、硝石等化合而成的桔红色粉末状物质铅丹(也叫红丹)。铅丹的主要成分是四氧化三铅,而四氧化三铅具有毒性,可以毒死蛀书害虫,这便是防蠹纸可以产生防蠹作用的原因。另外,四氧化三铅在空气中化学性质稳定,所以这又使防蠹纸的防蠹作用具有持久性。当时,广东所出的线装书,往往在扉页和封底里各装一张防蠹纸作为附页,用以防蠹。直到今天,经过这种处理的书籍还保存着一些,而且它们绝大部分未被虫蛀,个别的虽有虫蛀现象,也极为轻微。利用防蠹纸保护书籍,比晋代已经采用的"入潢"法,以及后来在书橱中放芸草等方法,都要简便易行,效果显著,并且防蠹纸鲜艳的桔红色,与书页相映,使书籍的美观程度也增几分。明代防蠹纸的发明和应用,是古代中国人民的一个伟大创造③。

(二)注意灾变防范的藏书楼室设计思想

建筑藏书楼室的目的,是要防止图书受损害,所以,自从藏书楼室开始创建,其设计思想中一定少不了注意灾变的防范这一条。但古代藏书楼室的实物,以明代留存者为较早,关于古代藏书楼室结构状况的文献记载,也以明代为较多,因而研究古代藏书楼室的注意防范灾变的设计思想,要以明代为最合适的研究对象。从资料来看,明人在建筑藏书楼

---

① 《五杂俎》卷 9《物部一》。

② 孙庆增:《藏书记要》第 5 则《装订》。

③ 中国历史博物馆防蠹纸研究小组:《对明清时期防蠹纸的研究》,载《文物》1977 年第 1 期;刘
　启柏:《古籍防蠹》,载《四川图书馆学报》1979 年第 3 期。

室时,防范灾变的思想相当明确,而且考虑得非常周到细致。下面仅举几例,以见一斑。

据王世贞记载,浙江藏书家胡应麟的藏书室,"屋凡二楹,上固而下隆其阯,使避湿,而四敞之可就日"①。这就是说,胡应麟有意识地使之利于防潮和采光,而使之便于采光的目的,显然是要防潮、防霉和防蠹。

大藏书家祁承爜于天启三年(1623)给其子写过一封家信,其中说:"只是藏书第一在好儿孙,第二在好屋宇。必须另构一楼,迥然与住房书室不相接联,自为一境方好。但地僻且远,则照管又难。只可在密园之内外,裁度其地……若起楼五间,便觉太费。而三间又不能容蓄。今欲分作两层。下一层离基地二尺许,用阁栅地板,湿蒸或不能上。只三间便有六间之用矣。前面只用透地风窗,以便受日色之晒,惟后用翻轩一带,可为别室检书之处。然亦永不许在此歇宿,恐有灯烛之入也……此楼之制,既欲其坚固,又欲其透风。须我与匠人自以巧心成之。"②从这一封信可以充分看出祁承爜对藏书楼要注意防范灾变的重视。在选址上,他要求"迥然与住房书室不相接联,自为一境方好",在藏书楼后检书别室里,他规定"永不许在此歇宿,恐有灯烛入也"。这些要求和规定说明,祁承爜对防火极为关心。在藏书楼的构造上,他考虑到"下一层离基地二尺许,用阁栅地板,湿蒸或不能上",要求"前面只用透地风窗,以便受日色之晒",明确提出"既欲其坚固,又欲其透风。"这些考虑和要求说明,祁承爜对防潮、防霉、防蠹也非常注意。由上述来看,祁承爜为了防范灾变,在设计藏书楼时,确实是用尽苦心,想尽方法,所谓"须我与匠人自以巧心成之"云云,并非虚语。

在明代藏书楼室的设计上最有名的还是皇史宬和天一阁。它们的优点也是注意对多种灾变的综合防范。如皇史宬除了以砖石为建筑材料,以利防火外,还专门建造了放档案柜的高台,墙壁很厚,达四五米,东

① 《江浙藏书家史略》。
② 转引自黄裳:《澹生堂二三事》,载《社会科学战线》1980 年第 4 期。

西墙有对开的大窗户，能流通空气，如此等等，对于防潮、防蛀、防霉都很有利。天一阁在"月湖之西，宅之东，墙圃周回"①，远离灶火，阁前又凿有天一池蓄水备用，可见注意了防范火灾。而它本身的规制，是坐北朝南的两层木结构楼房，前后皆开窗户，楼内书柜也都前后设门，有利于通风；楼顶为起脊式，除了外形显得质朴雅致外，还有利于防止漏雨和隔热；楼前楼后有廊，对于防光、隔热和防尘都有好处。可见，天一阁的构造对于火灾外的霉变、虫蛀等多种灾变，也都注意了防范。

由于明人讲究藏书楼室对灾变的防范，这便大大提高了藏书楼室保护图书的效能。如天一阁的藏书，由于藏书楼设计合理，再加上有其他合理的保管措施（如不许将烟火带入阁中等），其许多藏书至今仍触手如新，令人展卷悦目。天一阁的建筑办法，对于后世还产生了积极的影响。清代乾隆帝为其防火效能而倾倒，在其组织纂修《四库全书》时，曾令人专门到天一阁调查其建造方法②。后来贮放《四库全书》的七个书库文渊阁等，都是仿照天一阁的式样造成的。

四、国内流通状况

明代图书互通有无的手段甚多，有赠送，有互抄，还有在市场上购买等。其中，在市场上购买是最重要的一种，而公私藏书借人阅读的风气不浓，只有少数人肯于借书给人。

（一）市场上的图书买卖

明代市场上的图书买卖相当发达，因为刻书业兴盛，其产品需要通过市场买卖找到出路。刻书业最发达的地方往往设有专门的书市（如建宁）。有些地方虽然刻书业不甚发达，但由于是交通要道，或者系政治、经济、文化的中心，图书的买卖也很盛行。如"楚、蜀、交、广，便道所携，间得新异。关、洛、燕、秦，仕宦橐装所挟，往往寄鬻市中，省试之岁，甚可

---

① 阮元：《研经室集》2集卷7《宁波范氏天一阁书目序》。
② 王先谦：《东华续录》乾隆朝卷79。

观也"。① 当时书市最发达的地方是北京、南京、苏州和杭州。北京虽有刻书业,但并不算最发达之处,然而书市却极盛,因为这里"海内舟车辐辏,筐篚走趋,巨贾所携,故家之蓄,错出其间,故特盛于他处"。北京的书肆,"多在大明门之右,及礼部门之外,及拱宸门之西"。每会试举子,书肆主人即于场前租赁民舍卖书,一个月后"试毕"始归。每年二月花朝(旧俗以二月十二日为百花生日称花朝)后三天,书肆主人还在灯市"税地张幕",列架卖书。每月初一、十五和二十五三天,则在城隍庙设摊经营。只是北京市场上书价较高,"诸方所集者,每一当吴中二,道远故也"。当地所印者,"每一当越中三,纸贵故也"。南京的书肆,"多在三山街及太学前"。苏州的书市,"多在阊门内外及吴县前"。这里出售的书,多是本地所刻,"他省至者绝寡"。杭州的书肆"多在镇海楼之外,及涌金门之内,及弼教坊,及清河坊",这些地方都是交通冲要之处。"省试则间徙于贡院前。花朝后数日,则徙于天竺,大士诞辰也。上巳后月余,则徙于岳坟,游人渐众也。梵书多鬻于昭庆寺,书贾皆僧也。"其余的小街巷之中,偶而也可见到"奇书秘简"的出卖者。由于书市的发达,书价的决定逐渐形成了一定的规律,这个规律是"视其本,视其刻,视其纸,视其装,视其刷,视其缓急,视其有无。本视其钞刻,钞视其讹正,刻视其精粗,纸视其美恶,装视其工拙,印视其初终,缓急视其时,又视其用,远近视其代,又视其方。合此七者,参伍而错综之,天下之书之直之等定矣"。②

（二）公私藏书的出借

明代因袭宋元以来制度,国子监及府州县地方学校,置有官书,供生员阅览。这种官书,多印有"××学官书,许生员关看,不许带出学门"字样③。但官府藏书量最大的文渊阁藏书,却是不许一般读书人借阅的。这里的藏书,主要是为了方便皇帝,"即皇上欲有所考,立取立具",除此之外,"独二三元僚、奉诏入门、参万几、备顾问者,仅乃锵翔其间"。连一

---

① 《少室山房笔丛》甲部《经籍会通》卷4。
② 《少室山房笔丛》甲部《经籍会通》卷4。
③ 《书林清话》卷8《宋元明官书许士子借读》。

般官僚,也无资格阅读①。个别读书人,如《五杂俎》的作者谢肇淛,曾经通过有私人关系的大学士,得见文渊阁的藏书,但这不过是为数不多的例外②。这样,文渊阁藏书的收藏作用远远超过了其利用价值,而这正是明官府搞这种藏书的指导思想。《万历野获编》中记载文渊阁说:"其地既居邃密,又制度卑隘,窗牖昏闇,虽白昼亦须列炬,故抽阅甚难。"③这样的不便阅读、只堪堆放的建筑形制,显然也是收藏重于利用的指导思想的产物。

明代私人藏书家的指导思想也多半是收藏重于利用,把自己的藏书当成个人的珍秘,并企图世代相传,除了自己的子孙可以阅读外,一般不肯示人。如金华藏书家虞守愚,将藏书"贮之一楼,在池中央,小木为杓,夜则去之,榜其门曰:'楼不延客,书不借人'"。④ 天一阁的藏书也不许外人借阅,清人阮元记载说:"司马(指范钦)没后,封闭甚严。继乃子孙各房相约为例,凡阁厨锁钥,分房掌之。禁以书下阁梯,非各房子孙齐至,不开锁。子孙无故开门入阁者,罚不与祭三次;私领亲友入阁及擅开厨者,罚不与祭一年;擅将书借出者,罚不与祭三年;因而典鬻者,永摈逐不与祭。"⑤有的藏书家虽然准许外人借阅,但条件极严,与不准借阅差别并不太大。如祁承㸁对其澹生堂存书规定:"子孙取读者,就堂检阅,阅竟即入架,不得入私室。亲友借观者,有副本则以应,无副本则以辞,正本不得出密园外。"⑥明代也有一些思想开通允许外人借阅自己藏书的藏书家,如江阴李鹗翀即是这样一个人物。他"见图籍则破产以收,获异书则焚香肃拜",而且与朋友共用,"遇秘册必贻书相问,有求假必朝发夕

---

①《西园闻见录》卷8《藏书》。
②《五杂俎》卷13《事部一》。
③《五杂俎》卷1《先朝藏书》。
④《五杂俎》卷13《事部一》;《江浙藏书家史略》。
⑤《宁波范氏天一阁书目序》。
⑥《澹生堂藏书约》。

至"。① 他曾说:"天下好书,当与天下读书人共之。"②吴县人杨循吉也是这样的开明藏书家。他有《题书厨诗》说:"奈何家人愚,心惟财货先,坠地不肯拾,断烂无与怜。朋友有读者,悉当相奉捐,胜付不肖子,持去将鬻钱。"可惜的是,当时像李鹗翀、杨循吉之类的开明藏书家为数太少,他们的行动,没能使明代私人藏书不肯借阅的风气彻底改变。

明代的图书流通,一方面是市场交换比较发达,有利于文化事业的发展;另一方面是官私藏书基本上不向一般读书人借阅,对于文化的传播又发生着不利的影响。图书流通中的这两种矛盾现象,都是封建私有制的产物。市场交换之所以发达,原因之一是书贾要赚钱,因而极力经营;藏书家之不肯外借图书,那是为了保护个人的私产。明代图书流通中的矛盾现象,使文化事业的发展不能顺利,这种事实的存在,反映了封建私有制度的局限和腐朽。

五、图书输出

明代中国图书输出外国者甚多。当时中国在世界上,特别是在亚洲各国中,不仅是大国、强国,而且文化发达,处于先进国家之列,其高度的物质文明和精神文明,甚为外国、特别是为亚洲邻国所羡慕,外国把输入中国图籍当作学习中国文化的重要途径,而明朝政府则把图书输出当作扩大影响的一个办法。

明朝政府在派遣使臣到外国时,往往带去若干书籍。明朝行用的《大统历》,即是明朝使臣带给外国书籍当中的一种。这种书籍的给予对象,全是向明朝表示臣服的国家,或明朝打算使之臣服的国家,其给予包含着政治的意义在内。如洪武二年(1369),明派使臣到安南(今越南),"赐(其王)日煃《大统历》"。③ 同年,明遣使至爪哇,"赐以《大统历》"。④

---

① 《藏书纪事诗》卷 3。
② 陈登原:《古今典籍聚散考》卷 3。
③ 《明史》卷 321《安南传》。
④ 《明史》卷 324《爪哇传》。

洪武四年,明命僧祖阐、克勤等出使日本,"赐(日本王)良怀《大统历》"。①

　　外国使臣访明回国时,也往往受"赐"而带回许多书籍。如洪武二年,高丽(今朝鲜)国王派成惟德出使明朝,明朝"赐以'六经''四书'《通鉴》"。② 洪武五年,琐里(今印度)"遣使奉表朝贡","乃赐《大统历》。"③ 明朝政府之利用外国使臣来访的机会给予外国书籍,有的是应使臣的请求而进行的。如永乐元年(1403),朝鲜国王派使"请冕服书籍。帝(指明成祖)嘉其能慕中国礼,赐金印、诰命、冕服、九章、圭玉、佩玉,妃珠翠七翟冠、霞帔、金坠,及经籍彩币表里"。④ 据《明会典》所载,这次给予朝鲜的经籍包括"五经""四书"《春秋会通》《大学衍义》等。⑤ 再如永乐五年、六年,日本屡次派使臣来,"且献所获海寇。使还,请赐仁孝皇后(即明成祖皇后徐氏)所制《劝善》《内训》二书,即命各给百本"。⑥ 成化十三年(1477)九月,日使妙茂"以国王意求《佛祖统纪》等书,命以《法苑珠林》与之"。⑦

　　出使明朝的外国使臣除了通过"赏赐"从明朝政府手中得到书籍外,还以自己所带的货物换取书籍。如天顺元年(1457),安南"遣使入贡","其使者乞以土物易书籍、药材,(英宗)从之"。⑧

　　有的国家在使臣访明时,还有许多僧人、商人随同来明,他们归国时也将书籍携带回去。当时日本的这种情况最多。据日本史籍记载,景泰年间访明的一位日僧,曾在中国以一扇换得《翰墨全书》一部⑨,同时访明的另

----

① 《明史》卷 322《日本传》;《明会要》卷 77。按,"良怀"实际上是当时在九州主持征西府的后醍醐天皇的皇子怀良亲王。
② 《明会要》卷 77。
③ 《明史》卷 325《琐里传》;《明会典》卷 111《给赐二》。
④ 《明史》卷 320《朝鲜传》。
⑤ 《明会典》卷 111《给赐二》。
⑥ 《明史》卷 322《日本传》。
⑦ 《明宪宗实录》卷 170;《明史》卷 322《日本传》。
⑧ 《明史》卷 321《安南传》;《明会要》卷 78。
⑨ 木宫泰彦:《日中文化交流史》,商务印书馆 1980 年版,第 578—579 页。

一僧人在回国后,曾将从中国带回的《清江贝先生文集》三册赠给别人。①

万历《明会典》载:"各处夷人朝贡领赏之后,许于会同馆开市三日或五日","禁戢收买史书。"②据此,按当时明政府的规定,史书是不能输出的。而实际不然,输出到国外的,不仅有经、子、集等各部书籍以及佛经、类书等,史书也同样包括在其内。上面提到的洪武二年高丽使臣来访时,曾被"赐"给著名编年体史书《通鉴》,即是一例。《明史》记载,万历四十三年(1615)十一月,"(朝鲜)使臣表贺冬至,因奏买回《吾学编》《弇山堂别集》等书,载本国事与《会典》乖错,乞改正。礼部言:'野史不足凭。今所请耻与逆党同讥,宜悯其诚,宣付史馆。'报可"。③ 由此来看,当时连私人搞的野史也被外国人买到手、输出境外了。

明代输出的图书,不仅品种全,而且数量多。《明会典》记载,嘉靖二十年(1541),明政府曾下令,广西布政司每年要为安南印《大统历》,其数量高达 1000 本④。

明代大量种类繁多的图书之向国外输出,使明朝的先进文化传向国外,特别是传向亚洲的一些邻国,对传入国社会生活和科学文化的提高,起了积极的推动作用,也加深了外国对中国的了解,这是中外交往史上值得纪念的一页。

第三节　官私目录

就目录学的成绩来说,与古代各朝代相比,明代不是最为突出的时期。但明代的目录事业仍属比较兴盛者,目录专著数量较多,有的还具有明显的特点。

---

① 《日中文化交流史》,第 597 页。
② 《明会典》卷 108《朝贡四》。
③ 《明会典》卷 320《朝鲜传》。
④ 《明会典》卷 111《给赐二》。

一、登录国家藏书的《文渊阁书目》及其他官书目录

（一）《文渊阁书目》

修于正统六年(1441)的《文渊阁书目》，是明代官书目录中最有名的一个。这个书目的编者是大学士杨士奇、侍讲学士马愉及侍讲曹鼐等人。它之登载图书，未按经、史、子、集的四部法分类登载，而是首先将藏书以千字文排序，自天字至往字，分成二十号，每号下包括若干橱之书，二十号共五十橱；号和橱之下才按图书的内容划分类别，而后依类登录图书。所分类别，有"国朝""易""书""诗""春秋""周礼""仪礼""礼记""礼书""乐书""诸经总类""四书""性理""经济""史""史附""史杂""子书""子杂""杂附""文集""诗词""类书""韵书""姓氏""法帖""画谱""政书""刑书""兵法""算法""阴阳""医书""农圃""道书""佛书""古今志""旧志""新志"等。这种分类法，具有一定的优点，如特辟"性理""经济"二类，"类书"不附于"子"，韵书不附于"经"等，均极合理，表现出著者的特识。但也有不少缺点，如"史""子书"等的分类即嫌漫无界限。其优缺点相比，似乎缺点超过了优点，起码优点不足掩盖缺点。《文渊阁书目》共登载图书 7200 余部，"所载书多不著撰人姓名，又有册数而无卷数"①，这也是不能令人满意的。该书"旧本不分卷数"，《四库全书总目》的编撰者将之分为 4 卷。又黄虞稷《千顷堂书目》记作 14 卷②，也有人把它分成 20 卷③。

关于《文渊阁书目》的评价，历史上出现过三种有代表性的态度。一为苛责，以清人朱彝尊为代表。他认为："其目不详撰人姓氏，又不分卷，俾观者漫无考稽，此牵率之甚者。"④二为曲谅，以清人钱大昕为代表。他说："此目不过内阁之簿帐，初非勒为一书，如《中经簿》《崇文总目》之比。

---

① 《四库全书总目》卷 85《〈文渊阁书目〉提要》。
② 《四部全书总目》卷 85《〈文渊阁书目〉提要》。
③ 《文渊阁书目》鲍廷博跋，见《国学基本丛书》本。
④ 《曝书亭集》卷 44《文渊阁书目跋》。

必以撰述之体责之,未免失之太苛矣。"①三为批评缺点,肯定价值,以《四库全书总目》为代表。它一方面指出,"今以《永乐大典》对勘,其所收之书,世无传本者,往往见于此目。亦可知其储庋之富(按,指明初文渊阁藏书)。士奇等承诏编录,不能考订撰次,勒为成书,而徒草率以塞责,较刘向之编《七略》、荀勖之叙《中经》,诚为有愧"。另一方面,它也指出,《文渊阁书目》编成后,明文渊阁藏书渐渐散失,后人"惟藉此编之存,尚得略见一代秘书之名数,则(此书)亦考古所不废也"。②《四库全书总目》在《文渊阁书目》的评价上所持的态度是正确的,它所指出的《文渊阁书目》在考核明初图书状况上的作用也完全符合实际。此外,《文渊阁书目》的图书分类法,尽管缺点甚多,但能不守四部分类之成规,对于明代的目录书发生过极大的影响。有明一代,除了高儒、朱睦㮮、胡应麟、焦竑、徐燉、祁承㸁等人所撰书目仍沿四部分类法之外,其余藏书家多效法《文渊阁书目》,抛开四部分类成规,任意新创部类。对于《文渊阁书目》在分类法上这一开风气之先的历史影响,也应给予充分的注意。

(二)其他官书目录

《文渊阁书目》之外,明代的官书目录尚有多种,据黄虞稷《千顷堂书目》、焦竑《国史经籍志》等书所载和各图书馆所藏,其名称为佚名撰《明内府经厂书目》2卷,马愉撰《秘阁书目》2卷,钱溥撰《内阁书目》1卷,佚名撰《宁藩书目》1卷,张萱等撰《新定内阁藏书目录》8卷,佚名撰《国子监书目》1卷,佚名撰《南雍总目》1卷,佚名撰《御书楼藏书目》1卷,佚名撰《都察院书目》,佚名撰《行人司书目》2卷。上述官书目录的名称可说是五花八门,这是由于当时的国家藏书,除文渊阁这一主要处所之外,还有另外许多处所而造成的。上述官书目录有的已经失传,其现存而价值较高的是《新定内阁藏书目录》。

《新定内阁藏书目录》编于万历三十三年(1605),编者除张萱(时为

---

① 《潜研堂文集》卷 29。
② 《四部全书总目》卷 85《〈文渊阁书目〉提要》。

中书舍人）外，还有大理寺左寺副孙能传及中书舍人秦焜、郭安民、吴大山等人。它也是根据文渊阁的现存书籍编成的。全书分 8 卷 18 部，第 1 卷包括圣制、典制 2 部，第 2 卷包括经、史、子 3 部，第 3 卷包括集部一部，第 4 卷包括总集、类书、金石、图经 4 部，第 5 卷包括乐律、字学、理学、奏疏 4 部，第 6 卷包括传记、技艺 2 部，第 7 卷和第 8 卷分别包括志乘和杂部各 1 部。《新定内阁藏书目录》的分类法很不科学，有人说它"部类参差，殊鲜端绪"①，这一批评并不过分。不过，它对登录各书，"略注撰人姓名、官职、书之完缺"②，并间或加有解题，虽文字简略，原书卷数也未全著，而与《文渊阁书目》相比，显然有所改进。可惜的是，万历年间文渊阁书所剩已"寥寥无几"③，这个书目的实际作用大受限制。

二、注重分类的焦竑《国史经籍志》

明代与史志目录有关的著作有焦竑《国史经籍志》、何乔新《订正马端临经籍考》、祁承㸁《诸史艺文钞》。其中最有价值的是焦竑于万历年间参加陈于陛主持的修史活动时所撰《国史经籍志》。

焦竑曾说，"部分不明则兵乱，类例不立则书亡。"④从《国史经籍志》的部类设置看，他对分类确实做过一番苦心研究，表现得极为重视。该书正文分五大类。一、制书类，内分御制、中官御制、敕修、记注时政四小类；二、经类，内分《易》《书》《诗》《春秋》《孝经》《论语》《孟子》，礼、乐、经总解、小学 11 小类；三、史类，内分正史、编年、霸史、杂史、起居注、故事、职官、时令、食货、仪注、法令、传记、地理、谱牒、簿录 15 小类；四、子类，内分儒家、道家、释家、墨家、名家、法家、纵横家、杂家、农家、小说家、兵家、天文家、五行家、医家、艺术家、类家 16 小类；五、集类，内分制诏、表奏、赋颂、别集、总集、诗文评 6 小类。在每一小类之下，该书还再分子

---

①《内阁书目跋》，《适园丛书》本。
②《内阁书目跋》，《适园丛书》本。
③《曝书亭集》卷 44《文渊阁书目跋》。
④《国史经籍志》卷 3。

目,如经类《易》之下,又分"古易""石经""章句""传注""集注""疏义"等14个子目。每一小类登录书目完毕之后,又加序言对该类学术源流加以叙述。所收录图书,不以明代为限,不问存佚,通记古今。正文后面,附有"纠谬"一卷,条举《汉书》《隋书》《唐书》《宋史》各史艺文经籍志及唐《四库书目》、宋《崇文书目》《通志·艺文略》、晁氏《郡斋读书志》及《通考·经籍志》诸家分类上的谬误。由上述可知,《国史经籍志》既基本上采用了"隋志"的大类与小类的分类法(只是略有变通),又继承了《通志·艺文略》在大小类目之后再细列子目的优点。如果作者在分类上没有做过苦心钻研,绝不可能取得这样的成就。

由于焦竑编写《国史经籍志》志在包举千古,因而工作量甚大,以一人之力,实难胜任,这使《国史经籍志》存在一些缺点。其主要者,一为只据旧书目,未加实地调查,二为遗漏甚多。入清之后,宋定国、谢星缠曾撰《国史经籍志补》,其动机即因检阅他书与之相比勘,发现它多有失载,"因启增补之思"①。

清人对《国史经籍志》多有褒辞。如钱大昕撰《补元史艺文志》自称从此书"采获颇多",章学诚于《校雠通义》中称其"整齐有法"②。但《四库全书总目》对它批评甚厉,说:"其书丛钞旧目,无所考核,不论存亡,率尔滥载,古来目录惟是书最不足凭。"《四库全书总目》的批评不无根据,但历朝修经籍艺文志者多有这些缺陷,《四库全书总目》只对焦竑《国史经籍志》的这些缺陷进行严厉批评,不能称为公道。

三、私家目录

(一)数量的增多和收录范围的扩大

明代的私家目录比较兴盛,藏书家大多撰有目录,据《千顷堂书目》等考之,总数不下四五十种,至今仍存者也有 20 种以上。如周弘祖撰

---

① 《国史经籍志补》自序。
② 《国史经籍志》伍崇曜跋。

《古今书刻》、李廷相撰《李蒲汀家藏书目》、陈第撰《世善堂藏书目》、晁瑮撰《宝文堂分类书目》、高儒撰《百川书志》、李如一撰《得月楼书目》、祁承㸁撰《澹生堂书目》、徐𤊹撰《徐氏家藏书目》、赵用贤撰《赵定宇书目》、赵琦美撰《脉望馆书目》、白云霁撰《道藏目录详注》等，即是流传至今的明代私家书目。明代私家目录不仅数量多，而且扩大了收录范围，许多书目著录文艺书甚多，可从中得到有关明代文艺的宝贵资料，这是明代私家目录的一种应予重视的创见。

综观明代私家目录，大体可划分为藏书目录和专科目录两种，下面择其要者作简单叙述。

（二）几种著名的藏书目录

（1）《菉竹堂书目》

藏书家叶盛根据自家藏书撰写的书目，撰成后由其子叶晨抄出。据叶盛撰《菉竹堂书目序》及《四库全书总目》对该书的著录，该书共 6 卷，其中经、史、子、集各 1 卷；卷首 1 卷，专载制书；后录 1 卷，专载"其家所刊及自著书"①。其分类，"大率本之马端临《经籍考》"，不自另立类。但它对著录各书只著卷数、册数，"不载撰人姓名"②，反映了《文渊阁书目》对它的影响。此书至少在乾隆时期编纂《四库全书》时尚存。隆庆年间，开始出现一不分卷的伪本《菉竹堂书目》，后来这个伪本又被分为六卷，刻入《粤雅堂丛书》之中；伪本是抄撮《文渊阁书目》，改头换面而成，它是《文渊阁书目》的节本，与叶盛的藏书实无关系。③

（2）《宝文堂分类书目》

藏书家晁瑮根据自家藏书撰写的书目。晁瑮，字君石，号春陵，开州人。嘉靖二十年（1541）进士，官至国子监司业。其家富于藏书，所以《宝文堂分类书目》所载多有其他书目不见或罕见的书名，全书共 3 卷，"以御制为首"，上卷分"五经""四书"等 12 目，中卷分"类书""子杂""乐府"

---

① 《四库全书总目》卷 87《〈菉竹堂书目〉提要》。
② 《四库全书总目》卷 87《〈菉竹堂书目〉提要》。
③ 参见王重民：《中国目录学史料》一，载《吉林省图书馆学会会刊》1981 年 2 期。

等6目,下卷分"韵书""政书"等15目①。其"子杂""乐府"两目之下,著录有很多小说、戏曲方面的书籍。所著录的图书,间为"注明某刻"②,如卷中"类书"目下著录的《玉海》一书,书名下注有"元刻一部"字样,《艺文类聚》一书书名下注有"苏刻一、常州活字刻一、闽刻一"数语,这对于了解明代版本源流,提供了重要史料。

(3)《百川书志》

藏书家高儒所撰的家藏书目。高儒,字子醇,自号百川子,涿州人。他是一个武人,但却喜欢读书,家有藏书上万卷。他用六年的时间对家藏图书进行整理研究,三易其稿,最后于嘉靖十九年(1540)撰成《百川书志》20卷。这个书目的大类划分采用四部法,是明代少数继续沿用四部分类法的目录书之一。四部之下,细分93门,其详细程度超过以前任何一部依四部分类的目录书。该书著录了许多小说、戏曲方面的图书,并将之列入史部里面,表现了作者对这些书的独特看法。书中对收录的图书,多写有简明的解题,介绍作者概况、掌故以及其他有关内容,颇便后人参考。

(4)《赵定宇书目》和《脉望馆书目》

《赵定宇书目》是藏书家赵用贤自记家藏之作。赵用贤,字汝师,号定宇,常熟人。生于嘉靖十四年(1535),卒于万历二十四年(1596)。隆庆五年(1571)进士,官至吏部侍郎。他是赵琦美的父亲。父子二人皆好藏书。赵琦美的藏书中有的即是从赵用贤继承下来的。《赵定宇书目》的编写形式为帐簿式,虽有分类,但极不精密。不过它所著录的内容,有的甚有价值。如明清之际有一丛书《稗统》,后来失传,其内容对世人成为不知之物。但《赵定宇书目》中载有《稗统》全部244册的详细目录,还载有《稗统后编》和《稗统续编》的目录。根据这个记载,世人可知《稗统》为一部头很大的笔记小说丛书,为研究古代文学艺术发展史提供了宝贵

①《四库全书总目》卷87《〈宝文堂分类书目〉提要》。
②《四库全书总目》卷87《〈宝文堂分类书目〉提要》。

资料。该书目原未见刻本，1957 年古典文学出版社曾将传世旧写本影印。《脉望馆书目》是赵琦美自记藏书的目录书。它按家藏图书的存放位置加以登录，分类并未详为斟酌。它首先把藏书分为 30 号，按千字文排列，自"天"字号至"吕"字号。号下分经、史、子、集，不全宋元版书、旧版书、佛经、墨刻、书画、古玩杂物、碑帖等类，末附万历四十六年"续增书目"。这部书目除登录了不少文学艺术书籍外，还在"晨"字号"子类"八下，设有"大西人著述"小类，登录了《几何原本》《泰西水法》等 7 种西方传教士译著的书籍，这是值得注意的内容。

（5）《世善堂藏书目》

陈第撰写的自藏图书目录，撰于万历四十四年（1616）。该书目先分"经""四书""子""史""集""各家"6 部，各部之下再分若干小类。立类比较详悉，立类标准也颇具创造精神，如"集部"的分类兼用时代、人物、体裁三个标准，"史部"新设"明朝记载""四译载记""类编"等类，皆足称道。但今传该书抄本及通行本《知不足斋丛书》刻本，据考证，皆系陈第之曾孙（一说孙）陈元钟（字孝受）于康熙年间窜改过的本子，其所增收书籍，乃是抄自《文献通考·经籍考》及某种福建地方目录，在使用之时，应注意分辨①。

（6）《澹生堂书目》

藏书家祁承㸁记载自藏图书的目录书。祁承㸁重视对图书的分类，如前所述，在《澹生堂藏书约》中他即已提出过"别品类"的问题，此外，他还于万历四十八年（1620）写过"庚申整书略例四则"，提出了系统的"因""益""通""互"四点图书分类主张。所谓"因"，是指图书分类要沿用经、史、子、集的四部成例；所谓"益"，是指根据需要在四部之下，增加必要的小类；所谓"通"，是指附载于其他图书之中的图书，在著录之时，应"悉为分载"，并将其原来附载于其他图书中的情况清楚地注出；所谓"互"，是指著录图书时，凡一书内容涉及两类或两类以上时，即应在有关各类中

---

① 参见王重民：《中国目录学史料》四，载《吉林省图书馆学会会刊》1981 年第 5 期。

均加著录。祁承爜提出的上述主张的后两点，发前人所未发，对于搞好图书分类极有价值。《澹生堂书目》完全体现了祁承爜的上述分类主张。它以经、史、子、集四部为依归，以"易类""书类"等四十多类分载图书，每类之下再设多少不等的子目。在四十多类之中，有"约史""丛书""余集"等类为其首创，其中首创"丛书"类在分类学上贡献尤大，类下子目的分配，该书处理得也很精审，如"史评"类中能分辨考据、评论及研究史法的不同；将"族谱""年谱""书目"等项著录专门之书合为"谱录"类，不把"杂家"类当成无类可归者之渊薮；这都是以前的目录书所没有办到的。子目之下著录图书时，《澹生堂书目》实际采用了分析著录和互见著录的方法；同一书而卷数、册数、版本有所不同时，以"又"字另著一条；对有上下、正续区别的图书，则一律分条著录；目成以后续收各书，皆续录于各类之末。所有上述各点说明，《澹生堂书目》分类颇精、著录得法，是相当完善的一部目录书。

（7）《红雨楼书目》

藏书家徐爜自撰的藏书目录。该书撰成于万历三十年（1692），但此后作者家藏图书仍在增加，这个书目也便继续加以补充，其所收图书一直到南明时期。按作者自序称："仿郑氏《艺文略》、马氏《经籍考》之例，分经、史、子、集四部，部分众类，著为书目四卷，以备稽览。"而实际上该书只是采用了它们的四部分类法，至于四部之下的小类子目则与之大有不同。其经部之下有"易""书"等 13 类，史部之下有"正史""旁史"等五类，子部之下有"诸子""传奇"等 18 类，集部之下有"集类""总集"等 9 类。"集类"指别集，其下又依朝代分目，唐以前依实际藏书著录图书，宋、元、明三代，依朝代各拟为选集而列其目，不一定实际藏有其书。该书目采用了裁篇别出的著录方法，这是它的一个优点。另外，它著录文艺方面的图书也很多，卷 3 子部传奇类收元明杂剧和传奇 140 种，这是它的另一个优点。

（三）专科目录

（1）《古今书刻》

周弘祖所撰关于出版和石刻的专科目录。周弘祖，湖广麻城人，嘉靖三十八年（1559）进士，曾任吉安推官、御史、福建提学副使、安顺判官等职。该书分上、下编二卷，上编载各直省所刊书籍，下编录各直省所存书籍，对研究目录学、文化史很有价值。如关于都察院刻本的纪录中，有《水浒传》一书，这是小说史上有关这个版本的唯一记载。

（2）《医藏书目》

殷仲春所撰关于医籍的专科目录。殷仲春，字方叔，自号东皋子，浙江秀水人。隐居教授，又精于医，著有《栖老堂集》。他收藏医书颇多，又曾涉猎江西朱、饶二氏所藏医书。在此基础上，将所见医籍，编成《医藏目录》。该书采用佛经中名词，设 20 函（类），每函有小序，所录各医书分函归属。由于套用佛经名词，造成归类多有牵强不妥之处，且有重复。但集医籍于一编，颇便检索，是今知最早的医籍专科目录书。

（3）《曲品》

吕天成撰写的关于明传奇的专科目录。吕天成，字勤之，号棘津，余姚人。他工词章，尤精音律。所著《曲品》共 2 卷，评论明传奇及其作者，卷上品评作者，卷下品评作品，在作品名下，附有简单解题。

（4）《道藏目录详注》

道士白云霁撰写的道家目录专书。白云霁，字明之，号在虚子，南直隶上元（今南京）人。《道藏目录详注》共四卷，撰成于天启六年（1626），以道藏之文，分门编次，大纲分三洞①、四辅②、十二类③。所收各书，皆有解题，虽不能甚详，但"亦颇具崖略"④，对于研究道藏很有参考价值。

---

① 洞真部、洞元部、洞神部。
② 太元部、太平部、太清部、正一部。
③ 上述七部之下，各分本文、神符、玉诀、灵图、谱录、戒律、威仪、方法、众术、记传、赞颂、表奏等12 类。
④《四库全书总目》卷 146《道藏目录详注》提要》。

上述藏书目录和专科目录两类之外,明代的私家目录还有属于其他类别者。如祁承㸁有《两浙著作考》46 卷(见《千顷堂书目》,今佚),曹学佺有《蜀中著作记》12 卷①,它们即为地方目录类图书。但上述两类是明代私家目录的主体,属于其他类别的明代私家目录著作数量较少,限于篇幅,这里不再叙述。

四、胡应麟的目录学成就

在叙述明代的目录学成果时,不能不提胡应麟的相当大的贡献。胡应麟喜爱购书、藏书和读书,具有广博的知识,这是他在目录学上能作出相当大的贡献的重要条件。

胡应麟在目录学上的贡献,首先是对明中叶以前的中国古典目录学史进行了总结,写出了中国古代唯一的内容比较丰富、叙述比较系统的目录学史著作——《经籍会通》。该书的引言写于万历十七年(1589)七月初一日,这大概即是该书的写成时间。它共有 4 卷,对历代目录书的具体书名、目录书的种类、目录书著录书籍时的分类状况及其演变原因、各目录书的特点优劣等,皆有比较详细的记载、评论和分析。其中第 2 卷谈得尤为集中。此外,他撰写的《九流绪论》《二酉缀遗》等,也间或论及目录学史的某些方面。

胡应麟不仅对目录学史进行了总结,而且在如何编写目录书上提出了许多深刻的见解,表现出可贵的目录学思想。他认为目录书中各部类的分合调整,既要考虑各部类所收书籍内容的一致性,又要考虑各部类所收书籍的数量应大体保持均衡。由此出发,他一方面肯定自唐朝以来目录书确定下来的经、史、子、集四部分类法,曾说:“自唐以后,四部卷数相当,总之经、史、子、集而细分之,乃为得体。”②另一方面,他又提出加以

---

① 曹学佺于明末曾为四川地方官,熟于四川文献,今有残本四卷传世,见《图书馆学季刊》第 3 卷。
② 《经籍会通》卷 2。

改进的设想："(佛、道)二藏篇帙既多,且本方外之说,分门别录,似无不可"①;"类书有数种,如《初学(记)》《艺文(类聚)》兼载诗词,则近于集,《(太平)御览》《(册府)元龟》事实咸备,则邻于史,《通典》《通志》声韵礼仪之属,又一二间涉于经,专以属之子部,恐亦未安。余欲别录二藏及赝古书及类书为一部,附四大部之末"②。也是由这一部类分合调整的思想主张出发,胡应麟还对子部九流的分合,提出了自己的调整意见:"余所更定九流,一曰儒,二曰杂③,三曰兵,四曰农,五曰术,六曰艺,七曰说,八曰道,九曰释。"④胡应麟对反映一代存书状况的史志目录相当重视,曾对刘知几、陆深等人轻视史志目录的说法严加批评。他企盼出现一部通记古今、明注存亡、对各书著作之旨皆有分析的目录书,并曾以个人之力,试加编撰,惜未完成。

胡应麟除了通过直接在目录学领域中辛勤耕耘而获得了相当大的目录学成就外,还由于其在目录学之外的其他学术领域里努力奋斗,而为目录学的发展作出了不可忽视的贡献。这主要是指他在考据学的领域中的努力奋斗。他从事考据而写出的《四部正讹》等著作,对历史上许多书籍的作者、产生时代、版本、流传、价值等,提出了独到、精辟的意见,对许多类书籍的学术源流作了论述。这些成果最初虽不是为研究目录学而取得的,但取得之后为编写目录书时撰写各门类的序言以及撰写各书的解题,提供了宝贵的资料。清代编写《四库全书总目》时对这些成果曾大量利用,即有力地说明了胡应麟的这类成果,对推动目录学的发展具有重大的作用。

第四节　类书和丛书的编纂

明代编纂类书、丛书的工作规模大、数量多,对保存和利用图书起着

---

① 《经籍会通》卷2。
② 《九流绪论》下。
③ 原注:总名,法诸家为一,故曰杂,古杂家亦附焉。
④ 《九流绪论》上。

重要作用。

一、历代类书编纂的发展

类书是一种分类汇编各种材料以供检索之用的工具书。从内容讲，类书采择经、史、子、集中的词语、诗文、典故以及其他各种资料，汇辑成书。取材不限一种，涉及的问题一般不限于一类，只有不同正宗类书的类书别体，才专录一类内容。从形式讲，类书要分门别类，编次排比，以便检索。它不同于专门著作，大都仅就搜集、选择的材料分门别类地剪裁、排比，只有个别的加上按语来辨释、考证或者校勘。它不同于丛书，各种被取材的书籍，在这里已被割裂，不复独立存在（以上参见刘叶秋《类书简说》）。

三国魏晋南北朝时期是类书的产生期。三国魏文帝曹丕令儒臣王象编辑的《望览》，是中国的第一部类书。这一时期编出的类书有梁徐勉的《华林遍略》和北齐祖珽的《修文殿御览》等。隋唐五代时期是类书的初步发展期，隋虞绰编的《长洲玉镜》、曹宪编的《桂苑珠丛》、虞世南编的《北堂书钞》、唐欧阳询等编的《艺文类聚》、高士廉等编的《文思博要》、徐坚等编的《初学记》、白居易编的《白氏六帖》等，是这一时期编出的最著名的类书，其中有些今天还流传于世，被经常使用。宋代是类书的进一步发展期，李昉等编的《太平广记》和《太平御览》、王钦若等编的《册府元龟》，卷帙浩繁，材料丰富，是至今犹存的名著。王应麟编的《玉海》和《小学绀珠》、章俊卿编的《山堂考索》、高承编的《事物纪原》和孔传编的《后六帖》，是这一时期私人所辑的具有较大影响的类书。金、元两代，类书的编纂呈现了暂时的萧条。元赵世廷等编的《经世大典》，卷数不少，但今已残阙。其他的类书则不太多见。明代类书的编纂再次进入大发展期，有解缙等编的《永乐大典》等。

二、卷帙空前浩繁的大类书——《永乐大典》

明成祖于靖难之役后，为了笼络人心，特别是为了拉拢知识分子，组织大批人手,编成一部卷帙空前浩繁的大类书《永乐大典》。这是明代类书编纂中最突出的一个成绩。

(一)编纂

《永乐大典》的编纂始于永乐元年(1403)七月。明成祖在当时指定翰林侍读学士解缙等人负责此事,他在下达命令时说:

> 天下古今事物,散载诸书,篇帙浩穰,不易检阅。朕欲悉采各书所载事物,类聚之而统之以韵,庶几考索之便,如探囊取物尔。尝观《韵府》《回溪》二书,事虽有统,而采摘不广,纪载太略。尔等其如朕意,凡书契以来,经、史、子、集百家之书,至于天文、地志、阴阳、医卜、僧道、技艺之言,备辑为一书,毋厌浩繁。[1]

这为这部类书的编纂体例和指导思想作了明确的规定。第二年十一月,解缙等编成进上,明成祖为之起名“文献大成”。但不久,明成祖发现内容尚多有阙略,遂命重修,而敕太子少师姚广孝、刑部侍郎刘季篪及解缙总之,又命翰林学士王景等五人为总裁,翰林院侍讲邹辑等二十人为副总裁,“命礼部简中外官及四方宿学老儒有文学者充纂修,简国子监及在外郡县学能书生员缮写”[2],“与其事者凡二千一百六十九人”[3]。永乐五年,该书最后编纂成功,共二万二千二百一十一卷[4],一万一千九十五本,“更赐名《永乐大典》”,明成祖还特为制序“以冠之”[5]。该书卷帙浩繁,总字数达 3.7 亿,为任何类书所不及。

---

[1]《明太宗实录》卷 20。
[2]《明太宗实录》卷 32。
[3]《四库全书总目》卷 137。
[4] 按,关于《永乐大典》的卷数,这里据《明太宗实录》。但《四库全书总目》卷 137 记作 22877 卷,又有目录 60 卷,共 22937 卷;《万历野获编补遗》卷 1 记作 22900 余卷;《明史·艺文志》记作 22900 卷。一般认为,《四库全书总目》所记可能比较准确。
[5]《明太宗实录》卷 54。

（二）流传

《永乐大典》编成后只抄了一部,本打算刻板印行,以工程太大而不果①。后因迁都北京,该书移储北京文楼。明世宗即位后,"好古礼文之事,时取探讨,殊宝爱之",凡遇有疑,即按韵索览,"几案间每有一二帙在焉"。嘉靖三十六年(1557),皇宫内奉天、华盖、谨身三殿发生火灾,明世宗即命身边的人赶快去文楼把《永乐大典》搬出去,一夜中接连传出三四次抢救该书的命令,"是书遂得不毁"。为了防备不测,这次火灾发生后,明世宗命令重录一部,"贮之他所",其具体时间为嘉靖四十一年八月②。隆庆元年(1567),重录工作完成,"当时供誊写官生一百八名,每人日抄三叶"③。录成的副本藏于皇史宬。正本在明末已下落不明,副本也有残缺。雍正初,副本由皇史宬移翰林院敬一亭,所缺已近 2000 册④。光绪初,又丢失一些,存者仅 3000 余册⑤。光绪二十年(1894),翁同龢查点,又发现丢了许多,尚存者仅 800 余本⑥。光绪二十六年,八国联军侵入北京,翰林院被焚,《永乐大典》几乎尽付一炬,幸存者也多被英、美、德、俄、日等帝国主义者劫去。1960 年,中华书局根据历年征集到的 730 卷影印出版。1983 年初,山东掖县一社员将家中放置多年、残缺不全的一册古书,献给北京图书馆,经鉴定,这一册古书是《永乐大典》的两卷(真字韵门制类卷 3518—3519)。据统计,目前散藏世界各地的《永乐大典》原本不过约 800 卷,仅为原帙的 3‰略多。

（三）体例

类书把各种资料按类集中,为检寻利用提供了方便,但类的范畴即所包括的材料没有客观标准,这对检索仍有不便。因此,在其发展过程中,就出现了克服这种缺点的一个办法:把常用的典故、人名、地名、事物

---

① 《旧京词林志》。
② 《明世宗实录》卷 512。
③ 《酌中志》卷 18《内板经书纪略》。
④ 全祖望:《鲒埼亭集》外编卷 17《钞永乐大典记》。
⑤ 缪荃孙:《艺风堂文续集》卷 4《永乐大典考》。
⑥ 《翁文恭公日记》甲午六月初十日。

名等,逐渐附入最通行的检韵字典之中。这个办法日益发展,逐渐形成以韵隶事的类书,唐代颜真卿的《韵海镜原》、宋代袁毂的《韵类选题》、钱讽的《回溪史韵》、宋元之际阴时夫的《韵府群玉》就是这种类书。《永乐大典》正是继承和发展了这种类书的办法,特别是直接将《回溪史韵》和《韵府群玉》当成了蓝本,采用了按韵收字,用字系事的体例。它所依据的韵目次序是《洪武正韵》。在所列各字之下,先注《洪武正韵》的音义,次录各韵书、字书的反切与解说。又用唐颜真卿《韵海镜原》的方式,并列该字的楷篆各体。然后分类汇辑与该字有关的天文、地理、人事、名物以及诗文词曲等各项记载。所汇辑的记载,完全据原书照抄,一律不改一字。原书书名和作者名,用红字写出,极为醒目。

(四)价值

《永乐大典》在以字系事时,办法未能统一,"或以一字一句分韵,或析取一篇,以篇名分韵,或全录一书,以书名分韵"。这是一个缺点,但"元以前佚文秘典、世所不传者,转赖其全部全篇收入",而得以保存下来①。清初全祖望首先从《永乐大典》中辑佚古书②,乾隆时安徽学政朱筠建议从《永乐大典》中辑古书善本,遂导致了四库全书处的设立,经过十多年,共辑出古书数百种,多半刻入了聚珍板丛书,被《四库全书总目》著录的达 365 种,附存目的又 106 种,其中《旧五代史》《续资治通鉴长编》《建炎以来系年要录》《水经注》诸书最为有名。嘉庆中,徐松又从中辑出《宋会要》500 卷、《中兴礼书》150 卷等,皆系部头极大的古书③。光绪中,缪荃孙也辑出了几种。

尤其值得重视的,是《永乐大典》所收古书,除了封建社会内最受重视的正统学派的著作之外,还包括大量的为人民大众所喜闻乐见而且对民生日用十分有益的、关于农业、手工业、科技、医学和古典文学等方面的书籍。如《永乐大典》屡引《氾胜之书》和《齐民要术》,其"二十九尤"韵

---

① 《四库全书总目》卷 137《〈永乐大典〉提要》。
② 《鲒埼亭集》外编卷 17《抄永乐大典记》。
③ 《艺风堂文续集》卷 4《永乐大典考》。

的"油"字内,收有大量关于古代各种油及其制法、用途的材料,其"三末"韵的"戏"字内,包括着《小孙屠》《张协状元》《宦门子弟错立身》等三种戏文,是研究古代戏曲的宝贵参考资料①。可见,《永乐大典》不仅采摘数量多,而且所采内容价值甚高。

总观《永乐大典》的编纂史及其被利用的历史,不难得出这样的结论,不管明成祖倡导组织这一事业的主观动机如何,它的编纂不愧是中国图书史上极光辉的一页。

三、种类繁多的私修类书

《永乐大典》之外,明代官修类书无足道者,但私修类书数量很大,种类繁多,仅《四库全书总目》著录者即有 13 部,另有存目 120 多部。有的对前代类书加以重编,有的专辑一方面的内容,还有的图文并茂。真是琳琅满目,丰富多彩。兹叙数种,以见一斑。

重编前代类书的有俞安期《唐类函》。该书共 200 卷,分"天""岁时"等 43 部。它把唐人所编类书的内容合编在一起,删去重复,故名"唐类函"。它主要从《艺文类聚》《初学记》《北堂书钞》《白氏六帖》四部类书中取材。"《类聚》居前,不复加删,删者删其后三书也。大都《书钞》删多于《初学记》,《白帖》删多于《书钞》。至若《类聚》略而三书详,则取三书所详,足《类聚》之缺。"②四书所取内容的排列次序,除《艺文类聚》排在最前面外,《初学记》排在第一,《北堂书钞》《白氏六帖》分别居第二和第三。上述四书之外,《唐类函》还从杜佑《通典》及韩鄂《岁华纪丽》中选取了一些内容。俞安期在编纂《唐类函》时,曾对所取材料的"讹失"作了一些校勘。这部类书为检索唐以前的典故诗文,提供了很大方便。

卓明卿《藻林》是专门分类汇集写诗作赋所用辞藻的类书。其"凡例"称:"惟取音响明亮、词华绮丽、可入诗赋者录之,若古今故实,自有诸

---

① 参见《永乐大典》郭沫若序,中华书局影印本。
② 俞安期:《唐类函》凡例。

类书可考,兹不备。"该书所汇辞藻,选自《易经》《诗经》《左传》《礼记》《庄子》《文选》《初学记》《艺文类聚》诸书。全书共 8 卷 37 类,每类所选辞藻,均列于原书书名之下。每个辞藻之下,有双行小字加以注释。该书所选辞藻,虽列于原书书名之下,但未注出所在原书的卷第及篇名,有的所谓"书名",实非确切书名(如"诸史""六朝")。还有人认为该书并非卓明卿原作,而是他窃取吴兴王氏的成果①。总之,该书颇有令人指责之处。但它把各类辞藻汇集在一起,对于检索参考,不能不说具有一定的价值。

徐元太《喻林》是专门分类汇集"古人设譬之词"的类书②。该书共有120 卷,"析分十门,列类五百八十有奇"③。据卷首所载"采摭诸书",计有经、史、子、集及道、释等书计 400 多种,其中多是隋唐以前的著作,但也包括《艺文类聚》《太平御览》《玉海》等晚出类书数种。该书所引语句,皆在下面用双行小字注明原出何书及其卷第篇名,与同时出现的大多数类书相比,显得编辑态度比较严肃认真。古书中使用比喻的情况很普遍,但从来没人将之汇为一书,《喻林》之出,打破了天荒,"实为创例",尤足重视④。该书卷首所载"采摭诸书"中,将明人伪书《武侯心书》列为诸葛亮撰,《天禄阁外史》列为汉黄宪撰,正文中有些词句的出处,所注并非其最原始者,这些都是作者的疏忽之处。

凌迪知《左国腴词》是专取一书字句分类编排的类书。该书共 8 卷,前 5 卷摘编《左传》字句,共分 40 类,后 3 卷摘编《国语》字句,共分 43 类。该书质量不高,但专门摘编一书字句,对后人检索仍有一定用处。

王志庆《古俪府》是专收骈体文辞藻的类书。全书共 12 卷,分 18门,门下子目凡 182 个。它"以六朝唐宋骈体足供词藻之用者,采摭英华,分类编辑";"汉魏赋颂之类,虽非四六,而典实博丽、已开对偶之渐

---

① 见《四库全书总目》卷 138《〈卓氏藻林〉提要》。
②《四库全书总目》卷 136《〈喻林〉提要》。
③ 徐元太:《喻林》自序。
④《四库全书总目》卷 136《〈喻林〉提要》。

者,亦并取焉"①。它注意保持原文篇章的完整性,并多从各总集、别集直接采录,在明代各类书中是编纂较好的一个。

游日章《骈语雕龙》是专门以"骈偶之词、类隶古事"类书②。全书共17门,每门下又各分若干类,共158类。正文之下,有双行小注,将古事原委详为注出。注文出于林世勤之手,据林世勤在该书"注骈语雕龙书目后"所记,注文涉及图书共676种,除经、史、子、集各类著述外,还包括有《艺文类聚》《初学记》《册府元龟》《太平御览》《山堂考索》《玉海》等类书近20种。该书各门收录内容相当陋略,如器用门下只有扇、烛二类,但官制一门,下设三公、太师等85类,颇有参考价值。

王志坚《表异录》是专门辑录难解词语及其解释的类书。全书共20卷,分天文、地理等20部,有些部下还分有若干类,如地理部下有邑里类及山川类。据作者之弟王志庆为该书所作序言称,"盖其披阅之间,或字或句,偶有深奥,辄笔录之,一时寄兴,非欲成书也。久积为册,遂传家塾","殁后八年",其书始出。该书分量并不算大,但对读古籍时弄清生僻字句的含义颇有帮助。

图文并茂的类书有章潢《图书编》。该书共127卷,"凡诸书有图可考者,皆汇辑而为之说"③。最初题名"论世编",但不久即改今名。明代带图书籍,以此书与王圻《三才图会》为篇幅最大者,但王书所收琐屑冗杂,考证疏漏,不如《图书编》之抓住要点,内容可靠。《四库全书总目》对它曾给予很高的评价。

四、历代丛书编纂的发展

丛书是将许多单独的著作汇集在一起,而冠以一个总名称的一套书。从内容涉及的领域看,它可以是综合性的,不管是讲天文、讲地理

①《四库全书总目》卷136《〈古俪府〉提要》。
②《四库全书总目》卷137《〈骈语雕龙〉提要》。
③《四库全书总目》卷136《〈图书编〉提要》。

的，还是讲人类社会的，不管是讲政治、军事的，还是讲经济、文化的，不管是讲中国、外国的还是讲古代、当代的，无不可以兼收并蓄，包含容纳。它也可以是专门性的，其所收录的书籍，均为记载、研究某一方面事物的作品。

一般认为，中国的丛书创始于南宋俞鼎孙、俞经编辑的《儒学警悟》，此书编定于宁宗嘉泰元年（1201），包括《石林燕语辨》《演繁露》《嫩真子录》《考古编》《扪虱新语》《荧雪丛说》等6种，内容多是关于宋代制度掌故、人物琐事等。另一部编成较早的丛书是南宋左圭的《百川学海》，它比《儒学警悟》晚70多年，成于度宗咸淳九年（1273），但当时即雕板印刷，是中国最早刻印的一部丛书，影响甚大，所收书籍共有100种，是唐宋时人的野史杂说。在元朝，徐一夔辑有《艺圃搜奇》、陶宗仪编有《说郛》（见王鸣盛《蛾术编》卷14"合刻丛书"条），也都是编辑较早的丛书。如果说宋元时期是丛书的产生时期，那么进入明代，丛书的编辑就进入了发展阶段。

五、丛书的编纂

明代丛书编纂发展到兴盛时期。丛书种类已基本完备，除普通丛书外，还有族姓丛书、自著丛书、地方丛书和各种专科丛书等。每一类之中都有著名的代表作，有的数量还相当多。

在普通丛书中，《顾氏文房小说》《唐宋丛书》《古今逸史》《古今说海》《稗海》《汉魏丛书》《津逮秘书》等颇负盛名。《顾氏文房小说》，顾元庆辑，刊于嘉靖年间，收有孔鲋撰《小尔雅》、王仁裕撰《开元天宝遗事》、乐史撰《杨太真外传》等汉至宋著作40种，多据宋本翻雕，相当珍贵。《唐宋丛书》为钟人杰、张遂辰辑，按"经翼""别史""子余"和"载籍"四部收书，共收明以前著作103种，其中唐人和宋人的著作占了绝大部分。《古今逸史》，吴琯辑。本书在收辑诸书（共55种）时，模仿司马迁、班固以来的正史和郑樵《通志》的体例，设置了不同部类，而将诸书系属于相关部类之下。它共设有"逸志""逸记"两大门，"逸志"包括

"合志"和"分志"两类,"逸记"包括"纪""世家""列传"三类。其对收辑诸书所属部类的安排难免有不尽恰当之处,但整个丛书的编排具有较强的逻辑性,这不能不说是它的一个优点。《古今说海》,陆楫辑,刊于嘉靖二十三年(1544)。它也是分部别类收辑历代书籍的丛书,其中唐、宋著作最多。部分四个,类分七个,分别是:"说选部",下辖"小录家""偏记家"二类;"说渊部",下辖"别传家"一类;"说略部",下辖"杂记家"一类;"说纂部",下辖"逸事家""散录家"和"杂纂家"三类。整个丛书包括著作共 135 种、142 卷。《稗海》,商濬辑,刊于万历年间,所收著作有张华《博物志》、任昉《述异记》、刘肃《大唐新语》、岳珂《桯史》及蒋子正《山房随笔》等。《汉魏丛书》,程荣辑,刊于万历年间。所收著作被分成"经籍""史籍"和"子籍"三部,共收京房撰《京氏易传》等 38 种著作。《津逮秘书》,著名刻书家、图书收藏家毛晋辑,刻于崇祯年间,共有 15 集,收书 100 多种。这是明代丛书中少有的大部头丛书。由于毛晋富于藏书,而且所与交游者多"博雅之士",所以这部丛书的编选质量也较高,它虽有一些缺点,但总的说来,"较他家丛书去取颇有条理"①。

在族姓丛书中有《震泽先生别集》等。《震泽先生别集》为王永熙所辑,万历中刊印。所收著作有王鏊撰《震泽长语》和《震泽纪闻》及王禹声撰《续震泽纪闻》和《郢事纪略》等,共四种。

在自著丛书中有《俨山外集》及《少室山房四集》等。《俨山外集》为陆深所撰。刊于嘉靖二十四年,收书有《传疑录》《河汾燕闻录》《平胡录》等,共 23 种。《少室山房四集》为胡应麟所撰,刊于万历四十六年,所收著作有《少室山房笔丛》(其中包括《经籍会通》等著作十种)、《续笔丛》(其中包括《丹铅新录》等著作二种)、《诗薮》(包括内编、外编、续编及杂编)和《少室山房类稿》等。

地方丛书中的《盐邑志林》,是明代丛书中很有名的一部。它于明季

---

① 《四库全书总目》卷 134《〈津逮秘书〉提要》。

由海盐知县黄冈人樊维城编辑，专收历朝海盐县人的著作，自三国至明朝共 40 余种，其中明朝人的著作占总数的四分之三弱。这部丛书对于所收著作的处理间有失误之处，如将《玉篇》《广韵》两书并为一书，甚属舛谬，但它是按地域编辑丛书的较早范例，对于后世有一定的影响，其历史地位是不应忽视的。

专科丛书中为人们所经常提及的，有诸子丛书《六子全书》《子汇》，医学丛书《古今医统正脉全书》，军事丛书《兵垣四编》，文学丛书《唐诗二十六家》《元曲选》等。《六子全书》为顾春所辑，刊成于嘉靖十二年，所收著作有《老子道德经》《庄子南华真经》《杨子法言》《荀子》《列子冲虚至德真经》《文中子中说》等六种子书。《子汇》为周子义等编辑，刊于万历年间，收有《鬻子》等子书 24 种。《古今医统正脉全书》为王肯堂所辑，吴勉学刊之于万历二十九年，所收书有《黄帝素问灵枢经》、华佗《中藏经》、刘完素《伤寒标本心法类萃》、陶华《伤寒琐言》等历代名医专著 44 种。《兵垣四编》为闵声等所辑，刊于天启元年。它的正编包括《皇帝阴符经》《黄石公素书》《孙子十三篇》和《吴子六篇》四种著作，附编包括许论《九边图论》及胡宗宪《海防图论》两种著作。该丛书为朱墨套印，开卷醒目。它刊印于明末辽东地区战事紧张之时，反映了辑印者为现实服务的用心。《唐诗二十六家》为黄贯曾所辑，刊印于嘉靖三十三年，所收图书有《李峤集》《王昌龄集》等。《元曲选》为臧懋循所辑，万历年间刊印，共分 20 集，每集收杂剧五种，整个丛书共收 100 种。丛书之辑印，有利于图书的保存和利用，而专科丛书的辑印，对于图书的利用更有极大的作用，它为专科研究汇集了资料，是科学文化向前发展的便利条件。

在对明代丛书进行调查研究时，除了其数量多、种类全之外，还可以发现它具有这样一点引人注目之处，即出现了许多专门收集明人著作的丛书。其中最有名的是《金声玉振集》和《纪录汇编》。它们的出现，为后人研究明代的政治、军事、经济、民族、外交、文化等问题提供了很好的条件。《金声玉振集》为嘉靖年间袁褧所辑刻，收书共 55 种，其中 54 种为明人著作，剩下的一种《帝王纪年纂要》是元人察罕所撰，但也经过了明人黄谏的订正。这些著作大多数直接记载了明代的某一方面的情况,如关于明初统一战争的有《平蜀记》等,关于北方民族关系的有《北征录》等,关于中外关系的有《海寇议》等,关于水利的有《问水集》等,关于海运的有《海道经》等。《纪录汇编》为沈节甫所辑,万历四十五年陈于廷刊,收书 100 多种,编在一起共 216 卷。这个丛书所收的著作也是大多数直接记叙了明代某一方面的情况。如《鸿猷录》等是关于用兵事宜的著作,《使琉球录》等是关于中外关系的著作,《江西舆地图说》等是关于地理的著作。

明代辑刻丛书的成绩固然不小,而在发展过程中也存在一些缺点或不甚成熟之处。约略说来,主要有如下几项:第一,除了个别丛书外,大部分丛书所收著作皆为"短书""小品"。第二,许多丛书对所收著作多加删节。如历来评价较高的《古今说海》,亦不免对各书"略有删节"①。第三,有的丛书对所收著作任意点窜,甚至改易名目。如《四库全书总目》卷 134 对《格致丛书》评论说:"是编为万历、天启间坊贾射利之本。杂采诸书,更易名目。古书一经其点窜,并庸恶陋劣,使人厌观……摭王应麟《困学纪闻》论诗之语,即名曰《困学纪诗》。又摭其《玉海》中诗类一门,即名曰《玉海纪诗》。又摭马端临《经籍考》论诗数段,即名曰《文献诗考》。"第四,有的丛书在总目录中刻入了某书之名,而实际上丛书之中并未刻入该书。如丛书《百陵学山》中即有这种情况:《三炼法》及《六炼九炼法》二书均有目无书。明代丛书辑刻中存在的上述缺点或不甚成熟之处,有的是历史条件的局限造成的,有的则是辑刻者态度不够严肃所致。这些不足之处的存在,影响了明代丛书的历史地位,但它们与明代丛书的成绩相比,仍是次要的、第二位的东西。

---

① 《四库全书总目》卷 123《〈古今说海〉提要》。

第六章　少数民族文化

第一节　女真族

明代女真族由建州、海西、东海三部组成,南迁后主要分布在苏子河、松花江、黑龙江中下游和乌苏里江以东地区。他们主要从事狩猎、捕鱼、采集业,也有从事农业生产的。明朝通过建立都司、卫所,授予官职、印诰,开设马市等对女真族进行统治,女真族则对明朝进行朝贡和互市。随着生产的发展及与汉、蒙古等民族的接触交往,女真族的文化日渐提高,既体现了女真人固有的民族特点,又表现出各民族文化的融会交流。

一、语言学和史学

(一)著名的文字学家

明代女真族中产生了著名的文字创制者、改进者和翻译家。

额尔德尼,姓纳喇氏,世居都英额,满洲正黄旗人,是老满文的创制者。他为人聪敏,通习蒙古文和汉文。努尔哈赤曾赐号"巴克什",意思是读书识文墨者。明初,女真人中仍使用女真文字。明中叶,只有少数上层人物使用女真文字,绝大部分普通女真人使用蒙古文字。16 世纪末,努尔哈赤基本统一了建州女真各部,修建了费阿拉城,经济、政治上初具国家雏形,用蒙古文字对内发布政令、对外交涉往来,颇感不便,遂决定以蒙古字制为本族文字。万历二十七年(1599),额尔德尼按照努尔哈赤的意旨,"将蒙古字编辑连写,制为国语,创立满文,颁行国中"①。额尔德尼创制的满文即老满文,用蒙古文字母拼写女真语的词和句子,是一种拼音文字。额尔德尼还是一位翻译家。努尔哈赤创业之初,他"随大兵所至汉人及蒙古地,俱能以其本地语言文字,传宣诏旨"②。

达海,祖先居住觉尔察,以地为姓,满洲正蓝旗人。生于万历二十四年(1596),死于崇祯五年(后金天聪六年,1632)。他是老满文的改进者和著名的翻译家。他"生而聪颖,九岁即通满汉文",年轻时就被努尔哈赤安置在"内廷机密重地,专司文翰"③。老满文在形、音、义方面均有缺陷,其"十二字头,原无圈点,上下字不分,塔达、特德、扎哲、呀耶无别。谕书之中,平常语言贯通读之,尚易通晓,偶遇人名地名,则恐有误"④。崇祯五年(后金天聪六年,1632),皇太极命令达海对老满文加以改造,达海遵旨进行圈点,解决了老满文同一个字母读音不一和同一个读音字母不一的问题。为了解决女真语中增加了汉语借词,而汉语的一些音位又是女真语中没有的问题,达海又"于十二字头正字之外,增添外字"⑤,即"合汉音添著满字"⑥,增加了为翻译外来语而设的辅音字母。对于仍然不能拼准确的汉字读音,"则以两字连写,切成一字"⑦。经达海改进后的满文,有6个元音字母,18个辅音字母,10个用于拼写汉语借词的字母,同一字母在词首、词中、词尾大都有了不同的写法,这就大大提高了满文的准确性。达海又是女真族著名的翻译家。努尔哈赤时,"凡与明朝及

---

① 鄂尔泰等:《八旗通志》初集卷236《儒林传》上,东北师范大学出版社1985年版。

②《八旗通志》初集卷236《儒林传》上。

③《八旗通志》初集卷236《儒林传》上。

④《满文老档·天聪》卷45,中华书局1990年影印本。

⑤《八旗通志》初集卷236《儒林传》上。

⑥ 清圣祖:《敕建达海墓碑》汉字碑文。

⑦《八旗通志》初集卷236《儒林传》上。

蒙古、朝鲜词命,悉出其手"①。崇祯三年(后金天聪四年,1630),随征明朝沙河驿、永平、汉儿庄,他用汉语喊话招降。同年,笔译完成了《明朝刑部会典》《素书》《三略》。他还翻译过《武经》。崇祯五年(后金天聪六年,1632),他重病而死,尚未译完的汉文著作有《通鉴》《六韬》《孟子》《三国志》以及大乘经等②。达海对汉文书籍的翻译,有益于女真族了解汉族的文化历史,有助于女真族统治阶级学习汉族地主阶级的统治经验。

(二)史籍的编纂与翻译

编纂和翻译的史籍主要有《满文老档》《清太祖武皇帝实录》和辽、金、元等史。

《满文老档》是一部具有档案性质的满文编年体史料长编。额尔德尼、库尔缠等人编写,崇德年间完成。天启元年(后金天命六年,1621)以前由额尔德尼编写。库尔缠在努尔哈赤时即在文馆办事,他至迟从崇祯二年(后金天聪三年,1629)到六年参加了编写。以后直到崇德年间由文馆其余儒臣编写③。现除原稿本、新老满文的整理草写本和重抄本外,尚有原稿本的影印本,原稿本和新满文整理重抄本的罗马字母音译本,原稿本和新满文整理草写、重抄本的汉译本,新满文整理重抄本的日译本等版本。记事起自万历三十五年(1607),止于崇祯九年(清崇德元年,1636)。开始用老满文抄写,后来用半圈点的过渡阶段的满文抄写,最后则用新满文抄写。记载了努尔哈赤建立后金前后到皇太极改称大清三十年间经济、政治、军事、文化等各方面的情况。编写者利用了当时的原始档案,进行编排删定,基本没有篡改歪曲。由于篡修太祖、太宗实录时对史实有所歪曲和删改,更显出《满文老档》对研究努尔哈赤、皇太极时期历史的宝贵价值。《满文老档》也是研究新、老满文的珍贵资料。

《清太祖武皇帝实录》,刚林、希福、罗绣锦等篡译。刚林,姓瓜尔佳氏,世居苏完,初隶满洲正蓝旗,后改拨正黄旗。他精通汉文,崇祯七年

①《八旗通志》初集卷 236《儒林传》上。
②《清史列传》卷 4《达海传》;《满州名臣传》卷 8《固三泰传》,国史馆原本。
③《满文老档·太祖》卷 4,李林译,辽宁大学历史系 1978 年版;《清太宗实录》卷 5、卷 16。

（后金天聪八年,1634）以汉文考试中举,进入文馆,九年（清崇德元年）五月由内国史院承政授为大学士①。希福,姓赫舍里氏,世居都英额,后迁哈达,努尔哈赤时归附,满洲正黄旗人,"以通满汉蒙古文字,召直文馆,屡奉使诸蒙古部,赐号巴克什"②,崇祯九年五月为内国史院承政。罗绣锦,辽阳人,后金天聪初年以诸生归附后金,崇祯九年五月任内国史院学士③。该实录始修于天启七年（后金天聪元年,1627）,成书于崇祯九年,有满、蒙古、汉三种文字的不同版本。在上述三人的传里,只有罗绣锦的传有"纂《太祖实录》成,得优赉"④。很可能是以罗绣锦等所修汉字实录为底本,由刚林等译为满文,由希福等译为蒙古文。现存北京图书馆的满文本很可能是崇德修本四卷。《清太祖武皇帝实录》主要依据《满文老档》太祖朝部分修成,而记事比《满文老档》早24年,多处记载女真各部之间战争的内容,所写事实又较康熙朝重修、乾隆朝定修的《清太祖高皇帝实录》较接近于史实。不过,从汉文本仍可见隐讳史实之处⑤。

对辽、金、元三史进行的是删削与翻译,希福完成。崇祯九年五月,皇太极诏令希福任纂修辽、金、元三史大总裁。兼通满、汉、蒙古文字的希福历时三年,对"辽、金、元三史,芟削繁冗,惟取其所行善恶得失,及征伐畋猎之事,译以满语,缮写成书"⑥。希福对辽、金、元三史的删削与翻译,有助于满族统治阶级汲取历史上少数民族统治阶级的经验教训。

二、宗教和风俗

（一）萨满教

明代女真人主要信仰萨满教。萨满教崇奉的神有天、地、山、川、动物、观音、关帝等,其中最主要的是天神。他们祭天时有设位而祭,也有

①《满洲名臣传》卷1《刚林传》。
②《满洲名臣传》卷3《希福传》。
③《清史稿》卷239《罗绣锦传》。
④《清史稿》卷239《罗绣锦传》。
⑤ 参见薛虹:《清太祖实录的史料学研究》,载《东北师大学报》1988年第2期。
⑥《八旗通志》初集卷147《名臣传》七《正黄旗满洲世职大臣传》二。

建堂子而祭。祭天的仪式除吹螺外,还有杀牛,也有杀猪的。萨满是神职人员,有男有女,除主持祭祀而外,常为女真人治病。

（二）佛教

明朝后期,一些女真首领也有在信仰萨满教的同时信仰藏传佛教——喇嘛教的。努尔哈赤"常坐,手持念珠而数,将胡颈系一条巾,巾末悬念珠而数之"。[①]

（三）衣食住行

女真人在没有纺织业以前,主要穿用兽皮、猪皮、鱼皮等缝制的衣服。学会纺纱织布后,加上战争中掠夺所得,还穿用麻、布、缎缝制的衣服。明朝后期将领穿的上衣"长至膝",下衣"长至足",衣服边缘镶上貂、豹、水獭、山鼠皮等,腰间系上"银入丝金带,佩帨巾、刀子、砺石、獐角一条物等"。[②]一般女真人夏天戴凉帽,冬天戴暖帽,帽顶常缀一簇红毛,叫红菊花顶帽,史书中记载:"所戴之笠,寒暖异制。夏则以草结成","冬则以毛皮为之……而缝合其顶,上皆加红毛一团饰。"[③]其脚下穿靰鞡靴,靴帮用鹿皮等制成,有黄色和黑色的[④]。建立后金政权以后,在衣帽的质量方面,对不同身份的人有不同的规定[⑤]。

女真人最初只吃禽兽鱼肉、蘑菇木耳等,懂得农耕畜养以后,食物种类大有增加。他们爱吃大块的煮猪肉和牛肉,喝鸡、鹅、猪肉汤,吃馒头、饺子、黄米饭、粥、油饼、麻花、黄米饽饽(粘糕)等,菜类吃粉条、瓜、茄子、莴苣等,吃蜂蜜、山梨,用盐、酱做调味食品,也爱喝烧酒、黄酒,爱饮茶[⑥]。

女真人外出渔猎时搭盖帐篷,"结幕"而宿。为了驱逐野兽,夜间点

---

① 李民寏:《建州闻见录》,辽宁大学历史系 1978 年版。
② 朝鲜《李朝实录》宣祖卷 71,载辽宁大学历史系《朝鲜〈李朝实录〉的女真史料选编》,第 259 页。
③ 《建州闻见录》。
④ 朝鲜《李朝实录》宣祖卷 71。
⑤ 《满文老档·太祖》卷 54。
⑥ 《建州闻见录》;《满文老档·太祖》卷 28、卷 42、卷 49、卷 58、卷 66;朝鲜《李朝实录》文宗卷 12、中宗卷 57。

起篝火,即有"燔柴就寝"的习俗①。室居时习惯于睡炕,东西炕以西为上,南北炕则以南为上②。

女真人外出骑马,运输用马、爬犁、船等。

(四)发式及饰物

女真男子把头顶四周的头发剃掉,把中间的头发编成小指头粗细的小辫垂于脑后,胡须只留嘴左右少许。女子把头发束于头顶成发髻,往往在发髻、耳朵、颈项、臂、指、脚上戴有饰物,诸如金簪、耳环、颈圈、手镯、戒指、脚镯等,有的还在鼻左傍挂一小环,在衣服上缀铜铃③。

(五)民间娱乐

女真人能歌善舞,有在酒宴上弹唱跳舞的习惯,"聚会为礼,人持烧酒一鱼胞,席地歌饮"④。弘治十年(1497年),建州女真酋长达罕宴请朝鲜使臣时,有人"弹琵琶",有人"引屎屎音",有人"击拍板",达罕则"醉舞"⑤。明朝后期,女真人除有筵宴歌舞外,尚有祭祀歌舞和民间歌舞⑥。

女真人不论男女,不分老少,都乐意骑马射箭,"女人之执鞭驰马,不异于男。十余岁儿童,亦能佩弓箭驰逐。少有暇日,则至率妻妾畋猎为事"⑦。他们还喜欢冰上活动,像踢行头、冰上赛跑等⑧。行头是用熊皮或猪皮缝成,成月亮圆形,内装绵软之物,或将猪膀胱灌鼓做囊,大小像足球,以踢得高远为佳⑨。

---

① 朝鲜《李朝实录》中宗卷49。

② 《满文老档·太祖》卷64,金启孮:《满族的历史与生活:三家子屯调查报告》,黑龙江人民出版社1981年版。

③ 《建州闻见录》;朝鲜《李朝实录》宣祖卷71、世宗卷86;《满文老档·太祖》卷16、卷25、卷32;严从简:《殊域周咨录》卷24《女直》,故宫博物院图书馆民国十九年印本。

④ 《殊域周咨录》卷24《女直》。

⑤ 朝鲜《李朝实录》燕山君卷28。

⑥ 参见李德:《满族歌舞》,载《满族研究》1987年第3期。

⑦ 《建州闻见录》。

⑧ 《满文老档·太祖》卷64。

⑨ 参见白希智:《沈阳满族体育传统佳话》,载《满族研究》1985年创刊号。

（六）婚嫁丧葬

女真人的婚姻已经打破地区和民族的界限。嘉靖十五年(1536)，居住在朝鲜咸镜道的女真人已由以前的"自相婚嫁"，到与"深处"女真人"为婚者颇多"①。女真人与朝鲜人、汉人、蒙古人互相婚嫁的很多，"嫁娶则不择族类"②。他们在走向一夫一妻制的过程中，尚保留有族外群婚和一夫多妻的遗俗。有"父死娶其妾，兄亡娶其妻"③的遗俗。婚嫁有约婚、送聘礼、送亲迎亲、筵宴等礼节。"女生十岁前，男家约婚，后递年三次筵宴，二次赠牛、马各一。待年十七八，乃成婚礼。"④聘礼除牛马外，尚有甲胄、弓矢、金盃、衣服、奴婢等，"各因其家之贫富而遗之"⑤。结亲时，女方往往由父兄等送行，男方则亲自前往迎回。不仅男家设宴，女家也设宴，"婿往之夕，女家宰牛，宴饮。翌日，邀婿之亲戚而慰之"⑥。

女真人有实行树葬的，"置其尸于大树"，在树下"宰马而食其肉"，把"皮鬣尾脚"挂在树上，将死者生前所佩弓箭立在树上⑦。有实行火葬的，"死则翌日举之于野而焚之"⑧。有的把骨灰夹在树梢中，再把树梢栽上，"以灰烬夹于木末植之"⑨。有的把骨灰盛在布袋里，或用草裹住后弃之，"其死者烧尸作灰，盛于布囊，或裹草而去"⑩。上层女真人因袭金代贵者生焚的习俗，多用火葬，"头目女真则火葬"⑪。还有实行土葬的，"亲死则殡于家"，"三日后择向阳处葬之"，"当时所服之物并葬之，且杀其所乘之马，去其肉而葬其皮"⑫。女真人还有丧祭、服孝、殉葬等习俗。其丧祭，

---

① 朝鲜《李朝实录》中宗卷81。

② 《建州闻见录》。

③ 朝鲜《李朝实录》成宗卷84。

④ 朝鲜《李朝实录》世宗卷84。

⑤ 朝鲜《李朝实录》成宗卷159。

⑥ 朝鲜《李朝实录》成宗卷159。

⑦ 朝鲜《李朝实录》世宗卷84。

⑧ 《建州闻见录》。

⑨ 《殊域周咨录》卷24《女直》。

⑩ 朝鲜《李朝实录》成宗卷53。

⑪ 朝鲜《李朝实录》世宗卷84。

⑫ 朝鲜《李朝实录》成宗卷159。

亲人死后"子孙族类咸聚会,宰牛马,或哭或食"①。每遇七七日,也"杀牛或马,煮肉以祭,彻而食之"②。其服孝,有于辫末"系二铃"的③,有"着裹服"的④。其殉葬,有妇殉夫、奴殉主、臣殉君三种情况。明末女真人还吸收了汉族、蒙古族的一些丧俗,诸如素服,"蒙白二三日"⑤;素膳,"斋戒月余"⑥;还有烧纸、造纸屋纸塔、作彩旗彩钱彩花、请僧道诵忏等⑦。

（七）礼仪禁忌

女真人相见时行叩头礼,叩头即磕头,其时"脱笠"。女子行跪膝举手礼,"跪膝而坐,以右手指加于眉端"。亲旧相见行交抱礼,"抱腰接面","侧肩而拜"⑧。

女真人有敬狗之俗,忌讳杀狗、吃狗肉、用狗皮制品。他们对狗"切不宰杀"。看到"有挟狗皮者,大恶之云"⑨。

三、文学、建筑和雕塑

（一）神话故事《女丹萨满的故事》

女真人在与大自然和邪恶势力的斗争中,产生了许多神话故事。这些神话故事有的被记在史书里,如《三仙女沐浴》;有的借助于女真的传承人,一代代地流传下来,如《女丹萨满的故事》。

《女丹萨满的故事》是一篇较早搜集到且流传较广的神话故事。俄国人早在二十世纪初曾在齐齐哈尔、爱辉、海参崴一带搜集到三篇手稿,收藏在原列宁格勒苏联科学院东方研究所。1961 年,沃尔科娃在莫斯科出版的《尼珊女萨满的传说》一书中,发表了 1913 年搜集于海参崴的手

① 《建州闻见录》。
② 朝鲜《李朝实录》世宗卷 84。
③ 朝鲜《李朝实录》世宗卷 84。
④ 朝鲜《李朝实录》成宗卷 159。
⑤ 《建州闻见录》。
⑥ 《清太祖实录》卷 2。
⑦ 参见《沈馆录》卷 3,《辽海丛书》本。
⑧ 《建州闻见录》;《沈馆录》卷 1。
⑨ 《建州闻见录》。

稿。1961 年内蒙古大学中文系组织小组到黑龙江富裕县友谊乡三家子屯满族聚居屯调查，参加调查的金启孮在 1981 年黑龙江人民出版社出版的《满族的历史与生活——三家子屯调查报告》中，也收录了这一故事。这一故事"产生于十五世纪初期"①，根据故事情节推断，故事至迟产生在藏传佛教传入女真地区以后。女丹萨满为皇帝救活了太子，反而遭到喇嘛的陷害，被皇帝弃井而死。皇宫中出现了黑沉沉如暗夜一般的景象，皇帝命令善射的将军向空中射箭，射下一根鹰翎。皇帝得知女丹萨满冤屈而死，决定以后永远敬祭雕神。故事反映了萨满教与喇嘛教之间的斗争，女真人的宗教信仰和祭雕的风俗，对于研究萨满教和女真人的风俗等，具有一定的价值。故事的手稿中不仅有散文，还有诗行，因而又被誉为女真人的史诗。

（二）建筑和雕塑

明代女真人的房屋基本仍然保持了金代女真人的建筑风格。女真人有"分山而守之"②的习惯，他们依山作寨。在房屋的"四面设木栅，又设东西两门"③。屋顶覆有茅草或桦皮，弘治年间有人看到女真人所居住房"皆茅屋也"④，也有记载说"可汗以下以桦皮为屋"⑤。室内环屋砌炕，万历年间建州女真人所盖住房"柱皆插地，门必南向，四甓筑东西南面，皆辟大窗户。四壁之下皆设长炕"⑥。为了做饭和烧炕，女真人在院子里建有烟突⑦。明朝后期，女真地区出现了瓦房和石城。万历十五年（1587），努尔哈赤在苏子河畔建起费阿拉城。史载"筑城三层，后建楼台"⑧。此城外城方圆八十余里，用石头砌成，城墙上面宽三尺左右，下面

① 乔万尼·斯塔里：《满族史诗〈尼珊萨满传〉导论》，阿克瓦译，载《满族研究参考资料》1986 年第 1 期。
② 朝鲜《李朝实录》中宗卷 81。
③ 朝鲜《李朝实录》中宗卷 36。
④ 朝鲜《李朝实录》成宗卷 259。
⑤《殊域周咨录》卷 24《女真》。
⑥《建州闻见录》。
⑦《满洲实录》卷 1。
⑧《清太祖实录》卷 1。

宽四五尺,高有十多尺,内外抹上粘泥,有七座城门,用木板制成,关门后用横木贯拴,城门上建有敌楼。内城方圆十多里,城墙下面比外城厚,宽七八尺,墙上有堞与隔台,城上修设候望板屋和可供上下的梯子。内城里面设有木栅,努尔哈赤等住在木栅以里,是瓦房,还有几处楼阁[①]。这是女真人较早建立的一座城,可见当时女真人的建筑已具相当规模。此后,又修筑过赫图阿拉、萨尔浒、东京(辽阳以东五里)等城。在筑城中,女真人掌握了测量技术,天启二年(后金天命七年,1622)修建东京时,努尔哈赤要求"不要违背规定测量的尺度"[②]。女真人也能够在水中和泥泞地里架设桥梁[③]。女真人还修筑了雄伟壮观的寺庙。万历四十三年(1615)在赫图阿拉城东,"始建佛寺及玉皇诸庙","凡七大庙,三年乃成"[④]。崇祯年间,皇太极曾命在盛京城西三里外修建实胜寺。这座喇嘛寺"殿宇弘丽,塑像巍峨,层轩延袤"[⑤],有大殿五楹,东西庑各三楹,前天王殿三楹,外山门三楹,内有三大佛、八大菩萨、十八罗汉的塑像,有尊胜塔、菩萨塔等,塔上嵌有东珠,还有一百零八龛托生画像等。这座寺院代表了明代女真族在建筑、雕塑上的最高水平。

第二节　蒙古族

　　明代蒙古族主要由分布在蒙古高原的鞑靼(即东蒙古)、分布在萨彦岭和唐努山到准噶尔盆地的瓦剌(即西蒙古)、南迁后分布在蓟辽边外的兀良哈三卫(即朵颜、泰宁、福余卫)三大部分组成。此外,在西域各地和明朝内地也有相当数量的蒙古人。除内地以外,蒙古族主要从事畜牧业、狩猎业,也有从事农业和手工业生产的,处于封建领主制经济下。洪武元年(1368),元惠宗妥欢贴睦尔北退,从此"北元"的大汗名义上是蒙古的共主。

---

① 参见朝鲜《李朝实录》宣祖卷69,卷71。
② 《满文老档·太祖》卷41。
③ 参见《满文老档·太祖》卷41。
④ 《清太祖实录》卷4。
⑤ 《清太宗实录》卷43。

在瓦剌与鞑靼之间,在成吉思汗后裔之间,封建主为争夺大汗之权,进行了
长期的战争。兀良哈三卫常摇摆于明朝和蒙古之间。哈密以西的蒙古人
主要在东察合台汗国的统治下,哈密等卫的蒙古族则成为明朝、瓦剌、吐鲁
番争夺的对象。明朝对蒙古实行建立卫所、修筑长城、设置重镇、抚此抑
彼、开设马市等政策,蒙古对明朝则通贡市易。黄教传入蒙古地区后,对蒙
古族的文化产生了深刻的影响。由于蒙古族与汉、女真、藏、畏兀儿等各族
人民的贸易往来、联姻结盟,其文化也体现了各民族文化的融合与交流。
留在中原地区的蒙古族,也为民族文化的发展作出了贡献。

一、语言学和史学

(一)著名的翻译家

明代蒙古族在语言学方面,涌现出一些为蒙古与汉、藏族之间的文
化交流作出贡献的人物,其中较著名的翻译家有火源洁和阿尤喜固什。

火源洁,生在中原地区,曾在元朝做官,洪武年间任翰林院侍讲。他
精通蒙文,"本俗之文,与肩者罕"。对四书等汉文书籍,也"咸明其意"[①]。
洪武十二年(1379),朱元璋让他以汉字翻译蒙古文,成《华夷译语》。该
书不分卷,前半部分分天文等共 17 类汉语词汇,用汉字标出蒙语的读
法;后半部分录有阿札失里等诏勅书状共 12 篇,用汉字注释其意。书成
之后诏刻颁行,大大方便了明朝使者往来于蒙古地区,"自是使者往来朔
漠皆能通达其情"[②]。洪武十五年,他又和翰林院编修回回族人马沙亦
黑,把《元朝秘史》译成附有汉文总译的汉字标音本。明朝政府把《华夷
译语》和《元朝秘史》作为培养翻译的蒙古语教材。《元朝秘史》的蒙文原
稿佚失,借此译本才得以流传。

阿尤喜固什,哈喇嗔部人,著名的佛教经典翻译家。他参加了对藏
传佛教经典《甘珠尔》的翻译。在译经过程中,为了翻译的方便,万历十

---

① 火源洁:《华夷译语》刘三吾序,《涵芬楼秘籍》本。
②《华夷译语》孙毓修跋。

五年(1587),他创制了能准确翻译梵文和藏文读音的"阿利伽力字母",其中一些字母已为现代蒙文所吸收。他还创办一所译师学堂,培养了不少蒙古族翻译人才。

(二)史籍的校补与编纂

明代蒙古族在史学方面,虽然不像元朝那样具有修史机构,编修了许多史籍,但是也有人对史学的发展作出了贡献。其中较突出的是对《白史》的校补,对《俺答汗传》和《黄金史纲》的编写。

《白史》写于忽必烈时代,校补者是切尽黄台吉。切尽黄台吉,袄尔都司部人,生于嘉靖十九年(1540),死于万历十四年(1586)。他"为人明敏,而娴于文辞,尤博通内典"[①]。十六世纪下半叶,切尽黄台吉得到收藏在畏兀儿人必兰纳识里处的抄本《白史》和又发现的一本《白史》手稿,遂将之加以校勘、增补,并且写出序言而公布于世。他曾利用的两种本子今已失传,此校补本尤显重要。1981年内蒙古人民出版社出版的由留金锁校注的蒙文校注本,曾利用八种抄本校勘,其底本接近于切尽黄台吉的校补本。现还有《白史》的德译本。全书共3卷。内容有忽必烈所定祭祀成吉思汗的规定;国家与宗教两种体制,世俗与宗教两种法规;宗教和行政的职位、职责,宗教节日、畜牧业中的大事,惩治和奖励僧俗的规定等。该书为研究忽必烈时代典章制度、宗教思想,明代黄教在蒙古地区的传播,提供了宝贵的资料。它为清初萨囊彻辰编写《蒙古源流》提供了基本史料,也为以后的蒙古历史编纂学开创了先例。该书词语古朴,宗教术语较多,传抄过程中还出现了一些讹误,造成部分内容较为难懂。

《俺答汗传》是一部编年体史籍。原书著者是俺答汗的侄子恰台吉。恰台吉熟悉俺答汗及其以后的许多活动,这就使原著近乎实录性的记载。后来经人整理后,在17世纪初成书。原收藏在内蒙古西乌珠穆沁旗王府,现在内蒙古社会科学院特藏。现有影印本、汉译本、拉丁标音

[①] 瞿九思:《万历武功录》卷14《切尽黄台吉传》,中华书局1962年影印本。

本、日译本等。该书按照蒙古传统的十二动物属相纪年的顺序,采用叙事诗的形式,叙述了自俺答汗先世到俺答汗孙子扯力克的事迹,其中详细写了俺答汗的生平事迹和黄教在蒙古地区的流传。由于记事准确,内容又为其他蒙汉文史料所缺载,该书成为研究俺答汗时期蒙古内部及蒙古与畏兀儿、汉、藏族关系的重要史料。

《黄金史纲》,是一部从孛儿帖赤那叙述到林丹汗的蒙古编年史。书名音译为《阿勒坦·脱卜赤》,俗称《小黄金史》。作者佚名。成书于明朝末年,有的手抄本标明写作日期是 1604 年至 1627 年,根据所记内容,大多数研究者认为,成书时间不会早于 17 世纪 20 年代。原有多种蒙文抄本,中华人民共和国成立前出版过三种手抄本,公布过一种带眉批的抄本,中华人民共和国成立后有蒙文校注本、汉文校译本和俄、德、英、日、拉丁文本。内容包括印度和吐蕃诸王简史、蒙古自孛儿帖赤那到林丹汗的历史、神奇的历史故事和民间传说等,其中详细叙述了从妥欢贴睦尔到答言汗时期的历史,用较大篇幅写了鞑靼和瓦剌之间的战争。此书对以后一些蒙古史书的编纂影响很大。它和《元朝秘史》《蒙古源流》号称蒙古史三大历史文献。书中有关蒙古源出印度、吐蕃和其他一些传记故事,并非史实。

二、宗教和风俗

(一)萨满教

藏传佛教的黄教传入蒙古地区以前,萨满教占统治地位,这种情况在蒙古东部地区一直持续到 17 世纪初。蒙古族信奉的萨满教与女真族信奉者属同一种原始宗教,信奉天神,相信灵魂不灭,供奉翁衮(神偶),有病请巫师驱除,有事请巫师占卜吉凶,祭天时要杀男童,人死要用人畜殉葬。俺答汗在皈依黄教以前就信仰萨满教,请巫师为他占卜吉凶。用人畜殉葬、杀牲血祭等野蛮的陋习,不利于蒙古族的发展,黄教传入蒙古地区后渐渐取代了萨满教[①]。

---

① 参见叶新民等:《简明古代蒙古史》第 5 章,内蒙古大学出版社 1990 年版。

（二）伊斯兰教

西域各地的蒙古人原来信仰藏传佛教中的红教，自 14 世纪末起逐渐信仰伊斯兰教。别失八里、亦力把里的蒙古首领 15 世纪初已用伊斯兰化的名字，哈密的蒙古首领在 15 世纪 30 年代已有改信伊斯兰教的，吐鲁番的蒙古首领在 15 世纪后期已信仰伊斯兰教。

（三）佛教

黄教传入蒙古地区以前，只有瓦剌和西域的一些蒙古首领信仰红教。16 世纪 70 年代，黄教开始传入蒙古地区。土蛮的俺答汗对黄教的传入，起了重要的作用。隆庆五年(1571)，他接受了索南嘉措派来的阿兴喇嘛的劝告，信奉了黄教。万历二年(1574)，他派义子达云恰赴乌斯藏迎请索南嘉措。次年，其子丙兔在西海湖东修了仰华寺。万历六年，俺答汗与索南嘉措在仰华寺召开大会，有蒙古、畏兀儿、藏、汉族十万多僧俗人众参加。索南嘉措尊俺答汗为"转千金法轮咱克喇瓦尔第彻辰汗"，俺答汗尊索南嘉措为"圣识一切瓦齐尔达喇达赖喇嘛"。索南嘉措成为三世达赖。大会最重要的一项内容是宣布废除萨满教，崇奉黄教。这次大会标志着黄教正式传入蒙古地区。以后，俺答汗的曾孙成为四世达赖。归化城一带修建了灵觉寺、弘慈寺、华严寺、延寿寺、庆缘寺等黄教寺院。一些寺院成了翻译佛教经典的场所，寺院学校培养出不少喇嘛。

黄教逐渐在各部传播开来。察罕儿土蛮汗派脑毛大黄台吉邀请三世达赖前往传教，土蛮汗和林丹汗还主持了对《甘珠尔》的翻译。外哈喇哈的阿巴岱汗也拜见了三世达赖，达赖授他"斡齐赖汗"的称号。万历十四年，阿巴岱汗主持兴建了光显寺，这是外哈喇哈地区修建的第一座黄教寺院。哈喇嗔部的昆都仑歹成台吉也邀请三世达赖前往传教。万历十四年，三世达赖带来一批喇嘛，在这里译经。自崇祯二年(1629)以后的 20 多年里，归化城寺院学校培养出的蒙古族高僧内济托音和他的弟子，把黄教传至一直到嫩江的东蒙古地区。17 世纪初，瓦剌和硕特部的首领拜巴噶斯曾迎请栋科尔到西蒙古传教，各部首领纷纷信仰黄教，并各派一子当喇嘛。拜巴噶斯的养子咱雅班第达去乌斯藏学习佛经，崇祯十一年奉五世达赖之命返回瓦剌,十三年参加了瓦剌与外哈喇哈各部王公会议,使这次会议制定的《蒙古—卫拉特法典》,做了取消萨满教、保护黄教和喇嘛特权的规定,次年他又到外哈喇哈传播黄教。

黄教的传入,取消了萨满教占统治地位时的野蛮习俗,也引进了藏族的医学,促进了蒙古地区建筑、雕塑、绘画艺术的发展。但是由于出家当喇嘛的蒙古人越来越多,引起蒙古族人口的减少;黄教又宣扬安分守己、逆来顺受,这就消磨了蒙古人民的斗争意志。[①]

（四）民间宗教

明代蒙古族中仍然存在着民间宗教。诸如祈祷长生青天、祈祷火、尊成吉思汗为王公家族的先祖、乞灵于以披甲骑士的面目出现的神、祈祷白头翁、祈祷高地等。传播民间宗教最广泛的形式是焚香。在萨满教和黄教占统治地位时,民间宗教曾被上述二教加以吸收和利用[②]。

（五）衣食住行

明代蒙古人男女均穿袍子。袍袖狭窄,"不能容一指",通常手在袖外,天冷就把手缩进袖内,袖子上有细褶。袍子下摆边缘缀上丝带,镶上虎豹獭鼠的皮毛。袍子最初是用皮子做的,随着蒙古与明朝贡市关系的建立,用绢布、锦缎做袍子的渐渐多起来。他们还穿一种"围于肩背","其式如箕"的"贾哈",这是用锦貂制成用来御寒的。他们也穿衬衣,衬衣更瘦。常常"以绳准其腰"。男女均戴很小的帽子,有的帽子能盖住额头,有的只能盖住头顶,帽上有索系在项下,帽檐很窄,帽顶缀上红缨,帽前辍上银佛。帽子有毡的、皮毛的、麦草编制的[③]。

他们以肉食和奶食品为主。肉煮至半熟即用"刀割",用"手攫"。除喝奶外,还制成各种奶制品。用奶造酒,"家家造酒,人人嗜饮"[④]。随着

---

① 参见《蒙古族简史》第 3 章,内蒙古人民出版社 1985 年版;谢启晃等:《中国少数民族历史人物志》四《咱雅班第达传》,民族出版社 1989 年版等。

② 参见海西希:《蒙古宗教》第 1 章,耿升译,载《蒙古史研究参考资料》新编 32、33 辑。

③ 萧大亨:《北虏风俗·帽衣》,万历二十二年自刻本。

④ 岷峨山人:《译语》,《纪录汇编》本。

农业的兴起,饮食中出现了米面制品,用肉汁煮粥,用奶和面,原来没有瓜果蔬菜的情况也有所改变。他们还用肉汁烹茶喝。

他们逐水草而住,住在用毡子或芦苇搭成的帐幕里,牧民帐内铺有毡子,万历年间贵族、领主的帐内已有一尺多高的床榻,上面铺的毡褥有几寸厚。帐幕南面开门,人在帐内"西首而卧"①。东部地区的蒙古人,间或也有住在毡车内的②。随着汉族人的迁入和农业生产的发展,一些蒙古族人逐渐走向定居,在土蛮地区出现了"板升",在东部地区建起了"摆行房",这是用草垫子垒的土房。

他们迁徙、运输、作战时,主要用马、驼、牛和车辆。

（六）发式及饰物

男子除冬天外,只留脑后一寸左右的小辫,其余头发全部剃掉。女子则从小留发,以后就编十几根辫子,"披于前后左右",要出嫁时梳两根辫子,末端结为椎,垂于两耳。她们也扎耳朵眼,戴耳环,脸上擦粉和胭脂③。男子也有戴大耳环的④。

（七）婚育病丧

明代蒙古族的婚嫁,男方要送聘礼。聘礼主要是牛马牲畜,后来也有送钱财的,按照贫富而多少不等。结婚时有一定的仪式。穷苦牧民的女儿随女婿回到男家,其时女方穿红袍,由戴固姑帽（一种高帽）的妇女把她领到帐内,她用三片羊尾油祭灶。一般牧民则男到女家,先祭天地,接着宴请亲友,然后是追婚,即酒宴结束将近傍晚时,女子骑马藏到邻居家,女婿骑马追赶,送羊、酒给这家,放出女子后,继续追赶。追回女家后,夫妻互相捧着羊骨,交拜天地。贵族之家没有追婚,但女婿要一直住在女家,直到生下孩子才回男家。回时女家送嫁妆,像帐房、马驼、奴仆、衣服等。一般牧民一夫一妻,贵族、领主、富裕人家则一夫多妻。不过,

---

① 《北虏风俗·食用》。
② 参见《沈馆录》卷7,《辽海丛书》本。
③ 《北虏风俗·帽衣》。
④ 参见金申:《从美岱召壁画看元明以来的蒙古族服饰》,载《内蒙古社会科学》1984年第2期。

娶公主的如再娶妾,女家就"窃入其幕,杀其所娶之妾,尽驱其马驼以归"。当时收继婚很普遍,即父死子可"妻其后母",兄弟死"尽取其妻妻之"[①],子死父也"收其媳"[②]。在瓦剌和外哈喇哈牧民中还存在着义务婚,即"四十户中有四户每年必须使其儿子完婚,十人必须为一人的婚事给予援助"[③]。此外,仍有交换婚、服役婚、掠夺婚。

生育婴儿,接生婆用箭断脐带,用皮或毡包裹孩子,在门上悬挂红布和腰刀。当日"椎牛置酒"[④],宴请亲戚邻居。过三天给孩子洗澡。喂孩子吃奶,吃饱后放在摇车里。

生病不吃药,请萨满"祷鬼神以祈福"[⑤],后来则请喇嘛"讽经祈祷"[⑥]。随着汉族的迁入,与明朝贡市关系的建立,藏族医学的传入,生病不医的情况有所改变。

蒙古人原来实行土葬。一般牧民死,只"以毡裹其尸,群哭而葬之"[⑦]。贵族、领主死,则以棺木装殓,并把死者生前衣服甲胄和所爱的仆妾良马一并埋在野外,妻子及所部女子七天内摘掉固姑帽示哀。黄教传入蒙古地区后,渐渐实行火葬,并革除人畜殉葬的陋习。火葬后将骨灰"和以泥,塑为小像,像外以金或银裹之"[⑧],放在寺院内。贵族、领主死,请喇嘛诵经49天,一般牧民死只诵经七天。把死者所爱的良马衣甲和众人送的牛马一并送给喇嘛。

（八）崇尚禁忌

明代蒙古人继续崇尚互助诚实、尊师好客的品德。如果有穷苦牧民或别部牧民来投,"此部中人必给以牛羊牧之"[⑨]。他们最重"笃实不欺",

---

①《北虏风俗·匹配》。
②《北虏风俗·葬埋》。
③《蒙古—卫拉特法典》。
④《北虏风俗·生育》。
⑤《译语》。
⑥《北虏风俗·敬上》。
⑦《译语》。
⑧《北虏风俗·葬埋》。
⑨《北虏风俗·牧养》。

一旦盟誓,"誓死不渝"①。尊敬榜什(老师),舍毕(学生)初见榜什,"持羊酒,行叩首礼"②,以后每天给榜什叩头。学成之后,再送老师一匹白马、一件白布或白缎子衣服。他们喜射善猎,"最好弓","最好刀","最好盔甲","最好犬马"③。

他们敬天畏雷,每举大事必祭天,每闻雷声则躲起来。他们以雁为神物,打猎从"不射雁",也"不臂鹰"④。

三、文学和艺术

(一) 短篇小说《乌巴什·洪台吉》

明代蒙古文学中,短篇小说虽然不多,却流传下来一些名著,《乌巴什·洪台吉》就是其中的一篇。

《乌巴什·洪台吉》是以 17 世纪初期外哈喇哈与瓦剌封建主之间的战争为题材的一篇短篇小说。这篇无名氏作品的手抄本曾在杜尔伯特地方广为流传。俄国布利亚特学者嘎拉桑·贡布耶夫用托忒蒙文记录下来,1858 年在彼得堡出版。现国内外有托忒文、蒙文、汉译、俄译等版本。小说暴露了蒙古封建主的贪婪、嗜杀,歌颂了牧民的机智勇敢,反映了人民反对掠夺战争,渴望团结统一的主题。主人公乌巴什·洪台吉率领外哈喇哈军队进入瓦剌地方,杀死了七岁的小牧童,掠夺了那里的牛羊,最终被瓦剌人赛音斯尔登格跃马刺死,落得全军覆没的下场。小牧童只身一人,被 200 名探马猛追了一整天才被捉住。审问中他答非所问,力图用瓦剌人的勇敢团结阻止这场战争,死亡面前他毫无惧色,主动做祭旗的主人,诅咒乌巴什·洪台吉的灭亡。

在艺术上,小说获得了现实主义的成功。小说中的乌巴什·洪台吉、拜巴斯汗、赛音斯尔登格等,都是历史上真实的人物。语言凝练,富

---

① 《北虏风俗·习尚》。
② 《北虏风俗·尊师》。
③ 《北虏风俗·习尚》。
④ 《译语》。

有形象性,描写瓦剌"像刺猬全身是针刺;像锯子到处是钢齿,像磐石那样团结不可破,士气高涨,如熊熊烈火"[1]。全篇以散文为主,穿插着一些诗行。

在蒙古族小说创作上,《乌巴什·洪台吉》开了先河。小牧童形象的塑造,是蒙古族文学史上最早出现的劳动人民正面英雄形象。不过,小说的阶级性尚不够鲜明,对瓦剌封建主虽有微词,但以颂扬为主,对乌巴什·洪台吉的掠夺和残暴也暴露得不足。

（二）英雄史诗《江格尔》

明代蒙古族在诗歌方面,虽然有人写出了蒙文与汉文的诗歌,但是与流传在民间的英雄史诗《江格尔》相比则逊色得多。

《江格尔》产生在西蒙古地区,它的一些篇章产生在原始社会末期或奴隶社会初期,以后又不断发展、充实和提高,大约在 15 世纪趋于完善和定型。原来一直在西蒙古地区民间口头传唱,清初咱雅班第达用托忒蒙文记录下来。《江格尔》不仅渐渐流传到整个蒙古地区,而且随着土尔扈特部的西迁,也在俄国境内的蒙古人中间流传。最早出版的《江格尔》是 1804 年的两章德文本,以后陆续有俄文本、托忒蒙文本、日译本、汉译本、蒙文本。其中,最早的托忒蒙文本是 1910 年俄国的 10 章本,最早的蒙文本是 1958 年我国内蒙古人民出版社的 13 章本,最新的托忒蒙文本是 1985 年至 1987 年新疆人民出版社出版的 60 章本,最新的蒙文本是 1989 年内蒙古人民出版社的 60 章本,最新的汉译本是 1988 年新疆人民出版社的 15 章本。

史诗通过歌颂蚌巴（国土、乐园）,颂扬勇士,赞美骏马,表现了这样的思想:蒙古人民热爱富强美好的家乡、国土,他们在与自然界和社会丑恶势力斗争中具有英勇顽强、坚定必胜的英雄主义和乐观主义。蒙古人民所憧憬的蚌巴是"没有严冬""没有死亡""没有孤寡""没有贫困""没有

---

① 色道尔吉等:《蒙古族历代文学作品选》,内蒙古人民出版社 1982 年版,第 377 页。

动乱"的理想国①。以洪古尔为代表的6000多名勇士在江格尔的统领下，与严酷的大自然、与侵犯掠夺者进行了一次次的战斗。他们"面对熊熊卷来的野火"，从不恐惧；"面对怒浪拍天的毒海"，从不后退②。为了美丽的故乡，他们"赴汤蹈火，不惜牺牲"③。他们在战斗中，总是大获全胜。勇士们的战马匹匹神速无比，疾风难追。洪古尔的菊花青骏马，"像离弦的飞箭一般吱吱啸叫，像穿空的雄鹰一般勇猛飞旋"，它"风驰电掣般奔腾向前"④。

《江格尔》在艺术上也获得了极大成功。它表现了民族特色，充满了浪漫主义。展现在读者面前的是，充满草原气息和狩猎游牧生活的画卷。诗中多次描写沙漠、草原、河流、高山的环境和生活中不可缺少的猎狗、弓箭、马镫等，反复述说蒙古人民的尚武爱马和爱喝酒、饮奶茶、吃奶酪、吃手抓肉等习俗。体现了蒙古族诗歌长于叙述描写，寓抒情于描写中，反复吟诵，穿插民歌、祝词、赞词、格言、谚语等特点。充满了丰富的想象，大量运用了夸张、比喻、拟人等修辞方法。如"他拣最醇的美酒，倒进七十个人抬的——黄色的大海碗，一连喝了七十大碗"⑤，"镜子般的银坠"⑥。

在篇章结构上，《江格尔》具有蒙古族说唱艺术的特点。开首是总序，起"引子"的作用。以下每一章都有一个中心人物，叙说一段完整的故事，具有相对的独立性，各章又是由江格尔、洪古尔等主要人物贯穿起来，使全篇成为一个有机的整体。

《江格尔》以其深刻的思想性和高度的艺术性，成为蒙古族英雄史诗的集大成者。它不仅在蒙古族文学史上具有重要的地位，在中国和世界文学史上都有不可低估的作用。它和《元朝秘史》《青史演义》同被誉为

---

① 霍尔查译：《江格尔》，新疆人民出版社1988年版，第514—515页。
②《江格尔》，第61—62页。
③《江格尔》，第145页。
④《江格尔》，第529页。
⑤《江格尔》，第489页。
⑥《江格尔》，第8页。

蒙古族文学史上的三大高峰，和藏族的《格萨尔》、柯尔克孜族的《玛纳斯》被称为中国民族文学园地中的三大史诗。它不仅引起我国文学界的注意，而且在世界许多国家广为流传，对世界史诗文学也具有非常重要的意义。

不过，它也难免瑕瑜互见，其思想和艺术都存在着一些局限性。英雄史观在全诗起主导作用，对主人公江格尔远不如对洪古尔的刻画，每章的结尾也略有雷同。

（三）种类繁多的绘画

明代蒙古族的绘画种类繁多，技艺高超。主要有岩画、绘画式地图、帛画、壁画、建筑彩画等。这些绘画不仅反映了蒙古族的民族特色，也吸收了藏、汉族兄弟民族的绘画特点。

阴山岩画中有明代蒙古族的作品，采用敲凿或绘画，绘画大多用毛刷蘸白泥，内容主要是与游牧生活有关的各种家畜，与黄教信仰有关的各种图案和法器等，作者大多是喇嘛[1]。

俺答汗给明朝皇帝的表文附图，描绘了土蛮的贡使到北京所遵循的途程，是一幅绘画式的地图，画于万历八年（1580），内容有宫廷生活、宫廷建筑、贡使行进等。笔法上虽然受到汉族画家的影响，但也有它的独特性，这就是描绘人物和马匹采用了现实主义手法，画面既生动又精细[2]。

曾经悬挂在灵觉寺福化城太后庙四壁的锦裱绫绡画是帛画，画于万历四十年（1612）以后。这些帛画共有八幅，每幅画宽约二尺，长约一丈，反映了三娘子的生平事迹，包括有宴乐图、礼佛图、接受朝贺图等。可惜，民国年间，外国僧人贿赂管事喇嘛，盗走了这些帛画[3]。布帛画还有灵觉寺和庆缘寺的唐卡艺术。

---

[1] 参见盖山林：《阴山岩画》，文物出版社1986年版，第348、353页。
[2] 参见《蒙古族简史》第3章第3节等。
[3] 参见傅增湘等：《绥远通志稿》卷14，民国三十年稿本；荣祥：《福化城考略》，载《包头史料荟要》第一辑。

明代蒙古族的壁画随着黄教的传入、寺院的修筑，取得了辉煌成就。已经发现者中，较突出的有灵觉寺和庆缘寺的壁画。据考察，灵觉寺经堂和太后庙的壁画是明代的作品。经堂壁画主要画有佛像、佛经故事。佛像人物画在技法上勾线细密均匀，属游丝描格调。设色匀净素雅，间有勾金。山石树木，工整娟秀，采用小青绿设色方法，受到明代仇英画风的影响。太后庙壁画有人物，画着两个穿汉族短服摔跤的孩童。也有花鸟山水，采用纵笔写意技法，受到明代徐渭、周之冕水墨点染技法的影响[1]。庆缘寺创建于万历十一年(1583)，据考证该寺壁画是建寺时所绘，包括尊像图、动物图、佛教故事图和装饰图案。两幅尊像图画在正殿左右两壁上，每幅长 12.6 米，宽 3.95 米，上层画有菩萨、天王力士等神像，他们骑马、狮、大象、山羊等，背部有火焰背光与云纹相连，下层画着各种动物，并用树木山石相连。尊像图上部隔一横梁，靠近天花板处共有十幅佛教故事图。壁画采用白灰涂壁、用墨线打稿、单线平涂的手法，色彩沉着淡雅，线条粗犷豪放，有质朴感。从有描绘草原生活的牧羊图，以及呈现白色调等，可见壁画体现了蒙古族的生活特点。尊像图多用铁线描，这是北印度与波斯的绘画特征，庆缘寺的壁画通过藏传佛教艺术吸收了印度与波斯的风格[2]。

明代蒙古族建筑彩画的代表作在庆缘寺，其建筑彩画有卷草、云纹、法器、花卉、龙凤、八宝、动物、鸟类、座莲、回纹、宝相花以及各种几何形图案，在天花板藻井上还画有佛像。这些彩画具有色彩鲜明厚重，结构严谨，古朴大方，丰富美观的特点，采用了晕染、推晕、平涂等技法。其中，龙凤图案受到汉族绘画的影响，八宝图案则吸收了藏族的绘画内容[3]。

（四）雕塑、刺绣与铸造

明代蒙古族已经掌握了圆雕、浮雕、透雕的技术。庆缘寺内的圆雕有各种砖雕、石雕、木雕、泥塑，门窗上雕有团龙、蝙蝠、花草、牛和各种几

---

① 参见程旭光等：《美岱召召庙建筑、壁画艺术考察报告》，载《内蒙古师范大学报》1983 年第 3 期。
② 参见阿木尔巴图：《乌素图召庆缘寺壁画与建筑彩画》，载《呼和浩特史料》第 5 集。
③ 参见阿木尔巴图：《乌素图召庆缘寺壁画与建筑彩画》，载《呼和浩特史料》第 5 集。

何形图案,此外还有浮雕、透雕的各种装饰①。

蒙古族妇女"工于刺绣"②。她们用这些刺绣品装饰服装、箭袋、帐幕等。

蒙古族的铸造工艺在明代有了进一步发展。《俺答汗法典》里提到了蒙古贵族和领主拥有金碗、银碗、金帽等。俺答汗致明帝的表文中记载了俺答汗送给明朝皇帝的金鞍、马勒、箭筒等。弘慈寺内有三尊银制佛像头戴金冠。庆缘寺内原有不少金银器皿和法器。蒙古人的帐幕内常常"祀一佛像",他们把"所得市银,皆以铸佛铸浮图"③。

（五）说唱、音乐和舞蹈

明代蒙古族的说唱、音乐和跳舞非常普遍。英雄史诗《江格尔》就是靠一代代的江格尔齐(专门演唱《江格尔》的民间艺人)的说唱才流传下来。当时,蒙古族的乐舞主要有流传于牧民中的民间乐舞,来自统治阶级中的宫廷乐舞,与佛教有关的法乐。蒙古民族人人能歌善舞。牧民饮酒到兴头上,有的"以胡笳",有的"弹琵琶",有的说唱"彼中兴废"之事,有的"顿足起舞",有的"吭音高歌"。女子更喜欢歌舞,每当月夜她们就"群聚握手",顿足唱起"有声无字"的曲调④。瓦剌首领也先在酒宴上,曾"自弹虎拨思儿唱曲",众人则"齐声和之"⑤。土蛮的三娘子"帐底琵琶推第一"⑥。在俺答汗给明帝的表文附图中,看到宫廷里有乐师,他们手拿管弦乐器或打击乐器。在灵觉寺大雄宝殿西壁描绘蒙古贵族日常生活的壁画上,有四位发辫披散的少女演奏筝、胡琴等,正壁有乐工边饮边奏,有一歌伎正仰首高歌。描绘贵族崇尚佛教的壁画上,有四位喇嘛正在敲曲鼓、吹法号、击钹,演奏法乐⑦。蒙古民族使用的乐器,有的是本民

① 参见阿木尔巴图:《乌素图召庆缘寺壁画与建筑彩画》,载《呼和浩特史料》第5集。
② 《北虏风俗·习尚》。
③ 《北虏风俗·崇佛》。
④ 《译语》。
⑤ 《明英宗实录》卷185。
⑥ 徐渭:《咏三娘子》。
⑦ 参见金申:《美岱召壁画初探》,载《包头史料荟要》第10辑。

族制作的,有的来自汉族和藏族地区。

四、建筑和医药

(一)建筑技术的传入

随着汉族人的迁入,蒙古地区大约在16世纪中叶出现了房屋,以后渐渐有了村落,建起城市。土蛮地区较早盖起的房屋有嘉靖三十三年(1554)丘同为俺答汗建造的"楼房三区"和丘富为自己盖的"室屋三区"①。嘉靖四十四年至四十五年(1565—1566),原大同左卫赵全等派汉族工匠为俺答汗修筑了大板升城,城内有一所大宅,三重大厅,还有"东蟾宫、西凤阁凡二重,滴水土楼凡三座"②。隆庆六年(1572)开始修建归化城,到万历三年(1575)建成,万历九年又扩建外城方圆二十里。随着黄教的传入,蒙古地区的寺院建筑也出现并且增多。万历年间修建的灵觉寺是蒙古地区较早修建的一座黄教寺院,它包括经堂、佛殿、王府、灵庙以及城垣,是一座包容多种建筑风格的"城寺"建筑。这组建筑群基本全部坐北朝南,依一条南北轴心线纵深发展,主体建筑有经堂和大雄宝殿。经堂的两侧和前面,建有纯藏式的砖墙。大雄宝殿建在比其他殿堂高出一米的黄土夯筑台基上,使整个建筑群呈现出高低起伏的状态。加上城角共有四个角楼,使这座城寺具有明代宫廷建筑的特色。它是用土、砖瓦石块、琉璃瓦和木头等材料建成的,建筑材料也体现了明代的建筑风格。它采用传统的汉式梁架结构,屋顶用重檐歇山式青灰筒瓦,所铺板瓦还保留着脊兽鸱吻,还有宝塔、倒钟莲瓣、大象等装饰,体现了印度、尼泊尔的建筑风格。在东西北三面外加檐柱,建有回廊,形成围廊重檐歇山楼阁式大殿。经堂的砖墙和大雄宝殿组成藏汉结合的建筑体③。

最初的房屋、村落、城市往往是由汉族工匠建筑的,后来一些寺院则

---

① 《万历武功录》卷7《俺答传》中。
② 《万历武功录》卷7《俺答传》中。
③ 参见《美岱召召庙建筑、壁画艺术考察报告》。

是由蒙、汉、藏各族工匠共同营建的,最终蒙古民族学会了设计建造结构复杂的建筑。

（二）著名的医学家

明代蒙古族有传统的医学,蒙医长于按摩和外科手术、整骨术等。他们又通过与明朝的贡市,或者从迁徙到蒙古地区的汉族人那里,吸收了汉族的医学,从藏医名著《四部医典》和黄教寺院建立的医明经院里,吸收了藏族的医学。这一时期,蒙古医学史上著名的医学家是内济托音和墨尔根·绰尔济。

内济托音,嘉靖三十六年(1557)生在瓦剌土尔扈特部一个王公贵族家庭里。他曾就读于归化城寺院学校,成为蜚声蒙藏社会的高僧。为了传播黄教,他来到东蒙古地区。大约在崇祯二年(1629),他治愈了翁牛特部一位病危的公主。据说,他还使一位双目失明的女萨满重见光明①。

墨尔根·绰尔济,明末清初人,后金天命年间归附后金。他是蒙古族著名的外科医学家。他善于用草药和推拿、热灸的方法为人治病。史载他"精岐黄之术"②。他能为受箭伤的人拔出箭头,敷上草药,治愈病人。他也曾把多处受箭伤昏迷过去的人置于刚刚剖杀的白骆驼腹内,使伤者苏醒过来。对胳臂弯曲不能伸直的人,先用热锅里的水汽薰蒸,再用斧子捶打关节,然后用手捏揉,最后对好位置。他运用的热血浸疗法和蒸汽热罨疗法,在《元朝秘史》和《元史》上有所记载。经他救治起死回生的病人很多,时人称之为"神医华佗"。他的医术不仅流传在清朝的满蒙八旗士兵中,还间接地传给了雍正年间曾经在北京学习的俄国学员们。

第三节　回回族

明代回回族主要聚居在甘肃、陕西、宁夏、云南。此外,运河沿岸、北京、南京、安庆、武昌、江浙、湖广的一些地方也有回回族散居。他们主要

---

① 参见《蒙古宗教》第 4 章。
② 乾隆《盛京通志》卷 40《墨尔根绰尔济》,咸丰二年重印本。

从事农业生产,也有的从事制药、香料、陶瓷等手工业生产,经营珠宝、皮毛、牛羊肉、鲜货、饮食等商业,还有从事海外贸易的。明朝对回回族主要实行优惠安置、保护经商、授予官职、保护宗教活动等政策,回回族在地理,历史、思想、宗教、文学、医药、天文历法、中外文化交流诸领域作出了突出的贡献①。

一、史学

明代回回族在史学领域作出了贡献的有金贤、马自强等。金贤,长于《春秋》,著有《春秋纪愚》10 卷②。马自强,字体乾,陕西同州人。嘉靖三十二年(1553)进士。曾任少詹事兼侍读学士、吏部左侍郎、礼部尚书、大学士等。他参与了编修《明世宗实录》③。

二、文学和艺术

(一) 著名的诗人和散文家

明代回回族中出现了一些著名的诗人。

丁鹤年,原籍西域,其父元朝时曾做武昌县的达鲁花赤。他出生在武昌,生于元代元统三年(1335),死于永乐二十二年(1424)。他从小听兄姊诵说经史,本人非常好学,精通律诗。诗作颇多,作品有《海巢集》《哀思集》《方外集》《方外续集》等。他的诗"情词悽恻"④,语言优美凝练。他是明代回回族中最著名的诗人。

此外,南京的金大车、金大舆曾随同著名诗人顾璘云游,金大车的作品有《子有集》2 卷,金大舆的作品有《于坤集》2 卷⑤。云南的马继龙著

---

① 按,明代回回族人中,著有地理著作重要者有马欢撰《瀛涯胜览》,著名思想家有李贽,著名航海家有郑和,详见本书此前各章,兹不赘述。

② 《明史》卷 96《艺文志一》。

③ 《明史》卷 219《马自强传》。

④ 《明史》卷 285《丁鹤年传》。

⑤ 《明史》卷 286《顾璘传》,卷 99《艺文志四》。

《海樵集》，闪继迪著《雨岑园秋兴》，马上捷著《拾芥轩集》①。

明代回回族中一些人物在散文方面也颇有造诣。除前文（第三章第一节）已谈及的李贽外，有海瑞等值得一叙。海瑞，字汝贤，自号刚峰，广东琼山人。嘉靖举人。著作有《海瑞集》。他主张写文章要反映自己的真实思想，"文也者所以写吾之意也"②，反对只在字词上做文章。

（二）著名的书法家

明代回回族著名的书法家是赛景初，他是诗人丁鹤年的表兄，善于写小楷③。

三、宗教和风俗

（一）伊斯兰教的发展

回回族信仰的伊斯兰教在明代的发展，表现在清真寺的修建、经堂教育制度的兴起、宗教经籍的翻译与著述诸方面④。

尽管明朝政府对清真寺的修建，有一定的限制，各地的回回族还是陆续修建了不少清真寺。青海西宁清真大寺、甘肃兰州绣河沿大寺和临潭县的礼拜上寺、陕西西安清修寺、四川西昌泸山魔寺、安徽合肥礼拜寺、南京净觉寺均建于洪武年间，天津穆家庄和湖北樊城清真寺建于永乐年间，北京敕赐清真寺建于正统年间，甘肃徽县东郊的清真寺和临夏八坊的老华寺建于成化年间，贵州威宁杨湾桥和上海青浦县城内的清真寺是万历年间修建和重建的⑤。

---

① 参见《回族简史》第 1 章，宁夏人民出版社 1978 年版。
② 《海瑞集·教约》，中华书局 1962 年版。
③ 参见白寿彝：《回回民族的形成和初步发展》，载《回族史论集》，宁夏人民出版社 1984 年版。
④ 关于经堂教育制度及宗教经籍的著述，详见本书第 4 章第 2 节。
⑤ 参见高占福：《丝绸之路上的甘肃回族》，载《宁夏社会科学》1986 年第 2 期；白寿彝：《中国元明时（1280—1661）几个阿林》，载《回族史论集》；穆宝庆、王俊贵：《安徽回族源流》，载《宁夏社会科学》1988 年第 3 期；答振益：《湖北回族源流初探》，载《宁夏社会科学》1986 年第 1 期；穆德全：《回族在西南地方史上的分布》，载《四川大学学报》1989 年第 4 期；李月春：《海河两岸的天津回族》，载《宁夏社会科学》1989 年第 2 期；张志诚、朱克同：《黄浦江畔的上海回族》，载《宁夏社会科学》1988 年第 4 期。

（二）衣食婚丧节令

明代回回族"男子削发,戴小罩刺帽,妇女以白布裹头"[1]。他们吃牛羊肉,不吃猪肉。泉州地区的回回族举行婚礼仪式,选定在"主麻日"进行,最贵重的嫁妆是《古兰经》[2]。回回族死后,要洗净尸体,实行土葬,"不用棺,以布囊裹瘗之"[3]。每年二月、十月为把斋月,届时"昼不饮食,至暮乃食",满一个月"始食荤"[4]。他们还过古尔邦节。

四、药物学和天文历法

（一）《回回药方》的翻译

明代各地的回回族中继续传习着传统的医药知识,有不少人从事制药与卖药业。昆明孙继鲁的儿子开办的"万松草堂",制作的丸散膏丹,在西南地区颇有名气。北京王回回的膏药、马思远的药锭,更是远近驰名。陕西回回族中卖药的很多,诗人丁鹤年兼通药物学,曾在四明(浙江宁波)卖药。由于回回族中从事制药、卖药的人较多,曾在回回族医生中流传使用过的阿拉伯医药学著作《回回药方》,在明代被译为汉文。该书共有36卷,现只有4卷的明抄本,收藏在北京图书馆善本部。药方中提到的药物总计在千种以上。该书大约在元代传入我国,估计曾在广惠司收藏过。原本是阿拉伯文著述,译本所据底本是波斯文本。《回回药方》的翻译,有助于中国对阿拉伯科学文化的吸收[5]。

（二）天文历法著作的翻译

明代回回族中有人在钦天监回回历专科供职。一些回回族的天文

---

[1] 陈诚、李暹:《西域番国志·柳城》,载冯家昇等:《维吾尔族史料简编》上,151 页。

[2] 参见葛壮:《东南沿海地区回族和伊斯兰教发展的历史特点》,载《宁夏社会科学》1989 年第 4 期。

[3] 陈诚:《使西域记·哈烈》,《学海类编》本。

[4] 《使西域记·哈烈》。

[5] 参见刘迎胜:《〈回回药方〉与中国穆斯林医药学》,载《新疆社会科学》1990 年第 3 期。

学家、历法家,对穆斯林的天文、历法著作进行了翻译。如洪武十五年
(1382),回回族大师马沙亦黑同翰林李翀、吴伯宗等就进行了这种翻
译①。参与这次翻译的除马沙亦黑以外,还有回回族历法家海达儿、阿答
兀丁、马哈麻等。现有洪武十六年(1383)刻本②。

第四节　畏兀儿族③

　　明代畏兀儿人主要生活在天山南北地区。他们从事畜牧业、农业、
果树种植业、丝毛织品编织业、采矿业、商业等。元朝末年,统治天山
南北、中亚河中地区、伊朗高原部分地区的察合台汗国分裂为东、西察
合台汗国。明朝初年,西察合台汗国发展为帖木儿帝国,东察合台汗
国一直维持到 17 世纪七八十年代。明代时期,天山南北畏兀儿人的各
"国"、各"地面"大多被东察合台汗国松散地统治着。汗国经历了别失
八里、亦力把里、吐鲁番、叶尔羌政权时期。1466—1513 年,控制塔里
木盆地南缘地区的布拉吉家族的阿巴拜克曾脱离东察合台汗国的统
治。畏兀儿人向明朝派使臣,贡马、驼、玉石等物;明朝在哈密等地设
卫,对各"国"、各"地面"派遣使者,赐予白银、布匹、绸缎、瓷器、银器等
物。明代,伊斯兰教在畏兀儿地区彻底取代了佛教,这就使畏兀儿族
的文化带有伊斯兰教的影响。天山南北是欧、亚、非洲诸国从陆路通
往明朝的交通要道,在与各国经济文化交流的过程中,畏兀儿人吸收了
波斯、阿拉伯等国的文化,其文化又具有跨国别的特点。生活在天山南
北地区的除畏兀儿人外,还有蒙古、塔吉克、乌孜别克、汉族人等,由于各
民族的接触交流,畏兀儿族的文化不仅有独特的民族特点,而且融合了
多种民族的特点。

---

① 《明史》卷 37《回回历法》。
② 《译天文书序》,《涵芬楼秘籍》第 3 集。
③ 明代畏兀儿族即清代以来的维吾尔族。

一、历史学

明代畏兀儿人撰写的历史著作主要有《拉失德史》。

《拉失德史》是一部记载 14 世纪中叶至 16 世纪中叶畏兀儿族历史的编年体史著。著者米尔扎·海达尔·库尔刚,笔名阿亚日西坎斯合。他生在达什干,是布拉吉家族的后裔,是叶尔羌汗国萨亦德汗的表兄弟,与印度莫卧儿王朝建立者巴布尔是姨兄弟。八岁那年,随其父到哈烈(阿富汗赫拉特城),投靠贴木儿后裔所任的当地苏丹,跟随那里著名的学者学习,培养了较好的文化素养,通晓阿拉伯语和波斯语。他曾参加了推翻伯父阿巴拜克,建立叶尔羌汗国的战争,成为萨亦德汗的亲信,参与了诸多军政要事。拉失德汗即位后,为巩固汗权杀死了海达尔的叔父,海达尔逃离叶尔羌汗国,到印度受巴布尔委托管理克什米尔。他在克什米尔写成《拉失德史》,以此献给祖国的拉失德汗。该书成书于 16 世纪 40 年代。原书用波斯语写成,曾两次被译为察合台语。手抄本较多,曾在中亚广为流传。19 世纪末叶,英国人丹尼逊·罗斯译成英文出版,新疆社会科学院民族研究所从英译本译成汉文出版。该书有两编。第一编写东察合台汗国自 1347 年秃黑鲁贴木儿汗登基到 1533 年拉失德汗处死作者的叔父为止的历史。第二编写作者的经历和他当代的历史。该书不仅保存了明代畏兀儿族政治、经济、文化方面的第一手资料,弥补了汉文史籍的缺少,还记载了乌孜别克、哈萨克、柯尔克孜等民族的历史,对俄国、阿富汗、克什米尔、印度等国的情况也有记述[1]。

二、宗教和风俗

(一)伊斯兰教

伊斯兰教在 10 世纪末传入哈实哈儿,11 世纪传入于阗。东察合台

---

[1] 参见刘志霄:《维吾尔族历史》第 11 章第 2 节,民族出版社 1985 年版;魏良弢:《"叶尔羌汗国"及有关非汉文史料介绍》,载《新疆大学学报》1986 年第 1 期。

汗秃黑鲁贴木儿 1322 年决定信仰伊斯兰教,而且强迫大批蒙古宗王和部众信仰伊斯兰教。明代统治畏兀儿大部地区的察合台汗后裔和统治过西南疆的布拉吉家族都是穆斯林。他们赋予伊斯兰教长政治、经济与司法特权。黑的儿火者称汗之际,派了 30 多位使臣,到伊斯兰教活动的中心地苦先,献给教长 100 匹马、500 头牛、1000 只羊、50 峰骆驼、15 个奴隶,求得宗教势力的认可。阿巴拜克把许多农田赠给奇勒坦麻扎(伊斯兰教教主和封建显贵教徒的坟墓,附设有礼拜寺和宗教学校)。在畏兀儿地区传教的伊善派阿尔西丁家族,在一些地方具有世袭喀孜(宗教司法官)的特权。叶尔羌汗国拨款修建经学院和清真寺。在牙儿干建造的经学院高 2 层,有 360 间住室,那里的依西勒经学院和阿勒通清真寺修筑得非常庄严雄伟。经学院里教授伊斯兰教法学及其基本哲学、圣训学、教义学、伊斯兰教史等课程①。由于统治阶级的信仰和推崇,伊斯兰教最终排挤了佛教,成为明代畏兀儿人唯一信仰的宗教。当时在畏兀儿人中传播的主要是伊善教派。

（二）佛教

回鹘人 9 世纪中期西迁到新疆后,由原来信仰摩尼教,逐渐改变为信仰佛教。伊斯兰教传入新疆以后,东北疆的吐鲁番、火州、哈密等地的畏兀儿人,直到 15 世纪仍然有人信仰佛教。14 世纪末,吐鲁番和火州被黑的儿火者征服,当地人被强迫接受伊斯兰教。但是 15 世纪前期,吐鲁番一带的大部分畏兀儿人仍然信仰佛教,"居人信佛法,多建僧寺"②。那里有佛寺,有释迦牟尼等诸多佛像。有佛教大师,他们派遣僧人向明朝进贡名马和方物。有明朝在当地设置的僧纲司,明廷任命一些僧人为僧纲司官。哈密地区大多数畏兀儿人一直到 15 世纪末才改信伊斯兰教③。

（三）风俗

明代畏兀儿人的风俗与他们的经济生活和宗教信仰相适应,不同地

---

① 参见阿吉·奴尔阿吉:《赛义德王朝文化述略》,载《新疆社会科学》1990 年第 1 期。
② 陈诚:《使西域记》,《学海类编》本。
③ 参见冯家昇等:《维吾尔族史料简编》(上)第 6 章第 7 节,新疆人民出版社 1965 年版。

区互有异同。

别失八里的汗王头载"小罩刺帽",帽子上插着"鹲鸽翎",身穿"秃袖衫","削发贯耳"。那里的妇女用白布"裹首缠项",穿"窄袖衣"①。柳城"男子椎髻,妇人蒙皂布,垂髻于额"②。火州"妇人载油帽"③,人们"辫发后垂"。④ 他们穿的衣服主要是用当地生产的白毺布(用野蚕丝织成)和羽毛布制成,也有用通过贡市从明朝得到的绸缎做的。以游牧生活为主的地区,人们"饮食惟肉酪,间食米面,稀有菜蔬,少酿酒醴,惟饮乳汁";住帐篷,"所居随处设帐房,铺氊罽,不避寒暑,坐卧于地"。走向农业定居生活的地区,人们吃粮食蔬菜;吐鲁番、火州、哈密等地,住房屋,有城堡。哈密人"住矮土房"⑤。火州人住的房子,涂上白土,反映了畏兀儿人尚白的习俗,每当盛暑当地人还有穴地而居的习惯。

畏兀儿人有实行土葬和火葬的习俗。火州人"婚姻丧葬与华夏同焉"⑥。于阗人死,"以火化之,收骨共葬一塔,各以长幼为序,以沙为冢,居丧者剪发长四寸"⑦。

畏兀儿人"好骑射"⑧。亦力把里人"每元日斗牛马驼为戏,七日观胜负"⑨。畏兀儿人也能歌善舞。史载于阗人"好歌舞"⑩。火州人弹奏的乐器"多琵琶箜篌"⑪。成化六年(1470),吐鲁番的首领阿力向明朝"奏求忽拨思筝、鼓罗"等⑫。

由于畏兀儿人信仰伊斯兰教,他们过库尔班节。如弘治八年(1495)

①《使西域记·马哈麻》。
②《使西域记·柳城》。
③《皇舆考》卷 12。
④ 杨一葵:《裔乘》卷 8《西北夷》《火州》,《玄览堂丛书》本。
⑤ 陈诚、李暹:《西域番国志》。
⑥《裔乘》卷 8《西北夷》《火州》。
⑦《裔乘》卷 8《于阗》。
⑧《裔乘》卷 8《火州》。
⑨《裔乘》卷 8《亦力把力》。
⑩《裔乘》卷 8《于阗》。
⑪《皇舆考》卷 12。
⑫《明史》卷 329《吐鲁番》。

八月,东察合台王阿黑麻就"往吐鲁番做虎儿班节去了"①。

三、文学和艺术

(一)诗歌的创作

明代畏兀儿人的诗歌成就较大,尤以叶尔羌汗国时期较为突出。这一时期,不仅民间诗人大量涌现,而且汗王、王族成员也从事诗歌的创作,撰写了一些诗集,成为著名的诗人。米尔扎·海达尔·库尔刚于 1533 年写成叙事长诗《世界征服者史》。该诗以民间故事为基础,发挥了丰富的想象力,表现了生动活泼的风格。阿曼尼莎汗,生于 1534 年,死于 1567 年,以乃裴斯为笔名,创作了《乃裴斯诗集》。尤素甫·阿迪尔汗,死于 1571 年。他不仅从事创作,撰写了《柯迪尔汗诗集》,而且进行诗歌理论的研究,写出《选择的韵律》《表现自然的一系列格则勒》等论著②。

(二)书法的弘扬

叶尔羌汗国时期,畏兀儿人的书法在继承传统书法艺术的基础上,发展了楷书、草书和艺术体等多种形式。这一时期书法艺术的弘扬主要表现在三个方面:其一,从汗、行政官员到文书多是书法艺术的倡导实行者,甚至是著名的书法家。萨亦德汗是楷书家,拉失德汗是谙熟各种书法形式的书法家,米尔扎·海达尔·库尔刚的书法艺术非常精湛。其二,在经学院和普通学校里都开设书法课,由一些书法家任教,培养了大批书法家。其三,汗国的印章、信函、文件、碑刻、书籍等都是精心书刻而成的。《拉失德史》《世界征服者史》《乃裴斯诗集》《柯迪尔汗诗集》等在一定程度上凭借着书法艺术留传下来③。

(三)《木卡姆》的定型

木卡姆是维吾尔的于阗、龟兹、疏勒乐与波斯、阿拉伯音乐相互融汇

---

① 许进:《平番始末》卷下,《金声玉振集》本。
② 参见买买提明·玉素甫:《维吾尔族古典文学简述》,载《新疆社会科学》1986 年第 5 期;阿吉·奴尔阿吉:《寒义德王朝文化述略》,载《新疆社会科学》1990 年第 1 期。
③ 参见阿吉·奴尔阿吉:《寒义德王朝文化述略》,载《新疆社会科学》1990 年第 1 期。

而形成的不同调式。13世纪音乐家苏菲丁提出了这一术语,14世纪畏
兀儿人开始采用,15世纪普及天山南北。明代是木卡姆的融汇时期
(14—16世纪)和规范时期(16—19世纪)的前段。16世纪叶尔羌汗国拉
失德汗统治时期,对散失在民间的木卡姆搜集整理,组编成《木卡姆》乐
章。拉失德汗既会写诗,又会弹奏,他的王后阿曼尼莎汗青年时代是出
色的民间歌手,她不但歌唱得好,而且熟悉多种乐器。他们招徕流散各
地的乐师、歌手、诗人,对木卡姆进行加工整理,整理出有16乐章的《木
卡姆》。其中,阿曼尼莎汗整理出《伊西来特·安格孜》乐章,尤素甫·柯
迪尔汗整理出《维沙勒》乐章。尤素甫·阿迪尔汗不仅是位诗人,而且是
著名的歌手和乐师,曾任宫中首席乐师,他是《木卡姆》乐章的具体组编
者。《木卡姆》各乐章分三部分:穷乃额麦,一位长者既弹奏沙塔尔独奏
曲,又诵唱陈述性的节奏自由的诗句;达斯坦,演唱各种形式与内容的叙
事歌曲,随着用来连贯各部分的间奏曲跳舞;麦西热甫,随着欢快而舒畅
的舞曲,举行舞蹈等娱乐活动。《木卡姆》把畏兀儿人的音乐、诗歌、舞蹈
紧密结合在一起。《木卡姆》各乐章的名称及其整理人,在维吾尔族历史
学家伊赛姆图拉·尼木图拉的《乐师史》一书中有记载,乐曲和唱词惜已
失载。由于《木卡姆》在维吾尔人中一代代流传延续下来,16世纪50年
代曾对老艺人吐尔迪阿洪演唱的《木卡姆》记谱和录音,有12乐章,基本
没有超出尤素甫·柯迪尔汗组编的《木卡姆》,说明16世纪《木卡姆》已
经定型[1]。

(四) 舞蹈的发展

畏兀儿人是能歌善舞的民族,其舞曲节奏感强,舞姿优美动人。《木
卡姆》的组编,促进了舞蹈的充实。叶尔羌汗国时期,畏兀儿人的舞蹈有
民间舞蹈、宫廷舞蹈。"纳扎尔库姆"是庆祝丰收、举行婚礼时表现竞技
与狂欢的舞蹈,主要流行在塔里木盆地以北地区。刀浪舞是表现游牧生

---

[1] 参见《维吾尔族历史》第11章第2节;黎蔷:《维吾尔诗歌与木卡姆音乐关系论》,载《新疆社会
科学》1990年第6期;周菁葆:《维吾尔木卡姆形成发展史述略》,载《新疆社会科学》1990年
第1期。

活的舞蹈,主要由集体的、互相制约的动作组成,流行在刀浪河流域。"夏迪亚那"是欢庆节日、宫廷筵宴的主要舞蹈①。

四、建筑和医药

（一）建筑艺术

14—15 世纪,畏兀儿人已有土屋、城堡。16—17 世纪,已广泛使用烧砖和各色陶瓦,不仅有房舍,而且修建了宫廷、官署、经学院、清真寺、陵墓等。那些建筑大多采用彩绘、雕塑、涂染等手法,具有民族和地区特点。住房屋内多有装饰,室外则有果树、草地、花园,建造出一种清净优雅的环境。经学院、清真寺使用花砖彩瓦,常把古兰经文和建筑年代书写出来,采用石膏美化加固墙壁,房檐柱子等普遍雕刻花纹②。

（二）医药学

明代畏兀儿人的医药学有相当发展。特别是叶尔羌汗国时期,在哈实哈儿和叶尔羌等地有医院、诊所,有培养医生的学校——经学院,有医学著作和译著。当时也有药铺,还从明朝内地、西藏、中亚、印度、巴基斯坦、克什米尔等地进药,同时向上述地区输药,哈拉汗朝医学家依玛依丁·喀什噶里的《药典》被列为经学院的基本教材③。

五、中外文化交流

畏兀儿人与欧亚一些国家在语言、文字、文学、科技等方面均有文化交流。

明代畏兀儿人操察合台语。察合台语是以突厥语的语音、语法、基本词汇为基础,又吸收了塔吉克、蒙古,阿拉伯、波斯语的一些词汇,而形成的一种综合型语言。此外,波斯和阿拉伯外来语不断传入畏兀儿地

---

① 参见《维吾尔族历史》第 11 章第 2 节。
② 参见阿吉·奴尔阿吉:《寒义德王朝文化述略》,载《新疆社会科学》1990 年第 1 期。
③ 参见阿吉·奴尔阿吉:《寒义德王朝文化述略》,载《新疆社会科学》1990 年第 1 期。

区,一些文人既会察合台语,又会波斯、阿拉伯语。在文字方面,畏兀儿人在明代经历了阿拉伯文取代回鹘文的过程。

在文学方面,《阿凡提的故事》是畏兀儿文学与土耳其文学融合的产物。阿凡提,本名连读起来称纳斯列丁,据土耳其学者穆夫提·哈桑查阅档案资料,证明纳斯列丁生活在 13 世纪的土耳其,今天阿克谢希尔城仍有他的坟墓。阿凡提非常会说笑话,他的笑话和流传到土耳其的 10 世纪阿拉伯人朱哈的笑话混合起来,逐渐流传在西亚、中亚、新疆等地。流传过程中,在不同地区,在不同时期又经过人们不断补充发展加工,使各地的《阿凡提的故事》带上了当地和该民族的特点。在新疆维吾尔地区搜集整理的《阿凡提的故事》中,有不少都与 14—15 世纪建立帖木儿帝国的帖木儿有关。15—16 世纪,《阿凡提的故事》已在畏兀儿人中间广为流传①。

在科技方面,1603 年耶稣会士葡萄牙人鄂本笃到明朝,途经于阗向于阗王"进献时辰表、望远镜及欧洲带来诸奇珍"②,向畏兀儿人介绍了欧洲的历法、物理仪器等。

第五节　藏族

明朝称生活在今西藏的藏族为乌斯藏,称生活在今青海、甘肃、四川、云南的藏族为西番。明代藏族主要从事畜牧业,一些地区也有农业,种植青稞、小麦、荞麦等,手工业主要有氆氇编织和金属佛器制造业等。其社会形态处于封建农奴制上升阶段。明代统治乌斯藏的先是藏传佛教帕竹噶举派建立的政教合一的政权,万历四十六年(1618)与噶玛噶举派红帽系联合的第悉藏巴政权继之进行统治。统治西番的是当地的寺院上层和土司势力。16 世纪初期,青海的藏族曾在蒙古袄尔都司部亦不

---

① 参见戈宝权:《谈阿凡提和阿凡提的故事》,载《阿凡提的故事》,中国民间文艺出版社 1981 年版。
② 利玛窦:《鄂本笃访契丹记》。

刺的统治下,中期至末期,青海和甘肃的藏族曾受土蛮部俺答汗子、侄、孙的统治。17世纪初,外哈喇哈却图汗进入青海,他支持噶玛噶举派,崇祯八年(1635)其子进入西藏,崇祯九年瓦剌和硕特部固始汗进入青海,到崇祯十五年推翻了第悉藏巴政权,统治了藏族大部地区,他支持格鲁派。明朝对乌斯藏和西番建立卫所、行都指挥使司进行管辖,对西番实行土司制度,对佛教各教派喇嘛授予名号,给予印诰。藏族僧俗上层向明朝朝贡,贡佛像、铜塔、珊瑚、犀角、氆氇、毛缨、足力麻、铁力麻、刀剑、甲胄等,明朝则回赐黄金、锦缎、法器、香、茶等物。明朝还在临近西番的一些地方设有茶马司,以茶易马。此间一段时期,藏族社会相对稳定,经济比较发展,因而文化较前繁荣,尤以史学、文学、艺术、科技较突出,文化受佛教的影响较大。

一、语言学和史学

(一)正字和文法著述的写作

明代研究正字法和文法的藏族学者很多,他们写出了一些著述。著名的正字法著述有:班禅降巴岭哇的《正字学语饰》、夏鲁译师却窘桑布的《正字宝箧》、萨迦派教主阿旺贡噶索纳的《正字学明目光》、觉顿·门珠的《藏语新旧字辨异·丁香宝帐》等。文法方面,索纳僧格的《松达注解》、夏鲁译师却窘桑布的《松达注释极明嘉言》、巴卧·祖拉陈哇的《松达注释明灯》、素喀哇·洛卓杰卧的《松达注释智者喜宴》等比较突出[①]。

(二)各类史著的撰写

明代藏族留下的史学著作较多,这些史著大都是佛教界人士所著,大多写王室传承、佛教传播等内容,大致有王统史、佛教史、家族史三类。其中侧重写王统史的主要有:

《西藏王统记》,是一部记载古代藏族吐蕃王室传承和印度、西藏佛教史的著作,索南坚赞著。他是萨迦派僧人。该书成书于洪武二十一年

---

① 参见佟锦华:《藏族传统文化概述》,中国藏学出版社1990年版,第28—30页。

（1388）。现有藏文本、汉译本、拉丁文转写本、英译本等。主要写了松赞干布、赤松德赞、赤祖德赞的事迹，文成、金城公主入藏，藏、汉民族文化的交流，印度、西藏佛教的历史。该书不仅记载了古代藏族的传说，还利用了《新唐书》和《旧唐书》的一些材料，且文字生动，记叙清晰。但是有宣扬"佛法正统"和宗教迷信的内容。

《青史》，是一部记述吐蕃王室传承和藏传佛教发展的编年体史著，桂·宣奴贝著。作者不仅是噶举派著名的僧人，还是一位翻译大师。该书成书于成化十二年（1476）。现有藏文本、汉译本、英译本等。不仅写了吐蕃王室的传承与事迹，也涉及汉族王室传承，还写了藏传佛教各教派的创始人、高僧的事迹，寺院的历史，其中写噶举派的内容尤详。此书不仅受到中国学术界的重视，也受到英国、日本等国学者的推崇。唯以佛教唯心主义看待历史的发展，应引起读者的注意。

《新红史》，琐南札巴著。作者是格鲁派僧人。该书成书于嘉靖十七年（1538）。有藏文本、英译本等。前半部分写印度、西藏、汉族王室的传承，后半部分写藏传佛教各教派的历史。该书纪年准确，特别是提供了帕竹噶举派政权沿革的珍贵史料。

《智者喜宴》，是一部珍贵的记载吐蕃王室传承和佛教在西藏传播、发展的史著。拔卧·祖拉程哇著。作者是噶玛噶举派的活佛。该书成书于嘉靖四十三年（1564）。现有藏文本和汉译分期刊载本等。不仅写了吐蕃王室的传承和藏传佛教的发展，还涉及印度、于阗、西夏、蒙古等地的历史。写古代史部分多引用古代文书，写各教派历史较其他史籍为详，其中对噶玛噶举派的历史记载尤细。该书受到国内和印度、日本等国藏学学者的高度重视。

《西藏王臣记》，是一部记载西藏从古代到固始汗历代王室传承和事迹的史著。昂旺·罗桑嘉措著。作者是五世达赖喇嘛，一生著述颇丰，对西藏的政治和佛教多有建树，对各民族之间的交流也起过重要作用。此书是他应固始汗请求而写，成书于崇祯十六年（1643）。现有藏文本、汉译本和英、法、日、俄、德等外文译本。汇集西藏历代统治者历史的著作,首推此书,且记叙生动,插有颂歌等,不仅被尊为珍贵的史籍,也被视作文学佳作。唯文义艰深,未记年代①。

侧重写佛教史的史著,有雅隆小王子释迦仁钦德所写的《雅隆教史》、班钦·索纳扎巴写的《噶当教史》、珠巴活佛白玛噶布写的《珠巴教史》等。侧重写家族史的著作,有阿旺·贡噶索纳写的《萨迦世系谱》等②。

二、宗教和风俗

(一)佛教

明代藏传佛教(喇嘛教)有诸多教派,15世纪前主要是原有的宁玛派、噶当派、萨迦派、噶举派,15世纪初格鲁派兴起后,合并了噶当派。各教派内还有不同的派系,各教派都有著名的寺院,一些教派还产生了著名的宗教理论家。明代大部分时间噶举派影响大,明朝末年格鲁派政治、经济实力超过了各教派。各教派大多在藏族地区寻求地方势力的支持,也寻找明朝、蒙古、满族的支援。明朝对各教派的首领都给予封号和赏赐,旨在分散各派的力量。

宁玛派,11—12世纪时由西藏僧人创立,教徒分散各地。重密宗轻显宗,有血祭、用人体器官祭等仪式。僧人均戴红帽,又称红教。与藏族地方势力关系松散,长时期没有形成稳定的寺院集团势力。格鲁派到五世达赖时,对宁玛派由反对转而支持。16世纪末,在拉萨以南雅鲁藏布江北岸建立了多吉扎寺,这是该派在前藏的主要寺院之一。

噶当派,11世纪中叶创立于卫藏地区。以显宗为主,也不排斥密宗。有教典派和教授派等派系。除教典派的怯喀寺、基布寺系外,整个噶当派没有寻求掌握地方政权。直到13世纪中叶,在各教派中以僧徒众多、

① 以上参见王辅仁、索文清:《藏族史要》,四川民族出版社1981年版,第96—97页;佐藤长:《西藏史研究入门》,邓锐龄译,载《西北史地》1986年第2期;昂旺·罗桑嘉措著:《西藏王臣记》,郭和卿《译后记》,民族出版社1983年版。

② 参见佟锦华:《藏族传统文化概述》,第33—34页。

寺院广布而著称。15 世纪格鲁派在该派教义的基础上发展起来,该派的寺院也并入格鲁派寺院系统。

萨迦派,11 世纪 70 年代创立于后藏仲曲河谷的萨迦。教义的核心是"道果法"。由于该派寺院围墙上涂有红、白、蓝三色条纹,又称花教。元朝时势力最盛,建立了西藏第一个政教合一的政权,在整个藏族地区和蒙古、汉族地区都有寺院。元朝末年,其权势为噶举派所取代,以后,只在萨迦保存有政教合一的地方势力。明朝封该派僧人为大乘法王、赞善王、辅教王等。14 世纪后半期,萨迦派在显宗方面产生了两个派系,在密宗方面出现了三个派系。格鲁派的创始人宗喀巴曾向显宗的仁达哇学习,五世达赖曾向密宗的擦尔派学习。明代显宗的一个派系在盆域修建那烂陀寺,密宗的三个派系分别在纳塘和夏鲁之间建立俄尔寺,在山南贡噶以东建立多吉丹寺,在萨迦以西拉孜以南建立图丹根培寺。嘉靖二十九年(1550),四川德格的贡钦寺建立了印经院,印刷各种经书。

噶举派,产生于 11 世纪,分布在整个藏族地区,重密宗,也不排斥显宗。自创始人玛尔巴·米拉日巴等人修法时穿白僧裙起,以后修法者均穿白僧裙,又称白教。有香巴和塔布两大系统,塔布系统又分帕竹、蔡巴、拔戎、噶玛四大支系,其中帕竹噶举还分八小支系。14、15 世纪,香巴噶举渐衰,塔布噶举的帕竹系在元末至明末直接掌握了西藏地方政权,噶玛系的红帽支系则在明末间接控制了地方政权。明朝曾封噶玛噶举黑帽系五世活佛以大宝法王的封号,大宝法王在三大法王中地位最高,封他的门徒为大国师、国师等;封帕竹噶举札巴坚赞为阐化王,封帕竹支系止贡噶举僧人为阐教王。蒙古外哈喇哈部却图汗支持噶玛噶举派。宗喀巴和他的门徒曾向香巴噶举派学习过。噶玛噶举红帽系在明代曾修建过艾瓦木、羊八井等寺院。

格鲁派,创立于 15 世纪初,传播到整个藏族地区,以至明朝、蒙古、满族地区,主张先学显宗,后学密宗,僧人要严守戒律等。创始人宗喀巴和这一派的僧人头戴黄帽,身着黄衣,又称黄教。该派与藏族各个地区的地方势力建立了广泛的联系,尤其得到帕竹政权的支持。明朝曾封宗喀巴的门徒释迦也夫为大国师、大慈法王。蒙古土蛮部俺答汗封索南嘉措为达赖喇嘛，俺答汗的孙子被认定为四世达赖，瓦剌和硕特部固始汗支持格鲁派。创立之初，与噶玛噶举、噶当、萨迦各派均有接触，吸收了各教派的内容，加以调整改革，反对宁玛派，直到五世达赖时才转而支持宁玛派。明代建立的著名寺院主要有西藏拉萨以东偏北的甘丹寺，以西北山坡上的哲蚌寺、北郊的色拉寺、日喀则附近的扎什伦布寺，青海湟中县的塔尔寺，在山西五台山也建有寺院。宗喀巴成为著名的宗教理论家，他写了100多种宗教著作，其中以《菩提道次第广论》《密宗道次第广论》和《五次第明灯》为代表作。

（二）苯教

佛教传入藏族地区以前，藏族人信仰苯教，崇拜鬼神和自然物。明代仍有藏族人信仰苯教，四川甘孜地区的白利土司即信仰苯教①。

（三）衣食住行

明代藏族贵族按照官品的不同，穿着"庄严的服装"，戴着"珠宝镶饰的耳环等物"②。藏族人"食牛羊肉而饮酒"③，吃酥油和用青稞制成的糌粑，有时还吃米饭和糌粑，他们喝牛奶，吃奶酪，将乳酪"熬煎数沸"，"着滚水调食"④，爱喝茶，"嗜乳酪，不得茶，则困以病"⑤。农区的藏族有村寨，住碉堡式的石屋，牧区的藏族住在用粗毛布制成的帐篷里。有钱人家地上铺地毯，坐在用氆氇制成的坐垫上，外出时大多骑马。

（四）婚姻、丧葬、礼仪和节日

明代藏族一般家庭大多是一夫一妻制，贵族家庭则有一夫多妻制和一妻多夫制。佛教僧人除格鲁派严禁结婚外，宁玛、萨迦、噶举派不大禁

① 以上参见王辅仁：《西藏佛教史略》第6讲、第7讲，青海人民出版社1982年版；覃光广等：《中国少数民族宗教概览·藏族》，中央民族学院出版社1988年版。
②《西藏王臣记》，《拔住噶举派掌管西藏政教事记》。
③ 何宇度：《益部谈资》卷上，《学海类编》本。
④ 包汝楫：《南中纪闻》，《丛书集成初编》本。
⑤《明史》卷80《食货志四》。

止娶妻①。葬俗除天葬外,主要有火葬和塔葬等。史书记载,"僧人老死能前知死期,而以所余付后人者,国人即谓真佛。遂合众同焚,从灰烬中得舍利"②。藏王卓尾贡波死后用塔葬,"他的骨塔,用诸宝镶饰,并为奉安此塔而修造了贡日噶波宫"③。藏族人热情隆重地接待客人,为了表示敬意和祝贺,有展开洁白的哈达欢迎新客的礼节。明代藏族人开始过酥油灯节和雪顿节。酥油灯节始于永乐七年(1409),从藏历正月四日至二十五日,宗喀巴在拉萨大昭寺召开祈愿法会,正月十五日晚在寺前摆桌供奉酥油灯和其他祭品,用来纪念释迦牟尼降伏邪魔的日子。以后每年如此。雪顿节,即酸奶宴,格鲁派规定:僧人在藏历六月十五日至七月三十日之间不准出寺门,要在寺中静行长净,解制后平民百姓供奉酸奶,请他们喝。到五世达赖时还演出戏剧等④。

三、文学和艺术

(一)诗歌和传记

明代藏族的诗歌较前有了很大发展。各种形式的民歌继续流传,常常出现在一些话本小说和历史著作中。15、16世纪时,定钦的才仁旺堆曾改编话本小说《诺桑王子》,其中采用了谐体歌谣的格律,有六音节三停顿的诗句⑤。《西藏王臣记》中穿插有赞词。

文人诗中的宗教诗、格言诗和宁阿体诗都有所发展。宗教诗,即道歌,产生于11世纪。15世纪,桑吉坚参对噶举派高僧米拉日巴的道歌进行收集编纂,编成《米拉日巴道歌》。作者又名乳毕坚金·藏宁黑如嘎,后藏人,生于景泰三年(1452),死于正德二年(1507)。该书是藏族诗人最早的诗歌专集⑥。明代较著名的道歌还有16—17世纪的《多罗那他道歌》。格言诗

---

① 参见黄奋生:《藏族史略》,民族出版社1985年版,第220—221页。
②《益部谈资》卷上。
③《西藏王臣记》,第143页。
④ 参见佟锦华:《藏族传统文化概述》,第136—138页。
⑤ 参见佟锦华:《藏族传统文化概述》,第43页。
⑥ 参见毛星:《中国少数民族文学》上,湖南人民出版社1983年版,第491页。

是一种四句七言诗,多写封建伦理、佛教教义和处世哲学等,大多是前两句写实,后两句作比。明代较著名的有索南扎巴的《格丹格言》。索南扎巴,安木多人,一生主要在西藏学习佛教,曾获得"格西"(善知识)学位和"噶丹池巴"(造佛学之极顶)的尊崇地位。16世纪中期,他写成《格丹格言》,共124首。诗歌采用了易于藏民传诵的通俗平易的语言,借用了民间故事、寓言、谚语作比喻,如"智者所具备的才华,到任何地方都值价;全身披挂的良驹宝马,用不着众人来夸"。这些诗一方面对噶丹寺的喇嘛说教弘法,一方面也启迪了藏民的心灵。诗中有宣扬封建道德和佛教唯心的内容,流露出自我标榜,对统治者罪恶的揭露也显不足①。宁阿体诗,内容多为赞颂佛祖菩萨和刻画美女姿态,追求各种修辞手法。《西藏王臣记》中的赞词有采用宁阿体的,如"句义无混乱,好比那美女媚姿舞翩跹。辞藻犹如美妙莲花鬘,故事赛似少女垂鬌美难宣"②。

此外,还出现了对讲诗歌修辞技巧的著作《诗镜论》进行解释的著述。印度学者的《诗镜论》于13世纪被译为藏文。16世纪初,却窘桑保对译文进行改定,同时作了注释③。

这一时期,藏族的传记文学也有了一定发展,出现了不少描写有名望喇嘛的生平事迹,辅以神奇色彩的传记文学。如有克主杰的《宗喀巴传》、桑吉坚参的《米拉日巴传》和《玛尔巴译师传》、达惹那塔的《莲花生大师传》、朱巴滚来的《朱巴滚来自传》、居麦德钦的《唐东杰布传》、阿旺·吉登旺丘扎巴的《萨班传》等④。其中,最著名的是《米拉日巴传》,该传广泛收集了传主的生平事迹和有关传说,不仅流传在藏族中间,而且引起国内外学者的极大关注。国内现有藏文本、汉文和蒙文译本,国外有日、英、法、德等国的译本。该传通过描写米拉日巴一生传奇般的事迹,赞颂了传主清苦自持、不畏强暴的品德,揭露了佛教上层人物奢侈糜

① 参见张庆有:《试论索南扎巴和他的〈格丹格言〉》,载《西藏研究》1983年第1期。
② 《西藏王臣记》,第179页。
③ 参见毛星:《中国少数民族文学》上,第503页。
④ 参见佟锦华:《藏族传统文化概述》,第34页。

烂的行径,反映了藏族人民的生产与生活。在艺术上,语言通俗流畅,记事生动形象,结构错落起伏,被誉为藏族传记文学中的一个高峰。其局限性是宣扬了佛教的因果轮回和宿命论①。

（二）绘画、书法、铸造和雕塑

明代藏族在壁画、卷轴画和木版画等方面获得了相当成就。江孜的班根曲登寺塔内有大量壁画,不仅吸收了汉族绘画的技巧,还吸收了尼泊尔、克什米尔、印度等地的色彩,代表了当时的壁画水平;噶丹寺壁画的藻井图案具有鲜明的藏族风格。卷轴画以人物画像为内容。保存在西藏萨迦寺中的25轴"唐卡"卷轴画,大多是明代藏族画师画成的。其中有19轴画描绘了萨迦派佛学大师八思巴与蒙古王室的关系,以及他举行过的重要宗教活动。构图基本是在每幅画的中心画一尊主尊佛像,围绕主尊像从左上角开始,按顺时针方向绘图一周,反映以主尊像为主的一段事迹。在过渡和衔接处插有寺院、宫苑、山石、云彩、树木等。用色多以青绿色画山石、树木,而以红黄色画人物、主尊像与建筑,并用金线勾描。这种构图和强烈对比的用色,体现了藏族传统的绘画手法②。木版画相当精致,藏族人给明朝的贡品中常有彩色小画佛。

藏字有楷体和草体之分,草体又有"黎路"与"丹路"之别。15世纪初,江孜官员德巴饶登贡桑帕参照古代书法家写得最好的"丹路"字体,创立了草书体的图案的线条③。

铸造雕塑工艺也有了显著发展。藏族地区较大的寺院至今还保存有当时铸造的铜佛铜塔。给明朝的贡品中,有镀金小铜佛和小铜宝塔。克主杰在五尺多长的坛城上,刻有宫殿、佛像、经阁、教典、法器等物,相当精巧。江孜班根曲登寺的菩萨塑像,在神情上栩栩如生,造诣颇高④。

---

① 参见毛星:《中国少数民族文学》上,第419—422页。
② 参见索文清:《大型西藏唐卡艺术〈八思巴画传〉评价》,载《民族研究动态》1987年第3期。
③ 参见阿旦:《西藏书法演变略谈》,载《西藏研究》1983年第1期。
④ 参见黄奋生:《藏族史略》,第218页。

（三）戏剧

明代藏族地区产生了最早的藏戏和戏团。创始人是唐东杰布,本名尊追桑布,人称甲桑朱古,后藏迥类物齐人,生于洪武十八年(1385),死于天顺八年(1464)。他出身贫寒,是宁玛和噶举派僧人。他看到人们渡河没有桥梁,常常发生人畜伤亡的情况,决定筹备资金架设桥梁。他聘请山南穷结县百纳家的七姐妹,组成了歌舞戏剧团,到各地演出,把收取的钱财物料用于架桥事业。演出时,其中二人装猎人,二人装王子,二人装仙女,一人打钹奏乐。内容有佛教神话和民间传说等①。

四、建筑、医药学和历法

（一）建筑

明代藏族在寺院、桥梁、驿路的建筑修建造方面取得了辉煌的成就。寺院建筑中,西藏地区格鲁派著名的甘丹、哲蚌、色拉、札什伦布四大寺院,用石垒成,楼阁回廊起伏错落,内壁绘有彩色壁画,既体现了藏族雄伟华丽、热烈鲜艳的建筑风格,又吸收了汉族斗拱、梁架、藻井等建筑形式。青海地区的瞿昙寺、塔尔寺,甘肃地区的大崇教寺也是著名的寺院建筑。崇祯年间,曾扩建、改修塔尔寺,扩建改修的塔尔寺大经堂有 36 根柱子,有大银塔和镏金塔,采用了铜质镏金瓦。15 世纪时,唐东杰布在雅鲁藏布江上主持架设了多座大型悬空铁索桥,反映了藏族高超的建造技术。永乐年间,以札巴坚赞为首,连同藏族各地的僧俗势力,一起修复了通往内地的驿站和驿路②。

（二）医药学

明代藏族继承了传统的医学,又有所发展。大约在 14、15 世纪,形成了南北两大学派。南方学派总结了河谷地区的多发病及其疗法,北方

---

① 参见佟锦华:《藏族传统文化概述》,第 72 页;谢启晃等:《中国少数民族历史人物志》一《汤东结布传》,民族出版社 1983 年版。
② 参见黄奋生:《藏族史略》,第 219 页;王辅仁、索文清:《藏族史要》,第 93—99 页;王册:《塔尔寺概述》,载《西藏研究》1983 年第 1 期。

学派总结了高寒地区的多发病及其疗法。17世纪初期,藏巴汗彭措南杰在日喀则建立了藏族第一所官办医学校,培养了一批医学人才。藏族地区的名贵药材也进入明朝内地①。

（三）历法

明代藏族在天文历算方面,涌现出不少有名的学者,他们写出了几部著作。克主杰写了《时轮经无垢光释大疏》,普巴·伦珠嘉措写了《白莲亲教母子篇》《韵律占星经释》《明灯》,克珠·诺桑嘉措写了《时轮经无垢光释庄严疏》②。

第六节 壮族

明朝称生活在五岭以南地区的壮族人为"俍",也有继续称"僚""僮"的。他们生活在山地、河区、丘陵、森林地区,主要从事农业生产,种植水稻、旱禾等,也从事渔猎、纺织、采矿和商业活动。明朝前期壮族处于封建领主制经济形态,中期封建地主制经济逐渐兴起。明代是壮族地区土司制度的发展时期。明朝对壮族实行了"以夷制夷""众建寡力"的政策,在设立土官的同时,逐渐推行过"流土并设""改土归流""复流为土"等措施。土官则向明朝朝贡,贡品有马、壮锦等。在文化上,明代的壮族以传统的对歌、铜鼓、壮锦、麻栏建筑等著称,同时也受到汉族和其他少数民族文化的影响。

一、宗教和风俗

（一）巫教、道教和佛教

明代壮族人继续信仰巫教、道教和佛教。巫教的神职人员是师公和巫婆。壮族人远行归来,"止于三十里外,其家遣巫持篮往迎之,脱妇人中袿贮篮中,前导曰:'为行人收魂归也。'"③道教至迟在宋代传入壮族地

① 参见佟锦华:《藏族传统文化概述》,第 101—102 页。
② 参见佟锦华:《藏族传统文化概述》,第 113—114 页
③ 魏濬:《峤南琐记》卷下,《丛书集成初编》本。

区,据说狄青镇压侬智高起义,"兵出桂林,道旁有一庙"①。明代壮族人修建的道教的庙宇多了起来。佛教大约在唐朝传入壮族地区,明代壮族地区建有不少佛教寺院。王守仁平定思田、八寨的瑶、壮族人民起义后,病归时曾在南安的一座"佛寺"中休息②。巫教和道教在壮族中较为普及和深入,二者结合起来,深深影响着壮族人民的物质和精神生活。

（二）风俗

明代穷苦的壮族男子,冬天"编鹅毛"、夏天用"木叶"为衣③。土司家的女儿却打扮得仙女一般,"珠衣雀扇"④。壮族人吃糯米煮成的粽粑、大米饭、鱼虾、牛羊猪肉、蛇肉等。他们住在用竹木、茅草、绳索结扎搭盖的"麻栏子"上,"缉茅索绚伐木驾楹,人栖其上,牛羊犬豕畜其下"⑤。

明代壮族地区有对偶婚的遗俗。女子结婚,当日"即还母家,与邻女作处,间与其夫野合",直到怀孕生孩子后,才正式到男家定居⑥。壮族人聚居而成村,称峒。峒官嫁女时,有"入寮"和"出寮"的风俗,"女家五里外采香草花萼结为庐",有"锦茵绮筵,鼓乐导男女而入";半年才回女婿家,届时"盛兵陈乐,马上飞枪走毬,鸣铙角伎"⑦。

壮族人能歌善唱,男女之间对歌相爱。每年春季正月初一、三月初三、秋季中秋节时,女子"布花果笙箫于名山,五丝刺同心结百钮鸳鸯囊",邀结相好的女子一起"歌唱为乐",男子也"三五群歌而赴","相得则唱和竟日,解衣结带相赠以去"⑧。

壮族人热情好客,乐于助人。有客人来,"不问识否,辄具牲醴饮啜,久敬不衰"。相互之间"有无相资,一无所吝"⑨。

---

①《峤南琐记》卷下。
②《峤南琐记》卷下。
③ 邝露:《赤雅》卷上《獞丁》,《知不足斋丛书》本。
④《赤雅》卷上《土司世胄》。
⑤《赤雅》卷上《獞丁》。
⑥《赤雅》卷上《獞丁妇》。
⑦《赤雅》卷上《獞官婚嫁》。
⑧《赤雅》卷上《浪花歌》。
⑨《赤雅》卷上《大良》。

二、文学和艺术

（一）叙事长歌《嘹歌·唱离乱》

壮族的文人文学从明朝开始逐渐形成,但尚未发现文学性的专集,只有几十篇诗歌,其中能称得上诗人的只有李璧,也只见到20多首诗。而口头文学,特别是民歌,仍然是壮族文学的脊梁,这与壮族有"歌圩"的习俗不无关系。壮族民歌有深厚的群众基础,由于人人爱唱,人人能唱,民歌的内容相当广泛,涉及生产生活的诸多领域,在此基础上产生了民歌中的瑰宝——叙事长歌。《嘹歌·唱离乱》是明代叙事长歌的代表作。

《嘹歌·唱离乱》是以明朝嘉靖年间平定八寨的瑶、壮族人民起义为背景的一首叙事长歌。它产生的年代,最早可上溯到嘉靖年间。传说是由一位老歌师在"离乱"的悲苦生活中创作的。他带着七箱歌书,乘船在右江一带传歌,他抄出了一套歌书,送给曾经在他几于落水时抢救他的青年们,以后不断传抄而流传开来。自1955年以来,田东县文化馆和广西民间文学研究会进行了搜集,由黄勇刹、黄耀光翻译、整理,1963年发表在《广西文艺》第五期,1980年经修订,收入《中国民间长诗选》第二集。长诗描述了一名男壮丁被迫参加了明朝王守仁对八寨瑶、壮族人民起义的镇压,告别了家园和情妹,经过艰苦行程和激烈的血战后,侥幸归来与情妹团圆,过上幸福的田园生活。它反映了这样的主题:壮族人民对不义战争的厌恶,对明朝统治阶级和土官的不满,对自由美好田园生活的向往。该诗采用壮族民歌传统独特的男女对唱形式,委婉细腻地抒发了离乱之情,运用形象的比喻和夸张等修辞方法,语言明快流畅。写血战有"砍人像砍芭蕉树","血流猛过大洪水"等诗句。全诗包括《叹离别》《兵戈怨》《庆生还》三篇,共1844行。嘹歌由于唱歌时句尾用"嘹——嘹"拖腔而得名。《唱离乱》是嘹歌中最精彩的部分,所以在壮族人民中得到了广泛而长久的流传。但是诗歌对瑶、壮族人民起义的正义性没有提及,对男壮丁的性格刻画也充满了矛盾①。

（二）铜鼓、壮锦等工艺

明代壮族铸造的铜鼓,与前代比有所变化,形体由庄重变为小巧,立体蛙饰大多消失,花纹比较简单,一些铜鼓上还刻有铭文②。

明代桂林地区还生产花腔腰鼓,用土烧制成陶瓷鼓腔,画上花纹用作装饰,再用蚺蛇皮缦上。据考证,这种腰鼓大约是隋唐或宋朝从中原地区传入壮族地区的③。

壮族传统的手工艺品壮锦,是用棉纱和五色丝绒织成的,色彩艳丽,图案精美,结实耐用。万历年间,生产出有龙凤等图案的壮锦,作为向皇帝进贡的贡品④。

明代桂林地区已经能够生产琉璃制品⑤。

三、医药

壮族人生活的地区,气候温暖,空气湿润,草药品种繁多,也有各种毒蛇、蜥蜴、蜈蚣,所以壮族人善用毒药和解毒药。明代壮族人知晓"射鸩捕蛇以合百草炼"⑥,用来制造毒箭;也懂得畜蛊,"聚诸虫豸之毒者并置器内,自相吞食,最后独存者曰蛊"⑦。对中蛊者,他们"用三七末、荸荠为丸,又用白礬及细茶分为末,每服五线,泉水调下,得吐则止"⑧。明代壮族已有了药市,畜蛊在农历五月五日。李时珍在《本草纲目》里,记载有壮医药物及其应用经验。汉族的中医和中草药在壮族地区也有一定

---

① 参见欧阳若修等:《壮族文学史》第 2 册第 2 章、第 10 章,广西人民出版社 1986 年版;衣冠品:《广西各族民间长诗初谈》之一,载《广西民族学院学报》1983 年第 1 期。
② 参见《壮族简史》第 6 章第 1 节,广西人民出版社 1980 年版。
③ 参见陈驹:《壮族蜂鼓和瑶族长鼓渊源考》,载《民族研究》1984 年第 6 期。
④ 参见《壮族简史》第 6 章第 2 节。
⑤ 参见《壮族简史》第 6 章第 2 节。
⑥ 《赤雅》卷上《毒矢》。
⑦ 《赤雅》卷上《獞妇畜蛊》。
⑧ 《赤雅》卷上《天姬破蛊》。

程度的传播。洪武年间,广西的一些州县曾设立医学署和惠民药局①。

第七节　其他少数民族

一、鄂伦春族

明代鄂伦春族生活在外兴安岭一带。他们过着渔猎和采集生活。穿着用狍、鹿等兽皮缝制的皮衣、皮裤,吃狍、鹿、犴、野猪、熊的肉和鱼肉,能用野兽皮、骨、桦树皮制作各种生活生产用具②。

二、鄂温克族

明代鄂温克族生活在贝加尔湖和外兴安岭一带。他们从事渔猎和畜牧业生产。穿兽皮缝制的衣服,吃野兽和羊肉、鱼肉等,住在用木头搭盖的房子里,用驯鹿或马当运输工具③。

三、达斡尔族

明代达斡尔族生活在东自牛满河,西至贝加尔湖,南起黑龙江两岸,北到外兴安岭一带。他们从事农耕、渔猎和畜牧业生产。穿用貂皮、猞猁皮等兽皮缝制的衣裤,吃大麦、燕麦、荞麦等粮食和瓜果蔬菜,也吃兽肉、鱼肉,住在用木头搭盖、用纸糊成窗户的房子里,外出和驮运东西用马作工具④。

四、赫哲族

明代赫哲族分布在绥芬河上游、乌苏里江和穆棱河一带。明朝称赫

---

① 参见黄汉儒、黄瑾明:《关于壮族医学史的初步探讨》,载李迪:《中国少数民族科技史研究》第 2 辑,内蒙古人民出版社 1988 年版。
② 参见《鄂伦春族简史》第 1 章、第 2 章,内蒙古人民出版社 1983 年版。
③ 参见《鄂温克族简史》第 3 章。
④ 参见《达斡尔族简史》第 2 章,内蒙古人民出版社 1986 年版。

哲族为"使犬部""七姓野人"。他们主要从事渔猎生产,穿用鱼皮缝制的衣服,主要吃鱼肉,冬天外出和驮运货物用狗拉爬犁①。

五、土族

明代土族主要分布在青海、甘肃的河湟地区。明朝称土族为土人。他们主要从事农业和牧业生产。土族信仰藏传佛教,万历三十二年(1604),在青海互助地区修建了格鲁派的寺院郭隆寺。妇女的手工刺绣非常美②。

六、哈萨克族

明代哈萨克族分布在新疆西北部。他们过着游牧生活,信奉伊斯兰教以后,采用阿拉伯字母拼写的文字。文学创作以口头诗歌为多,而且大多用于演唱。永乐十九年(1421)至景泰二年(1451),夏依合扎达·艾合买提米斯里整理编写了从民间搜集来的叙事长诗《四十个宰相》。民间艺人阿肯善于即兴创作,而且会弹奏冬不拉等乐器③。

七、塔吉克族

明代塔吉克族聚居在新疆西南部的撒里库儿(今塔什库尔干)。他们从事农业和牧业生产。他们修建了不少房屋,有许多村落④。

八、彝族

明代彝族分布在云南、四川、贵州、广西地区。明朝称彝族为果罗。其时,彝族已经有了本民族的文字——爨文(老彝文)。贵州西部有人用

---

① 参见傅朗云、杨旸:《东北民族史略》第 5 章,吉林人民出版社 1983 年版。
② 参见郭璟:《土族》,民族出版社 1990 年版。
③ 参见新疆维吾尔自治区民族研究所:《新疆简史》上册第 6 章第 7 节;尼合迈德·蒙加尼:《谈哈萨克民间叙事长诗》,载《新疆社会科学》1990 年第 1 期。
④ 参见利玛窦:《鄂本笃访契丹记》。

彝文写书,云南、贵州都发现了明代的彝文石刻和金文,云南还有人用彝文翻译讲解道教的《太上感应篇》。彝族不仅信仰多神崇拜、祖先崇拜的原始宗教,也信仰道教和佛教。他们已经能用锡、铜、银的合金铸造大钟,也会雕塑佛像。在贵州大定县水西地区,成化年间建起一座佛寺,嘉靖年间筑成 620 余丈长的石路,万历年间在大渡河上架起长 20 丈、宽 2 丈、高 4 丈多的石桥,架桥中掌握了测量技术。兰茂写的药书《滇南本草》,成书于万历六年(1578),收集草药 500 多种,他还编了医书《医云挈要》①。

九、白族

明代白族主要聚居在云南大理,此外还散居在云南的其他一些地区和四川、贵州的部分地区。明朝称白族为僰人、民家等。他们主要从事农业生产。白族使用白语和借用汉字的音、义与一些新造字记载白语的白文。景泰年间,诗人、画家杨黼用白文写了《词记山花碑》,该词描写了苍山洱海的美好景色和大理的古迹,抒发了对社会现实的不满和对前世、未来的向往之情,采用了白族民歌“三七一五”的句式,即前三句每句七字,后一句每句五字,一韵到底。成化至嘉靖年间,杨士云用汉文写了不少诗文,收入《杨宏山先生存稿》中,他的诗多取材于咏史,有不少反映民间疾苦的作品。杨士云还用汉文写过天文著作《皇极天文》,今已失传。嘉靖至万历年间,李元阳用汉文撰写了《李中溪全集》、嘉靖《大理府志》、万历《云南通志》等②。白族人信仰佛教,“家无贫富皆大欢喜有佛堂,少长手念珠,一岁之中,斋戒居半”③。

---

① 参见毛星:《中国少数民族文学》下册彝族;马学良:《明代彝文金石文献中所见的彝族宗教信仰》,及附录《贵州大定县铜钟上的汉字和彝文》《新修千岁衢碑记》《水西大渡河建石桥记》,载《世界宗教研究》1983 年第 2 期;马曜:《云南简史》第六章第十节,云南人民出版社 1983 年版。
② 参见尤中:《元、明、清时期的白族》,载《思想战线》1983 年第 1 期;谢启晃等:《中国少数民族历史人物志》—《杨黼传》《杨士云传》。
③ 万历《云南通志》卷 2《大理府·风俗》。

十、傣族

明代傣族主要居住在云南南部河谷地区，从事农业生产，以种水稻为主。西双版纳的傣文大约创始于明初。西双版纳的《泐史》，是明代开始写、以后又长期积累续写而成的傣文历史著述，有三卷。傣族信仰小乘佛教，明中叶，德宏地区的寺塔遍村落。傣族人善作诗，其诗歌有歌谣、叙事长诗、情诗等。明代曾任"祜巴勐"的一位傣族人，写了《粘相》和《娥波冠》两部叙事长诗。已知有关诗歌理论的著作有：宣德年间写成的《哇雷阿塔乃甘哈傣》，即《论傣族各种诗歌的内容及其价值》；《哇雷梅优港哈傣》，即《论傣族诗歌》。《论傣族诗歌》论述了傣族诗歌的起源发展、形式种类、佛教对诗歌的影响等，与《粘相》《娥波冠》出自同一作者之手，成书于万历四十二年（1614）。现有傣文本和汉译本。该书冲破佛教的束缚，充满了唯物主义思想，这是非常可贵的[①]。

十一、纳西族

明代纳西族主要聚居在云南丽江。明朝称纳西族为摩些。他们主要从事农业生产，也从事手工业和采矿业，处于封建农奴制阶段。这一时期是纳西族文化发展的高峰阶段。象形文东巴经书更系统、完善、齐全。出现了木氏作家群，其中，生活在弘治至嘉靖年间的木公，用汉文创作了不少诗歌，以颂扬丽江田园风光和美好河山的诗为多，大都是五绝、七绝和律诗，诗集有《雪山始音》《隐园春兴》《庚子稿》《万松吟卷》《玉龙游录》《仙楼琼华》等。万历至清朝康熙年间，木增也用汉文写了不少诗词文赋。产生了吸收藏传佛教头戴动物假面具的大型舞蹈。白沙壁画和画神像的卷轴画"恒丁"神路图颇有造诣，后者长约 15 米，宽30 厘米，

---

① 参见方国瑜：《西双版纳〈泐史〉概说》，载《思想战线》1983 年第 3 期；刘扬武：《德宏傣族小乘佛教的教派和宗教节日》，载《云南社会科学》1983 年第 1 期；《中国少数民族历史人物志》一《祜巴勐传》。

画了 300 多个不同的人物,造型奇特,色彩鲜艳①。

十二、苗族

明代苗族散处在湖南、湖北、贵州、云南、广西地区。他们主要从事农业生产。贵州苗族"其椎髻向脑,扎以青帕,下穿大裤,上衣齐腰,外罩氈衫,衫挂背羊皮一方"。湖南苗族"不冠不履,男妇俱左衽佩刀。男子头插雉尾,身穿短袄,胸背两臂俱花绣。妇女头髻,偏挽右傍,顶上插一银牌为饰,上衣齐腰,亦俱花绣。男妇下截止穿长裤一条,冬夏跣足"。苗族有生吃牛肉的习俗。婚姻有"其弟配孀嫂,兄收弟媳"的情况。男女结婚七天后,将女方送回娘家,"遇耕获时,暂唤回帮助","妇人非有孕欲产不至原夫家"②。苗族女子能歌善舞,"善为汉音,操楚歌","能为鹦鹆舞"③。贵州苗族制造的马鞍,既精巧又坚固。

十三、侗族

明代侗族居住在湖南、贵州、广西边区,广西的梧州和浔州府也有侗族人分布。侗族的传说《吴勉》,说的是洪武年间侗族农民起义军抗官抗粮的斗争。这一传说从明代起一直在侗族人民中流传着④。侗族人善于吹拉弹唱跳,"善音乐,弹胡琴,吹六管,长歌闭目,顿首摇足为混沌舞"⑤。侗族建寨必先建鼓楼,以鼓楼作为政治军事集会和文化娱乐活动的场所。据载,洪武年间程阳大寨即曾建造过鼓楼⑥。

十四、瑶族

明代瑶族生活在湖北、湖南、广东、广西、贵州的大山中。他们以农业

---

① 参见和志武:《纳西东巴文化》第 1 章、第 6 章,吉林教育出版社 1989 年版;《中国少数民族历史人物志》一《木公传》《木增传》。
② 包汝楫:《南中纪闻》,《丛书集成初编》本。
③ 邝露:《赤雅》卷上《苗》,《知不足斋丛书》本。
④ 参见《中国少数民族文学》中册《侗族》。
⑤ 《赤雅》卷上《狪人》。
⑥ 参见杨保愿:《谈谈侗寨建筑艺术》,载《广西民族学院学报》1982 年第 2 期。

生产为主,也捕猎、采集。他们信仰有着自然崇拜和图腾崇拜的原始宗教,不少地方的瑶族还信仰道教①。他们吃粮食、蘑菇、兽肉与鱼肉,住在房屋或茅草棚里,"有男女居室,然移徙不常","遇大山人迹罕到处,有可耕种者,遂结茅栖止"。他们携带物品,"或缚置顶上,或系住脊臂间"②。瑶族人能歌善舞。歌颂正统、成化年间广西桂平侯大苟领导的瑶民起义,与万历年间广东罗旁地区瑶民起义的歌谣流传下来③。瑶族人能"伐大树为独木盘、盏、缸、盒之类,甚巧"。他们"善识草药,取以疗人疾,辄效"④。

十五、土家族

明代土家族聚居在湖南、湖北、四川、贵州接壤的武陵山区。明朝称土家族为土民。他们从事农业,种植水稻、谷子、豆类等,也从事副业,诸如榨油、割漆、种茶、采药、育蚕、养蜂等,畜牧业、手工业、商业也有一定发展。其时,处于封建领主制经济下,明朝末年一些临近汉族的地区出现了地主经济。一些土官在史学和文学上有所建树。正德年间,永顺土司彭世麒撰写了《永顺宣慰司志》,这是一部研究湖广土司制度的重要参考书。其子彭明道曾著《逃世逸史》。容美土司田舜年写有《二十一史纂》《二十一史补遗》等,对史实删繁就简,考误析疑,颇有见地。田九龄擅长诗词,留下诗集《芝亭诗草》,其诗冲融大雅,韵律和谐。土家族的岩洞建筑技艺精高。容美土司在天然岩洞里修建了万全洞、万人洞、情田洞等衙署,人工雕凿有栈道、石台、关卡、鱼池、楼阁亭台等。石柱土司衙署中的玉音楼,有七楹三层,高60多丈⑤。

十六、黎族

明代黎族生活在海南岛上。他们主要从事农业生产,种植棉花、旱

---

① 参见张有隽:《瑶族宗教信仰史略》(二),载《广西民族学院学报》1982年第1期。

②《南中纪闻》。

③ 参见谭秀芳:《明清时期瑶民起义的歌谣》,载《广西民族学院学报》1982年第1期。

④《南中纪闻》。

⑤ 参见《土家族简史》第2章第4节,湖南人民出版社1986年版。

稻等,经营菠萝、橄榄、槟榔、荔枝、芭蕉、椰子等经济作物,也从事渔猎和商业。黎族不论男女,"周岁即文其身",在身上画花和八宝等图案,用细针刺出血,抹上青靛。他们"身穿花厚布衣,露腿赤足,头载漆帽",有钱人家的男子两耳戴大银圈,女子爱把茉莉花插在头发上。他们爱喝酒,"每会聚亲朋,各席地而坐饮"。他们住在栏房里,"伐长木两头搭屋各数间,上覆以草,中剖竹下横上直,平铺如楼板",设梯用来上下。在家的四周栽上椰子树。黎族人好猎善射,"二月十月则出猎"。亲朋会面,互相擎送槟榔作为礼物。议婚时,也送槟榔。有钱人家一夫多妻①。

十七、高山族

明代高山族主要生活在台湾滨海和山区,从事农业生产,兼营渔猎。"男女椎结",插野鸡毛作装饰,"男子穿耳",女子十五岁即"断唇旁齿以为饰,手足皆刺文",穿着用草编结的裙子。他们"以竹构屋,覆之以茅","聚族而居"。他们崇尚勇武,擅长行走②。

---

① 顾玠:《海槎余录》,王济:《君子堂日询手镜》,《纪录汇编》本。
②《明史》卷 323《鸡笼传》。

第七章 中外文化交流

第一节 中西文化交流

明代中外文化交流中,最引人注目的是中国和欧洲之间开始进行大规模的文化交流。随着西方殖民者的东来,西方的基督教第三次传入中国。与此相伴随,西方的哲学、艺术、自然科学等也传向中国,中国的文化则传向了欧洲。

一、西方殖民者的东来与天主教在中国的传布

15 世纪末、16 世纪初,西欧资本主义处在原始资本积累时期,迫切需要发展海外贸易和殖民掠夺,于是包括中国在内的东方世界,由于以富饶闻名而成为其重要目标,欧洲殖民者纷纷东来。在这场热潮中,处于欧洲西南角、面向大西洋、东向地中海的葡萄牙和西班牙,因为有得天独厚的地理优势,所以充当了带头兵。

葡萄牙和西班牙在向东方发展时,采取了不同的路线。葡萄牙人是沿大西洋的东岸南驶,绕过非洲的南端后,经印度洋至东方。1486 年迪亚士发现好望角。1497 年达·伽马绕好望角而至印度之加尔各答。

1510 年葡萄牙人攻陷果阿，1511 年据有马六甲，同年到达中国东莞境之屯门岛，后又北上闽浙沿海。1553 年通过贿赂海道副使汪柏，葡萄牙人得居澳门，此后即渐渐将之建成其国在东方进行殖民掠夺和发展海外贸易的中心据点。

西班牙人之东来，所采取的路线与葡萄牙人正相反。当时已有地球为圆形的学说，因而其人通过了自大西洋向西航行的办法，以向东方发展。1492 年，西班牙国王资助意大利人哥伦布自欧洲西航，发现了美洲新大陆。1519 年，西班牙国王又助葡人麦哲伦作环球航行，先跨大西洋抵南美洲，第二年经麦哲伦海峡入太平洋，1521 年 3 月至菲律宾。不久麦哲伦死去，其同行者继续航行，经好望角而返回西班牙，时为 1522 年 9 月 6 日。后来西班牙自墨西哥派兵往征菲律宾，1565 年至其境，不数年即将之占领。1626 年，其势力又侵入台湾，先后在鸡笼和淡水构筑城堡。

荷兰人继葡、西之后来到东方。1595 年荷王派胡特曼经好望角驶抵爪哇。1601 年荷人至澳门要求通市，遭到拒绝。1622 年占领澎湖，筑城设守。1624 年，因受明军攻讨，复东窜台湾，并将之当作永久性的经营之地。1642 年夺取了西班牙在台湾所设的城堡。

荷兰之后，又有英国人来到东方和中国。1635 年英国商船伦敦号首次到达澳门。1637 年英船炮击虎门炮台。不过，终明一代，英国与明朝的接触，数量甚少[1]。

在西方殖民者东来的同时，盛行于西方的基督教信仰也向中国传布开来。早在明朝以前，西方的基督教即曾传入中国，唐时称景教，元时称也里可温，但它们均只在中国存在了一段时间即告断绝。到了明朝，基督教之传入中国，已是其第三度了。明朝传入的基督教，是其中的天主教一派[2]。具体执行将天主教传向中国这一使命的，主要是西班牙教士罗耀拉为复兴旧教而于 1534 年创立的耶稣会的会士们。

---

[1] 以上参见张维华：《明清之际中西关系简史》，齐鲁书社 1987 年版。

[2] 16 世纪欧洲西部的基督教即公教，发生了马丁路德倡导的宗教改革，创立了新教，天主教为其旧教部分。

　　最早来到中国的耶稣会士是西班牙人方济各，他于 1551 年到达中国，第二年死于中国的上川岛。此后陆续来到中国的耶稣会士有意大利人范礼安（1578）、意大利人罗明坚（1579）、意大利人巴范济（1582）、意大利人利玛窦（1582）、葡萄牙人麦安东（1585）、葡萄牙人孟三德（1585）、葡萄牙人罗如望（1588）、意大利人石方西（1590）、意大利人郭居静（1594）、葡萄牙人李玛诺（1596）、意大利人龙华民（1597）、西班牙人庞迪我（1599）、意大利人杜禄茂（1604）、葡萄牙人鄂本笃（1605）、意大利人王丰肃（1605）、葡萄牙人林斐理（1605）、意大利人熊三拔（1606）、法兰西人金尼阁（1610）、葡萄牙人阳玛诺（1610）、意大利人艾儒略（1613）、意大利人毕方济（1613）、葡萄牙人鲁德昭（1613）、日耳曼人邓玉函（1621）、葡萄牙人傅汎济（1621）、日耳曼人汤若望（1622）、意大利人罗雅谷（1624）、葡萄牙人郭纳爵（1643）、意大利人利类思（1637）、葡萄牙人安文思（1640）、匈牙利人卫匡国（1643）①。

　　在上述耶稣会士中，影响最大的是利玛窦。他于 1552 年 10 月 6 日出生于意大利的中部教皇邦安柯那省的马塞拉塔城，1571 年在罗马加入耶稣会。1578 年 3 月 24 日利玛窦自里斯本乘船到东方传教，同年到印度果阿，1582 年 4 月自果阿出发赴澳门，同年 8 月到达。从此他在中国传教、生活近 30 年，先后居住于肇庆、韶州、南昌、南京、北京等地。1610 年 5 月 11 日他于北京去世，葬于北京阜城门外二里沟。利玛窦在中国学汉语，穿儒服，与上层绅士相交游，并与中国人谈西洋的自然科学，因而受到许多中国人士的欢迎，从而大大方便了其开展传教活动。

　　在耶稣会士的努力下，明朝后期天主教在中国传布开来。据记载，仅耶稣会所属的教友数目，可列表如下：

　　　　1583 年　　1 人在肇庆秘密受临终洗礼
　　　　1584 年　　2 人公开受洗

---

① 参见杨森富：《中国基督教史》第六章，台湾商务印书馆 1984 年第 4 版；《利玛窦中国札记》，中华书局 1983 年版。

```
1585 年    20 人
1586 年    40 人
1589 年    80 人
1596 年    100 人
1603 年    500 人
1605 年    1000 人
1608 年    2000 人
1610 年    2500 人以上
1615 年    约 5000 人
1617 年    13000 人
1636 年    38000 人
```

上表说明,明朝后期天主教在中国的传布速度是相当快的①。在上述中国人天主教徒中,最著名的人物除前文已多次谈及的徐光启外,还有李之藻、杨廷筠等高级官吏。李之藻,字振之,又字我存,浙江杭州人,万历二十六年(1598)进士,曾任南京太仆寺少卿、光禄寺少卿等职。杨廷筠,字仲坚,号淇园,浙江杭州人,万历二十年进士,曾任监察御史、顺天府少京兆、江苏学政等职。这些高级官吏加入天主教在当时的社会上产生了很大影响。

随着天主教在中国的传布,有关的宗教著作也在中国流传开来,如罗明坚著有《天主圣教实录》,利玛窦著有《天主实义》,庞迪我著有《受难始末》,艾儒略著有《天主降生言行纪略》,阳玛诺著有《圣经直解》,它们或者介绍天主教的各种说教和诫条,或者以天主教的教义为根据攻击其他宗教思想或意识形态体系。如罗明坚的《天主圣教实录》宣扬:"天地有一生造万物之主宰,掌管斯世;人神由天主所造,人之灵魂永不死灭,人死后,善则有永赏,恶则有永罚。天主定有十诫,命人遵守;人欲救灵

---

① 参见方豪:《中西交通史》下册第 4 篇第 12 章,岳麓书社 1987 年版。

须服事天主,而入其所立之教。"①《天主实义》共分 2 卷 8 篇,宣扬天主始创天地万物,并"主宰安养"之;驳斥佛老"空无之说"及宋儒"太极之论",鼓吹人魂不灭,"辩驳轮回六道戒杀生"之说。这些著作成为耶稣会士在中国传播天主教的重要工具。

二、西方自然科学、语言学、艺术与哲学的传入

耶稣会士在向中国传布天主教的同时,也向中国传布了西方的天文历法、数学、机械工程与物理、火器技术、地理、医药等自然科学,语言学、音乐、绘画与建筑等艺术,以及属于哲学门类的逻辑学等。

(一)天文历法

耶稣会士在传布西方的天文历法上,主要是译著了许多有关的著作,传入和制作了若干有关仪器,以及介绍了西方关于天体的学说。

译著的有关著作数量很多,著名的有《乾坤体义》《天问略》《崇祯历书》等。这些书籍在译著的过程中,由于耶稣会士的汉语水平并不太高,因而基本上是与中国的知识分子合作来完成的。这种情况在耶稣会士译著其他内容的著作时,也同样存在。《乾坤体义》,利玛窦与李之藻译,是讲天体的一部书。书中称:地与海合为一球,居天球之中,其度与天相应;地球外有天多重,各重天相包如葱头,皮皆坚硬,而日月星辰嵌在各重天上,如木节在板;由于天体明而无色,所以光线能够透过。这套天体理论是当时流行于欧洲的亚里士多德-托勒密体系。《天问略》是阳玛诺的作品,它"于诸天重数、七政部位、太阳节气、昼夜永短、交食本原、地形粗细、蒙气映漾、曚影留光,皆设为问答,反覆以明其义。末载曚影刻分表,并注解晦朔、弦望、交食浅深之故,亦皆具有图说,指证详明"。②《崇祯历书》比上述两书更引人注目。它包括由西文编译过来的多种历书,其编译与明末所用的历法不准确有关。明代所沿用的元郭守敬的授时

---

① 徐宗泽:《明清间耶稣会士译著提要》卷 1。
②《四库全书总目》卷 106《〈天问略〉提要》。

历,至明末误差越来越大。万历三十八年(1610)十一月朔,日食,历官推算多谬,朝中修改历法之议蜂起。第二年,礼部疏请徐光启、李之藻与耶稣会士庞迪我、熊三拔等同译西洋历书,以资参订改修。但不久发生驱逐耶稣会士的教案,庞、熊等因之离京,治历之事即告中止。崇祯二年(1629)五月朔,日食,历官推算又不准确,同年九月,徐光启遂奉命于宣武门内东城根首善书院设历局编译历书,修订历法。徐光启荐李之藻及耶稣会士龙华民、邓玉函参与其事。第二年,邓玉函死,又征耶稣会士汤若望、罗雅谷进入历局。同年十一月,李之藻卒。徐光启为了搞好对西洋历书的编译,制定了"节次六目"和"基本五目"的编译蓝图。在这个蓝图的指引下,编译工作进行得极为顺利。崇祯四年正月,徐光启向皇帝进呈了第一批编译完毕的历书,八月进呈了第二批,五年四月进呈了第三批。六年,徐光启因病辞去治历职务,推荐原山东布政司右参政李天经自代。李天经对徐光启留下的尚未进呈的稿本进一步整理,于崇祯七年七月和十二月分两次进呈。以上五次进呈的历书,共 45 种,137 卷,它们合在一起,便是所谓《崇祯历书》。徐光启在领导《崇祯历书》的编译中,不仅亲订大纲,而且亲自捉笔,付出了艰苦的劳动,《崇祯历书》是他与历局中全体中西人士互相协作的成果。《崇祯历书》进呈本皆系缮写本,崇祯时也曾付印,但印本没有包括全部进呈本。清初,《崇祯历书》被改名《新法历书》再印,不过所收书籍有所变动,由于屡次翻刻以及传本的错乱残缺,后人已经弄不清楚进呈本的原貌及其与崇祯刻本的区别,明刻本与清刻本的不同也不为世人所知①。《崇祯历书》与明朝行用的郭守敬授时历相比,精确度大有提高,但由于朝廷中的意见分歧,《崇祯历书》在明末并未颁行。直到入清以后,它才以《时宪书》的名义公布施行。

自利玛窦开始,耶稣会士不断向中国传入西方的天文仪器,李之藻在其一个奏疏中曾称赞:"其所制窥天窥日之器,种种精绝。"崇祯二年(1629)决定设历局翻译历书、修订历法后,徐光启提出制造七政象限大

---

① 以上参见王重民:《徐光启》第 6 章及徐宗泽:《明清间耶稣会士译著提要》第 6 卷。

仪六座、列宿纪限大仪三座、平浑悬仪三架、交食仪一具、列宿经纬天球仪一架、万国经纬地球仪一架、节气时刻平面日晷三具、节气时刻转盘星晷三具、候时钟三架、测候七政交食远镜三架。这都是依据西法提出的。在耶稣会士当时传入的种种天文仪器中，最为重要的是望远镜。最初是利玛窦将欧洲的旧式望远镜带到中国，明郑仲夔《耳新》卷7称："番僧利玛窦有千里镜。"1610年，伽利略在意大利对旧式望远镜加以改良，造出了效率更高的新式望远镜。而后十几年，即天启二年（1622），汤若望又将这种新式望远镜带入中国，并于天启六年撰《远镜说》一书，对其原理、制法及应用等加以介绍。崇祯七年（1634），更在中国第一次将之制造出来①。

　　西方关于天体的学说有许多种。约于公元前4世纪，古希腊的亚里士多德提出了地球居于宇宙中心、天体皆镶嵌在透明的水晶球上并绕地球旋转的理论。公元2世纪，希腊的托勒密继承、发展亚里士多德的理论，提出了以本轮、均轮系统来解释行星运动的地心说。这种学说成了基督教教义的基础的宇宙观，在西方流行了一千多年，直至波兰人哥白尼提出了日心说（即地动说），其统治地位才渐渐丧失。哥白尼的日心说提出于其1543年出版的《天体运行论》中，由此引起了西方宇宙观的重大革新。不过，在其刚刚提出时，人们并没马上完全接受下来，有的甚至极力抵制，产生过激烈的斗争。1582年，丹麦人第谷为调和哥白尼学说与《圣经》的矛盾，曾提出一个折中的体系，设想地球居于宇宙的中心，太阳、月亮和恒星围绕地球运转，而五大行星则围绕太阳运转。这一体系在测定行星的视运动时比托勒密体系要准确一些，但仍然是一个地球中心体系。第谷之后，又有意大利人伽利略起而捍卫哥白尼的理论。他通过用望远镜观察天体，在17世纪初发现了木星等的卫星，确认银河乃系无数小星所组成的，有力地证明了哥白尼的地动说。以上便是截至明末

---

① 参见方豪：《中西交通史》第4篇第1章；张维华：《明清之际中西关系简史》后编第1章；沈福伟：《中西文化交流史》第9章，上海人民出版社1985年版。

西方关于天体的各种学说。明代入华的耶稣会士将这些学说都介绍到了中国。不过,其态度是拥护旧学说,而基本否定哥白尼、伽利略的新学说,对前者大力介绍,对后者则只是偶尔提及,并否定其主要内容,只肯定其个别内容。他们采取这种态度显然是出于维护教义的动机。关于亚里士多德-托勒密体系的介绍,前文叙述的利玛窦《乾坤体义》一书就是一例。另外,阳玛诺的《天问略》也是介绍这一体系的。关于第谷体系的介绍,主要表现于《崇祯历书》的编译中,书中奉为标准的即是第谷的体系及其计算方法。至于对哥白尼、伽利略新学说的介绍,其地动说曾于罗雅谷的《五纬历指》中被简略述及,只是介绍之后随即加上了否定的批语,称为"实非正解";其关于木星等的卫星以及关于银河乃系无数小星组成之类发现,则于汤若望的《历法西传》和《新法表异》等书中作了论述。耶稣会士在向中国介绍西方的天体学说时对新、旧学说的不同态度,使中国虽从其介绍中得到了帮助,但没能立刻赶上最新水平,以后中国的天文学在很长时间里起支配作用的是第谷体系,而不是最先进的哥白尼学说①。

(二) 数学

数学是自然科学的基础学科,举凡天文、历法、气象、水利、机械、物理、医学、建筑等皆离不开数学知识。明末,由于天文观测、修订历法的需要,也由于耶稣会士吸引中国士人的需要,耶稣会士单独或与中国士人合作,将许多西方的数学书籍译成了中文,一些中国士人在西方数学知识的影响下,也单独撰写过若干介绍西方数学的书籍,当时形成了西方数学知识向中国传播的一个热潮。这时出现的译介西方数学知识的书籍,有徐光启与利玛窦合译的《几何原本》《测量法义》,李之藻与利玛窦合译的《圜容较义》《同文算指》,徐光启与罗雅谷合译的《测量全义》,邓玉函编译的《割圆八线表》《大测》,徐光启撰写的《测量异同》《勾股

---

① 郑文光、席泽宗:《中国历史上的宇宙理论》第 7 章,人民出版社 1975 年版;方豪:《中西交通史》第 4 篇第 1 章第 7 节。

义》,孙元化(南直隶嘉定人,徐光启的学生,信奉天主教)撰写的《几何用法》《几何体论》《泰西算要》《西学杂著》等。上述著作,大体可分为几何学与算术两大类,前一类的代表作是《几何原本》,后一类的代表作是《同文算指》。

《几何原本》是根据利玛窦的老师、德国数学家克拉维斯所注的欧几里得《原本》译出的,由利玛窦口授,徐光启撰文。"反复展转",求合原书本意,"重复订政,凡三易稿"。原书本 15 卷,但万历三十五年(1607)译完前 6 卷后,利玛窦就不肯再译下去,因而最早的刊本只有 6 卷①。剩余的部分,到了清代后期方才译出。利、徐译本虽不是一个全本,但毕竟系统介绍了欧洲平面几何学知识,明清的许多数学工作者都学习过这部书,并在论证方法等方面受到它的影响。这个译本中所使用的点、线、直线、曲线、平行线、角、直角、锐角、钝角、三角形、四边形等名词,后来在我国一直沿用下来,而且影响了日本、朝鲜等国。

《同文算指》主要是根据克拉维斯的《实用算术概论》译出的,也采收了一些中国学者程大位所著《算法统宗》的许多内容。全书分"前编""通编"和"别编"三大部分。"前编"的内容主要是论整数及分数的四则运算,其中加法、减法和乘法与分数除法,与现在的运算方法基本相同。通编的内容包括比例、比例分配、盈不足问题、级数、多元一次方程组、开方与带从开平方等,此外还辑入了《算法统宗》中的一些难题以及徐光启的《勾股义》、徐光启同利玛窦合译的《测量法义》。"别编"的内容只有截圜弦算一部分。本书的一个重要价值是第一次介绍了欧洲的笔算,其算法与今天十分接近,产生了很大的影响②。

(三)机械工程和物理学

耶稣会士向中国传入西方机械工程和物理学,主要表现于机械钟表的输入、《泰西水法》与《远西奇器图说》的译出,以及《新制诸器图说》等

---

① 利玛窦:《译几何原本引》。
② 参见钱宝琮:《中国数学史》,科学出版社 1964 年版,第 234—250 页。

书的撰写。

以机械为动力的钟表当时称为自鸣钟。它在葡萄牙人到达澳门后不久,即已被带了进来。当罗明坚、利玛窦等进入中国内地后,又将之带入内地,成为其结交中国上层人士和官府的礼物之一。如顾起元《客座赘语》记载:"(利玛窦)所制器有自鸣钟,以铁为之,丝绳交络,悬于簧,轮转上下,戛戛不停,应时击钟有声。器亦工甚,它具多此类。利玛窦后入京,进所制钟及摩尼宝石于朝。"①机械钟表这一新鲜事物的传入,对中国的机械制造是不小的启发。

《泰西水法》,熊三拔和徐光启合译,共 6 卷,刊于万历四十年(1612)。这是一部关于欧洲农田水利技术的专著,介绍了欧洲的取水、蓄水等方法和器具。后来徐光启在撰写《农政全书》时,在水利部分曾将之采入。

《远西奇器图说》全名《远西奇器图说录最》,也简称为《奇器图说》,由邓玉函口授、王徵译绘而成。王徵,陕西泾阳人,万历二十二年(1594)举人,天启二年(1622)进士。他性喜研制各种器械,与耶稣会士关系密切,并加入了天主教。《远西奇器图说》是一部系统地介绍欧洲机械工程学的著作。书中讲到重心、比重、杠杆、滑车、轮轴、斜面等的原理,以及应用这些原理来起重的器械等。各种器械和用法都有图说。

《新制诸器图说》是王徵所撰,记载了他本人所研制的各种器械。他还有另外一些著作记其同类成果。王徵所研制的器械中,有的纯系其个人发明,有的则是仿造于西方的机械。如《新制诸器图说》中所记载的"自行车""轮壶"即都是依据自鸣钟的原理制造的,"轮壶"能使一小木人按时前行,拨动二时辰牌,并擂鼓撞钟。又如王徵在另一著作中曾说,他曾"依《远西奇器图说》中诸制,增减截酌",制出"一人可起七千多斤"的机器②。王徵对西方机械的模仿,反映了刚刚传进的西方机械工程和物

①《客座赘语》卷 6《利玛窦》。
②《两理略》卷 2《易闸利运记》,转引自方豪:《中西交通史》下册第 4 篇第 3 章第 2 节。

理学对中国知识分子的影响是很大的。

（四）火器技术

明代西方火器及其技术之传入中国，不仅仅是通过耶稣会士之手，而且早在耶稣会士进入中国之前即已开始，但耶稣会士来到中国后，参与了这项活动。

火药是中国发明的，将火药应用于军事以制造火器也是中国开始的，欧洲的火器是以阿拉伯人为媒介而从中国传入的。但火器传入欧洲后得到了改进。在明朝时期，中国原有的火器没有准星，命中目标的准确率不大，威力也有限，而欧洲的火器已有准星，命中率大有提高，威力远比中国的为大。因此，明朝时期西方火器及其技术之传入中国，对中国军事技术的提高，是个促进。当时传入中国的西方火器，有枪和炮。枪称鸟铳，其管形枪体长约三尺，据说"十发有八九中，即飞鸟之在林，皆可射落，因是得名"①。炮有多种，主要是来自葡萄牙的"佛郎机"和来自荷兰的"红夷炮"两种。佛郎机以铜或铁制成，"长五六尺，大者重千余斤，小者为五十斤，巨腹长颈，腹有修孔。以子铳五枚，贮药置腹中，发及百余丈，最利水战。驾以蜈蚣船，所击辄糜碎"②。红夷炮也有铁、铜两种，威力甚大，据说"长二丈余，重者至三千斤，能洞裂石城，震数十里"③。鸟铳和佛郎机传入中国的时间较早，约在正德至嘉靖年间；红夷炮的传入较晚，已在万历以后。西方火器及其技术传入中国的途径，除了耶稣会士之外，还有多个。有的是战争中缴获，有的是派人购买。以上两种皆是直接从西方殖民者手中得到。还有的是通过从日本人、东南亚人以及与西方人相接触的中国商人那里，间接获取西方的火器及其技术。另外，西方各种火器及其技术的传入，还往往不止一次，并且对中国传入的具体省区也不一定局限一处。总之，情况极为复杂，史料中的记载常常互相矛盾，说法不一，其原因即在这里。

---

① 《练兵实纪·杂集》卷5《军器解》上。
② 《明史》卷92《兵志四》；《筹海图编》卷13。
③ 《明史》卷92《兵志四》。

耶稣会士来到中国后,立即投入了向中国介绍西方火器技术的活动之中。如天启元年(1621),李之藻在《制胜务须西铳敬述购券始末疏》中,曾谈及利玛窦生前与之谈论欧洲火器的情况:"臣尝询以彼国武备,通无养兵之费。名城大都,最要害处,只列大铳数门、放铳数人、守铳数百人而止。其铳大者长一丈,围三四尺,口径三寸,中容火药数升,杂用碎铁碎铅,外加精铁大弹,亦径三寸,重三四斤。弹制奇巧绝伦,圆形中剖,联以百炼钢条,其长尺余,火发弹飞,钢条挺直,横掠而前,二三十里之内,折巨木,透坚城,攻无不摧;其余铅弹之力,可及五六十里。其制铳或铜或铁,煅炼有法,每铳约重三五千斤。其施放有车,有地平盘,有小轮,有照轮;所攻打,或近或远,刻定里数,低昂伸缩,悉有一定规式。其放铳之人,明理识算,兼诸技巧,所给禄秩甚优,不以厮养健儿畜之。"[1]有的耶稣会士还亲自动手为明朝政府铸造西式火器。如天启二年罗如望、阳玛诺和龙华民曾被明政府下令制造铳炮。崇祯后期,汤若望也曾被明政府下令铸造西式火器,费赖之《入华耶稣会士列传》记载汤若望的这段经历说:"鞑靼势力日盛,渐有进迫京师之势。一日,朝中大臣某过访若望,与言国势颠危,及如何防守等事。若望在谈话中言及铸炮方法,甚详明,此大臣因命其铸炮。若望虽告其所知铸炮术实得之于书本,未尝实验,因谢未能,然此大臣仍强其为之。盖其以为若望既知制造不少天文仪器,自应谙悉铸炮术也。崇祯九年(1636)在皇宫旁设立铸炮厂一所,若望竟制成战炮二十门,口径多大,有足容重四十镑炮弹者。已而又制长炮,每一门可使士卒二人或骆驼一头负之以行。所需铸炮之时亘两足年。"[2]汤若望除参与铸造西式火器外,并曾与中国人焦勖合作,写成了介绍西式火器制造、使用方法的专书《则克录》。此书写成于崇祯十六年,又名《火攻挈要》,共 3 卷,前有"火攻挈要诸器图"40 幅,卷上为造铳、造弹、造铳车、狼机、鸟枪、火箭、喷筒、火罐、地雷各种方法,并连带述及制

---

① 《李我存集·制胜务须西铳敬述购券始末疏》,见陈子龙《明经世文编》卷 483。
② 转引自方豪:《中西交通史》下册第 4 篇第 4 章第 8 节。

造尺量、比例、起重、运重、引重之机器、配料、造料、化铜之方法，卷中为制造、贮藏火药须知，试放新铳、装置各铳、运铳上台上山下山及火攻基本原理；卷下则为西铳之攻法，铸铳应防诸弊等。此书是当时介绍西方火器技术诸书中最为重要的一部[①]。

（五）地理学

在向中国传入西方的地理学知识方面，作出贡献的耶稣会士主要有利玛窦、艾儒略和龙华民。

利玛窦将欧洲的世界地图传入了中国，从而大大增加了中国人的地理学知识。早在万历十一年（1583），刚刚进入中国内地、定居在肇庆时，他已开始这项工作。《利玛窦中国札记》叙述其事说："在（利玛窦设在肇庆的）教堂接待室的墙上，挂着一幅用欧洲文字标注的世界全图。有学识的中国人啧啧称羡它；当他们得知它是整个世界的全图和说明时，他们很愿意看到一幅用中文标注的同样的图。"于是，当地的地方官"跟利玛窦神父商量，表示要请他在译员的帮助下，把他的地图写为中文"，利玛窦应其请求，"马上进行这项工作"。"新图的比例比原图大"，"还加上了新的注释"，为了迎合中国人关于中国居于大地中央的固有观念，新图改变了原图的设计，"使中国正好出现在中央"。当地的地方官得到这张地图后，"无比高兴，用最和蔼的词句来表达他的满意"，"自己出钱多制了几幅地图，分赠给他在当地的友人，并命令把其余的图送到各省去"[②]。此后，利玛窦又在南昌、南京、北京等地数次重绘该图，进行修改。其所绘制的世界地图，在当时曾被多次刊印，仅其中能被确认并为人们所常称道的，就有如下八种：肇庆王泮刻本、苏州赵可怀刻本、南京吴中明刻本、北京冯应京刻本、北京李之藻刻本、北京刻工刻本、贵州郭子章刻本、北京李应试刻本。利玛窦将欧洲的世界地图传入中国，便将欧洲的许多

---

① 此部分参见方豪：《中西交通史》；刘旭：《中国古代火炮史》，上海人民出版社 1989 年版；《中国军事史》第 1 卷《兵器》，解放军出版社 1983 年版；南炳文：《中国古代的鸟枪和日本》，载《史学集刊》1994 年第 2 期。
② 《利玛窦中国札记》，中华书局 1983 年版，第 179—182 页。

地理学知识介绍给了中国人,其中主要的是西方的经纬度制图法、关于五大洲的知识(包括亚细亚、欧罗巴、利未亚即非洲、南北亚墨利加、墨瓦蜡民加即南极地方)、地为球形说、地球分五带的见解(热带、南北温带、南北寒带)等。这些知识当时虽并没被全体中国人接受,但发生了一定的影响,图中的许多译名如亚洲、欧洲、大西洋、地中海、罗马、古巴、加拿大以及地球、南北极、南北极圈和赤道等,一直沿用到今天。可以毫不夸张地说,利玛窦向中国传入欧洲的世界地图大大扩展了中国人的眼界①。

艾儒略在向中国介绍西方地理学方面,著有《职方外纪》及《西方答问》二书。《职方外纪》成书于天启三年(1623),是在庞迪我、熊三拔译介欧洲人所作世界地图的旧稿的基础上,增补而成的介绍世界地理的专书。全书共 5 卷,卷首冠有《万国全图》,分述了五洲各国的情况,所包含的内容,远比利玛窦所介绍的详细。书中对欧洲叙述尤多,凡出产、风俗、饮食、屋宇、工业、车马、教育、图书馆、宗教、慈善事业、赋税、诉讼、兵制等,无不叙及。学术界对此书评价甚高,认为在当时"有此一书,评述世界大势,开拓世人眼光,已属难能可贵","为划时代之一部世界地理著作"。②《西方答问》刻于崇祯十年(1637),共 2 卷,分条介绍西方的有关事宜,上卷介绍国土、路程、海舶、海险、海奇、登岸、土产、制造、国王、西学、官职、服饰、风俗、五伦、法度、谒馈、交易、饮食、医药、人情、济院、宫室、城池、兵备、婚配、续弦、守贞、葬礼、丧服、送葬、祭祖;下卷介绍地图、历法、交蚀、列宿、年月、岁首、年号、西士、堪舆、术数、风鉴、择日。入清后,利类思、安文思等曾节录该书成《御览西方要纪》,呈康熙皇帝。

龙华民介绍地理学知识的著作是《地震解》。此书刻于天启六年(1626),用问答体论述了地震的成因、先兆、强度等。所论多有不合现代

---

① 参见曹婉如等:《中国现存利玛窦世界地图的研究》,载《文物》1983 年第 12 期;洪煨莲:《考利玛窦的世界地图》,载《禹贡》1936 年第 5 卷第 3,4 期合刊;张维华:《明清之际中西关系简史》后编第二章;方豪:《中西交通史》下册第 4 篇第 6 章;杜石然等:《中国科学技术史稿》下册,科学出版社 1982 年版,第 192—232 页。

② 张维华:《明清之际中西关系简史》后编第 2 章。

地震学说之处,但当时曾颇受中国学者的重视①。

(六) 医药学

耶稣会士中有的懂得医药学,因而来到中国后,也将欧洲的一些医药学知识带到了中国,传给中国人。如徐光启在一封家信中曾写道:"庞(迪我)先生教我西国用药法,俱不用渣滓。采取诸药鲜者,如作蔷薇露法收取露,服之神效。此法甚有理,所服者皆药之精英,能透入脏腑肌骨间也。"②明人刘侗、于奕正所著《帝京景物略》记载:"(邓玉)函善其国医,言其国剂草木,不以质咀,而蒸取其露,所论治及入精微。每尝中国草根,测知叶形花色、茎实香味,将遍尝而露取之,以验成书,未成也。"③耶稣会士在向中国传布欧洲医药学知识时,著书立说是重要的方式。其中多数是在以论述其他问题为主的书籍中,间或谈及医药学方面的知识。如利玛窦所著《西国记法》一书,主要是谈记忆问题的,但其中的"原本篇"就介绍了欧洲的神经学知识:"记含有所,在脑囊。盖颅脑后、枕骨下为记含之室。故人追忆所记之事,骤不可得,其手不觉搔脑后,若索物令之出者。虽儿童亦如是。或人脑后有患,则多遗忘。试观人枕骨最坚硬、最丰厚,似乎造物主置重石以护记含之室,令之严密,犹库藏之有扃镭、取封闭巩固之义也。"④这段文字中夹杂有宗教的说教,但无疑在基本方面是讲神经学的。耶稣会士也写了一些专门谈医药学的书籍,只是数量不多,其中被人们常常提起的有两部:《泰西人身说概》和《药露说》。《泰西人身说概》,2 卷,邓玉函撰,山东掖县人毕拱辰译,是一部介绍解剖学的专著,谈及了人体运动系统、肌肉系统、循环系统、神经系统与感觉系统等。此书的出版使欧洲的人体解剖学开始传入中国。《药露说》,1卷,熊三拔撰,约成书于万历四十六年(1618),所论为西药制造术。书中

---

① 方豪:《中西交通史》下册第 4 篇第 6 章第 8 节。
②《徐光启集》卷 11《书牍》,中华书局 1963 年版。
③《帝京景物略》卷 5《利玛窦坟》。
④《天主教东传文献》,台湾学生书局 1982 年第 2 版。

对蒸馏、制造药炉等器,均有图说①。

(七)语言学

耶稣会士来中国传教,不可避免地要遇到了解中国语言的问题,于是便用其本国的研究语言的方法来研究中国语言,将中国的语言与其本国的语言,或与其所熟悉的某种语言作对比,在这种过程中,西方的语言学随之传入中国。当时,耶稣会士为此而撰写的著作,有郭居静和利玛窦合编的《西文拼音华语字典》、利玛窦与罗明坚合编的《平常问答词意》、利玛窦撰写的《西字奇迹》以及金尼阁撰写的《西儒耳目资》等。《西文拼音华语字典》是按照拉丁字母和中文读音编排的字典。《平常问答词意》编写于万历十二至十六年(1584—1588),是一本葡华字典,附罗马注音。《西字奇迹》1卷,万历三十三年刻于北京,是以汉字译写拉丁字母。《西儒耳目资》刊于天启六年(1626),该书"以西洋之音通中国之音,中分三谱:一曰译引首谱;二曰列音韵谱,皆因声以隶形;三曰列边正谱,则因形以求声"②。上述诸书,向中国人介绍了西方的拼音方法,这是远较当时中国使用的反切法优越许多的方法;特别是《西儒耳目资》一书,对中国文字的音读作了深入的分析,在中国人音韵学知识的增加上贡献颇大。

《西儒耳目资》分诸音为29音素,又将29音素分为自鸣母(韵母)、同鸣父(声母)及不鸣(中国不用者)三类,分别为5个、20个和4个。自鸣母除去5个元音外,还有5元音自相配合,或与同鸣父中之m、n、l三音相配合而产生的"自鸣二字子母"22个、"自鸣三字孙母"22个、"自鸣四字曾孙母"1个,从而自鸣母的总数达到50个。将自鸣母与同鸣父互相配合,即可得到每个字的音值。而中国字皆有五声,于是书中又于每一自鸣母加上有关符号来作区别,如清平用—,浊平用∧,上声用\,去声用/,入声用∨。此外,金尼阁又以为自鸣母之五元音读时有粗细之分,因分"甚""中""次"

---

① 参见方豪:《中西交通史》下册第4篇第5章。
②《四库全书总目》类44《〈西儒耳目资〉提要》。

三等来加区分,并为之分别规定了特定的符号,只是因视"甚"为正读,故对其未规定特殊符号,有特定符号者仅"中""次"二等。《西儒耳目资》一书,可说在音韵学上使中国人眼界大开。此书写成后,有远见的中国知识分子对之十分欢迎,有的捐资刊刻,有的为之写序介绍,还有的在自己的有关著作中对之大加赞扬。如王徵在《西儒耳目资释疑》中说:"今观西号,自鸣之母,号不过五;同鸣之父,号不过二十,及传生诸母之摄统计之,才五十号耳。肯一记忆,一日可熟。视彼习等韵者三年尚不能熟,即熟矣,寻音寻字,尚多不得便遇者,谁难谁易,而甘自逊为? 且余独非此中人乎? 闇愚特甚,一见西号,亦甚了了,又况聪明特达之士、高出万万者乎?"方以智在其《通雅》一书中,对该书也曾多次提及①。

（八）绘画、音乐和建筑艺术

耶稣会士传入中国的西方绘画、音乐和建筑艺术,主要是宗教艺术,它们是由于耶稣会士进行宗教活动和宣传基督教的需要而传入的。

绘画是布置教堂、举行宗教仪式不可或缺之物,因而耶稣会士一来到中国,西方的有关绘画就带到了中国,使中国人看到了一种与本国画风大不相同的新画风,引起其关注。如《利玛窦中国札记》第 2 卷第 5 章记载利玛窦刚到肇庆时的情况说:"所谓的传教室在两头各有两间房,中间是间空屋,用作教堂,中央是圣坛,上面挂着圣母画象……当人们去访问神父时,官员和其他拥有学位的人、普通百姓乃至那些供奉偶像的人,人人都向圣坛上图画中的圣母像敬礼,习惯地弯腰下跪,在地上叩头。这样做时,有一种真正宗教情绪的气氛。他们始终对这幅画的精美称羡不止,那色彩,那极为自然的轮廓,那栩栩如生的人物姿态。"②明人顾起元在其专记南京掌故的《客座赘语》一书中,记载利玛窦及"其徒罗儒望"在南京的情况说:利玛窦"来南京,居正阳门西营中。自言其国以崇奉天

① 参见方豪:《中西交通史》下册第 11 章;沈福伟:《中西文化交流史》第 9 章;张维华:《明清之际中西关系简史》后编第 6 章;罗常培:《耶稣会士在音韵学上的贡献》,载《中央研究院历史语言研究所集刊》第 1 本。
②《利玛窦中国札记》,第 168 页。

主为道,天主者,制匠天地万物者也。所画天主,乃一小儿,一妇人抱之,曰天母。画以铜板为幨,而涂五采于上,其貌如生,身与臂手俨然隐起幨上,脸之凹凸处,正视与生人不殊。人问画何以致此,答曰:'中国画但画阳,不画阴,故看之人面躯正平,无凹凸相。吾国画兼阴与阳写之,故面有高下,而手臂皆轮圆耳。凡人之面,正迎阳,则皆明而白,若侧立,则向明一边者白,其不向明一边者,眼耳鼻口凹处皆有暗相。吾国之写像者解此法,用之,故能使画像与生人亡异也。'携其国所印书册甚多……间有图画人物屋宇,细若丝发……利玛窦后入京……后其徒罗儒望者来南都,其人慧黠不如利玛窦,而所挟器画之类亦相埒"。① 明人刘侗、于奕正在《帝京景物略》一书中,记载明末北京宣武门内天主堂所供耶稣画像的情形说:"供耶稣像其上,画像也。望之如塑,貌三十许人。左手把浑天图,右叉指若方论说次,指所说者。须眉竖者如怒,扬者如喜,耳隆其轮,鼻隆其准,目容有瞩,口容有声,中国画绘事所不及。"②

耶稣会士带到中国的西方绘画,有的还献给了皇帝。如利玛窦于万历二十八年(1600)获准进京,于同年十二月二十一日(此时公历已为1601年1月24日)到达。③ 这次进京,利玛窦即曾献给明神宗"天主图像一幅、天主母图像二幅"④。在崇祯年间,汤若望也曾向明思宗做过类似的进献,《正教奉褒》载其事说:"崇祯十三年十一月,先是有范槐国君玛西理饰工用细致羊鞟装成册页一帙,彩绘天主降凡一生事迹各图,又用蜡质装成三王来朝天主圣像一座,外施彩色,俱邮寄中华,托汤若望转赠明帝。若望将图中圣迹释以华文,工楷腾缮。至是,若望恭赍趋朝进呈。"

耶稣会士传入中国的西方绘画,还有在中国得到翻刻者。其最著名

---

① 《客座赘语》卷6《利玛窦》。
② 《帝京景物略》卷4《天主堂》。
③ 《利玛窦中国札记》,第399—409页。
④ 见《正教奉褒》所载万历二十八年十二月二十四日利玛窦贡表;参见《万历野获编》卷30《大西洋》。

者为程大约之翻刻西方绘画于《墨苑》之中。收入《墨苑》中的西方绘画共有四张，全是宗教画：一为"信而步海，疑而即沉"，绘的是《新约》耶稣召彼得海上行走的故事；二为"二徒闻实，即舍空虚"，绘的是《新约》耶稣受难后、现身与革流巴等二门徒同行的故事；三为"淫色秽气，自速天火"，绘的是《旧约》所得玛城因罪被焚的故事；四为圣母玛利亚怀抱圣婴耶稣之像。这四张宗教画的原作都是利玛窦赠给程大约的。

音乐也是基督教的宗教仪式所不可缺少者，所以随着耶稣会士的东来，西方的乐器和乐曲也一同来到中国。当时来华的耶稣会士中，有的很精通音乐，例如郭居静就长于此道。在关于耶稣会士在华宗教活动的记载中，常常可以看到反映西方音乐传入中国的资料。如利玛窦去世而在北京举行葬礼时的情形，《利玛窦中国札记》一书记载说："这许多事都完成之后，就确定以诸圣节为利玛窦神父的安葬日并为教堂献祭……在规定的那一天，所有信徒都来了，点燃蜡烛和香增加了庄严气氛。首先举行当日的弥撒，奏起了风琴和其他乐器，场面安排得尽可能隆重。"[①]这里所说的"奏起了风琴"，无疑反映了当时西方音乐的传入。西方的音乐在明代也传入了中国的皇宫之中。其中最著名的事例是利玛窦于万历二十八年底到北京后，向明神宗进献了古翼琴（钢琴的前身），并由庞迪我向皇宫中的太监传授了演奏技巧。《利玛窦中国札记》记载其事说："过了些时候，在皇帝面前演奏弦乐器的四名太监奉皇帝之命来见神父。在中国人中间，演奏这种乐器被认为是一种先进的艺术，宫廷乐师的地位高于算学家。他们指导皇宫里一所高级的学校，他们前来是请神父教他们演奏古翼琴的，这架古琴也包括在进献给皇宫的礼物之中。庞迪我神父从一个偶然的学徒已经成为精通这种乐器的人，他每天去皇宫给他们上音乐课。庞迪我神父还是很久以前在利玛窦神父的建议下向很有修养的音乐家郭居静神父学的古琴。利玛窦神父在提出建议时就已期待着今天这一天了。关于这种乐器中国人几乎一无所知，而庞迪我神父

_____

①《利玛窦中国札记》，第 646 页。

不仅学会演奏,而且还会和弦","学古琴的每个学生们学会了一首曲子就满足了。两个较年轻的学生在学习上颇有才能,但他们要等待其他的人完成学业,因此安排的学习时间拖长到一个多月。他们很有兴趣为他们演奏的乐曲配上中文歌词,于是利玛窦神父利用这个机会编写了八支歌曲,他称之为'古琴之歌'。这些歌曲都是涉及伦理题材、教导着良好的道德品行的抒情诗,并引用了基督教作家的话加以妥善的说明。这些歌曲非常受人欢迎,许多文人学士都要求神父送给他们歌曲的抄本,并高度赞扬歌中所教导的内容。"①这里所说的"古琴之歌",即是其他文献中所说的《西琴曲意》。关于利玛窦进献给明神宗的古翼琴,在清修《续文献通考》中曾评论其结构:"纵三尺,横五尺,藏楗中,弦七十二,以金银或炼铁为之弦,各有柱,端通于外,鼓其端而自应。"②在崇祯年间,汤若望曾奉明思宗之令对这张古琴进行过修理,并将修复后的这张琴,与葩槐国君玛西理进呈的礼物,一起献给明思宗,在礼物中另有一种用水力推动的新乐器③。

耶稣会士来到中国长期从事传教活动,在日常生活中需要有房屋居住,在宗教活动中需要有教堂以供使用,在去世埋葬之时需要建造坟墓与有关建筑,因此在耶稣会士东来中国的过程中,西方的建筑艺术自然也随之传入。从史料记载看,耶稣会士在明代所到过的澳门、肇庆、北京等处都进行过建筑。这里仅从《利玛窦中国札记》一书中摘录两段关于在肇庆、北京所进行的建筑的资料,以见一斑。关于前者,书中记载说:"政府和其他好心的人给教会送来了钱和各种礼物,足以偿还债务,完成建筑,充分添置家俱。房子本身很小,但很中看。中国人一看它就感到很惬意;这是座欧洲式的建筑物,和他们自己的不同,因为它多出一层楼并有砖饰,也因为它的美丽的轮廓有整齐的窗户排列作为修饰。房屋的地点和安置也增添了它的美丽。从这里能看见沿水面上的所有建筑物,

---

①《利玛窦中国札记》,第 407、410 页。
②《续文献通考》卷 120《夷部乐》。
③ 方豪:《中西交通史》下册第 4 篇第 8 章第 2 节。

河上有各类船只,河那边是整整一片树木繁茂的山峦。那是当地出名的美景又加以欧洲新奇的装束,每个人都想一开眼界。来访的高官络绎不绝,其中不仅有来自本城的,还有从其他省份来见总督的官员。"①关于后者,书中所记为利玛窦死后的墓地建筑:"整个传教团的监督龙华民神父在移灵后不久来到这里,葬礼推延就是要等他到来。在他的指导之下设计出中国第一座基督教的墓地。在花园的一端用砖修建了一座六角形带拱顶的小教堂。小教堂的每一边伸延着半圆形的墙圈出一块地方作为教会成员的墓地。在这块地的当中有四棵柏树,这在中国人和别国人一样都是哀悼的标志……挖出了一部分土,在穴中修建了一座大小合适的砖墓放置棺木。"②

（九）哲学

耶稣会士向中国传入西方哲学之举,以编译《空际格致》和《名理探》二书最为著名。《空际格致》主要是讲宇宙的基本元素。该书作者为高一志,其原名为王丰肃,曾在南京传教。万历四十四年(1616)南京发生了反对基督教的教案,被明政府逮捕,旋押送广东。后改名高一志潜入山西传教③。《四库全书总目》卷125对《空际格致》有概括的介绍:"西法以火、气、水、土为四大元行,而以中国五行兼用金、木为非。一志因作此书,以畅其说。"《名理探》是讲逻辑学的。由傅汎济译义、李之藻达辞。原书本为葡萄牙高因勃耳大学诠释亚里士多德的逻辑学的讲义。全书当有30卷,确知已译者十余卷,出傅汎济、李之藻之手,其余部分出他人之手。已刻者10卷,其中崇祯十年(1637)前刻者首5卷,崇祯十四年前刻完了次5卷。崇祯十四年时已有20卷待刻④。

耶稣会士向中国传布西方的自然科学、语言学、艺术和哲学知识,无疑是对中国大有好处的举动,有利于中国人提高科学水平和文化素质,有利

---

① 《利玛窦中国札记》,第182页。
② 《利玛窦中国札记》,第642—643页。
③ 张维华:《南京教案始末》,载《晚学斋论文集》,齐鲁书社1986年版。
④ 参见方豪:《中西交通史》下册第4篇第12章第7节。

于中国的生产发展和社会进步,其功劳是不可轻视、更不可没的。不过,对其评价也不可过高,在看到其积极作用的同时,不能不看到其局限性。

耶稣会士向中国介绍西方的各种学问时,只是把这种介绍当作取得中国官府和各阶层人士好感的一种手段,其根本目的不过是以此为传教创造条件。如利玛窦在筹划翻译《几何原本》的时候,曾给罗马打报告说:"现在只好用数学来笼络中国的人心。"[1]正因为如此,耶稣会士在向中国介绍西方的各种学问的同时,更向中国介绍了大量的基督教神学说教。对于科学知识的介绍,还往往不尽所知。如在前文提到的《几何原本》的翻译,利玛窦只肯译前6卷,就是一例。其实在当时徐光启是曾要求将剩下的后9卷一鼓作气地继续译出的。为了有利于宣扬基督教的教义,耶稣会士在介绍西方科学知识时,只要有机会,就要想方设法加进宗教神学的内容,有时甚至歪曲真相,使科学书籍变成其进行神学说教的工具。如利玛窦在肇庆应当地地方官之请将欧洲文字标注的世界地图改为中文标注的世界地图时,就曾乘机在图上加上了宗教内容。《利玛窦中国札记》记其事说:"应长官之请,他马上进行这项工作,那和他传播福音的想法是完全一致的。按照上帝的安排,对不同民族在不同的时候应该采用不同的方法去帮助人民关心基督教。实际上正是这有趣的东西,使得很多中国人上了使徒彼得的钩。新图的比例比原图大,从而留有更多的地方去写比我们自己的文字更大的中国字。还加上了新的注释,那更符合中国人的天才,也更适合于作者的意图。当描叙各国不同的宗教仪式时,他趁机加进有关中国人迄今尚不知道的基督教的神迹的叙述。他希望在短时期内用这种方法把基督教的名声传遍整个中国。"[2]又如《四库全书总目》曾批评阳玛诺,在《天问略》前写一自序:"舍其本术而盛称天主之功,且举所谓第十二重不动之天为诸圣之所居,天堂之所在,信奉天主者乃得升之,以歆动下愚。盖欲借推测之有验,以证

---

① 《利玛窦通讯集》第2卷,转引自钱宝琮:《中国数学史》,科学出版社1964年版,第235页。
② 《利玛窦中国札记》,第180页。

天主堂之不诬,用意极为诡谲。"①再如龙华民在《地震解》里,除了对地震的各种情形进行论述外,最后竟说:"地之震,受制于造物主","属造物主全能大权统一宰制,非世所得窥测悬断",要想"转祸为福,消灾弥患",只能"痛加修省,虔诚祷祝"。

如所周知,当时的耶稣会士在政治上和思想上都是偏于保守的,再加上来华的耶稣会士多是专职的神职人员,对自然科学等所知有限,这也使来华耶稣会士在明代向中国传播西方学问的作用,不能估计太高。从实际情况看,这时他们所传播的西方学问,不少是中世纪甚至中世纪以前的旧货;许多最新的欧洲科学成果,没能介绍过来,或者虽然提及,但遭到否定。如高一志《空际格致》所津津乐道的四大原素论,在其出版前 13 年,早已被英国唯物论哲学的代表人物弗兰西斯·培根批判。再如前面曾经述及的耶稣会士关于西方天体学说的介绍,即是采取了拥护亚里士多德-托勒密体系或第谷体系等旧学说的立场;至于最新的哥白尼、伽利略学说,则很少被耶稣会士提及、并且提及时也遭到了被否定主要内容的待遇。

影响明代入华耶稣会士传布西方学问效果的,还有明朝封建政府的政策。当时虽有徐光启、李之藻等先进人物,对于吸收西方科学十分热心,但从明政府官员的大多数来说,其对西方科学的认识是模糊不清的,态度相当消极。封建政府所关心的,主要是与授时有关的天文历算以及与军事有关的枪炮铸造技术;至于对生产日用极有价值的学问,封建政府则漠不关心;为了封建秩序的稳定,有时它还采取消极的对耶稣会士统统驱逐的政策,这更使西方科学的传入面临被停止的危险。封建政府的上述举措,对于西方学问的传入及其作用的发挥,无疑是有相当不利影响的。

三、中国文化的西传

耶稣会士东来中国,除了将西方的文化东传中国外,也将中国的文

---

① 《四库全书总目》卷 106《〈天问略〉提要》。

化西传欧洲。

耶稣会士来到中国后,为了顺利开展传教活动,甚需了解中国的国情民俗,因而做了大量的调查、研究。为了使其在中国的传教活动在欧洲得到支持、协作和理解,他们又把在中国进行的调查研究所得,不断采用写信、著书等方式,通报给欧洲。这样,中国的国情民俗随之渐为欧洲人所了解,中国的优秀文化成果也因而传向欧洲。明代入华耶稣会士中在这方面作出贡献最大者,是利玛窦。

利玛窦晚年,曾用意大利文将其在中国的传教经历记录下来,目的是先经耶稣会会长审阅后、再让他人阅读,以便向欧洲介绍有关中国的情况和在中国的传教事迹,使同会教友及有关人士从中有所收获。1614年,金尼阁把这份文献带回罗马,并在旅途中将之译成拉丁文,其中还增添了一些关于传教史和利玛窦本人的内容。1615年这个拉丁文本于德国正式出版,从此此书在欧洲不胫而走,仅在明朝灭亡前,即在欧洲出版了四种拉丁文本(包括1615年第一种拉丁文本)、三种法文本、一种德文本、一种西班牙文本、一种意大利文本和一种英文摘译本①。该书相当详细地描绘了中国的国情民俗。关于这一点,只要看一看1983年中华书局出版的该书(名为《利玛窦中国札记》)第一卷由第二章至第十一章的目录,即可一目了然:"第二章、关于中华帝国的名称、位置和版图;第三章、中华帝国的富饶及其物产;第四章、关于中国人的机械工艺;第五章、关于中国人的人文科学、自然科学及学位的运用;第六章、中国的政府机构;第七章、关于中国的某些风俗;第八章、关于服装和其他习惯以及奇风异俗;第九章、关于某些迷信的以及其他方面的礼节;第十章、中国人的各种宗教派别;第十一章、撒拉逊人、犹太人和基督教的教义在中国人中间的迹象。"这个目录涉及了中国的地理位置、经济状况、手工业生产、政府机构、风俗习惯,以及人文科学、自然科学,还有宗教信仰等,真可说是洋洋大观。而在这里,特别应予重视的,是该书在介绍中国的国情民

---

① 《利玛窦中国札记》卷首《英译者序言》。

俗的过程中,把许许多多中国人民通过长期努力而积累起来的优秀文化成果,具体生动地叙述出来,从而介绍给了欧洲。

如书中叙述了中国人精巧的雕版印刷工艺:"他们印书的方法十分巧妙。书的正文用很细的毛制成的笔沾墨写在纸上,然后反过来贴在一块木板上。纸干透之后,熟练迅速地把表面刮去,在木板上只留下一层带有字迹的薄薄的棉纸。然后工匠用一把钢刻刀按照字形把木版表面刻掉,最后只剩下字象薄浮雕似地凸起。用这样的木版,熟练的印刷工人可以以惊人的速度印出复本,一天可以印出一千五百份之多。中国印刷工人刻这类木版的技术非常熟练,制作一个所花的时间并不比我们一个印刷工人排版和做出必要校正所需的时间更多。"①

又如书中叙述了中国人令人叫绝的制取木石之上刻画的图文的拓片的方法:"他们还有一种奇怪的方法来翻印刻在大理石或木头上的浮雕。例如刻在大理石或木头上的薄浮雕式的墓志铭或图画,用一张湿纸贴上,上面再盖上几片布。然后用小木槌敲打整个表面,直到浮雕的全部线条都压印到纸上为止。纸干后轻轻地涂上一层墨或别的颜色,之后浮雕印出的形象衬着纸原来的白色就突出出来。"②

又如书中介绍了儒家的创始人孔子:"中国哲学家之中最有名的叫作孔子。这位博学的伟大人物诞生于基督纪元前五百五十一年,享年七十余岁,他既以著作和授徒也以自己的身教来激励他的人民追求道德。他的自制力和有节制的生活方式使他的同胞断言他远比世界各国过去所有被认为是德高望重的人更为神圣。的确,如果我们批判地研究他那些被载入史册中的言行,我们就不得不承认他可以与异教哲学家相媲美,而且还超过他们中的大多数人。"③

又如书中介绍了儒家的学说主张:"儒教是中国所固有的,并且是国内最古老的一种。中国人以儒教治国,有着大量的文献,远比其他教派

---

①《利玛窦中国札记》,第 21 页。
②《利玛窦中国札记》,第 22 页。
③《利玛窦中国札记》,第 31 页。

更为著名。就个人来说,中国人并不选择这一教派,他们勿宁是说在研究学问时吸收它的教义。凡做学问有了名气的人或甚至从事学问研究的人,没有一个是再相信任何别的教派的。孔子是他们的先师,据他们说发现了哲学这门学问的乃是孔子。他们不相信偶像崇拜。事实上,他们并没有偶像。然而,他们却的确相信有一位神在维护着和管理着世上的一切事物。他们也承认别的鬼神,但这些鬼神的统治权要有限得多,所受到的尊敬也差得多。真正的儒家并不教导人们世界是什么时候、什么方式以及由谁所创造的……他们的信条包括有一种善有善报、恶有恶报的学说,但他们似乎只把报应局限于现世,而且只适用于干坏事的人并按他们的功过及于其子孙。古代人似乎不大怀疑灵魂不朽……但是,他们根本不谈论恶人在地狱受惩罚的事。较晚近的儒家则教导说,人的肉体一死,灵魂也就不复存在,或者只再存在一个很短的时间。因此,他们不提天堂或地狱。对他们中的某些人来说,这似乎是一种颇为严厉的教义,因而这一学派教导说只有正直的人的灵魂才继续存在。他们说一个人的灵魂由于德行而加强并能巩固而持久,但坏人却不是这样,他们的灵魂刚一离开身体就象一股轻烟那样消散了。儒教目前最普遍信奉的学说,据我看似乎是来自大约五个世纪以前开始流传的那种崇拜偶像的教派。这种教义肯定整个宇宙是由一种共同的物质所构成的,宇宙的创造者好象是有一个连续体(corpus continuum)的,与天地、人兽、树木以及四元素共存,而每桩个体事物都是这个连续体的一部分。他们根据物质的这种统一性而推论各个组成部分都应当团结相爱,而且人还可以变得和上帝一样,因为他被创造是和上帝合一的。我们试图驳斥这种哲学,不仅仅是根据道理,而且也根据他们自己古代哲学家的论证,而他们现在的全部哲学都是有负于这些古代哲学家的”,“儒家这一教派的最终目的和总的意图是国内的太平和秩序。他们也期待家庭的经济安全和个人的道德修养。他们所阐述的箴言确实都是指导人们达到这些目的的,完全符合良心的光明与基督教的真理。他们利用五对不同的组合来构成人与人的全部关系,即父子、夫妇、主仆、兄弟以及朋友五种关系。

按照他们的信念,只有他们才知道如何尊重这些关系,而外国人则被认为是全然无知,或者即使知道也全不注意。他们不赞成独身而允许多妻制。他们的著作详尽地解说了仁爱的第二诫:'己所不欲,勿施于人。'他们十分重视子女尊敬和顺从父母,奴仆对主人忠诚,青年人效忠长辈。这一点确实是引人注目的。"①

利玛窦除了通过著书向欧洲传播中国文化成果外,还采取了把中国书籍由中文译成西文的方式向欧洲介绍中国的文化。万历十九年(1591),他始将儒家的"四书"译成拉丁文,三年后译毕,然后寄回欧洲②。将中国书籍由中文译成西文,可使欧洲人直接看到中国书籍的原貌,更便于其对中国文化的了解和研究,这在西传中国文化上无疑可发挥更大的作用。

在西传中国文化上作出贡献的入明耶稣会士,除了利玛窦之外,还有金尼阁、鲁德昭等人。金尼阁除了翻译、出版利玛窦的《利玛窦中国札记》一书外,曾经在天启六年(1626)将儒家的"五经"翻译为拉丁文,并在杭州刊印③。鲁德昭于崇祯十五年(1642)在西班牙首都马德里出版《中华帝国志》,此书在欧洲流传极广④。这一时期入明耶稣会士以外的其他欧洲人,在西传中国文化上也有作出贡献者,如西班牙籍道明会士高母羡,16世纪在马尼拉华侨区传教,与中国人多有接触,从而曾将流行于当地华侨中,收有孔子、孟子、荀子、老庄、朱熹等人言论的《明心宝鉴》一书译成了西文,向欧洲介绍了儒家的思想⑤。不过,他们在这方面的贡献,远远比不上入明耶稣会士。

入明耶稣会士所掀起的中国文化西传的热潮,到清初以后继续发

① 《利玛窦中国札记》,第 100—102、104 页。
② 乔纳森·斯彭斯著、王改华译:《利玛窦传》,陕西人民出版社 1981 年版;王漪:《明清之际中学之西渐》,台湾商务印书馆 1979 年版;徐宗译:《中国文化西渐之介绍者》,载《明清之际中西关系简史》附录。
③ 方豪:《中西交通史》下册第 4 篇第 13 章第 1 节。
④ 马肇椿:《中欧文化交流史略》,辽宁教育出版社 1993 年版。
⑤ 王漪:《明清之际中学之西渐》第 2 章第 2 节。

展,明代仅是其开端。但是,其意义是不可忽视的。它与清初的中国文化继续西传的热潮一起,促进了欧洲人对中国的了解;它们所西传的优秀中国文化,对欧洲的社会生活、政治生活和思想意识产生了积极的影响,众所周知,18 世纪震荡欧洲的启蒙运动的思想源泉之一,即是自中国传来的儒家学说。

第二节　中国文化对朝鲜的影响

中国和朝鲜山水相连,唇齿相依,两国之间的文化交流源远流长,中国文化对朝鲜文化的创立、发展发挥了重大作用。明朝建立后,中朝文化交流进入了新的阶段,中国文化继续深入影响着朝鲜。

一、中国各项制度的移植和模仿

中国是东亚首屈一指的文明古国,各项制度的起源和发达大大早于朝鲜等国。因此,朝鲜自立国起,就基本移植和模仿中国的各项制度。

（一）中国政治制度的移植和模仿

朝鲜高丽王朝(918—1392)建立后,积极移植和模仿中国唐朝以来的制度,所谓“高丽一代之制,大抵皆仿乎唐”[1]。高丽末年,朝鲜开始移植和模仿明代政治制度,对已有制度进行改革和完善。1369 年,高丽遣使入明,请明朝祭服制度,明太祖命工部制赐之。1370 年,明遣使至高丽,颁科举程式,诏曰:高丽等国“如有经明行修之士,各就本国乡试,贡赴京师会试,不拘额数选取”。[2] 同年,高丽遣使至明贺正,举子朴实、金涛、柳伯濡从行,涛中制科。1372 年,高丽表请派遣子弟赴明留学,明朝也予同意。高丽刑法,起初采用《唐律》,“参酌时宜而用之”,至高丽后期而弊端丛生,“于是有建议杂用元朝《议刑易览》《大明律》以行者,又有兼

---

① 郑麟趾:《高丽史》卷 84《刑法志一》。
②《高丽史》卷 42《恭愍王世家》。

采《至正条格》言行事宜成书以进者"①。

1392 年,高丽大将李成桂夺取王位,恢复国号朝鲜,建立了李朝(1392—1910),李成桂就是李太祖。在李太祖夺取王位的过程中,一些中国文士参与了谋划,因而在李朝建立后都成为开国功臣,对李朝继续移植和模仿中国政治制度以及中朝两国的文化交流发挥了一定的作用。如,中国畏吾儿族人偰长寿,参与李太祖夺取王位谋议,得赐"中兴功臣"铁券,后又受赐"定乱功臣"号,官至判三司事。他作为朝鲜使臣,八次赴明,出色完成了外交任务。其所著《直解小学》,中国儒者"皆以为解说至当","敬慕不已"②。中国河间人李敏道,元末随出使割据东南的张士诚政权的高丽使节至朝鲜,以医术见称,往往有验。李成桂登王位之前,李敏道为陈说历代沿革,阴有推戴之意,李朝建立后得与功臣之列,官至商议中枢院事,赐号"推忠协赞开国功臣"。中国人蒋英实,仕于李朝太宗、世宗朝,颖悟绝伦,造自击宫漏,精巧过于元朝之物。中国辽东铁岭卫军人李相,辗转流落到朝鲜,因粗识文字,汉音纯正,李朝留而质正音训,教诲朝鲜生徒。1448 年,李相已任副司直,建议李世宗模仿中国,建立递送公文制度。

由于长期深受中国文化的影响,以及一些中国文士在李朝政权建立前后发挥了重要作用,因此李朝的政治制度仍基本模仿和移植中国。李朝建立后,李太祖即命郑道传仿《周礼·六官》编纂《经国大典》。李世祖时,又命崔恒、徐居正等斟酌损益,先成《刑典》和《户典》(1460),九年后成《吏典》《礼典》《兵典》《工典》,并于成宗二年(1471)向全国刊印颁布。《经国大典》是李朝政治、经济等各项制度的根本依据,其中所定官制是中国周制和明制的折中。中央机构,初设都评议使司为最高的评议机关,门下省为最高的执行机关。不久,改都评议使司为议政府,并将门下省并于议政府,以领议政、左议政、右议政三

---

① 《高丽史》卷 84《刑法志一》。
② 朝鲜《李世宗实录》卷 93。

员合议,号为三公。一般政务,由吏、户、礼、兵、刑、工六曹分别掌管,与明朝的六部制颇为相似。此外,有奉王命掌推鞫的议禁府,有论时政、纠百官、正风俗的司宪府,有掌王命出纳的承政院,有掌谏诤论驳的司谏院,有掌内府经籍、治文翰、备顾问的弘文馆等机构,也与明朝的有关机构相类。地方机构,初分五道,1413年改为八道。道下设牧、府、郡、县,有观察使、牧使、府尹、郡守等官职。又有暗行御史,以堂下侍从官充任,考察地方政情,密入民间探访,这是模仿中国的行台或分台而来。

李朝的法律制度也移植和模仿中国。李朝君臣倾慕中国的法律制度,当明使臣到达朝鲜时,他们常借机询问中国的律文;李朝政府翻译出版了《大明讲解律》《律学解颐》《律解辨疑》《唐律疏议》等中国法律书籍,供臣民学习;规定律科取才时,考试《唐律疏义》。李朝的法律制度,完全以《大明律》为准则。《经国大典·刑典》"用律"条下,明注"用《大明律》"字样。《大明律》分《名例律》《吏律》《户律》《礼律》《兵律》《刑律》《工律》七部,李朝的刑法几乎完全照抄。

李朝兵制,初置三军十卫,后改为五卫(1451),卫下有部、统、旅、队、伍,这是模仿《周礼》师旅卒两伍之制。

(二)中国经济制度的移植和模仿

在土地制度方面,高丽末年,全国的土地高度集中于少数贵族之手,酿成严重的社会问题。当时,掌握高丽政权的李成桂采纳赵浚的建议,着手改革田制,但遭到旧贵族的激烈反对,于是废辛昌王,立恭让王,以图推行其田制改革。1390年,李成桂下令尽焚公私田券,没收旧贵族所有的私田。次年,李成桂制定科田法,以土地公有为原则,由国家掌握其收租权。全国土地分为公田、私田两种,公田分布在地方诸道,私田只限于京畿,赐给官僚贵族,是所谓"述成周圭田采地之法"。李朝建立后,继续高丽末年的土地改革,推行科田制。

至于币制,高丽时用楮币。李朝建立初,仍用楮币,但不受民人欢迎。李世宗五年(1423),朝鲜仿中国铸造铜钱,"以唐开元钱为准,积十钱重一两",文曰"朝鲜通宝","俾与楮币通行"①。但后来"朝鲜通宝"又行不通,李朝遂仿清朝重新铸钱。

（三）中国教育制度的移植和模仿

高丽王朝仿唐朝在中央设国子监,国子监设六学,各置博士、助教等官。后以《周礼》"大司乐掌成均之法,以治建国之学政,而合国之子弟",高丽朝将国子监改名为成均馆。

李朝因袭高丽末期的制度,中央最高教育机构仍称成均馆,直属礼曹。成均馆设大司成一员,祭酒、直讲、博士、学正、学谕各若干员。成均馆下设五部学堂,即将京城内分东、西、中、南、北五部,各设学校一所。这显然是模仿中国儒家传述的周朝辟雍、成均、上庠、东序、瞽宗五学之制。李定宗时,北部学堂废止,只存四部学堂,称四学。每学置教授、训导各二人,都由成均馆职员兼任。每学学生定员100人,以后略有增减。至于地方,牧、府、郡、县各有乡校,只是规模大小有异。每校置教授、训导各一人（小者仅置训导）,儒生定员30—90人不等。士大夫的子弟,七八岁入私塾"书堂",学汉文和习字,15岁入乡学或四学,攻读数年,应第一次科举合格者,取得生员进士的称号,并得升入成均馆。入成均馆后,经文科考试及格者,始有就高级官位的资格②。

二、中国音韵学、文学、艺术的影响

（一）中国音韵学与朝鲜训民正音的创制

训民正音简称正音,或称谚文,是朝鲜现行文字的旧称。它出现于1443年,是朝鲜努力吸取中国音韵学成就而在朝鲜语语音的基础上创制的。

朝鲜在创制训民正音以前,一直使用中国的汉字。由于汉字是为书

① 朝鲜《李世宗实录》卷20。
② 参阅朱云影:《中国文化对日韩越的影响》,台湾黎明文化事业公司1981年版,第419—425页。

写中国语言而创制的表意文字,字形复杂,字数繁多,而且异于朝鲜语音,使用也不符合朝鲜语的语法结构,因而很不便于朝鲜人民掌握和使用。随着文化的发展,朝鲜人民越来越迫切要求有易学、易懂并适合于朝鲜语音的民族文字。朝鲜的统治者,为了更好地推行其政令,也希望能有民族文字。于是,李朝世宗时,亲与儒臣郑麟趾、申叔舟、成三问、崔桓、朴彭年等深入探究,创制训民正音。

为了创制训民正音,成三问、申叔舟等人深入研究了中国音韵学著作,特别是明初编写的《洪武正韵》。据朝鲜人记载,成、申等人为了研究《洪武正韵》,寻找制定字母工作中不可缺少的音韵学基本理论,曾屡次到辽东请教被贬谪的明朝翰林学士黄瓒。申叔舟著有《洪武正韵译训》等书,其诗集中还有赠给黄瓒的诗,表示他的景仰。正是在充分吸收中国音韵学成就的基础上,申叔舟、成三问等人创制出了训民正音。因此,训民正音在不少方面与中国音韵学有密切联系。其表现为:第一,训民正音根据发声顺序将语音分为"初声""中声"和"终声",认为三声"合而成字",这与中国古代音韵学将语音分为"声母"和"韵母"以及"韵母"又可分为"元音""辅音"等几个音素的原理颇为相似。第二,训民正音和中国古音韵书(如《洪武正韵》)都把自己的字母分为五音,并设了二个半音。虽然它们的名称不完全相同,但分类法相同,所属字母的语音性质也颇有相似之处。第三,训民正音把语音分为全清、次清、全浊、不清不浊等类型,而李朝时期朝鲜语音中没有全浊音,这是受到中国音韵学,特别是《洪武正韵》影响的结果。第四,受中国音韵学的影响,训民正音有平、上、去、入四声的规定,而李朝时期的朝鲜语言中似无四声的区别,这也可以看出中国的影响。第五,训民正音"象形而字仿古篆",因而在字形上也与汉字有共同点,未完全摆脱汉字的影响。

训民正音在 15 世纪朝鲜所达到的文化成就中占有最重要的地位。它作为中朝文化交流的结晶,又进一步推动了朝鲜"谚解"事业的发展,促进了中朝两国的文化交流。所谓"谚解",就是用"谚文"即训民正音翻译汉文书籍,包括中国编写的和朝鲜自编的汉文书籍。谚解事业首先从音韵学方面开始。据记载,李世宗时,先后译中国元代的《韵会》和明代的《洪武正韵》。同时,李朝编定《东国正韵》,以统一朝鲜的汉字音。此后,谚解的书籍又推及于佛经、汉诗文、儒家经典、农医著述等①。

（二）朝鲜的汉文学

高丽时期,由于与中国的频繁往来,以及政府模仿唐朝实行科举制,朝鲜文人创作汉文学形成了普遍风气。高丽文人推崇中国诗文,汉唐诗文集和苏东坡的诗文在朝鲜十分受欢迎。一些高丽文人还来到中国,向中国文人学习,提高他们的汉文学水平。高丽晚期最负盛名的文学家为李穑(1328—1396)。他是名儒李穀之子,在元朝中科举第二甲第二名,主考官欧阳玄为之惊叹,被任命为元朝翰林文学承仕郎,同知制诰兼国史院编修官,后归国。著有《牧隐集》,朝鲜人称其"为诗文,操笔即书,略无凝滞"②,与比他稍早的李奎报、李齐贤并称高丽文学三大家。

李朝建立后,中朝文人之间的往返交流进一步加强。每当明朝使节到达朝鲜时,朝鲜文人即与他们交往,讨教切磋。如明景泰年间,倪谦出使朝鲜,朝鲜名士申叔舟、成三问等争相宴请,邀其作诗。倪谦与他们共游汉江楼时,为朝鲜文士包围索诗。倪谦作出三首,围观者咋舌称赞。其后,天顺年间张宁、弘治年间董越、嘉靖年间唐皋、隆庆年间许国、万历年间黄洪宪、欧希稷等人先后出使朝鲜,朝鲜文人皆远迎相待,互相唱和酬赠,连篇累牍。一些朝鲜文人,还利用到明朝的机会,与中国文人唱和,既得改错之益,又加强了彼此的联系。如,1626 年,朝鲜文士金尚宪出使明朝,在济南与张延登相识,探讨诗文,相交甚厚。为了促进两国文学交流,中朝文人还互相编辑诗文集,使广为传播。如,前述明人董越为朝鲜文人许琮诗集作序,为之刊行。万历年间赴朝的明人吴明济搜集朝鲜新罗以来百余位诗人的作品,编成《朝鲜诗选》。前述金尚宪回国后,将自己在中国观光的诗送给张延登,张延登为之作序,并刊行于世。朝

---

① 参阅周一良:《中朝历史上文化交流的一面》,载《光明日报》1953 年 6 月 27 日;朴真奭:《中朝经济文化交流史》,辽宁人民出版社 1984 年版,第 81—95 页。

②《高丽史》卷 115《李穑传》。

鲜文人也将他们与明使张宁、董越、唐皋、许国、黄洪宪等人唱和的诗作汇编刊刻为《皇华集》，在朝鲜流通。此外，赴明的朝鲜文人、使者还大量采购汉文书籍，"或旧典，或新书，或稗官小说，在彼所缺者，日出市中，各写书目，逢人便问，不惜重值购回"。① 这些，无疑有助于朝鲜汉文学的提高。

李朝前期虽然创制出民族文字训民正音，但却遭到了朝鲜文人的抵制。加上李朝以科举取士，中朝文人交流频繁，因此汉字仍是朝鲜的正统文字，一般文人仍以创作汉诗文为主，数量远远超过朝鲜的国语文学，且佳作纷呈。汉诗文在朝鲜进入全盛时期。当时，朝鲜汉诗文大家辈出，可明显地分为两派，即义理派和辞章派。义理派多埋头于义理的研究，而不重视辞章，但他们为了阐述义理而往往创作汉诗文，蔚为一派。代表有金宗直、李滉、李珥、徐敬德等人。金宗直著有《占毕斋集》《东文粹》，是一位和徐居正齐名的诗人。李滉号称"海东朱子"，著有《退溪集》，所作诗文被奉为朝鲜儒家文学的楷模。李珥著有《栗谷文集》。徐敬德著有《花潭集》。辞章派在李朝前期作家辈出，代表有权近、朴訚、徐居正、安瑭、成侃、金时习、成俔、白光勋、林悌、宋翼弼、崔昱、朴仁老、申钦、许晔、权鞸、金尚宪等。权近著有《阳村集》，其诗文曾得到明太祖的赞誉。朴訚著有《挹翠轩遗稿》，时人称"诗以挹翠轩为第一，是不易之论"②。徐居正的诗受李奎报影响较大，是当时有名的汉诗文作家。金时习一生作汉文诗万余首，为朝鲜诗人中作品最多者，有《梅月堂文集》流传。成俔著有诗文集 30 卷，也是一位多产的作家。白光勋提倡盛唐的诗风，与崔庆昌、李达共称"三唐"。宋翼弼著有《龟峰先生诗集》，其诗亦以盛唐为宗。崔昱著有《简易集》。申钦著有《象村集》。许晔是徐敬德的弟子，与其子许筠、女兰雪轩皆以文名，可称为朝鲜的苏氏家族。权鞸的父、兄都是当时知名诗人，他本人则诗、文均享盛誉，是当时汉诗文成

---

① 姜绍书:《韶石斋笔谈》卷上。
② 李雅亨:《婴处杂稿》一。

就突出者,朝鲜人称其诗"为百年来所未有"。金尚宪及其孙寿增、寿恒,曾孙昌协、昌翁也都是诗文名家,被称为文阀家。朝鲜前期的汉诗文,在成宗、中宗在位期间,先后由徐居正、申用溉编选成集,称《东文选》。该书分正、续两编,正编由徐居正编选,收录了新罗至李朝成宗时期的汉诗文,续编由申用溉编选,包括了正编之后约 40 年的朝鲜汉诗文。

受中国的影响,朝鲜文人还创作了不少汉文杂记性质的作品,即"稗说体文学"。朝鲜的稗说体文学出现于高丽时期,李朝则大量产生。当时,代表性的作品有徐居正《太平闲话》《笔苑杂记》《东人诗话》,姜希孟《村谈解颐》,南孝温《秋江冷话》,成伣《慵斋丛话》,李陆《青坡剧谈》,姜希颜《养花小录》,鱼叔权《稗官杂记》,曹伸《謏闻琐话》,权应仁《松溪漫录》,柳梦寅《于于野谈》,李德馨《竹窗闲话》等。这些作品内容博杂,包括诗话、名人逸事、游记、随笔、志怪、寓言、笑话、典故、天文地理、风俗人情等各个方面,可以补正史、地理志、寓言集等书的不足,是朝鲜汉文学不可忽视的一个方面。

此外,中国的小说,如《太平广记》《剪灯新话》《三国演义》《水浒传》等也传入朝鲜,深受朝鲜人民欢迎。一些朝鲜文人还受此影响,创作出一批汉文小说。如,金时习仿明朝瞿佑《剪灯新话》创作《金鳌新话》,许筠模仿《水浒传》创作《洪吉童传》,林悌创作短篇小说《元生梦游录》《愁城志》《花史》《鼠狱说》等,均在朝鲜文学史上占有一定地位[1]。

(三)中国艺术对朝鲜的影响

李朝前期为中国北宗画的全盛期,画坛上宗承以郭熙、李成为代表的北宋画法,以及从夏珪、马远开始的南宋院体画法,再就是明代的院体画及浙派画法。16 世纪末以后,李朝画坛开始出现中国明末兴起的南宗画法。

高丽、李朝时期,无论是在王宫之中,还是在士大夫之间,都热衷于

---

① 参阅韦旭升:《朝鲜文学史》,北京大学出版社 1986 年版,第 108—300 页;杨昭全:《中朝关系史论文集》,世界知识出版社 1988 年版,第 465—482 页。

收藏中国书画。世宗第三子安平大君尤爱中国艺术，至 1445 年已收藏 222 轴书画，其中除朝鲜画家安坚的 30 幅、日本画僧铁关的 4 幅以外，中国画家的作品近 190 幅。朝鲜贵族、文人的中国画收藏，为朝鲜画家学习中国绘画艺术提供了方便，对李朝时期绘画的发展起了重要作用。

15—16 世纪前期，李朝画坛的巨匠，画员中当推安坚、崔泾、李上佐。安坚曾反复鉴赏安平大君收藏的中国名画，其《梦游桃源图》受郭熙画风的影响，《山水画帖》《赤壁图》则又看出南宋夏珪、马远画法的痕迹。《梦游桃源图》从整个画面的构图、空间的技术处理、平远及高远的对照以及斜线运动的活用等方面，表现出山水的雄伟，并成功地体现了梦幻中的情景，达到了相当高的艺术境界①。崔泾承马远、李公麟的画法，其人物画与安坚的山水画齐名，惜作品已失传。李上佐出身于贱民阶层，因画技超群而被提拔为画员。他宗承南宋院体画画风，代表作品有《松下步月图》《雨中猛虎图》《罗汉图》等。其《松下步月图》左下部的山岩、突兀的老松以及仅以棱线表现的远山等，完全是南宋马远的构图及画法②。同时的士大夫画家，以姜希颜、崔寿峸、梁彭孙为代表。士大夫画家受中国画论"诗画一律"的影响，因而与画员比起来显得更为进取，并在画坛上起了先导作用。如姜希颜到过北京，深受明代绘画风格的影响。他的《高士观水图》《高士渡桥图》，表明了他与明代院体画及浙派画的渊源关系。《高士观水图》笔致活泼洗练，文气浓郁，远非画员一类的职业画家所可比拟。

16 世纪后期，朝鲜的山水画一方面继承安坚派的画风，另一方面又表现为具有中国南宋院体画及明代浙派的画风。如作于 1550 年左右的《户曹郎官契会图》，其山形及表面处理继承了据传为安坚的《四时八景图》中的《晚春图》，但在整体构图上则宗承了据传为南宋马远的《华灯侍宴图》。朝鲜理学大家李珥的母亲申师任堂，是李朝前期最具代表性的

---

① 安辉濬：《韩国绘画史》，汉城 1982 年版，第 131 页。
② 金元龙：《韩国美术史》，汉城 1980 年版，第 348 页。

女性画家。她诗、书、画均称娴熟，在画山水、葡萄、墨竹、墨梅、草虫等方面都显露出非凡的天才。《月下孤舟图》据传为其所作，它在构图及空间处理上继承了安坚派的画风，但在笔墨法及皴法上则宗承浙派画风，在描绘山岭、土坡时使用了当时在朝鲜尚未流行的浙派画法，给朝鲜山水画开拓了新的局面。金禔，诗、书、画三绝，擅长画山水、人物、牛马、翎毛、草虫，因画才出众而官至图画署别提，在16世纪后半期的朝鲜画坛上驰名一时。他宗承中国南宋院体画及明代浙派的画风，代表作为《童子牵驴图》。李朝前期最具中国浙派风格的画家为金明国。他的作品大部分是典型的浙派画风，特别是后期的狂态画风。《雪中归驴图》充分显示他与明代浙派，尤其是后期的狂态派画风的密切关系。画面上粗放的笔调，以及对近景山坡的处理，与明代吴伟的《树下高士图》极为相似①。

16世纪末、17世纪初，中国的南宗画开始影响李朝画坛。如李桢是一位才华横溢的画家，明后期曾出使北京，接触到中国的南宗派画风。他的代表作有《楼阁山水图》《寒江钓舟图》等。其《寒江钓舟图》的构图与中国元末四大家之一的倪瓒及继承倪瓒的明代吴派画家的意趣一致，透露出中国南宗画的气息。

在书法方面，中国的赵孟頫（子昂）书体自元朝开始影响高丽书坛，至李朝成为朝鲜书法艺术的主导风格，并贯串始终。

李朝前期，李文宗擅长楷书，笔致遒劲，深得晋人奥妙，并取法子昂，出神入化。郑道传、黄喜等书法家在赵体的基础上又习米（芾）法，兼具霸气与秀丽。权近、申樯等人则脱离赵体，另成一派。特别是申樯所书汉城崇礼门匾额，深得欧阳询法之精髓。安平大君集以上诸家之长，得书法真谛，无论楷、行、草，还是篆、隶，均冠绝一时。他的书法潇洒自如，笔画中颇具铮铮骨气，这是他深谙书法真谛并具有高尚人品的反映。中国书坛上王羲之以后，书艺上最接近右军者，唯有赵孟頫。取法子昂，达到逼真程度者，则为朝鲜安平大君。与此同时，李朝的其他一些书法家，

---

① 安辉濬:《韩国绘画史》，汉城1982年版，第198页。

如李成宗、金宗端、朴彭年、成三问、李垲、柳诚源、申叔舟、成熺、姜希颜、金时习等人,也都宗承赵孟頫书体,形成一种风气。壬辰战争中,明朝派兵援朝抗倭,中朝两国的交往更加密切,明书法家文徵明、祝枝山、王宠、董其昌等书体也在朝鲜流行起来。此后,朝鲜书坛众家纷呈。大体说来,赵体有李宣祖、尹顺之等,文徵明体有成守琛、李彦迪、金长生等,祝枝山体有柳成龙等,王宠体有李玙等,董其昌体有金尚容等。不过,在众家纷呈的书坛上,赵孟頫体仍是主流[1]。

三、道教在朝鲜的传播

道教于 7 世纪初开始传入朝鲜,至高丽时期得到迅速发展。高丽朝廷受中国宋朝的影响,供奉道教的祭神,设立许多道教殿署,频繁举行自然祈福祭祀。道教也逐渐与朝鲜民族固有的神教汇融,在朝鲜民众生活中发挥影响。1370 年,明太祖派遣道士徐师昊到高丽,祭祀高丽的主山主水和诸山诸水,对高丽道教的发展起了推动作用。

李朝太祖李成桂亦信道教。未即位时,他就建祭星坛,每年端午节派中贵人祭太白金星。李朝建立后,尽管国家以儒学治国,但他为了祈祷求福,仍保护道教。本来,高丽时期有福源宫、神格殿、净事色、烧钱色、大清观、太一殿、九曜堂、清溪拜星所等道观。1392 年,应礼曹之请,太祖取消了大清观以外的其他道观。但至 1394 年,太祖又在松都建昭格殿,作为综合道观。迁都汉阳后,又在汉阳新建昭格殿。李太宗时,根据礼曹参判许稠的奏请,对昭格殿进行重大改建,使其面貌一新。1422年,世宗废大清观。世祖时,升昭格殿为昭格署,并任命从五品官令一名,别提二名,参奉二名,以示对道教的重视。李中宗信奉道教,但迫于朝臣、儒生压力曾一度废昭格署。壬辰战争爆发后,昭格署与其他官署一起被毁于兵火。李宣祖视道教为左道,没有重建昭格署。这样,李朝唯一的道教殿署被永远废除了。

---

[1] 参阅陈玉龙等:《汉文化论纲》,北京大学出版社 1993 年版,第 243—249 页。

尽管李朝政府废止了道教的诸神崇拜,但由于道教信仰已长期存在于朝鲜民众的思想中,因此道教的一些神仙祭祀,如城隍祭祀等,仍经常在民间举行,有的神仙崇拜又被朝鲜固有的神教吸收,继续发挥着影响。除此以外,中国道教的关羽崇拜也在明后期传入朝鲜。壬辰战争爆发后,援朝抗日的明将茅国器、陈璘、兰芳威、薛虎臣、陈寅等先后在朝鲜各地建关王庙,把关羽崇拜引入朝鲜。战争胜利后,明政府宣称战时得关公灵助,要求朝鲜建庙祭祀。李宣祖令礼曹在兴仁门外依照明朝制度建立了巨大的关王庙,并挂起明朝送来的"敕建显灵昭德关公之庙"匾额。竣工后,李宣祖亲临拜祭。李朝将臣,也每年两次身着甲胄入庙行礼。这样,关羽崇拜在朝鲜流行起来①。

四、中朝自然科学及技术的交流

(一)中国历法、数学、医药学在朝鲜的传播

在历法方面,高丽时期,朝鲜先使用唐《宣明历》,后使用元《授时历》。李朝建立后,奉明正朔,用明《大统历》。李世宗时,命郑麟趾、郑招监造观天仪器,广搜中国和朝鲜文献加以研究,历时七年,制成北极测定器及各种日晷、漏刻、浑仪、简仪(天球仪)。世宗又命郑麟趾等参酌元《授时历》及明《大统历》,撰《七政算内篇》。至此,朝鲜始立推策之法。李中宗时,命司成李纯到中国取得《革象新书》,按图制器,以为精巧。但由于历法长期不修,逐渐出现误差。李宣祖时,派郑斗源到中国访求武器及历法。当时,传教士利玛窦和中国官员徐光启等人正在研究新的历法。郑斗源于1631年归国,带回《治历缘起》《天文略》等书。1635年,徐光启等人编成《崇祯历书》。1643年,明朝改用《崇祯历书》。1644年,李仁祖遣观象监提调金堉赴北京,购得《崇祯历书》等,令观象监官金尚范加以研究,至1653年颁行。

在数学方面,朝鲜也深受中国影响。高丽王朝仿唐朝实行科举制,

① 参阅金得榥:《韩国宗教史》,社会科学文献出版社1992年版,第34—55页。

设算科,并在太学中设算学博士。李朝也设算科,置算学博士,用中国算学著作。李朝规定,算学生徒额定 10 人,每 3 年一试选,以中国的《九章算术》、宋人杨辉《算法》及元人朱世杰《算学启蒙》为必读之书①。

在医药学方面,高丽朝在科举中设医科,置医学博士,并不断从中国搜购医书、药品。李朝也重视医学,典医监置博士 2 人,助教 2 人,医科 3 年一试,初试录取 18 人,覆试录取 9 人。典医监生徒学习的主要是中国医药学著作,如《直指方》《伤寒类书》《医方集成》《补注铜人经》等。李世宗时,因典医监中生徒人多,中国医药学著作很少,"难以共看",令将《补注铜人经》刊板,《直指方》《伤寒类书》《医方集成》"令铸字所各印五十件"②,分给典医监等机构。李朝医生考试也仿中国方法,如铸铜人试针灸之穴便是一例。同时,为了提高朝鲜医学的水平,李朝还积极与明朝进行医药交流,一方面搜购中国医学著作,另一方面派医生到明朝质疑问难。李朝广泛搜购中国医学书籍,并迅速刊行。如,1415 年《铜人图》流入朝鲜,当年即被刊行。1448 年,朝鲜成建从中国购回《东垣十书》等书,很快流行。李朝还多次派医生随使节来中国,向明太医院医师质疑问难,并作记录,有的记录还刊印流传。如,1380 年刊印的《朝鲜医学问答》,即为朝鲜尹知微问,中方王应遴答。1617 年刊印的《医学疑问》为朝鲜内医院教习御医崔顺立等问,中方傅懋光、朱尚约等答。当时,中朝这样的国家级医学讨论会曾多次举行,对朝鲜医药学水平的提高很有裨益。

朝鲜医家对中医药进行广泛深入的探讨研究,取得很大成绩。在药学方面,出现了《乡药集成方》。以前,朝鲜中医所用药材均依赖于中国。李太祖时,权仲和开始就地采辑,并著《乡药简易方》。李世宗时,朝鲜多次派医官随使到北京广求方书,且因申奏就太医院考正药品。1431 年,李世宗令典医正卢重礼等搜集各种乡药方著作,分类增补,编成《乡药集

---

① 参阅李俨:《从中国算学史上看中朝文化交流》,载《进步日报》1952 年 10 月 31 日;朱云影:《中国文化对日韩越的影响》,第 118—121 页。
② 朝鲜《李世宗实录》卷 52。

成方》。该书把旧证 338 增为 959，旧方 2803 增为 10706，并附针灸法 1476 条，乡药本草及炮制法，合为 85 卷。在医学方面，出现了《医方类聚》和《东医宝鉴》两部巨著。金礼蒙等人自 1443 年起，对 15 世纪以前的 150 多种中朝医籍文献加以研究，从中辑录名医论述及方剂，用中文分类汇编，于 1445 年编成《医方类聚》。该书计 360 卷（现存 266 卷），体裁与《外台秘要》《太平圣惠方》相同，内容包括临床各科及证治 92 门，先论后方，按引用书籍年代顺序排列，收方 5 万余，约 950 万余字，堪称 15 世纪以前中医医方之大成。由于该书广征博引，其中也保存了 40 余种今天已佚失的中医古籍，有很高的医学价值。如，我国第一部产科专书《经效产宝》现印本即从该书中辑出。《东医宝鉴》由李朝太医许浚、杨礼寿、金应铎等人于 1596 年开始编纂，一年而成初稿，后经许浚修改订稿，于 1613 年刊行，计 25 卷。该书参考中医书籍 83 种，朝医书籍 3 种，所引医籍上自《内经》，下迄金、元名家及明代王纶、李梴、龚信、龚延贤等人著述，分内景、外形、杂病、汤液、针灸五部分，选方丰富实用，内容简明扼要，对介绍中国医药学作出了贡献。该书于明末清初传入中国，对中国医学的发展也有积极的影响①。

（二）中国农业技术在朝鲜的推广

朝鲜为了普及农业知识，积极译介中国农书。李朝太宗时，命儒臣以方言翻译元代农书《农桑辑要》，以便于朝鲜农民学习。李世宗时，朝鲜刊行《农家集成》。其后，郑招撰《农事直说》，姜希孟撰《四时纂要》，朴趾源撰《课农小抄》等，多不外中国农业技术知识的介绍或提倡。

与此同时，朝鲜政府大力推广中国农业技术。1416 年，李太宗命典厩署及礼宾寺按照《农桑辑要》中记载的方法饲养所蓄的羊、猪、鸭、鸡等。次年，李太宗又推广《农桑辑要》中的养蚕技术，劝农种桑。1437 年，李世宗以《农桑辑要》之法劝令农民进行秋耕。1438 年，李世宗又下令各

---

① 参阅史兰华等：《中国传统医学史》，科学出版社 1992 年版，第 260—261 页；李经纬等：《中国古代医学史略》，河北科技出版社 1990 年版。

道依照《农桑辑要》《四时纂要》的规定,刻期催督农民种植水稻,勿令失时。李朝还从中国学得水车制造技术,令工匠仿造,向各地推广。

此外,朝鲜还积极从中国引进新的农作物品种及其栽培技术。高丽末期,朝鲜从中国元朝引进棉花种子及其栽培技术。李朝初期,棉花种植已推广到整个朝鲜。1463 年,朝鲜讲肆官鲁参进中国碱地所种稻种,李世宗令于沿海碱地推广①。

(三)中国火药技术对朝鲜的影响

明朝与朝鲜友好,对火药等重要军事物资应朝鲜要求而允许交流,火药技术也传入朝鲜。

为了清剿骚扰朝鲜和中国沿海的倭寇,1373 年,高丽政府向明朝要求赠给用以武装水军的合用器械、火药、硫磺、焰硝等物资。次年,明太祖回复同意,中国的火药遂大量输入朝鲜。与此同时,朝鲜人崔茂宣为了学会火药配制技术,经常到礼成江口,寻找中国客商请教。1373 年,他终于找到了粗知焰硝采取法的中国商人李元,"遇之甚厚",得其指导,了解了火药配制技术。其后,崔茂宣又与家童数人私习其术,经过艰苦努力,终于试验成功。

火药技术的掌握,使朝鲜火器技术得到大大提高。1377 年,高丽政府设立火㷁都监以制造火药,任命崔茂宣为提调官。在崔茂宣的主持下,火㷁都监不仅生产火药,还在研究过去的"炮机""铳筒"等武器的基础上制造出"大将军""二将军"等火器,观者莫不惊叹。崔茂宣总结自己所发明的火药和火器原理,编写《火药修炼之法》。这是朝鲜历史上第一部有关火药、火器的专著,它对 15 世纪朝鲜火药、火器的继续发展作出了重要贡献。火药、火器技术的发展,提高了朝鲜军队的战斗力,对当时朝鲜人民反倭寇斗争的胜利起了重要作用②。

---

① 参阅朱云影:《中国文化对日韩越的影响》,第 449—458 页;周一良:《中外文化交流史》,河南人民出版社 1987 年版,第 394 页。

② 参阅朴真奭:《中朝经济文化交流史研究》,第 120—131 页;周一良《中外文化交流史》,第 384—385 页。

（四）中朝印刷术的交流

中国于七世纪初发明了雕版印刷术，11世纪中叶又发明活字印刷术，开创了人类印刷史的新纪元。中国的印刷术很快就传入了朝鲜。由于毕昇的活字用胶泥制造，易碎而不经久，而且印出来也不够整齐，因此朝鲜在接受中国的胶泥活字印刷后，继续探究，于13世纪前半期发明铸字模，用铜铸活字，既方便耐久，又美观整齐。

李朝建立后，为了印刷更多的书籍，向官吏、士人、百姓灌输封建思想，进一步发展金属活字，使其普及开来。1403年，李太宗"虑本国书籍鲜少，儒生不能博观"，令置铸字所，"多出内府铜、铁，又命大小臣僚自愿出铜、铁，以支其用"[①]。铸字所由李稷负责，以《诗》《书》《左传》等作字本，在几个月间铸出数十万铜活字，是为癸未字。这是朝鲜历史上空前的大规模铸字，它对印书广布起了巨大作用。不过，癸未字究属草创，字样有欠美观。1420年，李世宗命李蕆负责改铸，七月而成，字样精好，是为庚子字。但庚子字字体过小，不便阅读。1434年，世宗命李蕆以皇家所藏《孝顺事实》《论语》为字本又铸新字，不足部分由李琛补写，费时两年，铸成20余万字，是为甲寅字。甲寅字在朝鲜历次铸成的活字中质量最好，被称为"朝鲜万世之宝"。李蕆等人经过实践，不仅改造了活字体，而且提高了造版技术，即均植字体于底板而以竹木破纸填其空，比原来布蜡于底板而植字于上的方法更为坚固耐用，提高了印刷能力。其后，李朝又数次铸字。1436年，朝鲜在世界上首次铸造了铅活字。

朝鲜的金属活字印刷技术，不久又传入中国，影响中国的印刷业。13世纪末，王祯编写《农书》以前，中国出现了金属活字。15世纪末，无锡华氏用铜活字印书。约略同时，无锡安氏、苏州孙氏、南京张氏等也先后用铜活字印书。15、16世纪之交，常州又有人用铅铸字[②]。中朝印刷

[①] 朝鲜《李太宗实录》卷5。

[②] 参阅周一良：《从印刷术看中朝文化交流》，载《进步日报》1950年12月26日；张秀民：《中国印刷术的发明及其影响》，人民出版社1978年版，第103—127页；朴真奭：《中朝经济文化交流史研究》，第132—146页。

术的交流,促进了两国文化的发展①。

第三节　中国与日本的文化交流

在长期交流的基础上,明代的中日文化交流又迈上了新的台阶,中国文化继续东传,对日本文化的发展产生较大影响。

一、中日僧人的往来

在明代中国与日本的文化交流中,两国僧人的往来,尤其是日本僧人频繁入明,扮演着重要角色。

有明一朝,日本僧人来华可考者达110余人。这些僧人,按其来华方式可以分为两类。第一类,是明初到永乐二年(1404)两国实行勘合贸易前的入明求法僧。当时,日本正处于南北朝对峙局面,与明朝还没有建立正常的外交关系。一些日本僧人继承前辈的传统,自寻途径进入明朝,以体验中国禅林的生活,领略中国的风趣,学作可与明朝人媲美的诗文。如绝海中津自洪武元年(1368)入明,在明居住十余年,学道于明高僧季潭宗泐,余暇则学诗。在宗泐的指导下,绝海深得明诗奥义,所作清婉峭雅,不露日本痕迹,为明人所称赞。明太祖在英武楼召见他,问起日本的熊野徐福古祠,他赋诗答道:"熊野峰前徐福祠,满山药草雨余肥。只今海上波涛稳,万里好风须早归。"明太祖和韵赐诗说:"熊野峰前血食祠,松根琥珀也应肥。当年徐福求仙药,直到如今更不归。"与绝海一起入明的汝霖良佐除学佛事外,也学诗文。宋濂见其文稿,大为欣赏,为之作跋。由于这些求法僧多数是私自来明,因此他们在中国居留时间一般都比较长,汉文造诣得到很大提高,回国后对传播中国文化作出了较大的贡献。第二类,是永乐二年以后中日勘合贸易中的遣明使僧。日本室町幕府的第三代将军足利义满统一全国后,向明朝纳贡称臣。明朝政府

---

① 参阅何孝荣:《明代的中朝文化交流》,载《文史知识》1998年第3、4期。

同意与日本进行勘合贸易，"诏日本十年一贡，人止二百，船止二艘"①，日本贸易船持明朝颁发的勘合符到指定地点与明朝进行通商贸易。据统计，从永乐二年到嘉靖二十六年（1547）中日进行勘合贸易期间，日本共向明朝派遣勘合船17次。由于当时日本以五山为中心的禅僧的汉学修养在各阶层中最高，对中国了解也最多，因此日本政府往往以他们充任历届遣明正使、副使、正座、土官，或作他们的从僧，带领勘合船入明。这些遣明使僧，一般先在宁波登陆，然后沿运河北上，到达明朝的都城北京（起初为南京）。他们在明朝停留期间，除了要完成使命——进行勘合贸易以外，还要进行一些文化交流活动。这些文化交流活动包括：第一，请明朝官吏、士人为其诗文、语录作序跋，请他们撰写塔铭、像赞、行录、碑文、篆额等，与他们赠诗唱和；第二，游览中国的名区胜地，激发创作灵感，"举而形于题咏"②；第三，向明朝请赐书籍，或到各地寻觅、购买中国书籍，以补其国内缺佚。由于勘合贸易是当时中日联系的唯一合法的渠道，且历时长久，因此在很大程度上两国的文化交流是靠这些遣明使僧来实现的。

一些中国僧人也先后到达日本，为传播中国文化作出了贡献。据史书记载，元末明初有不少中国僧人私渡日本，还有些中国僧人被倭寇俘入日本，他们都在日本传播中国文化。在明初的中日官方交往中，鉴于日本派遣僧人为使臣来中国，明朝政府也选派一些学识渊博的中国僧人为使节出使日本。这些赴日使僧，尽管在日时间较短，但除完成外交任务以外，也往往应日方邀请进行文化交流活动。如，1375年赴日的明使僧仲猷祖阐和无逸克勤，在京都仅停留两个月，却和五山的僧侣们交往，或为题辞，或为撰写诗轴的序文，或为删改诗文，有求必应。1402年赴日的明使僧道彝天伦、一庵一如在京都停留六个月，曾和绝海中津往来，在绝海居明期间明太祖赐熊野古祠诗轴的末尾题诗；与五山僧徒同游神护

①《明史》卷322《日本传》。
②《翰林葫芦集》，转引自汤合稔：《明代勘合贸易史料》，日本国书刊行会1983年版，第348页。

寺,赋诗唱和;为东福寺僧人岐阳方秀的别号岐山作字说,撰写"不二室"室铭,解答教论疑义十条等①。

除了两国僧人的往来交流以外,明代中日两国还有一些其他人员,如贸易商人、谋生贫民等的往来,他们无疑也对中日文化交流作出了贡献。

二、中国文化对日本的影响

明代的中日文化交流,涉及许多领域。

(一) 文学艺术

日本汉文学自平安时代以后逐渐衰落,镰仓时代(相当于中国元代中期)由于幕府的提倡和组织,重又兴起。当时,五山僧人掀起了学习汉文的热潮,形成了日本历史上的"五山文学",即主要以京都和镰仓的五山十刹为中心而发展起来的汉文学。室町时代(相当于中国明代),五山僧人继续学习、创作汉文学,一些人甚至越海求教于明,使五山文学大盛。如前述绝海中津赴明从僧宗泐学习,著有《蕉坚稿》一卷,日本人评价其诗作"非但古昔、中世无敌手也,即近代诸名家亦恐弃甲宵遁"②,被誉为日本五山文学双璧之一。绝海的法嗣鄂隐慧奯,在其指导下,也擅长汉诗文,著有《南游稿》。与绝海中津同时入明的汝霖良佐回国后,对五山文学影响也很大。足利义满担任室町幕府将军后,整顿五山制度,将南禅寺置于五山之上,京都五山为天龙寺、相国寺、建仁寺、东福寺、万寿寺,镰仓五山为建长寺、圆觉寺、寿福寺、净智寺、净妙寺,规定五山僧人学习汉文,入山为僧必须汉文考试及格。统一全国后,室町幕府又派遣五山僧人为使者赴明,使他们得以与明朝的文士、僧人等进行切磋交流。在这种情况下,五山僧人都精通汉文学,写出许多汉诗、日记、语录、

---

① 参阅木宫泰彦:《日中文化交流史》,胡锡年译,商务印书馆1980年版,第511—615页;陈玉龙等:《汉文化论纲》,北京大学出版社1993年版,第315—326页。
② 江村北海:《日本诗史》,日本东京岩波书店1991年版,第487页。

文章,杰出作者辈出。甚至出现这样的情况,若一个僧人不擅长汉诗文,则很难获得名气和声望。

由于深受中国影响,因此室町时代日本五山僧人的汉诗文基本上摆脱了日式汉文的腔调,五山文学也呈现出与明代文学相似的风格。明初,不少五山禅僧入明学习,因此五山僧人的作诗为文多模仿明代当时文学家高启、宋濂等人。明代中期,中国文坛出现了前后"七子"的文学复古运动。此风所及,日本文学界也推崇韩愈、柳宗元、欧阳修、苏东坡、黄庭坚等唐、宋名家诗文,注释的书也很多。由宋人黄坚编的《古文真宝》和周弼编的《三体诗》在日本流行一时,前者专选唐宋古文,后者专选律诗、绝句,正投合当时一般人的好尚。这种风气一直维持到江户初期。明代后期,中国文坛上出现了公安、性灵派诗文,提倡独抒性灵,日本也很快受到了影响。向日本传播公安、性灵派诗文的明人陈元赟,浙江杭州人,1619年赴日,与日本僧人、文士相交游,介绍袁宏道等人的主张,使日本文坛也出现了摆脱古文窠臼、独抒性灵之风。

除了占据日本文坛主导地位的汉文学,日本和文学也深受中国文学的影响。当时,日本的和文学大量采用中国故事,还有的意译、改编中国的小说。

在绘画方面,随着明代中国与日本的交流,宋元以来中国水墨山水画的幽玄娴雅、潇洒淳朴、手法简易、重视气韵的风格,渐为日本禅僧吸收。室町前期,日本的"大和绘"走向衰落,而仿宋、元画风的水墨山水画风靡一时。奠定日本水墨山水画基础的是禅僧如拙及其弟子周文,而集其大成的是周文的弟子雪舟等杨。雪舟等杨,出生于备中(今冈山县总社市),11岁入京都相国寺为僧。喜绘画,拜日本山水画先驱天章周文为师,同时临摹中国宋元画。1467年,他随遣明使到中国,向擅名当时的长有声、季在学水墨画,"相随传设色之旨,兼破墨之法"[1],并"纵一时之好"学高敬彦等,融合宋、元、明各派之长,画技更为长进。此后,他广泛接触

---

[1] 雪舟等杨:《破墨山水图》序文。

自然风物,进行大量写生,完成了从师法古人到师法自然的转变,获得了中国画的真髓。由于画技精湛,他曾应邀为明礼部院作壁画,明宪宗看后大加赞扬,认为是国之奇宝,命令他以后若非有诏则不能画,成为中日文化交流史上的美谈。雪舟归国后,先后在大分、山口创建"天开图画楼",潜心创作,写生足迹遍布日本各地,创作出《山水图卷》《镇田瀑布图》《四季山水长卷》《破墨山水图》《天桥立图》《山水图》等不朽作品。这些作品在水墨画中注入了个人的情感,赋予了民族气质,成为日本的汉画。它们奠定了雪舟在当时及日本美术史上最崇高的地位,人们称其为"古今之画圣"。当时一些知名的画家如群星捧月般聚集在他身旁,他的弟子和私淑遍布日本各地①。室町后期,土佐光信将中国画的技法使用于大和绘,发展了优美的传统技法,使大和绘复兴起来,形成日本画坛的土佐派。狩野正信也吸收中国水墨画的技法发展大和绘,曾任幕府的宫廷画师,为足利义政、义尚服务。其子狩野元信继承父风,折中和汉,集狩野派画风之大成。"狩野派致力于和汉技法的综合,由水墨画开创的新的造型美与大和绘的彩色主义相调和,成为以后日本画各种各样发展的起点"②。

在书法方面,通过寺院教育,日本的书法艺术出现了大众化的倾向。而五山禅僧与明代书家的交流,则推动了日本书法艺术的进一步发展。如绝海中津在明期间,学楷书于禅僧竹庵,书法挺拔俊秀,得到时人交口称赞。其法嗣鄂隐慧奰也"书法卓绝,善写楷书"③。1401年,仲芳中正入明,因善楷书,曾奉明成祖敕命写"永乐通宝"的钱文。嘉靖年间,日本书法家策彦周良两次入明,与明朝文士切磋诗文、书法。而当明使到达日本时,日本的僧人也向他们讨要墨宝,已见前述。这些书法交流,对日本书法艺术的普及和提高有很大影响。至江户初

---

① 参阅刘晓路:《雪舟等杨在明朝的艺术生活》,载《中日文化与交流》第2辑,中国展望出版社,1985年版。
② 家永三郎:《日本文化史》,商务印书馆1992年版,第116页。
③ 木宫泰彦:《日中文化交流史》,第605页。

期,日本书坛出现了"宽永三笔":近卫信尹,为大政大臣前久之子,书法豪迈跌宕,颇有黄庭坚劲拔之风,遗墨有《歌仙屏风渡》《唐天神像》等;本阿弥光悦,书法丰满优婉,糅合了平安文化的雅韵及桃山时代特有的豪放之趣而独创一格,代表墨迹有《四季草花下绘和歌卷》;松花堂昭乘(亦作游本昭乘),酣于空海书风,书体洒脱,不落俗套。"宽永三笔"各呈异彩,是日本书法继"三笔""三迹"之后飚发的又一奇葩,是中日书法艺术交流的结晶①。

在戏剧、音乐等方面,室町前期,日本民间文艺的最大成就是作为戏剧完成的"能乐"和"狂言",以及作为戏曲完成的能乐的"谣曲"和狂言的乐曲。其谣曲,无论从形式上看,还是从结构上看,都与中国的传奇有关②。此外,当时日本民间还盛行一种傀儡戏,也与明代民间盛行的扁担戏十分相似。

(二)佛教和社会生活习俗

佛教虽然起源于印度,但是传入日本的,却是中国化的佛教。因此,日本佛教无论是教派、教义,还是僧人的修行方式等,都与中国佛教有千丝万缕的联系。13世纪以后,由于幕府的提倡和中国禅僧络绎东渡,禅宗盛行于日本。室町时代,日本禅宗临济派的据点——五山成为日本宗教学术的中心。此派僧侣在当时政坛很活跃,多为幕府的政治顾问。他们除干预政治、外交、贸易等以外,在艺术、学术领域也起着指导作用。日本禅宗曹洞派不如临济派活跃贵显,只在农民之间扩大它的影响。由于当时中、日僧人的往返交流,中国禅宗对日本禅宗的影响进一步加大,"在禅僧的日常修行中,直到饮食起居都要不折不扣地再现中国禅宗寺院的规则"③。至于佛教理论,中国在明代以后已无大的创新,这也影响到了日本。日本学者指出,15世纪以后,日本佛教势力虽有所发展,但就

---

① 参阅陈玉龙:《邻邦一衣带水,翰墨万斛深情》,载《中日文化与交流》第二辑,中国展望出版社1985年版。
② 参阅梁容若:《中日文化交流史》,商务印书馆1985年版,第16—17页。
③ 家永三郎:《日本文化史》,第114页。

佛教思想而言,"没有什么可观的进步"①。在政府对佛教的管理方面,足利义满置僧录司以管理五山十刹诸寺,令其掌握五山官寺住持的任免、位阶的提升以及订立法式清规等,也与明政府对中国佛教的管理制度一脉相承。

日本的社会生活习俗也深受中国影响,这主要表现在以下几个方面:第一是茶道。日本的茶种和饮茶风俗皆源于中国,开始茶在日本主要被用于治病和僧侣修行。14 世纪,日本的入元僧把中国的唐式茶会(聚众品茶、赛茶、猜茶)介绍到日本,成为一种社交、联谊活动。起初,它主要流行于统治阶级内部,后来逐渐普及到下层民众中。15 世纪下半叶,村田珠光开创了具有禅味的点茶法,为日本茶道之祖。后来,千利休集其大成,使茶道平民化,并提出茶道的基本精神在于和敬清寂,与禅宗的自我修养精神互为表里。茶道终于成为加强联谊、陶冶性情的重要生活习俗,深受日本人民喜爱②。第二是穿用棉布。室町中期以前,日本人民穿衣只用麻、葛蟠之类粗硬的纤维或者相当昂贵的生丝作衣料。后来,日本从中国、朝鲜输入了棉花种及其栽培技术,室町后期在以三河为中心的地区进行栽培。于是,棉布成为日本人民日常生活中不可或缺的衣料。中国文化的这一贡献,日本学者认为值得大书特书③。第三是建筑和室内装饰风格。这一时期,日本各大寺的建筑结构、布局及殿内佛像的供奉等完全是中国宋、元禅寺的翻版。同时,受中国影响,日本盛行建造庭园。1398 年,足利义满统一全国后,在从西园寺家承袭而来的北山山庄里营造了一座金阁。这座金阁采取了日本寝殿式和大陆"唐样"的折中式样,但主要以模仿中国文化为主要特征。其"枯山水"(用白砂石铺的石子代表着庭园的水面)式的庭园,最早是仿造中国苏州、杭州等地山水的意境,其中每个石头的命名都有中国典故。与建筑式样相一

---

① 家永三郎:《日本文化史》,第 113 页。
② 参阅樋口清之:《日本人与日本传统文化》,南开大学出版社 1989 年版,第 109—119 页;周一良:《中外文化交流史》,第 333 页。
③ 参阅家永三郎:《日本文化史》,第 121 页。

致,日本建筑内部的装饰也有中国文化的影响。一些建筑内陈列着众多中国宋、元、明的器物,供人欣赏。特别是当时流行的唐式茶会,其室内装饰、使用器物几乎全是宋、元、明的,如墙上挂着中国的长幅字画,室内摆着中国的精美茶壶、茶碗等。第四,在饮食方面,人们"在菜肴中用油的现象增多了,茶和糖频频使用,还做起了豆腐和包子","这一切,都不外乎是这个时代从中国带回来的大陆风味食品的移植"①。

（三）历法、数学和医药学

日本自 9 世纪中叶以来,一直沿用中国唐代的《宣明历》。1401 年,幕府将军足利义满派遣肥富、祖阿使明,称臣纳贡。次年,明朝派遣道彝天伦、一庵一如出使日本,"颁示《大统历》,俾奉正朔"②。《大统历》即元代郭守敬所创《授时历》,较唐《宣明历》更为精确。虽然日本没有很快使用该历,但私人研习者大有人在,这为江户时期日本编成《新勘授时历》等书及日本改行此历打下了基础。

中国的算盘于明代传入日本。一般认为,毛利重能于明末两次到中国学习数学,携算盘归国,在丰臣秀吉家中和军中使用,又命工匠仿造,此为算盘传入日本之始。但是,根据对一些实物和史料的研究,算盘传入日本的时间还应更早。日本山田市现存一架算盘,左 14 档,右 10 档,中留一档宽窄的空格,这可能是中国算盘的最初形式。至于上下盘珠个数、形状均同于今,而盖板反面有"文安元子年"(1444)字样③。此外,1595 年肥前天草耶稣会所刊《罗葡日对照辞典》中有"sansoroban"一词,即日本人新谓"十露盘"(ソロバン)的译名,狩野吉信的《职人尽绘》也有十露盘(算盘)图。可见,算盘可能在明中期已传入日本。但是,算盘在日本的流行则是明末之事。当时,木匠归大津造算盘卖钱,各地纷纷抢购。而随着算盘的流行,中国的各种运算方法和口诀也传入日本,这对于日本数学的发展和向民间普及起到了巨大的推动作用。

---

① 家永三郎:《日本文化史》,第 122 页。
② 瑞溪周凤:《善邻国宝记》卷中。
③ 参阅钱宝琮:《中国算学史话》,中国青年出版社 1957 年版,第 104 页。

中国的一些重要算学著作也传入日本。丰臣秀吉侵略朝鲜期间,日本从朝鲜得到中国元代朱世杰《算学启蒙》和明代程大位《算法统宗》。毛利重能最先在日本传授《算法统宗》。他在京都开办学校,登门求学者数百人,吉田光由、今村知商、高原吉种为其三大高足。毛利于1622年编《割算书》,是现存和算的第一部名著。吉田光由采取《算法统宗》的要点和应用的部分,并加入当时流传的算法,于1627年编成《尘劫记》,多次刊行,历久不衰。《算学启蒙》介绍了包括天元术(中国的高级代数)在内的中国宋元数学,在中国一度失传。该书传入日本后,桥本正数据以研究天元术,其门人泽口一之继之,著成《古今算法纪》。于是,天元术引起日本学界的研究热。其中,成就最大者,即是被誉为"算圣"的关孝和。关孝和精心研究天元术,加以发展,独立发现了行列式、数字系数方程解法、不定方程解法等。他被人称道的点窜术,实即笔算形式的直行天元术。关孝和由此成为日本古典数学(和算)的主要奠基人。此外,明代柯尚迁的《数学通轨》也在日本广为流传,《数学九章》《四元玉鉴》《测海圆镜》等数学著作也有传入日本的形迹[①]。

在中外医药学交流中,中国和日本的交流是最为频繁者之一。明朝建立后,两国医药学交流更是空前频繁。当时,中医在日本有很大的影响,来中国者都喜欢搜集中国医学著作,"若古医书,每见必买,重医故也"[②]。一些日本医生,专门到中国来学习医学。竹田昌庆于1369年入明,学医于道士金翁,金翁授以秘方,十年后归国,并带回一批中医书籍及《铜人图》等。竹田昌庆在华期间,据说曾医治明太祖皇后的难产,使皇后平安产下一子,被明太祖封为"安国公"。1452年,日僧月湖(又号润德斋)入明学医,住钱塘,著《全九集》《大德济阴方》。1487年,妙心寺僧田代三喜来明学医,历时12年,拜月湖为师,攻李杲、朱丹溪学说。1498年归国,在日本首先倡导李、朱学说。因田代三喜居处远离文化中心京

---

① 参阅李俨:《中算史论丛》第五集,科学出版社1955年,第178—181页;田久川:《中国古代天文历算科学在日本的传播与影响》,载《中日关系史论文集》,黑龙江人民出版社1984年版。
② 郑若曾:《郑开阳杂著》卷4《倭好·古书》。

都,故其学说未能很快普及。曲直濑道三于 1531 年入其门下,学习十多年,1545 年到京都,设启迪院,传授医学,门徒甚众。他宗丹溪之学,对虞抟、王纶的著作也很推崇,1571 年著《启迪集》,成为日本汉医"后世派"的骨干。曲直濑道三的养子曲直濑玄溯承继父说,开设学舍,传授医术。后世派名医辈出,当时为将军、诸侯的侍医者甚多,影响遍及日本。本派门徒杏林见宜曾入中国学医数年,攻丹溪之学,兼及仲景、河间、东垣学说,著成《纲目撮要》《医统粹》等书。他与崛正意(号杏庵)创办嵯峨学舍,广收门徒 3000 人,讲学中推崇李梴《医学入门》,遂使该书广为流传。后世派至 18 世纪中叶尚盛行不衰。与后世派对立,有古方派的崛起。日本名医坂净运于 1492 年入明学习,八年后携回《伤寒杂病论》,大力宣扬仲景学说,著有《新椅方》《遇仙方》等书。永田德本承坂净运之学,反对曲直濑道三所提倡的李、朱学说。其后,古方派长期流行而不衰,对日本医学界影响很大。此外,日本医学家吉田宗桂于 1539、1547 年两次入明,治愈明世宗的疾病。回国时,世宗赐颜辉扁鹊图、《圣济总录》等。1504—1569 年间,日本医家和气明亲、金持重弘、吉田意休等人均先后入明,学习中医和针灸。

　　一些中国医生,也先后渡日,在日本传播中国医药学。成化年间,明人陈祖田入日本,在京都行医,传家方"透顶香"。嘉靖年间,明人郑舜功随日僧昌虎首座赴日本,传授医术。明末,又有杭州人陈明德移居日本。他精于儿科,著有《心医录》。在药物学的传播方面,1607 年,明人李时珍的《本草纲目》传入日本。5 年后,林罗山编成摘要 5 卷,本论语"多识于草木鸟兽之名",题曰多识篇,传布各地。曲直濑玄溯从《本草纲目》中"摭至要之语",又增添药品,撰成《药性能毒》。此后,日本陆续出现了《本草纲目》的各种版本,日本的本草学著作开始大量出现[①]。

[①] 参阅史兰华等:《中国传统医学史》,科学出版社 1992 年版,第 261—262 页;李经纬等:《中国古代医学史略》,河北科技出版社 1990 年版。

（四）手工制造技术

在陶瓷烧造技术方面，由于这一时期日本茶道的流行和欣赏中国瓷器风气的普遍化，使瓷器的需要量大增，从而也刺激了日本人民学习中国的瓷器制造技术，烧制陶瓷器。伊势陶工五郎大夫祥瑞，于1510年随遣明使了庵桂梧入明，学到制瓷之法，在明从事瓷器烧制。1513年，他携带大批高岭瓷土回国，在肥前伊万里开窑，烧制釉面平滑的白瓷，销售全国，这是日本今天流行的瓷器的起源。1616年，朝鲜陶瓷匠师李参平在佐贺县有田郡的泉山发现优质瓷土，率家到此开窑，称为有田窑。其产品有青花瓷器、五彩和白瓷刻花等。有田窑的瓷器也明显受到中国技术和风格的影响，瓷质坚致，釉色清澈，造型工整，纹样奔放、磊落。此外，由于日本僧人不断访问中国，带回许多天目茶碗，受到热烈欢迎，濑户窑受此刺激，也仿制很多黑釉的天目茶碗，一般称为"濑户天目"①。

在漆器制作技术方面，明朝堆红堆黑技术传到了日本。所谓堆红堆黑，就是在器物上先用红漆或黑漆涂抹数层，然后以雕刀镂刻人物、花卉、鸟兽、楼阁等各种花纹。日本人学到了这种技术，仿制了许多漆器。当时的遗物，有一堆红香盒存于近江坂本来迎寺，今日已被定为日本国宝②。

在金属工艺技术方面，日本庆长年间（1596—1614），平田道仁从朝鲜人那里学到中国烧制景泰蓝的先进工艺，成为将军家烧制景泰蓝的匠师，代代相传，尾张七宝村遂成为日本烧制景泰蓝工艺品的名地。

在印刷技术方面，室町时期的五山各禅寺竞相刊刻禅僧语录、诗文集、僧侣传记、儒学书籍等，在这些刻书事业中都有中国雕工参加。因此，当时所刊各书大抵为宋元版的覆刻，即便非覆刻，也多酷似宋元版。著名的中国雕工，有陈孟千、陈伯寿、陈孟荣、俞良甫等。陈孟千、陈伯寿为福州南台桥人，刮字工，元末明初应日本人招聘而渡日。陈孟荣为江

---

① 参阅朱培初：《明清陶瓷和世界文化的交流》，轻工业出版社1984年版，第143—146页。
② 参阅佐藤虎雄：《日本考古学》第287页，转引自朱云影：《中国文化对日韩越的影响》，台湾黎明文化事业公司1981年版，第481页。

南人,参加临川寺的雕板工作,刻有《宗镜录》、《蒙求》等书。俞良甫为福建莆田人,元末避乱日本,参加京西嵯峨寺的雕板工作,刻有《般若心经》、李善注《文选》、《唐柳先生文集》等。他又以个人财力,刻成《传法正宗记》一书。除了帮助日本刻书以外,中国雕工俞良甫、陈孟荣等人又培养新的刻手,这在日本雕板史上是很重要的。壬辰战争期间,日本侵略者大掠朝鲜文物,将朝鲜的部分铜活字掳入日本,用以印刷书籍。如1593 年敕板的《古文孝经》、1596 年的《蒙求补注》以及 1599 年的"四书",均用朝鲜活字排印。不过,直到明治维新以前,日本印书的主流仍是"雕板",或称为"整板"①。

在纺织技术方面,日本天正年间(1573—1591),明织匠至堺市,传入织造纹纱、绉纱类技术,一时产品大受欢迎。不久,这些技术又传到京都,从此奠定了西阵机织业兴盛的基础。②

三、日本文化在中国的传播

随着日本社会生产力的提高,中日文化间双向交流的性质日益明显,日本的一些手工业技术和兵器使用技术在明代传入了中国。

在手工业技术方面,日本的折扇、泥金漆、软屏风等的制作技术先后传入中国,为中国仿制。折扇起源于日本,北宋时已传至中国。但是,因为当时输入有限,中国未能仿制,所以一般仍用团扇。明代永乐以后,随着中日朝贡贸易的进行,日本折扇大量输入,中国又加仿制,折扇因此在中国盛行,"天下遂通用之"③。日本的漆器和漆器制作技术开始都由中国传入,经过多年的探索发展,9—10 世纪时,日本发明了泥金画漆之法(日本称"莳绘")。明朝宣德年间,派漆工杨埙赴日学得此法,所作"缥霞

---

① 参阅张秀民:《中国印刷术的发明及其影响》,人民出版社 1978 年版,第 132—145 页。
② 参阅横井时冬:《日本工业史》第 118 页,转引自朱云影《中国文化对日韩越的影响》,第 481 页。
③ 张燮:《东西洋考》卷 6《外纪考·日本·物产》引《两山墨谈》。

山水人物,神气飞动,真描写之不如,愈久愈鲜"①,人称"洋倭漆",为世所珍贵。日本的软屏风于北宋时输入中国,明朝弘治以后中国开始仿制,软屏风在中国逐渐普及②。

在兵器制造、使用技术方面,首先是日本刀法传入中国。日本的炼铁技术最早由中国传入,经过长期的研制,日本后来制造出锋利无比的日本刀,并创造出"奇诈诡秘""人莫能测"的日本刀法③。元明时期,横行于中国东部沿海一带的倭寇正是凭借手中的刀和日本刀法逞于一时。明代,日本刀的铸造技术虽然未能为中国人掌握,但是嘉靖年间抗倭名将戚继光在实战中得悉了日本刀法,"又从而演之"④,提高部队的对敌作战能力,并在所著《纪效新书》中特载"日本刀谱"。后来,茅元仪《武备志》、程宗猷《耕余剩技》也都载有日本刀法⑤。其次,是日本鸟枪的制造和使用技术。鸟枪又称鸟嘴铳、鸟铳,明朝嘉靖年间,其制造、使用技术主要从日本传入了中国。明人称:"自倭奴起海上,刀阵之外,最毒火器(即鸟枪,引者注),蹂躏岁久,尸成京观。吴越人渐习其技,破刀阵皆有法,而又仿效其火器以击贼,贼如败蓑去不来。"⑥但是,日本鸟枪制造、使用技术传入中国后,由于起初没有得到应有的重视,明朝的鸟枪粗制滥造,士兵演习稀少,施放也不得要领,因而影响了部队的战斗力。后来,在与倭寇作战及援朝抗倭的战斗中,这一弱点充分暴露出来。因此,明朝的一些将领和兵器专家又对日本鸟枪的制造、使用情况进行细致的观察和研究,先后制造出"挈电铳""迅雷铳""自生火铳"等改进型鸟枪,并提出一些对付日本鸟枪的战法⑦。虽然这些日本兵器的制造、使用技术传入中国建立在双方军事对抗的基础上,也主要用于军事目的,但客观

---

① 郎瑛:《七修类稿》卷 47《事物类·杨埙》。
② 参阅胡锡年:《古代日本对中国文化的影响》,载《陕西师大学报》1979 年第 1 期。
③ 程宗猷:《单刀法选·单刀说》。
④ 茅元仪《武备志》卷 86《阵练制练·教艺三·刀》。
⑤ 参阅周西宽:《中日古代体育交流谈》,载《成都体育学院学报》1979 年第 1 期。
⑥ 《神器谱》序。
⑦ 参阅南炳文:《中国古代的鸟枪与日本》,载《史学集刊》1994 年第 2 期。

上它们对中国军事技术的提高和文化的发展有积极作用。

　　总的来看,日本文化对明代中国的影响还不大。当时,传入中国的日本单个器物的制作技术及使用方法较多,涉及物质生产全局的技术较少。日本文化对明朝的影响表现在物质领域稍大,而涉及意识形态领域,如经国济民的大计、政治理念、价值观等的影响,则微乎其微。这些都是中日双方当时社会发展水平决定的①。

第四节　中国文化在越南的传播

　　五代以前,越南曾作为中国的郡县达 1100 年之久,长期接受中国文化。越南独立后,与中国也始终保持着藩属关系,两国的经济、文化交流频繁,中国文化不断影响着越南。明代,中国与越南继续保持藩属关系,明朝甚至一度征服越南并在其地再置郡县,两国的经济、文化交流有了进一步发展,中国文化继续在越南传播。

一、中国各项制度的移植和模仿

　　中国的各项制度很早就为越南移植和模仿。明代,越南继续移植和模仿中国的各项制度。

(一)中国政治制度的移植和模仿

　　明朝建立时,越南正处于陈朝末年。陈朝政治制度多移植和模仿中国,大抵以唐、宋为依归。1394 年,陈朝太上皇(艺宗)绘周公辅成王等四辅图赐权臣黎季犛,希望他仿周公辅佐陈顺宗。1400 年,黎季犛废陈氏少帝自立,建立大虞朝。1406 年,明朝政府应陈氏后人之请,出兵越南,讨灭大虞朝,在越南设置郡县,推行中国政治制度。明兵退出后,后黎朝建立,继续移植和模仿中国政治制度。中央官制中,后黎初以左、右相国平章军国重事,为文武大臣要职。次有吏、礼二部,部置尚书,属官有郎

---

① 参阅何孝荣:《明代的中日文化交流》,载《日本研究论集》(3),南开大学出版社 1999 年版。

中、员外郎、主事。又有内密院,以知院为首,金知院事、同知院事次之。又沿陈朝旧制,置中书、黄门、门下三省。中书省以中书令为首,侍郎为次。黄门省以侍郎为首,属官有著作、舍人等。门下省分为左、右司,以知司事为首,侍郎为次,下有郎中、起居、舍人。黎圣宗光顺初年,改中央官制,置六院(可考者有仪礼院、司兵院、钦刑院),以尚书为首,左、右侍郎为次,下有郎中、员外郎、司务等。六科以都给事中为首,给事中为次[1]。1466年,黎圣宗罢六院,仿明制设立吏、户、礼、兵、刑、工六部,部置尚书、左右侍郎,属官有郎中、员外郎、司务;又置大理、太常、光禄、太仆、鸿胪、尚宝六寺,寺置寺卿、少卿、寺丞[2]。至于御史官,黎初沿陈制,台职官有中丞、副中丞、侍御史、监察御史。黎圣宗改制,仍存台职,只是将官名改从明制,设都御史、副都御史、金都御史、十三道监察御史[3]。

地方官制中,后黎初分全国为东、西、南、北、海西五道,各道分置行遣,掌军民簿籍。道下设路、镇官,路置安抚使及副使,镇置宣抚使(或称镇抚使),文有安抚,武有镇抚,分知民事、军事[4]。路下设州,州置防御使;州下有县,县置转运使、巡察使[5]。1466年,黎圣宗仿明分国为承宣十二道(后又增为十三道),各置都、承二司,都司置总兵、副总兵,承政使司置承政使、承政副使;废诸路、镇,并设为府,改安抚使为知府,镇抚使为同知府。州、县仍旧,改防御史为知州,转运使为知县,巡察使为县丞。又以京畿二县置为中都府(后改为奉天府),设府尹、少尹、治中等官[6]。1471年,黎圣宗在十三道又添设清刑宪察使司,置宪察使、宪察副使。于是,都司、承政使司与清刑宪察使司合为三司,总兵职掌兵政,承政使职掌军民簿籍,宪察使职掌陈言纠决审谳狱讼,与明代各省三司职掌完全

---

① 《越史通鉴纲目》正编卷19。
② 《越史通鉴纲目》正编卷20。
③ 潘辉注:《历朝宪章类志》卷14。
④ 《越史通鉴纲目》正编卷15。
⑤ 《越史通鉴纲目》正编卷20。
⑥ 《越史通鉴纲目》正编卷20。

相同。

黎朝的刑法制度折中于中国唐、宋、元、明各朝之制，极为缜密。其刑法采用五刑，笞刑五，自 10—50；杖刑五，自 60—100；徒刑三，徒役丁、徒象方兵、徒屯田兵；流刑三，流近州、流外州、流远州；死刑三，绞、斩、凌迟。又有"十恶""八议"诸条，也与中国基本相同。其他民、刑法条，计有禁卫、军政 90 条，户婚、田产 150 条，盗贼、奸淫 64 条，殴讼、诈伪 88 条，违制、杂犯 38 条，捕亡、断狱 78 条，勘讼事例 20 条。

（二）中国教育及科举制度的移植和模仿

陈朝仿中国唐、宋，在中央、地方都设立学校。1397 年，陈朝于各府置学官，赐官田以养之。明朝占领越南期间，在其地广设学校。后黎朝建立后，黎太祖又仿明制在京城设国子监，选官员子孙及凡民俊秀充之；在地方设路学（府学），选民间良家子弟入学，立师儒教训。

关于科举制度，1396 年，陈朝改试士法，分经义、诗赋、制诏、策论四场，与明朝基本相同。后黎朝建立后，继续移植和模仿明代的选举制度。1434 年，黎太宗仿明三年六比之制，定试士三年一行，中选者并赐进士出身，考试分经义、制诰、诗赋、策论四场，并规定中者免徭役[①]。1442 年，黎太宗会试士人，定进士分三甲，即赐进士及第、出身、同出身有差，并开始制进士题名碑。1449 年，黎仁宗令识字人就本道考试，合格者送礼部考试。1462 年，黎圣宗定考试保结法，又改考试法，定四场，首场试"四书""五经"义，第二场试制、诏、表，第三场试诗赋骚选，第四场试经时务策。次年，黎圣宗又定三年大比制，会试后有殿试，程序大致仿明。[②]

二、理学与佛教的传播

（一）理学的传播

中国的儒家学说很早就传入越南。宋、元之际，程朱理学传入越南，

[①]《大越史记全书》卷 2 黎纪二《太宗》。
[②] 参阅吕士朋：《明代制度文化对越南黎朝的影响》，《史学集刊》1994 年第 1 期。

开始流行于陈朝士大夫之间。陈朝末年,黎季犛阴谋篡位,作《明道》14篇,攻击韩愈为"盗儒",指责程、朱等人"学博而才疏,不切事情,而务为剽窃"。[1] 1396年,黎季犛又作越语《讲义》并序,序中多出己意,不从朱熹《集传》,颇为士人不满。

明朝占领越南期间,将其尊奉程朱理学的政策推广于越南。1419年,明政府颁《五经大全》《四书大全》《性理大全》等书于越南各学校,以为科举取士的标准。这样,程朱理学在越南的影响进一步扩大,为后黎朝理学的兴盛下了基础。

后黎朝一反越南李朝、陈朝以来的三教并重政策,独尊儒学,提倡程朱理学。后黎朝仿明朝制度实行科举,以程朱为标准。黎太宗不仅实行科举取士,而且刊刻《四书大全》,使程朱理学在越南日趋兴隆。黎圣宗在位期间,提倡程朱理学尤其不遗余力。他设五经博士,令专治一经以授诸生;颁"五经"官板于国子监,以便生徒学习。

黎圣宗死后,黎朝国势渐衰,但各后继者仍继续奉行崇儒政策,提倡理学。在这种情况下,后黎朝前期名儒辈出,其中以阮荐、阮秉谦、潘孚先、吴士连、申仁忠最为著名。阮荐,字抑斋,为后黎初硕学通儒、开国元勋,举凡太祖檄文、诏诰以及与明将往来书信,大多出其手笔。太宗时拜相,曾删定律书6卷。阮秉谦,号白云先生,精于《易经》,"博学穷理,遇事前知,尧夫媲美"[2]。潘孚先是史学家和思想家,曾奉命编撰《大越史纪》,仿司马光史笔,发扬儒学精神,并有《越音诗集》。吴士连也是越南著名的史学家和理学家。他称赞朱熹"集诸儒之大成,而为后学之矜式"[3],反对黎季犛非议程朱理学。申仁忠兼有经、史、文才,曾奉黎圣宗敕撰《天南余暇集》100卷,备载制度、律例、文翰、典诰。又撰《亲征纪

---

[1]《大越史记全书》卷8《陈纪》四。
[2] 越南《四字经》。
[3]《大越史记全书》卷8《陈纪》四。

事》,绘述黎圣宗征占城、老挝等国的过程[1]。

（二）佛教的传播

越南最初作为印度佛教传入中国的一个桥梁,在中印佛教文化交流史上占有重要地位。因此,8 世纪以前,越南佛教主要受印度佛教的影响。8 世纪以后,随着中国佛教的形成和发展,以及中越两国僧人的频繁往来,越南佛教已主要接受中国佛教的影响。越南佛教的禅宗前派、禅宗后派、雪窦明觉派、竹林临济禅和莲宗,都和中国佛教有很深的关系。

陈朝继丁、黎、李朝之后,采取儒、佛、道三教并重政策,因此佛教在越南得到迅速发展。1381 年,陈朝曾命大滩国师督僧人壮者为兵,以击占城。1384 年,明朝派使者至陈朝征僧人。由于佛教兴盛,僧人过多,因此陈朝于 1396 年下令汰僧道,年未五十者令还俗。后黎朝独尊儒学,对佛教进行限制。1429 年,后黎朝考试僧道,不知诵经、不持戒律者一律勒令还俗。黎圣宗时,实行更严厉的抑佛政策。1461 年,后黎朝下令禁止擅造寺观。四年后,后黎朝又下令改革民俗,矫正民间溺信佛教的流弊,监视僧侣的行踪。因此,佛教逐渐失去往日的声光,衰颓不振了。

在佛学思想方面,中国宋明以来的诸宗融合的倾向也影响着越南佛教。如越南 17 世纪的竹林派禅,渐渐带有净土教的色彩。越南的莲宗,由竹林派中分枝兴起,而思想渊源于中国南宋的白莲宗,承继着中国宋明以来禅教净融合的风气[2]。

三、中国自然科学的影响

（一）历法

越南至陈朝宪宗以前,一直使用中国历法。陈宪宗时,采纳太史令邓辂的建议,改元朝颁给的《授时历》为《协纪历》。1401 年,黎季犛建立

---

[1] 参阅吕士朋:《明代制度文化对越南黎朝的影响》,载《史学集刊》1994 年第 1 期;朱云影:《中国文化对日韩越的影响》,第 53—58 页、第 639—640 页。

[2] 参阅《中国佛教》第一辑,知识出版社 1989 年版,第 210—212 页。

大虞朝后,废《协纪历》,行《顺天历》,实仍用《授时历》。明朝在越南重置郡县时,又恢复中国制度,行《大统历》。后黎朝建立后,造《万全历》,实仍是《大统历》。

(二)数学

越南自李朝以来,一直仿效中国,举行算学考试,遴选专门人才。1404 年,大虞朝举行乡试,试法仿元,前四场试文字,第五场试书、算。1437 年,黎太宗考试书、算,分为三场,首默写古文,次真草书,次算法。结果,中式 690 人,补内外各衙门属掾。黎圣宗时,1482 年考军民书、算,1486 年试官员子孙书、算、文。1506 年,后黎威穆帝试军民书、算。1512 年,襄翼帝试官员子孙书、算。由此可见,越南历朝都很重视算学,因而使中国数学在越南得到广泛传播。明末清初,中国算盘传入越南,推动了越南数学的发展①。

(三)医药学

后黎朝仿明代设立医官制度。在太医院之外,还设立民间医疗机构济生堂,1403 年负责济生堂的阮大能是针灸专家。随着两国的交往,中国的一些医籍,如李梴《医学入门》、张介宾《景岳全书》、冯兆张《锦囊秘录》等传入越南。这些医籍的传入,向越南人民普及了中国医药学知识,提高了越南医药学的水平。越南无名氏著《新方八阵国语》,即取材于《景岳全书》。潘孚先于 1432 年著《本草植物纂要》,其中大部分是中国出产的药材,表明中国药材大量出口越南,且为越医所采用。与此同时,越南一些医师来中国供职,越南的一些医药学著作,如陈元陶《菊堂遗草》、阮之新《药草新编》等也传入中国,其结果是或多或少地向中国传来了越南的医学和药学②。

---

① 参阅朱云影:《中国文化对日韩越的影响》,第 125—129 页。
② 参阅冯汉镛:《中越两国医药文化的交流》,载《中医杂志》1958 年第 8 期;史兰华等:《中国传统医学史》,科学出版社 1992 年版,第 260—263 页。

四、中越手工及兵器技术的交流

（一）中国陶瓷技术在越南的传播

越南较早从中国学得陶瓷烧造技术。后黎朝时期，其陶瓷烧造技术进一步发展，瓷器的色泽、花纹都比较丰富，渐趋成熟。当时，越南的古窑多集中于北部。北宁是著名的陶瓷产地，据说该地主要陶窑是从老街迁入的中国陶工在 1465 年创建的。越南另一个制瓷中心藩朗出现于十六世纪前半期，有人把它比作"越南的景德镇"，并认为它的制瓷技术采自于景德镇①。

（二）中国印刷术对越南的影响

中国雕版印刷技术于十世纪传入越南。后黎朝时期，越南运用雕版印刷技术，大量刻印书籍。如前所述，黎太宗、黎圣宗先后颁《四书大全》板、"五经"板。黎圣宗统治时期，是后黎朝最繁盛时期，也是越南雕版印刷大发展时期。当时，因书板众多，特于文庙造库贮藏。此后，越南印书业获得长足的发展，到十八世纪似可自给。

河内是越南的政治、经济、文化中心，也是刻书中心。当时，河内除官刻外，私人刻坊林立。这些官私刻坊所雇佣的刻工，几乎全部来自海阳省嘉禄县。据越南史籍记载，后黎朝长津县（即今嘉禄县）红蓼村人、探花梁如鹄于 1443 年、1459 年两次奉使入明，学习了中国的刻书技术，回国后传授给乡人，依样仿刻经、史等书，印行流通。同县柳幢人也学会了这些技术。因此，嘉禄县的刻工挟技而走向全国。越南刻工为了纪念梁如鹄的功绩，尊奉他为刻字业的祖师②。

（三）阮安与北京的营建

中国的土木建筑技术传入越南也很早。随着中越文化交流的发展和越南人民的不断探索研究，越南的建筑技术不断提高。明代，越南建

---

① 参阅纳尔逊·斯平克斯：《重评越南陶瓷》，载《暹罗学会会刊》1976 年 1 月号。
② 参阅张秀民：《中国印刷术的发明及其影响》，人民出版社 1957 年版，151—157 页。

筑技术开始传入中国,其突出表现是越南人阮安对营建北京的贡献。

阮安,一名阿留,交阯人。永乐五年(1406)明军平越南黎季犛之乱时被俘,入南京,选为阉人。他有巧思,善谋划。尤长于土木营造之事。永乐年间,明成祖决定把都城从南京迁到北京。当时,北京宫殿、城池、府署等皆由他负责设计修建。他用了四年时间,初步完成这项繁重的工程。经过修建的北京建筑群,布局匀称,庄严雄伟。正统元年(1436)十月议修九门城楼,工部侍郎蔡信以为役大,非征十八万民工不可。结果,阮安负责这项工程,仅以京师聚操之卒万余人,自正统二年(1437)正月动工,至正统四年四月,门楼、城濠、桥闸均完工,这就是今天北京内城九门的前身。正统五年三月,阮安受命重建北京宫殿中的奉天、华盖、谨身三殿和乾清、坤宁二宫。他在已有的基础上,精思擘画,再接再厉,至次年十月而完工。重建后的三大殿,比原来的建筑更为壮观。正统七年,阮安又受命设计建筑宗人府、吏部、户部、兵部、工部、鸿胪寺、钦天监、太医院、翰林院等诸司公宇。正统十年六月,阮安再奉命督工修葺北京城墙,这就是后来的北京内城城垣。此外,他还督修国子监,负责治理杨村驿河等。

阮安是东方建筑史上不可多得的奇才,是明朝永乐至正统年间几乎所有重大建筑的总设计师。史书称赞他"修营北京城池、九门、两宫、三殿、五府、六部诸司公宇,及治塞杨村驿诸河,皆大著劳绩。工曹诸属,一受成说而已"。[1] 阮安对营建北京作出的巨大贡献,尤其值得称道,在中越文化交流史上写下了光辉的一页[2]。

(四)黎澄和越南火器制造技术传入中国

越南的火药制造技术最初也是从中国学得,但发展很快。明代,越南人黎澄将其国内的火器制造技术传入中国,成为与阮安齐名的对中国文化作出重要贡献的越南人。

---

① 叶盛:《水东日记》卷11。
② 参阅张秀民:《明代交阯人在中国之贡献》,载《明代国际关系》,台湾学生书局1968年版。

　　黎澄,字孟源,号南翁,陈末权臣黎季犛长子,官判上林寺事。大虞朝时,官至左相国。永乐五年(1406)被明军俘获,送入南京。他谙悉越南的火器制造技术,即向明朝介绍。明政府任命他为行在工部营缮司主事,专督造兵仗局铳箭火药。后历官工部郎中、右侍郎、左侍郎,正统十年(1445)升工部尚书。次年去世,享年73岁。其子叔林继父职,仍督造火器,官工部右侍郎,亦70岁以后破例留用。黎澄传入的越南火器,《明史·兵制志》载:"用生、熟赤铜相间,其用铁者,建铁柔为最,西铁次之。大小不等,大者发用车,次及小者发用架、用桩、用托。大利于守,小利于战,随宜而用,为行军要器。"清人赵翼对这段话进行解释,称"用车"者即当时"大炮","用架、用桩"者即"鸟机炮","用托"者则是"鸟枪"①。但据后人研究,当时传入的"用托"者是没有照门、准星及枪床的"神枪"之类,而非鸟枪。

　　越南火器制造技术传入中国后,中国大量仿制,对提高明朝部队战斗力、抗击侵略发挥了一定作用。因此,成化年间兵部侍郎滕昭说:"克敌制胜,率赖神枪。永乐、宣德间操演得法,最为虏贼所惧。"②同时,中国军队编制也受其影响。当时,京军有所谓"三大营",其中"神机营"即专门操演越南火器。由于黎澄把越南火器技术传入中国,因此明代军中凡祭兵器,并祭黎澄,奉之为"火药之神"③。

第五节　中国与其他亚非国家的文化交流

　　由于东南沿海倭寇的骚扰和西方殖民者的东来,明朝政府常常对与海外各国的政治往来和经济贸易持消极甚至反对的态度,奉行禁海政策,因而使明代中国与各国的文化交流受到了很大限制。不过,由于明

---

①《陔余丛考》卷30《火炮火枪》。
②《明宪宗实录》卷168。
③ 参阅张秀民:《明代交阯人在中国之贡献》;南炳文:《中国古代的鸟枪与日本》,载《史学集刊》1994年第2期;何孝荣:《明代的中越文化交流》,载《历史教学》1998年第10期。

初郑和下西洋,以及明中期以后的大规模南洋移民,中国与东南亚、南亚、西亚以及东非各国的文化交流仍有一定的发展。

一、郑和下西洋和中国与亚非各国的文化交流

明朝建立后,鉴于东南沿海海盗和倭寇的猖獗,明太祖先元璋下令实行禁海政策。"禁濒海民私通海外诸国"①,不许沿海地区居民私自出海贸易,并"禁民间用番香、番货","凡番香、番货皆不许贩鬻","违者罪之"②。但是,中国与海外诸国之间长期存在的政治和经济联系又不可能完全断绝。于是,明太祖在实行禁海的同时,又制定朝贡制度,即允许海外诸国以朝贡的名义,由海道来中国,在明朝政府的监督下,进行有限的贸易活动。永久初年,明成祖朱棣继续实行禁海政策,并下令将民间海船都改为不能远航海外的平头船。但是,为了加强与海外诸国的联系,扩大明朝的政治影响,同时开展官方的海外贸易,满足统治集团奢华生活的需要,明成祖派遣郑和下西洋。从永乐三年(1405)到宣德八年(1433)的近30年间,郑和受命率领明王朝庞大的船队,先后七次出使西洋即婆罗洲以西的广大亚洲、非洲地区(详见本书第一章第五节),促进了中国与这些地区的文化交流。其具体表现有:

(一)中国历法、冠服及书籍的颁赠

郑和在出使亚、非诸国的过程中,"所至颁中华正朔",即颁给明朝的历法,要求海外诸国承认明王朝为"正朔所在",奉行明朝颁给的历法。众所周知,明代的历法有"王历"和"民历"两种,其中"历注"记载着上自国家大事、下至民间生活的各项应行事宜,在一定程度上反映着中华文明。对于那些大多仍处于奴隶制或部落状态、文明程度远比明朝落后的海外诸国,郑和等人颁中华正朔的意义,更多地在于使各国接受中华文明,促使其社会面貌向着接近中国的方向转化。正如明成祖在谈及郑和

---

① 《明太祖实录》卷 70。
② 《明太祖实录》卷 231。

下西洋的目的时所说:"宣教化于海外诸番国,导以礼义,变其夷习。"[1]而海外各国因郑和使团之来,得中国历书,慕中华文明,往往也会派使者甚至国王本人亲自到中国,体会中国文物典章之美、军容仪威之盛,从而产生改革旧制陋俗的要求,提高各国的文明制度。当然,就颁给中国历法本身而言,其科学意义也不能忽视,它对促进海外各国历法的进步也会有积极作用。

郑和出使西洋期间,还向琉球、渤泥、暹罗、爪哇、占城、满剌加、锡兰山、古里等国给赐冠服。如,永乐七年(1409)郑和代表明朝政府赐给满剌加国王冠带袍服以后,满剌加头目拜里迷苏剌的身份才由一个部落的酋长正式转变为一个国家的国王,也改变了当地"科头裸足语侏僳,不习衣冠疏礼义"的原始部落状态[2]。永乐九年,拜里迷苏剌率妻子及陪臣540余人来朝,明成祖又几次赐王、王妃及王子侄等人冠服仪仗。明朝政府赐给各国冠服,目的是推广中国冠服制度,即用中国文明影响亚、非各国。一些国家在目睹耳闻中国的冠服文明以后,也主动向明朝政府请求给赐。如,永久四年,渤泥国使臣生阿烈伯成、通事沙扮等在回国前提出:"远夷之人,仰慕中国衣冠礼仪,乞冠带还国。"[3]明成祖很是高兴,令赐生阿烈伯成镀金银带,沙扮素银带。郑和下西洋使亚、非一些国家由"不习衣冠疏礼义"到"仰慕中国衣冠礼仪",反映了中国文化对这些国家发生的影响。

为了向亚、非各国传播中国文化,明朝政府还大量赠予图书。永乐二年九月,明成祖命礼部装印《古今列女传》一万本,"给赐诸番"[4]。当时,适暹罗国遣使来贡,明朝赐其国王绮、钞等若干,并赠《古今列女传》100本。若按明朝对海外各国"一视同仁"的外交准则,每个国家赐100

---

[1] 明成祖:《御制南京弘仁普济天妃宫碑》,载郑鹤声、郑一钧:《郑和下西洋资料汇编》中册(下),齐鲁书社1983年版,第856页。
[2] 马欢:《瀛涯胜览》卷首。
[3]《明成祖实录》卷40。
[4]《明成祖实录》卷31。

本《古今列女传》，则1万本可赐100个国家，郑和使团所至均能得到该书。明成祖编订《古今列女传》，目的是"俾为师民知所以教，而闺门知所以学，庶修身者不致以家自累，而内外有以相成全体经纶之功，大复虞周之盛"①，即宣扬妇德，协调社会关系，达到"天下大治"。他向海外大量颁赠该书，就是要用中国的封建伦理道德教诲海外女性，并使其影响其夫，起到协调各国社会关系，改变其某些落后习俗的作用。由于历史原因和语言障碍，《古今列女传》对亚非各国风俗的影响究竟有多大还很难说清。但是，由于各国多仰慕中华文明，且有华人聚居，所以该书的颁赠无疑会对中国文化在各国的传播有积极作用。除了《古今列女传》以外，明朝还向亚非一些国家颁赠了其他一些书籍，促进了中国与这些国家之间的文化交流。

（二）爪哇、旧港等地伊斯兰教的传播

郑和的家庭世代都信奉伊斯兰教，其祖父、父亲都是虔诚的伊斯兰教徒，并都曾经到麦加朝觐过。作为伊斯兰教徒的郑和，在出使西洋的过程中，对伊斯兰教在爪哇、旧港等地的传播起了巨大作用。

15世纪初期，东南亚国家大多数深受佛教、印度教以及当地鬼神崇拜的影响，如爪哇国土人"崇信鬼教"等，伊斯兰教还没有什么势力。郑和第一次出使西洋时，在旧港消灭了海盗陈祖义，在其地设旧港宣慰使司，任命当地华侨施进卿为宣慰使。施进卿为伊斯兰教徒，在郑和的支持下，提倡伊斯兰教。这样，伊斯兰教在旧港得到迅速传播。后来，郑和又到爪哇等地提倡伊斯兰教，使伊斯兰教在当地逐渐盛行。

关于郑和对伊斯兰教在旧港、爪哇等地的传播的作用，印度尼西亚著名语言学家和历史学家斯拉默穆利亚纳博士在所著《印度—爪哇王朝的覆灭和努山打拉伊斯兰国家的兴起》一书中指出："郑和先是在巨港，后来在山巴斯（西加里曼丹）建立穆斯林华人社区，接着又在爪哇沿海、马来半岛和菲律宾等地建立类似的社区。他们遵照哈纳菲教派的教义

①《明成祖实录》卷26。

和义务用华语传播伊斯兰教。"印度尼西亚学者茫雅拉查·翁昂·巴林桐岸在《端古劳》①一书中也称:"1405 年郑和访问爪哇以后,1407 年在旧港便产生华人回教社区。接着,在 1411 年,在安哥、安卓儿(位于雅加达至丹绒不禄之间)、室里汶、杜板、锦石(即革儿昔)、惹班及爪哇其他地方,回教堂纷纷建立起来。"②

（三）绘画、雕刻艺术的汲取

郑和等人在出使亚非各国的过程中,不仅注意到各国富有民族特色的绘画,而且在返回时把各国的绘画传到中国来。南京静海寺有水陆罗汉像,"乃西域所画,太监郑和等携至,每夏间张挂,都人士女,竞往观之"。③ 万历时的《静海寺重修碑》也说:"阿罗汉像,水陆毕陈,巧夺造化之奇","此使者（郑和）得之西洋,藏之兹寺。即他崇刹,不得与论珍。"④

亚非各国人民精湛的雕刻技艺对郑和使团同样具有很大的吸引力,在离别这些国家时,他们把一些当地的雕刻工艺品也带入中国。如北京金水河南池子南口段原有"飞虹桥","桥以白石为之,凿狮、龙、鱼、虾、海兽,水波汹涌,活跃如生",为郑和下西洋时自西域得,"非中国石工所能造也"。⑤ 明人陶崇政咏曰:"中官三宝出西洋,载得仙桥白玉梁。甲翼迎风浑欲动,晴珠触日更生光。"⑥

（四）农业、手工制造技术的交流

东南亚一些国家,土肥地沃,气候适宜,雨量充沛,本应盛产米谷。但是,由于缺乏农业技术,当时如占城、暹罗、满剌加等国都是"人少耕种"。一些跟随郑和下西洋的人员留居各地,与当地人民一起用辛勤的劳动开发所在国,把中国的水稻技术传授给当地人民,使今日的印度支那许多国家成为世界产米之区。除了水稻种植技术以外,郑和等人还把

① 意为"我的主人,我的先生",是对伊斯兰教学者的尊称。
② 转引自李炯才:《印尼——神话与现实》,香港民报出版部 1982 年版。
③ 顾起元:《客座赘语》卷 9《诸寺奇物》。
④《金陵梵刹志》卷 18《静海寺》。
⑤《酌中志》卷 17《内府规制纪略》。
⑥ 蒋一葵:《长安客话》卷 1《陶崇政大内歌》。

中国的捕鱼、种果等农业技术传入各国。在柯枝，当地渔民捕鱼的网被叫作中国网，相传是郑和下西洋时，中国水手教会的。在印度尼西亚巴厘，传说郑和的一个厨师留在该地，结婚生子。他带去了少量的白葱和荔枝，在巴厘种植成功，一直延传至今，巴厘因此成了印度尼西亚唯一生长荔枝的地方。

与此同时，郑和等人也把海外各国的一些农作物品种及其种植技术传入中国。如我国江南一带所称的"洋暹米"，就是郑和下西洋时传来的。

中国是丝绸之国，郑和等人在输出丝和丝织品的同时，也把丝织技术传到了亚非的一些国家。如印度半岛的古里等国，能织"五六样细布"，但对丝"止会作线、缫丝、嵌手巾"，经中国人员的帮助，才学会织一些简单的丝织品，还能用丝织品制作衣服。费信说"榜葛剌国以纻丝长衣赠我官兵"，可见丝和丝织技术已逐渐为这些国家掌握。

东南亚许多国家原来没有或少有砖瓦建筑。如满剌加"居屋如楼，各有层次。每高四尺许，即以椰木劈片，藤扎缚如羊棚状"[1]。郑和数至该国，从中国带去了砖瓦，帮助他们盖起了砖瓦建筑。满剌加国"王居前屋用瓦，乃永乐中太监郑和所遗者"[2]。为了崇扬各国固有的佛教和伊斯兰教信仰，传播伊斯兰教，郑和等人还在各国修建了许多佛教寺塔和伊斯兰教清真寺，如暹罗的三宝寺塔、礼拜寺（清真寺）、西塔，以及旧港、爪哇、马来半岛和菲律宾等地穆斯林华人社区的清真寺等，从而把中国的建筑技术介绍到海外各国。与此同时，郑和等人还把亚非各国的建筑技术吸收过来。如阿丹国用紫檀木建筑的楼居，天方国用玉石建筑的礼拜寺等，引起郑和的兴趣。他在下西洋时购回玉石、紫檀木等，用作我国的建筑材料。永乐年间建造的静海寺，"础石大若车轮，润如苍玉，柱皆数围，或云沉香木为之"[3]。俞彦寺碑说静海寺"精舍制作之妙，此使者（郑和）得之西洋"。

---

① 巩珍：《西洋番国志·满剌加》。
② 黄衷：《海语》卷上《满剌加》。
③ 甘熙：《白下琐言》卷7。

中国制造的青花瓷器、宣德炉等,原料不少来自海外,因而这些原料的使用技术也被揉入青花瓷器、宣德炉等的制造技术之中。吴仁敬《中国陶瓷史》指出,明代瓷器描绘所用的色料,多采自外国。如青花初用苏泥、渤青,至成化时因苏泥、渤青用尽,乃用回青。红色则有三佛齐之紫碕、渤泥之紫矿、胭脂石①。不仅如此,为了方便与海外各国的贸易,郑和下西洋时所带的大量瓷器在器形、纹饰等方面还是根据各国的习惯而特别设计出来的。如运往印度尼西亚、马来西亚的有大批适合穆斯林使用的军持,畅销西亚和非洲阿拉伯国家的有许多具有中东风格的大盘、高足杯、鸡心碗、葵口碗。永乐、宣德年间外销瓷式样特别繁多,双耳扁瓶、双耳折方瓶、天球瓶和盘座、有梁执壶、八角烛台均为创新之作,造型都仿自伊朗陶瓷。永乐年间烧制的青花盘座,上下两端敞口成喇叭形,瘦腰中空,用于承放花盆、水罐,是叙利亚、伊拉克流行的式样,最早起源于公元前 1400 年利凡特使用的青铜托座。永乐、宣德时期,景德镇烧造的青花瓷上已开始使用回文(阿拉伯文、波斯文)和梵文作为装饰图案。正德年间设计的"回器",更在盘、碗、笔山、炉盒、深腹罐上采用阿拉伯文、波斯文铭文。伊斯兰繁缛的缠枝图样和变幻无穷的几何形纹饰,更成为外销青花瓷不可或缺的装饰②。

此外,玻璃制造技术,也因郑和"自西洋携烧玻璃工人来中国"而传入,此后"中国玻璃顿贱"③。

(五)海外动植物的引进

在郑和下西洋期间,大量的亚洲、非洲动物被引进到中国。如,榜葛剌、麻林、天方、阿丹等国先后进贡麒麟(长颈鹿)。中国人民亲眼见到了这种仅产在索马里和埃塞俄比亚、过去在中国一直被视作祥瑞的异兽,成为当时一大盛事。明初留下的外国使者贡麒麟图有二三幅,画中的长颈鹿惟妙惟肖,真切动人,文人学士所作的瑞应麒麟诗,据传

---

① 转引用朱培初:《明清陶瓷和世界文化的交流》,轻工业出版社 1984 年版,第 9—10 页。
② 参阅《中华文明史》第 8 卷,河北教育出版社 1994 年版,第 925 页。
③ 张自烈:《正字通》。

内阁所藏即有 16 册之多。再如，木骨都束进花福鹿(斑马)，有人画《福鹿图》，收在宣德年间编的《异物图志》中。此外，忽鲁谟斯、木骨都束先后进狮子，忽鲁谟斯进金钱豹、西马，阿丹进长角马哈兽，卜喇哇进千里骆驼和鸵鸟，古里进糜里羔兽(印度羚羊)等。这些动物的引进，既为中国的文学艺术提供了新的素材，也丰富了中国人民动物学的知识。

在海外植物引进方面，南京静海寺有海棠，"永乐中太监郑和等自西洋携至，建寺植于此"①。万历年间仍很繁茂，明人诗赞曰："仙观台荒蔓草中，海棠一树太憎红。可怜亦是星槎物，不学葡萄入汉宫。"②在太仓天妃宫，也有郑和移植的海棠。南京白云寺有詹卜花，"乃三宝太监下西洋取来者，中国无其种"③。南京皇城、报恩寺有五谷树二株，"不但结子如五谷，亦有似鱼蟹之形者，乃三宝太监取来之物"④。据传此树可验年岁丰歉，故名。清人陈文述咏道："楼船十万泰西回，此树曾随舶棹来。移植远从鹦鹉地，托根终傍凤凰台。种分萧寺双株老，花为丰年几度开。野史纷纷说三宝，貂珰亦自不凡才。"⑤南京天妃宫、弘济寺、报恩寺、高座寺、灵谷寺都有娑罗树，为郑和自海外移来。据说，此树结的籽能疗心痛气壅之疾，"寺僧取以售人，服之颇效"⑥。此外，郑和等人还从海外各国引进了沉香、黄熟香、返魂香等植物。这些植物的引进，既丰富了中国人民的物质文化生活，也增加了中国人民的植物学知识，是中外文化交流史重要的一页⑦。

---

① 《客座赘语》卷下《花木》。
② 《元明事类钞》卷 33《太憎红》。
③ 周晖：《金陵琐事》卷 1《詹葡花》。
④ 《金陵琐事》卷 3《五谷树》。
⑤ 《秣陵集》卷 6《五谷树》。
⑥ 《白下琐言》卷 5
⑦ 参阅刘如仲：《郑和与西洋各国的经济文化交流》，载《贵州社会科学》1983 年第 3 期；郑一钧：《论郑和下西洋》，海洋出版社 1985 年版，第 389—437 页；陈瑞得等：《海上丝绸之路的友好使者——西洋篇》，海洋出版社 1991 年版，第 126—131 页。

二、华侨、华人和中国与亚非各国的文化交流

早在公元前后,中国已有人移居东南亚一带。荷兰考古学家德·弗玲斯研究了印度尼西亚出土的中国陶瓷器,认为远在 2000 年前中国人已漂洋过海,踏上印尼国土,有的可能已在万丹定居下来①。如果此说成立的话,他们可能是东南亚一带最早的华侨了。唐、宋、元时期,随着中国生产的发展,航海技术的进步,以及各个时期社会矛盾的尖锐激化,中国人往来、流寓海外者更多了。明初实行海禁,不准民间与海外来往。但是,东南沿海的一些商人、海盗等为了谋取厚利,往往违禁往来于中国与南洋之间,进行走私贸易,不少人并寓居于海外。同时,一些贫民百姓,在国内无法生活,也参与到海上走私贸易活动中,往来于中国与南洋之间,一些人也移居南洋,成为新的华侨。16 世纪中期以后,明朝开放海禁,在东南沿海一带民间出海贸易迅速发展的基础上,形成了大规模的南洋移民潮,每年都有成千上万的福建、广东移民进入南洋等地。与此同时,葡萄牙、西班牙、荷兰等西方殖民者在中国东南沿海以及南洋一带进行殖民活动,诱迁、掳掠华人到达南洋,有的甚至卖到非洲、拉丁美洲,使海外各国的华侨有了进一步增加。华侨、华人在各国的流寓往来,必然会把中国文化,从宗教信仰、价值观念、语言文学、自然科学,到农业、手工制造技术以及生活习俗等带入所至各国,对当地人民产生影响。同时,他们也会把海外各国的文化,或多或少地带入中国,成为明代中外文化交流的主力军。可以说,华侨、华人使明代中国与海外各国的文化交流呈现出全面、深入之势,其中中国与亚洲(东南亚、南亚、西亚)和非洲各国的文化交流尤其如此。

（一）语言文字的交流

大批华侨、华人流寓各国,把中国语言文字带到各地,同时也把各国

---

① 参阅《荷印的科学和科学家》第 134、138 页,转引自西光:《中国印尼人民友好关系史略》,载《东方研究》1980 年第 1 期。

的语言文字带到中国,促进了中国与各国语言文字的交流,如,大量华人移居暹罗,使泰语中汉语词汇大大增加,尤其是华侨中以闽、粤人为多,带去了各地地方方言,丰富了泰语词汇。移居印度尼西亚的华侨在当地也保留大量汉语,特别是闽南方言的词汇,至19世纪中期以后终于形成"中华—马来语",即华人讲的吸收了大量汉语借词的马来语。至今,印度尼西亚语中仍有大量汉语借词。由于华侨、华人频繁地往来于中国与印度尼西亚之间,因此闽南话、客家方言中也吸收了不少马来语和印度尼西亚语借词。在菲律宾语中,特别是他加禄语中,也有许多来自汉语,主要是闽南方言的借词,这也与流寓菲律宾的华侨、华人有关。

(二)中国艺术的传播

菲律宾各地天主教堂的早期宗教人物油画像和塑像多出自华侨美术家、画匠或石雕匠之手,"中国人以他们所熟悉的观音菩萨的形象雕塑圣母马利亚,把耶稣和他的圣徒雕塑成东方人的模型"①。因此,今天的艺术评论家仍指出,16世纪以来菲律宾的许多宗教绘画的基本笔法(例如杏眼和纤细手指)和色彩是中国式的②。伊朗的绘画风格,也受到中国画风的熏陶。明初盛行的工笔人物和勾勒派的花鸟画技被传到伊朗,明式工艺美术中的云龙凤鹤纹饰也是同时代伊朗绘画和工艺美术中常见图样。在一幅17世纪初的人物肖像画中,脸庞酷肖中国女性的妇女身披织有金凤的袄子,绯色袍服有明式的鱼形云(俗称鱼妆)。15世纪描绘伊朗民间爱情故事霍斯罗与希玲的画卷上,背景布局和格调都是明代画风,人物则是伊朗服饰、华人面庞,俨然一幅中伊合璧的图画。

中国布袋戏在17世纪时已流行于西爪哇万丹和巴达维亚(今雅加达)等地。布袋戏是福建木偶剧种之一,也称"掌中班",流行于闽南地区和台湾一带。华侨、华人把它带到印度尼西亚,用马来语或爪哇语等方言说唱,不仅很受中国人的欢迎,也为当地百姓所喜爱。

---

① 陈台民:《中菲关系与菲律宾华侨》第1册,香港朝阳出版社1985年版,第270页。
② 费尔南德斯:《1521—1898年菲律宾教会史》,马尼拉1979年版,第409页。

中国皮影戏于 12 世纪从东南沿海传入印度、埃及和伊朗。埃及皮影戏大约是十二三世纪成批移居尼罗河的突厥武士带去的,表演的都是民间生活题材,以诙谐、讥嘲见长。1517 年奥斯曼土耳其苏丹赛里木占领开罗后,带了一个皮影戏回到君士坦丁堡,供太子弟莱曼娱乐,于是皮影戏在土耳其流行起来。土耳其皮影戏的主角叫黑眼(卡拉古兹),故事的内容大多取自《一千零一夜》。这种皮影戏在 16 世纪已经传入希腊和北非[1]。

(三) 医药学的相互影响

中国医药学随着华侨、华人传入印度尼西亚。1619 年以来,巴达维亚华侨人数日益增多,其中包括许多中医,当地人通常称之为先生(Singse)。有些中医医术颇为高明,甚至应邀为荷兰总督夫人治病。针灸疗法也很早就传入印度尼西亚,并且在医疗上日益广泛应用[2]。同时,随着中国与印尼的交往,印尼的许多药材输入中国。李时珍《本草纲目》、张燮《东西洋考》、马欢《瀛涯胜览》等书都收录了不少印度尼西亚药材,丰富了中国医药学。

马来西亚的华侨把中国医药学带到该国。中国医药不仅受到当地华侨的喜爱和信赖,而且为马来西亚其他民族人民(如马来人、印度人等)的欢迎。同时,马来西亚的一些药材也传入中国,为中国人民所使用。如明朝都府参军俞博奉使满剌加,历时三年,不仅学得卜龟术,而且带回两种马来西亚药品,治疗内伤的"阿止儿"和治疗金疮的"阿息",在社会上产生了一定的影响[3]。《东西洋考》记载,明代中国从马来西亚进口的药材有犀角、玳瑁、乳香、片脑、苏合油、没药、沉香、速香、降香、血竭、槟榔等。

中医传入泰国的时间很早。14 世纪中期以后,随着华侨的大量移入,中医药在泰国的影响日益增加。当时,阿瑜陀耶城最受尊敬的医师

---

[1] 参阅《中华文明史》第 8 卷,第 926—927 页。
[2] 参阅赫姆炳·维查雅克苏马:《针灸在印度尼西亚》,载《独立报》1975 年 2 月 12 日。
[3] 参阅余定邦:《明代中国与满剌加(马六甲)的友好关系》,载《世界历史》1979 年第 1 期。

是中医,阿瑜陀耶王朝(《明史》称暹罗)国王的御医也是中国人。泰国民间把中医师称为"摩精",泰国医师称为"摩耶泰"。两国医师互相取长补短,泰国医师或使用中医诊治方法和中药,而中国医师或吸收泰医的草药,以丰富草药的品种。泰国的一些药材,如乌爹泥、苏木等还传入中国,丰富了中国的医药学。

（四）农业、手工制造技术的交流

华侨、华人流寓亚非各国,把中国的农业技术传播到各地。菲律宾从事农业的华侨在当地开垦荒地,耕种粮菜,饲养禽畜,捕鱼捉虾,把中国农业技术带入菲律宾。华侨农民向菲律宾人民介绍使用水牛、黄牛、中国犁耙之类,菲律宾人的犁是中国式的。苏禄人说,有许多华侨和他们住在一起,他们接枝改良水果品种的技术是华侨教给的[①]。中国的水车、水磨等生产工具和应用技术,也是由华侨引入菲律宾农村被广泛使用的。印度尼西亚华侨在万丹等地从事农业,种植水稻、胡椒等,把中国先进的生产技术传至印尼。万丹华侨于 16 世纪在胡椒园中采用了一套完整、先进种植技术,使每公顷胡椒植株增加了一倍以上,"魔术般地使万丹成为世界上最大的胡椒生产地,并提高其国际贸易地位,而成为世界商业的中心"[②]。

伴随着华侨、华人到达亚非各国,中国手工制造技术也传入其地,首先是关于日常生活必需品的。菲律宾华侨凡衣服、彩缯、木器、铁器、雕造品、石灰、瓦器、盐渍品等,都是自己经营制造,因此耶稣会的史学家奇林诺在 1604 年的著作中称华侨包括了裁缝、鞋匠、金属工匠、银匠、雕刻匠、锁匠、油漆匠、泥水匠、织工等,穆尔迦在 1609 年的著作中也说华侨们是"卓越的工人,而在所有技术和交易上都很熟练"[③]。他们把这些技术带到了菲律宾,对当地人产生了很大影响。罗拉在《菲律宾群岛》中写道,华侨"对于本地人主要是起了文化影响的作用,教导人们许多重要工艺、冶炼和制造蔗

---

① 参阅布赛尔:《东南亚的中国人》,译文载《南洋问题资料译丛》1958 年第 2—3 合期。
② 杜尔:《印度尼西亚的华侨》,雅加达 1960 年版,第 120 页。
③ 吴景宏:《中菲关系论丛》,新加坡 1960 年版,第 202 页。

糖等"。① 流入泰国的闽、粤籍手工业者,也带去了制造铜铁器皿、制茶、制糖、豆类食品加工等技术,方便了他们自己及泰国人民的生活。

其次是陶瓷烧造技术。缅甸人用陶、瓦等器,"其工匠皆广人,与中国侔"②,可见其技术皆来自中国。泰国制瓷技术的发展、进步也与中国工匠有密切关系。14 世纪暹罗速古台的瓷器是仿照河北磁州瓷烧制出来的,制造技术的细节是从中国学得的。速古台瓷器衰落后,代之而起的是宋加洛瓷器。14 世纪中期,中国浙江龙泉青花瓷器输入暹罗,暹罗人大为喜欢,因此派使团到中国请龙泉工人。中国工人挟技术而来,定居于宋加洛附近,于 14 世纪晚期开始生产瓷器,是为宋加洛瓷器③。老挝帕昭塞耶谢答第王朝在万象营建都城时,在市郊开始烧制陶瓷器。其陶窑遗址散布着大量烧制过程中损伤的陶器残片,其中混杂着中国瓷器残片,例如用蓝靛花纹和用橙黄色及红色描绘的器皿,还有明代的瓷器,有些瓷器的形态近似中国式样,可能在陶器生产中有中国工匠前来协助或给予技术指导。伊朗伊尔汗王朝时,曾于 13 世纪把 1000 名中国工匠、技师及其家人迁入其国,生产出大批有元代风格的陶瓷。十六七世纪,中国陶瓷技术继续对伊朗有所影响。沙法维王朝阿拔斯大力发展瓷业,又把几百名中国瓷匠及其家眷迁到伊朗,定居于伊斯法罕。他们把中国制瓷技术传授给伊朗同业工人。阿拔斯又在阿达比勒中一所宏大的建筑物内特辟中国瓷器陈列室,供国人参观和研究。经过长期的学习、研究,伊朗制造出优良的青白瓷器④。伊朗的烧瓷技术不久传入叙利亚,使那里的瓷业有了新的发展。埃及在 15 世纪为试制青花瓷也投入了人力和物力,中国青花瓷从造型、图样、格调等各方面都直接影响了埃

---

① 转引自陈云章:《十六、十七世纪中菲人民的友好关系与西班牙殖民者对华侨的迫害》,载《山东大学学报》1959 年第 4 期。

② 朱孟震:《西南夷风土纪》。

③ 参阅朱杰勤:《中国陶瓷和制瓷技术对东南亚的传播》,载《中外关系史论文集》,河南人民出版社 1984 年版。

④ 参阅朱杰勤:《中国和伊朗历史上的友好关系》,载《中外关系史论文集》,河南人民出版社 1984 年版。

及瓷业,成为当地瓷工仿制的典范。

第三是铸币术。菲律宾沦为殖民地后,市面通用银元,但是缺乏辅币找换,交易仍然不便。华侨银匠根据中国的衡制"两""钱""分"三级制成辅币,后来又加铸了铜币,才解决了这个问题①。起初,满剌加用"丰锡"通市,每块官称一斤八两或一斤四两,每十块用藤缚一把,四十块为大把,"通市交易,皆以此物"②。这种锡块极为笨重,不便携带和流通。明代随着两国交往的发展,大量中国铜钱流入其国。国王母干撒干的儿沙访问中国以后,开始铸造类似铜钱大小的锡币,我国古籍称之为"加矢"。小型轻便锡币的出现,方便了流通③。

第四是造船及航海技术。泰国由于与中国交往频繁,因此其船只的设计受中国影响十分明显。一些熟悉航海知识、掌握航海技术的中国水手,被雇佣在暹罗国家或私人船舶上,掌握了泰国的船舶驾驶业。荷兰殖民者想夺取泰国海上贸易专利权,曾于1664年以武力强迫阿瑜陀耶王朝与他们缔结条约,其中规定:"所有暹罗船舶不再雇佣中国人、日本人及交阯人为水手。"④

第五是印刷技术。1593年,华人龚容在马尼拉开办了第一家印刷厂,第一次在菲律宾使用雕版印刷术。他首先印刷了《基督教义》,一为太格罗语(当地土语),一为中文。其后,菲律宾的印刷业始终由华侨独占。大约过了15年,才有菲律宾人参加⑤。

(五)中国生活习俗的影响

华侨、华人对亚非各国人民的生活习俗影响很大。例如,在衣着方面,中国的丝绸为各国人民所喜爱,中国式的衣服很受欢迎。在渤泥国,"君臣士民之服颇效中国"⑥。在泰国,据《皇明四夷考》记载,暹罗人"腰

---

① 参阅江醒东:《明代中国与菲律宾的友好关系》,载《中山大学学报》1981年1期。

② 巩珍:《西洋番国志·满剌加》。

③ 参阅余定邦:《明代中国与满剌加(马六甲)的友好关系》,载《世界历史》1979年第1期。

④ 参阅江应樑:《古代暹罗与中国的友好关系》,载《思想战线》1983年第4期。

⑤ 参阅张秀民:《中国印刷术的发明及其影响》,第166—170页。

⑥ 罗日褧:《咸宾录·南夷志》卷6《渤泥国》。

束嵌丝帨加锦绮"。暹罗人还喜欢用中国丝绸制成沙笼(筒裙),暹罗农民常穿中国式的衣裤、开襟衣等。在非洲,中国的绸缎成为帕特、拉木、麻林迪、蒙巴萨、奔巴、桑给巴尔、美菲亚和基尔瓦的统治阶层必不可少的衣料。南京、苏州、杭州出产的各色缎绢、纱罗行销印度洋西岸,风靡赤道非洲,其中不少是由中国船运去的①。在器用方面,中国青花瓷器在各地普遍受欢迎。在爪哇,"国人亦喜中国青瓷器"②。在加里曼丹文郎马神,人们"初盛食以蕉叶为盘,及通中国,乃渐用瓷器。又好市华人瓷瓮,画龙其外,人死,贮瓮中以葬"③。在马来西亚柔佛,"王用金银器盛食,民家瓷器"④。在非洲,从亚丁湾南岸索马里和埃塞俄比亚边境的古城遗址,直到南非东部德兰士凯海岸的废墟,到处都有出土的明代瓷器、瓷片,可见当地使用中国瓷器之风。在岁时、娱乐习俗方面,华侨的舞狮、闹元宵、清明扫墓等也对各国人民的生活产生了影响⑤。

第六节　中国与拉丁美洲的文化联系

中国与拉丁美洲虽然远隔重洋,但是太平洋的万顷波涛早就为两岸人民架起了友谊的桥梁。中外学者根据在拉丁美洲的考古发现和中国的文字记载,提出中国和拉丁美洲的古代交往和文化联系可以追溯到距今 3000 多年以前的商周时期。商周以后,中国也先后有人到达拉丁美洲,促进了双方的文化联系。不过需要指出,直到近代欧洲殖民者东来以前,中国与拉丁美洲的交往仍然是十分稀少的,双方的文化联系也不太多。至 16 世纪后期,随着葡萄牙、西班牙殖民者殖民活动的兴起,中国与拉丁美洲的贸易往来蓬勃开展起来,两地人民的文化联系才翻开了

---

① 参阅沈福伟:《中国与非洲——中非关系二千年》,中华书局 1990 年版,第 476 页。
② 马欢:《瀛涯胜览·爪哇国》。
③ 张燮:《东西洋考》卷 4《西洋列国考·文郎马神》。
④《东西洋考》卷 4《西洋列国考·柔佛》。
⑤ 参阅周一良:《中外文化交流史》,河南人民出版社 1987 年版;朱杰勤:《东南亚华侨史》,高等教育出版社 1989 年版。

新的一页。

一、中国农业、手工业技术对拉丁美洲的影响

16 世纪西班牙殖民者自美洲出发占领菲律宾之后，为了加强对殖民地的政治统治和经济掠夺，积极开辟太平洋航线，建立墨西哥阿卡普尔科到菲律宾马尼拉的海上贸易通道，称马尼拉商帆（Manila Galleon）。由此，西班牙人得以和中国福建、广东等地来的中国商船在菲律宾进行直接贸易，把从中国商人那里获得的大批生丝、绸缎、瓷器等各种货物运往拉丁美洲地区，而一些中国商人、工匠、贫民也可通过马尼拉商帆，到达拉丁美洲。这样，中国与拉丁美洲的交往和文化联系随之有了新的发展。

中国与拉丁美洲文化联系新发展的重要表现是两地农业技术的交流。拉丁美洲的一些农作物，如玉米、番薯、烟草、花生等种植技术，由西班牙殖民者带到菲律宾，华侨、华人又把它们从菲律宾传入中国（参见本书第一章第二节）。中国的农业技术对拉丁美洲也产生很大影响。中国的种桑养蚕技术于中世纪时传入西班牙，使其南部逐渐成为欧洲最重要的丝绸产地。在征服美洲的过程中，西班牙殖民者又把种桑养蚕技术传入美洲大陆。1503 年，他们首先在伊斯帕尼奥拉岛试行种桑养蚕。到1530 年，墨西哥中、南部养蚕业已有引人注目的发展。甚至有人预言："新西班牙（墨西哥）生产的丝绸将会超过整个基督教世界。"[①]1600 年，西班牙为保护宗主国丝织业，下令禁止所属殖民地种桑。于是，墨西哥的养蚕业从此一蹶不振。

在手工业技术方面，随着墨西哥种桑养蚕业的出现以及中国生丝通过马尼拉商帆大量输入墨西哥，中国的丝织技术也传入了墨西哥，导致了墨西哥丝织业的兴起。17 世纪初，西班牙殖民者禁止墨西哥种桑养蚕以后，墨西哥的丝织业完全依靠中国生丝的进口来维持。当时，在墨西

---

① 罗萨达：《墨西哥经济史教程》，墨西哥 1973 年版，第 97 页。

哥城、普埃布拉和安特奎拉等地丝织工场中劳动的手工业匠人不下
14000 人。他们吸收了先进的丝织技术，所织就的"镶着金银丝的锦缎光
彩夺目，是可以和任何欧洲产品相媲美的"①。中国的瓷器也是拉丁美洲
人民非常喜欢的日用品。但是，由于从中国进口瓷器价格昂贵，一般居
民无力购买，这促进了当地陶瓷业的兴起。普埃布拉城在 17 世纪上半
叶有 40 多名陶工在仿制中国瓷器，其产品从造型到釉彩都可看出中国
的影响。这一时期，中国的造纸术、印刷术也经欧洲传入拉丁美洲，促进
了当地文化的发展。1575 年，墨西哥建成美洲第一家造纸厂。1539 年，
墨西哥创建了美洲第一家印刷厂。1584 年，秘鲁也兴办了印刷厂。在印
刷业初步发展的基础上，拉丁美洲殖民地的教育事业得以有所发展。
1553 年，墨西哥大学创立②。

二、中国丝棉织品和瓷器对拉丁美洲人民生活的影响

中国丝棉织品源源不断地输入拉丁美洲，丰富、美化了当地各阶层
人民的生活。当时，从马尼拉开往阿卡普尔科的商帆，除少数年份外，都
可以称为"丝船"（又称来自中国之船），因为船中载运的货物以中国生丝
和丝织品价值最大。1636 年以前，每条商船登记载运的各种丝织品一般
为三四百箱。而到 1636 年，一些商船载运的丝织品已超过了 1000 箱。
每当中国丝船到达阿卡普尔科以后，这里都要举行盛大的集市，墨西哥、
秘鲁以及拉丁美洲其他国家的商人从四面八方拥来，把中国的丝织品等
货物运销到各地。当时，沿着南美海岸，无处不有中国丝绸的踪迹。

中国的丝绸，受到拉丁美洲人士的喜爱，尤其为上层人士所喜欢穿
用。在墨西哥城，"每天傍晚五点钟，大道上就排着有钱妇人们的马车，
她们穿着中国的丝绸"③。一位 17 世纪初寓居墨西哥的爱尔兰修道士

① 舒尔茨：《马尼拉商帆》，纽约 1959 年版，第 365 页。
② 参阅张铠：《明清时代美洲华人述略》，载《拉丁美洲丛刊》1983 年第 6 期。
③ 派克斯：《墨西哥史》，三联书店 1957 年版，第 99 页。

说,当地人无论男女,衣着都非常讲究,多穿中国的丝织品。秘鲁也是如此。1602年,秘鲁总督蒙特雷向西班牙国王报告说,那里人民生活豪华,都穿戴着中国漂亮的丝绸,"节日服装和妇女服装如此令人眼花缭乱,使世界上没有任何王国能与之相比"。从智利到利马,到处都公开销售和穿戴中国丝绸。随丝织品运来的中国棉织品,则因价廉耐用,满足了拉丁美洲劳动人民的要求。当时,从墨西哥炎热的低地城镇的印第安人到首都饱食终日的克里奥耳人(拉丁美洲出生的西班牙人),都穿着中国的丝、棉织品,其日常衣服"都是中国货"①。墨西哥、秘鲁的矿工也爱穿中国棉布和亚麻布衣服,甚至中国棉布输入的减少可以影响到墨西哥矿业的衰落②。

中国瓷器在拉丁美洲也很受欢迎,被当地上层阶级视为珍品而陈设和收藏,是马尼拉商帆贸易中输入拉丁美洲的另一大宗商品。16世纪初,在巴西的葡萄牙殖民贵族的家庭中已有人使用中国瓷器。1599年,玛利亚·贡萨尔维斯的家用器皿中,有价值250瑞斯的3件中国瓷器。到17世纪时,巴西上层社会家庭中已广泛使用昂贵的中国瓷器,以装饰房间,充当赌注,甚至用来偿付殖民官员,抵当部分现金。由于通过海上运来的中国瓷器价格昂贵,因此拉丁美洲人民开始在当地仿制(详前)。这些仿制品在一定程度上弥补了当地人民的需要③。

三、华侨、华人与中国文化在拉丁美洲的传播

16世纪末期中国和拉丁美洲贸易开始后,菲律宾的华侨、华人与来自墨西哥的西班牙人有了接触和交往,不少人搭乘马尼拉商帆之船到达墨西哥、秘鲁等地定居,或往来做生意,西班牙人有时也把自己雇佣的中

---

① 舒尔茨:《马尼拉商帆》,第361—369页。
② 参阅布莱尔、罗伯逊:《1493—1898年菲律宾群岛》第27卷,克里夫兰1903—1907年版,第199页。
③ 参阅罗荣渠:《中国与拉丁美洲的历史联系(十六世纪至十九世纪初)》,载《北京大学学报》1986年第2期;沙丁等:《中国和拉丁美洲关系简史》,河南人民出版社1986年版,第32—112页;连云山:《谁先到达美洲》,中国社会科学出版社1992年版。

国仆役和工匠带入拉丁美洲。因此,随着马尼拉商帆贸易的发展,到达拉丁美洲的华侨、华人日益增多。早在 16 世纪,墨西哥城即出现了唐人街。到 17 世纪中叶,移入拉丁美洲的华侨估计已有五六千人。

移入拉丁美洲的华侨,大多是工匠,他们把中国的各种手工技术直接传播到拉丁美洲。16 世纪末,在西班牙王室的允许下,数以千计的中国工匠,包括织工、裁缝、木匠、泥瓦匠、铁匠、金银首饰匠以及理发师等,从马尼拉陆续转往拉丁美洲做工。据墨西哥城市政会历史档案的记载,1635 年该城已有中国理发师经营的一些理发馆,"占据了市中心最好的位置"①。许多中国工匠到达墨西哥、秘鲁之后,受雇于纺织工场或矿区。如,17 世纪墨西哥纺织中心克雷塔罗市的工场中,役使着相当数目的华工②。墨西哥产银中心萨卡特卡斯矿区,同样役使着许多华工和华人奴隶。据记载,1646 年在矿主弗朗西斯科·德埃斯科维多的两处矿井中就有华人奴隶采银。西尔维奥·萨瓦拉在《殖民时期的美洲史》中说:"马尼拉商帆把很多东方奴隶运进美洲,我们可以看到他们在新西班牙的各类工业和手工业行业中劳动,或在官宦之家从事家务劳动。"

世界上哪里有华侨、华人聚居,哪里就会有中国的生活习俗。明代,虽然拉丁美洲的华侨、华人还为数不算多,但中国的生活习俗却不可避免地被带入拉丁美洲,对当地人民的生活产生了一定的影响。在建筑方面,墨西哥的一些房屋,由于华侨、华人参与设计,带有了中国风格。在室内装饰方面,中国传统的清新高雅的东方格调也影响着当地,中国瓷器、家具、字画等成为上层社会夸耀财富的摆设。在游艺娱乐方面,中国的风筝、灯笼、鞭炮、灯花等由华侨、华人传入拉丁美洲,也深受当地人民的喜爱③。

---

① 转引自道布斯、史密斯:《1635 年墨西哥城的中国人》,载《远东季刊》1942 年第 4 期。
② 哈林:《西班牙美洲帝国》,伦敦 1947 年版,第 60 页。
③ 参阅张铠:《明清时代美洲华人述略》,载《拉丁美洲丛刊》1983 年第 6 期;沙丁等:《中国和拉丁美洲关系简史》,第 103—112 页。

南炳文 主编

清前期卷·

南炳文 李小林 李晟文 著

明清文化通史

Cultural History of
the Ming and Qing Dynasties

Vol.2 Early Qing Period

国家出版基金项目
NATIONAL PUBLICATION FOUNDATION

江苏人民出版社

图书在版编目(CIP)数据

明清文化通史. 清前期卷 / 南炳文,李小林,李晟
文著. — 南京：江苏人民出版社,2023.4
ISBN 978 - 7 - 214 - 27196 - 9

Ⅰ. ①明… Ⅱ. ①南… ②李… ③李… Ⅲ. ①文化史
—中国—清前期 Ⅳ. ①K248.03

中国版本图书馆 CIP 数据核字(2022)第 082671 号

书　　　名　明清文化通史·清前期卷
主　　　编　南炳文
著　　　者　南炳文　李小林　李晟文
责 任 编 辑　胡海弘
装 帧 设 计　周伟伟
责 任 监 制　王　娟
出 版 发 行　江苏人民出版社
地　　　址　南京市湖南路 1 号 A 楼,邮编:210009
照　　　排　江苏凤凰制版有限公司
印　　　刷　江苏凤凰盐城印刷有限公司
开　　　本　652 毫米×960 毫米　1/16
印　　　张　96.5　插页 12
字　　　数　1293 千字
版　　　次　2023 年 4 月第 1 版
印　　　次　2023 年 4 月第 1 次印刷
标 准 书 号　ISBN 978 - 7 - 214 - 27196 - 9
定　　　价　398.00 元(全三册)

(江苏人民出版社图书凡印装错误可向承印厂调换)

目　录

绪　论

　　清朝建立于关外,自 1644 年始进入关内,定都北京,成为全国性政权。由此计算到 1911 年清朝的灭亡,清朝统治全国共 260 多年。本卷研究的时间范围,上起 1644 年清朝入关,下迄 1840 年鸦片战争爆发,近两百年。鸦片战争前的清朝(本卷以下为行文方便,简称清朝;凡遇到"清朝"字样,一般皆可理解为"鸦片战争前的清朝"),其文化成就相当可观,无论是自然科学,还是社会科学,抑或文学、艺术等,都有显著的成绩。究其原因,主要有如下几点:

　　第一,清朝是我国封建社会的最后一个王朝。前此数千年的文化成果可供其吸收、发展,还有经验教训也可供其借鉴参考,使其少走弯路,速见成效,多获成果。

　　第二,清朝处于封建社会晚期的后段。明清之际的战乱,影响了中国资本主义萌芽的顺利成长,但伴随稍后政治生态的变化,这一时期的资本主义萌芽有所恢复。清朝的这种历史地位,使其政治、经济等虽不能出现十分快速的发展,但发展余地并非不复存在。这种情况,再加上清朝出现了不少有作为的皇帝,实行的政策不乏顺乎潮流者,于是从整体看,当时的封建政治和经济出现了有所前进的局面,社会秩序比较安定,生产水平比以前有所提高,国力相当强盛。如此境况,对于文化的发展无疑是提供了有利的物质前提。

第三,清朝是统一的多民族国家进一步巩固发展的时期。清朝的国家版图非常辽阔,在乾隆时,东北至外兴安岭、乌第河和库页岛,北达恰克图,西北到巴尔喀什湖和葱岭,南及南沙群岛、西沙群岛,东括台湾及其附属岛屿钓鱼岛。生活在这个辽阔的土地上的民族达50多个,包括汉、满、蒙古、回、藏、维吾尔、苗、彝、壮、布依、朝鲜、侗、瑶、白、土家、哈尼、哈萨克、傣、黎、傈僳、佤、畲、高山、拉祜、水、东乡、纳西、景颇、柯尔克孜、土、达斡尔、仫佬、羌、布朗、撒拉、毛南、仡佬、锡伯、阿昌、普米、塔吉克、怒、乌孜别克、俄罗斯、鄂温克、保安、裕固、京、塔塔尔、独龙、鄂伦春、赫哲、门巴、珞巴、基诺、德昂等族。从疆域的广大和民族的众多来讲,清朝确实是空前的,并已与今天大体相似。这样多的民族,相互交流,共同努力,对于各族文化水平的提高及新成果的创造,必然会产生十分积极的影响。

第四,清代的中外交往,尤其是中西交往,有一定发展。明朝中国与西方开始进行的大规模接触,入清之后,继续存在了一个时期。中西之间的大规模接触,有利于中国人民接受西方的科学技术及其他文化成果,这对于中国人民在文化各领域提高水平、创造新成就,又是一个十分有利的条件。

清朝文化的特点主要是:

第一,继续进行大总结。它在许多领域,对中国人民在以前几千年中创造的成果,在明朝总结的基础上,进一步作了回顾、整理,写出了若干大部头的总结性著作。类书如《古今图书集成》,丛书如《四库全书》,皆具有重大学术价值。

第二,中华民族大家庭的各个成员共同创造祖国的灿烂文明。中国历代的文化成就,都是中华民族大家庭中的各个成员共同创造的,这一点在清朝表现得尤为突出。这一时期,不仅汉族人民在发展中华民族的文化事业上,作出了很大贡献,而且许多少数民族的成员,在若干领域中也创造了许多宝贵的文化成果,给中华民族的文化宝库大增光彩。如蒙古族明安图的数学专著《割圆密率捷法》,在许多方面超出了当时所传入的西法。此外,各民族在文化上互相帮助,若干原来十分落后的民族这时迎头赶上来,各民族在文化水平差距缩小的基础上实现了空前的融合等,也是这一时期非常值得注意的事情。

第三,中西文化互相激荡。由于中国与西方有大规模的接触,已在明代大量传入中国的西方文化,这时进一步传入中国。面对大量传入的西方文化,中国的士大夫们出现了不同的态度:有的积极吸收,有的坚决抵制,有的犹豫观望。于是中西文化产生了激烈的摩擦。摩擦的结果,是中国传统文化中,不可避免地融进了西方文化的成分,从而形成了较前有所提高的新文化。这种新文化,虽然没有超出封建文化的大格局,但毕竟是向前迈进了一步。

第四,封建统治者极力控制文化事业。这一点,也是历代所共有的情况,然而清朝表现得较为突出。其所以如此,当与清朝已进入封建社会的晚期后段及存在较严重的民族矛盾有关,面对日益加剧的封建统治的危机,统治者不得不八方乞灵,四处设法。当时,编纂《四库全书》等若干大规模的文化活动,是清朝统治者为巩固封建统治而处心积虑地搞起来的,其他一些文化事业,虽然不是统治者所直接发起和组织的,但也往往随处可见统治者直接或间接施加影响的痕迹。

回顾清朝前期的文化成就、特点及其成因,并与明代作对比,可知两者大体一致,而略有差别。这当是由于两朝之间虽有前后顺序、管理者的上层核心族别不同,但从整体情况看,其社会发展状况基本一致,同属封建社会晚期,其社会成员亦彼此相同。

第一章　自然科学

第一节　天文历算

一、《时宪历》的颁行

清代天文历算上的一大成绩是入关后不久即颁行了《时宪历》，这是在明末改历的基础上，采纳德国人汤若望（生平详见本书第七章第二节）等的建议而推行的一种新历法。

清初颁布《时宪历》，在中国历法史上，是第五次大改革。它的一个重要特点是用"定气"代替"平气"来推算节气。"定气"，是以太阳在黄道上的位置为标准，自春分点算起，黄经每隔15°为一个节气。由于太阳在黄道上每天的移行快慢不均，所以节气之间的天数也不一样。但这样能表示太阳的真实位置，使春分、秋分一定在昼夜平分那一天。而"平气"，则是不管太阳的实际位置，硬把一个回归年平分为24等分，以对应二十四节气。可见，用定气代替平气，是历法上的一个大进步。清初之所以用《时宪历》代替明代的《大统历》，一方面是改朝换代时"改正朔"的惯例需要，另一方面则是因为《时宪历》确实比《大统历》进步。整个清代都是使用这种历法,现在所用的旧历(即夏历或农历)也仍是《时宪历》。①

二、薛凤祚和王锡阐

清初有两位天文历算家,其学"不列于台官,然其精密,或为台臣所不及焉"②。他们是薛凤祚和王锡阐。

薛凤祚(1599—1680),字仪甫,山东益都(今淄博市临淄区金岭镇)人。自幼研究算学。起初接受的是中国传统的"旧法",顺治年间,又从波兰人穆尼阁学习西学,"尽传其术",因著《历学会通·正集》12卷、《考验》28卷、《致用》16卷。其关于天文历法的著作,有《太阳太阴诸行法原》《木火土三星经行法原》《交食法原》等,"皆会中、西以立法"。其书"详于法",而对旨趣的论述则稍嫌缺乏。这是时代带给他的局限性。当时西法刚刚传入中国,"中、西文字辗转相通,故词旨未能尽畅"。但是,在贯通中、西上,他是先驱者之一,《清史稿》称誉他"不愧为一代畴人之功首"。③

王锡阐(1628—1682),字寅旭,号晓庵,吴江(今江苏苏州市吴江区)人。一生抛弃科举作官的道路,博览群书,"凡象数声律之学……殚精研穷,必得其肯綮而后已"④,对于天文历算尤其精通。

王锡阐生当西方天文历法知识传入中国之际。对于中国的传统天文历法学和西方传来的新知识,他都能比较正确地对待。对其精英,能够不分此疆彼界,认真向其学习;而一旦发现其缺陷,也能不为其所局限,勇于批评和纠正。如新传来的西方天文历算知识,当时被一些人"奉为俎豆",而他却卓有识见地说:"吾谓西历善矣,然以为测候精详可也,以为深知法意未可也。循其理而求通可也,安其误而不辩不可也。"⑤他

---

① 参见陈遵妫《中国古代天文学简史》,上海人民出版社1955年版。
②《清史稿》志20"时宪一"。
③《清史稿》列传293《薛凤祚传》。
④ 钱仪吉编:《碑传集》卷132。
⑤《清史稿》列传293《王锡阐传》引《晓庵新法·序》。

曾具体地分析西洋新法关于日、月食的推算,一方面指出:"推步之难,莫过交食,新法于此特为加详,有功历学甚钜。"其"以交纬定入交之浅深,以两经定食分之多寡,以实行定亏复之迟速,以升度定方位之偏正,以黄道中限定日食之时差,以北极高卑定视距之远近,以地度东西定加时之早晚,皆前此历家所未喻也"。另一方面,他又毫不客气地指出,西法所推日、月食,有多次与实际天象有不合处,并分析了其错误产生的原因,如曾说:"(西法认为)月在最卑,视径大,故食分小;月在最高,视径小,故食分大。余以为视径大小,仅以人目,食分大小,当据实径。太阴实径,不因高卑有殊;地景实径,实因远近损益。最卑之地,景大,月入景深,食分不得反小;最高之地,景小,月入景浅,食分不得反大。"鉴于西法并非完美无缺,王锡阐主张对它不可盲目崇拜,而是要继续深入研究。他说:"究极元微,不能无漏,在今已见差端,将来岂可致诘,是望穷理之士,商求精密。"①

正是由于对中外天文历算成就有正确的态度,才使得王锡阐既能吸收前人的优秀成果,又能发挥出自己的聪明才智,在天文历算的研究上,取得超越前人的辉煌成果。史称他"兼通中西之术,自立新法,用以测日月食,不爽秒忽"②,所著各书,"俱能究术数之微奥,补西人所不逮"③。

王锡阐留下的天文历算著作不下于十几种,其中重要的有《晓庵新法》《历说》《历策》《五星行度解》《日月左右旋问答》《大统历法启蒙》《西历启蒙》《丁未历稿》《推步交朔》《测日小记》《圜解》《三辰晷志》等。

《晓庵新法》在王锡阐的天文历算著作中"最为完善",该书"兼采中西,去其疵颣,参以己意","定著一法,法数备具,可用造历"。④ 它共分六卷。第一卷研究了以割圆之法求三角函数的问题,这是天文计算中不可缺少的基础数学知识。他提出把圆周分为 384 爻限(即等分),这种分法

① 王锡阐:《晓庵遗书·杂著·历说四》。
② 钱仪吉编:《碑传集》卷 132。
③《清史稿》列传 293《王锡阐传》。
④ 钱仪吉编:《碑传集》卷 132。

要比中国历来的 $365\frac{1}{4}$ 等分分法和西法 360 等分分法优越得多,因为它除 4 得 96,96 的 1/3 是 32,32 是 2 的 5 次方,可以连续平分下去,直到 1 为止,这对于提高刻度的精确度是大有好处的。第四卷讨论了昼夜长短、行星和月亮的视直径以及月亮和内行星的盈亏现象等,其所用的方法,有些已是现代球面天文学中所用的方法。第五卷和第六卷提出了月体光魄定向(即日心和月心联线的方向)的算法、日月食亏复方位的算法,这是王锡阐的首创,后来被《历象考成》(编成于康熙末年)采用。此外,该书还提出了金星凌日和五星凌犯的计算法,这在中国文献中,也是第一次谈及。①《历说》和《历策》所述也极"精核",与《晓庵新法》"互有详略",可互相参看。②

《五星行度解》和《日月左右旋问答》对天体运行的理论,做了很有价值的探讨。如《五星行度解》讨论了日月离地和五星离日有远近变化的原因,说:"历周最高卑之原,盖因宗动天(原注:借西历名)总挈诸曜为斡旋之主,其气与七政相摄,如磁之于针,某星至某处则向之而升,离某处则违之而降。升降之法,不为直动,而为环动(原注:凡天行悉为环动)。"这里作者已经注意到了各星球间相互吸引的现象,是讨论引力的先声。再如,《日月左右旋问答》探讨了天体的左旋和右旋问题。作者通过三个人的对话,步步深入地说明了右旋论的正确性。

《大统历法启蒙》和《西历启蒙》是概括介绍中西历法的著作,史称其"隐括中西历术,简而不遗"③。《丁未历稿》是作者推算的 1667 年的年历。《推步交朔》和《测日小记》体现着王锡阐的光荣和骄傲。辛酉(康熙二十年,即公元 1681 年)八月朔应当发生日食,王锡阐以中、西法及己法推定时刻分秒,届时又与他人"五家法同测,而己法最密",因而写下了

---

① 席泽宗:《试论王锡阐的天文工作》,《科学史集刊》1963 年第 6 期。
② 《清史稿》列传 293《王锡阐传》。
③ 钱仪吉编:《碑传集》卷 132。

《推步交朔》和《测日小记》以记其事。①《圜解》是部数学书,"解勾股割圜之法,绘图立说,详言其所以然"②,这是治历不可缺少的知识。《三辰晷志》是作者为自己创造的一种仪器所写的说明书,这种仪器可兼测日、月、星。

王锡阐在研究天文历算中具有坚持不懈的钻研精神和严肃认真的科学态度。他说:"人明于理而不习于测,犹未之明也。"③"测愈久则数愈密,思愈精则理愈出。"④因此,他始终坚持实际观测,每遇天气晴朗的夜晚,总是登上屋顶"仰观景象,竟夕不寐"⑤,"每遇交会,必以所步、所测,课较疏密,疾病寒暑无间"⑥。"倘所测与予先推算者相合",还要"审其偶合与确合",倘两者不统一,则要"求其理违与数违,不敢苟焉以自欺"。⑦王锡阐之所以能够成为一个杰出的天文学家,除了前面所讲到的能够正确对待古人和外国人的成就,这种严肃认真、坚持不懈的钻研精神,显然也是一个重要因素。

三、梅文鼎

梅文鼎(1633—1721),字定九,号勿庵,安徽宣城人,是杰出的天文历算家。

他从小随父亲梅士昌和塾师罗王宾仰观星象,"辄了然于次舍运转大意"⑧。27岁时拜明朝逸民竹冠道士倪观湖为师,学习麻孟璇所藏台官《交食法》,能"稍稍发明其立法之故,补其遗缺"⑨,著《历学骈枝》2卷,后增为4卷。从此立志学习历算。"值书之难读者,必欲求得其说,往往

---

① 钱仪吉编:《碑传集》卷132;《清史稿》列传293《王锡阐传》。
② 钱仪吉编:《碑传集》卷132。
③ 王锡阐:《晓庵遗书·杂著·测日小记序》。
④ 王锡阐:《历策》。
⑤ 蔡冠洛编著:《清代七百名人传·王锡阐》。
⑥《清史稿》列传293《王锡阐传》。
⑦ 王锡阐:《晓庵遗书·杂著·推步交朔序》。
⑧⑨《清史稿》列传293《梅文鼎传》。

至废寝食。"如有他事而中辍,则"耿耿不忘"。有时读其他书籍,无意中解决了原来的疑难问题,则往往"乘夜秉烛,亟起书之。或一夕枕上之所得,累数日书之不尽。残编散帙,手自抄集,一字异同,不敢忽过"。发现懂行的,"虽在远道不惮褰裳往从。畴人子弟及西域官生,皆折节造访"。有人向他请教,也肯"详告之,无隐,期与斯世共明之"。① 就这样孜孜不倦刻苦钻研数十年,著书 80 多种,终于成为成绩辉煌的天文历算家。遗著后由其孙梅毂成整理成《梅氏丛书辑要》62 卷,出版行世。

梅文鼎在数学上的贡献最为突出。他的主要数学著作有:《笔算》5卷,介绍西方的笔算;《筹算》2 卷,介绍纳白尔算筹;《度算释例》2 卷,介绍伽利略比例规;《少广拾遗》1 卷,介绍中国古代的高次方程;《方程论》6卷,介绍中国古代的一次联立方程解法;《勾股举隅》1 卷,记述直角形勾、股、弦、合、较等的互求问题;《几何通解》1 卷,记述以勾股定理解《几何原本》中的一些问题;《平三角举要》5 卷,内容为平面三角学;《方圆幂积》1卷,介绍圆方互容和球与立方体的互容问题;《几何补编》4 卷,讨论了四等面体、八等面体等,对《几何原本》的内容多有补充;《弧三角举要》5 卷,内容为球面三角学;《环中黍尺》5 卷,主要讲球面三角法中余弦定理的几何证明;《堑堵测量》2 卷,主要叙述球面直角三角形弧角关系式的几何证明。②

梅文鼎的上述数学著作,对西方新传入中国的数学知识进行了系统的整理和介绍,内容虽然大多根据《几何原本》《同文算指》③和《崇祯历书》所收各书,但经过了融会贯通,全是用自己的语言叙述出来的。如《平三角举要》和《弧三角举要》两书,比《崇祯历书》中关于平面三角学和球面三角学的叙述清楚得多,对初学者来说是较好的入门书。另外,梅

---

① 钱仪吉编:《碑传集》卷 132。
② 参见李俨、杜石然《中国古代数学简史》,中华书局 1963 年版。
③《同文算指》,明末介绍西方算术知识的一部书,系李之藻和利玛窦据德人克拉维斯所著《实用算术概论》译出,但也参考了中国传统数学著作,包括一些中国有而西算无的算法。

文鼎的这些著作还善于"发西书之覆而订补之"①，如《几何补编》和《堑堵测量》中有许多关于立体几何的内容都是当时传入我国的西方数学尚未涉及的问题。再如积化和差术（即九九加减术），在明清之际由西洋传入中国，但西方传教士"仅举其名，不详其说，意若有甚珍惜者"，梅文鼎因而自力更生独立钻研数十年，终于"得其条贯"。②

梅文鼎的数学著作在继承和发展我国古代传统数学方面，也有一定的贡献，能够"搜古法之根而阐明之"③。如对于几乎失传的垛积招差术（即高等差级数），梅文鼎进行过深入的研究，搞清了"其中原委"，并让其孙梅瑴成"衍为垛积之图"。④ 再如在《勾股举隅》中，梅文鼎提出了关于勾股定理的新证法。

梅文鼎在天文历法方面的成就也极精深。其这方面的主要著作有《元史历经补注》2卷、《古今历法通考》70余卷、《春秋以来冬至考》1卷、《庚午元算考》1卷、《郭太史历草补注》2卷、《大统立成注》2卷、《回回历补注》3卷、《西域天文书补注》2卷、《三十杂星考》1卷、《四省表景立成》1卷、《西国日月考》1卷、《求赤道宿度法》1卷、《交食管见》1卷、《帝星句陈经纬考异》1卷、《历学疑问》3卷、《历学疑问补》2卷等。其中，《古今历法通考》全面、细致地研究了我国自汉代以来的70多种历法，是我国第一部历学专史。《历学疑问》是其鉴于天文历法很复杂，专门性的著作不易看懂，致使一般人"犹若望洋"，摸不清头绪，因而仿照元人赵友钦《革象新书》的体例，作了一部"简要之书，俾人人得其门户"。其余的著作则有的"发明（中国之）古法"，有的发明（西洋所传来的）新法算书，或正其误，或补其缺。⑤

对于天文历算的"图与器"，梅文鼎非常精通，"一见即得要领"。古六合、三辰、四游之仪，他能"以意约为小制"，又自制了月道仪、揆日测高

---

① ③ 梅文鼎：《梅氏丛书辑要・凡例》。
② 梅文鼎：《勿菴历算书目》，《知不足斋丛书》本。
④ 梅文鼎：《勿菴历算书目・平立定三差详说》，《知不足斋丛书》本。
⑤ 《清史稿》列传293《梅文鼎传》。

诸器，"皆自出新意"。他曾到京师观象台参观新制的六种观测仪器（包括天体仪、黄道经纬仪、赤道经纬仪、地平经仪、象限仪、纪限仪）及元人郭守敬所创简仪和明初制造的浑球，"指数其中利病，皆如素习"。在这一方面，梅文鼎也写了不少著作，诸如《测器考》《自鸣钟说》《壶漏考》《日晷备考》《璇玑尺解》《勿庵测望仪式》《勿庵仰观仪式》《月道仪式》等皆是。①

梅文鼎的天文历算成就在其生前即已受到普遍的重视，产生了很大影响。跟随他学习的人很多，他的许多著作正是为了解答求教者的疑难而写出来的。如《答李祠部问历》1 卷，是因礼部郎中李焕斗向他问历法而作；《答刘文学问天象》1 卷，是因与"沧州老儒刘介锡同客天津"，刘向他问历法而写；《七十二侯太阳纬度》1 卷，是"承友人之问"而撰；《写历步历法》1 卷，则是因为潘天成向他学历，"而苦于布算"，故著此书以"授之"。②

梅文鼎的成就还得到重视自然科学的康熙皇帝的重视。由于李光地的推荐，康熙皇帝看到了梅文鼎的《历学疑问》一书，并在上面圈点涂抹、签贴批语。李光地请求指出错误，康熙皇帝答以"无疵谬"。1705 年南巡，康熙皇帝把梅文鼎召到御舟中谈话，连续谈了三天，谈后对李光地说："历象算法，朕最留心，此学今鲜知者，如文鼎，真仅见也。"在梅文鼎离去时，康熙皇帝又特赐"绩学参微"四字以鼓励。1714 年，康熙皇帝嘱咐梅文鼎的孙子梅毂成将官修《律吕正义》给梅文鼎寄去一部，让他发现错误即予指出。1721 年梅文鼎去世，康熙皇帝"特命有地治者经纪其丧"。史称梅文鼎得到的"恩宠为千古所未有"，"士论荣之"。③

梅文鼎逝后，其在天文历算方面的成就仍然享有很高的声誉，阮元的《畴人传》说道："自征君（梅文鼎）以来，通数学者后先辈出，而师师相传，要皆本于梅氏。钱少詹（大昕）目为国朝（清朝）算学第一。"近代还有

---

① ②《清史稿》列传 293《梅文鼎传》。
③ 阮元：《畴人传》卷 37。

人把梅文鼎与英国的牛顿(1643—1727)、日本的关孝和(1642—1708)合称为17世纪世界三大数学家。

四、梅瑴成

梅瑴成(1681—1764),字玉汝,号循斋,又号柳下居士,是梅文鼎的孙子。与祖父一样,他也是著名的天文历算家。他自幼跟随梅文鼎学习天文历算,"南北东西,未离函丈"①,并辅助梅文鼎进行学术研究。康熙四十五年(1706)被召入宫,跟随康熙皇帝学习数学,学业更加长进。从康熙五十一年(1712)起参加官修《律历渊源》编纂工作,充总裁,②经过近十年的工作,于康熙六十年(1721)完成。到了晚年,写成《增删算法统宗》。又编辑其祖父梅文鼎的历算著作,成《梅氏丛书辑要》,辑要后附有自己的著作《赤水遗珍》和《操缦卮言》。

《律历渊源》共100卷,包括《历象考成》42卷、《数理精蕴》53卷、《律吕正义》5卷。《历象考成》专讲天文历法,《律吕正义》阐述音乐原理。《数理精蕴》介绍数学知识,梅瑴成用力最大的是这一部分,他在《增删算法统宗》卷一《国朝算学书目》中"数理精蕴"条下就自题:"康熙己亥(按:五十八年,即1719年)翰林梅瑴成等编。"现在能够确知系梅瑴成手笔的,是该书下编"体部"所附勾股法四条。③《数理精蕴》对当时传到中国的西方数学知识做了很好的整理,对中国古代的传统数学知识也做了比较性的研究,涉及当时数学知识的各个方面,足以反映当时的数学水平。它的内容虽然大部分不超过前人的著作,但也有一些前所未有的新东西,如对数造表法以及借根方。《数理精蕴》的编成虽然不能看作梅瑴成一人的功劳,但他系重要编纂者,这部书凝结着他的心血。

《算法统宗》是明人程大位的著作。这是一部应用数学书,以珠算为主要的计算工具,主要以从其他数学著作中摘取的办法,汇编了595个

---

① ② 见梅瑴成《增删算法统宗》凡例后自识语。
③ 严敦杰:《清代数学家梅瑴成在数学史上的贡献》,《安徽史学通讯》1959年第3期。

问题,公元 1592 年写成后,曾长期广泛流行。梅瑴成的《增删算法统宗》,对《算法统宗》"重加校勘,删其繁芜,补其缺遗,正其讹谬,增其注解"①。其所增补,主要根据梅文鼎的著作,而其所删则主要是语涉迷信及若干无关紧要的部分。

梅瑴成在编辑《梅氏丛书辑要》时也表现出了卓越的数学修养。他对梅文鼎数学著作的排列顺序是《笔算》《筹算》《度算释例》《少广拾遗》《方程论》《勾股举隅》《几何通解》《单三角举要》《方圆幂积》《几何补编》《弧三角举要》《环中黍尺》《堑堵测量》,这和近代的数学各门类排列顺序(算术、代数、平面几何、平面三角、立体几何、球面三角……)是类似的。这样的顺序符合数学史的发展线索,梅瑴成排出这个顺序,说明他对数学发展过程的理解是相当深刻的。

《赤水遗珍》是短篇数学论著。它的一个很值得注意的成就是最早翻译了西洋割圆密率捷法,并做了简要说明,突破了旧的几何割圆方法的传统,为后来学者的进一步研究开辟了道路。另外,它还提出了对古算书《测圆海镜》和《四元玉鉴》的研究,这在保存古代数学文献上是有积极意义的。

《操缦卮言》是短篇天文历法论文集。其中主要阐明了编纂《明史》中《天文志》《历志》的原则和内容,对凌犯、里差等问题也进行了精辟的论述。在该书的《仪象论》中,梅瑴成叙述了清初北京观象天文仪器的变迁。他说,清初在北京的观象台上继续使用明代仿元制作的各种仪器,"康熙八年命造新仪,十一年造成,安置台上,其旧仪移置他室藏之","康熙五十四年,西洋人纪理安欲炫其能而灭弃古法,复奏制象限仪,遂将台下所遗元明旧器作废铜充用,仅存明仿元制浑仪、简仪、天体三仪而已,所制象限仪成,亦置台上"。他还说:"余于康熙五十二、三年间,充蒙养斋汇编官,屡赴观象台测验,见台下所遗旧器甚多,而元制简仪、仰仪诸器,俱有王恂、郭守敬监造姓名。虽不无残缺,然睹其遗制,想见其创造

---

① 见该书自序。

苦心,不觉肃然起敬也。乾隆年间,监臣受西洋人之愚,屡欲捡括台下余器,尽作废铜送制造局。廷臣好古者闻而奏请存留,礼部奉敕查检,始知仅存三仪。殆纪理安之烬余也。夫西人欲籍技术以行其教,故将尽灭古法,使后世无所考,彼盖得以居奇,其心叵测。乃监臣无识,不思存什一于千百,而反助其为虐,何哉!"梅毂成的这个叙述,表现了他对祖国传统天文学的深厚感情,同时也深刻论述了西方传教士搞科技和"传其教"的关系,表现了其敏锐的政治眼光。梅毂成既不排斥西方的科技知识,又对西方传教士的侵略本质有所认识,这在当时是难能可贵的。

梅毂成继承发扬了其祖父梅文鼎钻研天文历算的家学,他们祖孙二人的辛勤劳动对当代和后代具有很大的积极影响,其在我国天文历算发展史上的功绩将永远为人们所称道。

五、陈世仁

陈世仁(1676—1722),浙江海宁人,是著名的数学家。其著作《少广补遗》1卷,"专明垛积之法"[1],有很高的学术价值。

"垛积之法",即我国古代对高阶等差级数的求和法。在一个数列中,如果它的每一个后项减前项的结果(差)不一定相等,而当其差数组成了新数列时,新数列的每一个后项减前项的结果(差)都是相等的,那么,原来的那个数列就叫二阶等差级数。如果一个数列的每一个后项减前项所得到的差数组成新数列后,新数列的每一个后项减前项的结果(差)仍不相等,只有当新数列的每一个后项与前项的差组成又一个新数列之后,这又一个新数列的每一个后项减前项所得的结果(差)才是相等的,这时,原来的那个数列就叫三阶等差级数。依此类推,可知任意高阶等差级数的含义所在。我国古代数学家中最早对高阶等差级数的求和问题进行研究的,是北宋人沈括。在《梦溪笔谈》中,沈括提到"积隙一

---

① 阮元:《畴人传》卷41。

术"，"所谓积隙，即是垛积"，亦即高阶等差级数的求和术。① 不过，沈括只是提到了求二阶等差级数的和的特例。到了元代，数学家朱世杰又在其名著《四元玉鉴》中做了系统的研究，他提出的垛积术，解决了任意高阶等差级数的有限项求和问题，并可归纳出一系列有重要意义的公式。清代数学家继续研究有限项级数求和问题，除陈世仁之外，汪莱（1768—1813）、罗士琳（1791—1823）、董祐诚（1791—1823）和李善兰（1811—1882）都曾在这方面付出心血。其中鸦片战争前成就最大者则应推陈世仁。在《少广补遗》中，他叙述了有限项数求和公式37个。这些公式除了宋、元数学家已经掌握的，有些是抽掉奇数各项或抽掉偶数各项之后再来求和的问题，这是他的独到之处，其中抽掉偶数项之后的各种求和公式尤具创造性。而陈世仁的这些独到之处，连康熙以前传入的西方数学也没有丝毫涉及。《畴人传》称赞陈世仁"详人之所不详，其用心有足尚已"②，这个评论是符合实际的。

六、明安图

明安图（约1692—1765），字静庵，蒙古族，正白旗人，是著名的天文历算家。幼年时曾以官学生的身份跟随康熙皇帝学习数学。康熙五十一年（1712）五月，康熙皇帝"驾幸避暑山庄"，当时身为官学生的明安图，与天文历算工作者陈厚耀、何国柱、何国宗、成德等"皆扈从侍直"，康熙皇帝"亲临提命，许其问难如师弟子"。③ 在康熙皇帝的指导下，明安图"所学精奥异人"④。后来，他又先后担任过钦天监时宪科五官正、兵部郎中和钦天监监正等职，长期从事天文历算工作。除了日常的观测研究，他还多次参加重要的官修天文历算著作活动，自己也写出过学术价值极高的专著。

---

① ② 阮元：《畴人传》卷41。
③ 《清史稿》志20"时宪一"。
④ 阮元：《畴人传》卷48。

康熙年间，官修《律历渊源》，明安图参加了该书编写过程中的"考测"事宜，该书所载雍正二年(1724)五月十七日"奉旨开载纂修编校诸臣职名"中，在负责"考测"的职名之下，就写有"食员外郎俸钦天监五官正臣明安图"字样。雍正八年至十年(1730—1732)，清政府修正《历象考成》，编出《日躔月离表》一书，据考证，明安图也是其编撰者之一。[①] 乾隆七年(1742)编撰完毕的官修《历象考成后编》，明安图同样是其重要的编纂人。《历象考成后编》集明代以来中西天文历法科学之大成，在清代学术界享有很高的声望，这种成就的取得与明安图的努力是分不开的。乾隆九年至十七年(1744—1752)，明安图还参加了著名的官修《仪象考成》的编写工作，担任其中繁杂的"推算"事宜，用自己的辛勤劳动为其编写成功作出了重要贡献。

明安图的学术专著是《割圆密率捷法》。康熙年间来中国的法国传教士杜德美，曾向中国介绍过西方新的数学成就割圆三法，包括圆径求周、弧背求正弦、弧背求正矢，但"其所以立法之源，乃无一语道及；且只立乘除之数，但云截去末八位，藏匿根数，秘而不宣"[②]。明安图"知其理深奥，索解未易，因积思三十余年"[③]，写作专著《割圆密率捷法》一书，用自己的独立钻研，解决传教士不肯说明的东西。此书在明安图去世前未能完稿，他留下遗嘱，让儿子明新和弟子宛平人陈际新、宝应人张肱续作。明新等遵照父、师遗命，"相与讨论，推步校录"，又"质以平日所闻面授之言"，经过数年的努力，终于在乾隆三十九年(1774)最后成书。[④]

《割圆密率捷法》共分四卷，一曰步法，二曰用法，三、四两卷曰法解。前两卷是明安图的遗稿，后两卷系陈际新等续成。在第一卷"步法"中，明安图论证了割圆十三术，即圆径求周，弧背求正弦，弧背求正矢，弧背求通弦，弧背求矢，通弦求弧背，矢求弧背，正弦求弧背，正矢求弧背，余弦求正弦、正矢，余矢、余弦求本弧，借弧背求正弦、余弦，借正弦、余弦求

---

① 史笃：《蒙古族学者明安图在我国科学史上的贡献》，《民族团结》1964年2、3月号。
②④ 阮元：《畴人传》卷48。
③ 《清史稿》列传293《明安图传》。

弧背。明安图的这些论证,是在西洋算法的启示下,以中国的传统数学为基础独立做出的,不仅揭示了被杜德美藏匿的原有三法的"立法之原",而且提出了一系列新公式,大大超出了当时传入的西洋数学知识水平。

《割圆密率捷法》在中国数学史上占有很高的地位。清人罗士琳在19世纪中叶赞扬明安图独立钻研,在学术上与外国的传教士相抗衡,"可谓自能树立",其子明新又能"继父志,不坠家声。方之古人,洵堪与北齐祖冲之父子媲美"。他还把明安图的割圆捷法称为"明氏新法"。[①] 此后,清代数学界研究《割圆密率捷法》者极多,利用明氏新法研究其他数学问题也很风行。这反映了明安图的《割圆密率捷法》影响之大。不过,这本专著在写成60多年后才正式出版(1839)。在此以前,传抄于世的只有十三术中的九术,所以清人著作中一般只称作"割圆九术",有的人甚至连这九术也不知出自何人。

明安图的成就是中国人民的骄傲,他打破了西方传教士的垄断,说明中华民族中的各个民族都有极大的创造才能和高度的聪明智慧。

七、博启

博启,号绘亭,满洲正白旗人,乾隆中任钦天监监副,是著名的数学家。他对数学素有研究。"尝因勾股和较(按:较为两数相减所得的差)之术,前人论之极详,独勾股形中所容之方边、圆径、垂线三事,尚缺未备。爰以三事分配和较,创法六十。"很可惜,他的著作,没有刊印,渐湮没无闻,"所传者,惟有方边及垂线求勾、股、弦一题"。[②] 他的学术成果,价值很高,"其所传一题在道光初年,每为监正方履亨举以'课士'"。以后罗士琳又仿博启遗法"以补监副(按:指博启)之佚","复立无元一术,为演得三事和较六十题,兼增立天、地两元为广例二十五术,撰《勾

---

① 阮元:《畴人传》卷48。
② 《清史稿》列传293《博启传》。

股容三事拾遗》四卷"。① 由于罗士琳的大力表彰,博启之术遂得"复明于世"②。

八、王贞仪

王贞仪(1768—1797),女,字德卿,祖籍安徽泗州(今安徽泗县),自祖父起迁居金陵(今江苏南京)。她到过吉林、北京、陕西、湖北、广东等地,25 岁与安徽宣城人詹枚结婚,30 岁去世。她在世时间不长,阅历却相当广,而且多才多艺,文武俱全:"尝学射于蒙古阿将军之夫人,发必中的,每角射,跨马横戟,往来若飞";"淹贯群籍",诸如"天文算法""医卜壬遁","靡不通贯";"尝夜坐观天象,言晴雨丰歉皆奇验";对于诗文也很精能,"皆质实说事理,不为藻饰"。其著作有《德风亭初集》14 卷、《德风亭二集》6 卷、《绣纬余笺》10 卷、《星象图释》2 卷、《筹算易知》1 卷、《重订策算证讹》1 卷、《西洋筹算增删》1 卷、《女蒙拾诵》1 卷、《沈疴呓语》1 卷、《历算简存》5 卷、《象数窥余》4 卷、《文选诗赋参评》10 卷等。清人钱仪吉说她"有实学","班惠姬(即班昭)后一人而已"。③ 对这个评价王贞仪是当之无愧的。

在各种学问中,王贞仪最擅长的是天文历算。当时,"世之谈理者",将天文历算看作"迂而无当于道,艰而不利于习",因而"谈笑置之,且交引六合以外存而勿论之说"以辩解。王贞仪非常鄙夷这种态度。她极力肯定天文历算的作用,指出:"象数之学,大而授时定历、正律审音、算量分秒,达微征显,用之若此其广,习之若此其切。"④"数者,历之理也,固生民日用之所不能废也。"⑤在充分认识天文历算知识重要性的情况下,王贞仪为掌握它而付出了艰苦的劳动。她"少小习历

---

① 阮元:《畴人传》卷 48。
②《清史稿》列传 293《博启传》。
③《清史稿》列传 295《詹枚妻王传》;诸可宝:《畴人传三编》卷 7;蔡冠洛编著:《清代七百名人传·王贞仪》;王贞仪:《德风亭集》卷首《小传》,《金陵丛书》本。
④ 王贞仪:《德风亭集》卷 1《历算简序》。
⑤ 王贞仪:《德风亭集》卷 1《象数窥余自序》。

习算诸籍,恒废寝食以求之,又研究勾股、测量、方程之术"①。其祖父遣戍逝于吉林,遗下"藏书七十五柜,乃护持而涉猎焉"②。"或以历算之学,非闺阁中所宜习"③,她却根本不理那一套,照样学习、研究和著书立说。功夫不负有心人,长期的"潜心稽究"④,终于使她成为很有成就的天文历算家。

王贞仪的天文历算著作内容十分丰富,几乎包括了当时天文历算知识的各个方面。清人朱述之见到其《德风亭集》后曾作跋说:"(王贞仪的)杂文如《勾股三角论》、《日食论》(按:'日'当作'月')、《岁差日至辨疑》、《盈缩高卑辩》、《经星辩》、《黄赤二道辩》、《地圆论》、《地球比九重天论》、《岁轮定于地心论》、《五星随天左旋论》、《筹算易知自序》、《历算简存自序》,皆足以见天文算学之大略。"⑤她的著作纠正了一般天文历算著作的一些错误,如《岁差日至辨疑》,就是因为她看到"历书中凡岁里二差及论日至等类,除宣城梅定九、桐城方涪翁两先生所著历算等书而外,余虽有善本,然不免讹舛者几半之,否则注解不明,否则议论非是",因而根据自己的研究,"辩其疑","详其法","证其得失",从而写出了这篇论文。王贞仪所写的天文历算著作,力求通俗简明,如《象数窥余》,"务求其理众晓,且简直明晰,而不疑于用,更不繁引多取以混心思,是盖著其实也"⑥。其《筹算易知》,是将梅文鼎的《筹算原本》"损繁指奥,述成一编,使初学朝得,暮能习之,显若指掌"⑦。王贞仪在写作时之所以注意通俗简明,乃是因为她反对知识私有的思想和做法。她曾激烈地抨击这种现象说:有人"少有所得",即"深自矜秘,遇有叩之者,唯是摇手欠申,漫答

---

① 王贞仪:《德风亭集》卷 1《象数窥余自序》。
② 蔡冠洛编著:《清代七百名人传·王贞仪》。
③ 王贞仪:《德风亭集》卷 1《历算简存自序》。
④ 王贞仪:《德风亭集》卷 5《岁差日至辨疑》。
⑤ 《德风亭集》朱述之跋,见蔡冠洛编著:《清代七百名人传·王贞仪》。
⑥ 王贞仪:《德风亭集》卷 1《象数窥余自序》。
⑦ 王贞仪:《德风亭集》卷 1《筹算易知自序》。

之而已。噫，象数之学，岂一人一家之可得而私者哉"！① 王贞仪的这种思想，在当时是难能可贵的。

王贞仪在研究天文历算时，很注意做实验。如有一次她家在德风亭搞了一次晚宴，亭子中间有一大圆桌，亭中梁上用绳子吊着一个大水晶灯，东西窗边的长桌各有一面大圆屏镜。看到这种情形，她忽然想起月蚀等现象，于是做起了模拟实验，以吊灯当太阳，圆桌当地球，西窗的屏镜当月亮。经过反复调整吊灯和屏镜的位置、角度，终于模拟出了月蚀等现象，"恍然悟月食之理，且可以悟天之内、地之外，四围空洞，虽日在地下，月在地上，若不相见，而实无不见也"②。王贞仪对于中、西的天文历算知识能不存偏见，兼采其长。她曾说："中西固有所异，而亦有所合"；"理求其是，何择乎中西"。③ 上述两种治学态度，也是其得以在天文历算上达到较高造诣的重要原因。

由于一生致力于多种学科的研究，特别是在自然科学的研究上花了很大力气，因而王贞仪对客观世界有较深刻的认识，形成了朴素的唯物主义思想。她曾明确地说："天，浑然物也。"④在这种朴素唯物主义思想的指导下，她与佛教唯心主义做过尖锐的斗争，"于浮屠辟之甚力"⑤。对于搞封建迷信的风水先生，她也做过深刻的揭露，指出："今之葬师堪舆，其人者吾知之矣，大抵多以黠术动人"，"呫呫乎借以营己之利，变惑人心之是非"。在她之前，南京人黄卓我著《葬经辟异》一书，对"世之持黠术以为堪舆葬师者"进行了批判。此书受到百姓的欢迎。而靠黠术骗人的堪舆葬师则"交口毁诋"，又"故多作伪本，以窜其真"，"互以荧惑其板，使阅者昧其正义，而无所取"，使此书"渐不行"。后来，王贞仪的一个族叔"以家藏卓我《辟异》原本，细为较订、笺证，分六卷焉，拟付梓"。王贞仪

① 王贞仪：《德风亭集》卷1《象数窥余自序》。
② 王贞仪：《德风亭集》卷7《月食解》。
③ 王贞仪：《德风亭集》卷7《勾股三角解》。
④ 王贞仪：《德风亭集》卷5《岁差日至辨疑》。
⑤ 王贞仪：《德风亭集》卷首《小传》。

对这个举动非常赞成，为了使"黜术不能行，而人人无惑"，特地为之作序介绍。[1]　有一次王贞仪家办葬事，她特地写信给父亲，让他不要听信堪舆家的胡言乱语，说："大抵堪舆之流，多不读书，故只论名势，不理正理，专将富贵、贫贱、祸福、休咎语言来扰惑人心，以营己利，务祈父亲断不可全把堪舆言作准。"[2]

在封建社会里，"女子无才便是德"。封建礼教的束缚，使妇女的聪明才智受到极大压抑。而王贞仪在这种情况下，却能冲决网罗，为我国古代科技的发展作出很大贡献，这是非常值得钦佩的。

九、项名达

项名达（1789—1850），原名万准，字步莱，号梅侣，浙江仁和（今杭州）人。嘉庆二十一年（1816）举人，考授国子监学正。道光六年（1826），登进士，授官知县，不就职，退而专攻数学。为了研究，他"虽寒暑饥渴不暇顾。苟有得，则欣然意适，若无可喻于人"[3]。他的数学著作甚多，但大多散佚，保存下来的只有《椭圆术》1卷、《下学庵勾股六术》1卷、《平三角和较术》1卷、《开诸乘方捷术》1卷等。

项名达认为，"守中西成法，搬衍较量，畴人子弟优为之。所贵学数者，谓能推见本原，融会以通其变，竟古人未竟之绪，而发古人未发之藏耳"[4]，故他的研究成果多具独创性。"勾股乃学数初步"，然而"恒苦和较诸术之纷糅，未入门先作门前之绕，往往阻于难而莫敢入"。有鉴于此，项名达写了《勾股六术》，"爰取旧术稍为变通"，使读者学起来"简而明，条焉而不紊，一展卷瞭然矣"。[5]

在明安图对于割圆术做过深入的研究之后，又有董祐诚再做研究。

---

[1] 王贞仪：《德风亭集》卷1《葬经辟异序》。
[2] 王贞仪：《德风亭集》卷4《奉家父书》。
[3] 《清史列传》卷73《项名达传》。
[4] 诸可宝：《畴人传三编》卷3。
[5] 诸可宝：《畴人传三编》卷3；《清史稿》列传294《项名达传》。

而项名达则在董祐诚之后再次探讨。董祐诚提出了四个公式,项名达将之简化为两个公式。另外,项名达还提出了求椭圆周长的独特方法。这些在数学发展史上都是很有价值的成果。

第二节 气象学

清朝建立后,气象学这门古老的学问仍在继续开出新花朵。

清代很注意对各种气象的观察和记录。为了测量雨水的大小,康熙、乾隆时期向各地陆续颁发了雨量器。这种雨量器高一尺、广八寸,并有标尺,以黄铜制成。[①] 测量的结果要记录、上报,许多地区的记录因而得以保存下来,如北京地区自雍正二年(1724)到光绪二十九年(1903)长达180年的雨雪日月时辰,在北京故宫的原文献馆里,就有资料可查。[②] 为了更好地掌握气候的变化,康熙皇帝还提出了建立统一的气象观测网的设想,据记载,康熙五十五年(1716)三月,他对大学士、九卿等说:"朕常立小旗占风,并令直隶各省,凡起风下雨之时,一一奏报。见有京师于是日内起西北风,而山东于是日内起东南风者。"[③]

清代在气象仪器方面也有显著的成就——黄履庄发明了温度计及验燥湿器。黄履庄生于顺治十三年(1656),江苏广陵(今扬州)人。他善思深虑,"如一思碍而不得,必拥衾达旦,务得而后已焉"。他发明了许多仪器和机械,其中,温度计当时叫验冷热器,"此器能诊虚实,分别气候,证诸药之性情,其用甚广";验燥湿器,"内有一针能左右旋,燥则左旋,湿则右旋,毫发不爽,并可预证阴晴"。[④]

清代除观测气象、创造气象仪器之外,还设法与恶劣的气候做斗争,

---

① 竺可桢:《气象仪器》,《大公报》1951年5月4日。
② 竺可桢:《中国过去在气象学上的成就》,《光明日报》1951年4月18日。
③《清圣祖实录》卷267。
④ 张潮辑:《虞初新志》卷6。

其中特别值得一提的是进行人工消雹活动。清初人刘献庭在《广阳杂记》卷三说:"平凉一带,夏五、六月间,常有暴风起,黄云自山来,风亦黄色,必有冰雹,大者如拳,小者如栗,坏人田苗,此妖也。土人见黄云起,则鸣金鼓,以枪炮向之施放,即散去,或有中者,必洒血雨,云则渐低而去,入山穴中。人逐其迹,围其穴,以火药薰之,久之其物死,掘而出之,非大蛇则大蟆也,口中腹中皆冰块云。"这段记载,迷信成分颇多,但拨开此迷雾,即可得知,当时甘肃一带已开始使用火炮来消除冰雹,这说明,早在300年前,中国已有人工消雹,这在其他国家当时并未出现。

第三节 物理学

一、方以智

方以智(1611—1671),字密之,号曼公,桐城(今属安徽)人,是著名的思想家和科学家。明崇祯十三年(1640)进士,任翰林院检讨。后来清兵南下,他出家为僧,更名弘智,字无可,别号药地。康熙十年(1671)赴吉安谒文天祥墓,逝于途中。他"博涉多通,自天文、舆地、礼乐、律数、声音、文字、书画、医药、技勇之属,皆能考其源流,析其旨趣"[1]。著书数万言,包括《通雅》《物理小识》《东西均》《药地炮庄》《浮山集》等多种,其中《通雅》《物理小识》影响尤大。

方以智在物理学上的主要贡献是,正确地解释了蒙气差现象。由于地球周围的大气有折射作用,光线通过它们时变得曲折,因此,观测者所看到的天体的方向和天体的真方向是存在差别的,天体视高度比真高度大,这两个高度的差别就叫作蒙气差(即"大气折射改正")。天体离地平线越近,蒙气差越大,渐高渐小,到天顶时就没有蒙气差。这种现象,晋朝天文学者姜岌已经发现并做了研究。到了清初,方以智继续加以研究,他说:"气映差……置钱于碗,远立者视之不见。注水溢碗,钱浮水面

---

[1] 《清史稿》列传287《方以智传》。

矣。此犹日未出而水光浮。"①这段形象的描绘,说明他对蒙气差原理的了解,已经极为透彻了。

二、孙云球

孙云球(1628—1662),字文玉,又字泗滨,江苏吴江人,寓居苏州虎丘。康熙初年去世,年33岁。他幼年聪明,13岁为吴江县学生。后因其父亲(福建漳州知府)孙志孺去世,家境衰落,"常卖药得资"以维持生活。他一生巧思善制。其生活的时代,正是西方科学传入中国之时,因此,他或多或少接受了一些外来知识,并以自己的智慧独立创制和发明了多种光学仪器,"凡有所制造,时人服其奇巧",成为著名的民间光学仪器制造家。他又总结了多年的造镜经验,写成《镜史》1卷,当时,"市坊依法制造,各处行之"。②

他制造的千里镜(即望远镜)最为"奇绝"。望远镜最早发明于欧洲,不久传入中国,万历四十三年(1615)印行的由葡萄牙来华传教士阳玛诺著的《天问略》最早提及它,以后在德国人汤若望和中国人李祖白合译的《远镜说》中又有正式介绍,但此书对其制法谈得非常简略。随后又有少数实物传入中国。孙云球所制造的望远镜系何种式样,现存资料中并无直接说明,但据有关资料推测应是折射式伽利略望远镜,就是物镜为单一凸透镜、目镜为单一凹透镜的望远镜。③ 孙云球曾将他所造的望远镜赠给"患短视"(即近视)的浙江天台人文康裔,两人一同登上苏州虎丘,

---

① 方以智:《物理小识》卷1。
② 钱思元辑:《吴门补乘》卷2"物产补";民国《吴县志》卷75"艺术二"。
③ 约在1608年,眼镜制造者伯利休(荷兰人)发明了望远镜。1609年,伟大的物理学家、天文学家伽利略(意大利人)用一个凸透镜和一个凹透镜制成望远镜,人们把它称为"伽利略望远镜"。伽利略在世界上第一个使用望远镜来观测天文。1611年,天文学家开普勒(德国人)用两个凸透镜制成望远镜,人们把它称为"开普勒望远镜"。伽利略和开普勒的望远镜都是折射式望远镜,这种望远镜的透镜物质对各种光折射后使彩色形象出现模糊。为了避免这一现象,1672年,物理学家牛顿(英国人)用金属凹镜制成反射式望远镜,但这种望远镜也有其缺点,并不能取代折射式望远镜,因此这两种望远镜同时被人们使用。参见王锦光《清初光学仪器制造家孙云球》,《科学史集刊》1963年第5期。

用望远镜观察，"远见城中楼台、塔院，若在几席，天平、灵岩、穹窿诸峰，峻嶒苍翠，万象毕见"。文康裔于是赞叹不绝，连称"神哉"。[1] 孙云球是我国民间独立制造望远镜的第一人。

孙云球在眼镜制造上也有很大成就，是苏州制造眼镜的创始人。我国古代没有眼镜，至晚到宋代已知水晶能照物，但并没有做成眼镜。到元、明以后，眼镜开始由国外传入，其中以远视眼镜为主，都用玻璃制成。"老人目昏不辨细书，张此物（即眼镜）加于双目，字明大加倍"。由于最初数量不多，眼镜在明代"极为贵重，或颁自内府，或购之贾胡，非有力者不能得"。[2] 孙云球创造性地用水晶为原料，制成眼镜，"明佐人目力"。他不但能制远视镜，而且还能造近视镜，即"以年别者老少花，以地分者远近光"。"老少花"即不同年龄的老年人所适用的各种不同度数的远视眼镜，"远近光"即指远视眼镜和近视眼镜。他还能针对患者视力的具体情况，配上度数适宜的镜子，"随目对镜，不爽毫发"，因而"闻者不惜出重价相购"。[3]

此外，孙云球还制造了存目镜，"百倍光明，无微不瞩"，就是现在的放大镜；察微镜，学者认为可能是复式显微镜；[4] 万花筒镜，"能视一物化为数十"；其余鸳镜、半镜、夕阳镜、多面镜、幻容镜、放光镜、夜明镜等，"种种神明，不可思议"。[5]

三、郑复光

郑复光，字元甫，号浣香，安徽歙县人，大约生活在 19 世纪上半叶，是清代伟大的光学家。他刻苦学习，对沈括的《梦溪笔谈》和汤若望的《远镜说》等著作进行了认真研究，吸收其优秀成果，同时又"雅善制器"，

[1] 民国《吴县志》卷75"艺术二"。
[2] 赵翼：《陔馀丛考》卷33"眼镜"。
[3] 钱思元辑：《吴门补乘》卷2"物产补"；民国《吴县志》卷75"艺术二"。
[4] 用一平面反光镜与一凸透镜构成，为复式显微镜。王锦光：《清初光学仪器制造家孙云球》，《科学史集刊》1963年第5期。
[5] 民国《吴县志》卷51"物产二"、卷75"艺术二"。

结合自己的实践经验,于1840年以前撰写了一部光学专著——《镜镜诒痴》,道光二十六年(1846)正式出版。[①]

《镜镜诒痴》是我国第一部比较系统的光学专著。全书共五卷,前三卷详细阐述了各种光学理论。作者认为"镜以镜物,不明物理,不可以得镜理。物之理,镜之原也","镜之制,各有其材,镜之能,各呈其事以类别也,不详厥类,不能究其归",因此在卷一中写了"明原"和"类镜"两部分,对物体的颜色、光线、影像、镜子类型和制镜用的材料、镜的质量等做了详细的分析和论述。他还认为"镜多变者,惟凹与凸。察其形,则凹在圆外,凸在圆内,天之大以圆成化,镜之理以圆而神",因而在卷二、卷三里专门写了"释圆"。"释圆"包括"圆理""圆凸""圆凹""圆叠""圆率"五个部分,仔细讨论了平面镜和凹、凸镜的成像原理以及凸、凹镜成像的性质,对凹与凸、两凸及两凸以上的透镜相切(即重叠)或相离(即离而叠之)所成之象的性质,凹透镜的焦距与凸透镜的焦距的比例关系和调整方法也都做了理论上的探讨。这些理论上的探讨为光学仪器的制造提供了可靠的依据。

《镜镜诒痴》的后两卷具体介绍了照影镜、眼镜、显微镜、取火镜、地镫镜、诸葛镫镜、取影镜、放字镜、三棱镜、多宝镜、柱镜、万花筒镜、透光镜、视日镜、测日食镜、测量高远仪镜、望远镜等17种光学仪器的构造和用途。其中主要的有如下几种:

眼镜。清初光学仪器制造家孙云球曾用水晶制成各类眼镜,而郑复光则从理论上和应用上做了系统的说明。关于保光镜(即平光镜),他认为其材料最好用水晶,因"水晶性凉,故能清目而保光也。患目益明,更宜墨晶"。其制作,"两面皆须极平,稍有凸凹即不适用"。其用途,"宜于观书或养静,盖观书正用目力时,镜性凉则清眦火也;养静正不用目力时,镜有影,则韬目光也。故寻常视物,用镜如无镜,若夜行则有镜反不如无镜矣"。关于老花镜,他指出这就是一种凸镜,或一面凸、一面平,或

---

① 郑复光:《镜镜诒痴·自序》,《连筠簃丛书》本。

两面俱凸，"然必中度，否则不适用"。"中年以后，目力渐衰，故睛凸处渐平，或气血不足，睛内不舒长，则视远如常，而视近昏花矣"，而凸镜正"所以益其不足也"。但它"不宜视远，尤忌夜行。不惟镜影韬光，且能视夜加黑故也"。另外，年龄不太大的人所用的老花镜，"其凸无几，视远尚不觉昏，不知者宝而用之，终日不去，以致目益加甚，不可救药矣。法宜视近即用，视远即除，凸宁浅为妙"。关于近视镜，他说："近视镜，凹镜也，或一面凹、一面平，或两面俱凹。人生而睛凸，或习于视近，以致睛不开广，见近极明，视远茫然，凹镜所以损其有余也。"他反对经常戴用近视镜，说："短视太甚，非闻声不能辨人，诚不能不籍凹镜为用，不知者宝而用之，或并戴以观书，致短日甚，则用之者过也。法宜少用，凹宁稍浅为妙。""凹镜专为短视人视远而设。至于夜行，虽短视甚者不得已用之，然镜影韬光，实无益也。"①

　　显微镜。郑复光所谈到的显微镜有通光显微和含光显微两类，其中，"通光显微以观洋画……其法：倒置画册于案侧，置含光（即平面反射镜）于上，立置显微（即凸透镜）于旁，目从显微上视含光内画，画影自顺"②。可见，它的整个装置是由一个平面镜和一个凸透镜组成。这种显微镜的放大率并不比单一的凸透镜大，但可减轻观察者的劳动强度。

　　地镫镜。"即含光凹（凹面镜）也。旧法：锡为烛台，高三尺余，后作凹形镜各四只，或六只、八只。演剧用之，亦颇助光。间有铜者，当较胜锡。""愈大愈妙，至小尺余可也。须活安固以螺旋，便于远近上下相对。"③这种装置是把反光镜放在光源的后面，跟现在舞台上照明所用的灯已很接近。

　　取影镜。即没有装照相纸的照相机。其构造是："作为木匣，前面空之，上面半实半虚，虚处安通光平玻璃。别作方匡，前面安版，版中心安通光凸（即凸透镜），方匡之大恰入匣前面，可进可出。别作勾股相等式架座，斜架含光平镜，架之大恰入匣为准。"简言之，就是把反射平面镜、

──────────

①②③ 郑复光：《镜镜诠痴》卷4。

凸透镜、通光平玻璃装在木匣内,用它可以摄取物影于通光平玻璃之上,且清晰如画。"若取人景,不但须眉毕具,并能肖其肉色,非绘事所及。"在通光平玻璃上蒙上一层纸,以笔照物影描绘,即可得其图像于纸上,只是"置镜必极黑暗,取影方能逼清"。这便"难于下笔",以笔描绘时"只可取其尺寸部位而已"。如果"安闸暗处","取影犹有未清",那是由于方匣安放位置不妥,可以调整,其法"物近则移出,物远则移进。嫌影过大,则置闸令远而移进;嫌影过小,则置闸令近而移出"。① 以上所说乃是被称为"旧式"的取影镜,另有"改式",是将方匣改用套筒,又在木闸上盖黑布,构造更为完善。

放字镜。其结构是:作一方闸,里面放上蜡烛或油灯作为光源,闸子顶部开一小孔洞,用以出烟,闸子前面也开一个孔洞,用以安装聚光透镜,灯头正对前孔,灯光便可通过聚光透镜而射出闸外,在闸子前孔的旁边还要装上一个六角形的架,上有长缝,用以插入带字的玻璃片。另外再制一个两节能伸缩的六角套筒,筒内装一个凸透镜,将它套在六角形的架上,其作用是放字成像。由此可知,这个装置的结构已与现在幻灯机完全相同。当时外国关于幻灯的知识尚未传来,郑复光的设计不是袭自外国,而是独立创造的。此外,郑复光对聚光镜焦距和投像镜焦距的比例关系、投影法和调整焦距的方法等也做了深入的探讨。他所叙述的放字镜使用方法有两种:"镫光自镜透于壁,壁处黏净白纸";"镫光自镜透于窗牖,牖作纱绷,绷上黏净白纸"。当带字的玻璃片插入六角形的架上时,用第一种方法,"则墨向镫,人在室内对壁视之";用第二种方法,"则墨背镫,人在牖外,透窗视之"。移动闸子的远近,可以改变投影的大小,"近小远大"。"伸缩套筒,以配远近,近伸远缩。以光象圆,而墨痕黑为度。"②

多宝镜。是利用多次反射而形成复象的装置。其制法是:"通光玻璃,一面平,一面碾成多隔,每隔俱为平面,则照一物,而每隔各见一物之

---

① ② 郑复光:《镜镜诠痴》卷 4。

影，成多影。"①

万花筒镜。是利用光学原理制成的一种玩具。它用反光玻璃镜三条，光面内向，组成三角镜，装入圆筒之内，圆筒比三角镜长一寸左右，其直径以刚好装进三角镜为度。三角镜的甲端与圆筒的甲端取齐，圆筒的甲端加一中间带小孔的木盖，小孔安上通光玻璃。三角镜的乙端安一通光圆玻璃，其大小以镜边恰好紧贴圆筒内壁为度。圆筒的乙端也安一圆玻璃，但要"涂粉，护以白粉"，"欲其透明而不见外物"。这时，三角镜和圆筒乙端的两个圆玻璃之间便形成了一节空隙，其中要放入五色残玻璃和玻璃珠，数量不拘，但不要过多，以防不得移动。这样，万花筒就制成了。由圆筒甲端的通光玻璃小孔向里面观看，就会看到极为美丽的花样，而且筒动则变，万转万变，而无一重复花样。郑复光除了叙述万花筒的制法外，对其原理也做了分析。②

望远镜。郑复光在这里介绍了三种类型的望远镜：窥筒远镜，以两个凸透镜组成；观象远镜，以一个凸透镜、一个凹透镜组成；游览远镜，主要以三四个以上的凸透镜组成。③

《镜镜诊痴》由于内容丰富，不仅在我国科学史上占有重要地位，而且在世界科学史上也有一定地位。

四、黄履

黄履，字颖卿，浙江钱塘（今杭州）人，生于嘉庆年间。父黄超，字铁年，曾任萧山县训导和金华教谕，与光学家郑复光是挚友，知识渊博。黄履在其父的教育下，也很有学问，精通天文、数学和物理学等，亲自制作了一些仪器，所制"寒暑表（即温度计）、千里镜，与常见者迥别"④。其寒暑表的构造和特点，在记载中没有只字介绍，但据学者研究推测，可能是

---

① 郑复光：《镜镜诊痴》卷4。
②③ 郑复光：《镜镜诊痴》卷5。
④ 陈文述：《西泠闺咏》卷13。

液体温度计,刻度为华氏温标。[①] 其所制的"千里镜",很可能是受了郑复光《镜镜诠痴》的启发,创造性地把当时的"取影器"与"望远镜"结合了起来。据陈文述《西泠闺咏》记载,这种千里镜,"于方匣上布镜四,就日中照之,能摄数里外之影,平列其上,历历如绘"。就是说,运用这种千里镜,能使"数里外之影"清晰地摄取在平放的镜片上,如果把平放的镜片换成照相纸,那么就可供天文摄影用。可见,黄履所制的"千里镜"已具有了天文照相机的一些特点。这在当时是最新颖的一项发明,表现了我国妇女的高度智慧和才能。黄履是一位不可多得的女科学家。

第四节　农学、水利学和植物学

一、农学

明清之际,经世致用的思想比较兴盛,而农业生产在当时的国民经济中占有绝对重要的地位,因此不少知识分子致力于农学的研究。再加上清代农业生产的发展和技术的提高,为知识分子著书立说提供了丰富的素材。这样,清代农业科学著作纷纷问世。其中最著名的有《补农书》《知本提纲》《豳风广义》《授时通考》等。

1. 张履祥和《补农书》

张履祥(1611—1674),字考夫,浙江桐乡人,世居杨园村,故后世学者称其为"杨园先生"。青年时代,有志于走仕宦道路,屡次参加乡试,都未考中。后因明朝灭亡,清兵入关南下,弃仕宦之途,"一以授徒为业,躬行为务……居常躬习农事[②]。又抄辑和补充崇祯末年连川人沈某所作的《沈氏农书》,于 1658 年完成《补农书》。

---

① 参见王锦光《清代女科学家——黄履》,《科学画报》1963 年第 3 期。1600 年左右,意大利科学家伽利略发明了世界上最早的温度计,这种温度计是利用温度计泡内的空气随温度变化而胀缩的原理制成的,称为空气温度计。到了 18 世纪初叶,德国人华氏制成水银温度计。在黄履生活的时代,华氏水银温度计应已传入中国。

②《国朝耆献类征初编》卷 396"儒行二·张履祥"。

《沈氏农书》有"逐月事宜"(依次叙述每月应作的农活)、"运用地法"(即耕作技术)、"蚕务六畜"、"家常日用"四部分,其中以论水稻生产最为详尽。《补农书》除了稻麦蚕桑,又有农业经营和家庭副业等内容,补了《沈氏农书》之"未尽事宜"。同治十年(1871),海宁人陈克鉴将《沈氏农书》与张氏《补农书》一起编入《杨园先生全集》,统名为《补农书》。

由于张履祥有丰富的实践经验,他的《补农书》表现了许多可贵的农学思想。提倡早种即是其中之一。他说:"种稻必使三时(指春、夏、秋)气足,种麦必使四时(指春、夏、秋、冬)气足,则收成厚。吾乡种田多在夏至后,秋尽而收,所历二时而已;种麦多在立冬后,至夏至而收,所历三时而已。欲禾历三时,麦历四时,胡可得焉!惟有下秧极早,可补事力之不逮。"[①]对于抓紧农时,他不厌其详地反复强调,如他还曾说过:"耕种之法,农书已备,惟当急于赴时。同此工力、肥壅,而迟早相去数日,其收成悬绝者,及时不及时之别也。"在《补农书》中张履祥提出了"农事随乡"的主张,这是因地制宜的正确意见。他又提倡利用隙地种树,说:"吾里无山,土亦罕旷,然能于地隙水滨种植良材百株,三十年后可得百金以外。若种树成林,大小相替,材木可无乏用矣。"虽然对多种树木的重大意义并未充分论及,但这种思想无疑是应予重视的。

张履祥在《补农书》中叙述了许多具体的农业技术。诸如养蚕法、种植梅豆法、种麻法、种甘菊法等等,他都曾谈及。这些方法虽然有的只有地方意义,而且在今天看来也不一定适用,但无疑在当时是很有实用价值的,在农业技术发展史上是不应忽视的。

张履祥的《补农书》还有一个很值得重视的方面,即它在记载生产技术的同时,对于阶级关系很注意观察。如书中对一般地主残酷剥削欺凌雇工、佃户的情形就有不少揭露,有一处说:"佃户终岁勤动,祁寒暑雨;吾安坐而收其半,赋役之外,丰年所余,犹及三之二,不为薄矣。而俗每存不足之意,任仆者额外诛求,脚米斛面之类,必欲取盈。"又一处说:有

---

① 见陈恒力编著、王达参校《补农书研究》下编《补农书校释》,农业出版社 1961 年版。下同。

的地主"恃目前之豪横,陵虐穷民,小者勒其酒食,大者逼其钱财妻子,宥之狱讼"。张履祥主张对雇工和佃户要注意笼络,认为"收租之日"要"加意宽恤"。"至于工银、酒食,似乎细故,而人心得失,恒必因之……出纳之际,益为紧要……谚曰:'食在厨头,力在皮里。'又曰:'灶边荒了田地。'人多不省,坐蹈斯弊,可叹也!"可见,张履祥在观察当时的阶级关系并提出处理意见时,是站在地主阶级立场之上的。但他的主张,反映了他的开明,更重要的是反映了农民长期坚持斗争的成果;而他在《补农书》中将生产技术和阶级关系同时加以论述,也说明他的思想比一般人要深刻许多。

2. 杨屾的《知本提纲》和《豳风广义》

杨屾(1687—1785),字双山,陕西兴平人,是清代杰出的农学家。他一生以授徒为业,也从事一些农业生产。他在前人研究的基础上,总结自己的生产实践经验,写下了《知本提纲》和《豳风广义》两部科学著作。

《知本提纲》是他教授学生的讲义,全书共14章,其中"修业章"是专门讲述农业生产的。这一章包括"前论""耕稼""桑蚕""树艺""畜牧""后论"六部分。杨屾非常重视农桑生产,在该书中他指出:"衣食者,生民之命,无食则饥,无衣则寒";"耕桑者,衣食之原,力取则丰";"若农业之失务,自衣食之不敷。沙砾尽化金银,难疗枵腹之饥;瓦石胥变珠玉,岂御切肤之寒?即有至仁之纯德,弗止冻馁;虽以上圣之明哲,难保流亡"。所以他认为"重大无过于农道","在学校不可一日不讲,在田里岂可一日不力学"?①

在《知本提纲·修业章》里,杨屾叙述了许多方面的农学知识,诸如耕地、垦荒、选种、播种、移植、耘锄、收获、园圃、造粪、施肥、灌溉、树桑、摘茧、缫丝、植树、畜牧等都在其中。有的讲得很详细,非常符合科学道理。如关于耕地,他提出"山原土燥"要"加重犁"(即犁两次,以便犁得深一些),"隰泽水盛"要"轻锄耢"(即犁得浅一些),"耕如象行,细如迭瓦"

---

① 《知本提纲·农则前论》,见王毓瑚辑《秦晋农言》,中华书局1957年版。下同。

（象行极正，耕地时要直前而进，如同象行；屋瓦鳞次相迭极为细致，耕地时亦应细致进行，使耕过的土地如同屋瓦相迭一般），"宁廉勿贪"（指两行犁沟之间的距离要窄小，以免隔生不熟），"宁燥勿湿"（指土地过湿时不可耕地，否则地被践踏板结，作物不易生长）。关于植树，他提出"春栽切忌叶生，秋栽务令叶落"（指春栽宜早，秋栽宜迟），"区宽则根须易顺，干深则风气难摇，水满则泥附于根，土故则物安其性"（指所挖树坑应宽大、有一定深度，使树根舒展不窝拳，树根放入坑中后，先注满水，再徐徐投土成泥，使泥附着于树根周围，且所投之土应是原来挖坑时所挖出者），栽过之后要"勤"加爱护，宜防"童折、畜咽"，"谨戒动摇、剥摺"（不可摇动以试虚实，不可剥摺以验死活），"冬时沃粪以培本"（冬天可浇粪），"秋月频浇以润燥"（秋天多浇水）。杨屾所提出的上述原则和技术，直到今天仍有很大的参考价值。

《豳风广义》是杨屾为了在关中地区推广种桑养蚕而撰写的一部专著。在此书中，杨屾认为农业生产包括"耕、桑、树、畜"四个方面，农家如果要丰衣足食，就必须从事这四个方面的生产，"力耕则食足，躬桑则衣备，树则材有出，畜则肉不乏"。关中地区原本是植桑养蚕之区，但后来受到战争的破坏，所剩桑树又渐被砍伐殆尽，"物易人迁，树桑养蚕之法，尽失其传，后世习而不察"，"误为风土不宜之说"，致使这一带人们对蚕桑生产弃置不讲，稍遇荒歉之年，就缺衣少食，流亡载道。杨屾本人也曾亲受其害。因此，他立志在关中地区重新把桑蚕业恢复起来。他详细调查了植桑养蚕的方法和缫丝织帛的方法，并亲自树桑数百株，从雍正七年（1729）开始做养蚕治丝的实验，经过十余年的努力，终于取得了成功。《豳风广义》一书之撰写，就是要向关中人民介绍自己的经验。①

《豳风广义》共三卷，从种植桑树的方法到选择蚕种、饲蚕摘茧、缫丝织纴等桑蚕业的每一道工序，都做了论述。其所介绍的方法，或得之于古书，或访之于南方懂得此术之人，或出于个人见解，并且都经过了作者

---

① 杨屾：《豳风广义·凡例》。

的实验,因而很可靠,堪称"秦地蚕桑之程式"①。关于植桑,他认为桑树在水深土厚、地卑水浅、河决水淹以及家宅坟园等处均可种植。关于栽种方法,他介绍了种子法、盘桑条法和压条分桑法三种。为了使桑叶茂盛、产量高,他还十分重视桑树的精心管理,如施肥、整枝、嫁接、捉虫等,尤其是在整枝、嫁接方面总结出了一套很好的经验。他认为桑树长到六七尺高时,便要剪去中心之枝,使其余的枝条自然向外,使桑树的中心空旷,"可容立一人"。当树长成以后,倘当中又生"正身",要及时砍掉,发现沥水条(向下垂的枝条)、刺身条(伸向树冠内部的枝条)、冗脮条(过密的枝条)和骈指条(两条并生)都应随时修剪,最终使"枝稍皆顺如一大伞之状,使条有定数,叶不烦多,众叶脂膏聚于一叶,其叶自大,饲蚕自然丝纩倍收"。桑树又以"接博为妙",然而必须趁时进行,杨屾在实践中总结嫁接时间和方法,认为秦中地区嫁接桑树一定要在小满后至七月间,否则不易活。嫁接方法有"身接""根接""劈接""枝接""靥接""搭接"六种,桑树一经嫁接,"以彼易此,变恶为美",其利不可胜言。②关于养蚕,杨屾对各地气候进行了比较分析,指出各地养蚕时间各有不同,如广东立春,四川惊蛰,江、浙清明,河南、陕西在谷雨之前三四天,但在物候上则有一个共同的标志,即桑叶长到茶匙大时。对蚕种的选择,杨屾认为应在整个生产过程中进行挑选,即包括选蚕、选茧、选蛾、选卵四项,以保证蚕种的质量。他的这种看法大大扩大了选择蚕种的范围。

杨屾认为"治生之书,贵浅显详明",因而《豳风广义》一书用语极为通俗,并且"树桑养蚕之法、织工缫丝之具,俱列图形,使人一见了然"。③"言之不足",又"申以歌谣",④其图谱和歌谣又都编得简明扼要。如《摘茧图》上有一段歌谣说:"灿然黄金与白银,举家新喜爱鲜新,摘来薄摊通风处,厚积薰蒸致腐陈。"用语不多,而摘茧后存放蚕茧的要领却明确点出来了。《豳风广义》的这种文风,使其价值更为提高了。

---

① ③ 杨屾:《豳风广义·凡例》。
② 杨屾:《豳风广义》卷1。
④《豳风广义》叶伯英序。

《豳风广义》卷三还附载了家畜饲养、治疗以及经营园圃的方法等，所述内容也切实有据、通俗易懂。

总体看来，《豳风广义》一书中，朴素唯物论的思想随处可见，但个别地方不无封建迷信残余的存在，如该书中有"谢蚕神说"一节，即是宣扬封建迷信的。这显示了作者的思想局限性。

3.《授时通考》

《授时通考》是清代官修的一部大型农书。乾隆二年(1737)由乾隆皇帝下令编辑，乾隆七年(1742)完成进呈，全书共 78 卷，分为八门。一为"天时"，分记农家四季活计；二为"土宜"，讲高下燥湿各种土地的利用；三为"谷种"，记载各种作物的性质；四为"功作"，记述从垦耕到收藏各个生产环节的工具和操作方法；五为"劝课"，是历朝关于重农的政令；六为"蓄聚"，即"备荒之制"；七为"农余"，包括蔬菜、树木的种植及畜牧方法等；八为"蚕桑"，谈养蚕缫丝等事。该书基本上是将前人的有关著述予以汇集，但内容丰富、体例严整，凡所采摘，多"取其切于实用"，"诗文藻丽之词，概置弗录"，且有不少附图，极便领会，对传播和发展农业生产技术起了一定的作用。①

二、水利学

清代著名的水利学著作有《居济一得》和《行水金鉴》等，而著名的水利学家则是在治理黄河中取得卓越成就的靳辅和陈潢。

1.《居济一得》

《居济一得》是张伯行编撰的。张伯行(1652—1725)，字孝先，号恕斋，河南仪封(今兰考东)人。康熙二十四年(1685)进士。② 三十八年(1699)，为河道总督张鹏翮所荐，参加治理黄河事宜，先后督修黄河南岸堤二百余

---

① 《授时通考·凡例》。
② 钱仪吉编：《碑传集》卷 76。

里及马家港、东坝、高家堰诸工程。四十二年(1703),授山东济宁道。① 四十五年(1706),因遇大旱,运河水涸,康熙皇帝命广善库郎中德成格驰赴解决,并谕令与张伯行商榷。张伯行认为"运河自南旺以北,水势甚小",因而协助德成格"相高下,度浅深,开水北注",由于"蓄泄得宜",很快便解决了漕船不得通行的问题。② "凡蓄泻启闭之方,宜沿宜革,或创或因",他多有所得,在此基础上,便写成了《居济一得》一书。全书共八卷,前七卷详论山东运河"坝闸堤岸,及修筑疏浚蓄泄启闭之法,于诸水利病,条分缕析,疏证最详";后附《河漕类纂》一卷,所述极为简略。③ 书中所述由于得诸亲身实践,与纸上谈兵者不同,非常切于实用。在该书序言中,作者还提出,对于负责治河者,要"慎择其人,假以便宜之柄,使得久于其位";而负责治河者本身,则要从长远着眼,即"建非常之原,以贻千百世生民之福",不可"汲汲于补苴罅漏,防护雍塞","侥幸于旦夕之无事"。这种思想主张也是很有价值的。

2.《行水金鉴》

《行水金鉴》共175卷,据傅泽洪(字稚君,清汉军镶红旗人,官至分巡淮扬道按察副使)所作序言,该书是他"积数年心力"纂辑而成,而全祖望为郑元庆[字子余,浙江归安(今湖州)人]所作的《空石志》及盛百二为郑所作的传记,均称该书是郑代傅作。④ 大概傅是主编,而具体编辑工作乃是郑所承担。

该书编成于雍正三年(1725),是一部大型水利历史资料书。所述内容包括黄河、长江、淮河、运河及永定河诸水系的源流、变迁和治理情况等,其所收资料上起《禹贡》,下至康熙末年的有关文献。全书虽然都是摘录前代诸书原文,但其以时间为序,各条互相证明,又有自己的考证,

---

① 《清史稿》列传52《张伯行传》。
② 张伯行《居济一得》自序,见《国朝耆献类征初编》卷61"卿贰二十一·张伯行"。
③ 《四库全书总目提要》"史部·地理类"2。
④ 见《国朝耆献类征初编》卷418"经学六·郑元庆"。

使上下数千年间,"地形之变迁,人事之得失,丝牵绳贯,始末犁然"①。该书不仅内容丰富,有很高的科学价值,而且编纂体例极为考究,对后世水利学著作的编纂产生了一定影响。

3. 靳辅和陈潢

靳辅(1633—1692),字紫垣,辽阳(今辽宁辽阳)人,隶汉军镶黄旗,曾任国史馆编修、安徽巡抚。康熙十六年(1677)任河道总督,至二十七年(1688)罢去。三十一年(1692)再次出任河道总督,不久病卒。在他接任河道总督时,苏北地区黄河、淮河和运河决口多处,海口淤塞,漕运受到严重影响。康熙皇帝把治理黄河、解决漕运跟平定三藩之乱同等对待,视为"三大事,书宫中柱上"②,而靳辅没有辜负康熙皇帝的希望,经过他的谋划和组织,终于使"淮、黄悉复其故,运道大通"③,在有清一代治河史上写下了光辉的一页。但靳辅之所以能取得如此成绩,与其幕客陈潢的帮助是分不开的,"凡辅所建白,多自潢发之"④。

陈潢(1637—1688),字天一,号省斋,浙江钱塘(今杭州)人。他长期怀才不遇,后因路过邯郸吕祖祠,题诗墙壁,被靳辅发现,才被引为幕客。康熙二十六年(1687),因积极帮助靳辅治河十年的功劳,得授金事道衔。二十七年(1688),靳辅罢官,陈潢也被削去职衔、逮赴京城,未入狱而病亡。⑤ 他在辅佐靳辅治河的实践中,提出或运用了许多值得重视的理论和方法,其治河理论和成就在其同乡张霭生编纂的《河防述言》中有比较全面的记载。

陈潢认为,治河要掌握"水性",就是掌握水的规律。他说:"河之形有古今之异,河之性无古今之殊,水无殊性,故治之无殊理","惟有顺其性而利导之一法耳"。因此,善于治理河水的人,"先须曲体其情形",然后,采取疏、蓄、束、泄等各种治河措施。如"徐州而上,三门以下,土松地

---

① 《四库全书总目提要》。
②④ 《清史稿》列传 66《靳辅传》。
③ 钱仪吉编:《碑传集》卷 75。
⑤ 《清史稿》列传 66《陈潢传》。

阔,则宽其途以让之,而水性以安。徐州以下,城邑逼近于河,所以严其防范,束流刷沙以趋于海,而河之性亦以安"。如此,不同地区采取不同措施,使水"自得其性",河患便可避免。①

陈潢十分重视实地考察。他认为"欲顺水性",要点是"度势",而"非历览而规度焉,则地势之高下,水势之来去,施工次序,皆不可得而明也"。他反对只凭前代文献治理黄河,认为这是刻舟求剑的愚蠢做法。为了实地考察,他自己曾溯河上行直至宁夏,踏勘河源,并和靳辅一道,"遍阅黄淮形势及诸冲决要害"。他之所以能提出科学的治河方案,是与他注意实地考察紧密相关的。

陈潢很重视明代治黄专家潘季驯的治河主张。他说:"(潘季驯)以隄束水、以水刷沙之说,真乃自然之理,初非矫揉之论,故后之论河,必当奉之为金科也。"② 他在治河实践中充分运用了潘季驯的治河理论,而"尤以减水坝为要务"③。他说:如果黄河、淮河和山东运河同时涨水,"其势"遂非设遥隄所能解决者,"若无以预为之地,一经泛滥,其害何可底止! 则遥隄之减水坝,断不可不设也。当其无事也,人有议减坝为虚设者,乃减水时,人又有议减坝为厉民者。此皆不知全河之事实,而好为局外之论也者"。④

在治河的实践中,陈潢创造性地提出开凿引河以疏通故道、堵塞决口的方法。他说:"欲浚故道者,莫若将决口之下游淤处,反筑一堰,截其微流。溯决口之上游,相度形势,别开一引河,直通故道。夫故道淤处,既截微流,则河底涸出。"即可在上面"开浚深沟数道",然后开决口上游引河之口,河水势必"由引河而直趋故道"。此时奔腾直泻的黄河水便有力地冲刷着故道淤泥,使之渐渐畅通无阻,而决口处的水势则逐渐趋于缓和而容易堵塞。⑤ 在这里,陈潢巧妙地运用了以筑为疏和以疏为筑两种截然相反的方法,表现了极大的智慧。

---

①②④⑤《增辑经世文统编》卷92《河防述言》。
③《清史稿》列传66《陈潢传》。

在治河的实践中,陈潢还提出了从上游根治黄河的主张,发明了测定河水流速流量的"测水法",对治河的任人、工料等都有精辟的论述。

陈潢的治河理论和方法在当时发挥了极大作用。由于他的治河主张多能实现,民间遂产生了"河伯降生"的谣传。[①] 他的治河理论和方法,也大大丰富了我国古代的水利学。他不愧为有清一代杰出的治河专家。

三、植物学

吴其濬(1789—1847),字瀹斋,河南固始人,是清代著名的植物学家和药物学家。嘉庆二十二年(1817)中一甲一名进士,曾先后任翰林院修撰,湖北、江西学政,兵部侍郎,湖南、湖北、云南、贵州、福建、山西等省的巡抚或总督。[②] 他在"宦迹半天下"的生涯中,善学好求,致力于植物学的研究工作,积数十年心血,写出了著名的《植物名实图考》一书。

《植物名实图考》共 38 卷,收植物 12 类 1714 种,详细论述了每种植物的形色、性味、用途和产地,并着重记载了植物的药用价值,说明其治症和用法,对同物异名、同名异物做了详细的考证。该书有很高的科学价值。它所收植物的数量极多,比《本草纲目》增加了 500 多种。它的写作根据,一是历代文献资料,所参考者有经、史、子、集四部书中的 800 多种;二是作者的实际调查。因此,该书所记大多可靠,许多古代文献中的误记在该书中得到了纠正。该书还有大量附图,这些附图多是根、茎、叶、花全部绘出,且精细逼真,给后世学者研究参考提供了极大的方便。该书也有一些缺点,如误记现象间有发生。但从总体看,它总结和发展了前人的研究成果,反映了清代植物学的新发展,在我国植物学史和药物学史上占有极其重要的地位。

---

① 《增辑经世文统编》卷 92《河防述言》。
② 《国朝耆献类征初编》卷 204"疆臣五十六·吴其濬";《清史稿》列传 168《吴其濬传》。

第五节　医药学

清代医药学在内科、外科、妇产科、小儿科、传染病、药物等领域都取得了一定的成就,出现了不少著名的医生和著作。

一、内科

清代的内科学在继承明代医家学术成就的基础上又有所发展,出现了不少有关中风、痨瘵、疟疾等内科病的专著,特别值得重视的是出现了著名医家徐大椿、王清任等。

徐大椿(1693—1772),原名大业,字灵胎,晚年自号洄溪老人,江苏吴江人。他知识面很广,凡星经、地志、九宫、音律等无不精诣,而对医学尤其精通。他诊断疾病时,注意全面检查,曾说:"病之名有万,而脉之象不过数十,是必从望、闻、问三者参之。"①在开方治病时,他注意根据具体情况,对症下药,反对当时医学界中"温补派"不分青红皂白一味温补的片面做法。由于坚持实事求是的科学态度,许多疑难病症被他治愈。传说有一人卧病六天,不食不言,他先投一剂即能说话,"再饮以汤,竟跃然起"。② 这个传说不无夸大之处,但由此而反映其善于治病,则是可以信赖的。在研究古代医书和总结自己丰富临床经验的基础上,徐大椿写下了《医学源流论》《神农本草经百种录》《伤寒类方》《兰台轨范》《医贯砭》《洄溪医案》《慎疾刍言》等十多种医学专著,它们都有很高的价值。

王清任(1768—1831),一名全任,字勋臣,直隶玉田(今属河北)人。武庠出身,纳粟得千总衔。他一生以医为业,曾"名噪京师"。《医林改错》是他的医学名著,刊行于道光十年(1830)。

王清任十分重视对脏腑的认识,认为"著书不明脏腑,岂不是痴人说

---

① 《清史稿》列传289《徐大椿传》。
② 《清朝野史大观》卷11。

梦；治病不明脏腑，何异于盲子夜行"！而他在长期的医疗实践和研究历代有关医书的基础上，发现"古人脏腑论及所绘之图，立言处处自相矛盾"，因而产生"更正之心"。嘉庆二年(1797)，他途经滦州稻地镇时，正值该地流行小儿传染病，十死八九，贫穷人家多用席裹埋，"各义冢中，破腹露脏之儿，日有百余"。王清任遂"不避污秽，每日清晨，赴其义冢"，仔细观察小儿的内脏。以后又在奉天(沈阳)、北京三次亲临刑场观察尸体，并参考了许多牲畜内脏和访问了有实践经验的人。经过 42 年的努力，终于搞清了关于脏腑的许多情况。他把调查研究所得，绘成了"亲见改正脏腑图"，并将之连同自己的其他有关医学论述一起收进了《医林改错》之中。①

《医林改错》纠正了前人关于人体解剖知识的许多错误，还有许多新发现。如其正确地区分了胸腔和腹腔，搞清了横膈膜之上只有心和肺，其余内脏皆在横膈膜之下。关于血管，其正确指出了左右颈总动脉、下腔静脉等的形状和位置。关于肺脏，其指出肺是两叶，记述了气管分到肺两叶的支气管和细支气管，纠正了前人关于肺有六叶两耳、二十四孔的错误说法。关于消化系统的重要器官，其认为肝有四叶，大面向上，后连于脊，其位置在胃之下，胆是附于肝右第二叶，这种认识也基本上符合现代解剖学。此外该书还记载了视神经，肯定了"灵机记性，不在心，在脑"②。尽管这些认识还比较简略，但与前人相比则是前进了一步。

《医林改错》论述了很多内科疾患，尤其突出的是作者根据气血理论，论述了血淤之症和其他杂症，创造了许多补气、活血、逐淤的方剂。该书认为"气"和"血"是人体中的重要物质，无论外感内伤，所伤者无非气血。如半身不遂出现的口眼歪斜、口角流涎、大便干燥、小便频繁等一系列症状都是由于气虚所致。《医林改错》所创方剂有 30 多个，都有一定疗效，为后世医家所遵用，直到今天仍有相当的实用价值。这与作者

① 王清任：《医林改错·脏腑记叙》。
② 王清任：《医林改错·脑髓说》。

重视解剖学,从而对疾患能达到比较正确的认识,无疑具有不可分割的联系。

在我国解剖学史上,像王清任这样能够根据实际解剖所见改正前人对脏腑的错误认识者,前此尚未发现;而将实践得来的解剖学知识,应用于医学而有所发挥者,亦以王清任为先。因此,近代学者梁启超称之为"中国医界极大胆之革命论者"①。这个评价应该说是正确的。《医林改错》中也有一些不正确的认识和论断,这应该归咎于历史条件的局限。有人因此而否认王清任是我国古代杰出的医学家,那是对古人的苛求,是不正确的。

二、外科

清代在外科方面最有成就的是王维德、张朝魁和高秉钧。

王维德(1669—1749),字洪绪,自号林屋山人,江苏吴县人。其曾祖父王若谷"精疡医"。他继承家学,于18世纪中叶写出《外科全生集》,公开了家传四代的外科经验。书中将外科诸症分为阴阳两大门类,认为"痈疽无死证,痈乃阳实,气血热而毒滞;疽乃阴虚,气血寒而毒凝。皆以开腠理为要,治者但当论阴阳虚实。初起色红为痈,色白为疽,截然两途"。这是前人没有提出过的论点。王维德治疗初起的痈疽,"以消为贵,以托为畏",反对轻用刀针,尤其禁用蚀药。② 他还创制了阳和汤、犀黄丸等名方,都为医者所宗,对后世影响很大。

张朝魁,又名毛矮子,湖南辰溪人。他有高超的医术,"治痈疽、瘰疬及跌打、损伤、危急之证,能以刀剖皮肉、去淤血于脏腑,又能续筋正骨"。一次有位患腹痛的病人倒在地上,濒于死亡,张朝魁前往诊断,认为"病在大小肠",马上"剖其腹二寸许,伸指入腹理之,数日愈"。又有辰州知府乘轿过银壶山,坠岩下而折髑骨,张朝魁"以刀刺之,拨正",再敷以药,

---

① 梁启超:《中国近三百年学术史》,《饮冰室合集》。
②《清史稿》列传289《王维德传》。

即"运动如常"。①

高秉钧于 19 世纪初刊有《疡科心得集》，对外科的发展有一定影响。

三、妇产科和小儿科

清代在妇产科的临床实践中积累了很多经验，留下了不少名著，其中影响最大的是傅山（生平详见本书第四章第三节）的《傅青主女科》（有人认为本书作者不能确定，待考）。全书有上、下两卷，分带下、血崩、鬼胎、调经、种子以及妊娠、小产、难产、正产、产后十类，每类之下又列有若干症候和处方。所收处方以培补气血、脾胃为主，药味不多，而立意平稳，疗效较好，实用价值较大。

清代出现了许多关于小儿科的名医和著作。其中著名的有熊运英，大约在康熙十四年（1675）写成《推拿广意》一书，对小儿推拿做了很有价值的论述。稍后有夏鼎和陈复正。夏鼎，字禹铸，贵池卓溪人。他对小儿科的病理、医治有精深的研究，在康熙三十四年（1695）著成《幼科铁镜》一书，详细论述小儿科各种病症及其疗法，记录了许多民间疗法。陈复正是广东罗浮山道士，字飞霞。乾隆十五年（1750）著《幼幼集成》，对小儿保育、儿科杂病的证治和方药多有记述，也是一部综合性的小儿科著作。比陈复正略晚有江苏武进人庄一夔，字在田，著有《福幼编》《遂生编》等。他认为急惊和慢惊不同，治疗也应有所区别，对症下药，方可见效。

四、温病学说的成熟和种痘术的推广

明清时期，疫病发生频繁，为害严重，病种复杂，引起了当时医家的注意，温病学说（传染病学）也随之形成。明末吴有性是这一学说的奠基人。

在明代吴有性之后，清代又有戴天章、叶桂、吴瑭等，他们的论述发

---

① 《清史稿》列传 289《张朝魁传》。

展和丰富了温病学说的内容。戴天章,字麟郊,江苏上元人。他好学强记,尤精于医,著有《广瘟疫论》等十几种医书。他谈瘟疫,"一宗有性之说",曾说:"瘟疫之异于伤寒,尤慎辨于见证之始。"即,他主张在病情初起时,要及早分辨。他还提出"辨气、辨色、辨舌、辨神、辨脉"等,进一步确立了瘟疫的诊断方法。①

叶桂(1667—1745),字天士,江苏吴县人。聪明好学,14 岁就做了医生。著有《温热论》,被认为是温病学派的创始人。他提出了"温邪上受,首先犯肺,逆传心包"的说法,从理论上概括了外感温病的受病途径和传变,又把病变发展过程分为卫、气、营、血四个阶段,为辨证施治提供了方便。在温病诊断上他还进一步发展了察舌、验齿以及辨别斑疹和白㾦的方法。这些都是他的重要贡献。

吴瑭(1758—1836),字鞠通,江苏淮阴人。他继承和总结了叶桂的学说。他认为叶桂的著作"立论甚简",乃著《温病条辨》一书,论述了风温、温热、温疫等几种温病的证治,并提出清络、清营、育阴等各种治法,使温病学说更趋系统和完整。该书和鸦片战争后浙江海宁人王士雄写成的《温热经纬》,标志着温病学说达到了成熟阶段。

温病学说是中国人民与各种传染病长期斗争的经验总结。它与伤寒学说是并驾齐驱的中医治疗外感病的两大学派。它的发展和成熟在我国医学发展史上是一件大事。

种痘术是预防天花的办法。至迟到明代中期,我国已经发明了人痘接种术。清初该术更推广到全国。当时种痘术主要有痘衣法(接种人穿用天花患者的衬衣)、痘浆法(把蘸有疮浆的棉花塞入接种人的鼻孔中)和旱苗法(把痘痂粉末吹入接种人的鼻孔里)。康熙后,中国发明的人痘接种法还先后传至俄国、土耳其、英国,以至传遍欧亚大陆。18 世纪末,英国人发明牛痘接种法,此法不久即传入中国,它比人痘接种法更安全,因而逐渐将之取代。

---

① 《清史稿》列传 289《戴天章传》。

五、《本草纲目拾遗》及其他药物学著作

自从明代李时珍的《本草纲目》出现后,本草之学便为医家所重视。清代出现了赵学敏的药物学专著《本草纲目拾遗》以及汪昂、吴仪洛等人的药物学著作,从不同的角度补充和发展了古代药物学的内容。

赵学敏(约 1719—1805),字恕轩,号衣吉,钱塘(今浙江杭州)人。他亲自走访,实地调查,通过 30 多年的辛勤劳动,于 1765 年完成了《本草纲目拾遗》一书。全书共 10 卷,载药 900 余种,其中 716 种为《本草纲目》所不载。分 18 部,比《本草纲目》多藤、花 2 部。它不仅拾《本草纲目》之遗,而且对《本草纲目》已载却语焉不详之药物也加以补充,对《本草纲目》中的错误也做了订正。它增添的 716 种药物大多是民间药物,如冬虫夏草、鸦胆子、太子参、万年青等,另外也有一些外来药物,如金鸡勒、香草、臭草等。赵学敏的这部著作可说是《本草纲目》的续编。

汪昂(1615—?)于康熙三十三年(1694)辑成《本草备要》一书。他鉴于李时珍的《本草纲目》虽然"考究渊博,指示周明",但"卷帙浩繁,卒难究殚",因"特为诸家本草,由博返约",而辑成该书,[①]所收药物共 460 种。《本草备要》采辑甚广,但篇幅不繁,很切合临床实用,因此面世后甚受欢迎。不过,汪昂"本非歧黄家,不临证而专信前人,杂采诸说,无所折衷,未免有承误之失"[②]。所以乾隆二十二年(1757)吴仪洛又著《本草从新》一书,在《本草备要》的基础上重予编订。《本草从新》共 6 卷,有草、木、菜、果、谷、金石、水、火、禽、兽、虫、鱼、鳞、介、人 15 部,收药物 720 余种,比《本草备要》增加 2/5,"于世所常用之品,庶几备矣"[③]。《本草从新》的问世,使切合临床实用的小型本草书籍更加完善。

---

① 汪昂:《本草备要·自序》。
② 吴仪洛:《本草从新·原序》。
③ 吴仪洛:《本草从新·跋》。

六、古典医书的整理

清代医家受当时考据学风的影响，不仅注重总结临床医疗经验，而且对古典医书《内经》《难经》《伤寒论》《金匮要略》都有深刻的研究，投入极大精力于其校勘和注释等整理工作，取得了很大成绩。研究《内经》的，有张志聪（字隐庵，钱塘人），写成《黄帝内经素问灵枢集注》，"集诸家之说，随文衍义"①，阐明了若干疑难问题。研究《难经》的，有黄元御（字坤载，山东昌邑人）和徐大椿，前者注释过《难经》，后者写出了专著《难经经释》。研究《伤寒论》的主要是喻昌、柯琴和尤怡。喻昌，字嘉言，江西新建（今南昌）人。顺治中侨居常熟，以医术高明著称，"治疗多奇中"②。所著《伤寒尚论篇》，在明人方有执《伤寒论条辩》的基础上，多有发挥。柯琴，字韵伯，浙江慈溪人。他不满于方有执、喻昌对《伤寒论》原有条文的整理归纳，重新编排，写成《伤寒论注》，使人学习起来更易领会。他又著《伤寒论翼》和《伤寒附翼》，前者汇集了自己所写的伤寒论文，后者则是方论。柯琴的这三部书合称《伤寒来苏集》，一向受到医学界的重视。尤怡，字在泾，长洲（今江苏苏州）人，"其注《伤寒论》名曰《贯珠集》"③，书中列述治疗伤寒症的正治法、权变法等，很有价值。研究《金匮要略》的，有尤怡、吴谦（字六吉，安徽歙县人）、黄元御和陈念祖（字修园，福建长乐人）等，著作有《金匮心典》《订正金匮要略注》《金匮悬解》《金匮要略浅注》。

七、官修中医学专著《医宗金鉴》

乾隆年间，皇帝下令官修医书，太医院使钱斗保请发内府藏书，并征集天下家藏秘籍及世传经验良方，"删其驳杂，采其精粹"，撰书两部，其

---

① 《清史稿》列传 289《张志聪传》。
② 《清史稿》列传 289《喻昌传》。
③ 《清史稿》列传 289《尤怡传》。

"小而约者,以为初学诵读",其"大而博者,以为学成参考"。但不久征书之令中止,遂"议专编一书",任命太医院判吴谦和裕铎为总修官。后,"书成,赐名《医宗金鉴》"。[①] 该书共 90 卷,包括"订正仲景全书""删补名医方论""四诊心法要诀""运气要诀""伤寒心法要诀""杂病心法要诀"以及外、妇、儿、针灸、正骨等各科心法要诀,论述了各种疾病的诊断、治疗、方药等,内容简明扼要,极切实用。书中还有许多图说和歌诀,诵习甚易。这是一部集大成的中医学巨著,对后世产生了很大影响。

除上述七个方面之外,清代的医药学还有许多成绩。如赵学敏与铃医(走方郎中)赵柏云合作写成《串雅》一书,总结了许多民间价贱、易寻、效果显著的单方,是适合广大群众需要的很有实用价值的著作。再如汪昂编写了《本草易读》和《汤头歌诀》,程钟龄编写了《医学心语》,陈念祖编写了《医学三字经》和《医学实在易》,这些都是通俗易懂的医学入门书,对医学知识的传播起了很大作用。这些都反映了清代医药学的新发展。

但是,还应指出,当时的封建保守势力对于医药学的发展曾起了一定的阻碍作用。如由于他们对针灸学的轻视,1822 年太医院里竟取消了针灸科。再如 17 世纪末,法国人巴多明(Dominicue Parrenin)用满文译出了人体解剖学,命名为《钦定格体全录》,由于保守派的反对,竟未能出版。封建保守势力阻碍医药学发展的罪恶,将永远受到历史的谴责。

第六节 土木建筑

在我国辽阔的土地上,留下了不少清代的建筑精品。最引人注目的是宫殿、陵墓、寺庙和园林等,它们在布局、造型、装饰等方面都继承、发展了我国古代的优秀建筑传统,达到了很高的水平。这些建筑精品,有的是汉族人民修建的,有的则出自藏族、蒙古族、满族、维吾尔族、傣族等

①《清史稿》列传 289《吴谦传》。

兄弟民族的工匠之手,它们说明我国各族人民都具有高度的智慧和创造才能。有些建筑工程,融汇了汉族和我国其他一些民族的风格特色,甚至吸收了外国的一些艺术手法,这种现象反映了我国各族人民在清代相互联系的加强,和当时中外交往的发展。

一、皇宫的扩建

北京故宫是明、清两代的皇宫,是当时封建专制统治的中心。它从明代永乐四年(1406)开始修建,永乐十八年(1420)基本建成。顺治元年(1644),清朝统治者入关进京,第二年就对皇宫内的皇极、中极、建极三大殿重建修缮,并改名为太和、中和、保和殿。以后清朝又对皇宫进行了多次重修和扩建,逐渐形成了我国现存最大、最完整的古建筑群。在清朝对皇宫的多次重修和扩建中,最引人注目的是康熙八年(1669)对太和殿的重建。这次重建由老技师梁九设计,他根据材料供应情况,将原来的9间改成11间。全殿面宽60.01米,深33.33米,从庭院地面到正脊的高度是35.05米、加上螭吻卷尾共为37.44米,在我国木结构建筑中是最大的一个。大殿的木柱东西12根、南北6根,共72根,每根高12.7米、直径1.06米。为了不影响视线,对明间大柱子特地做了艺术处理,即建了6根沥粉金漆、鲜明夺目的巨大蟠龙柱,它们围绕着镂空透雕的空座,顶上有极为精美的蟠龙藻井,显得很有气派。太和殿的整个装饰更是雄伟,殿内彩画着行、坐、升、降等各种栩栩如生的金龙,外檐的彩画不仅在蓝绿地上有沥粉金灵芝或西蕃莲,而且在朱红的望板上也做出精致的沥粉片金流云,这在古建筑中是少有的。殿内地面用64厘米见方的金砖铺墁,墙裙用绿琉璃面砖加六角形黄色背纹装饰,墙身是包金土色,周边的蓝地上缀以沥粉金龙。殿内房间的大隔扇,都是三交六椀的椀花格,绦环、裙板突起金龙,门窗皆为鎏金的金扉、金琐窗。殿顶的垂脊上戗兽前面的走兽各有10个,排列顺序是龙、凤、狮子、海马、天马、押鱼、狻猊、獬豸、斗牛、行什(猴)。这种在宫殿顶上以"行什"作为装饰瓦件的做法,除太和殿外,没有第二个。康熙十八年(1679)北京大地震,太和殿被震坏,三十四年(1695)再次重建;乾隆三十年(1765)又举行了一次大维修。老技师梁九在为重建太和殿进行设计时,曾用等比例缩小的方法做出了大殿的模型,这在我国古代建筑史上也是一个大进步。

乾隆时期,在皇宫内宁寿宫的西侧修建了一座小花园,以备乾隆皇帝退位当太上皇后养老游憩,这是清朝统治者扩建皇宫的一次较大的活动。全园面积约 6000 平方米,空间虽然不大,却布置了几十座亭轩楼阁,又有假山树木。后来乾隆皇帝退位后实际并未在此养老,但因是乾隆自己为养老而修建的,人们都称之为"乾隆花园"。"乾隆花园"在造园艺术上发挥了变化多样的技巧,设计新颖,游廊宛转,亭阁玲珑,处处引人入胜。因地方小、建筑物多,整体布局不免显得拥挤、堆砌闭塞,但终究为皇宫增添了一座休息观赏的小乐园。

二、"三山五园"

从康熙十六年(1677)起到乾隆年间,清朝统治者先后在北京西北郊营建了香山静宜园,玉泉山静明园、畅春园、圆明园,万寿山清漪园等皇家园林,这就是著名的"三山五园"。

静宜园:康熙十六年(1677)在原香山寺旧址修建了一座香山行宫。乾隆十年(1745)对它进行了扩建,次年改名"静宜园"。十二年(1747)完成了"二十八景"。

静明园:康熙十九年(1680)在玉泉山建行宫,各为"澄心园",三十一年(1692)改名为"静明园"。到乾隆初年,进行了扩建,并仿照镇江金山寺塔的形制在山顶建七层琉璃塔"玉峰塔"。乾隆十八年(1753)完成"静明园十六景"。

畅春园:康熙皇帝在两次南巡后,对江南优美的风光和精致的园林十分欣赏,因而打算在北京西北郊原明代李伟的清华园旧址上,建造一座南方园林。于是任命供奉内廷的江南籍山水画家叶洮负责规划和监造,由江南叠山名家张然主持园内的叠山设计。经过数年的修建,于康熙二十九年(1690)左右完成,此即畅春园。此园建成后,每年的大部分时间,康熙皇帝均在此居住。到了乾隆时期,乾隆皇帝以之作为皇太后居所,以后历朝沿为定例。

圆明园:此园在畅春园的北面,最早是明代的一座私家园林,康熙四十八年(1709)康熙皇帝赐给皇四子胤禛。胤禛继位后,于雍正三年(1725)将之改为离宫型皇家园林,因而大加扩建,在园之南建造了衙署宫殿,在园之北、东、西三面将多泉的沼泽地改造为河渠水网,设置了一系列风景点、小园和建筑群。在雍正年间,圆明园建成的重要建筑群组共有 28 个。到了乾隆年间,乾隆皇帝仍以此园为离宫,对该园再次扩建。这次扩建是在原有的地盘上调整园林景致和增建若干建筑群组,最后形成了 40 处重要风景区。每区分别以四个字命名,这就是著名的圆明园"四十景"(其中二十八景是雍正时旧有的)。另外,乾隆皇帝又在该园的东邻和东南邻附建了长春园和绮春园,这便形成了著名的"圆明三园"。

圆明园是一座全部由人工开拓的大型园林。它以水景为主,水面有大、中、小三种类型,这些大小水面又由回环萦流的河道串联为完整的河湖水系,构成全园的脉络和纽带。园内的小山都用挖湖土方堆积而成,整个设计主要模仿江南苏、杭各地园林胜景,如当时的江南四大名园,即苏州狮子林、海宁安澜园、南京瞻园、杭州小有天园,均通过画师的写照而全部仿建于三园之内。这使它不仅具有北方园林的建筑特点,而且还洋溢着江南园林的气息。圆明三园可以说是融冶了南北园林艺术。除此之外,长春园内还建有一处欧洲式的园林,俗称"西洋楼"。圆明园内的宫殿建筑结构也相当新颖,屋顶几乎都用九脊、硬山、挑山、卷棚式等。园内还收藏着大量古籍、字画、珍宝和工艺品,这使它成为一座综合的艺术宝库。当时,通过来华的耶稣会传教士给罗马教廷的信函,圆明园被介绍到欧洲,引起了强烈的反响,对于促进欧洲园林的发展起了一定的作用。

圆明园展示了我国封建文化的精粹,也体现着我国劳动人民高度的智慧和创造力。但是这样一座秀丽的园林却于咸丰十年(1860)被英法帝国主义侵略联军纵火烧毁。

　　清漪园：该园位于北京城西北约十公里的地方，紧邻圆明园，西接玉泉、西山诸峰。早在金朝时期，这里已建有皇帝的行宫，当时这里的山名瓮山，山脚下的湖名瓮山泊。元、明时期，这个风景区得到了更进一步的发展，陆续建起十几所寺庙，名人士子常来游览。乾隆十四年（1749）冬，由于在这一带进行了一次规模较大的水系整理，使西湖（即原来的瓮山泊）成为当时不小的蓄水库，它不仅拦蓄玉泉山之水，而且香山一带许多大小泉流也都利用石镀漕导入其中。乾隆皇帝仿效汉武帝在长安昆明湖池训练水军的故事，命健锐营兵弁定期于湖内举行水操，于是改湖名为"昆明湖"。同时，为了庆祝他母亲的 60 岁寿辰，又在瓮山圆静寺的旧址上，修建了一座规模壮丽的佛寺——大报恩延寿寺，并改瓮山之名为"万寿山"。万寿山和昆明湖形成的北山南湖的地理位置关系为建园提供了优越的自然条件。因此，热衷于建园的乾隆皇帝随后又任命专人负责在这里修园。从乾隆十五年（1750）起，终乾隆一朝，其营建工程从未间断，终于使之成为一座以天然山水为基础、又施以人工精心修饰的美丽宏伟的皇家园林，当时所定名称为"清漪园"。全园面积约达 3.4 平方公里，分为前山前湖和后山后湖两大景区。北部山地占全园面积的三分之一，大部分建筑集中在山上。其建筑手法除了沿袭汉代以来皇家园林中蓬岛瑶台、一池三山的传统布局外，又大量模仿了美丽的江南自然景色和私人园林的俊逸情趣。这里有雄伟壮丽的佛香阁、靠山面水的乐寿堂，还有曲折绚丽的长廊。佛香阁最初建造时本是一座九层宝塔，建至第八层，突然被乾隆皇帝下令停修，继而拆毁改建楼阁，才形成后来的样子。这座美丽的园林于咸丰十年（1860）遭到英法帝国主义侵略联军的严重破坏，到了清末才被修复，并改名为"颐和园"。

三、避暑山庄和"外八庙"

　　避暑山庄，又名热河行宫、承德离宫，位于河北省承德市市区北部。清朝统治者为了笼络和控制蒙古族的上层人物，从顺治年间起开始实行

"秋狩"制度,即由皇帝到张家口、独石山以北地区打猎,届时蒙古族的上层人物带领属员轮流护卫。打猎的地点最初不固定,康熙二十二年(1683)以后固定于木兰围场。从此,康熙皇帝每年夏初在喀喇河屯行宫避暑处理政事,秋初前往围场行猎。后来他听说离喀喇河屯行宫不远的地方有一处草木茂盛、环境优美、气候凉爽的避暑胜地,于是亲自到那里勘察设计,从四十二年(1703)起,开始兴修离宫。到乾隆五十七年(1792)全部竣工,这就是著名的避暑山庄。山庄建成后,一方面为清朝统治者提供了一个宜人的消暑胜地,另一方面也为之提供了进行政治活动、加强各民族间联系和统一的重要场所。当时我国漠南、漠北、青海、新疆的蒙古族、维吾尔族、哈萨克族和西藏、四川等地的藏族、苗族,以及台湾的高山族等少数民族的上层人物,都曾先后到山庄来朝见皇帝。乾隆朝,乾隆皇帝在这儿会见了前来的英国使节。避暑山庄成了清政府的第二政治中心。

避暑山庄的面积达560万平方米,围绕山庄四周、随山起伏的"虎皮石墙"长达10千米。整个山庄由宫殿区、平原区、湖区和山区四部分组成,建筑手法融合和吸收了各民族的艺术特点,表现了祖国各地的自然风貌。宫殿区在山庄的南部,包括正宫、东宫、松鹤斋和万壑松风四组建筑。这些建筑基本上采用了北方居民四合院的规则布局,朴素大方,是清朝皇帝处理朝政和居住的地方。正宫的澹泊敬诚殿是用楠木构建的,俗称"楠木殿",是山庄的正殿,各种大典在这里举行。平原区、湖区和山区占山庄面积的绝大部分,自然环境十分优美,有遍布苍松的山峦,有平坦如茵的草地,还有曲折回环的河流湖泊。平原区的万树园,古木参天,很易使人联想起东北大兴安岭的莽莽森林。湖区的建筑,有模仿苏州狮子林的,有模仿镇江金山寺的,有模仿嘉兴烟雨楼的,还有模仿杭州西湖芝径云堤的,整个湖区充满了南方园林的秀丽景色。

在避暑山庄东北两面山麓、武烈河以东和狮子沟以北的山丘地带,从康熙五十二年(1713)到乾隆四十五年(1780)之间,先后建立了溥仁寺、溥善寺、普宁寺、普佑寺、安远庙、普乐寺、普陀宗乘之庙、广安寺、殊像寺、罗汉堂、须弥福寿之庙等 11 座庙宇。其中溥善寺、普佑寺、广安寺及罗汉堂今已破坏无遗,实际存者 7 处。这就是被称作"外八庙"或"八大寺"的建筑群。

溥仁寺:康熙五十二年(1713),蒙古诸部的王公、台吉前来祝贺康熙皇帝 60 岁寿辰,建一寺,以为纪念,此即溥仁寺。它的建筑风格,与汉族的一般寺庙相同。

普宁寺:乾隆二十年(1755),清政府平达瓦齐的叛乱,同年十月,厄鲁特蒙古四部的上层人物来避暑山庄朝见清朝皇帝,于是建普宁寺以资纪念。因"蒙古向敬佛,兴黄教,故寺之式,即依西藏三摩耶庙之式为之"[1]。主殿大乘之阁有高达 20 余米的木质千手千眼菩萨像,因而又被称为大佛寺。

安远庙:又称伊犁庙。建于乾隆三十年(1765)。当时达什达瓦部(准噶尔部的一部分)迁居热河,乾隆皇帝为了满足其宗教生活的需要,下令模仿伊犁河北的固尔扎庙建造此庙。

普乐寺:又称圆亭子。建于乾隆三十一年至三十二年(1766—1767),是为供都尔伯特、左右哈萨克、东西布鲁特(柯尔克孜)等族首领来承德朝见时观瞻而建。其旭光阁的建筑形式模仿北京天坛祈年殿,为重檐圆顶,下有两层高台,周围配有八座琉璃小塔,比例和谐,富于变化。

普陀宗乘之庙:又称小布达拉宫。这是外八庙中最大的一座寺庙,占地 22 万平方米。始建于乾隆三十二年(1767),至乾隆三十六年(1771)完工,历时 4 年。时漠南、漠北、青海、新疆等地蒙古族、维吾尔族上层人物来承德庆贺乾隆皇帝的 60 岁寿辰和其母 80 岁寿辰,因建此庙,以作纪念。此庙仿照西藏拉萨布达拉宫而建(布达拉宫的情况详见下文),其大红台利用山势修建,平面曲折,体型错落有致。庙中有仿北海小西天"须弥春"的琉璃牌坊,融合了汉、藏两族的建筑特点。

---

[1] 乾隆御制《普宁寺碑文》。

殊像寺：建于乾隆三十九至四十年（1774—1775），是一座仿照山西五台山殊像寺修建的汉族风格佛寺。寺内殿后宝相阁装有文殊菩萨木制大像。此寺旧藏满文大藏经，是乾隆时期用 18 年的功夫译成的。

须弥福寿之庙：建于乾隆四十五年（1780），这年是乾隆皇帝 70 岁寿辰，六世班禅额尔德尼前来祝贺，乾隆皇帝特命仿日喀则的札什伦布寺建造此庙（"札什伦布"汉译为"须弥福寿"），以作为班禅的行宫。庙中有一吉祥法喜殿，即班禅来后的住处。

从上述可见，避暑山庄和外八庙，在建筑艺术上体现了我国各民族间的交流和融合，在政治上反映了我国各民族间的亲密交往，是清代统一的多民族国家进一步发展巩固的突出例证之一。

四、布达拉宫

布达拉宫位于西藏拉萨市西隅，是一座大型的喇嘛寺院。早在唐初文成公主入藏时，松赞干布为了让文成公主居住，就建设了布达拉宫。但松赞干布所建者，早已毁坏不存。顺治时，达赖五世到北京朝见清朝皇帝，得到册封，回藏后遂对布达拉宫进行修复。后来他的继承者们又陆续加以扩建，今天布达拉宫的规模就是这样形成的。布达拉宫系石木结构，主楼红宫高达 115.703 米，砌有平楼 13 层，建有宫殿 3 座。宫墙厚达一米多，以一块块方石砌成。殿堂上绘有鲜艳的壁画，室内陈列有造型生动的佛像。整个建筑群依山而筑，自山下直到山腰，巍峨高耸，气势非常雄伟。每遇晴天，宫殿的金顶被太阳照得闪闪发光，更显壮丽。布达拉宫是藏族人民血汗和智慧的结晶，充分体现了他们卓越的创造才能。

五、样房、算房和"匠作则例"

清朝统治者因为经常进行营建，为适应需要，专门设立了主持设计和编制预算的机构，即"样房"和"算房"。在样房和算房任职的多是

"世守之工，号称专家"①。著名的"样式雷"雷发达，就是任职于样房的专家。

雷发达（1619—1693），江西建昌（今永修）人。幼年随父迁居南京，30 岁即成了有名的工匠。康熙初年，与堂兄雷友宜一起被征入京，参加皇宫修建。由于他的高超技艺，被任命为工部样房掌案。此后 30 多年，他作为宫廷建筑大师，参与了许多建筑工程。雷发达曾经用硬板制作可以揭开房顶观察内部样式的建筑模型，开了我国以活动模型进行设计的先例。他病故后，其子雷金玉继承了他的技艺，以后一直传到第六代雷廷昌。他们祖孙六代从事"官式"建筑 200 年，先后参与设计修建的有"三海""四园"以及东、西二陵等许多重大工程。他们所设计的各种图样被广为使用。

"匠作则例"是有关工匠营建制造的各种成规定例。清代有关衙门，往往每过若干年即纂修一次，目的是保证营建制造的质量和数量，便于计算开支，以防奸杜弊。样房、算房的设计专家和巧工宿匠，多将则例辑为秘本，其目的则是方便自己查考，便于估算和施工。官修匠作则例以乾隆时期内最多，嘉、道以后官修者减少了，而样房、算房和工匠的私辑底本却每多流传。有人统计，现存清代的匠作则例尚约有 70 种。匠作则例涉及的行业，除了建筑，还有工艺美术和手工业制造，但建筑占很大比重。② 雍正十二年（1734）刊行的清代第一部匠作则例《工程做法》，即是关于建筑的则例。这个则例共有 74 卷，图文并重，统一了官式建筑的构件的模数和用料标准，简化了构造方法，是对长期以来工匠所积累的建筑经验的一次大总结。

样房、算房的设置和匠作则例的大量编纂，是当时建筑发达的产物；而它们的设置或编纂，无疑又反过来对建筑的进一步发展起着积极的推动作用。

---

① 朱桂辛：《中国营造学社缘起》，见《中国营造学社汇刊》第 1 卷。
② 王世襄：《谈清代的匠作则例》，《文物》1963 年第 7 期。

第二章　考据学、史学和地理学

第一节　考据学

一、清代考据学派的演变

考据是清代非常盛行的一种治学方法,由是形成了独特的一代学风。清代学者以研究儒家经典为中心,广泛整理了古代文化典籍,在古文字学、史学、地理学、天文学、数学、目录学、校勘学、辑佚学等学科的研究上,取得了很大成绩。这种学风,早在清初即已存在,大学者顾炎武即是清代考据学的开山鼻祖。他和同时的另外一些学者,鉴于明末学术界束书不观、游谈无根、空疏误国的弊病,提倡"经世致用",踏踏实实做学问。他们的考据与现实生活紧密联系,与官方提倡的理学针锋相对,他们自己的政治立场则是反对清朝,最起码也是不为所用、不与合作。这时考据尚未风行,他们还仅仅是学术界平起平坐的众流派中的一个。后来,联系实际的做法逐渐被抛弃,从事考据的学者一味钻在故纸堆里搜罗爬梳,政治上反对清朝的情况改变了,鲜明的反对理学的立场也被一些人丢在一边,只有其中的一部分学者在继续坚持对腐朽理学的批判。但从事考据的学者的数量则日益增多,到了乾嘉年间,终于发展成为压倒一切学派的正统学派。由于这个缘故,清代的考据学派也被人称为乾嘉学派。

乾嘉年间考据的发达,跟清政府的政策有很大关系。为了钳制社会舆论,巩固以满洲贵族为核心的封建专制统治,入关以后的清政府屡兴文字狱,乾隆年间这类案件尤多,对"妄议朝政"者,挑剔极为苛细,处罚也很严厉,不是剐,就是斩,轻者也要充军边远。在残酷的政治高压下,一般文人自然不敢拿身家性命冒险,遂远离现实不去问津,一头扎进故纸堆。在严厉控制社会舆论的同时,清政府又对粉饰太平、有利于维护封建统治的文化事业大力提倡,乾隆皇帝亲自写诗论画。督抚以"书生不能胜任""书气未除"为由参奏属员,他则极力批驳,认为修己治人之道备载于书,这些属员如果确实可称书生,则政事一定可以办好,州县可蒙其福,并自谓20年来,讲论未尝停止,"实一书生"。此外,他还屡开特科,奖励文人,大力组织编书。《四库全书》的编辑就是其中尤其引人注目者。这样的"右文"政策,对于学者们殚精竭虑从事古代文化典籍的整理,显然也是一个有力的推动因素。

对于贯彻清政府的"右文"政策,当时纪昀、朱筠、王昶、毕沅、阮元等几名官僚非常积极,值得一提。纪昀,字晓岚,一字春帆,晚号石云,献县(今属河北)人,乾隆十九年(1754)进士,历任《四库全书》纂修官及总办、兵部侍郎、都察院右都御史、礼部尚书、兵部尚书、实录馆副总裁等职,主要著作有《四库全书总目提要》和《四库全书总目提要简明目录》。[1] 在他负责《四库全书》的编辑时,学者咸与往来,托庇其门下者颇多。朱筠,字竹君,一字美叔,号笥河,顺天大兴(今属北京)人。乾隆三十三年(1768)擢侍读学士,充日讲起居注官,三十五年(1770)充福建乡试正考官,三十六年(1771)提督安徽学政。三十八年(1773),"奏前明《永乐大典》一书,陈编罗载,请择其中若干部,分别缮写,以备著录"。这成为编纂《四库全书》的发端。四十四年(1779)提督福建学政。他"博闻宏览",重视小学

---

① 蔡冠洛编著:《清代七百名人传·纪昀》。

训诂。督学安徽时,既祀音韵学家江永于紫阳书院,又"刊布许氏《说文解字》,叙说之以教士"。他热心于"宏奖后进,惟恐不至"。著名学者程晋芳、任大椿"皆筠所取士","李威、洪亮吉、武亿、黄景仁、吴蔚,皆其弟子。阳湖孙星衍为诸生时,以不见(朱)筠为恨,介(洪)亮吉为绍,愿遥执弟子礼"。① 王昶,字德甫,号述庵,又号兰泉,江苏青浦(今属上海)人。乾隆十九年(1754)进士,历任刑部山东司主事、浙江司员外郎、江西司郎中、鸿胪寺卿、通政司副使、都察院左副都御史、江西等省按察使、布政使等职。他"天资过人,于学无所不窥,尤邃于《易》"。他与文人交往甚密,曾五次担任顺天乡试和会试的同考官。一次在顺天乡试,"皆以经术取士,士之出门下为小门生及从游受业者二千余人"。"在京师时,与朱笥河互主骚坛,后进才学之士执业请益,舟车错互,屡满户外。"乾隆末年病休回家,"往来吴门,宾从益盛,与王西沚、钱竹汀舣舟白公堤上,朋簪杂沓,诗酒飞腾,望之者若神仙焉"。② 毕沅,字纕蘅,一字秋帆,自号灵岩山人,江苏镇洋(今太仓)人。乾隆二十五年(1760)一甲一名进士,历任陕西按察使、陕西布政使、陕西巡抚、河南巡抚、湖广总督、山东巡抚等要职。虽然公务很多,但不忘治学,著有《传经表》《经典辨正》《续资治通鉴》等书。③ 他善于与文人合作,著名学者章学诚、卢文弨、洪亮吉、孙星衍都曾充任他的幕宾,这对于他本人学识的增长大有益处,对于学术的提倡也有积极作用。阮元,字伯元,号芸台,江苏仪征人。乾隆五十四年(1789)进士。乾隆五十八年(1793)提督山东学政,六十年(1795)八月调任浙江学政。此后历任礼部左侍郎、兵部左侍郎、浙江巡抚、漕运总督、江西巡抚、河南巡抚、湖广总督、两广总督、云贵总督等职。他"淹贯群书,长于考证。其论学在实事求是,自经史小学以及金石诗文,巨细无所不包,而尤以发明大义为主"。"所编《经籍纂诂》《十三经校勘记》传布海内,为学者所取资。""所刻之书尤多,最著者为《十三经注疏》《皇清经解》

---

① 蔡冠洛编著:《清代七百名人传·朱筠》。
② 蔡冠洛编著:《清代七百名人传·王昶》。
③ 蔡冠洛编著:《清代七百名人传·毕沅》。

千四百卷。"①他还重视发展教育，在浙江创立玉环厅学和诂经精舍，又在广东创立学海堂，许多青年士子因而受教于名流学者，学业日长。上述五人，既是高官，又是学者，本人热心学术，又能密切联系文士，他们的活动在清代学术史上有着不容忽视的影响。

乾嘉之间考据之所以盛行，还跟阶级矛盾逐步尖锐有关。当时，随着生产力的发展，土地兼并逐渐加剧，剥削日益残酷，阶级斗争因而越来越激烈，而封建统治也就更加黑暗。统治阶级中一部分比较开明的士大夫，不敢做贪官暴吏，但又不敢公开反对，也不敢托言讽刺以免陷入文字狱，所以就逃避到故纸堆中，埋头做考据，钻得越深，也就逃避得越远。表面上看，考据之兴似是升平气象，实则恰好相反。

乾嘉年间的考据派学者多能互相师友，门户之见不深。但由于存在治学态度、风格和方法的差异，仍可划分为不同的流派，其中主要的是以惠栋为首的一派和以戴震为首的一派。以惠栋为首的一派，包括江声、余萧客、江藩等人（以下简称惠派）。以戴震为首的一派，包括段玉裁、王念孙、王引之等人（以下简称戴派）。两派都尊崇顾炎武，都继承了顾炎武"读九经自考文始，考文自知音始"②的方法，并加以发展，用来整理古代典籍和研究语言文字，也都丢掉了顾炎武"经世致用"的传统。其区别在于，惠派盲目尊奉汉儒，以汉儒之是非为是非，惟汉必尊，惟古必信；而戴派则提倡实事求是，其治经不轻信汉人，必求得其原意而后可，其言训诂名物，虽博引汉人之说，但不对之墨守。此外，惠派治学尚淹博，而戴派则贵精审。段玉裁曾称颂戴震说："东原师之学，不务博而务精，故博览非所事，其识断、审定，盖国朝之学者未能或之过也。"③这正说出了戴派学者不同于惠派的一个显著特点。

对于清代的考据学，历来有笼统称为"汉学"的做法，其实这是不正确的，以之称说惠派则可，以之加予戴派则显然与事实不符。在惠、戴两

---

① 蔡冠洛编著：《清代七百名人传·阮元》。
② 顾炎武：《答李子德书》，《顾亭林诗文集·亭林文集》卷4。
③ 段玉裁：《与胡孝廉世琦书》，《经韵楼集》卷5。

派中,成绩较大的是戴派。梁启超曾将戴派的治学步骤总结为六条:"第一曰注意:凡常人容易滑眼看过之处,彼善能注意观察,发现其应特别研究之点";"第二曰虚己:注意观察之后,即获有疑窦",不以"一时的主观感想,轻下判断","先空明其心,绝不许有一毫先入之见存,惟取客观的资料,为极忠实的研究";"第三曰立说:研究非散漫无纪也,先立一假定之说以为标准焉";"第四曰搜证:既立一说,绝不遽信为定论,乃广集证据,务求按诸同类之事实而皆合";"第五曰断案;第六曰推论。经数番归纳研究之后,则可以得正确之断案矣。既得断案,则可以推论于同类之事项而无阂也"。① 上述六个治学步骤,从总体看,没有突破归纳法等形式逻辑的范围,远远没有达到唯物辩证法的高度,但在当时的历史条件下,这已不能不说是相当进步的治学方法了。

二、著名的考据派学者

清代考据派学者数量很大,看看其中具有代表性的几个著名学者的情况,就可以察知当时考据学风的前后演变之迹。

1. 顾炎武

顾炎武,原名绛,字宁人,江苏昆山人,是明清之际著名的考据学家和思想家,生于明万历四十一年(1613),卒于清康熙二十一年(1682)。他具有可贵的民族气节。"明南都亡,奉嗣母王氏避兵常熟。"②昆山令杨永言起兵抗清,他与同乡好友归庄往从。抗清活动失败后,为了广泛结纳各地的抗清志士,又于顺治十三年(1656)只身北上,来往于山东、河北、山西、陕西一带,曾数次往谒昌平的明十三陵和南京的明孝陵。最后谓:"秦人慕经学,重处士,持清议,实他邦所少,而华阴绾毂关河之口,虽足不出户,亦能见天下之人、闻天下之事。一旦有警,入山守险,不过十里之遥;若有志四方,则一出关门,亦有建瓴之便。"于是定居于华阴。

---

① 梁启超:《清代学术概论》12《戴门后学》。
② 《清史稿》列传 268《顾炎武传》。

"康熙十七年，诏举博学鸿儒科，又修《明史》，大臣争荐之"，而他"以死自誓"决不参加，抗清意识至老不衰。①

在治学上，顾炎武坚决反对空谈。明朝末年以后，由于王阳明主观唯心主义理学的影响，许多文人不肯踏踏实实地读书，而是热衷于谈心性。顾炎武对这种学风加以猛烈抨击。他说："刘石乱华，本于清谈之流祸，人人知之，孰知今日之清谈，有甚于前者！昔之清谈谈老庄，今之清谈谈孔孟，未得其精而已遗其粗，未究其本而先辞其末，不习六艺之文，不考百王之典，不综当代之务，举夫子论学论政之大端，一切不问，而曰'一贯'，曰'无言'，以明心见性之空言，代修己治人之实学，股肱惰而万事荒，爪牙亡而四国乱，神州荡覆，宗社丘墟。昔王衍妙善玄言，自比子贡，及为石勒所杀，将死顾而言曰：'呜呼！吾曹虽不如古人，向若不祖尚浮虚，戮力以匡天下，犹可不至今日。'今之君子，得不有愧乎其言！"②他对当时盛行的空谈心性之风，指斥得多么不留情面啊！

在反对空谈的同时，顾炎武极力提倡踏踏实实做学问，大搞考据。史载，他"精力绝人，自少至老，无一刻离书。所至之地，以二骡二马载书，过边塞亭障，呼老兵卒询曲折，有与平日所闻不合，即发书对勘，或平原大野，则于鞍上默诵诸经注疏"③。《四库全书总目提要》在评论其治学时说："学有本原，博瞻而能贯通，每一事必详其始末，参以佐证，而后笔之于书，故引据浩繁，而抵牾者少。"④他不仅为有清一代考据学者们树立了广搜证据、"证备然后自表其所信"⑤的治学榜样，而且开辟了通过研究古文字进而研究儒学经典的治学门径。他认为"三代六经之音，失其传也久矣，其文之存于世者，多后人所不能通，以其不能通而辄以今世之音改之，于是乎有改经之病"，因而"读九经自考文始，考文自知音始，以至

①《清史稿》列传 268《顾炎武传》。
② 顾炎武：《日知录》卷 7"夫子之言性与天道"。
③《清史稿》列传 268《顾炎武传》；全祖望《鲒埼亭集·亭林先生神道表》。
④ 见《四库全书总目提要》"《日知录》"条。
⑤ 梁启超：《清代学术概论》4"顾炎武与清学的"黎明运动""。

诸子百家之书,亦莫不然"。① 基于这个认识,他对古音韵进行了深入的研究,用 30 多年的精力、"凡五易稿而手书者三"的精益求精的严谨态度,写出了《音学五书》:"列古今音之变,而究其所以不同,为《音论》二卷,考正三代以上之音;注三百五篇,为《诗本音》十卷;注《易》,为《易音》三卷;辨沈氏部分之误,而一一以古音定之,为《唐韵正》二十卷;综古音为十部,为《古音表》二卷。自是而六经之文乃可读。"②后来由于清代的考据派学者普遍使用他的这一治学门径,古文字学成为当时很发达的一门学问。

顾炎武之大搞考据,并非为学术而学术、为考据而考据,乃是为了"经世致用"。他在书信中曾说:"孔子之删述六经,即伊尹、太公救民于水火之心,而今之注虫鱼、命草木者,皆不足以语此也。……愚不揣,有见于此,故凡文之不关于六经之指、当世之务者,一切不为。""君子之为学,以明道也,以救世也。徒以诗文而已,所谓雕虫篆刻,亦何益哉!某自五十以后,笃志经史,其于音学深有所得,今为五书以续三百篇以来久绝之传,而别著《日知录》,上篇经术,中篇治道,下篇博闻,共三十余卷,有王者起,将以见诸行事,以跻斯世于治古之隆。"③顾炎武的上述自我评论都是符合实际的。"经世致用"的考据目的,使其把与国计民生有关的具体事物当成了考据的主要对象。如他的《天下郡国利病书》,是因为"崇祯已卯(按:十二年,即 1639 年),秋闱被摈,退而读书,感四国之多虞,耻经生之寡术,于是历览二十一史以及天下郡县志书、一代名公文集及章奏文册之类,有得即录",从而写成的,其中所述全是各个省府州县的赋税、徭役、水利、武备之类实际政务和生产情形等。④《清史稿》也说:"炎武之学,大抵主于敛华就实。凡国家典制、郡邑掌故、天文仪象、河漕

---

① 顾炎武:《答李子德书》,《顾亭林诗文集·亭林文集》卷 4。
② 顾炎武:《音学五书序》,《顾亭林诗文集·亭林文集》卷 2。
③ 顾炎武:《与人书》,《顾亭林诗文集·亭林文集》卷 4。
④ 顾炎武:《天下郡国利病书·序》,《顾亭林诗文集·亭林文集》卷 6。

兵农之属,莫不穷原究委,考正得失。"①

为了"经世致用",顾炎武在从事考据时,还特别注意对现实的迫切问题的研究。他每到一个地方,就要详细调查该地的各种情况,特别注意调查有关国计民生的现实问题。如他的论文《钱粮论》,就是对山东、陕西等地当时的赋税缴纳办法做了深入调查之后才写出来的。他的这种考据,无疑是一种很有意义的活动。

顾炎武的著作除上文所提及者外,重要者尚有《肇域志》《二十一史年表》《历代帝王宅京记》《营平二州地名记》《昌平山水记》《山东考古录》《金石文字记》《亭林文集》《亭林诗集》等。

2. 阎若璩

阎若璩,字百诗,山西太原人,生于明崇祯九年(1636),卒于清康熙四十三年(1704),与顾炎武约略同时而辈分略晚,也是清代考据学派的创立者之一。他研究经史很有造诣,主要著作有《古文尚书疏证》《四书释地》《孟子生卒年月考》《潜邱札记》《毛朱诗说》《日知录补正》等。

阎若璩的最大贡献是考定《古文尚书》之伪。他在 20 岁时,读《古文尚书》发现许多矛盾,即发生怀疑。经过 30 余年的潜心研究,终于发现其症结所在,提出 128 条证据,证明此书乃东晋年间之伪作。一千多年来,《古文尚书》被视为经典,科举取士以之作为考试内容之一,真可谓神圣不可侵犯。自宋朱熹、元吴澄以来已有疑之者,但始终不敢肯定其伪,这时阎若璩写出了《古文尚书疏证》一书,将其伪作的真相彻底揭露,这对于整个学术界以至朝野上下,无疑是一个巨大的震动,对于人们的思想也是一个大解放,随即兴盛起来的考订研究儒家经典和其他古文献之风潮,与此甚有关系。《古文尚书疏证》写出后,同时的学者毛奇龄写出《尚书古文冤词》,为《古文尚书》辩护,"但终不能以强辞夺正理",阎书以"有据之言先立于不可败也"。②

----

① 《清史稿》列传 268《顾炎武传》。
② 《清史稿》列传 268《阎若璩传》。

阎若璩能在考据学上作出突出贡献,重要的原因是他学习认真,读书时注重思考,而且不得其解决不放手。他的儿子说他"读书每于无字句处精思独得","一义未析,反复穷思,饥不食,渴不饮,寒不衣,热不扇,必得其解而后止"。[1] 戴震曾说他"善读书","读一句书能识其正面背面"。[2] 据记载,他"尝集陶弘景、皇甫谧语题其柱云:'一物不知,以为深耻,遭人而问,少有暇日'"。他因家庭世业盐荚而于青年时期侨寓淮安,"海内名流过淮,必主其家"。[3] 有一年他发现"使功不如使过"这句话的出处不详,此后便留心查找,过了15年从《唐书·李靖传》中找到了这句话。20年后,又在《后汉书·独行传》中找到了最早的出处。[4] 为了一句话的出处,前后20年不放过,这是多么可贵的锲而不舍的精神啊!

在认真治学上,阎若璩与顾炎武很相似,但政治态度已很有不同。他不反抗清朝,于康熙十八年(1679)曾"应博学鸿儒科试,报罢"。徐乾学"奉敕修《一统志》,开局洞庭山",他应召参与其事。雍正皇帝"在潜邸闻其名"相召,他亦从命赴召,与之交往甚密。他去世时,雍正皇帝"遣使经纪其丧,亲制诗四章,复为文祭之"。[5] 清代考据学家对待清朝的态度从他开始发生了根本改变。

3. 惠栋及其弟子

惠栋(1697—1758),字定宇,号松崖,先世扶风人,自九世祖迁于吴。其曾祖惠有声即通晓儒学经典,"以九经教授乡里"。祖惠周惕,做过密云知县,工诗、古文,著有《易传》《春秋问》《三礼问》《诗说》诸书。父惠士奇,任过翰林院侍讲学士和广东学政,著有《易说》《礼说》《春秋说》《大学说》《交食举隅》《琴笛理数考》等。惠栋生长在这样一个世代治经的家庭之中,"承其经学",成为清代考据学者中惠派的开山人物。[6] 他的著作主

---

[1] 阎咏:《左汾近稿·先府君行述》,转引自梁启超《中国近三百年学术史》,《饮冰室合集》。
[2] 段玉裁:《戴东原先生年谱》,见《戴震集》附录。
[3][5]《清史稿》列传268《阎若璩传》。
[4] 阎若璩:《潜邱札记》卷2。
[6] 王昶:《惠先生墓志铭》,见《国朝耆献类征初编》卷419"经学七·惠栋"。

要有《九经古义》《易汉学》《易例》《周易述》《明堂大道录》《禘说》《古文尚书考》《后汉书补注》《王士祯精华录训纂》《九曜斋笔记》《松崖文钞》等。在各种学问中，他对《易》学钻研得最深。但他治学以绝对尊奉汉儒为特征，梁启超说他"专以'古今'为'是非'标准"，其治学方法"八字蔽之，曰：'凡古必真，凡汉皆好'"。① 因而，他对《易》学的研究，不过是将汉儒的说法搜集起来而已。钱大昕在为惠栋写的传记中说："（惠栋）谓宣尼作《十翼》，其微言大义，七十子之徒相传，至汉犹有存者，自王弼兴而汉学亡，幸存其略于李氏《集解》中。精研三十年，引伸触类，始得贯通其旨，乃撰次《周易述》一编，专宗虞仲翔，参以荀（爽）、郑（玄）诸家之义，约其旨为注，演其说为疏，汉学之绝者千有五百余年，至是而粲然复章矣。"② 这段话完全是以颂扬的口吻写出的，但其拘于汉儒说法的特征亦表露无遗。对于其他儒家经典，惠栋也是不敢越汉儒说法的雷池一步。如他之所以撰写《九经古义》，乃是因为认为"汉儒通经有家法"，"古文古义非经师不能辨也"，③"古训不可改也，经师不可废也"④，故而撰写此书，以免"日久失其句读"⑤。由于惠栋过分拘泥于汉儒成说，而汉儒的说法又并非一致，其著作不免芜杂。王引之曾批评他"考古虽勤，而识不高，心不细，见异于今者则从之，大都不论是非"⑥。这十分符合实情。

惠栋虽在学术上没有可以称述的独创，但笃守家法，使"汉学"壁垒森严，开创了在当时很有影响的一个学派，他是清代学术史上值得重视的一个人物。他的弟子江声、余萧客和再传弟子江藩，在发展壮大惠派上，都发挥了不小作用。

江声，本字鳣涛，后改叔沄，号艮庭，江苏元和（今苏州）人。他读《尚书》，"怪古文与今文不类，又怪《孔传》庸劣，且甚支离，（孔）安国所为不

---

① 染启超：《清代学术概论》10《考证学的"群众化"和惠栋学派》。
② 见《国朝耆献类征初编》卷419"经学七·惠栋"。
③⑤ 王昶：《惠先生墓志铭》，见《国朝耆献类征初编》卷419"经学七·惠栋"。
④ 惠栋：《九经古义述首》。
⑥《焦氏雕菰楼丛书》卷首《王伯申先生手札》。

应若此",年 35 岁拜惠栋为师,读其《古文尚书考》,又读阎若璩所著《古文尚书疏证》,因而得知《古文尚书》及《孔传》皆为晋人伪作,"于是集汉儒之说"以注《尚书》,"汉注不备,则旁考他书",从而写成《尚书集注音疏》一书。阎若璩等考定《古文尚书》是伪书之后,对于"刊正经文,疏明古注"皆未顾及,至江声此书出,这方面的问题才开始得到解决。① 此书引证很广博,大体以汉儒之说为主,是惠派学风的典型作品之一。此书"经文注疏,皆以古篆书之",他的其他著作也不用楷书写,"与人往来笔札"亦"皆作古篆",②江氏之崇尚古风,可说达到极点。除《尚书集注音疏》外,他的著作有《六书说》《恒星说》等。

余萧客,字仲林,别字古农,江苏吴县(今苏州)人。他"性癖古籍,闻有异书,必徒步往借,虽仆仆五六十里,不以为劳也"。22 岁拜惠栋为师。③ 主要著作是《古经解钩沉》,采录原书已佚而其说为古书所引的唐以前诸儒训诂。全书共 30 卷,首为"叙录"1 卷,"备述先儒名氏爵里";其余则为《周易》1 卷、《尚书》3 卷、《毛诗》2 卷、《周礼》1 卷、《仪礼》2 卷、《礼记》4 卷、《左传》7 卷、《公羊传》1 卷、《穀梁传》1 卷、《孝经》1 卷、《论语》1 卷、《孟子》2 卷、《尔雅》3 卷,"自诸家经解所引,旁及史传类书,凡唐以前旧说,有片语单词可考者,采著其目"。由于他只是民间一个"寒儒",闻见受局限,采录难免不周,"有钩而未沉者,有沉而未钩者",④但就其所具备的条件说,应该算是捃摭得相当完备了。宋朝以后,注疏之学渐衰,此书与惠栋的《九经古义》在提倡古训上,产生了不小的影响。清代国史馆为之写的传记评论说:自宋以来,训诂之传日就散亡,沿及明人,说经者遂凭臆谈,我朝经学昌明,著述之家,事及于古,萧客是书其一也。⑤他的著作,除此书之外,还有《文选纪闻》《文选音义》等。

江藩,字子屏,江苏甘泉(今扬州)人,是余萧客的学生,撰有《国朝汉

---

① 江藩:《汉学师承记》卷 2《江艮庭先生传》。
②《清史稿》列传 268《江声传》。
③ 江藩:《汉学师承记》卷 2《余古农先生传》。
④⑤ 见《国朝耆献类征初编》卷 419"经学七·余萧客"。

学师承记》《国朝宋学渊源记》《国朝经师经义目录》。他门户之见甚深，在《国朝汉学师承记》里，推惠栋为汉学正宗；在《国朝经师经义目录》里，不论是不是，只论汉不汉，"专宗汉学，凡言不关乎经义、小学，意不纯乎汉儒古训者，皆不著录"。真可谓"笃信谨守"家法的惠派嫡传！①

4. 戴震

戴震，字慎修，一字东原，安徽休宁隆阜人，生于雍正元年冬（1724），卒于乾隆四十二年（1777）。年轻时做过小商贩和塾师，曾问学于婺源江永。乾隆二十年（1755），到北京，与大学者纪昀、王鸣盛、钱大昕、王昶、朱筠等相交游。乾隆二十二年（1757），又与惠栋相识于扬州。乾隆三十八年（1773），任《四库全书》纂修官。他是清代考据学者中戴派的创始人。他的学术著作很多，文字学方面有《六书论》《声韵考》《声类表》《方言疏证》等，天文历算方面有《原象》《迎日推策记》《勾股割圜记》《历问》《古历考》《续天文略》《策算》等，水地方面有《水地记》《直隶河渠书》等。此外，还有《孟子字义疏证》《原善》等。

戴震自少年起治学即富于追根问底的精神，不肯放过一个疑点。据说他在 10 岁时，"就傅读书，过目成诵，日数千言不肯休。授《大学章句》至'右经一章'以下，问塾师：'此何以知为孔子之言而曾子述之？又何以知为曾子之意而门人记之？'师应之曰：'此朱文公（熹）所说。'即问：'朱文公何时人？'曰：'宋朝人。''孔子、曾子何时人？'曰：'周朝人。''周朝、宋朝相去几何时矣？'曰：'几二千年矣。''然则朱文公何以知然？'师无以应，曰：'此非常儿也。'"②这种强烈的追求真相的可贵精神，是他能够成为大学问家的一个重要条件。

在研究儒家经典上，戴震与顾炎武等人一样，也主张自古文字入手。他说："经之至者，道也；所以明道者，其词也；所以成词者，未能外小学文字者也。由文字以通乎语言，由语言以通乎古圣贤之心志，譬之适堂坛

---

① 见《国朝耆献类征初编》卷 419"经学七·余萧客"。
② 段玉裁：《戴东原先生年谱》，见《戴震集》附录。

之必循其阶，而不可以躐等。"①他在文字学方面的著作很多，这与他的这个主张很有关系。

在研究儒家经典上，戴震还主张"实事求是，不偏主一家"②，"不以人蔽己，不以己自蔽"③。这种主张在当时的实际含义主要是：既不盲目追随宋儒，也不轻易盲从汉儒。他说："治经先考字义，次通文理，志存闻道，必空所依傍。汉儒故训有师承，亦有时傅会，晋人傅会凿空益多。宋人则恃胸臆为断，故其袭取者多谬，而不谬者在其所弃。我辈读书原非与后儒竞立说，宜平心体会经文，有一字非其的解，则于所言之意必差，而道从此失。"④戴震这种对宋儒、汉儒皆不迷信盲从的态度，与惠派墨守汉儒学说的学风，形成了鲜明的对照，展现了戴派比惠派的高超之处。

戴震之治学，极重精审。他说："学贵精，不贵博，吾之学不务博也。""得知十件而都不到地，不如得知一件而到地也。"⑤这一点也说明了戴派与惠派的区别，惠派所追求者在于淹博。

戴震之治学，在古文字等方面用力较多，对于儒家经典的义理只有《孟子字义疏证》等书进行过研究，相对来说数量较少，但他对后者是非常重视的。他把后者看作做学问的最终目的，而研究古文字等，都是为它服务的。他曾说："六书、九数等事，如轿夫然，所以舁轿中人也。以六书、九数等事尽我，是犹误认轿夫为轿中人也。"又曾说："仆生平著述之大，以《孟子字义疏证》为第一，所以正人心也。"⑥"义理即考核、文章二者之源也。"⑦他重视研究儒家经典的义理，并非意味着他是完全按照儒家经典的原意去阐发儒家经典的，事实上，他是利用这种手段发表自己的哲学思想，这使他成为清代大思想家之一。在这里我们暂不对他的哲学思想进行分析（详见本书第四章第四节），只是注意他重视对儒家经典义

---

① 《古经解钩沈序》，《戴东原集》卷 10，《戴震集》上编。

② 钱大昕：《戴先生震传》，《潜研堂文集》卷 39。

③ 《答郑丈用牧书》，《戴东原集》卷 9，《戴震集》上编。

④ 《与某书》，《戴东原集》卷 9，《戴震集》上编。

⑤⑦ 段玉裁：《戴东原先生年谱》，见《戴震集》附录。

⑥ 段玉裁：《戴东原集序》，见《戴震集》附录。

理的研究这一点，这在清代的考据学者中并不多见。

5. 段玉裁

段玉裁，字若膺，江苏金坛人，生于雍正十三年（1735），卒于嘉庆二十年（1815）。乾隆二十五年（1760）举人。至京师见戴震，好其学，遂师事之。历任贵州玉屏县知县、巫山县知县等职。他"于周、秦、两汉书，无所不读，诸家小学，皆别择其是非。于是积数十年精力，专说《说文》，著《说文解字注》三十卷"。此外，其著作尚有《六书音均表》《经韵楼集》等。①

段玉裁的主要贡献在《说文解字注》一书。东汉人许慎所著《说文解字》，多存古义，可以探源故训，因而清代学者自康熙以后渐加注意。段玉裁的《说文解字注》是清代研究《说文解字》较早且成就甚高的一部书。他能就本书融会贯通，发现义例，以为整理之依据，故有许多创见。《说文解字》在流传过程中出现讹误甚多，段玉裁多有纠正。如今本《说文解字》的古文"上""下"二字作"⊥""⟂"，合乎晚周古文，但段玉裁认为本来应作"二""二"，这个意见与商、周时代的古文字是相符合的；今本《说文解字》有从"目"从"失"的"眛"字，段玉裁认为本来应作从"目"从"矢"的"眎"字（即古文字中的"𥄉"字），也与古文字相符。近代发现的《唐写本说文解字木部》，与今本《说文解字》有些不同之处，而与段玉裁所校订者往往相合。② 当然，段玉裁也有搞错的地方，后来有人写出《段注订》《段注匡谬》等书进行纠正。但这与他的功劳相比，是不能掩其美的。

6. 王念孙

王念孙，字怀祖，江苏高邮人，生于乾隆九年（1744），卒于道光十二年（1832）。父为吏部尚书。王念孙生数岁即能读《尚书》，有"神童之目"，其父为他请来戴震做老师。③ 乾隆四十年（1775）进士，历任工部主

---

① 《清史稿》列传268《段玉裁传》。
② 于省吾：《从古文字方面来评判清代文字、声韵、训诂之学的得失》，《历史研究》1962年第6期。
③ 《国朝耆献类征初编》卷212"监司·王念孙"。

事、吏科给事中、永定河道、山东河道等职。他是著名的校勘家和古文学家，著有《广雅疏证》和《读书杂志》等书。

王念孙最初跟随戴震学习古文字学，遂通《尔雅》《说文》，"皆有撰述矣，继见邵学士晋涵为《尔雅疏》，段进士玉裁为《说文注》"，乃"遂不复为，撰《广雅疏证》"一书。① 《广雅》系魏太和中清河张楫（字雅让）所撰，"采苍雅遗文，不在《尔雅》者为书"②，是续《尔雅》的一部书，王念孙疏证此书，乃是因为它在训诂学史上具有重要地位，"虽不及《尔雅》《方言》之精，然周、秦、汉人之训诂皆在焉"③。为写《广雅疏证》，王念孙"日三字为程，阅十年而书成"。"其书就古音以求古义"，表现了作者治小学的特点。④ 此外，他还"凡汉以前苍雅古训，皆搜刮而通证之"⑤。《广雅疏证》的写成，不仅对《广雅》有疏通证明之功，而且起到了进一步搜罗保存三代秦汉古训的效果。

史称王念孙"尤精于校雠"，凡经、史、子书，晋、唐、宋以来古义之晦、钞写之误、改校之妄，"皆一一正之"。其校勘名著《读书杂志》共82卷，"分《逸周书》《战国策》《管子》《荀子》《晏子春秋》《墨子》《淮南子》《史记》《汉书》《汉隶拾遗》，凡十种，一字之征，博及万卷，其精核如此"。⑥

王念孙对于墨守成说的治学方法也极力反对。他曾对他的儿子说："说经者，期得经意而已，不必墨守一家。"⑦

7. 王引之

王引之，字伯申，王念孙之子，生于乾隆三十一年（1766），卒于道光十四年（1834）。乾隆六十年（1795）举人，嘉庆四年（1799）进士，历任礼部尚书、工部尚书等职。是戴门后学著名人物之一，与戴震、段玉裁、王念孙合称"戴段二王"。他重视对古文字学的研究，曾说："吾之学于百家未暇治，独治经，吾治经于大道不敢承，独好小学。夫三代之语言，与今

---

① ⑤ ⑥ 《国朝耆献类征初编》卷212"监司·王念孙"。

② 钱曾：《读书敏求记》卷1"小学"。

③ 王念孙：《与刘端临书》第一通，《高邮王氏遗书·王石臞先生遗文》卷4。

④ ⑦ 《清史稿》列传268《王念孙传》。

之语言,如燕越之相语也。吾治小学,吾为之舌人焉。其大归曰用小学说经、用小学校经而已矣。"①他著有《经传释词》10卷,这是我国早期研究文法的名著,"自九经三传周秦西汉之书,凡助字语之文,遍为搜讨,分字编次"而成,"前人所未及者补之,误解者正之",②是阅读古书的一部极好的参考书。他还著有《经义述闻》15卷,用以训释经义。"述闻",即述所闻于其父者。但其中也多有个人见解,且有不少与其父之说相出入者,表现了戴门治学实事求是的精神。此书历来评价甚高,阮元为之所写的序说:"凡古儒所误解者,无不旁征曲喻而得其本义之所在,使古圣贤见之,必解颐曰:'吾言固若是! 数千年误解之,今得明矣!'"方东树作《汉学商兑》,对考据学派大加诋毁,但对此书亦不能不称为"实足令郑、朱俛首,自汉唐以来,未有其比"③。

三、整理古代文化的成绩

清代考据学者分有不同派别,前辈和后学之间也有不少区别。但其对于古代文化的整理都有很大贡献。前面介绍著名学者时已将其中若干贡献叙出,兹将尚未涉及的重要成果补叙于下:

1. 儒家经典方面

胡渭著有《易图明辨》,清理了五代、北宋以来的陈抟、邵雍、周敦颐等对《易经》的附会。《易经》文字简古,极易附会。五代末道士陈抟以道教中丹鼎之术附会该书,后邵雍、周敦颐宗奉其说,而有《先天》《太极》诸图。《易图明辨》问世之后,对于陈、邵、周之说大加驳辩,使其真面目暴露无遗。

焦循著有《易章句》《易通释》《易图略》等书,统名《雕菰楼易学三书》。其家数世传《易》,他幼承家学,在治《易》中能会通全书,发明义例,

---

① 龚自珍:《工部尚书高邮王文简公墓表铭》,见《国朝耆献类征初编》卷76"卿贰三十六·王安国"。
② 王引之:《经传释词·自序》。
③ 方东树:《汉学商兑》卷中之下。

卓然自成一家。据他自己说:"余学《易》所悟得者有三:一曰旁通,二曰相错,三曰时行。此三者皆孔子之言也,孔子所以赞伏羲、文公、周公者也。"①他的这些发现是否正确可作别论,而他在这里所表现出来的独创性却是值得重视的。他之所以能在《易经》研究中有所发现,除了家庭世传《易》学的优越条件,还由于他有广博的知识做基础。《清史稿》记载:"(焦)循博闻强记,识力精卓。每遇一书,无论隐奥平衍,必究其源,以故经史、历算、声韵、训诂无所不精。幼好《易》,父问《小畜》'密云'二语何以复见于《小过》,(焦)循反复其故不可得。既学洞渊九容之术,乃以数之比例,求《易》之比例,渐能理解。"②

王鸣盛著《尚书后案》、孙星衍著《尚书今古文注疏》。这两部书与江声的《尚书集注音疏》一样,都是搜罗汉儒解释《尚书》文字的。《尚书后案》搜罗极博,但对今古文学说分不清楚。《尚书今古文注疏》注意了今古文学说的区别,而且"自为注而自疏之",注简疏详,组织缜密。

胡培翚著《仪礼正义》。他撰写此书用时达40多年。此书尊奉郑玄学说但不墨守,罗惇衍所作序言中说:"(胡培翚)自述其例有四:曰'补注',补郑君注所未备也;曰'申注',申郑君注义也;曰'附注',近儒所说,虽异郑旨,义可旁通,附而存之,广异闻、祛专己也;曰'订注',郑君注义,偶有违失,详为辨正,别是非、明折衷也。"③

秦蕙田著《五礼通考》。这是一部总讲礼学的书。此书旁征博引,不下论断,堪称中国礼制史的长编和资料汇编。

胡承珙著《毛诗后笺》、马瑞辰著《毛诗传通释》、陈奂著《诗毛氏传疏》。清人在《诗》学上的主要成果在训诂名物,这三部书就是嘉、道间先后出现的这种名著。前两部贵宏博,后一部尚严谨。历来论者对后一部评价最高。

焦循著有《孟子正义》。它以疏解赵岐注为主,但不墨守其说。除训

---

① 《焦氏雕菰楼丛书》第一函《易图略叙目》。
② 《清史稿》列传269《焦循传》。
③ 罗惇衍:《仪礼正义序》。

诂名物之外,此书对于《孟子》的义理也多有论述。《孟子》原有孙奭疏,非常芜杂,《孟子正义》大大超过了它,是清人关于儒家经典的新疏著作中较好的一种。

2. 古文字学方面

戴震著《方言疏证》。《方言》为西汉扬雄所撰字书。《方言疏证》广稽文献,对其传刻之讹误进行校勘。据自序说,"改正伪字二百八十一,补脱字二十七,删衍字十七",从此《方言》一书才可读通。

邵晋涵著《尔雅正义》。该书系疏晋人郭璞注,但对《尔雅》原文及郭注多有增校,另外也博采唐以前学者舍人等佚注,分疏于诸家之下。

阮元主编《经籍籑诂》。《经籍籑诂》为阮元任浙江学政时组织诂经精舍学生分工编成的字典,各字依《佩文韵府》的次序编排,专辑古书成说解释其意义,将唐以前训诂网罗殆尽,是阅读古籍极便利的一部工具书。

江永著《古韵标准》等。顾炎武对古音韵的研究为清人之首,其次则有江永著《古韵标准》、段玉裁著《六书音均表》、戴震著《声类表》《声韵考》、孔广森著《诗声类》、王念孙著《古韵谱》。他们认为古今音韵不同,对古音的分部做了步步深入的探讨。唐代的《广韵》分声音为二百零六部,他们认为古音没有那么复杂,试图将之加以合并,以求符合古音。其研究结果,除顾炎武将古音归并为十部外,江永分为平上去十三部、入声八部,段玉裁分为十七部,戴震分为九类十六部,孔广森分为十八类,王念孙分为二十一部。[①]

3. 校勘方面

清人校勘古书的方法很多,主要有以下四种:一、拿两种本子相对照,或根据前人的征引,记其异同,择善而从;二、根据本书或他书的旁证反证,校正文句的原始讹误;三、找出著书人的原定体例,据之刊正全部

[①] 参见马宗霍《音韵学通论》。

通有的讹误;四、根据其他资料,校正原著的错误或遗漏。① 这些方法都很精密。当时在校勘上用力甚大的学者,除前文已述及者外,尚有卢文弨、顾广圻、黄丕烈、卢见曾等人。卢文弨之《群书拾补》、黄丕烈之《士礼居藏书题跋》、卢见曾所刻之《雅雨堂丛书》等,即其从事校勘所获得的成绩。具体说来,清人校勘过的古书,在先秦诸子书方面,包括《老子》《墨子》《庄子》《荀子》《韩非子》《管子》《列子》《晏子春秋》《吕氏春秋》《商君书》《孙子》《吴子》《司马法》等;在诸子以外的其他先秦古书方面,包括《逸周书》《国语》《战国策》《竹书纪年》《山海经》《周髀算经》等;在两汉以后要籍方面,包括《淮南鸿烈》《春秋繁露》《盐铁论》《白虎通义》《韩诗外传》《列女传》《风俗通义》《越绝书》《华阳国志》《抱朴子》《水经注》《颜氏家训》《经典释文》《困学纪闻》等。可以说,举凡唐宋以前的要籍,清人几乎全部做了整理。

4. 辑佚方面

隋唐以前没有印刷术,宋元虽有了印刷术,应用亦不广泛,因而古书多有亡逸。清人在进行考据时,也大力开展辑佚古书的活动。其辑佚所凭借的资料大体有五:一、以唐宋间类书为总资料;二、以汉人子、史书及汉人经注为辑周秦古书的资料;三、以唐人义疏等为辑汉人经说的资料;四、以六朝唐人史注为辑逸文之资料;五、以各史传注及各古选本各金石刻为辑逸文之资料。② 通过这些资料,许多古书得以"复活"。当时的考据学者,几乎无不从事辑佚。邵晋涵所辑《韩诗内传》,严可均所辑《全上古三代秦汉三国六朝文》,卢见曾所辑《郑氏易注》,张澍所辑《三辅决录》,官修《全唐诗》《全金诗》《全唐文》等,都属于这类书籍。有的所辑只有片言只语,但也很珍贵。

除上述四个方面之外,清代考据学者在史学、天文、历算、地理、律吕、金石、目录、版本、辨伪等方面都有不少成绩。所有这些方面,都是以儒家经典的研究为中心而开展起来的。他们进行了多方面的考据,使得

---

① ② 参见梁启超《中国近三百年学术史》,《饮冰室合集》。

难读难解的古书，从此易读易解，原来的伪书和书中的窜乱之处，从此被识别出来。后来的研究者，可以少耗许多精力，许多失传的学问或不被人注意的学问，从此被发掘出来引起人们的注意，发展成为专门的学科。他们为古代文化的整理，立下了不可磨灭的功劳。

四、考据学派的缺陷及其衰落

清代考据学派成绩很大，但也有不少缺陷，主要有四点：

第一，除清初的若干学者以外，后来的考据学者只钻古书，研究过去的陈迹，不问现状，其治学与现实生活完全脱节。

第二，过分强调广博精深，以致流于繁杂琐碎。如戴震治学很认真、踏实，但强调过甚，则不免给人以丛杂的感觉。他说："一字之义，当贯群经，本六书，然后为定。""诵《尧典》数行至'乃命羲和'，不知恒星七政所以运行，则掩卷不能卒业。诵《周南》《召南》，自《关雎》而往，不知古音，徒强以协韵，则龃龉失读。诵《古礼经》，先《士冠礼》，不知古者宫室、衣服等制，则迷于其方，莫辨其用。不知古今地名沿革，则《禹贡》职方失其处所。不知'少广''旁要'，则《考工》之器不能因文而推其制。不知鸟、兽、虫、鱼、草、木之状类名号，则比、兴之意乖。"[①]按照戴震的这个说法，要读儒家经典，就必须首先学好天文、地理、古音韵、古典章、数学、生物等知识，要弄清一个字的含义，就必须通读全部经书，这是多么高的要求啊！倘真的按这个要求去办，那就势必穷年累月为做准备工作而忙碌，长期不能接触正题。其喧宾夺主岂不过甚！

第三，考据学者们的治学方法，大体不出形式逻辑的归纳法等范围，这种方法可以弄清一些问题，但有局限性。其只能解决枝节性的和浮浅的问题，对于诸如发展规律等根本性的和深刻的社会问题，则无能为力。

第四，有些考据学家的具体考证不准确，甚至有个别人态度不严肃。如毛奇龄，"有造为典故以欺人者，有造为师承以示人有本者，有前人之

---

① 《与是仲明论学书》，《戴东原集》卷 9，《戴震集》上编。

误已经辨正而尚袭其误而不知者,有信口臆说者,有不考古而妄言者,有前人之言本有出而妄斥为无稽者,有因一言之误而诬其终身者,有贸然引证而不知其非者,有改古书以就己者"。当时的学者全祖望因此而写了长达 10 卷的《萧山毛氏纠谬》。① 再如陈启源的《毛诗稽古篇》,是清初关于《诗经》研究的博赡之作,但其中把《邶风·简兮》的"西方美人"附会为释迦牟尼,这样曲解古籍,完全是出于主观想象。

以上缺陷都是应予批评的,但不能简单从事。在指出缺陷存在的同时,我们还应客观地分析其出现缺陷的原因,对其影响也要做多方面的观察。关于其脱离现实的缺陷,不要对清代的考据学者一律扣上这顶帽子,只能给清初以后的考据学者提出这种批评。同时还要看到,虽然这是一种倒退,在客观上起了帮助统治者粉饰太平的作用,但他们研究整理古籍,总比无所事事强,总比为追逐利禄而揣摩八股强,与不问真相大扯顺风旗的无耻文人相比,更是强上若干倍。此外,其所以持逃避现实政治的态度,有的也是因清政府的高压政策,责任并不全在他们身上。因此,从历史唯物主义的观点出发,对他们的这一缺陷不应谴责过甚。关于其烦琐的缺陷,除了应批评其支离破碎、喧宾夺主,还要看到其本意乃是为了把学问搞踏实,其注意对细微问题和各种学问的研究,也带来了一些学科的发达(如训诂学、音韵学),失之于此而得之于彼。可见对这点并不能只看一面即笼统遗弃。关于其治学方法的缺陷,要从时代的局限性上分析其根源,在那样的时代不可能出现能洞察社会本质的唯物辩证法。他们使用的方法,乃是当时所能使用的最进步的方法。因此,对其治学方法,既要指出缺点,又要进行历史唯物主义的肯定。关于其治学态度不严肃的缺陷,要切切实实将之看作个别人的问题,从当时绝大多数考据学者来看,应该说他们的态度是严肃的,极富于实事求是的精神。如戴震研究儒家经典,就力主剥去历代学者加上去的层层附饰,他要"以《六经》、孔、孟之旨,还之《六经》、孔、孟;以程、朱之旨,还之程、

---

① 全祖望:《萧山毛检讨别传》,《鲒埼亭集外编》卷 12。

朱;以陆、王、佛氏之旨,还之陆、王、佛氏。俾陆、王不得冒程、朱,释氏不得冒孔、孟"①。段玉裁也曾说过:"校经者贵求其是而已","校经之法,必以贾(公彦)还贾,以孔(颖达)还孔,以陆(德明)还陆,以杜(预)还杜,以郑(玄)还郑,各得其底本,而后判其义理之是非"。② 其他考据学者在治学上一丝不苟、严肃认真的例子也举不胜举。可见,绝不能因个别人学风不严肃而否认整个考据学派的严谨态度。

　　有些人在研究清代考据学派时,不能正确看待其缺陷,既不分析其多方面的影响,也不分析其产生的历史原因,一味批判谴责,甚至做了苛求式的评论,或者肆意将其缺陷夸大渲染。如有的人对清代考据学者所具有的实事求是作风很不以为然,他们用毛泽东在《改造我们的学习》一文中所讲的无产阶级的"实事求是"定义去对它进行衡量,认为:第一,清代考据学家"所说的'实事求是'之'实事'仅仅指的是古代文献",而不是定义中所讲的"客观存在着的一切事物";第二,清代考据学家"所说的'实事求是'之'是'",不是定义中所讲的"规律性","不是反映客观规律的理论结论,而是一件一件具体事实,或一词一句的训解的真实";第三,清代考据学家"所说的'实事求是'的'求'字",是"归纳法",而不是定义里所要求的用马克思主义的唯物辩证法为指导去进行研究。③ 这样的对比,对于古人显然是一种苛责。当时,中国虽已出现资本主义萌芽,但现代无产阶级尚未诞生,因而无产阶级的"实事求是"就不可能出现,在这样的条件下,怎能要求考据学者们按照这种"实事求是"办事呢? 用这种"实事求是"的标准去对他们进行衡量,是地地道道的非历史主义。另外,值得指出的是,做这种对比的人,对于无产阶级的"实事求是"的理解,并不全面。上述三个方面,尽管都提得不错,但无产阶级并不否认历代对"实事求是"的——并不从这三方面进行衡量的———一般解释,这种

---

① 段玉裁:《戴东原先生年谱》,见《戴震集》附录。
② 段玉裁:《与诸同志书论校书之难》,《经韵楼集》卷 12。
③ 关锋:《从实事求是谈到学风》,《文汇报》1963 年 1 月 3 日。

一般解释是不弄虚作假，"务得事实，每求真是"①。前者如果算是无产阶级所独有的定义，后者则可看作无产阶级和其他阶级所共有的概念。在衡量古人是否实事求是时，与其用前一个定义，不如用第二个概念，因为只有第二个概念才能在古代找得到，对古人进行衡量只有用它才有意义。夸大清代考据学派缺陷的例子还有一些。如有的人为了渲染其脱离现实的缺陷，竭力描绘其厚古薄今的倾向，不仅对于惠派之墨守汉人家法进行批评，而且把戴派也违背事实地说成是"不读汉以后书"。再如为了夸张清代考据学派之偏重资料整理，竟将之说成是"只培养出了一批眼光狭隘而思想锢蔽的人"，一个"只"字抹杀了其进行过理论研究的全部事实。② 对清代考据学派的缺陷进行批评是必要的，但要公平，苛求和夸张都不妥。

清代学者除去考据学派外，还有其他派别，治学方向的差异使之相互间存在矛盾。另外，考据学派也确实存在一些辫子可被人抓。因而在清代，特别是乾嘉年间考据盛行之后，攻击、批评考据学派者时有出现。

诗人袁枚是当时反对考据学派的一个著名人物，他视考据家和辞章家如水火。他在《随园诗话补遗》卷10第50则说："（费）榆村又有句云：'读书不知味，不如束高阁。蠹鱼尔何知，终日食糟粕。'此四句可为今之崇尚考据者下一神针。"费榆村写诗不一定有什么影射，而袁枚却直接把考据家诋为蠹鱼，这实是从门户出发的一种偏见。考据学家从事的大量古籍整理工作，为进一步研究提供了基础，没有前者就没有后者，一笔抹杀其功劳、恶言相诋实在不公平。

反对考据学派的还有当时具有相当势力的桐城派。这是拥护程朱理学的一个散文流派。他们中攻击考据学派的主要人物有姚鼐和方东树。姚鼐认为考据学派宗汉学、攻程朱，是不分大小，有害学术。③ 方东树是姚鼐的弟子，写了《汉学商兑》一书，专以攻击考据学、吹捧程朱为

① 见《汉书·河间献王传》颜师古注。
② 罗思鼎：《论乾嘉考据学派及其影响》，《学术月刊》1964年5月号。
③ 姚鼐：《赠钱献之序》，《惜抱轩文集》卷7；《复蒋松如书》，《惜抱轩文集》卷6。

务，门户之见特甚。桐城派虽是从程朱理学的立场攻击考据学派的，但有歪打正着之处。如方东树说，考据学家"言言有据、字字有考，只向纸上与古人争训诂形声传注，驳杂援据群籍，证佐数百千条，反之身己心行，推之民人家国，了无益处，徒使人狂惑失守，不得所用，然则虽实事求是，而乃虚之至者也"①。这样的批评，显然是一语破的的。

对考据学派批判最深刻的是大学者章学诚。他既不满于其脱离实际，又反对其博杂琐碎。他说："学者但诵先圣遗言，而不达时王之制度，是以文为鞶帨绮绣之玩，而学为斗奇射覆之资，不复计其实用也。""君子苟有志于学，则必求当代典章"，"必求官司掌故"，"则学为实事，而文非空言，所谓有体必有用也"。② 针对戴震主张学好天文、地理、古音韵、古典章、数学、生物等知识之后才能阅读儒家经典的言论，他还批评说："是数端皆出专门绝业，古今寥寥不数人耳，犹复此纠彼讼，未能一定，将遂古今无诵五经之人，岂不诬乎！"③不过，章学诚对考据学派的批评也有过头的地方，例如，他虽承认考据不可缺少，但不承认考据可以名家。他说："天下但有学问家数，考据者乃学问所有事，本无考据家。"④他甚至讥笑考据派学者对古书进行拾遗补阙为"逐于时趋"，"幸而生后世也，如生秦火未毁以前，典籍具存，无事补辑，彼将无所用其学矣"。⑤ 从做学问的全部过程看，整理资料的考据工作仅是第一步，其最终目的，应是做出理论性的分析，以指导人们的社会实践。但这并不是说作为第一步的考据不如第二步重要。两个阶段缺一不可，同样重要。从全社会的角度说，第一步必须发展到第二步，但从学者的分工来说，有一部分学者就可以只做第一步，而且必须这样办，才能把第一步做好。这些专干第一步的学者有专门的业务，完全有资格被认为是专门家，他们的工作不仅不能

① 方东树：《汉学商兑》卷中之上。
② 章学诚：《文史通义·史释》。
③ 章学诚：《又与正甫论文》，《章氏遗书》卷29，吴兴刘氏嘉业堂刻本。
④ 章学诚：《与吴胥石简》，《章氏遗书》卷9。
⑤ 章学诚：《文史通义·博约》。

讥笑,而且应该受到尊重。当然,做第一步工作的学者的数目应该有所限制,以满足需要为宜。清代乾嘉时期绝大部分学者投入了这一工作,这是不恰当的,但这与考据可否名家是两个问题。章学诚在批评考据学派时说了过头话,表明他也存在若干偏见。

上述学派和个人对考据学派的批评,使考据学派受到一些影响,有些考据学者此后开始比较多地向理论方面用力(如焦循),有的颇欲调和"汉学"和"宋学"(如阮元)。但对考据学派影响更大的是嘉庆、道光以后国内外政治环境的改变。那时,国内阶级矛盾日益尖锐,外国资本主义侵略者的入侵危机一日甚于一日,脱离现实的考据学派已完全不能适应需要,于是学风大变,考据学派由全盛步入了衰落的途程。鸦片战争之后,搞考据的学者就寥寥无几了。

第二节　史料编纂学

清代史料编纂学成就很大。这一时期虽然没有出现一部超过《资治通鉴》的大著作,也没有创造出像宋人"纪事本末"和"会要"那样的新体裁,但是,从事此项研究的人很多,研究面也广,书出得不少,并且还有超出前代的贡献。

一、纪传体、编年体、纪事本末体及典章制度专书的新作

纪传体、编年体和纪事本末体的史书以及专讲典章制度的史书,早在清代以前即已相当发达,体例成熟,著作很多。清代对这几类史书没有在体例上推动其发生大变动,只是沿用旧例,撰写了不少新作,不少是价值很大的名著。

纪传体史书中主要是《明史》《明书》和《罪惟录》。

《明史》是官修的明代史,共332卷,其中本纪24卷、志75卷、表13卷、列传220卷。此书创修于顺治二年(1645),但直至康熙初,进展甚微。康熙十八年(1679),根据给事中张鹏的建议,命内阁学士徐元文为

监修，翰林院掌院学士叶方蔼、右庶子张玉书为总裁，征博学鸿儒彭孙遹、朱彝尊、潘耒、施闰章、尤侗、毛奇龄等 50 人入翰林，与右庶子卢琦等 16 人为纂修，分工合作，开始编纂明史。编写工作断断续续进行了数十年，其间监修、总裁和纂修官屡易其人，最后于雍正十三年（1735）定稿，乾隆四年（1739）进呈皇帝。乾隆四十一年（1776），复有改定译名、重修传纪之举，但刻板印行的《明史》，一直是乾隆四年的进呈本。在众多《明史》编纂者之中，贡献最大的是万斯同。他是黄宗羲的学生，康熙十八年（1679）应徐元文、叶方蔼之征，以布衣身份入京修史。他对明代史实很熟悉，诸纂官的稿子写成后，皆由他覆审删改。他先后参与其事 20 余年，不居纂修之名，隐操总裁之柄，康熙四十一年（1776）去世前已编出了卷帙浩繁、纪传志表俱全的稿本，为删改为正式定本准备了条件。万斯同逝后，长期担任总裁的王鸿绪，对万斯同和诸纂修官写成的稿子加以点窜，于康熙五十三年（1714）编出 205 卷列传，于雍正元年（1723）编出 310 卷的《明史稿》全书。《明史》的最后定本，即以《明史稿》为底本，稍加增损而成。由于乾隆四年《明史》最后进呈皇帝时，担任总裁的是张廷玉，所以《明史》的作者一般题作"张廷玉等奉敕撰"。《明史》的材料来源，主要是明代列朝实录和档案，此外还有大量郡志邑乘、杂家志传、野史笔记等，材料丰富。在写作过程中，也经过了许多著名学者长达几十年的讨论修改，所下功夫之大实属空前。因此它比过去大部分纪传体正史要好。不但比宋、辽、金、元四史好，就是宋代修的《新唐书》《新五代史》和它比较起来也显得逊色。只有前四史、《晋书》、《隋书》，比它的价值高一些。在体例上，《明史》与历朝纪传体正史并无大的不同之处，但又有几点自己的独到处，或者说比其他各史处理得好。这几点是："历志"增了图，便于理解；"艺文志"专取明人著述，创了新例；"列传"中新添"阉党""流贼""土司"等传，反映了明代的历史特点；对血缘上或事实上互有关联的人物，立传时分合得宜，使得史实头绪清晰；遇难以判定的史实，注意异说并存，避免了武断；名人的重要奏疏，多载原文，保存原始资料。《明史》也有许多缺点，除了封建史书的一般共有缺陷外，主要是它对清朝入关以前的历史,特别是其中与明朝发生关系的部分,极力隐讳,原因是清朝统治者不愿让人们知道其祖先与明朝的君臣之分,以为那会降低他们的身价,对其统治不利。此外,由于成于众手,史实、文字方面的错误也有不少。新中国成立后中华书局出版的标点本《明史》,对其史实、文字方面的错误多所校改,为读者提供了很大方便。

《明书》的作者是傅维鳞,直隶灵寿(今属河北)人,顺治三年(1646)进士。① 顺治五年(1648),晋左春坊左中允,兼内翰林弘文院编修,分修《明史》,所负责的部分只有 20 余年,且"止采实录,严禁旁搜"。他不满足于这些任务,"乃搜求明兴以来行藏印抄诸本,与家乘文集碑志,得三百余部、九千余卷,参互明朝实录,考订同异",纂成此书。所叙述的内容,起自元天历元年(1328),止于明崇祯十七年(1644)。全书共 171 卷,包括本纪 19 卷、宫闱纪 2 卷、表 16 卷、志 48 卷、记 5 卷、世家 3 卷、列传 76 卷、叙传 2 卷。由于万历以前资料较多,而泰昌以后"故牒散失,国无藏书,事近人存,野史未出",所以该书"于万历以前,厘然详备,泰昌而后,多有厥略"。② 它"体例舛杂,不可缕数"③,但在典章制度、土地赋役等方面,较《明史》为详,而且成书于《明史》之前。康熙十八年(1679)诏修《明史》时,曾征其书入史馆,可见它不仅在史学史上占有一席之地,而且是研究明代史时应该参看的重要史料书之一。

《罪惟录》,查继佐撰。查继佐是海宁人,庄廷鑨明史案中,因庄氏所列"参阅姓氏十余人"中有其姓名,被牵连下狱,赖旧友左都督吴六奇力为"奏辩得免"。④ 该书之撰写,始于顺治元年(1644),"手草易数十次,耳采经数千人",以一人之力,历尽千辛万苦,经过 29 年,终于在康熙十一年(1672)完成。为了躲避清廷的迫害,作者在署名时化名"左尹,字非人,别号东山钓史"。该书本来拟有适宜的书名,但成书时"改书名为罪

---

① 《国朝耆献类征初编》卷 45"卿贰五·傅维鳞传"。
② 傅维鳞:《明书》卷 171"叙传"2。
③ 《四库全书总目》"史部·别史类"。
④ 钮琇:《觚剩》卷 7《粤觚·雪遘》。

惟",作者说"天下之大,或有深原其故者",这实际上是向读者剖白其对清廷的抗议之心。① 该书以前只有稿本和钞本,1936 年商务印书馆始影印出版。原书帝纪 22 卷、志 27 卷、列传 35 卷,其中有些卷分上、中、下或上、下,实际上共 97 卷。影印时重订卷次,并子目为 102 卷。② 该书稍有残阙,编撰体例上有欠妥之处,材料也不大丰富,但它有明显的反清立场,凡南明诸王皆列入本纪,弘光朝仍用南明年号,也保存了一些史料,可与清朝官修《明史》相对照研究(尽管其观点在今天看来也不能说没有偏见)。明末农民起义的"均田"口号,仅此书有记载,尤其值得注意。

清代撰写的编年体史书主要有《国榷》《资治通鉴后编》和《续资治通鉴》。《国榷》的作者是谈迁(1594—1658),原名以训,字仲木,后改名迁,字孺木,号观若,浙江海宁人。他"好观古今之治乱,其尤所注心者,在明朝之典故"③。他认为明代列朝实录多有失实之处,其他野史不免"讹陋肤冗",因而自明天启元年(1621)开始撰写《国榷》,天启六年(1626)完成初稿,以后陆续改订,凡"六易稿,汇至百卷"。清顺治四年(1647),其稿被盗,又发愤重新搜集资料,从头撰写。经过几年的努力,终于达到目的。④《国榷》原来只有抄本,新中国成立后始有印本,印本共 108 卷,包括正编 104 卷、卷首 4 卷。正编以编年体记事,起于元天历元年(1328),止于南明弘光元年(1645)。其撰写依据除明代列朝实录和邸报外,还有明代海盐郑晓、武进薛应旂、太仓王世贞等"诸家之书凡百余种"⑤,作者又曾赴京调查访问,因此,《国榷》所提供的资料不仅丰富,而且相当可靠。其中有许多史实为明实录所缺载,有的则修正了明实录的错误。它对于万历以后的几朝历史记载特详,并且详细记载了建州女真的历史,这在明代后期史的研究中,特别是清朝先世史的研究中,非常值得重视。

---

① 查继佐:《罪惟录·自序》。
②《罪惟录》编印例言,《四部丛刊三编》本。
③ 黄宗羲:《谈孺木墓表》,见《国朝耆献类征初编》卷 463"隐逸三·谈迁"。
④ 见《国榷》自序及义例。
⑤ 见《国榷》喻应益序。

《国榷》的卷首分大统、天俪、元潢、各藩、舆属、勋封、恤爵、戚畹、直阁、部院、甲科、朝贡等门,汇辑了明代的朝章典制等,与正史的志相仿,非常便于参考。但此书记事或有稍嫌烦琐之处。

关于宋、元历史的编年体著作,清以前有明人的三部:陈桱的《通鉴读编》和王宗沐、薛应旂两家的《宋元资治通鉴》。陈书有创始之功,王、薛二书"递有增修"①,但"或详略失宜,或考据抵牾,或名姓互殊,或日月缺谬"②,皆疏舛过甚。于是入清之后,又有徐乾学主编的《资治通鉴后编》和毕沅主编的《续资治通鉴》。

徐乾学,字原一,昆山(今属江苏)人。康熙九年(1670)进士,历任内阁学士、礼部侍郎、右都御史、刑部尚书,《明史》《大清一统志》《清会典》总裁等职。他邀请万斯同、阎若璩、胡渭等著名学者,"排比正史,参考诸书",写出《资治通鉴后编》184 卷。其书上起宋太祖建隆元年(1960),下至元顺帝至正二十七年(1367),"凡事迹之详略先后应参考者,皆依司马光例,作《考异》以折衷之。其诸家议论足资阐发者,并采系各条之下,间附己意,亦依光书之例,标'臣乾学曰'以别之"。由于该书的作者皆是学识博深的学者,"裒辑审勘,用力颇深",所以"订误补遗,时有前人所未及"。特别是由于徐乾学正负责《大清一统志》的编修,"多见宋元以来郡县旧志,而若璩诸人复长于地理之学,故所载舆地,尤为精核"。但当时李心传《建炎以来系年要录》等书尚未从《永乐大典》中辑出,徐乾学等所见资料有限,所记北宋事迹"大都以李焘残帙(指残本《续资治通鉴长编》)为稿本","宋自嘉定以后,元自至顺以前尤为简略"。另外他们"又意求博赡,颇少剪裁",因此该书缺点仍旧不少。③

毕沅,字纕蘅,又字秋帆,江苏镇洋(今太仓)人。乾隆进士,官至湖广总督。其《续资治通鉴》220 卷,记事上起宋太祖建隆元年(1960),下至元顺帝至正二十八年(1368),撰写于乾隆后期、嘉庆初年,前后达二三十

①③《四库全书总目提要》卷 47"史部·编年类"。
② 韩菼:《昆山徐尚书行状》,见《国朝耆献类征初编》卷 57"卿贰十七·徐乾学"。

年。它以徐乾学《资治通鉴后编》为蓝本,进一步考订增补。当时,距徐书的撰写已近百年,足本李焘《续资治通鉴长编》、李心传《建炎以来系年要录》等书已从《永乐大典》中辑出,撰写资料较前大为丰富。它"以宋、辽、金、元四朝正史为经,而参以《续资治通鉴长编》《契丹国志》等书,以及各家说部、文集,约百十余种"①,"仍用司马氏例,折衷诸说异同,明其去取之故以为考异"②。该书曾数易其稿,最初的稿子由毕沅的幕客写成,后又经著名史学家邵晋涵修改,大有提高。但毕沅看到邵晋涵修改稿后不久即去世,后来刻印的本子,史学家们多数认为仍系邵晋涵所未修改者。③因为编写在后,所以它与以前的宋元编年体史书相比,质量较高,有不少增补、改正。但错误仍旧存在,讹误疏漏时有发现。

清代撰写的纪事本末体史书,主要是署名谷应泰的《明史纪事本末》,此外还有高士奇《左传纪事本末》、杨陆荣《三藩纪事本末》和张鉴《西夏纪事本末》等。

自宋人袁枢创纪事本末体史书之后,作为一个朝代的纪事本末体史书,多摘正史文字分类编辑而成,所以在史料上没有新贡献。而《明史纪事本末》情况不同,它成于《明史》之前,观点明确,首尾一贯,资料颇多,是一部有价值的史书。该书共 80 卷,一卷一题,记事起于元至正十二年(1352)朱元璋起兵,终于明崇祯十七年(1644)明思宗自缢。每卷末尾有一段史论,冠有"谷应泰曰"四字。自序末署"顺治戊戌冬十月",作者署名"谷应泰"。谷应泰,字赓虞,号霖苍,直隶丰润(今河北唐山市丰润区)人,顺治四年(1647)进士,历任户部主事、员外郎、浙江提学佥事等职。④

《明史纪事本末》是否谷应泰所作,众说纷纭。有的说本是"海昌一士人所作,亡后",为谷应泰"以计取,攘为己书",其每卷的史论,乃用每篇十两银子的酬金募杭州诸生陆圻所作;有的说德清人徐倬"诸生时,为

① 嘉庆六年(1801)桐乡冯集梧序。
② 章学诚:《为毕制军与钱辛楣宫詹论续鉴书》。
③ 参见章学诚《邵与桐别传》;标点《续资治通鉴》委员会《标点〈续资治通鉴〉说明》。
④《国朝耆献类征初编》卷 206"监司二·谷应泰"载国史馆本传。

谷（应泰）识拔”，为报答其恩惠，即“托谷名购”张岱《石匮藏书》，以之为蓝本，纂成该书献给谷应泰，“应泰受之，乃聘丽京（即陆圻）撰论”刻印；有的说谷应泰对谈迁的《国榷》、张岱的《石匮藏书》“并采之，以成纪事”；有的说确实是谷应泰所作，但曾“招集浙中名士助之”，徐倬、陆圻等“或同预其役”。① 《明史纪事本末》的史论辑有单行本，其文字风格与传世的谷应泰《筑益堂集》非常一致，可知它出自谷应泰之手当无疑义。而《明史纪事本末》的文本与史论，在文字风格上却相差很远，自古以来很少有这样的书籍，人们怀疑全书是否为谷所作，不无道理。不过，从现有资料看，也很难断定此书是谷应泰冒窃了他人的成稿，很像是他担任主编，由多人参与其事，并参考了一些人的成果。这一问题可以暂时存疑。谷应泰是“肆力经史，于书无所不窥”②的学者，张岱、徐倬、陆圻也都是文章名手，无论谁作的均不减该书的价值。

《明史纪事本末》同《明史》一样，对满洲与明朝的关系加以回避。但出版后不久，还是出了问题。其卷七八写李自成是村民所杀，而后由南明何腾蛟发现。这与清朝将领所报为他们所杀有所不合，对当时清廷关于入关是替明朝复仇的宣传不利，御史董玉虬于是弹劾其“遂使我皇上为明季君臣讨贼之大义，不白于天下后世”，谷应泰因而受到顺治皇帝的质问。此事发生于清初，处置尚轻，若在文字狱大兴的康、雍、乾之时，也将受处罚。③ 由于《明史纪事本末》在材料上与《明史》没有渊源关系，所以两者在历史事件的叙述上互有异同，互有详略。如前者关于明成祖设立三卫，进军漠北、沿海倭寇以及议复河套等的记载，即比《明史》为详，且有不同之处。显然，这是很有价值的。其记“建文逊国”事，《四库全书总目》曾批评为“沿野史传闻之误”，其实可备一说，不应遽加否定。

另有佚名《明史纪事本末补遗》和彭孙贻《明朝纪事本末补编》两书，

---

① 以上各说参考《四库全书总目》卷49“史部・纪事本末类”；叶廷琯《吹网录》卷4；俞樾《茶香室三钞》卷14；傅以礼《华延年室题跋》卷上。
② 《国朝耆献类征初编》卷206“监司二・谷应泰”载国史馆本传。
③ 谢国桢编著：《增订晚明史籍考》卷1，上海古籍出版社1981年版。

与《明史纪事本末》有关。《明史纪事本末补遗》6 卷，专记清朝与明朝的关系。体例全仿《明史纪事本末》，只是卷末没有史论。有人认为它原是《明史纪事本末》的一部分，"后以事关昭代（指清朝）龙兴，恐有嫌讳，授梓时始别而出之"①。《明朝纪事本末补编》5 卷，作者是清初人，是为增补《明史纪事本末》而作，体例也是除无史论外，全仿《明史纪事本末》。

《左传纪事本末》的作者是高士奇，钱塘（今浙江杭州）人，康熙年间历任额外翰林院侍讲、侍读、詹事府少詹事等职。② 该书共 53 卷，以南宋章冲《春秋左氏传事类始末》为基础，正文取《左传》原文，分列专题，叙述列国事迹，"不以时序，而以国序"。正文之外，又增"补逸""考异""辨误""考证""发明"诸项，杂采"三代秦汉之书、经史诸子"的资料，对《左传》的记载进行补充和考订。凡春秋时期的重大事件，都已采入，琐细末节，大多从略，与章冲所作相比，堪称"后来居上"。③

《三藩纪事本末》的作者是杨陆荣。该书成书于康熙年间，共四卷，分二十二事，记载南明弘光、隆武、永历三帝史事。作者对清朝多有谀词，而且"搜罗未广，颇有疏漏"④，"人地之讹，时日之舛"⑤层出迭见。

《西夏纪事本末》的作者是张鉴，嘉庆初副榜贡生。⑥ 该书 36 卷，每卷一事，杂采宋、辽、金、元四史及《册府元龟》有关西夏历史的资料，排比成书，其中间有按语，对史实异同做了一些考订。前人曾批评它"琐碎丛杂，叙次无法"⑦。但此书卷首附载年表（起自宋太祖建隆元年即 960 年，止于理宗宝庆三年即 1227 年），还有选自《范文正公集》的"西夏堡寨""陕西五路图"和"西夏地形图"等，与正文相配合，颇便阅读。

在清代撰写的典章制度专书中，最有影响的是官修的《续通典》《清通典》《续文献通考》《清文献通考》《续通志》《清通志》。《续通典》共 150

---

① 傅以礼：《明史纪事本末补遗跋》。
②《清史稿》列传 58《高士奇传》。
③④《四库全书总目》卷 49"史部·纪事本末类"。
⑤ 全祖望：《答陆耳颖修论三藩纪事帖子》，《鲒埼亭集外编》卷 43。
⑥《清史稿》列传 273《张鉴传》。
⑦ 李慈铭：《越缦堂读书记》。

卷,乾隆三十二年(1767)奉敕撰,乾隆四十八年(1783)经总纂官纪昀等校订进呈。该书为续杜佑《通典》之作,内容起自唐至德元年(756),止于明崇祯末年(1644)。"篇目一仍杜氏之旧(按:包括食货、选举、职官、礼、乐、兵刑、州郡、边防等八门),惟杜氏以兵制附刑后,今则兵、刑各为一篇,稍有不同。"其唐、五代、辽部分,可据资料较少,"则旁搜图籍以求详";宋、金、元及明部分,资料丰富,"则严核异同以传信"。①

《清通典》,乾隆三十二年(1767)奉敕撰,是《续通典》的续编。共100卷,记事上起清初,下至乾隆,"分门隶事,一如杜佑之旧"②。但各门之下的细目则根据实际情况有因有革,"如钱币附于食货,马政附于军礼","并仍其旧",③而"食货典之榷酤、算缗,礼典之封禅","凡昔有今无者,一并从删"。④ 所据资料有《大清会典》《大清一统志》《大清律例》等成书,所以"缕分件系,端委详明"⑤,颇便查阅。

马端临的《文献通考》写出后,至明朝万历时才有王圻《续文献通考》一书为之作续编。王书收集史料不少,但因"体制糅杂,颠舛丛杂"⑥而遗讥。乾隆十二年(1747)清朝官方开始重修《续文献通考》,至乾隆四十九年(1784)经总纂官纪昀等校订成书。该书共250卷,所记内容"自宋宁宗以后,讫明庄烈帝以前"⑦,贯穿宋、辽、金、元、明五朝。马端临的《文献通考》原有二十四门,包括田赋、钱币、户口、职役、征榷、市籴、土贡、国用、选举、学校、职官、郊社、宗庙、王礼、乐、兵、刑、经籍、帝系、封建、象纬、物异、舆地、四裔。清朝所修《续文献通考》保持了这些门类,但稍有变动,"于郊社、宗庙内,析出群祀、群庙,广为二十六门"⑧。清修《续文献通考》吸收了王圻《续文献通考》的部分内容,但主要是根据其他材料,"大抵事

---

① 见该书目录后按语。
②⑤ 见该书目录后按语。
③ 见该书凡例。
④《四库全书总目》卷81"史部·政书类"1,并见该书凡例。
⑥《四库全书总目》卷81"史部·政书类"1。
⑦ 见该书凡例。
⑧ 见该书目录后按语。

迹先征正史，而参以说部杂编，议论博取文集，而佐以史评、语录"[1]。

《清文献通考》是《续文献通考》的续编。乾隆十二年（1747）奉敕编写。最初与《续文献通考》共为一编，乾隆二十六年（1761）由于书写格式的原因（书写清朝的典章、诏谕等要抬行），分出独自成书。它共有 300卷，记事自清初至乾隆五十年（1785）。其门类与《续文献通考》相同，由二十四门增为二十六门。细目并有变动，如田赋考门下增八旗田制，户口考门下增八旗壮丁，土贡考门下增外藩，学校考门下增八旗官学，封建考门下增蒙古王公，市籴考门下删均输、和买、和籴，选举考门下删童子科。这些变动都是根据实际情况确定的，一定程度上反映了清代典章制度的特点。由于此书写的是当代，材料繁富，因此篇幅很长，比较详细地记述了当时典章制度的演变。[2]

《续通志》是郑樵《通志》的续编，乾隆三十二年（1767）奉敕撰，乾隆五十年（1785）经总纂官纪昀等校订后成书，共 640 卷。其体例与《通志》大体相同，沿用其本纪、列传及二十略，删其世家、年谱。所记内容，本纪和列传自唐初至元末，二十略自五代至明末。

《清通志》是《续通志》的续编。乾隆三十二年（1767）奉敕撰，共 126卷。它在体例上变动很大，仅保存了二十略，将本纪、世家、列传、年谱都省去。其记事上起清初，下至乾隆，内容大部分与《清通典》等重复。

上述六种关于典章制度的新作，与此前已有的《通典》《文献通考》《通志》三书，合称"九通"。清朝灭亡前后，吴兴人刘锦藻又自撰《清续文献通考》，记述乾隆五十一年（1786）至宣统三年（1911）清朝灭亡的典章制度。它与"九通"合在一起，又有了"十通"。

二、对古史的研究

清代由于文字狱屡次发生，许多学者不敢接触现实问题，终生埋首

---

[1]《四库全书总目》卷 81"史部·政书类"1。
[2] 参见该书目录后按语及该书凡例。

于故纸堆中,整理古代文化典籍。这种情况反映到史学研究领域中,就是相当多的史家致力于古史的研究,有的考查上古史,有的改写或补写历代史书,有的对历代史书进行考订注释,有的对已经失传的史书做辑佚。这些工作有脱离现实的弊病,但在史料编纂上有一定的贡献。

考查上古史的名著是马骕的《绎史》和崔述的《考信录》。

马骕,字宛斯,一字骢御,山东邹平人,顺治十六年(1659)进士,任淮安府推官,改灵璧知县。①《绎史》纂录了关于秦末以前的历史记载。卷首为世系图、年表,正文 160 卷,其中太古 10 卷、三代 20 卷、春秋 70 卷、战国 50 卷、外录 10 卷。它仿照纪事本末的办法,所述事迹各立标题,详其始末。但内容的叙述,并非糅合各种资料自撰成篇,除了篇末自作论断外,"其事迹皆博引古籍,排比先后,各冠本书之名"②。外录部分包括天官书、律吕通考、月令、洪范五行传、地理志、诗谱、食货志、考工记、名物训诂、古今人表,相当于纪传体史书的表和志。此书征引资料相当丰富,举凡经史子集有关古籍,无不网罗,体例上也别出心裁,具有相当高的价值,当时人因而称马骕为"马三代"。顾炎武读了这部书后也曾叹为"必传之作"。③但马骕杂引汉代谶纬神话,并及魏晋以后附会之说,缺乏严谨的考证,疏漏抵牾处不少,春秋以前部分尤其突出。

崔述,字武承,号东壁,直隶大名(今属河北)人,嘉庆元年至六年(1796—1801)先后任罗源和上杭知县。④ 他"自读书以来",奉其父教,"不以传注杂于经,不以诸子百家杂于经传",久之,发现"传注所言,有不尽合于经者,百家所记,往往有与经相悖者"。而他又认为"欲考唐虞三代之事,是非必折衷于孔孟,而真伪必取信于《诗》《书》",于是,"历考其事,汇而编之",成《考信录》一书。其内容"以经为主",传注与经相合者

---

①③ 江藩:《汉学师承记》卷 1《马骕传》。

②《四库全书总目提要》卷 49"史部·纪事本末类"。

④ 陈履和:《崔东壁先生行略》。

则予收录，不合者即予以考辨，其他"异端小说不经之言"咸予抛弃。① 全书共 36 卷，包括《考信录提要》2 卷、《补上古考信录》2 卷、《唐虞考信录》4 卷、《夏考信录》2 卷、《商考信录》2 卷、《丰镐考信录》8 卷、《洙泗考信录》4 卷、《丰镐考信别录》3 卷、《洙泗考信余录》3 卷、《孟子事实录》2 卷、《考古续说》2 卷、《考信附录》2 卷。崔述这种考查先秦历史专以儒家经典为据的方法，较之于马骕的兼容并蓄，要严密得多，许多伪撰、附会因此而被揭穿。但他把儒家经典全视为正确无误，将经与传对立起来，绝对不相信其他记载，也有主观片面的毛病。他的疑古精神对后人曾产生过很大影响。

清代改写或补写的历代史书，数目很多，最著名的有郭伦《晋记》、周济《晋略》、谢启昆《西魏书》、李清《南北史合钞》、沈炳震《新旧唐书合钞》、吴任臣《十国春秋》、陈鳣《续唐书》等。表和志是史书的重要组成部分，但许多史书恰好对这一部分没有撰写或撰写得不完全。清代史家在补撰历代史书时，不少人曾专门于此下力。如万斯同有《历代史表》、倪灿有《宋史艺文志补》、钱大昕有《修唐书史臣表》《唐五代学士表》等。

清代考释古史的最负盛名的著作是王鸣盛的《十七史商榷》、钱大昕的《廿二史考异》和赵翼的《廿二史札记》。

王鸣盛，字凤喈，江苏嘉定（今属上海）人，曾"从惠栋问经义，遂通汉学"。乾隆十九年（1754）进士，历任内阁学士、光禄寺卿等职。② "十七史"，是指《史记》《汉书》《后汉书》《三国志》《晋书》《宋书》《南齐书》《梁书》《陈书》《魏书》《北齐书》《周书》《隋书》《南史》《北史》《新唐书》和《新五代史》等 17 种正史。《十七史商榷》对这 17 部史书都做了考释，但并不限于此，该书还对《旧唐书》《旧五代史》做了考释，其所以在书名上仅作"十七史"，乃是因为沿用了宋人汇刻十七史的叫法。王鸣盛在治史上不喜多发议论，其《十七史商榷》的自序写道："大抵史家所记典制，有得

---

① 见该书自序。
② 《清史稿》列传 268《王鸣盛传》。

有失,读史者不必横生意见,驰骋议论,以明法戒也。但当考其典制之实,俾数千年建置沿革,瞭如指掌,而或宜法,或宜戒,待人之自择焉可矣。其事迹则有美有恶,读史者亦不必强立文法,擅加与夺,以为褒贬也。但当考其事迹之实,俾年经事纬,部居州次,记载之异同,见闻之离合,一一条析无疑,而若者可褒,若者可贬,听之天下之公论焉可矣。"他的这种主张在《十七史商榷》中大体上是贯彻了的。这部书共 100 卷,除了校释古史的文句,对典章故实尤多考释,为后人阅读提供了很大方便。王鸣盛在自序中说:"学者每苦于正史繁塞难读,或遇典制茫昧,事迹樛葛,地理职官,眼眛心瞀,试以予书为孤竹之老马,置于其旁而参阅之,疏通而证明之,不觉如关开节解,筋转脉摇,殆或不无小助也欤!"

钱大昕,字晓徵,江苏嘉定(今属上海)人,乾隆十九年(1754)进士,历任翰林院侍讲学士、詹事府少詹事等职。最初以擅长辞章出名,后来努力钻研经、史,"于经义之聚讼难决者,皆能剖析源流。文字、音韵、训诂、天算、地理、氏族、金石以及古人爵里、事实、年齿,瞭如指掌"。对于难以评论的古人"贤奸是非"、难以搞清的典章制度,他也"皆有确见"。[①]其《廿二史考异》100 卷,所考释的史书即"二十四史"中除去《旧五代史》《明史》的其他 22 部。其考释重点为文字之异同及训释之当否,但对史实之考订等亦多所用力。作者自 18 岁起开始考证史事[②],以后不断从事这项工作,"反覆校勘,虽寒暑疾疢,未尝少辍,偶有所得,写于别纸"[③],直至 70 岁才完成该书。这样的著书过程,既说明这部书是作者大半生心血的结晶,也说明作者具有难能可贵的持之以恒的精神。为了写这部书,作者阅读了大量资料,仅考证《宋史》,所引书籍就达 40 多种。作者在考证史书时,具有为发展学术而尽力的明确目的,他说:"史非一家之书,实千载之书。祛其疑乃能坚其信,指其暇益以见其美,拾遗规过,匪为龁龁前人,实以开导后学。"[④]作者的上述精神和态度,使《廿二史考异》

---

① 《清史稿》列传 268《钱大昕传》。
② 见自编年谱。
③④ 见该书自序。

成为一部价值极高的著作。

赵翼，字耘松，江苏阳湖（今常州）人。乾隆二十六年（1761）进士，历任镇安知府、贵西兵备道等职。⑤　其《廿二史札记》36 卷，所考释的史书包括全部二十四史，因为未把《旧唐书》和《旧五代史》计算在内，所以称为"二十二史"。赵翼在自序中曾说："闲居无事，翻书度日"，"历代史书，事显而又浅，便于流览，爰取为日课，有所得，即札记别纸，积久遂多。惟是家少藏书，不能繁征博采以资参订，间有稗乘脞说，与正史歧互者，又不敢遽诧为得闲之奇"，"是以此编多就正史纪传表志中，参互勘校"。可见这部书是作者读正史的笔记。它详近略远，参订元、明二史的条目占全书的四分之一。对于所考释的史书，皆叙述其编撰经过、材料来源，评论其史实真伪、方法优劣；对于每一个时代，皆找出重大问题，从原书辑出材料，归纳类比，加以综合分析。在一定意义上说，这部书既是简明的史学史，又是一部通史。不过，作者的历史观点有许多不妥之处，对这部书的价值产生了一定影响。

以上三部书都是统释诸史。此外，还有许多著作专门考释一种史书。如关于《史记》有梁玉绳《史记志疑》、钱坫《史记补注》，关于《汉书》《后汉书》有惠栋《后汉书补注》、钱大昭《汉书辨疑》《后汉书辨疑》，关于《三国志》有杭世骏《三国志补注》、赵一清《三国志注补》，关于《宋书》有洪亮吉《宋书音义》，关于《北齐书》有杭世骏《北齐书疏证》，关于《辽史》有厉鹗《辽史拾遗》等。仅就正史的表志等单编进行考释的著作也不少。如全祖望有《汉书地理志稽疑》、钱坫有《新斠注汉书地理志》、沈炳震有《唐书宰相世系表订讹》。

清代大规模地辑佚史书发生在乾隆年间。当时从《永乐大典》中辑出史部书 41 种，其中颇多价值极高者，如李焘《续资治通鉴长编》520 卷、薛居正《五代史》150 卷。在此前后，辑佚史书的工作也有不少成绩，所辑以先秦史和两晋六朝人的著作为最多。

---

⑤《清史稿》列传 272《赵翼传》。

三、对当代史的研究

清代尽管对古史的研究最为发达,但研究当代史者并非绝无一人。一方面,官府从维护统治的角度出发,按照自己的意图,编纂了一些本朝历史的书籍;另一方面,许多史学家也根据自己的条件,搜集当代史资料,写出了一些著作。

官修的关于本朝历史的书籍,有历朝实录、会典、方略(纪略)和国史馆国史等。

清修实录一般缮写五份,每份都有汉、满、蒙三种文字,分贮北京和沈阳。据《清史稿》卷一七一记载,鸦片战争以前清朝的实录有 7 种:《太祖实录》13 卷、《太宗实录》68 卷、《世祖实录》147 卷、《圣祖实录》303 卷、《世宗实录》159 卷、《高宗实录》1500 卷、《仁宗实录》374 卷。鸦片战争后又撰写了从宣宗到德宗的 4 种。为掩盖祖宗的丑恶言行或出于其他目的,清朝的实录修成后,往往被一改再改。如《清史稿》卷一七一就明确记载,《太祖实录》和《太宗实录》都先后改过二次,《世祖实录》改过一次。因此名为"实录",而所记失实之处却不少。不过,它毕竟卷帙浩繁,为研究清朝历史提供了大量资料,还是应予重视的。

会典是记载各级行政机构职掌、事例的政书。清代的会典初修于康熙时期,内容包括崇德元年(1636)至康熙二十五年(1686)的各项典章制度;雍正年间,又补撰了康熙二十六年(1687)至雍正五年(1727)的内容。两者合在一起共 250 卷。此后,鸦片战争前改纂两次,其中乾隆二十六年(1761)纂出《大清会典》100 卷、《会典则例》180 卷,嘉庆二十三年(1818)纂出《大清会典》80 卷、《图》132 卷、《事例》920 卷。鸦片战争后于光绪二十五年(1899)改纂一次,纂出《大清会典》100 卷、《图》270 卷、《事例》1220 卷。清修会典亦是卷帙浩繁,为研究清代典章制度提供了方便。

清代每进行一次军事行动后,都要由政府组织人将用兵始末编成专书,称为方略或纪略,它实际上就是一种纪事本末体的史书。康熙二十一年(1682)所编《平定三逆方略》是这类书中的第一部。乾隆年间又设方略馆,专管此事。清代所编方略或纪略数量很多,仅《清史稿》卷一七一所记鸦片战争前编出的,就达 16 种之多。

清朝设有国史馆,专门纂修纪传体的本朝史,体例包括本纪、列传(细目有大臣传、忠义传、儒林传、文苑传、循吏传、孝友传、列女传、土司传、四裔传、贰臣传、逆臣传)、志(细目有天文志、时宪志、礼志、兵志、刑志、乐志、艺文志、地理志、河渠志、舆服志、仪卫志、食货志、职官志、选举志)和表(细目有大臣年表、恩封表等)。① 1928 年中华书局印行《清史列传》80 卷,其底本即清国史馆所修的纪传体"国史",但也参考了一些其他资料。它的内容比《清史稿》较详,具有一定的史料价值。

清人私撰本朝史有《东华录》《碑传集》《切问斋文钞》和《皇朝经世文编》等。

乾隆年间,广西全州人蒋良骐充国史馆纂修官,他在阅读实录、红本及各种官书时,凡遇与自己所负责的列传有关的内容,即"以片纸录之","逐年编载","积之既久",竟成一书。② 由于国史馆在东华门内稍北,这部书题名为"东华录"。它所载内容,上起天命元年(1616),下迄雍正十三年(1735),共五帝六朝,32 卷。由于清代实录不断纂改,蒋氏《东华录》载有不少今本《清实录》所不载的事迹,有的则所载与之不同,因此,它在研究清初历史上,具有不小的价值。不过它文字简略,"所记大事,往往不具首尾"③。鸦片战争以后,王先谦又续抄乾隆、嘉庆、道光三朝史料,并对蒋录加以增补,编成王氏九朝《东华录》。后潘颐福辑《咸丰朝东华录》,王先谦加以增补,并自辑《同治朝东华录》,这样,九朝《东华录》发展为十一朝《东华录》。

《碑传集》,钱仪吉编,是清代人物传记资料汇编。所载始于天命,迄于嘉庆,"二百年中王公大夫士庶,统一千六百八十余人,列女又三百三

---

① 光绪朝《大清会典》卷 70"翰林院"。
② 见蒋氏《东华录》自序。
③ 李慈铭:《越缦堂读书记》。

十余人"①，全书 164 卷。所收录的资料包括"碑版状记之文，旁及地志、杂传"，出于"五百六十余家"，②是查阅清代人物生平的重要史籍。其后缪荃孙撰《续碑传集》、闵尔昌撰《碑传集补》，都是《碑传集》的续补之作。

《切问斋文钞》和《皇朝经世文编》都是关于清人处理政治、经济等各类实际问题的奏疏文章选编。《切问斋文钞》编成于乾隆四十年（1775），编者陆耀，他认为"立言贵乎有用"，因而该书"皆取其质言而有文者。瑰词丽句，纵极工巧，概以无用不录"。③ 全书共 30 卷，包括学术 3 卷、风俗 5 卷、教家 2 卷、服官 1 卷、选举 3 卷、财赋 4 卷、荒政 2 卷、保甲 1 卷、兵制 1 卷、刑法 1 卷、时宪 1 卷、河防 6 卷。《皇朝经世文编》为贺长龄、魏源等编，道光六年（1826）成书。全书共 120 卷，包括学术 6 卷、治体 8 卷、吏政 11 卷、户政 28 卷、礼政 16 卷、兵政 20 卷、刑政 5 卷、工政 26 卷。最初计划在选编奏疏文章的同时，另作《会典提纲》《皇舆图表》和《职官因革》各 20 卷，与之相辅而行，但因故未能实现。④ 鸦片战争后，此书有续集多种印行。

四、章学诚的史学理论

清代不仅编辑了不少史籍，而且出现了对史学理论进行深入探讨的大学者章学诚。

章学诚，字实斋，会稽（今浙江绍兴）人。生于乾隆三年（1738），乾隆四十三年（1778）进士。幼年刚入塾读书时，"日诵百余言，犹亟亟不赴程"，但不久即"日亲坟籍，不甘为章句之学"，跟着山阴刘文蔚、童钰学习，熟悉了晚明"朝政始末"，此后对史学的研究日益精深。⑤ 20 多岁后到北京应试，与朱筠相交，"筠藏书甚富，因得纵览群籍"，也因朱筠的关

---

① 见光绪十九年（1893）诸可宝所作校刊记。
② 见道光六年（1826）自序及光绪十九年（1893）诸可宝所作校刊记。
③ 见该书"例言"。
④ 见《清经世文编五集》。
⑤ 徐世昌：《清儒学案》卷 96"实斋学案"。

系,而得与清代著名学者任大椿、钱大昕、邵晋涵、戴震、洪亮吉等相识,
"学益宏富"。① 晚年曾做毕沅的幕客,嘉庆六年(1801)卒,年 64 岁。著
作有《文史通义》《校雠通义》等。清朝灭亡后,刘承干辑其遗稿,刊印《章
氏遗书》,这是汇集章学诚著作较多的一个专集。② 其著作所谈内容不限
于史学,而其中关于史学的部分最为人们所称道。他是继唐朝刘知幾之
后我国古代又一著名的史学理论家。

　　章学诚非常重视史书的观点、思想倾向,要求史书把阐明正确的思
想观点作为首要任务。他说:"作史贵知其意,非同于掌故,仅求事(按:
指史事)、文(按:指文笔)之末也。夫子曰:'我欲托之空言,不如见诸行
事之深切著明也。'此则史氏之宗旨也。""载笔之士,有志《春秋》之业,固
将惟义之求,其事与文,所以藉为原义之资也。"③他曾经用一个比喻来说
明史书中所阐明的思想观点、所记载的史实和所使用的文笔三者的相互
关系:"譬之人身,事者其骨,文者其肤,义者其精神也。"④章学诚把阐明
正确的思想观点看作撰写史书的首要任务,这说明他对史学在政治生活
中的地位是有清楚了解的。

　　为了阐明正确的思想观点,章学诚强调史书要"通古今之变","成一
家之言","独断于一心"。他说:"史之大原本乎《春秋》,《春秋》之义昭乎
笔削。笔削之义,不仅事具始末、文成规矩已也,以夫子义则窃取之旨观
之,固将纲纪天人,推明大道。所以通古今之变而成一家之言者,必有详
人之所略,异人之所同,重人之所轻,而忽人之所谨,绳墨之所不可得而
拘,类例之所不可得而泥,而后微茫秒忽之际有以独断于一心,及其书之
成也,自然可以参天地而质鬼神,契前修而俟后圣,此家学之所以可
贵也。"⑤

---

① 《清史稿》列传 272《章学诚传》。
② 徐世昌:《清儒学案》卷 96"实斋学案"。
③ 章学诚:《文史通义·言公上》,《章氏遗书》卷 4。
④ 章学诚:《方志略例·方志立三书议》,《章氏遗书》卷 14。
⑤ 章学诚:《文史通义·客问上》,《章氏遗书》卷 4。

　　为了使史书能够起到阐明正确思想观点的作用,章学诚又发展了刘知幾关于才、学、识的理论,进一步提出史家要注意"史德",即注意思想修养。他说,刘知幾所要求的"识","不过欲于记诵之间,知所抉择,以成文理耳"。"此犹文士之识,非史识也。能具史识者也,知史德。德者何?谓著书者之心术也。"所以,"史之义出于天,而史之文不能不藉人力以成之"。但人在具有"得失是非""盛衰消息"的史事面前,容易"因事生感",失去控制,于是在写史时"似公而实逞于私,似天而实蔽于人,发为文辞,至于害义而违道,其人犹不自知也。故曰心术不可不慎也"。①

　　章学诚继承了前人史学经世致用的传统,强调"史学所以经世"。他在《浙东学术》中阐述这一主张说:"史学所以经世,固非空言著述也。且如六经同出于孔子,先儒以为其功莫大于《春秋》,正以切合当时人事耳。后之言著述者,舍今而求古,舍人事而言性天,则吾不得而知之矣。学者不知斯义,不足言史学也。"②他还曾说过:"人生不饥,则五谷可以不艺也;天下无疾,则药石可以不聚也。学问所以经世,而文章期于明道,非为人士树名地也。"③在章学诚生活的乾嘉时代,汉学"舍今求古",宋学空谈性理,表现不同,但都脱离实际。章学诚在这样的环境下提出"史学所以经世"的主张,应该说具有很大的现实意义。

　　与"史学所以经世"的主张相联系,章学诚提出了"六经皆史"说。他在《文史通义》的开篇第一句话就提出:"六经皆史也,古人不著书,古人未尝离事而言理,六经皆先王之政典也。"在中国封建社会,六经是最受尊崇、神圣不可侵犯的经典,章学诚将之视为史书,而且指出其为"先王之政典",这便使"史学所以经世"的主张得到了最有力的支持。

　　在章学诚的史学理论中,史学著作和史料纂辑分别得十分清楚。他称史学著作为"撰述""著述",史料纂辑为"记注""比类"。如他在《书教下》中说:"《易》曰:'筮之德,圆而神,卦之德,方以智。'间尝窃取其义以

---

① 章学诚:《文史通义·史德》,《章氏遗书》卷5。
② 章学诚:《文史通义》内篇2,《章氏遗书》卷2。
③ 章学诚:《文史通义·说林》,《章氏遗书》卷4。

概古今之载籍,撰述欲其圆而神,记注欲其方以智也。夫智以藏往,神以知来,记注欲往事之不忘,撰述欲来者之兴起,故记注藏往似智,而撰述知来拟神也。藏往欲其赅备无遗,故体有一定,而其德为方。知来欲其决择去取,故例不拘常,而其德为圆。"①对于史籍的这种分类不始于章学诚,刘知幾、郑樵已经有过这种意见。② 但论述得如此明确,章学诚是第一人。对于史学著作和史料纂辑的关系,章学诚认为是互相为用。他说:"古人一事,必具数家之学,著述与比类两家,其大要也。班氏撰《汉书》为一家著述矣,刘歆、贾护之《汉记》其比类也;司马撰《通鉴》为一家著述矣,二刘、范氏之长编其比类也。两家本自相因而不相妨害,拙刻《书教》篇中所谓'圆神方智'亦此意也。""著述譬之韩信用兵,而比类譬之萧何转饷,二者固缺一而不可。"③

对于史书的编写体例章学诚也做了探讨。他非常推崇纪事本末这一体裁,认为"史为记事之书,事万变而不齐,史文屈曲而适如其事,则必因事命篇",而"本末之为体也"恰好是"因事命篇,不为常格","文省于纪传,事豁于编年,决断去取,体圆用神"。④ 他主张对纪传体进行改革,创造一种新的史体,即"仍纪传之体,而参本末之法,增图、谱之例,而删书、志之名"⑤。这种新体例,他在《书教下》里曾述其概略:"以《尚书》之义,为迁史之传,则八书、三十世家不必分类,皆可仿左氏而统名曰传。或考典章制作,或叙人事终始,或究一人之行(原注:即列传本传),或合同类之事,或录一时之言(原注:训诰之类),或著一代之文,因事命篇,以纬本纪。""至于人名事类,合于本末之中,难于稽检,则别编为表,以经纬之。天象、地形、舆服、仪器,非可本末该之,且亦难以文字著者,别绘为图,以表明之。"⑥为了表明其设想并非"虚语",他计划"自以义例"另撰宋史,但

---

① 章学诚:《文史通义》内篇1,《章氏遗书》卷1。
② 参见金毓黻《中国史学史》,第八章。
③ 章学诚:《文史通义·报黄大俞先生》,《章氏遗书》卷9。
④ 章学诚:《文史通义·书教》,《章氏遗书》卷1。
⑤ 章学诚:《文史通义·与邵二云论修〈宋史〉书》,《章氏遗书》卷9。
⑥ 章学诚:《文史通义》内篇1,《章氏遗书》卷1。

未能实现。^① 章学诚关于史书体例的具体意见虽不一定十分妥帖,但其探索精神是难能可贵的。

把地方志归入史部,并为之撰写体例,提出许多创见,是章学诚史学理论又一引人注目之处。我国有地方志的撰写,为时很早,清代修地方志的活动也很盛行,但过去学者多把地方志归入地理书类。乾嘉时代的学者也多持这种看法。如戴震曾说:"夫志以考地理,但悉心于地理沿革,则志事已竟。"章学诚反对这种看法,针锋相对地提出:"方志如古国史,本非地理专门。"^②他不仅认为地方志属于史部,而且认为它具有很大意义,是编写全国史书的重要资料来源。他说:"有天下之史,有一国之史,有一家之史,有一人之史。传状志述,一人之史也;家乘谱牒,一家之史也;部府县志,一国之史也;综纪一朝,天下之史也。比人而后有家,比家而后有国,比国而后有天下。惟分者极其详,然后合者能择善而无憾也。谱牒散而难稽,传志私而多论,朝廷修史,必将于方志取其裁。"^③章学诚"少长贫困,笔墨干人",因而"屡膺志乘之聘"。^④他先后编纂过《天门县志》《和州志》《永清县志》《亳州志》《湖北通志》5 种地方志,经验既多,对于地方志的体例遂产生系统的见解,认为地方志应先立三书,最后附以丛谈。他说:"凡欲经纪一方之文献,必立三家之学,而始可以通古人之遗意也。仿纪传正史之体而作志,仿律令典例之体而作掌故,仿《文选》《文苑》之体而作文征。三书相辅而行,缺一不可,合而为一尤不可也。""更于三书之外,别有丛谈一书","此征材之所余也",因"非必不可缺之书",故"其不合三书之目而称四"。^⑤ 为了积累写地方志的资料,章学诚曾提出在州县设立志科,即档案馆。他在《州县请立志科议》中说:"州县之志不可取办于一时,平日当于诸典吏中特立志科,命典吏之稍明于文法者以充其选,而且立为成法,俾如法以记

---

① 章学诚:《文史通义・与邵二云论修〈宋史〉书》,《章氏遗书》卷 9。
② 章学诚:《方志略例・记与戴东原论修志》,《章氏遗书》卷 14。
③④ 章学诚:《方志略例・州县请立志科议》,《章氏遗书》卷 14。
⑤ 章学诚:《方志略例・方志立三书议》,《章氏遗书》卷 14。

载,略如案牍之有公式焉。""积数十年之久,则访能文学而通史裁者,笔削以为成书。""如是又积而又修之,于事不劳,而功效已为文史之儒所不能及。"①章学诚对地方志的编撰事宜,想得如此周密,足见其用心之苦。

章学诚的上述史学理论都是很有价值的。不过,他的理论不可避免地带有阶级和时代的局限性。如他所说的"史意"(或"史义"),即正确的思想观点,是以传统的儒家思想为标准的。他在政治上不反对清朝的封建专制统治,在学术上维护程朱理学,称颂清朝之取天下是"天与人归"②,攻击批评朱熹的戴震是"害义伤教"③。这都影响了章学诚的历史地位。

章学诚的著作在其生前刻印的不多,其思想影响不大,道光十二年(1832)《文史通义》和《校雠通义》刊印之后,逐渐引起人们的注意。

五、几点突出的贡献

清代的史学成就,除去上面所述之外,还有几点超过前代的贡献:史论、明末农民起义史和南明史、元史和蒙古史、边疆史地、学术思想史。

我国古代的学者,为了发表自己的政见,常常用谈论历史的办法来达到目的,因而出了不少史论作者。到了清代,这种作者和作品出得更多。清初黄宗羲的《明史案》、顾炎武的《日知录》、王夫之的《读通鉴论》和《宋论》,都是总结历史经验为当时政治服务的。中期以后,祁韵士的《己庚编》、包世臣的《中衢一勺》等,也是这种作品。

这些史论著作中,最有名的是《读通鉴论》。该书共 30 卷,是作者读过《资治通鉴》之后,就其所载事件、制度等做出的评论。其中评论秦史者 1 卷、两汉史 8 卷、三国史 1 卷、两晋史 4 卷、南北朝史 4 卷、隋史 1 卷、唐史 8 卷、五代史 3 卷。书末附有"叙论"4 篇,集中叙述了作者的写作意

---

① 章学诚:《方志略例》1,《章氏遗书》卷 14。
② 章学诚:《丙辰札记》,《章氏遗书》外编卷 3。
③ 章学诚:《文史通义·朱陆篇书后》,《章氏遗书》卷 2。

图和主要观点。在这部书里,作者表现出承认历史发展变化的进步思想。如在卷一《秦始皇》中,他指出郡县制代替封建制乃是"势之所趋""理而能然",有人为封建制辩护,企图使之重新恢复,不过是"徒为无益之论"。书中所评论的历史事件、典章制度等,都是针对作者生活时代所面临的各种实际问题,精心选择出来的,如因对明末的党争误国痛心疾首而多次抨击前代的党争。有些地方,由于进行历史类比而评论失当,如因不满意明朝的卫所兵制,对其所仿效的唐代府兵制也加以否定,称之为"犹之乎无兵也,而特劳天下之农民于番上之中"①。有些地方,限于其阶级地位和时代条件,表现出陈腐的政治和经济观点,如拘于传统的重农抑商成见,对商人极为卑视,辱骂道:"其乞恒与夷狄而相取,其质恒与夷狄而相得。"②但书中的大多数意见切中当时的弊病,展示了相当深刻的政治见解。

明清之际复杂的阶级矛盾、民族矛盾和剧烈的政治变动,对各阶级、各阶层的生活产生了巨大的影响。这种情况反映在史学上,便是清初出现了撰写明末农民起义史和南明史的热潮,有关野史不下千部。不同际遇的人士,用这种办法寄托自己的感情,发表自己的政治见解。这些史书后来由于清朝的禁毁或其他原因,有的没有流传下来,但今天能够看到的仍旧不少。这里仅择数种,略叙于下:

《绥寇纪略》。记载明末农民起义的一部史书。作者吴伟业,明崇祯年间曾任左庶子。顺治九年(1652),纂集见闻,以成此书。原书共 12 篇、15 卷,每篇用 3 个字作标题。最初印行时,删去 3 卷,嘉庆年间有人据手稿补入删去的 3 卷,再次刊印,始有足本。作者敌视农民起义,但所搜集的资料相当丰富,叙事有条理,且成书较早,是研究明末农民起义的重要参考书。③

《怀陵流寇始终录》。记录明末农民起义始末的编年体史书。作者

---

① 王夫之:《读通鉴论》卷 20 "唐太宗"。
② 王夫之:《读通鉴论》卷 14 "晋哀帝"。
③ 参见照旷阁本《绥寇纪略》黄廷鉴、张海鹏跋语。

戴笠,字耘野,明诸生,明亡后入山为僧,旋还俗,隐居授徒。[1] 同县潘柽章编纂明代史书,应邀分任明末起义部分,因撰此书。崇祯朝无实录,乃取该朝17年邸报,与名臣章奏、私家记载,互相参照,采辑成书。其撰写方法模仿司马光,先丛目、次长编、后通鉴,宁详勿略,宁琐勿遗,提纲缀目,颇有条理。戴笠逝后,吴殳得其遗稿,以为太繁,稍加删节论次,此书从此定稿。[2] 戴、吴二人撰写此书,站在地主阶级立场,以总结对付起义农民的经验教训为目的。书中对农民起义军多所歪曲诬蔑,但在检讨封建统治者的剿抚经验教训时,也透露了文官武将的腐朽,材料搜集得比较齐全,而且有不少考证,对明末农民起义发生、发展和失败的过程叙述得很清楚,因此是书很有史料价值。清代该书没有出版,仅有原稿和抄本传世,名称和内容互有异同。已知的名称有"寇事编年"、"流寇长编"、"流寇编年"(仅3卷,是一简本)、"怀陵流寇始终录"等。1947年,虞山钱氏旧抄本被影印出版,收入《玄览堂丛书续集》,该书始有印本,包括:正编18卷,记事上起天启七年(1627),下迄崇祯十七年(1644)。附录2卷,其中"甲申剩事"1卷,记事上起顺治二年(1645),下迄康熙三年(1664)夔东十三家失败;"将亡妖孽"1卷,记明朝覆灭前的反常现象,多杂迷信糟粕。最后附有《延绥镇志·李自成传》。

　　《明季北略》。记载明末农民起义和晚明史事的一部史书。作者计六奇,字用宾,明诸生,家境清寒,善于教书,蜚声乡里。康熙十年(1671)四月《明季北略》撰毕誊清,后又有些增补。[3] 全书共24卷,记事上起万历二十三年(1595),下迄崇祯十七年(1644)。前22卷,按年编排,每年之内逐事标目,眉目清楚。其中李自成起义军占领北京期间的史事,几乎全部逐日记载。卷二三是补遗,卷二四是"五朝大事总论"。其资料除采自大量书面记载外,还采用了很多口碑传说,作者为写此书,访问了难民、归客、老兵、艺人、和尚等各类人群,并亲自考察史迹,印证书面和口

---

① 李元度:《国朝先正事略》卷47《戴笠传》。
② 潘耒:《寇事编年序》,见《怀陵流寇始终录》卷首,《玄览堂丛书》续集。
③ 参见张菼《计六奇与〈明季南北略〉》,《清史论丛　第二辑》,中华书局1980年版。

碑资料。书中难免传闻失实之处,但采择既广,很有参考价值。如明末农民起义的起因、所实行的各项制度、重大政策等,这部书中都有生动的记载,因此是书一向为治史者所重视。

《明季南略》。记载南明事迹的一部史书。也出自计六奇之手,是《明季北略》的续篇。撰成誊清于康熙十年(1671)十二月,以后也有增订。记事上起福王监国,下迄康熙年间永历之死。共 18 卷,体例大体与《明季北略》相同,但标目纷杂。其内容因闻见较亲,大体可信。

《石匮书后集》。记载崇祯朝和南明时期事迹的一部史书。作者张岱,山阴(今浙江绍兴)人。张岱出生在官僚世家,其家自其高祖起开始搜集明朝的史料,传至张岱,遂写出一部关于明代历史的纪传体专著《石匮书》,由于崇祯朝材料缺乏,下限止于天启。谷应泰组织编写《明史纪事本末》时,张岱应邀参加。他一面利用谷应泰所搜集的崇祯朝邸报等,帮助谷应泰写作《明史纪事本末》,一面按照纪传体裁,将崇祯朝和南明时期的历史写作成书,因前有《石匮书》,遂题名《石匮书后集》。全书共 63 卷,本纪 3 卷、世家 3 卷、列传 57 卷,无表、志。在记载整个南明时期历史的书籍中,它是成书较早且内容较为完备的一部,价值颇高。但有些卷有目无文,有的地方轻信传闻而致误,对农民起义多所诬蔑,显出时代和阶级的局限性。

《南疆逸史》。为纪传体南明史。作者温睿临,浙江乌程人,康熙初举于乡。他是著名史学家万斯同的好朋友,在其鼓励和帮助下,参考野史 40 多种,特别是参考了万斯同所撰《明史稿》和曾任明史馆总裁的徐秉义所撰《明末忠烈纪实》,于康熙后期写出该书。该书相当于本纪的部分称"纪略"而不称"本纪",是为了"避本朝也"。[①] 但其使用了南明纪年,保存了大量抗清资料,在反映汉族士大夫反清斗争上,是同类书中最出色的一部,表现了作者的进步思想。在对待农民起义军的态度上,作者也表现了一般封建文人的阶级局限性,对抗清活动反映很少,污蔑言辞

---

① 见该书凡例。

比比皆是。该书在传抄流传过程中出现了卷数不同的几种本子，内容最充实完整的是 56 卷本。在关于南明史的书籍中，它也是成书较早、内容较丰富的一种。

彭孙贻撰《平寇志》、查继佐撰《国寿录》、邵廷采撰《东南纪事》《西南纪事》等，也是清代写出的关于明末农民起义和南明史的名著。留云居士辑《明季稗史》和陈湖逸士辑《荆驼逸史》等则是汇集若干种这种史籍的丛书。

明初官修《元史》，成书太速，不及细加推敲，而且所凭资料不多，疏漏错误之处比比皆是，成书后不久就开始有人为之纠谬补遗，甚至改作。直至清代，这项工作仍在继续。另外，清代的蒙古族史家对于本族的历史也颇为留意。于是，清代关于元史和蒙古史的研究，便取得了很大成果。

康熙元年（1662），伊克昭盟（今内蒙古鄂尔多斯市）乌审旗萨囊·彻辰·洪台吉著《蒙古源流》，乾隆时译为满文，又由满文译为汉文。该书除以佛教的传播附会蒙古族的起源外，还记载了元明两代蒙古各汗的事迹，是一部关于蒙古民族历史的著作。

康熙三十二年（1693），仁和人邵远平撰成《元史类编》42 卷，康熙三十八年（1699）进呈皇帝。这是一部新编元史。作者不满意于《元史》"本文既不分类，又不依时，先后倒置，不得其解"，在编写《元史类编》时特意"穷波讨源，如理梦丝，务求有绪"。又从"史贵详明"的主张出发，采摘群书，或补《元史》的缺略，或为之辨明异同。[①] 诸如"本纪增诏令，列传增奏疏"[②]，以及增辑海运资料等，都是值得肯定的做法。但该书没有志、表，凡天文、地理、历律、制度，虽皆"按年入纪"[③]，终不甚妥帖，另外尚有许多资料未能论及，所载仍嫌陋略。

乾隆年间，在元史和蒙古史的研究上，钱大昕成绩最为显著。有部

---

① ③ 见该书凡例。
② 见席世臣所撰《叙》。

名叫《元朝秘史》(简称《元秘史》或称《蒙古秘史》)的书,记叙了蒙古族的起源和成吉思汗、窝阔台汗时期蒙古族的历史,是研究蒙古早期历史的重要资料。但它原为蒙文,汉译本用语"俚鄙,未经词人译润",明初修《元史》时未加利用,故不仅《元史》的内容大受影响,而且连《元朝秘史》一书也渐为人们所不知。钱大昕在《永乐大典》中见到了这部书,对其价值极为重视,于是从中录出并为之作跋,大加赞扬说:"论次太祖、太宗两朝事迹者,其必由此书折其衷。"遂使该书大显于世。清末李文田又为之作注,使其在元史的研究中越来越受重视。据记载,钱大昕曾编撰《元史稿》100卷,①但至今无人见其全稿,其行世的有关著作,主要有《补元史艺文志》4卷、《补元史氏族表》3卷等。另外,乾隆年间,鄂尔多斯部喇嘛罗卜藏丹津也对蒙古史的研究作出了贡献,他的著作《蒙古黄金史》是关于蒙古民族历史的又一部著作。

嘉庆间,汪辉祖著有《元史本证》50卷,包括证误、证遗、证名三部分。在纠补、重作《元史》的同类著作中,这是价值很高的一部,钱大昕推崇道:"自撢新得,实事求是,有大醇而无小疵。"②

清代是我国统一的多民族国家进一步巩固发展的时期,边疆和内地的联系空前加强,这种状况影响了当时史学的发展,使边疆史地的研究,大大超越以往任何朝代。

乾隆时官修《皇舆西域图志》是关于新疆史地的一部著作(兼及甘肃嘉峪关以外的一些地区)。乾隆二十一年(1756)大学士刘统勋奉旨纂辑,后归方略馆办理,乾隆二十七年(1762)编成初稿,以后陆续增订,至乾隆四十七年(1782)正式成书,交武英殿刊刻,并收入《四库全书》。③ 全书卷首4卷、正编48卷,除一般文字叙述外,还附有图、表,分门别类地记载了新疆地区的历史沿革、山水变迁、政治、经济、风土人情等。资料来源多半根据实际考察,因而"足以补前朝舆记之遗,而正历代史书

---

① 见郑叔问《国朝未刊遗书目》。
② 见该书序,转引自梁启超《中国近三百年学术史》,《饮冰室合集》。
③ 见该书卷首"谕旨"、凡例。

之误"①。

从乾隆到嘉、道时期,祁韵士和徐松在西北史地的研究上成绩也很突出。祁韵士,字谐庭,一字鹤皋,山西寿阳人。乾隆四十三年(1778)进士。曾充国史馆纂修,以实录和红本等为根据,用八年的时间,撰成《蒙古王公表传》112 卷。嘉庆六年(1801)充宝泉局监督,嘉庆十年(1805)因局库亏铜案受牵连,遣戍伊犁。② 在此,受伊犁都统、协办大学士松筠的委托,撰成《西陲总统事略》12 卷,并摘录要点,另撰《西陲要略》四卷。后来又撰《皇朝藩部要略》22 卷。上述各书都是研究西北史地的重要资料。其中《皇朝藩部要略》尤受重视,它有正编 18 卷,包括内蒙古要略 2 卷、外蒙古喀尔喀部要略 6 卷、厄鲁特要略 6 卷、四部要略 2 卷和西藏要略 2 卷,另有世系表 4 卷。徐松,字星伯,直隶大兴(今北京)人。嘉庆十年(1805)进士。他也因事谪戍伊犁。松筠委托他修订祁韵士所编《西陲总统事略》,修订完毕后,由松筠进呈,道光皇帝命名为《新疆识略》。该书除卷首一卷外,分为 12 卷,"有图有表有叙论,虽于古迹、土俗、物产略而弗书,而河山之襟带、城郭之控制、兵食财赋之储备、田野畜牧之繁滋,条分件系,颠末详胪,成宪旧章,粗已赅具"③。《西域水道记》《汉书西域传补注》等也是徐松所撰关于西北史地的著作。

清代学者对于东北史地和西南史地也写了一些著作。杨宾的《柳边纪略》、吴振臣的《宁古塔纪略》和方式济的《龙沙纪略》等是讲东北史地的。《卫藏通志》(撰者不详)对西藏史地记载颇详。

清代以前已有关于学术思想史的研究,但所著没有越出专著雏形的范围。而自清代初期起,学术思想史的专著接连问世,成为史学研究领域中引人注目的一项成就。

黄宗羲的《明儒学案》是清代学术思想史专著中的第一部。该书 62 卷,根据明代学者的文集语录分析师承、辨别宗派,按时间先后,立崇仁、

---

① 《四库全书总目》。
② 程恩泽:《祁韵士神道碑铭》,见《国朝耆献类征初编》卷 132"词臣十八·祁韵士"。
③ 见该书道光皇帝序。

白沙、河东、姚江、泰州、东林、蕺山等 19 个学案,叙述学者 200 多人。每人先列小传,后载语录摘编,对于独特的见解,即"一偏之见""相反之论"尤其注意编入。① 各学派的宗旨、源流分合及相互影响,每位学者的生平、著作和思想,皆可从该书中得到简明扼要的了解。《四库全书总目》评论说:"于诸儒源流分合之故,叙述颇详","可考其得失,知明季党祸所由来,是亦千古之炯鉴矣"。②

黄宗羲写成《明儒学案》后,又着手撰写《宋元学案》,分立学案,叙述宋元各学派的思想及其发展变化。书未写完,黄宗羲即离开人世,其子黄百家为之续补。黄百家没有续完,也离开人世,又有全祖望为之续补,最后成书。起初"世无传本",道光年间,鄞县王梓材与慈溪冯云濠得黄宗羲后人的补本 86 卷等,"整比讹舛,修辑缺遗",分为百卷出版。道光二十二年(1842),书版被毁。道光二十六年(1846),王梓材与道州何绍基据百卷印本再加校订,重为刊印。在校订的同时,王梓材还搜集资料,写出《宋元学案补遗》100 卷。③《宋元学案》中,黄宗羲原作不多,"其经谢山(全祖望的号)续补者,十居六七"④。该书的体例大体与《明儒学案》相同,但有所发展。所立各学案中,除学者的小传、语录外,还在每一学案之前先立一表,备列师友弟子,使学派渊源、传授情形一目了然。又在最后附逸事及后人评论,使读者能了解更多的情况。

江藩所著《国朝汉学师承记》《国朝宋学渊源记》,也是学术思想史专著。前者 8 卷,记述了清代嘉庆以前"汉学"学者的学术思想和师承关系;后者 3 卷,记载了嘉庆以前"宋学"学者的生平和主张,其中多是"未经表见于世者"。⑤ 作者崇奉"汉学",两书多有偏见,但也保存了一些清代学术思想的资料。

---

① 见该书凡例。
②《四库全书总目》卷 58"史部·传纪类"2。
③ 见何绍基《宋元学案叙》。
④《宋元学案》刊例。
⑤ 见该书序。

第三节　地理学

清代地理学主要受三个因素的影响：一是研究古文献的考据学非常发达，二是统一的多民族国家进一步发展，三是中西交往继续发展。在上述因素的影响下，历史地理及地图编绘等方面取得了很大成绩。

一、《天下郡国利病书》

《天下郡国利病书》的作者是清代考据的鼻祖顾炎武，其编写始于明朝末年。当时，作者痛感"四国之多虞"，为"经世致用"，遍览历代史书、各地方志、名人文集以及其他奏章、文册等，发现和民生利害有关的资料即予抄录，积久"共成四十余帙"，分成两大部分，"一为舆地之记，一为利病之书"。后因兵火，"多有散佚，亦或增补"。康熙元年（1662）七月，作者决定对"利病之书"停止修订，"姑以初稿存之筐中，以待后之君子斟酌去取"，并作序为记，这便是流传至今的《天下郡国利病书》。[①]　最初，该书"未有刊本，外间传写，以意分析，失其元第"[②]，有的分为 100 卷，有的分为 120 卷。乾隆末年，黄丕烈购得原稿 33 册（本为 34 册，缺第 14 册），据其他传本稍加增补，重新分为 60 册，但全稿顺序一依原样。[③]　此稿 1936 年由商务印书馆影印行世，是现在能看到的最好的一种印本。

该书所辑资料按省区排列，其次序以北直隶为首，接着是苏、松、常、镇、江宁、庐州、安庆、凤、宁、徽、淮、徐、扬、河南、山东、山西、陕西、四川、浙江、江西、湖广、福建、广东、广西、云南、贵州、交趾、西南夷，最后以九边、四夷结尾。其他各省不分府，唯独南直隶按府分载，其原因是"籍隶南直，记载独详"[④]。所辑内容涉及方面很多，但"其所再三致意者不过

----

① 见作者自序。
② 见钱大昕题词。
③④ 见黄丕烈题词。

数事,曰兵防、曰赋役、曰水利而已"①。对于明代的情况记载尤详。因此这部书是研究明代社会和经济的重要资料。作者编写此书,主要是抄录各种文献,但也做过一些实地考察,如山西部分有作者的这样一段话:"余尝登雁门,踰夏屋,极目于勾注、广武之间,而知陉山形如人字,一脊中分。山南据脊,则利归山南;山北据脊,则利归山北。辽人所索,必此地也。"②实地考察的进行,使这部书的资料价值更值得重视。书中内容有涉及外国的部分,不过分量不大。由于编写时"本不曾先定义例"③,系随读随抄,而且并非最后定稿,所以该书材料选取有些丛杂,编次办法各部分不统一,各种论点"同异兼收,间有矛盾之处"④。但总的来说,这些缺点是次要的。

二、《读史方舆纪要》

《读史方舆纪要》是一部地理沿革著作。作者顾祖禹,字景范,江苏无锡人,生于常熟。其所以能写出这部名著,与家世很有关系:其高祖顾大栋在明朝嘉靖间,"好谈边徼利病",曾著《九边图说》;⑤父亲顾柔谦"精于史学,著《山居赘论》一书";"祖禹少承家训,不事帖括,经史皆能背诵如流水"。⑥ 清初,顾柔谦临终有感于明修《一统志》"于古今战守攻取之要,类皆不详;于山川条列,又复割裂失伦,源流不备",致使学者对封疆形势茫然不晓,"一旦出而从政,举关河天险,委而去之,曾不若藩篱之限、门庭之阻",又痛心于明朝"园陵宫阙、城郭山河,俨然在望,而十五国之幅员、三百年之图籍,泯焉沦没,文献莫征",因而留下遗嘱,要顾祖禹致力于舆地之学。顾祖禹听从父言,在父亲去世后四年开始编写《读史

---

① 见张元济跋。
② 《四部丛刊》三编本第 23 册,原编第 17 册。
③ 见作者自序。
④ 《四库全书总目》卷 72"史部·地理类"1。
⑤ 见该书"总叙"1。
⑥ 江藩:《汉学师承记·顾祖禹传》,见《国朝耆献类征初编》卷 415"经学三·顾祖禹"。

方舆纪要》一书。① 创稿时年 29 岁,及成书,历时 30 余年。②

《读史方舆纪要》共 130 卷,其中包括历代州域形势 9 卷、南北直隶十三省 114 卷、川渎异同 6 卷、分野 1 卷,另外还附有用开方法绘制的一些地图。③ 全书作者自撰正文,又自撰注解。正文顶格书写,注解书写比正文低一格,注中又有小注,则用夹行小字,眉目极为清晰。南北直隶十三省部分,每一省区先冠以总序,叙述疆域沿革和名山大川等险要,使读者一看则一方形势洞若观火;总序之后,按照府、州、县的顺序,分别叙述其城邑、山川和关隘等,其中"有特见者,如专言某城某山是也。有附见者,如言某山,而附以某山,言某川而复及某水是也。有互见者,如言某山,而旁及于某川某关,言某关而叙及于某城某山是也"④。作者"性好远游",因而写书的根据之一是其游历中的所见所闻。⑤ 但其游历之地并不太多,"未尝溯江河,登恒岱,南穷岭海,北上燕冀;间有涉历,或拘于往返之程,或困于羁旅之次,不获放旷优游,博观广询"⑥。因此,其编纂资料主要根据文献,"采用之书,自二十一史地志而下,凡百十种"⑦。作者考证极为精详,"凡职方、广舆诸书,承讹袭谬,皆为驳正"⑧。同时人北平韩某见到这本书后说:"吾不敢他论,吾侨家云南,出入黔蜀间者二十余年,颇能知其山川、道里。顾先生闭户宛溪,足不出吴会,而所论攻守奇正荒僻幽仄之地,一一如目见而足履之者,岂不异哉!"⑨作者在凡例中自称:"是书以古今之方舆,衷之于史,即以古今之史,质之于方舆。史其方舆之向导乎!方舆其史之图籍乎!苟无当于史,史之所载不尽合于方舆者,不敢滥登也。故曰'读史方舆纪要'。"这种史地并重、史地互相推勘折衷的方法,当是该书准确性较强的重要原因。

---

① 见该书"总叙"1。
②⑧《清史稿》列传 288《顾柔谦传》。
③⑤ 江藩:《汉学师承记·顾祖禹传》,见《国朝耆献类征初编》卷 415"经学三·顾祖禹"。
④ 顾祖禹:《读史方舆纪要·凡例》。
⑥ 顾祖禹:《读史方舆纪要·总叙》。
⑦ 见彭士望《叙》。
⑨ 见魏僖《叙》。

该书的一个明显特点是"详于山川险要,及古今战守之迹,而景物名胜皆在所略"①。所以它不仅是地理沿革著作,而且是军事地理史,这是作者的写作目的所决定的。作者具有强烈的民族思想,对已经灭亡的明朝一往情深,在其写作该书时,明朝的残余势力南明尚存,他企图通过此书,使南明方面及其后继者懂得各地险扼,充分利用地利。他曾说:"凡吾所以为此书者,亦重望夫世之先知之也(按:指预先明瞭地利)。不先知之,而以惘然无所适从者,任天下之事,举宗庙社稷之重,一旦束手而畀之他人,此先君子(按:指其父顾柔谦)所为愤痛呼号,扼腕以至于死也。"②这已经隐约透露出了该书详于山川形势、古今战守之迹的原因。梁启超在《中国近三百年学术史》中论述该书说:"盖其书经始于顺治十二、三年间,时永历尚存,闽郑未灭,仁人志士密勿奔走谋匡复者,所在多有,此书之作则三年蓄艾之微意也。"③这便将作者的隐衷全部揭出了。

此书对各地社会经济状况反映很少,是一个缺陷。但作者并非没有注意到,他在凡例最后一条说:"方舆所该,郡邑、河渠、食货、屯田、马政、盐铁、职贡、分野之属是也。……余初撰次历代盐铁、马政、职贡及分野,共四种,寻皆散佚,惟分野仅存。病侵事扰,未遑补缀,其大略仅错见于篇中,以俟他时之审定。要未敢自信为已成之书也。"

三、对《水经注》的研究

北魏郦道元所著《水经注》,是一部内容十分丰富的地理名著,但宋、明以来传抄翻刻,没有善本,遗漏、错简、误字等相当严重。清代随着考据学的发达,这部名著成为校勘整理的对象,形成当时地理学研究中的一项重要工作。

早在清朝初年,注意《水经注》的学者就大有人在,钱曾、黄宗羲、孙

---

① 江藩:《汉学师承记·顾祖禹传》,见《国朝耆献类征初编》卷415"经学三·顾祖禹"。
② 顾祖禹:《读史方舆纪要·总叙》。
③ 梁启超:《中国近三百年学术史》,《饮冰室合集》。

潜、顾炎武、顾祖禹、阎若璩、黄仪、刘献廷、胡渭、姜宸英、何焯、沈炳巽、董熜、项纲、杭世骏、齐召南等，都是关心这部名著的学者。他们有的为它作校勘，有的将它删繁，有的依照它的内容作图，有的发凡起例，计划为它作疏。①

　　乾隆年间，全祖望、赵一清和戴震对《水经注》做进一步研究，各成专书，这个活动发展到一个新的阶段。全祖望的祖先中曾有三代人校刊《水经注》，他继承家学，作《七校水经注》40 卷，于乾隆十七年（1752）定稿。② 此书在全祖望逝后散佚，后道光时王梓材厘正其稿，光绪时薛福成将它出版。③ 赵一清著有《水经注释》40 卷。他在撰写此书时，曾与全祖望切磋，并参考过全祖望的《七校水经注》。④ 此书成于乾隆十九年（1754），至乾隆五十一年（1786）始由毕沅"谋锓板"。⑤ 戴震于乾隆三十年（1765）分别《水经注》中的"经"与"注"，"定《水经》一卷"，这是戴震研究《水经注》的开始。乾隆三十七年（1772），他开始"刊自定《水经注》"。至第二年，刊刻未及四分之一，"奉召入都"，充纂修官，参与《四库全书》的编纂，遂以《永乐大典》本为依据，为政府校刊《水经注》，三十九年（1774）进呈为政府校成的《水经注》40 卷，以武英殿聚珍版印行。在奉召入都后，戴震对其自定《水经注》的校勘工作仍在继续，后来也刊刻出来，其与武英殿聚珍版的区别，在于"悉去校语"。⑥ 戴震在校刊《水经注》时吸收了许多先辈及同时人全祖望、赵一清等的研究成果，而赵一清的《水经注释》和全祖望的《七校水经注》在由师友弟子、同乡后学出版时，也分别对出版在先的戴校《水经注》有所吸收，但他们确实各有贡献。三人的师友弟子和同乡后学，为门户之见所驱使，曾互相指责对方有抄袭行为，这成为清代学术史的一段公案。丢开这个纯属个人品质的抄袭问题不

---

① ④ 参见《合校水经注》卷首"《水经注释》参校诸本"。
② 参见《合校水经注》卷首"《水经注释》参校诸本"；梁启超《中国近三百年学术史》，《饮冰室合集》。
③ 王国维：《水经注跋尾》，《清华学报》第 2 卷第 1 期。
⑤《合校水经注》"例略"。
⑥ 段玉裁：《戴东原先生年谱》，《戴震集》附录。

论,倘说较完善的《水经注》版本,应从戴震校本算起。①

综合鸦片战争前清代学者对《水经注》的研究和整理成绩,主要有下列五点:

第一,《水经注》原来的"经"与"注"混淆不清,这时将之分别开来。学者们发现的两者相异之点是:"凡水道所经之地,'经'则云'过','注'则云'迳';'经'则统举都会,'注'则兼及繁碎地名;凡一水之名,'经'则首句标名,后不重举,'注'则文多旁涉,必重举其名以更端;凡书内郡县,'经'则但举当时之名,'注'则兼考故城之迹。"②

第二,发现"注"中有"注"。注中之注,本双行夹写,后混作大字。③

第三,《水经》原来述及河流137条,流传到清时只剩下116条,缺21条。《水经注》原来有40卷,至宋已佚5卷,剩下35卷;流传到清时虽为40卷,但已不是原来的40卷足本,而是宋以后离析35卷本的篇章而成。所缺21条河流,大概即在佚去的5卷之内。清代学者"证以本注,杂采他籍",将佚去的21条河流查了出来。④

第四,《水经注》的作者郦道元因受经历的限制,对足迹未至的"塞外群流、江南诸派","俱不免附会乖错",清代学者为之做了许多更正和补充。⑤

第五,《水经》一书作者,自《唐书·艺文志》起,题为汉人桑钦,清代学者考察史书和《水经》本文,推定为三国时某人,考证了历来相沿之误。⑥

鸦片战争后,清代学者继续研究《水经注》一书,光绪年间王先谦以

---

① 参见梁启超《中国近三百年学术史》,《饮冰室合集》;王国维《水经注跋尾》,《清华学报》第2卷第1期。
② 《四库全书总目》卷69"史部·地理类"2,"《水经注》提要"条。参见段玉裁《戴东原先生年谱》,见《戴震集》附录。
③ 《合校水经注》卷首"《水经注释》参校诸本";《四库全书总目》卷69"史部·地理类"2,"《水经注释》提要"条。
④ 《四库全书总目》卷69"史部·地理类"2,"《水经注释》提要"条。
⑤⑥《四库全书总目》卷69"史部·地理类"2,"《水经注》提要"条。

武英殿本和赵一清《水经注释》为主,参考他本,编成《合校水经注》。清末民初,杨守敬及其门人熊会贞撰《水经注疏》80 卷,所收极博,对清代的《水经注》研究做了总结。

四、《大清一统志》

《大清一统志》是官修的按照行政区划记载全国各地情况的一部地理总志。据光绪《大清会典》所载,清政府自康熙二十五年(1686)开始编纂此书,[①]至乾隆九年(1744)完稿。[②] 每省皆冠以图、表,说明其所属府、州、县,而后述其分野、建置沿革、形势、职官、户口、田赋、名宦等。全省概况叙述完毕,继而接述各府和各直隶州的情形,"其诸府及直隶州,又各立一表,所属州县系焉",其各种情况按照分野、建置沿革、形势、风俗、城池、学校、户口、田赋、山川、古迹、关隘、津梁、堤堰、陵墓、寺观、名宦、人物、流寓、列女、仙释、土产等 21 门加以记载。 全书共有 356 卷。[③] 此书编成后,由于清朝的版图、府州县的分合隶属、职官的增减移驻等情况不断变化,曾经重修两次。第一次开始于乾隆二十九年(1764),[④]成书于乾隆五十年(1785),共 424 卷。[⑤]第二次开始于嘉庆十七年(1812),[⑥]成书在道光二十二年(1842),共 560 卷,其增加的事迹下限为嘉庆二十五年(1820),因而题名为《嘉庆重修一统志》。[⑦]像《大清一统志》这种类型的地理书,清代以前已有很多部,但各地的情况是不断变化的,后出地理书能够反映变化后的新情况,因此,这部书是很应得到重视的。

五、康熙、乾隆时期的测绘地图

中国测绘地图的历史极为悠久,但用近代方法大规模地测量编绘,则是在清代。

---

① ④ ⑥ 光绪朝《大清会典》卷 70。
② ⑤ ⑦《嘉庆重修一统志》序。
③《四库全书总目》卷 68"史部·地理类"1,"《大清一统志》提要"条。

明代西方传教士来到中国以后,将西方的地理知识带到中国,其测绘地图的新方法与中国传统的测绘方法及丰富的地理知识相结合,非常有利于地图测绘水平的提高。到了康熙、乾隆年间,随着中国统一事业的巩固和发展,遂出现了用近代方法、遍及全国大部分地区的地图测绘活动。

康熙皇帝在处理政务中,逐渐感到需要有比较精确的地图。这位一向关心自然科学的皇帝,在当了二十几年皇帝之后,暗自计划起测绘地图的事业。他到各处游历,总要带上懂得测量技术的西方传教士,让他们随时测量经纬度。康熙四十七年(1708),又开始派法兰西人白晋(Bouvet)、雷孝思(Regis)、杜德美(Jartoux)及日耳曼人费隐(Fridelli)等测绘全国地图。这项工作持续了 10 年,到康熙五十六年(1717)先后完成了对今河北、山东、陕西、甘肃、山西、河南、江苏、安徽、浙江、福建、江西、广东、广西、四川、云南、贵州、湖北、湖南等省及满、蒙地区的测量工作。康熙五十七年(1718),在杜德美的主持下,编绘成总图《皇舆全览图》进呈给皇帝。此图的测量因限于技术水平和仪器条件等,只能以少数比较可靠的天文测量为基础,其余大多采用实地丈量的方法。实地丈量的方法颇为审慎周密,这使它虽经纬度不甚准确,而地图上所标各点之间的相对位置却相当可靠,只有西藏地区由于缺乏必要的实测,错误较多。绘图的方法是梯形投影法,以中经线(经北京的子午线)为依据,经纬线皆绘成直线。距中经线过远者,经纬相交过斜,但离中经线较近者,比例、方向、距离都很正确,绘制方法也易于掌握。图上的地名,在内地各省者均用汉文,而于满蒙地区则用满文。清朝灭亡后,此图在沈阳故宫博物院被发现,由该院石印行世,题名为《满汉合璧清内府一统舆地秘图》。此图的绘制由于经过大规模的实测,具有相当的准确性,价值很高,在辛亥革命后仍是绘制新图的重要根据。

乾隆年间对康熙时测绘的地图进行了订补,主要有两点:其一是改正了西藏部分的一些错误,其二是完成了对新疆等地区的测绘和补充。其中第二点尤其引人注意。康熙时,清政府尚未控制整个新疆,因此测绘地图西至哈密为止,"图中于天山南北路,尚未备载"。乾隆时,经过平准部和平回部战役,清政府建立起对整个新疆的统治权,因而得以派人在这里绘制地图。据乾隆皇帝自述,乾隆二十一年(1756)"平定准噶尔,迤西诸部悉入版图,因命何国宗率西洋人,由西北二路分道至各鄂托,测量星度,占候节气,详询其山川险易、道路远近,绘图一如旧制"。"己卯(按:乾隆二十四年,即 1759 年)诸回部悉隶版籍,复派明安图等前往,按地以次厘定,上占辰朔,下列职方",绘制成图。① 据记载,与何国宗一起调查新疆地理的是刘统勋,何国宗负责测量绘图,刘统勋负责考察采访。乾隆时进行的这项测绘调查活动,并没有以今天的新疆地区为界限,远至中亚地区。西洋人哥皮尔(Antvine Gaubil)对中亚地理贡献颇多,其工作尤重搜集俄、蒙记载,考定中亚细亚及北亚的城邑形势。经过上述一系列融合中西、贯通新旧的工作,关于中国乃至整个亚洲的地理知识都被集中起来。乾隆二十六年(1761),西洋人倍奴亚(B'enoit)将之汇编成了《亚洲全图》。1925 年,北平故宫博物院文献馆发现乾隆地图铜版104 方,后将之印行,名之为《清乾隆内府舆图》。这 104 幅地图,据考证即为倍奴亚所汇编的《亚洲全图》,或者是根据它而绘出的。《清乾隆内府舆图》与沈阳发现的康熙图相比,除关内有个别地名有所变动外,大部分完全相同,而增补的范围相当大。后者西面仅至西经 40 度,北面仅至北纬 55 度,而前者西至西经 90 多度,北至北纬 80 度,其幅员所及,北尽北冰洋,南抵印度洋,西至波罗的海、地中海及红海,只是除中国的大部分地区外,其余地区不甚精详,有的地方仅留空白。

康熙、乾隆时期的地图测绘活动,虽有许多西方传教士参加,但也有中国人参与其事,而且是经中国政府裁决和支持的,因而是中国地理学上的一大成就。当时欧洲各国大地测量尚未开始,有的开始了却尚未完成,相形之下,充分显示了中国人民的伟大气魄。②

---

① 刘官谔:《内务府舆图房藏图纪要》,《文献论丛》,故宫博物院 1936 年印行。

② 本节除注明出处者外,均参见翁文灏《读故宫博物院重印乾隆内府舆图记》,《方志月刊》第 5 卷第 4 期,1932 年;忍依译《中国地图作制之研究》,《东方杂志》第 14 卷第 2 号;王庸《中国地图史纲》;王庸《中国地理学史》。

第三章　文学和艺术

第一节　小说

清代文学中,小说是最有成绩的部分,出现了许多揭露和批判封建制度的不朽作品,其中最著名的是蒲松龄的《聊斋志异》、吴敬梓的《儒林外史》、曹雪芹的《红楼梦》、李汝珍的《镜花缘》。

一、《聊斋志异》

我国文言小说早在魏晋南北朝时期已经盛行,蒲松龄的《聊斋志异》创造性地继承发展了文言小说的传统,使之推进到更高的新阶段。

蒲松龄,字留仙,号柳泉,淄川(今山东淄博市淄川区)人。出身于没落的地主家庭。青年时代参加童子试,曾取县、府、道三个第一,名声大振。但后来参加科场考试屡试不第。中年以后,为了谋生,有时应聘充当幕宾,更多的则是设帐教书。康熙五十四年(1715)正月逝世,年76岁。穷愁潦倒的一生,使他对现实极为不满;接近劳动人民的身份,使他对人民的愿望多所了解。这些条件,对他的作品产生了积极的影响。他勤奋写作,著述极多,除《聊斋志异》外,还著有《省身语录》《怀刑录》《历字文》《日用俗字》《农桑经》等。①

《聊斋志异》是一部优秀的文言短篇小说集，共有近五百篇。这些作品，绝大多数记述了当时民间和下层文士中的故事传说。据说，蒲松龄为了搜集资料，在道边路口备下烟茶，招待过往行人，请他们讲述所知，而后记录下来，加工成篇。此外，作者的亲身见闻以及过去的传奇故事等，也都是《聊斋志异》的资料来源，只是不如前者数量多。《聊斋志异》各篇的主题，主要有三类：一是抨击封建政治的黑暗，批判贪官污吏和土豪劣绅的为非作歹，对受压迫、被侮辱的劳动人民表示深切的同情，《促织》《红玉》《席方平》《石清虚》《窦氏》《潞令》《梅女》等就是这类作品；二是抨击腐朽的科举制度，《司文郎》《王子安》《贾奉雉》《叶生》《于去恶》《神女》《素秋》等就是这类作品；三是谴责封建婚姻制度的不合理，反映青年男女追求婚姻自由、反对封建礼教的愿望和行动，《阿宝》《婴宁》《香玉》《鸦头》《细侯》《连城》《宦娘》等就是这类作品。除了上述三类重要主题，《聊斋志异》还有其他一些有意义的篇章，如：《画皮》描写一个恶鬼披着美丽的画皮，化成美女害人，说明了看人要透过外貌看到本质的哲理；《颜氏》叙述妇女颜氏女扮男装，考中进士，才能超过丈夫，表现了作者的民主思想；《偷桃》和《口技》惟妙惟肖地描绘了民间艺人的绝技，歌颂了劳动人民高度的艺术才能。

《聊斋志异》不仅在主题思想上有许多积极的东西，在艺术技巧上也很值得称赞。作者把现实主义与浪漫主义的创作手法结合得极为巧妙。该书大部分篇章是描写神仙狐鬼精魅故事的，但描写这类故事却是为了反映社会现实。它把花妖狐魅人格化，把幽冥世界社会化，通过人鬼相杂的生活画面深刻地揭示了现实矛盾；同时，它还利用花妖狐魅和幽冥世界所具有的超现实的力量，解决现实的力量所无法解决的矛盾，强烈地表现作者的美好理想和意愿。鲁迅说："明末志怪群书，大抵简略，又多荒怪，诞而不情，《聊斋志异》独于详尽之外，示以平常，使花妖狐魅，多

---

① 《国朝耆献类征初编》卷431 "文艺九·蒲松龄"。

具人情，和易可亲，忘为异类，而又偶见鹘突，知复非人。"①这正是指出了《聊斋志异》现实主义与浪漫主义相结合的艺术特色。《聊斋志异》在描写人物时，不是面面俱到，而是画龙点睛，抓住富有特征意义的细节，用浓墨醋笔进行描绘，因而塑造出来的人物形象鲜明生动，栩栩如生。《聊斋志异》的故事情节曲折生动，它虽然基本上是传记体，但不是流水账式地讲述人物的经历，而是波澜起伏，欲擒故纵，引人入胜。《聊斋志异》的语言极为精炼，用字不多，表达的内容却非常丰富，如《胭脂》一篇，用字不过两千左右，却把一桩人命案件从酿因到破获的复杂过程，细致地描写了出来。

由于时代和阶级的局限，《聊斋志异》中也有不少消极落后的东西，诸如充斥轮回报应的迷信思想和愚孝、贞节的封建伦理观念等，就属于这类糟粕。但这不过是大醇小疵，远不能掩盖其光辉。

《聊斋志异》问世后，模仿者极多，最著名者为沈起凤的《谐铎》、袁枚的《新齐谐》、纪昀的《阅微草堂笔记》，但这些作品无论在思想内容上还是在艺术手法上，都远远不可与《聊斋志异》相比拟，有的在风格上与《聊斋志异》也有较大的区别。

二、《儒林外史》

《儒林外史》是一部长篇章回体讽刺小说。作者吴敬梓，字敏轩，一字文木，安徽全椒人。"世望族，科第仕宦多显者。"他幼年很聪明，过目成诵，很早就考中秀才。继承祖业"二万余金"，但"素不习治生，性复豪上，遇贫即施"，又常与"文士辈往还饮酒，歌呼穷日夜"，没几年就把家产用尽。雍正十三年（1735），安徽巡抚赵国麟推荐他参加博学鸿词科考试，他没有答应，而且此后连举人考试也不再参加了。他移居南京，自甘在贫困中生活。"环堵萧然，拥故书数十册，日夕自娱。窘极，则以书易米。"有时冬天苦于寒冷无食，便邀集好友五六人，夜间绕城堞行数十里，

---

① 鲁迅：《中国小说史略》。

"歌吟啸呼,相与应和",天明入城"各大笑散去","谓之暖足"。他生平喜爱有真才实学的人,发现后"汲引如不及",唯独对热衷功名、专作八股时文的人非常讨厌,"其尤工者则尤嫉之"。晚年喜好研究儒家经典,曾著《诗说》一书。而他最大的贡献是写出了《儒林外史》一书。他出身于累代科甲门第,一生经历了由热心功名到厌弃功名的根本性改变,又多与官僚士绅、大小文人相周旋,因而对科举制度及这种制度下的各种知识分子有深刻的了解,《儒林外史》即以这些方面内容为题材,写得穷形尽相、入木三分,成为中国文学史上的一块丰碑。吴敬梓的作品还有《文木山房诗文集》12卷,今存4卷。乾隆十九年(1754)卒于扬州,年54岁。①

《儒林外史》的主题思想,是通过描绘科举制度负面影响的毒害下知识分子的种种丑态,揭露科举制度的弊害,并旁及有关的黑暗现象。在全书开篇的楔子中,作者通过他所塑造的元末诗人王冕之口指出:科举制度用八股文取士,"这个法却定的不好,将来读书人既有此一条荣身之路,把那文行出处都看得轻了"。这实在是对科举制度毒害知识分子罪行的深刻批判。作者在书中塑造了形形色色的知识分子形象。有的为了达到科场考中的目的,可以不择手段。如周进因为商人答应为他捐个监生,使他取得参加举人考试的资格,竟然感激得爬在地上磕头说:"若得如此,便是重生父母,我周进变驴变马,也要报效!"有的当科考得中时,竟至高兴得神经错乱。如连考20多次的童生范进,听到中举消息后,当即在集市上发起疯来,拍手大喊,直到挨了丈人的耳光,才清醒过来。有的本来是淳朴的青年,而一旦与科举相连,立刻变坏。如匡超人出身贫寒,起初用自己的劳动养活父母,但后来热衷科举,完全变成另外一个人,为了府考,丢下身染重病的父亲不顾。考取了秀才之后,更是胡闹鬼混,以后又到京城向高门攀亲,抛弃原妻。有的在科考得中后成了令人发指的贪官。如举人王惠做了南昌太守,下车伊始就询问捞钱的门道,念念不忘"三年清知府,十万雪花银",他的衙署里满是"戥子声,算盘

---

① 程晋芳:《文木先生传》,见《国朝耆献类征初编》卷435"文艺十三·吴敬梓"。

声,板子声","弄得衙役百姓,都叫苦连天","合城的人,无一个不知道太守的利害,睡梦里也是怕的"。上述令人作呕、既可恨又可怜的知识分子形象,无疑都反映了科举制度用功名利禄引诱青年的恶果。《儒林外史》中对封建道德的虚伪和吃人的本质,也进行了淋漓尽致的描绘。如第四回描写范进中举后因"先母见背,遵制丁忧",当汤知县请他吃饭时,他只对不关紧要的银镶杯箸、象牙筷子拒绝使用,而燕窝碗里的大虾元子,则因为味美诱人,不管是否"尽礼",毫不犹豫地"拣了一个","送在嘴里"。第四十八回描写受封建礼教毒害很深的王玉辉鼓励女儿殉夫,但当大家送他女儿入烈女祠公祭时,他却"转觉心伤,辞了不肯来",后又自言自语"在家日日看见老妻悲恸,心中不忍"。吴敬梓对科举制度和封建道德等的揭露、嘲笑和批判非常深刻,这在他生活的那个时代里,显然是难能可贵的,这既需要卓越的见识,又需要极大的勇气。

《儒林外史》的艺术成就,最主要的是具有很高的讽刺技巧。为达到讽刺目的,作者使用了夸张的手法,如写严监生临死因点了两根灯草而迟迟不肯断气。但更多的则是使用白描的手法。作者所描写的事物是司空见惯的寻常事,平时谁也不以之为奇,但一经集中写出,便使其可笑、可鄙,甚至可恶的本质为人们所觉察,引起特别的注意。作品中的讽刺意味,往往不是靠作者自己直接点出,而是通过情节的发展自然而然地流露出来。作者讽刺的锋芒虽然离不开作品中所描写的特定的人物形象,但其真正的最后的目标是指向产生这些形象的制度,而不是进行庸俗的人身攻击。对于《儒林外史》这一讽刺艺术的高度成就,鲁迅曾正确地指出:"迨吴敬梓《儒林外史》出,乃秉持公心,指摘时弊,机锋所向,尤在士林;其文又戚而能谐,婉而多讽;于是说部中乃始有足称讽刺之书。"①

《儒林外史》在结构上也有显著的特点。它没有一个贯穿全书的主人公,表面上看似嫌松散。但实际上内在联系极为紧密,它让所描写的

---

① 鲁迅:《中国小说史略》。

人物形象分别表现某一方面的社会生活,合在一起则步步深入地反映出社会生活的各个层面。书中对于众多人物和故事的次序,皆有精心安排,一环紧扣一环。鲁迅对于《儒林外史》的这一结构特点也有论述,他说:"全书无主干,仅驱使各种人物,行列而来,事与其来俱起,亦与其去俱讫,虽云长篇,颇同短制;但如集诸碎锦,合为帖子,虽非巨幅,而时见珍异,因亦娱心,使人刮目矣。"[①]

《儒林外史》对于礼乐之类的封建政教,以及种种封建道德等都津津乐道,不能做出全面分析,对于知识分子必然要依附一定的阶级而生活的真理也不理解,而幻想着从剥削阶级当中游离出来,自食其力,个人奋斗。这些反映了作者的局限性。但从总的方面看,《儒林外史》确实是一部批判现实主义的杰作,在我国小说发展史上,把讽刺艺术推向了一个新阶段。它为以后讽刺小说的发展开辟了道路,晚清的谴责小说《官场现形记》《二十年目睹之怪现状》等,受它影响很大。

三、《红楼梦》

《红楼梦》是一部长篇章回体小说,达到了中国古典文学现实主义的顶峰,它不仅在中国文学史上占有重要地位,而且是世界文学宝库中的精品。

《红楼梦》的作者曹雪芹,名霑,字梦阮,号雪芹,又号芹圃、芹溪,满洲正白旗包衣(奴仆)。其曾祖父曹玺、祖父曹寅及父辈曹颙、曹𫖯于康熙初至雍正初的近 60 年中,三代任江宁织造。这一职位既要负责为皇室采办衣物等,又要充当皇帝在东南地区的耳目,既有钱又有势,只有皇帝的亲信才能担任。康熙南巡时,有五次以织造署为行宫,后四次皆是曹寅在任,即此一项便可看出曹家与皇帝关系之密切及其权势之显赫。曹家不仅地位高,而且很有文化修养。曹寅是有名的藏书家,曾主持刊印《全唐诗》,自己也能写诗词戏曲。曹雪芹于康熙末年出生在这个贵族

---

① 鲁迅:《中国小说史略》。

家庭之中,幼年过着锦衣玉食的公子生活。但雍正初年,他的父亲因事获罪,不仅丢了官,而且被抄家,自南京迁往北京,家庭境况一落千丈。这时曹雪芹只有十几岁。此后曹雪芹的生活条件一天不如一天,过着"满径蓬蒿老不华,举家食粥酒常赊"(敦诚《赠曹芹圃》)、"卖画钱来付酒家,秦淮残梦忆繁华"(敦敏《赠曹雪芹》)的穷困生活。曹雪芹的晚年是在北京西郊度过的,乾隆中叶去世,终年不到 50 岁。曹雪芹的一生经历了其贵族家庭由盛至衰的剧变历程,这使他对于当时已经腐朽透顶、面临崩溃的封建社会具有超过一般文人的深刻认识,从而成为他能够写出《红楼梦》这部不朽巨著的重要条件。

曹雪芹在去世前写出《红楼梦》的前 80 回,以后的部分只有一些提纲、草稿,后来也散佚了。现在的通行本共 120 回,后 40 回是高鹗所续。高鹗,字兰墅,汉军镶黄旗人,乾隆六十年(1795)进士,嘉庆六年(1801)曾充顺天乡试同考官。高鹗的续书在思想性和艺术性上,均赶不上原作,但不少重要情节处理得不坏,并且由于有了它而使原作的故事不再残缺,有利于书的流传,因此我们对高鹗的功劳还是应予肯定的。前 80 回原来题名《石头记》,在曹雪芹撰写、修改过程中就已以抄本形式流传,乾隆五十六年(1791)程伟元把前 80 回和后 40 回续书合在一起,以活字版排印,并改名《红楼梦》,从此 120 回本流行,但前 80 回的文字曾有改动。

《红楼梦》的思想性非常深刻。它以贾宝玉、林黛玉的爱情悲剧和贾、王、史、薛四大家族的兴衰为线索,揭露了贵族地主的腐朽和封建社会的黑暗,显示了它们必然走向灭亡的命运,具有鲜明的时代意义。作品对贵族地主的奢侈荒淫生活有淋漓尽致的描绘。如在刘姥姥游大观园的情节里,作者细致地描写了贾氏荣国府里豪华铺张的一饮一饭,并借刘姥姥的嘴说:"这一顿的钱,够我们庄稼人过一年了。"在作者的笔下,贾氏贵族一面"热孝在身"、"稽颡泣血",一面"狂嫖滥赌",焦大在一次醉后对他们大骂说:"每日偷鸡戏狗,爬灰的爬灰,养小叔子的养小叔子。"作品对贵族地主在社会上横行霸道、操纵政治的丑恶行为也有不留情面的揭露。贾氏的亲戚,身为皇商的花花公子薛蟠,因为霸占丫头,平白无故打死了人,竟然一走了事。府尹贾雨村初上任不明了底细,打算依法办理,但在一个门子向他介绍了"护官符"之后,当即徇情枉法,胡乱了结了这一人命关天的案件。贵族地主大肆挥霍的经济来源,主要是从农民身上刮取封建地租,另外也靠对奴婢的榨取和奴役。这种情况在《红楼梦》里也有很明确的反映。第五十三回关于黑山村佃户乌庄头纳租的描写,正是贾氏吸吮农民血汗的一个特写镜头。在大荒年里,乌庄头送来了名目繁多的实物地租,还有大量货币地租,而贾珍看后却大不满意,嚷嚷"这点够什么的","真真叫我别过了","这几年添了许多花钱的事……不和你们要找谁去"。《红楼梦》所描写的贾氏贵族家庭里,在最底层生活着一大群丫鬟奴婢,主人只许他们服服贴贴地供驱使,稍不服从就惨遭迫害,他们的辛勤劳动使主人饭来张口、衣来伸手。贵族地主和社会上的其他地主对劳动人民敲骨吸髓式的剥削,引起了他们的激烈反抗,《红楼梦》对此同样有所反映。它在描写贾氏大观园里贵族们的同时,写出了大观园之外"水旱不收,盗贼蜂起"的情景,并叙述了大观园里奴婢们各种形式的反欺凌斗争。《红楼梦》中作为重点精雕细刻描写的,是封建叛逆者与封建顽固势力的矛盾冲突。它所塑造的封建叛逆者的典型形象,就是主人公贾宝玉及林黛玉。贾宝玉是贾氏贵族中的公子,但特殊的生活条件使他对封建的东西极为反感。他反对男尊女卑,认为"女儿是水做的骨肉,男人是泥做的骨肉",宣称"我见了女儿便清爽,见了男人便觉得臭浊逼人"。他厌恶一般封建贵族所追求的科场功名、光宗耀祖的人生道路,那些热衷这条道路的人被他斥为"国贼禄蠹",谁劝他"立身扬名",就被骂为"混账话"。林黛玉出身于世袭侯爵的书香门第,因为父母双亡,长期寄居在贾家。她与贾宝玉一样具有叛逆的性格,鄙视封建文人,厌恶八股功名。共同的思想倾向使贾宝玉和林黛玉之间产生了真挚的爱情。然而,他们的爱情受到封建家长的压抑,贾宝玉因为不走读书科举做官的人生道路,屡次受到斥责。其恋爱婚姻也成了悲剧,在封建家长的干预下,贾宝玉最后没能与林黛玉成婚,娶来的却是另一信守封建教条的女子薛宝钗。贵族地主的腐朽、残暴和堕落,以及由此引起的各种矛盾,造成了他们的统治危机,没落衰亡的命运不可避免地要降临在他们头上。这一点在《红楼梦》中也叙述得非常明确。它通过书中人物冷子兴的嘴说:"(贾氏荣国府)外面的架子虽未甚倒,内囊却也尽上来了。"这句话不仅是对一个贵族地主家庭的评论,也是对整个贵族地主阶层以至整个地主阶级和全部封建制度的准确分析。从上述可知,《红楼梦》全面深刻地反映了封建社会行将崩溃时的社会面貌,是一部伟大的政治历史小说。

《红楼梦》在艺术上同样成就极大,它非常善于刻画人物形象。书中写了许多人物,不管是主要的还是次要的,无不有血有肉,呼之欲出。难能可贵的是,许多关系十分亲近的人,在作者的笔下各有特色;许多性别、年龄、性格十分相近的人物,作者也能清楚地写出其细微的差别。作者非常注意写景烘托气氛,并注意细腻地描写人物的心理活动,这对刻画人物的个性,也起了很大的作用。《红楼梦》的语言简洁、准确、自然,富有表现力。其结构严密而完整,头绪虽多但组织得有条不紊、主次分明,情节和章节的转换,如同行云流水,浑然天成,绝无生硬拼凑之感。《红楼梦》在艺术上的这些成就,实际上是继承发展了我国古代各种优秀文学作品的优点,进而达到了一个新高度。

《红楼梦》对贾宝玉这一封建叛逆形象采取的是歌颂态度,体现了作者初步的民主主义思想。但在作者的笔下,贾宝玉除了要求真挚的爱情和自由生活外,提不出什么更新、更明确的理想,因而每当与封建势力发生尖锐冲突时,就容易产生悲观厌世的虚无主义思想。此外,作者虽然描写了封建贵族家庭的衰落,但同时也流露出了惋惜、感伤的情绪。作者还在全书中宣扬"色空"的世界观。这些说明,《红楼梦》这部伟大的古典文学巨著,由于时代的局限,也带有一定的消极成分。

《红楼梦》问世后,立即引起人们的注意,传播极广,声誉很高,为它作续书的人很多,研究者之多也破了历史记录。不过新中国成立前的研究者使用的基本上是唯心主义的方法。最早的研究者是对《红楼梦》做各种各样的"索隐"。有的认为《红楼梦》是写康熙时权臣明珠的家事,贾宝玉就是明珠之子纳兰性德。有的认为是写顺治皇帝与董鄂妃的恋爱故事。有的说是写康熙时的政治状态,"作者持民族主义甚挚,书中本事,在吊明之亡,揭清之失,而尤于汉族名士仕清者寓痛惜之意"①。五四时期又出现了"自传说",把《红楼梦》看成是曹雪芹的自传或曹雪芹身边琐事的自然主义记录。"索隐说"固然不对,但"自传说"也是不能成立的。《红楼梦》所反映的内容和作者的经历见闻不无关系,其中的人物也大多有实际生活中的真人为基础,但它对生活素材进行了严格的挑选、加工和提炼,已不是现实生活的刻板记录。新中国成立后,《红楼梦》研究中的唯心主义观点受到批判,在马列主义文艺思想的指导下,《红楼梦》的思想价值和艺术成就,越来越为人们所发现和认识。

四、《镜花缘》

《镜花缘》也是一部长篇章回体小说。作者李汝珍,大兴(今北京市)人。生于乾隆中叶,卒于道光十年(1830)左右。他当过小官吏,博学多才,精通音韵,晚年贫困潦倒,用了十余年写成《镜花缘》。全书 100 回,叙述唐敖等游历海外的见闻和唐闺臣等 100 位才女的故事,所写海外世界和故事都是出自虚构,但作者的用意是用以反映现实社会,表达自己的爱憎、讽刺和理想。作者在书中表现了要求提高妇女地位的思想,他写了妇女参加科举考试,写了妇女当权的女儿国,极力宣扬女子的才学,否定男尊女卑的封建意识。这种朦胧的民主主义思想,与《红楼梦》有相似之处。而李汝珍笔下的女性,已不是爱情故事中的主角,而是社会活动的参与者,这在古典小说中是个首创。作者在书中还表达了提倡人们相互间谦让不争的主张以及对谦恭和蔼、平易近人的官吏的推崇等。对于封建社会的某些丑恶现象,书中也进行了一定的揭露和批判。例如书中叙述了一个无肠国,说那里的希望发财的人家,"因所吃之物,到了腹

① 鲁迅:《中国小说史略》。

中随即通过,名虽是粪,但入腹中并不停留,尚未腐臭,所以仍将此粪好好收存,以备仆婢下顿之用。日日如此,再将各事极力刻薄,如何不富",这实际是对现实生活中地主阶级残酷剥削劳动人民的激烈抨击。再如书中描写了唐敖等三人在淑士国进酒楼饮酒的一个场面,假装斯文的酒保招待他们时,竟掉书袋说:"三位先生光顾者,莫非饮酒乎? 抑用菜乎? 敢请明以教我!"而顾客中一个穿儒服、戴眼镜的驼背老者,在与他们的一段谈话中,竟用了 54 个"之"字。这实际上是对现实生活中不学无术的酸臭腐儒的辛辣讽刺。上述各点都是《镜花缘》的进步方面。但作者毕竟是一个封建文人,因而这部书中消极的东西不少,有些地方宣扬了"非礼勿视,非礼勿听,非礼勿言,非礼勿动"的封建教条,以及因果报应等迷信思想,这是应予批判的。在艺术手法上,该书有些地方富于浪漫主义色彩,有些人物形象比较生动,但大部分人物缺乏个性,不能给人留下鲜明的印象。作者生活的时代正是考据学派兴盛的时期,在这个学风的影响下,作者把小说当成了宣扬自己博学多知的工具,在其中论学说艺、数典谈经,连篇累牍而不能遏抑。自己认为这样做可以"解得睡魔,也可令人喷饭",而实际效果却是令人感到沉闷干枯。

五、其他章回体小说

清代撰写的长篇小说除上述几种外还有许多,如富有英雄传奇色彩的历史小说《水浒后传》和《说岳全传》,描写明末政治生活的《梼杌闲评》,根据《隋史遗文》《隋唐志传》《隋炀帝艳史》以及其他民间传说写成的百回本《隋唐演义》,典型地表现了历史演义向英雄传奇演变的《说唐演义全传》,以才子佳人和婚姻问题为题材的《醒世姻缘传》《玉娇梨小传》《平山冷燕》等。其中价值较高的是《水浒后传》和《说岳全传》。

《水浒后传》写于康熙初年。作者陈忱,字遐心,号雁宕山樵,乌程(今浙江湖州)人。他富有民族气节,曾以组织惊隐诗社为掩护,进行秘密的反清活动。此书共 8 卷 40 回,是《水浒传》的续书,内容是原梁山头领李俊、阮小七等在宋江死后,不甘忍受统治阶级的残酷迫害而再度起义的故事。起义者们既反对贪官恶霸,又抵抗金人的进攻,后来远走海外,开创基业,接受南宋王朝的"册封"。书中在对统治阶级的昏庸误国和残暴害民进行揭露的同时,也描述了金兵南下给汉族人民带来的苦痛。这实际是借北宋末年的历史,影射明清之际的时事,隐寓作者反对清朝的民族压迫、总结明亡教训和眷恋明朝的心意。

演述岳飞故事的书,清代以前就已不少,如熊大木的《武穆演义》、于华玉的《重订按鉴通俗演义精忠传》、邹元标的《精忠全传》等就是其中有名的几部。清朝康、雍年间,钱彩和金丰在以前各种"岳传"的基础上,经过截长补短、重新加工改写,形成了20卷80回的《精忠演义说本岳王全传》,简称《说岳全传》。这是所有关于岳飞的故事中最完备的一种。书中把岳飞塑造成一位民族英雄和爱国统帅,加以热情的歌颂,对于民间英雄与岳飞联合抗金的同仇敌忾的壮举,也进行了热情的赞扬,而对于秦桧充当金人奸细的卑劣行为和金兵统帅金兀术的骄横残暴,则给予了无情的鞭挞。可见,它与《水浒后传》一样,是一部寄托作者反清思想的小说。作者通过这部书,假借南宋的历史故事,宣传民族意识,悼念明朝,并对压迫汉族人民的满洲贵族和投降清朝的汉族地主官僚进行谴责。

第二节　诗歌和散文

一、主要诗人

清代诗人所取得的成就不太突出,但诗人数目不少,风格也互有差异,除了写出数量不小的作品,在诗歌理论上还提出了一些见解。

顺、康时期最著名的诗人有钱谦益、吴伟业、宋琬、施闰章、王士禛、查慎行、赵执信等人。

钱谦益,字受之,号牧斋,常熟(今属江苏)人。明万历进士,晚年谄媚马士英、阮大铖,清兵南下后率先投降,被留用为礼部侍郎。其诗在明末已负盛名,清初与吴伟业、龚鼎孳合称"江左三大家"。实际上他是当时的文坛领袖。他提倡宋元诗风,推崇苏东坡和元好问,对于当时诗坛有很大影响。吴伟业,字骏公,号梅村,与钱谦益一样政治上曾仕明清两朝。他的诗如《圆圆曲》《松山哀》等,反映了明清之际的时事,有的寓有身世之感或揭露统治者对人民的压榨,有一定感染力,艺术技巧相当高。他崇尚唐诗,对诗坛产生了一定影响。

宋琬和施闰章在清初有"南施北宋"之称,都崇尚盛唐诗风。宋琬,字玉叔,号荔裳,山东莱阳人。顺治进士,历任浙江按察使、四川按察使等职,曾因事下狱。其诗多写个人的感伤,音节苍凉,气质雄绝。施闰章,字尚白,号愚山,宣城(今属安徽)人。顺治进士,康熙时举博学鸿词科。其诗反映社会现实的篇章较宋琬为多。

王士禛是钱谦益、吴伟业之后推崇盛唐诗风而领袖骚坛的著名诗人。字贻上,号阮亭,又号渔洋山人,新城(今山东桓台)人。顺治进士,官至刑部尚书。他少年时即享盛名,23岁游历下亭,在大明湖写《秋柳》诗四首,传诵一时。他论诗主张"神韵说",强调"兴会神到",追求"得意忘言",以清淡闲远的风神韵致为诗歌的最高境界。这实质上是引导诗歌脱离现实,在表现士大夫的身边琐事和闲情逸致上下功夫。他的诗在早期尚有少数反映生活实际的诗篇,中年以后则多为粉饰太平、咏怀古迹、流连风景的作品,脱离现实,内容贫乏。不过,由于他艺术修养很高,其诗刻画景物相当工致。如《江上》诗:"吴头楚尾路如何?烟雨秋深暗白波。晚趁寒潮渡江去,满林黄叶雁声多。"颇如一幅自然风景画。

查慎行和赵执信的生活时代与王士禛基本相同而年辈稍晚。查慎行,字悔余,号初白,海宁(今属浙江)人。康熙时举人,官编修。其五、七言古诗学苏轼,宛转畅达;近体效法陆游,远意灵活,属对自然。诗中内容多记行旅,对民间疾苦也有所反映。晚年多歌功颂德之作。赵执信,字伸符,号秋谷,益都(今山东青州)人。康熙进士,官至右赞善。他是王士禛的甥婿,但相互间关系不融洽,赵曾作《谈龙录》,批评王士禛的论诗主张。其诗风崇尚晚唐,以思路峻刻为主,有不少反映人民疾苦和被迫反抗压迫的作品。

清初的著名诗人除上述者外,还有许多富有民族思想、反对清朝统治的诗人,他们是顾炎武、黄宗羲、王夫之、吴嘉纪、屈大均等明朝遗民。他们中有的主要成就并不在诗上,但诗写得也很好,而且有价值很高的诗论。如顾炎武在一封通信中谈诗时说:"君诗之病在于有杜,君文之病在于有韩、欧。有此蹊径于胸中,便终身不脱依傍二字,断不能登峰造极。"这种反对模拟、提倡独创的主张,与上述诗人提倡崇唐或崇宋的意见相比,显然是高出一筹的。这些诗人的作品有一个共同特征,即反映了当时的民族矛盾,洋溢着不忘明朝的遗民思绪。

雍正以后,最著名的诗人有沈德潜、厉鹗、翁方纲、郑燮、袁枚、赵翼、蒋士铨、黄景仁、张问陶、龚自珍等。

沈德潜,字确士,号归愚,长洲(今江苏苏州)人。以诗论和选家著名。乾隆进士,曾任内阁学士兼礼部侍郎。他标榜"格调说",认为诗人在作品中表达的思想感情要温柔敦厚、符合封建的正统观念,在写法上,古体诗要宗汉魏、近体诗要宗盛唐。他的主张深得封建统治者的欣赏,在乾隆时期曾极为显赫。他的诗选《古诗源》《唐诗别裁集》等,充分体现了他的拟古主义的诗论观点,但辨析源流、指陈得失,对于古典诗歌的传播有一定作用。

厉鹗,字太鸿,号樊榭,钱塘(今浙江杭州)人,康熙时举人。他与沈德潜同时研究宋诗,著有《宋诗纪事》100 卷,作诗也取法宋人。他的某些近体诗,刻画西湖风景,格调幽新孤淡。但其诗缺乏现实内容,形式主义倾向严重,又喜用冷字僻典,流为饾饤琐屑。

翁方纲的生活时代晚于沈、厉,是嘉庆中诗坛的一位领袖人物。字正三,号覃溪,直隶大兴(今属北京)人。官至内阁学士。他论诗主张"肌理说"。所谓肌理,是指义理和文理。这种诗论,要求作诗以学问为根底,使内容质实,形式雅丽,其用意是纠正"神韵说"和"格调说"的缺点。他的主张是考据学派盛行的一种产物,是为当时的考据文士以故纸材料入诗寻找理论根据。他本人擅长经史考据,是金石家,他的诗中,金石考证即错杂其间,是相当典型的学问诗。

郑燮,字克柔,号板桥,江苏兴化人。早年家贫,雍正年间中举,乾隆时进士,曾做过短期县官,长期在扬州卖画。他主要以作画著名,但写诗也有成就。他反对拟古主义和形式主义的诗风,作诗不矫揉造作,不堆砌典故,格调清新流畅。他的许多诗篇,同情人民的疾苦,憎恨贪官污吏,反映了社会现实。

袁枚与郑燮同时但年龄稍小,在反对拟古主义和形式主义上,较郑燮更激烈。字子才,号简斋,浙江钱塘(今杭州)人。乾隆进士,做过江宁等地的知县,33岁辞官,后定居在南京小仓山的随氏废园,过自由清狂的生活。他是沈德潜、翁方纲的反对者,论诗主张"性灵说",认为写诗要抒写胸臆,写个人的性情、遭际和灵感,辞尚自然,提倡独创,反对崇唐、崇宋,反对"温柔敦厚"的作诗要求,反对填书塞典、满纸死气的学问诗。对于前一时期风靡一时的"神韵说",袁枚也表示不满,认为那种虚无缥缈的"神韵"不过是脱离真性情的假诗。袁枚的"性灵说",在当时是比较进步的主张,但由于其思想和生活的限制,其所谓性灵,多属士大夫的闲情逸致,所谓个人的性情、遭际,大多是生活琐事和风花雪月。其作品不出家居生活和旅行纪事的范围,很少反映当时的社会生活,其值得称道的主要是写得明白通畅,与模拟格调的作品和学问诗相比,风格清新灵巧,意境明晰。

赵翼和蒋士铨是与袁枚齐名的诗人,并称"江右三大家"。赵翼(生平详见本书第二章第二节)的论诗主张与袁枚相近,他的《论诗》诗说:"李杜诗篇万口传,至今已觉不新鲜。江山代有才人出,各领风骚数百年。"这对于盲目崇古的诗论是有力的冲击。他的诗喜欢发议论,而且含蓄、诙谐,不少诗篇如同说话,随意写出,很有特色。蒋士铨,字心馀,江西铅山人。作诗甚多,题材广泛,擅长七言古体。但不少诗有浓厚的说教气息,涉及人民生活、同情劳动人民的诗篇只是少数。

黄景仁和张问陶年辈比袁枚略晚,而态度情趣与袁枚大略相似。黄景仁,字仲则,江苏武进(今常州)人。一生贫病缠身,郁郁不得志。

他的诗描写了个人的愁苦,反映了盛世时期士大夫的苦闷,对于身世、感情相类的人,很有感染力,因而传诵一时。但缺乏更广阔的现实内容,不能深入揭露社会矛盾。张问陶,号船山,四川遂宁人。他反对学诗标榜唐宋,反对讲究格调宗法,反对搞学问诗,主张诗中要有真性情。他自己虽未明言学习袁枚,但从其理论看来确实是袁枚主张的宣传者。他的诗多是咏景叹物的即兴之作,个别篇章揭露了当时深刻的社会矛盾。

龚自珍,道光进士,在鸦片战争前夕做过几任小京官,是近代改良主义思想家的先驱(生平详见本书第四章第四节)。他的诗以其先进思想为根底,别开生面,彻底打破了清中叶以来诗坛模山范水、脱离实际的沉寂局面,包含有丰富深刻的社会历史内容。他以诗歌为武器,极力揭露封建王朝的黑暗、腐败统治,热烈追求个性解放。诸如《已亥杂诗·九州生气恃风雷》等,是脍炙人口的名篇。

二、主要词人

在宋代发展到高峰的词,在元明时期地位有所下降,而到了清代,又出现了"中兴"之势,词人辈出,词的创作和词学的研究都有不少成绩。主要词人有纳兰性德、陈维崧、朱彝尊、项鸿祚、张惠言和周济等。

纳兰性德,原名成德,字容若,满族人,出身贵族,为大学士明珠长子。康熙进士,选授三等侍卫,不久升为一等。他的词以小令见长。多抒写离愁别恨和个人的哀怨,艺术特点是天然不事雕琢、清淡朴素、感情真挚,风格与南唐李后主相似。

陈维崧,字其年,号迦陵,宜兴(今属江苏)人。生于明末,少负才名,康熙时,举博学鸿词科,授检讨。他是一个多产作家,共作词 1600 多首,计小令、中调和长调 400 多调。他的词模仿苏轼、辛弃疾,气魄雄浑豪壮。但有些篇章又能一扫豪放苍凉之气,婉丽娴雅,表现了作者抒写自如的高才。其词中内容多系抒写身世和感旧怀古之情,但也有一些作品反映了民间的疾苦。他在当时词坛地位很高,以他为首形成了阳羡派。

朱彝尊,字锡鬯,号竹垞,秀水(今浙江嘉兴)人。康熙时举博学鸿词科,授检讨。曾纂辑唐、五代、宋、金、元词 500 余家为《词综》,为词学研究集中了重要资料。他写词效法南宋姜夔、张炎,多在字句声律上下功夫,细致绵密,圆转浏亮。同时有同乡友人龚翔麟等五人,与朱彝尊以词相唱和,大抵亦以姜夔、张炎为宗。他们与朱一起,被称为"浙西六家",这便形成了浙西词派,这一词派产生后在清代词坛有 100 多年居于统治地位。

项鸿祚,字莲生,浙江钱塘(今杭州)人,道光举人。他属于浙西词派。在他生活的时代,浙西词派已渐衰落,而他的努力却使之一度振兴。他的词多表现抑郁、伤感的情致,格律极严,音调很美。

嘉庆年间,浙西词派由于一味拟古、寄兴不高,格调日弱,呈现衰颓之势。乘此机会,张惠言起而开创了常州词派。张惠言,字皋文,江苏武进(今常州)人。嘉庆进士,官编修,曾辑《词选》。他主张词以比兴寄托为主,又要有温柔含蓄的感情。他的词颇沉着,而意旨隐晦。他所开创的常州词派在清末词坛影响很大。

周济,字保绪,一字介存,晚号止庵,江苏荆溪(今宜兴)人。嘉庆进士,官淮安府学教授。他学词于张惠言的外甥董士锡,得张惠言的理论,又发展张说,著《介存斋论词杂著》,于是常州词派更加显赫。他提倡以词反映社会现实,曾编《宋四家词选》,特别推崇辛弃疾,这在各种社会矛盾已非常尖锐的鸦片战争前夕,是一种进步的文艺思潮。

三、民歌

清代民歌很兴盛,其中有许多优秀作品。它们与文人诗词相比,优点极为突出。在艺术风格上,民歌朴素爽朗,不事雕琢,洋溢着浓厚的浪漫主义气氛,形式活泼,语言明快。在思想内容上,许多民歌抨击了封建社会的不合理现象,斥责了封建礼教,表达了青年男女追求婚姻自主的迫切愿望,具有激烈的反封建思想。如有一首民歌说:"十八女儿九岁郎,晚上抱郎上牙床。不是公婆双双在,你做儿来我做娘!"①这对封建的不合理婚姻制度所加给妇女的痛苦,是十分深刻的控诉。语言朴实无华,而感情真挚,感染力极其强烈。由于时代的局限,当时的民歌中也有迷信等糟粕。清代文人很喜欢搜集民歌,如乾隆年间王廷绍编有《霓裳续谱》,嘉庆、道光年间华广生编有《白雪遗音》,这些民歌集为后人研究提供了方便。

四、散文

清初以散文著称者有魏禧、侯方域等人。魏禧,字冰叔,江西宁都人。生于明末,明亡后,不肯与清合作,康熙间荐举博学鸿词科,借口有病不赴。他的散文以人物传记最为突出,多表扬抗清志士。"为文凌厉雄杰,遇忠孝节烈事,则益感激,摹画淋漓。"②侯方域,字朝宗,河南商丘人。年少时主盟复社,很有名气,明亡后参加乡试,中顺治八年(1651)副榜。其散文大抵学习《史记》,以才气见长,但学力欠缺,时见做作。

清中叶以后,出现了一个非常著名的散文流派——桐城派。创始者是方苞,刘大櫆、姚鼐等人又进一步加以发展。这一派的早期成员都是安徽桐城人,因而名为桐城派。方苞,字灵皋,又字凤九,号望溪,康熙进士。他论文提倡"义法","义"指文章的中心思想,实际上即是从儒家思想出发的基本观点;"法"指表达中心思想或基本观点的形式技巧。他的文章大抵体现了他的理论主张,有些文章内容、语言都很不错。刘大櫆,字耕南,号海峰。他师事方苞,要求作品阐发程朱理学,主张在艺术形式上模仿古人的神气、音节、字句。他的理论对方苞有所补充,但建树并不太大,其主要作用是在桐城派的系统上充当桥梁——名声极大的姚鼐即出自他的门下。姚鼐,字姬传,号惜抱,乾隆进士,官至刑部郎中。他提出了"义理""考据""辞章"合而为一的主张,即是要以"考据""辞章"为手

---

① 无名氏编:《四川山歌》。
②《清史列传》卷70《魏禧传》。

段,去阐发儒家的"义理",进一步发展了桐城派的理论。他的作品多是书序、碑传之类,大抵以程朱理学为依归。从桐城派几个主要代表人物的主张可以看出,这个派别是为维护封建统治效劳的。

桐城派在发展过程中出现了一个支派——阳湖派。其代表人物是恽敬和张惠言。恽敬,字子居,号简堂,江苏阳湖(今常州)人,乾隆举人,官至吴城同知。他们的论文主张与桐城派基本相同,但其文章比较注意辞藻,气势也比较开阔。他们之所以不称桐城派而称阳湖派,主要是由于地域不同。

第三节 戏曲

清代的戏曲很有成就,出了不少著名的戏剧作家和戏剧理论家,最值得注意的是地方戏盛行起来,而且发展出了举世闻名的京剧。

一、戏剧作家和戏剧理论家

清代著名的戏剧作家和戏剧理论家有李玉、李渔、尤侗、洪昇、孔尚任、杨潮观和蒋士铨等人。

李玉,字玄玉,号苏门啸侣,又号一笠庵主人,吴县(今江苏苏州)人,明崇祯间举人。入清后绝意仕进,专力研究戏曲。他根据徐于室、钮少雅所辑《北词九宫谱》,加以扩充,编出《北词广正谱》,对于金、元以来的北曲研究很深。其所著剧本相传有 60 多种。写于明末的,以"一笠庵四种曲",即《一捧雪》《人兽关》《永团圆》《占花魁》最为有名,其中《一捧雪》《占花魁》成就最高。这四个剧本合称"一人永占"。在清初写成的《万里缘》《千钟禄》《清忠谱》等,思想内容和艺术水平一般都比早期作品高。《万里缘》写清初孝子黄向坚不远万里寻找因做官而远在云南的父亲黄含美的故事,反映了清与南明对立时期动荡不安的社会现实,对南明的腐败和清军的暴行均有揭露。《千钟禄》写的是靖难之役后,建文帝化装流亡的故事。作者极力描绘建文帝的流离之苦和朱棣的残暴屠杀,许多曲文凄凉动人,这在清初民族矛盾尖锐、社会极不安定的情况下,很有现实感,引起了因战乱而受尽流亡之苦的人民的广泛共鸣。《清忠谱》是李玉和他人合写的,在李玉的所有作品中最为成功。它以天启六年(1626)的苏州民变为题材,抨击了以魏忠贤为首的反动统治集团祸国殃民的罪恶,赞扬了东林党人周顺昌等的正义斗争,歌颂了人民群众支持正义、反抗暴政的可贵品质。作者善于表现动人的群众场面,头绪多而不乱;善于刻画人物,所塑造的人物形象,性格鲜明,各具特征。

李渔,字笠鸿,号笠翁,浙江兰溪人。康熙间流寓金陵,晚年移居杭州,家中设有戏班,常往各地达官贵人门下演出。他撰写的剧本保存下来的有 18 种,常见的是"笠翁十种曲",有的直到今天还能演出。不过总的来看,他的作品过分追求情节的新奇,趣味偏低级,思想性不强。他著有《闲情偶寄》,其中卷一和卷二论述戏曲理论,由于他有创作剧本和演出的经验,所述颇有可取之处。其所述分为词曲和演习两部,词曲部尤为精彩。他重视整个作品的结构,提出要"立主脑"(确定主题)、"减头绪",主张戏曲语言要浅显易懂,反对一般戏曲作家所追求的典雅华丽。关于科诨,他认为应该"戒淫亵""忌俗恶""重关系""贵自然",这些显然都是难能可贵的。不足的是,作者把戏曲看作封建统治者粉饰太平和向人民群众进行封建教育的工具,这种封建御用文人的立场,使其戏曲理论虽在技巧方面多有可取,但关于思想内容和创作倾向的论述,却多为糟粕。

尤侗,字同人,改字展成,号悔庵,一号艮斋,江苏长洲(今苏州)人。顺治拔贡,康熙时举博学鸿词科,授翰林院检讨。作有剧本《钧天乐》《读离骚》等六种,皆成于被诏征博学鸿词以前,因而常常流露出怨愤情绪。如《钧天乐》写文才出众的沈白屡次参加科举考试不中,上书揭发科场黑幕,反受打击,后来天界考试真才,才得中状元,这里的沈白,实是作者自况。他才华很高,擅长诗文,又精音律,所作剧本曲词雄健豪放,惟说白艰深冗长,不便演出。

洪昇,字昉思,号稗畦,浙江钱塘(今杭州)人。出生于顺治二年

(1645)，在社会动荡不安的清初度过了其青少年时代。其家庭曾遭清廷的迫害。本人长期滞留于国子监生的地位，备极坎壈，因而对现实多有不满，形成了狂放、孤傲的性格。他文学修养极高，善写词曲，所撰有《长生殿》《四婵娟》《回文锦》《天涯泪》等剧本多种。康熙二十八年(1689)，因在佟皇后丧期内演出《长生殿》，为人所劾，被革去国子监生的资格。康熙四十三年(1704)，于吴兴醉后失足落水而死。宋元南戏发展到明代后，情节更加曲折，所用曲调更加丰富，南曲之外，也兼用少量北曲，分"出"或分"折"的格式被固定下来。这种形式的剧本被称为传奇。明代传奇作品很多，清代也不少，前面所述的戏曲作家所写的剧本，其中不少即为传奇，而洪昇的《长生殿》是清代传奇中最有名的一种。《长生殿》写唐明皇和杨贵妃的爱情故事：唐明皇宠爱杨贵妃，政治腐败。安史之乱发生后，他被迫从京城出走。途中为缓和士卒情绪，令杨贵妃自缢。后来，唐明皇思念杨贵妃不已，最终两人在天上相会。关于唐明皇和杨贵妃爱情的题材，唐中叶以来的诗歌、小说、戏曲和说唱文学中多有采用，唐白居易的《长恨歌》、宋乐史的《杨太真外传》、元白朴的《梧桐雨》和明吴世美的《惊鸿记》就是其中影响很大的作品。洪昇继承和发展了这些作品的成就，经过十多年的努力，三易其稿，写成了《长生殿》这部在同类题材中成就最高、影响最大的戏曲作品。它细致地描写和歌颂了唐明皇和杨贵妃的真挚爱情，并反映了当时复杂的社会矛盾。它写了广大群众的困苦，也写了宫廷的奢侈豪华，写了乐工雷海青坚持民族气节的高贵品德，也写了显贵们屈辱求荣的无耻，两相对比，爱憎十分分明。作者打算把爱情和政治联系在一起进行描绘，使读者能够获得政治上的教训，这一主观意图极好，但无奈这个传说题材中爱情与政治的矛盾不易统一，因而使得作者在评价某些事件时陷于进退维谷的境地，这是《长生殿》的遗憾之处。在艺术表现上，《长生殿》采用了现实主义和浪漫主义相结合的手法，抒情的色彩极为浓厚，曲词清丽流畅，充满诗意，遣词用韵非常讲究。《长生殿》写出后，经常被演出，在戏曲史上占有一定的地位。

孔尚任，字聘之，又字季重，号东塘，又号岸堂、云亭山人，山东曲阜人，孔子六十四世孙。康熙二十三年(1684)，康熙皇帝南巡过曲阜，孔尚任进讲儒家经典受赏识，被授为国子监博士。后迁户部主事、员外郎等职，康熙三十八年(1699)退休。在任官期间，曾往淮扬一带疏浚河道，对吏治的腐败和民间疾苦开始有所了解。他曾接触过不少故明遗民，对南明的覆亡所知甚多，并有较深刻的认识。他知识面很广，既喜诗文，又精通乐律，著有《湖海集》等诗文集。戏曲著作有《桃花扇》和与人合写的剧本《小忽雷》。其中《桃花扇》是与《长生殿》齐名的传奇作品，在戏曲史上同样有一定地位。这个传奇，以复社文人侯方域和秦淮名妓李香君离合悲欢的爱情故事为线索，描写了南明弘光小朝廷的覆亡悲剧，抒发了作者的兴亡之感。作者对弘光帝的昏庸和阉党马士英、阮大铖荒淫无耻、打击异己、祸国殃民的罪行，进行了无情的揭露，对憎恶奸佞、关心国事、具有正义感的下层人民李香君、柳敬亭和苏昆生等，予以热情的歌颂。以史可法为代表的具有崇高民族气节的将领，也受到作者的高度赞扬。由于作者本身是清朝的官吏，他不可能指责灭亡南明的清朝，所以对当时的民族矛盾采取回避态度。但由于所写题材具有很强的现实性，作者在剧本中表达了对明朝深切悲悼的感情，所以仍能起到唤醒民族意识的作用。这个传奇的写作，根据的是实人实事，但又非照录历史，而是做了精心的艺术安排，达到了历史真实和艺术真实的较好结合。剧本场面宏大、结构严谨、语言优美，主要人物也塑造得非常成功。不足的是，作者敌视李自成的农民起义军，表现了封建文人的局限性。

杨潮观，字宏度，号笠湖，江苏金匮(今无锡)人。乾隆举人，长期担任地方官，以诗文见称于乾隆时代，但主要成就是戏剧创作。写有短剧32种，汇集在一起，合称《吟风阁杂剧》，所写内容多是文人遭际和官吏政绩。影响最大的是《寇莱公思亲罢宴》一剧，它宣扬戒奢崇俭的思想，很有教育意义。由于写作这些短剧时作者正在四川做官，所以表现出很浓的四川地方特色。

蒋士铨不仅善于作诗，而且善于写剧本，其诗名几为其戏曲成就所掩盖。他写了十几种剧本,其中九种汇集在一起,称《藏园九种曲》。剧本《四弦秋》和《临川梦》是他的代表作,都收在《藏园九种曲》当中。蒋士铨的剧作很注重辞章和曲律,当时很受称赞,但演出不多。

二、昆曲的衰落、地方戏和京剧的兴起

昆曲是明代嘉靖年间戏曲音乐家魏良辅等以昆山一带流行的戏曲腔调为基础,吸收其他一些戏曲的曲调,经过整理加工而形成的一种戏曲剧种。它以演唱传奇剧本为主,曲调细腻婉转,有"水磨腔"之称,表演风格优美,富于舞蹈性,在明代中后期非常盛行。但是,入清以后,昆曲在声腔和文辞上日益脱离群众,渐渐衰落下去。到了乾隆年间,由于有康熙时写出的《长生殿》和《桃花扇》两个优秀的传奇剧本可供演出,再加上乾隆帝的提倡等原因,昆曲一度呈复兴之势。但在其整个发展途程之中,这不过是一个余波而已。代替昆曲而起的,是绚丽多彩的地方戏,这是清代戏曲最突出的成就。

清代流行的地方戏,种类繁多,有秦腔、同州梆子、湘剧、柳子戏、豫剧、徽调、汉调、粤剧、滇剧、川剧等,总数不下数十种。有些剧种在明朝就已流行,到清更盛,而大部分在清代才开始兴起。它们是在民间说唱、舞蹈等艺术基础上发展起来的,大都文辞通俗、曲调清新、形式活泼、富于地方色彩和生活气息。乾隆年间,北京和扬州等大城市中的统治者、盐商和文人,把昆曲视为雅人韵事,因而称之为"雅部",与之相对,则把日益发达的各地方戏称为"花部"。

乾隆、嘉庆年间,三庆、四喜、春召、和春四个著名的徽班先后进入北京演出。道光年间,汉调又传到北京,加入徽班演唱。两种戏曲在长期交流中逐渐融合,以徽调的二黄和汉调的西皮为主要腔调,再吸收昆曲、秦腔以及许多民间曲调的剧目、唱腔和表演方法,从而逐渐形成一种新剧种——举世闻名的京剧。它曲调丰富、动作细致、结构紧凑、故事曲折,是空前完整的汉民族戏曲表演体系,受到各阶层群众的热烈欢迎。京剧的产生,是中国戏曲史上的一件大事。由于封建统治者的控制、利

用,清代的京剧和其他地方戏,在内容、表演技巧各方面,有些剧目带有很重的封建糟粕。关于京剧最后形成的具体时间,学界看法不一。本书第三卷将对此作具体说明。

第四节　绘画

一、著名的画家

清代由于阶级矛盾和统治阶级的内部争夺都很激烈,统治者对人们的思想控制极严,因而大多数画家只能模仿、沿袭前人的画法,但也有些画家敢于创新,从而使其作品显露出独特的风貌。

清初有被称为"清六家"的六位著名山水画家,即王时敏、王鉴、王翚、王原祁、吴历、恽寿平,他们就是属于以模仿古人为主的一派。他们把前人的技法成就当成自己的创作的主要规范,对古人亦步亦趋。他们见过不少前代大画家的手迹,而且不是随意浏览,而是认真琢磨、反复模仿、潜神一意、勤学苦练。前人技法中所反映的精神意态不可能从形式主义的技法临摹中获得,为了解决这个问题,他们便转而师前人之所师,企图以广采博览、汇集各家各派之长的办法,来变化出自己的新面目。这样做的结果,虽技巧上可达到很高的造诣,但作品给人的感觉仍是不真实、不亲切。他们这种脱离现实、崇尚摹古的作风,在客观上恰好迎合了统治者粉饰太平、稳定封建秩序的目的,所以受到了封建统治者的赏识和支持,被奉为正统。由于经历和所处环境的差异,"清六家"相互间不无差别,现列举如下:

王时敏,字逊之,号烟客,太仓(今属江苏)人。家中收藏不少古画,遇有名人真迹,购买不惜多金,而每得珍品,即闭阁沉思,领会其奥妙。他擅长山水作品,笔法虚灵松秀,墨气醇厚华滋,"清六家"以他为首。但他只知道临摹,少有创造,终身未能越出元黄公望等人的范围。

王鉴,字元照,号湘碧,太仓(今属江苏)人。工山水,所作丘壑平稳,擅长烘染,风格华润,对于青绿设色的方法有独得之妙。但缺乏独创,只有工力,而无气势。

王翚,字石谷,号耕烟散人,常熟(今属江苏)人。少时绘山水,王鉴极为赏识,将其收为弟子。后又转师王时敏。山水画自唐、宋以来,由于笔法刚柔的不同,明朝人将它分为南宗和北宗两派。王翚创作了混合多样的技法,使两宗的痕迹泯灭、合而为一,从而在山水风格上别开生面,当时有人称之为"画圣"。康熙时曾奉命作《南巡图》。他的作品气韵生动,有明快感,林木健爽,岩石灵活,渲染得宜,技法很高,但缺乏生活、缺乏真正的写实主义精神,传世作品仍以仿古占多数。

王原祁,字茂京,号麓台,王时敏之孙。幼年时曾画山水一幅粘在墙上,被王时敏误认为自己往昔的作品,可见他这时已很擅长绘画。康熙时以画供奉宫廷,曾任《佩文斋书画谱》纂辑官。他作画喜用干笔焦墨,层层皴擦,苍浑沉着,很有笔力。其重色作品,青绿朱赭对照鲜明,有独到之处。但他也是偏于模拟,不脱师古窠臼。

吴历,字渔山,号墨井道人,常熟(今属江苏)人。他与王翚是同乡,又一起师事王时敏,晚年二人绝交。他安贫乐道,与王翚不同。其山水画气魄雄厚沉韵,为"四王"所不及,不过也没有摆脱师古的风气。

恽寿平,初名格,字寿平,后以字行,改字正叔,号南田,江苏武进(今常州)人。与王翚是好朋友。他善长没骨花卉,别开生面,一改时习,许多人起而仿效,世称"恽派",也叫"常州派"。不过,这是他中年以后的情况。最初他与王翚都从元四家奠定山水画的基础,笔墨风韵无一不同。后来他感到王翚声名日盛,自度不及,才由山水改专花卉。这一转变,使他在创作上得以以写生为主,避免了被摹古潮流淹没的危险。

与"清六家"同时而作画别具风格的是道济、朱耷、龚贤、梅清等人。他们不肯遵循正统派的摹古途径,而是强调个性,主张以描绘自然对象来抒发自己的思想感情。传统的技法在他们那里只是被当作借鉴,其作品不拘成法,颇有独创精神。他们的政治身份多半是明朝遗民,对清政府的不满是他们在绘画上不同于正统派的思想基础。在他们当中,成就最大的是道济和朱耷。

道济，本姓朱，名若极，明藩王后裔，籍贯广西。清兵入关时他尚年幼，及长，为僧做掩护。法名道济，又作原济，字石涛，号苦瓜和尚、大滌子、清湘老人、瞎尊者等。他主张师法自然，以尖锐锋利的言辞力攻师古主义。他曾说："古之人未立法之先，不知古人法何法。古人既立法之后，便不容今人出古法，千百年来遂使今之人不能一出头地也。师古人之迹而不师古人之心，宜其不能一出头地也。"①"古人须眉，不能生在我之面目。古之肺腑，不能安入我之腹肠。我自发我之肺腑，揭我之须眉，纵有时触着某家，是某家就我也，非我故为某家也。天然授之也，我于古何师而不化之有！"②他的绘画特点显著，山水、人物、花果、兰竹无不精妙，构图新颖善变，笔势纵放，气韵生动，不仅具有写实主义的基本手法，而且富有浪漫主义色彩。他的画风对于后世影响甚大。

朱耷，也是明藩王后裔，籍贯南昌。生于明天启六年（1626），入清后当了和尚，又当道士，以出世态度表示对清朝的对抗，别名字号极多，有雪个、个山、个山驴、人屋、八大山人等。他的主要精力用于作画，擅长水墨淋漓的花鸟画和山水画，笔墨放纵，不泥成法。他把绘画作为抒写性情、发泄家国怨仇的工具。署款"八大山人"，写成"哭之笑之"的样子，含有深意。他的画面，构象造型与现实有所不同，被赋予独特的性格，与作者的主观意识结合在一起。他笔下的鸟和鱼，有的从眼睛里放射着怒火，有一种咄咄逼人的坚忍不拔之气，有的卷足敛羽，忍饥受寒，表达了凄楚的意境。他有一幅《墨荷水鸟图》，疏花瘦石，孤鸟栖息，意境画法可见一斑。

龚贤，字半千，昆山（今属江苏）人。寓居南京，擅画山水，用墨浓重苍润，与另外七位南京画家合称"金陵八家"。

梅清，号瞿山，宣城（今属安徽）人。多写黄山风景，笔法苍浑雄奇。

---

① 《大涤子题画诗跋》卷1。
② 《苦瓜和尚画语录·变化章》。

雍正、乾隆年间，金农、罗聘、李方膺、高翔、汪士慎、黄慎、李鱓、郑燮等人，聚集在扬州，继承了道济、朱耷等人的传统，进一步突破陈规，创造了反映各自风格的作品。当时保守者把他们看作骚扰画坛的"怪物"，因而称之为"扬州八怪"。[①] 他们基本上不画山水、不画工笔花卉，主要画梅兰竹菊和写意花鸟、写意人物，即使画山水也多兼有人物，与"四王"的空山无人相异。作画主要用水墨，着色者少。他们继承了前人的传统，但通过深入现实汲取素材，又形成了自己的风格，不与古人雷同，他们相互间关系密切，互相学习，但不抄袭、不模仿，各有个性。他们多是布衣，以卖画自给，有的虽做过小官，也终因忤大吏而被罢官，不得不借笔砚生涯聊以糊口。这种身世，使他们愤世嫉俗，甚至玩世不恭，这种思想感情在他们的作品中时有表现。不过，他们虽不是大地主大官僚，但也不是生活在社会最下层的劳动人民，也不是清初的明朝遗老遗少，因而他们并不是全有可贵的关心人民疾苦的思想感情和反民族压迫的思想意识，他们中的多数人只是为个人的生不逢时、生活困苦发发牢骚而已，因此对他们作品的思想倾向不宜做过分的肯定和颂扬。他们的绘画作品多半配有题词，并且无题不妙，形成文人画的一大特色。这些题词或者表现作者的政治思想和人生观，或者发表作者的艺术观点和创作意图，是理解作者及其作品的重要资料。这些题词不仅在语言组织和文章结构上新颖别致，而且款式也打破了陈规俗套，别开生面，与作品的思想内容配合得恰到好处。他们的绘画对后世影响极大，写意花鸟画从他们之后继续发展，曾执画界牛耳。他们最喜欢画的梅兰竹菊，在他们之后的所有花卉画家，几乎没有不兼画的。"扬州八怪"中最突出的是郑燮，其余人也值得一述。

郑燮，字克柔，号板桥，江苏兴化人。做过知县，罢官后居住在扬州卖画。他特别擅长画兰竹，风貌爽朗挺拔。他诗、书、画俱佳，被称为"三绝"。他的许多画幅题诗不仅是很好的艺术品，而且表现出很高的思想

---

① 关于"扬州八怪"所包括的画家，各种记载里并不一致，这里从一般说法。

性,如有一首题诗说:"衙斋卧听萧萧竹,疑是民间疾苦声。些小吾曹州县吏,一枝一叶总关情。"表现了关心人民疾苦的思想感情。另一首题诗说:"雨竿修竹出重霄,几叶新篁倒挂梢。本是同根复同气,有何卑下有何高。"表达了不卑不亢、不肯低眉事人的豪气。

金农,字寿门,号冬心,浙江仁和(今杭州)人。年50岁始从事绘画,善画梅竹、人物、山水,在画中掺以金石古朴的气味,厚重古拙,别具一格。

罗聘,字遯夫,号两峰,江苏甘泉(今扬州)人。初学金农,颇有心得,兰竹、人物、花鸟、山水等都很擅长。他尤其善画神怪,所作一卷八幅的《鬼趣图》非常有名,借佛教轮回说中的"鬼"来描绘现实世界中的一部分人,大胆讽刺了当时社会,抒发了胸中的不平之气,艺术构思和表现手法极为巧妙奇特。

李方膺,字虬仲,号晴江,通州(江苏南通)人。擅画松、竹、兰、菊,墨梅尤为著名,用笔不拘成法,具有苍莽浑成之趣。

高翔,字凤岗,号西唐,江苏甘泉(今扬州)人。善画梅花和山水,用笔简洁。

汪士慎,字近人,号巢林,安徽休宁人。善画梅,笔致清劲。

黄慎,字恭寿,号瘿瓢子,福建宁化人。善画人物,并工花卉。

李鱓,字宗扬,号复堂,江苏兴化人。所画花鸟,生动活泼,技巧熟练,落笔自然。

二、杨柳青和桃花坞年画

年画是我国特有的一种绘画样式,因于年节时张贴而得名。其题材大致有二:一是为封建统治者服务,宣传封建思想和封建道德;二是反映社会生活,表达人民群众的思想感情和美好愿望。它起源很早,起码在宋代已有类似年画的记载。进入清代,木版年画极为流行,产地遍及全国,其中杨柳青年画和苏州桃花坞年画声誉最高。

杨柳青年画的历史,据说至晚开始于明朝弘治、嘉靖年间。产地除杨柳青外,还有邻近的南乡炒米店和与它相隔一百多里的东丰台。年画作坊开设最早的是杨柳青,而炒米店一带是在乾隆以后由杨柳青传入的,东丰台更晚一些。比较早的著名作坊有戴廉增和齐健隆两家,戴家的开业年代可以上溯到明朝崇祯年间。初期刊印的杨柳青年画已少有存留,今天可看到的从明末到清代嘉、道年间的优秀作品,只不过60多幅。这些作品从内容上来划分,大体有如下四类:一、仕女、娃娃;二、戏曲;三、故事;四、其他。从这些作品来看,杨柳青年画在内容和技法上接受了宋、元、明的绘画传统,并受了清代画院木刻画和透视画法的一些影响。如其中的仕女画,就吸收了宋、元、明画本的优点。但仔细观察,这种状态也并非静止不变。乾隆前后,变化激烈,从临摹发展到根据现实生活进行创造。如在仕女画中古典美人已不再是主要的表现对象,时装人物起而代之。嘉庆、道光时期,继续改进,一方面把刻画人物放在主要地位,但另一方面又加强了对背景的描绘,在一张画面上所出现的人物,数目也越来越多。由雍正到光绪初是杨柳青年画的兴盛时期,清末以后到20世纪40年代,由于石印术的兴起,它渐渐趋于衰落。

桃花坞是苏州城内偏北的一条市街,桃花坞年画因产于此处而得名。其开始的时期也是明代。鸦片战争前的清代所印行的桃花坞年画,已发现的有一百多种,包括故事、戏文、仕女、娃娃、风景、花卉、动物、耕织、风俗、时事、岁朝吉庆等几类。其创作技法,具有与杨柳青年画不完全相同的风格。它继承了明代木刻的特点,有的深受西洋铜版画的影响。如有些桃花坞年画主要利用细线分出阴阳浓淡,并显著地描绘阴影。康熙到乾隆时期是这种年画最发达的时期。后来趋向衰落,其原因也是石印术的兴起。①

---

① 本节参见阿英《中国年画发展史略》;郭味蕖《中国版画史略》。

第四章　哲学政治思想和宗教

　　清代封建统治者把孔孟之道、程朱理学奉为正统哲学,大加提倡,企图以之维护封建制度。但由于阶级斗争的推动,在地主阶级内部也出现了一些进步思想家,他们是黄宗羲、顾炎武、王夫之、傅山、李颙、吕留良、唐甄、颜元、李塨、戴震、龚自珍等人。这些人虽然也打着孔孟的旗号,甚至有的还没有彻底与程朱理学或另一种唯心主义哲学陆王心学划清界限,但多数在继承和发展古代的朴素唯物主义思想方面作出了贡献。他们虽不要求根本否定封建剥削制度,与劳动人民的思想要求有本质区别,但有许多值得肯定的改良思想,有的抨击封建君主专制,有的主张发展手工业和商业,有的具有高尚的民族气节,有的反对外来侵略。他们的思想主张,在一定程度上反映了人民的要求,反映了工商业向前发展的形势,带有资本主义萌芽得到缓慢发展的时代烙印,是当时具有民主性因素的思想精华。

第一节　孔孟之道、程朱理学

　　清朝统治者极力提倡宣扬"三纲五常"和为巩固封建统治秩序服务的孔孟之道、程朱理学。顺治二年(1645),顺治皇帝为了宣扬孔孟之道,封给孔子"大成至圣文宣先师"的尊号。康熙皇帝吹捧孔子是"万世师表",于康熙二十三年(1684)亲自到曲阜向孔子致祭,"行三跪九叩礼"。为了推销程朱理学,他还重新刊行了明代编纂的《性理大全》,辑刊了《朱子全书》,编写了《性理精义》,并于康熙五十一年(1712)把朱熹的牌位由孔庙的东庑迁到了大成殿,摆到四配、十哲之次,以示"表章先贤之至意"。① 他所任用的大臣,也有不少人是"理学名臣"。雍正皇帝"尊师重道,备极敬诚,典礼之隆,超越往古"。② 由于历代统治者在尊孔上已做了许多事情,到了他当皇帝时,"欲再加尊崇,更无可增之处",他于是苦思冥想,在雍正元年(1723)想到一个新花样,决定追封孔子的五代祖宗。大臣们讨论后奏请封以"公爵",他以为不够,声称"王、公虽同属尊称",而"王爵较尊",最后决定都封以王爵。雍正三年(1725),他又想出一个新点子,下令避讳孔子的名字,改"丘"为"邱",并"读作'期'音",极力表达尊崇先师至圣之意。③ 乾隆皇帝上台后,曾先后九次到曲阜朝拜。④ 他任用的"辅佐大臣",也都是"理学醇儒"。⑤ 在清朝统治者的提倡下,孔孟程朱的说教到处泛滥,特别是朱熹的学说最为风行,他注释的"四书"在学校中被当成教材,在科举考试时被作为依据,士子们"以言诗易,非朱子之传义弗敢道也。以言礼,非朱子之家礼弗敢行也"⑥谁如果对朱熹有所议论,便会受到封建卫道者们的残酷打击,他简直成了神圣不可侵犯的封建权威。

清代前期充当程朱官学吹鼓手的人物主要有应撝谦、汤斌、陆陇其、熊赐履、李光地、王懋竑等人。康熙皇帝之御纂《朱子全书》《性理精义》诸书,实际主持编纂者即李光地。由于他们打的是顺风旗,所以不少人做了高官,得到清朝统治者的欣赏和表彰。他们中不少人擅长谈论仁义

---

① 《清朝文献通考》卷73"学校十一"。
② 《清朝文献通考》卷75"学校十三"。
③ 《清朝文献通考》卷74"学校十二"。
④ 《大清会典事例》卷437"礼部·中祀"。
⑤ 昭梿:《啸亭杂录》卷1。
⑥ 朱彝尊:《道传录序》,《曝书亭集》卷35。

道德、忠孝节义,而实际行为上不一定做得到。如熊赐履于康熙十五年(1676)担任武英殿大学士之职时,草拟奏疏发生差错,他竟"改草签,欲诿咎同官杜立德,又取原草签嚼而毁之"。而他在"论学"之时,标榜的却是"默识笃行"![①] 再如李光地于康熙三十三年(1694)督顺天学政时,死了母亲,按照封建礼制,他应丁忧三年,但康熙帝以"在任守制"相试,他竟"贪位忘亲",仅"乞假九月回里治丧"。这引起御史沈恺曾、杨敬儒及给事中彭鹏等的"交章论劾"。[②] 他被批评平日装模作样,"道仁道义,言忠言孝。一式诸此,而生平心术品行,若犀然镜照而无遁形"。其最后结果是被令解任,"不准回籍,在京守制"。[③] 终丧服阕方得复职。熊赐履、李光地等人之"伪学欺罔"[④],反映了当时一些理学家的言行不一。

第二节 清初三大思想家

清朝初年有三位地位很高、影响深远的思想家,他们是黄宗羲、顾炎武和王夫之。

一、黄宗羲

黄宗羲,字太冲,号南雷,学者称"梨洲先生",浙江余姚人。明御史黄尊素之子。黄尊素为东林名士,"以劾魏阉死诏狱"。[⑤] 崇祯初,黄宗羲入都讼冤,积极参加反对阉党的斗争,后来在著名的《南都防乱揭》上签名时,他被推为"天启被难诸家"之首。清兵入关后,黄宗羲又挺身而出,参加抗清斗争。熊汝霖等拥鲁王监国,他"纠合黄竹浦子弟数百人"响应,被称为"世忠营"。在鲁王政权中,他先后任方郎、御史、左副都御史等职,并曾奉鲁王之命,与冯京第一起出使日本。鲁王政权覆灭后,他回

---

① ④《清史稿》列传 49《熊赐履传》。
②《清史稿》列传 49《李光地传》。
③ 蒋良骐:《东华录》卷 16。
⑤《清史稿》列传 267《黄宗羲传》。

家隐居,"毕力于著述"。后来对清廷的态度有所转变,但直至康熙三十四年(1695)死去,一直拒绝出仕。①

黄宗羲具有非常鲜明的反对君主专制的思想,这集中表现在他的《明夷待访录》一书中。这部书实际是明朝历史经验的总结。全书 21篇,其中 16 篇明白提出"有明""高皇帝""万历""崇祯"等具体事实,加以评论,然后提出自己的改革意见。在《明夷待访录》中,有许多论点与传统的思想大不相同。他认为专制君主给人们带来了莫大的祸害,他说,专制君主"以为天下利害之权皆出于我,我以天下之利尽归于己,以天下之害尽归于人,亦无不可",他们"视天下为莫大之产业,传之子孙,受享无穷"。当他们没有获得政权时,"屠毒天下之肝脑,离散天下之子女,以博我一人之产业,曾不惨然,曰:'我固为子孙创业也'"。当他们获得政权后,则"敲剥天下之骨髓,离散天下之子女,以奉我一人之淫乐,视为当然,曰:'此我产业之花息也'"。所以,"凡天下之无地而得安宁者,为君也","为天下之大害者,君而已矣"。② 他认为之所以要设立君主,乃是为了"治天下也"③。好的君主"所毕世而经营者,为天下也",因此,人们对于带来莫大祸害的专制君主怨恨至深,是理所当然的。"今也天下之人,怨恶其君,视之如寇仇,名之为独夫,固其所也。而小儒规规焉以君臣之义无所逃于天地之间,至桀纣之暴,犹谓汤武不当诛之,而妄传伯夷、叔齐无稽之事。乃兆人万姓崩溃之血肉,曾不异夫腐鼠。岂天地之大,于兆人万姓之中,独私其一人一姓乎!"④黄宗羲在当时的条件下,对封建专制君主能做出如此激烈的揭露和否定,显然是非常有眼光和极为大胆的。

对于当时的君主专制制度,他也提出了改革办法。其一是把君主与其他官吏看作一起治理天下的人,反对将之当成高踞于整个社会之上的绝对权威。他说:"原夫作君之意,所以治天下也,天下不能一人而治,则

---

① 全祖望:《梨州先生神道碑铭》,见《国朝耆献类征初编》卷 404"儒行十·黄宗羲"。
②④ 黄宗羲:《明夷待访录·原君》。
③ 黄宗羲:《明夷待访录·置相》。

设官以治之,是官者,分身之君也。孟子曰:'天子一位、公一位、侯一位,伯一位、子男同一位,凡五等。君一位、卿一位、大夫一位、上士一位、中士一位、下士一位,凡六等。盖自外而言之,天子之去公,犹公、侯、伯、子、男之递相去。自内而言之,君之去卿,犹卿、大夫、士之递相去。非独至于天子遂截然无等级也。"①"有人焉,视于无形,听于无声,以事其君,可谓之臣乎? 曰:否。杀其身以事其君,可谓之臣乎? 曰:否。""出而仕也,为天下,非为君也,为万民,非为一姓也。吾以天下万民起见,非其道,即君以形声强我,未之敢从也,况于无形无声乎! 非其道,即立身于其朝,未之敢许也,况于杀其身乎?"②黄宗羲设计出来的君臣共治天下的关系,已经不是君主专制政体下"君为臣纲"的旧规范,颇有提倡民主的色彩。其二是设置宰相,牵制君主。他说:"有明之无善治,自高皇帝罢丞相始也。""古者不传子而传贤,其视天子之位去留,犹夫宰相也。其后天子传子,宰相不传子,天子之子不皆贤,尚赖宰相传贤,足相补救,则天子亦不失传贤之意。宰相既罢,天子之子一不贤,更无与为贤者矣。"③其三是把学校办成议政的机构,加强学校对政治的影响。他说:"学校所以养士也。然古之圣王,其意不仅此也,必使治天下之具皆出于学校,而后设学校之意始备。""天子之所是未必是,天子之所非未必非,天子亦遂不敢自为非是,而公其非是于学校。"为了充分发挥各级学校的作用,他主张在首都"每朔日,天子临幸太学,宰相、六卿、谏议皆从之。祭酒南面讲学,天子亦就弟子之列。政有缺失,祭酒直言无讳"。在地方,"郡县朔望大会一邑之缙绅士子。学官讲学,郡县官就弟子列,北面再拜,师弟子各以疑义相质难,其以簿书期会不至者罚之。郡县官政事缺失,小则纠绳,大则伐鼓号于众"。④按照黄宗羲的这个设想,执政者要耐心倾听学校的意见,学校俨然是一个严厉的监察机关,这显然又是富有民主色彩的一招。

---

①③ 黄宗羲:《明夷待访录·置相》。
② 黄宗羲:《明夷待访录·原臣》。
④ 黄宗羲:《明夷待访录·学校》。

《明夷待访录》所表现的反对封建君主专制、提倡民主的思想因素，极为可贵。但在这部书中，黄宗羲也表现了一定的局限性。他虽对皇帝大力抨击，但仍认为皇帝是治天下的，他一个人治理不了才再设官。章奏要由皇帝批红，"天子不能尽"，才由宰相批。[①] 黄宗羲所主张的充分发挥作用的学校，其成员也都是地主阶级当中的人，如学官是"名儒""老儒"，是"布衣以至宰相之谢事者"，诸生是"裹粮从学"的生童，是"士人"和"缙绅"，还有"天子之子"与"大臣之子"，显然其中没有一般劳苦大众。可见，在他这里还远远没有达到资产阶级口称的"全民民主"的阶段。

在社会经济方面，黄宗羲的《明夷待访录》也提出了一些值得重视的思想主张。他主张减轻赋税，注意解决土地的占有问题，反对各种不良风俗、封建迷信和奢侈浪费，这些都是有利于生产和国计民生的，具有进步意义。特别值得一提的是，黄宗羲认为"工商皆本"。他说："世儒不察，以工商为末，妄议抑之。夫工固圣王之所欲来，商又使其愿出于途者，盖皆本也。"[②]这种思想，反映了明清之际工商业发展和资本主义萌芽的要求，具有突出的时代特征。

黄宗羲的哲学思想从师承关系上看渊源于王守仁的阳明学派。他是刘宗周的学生，刘氏时称蕺山学派，属王学。但他并没有沿着王学的主观唯心主义路线走下去，唯物主义的成分在他的思想中已占很大比重。他曾说："理为气之理，无气则无理。"[③]这表明，他把物质性的气看作第一性的，是精神性的理的根源，而精神性的理则被看作第二性的，是物质性的气的派生物。不过，他的哲学思想并没有完全摆脱王学的束缚。在《明儒学案》的第一篇他就曾吹捧王阳明的学说挽救了"学者支离眩鹜、务华而绝根之病，可谓震霆启寐、烈耀破迷。自孔孟以来，未有若此

---

① 黄宗羲：《明夷待访录·置相》。
② 黄宗羲：《明夷待访录·田制》《明夷待访录·财计》。
③ 黄宗羲：《明儒学案》卷 7"河东学案·文清薛敬轩先生瑄"。

之深切著明者也"①。他还提出过"盈天地皆心"之类的唯心主义命题。②这种复杂情况大概与他的剥削阶级立场有关,也与他的门户之见有关。全祖望曾说他:"党人之习气未尽。盖少年即入社会,门户之见深入而不可猝去。"③他既与王学有师承关系,就难免不把其唯心主义的杂质残留在自己的哲学思想中。

黄宗羲对明朝的历史研究极深。他写的关于明朝的历史书籍很多,有《明史案》244 卷,它其实就是明朝的历史。此书全本已佚,只留下了 3 卷,但从中还是可以看出他如何研究历史、如何做学问的方法。他指出,要研究一个时代首先要把大事搞清楚,对于这些事件的成功和失败、人民和统治者对这些事件的看法,都应该了解清楚。对于历史事件最好能够有自己的看法,最低限度也要了解别人的看法。这一时代有哪些主要人物,他们的主张如何,有多少史料记载,人、材料、意见这几方面都要搞清楚。清朝有许多人就是按照他的这种方法从事研究的。他又把明代文人的文章汇集在一起,编成了《明文海》482 卷,其中包括人物传记和明代的大事,为编纂明代文学史做了准备工作。"二十四史"中的《明史》,他没有直接参与编写,但他的学生万斯同贡献极大,他的儿子黄百家也参与了。《明史》编纂过程中很多地方是采用他的意见。此外他还写了《明儒学案》等有关明史的著作。

在史学之外,黄宗羲还懂得佛道知识和科学技术等。他的著作除上面述及者外,还有《易学象数论》《律吕新义》《四明山志》《海外恸哭记》《汰存录》《授时法假如》《西洋法假如》《回四法假如》《今永经》《宋元学案》《南雷集》等。

二、顾炎武

在第二章第一节,我们已对顾炎武坚持抗清的政治立场,以及他在

---

① 黄宗羲:《明儒学案·师说》。
② 黄宗羲:《明儒学案·自序》。
③ 全祖望:《梨州先生神道碑铭》,见《国朝耆献类征初编》卷 404"儒行十·黄宗羲"。

学术上反对空谈、提倡为经世致用而踏踏实实做学问等方面的情况，做了介绍。而作为清初的一位大思想家，他还有许多宝贵的思想值得注意。

在政治上，他与黄宗羲一样具有反对君主专制的民主思想色彩。他对激烈抨击封建专制君主的《明夷待访录》一书非常欣赏，据说读后曾赞叹："三代之治可复也！"①他自己也明确地说过："人君之于天下，不能以独治也。独治之而刑繁矣，众治之而刑措矣。"②他所讲的"众治"，是指"天下之宗子各治其族"，以辅佐"人君"，③这仍然没有脱出封建的藩篱，但在当时的历史条件下，已是对高度发展的君主专制制度的一个否定。

在《与友人论学书》中，顾炎武提出了"博学于文""行己有耻"的口号，说这是"圣人之道"，这两个口号表达了他对士大夫为人处世的基本要求。这里的"博学于文"，不只是指读书、从故纸堆中找文献，而是指广泛研究君臣父子国人之间的关系以及一切与国计民生有关的天下大事；这里的"行己有耻"，是指人们在处理上述关系和事项时，要有廉耻、有气节。他说："自一身以至于天下国家，皆学之事也，自子臣弟友以至出入、往来、辞受、取与之间，皆有耻之事也。"④这段话集中概括地反映了"博学于文""行己有耻"所包含的丰富内容。顾炎武之所以提出这样的口号，是与他反对当时盛行的奢谈心性的空疏学风、主张经世致用的治学思想相联系的，也是他总结了明朝灭亡的经验教训、分析了明清之际的社会风气之后得出的结论。他所强调的"有耻"之中，很重要的一点是对于"天下无父无君而入于禽兽"⑤的指责，即不满于封建道德的沦丧，这是其地主阶级立场所决定的，但在当时的历史背景下，这种指责和不满，是与坚持民族气节、反抗清朝统治的斗争相联系的，所以仍然具有一定的进步意义。在这种思想的基础上，他曾把"亡国"与"亡天下"区分开来，认

---

① 《清史稿》列传267《黄宗羲传》。
②③ 顾炎武：《日知录》卷6"爱百姓故而罚中"。
④ 顾炎武：《与友人论学书》，《顾亭林诗文集·亭林文集》卷3。
⑤ 顾炎武：《日知录》卷13"正始"。

为"易姓改号谓之亡国,仁义充塞而至于率兽食人、人将相食,谓之亡天下",保卫一家一姓的国家,是君主及其大臣的事情,而"保天下者,匹夫之贱,与有责焉"。① 这段话被后人提炼为"天下兴亡,匹夫有责",并不断赋予新含义,在鼓舞人民关心国家大事上发挥了很大作用。

顾炎武没有写过专门的哲学著作,但在《日知录》等著作中对一些哲学问题有过零散论述。他的哲学思想有很明显的唯物主义成分。如关于世界的本体问题,他提出了"盈天地之间者气也"的观点,这就是一种唯物主义的解释。关于物质与精神的关系,他肯定地指出物质是第一性的而精神是第二性。他曾说过:"气之盛者为神,神者天地之气,而人之心也。"②就是说,精神("神")不过是自然界高度发展的产物。对于道与器的关系,顾炎武做了唯物主义的解释。他在《日知录》"形而下者谓之器"条中说:"形而上者谓之道,形而下者谓之器,非器则道无所寓。"在这里,他把规律("道")看作不能离开具体事物("器")而独立存在的东西,这显然是唯物主义的观点。顾炎武对其唯物主义的哲学思想没有进行更多的论证和发挥,这是由于他受到狭隘的经世观点的局限,不肯在这上面花更多的精力,这是非常可惜的。

三、王夫之

王夫之,字而农,号姜斋,湖南衡阳人。明崇祯举人。清兵入关后从事抗清斗争,因大学士瞿式耜的推荐,曾担任桂王政权的行人司行人。抗清失败后,晚年隐居湖南衡阳石船山著书,故后人称为"船山先生"。他自撰的墓志铭中有"抱刘越石之孤忠""希张横渠之正学"③两句话,意思是他要像晋朝的刘越石(刘琨)那样立志恢复汉族地主阶级的统治,要像张横渠(张载)那样实事求是地做学问。这是一个符合实际的自我评

---

① 顾炎武:《日知录》卷13"正始"。
② 顾炎武:《日知录》卷1"游魂为变"。
③ 余廷灿:《王船山先生传》,见《国朝耆献类征初编》卷403"儒行九·王夫之"。

价。不过,他虽长期参与反清斗争,但不是无前提、无选择的。康熙年间吴三桂发动三藩之乱,反清搞分裂,以衡阳为根据地,"伪僚有以劝进表相属者",他坚决拒绝,逃进了深山,"作《祓褉赋》以示意"。事后,清政府听说王夫之有此举动,十分赞赏,派人赠送粟帛。王夫之借口有病,没有会见清政府派来的人,但只退回了帛,把粟留了下来。这件事是王夫之逝世前不久发生的,说明王夫之不肯与毫无民族气节的吴三桂合作反清,此外也说明,在其晚年,反清立场有所松动。王夫之的著作很多,达一百多种,其中代表哲学思想和政治思想的主要著作是《张子正蒙注》《周易外传》《尚书引义》《读四书大全说》《思问录》《黄书》《噩梦》《搔首问》《俟解》《读通鉴论》《宋论》《老子衍》《庄子通》《诗广传》等。他的这些著作对宋明以来的主观唯心主义、客观唯心主义进行了批判,总结和发挥了王充、张载的唯物主义思想,从而建立起超越前人的唯物主义体系,把古代朴素唯物主义推向了新高度。

王夫之认为物质性的元气是世界万物的本体。他说:"阴阳二气充满太虚,此外更无他物,亦无间隙";"凡虚空皆气也"。就是说,宇宙间充满了物质的气,在宇宙构成上,没有与气相对立的其他物质存在。他还认为,元气很细微,人的眼睛不能看到,"气微沦无涯而希弥不形,则人见虚空而不见气"。但元气聚集起来形成了物,就具有了显著的形状,就可以被人看到了:"聚而成形","聚则显,显则人谓之有"。元气聚集而形成的物,可以有生死变化,但元气本身并不为之增多或减少,"聚而成形,散而归于太虚,气犹是气也"。① 这显然是一种物质不灭的光辉思想。

在坚持物质世界统一于元气本体的唯物主义一元论路线的基础上,王夫之对中国古代哲学基本问题的一系列范畴,如理与气、道与器等,都做了唯物主义的解释。在理、气关系上,他反对朱熹关于物质实体之外、之上有所谓精神性的理存在的说法,认为"理在气中"②,"理即气之理",

---

①② 王夫之:《张子正蒙注·太和篇》。

"气外更无虚托孤立之理",①"气者,理之依也"②。王夫之的观点,肯定了精神性的理依赖于物质性的气,这显然是唯物主义的观点。他在论述道器关系时,提出了"道者器之道,器者不可谓之道之器也"③"据器而道存,离器而道毁"④等论点。就是说,规律(道)是依赖于客观事物(器)的,有某种事物存在,就有这种事物的规律,离开了某种事物或没有某种事物,就不会有这种事物的规律。因此,规律可以说是事物的规律,而事物却不可说是规律的事物。为了说明上述论点,他还举出了具体事例:"未有弓矢",就没有"射道";"未有车马",就没有"御道";"未有牢、醴、璧、弊、钟、磬、管、弦",就没有"礼乐之道";"未有子而无父道,未有弟而无兄道"。⑤这样一种道不离器、道依赖于器的论点,显然也是物质第一性、精神第二性的唯物主义理论。

王夫之在认识论上同样坚持唯物主义的路线。他说:"形(感觉器官)也,神(精神思维)也,物(客观对象)也,三相遇而知觉乃发。"⑥"人于所未见未闻者,不能生其心。"⑦就是说,离开了客观对象,就不会有认识。他还说:"因所(客体)以发能(主体)","能必副其所","越有山,而我未至越,不可谓越无山"。⑧就是说,认识不仅来源于客观对象,而且必须与之相符合,而客观对象对于认识来说却是独立的。王夫之的上述说法与唯物主义反映论的原理无不相合。

王夫之的世界观中,包含着丰富的朴素的辩证法思想。他认为世界上的物质是运动变化的,曾说:"静者静动,非不动也。"⑨"方动即静,方静旋动,静即含动,动不舍静。"⑩这是把动看成是绝对的,而静则是相对的。

---

① 王夫之:《读四书大全说》卷 10。
② 王夫之:《思问录》内篇。
③⑤ 王夫之:《周易外传》卷 5"系辞上传第十二章"。
④ 王夫之:《周易外传》卷 2"大有"。
⑥ 王夫之:《张子正蒙注·太和篇》。
⑦ 王夫之:《张子正蒙注·乾称篇下》。
⑧ 王夫之:《尚书引义》卷 6《召诰无逸》。
⑨ 王夫之:《思问录》内篇。
⑩ 王夫之:《思问录》外篇。

在这种思想的基础上,他修正了张载"日月之形,万古不变"的说法,提出了"质日代而形如一"的命题。他说:"江河之水,今犹古也,而非今水之即古水。镫烛之光,昨犹今也,而非昨火之即今火。水火近而易知,日月远而不察耳。爪发之日生而旧者消也,人所知也。肌肉之日生而旧者消也,人所未知也。人见形之不变而不知其质之已迁,则疑今兹之日月为邃古之日,今兹之肌肉为初生之肌肉,恶足以语日新之化哉!"①这种发展变化的观点应用到社会历史上,就是承认历史是发展的,主张"今日无他年之道"②,这在《读通鉴论》中有非常明显的表现。

物质为何不断运动变化?王夫之认为这是由于物质内部包含有互相对立的阴阳两方面。他说:"天地之化,人物之生,皆具阴阳二气"③,"阴阳之消长隐见不可测,而天地人物屈伸往来之故尽于此"④。王夫之看到了事物有矛盾对立的两个方面,承认事物是要发展变化的,但他又把统一看得比对立更为根本,他说:"一之体立,故两之用行","非有一,则无两"。⑤此外,他还认为对立面最终的结果不是引起互相转化,而是"和而解","互以相成,无终相敌之理"。⑥这样,他的辩证法成了不彻底的东西。

王夫之认为事物的发生发展不是孤立的。他说:"万物之成,以错综而成用。""或始同而终异,或始异而终同,比类相观,乃知此物所以成被物之利。金得火而成器,木受钻而生火。"⑦这种认为事物之间互相联系、彼此影响的观点,也是王夫之朴素辩证法思想中的一个重要内容。

王夫之的政治态度,基本上站在地主阶级一边。他曾说:"唯人非王者不治,则宜以其力养君子。"⑧肯定人民受剥削是应该的。他对农民群众的力量认识不足,对起义农民更是缺少理解同情。1643年张献忠起义

① 王夫之:《思问录》外篇。
② 王夫之:《周易外传》卷5"系辞上传第十二章"。
③ 王夫之:《张子正蒙注·参两篇》。
④⑤⑥ 王夫之:《张子正蒙注·太和篇》。
⑦ 王夫之:《张子正蒙注·动物篇》。
⑧ 王夫之:《噩梦》。

军占领衡州,吸收当地士绅参加政权,而王夫之却"走匿南岳双髻峰下"。起义军为了争取他出山合作,"执其父以为质",他又"引刀自刺其肢体,舁往易父"。起义军见他态度顽固,只好将他父子二人统统放归。① 王夫之在他的著作中,还直接对劳动人民有所歪曲,说:"鸡鸣而起,孳孳为利,谓之勤俭传家,庶民之所以为庶民者此也,此之谓禽兽";"学者但取十姓百家之言行而勘之,其异于禽兽者,百不得一也"。②

但另一方面,他对地主阶级的过分荒淫有所不满,对农民在地主阶级敲骨吸髓式剥削下的悲惨处境有所同情。比如,他曾饱含感情地描写当时广大人民的痛苦生活:"今夫农夫泞耕,红女寒织,渔凌曾波,猎犯鸷兽,行旅履霜,酸悲乡土,淘金、采珠、罗翠羽、探珊象,生死出入,童年皓发以获赢余者,岂不顾父母、拊妻子、慰终天之思、邀须臾之乐哉! 而刷玄鬓、长指爪、宴安谐笑于其上者,密布毕网,巧为射弋,甚或鞭楚斩杀以继其后,乃使悬罄在堂,肌肤剜削,含声阴涕,郁闷宛转于老母弱子之侧,此亦可寒心而栗体矣!"③王夫之主张地主阶级对农民的剥削应该有所节制,要"宽以养民"④。对于当时农民的赋税负担过重问题,他主张采取分别自种与佃耕的办法加以解决。他提出的具体办法是:"分别自种与佃耕,而差等以为赋役之制。人所自占为耕者,有力不得过三百亩,审其子姓丁夫之数,以为自耕之实,过是皆佃耕之科。轻自耕之赋,而佃耕者倍之,以互相损益而协于什一之税。"⑤王夫之关于减轻农民负担、"宽以养民"的主张,是从巩固地主阶级统治的角度出发的,他认为对农民压迫过重,会引起农民造反,"一夫揭竿,而天下响应","虽欲弭之,其将能乎"?⑥只有缓和对农民的压榨,才能使地主阶级的国家得到安宁。但是,他的主张毕竟对农民有些好处,具有一定的进步意义。

---

① 余廷灿:《王船山先生传》,见《国朝耆献类征初编》卷 403"儒行九·王夫之"。
② 王夫之:《俟解》。
③ 王夫之:《黄书·大正》。
④ 王夫之:《噩梦》。
⑤ 王夫之:《读通鉴论》卷 2。
⑥ 王夫之:《诗广传》卷 4。

王夫之在治学方法上主张学与思兼用。他说:"学则不恃己之聪明,而一唯先觉之是效,思则不徇古人之陈迹,而任吾警悟之灵。"他反对"信古已过而自信轻",也反对"信心(自己主观)已甚而信古轻",认为"学非有碍于思,而学愈博则思愈远;思正有功于学,而思之困则学必勤"。^① 在当时盛行束书不观、坐谈心性的情况下,王夫之的这种治学方法是进步的。他之所以能写出那样多有价值的学术著作,与其进步的治学方法不无关系。

第三节　清初的其他进步思想家

在黄、顾、王三大思想家的同时或稍后,还有一些进步思想家,他们影响不如前者大,但在历史上也都有一定的地位。他们是傅山、李颙、吕留良、唐甄、颜元、李塨等人。

一、傅山

傅山,字青主,山西阳曲人,是明末清初热心政治活动、具有民族气节的学者。明崇祯时,山西提学袁继成被阉党、山西巡抚张孙振诬谄下狱,他约集本省诸生曹良直等百余人赴京上书,经过许多曲折,终于使袁冤得雪,因此而名闻天下。明亡后,"改黄冠装,衣朱衣",隐居起来。康熙十七年(1678)被荐应博学鸿词试,拒不答应,"有司强迫、至令役夫舁其床以行"。到达距京师二十里之处,"誓死不入",举朝公卿来迎,"卧床不具迎送礼"。皇帝下令,因老病免试,"加内阁中书以宠之"。得允归乡之时,他高兴地说:"今而后其脱然无累哉!"此后他自称为"民",有以官衔称之者,不予答应。康熙二十三年(1684)逝世,遗嘱"以朱衣、黄冠敛"。不与清朝合作的态度至死不变。^②

---

① 王夫之:《四书训义·〈论语〉四"里仁"》。
②《清史稿》列传 288《傅山传》。

　　自西汉罢黜百家、独尊儒术以来,儒家处于正统地位,其他学说被视为异端。傅山对这一点非常不满,他否定儒家的正统地位,将它与诸子百家、佛老学说一样看待,甚至对儒家,特别是唐、宋以后的儒家,多有贬损,自己还公开以"异端"自命。他说:"经子之争亦末矣。只因儒者知六经之名,遂以为子不如经之尊,习见之鄙可见。"①"吾以《管子》《庄子》《列子》《楞严》《唯识》《毗婆》诸论,约略参同,益知儒者之不济事。"②"今所行'五经''四书'注,一代之王制,非千古之道统也。""明王道、辟异端,是道学家门面,却自己只作得义袭工夫。"③"宋人议论多而成功少,必有病根,学者不得容易抹过。今之谈者云:二氏(指释、道)只成得己,不足成物。无论是隔靴搔痒话,便只成得己,有何不妙而烦以为异而辟之也?""汉唐以后,仙佛代不乏人,儒者绝无圣人。此何以故,不可不究其源。"④"老夫学老庄者也,于世间诸仁义事,实薄道之。即强言之,亦不能工。"⑤在否定儒家正统地位的基础上,他大力开展了对诸子的研究,或者发挥其义理(如解释老庄管商诸书),或者注解其语义(如注释《墨子》和《公孙龙子》诸篇)。他的诸子注解,有的是把从来没有做过注的注明了,有的是把前人注解不清的搞显豁了。这种研究在清初只有傅山一人在进行,他可以说是近代子学研究蹊径的开拓者。

　　傅山蔑视儒学的正统地位,表现出不甘束缚的可贵精神。这种精神在他的其他言行中也随处可见。如对古人他绝不肯盲从,曾说:"一双空灵眼睛,不唯不许今人瞒过,并不许古人瞒过。""看书洒脱一番,长进一番,若只在注脚中讨分晓,此之谓钻故纸,此之谓木鱼。"⑥在他的著作中,有时还表现出反对专制的思想,如他在解释《老子》时曾说:"天下者,

---

① 傅山:《霜红龛集》卷38"杂记三"。
② 傅山:《霜红龛集》卷26"杂文"。
③ 按,同书同卷他自己解释"义袭"的含义说:"义袭二字,乃沿袭之谓。"
④⑥ 傅山:《霜红龛集》卷36"杂记一"。
⑤ 傅山:《书张维遇志状后》,《霜红龛集》卷17。

非一人之天下,天下之天下也。"①上述言论,说明在他的身上还闪烁着一定的民主色彩。

傅山虽然有不少进步思想,但视劳动人民不过是"徒劳贤者忙"的"刍狗",②对于农民起义则敌视、反对,③表现了地主阶级知识分子的局限性。

傅山除研究诸子百家外,还工书善画,又懂医学,著作颇多,但大半佚失,现存者主要有《霜红龛集》《两汉书人名韵》《荀子评注》等。④

二、李颙

李颙,字中孚,号二曲、土室病夫,学者称为"二曲先生",陕西盩厔(今周至)人。幼孤家贫,无力从师,自学而成名。顾炎武曾称赞他说:"艰苦力学,无师而成,吾不如李中孚。"⑤他在无锡、江阴、武进、宜兴等地讲过学,在陕西的富平、华阴等地也曾设席讲学,"所至学者云集",当时,"容城孙奇逢之学盛于北,余姚黄宗羲之学盛于南",李颙与之"鼎足称三大儒"。⑥ 由于名声很高,清政府屡次诱其出仕,但均遭拒绝。康熙十八年(1679),被荐入博学鸿词试,称病不赴,至"舁床至省,水浆不入口,乃得予假"。从此他闭门谢客,唯有顾炎武前来才予接待。康熙四十二年(1703),康熙帝西巡,欲召见他,他借口有病不肯从命,康熙帝没办法,只好赏亲题"志操高洁"匾额和亲笔诗幅而去。⑦

李颙在哲学上信奉陆九渊、王阳明一派的主观唯心主义。他把"良知良能"的心性看成是人人生来具有的"本体",这个"本体"他也称为"灵

① 傅山:《霜红龛集》卷32"读子一",《老子十三章解》"道常无名章"条。
② 傅山:《读杜诗偶书》,《霜红龛集》卷4。
③ 见傅山《霜红龛集》所附丁宝铨辑《傅青主先生年谱》。
④ 参见《光明日报》1963年5月8日。
⑤ 顾炎武:《广师》,《顾亭林诗文集·亭林文集》卷6。
⑥ 《清史稿》列传267《李颙传》。
⑦ 《清史稿》列传267《李颙传》;刘宗泗撰李颙墓表,见《国朝耆献类征初编》卷406"儒行十二·李颙"。

原",而世界便是这个"灵原"的显现。他说:"此一点灵原,无少无壮,无老无死,塞天地、贯古今,无须臾之或息。""通天地万物上下古今,皆此灵原之实际也。"基于这种思想,他在认识论上极力教人通过闭目静坐去认识这个本体。他说:"须及时自策自励,自作主宰,屏缘涤虑,独觑本真","水澄则珠自现,心澄则性自朗,故必以静坐为基"。① 不过,他并没有门户之见,并不专主陆、王一派的学说,认为对于与之对立的程、朱一派学说也应兼采,两者应互相补充。对此当时曾有人明确地评论说:"(李颙)尝谓陆之教人,一洗支离蔽锢之陋,在吾儒中最为紧切,令人言下爽畅醒豁;朱之教人,循循有序,恪守尼山家法,中正平实,均有功于世教,不可置低昂于其间。于是并参互考,折衷尽善,由(陆)象山以迄(王)阳明,认心性之源;由紫阳(朱熹)以迄敬轩(明程朱派学者薛瑄),得积渐之功。下学上达,一以贯之。此先生平生得力之由,亦其学术之大较也。"②由此,在他的言论中,便出现了不少程朱派的论点。如他曾强调:"苟一物不格,则一理未明。"③这与朱熹所说"即物穷理"实为一种主张。

李颙在治学上重视实学,提倡"明体适用"。他自己对"明体适用"解释说:"穷理致知,反之于内,则识心悟性,实修实证;达之于外,则开物成务,康济群生。夫是之谓明体适用。"④可见,他的"明体适用"的含义,除谈论心性之外,还需解决实际问题。他认为"明体而不适于用,便是腐儒"⑤,曾说:"君子于学也,隐而幽独危微之介,显而人伦日用之常,以至古今致治机猷,君子小人情伪,及礼、乐、兵、刑、赋役、农屯,皆当一一究极,而可效诸用。"⑥由此看来,他所要解决的实际问题范围相当广。对于这种主张,他自己身体力行,"尝著《帝学宏纲》《经筵僭拟》《经世蠡测》《时务急策》等书,忧时论世,悲天悯人,盖不啻三致意焉"⑦。李颙对实

① 李颙:《二曲集》卷 2《学髓》。
②⑦ 刘宗泗撰李颙墓表,见《国朝耆献类征初编》卷 406"儒行十二·李颙"。
③⑥ 李颙:《二曲集》卷 5《锡山语要》。
④⑤《二曲集》卷 14《鳌至答问》。

学的重视,表明他与顾炎武有相通之处,这当是他们交好的思想基础。

在社会经济方面,李颙关心农民的土地问题。他曾说:"先王划井分疆之时,可以因丁受田。后世则田非井授、地各有主,富者田连阡陌,贫者苦无立锥,虽欲制田,无田可制。无产赤丁,亦何从而得有常产乎?惟有清核豪霸隐占之田,俵给就近贫民,募垦荒田,量给牛种,许为永业。"[①]这虽不能彻底解决土地问题,但能有这种改良思想,在当时的条件下,对于一个封建知识分子来说,已属难能可贵了。

李颙的著作主要有《二曲集》和《四书反身录》。

三、吕留良

吕留良,字庄生,初名光轮,字用晦,号晚村,崇德(今浙江桐乡西南)人。生于明末,官僚地主出身。明亡后,"散万金之家以结客,往来湖山之间,跋风涉雨,备尝艰苦",因此为怨家所告讦,"从子亮功独自引服"论死,而他得幸存。[②] 他很早就有反抗民族压迫的思想,但因迷恋功名,于顺治十年(1653)"出就试,为邑诸生"。后来反抗民族压迫的思想日益强烈,康熙五年(1666)遂拒绝参加考试,自弃秀才身分,宣告与清朝统治者彻底决裂。康熙十七年(1678)被荐应博学鸿词试,"因辞得免"。康熙十九年(1680),清政府"复欲以隐逸举","乃于枕上剪发"为僧,名耐可,字不昧,号何求老人。康熙二十二年(1683)卒。[③]

吕留良在学术上尊奉朱熹的学说,对于王阳明则极力指斥。在宣传朱熹学说时,特别强调"夷夏之防",借此发挥其反对清朝民族压迫的思想。他曾在一封信里说:"从来尊信朱子者,徒以其名,而未得其真……所谓朱子之徒,如平仲(元代学者许衡,为元朝统治者策划'立国规模')、幼清(元代学者吴澄,官至翰林学士),辱身枉己(指不顾民族气节为元朝

---

① 李颙:《四书反身录·论语反身录》。
② 蔡冠洛编著:《清代七百名人传·吕留良》。
③ 见《吕用晦文集》附录《行略》,《国粹丛书》本。

服务），而犹哆然以道自任，天下不以为非。此义不明，使德祐（南宋末恭帝赵㬎的年号）以迄洪武，其间诸儒，失足不少（指为元朝蒙古贵族服务）……（故）紫阳之学，自吴（澄）、许（衡）以下，已失其传，不足为法……今示学者，似当从出处去就、辞受交接处，画定界限、札定脚跟，而后讲致知主敬工夫，乃足破良知之黠术，穷陆派之狐禅。"①这里所说的"从出处去就、辞受交接处、画定界限、札实脚跟"，根据上下文来看，就是指在对待清朝统治者的态度上，要站稳民族立场，坚持民族气节。在吕留良看来，"华夷之辨"比"君臣之伦"更为重要，他说："看'微管仲'句，一部《春秋》大义，尤有大于君臣之伦，为域中第一事者，故管仲可以不死耳。"②

吕留良的著作主要有《吕晚村文集》《东庄吟稿》，又与别人合辑有《宋诗钞》。由于他的著作中有强烈的反对清朝统治的思想，雍正年间引发了曾静案，遭到清政府的焚禁，但清政府并没有达到目的，他的著作仍在民间流传。

四、唐甄

唐甄，初名大陶，字铸万，后改名甄，号圃亭，四川达州人。明崇祯十年（1637），年满八岁，其父中进士，任吴江知县，从此随父宦游各地。顺治十四年（1657），回四川参加乡试，中举人。康熙年间，任过山西长子知县，"甫十月，以逃人诖误去官"。③ 晚年定居苏州府城，曾经经营过商业，最后破产，坐馆授徒，著书卖文，经济状况逐渐走下坡路，最后的处境是"僦居吴市，仅三数椽，萧然四壁。炊烟尝绝，日采废圃中枸杞叶为饭。衣服典尽，败絮兰缕"④。康熙四十三年（1704），作为一个落魄文人，离开了人间。

唐甄的著作有《潜书》《毛诗传笺合义》《春秋述传》《潜文》《潜诗》等。

---

① 《吕用晦文集》卷 1《复高汇旃书》，《国粹丛书》本。
② 吕留良：《四书讲义》卷 17。
③ 《清史列传》卷 70"文苑传"1。
④ 王闻远：《西蜀唐圃亭先生行略》，见中华书局 1963 年版《潜书》附录。

他著书主张独立思考,"不肯一字袭古",曾说:"言,我之言也;名,我世所称之名也。今人作述,必袭古人之文;官爵郡县,必反今世之名,何其猥而悖也。"①他的著作多已散佚,今天能够看到的完整著作,只有《潜书》一种,这也是他的最主要的著作。此书历30年而写成,共97篇,"天道、人事、前古、后今,具备其中",最初叫《衡书》,"曰衡者,志在权衡天下也。后以连蹇不遇,更名《潜书》"。②

唐甄有一系列进步的政治、经济思想。他与黄宗羲一样,曾激烈地抨击专制君主。他说:"自秦以来,凡为帝王者皆贼也。""杀一人而取其匹布斗粟,犹谓之贼,杀天下人而尽有其布粟之富,而反不谓之贼乎?""大将杀人,非大将杀之,天子实杀之;偏将杀人,非偏将杀之,天子实杀之;卒伍杀人,非卒伍杀之,天子实杀之;官吏杀人,非官吏杀人,天子实杀之。杀人者众手,实天子为之大手。"他认为帝王的天堂是用老百姓的白骨和眼泪构筑起来的。他说:"(老百姓)暴骨未收,哭声未绝,目眦未干,于是乃服衮冕,乘法驾,坐前殿,受朝贺,高宫室,广苑囿,以贵其妻妾,以肥其子孙。"想到这些,他曾愤怒地喊道:"彼诚何心,而忍享之!若上帝使我治杀人之狱,我则有以处之矣……有天下者无故而杀人,虽百其身不足以抵其杀一人之罪!"对于君主,他并不想取消,但要求抑制其过尊之势,打算以此克服君主专制制度的弊病。他说:"圣人定尊卑之分,将使顺而率之,非使亢而远之。""人君之尊,如在天上,与帝(指天帝)同体。公卿大臣罕得进见,变色失容,不敢仰视,跪拜应对,不得比于严家之仆隶。于斯之时,虽有善鸣者,不得闻于九天;虽有善烛者,不得照于九渊。臣日益疏,智日益蔽,伊尹、傅说不能诲,龙逢、比干不能谏,而国亡矣。"因此,"位在十人之上者,必处十人之下;位在百人之上者,必处百人之下;位在天下之上者,必处天下之下"。"不必大臣,匹夫匹妇皆不敢陵;不必师傅,郎官博士皆可受教;不必圣贤,闾里父兄皆可访治。"③唐

---

①② 王闻远:《西蜀唐圃亭先生行略》,见中华书局1963年版《潜书》附录。
③ 唐甄:《潜书·室语》。

甄的这种想法,在当时只能是一种美好的愿望,不可能见之于实践,但在君主专制制度日益反动的时候,他提出改革的意见,仍具有一定的积极意义。

在经济上,唐甄不满于贫富悬殊的社会现实。他揭露说:"天地之道故平,平则万物各得其所。及其不平也,此厚则彼薄,此乐则彼忧……王公之家,一宴之味费上农一岁之获,犹食之而不甘。吴西之民,非凶岁为麋粥,杂以菽秆之灰,无食者见之,以为是天下之美味也。人之生也,无不同也,今若此,不平甚矣!"①唐甄也反对封建统治者"虐政亟行,厚敛日加"②,主张国家政权要以"富民为功"③。为了"富民",他认为必须发展农业和工商业。他说:"为政之道,必先田市。"④这里的"田市",指的就是农业和工商业。值得注意的是,他还针对封建社会里轻视商人的观念,特别注意提高商贾的地位。他有意将"商"与"农"并提,《潜书》中"农贾乐业"⑤"农安于田、贾安于市"⑥之类说法比比皆是。他经营商业,有人劝他改图生计,他却自豪地说:"吕尚卖饭于孟津,唐甄为牙于吴市,其义一也。"⑦唐甄的上述经济思想有利于生产的发展,反映了清代逐渐恢复发展的手工业、商业和资本主义萌芽的需要,显然很有时代意义。

在学术思想上,唐甄晚年"宗(王)阳明良知之学"⑧,宣传主观唯心主义。但他反对空谈心性,不讲事功。他说:"性不尽,非圣;功不见,非性。""车取其载物,舟取其涉川,贤取其救民。不可载者,不如无车;不可涉者,不如无舟;不能救民者,不如无贤。"⑨"儒之为贵者,能定乱、除暴、安百姓也。若儒者不言功……但取自完,何以异于匹夫匹妇乎?"⑩这里

---

① 唐甄:《潜书·大命》。
②⑤ 唐甄:《潜书·厚本》。
③ 唐甄:《潜书·考功》。
④⑥ 唐甄:《潜书·善施》。
⑦ 唐甄:《潜书·食难》。
⑧ 王闻远:《西蜀唐圃亭先生行略》,见中华书局 1963 年版《潜书》附录。
⑨ 唐甄:《潜书·有为》。
⑩ 唐甄:《潜书·辨儒》。

将士大夫视作人民的救世主,表现了唐甄的阶级局限性,不过他主张事功,却是可贵的。

五、颜元和李塨

颜元,字浑然,号习斋,博野(今属河北)人。生于明末,其父戍辽东卫,卒于戍所。① 他长期生活在农村,参加过一些生产劳动,教过书,行过医。主要著作有《四存编》(包括《存性》《存学》《存治》《存人》四编)、《习斋记馀》、《四书正误》和《朱子语类评》。

颜元是一个朴素唯物论者。他在驳斥唯心主义理学关于"气恶"的说法时曾说:"若谓气恶,则理亦恶;若谓理善,则气亦善。盖气即理之气,理即气之理,乌得谓理纯一善,而气质偏有恶哉?"②在这里,物质性的气与精神性的理被看作统一的、互相依存的,这就用唯物主义的一元论根本否定了唯心主义理学关于"理在气先"的谬论。

最值得重视的是,颜元的唯物主义认识论闪耀着超越前人的光彩。他说:"知无体,以物为体,犹之目无体,以形色为体也。故人目虽明,非视黑视白,明无由用也;人心虽灵,非玩东玩西,灵无由施也。"③就是说,在认识(知)和客观事物(物)的关系上,客观事物是认识的根据,只有人的感官接触到具体事物才产生认识。他还举例说:"且如此冠,虽三代圣人,不知何朝之制也。虽从闻见知为肃慎之冠,亦不知皮之如何暖也。必手取而加诸首,乃知是如此取暖。如此蔬菜,虽上智老圃,不知为可食之物也。虽从形色料为可食之物,亦不知味之如何辛也。必箸取而纳之口,乃知如此味辛。"④基于这种朴素的唯物主义反映论,他非常重视习行、践履,即强调到实际中锻炼,反对理学家所提倡的读书静坐、闭门修养。他说:"吾辈只向习行上作工夫,不可向语言文字上着力。"⑤"惟愿主

---

① 钱林:《文献征存录》,见《国朝耆献类征初编》卷 401"儒行七·颜元"。
② 颜元:《存性编》卷 1《驳气质性恶》。
③④ 颜元:《四书正误》卷 1。
⑤ 钟錂纂:《颜习斋先生言行录》卷下"王次亭第十二"。

盟儒坛者……垂意于'习'之一字,使为学为教,用力于耕读者一二,加功于习行者八九,则生民幸甚,吾道幸甚。"①"人之为学,心中思想,口内谈论,尽有百千义理,不如身上行一理之为实也。"②"譬如欲知礼,任读几百遍礼书、讲问几十次、思辨几十层,总不算知,直须跪拜周旋,捧玉爵,执币帛,亲下手一番,方知礼是如此,知礼者斯至矣。譬如欲知乐,任读乐谱几百遍、讲问思辨几十层,总不能知,直须搏、拊、击、吹,口歌身舞,亲下手一番,方知乐是如此,知乐者斯至矣。"③他指出,理学家提倡的闭门"诵读",其结果只能使人们"耗尽身心气力,作弱人、病人、无用人","读书愈多、愈惑,审事机愈无识,办经济愈无力","读书欲办天下事,如缘木而求鱼也"。④颜元所讲的习行、践履,没有超出封建的经济事功和个人生活做事的范围,没有达到对实践的科学理解,反映了他的地主阶级的局限性。但他注重感性的直接经验,与唯心主义理学的先验论根本对立,并深刻揭露了其严重危害,在哲学史上是有很大的积极意义的。

在社会政治思想方面,颜元有很明确的功利主义主张。他认为"以义为利,圣贤平正道理也"⑤。汉代唯心主义哲学家董仲舒宣扬"正其谊不谋其利,明其道不计其功"⑥,颜元对此极为不满,为"矫其偏",他将之改为"正其谊以谋其利,明其道而计其功"。⑦从重视功利的角度出发,他对于治理国家提出了一套自己的主张。他说:"如天不废予,将以七字富天下:垦荒、均田、兴水利。以六字强天下:人皆兵、官皆将。以九字安天下:举人材、正大经、兴礼乐。"⑧这可以说是他提出来的政治、经济和军事纲领。其中最应注意的是其"均田"主张。他曾在许多地方对这一主张进行阐述。如在《存治编》中他曾说:"天地间田,宜天地间人共享

---

① 颜元:《存学编》卷1《总论诸儒讲学》。
② 钟錂纂:《颜习斋先生言行录》卷上"刚峰第七"。
③⑤⑦ 颜元:《四书正误》卷1。
④ 颜元:《朱子语类评》。
⑥ 《汉书·董仲舒传》。
⑧ 《颜习斋先生年谱》卷下。

之。若顺彼富民之心,即尽万人之产而给一人,所以不厌也,王道之顺人情固如是乎?"在回答学生的提问时,他曾说:"使予得君,第一义在均田。田不均,则教养诸政俱无措施处。"①鉴于"夺富与贫,殊为艰难",他又把"均田"主张具体化为"佃户分种"之说:"如一富家有田十顷,为之留一顷,而令九家佃种九顷。耕牛、子种佃户自备,无者领于官,秋收还。秋熟,以四十亩粮交地主,而以十亩代地主纳官。纳官者即古什一之征也。地主用五十亩,则令停分佃户也;而佃户自收五十亩,过三十年为一世,地主之享地利终其身亦可已矣,则地全归佃户。"②颜元提出的这种办法,是企图在照顾地主利益的前提下,逐步解决土地占有不均的问题,这显然是一种脱离实际、不能实现的幻想。但他毕竟是在想办法解决当时亟待解决的土地占有不均问题,改良的性质极为明显。

颜元的学生李塨,字刚主,号恕谷,保定蠡县(今属河北)人,著作有《大学辨业》《瘳忘编》等多种。他对颜元的学说曾大力宣传。他的思想与颜元相比,有若干发展,也有不同之处。如颜元的经世之学多半打着复古的旗号,但不那么被古制束缚,甚至提出学习西方的自然科学。他曾说:"吾人行习六艺,必考古准今。礼残乐阙,当考古而准以今者也。射、御、书有其仿佛,宜准今而稽之古者也。数本于古,而可参以近日西洋诸法者也。"③在认识论上,他主张知先行后,说:"以力行为格物,是行先于知矣。倒矣。"④他还曾致力于书本上的考据。这些对于力主习行、践履的颜元来说,不能不说是一种叛师行为。不过,李塨的思想主张大部分与颜元还是一致的,因此,他们二人被共称为"颜李学派"或"四存学派"。

---

① 《颜习斋先生言行录》卷上"三代第九"。
② 李塨:《拟太平策》卷2。
③ 《恕谷先生年谱》卷3。
④ 李塨:《大学辨业》卷3。

第四节　乾嘉以后的进步思想家

乾嘉以后的进步思想家主要有戴震和龚自珍。

一、戴震

戴震是清中期具有鲜明战斗性的唯物主义哲学家,他以注释儒家经典的形式阐发了自己卓越的哲学思想和社会政治观点。他认为世界是物质性的"气"的变化过程,说:"道犹行也,气化流行,生生不息,是故谓之道。"①这个过程,他还认为是按照一定的法则进行的:"'一阴一阳',盖言天地之化不已也,道也。一阴一阳,其生生乎? 其生生而条理乎? ……未有生生而不条理者。"②"天地人物事为,不闻无可言之理者也。《诗》曰'有物有则'是也。"③对于中国古代哲学中争论不休的命题"形而上者谓之道,形而下者谓之器",他也做出了唯物论的解释。他认为,"形,谓已成形质。形而上,犹曰形以前;形而下,犹曰形以后";"阴阳之未成形质,是谓形而上者";"器,言乎一成而不变"。④　就是说,"形而上"的"道",就是"未成形质"以前的"气";"形而下"的器,就是"已成形质"以后的"物"。这两者都是物质。他的这种解释,与唯心主义理学关于"形而上"指"理"、"形而下"指"气"的说法绝不相同,而是批判了唯心主义理学关于物质世界之外还存在着绝对观念世界("形而上"的"理")的谬说。然而,戴震虽然把世界看成是物质性的"气"的变化过程,但还认为"气化生人生物以后,各以类滋生久矣,然类之区别千古如是也,循其故而已矣"⑤,这又陷入了形而上学。可见他的辩证法思想是不彻底的。

在认识论上,戴震强调真理的客观性。他说:"理义非他,可否之而

①《孟子字义疏证·天道》,《戴震集》下编。
②《读易系辞论性》,《戴东原集》卷8,《戴震集》上编。
③《孟子字义疏证·理》,《戴震集》下编。
④《孟子字义疏证·天道》,《戴震集》下编。
⑤《孟子字义疏证·性》,《戴震集》下编。

当,是谓理义。然又非心出一意以可否之也。若心出一意以可否之,何异强制之乎? 是故就事物言,非事物之外别有义理也。'有物必有则',以其则正其物,如是而已矣。"①对于人的认识能力,他予以充分的肯定。他说:"耳目鼻口之官接于物,而心通其则。"②"人之异于物者,人能明于必然,百物之生各遂其然也。""心之神明,于事物咸足以知其不易之则。"③不过,戴震看不到实践在认识当中的决定作用,曾发出过"重行不先重知,非圣学也"④的议论,这是他与颜元等人相比大为逊色的地方。

戴震思想中最有价值之处,是其关于"理""欲"的论述。唯心主义理学把天理与人欲看作不可调和的对立物,鼓吹"存天理、灭人欲"。戴震对这种反动的观点进行了猛烈的批判。他认为人不可能没欲,有欲是必需的。他说:"人与物同有欲,欲也者,性之事也。"⑤"耳目百体之所欲,血气资之以养,所谓性之欲也,原于天地之化者也,是故在天为天道,在人咸根于性而见于日用事为,为人道。"⑥因此,对欲只能节制、顺从,不能硬性禁止。"性,譬则水也。欲,譬则水之流也。节而不过,则为依乎天理,为相生养之道,譬则水由地中行也。穷人欲而至于有悖逆诈伪之心,有淫泆作乱之事,譬则洪水横流,泛滥于中国也。""圣人治天下,体民之情、遂民之欲而王道备。"⑦"天下必无舍生养之道而得存者。凡事为皆有于欲,无欲则无为矣。有欲而后有为,有为而归于至当不可易之谓理。无欲无为,又焉有理?"⑧"非以天理为正、人欲为邪也。天理者,节其欲而不穷人欲也。"⑨戴震毫不留情地揭露了"存天理、灭人欲"说教的危害。他说:"古之言理也,就人之欲求之,使之无疵之为理。今之言理也,离人之情欲求之,使之忍而不顾之为理。此理欲之辨,适以穷天下之人尽转

---

①③⑦⑨《孟子字义疏证·理》,《戴震集》下编。

②《原善》卷中,《戴震集》下编。

④⑧《孟子字义疏证·权》,《戴震集》下编。

⑤《读易系辞论性》,《戴东原集》卷 8,《戴震集》上编。

⑥《原善》卷上,《戴震集》下编。

移为欺伪之人,为祸何可胜言也!"①"尊者以理责卑,长者以理责幼,贵者以理责贱,虽失,谓之顺;卑者、幼者、贱者以理争之,虽得,谓之逆。于是下之人不能以天下之同情、天下之所同欲达之于上。上以理责其下,而在下之罪,人人不胜指数。人死于法,犹有怜者,死于理,其谁怜之!"②他甚至一针见血地指出,唯心主义理学家的所谓"天理",与酷吏之所谓"法"是相同的,"酷吏以法杀人",而理学家"以理杀人","以理杀人"比"以法杀人"更可怕。③戴震关于"理""欲"的论述,没有超出抽象人性论的范围,但表现了对人民疾苦的深切同情。此外,他还曾在自己的著作中严正指出,人民群众之所以起来反抗封建统治者,并不是由于他们的本性不好,而是由于封建统治者"贪暴以贼其民所致"④,这也同样表现了他的进步政治观点。这些都是难能可贵的。他的这些进步的社会政治观点,是资本主义生产关系的萌芽在思想领域中的反映。

二、龚自珍

龚自珍,字璱人,号定盦,一名巩祚,浙江仁和(今杭州)人。乾隆五十七年(1792)生于官僚地主家庭,母为古文字学家段玉裁之女,自幼接受系统严格的传统学术教育,道光年间中进士,历任宗人府主事、礼部主事等小京官。晚年在丹阳云阳书院教书,道光二十一年(1841)卒,年 50岁。⑤ 曾自编《定盦文集》3 卷,又有《续集》4 卷等。新中国成立后出版的《龚自珍全集》,所收诗文最为完备。

龚自珍生当鸦片战争爆发前后,面临的是各种社会矛盾和中外矛盾日益激化的局面。在现实生活的激荡下,他一方面不满于当时的考据学派脱离实际、死钻故纸堆的学风,将经学的研究与观察、分析现实问题结

---

① 《孟子字义疏证·权》,《戴震集》下编。
② 《孟子字义疏证·理》,《戴震集》下编。
③ 《与某书》,《戴东原集》卷 9,《戴震集》上编。
④ 《原善》卷下,《戴震集》下编。
⑤ 《清史稿》列传 273《龚巩祚传》;《定庵先生年谱》,见中华书局 1961 年版《龚自珍全集》第 11 辑。

合起来,借助今文经学的论经形式,议论时政;另一方面,不把经学当作主要的写作范围,而把大部分精力用于攻治杂家百家之学和东南西北之学。他可说是当时一位杰出的议政专家。

龚自珍在自己的著作中,对清朝的封建专制统治进行了大胆的揭露。他指斥当时的专制统治以成例束缚官吏的手脚,使之面临严重的社会问题,无所措手足。他说:"天下无巨细,一束之于不可破之例,则虽以总督之尊,而实不能以行一谋、专一事","权不重则气不振,气不振则偷,偷则敝"。对于这种情况,他曾经用一个非常形象的比喻加以说明:"人有疥癣之疾,则终日抑骚之。其疮痏,则日夜抚摩之,犹惧未艾,手欲勿动不可得;而乃卧之以独木,缚之以长绳,俾四肢不可以屈伸,则虽甚痒且甚痛,而亦冥心息虑以置之耳。何也? 无所措术故也。"在他看来,正确的君臣关系应是"共治天下"。他说:"圣天子亦总其大端而已矣。""为天子者,训迪其百官,使之共治吾天下,但责之以治天下之效,不必问其若之何而以为治。"①对于封建皇帝以非礼待下而造成官吏苟且无耻的情况,龚自珍也进行了抨击。他说:"坐而论道,谓之三公。唐宋盛时,大臣讲官,不辍赐坐、赐茶之举,从容乎便殿之下,因得讲论古道,儒硕兴起。及其季也,朝见长跪、夕见长跪之余,无此事矣。不知此制何为而辍,而殿陛之仪,渐相悬以相绝也……窃窥今政要之官,知车马、服饰、言词捷给而已,外此非所知也。清暇之官,知作书法、赓诗而已,外此非所问也。堂陛之言,探喜怒以为之节。蒙色笑,献燕闲之赏,则扬扬然以喜,出夸其门生、妻子。小不霁,则头抢地而出,别求夫可以受眷之法。彼其心岂真敬畏哉? 问以大臣应如是乎? 则其可耻之言曰:我辈只能如是而已。至其居心又可得而言。务车马、捷给者,不甚读书,曰:我早晚直公所,已贤矣,已劳矣。作书赋诗者,稍读书,莫知大义,以为苟安其位一日,则一日荣,疾病归田里,又以科名长其子孙,志愿毕矣。且愿其子孙世世以退缩为老成,国事我家何知焉! 嗟乎哉,如是而封疆万万之一有缓急,则纷

---

① 《明良论四》,《龚自珍全集》第1辑。

纷鸠燕逝而已,伏栋下求俱压焉者鲜矣……故曰,厉之以礼出乎上,报之以节出乎下。非礼无以劝节,非礼非节无以全耻。"①龚自珍对专制统治弊病的揭露,及其对君臣关系的主张,说明他的思想具有一定的民主色彩。

龚自珍对自己生活时代的社会危机,有比较清楚的认识。他认为当时的社会犹如"日之将夕",情况极为凄惨——"悲风骤至,人思灯烛,惨惨目光,吸饮莫气,与梦为邻"。② 他曾描写过衰世的情况:"衰世者,文类治世,名类治世,声音笑貌类治世。黑白杂而五色可废也,似治世之太素;宫羽淆而五声可铄也,似治世之希声;道路荒而畔岸隳也,似治世之荡荡便便;人心混混而无曰过也,似治世之不议。左无才相,右无才史,阃无才将,庠序无才士,陇无才民,廛无才工,衢无才商,抑巷无才偷,市无才驵,薮泽无才盗,则非但鲜君子也,抑小人甚鲜。当彼其世也,而才士与才民出,则百不才督之缚之,以至于戮之。戮之非刀、非锯、非水火,文亦戮之,名亦戮之,声音笑貌亦戮之。戮之权不告于君,不告于大夫,不宣于司市,君大夫亦不任受。其法亦不及要领,徒戮其心,戮其能忧心、能愤心、能思虑心、能作为心、能有廉耻心、能无渣滓心。又非一日而戮之,乃以渐,或三岁而戮之,十年而戮之,百年而戮之。"③这里所描写的黑白不分、是非莫辨、浑浑噩噩、扼杀人才的"衰世",实即龚自珍对现实情况的揭露和抗议。他不仅看到了当时的黑暗,而且预见了打破黑暗的雷鸣电闪必将来临。他说:正当"夜之漫漫,鹎旦不鸣"之时,"山中之民,有大音声起,天地为之钟鼓,神人为之波涛"。④他所说的"山中之民",实际上就是能够改变现实状况的人物。他曾写过一首有名的诗:"九州生气恃风雷,万马齐喑究可哀。我劝天公重抖擞,不拘一格降人材。"⑤在这

---

①《明良论二》,《龚自珍全集》第 1 辑。
②④《尊隐》,《龚自珍全集》第 1 辑。
③《乙丙之际箸议第九》,《龚自珍全集》第 1 辑。
⑤《己亥杂诗》,《龚自珍全集》第 10 辑。

里,他不仅对"山中之民"式人物的出现做了预见,而且热切地呼唤其应运出世。他还在许多地方一再呼吁"更法""变通""改革",如在《上大学士书》中说:"自古及今,法无不改,势无不积,事例无不变迁,风气无不移易。"①在《乙丙之际箸议第七》中说:"一祖之法无不敝,千夫之议无不靡,与其赠来者以劲改革,孰若自改革?"②这些都充分说明,龚自珍具有改革现状的强烈愿望。

在经济方面,龚自珍曾写过《平均篇》,发表了鲜明的平均主义议论。他说:"贫相轧,富相耀,贫者阽,富者安,贫者日愈倾,富者日愈壅。或以羡慕,或以愤怨,或以骄汰,或以啬吝,浇漓诡异之俗,百出不可止。至极不祥之气,郁于天地之间,郁之久乃必发为兵燧,为疫疠,生民噍类,靡有孑遗,人畜悲痛,鬼神思变置。其始,不过贫富不相齐之为之尔。小不相齐,渐至大不相齐,大不相齐即至丧天下。""大略计之,浮、不足之数相去愈远,则亡愈速;去稍近,治亦稍速。千万载治乱兴亡之数,直以是券矣。"因此,"有天下者,莫高于平之之尚也"。③在写了《平均篇》7 年后,龚自珍又写了《农宗》一文,具体讲了他的平均土地的方案。这个方案采取了宗法制的形式,也容纳了租佃关系。其主要内容是,按照血缘关系把天下人划分为大宗、小宗、群宗和闲民四个等级,大宗有田百亩,"役佃五";小宗、群宗有田二十五亩,"役佃一";"闲民使为佃";"凡农之仕为品官大夫者,则有禄田"。④从这个方案看,龚自珍的"平均"并非绝对平均,仍然承认等级制度和租佃剥削,但毕竟对土地的占有不均做出一些限制,具有一定的进步意义。

对于西方的资本主义侵略势力,龚自珍主张坚决抵抗。道光十八年(1838),当林则徐奉命前往广州查禁鸦片时,他专门写了《送钦差大臣侯官林公序》一文相赠,鼓励林则徐坚决禁烟,并为其抵御外侮出谋划策。他认为:"鸦片烟则食妖也,其人病魂魄,逆昼夜。其食者,宜缳首诛。贩

---

① 《龚自珍全集》第 5 辑。
②③④ 《龚自珍全集》第 1 辑。

者、造者，宜刿脰诛。兵丁食，宜刿脰诛。"对于阻挠禁烟的说客，他认为"皆天下黠猾游说，而貌为老成迁拙者也"，如果因其问难而"游移万一"，后果将不堪设想，因而主张"宜杀一儆百"。他还预见到国内汉奸和国外侵略者面对禁烟的正义行动不会善罢甘休，因而建议林则徐在军事上做好准备，"宜以重兵自随"，讲求"火器"，并"多带巧匠，以便修整军器"。①龚自珍热情支持林则徐禁烟活动的言行，既表现了高度的爱国热忱，也表现了高过一般地主官僚的政治眼光。

在哲学方面，龚自珍有《壬癸之际胎观》等著作。总体来看，他的唯心主义色彩相当浓厚，但也有精彩之处。如他曾说：人性"无善无不善而已矣，善恶皆后起者"②。这显然是一种唯物论的说法。

龚自珍的思想是地主阶级改革派的思想，他主张改革不过是为了挽救封建制度的崩溃。他在道光十九年（1839）因不受重用且"动触时忌"而辞官南归。③ 在离开北京时，他心绪万千，曾吟出这样的诗句："浩荡离愁白日斜，吟鞭东指即天涯。落红不是无情物，化作春泥更护花。"④这说明，即使在最不得意的时候，他也没有忘记为维护封建制度尽力。由于阶级的局限性，其主张基本上是不能实现的幻想。但它具有改良主义性质，更重要的是它有助于人们思想的解放，在近代史上曾产生很大影响。正如梁启超所说："晚清思想之解放，（龚）自珍确与有功焉，光绪间所谓新学家者，大率人人皆经过崇拜龚氏之一时期。初读《定盒文集》，若受电然。"⑤龚自珍是作为近代改良主义思想家的先驱而在中国历史上占有一席之地的。

---

① 《龚自珍全集》第 2 辑。
② 《阐告子》，《龚自珍全集》第 1 辑。
③ 《定庵先生年谱》，《龚自珍全集》第 11 辑。
④ 《己亥杂诗》，《龚自珍全集》第 10 辑。
⑤ 梁启超：《清代学术概论》22《清代今文学与龚魏》。

第五节　清代的宗教

一、佛教

　　佛教在清代受到统治者的保护。这是因为佛教与所有的宗教一样，是一种特殊的意识形态，它要人们把希望寄托于虚幻的彼岸，看轻现实的苦难，从而削弱人民反封建斗争的意志。另外，失去生活条件的贫苦百姓，把寄身寺庙当成谋生的一个出路，虽然不能根本摆脱饥寒，但也算暂时得到安置。因此，佛教的存在在一定程度上有助于封建秩序的稳定。乾隆皇帝曾说："彼为僧为道，亦不过营生之一术耳。穷老孤独多赖以存活。其劝善戒恶，化导愚顽，亦不无小补。"[①]由此看来，清朝统治者对佛教维护封建统治秩序的作用是非常清楚的。清朝皇帝多与僧人相交。如顺治皇帝先后与名僧憨璞性聪、玉林通琇、行森、道忞等相交游。顺治皇帝本人曾削发打算出家，他所宠爱的董鄂妃在他的影响下，也崇敬三宝，栖心禅学。[②]康熙皇帝在外出巡，多住名山巨刹，为之题字撰碑。雍正皇帝也多与佛教徒往来，甚至自称圆明居士，选编语录，俨然以禅门宗匠自居。

　　但是佛教无限制的发展，对封建统治者也有不利。过多的劳动力进入空门，封建政权剥削的对象就会减少，寺院上层兼并土地、发展寺院经济，就会加剧土地集中的程度，激化社会矛盾。一些触犯了封建法律的人，往往以藏身寺庙作为躲避惩罚的手段，某些"聚众为'匪'之案"甚至"多由'奸邪'僧道主谋，平时'煽惑'愚民，日渐酿成大案"[③]。所以，清朝统治者一方面保护佛教，另一方面又对之加以限制，以免其发展到失去控制的地步。

---

①③《光绪大清会典事例》卷501。

② 以上参见陈垣《汤若望与木陈忞》《语录与顺治宫廷》，均载《陈垣史学论著选》，上海人民出版社1981年版。

　　清朝限制佛教的办法主要有三个：一是设置僧官，二是实行度牒制度，三是不许擅造寺庙。早在入关前，清朝统治者就设立了僧录司，总管僧人。康熙十三年（1674）又具体规定，在京城的僧录司设"善世、阐教、讲经、觉义左右各二人，左善世由右善世补，右善世由左阐教补，左阐教由右阐教补，右阐教由左讲经补，左讲经由右讲经补，右讲经由左觉义补，左觉义由右觉义补，右觉义以候补僧官补"。在外地，府设僧纲司，州设僧正司，县设僧会司，这些僧官的职责是专管天下僧人，使之"恪守戒律清规，违者听其究治"。实行度牒制度是要加强对僧人的"稽考"，"亦如民间之有保甲，不至藏奸，贡监之有执照，不容假冒"。这一制度也是始自入关前：天聪六年（1632）规定，"（僧人）凡通晓经义、恪守清规者，给予度牒"。入关后仍旧实行该制度，如"顺治二年定，内外僧道，均给度牒，以防奸伪"；"凡寺庙庵观若干处，僧道若干名，各令住持详询籍贯，具结投僧道官，僧道官加具总结。在京城内外者，均令呈部，在直省者赴所在地方官呈送汇申抚按解部，颁给度牒，不许冒充混领，事发罪坐经管官"。对于不领度牒的僧人要处以重罚。如康熙十五年（1676）规定，"凡僧民道士不领度牒私自出家者，杖八十为民"。颁发度牒的制度直至乾隆十九年（1754）才由于客观情况的改变而废止。清朝统治者还不断做出关于不许擅造寺庙的规定，如顺治二年（1645）规定"严禁京城内外，不许擅造寺庙佛像，必报部方许建造"，顺治十一年（1654）又决定"禁止创建寺庙，其修理颓坏寺庙，听从其便，但不得改建广大"。①

　　佛教在清朝统治者的限制下不可能得到过分的发展。但由于它也得到清朝统治者的保护，其势力不算十分弱小。从总的情况看，它在清代的规模声势还是相当盛大的。据统计，康熙六年（1667）"通计直省敕建大寺庙共六千七十有三，小寺庙共六千四百有九，私建大寺庙共八千四百五十有八，小寺庙共五万八千六百八十有二，僧十有一万二百九十二名，道二万一千二百八十六名，尼八千六百十有五名"②。这个统计中，

---

① ②《光绪大清会典事例》卷 501。

寺庙数不全属佛教,但其中的大部分应属佛教(这从僧尼与道士的人数比例可以推知)。

清代的佛教与以往一样,仍是教派林立。其中最兴盛的是禅宗,其次是净土宗,再次是天台、华严、律、法相等宗。各派皆有著名僧人,他们或著书立说,或大量授徒,在佛教史上占有一定的地位。①

二、民间宗教

清代的民间宗教大多遭到统治者的禁止,因而处在秘密流传的状态中,但传布的范围很广泛。当时有人描述这种情况说:"迨红巾、白莲始自元明季世,焚香惑众种种异名,旋禁旋出,至今日,若皇天,若九门、十门等会,莫可穷诘,家有不梵刹之寺庵,人或不削发之僧尼,宅不奉无父无君之妖鬼者鲜矣,口不诵无父无君之邪号者鲜矣。"②这时的民间宗教,名目不下数百种,比较常见的有收元教、八卦教、天理教、清水教、离卦教、一炷香离卦教、震卦教、金丹八卦教、弘阳教、混元教、三阳教、先天教、长生教、清茶门教、青莲教、罗教、老官斋教、无为教、圆教、大同教等。这些教派,有的渊源不同,有的渊源相同而在教义上或仪式上有所差别,有的各个方面均无差别而只是互为别名或支派。从总的情况看,各教派的信仰和组织等并无太大的差异,并且互相吸收、互相混同的趋向极为明显。

民间宗教的基本群众是农民、手工业者、矿工、水手和城市贫民等,也有若干差役、胥吏、下层知识分子,以及个别从统治阶级中分化出来的人物。教徒平时从事的宗教活动主要是念经烧香等,以祈求吉祥、祛病延年,有的还习棒拳、学符咒,企图健身长艺,准备日后应用。教徒必须向首领交纳会费,称为"根基钱""种福钱""香火钱"等,首领的花销也靠这些会费来支付,教派的活动经费和教徒间的互相接济经费,也需从中

---

① 参见中国佛教协会编《中国佛教》,知识出版社1980年版。
② 颜元:《存人编》卷4。

开支。教徒们诵读的经卷多数以宝卷的形式出现——这是由唐代寺院中的"俗讲"发展而成的一种民间文学形式。宝卷的文字通俗易懂，[1]当是为了适应教徒的诵习。每部宝卷，长的分若干卷，卷分若干品，一卷或一品的最末附有用《驻云飞》《清江引》《红绣鞋》《黄莺儿》《风入松》等曲牌写成的小曲。全卷的开始一般是一篇七言的赞和偈，而后是白话体的散文和韵语相间杂，韵语则是五言、七言或三、三、四式的句子，也有的是在五言或七言之后插入一段三、三、四式的句子。[2] 当时最有名、流传最广的民间宗教的经卷是"五部六册"——这是罗教的创立者罗清所著的经卷，包括《苦功悟道卷》《叹世无为卷》《破邪显证钥匙卷》《正信除疑无修证自在宝卷》《巍巍不动泰山深根结果宝卷》，共五种六册（其中《破邪显证钥匙卷》分上、下两册），明朝末年之后，它们几乎成了各个民间宗教的共同经典。[3] 民间宗教经卷的思想内容，大量抄袭佛、道、儒等各家的说教，但也有不同之处。其中宣传最多的是弥勒等神佛下凡和劫变的观念，以及"真空家乡、无生父母"的信仰。

一般说来，当时的民间宗教都宣称，宇宙从开创到最后，要经历三个时期。这三个时期，有的称为青阳、红阳和白阳，有称的为龙华初会、二会和三会。第一、第二时期分别代表过去和现在，第三时期则代表未来。第一、第二时期要发生若干次劫变，在第二时期尤其如此，而第三时期则是经过了末劫后的理想世界。劫变的主要内容是风、水、火、刀兵、饥疫等天灾人祸，届时生民死亡，天地改换形体。生民为了逃劫，就需皈依它们的教派。当时的民间宗教还宣称，"真空"是宇宙的根本，"真空家乡"即天宫，是人们出生之处，也是人们的最后归宿，"无生老母"是创世主。在初创宇宙时，无生老母打发其 96 亿儿女下凡，这些儿女的本性被红尘

---

[1] 当时官府从对立的角度出发，诬其"鄙陋不堪，恰似戏上发白之语，又似鼓儿词中之语"。见黄育楩《破邪详辩》。

[2] 参见向达《明清之际之宝卷文学与白莲教》，《唐代长安与西域文明》，商务印书馆 2015 年版。

[3] 参见喻松青《明清时代民间的宗教信仰和秘密结社》，中国人民大学清史研究所编《清史研究集（第一辑）》，中国人民大学出版社 1980 年版。

迷乱,遭受了人间的种种磨难,需要拯救出苦海,返归天宫。而民间宗教的首领,就是无生老母差遣下凡拯救众生的,是弥勒佛或其他神佛的化身。罗教把上述思想概括为"真空家乡、无生父母"八字真诀,后来被许多教派接受,广泛流传。民间宗教的所有这些宣传,无疑是一种封建迷信,它要求人们等待神佛的降临拯救,是落后、消极的东西。但它否定了现实的封建统治,表达了人民的不满和抗议,给人们以安慰和希望,在一定程度上反映了人们要求改变现实的愿望,因此易于为人们所接受,可以成为组织、号召贫苦群众参加起义的工具。有些民间宗教还有明确的"反清复明"思想,如清茶门教宣称"清朝以尽,四正文佛落在王门;胡人尽,何人登基;日月复来属大明,牛入元来是土星"[①]。这使它们更便于充当组织反清斗争的工具。不过,由于民间宗教没有一贯的、彻底明确的政治纲领,因此,靠它们把反清起义进行到底是不可能的,而且它们的某些消极思想对起义也有不利的影响。它们还往往被野心家所利用,成为其争夺个人权力地位的工具。

---

① 故宫博物院明清档案部编《清代档案史料丛编(第三辑)》,第 36 页,中华书局 1979 年版。

第五章　类书和丛书

清代编纂类书和丛书的活动很活跃，这是文献编纂学上的一个特点。

第一节　《古今图书集成》

清代所编的类书很多。其官修者有张英等编的《渊鉴类函》、何焯等编的《分类字锦》、张廷玉等编的《子史精华》；私人所辑者有陈元龙编的《格致镜原》、潘永因编的《宋稗类钞》等。在清代所编类书中最值得称道的，是《古今图书集成》。

《古今图书集成》是现存部头最大的类书。其主要编辑者陈梦雷，字则震，一字省斋，福建侯官人。康熙九年(1670)进士，授翰林编修。康熙十二年(1673)十二月返闽省亲，次年三藩之乱发生，被耿精忠幽絷于僧寺，"胁受伪官"，"不得已"，"托疾以稽之"。三藩之乱平息后，因原有名叫陈昉的一个人曾在耿精忠处任学士，"京师伪传梦雷也"，遂被"征下诏狱"。康熙二十年(1681)判定死罪，次年蒙特旨减死，谪戍奉天。在戍所近20年。康熙三十七年(1698)康熙皇帝"东巡"，"献诗称旨，蒙恩召还"，侍皇三子诚亲王胤祉读书。雍正帝即位后，被再次流放，卒于戍所。

所著除《古今图书集成》外,尚有《周易浅述》《松鹤山房集》《天一道人集》等。①

陈梦雷编辑《古今图书集成》,是在侍诚亲王胤祉读书的时候。为了完成这项任务,陈梦雷从任职起,即"掇拾简编,以类相从,仰备顾问"。后来胤祉在与他"讲经论史之余",谈及"《三通》《衍义》等书,详于政典,未及虫、鱼、草、木之微;《类函》《御览》诸家,但资词藻,未及天德王道之大",希望能编一部"必大小一贯,上下古今,类列部分,有纲有纪"的新类书,"庶足大光圣朝文治"。陈梦雷听后非常高兴,遂遵命将原已进行过的按类搜集古书资料的工作扩大进行,以一人之力独自编撰一部大类书。自康熙四十年(1701)十月开始,他便自己动手编选,从胤祉处"领银雇人缮写"。其所利用的图书,有的是胤祉"协一堂所藏鸿编",有的是他自家所有的经、史、子、集诸部图籍,共有 15000 余卷。到康熙四十四年(1705)五月,经过数年"无间晨夕"的"目营手捡",全书初步编成,"分为汇编者六,为志三十有二,为部六千有零,凡在六合之内,巨细毕举。其在'十三经''二十一史'者只字不遗,其在稗史子集者,十亦只删一二。以百篇为一卷,可得三千六百余卷,若以古人卷帙较之,可得万余卷"。②当时为这部类书起的名称是"汇编"。

"汇编"编出后,并没有马上定稿、刊行,原因是尚有某些不妥之处。康熙末年,诸皇子为争夺皇位继承权,拉党结派,斗争甚烈。康熙帝去世,雍正帝取胜登上宝座,遂对政敌大打出手。因胤祉与故太子胤礽相善,作为胤祉僚属的陈梦雷,很自然地成为被打击的对象之一。他被第二次流放,其原因即在于此。除了政治上的打击,对于陈梦雷编撰《古今图书集成》的功劳,雍正帝也完全予以掩没。王氏《东华录》雍正朝卷一记载,雍正帝在继位后的第二个月,曾提到《古今图书集成》一书。"陈梦雷处所存《古今图

---

① 陈寿祺:《陈梦雷编修传》,见《国朝耆献类征初编》卷 116"词臣二·陈梦雷";谢国桢:《陈则震事辑》,《明清笔记谈丛》。
② 陈梦雷:《进汇编启》,《松鹤山房文集》卷 2,转引自谢国桢《明清笔记谈丛·陈则震事辑》,上海书店出版社 2004 年版。

书集成》一书,皆皇考指示训诲,钦定条例,费数十年圣心,故能贯穿古今,汇合经史,天文、地理皆有图记,下至山川、草木、百工制造、海西秘法,靡不具备,洵为典籍之大观。此书工犹未竣,著九卿公举一二学问渊通之人,令其编辑浚事,原稿内有讹错未当者,即加润色增删,仰副皇考稽古博览至意。"在这里,雍正皇帝对陈梦雷独力编撰《古今图书集成》初稿的功劳,已经只字不提。此后,雍正皇帝把陈梦雷排除在外,另任尚书蒋廷锡等"重加编校",雍正三年(1725)全书定稿,"凡厘定三千余卷,增删数十万言",原来的三十二志改称三十二典,卷数定为一万。① 雍正四年(1726),雍正皇帝制序,付印。在印本《古今图书集成》上,记的是蒋廷锡"奉敕撰述",不曾提及陈梦雷,而实际上对此书贡献最大的却是陈梦雷。

雍正四年(1726)所印《古今图书集成》为清内府铜活字本,雍正六年(1728)印毕,共印 64 部,另有样书 1 部。② 每部分订 5020 册(其中目录20 册),装成 522 函,此为殿本。后来光绪十四年(1888)上海点石斋印刷局印过一次铅字本,共 1500 部,因铅字稍扁,世称扁字本。光绪二十年(1894),上海同文书局印过一次影殿本,共 100 部,此本与殿本几乎一样,只是补改了雍正以后的避讳字,增加了《考证》24 卷(出自龙继栋之手)。1934 年,上海中华书局又印行缩小影印本。

类书是查阅资料的宝库,在辑佚和校勘古书上有很大作用。而《古今图书集成》比一般类书所起的作用更大。这首先是因为它体例完善,分类的层次比一般类书要多。如前此有名的大类书《艺文类聚》《册府元龟》《太平御览》等的门类只分二层,而《古今图书集成》则分成三层,第三层下还细分项目,以分类编排材料。它共分历象、方舆、明伦、博物、理学和经济 6 编,编下又有乾象、岁功等 32 典,典下又有 6109 部。每部之下包括汇考、总论、图表、列传、艺文、选句、纪事、杂录、外编等项目。汇考记大事,总论采录经史子集的议论,图表收图列表,列传记叙人物生平,

① 见《古今图书集成》雍正皇帝序。
② 袁同礼:《关于图书集成之文献》,《图书馆学季刊》第 6 卷第 3 期。

艺文辑录诗文,选句多择对偶,纪事收录不见于汇考的琐事,杂录收不宜收进汇考、总论和艺文的材料,外编记载荒唐无稽之词。在分类的数目上,《古今图书集成》也比一般类书多。如以其第三层(部)与其他类书的小类相比,《艺文类聚》《册府元龟》《太平御览》分别比它少 5000 多类、近 5000 类和 1500 多类。《古今图书集成》在分类上的层次和数目如此之多,而且富于条理和谨严性,在按类检寻资料时显然是比其他类书要方便许多的。

《古今图书集成》的作用之所以比一般类书大,还由于它体量大。据统计,《古今图书集成》的字数约为 1.6 亿,比《册府元龟》多 1.5 亿,比《太平御览》多 1.55 亿,比《艺文类聚》多 1.59 亿。唯一比《古今图书集成》字数多的是《永乐大典》(有 3.7 亿),但《永乐大典》已经散佚,目前所存无几。[1]《古今图书集成》是现存内容最丰富的一部类书,其包括的资料之多既然非其他现存类书所能比拟,则其作用也和其他类书不可同日而语。

《古今图书集成》的作用超过一般类书的第三个原因是它的修撰时间晚,因此,许多晚出的文献它能收录,而其他类书则没有这种条件。如明清之际,西洋的一些历算知识传入中国,清代版图也空前辽阔,这就使《古今图书集成》中"乾象""职方"两典的内容远为其他类书所不及。

由于《古今图书集成》的价值极高,随着印本的增多,其在国内外越来越受学者的重视。国外学者往往把它当成资料的根据。有人为之做了索引,以便进一步利用。国内学者虽一般不以它为资料依据,但把它当作寻检线索,以它为始再追根溯源。今后随着科学研究的发展,它将进一步显示出巨大的价值。清代诞生这部类书,是对中国文化事业和世界文化事业的卓越贡献。

---

[1] 参见胡道静《古今图书集成的情况、特点及其作用》,《图书馆》1962 年第 1 期。

第二节 《四库全书》

一、《四库全书》的编纂

清代丛书的编刊比明代更为发达。首先是注意质量。明代的刻书喜妄为改动，所刻多有不如人意者。清人所编刻的丛书则大为改进，有的非常注意选择善本，有的在校雠上下了很大功夫，有的热心于刊刻罕见之书，以学术价值为决定取舍的重要依据之一。其次是地域广。公私刻书除首都外，远至江、浙，南及闽、粤，甚至西及川、陇，皆有进行。再其次是数量多。现存丛书中有很大部分系清代所编刻，其中著名的有曹溶编辑的《学海类编》、汪士汉校刊的《秘书二十一种》、卢文弨校刊的《抱经堂丛书》、鲍廷博校刊的《知不足斋丛书》、吴省兰辑刊的《艺海珠尘》、毕沅校刊的《经训堂丛书》、卢见曾校刊的《雅雨堂丛书》、李调元辑刊的《函海》、孙星衍校刊的《岱南阁丛书》与《平津馆丛书》、黄丕烈校刊的《士礼居丛书》、张海鹏辑刊的《学津讨原》《墨海金壶》《借月山房汇钞》等。在清代编辑的丛书中，规模最大、影响最深的是乾隆年间的《四库全书》。

乾隆皇帝是一个喜欢做一番事业的人物。他重视武功，在其统治时期，清朝的版图得到进一步的巩固和发展。他也重视文治，尤其注意努力借鉴历代的统治经验，学习古代典籍。用他自己的话说就是："稽古右文，聿资治理，几余典学，日有孜孜。"①《四库全书》的编纂，与此有直接关系。

为了充实皇宫的藏书，早在乾隆六年（1741），乾隆皇帝即已下令征书。他说："从古右文之治，务访遗编。目今内府藏书已称大备，但近世以来，著述日繁，如元明诸贤，以及国朝儒学，研究六经，阐明性理，潜心正学，纯粹无疵者，当不乏人。虽业在名山，而未登天府。著直省督抚学

---

① 《四库全书总目》卷首，乾隆三十七年正月初四日上谕。

政,留心采访,不拘刻本抄本,随时进呈,以广石渠天禄之储。"①不过,这个命令下达后,并无效果。乾隆三十七年(1772)正月和十月,乾隆皇帝又连续颁诏,重申向各地征书的命令。② 于是安徽学政朱筠上奏响应,向乾隆皇帝提出了四点建议:第一,急搜"旧本、抄本";第二,"先定中书(指宫中藏书)目录,宣示外廷",而后命令各地"各举所未备者以献";第三,著录与校雠要并重;第四,"于收书之外,兼收图谱一门,而凡直省所存钟铭碑刻,悉宜拓取,一并汇送"。在第二条建议中,朱筠还特地提出要从《永乐大典》中辑佚古书。③ 朱筠的建议,特别是其关于从《永乐大典》中辑佚古书的建议,在大臣中引起了争论,最后才统一意见。乾隆三十八年(1773)二月初六日,乾隆皇帝下令:"著即派军机大臣为总裁官,仍于翰林等官内选定员数,责令及时专司查校,将原书详细检阅,并将《图书集成》互为校核,择其未经采录而实在流传已少、尚可裒缀成编者,先行摘开目录奏闻,侯朕裁定。"④同月二十一日,乾隆皇帝又下令:"将来办理成编时,著名四库全书。"⑤不久,四库全书馆正式于翰林院内成立。征求遗书、从《永乐大典》中辑佚古书的活动,遂发展成为一场持续十多年的编辑大丛书的壮举。

《四库全书》能否编成,关键在于民间的藏书能否征出。为了达到目的,乾隆皇帝绞尽脑汁。他反复向臣民们解释,以解除其顾虑。如在乾隆三十八年(1773)三月二十八日,乾隆皇帝曾下诏说:各地献书不积极,"必系督抚等因遗编著述非出一人,疑其中或有违背字面,恐涉于干碍,预存宁略勿滥之见,藏书家因而窥其意旨,一切秘而不宣,甚无谓也。文人著书立说,各抒所长,或传闻互异,或纪载失实,固所不免,果其略有可观,原不妨兼收并蓄,即或字义触碍,如南北史之互相诋毁,此乃前人偏

---

① 王氏《东华续录》乾隆朝 13,乾隆六年正月庚午。
② 见《四库全书总目》卷首及《办理四库全书档案》上册。
③ 朱筠:《笥河文集》卷 1。
④《四库全书总目》卷首,乾隆三十八年二月初六日上谕。
⑤《四库全书总目》卷首,乾隆三十八年二月二十一日上谕。

见,与近时无涉,又何必过于畏首畏尾耶!朕办事光明正大,可以共信于天下,岂有下诏访求遗籍,顾于书中寻摘瑕疵,罪及藏书之人乎?若此番明切宣谕后,仍似从前疑畏,不肯将所藏书名开报,听地方官购借,将来或别有破露违碍之处,则是其人有意隐匿收存,其取戾转不小矣"①。为了帮助地方官做好征书事宜,乾隆皇帝甚至为他们谋划具体办法。如当月二十九日,他曾指示两江总督、江苏和浙江两巡抚说:"闻东南从前藏书最富之家,如昆山徐氏之传是楼,常熟钱氏之述古堂,嘉兴项氏之天籁阁、朱氏之曝书亭,杭州赵氏之小山堂,宁波范氏之天一阁,皆其著名者,余亦指不胜屈。并有原藏书目,至今尚为人传录者。即其子孙不能保守,而辗转流播,仍为他姓所有,第须寻原竟委,自不至湮没人间。纵或散落他方,为之随处踪求,亦不难于荟萃。又闻苏州有一种贾客,惟事收买旧书,如山塘开铺之金姓者,乃专门世业,于古书存佚原委,颇能谙悉。又湖州向多贾客书船,平时在各处州县总买书籍,与藏书家往来最熟,其于某氏旧有某书、曾购某本,问之无不深知。如能向此等人善为询咨,详加物色,因而四处借抄,仍将原书迅速发还,谅无不踊跃从事。"②除了威胁,给予奖励也是乾隆皇帝促使臣民献书的重要办法。据《四库全书总目》卷首所载乾隆三十九年(1774)五月十四日和七月二十五日的上谕,凡献书在五百种以上者,赏给《佩文韵府》一部,此外,进书一百种以上者,其姓名还要写进各书的提要之中。其中"精醇之本",乾隆皇帝"几余亲为评咏,题识简端"。由于上述种种努力,各地臣民终于把献书的活动积极开展起来,"各省陆续奏进,而江、浙两省藏书家呈献种数尤多,廷臣中亦有纷纷奏进者"。③

担任编纂任务的四库全书馆是个相当庞大的机构。据《四库全书总目》卷首记载,乾隆四十七年(1782)七月十九日奉旨开列的办理《四库全书》在事诸臣职名就有 300 多个,其中正总裁官(总揽馆事)16 人、副总裁

---

① 《办理四库全书档案》上册。
② 《办理四库全书档案》上册。
③ 《四库全书总目》卷首,乾隆三十九年五月十四日上谕。

10 人、总阅官(总理阅定各书之事)15 人、总纂官(总理编书之事)3 人、总校官(总理校订之事)1 人、翰林院提调官(管理提取该院藏书之事)22 人、武英殿提调官(管理提取该藏书之事)7 人、总目协堪官(管理协定全书总目之事)9 人、校勘《永乐大典》纂修兼分校官 39 人、校办各省送到遗书纂修官 6 人、黄签考证纂修官 2 人、天文算学纂修兼分校官 3 人、缮书处总校官 4 人、缮书处分校官 179 人、篆隶分校官 2 人、绘图分校官 1 人、督催官 3 人、翰林院收掌官 20 人、缮书处收掌官 3 人、武英殿收掌官 14 人、监造官 3 人。在这众多四库全书馆人员中,起主要作用的是总纂、纂修、总校和分校诸官,由当时各方面的著名学者担任,而总纂官纪昀、陆锡熊,总校官陆费墀,校勘《永乐大典》纂修兼分校官邵晋涵、戴震、周永年,出力尤大。除上述 300 多个"在事诸臣"外,四库全书馆中还使用了几千名负责誊录的人员。

四库全书馆全体人员为了这项编书事业,辛勤努力了十多年,最后终于编纂成功。最初乾隆皇帝决定缮写四部,分藏皇宫内的文渊阁、奉天的文溯阁、圆明园的文源阁和热河的文津阁。后来考虑到江、浙一带文化发达,又决定续抄三部,分藏扬州大观堂的文汇阁、镇江金山寺的文宗阁和杭州圣因寺的文澜阁,以便当地士子抄录阅读。这七阁都是模仿宁波范氏天一阁的样式建筑的,其建成的年代,文津阁和文源阁是乾隆四十年(1775)、文渊阁是乾隆四十一年(1776)、文宗阁是乾隆四十四年(1779)、文汇阁是乾隆四十五年(1780)、文溯阁是乾隆四十七年(1782)、文澜阁是乾隆四十九年(1784)。第一部《四库全书》抄成于乾隆四十六年(1781)十二月,藏于文渊阁。第二部抄成于乾隆四十七年(1782)十月,藏于文溯阁。第三部抄成于乾隆四十八年(1783)冬,藏于文源阁。第四部抄成于乾隆四十九年(1784)十一月,藏于文津阁。其余三部于乾隆五十二年(1787)六月初步抄毕,后因校对错误,全部收藏入阁拖到了乾隆五十五年(1790)以后。

二、《四库全书总目》《四库全书简明目录》《四库全书荟要》

朱筠在于乾隆三十七年（1772）所提的四点建议中，主张"诏下儒臣，分任校书之选。或依《七略》，或准四部。每一书上，必校其得失，撮举大旨，叙于本书首卷，并以呈进，恭俟乙夜之披览"①。军机大臣们同意他的这个主张。乾隆三十八年（1773）二月六日军机大臣议覆："前代校书著录，如《七略》《集览书目》《崇文总目》等编，俱可师法。应令儒臣于每书校其得失，撮举大旨，叙于卷首，以便观览。查宋王尧臣等《崇文书目》、晁公武《读书志》，就所藏书籍编次目录，另为一书，最为简当，应仿其体例，分经史子集，详载部分卷数、撰人姓名，垂示久远。"②于是，四库全书馆后来在编辑《四库全书》的同时，又进行了《四库全书总目》的撰写。

《四库全书总目》于乾隆四十六年（1781）完成初稿，而后进行了反复修改，于乾隆五十八年（1793）冬由武英殿刊出，发七阁收贮使用。③乾隆六十年（1795），浙江翻印了《四库全书总目》，从而传向各地。该书共有二百卷，卷首有"圣谕"和"凡例"等。正文分经、史、子、集四部，"经部分十类、史部分十五类、子部分十四类、集部分五类。或流别繁碎者又各析子目，使条理分明"。类或子目之下，按时代顺序，收载诸书。"四部之首各冠以总序，撮述其源流正变，以挈纲领"，各类之首"亦各冠以小序，详述其分并改隶，以析条目"。如尚有应予说明者，"则或于子目之末，或于本条之下，附注案语，以明通变之由"。收载各书，都撰有提要，"每书先列作者之爵里以论世知人，次考本书之得失，权众说之异同，以及文字增删，篇帙分合，皆详为订辩，巨细不遗。而人品学术之醇疵，国纪朝章之法戒"，亦未尝不加评论褒贬。④

---

① 朱筠：《笥河文集》卷 1。
② 王氏《东华续录》乾隆朝 77。
③ 此据王重民《论〈四库全书总目〉》，《北京大学学报》1964 年。1964 年中华书局为该局刊于 1965 年的《四库全书总目》所作的"出版说明"认为：乾隆四十七年（1782）七月，"总目"初稿完成，乾隆五十四年（1789）写定，由武英殿刊出。
④ 《四库全书总目》卷首，"凡例"。

乾隆三十八年(1773)五月十七日,乾隆皇帝曾对编纂《四库全书》诸臣下令:"所有进到各遗书,并交总裁等,同《永乐大典》内现有各种,详加核勘,分别刊钞。择其中罕见之书,有益于世道人心者,寿之梨枣,以广流传。余则选派誊录,汇缮成编,陈之册府。其中有俚浅讹谬者,止存书名。汇为总目,以彰右文之盛。"①因此,这次编纂丛书时所收到的全部书籍,被分成了三类(实则四类,详见下文),即应刊、应钞、应存目三种。其应刊、应钞者皆收入《四库全书》,其应存目者则《四库全书》未及收入。与该情况相应,《四库全书总目》所收各书,被分成了两种:其一为著录诸书,包括收入《四库全书》的应刊、应钞的全部书籍;其二为存目诸书,是编撰者判为应存目而不收入《四库全书》的书籍。据中华书局在新中国成立后影印《四库全书总目》时仔细统计,其著录的书共 3461 种、79309 卷,存目的有 6793 种、93551 卷。②由于七部《四库全书》在抄写过程中及抄成以后有漏抄、撤换和增添等情况,相互间不尽一致,《四库全书总目》所著录者与它们也都不相同,但出入并不太大,大体说来,都在 3400 种以上。③《四库全书总目》著录和存目的书籍合计万余种,乾隆以前的中国古代重要著作基本上都被包罗进来,特别是元以前的著作,收辑更为完备。

乾隆三十九年(1774)七月,在《四库全书总目》编写的过程中,乾隆皇帝发现所写的提要已达万余种,一旦正式抄刻成书,翻检将颇为不便。他认为"自应于提要之外,另刊《简明书目》一篇,只载某书若干卷,注某朝某人撰",这样就会"篇目不繁而检查较易,俾学者由书目而寻提要,由提要而得全书"。④因此,除去《四库全书总目》,四库全书馆还另撰了《四库全书简明目录》一书。此书共 20 卷,其体例全依乾隆皇帝所说。

①《四库全书总目》卷首。
②见该书"出版说明"。
③如民国初年陈垣调查文津阁所藏《四库全书》,得 3470 种。见《中华图书馆协会会报》第 3 卷第 3 期。
④《四库全书总目》卷首,乾隆三十九年七月二十五日上谕。

乾隆三十八年(1773)正式设立四库全书馆编纂《四库全书》时,乾隆皇帝已 63 岁,深恐工程浩大,自己不能亲睹其成,因而令于敏中、王际华(二人皆系《四库全书》总裁)率领有关人员,择最精粹的书籍,先编一部规模较小的丛书,命名为《四库全书荟要》。这部丛书成为编纂《四库全书》的又一个副产品。它一共抄写了两部,于乾隆四十三年(1778)完工,分贮于紫禁城的摛藻堂和圆明园的味腴书屋。其所包括的书籍共有 463 种,其中经部 173 种、史部 70 种、子部 81 种、集部 139 种。每书前皆有提要,式样与《四库全书》相同。①

三、对《四库全书》编纂活动的评价

编纂《四库全书》是一项持续十多年的大规模的文化活动,它在历史上,特别是文化史上,留下了不可磨灭的一页。它有很大的积极作用,但由于是封建统治者主持进行的,又有严重的阶级和时代的局限性。

首先,乾隆皇帝组织这项活动,具有反动的政治目的,这使它产生了很大的消极影响。如前所述,乾隆皇帝编纂《四库全书》是为了充实皇宫内的藏书,以便于他阅读、揣摩,学习历代的统治经验。但这只是其一。另外,他还为了通过它宣传封建教条,并借机对所有的文化典籍进行一次全国性的大清查,把其中不利于清朝统治的部分,诸如汉族的民族思想、不符合封建道德的内容等,统统除掉。乾隆皇帝在其撰写的《文渊阁记》中说:"国家荷天庥,承佑命,重熙累洽,同轨同文,所谓礼乐百年而后兴,此其时也。而礼乐之兴,必藉崇儒重道,以会其条贯。儒与道,匪文莫阐,故予搜四库之书,非徒博右文之名,盖如张子所云:'为天地立心,为生民立道,为往圣继绝学,为万世开太平。'胥于是乎系。"②这段话清楚地道出了他企图借编纂《四库全书》"崇儒重道"以宣传封建思想的政治目的。乾隆三十九年(1774)八月初二,乾隆皇帝发现"各省进到书籍不

---

① 费寅:《记四库全书》,《图书展望》1948 年 1 月。
② 原载《清高宗御制文三集》卷 13。

下万余种,并不见奏及稍有忌讳之书",大发雷霆,严厉地斥责各地督抚说:"岂有裒集如许遗书,竟无一违碍字迹之理! 况明季造野史者甚多,其间毁誉任意,传闻异词,必有诋触本朝之语。正当及此一番查办,尽行销毁,杜邪邦言,以正人心,而厚风俗,断不宜置之不办。此等笔墨妄议之事,大率江、浙两者居多,其江西、闽、粤、湖广亦或不免,岂可不细加查核?""若此次传谕之后,复有隐讳存留,则是有心藏匿伪妄之书,日后别经发觉,其罪转不能逭,承办之督抚等亦难辞咎。"①这件事情,十分有力地表明了乾隆皇帝要利用编纂《四库全书》之机,清查文化典籍,除去其中不利于清朝统治部分的罪恶目的。

因此,在编纂《四库全书》的过程中,乾隆皇帝一面组织有关人员,把有利于封建统治教条的书籍,经过整理,编进《四库全书》之中;一面又强迫各地搜查违碍书籍,开展起大规模的运动。佐杂教职人员是查访违碍书籍的主要人员,候补教职人员、各地绅士及各学生监也都被调动起来参加这一活动。搜查出来的违碍书籍全予销毁,有的全毁,有的抽毁其中一部分,全毁者多属明亡而不死节之原明朝官吏等的著作,抽毁者多是明人或宋、元人关于满族或与之相关的著作中为清朝统治者所忌讳的部分,也有的是因为违背了封建道德的缘故。据近人陈乃乾统计,因此而销毁的书籍,全毁者2453种,抽毁者402种,销毁书版50种,销毁石刻24种,总合在一起,几乎达3000种。每种又有若干种复本,约计总数当在10万部上下。这个数字并非全貌,诸如民间惧祸而私自焚毁者尚未统计在内。这实在是文化典籍的一场浩劫。②

为了达到宣传封建思想、除掉不利于清朝统治的内容的目的,乾隆皇帝在组织编纂《四库全书》时,还采取了对《四库全书》所收书籍进行窜改的办法。如乾隆四十一年(1776)十一月十七日,他就曾明确下令:对于明末"立朝守正,风节凛然"的刘宗周、黄道周诸人的著作,"惟当改易

---

① 王氏《东华续录》乾隆朝80。
② 参见郭伯恭《四库全书纂修考》,第2章,上海书店1992年版。

违碍字句，无庸销毁"，"他如南宋人书之斥金，明初人书之斥元，其悖于义理者，自当从改"。① 鲁迅在 1934 年写的《病后杂谈之余》中曾对这种情况进行揭露，他说："乾隆朝的纂修《四库全书》，是许多人颂为一代之盛业的，但他们却不但捣乱了古书的格式，还修改了古人的文章。""新近陆续出版的《四部丛刊续编》自然应该说是一部新的古董书，但其中却保存着满清暗杀中国著作的案卷。例如宋洪迈的《容斋随笔》至《五笔》是影宋刊本和明活字本，据张元济跋，其中有三条就为清代刻本中所没有。""清朝不惟自掩其凶残，还要替金人来掩饰他们的凶残。""还有一部也是《四部丛刊续编》里的影旧抄本宋晁说之《嵩山文集》。在这里，卷末就有单将《负薪对》一篇和四库本相对比，以见一斑的实证……可见'贼''虏''犬羊'是讳的；说金人的淫掠是讳的；'夷狄'当然要讳，但也不许看见'中国'两个字，因为这是和'夷狄'对立的字眼，很容易引起种族思想来的。"②新中国成立后，河南省图书馆发现《四库全书》朱墨削改的稿本二册，其一为顾炎武的《日知录》，其二为黄宗羲的《明文海》。从这两个稿本，可以看到与鲁迅所揭露的情况相同的削改。③

　　乾隆皇帝在组织编纂《四库全书》的过程中，把撰写《四库全书总目》也当成了贯彻其政治企图的重要环节。如宋李光撰有《读易详说》，极力鼓吹封建道德，其解否之初六云："小人当退黜之时，往往疾视其上，君子则穷通皆乐，未尝一日忘其君。"《四库全书总目》对此就大为称赞，说这是"因事抒忠，依经立义"④。这实际是借介绍《读易详说》宣传封建的君臣之道。

　　其次，乾隆皇帝所组织的《四库全书》的编纂，在学术上也有应予批评之处。其所选书籍偏而不全，如清朝以程朱理学为学术正统，因此《四库全书》对这一派的著作，不问价值，多所收入，而对于陆、王及其他非程

---

① 《四库全书总目》卷首。
② 见《鲁迅全集》第 6 卷，人民文学出版社 2005 年版。
③ 王拱璧：《乾隆毁书的例证》，《图书馆》1962 年第 4 期。
④ 《四库全书总目》卷 2"经部·易类"2，"读易详说"条。

朱学派的著作则收入甚少,至于佛、道的著作收入得更少。其所辑《永乐大典》佚书,多数只图省事,没有尽可能地参用其他资料,进行必要的校勘,致使有些辑本不甚理想。其他书籍有的本来可以用《永乐大典》进行校补,但也没有进行。甚至有些收入《四库全书》的书,已经发现了其残缺之处,《四库全书总目》中也写了进去,却并没有对原书做更改。《四库全书》所收的书籍在辑佚、校补外,都要依刊本、钞本重抄一遍,不要说所据原本不全是善本,即使是善本,经过钞写,也要发生许多讹误。在最初赶写《四库全书总目》初稿时,凡是《永乐大典》的辑本和预拟纂修的官书,其书名、卷数多是预拟的;而当这些书辑成、编定时,又多半重写了提要,另定了书名,卷数也有更动。可是《四库全书总目》中改用新提要时,书名和卷数往往未加更动。这也是一个学术上的疏忽。由于《四库全书总目》在学术上有缺陷,后人为正其谬误,写出了一些文章和著作,其中最著名的是余嘉锡的《四库提要辨证》和胡玉缙撰、王欣夫辑的《四库全书总目提要补正》,它们考证精详、征引繁富,是读《四库全书总目》的必备参考书。

《四库全书》的编纂尽管有上述局限性,但其积极作用是不可忽视的,两者相较,平心而论,应该说后者大于前者。通过《四库全书》的编纂,从《永乐大典》中辑出了几百种佚书,这在文化史上是很有意义的事情。《四库全书》编成后,许多已刊、未刊的书籍被集散为整,这对于保存防失极为有益。抄成七部(如果加上副本实际上共有八部),分存于华北、东北和江浙,供学者阅读传抄,这对于传播文化是极大的促进。所撰《四库全书总目》,介绍了一万多种书籍,其中虽间或有失误之处,但因出自当时的著名学者之手,大多考证精详,是对乾隆以前的学术的一次大总结,这对于后人参考具有极高的价值。这种编写提要的方法和方式,总结了刘向以来特别是宋代以来编写提要的经验,也吸取了清代的经验,达到了当时的最高水平,对于后人有很大的影响。如后来阮元撰写的《四库未收书提要》、孙星衍撰写的《廉石居藏书记》等,就是模仿《四库全书总目》编写的。《四库全书总目》的分类方法和编排方式也比较恰当,门类细而不烦,编排井井有条,既便于查找,也为读者指出了读书门径,这在当时也达到了最高水平,对于后人的影响同样很大。自从《四库全书总目》刊印流传之后,各种目录书大体上都是沿用了它的分类方法和编排方式。如清末浙江的藏书家丁氏,把《四库全书》收入的书收藏在嘉惠堂,把《四库全书总目》存目上著录的书和未经《四库全书总目》记载的书收藏在八千卷楼,在其编写总书目《八千卷楼书目》时,分类和编排就完全模仿《四库全书总目》,并且在书写时,把《四库全书》收入的顶格、存目著录的低一格、其余的低二格,完全以《四库全书总目》的等级分别作为其依据。

四、《四库全书》的续修、刊印和现状

《四库全书》因政治原因有许多书籍未能收入,它编成抄毕后又有许多新书不断撰写出来,因而自清朝末年起,不断有人主张续修。但由于种种原因,新中国成立前未能实现,只是撰写了一部《续修四库全书总目提要》。1925 年,日本利用"庚子赔款"成立了东方文化事业委员会,由日本京都大学教授狩堂直喜等负责,邀请当时中国的著名学者柯劭忞等为《四库全书总目》编写续书。当时对收书范围拟定了三条:第一,《四库全书》没有收入的该书编纂前的书籍,主要是佛、道、明代小说戏曲以及有关社会生活习俗、触及当时禁忌的书籍;第二,自《四库全书》编纂后至民国时期新编撰的书籍;第三,《四库全书》已收但版本优于《四库全书》的书籍。原计划撰写提要的书有 20000 部以上,后因日本侵华战争爆发,日方经费不足而中止,仅撰写出了 10070部。日本投降前,已撰写的提要曾油印成册,带回日本,油印册又翻拍成胶卷,现藏日本京都大学人文科学研究所。1971—1972 年,台湾商务印书馆依据这个胶卷整理出版,全书共 12 册。侵华战争失败后,日本东方文化事业委员会的藏书等由当时的接收人沈兼士接收,现藏中国科学院图书馆。这些藏书中包括油印的《续修四库全书总目提要》,

据说其数量比台湾本要多。①

民国以后,刊印《四库全书》的意见也有人多次提出,但直至新中国成立以前始终没有成为现实。只是在1935年选印了231种,称为《四库全书珍本初集》。

八部《四库全书》(七部正本和一部副本)现在仅存四部,其中文渊阁所藏现存台湾;文津阁所藏现存国家图书馆;文溯阁所藏现归甘肃省博物馆;②文澜阁所藏于太平天国革命期间,因兵火混乱,一度散失,后渐收集和补抄,大体凑齐,现存浙江省图书馆;文源阁所藏于第二次鸦片战争中,因英法联军抢掠焚烧而被毁坏;文宗阁和文汇阁所藏于太平天国革命期间,毁于兵火混乱之中;副本原存翰林院(四库全书馆所在地),第二次鸦片战争中已被英法联军掠夺得残缺不全,八国联军之役又遭抢劫,从而散失无余。二部《四库全书荟要》现存一部,其中摛藻堂所藏现存台湾;味腴书屋所藏,于第二次鸦片战争中与文源阁所藏《四库全书》一起毁于英法联军的焚劫。

新中国成立后,中国大陆和中国台湾地区,尤其是中国大陆,对《四库全书》之出版及与之相关的系列丛书之出版,形成了一大高潮。截至2005年,已出版的主要有如下数种:《景印文渊阁四库全书》(1982—1986年台湾商务印书馆影印本及1986—1990年上海古籍出版社影印本)、《景印摛藻堂四库全书荟要》(1985—1988年台湾学生书局影印本)、《续修四库全书》(1996—2003年上海古籍出版社影印本)、《四库全书存目丛书》(1994—1997年齐鲁书社影印本)、《四库全书存目丛书补编》(2000—2002年齐鲁书社影印本)、《四库禁毁书丛刊》(1997—1999年北京出版社影印本)、《四库禁毁书丛刊补编》(2005年北京出版社影印本)、《四库未收书辑刊》(1997—2000年北京出版社影印本)。这一高潮之出现,在一定意义上讲是清朝编写《四库全书》活动的继续和进一步发展,也反映出其意义之深远。

---

① 见中华书局总编辑室编印《古籍整理出版情况简报》1982年第2期。
② 王树卿:《〈四库全书〉及藏书阁》,《紫禁城》1981年第6期,总第10期。

第六章　少数民族文化

第一节　满族

一、语言文字与史学

明万历四十四年（1616），建州女真族首领努尔哈赤统一了女真各部，在赫图阿拉（今辽宁新宾西）建都称汗，国号"金"，史称"后金"。天聪九年（1635），继位的皇太极下令废女真旧号，定族名为"满洲"，后通称"满族"。次年，皇太极在盛京称帝，改国号为"清"。清军入关后，定都北京，并逐步统一全国。此后，满族主要分布于东北和北京及其周围，同时，驻防满洲八族及其家属散布于全国各地。

（一）语言文字

1. 满语满文的发展与衰落

清军入关以后，历经顺治、康熙、雍正、乾隆几朝，社会经济、政治、文化发展到鼎盛时期。这个时期，清朝统治者极为重视满语满文，满语满文得到空前推广和使用，且日益规范化和普及化。

第一，满语满文被定为国语国文。当时清朝统治者把保持"国语骑射"作为维护其统治的一项基本国策，要求满族人说满语、写满文，尤其强调满族贵族官僚子弟必须学会满语满文。规定满族人为官,必须能用满语满文奏对履历、拟写奏章;凡不通满语满文者,均要受到严厉申斥,甚至不准授职。

第二,满语满文日渐规范化,且通顺易懂。几朝皇帝,特别是乾隆皇帝,不断发布上谕要求满语满文规范化。比如,规范满文正字,改定音译汉语借词为意译汉语借词,新定汉语未有名词的满语对译,以及规定满族人名的满文书写方式等等。满语满文经过长期使用与推行,到乾隆年间,满语语法日臻完善,遣词造句的规则愈加完备,改变了过去满语语法形态变化混乱、句子成分省略过多的弊端。规范化与完备后的满语满文,读起来通顺易懂。

第三,出现了满文词书和语法书籍。自康熙朝开始,陆续出现词书和语法书籍,对满语满文的发展起到了很大的推动作用。康熙四十七年(1708),完成类书《清文鉴》,共分280类、12000多条,是为满文词书中的第一部巨著。乾隆三十六年(1771),修订完成《清文鉴》,又有很大的改进。之后,学习满语满文的参考书《清文虚字指南编》《满汉字清文启蒙》《初学必读》等陆续问世。

乾隆朝以后,随着满族与汉族长期的杂居,在频繁的社会交往中许多满族人渐渐学会了汉语汉文。除在朝廷议事与政事场合仍使用满语满文外,作为交际工具的满语满文的使用范围越来越窄,很多满族人,其中包括一些贵族和满族官员,已经不会说满语、写满文了。满语满文日趋衰落。仅从现存的清代盛京内务府同北京总管内务府来往的文书档案就可以明显看出这种衰落的趋势:顺治、康熙两朝,满文档案文件占绝大多数;雍正、乾隆两朝,满、汉文件参半;嘉庆朝以后,汉文档案文件占多数;同治、光绪朝,几乎看不到满文档案文件了。

2. 满语词汇和语法

① 满语词汇构成成分

包括固有词与借词。

借词即外来语,包括借自汉语普通话的词、借自汉语方言的词、借自外国语的词、借自其他少数民族的词等。

② 满语语法

第一，词类。

实词：既能单用表义，又可与别的词相互结合表义。实词中有名词、代词、动词、形容词、数量词。

虚词：不能单用表义而只能与别的词结合表义，且总是依附于实词。虚词中有副词、后置词、连词、语气词、格助词。

感叹词：跨出前两类词之外的一种为数甚少的特殊词类。

第二，句子。

句子成分：主要有主语、谓语、宾语、补语、定语、状语。

单句：单句从结构上可分为主谓句与非主谓句。

复句：清代满语中复句很发达，一般语言所具有的复句其均有。①

（二）史学

满族入关以后，发展和完善修史机构。顺治十五年（1658），废院内三院，仿明制设立内阁与翰林院。之后，独立的修史机构渐次完善起来。顺治年间，设立了明史馆、实录馆、起居注馆、玉牒馆、方略馆、国史馆等。乾隆年间，又设立了三通馆、四库全书馆等。由于修史机构完善，清政府大力修撰古代史、近代史与现代史。

除官修史书外，学者有关满族的史学著述也不少。

钱谦益（1582—1664）著有《太祖实录辨证》《国初群雄述略》。计六奇著有《南京纪略》《辛丑纪闻》《粤滇纪闻》等。方象瑛著有《封长白山记》《松窗笔乘》等。还有弘旺的《皇清通志纲要》《松月堂目下旧见》等，三宝的《春华日览》和鄂尔泰的《西林遗稿》。②

---

① 本部分内容，参阅黄锡惠《满族语言文字研究》，民族出版社 2008 年版；魏巍《论满族语言文字的兴衰》，《文艺生活（下旬刊）》2011 年第 8 期；周澍田、王志明《论满族语言文字的演变》，《满语研究》1998 年第 2 期。

② 本部分内容，参阅刘喜强《〈四库全书〉的满族史学研究》，兰州大学 2010 年。

二、宗教与风俗

(一) 宗教

1. 萨满教

清代满族沿袭了对萨满教的信奉,分为宫廷和民间两类。

① 宫廷祭祀

宫廷祭祀又分为宫内祭与堂子祭。

宫内家祭分为"磕头祭"与"猪祭"。"磕头祭"是供献糕酒、磕头三遍的小型祭祀活动;"猪祭"是除供献糕酒之外,还要杀猪、请萨满跳神的较大型祭祀。这种祭祀一般自农历正月初一开始,包括日祭(朝、夕祭)和背灯祭。此外萨满祭祀还有月祭、四季献神祭、求福仪等。[1]

满族入关后,在北京长安左门外玉河桥东建堂子。堂子祭主要有元旦祭天、出征凯旋告祭、日祭、杆祭。[2]

② 民间祭祀

民间祭祀主要指一般满族人的家祭,分春、夏、秋、冬四时祭,清明、七月中、岁暮祭。春、夏与岁暮祭为小祭,仅磕头与供糕、酒。秋、冬为大祭,要用猪祭,一般三五天,包括朝祭、背灯祭、祭天等。[3]

2. 佛教和喇嘛教

清代满族除信奉萨满教外,还信奉佛教,特别是藏传佛教(俗称"喇嘛教")。

祭祀佛祖均在大祭第一天昧爽之时。祭场设在家里的正室。祭前由司香妇悬黄幔神幄,设佛祖如来佛、观音菩萨神像,供糕酒素食。开始时由司香妇献香,然后,奏神乐者十人按顺序进入,分两行盘膝而坐。主祭的司祝由女萨满担任。司香将神刀授予司祝,司祝吉服舞刀而进,再

---

①③ 参阅富有光、孟慧英《满族萨满教研究》,北京大学出版社 1991 年版;姜小莉《清代满族萨满教研究》,东北师范大学 2008 年。

② 参阅宋继刚《清朝堂子祭祀礼仪考释》,东北师范大学 2010 年。

跑六献,随之擎神刀祷祝三次,诵神歌一次,司俎等复歌"鄂啰罗"共反复三次。待主人吉服肃穆而进,立于神位前,司祝致祷祝词。司祝祷祝毕,主人叩后起立。司祝亦叩首,起立合掌致敬。

对于佛教,满族民间信奉者居多,其广泛传播是在清代中期。到清末,满族家庭多已祭佛。

清代满族上层尤其是皇帝热衷于喇嘛教,一是招徕蒙古各部,二是用以统治人民。[①]

（二）衣食住

1. 服饰

① 衣着

在满族衣着中,最有代表性的是旗袍。旗袍满语叫"衣介",分单、夹、皮、棉四种。旗袍的式样是无领（后来加一条假领）、窄袖（或箭袖）、捻襟（大襟）、左衽、四面开衩、带扣襻、束带。满族妇女旗袍与男子相同,但领口、袖头、衣襟都绣有不同颜色的花边。还有一种女式旗袍叫"大挽袖"。

马褂。满族人喜欢在旗袍外面配套马褂,叫作"长袍马褂"。马褂分为大襟、对襟、琵琶襟等多种形式。

坎肩。原名叫"半臂",又叫背心、马甲、蔽甲方、披袄、搭护等。坎肩分为对襟、捻襟、一字襟、人字襟、琵琶襟等多种。妇女穿的坎肩要绣花、镶边。坎肩有棉有夹,或丝或布。长坎肩是满族妇女穿的罩衣,其式样如同去掉两袖的长袍。[②]

套裤。满语叫"渥季阿力",只有裤筒,没有裤裆,套在裤子外面。男女均可穿。

靴、鞋。满族有"女履旗鞋男穿靴"之说。靴子有夹有棉,可用布、缎、绒、革制作。按规定,官员穿方头靴,平民穿尖头靴,还有一矮勒的薄

---

① 本部分内容,参阅隋永良、李元通、李媛媛《浅谈满族的宗教信仰》,《内江师范学院学报》2006年（增刊）；范立军、肖光辉《清代满族宗教信仰之嬗递》,《吉林师范大学学报（哲学社会科学版）》2013年第5期。
② 参阅蔡云桐《马褂旗袍坎肩:满族的历史底片》,《东北之窗》2010年第1期。

底快靴。清代满族妇女穿高跟木底鞋,尤其是贵族妇女。跟底形状类似马蹄形或花盆形。满族老年妇女多穿矮跟或平底鞋。

帽子。满族男子有戴冠习俗,不分长幼,一年四季均戴帽子。帽子的种类很多,秋、冬戴暖帽,春、夏戴凉帽。暖帽、凉帽叫"礼帽"(也叫"大帽")。另外还有毡帽、便帽以及冬季老年人戴的风帽。满族妇女秋冬所戴的帽子,称作"坤秋"。还有一种扇形冠,俗称"旗头",又叫"宫装",是满族妇女最具特色的服饰。①

② 发式与装饰

满族成年男子的发式是"半薙半留"。满族女子发式,幼年时期与男孩一样,成年待嫁才蓄发,或梳单辫,或绾抓髻,谓之"留头"。已婚女子开脸上头,开始绾髻。发髻的样式有"大盘头"、"大鬏头"、"架子头"、"老样头"、"两把头"(又叫"如意头")、"水壶轳"等。

清代满族妇女喜欢在发髻上插花或加些头饰。上层妇女一般有"大耳挖子""小耳挖子""花针""排杆""珠花簪""压鬏针"等。贵族妇女的首饰多用金、银、珍珠、玛瑙、玉石等打造、磨制镶嵌而成。满族妇女喜欢戴耳环,有金、银或镶珍珠、翡翠者。②

2. 饮食

① 主食

一般满族人家的主食以面食为主,主要原料是麦子、玉米、高粱、粟、糜等。满族称面制的东西为"饽饽"(水饺称"水煮饽饽"),计有:萨其马、芙蓉糕、绿豆糕、五花糕、卷切糕、凉糕、风糕、豆面卷子(俗称"驴打滚")、马蹄酥、肉末烧饼、小酥、豌豆黄、牛舌饼、苏叶饼、波罗叶饼、打糕、馓糕、淋浆糕、豆渣糕、炸糕等。

---

①② 参阅徐海燕《满族服饰》,沈阳出版社 2004 版;王云英《清代满族服饰》,辽宁民族出版社 1985 年版;关皓《满族传统服饰初探》,中央民族大学 2005 年;曾慧《满族服饰文化研究》,辽宁民族出版社 2010 年版;曾慧《满族服饰文化的变迁(上)》,《辽东学院学报(社会科学版)》2009 年第 4 期;曾慧:《满族服饰文化的变迁(下)》,《辽东学院学报(社会科学版)》2010 年第 1 期。

满族饭有小米饭、黄米饭、粘高粱米饭、高粱米饭。粥有小豆甜粥、豌豆粥、杏仁粥、八宝粥等。在盛夏时节,满族喜食一种别具特色的消夏美食——酸汤子,又称酸姜子、酸馇子等。

② 副食

满族菜肴以肉食为主,主要是猪、羊。其烹调方法很多,有烧、烤、蒸、炖、煮、煨、燎、炒、熏、炸等,主要是烧、烤。猪肉菜如全猪、挂炉猪、烤乳猪、烧小猪、糕蒸小猪、野参七星肘子、血肠及各种猪脏腑等,羊肉菜如全羊席、烤羊肉、蜜汁羊肉、七星羊肉等。

满族人还喜食鱼类的海味。

满族人还喜食野味。用扒、烧、烤、烀等方法烹饪各种兽肉,别具风格。

满族人还喜食蔬菜。种植的蔬菜有葱、白菜、辣椒、茄子、黄瓜、韭菜、蒜、生菜、香菜、水萝卜、长瓜、回鹘豆、蔓菁、芹菜等。还有黄花菜、蕨菜、灰灰菜、明叶菜、抱头菜、小根菜、猫耳朵、大叶芹、小叶芹、红花根(野百合)等各种野菜。

满族还做各种酱,如豆酱、山珍野菜的菜酱、鱼酱、肉酱、鸡蛋酱等。

各种蜜饯果脯也是满族菜肴的重要组成部分。

满族菜肴中,汤类也具有特色。如蛤士蟆羹、晃子汤、酸辣疙瘩汤、雀火锅、天上锅、渍菜白肉火锅等。

③ 饮料

满族饮料中,酒为首。酒,满语叫"阿鲁克艾"。满族酒的种类很多,有烧酒、黄酒、清酒、醴酒、松苓酒以及各种名贵药酒。

满族人还喜欢喝豆浆、豆汁。

满族人受汉族影响学会饮茶,受蒙古族影响喜欢喝奶茶。此外,满族人还喜欢饮蜂蜜水、山楂片水、榔市水、棠李子水、糊米水等。[1]

---

[1] 本部分内容,参阅刘颖《满族的饮食文化》,《草原税务》2002年第2期;冷传平《满族饮食文化初探》,《吉林师范大学学报(人文社会科学版)》2005年第2期;刘乐乐、张美娟《论清朝之满族饮食文化》,《齐齐哈尔师范高等专科学校学报》2007年第5期;包玉坤《满族饮食文化研究》,吉林大学2008年;周方亚《论满族饮食文化及其"农业化"的特色与价值》,吉林艺术学院2011年。

3. 满族老屋建筑

满族老屋一般是三间或五间,草顶土墙,坐北朝南,均在东端南边开门,形如口袋,俗称"口袋房"。进门是厨房,为外屋,西侧或东、西两侧为里屋,即卧室。里屋筑有南、北、西三面构成的"匚"形火炕,称"万字炕""蔓枝炕""转圈炕"等。西墙供祖宗牌位。西炕为窄炕,不住人,下通烟道。南炕睡长辈,北炕睡晚辈。炕梢置衣柜,柜内装衣物,柜上叠置被褥、梳妆用品。窗户分上下两扇,上窗可支起通风。多用高丽纸糊南窗棂外,纸上淋油或盐水。窗格有横格、竖格、方格、万字等形。烟囱,满语称"呼兰",建在屋外西山墙旁,为圆形,高出房檐数尺,距离房子70厘米左右,独立筑起,通过孔道与炕相通。

除正房外,满族人家多有仓房(偏厦)、马架子(窝棚)、障子(栅栏)或土墙及猪圈、牛棚等。大户人家一般建有东、西厢房,同石墙、门楼组成四合院。院内竖索伦杆,杆后是一面用砖砌的影壁墙。[①]

(三)婚丧习俗

1. 婚娶

满族婚娶程序一般分为通媒、相看、定亲(小定)、拜女家、下茶、开剪、送嫁妆、迎亲、坐帐、祝吉、合卺、分大小、回门、住对月等。

通媒。男家先行选择门当户对人家的女子,再请媒人携带一瓶酒送女家,必须去三次,才可表示诚意。

相看。男、女家经过"问名"(记载本人旗佐、生辰八字、姓氏三代),男女八字相合,即可由双方父母在媒人引导下互相看长相、了解人品及家庭情况等,也叫"相亲""看门户"。

定亲(小定)。双方经过相看,互相满意,男家则送如意、钗钏等为定礼。女子给男家尊长装烟,即"装烟礼",男家要给装烟钱,也叫"斟盅"。

拜女家。男家得知女家同意后,子在父带领下去女家叩头,正式订

---

① 本部分内容,参阅韩晓时《满族民居民俗》,沈阳出版社2004年版;于迪《论满族传统民居文化》,《满语研究》2010年第2期;黄锡惠、王岸英《满族火坑考辨》,《黑龙江民族丛刊》2002年第4期;陈伯超《满族民居特色》,《建筑史论文集》,2002年。

婚,也叫大定。随后男子要拜女家神位与舅父母等近亲。

下茶。男家择吉日携带首饰、钱帛、猪羊和酒等到女家行聘。礼品呈于祖先案前,然后双方父亲并跪,斟酒互递蘸祭,俗称"换盅"。

开剪。男家将结婚吉日告知女家,叫"送日子"。男家同时送女子花布、衣服,陈于祖先案前,双方父亲并跪,奠酒焚楮,相互致喜。

送嫁妆。正式婚礼前几日,女家将陪嫁的妆奁置于铺红毡的高桌之上,抬到男家,叫"过箱柜"。新郎要骑马到女家致谢。

迎亲。洞房由子女双全的长辈人布置,被褥的四周放些枣、花生、桂元、栗子,被子中间放如意,喻"早生贵子,万事如意"。再彻夜奏乐,以驱鬼怪,叫作"响房"。迎亲新郎率迎亲车于天亮前出发,新娘的车在送亲婆与亲兄护送下出发。迎送亲车路上相遇后,亲兄将新娘抱上迎亲车。

坐帐。新娘到新郎家,进门时要跨过马鞍、火盆,喻"平安过门,红火过日子"。新娘入洞房后,由新郎"揭盖头",然后男左女右并肩坐在南炕的帐内,叫"坐帐",表示对新居的占有权,小家庭建成了。

祝吉。婚礼之日,新郎、新娘到院内置好的神桌前,面对酒肉等跪拜,听宗老高念"合婚歌",祝福夫妻和睦、子孙满堂、恭禄福寿。

合卺。祝吉后,新郎、新娘到洞房喝由全福人所斟的两杯酒,先是夫妻各呷一口,再互换酒盅各饮一口,即是"合卺礼"。最后吃子孙饽饽和长寿面。

分大小。新婚次日晨,夫妻五鼓起身,一拜天地,二拜神祖,再拜公婆及族中尊长,识卑幼,俗称"分大小"。

回门。婚后三五日或七日,新娘在新郎陪同下到女家,新郎拜岳父母,称为"回门"。

住对月。婚后一个月,新娘回娘家住一个月,称为"住对月"。

至此,婚娶程序全部完成。①

---

① 本部分内容,参阅《满族的婚恋习俗》,《满族研究》2000 年第 3 期;杨洋、张德玉《满族婚姻习俗的民族特色》,《满族研究》2003 年第 3 期;何海龙《浅析古代满族婚姻形态的宗法性》,《满族研究》2004 年第 1 期;刘中平《满族婚俗考述》,《社会科学辑刊》2010 年第 4 期。

2. 丧葬

满族入关之初,仍然实行火葬。从康熙朝开始,满族贵族开始土葬。乾隆年间,准许驻防旗人定居原地,完成了火葬到土葬的转变,并且规定:"嗣后除远乡贫人,不能扶柩回里,不得已携骨归葬者,姑听不禁外,其余一概不许火化,倘有犯者,按律治罪。"①

满族由火葬改为土葬之后,其丧葬习俗中仍保留许多本族旧俗:

男子百日不剃发。

妇女放发。"子妇为公姑,妻为夫,当时放发,殓后收起。每供饭即放发,殡日放发至葬处收起,百日里墓前即放发。"②满族妇女有一耳三钳的习俗,这时要除掉两个,两耳只戴四个耳环。

摘冠缨。满人的帽子以红缨为装饰,遇丧事要摘除:"八旗服丧只摘冠缨,白衣白带……一旦除服后,戴青、蓝、白缨,出殡演戏,排绥扎事,皆不许。"③

送褡裢。东北满族这种风俗较重。人死后第三日的傍晚,"其子以纸囊纸钱负入土地祠,即神前曳囊三匝,觉重,曰亡者收去,出而焚之,谓之送褡裢"④。北京城内有钱人家往往焚烧死者生前衣物,一火价值千金以上。

丧家内树高旛。满族人家有丧事,在院内树两丈高的杆子,杆子上系一块丈把长的红布,称作"旛",红布的边角有的还系着铃铛。⑤

三、文学与艺术

(一)文学

1. 民间文学

① 满族神话

满族神话分为两大类:起源神话、祖先神话。

---

① 《清高宗实录》卷 5。
② 《满洲四礼集》。
③ 萧奭:《永宪录》卷 2。
④ 西清:《黑龙江外记》卷 6。
⑤ 本部分内容,参阅塔娜《满族传统丧葬习俗》,《满族研究》1994 年第 1 期;戴士森《满族丧礼》,《满族文学》2007 年第 2 期。

起源神话主要有《灭神创世》《白云格格》《海伦格格补天》《天池》《月亮阿沙》《北极星》《太阳和月亮传说》等。

祖先神话主要有《鄂多玛发》《石头蛮尼》《多龙格格》《突忽烈玛发》《长白仙女》等。

② 满族传说

满族传说分为历史传说、人物传说、地方传说、风俗传说等。

历史传说主要有《朱图阿哥》《郭合乐的巴图鲁》《北极星》《拜满章京的孙子》《真假巴图鲁》《珠浑哈达的故事》《红罗女》《黑水姑娘》《七彩神火》《花莫利》《恰喀拉的巴图鲁》《巧取辽阳》《怒斩褚英》《三打松山城》等。

人物传说主要有《清太祖传说》《罕见的故事》《鸡鸣山》《萨尔浒》《浑河的来历》《萨尔浒三探军情》《前得骨》《汗王追兔定都》《康熙和典吏》《夜巡》《私访遭难》《萨布素买军草》《放风筝》等。

地方传说主要有《勇敢的阿浑得》《风刮卜奎》《辽阳白塔》《尼雅岛》《王寺井的传说》《细玉沟》《唐帽山的传说》《龙凤村》《参娘望夫》《织布格格》《车轱辘岭的传说》等。

风俗传说主要有《高底木鞋的来历》《皇上捶靰鞡草》《嘎拉哈》《射柳》《索伦杆子和影壁的来历》《水滑子》等。①

③ 满族民间故事

满族民间故事分为生活故事、动植物故事和智人故事等。

生活故事主要有《考媳妇》《五经六书》《弟弟找哥哥》《金马驹的故事》《连理杨》《双槐树》《财神姑父》《绣花女》《库尔金学艺》等。

动植物故事主要有《骄傲的鲤鱼》《人参与松树》《猫和狗的故事》《柳树的故事》《耗子与猫打官司》等。

智人的故事主要有《拍卖脸皮》《取瓮》《种米》等。笑话主要有《贝勒下乡》《三姑爷吃鸡》《一文钱》《老二买布》等。②

---

① 参阅爱新觉罗·乌拉熙春《满族古神话》，内蒙古人民出版社 1987 年版。
② 参阅乌丙安等编《满族民间故事选》，上海文艺出版社 1983 年版；清原满族自治县文化局编《满族故事集》，1990 年版。

④ 满族民歌

满族民歌代表作有《打猎歌》《十二月歌》《挖参歌》《夸女婿》《嫁娶歌》《拜年歌》《催眠歌》《黄米歌》《跑马歌》《阿玛有只小角翁》《神歌》等。①

2. 作家文学

① 诗词

清朝康熙帝、雍正帝、乾隆帝创作了不少诗作:康熙帝有诗 2 卷,现存千余首;雍正帝有诗 2 卷;乾隆帝作诗最多,有诗五集 434 卷,共 4 万多首。由于皇帝率先垂范,产生了重大社会影响,创作诗词蔚为风气。满族诗词方面代表人物与作品有:

鄂貌图(1614—1661),字麟阁,一字遇尧,是满族作家较早从事诗歌创作的诗人。著有《北海集》。

纳兰性德(1655—1685),满洲正黄旗人,康熙朝大学士明珠之子。康熙十四年(1675)进士。著有《饮水》《侧帽》两集。后其师徐乾学为编《通志堂集》。②

② 子弟书

满族子弟书是说唱形式的一种曲艺。子弟书创作者最有名的是罗松窗、韩小窗。

罗松窗共撰写子弟书十种,内容感人至深。

韩小窗更是位多产作家,他创作的脚本达 500 余种。他所写的历史故事慷慨悲歌,痛快明朗,跌宕起伏;爱情故事生离死别,情苦意悲,沉郁凄凉。③

---

① 参阅赵志忠《满族传统民歌与满族音乐文化》,《民族艺术》1995 年第 3 期。
② 参阅朱眉权《清代满族诗歌创作的杰出成就》,《中国社会科学》1983 年第 3 期;张佳生《清代满族诗词十论》,《满族研究》1993 年第 4 期。
③ 参阅冷纪平、郭晓婷《清代子弟书的诞生同八旗子弟生活方式的关系》,《满族研究》2009 年第 4 期;张菊玲《清代满族作家文学概论》,中央民族大学出版社 1990 年版;赵志辉主编《满族文学史》第 2、3 卷,辽宁大学出版社 2012 年版。

（二）艺术

1. 歌舞

① 宫廷歌舞

满族宫廷歌舞,是在节庆、出征、凯旋、庆祝胜利、婚娶、招待宾客等场合,宫廷里摆宴并伴以歌舞。宫廷歌舞有些是满族皇室贵族本身表演的,有些是由专业演员演出的,也有些是朝鲜国王的使臣带来的"优人"表演的。①

② 民间歌舞

满族民间歌舞丰富多彩,其中最具广泛性与代表性的是秧歌舞。每逢年节,各村屯都组织秧歌队到街头巷尾扭秧歌,以示庆贺。②

③ 萨满祭祀歌舞

满族萨满教的萨满舞,是在跳神过程中进行的。萨满跳神时,要在设置的"神堂"和"坛场"的环境中进行。

萨满唱的祭祀歌有《请神调》《背灯调》《跳饽饽神调》等。

在萨满祭祀歌舞的基础上发展起来的《腰铃舞》《单鼓舞》《铜镜舞》等,成为满族舞台艺术的歌舞。③

2. 戏剧

满族戏剧分为宫廷戏剧与民间戏剧。

入关以后,满族戏剧艺术有了发展,宫廷戏剧也得到发展。上自皇帝后妃、下至八旗子弟,都喜欢听戏、看戏,还有不少人学着唱戏、演戏。

---

① 参阅林瑶《满族宫廷舞蹈和民间舞蹈中元素的探究学习》,《文学艺术》2012 年第 12 期;张倩《清代宫廷扬烈舞及其与满族民间舞蹈的关系》,《沈阳师范大学学报(社会科学版)》2014 年第 6 期。

② 参阅尹子燕《浅论满族民间舞蹈》,《黄河之声》2012 年第 15 期;吴丹《满族民间舞蹈的文化特点及成因》,《音乐生活》2007 年第 6 期;管先利《浅析满族民间舞的民族文化特征》,《综合论坛》2015 年第 5 期。

③ 参阅杨义健《满族萨满神歌的研究》,东北师范大学 2013 年;徐璐璐《满·舞·魂——满族萨满舞蹈的初步探析》;张佳秋《满族舞蹈浅谈》,《满族研究》1995 年第 2 期;庞志阳《满族舞蹈寻觅》,辽宁民族出版社 2004 年版;张丙娜、周莹《浅谈满族舞蹈音乐特点》,《吉林省教育学院学报》2014 年第 3 期(上旬)。

宫廷戏剧形式多样,有连台本戏、单出戏、小戏花唱等。其内容也丰富多彩,可根据不同的节令和喜事而定。除传统戏外,还有歌功颂德、吉祥如意的帝王、神仙戏。表演时,每出戏前面有开场戏,结尾有砌末戏。

满族民间戏曲内容丰富,并具有浓郁的民族特色。从清朝建立以来,满族人就爱好戏曲,先是欣赏,继而演唱,参加各种娱乐活动。后来有人以戏曲作为谋生手段,成为专业演员。[①]

3. 书画

① 书法

满族书法艺术到清代呈现极盛景象。康熙、雍正、乾隆三位皇帝不仅喜欢书法,而且其字迹气势恢宏、颇见功力,在满族社会中影响很大。因此,满族出现了许多著名的书法家。

其中最著名的是成亲王永瑆和铁保。二人与当时汉族书法家翁方纲、刘墉并列,被称为翁、刘、成、铁四大家。

永瑆是乾隆皇帝第十一子,封成亲王,其书法深得董其昌精髓,"名重一时,士大夫得片纸只字,重若珍宝"[②]。

铁保,先世姓觉罗,后改为栋鄂氏,满洲正黄旗人。书法学习《黄庭经》《曹娥碑》,形神兼备,刻有《惟请斋帖》,为一代小楷正宗。[③]

② 绘画

清代满族绘画较其他艺术有更大发展。清朝仿效明代画院,在紫禁城内启祥宫南设立如意馆,召纳画家。康熙、乾隆两朝最为兴盛。《八旗画录》所收清代八旗画家,达290人之多。其中唐岱、永瑢最为著名。

唐岱(1673—?),字毓东,号静岩,满洲正蓝旗人。自幼随王原祁学

---

① 参阅曹大德《清代的宫廷戏曲》,《中国电视戏曲》1997年第4期;杨永占《清宫戏曲演员杂谈》,《北京档案》2002年第8期;范丽敏《清代北京剧坛花、雅之盛衰研究》,首都师范大学2002年。

② 昭梿:《啸亭杂录》卷2。

③ 刘恒:《中国书法史:清代卷》,江苏教育出版社2009年版。

画,专攻山水,深得其精髓,以南书房供奉,在内廷绘画,名动公卿。康熙帝品题其画为当时第一手,称为"画状元",曾题唐岱《溪山雪霁图》云:"唐岱笔法老尤劲,鼻祖摩诘追范宽。"乾隆帝曾题其《千山落照图》云:"我爱唐生画,屡索意未已。""位置倪黄中,谁能别彼此。"唐岱的画深厚沉稳,名扬海内,被称为一代国手。

永瑢为乾隆皇帝第六子,封质亲王。其山水学黄子久,花鸟师法陆治,尤善画长卷和册页小品。永瑢的画,山水疏简淡逸,花鸟清新生动,传世佳品较多,被称为清代杰出画家。

较著名的画家还有斌良、法良两兄弟和徐莱。斌良(1771—1847),字笠耕,号梅舫,瓜尔佳氏,满洲正红旗人。工山水、花卉。代表作有《峡江晴浪图》《杏花图》等。其弟法良,工花卉,善画墨梅。徐莱,汉军正黄旗人,工诗,精隶书,善画梅,时人赞为"三绝"。[①]

四、科学技术

(一)康熙帝的科学研究

康熙帝爱新觉罗·玄烨(1654—1722)是中国历史上一位很有学问的帝王,也是一位少数民族科学家。康熙二十七年(1688)起,玄烨开始学习西方各种科学知识。他学习非常勤奋,并且刻苦钻研,终于成为一位知识渊博的帝王,在科学上取得了一定的成就,提出不少独到的见解。

① 对地学的研究

康熙帝在地学方面提出了许多有科学价值的见解。他对一些特殊的地形地貌进行了分析研究。根据在新疆与内蒙古等地观察到的"白龙堆"现象,认为"白龙堆"就是古代的沙碛,"长者数十丈,短者亦三四丈,形蜿蜒如龙,非可以高卑论也";形状也不固定,"今日隆然而起者,明日

---

① 参阅刘虎《康雍乾三朝宫廷绘画研究》,天津大学 2001 年;赵岩《明清西洋风绘画研究》,东南大学 2006 年;周立平《清代宫廷绘画赏析》,《河北日报》2001 年。

已为平沙",但"或左或右之间,又隐隐聚成龙形"。^① 他对于"窝集"这种特殊地貌的地理分布、成因、特点与某些动植物及药材资源讲述得很精彩,分析得很透彻。他说:"窝集,东至乌喇、黑龙江一带,西至俄罗斯,或宽或窄,丛林密树,鳞次栉比,阳景罕曜。如松柏及各种大树,皆以类相从,不杂他木。林中落叶常积数尺许,泉水雨水至此皆不能流。尽为泥淖,人行甚难。其地有熊及野豕、貂鼠、黑白灰鼠等物,皆资松子、橡栗以为食。又产人参及各种药料,人多有不能辨识者,与南方湖南、四川相类。"^②可见,"窝集"是一种原始森林由落叶堆积而成的地貌,具有很强的蓄水能力。康熙帝对长白山与泰山的关系有深刻的论述。他认为长白山绵亘于乌喇(吉林)之南,其中一支至盛京(今辽宁)界,入兴京门,蜿蜒而南,进入了辽东半岛,至金州旅顺口之铁山。由此入海,时伏时现,皇成、鼋矶诸岛都是山脉露出水面的部分。在山东半岛北部"登陆",经过登州(现属烟台市)的福山、丹崖山,"西南行八百余里,结而为泰山"。^③康熙帝对潮汐和地震也进行了论述。他说:"朕每到海边,如山海(关)、天津、大江(长江)、钱塘(江)等处,每察(潮汐)来去之时,与本土人询问,大约皆不同,所以将各处令人记时刻,而亦不同。"他又发现"泉井皆有微潮,亦不准时候"。^④ 他对地震的阐述更加精彩。在以中国传统"气"的观点解释了地震的原因与余震等问题后,特别指出了震源的深浅与所波及的地域大小之关系:"深则震虽微,而所及者广;浅则震虽大,而所及者近。广者千里而遥,近者百十里而止。适当其始发处,甚至落瓦、倒垣、裂地、败宇。而方幅之内,递以近远而差。其发始于一处,旁及四隅……"^⑤康熙帝到各地巡幸之时,见到不少出土的古生物化石。他记述了在喀尔沁见到的鱼化石:"青白色石,开发一片,辄有鱼形,如涂雌

---

① 《康熙几暇格物编》卷上"白龙堆"。
② 《康熙几暇格物编》卷上"窝集"。
③ 《康熙几暇格物编》卷上"泰山山脉自长白水来"。
④ 《康熙几暇格物编》卷下"潮汐"。
⑤ 《康熙几暇格物编》卷下"地震"。

黄,或三或四,鳞鳍首尾,形体俱备,各长数寸,与今所谓马口鱼者无异。"①他还记载了在河中发现已化为石的木头:"黑龙江、乌喇等处,水极凉,河中尝有木化为石,形质与石无异,而木之纹理及虫蠹之迹仍宛然未泯。或有化石未全,犹存木之半者。"②康熙帝对结晶矿物也有记述,并特别提到一种提炼与鉴别矿泉水的方法:"朕每遇温泉,即以银碗盛水,隔汤用文火收炼,俟碗水干,观水脚所积,或为岩石,或为硵卤,或为硫黄等,皆判然分晓。"③

② 对物理学的研究

1682 年,康熙帝同大臣们讨论"性理"时讲:"即河道闸口流水,亦可算昼夜所流分数。其法,先量闸口阔狭,计一秒所流几何,积至一昼夜,则所流多寡可以计矣。"④他还多次讲到用声速测距离的问题:"朕以算法较之,雷声不过百里。其算法依黄钟准尺寸,定一秒之垂线,或长或短,或轻或重,皆有一定之加减。先试之铳炮之属,烟起即响,其声益远益迟。得准比例,而后算雷炮之远近,即得矣。"⑤对于一些光学现象,他也有自己的见解。例如对"蒙气差"现象,他认为"盖平日在地平之下,光映蒙气而浮上",犹如"置钱碗底,远视若无,及盛水满时,则钱随水光显见矣"。⑥ 对于"山市"现象,他的讲述明白而生动:"海市见之于书,人皆知之;不知山峦之气亦然。塞外瀚海早行春秋之际,空阔之处望之,亦有如城郭楼台者,有如人物旌旗者,有如树木丛生鸟兽飞舞者。远观景象无不刻肖,逼视之则不见。"⑦康熙帝对指南针与地磁偏角的认识也有一定的深度。前人发现指南针并不能正确指正南,而他发现"偏向各处不同,而其偏之多少,亦不一定。如京师二十年前测得偏二度,至今偏二度半。

---

① 《康熙几暇格物编》卷上"石鱼"。
② 《康熙几暇格物编》卷上"木化石"。
③ 《康熙几暇格物编》卷上"熬水"。
④ 余金:《熙朝新语》卷 5。
⑤ 《康熙几暇格物编》卷上"雷声不过百里"。
⑥ 《康熙几暇格物编》卷上"蒙气"。
⑦ 《康熙几暇格物编》卷上"山气"。

各省或偏东或偏西，皆不一，惟盛京地方得正南，今不知改易否也"①。

③ 对作物和食品的研究

康熙帝对农作物有过认真研究，并对某些食品的食用与药用价值进行过研究。在作物的研究中，以"御稻米"的培育最为著名。他在北京丰泽园（位于今故宫中南海）的田里发现一株特殊的稻子，"高出众稻之上，实已坚好"。他"收藏其种，待来年验其成熟之早否"。经过精心培育试种，"果早熟"，从此连续种植，成为宫廷用米的主要来源之一。此米"色微红而粒长，气香而味腴。以其生自苑田，故名'御稻米'"。② 他还在江南进行推广。对于野生的沙蓬，康熙帝也有观察研究与食用的尝试："沙蓬米，凡沙地皆有之，鄂尔多斯所产尤多。枝叶丛生如蓬，米似胡麻而小。性慢益脾胃，易于消化，好吐者食之多有益。作为粥滑腻可食，或为米可充饼饵茶汤之需。向来食之者少，自朕试用之，知其宜人，今取之者众矣。"③ 南方有一种名为"葛仙米"的食用藻类，其他书虽偶有提及，也只是提一下名称而已。康熙帝不仅详细记述，而且特别提到了三种食用方法：鲜吃，"初取时如小木耳，紫绿色，以醋拌之，肥脆可食"；"以水浸之，与肉同煮，犹作木耳味"；"采得暴干，仍渍以水如米状，以酒泛之清爽宜人"。④

④ 对数学、天文学的研究

康熙帝在天文学与数学方面有很好的基础，特别是在数学方面受过严格训练。他自述："朕尝习算法、天文、地理，靡不详究。"⑤他作有《三角形推算法论》一文，其中包括数学、天文学的一些观点。他认为："规矩方圆，乃数学之根本。"⑥他还经常与大臣、学者一起讨论各种数学问题，并时常在宫廷内或登上天文台进行天文观测。他曾与陈厚耀讨论地球的大小。⑦

---

① 《康熙几暇格物编》卷上"定南针"。
② 《康熙几暇格物编》卷下"御稻米"。
③ 《康熙几暇格物编》卷上"沙蓬米"。
④ 《康熙几暇格物编》卷下"葛仙米"。
⑤ 《康熙政要》卷 18 引《高宗御制全韵诗注》。
⑥ 《康熙政要》卷 18 引《御制文集·第三集》卷 19。
⑦ 刘潞：《康熙与西洋科学》，《中国文化报》2009 年。

（二）冶铁、兵器

满族入关后，向汉族学习先进的文化科学技术，冶铁业、兵器制造业得到进一步发展。康熙帝尤其重视先进武器。三藩之乱时，康熙帝命铸炮 120 门，分给相关省份使用，以后又学习西方先进科学技术，制造轻便欧式炮 320 门。康熙帝还亲临卢沟桥演放场阅看欧式炮演放，当他看到新炮中的准确时，便对其大加奖赏。厄鲁特蒙古准噶尔部噶尔丹叛乱时，康熙帝下令铸造欧式迫击炮与青铜小型野战炮，在战场很奏效。

（三）数学

康熙帝招聘传教士张诚、白晋等为宫廷教师，并指示他们用满文译《几何原本》。《几何原本》为古希腊数学家欧几里得所著，全书共13卷。明代徐光启与传教士利玛窦合作，用汉文译出前6卷。清代张诚、白晋与传教士合作，又将这 6 卷译成满文。除此之外，张诚还满译了《应用理论几何》《算术纂要总纲》《借根方法节要》《勾股相求之法》《八线表根》《比例规解》等。白晋满译的《欧几里德和阿藏米德几何节要》，康熙二十八年（1689）由康熙帝改编；《巴蒂应用几何节要》于康熙二十九年（1690）在北京出版。[1]

五、教育与体育

（一）教育

1. 满族的官学教育

① 清皇室教育

清代皇室子孙按宗亲远近分别入上书房、宗学、觉罗学读书。

上书房。又称尚书房，是清代皇子、皇孙读书的地方，始建于康熙年间，设在乾清宫附近。上书房的师傅，或由掌院学士拣选，会同内阁带领引见，或由大学士共同拣选，或由皇帝直接简任，都是当代名臣硕儒。在师傅之外，还有上书房行走，帮助师傅做些辅导工作。

对皇子、皇孙的教育，主要以"四书五经"和"国语"、骑射为教学内

---

[1] 参阅刘静《浅论满族科技的发展历史》，《全国商情（经济理论研究）》2014 年第 19 期。

容。不仅如此,清代皇帝还十分重视皇子实践经验的培养,让他们在实际工作中受到锻炼,以提高处理政务的能力。康熙皇帝令皇子随军出征,统领八旗军队,负责处理军事要务。雍正皇帝命弘历、弘昼与鄂尔泰、张廷玉等一起办理苗疆事务,给他们提供增长才干的机会。皇帝每次围猎都要带领皇子、皇孙,培养他们的尚武精神。

清代皇帝无不重视上书房的皇子教育,这样做的结果是使皇子们具备了良好的文化素养,提高了统治国家的能力。更为可贵的是,他们还把教学与实践相结合,使皇子们既有渊博的知识,又有坚强的意志和办事能力,成为合格的接班人。"康乾盛世"的出现,与这几朝的皇帝有丰富的知识且精通治国之道有直接关系,这不能不说是得益于对皇子严格的教育。

宗学。依照皇室的规定,清太宗努尔哈赤之父塔世克的直系子孙为宗室,他们服系金黄色带子为标志,称为"黄带子"。正因为他们是皇帝的同宗近亲,他们的子弟便成为重点培养对象,特设学堂,简称宗学。

顺治十年(1653)每旗各设宗学。康熙十二年(1673)宗学撤销。雍正二年(1724)复设宗学。凡王公、将军及闲散宗室子弟18岁以下,及19岁已在家读书、有愿就学者,均准入学。在宗学内修一箭道,读书之暇,教习骑射。

除北京外,清廷在盛京(今沈阳)亦设有宗学。

觉罗学。凡清皇室同宗旁系子孙均称觉罗。觉罗学也属于贵族子弟学校,只是在待遇上比宗学稍低。

入关后,盛京的宗室子弟比北京少得多,于是乾隆二年(1737)设立盛京宗室觉罗官学,宗室与觉罗子弟共为一学。

② 八旗子弟教育

八旗官学。是专为教育八旗子弟而设立的官费学校。始于入关前的盛京。入关后,八旗官学得到很大的发展。

在北京地区,建有京师八旗官学。顺治二年(1645),合两旗为一学,在城内建四所八旗官员,统归国子监督导。到雍正年间,扩大官学校舍,每旗设立官学一所,北京城内建成八所八旗官学。

　　为教育内务府三旗子弟及未及岁之世爵人员,清廷还设立了景山官学、咸安宫官学和世职官学。景山官学建于康熙二十四年(1685),学生从内务府佐领、内管领属下闲散幼童中挑选。咸安宫官学建于雍正七年(1729),学生由内务府三旗和满洲八旗贡、监、生员、官学生及闲散人员内择其俊秀者充补。世职官学建于乾隆十七年(1752),招收八旗内年龄在15岁以下有世职爵位人员,学习满语和骑射。此外,还设有教场官学、圆明园官学、健锐营官学和外火器营官学,都是为八旗子弟学习文化所提供的场所。

　　在东北地区,建有盛京八旗官学和吉林及黑龙江地区八旗官学。

　　康熙三十年(1691)于盛京八旗左右翼设立八旗官学各一所,每所分满、汉各一班。每翼官学额设学生40名,满学班20名,习满语文;汉学班20名,习满、汉文书。各班均习马、步射。从雍正十年(1732)开始,每翼官学增加内务府学生30名、共60名,增加八旗汉军学生每旗15名。

　　在吉林,康熙三十二年(1693)建吉林城八旗左右翼官学,雍正五年(1727)建阿拉楚喀八旗官学,雍正六年(1728)建宁古塔八旗官学和伯都讷八旗官学,雍正七年(1729)建乌拉八旗官学,乾隆二十一年(1756)建拉林八旗官学和额穆赫索罗八旗官学。

　　在黑龙江,康熙三十四年(1695),将军萨布素奏请在墨尔根设立八旗左右翼官学各一所,从新满洲、锡伯、鄂伦春、鄂温克、达斡尔等佐领各选送俊秀幼童一名,学习满、汉文和骑射。每学设教习一员,选满、汉文优长者充当。这是北部边陲建学立师之始。乾隆九年(1744)同时建齐齐哈尔和瑷珲两所八旗官学。道光十四年(1834)议准建呼兰河八旗官学。

　　在北京和东北地区之外,出于政治需要,清政府非常重视驻防八旗教育,建立了众多直省驻防八旗官学,以培养和教育八旗子弟。设立较早的是荆州驻防八旗官学。乾隆二十四年(1759),原任左翼副都统德琦保奏准添设官学。乾隆四十五年(1780),经右翼蒙古协领长泰奏请,在各旗添设满、汉官学和义学各一所。其他驻防八旗也先后设立了官学。

八旗义学。八旗义学是为补充官学之不足,以及解决八旗子弟家贫而不能聘教师问题而设立的,多设于全国各地八旗驻防,为官兵倡建或捐建,有启蒙童、兴教化之意。清政府对八旗义学采取积极倡导、鼓励的态度,并由当地八旗衙门、将军、副都统仿照官学制度进行管理。因此,八旗义学具有半官方性质。

京师八旗义学始建于康熙三十年(1691)。京师八旗各佐领于辖内选年长者各一人,教授10岁以上子弟,满洲、汉军子弟学习满语、满文,蒙古子弟学习满语、蒙古语和满文、蒙古文。均教习马、步箭,由各佐领、骁骑校稽查。雍正七年(1729),因各佐领办学比较分散,改为满洲、蒙古每参领下各设学舍一所,汉军各旗于就近地方各设学舍一所,12岁以上子弟均准入学。每学设满教习一至二人,骑射教习一至二人。由各旗都统、参领随时稽查。

雍正十年(1732),奉天将军那苏图以奉天八旗汉军满文义学教学质量不佳为由,请求专设奉天府汉军义学,请"善教之人"任教。经批准后同时在奉天左右翼各设汉军义学四所,两旗一所,由奉天将军管理。每学设满、汉文教习各一员,学习内容也从单纯学满书、满语改为满、汉书兼习,并习马、步箭。

除了专习满语、满文的八旗义学外,还为愿习汉书及翻译之业而家贫无力延师者开办义学。雍正二年(1724)议准,京师八旗于左右两翼公所,各设义学二所,设满、汉书教习各二员,分别教学生科举和翻译之业。课业由礼部管理。雍正六年(1728),再添设义学四所,计每旗一所,满、汉文教习每学各一人。乾隆二十三年(1758),鉴于礼部八旗义学赴学者寥寥,有名无实,下令裁撤各义学。

八旗官兵在全国各驻防处设立了很多义学。如吉林府义学,原为永吉州义学,由知州杜薰捐俸创建于雍正六年(1728),培植满、汉孤寒子弟。后来永吉州升为吉林府,永吉州义学改称吉林府义学。这所义学的兴办,为吉林满族教育奠定了基础。又如齐齐哈尔义学,嘉庆元年(1796)黑龙江将军永琨选当地八旗子弟20人,从龚光瓒习汉文。初立时,选有学长,将军不时至学堂考勤惰。①

2. 满族的私学教育

入关前,满族的私学教育就存在于皇室。入关后,宗室贵族纷纷仿效,在家中聘请教师教读子弟。如大学士明珠曾聘请饱学之士徐乾学等诸子师即其典型。即使远在边陲的满洲贵族也不例外,巴海聘请名士流人吴兆骞教子读书便是突出的事例。康熙十三年(1674),宁古塔将军巴海聘请遣戍于此的吴兆骞为书记兼家庭教师,教其二子额生、尹生读书。乾隆末年,曾任甘肃省知县的浙江绍兴人章汝南遣戍齐齐哈尔之后,以在水师营吕家授读为生。许多流人传诗书、通文墨,为东北地区满族的私学教育作出了历史性的巨大贡献。

满族的私学中,有一种重要的形式是家学。这与一些汉族家庭的风气相似,代代相传,父子相授,诗书传家。例如满洲正黄旗人大学士索额图,有家学传统,祖孙三代无不兼通满、汉及蒙古文字。其祖父硕色与叔祖父希福在皇太极时均在文馆,赐号"巴克什"(即汉语"博士"的音译),后在顺治初年官至内弘文院大学士;父亲索尼曾被顺治帝指定为首席辅政大臣。②

3. 满族的科举制度

① 八旗乡试、会试

满族建立了一整套具有自己特色的科举制度。

入关前,为了选拔急需的人才,皇太极曾举行四次科举取士。其中,天聪八年(1634)四月,科举取中的 16 名举人中,八旗子弟占了大多数。这次科举的规模虽然不大,却刺激了满族教育的发展。

---

① 本部分内容,参阅郑雪松《清代满族皇室教育传承的文化人类学分析》,《郧阳师范高等专科学校学报》2009 年第 5 期;陶军舟《顺康雍时期的八旗官学》,《边疆经济与文化》2011 年第 8 期;郑岩《清前期京旗官学教育》,中央民族大学 2007 年;张杰《清代东北满族文化教育简论》,《满族研究》1995 年第 2 期。

② 本部分内容,参阅刘国石《清代满族家庭文化教育浅说》,《北华大学学报(社会科学版)》2006 年第 3 期;孔艳波《清代满族家庭教育的主要内容》,《北华大学学报(社会科学版)》2006 年第 2 期。

入关后的第二年,在全国范围内诏开科举,但明文规定:"八旗以骑射为本,右武左文。世祖御极,诏开科举,八旗人士不与。"清政府害怕八旗子弟参加科举后不再学习满语骑射,崇文轻武。但是,随着满族汉化程度的加深和受教育程度的提高,单纯禁止八旗子弟参加科举不仅引起满族官员的不满,而且不利于选拔八旗文人进入统治机构。出于这样的考虑,清政府又制定了八旗乡试、会试制度。

顺治八年(1651),清廷举行了第一次八旗乡试、会试。其时,八旗子弟每牛录下读满、汉书的有一定数额,应试及各衙门任用均从这些人中取给,未入八旗官学学习者不得应试。因应试人少,且担心荒废武事,八旗乡试、会试自顺治十四年至康熙十五年(1657—1676),时举时停,不像汉人那样按常例举行。而放榜时,无论是乡试、会试还是殿试,都以满洲、蒙古为一榜,汉军、汉人为一榜。八旗子弟应试乡试、会试者先试马、步箭、骑射合格,方可应制举。康熙二十八年(1689),特诏八旗考中举人、进士若有骑射不堪者,监射官、举人一并治罪。这是把骑射作为基本条件,而对文化考试,也仅限于"国语"范围,明显不同于汉人的考试内容,而是要浅易得多。

八旗科举的录取名额也有定数而略有增减,但在中取比例上要大于汉人,体现了对八旗子弟的照顾。

② 宗室乡试、会试

清初规定,宗室不应乡试、会试。到乾隆八年(1743),宗人府主持对宗学的考试,从中选拔成绩优异者给予进士资格,一体参加殿试。这是宗室会试之始,但随后停止。乾隆九年(1744)定为每届五年,简大臣合试宗学、左右翼学中满、汉文学生,钦定名次,取入一、二等者,准作进士,以会试中式注册,不由乡试。俟会试年,习翻译者与八旗翻译贡士同引见赐进士,录用宗人府属额外主事。习汉文者与天下贡士同殿试赐进士甲第,录用翰林部属等官。到嘉庆六年(1801),宗室参加乡、会试便形成了制度。先期宗人府或奉天宗学考试骑射如例,试期于文闱乡、会试场前,或场后,或同日。试制艺、律诗各一,一日而毕。乡试九人中一人。会试考官酌取数卷候皇上亲裁。殿试、朝考,满、汉一体,除庶吉士等官有差。

③ 翻译科

清代满族科举,另有一特定的科目,即翻译科。翻译科考试人员仅限于八旗士子,有满洲翻译与蒙古翻译。满洲翻译以满文译汉文或以满文作论;蒙古翻译以蒙古文译满文,而不译汉文。翻译科与文、武科相同,也分童试、乡试、会试。顺治八年(1651)定考试满洲、蒙古翻译童试由礼部会同学政在贡院考取。顺治十四年(1657)停止。雍正年间又开始考试,满、蒙、汉军八旗均可报考满文,考蒙古文者仅限于蒙古人。三年两考,岁试于八月举行,科试于五月举行。入关前至顺治十四年(1657)的八旗科举,实际上即是翻译乡试。雍正元年(1723)恢复翻译乡试,定三年举行一次。在京与直隶、奉天等处,满、蒙、汉军的翻译生员、文生员、贡生、监生、荫生、天文生、中书、七八品笔帖式、小京官,先经各旗都统验看马、步箭合格者,均可应试。翻译会试即由翻译举人考取翻译进士的考试,始于乾隆四年(1739)。当时,翻译举人已有百余人。应试资格为满、蒙、汉军翻译举人、文举人与由举人出身的笔帖式、小京官等,由各旗及兵部考试马、步箭,合格者方准参加会试。因翻译举人日益减少,翻译会试往往辍科。

④ 武科

清代取士,沿袭古代文武并重之旨,设有武科。八旗武科亦有童试、乡试、会试之制。

八旗汉军考试武场,始于康熙年间,取进武生80名;满洲八旗考试武场,始于雍正元年(1723),雍正十二年(1734)停,汉军仍旧。嘉庆十八年(1813),复令满洲、蒙古八旗应武试,并准各省驻防八旗子弟应试。武童外场,在京由副都统一人会同顺天府学政主考,奉天府及各省驻防八旗由将军委派协领一人会同该省学政主考。汉军的考法与汉人同。满、蒙、八旗的考试项目,外场为骑射、步射、硬弓三项;内场为默写武经,与汉人同。取进武士,在京满、蒙、汉军交顺天府满洲教官管辖,奉天及驻防八旗仿照文生例归各该处教官管辖。已是官兵的取进为武举者保留原缺，仍旧各归该衙门、该营管辖。

满、蒙八旗武科乡试的规制与汉人大致相同，但单独编旗字号录取。文生员、举人和翻译科生员若愿改武乡试、会试者，准其改试。应考乡试的资格是八旗满、蒙、汉军的武生、护军、骁骑校、领催、马甲、千总、把总及七八品笔帖式、荫生、监生，在京的由本旗参、佐领甄别送考，各处驻防由该将军、副都统甄别送考。

八旗满、蒙、汉军应武会试的资格是武举人、千总、把总。在京者由该管本旗都统给文，驻防由该省将军、副都统给文。①

（二）体育

满族是一个喜好体育运动的民族。其体育活动有骑射、摔跤、赛马、举重石、秋千、滑冰、踢行头等。

1. 骑射

骑射是满族的传统特长。在清代，盛京、北京、岫岩、凤城、宽甸等许多满族聚居之地都有校军场、点将台，场上设有箭亭。居住在校军场附近的满族健儿大部分都在这些校军场演练骑射，远离校军场的满族健儿皆在田间练习。

2. 摔跤

摔跤，满族称"布库"，又叫角觝。顺治朝，王公大臣均擅长"布库"之技，常与外国使臣比赛摔跤。乾隆朝，摔跤更为盛行，每逢节假日，甚至外事活动中，都要进行摔跤比赛和表演。随着摔跤活动的频繁进行，其名称也多起来。"善扑"就是其中之一。清朝时，朝廷专设"善扑"营，"善扑"营的摔跤手均为从八旗官兵中选拔出来的健壮勇士，专门进行摔跤训练，参加各种比赛。摔跤逐渐成为满族的一项体育竞技活动，在民间广为流传。

3. 赛马

赛马，满族人又称"演马"，是满族最喜好的一项大型体育活动。满族先人以骑射为生，因此，满族男女老少大都会骑马。骑马不仅应用于

---

① 本部分内容，参阅张国昌《满族教育在清代》，《满族研究》1986 年第 3 期。

狩猎与军事作战,也成为体育竞技项目。

4. 举重石

举重石(石担、石筐、石饼、石锁等)是满族人强身健体、锻炼气力的一项体育活动。举重不受场地、器材限制,简单易行。这是满族民间所喜好的广为流传的活动。

5. 秋千

打秋千是满族人普遍喜爱的一项活动。每年正月、二月或端午节,一些村落或家庭就会挂起高低不等的秋千。荡秋千分单人荡与双人荡,以荡的高低评优次。

6. 冰上运动

冰上运动是满族人喜好而且十分重视的运动,称为"国俗"。其形式有冰滑子、冰车、跑冰鞋、冰嘎、花样滑冰等。

① 冰滑子。在一块木板下嵌两根粗铁丝,缚在一只脚上,另一只脚在冰上踏蹬一下后抬起,单腿滑行。

② 冰车。是儿童滑冰的器具,以木板、铁丝自制。玩时儿童坐或蹲在其上,双手各握一根"冰扦子"用力撑,使冰车急速向前滑行。

③ 跑冰鞋。也叫"溜冰刀""溜冰鞋"。制作方法:一是把铁条嵌在木板上,再把木板捆在鞋上;二是把铁条直接嵌在木底鞋上。有单刀与双刀之分。跑冰鞋滑行疾速,旋转灵便,可速滑,也可做各种动作。

④ 冰嘎。又叫"打陀螺"。陀螺用木制成,圆形尖底,底部嵌有凸形铁钉或圆铁珠。孩子们手执缨鞭,抽打冰嘎使其在冰上飞速旋转,有的还发出嗡嗡响声。

⑤ 花样滑冰。有单人滑、双人滑和冰上舞蹈、冰上射箭、冰上武术等。入关后,冰上运动得到进一步发展。每年农历十月都要在京师太液池(北海)检阅八旗兵丁的滑冰技艺。八旗中每旗精选出 200 人参加,共 1600 人,表演者背插小旗,身穿战服,脚穿带冰刀的皮靴,表演十分壮观。满族广大人民非常喜欢冰上运动,尤其是满族聚居的东北地区。满族妇女还有每年正月十五"轱辘冰"的习俗。

7. 踢行头

踢行头类似汉族的"蹴鞠"。"行头"用熊皮或猪皮缝制成球,内充绵软之物。比赛多于冬季在冰上举行。

8. 采珍珠

采珍珠为一种球类比赛运动。对阵双方各七人,场地分为得分区、封锁区、水区。得分区一人,称为"渔网",持网兜接本队队员投来的球,接一球得一分。封锁区二人,称为"蚌",持球拍拦对方的球。水区内四人,称"采珠人",攻防驰骋。比赛分上下两场,共 40 分钟,得分多者为胜。①

第二节　蒙古族

在清代,蒙古族按地区分布主要有三大部分:一、分布于今蒙古国境内的蒙古族被称为漠北蒙古,即喀尔喀部,俗称外蒙古;二、分布于今内蒙古自治区和东北三省的蒙古族被称为漠南蒙古,即科尔沁部,俗称内蒙古;三、分布于新疆、青海、甘肃的蒙古族被称为漠西蒙古,即卫拉特部,又称厄鲁特蒙古。还有一部分散居于中原地区。清代蒙古族文化是中国北方民族文化融合而形成的。

一、语言文字与史学

（一）语言文字

清代,蒙古语言文字进一步发展。18 世纪初,蒙古语更加定型化,蒙古文字也基本规范化。这一时期蒙古语言文字研究硕果累累。

雍正年间,乌珠穆沁人丹津达克巴著《蒙文启蒙注释正字苍天如意

---

① 本部分内容,参阅徐玉良《论清代满族传统体育兴盛之原因》,《承德民族师专学报》1996 年第 3 期;姜丽《清代满族传统体育的特征及其社会文化功能》,《兰台世界》2014 年第 35 期;杨英杰《清代满族游艺风俗述微》,《辽宁师范大学学报》1990 年第 6 期;杨慧馨、徐飞《满族传统体育的形成与流变》,《第八届全国体育科学大会论文摘要汇编(二)》,2007 年;陆岚、陆雯《试论满族冰嬉运动的兴起与发展》,《沈阳体育学院学报》2005 年第 8 期。

珠》，成为研究蒙古书面语原理的名作。18世纪上半叶，乌喇特人毕力衮达赖撰写了《蒙文授业启示》，主要阐述了搠思吉斡节儿的蒙文原理。18世纪下半叶，蒙古正黄旗卓特氏敬斋公编写了一部《满蒙汉三合便览》辞典，还撰写了导言《蒙文要旨》。这部著作对整理蒙古文字表、改进正字法起了一定的推动作用，一些研究成果为后来的深入研究提供了许多启示和借鉴。1828—1835年间，归化城土默特人梅拉桑撰写了一部蒙古语法名著《蒙文全释》，内容广泛，解释准确，较《苍天如意珠》《蒙文要旨》等前进了一大步。1828年，阿拉善人丹达尔拉兰巴写了一部名为《善说蒙文原理语饰》的语法书，发表了自己的观点。

随着蒙古语的发展与变化，蒙古文字也不断改进。18世纪以后，人们把阿里嘎里字母中的一部分附在蒙古文字母表后，使蒙古拼音文字更加完备。到了19世纪初，蒙古文基本定型。清代蒙古语言文字史上值得一提的是卫拉特、喀尔喀与希里雅特的文字改革。1648年，卫拉特人咱雅班第达那木喀扎木措创建了托忒（意为"明了"）蒙文。托忒文共31个字母，由7个元音和24个辅音构成。1686年，第一代哲布尊丹巴乍那巴乍尔为了翻译佛经，根据梵文与藏文的字母，创制了"索永布"（意为"自然出现"）蒙文，共90个字母。这种文字在喀尔喀寺院中流传了200多年。1907年，布里雅特学者瓦金达喇在畏吾儿体蒙文的基础上创制了一种适合布里雅特方言的瓦金达喇文字。

清代由于蒙古族和其他兄弟民族文化交流的日益扩大，出现了一大批精通蒙、藏、满、汉文的蒙古学者。他们为了满足社会的需要，编纂了不少辞典，对蒙古语词汇的发展起到了积极作用。康熙年间，乾清门二等侍卫喇喜、丹津、阿尔毕达虎等十几位语言学者经过近十年的工作编纂了《二十一卷本辞典》。这是第一部以蒙文解释蒙语词汇的辞典。1718年，贡噶札木措编写了蒙藏对照的《清心之阳光》。1737年，毕力衮达赖与衮布扎布合编了蒙藏对照的《藏语便学书》。1741年，衮布札布等著名学者合编了藏蒙辞典《贤者生成源》。此外，蒙古族语言学家还参与了清朝官修的多部几个兄弟民族语言对照的大型辞书。①

（二）史学

1. 蒙文著作

《蒙古源流》，成书于 1662 年，作者为萨囊·彻辰·洪台吉。这是一部优秀的蒙古通史。《阿萨喇克其史》，成书于 1677 年，作者善巴。该书分为四部分：前言；蒙古古代史，这是主体部分；从元亡到 17 世纪中叶的蒙古史；后记。《黄金史纲》，蒙文名《阿勒坦·脱卜赤》，大约成书于 17 世纪末 18 世纪初，作者罗卜藏丹津。《恒河之流》，成书于 1725 年，作者衮布扎布。《金轮千辐》，成书于 1739 年，作者达尔玛。这部著作的特点与价值在于，它详细记载了蒙古诸部的起源和发展变化。如察哈尔万户的八鄂托克、内五喀尔喀、唐兀惕、阿速惕、康里等部的变迁等等，是现存其他文献所不载的。《黄金史册》，蒙文名《阿勒坦·脱卜赤亚》，成书于 1765 年，作者罗卜藏丹碧扎勒森。《水晶珠》，成书于 1775 年，作者喇西明素克。清代蒙古史家中，像喇西明素克这样详细记载元朝历史的人并不多见。该书把记事、考证、辩论结合在一起，不仅是一部史料，还是一部史学译论著作。《黄金念珠》，成书于 1817 年，作者衮布旺济勒。这是一部蒙古政教史。该书对研究蒙藏关系、蒙古佛教、清朝对蒙古的宗教政策等都有一定的史料价值。《宝贝念珠》，成书于 1835 年，作者益西巴勒丹。该书内容分三部分：蒙古汗统传承、佛教在蒙古地区的传播和汉藏经典的蒙译情况、蒙古地区寺庙概况。

除以上编年体史书外，还有不少传记体著作，而活佛传记占多数。其中价值独特、影响巨大的高僧传有：《内齐托音一世传》，成书于 1739 年，作者是漠南蒙古佛教僧人额尔德尼毕力衮达赖。作者根据内齐托音一世弟子的备忘录、各种笔记，以及当时王公、僧徒口述，广泛收集资料而撰写了这部传记。该书对内齐托音一世的生平事略、主要宗教活动和

---

① 本部分内容，参阅德·乌恩其《蒙古族语言文字论谈》，辽宁民族出版社 2002 年版；范立君《论蒙古族语言文字的演变——兼谈卡拉·捷尔吉及其〈蒙古人的文字与书籍〉》，《内蒙古社会科学（汉文版）》2003 年第 4 期。

政治活动,尤其对佛教传入的历史有较详细的记载,对于研究清代漠南蒙古史、蒙古佛教史、蒙古文化史有较高的学术价值。《内齐托音二世传》,成书于1756—1757年间,作者是内齐托音二世弟子达磨三谟陀罗。作者走访内齐托音二世生前的弟子和许多同二世有过接触的长老,根据他们的口碑史料撰写了这部传记。该书是研究17世纪末漠南蒙古史的又一部第一手资料。《咱雅班第达传》,成书于1691年,作者喇德纳巴得喇。此人为咱雅班第达的亲信弟子和馁本堪布(主管饮食、起居和法事的侍从),同咱雅班第达一起生活了几十年。该书不仅详细记述了咱雅班第达一生的政教活动,而且记录了当时卫特蒙古各部的社会状况、政治变迁以及宗教文化活动,是研究17世纪卫拉特蒙古史的珍贵史料。

2. 托忒蒙文著作

《四卫拉特史》,成书于1739年,作者为土尔扈特部噶旺沙喇希。这是一部类似纪事本末体的史书,内容涉及卫拉特政治、宗教、社会各方面,是研究卫拉特各部的起源、贵族世系与卫拉特社会内部结构的珍贵资料。又一部《四卫拉特史》,成书于1819年,作者是巴图尔乌巴什图门。该书在体例和内容上基本上遵循了噶旺沙喇希,又增加了一些章目。《土尔扈特诸汗史》,大约成书于18世纪末,作者不详。这是一部编年体史书,是研究17世纪初至18世纪末土尔扈特政治、军事、宗教、法律与内外关系的重要史料。《蒙古溯源史》,成书于19世纪初,作者德格岱。这是一部编年体的准噶尔史,是研究准噶尔宗教史的一部不可多得的史料。《乌纳思素珠克图旧土尔扈特与青塞特奇勒图新土尔扈特诸汗诺颜之世系表》,大约成书于18世纪末,作者是土尔扈特部僧人鄂哲。这是一部较完整的土尔扈特贵族世系表。《和鄂尔勒克史》,成书时间不早于19世纪,作者不详。这部著作的独到之处,是作者在阐述四卫拉特的历史演变时提出了分三个阶段的观点。

3. 汉藏文著作

清代蒙古族汉文史学著作主要有罗密著、博卿额续纂的《蒙古博尔济吉特氏族谱》,这是一部蒙古黄金家族世系谱。此外,还有博明著

《西斋偶得》3 卷、《凤城琐录》1 部,松筠著《西招图略》1 卷、《西藏图说》1 卷、《西陲总统事略》12 卷、《新疆识略》12 卷,和英著《回疆通志》12 卷、《三州辑略》9 卷、《西藏赋》1 卷、《藩疆揽要》12 卷、《西藏志》3 卷。

清代蒙古族藏文史学著作的代表作有松巴堪布·益西巴勒珠尔的《青海史》《如意宝树》、噶居巴·罗卜藏群丞勒的《圣教宝灯》。《青海史》主要记载了和硕特蒙古与西藏的关系,《如意宝树》《圣教宝灯》比较系统地阐述了藏传佛教在蒙古地区的传播过程。[1]

二、宗教与风俗

(一)宗教

清代蒙古地区的宗教,总体而言,黄教(喇嘛教中的最大派别)占绝对统治地位。但萨满教仍存在于蒙古某些地区,比较突出的是科尔沁和鄂尔多斯地区。在黄教的巨大压力下,许多地区的萨满教被迫改头换面,接受一部分黄教的内容。另一部分则顽强地保存了原有的内容,转入民间。到 17 世纪初,黄教已成为蒙古全民族信奉的宗教。黄教在蒙古地区的普及表现在三个方面:

其一,寺庙林立。

清代蒙古地区究竟有多少寺院,史料未见系统记载,但从一些片断记载来看,数量是很大的。清初,仅青海西宁一带即"渐增至数千余所"[2]。有的著作记载,19 世纪内蒙古共有寺院 1200 多座。[3] 有的著作说清代漠北(外蒙古)有 700 多座寺院。[4]

其二,喇嘛人数激增。

据道光《理藩院则例》记载,拥有呼图克图称号的大喇嘛就有数百

---

① 本部分内容,参阅李德峰《论清代蒙古族史学的建立、困境及其应对》,《人文杂志》2014 年第 5 期;[蒙]沙·比拉《蒙古史学史》,陈弘法汉译本,内蒙古教育出版社 1988 年版。
② 杨应琚:《西宁府新志》卷 34。
③ 图齐、海西希:《西藏和蒙古的宗教》,耿升华译,第 353 页,天津古籍出版社 1989 年版。
④ 张羽新:《清政府与喇嘛教》,第 178 页,西藏人民出版社 1988 年版。

人。一般而言,大庙喇嘛上千人,小庙也有二三十人。整个蒙古地区喇嘛人数未有系统数据,只有个别地区片断记载。1729 年,仅外蒙古地区参加第二代哲布尊丹巴登位大典的喇嘛就达 25000 多人。[1] 据此估算,清代蒙古地区喇嘛人数应有十几万人。

其三,黄教的影响越来越大。

黄教的教义在清代已成为人们处理一切事情的准则。"人生六七岁即令司喇嘛字,诵喇嘛经。"生老病死、婚丧嫁娶都离不开喇嘛。喇嘛集智慧、学问、美德于一身,是社会上受敬仰的人物。从上层王公到下层牧民,男子均以出家为荣,"男三者一人为僧"。[2] 就整体而言,喇嘛教基本上占据了蒙古的教育与文化阵地。[3]

(二)衣食住行

1. 服饰

清代蒙古族民间服装主要为蒙古袍。袍有皮袍、棉袍、布(绸、缎)袍,男女均穿。男袍朴实、宽松,女袍华丽、秀气。蒙古族妇女的袍子式样众多,而且因地而异,有的袍子腰部细,有的袍子宽松、多边,有的袍子垫肩,有的袍子套上长坎肩,有的袍子像满袍,有的袍子有绣龙,有的袍子长边长袍、开襟,有的袍子在胸、袖、下摆绣花。一般袍子上都扎腰带,腰带以整幅绸子为之,男子喜用金黄色和橙黄色,女子爱扎紫色和绿色的带子。

蒙古人戴的帽子有许多种。冬季戴的帽子有风雪帽、皮帽、圆帽、羊绒帽等,夏季有尖顶圆帽、毡帽等。妇女特有的帽子还有耳朵套、凉圆帽等。帽子一般以兽皮和畜皮做里子,以绸、缎、布等料子做外套,外套上绣花纹以装饰。蒙古的靴子有革制、毡制与布制的。蒙古人最

---

① 《蒙古近现代史纲》,第 91 页。

② 姚明辉:《蒙古志》。

③ 本部分内容,参阅娜日苏《蒙古族宗教文化》,《内蒙古师范大学学报》2006 年第 6 期;德勒格《内蒙古喇嘛教史》,内蒙古人民出版社 1998 年版;唐吉思《藏传佛教对蒙古族民间宗教的影响》,《西北民族学院学报》2002 年第 4 期;乔吉编著《内蒙古寺庙》,内蒙古人民出版社 1994 年版。

普遍穿的靴子是香牛皮制的马海靴。有些地方男靴上绣云纹、锤子纹等花纹，女靴上用多种颜色的彩线绣花草、山水、鸟兽等图案。

蒙古男子装饰比较简单，腰佩蒙古刀、火镰与鼻烟壶。蒙古刀把用牛角或木头做，镶以金、银，刀鞘里插象牙筷子。刀和火镰带在左侧。鼻烟壶有白玉、玛瑙、翡翠、玻璃、瓷等质地，放在右侧的荷包里。妇女的头饰有许多种类，各地区与各部落也有所区别。以察哈尔与卫拉特两部为例：察哈尔"妇人耳上有两个小髻平立。额覆云角珊瑚网，上嵌珍珠与大珊瑚半圆者。后帔亦大珊瑚网，排直垂至后心。衣服则如大半臂，下与足齐。足下著革履绸鞋者不等"①。卫拉特妇女则把头发从中间分开，在两边梳出半圆形的辫子，套以辫套。辫套用黑色料子做，两端饰以黄边及彩线刺绣。辫套下接黑色长带，上戴金银珠宝。②

2. 饮食

清代蒙古族因生活地区不同，饮食习惯有很大差异。入关的八旗蒙古人与满族饮食习惯相同。靠近农业区和从事种植业的蒙古人与当地汉族饮食相近，以粮食为主。只有游牧地区仍以传统的肉食和奶制品为主。肉食中羊肉为主要食品，辅以草原上常见的驼、鹿、兔、野鸡、黄羊等野味。食"乌叉"是牧民最讲究的吃法。遇有重大庆典或祭典则食烤全羊。最为丰盛的是全羊席。野味中最为著名的是"蒙古八珍"。

清代蒙古地区出现了许多饮食禁忌。其俗最忌食马肉。一是蒙古族为马背上的民族；二是黄教认为马为天驹，食之有罪。鱼也在禁食之列，因为黄教认为鱼为圣品。

清代蒙古族奶制食品较前代更为丰富，黄油、奶豆腐、酸奶、奶茶、马奶酒等都是生活必需品。清代蒙古族地区饮茶习俗更为普遍，这主要与肉食

---

① 《蒙古行纪》。
② 本部分内容，参阅纳·巴生编著《卫拉特风俗志》，第133—134页，内蒙古文化出版社1998年版；内蒙古自治区民族事务委员会编《蒙古民族服装》，内蒙古科技出版社1991年版；乌云巴图《蒙古族服饰文化》，内蒙古人民出版社2003年版；苏婷玲《蒙古民族服饰文化》，文物出版社2008年版；薛晓静《蒙古族服饰的艺术特征研究》，河北大学2007年。

有关。

此外,炒米也是蒙古人日常生活中常见的食品。炒米一般以黍子炒制。也有的地方以荞麦代替。[1]

3. 居住

清代蒙古族居住仍以传统毡帐为主。毡帐也叫蒙古包,有民居毡包、驿店帐幕和官包等。无论官包、民居毡包皆铺毡毯,其质地、式样依各自经济条件而定。民居毡包中有四足圆形铁架,上置锅灶。一般沿包壁安放厨柜。"蒙古包西北角供佛,正西存放衣冠,正东东南存厨下物。包内之物四围安置木箱。箱凡二层,中藏杂物。"[2]有的门窗还有一些装饰。

清中期以后,蒙古地区的农业地带与半农半牧地区日益扩大,因而相当多的蒙古人开始由帐幕向筑房定居过渡。蒙古人由蒙古包过渡到汉式土房经历了三个阶段:第一阶段是在破帐篷的基础上围上芦苇篱笆,抹上泥,看上去外观仍像帐篷。门窗仍是毡做的,灶仍是原来形式的可移动灶。第二阶段,改变原帐篷的结构,深深地打下木桩,钉上横檩,包围芦苇抹泥巴,顶覆芦苇或草,门置帐幔。房内灶固定。房子四周围墙,院内栽树木,唯一的印迹是房子的外形仍是帐篷式的圆形。第三阶段,完全采用汉式住房,有灶和炉子。

王公贵族之家,既有奢侈豪华的大蒙古包,也有建筑宏伟的宫殿。贵族的蒙古包十分高大,哈纳多达 12 块或 16 块,多为白色毡毛,内柱镶金嵌银,顶插红幡,铺有华丽地毯。王府则按照京城王府建筑式样营造,有大堂、二堂、银安殿、印象堂及其他配属建筑。[3]

---

① 本部分内容,参阅莎日娜《蒙古族饮食文化》,内蒙古人民出版社 2014 年版;齐木德道尔吉《蒙古族传统饮食文化》,《内蒙古社会科学(汉文版)》2002 年第 4 期;金凤《蒙古族植物饮食文化研究》,内蒙古师范大学 2004 年;刘满贵、刘海铭、李东海《八百年绿色蒙餐的优势》,《中国畜牧兽医报》2008 年。

②《蒙古行纪》。

③ 本部分内容,参阅柳逸善《关于蒙古包的审美研究》,中央民族大学 2005 年;刘铮《蒙古族民居及其环境特性研究》,西安建筑科技大学 2001 年;刘铮、刘加平《蒙古族民居的热工特性及演变》,《西安建筑科技大学学报(自然科学版)》2003 年第 2 期。

4．交通

清代蒙古地区的交通工具仍以畜力为主，主要有马、骆驼和各种畜力车。

马匹是民间最主要的交通工具，出外放牧、探亲访友都离不开马。移营徙牧，则以勒勒车驮运。官方驿运，有驿车和驾杆车。驾杆车有马车、牛车、驼车之分。①

（三）婚丧习俗

1．婚嫁

清代蒙古地区继承前代的许多婚姻习俗，如收继婚、入赘婚、早婚等。但最主要的仍盛行聘婚制。由于各阶级的社会地位不同，婚姻习惯也有相当大的差异。

贵族阶层虽是一夫多妻制，但以正妻为主，其余以妾视之，出身显赫的王公贵族多与清室或其他满洲贵族联姻。王公虽然付出数量相当多的聘礼，但下嫁的公主、格格不仅可以给男方带来额驸的身份，而且随身携带了大量陪嫁人户（乳母、侍女、闲散人户等）和物品。一般贵族与门户相当的外旗贵族通婚。正妻之外的妾可以纳自平民，而王公贵族之女则不能下嫁平民。

平民实行一夫一妻制，婚事由父母做主，先经媒妁撮合。由男方请媒人到女家提亲，征得女家同意后，送聘礼定亲。聘礼以马、牛、羊为主，数目视贫富情况各有差别，以九为吉数，家贫不足九数者取五、七等单数牲畜。在漠南地区，清政府很早就对聘礼数目做过规定："国初，定蒙古庶人结婚聘礼，给马五、牛五、羊五十，逾数多给者入官。""又定，蒙古人结亲行聘者，改为马二、牛二、羊二十，不得多给，违者，将多给之牲畜罚取入官，少给者勿禁。"②在漠北喀尔喀地区，"平民互相结亲者，需送去

---

① 参阅德山、乌日娜、赵相壁《蒙古族古代交通史》，辽宁民族出版社 2006 年版；青克乐图《蒙古族传统交通工具的变迁调查研究》，内蒙古师范大学 2012 年。
② 乾隆朝《理藩院则例》"录勋清吏司下·婚姻"。

酒、羊内脏、角、蹄全份,婚约视为有效"①。《卫拉特法典》中详细记录了当时社会各阶级婚嫁的聘资数量。

婚礼日期,请喇嘛选定。新郎迎亲时,骑白马、戴弓箭,以示威武。新娘以布遮面,哭别父母。新娘到婆家后,须踏着白毡走进屋里。婆婆将新娘的"姑娘辫子"打开,用新郎刀鞘里的筷子把头发从正中间分成两半,然后放入新郎的几根头发,梳成两个辫子。"媳妇辫子"梳成后,换穿媳妇新装,始踏婆家地面。之后,一对新人手捧羊桡骨,拜天地日月,进洞房后拜火灶。最后,向双方父母尊长行叩头礼。新婚夫妻首先吃羊颈肉,以示婚姻美满、牢固。西北卫拉特地区婚俗与东蒙古相近。②

2. 丧葬

清代蒙古地区的丧葬习俗与前代有许多不同,主要是受黄教的影响。如人死后请喇嘛颂经,超度亡灵。葬式有天葬、土葬、火葬等形式。

天葬也叫野葬,多用于贫苦牧民或下级喇嘛、沙毕阶层。人死后,给死者更新衣、靴,以白布缠身,置于车、马之上,无人驭车、马,使之任意颠扑前行,谓之求天卜地。三日后始按迹寻尸,至尸停处,若尸首已被禽兽所食,则庆贺其已达天堂;若未被禽兽所食,则谓其前生存有罪孽,须请喇嘛唪经赎罪。也有的地方略有不同,即以人驾驭驮尸体的车马,任意前行。尸体遗落之处,即为吉祥葬地。以土石围拢尸体。三天后往观,若被禽兽所食,则额手称庆,就地掩埋遗骨遗物;若为禽兽弃而不食,则延请喇嘛诵经赎罪。

传统的火葬与土葬仍沿袭下来。火葬多适用于上层喇嘛,一般台吉、牧民中火葬者限于鳏寡孤独、未婚者,或患"恶疾"如传染病、产后病而死者。火葬一般在野外进行。

清代蒙古王公贵族死后主要实行土葬。一般蒙古人行土葬者,多见

---

① 《喀尔喀法典》"1709 年法规"。

② 本部分内容,参阅邢莉《蒙古族婚俗的游牧文化特征》,《满族研究》1992 年第 4 期;乐天《青海蒙古族婚俗文化》,《青海民族研究(社会科学)》1996 年第 2 期;赵永铣《蒙古族婚礼的形式与婚礼祝词》,《内蒙古社会科学(文史哲版)》1997 年第 4 期;桂丽《布里亚特婚礼仪式及社会角色的转换研究》,中央民族大学 2012 年。

于农业区或半农半牧区。按清制,王公贵族死后葬仪甚为隆重。死者尸体以布帛裹好装入棺内,要在王府停枢。墓穴砌以砖石藏其中,谓之陵。设守陵户常驻陵旁。陵户多寡按身份地位而定。陵区严禁牧民及闲散人等闯入,违者严惩。一般平民土葬则较简单,有卧、坐棺之别。卧棺是指死者入棺前,以哈达覆面,白布裹身,取生前爱物、衣帽及常用器物一并置于棺中。请喇嘛唪经,卜定墓地,开穴掩埋。坐棺以石块砌成蒙古包形,置棺其中加以封闭。

在漠西卫拉特地区,还有按金、木、水、火、土五行之法丧葬的。金葬,将尸体置于山中;木葬,将尸体悬于树上;水葬,将尸体沉于河中;火葬,将尸体以火焚之;土葬,将尸体葬于地下。[①]

三、文学与艺术

(一)文学

1. 民间文学

① 史诗

《格斯尔可汗传》,有多种版本,最早印行的是 1716 年的北京版本。这部史诗流传地区广泛,流传时间久远,且内容十分丰富,有关于古代历史、宗教信仰以及生活习俗的大量材料,有社会关系、生产与生活方式的真实写照,同时也反映了广大劳动人民铲除强暴、战胜灾害的美好理想。

清代蒙古地区广为流传的史诗还有《汗——哈郎贵》《吉祥天母传》。

② 历史传说

清代广为流传的一些关于古史轶事、历史事件、著名人物、山川水泽、名胜古迹等的传说流传下来。下面仅以两则历史传说作为例子加以说明。

---

① 本部分内容,参阅邸永君《蒙古族丧葬习俗考》,《中国民族报》2003 年;辽源《蒙古族丧葬习俗》,《青春期健康·人口文化》2010 年第 9 期;陈烨《蒙古族丧葬中的游牧遗风》,《民俗研究》1992 年第 4 期。

《满都海彻辰哈屯的故事》，是流传于民间，后经文人笔录整理保留下来的。作品以满都海夫人之口道出了蒙古汗只能由成吉思汗的子孙承袭、他人无权继承的论点。

《阿睦尔撒纳的传说》，是从18世纪末19世纪初开始在卫拉特各地与哈萨克等民族中流传的一则历史传说。这则传说揭露了清朝皇帝的残暴和对蒙古人民的压迫，表达了对阿睦尔撒纳的无限怀念和争取自由的心情。

③ 民间故事

民间故事是蒙古民间文学的重要组成部分。在清代，蒙古人民创造了浩如烟海的民间故事。其中有征服自然建设家园的故事，有镇伏恶魔、伸张正义的故事，有歌颂人民聪明才智的故事，有以各种生活知识为题材总结生活、生产经验的故事，有以山川为题材歌颂家乡的故事，有以摔跤手、大力士以及神马、名马为主题讲述本族人民与生活的故事，内容非常丰富。①

④ 民歌

清代蒙古族民歌在形式上主要分为叙事歌、抒情歌和对歌。

叙事歌是在民间叙事诗的基础上发展起来的。叙事歌唱的一般是比较完整的故事，往往以历史人物和历史事件为主题，歌中的主人公都有英勇、豪迈的性格，歌词都很长。《额尔古勒岱》和《察哈尔八旗》是流传在漠南的叙事歌。《噶勒达玛》和《罗卜藏丹津之歌》是卫拉特蒙古人喜爱的历史叙事歌。

抒情歌一般反映人们的内心世界，歌唱生活、爱情等，歌词一般较短。这种歌曲在民歌中所占比例最大。仅以经济生活为主题的民歌，就有牧马人之歌、牧羊人之歌、牧牛人之歌、驿夫之歌、哄羊歌等许多种类。

---

① 参阅王清、关巴《蒙古族民间故事》，新疆人民出版社2006年版；姚克成编《蒙古民间故事》，辽宁少年儿童出版社2012年版。

对歌是几个人对唱的歌,有时还有伴舞。这种歌一般在两个以上的人参加的情况下,借助歌词和动作表达思想。①

2. 作家文学

① 短篇小说

短篇小说是在历史传说、传记文学和民间故事的基础上形成的一种新颖的文学体裁。17 世纪是蒙古短篇小说体裁形成的时期,其后它得到了完善和发展。

《乌巴什洪台吉传》《色特尔扎布传》是较典型的短篇小说。

② 诗

清代蒙古人写下了大量诗篇。这些诗篇,按其形式可分为叙事诗、镶嵌诗、抒情诗和训谕诗。

清代蒙古族文人们创作了不少优秀的叙事诗。《恩都噜勒汗的故事》是其典型。

镶嵌诗即装璜诗。由于文史不分的传统,清代的蒙古作家、史家和翻译家几乎个个都是诗人。他们的诗大部分不是单独结集的,而是作为有关作者著作的装璜附上的。有的在卷首,有的在卷末,也有的在卷中各章节前后。

训谕诗和抒情诗是清代蒙古族诗歌的大宗。在清代,随着印藏大德名著的大量翻译,蒙古训谕诗受到印度和西藏训谕箴言的影响,得到进一步发展。《明镜》《取舍四行诗》《鹦鹉之训》《老幼众人的谈论话要》等都是典型的训谕诗。抒情诗的数量更大,清代蒙古诗人们或多或少都留下了抒情诗篇。其中,较有名的用蒙文写作的诗人是莫尔根格根与丹津布杰。莫尔根格根(1717—1766),名罗卜藏丹碧扎勒森,清代乌兰察布盟乌喇特旗莫尔根寺第三代活佛。他的训谕诗《名为风趣诗的金言训谕》《名为水泉的金言训谕》很有代表性。他的抒情诗《美丽的杭爱》《阴

---

① 参阅陈岗龙、乌日古木勒《蒙古民间文字》,宁夏人民出版社 2008 年版;亦儿坚《蒙古民间文学浅论》,《蒙古学信息》1988 年第 4 期。

山》《花果山峰》《半个月亮》等表达了热爱家乡的山水、歌颂父母养育之恩的情感。莫尔根格根的诗篇直接从民间诗歌中吸取营养,因此很受群众欢迎。丹津喇布杰(1803—1856),喀尔喀土谢图汗部戈壁莫尔根王旗人,八岁被选定为诺颜呼图克图五世,被送到漠南五当召学习佛学经典。他的训谕诗中,《放风筝人的训言》很有代表性。丹津喇布杰是红教徒,生活上不拘于黄教的礼节,因此,他的抒情诗大部分反映了尘世人间的普通生活、爱情与习俗。

③ 蒙古族汉藏文作家及其作品

清代,蒙古人中出现了大量精通满、汉、藏文的学者。以八旗蒙古子弟和驻京蒙古官僚后裔为代表的汉学派和以僧侣为主体的藏学派逐渐形成与壮大。

17 世纪下半叶至 19 世纪上半叶,较著名的汉文学家有:色冷,字碧山,蒙古正黄旗人,顺治、康熙年间诗人。其诗"雅丽深秀,为属骚坛宗匠"。《熙朝雅颂集》录其诗 2 首。奈曼,字又倩,一字东山,蒙古镶白旗人,工诗。《熙朝雅颂集》录其诗 8 首。白衣保,字命之,号鹤亭,康熙、乾隆年间诗人,著有《鹤亭诗钞》4 卷。梦麟(1728—1758),字瑞占、文子,号喜堂、午堂、耦堂、西鲁特氏,蒙古正白旗人,累官至军机大臣,现存诗 300余首。福明安,字钦文,蒙古镶红旗人,雍正、乾隆年间诗人,官至翰林院侍读学士。善作记游风景之作。博卿额,字虚宥,博尔济吉特氏,累官翰林院侍读学士、奉天府府尹等职。他的诗除散失的以外,编辑成集子的有《博虚宥诗草》3 卷。博明,原名贵名,字希哲、晰斋,博尔济吉特氏,乾隆年间诗人。有《西斋诗草》《西斋诗辑遗》两个集子,存诗 160 余首。崇贵,字抚棠,号补山,蒙古正黄旗人。《熙朝雅颂集》录其诗 27 首。托浑布,字无元,号字敦,别号爱山,博尔济吉特氏。著有《瑞榴堂诗集》4 卷。法式善(1753—1813),字开文,梧门,号时帆、诗龛,乌尔济氏,内务府正黄旗人,乾隆、嘉庆年间诗人,累官翰林院侍读学士、国子监祭酒等职。著有《梧门诗话》12 卷、《存素堂诗集》38 卷、《存素堂诗初集录存》24 卷、《存素堂诗二集》8 卷、《存素堂诗续集录存》9 卷、《诗龛咏物诗》2 卷。那逊兰保(1801—

1873),字莲友,博尔济吉特氏,著名女诗人,丈夫为清宗室恒恩。她去世后,其子收集遗诗 91 篇,刻印《芸香馆遗诗》2 卷。

17—19 世纪,在蒙古地区涌现出几百位藏文作家,较著名的有:扎雅班第达·罗卜藏丕凌列(1642—1715),喀尔喀杭爱汗人,一世哲布尊丹巴乍那巴乍尔的学生。他的文集中有不少诗歌。其中名为《白色水晶鉴》的训谕诗很有名。他还写了一部名为《大梵天之子喜音》的诗集,由 258 首诗组成。松巴堪布·伊西巴勒珠尔(1704—1788),青海蒙古巴图特部人,曾在郭隆寺与其他寺院当堪布。其诗文中,《名为杜鹃美声之歌》《世道篇美花念珠》很有代表性。罗卜藏楚勒图木(1740—1810),察哈尔镶白旗人。他的《名为如意宝的箴言》《酒的弊端》等训谕诗和《白翁颂》等习俗诗都很有名。他还写过《宗喀巴传》《七年轻妇女的故事》等文学作品。罗卜藏达克毕丹巴达尔杰,18 世纪额尔德尼召喇嘛文人,用藏文写过 30 多部书。其文集目录中有不少颂词、诗歌。大固什·阿旺丹丕勒,阿巴嘎旗人。他的《阿旺丹还勒之言》当时很有名。罗卜藏念都克,18 世纪鄂尔多斯僧人。他在库伦出版过三部文集,其中《报应明镜》是一部故事集,流传很广。丹德尔喇兰巴(1759—1842),阿拉善旗人。写过许多颂词、训谕诗。其训谕诗《人与经的喜宴》很有名。阿旺海达布(1779—1838),大库伦堪布,用藏文写过 5 部、200 多种文章。其中《吓唬老虎的老两口》《长毛狗策凌丕勒同班第达的舌战》《天祭》《词意明经》等文学作品很有名。

④ 翻译文学

清代是蒙古翻译史上的"黄金时代"。而就文学来讲,这一时期有大量汉、藏文学作品和印度梵文作品被译成蒙文,从而大大丰富了蒙古族文学宝库。

清代汉译蒙工作大有进展。明清时期汉族著名的长篇小说,这一时期几乎全部译成蒙文。如吴承恩的《西游记》、施耐庵的《水浒传》、罗贯中的《三国演义》、蒲松龄的《聊斋志异》、曹雪芹的《红楼梦》以及其他许多小说都是清代翻译的。

清代由于佛教的影响,印藏文字的翻译工作也取得辉煌的成就。

西藏作家文学中,被译成蒙文的最古老的作品属于 11 世纪。11 世纪在西藏出现了模仿印度佛陀传记的传记文学,将西藏宗教史上的杰出人物仲敦巴的传记 23 种汇编在一起,称《子经》。将仲敦巴的师傅印度学者阿底峡的言论汇编成一书,称《父经》。《子经》由呼和浩特席列图固什绰尔济译成蒙文,《父经》由卫拉特咱雅班第达译成托忒蒙文。11 世纪,西藏出现了利用传奇故事渲染佛教教义的文学作品。其代表作有《喻法轮》及其注疏,作者博杂瓦(1027—1105),是一些传奇故事、谚语的总目。12 世纪西喇布多尔济的注疏共 25 章,将博杂瓦的目录中的 700 余种传奇、故事、谚语一一全文登录。这部书于 1720 年初次译成蒙文并版行,到 18 世纪中叶又有两种新译本。11—12 世纪,西藏杰出的诗人米拉日巴(1040—1123)及其徒弟达克巴多尔济(1084—1251)的道歌很有名。米拉日巴的传记和道歌,在 17 世纪由席列图固什翻译。13 世纪,西藏大作家萨迦班达第·衮噶扎勒森(1182—1251)创作了《萨迦格言》,这是一部杰出的训谕诗。他的同时代人亦领真巴勒为这部书写了详尽的注疏。《萨迦格言》及其注疏多次被译成蒙文。19 世纪,杨津噶毕罗堆写了《白莲经注疏名为日光之书》。《白莲经》及其注疏两部书由布里雅特人阿旺罗卜藏噶拉桑津巴翻译出版。15 世纪,西藏出现了一批托古作品,被称为"伏藏",最有名的是《玛尼干布》。其中有许多有关松赞干布王的文学珍品。这部书前后三次被译成蒙文。18 世纪,策凌旺堆和罗卜藏丹碧扎勒森各写了一部诗体长篇小说《诺尔桑王传》与《杜鹃鸟的故事》,都被翻译成蒙文。此外,西藏的《如意宝饰》《宝饰》《魔尸的故事》等故事集,不仅被译成蒙文,而且在蒙古民间流传。

印度的许多文学作品也被译成蒙文。举世闻名的英雄史诗《罗摩衍那》虽然没有蒙文全译本,但通过各种途径,其大体内容被译成蒙文或被介绍到蒙古。在佛陀传记中,著名的《故事海》由固什绰尔济翻译,《乌善达喇汗传》由阿旺丹丕勒翻译。印度民间故事汇编中的主要部分也被译成蒙文。此外,通过《甘珠尔》《丹珠尔》的翻译,又有大批印度文学作品流传到蒙古地区。《甘珠尔》和《丹珠尔》分别为 108 卷和 226 卷,虽以佛经为大宗,但也收集了大量文学作品。17—18 世纪,《甘珠尔》和《丹珠尔》全部译成蒙文。[①]

（二）艺术

1. 歌舞

清代蒙古民歌主要分为长调和短调歌曲,基调粗犷、明朗、质朴、悠扬。蒙古民歌种类愈益繁多,内容日渐丰富。蒙古地区出现了记录音谱的特殊符号。蒙古国国家图书馆收藏有一本歌集,书中收集了 19 世纪的 70 余首歌谣,配有用蒙古筝演奏这些歌曲的特殊符号。成吉思汗陵还保存着配有特殊音谱的祭奠成吉思汗的 12 首歌。

乐器除了传统的民族乐器马头琴、蒙古筝等,还新添了汉族、藏族、哈萨克族的一些乐器。汉族的二胡、四胡,藏族的长号角,哈萨克族的冬不拉等,都成为蒙古人民非常喜爱的乐器。

蒙古民间舞蹈在传统节目以外也有了新的发展。集体舞"安岱"在东部蒙古各盟旗中普遍流行。青海、天山北麓、伏尔加草原的卫拉特人广泛接受了藏族、维吾尔族、俄罗斯族、哥萨克族的民族艺术。受藏传佛教的影响,"察木"舞在蒙古地区广为流行。这是西藏各寺院在法会上表演的一种化装舞蹈。在察木的启发下,喀尔喀诗人丹津喇杰布于 1827 年兴办察木训练学校,1831 年到阿拉善学习察木表演艺术,回去后着手排练西藏文学名著《杜鹃鸟的故事》,并从 1838 年起在喀尔喀各地上演该舞剧,成为后来蒙古地区歌舞剧的萌芽。

说唱艺术进一步发展,出现了许多说唱艺人。与此同时,在漠南东部出现了新的说书风气。说书是蒙古民间艺人一边拉四胡,一边说唱

---

① 本部分内容,参阅荣苏赫等编《蒙古族文学史》第 2 卷第 3 编,内蒙古人民出版社 2000 年版;色道尔吉《蒙古族文学概况》,《内蒙古社会科学(汉文版)》1980 年第 1 期;梁一儒、赵一铣《蒙古族英雄史诗简论》,《内蒙古社会科学(汉文版)》1980 年第 1 期;音那木尔、特木尔巴根编著《中国蒙古作家传》,内蒙古人民出版社 1987 年版;白特木尔巴根《古代蒙古作家汉文创作考》,内蒙古教育出版社 2002 年版;米彦青《清代中期蒙古族家族文学与文学家族》,《内蒙古大学学报(哲学社会科学版)》2011 年第 2 期。

"本子"故事。"本子"一般都是汉族长篇小说。[1]

2. 艺术图案

艺术图案,蒙语叫"贺——乌噶勒扎",是对一切器物造型设计和各种纹样的统称。这是蒙古造型艺术中的重要内容。蒙古牧民衣、食、住、用的任何一件东西都与图案有关。蒙古族的传统图案有回纹、方纹、火纹、水纹、卷革纹、犄纹、锤纹、盘肠图案、凸形图案等。蒙古族的花纹图案也受到汉、满、藏等民族的影响。

3. 民间刺绣

刺绣,蒙语叫"哈特合玛勒",是对用彩色丝线、棉线、驼绒线、牛筋等在绸、布、羊毛毡、牛羊皮品上绣花或做各种贴花的统称。清代蒙古人的服饰以及一些奢侈品上都有精巧、美观、大方的刺绣。蒙古族民间刺绣的种类大体包括绣花、贴花、接针、混合几种。蒙古刺绣中常见的针法有齐针、散套、施针、打打子、分层衔接等等。

4. 金属工艺、雕刻

蒙古金属工艺品一般用金、银、铜、铁等几种原料制作,包括桶、碗、壶、勺、酒器、头饰、马具、火镰、刀子等生活用品和佛像、察木舞道具等宗教器皿。蒙古金银匠主要采用錾雕手艺,在金属制品上錾出精美的各式纹样和图案。蒙古金属工艺品除在牧民生活中被广泛利用外,佛教寺院也借此进行艺术建设和装饰。

蒙古民间雕刻艺术是用刀或铲子等工具对木头、粘土、石头、骨头等材料进行加工。其中木制品居多,如木桌、木箱、木桶、捣茶具、马鞍、马头琴、蒙古象棋等。蒙古象棋的棋子有骆驼、马、狮子、人等,是人物雕刻与动物雕刻的佳作,造型美观、形象生动,富有草原生活的气息。

---

[1] 本部分内容,参阅呼格吉勒图《蒙古族音乐史》,辽宁民族出版社 2006 年版;阿里德尔桑《蒙古族乐器》,新疆师范大学 2008 年;金素莉《浅谈蒙古族舞蹈的风格和特点》,《课程教育研究》2014 年 2 月(下旬刊);乞牙惕·沙·贺喜歌芒束《蒙古族曲艺新探索》,辽宁民族出版社 2007 年版。

5. 建筑艺术

17—19 世纪,随着蒙古地区寺庙建设的扩大、城镇的出现以及半农半牧、纯农业区的形成,蒙古建筑业得到了发展。传统的木毡结构的蒙古包已不能满足日益变化的生活需要,于是出现了土、木、石结构的建筑。就建筑艺术风格而言,这时出现了蒙古传统建筑风格以外的蒙汉混合、汉藏混合、蒙藏混合式的建筑风格。各民族建筑艺术的结合,在蒙古地区形成了新的独特的建筑艺术群。①

四、科学技术

(一)天文历法、地图测绘

1. 天文历法

在广阔的蒙古草原上,研究天文历法有悠久的历史。集天文、历法、星占、数学计算于一身的"朱尔海"学问即流传于民间的知识集成。人们用朱尔海研究天文,通过朱尔海方法去看包括日、月在内的七曜和二十八宿的相对位置和变化规律,进而编制日历。朱尔海家以 60 年为一周编制历书。第一个六十年历书编制于 1027 年。著名的蒙古族朱尔海家,青海托里地区松巴堪布·伊西巴勒珠尔(1704—1788)编制了第 16 个六十年皇历。朱尔海家还可通过大量复杂的计算来推算日食、月食时间。

在黄教寺院中,四大学部之一的洞阔尔学部(即时轮学部)占有重要地位。在这一学部里,天文、历法、星占学是主要的学问之一。由于比较重要的寺院都设有时轮学部,这一机构中传授和学习时轮学的喇嘛就成为蒙古地区研究与保存天文历算学的专门人才。伊西巴勒珠尔即是其中之一。这位集喇嘛与朱尔海家于一身的学者不仅在寺院中主持过时

---

① 本部分内容,参阅尼格都勒、蔡彤华《蒙古族民间美术探源》,《鄂尔多斯学研究》2010 年第 2 期;田建强《蒙古族民间美术的艺术特征》,《艺术百家》2008 年第 3 期;乔婷《蒙古族传统工艺美术研究》,《美与时代(中)》2015 年第 8 期;李娟、郑宏奎《蒙古族传统工艺美术分类研究》,《内蒙古农业大学学报(社会科学版)》2010 年第 2 期。

轮学部,而且于 1799 年建立过专门研究朱尔海的机构——朱尔海学塾。他的传世著作中有两篇重要的历算学方面的成果:《汉历概要》《算学明鉴、随月计算新法》。

蒙文《康熙御制汉历大全》是汉历《时宽历》最早的蒙文译本,对蒙古族学习、研究与传播汉历起了重要作用。

另一件反映清代蒙古天文学发展水平的实物是现存于内蒙古呼和浩特五塔寺的石刻蒙文天文图。五塔寺又名"金刚座舍利宝塔",建造于 1725 年,天文图镂嵌在照壁上。这是迄今为止仅有的一幅以蒙文标注的天文图。

2. 地图测绘

清代蒙古族涌现了一批地图测绘方面的人才。

举世闻名的《雷纳特 1 号地图》是准噶尔汗国的首领噶尔丹策凌在各方面的帮助下亲自绘成的。这是关于准噶尔汗国疆土的十分精确的一幅地图。它反映了当时卫拉特人的地图绘制水平。

1704 年,清政府在全国范围的国土测绘开始之前,首先进行了黄河源头的探测工作。参加这一工作的就有蒙古学者贝勒色卜腾扎勒。

（二）数学

在古老的草原深处,数学传统被保持下来,并分别由朱尔海家与寺院中的时轮学者传承下去。草原上的朱尔海计算数学一枝独秀。计算工具很简单,只有朱尔海黑板与朱海尔笔,它们可以进行四则运算。成书于 1742 年的《智慧之鉴》一书记载了若干四则运算的计算方法。朱尔海家还总结了一些验证方法,用来检查计算过程的可靠性。寺院中的时轮学部也同时传授数学知识。其教材是西经和萨布日经。僧徒为了获得齐凌巴学位,必须把数学作为基础知识来学习。因为进一步修习天文历法、制作庙堂模型都需要一定的数学知识。

（三）医学

清代蒙医在充分吸收了藏医理论和临床技术的基础上,在长期实践中,根据蒙区的疾病特点,结合传统的蒙医理论,形成了自己独具特色的医学体系,蒙医得到了新的发展和提高。

寺院是医学人才成长的摇篮。寺院中对医学教育是很重视的,蒙古地区较著名的寺院都设有医宗学部(曼巴扎仓)。据不完全统计,清代蒙古地区拥有曼巴扎仓的寺院多达 30 余处。曼巴扎仓的教学、实习具有严格、正规与系统的特点。在师资、教材、教学方法、学业考核与学位颁授方面都有严格的制度。

清初,蒙医传统的伤骨、骨科与针刺针灸技术进一步得到发展。绰尔济·墨尔根·伊桑阿、娜仁·阿柏、温布等都是享有盛誉的医家。绰尔济生活于 17 世纪,东土默特部人。他对传统的外伤、正骨、罨疗(即"冷敷法"与"热敷法")等极为精通。在科尔沁草原上,娜仁·阿柏(1770—1855)几乎尽人皆知。她师承传统的蒙医正骨术,正骨术极精湛,在骨折的诊断、治疗方面都有独到之处。如在诊断上创造了"视、听、问、思、摸"五种方法同时并用,以达到准确诊断的目的。在治疗上则因病而异:对开放性、粉碎性骨折,先挤出碎片;一般骨折用青铜镜、银杯按摩治疗;颅骨等凹陷骨折,采用拔罐提骨复平;脊椎骨折采取牵引双腿方法复位。对伤肢,用蛇蛋花宝石按压止血去痛,以动物毛皮配以牛皮、髓骨等加以固定。对患者,疗、养并重,在调服蒙药"调理气血"的同时,注意饮食营养。她对脑外伤的治疗也颇具独创性。温布是一位针灸高手。他出身于东土默特瑞应寺曼巴扎仓,曾用针刺放血的办法治愈该寺五世活佛的病,被任命为活佛的道不齐额木齐(保健医生)。

18 世纪,蒙医理论得到进一步发展,更加系统和丰富。其中贡献最大的首推松巴堪布·益西巴勒珠尔。他在深入研究藏医经典《四部医典》和印度医学《医经八支》的基础上,结合传统的蒙医学和临床实践,撰写了一系列重要的蒙医学著作——《四部甘露》和《认药白晶鉴》。《四部甘露》包括四部医书:《甘露之泉》《白露医法从新》《甘露点滴》《甘露汇集》。《甘露之泉》被认为是蒙医学基础理论的经典著作,著名的"六基症"理论即发轫于此书。在其他几部著作中这一理论又进一步深化和完善。除蒙医理论外,他的著作还详细论述了蒙医的临床、术疗、方剂、药物与泡制等各方面理论。

方剂学方面,有大批著作问世。较著名的有《方海》(又称《蒙医金匮》),占巴拉著,藏文本。《各种重要药方》,官布扎布著,蒙文本。

诊断学方面,传统的诊断学又有发展。罗布僧苏勒合木著《蒙医制剂和脉诊》(又称《脉诊概要》),重点论述了脉诊学原理。此外还出现了《脉诀》《号脉便览》一类的著作。

药物学研究不断深入。较有影响的著作是伊西巴勒珠尔的《认药白晶鉴》、罗布僧苏勒合木的《本草分类》、占巴拉多尔济的《蒙药正典》。

对蒙医中许多专门领域的研究也取得了新进展。如矿泉浴药的研究著作有罗布僧苏勒合术的《甘露疗法笔录》、罗布桑金普乐的《蒙医药选编》等。再如对鼠疫的研究方面,关于鼠疫的传染源、病因、症状、防疫办法等的研究都取得了显著成果。①

五、教育与体育

(一)教育

1. 朝廷直辖的蒙古族学校教育

① 国子监

清代国子监即太学,是全国最高教育行政机构,又是中央一级的最高学府。

蒙古族能够在国子监就读的,大多是高级官员的子弟,也包括一部分下级官员的子弟。太学的学生称为国子监生。监生分为四类:恩监、荫监、优监、例监。凡由皇帝特许给予监生资格的为恩监。官员之子凭上代余荫,不经考选取得监生资格的为荫监。由附生选入国子监的为优监。由捐纳取得监生资格的为例监。

---

① 本部分内容,参阅李迪《蒙古族科学技术史》,辽宁民族出版社 2006 年版;郭·道布清·图门巴雅尔《蒙古族传统疗法》,辽宁民族出版社 2005 年版;蔡精阿《蒙古族治疗骨伤的创新》,辽宁民族出版社 2005 年版;巴·吉格木德著,曹都译《蒙古医学简史》,内蒙古教育出版社 1997 年版。

由于蒙古族中功臣、重臣多，所以基本上都是恩监和荫监。康熙十年(1671)从各地选拔文行兼优的生员，其中包括两名蒙古生员，送国子监学习。康熙二十四年(1685)又选拔满蒙贡生两名，入国子监学习。此后，也有一些蒙古子弟有机会进入太学学习。

国子监算学是专门培养数学人才的学校，设在钦天监附近，隶属于国子监。乾隆初，额定蒙古学生六名。自蒙古各旗中学过算学、有一定基础和兴趣、资性相近的算学生中选拔。课业即算法。学制五年。期满考试合格，可以补为钦天监天文生、博士。

② 八旗官学

八旗蒙古是清朝赖以勃兴的基本力量之一，因此，清朝统治者对其教育十分重视，在教育形式上以官办为主，在京师建立了一些学校培养所需人才。同时，也招各地八旗子弟优秀者入京学习。雍正元年(1723)特"于八旗蒙古护军、领催、骁骑内，选熟练国语、蒙古语者十六人，充蒙古教习"。乾隆八年(1743)规定："蒙古教习五年期满实心训课者，用护军校、骁骑校。"①

八旗官学的学生，原来"分佐领选送"，雍正五年(1727)改为"通一旗选择，不分佐领"。②

为八旗建学舍时，十名习汉书，余习满书。雍正五年规定，年幼者习满书，稍长习汉书。至乾隆初年，规定学生肄业以十年为率，三年内讲诵经书，经监臣考验后，择才资聪颖有志力学者，归汉文班；年长愿学翻译者，归满文班。乾隆三年(1738)曾钦派大臣考取汉文明通者，拔为监生，升太学。

2. 地方蒙古族学校教育

各地八旗蒙古人除少部分能够入京师学习外，设在各地的八旗官学是蒙古子弟主要的学习场所。这些学校按程度大体可分为三类：初级学

---

① 《清史稿》，第 3100 页，中华书局 1976 年版。
② 同上书，第 3110 页。

校、中级学校、专门学校和高级学校。

初级学校是为八旗蒙古子弟启蒙教育而开设的学校,主要有:

蒙古义学。设于康熙三十年(1691),设在最基层的单位佐领之内。每佐领设一学,共约 200 所。招收本佐领十岁以下幼童入学,学习满、蒙文及骑射技能。① 乾隆二十三年(1758)裁撤。

八旗学堂。设于雍正二年(1724),是专门为八旗贫寒子弟设立的以读汉书为主的学校,分满、汉书学堂和汉书学堂。乾隆二十三年(1758)裁撤。②

蒙古满文学。设于雍正七年(1729),是以学习满文为主的学校。八旗蒙古每参领设一所。学生除学习满、蒙语言外,还学习伦理和骑射。③

绥远城蒙古官学。设于乾隆八年(1743),是以学习满文翻译为主的学校,教习选自土默特蒙古族,兼晓满、蒙语言。乾隆三十七年(1772)专为驻防蒙古子弟设立塾学。乾隆五十年(1785)并入满汉翻译官学,专门学习满汉文翻译。

热河蒙古官学。道光八年(1828)由热河都统奏设,主要学习蒙文译满文。

吉林蒙古官学。乾隆六年(1741)设立,学习满文、蒙文和骑射。

中级学校主要有:

八旗蒙古官学。设于雍正元年(1723),八旗蒙古每旗一所,课程以学习满文满语为主,每所学校设助教八人,协同教习数人。学生自蒙古各佐领中选拔,每佐领一人。学生定期考试,优异者可以作为蒙古笔帖式供职于布院。雍正六年(1728)裁撤。④

国子监八旗官学蒙古馆。设于顺治元年(1644),隶国子监而分设于八旗驻地,每旗官学设有六馆,内有蒙古一馆。其学生选自蒙古佐领优

---

①③《八旗通志初集》卷 19"学校志四"。
②④《八旗通志二集》卷 98"学校五"。

秀生员。教师有助教、教习、蒙古弓箭教习三种。考试规则严格,有月考、季考、春秋会考和主管官员不定期考察。学制三年,后改为十年。①

专门学校和高级学校主要有:

国子监蒙古馆。

咸安宫蒙古官学。设于乾隆十三年(1748),地址在咸安宫院内。其教学由理藩院管辖,经费由内务府供给,学生来自八旗官学蒙文馆,主要学习蒙文经书以及蒙文翻译等。学制长达十年。学生五年一考,按考试成绩分别录用、留用或黜革,也可以进入唐古特学做学生。待遇优裕。

唐古特学。是理藩院下属的一所专门培养藏语人才的学校,设于顺治十四年(1657)。主要是为了更好地管理西藏事务而设立的。设司业一人,教习二人,副教习二人。学生全部为蒙古子弟,主要从咸安宫蒙古官学、国子监蒙古馆学生中挑选,学习藏文藏语及翻译等内容。理藩院定期对学生考试。学生在学习一定时间后,入藏学习,为期五年。学习期满,由达赖喇嘛考试,合格者奏请更换下批,不合格者仍留藏学习。待遇优厚。

托忒文学。是一所专门培养托忒文人才的学校。由唐古特司业和助教兼管,仅设教习二人。学生定额八人,八旗蒙古每旗一人。主要学习托忒文以及与满文互译,考试优异者可授内阁学习中书。②

3. 内外札萨克蒙古地区的寺院教育

寺院是喇嘛研习经典、探讨学问的最高学府。较大的寺院都有几个专门学部(也称扎仓或僧学院),这样的寺院称为学问寺。扎仓有六种:却伊剌、曼巴、卓特巴、洞阔尔、吉多尔、拉麻哩木。此外还有跳神学部(千巴扎仓)、艺术学部(上下花院)等。

却伊剌学部。蒙语称为参尼特扎仓,汉译为显宗学部、教学部、相学部。以学习诸经论的哲学解释为目的,兼及其他伦理学、文法学、戒律等,

① 《八旗通志初集》卷47"学校志二"。
② 道光朝《理藩院则例·通例上》。

即普通佛教学的全部,是进一步学习密教(宗)的预备阶段。该学部规模最大,学生人数最多。却伊剌学部对学生优异、造诣深厚者可授予学位。

曼巴学部。一般译为医学学部或医宗学院,又称曼巴扎仓、额木齐扎仓、曼拉苏默。喇嘛医主要是藏传医学,内容包括普通医学和兽医。学生先学理论知识,然后进行实践。十年左右举行结业考试,合格者授予医学学位曼兰巴。

卓特巴学部。也称居巴扎仓、珠得扎仓或扎巴扎仓,一般译为密教学部、真言学部或密宗学院。学习年限一般在七年左右,学习内容为密教教理。考试成绩优异者授予俄仁巴(嘎库凌巴)学位,但每次只授一名。

洞阔尔学部。也称洞阔尔扎仓或珠尔海苏墨,一般译为时轮学部或时轮学院。主要研习各种自然科学。学制为 6—7 年。学位有齐凌巴和绰尔齐两种。每三年考试。

吉多尔学部。也称阿和瓦学部。具体研习内容不详,但有的寺院具有短期培训的性质。

喇嘛日木学部。译言次第。该学部所授学位称古什。

4. 蒙古族的科举制度

在清朝入关后的科举考试中,蒙古子弟可参加文科、武科和翻译科考试。

① 文科

文科考试程序分为童子试、乡试、会试、殿试四级。

八旗蒙古族应试的情况:

八旗子弟在始设科举时,不允许参加文科。至顺治八年(1651)清政府才允许其应文科试,但在参加乡试、会试前,必须先试骑马射箭,合格者才能应文科试。后来这一规定一直延续下来。

康熙二十六年(1687)取消了满、蒙独立的乡试、会试,改与汉军、汉人一体考试。蒙古子弟只能以普通身份与汉人同场考试并同榜公布,有利于蒙古子弟的规定自此不复存在。

康熙八年(1669)开始,不再设单独蒙古生员人数,改为满、蒙合取 40

名。蒙古举人、进士额数分别改为举人十名、进士四名。不久又取消了固定的人员额数。

在考试内容上,开始时,八旗乡试时仅考满文或蒙文一篇,会试时两篇。汉人则考《书》艺二篇、《经》艺一篇,会试时还需试策、论各一。自从与汉人一体考试后,蒙古考试的内容就不那么简单了。

② 武科

武科的考试程序也分童试、乡试、会试、殿试四级。

在考试内容上,武童生考试分内外场,先外场骑射,次内场策论。武乡试、会试的一、二场均为外场,首场骑射,二场步射、技勇;三场为内场,策二问、论一篇。

在授官上,最初,一甲进士授副将、参将、都司,二、三甲授守备、署守备。后来,一甲进士一名授一等侍卫,二、三名授二等侍卫;二、三甲授三等及蓝翎侍卫,营、卫守备有差。

③ 翻译科

翻译科是清政府专为满、蒙旗人设立的考试科目。以满文译汉文并作满文论文者为满洲翻译,以蒙文译满文者为蒙古翻译。

蒙古翻译科是专为蒙古旗人设立的科目,始于雍正九年(1731),设置的目的是使蒙古语言文字不致废弃,理藩院也能招到人才。蒙古翻译科不同于满洲翻译科,一是只限于蒙古旗人参加,满洲人不能参加;二是内容是以蒙文翻译满文,而不是汉文。其考试分为三级:

童试。由提督满蒙学政(后改为蒙古阅卷大臣)主持,只试一场。试题出自满文《日讲四书》,乾隆元年(1736)改为从满文《性理》《小学》内出题。

乡试。派蒙古主考官一人,同考官二人主持。题目有二道,一道自满文《日讲四书》出,另一道自满文奏疏出,均用蒙文翻译;乾隆以后改为自满文《性理》《小学》出。道光二十年(1840)停止。

会试。题目有二道,一道自满文《日讲四书》《性理》中出,另一道自满文奏疏中出,均用蒙文翻译。

蒙文翻译科中试的生员、举人、进士一律用于理藩院蒙古官缺上,作为蒙语人才。①

（二）体育

清代蒙古族体育项目以赛马、射箭、摔跤为主，都兼具军事性与体育性。

1. 赛马

清代蒙古族对赛马极为重视。雍正七年(1729)，漠北喀尔喀诸部专门会盟制定了一部《赛马条例》，详细规定了有关注意事项、比赛规则、奖品颁授等。当时比赛由咱萨古勒主持，有四名赛特（大臣）为证人，类似裁判。

2. 射箭

蒙古族的射箭分骑射和静射两种。骑射，蒙语称"爱罕"，"不仅男子工于骑射，女子亦精于此道"。有诗为证："胡装小妇善乘駣，跻捷端凭司射工。一笑翻身齐下马，桃花人面亦春风。"

3. 摔跤

摔跤，汉语称"角力""角抵"，蒙语称"布库"。清代蒙古族摔跤不仅在兵营与宫廷中流传，而且是民间那达慕大会上必不可少的运动项目。摔跤手称为"布库沁"，摔跤服称为"卓铎格"。比赛采取淘汰制，优胜者可获得丰厚的奖品。

此外，在蒙古民间与摔跤同样流行的还有一种称作"诈马戏"的驯马活动。②

---

① 本部分内容，参阅特格舍《清朝蒙古族教育史梗概》，《内蒙古社会科学（汉文版）》1982 年第 2 期；张永江《清代八旗蒙古官学》，《民族研究》1990 年第 6 期；宝玉柱《清代蒙古族学堂教育及其语言教育》，《中央民族大学学报（哲学社会科学版）》2002 年第 5 期；宝玉柱《清代蒙古族寺院教育及其语言教育》，《中央民族大学学报（哲学社会科学版）》2001 年第 5 期；张永江《八旗蒙古科举初探》，《内蒙古社会科学（汉文版）》1989 年第 4 期；张永江《八旗蒙古与清代的武科及翻译科考试》，《内蒙古社会科学（汉文版）》1990 年第 1 期。

② 本部分内容，参阅那日苏《蒙古族传统体育项目》，《民族传统体育》2012 年第 4 期；王宝霞、路立军《蒙古族传统体育项目——赛马》，《体育文化导刊》2004 年第 7 期；辛利民、朝革命《蒙古族传统体育运动——搏克（摔跤）》，《内蒙古师范大学学报（哲学社会科学版）》2004 年第 1 期。

第三节　回族

回族是"回回族"的简称。在清代,回族主要分布于西北和西南地区,还有一些散居于全国各地。由于居住分散,受其他民族影响,回族文化有某些地区差异;与此相关,回族文化又具有开放性与包容性。

一、史学

马时芳(1761—1837),字诚之,号平泉,河南禹州人,是清代回族学者中著述种类与数量最多的学者之一。他的著作现存于《平泉遗书》中,其中《风烛学钞》是对历史人物的简要评述,所论述的学者涉及从西汉到明代诸多朝代,且论述的人物数量较多。《咸阳王抚滇功绩》是清代回族学者刘发祥辑录的有关元代的史著,有助于研究回族族源与回族史。

清代回族学者续修的谱谍数量较大,主要有《同安丁氏族谱》《马氏族谱》《古涧金氏宗谱》《雁门萨氏族谱》等。清代初期修的回族谱谍主要有马注撰修的《赛典赤家谱》、蒲群昭撰修的《南海甘蕉蒲氏家谱》。清代大多数回族谱谍的内容主要分为三部分:第一部分是目录、序言;第二部分是家训,先人像赞、碑铭,住所、祠堂、坟茔的地图及概述,人物传记,先人文集、诗集等;第三部分是世系图(世系表)。

清代回族史家最突出的贡献是方志学。清初,马世俊有《茅山记》《燕山记》《华阳游志》等;蒋湘南参与《陕西通志》《江苏通志》《同州府志》《泾阳县志》《留坝厅志》《蓝田县志》《夏邑县志》《鲁山县志》等多种方志的编写,又有《华阳县志》《江西水道》等。《冈志》是清代回族御医赵士英撰写的关于清代北京回族聚居区冈上的一部志书,主要内容有冈上的地理位置、历史沿革、自然风貌、人文景观以及回民社会生活等。[①]

---

① 本部分内容,参阅孙忠伟《清代回族学者史学成就述论》,兰州大学 2010 年。

二、宗教与风俗

（一）宗教

清初,回族学者翻译和撰写的伊斯兰汉文著作纷纷出现。这些著作中,较有代表性的是张中的《归真总义》《四篇要道》、马铨的《醒己省悟》、伍遵契的《归真要道》《修真梦引》、马注的《清真指南》、刘汉英的《清真教说》、马伯良的《款款捷要》、米万济的《款款微论》、舍起云的《醒世真言》、孙可庵的《清真教考》、舍天柱的《清真释疑》、余浩洲的《真功发微》、马君实的《天方卫真要略》、刘智的《天方性理》《天方典礼》《天方至圣实录》《真境昭微》《五功释义》等。其中,张中、伍遵契、马注、刘智的作品影响最大。①

（二）衣食

1. 服饰

清代,随着回族的汉化,绝大多数人平时不穿本民族的服装,但在一定的场合,如宗教活动和婚丧嫁娶时,仍有穿本民族服装的习惯。"至入寺瞻礼之时,大祀朝会之际,以及丧葬大事,仍着弁,为存古也。"但不免有过时之议论:"弁冠,天方之服也。居东土而服之,未免为异服也。"②弁冠形状,上小而尖,下大而圆,用羊皮、鹿皮或棉布制成,分单、夹、棉三种,尖部有六缝、十二缝、二十八缝不等。

回族妇女普遍有打耳孔、戴耳环的习惯,也喜欢佩戴玉石手镯、金戒指,殷实人家妇女还戴金胸花、金发卡、金笼子、金手镯等。海南回族姑娘爱挂耳珠,已婚妇女则挂耳坠,双手戴金挂银很多,或玉石手镯。

回族中虔诚的穆斯林男子一般不留长发,多留胡须。沿口上层留一

---

① 参阅邱树森主编《中国回族史(上)》,第 4 章第 5 节,宁夏人民出版社 1996 年版;仇王军《回族伊斯兰教在中国化过程中对佛教的吸收和批判》,陕西师范大学 2005 年。
② 刘智:《天方典礼》卷 15"冠服"。

条又细又薄的胡子,称为"回回胡"。①

2. 饮食

回族关于肉食有可食不可食的规定:禽类,凡吃谷的、有胃、似鸡嘴的,其肉可食,如鸡、鸭、鹅、鸽、鸠等;凡似鹰嘴的,其肉则不能食,如鹰、鹞、雕等。兽类,凡吃草的、反刍的、四蹄分瓣且性情温顺的,其肉可食,如牛、羊、骆驼、鹿等;凡性情残暴而食肉者、污秽者、四蹄不分瓣者,其肉则不能食,如猪、狗、虎、狼、马、驴、骡等。水产类,唯食鱼、虾,且所食之鱼必须有鳃、有刺、有鳞,否则不能食。对猪肉的禁食,尤其严格。

回族的肉食以羊肉为主,其余主副食因地制宜,各地风格不同。

清代回族清真菜主要有三大系统:一是以北京为中心、长江以北的清真系统,受山东菜、淮扬菜影响较多,烹调方法精细,特别擅长牛羊肉的加工;二是以新疆、甘肃为主的西北清真菜系,保留了较多阿拉伯、中亚地区的饮食特点,以炸、煮、烤等口味浓厚的菜为多;三是杂居南方、沿海地区的回族清真菜,风格比较多样,口味较清淡,以海鲜、河鲜、禽类为原料的烹饪尤具特色。

北京清真菜在中国清真菜系中最享盛誉。清中期后,清真馆遍布京城,出现了许多著名饭庄。因风格不同,形成东、西两派。东派用大汁大芡、红汁芡为主,善于小炒,著名的饭店有通州小楼、同和轩、东来顺等;西派菜精美、典雅,以白汁芡为主,善烧扒菜。两派交融后,逐渐形成清真京菜。

清真糕点极其丰富,全国各地均有名特产品。

回民小吃也十分丰富。清代有一种塔尔糖,用白糖和面,团作杵形,高尺许,顶端呈尖状。沈阳马家烧麦,自嘉庆年间起一直不衰。北京的茶汤、百合莲子、莲子果羹,兰州的烂香、灰豆,临夏的发子面肠,西北地区的甜食甜醅、荞麦粉凉皮、面粉酿皮子、麻食子等等,都很有名。

---

① 本部分内容,参阅陶红《回族服饰文化》,宁夏人民出版社2003年版;白世业《回族服饰》,宁夏社会科学出版社2005年版;陈志伟《宁夏回族服饰习俗的美术性格》,《大众文艺》2013年第23期。

回民饮茶因地制宜。西北地区流行盖碗茶，宁夏有"八宝茶"，宁夏南部、甘肃、青海一带有罐罐茶，湖南常德盛行擂茶，贵州威宁回族喜喝炕茶，西北、内蒙古的回族爱喝奶茶。[①]

（三）婚丧习俗

1. 婚娶

回族的婚姻一般要经过提亲、订婚、迎娶、婚礼等程序。

提亲。男女双方认真选择对象，访知对方家境、家教、人口。"议婚之道，先访门户乡贯，次察家教，务知男女贤否。或为子求妇，或为女择婿，皆不得慕声势而托高门，亦不可取便易而亲贱类。"[②]然后由男方请来媒妁，到女方去提亲。西北地区提亲时，媒人一般要带"四色礼"（茶叶、方糖、红枣、核桃）。女方收下暗示可以考虑，反之则拒绝。经过往返三四次，双方满意后即可商议订婚事宜。此过程中，男方常请来本族中或亲友中德高望重者为主亲，往来于男女两亲中疏通情况，避免媒妁之言不实。

订婚。订婚方式没有明确规定，因地制宜。西北地区订婚俗称"挂坠儿"，订婚日男女双方都要宴请媒人、主亲人。订婚礼品有金耳坠、衣服或衣料、化妆品、封子（又称干札、现金）、四色礼等，由男方送到女方家中，男女对象见面，女方回赠礼品。

迎娶和婚礼。双方选定吉日后，迎亲前四天，男方邀女方家长于次日到家中书婚。这一天，男方先请来掌教阿訇，立司礼，女方客人来后，互道"色俩目"问候，各就位后，掌教人阿訇入堂上席就座，女方客人就坐左侧，男方家人就坐右侧，众亲友坐于两边。新郎在案前跪下，掌教阿訇

---

① 本部分内容，参阅李自然、周传慧《试论回族对中华饮食文化的贡献》，《宁夏大学学报（人文社会科学版）》2005 年第 4 期；福尔卜《青海回族饮食文化》，《青海民族研究》1996 年第 1 期；楼望皓《新疆穆斯林饮食文化》，第 3 章，新疆青少年出版社 2012 年版；周瑞海《清真食品的特点探析》，《回族研究》2004 年第 1 期；吴俊《回族风味的宁夏酸辣面糊拌汤》，《中国食品质量报》2007 年；勉卫忠《西宁回民的茶文化》，《青海日报》2007 年；丁超《回族的麻食子》，《美食》2006 年第 5 期；《回族——八宝茶艺》，《上海市少儿茶艺教学活动十周年文集》，2002 年；勉卫忠《河湟回族的罐罐茶与盖碗茶》，《农业考古》2004 年第 4 期。
② 刘智：《天方典礼》卷 15"婚姻"。

申明婚姻之礼，书婚之义，书男女名氏及男女父名于笺，当众宣读，然后抓起盘中糖果、花生之类掷向新郎三次。主人摆上宴席，款待来宾。迎亲之前一二日，女方备嫁妆送往新房，铺陈婚室。迎亲之日，新郎盛装去女方家中，岳父迎入，拜于堂，母为女乔装打扮，训以事夫敬老之礼。新娘出拜父母及亲属，然后以锦帛覆其面首，登上彩车，由新郎护送至男方家中。入夜至行婚礼。当天宵礼后，媒人在新房内摆上菜肴点心，领新郎入内与新娘共进晚餐，食花露羹汤。用餐后，新郎新娘洗手、漱口，然后由亲族中德高望重又通晓教典之妇人向新郎新娘训诫，并问以教典所应知之条例。最后，去除新婚头饰，放下帷帐，众人退出。次日，清晨即起，先洗过大小净，更换新衣。娘家送来菜肴，请来婿家舅姑，新娘敬请长辈用餐；舅姑家亦备菜肴，招待新娘。新郎于婚后三日携礼品拜见岳父母及外舅、外姑诸亲族。

回族婚礼习俗各地区还有自己独特的风俗。[1]

2. 丧葬

病人临终之前，应交待口唤，托付后事，由守卫身旁的亲属或阿訇提示，教病人念"清真言"，阿訇则为其诵《古兰经》的"雅辛章"，念"讨白"（忏悔），向真主祈祷，代病人求真主恕其罪过。归真后，亲属即抹死者双眼，使其瞑目，托下巴合其嘴，理顺其手脚，并将其头扶向右侧，然后将"埋体"（尸体）身上的衣服脱去，用白布单遮其全身，然后作大净。

为埋体实行大净，先将亡人放在木板上，由家属、亲友或办事人来洗，男亡人由男人洗，女亡人由女人洗。洗完擦干后为亡人涂些香料。不须剪指甲、去毛发。女亡人头发梳成两缕垂于胸前。

然后为亡人穿"开凡"（尸衣）。男亡人穿三件，大"开凡"、小"开凡"

---

[1] 本部分内容，参阅周传斌、马东平《回族婚俗文化论》，《西北第二民族学院学报》2001年第4期；马志荣《西北回族的婚姻习俗》，《西部》2001年第7期；赵永祥、韩志刚《宁夏回族的婚俗》，《阿拉伯世界》1992年第1期；马新芳《西安回族婚俗》，《中国民族报》2004年；高岗仓、马丽《回族传统婚俗的文化解释——以吐鲁番市"回城"为例》，《历史与文化》2015年第3期；敏忠秀《藏区传统回族婚俗研究——以甘肃省临潭县为例》，《丝绸之路》2010年第4期。

和衬衣（又叫"皮拉罕"）。女亡人除上述三件外，还需有一块裹胸布。男亡人头戴平顶小圆帽，女亡人戴盖头。有的地方在开凡和头巾或小圆帽上写上经文，请求真主宽恕亡人。有的地方在给亡人净身后，用干净棉花包上大米，加樟脑，放入口中，以防虫豸钻入尸体七窍之内。开凡之间也可撒些香料，用以驱虫，但不可用含酒精成分的物品。

洗尸后，阿訇给亡人站"者那则"（即举行殡礼）。站者那则可在清真寺内，也可在洁净的场地进行。亡人亲属、朋友均为亡人行站礼，以祈求真主宽恕。亡人头北脚南、面向西放在木床上，阿訇对着亡人的胸膛站立，众人在周围站立，参加站礼的人均应净身。此时，阿訇念"色纳"、圣赞，并为亡人和族众作"都哇"（祈祷）。阿訇在念经时轮番传递"赎罪金"，站完者那则之后便将赎罪金散发给参加殡礼的人们。然后将"埋体"移入清真寺公有的"塔布"（专为运"埋体"而制作的长方形木匣子）内，由四人或八人轮番抬出，中间可以换人，但"塔布"不能着地。埋体匣抬出家门时，要脚在前；抬赴茔地时，要头在前。妇女和非穆斯林不能送亡人到坟地。

坟坑叫"麻札"，须南北向，深五六尺至八九尺，视土质而定。直坑挖好后再挖侧洞。侧洞有两种：一种是从坑底向西挖一长洞，俗称"偏堂"；一种是从坑底往北挖一洞穴，俗称"揹堂"。偏堂和揹堂高二尺许，堂口呈弓背形，宽约三尺，长约六尺，遗体放置其中，枕北、足南、面西。坟内不放任何物体，不用棺材，不许陪葬。堂口也不用砖石木料砌筑，只用土坯堵封。入葬时，阿訇跪在坟坑上方诵经，"孝子"在坟坑下方跪着听经，送葬者也环跪坟的周围聆听。坟坑填满，呈驼峰形，或堆成长方形。至此，葬礼结束。①

---

① 本部分内容，参阅晓天《回族丧葬习俗》，《青春健康：人口文化》2010 年第 6 期；张慈丽《天幕下的祈祷——灵武市中北村回族葬礼研究》，宁夏大学 2010 年；叶阿固布、李江民《穆斯林的葬礼》，《中国民族》1990 年第 4 期；郑梅丽《浅析穆斯林丧葬习俗中的文化内涵》，《回族研究》2003 年第 4 期。

三、文学与艺术

（一）文学

1. 诗词

清代前期在回族中产生了一大批优秀诗人。

马世俊（约 1609—1666），字章民，号甸臣，江苏溧阳人。顺治朝进士，授翰林院修撰，官至侍读。他的诗多有谴责暴政、描写民间疾苦的内容。有《匡庵文集》12 卷、《匡庵诗前集》6 卷、《匡庵诗集》6 卷行世。

丁澎（约 1622—约 1686），字飞涛，号药园，仁和（今浙江杭州）人。他的诗有描写苏杭名胜、仕女生活的，有反映战争灾难的，也有反映北方严寒艰苦生活的。他也是一位词人，词作明快、细腻、情景生动。丁澎的诗词在江南很有影响。除与他人合刊的《十子诗选》《七子合刻》外，其诗文集有《扶荔堂文集选》《信美堂诗选》《扶荔堂词》等。

晋江丁氏以诗文闻名者为丁炜、丁焴兄弟。丁炜（1631—1707），字澹汝，号雁水，曾任地方官及在户部、兵部任职。酷爱诗文，尤善五言。亦善词，风格与诗相近。有《问山诗集》10 卷、《问山文集》8 卷、《紫云词》《涉江词》各 1 卷，是清代回族诗人中诗文作品最多者之一。其弟丁焴，字韬汝，曾官理藩院知事，亦善诗文，有《沧露诗集》《沧露词》等。

清代云南回族诗人辈出，涌现出孙鹏、马汝为、赛屿、沙琛、马之龙等人。孙鹏（1688—1759），字乘九，号南村，云南昆明人。其诗多有反映劳动人民痛苦生活的作品，也有清新明快描写山川风光与田园景色之作。今存诗 500 首，《云南丛书》中收有他的《少华集》2 卷、《锦川集》2 卷、《松韶集》4 卷。散文有《南村文集》，已佚。马汝为，字宣臣，号悔斋，云南元江人。康熙朝进士，在翰林院任职，后补贵州同州知府。诗风质朴流畅，语言生动，内容多时事感叹、居家安乐、世事恬淡之作。有《马悔斋遗集》2 卷。赛屿（1697—1795），字琢庵，号笔山，云南石屏人，官四川珙县知县。著有《梦鳌山人诗古文集》《竹源堂诗文集》《南游草》《回舟草》等。沙琛（1759—1821），字献如，号雪湖，云南大理太和人。乾隆朝举人，官至六安知州。著有《皖江集》4 卷、《点苍山人诗钞》8 卷等。马之龙（1781—1851），字子云，号雪楼。著有《雪楼诗选》2 卷。

宣城詹氏也是文学世家。清代最负盛名的是詹宇。詹宇，字在周，号谷轩，康熙朝进士。其《澄江楼别宴》诗影响很大。其子侄及孙辈多有诗人。

福建除晋江丁氏外，乾隆后期萨门诗人崛起。萨玉衡，字檀河，福州人，曾任陕西旬阳知县。有《白华楼诗钞》6 卷。萨察伦，字肇文，号珠士，嘉庆朝举人，未曾为官。有诗集《珠光集》4 卷。

清代回族诗人中负有盛名者还有李若虚等人。李若虚（1755—1824），字实夫，原籍浙江杭州，幼年随父迁四川成都。著有《实夫诗存》6 卷、《海棠巢词》一集。

2. 散文

清代回族文学家留下了比较丰富的散文作品。著名的文人有马世俊、丁澎、丁炜、孙鹏、赛屿、马汝为、金溶、李若虚、蒋湘南等。

马世俊以散文著称，一生写过大量散文，著有《匡庵文集》12 卷。他认为作文要真情、有个性，反对一味模仿古人、只知辞藻排砌。他的散文寓意较深刻，在描摹自然景色的同时，往往联系典故，发表个人见解，或表达自己怀才不遇的不满，或倾注自己对家乡、对大自然的热爱。

孙鹏在文学创作方面有自己的见解。他十分重视作家在人品与学品方面的修养。为文，他竭力推崇柳宗元、韩愈。他的散文言辞犀利，长于议论，并有独特深刻的见解。

被誉为"大河南北之巨儒"①的蒋湘南是清代回族人中影响最大的学者。初从马春圃学经史百家语和古文辞。曾游历内外蒙古、宁夏等地。历任艺师、衙署文书、幕僚宾客，主讲河南、山西、陕西等地著名书院，门生遍天下。一生清贫，潜心学术，在经学、哲学、文学、地理、天文、历法、农田、水利、算术等方面均有较深造诣。所著《七经楼文钞》，有其论学、

---

① 夏寅言：《蒋湘南传》，见闵尔昌《碑传集补》。

论文之见解。①

3. 民间文学

① 神话与传说

有关人类起源的神话有《人祖阿丹》《阿丹和好娃》《阿丹和海尔玛》等。

有关与自然界斗争的神话有《阿当寻火种》《插龙牌》《李郎降龙》《玛乃与木萨》《太阳的回答》等。

有关回族来源的传说有《回回原来》,甘肃临夏流传《回回的来历》,宁夏西吉、海原、固原一带流传《宛尕斯的故事》,宁夏吴忠流传《灵州回回的传说》,新疆地区流传《回汉自古是亲戚》。

有关伊斯兰教先知穆罕默德的传说有《穆罕默德与蜘蛛鸽子》《蜜枣的传说》《乞讨不如自食其力》《洋竽的来历》《圣人遇险记》等。

有关古代回族历史人物的传说:关于元代赛典赤的有《锁蛟》《征萝槃甸》,关于明代郑和的有《捉赃官》《三保太监和接官亭》《上坟》《散室》等。

② 民间故事

清代回族民间故事有三类。

第一类,与地主老财等剥削者斗争的故事。主要有《千里驹》《小克里木》《宝锅》《张三娃》《宝罐》《金不换》《阿卜杜的故事》《赛里买的故事》《索里哈的故事》《伊玛同的故事》《回"傻子"的故事》等。

第二类,描写爱情和家庭生活的故事。描写爱情的故事主要有《不见黄荷心不死》《金口弦》《天鹅与猎人》《聪明的妻子》《曼苏尔》《白云上的金枝》《夫妻泉》《白兔姑娘》等。家庭生活方面的故事主要有《孝顺媳

---

① 本部分内容,参阅魏兰《回族文学概观》,宁夏人民出版社 2004 年版;朱昌平、吴建伟主编《中国回族文学史》,第 29—48 章,宁夏人民出版社 2006 年版;张迎胜、丁生俊主编《回族古代文学史》第 3 编,宁夏人民出版社 1988 年版;李小凤《回族文学家族述略》,《北方民族大学学报(哲学社会科学版)》2009 年第 4 期;多洛肯、李静妍《明清回族文学家族文学创作述略》,《兰州文理学院学报(社会科学版)》2015 年第 5 期;丁生俊《清初的回族诗人丁澎》,《宁夏大学学报(人文社会科学版)》1980 年第 4 期。

妇》《逆子贤媳》《舍穆》《铲路》《五花石》《抢枕头》《艾思麻的四个儿子》《金马驹》《五姐儿》等。

第三类,充满幻想的传奇故事。主要有《金雀》《伊布雷斯》《马大歌和他的两兄弟》等。①

（二）艺术

1. 书画

① 绘画

马世俊,所画山水好作巨幛,不专师法而能自出杼轴。

笪重光(1623—1692),字在辛,号江上外史,江苏丹徒人。康熙朝进士,官至御史。其画气势横逸,情趣高雅。有《画筌》一书,专论绘画。孙笪立枢,善画山水;孙女笪玘,善画人物。

浙江杭州人李翰,一生酷爱画葡萄,受到印坛浙派领袖丁敬的称赞。广西桂林马秉良,字云谷,善画墨竹,自绘《云谷阁》,名闻当时,名流争相题咏。陕西西安马根,字凤千,号云鹤,善画白描人物,人称其精妙不亚于明代人物画家仇英。其山水、花卉画临摹宋元诸家之作,作品颇有宋元遗风。

改琦(1774—1829),字伯蕴,号香白,松江府华亭(今属上海)人。他是明清两代最负盛名的回族画家。其所绘山水、花草、兰竹小品,"用笔超逸,迥出尘表"。人物画尤为出众,所作《红楼梦图咏》为《红楼梦》插图中评价最高的精品。其他传世作品有《金鼎和羹图》《少年听雨图》《玉鱼生像横轴》《百子图》等,均为清代人物画之精品。子改篑,字再芗,精鉴赏,画风继承其父,擅花卉、仕女画;女改允绵,号小茶女史,勾染花卉,纤秀可爱。改氏一门三人均为清代画坛名家,他们的风格被誉为"改派"。

① 本部分内容,参阅马有仲、孙振玉《回族民间文学》,宁夏人民出版社 2013 年版;朱刚《回族民间文学述要》,《青海社会科学》1986 年第 4 期;李树江、王正伟《回族民间故事选》,上海文艺出版社 1985 年版;李树江主编《回族民间传说故事》,宁夏人民出版社 2009 年版;马旷源《〈回回原来〉——最早的回族民间文学成书》,《楚雄师专学报》1987 年第 3 期。

翁雒(1790—1849)，字穆仲，号小海。始写人物，后改攻花鸟、草虫、水族，尤擅长画龟。

清代画坛还有几位回族画家，各有专长。周凯，字仲礼，号云皋，浙江富阳人，嘉庆十六年(1811)进士。精于山水、花卉，所作《芍药扇面》被誉为神品。河南洛阳有两位画家：班继堂，工山水，以春夏秋冬四季色调各异，名噪一时；马光华，擅长花卉翎毛及山水风景，彩色水墨极佳。梁琦，号景山，由南京迁居芜湖，工山水，兼能写真。马荣卿，安徽怀宁人，寓居四川巴县，官至云南大理知府，善画金鱼。

当时还有一些民间回族画师，他们的画很受群众喜爱。①

② 书法

梁檀，书法不用古法，孤洁秀峻，略无信念。马世俊，书法兼具"二右"(晋王右军羲之、唐王右丞维)风格。

笪重光，书法学苏轼，著有《书筏》一书。北京牛街学者蒋宗隽，擅楷书，兼隶篆。广西马秉良，精于篆隶之书，乡曲每有营缮，常为之书写楹联匾额。

阿拉伯文书法家马文学，北京牛街人，阿訇。善书写经文，有龙蛇之势。牛街东西两寺壁庑之经文，皆出于其手笔。②

2. 民间工艺

清代回族木雕把各体阿拉伯文书法、几何与花卉图案等雕刻在木质构件上，用以装饰各类建筑物的藻井、门窗、柱梁。回族建筑门窗的木雕多采用透雕手法，图案多采用花卉。回族使用的桌椅、床柜等物一般不做过多木雕，但阿訇座椅十分讲究。西南地区的回族木建筑，与当地民间建筑木雕有类似之处。

河州砖雕是回族富有特色的民间建筑工艺。回族不拜偶像，因此河

---

① 本部分内容，参阅李汉才、朱立东、宗略·漾正冈布《宋元明清时期回族知名书画家艺术探研》《青海社会科学》2008年第4期；张萍、何新宇《清代回族画家改琦的绘画特色》，《收藏界》2007年第7期。

② 本部分内容，参阅兰之《穆斯林文化中的阿文书法》，《中国民族报》2009年。

州砖雕以花草植物、几何图形、阿拉伯数字为主。其制作方法有刻活、捏活两种：刻活是在烧制好的青砖上用刻刀刻成山川、日月、花卉等浮雕图案和画幅，然后块块对接，形成画屏；捏活以配制的粘土泥巴，用手和模具捏成各种图案，入窑烧制成砖。砖雕主要用于装饰山墙影壁、屋脊栏杆、甬道门牌。

临夏葫芦雕也是回族特有的雕刻艺术。这是用刀在葫芦上刻出图案，以人物、山水、花鸟、竹石为主。

回族妇女从小学习刺绣技艺，一般刺在衣服、腰带、裙子、围裙、汗巾、手帕、枕头、钱袋、针线荷包、花鞋、裹肚、肚兜、袜底等日常生活用品上。图案多为植物花卉、动物鸟兽、人物造型、几何图案、阿拉伯文字和经文。

回族剪纸是民间工艺之一。以窗花为主，此外还有墙花、门花、刺绣图案、皮影图案等剪纸。[①]

3. 音乐

① 歌曲

回民秧歌，起源于清中期的河南项城南集镇。这是一种民间集体演唱。由 11 人组成一队，领队一人，左手拿串铃、右手打伞灯指挥表演。男丑角拄拐杖，装瞎子；女丑角斜背包袱；其余四名男子挎腰鼓、戴礼拜帽，四名女子持锣、搭盖头。全部表演者都由男子扮演。演出者边唱边表演，唱的内容有民间故事、传统戏曲，也有唱历史人物和天文地理的。演出形式主要为跑场子、摆画面、变队形等。

西北甘、宁、青、新地区广泛流行一种民间传统仪式曲——宴席曲。西北回民把有喜事称为"有宴席"，因此，凡能在宴席场进行演唱的歌曲通称为宴席曲。这种演唱形式最早出现于甘肃临夏地区，逐渐扩大到西北其

---

① 本部分内容，参阅刘伟《回族雕刻艺术》，《回族研究》2008 年第 3 期；霍欣《清真寺砖雕艺术研究》，西安建筑科技大学 2012 年；程馨《临夏清真寺砖雕艺术研究》，苏州大学 2012 年；方玲《海原民间手工艺"回族刺绣"状况研究》，《科技视界》2015 年第 8 期；王莲喜《宁夏回族剪纸艺术及其传承》，《宁夏社会科学》2008 年第 5 期；海金宝、刘伟《西北回族民间手工技艺概说》，《档案》2009 年第 3 期。

他地方。宴席曲内容十分丰富,形式多种多样。它是一种民间散曲,只有唱词和舞蹈动作,没有人物故事,也没有科白和乐器伴奏,是单一的清唱。宴席曲分为五类:散曲、叙事曲、五更曲、说唱曲、酒曲。回族宴席曲的演唱形式有独唱、对唱、和唱、随唱、问答、独唱加和唱、对唱加和唱等。

花儿,是一种山歌,产生并流行于甘、宁、青、新等西北地区。花儿曲调丰富,文辞优美、朴实、生动、形象,结构严整。唱词大多采用比兴方式,以地理典故、历史典故、眼前事物作比兴。演唱比较自由,以独唱为主,曲子比较丰富。花儿的唱法很多,有自哼自唱的轻声唱法;有以真声为主,并通过胸腔和口腔共鸣的苍音唱法;有以男声提高八度音的假声来与女声对唱的尖声唱法;有将尖音与苍音结合,将真声与假声融为一体的尖苍音唱法。

② 乐器

桑图尔。是波斯语的音译,属击弦乐器。源于波斯地区,清初传入,称之为“洋琴”或“扬琴”。①

四、科学技术

(一)医学

清代回族医学外科术逐渐与中医相结合,在膏药、丸药等方面有继承与发扬。北京回回狗皮膏对治疗伤病疗效显著。丸药配制方面,全国各地都有一些秘方,如安徽安庆马春和膏药,专治痈疽;甘肃临夏大拱北炮制万灵丹、椒羚丸、风明散等有奇效,人称拱北医为“神医”。

回族眼科在民间有许多名医。清代以来,有采用中医针灸手术治疗的眼科医生,如福建邵武范茂中,雍正年间贡生,擅长用金针术治疗云翳内障。

---

① 本部分内容,参阅李青《回族民歌研究》,南京师范大学 2012 年;汪平《西北回族宴席曲的唱词格式(下)》,《宁夏大学学报(人文社会科学版)》2002 年第 6 期;李昕《试论西北回民宴席曲与“花儿”的音乐特色》,《青海民族学院学报(社会科学版)》2002 年第 2 期;刘凯《关于回族与回族“花儿”的探讨》,《宁夏大学学报(人文社会科学版)》1985 年第 1 期。

清代以来,回族中医人才辈出。陕西西安丁氏,自清中期丁鸿钧以来五代传人,于外、伤、疮、喉各科誉满古城;甘肃清水县恭门镇丁彦龙、丁彦虎创办保盛堂,其药治活人无数;张家川戳毂堂刘百禄父子创制丸、丹、散负有盛名;沈阳杨登德及其焕章、鼎臣二子,医术精湛;呼和浩特白贵庚、河北大厂张瑞义、辽宁法库杨绍祥,皆一时名医;河南周口穆仙、穆文焕父子,善治妇科,并有多种医书;广西桂林杨松坪、杨少坪父子亦名闻一方,杨少坪有《论〈伤寒〉论》《六经的辨证探讨》《癌症的辨证体会》等论著;西安马苔轩,善治霍乱等传染病及各种疑难病症,自制开胸顺气丸、至圣保元丹、硕砂安神丸、舒气保肝丸、瘟疫至宝丹、淡菜枇杷膏等,疗效极佳;河北孟村刘吉安,善治胆道蛔虫、消化道溃疡、黄疸、伤寒等病,对妇科、眼科、儿科亦有经验,有《中医验方秘方》《熟悉中医伤寒》等论著。[1]

（二）建筑

清代回族宗教建筑有较大的发展。如宁夏同心县的北大寺、青海西宁的东关大寺和内蒙古呼和浩特的清真大寺都建于清代,北京约 20 座清真寺建于清代。

宁夏同心县北大寺始建于 1771 年。大寺居于高台上,利用天然高地加以填土夯实砖砌而成。礼拜寺由两进院落组成,第一进为水房等设施,第二进为礼拜殿。大寺砖雕及木雕丰富精致。[2]

五、教育与体育

（一）教育

1. 清初经堂教育制度的发展与完善

自明代中叶陕西人胡登洲办经堂教育以来,各地清真寺纷纷仿效,

---

[1] 本部分内容,参阅单于德《回族医药学简史》,宁夏人民出版社 2004 年版;刘风五《回教徒对于中国医药的贡献》,《西北论衡》1941 年第 11 期;宋岘《回回药方考释》,中华书局 2000 年版。

[2] 本部分内容,参阅刘致平《中国伊斯兰建筑》,新疆人民出版社 1985 年版;路秉杰、张广林《中国伊斯兰教建筑》,上海三联书店 2005 年版;王锋主编《中国回族科学技术史》,宁夏人民出版社 2008 年版。

经堂教育地域不断扩大。到清初，经堂教育在各地兴起，这首先得力于胡登洲弟子的传播；其次是各地经堂学员纷纷到陕西从师求学，学成后回本地或游历到别处办学。此外，各地回民也常到陕西聘请有名经师去主持本地寺务。这样，经过不断推广，经堂教育便在全国普遍开展起来，形成陕西、山东等几个中心。

陕西是经堂教育的发祥地，有其得天独厚的发展优势。由于世居回民众多，办经堂教育蔚成风气，出现了许多著名的伊斯兰经师和学者。陕西很快成为回民经堂教育的一个发展中心，并形成一个教育学派——陕西学派，即以胡登洲及其初传弟子为代表，以注重学问之专精为特点，以阿拉伯文为主，专攻一门，多从事"认主学"研究。他们不仅在陕西主持、发展经堂教育，还教授出了来自四面八方的著名弟子。东北、冀、鲁、豫、川、黔、滇各地回民地区普遍受到陕西的影响，大约到清前期，从新、甘、青直至东南沿海，先后办起经堂教育。

清前期，山东济宁常志美（1610—1670）曾留在陕西，跟随胡登洲第四代门人学习，后回到济宁设帐开学，他"学问渊博，尤精波斯文，授徒南北，著有《哈控衣米诺哈志》，译言波斯文法也。研究哲学尤有独到之处，通称常仙学"[1]。常志美之后，经堂教育在山东逐渐形成一派，常志美也就成为与陕西学派遥相对峙的山东学派的代表人物。山东学派阿、波兼授，讲求"博而熟"。山东学派自常志美开创后，很快遍及齐鲁大地，进而对直隶、内蒙古、东北、中南等地区产生巨大影响，山东遂成为中国伊斯兰经堂教育一个新的中心。

伊斯兰经堂教育发展到清代已趋完善，教学制度、教育体系正式确立。清代经堂教育体系是两部制，即经文小学和经文大学。但在许多清真寺，特别是一些比较大的清真寺，其体系结构又分为三级，除小学与大学外，还有中学。

小学主要是对回族少年儿童进行启蒙教育。其任务是学习阿拉伯

---

① 白寿彝：《中国伊斯兰史存稿》，第 367 页，宁夏人民出版社 1983 年版。

文字母、拼音，即"审字析音"；还学《亥厅》《杂学》，使儿童获得一些粗浅的伊斯兰教常识。其目的在于"进寺门，识教门，不忘回回根本"。小学毕业后，有的升入大学，有的从事各种行业的劳动。

中学实则是一种"夜校"，其教育对象为小学毕业已从事劳动的成年人，或幼年没有学过粗浅阿拉伯文的成年男女。这些人利用业余时间到清真寺里念《古兰经》的部分章节和宗教知识，以备参加宗教仪式时使用。

大学是旨在培养伊斯兰宗教人才的教育形式，亦即培养阿訇。因此，入大学者须学习伊斯兰经典中的高深学问。主要教材一般为"十三本经"（或"十四本经"）。这些课本有阿拉伯文的，也有波斯文的。另外，伴随着经堂教育的发展，还出现了一种对阿拉伯文或波斯文进行汉语译音的"经堂语"。经堂语不仅仅是用汉语词汇音译阿拉伯文或波斯文，而且汲取和改造了中国儒、佛、道各家典籍的部分用词和民间的一些常用语，并赋予其一定的伊斯兰教含义。一种以阿拉伯文字书写汉语的拼音文字"小儿锦"也伴随经堂教育出现。经堂语和小儿锦的使用范围已超出经堂的范围，广泛流行于穆斯林民间，特别是甘、宁、青地区，并带有明显的时代和地域特色。其学习形式多样，有跟随开学阿訇念经的，有随师流徙的，有投名师深造的。无论采取何种形式学习，最后学员都通过"穿衣"毕业仪式，取得阿訇资格，方可在各地清真寺任职。

另外，随着妇女礼拜人数增多和封建礼教之束缚，一些地方还开办了专门为妇女设置的经堂教育——清真女学，由阿訇或师娘带领礼拜和传授伊斯兰文化知识。后来各地纷纷效法，并改女学为女寺，进而设立女子阿拉伯文大学，招收女青年入学。学生学成后经女阿訇评定，举行穿衣结业仪式，可以应聘为女阿訇。

从经堂教育内容来看，经堂教育实际是一种伊斯兰宗教教育制度。就其形式和办学特点来讲，大量吸收和融合了中国私塾教育的某些做法，是伊斯兰教育制度与中国封建社会制度相适应的一种民族教育形式。但经堂教育强调宗教伦理道德教育，对于一般的科学文化知识以及用于生产和生活的各种技能教育是排斥的,有其特定的局限性。①

2. 世俗教育与民间教育

科举制度在清代对回族群众仍然具有很大的吸引力,回族的书房、书馆和学塾在各地兴起,加深了汉化程度,同时促进了回族文化事业的发展。清朝统治者为吸引回族上层子弟向功名仕途发展,加强对边疆回民的控制,创办了回民社学、义学等。从乾隆年间起,在甘肃、青海就开办了这种学校。

由于经堂教育是纯粹的宗教教育,清代中叶,回族中的有识之士倡导并办起了经书义学,进行免费义务教育。其以学习汉文为主,兼学阿拉伯文和宗教知识。校舍一般设在清真寺内,招收学龄儿童入学,以回族为主。最初以《三字经》《百家姓》《千字文》为课本,进而学习"四书五经"等孔孟之道,同时还要学习伊斯兰教常识,学制二至三年。最早在河南开办。其经费多来自社会捐资和清真寺的天课收入。这种学校的经费比较有保障,因而得以延续。

回族是一个以尚武著称的民族。回族武术教育有着深厚的民族特点,在回族人看来,习武是一种"圣行"。为了维护民族的生存与发展,往往以清真寺为基地,演练武艺。不少清真寺阿訇也是以武术见长的拳师。回族的民间武术,最早是查拳和弹腿,为明代西域回族人沙密尔于山东冠县创立和传授。雍正年间武进士山东冠县沙亮是第一位查拳大师。清代回族涌现出一大批武术家,如丁发祥(约 1615—1694)、北方八极拳术开创者吴钟(1712—1802)、心意六合拳早期传人马学礼(约 1715—1790)等。②

---

① 本部分内容,参阅王永亮《回族经堂教育的产生及早期形态》,《回民研究》1993 年第 1 期;姜熙福《西宁伊斯兰教的经堂教育与文化功能》,青海师范大学 2009 年;马明良《伊斯兰教教育理论及其特点新探》,《回族研究》1995 年第 3 期;马燕《回族经堂教育教材研究》,宁夏大学 2005 年。

② 本部分内容,参阅张学强《西北回族教育史》,甘肃教育出版社 2002 年版;蔡国英《中国宁夏回族教育》,科学出版社 2006 年版;刘砺、马良灿《贵州回族教育文化刍议》,《教育文化论坛》2015 年第5 期。

（二）体育

1. 武术

回族武术以昆仑山为标志，称为"昆仑派"，与少林、武当、峨眉并称为中华武术四大流派。

① 拳术

回民拳术有弹腿、查拳、回回十八肘、汤瓶拳、八极拳、心意六合拳、通备拳、护身拳、八卦太极拳、白猿通臂拳、八门拳、入门马四拳、环子捶等。

② 器械

器械方面有枪法、棍法、刀法、钩法、剑法、杆子鞭等。

2. 其他民间体育

除武术外，回族民间体育活动也十分丰富，主要有：

打铆球。又称"打拦子"。主要流行于宁夏南部地区，始于清初。

打得栲。主要流行于北京回族和满族百姓中。

舞大刀。流行于河北、天津等地的回民聚居区。

踏脚。类似于跆拳道。流行于宁夏泾源一带。

掷子。又称"扔石锁"。流行于北京地区回民中。

掼牛。流行于宁夏、甘肃、河南、河北、云南等地回民中。

方棋。流行于宁夏部分地区。①

第四节　维吾尔族

一、语言文字

"维吾尔"是维吾尔族的自称，即"团结、联合、协助"之意。清代，维

---

① 本部分内容，参阅秦文忠、秦岭《回族体育文化》，宁夏人民出版社 2003 年版；吴彤《回族传统体育文化特征与功能探究》，《2013 年全国体育管理科学大会论文集》，2013 年；蔡智忠《宁夏回族传统体育的主要项目与特点》，《西安体育学院学报》2008 年第 5 期；王优平《回族武术与民间体育》，《黑龙江民族丛刊》2002 年第 1 期；咸云龙《试析中国回族传统体育的特点》，《回族研究》2002 年第 1 期；秦文忠、王春菊《回族武术文化浅谈》，《体育文化导刊》1992 年第 5 期。

吾尔族分布在新疆地区,主要聚居于南疆地区。维吾尔族善于经商,经常与外商打交道,因而维吾尔族文化带有一定的异域风情。

（一）语言

维吾尔语属阿尔泰语系突厥语族,按形态结构属粘着语类型。

其语言元音音位有 8 个,辅音音位有 24 个。元音部位和谐比较严整,唇状和谐已趋于松弛。辅音有同化、弱化两种现象。

实词分静词、动词两类。实词以附加成分为构词和构形的主要语法手段,一个词干可以加几个后缀附加成分表达不同的语法意义。静词包括名词、形容词、数词、副词、代词等。动词有态、能动、否定、疑问、式、时和人称等语法范畴。形动词、副动词、助动词、动名词也属于动词类。词与词之间在语法上的组合关系,大致有四种类型:一致关系、支配关系、附加关系和关列关系。

基本词汇大部分是与同族语的其他语言同源的突厥语词,也有不少借词,主要是汉语借词、伊朗语借词、阿拉伯语借词和俄语借词。此外,还吸收了一些蒙古语、藏语、梵语借词。构词方法主要有派生法、合成法两大类。派生法主要是在基本词汇的基础上通过接后缀各种不同的附加成分派生新词。合成法是用两个单纯词依照一定的规则构成新的稳定语义的合成词。

维吾尔语一般分为三个方言区:中心方言、和田方言、罗布方言。方言的差别主要是语言和词汇。

（二）文字

维吾尔族使用过突厥文、回鹘文与察合台文。

突厥文又被称为鄂尔浑-叶尼塞文。由 38—40 个符号组成,其中 4 个符号代表元音,其余符号代表辅音。

回鹘文又称"回纥文",约有 19—23 个字母,字母写法不定型。其中 5 个字母表示元音,2 个字母表示半元音,其余表示辅音。

察合台文是采用阿拉伯字母拼写突厥语诸民族语言的音素文字。这种文字采用了 28 个阿拉伯字母和其他一些辅助符号,并从波斯文中借用了 4 个字母。①

二、宗教与风俗

（一）宗教

1．萨满教

"萨满"为满–通古斯语，突厥语诸族称之为"卡木"或"巴克西"。维吾尔地区萨满有多种，以巫术治病的称"巴克西""达汗"或"皮尔洪"，占卜吉凶的称"帕里奇"（男）和"其拉克其"（女）。

萨满给人治病时采用跳神驱鬼的方法。占卜方式有多种，一种是将"精灵袋"中的小石子、谷粒或项链珠等物撒在地上，通过解释它们的位置、方位、奇偶数以及彼此间的关系等，预告求卜者提出的各种问题。一些女巫通过看陶土灯解释患病原因和预言各种不幸与防范措施。

2．伊斯兰教

清代维吾尔族信奉伊斯兰教。"尊敬造化之主，以拜天为礼，每城设礼拜寺……每日……诵回经五次：初次寅时，二次未时，三次申时，四次酉时，五次戌时。拜毕，则宣赞其义，略云：至尊至大，起无初了，无尽、无象、无伦、无形、无影大造化天地主儿。凡有职之人与夫诚心守教法者，莫不如是。每七日赴礼拜寺诵经一次，务集四人合诵，不论贵贱贫富皆然……诵经典者曰'阿浑（訇）'，为人诵经以禳灾迎福……"②

清真寺又称礼拜寺，是伊斯兰教徒举行宗教仪式的场所。维吾尔族的清真寺大致可分为三类：普通清真寺、加曼清真寺、艾提尕清真寺。普通清真寺，主要供人们每天五次礼拜之用，较简陋，容纳人数较少。这类清真寺占全疆清真寺的 90% 以上。加曼（意为"聚礼之处"）清真寺，是供信徒举行"主麻"（星期五）礼拜的地方，因而又有"主麻寺"之称。这种寺

---

① 本部分内容，参阅《中国少数民族语言简志丛书》编委会《中国少数民族语言简志丛书（修订本）》，民族出版社 2008—2009 年版。
②《西域图志》卷 39。

的建筑规模较大,除礼拜大殿和宣礼外,大多附设经堂和经文学校等。艾提尕尔(意为"节日活动场所")清真寺,是供信徒欢度伊斯兰教节日时做礼拜的场所,其规模较加曼清真寺更大,占有的宗教寺产更多,神职人员也更齐全。一般坐落在穆斯林比较集中的大城镇,是当地宗教活动的中心。

维吾尔族穆斯林十分重视礼拜,称之为"乃玛孜"。做乃玛孜时,面朝西(伊斯兰教圣地麦加方向),通过端立、诵经、鞠躬、叩头、跪坐等向"胡达"表示感恩、赞美、恳求和禀告,以祈福免灾,保持心灵纯净。乃玛孜主要有三种:一是五时拜,二是"主麻"拜,三是节日拜。①

(二)衣食住

1. 服 饰

清代维吾尔人的服饰,史籍记载较多。

发式,男女区别很大。女子"皆垂发辫数十,嫁后一月则梳发后垂,以银丝为络,宽六七寸,长三四尺,其双岐拖地处,仍络红丝数寸成穗,富者上缀细珠、宝石、珊瑚等物"。而男子"不蓄发辫,不剃髭须,惟剪唇须,便于饮食"。②

帽子有多种:"'特勒帕克',即暖帽也,顶高五寸,以毡屬为之,边宽,前后独锐,各五寸,饰以海龙、水獭,贵者用貂。帽顶红色,织花绣纹,均不缀缨。女人帽顶尖圆,中腰稍细,形若葫芦之半。'喀勒帕克',即秋帽也,制同特勒帕克,以小呢、猩猩毡、倭缎为主。又有小帽,无边,顶微锐,质以布,或用毡,其末半垂于后。"③"女帽冬夏皆用皮,而插鸟翼于前以为美观。女帽后翅少垂,顶上皆起金绒为花。"④此外,女子戴耳环、戒指。耳环"以银及铜为之,贵者用金,上缀珠宝"⑤。戒指"多嵌钻石,晶光灼

---

① 本部分内容,参阅热孜婉《试论维吾尔族宗教信仰的历史变迁》,《山东教育学院学报》2004 年第 1 期;陈国光《清代维吾尔族中的伊斯兰教》,《新疆社会科学》2001 年第 2 期。

②④《西域闻见录》卷 7。

③⑤《西域图志》卷 42。

灼,艳冶跌宕"①。

男女衣服均圆领窄袖,不同之处是:男长衣窄袖右衽,下幅两旁无衩,束带,佩小刀于左;女外衣较短,内衫及膝。维吾尔人"皆着长衣圆领,右衽而袖小,下幅两旁无衩,名之曰'通腰',以棉布束之,佩小刀于左。此棉等衣,多用灰、蓝、紫、绛色或回回锦绸与和阗酱色绸。暑月单衫,则通用白色,而腰带仍不稍离"②。男女靴、鞋皆用皮革制成,头稍尖,鞋底微锐而扁,底有木根铁掌:"'乌图克',即靴也,香牛皮为之,或红或黑,制同内地,头稍尖,上嵌花绣,底亦皮为之。'克辟实',即鞋也,形与靴同,其旁稍仄,亦皮为之。"③"牛羊之革为靴,木根二寸,外锭铁掌,履地极响。"④

2. 饮食

清代维吾尔族食物以麦面、黄米、小米为主,稻米次之。面食以馕为主,米饭中以抓饭著名。"食以麦面、黄米、小米为主,稻米次之。寻常家面食,又以干馍(馕)为主,皆用土砖砌瓮,内光泽,烧热贴饼烙之,黄而香,食以此为常。间亦切面成手牵作片,煮与炒不拘也。若烹稻米,喜将羊肉细切,或加鸡蛋与饭交炒,佐以油椒葱,盛于盘,以手掇食之,谓之抓饭。遇喜庆事,治此待客为敬。小米、黄米亦作干饭,或煮粥以下馍。"肉食以牛、羊为主,并有禁忌,"偌牛羊鸡鸭,非同教所宰不食。凡自死者皆弃之,虽肥不食,因恶其不洁,且未曾诵经宰割也"。⑤

---

① 裴景福:《河海昆仑录》卷4。
② 萧熊:《西疆杂述诗》卷3。
③《西域闻见录》卷7。
④《西域图志》卷42。本部分内容,参阅艾山江·阿不力孜《维吾尔族服饰文化研究》,新疆大学2004年;阿不来提·马合苏《浅谈维吾尔族的服饰文化》,《大众文艺(理论)》2009年第19期;阿斯亚买买提《维吾尔族服饰色彩的文化传承》,《民族艺术研究》2010年第2期;骆惠珍《新疆维吾尔族花帽的文化审视》,《新疆社会经济》1998年第3期;伊明红·阿布杜热依木《维吾尔帽类及头饰》,《新疆艺术》1996年第2期;热娜·买买提《浅谈维吾尔传统首饰艺术》,《大众文艺》2012年第12期。
⑤《回疆通志》卷12。参阅罗会光《简论维吾尔族饮食文化》,《中国穆斯林》2008年第4期;钟林《新疆维吾尔族饮食文化》;马兴江《维吾尔族饮食文化的魅力》,《扬州大学烹饪学报》2008年第2期;海燕萍、周玉玲《浅谈维吾尔族饮食文化特色》,《新疆社科论坛》2004年第6期;郭文堂《维吾尔族饮茶习俗漫语》,《茶与健康生活主题征文选》,2004年。

3. 住宅

清代维吾尔人住宅情况，史籍记载较详。其"聚土为墙，累三四尺，以白杨胡桐之木横布其上，施苇敷泥，遂成屋宇。或为楼厚七八尺有奇。穴墙为灶，直达屋顶，宽尺余，高二三尺，与地平，置木火其中以御寒，谓之'务恰克'。穴墙为洞，宽长不一，以藏物件，谓之'务油克'。屋顶开天窗一二处，以纳阳光，谓之'通溜克'。屋顶正平，人可于其上往来，且为晒曝粮果之地。其屋墙厚顶轻，不虑倾圮，雨少不畏渗漏。富者多于屋内雕泥为花卉字画，饰以灰粉，细可坚，颇见工巧，亦有施金碧者，涉俗矣。屋旁例有园地，广植花果，开伯斯塘以避夏暑。……以楼高为贵，有三四上（丈）者。楼亦有仿蒙古包者，有方者。地基少宽，必作礼拜寺，以便'纳马兹'"①。维吾尔人房屋"皆与汉同，而门多向北。富室高构重楼（如蒙古包形，墙厚七八尺），砌土为榻（高尺余，以木缘边，中实不用火），穴墙为炉，圆上而方下，其高三尺，突出屋顶。……燃之则一室温和。墙中皆穿洞为阁度藏食物。……屋顶开天窗，洞达阳气。……四壁……饰以人物花卉，竟为洁丽。富家巨室，屋旁多筑园林，沟以渠水，为销夏燕游之处。……市居者，门左右筑土为台，旅陈仁货，谓之'巴札尔'"②。伯克和王公贵族的府第华丽壮观，如哈密郡王"王府在城东隅，附墙筑台，高出城上。头二门内，正宅三层，皆在平地。宅之左，即拾级登台，台上屋舍迤环，悬窗下瞰，其内院也。宅之右，步长廊更进一门，则园林在焉。亭台数座，果树丛杂，名花异草，列盆成行，俨然内地风景。皆其老王伯锡尔在京都供差六年，屡以重价搜求，远道载而归者。旧日王宫实称华丽"③。此外，富有人家在空野中建土堡，以防外敌或盗匪侵扰。土堡"似楼，而墙壁坚厚，高三四尺。有外敌或盗匪来，则人避于上，牲畜匿于下，紧闭其

---

① 《西域见闻录》卷 7。
② 《新疆图志》卷 48。
③ 萧熊：《西疆杂述诗》卷 3。

窦而守之"①。②

（三）婚丧习俗

1. 婚娶

清代维吾尔人的婚礼一般要经过订婚与结婚两种仪式。史籍记载详略不一。"婚娶，两家意合，男家馈送牛羊、布匹，邀请亲戚，更求阿浑（訇）数人，同赴女家议婚，念经为定。至婚期，女家或父或兄一人，抱新妇同骑马上，以帕盖面，鼓吹导引，送至夫家。……女皆垂发辫数十，嫁后一月则梳发后垂，以银丝为络，宽六七寸，长三四尺，其双岐拖地处仍结红丝数寸成穗，富者上缀细珠、宝石、珊瑚等物，囊发垂后，谓之'恰齐把克'。小户贫回及有孝服者，其恰齐巴克或用蓝或用绿。男女室后，皆以清水遍身浇洗。"③"将议婚，婿家邀媒氏造女家，以连襟为辞，不敢质言议婚。女家邀集宗族尊亲会议，意可允，媒氏以告于婿家。婿家乃烹一羊，盛以桌，藉之以绅，覆之以被，媒氏将之以送于女家为定婚之礼。女家受之，答以绅布。是日也，女家定议于何日成婚，应送牛羊之属若干，绅布之属若干，以告于媒氏。媒氏受词，还告婿家。届期，婿及父母亲戚赍所送礼物如约，鼓乐迎导，以至于女家。女家是日肆筵设席，邀阿浑伯克及亲戚以观礼，亲长一人出迎。婿家礼物，母氏遍阅焉，遂以币物分给婿与女，余以酬亲戚。亲戚亦各持礼物以赠。所分给婿女之币物，三日内戚裁剪制服，无逾期者。是三日也，婿宿于女家而不入内，婿之父母朝往而暮归。至第三日，女家延阿浑诵经，婿及婿家之亲戚，咸设誓于教主前，言女无大故，无敢凌虐。誓毕，婿之父母亲戚先归，婿留以俟女。女家坐女于毡毯，四人扶舁出门，豫备骏马雕鞍于门外，女戚抱以上马，施

①③《西域见闻录》卷 7。

② 本部分内容，参阅王建基《西部古老传统的维吾尔族民居》，《小城镇建设》2002 年第 9 期；佚名《维吾尔族民居解析》，《华中建筑》1996 年第 4 期；赵俊娇《新疆维吾尔族民居建筑研究》，湖北工业大学 2013 年；王学斌《新疆喀什维吾尔民居初探》，《天津建设科技》2002 年；宴先《多姿多彩的新疆风情——维吾尔传统民居建筑》，《中国穆斯林》2015 年第 3 期；母俊景《新疆维吾尔族传统民居建筑技术与艺术特征研究》，新疆师范大学 2009 年。

障面以行。鼓乐前导,赠物随之,女先行,婿后随。女家之母及女亲戚送女子婿以至婿家,越宿归。又越三日,婿家设筵延女之父母为燕会,两家亲属无不与者。女始至婿家,先拜灶神,浇油于灶神之门,然后入房以示主馈之意。舅姑不即拜也,或半岁或经年,婿之卑幼入房去新妇障面,始出拜舅姑,行叩头礼。"①

2. 丧葬

清代维吾尔人丧俗,史籍多有记载。"夫死,其妻散去发簪;父母死,其子妇不散发,不去簪镮,擗踊号哭无常时。每哭必绕尸,无制服,但去红绿诸色,服黑布而已。卑幼死,尊长如常服……裹之以白布,殡之以无底棺,其棺之底可脱去也,覆之以绸缎。停枢于室,三日延阿浑诵'阿尔必经'而后葬。葬之日,亲属咸送至墓所,匍匐哭泣以临焉。……棺上所覆绸缎,分致送葬者以为小帽。葬后复延阿浑礼拜,把斋三十日。……葬后三日到墓一祭,七日再祭,期年三祭。期年之后,每逢大年、小年,则祭扫于祖墓,悬灯冢树上,每月四次为祖父诵经,设小祭。"②"人死则'海兰达尔'(伊斯兰教职业人员)数人在屋上同声喊叫念经,其家皆白布为冠,谓之挂孝。死之日或次日,即舁之郊外瘗之。无棺椁衣衾,唯白布缠身而已。所属亲戚往吊念经,各以所有,尽力资助。既葬,请阿浑人等念经,凡亲戚之所资助及死者所遗衣服,尽散于众,以邀冥福,以冥福之厚薄,在物散之多寡也。子为父母,妻为夫及兄弟亲戚皆挂孝四十日而除。"③

---

① 《西域图志》卷39。本部分内容,参阅热比古丽·卡地尔《古代维吾尔人的婚姻习俗浅析》,《当代学术论坛》2009年第3期;艾克拜尔、卡德尔《论维吾尔族婚礼中的传统习俗》,《内蒙古民族大学(社会科学版)》2005年第1期;阿米娜·斯依提、迪力努尔·阿力木《浅谈喀什农村维吾尔族婚姻习俗》,《科技创新导报》2011年第14期。

② 《西域图志》卷39。

③ 《西域闻见录》卷7。参阅赵英《维吾尔族丧葬习俗》,《新疆社会科学研究》1983年第18期;于博文《浅谈维吾尔民族与汉民族丧葬对比》,新疆师范大学2013年;开赛尔·库尔班《维吾尔族的丧葬文化》,《中国民族》2008年第5期;赛力曼·库尔班《浅谈维吾尔族丧葬服饰文化》,《魅力中国》2010年第17期。

三、文学与艺术

（一）文学

1. 民间文学

① 神话传说

神话传说主要有祖源神话、创世神话与动物神话。祖源神话主要有狼生人与树生人神话。动物神话主要为龙神话与熊神话等。

② 民间故事

民间故事主要有《阿凡提的故事》《桑树荫影的故事》《财主和买苏木的故事》《三条遗嘱》《两个懒汉》《聪明的其满汉》《农家姑娘》《钟情的机智的女人》等。

③ 民间谚语

民间谚语主要分成三大类：教诲谚语、训诫谚语、风土谚语。内容涉及人生哲学、处世经验、世态人情、社会斗争等。

④ 民歌

维吾尔族民歌就其内容可分为劳动歌、生活歌、习俗歌与情歌等。劳动歌分为猎歌、收麦歌、打场歌、挖渠歌、纺车歌等。生活歌有诉说人间疾苦的，有倾吐妇女哀怨的，有描述孤儿凄楚的。习俗歌是表现传统习惯的歌，主要在婚丧、庆典、祭祀等场合歌唱。情歌是描述青年男女相恋、相思等各种复杂情感的歌。

⑤ 民间叙事诗

维吾尔族民间叙事诗中较著名的有《艾里甫与赛乃姆》《塔依尔与祖赫拉》《赛依特诺奇》等。[1]

---

[1] 本部分内容，参阅王煜《谈维吾尔民间文学》，《中央民族学院学报》1987 年第 5 期；刘长俊编《维吾尔族民间故事选》，上海文艺出版社 1980 年版；阿尔帕提古丽·吾斯曼《维吾尔族的民间传说与民歌》，《新疆职业大学学报》2008 年第 1 期；谢艳杰《新疆维吾尔族民歌研究》，南京师范大学 2012 年；阿不都克日术《维吾尔族民间叙事长诗选》，新疆人民出版社 1983 年版。

2. 作家文学

清代维吾尔族作家文学的主要形式是诗歌,较著名的有毛拉艾莱木·薛亚尔的抒情长诗《鲜花和夜莺》、麦吉利斯的《麦吉利斯诗集》、穆罕默德·司笛克·伯尔布迪的长诗《司迪克传》、阿不都热合木·纳扎尔的长诗集《爱情之歌》、吐尔都·西阿洪·艾尔华的《艾尔毕集》等。①

(二)艺术

1. 舞蹈

清代维吾尔族的舞蹈,史籍记载较多。维吾尔人举行宴会时,"乐器杂奏,歌舞喧哗,群回拍手以应其节"②。"宴客……男女各奏回乐,歌唱回曲。酒酣,回女逐队起舞,群回拍手呼叫,以应其节。"③"古称西域喜歌舞并善,今之盛行者曰'围浪',男女皆习之,视为正业。女子未嫁,必先学成。合卺之日,新郎新妇有'围浪'之礼。……每曲,男女各一,舞于氍毹之上,歌声节奏,自手相应。……王府暨伯克家皆喜为之,部民男女拥集,为应差事,一曲方终,一双又上,有缓歌慢舞之致。……对舞不限是夫妇,随意可臻,究用妇人成对者多。到处弦歌,八城尤盛。"④"男女当筵,杂奏唱歌,女子双双逐队起舞,谓之'偎郎',间亦有男子'偎郎'者。"⑤

2. 音乐

① 乐器

维吾尔族古代乐器,清代史籍略有记述。"以鼓为主,鼓大小数面。苇茹木管皆八孔。洋琴五十余弦,瑚珀七弦,铁弦四、皮弦二、丝弦一。胡琴大小四张,声音抑扬高下,随鼓起落。而歌舞之节奏盘旋,亦以鼓为则。"⑥

---

① 参阅耿世民编《古代维吾尔诗歌选》,新疆人民出版社 1982 年版;阿不都克热木·热合曼主编《维吾尔文学史》,新疆大学出版社 1998 年版;海热提江·乌斯曼《维吾尔古代文学研究》,新疆大学出版社 1999 年版。

②⑥《西域闻见录》卷 7。

③《回疆通志》卷 12。

④ 萧熊:《西疆杂述诗》卷 3。

⑤《新疆图志》卷 48。

"乐器以鼓为主,大小不一致。又有提琴、洋琴之类。歌舞盘旋,皆以鼓为节。"①"迎年送日,均有鼓吹。鼓之大者径二尺余,高尺余;小者径尺余,高约三寸。铸铁为框,鞔以羊皮。设数面于高台,交错击之,声有雌雄,缓急相连,以成节奏。唢呐、喇叭本龟兹所流传汉地者,至今形式相同,与鼓并奏于台,彼中之大乐也。"②还有的记述维吾尔人的乐器有哈尔札克、喀尔奈、巴拉满、喇巴卜、色塔尔、达卜、红噶喇等。③

② 乐曲

清代维吾尔族乐曲主要分为舞蹈歌曲和器乐曲两大类。

维吾尔族民间舞曲有很多。《赛乃姆》既是舞蹈名称,也是舞曲名称。其音乐结构为引子、歌曲一、歌曲二、歌曲三……终曲。伴奏乐器以手鼓为主,其次是萨巴依和它石,还有擦弦、弹弦与管乐器。《萨玛舞曲》即跳萨玛舞时的伴奏舞曲,伴奏乐器为铁鼓和唢呐。《那孜孔舞曲》主要流行于吐鲁番一带,代表曲目有《六鸽子》《黑走马》等,主要伴奏乐器有铁鼓、唢呐。《多尔乌力》是《十二木卡姆》中的间奏乐曲,流行于新疆南部地区。

维吾尔族民间器乐曲种类也很多。《刀朗舞曲》由卡龙独奏。《里万亚拉》由扬琴独奏。《自由的生活》由热瓦甫独奏,流行于新疆喀什一带,常在民间娱乐会上演奏。《尼术派特》由弹布尔独奏,流行于新疆伊犁地区。《阿图什》由热瓦甫独奏。《阿勒屯江》由独塔尔独奏。《哈莱伦》由独塔尔独奏,"莱伦"是一种花的名称。《塔什瓦甫》由热瓦甫独奏或合奏。

3. 杂技

清代维吾尔族杂技,史籍有一些记述。当时的杂技由六人表演:成年人四人,"皆穿背褡,上身杂色绸,下身接袖衣,冠五色回回帽,著有缎靴,系绿绸带";少年二人,"服杂色绸绢里衣,冠五色绸回回小帽,著青缎

---

① 《西陲要略》。
② 萧熊:《西疆杂述诗》卷3。
③ 《西域图志》卷40。

靴,系绿绸带……走索寻撞。百戏俱呈,技毕乐止,乃下"。① "叶尔羌……其人……习技巧……妇人善歌舞,能百戏,如打斤斗、踏铜索诸戏,皆有可观。"②"弓矢非所长也。以大头短棒抛掷击物,一发而毙之,亦回人绝技。"③"七八岁能翻身作数十筋头戏,跳掷飞腾,观者目眩。"④

4. 建筑艺术

清代维吾尔人的清真寺、麻札等建筑群都非常注意建筑形体美,讲究整体布局,高低错落有致,相互毗邻组合得当,一般都有拱、穿窿顶或木柱梁平顶两种结构。门楼与大门、塔楼与礼拜大殿,华丽的彩绘藻井与精美的雕刻彩漆廊柱之间的关系设计得十分协调。外墙通常使用各种美丽图案的琉璃砖或刻花砖包砌。许多建筑还兼用精致的雕刻、镂空花装饰外顶、门、梁、柱、窗、藻井等。民用建筑庭院住宅布局自由灵活,充分利用各种高低起伏的自然地形,简朴而多变。有造型的廊柱、精致的楼梯和各种檐布,室内有细雕精绘的藻井、壁龛等。

5. 花帽图案艺术

维吾尔族花帽图案种类繁多,形式多样。纹样构图多变,款式新颖。常见的图案形象多为花卉、果实、禽鸟、昆虫的造型,也有鸟雀、蚕、蝶、星月、雪花等,还运用大量几何纹样,使图案更富有变化。按图案构成方式可归纳为四种类型:一是单独适合纹样,这类花帽俗称"曼甫";二是满地散花"奇曼"纹样;三是巴旦木(果实)花纹样;四是十字纹样。

6. 染织品图案艺术

维吾尔族染织品图案也丰富多彩,按制作手法分类,有贴花和印花两种。

贴花有一二百种,主要有 14 种样式:土戈塔畔(骆驼蹄掌)式、塔吉古丽(鸡冠花)式、盘提木斯(托盘)式、阿娜古丽(石榴花)式、考其喀然克

---

① 《西域图志》卷 40。
② 《西域闻见录》卷 2。
③ 《西域闻见录》卷 7。
④ 王曾翼:《回疆杂记》。

（小公羊）式、坎力坤式、亚俄勒克塔吉（巾花）式、阿依古丽（月亮花）式、恰塔拉维（花绳）式、艾格曼（卷草）式、其合日克（马莲草）式、米合拉甫（圣龛）式、哈萨克式、阿富汗式。

　　印花图案主要有坎加坤、托盘、花瓶、石榴花、月亮花、花绳等。其中坎力坤与托盘最为流行。维吾尔族印染花布有两色印花（黑、红两色）和多色印花（红、黑、杏黄、土黄、蓝、橙、绿、紫、玫瑰、靛蓝等色套印）。图案纹样多取材于现实生活和大自然中的各种物象，最常见的是各种花卉纹样。此外，许多造型优美的民族工艺品和生活用品形象也被用来作为装饰纹样。几何图案也用于印花纹样。①

四、科学技术

（一）冶炼技术

　　清代维吾尔人能冶炼多种金属，制造各种工具与兵器。史籍记述其产五金：黄金、白金、红铜、黄铜、铅铁等。② 并记载其能制造各种不同的铁制工具和铁制军器。③

（二）农业技术

1. 丝绸织造技术

　　清代维吾尔族的丝绸织造技术已很精湛，尤以和阗最为著名。史籍记述和阗"原蚕山茧极盛，所织绸绢茧布极缜密，光实可贵"④。和阗人

---

① 本部分内容，参阅黎蔷《新疆民族舞蹈史略》，《新疆艺术》1997 年第 2 期；于旋焰《维吾尔族民间舞蹈》，《中央民族学院学报》1978 年第 1，2 期；叶静《新疆维吾尔族舞蹈简介》，《大舞台》2011 年第 12 期；万桐书《维吾尔民族乐器》，新疆人民出版社 1986 年版；关也维《维吾尔民间歌曲》，《新疆日报》1981 年；关也维《关于维吾尔民间调式音阶的探讨》，《音乐研究》1981 年第 3 期；李安宁《新疆民族民间美术》，新疆人民出版社 2006 年版；中国建筑艺术发展中心建筑历史研究所编《新疆维吾尔建筑装饰》，新疆人民出版社 1985 年版；谢凯等编《新疆维吾尔民间花帽图案集》。
② 《西域图志》卷 43。
③ 《西域图志》卷 42。
④ 《西域闻见录》卷 2。

"产丝棉,善养蚕,能织绸帛"①。有的甚至还能把草实纺织成布:"有草实如茧,中丝如细……阗人取织以为布。"②

2. 酿酒技术

清代维吾尔族的酿酒技术也多种多样。史籍记述,至深秋时节,"葡萄熟,酿酒极佳,饶有风味"。维吾尔人除了以葡萄酿酒外,还以桃、麦、糜等酿酒:"夏初麦熟,回人取以酿酒,家各数石";"桃熟,亦可酿酒,味微酸";"沙枣形类枣,金黄色,花叶作金银箔色,肉似细沙,味甘,回人取以酿酒"。其酿法是:"纳果于瓮,覆盖数日,待果烂发后,取以烧酒。一切无取曲蘖。"以糜子酿酒的方法是:"磨糜为酒,浑以似米泔。微酸,无酒之气,亦不能醉人。"③

3. 灌溉技术

清代维吾尔族的灌溉技术主要有两种:一是开水渠或水槽,二是开凿坎儿井。清代水渠遍布全疆,最长的水渠为阿克苏的浑巴升渠,"长二百十里,广二丈五尺……溉田七万五千七十余亩"④。为避免雪水从山坡上流下来经过砾石带时产生大量损耗,有的地区制作木槽,把水直接从山坡引下来流到地里。为做到点滴不漏,还会在木槽底铺上毛毡。

坎儿井是维吾尔族最具特色的灌溉工程。新疆大约有坎儿井1600多条,分布于吐鲁番盆地、哈密盆地,还有南疆的皮山、库车与北疆的奇台、木垒、阜康等地。其中以吐鲁番最多、最集中,约有近千条,总长约5000公里。坎儿井的水源主要是雪山上雪水融化后渗入戈壁地下而形成的伏流或暗流。坎儿井主要由暗渠和竖井组成。

(三)手工技术

1. 雕刻

清代雕刻是维吾尔族最重要的手工技术之一。

---

① 《回疆通志》卷8。
② 《西域图志》卷43。
③ 《西域闻见录》卷7。
④ 《新疆图志》卷76。

　　玉雕是颇具特色的雕刻。维吾尔地区的玉石誉满全国,尤其是昆山玉与和田玉,有"和田美玉甲天下"之称。由于盛产美玉,其玉雕技术达到了较高的水平。"喀什噶尔回城……习技巧,攻玉镂金,色色精巧。""阿克苏……尤多技艺之人,攻玉制器,精巧可观。"[①]其长嘴白玉灯、白玉窗花、玉杯、水盂、笔插等,工艺精湛,巧夺天工。

　　铜雕也是维吾尔族擅长的一门技术,技法有凸雕、凹雕、刻雕、刻线和镂空。维吾尔人在红铜容器、盛具、饮器与装饰品的表面,精心雕刻出单一的或成组的图案花纹。线条流畅生动,花纹繁缛细腻,具有很强的表现力。

　　木雕在维吾尔地区十分普遍。房屋外部顶饰、门、门首、横梁、梁首、柱、屋檐、藻井、窗首、窗框都有木雕。木雕的方法主要有三种:凹线雕、浮雕、镂雕。图案变化突出,风格独特。

　　维吾尔地区盛产石膏,许多建筑室内外的装饰大都使用石膏雕花。雕花一般为浮雕,分浅雕与深雕两种。制作方法有直接雕花、模翻、模戳等。

　　2. 刺绣

　　刺绣是维吾尔族妇女擅长的手工技术。刺绣的方式主要有:丝线平绣、丝线结绣、串珠片绣、格子架绣、盘金银绣、十字花绣、钩花刺绣、扎绒刺绣和刺、扎、串、盘综合绣等。

　　(四)医学

　　清代维吾尔人著有《惕普奇塔》等医书。维吾尔族经过长期的积累,形成了自己的医学理论体系。他们认为构成生命的物质是火、气、水、土四要素,运用血津、疾津、胆津、黑胆津的"四津"体液学说解释疾病和人体、外界自然环境的辩证关系。对内科疾病,主要以内服药为主,还有熏药、放血、冷热敷等11种疗法,对肝胆、结石、赤痢、白癜风等几十种疾病治愈率极高。在外科方面,也有服药、热罨、结扎与普通手术等6种方

---

①《西域闻见录》卷2。

法。临床多用复合剂,多者 50 味,少者 7 味,一般不用单味药。药剂有糖浆、水果浆、药丸、药粉、药膏和油等 10 多种,其中,最负盛名的是治疗白癜风病的方法,治疗白癜风病效果较好的方剂有 16 个。此外,沙埋疗法对各种关节炎、慢性腰腿痛、坐骨神经痛、脉管炎等有明显效果。

（五）历法

清代维吾尔族已使用回历。回历又称"希吉来历"或"伊斯兰教历"。回历为阴历,其纪年法是:太阴(月亮)圆缺一次为一个月,12 个月为一年,单月 30 日,双月 29 日,不置闰月,全年 354 日。每 30 年为一周,其中第 11 年的 12 月末添设一个闰日。

（六）度量衡

维吾尔族有自己独特的度量衡制。

量具单位有察拉克、噶尔布尔和巴特满。清政府官定的标准是"以十斤为一察拉克,以八察拉克为一噶尔布尔,以八噶尔布尔为一巴特满"。一巴特满"计重六百四十斤,约如内地一石之说,而察拉克与噶尔布尔犹如升斗也"。[①]

衡器有秤,即简易的天平秤。其"两端置物,均匀则兑换,谓之辄拉克"[②]。"旧例斗量之物,皆以轻重计之。其权用一木条,悬盘于两端,类天平,再按普儿分两,较定十斤重一物为法马(砝码),铁石砖土不论。"[③]

量长度的单位比较简单,一般以木尺量长短。木尺有两种,一种长五尺,一种长二尺五寸。"绰布噶资,木尺也,以量长短。长五尺者,其形三棱;长二尺五寸者,面平而背圆。"[④]

---

① ③ 萧熊:《西疆杂述诗》卷 3。

② 《西域闻见录》卷 7。

④ 《西域图志》卷 43。本部分内容,参阅李迪主编《中国少数民族科学技术史·通史卷》,广西科学技术出版社 1996 年版;柳用能《维吾尔族的铜雕》,《新疆日报》1977 年;柳芳《维吾尔族的玉雕》,《新疆日报》1979 年;帕提姑·阿不拉《维吾尔族传统刺绣工艺研究》,新疆师范大学 2012 年;财吉拉胡《维吾尔医学史话》,《中国民族报》2001 年;周洁、杨华、周强中《新疆维吾尔民间医药简介》,《中国民间疗法》2005 年第 10 期;蒋玉凤、徐建国、刘文丽《具有地方特色的新疆维吾尔族医药》,《中国民族医药学会首届研讨会论文汇编》,1996 年;刘夏蓓《独特的维吾尔族医药学》,《中国中医药现代远程教育》2006 年第 1 期。

五、教育

在清代,维吾尔族教育事业仍然由伊斯兰教执掌。

各地清真寺附设有普通班次,少年儿童在这里背记礼拜诵词,训练礼拜规则,获取伊斯兰教的普通知识,培养初步的宗教信念。这种普通班次,实质上是初等宗教学校。学生在接受了初等宗教教育之后,继续深造者则升入"麦德力斯",意为宗教学校,实质上是高级宗教学校。

初等宗教学校的教师,由各地清真寺的伊玛目兼任。由于领导和主持礼拜是伊玛目的本职工作,因此,训练和培养青少年穆斯林熟悉教律、确立信念,是与伊玛目的本职工作相一致的。高级宗教学校的课程,则由专职人员讲授。高级宗教学校教师的资格,不完全取决于他们的个人品行和知识水平,而往往取决于他们所出身的家世。因此,当时著名的高级宗教学校,差不多都集中在与宗教世家有着千丝万缕联系的叶尔羌、喀什噶尔、库车、和田等地。叶尔羌的高级宗教学校设在黑山派的圣地——阿同麻扎,因此,它通常被称作阿同麦德力斯。喀什噶尔的高级宗教学校设在艾提卡清真寺里,基本上被阿帕克和卓家族所把持,成为白山派的主要活动基地。库车的高级宗教学校设在以阿尔西丁的名字命名的哈尼卡,由阿尔西丁家族把持。

当清政府通过一系列限制性措施使伊斯兰教机构的政治和经济势力失衡的时候,一种新的思潮开始在宗教学校兴起。追求宗教以外知识的意向,犹如一股新鲜的空气,吹进伊斯兰教学府。历史、天文、哲学、医学,尤其是人文主义的文学作品,引起了青年学生的极大热忱。这股时代潮流在初等宗教学校引起的主要变化是,除了教授少年儿童背记礼拜诵词、练习礼拜规则、接受伊斯兰教普通知识,还向他们教授维吾尔文字和简单的算术原理。[①]

---

① 本部分内容,参阅任红《新疆维吾尔族伊斯兰经堂教育的历史及其影响》,《中国穆斯林》2009年第 5 期。

第五节　藏族

在清代,藏族主要聚居于世界上海拔最高的青藏高原。按照藏族的地理概念,整个藏区分为卫藏、康区和安多。卫藏大致包括今除昌都和那曲之外的全部西藏自治区,康区包括今西藏的昌都地区、四川的甘孜藏族自治州、云南的迪庆藏族自治州、青海的玉树藏族自治州等,安多包括今除玉树以外的全部青海藏区、四川阿坝藏族自治州、甘肃甘南藏族自治州和天祝县等。

一、史学

《萨迦世系史》,阿旺贡噶索南著。作者出身于萨迦昆氏家族,且任萨迦达钦 30 余年,十分熟悉萨迦派的政教历史。全书分为五部分,保存了许多可贵的资料,尤其对于研究元王朝与西藏地方的关系、藏蒙两个民族的文化交流史是不可多得的史著。

《吐蕃王臣记》(别译《西藏王臣记》),五世达赖喇嘛阿旺·罗桑嘉措(1617—1682)著。作者于 1652 年应顺治皇帝邀请入北京朝觐。由于其卓越的政教贡献,深受西藏僧俗拥戴。该书共分 26 章,主要叙述了佛教源流、吐蕃王统、和萨迦、蔡巴止贡、帕木竹巴等教派的政教活动和传承情况。此外,其自传《五世达赖喇嘛自传——云裳》同样有很重要的史料价值。

止贡巴贡却丹巴饶杰(1801—?)曾在拉卜楞寺和西藏拉萨学经,遍访安多诸地,修成大著《安多政教史》。全书主要有三大部分,保存了极为珍贵的安多地区的政教历史资料。

贡唐·丹贝仲美(1762—1823),7 岁被迎至拉卜楞寺,广学各种典籍经论,22 岁获拉然巴格西学位,因学识渊博而名贯全藏。主要著作有《贡唐丹贝卓美文集》《黄教兴盛祈祷词》等。

松巴益希班觉(1704—1788),是青海佑宁寺活佛,后到拉萨哲蚌寺学经。曾被章嘉国师授予“额尔德尼班智达”称号,声誉远播。曾担任多个寺院法台。主要著作有《印汉藏蒙宗教史》《青海历史》《世界广论》《自传》《佛像、佛经、佛塔尺度经注疏》等。

章嘉若贝尔吉（1717—1786），为三世章嘉活佛。8 岁被接到北京，住嵩祝寺，享受二世所享之规格，并与四皇子弘历（乾隆）等一同读书，学会了藏、汉、满、蒙文字。1734 年被正式册封为"灌顶普惠广慈大国师"，颁布诏书金印、金册。主要著作有《七世达赖喇嘛格桑嘉措传》《甘丹赤钦阿齐诺门评传》《热振大师传》《五台山详志》《甘丹香曲林寺寺规》《甘珠尔目录》《上乐教法史》等。在学术界颇有影响。①

二、宗教与风俗

（一）宗教

清初，宗喀巴创立的格鲁派（俗称黄教）兴起，是藏传佛教中大器晚成的一支教派。宗喀巴圆寂后，其门徒贾曹杰·克珠杰（一世班禅额尔德尼）、根敦珠巴（一世达赖喇嘛）等人继承了他的衣钵，以拉萨为中心，向四面八方扩展格鲁派的势力，逐渐形成了一个在藏区无论是政治地位、影响作用还是经济势力都独占鳌头的、无与匹敌的寺院集团。

格鲁派在藏传佛教噶当派教义的基础上，吸收噶举、萨迦等派的内容，形成了自己完整的教义、教法。宗喀巴将自己所著《菩提次第广论》作为格鲁派的中心教法，立"三士道"，贯通戒、定、慧三学。格鲁派在修行过程中注重出离心、菩提心、空性见三要。修行的次序是先显宗后密宗，主张实修为主，依次进行修习。

格鲁派在藏区有着大大小小的修行场所——寺庙。其中著名的大寺庙有拉萨的哲蚌、色拉、甘丹寺，后藏日喀则的扎布伦寺，青海的塔尔寺，甘肃的拉卜楞寺。这些寺庙重楼叠阁、屋宇毗连，不仅有众多住持僧人（最多

---

① 本部分内容，参阅孙林《藏族史学发展史纲要》，中国藏学出版社 2006 年版；王璞《藏族史学思想论纲》，中国社会科学出版社 2008 年版；梁成秀《试论藏族重要史学著作的编撰思想及特点》，《北京印刷学院学报》2009 年第 1 期；巴桑旺堆《藏族十大历史名著概念》，《西藏研究》1993 年第 1 期。

的哲蚌寺定额为700人),寺庙的高僧们还拥有大量产业,包括土地、牧场、山林、房屋、商贸及巨额资金,统治着大批农奴及奴隶,同时参与地方政治,统管着当地政教大权。其寺院组织机构,以拉萨三大寺为例,分为三级:喇吉、扎仓、康村。第一级喇吉是管理全寺的组织,由一名资深博学的人担任赤巴堪布(即总法台),其下有二至四名吉索(大总管)、二名磋钦协敖(大铁棒喇嘛)等寺僧协助管理全寺事务。第二级扎仓(僧侣经学院)是一个完整、自主的组织机构,内部是一个独立的经济实体,有土地、房屋、农奴等。扎仓有大小、贫富之别。大的扎仓按学习内容分为显宗、密宗、宗教哲学、天文、历算、医学等扎仓。扎仓的主持者是堪布(即住持或方丈),是主管僧众学经、寺庙行政、财务及所属产业和农奴、属民,甚至代表寺庙出席地方政府会议的重要人物。三大寺的堪布一般是达赖喇嘛的亲信,任期六至七年不等。堪布之下有一名喇让强佐(总管)、一名格贵(铁棒喇嘛)、一名翁则(领经人)、一名雄来巴(学监)及若干僧官作为辅佐。第三级康村是寺庙基层组织,相同地域出生的僧人编到一个康村中,僧众一起食宿起居、习经修佛。负责人为吉根,其下也有数名基层僧官。

活佛转世制度是藏传佛教,也是格鲁派的重要特点之一。所谓活佛转世,就是当前一位活佛圆寂后,按照本人生前的各种"灵异"及他人提供的线索,按照一定的宗教仪式,寻找并确定该活佛的继承人。活佛转世制度不单是宗教问题,更重要的是宗教僧侣和世俗贵族紧密联系在一起了。高僧大德既是一寺院首领,又是当地的大农奴主、大贵族,他们把持操纵着一地一寺乃至全藏区的政教诸大权。

格鲁派的另一个重要特点是僧人的学位制度。其学位总名称叫"格西"(意为善知识或良师益友),类似明清两代的科举制度。凡寺僧要学习五部大论,约15年内学毕,成绩及格者称"噶然巴"。再经过5—10年的研习佛典,方可报考格西。考格西者要在众目睽睽之下,就五位高僧大德提出的深奥问题,以口答形式质疑辩难,经大众认可,方能取得学位。其学位按拉萨三大寺制度,共分为四等:一等曰"拉然巴"(意为拉萨博学高明之士),二等曰"磋然巴"(意为全寺卓越高明的人),三等曰"夺然巴"(意为在佛门石阶上辩难考取的格西),四等曰"林赛"(意为从寺院里选拔出来的天才)。[1]

（二）衣食住行

藏族的衣食住行与青藏高原的自然环境及藏族的社会经济、文化因素等有着密切联系。

1. 服饰

藏袍是藏族人民的主要衣着,宽体长身、大襟广袖,用氆氇、毛毪(毯一类的毛织品)、呢料、动物毛皮等御寒性能强的面料缝制,以适应高原气候的需要。藏袍较长,穿时于腰际托起,以束于腰间,这样身前身后形成一个大的空囊,便于揣放幼儿、物品等。肥大袖宽的藏袍还便于劳作或天热时袒出双臂,夜间脱下可铺一半盖一半。清代藏族百姓腰间常系着一套大小刀、火镰刀、烟荷包,胸前挂着"嘎乌"(即佛龛,内装护身符或佛像),头戴毡帽,足蹬氆氇或皮制藏靴,颈或手上挂(拿)着念珠,耳上系着各种松耳石。牧民们穿的是无面的羊皮袍,偶有以貂皮或呢绒镶边,戴的是羊皮帽。妇女们普遍穿毪子长袍,腰束五彩"邦典"(即围腰)。上层人物服饰奢侈华丽。达赖、班禅冬帽以牛绒制成,上尖下大,色黄。夏帽若笠,纯金以皮为之。内衣氆氇半臂,外衣紫羊绒偏单,以帛交缚于上,着锦靴或皮履,腰束帛如带。郡王颇罗鼐冬戴元(红)狐帽,锦缎为胎,夏戴绵帽,高六七寸,平顶丝缨,蟒缎为面,獭皮镶边,各色皮为里。身着蟒衣貂皮,腰束金丝缎带,也带小刀、荷包之类,足蹬香牛皮靴。头蓄发,右耳坠珠。其下噶伦、代本、第巴各官,服同郡王,惟发不束不绾,披肩后,戴栽绒平顶狐、獭皮帽,无缨,两耳坠松石珊瑚,手持念珠。[2]

---

[1] 本部分内容,参阅王辅仁《西藏佛教史略》,青海人民出版社 1982 年版;弘学《藏传佛教(第三版修订本)》,四川人民出版社 2012 年版;黄奋生主编《藏族史略》,民族出版社 1985 年版。

[2] 参阅黄沛翘《西藏图考》卷 6,第 190 页,西藏人民出版社 1982 年版;《中国藏族服饰》编委会编《中国藏族服饰》,西藏人民出版社 2002 年版;李春胜、陈涌《雪域彩虹——藏族服饰》,重庆出版社 2007 年版;李立新《藏族服饰之配饰艺术研究》,《国际纺织导报》2008 年第 6 期;余永红《白马藏族服饰图案的形式特征及文化含义》,《吉林艺术学院学报·学术经纬》2011 年第 2 期;赵嵘璋《安多藏族的服饰习惯及特点》,《兰州学刊》1985 年第 4 期。

2. 饮食

藏族农区以食糌粑（相当于内地炒面）为主,有青稞、豌豆、玉米、燕麦等几种粮食作物炒磨之别。佐以由奶制品中提炼的酥油打出来的茶,以及牛、羊肉类和萝卜、土豆、圆根等蔬菜。家境穷苦的百姓仅能拌以用砖茶熬制、加少许咸盐的清茶。再或以糌粑或面粉加上一点肉或菜煮成片儿汤,名曰"突巴"。牧区饮食以肉类和奶制品为主,兼食糌粑或面食。肉类吃法,或风干生食,或手抓火烧。奶类则做成酸奶（奶酪）、奶皮、奶渣等食用。以青稞酿制的烧酒和低度青稞酒,名曰"酉仓",也是藏族人民普遍的饮料之一。日食不拘顿数,以饥为度,食少而频。老少妇孺皆日饮酒,醉后男女相携,沿街笑唱为乐。①

3. 居住

清代藏族农区民居中较大的石质碉楼建筑,多为贵族领主、殷富大家或臣贾所居,楼高多至八九层,围墙高二三丈,林荫四周,内部雕梁画栋,十分奢华。平民百姓则居泥土、石块筑成的平顶碉房,多为一层,间有二三层不等,上层晒粮,中层住人,下层养畜,窗户窄小,光线不足。牧民们住的是以牦牛毛缝制的黑色帐篷,质地粗厚,中间用木棍支撑两米高框架,四周以牛毛绳牵引固定木桩上,再用土坯草块压实或堆砌矮墙抵御寒风暴雨。这种简捷、便于拆装的帐居方式,是逐水草而居的牧民最佳选择。②

---

① 参阅黄沛翘《西藏图考》卷 6,第 192 页;唐娟《藏族饮食文化研究》,《群文天地》2008 年第 9 期;李双剑《藏族饮食文化综览》,《民族研究》1997 年第 1 期;乐天《青海藏族饮食文化》,《青海民族研究》1995 年第 4 期;华锐·东智《论安多藏族的饮食文化》,《西藏民族学院学报》2014 年第 3 期;刘雪《独特的西藏血肠》,《烹调知识》1994 年第 3 期;金建国《康巴藏族的酒与酒文化》,《中国学术期刊》1997 年第 4 期。

② 参阅何泉《藏族民居建筑文化研究》,西安建筑科技大学 2009 年;张妍《四川藏区游牧民族居住形态研究》,西南交通大学 2010 年;热贡·多吉彭措《帐篷与藏式民居》,《中国西部》2001 年第 3 期;曾怡园《论康定地区的藏式民居建筑色彩》,《乐山师范学院学报》2009 年第 1 期;桑吉才让《甘南藏族民居建筑述略》,《西北民族学院学报(哲学社会科学版·汉文)》1999 年第 4 期;马贵《青海藏族民居与居住文化》,《中国科技信息》2006 年第 20 期。

4. 交通

青藏高原山峦起伏、地形复杂，人们外出一般多骑马、骡等，不具备交通工具者以步代行。途遇江河，以溜索（桥）、铁索吊桥、藤圈、牛皮船、木排、独木或双木舟等为渡。运输则靠"高原之舟"——牦牛及马、驴、骡、黄牛驮运。[①]

（三）婚丧习俗

1. 婚娶

受经济条件、文化、历史、地理及封建农奴制的影响，藏族社会婚姻形式多种多样。由于阶级对立，农奴主与农奴严禁通婚，领主内部讲究门当户对，且存在血缘外婚，严禁父系或母系间通婚。一些被农奴主视为下贱的屠夫、猎人、葬尸者、铁匠等人的婚配受到严格限制，只能彼此间结合。家庭婚姻最普遍的形式是一夫一妻制，以城镇最为突出。第二种是一夫多妻制，这种形式多流行于贵族、富商、土司家庭中。这种多妻有其政治上的需要，即多娶一位其他部落有权势人家的女子为妻，就会扩大自己的势力范围及部落间的联系。部分平民家庭也存在一夫多妻，但大多是姐妹共夫，她们地位平等，不分妻妾。第三种是一妻多夫制，这种形式流行于农区的世家贵族及贫民中，或兄弟或朋友共妻，是基于经济上的原因。因为在以女性为中心的藏族社会里，对于世家贵族家庭而言，这种婚姻形式可以保持他们的财产不因兄弟之间的分家而分散；对于贫苦百姓，则可以相对集中劳力，能兼顾支差和自家的劳动生产等等。

清代藏族婚姻决定权一般掌握在父母及寺院高僧手中。父母之命、媒妁之言尤为重要。因此，自由恋爱并结为夫妇者极少。择媳选婿首取门户相当，男识字为佳，女以能经商理家务为善。求婚程序为：男家初次托亲友持哈达到女家说亲，若未遭到谢绝，媒人择日再携酒及哈达上门介绍男方身世。女子父母若允此事，则饮酒收下哈达；反之则不饮不受。不日，媒人

[①] 参阅凌立等《康巴藏族民俗文化》，第 5 章，四川人民出版社 2012 年版；拉都《浅谈康巴藏族传统交通工具与运输职业》，凌立、林俊华主编《康巴研究 第 1 辑》，光明日报出版社 2012 年版。

又将聘礼——宝石、金银、茶叶、衣物、肉类送至女家,女家也以礼回牛羊等。翌日,邀请遐迩亲朋到女家,撒麦为花,糖茶酒饭尽情招待来宾。其后,男方还要举行隆重的迎亲仪式。至此,一桩美满的婚姻正式完成。需要指出,这仅是殷康人家所为,贫苦百姓则各依家境,简便从事。①

2. 丧葬

基于历史、宗教、社会等多种因素,封建农奴制下的藏族丧葬分为塔、火、天、水、土(地)葬几种形式,有着鲜明的等级界限。

塔葬是一种高规格的葬仪,只限于达赖喇嘛、班禅额尔德尼及地位崇高的大活佛。他们圆寂后,用药物和香料进行脱水处理,而后安放在特制的灵塔内,供信徒瞻仰礼拜。灵塔质地因亡者生前地位及影响有所差别。如四世班禅、五世达赖喇嘛的灵塔颇具规模,塔高均为十余米,外包金银铜等,还嵌有珠宝、玛瑙、玉石等。火葬多用于一般活佛及大喇嘛(偶有大贵族用此葬式)。天葬亦即鸟葬,在藏区广为流行。水葬即弃尸(也有分割数块)于江河中。西藏地区大多穷困人家、乞丐及鳏寡孤独无力办理天葬者多采用此葬,以为不幸。而四川藏区以佛教的观点看问题,认为投尸喂鱼乃利益众生的布施行为,是善事,所以水葬好,实行水葬者不在少数,并不限于穷困人家。土(地)葬对象一般限于麻风病、天花及患恶性传染病气绝者,或因犯罪处死、凶杀、械斗等非正常死亡者。其目的,前者是防止传染,后者是谢罪神灵。当时西藏贫困百姓中还有一种地葬,即人死后,将尸体缚于柱上,碎割喂犬,骨于石臼内杵碎,和糌粑搓团喂之。②

---

① 本部分内容,参阅尹吉卓玛《藏族传统婚姻文化研究》,中央民族大学 2012 年;忐愫《青海藏族婚俗文化》,《青海民族研究社会科学版》1996 年第 2 期;胡秋妍《浅析藏族婚姻习惯法》,《四川民族学院学报》2011 年第 3 期。

② 参阅焦志平《论藏族的丧葬风俗》,《康定民族师范高等专科学校学报》2003 年第 3 期;边巴次仁《浅谈藏族丧葬文化》,《西藏研究》2010 年第 6 期;阙岳《藏族丧葬习俗的文化人类学分析》,《青海民族研究》2004 年第 3 期;高洁《藏族天葬文化的伦理意义研究》,西北民族大学 2010 年;新巴·达娃扎西《藏区天葬的起源、仪式过程及禁忌制度的文化内涵再探讨》,《西藏及其他藏区经济发展及社会变迁论文集》,2006 年。

三、文学与艺术

（一）文学

1. 作家文学

① 诗歌

《水树格言》，作者贡唐·丹贝卓美（1762—1823）是拉卜楞寺第三世贡唐活佛。这是一部具有广泛影响的藏族格言诗。全书共 245 首，分为两部分，第一部分为"格言树之论述二规具百枝叶"，第二部分为"格言水之论述二规具百波浪"，分别以水、树为喻。

《国王修身论》是著名学者米旁嘉措的格言诗名作。除序歌与尾歌外，全诗分为 21 章。书中所记主要围绕"为王之道"这个主题，涉及如何治理国家、如何提高自身修养等。

② 小说

长篇小说：《勋努达美》，作者才仁旺阶是藏族历史上著名的小说家和传记作家。1697 年，才仁旺阶生于前藏的强达隆，是名门之后。该书不是历史小说，而是一部以 18 世纪初一段特定历史为背景来构思的创作小说。对统治阶级争权夺利、殃及百姓、引起社会动乱的罪恶行为，作者持批评态度；而对老百姓的苦难生活，则寄予同情。《郑宛达娃》，作者达普巴·罗桑丹贝坚赞，生于 1725 年，为西藏达普寺第四世活佛。该书共 9 章，主要讲奸臣严谢父子千方百计加害王子曲吉尕娃、谋国篡位的故事。几经曲折斗争，正义战胜邪恶，曲吉尕娃王子获得胜利，奸臣阴谋被揭露，遭到应有的报应。

寓言小说主要有《猴鸟的故事》《茶酒仙女》《牦牛、绵羊和猪的故事》《白公鸡》《连苑歌舞》等。

③ 传记文学

这一时期的传记文学有才仁旺杰《颇罗鼐传》《噶伦传》、丹津班珠尔《多仁班智达传》等。其主要特点是：忠实地保存了相当一批珍贵的历史资料，对人物的勾勒已向小说形式靠拢。

2. 民间文学

① 民歌

长歌。叙事长歌主要有《流奶记》《卡吉嘉洛》《不幸的擦瓦绒》《益西卓玛》《不幸的姑娘》《拉萨怨》《负心的喇嘛》《唐洛郭哇》《多纳多和霍雄》《在甲格尔草原上》等。不叙事长歌主要有《青稞歌》《吉祥羊歌》《纳嘉才洛遗言》《珠东论战》等。

短歌主要有:情歌,是藏族民歌中最为丰富的门类;生活歌;生产歌;酒歌,是藏族民歌中十分重要的一类。

② 故事、传说、谚语

民间故事主要有《阿克顿巴的故事》《聂局桑布的故事》《尸语故事》《铁匠与小姐》《藏族动物故事》《茶和盐的故事》《青蛙骑士》等。其中有爱情故事,也有智慧故事或机智人物故事。

藏族民间蕴藏着丰富的传说。藏区多山多水,每一座山、每一条河都有传说故事,因此有许多关于山神、水神的传说故事。而关于名人、名胜的传说则更为普遍。

谚语,藏语称"丹辉",包罗万象,囊括天地,涉及社会生活的各个方面。流传较广的有让人们具有志气与理想的谚语,告诫人们加强道德修养、胸怀宽大、不要争名夺利的谚语,告诉人们要警惕恶人、分清敌友的谚语,充满人生哲理与辩证思想的谚语等。①

(二) 艺术

1. 绘画

清代,以藏传佛教为中心内容,具有浓郁民族文化特色的藏族美术创作,包括壁画、唐卡、酥油花、木刻、雕塑等,有了很大的发展。当时卫

---

① 本部分内容,参阅马学良《藏族文学史》,四川人民出版社 1994 年版;唐景福《藏族文学史略》,青海民族出版社 1988 年版;莫福山《藏族文学》,巴蜀书社 2003 年版;佟锦华编著《藏族民间文学》,西藏人民出版社 2011 年版;中央民族学院少数民族语言文学系藏语文教研室藏族文学小组编《藏族民间故事选》,上海文艺出版社 1980 年版;孙舒景《青海藏族神话故事中的价值意蕴》,《青海社会科学》2014 年第 4 期。

藏、安多、康区寺庙群中有数以千万计的藏、汉族及域外民族的工匠、画师。

清代西藏的绘画在明代的基础上有继承又有发展,各画派如勉唐派、钦则派、噶赤派仍不断涌现出代表人物,甚至出现了新的画派。如五世达赖喇嘛时期的曲英加措、洛扎·旦增罗布、苏庆·曲英让追、那则达龙·白贡等,均是勉唐派著名画师。被称为"噶赤三扎西"的朗嘎扎西、曲扎西、嘎旭·嘎玛扎西中的后两位就是清代著名的画师。十世噶玛巴·曲英多吉循勉唐派画风,并吸收内地绘画中的树木、花卉、建筑等画法,在继承噶赤派传统的基础上,创立了新画派——"噶知派"。其表现的内容多是宗教题材,如佛像、菩萨像、密宗本宗像、佛传故事及历代高僧和历史人物,形式主要是壁画和唐卡。

壁画的技法一般多采用单线平涂,在打磨光的白墙上,先用淡黑或淡色起稿,然后主体人物等着色,再画背景部分,最后统一勾勒线条。从构图上看,画面非常充实丰满,没有内地禅宗寺院那种野树荒烟的人文情趣。大场面的构图也不讲究透视原理,而是用俯瞰式的散点透视,这是东方绘画传统。为了突出主题,可以运用一切绘画手段。使用的原料绝大部分是矿物质的,如石青、石绿、土红、朱砂、金粉等。这些颜料不透明,遮盖力强,且不易变质。为了达到凝重饱满的效果,使用时还要调入蛋清、骨胶、牛胆汁。这些壁画画面构图饱满,色彩艳丽沉着,线条勾勒流畅生动,细部还要用金线勾勒,给人以富丽堂皇、雍容华贵之感,既可远观,又可近取。

清代西藏的壁画以布达拉宫壁画为代表。布达拉宫壁画题材十分广泛。有表现宗教内容的。如描绘布达拉宫每年藏历二月二十九日到三十日晒佛情景的《晒佛图》,以风俗画的手法来展示晒佛的宏大场面,通过建筑的造型,确定点、线、面的组合,使千姿百态的人物与建筑结合得非常协调,将热闹、壮观的宗教节日景象生动贴切地再现出来。也有反映藏族生活内容的。如《修建布达拉宫》,是描绘修建布达拉宫情节的壁画,采用散透视的组合画面,把从修建工地至采石伐木的野外,在有限的空间里一一作了交代,再现了当年动用全藏人力物力创造藏族建筑史上奇迹的真实情景。重要历史人物和时间同样是布达拉宫壁画的重要题材之一。如《五世达赖喇嘛阿旺·罗桑嘉措觐见顺治皇帝图》,描绘的是顺治九年(1652)五世达赖喇嘛赴京觐见顺治皇帝时的盛况,在表现手法上注重对人物神态和性格的刻画,造型上也有别于按宗教仪轨要求所绘的造像,而是随类赋彩,对皇宫的富丽堂皇和不同人物的身份、地位都做了恰到好处的渲染,使具有政治、历史意义的壁画在宗教殿堂内显得别具一格、引人注目。

唐卡是平面画。唐卡的制作是用亚麻布或粗毛布为底,较珍贵的还以丝绸为底布。作画之前,先将画布用麻线穿起来,撑绷在特制的木框上,使布具有弹性,平展而无褶皱,然后用骨胶和滑石粉调成糨糊状涂抹画布,将画布上的小孔全部封死,抹匀后用蚌片或光滑的石子将糊状物刮平磨亮。这是打底工序,干燥后即可作画。起稿一般用木炭条或淡黑勾出轮廓,还有一种将木板佛画印在画布上代替打稿的。先在画布上打成若干方格和斜角、对角线,按照诸佛、菩萨的造像量度、身体各部尺寸、五官比例,将主尊轮廓确定。画面的着色一般是从中心人物开始,然后扩展到四周人物和背景,颜料与壁画差不多,也多是矿物质颜料,使用时研磨得非常细腻精致。完成后,将画幅四周包缝绸缎,上下贯以木轴,较讲究的还在画前蒙一块半透明的薄丝绸,藏语称"谢布克",可以放下来防尘,外面还垂着两条装饰用的带子。

西藏唐卡在明清以前,多由各地民间画工分散绘制,自 17 世纪五世达赖喇嘛阿旺·罗桑嘉措时期开始把各地画师集中起来,专门从事唐卡制作。布达拉宫集中了藏族最优秀的唐卡艺术品,因此被视为各种画派的总汇。前藏派的严谨、细致、平稳,后藏派的细腻、华丽、丰满,西康派的疏密有致、设色淡雅,汉风派的构图精练、造型工整、色调清秀,无不在唐卡艺术中体现出来。唐卡的题材以佛教内容为多,也有天文、历法、医学方面的,取材于社会历史的历史画和取材于社会风俗的风俗画所占比重也很大。唐卡的大小,尺寸不一,小者数公分,大者数百平方米,画师要花数年时间才能完成。唐卡作为佛教供品时,还要举行宗教仪轨给予加持,要诵经作法,画者要用金汁或朱砂写上真言咒语。

唐卡一般都是画的,也有许多是用刺绣、织锦、缂丝、贴花等多种方法制成,并用颗粒不等的珍珠金线绣缀。青海塔尔寺的贴花又称堆绣唐卡,享有盛名。制作时先在布上起好轮廓,然后用各种符合物体颜色的绸缎剪成各种形象,下面衬上羊毛、丝棉等物,再用丝线绣在布底上,远看有立体效果,给人以华贵之感。

除壁画和唐卡外,西藏还有细密画、经卷与书籍插图、版画等绘画形式。

2. 雕塑与木刻

雕塑与木刻艺术在藏传佛教中也占有重要地位。

木刻的基本情况是与印经及印版画相依连的。从选材到印刷有一套完整的操作规程。秋天,伐来刚落叶的红桦木,顺木纹锯成板块,并马上用劈下来的红桦木枝屑烧起微火,把板块熏干。然后在羊粪中沤一个冬天,再取出用水煮烘干,刨平后雕版。图画刀痕清晰,细密坚硬。刻好的画版放在酥油中浸泡一天,再用一种名叫"苏巴"的草根熬水,将其洗净晾干。印刷工序也很讲究,用朱砂或用白桦树皮烧制炼成的墨印刷。纸张也是特制的,是用一种叫作"阿交如交"的草根制成的。这种材料纤维好、有毒性,造出来的纸韧性强,因为有毒性,不怕虫蛀鼠啮,久藏不坏。

雕塑的风格流派则和壁画、唐卡一样。藏传佛教的造像,造型很优美,五官面目清丽,腰肢苗条,比例舒展,特别是手脚细部非常生动写实。铜像(即用黄铜皮和紫铜皮锤制的佛像)、铸造佛像、泥塑佛像、木雕佛像的工艺基本和汉区一致,只有一种用酥油塑制的佛像为藏传佛教所独创的艺术,称为"酥油花"。酥油花是将色彩调入酥油中制作的,制品非常艳丽,符合物象的固有本色。特别是花卉,枝叶颜色配合十分生动。如莲花,每层花瓣颜色都有深浅变化,色调逼真、自然,纤细的花叶脉络分明,似乎能感受到花卉枝叶生命的律动。这种独特的雕塑是其他雕塑无法比拟的。大型酥油群塑，展现了佛教故事，如释迦牟尼的本生故事、佛传故事、佛教大师故事、《西游记》中唐僧取经的故事等等。

3. 歌舞、戏剧

藏族向来有能歌善舞的美称，其歌舞种类繁多，各地区的名称复杂，内容亦互有交错，不尽相同。大体有"鲁""谐""锅庄""朗玛""热巴"等名目。

"鲁"是一种较早的节奏不规整的山歌或牧歌，歌唱形式简单、自由，演唱风格高亢、奔放、激越。它一般以三段歌词为常见格式，各段句数、字数相等，句式、词义、词性、组词等互相对仗或重叠，一叠三唱，表现内容广泛。

"谐"的藏文意思是"歌"，没有"舞"的含义。早期的"谐"大多为徒歌，也有个别配合乐器演唱的。以后"谐"字与其他词合并，成为节奏规整的歌舞曲。藏族歌舞种类繁多，主要有：①"果谐"。"果"是圆圈的意思，果谐即圆圈歌舞之意。它流行于西藏拉萨、山南、日喀则等雅鲁藏布江及四川、云南藏区，不同的是，川、滇地方称之为"锅庄"。果谐或锅庄是一种集体舞，歌舞者单行手拉手围成圆圈，队首一人拉着胡琴领舞，大家边唱边舞，顿地为节，借以消除疲劳，抒发对大自然和家乡的感情。②"堆谐"。"堆"是藏语"上部"之意，堆谐指流行于西藏上部地区（即阿里三围和日喀则西部）的歌舞。演唱者或单人或多人，或配乐（六弦琴、笛子等）或不配乐，边歌边以双脚击地发声，手部配合前后摆动。五世达赖喇嘛时，曾规定每年藏历七月于拉萨举行"雪顿节"（酸奶节），下令各地艺人前往献艺。于是这舞蹈随之传入拉萨。之后，在原先悠扬、舒展的舞姿基础上更加粗犷、奔放、热烈。③"康谐"。又称"弦子舞"，流行于西藏昌都、四川甘孜、云南迪庆及青海玉树等藏区，因以二胡为伴奏乐器，故名。表演时，通常由一男性手执二胡率领大家边拉边唱边舞，时而圆集，时而散开，时而绕行。演唱内容大致为民间传说、思恋亲人、歌颂家乡等。

"朗玛"——藏语"内部歌舞"之意，最初限于达赖喇嘛贵廷和贵族府邸内部演唱，故名。相传第巴桑结嘉措闲暇时自作歌词，召歌伎往私宅或布达拉宫为五世达赖喇嘛清唱,不配音乐。后来地方政府噶伦多仁·丹增班觉自中原带回扬琴,配上西藏原有乐器,并加上舞蹈,从而形成新的朗玛。改革后的朗玛由舒缓的前奏、中板的歌曲和欢快的舞曲三部分组成,歌曲以抒情为主,舞蹈则激扬快速、节奏跳跃。

"热巴"是流行于西藏东部昌都、三十九族、工布地区和云南、四川藏区的一种铃鼓舞。演出时,男秉铜铃,铃摇叮叮,单足腾跃飞旋;女子一手执扁平手鼓、一手握曲柄长槌、高举挥鼓上下,击鼓咚咚,飞速转体,节奏鲜明有力,舞姿奔放舒展,表演情绪欢快热烈。

除上述歌舞之外,还有"腔谐"(酒歌)和牧区流行的"卓鲁"(牧歌)、寺院里的"噶尔"(宫廷舞)和"羌姆"(跳神舞)等。

藏戏是我国各民族戏剧中独具一格的古老剧种。它是在藏族诗歌、舞蹈、音乐、故事、小说等艺术形式的基础上发展起来的一门综合艺术。17世纪,五世达赖喇嘛不仅将早期藏戏开场前的宗教仪式分离出来,而且命令各地艺人每年藏历七月云集拉萨会演,使藏戏很快在各地藏区及境外藏族同胞中广泛流行起来,并不断得到丰富提高。传统的八大藏戏为《文成公主》《朗萨雯波》《卓娃桑姆》《诺桑王子》《白玛文巴》《顿月顿珠》《赤美更登》《苏吉尼玛》。

4. 建筑艺术

藏族建筑类型各异,有城镇、宗山、宫殿、寺院、林卡、庄园、贵族府邸、碉楼、陵墓、桥梁等。总体而言,大致可分为寺院建筑与民居建筑。清代格鲁派兴盛,寺院建筑迅速发展,林立的寺庙成为古代藏族建筑的主体。寺庙不仅是僧众吃、住、学的场所,而且是藏族社会政教活动的中心,甚至男女俗人也在寺院内来来往往。里面有街道、私人住宅、还有集市,规模和容量很大,俨如一座城市。藏区众多建筑中,集宫殿建筑与寺院建筑于一体的布达拉宫举世闻名,是这一时期藏族建筑艺术的杰出作品。17—18世纪,五世达赖喇嘛主持修建了红宫,其后第巴桑结嘉措又主持修建了白宫,遂成完整的建筑群。布达拉宫是古代藏族人民智慧和汗水的结晶。它以木石结构,吸取中原汉族殿堂建筑的梁、斗拱、藻井等特点,并融汇印度、尼泊尔等国建筑风格,上下13层,有大小殿堂2万余间,巍峨挺拔,不愧为世界古建筑艺术的精品。

在园林建筑方面,18世纪40年代由七世达赖喇嘛格桑嘉措主持修建的罗布林卡(意为"宝贝园林")当首屈一指。它占地36公顷,是其后历辈达赖喇嘛读书学习、处理政务、举行典礼、消夏避暑和进行宗教活动的离宫。园内分罗布林卡与金色林卡两部分,有格桑颇章(意为"宫殿")、金色颇章、达登明久颇章三组宫殿建筑。按功能的不同,罗布林卡以林木、建筑、花卉组成了若干景区,其中花木百余种,是藏区园林之冠。①

四、科学技术

(一)藏医药学

藏医药学是我国医学宝库中的一个重要组成部分。

藏医将对生理、病理的认识高度概括为"龙"(即"气"或"风",功能是维持生命、血液循环、分解食物等)、"赤巴"(即"火"或"胆",功能是维持体温等)、"培根"(即"水"或"土",功能是提供营养等)三大要素。藏医认为人体由饮食的精微、血、肉、脂、骨、骨髓及精七种物质组成,

---

① 本部分内容,参阅康·格桑益布《藏族美术史》,四川民族出版社2005年版;王筱燕《藏族民间美术略说》,《神州》2011年第17期;乃波·噶桑、谢热《藏族佛画艺术》,《西藏研究》1988年第4期;梅卓《唐卡》,《人民文学》2000年第7期;王伟《唐卡艺术述论》,《丝绸之路》2003年第2期;朱伟凯《勉唐派绘画唐卡色彩研究》,中国艺术研究院2013年;王小维《浅析勉唐派唐卡的材料与技法》,西藏大学2013年;丘宁《藏族唐卡艺术特色分析》,首都师范大学2005年;王晶《藏族雕塑艺术研究》,《文艺荟萃》2014年第8期;白日·洛桑扎西《简论藏族传统金属雕刻艺术及其工艺》,《西藏民族学院学报(哲学社会科学版)》2012年第5期;杨意志等《川西藏族民居雕刻艺术研究——以道孚传统居民为例》,《现代装饰(理论)》2015年第3期;郭瑶《藏族的民间音乐》,《中国音乐》1986年第1期;阿旺克村《西藏舞蹈通史》,湖南文艺出版社1995年版;齐加草《丰富多彩的藏族民间舞蹈》,《神州》2014年第6期;刘志群《中国藏戏史》,第6章,西藏人民出版社2009年版;土呷《浅谈昌都藏戏及其特点》,《艺研动态》1987年第2期;龙珠多杰《藏传佛教寺院建筑文化研究》,中央民族大学2011年;吴晓红《拉萨藏传佛教寺院建筑研究》,南京工业大学2006年;焦自云《西藏庄园建筑初探》,南京工业大学2006年;王斌《西藏宗山建筑初探》,南京工业大学2006年;邓传力《藏式传统园林(林卡)浅析》,西南交通大学2005年。

有粪、尿、汗三种排泄物。这三大要素、七种物质和三种排泄物互相作用，需保持平衡，否则会生病、不适等。藏医诊断方法有望、问、闻、切等。清前期，藏医学经过几代人的努力有了发展。五世达赖喇嘛时期，先后在前藏哲蚌寺甘丹颇章北面建立了卓潘岭医学校、在布达拉宫内建立了降卧囊索医学校、在日喀则建立了章松都贝岭医学校。他还命第巴桑结嘉措在拉萨药王山建立了一所医学利众寺。这些藏医专门学校培养了一批藏医学人才。身处第巴要职的桑结嘉措对医学也颇有造诣。他在前人名著《四部医典》的基础上，通过整理、校订和注释，编撰了《四部医典蓝琉璃》，于 1687 年刊行，成为全藏区通行的《四部医典》标准注释本。除此之外，他还撰写了《医学总纲仙家盛宴》《医方明》等医学专著。青海藏医学家孙布益西化觉在藏医学方面也卓有成就，不仅撰写了《医疗海洋心室简集》《甘露流》等五部医学著作，而且于塔尔寺设立了"曼巴扎仓"（医学校）以专门培养藏医。值得一提的是，这一时期藏医学在更加科学、求实完善的基础上也有了进步。如过去藏医挂图出于宗教原因，将人体心脏错误地绘在胸腔正中，且心尖朝上。藏族名画家兼医生洛扎·丁津诺木在进行了对尸体解剖的实际观察研究后，正确地将心脏画于胸腔偏左，心尖朝左下方，并在图中以不同颜色标出骨骼、脏器、肌肉所在部位，这对于准确形象地普及医学知识意义重大。

在藏药学方面，1704 年西藏地方政府按照舒卡·洛珠杰布的《祖传教诫》收集了各地药物标本，由名画家绘成了包罗藏药学全部内容的彩色挂图，共 79 幅。这是中国医学史上的一大创举。此时期著名的藏医药物学者杜玛尔·丹增彭措，长年苦学钻研、总结前人经验，写出了不少医药学方面的著作，如《实用制药程式选集》《药方集要》《丸药配方》《医药异名释要》《针灸学》等。特别是，他通过对青、藏、川等地的一系列实地调查研究，反复核实、考证历代藏医药书籍中的记载，用 20 余年的时间，终于完成了藏医药学名著《晶珠本草》的撰写工作。该书对 2294 种药物的性味、功能、用法，甚至形态、特征、产地及生长环境都做了详尽的记叙。它集古代藏医药学之大成,具有很高的学术水平,可与明代李时珍的《本草纲目》相媲美。

(二)藏历

藏历是研究日月星辰等天体在宇宙中的分布、运行和宇宙的结构、发展的科学,在藏族五明学中属小五明的星象学。17 世纪中后期,清中央政府应五世达赖喇嘛之请,吸收了一批藏族儒人赴北京钦天监工作学习,旨在培养藏族天文算学的专门人才。同时,达赖喇嘛还在皇帝支持下,将钦天监汉文历法译为藏文,题名《康熙御制汉历藏文译文》。此外,被译为藏文的历书还有《汉历大全》及简化改编本《马扬夺汉历心要》。清代前期,藏区各地涌现了许多藏族天文历算者,他们撰写了不少专门著作,如五世达赖喇嘛的《天文历算问答·光辉太阳》、第巴桑结嘉措的《白琉璃论》《白琉璃论除疑》、东布·顿珠旺杰的《黑白算学结合》、青海人松巴·益西班觉的《噶丹新算丹子篇》、阿旺弥旁木达的《算学智者珍宝》、康区德格人白蚌·嘎玛俄勒旦增的《嘉言宝髭》《德格历书》、后藏人米旁·格勒朗杰的《算学急需良瓶》、山南人达罗译师的《宝簇》、萨增嘉措的《算学琉璃》、敏珠林寺译师达玛西仁的《白光》《敏珠林历书》等等。这些学者和著述推动了藏历研究的进步。[1]

五、教育

清代西藏地区的教育机构有几种形式:第一种是 1751 年开设在布达拉宫内的僧官学校(藏语称"孜拉扎")。该校直属地方政府秘书局,学员多是来自西藏三大寺的僧人,也有康区及安多地区的寺僧和少数平民子弟。几年招生一次,常年在校人数仅 15 人左右,学制 10—15 年。课

---

[1] 本部分内容,参阅罗绒《藏族科技》,巴蜀书社 2005 年版;张吉会、华锐吉《浅谈藏族传统文化中的科技元素》,《西藏民族学院学报(哲学社会科学版)》2009 年第 2 期;强巴赤列《中国的藏医》,中国藏学出版社 1996 年版;蔡景峰《中国藏医学》,科学出版社 1995 年版;甄艳、蔡景峰《藏医药概论》,《西藏研究》2002 年第 2 期;帝尔玛·丹增彭措·马世林等译《晶珠本草(汉文版)》,上海科学技术出版社 1986 年版。

程有藏文文法、诗歌、辞藻学理论及应用公文、佛经、算术、梵文等,还要学习一些医药与占卜知识。学生毕业后称"孜仲",可充任西藏地方政府僧官。这种僧官学校在七世班禅丹白尼玛(1781—1853)时期,于后藏日喀则扎什伦布寺同样设立了一所。学员从班禅随从及扎寺僧人中招选,学习课程有藏文、诗韵、书法、佛经等。第二种是设在大昭寺东侧的俗官学校(藏语称"孜康拉扎"),创办时间同前。该校隶归于西藏地方政府审计局,生源全部来自大贵族、大农奴主和高级官吏子弟,常年在校生20—30人左右,学制五年,学习内容与僧官学校相同,学生毕业后称"仲科",西藏地方各级俗官必须从仲科中选任。第三种是各教派的寺庙学校。因为寺庙不单是宗教活动场所,也是文化教育的高等学府。这里除佛学知识的讲授外,还重视诸如诗歌、语言学、医学、天文历算等其他文化知识的传播,也就是人们常说的具有鲜明藏文化特色的大小五明。大五明即内明(哲学)、固明(伦理学)、声明(文学)、工巧明(工艺学)、医方明(医学),小五明即诗词、韵律、修辞、歌舞、星算。大多数出家人入寺便开始学习藏文,背诵经典。经过若干年的学习,一些人便可以入班次学经,其中出类拔萃者,数年后还可升考格西学位。第四种是设在拉萨、日喀则、江孜等地的城镇和农村中,为数不少的民办性质的私塾。其中有的附设在寺院中,由一些僧俗人员有偿任教。有些农奴主私聘或强派学者来教授自己的子女,私为家馆。这种培养后代的目的,不外是为他们继承家业及做官培养人才。学习内容主要是藏文、算术、正字法、文法及各种应用公文。教学方式注重朗读、书法和背诵。

西藏以外的甘、青、川、滇藏区教育,也是以寺院教育为主。不同的是,这些地区与中原内地接壤,因此清王朝的各类教育体系与传统佛学教育相互补充,私塾更是比比皆是。1710年甘肃夏河地方建成的拉卜楞寺,百余年前建立的青海塔尔寺、佑宁寺,四川长青春科尔寺(理塘寺)、大金寺,内部均设有显密宗、医药学、历算等专门学问学科的扎仓,常年住寺学习佛经及其他知识的僧侣达几百上千人之多。如此规模宏大的格鲁派寺院(加上各中、小寺庙),集中反映了这些地区寺庙教育占据着主导地位。此外,鸦片战争前,甘、青、川、滇藏区的府、厅、县等各级行政机构内还设有儒学(官学)、书院、义学、社学等几种旧制学校。据统计,在青海的西宁、循化、贵德、大通、湟中、湟源,甘肃的碾伯、洮州、岷州,四川的懋功、松潘、打箭炉,云南的中甸、维西等地,曾设有府学 1 所、厅学 7 所、县学 3 所、书院 16 所、义学 98 所、社学 5 所,合计 130 所。这些学校的学生不单是藏族土司、头人的子弟,还有相当一部分是当地城镇乡村汉、回或其他民族的中小地主、商人子弟。各校学生多寡不一,多者 40—80 人,少者仅几人。府、厅、县的高年级学生以"四书五经"、"二十二史"、"三通"、"十三经"、《大学衍义》、《通鉴纲目》、《文章正宗》、古文辞等儒学为课程。书院、义学、社学中的低年级学生以启蒙识字为导向,授课内容为《百家姓》《三字经》《千字文》《幼学琼林》《语论》《孟子》《大学》《中庸》等。①

第六节　壮族

"壮",来源于部分壮族自称的"布壮""布依""布雅依""布傣""布越""布曼""布土""沙人""布衣""布诺""布寮""布班""布民""布妥""布雒"等,"布"有"人"之意。清代壮族主要分布于岭南地区。该地区属于亚热带气候,雨量充沛,林木茂盛,江河纵横。如此优越的自然条件为壮族提供了丰富的衣食资源,宜于繁衍生息,因而壮族人口在少数民族中名列前茅。同时,这样的自然条件也孕育出壮族灿烂的稻作文化。

一、语言文字

壮语属汉藏语系侗台语族壮傣语支。大致分北部、南部两大方言。

---

① 本部分内容,参阅泽旺《浅论藏族的传统教育》,《阿坝师范高等专科学校学报》2004 年第 1 期;傅千吉《藏族传统教育的三元一体论》,《西北民族大学学报(哲学社会科学版)》2008 年第 2 期;周润年、刘洪记编著《中国藏族寺院教育》,甘肃教育出版社 1998 年版。

北部方言有八个土语:邱北、桂北、桂边、右江、邕北、郁江、红水河、连山。南部方言有五个土语:邕南、左江、德靖、岘广、文麻。壮语在语音、语法、词汇方面,均有其特点。语音方面,壮语有 22 个声母、108 个韵母、6 个舒音韵、2 个塞音韵,这是壮语所特有的。语法方面,壮语语法以词序和虚词为主要语法手段,主语在前,谓语、宾语依次列于主语之后。主语都是谓语陈述的对象。定语都是后置的,这是壮语语法的突出特点。词汇方面,其特点是以单音词为词汇。一般分为名词、动词、形容词、数词、量词、代词、副词、介词、连词、助词、语气词、声貌词等 12 类。壮语还有丰富的近义词,这也是壮语的一个特点。

古壮字即土俗字。民间普遍使用的有 4800 多个,另外还有音同而写法不同的异体字 8000 多个。古壮字的构造方式是借、仿、创三者结合。借,是借汉字或汉字偏旁部首;仿,是模仿汉字六书中的方法;创,是再创造文字。古壮字的构字方式,大体有如下四种:① 形声字。是利用汉字的偏旁部首和意符组合而成的字。可分左形右声、右形左声、上形下声、下形上声、外形内声五种类型。② 会意字。是利用汉字本体的意义加一些特殊的符号,或者两个以上的汉字合并而成的字。③ 借汉字。是直接借用汉字。有借音和借义两种。借音字是借用汉字的正音或谐音来记录壮语字。一经借用,其原来汉义不复存在,而是表示壮义了。另一种是借音借义字,是既借音又借义的字。这种借字是汉壮同音的字。④ 象形字。是依物赋形、依事描样,以简单而富有概括力的笔画,勾画出物体的基本形象。这类字形,生造的色彩浓厚,反映了壮族文人的创造性与智慧。①

---

① 本部分内容,参阅梁进杰主编《广西通志·少数民族语言志》,广西人民出版社 2000 年版;王晓燕《古壮字义符认知研究》,广西民族大学 2012 年;欧阳秋捷《古壮字历史沿革及演变趋势初探》,广西大学 2006 年;韦达《壮族古壮字的文化色彩》,《广西师范大学学报(哲学社会科学版)》2002 年第 4 期。

二、宗教与风俗

（一）宗教

壮族普遍信仰巫教和巫道教。

1. 巫教

巫婆和巫公（师公）的职能不同，方术也不一样。

巫婆，俗称姝仙，人们认为她是通神的巫师，由神来确定为巫。巫婆的职能是通神问事，探求病灾缘由。壮家有人患病，尤其是重病，或灾难，主家都派人去问巫婆。问者到巫婆家，便将带来的米、钱摆在仙桌上，焚香三拜。于是巫婆便行起法术来。主家问明病灾之因后，回家便择吉日，请师公或道公来做法事，杀猪杀鸡祭祀，以慰阴间的祖先，使之安宁，解除家人的病痛与灾难。若是恶鬼妖怪作祟，须请道公来挥刀剑，烧油锅，以镇妖驱鬼。

巫公（师公）的职能是为民间符篆禳被，驱鬼酬神。壮人家里或有灾难，或有人病痛，都请师公来做法事，驱鬼赶邪，消灾消难。师公在行法事时，根据主家灾难的区别施行不同的法事。师公的法事仪式大体有如下几种：① 打醮。为群众祭天求雨、驱瘟逐疫、丰收酬神、春节赛会等。② 做斋。为成年死者超度亡灵。③ 跳岭头。在丰收之年，收割后，在山坡设坛祭祀野外众鬼。④ 跳南堂。这是一种还愿性质的祭祀活动，内容相当广泛。⑤ 调香火。以姓氏房屋为单位的一种祭祀活动。⑥ 游神。某一神诞期，从庙中抬出该神的塑像或画像，沿街坊、村落游祭。⑦ 赶鬼。村里有人患病，主家问巫婆，若说家中有鬼，便请师公到其家赶鬼。师公手执宝剑，画符念咒，最后含一口清水喷到正在沸腾的油锅里，油锅立即腾起一团火焰，这算是已把鬼驱出。

2. 巫道教

巫道教是壮族的巫教与汉族的道教合流而形成的壮族的一种宗教。道教传入壮族后，传统的壮族巫教便逐渐吸取它的一些内容和法术，如修身成仙、长生不老、收兵放兵等。虽然巫教与道教合流成了巫道教，但巫道教的经文、仪式、法术以及行法术时的穿着、道具，主要还是传统的壮族的宗教，具有壮民族的宗教特色。

巫道教主要是给人们打醮、赶鬼驱邪、做道场或做斋等。壮族村寨，每三年或五年都做一次斋。斋日，道师云集，设神台，挂神像，日夜念经。斋期一般三到五天，最后之日，道师均打赤脚，走过烧红的十几丈的火炭，称为"过火海"。有的地方，道师"上刀山"。在该村做斋的日子里，家家户户都备办猪肉、鸡、鸭、酒、香、纸钱等去祭拜神像，方圆数十里的群众也来看热闹，人山人海，场面可观。壮族的做斋活动，也是宗教活动的一种形式，人们认为做了斋，将会使村寨人畜平安，风调雨顺，五谷丰登。[①]

（二）衣食住行

1. 服饰

清代壮人穿的衣服，都是自纺、自织、自缝制的。

壮族男子穿的上衣，是黑皮对襟衣，圆领阔袖，两襟扣子7—9个，扣子用黑布织成，穿时，将两襟扣子扣起来。男子穿的下衣即裤子也是黑布，裤口宽大，一般为一尺至一尺二寸。成年男子尤其是老人，头包长四五尺的黑巾，或用一块长方形的布合缝，上端打折，顶开圆孔，戴于头上，很是美观。留一条长长的辫子，富裕人家，辫子系着用红绸编织的花。平时，一般打赤脚，只有过年过节、喜庆日子、走访亲友，才穿上布鞋或龙凤鞋。

女子的服饰颇雅而多采。她们上身穿的是大襟，蓝干衣，领窝至右腋下的衣襟、两袖均绣大花边，衣领矮，露颈部。下身穿的是长至脚踝的

---

① 本部分内容，参阅王时阶《壮族民间宗教文化》，民族出版社 2004 年版；凌树东《壮族宗教信仰辨析——壮族信仰巫教说》，《广西大学学报（哲学社会科学版）》1991 年第 4 期；黄桂秋《壮族麽教文化研究》，民族出版社 2006 年版；何正延《壮族麽教文化探讨》，《广西民族研究》2005 年第 3 期；黄桂秋《壮族民间麽教与巫文化——麽教文化研究系列论文之三》，《广西右江民族师专学报》2006 年第 2 期；时国经《道教与壮族麽教关系浅析》，《中国道教》2006 年第 2 期；许晓明《汉传道教之重构：壮族道公教研究》，福建师范大学 2007 年；杨树喆《桂中壮族民间师公教派的基本信条和教义述论》，《广西师范大学学报（哲学社会科学版）》2002 年第 4 期。

长褶裙,或镶有花边的宽裤子。裙子外面,正两腿心处,各缝一条垂直对称的大花边,在臀部处打几个褶,臀部下的裙角卷起一寸左右,两边以几针缝住,形成后裙脚弓形翘起,从前面看是桶裙,背后看是褶裙,上下衣裙贴身,线条分明,十分雅观。脚蹬圆口绣花鞋。未婚的青年妇女,头扎红绳,长辫子,留刘海;已婚妇女,结髻,髻形前高后低,用发绳和银钗插在髻上,以为美观,再以长方形的黑巾统包头发。妇女还戴耳环,挂项链,带手镯、脚圈,讲究美饰。[①]

2. 饮食

食粮。壮族地区多种植稻谷、玉米、红薯、木薯、荞麦等农作物。人们一年四季主要以稻谷、玉米为食粮,次吃麦、薯类等。稻谷有粳谷、糯谷两种。壮人食这两种谷时,其加工制作和食法,稍有不同。粳谷经磨成白米后,一般用来煮饭、煮粥吃;还用来经水磨后过滤,以其粉做榨粉或粉片,加入油盐、各种香菜香料,或炒或煮吃,味美可口。糯米的制作和食用的花样更多,有包粽子、蒸五色饭、做糍粑、酿甜酒、炸油粑、做米花糖和汤圆等。其中包粽子和蒸五色饭较普遍,且做法、吃法均有特色。蒸五色糯饭,是壮族农历三月三、清明节的传统食品,用于祭祀和食用。其做法是,将红兰草、黄花、枫叶、紫番藤的根茎或花叶捣烂,取汁分别浸泡糯米2—3小时,然后放入蒸笼蒸熟,就出现红、黄、蓝、紫四色,再加上糯米本色,成为五色饭。玉米的食法,是将玉米粒磨成粉末,用水煮粥吃。其煮法是,将锅水烧开,用竹筛把玉米粉末慢慢地筛下锅里,同时用一根竹片均匀地搅拌,约20分钟,玉米粉末就变成糊浆。这时将锅拿下,待稍凉,即可吃。玉米粥营养好,味道香,易消化。

壮族的传统肉食,种类很多,有猪、鸡、鸭、鹅、羊、牛、马以及山禽野兽等。在这些肉食中,较有特色的是白斩鸡、烤猪和鱼生。白斩鸡的做法是,将未下过蛋的母鸡宰后拔毛,洗净掏出内脏,腹腔内抹少许盐,放

___

① 本部分内容,参阅陈丽琴《壮族服饰文化研究》,民族出版社 2009 年版;李元君主编《美丽的锦绣——壮族服饰》,接力出版社 2012 年版;农冠平《简说壮族服饰文化》,《广西日报》2005年;李萍、王敦《黑衣壮服饰"以黑为美"的美学论析》,《歌海》2010年第 5 期。

入一团姜,入清锅中,煮到八九成熟捞起,切成一寸长的肉块,蘸以姜、蒜、葱、香菜、生抽、盐、鸡油等调成的佐料吃。烤猪是将本地产的一种三四十斤的肉猪,肉质细嫩,不长肥膘,杀后去其内脏,在皮上涂各种香料,用铁条或竹子将整个猪穿起,架到炭火上,慢慢转动烤烘,待皮黄脆、肉熟透时,切块装碗上席。也有的地方是将整个烤猪上席,主客用餐刀切割吃。鱼生是将 3—5 斤重的鲤鱼或草鱼,刮鳞洗净,去除内脏,拔去鱼骨,再用砂纸把鱼抹平,切成薄片,装入大盘子里,加入麻油、香菜、花生、姜、葱、蒜、糖、醋、盐等,捞匀后稍腌即吃,味鲜香甜可口。

壮族的菜食,种类繁多,四季新鲜,有青菜、萝卜、豆、瓜、竹笋、蘑菇、木耳等类。青菜又分为白菜、芥菜、包菜、空心菜、头菜、芥兰菜等。豆类、瓜菜品种也很多。壮人喜爱吃炒菜,炒菜稍熟即可吃,味道新鲜,又有营养。壮人很少吃炖菜。[①]

3. 居住

壮族称居住的房屋为"干栏"。"干"是上面,"栏"是房屋。这种住房形式,宜于潮湿多雨、夏日酷热、地势不平的山坡地。在诸多少数民族的干栏建筑中,壮族的干栏较有代表性,有自己的文化特色。

壮族的整个干栏建筑,设计巧妙,用料精致,工艺很高。房屋形式有一幢三间、五间、七间以至九间,视其家人口多寡及经济条件而定,一般为一幢三五间。主房的两旁还附设仓纱,不仅增宽房屋面积,而且还能防风挡雨,使主屋建筑不受风雨的吹打而霉烂。房屋一般为三层,上层放杂物或粮食,中层住人,下层圈放牲畜家禽。中层正中间为厅堂,前、后、左、右分设房间。房间开窗,通风明亮,居住舒适。厅后为火塘,以泥筑成,供煮食取暖。正厅两侧,无论三间、五间,均以木板或竹片为隔断,木板还雕刻着花鸟鱼虫之类的画图;木板或竹片是活动的,遇有喜庆婚

[①] 本部分内容,参阅黄安辉《壮族饮食文化研究》,广西师范大学 2005 年;莫俊卿《壮乡饮食文化概说》,《广西民族研究》1991 年第 3 期;方素梅《壮族饮食文化的历史探析》,《广西民族研究》1998 年第 1 期;刘朴兵《壮族饮食文化习俗初探》,《南宁职业技术学院学报》2007 年第 1 期;冯秋瑜《壮族饮食文化特点》,《中国民族医药杂志》2009 年第 11 期。

嫁,可以撤开,摆桌设席,十分方便。房屋的前面或后面建有晒台,以晾晒物品和纳凉。从地面进入中层住人的大门,用方块石条砌成一级一级而上的阶梯,供家人来往行走。这种房屋建筑,整个结构较合理,有实用价值,又有朴雅、大方、干爽的特点。有一些地方,村寨干栏建在山腰,房屋层层叠叠而上,鳞次栉比,十分壮观。①

4. 交通

壮人在山岭坡地上,在平原中,在河流溪川里,劈陡坡、开山岭、架桥梁,修出条条迂回弯曲的大道,有的路面还用石板、卵石铺平。从山脚到山腰,从屋舍到田园,从这个村寨到那个村寨,从农村到圩镇,都有小路、大路相通,形成独具一格的交通网络。有了这些大小道路,人们可以行走运输。山区的人们,运输工具一般是扁担、箩筐、背篓,用这些工具,肩挑背负,运输货物。丘陵平原的人们,除了扁担箩筐外,还用各式牛车、马、独轮车等工具,运肥下田,收割谷物,运输产品到圩集去出售。②

(三)婚丧习俗

1. 婚娶

壮族的男婚女嫁,礼仪文化甚繁。这种礼仪文化贯穿在问婚、订婚与结婚的过程中。

问婚,又名求婚,俗称问命。壮家男孩子长到 12—15 岁时,父母便请亲友或媒人,到与其子年龄及各方面相当的女子家去,求取女方八字,俗称"要命帖"。若女家父母同意,便把自己女儿的名字、出生年月日时辰,用干支写在纸上,交给去问婚的人。男家得到女方的八字后,便请算命先生"合命",即把男女的八字相合,如不相克,而是相合,即派两人送

---

① 本部分内容,参阅覃彩銮《壮族干栏文化》,广西人民出版社 1998 年版;李燕《壮族民居建筑的形态研究》,南京艺术学院 2007 年;覃彩銮《试论壮族民居文化的风水观》(上、下),《广西民族研究》1996 年第 2、3 期;覃彩銮《壮族传统民居建筑论述》,《广西民族研究》1993 年第 3 期;熊伟《广西传统乡土建筑文化研究》,华南理工大学 2012 年;陈丽琴《黑衣壮干栏建筑的生态研究》,《广西师范学院学报(哲学社会科学版)》2011 年第 3 期。

② 参阅张声震主编《壮族通史》,第 5 编第 6 章,民族出版社 1997 年版;琼恩《壮族地区的古代交通》,《广西民族研究》1988 年第 4 期。

少量的炒糕、酒肉、粽子等到女家报讯,俗称"报香"。

订婚。男家给女家报香后,便随即派媒人到女家说亲,商定送礼的物品及数量。说亲妥后,男家便择吉日,备办订婚事宜,送订婚小礼。礼物取双数,礼物上面须用一方块红纸贴上,以示吉祥。礼物一般是槟榔2盒、鸡2只、猪肉40斤、米40斤、酒20斤,以及订婚金若干。富户之家,送小礼是两头大肥猪、几担米、糕点、酒等,均为双数。订婚之日,女家备办酒席,请亲朋来参加订婚礼仪吃酒,不收贺礼。是日,男家派人若干送礼去,订婚之男子亦去,其目的是给女方看是否中意;女方则打扮一新,并邀请女伴来一同吃酒,让女伴看看自己的未婚夫是否可以。订婚后的女子,"赤绳系足",并留"刘海",以示已订婚。凡逢年过节,男家都要以少量物品给女家送礼,送去的礼品,女家只收一半,退回一半,并以布鞋、面巾等回赠,以为回礼。一般情况下,订婚的男女十七八岁时,男家就要择吉日议婚期,女家同意后,双方就着手准备结婚的礼物。

结婚。多在每年农历九月至次年正月,二月至七月结婚的很少,四月禁娶亲。结婚前三四月,男家便派两人将聘金送给女家,作为女家置办嫁妆之用,并再次告诉女家结婚日期。此后,两家各自登门约请姑妈、老表及外家届时来吃喜酒,其他亲友则发红帖约请到时光临。接亲前夕,男家派数人将猪肉120斤、白米60斤、酒40斤送给女家,以供其请宾客之用。迎亲之日,两家都大办酒席,宴请亲朋,少的有四五十桌,多的达一两百桌。亲戚来时,以钱、米、布等作为"人情"馈送;朋友则以贺联、镜屏等礼物敬贺。亲朋到主家村前,先燃放爆竹,以示光临;主家立即派人去迎接到家,并以茶、烟招待,请他们上席。约中午时分,迎亲队伍包括新郎、伴郎、婶姑、奏八音手、抬轿夫出发,由媒人带领,前往女家接亲。快到女家村前,八音手高奏八音。女家听到锣鼓唢呐之声立即派人前去迎接他们进家,用隆重的礼节款待他们。新郎到女家后,拜见岳父岳母及亲戚。女家在宴请新郎一行后,随即将新娘的嫁妆及其他礼物装好,先由押妆一人及挑夫若干将嫁妆等送到男家。约下午四五点钟时，女家给新娘举行"梳妆""散花"仪式。此时，新娘在女伴扶持下，唱哭嫁歌。新娘在哭泣中由"十姐妹"扶上轿。花轿左边还系一节甘蔗。迎送的行列在唢呐、鞭炮声中行进。当花轿抬到男家门前时，高奏八音，鞭炮齐鸣。男家请一福寿双全的妇女，点燃一双龙凤花烛于神台，新郎即揭开轿帘，女伴挽扶新娘下轿。新郎新娘同拜天地、拜堂、拜家公家婆。后入洞房，新郎在新房设宴，款待新娘及伴娘。翌日清晨，新娘给家公家婆、哥嫂每人送去一盆洗脸水，盆中放一条新毛巾，以示有礼。回礼是给新娘红封包。吃罢早饭，新娘由接娘闺女陪同回娘家，俗称"回面"，当天返回。有的地方，新娘当晚由女伴陪宿或通宵唱山歌，次日回娘家，在娘家居住三五年，过着不落夫家的生活。只有农忙时节和过节，夫家派小姑去接回来住上三五天，又回娘家去住，直到临产前才定居夫家。

壮族各地的订婚、结婚礼仪有所不同。①

2. 丧葬

① 丧事礼仪

报丧。壮家有人死后，家人立即燃放大炮竹三响，以示家里有了死人，向村人、亲朋们报丧。同时主家派人到外家及至亲报丧，请道公来做道场，着手办理丧事。

洗礼。死者主家报丧后，族内的男女就自动地到主家，帮忙操办丧事。孝男孝女及族人，披发带孝，戴竹笠，携竹筒或小水桶，到河（塘、泉）边号哭，掷几枚钱于水中，汲水回来浴尸。孝男孝女及最亲者给死者擦洗，俗称洗礼。擦洗完毕后，死者是男的给他剃头，是女的给她梳头。男的戴上新帽，女的包好头巾。给死者穿新衣、新鞋，给死者口中放一枚银

---

① 本部分内容，参阅邵志忠《壮族婚姻探幽》，《河池师专学报（社会科学版）》1994 年第 4 期；李富强《壮族传统婚姻制度》，《广西大学学报（哲学社会科学版）》1992 年第 4 期；马金全《东兰壮族婚姻仪式和习俗》，《广西民族学院学报（哲学社会科学版）》1985 年第 1 期；王泳琏《壮族古代婚制的"活化石"》，《广西民族研究》1995 年第 3 期；谢荣征《广西壮族婚姻趣谈》，《华夏文化》2010 年第 1 期；王昭武《沙黎壮族的婚姻和家庭》，《贵州民族研究》1986 年第 4 期；黄其旭《壮族"不落夫家"婚俗初探》，《学术论坛》1981 年第 2 期。

元,俗曰"含金"。男死者手中拿一把扇子,女死者手握一块手巾。接着将尸体用白布覆盖,放在厅堂的神台前,并罩下蚊帐。在死者入殓前,家人不得吃饭,入殓后也只能吃素的。

入殓。道公来后,儿女到齐,由道公择定吉日,便举行入殓仪式。其仪式是,由族人在棺材内放一层草木灰,铺上一层白布,将死者尸体抬入棺内,再用一幅白布盖上,又用白布缝成蚊帐罩上,使布角露出棺外。诸事齐备,就将棺盖盖上,用大钉钉牢,此时孝男孝女及族人便放声大哭,边哭边歌。死者入殓后,棺材放在厅堂中央,用一幅布遮住祖宗神位,以免冲犯祖宗在天之灵。棺材头垂下一张布幔,设一张方桌,桌上设死者灵位,点灯、燃香烛,孝男孝女日夜坐席守灵。

停丧。停丧日期,视其家贫富而定,一般为三五日。停丧期间,棺材头桌上摆满猪头、羊头、鸡、两碗盛满尖糯饭、花糍粑、五七个酒杯及果品供奉,蜡烛、香日夜点烧不断。孝男穿白衣服,头戴竹纸帽,腰束麻带,脚穿草鞋;孝女亦穿白衣服,腰束白带,头扎孝巾,脚亦穿草鞋,日夜守候在棺边痛哭,以示忠孝。前来吊丧的亲朋,均戴麻巾,男的束于左臂上,女的扎于头上。道公日夜念经文,给死者超度亡灵。祭奠仪式由宗族中的长辈一人主持,这时孝男孝女在人们扶持下至灵前,长子在前,其他子女在后。当司仪喊叩拜,孝男孝女即向灵前行三拜九叩礼。礼毕,以一有文化人代替主家宣读祭文。接着是亲朋吊丧。前来吊丧者,至村边时,即燃鞭炮报讯。若外婆家亲人来,主家长子便手捧盛着三五个酒杯的簸箕出来跪在路边迎候,簸箕必须举过头。走在前面的亲家代表上前举起酒杯将酒洒向四方,把杯倒盖,然后扶起长子进家。进家后先把带来的钱物交给经管人,祭奠之物即送上灵台供奉,随即亲家男的给灵柩上三炷香、行三跪九叩礼,女的放声痛哭。亲朋来吊丧时,孝男孝女均于对面行叩礼、痛哭,以答谢来祭者。

出殡。出殡日子时辰,由道公定,多在白天,且定在午后。壮族认为,午前出殡会犯煞,死者灵魂觅不见归来之路。出殡时,先由亲属一人提着装有鞭炮、纸钱的篮子走在前面,一路燃鞭炮撒纸钱。道公一路敲锣打鼓,持利剑在前开路。灵柩紧随道公之后,孝男孝女扶着灵柩在前面,亲友送葬的队伍在后面。行进途中,灵柩绝对不能着地,直至墓地。到达墓地后,下葬前,道公将一只带去的公鸡捧在手中,转上几转,放进墓坑里,以卜吉凶。道公还把带去的谷粒抛向空中,以表示死者到阴间能丰衣足食。随即将灵柩及陪葬物品放下墓坑,先由孝男孝女填入一些泥土,之后他们及送葬队伍就转归路,由一些人在那里埋棺筑坟。在回来的路上,道公不得再敲锣打鼓,孝男孝女及送葬的人不得再哭,不得回头望。人们在路上还摘路边的桃树枝来拍打自己的衣服,以示驱邪。回到丧家门口,每人都要在装有桃叶的水盆里洗手,以驱邪。人们吃了一餐饭后分散回家。

出殡后,丧家在屋角安桌设死者灵位,朝夕供奉饭菜,过节点灯烧香。满三年孝男孝女才脱孝服。

② 拾骨葬

拾骨葬,又叫迁葬,是将棺尸埋葬,上土筑坟,三五年后,择吉日良辰,再开棺拾骨迁葬,俗曰"捡金"再葬。拾骨前,由女子恭请死者"起身",然后把颅骨捧出,接着把骸骨一一捡出,并用砂纸、软布将骨殖抹干净,近水边的用水洗净,之后依活人的骨节上下左右装入预先备好的金坛内,金坛上写明死者的姓名及生卒年月日时辰。最后,按照已由风水先生定好的吉穴方位,将金坛放入穴内,筑土或砌砖成圆形墓,即放鞭炮,在墓前摆上猪肉、鸡、糯米饭、酒肴,烧香祭祀,插纸钱。

壮人认为,拾骨葬是帮助先人的灵魂从地下回到地面,以便逢年过节回家与亲人团聚。[①]

[①] 本部分内容,参阅覃圣敏《广西壮族的丧葬习俗》,《广西民族研究》1989 年第 4 期;莫晓雷《三十年来广西壮族丧葬文化研究综述》,《广西民族师范学院学报》2013 年第 5 期;白耀天《壮族丧葬礼仪述论》,《广西民族研究》1993 年第 4 期;李锦发《壮族丧葬习俗及其社会功能》,《文化学刊》2015 年第 10 期;梁敏《捡骨葬——壮族主要的葬制》,《民族研究》1982 年第 3 期;卢敏飞《壮族捡骨葬述议》,《广西民族研究》1989 年第 4 期。

三、文学与艺术

（一）文学

1. 民间文学

① 神话

壮族神话故事主要有《盘古开天辟地歌》《女米洛甲》《太阳月亮和星星》《布洛陀》《妈勒访天边》《人和神物分家》《特康射太阳》《水珠》《杀蟒哥》《祖宗神树》《艾撒和艾苏》《布伯的故事》等。其中《布洛陀》和《布伯的故事》最著名。

② 传说故事

壮族传说故事有人物传说与风物传说。其题材广泛，饶有风味，寓意深刻，优美动人。其中最有代表性的是《莫一大王的故事》《刘三姐的故事》《渔夫和皇帝》。《莫一大王的故事》是一个富有传奇色彩的英雄故事，流传于桂中、桂南、桂西，尤以红水河及右江流域一带为最盛。《刘三姐的传说》。刘三姐，又名刘三妹。她的传说，有民间口头的，也有古籍方志记载的。传说的地域主要在广西壮族地区以及广东、湖南、贵州、云南等地方与广西近邻的一些县。《渔夫和皇帝》是一个寓言故事，流传于广西武鸣一带。这个故事讲述了皇帝的性命以及皇位都是因有渔夫的帮助才得到保全，可他忘恩负义，不仅不感激，反而一再向渔夫逞凶，诬陷渔夫；渔夫在残酷现实的教育下醒悟过来，最后用妙计把皇帝治死。故事情节曲折有趣。

③ 歌谣谚语

歌，即山歌；谣，即童谣；谚，即民谚。

广西素称歌海，而之所以称歌海，是因为人人会唱歌，唱歌是人生的一大乐趣。壮族山歌，按内容分大致有生产歌、风俗歌、情歌、苦歌、盘歌等。生产歌把岁时节气与四季农活结合起来，从农历正月唱到十二月，真实地反映了壮族地区农业生产劳动的情景。风俗歌，又称礼俗歌。壮族大凡男婚女嫁、新居落成、老人寿辰、丧葬等，均唱风俗歌。壮族风俗歌大致有庆贺歌、哭嫁歌、哭丧歌、祝祷歌。情歌,又名浪花歌。花,是比喻男女之情。在壮族民间山歌中,情歌比重最大,流传最广。情歌有些倾诉男女的悲欢离合,但大多是表现人民对幸福爱情的追求、对坚贞纯洁爱情的歌颂。苦歌,有媳妇苦歌、单身苦歌、长工苦歌、穷人苦歌等。盘歌,即问答歌,多是青年男女对歌时的相互盘问,设问巧妙,比喻形象,耐人寻味。

童谣是儿童唱的歌谣,融知识、道德、趣味于其中,短小,节奏鲜明,唱起来朗朗上口,适合儿童的年龄和心理。

壮族谚语,有三言、四言、五言、七言的,均押腰脚韵,短小精悍,富于哲理。①

2. 作家文学

作家文学主要是诗歌,较有名的作家及其主要作品有:刘新翰,字含章,广西永宁州(今永福境内)人,在家务农,四次赴京应试不第,后做教授。其诗较著名的有《澄江劝农口号》《施农田家》等。刘定逌(1720—1806),字叔臣,号灵溪,武鸣人。幼年颖异,好学,乾隆十三年(1748)进士,官至翰林院编修,后离院回家,从事教育事业。他的作品很多,较著名的有《题栖霞寺浑融和尚小像》《和绍棠盘江书怀》《偶得》《泊武缘江口即事》等。张鹏展,字南崧,上林人,出身于书香门第,乾隆五十三年(1788)拔贡,翌年中进士,授翰林院修纂,继而做官,后辞职归乡,从事教育事业。著作很多,较著名的有《拟古七首》《秋抄江亭有作》等。余明道,永淳人,嘉庆十四年(1809)进士,曾任教授。存诗30余首,较著名的有《漓江杂咏六首》《弃儿行》等。莫震,原名欺,字子诚,忻城人,嘉庆二

① 本部分内容,参阅韦其麟《壮族民间文学概观》,广西人民出版社1988年版;郭辉《壮族民间文学的文化功能初探》,《广西社会科学》1988年第3期;黄绍清《论壮族机智人物的故事》,《学术论坛》1983年第5期;陈金文《浅析壮族民间故事中"莫一大王"的形象》,《社会科学战线》2007年第2期;农学冠《壮族神话的美学意义》,《学术论坛》1983年第3期;刘德荣《壮族民间故事》,云南人民出版社1998年版;莫敏武、陆葵《壮族民间文学之瑰宝——壮族谚语对联》,《对联:民间故事对联》1996年第3期;唐凯兴、张志巧《壮族民间歌谣的伦理意蕴及其社会价值》,《百色学院学报》2013年第4期。

十四年(1819)举人,隐居家乡,长期在教馆。其作品较著名的有《正月》《七月》等。黄彦坊,字可言,号鹤潭,武鸣人。嘉庆十八年(1813)拔贡,曾任教谕。其作品较著名的有《岭山农事纪候咏十二首并序》《女工咏六首》等。[①]

（二）艺术

1. 音乐

壮族传统音乐有民歌,即山歌、歌舞、说唱、曲戏、器曲音乐等五大类。兹介绍一下民歌音乐和乐器。

民歌音乐。壮族民歌,从歌体而言,用壮语叫的有欢、西、加、比、伦等。欢流行于北壮地区,西流行于南壮地区,加流行于壮汉杂居地区,比流行于东兰凤山、巴马等县,伦流行于清西、那坡县一带。壮族山歌,有五言四句、七言四句,歌词均要求押韵,讲究平仄。其歌词都可以用12345671来配曲歌唱,用$\frac{2}{4}$、$\frac{3}{4}$、$\frac{5}{8}$、$\frac{6}{8}$为节拍。人们在唱山歌时,可先唱歌曲,后唱歌词,并打着拍子。

壮族乐器,大约有50种,主要有铜鼓、马骨胡、锣钗、竹笛、四胡、七弦琴、八音鼓、木叶等。人们用这些乐器,或打击,或吹奏,或拉弹,发出各种各样的音响,形成优美动听的音乐,体现出壮族音乐文化的旋律和风采。尤其是铜鼓乐器,音量宏大,音色浑厚,粗犷清脆,铿锵有力,其声传数里之外。节日喜庆之时,舞狮、群舞,均以铜鼓为乐器,人们随着鼓声的节奏翩翩起舞,场面热烈。八音鼓受群众喜爱,是由八件乐器组成的民间吹打乐器,以唢呐为主,配以两根竹笛、马骨胡、二胡、三弦、小鼓、小锣等。吹打时,周而复始,旋律欢快,热烈流畅,音调优美,悠扬动听。

[①] 参阅王德明《清代壮族文人文学家族的特点及其意义》,《民族文学研究》2009年第3期;梁敢《清代壮族学者刘定逌诗联生态翻译学阐释》,《创新》2013年第5期;多洛肯、安海燕《清代壮族张鹏展家族文学创作与文化生态探析》,《百色学院学报》2015年第2期;安海燕《清代壮族诗人刘新翰诗歌简论》,《青春岁月》2013年第17期;梁庭望《略论壮族古代文人诗词的内容》,《民族文学研究》1986年第1期;欧阳若修等《壮族文学史》,广西人民出版社1986年版;周作秋等《壮族文学发展史》,广西人民出版社2007年版。

2. 舞蹈

壮族舞蹈主要有蚂蚜舞、铜鼓舞、女巫舞、扁担舞、桃叶舞、绣球舞、捞虾舞、师公舞等。下面介绍两种舞蹈：

扁担舞。又称打扁担，流行于广西都安、马山、东兰、南丹等县，是群众十分喜爱的自娱性舞蹈。每年农历正月初一至元宵节期间举行表演，场地是村前的晒谷场。表演者有4人、6人、10人、20人不等，均取双数，多是妇女。出场表演时，舞者手持扁担，相向而立，围着一条长一丈多、宽一尺的木槽或板凳，大家口喊呼，于是上下左右相互打击，边打边唱边舞，模拟农事活动中的耙田、插秧、戽水、收割、打谷、舂米等姿势动作。舞者时而双人对打，时而四人交叉双打，时而多人连打；有站、蹲、弓步、转身打等，轻重、强弱、快慢错落有致，动作优美自然，整个舞蹈优美清新。

捞虾舞。流行于广西德保县一带。它形象地描绘了壮族女青年在明媚的春光下，到恬静的小河去捞虾，遇上几个男青年在河边钓鱼的情景。表演的动作是捞、扒。演出的方式是，两个男青年手拿钓鱼竿，背着鱼篓，在河边钓鱼，不多时，来了四个女青年，她们手拿捞绞，腰系鱼篮，下河捞鱼虾。男的向女的打招呼，唱山歌；女的亦唱山歌回答。在男女一问一答的嘹亮歌声中，男女双方翩翩起舞，队形变化三次，对唱三次，场面悠然热烈。歌词多是谈情说爱，喜获鱼虾丰收。

3. 戏剧

壮族戏剧，是在丰富的民间文学、音乐、舞蹈和杂耍的基础上形成并发展的，是壮族的舞台表演艺术，有师公戏、北路、南路、富宁戏等。下面介绍一下北路壮戏：

北路壮戏流行于田林、西林、隆林、百色一带的壮乡。此戏于1765年在田林县旧州开始搭台演戏，后发展到百色一带。北路壮戏剧目，题材主要取自民间故事、历史人物与现实生活素材，如《牛郎》《刘四姐下凡》《鲤鱼姑娘》《刘二姐打番鬼》等。音乐伴奏乐器有葫芦胡、笛子、三弦、马骨胡等。唱腔有慢、中、快、散四类：慢板类唱腔有正调、平调、嘿呀调，中板类唱腔有沙梨调、武公调、老汉调,快板类唱腔有骂板、恨板,散板类有哭调、哀调。表演的人物角色有一定的台步和动作。如生角上场,急步小跑圆场,双手剑指,脚成丁字,半蹲亮相;旦角多悠悠慢步上场,身体前后晃动,做开扇合扇动作。武打为南拳,舞扇技艺高超别致。走法上,一人走之字形,二人走8字形,三人走三穿花,下场说是"正是"。①

四、科学技术

(一)手工技艺

壮族的工艺品,种类很多,有铸造的,有纺织的,有瓷器的,有染布的,有竹编的,等等。各种工艺品造型优美,独特别致,技艺很高,美观实用,享有盛名。

1. 铜鼓铸造工艺

壮族铸造铜鼓的工艺,多是用范模铸造法,一次浇铸成鼓。范模铸造,先要制范。制范须经制母范(选型)、外范(铸型)、内范(泥芯)三个步骤,每一步都要有相当的技艺、熟练的操作技术。而刻画于鼓模上的花纹、装饰,工夫尤为精细。花纹有太阳纹、水波纹、云雷纹、舞蹈纹、划船纹、翔鹭纹、四瓣花纹等,装饰有主体蟾蜍、龟饰、鸟饰等。这些纹饰,造型生动,疏密有致,和谐对称,深浅适度,体现了壮族的高超工艺技术水平。范模合成后,就可以熔铸。熔铸要经过调剂、精炼、灌注三项手续。调剂是按铜、铝、锡的比例合金;合金后,随即装入坩埚精炼;精炼到适度的火候,便用来铸造铜鼓,铜汁浇灌冷却后,就铸成了铜鼓。

---

① 本部分内容,参阅董灵《浅析广西壮族音乐》,《剧作家》2009 年第 3 期;姚可凌《壮族音乐与文化》,广东工业大学 2011 年;李海生《壮族音乐艺术的价值特征研究》,《郑州大学学报(哲学社会科学版)》2008 年第 4 期;王志伟《壮族山歌的艺术魅力》,《中国文化报》2003 年;周宗汉《壮族乐器》,《乐器科技》1980 年第 4 期;刘桂英《壮族乐器》,《乐器》1999 年第 2 期;黄文芬《壮族民间舞蹈的性质与功能》,《改革与开放》2011 年第 12 期;欧阳伟旗《试论壮族舞蹈的艺术特色》,《科技创业家》2012 年第 16 期;李悦《壮族的戏曲剧种及其历史地位与经验》,《文山学院学报》2011 年第 2 期;王红《壮族伦理道德的艺术抒写:广西壮族师公戏研究》,《中南民族大学学报(人文社会科学版)》2010 年第 4 期;甘天龙《北路壮剧——田林的文化品牌》,《当代广西》2007 年第 14 期;刘诗仁《云南壮剧的四大特征》,《文山师范高等专科学校学报》2009 年第 2 期。

2. 壮锦织制工艺

清代,壮族地区民间已普遍用织布机织锦,织锦的技术、工艺有了进一步的提高。织锦的棉线染为红、黄、蓝、绿色,以红为背景,以绿作烘托,或黄绿相配。锦的纹饰内容丰富多彩,有蝴蝶朝花、鸳鸯戏水、宝鸭穿莲、团龙飞凤、狮子滚球、四宝围兰、双凤朝阳、五彩花卉等。锦的图案为几何图案和动植物图案,以几何图案为主。图案有大有小,大小结合,方圆穿插,布局适当,图繁不乱,线条勾连,珠联璧合,组成有机的整体,从而产生强烈的艺术感。壮锦织制技艺高超,且富有科学性。

3. 蓝靛染布工艺

壮族人民素尚黑蓝色衣服,以为美观。因此,壮族妇女纺织出来的白布须经过蓝靛染印成黑蓝色,才能缝制衣服。而蓝靛是从蓝草中提取的。蓝草为一种草本植物,每年二月种植、六月收割,收割后,即用蓝草制蓝靛。有了蓝靛染料,还要用生草木灰水。生草木灰水具有碱性,能使蓝靛牢固粘在布上。染布,是将一条条白布放入蓝靛及生草木灰的水缸里浸染,两小时后将布捞出,拿到池塘、河里去洗漂,洗漂后,晾晒于阴干处,稍干,再放入水缸里染浸两小时捞起,再洗、再晾晒。染浸之前,每次都放 1—2 斤蓝靛入水缸内。白布经过这样数次的染、洗、晒,就成为黑蓝色或黑淡红色,色泽光亮,朴雅美观,有蓝草香味。壮族妇女用蓝靛染出来的布料,质量颇佳,不易褪色,做成衣服后,即使穿破了,其黑蓝颜色也不亚于新布料,表现出壮族染印工艺技术之高。

(二)壮族医学

1. 奇特的诊断法

壮医诊断的奇特,在于技术的和部位的诊技上。其诊法主要有望、息(闻)、讯(问)、切(按)等,其中以面部望诊、目诊、脉诊、甲诊、腹诊、舌诊、耳诊、手诊较为常用。此外,还有表里反应诊断法、芋头诊断法、石灰水诊断法等。壮医诊断疾病,多以眼看、口问、耳听、手摸及经验进行检查诊断,其诊断原则为内外结合、全面观察、审因辨证、综合分析、专病专治、重点突出。壮医诊断法简单、奇特、快捷、实用,在壮族地区广泛流传使用,民间一些壮医生诊术颇高。现将壮医三种诊法记述于下:

望诊。是医生通过眼睛对病人的全身状况和局部状况进行系统观察,以推测病变、找出诊断依据的一种方法。尤以面部望诊最为重要。壮医认为,人的血气阴阳的盛衰、病情的轻重,都可以从面部气色中诊察得来,许多脏腑的病症亦从面部表露。如有的老壮医,能从患者的额部及印堂部位出现的暗黑色或灰色,诊断其体内存在阴疮;暗黑色自上至下延伸,为病情由轻而重;暗黑色伸延至两颧后,多不能治。这一诊术颇为奇妙。民间的壮医,凭着他们的经验和医术,能从面部望诊中诊断出不同类型的痧症。

脉诊。是通过按脉而诊察疾病的一种方法。壮医常用的诊脉法有四种:① 三指四肢脉诊法。是以上肢、腘窝等部位的支脉候脏腑的病变。如首先以食指端放上部,继而中指放在食指的前部,然后放无名指于下部。食、中、无名指均捏成略为三角形,相距约一寸。部位取准后,三指以同样力量进行脉诊。正常脉象和缓均匀,不急不缓,不上不下,不大不小。急、慢、上、下、大、小脉均属病脉。② 单指诊脉法。是用右手中指诊脉,在上臂内侧中段部位以候胃、在前臂中段以候肾。该脉法还注意脉诊部位的温度。③ 六指同步按诊法。双手布指(食、中、无名指)同时按切天、地、人三部,以诊察病人六部经脉,从经脉之升降、急缓、大小、上下、力度、节律、动态、神韵以候经络、脏腑、气血、生理、病机。④ 三指定位法。医生左手按诊病人的右手,右手按诊病人的左手。首先用食指按在掌后高骨的后缘上,接着按顺序布好中指和无名指。左手食指候心,中指候肝,无名指候肾;右手食指候肺,中指候脾胃,无名指候命门、三焦。脉象有浮、沉、大、小、平、快、慢七种,以平脉为正常,其他六脉为异常。壮医的此种诊法,实为妙术,亦有其科学性。

甲诊。是根据指甲的形状、质地、色泽、动态等来辨别疾病所在脏腑区域、寒热虚实和正邪盛衰等情况的一种诊断方法。其法是,在自然光下,患者伸手掌,充分暴露指甲,各指自然伸直,医生在距一尺处,以目观察,逐一察看各指指甲体、甲床、月痕、皱襞、脉络,分辨其形状、质地、颜色、泽度、动态等。一般诊视患者的两手指甲,并相互对比。壮医的甲象的辩证要点已知有 28 种,除本色甲外,其余每一种甲象都各有所主,提示一种或多种病症的存在以及轻重缓急情况,显示了该诊法的奇特。

2. 独特的治疗法

壮医治疗独特,病愈快,效果好。壮医治疗疾病的方法颇多,有针疗、刮疗、灸疗、蒸洗疗、佩药疗、敷贴疗、角疗、滚蛋疗、药内服等。现将壮医三种治疗方法记述于下:

针挑疗法。是用缝衣针等针具,根据病症,选择体表上某些部位或穴位,运用不同手法挑破其浅层皮肤或挑出皮下纤维而达到治疗效果的一种方法。其操作方法是,选择好挑针点,即选择穴位或体表上的病理阳性反应点;常规消毒后,用针对准挑点下针。其手法有浅挑、深挑、疾挑、慢挑、轻挑、重挑、跃挑、摇挑等 8 种。针挑的方式有点挑、行挑、丛挑、环挑、散挑、排挑等 6 种。一般一个针挑点可反复挑几次,挑后用酒精和碘酒或生姜消毒挑口。此法常用于治疗痧症、疳积、痔疮、腰痛等病症,效果颇佳。

角疗法。壮医用黄牛角、山羊角、鹿角、黄猄角等作为角疗具,进行治疗。其法是,将纸燃火,放入角内,然后扣在患处或穴处,造成瘀血现象而起到治疗的作用。此法民间颇为流行,具有活血、止痛、祛风、除湿、拔毒等功效。主治痧气、感冒、气管炎、风湿腰腿痛、肩周炎等病。

洗鼻雾化法。是用草药煎煮后,取其液吸入鼻的治疗方法,叫洗鼻法。也可用蒸化气雾法,进行治疗,疗效较好。也有用盐水洗鼻的,也是治鼻的一种良法。洗鼻雾化医治鼻、喉病及呼吸系统疾病,是壮医独特的治疗方法之一。①

五、教育与体育

（一）教育

1. 民间教育

壮族家庭教育，一般以一家一户为单位，由父母亲给自己的子女进行教育。教育的目的是培养后代成为勤劳、正直、自立、懂礼貌、有道德的人。教育的主要内容是生产劳动教育、伦理道德教育、文化科学知识教育、遵守乡规民约或遵纪守法教育。教育的形式多种多样，主要有：以正面教育、说理引导为主，辅以适当的惩罚；将教育寓于生活、劳动之中，进行潜移默化的引导；传歌式，父母根据子女的年龄特点，教他们唱歌，在传歌中传授天文地理、伦理道德、生产生活常识等知识；讲究场合，造就良好家风，如夫妻不在子女面前吵架，不在外人面前训教子女。

壮族注重社会教育，认为社会教育是形成社会良好风气的一种手段。壮族的社会教育，包括对青年和群众的教育，而把教育寓于社会生活中。这种传统教育，往往是通过特定的集体活动或场所，如节日娱乐活动、歌圩、歌馆、婚嫁、丧葬礼仪等，对群众和青少年进行教育，以增长他们的生产、生活、道德、礼仪、社交、人生观等知识。壮乡的村寨制定的村规民约也是通过社会教育来进行的，主要是通过村民集会，将规约的生产、生活准则、行为规范向群众宣传，同时将规约的条文写在木牌或刻

---

① 本部分内容，参阅王绍祥《文山壮族制作铜鼓的传统工艺研究》，《文山学院学报》2014 年第 5 期；廖明君《壮族织锦技艺》，《广西民族研究》2009 年第 2 期；黄佩华《红衣黑土——织布而衣》，《南方国土资源》2009 年第 4 期；戴铭主编《壮族医学史》，广西民族出版社 2006 年版；李溱《壮族药发展史初探》，《医学文选》2002 年第 1 期；覃必志《壮医针挑疗法探讨》，《中国民族医药学会首届研讨会论文汇编》，1996 年；黄运拼《试述壮族民间对痧症的认识和预后诊断》，《中国民族医药学会首届研讨会论文汇编》，1996 年；容小翔《壮族民间治病法》，《中国医药报》2002 年；林辰《论壮医的诊治用药特色》，《中国民族医药杂志》2006 年第 6 期；梁秀娟《壮族药浴小议》，《中国民族医药学会首届研讨会论文汇编》，1996 年。

于石碑上,立于路口村头,教育人们自觉遵守,不得违抗,否则将受到一定的惩罚。

壮族的社会教育,还表现在社会上老一辈人对晚一辈人的教育。教育方法多种多样,内容也丰富多彩。

2. 学校教育

私塾。壮族的私塾大体分为三类:村塾、族塾、家塾。家塾规模最小,塾师一人,学生数人。村塾视该村的大小而定,一般有塾师一二人,学生 15—30 人。学童无年龄限制,无固定学制,也无固定教材和教学计划。私塾主要是启蒙教育,壮语叫破蒙。教材一般由塾师根据当地传统及自身爱好自行选择,常用的有《三字经》《百家姓》《千家诗》《千字文》《幼学琼林》等。教法是注入式,塾师只教学生识字、背书、习字,用汉语读,用壮语讲解。

义学,又称义塾,是地方官出资聘请老师或官绅领头、民间集资兴办的学校。1685 年,广西义学大兴。康、雍、乾时期,广西壮族聚居的府、州、县大都办起了义学。康熙年间共建义学 58 所,雍正年间共建 25 所,乾隆年间共建 28 所。

书院。清代广西有书院 184 所,所有府、州均有书院。有的书院颇具规模。如乾隆末年创建的宁江书院、道光元年(1821)创建的岭山书院,都很有名。以岭山书院而言,有 1 座楼、2 个厅堂、27 间书斋,厨房沐室全备,四周有围墙,规模宏伟,并有 90 多种图书供学生阅读,经常有学生 50 人。此书院办得很出色。书院聘请的山长,大多是名流才学之辈,或进士,或举人。书院的教材不统一,一般以"四书五经"为主,旁及诗赋等。学生平时习吟诗作文,以应考科举。[1]

---

[1] 本部分内容,参阅李彦福、何龙群《壮族教育史略论》,《广西民族研究》1994 年第 3 期;李彦福《壮族教育发展概略》,《纪念〈教育史研究〉创刊二十周年论文集(14)——中国地方教育史研究(含民族教育等)》,2009 年;覃乃昌《壮族传统社会教育概述》,《广西民族研究》1993 年第 4 期。

（二）体育

1. 武术

壮乡村村寨寨都有尚武习俗，盛行打拳练功，好学武艺。每一村里，老年人大都会打几套拳术，青少年也喜爱学拳练武。他们还请老拳师来传授拳艺。壮族地区不少地方还曾自发组织武术团体，自筹资金，建立武堂或武馆，购买武术器具，请拳师传授武艺，开展练拳活动。壮乡一般打的是壮拳，打时，用壮语发音，催声气催力；采用站桩、打砂袋、打树桩、抓石抹手、走梅花桩、七步铁线基本桩功等功法练功。其特点是动作剽悍粗犷，形象朴实，功架清楚，出手有力，步子稳健，多短打，少跳跃，擅标掌。壮族各地拳技套路不尽相同。有的套路是六连龙、封路拳、四大门、工字伏虎拳、单头棍、双头棍、双刀、兰叉、关刀等，有的套路是三桥手、四门顶打、形意猫拳、伏虎拳、杨枪棍、子舞棍、胶子棍、无桥棍等。群众练武术，多为锻炼身体和防身。

2. 踢毽子

这是壮族民间开展的一种体育活动，多在春节期间进行。毽子的制作简单，以一枚铜钱作毽底，两片薄竹插成小竹筒，小竹筒内插上六七根公鸡羽毛即成。场地无一定，门前空旷地、家内天井均可。壮族男女青年都喜爱踢毽子运动。踢时，用脚板将毽子来回踢跳，动作敏捷，姿势优美。踢的方式多样，有单人踢，也有双人对踢，还有分组比赛。青年女子踢的技艺很高，她们不仅踢得轻快，而且踢的数次多，使毽子在空中往来似闪电，赞声不绝。

3. 游泳

壮族地区江河池塘众多，是人们天然的游泳场所。居住近江河的壮人，每年农历五月至七月都到江河去游泳。青少年五七成队、八九成群，在江河中潜水、跳水、打水仗。去游泳的不仅有男的，也有女的。游时，将男女界限分开。一些靠近河边的村寨的女青年，由于常常成队到河里去游泳，锻炼身体，因此个个都会游泳，游技也较高。①

第七节　其他少数民族(一)

一、锡伯族

清初,锡伯族聚居于东北嫩江和松花江流域。康熙年间,锡伯族兵丁及其家属被迁徙到北京、盛京(今沈阳)及其所属地区。乾隆年间,清政府又将锡伯族兵丁及其家属四千余人迁徙到新疆伊犁驻防。因此,锡伯族主要分居在东北和西北。

宗教信仰。锡伯族信奉萨满教和喇嘛教,而崇拜祖先喜利妈妈和海尔堪玛法则胜过信奉萨满教、喇嘛教及其他诸神灵。

衣食住。锡伯族男子服饰,外面一般是长袍,长袍外套马褂。男子劳动、骑马穿短袄。坎肩套在长袍或短袄上。束腰带,上挂烟袋、荷包,靴鞋似袜子与鞋子连在一起。女子服饰式样和男子差不多。大襟长袍要镶花边或绣宽花边。少女和未婚姑娘均梳长辫,不剪刘海。耳戴金环或银环,脚穿绣花鞋。已婚妇女服饰更鲜艳,发束"盘龙髻"。手腕戴金(银、玉)手镯。锡伯族主食包括稻米、小麦、玉米、高粱米、黄米、小米等。清代"锡伯米"名扬四海。锡伯族副食以蔬菜为主,还喜欢吃牛、羊、猪肉和鸡、鸭、鹅肉。锡伯族有饮茶和喝糊米水的习惯。锡伯族的古代住宅,房屋有帐篷、马架子、草房。富裕人家多是砖房。

婚丧习俗。清代锡伯族婚姻有多种形式,大致有掠夺婚、买卖婚、服役婚、聘娶婚、童养婚、指腹婚、招婿婚等。从提亲到结婚,须经提亲、定亲、迎亲、成亲等过程。结婚过程中有一套繁杂的礼仪。锡伯族每一家庭都有固定的坟地。人死后,家人要进行"洗理",接着设灵堂吊唁,称为

---

① 本部分内容,参阅刘中强等《壮族传统体育项群分类研究》,《2014第二届海峡两岸体育运动史学术研讨会论文集》,2014年;高会军等《广西壮族传统体育文化特征之研究》,《搏击·武术科学》2006年第8期;杨琴等《广西壮族武术研究》,《搏击·武术科学》2009年第4期。

"小殓"。停尸期间,有钱人家请喇嘛诵经,诵经前由吹鼓手先吹打弹奏各种乐器。小殓之后择吉日"大殓"。大殓是将尸体放入棺内,停放在堂屋中央或临时丧棚里。停尸最长是"七七"49天,每"七"均有喇嘛诵经。丧事繁简视各家经济条件而定。锡伯族习俗是在太阳出来之前将死者安葬。死者葬后"七七"49天,举行大型祭奠及非直系亲属和平辈"脱孝"仪式;百日,儿子、儿媳及未婚女儿、孙子到坟前祭奠和脱孝。

文学。锡伯族文学分作家文学与民间文学。作家文学在清代最有代表性的是《顿吉纳的诗》、散文《辉番卡伦来信》和史诗《离乡曲》。民间文学中最有代表性的是民歌,按内容可分为叙事歌、苦歌、萨满歌、颂歌、劝导歌、习俗歌、田野歌、打猎歌、情歌、宴歌、格言歌等。民谣在民间文学中占有一定的地位。一种是童谣,教育儿童继承尊敬长辈的优良传统;一种是普通民谣,反映锡伯族贫苦农民遭受地主剥削的悲惨情景。民间故事内容丰富,形式多样,有生活故事、神话故事、传说故事等。

艺术。音乐分为说唱音乐(民族曲调)与戏曲音乐,乐器有东布尔、苇笛、墨克纳等。舞蹈分为古典类(萨满、狩猎、射箭、蝴蝶、荷包、铁锹、手鼓、编席、马、猴子等舞)、贝伦类(面具、跛子、单点、双点、王玛、伊克尔德克、醉、八乡、请安等舞)两种。锡伯族住房的门、窗、椽头、墙面等处雕刻精美的图案,屋内炕柜、衣箱、琴柜、八仙桌等雕刻有飞禽走兽和花卉。每座寺庙都反映出建筑艺术,所有殿宇、屋顶、门洞、山墙,都采用木雕、砖雕、石雕艺术,配有彩绘。绘画艺术方面,锡伯族人祖辈、父辈亡故后,儿孙们为其画像,顶礼膜拜。民间绘画技师技艺高超,所绘人像活现真人。另外,还绘有萨满图、灶神像、家谱图等。锡伯族妇女有绣花、贴花、剪纸的才艺。

科学技术。锡伯族手工业主要有木工、铁匠、泥瓦工、编制、银匠等。医学有中药、按摩、接骨、扎针(凉针、火针、刺针、挑针)、拔罐子等。

教育与体育。锡伯族教育活动是从黑龙江开始的。康熙三十四年(1695),清政府于墨尔根城设义学两所,于锡伯、索伦、达呼尔等,每佐领下选取俊秀幼童一人,入学读书。康熙三十八年(1699)锡伯族南迁盛京后,除入普通儒学、社学、义学、书院读书外,也有入八旗官学读书的。在清代,锡伯族90％以上居民住在农村,绝大多数人在农村私塾念书。锡伯族传统体育项目很多,如骑马、射箭、摔跤、叼羊、打球、骑马打伏、踢毽、跳绳、滑冰、游泳、举重、武术、下象棋、赛跑、撒镖、跑马城、荡秋千等。①

二、鄂温克族

清代,鄂温克族聚居于漠南蒙古地区的北部,这里地处大兴安岭支脉的丘陵山区,河流密布,湖泊众多,水草丰美,适宜发展牧业。另外,森林中野生动植物资源丰富,也为鄂温克族提供了广泛的生活来源。

宗教信仰。鄂温克人大部分崇拜自然神,包括火神、山神、风神、雨神,崇拜祖先,崇拜图腾,信奉萨满教。还有部分人信奉喇嘛教或东正教。

衣食住。生活在额尔古纳原始森林中的鄂温克人,建造一种简单的帐篷叫"撮罗子"。鄂温克人的仓库多筑在离地面很高的木桩或树杈上。居住在农区的鄂温克人,住房多是两间或三间草房,四周用柳条或桦树枝编插成院墙,围成一个独院。鄂温克男子上衣分长袍和短

---

① 本部分内容,参阅贺元秀《锡伯族文学简史》,中央民族大学出版社2010年版;张凤武《历史的步音 民族的心声——论锡伯族古代作家和作家文学》,《乌鲁木齐职业大学学报》2000年第1期;秋柯、孙夏科《锡伯族民歌》,《中国音乐》1991年第1期;黎蔷《锡伯族民间音乐及乐器》,《乐府新声——沈阳音乐学院学报》1994年第3期;张诗琪《独具特色的锡伯族传统舞蹈》,《吉林艺术学院学报》2006年第4期;尹晶丽《锡伯族清代前期美术研究》,《艺术研究》2005年第1期;韩恒威《锡伯族民间美术艺术符号浅译》,《满族研究》1997年第2期;姗艳塔娜《锡伯族的民间信仰习俗》,《满族研究》2000年第1期;张诗悦、任晓娟《锡伯族民间刺绣艺术探析》,《黑龙江史志》2010年第9期;孙洪盛楠《锡伯医药初探》,《中国民族民间医药》2015年第21期;刘冰《服饰:神秘的文化密码——锡伯族服饰文化研究》,《西安社会科学》2010年第5期;钟竹意等《锡伯族特色美食》,《烹调知识》2012年第3期;赵云鹏《辽宁地区锡伯族民居特征研究》,沈阳建筑大学2011年;康润英、敦冰河《锡伯族的抢婚》,《辽宁大学学报(哲学社会科学版)》1989年第2期;夏之乾《锡伯族的丧葬习俗》,《中央民族大学学报(哲学社会科学版)》1982年第3期;葛丰文《东北锡伯族教育述略》,《满族研究》1997年第1期;吉瑶《锡伯族民族体育文化探析》,《卷宗》2012年第9期;贺灵《锡伯族风俗志》,中央民族学院出版社1994年版;贺灵《中国锡伯族》,宁夏人民出版社2012年版。

袍,其样式是斜大襟、卷领,前后均开衩。短袍常作礼服。袍服内揣什物,束带并外挂腰刀、烟具等。妇女长袍与男袍式样相同,只是前后不开衩,镶边。鄂温克人的皮靴是用毛朝外的鹿皮或狍子皮做的,他们的帽子为"狍子帽"。鄂温克妇女喜欢戴耳环、手镯以及骨、铜、铁、银、金等戒指。有钱人家的妇女还有戴玛瑙、珊瑚、宝石等头圈的。鄂温克人吃面点、肉面片、肉米粥,并主要吃野兽、野禽肉。他们常吃乳制品,喜欢喝酸奶、饮酒。

婚丧习俗。婚姻方面,鄂温克人允许"姑舅表婚""夫兄弟婚""妻姐妹婚"。"姑舅表婚"是指在选择配偶时要先征求表姐妹或表兄弟的意见,若对方不同意,方可选他人。"夫兄弟婚"是指哥哥死后,其弟弟可娶嫂,但弟弟死了,哥哥不能纳弟媳。"妻姐妹婚"是指妻子死了以后,丈夫可续娶妻妹,但不能娶妻姐。鄂温克族的婚姻风俗,一般是先议婚,再订婚,最后结婚。鄂温克人死后通行风葬(或叫树葬)、土葬或火葬。

文学与艺术。鄂温克族民间文学主要有传说、神话、故事、歌谣、谜语等。鄂温克族绘画多用白布,他们画人物形体,画太阳、月亮、云彩、高山、树林等图案。鄂温克民族舞称为"努哈勒"。每逢庆祝丰收、节日、举行婚礼时,鄂温克人都要跳本民族的舞蹈。鄂温克族民间还流行着反映鄂温克人狩猎生活的舞蹈,如"阿罕伯舞""爱达哈喜楞舞"等。鄂温克民间流行一种名叫"崩努克"的乐器,人们随着口弦琴的乐声,边歌边舞。鄂温克人的手工艺,具有游猎民族的特色。他们用桦树皮和桦树上长的蘑菇做原料,用刀子和剪子刻剪出鹿、鸭子、狎等各种飞禽走兽。他们还在各种器皿和用具上,雕刻出花草、树木、山峰、石崖等各种图案和花纹。鄂温克人普遍喜欢的一种花纹叫"奥豪尔"。鄂温克族的刺绣艺术,多表现在衣服、鞋帽、围裙、被褥、烟荷包等上面,用各种颜色的线绣上各种花纹,或用五颜十色的鲜艳花布刻剪成各式花样缝在上面。特别是妇女衣服上的托领、襟边、袖头及围裙等,采用各种镶嵌、刺绣手法,非常美观。

科学技术。鄂温克人居住的猎区,冬季漫长而寒冷,漫山遍野覆盖积雪。他们发明了滑雪板作为交通工具,并用来追赶野兽。滑雪板以松木为原料,长 1.7—2 米,宽 17—24 厘米。板的前端呈弯状,翘度大而窄;后端呈坡形,翘度小而宽;中间稍厚,有绑脚皮带。板下有一层带毛的狍皮,爬山不向下滑。鄂温克人利用桦树皮制作舟船。鄂温克人积累了一些医药知识,如用动物内脏治病:用野兽肝增强人的视力和治疗慢性眼疾,用其胆治疗一般炎症和手足脱甲,用其肾脏解除人的疲劳。鄂温克人还积累了用草药治病的经验。

教育与体育。清代鄂温克族处于只有语言而无文字的状态。但鄂温克族是一个很重视礼节的民族,也是很讲究继承传统美德的民族。鄂温克人不仅要求自己具备良好的传统美德,而且要求每个人都要通过言传身教,代代相传下去,从而使整个鄂温克族成为具有优良传统、高尚品德的民族。鄂温克人的体育活动项目主要是赛马、射箭和摔跤。[①]

三、鄂伦春族

清代,鄂伦春族聚居于漠南蒙古和黑龙江最北部,地处大小兴安岭山林,动植物资源非常丰富。这里河流纵横,渔业资源也很丰富。

宗教信仰。鄂伦春族的信仰主要有图腾崇拜、自然崇拜、祖先崇拜、偶像崇拜。鄂伦春人信奉萨满教。另外,鄂伦春人还迷信占卜。

衣食住行。鄂伦春人冬季穿冬季捕获的狍子做的皮袍。式样为右大襟,襟边、袖口都镶边。男皮袍稍短,前后开衩;女皮袍较长,两侧开衩。还

[①] 本部分内容,参阅赵延花、宝青《鄂温克族文学研究》,人民出版社 2013 年版;乌日娜《鄂温克族民间音乐述略》,《黑龙江民族丛刊》2000 年第 2 期;苗金海《鄂温克族民间舞蹈音乐形态特征探析》,《舞蹈教育》2013 年第 7 期;侯静、高晓霞《使鹿鄂温克传统工艺美术研究》,《内蒙古农业大学学报(社会科学版)》2014 年第 1 期;麻秀荣、那晓波《古代鄂温克族的社会教育》,《内蒙古社会科学(汉文版)》2000 年第 3 期;诺民《内蒙古鄂温克族传统体育特征研究》,内蒙古师范大学 2012 年;伊乐泰、包羽《鄂温克族医药》,中医古籍出版社 2014 年版;汪丽珍《鄂温克族服饰》,《中央民族学院学报》1993 年第 3 期;朝克、杨宏峰《中国鄂温克族》,第四章"鄂温克族饮食文化"、第五章"鄂温克族居住文化"、第六章"鄂温克族交通文化"、第七章"鄂温克族婚姻文化"、第八章"鄂温克族丧葬文化",宁夏人民出版社 2013 年版;汪丽珍《鄂温克族宗教信仰与文化》,中央民族大学出版社 2002 年版。

有春秋皮袍与夏季皮袍。男子扎皮带，女子扎各种颜色布带。男女下衣都为皮裤。鞋主要有"奇哈米""奥劳其""温得"三种。帽子有皮帽、毡帽，夏季有布制的"巴里"帽。鄂伦春人的被子是其特有的皮被：一为棉被式的，一为口袋形的。鄂伦春妇女喜欢戴耳环、手镯和戒指，男子则戴指环。男女腰间都挂有装饰精美的烟口袋或烟荷包，妇女另加漂亮的小针线包等。鄂伦春族饮食有肉食类、米面类、饮料类、蔬菜类，非常丰富。鄂伦春族建筑有仙人柱（汉语称撮罗子）、恩克那力住哈汗（专门为妇女临时搭盖的产房）、奥伦（搭在树上的仓库）、土窑子、木刻楞房（木屋）等。鄂伦春人的交通工具有驯鹿、马、大轱辘车、雪橇、木筏、滑雪板和桦皮或鹿皮、狍皮船等。

婚丧习俗。鄂伦春族婚姻大都需要经历求婚、认亲、过彩礼、迎亲等几个过程。鄂伦春族葬法有风葬（树葬）、土葬、火葬、水葬。葬仪有发丧、入殓、出殡、安葬、祭祀等。

文学与艺术。在清代，由于没有文字，所以鄂伦春人的文学是口头文学。其内容极其丰富，有神话传说、故事、童话、谚语、谜语、笑话、歌谣等。其艺术形式主要有音乐、舞蹈、摩苏昆、雕刻、刺绣、绘画、编织等。鄂伦春人的音乐艺术是以多种山歌即"赞达温"曲调为主。鄂伦春人边歌边舞，舞蹈大致有仪式舞、娱乐舞和宗教舞三类。摩苏昆是流传于黑龙江鄂伦春族中的一种说唱艺术。雕刻主要有桦皮雕、木雕、骨雕三种，以桦皮雕最有特色。鄂伦春人的刺绣有两种：一种是在各种皮制品的皮板上刺绣；另一种是将皮板剪成各种花纹，再绣到皮制品上。编织原料为熊毛、狍毛、马鬃、马尾等。

科学技术。鄂伦春人积累了丰富的医学知识，用植物类、动物类药物治疗外科、内科、骨科、妇科等疾病。同时鄂伦春人还掌握了拔火罐、按摩、手搓、扎针、放血等技术。民间工艺方面，鄂伦春人在制革与桦树皮制品技艺上比较突出，可以用加工好的皮革与桦树皮制成各种精美的生活用品。其他如骨制品、毛纺制品也具有独特的风格。

教育与体育。鄂伦春族的教育主要是民间教育，包括传授生产知识与生活知识、对儿童进行思想品德教育等。1695 年,鄂伦春地区齐齐哈尔、呼兰、墨尔根、黑龙江四城开始设立学校,有了正规教育。鄂伦春族传统体育项目有赛马、射箭、射击、摔跤、拉杠比赛、滑雪、滑冰、打秋千、班吉(鄂伦春一种围棋)等。①

四、赫哲族

清代,赫哲族聚居于三江平原(黑龙江、松花江、乌苏里江冲积而成)。此地有着丰富的水资源、森林资源和土地资源。渔猎成为赫哲族重要的文化特征。

宗教信仰。赫哲族的宗教信仰是多神崇拜。其崇拜萨满,崇拜祖先,崇拜图腾,崇拜自然界的一切神灵。

衣食住行。赫哲族鱼皮服装是其民族特色。夏天穿鱼皮袍、鱼皮裤,戴桦皮帽。冬天穿狍皮或狐皮大衣,戴狍皮帽或貂皮帽,穿狍皮裤。用狍皮做被、褥和手闷子。赫哲族妇女有戴耳坠子、镯子、戒指等习俗。赫哲族饮食以食鱼、兽肉为主。鱼类有刹生鱼、鱼肉加工。野兽肉有晒兽肉干、晒肉条。主食主要是小米饭和苞米楂子粥。蔬菜主要采集各种野菜。他们还采集各种野果。赫哲族住房有固定住房和临时住所。固定住房主要是

① 本部分内容,参阅孙桂森、赵广兴《口传的历史——谈鄂伦春民间文学》,《内蒙古大学学报(社会科学版)》1988 年第 4 期;韩有峰《试论鄂伦春族民间文学瑰宝——摩苏昆》,《黑江民族丛刊》1990 年第 2 期;曹丽艳《鄂伦春民歌赞达仁及其演唱研究》,首都师范大学 2007 年;关志英《鄂伦春传统音乐的基本特征》,《鸭绿江》2014 年第 1 期;张美志《鄂伦春族民间舞蹈概况》,《中央民族学院学报》1989 年第 6 期;哈纳斯《试论鄂伦春族的造型艺术》,《内蒙古社会科学(汉文版)》1998 年第 2 期;许以僮《鄂伦春族的民间工艺品》,《今日中国(中文版)》1982 年第 1 期;佚名《民族医学概况》,《亚太传统医药》2006 年第 2 期;赵兴州、赵彦、吴志玮《浅论清代鄂伦春族学校教育的类型及特点》,《黑龙江民族丛刊》2010 年第 5 期;李自然《浅析解放前鄂伦春族的家庭教育对其社会发展的阻碍作用》,《黑龙江民族丛刊》1991 年第 2 期;黄起东《鄂伦春族传统体育文化研究》,《前沿》2012 年第 10 期;丰收《地理气候环境与鄂伦春族服饰》,《黑龙江民族丛刊》2002 年第 3 期;丰收、瑜琼《鄂伦春族饮食习俗及其在当代的变迁》,《黑龙江民族丛刊》1992 年第 4 期;傅学等《鄂伦春居民的发展与演变分析》,《山西建筑》2014 年第 34 期;姚志国《鄂伦春族的交通习俗》,《吉林日报》2009 年;龚晓犁《独特的鄂伦春婚俗》,《中外文化交流》1997 年第 5 期;关小云《鄂伦春族的丧葬习俗》,《黑龙江民族丛刊》1997 年第 3 期;孟志东等《鄂伦春族宗教信仰简介》,《内蒙古社会科学》1981 年第 5 期。

地窨子,此外还有马架、正房、鱼楼。临时住所有撮罗昂库(尖顶式窝棚)、阔恩布如昂库(圆顶式窝棚)、温特合昂库(临时木屋),此外还有用桦树皮、布、兽皮临时搭成的塔尔空昂库、保斯昂库、那斯昂库。赫哲族陆上交通工具有狗橇、滑雪板,水上交通工具有桦皮船、独木舟、快马船、舢板船。

婚丧习俗。赫哲族婚姻有选婚、订婚、迎亲、婚礼等程序。此外还有换亲、抢婚、养童养媳、入赘为婿等习俗。赫哲族安葬方式有树葬、土葬、火葬等,仪式有出魂仪式和送魂仪式。

文学与艺术。清代赫哲族没有文字,其文学是口头流传下来的民间文学。民间文学有神话、传说(祖先传说、莫日根传说、地名传说、风俗传说、动植物传说等)、故事(动植物故事、童话故事、神怪故事、生活故事、爱情故事、笑话故事等)。赫哲族说唱艺术——伊玛堪,其腔调有男腔、女腔、老翁腔、少女调、欢乐调、悲调、叙述调等。民歌按内容分有古歌、萨满歌、渔歌、猎歌、悲歌、喜歌、节令歌、礼俗歌、情歌、叙事歌、摇篮歌、新民歌等。音乐曲调具有显著的民族特点,主要分为赫尼哪调、嫁令阔调、萨满调、伊玛堪调、白本出调、喜调、悲调、老头调、少女调等。舞蹈主要有萨满舞、天鹅舞、叉草球舞、鱼鹰舞、篝火舞等。绘画主要有服饰图案、桦皮器皿图案、风俗画、岩画等。造型艺术主要是图案、剪纸、雕刻。

科学技术。医药方面,赫哲族积累了一些药物学知识和治病方法,涉及内科、外科、妇科、骨科、天花、麻疹等,方法有用药、放血、拔罐子、刮、摇、针灸等。

教育与体育。清代赫哲族教育主要是社会教育,包括生产教育、道德教育、宗教教育。其体育项目有叉草球、跑蹄子、射箭、赛船、滚木轮、顶杠、撒网、挡木轮、游泳、滑冰、骑马、叉鱼等。[1]

---

[1] 本部分内容,参阅孟慧英《赫哲族民间文学概貌》,《民族文学研究》1987年第3期;韦凤、吕聂《赫哲族民间音乐》,《中国音乐》1984年第1期;刘天璐《赫哲族传统舞蹈的流变研究》,中央民族大学2014年;李颖《赫哲族民族美术的地域性特点》,《艺术研究》2010年第3期;孙玉民、孙俊梅《中国赫哲族》,第3章第3节,宁夏人民出版社2012年版;郑丽洁《赫哲族教育研究综述》,《当代教育与文化》2010年第3期;崔小良《新时期赫哲族民间传统体育文化的研究》,《南京体育学院学报》2008年第6期;孙俭平《漫谈赫哲族服饰》,《戏剧之家》　(转下页)

五、朝鲜族

清代，朝鲜族分布于吉林东部、黑龙江北部和奉天（今辽宁）、安东（今丹东市），主要聚居在延边和长白山一带。

宗教信仰。朝鲜族传统上崇拜神教，包括天神崇拜、地神崇拜、祖先崇拜、清静崇尚，信奉佛教。

衣食住。朝鲜族服饰，男子上衣短小，外加绸缎坎肩，裤子宽松肥大。外出时再穿上斜襟长袍，头戴礼帽。妇女上身穿短至胸际的灯笼袖上衣，下穿裙子。儿童服饰艳丽多彩。朝鲜族旧时穿木屐、草履、草鞋、麻鞋、胶鞋。朝鲜族饮食，主食以米饭为主，菜以凉拌菜为主，汤主要是酱汤和肉汤。节日饮食方面，每个节日各不相同。风味食品有冷面、打糕、烧烤。朝鲜族传统住宅分为上层住宅和下层住宅。上层住宅是上层阶级的住宅。其结构一般以庭院为中心形成马蹄形或方形，四周用围墙围住。建筑又分主建筑和附属建筑，多为瓦房，其传统特色主要表现在大屋顶上。通常主建筑后还建有祠堂。下层住宅指贫民阶层的住宅。通常为原木建筑，泥墙，屋顶多为茅草顶，分为三屋型、双屋型和单屋型。朝鲜族居室的一大特点是满屋是炕。

婚丧习俗。朝鲜族传统婚姻受封建礼教束缚，遵父母之命，靠媒妁之言。女子一旦嫁人，不能离婚，丈夫死亡不能再嫁。朝鲜族传统婚姻礼仪很烦琐，要经过纳彩、问名、纳吉、纳布、请期、亲迎等六种礼仪程序。朝鲜族有一套约定俗成的丧葬仪式。老人死后，守灵三至七天，期间不洗脸、不理发、不吃干饭。丧礼主要有："袭"，即给死者换新衣，旧衣烧掉；"含饭"；"殓"；"成服"，死者亲属穿丧服；最后进行吊丧和举行葬礼，把棺材放进丧舆里抬到墓地。下葬前由风水先生选择墓地。下葬后在

（接上页）2010 年第 2 期；玉丰《赫哲族的饮食风俗》，《食品与健康》2002 年第 2 期；张驭寰《黑龙江赫哲族民居："撮罗子"和"干阑式"房屋》，《中华建筑报》2004 年；李伟佳等《浅谈赫哲族的交通习俗》，《黑龙江民族丛刊》1998 年第 1 期；王冰《赫哲族的宗教信仰及婚葬习俗》，《龙江春秋——黑水文化论集之四》，2006 年。

坟前放供品,祭祀连续三天。一个月后举行"殡所",三个月后举行"百日祭祀"。一周年举行"小祥"祭祀,三周年举行"大祥"祭祀。

文学与艺术。朝鲜族民间文学有以下几种:神话,包括图腾源神话、卵生感生神话、开天辟地神话、巫俗神话等;民间传说,主要有人物传说、史实传说、风物习俗传说、星宿传说等;民间故事,大致分为幻想故事、生活故事、机智人物故事、动物故事等;民谣,按所反映的题材分为劳动歌谣、爱情歌谣、生活世态歌谣、轮舞歌谣、仪式歌谣等。朝鲜族曲艺有漫谈、盘索里。传统音乐分为民间音乐、乡乐、唐乐、雅乐。朝鲜族乐器有数十种之多,主要有:吹管乐器,包括横笛、筒箫、草匹力、太平箫等;拉弦乐器,有奚琴、牙筝等;弹拨乐器,有玄琴、伽倻琴等;打击乐器,包括杖鼓、手鼓、圆鼓、抬鼓、大鼓、朝鲜族大锣、大金、小金等。朝鲜族民间舞蹈较流行的有农乐舞、长鼓舞、扁鼓舞、僧舞、扇舞、拍打舞等。建筑艺术方面,体现其民族特色的是传统的宫殿寺院建筑,为大屋顶型,分为悬山顶、庑殿顶、山顶三大类。朝鲜族传统绘画艺术是墨画,笔法细腻,线条繁杂,色彩多样,内容以山水、禽兽、人物为主。

科学技术。医药学方面,朝鲜族著名医学家李济马创立了"四象医学"理论。朝医学以"四象医学"为基础理论,根据"天、人、性、命"四者间对立统一的整体观,来解释自然界、社会与有机体之间的关系。朝医学在用药上主张"药物归象,按象用药,辨象施治,随症加减"的用药原则,四象方剂分为太阳人方剂、少阳人方剂、太阴人方剂、少阴人方剂四大类,不可混用。朝鲜族酿酒技术有以糯米为原料制的米酒、以大米为原料制的清酒、以玉米为原料制的浊酒。朝鲜族制酱技术普及到每个家庭,他们用大豆和辣椒制各种豆酱和辣酱,并制作各种酱菜。

教育与体育。朝鲜族旧式书堂继承了过去的教育传统、教育内容和教育形式,教授《千字文》《童蒙学习》《大学》《中庸》《论语》《孟子》等语言文字与封建伦理道德。朝鲜族传统体育有摔跤、荡秋千、跳板、象棋等。[1]

六、达斡尔族

清代，达斡尔族主要分布于漠南蒙古北部和黑龙江北部地区，主要聚居区在大兴安岭和嫩江流域。该地区自然资源丰富。

宗教信仰。达斡尔人信奉萨满教，同时供奉、祭祀众多神灵，如天神、地神、山神、河神，祭祀祖先神等。

衣食住行。达斡尔人冬季主要以狍皮袍为主。春秋狍皮袍用立夏前后的狍皮制作。此外还制作皮坎肩、皮裤、皮套裤。皮袍外穿马褂。冬天戴各种皮帽，夏天戴毡帽和凉草帽。妇女冬天戴平顶帽或双缨帽，夏天戴头巾。妇女还头上插花，戴金、银或玉耳环。夏天穿布筒靴子，冬天穿皮筒靴子。达斡尔人的主食主要是稷子和荞麦制成的食品。蔬菜品种很多，冬天有腌制储存、入窖储存与晒干储存等。肉食中有牛、羊、狍、禽兽肉等。鱼类也是重要的副食。奶是不可缺少的饮料，还有很多奶制品。达斡尔每户人家都有庭院，除正房外，还有厢房。庭院内有牛、马、羊、猪圈。正房多为二间，也有三间或五间。房用木立柱，墙用土垡子、塔墩子或土坯砌成。房顶呈人字形。房南面开三扇窗户，西面开两扇窗户。设西窗是达斡尔人房屋一大特点。达斡尔人的陆路交通工具有马、马车、牛马、大轮车、雪橇等，水上交通工具有木船、独木舟和小木筏。

---

[1] 本部分内容，参阅吴相顺《中国朝鲜族文学史》，民族出版社 2007 年版；中国朝鲜族音乐研究会《中国朝鲜族音乐文化史》，民族出版社 2010 年版；车铁范《朝鲜族的民间舞蹈》，《中国档案报》2001 年；一鉴《朝鲜族美术史略》，《新美术》1994 年第 1 期；金雪花《浅论朝鲜族民间工艺美术》，《科技信息》2012 年第 8 期；卢得子等主编《朝鲜族医药学》，云南民族出版社 1995 年版；丁月牙《社会变迁中的朝鲜族传统文化教育》，《中国民族教育》1999 年第 4 期；陈立华《朝鲜传统体育文化的人类学研究》，《沈阳体育学院学报》2011 年第 1 期；许晶玉《延边地区朝鲜族服饰文化探析》，东北师范大学 2011 年；徐禹彤《论朝鲜族饮食及其文化特征》，《理论界》2009 年第 10 期；李之吉《吉林朝鲜族传统民居》，《小城镇建设》1998 年第 5 期；郑梅《朝鲜族的婚姻及婚姻观研究》，中央民族大学 2004 年；丁甫秀《浅析朝鲜族传统丧葬礼俗与儒家文化》，《民族教育研究》2012 年第 6 期；杨璐《浅析朝鲜族宗教信仰特征》，《青年文学家》2010 年第 20 期。

婚丧习俗。达斡尔族实行严格的一夫一妻制,择偶时重视门当户对。婚姻靠父母之命、媒妁之言,也有指腹为婚的。达斡尔族男女结婚年龄规定,女方为 17、19 奇数,不宜偶数结婚,也不可在母亲生女儿那个年龄结婚;男方一般在 20 岁左右。举行结婚仪式前一两天,新郎要骑马到岳父家迎亲。到岳父家后,当晚在女方家合房。第二天,由娘家三对男女、一对男孩及本氏族人组成送亲队伍,新娘坐上华丽的篷车,由新郎骑马引路。沿途遇上井,要用红布盖上;如中途休息,生火烤肉野餐,碰到任何人,要请喝喜酒。当新娘到达男家门前时,男方父母及宾客在大门口迎接。婚礼仪式和宴席结束后,宾客当天都在新郎家留宿。次日早晨,新郎家要招待客人吃带汤的水饺,早餐后举行赛马,中午吃手扒肉,午后送亲人返回。新郎提前出发,在他们归途等候,再次向他们敬酒以示感谢。达斡尔族人死后,洗理、穿寿衣,脸上盖白纸或白布,在其胸前置一镜子,左边放着烟袋。亲友前来吊丧时,要给遗体行装烟礼。入殓时将遗体连同褥子一起抬起,从东向西转三圈再抬出屋。遗体先放在棺材板上,让死者最后看阳间一眼,然后装入棺材,死者生前生活用品置于棺中。治丧行孝都有一套礼仪。达斡尔人除土葬外,还有火葬和风葬。

文学与艺术。达斡尔族口传的民间文学分为神话传说、民间故事、祝赞词。民间艺术有表演艺术和造型艺术,表演艺术有舞蹈、民歌、山歌等。音乐分为声乐和器乐,声乐有札思、勒曲调,器乐有口弦琴。造型艺术有雕刻、绘画和刺绣:雕刻有木刻、桦树皮雕刻与骨刻;绘画是在室内隔扇、门框、坑柜和器皿上画山水、花卉、飞禽、走兽等,画师还绘制神像等;达斡尔妇女从十三四岁起即学绣花,她们的鞋、手套、枕头、烟荷包、衣服上都绣着花,刺绣又分平绣、贴布绣、折叠绣等。

科学技术。达斡尔人从实践中学会用草药医治疾病,形成民间医学。如用白艾草的温水泡洗患处,或用布包煮热的白艾草敷患处,治疗关节炎或疮癣;用柳蒿芽炖菜,可解热、顺气、助消化;饮用升麻煮的水,治腰腿胳膊病;饮用蝙蝠草煮的水,治尿血症;等等。此外,民间还用拔罐、扎针等方法治疗一些常见病。

教育与体育。达斡尔人重视教育。在达斡尔地区创办学校始于康熙三十四年(1695)在墨尔根设立的满文学堂。雍正九年(1731),设立布特哈地区的满文学堂。乾隆九年(1744),在齐齐哈尔、墨尔根、瑷珲各设官学,达斡尔八旗各佐领派一名儿童入学学满文,后来达斡尔族学生人数逐渐增加。嘉庆元年(1796),黑龙江将军永琨选齐齐哈尔八旗子弟20人学习汉文。达斡尔族传统体育项目主要有曲棍球、射箭、摔跤、板棍子、比赛颈力、下围棋、踢牛毛球等。[①]

第八节　其他少数民族(二)

一、东乡族

清代,东乡族分布于甘肃南部地区,主要聚居在河州(今临夏)东乡一带。蒙古军西征时,中亚一些"撒尔特"人迁至东乡。此后,在长期的历史过程中,逐渐融合了当地一部分蒙古族、汉族、藏族,从而形成了东乡族。

宗教信仰。清代前期东乡族伊斯兰教兴盛,有五大派系、十门宦。五大派为:嘎的林耶、库不林耶、哲赫林耶、虎非林耶、伊赫瓦尼。十门宦为:大拱北门宦、海门门宦、花寺门宦、张门门宦、沙沟门宦、穆夫提门宦、胡门门宦、北庄门宦、丁门门宦、风门门宦。

衣食住行。东乡族男子服饰上衣中间开口,一排整齐的布挽纽扣,领

---

① 本部分内容,参阅赛音塔娜·托娅《达斡尔族文学史略》,内蒙古大学出版社 1997 年版;莫日根迪《达斡尔族之宗教信仰》,《内蒙古社会科学》1981 年第 3 期;毅松、闫沙庆《达斡尔族传统婚姻习俗》,《黑龙江民族丛刊》2000 年第 1 期;刘世一《达斡尔人的婚丧习俗》,《民族大家庭》1998 年第 6 期;宋明洁《新疆达斡尔族传统音乐文化的历史变迁研究》,新疆师范大学 2010 年;曹晓凤《达斡尔歌曲的形成与发展》,《剧作家》2007 年第 3 期;朱艳雁《达斡尔族舞蹈的流变与传承》,哈尔滨师范大学 2010 年;鲁静《达斡尔族传统工艺美术研究》,内蒙古农业大学 2011 年;毅松《达斡尔传统科学技术初探》,《内蒙古社会科学(汉文版)》1994 年第 3 期;贾瑞光、胡艳霞《达斡尔传统体育文化研究》,《辽宁体育科技》2010 年第 4 期;倪超《达斡尔传统民居初探》,《黑龙江民族丛刊》2005 年第 2 期;孙明、孙艳《探寻达斡尔族饮食文化》,《齐齐哈尔日报》2005 年;毅松、涂建军、白兰《达斡尔族　鄂温克族　鄂伦春族文化研究》,《达斡尔族文化研究》第一章第四节"达斡尔族的教育",第二章第三节"服饰习俗"、第四节"居住习俗"、第五节"交通习俗",内蒙古教育出版社 2007 年版;齐勤《中国达斡尔族》,宁夏人民出版社 2012 年版。

高寸许。下穿黑色或浅蓝色的裤子,长齐脚踝。冬季披一件不挂面子的羊皮袄。喜戴号帽。所穿的袜子是用布缝制的套袜。鞋是家中自制的布鞋、麻鞋和皮鞋。"仲白"是男子喜欢穿的一种礼服。男子不蓄发留胡须。东乡族妇女戴盖头,盖头分绿、黑、白三种颜色。所穿袜子用黑布缝制而成。鞋子多为蓝、黑色。年轻女子鞋头绣花,还喜穿一种木底高跟鞋。东乡族女孩八岁开始留发,梳一条辫子,结婚后的妇女挽发髻,戴白帽,外罩盖头。东乡族主食有土豆、小麦、大麦、青稞等,副食有牛羊肉、鸡、鸭和蔬菜等。东乡族风味食品中,较著名的有空苦、米面窝窝、搅团、酥散、仲卜拉、馓子、罗婆弱、发子面肠、麦索儿、三香茶等。东乡族的庄窠(宅院)多依山而筑在较平坦的地方。或四面盖房,或三面盖房。房屋建筑除门窗、梁、檩、椽用木制外,其余均用泥土砌成。院墙为高约丈余的土墙。陆路交通方面,东乡族妇女出远门骑骡驴。交通运输主要靠人肩挑、背驮,或毛驴驮运。水路交通靠木船和木筏子。

婚丧习俗。东乡族普遍实行早婚,婚姻由父母包办。东乡族结婚经过缔婚和婚礼两个阶段,但整套婚姻礼仪非常烦琐。旧时东乡族存在着歧视妇女的"打三休"习俗,即只要丈夫向妻子连说三声"我不要你了",就算离婚,妻子也只能带走陪嫁的东西及个人用品,孩子不能带走;乳婴喂养大后也必须送回婆家。丈夫去世,寡妇可以转房,实行的是夫兄弟婚制,即丈夫的兄或弟可娶亡人之妻,若先夫无兄弟,其叔、伯之子亦可娶之。若本族内无继娶者,才能外嫁。丧葬方面,东乡族实行土葬、速葬,埋葬不隔夜。人死后,推举一位年长者主持治丧,将"埋体"净尸、包尸、将尸体放进"塔布",抬至清真寺举行殡仪,然后抬到墓地安葬。

文学与艺术。东乡族的民族文学有歌谣、谚语、花儿、叙事诗、民间故事、传说、寓言、童话等。民歌是东乡族民间音乐的主要组成部分,分为叙事歌、东乡号子、瑞斗拉、宴席曲等,东乡人还演唱小调和酒曲。东乡族的民间乐器有四弦、迷迷、什鸦。东乡族刺绣称扎花,图案多为花草鸟禽。雕刻主要有木雕和砖雕两种。家用铜器用錾花、雕镂、模冲、镶嵌等工艺。东乡族书法所书均为阿拉伯文,作品分中堂和条幅两种,书体有库林体、三一体、草体、美术体等 20 多种。民间绘画主要是板柜画和墙壁布兜画。

手工业技艺。东乡族的手工业有皮毛业、织褐子、擀毡、铁制、银饰、石雕、刺绣、磨坊、染坊、制盐、榨油坊等,其中以织褐子和擀毡最负盛名。

教育与体育。清代前期东乡族人幼时均受家庭教育,由老人给儿童讲民间故事、歌谣以及浅显的伊斯兰教知识等。青少年时期,少数人到清真寺接受经堂教育,学习较系统的、初级的伊斯兰教文化知识和阿拉伯文;大部分人则继续接受家庭教育,内容除传统文化外,还有社会生活、道德、礼仪、生产知识与技能,以及伊斯兰教文化知识等。家庭教师大多为自己的父兄、长辈,教育方式为言传身教。东乡族的体育项目主要有摔跤、当尕达之拿杜、咕咕杜拿杜、赛马、跳跎跎、踢毛牙、打秋千等。①

二、土族

清代,土族主要分布于青海省,主要聚居在青海省黄河、湟水谷地。土族是以古代吐谷浑人后裔为主,吸收蒙古族、藏族等,在长期的历史发展过程中逐渐形成的。

宗教信仰。清代土族主要信奉藏传佛教中的格鲁派、萨迦派(花派)、宁玛派(红派)、噶举派(白派),还信奉萨满教、苯教、道教、儒教以及地方神。

衣食住行。服饰方面,土族男子一般戴红缨帽和毡帽。衣服穿小领斜襟长衫。还有穿绣花领高约三寸的白色短褂,天冷时领子上衬以羊羔皮。外套坎肩,腰系花头腰带,小腿扎绑腿带。冬天下雪时,男子一般穿

---

① 本部分内容,参阅马自祥《东乡族文学史》,甘肃人民出版社 1994 年版;杨鸣键《东乡族民歌》,《中国音乐》1985 年第 4 期;马自祥等主编《东乡族文化艺术研究》,第十三章“民族艺术”、第十四章“民族工艺”、第十六章“伊斯兰教音乐与书法”,民族出版社 2009 年版;马福元、杨宏峰《中国东乡族》,第二章第四节“居住习俗”、第四章第六节“丧葬习俗”,宁夏人民出版社 2012 年版;古燕昕《东乡族传统服饰》,《人民日报(海外版)》2001 年;白晓荣《兰州东乡族食俗文化的特点》,《群文天地》2013 年第 1 期;常精彩、陈晓花《东乡族婚俗探析》,《北华大学学报(社会科学版)》2010 年第 3 期;杨旺《东乡族传统体育文化研究》,华中师范大学 2011年;张国艳、朱永明《东乡民族文化与教育》,《甘肃科技纵横》2009 年第 3 期;李秋衫《东乡族的宗教信仰》,《时代报告》2012 年第 2 期。

大领白板皮袄。鞋子为双楞子鞋和福盖地鞋。妇女一般穿绣花小领斜襟长衫，两袖由七色彩布圈做成。花袖长衫上套坎肩，腰系布带。妇女带额带，头戴卷边毡帽，足穿"过加""花云子鞋""腰鞋"。喜欢戴耳坠和项圈。土族饮食以青稞、大麦、土豆、小麦制作的面食为主，还喜欢喝奶茶，吃酥油炒面、手抓肉等。特色食品有薄适左、盘馓、馓子、千层月饼、沓呼日、哈流、哈力海、炉食、奶糊、礼馍、麦仁饭、空食、西买日等。土族住宅修在靠山向阳的地方，每家有一处庭院或四合院。房子多为平房，系土木结构。土族交通工具多为马车、牛车和畜驮，水上交通主要靠皮筏和木筏。

婚丧习俗。土族婚姻形式主要有包办婚、相奔婚、服役婚、掠夺婚、交换婚和招赘婚。婚姻经过缔婚与婚礼两个阶段。婚礼一般经过娶亲、送亲、结婚、谢婚等程序。土族还有一种特殊的"戴天头"婚俗。土族不同地区丧葬习俗不同，但总的来说，不外天葬、火葬、土葬、水葬。其中，火葬程序和礼仪最复杂。

文学与艺术。土族民间文学大致分为民歌、叙事长诗、民间故事、寓言、神话传说、谚语、格言、赞颂词等。民歌有家曲和野曲两大类：家曲有问答歌、婚礼歌、赞歌、儿歌等；野曲又称山歌，分为传统情歌和花儿两类。土族音乐主要是民间歌曲，也分为家曲与野曲两大类：家曲有传统婚礼曲、叙事长诗曲、问答歌、赞歌、民间圆舞曲等；野曲有阿柔洛与花儿令（调），花儿令有"好花儿令""杨柳姐令""孕连手令""阿姐令""马营令"等十六七种之多。土族舞蹈有安昭舞、婚礼舞、嘎尔舞、於菟舞、杀虎将等。工艺美术方面，土族民间刺绣艺术品种多样，造型优美，分为刺绣与堆绣两大类。刺绣又分为绣花、盘线、拉线、挑线、挂线等。建筑和雕刻是土族的传统艺术。土族的住宅墙壁上、寺院栋梁和门窗上，都绘着或雕刻着象征牛羊健壮与五谷丰登的图案。

教育与体育。在科举制度方面，清代土族中"博通经史之士"考中秀才，举人甚至进士者不乏其人。土族地区建有许多佛教寺院，入寺做喇嘛的儿童和成年人一般都要在寺庙内接受教育和学经生活。兹以土族地区最大的互助县佑宁寺为例加以介绍。佑宁寺学经生活分为七个阶段。每年七月一日到十五日举行考试,当年未能轮上考试者,第二年再考。每年七月二十五日到三十日考取"尕布齐"两人。"尕布齐"是一种学完显宗全部课程的考试,及格者即为"尕布齐",亦即寺院的"多仁巴"。考试方式是参考者在五天之内,要由全体喇嘛轮流考问,每天考三次。以上是佑宁寺的参尼扎仓(显宗学院)的学经制度。佑宁寺居巴扎仓(密宗学院)的学经制度与生活纪律较严。进入居巴扎仓学经的喇嘛年龄须在十五六岁以上,并由显宗学经部门毕业。学经期间,每天要到经堂念经两次,每次三四个小时。居巴扎仓毕业考取"俄格仁巴",即可到小寺院去做法台(寺院住持)。土族体育项目主要有轮子鞦、赛马、赛牦牛、武术、台毽巴嘎、罕跃、喇吗跃。①

三、保安族

清代,保安族主要分布于甘肃积石山一带,聚居地在小积石山东麓。保安族是以元朝中亚色目人为主,融合回族、藏族、蒙古族、汉族等,在长期的历史发展过程中逐渐形成的。

宗教信仰。伊斯兰教是保安族全民信仰的宗教。清初,伊斯兰教苏菲派传入中国并形成门宦以后,保安族主要信奉嘎的林耶教派的崖头门宦和高赵家门宦,少数信奉花寺门宦和伊赫瓦尼。

---

① 本部分内容,参阅马光星《土族文学史》,青海人民出版社 1999 年版;蔡西林《土族民间文学概述》,《青海民族学院学报(社会科学版)》1990 年第 4 期;马占山《土族民间音乐介绍》,《人民音乐》1982 年第 2 期;尕藏达杰《浅谈土族民间舞蹈的种类及其律动特征》,《甘肃高师学报》2008 年第 3 期;高岩、鄂崇荣《土族传统教育的内容、途径和功能》,《青海民族大学学报(社会科学版)》2012 年第 1 期;何志芳《土族传统体育文化研究》,青海师范大学 2010 年;吕霞《土族服饰及审美文化内涵——土族审美文化研究之二》,《青海民族研究》2001 年第 1 期;园林《青海土族饮食文化》,《青海民族研究》1995 年第 3 期;秦永章《土族传统民居建筑文化刍议》,《青海民族研究》1996 年第 1 期;园林《青海土族婚俗文化》,《青海民族研究》1996 年第 1 期;园林《青海土族的丧葬文化》,《青海民族研究》1996 年第 3 期;鄂崇荣《浅析土族民间文化中的多重宗教信仰》,《青海社会科学》2002 年第 5 期;岳莹莹《刍议土族文化与艺术》,《神州》2013 年第 35 期;张生寅等《中国土族》,宁夏人民出版社 2012 年版。

衣食住行。保安族人男女冬季均穿长皮袍,戴各式皮帽;夏、秋穿夹袍,戴毡制喇叭形高筒帽;系各色丝绸腰带,并带有小装饰物。保安族主食以馒头、面条、搅团、散饭等面食为主,食牛、羊肉。喜饮茶。具有民族传统风味的饮食有塔合日、布拉毛合、索斯曼统、它嗯代格德木、待格热、挖麻茶、麦仁茶、冰糖窝窝茶等。旧时,保安族房屋多为低矮的平房泥房,房屋四周筑有四米左右高的围墙,一家一院。院内由堂屋、灶房、客厅、圈舍组成。旧时保安族地区交通十分不便,仅有明代遗留下来的驿道和水运。驿道仅能步行或骑马,道路十分艰险。水路运输工具只有皮筏子,而没有船只。

婚丧习俗。旧时保安族主要是包办买卖婚姻。早婚现象较普遍,通常男子 17 岁、女子 15 岁即可成婚。婚姻经过缔婚与婚礼两种程序。而结婚礼仪程序非常烦琐。保安族实行土葬、速葬。尸体埋在土坑里,不用棺木。保安族葬礼,按伊斯兰教教规举行。到清真寺行殡礼,阿訇带领人虔诚地念祈祷词。礼毕,将尸体抬往墓地安葬。殡葬时,亡者家属不穿孝服,不用任何物品陪葬。将亡人的衣物分送给阿訇、亲友或家境贫困的人。

文学与艺术。保安族民间文学以口头文学为主,有花儿、谚语、宴席曲、民间故事、劳动号子等。民间故事是保安族的文化珍品,包括童话故事、传说故事、幽默故事、寓言故事等。保安族民间音乐以民歌为主,大多采用汉语演唱,分花儿和宴席曲两大类。在花儿中,保安族有自己特有的曲调"保安令"。宴席曲包括叙事曲、五更曲、散曲、酒曲、打调等。保安族经常使用的乐器有笛、箫、唢呐、筢筢、二胡、四弦、四瓦等。保安族舞蹈主要有扇子舞、斗来舞、保安腰刀舞、克依卡哈德舞等。

手工业技艺。保安族有冶铁、制作腰刀等技艺。除腰刀外,还制作镰刀、铁铲、铁锹、镢头、斧头、剪刀、菜刀、勺子、门扣等铁器产品。在保安族冶铁业中,腰刀占有重要地位。传统手工艺品保安腰刀,以其工艺精巧、美观大方、刀刃锋利、经久耐用、携带方便而深受西北各民族的欢迎。保安腰刀品种繁多,有十样锦、波日季、雅五其、满把、双落、扁鞘、细螺、双刀、哈萨刀、蒙古刀等。其中以十锦样最为精致,以波日季最负盛名。

教育与体育。清代前期保安族教育的主要形式是家庭教育。具体教育内容有生产生活经验教育、社会规范教育、传统文化教育等。男子以学习农业劳动生产技术为主,女子以学习家庭生产劳动为主。从事商贩业和冶铁、打刀等手工业的家庭,长辈把经商、冶铁、制刀技术传授给下一代。社会规范教育,是以长辈言传身教的方式,对后辈进行宗教信仰、民族礼仪、伦理道德、礼尚往来的教育。传统文化包括口头文字、传统体育、节庆活动、工艺美术等,都是世代传授的内容。保安族民间传统体育项目有射箭、打五枪、抹旗、甩抛尕、抱腰赛、摔跤、打蚂蚱、拖棍、拉爬牛、保安刀术、塔石纳特等。①

四、哈萨克族

清代,哈萨克族主要分布于新疆北疆的北部地区,聚居地处于准噶尔盆地和伊犁盆地。辽阔的草原水草丰美,适宜畜牧业生产。

宗教信仰。哈萨克族旧时有图腾崇拜、自然崇拜、动植物崇拜,信奉萨满教与伊斯兰教。至 18 世纪时,伊斯兰教已占统治地位。哈萨克族伊斯兰教的特点是淡薄性、兼容性。

衣食住行。清代哈萨克男子所穿衣服名为"袷袢",圆襜窄褉,不结纽,长施于膝,敞前襟,以左衽掩腋,束以皮带,右佩小刀。冬季则穿皮裘。妇女衣较长,当胸纯以金丝编绪,缀以环钮;连衣裙下围如绕领,其长曳地。男子冬季戴尖顶四棱皮帽,夏秋两季多戴白毡或黑平绒制作的分瓣翻边

---

① 本部分内容,参阅裴亚兰《保安族民间文学研究》,陕西师范大学 2009 年;戴新宇《浅谈保安族舞蹈的形成与特点》,《黄河之声》2012 年第 15 期;李燕青《保安族教育史略》,《民族教育研究》1993 年第 1 期;李国锋《保安族传统体育文化研究》,《军事体育学报》2013 年第 3 期;猴文学《保安族宗教信仰研究》,西北师范大学 2005 年;勉卫东《趣谈保安族婚俗》,《中国民族》2009 年第 4 期;时佳《保安族服饰研究》,北京服装学院 2012 年;马少青、杨宏峰《中国保安族》,第二章第二节"饮食习俗"、第四节"居住习俗"、第五节"交通习俗"、第三章第二节"民间科技"、第四节"民间工艺"、第七节"民间歌舞艺术"、第四章第七节"丧葬习俗",宁夏人民出版社 2012 年版;《保安族简史》编写组《保安族简史》,第七章第五节"美术与书法创作"、第六节"乐器",民族出版社 2009 年版;马君《保安族花儿略论》,《西北第二民族学院学报(哲学社会科学版)》2007 年第 5 期;马少青、马沛霆《保安腰刀》,甘肃人民出版社 2009 年版。

帽。女子戴方顶阔檐皮帽;嫁后以花巾斜系头上。男女均穿皮靴,都有套鞋。妇女靴比较窄小,有木高跟。妇女喜欢各种头饰与首饰。哈萨克传统食物分为奶类、肉类、米面类三种。奶类食品由羊奶、牛奶、马奶、骆驼奶等制成,主要有奶茶、酸奶、奶疙瘩、奶豆腐、酥油、奶皮、马奶子(发酵的马奶)等。肉类主要是羊肉、牛肉、马肉、骆驼肉以及野生动物肉。米面类食物有馕、包吾尔萨克、馓子、油饼、蒸饼、面条、抓饭、炒小麦、小麦饭、小米饭等。传统的哈萨克住宅主要是毡房,普通毡房由围墙、房顶、天窗、门四部分组成,材料主要是木骨架和围毡。哈萨克族牧民春、夏、秋三季均住毡房。冬季如是林区,构筑木屋;其他地方多用土坯或石块砌墙盖房。

婚丧习俗。哈萨克族婚礼包括订婚仪式、"吉尔提斯"仪式、登门仪式、出嫁仪式、迎亲仪式等,每一道程序礼仪都很烦琐,并唱不同歌曲,伴随一些娱乐活动。清代哈萨克丧俗,亲死不居丧、不奠祭,惟哀举而已。死则速葬,不隔夜。死后,净水洗尸,细白布密绵,不用棺木,葬于土穴中,垒土为墓,或圆如蒙古包,或长方如棺形。未葬,众不得食。40 日内皆诵经。死者亲属 40 日内不出门,不宴乐。

文学与艺术。哈萨克族的民间文学有神话传说、民间故事、民歌、民间叙事诗。表演艺术方面,舞蹈分为歌舞和乐舞两种,内容上有马舞、劳动舞、狩猎舞、鹰舞、习俗舞等。乐器有冬不拉、库布孜、斯布斯额等,其中最流行的是冬布拉。乐曲主要有三类:一是赞美山、水、草原与家乡,二是描写草原上各种牧畜和禽兽,三是表现人和动物遭到不幸时的情景。哈萨克人在器物与装饰品上雕刻或刺绣各种图案。民间最基本的图案有日月星辰、动物、花卉、树木、旋涡状、流水状、云头状、三角形、弓形、折线形及其他几何图案。

科学技术。手工技术方面,哈萨克人用牲畜毛制作围毡、篷毡、花毡、地毡、褥毡、毡被、挂毯、毡袜、毡衣等。皮革加工也有专门的技术,他们用各种动物毛皮加工成生产、生活用具以及衣物。哈萨克族用畜骨、畜角制作各种生产与生活用品,上刻各种精美图案。他们用硬木制作各种生活用品及乐器,做工精细,并雕有花纹或漆有彩色图案。金银匠和铁匠技术也很高,他们用金、银、铁、宝石等制作妇女首饰、衣饰及生产、生活用品,并装嵌各种精美图案。哈萨克妇女刺绣技艺都很高超,主要有刺花、绣花、贴花、补花、挑花、印花、剪花、钩花、锻花等。许多日常生活用品都有刺绣。哈萨克族民间有专门医生,医术高明,并有独特的祖传秘方,为人和牲畜治病。

体育。哈萨克族的体育项目主要有叼羊、赛马、摔跤、马上角力、马背拔河、骑马抢布、飞马拾元宝、箭射元宝等。[1]

五、柯尔克孜族

清代,柯尔克孜族主要分布于新疆地区,其聚居地在南疆西南部。乾隆二十二年(1757),柯尔克孜族协助清军平定准噶尔叛乱,归顺清朝。此后,天山以北柯尔克孜族称"东布鲁特",以南称"西布鲁特"。

宗教信仰。柯尔克孜族信仰有图腾崇拜、巫术、自然崇拜、动植物崇拜,信奉萨满教、喇嘛教、伊斯兰教逊尼派。

衣食住行。柯尔克孜族衣服的种类有内衣、外衣、白皮大衣、布皮大

---

[1] 本部分内容,参阅木拉提《古代哈萨克族的宗教信仰》,《新疆社科信息》2010年第4期;续西发《哈萨克族的风俗习惯》,《新疆地方志》2005年第3期;李辛龙《新疆哈萨克族服饰文化研究》,新疆师范大学2015年;杨文娟《新疆哈萨克族饮食文化特色的成因分析》,《和田师范专科学校学报》2011年第1期;塞尔江·哈力克《新疆哈萨克传统民居文化》,《第六届海峡两岸传统民居理论(青年)学术会议论文——中国民居建筑年鉴(1988—2008)》;库兰·尼合买提《中国哈萨克族传统文化研究》,新疆人民出版社2007年版;毕得《哈萨克族民间文学概论》,中央民族学院出版社1992年版;多里坤·阿米尔《哈萨克族婚俗》,《民间文化论坛》2011年第4期;加娜尔·加汗《哈萨克族丧葬习俗》,《新疆社会科学》1998年第2期;王颖《哈萨克族民间音乐概述》,《民族音乐》2013年第3期;周菁葆《丰富多彩的哈萨克民间乐器》,《乐器》1985年第6期;汤努儿·阿不都哈力、沙依拉古丽·苏兰曼《试论哈萨克民间舞蹈的形成与发展》,《艺术时尚(下旬刊)》2014年第8期;李安宁《新疆民族民间美术》,新疆人民出版社2006年版;张建琴《浅析哈萨克民间图案艺术》,《民间文艺》2014年第10期;保尔江·欧孜拉《哈萨克族手工艺文化》,新疆美术摄影出版社2012年;努巴河提·斯马胡勒、巴合达吾列提·阿力太《哈萨克族医学概论》,中医古籍出版社2010年版;李儒忠《我国哈萨克族教育的历史与现状》,《新疆大学学报(哲学社会科学版)》1994年第3期;张兆等《哈萨克族传统体育文化探源》,《沈阳体育学院学报》2015年第4期。

衣、毛织长衣等。衣饰男女老幼有别,主要表现在式样和颜色上。妇女爱穿各种裙子。妇女的大衣也有多种,一种为丝绒大衣,一种为毛织大衣,一种为冬季皮大衣,不同年龄段颜色不同。下装夏天穿布质长单裤,春天穿用羊毛、驼绒织的双层布裤,冬天穿各种皮裤。男女都喜欢穿坎肩。男子头饰主要有毡帽和皮帽。妇女头饰分为发式、帽、头巾和首饰。妇女的发式与头饰可区别婚否。妇女的首饰主要有金银耳环、项链、戒指、手镯等,姑娘还喜欢在小花帽上饰红绿宝石和珍珠。柯尔克孜人的鞋、袜种类很多,姑娘和年轻妇女在鞋面绣花或各色图案,并镶上玛瑙、珍珠等。柯尔克孜族的饮食主要有肉类、奶类和谷面类。肉类食物主要有羊肉、牛肉、马肉、骆驼肉、野羊肉、鱼肉等。食用方法主要有煮、烧烤、熏三种。奶类主要有羊奶、牛奶、马奶等。奶类食物又分饮食类和吃食类,饮食类有奶茶、鲜奶、酸奶、马奶子(马奶酒)、骆驼奶等,吃食类主要有奶豆腐、奶疙瘩等。谷面类食物主要有馕和奶油米饭。柯尔克孜人的住宅有毡房和简陋的临时毡房。冬季牧场有木房。农业与半农业牧区有用土坯或土砖垒砌的土房、用夯土筑造的土房、用草皮叠砌的土房。另外还有以石垒砌的石房;有以柳条编织成骨架,外涂用草和成的泥的篱笆房;窑洞房屋。柯尔克孜人传统的交通工具主要有马、骆驼、牦牛、滑雪板等。

婚丧习俗。柯尔克孜族婚姻有订婚仪式(指腹订婚、幼年订婚、成年订婚三种)、认婚仪式、结婚仪式,结婚仪式比较烦琐。柯尔克孜族葬礼有停尸吊唁、净身、出殡、祭祀四种程序。

文学与艺术。柯尔克孜族民间文学主要有神话传说、长诗、民歌、民间故事等。在造型艺术方面,柯尔克孜族的生产、生活用品和各种装饰品上都有通过各种方式塑造的图案,可分为七类:野兽家畜类、飞禽昆虫鱼蛙类、自然现象类、兵器工具类、几何图形类、树木花草类、生活用品类。这些图案是通过刺绣、绘画、雕塑、编织等方法实现的。表演艺术方面,乐曲和乐器是音乐的两个重要组成部分。乐曲分为有歌词乐曲与无歌词乐曲,又有大曲和小曲。乐器中最具民族特色的是弹拨乐器考姆孜和拉弦乐器克雅克,打击乐器主要有"多兀勒"(手鼓)、"巴斯"(铜钹)、"邦达鲁"(腰鼓)、"当格拉"(小手鼓)。柯尔克孜族几乎人人能歌善舞。舞蹈形式有单人舞、双人舞、男女对舞、群舞等。舞蹈动作变化多样。

科学技术。柯尔克孜族有自己传统的民族医术和医药,具有独特的民族医疗法和医药体系。民间有不少秘方,如用"莫约日约克苏"治疗外伤、过敏性皮炎等,用狼胆、熊油治疗高山常见病等。柯尔克孜族金、银、铜冶炼与制造技术达到相当高的水平。

体育。柯尔克孜族体育主要有叼羊、赛马、追姑娘、马上角力、摔跤、飞马拾元宝、飞马射元宝、马上比武等。[①]

六、塔吉克族

清代,塔吉克族分布于新疆,聚居地在南疆塔什库尔干地区。17世纪后期至19世纪,塔吉克族逐渐形成。

宗教信仰。塔吉克族信仰有图腾崇拜、巫术、自然崇拜,信奉祆教、佛教、伊斯兰教。

衣食住行。塔吉克男子喜欢穿无领对襟的长外套,冬天再加一件羊皮大衣。腰系腰带,右侧挂一把小刀。头戴高筒圆帽。妇女喜欢穿颜色漂亮的连衣裙,在裙边、袖口、领口绣上美丽的花纹。内穿衬布长裤和背心,连衣裙外套黑绒面背心。已婚青年妇女常佩胸饰、项链、耳环和发

---

① 本部分内容,参阅杨伟林《新疆柯尔克孜传统体育文化研究》,《军事体育进修学院学报》2012年第4期;房若愚《柯尔克孜教育历史、现状与对等研究》,《新疆大学学报(哲学社会科学版)》2005年第1期;周菁葆《柯尔克孜族音乐舞蹈》,《新疆艺术学院学报》2009年第4期;巴特尔《柯尔克孜族的乐器》,《民族团结》1994年第5期;居素普·玛玛依、尚溪静《新疆柯尔克孜族口头文学》,《新疆社会科学》1983年第2期;朱玛克·卡德尔《柯尔克孜族婚礼》,《帕米尔》2006年第3期;阿斯卡尔·居努斯《柯尔克孜族的饮食文化》,《帕米尔》2006年第2期;伊人《柯尔克孜族的居住习俗》,《帕米尔》2006年第3期;楼望皓《柯尔克孜族的服饰》,《新疆人大(汉文)》1997年第5期;托丽娜依·达列力汗《新疆柯尔克孜宗教信仰研究》,新疆大学2010年;波·少希《黑龙江省柯尔克孜族研究概述》,《黑龙江民族丛刊》2011年第2期;阿地里·居玛吐尔地《中国柯尔克孜族》,宁夏人民出版社2012年版。

饰。妇女的头饰、发饰有年龄与婚否的区别。男女的鞋和袜基本相同。一般穿长筒皮靴,红色软底,鞋尖向上翘。袜子多为长筒毛线袜,冬季穿长毡袜。塔吉克族的食品具有民族特色,各种食品多与牛羊、奶、酥油等分不开。奶茶和馕是最基本的食物,如奶粥、奶面片、奶面糊糊、酥油泡馕、奶酪、抓饭、手抓肉。此外还有奶干、酥油奶糊、油面糊、面糊糊、油饼、汤面条等。在肉食方面,塔吉克族有种种习惯与禁忌。他们吃绵羊、山羊、牛、骆驼、野羊、鱼、鸡、鸭、鹅、雪鸡、鸽肉等,不食马肉、不喝马奶;忌食猪、狗、狼、熊、狐狸、旱獭、兔、猫等动物肉,忌食所有动物的血。凡可食之动物,宰杀前需祈祷;未经宰杀而死亡的动物,一般不吃。塔吉克族住宅有农、牧民之分。牧民大多在谷地的村落中建有固定的住宅,房屋为土木结构,一般为正方形的平顶房。一座房屋基本上是一个大房间,一家人住在一个大房间内。放牧期间,有的牧民住蒙古包或毡房,有的则住在山上长方形的小土房中。农区房屋呈方形或长方形,分间,房屋较小,每间居室都有壁炉。四面墙上大多开壁龛,盛小件物品,一家人分住在不同房间。

婚丧习俗。塔吉克婚礼有三个程序:订婚、击鼓祝福仪式、结婚仪式。传统订婚形式有两种:一种是成年订婚,订婚年龄一般是男十五六岁、女十三四岁,订婚后不久即举行结婚仪式;一种是童年订婚,是在男女未成年时订婚,有的甚至在几岁时,双方父母便为其订婚。结婚前二天,男女双方分别举行击鼓祝福仪式,否则不得举行结婚仪式。结婚仪式历时三天,每天有不同的礼仪程序。塔吉克族的丧葬仪式有净身、吊唁、出殡、入葬、灯祭、乃孜尔(为哀悼亡灵请阿訇念经祭祀的活动)、除孝七项程序。

文学与艺术。塔吉克民间文学有神话传说、诗歌等。表演艺术方面,塔吉克人都喜欢跳舞,舞蹈形式主要有恰甫苏孜、拉泼依、买力斯等,舞蹈节目主要有鹰舞、马舞、刀舞、木偶等。音乐分为乐器和乐曲。乐器有吹管乐器、拉弦乐器、弹拨乐器、打击乐器四类。吹管乐器是塔吉克族最具民族风格的乐器,主要有鹰笛和竖笛。弹拨乐器有库波孜、热布甫、塞依托尔、库木里、布兰孜库姆。打击乐器有"达夫"。乐曲有歌舞曲、弹唱曲、情歌曲、哀悼曲、羊曲等。造型艺术方面,塔吉克妇女一般都擅长刺绣、编织与图案制作。①

第九节　其他少数民族(三)

一、塔塔尔族

清代,塔塔尔族分布于新疆北部。从 19 世纪上半叶开始,塔塔尔族从俄罗斯逐渐迁徙到我国境内。

宗教信仰。塔塔尔人的信仰有图腾崇拜、巫术、自然崇拜、动植物崇拜和萨满教,信奉伊斯兰教逊尼派。

衣食。塔塔尔妇女的烹调技术闻名新疆。他们的主食有馕、包子、拉面、抓饭和"白里西"等。馕按形状分为窝窝馕和薄片馕两种;按使用的副料分为油馕和肉馕两种。包子分油煎包和蒸包两种。"白里西"的种类较多,常见的有三种:一种是把大米、面粉、牛奶、杏干等拌在一起,呈稠糊状,放入烤盘里烤熟,叫"古拜底埃";一种以南瓜为主要原料,加上大米和肉,拌以各种佐料,放入烤盘里烤熟,叫"伊特白西里";一种是把禽肉包在面中,放在烤盘里烤熟,叫"黑白里西"。副食主要有肉类食物和奶类食物。肉类食物有"开西米日"、"克孜都日米拉"、奶油酥鸡等。奶类食物中最重要的是奶茶,一日三餐离不开。牧区牧民还用牛奶、羊奶做成奶疙瘩、酥油等。果酱也是塔塔尔人的重要副食之一。塔塔尔人

---

① 本部分内容,参阅张小满《塔吉克族传统民间艺术》,《南风》2015 年第 32 期;杜红《塔吉克族民间舞蹈的文化阐释》,《舞蹈》2010 年第 9 期;西仁·库尔班《塔吉克族口头文学简析》,《民族文学研究》2006 年第 4 期;潘黎明《塔吉克婚礼:梦想之旅》,《中国民族报》2005 年;李立兴《塔吉克民居——调研与思考》,《小城镇建设》2000 年第 9 期;孙茜《新疆塔吉克族服饰艺术》,《现代装饰(理论)》2013 年第 8 期;西仁·库尔班《塔吉克族宗教文化浅析》,《中国穆斯林》2009 年第 3 期;段石羽《塔吉克族文化特征及其传统风俗》,《新疆大学学报(哲学社会科学版)》1994 年第 3 期;西仁·库尔班、马达力汗、段石羽《中国塔吉克》,新疆大学出版社 1994 年版;西仁·库尔班、阿布都许库尔·肉孜《中国塔吉克族》,宁夏人民出版社 2012 年版。

常用苹果、海棠、杏、红枣、葡萄干、草莓制作果酱。最有名的是以野生马林(树莓)为原料制成的"唐古来酱"和草莓酱。塔塔尔妇女还非常擅长做各种糕点和饼干。塔塔尔服饰很有特点。男女都喜欢戴帽,并将其视为一种礼节。夏季帽子分男女,男式帽子大多用黑、绿绸缎或平绒为面,金丝线绣花;女式帽子大多用红色金丝绒、咖啡色或棕色平绒为面,金丝线绣花。冬季戴黑色卷毛皮帽。女子大都喜欢戴镶有珍珠的小花帽。男子通常内穿白衬衣,外套黑色背心或对襟长衫。多数男子穿黑长裤,腰系绸缎或锦带。脚穿皮鞋或长筒靴。女子喜穿白衫衣,外穿白、黄、红套头连衣裙或半绸边长裙。喜穿长裤和高跟鞋或筒皮靴,并喜欢戴金银耳环、手镯、戒指、项链等。大多数人都有穿套鞋的习惯。

婚丧习俗。塔塔尔族传统婚礼一般须经过说亲、订婚、纳聘、完婚四种程序。而塔塔尔族完婚习俗别具一格。完婚仪式在女家举行。他们先把新郎"嫁"出去,然后再"娶"回家。新郎"出嫁"仪式很有趣。婚后,新郎不把妻子领回自己家中,自己反而定居在新娘家。新郎在新娘家居住时间长短不一,一般为一二个月,长的一年左右,有的甚至等到生过一个孩子后,再把妻子娶回家中。时过几个月或一年以后,媒人再次登门表示要把新郎新娘接回男方家。经双方商议选择良辰吉日,女方以"姑娘出嫁"名义、男方以"娶媳妇"名义,双方同时宴请宾客。新娘的母亲和亲戚陪新娘坐男方派来的马车到新郎家,并携带新娘所用的全部物品。塔塔尔族丧俗,人死后清水净身,身缠白布,在遗体上放一把刀或石头。禁止家属大哭,出殡时,将遗体放在灵架上。阿訇在净身屋前替死者祈祷赎罪,然后抬灵架送往清真寺举行丧礼仪式。随后将遗体送往墓地安葬。人死后的第3天、第7天、第40天、周年,均要举行祭祀仪式。祭祀之日,家属和子女均穿黑色衣服,包白头巾,并要宰牛杀羊。死者妻子在一年内须包白头巾,每天早晚唱挽歌。

文学与艺术。塔塔尔族民间文学有民间传说、诗歌、故事、谚语、谜语等,其中最普遍、最有代表性的是民歌。造型艺术形式主要有雕刻、彩绘、刺绣等,其图案以各种花卉和几何图案为主。塔塔尔妇女是刺绣的能工巧匠。其刺绣工艺分为丝线平绣、丝线结绣、"十"字花绣、"米"字花绣、钩花刺绣、挑花刺绣、串珠片绣等。表演艺术方面,民间舞蹈形式分为劳动舞蹈、节庆舞蹈、婚礼舞蹈、模拟舞蹈。民间歌曲主要有舞蹈歌曲和抒情叙事歌曲,还有少量器乐乐曲。乐器方面,弹拨乐器有曼多林、吉他儿等,吹奏乐器有二孔木笛、口弦,拉弦乐器有二弦琴和小提琴。[①]

二、俄罗斯族

清代,俄罗斯族主要分布于新疆北部地区。从 18 世纪前后开始,俄罗斯族逐渐移居到我国,而俄罗斯族大批进入新疆是在鸦片战争之后、沙俄加紧侵略新疆之时。

宗教信仰。俄罗斯族的信仰有图腾崇拜、巫术、自然崇拜。信奉东正教正派、巴布提斯特派、皮提吉夏特尼克派、苏包特塔克派、吉尔加克派。

衣食住。传统的俄罗斯服装,男子多穿制服、马裤和衣领上绣花纹的斜领宽袖白色衬衣,头戴呢帽或带耳罩的毛皮帽,冬天穿短皮衣或分叉的长皮袍。妇女喜穿色泽艳丽、绣有花边的连衣裙和自纺毛织裙。妇女头饰很有特色。少女头饰上端是敞开的,头发露在外面,梳成一条长长的辫子,并在辫子里编上色泽鲜艳的发带或小玻璃珠子。身穿连衣裙、百褶裙,戴漂亮的方头巾。已婚妇女把头发梳成两条辫子,盘在头上,再严严实实地裹在头巾或帽子里面,不露一根头发。妇女一般头披用绒线编织的头巾或方巾,冬天戴皮帽或呢帽,并将羽毛插在呢帽上作为装饰。妇女还喜欢戴

[①] 本部分内容,参阅楼望皓《塔塔尔族的服饰》,《新疆人大(汉文)》1997 年第 8 期;熊元元《塔塔尔族的饮食习俗》,《中国食品》1993 年第 10 期;楼望皓《塔塔尔族的婚俗》,《新疆人文地理》2012 年第 6 期;高永久《中国信仰伊斯兰教各民族丧葬习俗考》,《民族研究》1993 年第 2 期;雀斌、王建明《中国塔塔尔族音乐研究之回顾与理论思考》,《中国音乐》2010 年第 3 期;格拉吉丁·欧斯满《能歌善舞的塔塔尔》,《中国民族》1980 年第 2 期;南飞雁《塔塔尔族的美术》,《新美术》1993 年第 3 期;王金枝《新疆塔塔尔族原始崇拜研究》,新疆师范大学 2009 年;高娃编译《塔塔尔民间故事》,内蒙古教育出版社 2006 年版;热合甫·阿巴斯、周建华《中国塔塔尔族》,宁夏人民出版社 2012 年版。

耳环、项链、戒指等。俄罗斯族都爱穿皮靴或皮鞋。俄罗斯主食主要是扁长形的大面包,进餐时切成片状,涂上果酱或奶油,以咖啡或牛奶佐餐。也吃手抓饭、牛奶米饭、牛奶面条、馕、包子、饺子等。较有特色的是点心,有饼干、奶油饼干、夹心饼干、奶油蛋糕、果酱夹心蛋糕、小面包、夹心面包,还有一种用可可粉、鸡蛋、奶、糖等制作的点心。副食主要是蔬菜和肉类。他们爱吃的蔬菜有土豆、西红柿、洋葱、卷心菜等;肉食有牛、马、羊、鸡、鸭、鹅、鱼及禽蛋,具有俄罗斯风味的食品有熏马肠、猪肉香肠、各种肉松、土豆烧牛肉、烤鸡、烤鸭等。"苏甫"是俄罗斯族一种特有的汤菜,其原料有牛肉、包心菜、土豆、胡萝卜、西红柿、葱、桂树干叶。俄罗斯族还喜欢用绿西红柿、胡萝卜、黄瓜、包心菜腌制酸菜。男子爱饮伏特加酒和自酿的啤酒。吃饭用刀子、叉子、勺子和盘。俄罗斯族传统住宅为砖木结构、宽大明亮的西式平房。墙壁很厚,冬暖夏凉。屋顶以涂有彩色油漆的铁皮覆盖,并有廊檐。屋顶有天窗。房门多为双扇对开,窗户宽大,一律向阳开。住房分为客厅、居室、厨房等。室内一般铺有地毯,陈设有桌椅、沙发、衣橱等。大都睡铁床或木床。厨房比较宽敞高大,除锅台外,还砌一个烘制面包、点心、饼干的大烘炉。住房用土墙围起大院落,前院种植花果蔬菜,后院架设畜圈,建有库房,挖有地窖。

婚丧习俗。俄罗斯族缔结婚姻一般要经过说亲、订婚、完婚等几项程序。离了婚的夫妻,再不许复婚,另嫁娶则不限。俄罗斯葬礼主要在宗教仪式中进行。人死后即沐浴全身,为之穿戴整齐,在遗体前点蜡烛,并通知亲友前来吊唁。一般停灵三天,蜡烛昼夜不灭,并歌唱圣诗、祈祷。第三天入殓,将死者右手搭在左手上,放在胸前。入殓不同年龄男女,由相应年龄男女放入棺木。棺木系一白带,由亲友抬至墓地,棺木下葬前不盖棺盖。送葬队伍由神甫、圣诗歌唱队及亲友组成。下葬前由神甫祈祷、唱圣诗,亲友向死者告别。然后钉棺盖,下葬。葬式为头东脚西,坟下方立十字架。入葬第9、40天,均要举行悼念仪式。举行仪式时,子女均着黑色丧服,待客均不备酒。子女守孝一年。

文学与艺术。俄罗斯族民间文学分为民歌、民间故事、谚语、谜语等,其中最有代表性的是民歌和民间故事。表演艺术方面,俄罗斯族舞蹈有独舞、双人舞、集体舞等。妇女的头巾舞和男子的赶车舞很有特色,青年人爱跳踢踏舞。乐器主要有手风琴、曼多林、巴拉来卡、小提琴、吉他、钢琴等。造型艺术方面,俄罗斯族的雕刻、刺绣和绘画很有特色。[1]

三、裕固族

裕固族在清代分布于甘肃,聚居在肃南。清政府根据裕固族各部落所处的地域,分封部落头目进行管辖。

宗教信仰。裕固族信仰有动物崇拜、自然崇拜、祖先崇拜,信奉萨满教与藏传佛教。

衣食住。裕固族男子一般穿褐或氆氇制作的长袍,腰系红、蓝腰带,头戴圆筒平顶锦缎镶边的白毡帽或礼帽,脚穿长筒皮靴。老年人穿矮领白褐子镶黑边的长袍(山区牧民多穿高领左大襟长袍),外套马蹄袖短褂。左耳戴大耳环,腰带上挂腰刀、火镰、火石、小佛像、酒壶、鼻烟壶或旱烟袋。短烟杆斜插胸前,长烟杆插在背后。头上留着长辫子,并将带有丝线辫梢的发辫盘在头上。妇女身穿高领长袍,外套坎肩,束红、紫、绿色腰带,戴喇叭形红缨帽,帽檐上镶有两条黑色丝条边,后檐微翘,前檐平伸。未婚少女梳5—7条发辫,并在宽檐圆筒平顶帽上加一圈绿色珠穗。已婚妇女梳3条大发辫,一条垂于背后,两条垂于胸前。发辫上缀彩珠、银牌、珊瑚、贝壳等。裕固族牧区食物有肉类、奶类和谷类。肉类主要是牛羊肉,奶类有酥油、奶皮子、酸奶和曲拉,谷

---

① 本部分内容,参阅杨敬敏《浅谈俄罗斯人的饮食文化》,《职业技术》2009年第6期;郭文静《东正教在新疆的历史与现状》,新疆师范大学2008年;古燕昕《俄罗斯族传统服饰》,《人民日报(海外版)》2000年;李延红《中国境内俄罗斯族民间音乐》,《音乐周报》2007年;李智远《内蒙古俄罗斯族木刻楞民居文化》,《湖北民族学院学报(哲学社会科学版)》2007年第2期;楼望皓《俄罗斯民居营造术》,《新疆画报》2009年第6期;杨凤培、柴恒森《新疆俄罗斯族文学》,《新疆社会科学》1983年第2期;王中会《俄罗斯族婚礼》,《新疆人大(汉文)》1995年第8期;滕春华《新疆俄罗斯族葬俗文化探析》,《西北民族研究》2003年第4期;《俄罗斯族简史》编写组《俄罗斯族简史》,新疆人民出版社1987年版;苏闻宇、马璐璐、罗意《中国俄罗斯族》,宁夏人民出版2012年版;毛公宁等《中国少数民族风俗志·俄罗斯族风俗志》,民族出版社2006年版。

类有面片、米粥、馍馍等。农区则与汉族相同,以谷类食物为主。节日有手抓肉、油炸果子、饺子等。一般不吃驴、骡、马、鸡、鱼等尖嘴圆蹄动物肉。裕固族居室主要有两种,一是帐房,二是土房。其帐房不同于蒙古包,而与藏族的帐房相似:房内正上方为佛龛;正中为炉灶;左边为卧铺,垫以毡片、兽皮等;右边放炊具等物。如来客,男坐于左边,女坐于右边。土房主要是定居放牧或从事农业的裕固人的居室。

婚丧习俗。裕固族婚礼一般要经过订婚、戴头、送亲、完婚、回门五项程序。裕固族丧葬形式有火葬、天葬、土葬三种形式。无论哪种形式,都要请喇嘛念经超度,适"头七""二七""三七"……"七七",乃至周年,也要请喇嘛念经。"七七"之内,死者家属男子不剃头,妇女不梳妆。不同地区的裕固族丧葬习俗有所不同。

文学与艺术。裕固族民间文学:神话传说,有历史神话传说、创业神话传说、动物神话传说;叙事诗,分叙述与歌唱两部分,以唱为主,以叙为辅;民歌,分为劳动歌、习俗歌与宗教歌。表演艺术方面,舞蹈分为劳动舞与宗教舞。音乐歌曲有劳动歌曲、山歌小调、礼俗歌曲、叙事歌曲。造型艺术主要表现在实用工艺美术上。生产、生活用品以及妇女头上的饰品,都有手工编织的各种花纹与几何图案。妇女的衣领、衣袖、布鞋上均有花、鸟、鱼、虫、草、家禽等图案。雕刻品主要有"顺格尔",即寄命锁,是妇女的一种饰品,银制,半圆形,上刻龙、凤、花、草等图案,有的还镶珊瑚、松耳石等,挂于胸前。剪纸也是裕固族喜爱的一种艺术。①

---

① 本部分内容,参阅马世峰等《裕固族风俗志》,天津古籍出版社 1993 年版;钟进文、郭海《中国裕固族》,宁夏人民出版社 2012 年版;齐霞《独具特色的裕固族服饰》,《酒泉日报》2009 年;姚力《裕固族帐房戴头婚研究》,中国社会科学院 2001 年;黄金钰《裕固的信仰与崇拜初探》,《西北民族学院学报(哲学社会科学版)》1997 年第 1 期;田自成《别具风采的裕固族婚礼》,《丝绸之路》2005 年;田自成《裕固族民居文化初探》,《甘肃民族研究》1996 年;李建宗《近 50 年来裕固族文学研究述评》,《大连民族学院学报》2008 年第 4 期;柳廷信《裕固族音乐探略》,《社科纵横》2003 年第 4 期;刘晓永《裕固族民歌的分类与传承》,《南方论刊》2010 年第 10 期;翁彬彬《裕固族民间舞蹈的多元文化特征调查研究》,西北民族大学 2013 年;甄勇宏《浅谈裕固族舞蹈特色》,《甘肃高师学报》2002 年第 3 期;玛尔简《色彩斑斓的裕固族手工艺》,(转下页)

四、撒拉族

清代，撒拉族主要分布于青海省，主要聚居地在循化，此地处于高原农业区。

宗教信仰。撒拉族的信仰有图腾崇拜、自然崇拜、巫术、动物崇拜。信奉萨满教、伊斯兰教。撒拉族伊斯兰教分为阁的木派、虎夫耶派、哲赫林耶派、嘎的林耶派、依黑瓦尼派等。

衣食住行。撒拉族服饰以皮衣、皮裤、皮帽、皮鞋为主。撒拉族主食以小麦为主，以荞麦、青稞、土豆为辅。主食通常做成馒头、烙饼、馄锅馍、面条、面片、拉面等。副食主要吃牛羊肉，也吃鸡、鸭、兔、鱼等肉。忌食一切动物血和自死的禽兽。还禁止喝酒、吸烟。吃馍馍时，必须用手掰开吃。撒拉人喜欢喝茶，茶有奶茶、茯茶、细茶、麦茶等。食物中最有特色的是油搅团子。手抓羊肉也是他们常用的一种食用方法。撒拉族农民房屋多为四合院，土木结构，平顶房，外围院墙，院墙四角各放一块白石头。房屋由堂屋、厨房、客房、圈房四部分组成。堂屋位于庭院正中，大多坐北朝南，多为三间一组。厨房和客房分别建在堂屋两旁，有的厨房与客房相连。圈房一般建在庭院的东南或西南角，牛、羊、驴等同圈。撒拉人的住房讲究艺术，雕梁画栋，引人注目。每个庭院都有花圃。有的地区建二层楼。撒拉族水上交通工具有羊皮袋、牛皮筏、木瓦（状如独木舟）、钢丝溜索；陆路交通工具是牲畜、木车和马车。

婚丧习俗。撒拉族缔结婚姻有订婚仪式、行聘仪式、结婚仪式三项程序。结婚仪式通常在隆冬举行，仪式分两部分，先在新娘家，后在新郎家。在新郎家的婚礼有一个环节比较特殊，即"挤门"（阻挡新娘入门）。送亲队伍至新郎门口时，主家即鸣放礼炮，小伙子们准备"挤门"。送亲

（接上页）《中国民族》2007 年第 11 期；王采《裕固族音乐文化研究》，第四章第一节"裕固族民居"、第二节"裕固族饮食习惯"、第五节"裕固族的丧葬"，线装书局 2013 年版。

一方认为，这天是新娘一生最宝贵的日子，应是不沾尘，由长辈抱进去或骑马进洞房。迎亲的一方则认为，双脚走进婆家大门的媳妇，日后听丈夫公婆的话；脚不沾地入门的媳妇，日后不听丈夫公婆使唤。双方互不相让。挤门时，新郎家的守门人把住大门，送亲的人纷纷上前挤拉把门人。挤门的胜负取决于双方的强弱，一方战败，新娘才能按胜利者的规矩进入婆家大门。若相持不下，免不了要发生有趣的"武斗"，甚至发生伤人之事，但并不因此伤害感情；因相持不下，有时送亲人故意把新娘带回家，男方长者出面调停，送亲者一一返回入席，丝毫不介意。撒拉族人父母死，大小男女哭泣，为亡者沐浴，裹布条，入木匣，抬至坟。挖一直坑，又斜挖一向内坑，谓之穿堂。开匣解布条，将尸侧身置穿堂地上，开头上布单，露其面，以土坯塞门，外填土，成坟。阿訇诵经。每日三次至坟诵经，40 天乃止。家中逢七日请众人诵经，食油香宰羊。孝服白布，长大如道袍，腰系白布，鞋亦以布幪之。

　　文学与艺术。撒拉族民间文学主要有神话传说、民间故事、民歌等。表演艺术方面，舞蹈节目主要有阿里玛、依秀儿玛秀儿，此外还有拔草舞、打草舞、打墙舞、伐木舞、打猎舞等。乐器主要有口弦和"宰靠"。乐曲主要有撒拉曲、宴席曲、花儿等。戏剧有骆驼戏和哑剧"打猎"。造型艺术主要有刺绣、雕刻、绘画等。①

五、乌孜别克族

　　清代，乌孜别克族主要分布于新疆。18 世纪 50 年代清朝统一新疆，

---

① 本部分内容，参阅韩建业《撒拉族语言文化论》，青海人民出版社 2004 年版；马明良、杨宏峰《中国撒拉族》，宁夏人民出版社 2012 年版；陈国光《东乡族撒拉族保安族宗教信仰述略》，《新疆社会经济》2000 年第 3 期；马成俊《论撒拉族服饰文化》，《青海民族学院学报》2000 年第 3 期；江林波《撒拉族饮食》，《四川烹饪高等专科学校学报》2005 年第 4 期；马永平《撒拉族传统民居建筑述略》，《青海民族研究》2014 年第 3 期；马学义《撒拉族民间文学简介》，《青海社会科学》1981 年第 4 期；马盛德、司马力《试谈撒拉族舞蹈》，《青海民族学院学报》1990 年第 3 期；郭德慧《撒拉族民间音乐文化构成因素初识》，《南京艺术学院学报（音乐与表演版）》2005 年第 2 期；苍海平《撒拉族音乐文化概论》，上海音乐学院出版社 2010 年版；鸿文《青海撒拉族婚俗文化》，《青海民族研究》1996 年第 1 期。

来自中亚的乌孜别克人与在新疆定居的"安集延人""浩罕人""布哈拉人"形成中国乌孜别克族。

宗教信仰。乌孜别克族的信仰有自然崇拜、祖先崇拜,信奉伊斯兰教。

衣食住。乌孜别克族男女都喜欢戴小花帽。花帽形式多样,图案别出心裁,色彩和谐醒目。妇女除戴小花帽外,还要披花色长方巾。妇女不论老幼,都留发辫,都爱戴耳环、耳坠、戒指、手镯、项链、发卡等装饰品。男子一般内穿衬衣,外穿长衫。衫衣的领边、前开襟处、袖口常绣有红、绿、蓝相间的彩色图案花边。长衫无纽扣,无斜领,无口袋,右衽有的带花边,长及膝盖,腰间系一条三角形的绣花腰带。青年妇女多穿连衣裙,宽大多褶,不束腰带,也有穿各式各样短裙的,颜色都较艳丽。老年妇女服装多用黑色、深绿色或咖啡色等颜色的布料制作。无论男女,传统习惯穿皮鞋、皮靴,外加浅帮套鞋。高筒的绣花女皮鞋堪称鞋中精品。乌孜别克族的食物分为奶类、米面类和肉类。奶类主要为奶茶和酥油。米面类主要有馕、抓饭、烤包子和拉面等。馕有油馕、肉馕、窝窝馕、片馕等。肉食主要有羊肉、牛肉等,忌食狗、猪、驴、骡肉。较常吃的肉类食物有土豆炖肉、抓肉、烤肉等。米肠子、面肺子是乌孜别克人喜爱的传统小吃,堪称小吃上品。乌孜别克族的住宅因地而异,形式多样。传统的房屋为土木结构,顶楼呈圆形,玻璃窗、木门呈拱形,考究的还设有拱廊。居住在南疆的乌孜别克人的房屋一般为平顶而稍有倾斜的长方形土屋,自成院落。庭院内一般栽种花草、葡萄和其他果木。室内墙壁上有大小不同的壁龛,放置各种用具及摆设。取暖一般置壁炉,也有置火塘或火炉取暖的。北疆伊犁地区的房屋与当地维吾尔族基本相同。牧区的住房则与哈萨克等民族一样。

婚丧习俗。乌孜别克族缔结婚姻一般有说亲、订婚、纳聘、完婚四项程序。旧时说亲媒人由男子担任,说亲要进行多次,即使女方同意,也做一些戏剧性周旋,女方父母才同意。纳聘仪式男子不能参加(包括新郎）。传统完婚仪式分四天进行。第一天在新娘家举行。迎亲队伍分两路前往新娘家,一路由新郎母亲率领,一路由新郎率领,两路不能同时到达。婚礼过程中,有的还要进行"请新娘"和"搬新娘"活动。乌孜别克族实行土葬,人死速葬。葬礼与其他伊斯兰教民族大致相同。所不同的是,埋葬后在净尸处放一个花盆,点一盏长明灯,从此该屋不能再住人。入葬后,死者子女须带孝七天,死者妻子周年内要头扎白布,不能外出做客,不能参加别人的婚礼。

文学与艺术。乌孜别克族民间文学有神话传说、民间叙事诗、谚语、笑话、故事等。表演艺术方面,舞蹈形式有单人舞、对舞、群舞。较有民族特色的舞蹈有木那佳提、小帽舞、哈拉缯等。歌曲有舞蹈歌曲、礼俗歌曲等。乐器分为吹管乐器、拉弦乐器、弹拨乐器、打击乐器四种。吹管乐器有巴利曼、科诗耐依、苏尔耐。拉弦乐器有艾介克。弹拨乐器有弹布尔、喀什热瓦甫、乌孜别克热瓦甫、都它尔。打击乐器有达甫、纳格拉、萨帕依、恰克恰克、括朔克、锣等。造型艺术方面,主要是刺绣和雕刻。乌孜别克妇女在花帽、枕头、床单、衣边、领边、丝袜、头纱、披巾等用品上刺绣各种图案,图案精美、华丽。雕刻也富有特色。手工业者用金、银、铜、铁等金属制成各种雕像,雕刻各种飞禽走兽和花纹图案。住房内的木柱上也刻有各种图案。[1]

第十节 其他少数民族(四)

一、景颇族

景颇族是跨境而居的民族。清代,景颇族分布于云南省,主要聚居

---

[1] 本部分内容,参阅米娜瓦尔·艾比布拉·努尔、杨宏峰《中国乌孜别克族》,宁夏人民出版社 2012 年版;熊坤新、张少云《国内乌孜别克族研究概述》,《新疆师范大学学报》2009 年第 3 期;刘烨《新疆乌孜别克族民间信仰研究》,新疆师范大学 2009 年;楼望皓《乌孜别克族的婚俗》,《新疆人大》1995 年第 4 期;李亚军《乌孜别克族民间音乐及其特点》,《艺术教育》2013 年第 4 期;泰莱提·纳斯尔、刘奉仉《新疆乌孜别克族古典文学》,《新疆社会科学》1983 年第 2 期。

在德宏地区。此处属于亚热带气候,地理条件优越,自然资源丰富。

宗教信仰。景颇族的信仰有自然崇拜和祖先崇拜。原始宗教祭司董萨除主持部落、村庄的祭祀外,还兼为社会成员"驱鬼医病",因此又是巫师。董萨据其对宗教祭祀、占卜内容的掌握程度,一般分为斋瓦、大董萨、小董萨三个等级。

衣、食、住、原始通信。景颇族衣着没有明显的季节变化,服饰的差异只表现在性别和年龄上。男子一般穿黑色圆领对襟短上衣,裤短而宽大。老年人裹黑色包头,青年人裹白布或花布包头。外出时挂长刀,背铜炮枪和缀饰挂包。包头巾用整幅白布做成,一端用毛线剪成许多小绒球做装饰。女子平时一般穿白色对襟或左襟紧身上衣,下着自织的花筒裙。出门或节日服饰贵重而艳丽,上穿黑丝绒缀银饰对襟短衣,下穿自织花色筒裙。姑娘和少女多系红腰带,小腿上套有用红毛绒线织成、间有各色花纹的护腿。腰间套着 40 多股五颜六色的藤篾腰箍。戴银项圈、银项链、银手镯和各式各样的银耳环。银式上衣是景颇族妇女的盛装,用黑平绒做成,无领,对襟,在项部、肩部、胸部等围钉着银泡、银毫、银牌、银链等装饰品。这种衣服古代叫"孔雀衣"。妇女的筒裙打开呈长方形,可披在身上御寒,还可以当被子盖。景颇族未婚女子蓄童式短发,不戴包头;戴包头是已婚妇女的标志。饮食方面,景颇族以大米为主食,副食有玉米、豆类、肉类、薯类,常采集野菜、野果作为副食的补充。水果种类较多。喜欢喝自酿的水酒、米酒和山泉水。喜嚼沙枝。此外,"麂血饭团"和"春菜"很有特色。景颇族的房屋建筑形式多为草顶干栏式竹楼。竹楼多为长廊形,除柱子上面的三路桁条外,其余部件几乎都用竹子做成。竹楼分隔成三至六间,均有门无窗。景颇族竹楼重视地基,通过"以米试地""以水试地""以梦试地"三种方法选择地基。景颇族大多居山区,交通信传不发达。他们就地取材,创造了能表心意、可达信息的原始通信方式。在晚清有景颇文字之前,这种特殊的通信和交流信息的方式涉及范围广、内容丰富。

婚丧习俗。景颇族婚姻缔结礼俗非常复杂,有独特的恋爱方式

"恩鲜鲜"和"干脱总",有"丈人种"和"姑爷种"的通婚规则,有"迷确"、"迷考"、"迷鲁"、"蕊迷"、明媒正娶(又分为"迷奔"和"迷董")等多种婚姻缔结形式,有别具特色的婚礼,有婚姻中的聘礼和回礼。景颇族一般实行土葬,也有用火葬的。对死于非命者,不能用棺木,仅对尸体做简单处理,然后用竹篾笆抬到寨外荒野火葬。死于寨外的非命者绝对不能将尸体抬回村寨,否则被认为会给人们带来灾难。对正常去世者要举行别具别色的葬礼,有鸣枪报丧、拴线入殓、送葬入葬、送魂仪式等。

文学与艺术。景颇族民间文学主要有史诗、神话传说、民间故事、歌谣、谚语、情歌等。表演艺术方面,景颇族舞蹈分为祭祀性、狩猎性、军事性、生产性、欢庆性五类,舞蹈形式多属于环舞、巡回舞、曲折行进舞等。民间乐器以打击和吹奏乐器为主。吹奏乐器有勒绒、努桂、比唇、特任、吐良等;打击乐器有增疆、铓、锣、钹、象鼓等。造型艺术有绘画、雕刻、织物图案、刺绣等。

科学技术。景颇族的水酒一般用大米、红米、苦荞和玉米做成。其制法是:将粮食煮熟后,拌以酒药,放入罐中,待发酵后再冲上一些凉水即成水酒。景颇族熬炼火药的方法是:将带有硝的土挖出来后,放在一个特别的筐里。筐的周围围以笋叶,然后放入水,使之过滤,然后滤下带硝的水放在锅里熬煮,待水蒸发后硝就炼出来了。再配上硫磺、火炭,烘干后捣细即成火药。这种火药一般是装在铜炮枪内使用。

教育与体育。清代前期,景颇族没有学校教育,只有社会教育。这是一种自发性的教育形式。当孩子长到一定年龄后,父母和其他长辈在劳动的同时,把孩子带在身边,开始对他们传授生产技能和生活知识。对于男孩子,主要教他们狩猎、耕作、要刀等生产生活技能;女孩子主要由母亲和姐妹们传授纺织、绣花等手艺和有关生产生活知识。民族的历史传统、风俗习惯、文学艺术等,也主要是通过言传身教的民间教育形式得到保留和继承的。景颇族传统体育项目主要有标准靶"汤碟"、景颇刀术、爬滑竿等。①

二、羌族

清代，羌族分布于四川省北部，主要聚居区在青藏高原东部边缘。羌族自称"尔玛""尔麦""日玛""日麦"等，即"本地人"之意。

宗教信仰。羌族的信仰有自然崇拜和祖先崇拜。端公是羌族社会不脱离生产的宗教职业者。端公的法事活动分为占卜测算、礼仪司祭、招魂迎财、驱邪送鬼四大类。

衣食住行。清代山民、涪江上游羌服很有特色。茂州（今茂县）男子戴狐皮帽或羊皮帽，裹腿，妇女戴缨帽或狐皮帽，耳坠大铜环；均布衣、褐开领长袍，束腰带，着布、革履。石泉（今北川县）青片、白草羌族，男子戴草笠，顶有一缨，左侧插雉羽三枝，着麻布圆领长衫，腰束带、裹腿；女薙顶发留四周，结辫为髻，饰以花，短衣长裙，以绣缘之。茂州叠溪（今茂县较场区）及松潘、黑水相邻地区羌族，男戴缨笠，着短领长衫，腰束带，裹腿；妇女挽髻，裹花布，缀大耳环，着细褶长衣。羌族古代服饰中以"披毡"最具特色。古代羌人饮食主要以乳、牛肉、羊肉、青稞、小麦、大麦为主。蔬菜主要有羌菁（圆根）、芥菜、芸薹（油菜）。饮料主要有茶、奶、酒。羌族住房有三层和两层两种，以三层为多，楼层间以独木梯相通。三层式住房通体为石料砌成。这种建筑底层为畜圈，中层为居住用房，顶层

① 本部分内容，参阅《景颇族简史》编写组《景颇族简史》，云南人民出版社 1983 年版；祁德川《中国景颇族》，宁夏人民出版社 2012 年版；胡阳全《近年来国内景颇族研究综述》，《云南民族学院学报（哲学社会科学版）》1997 年第 2 期；刘扬武《景颇族服饰》，《中国医药报》2000 年；陈克进《景颇族的婚姻形态》，《社会科学战线》1981 年第 1 期；段胜鸥等《景颇山上盛开的斑色花——景颇族文学简况》，《华夏人文地理》1980 年第 1 期；刘扬武《尊卑分明的景颇族丧葬》，《中国民族报》2005 年；张友乾《景颇族的民间雕刻艺术——祭魂桩》，《华夏地理》1990 年第 5 期；张建章《景颇族饮食文化初探》，《山茶》1992 年第 4 期；辛克靖《粗犷简朴的景颇族民居》，《长江建设》2002 年第 4 期；穆贝玛途《景颇族传统音乐概述》，《民族音乐》2013 年第 4 期；乔明昌《景颇族民间舞蹈内涵及风格特征》，《民族艺术研究》1996 年第 2 期；雷兵《景颇族教育传统的历史演进》，《云南民族大学学报（哲学社会科学版）》2009 年第 3 期；朱国权《景颇族的传统体育文化》，《云南民族大学学报（哲学社会科学版）》2007 年第 4 期；桑耀华《景颇族的原始信仰与两个文明建设》，中国民族学会编《民族学研究　第八辑》，民族出版社 1986 年版。

为开敞的照楼和晒台。二层者则人居楼下,楼上为晒台及储粮和堆杂物处,畜圈、厕所另设屋外。羌寨建有碉楼,战时可居高观察敌情、进行寨子间联络,也可凭险抵抗。碉楼一般高达 30 余米,最高的达十三四层。居住在高原草甸的羌族牧人交通以马代步,役牦牛负物。居住在高原山岳峡谷地带的羌族架设或开凿了溜索、索桥、栈道等,以皮舟渡河。

婚丧习俗。羌族婚姻仪式复杂而隆重,订婚过程有斯果尔额希(意为开口酒)、订准俄酒(意为小订酒或插香酒)、龙果尔格(意为大订酒),结婚又有女花夜、正宴、谢客三项仪式。羌族的丧葬有火葬和土葬。火葬前,先由舅父开棺验尸,是否凶死。众人以丧歌丧舞到堂前祭奠。到火坟后,由端公或舅父点火焚化,众亲属围坐唱丧歌、跳丧舞,与死者告别。一般日落焚化,次日拂晓收骨灰埋好。羌族土葬礼仪基本同于汉族,但有其特点。死者装殓以白衣。有的由端公在遗体前杀一只羊,为死者"引路",然后将羊解剖,如发现羊的内脏有何病症,即以死者因何病而死,家人则悲哀悔恨未能先知病情及医治失当。

文学与艺术。羌族民间文学有神话、传说、家史、童话、寓言、叙事长诗、歌谣、谚语等。表演艺术方面,民间歌曲大体分为情歌、时政歌、风俗歌、山歌、酒歌、号子等。民间舞蹈大体分为自娱性舞蹈、祭祀性舞蹈、礼仪性舞蹈、集会舞蹈四类,表演形式有独舞、对舞、集体舞等。民间乐器有羌笛、口弦、唢呐、脚盆鼓、羊皮鼓、锣、钹、马锣等。

手工业技艺。羌人手工业以兵器制造和毛纺织最为著名。兵器主要有铜铁剑、刀、钺、箭镞。羌人用羊毛、牛毛、骆驼毛等,制成帐毡、白帐毡、枕毡、马毡、白毡、毯、毛褐、毡帽、毡靴、短衿、褐衫等。此外,羌族主要手工业门类还有制盐、皮革以及铜、铁、金、银、玉器制作。

教育与体育。民间教育是羌族最为普遍的教育形式。言传身教、重在实践是其主要特色。父母、祖父母以及宗族长辈对晚辈的成长负有教育义务。又由于羌族社会女性中心的持久及其影响,舅舅在外甥的成长教育中也扮演着重要角色。他们须传之以生产生活技能和规矩礼节、道德准则等。若是学习"端公"、木、石、铁匠等专门技能,则须由家长或族中长者出面延请师傅。清代羌族地区学校教育进一步发展,兴建了一批新学校,1760 年所建汶川书院比较著名。清朝地方政府在羌族地区或建学宫,或倡义学,而能入学者多为官僚地主、土司头人子弟。除公学外,尚有私塾。私塾又分坐馆、团馆等。羌族体育项目有推杆、武术、射击、气功、摔跤、扭扁拉、跳拱、抱蛋、扳手劲等。①

三、普米族

普米族分布于滇西北地区,主要聚居在云岭中段的拉巴山区。

宗教信仰。普米族信奉韩归教。韩归教信仰巴丁喇木女神,实行多神崇拜。普米族的韩归(巫师)都是男性。另外还有图腾崇拜和祖先崇拜。

衣食住行。清代普米族男子辫发,戴黑皮帽,麻布短衣,外披毡单,以藤缠左肘,跣足,佩刀;女子辫发为细缕披于后,三年一栉,枣大玛瑙球,掌大车磲各一半,绕于顶,垂于肩乳,顶覆青布,下飘两带,衣盘领及腹,裙如钟掩膝,不着裤,臁裹毡而跣足。普米族主食除少量稻谷外,主要有玉米、青稞、小麦、燕麦等。肉食除少量野味外,主要有猪、羊、牛、鸡肉,其中食猪肉最多。蔬菜主要有蔓菁、土豆。普米族独特风味食品有糌粑面、"仲宗"、"面面饭"、腌酸鱼、猪膘肉、饭肠、生肉汤、酥油茶、"苏理

---

① 本部分内容,参阅阿坝州文化局《阿坝藏族羌族自治州文化艺术志》,巴蜀书社 1992 年版;冉光荣等《羌族史》,四川民族出版社 1986 年版;许娜《北川羌族历史文化壁画研究》,西南交通大学 2010 年;黎明春《羌族火葬的历史研究》,四川师范大学 2008 年;张茂军《羌族原始多神崇拜的历史研究》,山东大学 2008 年;郑晓光《北川羌族民间流传乐器》,《文艺争鸣》2011 年第 12 期;景永利《论羌族舞蹈的文化功能》,《黄河之声》2011 年第 12 期;鲜乐乐《羌族服饰的历史与文化特色》,中南大学 2009 年;马宁《羌族婚俗初探》,《阿坝师范高等专科学校学报》2004 年第 3 期;罗徕《谈羌族民间刺绣和剪纸艺术》,《西南民族大学学报(人文社科版)》2005 年第 5 期;林红等《北川羌族饮食习俗在羌族文化传承中的意义》,《内江师范学院学报》2009 年第 2 期;曹怀经《羌族居住文化概观》,《长安大学学报(建筑与环境科学版)》1992 年第 1 期;管祥麟《羌族奇观碉楼》,《民族论坛》2003 年第 3 期;李明《羌族民间文学概谭》,《羌去何处——紧急保护羌族文化遗产专家建言录》,2008 年;肖珣《羌族的民间音乐》,《成都师范高等专科学校学报》1996 年第 2 期;孔又专《论羌族传统体育文化》,《北京体育大学学报》2012 年第 6 期;蔡文君、杜学元《羌族民俗与羌族教育》,《贵州民族研究》2005 年第 6 期。

玛"。普米族不食马、狗、骡、驴、青蛙、喜鹊、乌鸦、鹰的肉。普米族的建筑除少数汉式瓦盖楼房外,多数是木楞房和土掌房。四合院是普米族主要建筑形式。一般都是以正房为主体建筑,院门朝东,在正房的左右和正前方再建附属房,组成一个院落。在交通方面,普米人外出要翻山越岭,或徒步或骑马。普通百姓或皮绳捆拴背运,或手提竹篮、肩背背篓。集体贸易有马帮。河面上架设伸臂桥等桥梁。水上交通工具有木筏与独木舟。

婚丧习俗。普米族部分地区保留着走访婚。正常缔结婚姻有问生辰八字、订婚、送彩礼、迎娶、坐家几项程序。普米族葬俗在不同地区有所不同,有火葬与土葬两种。葬仪分正常死亡与非正常死亡。非正常死亡,葬仪在村外的草坪和树林里举行。非正常死亡葬仪很隆重。葬礼前,用杨柳木和白彩木搭一个棚子,棚里堆玛桑柴,柴旁放镰刀、铧口及死者生前衣物,韩归在巫棒上压几个木偶。焚烧时,韩归身披铠甲,手舞铁刀,诵经并做驱逐死者灵魂的样子;同村的九名男子持刀或木棒,边舞打,边诅咒,绕棚子七圈,然后砍倒木棚,连同尸体一起焚烧。正常死亡葬仪程序很复杂,其中"给羊子"祭仪和"罐罐山"两项最具民族特色。

文学与艺术。普米族民间文学主要分韵文体诗歌和散文体故事两部分:诗歌分为祝词、长诗、谜语、谚语,散文体故事分为神话、传说、动物故事、寓言故事。普米族民间音乐分为民歌音乐、舞蹈音乐和乐器音乐三种。民歌音乐曲调主要有呀哈巴拉、阿辽辽、那布升洛等。民间乐器主要有竹笛、葫芦笙、唢呐、三弦、铜锣等。"查蹉"是普米族舞蹈活动的主要形式,流行的曲调有放羊调、出山、猴子舞等等。

科学技术。普米族手工技艺以纺织、酿酒、竹木加工最富特色。纺织原料主要有麻、羊毛、牦牛毛。妇女能织出马头纹、铜壶纹、燕鹅纹、窗花、鱼纹、剪刀纹、波浪纹、竹节纹等,织出的布纹路也很精密。普米族民间医生善用中草药。

民间教育。普米族儿童教育始于五六岁,实行长者为师、言传身教。教育内容有生存技能的训练、品德教育、群体意识及社会公德的培养等,此外男人还要接受体育和军事方面的训练。通常，男孩由其父亲或舅舅教育，女孩由其母亲教育。[①]

四、独龙族

清代，独龙族主要分布于云南西北部怒江两岸。由于独龙族地处高黎贡山区怒江险峻河谷，因此长期与世隔绝。

宗教信仰。在独龙族宗教意识里，人与动物都有两个灵魂，即生灵"卜拉"和亡灵"阿细"。独龙族没有神的概念，只是笼统地把鬼、精灵、神祇等称为鬼，把鬼分为地上的鬼和天界的鬼。实际上，天鬼已是独龙族的神。独龙族称地上的鬼为"布兰"，天界的鬼为"南木"。独龙族信仰"格蒙""布兰""南木"，认为格蒙在天上，掌管人间各种事情，并庇佑、赐福于人类；南木是天界鬼灵，南木有多种，都是格蒙派遣到人间司不同职责的；布兰则是居于地上、对人畜危害极大而又无时无处不在的地界鬼精灵。

衣食住行。独龙族男女均散发，前垂齐眉，后披至肩，左右盖耳尖，稍长则以刀裁之。两耳均穿，或系双环或系单环。男子下身穿短裤，上身以布一方斜披背后，由左肩右腋披向胸前拴结。女子头面、鼻梁、两颧、上下唇，均刺花纹，以长布两方，自肩斜披至膝，左右包抄向前。独龙族主食有玉米、小米、稗子、荞子、土豆、芋头、青稞、黄豆等。他们很少以菜为副食，把野菜与粮食混吃。独龙族最喜欢酒和茶。独龙族佳肴以"夏拉"和"吉咪"最为出名。独龙族房屋有木垒房

---

① 本部分内容，参阅《普米族简史》编写组《普米族简史（修订本）》，民族出版社 2009 年版；殷海涛《普米族风俗志》，中央民族学院出版社 1993 年版；和向东《中国普米族》，宁夏人民出版社 2012 年版；曾怡园《浅论云南普米族的宗教信仰文化》，《民族文艺》2011 年第 3 期；何福德《普米族服饰》，《中国医药报》2000 年；熊远正《缓坡上的普米族民居》，《今日民族》2004 年第 1 期；熊正元、段炳宏《普米族饮食风俗》（上）（下），《中国食品》1989 年第 8、9 期；杨照辉《普米族文学简史》，云南民族出版社 1996 年版；殷海涛《普米族民间传统体育活动四种》，《体育文化导刊》1992 年第 5 期；纳张元、高娜《普米族丧葬习俗文化内涵探究》，《大理学院学报》2013 年第 8 期；殷海涛《普米族音乐》，《云岭歌声》2004 年第 2 期；吴海清《云南普米族婚俗与婚嫁歌浅析》，《黄河之声》2012 年第 5 期。

和竹蔑房两种，都不用钉子，或木榫相咬，或竹藤相绑。独龙族出行有溜索和天梯。

婚丧习俗。独龙族婚礼比较简单，主要有订婚和迎娶两项程序。独龙族葬俗有土葬、火葬、水葬。土葬的葬仪有报丧与尸体处理、下葬、祭亡灵几项程序。

文学与艺术。独龙族民间文学分为神话、史诗、传说、故事、谚语等，其中以神话、史诗最为丰富。独龙族歌谣分为劳动歌、情歌、习俗歌与生活歌等。每逢喜庆节日，独龙族人即兴编歌，就地起舞。乐器主要有铜锣、皮鼓、口弦、竹笛。

民间教育。独龙族孩子长到 13 岁时，就要按性别由父母分别教育。女孩随母亲学习撕麻纺线、管理家务；男孩随父亲学会砍削竹箭、弩弓，到山上捕捉小野兽或砍柴。道德礼仪教育则由父母共同担任。[①]

五、阿昌族

清代，阿昌族分布于云南省境内，主要聚居在德宏地区。阿昌族文化受傣族和汉族影响较深。

宗教信仰。阿昌族信仰有图腾崇拜、自然崇拜和祖先崇拜，信奉小乘佛教。阿昌族祭祀活动很多，有祭猎神、祭谷魂、祭"老姑太"、祭"谷期"、祭炉神、招魂祭、祭恶鬼等。

衣食住行。阿昌族男子穿素色斜纹布对襟上衣，黑色或蓝色长裤，

[①] 本部分内容，参阅杨将领、杨宏峰《中国独龙族》，宁夏人民出版社 2012 年；林德忠《迪政丹独龙族人的房葬》，《民俗研究》2002 年第 1 期；王鑫欣《浅析独龙族女子蝴蝶式文面习俗》，《湖北第二师范学院学报》2011 年第 3 期；张桥贵《独龙族宗教信仰》，《云南文史丛刊》2006 年第 4 期；陶天麟《独龙族的原始教育与学校的产业》，《云南民族学院学报（哲学社会科学版）》1997 年第 3 期；云南省设计院《云南民居》，中国建筑工业出版社 1986 年版；杨元吉《独龙族民间音乐》，《民族研究》2006 年第 5 期；刘小海《论独龙族婚姻形态》，《昆明师范高等专科学校学报》2006 年第 1 期；李金明《独龙族文学简史》，云南民族出版社 2004 年版；张文《品独龙族佳肴》，《四川烹饪》2000 年第 2 期；刘刚、项一挺《独龙族服饰文化研究》，《中国民族博览》2015 年第 8 期；解鲁云《关于国内独龙族研究综述》，《云南民族学院学报（哲学社会科学版）》2000 年第 3 期。

裹黑色绑腿。未婚男子打白包头,已婚男子打藏青色包头,陇川县腊撒地区成年男子有的穿左襟上衣。妇女服饰因地而异,陇川腊撒型和梁河型最有代表性。陇川县腊撒地区的已婚妇女穿藏青色的对襟上衣和短裙,小腿裹绑腿,包藏青色包头。未婚女子包头较窄,已婚妇女包头较宽。上衣布满银首饰。手腕戴银泡花手镯或扁形银手镯。梁河妇女,已婚者头饰用黑棉布缠绕在头上,有半米高。妇女们还戴大圆耳圈,包头上插戳头花棍。衣饰方面,梁河妇女穿对襟,镶边长袖,小翻领,钉坠着银链的银纽扣,上衣前后摆较大。未婚妇女和年轻已婚妇女佩戴手镯、银戒指等。新媳妇还在上衣外加一件小坎肩,黑色,前后边沿镶银泡,对襟,钉银牌扣,外挂各种银制品。阿昌族以大米为主食,玉米、荞子、薯类等为辅食。副食有肉类、瓜果、蔬菜。喜欢吃猪、牛肉。阿昌族喜喝自酿的米酒和白酒。糯米粑粑和过手米线是其风味食品。阿昌族还喜欢吃竹笋和竹蛆。阿昌族建筑大多为"一正两厢房",木、土、石结构,双斜面瓦顶。正房有三间屋子,正房前面两侧建厢房,厢房一般为两层式楼房,铺木板。旧时阿昌族地区交通工具主要是马、骡和黄牛。

婚丧习俗。阿昌族缔结婚姻要经过恋爱、聘媒说亲、婚礼三项程序。阿昌族的丧葬分为土葬和火葬两种。对非正常死亡者实行火葬。正常去世者的丧葬仪式由报丧入殓、停尸发送、祭奠出殡、土葬接灵等几部分组成。

文学与艺术。阿昌族民间文学有史诗、故事、神话、戏剧、歌谣、谚语、俗语等。表演艺术方面,民间歌曲分为山歌、叙事歌、风习歌、祭祀歌、舞蹈歌等。阿昌族的舞蹈以象脚鼓舞、窝罗舞最为著名。民间乐器分为吹奏乐器、弹拨乐器、拉弦乐器和打击乐器。吹奏乐器有葫芦箫、三月箫、稻秆笛、唢呐、大号、口弦、木叶等。拉弦乐器以三弦、二胡等最有特点。打击乐器有象脚鼓、铓锣、韵板、大鼓等。阿昌族地区流传的戏剧有使春牛、鲁班调、采茶调、财门调、三字经调、桃花调、破花名调等。阿昌族造型艺术中,以雕刻最具特色。他们在家具、建筑物、佛龛等上面雕刻各种形象生动的动植物图案。各种银饰品和刀壳等器物上的雕刻更加精美别致。阿昌族绘画,大多与宗教相结合。

科学技术。阿昌族手工技艺方面主要是打铁铸刀和银制作技术。阿昌刀种类繁多、工艺特别,有背刀、砍刀、腰刀、藏刀、匕首、宝剑等近百种花样品种,工艺方面以背刀和藏刀最为精巧和典型。阿昌族还善于精心制作各族妇女喜爱的银饰品,有银手镯、银项圈、银纽扣、银泡花、银耳环、银戒指、银腰链、银刀壳、银刀把等 30 多个品种。其中以"二龙抢宝"耳环和圆筒镶花手镯的制作技术最有特色。阿昌族积累了一些医药知识,掌握了一些治疗疾病的技能。他们用"放血疗法"治疗内热外感,用"揪痧"或"刮痧"治疗头痛、各种关节痛。阿昌族还掌握了一些草药及其疗法。

教育与体育。阿昌族男孩子长到七八岁,外出劳动的男主人就把他带在身边,空闲时教一些传统生产技能。女孩子到了十四五岁,就从母亲或姐妹那里学习染线、织布、绣花等工艺和有关生活本领。民间文学也通过这种教育方式传承。阿昌族传统体育有使秋千(包括"甩秋""轮秋")、赛马、射击、武术、"活袍"气功。[①]

六、珞巴族

珞巴族主要分布于西藏东南部,居于喜马拉雅山区高山峡谷。此地

---

① 本部分内容,参阅熊顺清《中国阿昌族》,宁夏人民出版社 2012 年版;刘江《阿昌族文化史》,云南民族出版社 2000 年版;蒋红缨、尹婷《阿昌族原始宗教信仰探究》,《华章》2013 年第 10 期;熊顺清《上座部佛教在户撒阿昌族聚居区的传播及影响》,中央民族大学 2012 年;刘扬武《阿昌族的服饰》,《中国民族》1980 年第 9 期;攸延春《阿昌族文学简史》,云南民族出版社 1995 年版;钟小勇、李彦霖《阿昌族传统民族民间音乐文化通论》,中国文史出版社 2014 年版;孙丽婷《从阿昌族的家庭教育看民族文化的传承》,《德宏师范高等专科学校学报》2006 年第 2 期;张玲玲《阿昌族传统体育研究》,《体育文化导刊》2015 年第 8 期;明伟《擅长制造刀具的民族——阿昌族》,《中国民族教育》2009 年第 3 期;刘扬武《能工巧匠阿昌族》,《云南政协报》2000 年;俞如《男龙女凤——阿昌族服饰趣谈》,《民族团结》1997 年第 8 期;童兼、冯亚梅《传统民居与地域文化——阿昌族民居的地域文化与建筑特色分析暨阿昌族现代新民居建筑的传承与发展》,《第十九届中国民居学术会议论文集》(上);周德才《浅谈阿昌族婚礼习俗》,《今日财富(金融发展与监管)》2011 年第 9 期;陆宇慧、赵景云主编《阿昌族医药简介》,中医古籍出版社 2014 年版;唐白晶《阿昌族民间舞蹈多元文化的调查》,《北京舞蹈学院学报》2013 年第 5 期。

有雅鲁藏布江等从境内流过,自然条件很好,物产丰富。

宗教信仰。珞巴族的信仰有自然崇拜、图腾崇拜和祖先崇拜。

衣食住行。珞巴族由于交通不便,处在相对封闭的环境里,衣服保持较原始状态。男女服装差别较小,一般用一块窄幅拼成的土布围裹上身,长至膝盖下方,袒露一臂。男子和年纪稍大的妇女劳动时光着上身,只是节庆、走亲访友时,披一件披风,少数妇女也穿对襟无领无袖短上衣。聚居于雅鲁藏布江下游一带的部落,上衣男女有别,妇女上身用土布围裹,胸前用一根竹签别牢;男子穿一种短袖无襟无领上衣,身体大部分裸露在外面。妇女留长发,不戴帽子。多数珞巴人都赤脚。以采集和狩猎为生的部落,除食用家养的牛、羊、鸡、猪外,以狩猎特别是采集食物作为重要补充。以刀耕火种为主的部落,主食有玉米、稻谷、荞麦、青稞、谷子、高粱、大豆、红薯等。肉食为畜禽。蔬菜有土豆、元根、南瓜、卷心菜等。从事狩猎和采集的部落"穴处巢居",从事农耕的部落居住最简单的棚舍。珞巴族地区是高山峡谷地带,出行非常不便。他们在险道或悬崖架设栈桥或天梯。运输用背篓,采用头背式。渡河的交通工具主要是藤条、独木桥、竹木结构桥、溜索、藤网桥,个别地方使用独木舟和竹筏。

婚丧习俗。旧时,珞巴族实行与氏族外婚相结合的等级内婚制。不管各部落的等级多少与名称如何,大体上分为两类人:一种是所谓高骨头,他们原来大部分是氏族成员的后裔;一种是所谓低骨头,他们都是来自外氏族或外部落的奴隶及他们的子女。高骨头与低骨头之间严禁通婚。不管哪个等级,都实行买卖婚姻。在珞巴族概念中没有"娶妻",只有"买老婆"的说法。婚价高低与等级、经济条件以及女子的相貌有直接关系。高等级的蓄奴主结婚礼仪十分繁复,花费庞大。奴隶结婚谈不上举行婚礼。珞巴族大部分实行土葬,并有一套独特的丧葬程序和禁忌。父辈死后,要有固定停尸时间。给死者穿好干净衣服,使尸体呈胎儿状,包裹捆好置于门的右侧,尸体旁摆放其生前用品。出殡当天,全村人停止劳动,前来送葬。尸体装入藤竹编的筐内,由家中男人背,中途不能歇或换人。下葬时,将死者生前物品随葬。坟堆上竖一木杈,上挂弓箭。葬后十天内,亲属到坟上祭奠亡灵。祭品严禁孩子和外人用手摸弄。有部落服丧一年,丧期不剪发、不婚娶、不娱乐。周年举行三天隆重祭典,从此不再举行定期祭典活动。有的地区实行树葬或树洞葬。

文学与艺术。珞巴族民间文学主要有神话、传说、歌谣、故事、史诗、谚语等。音乐有声乐和器乐。声乐是将诗歌和一定的曲调组合而成的一种歌唱形式,最有代表性的是加金。民间乐器有哨叶、竹口弦、笛子、二胡四种。舞蹈多模拟动物的形态以及人们捕捉、驯养动物的欢快场面。造型艺术方面,竹藤编织是传统手工艺术,各种编织物十分精致细密。雕刻与塑像艺术也有自己的特色。①

七、门巴族

清代,门巴族分布于西藏东南部,此处地理条件复杂,山川阻隔,因此很少与外界联系。

宗教信仰。门巴族既信仰原始宗教本教,也信奉藏传佛教。藏传佛教的宁玛派、噶举派、格鲁派在门巴族中都有影响。

衣食住行。门巴族男女衣着,因地区气候不同而有区别。门隅北部地区妇女衣着,皆用土布缝制,有长短两种。短内衣有袖,长内衣无袖、无扣、无襟,只开一圆口用来套头。男子内衣无领、斜襟,有袖,无扣,长到膝部。男女都穿氆氇制成的长袍。腰系腰带。旧时妇女在袍外后背

---

① 本部分内容,参阅《珞巴族简史》编写组《珞巴族简史》,西藏人民出版社 1987 年版;格桑、王蔷《中国珞巴族》,宁夏人民出版社 2012 年版;赵勇《浅析珞巴族的原始宗教信仰》,《环球人文地理》2015 年第 6 期;张力凤《珞巴族博嘎尔部落的婚恋习俗》,《西藏民族学院学报(哲学社会科学版)》2004 年第 2 期;陈立明《珞巴族传统居住习俗及其变化》,《西藏民族学院学报(哲学社会科学版)》2003 年第 3 期;袁越《藏南珞巴族葬礼奇俗》,《科学大观园》2009 年第 4 期;于乃昌《珞巴族饮食文化》,《中国西藏(中文版)》1998 年第 2 期;拉巴卓玛《一枝独秀的珞巴族舞蹈》,《西藏日报》2002 年;于乃昌《珞巴族文学史》,江苏教育出版社 2001 年版;李延红《珞巴族的民歌和乐器》,《音乐周报》2007 年;涂青华《珞巴族音乐简析》,《音乐探索:四川音乐学院学报》1984 年第 4 期;翟闻《珞巴族的竹编》,《中国民族》1980 年第 3 期;李莉、庞莎《尼洋河畔的一颗明珠——珞巴族服饰的独特魅力》,《民族文艺》2015 年第 7 期。

披一张完整的小牛犊皮。男女都喜欢戴一种叫"拔尔甲"的小帽。邦金以南地方头蓄半长发,戴灰牦牛毡帽,插孔雀翎。靴子是牛皮软底,靴筒以氆氇制成,靴内垫草,腿肚以上缠扎花布。墨脱地区男女一般穿长短两种上衣,成年男子穿白色短上衣;妇女多穿红色内衣,外加一长坎肩。门巴族男女喜欢装饰品。男子蓄长发,戴耳饰。妇女梳辫衬以黄、绿、红线,盘在头上或帽子上,佩戴耳环、手镯、项链。胸前挂"嘎乌"。佩戴二至三枚戒指。男子腰间佩挂带鞘的砍刀或短刀。门巴族主食主要有玉米、稻米、谷子、青稞、荞麦。肉食较少,蔬菜有元根、萝卜、土豆、白菜、扁豆、卷心菜、辣椒等。饮料有酥油茶、酸奶、酒。门巴族住房多是石头平房和干栏式楼房。墨脱地区门巴族粮食仓库与住房不连在一起,保持三五十米距离。仓底离地高两米,并有防鼠设置。门巴族交通工具主要是骡、马、牦牛。河上架设藤网桥。

婚丧习俗。门巴族不同等级间不通婚。缔结婚姻经过自由恋爱、订婚、婚礼三项程序。婚礼场面热闹而风趣。门巴族丧葬形式有水葬、土葬、天葬、火葬、崖葬等,丧葬仪式也不相同。

文学与艺术。门巴族民间文学有神话传说、民间故事、诗歌等。艺术方面,戏剧有"羌姆",舞蹈有类似藏族踢踏舞的集体舞、宗教舞蹈、巫术舞蹈。

科学技术。门巴族以手工业作为家庭副业,主要有竹器、藤器、木器、石器、纺织、造纸、木材加工等。门巴族生活的地区盛产竹子,门隅和墨脱两地的男子都有高超的编制技术。墨脱地区也产藤条,藤编制品很有特色。该地区生产的藤竹蔑混合编织物"邦穷",在西藏享有盛名,是难得的传统手工艺品。木器中尤以木碗制作十分考究,闻名遐迩。石器中以石锅最具民族特色。门巴地区盛产天然染料,染制的衣服不仅色泽美观,而且永不褪色。门巴族传统医疗方法具有明显的民族特色。外科方面,对于蛇毒伤、箭毒伤、跌打损伤、骨折、刀伤、关节炎、腰背痛以及眼疾、口疮、皮肤病等都有一些独特的治疗方法;内科方面,对于胃病、腹泻、呕吐、食物中毒、感冒以及恶性传染病等,也都有独特的治疗手段和预防措施。

教育。门巴族的传统教育主要是家庭和社会教育，其次是宗教教育。家庭和社会教育内容包括衣食住行、生产技能、生活经验、习惯礼仪以及民族的历史传说、宗教信仰、法规、歌舞竞技等。旧时，在门巴族地区一些大的寺院，都有许多门巴僧人。封建农奴制政权在门巴族地区实行"僧差"制度，门巴家庭的孩子有一半需入寺为僧或尼，这就形成了有门巴族特点的寺院教育。教育方式有文字写就的教科书与各类经文。寺院中学习时间不一，最长的十几年，内容有藏文文法、医学、天文、历算、哲学、大五明、雕塑、绘画艺术等。有门巴族青年获得学位，成为门巴族中威信很高的知识分子。①

八、彝族

清代，彝族主要分布于四川、云南、贵州、广西，主要聚居在大小凉山地区。由于历史和环境等因素，彝族支系繁多，与此相关，方言土语复杂。文化上差异较大、经济上发展极不平衡成为清代彝族的显著特点。

宗教信仰。清代前期，彝族的宗教信仰处于自然崇拜、图腾崇拜、祖先崇拜的原始宗教发展阶段。

衣食住行。彝族服饰因地而异，不同方言区有不同特色的服饰。凉山地区彝族男子头顶蓄一绺发，布帕包头。身穿紧身衣，大襟右衽，窄袖。地区不同，裤子宽窄不同。成年男子戴各种耳环。女子穿大襟右衽上衣，镶边。裙子三节。未婚女子穿二节小裙。青年或已婚未育妇女折

---

① 本部分内容，参阅《门巴族简史》编写组《门巴族简史（修订本）》，民族出版社 2008 年版；多布杰《中国门巴族》，宁夏人民出版社 2012 年版；陈景源《门巴族的婚俗》，《中国民族》1981 年第 5 期；张媛《门巴族丧葬习俗中的文化内涵探析》，《四川民族学院学报》2014 年第 2 期；于乐闻《门巴族民间文学概说》，《西藏民族学院学报（哲学社会科学版）》1980 年第 1 期；刘志群《西藏门巴戏》，《中华艺术论丛》2009 年第 1 期；陈立明《藏传佛教在门隅的传播和影响》，《中国藏学》2006 年第 1 期；章小燕《错那县勒布乡民间音乐探析》，《西藏艺术研究》2012 年第 2 期；拉巴卓玛《错那勒布乡门巴族歌舞简介》，《西藏艺术研究》1995 年第 3 期；洛桑《门巴族的衣饰》，《中国民族》1981 年第 5 期；《门巴族的饮食文化》，《西藏日报》2004 年；陈理明《门巴族教育刍议》，《中国民族教育》1994 年第 3 期。

成瓦式头帕。中老年妇女用黑头帕裹头或戴盘帽。手戴银镯、戒指,耳戴银耳环。腰佩荷包,胸佩口弦、针筒、獐牙等。男女一年四季披称为"擦耳瓦"的披毡。滇东南地区撒尼彝族老年男子喜戴青布包头,穿宽裆裤。青年男子喜穿对襟无袖短褂。女子喜戴花包头,后面吊一束串珠垂直胸前。外衣长过膝,背披一块黑布衬底的雪白羊毛皮。腰间系围腰。下穿长裤,脚穿绣花鞋,肩挎花布包。阿细彝族男子服饰与撒尼彝族男子相类。女子两股发辫盘头,头戴花布"鲁都"彩色包头。身穿紧袖衣。背披彩色布,下穿紧身裤。佩戴手镯、耳环。背自编草箩。滇南地区男子身穿对襟短衣,下穿宽裆裤。女子头戴银泡镶嵌鸡冠帽,身着右衽大襟衫。下着大管裤,腰系围腰。脚穿翘尖绣花鞋。喜戴银耳环、银手镯,襟前、腰间、臀后挂银铃、银泡。滇西地区彝族男子身着无领对襟衣,下着宽裆裤。头缠青布帕,或戴瓜皮小帽。女子头戴"鱼尾帽",脑后留一小辫。身着圆领大襟衣,外套坎肩,腰系围腰。下着大管裤。脚穿翘首船形绣花鞋。喜戴银制大花、簪子、别针、耳环、戒指、手镯、三须等饰物。男女老少都披无扣对襟羊皮褂。滇中彝族男子一般短衣长裤。女子短衣,上身外套坎肩,下穿长裤,佩胸围腰。头缠青巾,有的地区戴绣花帽。黔西北地区彝族中老年男子头包青、白帕,身着长衫,系青腰带,下穿宽裤管灯笼裤。青年男子身穿对襟短衫,系大白腰带。女子头缠黑、白头帕,身着青、蓝色上衣,下穿三节中长裙,扎白腰带,脚穿绣花高钉"鹞子鞋"。彝族饮食以玉米、土豆、苦荞为主,以燕麦、大麦、小麦、豆类为辅。副食蔬菜有萝卜、元根、白菜、青菜、洋花菜、芥蓝、韭菜、蕨菜;肉类主要有牛、羊、猪、鸡肉。喜欢喝酸菜汤,爱喝酒饮茶。彝族居住类型多样,凉山彝族有板房、瓦房、木房、蒇房、草房、棚子、木罗罗,贵州彝族有权权房,云南彝族有土掌房、"三房一照壁"等。彝放主要交通方式是徒步和骑马。过河有"藤索桥"。

婚丧习俗。旧时彝族不同地区婚姻制度不同。川、滇凉山彝族为严格的等级婚制,滇、黔、桂彝族实行封建式婚制,云南永胜"他鲁"彝族实行对偶婚、群婚制,云南弥勒"阿细"彝族实行自由恋爱等。各地彝族有其风格独特的婚礼习俗。彝族丧葬形式有土葬、树葬、陶器葬、岩葬、水葬、天葬等。丧葬礼仪各不相同。

文学与艺术。彝族民间文学有诗歌、神话、故事、寓言、谚语、歌谣等。作家文学主要是诗歌。高奣映(1647—1707),字元郭,别号问米居士,彝族诗人,云南姚安人。其著述共79种,有《妙香国草》《唐天宝战士合冢》《咏牡丹》等诗集以及史书、地方史志、文章等。那文凤(1771—1823),彝族诗人,云南昆明人,乾隆五十九年(1794)解元,著有《雁字诗》1卷。艺术方面,音乐、舞蹈有阿细跳月、打歌、库吼迷、冬格朵洛荷舞、情歌、罗作舞、烟盒舞、铜鼓舞、跳脚舞。民间乐器,吹管乐器有巴乌、马布、葫芦笙、荜芦、叶笛、克谢觉黑、唢呐、竖笛、韭哩、笛老挪、布里拉等,打击乐器有铜鼓、克拉蒙、额格子嫫、烟盒、兹耳、团鼓、格则、大鼓等,弹拨乐器有口弦、月琴、三弦、大三弦等,拉弦乐器有牛角胡琴、三胡、四胡等。戏剧有"撮泰吉"。

科学技术。彝族古代历法是一年十个月,一月36日。用十二生肖纪日、纪年。一年十个月终了之后,另有五至六日为"过年日"。过年日通常是五月,每隔三年加一日为闰日。常年为365日,闰年为366日。彝族在古代就对人体组成与解剖有所认识,并善于利用植物、动物、矿物等制成药品。《宇宙人文论》是关于人体组成、解剖及有关理论的书。《勒俄特依》记载了被毒蛇咬伤、蜜蜂蜇伤的具体医治方法。《劝善经》记载了被毒蛇咬伤后的症状、治疗方法和麻风病的防治。《热择梭》是关于针灸疗法的书。《诺切苏》记载了几十种病例、数百种药用动植物与矿物,以及简单的外科手术,对每种病症都载有病名、药方、服药禁忌等。民间还流传着许多彝药的性状、产地及所治疗的疾病。彝族手工技艺涉及染织、铁工、木工、银工、篾工、漆工、石工、酿酒、烧瓦、制陶、制盐、造纸、建筑等多种行业。

教育与体育。旧时,彝族民间教育由少数懂彝文有知识的毕摩等人担任,通过言传身教向广大彝民传播为人处世道理以及生产、生活等方面的知识、技能和技巧。在学校教育方面,康熙、乾隆年间在彝族地区建立了一些书院、书馆,如文昌书院、桂香书院等。但能进入这些教育机构学习的只有少数统治者及富家子弟,广大彝族人民处于文盲、半文盲状态。彝族传统体育项目有摔跤、蹲头、赛马、斗牛、打陀螺、射箭、打秋千、跳火绳、跳水牛、爬油杆、磨皮花鼓吹。①

第十一节　其他少数民族(五)

一、纳西族

清代,纳西族主要分布于云南省西北部,主要聚居在丽江。纳西族地区有高原、盆地、河川峡谷的复杂地形,有寒、温、亚热的复杂气候,适宜发展农业和畜牧业。

宗教信仰。纳西族民间活跃着东巴教,它基本上是在原始巫教的基础上形成和发展起来的。东巴教没有较系统的教义,没有统一的组织,也没有自己的寺庙。在泸沽湖畔的摩梭人中,流行着一种与东巴教大同小异的达巴教。纳西族还信奉藏传佛教,在纳西族中影响最大的是噶举派。清初"改土归流"之后,中原的佛教与道教在纳西族地区进一步发展并广泛传播开来。

---

① 本部分内容,参阅且萨乌牛《彝族古代文明史》,民族出版社 2000 年版;朱文旭《彝族原始宗教与文化》,中央民族大学出版社 2002 年版;陈久金等《彝族文学史》,云南人民出版社 1984 年版;陈长友主编《黔西北彝族美术》,贵州人民出版社 1993 年版;龙倮贵《试析云南彝族服饰类型及其审美特色》,《民族艺术研究》1996 年第 6 期;蒋志聪《彝族独具特色的饮食文化》,《西部论丛》2009 年第 5 期;彭山荣、马辉《彝族民居的建筑形式及其特色》,《西安理工大学学报》2009 年第 5 期;王昌富《凉山彝族礼俗·婚姻习俗》,四川民族出版社 1994 年版;肖雪《凉山彝族丧葬习俗的文化内涵》,《广西民族大学学报(哲学社会科学版)》2007 年第 6 期;阿土《彝族的传统医药》,《贵州民族研究》2006 年第 1 期;罗国清《彝族医药简史》,《中国民族医药杂志》1997 年第 1 期;林永光《四川凉山彝族传统舞蹈研究》,中央民族大学 2005 年;曲木铁西《试论彝族社会传统教育的教育形式》,《贵州民族学院学报(哲学社会科学版)》2009 年第 1 期;朱国权《云南彝族传统体育文化》,四川大学出版社 2007 年版;马拉呷《凉山彝族传统工艺美术浅议》,《凉山大学学报》2000 年第 4 期;靳丽芬《彝族音乐文化》,《民族音乐》2006 年第 2 期;罗曲、李文华《彝族民间文艺概论》,巴蜀书社 2001 年版;刘冬梅《大凉山彝族毕摩画考察》,四川大学 2007 年。

　　衣食住。清代纳西族服饰较前代发生了明显变化,男子雉发戴帽,长领布衣;女子高髻或戴黑漆尖帽,短衣长裙。古代纳西族主食有乔麦、土豆、稗子、蔓菁等,副食主要是牛羊肉。纳西族用木材建筑"木楞房"。丽江地区城镇与坝区纳西族普遍采用"三房一照壁"或"四合五天井"式的木石结构、土木结构的瓦房建筑。

　　婚丧习俗。纳西族缔结婚姻有父母做主、媒人撮合、请酒、举行婚礼等程序。居住在滇川交界泸沽湖畔的摩梭人,主要实行"阿夏"婚。纳西族到乾隆年间,除少数保持火葬习俗外,主要采用土葬习俗。人死后停尸三天。出殡前需完成"鸡鸣祭""献餐""请素神"焚香祭祖"燃灯"和宴宾客等一系列开丧仪式。出殡前,死者家人亲属再次向亡灵叩头告别,接着由东巴念送魂开路经。埋葬后,坟呈长方形并砌石块。三年内举行拜祭活动。

　　文学与艺术。纳西族民间文学有传说故事、诗歌、谚语、格言、谜语、儿歌。作家文学方面,一些诗歌被收入《四库全书》中。表演艺术方面,东巴舞主要有神舞、鸟兽虫鱼舞、器物舞、战争舞、面具舞等。东巴舞谱记录了大量舞蹈跳法,以及音乐、美术、美学方面的内容。纳西族乐器主要有苏古都、直笛、葫芦笙、海螺、牛角号、口弦、碰铃、板铃、扁鼓、琵琶等。声乐主要是东巴诵经调,有 20 种左右。纳西族古代绘画主要是东巴画,分为木牌画、竹笔画、纸牌画、神轴画四类。清朝还出现了誉满京师的书法家和以画白菜生动逼真而获"王白菜"雅号的王源等艺术家。[①]

[①] 本部分内容,参阅和少英《纳西族文化史》,云南人民出版社 2011 年版;詹承绪等《永宁纳西族的阿注婚姻和母系家庭》,上海人民出版社 2005 年版;苑晓辉《纳西族服饰文化初探》,中央民族大学 2009 年;李灿南《独特的摩梭人饮食》,《中国食品》1999 年第 3 期;张威威《论纳西族民居建筑艺术特色》,渤海大学 2012 年;菁华《纳西族的丧葬风俗》,《青春期健康·人口文化》2010 年第 12 期;杨云慧《神秘的东巴绘画》,《中国教育报》2000 年;奚绍善《纳西族音乐文化概论》,《民族音乐》2009 年第 4 期;韦思萍《纳西族民间歌舞》,《今日民族》2006 年第 11 期;张俊芳《略谈纳西族民间文学》,《思想战线》1978 年第 5 期;杨福泉《东巴族通论》,中华书局 2012 年版。

二、拉祜族

清代,拉祜族分布于云南省西南部。由于历史和地理环境因素,拉祜族各支系社会、经济发展极不平衡。

宗教信仰。原始宗教在拉祜族信仰体系中占主导地位。清初大乘佛教从中原传入后,拉祜族信奉佛教。

衣食住。拉祜族服饰,男子各地差别不大,头戴瓜形帽或裹黑色包头,身穿对襟短衫,也有穿无领右襟大衫的,下穿宽大长裤。外出喜挎背包、佩长刀。妇女因支系不同,差异较大。拉祜纳妇女头裹一丈多长的黑色包头,末端垂及腰间,身穿高领、高开衩的右襟长袍。拉祜西妇女头裹黑色或白色头巾,身穿无领对襟短衫,下穿长筒裙。妇女佩带银项圈、手镯、耳环。拉祜族主食为大米,辅以玉米、荞子。蔬菜有青菜、萝卜、韭菜、白菜等。肉类主要是猪、鸡肉。风味食品是灌肠与猪骨头生。饮料有烤茶、自制水酒与烧酒。拉祜族传统的住房有木桩竹楼和落地式茅屋两类。木桩竹楼分为两种。一种是供个体家庭居住的小型竹楼,楼下关养牲畜及堆放柴火,楼上用木板或竹笆隔成两间。另一种是供大家庭居住的大型竹楼,即长屋。长屋最大者300平方米左右,楼上正面有走廊而无窗,室内隔若干间,每个小家庭住一间。长屋旁边有粮仓。大、小竹楼都有晒台。落地式茅屋亦用木头做梁柱、竹蔑或木板做围墙,屋顶呈双斜面,覆以茅草。面积大的隔成两间,较小的不隔间。

婚丧习俗。拉祜族缔结婚姻有自由恋爱、媒人说亲、订婚、婚礼几项程序。清代拉祜族大部分地区实行土葬,个别地区实行火葬。无论实行土葬还是保持火葬习俗的村寨,都有公共墓地。土葬葬式有仰身直肢,也有侧身屈肢。对于正常死亡者,举行隆重葬礼;对于非正常死亡者,则不举行葬礼,一般在其死亡处就地火化或埋葬。

文学与艺术。拉祜族民间文学有史诗、神话、故事、诗歌、寓言、谚语、谜语等。表演艺术方面,拉祜族民间歌谣曲调丰富,有情歌、叙事歌、颂歌、丧歌等。传统乐器有葫芦笙、小三弦、竹笛、口弦等。民间舞蹈种类很多,有表现动物动作的,有表现生产活动的,有表现生活情趣的。拉祜族工艺美术的代表首推织锦挎包。①

三、基诺族

清代,基诺族分布于云南省西南部。"基诺"是基诺族自称,即"舅舅的后代"或"尊敬舅舅的人"之意。基诺族当时的生产方式是典型的"刀耕火种"。

宗教信仰。基诺族宗教信仰处于自然崇拜与祖先崇拜的原始宗教阶段。

衣食住。基诺族妇女穿紧身对襟小褂,无领,无纽扣,肩尖。上衣背部绣有圆形太阳花式图案。胸前戴一贴身三角形黑色绣花小兜。下穿红布镶边黑裙。腿上有裹腿。椎髻,婚前髻在脑后右方,婚后髻在前额正中。头戴披风式尖帽。男子穿对襟短褂,无领,无纽扣。背部一般都缝有绣在白色方布上的月亮花式图案。下穿白色或蓝色裤子。腿上裹白色绑腿。头上留三撮发,戴黑布包头。男女皆穿耳,在耳垂上装上竹木制或银制的刻有花纹的耳珰。男子还有用梨木胭脂染齿的习俗。基诺族主食有旱稻、玉米、豆类,副食有肉类、蔬菜、野菜、菌菜、竹笋等。其中尤以竹笋的吃法独具风味。基诺族传统的房屋是竹木结构的竹楼,茅草覆顶。一般一个小家庭住一竹楼。也有称为"大房子"的巨大修长竹楼,属"干栏式"建筑。距地面七八米,宽十余米,长度最多达 35 米,由木架支撑,榫卯工艺。一座大房子最多住过 140 人。

---

① 本部分内容,参阅杨春《中国拉祜族》,宁夏人民出版社 2012 年版;王正华《拉祜族服饰文化概述》,《云南民族学院学报(哲学社会科学版)》1995 年第 1 期;杨云燕《拉祜族传统民居文化解读》,《牡丹江大学学报》2013 年第 8 期;杨知勇《云南少数民族婚俗志》,云南民族出版社 1983 年版;王扎体《拉祜族的农业祭祀和丧葬习俗》,《中央民族学院学报》1984 年第 3 期;雷波、刘辉豪《拉祜族文学简史》,云南民族出版社 1995 年版;王贵《丰富多彩的拉祜族民间音乐》,《广播歌选》2012 年第 8 期;张美玉《大山深处的拉祜族民间舞》,《民族艺术研究》2003 年第 1 期;钱宁《厄莎、佛祖、耶稣——拉祜族的宗教信仰与社会变迁》,《思想战线》1997 年第 4 期;王正华、和少英《拉祜族文化史》,云南民族出版社 1999 年版。

婚丧习俗。基诺族缔结婚姻分为婚前和婚礼仪式两个阶段。婚前包括成年礼、参加饶考俄、饶考俄成员尼左高聚会、恋爱期。婚礼仪式包括吃订婚酒和预订婚期、认舅舅和请舅舅放姑娘、婚礼。基诺族实行独木棺土葬。人死后,挖独木为棺,葬于公共墓地,不留坟冢。墓表搭一小竹屋,内置竹桌,供祭祀之用。由于公共墓地面积有限,又不能任意扩大,故数年后,将棺木尸骨挖出,抛撒于山野。基诺族葬礼仪式是:当病重垂危时即为之穿上寿衣,一断气就放声大哭,把一些碎银放入死者口中,用银币盖其眼,用白布盖脸,并把殉葬品放在死者身边。死者之子杀一小鸡,作为祭献牺牲。奔丧者来到后,把死者房间面对火塘的一面竹墙拆除。入殓时,将死者置入棺内,手握鸡蛋,放入殉葬品,把棺木盖定,用竹篾捆紧。出殡时,棺材要从火塘上面越过。埋葬后,送葬队伍返回死者家时,一一在楼梯口洗手洗脚后进家就餐,家人集体在火塘边过夜。第二天晚上,请村社祭司举行"阿麦喝"仪式。

文学与艺术。基诺族民间文学有史诗、故事、传说。表演艺术方面,民歌主要有情歌、农事歌、婚礼歌、史诗歌、礼俗歌等。其中最为普及和感人的是"巴什情歌"。舞蹈多为集体舞,最普遍的是跳"大鼓舞"。乐器有七节竹筒、比吐鲁、三弦、二胡、竹口弦、牛皮木鼓、铓和钹等。[①]

四、傈僳族

清代,傈僳族分布于云南省西部和南部,主要聚集在怒江地区。此地是中国最典型的深山峡谷地形。由于地理条件的限制和生产力十分

[①] 本部分内容,参阅张云、杨宏峰《中国基诺族》,宁夏人民出版社 2012 年版;罗维萍《基诺族传统信仰的生态伦理价值》,《黑龙江民族丛刊》2010 年第 1 期;何福德《基诺族服饰》,《中国医药报》2001 年;王洁如、龙春林《基诺族传统食用植物的民族植物学研究》,《云南植物研究》1995 年第 2 期;朱宝田《试论基诺族的大房子》,中国民族学会编《民族学研究 第三辑》,民族出版社 1982 年版;杜玉亭《基诺族文学简史》,云南民族出版社 1996 年版;杨荣《基诺族音乐》,《云岭歌声》第 3、4、5 期;杨荣《古风飘荡的基诺族歌舞》,《版纳》2005 年第 1 期;牛江河《基诺族婚恋习俗的心理内涵》,《中央民族大学学报(哲学社会科学版)》1996 年第 6 期;牛映占《一次基诺族丧礼的调查与分析》,李志农主编《全球化背景下云南文化的多样性》,云南人民出版社 2010 年版。

低下,傈僳族生活很贫困。

宗教信仰。旧时傈僳族信仰还处于自然崇拜与祖先崇拜的原始宗教阶段。祭祀自然鬼神的习俗各地相同,而祭祀祖先的习俗各地有所不同。

衣食住行。傈僳族服饰有地区差异。贡山、福贡与原碧红北部,妇女头戴"欧勒"。上穿右衽齐腰衫,外罩坎肩。下穿长及脚踝的百褶长裙,身背挎包。泸水县妇女上衣右衽,腰系小围裙,长裤,青布或黑布包头。男子服饰差别不大,都是布包头,麻布长衫,夏天穿短衫,腰间系带子。裤子黑色、宽大。成年男子左腰佩长刀或齐头短刀,右边佩箭袋。迪庆州维西傈僳族妇女服饰大同小异,裹头帕上缀贝壳、料珠。澜沧江一带妇女在额前戴一串齐眉粒珠,有的戴项链、耳环。上衣内穿短衣,外罩坎肩。下着百褶裙,裙外系围腰。男子头戴羊毛毡帽。青年人上穿右衽大襟短衣,老年人穿大襟长衫,系麻布花腰带。裤子长至膝下五寸。外出时身背长刀和弩、弓箭袋。男女都喜欢斜挎挂包。傈僳族主食是玉米,辅以荞麦、旱谷、小麦、小米、无仙米、高粱、豆类等。副食肉食有猪、牛、羊、鸡、鱼及各种野味。蔬菜有小青菜、小白菜、南瓜、辣椒、芋头及野菜。饮料有果醋、茶、酒。傈僳族住房有干栏式竹楼、木楞房、土墙房、石片顶房。旧时傈僳族交通靠溜索、竹筏、独木舟。

婚丧习俗。傈僳族缔结婚姻大体有订婚与结婚两个过程。订婚有的父母包办,有的买卖婚姻,有的自由恋爱。结婚的婚礼习俗各地差异很大。傈僳族实行土葬,用棺木,只有孕妇和非正常死亡的人用火葬,这一点各地是相同的。但丧葬习俗各地则有很大的差异。

文学与艺术。傈僳族民间文学有长诗、短诗、神话、传说、故事、格言、谚语、谜语、儿歌等。表演艺术方面,傈僳族曲调有独特的风格,包括莫瓜、由叶、拜史、葬歌、尼沽偶、颂歌六类。乐器主要有琵琶、口弦、笛子、葫芦笙等。舞蹈属自娱自乐的集体舞,内容有反映人民日常生活的、表现劳动生产活动的、模仿动物动作与习惯的三种类型。

教育与体育。傈僳族传统民间教育主要是通过家庭和社会进行的。

孩子们不断从民间故事、诗歌、谚语中接受待人处世、道德教养方面的教育。傈僳族传统体育项目主要是射弩和荡秋千。[①]

五、哈尼族

清代,哈尼族分布于云南省南部。梯田文化是哈尼族的显著特征。分布在不同地区的哈尼族社会经济发展很不平衡。

宗教信仰。哈尼族祭祀"树神""寨神",尚处于原始信仰阶段。

衣食住。哈尼族服饰,男子多穿对襟上衣和长裤,以青布或白布包头。红河南岸和墨江、元江等地男青年穿有领对襟上衣,喜欢用靛青色外衣与白色内衣相配套。西双版纳地区穿右襟上衣,以青布裹头,呈螺旋状。节日期间,年轻人喜欢把彩色鸡毛和鲜花插在头上。妇女服饰,地区差别较大。多数地区的妇女穿无领上衣,下穿长裤,衣裤镶彩色花边,胸前挂成串的银饰,戴耳环或耳坠、银项圈、大手镯。红河县一带的妇女,头戴白三角头巾,上衣分外衣、衬衣和内衣,下穿紧身裤,盛装时系一条彩色腰带。西双版纳和澜沧江一带的妇女,下穿短裙,蓄长发辫,用白或黑布包头,有的戴有装饰品的小帽。墨江、元江、江城一带的妇女,有的穿长筒裙或百褶裙,有的穿长裤,系绣花腰带和围腰。不少地区妇女裹护腿。妇女还在服装、发式、头饰上区别婚否。哈尼族以稻米为主食,辅以玉米和荞麦。蔬菜有青菜、白菜、萝卜、芋头、土豆、茄子、南瓜、

[①] 本部分内容,参阅常远歧《傈僳族风俗志》,中央民族大学出版社 1994 年版;欧光明《中国傈僳族》,宁夏人民出版社 2012 年版;和文琴《傈僳族的宗教信仰与环境保护》,《云南政协报》2002 年;徐写秋、李论《傈僳族服饰文化深议》,《科技信息》2006 年第 5 期;陈海宏、谭丽亚《怒江传统饮食文化及其社会功能探析》,《贵州民族大学学报(哲学社会科学版)》2015 年第 2 期;王祎婷、翟辉《滇西北傈僳族传统井干式民居》,《华中建筑》2015 年第 3 期;杨绍才《永平傈僳族婚俗趣闻》,《今日民族》2008 年第 2 期;左玉棠《傈僳族文学简史》,云南民族出版社 1999 年版;乐声《各具特色的傈僳族传统乐器》,《人民日报(海外版)》2001 年;李延仁《傈僳族民间音乐》,《音乐周报》2008 年;宋明《傈僳族舞蹈》,《凉山日报(汉文)》2006 年;胡兰英主编《傈僳族民间工艺美术精萃》,德宏民族出版社 2013 年版;方征《浅谈傈僳族传统体育文化》,《体育文化导刊》2002 年第 3 期;俄大日布《鲜为人知的傈僳族丧葬》,《凉山日报》2008 年;谷成杰、赵莹、周丽芳《浅谈傈僳族传统社会中的自我教育》,《商业文化(学术版)2007 年第 10 期。

冬瓜、黄瓜、苤菜、韭菜、辣椒、豆类以及各种野菜。饮料有茶和酒。哈尼族房屋建筑一般是土木结构的两层楼房。墙基用石块从地下半米深处砌至高出地面半米，便从基石上用土坯砌墙，用木柱支撑屋檐或门楼。屋顶有平顶的"土掌房"和双斜面、四斜面的茅草房。西双版纳和澜沧江等湿热地带的哈尼族，住竹木结构的"干栏式楼房"。

婚姻习俗。哈尼族实行族外婚，但自由恋爱。有的地区"姑娘领头"或"小伙子领头"，一村的女青年或男青年到另一村寻求配偶。他们举行宴会，饮酒对歌，或到村边草坪欢歌舞蹈，通宵达旦。其间男女情投意合者，可离去单独幽会。待到黎明，赠送食品，欢送对方回寨。如果这次男青年出访，下次就女青年回访。未婚青年男女婚前社交自由。晚饭过后，青年人在专供他们玩耍的小房子里，或村边山林中，或玩乐器，或互相对歌，倾吐爱慕之情。男女双方经过恋爱后，如果互相情真意切，自愿结合，就互赠信物。但结婚仍需征得父母同意，由媒人去说亲。有的地方有"偷婚"习俗。男女双方在自愿的基础上，男方背着父母将女子领回家，再派人通知女方父母和女方村落头人。有的地方姑娘出嫁前有哭婚习俗。有的地方姑娘"躲婚"，迎亲队伍到达后，新娘假装不愿出嫁，故意躲起来。亲朋也装作出事的样子，四处"寻找"。新娘的女友们明知新娘藏在何处，却说不知情。待人精疲力尽之时，她们才连推带拉把新娘'找'出来，帮她梳洗打扮。新娘满心欢喜，但故作衣冠不整，甚至披头散发。婚礼各地习俗不同。

文学与艺术。哈尼族民间文学有神话、传说、史诗、诗歌、故事、童谣、谚语、谜语等。艺术方面，乐器有三弦、四弦、巴乌、笛子、胡琴、当迪、叉篾、响蔑、葫芦笙、牛号角、木叶、牛皮鼓、铓、锣等。舞蹈有三弦舞、拍手舞、乐作舞、棕扇舞、白鹇舞、扭鼓舞、多波嵯舞、铓鼓舞、撮泥鳅舞等。

教育。旧时哈尼族受封建领主统治，绝大部分人没有读书识字的权利。教育主要通过父母长辈言传身教和在社会生产、生活中进行。从实践中学习是哈尼族传统教育的基本方法，青少年通过实践获得绝大部分生产和生活知识。①

六、白族

清代,白族主要分布于云南省,主要聚居在滇西中部的大理地区。这里有著名的苍山洱海,地理环境优越,自然资源丰富。

史学。清代有张相度《太和县志》、赵淳《白盐井志》《赵州志》、艾濂《邓川志》。浪穹(今洱源)人王松在总纂《云南通志》时,汇集记载云南诸书 61 种,编为《云南备征志》21 卷,是研究云南民族史和地方史的重要参考资料。王松校《南诏野史》是研究南诏、大理史的一个较好的本子。

宗教信仰。白族盛行原始图腾崇拜,有独特的本主信仰,信奉中原传入的佛教密宗。

衣食住行。清代白族服饰,一般说来,男子服饰大体相同,而妇女服饰则有着地区差异。大理等中心地区的男子,头缠包头,身着白色对襟衣和黑领褂,肩挂挂包。碧江四区的男子在对襟衣外,加穿过膝坎肩,下穿宽裤衩,肩挂一把长刀和挂袋,项间佩挂数串彩色珠子。大理海东的男子,头戴瓜皮帽,足穿白布袜和"云头"红鞋,身穿短大襟上衣,套麂皮领褂,外面还加穿几件领褂,腰系绿丝腰带,挂兜肚。白族妇女的服饰,大理一带多穿白色上衣,外套丝绒领褂,下着蓝色宽裤,腰系短围腰,足穿绣花"百节鞋",臂环纽丝银镯,指戴珐琅银戒指,耳坠银饰,上衣右衽

---

① 本部分内容,参阅李泽然等《中国哈尼族》,宁夏人民出版社 2011 年版;汪致敏《多姿多彩的哈尼族服饰》,《云南政协报》2000 年;李斗才《云南省红河州哈尼族传统体育研究》,成都体育学院 2011 年;李国文《论哈尼族社会中的原始宗教》,《云南民族学院学报(哲学社会科学版)》1994 年第 1 期;徐义强《独特的哈尼族饮食文化》,《百科知识》2012 年第 14 期;施维琳《哈尼族民居的轨迹》,《华中建筑》1996 年第 4 期;杨世华《哈尼族婚俗文化探析》,《民族论坛》2003 年第 4 期;何作庆《哈尼族丧葬习俗中的人际关系》,《云南民族大学学报(哲学社会科学版)》2007 年第 4 期;史军超《哈尼族文学史》,云南民族出版社 1998 年版;田联韬、李延红《哈尼族的民间音乐》,《校园歌声》2008 年第 8 期;岳炳丽《富有"灵性"的民族乐器——哈尼族民间乐器赏析》,《艺术教育》2010 年第 2 期;张谛《哈尼族民间舞蹈文化内涵简析》,《红河学院学报》2006 年第 6 期;李泽然、车金明《哈尼族传统教育的内容、形式及特点》,《民族教育研究》2001 年第 3 期。

佩着银质的"三项""五须"。已婚者挽髻，未婚者垂辫于后或盘辫于头，都缠以花包头。衣外腰带为多层厚布缝制的硬板带。外系绣花飘带双层短围腰。脚穿船形绣花鞋。邓川一带未婚女子戴小帽或"鼓钉帽""鱼尾帽"。丽江九河妇女的领褂，多为氆氇，披着背有七星图案的轻软羊皮。保山阿石寨妇女所穿对襟衣，前襟齐腰，后襟过膝，臂套彩色袖筒，前系长可及地的围腰。碧江妇女，头戴镶有海贝和白色草子的花圈帽，顶佩十数串彩色小珠子，身穿短衣，腰围绣花围腰，赤足。大理海东新婚女子的发饰，梳"凤点头"，身着大镶大滚的红绿衣裤。白族饮食，平坝地区主食多为稻米、小麦，山区主食有玉米、荞子。副食有各类蔬菜、野菜、多种山川特产。白族人喜吃酸、冷、辣等口味，善于腌制火腿、弓鱼、螺丝酱、油鸡枞、猪肝酢等。大理等中心地区还喜吃一种别有风味的"生肉"。白族人喜喝烤茶、自酿白酒。另外，苍山有特产"雪梅"，邓州有"乳扇"。白族的住房形式，坝区为"长三间"衬以厨房、畜厩和有场院的茅草房，或"一正两耳""三方一照壁""四合五天井"的瓦房。山区多为上楼下厩的茅草房、"闪片房"或篾笆房，高寒山区则是单间或两间相连的"垛土房"。白族地区高山深谷，交通十分不便。古代有驿道，长途运输靠马帮。

婚丧习俗。白族婚姻，各地习俗有差异。一般除同姓同宗不婚外，本民族内部或与其他民族之间均可通婚。碧江白族则堂兄弟的子女也可结婚。海东地区，姑表婚有优先权。某些地区实行"抢婚"。那马白族青年男女恋爱自由，而结婚多数由父母包办。大理剑川一带白族婚姻一般由父母包办。订婚时，男家要向女家送酒、猪肉、茶、糖、衣料、首饰、聘金。订婚后，逢年过节都得向女家送礼，直到结婚为止。在边远地区或部分山区，为了增加劳动力，家长往往给不满十岁的男孩娶一成年媳妇。寡妇一般不能再嫁，再嫁不仅受人歧视，而且失去对前夫财产的使用权，再嫁时的聘金也为前夫家所得。白族各地丧葬习俗不同。碧江白族死后不用棺，把死者放在一块木板上，覆以屋上的茅草，上盖土，垒成坟状；在距死者头上三尺地方竖一个双杆栗木坊，上挂土锅、盛有祭物的布袋及死者生前用物。一年后，以石片、石块垒墓。墓头留一小孔供死者灵魂出入。那马白族,清代实行土葬,棺木形制与汉族同。大理、剑川一带白族,清代改火葬、土棺葬。男子死后即行装殓,女子死后则必须等候娘家人亲临。停枢期间,一般请道士念经。大理海东地区,人死后由族长主丧,族长根据死者家庭地位与经济状况决定丧事规模的大小。出殡前一般有出帛与诵读祭文等仪式。

文学与艺术。白族民间文学有韵文体和散文体两种。韵文体有"踏歌"、民间歌谣、叙事诗、"串枝连"等,散文体有神话、传说、故事、寓言、谜语等。作家文学有曲艺大本曲和戏剧吹吹腔。吹吹腔俗称"板凳戏",清代在大理地区很盛行。清代的白族汉语作家,有师范、王崧、师道南、赵廷玉、赵廷枢、周馥、杨载彤、李于阳、赵辉璧、杨绍霆、谷际歧、张国宪、龚敏、袁惟寅、赵盼、杨辉吉、李崇阶、龚勃、龚锡瑞、苏竹窗、杨履宽。其中著名的是师范、王崧、龚锡瑞及其妻苏竹窗、赵廷玉及其妻周馥、李于阳。艺术方面有碑塔、美术、音乐、舞蹈等。1703 年有白文碑《史城芜山道人健庵尹敬夫妇预为冢记》。清代有剑川灵宝塔、金华山塔,洱源县制风塔、留佛塔、镇水塔,大理石佛洞塔、北山塔,巍山县封川塔,南涧县乐秋塔。美术有绘画、雕塑、木刻、剪纸、编织、刺绣等。清代白族画家人才济济,其中最有名的是萧品清的水墨梅兰、董澄的神佛道貌、马国庆的水墨山水、张再瑾的花鸟人物。清代石雕艺术一直在白族民间传承,广泛适用于装饰、器具。白族地区庙宇遍布,泥塑神佛成为一门信仙敬佛的手工艺术,各地都有专业泥塑艺人。木雕门窗是白族普遍采用的装饰手法之一,很多寺院留下剑川木匠的技艺。堂屋六扉格子门是民居建筑中雕刻艺术最集中的部位,1706 年雕刻的圣源寺正殿 18 扇隔角门裙板上的《白国因曲》故事为清代木刻精品。白族乐器主要有三弦、胡琴、小鼓、小八角鼓、木叶、芦管、唢呐、笛子、箫、锣、钹等。白族音乐家辈出,清代王兆兴是著名琴师。浪穹人何星文著有《何乐琴谱》1 卷。白族传统民间舞蹈有鸟兽类舞蹈、"踏歌"舞、巫舞、踩牛舞。

科学技术。青铜铸造方面,清代大理府的铸钱炉从原来明代的 5 座发展为 15 座,直接接受朝廷的铸币任务,并铸上"满文"通行全国。医学方面,清代有孙荣福《病家十戒医学十全合刊》、赵子罗《本草别解》《救疫奇方》,提出了因时因地分析脉理、区别药物的创造性见解。

教育。清代白族地区遍布私学。康熙年间,白族地区还创办了具有启蒙教育性质的义学,各州县设义学一二十所。"书院"教学发展到鼎盛时期。学校教育十分普及。科举考试录取者较多。中进士者数以百计,举人则数以千计。①

七、怒族

清代,怒族分布于云南省西北部,聚居在贡山。这里有非常丰富的动植物和矿产资源。

宗教信仰。怒族宗教信仰主要是自然崇拜、图腾崇拜、祖先崇拜,信奉藏传佛教。

衣食住行。服饰方面,阿龙支系妇女一般内穿长及小腿的浅色上衣,外穿长及臀部的深色领襟,腰系几乎拖地的竖条彩色围腰。胸饰一般采用彩色串珠项链,头饰为红白相间的缨穗。怒苏和阿怒两个支系妇女服饰相同,均无腰饰。她们一般上穿窄袖短衣和右衽紧身领襟,下着黑色或白底蓝纹的百褶长裙。头饰为彩珠、贝壳串成的齐额球帽。胸前别一枚圆型贝壳,身上挂数串彩珠。怒族男性服饰各地差别不大。一般内穿对襟麻布衣裤,外套麻布长褂。长褂无领无扣,肩头缝合处有坎肩

---

① 本部分内容,参阅王锋等编著《中国白族》,宁夏人民出版社 2012 年版;杨慎圭《白族文化史》,云南民族出版社 2002 年版;李伟卿《云南民族美术史》,云南美术出版社 2006 年版;刘扬武《独具特色的白族民居》,《建筑工人》2006 年第 6 期;陈红梅《云南大理白族银器艺术研究》,昆明理工大学 2009 年;李红凯《大理洱海地区白族传统教育研究》,北京师范大学 2006 年;赵宽仁《白族的音乐》,《人民音乐》1961 年第 11 期;李燕《明清时期大理白族饮食文化述论》,云南师范大学 2005 年;杨政业《白族本主文化》,云南人民出版社 1994 年版;张锡禄《大理白族佛教密宗》,云南民族出版社 1999 年版;张文勋主编《白族文学史(修订版)》,云南人民出版社 1983 年版;高静铮《云南白族婚俗初探》,《民族艺术研究》1999 年第 6 期;杨发祥《白族丧俗杂谈》,《大理师专学报》1995 年第 3 期;杨淑芬《白族民间舞的动律特征》,《大理》2006 年第 1 期;丁文早《浅谈大理白族服饰文化》,《大理日报(汉)》2011 年;才润华《灿烂辉煌的大理白族医药文化》,《中国民族民间医药杂志》1995 年第 6 期;曹毕飞《白族铜器锻造工艺研究》,清华大学 2006 年。

式活接头,接头处有两个装物的大暗袋,一左一右。身上佩带长刀、挎包、硬弩、箭囊。北部地区的男子喜戴藏式毡帽,南部地区男子则多以黑布裹头。饮食方面,怒族以玉米为主食,辅以稻米、荞麦、小麦、青稞、高粱、小米等。副食肉类主要有猪、牛、羊、鸡,以及猎获的野味。蔬菜主要有青菜、白菜、南瓜、洋丝瓜、黄瓜、豌豆、四季豆、土豆、萝卜、蔓菁、辣椒等。阿龙支系的石板煎饼最具民族特色。饮料有酒类、烤茶、酥油茶。宅居方面,怒苏、阿怒两个支系的住房皆为干栏式建筑的竹楼,俗称"千脚落地"。修建时依地势树若干木桩,用竹篾固定地板、墙面和房顶。地板和墙面一般用篾笆为材料,楼梯和门用木板制成。房顶一般为草顶,较好的为杉木薄板顶。楼下关牲畜,楼上住人。布局一般为三间,中间为嵌火塘的厨房及老人的卧室,两侧为子女、青年夫妇卧室或储藏室,院落以篱笆相隔。宅园附近为菜地。阿龙支系的住房为垛木平顶房,以直径三四寸的圆木两头加卡榫相叠为墙,开有小窗,用当地所产的薄石板盖顶,内部结构与竹楼相同。怒族地区旧时交通极为不便,许多隘口只能靠木桥、独木桥攀缘而过。渡江的交通工具主要有独木舟、竹筏、溜索。

婚丧习俗。怒族青年男女婚前可以自由社交。少男少女在十多岁以后,都要离开父母,到被称为"哦吃"的地方寄宿。在那里,男孩制弩削箭、编制竹器,女孩捻麻绕线、织布缝纫,各自形成非正式团伙。"哦吃"实际上起到了传统文化的教育职能,青年男女的劳动生活技能和器乐歌舞都是在此学到的。同时,这里也是青年男女谈情说爱的地方,钟情的男女在此许愿终身。但缔结婚姻须经媒人沟通双方家长,待双方父母同意且男方付清聘礼后方能结婚。怒族普遍实行女嫁男娶的婚姻制度。阿龙分支也存在"讨男子"婚俗,婚礼程序与娶妻相同,男子不更名改姓,所生子女也不按母方家庭标志习惯命名。在怒苏分支中,结婚时,由长辈将滴着鸡血的树枝在新婚夫妇身上拍打。婚礼后三天内新婚夫妇不能同居。三天后回女方家,住满三天后回男方家。怒族还流行一种特殊婚俗,即夫妻共同生活多年之后,到儿女成行,自己年逾四十才正式举行婚礼。怒族丧葬有代表性的怒苏分支丧葬礼仪分为竹号报丧、敬酒吊丧、棺卜墓基、送魂殡四项程序。但不同地区略有不同。阿龙支系盛行二次葬。在若柔分支中,死者咽气之时要往死者口中塞碎银、米粒、茶叶;送葬时举行"撒五谷"仪式;入葬后第三天,本家庭和本村寨每户要去一名妇女进行"哭坟",以悼念死者。

文学与艺术。怒族民间文学主要有神话传说、故事、诗歌、民谣、谚语等。在怒族音乐舞蹈中,怒苏支系独树一帜。每种舞蹈都有固定曲谱和伴奏乐器。曲谱有主弦和和弦。怒族乐器主要有琵琶、短笛、直笛、口弦。怒族舞蹈有反映怒族先民迁徙历史的,有反映狩猎活动的,有反映农业耕作的,有反映其他劳作的,有反映祭祀活动的,有反映日常生活的,有反映爱情婚姻的,有反映节庆娱乐的,有反映各种动物习性的,等等。[①]

八、苗族

清代,苗族是少数民族中人口较多、分布地域较广的民族之一,主要分布于贵州、湖南、云南、广西、湖北、四川,主要聚居在贵州省。苗族绝大多数分布于云贵高原及其边缘地带,是山地民族,经济上农、林、牧相结合,渔猎和采集为辅。

宗教信仰。苗族宗教信仰有多神信仰、祖先崇拜、龙神崇拜、枫木崇拜、图腾崇拜等。

衣食住行。苗族不同地区的服饰有所不同。黔东南苗族男子一般

[①] 本部分内容,参阅李绍恩、杨宏峰《中国怒族》,宁夏人民出版社 2012 年版;《思想战线》编辑部《西南少数民族风俗志·怒族》,中国民间文艺出版社 1981 年版;舒丽丽《查腊怒族社会中的多元宗教文化研究》,云南大学 2007 年;杨元吉《怒族传统音乐》,《民族音乐》2006 年第 4 期;秋么布尔《怒族不同支系各具特色的服饰》,《中国社会科学报》2011 年;阿海宏、谭丽亚《怒族传统饮食文化及其社会功能探析》,《贵州民族大学学报(哲学社会科学版)》2015 年第 2 期;王力《怒族民居》,《今日民族》2005 年第 9 期;攸延春《怒族文学简史》,云南民族出版社 2003 年版;葛树蓉、沙四益《怒族民间舞蹈概况》,《民族艺术研究》1997 年第 3 期;陶天麟《怒族文化史》,云南民族出版社 1997 年版。

穿黑布对襟短上衣和大管长裤,通常黑色或蓝色外衣罩在白色内衣上,黑布缠腰,脚穿布鞋或草鞋,甚至赤脚。男女一律打裹腿。男腰带上佩带短烟杆、烟盒及火镰。妇女服饰包括银饰、发饰和服饰。十五六岁的女孩戴有银项链和银项圈、银手镯,头上插银簪子,戴银耳环。如出嫁或走亲访友、参加盛大活动,就要头戴大银冠,银冠上有各种银花、银铃、银鸟、银蝴蝶等,还有的在银冠上插两只大银角。盛装的妇女颈部和胸部还佩带七个实心或空心的银项圈、银项链和百家锁等,衣服前后贴缝有许多银泡泡,腰间围有贴缝银质花纹的宽腰带,手上戴有各种银手镯和戒指。妇女终生只洗发、梳发而不剪发、辫发。一般十二三岁前戴通天帽,头发可露出来,或压在帽子里,十五六岁时就梳发髻。妇女穿右衽大襟衣和百褶裙。衣服无纽扣,用花带或绣花围腰略系即可。女服有固定的贴缝绣花部位。湘西苗族的服饰,在"改土归流"之前男女差别很小。雍正"改土归流"之后,清政府指令"服饰宜分男女",湘西苗族男女服饰才有分别。男子穿对襟衣和长裤,衣袖长而小,裤脚短而大,不留长发,但裹头帕。衣扣一般为七粒。男子除少数戴保命项圈、手镯、戒指外,大多不戴大型银饰。湘西女子蓄长发,发不外露;结婚前梳一条辫子,随头巾包在头上;结婚时,只修眉毛,发式依旧,用发网约发,再插四五根银簪。耳戴各种耳环。出嫁或走亲访友、盛大节日,头上戴银帽、凤冠,项部戴各式银项圈、项链。湘西女子上衣过腰、大而长,衣袖大而短,无衣领,满襟。下身穿裙子或裤子。鞋子满鞋绣花,头尖口大,后跟有耳。清代川黔滇苗族的服饰,男子盘髻插簪,穿绣花衣服、长裤,头戴斗笠,脚穿草鞋。黔西北的男子,衣领、袖及衣边都绣五色花饰,发髻加梳子于头顶,下穿麻布裤子。也有的头戴头笠,项戴一二个银圈,穿裤,跣足,或穿草鞋。女子盘发髻插簪,穿绣花衣服和百褶裙。贵州府属苗族妇女,穿贯首衣、绣花短裙,头发盘成左右伸展的大髻,用木梳固定。雍正、乾隆年间,云南东川府(今会泽县)妇女穿短衣,着彩色长裙,头戴高巾。禄劝县妇女穿筒裙。未婚女子头左右各绾一髻;结婚后绾于额顶,盘旋垒成螺蛳状。饮食方面,黔东南以糯米为主食,辅以玉米、红薯、高粱、小米、麦子、荞子等。湘西以大米、玉米、白薯为主食,辅以其他杂粮。副食方面以家养畜禽为主,以及鱼虾类和各种野味。蔬菜种类较多,还采摘各种野菜。饮料有泉水、酸汤水、酒。居住方面,苗区房屋建筑主要有平房和吊脚楼两种。平房几乎都是木质穿斗结构的传统建筑。居住在山区的苗族住吊脚楼。此外,有的地区有用石头砌墙、石板盖顶的石板房;有的地区用竹条编片作墙,抿上泥巴,用草盖顶涂泥;有的地区住"杈杈房";还有最贫苦的"∧"字棚。旧时苗族地区交通不便,长期靠肩挑背驮。他们在大小溪沟上修建各种桥梁,在江河中用小木船运输。

婚丧习俗。苗族各地区婚姻习俗不同,礼仪繁简不同,但大都经过自由恋爱或父母包办、订婚、送彩礼、迎亲、婚礼、回门几项程序。古代苗族实行悬棺葬和岩棺葬。但到乾隆时期,土葬增多,悬棺葬、岩棺葬相对减少,有的地方甚至土葬较为普遍。

文学与艺术。苗族民间文学有歌谣、故事、佳理、谚语、谜语等。作家文学有乾嘉年间湘西秀才龙骥著《课读》《感怀》。苗族艺术分音乐舞蹈与戏剧两部分。音乐分声乐与器乐两种。声乐有酒歌曲调、飞歌曲调、情歌曲调、嘎百福歌曲调,器乐通常有芦笙曲、箫笛曲、胡琴曲、月琴曲等。乐器有芦笙、唢呐、长号、箫、笛、木叶、木鼓、铜鼓、二胡、三弦、四弦等。舞蹈有芦笙舞、铜鼓舞、木鼓舞、湘西鼓舞、板凳舞、古瓢舞等。戏剧有傩愿剧和苗剧。

科学技术。苗医药学是我国医药学宝库中不可缺少的一部分。苗族医学内容广泛,形式特殊。在辨病立症上,把人体的疾病分为内科36症、外科72疾。苗医学立症,以民族生活习惯、所见所闻为基础,形象具体,易于对症下药。苗医认为,同一种病生长的部位不同、病因不同,用药也不同,因而对症下药见效快。除一病一方、一病多方、对症用药外,在条件十分艰苦的环境中,苗医还创造了一些既经济又简便的治疗方法。苗医诊断疾病,还有一个总结性的口诀:"一主神态二主色,三视男女当有别,四望年龄看四季,五取腕部细号脉,第六细问再触摸,百病疑难有窍诀。"这一口诀对诊断疾病起了良好的指导作用。此外,苗族民间有许多祖传秘方和绝技。苗药包括植物、动物、矿物、微生物类共计1000余种。苗医用药以就地采集的中草药为主,由于鲜药疗效好,往往用什么采什么。对不易采集而又有特效的药,或采集晾干备用,或自行栽培,以备急需。对有毒药物或需要加工的药物,炮制加工方法很多。苗药的剂型与中医略同,也是根据病情、药性与条件定型,但苗药具有简易、灵活、速效等特点。对药性的使用,也有口诀:"藤本中空能消风,对枝对叶洗涤红,多毛多刺消炎肿,亮面多浆败毒凶。""补药味甘甜,止红(血)用涩酸,芳香多开窍,消炎取苦寒。"这些口诀是苗药学药性理论的原则。苗族民间工艺方面,女制工艺主要有刺绣、挑绣、织锦、蜡染、剪纸、纺织等,男制工艺主要有银饰、芦笙、竹器。这些工艺有着民族特色,有的技术很高。

教育与体育。苗族民间传统教育有多种形式:一般的家庭和社会教育,通过讲故事、唱歌形式教育群众;在民间民俗活动中,由理老、歌师吟咏理词教育群众。苗族学校教育在清代有了发展,官府开办的义馆、义学、书院逐渐增多。康熙四十三年(1704),清廷饬令湘西苗族地区开办"苗疆义学",并由官府支付库廪。贵州黔东南地区于雍正八年(1730)广设"苗疆义学",并开科取士。在湘西凤凰厅得胜营,苗族教育家龙骧和吴自华也在当地开办了三潭书院和栖山书院,为苗族培养了许多人才。苗族传统体育项目有武术、舞狮子、舞龙灯、赛龙舟、爬花杆、斗水牯牛、荡秋千、打杂杂、放响簧、赛马、摔跤、踢毽子、扳手劲、射弩等。①

---

① 本部分内容,参阅李廷贵等主编《苗族历史与文化》,中央民族大学出版社1996年版;唐晓晖等《苗族宗教信仰与农业生产的关系》,《安徽农业科学》2007年第15期;余未人、李默滨《苗族银饰》,贵州民族出版社2004年版;杨正文《苗族服饰文化》,贵州民族出版社1988年版;许桂香《浅谈贵州苗族传统饮食文化》,《凯里学院学报》2009年第5期;潘国华《风格独特的苗族民居》,《装饰》2003年第9期;张志萍《贵州苗族舞蹈浅探》,《贵州民族大学学报(艺术版)》2006年第4期;陈默溪《黔东南苗族的装饰美术》,《贵州民族研究》1986年第3期;贵州省地方志编纂委员会《贵州省志·科学技术》,贵州人民出版社1992年版;冉懋雄等《略论贵州苗族医药的发展历程与医理方药特色》,《中国民族民间医药杂志》2000年总第42期;苏晓星《苗族文学史》,四川民族出版社2003年版;伍新福、龙伯亚《苗族史》,四川民族出版社1992年版;燕宝整理译注《苗族古歌》,贵州民族出版社1993年版;刘瑜《近十年来苗族 (转下页)

第十二节　其他少数民族（六）

一、佤族

清代，佤族分布于云南西南部，主要聚居在澜沧江以西、怒江以东的怒山山脉南段。这里动、植物资源和矿藏资源（尤其是银矿）丰富。

宗教信仰。佤族古代有自然崇拜、祖先崇拜、神灵崇拜等原始的宗教信仰。

衣食住行。佤族服饰，沧源男子用黑布包头，穿无领短衫、左衽，裤子短而肥大。西盟男子用黑或蓝或红布包头，穿青蓝布无领短袖上衣，下穿折腰、裆大而肥的裤子。佤族男子都身佩长刀、弩箭、铜炮枪。各地佤族妇女服饰式样大同小异。沧源妇女用黑布包头，但与男子包头叠法不同，且包头上点缀有红花绿草、彩色丝绒飘带等；穿黑或蓝色无领上衣，下穿黑色筒裙；脖颈戴一粗一细、一大一小银项圈，项圈上有各种银链；耳戴大圆耳环，腕戴银镯，小腿束数蔑圈。西盟妇女幅布为裙；披肩长发，头发拢在背后，头戴银箍，双耳戴银环，颈戴数个银项圈和若干串料珠项链；腰围若干个大篾圈，大小臂间戴有银臂镯，手指戴银戒指；腰上系一串金属饰物。佤族饮食以稻米为主食，辅以玉米、小米、小黄米、小红米等杂粮。副食有各种常见蔬菜、名目繁多的野菜以及禽、兽、鱼、蟹、昆虫、蜂蛹等美味。饮料有酒、苦茶。鸡烂饭是佤族的风味食品。佤

（接上页）原始宗教信仰研究综述》，《四川民族学院学报》2015年第1期；全捷《广西南丹中堡花苗传统音乐研究》，广西艺术学院2011年；王一波等《浅析苗族鼓舞的起源和发展》，《北京舞蹈学院学报》2008年第1期；吴青、郑和兵《黔东南苗族婚俗探析》，《边疆经济与文化》2012年第2期；杨国《苗族舞蹈与文化》，贵州民族出版社1990年版；王俊《丰富多彩的苗族民间音乐》，《校园歌声》2002年第3期；黄正彪《独具特色的苗族乐器》，《音乐天地》1996年第6期；刘秀鸾《贵州苗族传统工艺蜡染》，《西部论丛》2002年第12期；张锦华《苗族民间美术研究》，贵州民族出版社2007年版；《苗族的宗教式丧葬文化》，《青春期健康·人口文化》2010年第2期；王祥《国内贵州苗族教育研究综述》，《贵州师范学院学报》2013年第5期；鄢安庆《对苗族传统体育文化的分析研究》，《贵州民族研究》2007年第5期。

族住房为干栏式建筑,分为一般房子和大房子。房屋内的设置,与佤族的宗教活动有密切关系。佤族人家里火塘里的火是长年不灭的。大房子,也称"祭房",只有窝朗、头人和主持宗教活动的巫师才能住。大房子的建筑结构以及屋内设置与一般房子几乎相同。所谓"大"并不是很大,但盖这种房子的费用比较高,房子内外装饰也有不同之处。旧时佤族地区交通极为不便。陆路羊肠小道有马帮。一般河溪上,用野竹藤条搭成便桥。佤族通信有鸡毛、木炭、木刻、结绳等原始方式。

婚丧习俗。佤族缔结婚姻大体有串姑娘、订婚、结婚三项程序。按照佤族的婚俗,在举行婚礼之前,要进行一次隆重的结婚仪式——"抢亲"。佤族实行土葬。但正常死者与非正常死亡者的丧葬礼仪有根本差别。埋葬正常死者时,要举行一定的丧葬仪式和活动:死者用独木棺入殓,在划定的家族墓地上挖好墓穴;棺放入墓穴后,将死者生前用过的生活用品和生产工具作为随葬品放入墓穴,然后在场的人每人往内丢一把花草,最后填上齐地面的土,用脚踩踏,将墓地用竹蔑围起来做标记。非正常死亡者,不举行丧葬活动,不做棺木,不葬公墓地,找一块离寨子很远的偏僻地方挖一个坑掩埋。

文学与艺术。佤族民间文学有神话传说、故事、寓言、童话、叙事长诗、短歌、民谣、谜语、谚语等。佤族表演艺术方面,民歌多羽调式和徵调式。民间乐器,吹管乐器有当箫、箫西、嗯啾、暹箫、达亮、德、咿、毕嗯;打击乐器有木鼓、耿林常、格蓝;弹拨乐器有合朗、佤族三弦;拉弦乐器有葫芦琴、振。戏曲有清戏。民间舞蹈有几十种,主要有拉木鼓舞、敲木鼓舞、跳木鼓房舞、舂米舞、剽牛舞、碓杵舞、捣耳朵舞、象脚鼓舞、大鼓舞、甩发舞等。造型艺术方面,雕刻艺术有大房子的木刻、人头桩、牛角叉、牛尾巴桩、木鼓等,都与宗教信仰联系密切,是佤族艺术珍品。佤族绘画一般体现在大房子的四壁,用黑木炭、白石炭、红牛血等把大小不等的人像、马、骡、牛头、鹿头、麂子头按宗教仪式画于一定的地方。还有文身图,多刺在人的胸前、脊背、四肢上。

科学技术。佤族医药有自己的特点,主要表现在三个方面:第一,用药广泛。所用药物多为当地或邻近地区的植物、动物、矿物药,药用时多以鲜品为上。植物药以治常见病和多发病及各种热带、亚热带疾病的种类最多;动物药其肉多用配方或单方制熟后食用,内脏入药则生用为主,毛皮类多炭化后使用;矿物药以原料入药,多用于各种癣病、疹疾等皮肤病及外伤的治疗。第二,用药独特。如使君子,一般用其驱虫,而佤族则用来根治痢疾;铜锤玉带草,汉族民间用于治疗风湿、跌打损伤,而佤族则用来治疗肺结核出血。此外,佤族还常常用一些其他民族一般不入药的草木治疗各种常见病,均有较好疗效。第三,医疗手段丰富。如药食法,多用于体虚瘦弱、贫血等症;嚼涂法,用人口嚼碎药物,再涂抹伤口,常用于外伤出血、消炎;蒸熏法,用于治疗风湿关节痛、全身酸痛等;拔火罐,常用于治疗跌打瘀血、骨折、无名肿痛、疟疾、痧症等。此外,还有放血法、抹法、揉等手段。

教育与体育。佤族的传统教育,是以家庭教育为基础的民间教育。教育内容有生产劳动教育、宗教教育、道德教育、婚俗教育等。佤族传统体育项目有摔跤、拔腰、打鸡棕陀螺、击石子、射弩等。[①]

二、布朗族

清代,布朗族主要分布于云南省西南部和西部沿边地区,主要聚居于西双版纳地区。这里处于亚热带山区,动植物资源极其丰富。

[①] 本部分内容,参阅赵富荣《中国佤族文化》,民族出版社 2005 年版;赵富荣《佤族风俗志》,中央民族大学出版社 1994 年版;陈国庆、杨宏峰《中国佤族》,宁夏人民出版社 2012 年版;王敬骝《佤族木鼓考说》,《民族艺术研究》1990 年第 3 期;宋恩常《佤族宗教信仰概况》,《思想战线》1980 年第 4 期;李忠华《佤族服饰的特色及文化内涵》,《中国佤族"司岗里"与传统文化学术研讨会论文集》,2008 年;石磊《佤族民居漫谈》,《思茅师范高等专科学校学报》2008 年第 1 期;陈国庆《佤族食俗》,《民俗研究》1995 年第 2 期;陈旭《佤族的葬礼》,《新西部》2002 年第 6 期;袁娥、赵秀兰《云南西盟大马散佤族婚俗浅析》,《红河学院学报》2009 年第 3 期;郭思文、尚仲豪《佤族文学简史》,云南民族出版社 1999 年版;张云《佤族乐器的传说》,《中国民族》1981 年第 3 期;田联韬《原始社会形态下的佤族民俗与音乐》,《民方艺术研究》2010 年第 1 期;刘秋子《西盟佤族传统舞蹈》,《剑南文学(经典教苑)》2013 年第 4 期;龙鳞《佤族医药文化浅述》,《中国民族民间医药》2009 年第 1 期;余扬《云南佤族银饰艺术研究》,云南民族大学 2009 年;朱智红《佤族传统体育》,《临沧师范高等专科学校学报》2003 年第 4 期。

宗教信仰。旧时布朗族信仰有自然崇拜、图腾崇拜、祖先崇拜等原始宗教,信奉小乘佛教。

衣食住行。清代布朗族大多数男女束发为髻。妇女着花短衫;头发挽髻,上插骨簪,外缠青布包头;下身穿黑色长裙;小腿扎数道黑藤圈;头戴篾帽;双耳戴大银环或钢圈;手戴铜镯;用蓝色或绿色的珠串套在脖子上,而项链则挂满五色烧珠与海贝,长达脐部。临沧一带的布朗族服饰极其简陋。男子的衣衫仅用两块布缝合,中间开一气(孔),穿时从上套下,无衣襟无袖,两臂裸露于外。妇女衣着用黑线或红线织成的布缝合成一块,披搭于右肩,另一边由左腋下穿过,挂在胸前;下围一块黑色或白色遮羞布,腰间系一条用海贝串成的腰带;手戴铜镯,耳戴银环。饮食方面,布朗族地区主食是稻米,辅以玉米、荞子、薯类。肉类以猪、牛、鸡为主,辅以野味,蔬菜为常见品种。饮料有烧酒、米酒、水酒与茶。风味食品是"剁生"。布朗族住房,有土木结构的平房,也有"干栏式"建筑。旧时布朗族交通,陆路有驿道,溪流搭木桥,运输靠头背肩挑,牛马驮运。

婚丧习俗。布朗族缔结婚姻大体经过串姑娘、订婚、婚礼三项程序。布朗族的婚礼,一般都要举行二三次。不论举行二次还是三次婚礼,其中只有一次婚礼是隆重的,其余都比较简单。旧时布朗族有土葬与火葬两种葬式,以土葬为主。每一个布朗村寨都有一块公共墓地。按照传统规矩,对死者依辈分高低与年龄大小,依秩分台入葬:七八十岁的老人,埋在山顶上台;五六十岁中壮年,埋于山坡次台;三四十岁中年,埋于坡脚二台;三十岁以下,埋于山脚一台。非正常死亡者不入公墓。无夫妻合葬习俗。不垒坟墓,不举行葬礼。人病死,即请和尚念经,为死者沐浴、更衣,白布裹尸,后入殓,棺材很简陋。停尸期间,将茶叶、芭蕉果、饭团、腊条拥在死者手上,用一根白线拴在死者大拇指上,并拉出棺外;当抬棺出门时,一刀把白线砍断。正式下葬时,头人割下死人一小撮头发并烧掉。

文学与艺术。布朗族民间文学有神话、传说、故事、诗歌、说唱、谚语、谜语等。艺术方面,西双版纳布朗族音乐曲调分为"甩""宰""索""缀"四类,其他地区有民歌调、山歌调、打歌调、灯调、唢呐调等。乐器方面,打击乐器有象脚鼓、铓锣、钹镲、木鼓、鱼磬等,管弦乐器有唢呐、竹笛、洞箫、葫芦笙、羊角号、牛角号、二胡、三弦、响篾、叶笛等。舞蹈方面,各地称呼不同,特征是把歌、舞和谐地融合为一体,有集体舞、独舞、双人舞。造型艺术多见于服饰、鞋帽、围腰、房屋建筑。造型艺术包括刺绣、剪纸、雕刻、文身。

科学技术。布朗族居住的地区,原始森林中生长着各种药用植物,甚至十分珍贵的药材。布朗族经过长期的采集实践,逐步识别出某些野生植物具有治疗某种疾病的功能。有的布朗族民间医生能开出十多种药方,有着丰富的医药知识和临床经验。

体育。布朗族传统体育项目有布朗球和武术。武术包括器械武术与拳术,器械武术有长刀、木棍、甩棍、双人武术(一人持长刀、一人持木棍对打)。①

三、德昂族

清代,德昂族分布于云南南部和西南部,主要聚居在德宏地区。这里地处亚热带山区,气候条件良好,资源较丰富。

宗教信仰。德昂族虔诚地信奉小乘佛教,绝大多数村寨都有自己的佛寺与佛爷、小和尚。

衣食住。德昂族服饰,"别列"支系和"梁"支系妇女不留发,剃头,裹青布、黑布包头,包头两端后垂;戴银耳环、项环;穿蓝、黑对襟上衣,以大

---

① 本部分内容,参阅穆文春主编《布朗族文化大观》,云南民族出版社 1999 年版;赵瑛《布朗族文化史》,云南民族出版社 2001 年版;袁炳昌《布朗族音乐介绍》,《人民音乐》1984 年第 8 期;王国祥《布朗族文学简史》,云南民族出版社 1995 年版;王树五《布朗山布朗族的原始宗教》,《中国社会科学》1981 年第 6 期;戴子红《布朗族服饰文化初探》,《艺术科技》2014 年第 5 期;王莎莎、李慧峰《云南勐海县布朗族民居建筑的保护和传承》,《山西建筑》2015 年第 31 期;吴寅《云南民族民间舞蹈选登　布朗族舞蹈》,《民族艺术研究》2012 年第 4 期;张杨婕《施甸布朗族婚俗》,《今日民族》2007 年第 5 期;杨洪、赵泽洪《布朗族丧葬习俗研究》,《文山学院学报》2012 年第 1 期;金锦、赵文科《布朗族医药简介》,中国古籍出版社 2014 年版;姜奎《布朗族体育研究》,《体育文化导刊》2014 年第 4 期;陶玉明《中国布朗族》,宁夏人民出版社 2012 年版。

方块银牌作纽扣;腰系黑色藤蔑箍。妇女裙子较长,上遮乳房,下及踝骨。不同支系妇女裙子有显著区别:"梁"支系妇女裙子用红黑或红蓝色线织成匀称的宽线条;"别列"支系妇女裙子上、下各嵌以显著的红色宽线条;"汝买"支系妇女婚后留发,戴黑布包头,上衣斜襟,裙子以蓝黑色为底线,间织着红、绿、白色细线条。德昂族男子有文身习俗,多在手背、腿部刺上各种花纹和鸟兽图案。头裹黑布或白布包头,左耳戴耳坠,颈戴银项圈;多穿蓝黑色大襟上衣,裤短而宽大。外出时背砍刀,带上筒帕,肩挂铜炮枪。饮食方面,德昂族主食为大米、小麦、玉米,副食为肉类、蔬菜、瓜类,饮料有茶、酒。德昂族的住宅都是干栏竹楼建筑结构,多为个体家庭所居。

婚丧习俗。德昂族缔结婚姻有社交活动(自由恋爱)、说媒(征得父母同意)、订婚、婚礼等几项程序。德昂族低彩礼,订婚仪式与结婚仪式都比较简朴。德昂族葬式以土葬为主,也实行火葬。其葬俗,病人断气前从卧室抬到走道侧。死后洗身、剃去长发,换新衣、缠新包头,双手置于胸前,作合掌状,用白线拴紧双指与双趾,口中放一枚银币。鸣枪报丧,备棺木。送葬时一路上不时朝天鸣枪。安葬时,死者生前生产、生活用品随葬。坟垒成长土堆,四周用竹栅围成椭圆形。接着由佛爷念悼词,悼词念毕,各人拿一树枝扫去身上的邪尘。回寨时不能回头观望。葬后七天请佛爷念经超度亡灵。非正常死亡者火葬。

文学与艺术。德昂族民间文学有神话、传说、史诗、故事、诗歌、寓言、笑话、谚语等。德昂族音乐有各种民歌曲调与山歌曲调。乐器方面,打击乐器有象脚鼓、水鼓、铓锣、钹、鱼磬等,管弦乐器有葫芦笙、三弦、笛、箫、响篾等。舞蹈主要有象鼓舞和水鼓舞。德昂族造型艺术主要表现于银制项圈、耳坠、手镯、烟盒等生活用品上。木、石雕刻常见的是释迦牟尼像与佛寺里的土、木浮雕。德昂族的刺绣也是很精细的。

科学技术。医药方面,德昂族具备了一些朴素的药理知识与实践经验,形成了一套相对独立的食疗法。德昂族医生在诊治病人时,采用感观与号脉方法来判断病人的病状。德昂族手工技艺有纺染、火药、造纸、竹编、烧砖瓦、制陶等。①

四、侗族

清代,侗族主要分布于贵州、湖南、广西交界地区,主要聚居在黔东南地区。侗区气候温和,土地肥沃,风景秀丽,自然资源丰富。

宗教信仰。侗族信仰有自然崇拜、灵魂崇拜、祖先崇拜、萨崇拜,信奉佛教。至清代中叶,仅黎平县境内就有寺、庙、庵、宫上百处。

衣食住。清代侗族服饰,大体分为南北两大类型。北部地区受汉族文化影响较深,但部分地区的装束仍然具有与汉族不同的特色。姑娘多穿右衽无领衣,托肩滚边,用银珠大扣。上衣长至大腿中部,衣袖短窄。腰系青色布带,盛装时系带银围腰。下穿长裤,裤腿齐脚跟。脚穿绣花鞋,留长发,掺红色头绳编长辫盘于头上。婚后挽髻于脑后,前额留刘海,包头角包头。年轻妇女戴宽大的银手镯,老年妇女戴玉镯。南部地区男子头插雉羽,椎髻,裹以木梳,着半边花袖衫,衫最短,袂最长。下身穿裤,戴耳环、手镯。女子挽平髻,插长簪,穿花衫。下身穿裙子,裙短露膝。胸前裹肚兜,以银缀缀之。耳环、手镯与男子同。男女均赤足。饮食方面,侗族以大米为主食,辅以小麦、玉米、小米、高粱、薯类。肉食以家养禽畜为主,辅以野味,蔬菜是常见品种与野菜。饮料主要是酒。风味食品主要有打糯米糍粑、打油茶、腌酸、炕鱼、烧鱼。侗族

① 本部分内容,参阅《德昂族简史》编写组《德昂族简史》,云南教育出版社 1986 年版;唐浩、杨宏峰《中国德昂族》,宁夏人民出版社 2012 年版;王柯、吕文静《云南德昂族服饰艺术特征》,《思茅师范高等专科学校学报》2009 年第 4 期;孙志强《德昂族饮食文化初探》,《昆明大学学报》2008 年第 2 期;史建等《德昂族干栏式民居形态研究》,《中国市场》2011 年第 18 期;耿德铭《潞江坝德昂族婚俗研究》,《云南教育学院学报》1990 年第 4 期;周灿、梁爱文《德昂族丧葬礼仪的宗教文化内涵探析》,《经济研究导刊》2014 年第 19 期;黄光成《德昂族文学简史》,云南民族出版社 2002 年;杨康民《德昂族传统音乐的文化学研究》,《中央音乐学院学报》1993 年第 3 期;吴寅《云南民族民间舞蹈选登 德昂族水鼓舞蹈》,《民族艺术研究》2012 年第 3 期;尹卫东、李续亚《对德昂族传统手工艺术的剖析和研究》,《大众文艺》2014 年第 17 期;赵荣华、郑进《南国医林中的一株奇花——云南德昂族医药简介》,《云南中医学院学报》2008 年第 6 期;杨明艳《德昂族宗教信仰中的生态文化探析——以镇康德昂族为例》,《怀化学院学报》2011 年第 10 期;俞茹《德昂族文化史》,云南民族出版社 1999 年版。

民居为干栏式木屋,按建筑形式分为高脚楼、吊脚楼、短脚楼三种。高脚楼一般高二三层。规模较大的高脚楼面宽三四开间,进深九柱,高达四层。四壁用木板开槽密镶。为了通风,楼上部分开间不镶板壁而设木栏干。楼两侧建栏干护廊,顶部覆护檐,用杉木皮盖顶。底层不住人,是堆放农具杂物、饲养禽畜或置碓舂米之所。二层以上是人们生活之处。楼里设有廊屋、堂屋、火塘间、卧室、贮藏室等。吊脚楼、矮脚楼建筑形式与其他民族类似。

婚丧习俗。侗族婚姻一般都经过说合、订婚、迎娶等程序。北部地区有的地方受汉族礼教的影响,比较烦琐,有纳彩、问名、纳吉、择期、迎亲、婚礼等程序。丧葬方面,侗族实行土葬,非正常死亡者用火葬,婴儿夭折用悬葬或水葬。侗族丧俗,人一去世,首先要通知舅家,有的地方死者一切后事均由舅家办理。遗体要净身,有的地方用纸钱"买水"。寿衣一般上衣三五件,裤子二至四条。男的剃去少许头发,女的则梳髻。口中置碎银,用侗布裹尸。棺木以榫扣合,忌用铁钉。出殡时,要给亡灵开路。送葬时,妇女只哭到村外,不去墓地。埋葬时土填平后垒石,男性死者坟的右侧高于左侧一块石头,女性死者则左侧高于右侧。非正常死亡者先火化,再将骨灰装入棺内土葬。

文学与艺术。侗族民间文学有侗歌、款词、白话、神话、传说、故事、戏曲、谚语、谜语等。侗族民间乐器有格以、琵琶、笛子、芦笙、铜鼓等。建筑艺术方面,侗族鼓楼是一种木结构重檐建筑,综合了中国木结构的井干式、穿斗式、抬梁式三种主要方式。从内部结构来说,大多数为多柱形,或四柱,或六柱,或八柱,甚至更多。鼓楼底部一般呈方形,少数呈六面形,是鼓楼的实际使用部分。鼓楼里面不分层,一通到顶。外廊密叠的屋檐为装饰性楼层,飞阁重檐,层层而上。重檐层楼均呈单数,少则3层,最多17层。重檐的形式有四角形、六角形、八角形三种。每层都有飞檐翘角。屋顶主要有庑殿式和攒尖顶两种。总体造型分为楼阁形和宝塔形两种。侗族地区现存的著名鼓楼大多是清代遗迹,或始建于清代。风雨桥与鼓楼的功能不同,但其建筑艺术和风格是一致的。风雨桥在侗族地区与鼓楼同时出现。当时,侗族引进了汉族先进的营造桥梁技术,结合实际,利用当地丰富的森林资源,发挥建造干栏式房屋的传统经验,采用托架简梁式结构建造木桥,在桥台上建起长廊,以避风雨。后来又在桥墩上建鼓楼。随着工艺的发展,桥的规模越来越大,从单孔桥发展到多孔桥,桥面上的亭阁建筑日趋精巧,造型更加美观,还出现了石桥。

科学技术。手工染织方面,染布主要以蓝靛为染料。将布染成各种颜色后,用稀牛皮胶水浸泡,以防褪色。在石板上反复捶,或加蛋清,使布面发光。侗族妇女还善于织锦,花纹有鸟兽、人形、蜂肚、几何图案等。侗布和侗锦在康熙朝地方志中就有记载,到嘉庆朝就很著名了。侗族出现了许多具有专门技术的人,侗语称之为"匠",有很多行当,主要有木匠、蔑匠、瓦匠、铁匠、石匠、银匠、船匠、芦笙匠、油榨匠、裁缝匠等。侗乡的鼓楼、风雨桥、凉亭、干栏式木楼是木匠的杰作,穿梭于大小溪河中的灵巧木船是船匠的成品,坚固的石桥、精雕的井栏、高大的碑刻、经久耐用的石磨与石臼等是石匠的制品,实用结实的簸箕筛箩、篮管包筒、床席篾垫、斗笠箬帽和精致美观的竹编工艺品是蔑匠的佳作,造型别致、千姿百态的银花、银链、银镯、银耳环、银珠扣等是银匠的手艺,芦笙会上大大小小数百架芦笙是芦匠的功夫。[1]

---

[1] 本部分内容,参阅吴定国、邓敏文《蝉声中的文化——侗族大歌拾零》,贵州民族出版社 2005年版;吴浩主编《中国侗族村寨文化》,民族出版社 2004 年版;杨筑慧《中国侗族》,宁夏人民出版社 2012 年版;《侗族文学史》编写组《侗族文学史》,贵州民族出版社 1988 年版;陆景川《九寨侗族的宗教信仰》,《黔东南民族师范高等专科学校学报》2005 年第 1 期;石佳能《侗族服饰文化简论》,《贵州民族研究》1998 年第 2 期;袁仁琼《论侗族饮食文化》,《贵州民族研究》1994 年第 2 期;吴正光《别具一格的侗族民居》,《北京房地产》1995 年第 4 期;汪崇峰《侗族的鼓楼文化》,《韶关日报》2007 年;王玲《侗族风雨桥的文化特征》,《黔西南师范高等专科学校学报》2005 年第 1 期;张建国《简朴奇特的侗族婚礼》,《中国民族报》2002 年;彭无情、吴才敏《侗族丧葬习俗的宗教文化内涵——以黔东南苗族侗族自治州为例》,《经济与社会发展》2009 年第 2 期;乔红《侗族民间乐器在侗族生活中的地位和作用》,《民族音乐》2009 年第 6 期;石明灯、戴丽娟《侗族民间舞蹈文化》,《怀化学院学报》2006 年第 1 期;陈丽琴《论侗族民间工艺美术的审美特征》,《文艺理论与批评》2006 年第 6 期;田华咏、田兰《侗族医学史略》,《中国民族医药杂志》2009 年第 6 期;萧成纹《侗族医药探秘》,岳麓书社 2004 年版;王彦《侗族织绣》,云南大学出版社 2006 年版。

五、水族

清代,水族主要分布于贵州省南部和东南部,主要聚居在黔南地区。水族地区在苗岭山脉以南,气候温和湿润,动、植物资源丰富,特别是有一些珍贵树种。

宗教信仰。水族信仰有自然崇拜、祖先崇拜、神灵崇拜、鬼魂崇拜等。

衣食住行。服饰方面,水族老年男子平日穿对襟布扣便服,节日或庆典着无领布扣长衫。热天头上用短布包头,或戴马尾帽,冬天用长巾包头,或戴锅驼帽。中青年男子多穿对襟便服,用青蓝头帕包头,与当地汉族、布依族男装大体相似。女装,老年妇女身穿对襟、无领、宽袖、银扣短上衣,下穿长裤,或系百褶围裙,前后系两块长方形腰巾,脚穿尖头花鞋。将长发挽在头顶上,方巾包头。中青年妇女将头发梳成一把,盘在头上,外包长巾,脚穿尖头花鞋,或元宝盖鞋、绣花鞋。水族妇女喜欢佩戴银饰,常见的有银梳、银篦、银钗、银花、银耳环、银手镯、银项圈、银蝴蝶、针线筒等,具有民族特色。银花、银钗只有新娘才能佩戴,一般只在结婚典礼时用。饮食方面,水族以稻米为主食,辅以玉米、麦子、小米、红薯。副食有各种蔬菜、家禽家畜肉及鱼类。饮料有酒类。水族饮食特点是爱糯食、喜饮酒、嗜酸辣。水族住房在清代是上下两层结构的干栏式建筑。水族交通陆路有马、水路有船。

婚丧习俗。水族缔结婚姻的方式与步骤,各地不尽相同,但总体情况大同小异,一般都经过择亲、问亲、订亲、娶亲几项程序。水族的丧葬程序,大致分为报丧、入殓、择吉、安葬、立碑、除服几个阶段。

文学与艺术。水族民间文学有民歌、故事传说、格言、谚语。艺术方面,舞蹈较有影响的有铜鼓舞、芦笙舞、斗角舞等。民间乐器主要有铜鼓、大皮鼓、芦笙、胡琴、唢呐等。

科学技术。水族民间有不少手工技艺高超的匠人。水族刺绣是一项比较著名的民间手工艺。水族的马尾绣是绣中珍品。水族的印染也是很著名的民间手工艺。雕刻有石刻和木刻。石刻在清代已达到较高水平,主要用在石棺墓、石桥、庙宇上。墓碑的雕刻尤其突出,不仅有刚劲的汉字,还有浮雕、浅浮雕的花鸟鱼虫兽、人物出行图案以及铜鼓等,工艺精细,形象逼真、生动。木刻也达到很高的水平。水族的竹编技术也很高明。银器制品也很精巧,不仅有妇女的各种银配饰,还有儿童帽子上用的银佛、银扣、银铃、银片等。

教育。水族民间教育有家庭教育与社会教育。家庭教育的内容主要是道德品质、生产与生活技能的教育;社会教育有与家庭教育相同之处,又有其自身的特点,主要是在共同劳动、节日集会乃至婚丧礼仪等集体活动中,年轻人通过耳闻目睹、亲身体会,影响到今后的言行。学校教育方面,雍正年间,荔波县设学署。乾隆五年(1740),三脚(今三都)始立义学。嘉庆年间,荔波设立荔泉书院和桂花书院。都匀地区设学署比荔波、三脚还要早。[①]

六、布依族

清代,布依族主要分布于贵州省,主要聚居在黔南和黔西南。这里处于乌蒙山脉南麓、苗岭山脉南部和西部,气候温和,雨量充沛,干湿季明显,非常适宜农作物和林木生长。

宗教信仰。布依族旧时崇拜祖先、信仰多神。

[①] 本部分内容,参阅《水族简史》编写组《水族简史(修订本)》,民族出版社 2008 年版;罗春寒《水族风俗志》,上海锦绣文章出版社 2016 年版;潘朝霖、韦宗林主编《中国水族文化研究》,贵州人民出版社 2004 年版;支媛、杨和为《水族多神信仰折射出的民族文化内涵》,《前沿》2013 年第 10 期;水乡韵《浅析水族服饰文化——以贵州省三都县为例》,铜仁学院 2013 年;晓白《水族的饮食风俗》,《中国工会财会》2006 年第 3 期;吴贵飙《水族民居文化》,《水族研究(四)论文集》,2004 年;蒙耀远《水族丧葬忌辈习俗的文化解读》,《黔南民族师范学院学报》2010 年第 1 期;王志良《云南水族民间音乐初探》,《民族艺术研究》2011 年第 5 期;王思民《水书图象与水族舞蹈关系浅析》,《民族艺术》1995 年第 2 期;杨国章《婚姻中的水族妇女》,中山大学 2010 年;杨先模《水族刺绣艺术刍议》,《贵州民族学院学报(哲学社会科学版)》1998 年第 2 期;杨先模《水族民间剪纸艺术浅析》,《贵州民族学院学报(哲学社会科学版)》2000 年第 1 期;彭凯、韦仕娟等《论水族传统家庭教育——以水族村寨苗草村为例》,《黔南民族师范学院学报》2014 年第 4 期;韦纯《中国水族》,宁夏人民出版社 2012 年版。

衣食住行。服饰方面,清乾隆以前,南笼府(今安龙县)妇女椎发长簪,银环贯耳,项挂银圈,衣短裙长,青蓝色,红绿花饰为缘饰。裙以青布十余幅为细褶,镶边,委地数寸,腰以宽长带数围结于后,带垂若翅。独山州(今独山县)妇女以青布蒙髻,长裙细褶。年少妇女,项挂银圈,腰系白铜烟盒,彩线丝条,环身炫目。乾隆以后,妇女服饰发生较大变化。独山一带妇女渐改汉装,易裙为裤。荔波方村一带妇女,衣着尚青,发挽高髻,斜插长簪。布依族男装各地差别不大,服装式样大体与当地汉族相同,一般穿对襟或大襟短上衣,大裤腿长裤,少数老年人穿长衫。头戴青、蓝、黑或花头帕,少数包白头帕。各地的差异只是衣裤的宽窄、长短。威宁一带男青年还有的扎裹腿、穿绣花凉鞋。饮食方面,布依族以大米为主食,其次是玉米、小米、麦子、高粱等,山区辅以土豆、白薯等。副食有家禽家畜、自种各种蔬菜及野菜。饮料有茶和各种酒类,其中黑糯米酒独具特色。布依族的住房,因地制宜,有楼房、吊脚楼、平房三种形式。有木质结构、土木砖石结构和石板房。交通方面,陆路运输旧时全靠肩挑背驮。布依族为解决交通困难,逢山开路,遇水搭桥,有木桥、竹桥、石桥、铁索桥等。水上运输工具有竹筏和木船。

婚丧习俗。布依族缔结婚姻有择偶、提亲、定亲、要八字、结婚、坐家等程序。布依族丧葬习俗清代不同时期有所不同。清初为火葬,清中叶以后始行木棺土葬。木棺土葬程序大致是:入殓、祭奠、出殡、安葬、"洗孝"、守孝。

文学与艺术。布依族民间文学有神话、传说、故事、童话、寓言、笑话、歌谣、谚语、谜语等。表演艺术方面,布依族民间音乐有大调、小调、大歌、小歌、分明歌词、土歌调、山歌调等。民间乐器有姊妹箫、勒尤、勒朗、勒拱、唢呐、长号、木叶、箫、笛、月琴、铜鼓、皮鼓、锣、铙、钹以及对唱竹筒、八音弹唱、八仙乐队等。舞蹈方面,反映生产劳动的有织布舞、春碓舞、响篙舞、生产舞、丰收舞、粑棒舞、刷把舞等,反映民族习俗的有花包舞、铜鼓刷把舞、伴嫁舞、花棍舞、龙舞、狮子舞、板凳舞、铙钹舞、转场舞、回旋舞、红灯舞、刺锤舞、傩舞等。戏剧有地戏、花灯戏。

科学技术。医药方面,布依族民间医生多是祖传的草药医生。药源有植物、动物、矿物。布依族民间医生既是医师，又是药师，还是护理人员。布依族能制作许多技艺精湛、富有民族特色的工艺产品，主要有纺织、印染、织锦、刺绣、剪纸、雕刻、竹编、陶器等。

　　教育与体育。布依族民间教育分家庭教育与社会教育。男孩为人处世、生产技术的教育，主要由父兄负责；女孩的生产生活技能由母亲、姐嫂指点。并通过有关民族民间文学以及婚丧等民俗活动进行教育。家庭教育的主要内容是孝顺父母、尊敬长者、敬老爱幼、和睦相处、勤俭持家等。社会教育是长者通过集体活动对青少年进行教育。学校教育方面，清顺治十六年（1659），贵州开始准许极少限额的少数民族子弟入学。自此，始有较多布依族土司及大户人家子弟入学读书，并参加考试。雍正"改土归流"后，土司以外的富裕人家，也多送子弟就读义学或自设私塾延师讲授。至乾隆年间，读书识字者渐多。布依族传统体育项目有抢花炮、扳手劲、抱花腰、赛龙舟、划竹排、斗牛、赛马、登山、射弩、射箭、耍龙灯、舞狮子、打秋千、踩高跷、跳独脚、武术、丢花包、打陀螺、踢键子、水上飘石等。[1]

七、傣族

　　清代，傣族分布于云南省西部和西南部，主要聚居在滇西南。这里

---

[1] 本部分内容，参阅《布依族简史》编写组《布依族简史（修订本）》，民族出版社 2008 年版；汶河《布依族风俗志》，中央民族学院出版社 1987 年版；周国炎《中国布依族》，宁夏人民出版社 2012 年版；马启忠、王德龙《布依族文化研究》，贵州民族出版社 1998 年版；孟慧英《布依族的神话与宗教》，《贵州民族研究》1987 年第 4 期；苟菊兰《布依族服饰文化研究》，《贵阳学院学报》2006 年第 3 期；杨永华《罗平布依族饮食文化》，《今日民族》2014 年第 9 期；王蕾蕾《贵州布依族民居》，《地域建筑文化论坛论文集》，2005 年；张波《布依族婚俗文化浅谈》，贵州民族学院 2009 年；张倩《布依族丧葬文化探析》，贵州大学 2010 年；韦兴儒等《布依族摩经文学》，贵州人民出版社 1997 年版；汛河、何积全《谈布依族民间文学》，《贵州社会科学》1980 年第 3 期；胡家勋《毕节地区布依族民间音乐述略》，《布依学研究（之五）——贵州省布依学会第五次学术讨论会论文集》，1995 年；汛河《浅谈布依族舞蹈》，《贵州民族研究》1998 年第 3 期；阿土《布依族传统医药》，《贵州民族研究》2006 年第 1 期；葛伦敏《布依族蜡染工艺传承的教育人类学阐释——贵州镇宁石头寨个案研究》，西南大学 2009 年；白明政《布依族教育浅论》，《布依学研究（之六）——贵州省布依学会第二届第二次年会暨第六次学术讨论会论文集》，1997 年；刘仁敏《布依族传统体育文化概述》，《兴义民族师范学院学报》2011 年第 3 期。

属于亚热带气候,雨量充沛,河流纵横,风景秀丽,物产丰富,树木参天,竹林婆娑。

宗教信仰。傣族信仰有谷神、水神、寨神、勐神、巫术。信奉佛教,有许多教派,建有很多佛寺。

衣食住。服饰方面,德宏瑞丽与耿马勐定的妇女,上衣较短,下身着色彩艳丽的筒裙。新平、元江妇女的裙子,用彩色布镶边,并用银泡缀成各式花纹,腰部图案最艳丽。西双版纳妇女上身穿紧身背心,外穿大襟无领短衫,袖管和腰部很窄,无扣,以布结扎,下穿花色筒裙。男子服饰各地差别不大,一般都穿无领对襟或大襟小袖短衣,下穿管裤。德宏男子也有穿筒裙的。傣族妇女的主要饰物有银制耳坠、项圈、手镯,也有用翡翠、玉石或玛瑙制成。纯银腰带是傣族妇女系于筒裙上的特殊饰物。"筒帕"既是傣族的生活必需品,也是精美的装饰品。傣族妇女的发式,别具一格,长发扭圆后盘髻于头顶呈椎髻状。青年妇女多结发或束发垂于脑后,头发扎花手帕,也有的别一梳子,或在头上插金花珠翠等饰物。妇女发式各地略有不同。西双版纳妇女的发髻盘于头顶,瑞丽、勐定妇女将发髻结于脑后。德宏州潞西、盈江的妇女,未出嫁姑娘发辫扎一根独辫盘绕在头上,有时戴小篾帽;出嫁后盘发于头顶,终年戴用黑布缠的高筒帽。傣族男女都有文身习俗,在胸、腰、背、手臂、大腿等处纹各种各样的图形。傣族还有女子染齿和男子用金片、银片修饰牙齿的习俗。饮食方面,傣族主食是糯米,副食有家禽家畜、鱼类、野味等肉类以及各种蔬菜。嗜酒。傣族的竹楼属"干栏式"建筑,但很有特点。竹楼一般六七十平方米,屋架呈人字形,距地面 2.5 米左右。竹楼有大有小,高低不一,较高的有八九米,一般高七米左右。都是由数十棵柱子支撑起来,最多的达 80 余棵,最小的也有 10 余棵。

婚丧习俗。傣族缔结婚姻有婚前社交、说亲、定亲、结婚几项程序,婚礼仪式热闹而隆重。有的地方还有抢婚、偷婚、逃婚的习俗。清代傣族地区还实行严格的等级婚制,不同等级的人不能建立婚姻关系。西双版纳的召片领、召勐和主要属官,属于贵族通婚集团。德宏等地,土司之间才能通婚,属官和属官之间方可通婚。在贵族内部,农村的贵族男子不能同城市贵族女子通婚。傣族丧俗,对于正常死亡的人,实行土葬;佛寺里的大佛爷、和尚病故,实行火葬;凶死之人,或实行火葬,或实行水葬。正常死亡者的丧葬,要经过沐浴、更衣裹尸、停床、选墓、出殡、埋葬、滴水仪式等程序。

文学与艺术。傣族民间文学有歌谣、长篇叙事诗、故事、传说、寓言、童话等。傣族声乐有城子山歌、坝子山歌、芒市山歌、瑞丽山歌、鹦鹉歌、情诗调、甩、索、章哈调等。乐器较为普遍的有"毕"(有五种以上)、葫芦笙、玎(有弦拉、弹拨两种)、鼓(象脚鼓最有名,有不同形制)、钹、铓锣等。舞蹈形式有群舞、单人舞、对舞、器械舞等,按表现内容分为孔雀舞、象鼓舞、刀舞、蜡条舞、长指甲舞、捞鱼舞、马鹿舞、狮子舞等。其中,在傣族地区流传最普遍的是象鼓舞和孔雀舞。

科学技术。傣族传统医药具有独特的民族与地方特色。民间流传着许多傣医学书籍,既有介绍药物性能与治疗方法的,也有理论书籍。傣医学的基本理论是"四塔五蕴"。"四塔"指火、风、水、土,他们认为这四种物质是人体或一切物体内不可缺少的"四大生机"或"四大物质要素"。四者平衡,人就健康;四者失去平衡,人就生病。傣医根据引起疾病的不同因素,将其医药分为四个"雅塔"(定方)。"五蕴"指形体蕴、心蕴、受觉蕴、知觉蕴、组织蕴,人体即由五蕴聚合而成。"五蕴"既包括人的精神活动,也包括五脏六腑及其组织。在病理分析中把精神因素与物质因素结合起来进行诊断,是傣医的独到之处。

教育与体育。傣族民间教育在生产实践中进行。在清代,由于佛教成了傣族全民性的信仰,因此,寺庙教育就成为具有普遍意义的教育。男童七八岁后都要到佛寺当一段时间的和尚,长的达十余年,极少数人则终身为僧侣。他们在寺内学习傣文和宗教知识。其傣文水平的提高,基本上是靠阅读和抄写经书获得的。傣族地区的汉文教育大约始于清代雍正、乾隆年间,当时在普洱府、元江府、永昌府等处建立官学,设置学宫。后来,在靠内地的傣族地区,相继设立了一些汉文义学和私塾。傣族武术是傣族人最喜欢的体育活动。傣族武术吸收了我国汉族太极拳、长拳、形意拳与气功的特点，又引进缅甸、泰国的武术，形成了独特的风格。傣族武术在西双版纳有 4 个流派、130 多套武术。①

八、仡佬族

清代，仡佬族主要分布于贵州省，主要聚居在黔东北地区。这里地处云贵高原东部，山脉连绵，溪流交错，属于亚热带湿润季风区，无严寒、酷暑之忧，适宜发展农林生产。仡佬族分为十几支。

宗教信仰。仡佬族信仰原始宗教，崇拜祖先，奉祀竹王、蛮王老祖、山神、宝王，还有的崇拜青杠树、大蜘蛛。

衣食住行。服饰方面，有无褶筒裙和仡佬袍。男女均外披方袍，无领、袖，从中开洞，从头罩下，前短后长，羊毛织成。清代仡佬族发式出现各种形式：红仡佬，男女发挽尖髻；花仡佬，男子盘顶椎髻，妇人挽偏髻；披袍仡佬，男子束发挽髻，妇人以青线束发。男女赤脚，农闲时编草鞋穿。饮食方面，仡佬族坝区以大米、玉米、小麦为主食，高山区以玉米、高粱、荞麦、薯类为主食。副食肉类有猪、鸡、鱼等，四季有新鲜蔬菜。饮料有酒茶。民居方面，一般仡佬族住房，有木结构的"穿斗房"，有石结构的

---

① 本部分内容，参阅《傣族简史》编写组《傣族简史》，云南人民出版社 1985 年版；张公瑾、王锋《傣族宗教与文化》，中央民族大学出版社 2002 年版；何绍林、白云、杨宏峰《中国傣族》，宁夏人民出版社 2013 年版；罗阳《傣族的分布与宗教信仰异同》，《思想战线》1998 年第 10 期；玉香、吴华《云南傣族服饰文化述论》，《民族艺术研究》2005 年第 2 期；王文光、姜丹《傣族的饮食文化及其功能》，《民族艺术研究》2006 年第 3 期；高芸《中国云南的傣族民居》，北京大学出版社 2003 年版；杨宏成《傣族染齿》，《云南日报》2004 年；岩峰等《傣族文学史》，云南民族出版社 1995 年版；阿旭《云南傣族音乐文化研究》，《贵州民族研究》2013 年第 5 期；刘扬武《傣族的乐器》，《乐器》2006 年第 11 期；姜克微《傣族舞蹈的艺术特征分析》，《大舞台》2015 年第 1 期；段玥婷《云南金平苦聪人的婚俗》，《德宏师范高等专科学校学报》2010 年第 4 期；朱德普《傣族婚俗中的文明世界初探》，《云南民族学院学报》1989 年第 4 期；赵泽洪《关于傣族丧葬习俗的特点和释读》，《玉溪师范学院学报》2006 年第 10 期；伍琼华《傣族医药与文化》，《云南民族学院学报（哲学社会科学版）》2001 年第 6 期；龚瑾《中医诊断学与傣医诊断学比较研究》，云南中医学院 2006 年；古永继《明清时期云南傣族地区的教育发展及特点》，《云南师范大学学报（哲学社会科学版）》2011 年第 2 期；郑玲玲《云南傣族传统体育艺术化研究》，《云南民族大学学报（哲学社会科学版）》2013 年第 4 期。

石板房，有茅草房。仡佬族传统运输工具主要有独轮手推车、房担、背架。

婚丧习俗。仡佬族缔结婚姻的程序与婚礼仪式各地不尽相同，但一般有提亲、问名、纳吉、纳征、请期、亲迎六项程序。古代仡佬族实行崖棺葬、崖墓葬、竖棺葬、悬棺葬。清代渐有立碑者，并且有的墓室建造精良，墓门墓碑雕工精细。

文学与艺术。仡佬族民间文学有民歌、故事、传说、格言、俗语、谚语、歇后语等。作家文学有乾隆年间乡试解元韩之显咏山诗、咏丹诗。艺术方面，乐曲有山歌曲调、劳动号子、古歌曲调、祭祀曲调、丧葬歌曲调、哭嫁歌曲调等。常用的乐器有皮鼓、锣、钹、箫、横笛、二胡、板胡、京胡、三弦、月琴、唢呐、芦笙、泡木筒、铜鼓。仡佬族戏剧有傩戏、地戏、高台戏。仡佬族古代绘画以壁画为主，主要是寺庙和宗祠。仡佬族还善木雕、石刻、砖刻等。

科学技术。仡佬族擅长冶炼铁矿，铸造铁器。据记载，清代平远州（今贵州织金县）、大定府（今贵州大方县）仡佬族铁匠打铁技术精湛，产品深受附近各族人民喜爱。仡佬族还能炼熟铁和钢。仡佬族依山而居，善攻山石修建桥梁、井宅与坟墓。其传统的纺织、刺绣、竹编技术精湛，美观耐用，颇具民族特色。仡佬族又善酿酒，以"茅台春"最著名，即今茅台酒之前身。清人对此有记载。

教育与体育。仡佬族古代学校教育形式主要是私塾。仡佬族地区的私塾有两种，一种是专馆，另一种是族馆或散馆。仡佬族传统体育项目有打竹秀球、抢花炮、打磨秋。①

---

① 本部分内容，参阅《仡佬族简史》编写组《仡佬族简史（修订本）》，民族出版社 2008 年版；陈天俊《仡佬族文化研究》，贵州人民出版社 1999 年版；周小乙《中国仡佬族》，宁夏人民出版社 2012 年版；蒲加旗、陆芳《文山州仡佬族祖先崇拜、自然崇拜及其文化内涵》，《文山师范高等专科学校学报》2005 年第 2 期；瞿伟《浅谈贵州仡佬族服饰文化》，贵州师范大学 2012 年；熊元正《仡佬族饮食习俗概论》，《烹调知识》1994 年第 10 期；张欢、唐向红《贵州仡佬族传统民居建筑文化探析》，《艺术探索》2014 年第 2 期；琼琴《仡佬族婚俗》，《文史天地》1994 年第 1 期；钟金贵《遵义仡佬族丧葬文化探析》，《兰台世界》2012 年第 6 期；母进炎主编 （转下页）

第十三节　其他少数民族(七)

一、毛南族

清代,毛南族主要分布于广西西北部,主要聚居在河池地区。这里地处云贵高原东麓,属亚热带气候,雨量充沛,适宜发展农业生产。

宗教信仰。清初,毛南人的原始宗教信仰与道教合流,形成"武教"、"文教"、水陆道场。

衣食住。服饰方面,从清代中期起,受汉、满服饰文化的影响,毛南人在保留本民族服饰长处的情况下,有了新的变化。男衣细葛,左衽大襟,不镶花边,安五个布扣(或铜扣)。口袋缝在右襟里,不外露。下穿宽筒长裤。盛装时头顶和腰间分别缠布带,腰带有装饰。蓄辫,不扎头巾者戴圆布帽,中间开个小孔。妇女穿镶有三道黑色花边的右开襟上衣,裤子滚花边于裤脚。老妇人大襟衣长及膝,袖衬配上不同颜色布条作为装饰。姑娘右衽大襟衣较短,宽窄适中,留单辫。婚后挽髻并用青布绕头两圈,留出后脑头顶,在发髻中横穿银簪。男女平时都跣足,赶圩走亲戚或远行,穿单鞋或布鞋,冷天穿土布袜。妇女佩戴银手镯、耳环、项圈或银牌。毛南族半石山区以稻米为主食,石山区以玉米为主食,辅以红薯、芋头、小米等。蔬菜有常见品种和野菜,肉类有家养禽畜和野味。饮料有茶、酒,酒类有十余种。特色食品有杂烩饭、空羊花饭、米蜂仔、"马打滚"、饴糖。毛南族传统住宅是干栏式木石楼。

(接上页)《黔西北文学史》,贵州大学出版社 2011 年版;雅文《古朴淳厚　优美动人——仡佬族民间音乐概述》,《人民音乐》1984 年第 5 期;王继子、安华文《黔北仡佬族民间舞蹈特征研究》,《鄂州大学学报》2015 年第 2 期;韦波等《贵州仡佬族医药概况》,《中国民族民间医药杂志》2002 年第 5 期;赵能武等《仡佬族医独特的几种外治法》,《中国民族民间医药杂志》2002 年第 6 期;田晓岫《仡佬族教育刍议》,《民族教育研究》2004 年第 1 期;李明刚《仡佬族传统体育文化的社会学分析》,《决策管理》2010 年第 13 期。

婚丧习俗。毛南族缔结婚姻程序与礼仪有提亲、相亲、"讲牛钱"、"踩门"、男宴、女宴等。没有新郎新娘拜天地、入洞房的习俗。毛南族为正常死亡者举行的丧葬仪式有报丧、"买水"洗尸、报舅、打斋超度、"肥谱"、祭奠、回家、插田标等。非正常死亡者的治丧与埋葬方式因人而异，但不能举行隆重的仪式。

文学与艺术。毛南族民间文学有歌谣、神话、传说、故事、史诗等。作家文学方面，据现存碑文，谭德成（1748—1871）的作品《哭弟谭德祥诗》（1765）及《哭兄诗》，是迄今发现的最早的毛南族作家文字。表演艺术方面，有音乐、舞蹈、戏剧。毛南族音乐包括民歌调、师公戏配曲、毛南戏配曲、舞蹈乐曲、唢呐奏曲、打击乐曲等50余种。传统舞蹈有师公木面舞、毛南戏舞蹈。师公戏源于古老的民间祭祀跳神仪式。该剧角色的自我表现主要不依靠独白、对话、独唱或合唱，而是通过舞蹈及其他师公的念白（念经文）、伴唱、乐器伴奏、舞台布景、道具等设施的衬托。因此，在一定程度上，它带有歌舞、哑剧、喜剧各种成分，而且角色头戴木面具，身着民族古装。造型艺术方面，民间工艺美术有壁画、石雕、木雕、剪纸、织锦、刺绣、蜡染、建筑造型等。

科学技术。毛南族花竹帽编制技艺高超，制作精细，图案美观，既有使用价值，又有欣赏与保存价值。清代嘉庆年间出版的《广西通志》就有记载。毛南族传统的医术主要有穴位放血、拔火罐、刮痧、发汗增温等。民间尚有数十种常见疾病的治疗方法和经验，如对痢疾、蛇毒、骨折、跌打内伤、狄尤病、无名肿毒等，施治独到而行之有效。

教育与体育。毛南族家庭十分重视对子女的教育，从幼儿起就培养他们的良好习惯，在公共场所注意礼貌礼仪，通过故事、歌曲陶冶情操、启迪智慧，传授生产知识、技术，培养生活能力。毛南族社会教育的内容偏重于社会公德、处世哲学方面，其次是生产知识及社会共同关心的问题。在方式方法上，因人因地因时而异。毛南族地区早在宋代就出现了儒学衙署。清代中期，毛南山乡的私塾已相当普遍。毛南族传统体育项目有棋类、爬杆、同填、同顶、同拼、武术等。①

二、仫佬族

清代，仫佬族主要分布于广西北部和西北部，主要聚居在罗城。这里气候温和，雨量充沛，土地肥沃，适于稻作农业生产。

宗教信仰。仫佬族有多神信仰，崇拜的神祇分为家神与外神。家神有祖先、灶君、土地。外神众多，比较重要的有吴平大王、婆王、社王、雷木、三界公爷、白马姑娘、牛王、盘古大王、梁吴二帝、伏羲兄弟、刘三姐等。仫佬人信奉佛教，清代建有许多寺院。

衣食住行。清代前期，服饰方面男子上衣为无领短装，前襟右衽为琵琶衽。老年人襟袖较宽大。穿长裤，裤筒长及踝骨。男子雉发结辫，有时用包头束紧。青年男子以戴有顶瓜皮帽为庄重，老汉则戴硬檐平顶的碗帽。妇女穿无风领上衣，宽袍阔袖、满襟衫；袖和前襟钉扣的一边都缘三道镶边，下穿绣花纱裙。妇女的发式，随着年龄的不同、未婚与已婚而有所不同。女孩从 11 岁以后，要逐渐留长发，前额留一片刘海，其余头发往后梳成辫子。至十五六岁以后，要作髻挂发，将头发分为前后左右中五簇：前簇偏前脑，发较少，剪齐前端披覆于额上；左右两簇是偏于近两鬓边的两片；中簇偏于后脑，先束成一绺，再盘绕起来，结成椭圆形的髻于后脑；后簇是接近后颈的一片。五簇都下垂，俗称"挂"。姑娘出

---

① 本部分内容，参阅蒙国荣等《毛南族风俗志》，中央民族学院出版社 1998 年版；谭自安《中国毛南族》，宁夏人民出版社 2012 年版；孟学华《贵州毛南族民居特色及开发利用》，《黔南民族师范学院学报》2010 年第 1 期；卢敏飞《毛南族丧葬制度考察》，《广西民族研究》1987 年第 4 期；晓临《毛南族婚礼》，《文史天地》2009 年第 3 期；谭爱苹《毛南族服装服饰探析》，《今日民族》2011 年第 4 期；蒙国荣等《毛南族文学史》，广西人民出版社 1992 年版；杨殿斛《贵州毛南族音乐文化述略》，《民族民间音乐研究》2011 年第 5 期；赖程程《论毛南族舞蹈语汇的美学特征及艺术精神》，《文艺研究》2010 年第 6 期；卢娇兰《毛南族师公研究》，中南民族大学 2009 年；吴兰《毛南族传统宗教仪式"求花还愿"透视》，《广西民族大学学报（哲学社会科学版）》2006 年第 6 期；吕洁《毛南族花竹帽纺织工艺及文化功能考察研究》，广西民族大学 2005 年；马四补《毛南族医药研究》，贵阳中医学院 2007 年；梁传诚《贵州毛南族传统体育文化的发掘与传承——以黔东南布依族苗族自治州卡蒲毛南族乡为个案》，《贵州民族研究》2010 年第 2 期。

嫁时,髻上插一朵银花,佩上银环。婚后生了小孩,头发一齐梳向后脑作髻并用一根发簪插住,戴抹额。妇女不分青、中、老年,均以银玉簪、银针作为梳髻的首饰。中老年妇女再包上一块青布头巾(夏天包白头巾)。仫佬族妇女的装饰品,主要用银器,少数用玉器。银器有银泡、银针、银钗、银簪、银镯、银环、银戒指等,玉器有玉簪、玉镯。仫佬族男女均跣足,上山劳动和出门行路穿草鞋,串门做客才穿布鞋。饮食方面,仫佬族田峒区以大米为主食,山区以玉米为主食。杂粮有红薯、芋头、高粱、荞麦、大麦等。副食肉类有家禽畜和鱼,蔬菜为常见品种。富有民族特色的食品有冲斗糍粑、枕头粽粑、桐叶粽、重阳酒。仫佬族住房结构,大都是石基砖墙瓦顶平房和砖瓦木结构的矮楼,茅屋较少。仫佬族旧时交通,陆路物资运输主要靠人肩挑、背扛、马驮,水路靠竹、木排和木帆船。

婚丧习俗。旧时,仫佬族缔结婚姻要经过烦琐的礼仪程序,主要有回六合与相亲、发媒与解礼、迎亲、拦门阵、发亲、进门、拜堂、闹堂、敬茶与回门、走媳妇路等。仫佬族丧葬习俗,青少年死去,不管死因如何,埋葬一律不举行任何仪式,绝大多数用席卷起抬到荒山野岭埋葬。壮年去世,未婚与已婚无子者,请道师念经后埋葬,可用棺材,但不油黑漆。老年人及已婚有子女的壮年人死去,丧葬礼仪烦琐,费用大。丧葬礼仪一般有报丧、"买水浴尸"、裹尸、装粮、"脚踏莲花"的入殓仪式、停棺、"打斋"、出殡、"上新坟"。对于非正常死亡的,实行"过火殓"。

文学与艺术。仫佬族民间文学有歌谣、神话、传说、故事、谚语等。艺术方面,仫佬傩戏在清康熙年间已现雏形。师公面戴傩面具,在打击乐的伴奏下,独唱、领唱、齐唱,熔歌舞乐于一炉。唱词以七言句为主,五言句次之。边唱边舞,表示人神同乐。仫佬族舞蹈刚武强健,其舞蹈动作主要有摆步、前进、后退、转身、移步等。"白马舞"最有代表性。仫佬族音乐分为山歌、傩戏表演、舞狮的演唱音乐三部分。造型艺术主要是石雕、木雕与绘画。

教育与体育。清代,仫佬族有少数富裕人家子弟接受蒙馆、经馆、义学、社学教育。一般每个村庄有一所蒙馆,几个村庄联合办经馆。在学子中,也有人考中秀才、举人。顺治十五年(1658),在罗城建凤山书院。乾隆四十年(1775),建立了凤冈学院。仫佬族传统体育项目有舞草龙、斗鸡会、抢花炮、捞粽粑、打灰包、舞狮、象步虎掌、凤凰护蛋、打陀螺、上刀山、武术、棋类等。[①]

三、黎族

清代,黎族主要分布于海南岛的中部和南部地区。这里属于热带和亚热带气候,长夏无冬,光照充足,雨量充沛,土地肥沃,动植物资源极其丰富,热带经济作物繁多,风光旖旎。

宗教信仰。黎族原始宗教信仰有祖先崇拜、自然崇拜、图腾崇拜、巫术崇拜、占卜崇拜等。部分地区信奉道教与佛教。

衣食住行。黎族服饰,因支系不同而有不同的风格与特点。侾黎女上衣均对襟,只有领子有差别。有的地区直领,前襟长,后襟短,边缘绣花;有的地区圆领齐襟,不绣花,有蓝或绿布镶边。筒裙由头、腰、身、脚四幅布缝合而成,都织花。杞黎女上衣,有对襟开胸、直领无扣与对襟圆领两种。男子结小髻于额前,用红布或黑布缠头,留巾角高出头顶。穿麻织的开胸、无领、有纽、短袖上衣,下穿前后各一幅的吊襜裙,长不过膝,露出大腿外侧,赤足。外出带红色胸挂,内装火药噏筒,腰挂长尖刀,肩扛噏枪。润黎(又称本地黎)女上衣的特点是贯头式,多绣花于衣的两

---

① 本部分内容,参阅《仫佬族简史》编写组《仫佬族简史(修订本)》,民族出版社 2008 年版;路义旭、罗树新《中国仫佬族》,宁夏人民出版社 2012 年版;柒丽蓉《试论仫佬族服饰的朴实美》,《南宁职业技术学院学报》2010 年第 4 期;龙殿宝《仫佬族饮食习俗》,《河池学院学报(哲学社会科学版)》2005 年第 1 期;阳崇波《仫佬族民居》,《河池学院学报》2012 年第 6 期;阳崇波《仫佬族民间文学作品中的仫佬族形象分析》,《河池学院学报》2007 年第 3 期;李伟《关于仫佬族民间舞蹈的保护与资源应用》,《大众文艺》2013 年第 18 期;覃芳萍《仫佬族山乡的智慧与情致——仫佬族文化与审美初探》,上海师范大学 2009 年;唐介俊《仫佬族民间音乐唱本通鉴》,《音乐时空》2014 年第 22 期;邓如金《仫佬族民歌》,《中国音乐》1998 年第 1 期;银浩《仫佬族传统婚俗中的若干问题》,《音乐探索》2012 年第 2 期;何朝峰《仫佬族文化的社会教育传承》,《民族论坛》2014 年第 5 期;刘栩《仫佬族婴幼儿家庭教育传统研究》,中央民族大学 2009 年;张萍《仫佬族传统体育文化研究》,《体育文化导刊》2007 年第 5 期;李燕宁《仫佬族的宗教民俗》,《经济与社会发展》2003 年第 12 期。

侧,缀以各种饰物。筒裙特短而窄,织工讲究,嵌各种饰物。男子结小髻于脑后,缠头巾,插发簪,服装与当地汉族相同。美孚黎男女同样穿上衣,短而黑,开胸对襟,无纽窄袖。女裙宽而长。男子穿黑色白边左右开衩的短裙。黎族妇女佩戴发簪、项圈、耳环、手镯、戒指、脚圈等。但各支系和地区的装饰不同。旧时黎族妇女有文身的习俗,文的部位是面、胸、手、臂、腿。饮食方面,黎族主食是大米,杂粮有玉米和番薯。旧时,野生动植物和水产品是副食的重要来源。黎族饮料有种类繁多的酒和茶。黎族还有吃槟榔的嗜好。黎族民居有布隆和布隆闺。布隆分船形屋和金字形屋两种。布隆闺与布隆相似,只是矮小、屋内无隔间。交通有人力、牛车,水路有木筏、竹筏。

婚丧习俗。黎族婚姻形式基本是一夫一妻制,个别地区一夫多妻。纹茂地区有夫兄弟婚、妻姐妹婚、交换婚、入赘婚、订婚等习俗。黎族缔结婚姻有物色对象(有自由恋爱、牵线、托媒求亲、定娃娃亲四种情况)、订婚、结婚几项程序。黎族兴土葬。葬俗有报丧、入殓、停尸、出殡、下葬、善后、守孝七项程序。

文学与艺术。黎族民间文学有神话、传说、故事、寓言、歌谣、谚语、谜语等。艺术方面,民歌有独唱、合唱、对唱、轮唱,调式有宫调式、商调式、角调式、徵调式、羽调式和徵转宫调式。造型艺术方面,黎族的纺织工艺很著名,有侾锦、台锦、美孚锦、杞锦、满地锦与千家毡等。侾锦分三星锦、四星锦、陵崖锦三种,不仅质量好,而且外观非常漂亮。雕刻艺术方面,黎族的骨雕与木雕比较细致。黎族民族乐器有叮咚、籁、浪赛、租、筚达、口箫、利拉罗、洞箫、螺旋口笛、哔、呕巴菜、郎多依、粮冬、椰胡。曲乐有婚礼曲、舞曲、鼻箫独奏曲、管独奏曲、唢呐独奏曲、乐器合奏曲、五指山曲、催眠曲、口弓曲、剪刀花曲、迎春曲、乐心曲等。黎族传统舞蹈主要有打柴舞、跳娘舞、逗娘舞、平安舞、招福舞、道公舞、打鼓舞等。

科学技术。黎族地区有许多中草药,仅治蛇毒的即有数百种。黎族针对疾病的性质采用多种治疗方法:服中草药、佩药疗法、热敷与外敷法、捻痧法、骨伤治疗法、熊胆等冲酒治外伤、熊油外涂治烧伤等。

教育与体育。黎族地区很早就有学校教育，一些贬官流放的士大夫会在当地兴办教育。清代，海南各州县普设官学及社学、书院。黎族传统体育项目有射箭、"打红"、摔跤、拔河、格斗、"打狗归坡"、"打花棍"、串藤圈、跳竹竿、赛跑牛、登山"抢姑娘"等。①

四、京族

清代，京族主要分布于广西防城港，南临北部湾，渔业资源丰富。京族是一个主要从事沿海渔业捕捞的民族。

宗教信仰。京族信仰多神，信奉的神灵大多来源于自然宗教、道教和佛教。京族地区建有很多庙宇。

衣食住。服饰方面，旧时京族男子上衣是长没膝盖、无领无扣、窄袖袒胸的衣衫，下穿宽而长的裤子，腰束彩色腰带，最多可达五六条。妇女下装与男子无异，既宽又长，遮过脚背；上装与男子相反，紧身窄袖、衫脚仅及腰间的短上衣，亦无领胸开襟，有三颗纽扣，不束腰带。不同年龄段的妇女对衣裤颜色的要求有所不同。在盛大节日或探亲访友时，妇女加穿一件类似旗袍但下摆较宽、矮领窄袖的衣衫。最有特征的是，妇女在

---

① 本部分内容，参阅吴永章《黎族史》，广东人民出版社1997年版；王学萍《中国黎族》，民族出版社2004年版；涂刚鹏、陈思莲《论海南黎族原始宗教信仰》，《海南大学学报（人文社会科学版）》2011年第1期；海南省民族研究所《黎族服饰》，南方出版社2013年版；廖玉玲《浅析环北部湾地区古代黎族饮食结构》，《南宁职业技术学院学报》2009年第1期；王辉山《海南黎族传统民居文化》，《今日民族》2002年第1期；李露露《海南黎族古老的水上交通工具》，《葫芦与象征——中国民族文化国际学术研讨会论文集》，1996年；陈立浩等《黎族文学概览》，海南出版社2008年版；王文华《黎族音乐史》，南海出版公司2001年版；胡亚玲《五花八门的黎族民间乐器》，《今日海南》2009年第2期；姚丽娟《海南岛黎族妇女文身研究》，《中央民族大学学报（哲学社会科学版）》2005年第3期；周菁葆《古代黎族的音乐舞蹈》，《中国音乐》2005年第1期；姚丽娟《黎族独特的民间手工艺术》，《中央民族大学学报》2004年第6期；符桂花《黎族传统织锦》，海南出版社2005年版；李渊博《海南黎族的婚育习俗》，《民俗研究》1988年第2期；杨志军《海南岛白沙县南阜村的黎族葬礼》，《广西民族研究》1989年第4期；章华《黎族医生治病特色》，《医药养生保健报》2009年；戴好富《海南黎族民间验方集》，中国科学技术出版社2014年版；《黎族教育史》，广西教育出版社、广东教育出版社、云南教育出版社1998年版；高泽强、潘先锷《祭祀与避邪——黎族民间信仰文化初探》，云南民族出版社2007年版；王翠娥《试谈海南黎族传统体育》，《南方文物》2005年第1期。

上身胸部缝有一块遮胸布，俗称"胸掩"。京族男女均打赤脚。京族妇女发饰，头发正中平分，两鬓留着"落水"，结辫于后，用黑布或黑丝线缠着，再自左至右盘绕在头顶上成一圈，俗称"砧板髻"。京族妇女戴耳环，不戴项圈。饮食方面，京族以杂粮为主食，主要有玉米、红薯、芋头、狗尾粟、鸭脚粟等。京族有许多独具传统风味的食品，如糯米糖粥、"风吹米壹"、"白糍米壹"、"鲇汁"等。旧时京族民居为干栏式的栏栅屋。

婚丧习俗。京族缔结婚姻有择偶、订亲（大致过程有合"年生"、定彩头、报命好）、迎亲（其过程有送日子、哭朝、开容、认亲、接亲、拜堂、回朝）几项程序。京族丧葬礼仪程序主要有报丧、入殓、做斋、殡葬等。

文学与艺术。京族民间文学主要有叙事体的海岛传说、动植物故事、生活故事、幻想故事、民间寓言，韵文体的海歌、唱哈词、婚礼歌、情歌、民间叙事歌、生活苦歌、儿歌等。独弦琴是京族独特的乐器。京族传统的民间舞蹈主要有跳杠舞、跳天灯、跳乐、花棍舞等。

体育。京族传统体育项目有捉活鸭、摸鸭蛋、顶头、顶臂、顶竿等。①

五、土家族

清代，土家族分布于湘西、鄂西、川东南、黔东北，主要聚居在湘西和鄂西。土家族自称"毕兹卡""密基卡""贝锦卡"等，即"本地人"或"土生土长的人"之意。

宗教信仰。土家人旧时有多神信仰、图腾崇拜、祖先拜、鬼神与巫术

---

① 本部分内容，参阅符达开等《京族风俗志》，中央民族大学出版社1993年版；何思源、杨宏峰《中国京族》，宁夏人民出版社2012年版；苏维光等《京族文学史》，广西教育出版社1993年版；叶峰《京族音乐文化探微》，《作家》2009年第16期；陈俊玉《试论广西京族舞蹈中的原生态元素》，《戏剧之家》2015年第8期；过伟、韦坚平《京族民间信仰与神谱初录》，《广西大学学报（哲学社会科学版）》1992年第1期；彭业仁、陈惠娜《京族体育研究》，《体育文化导刊》2009年第8期；陈丽琴、徐少纯《论京族饮食习俗及文化内涵》，《广西师范大学学报（哲学社会科学版）》2013年第2期；陶雄军《论京族民居建筑的演变与文化属性》，《学术论坛》2014年第2期；卢敏飞《京族丧礼审视》，《广西民族研究》1990年第3期；何芳东《广西东兴市京族海洋文化研究》，广东技术师范学院2013年；[越南]吴德盛著，罗长山摘译《越南京族传统服饰文化》，《广西教育学院学报》1996年第4期。

信仰。还有部分人信奉佛教、道教、基督教。

衣食住行。清代,土家族以自织自染的"家机布"为衣料。乾隆《永顺府志》记载:"土司时,男女服饰不分。"他们穿对襟上衣和绣有花边的八幅罗裙,头戴刺花巾帕,并佩戴首饰。一般女子喜欢耳饰、项饰、手足饰,而男子只在左耳戴耳环,左腕戴手圈,头发或编或挽髻。饮食方面,土家人以玉米、豆类、大米、土豆、麦类、红薯等为主食。自制腊肉、香肠、烧腊。擅长制酸辣菜。用黄豆、豌豆、蚕豆做成合渣、豆豉、腐乳、豆瓣酱。在溪河中捕捞鱼虾,在山林中猎获鹿、野猪、野兔等,采集山花椒、蕨菜、蘑菇等,制成各种特色食品。土家人的饮品有清酒、咂酒、罐罐茶、油茶等。土司时期,土家人的房屋有明显的等级差别。土王房舍雕梁画栋,砖瓦砌成;舍把头目的居处可竖梁柱,装板壁;而土民只能编竹为墙,禁止盖瓦。交通运输方面,旧时土家族地区极为不便。在河面宽广、水势平缓的地方,以竹、木排筏与舟楫代步和运输货物。无舟楫之便处,建石桥、木桥、铁索桥。在小溪河中安放石墩。在无舟楫车船之力的广大山区,以马、牛、驴和人的肩挑背负进行运输。在道路崎岖的山地,主要靠人力背负。背负工具有背篓、筜篓、背架、背桶、背带等。

婚丧习俗。在土家族的婚姻习俗中,如果哥哥死亡,弟弟未婚配,可与寡嫂成婚,叫作"弟坐兄床";若弟弟早亡,哥哥也可以和弟媳成婚,俗称"兄坐弟床"。只有当弟弟或哥哥不愿娶寡嫂或弟媳、家族中也无同辈愿意婚配时,女子方可外嫁。土家族婚俗中旧时还有一种习俗叫"还骨种"。凡是姑家之女,择偶必须首先考虑舅家之子。即使姑家之女已到了婚龄,舅家之子尚小,也要等他长大成人。姑家之女要外嫁,一定是舅家不要求还骨才有可能,但必须由女方提供丰厚礼品给舅家,以代还种。"改土归流"前,土家族有"以歌为媒"的习俗,但须父母同意、土老司认可。订婚、结婚都不索取任何钱财,娶亲不用轿,背负新人。旧时土家族人死后实行火葬、岩墓葬、悬棺葬,他们哀悼死者的方式是击鼓踏歌,叫啸以兴哀。

文学与艺术。土家族民间文学有歌谣、神话、民间传说、民间故事、童话、寓言、笑话、谜语、谚语等。清代前期土家族作家文学的突出贡献是竹枝词。表演艺术方面,舞蹈有摆手舞、跳丧舞、花鼓子、八宝铜铃舞。还有流行于湘西的社粑粑舞,流行于黔东南和川东南土家族地区的打闹歌舞。乐器有锣、鼓、镲、钹、唢呐、咚咚奎、大号、三弦、扬琴等。乐曲有单曲体、联曲体两大类。戏剧有茅古斯、傩堂戏、南戏、辰河戏、阳戏、荆河汉戏、灯戏。曲艺有长阳南曲、恩施扬琴(又叫恩施丝弦)、小曲、满堂音、渔鼓、九字鞭、采莲船等。工艺美术主要有织锦、剪纸、刺绣、编织、雕刻等。

科学技术。土家族的科学技术是与他们的经济生活紧密相连的,是从经济生活中产生并服务于经济生活的实用技术。土家族根据山里草木枯荣、日月星辰的变化以及云风雨、雷电的交替来安排农时、预测气候、估算年成的丰歉。他们把世代积累的农耕经验编成山歌、谚语等,以便口耳相传,指导春种秋收。土家族的气象知识也以谚语、歌谣的形式流传下来。土家族的生物学、医药学知识也得益于长期山居生活与生产实践。他们使用、培植药材较早,除人工培植药材外,还采摘野生草药、捕捉山里的动物来治病。他们一般采用煎熬口服、敷抹外用以及推拿等疗法。

社会教育。"改土归流"前,有禁止土民读书识字的禁令,因此,普通土家人只有社会教育,而无学校教育。内容包括缅怀先辈业绩、修炼自身人品、传授日常生活中的禁忌与须遵守的行为准则和习惯、学习生产技能与生活技巧等。①

---

① 本部分内容,参阅《土家族简史》编写组《土家族简史(修订本)》,民族出版社 2009 年版;杨昌鑫编著《土家族风俗志》,商务印书馆 1989 年;彭武麟编著《中国土家族》,宁夏人民出版社 2012 年版;彭官章《土家族文化》,吉林教育出版社 1991 年版;袁德培、彭芳胜主编《中国土家族医药学》,科学出版社 2014 年版;秦子文原著,赵敬华等校注《玲珑宝鉴》,中医古籍出版社 2006 年版;宋仕平、娜拉《土家族原始宗教信仰体系的主要内容及表现形式》,《湖北社会科学》2009 年第 12 期;宋仕平《嬗变与衍生:土家族的宗教信仰》,《江汉论坛》2005 年第 1 期;唐仲春《土家族丧葬习俗的宗法性探微》,《广西师范大学学报(哲学社会科学版)》1999 年第 1 期;宋仕平《土家族传统社会教育制度的基本特点》,《兰州学刊》2009 年第 9 期;王晓宁《土　（转下页）

六、瑶族

清代,瑶族主要分布于广西、湖南、云南、广东、贵州,主要聚居在广西。瑶族以山居为主,所在区域植物、动物、矿产资源十分丰富。

宗教信仰。瑶族信仰有自然崇拜、英雄崇拜、祖先崇拜,信奉道教。

衣食住行。瑶族女子头饰有宝塔式、飞檐式、凤头式、平顶式、帆船式、圆筒式,还有发插银簪,耳带银环,颈带银圈,腕带银镯,手带银戒指等。女子上身服饰一般是无领,无扣,胸开对襟或右对襟,捆腰带。在对襟两旁和袖口,绣有花边,或镶彩色布带。女子下身服饰,各地不同。裤子,有长裤、短裤;裙子,有长裙、短裙、连衣裙。个别地区以衣代裙,即衣长至膝,腰间围腰带,腰的上半部为衣,下半部为裙,不穿长裤。凡穿短裤或短裙者,均捆绑带。绑带绣花纹图案,或以红丝线装饰。一般穿布鞋、草鞋、木屐或打赤脚,无袜。男子头饰有三种:一是分别包红、黑、白、蓝头巾;二是留长发,在头顶上束发髻,扎红头绳或盘长发;三是不留长发,也不包头,与当地汉族相同。男子上身服饰也是三种:一是穿无领衫,开右对襟,布纽扣或铜扣;二是穿唐装,立领,胸开对襟,设两个兜,捆腰带;三是穿夹衣,无领,无袖,开胸对襟,有扣,下摆左右和后背开小衩,有兜。男子下身服饰也有三种:长裤、短裤、马腿裤。男子腿饰与女子大致相同,只是无花纹之类的装饰。饮食方面,居住于平原或山坡土岭的,以大米为主食;居住于大石山区的,以玉米、杂粮为主食。副食有肉、蔬和山珍三大类。饮料有各种茶

(接上页)家族吊脚楼的类型与审美特征》,《湖北民族学院学报(哲学社会科学版)》1991 年第 1 期;谭志国《土家族饮食文化的功能主义分析》,《湖北经济学院学报》2010 年第 1 期;杨欣《恩施土家族婚俗文化研究》,华中师范大学 2012 年;李岑《湘西土家族丧葬礼仪文化研究》,《科技信息》2010 年第 11 期;曹毅《土家族民间文学》,中央民族大学出版社 1999 年版;王海鹰《湘西土家族民间音乐艺术研究》,河北师范大学 2010 年;陈廷亮、安静峰《土家族舞蹈的分类及其艺术特征——土家族民间舞蹈研究之一》,《中南民族大学学报(人文社会科学版)》2004 年第 4 期;罗彬、辛艺华《土家族民间美术(增补版)》,湖北美术出版社 2011 年版;王平《近年来土家族服饰研究述评》,《铜仁学院学报》2010 年第 5 期。

叶和酒。瑶族房屋样式有砖瓦式、泥瓦式、平栏式、围篱式四种。瑶族交通运输,陆路有马力、人力运输。男子以肩挑,女子以背负。河流运输有竹排、木排。

婚丧习俗。瑶族婚姻自由,有多种求婚方式。尽管各地婚俗不同,但大体上都有求婚、订婚仪式、迎送新娘、举行婚礼几项程序。有些瑶族地区,女婚男嫁的现象较为普遍。所生子女,第一个随母姓,第二个随父姓,多子女则以此类推。独生子嫁到女家后,男女双方都有轮流帮助父母劳动之责,都有赡养双方父母的义务,也都有继承双方父母财产的权利。由于存在女婚男嫁的习俗,瑶族无重男轻女的现象。瑶族寡妇再婚,也不受歧视。瑶族葬式有多种:一次性土葬;先土葬,三年后拾骨入坛,不加土埋,或再土葬;露天棺葬;岩洞葬;先火化,后土葬;林中挂葬。有的地区还有出殡坐灵椅的习俗。

文学与艺术。瑶族民间文学分为神话、传说、故事、寓言、笑话、童话、歌谣、谜语、说词等。艺术方面,瑶族音乐包括声乐和器乐两部分。音乐曲调多样,喜、怒、哀、乐无所不包。其中以酒歌、蝴蝶歌、拉发歌、香哩歌最为著名。器乐曲调,吹管乐有箫、拉篥、芦笙、唢呐、牛角、长号等曲调,拉弦乐有独弦胡琴、双弦胡琴等曲调,弦拨乐有独弦琴等曲调,击弦乐有竹筒琴等曲调,打击乐有长鼓、陶鼓、铜鼓、皮鼓、锣、钹等曲调。传统舞蹈有长鼓舞(长鼓分为大、中、小三种)、铜鼓舞、陶鼓舞等。传统手工艺方面,瑶绣、剪纸、雕刻、银器制造、蜡染、编织等都享有盛名。瑶族民间传统美术主要有神像画卷。

科学技术。瑶族民间有不少祖传瑶医,经验丰富,医德高尚,医术高明。清代张希京在《曲江县志》中就记载过瑶医入城治病,效果颇佳。瑶族民间医生治疗的诊断方法有望诊、闻诊、问诊、触诊、甲诊、指诊、舌诊等。治疗科目主要有内科、外科、妇科、儿科等。医治的常见病有肝炎、伤风感冒、便秘、肠胃病、蛇咬伤、跌打损伤、风湿、麻痹、瘫痪、石膏症、梅毒、糖尿病(消渴症)、沙眼、小儿疳积等。

教育与体育。瑶族教育分为民间教育和学校教育。民间教育又有家庭与社会教育、宗教教育和私塾教育。家庭与社会除言传身教各种生产、生活技能外，还通过口授进行道德规范和有关知识的教育。瑶族民间虽然没有设立专门的宗教机构，但在瑶族宗教人士中自然形成了道教班子。他们的教育措施大致有三项措施：个别教育，办学习班集中学习，通过举行宗教仪式即度戒对青少年进行思想道德教育。私塾以一村或数村为单位，自筹资金，聘请山外教师任教。学校教育在清康熙以后有所发展。在湖南、两广瑶族地区，先后都设有社学（初等小学）教育。义学，在清代比较盛行，两广、湖南瑶族子弟均有入学。清政府对瑶族儿童在入学考试、年龄、名额上还采取一些优待政策。在一些府、州、县设立的官学，也有不少瑶族子弟入校学习。乾隆年间，还专门为瑶族子弟设立瑶学。瑶族传统体育项目有射击、放木排与竹排、踩独木、武术、打陀螺、打尺寸、游泳等。①

七、畲族

清代，畲族主要分布于福建、浙江两省，主要聚居在福建省。此地次生林资源丰富。作为山居农耕民族，畲族以善治山地而闻名。

宗教信仰。畲族信仰有盘瓠图腾崇拜、自然崇拜、祖先崇拜、英雄崇拜以及崇奉道、佛尊神。

衣食住行。清代畲族男子服饰与汉族相同。在畲族人口较集中的

---

① 本部分内容，参阅潘琼阁、杨宏峰《中国瑶族》，宁夏人民出版社 2012 年版；谢明学、玉时阶《瑶族传统文化》，广西民族出版社 2000 年版；吴永章《瑶族史》，四川民族出版社 1993 年版；张有隽《瑶族宗教信仰史略（三）》，《广西民族学院学报（社会科学版）》1982 年第 1 期；徐靖彬《瑶族传统饮食文化的历史学考察》，广西师范大学 2005 年；姚辉《永州瑶族民居的建筑特色》，《湖南科技学院学报》2014 年第 4 期；卢敏飞《广西瑶族的丧葬习俗》，《广西民族研究》1992 年第 4 期；黄书光《瑶族文学史》，广西人民出版社 1988 年版；蓝秋云《瑶族传统舞蹈试探》，《广西大学学报（哲学社会科学版）》1990 年第 1 期；杨康民主编《瑶族传统仪式音乐论文集》，文化艺术出版社 2014 年版；覃迅云、李彤主编《中国瑶医学》，民族出版社 2001 年版；覃迅云等《中国瑶药学》，民族出版社 2002 年版；刘阳《五彩衣裳——美丽的瑶族服饰》，《艺术教育》2006 年第 5 期；周小慧《独特的瑶族婚俗》，《今日南国（理论创新版）》2008 年第 9 期；陈倩《瑶族教育研究综述》，《科教文汇》2008 年 11 月（上旬刊）；何林等《瑶族传统体育文化及其特征》，《广西民族大学学报（自然科学版）》2012 年第 2 期。

地区,妇女服装和装饰保留着民族传统特色。畲族妇女服装基本上有罗连式、霞浦式、福安式、福鼎式、浙江丽水式五种。各地畲族妇女头饰,分婚前和婚后两种。未婚少女一般用红色绒线或棉纱线、毛线等同头发混杂在一起编成辫子,盘在头上,呈圈形,额前留刘海,发间不戴其他饰物。已婚妇女头饰最具民族特色,发式是高髻垂缨,髻呈螺式、筒式或帽式,但发髻造型和梳法各地不完全相同。畲族饮食以番薯为主食,辅以稻米。副食,肉类有猪、鸡、鱼等,蔬菜有豆类、南瓜、丝瓜、萝卜、卷心菜、芥菜等。饮料有酒、茶。畲族民居称作"寮",有贫苦畲民搭建的"草寮",有土木结构的平房称为"瓦寮"或"瓦厝",还有"走马寮"。旧时畲族交通十分落后,涉水有原始的独木桥和石桥,运输靠肩挑背负。

婚丧习俗。畲族婚姻礼仪原本比较简朴,但在清代,由于长期与汉族杂处,不仅"父母之命,媒妁之言"盛行,婚俗亦发生了变异,婚嫁的一整套繁文缛节与汉族大体类似。尽管各地婚姻礼仪有些差异,但畲族缔结婚姻基本上有问名、结吉、纳采、纳征、请期、迎亲、婚礼等程序。清代,随着畲族迁居历史的结束,又受到汉族丧葬文化的影响,于是改焚尸浮葬习俗为纳尸于棺起坟土葬的习俗。畲族丧葬的一般礼仪,大都有人死报丧、净尸入殓、出殡落葬、超度亡灵几项程序。

文学与艺术。畲族民间文学有山歌,包括长篇历史叙事歌、小说歌、情歌、革命山歌、杂歌;传说,包括人类和民族起源的神话传说、英雄人物的神话传说、自然神的传说;故事,包括生活故事、机智人物故事、幻想和寓言故事。畲族颇具民族特色的民间艺术有舞蹈和手工艺。畲族传统舞蹈主要有祭祀舞蹈、丧礼舞蹈、生产劳动舞蹈。此外还有迎神驱鬼的祈福舞,传师学师的造五营寨舞、造老君殿舞、过九重山舞等。民间手工艺主要有线织和竹编。

教育与体育。清代畲族民间教育有唱本教育和私塾教育。唱本教育就是使用以汉字为主的唱本作为教材。畲族青少年通过父母长辈一句句教唱,粗识文字,学习文化。清代私塾遍布畲族地区。嘉庆八年

(1803)，在浙抚阮元等人的支持下，清廷允准畲民报名应试，畲民从此获得科举的权利。畲族民间传统体育项目主要有打尺寸、操石磉、赛海马、稳凳、武术等。①

八、高山族

清代，高山族分布于台湾省，聚居在台湾中部山区、东部和西部平原。高山族族群众多，文化上存在着差异。

宗教信仰。古代高山族崇奉泛灵多神。所谓"灵"，尽管各族群说法不同，但内容是一样的，都包括自然界的精灵、人的鬼魂、各种神灵。实际上包括自然崇拜、祖先崇拜和神灵崇拜。

衣食住行。清代，平埔人社区苎麻幅布大为流行。常服一般有胴衣、桶裙，长短不一，黑白不等。山地族群的服饰以苎麻布、树皮布制成，款式有性别、地域差别。男性常服，北部主要有胴衣、背心、胸衣、披肩、桶裙，中部有鹿皮制作的背心、帽子、披肩、套裤、挂袋、麻布胸袋，南部主要有长袖对襟上衣、腰裙、头巾、短裤、套裤等。女性常服，包括短衣长裙与长衣下裳两种类型。高山族服饰擅采花卉、木实、藤茅编织物、羽毛、兽角、螺贝、金属、瓷片等，随意点染，尽情挥洒。高山族饮食，平原区以五谷为主食，兼食块根类及其他杂粮。山地以小米饭、烤芋薯为主食。高山族男女都喜饮酒，有嚼槟榔习俗。高山族住宅有四种：巢居树上；掘

---

① 本部分内容，参阅顾民《浙江畲族体育研究》，《体育文化导刊》2003 年第 8 期；雷后兴、李永福《中国畲族医药学》，中国中医出版社 2007 年版；兰静《畲族民间舞蹈探讨之我见》，《大众文艺》2011 年第 8 期；李晨《畲族民间音乐》，福建宁德出版社 2008 年版；丁古勇《解读浙南畲族民居》，《美术大观》2006 年第 9 期；张小椿《清代以来畲族教育研究》，福建师范大学 2009 年；梅松华《畲族饮食文化》，学苑出版社 2010 年版；上官紫淇《论福建畲族传统服饰艺术及文化内涵》，山西大学 2008 年；施联朱、雷文先主编《畲族历史与文化》，中央民族大学出版社 1995 年版；钟伯青《中国畲族》，宁夏人民出版社 2012 年版；叶桦《景宁畲族民间工艺艺术研究》，《四川理工学院学报（社会科学版）》2007 年第 4 期；马晓华《从祖国看畲族的宗教信仰》，《中国宗教》2007 年第 3 期；邱水才《漳平畲族婚服》，《"闽台婚俗——福建婚俗的调查和研究"研讨会论文集》，1990 年；谭振华、施强《畲族丧葬习俗演变初探》，《丽水学院学报》2014 年第 6 期；安尊华《论贵州畲族民间文学的价值》，《贵州民族大学学报（哲学社会科学版）》2014 年第 3 期。

洞而居；干栏楼居；平房，包括茅屋、竹屋、木屋、石屋等。高山族交通越岭攀藤，小溪有竹桥、石桥，深山大涧有藤桥。水路交通工具主要有艋舺、竹筏、木筏、帆筏、葫芦等。

婚丧习俗。高山族婚姻形式大致有招赘婚、嫁娶婚、交换婚、服役婚、收继婚、掠夺婚、阶段内婚等。婚姻程序基本包括订婚、纳聘、婚礼等。高山族为善终者举行一种特殊葬礼，即蹲踞葬礼。这种葬俗把非正常死亡者排除在外。葬穴一般安排在床下面或起居室中央，有方形、圆形两类，深约 1.5—2 米，周围砌石壁，顶盖石板。通常一个家庭自备一个墓穴，一旦葬满，家属搬迁另建新居并挖新穴。蹲踞葬礼除更衣、吊唁、安葬等仪式外，一个重要的仪式是遗体屈肢，即屈下肢使双膝贴胸，两臂于胸前交抱，呈蹲踞状。屈肢后用幅布包裹结扎，当晚仍与家人同眠。入葬坐向同族群而异，有西向、东向、南向或朝河岸方向等。殉葬品有性别之分，男性以武器、渔猎具、农具为主，女性以针线、剪刀等日用品为主。最后盖板填土。家属在死者入葬前后都要唱祷诀别辞，葬后沐浴襁被，服丧一段时间。

文学与艺术。高山族民间文学主要有歌谣、神话、传说、故事、谚语等。艺术方面，清代高山族歌舞蔚为大观，是集歌唱、伴奏、舞蹈于一体的综合性艺术。歌舞分为祭舞、酒舞、模拟舞三类。手工艺方面，刳木主要应用于木鼓、食槽、艋舺、臼等器具的制作。雕绘艺术方面，雕刻后敷色，兼有雕刻与绘色创作。石雕工艺少见，木雕工艺广泛运用于宗教法具、住宅、生产生活器具等。祖灵柱人像是雕绘艺术的代表作。清代，高山族采狗毛染为"五色线"，与树皮纤维混纺的达戈纹，是社商互市争购的工艺品。夹织以泰雅人为最。高山族的缀珠工艺堪称卓绝，以珠贝衣和琉璃珠练为典范。高山族擅长竹、草、藤器具编织，编织工艺有斜纹编、六角编、柳条编、方格编、绕编、绞织编、蜗旋编等。清代高山族人体装饰有黥面、文身、穿耳、凿齿、染齿、除毛、束腹等。

教育。清代，在高山族地区设立"番社学"。康熙二十五年（1686），诸罗县知县樊维屏在"五大社"设 4 所社学。至乾隆年间,台湾"番社学"增至 47 所。社学以儒学经典为教材,课程包括经学、艺文两类,以试帖作文。雍正十二年(1734),正式设"社师"。县学训导还实施按季巡查制度。①

---

① 本部分内容,参阅刘如仲、苗学孟《清代台湾高山族社会生活》,福建人民出版社 1992 年版;陈金结、姜莉芳《中国高山族》,宁夏人民出版社 2012 年版;刘如仲《清代高山族的宗教信仰》,《民俗研究》1987 年第 4 期;陈妍秀《论台湾原住民的服饰特色》,《装饰》2006 年第 2 期;陈伟明《台湾少数民族的丧葬民俗文化》,《贵州民族研究》2001 年第 3 期;张崇根《台湾少数民族的婚姻习俗》,《中央民族大学学报(哲学社会科学版)》1994 年第 2 期;刘应斗《台湾高山族饮食文化趣谈》,《两岸关系》1998 年第 2 期;刘强《高山族民居建筑艺术》,《青年时代》2014 年第 22 期;陈育伦、黄重添《丰富多彩的台湾高山族民间文学》,《台湾研究集刊》1984 年第 2 期;张佩吉《高山族民歌初探》,《中国音乐》1981 年第 4 期;叶红旗《台湾高山族乐器研究》,南京艺术学院 2008 年;于建涌《高山族传统舞蹈的兴衰》,《体育文化导刊》1992 年第 4 期;冉小平《台湾高山族的历史文化》,《教育》2006 年第 26 期。

第七章 中外文化交流

17世纪中叶至19世纪初是人类历史发展的重大转变时期。随着1640年英国资产阶级革命的爆发,资产阶级的启蒙运动、民主民族革命在欧洲和美洲蓬勃开展起来。新崛起的资产阶级国家不仅创造了高度发达的科学文明,而且还在对外进行殖民扩张的过程中,与世界各地建立了广泛的文化联系。处于这一特殊时代背景下的清代中外文化交流,具有鲜明的时代特点:一方面中国继续保持并发展了与亚非各国的传统友谊与文化交流,另一方面还在明代的基础上与遥远的西方文明进一步建立起直接联系,并产生了深远的影响。

第一节 中国与亚非各国的文化交流

清代中国与亚非各国的文化交流在传统友谊的基础上继续发展。由于这一时期中国文化在亚非地区仍然居于领先地位,中国文化在这些地区的传播便成为当时文化交流的主流。

一、中国文化在朝鲜的传播

清朝建立后,中国与朝鲜文化交流关系继续发展,并在18世纪和19

世纪初达到了新的高峰。

1. 来华使团中的朝鲜学者

清朝统治中国期间,正好是朝鲜的李朝时期(1392—1910)。为了密切相互间的关系,中朝两国政府经常互派使团,进行礼节性的访问。由于有不少文人学者加入其间,中朝使团也就成为中朝文化交流的媒介。在当时两国互派的使团中,朝鲜使团派出次数多,参加的著名学者也多,在中国期间十分活跃,因而中朝文化交流在很大程度上是通过他们来进行的。

随同朝鲜使团来到中国的学者中,最为著名的有洪大容、朴趾源、朴齐家等人。他们来到中国后,广泛交结中国文人学士,注意了解中国的文化历史,对于传播中国文化作出了重大贡献。

洪大容(1731—1783),字德保,号湛轩,是 18 世纪朝鲜著名的实学家,具有较为广博的文化知识。1765 年他曾随其作为朝鲜使团书状官的叔父洪杞来到中国。在中国期间,他主动与中国文人交往,结识了清代学者严诚、陆飞和潘庭筠等人,他与他们进行笔谈,交换彼此间的各种看法,增进了相互间的友谊。后来他将他们之间的交往、会谈整理编写成《燕行录》《杭传尺牍》等书,向朝鲜人民介绍了中国文化。

朴趾源(1737—1805)也是朝鲜著名的实学家。1780 年 6 月,其堂兄朴明源受命为使团正使,前往中国祝贺乾隆皇帝 70 岁寿辰,朴趾源作为随从人员来到热河、北京等地。他是一位细心的思想家和观察家,在中国期间,他广泛了解中国的农具、车辆、造船、烧煤等方面的情况,回国之后,用 13 年的时间整理编成《热河日记》一书,希望朝鲜人民吸取中国文化的先进成果。

朴齐家(1750—1805)是朝鲜著名的诗人和学者。1778 年以后,他作为朝鲜使团的随行人员先后三次来到中国。在北京期间他谦虚好学,不耻下问,细心观察中国社会,与清朝著名学者纪昀、陈鳣、钱东垣、黄丕烈等人建立了友谊。

18 世纪末 19 世纪初来到中国的朝鲜学者,还有柳得恭(1748—

1807)、赵云石、金正喜(1786—1856)等人,他们也都虚心向中国学者学习,注意学习中国文化。与中国学者翁方纲、阮元等人有过交往的金正喜就表示:"我能够结交中国有学问的人做朋友,死也甘心。"①由此可以看出他们学习中国文化的迫切心情。

朝鲜学者在中国除了注意结交中国文人、观察中国社会外,还十分注意寻购中国的文物典籍,携回朝鲜进行研究。当时北京琉璃厂一带书肆丛列,中国字画古籍荟萃其间。朝鲜学者穿行于此,寻购所需,不忍离去。曾多次来到这里的洪大容对书肆藏书之富十分惊叹,他说:"书肆有七三,壁周设悬架为十数层,牙签整秩,每套有标纸。量一肆之书,已不下数万卷,仰面良久,不能遍省其标号,而眼已眩昏矣。"②朴齐家、柳得恭也常在此寻书,其他使团成员也都就其所能,遍购中国书籍而去。朝鲜人这种求书好学的精神很为人们所称道,姜绍书《韵石斋笔谈》谓:"朝鲜国人最好书。凡使臣之来限五六十人,或旧传,或新书,或稗官小说在彼所缺者,日中出市中,各写书目,逢人遍问,不惜重值购回。故彼国反有异书藏本也。"③

2. 中朝文人的唱酬

中朝两国诗人词家彼此倾慕,热切希望进行相互间的交流。作为文化媒介的中朝使团在出访期间,不仅携去本国文人的诗赋绝唱,也搜寻对方国家的优秀作品,在一定程度上实现了两国文人的这一愿望。明清之际我国经常派人随使团前往朝鲜搜求诗文,携回加以整理出版,如钱谦益的《列朝诗集》和朱竹垞的《明诗综》就载录很多朝鲜诗文,大都采自吴明济的《朝鲜诗选》和孙致弥的《朝鲜采风记》。其他朝鲜诗文也在中国文人中流传,如朝鲜诗人李德懋(1741—1793)的《清脾录》被清人李调元收入《雨村诗话》;朴齐家、李德懋、李书九、柳得恭的《巾衍集》在北京

---

① 朴真奭:《中朝经济文化交流史研究》,第 113 页,辽宁人民出版社 1784 年版。
② 洪大容:《湛轩书外集》卷 9"燕记·琉璃厂"。
③ 引自张存武《清代中国对朝鲜文化之影响》,《中央研究院近代史研究所集刊》第 4 期下册,第561 页。

流传一时,被称为"诗文四家"。与此同时,中国文人的许多作品也随朝鲜使团东去,如《全唐诗》《宋诗钞》《明诗综》等。清初三大词人徐釚、纳兰性德和顾贞观的各自作品《菊庄词》《侧帽集》和《弹指词》,为朝鲜使臣仇元吉、徐良崎以一金饼购去,并题诗以赞:"中朝寄得菊庄词,读罢烟霞照海湄。北宋风流何处是,一声铁笛起相思。"[1]

　　然而中朝两国文人并不满足于这种间接的交流,他们还渴望直接交往,相互切蹉。为了达到这一目的,不少朝鲜文人学生随使团前往中国,与中国文人骚客朝夕相处,吟诗作赋,互相酬唱,这成为中朝文学交流史上的佳话。同朝鲜诗人接触颇多的清代文人学者主要有纪昀、陈鳣、端木国瑚等人。纪昀是清朝著名的学者,不仅学识渊博,也有诗才,他多次与朝鲜诗人赠诗唱和。在认识朝鲜诗人朴齐家、柳得恭并读其诗文之后,他题诗于扇,以示推崇。其赠柳得恭者云:"古有鸡林相,能知白傅诗。俗原娴赋咏,汝更富文辞。序谢三都赋,才惭一字师。唯应期再至,时说小姑祠。"其赠朴齐家者云:"贡筐趋王会,诗囊贮使车。清姿真海鹤,秀语总天葩。归国怜晁监,题诗感赵骅。他年相忆处,东向望丹霞。"[2]他看到朝鲜诗人洪良浩(号耳溪)的作品后,十分欣赏,欣然为之作序,其《耳溪文集序》云:"余既为朝鲜洪君序诗集,复得其文集读之……(其文)嵚崎磊落,别调独弹,其心思如水泻地,纵横曼衍,其气机如云出岫,宕漾自如,皆洋洋洒洒……然则洪君之文,其又胜于诗矣。"[3]清代考据学家陈鳣与柳得恭、朴齐家一见如故,一连几天在一起"赏奇析义",吟诗唱酬,相聚甚欢。陈鳣赠柳得恭诗一首:"东方君子国,职贡入京师。不贵文皮美,惟称使者诗。客愁三月暮,交恨十年迟。此去应回首,关山日落时。"柳得恭即赋诗以和:"相看俱老矣,宁有再来时?"[4]著有《周易

---

① 阮葵生:《茶余客话》第 1 卷。

② 纪昀:《纪文达公遗集》诗第 10 卷。

③ 纪昀:《纪文达公遗集》文第 9 卷。

④ 柳得恭:《燕台再游录》,引自朱杰勤《18、19 世纪中朝学者的友好合作关系》,《中外关系史论文集》,第 117 页,河南人民出版社 1984 年版。

指》的学者端木国瑚，与朝鲜金正喜（号阮堂）彼此倾慕，订交后，曾赠诗云："鸭绿春风江水香，帝京人领两华章。"数年后金正喜的大弟子李藕船前来拜见，端木国瑚再作诗："阮堂才子擅春风，笔妙灵犀透骨通。"①其他中国文人严诚、潘庭筠、陆飞等人也与朝鲜洪大容等学者有诗文互赠，据洪大容去世后朴趾源的收集整理，洪大容与严诚等人之间交换的"书画、尺牍、诸诗文，共十卷"②。中朝文人在这种直接的文化交流中建立了深厚的感情，彼此之间依依不舍，一旦分离，终生想念。他们的诗文充分表现了这一点。严诚在与洪大容离别时写道："惊心十日返行旌，烈士遗墟此暂经。官道渐看新柳绿，旅怀同忆故山青。从今燕鸿成千里，终古参商恨两星。纵说神州无间隔，离忧如醉日沈暝。"洪大容给潘庭筠的诗写道："乐莫乐兮新相知，悲莫悲兮生别离。岸有柳兮山有花，千秋万岁兮长相思。"③朝鲜朋友洪良浩回国后，纪昀十分想念，作诗以寄深情："金门握别惜匆匆，白首论交二老翁。圣代原无中外别，迂儒恰喜性情同。长吟消夜青灯下，远梦怀人紫灂东。两遇归鸿都少暇，缄情惟藉一诗筒。"④又作《怀朝鲜洪良浩》云："森漫鲸波两地分，怀人时望海东云……"⑤

3. 中国的文物制度与朝鲜的"北学派"

随使团来到中国的朝鲜学者，许多是朝鲜著名的实学家，他们在中国目睹中国的文物制度，深感中国在经济、文化尤其科技方面的发达领先，回国之后大声呼吁学习中国、发展朝鲜的经济文化，成为朝鲜实学思潮中著名的"北学派"学者。

"北学"一名，源自著名学者朴齐家的《北学议》。朴齐家于 1778 年来到中国北京，在京期间，他细心观察中国的文物制度，感触很多，回国后取《孟子》书中的"陈良楚产也，北学于中国"之义为题，写成《北学议》

① 端木国瑚：《朝鲜金秋史侍郎正喜托朝使致联语通问作此答之》，《太鹤山人集》卷 13。
② 朴趾源：《洪德保墓志铭》，《燕岩集》卷 2。
③ 洪大容：《干净衕笔谈》，《湛轩书外集》卷 2。
④ 纪昀：《寄怀洪良浩》，《纪文达公遗集》诗第 12 卷。
⑤ 纪昀：《纪文达公遗集》诗第 12 卷。

一文,高度赞扬发达的中国文明,呼吁朝鲜人民向中国学习。他的这一主张很快得到其他到中国求学的朝鲜学者的响应,于是他和他们的学说一起被人们称为"北学"。

洪大容是朝鲜北学派先驱。李朝统治期间,不少朝鲜人对满洲贵族统治下的中国颇存轻视之意,认为中国在"胡皇虏帝"的控制下,无甚可学。洪大容从自己在中国的亲身感受出发,大力赞扬中国文化,指出朝鲜需要向中国学习。

朴趾源是北学派中的重要代表,他在中国期间对清朝的政治、经济,尤其科学技术方面的农业耕种、建筑术、造船业、交通运输等问题观察甚细,发现清朝统治下的中国和人们想象的大不相同,大有可学之处。他深有感触地说道:"为天下者苟利于民而厚于国,虽其法之或出于夷狄,固将取而则之……故今之人,诚欲攘夷也,莫如尽学中华之遗法,先变我俗之椎鲁,自耕、蚕、陶、冶以至通工、惠商莫不学焉。"①在学习的内容上,他认为车辆运行、交通发达是中国殷富的重要原因,"所以中国之货财殷富,不滞一方,流行贸迁,皆用车之利也"②,朝鲜正好相反,"方数千里之国,民主产业若是其贫,一言以蔽之曰:车不行域中也"③,因此朝鲜在这方面应该学习中国;又,水车是中国农业中不可少的灌溉工具,也是中国农业发达的重要条件,而朝鲜很少应用,因此也应该学习中国,制造水车;朝鲜烧砖不得其法,砖窑与瓦窑无别,火候不齐,所烧之砖十分粗劣,用途不广,而中国窑高、火候齐、成本小,值得借鉴。④

朴齐家是朝鲜北学派中最出色的代表人物之一,他曾三次来到中国,细心考察了中国文物制度的许多方面,"自农蚕、畜牧、城郭、宫室、舟车,以及瓦簟、笔尺之制,莫不目数而心较。目有所未至,则必问焉;心有

---

① ② 朴趾源:《燕岩集》卷 12。
③ 大东文化研究院编:《燕行录选集(上)》,第 1161—1162 页,成均馆大学校 1960 年版。
④ 朴趾源:《热河日记》。

所未谛,则必学焉"①。回国后他将自己的学习所得写成《北学议》一文,大声疾呼"学中国":"善理财者,上不失天,下不失地,中不失人。器用之不利,人可以一日,而我或至于一月、二月,是失天也;耕种之无法,费多而收少,是失地也;商贾不通,游食日众,是失人也。三者俱失,不学中国之过也。"②对于不了解中国文化而轻视中国的轻浮言论,他进行了有力的批驳:"今不识陆陇其、李光地之姓名,顾亭林之尊周,朱行坨之博学,王渔洋、魏叔子之诗文,而断之曰中国道学文章俱不足观,并与天下之公议而不信,吾不知今人何所恃而然欤!""凡尽我国之长技,不过为中国之一物,则其比方较计者已是不自量之甚者矣。"③北学派人士的这种呼吁对于中国文化在朝鲜的传播起了很大作用。

4. 西方文化由中国传入朝鲜

清朝时期,西方传教士大量汇聚中国,与中国士大夫论道讲学,播扬"西学",使中国人大开眼界。与中国领土紧联、关系密切的朝鲜受此影响,在"北学中国"的同时,也将中国人所欢迎的"西学"接受过去。

① 天主教的东传

从朝鲜来到中国的使臣及文人学者出于学习"西学"的需要,经常到北京的天主教堂拜见传教士,传教士们也从不放过机会,邀之观赏西洋奇器及宗教油画,对他们进行影响。1765 年,曾两度参观北京天主教堂并与刘松龄(Augustin von Hallerstein)、鲍友管(Antonius Gogeisl)晤谈过的朝鲜著名学者洪大容记录了这一情况:"康熙以来,东使赴燕或至堂求见,西洋人辄欢然引接,使遍观堂内异画神像及奇器,仍以洋产珍异馈之。为使者利其贿,喜其异观,岁以为常。"④不少人心存羡慕,加入其教。1720 年在北京天主教堂见到戴进贤(Ignatius Kgler)、苏霖(Joseph

① 朴趾源:《北学议序》,见朴真奭《中朝经济文化交流史研究》所附资料,第 207 页,辽宁人民出版社 1984 年版。
② 朴齐家:《北学议·财赋论》。
③ 引自张存武《清代中国对朝鲜文化之影响》,《中央研究院近代史研究所集刊》第 4 期下册,第 594 页。
④ 大东文化研究院编:《燕行录选集(上)》,第 240 页。

Suarez)的李命颐,就称赞传教士"其苦心可以感鬼神也。盖其对越上帝,勉复性初,似与吾儒法门无甚异同"①,认为天主教与儒家思想并不违背。1784年,朝鲜贡使书状官李东郁之子李承薰,在北京天主教堂拜见传教士汤士选(Alexandre de Gouvéa)时,主动要求受洗,被赐教名"伯多禄"(Peter)。其他在北京入教的朝鲜人还有传书译官尹有一、池璜、崔仁喆等。这些入教的朝鲜人回国之后,宣扬其事,将天主教传播开来,如李承薰在大兴传教,不少人受洗。不过由于当时朝鲜尚没有神父主持其事,加之政府进行压制,传教活动受到一定限制。为此,1794年,中国神父周文谟受命前往朝鲜传教。

周文谟(教名 Jacques Vellozo)来到朝鲜后,四处活动,加紧传教,大量朝鲜人包括士族高官及一般平民百姓加入其教,短短五年内入教人数由四千增至一万。天主教势力的发展,引起了朝鲜政府的严加防范,嘉庆初年,许多信徒被捕下狱,周文谟也被拘捕,最后被杀。但他的传教活动已产生了较大影响,为以后朝鲜天主教势力的重振与发展打下了基础。

② 西方天文历算在朝鲜的传播

尽管天主教在朝鲜受到压制,西方的天文历算科学却得到朝鲜上下的重视。明朝末年,已有不少朝鲜使臣自北京携带西洋书籍而去,其中有不少天文历算方面的著作。清朝定鼎内地后,改行西法《时宪历》,以传教士汤若望、南怀仁等人主持钦天监事务。在此影响下,朝鲜也日益注意学习西方的天文历算知识,并为此一再派人来华。

顺治二年(1645),清廷颁行《时宪历》,朝鲜闻知此事,谋求获取。顺治五年(1648)清政府乃将新法颁之朝鲜,据朝鲜《仁祖实录》"二十六年"条记载:"谢恩使洪柱元回自北京。清人咨送历书,所谓《时宪历》也。其历法与我国不同,即西洋国新造历也。"由于新法初入朝鲜,一时不易掌握,加之与朝鲜原用历法每有出入,朝鲜政府一再遣使来中国问学质疑,

---

① 山口正之:『清朝に於ける在支欧人と朝鲜使臣』,第19页。

学习西法。顺治五年,朝鲜天文学正宋仁龙来北京向汤若望叩教,未能如愿。顺治八年(1651),又有金尚范来北京钦天监学习。康熙年间,许远来北京购得《时宪历七政表》,至康熙四十七年(1708),朝鲜乃用时宪五星法。雍、乾年间,朝鲜使者、"天官"络绎于途,谋见西方传教士,叩问历法之疑难,如乾隆年间安国麟、卜重和、金在铉等与戴进贤、徐懋德等人讲求历法。与此同时,他们还在中国广求中西天学著作,携回研究西法,如清人编纂的《历象考成》《历象考成后编》等重要著作即在这个时期东传而去。

西方天算知识进入朝鲜后,受到朝鲜学者的称赞。18世纪朝鲜著名学者李瀷(1681—1763)十分推崇《时宪历》,他说:"今行《时宪历》,即西洋人汤若望所造,于是手历道之极矣,日月交食未有差谬,圣人复生必从矣。"①表现了朝鲜人对外来知识的好学精神。不过总的说来,由于从中国传入的西方天算资料不够完备,而朝鲜人士对西法的研究与变通也不够精到,因此西洋新法在朝鲜不如在中国那样兴盛。

二、中国文化对日本的影响

清朝建立后,中国文化继续东渡,对日本文化的发展产生了较大的影响。

1. 中国天文历算与医学的传入

中国天文历算历史悠久,成就卓著,长期被邻近兄弟之邦奉为圭臬。清朝康熙年间国力强盛,文化繁荣,深为日本人所尊崇。康熙皇帝精力充沛,勤勉从政,热爱科学,被日本人奉为"上国圣人",加以学习与仿效。时当康熙晚年的德川幕府第八代将军德川吉宗也热心于天文历算等科学的研讨,注意学习中国和西方文化。他设立唐韵勤学会,令通事子弟学习汉语;建立天文台,并亲自参加天象的观测与研究。由于他注意鼓励科技的发展,他统治期间日本的天文学界也出现了类似康熙时期的兴

---

① 李瀷:《星湖僿说类选》卷1上。

旺景象。其他日本学者也十分重视中国天文历算成果,在他们的努力下,中国天文历算方面的不少内容传入日本,并得到一定程度的研究。1726 年,梅文鼎的《历算全书》传到日本,受到人们的重视;在 1675 年明人程大位的《算法统宗》传入后,1694 年铃本重次写成《算法重宝记》;1663 年,在元人朱也杰的《算学启蒙》传入后,松村茂清写成《算俎》一书。其他训释性的著作还有《史记律书历书补注》《春秋命历序考》等。日本天文历算界所受中国影响还表现为采用中国历法。日本原使用宣明历,因使用时间长,差错较多,当他们得知明《大统历》(实即元郭守敬的《授时历》)十分精核后,乃于贞享元年(1684 年)改用《大统历》。

中国医学也对日本产生了影响。当时进入日本的中国人不少精通医术,他们到达日本后,著书治病,教授学徒,将中国医学传播过去。承应二年(1653)到日本的戴笠(僧名独立)医学造诣颇高,尤精于痘科,日本人从其学者有池田正直、高天漪、北山道长等,其中池田正直为其高足,所学有生理、病理图及《痘科健》等内容。池田的孙子瑞仙对痘科也颇有研究,名传一时。庆安年间(1648—1651)来到长崎的陈明德,改名颍川入德,十分通晓小儿科,写有《心医录》。其后来江户的王宁宇,从其学医者也甚众。享保年间(1716—1735)来到日本的中国医家很多,如苏州的吴载南、陈振先、周岐来、赵松阳、刘经光,福建汀州的朱来章、朱子章,其中陈振先和朱子章名气很大。享保以后来日的汉医渐少,较有名的是胡兆新。日本医家在吸取中国医学的基础上发展了本国医学,不少人成为名噪一时的医家,如受业于戴笠的池田发展成了日本的池田派痘科医术,多纪元德由于注意学习中国医学而成为日本汉医的宗师。[①]

2. 乾嘉学派与日本的考据学风

清初,特别是乾嘉时期,考据发达,这一学风及有关著作传到日本后,引起了日本学术界的重视,曾受顾炎武《日知录》、朱彝尊《经义考》诸

---

① 参见木宫泰彦《日中文化交流史》,第 706—707 页,胡锡年译,商务印书馆 1980 年版。

书影响的日本重要学者太田锦城说:"得明人之书百卷,不如清人之书一卷。"①日本史学大师赖山阳(1780—1839)对赵翼《廿二史札记》和王鸣盛《十七史商榷》、钱大昕《廿二史考异》也推崇备至,认为它们颇具实用。受这种学风的影响,日本学术界的考据学风兴盛起来。史书记载:"此种输入翻刻之书籍,入日本学士文人之手,致各地文运大兴;而清之考证学风,亦由是风靡于日本学界。"②一些著名的考据学家或重视考据的学者相继出现。18世纪初,日本考据学派的先驱新井白石(1657—1725)写有《读史余论》《藩翰谱》等书;18世纪末19世纪初的赖山阳写有《日本外史》《日本政记》等书。其他学者如北野屋也受考证学风的影响,著有《春秋七草书》等书,塙保己一编有《群书类丛》等等。此外井上金峨(1732—1784)、片山兼山、吉田篁墩、太田锦城等人也是这方面的学者或考据学家,其中井山金峨还被称为日本最大的考证学家。

3. 中日文学的交流

清朝时期,大量中国小说及其他通俗文学作品随文人商旅进入日本,被翻译刊印,流传开来。元禄年间(1688—1703)《通俗三国志》译出,受到普遍欢迎。随后,本于《梁武帝演义》的《通俗南北朝军谈》、本于《皇明英烈传》的《通俗元明军谈》、本于《精忠说岳》的《通俗两国志》等书相继出现。其他著名的中国小说也在日本风行一时,如《水浒传》《金瓶梅》《红楼梦》等。一些日本文人模仿中国小说进行创作,或对中国作品进行改编,使之融入日本人喜闻乐见的内容,如泷泽马琴将《金瓶梅》改编成《新编金瓶梅》,建部绫足和伊丹椿园分别将《水浒传》编成《本朝水浒传》《女水浒传》。这类改编的作品大多将书中的中国人物换成日本人物,如将西门庆换成西门屋启十郎、潘金莲换成阿莲等。在中国小说流传日本的同时,日本的文学作品也传入中国,有关学者研究后指出:"日本文学正式输出中国,似始于乾隆五十九年(1794,日宽政六年)鸿濛陈人的重

---

① 中村久四郎:《近世中国对日本文化的影响》,《史学杂志》第25编第2期。
② 木宫泰彦:《中日交通史(下)》,第367—368页,商务印书馆1932年版。

译《忠臣库》，题为《海外奇谈》。……《忠臣库》是演日本元禄中，四十七义士为主人浅野长短报仇自杀的戏本，大约由日本人译为俗语小说，而鸿濛陈人为之改编、润色。"①

中国诗歌同样在日本得到流传。清代进入日本的中国人不乏能文善诗之士，他们介绍中国的诗歌散文，与日本诗人互相酬唱，结下了深厚的友谊。明末清初来到日本名古屋等地的陈元赟，对公安派诗文较有研究，1659 年他在日本结识了长于诗文的僧元政，彼此一见如故，相互倾慕，元赟称元政的诗"幽奇清逸，爽朗透脱"，元政则称元赟的诗"笔到三江润枯骨，诗联双璧照寒庐"。② 他们的唱酬之作《元元唱和集》流行一时。与此同时，元赟还将明朝袁宏道的《袁中郎集》传授给元政，对日本的诗文学产生了较大影响。

4. 中国艺术对日本的影响

中国传统书法、绘画艺术也东播而去。前往日本的中国人如朱舜水、陈元赟、戴笠、俞立德等都是书法家或长于书法之士，他们活跃于日本文人之间，将中国的书法艺术介绍过去。元赟写有楷书跋，工整肃穆，另有篆隶千字文、《元元唱和集》序文，后者融大篆、小篆、隶书、别体于一炉，日本渡边梅峰、本多道虎、伊藤固庵等人均以其书法为楷模。俞立德是对日本近代唐式书法影响很大的中国人。他是杭州人，深得明朝文徵明笔法，于宽文（1661—1673）初年三次来到长崎，教授北岛雪山（1636—1697）书法，后来北岛雪山成为著名的书法大师，号称近世唐式书法第一人。雪山的门人细井广泽（1658—1735）也十分有名，写有《拨镫真诠》《观鹅百谭》。其他来到日本的书法家胡兆新、徐荷舟、刘培泉，也对日本书法产生了一定影响。

绘画方面，1645 年来到长崎的明僧逸然擅长佛像和人物像画，将画法传授给日本著名画家河村若芝、渡边秀石等人，明清的写生画画风逐

① 梁容若：《中日文化交流史论》，第 24 页，商务印书馆 1985 年版。
② 梁容若：《中日文化交流史论》，第 236—237 页。

渐传开,形成了以长崎为中心的长崎画派。应逸然之请来到日本的明高僧隐元则开辟了黄檗宗,同来僧人中有不少人擅长绘画,也在一定程度上影响到日本南画派的形成。其他长于绘画的人也不断来到日本,据记载,从承应至天保年间(1652—1844),到过日本的有陈贤、陈元兴、伊孚九、沈南苹、诸葛晋、方西园、陈逸舟等,其中伊孚九、沈南苹影响最大。伊孚九,1720 年后多次来到长崎,传授宋元以来的中国文人画法,学其画风者有清水逸、池大雅、谢芜村等人,对日本画坛影响颇为深刻。沈南蘋,1731 年来到日本,传授写生画,学其画风者甚众,如熊代绣江、宋紫岩、圆山应举等。①

5. 儒家思想在日本

清朝时期,日本正处在德川幕府(1603—1868)的统治之下。为了巩固幕府政权,德川幕府的创建者德川家康十分重视儒家思想,对程朱理学宣扬忠君、孝悌的封建道德十分推崇。家康之后的将军、统治者也都鼎力提倡朱子学,如第五代将军纲吉在其统治期间设置儒官,建立孔庙;18 世纪末 19 世纪初的幕府首席老中松平定信(1758—1829)独尊朱子,排斥朱子学以外的儒学。在上述日本统治者的鼓励下,朱子学派逐渐发展为幕府的官学,处于尊崇的地位。

在朱子学成为统治阶级的官学而受到保护时,其他非官学的儒家思想也在日本传开,并形成各种学派,与官学展开斗争。由南村梅轩倡导的南派朱子学,对官学朱子学承认统治者既成事实的所谓“正统”提出了批评。由“近江圣人”中江藤树倡导的阳明学派,宣扬王阳明思想,抨击正统官学对中国的过分崇拜。由德川家康的后代水户藩王德川光圀组织的水户学派,主要宣扬封建社会的“大义名分”,提倡尊王抑藩、忠君爱国的思想。明末清初来到日本的我国著名学者朱舜水对这一学派产生了很大影响。朱舜水提倡“实理实学”,反对空谈心性的宋明理学,强调忠君节义,与德川光圀的思想合拍,受到水户学派的欢

---

① 参见木宫泰彦《日中文化交流史》。

迎。德川光图师事之甚谨,常与朱舜水谈论经史,讲求道义,朱舜水也以诚心待之,每遇事即引经据典,弥缝规劝,曲尽忠告善导之意。当德川光图聘请他参加《大日本史》的编纂时,他不仅亲与其事,还运用其大义名分的思想指导门人,如史馆第一任总裁安积觉就是朱舜水的学生。

三、中国文化在越南的传播

1. 中国传统文化对越南的影响

清朝时期,中越双方关系十分密切,中国的语言文字、文化思想以及政治制度都对越南产生了重大影响。

清朝时期,越南正当后黎朝(1428—1789)的统治之下,但实际上处在北方郑氏集团和南方阮氏集团的割据纷争之中,这一时期的越南封建统治者为了巩固自己的统治、壮大自己的声势,十分重视儒家思想,处处效法北方强大的清王朝。据越南学者的研究:"清王朝的专制制度在各方面都被阮朝视为典范。从法律、政权组织、科学、礼教,一直到宫殿、房屋……阮朝皇帝都竭力模仿'天朝'。"[①]在这种情况下,中国文化对当时的越南产生了较大影响。在思想意识方面,大约在清朝初年越南封建统治者就"努力保护儒教,并以它作为社会生活的纪纲"[②],直到 19 世纪,阮朝仍然"大力恢复封建秩序,巩固儒教的统治地位"[③]。在政权组织与结构方面,越南统治者于 1815 年颁布的《皇朝律例》(习称《嘉隆法典》),"实际上几乎是《大清律》的翻版"[④]。其官制也有所谓"正一品""从一品""尚书""东阁大学士""大理寺卿""翰林""五军都统府"等;[⑤]其地方行政区划也分成省、府、县、州;其选拔官吏的方法,也采用中国例行的科举考

---

① 越南社会科学委员会编著:《越南历史》,第 458 页,北京大学东语系越南语教研室译,北京人民出版社 1977 年版。
② 同上书,第 356、357 页。
③ 同上书,第 473 页。
④ 同上书,第 444 页。
⑤ 参见明峥《越南史略〈初稿〉》,三联书店 1958 年版。

试,这使不少人埋头于唐宋书籍中,获得了不少中国文化知识。与此相伴,中国的书籍大量流往越南,以至越南政权出于发展本国印刷业的需要,不得不予以限制。据越南历史著作记载:"过去,我国人民需要中国的书籍,只是用钱向中国商人那里购买来的。……到了18世纪初叶,郑氏下令禁止购买中国的印刷书籍,下令刻制印板,重印中国的书籍和国内用手写书籍,以便在各处发行。"①在建筑方面,越南封建主大规模建造宫殿、陵墓,这些建筑物"不少是仿照清朝的建筑式样"②。

2. 华侨对越南文化的贡献

在越南方面主动学习中国文化的同时,大量中国人南迁越南,传播中国文化,为越南文化的发展作出了贡献。

明清之际,中国正经历着一场改朝换代的剧烈动荡,在这场大动荡中,大量明朝官将及一般百姓"不堪变服剃头之令,留发南投"③,进入越南境内。如康熙十八年(1679)原广东地方的明朝总兵杨彦迪率兵士3000余人南下,另一总兵陈上川也率部下南投,其他如雷州的郑玖等也陆续进入越南境内。这些华人进入越南后定居下来,归附当地政权,建设新的家园。越南的史书及著作记载了这一事情:"十七世纪,明朝的一些官吏和将领在抗清失败后逃到了国外。阮氏让以杨彦迪和陈上川为首的五千多华侨到美萩、边和一带开垦。另一批以郑玖为首的华侨到河仙一带开垦。"④在他们的辛勤劳动下,许多地区被开发出来,并发展为繁荣富庶的重要城市和港口,如嘉定、定祥、河仙等。与此同时,由于这些华侨"衣服仍存明制"⑤,不少中国的传统礼仪风俗在这里得到保存。另外,他们的后裔中出现了不少能诗善赋、通晓中国文化之士,这些人在崇尚儒家文化的越南十分活跃,不仅官居要职,活跃于政治舞台之上,而且

① 明峥:《越南史略〈初稿〉》。
② 越南社会科学委员会编著:《越南历史》,第434页。
③ 郑怀德:《艮斋诗集·自序》,第126页,香港新亚研究所东南亚研究室1962年版。
④《大南实录》《皇越地舆志》,见越南社会科学委员会编著《越南历史》,第348页。
⑤ 陈荆和:《承天明乡社陈氏正谱》。

对越南文化的发展产生了一定的影响。如明末清初由福建迁往越南的郑会的后裔郑怀德(1765—1825),擅长诗文,作诗很多,其《题黄鹤楼》云:"武昌赍罢贺公车,黄鹤江楼纵目初。沔水烟花开步嶂,鄂州云物扫庭除。"在某些方面反映出他与中国文化的关系。他与吴仁静、黎光定等人作诗唱和,成《嘉定三家诗集》,受到越南文人的好评,他们称他"和吴仁静一起是(越南)南部杰出的诗人、文学家,称为'嘉定三家'"。他所编写的《嘉定通志》为人们研究越南嘉定地区的建置沿革、民情风俗以及华侨事迹提供了比较重要的资料,被越南学者肯定为"有价值的地方志"。① 郑怀德对中国文化的了解,使他得到了当地政府的重视,官至户部尚书。另一较有名的华侨后裔是大约康熙年间从广东迁来的郑玖的儿子郑天赐(1700—1780)。郑天赐在越南除了继其父职为官外,还十分注意文化教育。他建议"厚币以招贤才","自清朝及诸海表俊秀之士,闻风来会焉。东南文教肇兴自公始"。② 他经常与中越文人作诗咏唱,参加者有福建省文人陈鸣夏、李仁长、谢璋等,以及广东省文人林其然、陈瑞凤、王昶等,③汇成《河仙十咏》320 首。越南文人盛称此事:"仆常见其《河仙十咏》刻本,皆赐与北国顺广文人相与属和,不可谓海外无文章也。"④

四、中国文化在其他亚非国家的传播

1. 中国文化在其他亚洲国家的传播

清代中国与其他亚洲国家也保持着文化联系。中泰两国使节频繁,顺治九年(1652)至同治八年(1869)暹罗先后遣使 44 次,其中拉玛二世数次遣使来华,清朝曾于道光三年(1823)赠以"永奠海邦"匾额。中国的文学艺术也在泰国流传,嘉庆年间中国小说《三国演义》译成泰文,康熙年间广东、

---

① 越南社会科学委员会编著:《越南历史》,第 486 页。
② 《郑氏家谱》,引自徐善福《十七—十九世纪的越南南方华侨》,《暨南大学学报》1981 年第 4 期。
③ 《嘉定通志》。
④ 黎贵惇编著:《抚边杂录》卷 5。

漳州的戏班在泰国贵族的宴会上进行过演出。中缅两国使节也往来不绝，中国的文物书籍随之流布而去，如乾隆六十年（1795）贡使孟干就寻购《渊鉴类函》《朱子纲目》《康熙字典》数十种而去。中国与南亚、西亚也有文化交流，当时不时有阿拉伯文等文字的伊斯兰经典等方面的书籍传入，我国的伊斯兰学者与教徒王岱舆、张君时、伍遵契、马注和刘智等人对之进行翻译和介绍，便利了伊斯兰经典在中国的传播。

虽然清代中国与众多亚洲国家有着密切的文化联系，但总体看来，由于 16 世纪以来西方殖民者的不断东侵，不少国家相继遭到蹂躏，中国与广大亚洲国家的传统文化交流因之受到严重阻碍。

2. 中国与非洲的文化联系

中国与非洲虽然远隔重洋，但很早以来就有着文化联系，中国的瓷器、丝织品很早就在那儿出现了。清朝建立后，中国与非洲的文化联系由于处在一个特殊的时期而呈现出新的特点。自 15、16 世纪新航道开辟以来，欧洲人获得了对世界地理的新知识。大量传教士的东来，将这些包括非洲在内的新知识带到了中国，增进了中国人民对非洲的了解。如康熙中任钦天监监正的比利时人南怀仁，著有《坤舆图说》，其中继明末来中国之艾儒略在天启年间所著《职方外纪》一书介绍非洲情形之后，继续介绍了关于非洲的知识，其卷下称："天下第三大洲曰利未亚。南至大浪山，北至地中海，东至西红海圣老楞佐岛，西至阿则亚诺海，大小共百余国。"①与此同时，一些中国人在中西交通便利的情况下陆续踏上非洲，更增加了对非洲的认识。康熙四十六年（1707）较早到非洲的中国人樊守义经过好望角并写下了《身见录》一书，另一名中国人谢清高（1765—1821）在乾隆末年随外商出洋共 14 年，到过毛里求斯、好望角等地，留下《海录》一书，记载了他的见闻。如他记载莫桑比克、几内亚湾等地的情况："鬏毛乌鬼国，在妙哩士（毛里求斯）正西。……疆域不知所极，大小百有余国。……（其民）色黑如漆，发

---

① 《坤舆图说》卷下，《四库全书》本。

皆鬈生,其麻沙密纪国、生哪国、咖补哑犟国,皆为西洋所夺,又尝掠其民,贩卖各国为奴婢。其土产五谷、象牙、犀牛、海马牙、橙、西瓜。"[1]其他一些未到过非洲但十分关心外界局势的中国学人广泛收录资料,介绍非洲及其他外国情况。鸦片战争前后林则徐的《四洲志》、徐继畬的《瀛寰志略》、魏源的《海国图志》可以说是这方面的代表。这些书籍十分注意吸收西方人所介绍的知识,如1841年魏源受林则徐之托编纂的《海国图志》征引外国人著作20种,其中有英国人马礼逊的《外国史略》、葡萄牙人马吉斯的《地理备考》等等。由于注意参考外国人的看法,他们虽然没有去过非洲,却获得了众多知识,在书中对东非、北非、西非、南非等地都进行了比较详细的介绍。

在中国人对于非洲的了解有所增多的同时,中国与非洲的传统交往与联系却遭到破坏,并以另外一种方式进行着。自"地理大发现"之后,大量西方殖民者侵入非洲,从事起罪恶的黑奴贸易,将非洲黑人贩运到世界各地,其中也有一些来到中国,如大约16世纪中叶一批黑奴由葡萄牙人带到澳门。与此同时,西方殖民者在我国沿海骚扰、掠卖、招诱中国人,一些中国人因此来到非洲,如19世纪一批从广东招诱的华人木匠、石匠就被运到遥远的圣赫勒拿岛。殖民者的这种暴行给中国和非洲人民带来了巨大的痛苦,但同时,掌握中国传统技术的华人工匠、木匠进入非洲,也在一定程度上起到了传播中国文化的作用,如在圣赫勒拿岛的华工,其娴熟的技艺就给1815年在此流放的拿破仑留下了深刻的印象。

第二节 中国与西方国家的文化交流

清代中国与西方国家的文化联系,跟中国与亚洲的关系有所不同,明显地呈现出"对流"的特点。

---

[1] 谢清高口述、杨炳南笔受:《海录注》,第77—78页,中华书局1955年版。

一、西学东渐

1. 西方传教士的继续东来

① 耶稣会士在中国的传教

继明朝之后，清朝来华的耶稣会士将传教活动进一步推向深入，并取得很大进展。清代耶稣会这种局面的取得，与传教士汤若望、南怀仁的努力密切相关。汤若望（Johann Adam Schall von Bell，1591—1666），德国科隆人。1622年来华，参加了徐光启主持的修历工作。清朝入关后，他转而效忠新王朝，被顺治帝呼为"麻法"（可敬之父），并被封为通议大夫，供职钦天监，成为清朝外国人任钦天监监正的第一人。他作为北京耶稣会会长所参与的传教活动也得到清政府的恩许，顺治帝一再赐给土地供修教堂之用，1650年汤若望利用所赐土地修建北京四大天主教堂之一的"南堂"，1657年顺治帝特赐以"通玄佳境"御匾。与此同时，全国的信教人数也在不断增加，据统计，1650年信教人数由1636年的3.8万人增到15万人，到1664年再增到16.44万人。天主教势力的膨胀引起了中国一些阶层的不满，以杨光先为代表的部分中国士大夫对传教士展开了猛烈的进攻，当时实际掌权的鳌拜集团未经细致审讯，将汤若望、南怀仁等传教士逮捕入狱，后来汤若望等人虽获释放，但天主教在中国受到一次沉重的打击，汤若望本人也于不久后去世。

在教案发生期间及以后很快崛起的另一重要传教士是比利时人南怀仁（Ferdinand Verbiest，1623—1688）。当传教士受到抨击之时，南怀仁上疏力辨杨光先所言之非；当康熙皇帝调查新旧历法之争时，他与杨光先多方较量，以新法所测"逐款皆符"而获胜；在杨光先革职之后，他又及时上疏为汤若望等人鸣冤。南怀仁精通天文历法等科学知识，并把自己打扮成清王朝的效忠者，于是他很快博得了热爱科学的康熙皇帝的信任，被授职于钦天监，先后任监副、监正之职。他作为中国教区副区长所参与的传教活动也得到清朝皇帝的宽容，原先被监禁的传教士得到释放，传教事业在1664—1701年间大有发展。到康熙晚年，全国修建起近

300 座教堂,受洗人数近 30 万。

  天主教虽然一度渡过难关、重新振兴,在一段较长的时间内得到发展,但很快又陷入了一场新的更为深重的危机之中。这场危机的来临有着深刻的背景。中国是一个古老的国家,有着悠久的文明与深厚的文化传统,任何外来的东西要想在中国立脚必须适应中国的国情。明末来到中国的传教士利玛窦明白这一道理,尽力调和西方天主教与中国习俗传统的矛盾,允许中国信徒保留中国的某些礼仪习俗,如认为中国的"敬孔子,不过敬其为人师范。敬祖先立木牌,不过尽人子孝思之诚。……是其礼尚可容忍,不必深究"①。利玛窦所开创的这一传统基本上为以后的耶稣会士所继承。然而来到中国的其他天主教派别如方济各会、多明我会等(详下)不理解这一点,他们攻击耶稣会士违背天主教教义,从而引发了一场旷日持久的"礼仪之争"。为了缓和与各派的矛盾,耶稣会士请求康熙皇帝对中国的礼仪习尚进行解释,康熙皇帝明确指出:"中国供神主,乃是人子思念父母养育"②;祭祖乃是传统仪式而非宗教仪式。但其他各派并未就此罢休,反而加强攻势,罗马教皇克莱孟十一世也支持他们的意见,于康熙四十三年(1704)下达命令,严禁基督教徒祭祖、祀孔。面对传教士无休止的纷争及罗马教皇不顾中国国情的武断做法,康熙皇帝十分气愤,在不胜其扰的情况下,被迫于康熙五十六年(1717)命礼部禁止天主教在华传教,康熙五十九年(1720)又明文宣布:"以后不必西洋人在中国传教。禁止可也,免得多事!"③自此以后,全国进入长达百余年的禁教。康熙以后的雍正、乾隆、嘉庆以至 1840 年前的道光各朝,都继续颁布禁止天主教的命令,实行越来越严的禁教政策,除少数耶稣会士如郎世宁、蒋友仁等继续留供内廷之用外,大量传教士被拘捕或被驱逐出境。乾隆三十八年(1773),教皇克莱孟十四世下令取缔耶稣会。乾隆四十年(1775),这一命令传到中国,在华耶稣会解散,从此,在中国活动

---

① 萧若瑟:《天主教传入中国考》卷 6,第 332 页。
② 张星烺:《欧化东渐史》,第 30 页,商务印书馆 1934 年版。
③《康熙与罗马使节关系文书影印本》。

了近 200 年的耶稣会退出历史舞台。

② 其他天主教派别在中国的活动

清代在中国传播天主教收效显著的主要是耶稣会。耶稣会以外，其他一些天主教派别或修会也比较活跃，其中多明我会、方济各会较有建树。多明我会（Dominicans）创于西班牙人圣多米尼克（St. Dominic），称黑衣托钵僧，崇祯四年（1631）从菲律宾来华。方济各会（Franciscans）创于圣法兰西斯（St. Francis），称灰衣托钵僧，崇祯六年（1633）来到中国。多明我会、方济各会同属宗教改革前天主教中的两大势力，他们主要在中国的福建、浙江、山东等地传教，争取信徒。多明我会在顺治七年（1650）至康熙三年（1664）共授洗信徒 3400 人，方济各会在崇祯六年（1633）至顺治十七年（1660）间发展信徒 3500 人。其他在华传教的还有奥斯丁会、巴黎外方传教会、味增爵会（又称遣使会）等，其中味增爵会在耶稣会解散后于乾隆五十年（1785）来到北京，接替了耶稣会在华的传教工作。上述各教派由于与耶稣会不属同一派别，在国籍、政治背景方面较为复杂，加上其中一些教派主要习惯于在西班牙控制的南美洲、菲律宾等落后地区传教，不了解中国的历史与传统，因而不理解耶稣会适应中国国情的传教活动，围攻耶稣会，造成了长达百余年的"礼仪之争"及清政府的禁教。在这场礼仪之争的风潮中，他们的言行遭到康熙皇帝的严厉斥责，许多传教士被驱逐出境，其传教活动一再受挫。

③ 马礼逊和耶稣教的传入

耶稣教是基督教的新教一派，也在清代传入中国，与这段历史有关的最重要的人物是马礼逊。

为了达到侵略中国的目的，乾隆五十八年（1793），英国曾派马戛尔尼出使中国，但失败了。19 世纪初，鉴于这一教训，又看到法国利用天主教神甫在东方活动的成功，英国也想利用宗教的伪善面貌作为掩护，派基督教新教教士深入中国做侵略的先遣部队。嘉庆十年（1805），就由伦敦布道会（London Missionary Society）出面，派了一个 23 岁的青年教士到中国来,这个人的姓名是 Robert Morrison,后来他自己译成中文,叫马礼逊。马礼逊于 1782 年生在英国诺森伯兰,1798 年加入长老会(Presbyterian Church),1804 年入传教士传习所训练,次年决定来中国传教后,在伦敦学习医学和天文学,并向中国旅英侨胞杨三达(译音,原作 Yong Samtak)学习汉文。1807 年他渡大西洋到纽约,又乘帆船渡太平洋来中国,[1]先到达广州,[2]后来移住澳门。马礼逊到中国后,就努力进修中国语文,从事基督教圣经翻译。1819 年新旧约全部译竣,1823 年在马六甲出版,共 21 卷。此套书在中国只是零星雕版印行。[3] 马礼逊在澳门翻译圣经时,同时兼任英国东印度公司的中文通译员。1816 年英国第二次派使臣阿美士德来中国,马礼逊随之做译生,一同到北京。马礼逊当时是以"在澳贸易夷裔"的资格担任译生的[4],但由于他非常活跃,中国的私人记载全误认为他是副使。这次通使,因为京津没有翻译人员,"广东省派来通事(口语翻译人)尚未到来"[5],于是马礼逊成了两国的共同译员,中国的文书也交他翻译。[6] 1824 年他回英国时,曾协助成立伦敦"语言学校"。1826 年再来广州,1834 年逝于中国。[7]

随着马礼逊的来华,基督教新教的信仰被带进了中国。他是基督教新教在中国传播的开山祖,又是在中国的伦敦会教会的创始人,也是基督教圣经的最早翻译者。马礼逊之后,做鸦片贸易的许多新教徒陆续来到中国传教,这一教派的势力在中国日益壮大。

马礼逊之后,美国公理会的裨治文(E. C. Bridgman,1801—1861)与伯驾(Peter Parker,1804—1888)先后于 1830 年、1834 年来到中国广州等地。其他 19 世纪初来到中国的新教各派尚有安立甘、浸礼会、长老会等。

---

① 容闳:《西学东渐记》,第 8 页,上海商务印书馆 1915 年版。
② 麦湛恩:《中华最早的布道者梁发》,第 8 页,广学会 1939 年版。
③ 麦湛恩:《中华最早的布道者梁发》,第 9 页。
④ 《清代外交史料(嘉庆朝五)》,第 8、12 页。
⑤ 《清代外交史料(嘉庆朝五)》,第 13 页,广惠奏折。
⑥ 夏燮:《中西纪事》卷 16,第 5 页。
⑦ 麦湛恩:《中华最早的布道者梁发》,第 79 页。

2. 西方文化的传入

西方传教士以传播文化作为在中国传教的手段，随着他们的到来，若干西方文化也传到了中国。传教士所传入的西方文化虽然很多属于欧洲的"旧知识"，但也有不少近代科学的内容。它们的传入，对于古老的中国无异于一股清风，令人耳目一新。

① 天文历法

第一，哥白尼学说的曲折转播。

明末西方传教士大力向中国介绍的丹麦天文学家第谷描绘的宇宙体系学说，在很长时间内统治着清朝天文学界，但由于它毕竟是一种落后于哥白尼体系的理论，许多问题得不到完美的解释，最后传教士不得不公开介绍哥白尼学说，而其实现的过程相当曲折。

康熙六十一年（1722）编成的《历象考成》虽然比此前的历书如《时宪历》所本的《西洋新法历书》有所改进，但没有摆脱第谷体系。直至乾隆年间，情况始有转变。时德国传教士戴进贤（Ignatius kögler，1680—1746）供职钦天监，引进了刻卜勒关于行星运转轨道为椭圆的理论和牛顿计算地球与日、月距离的方法，由他主持编纂的《历象考成后编》采用了椭圆运动定律、面积定律和牛顿测定的新数据，从理论与计算方法上抛弃了第谷的天体运行说，在天文学理论上前进了一步，但仍没能系统地介绍哥白尼学说。而在同一时期的欧洲，天文学正在发生着很大的变化：1687 年英国伟大的科学家牛顿发现了万有引力定律，哥白尼学说更加深入人心，迫于科学的无穷威力，罗马教皇被迫于 1757 年宣布解除对提出"日心说"的哥白尼《天体运行论》一书的禁令。在这种背景下，哥白尼学说在中国的传播才真正开始加快步伐。乾隆二十五年（1760），也就是教皇禁令解除后的第三年，法国传教士蒋友仁在向乾隆呈献的《坤舆全图》中明确介绍了哥白尼理论与刻卜勒定律。据阮元《畴人传·歌白尼》记载："蒋友仁言歌白尼论诸曜，谓太阳静、地球动，恒星天常静不动。西士精求天文者，皆主其说。"至此，哥白尼学说才在中国得到正式公开的传播。随着"日心说"的传播，其他相关的理论、观点也逐渐传开，如地球为椭圆形、地球轨道为椭圆形以及地球、诸行星自转、公转等。

哥白尼学说虽然得到了正式的传播,但并没有为整个中国天文学界所理解。一些士大夫对其抱着怀疑的态度,著名学者阮元就指责它:"其为说至于上下易位、动静倒置,则离经叛道,不可为训,固未有若是甚焉者也。"①并在为《地球图说》所作的序言中,劝告读者"不必喜其新而宗之"。直到1859年李善兰译出《谈天》一书后,哥白尼理论才在中国站稳脚跟。

第二,西方天文仪器的传入与制造。

在介绍西方天文学理论的同时,传教士们还带来了西方先进的天文仪器。中国天文学界所使用的传统仪器有壶漏、指针、晷表、简仪、浑仪、仰仪等,这些传统仪器在中国天文学的发展中无疑起了不可忽视的作用,但随着天文学的进一步发展及西方天文学说的传入,不少仪器已越来越不适应。在这种情况下,一批西方更为先进的仪器陆续传入。清初归顺清王朝的汤若望于顺治元年(1644)呈献浑天星球一座、地平日晷及望远镜各一具。康熙八年(1669)至十二年(1673),作为钦天监监副的南怀仁,受命督造新的仪器,共制成黄道经纬仪、赤道经纬仪、纪限仪、地平纬仪、地平经仪、天体仪等六件大型铜仪,并写成《灵台仪象志》一书,绘图加以说明。在南怀仁所督造的这些仪器中,纪限仪是传统仪器中所没有的,其他仪器与我国古代仪器相比,也有所改进。南怀仁之后,不少传教士继续添置新的仪器,如简平仪(1681)、方钜象限仪(1714)、方月晷仪(1731),以及乾隆十七年(1752)铸造的大型铜仪玑衡抚辰仪等。虽传教士们在铸造新仪器的同时有毁坏我国传统仪器的举动(康熙年间的纪理安即有此举),但总的来说,新仪器的制成与运用,还是有益于天文学的发展的。

除了引进西方天文学理论及先进仪器,传教士们还供职钦天监,直接参与清朝的历法制订活动,编成了《时宪历》,长期为清廷所采用。关

① 阮元:《畴人传》卷46。

于这一问题,前面已有专门介绍,此不赘述。

② 数学

天文历法离不开精密的计算,随着西方天文学的传入,西方数学也介绍过来。16、17 世纪欧洲数学也处在一个大发展时期,被称为"代数学之父"的法国数学家韦达对三角学作出了很大贡献;作为近代数学前驱之一的对数,由英国数学家耐普尔发现;其他重大成就也不断涌现,如笛卡尔创立了解析几何、牛顿和莱布尼兹创立了微积分等。上述西方数学的不少重要内容以及其他一些西方数学知识,在清代被陆续传到中国。

第一,欧洲几何学的介绍。

早在明末,来华的耶稣会士就开始对欧洲广为流行的欧几里得《几何原本》进行介绍,入清以后,这方面的介绍继续进行。康熙年间,法国传教士张诚(1654—1707)、白晋(1656—1730)等人具有较深的数学修养,很为康熙皇帝所重视,经常出入宫廷,讲授《几何原本》及法国巴蒂的《应用几何》,并将它们译成满文。另一法国传教士巴多明也常在宫中讲解几何学。欧洲几何学的传入,引起了我国学者的注意,不少人在这方面进行探讨,如梅文鼎写有《几何通解》(1692)、方中通写有《几何约》(1661)、杜知耕写有《几何论约》(1700)等。

第二,三角学的介绍。

汤若望等人在《时宪历》等历法中引入了球面和平面三角学,既简化了计算手续,又提高了计算精度。清初著名数学家薛凤祚所著《历学会通》(1664)一书,有《三角算法》1 卷。在该卷中,作者对平面三角法和球面三角法进行了更为完备的介绍,除了其他书已介绍的正弦、余弦定理,还介绍了半角公式、半弧公式和德氏比例式等。其他中国学者也对三角学进行了研究,如梅文鼎写有《弧三角举要》《平三角举要》等。

第三,对数学的输入。

对数是近代数学的前驱和重要内容,这时也为中国人所知晓。它是由波兰传教士穆尼阁传入的。穆尼阁于顺治三年(1646)来华,先后在福建、南京、广东等地传教,顺治十三年(1656)在肇庆去世。当穆尼阁在南京时,中国学者薛凤祚、方中通随其学习天文学、数学,穆尼阁即在其《天步真原》中传授了对数。后来薛凤祚将所学编成《历学会通》一书,用不少篇幅专门介绍对数,如《比例对数表》《比例回线新表》,前者属于从一到两万的常用对数表,后者则是正弦、余弦、正切、余切的四线对数表,二者所列对数都是小数六位。方中通在《数度衍》中也介绍了对数。其他学者如梅文鼎也著有《比例数解》等。对数方法把乘除转化为加减,在当时完全是一种新方法,由于十分便于计算,很快在历法计算中得到推广。

第四,其他西方数学成果的传入。

17世纪欧洲的一些数学家提出了用解析方法计算圆周率的问题,给出了用无穷级数表示圆周率和三角函数的表达式。康熙四十年(1701)来华的法国传教士杜德美(Petrus Jartoux,1668—1720)将西方数学家格里哥里的"圆径求周""弧背求通弦""弧背求正矢"三个以解析方法求圆周率的公式介绍到我国。

在计算工具上,我国传统使用的是筹算和珠算,这时从西方引进了笔算、筹算与尺算。西方的筹算与我国古代的筹算不同,是耐普尔的发明。尺算是伽利略创制的比例规。清代从西方传入的数学内容虽然十分丰富,但仍有不少最新成果未介绍过来,如巴思迦的概率论、牛顿与莱布尼兹的微积分等,这些近代数学的重要成果,直到1840年以后才逐渐为中国学者所知晓。

第五,《数理精蕴》的编纂。

先进的西方数学知识的传播引起了我国学者的浓厚兴趣,也引发了他们的系统整理、学习西方数学知识的欲望。康熙年间,在康熙皇帝的大力支持下,梅毂成、明安图等著名学者通力合作,编成了我国的数学巨著——《数理精蕴》,对17世纪初以来传入我国的西方数学进行了比较系统的总结和介绍。《数理精蕴》一书共53卷,内容包括几何学、三角学、代数学等方面。几何方面所收录的《几何原本》与欧几里得原本内容大致相同,代数学方面主要为方程的数值解法,"对数比例"则介绍了耐普尔的对数法,此外还介绍了西洋的计算尺等。《数理精蕴》的编纂,表明我国学术界对西方传入的数学进行了认真细致的咀嚼。

③ 地理学

西方自 15、16 世纪"地理大发现"之后,对地球的形状、世界水陆和气候的分布有了新的了解。传教士东来中国,远渡重洋,沿途经过名山大川,更增进了对世界的认识,他们来到中国后,便将他们所了解的新的地理学知识介绍过来。

最早向中国人介绍这种新知识的是明末意大利传教士利玛窦,入清以后,传教士们继续在这方面努力,编著了不少书籍。康熙初年的利类思、安文思与南怀仁写有《西方纪要》,专门介绍西方各国的领土疆域、民情风俗、人物制度以及海路交通等情况。康熙十三年(1674)南怀仁刊印《坤舆全图》,绘制方法与利玛窦所携世界地图相类,同年又刊印《坤舆图说》进行说明,分五大洲介绍了世界各地的情况。乾隆二十五年(1760),蒋友仁呈《坤舆全图》,根据哥白尼学说介绍了地球是椭圆形等知识,虽多属天文学方面的内容,但同时也丰富了人们的地理知识。上述传教士对地球形状、世界各洲和洋的分布、寒暖温五带之划分以及各国地理情况的介绍,大大开阔了中国人的眼界,促进了中国地理学的发展。

康乾时期,在介绍西方地理学新知识的同时,传教士们还与中国学者密切合作,共同测绘全国地图。关于这一盛举,前面已有详细介绍,此不再述。

④ 物理学

第一,西方物理学知识的传播。

入清以后,西方物理学知识继续传播,某些方面还有所深入。力学方面,奠定近代动力学基础的伽利略对落体加速度的测定,由南怀仁最早传入我国(南怀仁《穷理学》)。南怀仁还著有《熙朝定案》等书,介绍了各种工程技术。被称为"力学之父"的古希腊伟大科学家阿基米德的某些成果也在传播,清朝著名学者戴震就写有关于阿基米德定律的作品。①

---

① 戴密微:《中国和欧洲最早在哲学方面的交流》,《中国史研究动态》1982 年第 3 期。

西方的水车、风车也得到介绍。光学方面,南怀仁做了一些努力,著有《验气图说》、《光向异验理推》(又名《形性理推》)等书。西方的光学知识对中国物理学界产生了一定影响,不少光学家受到启迪,研究光学,取得了难得的成果,如本书前文谈过的康熙年间孙云球写有《镜史》一书、19世纪前期郑复光写有一部比较完整的几何光学著作——《镜镜泠痴》。

第二,西洋奇器的引进与制造。

西洋奇器与西方物理学知识同时在中国出现。利玛窦来华携带有望远镜、自鸣钟等"奇器",清代传教士除了步其后尘继续孝敬皇上,还在宫殿内进行制造。自鸣钟是这方面的突出例子。清朝皇室贵族十分喜好西方的自鸣钟,为了满足他们的好奇心,不少传教士供职内廷,专门从事制造。乾隆年间圆明园专门设有"钟房",供传教士制作钟表之用,西澄元(Adeodat)、杨自新(Thé bauet)等传教士曾在此供职,颜家乐(Slaviczek)、汪达洪(Jean M. de Vantavon)也曾以钟表师身份供职内廷。外国传教士们还制造了其他一些机械装置,如南怀仁于康熙十七年(1678)做了蒸汽动力试验,蒋友仁制成了自动风扇和喷水池,其中蒋友仁在圆明园修建的喷水池曾使乾隆及其嫔妃们大为开心。

西洋"奇器"的出现,也在一定程度上推动了我国物理实验和机械制造的发展。科学家黄履庄仿制并发明了许多新式机械,如自动戏等,女科学家黄履制造了寒暑表,郑复光、孙玄球制作了望远镜、显微镜等光学仪器。即使一般匠师,也在接触西洋"奇器"之后,加以仿制,其作品精巧无比,曾供奉内廷的"黄异人"是这方面的一个显著例子。史书记载:"黄异人,穷规矩之用,极于神奇,可使木偶行动,取携如所意指。尝游京师,供奉内廷。凡外夷所贡奇器,必与观,观竟必依样制造,与所进无毫发爽,且精巧过之。康熙间,西洋人贡一宝座,人坐则八音自鸣,宫商铿叶,节奏如出名伶。异人阅竟,奏曰,许臣折视则亦能为之。不日制成,奏进,贡使尚未旋国也。"[1]

---

[1]《道光歙县志》卷8。

第三,西洋火器的制造。

明朝末年,西洋火器已被运用到战争中去,并发挥了重要作用。入关后,清政府有感于"红夷大炮"的威力,同时鉴于三藩凭恃洋器横行肆虐,对西洋火器的制造相当重视。康熙十三年(1674),康熙皇帝命令传教士南怀仁督造西洋新式大炮:"康熙十三年上谕兵部:大军进剿,须用火器,著治理历法南怀仁铸造大炮。"①至十五年(1676),"共制大小炮一百二十位"(《正教奉褒》)。十九年(1680),再命铸造战炮三百二十位。这些战炮在平叛战争中起了重要作用,受到康熙皇帝的赞许:"上释御服貂裘,赐南怀仁,并奖慰曰:尔向年制造各炮,陕西、湖广、江西等省,已有功效,今之新炮,较为更好。"②在制造火器的过程中,南怀仁总结经验,写成《神威图说》一书,对西洋火器的制造进行了说明。

⑤ 医药学

第一,西医学的传播与影响。

明清之际来中国的传教士,不少精通医术,介绍西医。解剖学的介绍令人瞩目。入清后,不少精通医学与人体解剖学的传教士供职内廷,讲授解剖知识。如康熙年间法国传教士张诚、白晋等人经常向康熙皇帝讲解西方医学与解剖学,并建立实验室,康熙皇帝兴致甚浓,以致在一次研探解剖学时染上了疾病。另一法国传教士巴多明用满文翻译过人体解剖学方面的著作,命名为《钦定格体全录》。西方血液循环方面的知识也有所传入,白晋与巴多明在康熙皇帝的支持下翻译了《人体血液循环和但尼斯的新发现》一书,并在北京传播开来。③

西方传入的医学知识与理论,尤其是人体解剖学方面的知识,引起了我国医学界人士的注意,并影响到他们的研究与治病。清初刘献廷研究过《人身图说》等西方医学著作,并运用其中的知识解释社会上女变男

---

① 《清朝文献通考》卷194。
② 引自张维华《明清之际中西关系简史》,第229页,齐鲁书社1987年版。
③ 费赖之:《在华耶稣会士列传及书目》。

等生理现象。① 乾隆年间著名医家王清任受到利玛窦、邓玉函等传教士医学观点的影响，十分重视人体解剖学，指出："著书不明脏腑，岂不是痴人说梦；治病不明脏腑，何异于盲子夜行！"②王清任在解剖学方面取得了较大成绩，他的《医林改错》一书在某些方面提出了一些基本上符合现代解剖学的观点。

第二，西方药物的传入。

随着西方医学知识的东来，西方药物也流入中土。康熙年间，传教士张诚、白晋、巴多明等人在内廷讲授医学，西方药物也由此传开。当康熙皇帝身患疟疾之时，他们进献金鸡纳霜，治愈了此病；康熙身患心悸症，罗德先（Bernard Rhodes）治疗此病，效果颇佳。传教士们还经常进献葡萄酒等滋补身体之物，受到康熙皇帝的赞许："前者朕体违和，尔等跪奏西洋上好葡萄酒，乃高年人大补之物。……朕即准其所奏，每日进葡萄酒几次，甚觉有益，饮膳亦好。今每日竟进数次，朕体已经大安。"③

第三，传教士在中国创办医院。

在耶稣会士传播西方医学与药物的基础上，19 世纪初陆续来到中国的新教传教士，开始了在中国直接创办医院的活动。于嘉庆年间最早来到中国的新教传教士马礼逊于 1820 年在澳门创办了一所医院。1827 年东印度公司的郭雷枢（Colledge）继之在这里创办眼科医院，1835 年美国公理会的伯驾在广州建立医院。1838 年郭雷枢与美国公理会传教士裨治文等在广州成立了中国医学传教会。④ 上述传教士在中国创办医院的活动，对于西方医学的传播和西方药物的推广起了重要作用，同时也在中国培养了一批西医医生。

⑥ 语言学

西方文字与中国文字完全不同，西方文字属于拼音文字，由字母构

---

① 沈福伟：《中西文化交流史》。
② 王清任：《医林改错·脏腑记叙》。
③ 阎宗临：《从西方典籍所见康熙与耶稣会之关系》，《扫荡报·文史地周刊》第 5 期。
④ 何哲：《清代的西方传教士与中国文化》，《故宫博物院院刊》1983 年第 2 期。

成,见其字即能诵其音;中国文字属于表意字体,无法从字面推断它的读音。传教士来到中国后,甚感学习汉语不便,乃用他们熟悉的拉丁文拼注汉字,并向中国人介绍西方文字。传教士的这些活动,对于中国语言学尤其是音韵学产生了影响。

第一,中文的拉丁化拼音。

明末来华的法国传教士金尼阁(Nicolas Trigault)所编《西儒耳目资》,受到清代语言学家的推崇。他们纷纷吸收用拉丁字母注音等新方法,从事文字学、音韵学研究,取得了不少成绩。明末清初的方以智在其所著《通雅》一书中多次提到金氏此书,如:"金尼阁字父十五,字母五十。"[1]"西域音多,中原多不用也。又当合悉昙等子与大西耳目资通之。"[2]他十分倾心于拉丁拼音,建议:"字之纷也,即缘通与借耳,若事属一字,字各一义,如远西因事乃合音,因音而成字,不重不共,不尤愈乎!"[3]清初学者杨选杞平常十分留心音韵学的研究,深感中国传统的反切法用字无常,十分不便。顺治八年(1651)他看到《西儒耳目资》一书,"顿悟切字有一定之理,因可为一定之法",于是"为集胼肢外数章,以存其书之大指,并志予观书之有得"。[4] 杨选杞依据金氏之说创立"字祖"31、"大韵"25,配成 15 个"宏声字父"、13 个"宏声字母"、21 个"中声字父"、20 个"中声字母"、31 个"细声字父"、24 个"细声字母",又仿效金尼阁的《万国音韵活图》《中原音韵活图》编成《声韵同然集》。清代另一著名文字学家、音韵学家刘献廷所著《新韵谱》,"参之以天竺陀罗尼、泰西蜡顶话(拉丁语)、小西天梵书,暨天方、蒙古、女真等音"[5],其内容也有"父""母"之称谓,也不拿喉、腭、舌、齿、唇等发音部位作为分别声音的标

① 方以智:《通雅》卷 50,见《景印文渊阁四库全书》第 857 册,第 942 页,台湾商务印书馆 1974 年版。
② 方以智:《通雅》卷首 2"小学大略",见同上书,第 42 页。
③ 方以智:《通雅》卷 1。
④ 罗常培:《杨选杞声韵同然集残稿跋》《耶稣会士在音韵学上的贡献》,《中央研究院历史语言研究所集刊》第一本第三分册。
⑤ 全祖望:《鲒埼亭集》卷 28《刘继庄传》。

准，与金氏之说十分相似，亦可能受到过《西儒耳目资》一书的影响。

第二，拉丁文的翻译与教学。

传教士既精通拉丁文，又了解中文，很受清朝皇帝的重视，成为中外关系中的重要翻译人才。他们帮助清政府翻译各种外交公文，如将拉丁文译成汉文，同时将汉文译成拉丁文等文字。《大清会典》载录了内阁的有关规定："西洋诸国用拉体诺字，遇有陈奏事件及表文，皆译出具奏。"其翻译者为"西洋堂人"，如圣彼得堡议院的公文就由宋君荣译成拉丁文与满文。在翻译的同时，他们还直接参与清政府的外交活动，帮助清政府签订对外条约。康熙二十八年（1689）中俄签订《尼布楚条约》，耶稣会士徐日升、张诚以拉丁文译员的身份参加了这一活动，所订条约的两个正式文本即属拉丁文本。康熙皇帝对传教士在条约签订中的作用给予了肯定，他说："朕知尔等如何出力，为朕效劳，以惬朕意。朕亦知和约得以缔结，实赖尔等才智与努力。"①

为培养本国的拉丁文翻译人才，以供外交之需，清政府建立学馆，任命传教士教授满汉子弟学习拉丁文，并负责翻译。雍正年间，西洋馆正式成立，巴多明、宋君荣先后主持其事。

⑦ 建筑

中世纪欧洲流行的教堂建筑为罗马式和哥特式，罗马式建筑以水平线和圆的拱券为主，窗户窄小，缺乏生气；哥特式建筑以尖顶拱券和垂直线为主，高耸而精致。文艺复兴后，欧洲建筑及其他艺术出现新的变化，先后兴起巴罗克风格和罗柯柯风格，前者流行于路易十四（1638—1715）时代，以雄伟华丽及刻板为特点；后者盛行于路易十五（1710—1774）时代，以生动、优美著称。这些各具风格的西洋建筑，也在 17、18 世纪的中国出现。

第一，西式教堂的建造。

---

① 《徐日升日记》，见苏联科学院远东研究所等编《十七世纪俄中关系》第 2 卷第 4 册，第 1082 页，商务印书馆 1975 年版。

入清以后,随着天主教势力的发展,各地西式教堂不断扩大与增多,康熙晚年,全国有教堂近 300 座,其中北京一地就有 3 座。这些天主教堂基本上都是"造作制度,一如大西"①,属于西式建筑。如北京宣武门内由汤若望等人修建的南堂,"堂制狭以深实,正面向外而宛着侧面,其顶如中国卷棚式而覆以瓦,正面止启一门,窗则设于东西两壁之巅"②,为圆形屋,当为罗马式建筑。再如西安门的北堂,高耸挺拔,属于哥特式建筑。济南东郊洪家楼所建教堂,门外两座塔尖高耸,也为哥特式。还有一些教堂在保持西式建筑风格的同时,吸收了中国建筑的一些优点,成为中西合璧式建筑。除此以外,当时欧洲盛行的巴罗克风格与罗柯柯风格的建筑也在中国出现,如圆明园的西洋楼就在很大程度上吸收了上述两种建筑风格。

第二,圆明园的西洋宫殿。

圆明园无疑是我国建筑艺术史上的瑰宝,但同时也是中西文化交流中的奇葩。大量西式教堂的耸立、众多西洋风情画的流传,引起了中国皇帝的兴致,为了领略异国君主的豪华生活,乾隆皇帝特意在圆明园内安排了一群西洋宫殿。这群西洋建筑由谐奇趣、蓄水楼、万花陈、海宴堂、远瀛观等组成,是在外国传教士郎世宁(Giuseppe Castiglione,1688—1766)、蒋友仁(P. Benoist Michel,1715—1774)和王致诚(J. Denis Attiret,1702—1768)等人的设计和主持下修建的。这群西洋宫殿保持了西式建筑的巴罗克、罗柯柯等种种艺术风格,如远瀛观里的一个宫殿即系模仿路易十五时期的建筑而成,殿内装饰着西洋油画、挂毯等,给人一种涉足欧洲王宫之感;与此同时,它们还巧妙地吸取了一些中式建筑的特点,如采用汉白玉雕柱、琉璃瓦等,从而使整个建筑群显得千姿百态、富丽堂皇。

---

① 《辨学》抄本。
② 吴长元:《宸垣识略》卷 7,北京古籍出版社 1983 年版。

⑧ 绘画

中西绘画有明显的不同,中国画追求一种"神似"的精神境界,强调以形写神,形神兼备,"意存笔先,画尽意在",不拘泥于焦点透视;西方绘画则注意吸收人体解剖、光学等方面的科学成果,讲究透视与明暗,所绘人物栩栩如生。在清代,这种独具特色的西洋画与西方的"上帝"同时来到中国。

第一,西洋画的流传。

来到中国的传教士为了宣扬宗教,大多携有反映宗教内容的西洋画,清初汤若望呈有天主图像并因此遭到杨光先的抨击。顺治年间,效忠南明政权的传教士瞿安德(Andreas Wolfgang Koffler)向桂王进呈过圣像。其他内容的西洋画也在中国流传,如北京教堂悬挂有法国、英国、西班牙国王像,圆明园西洋宫殿内挂满法国宫殿送来的巨幅油画。不仅如此,康乾年间,很多精通画术的传教士集聚内廷,即兴作画,取悦皇上,对西洋画进行了直接的传播和介绍。在故宫发现的"雍正皇帝像",头发卷曲,似乎出自传教士之手;乾隆皇帝也有意大利人潘廷璋(Giuseppe Panzi)所画画像。这些进入内廷的传教士画师中,意大利人郎世宁尤为乾隆皇帝所赏识。史称他"康熙中入直,高宗尤赏异,凡名马、珍禽、琪花、异草,辄命图之,无不奕奕如生,设色奇丽"①。

第二,中国绘画所受的熏染。

注重明暗写实的西洋画传入后,很快受到中国居民的欢迎,许多人深为西洋画的逼真动人所吸引,乃至赞美它们技在中国绘画之上。这种扬西抑中的说法诚然有所偏颇,但反映出了当时西洋画受到许多中国人欢迎、喜爱的情景。不少中国画家为这种西洋画所吸引,起而进行效仿。

首先使用西画写真方法作画的当为卒于顺治四年(1647)的曾鲸。他作画"写照如镜取影,妙得神情。其傅色淹润,点睛生动,虽在楮素,盼

---

① 《清史稿》列传 291《郎世宁传》。

眯睇笑，咄咄逼真"①。其子弟谢彬、徐易、沈韶皆传其法。康熙年间受西
画影响较大的有吴历。他于康熙二十年（1681）出发往澳门，二十一年
（1682）加入耶稣会，五十七年（1718）去世。吴历作为天主教徒与画家，
所受西画影响比较明显。据叶廷琯说，"道人（指吴历）入彼教久，尝再至
欧罗巴（为澳门之误），故晚年作画，好用洋法"②。他注意用西法中的透
视法来弥补中国画的画法，如所作《消夏图》等，注意阴阳黑白的对比，用
较深的墨色画树荫下的物体，用清淡的墨色画明处的东西。生于康熙十
一年（1672）、卒于乾隆元年（1736）的莽鹄立，也以西法作画，他是"满洲
人，官长芦盐院。工写真，其法本于西洋，不先墨骨，纯以渲染皴擦而成，
神情酷肖，见者无不指曰：是所识某也"③。所作有清圣祖像等。其弟子
金玠传其术。乾隆年间，中外画家集聚内廷，济济一堂，彼此切磋，西画
对当时著名的中国画匠、画院画家产生了很大影响，出现了不少糅合中
西画法的画家，如焦秉贞、冷枚等。焦秉贞是山东济宁人，官钦天监五官
正。他善于画人物、山水和楼观，并且利用了西洋画法中的透视法则。
他的最有名的作品是《耕织图》。此图是根据康熙帝的命令、模仿南宋楼
璹所作《耕织图》而绘制的。焦图与楼图相比，图幅数量不同，楼图包括
耕图 21 幅、织图 24 幅，而焦图则耕图、织图各有 23 幅；风格也不相同，楼
图简单朴素，而焦图则纤细丽都。但两者最大的不同则是焦图采取了西
洋的透视法，"其位置之自远而近，由大及小，不爽毫毛"④。不过其树木、
店舍、人物、山水的画法，仍守中国之旧，因此这是在画法上糅合中西的
作品。其他受西画影响的普通画家乃至民间画师大有人在，据《国朝画
征录·丁瑜传》记载："丁瑜，字怀瑾，钱塘人，父允泰，工写真，一遵西洋
烘染法。怀瑾守其家学，专精人物，俯仰转侧之极工。"有的画师为了求
得西画"真谛"，不惜远渡重洋，前往西画故乡求学。《宣统南海县志》记

① 姜绍书：《无声诗史》，引自张维华《明清之际中西关系简史》，第 246 页。
② 叶廷琯：《鸥波渔话》。
③ 张庚：《国朝画征续录·莽鹄立传》。
④ 张庚：《国朝画征录·焦秉贞传》。

载,嘉庆年间南海人关作霖,字苍松,"少家贫,思托业以谋生,又不欲执艺居下,因附海舶遍游欧美各国,喜见油相(油画肖像)传神,从而学习。学成而归,设肆羊城(广州),为人写真,栩栩欲活,见者无不诧叹","(西洋)人亦惊以为奇,得未曾有"。

我国著名的工艺美术品上的图案、绘画所受影响也十分明显。为了打开销路、吸引欧洲人,我国民间的瓷器画匠竞相采取欧洲人熟悉的西画入画,如17世纪末广州生产的一对瓷盘上绘有满载繁花的花蓝图案,即本自17世纪英国画家蒙诺耶尔(Monnoyer)的作品;18世纪广州生产的一批瓷盘,其上所绘鹦鹉飞禽图案主要采自荷兰画家巴尔洛(Barlow)的作品。其他如西方人熟悉的《圣经》故事、欧洲皇后也都出现在中国瓷器上。这些中国瓷画素材取自欧洲,"画笔均以西洋界算(透视)法行之","所用颜色,纯似洋瓷",因而"精妙无匹","往往混于洋瓷",以至"西商争购,值亦奇巨"。[1]

第三,对西方画理的探讨。

西洋画的流传与对之的仿效,引起了人们对西洋画理和技法的研究。清初兼用中西画法作画的吴历,对中西画之差异颇有感触,说:"我之画不取形似,不落窠臼,谓之神逸。彼全以阴阳向背形似窠臼上用工夫";"用笔亦不相同"。[2] 袁栋的叙述较为详尽:"画家布置屋宇桌椅等,例用侧笔以取势;西洋画用正笔。用侧笔者,其形平而偏,故有二面而四面具。用正笔者,其形直而尖,故有一面而四面具。在阴阳向背处,以细笔皴出黑影,令人闭一目观之,层层透彻,悠然深远。……其法视古为独出径裁矣。"[3]清中叶的年希尧在这方面研究较为深入,论述也更为透彻。

年希尧不仅了解画术,而且具有算学等方面的科学知识,这一优越条件,使他更易于理解西洋画。郎世宁来华前他已开始研究透视之学,

---

① 许之衡:《饮流斋说瓷》,引自朱培初《明清陶瓷和世界文化的交流》,第28页,轻工业出版社1984年版。
② 引自张光福《中国美术史》,第435页,知识出版社1982年版。
③ 袁栋:《书隐丛说》。

康熙五十四年(1715)郎世宁来华后,他从其学习,所获颇多,雍正七年(1729),他将所学及体会整理成《视学》,做了详细的介绍。他在序言中讲道:"余曩岁即留心视学,率尝任智弹思,究未得其端绪。迨后获与泰西郎学士数相晤对,即能以西法作中土绘事。始以定点引线之法贻余,能尽物类之变态。一得定位,则蝉联而生,虽毫忽分秒不能互置。然后物之尖斜平直,规圆矩方,行笔不离乎纸,而其四周全体,一若空悬中央,面面可见。"经过进一步研究,他的认识有新的提高,在六年之后的再版序言中写道:"视学之造诣无尽也。……虽然,予究心于此者三十年矣。……近数得与郎先生讳石宁者往复再四,研究其源流。凡仰阳合复,歪斜倒置,下观高视等线法,莫不由一点而生。……因其从一点而生,故名曰头点。……再如物置面前,远五尺者若干大,远一丈者若干大,则用点割之,谓之曰离点。……惟首知出乎点线而分远近,次知审乎阴阳而明体用,更知取诸天光以臻其妙,则此法之若离若合,或同或异,神明变化,亦略备于斯三者也。"这番细致的阐述,表明作者对西画确有一定程度的研究。

⑨ 音乐

第一,西方音乐的传入。

清代传教士蜂拥而来,其中有不少通晓音乐之士,如法国人巴多明、颜理伯(Philibertus Geneix)、南光国(Ludovicus Pernon),葡萄牙人徐日升(Thomas Pereira),波希米石可圣(Leopoldus Liebstein)、严嘉禄(Slaviczek)、鲁仲贤(Joannes Walter)及其他传教士葛莱迪(Gherardini)、德理格(Pedrini)、魏继晋(Florian Bahr)等即是如此。他们与乐器聚集内廷,组成西乐团,演奏各种乐器,如低音七弦琴、提琴、长笛、海军军号等,还进献能够奏鸣的西方"奇器",如带有六音盒、能够演奏欧洲乐曲的座钟等。这些传教士的活动,引起了中国皇帝的极大兴趣。康熙皇帝十分热心于西洋音乐的学习,据记载:"康熙皇帝要学习西洋乐理,为此起用了徐日升神甫。徐日升用汉语编写了教材,并指导工匠制作各种各样的乐器,而且教康熙皇帝用这些乐器演奏两三支乐曲。"①中国皇帝的这种热心与重视,便利了西方音乐在中国的传播。

第二,西方乐理的介绍。

西方乐理随西方音乐同来中国。徐日升写有《律吕纂要》,德理格也致力于西方乐理的介绍,并于在康熙朝供职官廷期间,教授皇三子、皇十五子、皇十六子等。② 西方乐理的介绍,引起了中国人的注意,康熙年间御定的《律吕正义续编》一书在一些方面采用了他们的观点。如其书卷一"续编总说"云:"有西洋波尔都哈儿国人徐日升者,精于音乐,其法专以弦音清浊二均递转和声为本。其书之大要有二:一则论管律弦度生声之由,声字相合不相合之故;一则定审音合度之规,用刚柔二记以辨阴阳二调之异,用长短迟速等号,以节声字之分。从此法入门,实为简径。后相继又有壹大里呀国人德礼格者,亦精律学,与徐日升所传源流无二。……故取其条例形号,合配于阴阳二均高低字谱,编集成图,使谈理者有实据,而人用者亦有所持循云。"该书还对许多西方音乐知识,尤其是五线谱的用法进行了介绍。

⑩ 宗教神学与哲学

第一,西方宗教神学的传入。

传教士来到中国,为了争取中国信徒、获得传教的成功,将天主教经典等宗教书籍翻译过来,广为宣传。清代,除《圣经》外,其他宗教书籍也在介绍之列,如贺清泰(P. L. de Poirot,1735—1814)翻译了《古新圣经》,马礼逊于1819年译完了全部新旧约,并在中国零星出版。明末传教士阳玛诺(Emmanuel Diaz Janior)所译《轻世金书》是地位仅次于《圣经》的书,清代蒋友仁将之续译成四卷本,书名仍叫《轻世金书》。宗教传记方面有巴多明译述、白晋等人校阅的《德行谱》,魏继晋的《圣若望臬玻穆传》,等等。

鉴于中国文化传统悠久、儒家思想根深蒂固,传教士们在传播天主

---

① 白晋:《康熙皇帝》,第32页,黑龙江人民出版社1981年版。
② 《康熙与罗马使节关系文书》影印本第六件《德理格、马国贤启》。

教的同时,十分注意调和天主教与中国文化传统的关系。白晋所著《古今敬天鉴》(又名《天学本义》),从中国经书所载之民情风俗等内容证明其与天主教之道理相符;马若瑟(Joseph de Prémare,1666—1736)所写《中国古籍中基督教主要教条之遗迹》,也从中国经典中寻找资料加以说明;孙璋(Alexander de la Charme,1695—1767)的《性理真诠》一书更直言不讳地指出:"古儒真教即天主教","《中庸》有待之圣人,惟耶稣事迹方能符合"(卷四)。在附会儒家思想的同时,传教士们还与佛教、道教等展开论战,竭力捍卫天主教。如陆安德在其1673年所著的《真福直指》中说:"释家以空为教,说空能化成万物,此大不合理。既空虚于己,安能化成万物!""道家说无为是万物之原,此大不是。无是全无,若无则是没有于己,何能施与他物?"

第二,西方哲学的介绍。

在宣扬神学的同时,传教士们还夹杂着介绍了一些其他西方哲学思想。对于古希腊哲学家,他们选中了亚里士多德。亚里士多德动摇于唯物主义与唯心主义之间,最终倾向唯心主义,被中世纪教皇用来修补千疮百孔的神学体系,受到传教士的重视。但他也是形式逻辑的创始人,形式逻辑的许多重要内容如同一律、矛盾律、三段论都是在他那里规定下来的。明末来华传教士傅汛际与明末科学家李之藻翻译了诠释亚里士多德逻辑学的讲义而名之曰《名理探》,但没有译完。清初南怀仁来华后,继续进行翻译,最后译完全书,成《穷理学》60卷,进呈康熙皇帝。此外,中世纪欧洲经院哲学家托马斯·阿奎那斯(1225—1274)的思想也由传教士介绍过来。

二、中国文化在西方的传播

1. 西方"汉学"的兴起

在西方文化东来的同时,中国文化也在向西流去。这种"回流"的出现与西方"汉学"的兴起直接相关。传教士除了在中国介绍西方科学技术,还广泛收集资料,研究中国的历史与文化,从而导致了西方汉学的兴起。清朝时期,西方汉学的发展大致经历了前后两个阶段。

① 传教士对中国文化的研究

"汉学"(Sinology),即"中国学",是对中国文化的考察与研究。西方汉学的兴起可以说是从传教士来华开始的。明末利玛窦注意观察中国、了解中国的文化与历史,并进行了一定程度的研究。在此基础上,清代来华的传教士继承发展了这一事业,将之大大向前推进。康熙二十六年(1687)以前,这种传教士所从事的汉学研究即"传教士汉学"处在开拓时期,人们的活动主要为搜集、整理中国文物资料,并向西方进行介绍,专门性的学术论著较少,所接触的范围也较有限,所使用的语言文字主要为拉丁语。自康熙二十六年法国传教士来到中国,传教士汉学发生了很大的变化。这批来华的传教士,包括洪若翰(Jean de Fontaney,1643—1710)、李明(Louis-Daniel Le Comte,1655—1728)、白晋、张诚、刘应(Claude de Visdelou,1656—1737)及随后络绎而来的雷孝思、马若瑟、巴多明、宋君荣、冯秉正、蒋友仁等,具有较高的科学文化修养,其中不少人还是法国科学院的成员,被人们称为"一个真正的科学教会"。他们利用自己广博的知识与中国皇帝的信任等优越条件从事汉学研究,从而将传教士汉学推向前所未有的深度,不少人因而成为名噪一时的汉学家。如宋君荣被人称为"18世纪最伟大的汉学家"、"耶稣会中最博学的"传教士,钱德明被认为是"在中国的最后一位有名气的法国耶稣会士"与"耶稣会士汉学家"。① 在对中国进行深入研究的同时,法国传教士们还将搜集到的大量中国资料(包括他们的论著)运往欧洲,这些资料受到法国人的重视,在18世纪初至19世纪初被编成《耶稣会士中国书简集》、《北京传教士关于中国历史、科学、艺术、风俗、习惯及其他之论考》(简称《中国杂纂》)等刊出,许多欧洲人尤其是法国人在它们的吸引下从事汉学研究,欧洲本土汉学兴起。法国神职人员杜赫德(Jean Baptiste du Halde,1674—1743)所编《中华帝国志》一书,成为欧洲早期汉学著作中的代表

① 戴密微:《法国汉学研究史》,《中国史研究动态》1980年第1期。

作;学者傅尔蒙(Étienne Fourmont,1683—1745)、弗勒雷(Nicolas Fréret)及傅尔蒙的弟子德经(Joseph de Guigues,1721—1800)也从事汉学研究,并著有《中国文法》(意大利传教士卫匡国,1742)、《匈奴突厥蒙古鞑靼通史》(德经,1756)等书。他们的出现,表明西方汉学逐渐摆脱传教士汉学的藩篱,开始朝着独立学科的方向发展。①

②　欧洲汉学的崛起

乾隆四十年(1775)在华耶稣会解散,西方汉学研究进入了一个新的时期。传教士汉学如无皮之毛,一落千丈,而职业学者所从事的专门性汉学在欧洲本土迅速崛起,很快占据了重要位置。

传教士被驱出中国这一现实,迫使人们在远离中国的欧洲从事汉学研究。法国是这方面的代表。继傅尔蒙、弗勒雷等人之后,大革命期间(1789—1794)法国成立了东方语言学校,为法国的东方学研究奠定了基础。拿破仑(1769—1821)当皇帝期间曾命著名学者德经的儿子小德经(1759—1845)编写了汉语辞典。1814年法兰西学院设立了汉学讲座,全名为"中国和鞑靼满洲语言文学讲座",这是西方高校第一次把汉学列为正式学科,对法国以至整个欧洲的汉学研究产生了较大的影响。首先担任汉学讲座主持的是著名学者雷慕沙(Abel Rémusat,1788—1832),他是欧洲第一位通过书本刻苦学成汉语的汉学家,也是法国汉学最重要的奠基者之一。继雷慕沙之后主持汉学讲座的是他的著名弟子儒莲(Stanislas Julien,1797—1873)。儒莲曾从雷慕沙学过汉文与满文,被公认为是欧洲最优秀的汉学家,支配法国汉学界达半个世纪之久。其他欧洲国家的汉学研究也有发展,德国汉学家克拉普洛特(J. Klaproth,1783—1835)曾与雷慕沙创办过亚洲学会,出版《亚洲杂志》;瑞典汉学家多桑(C. d'Ohsson,1780—1855)著有《多桑蒙古史》一书。

传教士汉学虽已衰落,但仍在进行。19世纪初来到中国的新教传教

---

① 参见王漪《明清之际中学之西渐》,台湾商务印书馆1979年版。

士继耶稣会士之后继续研究中国文化，如马礼逊写有不少有关中国语言、文学等方面的著作，其子小马礼逊也精通中国语言，写有《中国商务指南》等书。从美国来的裨治文于1832年创办《中国丛报》，属于最早经常介绍中国情况的杂志之一。此外，相继来华的外交官员也兼操"中国研究"，乾隆年间随英国马戛尔尼使团来华的副使斯当东（George L. Staunton，1737—1801）及其子小斯当东，嘉庆年间随阿美士德使团来华的德庇时（J. F. Davis，1795—1890）及其他外交人员都留下不少这方面的著作，其中小斯当东还分别于1823年、1824年创办亚洲学会及会刊，成为英国研究中国的重要中心之一。

2. 中国文化的西传与影响

通过上述汉学家——传教士汉学家和职业汉学家的共同努力，中国文化源源不断传入西方，给欧洲带来巨大的影响。这一点，后来的欧洲人给予了充分的肯定："在19世纪以前，中国对欧洲的影响不仅胜过欧洲对中国的影响，而且'比多年来人们一般想象的要大得多'。"①

① 对中国科技的考察

中国古代科学技术长期居于世界领先地位，即使西方文明迅速发展的17、18世纪，中国传统科技仍有不少独到之处。传教士来到中国后，便对中国科技进行了全面的调查。

康熙二十六年（1687）以后来华的法国传教士具有广博的科学知识，肩负着考察中国科技的使命。路易十四的大臣曾嘱咐他们："我希望你们能在布教福音书之外的时间注意收集大量能改进我们自己的艺术和科学的情报。"②因此当时西方对中国科技的调查很大一部分是通过他们进行的。

传教士考察的内容十分广泛，涉及天文学、数学、物理学、气象学、人种学、矿物学、化学、动植物学、医学、农业等各方面，其中天文学、植物学

---

① 米歇尔·德韦兹：《十八世纪中国文明对法国、英国和俄国的影响》，《法国研究》1985年第2期。
② 戴密微：《法国汉学研究史》。

和医学较为显著。天文学方面，南怀仁利用中国天文资料及仪器设备写成《新制仪象图》(1674)；宋君荣是传教士中研究中国天文学成绩突出者，其著作有《中国天文学简史》《中国天文学》，征录资料十分丰富。其他从事这一研究的人还有杜美德(1688—1720)等人。植物学方面，法国传教士韩国英(Martial Cibot，1727—1780)和罗广群研究过中国的蚕豆，并向法国寄出了大量中国植物标本；钱德明(Jean Joseph-Marie Amiot，1718—1793)十分注意实用植物学，专门研究过靛蓝及用槐花制作染料；科拉(1735—1781)、约瑟夫等人把大量中国植物引入法国。其他研究中国植物颇有成效的还有卜格尔，他于1656年在维也纳出版了《中国植物学》一书。

医学方面，脉学与看舌苔是中医学的重要内容，钱德明应法国皇家医学会的要求对此进行了考察，并写成著作。法国学者雷慕沙对此同样充满兴趣，还在法兰西学院汉学讲座中进行了专门讲解。对于中医的治疗方法，传教士们收集了很多材料，韩国英、殷宏绪写有关于中医治疗法方面的著作，巴多明、吴多禄将中医治疗性病的资料寄往欧洲，巴多明还写有中国外科手术方面的著作。中国的种痘术、养身术等等也都在传教士的观察之列。对于中医所用中草药，宋君荣、韩国英调查了中国可用作药物的奇花异草，冯秉正的《中国通史》饱蘸笔墨对中草药进行介绍。通过上述传教士的努力，大量有关中医学及中草药的著作和资料被运到了欧洲，在《中华帝国志》《耶稣会士中国书简集》和《中国杂纂》中刊布出来，其中仅载于《中华帝国志》第三卷中医专辑的资料即有《脉经》《脉诀》《本草纲目》《神农本草经》《医药汇录》等。

在传教士调查的基础之上，欧洲出现了一批中医学方面的研究著作。1671年格莱诺布尔刊出了《中国脉诀》一书，可以算是欧洲出版的第一部中医学方面的专著。1682年荷兰外科医生A. 克莱耶刊出了《中医临床》一书。1686年，波兰医生卜弥格于1658年写成的《中医津要》一书被译成多种文字。

其他方面,法国人也进行了细致的考察。农业方面,传教士们十分注意收集有关中国农业生产、粮食储存以及中国人的重农思想等的资料。这些资料大多保存在法国国立图书馆和美术馆,许多资料还被刊刻行世,如 1770 年德经在巴黎出版的《中国乾隆皇帝及鞑靼权贵们的农业观》一书,即属钱德明所搜集的资料。传教士的这些活动对欧洲的重农学派与农业生产产生了影响,重农学派的不少理论吸取了中国农业思想方面的养料(详见下文)。

② 中国语言的学习与研究

语言是打开文明宝库的钥匙。为了步入中国文明的殿堂,全面地认识中国,传教士和职业汉学家们都致力于中国语言的学习和研究。

第一,汉语。

汉语是中国人使用的主要语言,也是传教士学习的重点。宋君荣来到广州后仅用六个月的刻苦学习,就能"开始用汉语会话和阅读了"[①],其他传教士也都很下功夫。在一般学习的同时,传教士们进而对汉语进行细致的研究,编著大量有关汉语语法及中西文对照的著作与辞典。比利时人柏应理(Philippe Couplet,1623—1693)编有《拉丁汉文小辞汇》《中国辞汇》,意大利人卫匡国(Martino Martini,1614—1661)写有《中国文法》。法国传教士在这方面的努力尤为引人注目,白晋写有《中法字典》《中文研究法》,巴多明著有中文拉丁文对照字典,韩国英写有《中国的语言与文字》,马若瑟写有《汉语札记》与《中国语文》。其中马氏《汉语札记》一书,对中国文字的性质、构造和声调等方面进行了论述,引证例句达 13000 多种,是较早研究中国文字的专著,产生了较大的影响,被欧洲人推为"18 世纪欧洲最好的汉语语法书"[②]。继耶稣会士之后,新教传教士也做过一些努力,如马礼逊就编有《华英字典》等。

传教士的活动带动了欧洲本土的汉语研究。傅尔蒙吸取马若瑟《汉

---

① 戴密微:《宋君荣北京书简集》前言,《中国史研究动态》1981 年第 7 期。
② 戴密微:《法国汉学研究史》。

语札记》等书的成果写成《中国文典》一书,对法国汉学的发展起了重要推动作用。主持法兰西学院汉语讲座的雷慕沙著有《汉语语法启蒙》,德国人门采尔(Christian Mentzel)在传教士柏应理的指导下学习汉语,写成《中文入门》(未刊)。

第二,满蒙语言。

满语、蒙语虽是中国少数民族语言,但因其为清朝王室贵族及地位显赫的蒙古族上层人物所使用,地位十分重要,所以也为传教士所重视。南怀仁编有《鞑靼语基本教材》(1670)一书,属于当时较好的一本满语语法书,后继的法国传教士吸取其成果,加深了对满、蒙语的学习与研究。钱德明编有《满法辞典》《满洲语文典》,并协助翰林院编译有《梵汉满蒙藏法字汇》,孙璋编有《汉蒙法对照字典》,等等。由于传教士们熟练地掌握了满蒙语言,因此他们能够出入宫廷,亲近皇帝,结交权贵。

③ 中国历史的介绍与研究

要了解一个民族或国家,必须了解这个民族或国家的历史;要想真正了解中国、认识中国人,必须了解中国历史。传教士们来到中国后,出于传教的需要,十分重视中国历史。

清初意大利传教士卫匡国通过研究远古至西汉末年的历史,在慕尼黑出版了第一部用拉丁文写成的《中国历史》(1658),他还写有《鞑靼史》(1654),记述了明清之际的中国情况。法国传教士来华后,这一研究进一步推向深入。1735 年著名传教士冯秉正将《资治通鉴》全部译成法文;1777—1785 年他的《中国通史》在他去世后于巴黎陆续刊出,作者对中国历史地理较为熟悉,征引资料也较详核,因而该著颇受西方学者推重,被称为"西方出版的一部完全的、以中国材料为基础的中国通史"①。1739年巴黎出版了宋君荣的《成吉思汗与蒙古史》,他还著有《大唐史纲》《中国纪元论》《西辽史》。其他法国传教士,钱德明写有《中国古史实证》和《中国兵法考》,韩国英写有《中国古史》,白晋写有《康熙帝传》,张诚写有

---

① 戴密微:《法国汉学研究史》。

《鞑靼纪行》。

④ 中国建筑园林对西方的影响

第一,欧洲的中国式建筑。

中国宫殿建筑气势宏伟,金碧辉煌,变化多样,刚刚踏上中国国土的传教士及其他欧洲人无不为之折服,他们犹如发现"新大陆"一样欣喜若狂,立即书写信札,向他们的故国同乡介绍。1687 年来到中国的传教士李明,面对宏伟的北京宫殿,翘首瞻视,叹为奇观。他说道:"庄严的大柱支持着门廊,白色大理石台阶升向内殿,鎏金的屋顶和彩画雕刻,大理石或瓷的地面,更主要是宫里那样众多而不同的建筑物,眩人眼目,实为伟观。"[①]亲身参加过圆明园修建的法国传教士王致诚在极度兴奋中写道:"此地各物,无论在设计还是施工方面,都浑伟和真正美丽。因为我的眼睛从来不曾看到过任何与它相类的东西,因此也就使我特别惊讶。……中国人在建筑物方面所表现的千变万化、复杂多端,我唯有佩服他们的天才弘富。我们和他们比较起来,我不由不相信,我们是又贫乏,又缺乏生气。"[②]他将圆明园称为"万园之园"(Jardin des jardins)。顺治十三年(1656)荷兰使节尼霍夫(Nienhof)参观明成祖在南京所建外表饰以琉璃瓦的"瓷塔"后,在回忆录中赞不绝口:"这是最值得注意的珍贵的建筑,使宾客们大为吃惊",它"看来天衣无缝"。若干年后,另一见过"瓷塔"的荷兰人罗切(Loch)也叹为观止。[③] 随着西方来客对中国建筑的盛情赞美,有关中国宫殿、"万园之园"、"南京瓷塔"的消息在欧洲不胫而走,迅速传开,成为欧洲人无比神往的对象。路易十四这个生活奢靡又精力充沛的著名君主,率先在欧洲修建中国式建筑。他在豪华的凡尔赛宫内修建起另一"瓷宫"。这座宫殿既保留了欧洲传统建筑的特点,又借鉴了中国建筑的许多风格,如采用象征多层的复折、两层屋顶等。由于模仿"南京瓷塔",用彩釉的陶砖装饰外表,它被人们称为"托里阿诺瓷器宫"

---

① 引自周一良、吴于廑主编《世界通史　近代部分(上册)》,第 110 页,人民出版社 1980 年版。
② *Lettres édiffiantes et Curieuses* 第 3 卷,第 791 页,巴黎 1843 年。
③ 朱培初:《明清陶瓷和世界文化的交流》,第 53、54 页。

(Trianon de Porcelaine)。"瓷宫"建成后，法国举国欲狂，一片赞叹之声。其他欧洲君主贵族也在仿造中国建筑，德国动人的建筑费尔尼茨宫(Pillnitz)即系仿照中国建筑建成，瑞典国王弗雷德里克(Frederick)为王后所建的一座罗柯柯风格的宫殿，其绿色的屋顶也系仿中国的宝塔，室内陈设着大量中国工艺品。

第二，中国园林的仿造。

当中国式建筑在欧洲王宫中耸立的时候，中国园林也在欧洲社会风行开来。富于变化、追求自然的中国园林受到欧洲人的欢迎，曾来中国考察过的英国建筑师威廉·张伯斯(William Chambers)在 1772 年所写的《东方园林论》一书，对中国园林推崇备至："中国人设计园林的艺术确是无与伦比的。欧洲人在艺术方面无法和东方灿烂的成就相提并论，只能像对太阳一样尽量吸收它的光辉而已。"①出于对中国园林的热爱，他开始了在欧洲建造中国园林的尝试。1750 年他为肯德公爵建成了称得上欧洲第一座中国式花园的"邱园"(Garden at kew)，园内布置奇花异草、假山湖水，追求自然，并建有塔和孔子庙。当时的艺术评论家汉什菲尔特(Hirsohfeld of Kiel)曾对此做过这样的评价："张伯斯建园，用曲线而不以直线，一湾流水，小丘耸然，灌木丛生，绿草满径，林树成行，盎然悦目——总而言之，肯德公爵入此园中，感到如在自然境界。"②"邱园"的出现，轰动了欧洲，法国人紧步其后尘，把它称作"中英式花园"，加以盛情赞美，建筑师长牟(Le Camus)、培兰革(Belanger)、奥古斯丁(Jean Augustin)以及累那(Renarc)等人竞起仿效，从而使法国出现了所谓"中英法式园林"。德国晚到 18 世纪末才较多地受到中国园林的影响，但急起直追。1773 年乌齐(Ludwig A. Unzer)刊出了他的专著《中国园林论》，极度称美中国园林建筑，认为它们是一切园林的艺术的楷模，呼吁人们起来学习："除非我们仿效这个民族的行径，否则在这方面一定不能

① *A Disertation of Oriental Gardening*，1772 年。
② *Theorie der Gartenkunst*，第 127 页，1779 年。

达到完美的境地。我们无须以学习他们的行径为耻。"①同年,设计师西克尔(F. L. Sekell)被派往英国向张伯斯学习建造中国园林。与此同时,德国的一些地方也仿造起中国园林,其中卡赛尔伯爵所建"木兰村"(Moulang)十分有名。木兰村 1781 年开始建造,所有建筑物几乎都是中国式的,村旁有小溪吴江,颇有几分中国江南风光。德国以外的其他一些欧洲国家和地区也在不同程度上受到过中国园林的影响,正如欧洲人所说,当时"在世界各地的花园中,其引起人们的注意,或曾被引人入胜的描摹,莫过于中国的花园。……今人建造花园……只问是不是中国式或中英式"②,"任何行乐园圃如无'中国亭榭',就不敢以时髦自居"③。

⑤ 中国文学风靡欧洲

17、18 世纪,中国文学作品通过传教士大量介绍西去,很快流传开来,受到人们的喜爱。

第一,中国文学作品在欧洲广为流传。

1732 年,法国传教士马若瑟将元代作家纪君祥的《赵氏孤儿》译成法文。该书在《中华帝国志》刊出以后,很快被译成各种文字,1747 年译成德文本,1774 年出现俄文本。中国小说《好逑传》也在欧洲传播,1719 年英国商人魏金森将之译出,其中多葡萄牙语;1761 年英国文人汤姆士·潘塞(Thomas Percy)将之改译成英文本,成为第一部译成英文的中国小说;另外又有法文本、德文本相继问世。19 世纪初,不少中国文学作品继续流入欧洲。元代武臣的《老生儿》曾由英国大卫(David)译出,不久又被译成德文,于 1818 年刊于《晨报》。1822 年英国大卫译有《中国小说集》,1827 年雷慕沙据此译成法文《中国小说十种》。1826 年雷慕沙将清获岸散人的《玉娇梨》译成法文,取名《一对表姐妹》。德国大文豪歌德曾从《百美新咏》中译出九首诗,题为"最美的女子——1826 年 2 月 2 日。中国人"。

---

① 引自利奇温《十八世纪中国与欧洲文化的接触》,第 106—108 页,商务印书馆 1962 年版。
② *Theorie der Gartenkunst*,第 81 页,1779 年。
③ 利奇温:《十八世纪中国与欧洲文化的接触》。

　　面对源源而来的中国文学作品,欧洲诗人与作家灵感顿生,相继将它们改编成反映欧洲人的精神追求和悲欢离合的作品。如马若瑟所译《赵氏孤儿》刊出后,法国作家伏尔泰将它改编成《中国孤儿》,内容和情节做了很大的变动(详见下文);英国威廉·哈切特把它改写成攻击腐败的首相沃波尔爵士的政治剧,阿瑟·墨菲把它编成抵抗外族入侵、歌颂民族精神的戏剧;意大利梅塔斯塔齐奥把它写成大团圆喜剧;德国大文豪歌德则把它改编成戏剧《额尔彭罗》。此外还有不少取材自中国故事的作品在社会上出现,如伏尔泰的短篇小说《查第格》与匿名作《中国印度鞑靼文》(1776)、笛查尔丹(Marie Desjardins)的《中国小说情史集》(1712)以及其他人写的《中国文》、《中国间谍欧洲侦察记》(1744)等。中国文学经过上述欧洲文人的精心"改造"与"再创造"之后,很快成为欧洲人喜闻乐见的作品,在民间和社会上流行开来。在 18 世纪法国的巴黎、意大利的罗马、奥地利的维也纳以及英国的伦敦等城市,经常演出以中国故事为题材的戏剧和歌剧,除《中国孤儿》《老生儿》等著名作品外,还有 1692 年意大利喜剧班在御前演出的雷那(Regnard)和杜夫累尼(Dufresny)的五幕喜剧《中国人》,1713 年演出的闹剧《道士隐形术与中国宫庭》;1729 年内斯托(Nestier)剧团在圣劳棱特演出的《中国公主》等。由于这类中国内容的戏剧歌舞频繁演出,一些地区还出现了中国娱乐剧院和中国舞场。①

　　第二,伏尔泰、歌德与中国文学。

　　伏尔泰(1694—1778)这个欧洲伟大的思想家与文学家对中国文学表现出满腔热情,当他看到马若瑟介绍的《赵氏孤儿》后,立即肯定"《赵氏孤儿》是第一流的作品,有助于了解中国人的心理,超过所有过去以至今后关于那个广大疆域的著述"②,决定将它改编搬上舞台。《赵氏孤儿》本是描写春秋时期晋国文臣赵盾与武将屠岸贾之间生死斗争的故事,伏

---

① 参见朱谦之《中国哲学对于欧洲的影响》,第 50—52 页,福建人民出版社 1983 年版;利奇温《十八世纪中国与欧洲文化的接触》。

② 参见陈其侗《中国剧院》。

尔泰将它改写成元初成吉思汗攻入燕京追杀先朝遗孤,后来在道德的感召下幡然悔悟的事情,赋予了其新的思想与内容。他在给友人的信中写道:"我已对剧本做了许多修改,为的是大胆宣扬孔子的教诲。"①为此他在剧本上特意题上"根据孔子的教导改编成的五幕剧"字样。伏尔泰改作的《中国孤儿》公演之后,获得了很大的成功,轰动了法国和欧洲。

歌德(1749—1832)是德国天才的文学家,他对中国文学表现出由衷的喜爱。他阅读了大量中国文学作品,中国文学作品塑造的艺术形象给他留下了深刻的印象,当他读到《花笺记》等作品后,就仿佛"时时听到池沼的金鱼不断溅水,枝头的鸟雀不断歌唱,白天经常是明朗欢畅的,晚间常是清澄的"②。他由衷地赞美中国人在文学方面所取得的成就。当有人问他《好逑传》是不是最好的一部中国小说时,他肯定地说:"一定不是。中国人有千万部这样的小说,他们开始创作的时候,我们的祖先还在森林里生活呢!"③他在暮年深有感触地说:"我越来越看出,诗歌是人类所共有的。……'民族文学'一词现在已经没有什么意义,'世界文学'时代已经在望了。"④

⑥ 中国画对西方的影响

在西洋画进入中国的同时,中国画也传入了西方。身处中国画院并受到中国画熏染的传教士郎世宁等人所画《平定准噶尔》《回部奏凯图》运到法国后,被印成缩小本广为流传。其他中国画家的作品也大量流入欧土,如牛津的博物学家布莱克(Blake,1745—1773)曾来广州收集 700 余幅树木、水果和花卉方面的国画,英国使臣觐见乾隆皇帝后带回大量绘有中国人劳动、生活的壁花纸等等。其他绘有图案的中国瓷器、漆器也大量涌入欧洲,起到了介绍中国绘画的作用。这些中国绘画作品传到欧洲后,多被欧洲人搜集整理并刊行于世,如胡桂尔(Jacques Gabriel

---

① 引自钱林森《纪君祥的〈赵氏孤儿〉与伏尔泰的〈中国孤儿〉》,《文艺研究》1988 年第 2 期。
② 利奇温:《十八世纪中国与欧洲文化的接触》,第 125—126 页。
③ 利奇温:《十八世纪中国与欧洲文化的接触》,第 128 页。
④ *Coethe's Coversations With Eckerman*,"万人丛书",第 851 页。

Huquier,1695—1772)刊有《中国花卉翎毛图汇》《中国图案入门》,夫莱斯(Fraise)刊有《中国绘画集》等。它们的出现,便利了中国绘画的传播。

别开生面的中国画的来到,犹如一股清风,吹拂着西方画坛,受到人们的欢迎。"当时的人们,已为中国画的气氛和非常的带有奇妙的形式所陶醉,而心生向望",他们赞美"中国人惨淡经营之画品,以别开生面为佳,从不抄袭他人,唯以造化为师",叹服中国花鸟画"极为成功,其单纯而逼真,难以再胜过他们"。① 在这种崭新画风的吸引下,许多欧洲颇有名望的画家起而效仿。较早受中国画明显影响的法国画家华托(Jean Antoine Watteau,1684—1721),在其著名作品《孤岛维舟》中用墨色勾出画面轮廓,所画山水使人联想到宋代山水画。他的其他有名的中国画稿,也喜爱像中国山水画那样用单色山水作画的背景,线条飘逸,用笔明快。与华托同时或稍后受中国画影响的还有贝伦(Berain)、基洛(Gillot,1673—1722)、赫第(Hule)、彼里门(Pillement)以及部社(Poucher),其中赫第所绘的中国画长期被人误认为是华托的手笔。直至19世纪初法国的印象派画家仍受中国画的影响,如莫里斯(Malisse)即仿中国瓷画作画。在英国,山水画家柯仁(John Robert Cozen)喜用中国笔墨打轮廓,作画设色几乎与中国画无异。其弟子克利斯托尔(Joshua Christall)、利物塞治(Henry Liversedge)、特涅(Jurner)继承了这一画风。另一山水画大师康斯保罗(Gainsborough)也受到中国画影响。

⑦ 中国情调的时装打扮出现在欧洲

罗柯柯时代欧洲人的日常生活,也卷入当时流行的"中国风"中,他们的时装打扮,他们的生活娱乐,多染上中国情调。

衣着打扮是社会风俗文化的重要组成部分,在清代,欧洲在这方面也受到了中国的影响。从中国归来的传教士,经常身穿中国服装,以之作为一种荣耀,如法国传教士李明在回国期间,身着中国服饰参加舞会

---

① 纽霍夫:《路易十四时代中国文物在法国考》,《使华记》,法国1665年版;利奇温:《十八世纪中国与欧洲文化的接触》,第41页。

等社交活动,收到阵阵喝采。其他到过中国的文人商旅也对中国服装进行了介绍。中国服装的传入,很快引起欧洲人的追逐,成为他们标榜"时髦"的资本。法国在这方面表现尤为突出。国王路易十四居然在1667年一次庄重的祭典中把自己打扮成中国人的模样,使在场的达官贵人目瞪口呆;他和他的曼德侬夫人特意在中国为自己定做一对瓷器塑像,也完全是一副中国人的打扮。国君如此,其他达官贵人乃至一般平民百姓更群起效仿。凡尔赛宫的贵妇人,经常穿戴中国服饰参加舞会,民间的化妆舞会等娱乐活动,也时常有"中国男女"歌舞其间。一些营业性的行业尽量以"中国模特"招徕顾客,如巴黎的一家所谓"中国咖啡室"里,就有两位身穿中国服装的女服务员。法国之外,其他欧洲国家同样出现模仿中国装饰的风气。如18世纪中叶,维也纳等宫殿中也出现了中国服装的化妆舞会,德国1781年起修建的"木兰村"中的挤牛奶姑娘也是一副中国人的打扮。由于中国服装在欧洲获得了如此热烈的欢迎,一些颇有名气的画家受此风潮的影响,从事起中国服装的设计。大约1708年,巴黎艺术家华托(Watteau)开始了这一活动,随后部社也卷入其中,1760年又有彼里门参加这一活动,他们设计的中国服装,款式别致,十分动人,名噪一时。

⑧ 儒家思想在欧洲的传播

清代,中国以儒家学说为基础的传统的社会政治思想也传进了欧洲,并产生了一定的影响。

第一,儒家经典的翻译介绍。

中国的儒家经典"四书五经"在清代都通过翻译成拉丁文或法文等而被介绍到西方。"四书"的翻译在法国传教士大规模来华前即已展开。清初,意大利人殷铎泽(Prospero Intorcetta,1625—1696)与葡萄牙人郭纳爵(Ignatius da Costa,1599—1666)合译了《大学》《论语》,其中《大学》取名《中国的智慧》,殷铎泽另译有《中庸》,取名《中国的政治道德学》。1687年比利时人柏应理收录二人的译作在法国出版《中国之哲学家孔子》一书。另一比利时人卫方济用拉丁文翻译了"四书",并于1711年在布拉格大学刊印,他采用直译的办法,如将《大学》译成《成年人之学》、《中庸》译成《不变之中道》等,他对"四书"的翻译属于全译本。

在翻译"四书"的同时,法国传教士对"五经"也进行了较多的翻译和介绍。白晋对《易》颇有研究,写有《易经要旨》,刘应著有《易经概说》,雷孝思译有《中国最古之书易经》(1834)。《书》经方面,马若瑟、蒋友仁、宋君荣等人进行过翻译,其中宋君荣依据满文本所作的译作是他有关中国古代历史著作中最享盛名者(1852年被鲍迪爱列入"东方的圣书"出版)。《诗》经方面,白晋写有《诗经研究》,孙璋、马若瑟、宋君荣等人进行过翻译。《礼记》方面,孙璋、刘应、宋君荣等人进行过翻译。所有这些译作及研究著作在欧洲的出版(主要为拉丁文和法文),便利了儒家思想在欧洲的传播。

第二,儒家思想与启蒙运动。

传教士介绍儒家思想的目的在于说明儒家思想与基督教如出一辙,宣扬基督教的神圣与伟大。然而事情的结果却出乎传教士的意料。儒家思想是一个十分复杂的综合体,当它被介绍到西方后,一些启蒙思想家根据自己的需要,从中挑选出某些思想观点和资料,将之当成了猛烈抨击封建制度的一件武器,从而有力地推动了启蒙运动的发展。以下是最突出的三个方面:

首先,莱尼布兹等人的哲学思想与宋儒理学有一定的联系。

莱布尼兹(Gottfried Wilhelm Leibniz,1646—1716)是德国古典思辨哲学的先驱,被人称为"千古绝伦的大智者",他对中国文化充满了热情。当通过阅读各种资料及与传教士白晋长期通信联系而"发现"中国之后,他对中国文化表示出由衷的欢喜,他说:"我们从前谁也不信在这个世界上还有比我们伦理更完善、立身处世之道更进步的民族存在,现在从东方的中国,竟使我们觉醒了。"[1]他渴望吸收中国文化的精华,弥补西方文明的不足,曾说:"在我看来,我们目前的情况,道德腐败,漫无止境,我几

---

[1] Deutens, *Opera Omnia*, t. Ⅳ.

乎认为有必要请中国派遣人员来指导我们关于自然神学的目的及实践。"①正是出于这一愿望,他在许多方面吸收了中国文化的成果。著名的《单子论》不少地方表现出与宋儒理学的密切关系。他认为世界万物都是由无数"简单的实体"(simple substance)或"单子"(monad)构成,它们既是质料,又是精神体。有人研究后指出:"他的灵子(即单子)学说,在许多方面和代表中国生活的三大派——老子、孔子及中国佛学所表示的'道'的概念,有很可疑的一致的地方。所谓'先定的和谐'(Pre-established harmony),在中国则有所谓'天道'。"②这种关系在他 1714年发表的《单子论》和 1716 年发表的写给德雷蒙先生的信《论中国哲学》中表现得较为清楚。

莱布尼兹去世后,其有关中国文化的思想与热忱为其高足伏尔夫所继承。伏尔夫极度推崇孔子哲学,所产生的影响甚至超过其师。伏尔夫的再传弟子康德及其他学者,如菲希特、谢林和黑格尔、叔本华等人,也在某些方面或多或少受到中国文化的影响。

法国思想界同样受到中国哲学的影响。与德国稍有不同的是,当德国思想界把宋儒理学当作"辩证法"来接受的时候,法国的百科全书派则往往把它作为"唯物论"来宣传。狄德罗(1713—1784)、霍尔巴哈(1723—1789)是百科全书派的杰出代表,也是 18 世纪资产阶级革命时代杰出的唯物主义者和无神论者,他们在不少地方都受过中国文化的影响。狄德罗十分重视宋代理学的自然哲学,推崇孔子的"理性教",赞美中国人在哲学等方面所取得的成就。他说:"中国民族,其历史的悠久,文化、艺术、智慧、政治、哲学的趣味,无不在所有民族之上。"③他在所写《百科全书》"中国哲学"条目中考察了先秦至明末的中国哲学发展史。他还注意吸收曾受宋儒理学影响的莱布尼兹"单子论"的辩证法思想,从而由一个早期不彻底的自然神论者发展为公开的唯物主义无神论者。

---

① 引自利奇温《十八世纪中国与欧洲文化的接触》,第 71 页。
② 利奇温:《十八世纪中国与欧洲文化的接触》,第 69—70 页。
③ 赖赫淮恩:《中国与欧洲》。

　　法国启蒙运动中的另一伟大思想家伏尔泰是个自然神论者，他对儒家思想的颂扬也就常常站在自然神论的立场上。在伏尔泰看来，神是一种不可动摇的自然规律，中国的儒家思想"使世人获得对神最纯真的认识……而无需求助于神的启示"[1]，正好符合这种自然神论，因此他热情赞扬孔子及其创立的中国儒教："他们的孔夫子……既不做神启者，也不做先知；他是传授古代律法的贤明官吏……他只以道德谆谆教诲，而不宣传任何教仪秘典。"[2]在这种情况下，孔子提倡的"己所不欲，勿施于人"的道德规范，便为其自然神论提供了思想基础。

　　其次，儒家宣扬的治国之道受到百科全书派的推崇。

　　以狄德罗为代表的法国百科全书派启蒙思想家们，在尖锐抨击封建制度的同时，热烈追求一种开明、道德和理性的政治理想，于是中国儒家所宣扬的一些治国之道及奉儒家为正统的中国政府，就成了他们借以宣传自己主张的楷模。

　　儒家学说有强调道德的部分，提倡"德治"，倡导人们走修身、齐家、治国、平天下之路。儒家思想的这一主张甚合法国启蒙思想家的需要，因而受到百般推崇。伏尔泰说道：孔子及其儒教，"唯以德教人"[3]。狄德罗指出，中国儒教"只需以'理性'或'真理'便可以治国平天下"[4]。启蒙思想家们还赞扬道："中国是世界上唯一的将政治和道德相结合的国家。这个历史悠久的帝国告诉人们，要使国家繁荣，必须依靠道德。"[5]对于中国的皇帝，他们也大加歌颂，如康熙皇帝被他们赞扬为"以善良仁慈、行高德美而驰名遐迩的君主"[6]，其子雍正皇帝也被说成"世上最公正、最有教养、最贤明的君主"[7]。总之，在启蒙思想家眼中，中国完全是世界最为

---

[1]《伏尔泰全集》卷 3。

[2] *Essai sur les moeurs*，p. 24.

[3] 王德昭：《服尔德著作中所见之中国》，《新亚学报》，第 181 页，1970 年。

[4] 见朱谦之《中国思想对于欧洲文化之影响》，第 276 页，商务印书馆 1940 年版。

[5] 五来欣造：《儒教对于德国政治思想的影响》，第 573、574 页，1929 年。

[6] 伏尔泰：《路易十四时代》，第 600 页，商务印书馆 1982 年版。

[7] *Voltaire Romans et Contes philosophiques*，Editions du Progrés，1964，Moscou，p. 316.

完美的国家,伏尔泰曾感慨地说:"人的头脑肯定想象不出一种比这更好的政府了"①;"我们对于中国人的优点,即使不至五体投地,但最少可以承认他们帝国的组织为世界上前所未见的最好的"②。儒家的学说和中国的封建政府,事实上绝没有法国启蒙学思想家所说的那样美好,但从这种赞美中,透露出了这些思想家的追求。

再次,法国的重农学派对中国的重农传统非常重视。

重农学派是法国 18 世纪重要的思想派别。重农学派的代表人物魁奈、杜尔哥与中国文化的关系都十分密切。魁奈(Francois Quesnay,1694—1774)所写《中国的专制制度》一书,颂扬中国文化,尤其推崇中国的重农传统与政策,他也被人称为"欧洲的孔子"。杜尔哥(Turgot,1727—1781)曾任法国财政大臣,与中国留法学生高类思、杨德望有过直接交往,写有《给两位中国人关于研究中国问题的指示》,要求他们回国后对中国的土地、赋税、物产等农业情况进行调查。由于注意了解中国的农业经济情况与重农思想,他们的理论在某些方面打上了中国文化的痕迹。重农学派的基本理论是以农为本,强调农业的地位,贬低商业和货币的作用。他们认为"土地是财富的唯一源泉,只有农业能够增加财富"③,这种思想与中国历史上的重农轻商传统观念十分相似。他们强调"农人穷困,则国家穷困;国家穷困,则国王亦贫"④,这与中国儒家所说的"百姓足,君孰与不足;百姓不足,君孰与足"也颇为相近。重农学派的另一重要主张——土地单一税,同样受到中国重农思想与农业政策的影响。魁奈对中国古代税制尤其是《周易》均田贡赋之税进行了细致的研究,认为"田既有多寡、肥瘠之别,税制以分别抽税为理想;当令地主纳粮而使耕作之人免税,惟中国历来税制,能具有此数种优点"⑤。与中国古

① 伏尔泰:《论道德》。
② 伏尔泰:《礼俗论》第 38 章。
③ 《魁奈经济著作选集》,第 333 页,商务印书馆 1981 年版。
④ 引自朱谦之《中国哲学对于欧洲的影响》,第 307 页。
⑤ 唐庆增:《中国经济思想史》上卷,第 365—366 页,商务印书馆 1936 年版。

代税制及农业政策的这种启示有关,他们主张土地单一税,认为一切赋税都应该由土地所有者阶级来负担。由于理论多与中国传统思想有相似之处,重农学派被当时的欧洲人看成是孔子的学说。①

第三节　中国与俄国的文化交流

俄国也是个欧洲国家,与中国并不接壤,16 世纪以来,随着俄国不断向东方推进及侵入我国黑龙江地区,中俄两国出现了较频繁的直接交往,中俄之间的文化交流也逐渐开展起来。由于俄国在历史条件、文化背景和宗教信仰等方面与西欧各国存在着种种差别,中俄之间的文化交流与中西关系也有所不同,为了能够更好地说明问题,我们在此另做专门介绍。

一、北京的东正教传教士团

与中西关系类似,中俄文化交流中传教士的来华也占有令人不可忽视的地位。

俄国也信仰基督教,与西欧国家不同的是,它所信仰的主要是基督教中的东正教。东正教与其他基督教教派(天主教、新教)在基本教义上并无本质不同,有所差别的是东正教会一般承认世俗的统治者是他们的最高首脑,教会是国家的一个组成部分。正如马克思所说:"正教不同于基督教其他教派的主要特征,就是国家和教会、世俗生活和宗教生活混为一体。"②随着俄国人进入中国境内,东正教也就在我国得到传播。

康熙四年(1665),俄国军队占领了我国黑龙江左岸的雅克萨,修建据点,俄国东正教教士叶尔莫据在据点内修建了一座纪念"耶稣复活"的教堂。1671 年,据点外又修起了一座"仁慈救世主"教堂。以上是中国最

---

① 利奇温:《十八世纪中国与欧洲文化的接触》。
②《马克思恩格斯全集》第 10 卷,第 141 页。

早出现的东正教教堂。

为了抗击俄国人的入侵，1685 年前后我国军民展开了反击，并在雅克萨战役中俘虏了一大批俄国士兵。这批人得到宽大处理，被编成"俄罗斯佐领"安置在北京东直门内，即所谓"阿尔巴津人"。出于对他们的宗教信仰的照顾，清政府赐给他们一座庙宇，由他们中的东正教司祭马克西姆·列昂节夫主持。他将这座庙宇改为"圣尼古拉教堂"，俗称"罗刹庙"，又称北馆或北堂，它是北京城内第一座俄国东正教教堂。1689 年中俄《尼布楚条约》签订之后，中俄逐渐建立起比较正常的外交关系，俄国要求选派传教士来中国，得到清政府的批准。1715 年，由大司祭依腊离宛等人组成的东正教北京传教士团来到北京，住在俄罗斯北馆，这就是俄国派往中国的第一个正式的传教士团。1728 年中俄签订《恰克图条约》，俄国取得了每十年（后改为五年）派遣传教士来华的合法权利，同时条约还允许有数名学生随行，为此清政府帮助他们在北京东江米巷建立了另一个新的教堂——"奉献节堂"，俗称俄罗斯南馆。自此之后，俄国每隔一段时间就派遣一批传教士来到北京。俄国东正教在中国取得这种有利条件，使俄国传教士团成了"1860 年外国在北京建立使馆"以前"欧洲在中国的唯一代表"。[1] 不过，俄国人在传教方面并没有因此取得更多的成果，据史料记载，当时传教士团内部秩序较为松散，"这些人之间完全谈不上和谐一致。新教堂的院长布拉阔甫斯基简直无法使圣尼古拉教堂的教士服从他的命令"，不少人酗酒，言行粗暴，以致"中国大臣们对于俄国正教会的紊乱状态非常气愤"。在政治方面，"俄国利用宗教来达到外交上的目的"，俄国传教士团"政治方面的特点使它不同于其他在华的宗教团体"。他们的活动主要"限于为俄国人和极少数的几个中国皈依者做宗教礼拜"，"在人数方面、人才方面以及教士的声誉方面都不如它的劲敌"。[2] 据统计，1715—1860 年的 145 年间，俄国传教士团人

---

① 帕夫洛夫斯基：《中俄关系》，第 145 页，纽约 1949 年。
② 加斯东·加恩：《彼得大帝时期的俄中关系史》，第 269—273 页，商务印书馆 1980 年版。

员共轮换 13 次,来华神职人员共 155 名,而教徒只有 200 名左右。①

二、清朝的俄语教学

随着中俄交往的日渐频繁及俄国传教士和学生的不断来华,中国人对俄国的了解也日益增多。康熙五十一年(1712),清内阁侍读图理琛奉命前往俄国伏尔加河探望土尔扈特部,回国之后他将沿途见闻写成《异域录》一书,这是我国首部介绍俄国民情风俗等情况的书。不过总的来说,当时碍于语言的不通,中国人对俄国的了解还是有限的,这也在一定程度上影响了清政府对俄国的交往。为了改变这一状况、培养自己的俄语"通事",清政府于康熙四十七年(1708)设立了一所俄语学校"内阁俄罗斯文馆",由驻京的"阿尔巴津人"授课。1715 年后来华的传教士团及学生参与了这一教学活动。由于这些留学生同时又是有名的学者和汉学家②,因此教学的效果较好,为清政府培养了一批有用的俄语翻译人才,在一定程度上满足了处理对俄关系的需要。如乾隆皇帝曾称赞一位叫员承宁的译员"熟悉俄罗斯文字,向来俄罗斯事件,俱能悉心妥译",要求其他"俄罗斯学生,务须悉心训课"。③

三、俄国对中国的研究

俄国人虽然在传教方面没有取得与其有利条件相称的成果,但在对中国的研究方面有不少收获。

按照中俄《恰克图条约》的规定来华的俄国学生来到中国后,受到清政府的欢迎,被安置在国子监所设的俄罗斯学馆中,学习中国语言、文学和历史,他们中间不少人因此获得丰富的中国文化知识,从事"汉学"研究,成为俄国的第一代"汉学家",俄国的"汉学"研究由此开展起来。

---

① 费·莱诺肯提乙:《中国的东正教会》,《教务杂志》1916 年第 10 期,第 680 页。
② 王罐:《〈俄国中国学史概要〉简介》,《中国史研究动态》1980 年第 12 期。
③《清高宗实录》卷 1375,乾隆五十六年辛亥三月。

伊·罗索欣（？—1761）是俄国学生中著名的学者。他随第二届传教士团来到中国，1729—1740 年间在北京学习。他对汉语和满语有较多的了解，翻译和注解了中国的书籍近 30 部，如《三字经》《千字文》《资治通鉴纲目》《钦定平定准噶尔方略》等。有的注解做得较为详尽，直到今天尚是苏联学者的参考资料，他本人被后来的苏联汉学家称为俄国的第一个中国学家（汉学家）。① 阿·列昂节夫（1716—1786）是随第三届传教士团来华的一个杰出学生，他翻译有 20 种满汉书籍，如《大学》《中庸》《易经》《大清会典》《理藩院则例》，编有《满汉辞汇注释》，其中《大学》《中庸》为最初的俄译本。他的《中国思想》一书较有影响，相继以德文本、法文本于 1778 年、1807 年刊刻行世，引起了西欧汉学家对俄国的注意。他还完成了罗索欣未完成的《八旗通志》的庞大翻译工作。其他来华学生也在研究中国，如随第七届传教士团来华的安东·弗拉迪金就编写有几部字典和"第一部满文文法"，被苏联学者称作"第一个满语学家"。② 在学习和研究中国文化的同时，这些学生还在国内从事满汉语的教学活动，介绍中国语言文字。如罗索欣回国之后主持了一个学校的满汉语的教学，所用教材为他携回的会话读本及他翻译的中国书籍。列昂节夫也曾在彼得堡满汉语学校任教。弗拉迪金主持了 1798 年成立的一所培养汉语、满语等译员的学校的教学。以上这些学生和汉学家的活动，为以后俄国汉学的发展打下了基础。

19 世纪俄国汉学进入了新的发展时期。在 19 世纪初的几十年内，俄国传教士和学生中的汉学人才辈出，其中名声最大的当推雅金甫·俾丘林（1777—1853）。俾丘林是第九届传教士团领班大司祭，同时也是俄国科学院通讯院士。他在驻京 14 年间，广泛结交满汉官僚贵族，阅读大量中国书籍，具有较深的中国文化修养。他翻译和编著了很多关于中国的书籍，如《元朝秘史》《西藏志》《蒙古志》《女真志和东土尔克斯坦古代

---

① H. E. 斯卡奇科夫：《俄国中国学史概要》，苏联科学出版社 1977 年版。参见王罐《〈俄国中国学史概要〉简介》，《中国史研究动态》1980 年第 12 期。

② H. E. 斯卡奇科夫：《俄国中国学史概要》。

和近代情况》《中华帝国统计资料汇述》《汉语语法》《中国及其风俗习惯》以及《中国的农业》等。他还利用回国的机会将其收录到的大量有关中国的资料运往俄国,据有关记载,他曾带走了几吨重的中国书籍,①数量多于前八届传教士团带走的中国图书资料的总和,②"所搞到的收藏品填满了俄国的图书馆和博物馆"③。他所收集到的中国资料十分丰富,其中不少为同时代西欧汉学家所未见,加之他所写的著作具有较高的水平,从而使当时的俄国汉学研究在某些方面超过了西欧,④俾丘林本人也由于成绩卓著而被称为"俄国的汉学之父"。19世纪初期俄国较有名的对中国有一定研究的学者或汉学家,还有帕·卡缅斯基(1765—1845)、斯·利波夫佐夫(1770—1841)、扎·弗·列昂捷夫斯基(1799—1874)、康·格·克雷姆斯基(1796—1861)、格·米·罗佐夫(1808—1853)以及奥·科瓦列夫斯基(1800—1878)等,这些人都先后来到过中国,其中奥·科瓦列夫斯基也搜集了不少资料,被称为"蒙古学家"。在这些学者的推动之下,俄国的满汉语教学和汉学研究在各大学和科研机构中进一步开展起来。俾丘林创办了恰克图汉语学校,并负责该校的教学工作,亲自编写《汉俄会话教材》《汉语语法》等教材,制订具体的教学计划。⑤他的活动对俄国其他院校的满汉语教学产生了较大影响。1828年喀山大学设立了蒙古语讲座,1837年又设立汉语讲座。彼得堡、莫斯科、海参威等大学或科学院在19世纪初以后先后成立了研究中国的机构。

第四节　中国文化在美洲的传播

在清朝前期,中国文化继明代之后进一步向美洲传播。

---

① 派克:《中国与宗教》,1905年,纽约。
② 德贞:《中俄政教志略》第5部分,第35页。
③ 戈尔巴切娃、吉洪诺夫:《俄国研究中国史略》,《苏联东方学》1955年第5期。
④ 参见林树山《沙俄与苏联的中国史研究》,《中国史研究动态》1984年第5期。
⑤ 参见王罐《〈俄国中国学史概要〉简介》,《中国史研究动态》1980年第12期。

一、中国的丝绸、瓷器继续影响美洲居民的生活

中国丝绸仍是经菲律宾运往美洲的大宗商品。如1774年出发的商船运去珠色广州缎250匹,深红色纱72匹,另有双丝袜1140双。[①] 据1748年的安达卢西亚商人说,大帆船的中国货物遍布整个西班牙美洲,[②]"沿着南美海岸,无处不有中国丝绸的踪迹"[③]。来自西班牙的贵族及土生白人十分喜欢穿用中国丝绸制成的衣服,并用它们装饰室内与马车。一般的印第安人也喜用中国丝绸打扮自己,即使平日自诩超脱"尘世"的传教士们也抵不过中国丝绸的诱惑,用中国绸缎制成法衣,或用中国丝绸制成挂幢,悬挂于教堂之内,渲染出一种传教士所希望的神秘气氛。当时的资料记载了这一时尚,如1720年的法规指出:"中国货物打扮了新西班牙土人们的日常穿着。"[④]

中国瓷器也继续大量流入美洲,据记载,仅1730年萨克拉·费末莉亚号船停泊阿卡普尔科时就运有120桶中国瓷器。1686年前后的巴西上流社会,即使人们在教堂祈祷的前后瞬时也要常常聚在一起品评中国瓷器。1714年去世的富翁菲赞(Fiuzza)收藏有大量中国瓷器,其中"哈巴狗""公鸡"等瓷塑十分动人。[⑤] 到18世纪后期,更有美洲的中国瓷器迷特意在中国定制绘有"纹章"的餐具。传教士们也是如此,他们或者用中国瓷器装饰教堂,或者将中国瓷器当作教产,如1686年贝莱姆·达卡乔埃伊拉修道院就曾用中国瓷器装饰塔楼。

二、其他中国工艺品在美洲的流传

中国的其他工艺品也大量涌入美洲,并流传开来。中国的漆器、屏

---

① 全汉升:《自明季至清中叶西属美洲的中国丝货贸易》,《中国经济史论丛》。
② 舒尔茨:《马尼拉大帆船》,第370—371页,纽约1959年。
③ 安尼塔·布雷德利:《拉丁美洲环太平洋之关系史》,第6页,纽约1941年。
④ 引自罗荣渠《中国与拉丁美洲的历史联系》,《北京大学学报》1986年第2期。
⑤ 参见朱培初《明清陶瓷和世界文化的交流》,第124—126页。

风、壁纸,很为美洲上流社会所喜用;中国的首饰、折伞、梳子、扇子更是美洲姑娘的心爱之物。据记载,18世纪,即使远离墨西哥城的卡塔赫纳爱,"人们也都在摇着葵扇"①。另外,中国的纸牌等成了当时美洲人生活娱乐中的喜用之物,由中国轿子演化而来的轿式马车也能在美洲的大地上看到。关于中国文化对美洲的这种影响,有人曾以巴西为例进行过说明:"对于巴西作为热带地区的一种新型文明的发展,中国甚至起过直接的影响。"②

三、美洲华人的贡献

清代中国文化在美洲的传播,很多是通过欧洲人或其他外国人进行的,但也有不少是中国人直接活动的结果。当时有许多中国的商人、手工艺人以及华工由于种种原因来到美洲,他们进入美洲之后十分活跃,将中国的各种传统技艺及生产经验传播开来,促进了一些地区经济的发展与城镇的繁荣。在这方面,中国姑娘美兰是一个显著例子。1614年,13岁的美兰被海盗掠运到马尼拉,随后被一个西班牙船长带到阿卡普尔科。进入异国的美兰以其善良、勤劳的中国美德获得人们的尊敬,她将自己娴熟的刺绣、剪裁等中国传统技艺无私地传授给美洲人民,从而制作出一件融汇中国和墨西哥服装特色的"中国——普埃布拉女服"。当1688年她去世时,美洲人民沉痛地安葬了她,并在她的墓碑上写下了这样的铭文:"她出生于高贵的摇篮,那种谦虚的品格,令人敬爱。生存了87个年头,她的死亡,使大家惋惜、悲痛。"③

---

① 胡安·德乌略亚:《南美洲之行》,第29页,纽约1964年。
② Gllberto Freyer,*New World in the Tropics—The Culture of Modern Brazil*,1959.
③ 欧阳民主编:《墨国下加省华侨沿革史略》,第85—86页,香港1971年。

南炳文 主编

明清文化通史

清后期卷·

南炳文 傅美林 著

Cultural History of
the Ming and Qing Dynasties

Vol.3 Late Qing Period

江苏人民出版社

图书在版编目（CIP）数据

明清文化通史. 清后期卷 / 南炳文，傅美林著. —
南京：江苏人民出版社，2023.4
ISBN 978-7-214-27196-9

Ⅰ. ①明… Ⅱ. ①南… ②傅… Ⅲ. ①文化史—中国
—清后期 Ⅳ. ①K248.03

中国版本图书馆 CIP 数据核字（2022）第 083073 号

书　　　名	明清文化通史·清后期卷
主　　　编	南炳文
著　　　者	南炳文　傅美林
责 任 编 辑	康海源
特 约 编 辑	胡宝亮
装 帧 设 计	周伟伟
责 任 监 制	王　娟
出 版 发 行	江苏人民出版社
地　　　址	南京市湖南路 1 号 A 楼，邮编：210009
照　　　排	江苏凤凰制版有限公司
印　　　刷	江苏凤凰盐城印刷有限公司
开　　　本	652 毫米×960 毫米　1/16
印　　　张	96.5　插页 12
字　　　数	1293 千字
版　　　次	2023 年 4 月第 1 版
印　　　次	2023 年 4 月第 1 次印刷
标 准 书 号	ISBN 978-7-214-27196-9
定　　　价	398.00 元（全三册）

（江苏人民出版社图书凡印装错误可向承印厂调换）

目　录

绪　论

　　本卷所述之清后期,始于 1840 年鸦片战争爆发,终于 1911 年清朝灭亡。在此七十余年中,共经过了道光、咸丰、同治、光绪、宣统五个皇帝的统治。这一时期,由于鸦片战争中中国遭到失败,被迫订下耻辱的城下之盟,而后资本帝国主义更加紧了对中国的侵略和欺侮,中国一步步沦为半殖民地半封建社会,国家和人民艰难困苦不堪言状。

　　面对困境,中国人民没有颓丧,没有被吓倒,没有麻木,没有逆来顺受,而是振奋精神,化悲痛为力量,奋起开展不屈不挠、坚持不懈反对外来侵略的英勇壮烈的斗争。与救亡图存的实际斗争相配合,则是在文化上进行自我反省,扬其长,补其短,特别是从上到下,努力拓展学习西方现代文明成果的渠道,或派出留学生,或利用出使西方的机会,或关注西方传教士等人员来华后为配合其需要而带到中国的先进文化成果,学习西方文化,形成了促进中国文化向现代转型急切探索的热烈局面。这种作为,使得西方的现代科学技术、西方的现代观念思想,以及西方支撑先进文化传播、创新和支撑掌握先进文化人才培养而使用的有效方式方法,越来越多地传入中国,为中国人所掌握和利用,从而使中国在文化上开始迈进现代化之门,并影响了中国旧有的学科、文化形态,使之得以吸纳新因素、改造旧成份、坚持好传统,从而实现华丽转身的好结果。中国文化上的现代化转向和进展,为当时中国政治、经济、军事以及整个社会形态的现代化改革、改良,准备了思想、人才等方面的条件,并促使之逐步付诸实际进行之中。

第一章　学习西方文化的重要手段——留学外国

鸦片战争后,面对危局,清朝在走向现代化、社会转型的过程中,深感新式人才之匮乏,于是向海外派遣留学生。留学生身处西方社会,眼界大开,或刻苦学习西方科学技术,为振兴中华贡献自己的力量;或潜心研究西方人文社会科学尤其是社会政治学说,努力寻求救国救民的真理。

第一节　留学生运动

一、幼童赴美留学

(一)派遣幼童赴美留学

1870 年,曾国藩到天津处理天津教案,容闳担任翻译。容闳力主派学生留洋。曾国藩经过认真考虑,终于接受了容闳的建议,拟与李鸿章联名上奏,请求清政府旨准。是年冬,清政府旨准了曾国藩、李鸿章派遣学生留美的奏折。1871 年 8 月,曾国藩、李鸿章又联名上奏,除进一步强调派学生出洋留学的重要意义,还具体制定了 12 条章程,主要有:

1. 与美国政府联系,允许中国派幼童入美国学校学习。经费由清政府支付。

2. 在上海设立留学出洋局,派专人负责,挑选出洋幼童先在该局训练,准备出国。

3. 幼童年龄十二三岁左右,计划先派 120 名,分四年派出,留学期限 15 年。

4. 幼童所学专业由清政府决定,归国后也由清政府录用。

5. 幼童赴美后要兼习中文,听候指挥。

6. 留学经费共需库平银 120 万两。

1872 年 2 月,曾国藩、李鸿章为学生出洋留学之事第三次联名上奏,进一步明确了幼童留学规章,并确定了有关负责人:陈兰彬任出洋局委员,容闳任副委员,曾恒忠任翻译,叶源濬为出洋中文教习,刘翰清主持幼童出国前在上海的训练。幼童赴美前,由容闳先行抵达美国,安排有关事宜。

从 1872 年至 1875 年,120 名幼童按计划分四批赴美:

1872 年 8 月 11 日,第一批幼童 30 名由陈兰彬率领赴美,翻译曾兰生、中文教习叶绪东同行;1873 年 6 月 12 日,第二批幼童 30 名由黄胜率领赴美,香港、上海 7 名自费留美学生同行;1874 年 9 月 19 日,第三批幼童由祁兆熙率领赴美;1875 年 10 月 14 日,第四批幼童 30 名由邝其照率领赴美,上海 3 名自费留学生同行。

120 名官费留美学生的年龄情况是:10 岁 7 人,11 岁 19 人,12 岁 26 人,13 岁 36 人,14 岁 25 人,15 岁 4 人,16 岁 1 人,不详者 2 人。其中最小者 10 岁,最大者 16 岁,12—13 岁者超过半数。其地区分布是:广东 84 人,占 70%;江苏 21 人,占 17.5%;浙江 8 人,占 6.7%;安徽 4 人,占 3.3%;福建 2 人,占 1.7%;山东 1 人,占 0.8%。上述分布情况与早期中国各地受西方文化影响的程度大体一致。

(二)中美文化冲突与留美幼童中途撤回

赴美幼童的日常生活多受美国生活习惯制约。由于他们"上美国的学校,天天和美国孩子在一起,在这种情形下,要使他们心甘情愿地继续学习中文,严守中国礼教的规矩,实在是件不容易的事,所以他们的思想观念在逐渐改变，生活习惯开始美国化"。① 在衣着上，幼童们讨厌中国传统的长袍马褂，喜欢美式衣服，尤其在运动场上，中国绅士式的打扮不便于运动，他们都穿运动衣。特别是脑后那条辫子，是令幼童们最头痛最尴尬的问题，不仅常常被美国人嘲弄，而且在运动中极为不便。因此，有的干脆把辫子剪掉，见清政府长官时再装上一条假辫进行应付。辫子问题表面上是生活习俗问题，但在当时是严重的政治问题。由于受西方文化的影响，一些幼童对封建等级伦理也十分反感。他们见长官不愿叩头作揖，对孔子牌位不毕恭毕敬地拜谒，读"四书""五经"也不那么认真。相反，幼童们对各种体育运动兴趣浓厚。

在学习上，幼童受到美国文化的影响更大。他们从小学、中学到大学受的是正规而系统的美式文化教育，接受的是崭新的自然科学与社会科学知识。在文化素养与知识结构方面，占绝对优势的是"西学"而非"中学"。

先后担任留学生监督的陈兰彬、区谔良、吴子登，都是封建伦理道德观念极强的人。他们与留美幼童之间存在着尖锐的、他们自身又无力解决的矛盾，而这种矛盾，正是中美两种文化的矛盾与冲突。

陈兰彬、吴子登等联合起来向留学幼童"开刀"。陈兰彬不断向清政府上奏，攻击留美幼童背叛了"祖训"，甚至有可能背叛朝廷。吴子登也多次上奏，说："学生在美，专好学美国人的运动游戏之事，读书时少而游戏时多，或且效尤美人，入各种秘密社会。此种社会，有为宗教者，有为政治者，要皆有不正当之行为。坐是之故，学生绝无敬师之礼，对于新监督之训言，若东风之过耳！又因习耶教科学，或入星期学校，故学生已多半入耶稣教。此等学生，若更令其久居美国，必致全失其爱国之心，他日纵能学成回国，非特无益于国家，亦且有害于社会。欲为中国国家谋幸福计，当从速解散留学事务所，撤回留美学生。能早一日施行，即国家早获一日之福。"②

---

① 刘真主编：《留学教育》第 1 册，第 93、33 页。
② 容闳：《西学东渐记》，第 138 页。

对于陈兰彬、吴子登等人无中生有、危言耸听的言论及再三要求撤回留美幼童的主张,具体主管此项事务的李鸿章举棋不定。而总理衙门大臣奕䜣则采纳了陈兰彬、吴子登等人的意见,在上奏中认为留美幼童"外洋之长技尚未周知,彼族之浇风早经习染,……将出洋学生一律调回"。[①] 这样,撤回留美幼童遂成定案。

从 1881 年 8 月 21 日起,留美幼童分三批陆续回国。

(三)早期留美学生的历史地位

留美幼童虽然由于中途回国,大部分人尚未毕业,但在辛亥革命前后,由于他们的艰苦奋斗,有的成为政界、军界、商界的知名人物,有的成为工厂、铁路、矿山、建筑等部门的技术骨干,在中国走向近代化以及中外文化交流方面做出了重大贡献。

据不完全统计,这些留美学生中从事工矿、铁路、电报者 30 人,其中工矿负责人 9 人,工程师 6 人,铁路局长 3 人;从事教育的 5 人,其中大学校长 2 人;从事外交、行政者 24 人,其中领事、代办以上者 12 人,外交次长、公使 2 人,外交总长 1 人,内阁总理 1 人;从事商业者 7 人;加入海军者 20 人,其中海军将领 14 人。[②]

在外交界,一些留美学生成为著名人物。人们熟知的梁敦彦做过外交总长,吴仲贤任驻墨西哥代办时为保护华工的利益做出了很大贡献,特别是通过艰苦努力索回 108 名死亡华工的赔偿金。梁丕旭在外交界也很出名,1901 年他陪同醇亲王载沣出访德国,德皇威廉二世为侮辱中国,竟要载沣下跪叩头,梁丕旭据理辩驳,迫使德皇以平等礼仪相待。在退回庚子赔款充作留美学生经费问题上,梁丕旭在与美方交涉中也发挥了一定的作用。当著名律师张康仁在纽约工作遭到排斥时,梁丕旭又挺身而出,据理力争,使纽约州议会不得不特许张康仁正常营业。曾经担任过内阁总理的唐绍仪,是外交和政界的重量级人物。回国后被分配到

---

① 中国近代史资料丛刊《洋务运动》第 2 册,第 166 页。
② 李喜所:《中国近代早期留美生小传》,《南开史学》1984 年第 1 期。

福州船政局和北洋水师学堂的留美学生大都参加了中法战争和中日甲午战争。中法战争七星塔战役中，几位留美学生打得非常顽强，其中杨兆楠、黄季良、薛有福、邝咏钟壮烈牺牲。在中日甲午黄海战役中，陈金揆作为致远舰大副，与邓世昌密切配合，"率舰冲锋陷阵"，最后以身殉国。沈寿昌、黄祖莲也在此役中牺牲。吴应科因作战英勇而受到清政府嘉奖，后升任舰队司令。徐振鹏曾任海军次长。唐国安在任清华学堂校长期间，为清末民初大批青年赴美留学做出了应有的贡献。蔡绍基任北洋大学校长，林联辉任天津北洋医学院长，都有所建树。有的留美学生则为中美文化交流做出了贡献。蔡廷干曾用英文撰写《唐诗英韵》，并于1930年由芝加哥大学出版社出版。他晚年所写的研究老子的著作《老解老》一书，在美国也产生了较大的影响。陪同留美学生任翻译的邝其照，在哈特福德五年如一日，刻苦钻研，最终写成巨著《英文成语词典》，1881年在美国纽约出版，影响及于今日。

留美学生贡献最大的是在工商企业方面，他们在工厂、矿山、铁路、航运、电报、电话、银行、商店等部门担任技术指导，传播西方的先进技术。邝炳光在直隶、山东、湖北从事各种工程建设，并将其研究成果写成《金银冶金学》一书，具有较高的学术水平。邝荣光是开平煤矿著名的采矿工程师，参与过许多煤矿的勘测，曾发现湘潭煤矿。1905年，他还绘制了《直隶省地质图》和《直隶省矿产图》，是中国最早的有一定水平的地质图。吴仰曾也是开平煤矿的优秀工程师，八国联军侵华战争时他组织自卫队，用生命保护煤矿，不仅挫败了沙俄掠夺该矿的阴谋，而且保障了当时市场的燃煤供应。从事电报、电话事业的留美学生实际上是中国通信事业的奠基者。上海、天津、湖北、福建等地的电报、电话局，都由他们亲手组建。梁金荣将一生献给了江西电报局，是该局电报事业的开拓者。程大业是满洲里电报局的筹建者，并在此工作到生命的终点。梁敦彦早年曾在天津电报学堂任教，培养了一批技术人才。其实，早在1885年，即第一批留美幼童回国后的第四年，李鸿章在上清政府的奏折中就已经承认，这批留美学生在测算、制造、电报、医学诸领域技术熟练，且"深明窥要",其美国教习也很满意,"咸谓该学生造诣有得,足供任使"。[①] 留美学生中还涌现出一些学有专长的管理人才。上海江南制造总局、轮船招商局、北京海关总署、上海储蓄银行、中国轮船电报公司、唐山采矿工程公司、南京造币厂,等等,都有他们充任总办、帮办或经理。在铁路的建设中,留美学生更是成绩卓著:钟文耀是沪宁铁路总办;罗国瑞曾在湖北、贵州、云南、广东勘测铁路,并帮助修建津浦铁路南段工程;黄仲良是粤汉铁路广东段总办、津浦铁路总办;苏锐钊是广州至三水铁路总经理;周长龄是京沈铁路董事;邝景扬是粤汉铁路广东段总经理;卢祖华是京沈铁路经理;杨昌龄任京张铁路指挥;黄耀昌担任过沪宁铁路上海段经理,兼任京汉铁路北京段经理;此外,尚有十多人参与了京沈、京张、京汉、津浦、沪宁、粤汉铁路的修建。而他们中的杰出代表则是詹天佑,在第二章中我们对他有专门介绍。

二、派遣学生留欧

1875年,福州船政局技术监督法国人日意格即将返回欧洲,为了使技术人员开阔眼界,增长才干,福州船政局选派魏瀚、陈兆翱、陈季同、刘步蟾、林泰曾等五人随日意格前往英国、法国参观学习。这是派遣留欧学生的先导。1876年,李鸿章又趁洋员李劢协回国之便,派武弁卞长胜、朱耀彩、王得胜、杨德明、查连标、袁雨春、刘芳圃等七人赴德国学习军事技术。这又为向欧洲派遣留学生提供了经验。

实际上,在1874年,时任福建船政大臣的沈葆桢就提出派遣船政学堂学生赴欧洲留学的动议。是年,福州船政局一大批外国技术人员和外籍教师将按合国规定,期满回国。这给福州船政局与船政学堂带来很大的压力,沈葆桢急切上奏:第一,从前堂学生中选择成绩优者往法国学习造船,掌握西方新技术;第二,从后堂学生中挑选品学兼优者赴英国学

---

① 中国近代史资料丛刊《洋务运动》第2册,第168页。

习驾驶和海军操练,以精通"练兵制胜之理"①;第三,待第一批留学生归国后,再派遣第二、第三批。沈葆桢的建议考虑周详,切实可行。1876年,洋务派官僚李鸿章等认为选派学生留欧的条件业已成熟,同意沈葆桢从船政学堂选拔各方面条件较好的优秀学生赴欧洲留学。于是沈上奏清廷并获允准。经过一段时间筹集经费,自 1877 年开始派遣学生留欧。

（一）留欧学生的特点

1. 人数少,分期选派

留欧学生不像留美学生那样,一开始就派出 120 名,而是逐步挑选,分批派遣,成熟多少,则派遣多少。1877 年 4 月,沈葆桢通过全面考察从福州船政学堂选取学习制造的学生 14 名、艺徒 4 名、学习驾驶的学生 12 名,由监督李凤苞与法国人日意格率领,前往英国、法国,随员马建忠、文案陈季同、翻译罗丰禄同行。时隔 4 年,1881 年 12 月,李鸿章经过严格挑选,从天津水师学堂与福州船政学堂派遣黄庭等 10人,分别赴法国、英国、德国留学,学习枪炮、制造、火药、鱼雷、驾驶、营造等科目。又间隔 5 年,1886 年 3 月,李鸿章又从北洋水师学堂选取优秀生 10 名,从福州船政学堂选取高才生 24 名,其中驾驶生 10 名、制造生 14 名,由周懋琦率领,前往英国、法国留学,学习测绘、驾驶、兵船、管轮、制造等科目。

从以上情况看,选派留欧学生时间之长、间隔之大、人数之零散,与选派留美学生显然不同。

2. 年龄大,基础雄厚

留欧学生大都是 20 岁左右的青年,不仅能独立生活与独立思考,而且在出国前掌握了一些基础科学知识以及航海、操作、制作的专业技能,外语基本过关。以福州船政学堂为例,要求在校期间必须严格学完所规定的课程,并有长时间的实习。这样,学生书本知识能

---

① 《船政奏议汇编》卷 9,第 11 页。

与实际应用相结合。选派这样的学生留欧,针对性强,使学生循序渐进,很快提高。与选派留美学生相比,既省费用,收效快,也较易管理。

3. 期限短,规定严格

由于培养目标不同,留欧学生的学习年限不一,大都是 2 到 4 年,最长的 6 年。这比留美幼童预定的 15 年要短得多。与此同时,清政府对留欧学生的所选学校、所学课程、培养目标、实习程序等都有明确而严格的规定。清政府在留学生出国前就为其选定学校、确定培养目标,要求学生所选课程不少于 15 门。1886 年出国的学生学习范围有所扩大,语种增加,并涉及法学等社会科学。关于实习也有详细规定。如学习轮机制造学的,一般在第 4 学年要到造船厂、枪炮厂、轮机汽缸厂实习 1 年。学习驾驶专业的头 9 个月在校学习基础知识,9 个月后就需进行实际训练。

(二)留欧学生学习刻苦,成绩优良

留欧学生在学习中表现出惊人的毅力与出色的才能。留欧学生由于基础扎实、目标明确,求知欲极强。不仅正式的留学生如饥似渴地苦读,就连马建忠、陈季同、罗丰禄这些办事人员也利用业余时间刻苦学习。陈季同工作之余在政治学校攻读法律、交涉等专门学科,并钻研法国文字。罗丰禄完成本职工作后进入伦敦琴士官学深造,学习物理、化学、气象学等。为了扩大知识面,大多数留欧学生有学习日记,将其见闻、心得、体会详细记述下来。其中严复的《沤舸纪经》、李寿田的《笔记》、吴德章的《欧西日史》、梁炳年的《西游目录》、罗臻禄的《西行课记》、杨廉臣的《日记》等最著名,为我们留下了宝贵的资料。留欧学生的刻苦精神是非常感人的。他们利用有限的时间,争分夺秒,一心苦读。有的积劳成疾,仍抱病学习。

薛福成与外国教师的一项共同调查表明,留欧学生由于刻苦努力,大都成绩优良。例如,学习制造的学生以魏瀚、陈兆翱"最出色","可与法国水师制造监工并驾齐驱"。学习驾驶的学生以刘步蟾、林泰曾、严宗光(严复)、蒋超英成绩最好,而刘步蟾、林泰曾则"知水师兵船紧要关键,足与西洋水师管驾官相等,均堪重任"。[①]

（三）留欧学生对中国现代化的重大贡献

北洋海军的发展与留欧学生有着直接的关系。刘步蟾技术精湛,工作认真负责,被提升至北洋海军的右翼总兵,一切技术业务、制定海军章程、编队等基本由他负责。林泰曾任北洋海军的左翼总兵,在海军编队、训练、武器装备等方面做出重要贡献。刘、林二人合著《西洋兵船炮台操法大略》,对促进海军的建设起到了无可替代的作用。海军副将叶祖珪、帮统萨镇冰及刘冠雄、林颖启等人也对海军建设做出了重要贡献。北洋海军主要舰船的管带(舰长)基本由留欧学生担任。在著名的中日甲午海战中,留欧学生勇猛作战,表现了可歌可泣的爱国主义精神。

留欧学生进入福州船政局后,使其面貌焕然一新。魏瀚、李寿田等人成立了一个工程处,负责全厂的技术业务指导,改变了此前混乱的局面。在他们的指挥下,先后设计制造出当时国内最大的巡洋舰开济号、镜清号、寰泰号。不仅洋务派官僚大加赞许,就连实地察看的英国海军军官也"无不盛称美备"。[②] 此后,福州船政局进入了自行设计、独立制造的新阶段。

留欧学生还负责各种武器的设计制造。留法学生林芳荣,对枪炮制造很有研究,"触得其要领,通其精微",在枪炮制造方面成绩突出。[③] 任照回国后负责炼钢,王桂芳负责炼铁,吴学铿负责铸铁,技术精湛,成绩显著。鱼雷制造是当时急需解决的问题,在德学习鱼雷制造的陈才瑞回国后,成功制造出鱼雷和水雷,并建立起鱼雷车间。

---

① 薛福成:《出使四国日记》,湖南人民出版社 1981 年版,第 142—143 页。
② 中国近代史资料丛刊《洋务运动》第 5 册,第 341 页。
③《船政奏议汇编》卷 39,第 4 页。

三、20世纪初年的留日热潮

（一）20世纪初年出现留日热潮的原因

1. 留学救国思潮推动了留日热潮

甲午战后，帝国主义掀起了瓜分中国的狂潮，爱国救亡遂成为思想界的主流。当时，日本为什么强大起来的问题，成为朝野关注的焦点。很多人认为日本崛起在于向海外大量派留学生。维新变法运动兴起后，维新派以及倾向维新的官吏一致认为应效法日本维新变法以救亡图存。要解决维新变法所需要的人才，最有效的办法是学习日本广派留学生。于是作为教育的留学问题在当时变成了与维新变法、救亡图存直接相关的政治问题。20世纪初年，由于《辛丑条约》的签订，帝国主义控制了清政府。如何救亡图存，依然是中国人无法回避的迫切而重大的课题。在很多人看来，出国留学是解决这一问题的重要途径。当时，留日学生与国内相呼应，掀起一股巨大的留学救亡思潮，甚至宫廷的人也卷入其中。这股思潮则直接推动了留日热潮。为了迎接这股热潮，当时有不少留日指南之类的出版物。介绍日本学校的分布、日本人生活习惯、留学费用、赴日路线等等，其中也不乏宣传留日救亡的内容。

2. 清政府出台鼓励留学的政策

第一，积极提倡，以官职相诱。

1901年后，清政府实行新政，需要各种新式人才，于是采取许多措施，号召青年出国留学，并允许留学归来人员由政府分别赏给举人、进士出身，授予相应官职。1903年，清政府向全国转发了张之洞拟定的《鼓励游学毕业生章程》。章程规定：留日归国学生凡由日本普通中学堂毕业并得有优等文凭者，给予拔贡出身，分别录用；凡由高等学堂（相当于现在的高中）毕业并得有优等文凭者，给予举人出身，分别录用；凡由大学堂毕业者，给予进士出身，分别录用；凡由国家大学堂毕业，持有学士文凭者，给予翰林出身，持有博士文凭者，除给予翰林出身外再给予翰林升阶,并分别录用为官。① 这就为读书做官的人在科举道路之外又增加了新的途径,于是争相出国留学,以致清政府财力无法解决留学经费问题。在此情况下,清政府又提倡自费留学。1903 年,清政发布了《自行酌办立案章程》,规定"自备资斧"出国留学者,凡学有成效,持有优等凭照,经回国复试合格,一律按等级赐给出身,授予官职。对于有困难者,政府给予适当补助;能考入国家急需科目者,亦可由自费生转为官费生。

第二,废除科举,鼓励留学。

1905 年,由于科举制度严重不适应形势发展的需求,清政府终于决定将其废除。之后,进一步扩大了派遣学生出国留学的规模,并进一步放宽了自费留学的政策。由于废除了科举制度,原来热衷于读经做官的知识分子只好另谋出路,加入了留学队伍。

需要注意的是,此时吸引中国留学生已成为日本的一项国策。甲午战后,日本出于侵华的目的,出现了研究中国的热潮,各种研究团体纷纷出现,并发表一些侵华的奇谈怪论。与此同时,在日本教育界,一些教育家发表论著阐述培养中国留学生的意义,并提出种种方案与实施步骤。有的教育家还亲自到中国考察,一方面劝说有关中国官员大量派遣留日学生,一方面广泛接触中国青年学生。在华任教的数百名日本教师,也起到了推波助澜的作用。于是,当时就出现了这样的情形:清政府为推行新政派学生留日;日本出于培植侵华代理人的目的而接收留日学生(当然,这只是日本的险恶用心,而绝大多数留日学生是爱国的,他们出国留学正是出于救国的目的)。这就从中日两方面共同奠定了留日热潮的基础。

(二)留日学生类别

留日学生大致可分为五类,即速成生与普通生、海军生与陆军生、特约生、留日预备生、女留学生。

速成生到日本后进入某一专门学校,攻某一专科,主要是师范和政

---

① 《中国近代教育史资料》上册,人民教育出版社 1961 年版,第 186 页。

法,毕业后从事教育与其他事业,主要为了解决 20 世纪初年新式学堂大量建立后师资奇缺的问题。这些留学生年限可长可短,有半年甚至数月的,也有长达三四年的。普通生是赴日时年龄较小的留学生,先补习语言文字和基础知识,然后深造。

留日海军生人数较少,至 1909 年仅 135 人。20 世纪初年清政府要编练新军,进入日本各陆军学校的留日学生较多,年龄一般在 18—22 岁。

特约生是进入日本所指定的高等学校读书的高级留日学生。特约生需经过严格考试合格后方能入校。他们基础好,多数成为学有专长的人才。

留日预备生出现较晚,是为解决日本五所特约学校的生源问题。1910 年以后,留日学生锐减,日本五所特约学校不能足额招生。于是,清政府在北京设立留日预备学堂,招收中学毕业生,经过两年训练,再进入日本大学就读。

留日女学生相对人数较少。1900 年,个别女生赴日留学。1902 年,留日女学生逐渐增多。1903 年以后,一些爱国女青年冲破封建家庭的束缚,并克服经济上的困难,自费赴日留学。一些省份也派出官费女留学生。关于留日女学生的数量,至今无确切统计数字,但 1907 年这一年,仅东京中国女留学生就有 100 多人,并成立了中国留日女学生会。

(三)留日学生的学习特点

归纳起来,留日学生的学习有四大特点。

1. 学习科目十分广泛

《清国留学生会馆第五次报告》中,有留日学生所在学校、所学科目、学生人数、籍贯的统计表。从表中来看,所涉及的学校有 80 多所,其中有大学、中学、幼儿师范、实业专科、师范学校、女子学校、工厂技校,等等;所学科目有工科、理科、外语、师范、史地、政法、军事、手工、音乐、美术、商业、体育、农牧、医药、染织,等等。几乎涵盖了日本当时的学校所开设的全部科目。

2. 学文科的占绝大多数

维新变法运动以前，多数人只承认西方的武器和自然科学技术先进，而认为中国的社会制度优于西方。维新变法运动打破了这种观念，提出学习西方先进社会制度的要求。这样出国留学青年开始注重文科。20 世纪初年，随着爱国救亡成为全民性运动，以及清政府本身提出预备仿行立宪，人们对社会政治制度的研究产生了浓厚的兴趣，于是在留日学生中出现了"文科热"。1903 年，杨枢在奏折中讲："现查各学校共有中国学生一千三百余人。其中学文科者一千一百余人。"[①]1905 年，清政府曾派出官绅 300 名赴日留学，他们学习的科目有四种，"曰法律，曰政治，曰理财，曰外交"，全部是文科。[②]　为此，清政府于 1908 年下令："凡官费出洋学生概学习农工格致各项专科，不得改习他科。"[③]1909 年，清政府再次强调："此后官费学生，概学习农工格致各项专科，自费出洋之学生非农工格致之科者，不得改给官费。"[④]

3. 法政、军事是当时留日学生学习的最热门科目

1901 年，清政府推行新政，进行法律改革。1905 年，清政府又提出预备仿行立宪，并宣布首先改革官制。这样，一时间政治、法律成为留日学生追捧的科目。清政府新政的中心内容是编新军，并派出大批留日学生学习军事。在此背景下，许多青年就把学习法政、军事作为升官发财的捷径。一般情况下，留日学生中学法政和军事的占留日学生总数的一半以上。

4. 留日学生 90％以上进入中等学校学习

当时留日学生最集中的是专为中国留学生开设的宏文学院、成城学校、振武学校、经纬学堂等。1904 年，仅这四所学校就有 1300 人，占留日学生总数的一半以上。而这些学校仅相当于初中或高中。又据《清国留

---

① 《约章成案汇览》卷 32 下。
② 《东方杂志》1905 年第 4 期。
③ 《清朝续文献通考》卷 114，第 876 页。
④ 《教育杂志》1909 年第 3 期。

学生会馆第五次报告》的统计,留日学生就读的 80 余所学校中,仅 7 所大学,其余均为中学或中专技校,而这 7 所大学的中国学生仅有 41 人,才占总人数的 1/60。虽然清政府采取了一些措施,但收效甚微,总体情况并未改观。1908 年,学部在给清政府的报告中说:"近几年的留学人数已超过一万,而习速成者居百分之六十,习普通者居百分之三十,中途退学辗转无成者居百分之五六,入高等专门者居百分之三四,入大学者仅百分之一。"①由于这种情况,留日学生中学问高深者寥寥。有时清政府举行的归国留学生考试,参加考试的人员中,留日学生占绝大多数,而考中者都是留美学生。

第二节 留学生的重大成就

一、官费留欧学生的重大成就

（一）马建忠——官费留欧学生中的佼佼者

马建忠留学法国,就读于巴黎政治学院,专攻国际公法和外交学,所学科目有公法、交涉、律例、格致、政治、文辞,等等,并利用自己所学从事一些外交与翻译活动。

1. 编撰《马氏文通》

马建忠参考英文、法文、拉丁文、希腊文等多种西方语言文字,花了十余年时间,写成《马氏文通》。全书共十卷,分正名、实字、虚字、句读四部分,利用西方语言文字的方法把中国当时的语言文字分为名词、代词、动词、静词、状词、介词、连词、叹词以及主语、表语等,并分类加以解说。这是中国第一部语法新书,在当时产生了重大影响。

2. 提出向西方学习的主张

19 世纪 70 年代,正值洋务运动初期阶段,中国大都认为西方国家强盛的根源在于其先进的科学技术。而马建忠根据自己在西方的实地考

---

① 《补遗》,《大清宣统法令》第 15 册。

察和深入了解，提出了超越同时期人的认识，把西方国家富强的根源归结为商会和议院。限于时代条件，他并没有提出这方面学习西方的主张。马建忠学习西方的主张有以下两个方面：

第一，发展资本主义工商业。

马建忠从西方资本主义制度中学会了分析"强国"与"富民"的关系，指出"治国以富强为本，求强以致富为先"，致富首先要富民，因为"转贫民为富民，民富而国自强"。[①] 如何"富民"？他主张以发展对外贸易来带动工商业的发展。

马建忠认为，要发展工商业，必须修筑铁道，这是最重要的条件。为此，他专门写了《铁道论》，介绍了西方国家筹款、筑路、管理方面的经验。由于当时民间资本薄弱，他主张采用"官督商办"的形式，至于资金问题，通过借外债加以解决。

第二，提出全新的外交思想。

1878 年，马建忠在给友人的信中，全面阐述了他的外交主张。一、处在列强激烈竞争的时代，必须广泛开展外交。二、办外交应随时研究各国动向以及各国间复杂的关系，并改变陈旧的外交手段，以适应形势的发展。三、要想取得外交交涉的成功，必须了解对方的底细，通过各种手段全面搜集对方的情况。四、要懂得国际法和各国律例，掌握其历史与现实情况，做到言而有据。五、遴选外交人才。其条件是懂理论、善交际，办法是推荐与考试相结合。

梁启超曾给马建忠以很高的评价："君之所学，泰西格致之理，导源于希腊；政律之善，肇炬于罗马。君之于西学也，鉴古以知今，察末以反本，因以识沿革递嬗之理，通变盛强之原。"[②]

（二）严复的特殊贡献

严复是留英学生。他先到抱士穆德大学院学习，后又入格林尼茨

---

① 《适可斋纪言》。
② 梁启超：《适可斋纪言纪行·序》。

海军大学深造。他学习成绩优异,功底深厚,很有发展前途。在英国,严复除钻研自然科学外,还对英国社会进行了广泛的调查和研究。根据当时中国社会的迫切需要,严复广泛学习西方和探讨西方哲学社会科学。

甲午战后十余年间,严复将主要精力投入到译书事业中,译著11部,达170余万字。其中影响最大的有8部,通称"严译八大名著"。

1. 严译《天演论》的独创性

《天演论》是赫胥黎阐发达尔文主义的通俗小册子,原著名为《进化论与伦理学》(1894年出版)。

达尔文进化论的中心思想是:物种的起源和发展是由于"物竞天择",优胜劣汰,适者生存,不适者被淘汰。

在宣传达尔文进化论的过程中,出现了两派:一派以达尔文的朋友、英国生物学家赫胥黎为代表,是达尔文主义的忠实的、勇敢的捍卫者;另一派以哲学家斯宾塞为代表。斯宾塞并非达尔文的信徒,他把生物界的规律完全搬到社会领域,创立了社会有机体学说,形成了社会达尔文主义。它是一种庸俗进化论。

赫胥黎所阐发的基本观点是:人类社会的伦理关系不同于自然法则和生命过程。自然界没有什么道德标准,优胜劣汰,弱肉强食,竞争进化,适者生存。而人类社会则不然,人类具有高于动物的先天的"本性",能够相亲相爱,互助互敬,不同于自然竞争,"社会进展意味着对宇宙过程每一步的抑制,并代之以另一种可称为伦理的过程"。① 由于这种人性,人类不同于动物,社会不同于自然,伦理学不能等同于进化论。

斯宾塞的基本观点是:用普遍进化的观念强调"天演",认为"物竞天择"是任何事物都不能避免的普遍的客观规律。这种客观规律也完全适用于人类种族与社会。他为了强调个体之间、种族之间的所谓自由竞争,优胜劣汰,甚至主张政府不办教育,不搞福利,不管人民健康等等,以

---

① 赫胥黎:《进化论与伦理学》,第57页。

任凭其自然淘汰,适者生存。这种社会达尔文主义是帝国主义、大资产阶级的理论,是欺压、剥削人民和殖民地民族的强权逻辑。

严复不同意赫胥黎把自然规律的天演进化与人类社会关系的伦理学分割开来、对立起来的观点。所以书名只用了一半,即同意赫胥黎原著的"进化论"部分。并通过按语的形式不断对赫胥黎原著的后半部分的观点加以批评。在这方面,他最推崇斯宾塞的社会达尔文主义,对斯宾塞普遍进化观念评价很高:"美矣备矣,自生民以来未有若斯之懿也,虽文(文王)周(周公)生今,未能舍其道而言治也。"[①]"呜呼,欧洲自生民以来,无此作也。"[②]然而,斯宾塞社会达尔文主义中"任天为治"的主张本质上与严复要求救亡图存的爱国思想主张处于对立地位,因而他对这种主张并未着重介绍。恰恰相反,在这方面他却选择翻译了反对斯宾塞社会达尔主义理论的赫胥黎。严复明确指出:"赫胥黎氏此书之旨,本以救斯宾塞任天为治之末流","且于自强保种之事,反复三致意焉。"[③]所谓"任天为治"即指任凭"物竞天择"的自然规律起作用,而不去积极干预它。严复不满意这种思想,认为这是斯宾塞的"末流之失",从而要用赫胥黎"与天争胜"的观点来纠正和"补救"它。赫胥黎在其原著中极力宣传"我们要断然理解,社会的伦理进展并不依靠模仿宇宙过程,更不在于逃避它,而是在于同它作斗争"。[④]　正是由于这一点,严复对这本新出版的通俗书籍大感兴趣,并立即翻译过来。总之,对赫胥黎,严复不同意他那种人性本善,社会伦理不同于自然进化的观点,但又赞成其主张人不能被动地接受自然进化,应该与自然斗争,奋力图强的观点;对斯宾塞,严复同意自然进化是普遍规律,也适用人类,但不满意他那种任凭自然规律起作用的弱肉强食的思想。

严复的这种态度是当时中国的形势所决定的。甲午战后,帝国主义

---

① 《原强》。
② 《天演论》卷上导言一《察变》按语。
③ 《天演论》自序。
④ 《进化论与伦理学》,第 58 页。

掀起了瓜分中国的狂潮,民族危机空前严重。而掌握清朝权柄的封建顽固派不肯改革,大多数知识分子则麻木不仁。他一方面大声疾呼地介绍达尔文、斯宾塞,强调进化是一种不可抗拒的普遍规律,中国并不特殊,并不例外,如果麻木不仁,就会被淘汰;另一方面,也是更重要的,要人们认识这种规律以后,不应甘于被视为劣等民族而坐待灭亡,而应当赶快起来进行奋斗,只要依靠自己的力量,团结一致,奋发图强,命运还是掌握在我们自己手里。

因此,严复的《天演论》既不同于赫胥黎,也不同于斯宾塞。表面看起来似乎是二者的折中,实则是一种特殊的"创造"。鲁迅称赞严复是"感觉锐敏的人","做"过《天演论》。① 一个"做"字,形象而深刻地表达了严复翻译的特点。

2. 严译《穆勒名学》经验论的认识论

"名学"即逻辑学。约翰·穆勒是英国唯物论经验论的最主要代表,其《名学》在当时被视为集旧归纳法之大成的名著。严复介绍这种唯物论的经验论,作为认识论和方法论来武装中国人的头脑,企图带给人们一种新的世界观。这种认识论,严复称之为"实测内籀之学"。"实测"是指一切科学认识必须从观察事物的实际经验出发。不是书本,而是实际经验,才是认识的出发点和检验的标准。"内籀"是相对于"外籀"(演绎)而言的归纳,即上述认识论所具体采用的逻辑方法。严复认为,"内籀者,观化察变,见其会通,立为公例者也"。② 一切科学真理必须通过归纳法而成立。因此,教条主义和唯心论的先验论必须打倒和废除。必须从实际经验出发,观察、归纳、综合,然后得出普遍原理、原则。掌握了这种原理、原则,就可以普遍应用,驾驭各种繁杂的变化。

3. 严译亚当·斯密《原富》

亚当·斯密是英国古典政治经济学的代表人物,1776 年发表其重要

---

① 《热风·随感录二十五》。
② 《名学》译事例言。

著作《国民财富的性质和原因的研究》(即严译《原富》),最先提出完整的资产阶级经济学体系。他的整体思想的出发点是把资产阶级的唯利是图的本性看作永恒不变的"人类本性",把资本主义看作理想的永恒的制度。其经济思想的中心是"自由放任",批判封建势力以及重商主义理论,要求自由地发展资本主义。

严复在 1898—1900 年,费了几年的功夫译出,写了约 300 条按语,多达六万余字。涉及面相当广泛,对价值、货币、工资、利润、利息、地租等范畴,几乎都涉及了。政治经济学,严复译为"计学"。他通过这些按语,发表自己的见解。按语有一部分是单纯注释性的,而大部分则是借题发挥式的,即结合评论亚当·斯密的某些论点抒发自己对当时中国经济问题的看法。

亚当·斯密的著作同时含有科学和庸俗两种成份。严复在翻译《原富》时,古典经济学的世纪早已过去,庸俗经济学在西方资产阶级经济学界已经居于支配地位。严复虽然翻译了《原富》,但在对各种经济学范畴的认识方面,都不能理解和接受其合乎科学的观点,而是赞同其庸俗经济学的观点,并用后者批评亚当·斯密。他认为当时在西方流行的马歇尔的经济学说之类的庸俗经济学远胜于亚当·斯密的学说。

那么,严复认为当时西方流行的资产阶级经济学说比亚当·斯密的学说在理论上更加完善,为什么他不选择这类著作进行翻译,而是选择亚当·斯密的著作?

这是因为严复觉得《原富》中所讲的一些理论,最适合当时中国的需要。亚当·斯密所批评、所反对的弊政,正是当时清政府"言财政者所同然"。实际上,严复当时在为中国资产阶级反封建斗争寻找理论武器。

严复借翻译《原富》寻找理论武器,主要有以下两个方面:

第一,是批判的武器。

严复积极宣扬经济自由主义,尤其是其中自由贸易的观点。对于这种产生于西方资本主义发展初期、代表资产阶级的经济理论的介绍,正是中国资本主义有了初步发展的反映。严复用亚当·斯密反对重商主义、反对国家干涉经济的思想,批判清政府压制民间资本的政策。

第二,是论证的工具。

在这方面,严复吸收了亚当·斯密的某些论点和分析方法,对资产阶级发展资本主义生产、用资本主义方式改造整个国民经济的要求,进行了理论上的论证,并对中国传统的经济范畴进行了改造和重新解释。

由于中国资本主义不是沿着正常的途径发展的,与此相关联,民族资产阶级又具有先天的软弱性,加以当时中国社会对西方政治经济学理论还相当陌生,这部著作的翻译,并未能够即时广泛地引起重视。不过,它丰富了中国经济研究的知识领域,提供了在新的历史条件下研究经济问题和理论的新线索,还是具有启蒙意义的。

4. 严译孟德斯鸠《法意》

《法意》(即《论法的精神》)的作者孟德斯鸠原姓名为查理·路易·特·斯恭达,"孟德斯鸠"是其封号。他出身于贵族家庭,早年就读于波尔多大学,毕业后曾任律师。1716 年,其伯父去世,他承袭波尔多省高等法院院长职务,并承袭男爵封号——孟德斯鸠。

孟德斯鸠是 18 世纪法国著名的启蒙思想家之一。他的作品代表了初期资产阶级的进步要求,从各方面对法国以及当时西欧的封建专制制度进行了尖锐的批判。他提出了一套适应资产阶级需要的政治理论和原则,极力鼓吹资产阶级的民主政治主张,宣扬自由、平等思想,成为后来法国资产阶级大革命的思想基础之一。

孟德斯鸠在《法意》中企图揭示国家制度的起源和法律的本性,并在此基础上拟定社会改革计划。他详细分析了四种不同的政体(君主政体、贵族政体、君主立宪政体、民主共和政体),虽然他最终赞同君主立宪政体,但认为君主专制政体是最不能容忍的坏政体。因为在君主专制政体下,统治者依靠暴力,可以肆无忌惮,为所欲为,而人民毫无自由而言。所以,他提出了极其著名的"三权分立"学说。

孟德斯鸠提出"以权力约束权力"的思想。在此基础上,他发展了英国著名哲学家和政治思想家洛克的分权原则(洛克主张国家权力分为三部分,即立法权、行政权和联盟权),制定了立法、司法、行政三权分立,而又互相制约的原则。这个原则提出的目的是反对专横,限制王权,推行法治,保障自由,为资产阶级争取政治权利。这在当时是具有进步意义的。

严复在《法意》按语中认为君主专制制度必须改变,因为在君主专制制度下,君主无法而民无权,是以贵治贱。君主立法,只是驱迫束缚其民,而国君超乎法之上。他说西方国家民权以民自治,民与国一体而国强。他批判满洲贵族掌握特权、人民无权这种不平等是国家至弱的原因。他把满洲贵族比作法兰西贵族,认为分满汉界限就是不平,不平要通力合作、手足相救是不可能的。因此,君民关系世隆时则为父子,世污时则为主奴。这种关系是几十年来国家民族长期停滞不前的原因,只有一治一乱而"半步未进",从而造成了"治世少而乱世多"的局面。

严复分析政体有三种,即君主专制政体、君主立宪政体和民主共和政体。他倾向君主立宪政体,认为民主共和是"末流",并不理想。这与孟德斯鸠的主张正相吻合。他说现在欧洲自英国洛克、法国孟德斯鸠、卢骚(梭)诸家学说出来后,民主共和成为"治国正轨"。但是他认为民主政治当时不适用于中国,因为人民要有政治权利,便要平等,而平等的先决条件是民智、民德、民力都达到高水平。他说中国"民之智、德、力皆窳",所以中国不能实行民主政治。对于自由,严复认为有大群自由和小己自由。他说现在由于外国侵略,民族危机严重,小己自由的争取"非今日之所急",最重要的是争国群自由(即民族独立),"合力图强,杜远敌之觊觎侵暴,为自存之至计也"。

5. 严译斯宾塞《群学肄言》(即《社会学研究法》)

《群学肄言》是斯宾塞于 1873 年出版的一本社会学通俗读物,用庸俗进化论来探讨社会的演变。严复于 1880 年即读到此书,曾大加赞叹。从 1897 年开始,严复陆续进行翻译,并将译著部分内容刊载于其主办的《国闻报》上。1903 年,译著由上海文明编译书局正式出版。该译著对于社会学在中国的产生起到了极大的促进作用。

6. 严译约翰·穆勒《群己权界论》(即《自由论》)

约翰·穆勒在 19 世纪英国思想界是一位颇有影响的人物,《群己权界论》对资产阶级政治学理论有重要贡献。严复从 1897 年开始翻译此书,至 1900 年译著杀青。1900 年爆发八国联军侵华战争,严复由津赴沪避乱,译稿在战乱中丧失。后为外人所得,寄还严复,遂于 1903 年由商务印书馆出版。

7. 严译甄克斯《社会通诠》(即《社会进化简史》)

甄克斯是英国资产阶级学者,在《社会通诠》中,他将社会进化分为图腾社会、宗教社会、军国社会三个阶段,并用资产阶级理论译述社会历史。严复的这部译著于 1900 年由商务印书馆出版,对西方历史学和政治学在中国的传播起到了一定的积极作用。

8. 严译耶芳斯《名学浅说》(即《逻辑学读本》)

耶芳斯是英国思想家,其《名学浅说》是形式逻辑学通俗读物。严复于 1908 年将全书译完。严复虽然加了一些按语,但译著基本上保持了作者的原论。

严复的特殊贡献就在于通过译著所起到的启蒙作用。

19 世纪末年到 20 世纪初年,中国知识界处于一种"知识饥荒"的状态,人们迫切要求了解西方,向西方学习,但又无书可读。当时知识界大部分人不懂外文,洋务派翻译的主要是"汽机兵轮""声光化电"——粗浅的自然科学和科技书籍;教会译书则以宣传基督教教义为中心,支离破碎地介绍西学;先进的中国人,如康有为、谭嗣同等,都只好杂糅中西,"冥思苦索",构成一种不中不西、亦中亦西的理论。他们的著作,混合着一大堆从孔孟到佛卷的封建杂烩,半是荒唐,半是肤浅,没有多少科学性和说服力,不能满足和适应愈来愈多的爱国志士,特别是青年一代的要求。时代要求从根本上了解西方,并从帝国主义的老家寻找资产阶级上升时期的思想武器,用来抵抗帝国主义的侵略和反对中国的封建统治。而正是严复,自觉肩负起时代所赋予的历史重任,通过《天演论》《原富》《法意》《名学》等西方名著的翻译,介绍了一整套和几千年来圣经贤传完全不同的,内容新颖、深刻、丰富的理论体系——进化论、资产阶级古典经济学、政治理论、唯物论的经验论,并带给人们一种进化、自强、自立的资产阶级革命时代的世界观和实验的科学态度。这些,在当时都是进步的,整代人身受其赐,在思想史上具有不可动摇的地位。

严复态度严肃,目的明确,有选择、有取舍、有评论、有改造、有发挥,每本书都有序言、译例以及浩繁的按语,这是一种创造性的劳动。就介绍西学的整个水平来讲,不仅前无古人,而且在整个晚清时期,都没有超过他的。因此,严复被时人尊为"译界太祖"。

二、自费留欧美学生的重大成就

中日甲午战争前,除清政府派出的留美、留欧的官费留学生外,还有自费留欧美的学生。这些自费留学生虽然年龄差别较大,个人经历各异,但有一个共同点:不受清政府控制,自由度较高。因此,对西学了解更深,涉及面更广。在西学东渐过程中,自费留学生中出现了一批出类拔萃者。

（一）伍廷芳

伍廷芳,广东新会人。中国第一位法学博士,传播西方资产阶级法学理论知识的开拓者。

1872年,伍廷芳留学英国,入伦敦林肯法学院学习法律。毕业后,入"吧"(律师训练所,培养高级法律人才的机构)深造。1877年,他获得大律师资格,并取得博士学位。不久回香港担任律师,后来又被聘为法官兼立法局议员。1882年以后,受李鸿章之邀,办理外交事务。在外交活动中,伍廷芳传播了近代法学理论与实际法律知识。1902年,伍廷芳任清政府修订法律大臣,协助沈家本修订法律,加入了许多资产阶级法律条文,废除了一些封建落后的法律。

（二）颜永京、颜惠庆父子

颜永京,上海人。1854年,15岁的颜永京被基督教美国圣公会送往美国留学,就读于俄亥俄州建阳学院。1861年回国。1870年,他赴武汉建立文华学堂,后又扩充为文华书院。1878年,他回上海参与筹建圣约翰书院(后改为圣约翰大学),并任院长。他一面进行行政管理,一面从事教学和科研,努力传播西学。因此,他的主要贡献是在圣约翰书院工作期间。

颜永京很注重教育理论,尤其是教育心理学的研究,除大量收藏西方论著外,还花费许多心血翻译西方名著。他翻译了英国人斯宾塞的《教育论》《心理学大纲》《科学导源》等。还翻译了美国人海文的《心灵学》,这部译著于1889年由上海益智书会出版,作为圣约翰书院的教材。圣约翰书院成为中国第一个开设心理学课程的学校。因此,颜永京是首位在中国传播西方资产阶级心理学的人。

1895年,颜永京之子颜惠庆留学美国,入亚历山大市圣公会中学。1897年,颜惠庆入弗吉尼亚大学深造。在此,他除了接受系统的资产阶级高等教育外,还广泛接触社会,对西方文化的了解更加深入。1900年,颜惠庆大学毕业后回国,被聘为上海圣约翰大学教授。他曾翻译瓦寇的《政治经济学》,为传播西方政治经济学理论做出了自己的贡献。而其贡献更大的是,为适应社会的迫切需要,组织人力,花了大量心血,主编了一部3000多页的大辞典,定名为《英华标准双解大辞典》,由商务印书馆出版,后又出版缩编本(普及本)《英华双解字典》。该书出版后,在社会上受到好评,非常畅销,此后30余年间多次再版。

(三)伍连德

1896年,伍连德赴英留学,入剑桥大学攻读医学。1899年,他获医学学士学位,并考入圣玛利医院。这是一所在国际上享有盛誉的医院。在此,伍连德利用有利条件从事科学研究,取得优良成绩。后来,他在伦敦西部一家医院从事胸腔疾病研究,不久,又到英国利物浦新设立的热带病研究所学习。

1903年,伍连德到德国卫生研究所从事细菌学研究。当时德国在细菌传播领域居世界领先地位。在此期间,他收获颇丰,还制作了许多标本。同年5月,伍连德到法国巴黎巴斯特研究所,继续从事细菌学研究。

他利用该研究所特有的科研条件,收集各种细菌标本,并亲自制作成破伤风杆状细菌标本。同时,他又进行了狂犬病细菌的观察和研究。同年8月,伍连德带着各种细菌标本和珍贵的文献资料回到英国伦敦,并顺利取得医学博士学位。

1908年5月,伍连德应清政府之邀回到祖国,就职于天津医学堂(天津医学堂成立于1883年,是中国第一所近代化的医科学校,该校还附设医院),不久,升任天津医学堂副堂长。当时天津流行肺结核病(那时的肺结核病是疑难病)和性病,伍连德认真进行研究,努力诊治,收到了显著的效果。

1910年冬,黑龙江省哈尔滨附近发生了骇人的流行传染病,病人的症状是咳嗽、发烧、吐血,随即死亡。一天内最高死亡纪录是183人。当时哈尔滨一带天寒地冻,造成了空前的大灾难。清政府急忙派伍连德前往诊治。他一到哈尔滨,即到附近村镇实地考察,并亲自从病人身上抽血化验,甚至对棺材里的尸体进行解剖。经过紧张而忙碌的工作,确诊为肺炎传染病。为了防止传染病继续迅速蔓延,伍连德请求清政府马上调集1800名医生前往疫区,并立即建立临时隔离病房。为防止老鼠啃食病尸进一步传播病菌,伍连德说服当地官民,改土葬为火葬。经过艰苦努力和采取及时而有力的措施,到1911年3月,肺炎传染病基本得到了有效控制。伍连德在总结这次根治肺炎传染病经验的基础上,写出两篇很有价值的学术论文在国际上发表,其中一篇发表于日内瓦国际联合会的刊物上,在世界医学界产生了很大的反响,他本人也因此而声名鹊起。

1911年4月,清政府在辽宁沈阳举行国际传染病学术研讨会,伍连德担任大会主席,负责筹办并主持这次大会。这是有史以来中国第一次举办国际学术研讨会,参会的有英、美、法、德、意、俄、奥、日、墨西哥、瑞士和中国代表50余人。此次会议会期长达26天,进行23次学术研讨。伍连德在大会上所作的关于哈尔滨地区肺炎传染病的报告,成为与会专家最关注、最感兴趣的课题。此后,他在国际医学界的影响越来越大,先后12次受邀参加国际医学研讨会。

为了潜心进行医学研究和从事医疗活动,伍连德辞去官职。他继续进行肺炎传染病的调查研究,千方百计在肺炎流行地区创建近代化医院。对于东南地区和华北地区流行的霍乱,他在大量调查研究的基础上,提出根治方案。对于当时的不治之症猩红热,他也深入研究,多次试验,试图攻克。伍连德一生创建了五所医院,并在沿海沿江多处设立了卫生防疫所。

伍连德虽然没有医学巨著问世,但他把西方医学知识和先进的医疗技术介绍到中国,创办医院,从事医学研究,培养了大量医生。他是中国近代医学的重要奠基人之一。

（四）何启

1872年,何启留学英国,先入巴卢麻中学,毕业后考入阿拉伯大学攻读医学。1879年,他以优异成绩获医内科学士、医外科硕士学位,并被推举为英国皇家外科学院会士。不久,他进入伦敦林肯法学院攻读法律,1882年获大律师证书。是年,何启返回香港,想用自己所学干一番事业。

1884年,何启创办了香港第一家教会医院——雅丽氏纪念医院,发展医疗事业。为了培养近代医务人才,又创建了香港西医书院（孙中山早年曾在此读书）。

何启关心政治,认真研究西方资产阶级理论,针砭清政府的弊政。他发表了一系列有关国内时局的论文,在此基础上,与同窗好友合著了《新政真诠》,将西方理论学说与中国现实结合起来,提出改革方案。主要有:

第一,实行君主立宪,开设议院。

何启设计了一套开议院的具体方案。他将议员分为县、府、省三级:县级设议员60名,由平民从秀才中民主选举;府级设议员60名,由秀才从举人中民主选举;省级设议员50名,由举人从进士中民主选举。由各省议员组成全国性议院,每年开会一次,议决国家大事。该方案在当时的历史条件下虽然不可能实行,但开阔了中国人的眼界,具有重要的启蒙意义。

第二,开学校培养新式人才,改革旧官僚体制。

何启指斥清政府在人才的培养、选拔、任用方面的种种弊端,提出自己的改革主张。他认为全国各府、州、县应设立新式学校,各省有专门官吏进行负责。在学习内容方面,他提出除开设中国语文课外,还应开设外语、万国公法、中外律例、中外医学、地理、数学、涉天测海、格物化学、机械工程、建筑、轮船航运、铁路修建、开矿、电报电话、农林畜牧、陆军水师等课,旨在使学生掌握西方新的科学理论。考试以这些科目为主,分艺秀才、艺举人、艺进士三级。不仅议员从他们中间产生,官吏也从他们中间选拔。如此坚持下去,官僚体制可以变革,大批认识外部世界、掌握西学的新式人才就会涌现出来。

（五）女留学生中的佼佼者

1. 金雅妹

1881 年,通过美国传教士的关系,宁波金雅妹赴美留学,就读于纽约医学院附设的女子医科大学。1885 年 5 月,她以第一名的优异成绩从该校毕业,并成为中国第一位女大学毕业生。毕业后,她留在美国纽约从事医学研究,取得显著成果,特别是在利用显微镜方面成果优异。1887 年,纽约《医学杂志》发表了她的学术报告《显微镜照像机能的研究》,受到同行专家的关注。1888 年,金雅妹回国,先后在厦门、成都等地行医,传播美国医学技术。1907 年,她在天津创办医科学校,并亲自执教,培养了一批新式医学人才。

2. 柯金英

1884 年,福州柯金英由美国教会资助赴美国费城留学。因语言不过关,先补习语言,再上中学,后考入费城女子医科大学。1894 年毕业。又经过两年的深造,1896 年回国。此时,她已是掌握先进医学理论和有着丰富实践经验的著名医生。她在福州主办了妇孺医院。1898 年,柯金英出席伦敦世界妇女大会,成为中国出席世界妇女国际会议的第一位女代表。1899 年,她又负责福州马可爱医院。她由于医术高明,办院有方,受到社会的高度评价。她还培养了许多业务过硬的医务人才。

3. 康爱德

江西康爱德于1873年出生后,由于父母重男轻女而遭遗弃,被美国传教士收养。在其九岁时,传教士将其带到美国读书。她天资聪明,学习刻苦,不仅通达数国语言文字,而且天文、地志、算法、声光化电、绘画、织作、音乐等各门功课全优,打下良好的学业基础。1892年,她考入密歇根大学攻读医学。1896年,康爱德以优异的成绩毕业。在毕业证书颁发仪式上,美国老师对她赞许有加:"吾谓支那人不足言,彼支那人之所能殆非我所能也。若此女士者,与吾美之女士作比例,愧无地矣!"①她回国后,在江西九江行医,其高明的医术遐迩闻名。她曾出席世界妇女协会代表大会,成为妇女界的名人。她在南昌开办医院,年接治患者8000余人。1906年,她又赴美国和英国留学,攻读医学与文学。回国后,大部分精力用于培训女医生。

4. 石美玉

1892年,湖北黄梅石美玉通过传教士的关系赴美留学,入费城女子医科大学。1896年大学毕业后回国,在江西九江行医。由于她医术高明且善于社交,经多方活动,1900年于九江创办了仁德医院,年接诊病人一万余人。她在行医的同时,培训医生、护士,提升医院的整体医疗水平。她还将西方重要医学名著译成中文。1906年,经过努力,她将仁德医院的规模扩大了一倍,每月即可接诊患者2700余人。此后,她在建立完整的医疗体系、推动中国医学近代化方面做了不懈努力。

三、留日学生的重大成就

(一)通过书刊传播西学

1. 译书团体

1900年以后,留日学生大增,译书活动规模越来越大,于是成立了许

①《记江西康女士》,《时务报》第21册(1997年)。

多译书团体。主要有：

译书汇编社。该团体以东京专门学校留日学生为主。戢翼翚任社长，具体负责人有杨廷栋、雷奋、杨荫杭等，主要成员有王植善、陆世芬、章宗祥、周祖培、金邦华、宋士英、汪荣宝、曹汝霖、钱承志、吴振麟等。他们主要翻译政治图书。梁启超对译书汇编社予以很高的评价，称其"输入文明思想，为吾国放一大光明"。[①]

湖南编译社。该团体创办于1902年，主要成员有湖南留日学生黄兴、周宏业、周家树、杨毓麟、曾鲲化、范锐、许绍周、张孝准等。其宗旨是通过译书输入资本主义文明，使古老的中国焕发青春，赶上世界潮流。

会文学社。该社影响最大的是1903年由范迪吉等人翻译的《普通百科全书》。该书共100册，涉及人文社会科学和自然科学十几个门类。

新译界社。该社由范熙壬任社长，以湖北留日学生为主，成员最多时达100多人。其宗旨是"研究实学，推广公益"。

教科书译辑社。该社负责人为陆世芬。他本是译书汇编社成员，1902年独立组织教科书译辑社，所译图书"专为中学校之用"。

闽学会。该会创立于1904年，以福建留日学生为主，翻译出版"闽学会丛书"，内容有哲学社会科学十余种。

国学社。该社筹建于1903年，负责人为叶澜，成员以江浙留日学生为主，主要有张肇桐、秦毓鎏、汪荣宝、周逵等。其中心任务是为国内中小学编译出版教科书。同时也根据当时国内政治形势的需要，翻译一些具有现实意义的学术著作。

除上述几个主要译书团体外，还有东新译社、觉民译社、支那青年会等。

2. 译书种类

留日学生译书以哲学社会科学为主。

政治理论，特别是政治、法律论著是留日学生翻译的重点。湖南编

---

① 《饮冰室文集类编》上，第794页。

译社出版的《国家学》,是日本人有贺长雄编著的,介绍了欧美的国家理论,分析了国家立法、元首、行政的主要职能及其对日本宪法的制定与实施的促进作用。《国家法教科书》是政治法律的普通读本,原是德国大学的教科书,留日学生将其译成中文。《泰西学案》收录了泰西诸大儒,自柏拉图、亚里士多德、康德、培根、黑格尔、斯宾塞、赫胥黎、约翰·穆勒、亚当·斯密、卢梭、孟德斯鸠、边沁、伯伦知理诸人之学说,无不博采宏蒐,分哲学、教育、政治法律、经济学四部分,讲述其流派,阐明其主张,是一部知识性与理论性相结合的译著。《新国民之资格》论述了资产阶级国家中国民的权利和义务。《政治学大纲》介绍了欧美和日本的国家学说及社会构成。《政治学及比较宪法论》评述了各国宪法的优劣。《权利竞争论》宣传竞争观念对民族振兴的促进作用。

仅次于政治学的是教育学。留日学生除大量翻译日本中学教科书外,还翻译了教育理论、教学方法、教育历史与现状等方面的书籍。刘揆一还翻译了日本高等师范学校教师内藤庆助编著的《小学教育法》。同时,他们还翻译了教育管理方面的论著,把日本的教学大纲编译成一本《新译普通学科教授细目》。日本中野礼次郎著的《十九世纪欧洲教育之大势》刚一问世,留日学生立即进行翻译。

史学在留日学生译著中所占比重也较大,而其中绝大多数是欧美、日本新出版的世界史、地区史、国别史、外交史、战争史、史学理论等论著。针对当时中国民族危机严重的现实,留日学生编译了数十部亡国史,以唤起国人救亡图存的热情。主要有《近世亡国史》《波兰衰亡史》《印度灭亡史》《朝鲜亡国史》《越南亡国史》《世界亡国小史》。其中,《近世亡国史》概述了朝鲜、印度、缅甸、越南的亡国经过,警醒中国人汲取其教训,避免重蹈复辙。倾向立宪的留日学生编译了一批资产阶级宪政史,主要有《英国变政小史》《欧美各国立宪史论》《英国宪法史》《日本立宪略论》《日本议会史》《俄国立宪史论》等。倾向革命的留日学生积极编译资产阶级革命史书籍,主要有《美国独立史》《法国革命史》《意大利独立史》《苏格兰独立志》《荷兰独立史》《希腊独立史》等。其中《法国革命史》影响最大。留日学生还编译了一些西方资产阶级史学理论著作。1902 年,汪荣宝在《译书汇编》上发表《史学概论》,论述了资产阶级史学的定义、宗旨和基本研究方法。湖南编译社出版的《史学原论》系统概述了西方新史的理论和方法,并批评了中国旧史学。

经济学当时被称为"资生学"。留日学生也编译了有关书籍,但数量很小,影响不大。

哲学特别是关于宗教问题的译著要多于经济学。如《世界宗教史》《宗教研究》《伦理与宗教之关系》等,概述了世界宗教的发展状况,阐明了有关宗教理论。游学社发行的《哲学微言》,对东西哲学均有介绍。《哲理新发明》系统介绍了 20 世纪初年的哲学流派,评述了东西大哲学家的新见解。《哲学纲要》《哲学大观》等,则是大学教材式的读本。《游学译编》还连载了《十九世纪学术史》,评介欧洲新兴的哲学流派。

除上述一些种类,留日学生译著还涉及军事学、社会学、人类学、天文学、戏剧、其他艺术及人物传记等。

3. 创办报刊宣传资产阶级民主学说

20 世纪初年,留日学生创办报刊的活动达到高潮,据统计,各种报刊有 100 余种。归纳起来,这些报刊分为四种类型。

第一是各省同乡会办的报刊。如直隶的《直说》、山西的《晋乘》、陕西的《夏声》,以及《河南》《四川》《云南》《江苏》《江西》《浙江潮》《湖北学生界》《洞庭波》等。

第二是革命党人办的报刊。如《二十世纪之支那》《国民报》《民报》《复报》《醒狮》《大江七日报》《白话报》等。

第三是改良派的报刊。如《教育》《武学》《大同报》《宪政杂志》《新民丛报》等。

第四是专业研究性报刊。如《医药学报》《政法学报》《政法杂志》《农桑杂志》《音乐小杂志》等。

留日学生报刊宣传的内容很庞杂,但核心是资产阶级民主学说。

1901 年,《国民报》第一期刊出美国《独立宣言》的译文,名为《美国独立檄文》,并表达了留日学生的心声:"世运日开,文明日进,自今而后,我国人民永脱他国政治之羁绊,而介于宇内强国之间";"压制之毒,方日增胀,一动一静,莫不干涉,以为自由人民,应受君主之压制,是可忍,孰不可忍也!"

留日学生运用资产阶级的进化论、卢梭的社会契约说,结合中国的民本主义思想,重新探讨国家的起源、职能及其合理构成。猛烈抨击所谓的"国家神造说""朕即国家""真龙天子""帝王神权"等种种谬论。他们指出,"帝王神权"论是"以大地为一家之私产,以人民为一家之奴隶,以人权为一家所独有,以主权为一人之财产,大逆不道竟至若是极!"封建统治者之所以将国家披上一层"神造"的面纱,把君主说成"神之代理人",旨在使"一国制度乃至王家系统,不可变更。"①而他们认为,"国家者,历史上之产物也"。"勿论何种社会,其发轫之始,无不以一家为起点,由家族而部落,由部落而封建,由封建而国家,阶段不同,而其必由人类天性,以至发展为社会团体之事业,则纵古今横东西一也。"②在此,他们阐明了国家的历史性、阶段性、发展性,说明封建皇权的不合理性与可变性。还有的用资产阶级社会学来论述国家,指出国家是群体活动的机关,有机个体相互结合的产物。其结论是:"国家者,国民全体之国家。"③他们进一步探讨国家的构成。有人认为三要素——人民、土地、统治者,核心是人民,无人民即无国家;有的主张四要素——土地、人民、人格、主权;而多数人则以孟德斯鸠立法、行政、司法三权分立的学说为指导,研究资产阶级国家的构成,特别强调"法治"。他们认为,三权分立的国家之所以能够有规律地运行,关键在于有各种法律为依据。这是因为,有宪法"则统治者与被统治者各有应享之权利、当尽之义务,两不相侵,而国本斯固矣";有行政法"则官不能滥用职权以自私,民亦不能违反命令以自便,朝政乡治,互相联络,而机关斯灵矣";刑法"则犯罪者知有所儆惩,被犯者得以昭雪,社会无破坏现象,而秩序斯立矣";有民法"则民

---

① 《新译界》第 4 期。
② 《法政杂志》第 1 卷第 6 号。
③ 《政法学报》第 1 期。

间事事物物,各有当循之规则,无论智慧愚弱,皆不能有所异同,而人权斯平矣";有商法"则交易一准信用,不能有虚伪之迹,而实业斯兴矣";有诉讼法"则原被告得各尽其情,不致有挽蔽之患,而刑罚斯中矣"。[①]

留日学生作为新生代,西方流行的"天赋人权""个性解放"之类的民主理论对他们有一种天然的吸引力。他们的言论与著述对这些理论宣传最多,这也是对中国封建纲常名教批判最有力之处。《直说》刊载一篇专论,名为《权利篇》,高调提出:"夫人生活于天地之间,自有天然之权利,父母不得夺,鬼神不得窃而攘之。"[②]而中国几千年来的封建专制,却违反了天理人权之公理。解决的途径有两条:其一是制订法律,以平等为精髓,君臣平等,父子平等,夫妇平等,男女平等,贵族平民平等;其二是进行权利思想教育,人人有民权概念,为天赋人权而斗争。他们认为,有了这种权利思想,则国可强,家可立。

与权利思想直接相连的是自由精神。有的撰文在《新民丛报》上专门谈论自由问题:"'不自由毋宁死'!斯语也,实十八、九两世纪中,欧美诸国民所以立国之本原也。自由主义,适用于今日中国乎?曰:自由者,天下之公理,人生之要具,无往而不适用者也。……今日'自由云,自由云'之语,已渐成为青年辈之口头禅矣。"[③]

留日学生在宣传天赋人权、个性解放的过程中,也注重对群体、国家、民族主义的论述,他们的平等、自由是纳入群体和民族利益轨道的。在这方面,他们与欧美资产阶级知识分子是不同的,而和严复的认识是一致的。这与当时中国的国情直接相关。

（二）传播新文化的突出贡献者

1. 邹容、陈天华、秋瑾

邹容1902年留学日本,就读于东京同文书院。他注意世界最新学科与新思潮的研究,特别是资产阶级启蒙思想家的作品,刻苦攻读。他把卢

---

① 《直说》第1期。
② 《直说》第2期。
③ 《新民丛报》第3期。

梭的《民约论》、孟德斯鸠的《论法的精神》、约翰·穆勒的《自由论》《法国革命史》《美国独立宣言》等作为基本理论,结合中国的实际,经过努力,于1903年写成了《革命军》(当时被称为中国的《人权宣言》),较系统地论述了资产阶级民主革命学说。《革命军》共七章,二万余字,书中阐述了进行资产阶级民主革命的必要性与正义性、革命方略、最后目标与指导思想,等等。他不仅大力宣传天赋人权学说,并且具体而清晰地勾画出将来在中国建立资产阶级共和国的蓝图:"无论男女,皆为国民";"男女一律平等,无上下贵贱之分";"各人不可夺之权利,皆由天授";"不得侵人自由";"自治法律,悉照美国法律";民主管理国家;新政府如不合民意,可以推翻重建;等等。书的结尾高呼"中华共和国万岁!""中华共和国四万万同胞万岁!"的口号。

陈天华于1903年东渡日本,入宏文学院学习。他努力研究欧美资产阶级民主理论和日本新兴的各种思想流派。以此为指导,写出《警世钟》与《猛回头》两本小册子,以通俗明快的语言,表达了强烈的反帝与反封建要求,成为辛亥革命的精神武器。而陈天华更大的贡献则在于他所写的《狮子吼》《共和国年鉴》《国民必读》《中国革命史论》等。《狮子吼》是一部小说,陈天华在其中塑造出一个理想的共和国形象。他构想出一个民权村,作为"世外的桃源,文明的雏本",是自由、平等、民主、富强的典型。村中有中小学堂、女子学堂、科技学堂、医院、公园、图书馆、体育会、议事厅、警察局、邮政局等,秩序井然,朝气蓬勃。还有工厂和轮船公司,生产日益发达。陈天华根据"梦境"写出一本《共和国年鉴》。在他描绘的共和国里,全国大小学堂30余万所,男女学生6000余万;陆军常备军200万,预备兵及后备兵800万;海军将校士卒,共12万,军舰700余艘,水中潜航艇及空中战艇数十只;铁路30万里;电车铁路10万里;邮电局4万余所;轮船帆船2000万吨;各项税银每年28万万元,岁出亦相等。邹容所描绘的资产阶级共和国主要侧重于政治方面,而陈天华则侧重于经济方面,二者互为补充,为中华大地上即将诞生的共和国设计蓝图。《国民必读》以天赋人权作为理论指导,着重论述了国家属于人民,人民享有充分的民主权利。他强调，皇帝也是普通公民，不应有特殊权力。指出国家元首与各级官吏应是人民公仆，受广大人民监督。他认为只有这样，国家才能繁荣昌盛，否则存在着灭亡的危险。陈天华主张平民至少有八项权利：政治参与权、租税承诺权、预算决算权、生命财产权、言论自由权、结会自由权、外交参与权、地方自治权。他认为，只有保障人民这些基本权利，人民才能成为真正的人民，国家才有富强的保证。《中国革命史论》是陈天华未完成的作品，用资产阶级史学观点论述中国农民战争。他想通过对中国历史上农民战争的研究，说明历史是进化的，革命是正义的；改朝换代是低级的，资产阶级革命才有希望；农民革命难以成功，在资产阶级领导下才能有真正的革命。他肯定了中国历代农民战争的进步性，并分析了其失败的原因。

秋瑾于1904年赴日留学，入女子师范学校读书。课余时间，她还努力学习军事体育、唱歌、绘画，并积极参加留学生的反清革命活动，传播资产阶级新文化。她的突出贡献表现在三个方面。其一，以"天赋人权"理论为指导，主张男女平权。她指出，"人权天赋原无别，男女还须一例担"，"天生男女，四肢五官，才智见识，聪明勇力，俱是同的；天职权利，亦是同的"。① 秋瑾还严厉指斥了传统的封建伦理道德，主张婚姻自由，并以实际行动坚决要求与在京为官的丈夫离婚，其"离经叛道"的大胆行为在社会上引起很大震动。其二，提倡妇女经济自立。秋瑾多次撰文，再三劝告妇女大胆走出家门，入校学习科学文化知识、做工、服务社会，亲身参与创造"美丽文明的世界"。只有这样，才能提高妇女自身的地位，因为"一来呢，可使家业兴隆；二来呢，可使男子敬重，洗了无用的名，收了自由的福。归来得家族的欢迎，在外有朋友的教益；夫妻携手同游；姊妹联袂同语；反目口角之事，都没有了"。② 她还列举了富家太太、小姐的事例，指出这些人虽然衣食无忧，过着富足以至奢华的生活，但无自由，

---

① 《秋瑾集》第122、126—127页。
② 《秋瑾集》第15页。

是男子的附庸,甚至政治地位等同奴隶。妇女有了自己的工作,经济上自立,然后才能有家庭乃至社会地位,才能获得真正的幸福自由。秋瑾的这种主张不仅很有见地,而且在当时是首创。其三,组织妇女团体。秋瑾认识到妇女"合群"的重要性,提出"欲脱男子之范围,非自由不可;欲自立,非求学艺不可,非合群不可"。① 她所谓的"合群",就是"联感情,结团体"。秋瑾认识到,要解除封建专制制度对妇女的压迫和束缚,仅靠几个人的奋斗是不能成功的。因此,她努力组织各种妇女团体,并准备成立全国性的妇女组织——"中国妇人协会",并号召广大妇女积极投身于资产阶级民主革命。实际上,秋瑾已经把妇女解放和整个社会变革紧紧联系起来,在晚清思想史上是一个创造。

2. 宋教仁与法学

1904 年,宋教仁赴日本留学,先后入东京法政大学、早稻田大学。宋教仁具有远大的目标和超前意识,不仅以资产阶级民主理论为指导进行反清革命活动,而且注重研究欧美和日本的国家体制、法律建设,以便革命成功后在中国实行资产阶级法律制度。他在日本所购书籍,大部分是有关法制的。1906 年以后,宋教仁有关法制的研究更加深入,先后翻译了《日本宪法》《各国警察制度》《国际司法讲义》《俄国制度要览》《比利时奥匈国财政制度》《美国制度概要》《普鲁士王国官制》《德国官制》《日本地方渔政法规要览》等。从大量的翻译工作中,宋教仁系统掌握了理论知识,对世界政治、经济与各种法律制度有了相当深刻的认识。他对各国法律制度进行了认真的比较研究,在日期间其法律思想即初步形成。

宋教仁研究法律方面的最大贡献就是在中国首次比较完整地表述了资产阶级议会制度与政党政治,并认为这是当时中国走向光明的唯一途径。他在报纸上看到墨西哥总统德阿士氏四年一任和推行议会制度的消息后,在日记中写道:"自德氏为统领后,国运勃兴,殖产兴业,制度

---

① 《秋瑾集》第 32 页。

文明,皆臻极盛。"①1911 年黄兴发动和领导黄花岗起义时,他在香港即与"同事诸子草定民国宪法"。② 武昌起义后,他起草了著名的《鄂州约法》。在这部约法中,他以立法、行政、司法三权分立和"天赋人权"的资产阶级理论为指导,给议会以较多的权力;对都督的权限加以限制;且规定任期三年,最多连任一次;人民权利受到法律保护;法律由议会制订;等等。南京临时政府成立后,他担任法制局局长职务,负责起草宪法、制订法律等事务。他主持制订了具有划时代意义的《中华民国临时约法》。此后,他热衷于政党政治。

3. 蔡锷与军事学

1899 年,蔡锷留学日本,入大同高等学校。1902 年,他又入成城学校学陆军。在此期间,中国留日学生中兴起了一股军国民主义思潮。蔡锷受此思潮影响很深,曾著《军国民篇》,发表于《新民丛报》。在这篇文章中,他论述了军国民主义是救中国的良药,分析了中国军事不兴的原因,主张建立以军国民主义为中心的新的"国魂"。蔡锷认为"居今日而不以军国民主义普及四万万,则中国其真亡矣!"为此,他提出如下改革措施:一是青年教育不能重弹封建主义老调,让青年人生动活泼,要还其天性,"足备一军国民之资格";二是从传统的封建旧学中解放出来,努力研究和传播富有生气的新思想;三是破除"好人不当兵,好铁不打钉"的旧观念,树立"从军光荣"的社会风尚;四是改革科举考试,传授有用之学;五是引进先进的军事武器;六是文学创造要扫除才子佳人、鬼神迷信,歌颂奋发向上的军人;七是音乐改良,清除靡靡之音;八是把国势振兴和发展军事结合起来。1902 年夏,蔡锷于成城学校毕业,入仙台骑兵营实习,11 月考入东京士官学校。1903 年 11 月,他以优异成绩从士官学校毕业。1904 年蔡锷回国后,除军事活动外,在军事理论的探讨方面也取得了一定的成就。他所著的《曾胡治兵语录》与《军事计划》,在中国近代军事史上占有重要地位。

---

① 《宋教仁日记》1906 年 9 月 1 日。
② 《宋渔父先生传略》,《宋渔父》第 1 集。

《曾胡治兵语录》是蔡锷对将士的一个演讲稿,分将才、用人、尚志、诚实、勇毅、严明、公明、仁爱、勤劳、和辑、兵机、战守等 12 部分。书中摘录了曾国藩、胡林翼的一些军事言论,然后加以评说。与曾、胡不同,蔡锷治兵的目的不是镇压农民起义,而是反抗外国侵略(当然后来曾、胡也有对外的一面),"以救国为目的,以死为归宿"。蔡锷的"仁爱",不是曾国藩所宣传的以镇压农民起义而达到"仁",而是将官爱士兵如"父兄之带子弟",官兵一致,同心同德。同时强调兵要"爱民","以安民爱民为本"。蔡锷讲的将帅与士兵的关系,也不是士兵对将帅的"愚忠",而是团结协调,"无猜无贰","功不独居,过不推诿"。① 此外,在军事训练、武器装备、战略战术方面,蔡锷也表述了不少资产阶级军事观点。黄埔军校创办后,曾以此书为必修教科书。

《军事计划》更为重要,集中反映了蔡锷军事思想的精华。该书共七章三万余字,较系统地论述了中国的军事改革计划。蔡锷清楚地认识到军队是国家统治的工具,是国力的象征;战争是政治冲突的结果,"与政治息息相关"。政治好,军队才强,"本不正也,政不举也",军事自然也不行。在此,蔡锷把军队与国家政治进步联系在一起,抓住了问题的本质。他进一步指出,要振兴军事,先要增强国力,尤其要进行政治体制改革。为此他强烈呼吁:"第一,农民当解放也,惟自由之劳动始能保国于不敝也;当予土地所有权,惟独立之地主乃勇于卫其家,即勇于卫其国也。第二,市民当予以自治权也,市政及市会之发达,德族(即日耳曼民族)之所以自豪于中古也。揽怀旧之蓄念,历史观念爱国之源泉也。第三,贵族当教也,惟国家存在,而贵族乃始尊荣,惟贵族不自私而国家始强盛。特典也,特权也,利之适以害之也。政府有司不当求智识于簿书,劳精神于会计,首当与国民共有生活,而研究其真正之情实,而施政方针当力与当时之实情相应。"②由此说明蔡锷的军事视野是超群的。在军队建设问题

---

① 《蔡松坡集》,上海人民出版社 1984 年版,第 1243—1251 页。
② 刘达武:《蔡松坡先生遗集》之三。

上，蔡锷也有自己深刻的见解。他认为在人数上，贵精不贵多，这样既节省军费，又保证质量。为保证部队有充足的兵源，可推广义务兵役制；在武器装备上，力求先进，种类要齐全，技术要精练，使武器真正为人所掌握；在军队编制上，应体现人与器合、兵与兵合、军与军合、军与国合，管理方便，指挥自如；在军事教育上，应高度重视，因为"人也、器也、军也、国也，各有其个体，其形式上之一致，则编制之责也，其精神上之一致，则教育之责也"。在管理上，蔡锷主张：一是用人得法，唯才是举；二是破资历，但不是完全不考虑资历；三是勤俭办事，"经理不得其法，则平时可以掷无限之金钱，而临时军队寸步不能动，当费不费则事不举，不当费而费则财用匮"。

4. 鲁迅与文学

1902 年，鲁迅由江南督练公所派往日本留学，入宏文学院学习。1903 年，他出版了《说铂(镭)》《中国地质略论》，以及他翻译的凡尔纳科学小说《地球旅行》和雨果的《哀尘》，表现出其才华及对科学的追求。1904 年至 1906 年，鲁迅入仙台医学专门学校学习。在此期间，他翻译过西方的一些科学论文和科学小说，出版了《中国矿产志》与《中国矿产地图》。在一次细菌课上，他从幻灯片上看到日俄战争中几个中国人毫无民族意识、麻木不仁的状况时，感慨万千，从此产生了要用文学唤起国民进步意识的想法。1906 年，鲁迅前往东京，努力学习俄语、德语，刻苦钻研拜伦、裴多菲的作品以及日本重森欧外、上田敏、二叶亭四迷、夏目漱石等人的批判现实主义文学。他应《河南》杂志之约，先后发表了《人间之历史》《摩罗诗力说》《科学史教篇》《文化偏至论》《裴象飞诗论》《破恶声论》等文章，从中表达了他的进化论思想与爱国主义文学观。

鲁迅在《科学史教篇》中，论述了从古希腊、罗马到近代的主要科学家，评述了欧洲科学思潮的演变及其在社会进步中的作用，从而说明了历史的进化，驳斥顽固守旧观点。在《人间之历史》中，鲁迅直接介绍了西方的生物进化学说，评论了达尔文等人的基本观点，反对神造人的迷信思想和守旧观念，并列有《生物进化系图》，使读者对人类的进化过程一目了然。他从历史进化的角度思考中国的振兴，把进化论与反清革命有机结合起来。在《破恶声论》中,他激烈地批判崇洋媚外思想,厉声指斥封建迷信,提倡尊重科学。在《文化偏至论》中,他论述了中西文化的优点与不足,指出"物质"文化与"精神"文化同等重要,力主中国文化革新,从传统思想束缚下解放出来,以达到"雄厉无前,屹然独见于天下"的地位。① 他将这种振兴民族的爱国主义精神贯彻到文学领域,主张大力歌颂爱国英雄和反抗压迫者。在《摩罗诗力说》中,鲁迅热情讴歌了欧洲那些具有爱国反抗精神的作家和作品,高度赞赏这种文学冲破世俗而崛起的"摩力"精神。而当时中国文坛正是缺少这种"摩力",因此造成萧条冷落、死气沉沉的局面。鲁迅在日期间所初步形成的进化历史观与文学观,为其后来成为文学巨人奠定了思想基础。

5. 李叔同与艺术

1905 年,李叔同赴日留学,入东京音乐学校。他创办了《音乐小杂志》,介绍欧洲音乐大师贝多芬等人的作品,并开展音乐理论研究。经过对中外音乐史的研究,李叔同认识到音乐的社会作用是巨大的,即能够"琢磨道德,促社会之健全;陶冶性情,感情神之粹美。效用之力,宁有极矣"。② 为了发扬中国人民的爱国传统,他编了一本《国学唱歌集》,从《诗经》、《离骚》、唐诗宋词、西昆与杂歌、《出军歌》、《婚姻祝词》等作品中选录 20 余段,配上简谱,在东京留学界和国内的一些学堂广为流唱,激发了中国人的爱国热情。1906 年,经过系统的乐器与音乐理论学习,李叔同成为中国留学生中第一位音乐家。他所著的《西洋乐器种类概说》,介绍了西方的弦乐器、管乐器、打击乐器、金制乐器,讲述了欧洲的小四弦提琴、大四弦提琴的构造与演奏方法并附图。对于竖琴、六弦提琴、长提琴,木制管乐器中的横笛、竖笛、单簧竖笛、大竖笛,金制管乐器的高音部喇叭、中高音喇叭、细管喇叭、猎角式喇叭,等等,也都有介绍。李叔同指出:"木制者其音色有柔婉温雅之特色,金制者有豪宕流畅之表情,用时

---

① 《河南》第 7 期。
② 《弘一法师》,文物出版社 1984 年版,第 65 页。

虽不如弦乐能传写乐曲之精微,然其音乐丰富洪大,为其特色。"①可以说,在辛亥革命前,《西洋乐器种类概说》对西方乐器的介绍是首屈一指的。

李叔同对戏剧也有着特殊的爱好。留日期间,他曾向日本著名戏剧家川上音二郎、藤泽浅二郎学习由西方传入日本的新剧艺术。日本历史上只有"歌舞伎"剧。19世纪末,日本戏剧激进分子从欧洲引进了话剧,演出以爱国主义为题材的作品,在日本被称为"壮士剧"。李叔同在留日学生中首先接触到这种戏剧,并为其简明、生动、易于排演、配合现实、易于为观众理解等诸多特点所吸引。这使他成为中国话剧的奠基人之一。关于李叔同在中国话剧方面的特殊贡献,我们在"戏剧"部分加以介绍,在此不赘述。

李叔同在介绍西方美术方面也是成绩卓著。1906年9月,他考入东京美术学校,拜留学法国的著名西洋油画家黑田青辉为师,刻苦学习和研究绘画艺术。东京美术学校是当时日本美术的最高学府,条件很优越。学校用英文与日文双语授课,设有西洋画、日本画、塑像、铸造调漆、莳绘(即泥金)木雕刻、牙雕刻、石雕刻与图案等科,并有木炭画室等。李叔同此时对西洋油画最感兴趣,进步也很快。现存的其油画作品《裸女》《朝》《人像》等,栩栩如生,颇见功力,在近代油画创作上属于上乘佳品。他的绘画成就引起当时日本美术界的关注。东京《国民新闻》的记者还专门采访了他,发表了《清国人志于洋画》的新闻报道,并配发了他着西装的照片和绘画作品。此后,李叔同将其学到的绘画理论和技术相融会,进行创新,相继著有《国画修得法》和《水彩画法说略》。他首先从历史与现实的结合上论述了美术的功用,指出:"图画者,为物至简单,为状至明确。举人世至复杂之思想感情,可以一览得之。""图画可以养成绵密之注意,锐敏之观察,确实之知识,强健之记忆,著实之想像,健全之判

---

① 《弘一法师》,第80页。

断,高尚之审美心。"①总之,对德育、智育、体育诸方面的教育有着无法估量的功用。李叔同还介绍了图画的种类,如器画(几何图、投影图、阴影图、透视图)、自在画(西洋画、日本画)。西洋画又分为铅笔画、擦笔画、钢笔画、水彩画、油画;日本画又分为士佐画、狩野派、南宗派、岸派、圆山派、浮世派、新派。李叔同对绘画的研究比较深入。如在"自在画概说"一章中,他分析了绘画的精神法、位置法与轮廓法,是值得称道的。《水彩画法说略》共分十章,他详细论述了水彩画的材料准备与绘画技巧,并从中西绘画的比较研究中找到其内在的规律。

特别值得一提的是,李叔同很重视儿童文学艺术,写了不少儿童文学作品,并谱写了大量儿童歌曲,辛亥革命前后在学堂和幼儿园传唱。他是中国近代儿童文学艺术的奠基者之一。

1910年,李叔同由日本回国,担任浙江第一师范学校图画与音乐教员,主编《太平洋画报》,并参加了吴昌硕主持的西泠印社和名人荟萃的南社,还发表过《近世欧洲文学之概观》。

---

① 《弘一法师》,第67—68页。

第二章　出使西方的使臣在学习西学上的贡献

晚清出使西方的使臣由于其特殊的身份和地位，能够广泛接触西学与西方社会，因而较之当时其他中国人而言，对西学了解和认识更加深入。他们的观感与学习心得，给时人以重要启示。

第一节　斌椿

1866 年初，中国海关总税务司英国人赫德请假回国，清政府派总理衙门副总办章京、前山西襄陵知县斌椿为团长，率其子笔帖式广英及同文馆三名学生，组成代表团，随同赫德赴欧洲游历。这个代表团于 3 月 7 日启程离京，先后访问了法国、英国、荷兰、德国、丹麦、瑞典、芬兰、俄国、比利时共计九个国家，于 11 月 13 日回到北京，历时八个月有余。

斌椿所率代表团是中国有史以来派往西方的第一个代表团。该团此行虽然名为游历，但实际上具有外交与考察双重目的。这从当时总理衙门的奏折中可见一斑："查自各国换约以来，洋人往来中国，于各省一切情形，日臻熟悉，而外国情形，中国未能周知，于办理外交事件，终虞隔膜。臣等久拟奏请派员前往各国，采其利弊，以期稍识端倪，藉资筹计。"①

斌椿在欧洲的见闻,主要记录在《乘槎笔记》中,这是中国第一部使西日记。欧洲最令斌椿惊异的,是其近代城市的规模与繁华。他们一行首先到法国,在马赛,斌椿犹如刘姥姥进大观园,一切都感到新奇:"街市繁盛,楼宇六七层,雕栏画槛,高到云霄。至夜以煤气燃灯,光明如昼,夜游无须秉烛。闻居民五十万人,街巷相连,市肆灯火,密如繁星。他处元夕,无此盛且多也。"②他们又相继到了里昂与巴黎,而一座城市比一座城市繁华,更使他震叹不已。到了其他西欧的城市,也是繁华无比,这使他受到很大的震撼。

斌椿对西方的机器有着浓厚的兴趣。在前往欧洲的旅途中,他们所乘的交通工具是轮船与火车。他们在上海所乘的是一艘法国客轮,斌椿对其进行了细致的观察,包括船的大小、结构、舱内环境、所用设备、工人职司、工作原理等。在苏伊士换乘火车后,他对火车进行了更加具体的描述:"申刻登火轮车。前车为火轮器具,烧石炭(煤),贮水激轮。后车以巨钓衔其尾,蝉联三四十辆,中坐男妇多寡不等。每辆如住屋一所,分为三间,间各有门口启门入,两面小炕各一,可坐八九人。炕上下贮行囊数十件。每间大窗六扇,有玻璃木隔,以障风日,启闭随人。油饰鲜明,茵褥厚软。坐卧、饮食、起立、左右望,皆可随意。次者装货物箱只。再次装驼马。摇铃三次,始开行。初犹缓缓,数武后即如奔马不可遏。车外屋舍、树木、山冈、阡陌,皆疾驰而过,不可逼视。"③到了欧洲之后,斌椿一行接触到更多的机器。如上下楼乘坐的电梯,客房内的按铃,街上行走的自行车,斌椿都向国人作了介绍。在巴黎,他们遇到一件更新奇的事情,就是照相。他们还在此留影作为纪念,斌椿并将其记录下来。此后,他们在英国参观了不少工厂,如造币厂、兵工厂、火车厂、家具厂、钮扣厂、玻璃厂、纺织厂,等等。这些工厂的生产效率让其感到不可思议。

---

① 同治朝《筹办夷务始末》卷39,第1页。
② 斌椿:《乘槎笔记·诗二种》,第107页。
③ 同上书,第104页。

如在曼彻斯特参观一家 3000 余人的纺织厂时,斌椿亲眼见到"自木棉出包时至纺织染成,不逾晷刻"的飞速,以及"织机万张,刻不停梭"的壮观场面,不禁目瞪口呆。①

斌椿一行在欧洲的活动内容比较广泛,如看戏,旁听英国国会的辩论,参加英国宫廷舞会,并受到英国女王和王子的接见。他们还考察了西方的社会风俗尤其是妇女的习俗,并予以记载。在巴黎,他们有机会看戏,斌椿记录了第一次看戏令其陶醉的景况:"夜戌刻,戏剧至子正始散,扮演皆古时事。台之大,可容二三百人。山水楼阁,顷刻变幻。衣着鲜明,光可夺目。女优登台,多者五六十人,美丽居其中,率裸半身跳舞。剧中能作山水瀑布,日月光辉,倏见佛像,或神女数十人自中降,祥光射人,奇妙不可思议。观者千余人,咸拍掌称赏。"②

斌椿一行作为中国第一个非正式使团,在当时比较发达的西欧,看到从未接触过的外部世界,如看万花筒,眼花缭乱。我们不能苛求斌椿当时对西方、对西学有多么深刻的认识,然而,他对当时在西方的见闻如实记录,大大开阔了当时中国人的眼界,应该说起到了一定的开风气的作用。

第二节　志刚

1867 年 12 月,由美国卸任公使蒲安臣自己建议,加上赫德从旁怂恿,清政府任命蒲安臣为"办理中外交涉事务大臣"(即团长),总理衙门章京、记名海关道志刚与章京、记名知府孙家谷同为钦差出使大臣。怕引起英、法不满,以英国人柏卓安、法国人德善为左右协理,率同文馆学生、供事、马弁等,组成外交使团,前往有约各国访问。史称"蒲安臣使团"。这是清政府派往西方的第一个外交使团。该使团 1868 年 2 月从上海启程,先后访问了美国、英国、法国、瑞典、丹麦、荷兰、普鲁士、俄国、

---

① 斌椿:《乘槎笔记·诗二种》,第 119 页。
② 同上书,第 109 页。

比利时、意大利、西班牙等 11 个国家，1870 年 10 月回到上海。

此次出使的文字记录中，志刚的《初使泰西记》最为重要，并且它还是晚清使西日记中影响较大的一种。

《初使泰西记》中关于西方科技和制造方面的记述，是最引人关注且篇幅最大的内容。在赴欧美途中，在日本横滨换乘美国轮船"斋纳"号，志刚详细记录了该船的结构、主要部件以及动力原理。在美国旧金山，他们参观了造船厂、毛毡厂、铸币厂、炼汞厂等。每参观一家工厂，志刚不仅悉心观察，而且详细记录。如于 1868 年 4 月 12 日参观铸币厂当天，志刚写下了这样的日记："观铸洋钱局。铸法：熔砂入槽成块，以提渣滓。熔块入水成麸，以入分炉。分金、出银，入铜以造钱，则用戕水。……造钱皆由气炉。先压银成条，用滚轴两轴相依，轮逼轴转，而夹条于两轴之缝，轴一滚而条成板矣。再紧轴而入板于缝，轴一滚而板又扁，合式为度。板之宽窄厚薄如式，则轧元。入板于轧机，机如卯榫，而入板于其间。榫轧于卯，而元即落。榫出于卯，而板又入。庶余之板，顷刻而元孔相连，而钱质及分数成而均矣。成净元饼，有肉无好。但挤边，有竖文而厚于肉，然后钱肉之文得不磨灭也。挤机如盘，外圈中有活底凸起如饼。饼圈之间相去，如钱径圆式，成四格五格。之相去之分数，视钱式之大小焉。边上玄空铜于格旁，置净洋元于筒中，下有拔机，拔元入格则饼转。转由松渐紧，则边文出。又至于格，而落元矣。格中先宽后紧，则边厚起而竖文出矣。再入印文机，如盖底而阴其文。机动盖起，由推机送而置于底，则盖下轧而成文矣。盖复起，则前元推而出，后元送而入矣，则又轧。自前视之，则入钱如生吞。自后视之，则出钱如流水矣。又有数钱之具，为方盘。其有如钱式之槽五百。置散钱其上而摇之，则钱皆入槽，而五百之数出，易而准也。"[1]在此，志刚对铸钱的流水线全过程记述得详细而具体，描述得惟妙惟肖，使人们仿佛身临其境。在纽约，志刚一行见到更多的机器

---

[1] 志刚：《初使泰西记》，第 261—262 页。

与发明,包括显微镜、印刷机、农业机械、自来水管道、锯石设备、吊车、型钢轧制、三棱镜、织布机、印花机、空中索道,等等。对于这些,志刚都作了认真的观察与了解,并且都作了详细的记录。到了欧洲,志刚对于西方科学技术的应用,依然兴趣浓厚,满腔热情。在英国伦敦,他参观泰晤士河隧道,详细询问了河底隧道的施工方法。在法国巴黎,他悉心考察了煤气灯的原理与用途、西医外科手术治疗骨疽的方法、电报通信及银板照像的原理、热气球升空的原理及其用途,等等。志刚对西方的武器军械、军事设施高度关注。在法国,他详细考察了解比利时制造的"藕心"大炮、美国制造的"司班司尔"步枪,并与技师一起认真验看华侨商人买来的比利时制造的"工布勒郎贝"步枪和"各郎"手枪。他还参观了俄罗斯铸炮厂、波罗的海海口炮台、比利时爱斯考河右岸炮台。在欧洲期间,志刚还参观、考察了其他工矿企业以及文化设施,如德国的甜菜制糖厂,比利时的采煤矿、炼钢厂、玻璃厂,俄罗斯的橡胶制品厂与博物院,等等。对于上述亲眼所见,志刚都进行了如实而详细的记录与说明。

此次欧美之行,志刚对西方先进科技及其产品高度重视,并且对机械制造、工程建设等方面的工艺流程,认识比较清楚;而相形之下,对于工艺流程所涉及的科学原理,则认识模糊,甚至错误。这是由于其西学知识与当时中国的社会历史条件有限。在这一点上,志刚也表示了遗憾:"泰西各家学问与制造之法,使者言仅得之时刻流览之间,无暇与之深究而细讲,则所述未能各尽其致,不无遗憾,读者谅之。"①

对于西方政治,志刚虽未详细记述,但明确表示了赞许的态度。1868 年 6 月 10 日,中国使团应美国众议院议长科尔法克斯之邀,旁听了国会辩论。志刚在当天的日记中,赞美美国参众两院制度,能使"民情达而公道存"。② 次日,中国使团参观了万农山华盛顿墓。对于美国这位民

---

① 志刚:《初使泰西记》,第 369 页。
② 同上书,第 270 页。

族英雄、开国总统,志刚在日记中大加称许:"然以一废退武职,崛起于人心思奋之时,卒成数千里大业。而乃功成名遂,身退而不为功名富贵所囿,固一世之雄也哉!"①在普鲁士,志刚对于国王威廉一世接近平民百姓、君臣之礼简约赞赏有加:"气象雄伟而质直,待人亲厚如家常。所居别宫临通衢,时自楼窗外观。途人仰见,则免冠而过。又尝单车一仆,乘常车出入,遇者亦免冠而过而已。使者或遇诸途,为之鞠躬为礼,则摘冠相答。君民之间,相处坦如也。"②

第三节　郭嵩焘

　　1875 年 8 月 28 日,清政府任命郭嵩焘为出使英国大臣。这是晚清向西方国家派出的第一位正式公使。从此,清政府与西方国家交往,不再依靠特派专使。1878 年 2 月 23 日,清政府又任命郭嵩焘兼任驻法公使,他也成为第一任驻法公使。

　　郭嵩焘的使西日记,洋洋五六十万言。当时仅发表了其中的一小部分,名为《使西纪程》。这是晚清使西日记中的著名之作,影响很大。20 世纪 80 年代,郭嵩焘的使西日记由湖南人民出版社、湖南岳麓书社先后整理全部出版,分别题为《郭嵩焘日记》《伦敦与巴黎日记》。日记中记述了郭嵩焘对西方科技、工商、军工、学校、政体、法律等各方面进行系统考察的具体情况,为当时中国向西方学习提供了重要的借鉴。

　　早在出使西方之前,郭嵩焘就产生了向西方学习的思想。因此,他一到英国,就展开了各种考察与学习。据统计,他参观与考察了政府机关、企业、工矿、学校、医院、博物馆等行业单位数百个,受邀出席各种学会、协会与社团的会议数十次,参加了雅典俱乐部、东方俱乐部等几个学术组织,还担任过万国公法会的名誉副会长。除亲自进行上述各类活动外,他还通过其他各种途径,广泛向西方学习。如利用使馆的翻译,广泛

① 志刚:《初使泰西记》,第 271 页。
② 同上书,第 332 页。

涉猎西方的报刊——英国的《泰晤士报》《晨邮报》，法国的《费加罗报》等；广结西方各行各业名人，包括政府要员与社会名流、科学家、实业家、宗教界人士、社会活动家、工程师、技术员等，从他们那里学习西方文化知识；从出类拔萃的留学生严复、马建忠、罗丰禄身上也学到许多有用的知识。

郭嵩焘的使西日记中，有关西方科技部分占有重要地位。然而，他不仅考察工艺技术，而且更重视探究基础科学。这一点，正是他高出时人之处。他到英国伦敦不久，就结识了英国皇家学会的一些著名科学家，并受邀参观他们的科学活动。1877年3月24日，郭嵩焘受科学家斯特德斯武得邀请，观看了两项光谱实验。不久，又观看了演示光的粒子流的实验。4月12日，他被邀请到英国皇家学院听定大（时任皇家学院自然哲学教授、英国学术促进会会长）讲热学，并目睹了一次热力学实验。4月27日，他到谛拿尔娄家中听讲电学，并观看了六七种电学试验。10月16日，他参观了一家电器厂，该厂生产"声报"（即电话），郭嵩焘与张德彝一个在楼上、一个在楼下，用电话进行交谈。1878年5月20日，他观看了爱迪生本人演示其发明的留声机。郭嵩焘除了对光学、热学、电学、声学怀有浓厚的兴趣外，还以满腔热情参观考察了天文学与地质学。1877年7月3日，他参观考察了格林威治天文台，对其精密的授时装置十分感兴趣。11月29日，他又参观了牛津大学天文馆，并在前皇家天文学会会长毕灼尔得的陪同下，饶有兴趣地用天文望远镜观测到"光色甚淡"、如同半月的金星。1877年5月31日，他在科学家敦兰得的引领下参观了一座地质馆，看到了不少矿物与化石标本，且从敦兰得的解说中，明白了煤的形成过程。郭嵩焘除上述活动外，还通过与一些人的交谈，获得了更多的科学知识。例如，从天文学家铿尔斯处，了解到太阳、地球、月亮的质量比，利用光谱分析探测太阳基本物质构成的科学方法；在马格里处，他了解到气体、金属、非金属等多种化学元素；在罗丰禄处，他知道了门捷列夫元素周期表与通过光谱寻找未知元素的科学方法；在严复处，他了解到牛顿万有引力与物体热胀冷缩的科学原理,等等。①

通过一系列参观、考察、学习活动,郭嵩焘对西方科学的本质有了一定程度的认识。他认为西方的格致之学(科学),是"天地之精华",②并且可以起到"牢笼天地,驱役万能"的作用。③ 严复的一段话对郭嵩焘启发很大,影响至深,他在日记中如实记录下来:"格物致知之学,寻常日用皆寓至理。深求其故,而知其用之无穷,其微妙处不可端倪,而其理实共喻也。"④也就是说,科学即要从现实生活中发现自然规律,并且利用自然规律为人类服务。

郭嵩焘不仅认识到格致之学(科学)在西方物质文明中的作用,并且探索物质文明背后的制度性原因。为此,他花了很多时间和精力,广泛深入社会进行参观、考察,研究西方的各行各业。1877 年 5 月 14 日郭嵩焘在日记中写道:"英国行政务求便民,而因取民之余以济国用。故其所设各官,皆以为民治事也,而委曲繁密;所以利国者,即寓于便民之中。如信票,远至数万里,近至同一城也,但粘信票其上,信局即为递送。每岁所入八千数百万磅,可云利国矣,而民实便之。……相传数十百年前,一人想得此法,献之朝廷,即时赏二千磅,依其法行之。此专为便民也,而其实国家之利即具于此。此西洋之所以日致富强也。"⑤在此,郭嵩焘认识到资本主义经济制度为西方社会提供了经济发展的动力:国家通过技术发明带动商品生产,通过商品生产满足社会需要。政府的作用在于扶植与保护企业,并且抽取赋税,不仅民富,而且实现了国家的富强。

郭嵩焘认识到教育在西方社会发展中的重要作用。为此,他对西方教育制度进行了认真考察了解。1877 年 11 月 28 日,郭嵩焘考察了英国牛津大学,记录了 21 个学院的名称与学生人数,具体考察了三个学院,

---

① 以上均见郭嵩焘:《伦敦与巴黎日记》,岳麓书社 1984 年版。
② 同上书,第 311 页。
③ 同上书,第 904 页。
④ 同上书,第 589 页。
⑤ 同上书,第 197 页。

并参观了宿舍与牛津大学图书馆。次日,他观看了硕士学位授予典礼以及本科生的考试。通过在牛津大学的参观考察,他了解到英国大学的学士、硕士、博士学位的获得,奖学金制度,以及学生毕业后的去向,等等。1878年1月21日,他参观了一所英国小学,了解到小学的年级制、女教师的任用,并观摩了一些课程。之后,郭嵩焘又考察了德国克虏伯兵工厂附属工人子弟学校、法国圣希尔军校等。这些参观、考察活动,给他留下了深刻的印象。①

使西期间,郭嵩焘对西方的政治制度进行了认真考察。他到英国上、下议院旁听辩论,了解英国议院的历史与两党制的状况。通过考察,他对英国政治制度逐渐有了比较深刻的认识:"计英国之强,始自国朝,考求学问以为富强之基,亦在明季,后于法兰西、日耳曼诸国。创立机器,备物制用,实在乾隆以后。其初国政亦甚乖乱。推原其立国本末,所以持久而国势益张者,则在巴力门议政院有维持国是之义,设买阿尔治民有顺从民愿之情。二者相持,是以君与民交相维系,迭盛迭衰,而立国千余年终以不敝。人才学问相承以起,而皆以自效,此其立国之本也。而巴力门君民争政,互相残杀,数百年久而后定,买阿尔独相安无事。亦可知为君者之欲易逞而难戢,而小民之情难拂而易安也。中国秦汉以来二千余年适得其反,能辨此者鲜矣!"②在此,郭嵩焘指出英国政治制度的核心,在于"巴力门"(议会)和"买阿尔"(市长),而这二者的基础,就是民主政治。他认识到,正是由于实行了民主政治,英国才做到政治稳定,各方面不断发展,国家日益富强。

郭嵩焘在着力考察西方政治制度的同时,也关注西方新闻、学术等其他上层建筑。1877年2月20日,郭嵩焘在其日记中特意提到西方的报纸:"西洋一切情事,皆著之新报。议论得失,互相驳辨,皆资新报传布。执政亦稍据其所言之得失以资考证,而行止一由所隶衙门处分,不

---

① 以上均见郭嵩焘:《伦敦与巴黎日记》,岳麓书社1984年版。
② 同上书,第407页。

以人言为进退也。"①西方国家的新闻自由,是其言论自由的一种表现形式,是建立在民主政治基础上的。学术自由也是言论自由的一种表现形式,郭嵩焘认为:"西洋诸国所以维持不敝,皆由学士大夫酌理审义,相与挟持于其间,所以为不可及也。"②学术在西方社会可以起到监督与指导的作用。

综观郭嵩焘使西日记,他不仅在物质层面表现出向西方学习的强烈愿望,而且在制度层面也表露出向西方学习的倾向。这在 19 世纪 70 年代是仅见的。

第四节　张德彝

张德彝经历了同治、光绪两朝外交,前后断断续续达 40 年,从随使直到任出使大臣,这在有清一代外交史上是仅见的。他先后出洋八次:1866 年(同治五年),作为同文馆学生随斌椿赴欧游历,次年回国;1868年(同治七年),随蒲安臣使团出使欧美有约国家,次年回国;1870 年(同治九年),随特使崇厚就天津教案赴法道歉,次年回国;1876 年(光绪二年),随郭嵩焘出使英国,任翻译官,其间,于 1878 年为出使俄国全权大臣崇厚奏调,随使俄国,1880 年(光绪六年)回国;1887 年(光绪十三年),随洪钧出使俄、德、荷三国,1890 年(光绪十六年)回国;1896 年(光绪二十二年),随罗丰禄出使英、义、比三国,任参赞官,1900 年(光绪二十六)回国;1901 年(光绪二十七年),随那桐出使日本,任参赞官,同年回国;1902 年(光绪二十八年),任出使英、义、比三国大臣,1906 年(光绪三十二年)回国。张德彝在海外经历广,阅历多,日记繁富,先后有《航海述奇》《再述奇》《三述奇》《四述奇》《五述奇》《六述奇》《七述奇》《八述奇》,洋洋洒洒 200 余万言,是晚清中外文化交流的重要文献。我们依据其 19世纪六七十年代早期随使日记,即前四部"述奇",叙述他对西方文化的

---

① 郭嵩焘:《伦敦与巴黎日记》,第 401—402 页。
② 同上书,第 505 页。

介绍。

张德彝前四部"述奇"所记述的西方事物,包罗甚广,归纳起来,大致有十类:

1. 礼仪风尚类。所述事物包括西国服色,丧葬情形,礼拜堂,外国宝星,朝服,教师与童贞服色,决斗,拿破仑诞辰法国欢庆,婚嫁风俗,天主教与耶稣教,美国男女秘密结党,嚼生烟,西洋重姓名笔迹,伦敦公园淫风,西人不敬字纸,宗教纷争,女子时尚,骨相学,学偷窃之馆,西洋丧礼,圣诞礼俗,法京浴堂,法京妓馆,西国男女喜养犬,泰西人家日用食物,西国妇女饰佩,礼拜堂超度阵亡提督,西国菜圃之业,西国男女持伞习俗,用扇习俗,男女帽制,西俗女重于男,英国世爵,伦敦各会,英国官车,贵臣官服,各国公使朝服,礼拜日,商品外卖,西国店肆标牌,英人姓氏纹章,女眷装束,朝眷会规,男医接生,好礼拜五,茶会,持手杖,初夜权,游春会,名片,愚人节,女子假乳假臀,西人以圣经发誓,美容海淫,西国浴堂之制,游街之俗,外国客寓最大,西洋浴巾,小儿养白鼠,洋人相面,外国捕鸟法,宠物店,法京咖啡馆,婚礼请柬,婚礼过程,步游之习,乘车之礼,染发之习,西人手语,女人烫发,住址簿,男子蓄须剃须,出生入教之礼,巡行瞻礼,相遇行礼,拜会预约,各国丧服,请帖,舞会礼节,西人不重后嗣,结婚后与父母分居,丧葬习俗,拜谒留刺,礼貌称谓,情人节,英人拜客送客之礼,辞退仆人给保单,仆婢例规,给小费,仆役等级职责待遇,犬展会,福绅早餐,午酌,亲属称谓,公厕,嗜比尔酒,仆婢名目,请客赴宴,平时晚餐,跳舞会夜馔,金婚,布国妓院,等等。

2. 工商税务通信金融类。所述事物包括巴黎商店,炫奇局,信局,钱局,造苦酒局,海关收税验货处,英国币制,俄国币制,造钱局,造船厂,织毡局,专利局,干货局,香水局,积谷仓,古董市,铸钱局,官钞局,电信局,下水道,万商会,法国租税,发行公债,铁器局,胰局(肥皂厂),榨油厂,集水处,造烟局,烧瓷局,花厂,玻璃局,法国客船票价表,丽如银行,农公会,巴黎博览会,专利权,英国课税,德国币制,银行汇票支票,钱币汇兑,猪肉铺,电线传声器,电报,休渔休猎制度,伦敦官商会馆,巴黎旅店,等等。

3. 器用交通类。所述事物包括轮船,保险圈,煤气灯,传声筒,自行屋,手提箱,火轮车,照相处,马车,地铁,系货之具,铁裁缝,印度擦物宝,木马,自行车,撼衣器,农器具,自鸣钟,玻璃乳食瓶,水法,玩具,洋火,肾衣,制火宝机,漆布,泰西针织,西人餐具,西洋镜,西人床榻,气球,乳壶,造冰器,千里镜,日影报,碧筒杯,新制电机,夜照相法,电气灯,等等。

4. 文学艺术类。所述事物包括戏剧演出,音乐演出,马戏,烟火,灯戏,入水钟,戏法,口技,化装舞会,影戏,奇巧灯,杂技,傀儡戏,英国说书人,巴黎假面舞会,跳舞会,咖啡馆杂戏,伦敦戏园,杂戏,童谣,西洋油画,西国盲文,国家画院,大琴堂,西图书信格式,字母大小写,标点符号,法国笑话,西洋乐器,法国笑话,八音盒,等等。

5. 政治教育司法新闻类。所述事物包括造新闻纸,英国囹圄,议事厅,文咨宫,卜静宫,判断院,太坤宫,华盛顿合众国总督,合众国议事,华盛顿墓,无名将士墓,总统制,纽约新闻纸局,费城监狱,大学院,美国尊卑堂与平行党,英国选举不公,外交豁免权,美国新闻纸,伦敦新闻纸,开会堂,贤真睦斯宫,格致书院,议政院,度支公开,稽查户口,市政官制,书籍审查,法国公举总统,德露芝学堂,各国旗帜,绞刑,遗产继承,等等。

6. 游戏体育类。所述事物包括玩石球十三法,不知名小儿游戏,不知名士人游戏,英国谜语,陀螺玩法,冰嬉,小儿力学三十一式,打水漂,韧针,旋转木马,猫夺角,猫捕鼠,掷石球,玩跷跷板,螺线戏,猜影,法京类射覆之戏,泗水十四论,斗鸡,瘸子点灯,放上了,打木圈,字战,棍剪对舞,跳棋,泰西牙牌,泰西围棋,泰西象棋,热其手,贝拉柏凯,玩具积木,外国骰子,羽毛球,溜旱冰,土人游戏一种,马球赛,赛舟会,赛马,等等。

7. 科技医药卫生慈善类。所述事物包括标本馆,白骨园,禽骨楼,化石楼,瑞典积骨楼,电器疗疾,法国观象台,波尔多古尸陈列室,光学试验,天文学演讲,地理会,雅典学会,显微镜,施医院,西国药室,义卖,孤儿院,育婴堂,养济院,垃圾收送,等等。

8. 军事类。所述事物包括驻军厂,克鲁卜炮厂,包斯顿炮台,土伦炮局,技勇营,克虏扑厂,五雷治军器局,枪炮日改其式,兵士训练,英国铁甲兵船,鱼雷,水雷,铁炮船,清国所购船炮,棉花火药,等等。

9. 名胜类。所述事物包括巴黎万种园,英国水晶宫,伦敦台,凡尔赛内园,伦敦蜡人馆,巴黎凯歌路,法王故宫,陆森伯尔园,万生园,枫丹白露,不列颠博物馆,御花园,摄政公园,布莱墩,俄国皇宫,等等。

10. 其他类。所述事物包括巴黎街道,集奇馆,布国王后石像,欧兰庄,纽约街道,集理馆,华盛顿街道,莹地,燹后巴黎,伦敦大雾,街区公园,柏林街道,印书处,等等。①

综观张德彝所述西方种种事物,其核心内容是风俗,不仅衣食住行、礼仪风尚、宗教信仰、节日庆典、游戏娱乐等归于民俗类下,就连西方科技、教育、政治、司法、工商等,也大都是从风俗习惯的角度着眼而进行记述的。之所以会出现这种情况,张德彝自己给出了答案:"政莫大于礼,礼始饮食,诗咏乾餱,日用起居之间,里巷琐屑之事,其于政教也,譬诸江河之有尾闾也,疏通浚瀹,莫要于此者,政教将于是乎觇通塞焉。"②实际上,张德彝认为,从一个国家的民风民俗着眼,则最能观察出这个国家政教的好坏。他记述西方国家的日常风俗习惯,旨在为中国当政者提供治国理政的借鉴与参考。

晚清中国人对西方的亲历记述中,关于西方戏剧的内容少之又少,在出使西方使臣的日记中,更是难得见到。而张德彝则是个特例。在其使西的八部"述奇"中,几乎涉及西方戏剧的各个方面。从剧场到演员,从舞美到剧情表演,从副本审查到票房,林林总总,都有记述。张德彝的日记中涉及的西方剧目较多,我们仅就其中 15 种西方名剧,看一下他的记述及其观感。

1.《沙皇与木匠》。《再述奇》1868 年 5 月 14 日记:在华盛顿"宽街大戏园"观剧。"所演系俄罗斯伯多罗王在荷兰学铁木匠,工成回国,百

---

① 以上所述各类事物见北京图书馆(今国家图书馆)1997 年影印本《稿本航海述奇汇编》第一、二、三、四、五、六册。

② 张德彝:《六述奇·自序》,《稿本航海述奇汇编》第六册,第 646—647 页。

官来迎,荷兰始知为王故事。"①

这是德国著名作曲家洛尔岑于1837年改编谱曲的歌剧《沙皇与木匠》。该剧以俄国沙皇彼得大帝微服到荷兰考察为题材,剧中讲述彼得化名伊万诺夫学木匠的奇特故事。由于张德彝初步接触西方戏剧,在此记录较简略。

2.《格罗斯坦大公爵夫人》。《再述奇》1868年6月25日记:在纽约观剧。"薄暮入城,至一戏园。是夕所演,系法郎西之戏文,齿句名'格郎局哂',译言大公爵夫人也。见有少女,首冠盔,手持剑,往来歌舞如风,转喉比娇莺,体如飞燕,'楚腰一捻掌中擎',悉不过是也。"②

这是法国作曲家奥芬巴赫的歌剧《格罗斯坦大公爵夫人》。在张德彝对剧情的记述中,把一个陷入荒唐恋爱中的西方贵族少妇,描写成中国小说中的女侠。

3.《浮士德》。《三述奇》1871年10月8日记:在巴黎"格朗戏园"观剧。"所演者,一人年近六旬,意欲还童,乃登山采药。正在松下寻觅间,忽来一鬼,身着红衣,远看如火判。鬼知其意,乃使其须落黄,面腴神足,变一风流少年。其大喜,且言久有一女,爱而不得。鬼遂领去见女。……"③

这是法国作曲家古诺谱曲的歌剧《浮士德》。张德彝在记述中,把上下求索的浮士德说成中国式登山采药的道士,而把具有"否定精神"的魔鬼靡菲斯特说成是中国民间传说中的判官。

4.《瑞普·凡·温克尔》。《四述奇》1877年4月19日记:在伦敦"太子妃戏园"观剧。"所演系一人名辛寿者,年近三十,好饮酒,终日在醉乡,不理生人产",因此而被其邻居巧设骗局,险些失去房产与田地,以至被"其妻怒而逐之"。"辛出门,手执火炮,信步入山。夜半遇一鬼,肩负酒桶,见辛至,置之地。鬼不言,而以手指桶,继而指肩,开桶,双手作饮状。意似求辛代负登山,开桶共饮。辛会意,乃置桶于肩。鬼前行,辛从之。山甚高。

---

① 张德彝:《欧美环游记》,第662页。
② 同上书,第666页。
③ 张德彝:《随使法国记》,第510页。

抵其地,见白发老鬼十余,盖山临大海,鬼皆百年前覆海之水手也。众见辛,敬之如神,开桶畅饮。甫一杯,辛即醉卧山顶,二十年方醒。醒则须发皆白,衣已化灰。……"①

这部剧是根据美国作家华盛顿·欧文同名小说《瑞普·凡·温克尔》改编的。从张德彝的记述中,我们看到其对剧情进行了细致的描述。此时他的观剧水平已有了明显的提高。

5.《伊凡雷帝之死》《沙皇鲍里斯》。《四述奇》1879 年 10 月 9 日记:在"阿来三德戏园"观剧。"所演系三百年前俄王米晒事迹。王暴虐不仁,王子愚骏,王病弥留,袭位不受,乃请转让他人。"②

这是俄国著名作家阿·康·托尔斯泰的历史剧三部曲《伊凡雷帝之死》(1865)、《沙皇费尔多》(1868)[曾被禁演]、《沙皇鲍里斯》(1870)中的两部。张德彝的记述过于简略,且无任何评论。

6.《伊凡·苏萨宁》。《四述奇》1879 年 11 月 10 日记:在"麻林斯吉戏园"观剧。"所演系俄三百年事:俄被波兰征服,有一小王子出奔。当被人追觅时,遇一老农名苏萨宁。……波兵以伊知王子所在,乃入其家,勒令导往。苏初不允,继而慨然诺之,暗令其子疾驰告警。苏将行,伊女牵衣而泣。众兵举刀吓之。苏引兵步行一昼夜,入旷野森林,距王子已数百里。……"③

这部剧是俄国作曲家格林卡所作的歌剧《伊凡·苏萨宁》。张德彝在此次记述中,对剧里主人公性格的描述细致而生动,对背景环境的交待比较清楚,对剧情的叙述很有条理,接近外国剧的本来面貌。不再以中国文学进行比附。可见他对西方戏剧的认识正在深化。

7.《八十天环游地球》。《五述奇》1887 年 12 月 20 日记:在柏林"威克兜里亚戏园"观剧。"所演系英国六七富绅,一日闲谈,谓不知至少若干日可得周游四大洲,有谓须百日者,有谓须三个月者,惟甲某谓只八十

---

① 张德彝:《随使英俄记》,第 379—380 页。
② 同上书,第 745 页。
③ 张德彝:《随使英俄记》,第 754 页。

日足矣。……"①

这是一部根据法国作家儒勒·凡尔纳的同名小说改编的戏剧。张德彝用了1200余字记述,无论对故事情节的描述,还是对人物关系的把握,都很准确。

8.《哈姆雷特》。《五述奇》1890年1月24日记:在柏林"柏林乃戏园"观剧。"所演系四百年前和兰典故,乃国王被弟毒死,弟乃报后称王。当时后子哈米蕾年幼,未知伊父身亡之由也。及长成后,一夜出游,遇鬼于途,即其父之魂灵,向伊诉其当日如何遇害。哈闻之大怒,急思代父报仇。……"②

这是莎士比亚著名悲剧《哈姆雷特》。张德彝以400余字的篇幅进行了记述,对剧情及人物之间的矛盾关系讲得比较清楚。可惜把丹麦故事误写成"和兰(荷兰)典故"。

9.《威廉·退尔》。《五述奇》1890年2月4日记:在柏林"朔斯皮拉戏园"观剧。"所演瑞士国将改民主之前,有某省总督,为人暴虐,民心不服,且国主亦昏,因而民多结党欲叛。有某甲善射,百步之外,星点能中。一日,甲将持弓箭入党,告其妻以打猎;甲之子年十三岁,欲随往。其省中某处,立有高杆,上置总督帽,下有兵卒看守。凡人过者,皆须脱帽以示恭敬,否则执以治罪。……"③

这是德国诗人席勒的名剧《威廉·退尔》。总的来看,张德彝的介绍线索较清楚,叙述简洁,文字生动,然而他对剧中的某些情节进行了中国式的改动,违背了作者的原意,甚为遗憾。

10.《基督山伯爵》。《六述奇》1897年5月12日记:在伦敦"恩培尔园"观"大戏一出"。"典故系一岛距法国不远,名克里斯兜,村中一女,名莫尔赛,早经但太斯者聘定,后被该女之情人傅尔楠娶去。娶时通村男女庆贺跳舞,极热闹。但太斯探知告官,乃同系傅尔楠及当娶时啭经之

---

① 张德彝:《稿本航海述奇汇编》第五册,第80—86页。
② 张德彝:《稿本航海述奇汇编》第六册,第241—243页。
③ 同上书,第251—254页。

神甫于犴。神甫年迈，自知将死，乃掀窗破壁，悄唤傅尔楠入彼屋，告以故，并给以地图一幅，言在某处某桃树下埋有珠宝一匣，另交钢刺一把，傅尔楠去。……"①

这是法国著名作家大仲马根据自己的同名小说《基督山伯爵》而改编的剧本。张德彝在介绍该剧时，出现了一些缺憾与讹误：日记记述了主人公被诬身陷囹圄后，从狱中脱逃与掘地寻宝的经过，而对于基督山伯爵重归故乡后的种种复仇活动，则并未提及；把"但太斯"与"傅尔楠"二人张冠李戴了；原剧中傅尔楠爱莫尔赛而不得，并未将其"聘定"；狱中意大利神甫一直被关押在狱中，并未出现在但太斯的婚宴上，且婚礼并未举行。

11.《美女与野兽》。《六述奇》1898 年 2 月 3 日记：在伦敦"阿兰布拉戏园"观一部"大戏"。"系一巨商，装如印度人鲁西者，携仆阿立游山迷路，误入野兽之王行宫。……鲁乃率仆信步入园，冀有所得以充饥。时值隆冬，冷气袭人，乃见园中鲜花一丛，趋视之，玫瑰也。……鲁以现值冬季，花不易得，因思摘一朵与伊女阿美。然花之香艳，朵朵可爱，忽见红色者尤竞秀，乃急自花仙胸前摘下。才入手，他花皆不见，惟野兽王在前，遍体黄毛，其状如猿，顶生两耳，则又如狼，后一小兽精，双手捧一弯刀。兽王云：'我遇尔以酒食，尔仍窃我上等第一朵鲜花，罪自当死。'……"②

这是一部根据法国女作家鲍芒的著名童话《美女与野兽》改编的芭蕾舞剧。张德彝对该剧产生了极为浓厚的兴趣，用了 1500 字左右的篇幅介绍剧情。不仅欣赏舞美，而且进入到故事情境之中，把握人物的个性以及心理变化。

12.《马铃之声》。《六述奇》1898 年 3 月 9 日记：在"莱色木戏园"观戏。"其长者，乃倭特路一茅店主人，名马斯亚者，于十五年前某月日，大雪缤纷，厚逾四尺，适有波兰犹太教人某甲，自乘雪床投宿，其雪床俄式，

---

① 张德彝：《稿本航海述奇汇编》第六册，第 726—728 页。
② 同上书，第 415—423 页。

于两檐头马顶之上,横有弯木,上系铜铃,行动丁东有声。其人极富,携有皮袋,满盛金钱。马斯亚见而祸心生,入夜刺死,焚其尸,纵其马,而毁其车。乡人罕有知者。……"①

该剧是利奥彼德·刘易斯根据法国戏剧《波兰犹太人》改编的,由英国著名演员亨利·欧文主演的悲剧《马铃之声》。张德彝的记述条理分明,介绍了众多人物的关系,对主要情节叙述详细,对主人公的描写惟妙惟肖,对主演欧文的演技十分赞赏。

13.《唐·璜》。《八述奇》1902 年 5 月 18 日记:应西班牙国王之邀,在马德里"里亚戏园"观戏。"所演系法人某所编,云二百年前,某城有富室某甲,为人不良,戏谑名人某乙之女。某乙闻之,怒,约甲林间斗剑。乙不敌甲,被刺,甲携仆逃。乙之子女寻得,大痛彻心,不知何人所害。后闻为甲,遂著素衣,四处缉访踪迹。……"②

这是法国作家莫里哀所编的一部剧。张德彝对该剧记述的文字不长,对一些情节描述很精彩,但有些情节的记述与原作不符。

14.《艾米丽》。《八述奇》1903 年 8 月 1 日记:在伦敦"阿代勒扉戏园"观戏。"戏分四节,其文为船户贝高第之侄女埃木里,原允配水手哈木,后被纨绔少年司悌佛拐去,携游法比。司悌佛始恋其美,既憎其贫,终则弃之伦敦马萨尔小店中。……"③

此剧是根据狄更斯的自传体长篇小说改编的话剧《艾米丽》。张德彝记述的是他应园主之邀所观摩的该剧首场演出。

15.《罗密欧与朱丽叶》。《八述奇》1905 年 6 月 8 日记:在"克文灯园"观剧。"所演之戏,系义国事。按义大里旧风,两家世仇,永不解释,互相杀害。有甲男与乙女情爱相投,后乃知为仇家。然二人情重,终不欲离,虽其母阻止,院户搜捉,亦不顾。而乙族人众,终不允许,仍事谋

---

① 张德彝:《稿本航海述奇汇编》第六册,第 461—467 页。
② 张德彝:《稿本航海述奇汇编》第八册,第 602—605 页。
③ 张德彝:《稿本航海述奇汇编》第九册,第 415—416 页。

杀。一日某甲举刀自楼窗跃出,乙女骇而仆,昏绝于地。共演三出。"①

这是莎士比亚的名作《罗密欧与朱丽叶》,张德彝所观看的是歌剧或芭蕾舞剧片断。

从上述张德彝所观看与记述的 15 部西方名剧来看,虽然叙述与评论存在着讹误或这样那样的不足,有不尽如人意之处,但他较早地介绍西方戏剧尤其是西方名剧,在中外文化交流中具有重要意义。

第五节　薛福成

1889 年 5 月 15 日,清政府任命湖南按察使薛福成为出使英、法、义(意)、比四国大臣。1890 年 3 月 8 日,薛福成抵达法国,1894 年 5 月 27 日回国,使西长达四年之久。薛福成前两年的使西日记,由其亲手编订,题名《出使英法义比四国日记》;后两年的使西日记,由薛福成之子薛莹中整理刊刻,题名《出使日记续刻》,于 1897 年问世。岳麓书社将两种日记合在一起,仍题名《出使英法义比四国日记》,于 1985 年出版。

薛福成对西方的考察和了解,主要在科技、经济、政治制度方面。

1. 对西方科技的认识。早在出使西方 20 余年前,薛福成就对西方科技感兴趣,并力主中国仿行。出使西方后,他的视野更加开阔,认识也在不断深化。他出使西方不久,不仅认识到西方科技远远超出军事范畴,涉及国民经济的各个领域,而且初步认识到当时西方科学发达的深层次原因。他在日记中写道:"夫西人之商政、兵法、造船、制器及农、渔、牧、矿诸务,实无不精;而皆其源于汽学、光学、电学、化学,以得御水御火御电之法。斯殆论之灵机,无久而不泄之理,特假西人专门名家以阐之,乃天地间公共之道,非西人所得而私也。中国缀学之士,聪明才力岂逊西人? 特无如少年精力,多糜于时文试帖小楷之中,非若西洋亿兆人之奋其智慧,各以攻其专家之学,遂能直造精微。斯固无庸自讳,亦何必自

---

① 张德彝:《稿本航海述奇汇编》第十册,第 405—406 页。

画也?"①

在使西期间,薛福成也参观、考察了诸如铸炮、造船、采矿、轧钢、纺织等工艺流程,而他的关注重点并不在"制器",而在于对科学知识即基础研究的探索。在天文学方面,1891年2月13日,薛福成考察参观了巴黎天文台,并将其在此所获得的天文学知识连续载于日记中。诸如恒星、行星、卫星的区别,太阳系各个恒星的位置,地球为何悬空不坠,等等。此后,他又获得了更多这方面的研究成果:月球表面环形山、彗星结构、地球和物种起源、宇宙无限和地球毁灭、太阳黑子、大气压,等等。这些前所未闻的科学知识激起他对自然科学探索的极大兴趣。在生理学方面,关于心与脑的功能方面的认识,薛福成收获很大。中国传统观点一向认为人由心进行记忆与思考。近代科学对此进行了颠覆:心是向人的周身提供血液和营养的一个重要器官,而人脑才具有记忆与思考功能。薛福成开始搞不懂,通过认真学习西方医书,特别是接触到人体解剖学之后,才认同了西方科学观点。在电学方面,薛福成通过考察与学习,了解到电的发现、电磁原理、放电现象、正电与负电。在化学方面,薛福成认识到金属与非金属的区别、大气的基本成份、主要金属元素、化学的基本原理,等等。光学方面,薛福成懂了光的生成、光的反射、光谱、三棱镜的原理、"眼脑衣"(视网膜)的作用,等等。②

以上只是举例说明,薛福成对当时西方基础科学追求和认真学习的精神,是值得称道的。

2. 对西方工商业的认识。早在使西20余年前,薛福成对西方国家以工商而致富强有了一定的认识,并提出中国仿效的建议。

使西以后,薛福成通过实地考察了解,认识不断深化。1890年2月,薛福成在使西途经香港与新加坡时,看到英国只用了五六十年,就使荒岛变成举世闻名的繁华都市。在日记中,他感慨地写道:"夫商为中国四

① 薛福成:《出使英法义比四国日记》,第132页。
② 以上均见薛福成:《出使英法义比四国日记》。

民之殿,而西人则恃商为创国、造家、开物、成务之命脉,迭著神奇之效者,何也?盖有商,则士可以行其所学而学益精,农可通其所植而植亦盛,工可售其所作而作亦勤:是握四民之纲者,商也。此其理为从前四海之内所未知,六经之内所未讲;而外洋创此规模,实有可操之券,不能执中国'崇本抑末'之旧说以难之。"①在此,薛福成实际上讲到了西方富强的经济根源,即把商放在四民之首,处于纲的地位,起到核心作用。因为有了商,全盘皆活,各行各业都会兴旺发达。他也指斥了"崇本抑末"的传统观点。这里的"本"指农,实则为传统的自然经济;"末"指商,实则商品经济社会。自然经济本质是封闭的,商品经济本质是开放的,二者互相排斥。自然经济下生产力水平低,不易进行原始资本积累,抑制技术水平的提高,更谈不到基础科学的快速进步。这正是当时中国落后于西方深刻的经济原因。

薛福成体察到"泰西风俗,以工商立国"。② 为了发展工商业,他大力鼓吹成立公司。他在日记中写道:"西洋各国之所以致富强者,以工商诸务之振兴也。工商诸物之无阻,以各项公司之易集也。"③为何创办公司能振兴工商呢?他认为公司可以"纠众智以为智,众能以为能,众财以为财。其端始于工商,其究可参造化。"④反观中国,由于风气未开,则公司不举,而公司不举,则工商不振,"工商不振,则中国终不可以富,不可以强"。⑤ 实际上,薛福成认为公司是工业与商业结合的一种创新。

3. 对西方政治制度的认识。薛福成很早就关心政治制度问题。使西以后,他有条件直接考察和了解西方的政治制度。

1890 年 10 月 22 日的日记对英国议院两党制的情况进行了具体介绍:"英国上下议院,有公保两党,迭为进退,互相维制。公党者,主因时

---

① 以上均见薛福成:《出使英法义比四国日记》,第 82—83 页。
② 丁凤麟、王欣之编:《薛福成选集》,第 482 页。
③ 薛福成:《出使英法义比四国日记》,第 575 页。
④ 同上书,第 480 页。
⑤ 同上书,第 481 页。

变通,裨益公务。保党者,主保守旧章,勿使损坏。两党胜负之数,视宰相为转移。保党为宰相,则保党在院皆居右,而公党皆居左;公党为宰相,则公党居右,亦如之。今之首相侯爵沙力斯伯里,实保党也。沙侯若退,则公党必有为相者。一出一入,循环无穷,而国政适以剂于平云。"①从这段文字来看,薛福成虽然不了解英国议会与首相选举的程序,但他看到议会政治的优点在于两党轮流执政,互相制约,决策可以公平稳妥。

1891年2月7日,薛福成在日记中对各国政治制度进行了分析:"地球万国内治之法,不外三端:有君主之国,有民主之国,有君民共主之国。凡称皇帝者,皆有君主之全权于其国者也。中国而外,有俄、德、奥、土、日本五国;巴西前亦称皇帝,而今改为民主矣。美洲各国及欧洲之瑞士与法国皆民主之国也。其政权全在议院,而伯理玺天德(译作总统)无权焉。欧洲之英、荷、义、比、西、葡、丹、瑞典诸国,君民共主之国也。其政权亦在议院,大约民权十之七八,君权十之二三。君主胜于伯理玺天德者无几,不过世袭君位而已。"②在此,薛福成有几点认识错误:第一,把有皇帝的国家都称为君主之国即封建专制之国,因而把德、日等国与中国放在一起;第二,把有王的国家列为君民共主之国,是没有理论根据的;第三,限于历史条件,他搞不清政体与国体。民主共和与君主立宪是不同于资产阶级民主政体的形式,而其实质都是资产阶级专政的国家。

我们再看一下薛福成所谓的"君民共主"是什么?1892年4月27日的日记中写道:"中国唐尧以前,皆民主也。观于舜之所居,一年成聚,二年成邑,三年成都,故曰都君。是则匹夫有德者,民皆可戴之为君,则为诸侯矣;诸侯之尤有德者,则诸侯咸尊之为天子:此皆今之民主规模也。迨秦始皇以力征经营而得天下,由是君权益重。秦汉以后,则全乎为君矣。若夫夏、商、周之世,虽君位皆世及,而孟子'民为贵,社稷次之,君为轻'之说,犹行于其间,其犹今之英、义诸国君民共主之政乎?夫君民共

---

① 薛福成:《出使英法义比四国日记》,第 227 页。
② 同上书,第 286 页。

主,无君主、民主偏重之弊,最为斟酌得中,所以三代之隆,几及三千年之久,为旷古所未有也。"①在此,薛福成推崇中国三代之政。他所引孟子"民为贵,社稷次之,君为轻"之说,是古代的"民本"思想,所提倡的是古代的民主。而他将英、义等国君主立宪国家的近代资产阶级民主制度比附中国古代民主,是非常不妥的。

尽管由于西学知识和时代条件的限制,薛福成不能正确地、本质性地认识西方的政治制度,但他在甲午战前较早地介绍西方的政治制度,应该承认其意义所在。

---

① 薛福成:《出使英法义比四国日记》,第 538 页。

第三章 外国传教士在华活动及其在华人支持下对西学的传播

　　鸦片战后,大批外国传教士来华,他们在传教的同时,进行了教育、新闻、出版、医疗、慈善等活动,特别是与中国学者合作翻译了一些西方科学著作。他们是当时传播西学的一支重要力量。

第一节　外国传教士在华的传教活动

一、天主教传教士在华的传教活动

　　鸦片战争时期,清政府被迫取消对天主教的禁令,从此天主教在中国站稳脚跟。在华天主教传教士受法国保护。从道光二十六年(1846年)起,天主教在澳门、南京、北京有三个教区,另外在陕西、山西、山东、湖广、江西、云南、香港等地设立代牧主教区。[①]

　　第二次鸦片战争时期,通过中英、中法《天津条约》,天主教传教士取得入内地传教的权利。从此天主教会势力在华得到发展。光绪五年(1879年),罗马教皇利奥十三世划分中国为五大教区:第一区为直隶、辽

---

①《圣教杂志》第 18 年,第 7 期,第 4 页。

东、蒙古（包括内外蒙古），第二区为山东、陕西、河南、甘肃，第三区为湖南、湖北、浙江、江西、江南，第四区为四川、云南、贵州、西藏，第五区为广东、广西、香港、福建。①

咸丰十年（1860 年），天主教在江南一带已发展教徒 7.7 万余人，传教据点 400 余处，传教士约 50 人。到光绪六年（1880 年），教徒发展到 10 万人，传教据点 580 处，传教士 90 人。到 19 世纪末，教徒发展到约 12 万人，传教据点 1000 处，传教士 170 人。天主教在江南一带还拥有土地约 200 万亩。这时，天主教徒总数从咸丰十年（1860 年）的 40 万人发展到 70 万人，传教士共约 800 人。②

义和团运动期间，天主教堂损毁约四分之三，义和团最活跃的华北地区尤其严重。而义和团运动后，则是天主教会大发展时期。这是因为这一时期天主教会进行了策略上的调整，主要有：1. 对传教士的活动作了一些限制。各修会训令传教士今后要少管或不管教徒诉讼之事，以免引起民愤，触怒非教徒。2. 不仅继续加强对教徒的思想控制，而且还强调对教徒的训练。天主教在全国各地成立了许多训练教徒的组织，利用教徒劝人信教，发展教会势力。3. 扩大慈善事业，增进与中国人民之间的感情。为了这项事业顺利开展，行之有效，邀请当地士绅参观慈善机关甚至捐输，孤儿长大婚配时邀请族长和地方有权势的人赴宴以进行笼络。4. 大力培植华人充当神职人员，由华人解决华人之间的"纠纷"，外国传教士尽量不出面。这一策略调整果然奏效。天主教的教案显著地减少，而教徒从光绪二十七年（1901 年）的 70 万人激增到宣统二年（1910 年）的 130 万人，十年间几乎增加一倍；传教士也从 800 名猛增到 1400 名，也几乎增加一倍。值得注意的是，此时天主教传教士中增加了一批美国来的新教士。③

---

① 《圣教杂志》第 13 年，第 7 期，公会议专号，第 15 页。
② 顾长声：《传教士与近代中国》，上海人民出版社 1981 年版，第 107—108 页。
③ 同上书，第 248—249 页。

二、基督教传教士在华的传教活动

鸦片战争时期,由于清政府取消了对天主教的禁令,基督教也初步在华站稳脚跟。道光二十四年(1844 年),基督教传教士 31 人,教徒 6 人。到第二次鸦片战争时期,咸丰十年(1860 年),传教士增至 100 余人,教徒增至 2000 人。到 19 世纪末,基督教会势力得到初步发展:传教士增至 1500 人,教徒增至 8 万人。英国势力居主导地位,传教士占 50%。美国势力从 19 世纪 80 年代起迅速增加,至 19 世纪末已占来华基督教传教士总数的 40%。

基于与天主教同样的原因,义和团运动后,基督教会势力也得到了大发展。从光绪二十七年至三十年(1901 年至 1904 年)三年间,教徒从 8 万人增至 13 万人。到第一次世界大战前,教徒增至 25 万人。从光绪二十七年(1901 年)到第一次世界大战前,传教士从 1500 人增至 5400 人。美国在华基督教传教士第一次超过英国而居于首位。①

三、东正教传教士在华的传教活动

咸丰十年(1860 年)以前,俄国东正教在华神职人员 155 名,北京教徒 200 名左右,另有北京郊区、哈尔滨、张家口、天津、汉口等地教徒 300 人,加在一起共 500 人。有 13 个传教站。同治元年至光绪二十六年(1861 年至 1900 年),在张家口与汉口又设立了两座教堂,教徒不超过 500 人。光绪二十六年(1900 年)至 1917 年(十月革命前),在华俄国东正教教堂共 22 座,传教站共 40 处,传教士 20 名,教徒约 5600 名。

由于俄国东正教传教士的主要活动不是传教,而是搜集中国的情报,研究中国政治、历史、地理、语言等,因此,其教会势力一直未能在华得到大发展。②

---

① 顾长声:《传教士与近代中国》,第 117 页,第 250—251 页。
② 同上书,第 262—263 页。

第二节　外国传教士在华的教育活动

一、外国传教士在华教育活动概况

中国早期的洋学堂,都是传教士创办的。创办各级各类学校,是传教士普遍重视的传教手段,英美基督教传教士于此用力尤多。早在道光十五年(1835 年),基督教英美传教士联合寓华西人创立"马礼逊教育会",旨在推动中国兴办新式学堂,使中国青年接受西式教育,了解西方各种学问,阅读《圣经》与基督教著作。在华最早的教会学校是道光十九年(1839 年)于澳门创立的马礼逊学校,其教育宗旨是培养体质、智力、道德全面发展的新人。这是中国第一所采用西式教育,并明确提出"体、智、德"全面发展的现代化小学校。①

第一阶段从道光二十年(1840 年)鸦片战争到咸丰十年(1860 年)《北京条约》签订。

这个阶段传教士主要在开放的五口与香港开办一些附设于教堂里的洋学堂,规模很小,程度都属于小学。免收学费,其他一切膳宿生活甚至路费全部由学校供给,招生对象都是贫苦教徒子弟或无家可归的乞丐。学堂约 50 所,学生约 1000 人。

这一阶段开设的洋学堂主要有:

道光二十三年(1843 年)从马六甲迁到香港的英华书院,是伦敦会马礼逊创办,由英国传教士、后来成为著名汉学家的理雅各负责校务。道光二十四年(1844 年),英国"东方女子教育会"派遣阿尔德赛女士在宁波开办女子学塾,这是外国传教士在中国开办的第一所女子学校。其后又有 11 所女子学校先后在五口与香港开设。同年,伦敦会还在厦门开设英华男塾。道光二十五年(1845 年),美国长老会也在宁波开设一所男塾。道光二十六年(1846 年),美国圣公会文惠廉在上海开设一所男塾。

---

① 陈振江:《传教士与近代文明在中国的传播》,《发微集》,中华书局 2003 年版,第 188—189 页。

道光二十八年(1848年),美国美以美会在福州开设一所男童学塾。

道光三十年(1850年),天主教耶稣会在上海创办徐汇公学,后来改称圣依纳爵公学。这是天主教在中国开办的最早的洋学堂之一。同年英国圣公会在上海开设英国书塾,美国北长老会在上海开设清心书院,其他差会亦于同年分别在广州、厦门、鼓浪屿开设学校。咸丰三年(1853年),美国公理会在福州开设格致书院,同年又在福州开设文山女塾;天主教亦于同年在天津开设法汉学堂、诚正小学及淑贞女子小学。咸丰八年(1858年),归正会在厦门开设真道学校。咸丰九年(1859年),美以美会又在福州开办一所女校。①

第二阶段从咸丰十年(1860年)到光绪元年(1875年)。

这个阶段,洋务派设立了几所洋学堂。为了与传教士开办的学校相区别,一般称传教士开设的学校为教会学校,而洋务派设立洋学堂则是与科举制的学塾或私塾相区别。

这一阶段教会学校总数约800所,学生约2万人。其中基督教传教士开办的约350所,学生6000人;天主教传教士开办的约450所,学生1.4万人。仍以小学为主,但已有少量中学出现,约占总数的7%,女子学校也有所增加。

这个阶段比较著名的教会学校有:

同治二年(1863年)天主教开办的上海圣芳济书院。同治三年(1864年)美国长老会在山东登州(今山东蓬莱市)开设的蒙养学堂。② 同治四年(1865年)美国传教士在北京开办的崇实馆;同年美国圣公会在上海开办的培雅学堂。同治五年(1866年)天主教在天津开办的宪真中学堂;同年基督教在上海开办的度恩学堂。同治六年(1867年)天主教在上海开办的崇德女校;同年基督教在杭州开办的育英义塾等。同治九年(1870年)监理会在苏州开设的存养书院。同治十年(1871年)美国圣公会在武

---

① 顾长声:《传教士与近代中国》,第226页。
② 1876年改称文会馆。

昌开办的文惠廉纪念学堂等。①

第三阶段从光绪元年(1875 年)到光绪二十五年(1899 年)。

这个阶段教会学校总数约 2000 所,学生总数在 4 万名以上。中学约占 10%。开始出现大学,实际上都是在中学基础上添加的大学班级,大学生总数不到 200 名。天主教仍以小学教育为主,设有少数中学;基督教中学明显增加,大学也在逐渐形成之中。其中较著名的有光绪五年(1879 年)由培雅学堂和度恩学堂合并的上海圣约翰书院,后来形成上海圣约翰大学。光绪七年(1881 年)林乐知在上海开办的中西书院,后来形成东吴大学。光绪十五年(1889 年)在广州开设的格致书院,后来形成岭南大学。

这一阶段的显著特点是招生对象的变化,特别是在沿海通商口岸,多数教会学校已不再免费招收穷苦孩子入学,而是尽力吸收富家子弟入学,并且收取较高的学费。②

第四阶段光绪二十六年(1900 年)以后。

这个阶段的教会学校猛增到 1.3 万所。其中大学有 14 所。中小学比例是:中学约占 15%,小学约占 85%。学生总数 35 万名,其中天主教会学校学生约 15 万名,基督教会学校学生约 20 万名,大学生 1000 名。

据光绪三十一年(1905 年)统计,在华从事教会教育的美国人与英国人的比例为 7.7∶2.3,基督教会开设的学校美国占压倒优势,大学教育尤其明显。③

二、著名教会大学

岭南大学。美国基督教会开办的大学。其前身为光绪十四年(1888 年)成立的格致书院,校址在广州。改为岭南大学。

震旦大学。光绪二十九年(1903 年)天主教耶稣会在上海徐家汇设

---

① 顾长声:《传教士与近代中国》,第 227—228 页。
② 同上书,第 228 页。
③ 同上书,第 333—335 页。

立。初名震旦学院,后改大学。

湘雅医学院。前身是光绪三十二年(1906 年)由美国雅礼协会在长沙开办的雅礼医院。宣统三年(1911 年)又开办护病学校。

协和医学院。前身是协和医学校,光绪三十二年(1906 年)由美、英两国六个教会团体合办,校址在北京。

第三节 外国传教士传播西方科学与新闻出版活动

一、晚清外人编著与中外合作翻译出版的主要科学技术著作

《几何原本》,古希腊数学家欧几里德的名著,共 15 卷。该书对近代数学和近代科学技术的发展有重大影响。全书从简单的定义、公理出发,把几何学知识整理为一个严密的演绎逻辑体系。因此,它对近代科学的发展,有重要的方法论意义。早在元代,《几何原本》即已传入中国。但未引起人们的重视。明末,传教士利玛窦与徐光启合作翻译了前六卷。直至晚清,英国传教士伟烈亚力与李善兰合作,从英文本译出后九卷,全书的翻译工作遂告完成。到目前为止,这个译本仍是《几何原本》唯一的中文译本。

《地理全志》,英国传教士慕维廉辑译的中文本地学著作。全书共 15 卷,分上、下两册。上册 5 卷,分洲叙述世界地理;下册 10 卷,分别为"地质论""地势论""水论""气论""光论""草木总论""生动总论""人类总论""地文论""地史论"。这是最早一部用中文介绍西方地质学的著作,后传到日本。

《博物新编》,英国传教士、医生合信编著出版。全书共分三集,内容比较庞杂,包括了天文、气象、物理、化学、动物等各方面的内容。其第一集当中介绍了化学知识,谈到 56 种元素与元素学说,以及氧、氢、氮、一氧化碳等气体和硫酸、硝酸、盐酸等无机酸的性质、制造方法。此书是较为浅显易懂地介绍自然科学初步知识的著作,为鸦片战争之后介绍西方

科学技术中较早的一部,但没有引进西方的化学符号,没有系统,大约反映了西方 19 世纪初期的水平。除《博物新编》外,合信还编译了《全体新论》《妇婴新说》《西医略论》《内科新书》《物理学提要》等著作。生理解剖学当时被称为"全体学",《全体新论》是鸦片战争后中国第一部公开出版的介绍西方生理解剖学的著作。

《植物学》,墨海书馆出版。英国传教士韦廉臣与李善兰合作,根据英国植物学家林德利所著《植物学原理纲要》一书编译而成。这是晚清第一部介绍西方近代植物学基础知识的译著。译者结合中国传统文化创译了一些名词。此书成为 19 世纪后期至 20 世纪初年中国学者学习、研究植物学的主要参考书。该书传入日本后,曾被多次翻刻出版,对日本近代植物学的发展亦有一定影响。书中一些名词,不仅在中国植物学界,而且在日本植物学界,沿用至今。

《代微积拾级》,英国传教士伟烈亚力与李善兰合作,根据罗密士《解析几何与微积分学》一书翻译而成。解析几何与微积分学都是 17 世纪西方数学的重要成就。他们把变量概念引入数学,从而使数学由初等数学演进为高等数学,由描述静止的量演变为可以描述运动着的量的近代数学。译者在译文中采用了不少数学新名词,如"微分""积分"等等;还采用了若干中国式的符号,如用天、地、人代表变量 X、Y、Z,以微字的偏旁"彳"表示微分,用积字的偏旁"禾"表示积分,例如现代的 $\int^3 ax^2$ 即被记为"禾禾三天二彳天"。这是晚清最早的一部有关微积分学的书。

《谈天》,英国传教士伟烈亚力与李善兰合作翻译出版。原书名为《天文学纲要》,是英国著名天文学家约翰·赫歇尔于 1849 年编著的一部深入浅出的优秀天文学著作。书中全面地介绍了当时西方已经取得的天文学知识,有对太阳系的结构和行星运动的较详细的论述,有对万有引力定律、光行差、太阳黑子理论、行星摄动理论[1]、彗星轨道理论等的

---

[1] 包括其轨道根数摄动的几何解等。

论述,有对恒星系,如变星、双星、星团、星云的讨论,等等。《谈天》这部译著出版后,受到广大读者的欢迎,产生了很大的影响。从此,近代天文学在中国确立了自己的地位。

《重学》,英国传教士艾约瑟与李善兰合译的一部较系统介绍西方近代力学知识的译著。全书共 20 卷。前 7 卷介绍静力学,内容包括力及其合成与分解、简单机械及其原理、重心与平衡、静摩擦等;中间 10 卷介绍动力学,内容包括加速运动、抛物体运动、曲线运动、平动、转动、碰撞、动摩擦、功与能等;最后 3 卷介绍流体力学,内容包括压力、浮力、阻力、流速等。其中关于牛顿力学三大定律、用动量概念讨论物体的碰撞、动与能的原理等知识,均是首次被介绍到中国来。

《地学浅释》,英国传教士玛高温口译、华蘅芳笔述出版的一部地质学译著。译自英国地质学家赖尔的著作,原著名为《地质学纲要》。全书共 38 卷,约 23 万余字。各卷字数差别很大,多的一万一千余字,少的只有两千余字。这是赖尔生前著作首次被译成中文出版,也是中国首次翻译近代地质学名著,为近代地质科学在中国的传播作出了贡献。

《金石识别》,英国传教士玛高温口译、华蘅芳笔述的矿物学译著。该书译自美国矿物学家丹纳的矿物学著作,原著名为《系统矿物学》。全书共 12 卷,约 17.8 万余字。这是中国首次翻译出版的近代矿物学名著。

基督组织在华出版的有关教科书。根据基督教传教士光绪三年(1877 年)大会的决议,由基督教在华各教派在上海联合组成"学校教科书委员会",推举狄考文、韦廉臣、林乐知、丁韪良、傅兰雅、黎力基等为委员,负责编写、组稿和出版事宜。"委员会"经过几次会议研究决定:编写初、高级两套教材,初级教材由傅兰雅负责,高级教材由林乐知负责。从光绪三年(1877 年)至光绪十六年(1890 年)共出版教科书 105 种,包括数学、化学、地质学、植物学、天文学、心理学、伦理学、生理学、历史学,等等。其中 90% 以上是自然科学方面的书籍。不仅供教会学校使用,而且也成为教外学生用书的重要来源。至光绪三十二年(1906 年)已出版

192 种之多。既解决了教学用书问题，又普及了西方近代科学知识。

二、外国传教士在华的创办报刊活动

在晚清，外人在华报刊大都是由传教士创办的。最重要的有：

《遐迩贯珍》。咸丰三年（1853 年）由英国传教士创刊于香港，咸丰六年（1856 年）停刊。月刊。这一时期正值太平天国前期，该刊关于太平天国的资料较多。

《中国教会新报》。同治七年七月十九日（1868 年 9 月 5 日）创刊于上海。开始时为周刊，后改为月刊。英国传教士林乐知主办。从同治十三年七月二十五日（1874 年 9 月 5 日）起改名为《万国公报》，并成为基督教广学会的机关报。至光绪三十三年六月（1907 年 7 月）停刊，先后出版近 40 年，累计一千期，是外国传教士所创办的中文期刊中历史最长、发行最广、影响最大的一家。当时参加编辑和撰稿的均为知名的外国传教士。该刊除刊登教会消息与发表有关中国时局的评论外，还刊载了不少介绍西方制造、机器、军械、电线、天文、格致、算学等方面的知识和信息，也刊登了一些介绍政治、历史、地理、法律等人文社会科学方面的知识与理论。戊戌变法时期，《万国公报》大量刊载介绍西方国家政治制度与近代社会政治学说、抨击中国时政以及倡言社会改革与移风易俗方面的文章，成为戊戌变法的一股舆论推动力量。

《六合丛谈》与《中西闻见录》。咸丰七年（1857 年）由外国传教士在上海创办的《六合丛谈》为中文月刊。它是中国最早出版发行的综合性科学杂志。

《中西闻见录》于同治十一年（1872 年）在北京发刊。该杂志由京都施医院编辑出版。刊登世界各国动态，其中包括天文、地理及各种自然科学的简讯简报。光绪二年（1876 年）改名为《格致汇编》，并转到上海发行，由英国传教士傅兰雅主持。该刊更名后专门刊载自然科学知识与有关动态，是中国最早的自然科学刊物。著名的达尔文生物进化论、X 射线透视等各种西方科学技术的新成果，就是经这个刊物介绍给中国人的。《格致汇编》后来由月刊改为季刊。光绪十六年(1890年)停刊。

除《格致汇编》外,光绪二年(1876年)由英国传教士林乐知于上海创办的《益知新录》,也是一种纯自然科学杂志,广泛介绍自然科学新知与新创造、新发明、新工艺等信息及有关细节。其他宗教性刊物,如《中外新报》《中外杂志》等,也都大量刊载介绍近代科学技术的新成就,包括声、光、化、电、天文、地理、数学以及新发明、新创造等信息。这些为洋务运动提供了资料与借鉴。到19世纪末,这类宗教性刊物还越来越多地刊载有关社会、经济、政治、哲学等方面的文章,从传播西方物质文明扩展到传播西方精神文明。又为戊戌变法提供理论武器与呐喊助威。

《申报》。同治十一年三月二十三日(1872年4月30日)创刊于上海。创办人为英国商人美查、伍华德、普莱亚、麦基洛等,最后归美查一人所有。光绪三十二年(1906年)出售给席子佩。初定为《申江新报》,简称《申报》,以表示是在上海出版的新式报刊。创办时为双日刊,从第五期起改为日报。开始是书本形式,后改为四开报纸型。该报创刊后,改变报纸不发论说的传统。创刊一个月,就发表论说七十二篇,宣传西方新闻自由的思想。创办伊始,销售量为600份,光绪二年(1876年)增加到2000份。

三、外国传教士在华创办的主要出版机构

在晚清,外人在华出版机构绝大部分也是由传教士创办的。

墨海书馆。英国基督教传教士在上海设立的编译出版机构,属于英国伦敦布道会。麦都思曾在马六甲等地设立印刷所。道光二十三年(1843年)上海开埠后,麦都思将印刷机构从巴达维亚①迁来上海,中文名为墨海书馆。它是中国大陆最早的一个近代印刷机构,也是最早使用铅印设备的编译出版机构。先由麦都思主持,后由英国传教士伟烈亚力继任。该馆先后经营共二十年,除出版宗教书籍外,专门编译出版西方

---

① 今印度尼西亚雅加达。

近代科学书籍,如天文、数学、物理、植物等,其中有不少是当时西方名著。墨海书馆所出版的早期铅印杂志《六合丛谈》,刊载宗教、科学和社会政治新闻的论文及译文。这些书刊的内容浅近,成为早期向中国输入西方知识的媒介。墨海书馆的创办对于推动中国早期的出版事业与近代科学的产生及发展起到了一定的作用。

美华书馆。基督教美国长老会在华创办。其前身为道光二十四年(1844 年)设立于澳门的花华圣经书房,后迁宁波。咸丰十年(1860 年)迁上海,改名为美华书馆。该馆用各种外文和满、汉文字出版《圣经》和传教书刊,印行商业簿册表报,出版教科书和翻译出版自然科学书籍,其中包括不少名著,使其成为当时著名的出版机构。美华书馆拥有先进的印刷技术与设备,不仅为书报的印刷提供方便,而且展示与推广了影印书画真迹的新技术,使中国人广为叹服,称道西方印刷技术实为文化传播的利器。该馆的印刷厂也是当时外国人在华开设的规模最大的印刷厂,有工人 120 多名。在前后 50 年间,发行图书 40 万册。直至商务印书馆成立,才打破美华书馆刊行书籍的垄断地位。

点石斋石印书局。英国人美查光绪二年(1876 年)于上海创办。用轮转石印机印刷书籍。除缩印《康熙字典》外,还于光绪十年(1884 年)创办《点石斋画报》,为我国画报出版之始。其绘画主干为苏州人吴嘉猷(字友如)。该画报使用连史纸石印,旬刊。每册新闻占八页,编目用天干、地支、八音、六艺,共出 36 卷,可以装订成册。大多介绍外国风俗景物、高楼大厦、声光化电等,许多作品都具有一定历史价值和民族意识,如《基隆胜利》《会审公堂》《大闹洋场》等。

广学会。该会是由外国传教士、外国领事和商人组成的文化和出版机构,是 19 世纪后期最大的编译出版西方人文社会科学书籍的机构。光绪十三年(1887 年)创立于上海,由光绪十年(1884 年)设立的同文书会改组而成。光绪二十年(1894 年)改名为广学会。它用汉文著书,"以西国之新学广中国之旧学"相标榜。发行综合性时事刊物《万国公报》。该会的领导者和编译者是清一色的传教士。当时在华的著名传教士丁韪良、韦廉臣、李佳白、麦都思、花之安、艾约瑟、狄考文、李提摩太等都是该会的领导者或主力。除编译出版宗教刊物和书籍外,还编译出版了大量的人文社会科学著作。从光绪十三年(1887 年)至光绪三十年(1904 年)18 年间,该会共出版 250 种书籍,其中包括政治类、经济类、外交类、历史类、法律类等方面的一些名著,诸如李提摩太的《时事新论》《新政策》、韦廉臣的《治国要务》、花之安的《自西徂东》、林乐知的《广学兴华策》、艾约瑟的《富国养民策》、丁韪良的《公法新编》、李提摩太的《泰西新史要鉴》等书,在当时都很畅销,对中国思想界、学术界乃至政界都产生了巨大的影响。

广州博济医局原本是美国基督教长老会设立的医院,但至 19 世纪 70 年代,已成为在华专事编译出版医学书籍的中心。合信、嘉约翰先后主持工作。出版了一批高质量、高水平的医学译著,诸如《内科阐微》《花柳指迷》《热症总论》《头症论略》《妇科精蕴图说》《眼科撮要》《炎症论略》《小儿疾病》《剖腹理法》等,推动了我国近代医学事业的发展。另外,英华书院、格致书院、益智会等,也都出版了不少科学著作与教科书。

第四节　外国传教士在华举办的医疗卫生与慈善事业

一、传教士举办医疗卫生事业

外国教会在传播"上帝福音"的同时,在全国各地先后举办了一些慈善事业,把西方的救济事业引入中国。传教士在中国所办的慈善活动中,影响最大者当属医疗卫生事业。

第一个来华的传教士医生伯驾,于道光十四年(1834 年)在广州开设眼科医局,是为传教士在华行医施药之始。道光十八年正月(1838 年 2 月),英国传教士伯驾和虔诚基督教徒、东印度公司医生哥利支等人倡导,在广州成立了中华医药传教会,号召与鼓励传教士在中国人之间行医和传播基督教福音。但是,在鸦片战争前,由于清政府对外国教会的禁令,传教士行医施药与传教活动一直未打开局面。

两次鸦片战争后,随着清政府开放教禁以及传教士被允许进入内地,来华传教士人数激增,医药传教手段也越来越被重视。光绪十二年(1886年),中华基督教博医会在上海成立,按照华东、华西、华南、华北将中国划分为若干医事区,协调医疗器械的设置与医院业务合作,促进了教会医疗卫生事业的发展。到光绪二十六年(1900年),教会医院已超过一百所。这些医院包括各种类型,有综合医院、专科医院、妇孺医院、妇婴医院,等等。在上海等地,还开设了种痘局,用西法种牛痘,在麻疯病流行的地区还创办了麻疯医院,填补了中国防疫和公共卫生事业的空白。

光绪二十六年(1900年)以前教会医院主要情况如下:

1. 法国天主教系统较著名的医院,包括道光二十五年(1845年)设立的天津法国医院、光绪八年(1882年)设立的九江法国医院、光绪十六年(1890年)开设的南昌法国医院、光绪二十年(1894年)开设的青岛天主堂养病院。另外还有数十处小型诊所。

2. 基督教传教会所属的医院和诊所共40余所,分布于广东、广西、浙江、江苏等地。

3. 基督教会属于英国系统较著名的医院,包括道光二十四年(1844年)在上海开设的仁济医院、光绪四年(1878年)在汉口开设的仁济医院、光绪七年(1881年)在天津开设的马大夫医院、光绪十一年(1885年)在武昌开设的仁济医院、光绪六年(1880年)在杭州开设的广济医院、光绪十三年(1887年)在福州开设的柴井医院、光绪十六年(1890年)在北海开设的北海医院、光绪五年(1879年)在宜昌开设的普济医院、光绪十三年(1887年)在福建南台岛开设的塔亭医院、光绪二十年(1894年)在成都开设的成都男医院、同治六年(1867年)在汕头开设的福音医院、光绪十四年(1888年)在汉口开设的普爱医院等。

4. 基督教会属于美国系统较著名的医院,包括咸丰九年(1859年)在广州设立的博济医院、光绪二十二年(1896年)在广州开设的夏葛妇孺医院、光绪十五年(1899年)在广州开设的柔济医院、光绪七年(1881年)在汕头开设的盖世医院、光绪十二年(1886年)在通州设立的通州医院、光绪十八年(1892年)在保定开设的戴德生纪念医院、同治六年(1867年)在上海开设的同仁医院、光绪十一年(1885年)在上海开设的西门妇孺医院、光绪九年(1883年)在苏州开设的博习医院、光绪十八年(1892年)在南京开设的鼓楼医院和在九江开设的生命活水医院等。

上述传教士开设的这些西式医院,无论在住院设备、医院规模、医疗技术水平,还是在救治的及时性方面,都是中国旧式诊所远不能比的。

在这一时期的教会医院中,广州博济医院最为著名。该医院的前身为第一个来华传教士医生伯驾所设立的广州眼科医局。咸丰五年(1855年)伯驾担任美国外交官,由另外一位美国传教士医生嘉约翰接办。嘉约翰于咸丰八年十二月(1859年1月)在广州南郊选得新址,重建医局,并更名为博济医院。这所医院一直存在到1949年新中国成立。因此,博济医院是在华历史长达一百多年的最老的一所教会医院。博济医院在介绍西医西药、培养西医和护士人才以及医院管理等方面曾做了许多工作,在中国,特别是在华南一带有一定的影响。作为传教士医生,嘉约翰颇负盛名。他是中华博医会第一任会长。从咸丰四年四月十九日(1854年5月15日)嘉约翰医生到达广州之日起,到光绪二十七年六月二十六日(1901年8月10日)在广州去世时止,在将近半个世纪的时间内,他一直担任博济医院院长。据统计,嘉约翰医生亲自诊治的病人达74万人次,住院病人达4万人次,曾为4.9万余病人动过外科手术,翻译了34部西医西药书籍,培训了150名西医人才等,为中国的医疗事业作出了重要贡献。同治五年(1866年),该院就附设了南华医学校,成为最早有系统培养西医的教会医学校。嘉约翰医生除编辑西医英文刊物外,于同治七年(1868年)在广州编印《广州新报》,这是最早用汉文向中国人介绍西医知识的刊物,该刊于光绪十年(1884年)更名为《西医新报》。光绪十四年(1888年),嘉约翰医生主持的中华博医会于上海出版《博医会报》,该杂志是专门介绍西医西药的汉文期刊。[①]

进入 20 世纪后，教会医疗慈善事业得到大发展。光绪三十三年（1907 年），有教会医院 166 所，诊所 151 处。

进入 20 世纪后，在华主要教会大学都先后设置医学院，多数教会医院都会设护士学校。这一时期中国大部分西医人才都出自教会医学院校。

教会医院作为一种济难助贫、扶危救病的善举，符合中国人"仁者爱人"的传统精神，因而得到中国民众的认同。早在同治十二年（1873 年），就有人说道："自中西通商之后，凡泰西诸国医生接踵而来，药材齐集而至，如上海一区，西医之设立医馆还有数处……无论中西贫富之人，均可就医于各馆，富贵者求医而不求药，贫贱者则医药皆出之馆中，甚至贫苦无告之人，沉重难治之症，并令住宿馆中，供其饮食，遣人扶持，病愈即行，不费分文。立法之善，诚莫与京矣。"[②]

外国教会把医疗慈善事业作为传教的一种手段，而在中国举办医疗事业则在客观上把西方的医术、西药以及近代医院制度、医学教育传入了中国，从而为中国近代医疗卫生事业奠定了基础。

二、传教士举办慈幼事业

教会慈幼事业包括育婴堂、孤儿院、盲童学校、聋哑学校等慈幼机关，这是教会慈善事业的另一种形式。教会慈幼事业大宗是举办育婴堂和孤儿院。

天主教传教士比基督教传教士更加注重举办慈幼事业。属于法国系统的天主教办的较大的育婴堂和孤儿院主要分布在上海、天津、南昌、青岛、武汉、重庆、贵阳、长沙、广州等地。据 1937 年的报告，上海一地由法国天主教开办的慈幼机关，有土山湾孤儿院、圣母院育婴堂和一所聋

---

① 顾长声：《传教士与近代中国》，第 275、276、277、280、281、282 页。
② 《申报》1873 年 12 月 16 日。

哑学校。其中以土山湾孤儿院开设最早,咸丰五年(1855年)由耶稣会传教士设立,同治三年(1864年)确定收容六至十岁孤儿入院。同治八年(1869年)于徐家汇开设的圣母院育婴堂,专门收养弃婴,规模颇大。

三、教会救济事业

传教士在华从事有计划有组织的救济事业,是从19世纪70年代开始的。特别是从光绪二年(1876年)至光绪五年(1879年),山东、直隶、山西、陕西、河南五省发生了中国历史上罕见的特大旱灾。赤地千里,树皮全部剥光,家家户户门窗拆光,老百姓食石粉甚至人食人,有人估计这次大灾荒饿死一千万人,惨不忍睹。外国传教士纷纷进入灾区从事慈善救济活动。天主教总会先后派到灾区的传教士有六七十人,基督教总会先后派到灾区的传教士有三十余人。光绪三年十二月二十四日(1878年1月26日),由传教士、外交官、外国商人联合组成"中国赈灾基金委员会",总部设在上海。这是西方国家在华设立的第一个救济机构。该机构以传教士为主体,从事募集捐款、发放赈款及食品、药品等活动。李提摩太在赈灾活动中非常积极,不仅从海外募集巨款和物资,而且不辞劳苦、不顾安危亲赴灾区了解情况,放赈救灾,把成千上万的灾民从死亡线上拯救出来。

进入20世纪后,中国每次发生的较大灾荒中,传教士都前往灾区进行救济活动。宣统三年(1911年),当黄河流域和淮河流域发生大水灾时,美国方面通过美国红十字会向中国提供了捐款和各种慰问品,这些捐款和物品主要由在华传教士负责向灾民分发。与此同时,在华传教士和其他外籍人士纷纷在北京、天津、济南、开封、太原、汉口和上海等地成立救济团体。

传教士所举办的救济事业虽然以吸收教徒为目的,但他们在客观上毕竟带来并推行了西方的赈灾方法,解除了灾民的疾苦。这其中包含着一定的资产阶级国际人道主义精神。

第四章　西方科技的引进与吸纳

晚清西方科技的引进与吸收,不仅使当时中国的科技有了新的进步,而且出现了一大批吸纳西学的著名科技专家。

第一节　西方自然科学学科的传入与发展

一、近代数学

西方数学知识在鸦片战争之后再次传入我国。这次无论规模和质量都远远超过第一次。开始时由中外科学家在译书和出版机构合作翻译。西方十七八世纪的数学成就开始传入我国。洋务运动以后,随着新式学堂的建立,各新式学堂的数学教育也逐渐展开。到 20 世纪初年,中国自编的数学教科书已被广泛使用。特别是随着留学生陆续回国,大学的数学科系逐渐建立起来,并在现代数学的若干分支领域作出成绩。中国近代数学向现代数学迈进。

二、近代天文学

哥白尼学说在清初即已传入我国,并附有图说。可惜的是一直未出宫禁,未得到传播。直至道光二十四年(1844 年),魏源在《海国图志》中,译载了有关哥白尼学说的文章,并附有地球沿椭圆形轨道绕日运行图。这是第一批公开宣扬和肯定哥白尼学说的中文材料。从 19 世纪 50 年代到 70 年代,西方天文学的知识被不断介绍到中国来。光绪十一年(1885 年),康有为写成《诸天讲》,书中介绍了恒星光谱型、太阳的化学元素组成、康德—提普拉斯星运假说等宇宙演化理论,以及太阳有核反应等新的天文学知识。这些天文学知识的传播在当时起到了积极作用。从同治十一年到光绪十六年(1872 年到 1900 年),法国、日本、德国先后在上海、台北、青岛等地设立天文站。20 世纪初年,赴欧美的留学生有的攻天文学,先后取得了一批研究成果。他们回国后,组织开展天文工作。

三、近代物理学

19 世纪 40 年代以后,近代物理学知识开始传入我国。但直至 20 世纪 20 年代以前,一直处于较低层次的翻译介绍阶段。其中包括力学方面的牛顿力学知识、电学方面的普通电器设备、光学方面的几何光学知识,声学和热学知识也有所涉及。而对于重大的物理学新成就,除 x 射线和镭的放射性外,大多没能及时介绍到中国来。

四、近代化学

19 世纪 40 年代,近代化学开始传入我国。首先是一些无机酸的传入和使用,接着便有介绍化学知识的书籍问世,并不系统。直至 70 年代以后,上海、北京翻译出版了一些较系统介绍近代化学知识的书籍。

五、近代地学

近代地学早在 16 世纪末 17 世纪初由利玛窦、艾儒略、南怀仁等传教士引进中国。鸦片战争后,中国有识之士开始对外国和边疆地理进行研究,一批著作问世。一些西方学者如李希霍芬、庞培烈等相继来华考察。为了引进近代地学科学,我国学者与西方学者合作翻译了一些西方地学名著。20世纪初年,我国地学科学家开始独立研究,如章鸿钊、张相文、丁文江、翁文灏等。他们不仅取得了科研成果,而且培养了一批青年学者。其中一些人五四运动后成为著名的地学科学家。

六、近代生物学

19世纪中叶以后,西方生物学知识逐渐传入我国,使我国生物学突破了单纯实用性的传统生物学知识结构,开始逐步建立起以实验观察为基础的近现代生物学知识体系。20世纪初至辛亥革命前,一批西方生物学著作被翻译介绍到中国来,一些中学和高等学校设立了动、植物课,聘请外籍教师讲授动、植物学。

第二节　西方近代技术科学的引进与吸收

洋务运动以后,伴随着军事工业和民用企业的陆续开办,西方近代技术也逐渐传入中国。

一、冶金技术

光绪十六年(1890年),江南制造局首设炼钢平炉。光绪十九年(1893年),湖北建成汉阳铁厂,设一百吨高炉两座,八吨酸性平炉一座。光绪三十四年(1908年),汉阳铁厂、大冶铁矿、萍乡煤矿成立汉冶萍煤铁厂矿公司,拥有二百五十吨高炉一座,一百吨高炉两座,五十吨平炉六座,各种轧机四套以及若干机械化矿山设备等。在技术上已属当时世界先进水平,其设备均由世界著名厂家引进。

二、铁路技术

中国第一条铁路是光绪六年(1880年)修建的唐山至胥各庄铁路,次年通车,以后逐渐展至天津。到宣统三年(1911年),全国共建成铁路九千六百余公里。一些车辆、桥梁、器材等工厂也陆续建立起来,同时培养了一批工程技术人员。其中以詹天佑及其修建的京张铁路最为著名。

三、机械制造

同治四年(1865 年)建立的江南制造局,引进了蒸汽机、汽锤、各种机床及铸弹、造枪炮的机械。以后各地军工厂陆续开办。光绪五年(1879 年),上海发昌机器厂开办,这是晚清第一家民营机器厂。开始主要修理机器,70 年代以后逐渐制造机器。直至宣统三年(1911 年),民营机器制造厂数量都很少。

四、造船

同治四年(1865 年),徐寿等在安庆制造了第一艘轮船。同治七年(1868 年),江南制造局第一艘轮船惠吉号下水。同治八年(1869 年),福州船政局开始制造新式小型舰只。各地所造轮船,关键部件如汽机、推进器等都是进口的。

五、化工

19 世纪 60 年代上海江苏药水厂,能够制造酸碱。光绪二十一年(1895 年),江南制造局开始生产无烟火药。天津机器局、湖北枪炮厂火药生产技术都在不断改进。

六、纺织

咸丰十一年(1861 年)上海外商最早用机器缫丝,西方棉纺织技术的引进以光绪十五年(1889 年)开机的上海机器织布局为最早。近代纺织技术迅速在全国发展。

七、其他

石油以光绪四年(1878 年)在台湾淡水以西法钻井为最早;同年,开滦煤矿开始用西法机器采煤。印刷、机制纸、火柴、卷烟、皮革、榨油、磨面、酿造等西方工业技术,大都是 19 世纪 60 至 80 年代引进的。光绪六年(1880 年)在天津开办的电报总局,是电报技术由中国自己引进的开始。

第三节 吸纳西学的著名科技专家及其重要成就

一、龚振麟

龚振麟,江苏长洲(今江苏苏州)人。生于清嘉庆年间,但具体生年与卒年均不见记载,不详。道光十九年(1839 年)任浙江嘉兴县县丞。鸦片战争期间,曾两次奉调赴浙江沿海监制军械。

鸦片战争期间,龚振麟对沿海的船炮进行了改进。而他在兵器制造方面最大的贡献,则是发明了铁模制炮法和枢机炮架。

传统的泥模制炮法,其模一般情况下需一月之久才能干透,冬令时节,雨雪阴寒,则需二三个月之久。如用炭烘干,外表已干透,而里面仍湿润,一经浇铸,自生潮气,所铸之炮常有蜂窝,施放时极易炸裂。且泥模一次性使用,不能复用。

铁模制炮法简单易行:先将铸模的每瓣内面刷上用细稻壳灰和细沙泥调水而成的浆液,再用上等极细窑煤调水刷之。两瓣相合,用铁箍箍紧,烘热,节节相续,最后浇铸。当倾足成炮后,立可按瓣次序剥去铁模,露出炮身;凝结未透,遇有凹凸不平之处,可以打磨。最后取出炮心,除尽泥坯,腔内天然光滑。每个铁模可反复使用数百次,愈久愈熟,且不受时令限制。省时、省工、省料、省人力、省费用。而且携带方便,可随时随地鼓铸,不用运输重滞的大炮。铁模制炮为龚振麟所首创,比西方早了 30 年。在实践的基础上,他著有《铁模铸炮图说》。

旧式炮架笨重且只能朝一个方向直击,不能左右旋转,更不能前后移动。龚振麟经反复研究与试验,制成枢机炮架。这种炮架分为两层,下层安轮子,上层中心贯以铁桩、炮耳以后,仍列梯级。几千斤重的大炮安装在炮车上,可以仰俯、左右旋转、前后移动,随时停轮施放轰击。

二、戴煦

戴煦(1805—1860)出生于浙江钱塘(今杭州),原名邦棣,字鄂士,一字仲乙,号鹤墅。

戴煦是中国近代著名的数学家和诗画家。他在数学科学中的突出成就,是对数领域的研究。

对数及对数表是英国数学家耐普尔于1614年发明制定的,对数字计算的简化起了重要作用。顺治三年(1646年)对数表由波兰传教士穆尼阁传入中国。中国学者耳目一新,不少人就对数作了研究,也编制了一些对数表。戴煦总结了前人研究的成败得失,认为以往的造表方法"布算极繁",对数表"用之甚便,而求之甚难"。其所著《对数简法》《续对数简法》,就是寻求对数表的捷法。在《对数法》中,他提出了"连比例平方法",即二项式平方根级数展开式,舍弃了计算繁琐的开方法。不仅如此,他还得出了当$|a|<1$,m为任何有理数时,

$$(1+a)^m=1+ma+\frac{m(m-1)}{1\cdot2}a^2+\frac{m(m-1)(m-2)}{1\cdot2\cdot3}a^3+\cdots$$

这个二项式总是正确的结论。戴煦经过独立研究的这个指数为任何有理数的二项定理,与牛顿二项定理基本上是一致的。

求二项式平方根有了级数展开式后,选对数表省力得多,但实际计算仍相当繁重。为此,他又作了进一步研究,结果发现不用开方,即可以"假设对数"求得"定准对数"。具体做法是:先求出72个数的对数,然后其他数的对数皆从此而生。在演算时,他先求出"假设对数",再用10的假设对数除之,便得出各数的"定准对数"即各数的常用对数。求得了72个数的对数,就可以进一步求出其他数的对数。这实际上就是现代对数中以10为底的常用对数演算法。

在《续对数简法》中，他又进一步阐明 10 的自然数与任何整数的常用对数，都可用幂级数来计算，并正确地列出了对数的幂级展开式：

$$\log(1+a)=\mu\left(a-\frac{1}{2}a^2+\frac{1}{3}a^2-\frac{1}{4}a^2+\cdots\right)。$$

用上列级数计算，就可很快得出各数的对数。

三、李善兰

李善兰(1811—1882)出生于浙江海宁，字壬叔，号秋纫。官至户部侍郎。

李善兰是中国近代科学技术史上兼通中西天文历算，撰述、译著并称于时的一代数学家。同治六年(1867 年)，李善兰在南京刻成《则古昔斋算学》，汇集其已成的数学著作 13 种 24 卷。

在《方圆阐幽》一书中，李善兰创立了"尖锥求积术"。n 为任何正整数，x 为任何正数，x^2 的数值可以用一个平面来表示，也能用一条直线段来表示。为 x 在 $0<x\leqslant h$ 区间变动，表示 x^2 的平面积迭加成一个尖锥体。由平面积 ax^2 积迭加起来的尖锥体，高为 h，底面积为 ah^2，它的体积是 $\dfrac{ah^2\times h}{h+1}$，这一命题相当于定积分

$$\int_0^h ah^2\,\mathrm{d}x=\frac{ah^{n+1}}{n+1}；$$

当知二乘以上尖锥，其所迭之面皆可变为线，说明 ax^2 可以用一直线段表示。当知诸尖锥既为平面，则可并为一锥。说明：同高的许多个尖锥可以合并为一个尖锥，这相当于定积分

$$\int_0^h a_1 x\mathrm{d}x+\int_0^h a_2 x^2\,\mathrm{d}x+\cdots+\int_0^h an x^h\mathrm{d}x=\int_0^h(a_1 x+a_2 x^2+\cdots a_n x^h)\mathrm{d}x。$$

李善兰不仅阐述了尖锥术的基本原理，而且以求圆的面积为例子，具体说明了尖锥术在数学演算中的运用。

《垛积比类》一书专门论述高阶等差求和问题。在第三卷中阐述了

三角自乘垛 $\sum(f_p^r)^2$ 的求和公式,并创立了下列恒等式:

$$(f_p^r)^2 = f_{2p}^r + (e_1^p)^2 f_{2p}^{r-1} + (e_2^p)^2 f_{2p}^{r-2} + \cdots + (e_p^p)^2 f_{2p}^{r-p}。$$

李善兰这个恒等式在 20 世纪 30 年代以后驰名中外,被称为"李善兰恒等式"。

四、徐寿、徐建寅父子

徐寿(1818—1884)出生于江苏无锡,字雪村,号生元。徐建寅(1845—1901)出生于江苏无锡,字仲虎。他曾奉命出洋考察科学技术,历时四年。

著名化学家徐寿,是集科学家、翻译家、教育家于一身的人物,在中国近代科学技术史上占有突出地位,产生了巨大而深远的影响。

早在安庆内军械所时,徐寿自己研究并制造出中国第一台蒸汽轮机,并与华蘅芳等人合作,成功试制出"黄鹄"号轮船,为中国近代造船业开辟了道路。之后,他在江南制造局从事造船工作的同时,进行了大量的翻译工作。包括后来在格致书院期间的翻译工作,先后共译书 17 部,其中化学方面的有 7 部。

《化学鉴原》包括了一般化学的内容,对化学基本原理和许多重要化学元素的性质也进行了概述。他对化学元素中文新字的命名,以及以西文第一音节造字的原则,一直沿用至今。《化学鉴原续编》《化学鉴原补编》专论无机化合物,并对新发现的化学元素进行了论述。《化学考质》是关于定性分析的著作,《化学求数》是关于定量分析的著作。在翻译过程中,徐寿还与他人合作编写了两部中西化学名称对照表:《化学材料中西名目表》《西药大成中西名目表》。为中国近代化学学科的建立奠定了基础。

同治十三年(1874 年)以后,徐寿除译书外,还与傅兰雅创办格致书院,为中国近代科学技术教育开了先河,系统地传播了近代科学技术知识,不仅讲授理论和知识,还开设实验课,培育了一批优秀的科学技术人才。徐寿等创刊的《格致汇编》，内容十分广泛，凡西方科技新知、国人发明创造，几乎无所不包，为传播科学知识和交流技术工艺作出了重要贡献。

徐建寅为徐寿次子。因自幼受家学熏陶，聪慧过人。他早年从其父在安庆内军械所、江南制造局工作，助其父从事轮船制造和译书工作。之后，他又创办了山东机器局，先后到天津机器局、金陵机器局、湖北枪炮局工作。光绪二十七年（1901年）春，徐建寅在张之洞创办的湖北枪炮局钢药厂经过三个月的艰苦努力，反复实验，终于制造出具有当时国际先进水平的无烟火药。二月十二日（3月31日），他在工厂指挥生产时，遭人暗算，机器爆炸，以身殉职。

徐建寅一生除进行了大量的科学实验外，还撰述、翻译了大量科技著作。计有译著15部，著作3部，专论10篇。其中《化学分原》以及在数理、工艺等方面的译著《汽机尺寸》《营城揭要》《器象显真》《造铁全法》《汽机必以》《摄铁器说》《石板印法》《年代表》《造强硫水法》《运规约指》《汽机新制》《艺器记珠》等，辟西学之门户，弥补了其父在译著深度和广度方面的不足，使已有的学科如化学译著逐渐完备，成为系列，他的译著，除以自然科学为主外，还涉及社会科学方面。

五、华蘅芳

华蘅芳（1833—1902）生于江苏金匮（今属无锡市），字若汀。

华蘅芳是中国近代与李善兰齐名的数学家。在安庆内军械所，他与徐寿等试制成功"黄鹄"号轮船。之后，在江南制造局参与筹办局内附设的翻译馆。此后四十年，他把主要精力投入到翻译介绍西方科学知识方面。华蘅芳译书十多部，涉及数学、地质学、航海、气象、天文等方面，而译述最多的当属数学，如《代数术》《微积溯源》《三角数理》《代数难题解法》《决疑数学》等。《微积溯源》是关于微积分的著作，为补充李善兰译《代微积拾级》而译。《决疑数学》则是中国第一部介绍概率论的著作。

华蘅芳在翻译西方数学著作的同时，还有多种数学著作传世，后来辑成《行素轩算稿》。比较重要的有：其代表作《学算笔误》，是一部普及性数学专著，以通俗简明的语言和具体形象的例题，介绍了数学基本知识和代表当时数学最新成果的微积分数理及其解法，还介绍了学习数学的方法。此书问世后，备受欢迎，以致几年间再版十余次。其所著《开方别术》，大大简化了中国古代开方的方法，论证了"并诸为一商"的开方理论和方法，被李善兰称为"空前绝后"之作。其《积较术》一书中所提出的一些见解，与日本从外国所获得的"推差新法"相似，但成书则要早十多年。

华蘅芳除著述之外，还在格致书院和湖北自强学堂、两湖书院、无锡实学堂执教，并担任过常州龙城书院院长，培养了大批人才。

六、魏瀚

魏瀚（1850—1929）出生于福建闽侯（今属福州市），字季渚。

中国近代造船专家魏瀚是福州船政学堂的第一届优秀毕业生，也是该学堂第一批赴欧留学生。

光绪七年（1881年），魏瀚以优异的成绩从法国学成回国，在福州船政局工程处"总司制造"，相当于后来总工程师的职务。在魏瀚等留学归国人员主持船政局期间，洋人逐渐撤离回国。船厂技术突飞猛进，不断革新、改进造船工艺，取得了显著的成就，成为造船厂最辉煌的时期。这也正是魏瀚一生中贡献最大的一个阶段。

光绪八年十二月三日（1883年1月11日），仅用两年两个月的时间，船政局就试制成功第一艘巡洋舰"开济"号。该船长26.58丈，宽3.6丈，马力2400匹，排水量2200吨，"为中华未曾有之巨舰"。

光绪十三年（1887年），船政局第一艘钢甲船下水，长19.7丈，宽3.95丈，马力2400匹，2100吨级，是为"龙威"号。

魏瀚在任船政局"总司"期间，先后制造"开济""横海""镜清""寰泰""广甲""龙威"等船，均能精益求精。他为中国造船工业作出了极大的贡献。

中国在德国订购的后来服役于北洋海军的两艘最大的铁甲舰，是由魏瀚监造的。

七、詹天佑

詹天佑（1861—1919）出生于广东南海县（今南海市），原籍安徽婺源（今属江西），字眷诚。

杰出的铁路工程师、中国近代工程技术专家詹天佑，是中国第一批赴美留学的幼童。光绪七年（1881 年），在美获得土木工程科学士学位，作为耶鲁大学的高材生返回。但最初几年，先后在福建水师服役、在广东水陆师学堂执教。直至光绪十四年（1888 年），才在留美同学邝孙谋的推荐下，受聘为中国铁路公司帮办工程师，这成为詹天佑致力于铁路事业的开端。

詹天佑在铁路建筑生涯中，先后修筑津塘铁路、关东铁路、津卢铁路、萍醴铁路、新易铁路、张绥铁路、川汉铁路、粤汉铁路等。而影响最大的是他修建的京张铁路。

光绪三十一年四月（1905 年 5 月），詹天佑出任京张铁路总工程师兼会办（两年后升任总办）。由于缺乏必要的资料，他率部分工程技术人员翻山越岭反复实地勘察，然后进行论证、全面比较、选择，最后决定采用通过关沟的一条路线。京张铁路全长 360 里，桥梁 7000 余尺，穿山越岭，工程之艰巨为当时他处所未有。特别是自南口经关沟到岔道城这一段，长 33 里，需开凿居庸关和八达岭两个隧道，工程难度最大，更是困难重重。当时外国工程师讥笑詹天佑"不自量力"，甚至说"中国会修关沟段铁路的工程师还没出生"等等。詹天佑采用中间竖井开凿的办法施工，用辘轳代替卷扬机，载工人上下，运入炸药、器材，运出土方和积水，终于把隧道打通。在青龙桥东沟，他采用人字形轨道，用两台大马力机车互相推挽，解决了坡度大机车牵引力不足的问题。

宣统元年八月十九日（1909 年 10 月 2 日），京张铁路全线通车，提前两年完成。所需费用仅及外国人估价的七分之二，外国承包商索价的五分之一。这是中国近代铁路修建史上最灿烂的一页。

詹天佑著书多种,其中《工程辞典》是中国第一部关于土木工程的辞典。他发明的机车挂钩至今通行世界,称"詹氏钩"。

八、张相文

张相文(1866—1934)出生于江苏省桃园县(今泗阳县),字蔚西。

著名地理学家张相文,是中国早期现代地理学的奠基人,近代杰出的教育家。至清朝灭亡之前,他已有许多译著和著作传世。其译著主要有《家事教科书》、《列国岁计政要》、孟德斯鸠的《万法精理》(比严复《法意》译本早两年)。

其撰著主要有《初等地理教科书》《中等本国地理教科书》。这两部地理教科书为我国自编地理教科书之嚆矢。"教科书"之名亦开创于此。《地文学》是中国第一部普通自然地理,内容分星界、陆界、水界、气界、生物界五编。时至今日,编写普通自然地理,其基本内容仍不出这五个方面。在此之前,国内几种译自外国的自然地理,其内容仅限于无机自然界。而张相文新增生物界的内容,把无机自然与有机自然联系起来,在世界地学史上具有开创性。《地质教科书》在地质地貌方面发表了许多科学见解。

张相文不仅继承中国古代地学知识和学习西方近现代地学知识,而且注重实地考察。宣统元年(1909 年),他先到山东半岛考察,继而又到冀北考察,并著《冀北游览记》。宣统二年(1910 年)他到河南考察,并著《豫游小识》和《大梁访碑记》。宣统三年(1911 年),他到山西五台山地区考察,著有《参佛日记》,记载了考察的收获,对这一地区的地貌进行了研究,对自然现象及其成因提出新见解。对于一些地区的水患,张相文也曾实地考察,如对淮河流域考察后提出治淮的建设性意见。

宣统元年(1909 年),张相文邀白毓、张伯苓等和各校师生、教育界官员百余人,在天津发起成立中国地学会,被选为会长。学会成立后,出版会刊《地学杂志》,这是中国第一个反映现代地理学早期研究成果的刊物。

在教育方面,张相文也作出突出贡献。光绪二十五年(1899年),他在南洋公学执教,教授国文和地理,开始步入教育界。光绪二十八年(1902年),先后任寿州阜丰、阜财两商业学校校长,两广师范讲习所地理教员。光绪三十年(1904年),张相文与张謇等在上海发起成立教育总会,倡议各地成立分会,研究教育改良,图谋教育进步。他不仅致力于组织教育团体,而且身体力行,亲自动手编写教材,进行教学改革。同时在任淮阴江北师范学堂教务长时,实行学校管理改革。光绪三十三年(1907年),他应直隶提学使傅增湘之邀,担任天津北洋女子高等学校教务长,次年担任校长。宣统二年(1910年)他与傅增湘同游热河,考察教育,并著有《滦阳纪行》等。

九、冯如

冯如是中国第一位飞机设计师、制造家与飞行家。

冯如出生于广东恩平县(今广东恩平市)一个贫苦农民家庭。光绪二十年(1894年),十二岁的冯如随舅父远涉重洋到了美国。在美国胸怀大志的少年冯如废寝忘食,孜孜不倦地学习科学技术知识,刻苦钻研机械制造技术。至光绪三十二年(1906年),他已具备广博的机械制造知识,通晓36种机器,并发明制造出抽水机、打桩机等。尤其是他设计制造的无线电收发报机,以其性能良好大受用户青睐。这些,都给他以后的事业打下了坚实的基础。

20世纪初年,国际航空事业开始起步。美国莱特兄弟发明制造飞机成功。冯如得到消息,决心研制飞机,报效祖国。光绪三十三年八月(1907年9月),在爱国华侨的资助下,开始研制工作。次年三月(1908年4月),在不到一年的时间内,便制造出一架试验飞机。八月二十六日(9月21日),时隔半年,就又制造一架当时性能较好的飞机,试飞航程超过莱特兄弟试飞航程近一千英尺,一时在美国引起轰动。孙中山观看试飞后,也高度赞扬。试飞的成功使冯如和华侨界受到很大鼓舞,制定了新的设计制造飞机的计划。宣统元年九月(1909 年 10 月),冯如和华侨黄梓材等发起成立了广东机器制造公司。宣统二年(1910 年),冯如制造出一架性能更好的飞机:机翼长 29.5 英尺,翼宽 4.5 英尺,内燃机 30 匹马力,螺旋桨每分钟 1200 转。当年九月(10 月),国际飞行协会在美国三藩市举行飞行比赛,冯如驾驶新制造的飞机参赛:飞行高度 700 多英尺,时速 65 英里,航程 20 英里。这一成绩打破了一年前在法国理姆斯举行的第一届国际飞行比赛中,高度冠军拉塔姆的 508 英尺、速度冠军柯蒂斯 47.2 英里的纪录,荣获优等奖。中外人士纷纷前往观看,欧美报纸交口称赞,海外华侨甚为自豪。

宣统三年正月(1911 年 2 月),冯如将广东机器制造公司更名为广东飞行器公司,其宗旨为"壮国体,挽利权"。并偕同其助手朱竹泉、朱兆槐、司徒璧如,携带制造飞机的机器与自制的两架飞机启程回国。中华民国南京临时政府成立后,孙中山批准在南京建飞机场,成立以冯如为首的航空队。这是中国最早的空军。民国元年(1912 年)八月五日,冯如在广州城郊作飞行表演,观者如潮,人们欢呼雀跃。当飞行表演结束飞机降落即将着陆时,冯如突然发现前面不远处有几名儿童,便猛拉操纵杆,飞机急剧上升。但由于用力过猛,致使飞机机件损坏而失速坠落。冯如身受重伤,因抢救无效与世长辞,时年二十九岁。

第四节　科学团体的建立

一、科学仪器馆

光绪二十七年(1901 年)由钟观光、林木林、虞含章等人在上海发起创办。其宗旨除编译科学丛书、制造理化器械外,于光绪三十二年(1906 年)附设理科讲习所。是年虞祖辉在上海、奉天也设立了科学仪器馆,清政府学部予以立案。该馆及以后所办的相同性质的馆局,除仿制若干简单仪器外,仪器设备主要靠进口。

二、中国药学会

光绪三十三年(1907 年)由留日药科学生王焕文等七人在日本东京发起成立。宣统元年(1909 年)在东京召开第一届年会,宣读论文,通过会章,选举王焕文为会长,编印《药学杂志》一期。

三、中国地学会

宣统元年(1909 年),由张相文等在天津发起成立。张相文被选为第一任会长。中国地学会是中国最早的地理学术团体和研究机构。通过中国地理学会,张相文把当时的国学大师章炳麟,地理学家白眉初,地质学家邝荣光,水利学家武同举,历史学家陈垣,教育家张伯苓、蔡元培等团结起来,组成了一支中国最早的研究地学的强大队伍。以后,又将许多地理、地质方面的专家,如章鸿钊、白月恒、姚明辉、丁文江、翁文灏、徐炳旭、袁复礼、王成组、殷祖英、张印堂、黄国璋、蔡源明等都吸收进来,使这支研究队伍不断壮大,从而有力地推动了处于萌芽状态的中国现代地理学的迅速成长。

宣统二年(1910 年),中国地学会出版会刊《地学杂志》。这是一个反映中国现代地理学早期研究成果的学术刊物。《地学杂志》最初是月刊,后因经费原因改为双月刊、季刊、半年刊。

第五章　西学传入对中国文教和社会生活的若干影响

随着西学的传入,中国文教的某些方面,诸如教育、体育、博物等发生了不同程度的变革,乃至社会生活的诸多方面也出现了重大变化。

第一节　西方影响下的中国博物馆学

一、中国人博物馆观念的产生与发展

博物馆机构进入中国的眼帘是在鸦片战争时期。"博物馆"之名最早见于1840年成书的林则徐的《四洲志》,但《四洲志》并未刊行。世人最早见到"博物馆"一词是于1844年刊行的魏源的《海国图志》。《四洲志》与《海国图志》所译的"博物馆"之名一直沿用至今。在此期间,有中国百姓出洋亲自参观过国外的博物馆,并写入游记,向国人进行介绍。如1849年,林铖在其所著的《西海纪游草》中,就谈了他在美国亲眼所见的"博古院"。

洋务运动时期,西方博物馆观念在中国迅速传播开来。一些外交官与出访的官员在国外参观过博物馆,并对其产生了浓厚的兴趣。以郭嵩焘为代表的精英认识到博物馆在西方文明中的地位和作用,要求中国也

应该建立博物馆机构。同时,在此期间外国人在华建立的博物馆也得到中国人的认同和支持,并促使中国人有了在中华大地上建立博物馆的愿望。1876 年,京师同文馆为了配合学生学习西方自然科学技术知识,设立了博物馆。19 世纪 60 年代,京师同文馆增设天文算学馆时,洋务派与顽固派之间争论激烈,几经驳难,才得到清政府允准。博物馆这个完全新鲜的事物能够在京师同文馆设立并得到清政府的认可,充分说明国人已经认识到博物馆在教育功能方面的优势。

维新变法运动时期,不仅博物馆观念更加迅速而广泛地传播开来,而且是中国人欲建博物馆的高潮时期。康有为是建立博物馆的首倡者。他出于强国富民的目的,以及对博物馆社会功能的认识,极力鼓吹建立博物馆。1895 年 11 月,康有为发起成立了上海强学会,其宗旨之一就是开博物馆。梁启超在 1896 年所撰写的《论学会》一文中,列举了学会应办的 16 件要事,其第 12 件大事要事即"大陈各种仪器,开博物院,以助试验"。① 1897 年成立的湖南郴州学会也提倡建立博物馆。上海强学会的重要成员张謇在其所写的《上学部请设博览馆议》与《上南皮相国请京师建设帝国博览馆议》,更加直接地表达了建立博物馆的强烈愿望。然而,由于戊戌变法的失败,中国人建立近代博物馆的实践顿时受到挫折,被迫推迟七年,地方举办的陈列室开办不久也停止对公众开放。

义和团运动后,清政府举办新政和预备立宪,客观上营造了博物馆诞生的社会环境,中国博物馆步入了初创时期。正是在这种适宜的社会环境中,西方博物馆观念才真正在中国大地上生根发芽。中国第一座与国际接轨的高水平的博物馆,即张謇创办的南通博物苑,就是在这样的环境中创办的。在此期间,媒体的迅速发展使博物馆观念传播得更快。《万国公报》有许多文章或介绍外国博物馆,或报道中国国内博物馆的消息。中国人出版的大量书籍、报刊,也直接或间接宣传了博物馆观念。1905 年以后,媒体的大众化更使博物馆观念从知识界向普通民众普及。

---

① 《戊戌变法资料丛刊》(四),上海人民出版社、上海书店出版社 2000 年版,第 376 页。

二、西方人在中国建立博物馆的情况

1868年，法国天主教耶稣会神甫建立上海自然博物馆。1883年，在徐家汇建立专用馆舍，更名为徐家汇博物院。后来由于藏品不断增多，而馆舍陈旧狭小，遂于吕班路震旦大学北侧建立大规模新馆舍，将旧院所有自然标本和天主教堂葛修士搜集的3500件中国古物一起移入新馆舍，称为震旦大学博物馆。

1874年，英国皇家亚洲文会中国支会建立上海亚洲文汇博物馆，又称上海博物馆。

1877年，英国驻沪领事麦华陀将格致书院展览室扩充为辅助教学的科技型博物馆，称之为格致书院博物馆。陈列有英国科学博物馆与比利时等国捐赠的各种仪器、工业机械、生物标本、绘图照像、水陆交通、天文地理、枪炮弹药、服饰等样品或模型，以供学生观摩，并对外开放。

1876年，美国长老会传教士郭显德在烟台创立博物院福音堂，通称烟台博物院。

1879年，英国浸礼会传教士怀恩光在山东青州创办博古堂。1904年迁至济南新馆舍，更名为广智院。

1879年，德国教习瑞乃尔本人出资，并向烟台官、绅、商各界募捐，创办敬业书院。名为书院，实则为图书馆兼博物馆。该馆主要搜集科学、经济等当代书刊，搜罗各种科学仪器及动、植物标本。对外开放，参观、阅览者主要是文人、绅、商。

1902年，英国人罗氏与其妻郭氏捐献新舍给烟台培真女校。为此，该女校更名为罗郭培真书院，并在书院内建博物堂。其所陈列内容包罗学科广泛，有电、矿、声、光、机器图画，以及飞、潜与动、植物标本等。

1904年，法国传教士赫立德在天津法租界海大道新学中学内创办一所教会学校附属的博物馆，名为华北博物馆。

1904年，英国伦敦会在天津设立华北博物院，主要藏品为地质与矿物标本。

1904 年,英国浸礼会传教士萨瑟兰在山东济南设立广智院,藏品包括动植物、矿物、生理、天然、农产品及古物等 13 类,展出实物标本上万件。

1907 年,德人与中国政府在青岛联合创办德华学校,翌年更名为青岛特别高等学堂,开设法、医、理工、农林四科。为配合教学,校内设有教育博物馆,陈列科学仪器及动、植物标本等。

三、晚清创建的主要博物馆

南通博物苑。位于江苏南通城东南濠河南畔。始建于光绪三十一年(1905 年)。这是第一个由中国人自办的博物馆,创办人张謇。博物苑占地二万三千三百平方米,由中馆、南馆、北馆三座主要建筑以及谦亭、国秀亭、相禽亭、藤东水榭、花竹平安馆、假山、水池等园林建筑组成。早期主要将博物苑所藏的文物标本分别陈列于三馆:南馆楼前建有古像亭,周围环置大型石刻、石雕文物。楼上阳台两侧悬挂张謇手书木刻对联:"设为庠序学校以教,多识鸟兽草木之名。"中馆楼上陈列《华严经》文。北馆则以字画为主,兼展鲸鱼骨架标本。

山东金石保存所。位于济南市大明湖畔省立图书馆内。图书馆创建于宣统元年(1909 年),因金石搜罗颇多,后特修建博物馆陈列。所藏文物有铜器 197 件,钱币 3967 品,石刻 468 件,甲骨刻辞 71 件,砖瓦 971 件,陶器 375 件,钱箔 272 件,礼乐祭器 1427 件。辟有展室四个,分别是古物美术、碑龛、汉画堂、罗泉楼。出版物有书籍《两汉印帚》《汉魏石经残字》《齐鲁陶文》《邹滕古陶文字》《金石名家考略》等。

第二节　新式体育的产生

一、球类

在晚清,近代体育逐步传入中国,篮球、排球、足球、乒乓球、网球、体操以及游泳、田径等项目在沿海地区和大中城市得到了开展。

篮球。篮球运动是光绪二十二年(1896 年)前后由天津中华基督教青年会传入中国的。在宣统二年(1910 年)的全运会上举行了男子篮球表演赛之后,在全国各大城市的大、中学校逐渐开展起来。其中以北京、天津、上海开展得较普遍,水平也较高。

排球。20 世纪初年,美国基督教青年会将 Valleyball 传入中国。当时中国的打法是每队 16 人,排成四排,因而称为排球。排球开始由广州的几所中学陆续传到台山等地,北京、上海等城市也先后开展了这项运动。宣统三年(1911 年)上海举行了第一次排球表演赛。

足球。19 世纪末 20 世纪初,足球运动从西方传入中国。当时上海和香港是中国开展足球运动最早的城市,而后在南京、天津、北京等大城市和一些教会学校也相继有所开展。光绪三十年至三十四年(1904—1908 年),在香港、北京和上海出现了校际比赛。广州、武汉等城市也相继有了足球运动,以后发展到其他城市。光绪三十四年(1908 年),在香港成立了中国足球运动的第一个组织"南华足球会"。宣统二年(1910 年)的第一届全运会上,足球比赛是正式比赛项目之一,南华足球队夺得冠军。在以后的六届全运会上,足球均被定为正式比赛项目。

乒乓球。乒乓球起源于英国,它是从网球运动派生出来的。光绪二十八年(1902 年),日本教授坪井弦道游学英国,回国后,将乒乓球整套用具带回日本。光绪三十一年(1905 年)至宣统元年(1910 年)前后,乒乓球运动又传入中东欧的维也纳、布达佩斯和北非的一些城市。光绪三十年(1904 年),上海人王道平从日本带回十套乒乓球器材,在上海进行推销,并亲自进行表演,从此中国有了乒乓球运动。

网球。中国的网球运动是在 19 世纪末由欧洲传入的。在中华人民共和国成立前的七届全运会上都有网球比赛。网球场长 23.77 米,宽8.23 米,球网把球场分为两半场,网高 91.4 厘米。球拍为长柄椭圆形框子,用中筋线织成拍面。球为有弹性的橡胶球,直径为 6.35—6.37 厘米,重量为 56.70—58.47 克,比赛球必须使用黄色和白色。

二、体操

"体操"一词希腊语叫 gymnastiké,来源于希腊语 gymnós(即裸体的意思)。希腊人把跑、跳、投掷、攀登、摔跤、舞蹈、骑马等统称为体操。这种概念被沿用了很长时间,19 世纪末 20 世纪初,体操作为体育总概念逐渐演变为现在的概念。体操在 19 世纪中叶传入中国。英美等国在鸦片战争后陆续在中国开办教会学校,成立青年会,并设置健身房和体操器械,在部分青年中开展了体操运动。清末,在北洋水师学堂和武备学堂等军事学校中,有外国教官讲授兵式操、徒手操和单杠、双杠、木马、平台、肋木、平梯等器械体操。光绪三十四年(1908 年),上海成立了中国体操学校。教学内容有徒手体操、器械体操、兵式操和武术、音乐舞蹈,以及教育学、体育学、解剖学、生理学等。

三、体育团体

商团公会。光绪三十二年(1906 年)成立于上海。由沪学会体育部、商业体操会、商余学会、商业补习会、沪西士商体育会等五个团体联合而成。其活动主要是进行军事操练。团的负责人还常常向团员讲演时事。许多青年勤奋锻炼体魄,学习武事。武昌起义后,上海商团攻占江南制造局。

松口体育会。体育学校。光绪三十三年(1907 年)初成立于广东梅州。由同盟会员谢逸桥等组织创办。同年八月正式开学,有学生一百多人。师生多为同盟会员。设有专修、普通、简易三科。革命党人多编入专修科,授以战术、筑城、行军、攻击、战斗等军事知识和技能;有一定文化并愿从事教育的工作者编入普通科,授以一般体育知识和技术;各路洪门会来的青年编入简易科,授以持枪、射击等知识。各科均约定八个月毕业。此外还在兴宁、平远等地成立分会夜校。体育会不到一年便结束。此后,师生多参加反清斗争。

精武体育会。群众性的武术团体。宣统二年二月(1910 年 3 月)成立于上海。由霍元甲的学生陈公哲、姚蟾伯、王维藩等将原精武体操学校迁址改办而成。体操学校成立于宣统元年(1909年),由上海武术爱好者筹设,霍元甲任主任教师,其学生刘振声、赵汉杰任教师。霍元甲逝世后学校衰落,体育会设会所于万国商团中国义勇队故址,以研究武术、提倡近代体育和强国强民为宗旨,以红黄蓝三色星旗为会旗,以传习、推广武术为主要活动。宣统三年(1911年)在上海举行第一次武术表演。体育会对各地武术兼收并蓄,教师也都是南北武术流派中有专长者。随着会务的发展,除推广武术外,又逐渐开展足球、篮球、乒乓球、台球、单杠、双杠、平台、自行车、摔跤等十余种近代体育活动,另有京剧、音乐、书画、摄影等组和女子部。为扩大影响和便于教学,体育会常组织武术表演和运动会,并派会员到一些学校和单位义务教学,传授武术。还编著出版《谭腿》《功力拳》《十字战》等武术书籍,并拍摄有关电影到各地放映。先后在绍兴、武汉、广州、佛山、汕头、厦门等地设立分会。

中华武士会。民间武术社团。叶云表、马凤图等人发起组织。宣统三年(1911年)在天津召开筹备大会。次年秋在天津河北公园举行盛大的武术表演。曾不断邀请各派武术家充任教师,传授拳艺,推动武术运动发展。

宁波国民尚武分会。宣统三年(1911年)成立。由浙江同盟会发起。会所设于宁波崇实学院。其宗旨为"提倡武风,挽救文弱,鼓吹革命,网罗人才"。主要活动是发行《武风鼓吹》旬刊,成立国民体操团,定期操练。《武风鼓吹》"阐明武德,激扬武风",向群众宣传反清革命思想。国民体操团的学习科目分普通体操、兵式体操、国技(武术)、军事学、生理学大要等等。学员名额为100人,凡年在16岁以上,身体健壮、品行端正者均可报名,但须有所属团体或商号的保证。以一年半为期。期满由该会发给证书,遇秋季大操时,仍须到会会操。该会与上海革命党人有着密切联系。辛亥革命前夕,宁波同盟会分会成立,其成员多为尚武分会会员。

第三节　社会生活与社会习俗的变迁

一、慈善事业

（一）传统慈善事业

晚清慈善活动是以"善堂"的形式开展的。"善堂"是一种举办各类慈善事业的民间机构。"善堂者，经理地方之善举也。""所行善举，则育婴焉、恤嫠焉、施棺焉、掩埋焉，冬则施衣，夏则施药，地方之穷而无告者养生送死之事，皆于是赖焉。凡此善举，无论通都大邑、城乡市镇之间，皆大略相同。其有经费扩充规模宏远者，则修桥梁、筑街路、浚河道、设义渡、立义塾"，等等，这些"无不归之善堂"。① "无论通都大邑之间，善举较多，善堂林立，即一邑一镇之间，亦莫不各设善堂，以行善举。"② 在晚清，中国已经具有相当普及的民间社会救济组织，保持着历史悠久的慈善事业的传统。就连当时国际大都市上海也善堂林立。其中规模较大的、唐廷枢等人申请成立的同仁公济堂"先行举办厝安、义塾、乡约、接婴、恤嫠、施医给药、施赊棺木等事。俟捐款稍裕，其余逐渐扩充"。③ 善堂有各种类型，功能不尽相同。除上述类型善堂外，还有"清节堂"，专门收养孤寡的"节妇"及其幼小子女；"翼化堂"主要"印售善书，多至二三百种"；"放生局"专门从事"牛马犬鸡鸭"等动物的放生活动，其意为"保全物命，恩及禽兽"。后来还筹建放生池，放生的范围扩大到水生动物。当时的善举尽管有各种名目，但最基本的则是"弃婴需收养，嫠妇需保全，童蒙需设塾教诲之，老疾需抚恤留养之，伤病则需医药，死亡则需棺衾，暂则寄厝殡房，久则掩埋义冢"。晚清传统的慈善活动仍然占有重要地位。

---

① 《论清查善堂事》，《申报》1897 年 3 月 15 日。
② 《论清查善堂事》，《申报》1897 年 3 月 15 日。
③ 《申报》1895 年 12 月 16 日。

（二）近代新型慈善事业

随着中国近代化的递进，传教士对西方国家救济事业的引入，晚清产生了近代新型慈善事业。主要表现在以下几个方面。

1. 倡立育婴基金会

育婴基金会所采取的育婴方式，比教会育婴堂建造房舍、把婴儿收入堂内的做法更加简便易行。一般方式为：由各地绅耆牵头，筹措一笔款项作为基金，凡本地区经济困难的生育之家，均可提出申请，经核实后，基金会向该生育之家提供一定数额的哺育费，资助其哺育新生婴儿。这种做法称为"乡里相保恤"，旨在使众多婴儿，尤其是女婴免遭被溺杀之厄运。如江西德化县泰宁乡由乡民捐款设立育婴基金会，"凡生男女之家，无力抚养，该父母具报，每婴儿一名，给钱一千文，令本身父母自行抚养。每月给钱三百文，为哺养之资，以两周岁为度"。[1] 晚清江南地区育婴基金会达到全盛期，其数量大大超过育婴堂。如浙江奉化县全县八个乡，而所设立的保婴会就多达 102 个。从咸丰四年至八年（1854 年至1858 年）五年时间内，共资助哺育婴儿 1900 多名，平均每年资助近400 名。[2]

2. 创立国际人道主义的红十字会组织

国际红十字会成立于同治三年（1864 年），当时注重战地救护。光绪二十年（1894 年）甲午战争时中国人首次看到红十字会活动，非常惊讶，大惑不解。战争结束后，直隶总督王文韶鉴于"西国红十字会医生奋不顾身，出入于枪林弹雨间，代医受伤之众，亲奉刀圭，不遗余力"，上奏朝廷，为德、法等国医生请奖。[3] 八国联军侵华期间，为救护各国伤兵，周济战争难民，江浙地区最著名的一批绅商陆树藩、严信厚、庞元济、施则敬等，在上海发起成立中国救济善会，经上海道余联沅批准成立。该会沿用旧式善堂之名，而实则具有红十字会性质。其公启称："近因京师拳匪

---

① 同治朝《九江府志》卷 1，"建置·育婴堂"。
② 同治朝《奉化县志》卷 2，"建置"。
③《申报》1897 年 2 月 8 日。

为非,激成大变。""某等不忍坐视,先集同志,筹捐举办,拟派妥实华人,并延请洋医、华医,赴津沽一带,遇有难民,广为救援,名曰中国救济善会。呈请上海道照会各国领事,声明此系东南各善士募资创办,亦如外国红十字会之例,为救各国难民及受伤兵士起见,已蒙各国领事会议,允由德国总领事发给护照,善会中人携向军前救护。"①从这则公启可以看出,中国救济善会是遵照国际红十字会基本精神与行动惯例而成立的一个新型团体,与旧式善堂已经有了质的区别。光绪三十年正月二十四日(1904 年 3 月 10 日),上海万国红十字会创立,这是中国第一个以红十字会命名的人道主义组织,该组织成立后,首先在日俄战争要冲营口设立分会,由美国领事密勒、传教士魏伯诗德等遴选中西董事设立战地医院,并救护难民出险。接着又在奉天(今沈阳)、辽阳、新民屯、沟帮子、山海关、塘沽、烟台等地设立分会。② 至三月中下旬(5 月上中旬),已救出营口、山海关等地难民 2000 余人。③ 至五月中旬(6 月下旬),救出牛庄、旅顺等地难民 4000 余人。④

3. 建立"教养并重"的慈善机构

中国传统的慈善机构并非真正扶助被救济者自食其力,而是一味救济、施予,于是形成"养"的一面倒的趋势,往往使被救济者养成依赖的恶习。其结果是慈善机构越多,贫民乞丐也越多。只是到了晚清,受西方慈善事业的影响,教与养才真正统一起来。光绪四年(1878 年),李鸿章在天津创设广仁堂,这是晚清第一个教养机构。他在《津郡创设广仁堂疏》中指出:"窃天津、河间等属,地瘠民贫,迭遭灾歉,孤儿嫠妇,往往无以自存,情甚可悯,必须创设善堂兼筹教养。""于堂中分设六所:一曰慈幼所,收养男孩,初时则为涤垢治病,继则分拨各所授事;二曰蒙养所,设义学整斋,择聪俊者,延师课读;三曰力田所,于堂之左右购置地亩,种植

① 《救济善会公启并章程》,《中外日报》1900 年 9 月 17 日。
② 《上海万国红十字会节略》,《中外日报》1904 年 6 月 19 日。
③ 《上海万国红十字会节略》,《中外日报》1904 年 6 月 19 日。
④ 《上海万国红十字会广告》,《中外日报》1904 年 6 月 30 日。

木棉稻黍菜蔬,择笨者雇老农教习;四曰工艺所,择不能耕读者,令习编藤织席刻字印书,俟年长业成,听其出堂自谋衣食。"①另外尚有敬节所、戒烟所。① 光绪三十三年(1907年),清政府民政部也提出,从前各种善堂、善局多重养轻教,致使国家物力支绌,而贫苦无业之民却愈养愈多,于是责成地方官绅,体察情形,在各种养济院、清节堂中附设工艺所,以兴养立教。光绪三十二年(1906年),李书平、王一亭创办上海孤儿院,收养6岁至20岁的男女孤儿,设立小学校,让其学习文化知识,并传授纺织、木工、藤工、裁缝、刺绣等工艺。许多人凭一技之长找到工作,甚至有的升入中学、大学。在晚清,正是"教"的功能的加强,才推动了我国传统慈善事业向近代性质的转化。

二、衣食住行的变革

随着近代工业文明的传播与欧风美雨的熏陶,通商口岸人们的社会生活悄然发生了变化。其中最引人注目的是衣食住行的变异与更新。

(一)衣的变革

两次鸦片战争后,由于通商口岸的开辟和被迫对外开放,在上海、天津、广州等沿海大城市,已经有人开始模仿西方人的服饰与生活方式。但在当时毕竟是个别现象。

19世纪70至90年代,留学生和海外华侨揭开了"剪发易服"的序幕。同治十一年(1872年),赴美留学幼童在运动时穿着长袍马褂甚感不便,拖着长长的大辫子常为外国人耻笑,更为尴尬。开始时他们偷偷剪掉辫子,改穿西装,见"学监"时再装上假发,换上长袍马褂。后来经过斗争,终于使"学监"同意改为西装革履。戊戌变法期间,《国闻报》刊载来自新加坡的消息,称新加坡华人相约剪辫,认为梳辫子既不雅观,又不卫生,并对机器生产有碍,对人身安全不利。《湘报》第56号还予以转载。

20世纪初年,随着资产阶级革命运动的兴起和发展,资产阶级革命

---

① 李鸿章:《津郡创设广仁堂疏》,《皇朝经世文续编》卷27。

派掀起了剪发易服的大潮流。光绪二十九年(1903年)出版发行的《湖北学生界》发表《剪辫易服说》,历数发辫与清服之大碍:"今之辫、服,牵掣行动,妨碍操作,游历他邦,则都市腾笑,申申骂予;于时为不宜,于民为不便。"并指斥清代冠服之繁、奢,则"为五大洲所未有"。① 光绪三十年(1904年)出版发行的《黄帝魂》发表《论发辫原由》,情绪激昂,言辞犀利。它愤怒地斥责满洲贵族强迫男人将头发前半剃光、后半蓄发辫曳于背,实乃"如绳索,如锁链,如兽尾",特别是游外洋者,所至之地多被蔑称为"拖尾奴才"而"备受其害,深恶而痛绝之"。为此,资产阶级革命派强烈要求"改易西装,以蕲进于大同"。② 然而,他们的呼声愈高,清政府的禁例愈严,"有禁高领者矣,有禁西装者矣。至于剪发一事,尤悬为厉禁"。③ 光绪三十一年(1905年)以后,留学生运动形成高潮,留学生人数猛增。清政府虽三令五申严禁他们剪发易服,他们则置若罔闻,坚决抵制。无奈之下,清政府只得采取变通的办法,允许他们在留学期间"不妨暂时易装,然回华即应复旧",但仍申明"无故改装之学生或诸色人等,照违制律从严治罪"。④ 废除科举制度后,国内掀起了兴学热潮,青年学子不顾清政府多次禁令,纷纷弃长衫,着西装。湖广总督张之洞惊呼:"近年来各省学堂冠服一端,率皆仿西式短衣、皮靴,文武无别。"甚至"剪发胶鬌诸弊层出,实为隐忧"。⑤ 为阻挡剪辫易服的潮流,他制订了湖北各学堂冠服章程式样。光绪三十三年(1907年),清政府依照张之洞提供的冠服式样,制订了全国学堂冠服程式:"将各等文学堂自大学以至中学之学生,定为三项服式:一礼服,一讲堂服,一体操服及整队出行服。"⑥学堂以外的常服只许着便帽、长衫,禁止短衣。至辛亥革命前,宣传剪发易服已形成高潮。于是,宣统二年(1910年),资政院议决"剪发易服",并上奏恳请

①《辛亥革命前十年间时论选集》第1卷上册,第472—473页。
② 同上书,第746—748页。
③《论习惯之磨进化》,《辛亥革命前十年间时论选集》第3卷,第201页。
④ 刘锦藻:《清朝续文献通考》(二),第8622页。
⑤ 同上书,第8623—8624页。
⑥ 同上书,第8620页。

降旨实行。但出乎意料的是,遭到北京当行、绸缎、靴鞋、布行各商会等联名反对,认为"剪发易服"将会消灭他们的生意,掀起了一场轩然大波。清政府乘机向全国发出通令:"国家制服,等秩分明,习用已久,从未轻易更张。除军服、警服因时制宜,业经各衙门遵行外,所有政界、学界以及各色人等,均应恪遵定制,不得轻听浮言,致滋误会。"①但是,时隔数月,清政府鉴于大势所趋,被迫宣布"凡我臣民,准其自由剪发"。②

(二)食的变革

两次鸦片战争后,沿海沿江通商口岸的开放、西方食品的原料机制面粉的进口以及稍后兴起的中国机器面粉业,为西方面食的引进提供了前提。这样,西方面食面包及各种西式糕点逐渐在中国盛行起来。至20世纪初,由于民族资本主义初步发展中机器面粉工业发展较为迅速,西式面包与各种西式糕点由沿海沿江大城市向中小城市以至内地发展。

西方啤酒与机器酿造葡萄酒也是晚清传入中国的。啤酒又称皮酒、麦酒,种类繁多,口味各不相同。光绪二十七年(1901年),俄、德两国商人在东三省合办哈尔滨啤酒公司,是为中国大规模酿造啤酒之始。这样,饮用啤酒之风在东北等地逐渐形成。光绪三十年(1904年),英、德两国商人在山东青岛合办啤酒酿造股份公司,在山东及其周围地区推广啤酒。之后,天津、北京、上海等地也相继开办啤酒厂,啤酒业在全国逐渐发展起来。机器葡萄酿酒最早由法国人在天津试制成功。而规模最大、在海内外最具影响力的是张裕酿酒公司。同治十年(1871年),南洋华侨张振勋因事晤法国领事,得知天津、烟台所产葡萄可制佳酿,跃跃欲试。光绪二十年(1894年),他聘任荷兰人德雷吻为技师,到烟台试办。光绪二十一年(1895年)试制成功,开始招集股份,成立张裕酿酒公司,并致函美国采办有根葡萄秧,购地栽种。光绪二十二年(1896年)春,聘请奥国人哇务为技师,赴烟台指导种植葡萄与酿酒。光绪二十三年(1897年)正

① 刘锦藻:《清朝续文献通考》(二),第9295—9296页。
② 同上书,第9296页。

式投产，从奥国购买葡萄秧运至烟台种植，约四百亩。酿造也初具规模，占地三千亩，厂房、地窖规模宏大。所酿制葡萄酒曾多次参加中外博览会，屡获金牌证书。国内畅销，且大量出口南洋各地。①

除此之外，各种罐头、饼干、蛋粉等食品，也于 20 世纪初年在中国打开了销路。中外商人在上海、厦门、福州、温州、汕头、青岛、南京、汉口、天津、牛庄等通商口岸建立了罐头厂、蛋粉厂等食品制造厂。

在晚清，西方饮食的引进以及有关工业的建立，丰富了中国饮食的内容，改变了饮食结构，并相应促进了饮食业的发展。

（三）住的变革

西洋建筑以方正高耸、坚固整齐为其特点，并有许多建筑风格与流派。它具有收光避湿、合乎卫生的功能。

中国学习和仿造西洋建筑走了从沿海到内地、从公共建筑到民居这样一条发展路径。随着豪华舒适的西洋建筑的输入，中国官绅富商由羡慕到仿造，或在原有住宅的基础上增添西洋建筑的风采，或兴建洋房、花园，或摆放洋式陈设。例如，翁同龢在其日记中描述徐润的花园时说："园小而曲折，然楼阁几案皆有夷气。"②这是当时很有代表性的、具有西洋风格的洋房、花园、摆设。而这种"仿洋"的民宅与花园，晚清在上海、广州、天津、汉口等一些沿海沿江大都市逐渐增多，日益发展起来，以是"晚清园亭，亦参以西气建筑，而通都大邑，几于触目皆是矣"。③

（四）行的变革

行的问题是从改善城市道路开始的。晚清近代化马路最早是上海英租界修建的大马路，同治元年（1861 年）天津租界开辟后亦修筑了一条近代化马路。而同治二年（1862 年）法租界一年之内就延长五条主要马路。④ 光绪九年（1883 年），津海关道周馥设立工程局，主持修筑了天津

---

① 张振勋：《奉旨创办酿酒公司记》，《洋务运动》（七），第 582—583 页。
②《洋务运动》（八），第 240 页。
③ 邓子琴：《中国风俗史》，第 332—333 页。
④《近代上海大事记》，第 171、122 页。

旧城区第一条马路,即东门外繁荣区的沿河马路。光绪二十六年(1900年)八国联军占领天津后,拆除天津城墙,修筑环城马路,①成为中国第一座有环城马路的城市。

随着路况的变化,交通工具也在不断改善。光绪三年(1877年),上海引进日本人力车,时称东洋车,总数达六千多辆。光绪八年(1882年),天津从上海购进东洋车,②首先在外国侨民中使用。由于此种车轻便舒适,造价低廉,因而在20世纪初年在各商埠广泛流行。光绪二十七年(1901年)后,清朝的达官贵人及各大商埠的买办绅商为追求奢华,争相购置西式马车,有的甚至斥巨资连同西洋高头大马一同购买。天津等大城市还出现了专门经营西式马车的店铺供富有者租赁。这种马车分为"一头立箱"③与"两头立箱"两种,装饰豪华,行驶轻便,疾驰如飞。光绪二十九年(1903年),上海开始引进汽车,至宣统元年(1909年)增至156辆。④ 光绪三十二年(1906年),比利时辛迪加在天津市及奥、意、俄、法各租界敷设有轨电车,黄蓝白等六路电车把天津城区与租界连成一片。光绪三十四年(1908年),上海电车公司也正式成立。汽车与电车的引进,标志着通商口岸市政交通近代化的起步及其发展。

三、妇女解放的呼声与婚姻家庭变革

戊戌变法既是政治与文化改革运动,同时也是社会改革运动。在社会改革中,以反对妇女缠足为突破口的婚俗变革是其重要内容,并成为晚清妇女解放运动的先声。辛亥革命时期,在民主革命运动的推动下,妇女解放运动不断高涨,妇女解放的重要方面——婚姻家庭的变革也由舆论而付诸实践。

---

① 即天津东马路、西马路、南马路、北马路。
② 天津人叫它胶皮车,拉东洋车的车夫叫作拉胶皮的。
③ 又称幌马车。
④《洋务运动》(八),第334、338页。

（一）妇女解放的呼声

戊戌变法期间,移风易俗是维新派所关注的重要内容。严复指出:"中国礼俗,其贻害民力而坐令其日偷者,由法制学问之大,以至于饮食居处之微,几于指不胜指,而沿习至深,害效最著者,莫若吸食鸦片、女子缠足二事。"他痛斥统治者愚陋无知,对这种恶俗陋习"以为无与国是民生之利病"。他认为事关重大,"种以之弱,国以之贫,兵以之窳,胥于此焉,阶之厉耶!是鸦片、缠足二事不早为之所,则变法者,皆空言而已矣"。① 严复把鸦片与缠足同列为病国之源,可见他对缠足问题的重视程度。除严复外,许多维新志士把戒除妇女缠足作为社会改革的一项重要内容,并由此延伸到婚俗变革,广为组织宣传。光绪二十二年(1896 年),广东籍人士赖弼彤、陈默庵在顺德县首先倡立"戒缠足会"。不久,梁启超也在《时务报》上发表《戒缠足会叙》,宣传男女平等,指斥歧视、损害妇女的封建陋习。光绪二十三年(1897 年),梁启超、谭嗣同、汪康年、麦孟华、康广仁等又在上海发起成立"试办不缠足会"。在梁启超等人起草的《试办不缠足会简明章程》中,第一条即明文规定"使会中同志,可以互通婚姻,无所顾虑"。② 光绪二十四年(1898 年),梁启超、谭嗣同、黄遵宪、唐才常、徐仁铸、熊希龄、毕永年、樊锥等十六人为董事,在长沙发起成立"湖南试办不缠足会"。《湖南试办不缠足会简明章程》规定:"凡入会人所生女子不得缠足……所生男子不得娶缠足之女。"③ 在谭嗣同起草的《湖南试办不缠足会嫁娶章程》中,第一条阐明该章程之宗旨"原为同会之人互通婚姻,不致以不缠足之故,为世俗所弃";第二条规定,"凡同会皆可互通婚姻",亦可与会外不缠足者通婚;第三条规定,"同会虽可通婚",但不能"强人为婚";第五条规定,婚事从简,女方不索聘礼,"无论家道如何丰富,总以简省为宜,女家不得丝毫需索聘礼";第六条规定,嫁奁"亦应简省,男家尤不得以嫁奁不厚,遽存菲薄之意";第九条则阐明兴办

---

① 《原强》(修订稿),《严复集》第 1 册,第 28—29 页。
② 梁启超:《饮冰室合集》文集之二,中华书局 1989 年版,第 20—21 页。
③ 《戊戌变法》第 4 册,第 433 页。

女学以提高妇女的觉悟,"而后婚姻之本正矣"。①

随着资产阶级民主革命运动的兴起和不断高涨,民主革命派发表了一系列"婚姻变革""家庭变革"的论著。光绪二十九年(1903 年),《觉民》杂志所发表的陈王的《论婚礼之弊》实为当时批判旧婚制的代表作。他指斥中国旧婚制礼俗有六大弊端:"男女不相见之弊""父母专婚之弊""媒妁之弊""聘仪奁赠之弊""早聘早婚之弊""繁文缛节之弊"。其中早婚危害最大,影响深远,因为不仅是"中国子女失权之所由",而且是"中国人种日劣之大原"。② 光绪三十年(1904 年),《江苏》杂志发表《家庭革命说》,认为家庭革命即摆脱"家庭之羁轭而为政治上之活动是也";"家庭革命者,犹经济革命、女权革命之谓也"。并且阐明"政治之革命,由国民之不自由而起;家庭之革命,由个人之不自由而发;其事同,其目的同",因此,政治革命与家庭革命密不可分,"欲革政治之命者,必先革家庭之命,以其家庭之有专制也;而革家庭之命者,尤必先革一身之命,以其一身之无自治也"。③ 同年,《女子世界》杂志发表《女子家庭革命说》,该文除阐明家庭革命与政治革命之关系外,主要论证家庭革命的实质。指出"二十世纪,为女权革命世界";"女权与民权,为直接之关系,而非有离二之问题"。并且论述政治革命与家庭革命的目的与原因相同,旨在反对君主专制与父权之残暴。因为"政治之革命以争国民全体之自由,家庭之革命以争国民个人之自由,其目的同。政治之革命由君主法律直接之压制而起,女子家庭之革命由君主法律间接之压制而起,其原因同"。并痛斥"今日家长之威严,直有君主权之力";夫权对于妇女之苛虐,"杀人无死刑,役人如犬马"。该文激励广大妇女,"诸姐妹务以革命为斩情之利剑,吾且欲扬家庭独立之旗,击鼓进行于女权世界,不忍使二万万个人天赋之权利,牺牲于独夫之手也";并号召女子"欲革国命,先革

---

① 《谭嗣同全集》(增订本)下册,第 396—397 页。
② 《辛亥革命前十年间时论选集》第 1 卷下册,第 857 页。
③ 《辛亥革命前十年间时论选集》第 1 卷下册,第 833—837 页。

家命；欲革家命，还请先革一身之命”。① 在此期间，宣传无政府主义的杂志《天义报》《新世纪》还发表了"毁家庭""废婚姻"一类的激进言论。

（二）婚姻家庭变革

晚清的婚姻家庭变革，发端于戊戌变法时期，高涨于辛亥革命时期。

戊戌变法时期在政治改革的实践中反对封建专制的力度不够，因而关于社会改革的惊世骇俗的言论与行动虽然在当时起着震聋发聩的作用，但在实际行动上追随者实属寥寥。

辛亥革命时期，由于政治革命实践中反对封建专制的力度加大，推翻清王朝的步伐加快；相应地，民主革命派在社会革命方面也进行了强大的舆论宣传，在社会上产生了强烈反响。其中，关于婚姻家庭变革的主张及其具体方案的某些部分在一定程度上和一定范围内付诸实践。受西方文明影响较早的通商口岸，出现了以"文明结婚"为特点的新式婚制。新式婚制的主要内容是：订婚、结婚尊重男女双方的意见，征得当事人的同意；婚礼仪节财用去奢从朴；革除坐花轿、拜天地、闹洞房等陈规陋习。在上海、天津、广州等沿海大城市，则更为先进一些：结婚时新娘不戴凤冠霞帔而着婚纱，新郎则西服革履，不用花轿而乘汽车或西式马车；西乐队管弦齐奏；改跪拜为鞠躬礼。还有的到教堂按西方婚制仪节举行婚礼。在婚姻变革大潮的推动下，自由结婚与离婚者逐渐增多，是婚姻趋向文明的重要标志。当时离婚者大都是对封建包办婚姻、买卖婚姻的反叛。婚姻变革又导致家庭革命，是冲破封建大家庭与传统家庭主义束缚的结果。建立起一种实行分居、异财、人伦平等的小家庭，时称"新家庭"。这种新型的小家庭是以婚姻自由为基础、一夫一妻及其子女构成的，是按照西方核心小家庭模式建立的。这种模式最初在上海、天津租界里的中国居民中多见，后来逐渐在租界以外以至其他城市流行开来。

----

① 《辛亥革命前十年间时论选集》第 1 卷下册，第 925—929 页。

第四节　教育改革与新式学校的建立

一、鸦片战争与太平天国时期的教育改革

（一）鸦片战争时期的教育

鸦片战争以后，随着社会性质的变化，传统的封建教育日益腐朽没落。一些开明的地主阶级爱国思想家，对传统的教育进行了尖锐批评，主张开眼看世界、学习西方、改革教育。龚自珍、魏源、林则徐是其中最有代表性的人物。

1. 龚自珍的教育改革主张

龚自珍反对脱离实际的教育，极力主张从空疏的理学和繁琐的考据中解脱出来，研究切合实际的学问。他抨击科举制度："今世科场之文，万喙相因，词可猎而取，貌可拟而肖，坊间刻本，如山如海，四书文禄士五百年矣，士禄于四书文数万辈矣，既穷既极"①，主张考试内容应为政治与经济方面的实际问题。

2. 魏源的教育改革主张

魏源在《海国图志》中，介绍了世界历史、地理和西方科技，强调学习西方的重要意义。他主张闽、粤二省武科增"设水师"一科，并赐予科甲出身："有能造西洋战舰、火轮舟，造飞炮、火箭、水雷、奇器者，为科甲出身。"

（二）太平天国时期的教育改革

1. 教材与科举制度的改革

定都天京后，太平天国删改"四书""五经"。他们还编写了一些官书作为教材，如《旧遗诏圣书》《新遗诏圣书》《真命诏旨书》《三字经》《幼学诗》《御制千字诏》等。太平天国还改革科举考试制度，废除封建门第出身，并开设女科。考试内容不准出"四书""五经"内的题目，要从《旧遗诏

①《定庵文集·补编》。

圣书》《新遗诏圣书》《真命诏旨书》等官书中出题。

2. 洪仁玕的教育改革主张

《资政新篇》中提出改革教育,学习西方的科学技术。第一个留美学生容闳到南京谒见洪仁玕,提出七条改革建议,其中涉及各种学校教育制度改革的就占了四条,受到洪仁玕的赞赏。

二、洋务运动时期的教育改革与新式学校的创办

(一)创办外语学校

同治元年(1862年),清政府同意奕诉的建议,创办京师同文馆。这是中国近代第一所外语学校。同治四年(1865年),同文馆改为高等学堂。同治五年(1866年),奕诉建议增设天文算学课程。各国文字也相继增设。开馆时只有英文馆,后又设法文馆、俄文馆、德文馆、东文馆。其他增设的课程还有化学、物理、万国公法、医学生理等。聘请外籍教师,学习年限为八年。考试制度为月考、季考、岁考、大考(三年一次)。

同治二年(1863年),江苏巡抚李鸿章以上海、广州两地与外国交往较多,缺乏外语人才为由,奏准仿照京师同文馆之例,在上海设立外国语言文字学馆,后改称上海广方言馆。同治三年(1864年),在广东设立广州同文馆。

光绪十九年(1893年),张之洞在湖北武昌设立自强学堂。初设方言、算学、格致、商务四斋,后将算学斋改为两湖书院,格致、商务两斋停办。方言斋按照同文馆的办法,分英、法、德、俄四种语文。每年招收学生30名,五年毕业。

(二)建立工业军事学校

同治五年(1866年),左宗棠奏准在福州船政局附设船政学堂,聘请中外教师,分前堂与后堂两部:前堂学法文,学习造船技术;后堂学英文,学习驾驶技术,年限五年。毕业后,或授予水师官职,或出国留学。

同治四年(1865年),曾国藩、李鸿章在上海创办江南制造局。同治六年(1867年),采纳容闳的建议,在局内附设机器学堂,培养制造机器和

武器的工程技术人才。

这类学校还有天津电报学堂、上海电报学堂和湖北矿务局附设的采矿工程学堂。

（三）设立军事学校

光绪六年（1880 年），李鸿章在天津建水师学堂，分驾驶与管轮两科，都用英文教授。学生十三至十七岁入学，五年毕业，学习英语、几何、代数、平弧三角、重学（力学）、天文、舆地、测量等科学技术。这是中国最早的海军学校。

光绪十一年（1885 年），李鸿章在天津设武备学堂，仿德国陆军学校，聘德国军官任教师。教学内容为学科与术科两类：学科学习西洋新式战术、新式枪炮的使用和工程兵方面的知识；术科即到营地去实习。这是中国最早的陆军军官学校。

光绪十三年（1887 年），两广总督张之洞设立广东水陆师学堂。水师学堂分管轮、驾驶两科，一律以英文教授。陆师学堂分马、步、枪、炮及营造两科，一律以德文教授。学生还要学"五经""四书"。

这类学校还有南京水师学堂、南京陆师学堂与天津军医学堂、天津水雷学堂等。

（四）洋务派的教育思想

洋务派的教育思想为"中学为体，西学为用"。光绪二十二年七月（1896 年 8 月），管理官书局大臣孙家鼐在其《议复开办京师大学堂折》中，首次提出立学宗旨为"中学为体，西学为用"。张之洞也坚持"中体西用"。就是以三纲五常封建伦理道德教育学生和人民，在维护封建专制制度的前提下，学一些"西政、西艺、西史"等西学，但四书、五经、中国史事、政书等旧学不可偏废。张之洞所谓的"西政"包括学校、地理、度支、赋税、武备、律例、劝工、通商等，政治制度的改革并不在内。"西艺"包括算、绘、矿、医、声、光、化、电等自然科学技术。

三、维新运动时期的教育改革

（一）创办新型学堂

维新派创办的新型学堂有万木草堂、时务学堂、通艺学堂、浏阳算学馆、时敏学堂、务本女学、经正女学等，并设立报馆，创建学会。其中最有影响的是万木草堂与时务学堂。

万木草堂为康有为于光绪十七年（1891年）在广州长兴里设立，宗旨是培养维新变法人才。开始时只有20多人，后来发展到100多人。康有为在学堂讲学四年，课程中西兼学，分内课和外课。康有为自编了《新学伪经考》、《孔子改制考》、《人类公理》①、《论语注》、《孟子微》、《春秋董氏学》、《中庸注》等，以今文经学"微言大义"的形式，阐述变法理论和变法思想。

时务学堂为光绪二十三年（1897年）熊希龄、陈宝箴、黄遵宪、梁启超、谭嗣同等人于湖南长沙创办。学堂课程分普通学和专门学：普通学有诸子学、经学、公理学、中外史治及格算诸学之粗浅者；专门学有公法学、掌故学、格算学三部。时务学堂总教习梁启超等人在学生的作业上作了很多批语，提出了反满、反封建君主专制、反三纲和设立议院等主张。

（二）百日维新中的教育改革

在百日维新中，维新派通过光绪帝发布的关于教育改革的诏令实行教育改革，较重要的有：废除八股文，改革科举制度；在北京设立京师大学堂，"参用泰西学规"，"中西并用"，"为广育人才，讲求实务"；筹办地方各级学堂，各地旧有大小书院，一律改为兼习中学和西学的学堂，省会的书院改为高等学堂，府城的书院改为中等学堂，州县的书院改为小学堂，义学、社学亦令中西兼学，专门学堂有铁路、矿务、茶务、蚕桑、医学等；各省督抚从学堂中挑选聪颖学生出国游学；建立译书局和编译学堂，编译

---

① 佚亡，反映了康有为的早期大同理想。

外国教科书及其他书籍,改时务报为官报,鼓励自由设立报馆、著书、发明创造等。

(三)康有为、梁启超、谭嗣同、严复的教育思想

康有为、梁启超主张变科举,兴学校。谭嗣同也赞同这种主张。梁启超反对洋务派的"中学"恪守三纲五常、维护封建专制制度。他说:"要之,言自由者无他,不过使之得全其为人之资格而已。质而论之,即不受三纲之压制而已;不受古人之束缚而已。""中国之于教学之界则守一先生之言,不敢稍有异想;于政治之界则服一王之制,不敢稍有异言。此实为滋愚滋弱之最大病源。此病不去,百药无效,必以万钧之力,激厉奋迅,冲决罗网。"①谭嗣同在《仁学》中也提出要冲决"中学"一切"网罗"。严复也极力主张废八股,兴学堂,学习外国语言文字,并倡导多译西书,且身体力行。他在与《外交报》主人的《论教育书》②中,严厉批判了张之洞等洋务派的"中体西用"论,提出了自己的教育思想。他说:"体用者,即一物而言之也。有牛之体则有负重之用,有马之体则有致远之用,未闻以牛为体以马为用者也。""中学有中学之体用,西学有西学之体用,分则两立,合则两亡。"实际上他坚持"体用一致"观。

四、清末教育改革

(一)废除科举制度

光绪二十七年六七月间(1901年7月到8月),两江总督刘坤一、湖广总督张之洞上奏著名的《江楚会奏变法三折》。③ 其第一折名为《变通政治人才为先遵旨筹议折》,提出变法必须以"人才为先","中国不贫于财,而贫于人才;不弱于兵,而弱于志气"。为此提出"育才兴学"的四项办法:设文武学堂、酌改文科举、停罢武科举、奖励游学。这四项办法实

---

① 《光绪二十六年四月一日〈致南海夫子大人书〉》,丁文江:《梁启超年谱长编》,上海人民出版社1983年版。
② 《外交报》1902年第9、10期。
③ 《张文襄公全集》第52卷,奏议52。

际上是改革科举与兴办学堂并行，采取按科递减的办法，逐步废除科举制度。之所以采用这种办法，主要考虑给不能进学堂的旧时生员以出路，减少改革科举的阻力。

光绪二十九年二月（1903 年 3 月），张之洞与袁世凯会衔上奏，再次要求递减科举，以加快新式学堂发展的步伐。他们提出从本年起，将各项考试取士之额，按年递减——岁科试分两科减尽，乡、会试分三科减尽——将递减名额移作学堂取中之额，同时还提出解决旧的科举士人的出路问题：三十岁以下者，容易改业，可令其进入学堂；三十至五十岁者，可进入仕学或师范速成；五十至六十岁以上者，采用其他方式给以适当的出路。①

光绪二十九年十一月二十六日（1904 年 1 月 13 日），张之洞会同张百熙、荣庆，又一次奏请递减科举，注重学堂。他们具体分析了学堂优于科举之处：（一）科举文字，每多剽窃；学堂功课，务在实修。（二）科举止凭一日之短长；学堂必尽累年之研究。（三）科举但取词章，其品谊无从考见；学堂兼重行检，其心术尤可灼知。其结论是："是则取才于科举，不如取才于学堂。"②此次提出的分科递减主张与办法终于为清政府所采纳，谕令"著自丙午科为始，将乡会试中额及各省学额，按照所陈逐科递减。俟各省学堂一律办齐，确有成效，再将科举学额分别停止，以后均归学堂考取。届时候旨遵行，即著各该督抚赶紧督饬各府厅州县建设学堂，并善为劝导地方，逐渐推广"。③但是，按照清廷的设想，需要长达十年的时间才能废除科举。

光绪三十一年八月初四日（1905 年 9 月 2 日），直隶总督袁世凯、湖广总督张之洞、盛京将军赵尔巽、两江总督周馥、两广总督岑春煊、湖南巡抚端方等有实力的督抚大员联衔会奏。他们分析了当时危迫的形势，认为"就目前而论，纵使科举立停，学堂遍设，亦必须十数年后，人才始

①《光绪政要》第 29 卷。
②《光绪政要》第 29 卷。
③《光绪朝东华录》（五），总第 5125—5129 页。

盛。如再迟至十年,甫停科举,学堂有迁延之势,人才非急切求求,又必须二十余年后,始得多士之用"。他们的结论是:"故欲补救时艰,必自推广学校始;而欲推广学校,必自先废科举始"。他们强烈要求"拟请宸衷独断,雷厉风行,立沛纶音,停罢科举"。上谕"著即自丙午(1906年)科为始,所有乡会试一律停止;各省岁科考试,亦即停止。其以前之举贡生员,分别量予出路。及其余各条,均着照所请办理"。① 至此,科举制度终于废除。

（二）壬寅学制

《钦定学堂章程》所规定的系晚清第一个有系统的学制。由管学大臣张百熙拟订,光绪二十八年(1902年)颁布,但未实行。该学制规定:学校分三段七级。第一段为初等教育,包括蒙养学堂四年,寻常小学堂三年,高等小学堂三年;第二段为中等教育,即中学堂四年;第三段为高等教育,包括高等学堂或大学预科三年,大学堂三年,大学院无定期。与中学堂并行的有中等实业学堂和附设的师范学堂;与高等学堂并行的有附设高等专门实业学堂、仕学馆和师范馆。儿童自六岁入蒙学堂至大学毕业共计学习20年。

（三）癸卯学制

《奏定学堂章程》所规定的系晚清第一个实际推行的系统学制。由张百熙、荣庆、张之洞共同拟定,光绪二十九年(1903年)颁行。该学制规定:学校分三段七级。第一段为初等教育,包括蒙学院四年,初等小学五年,高等小学四年;第二段为中等教育,即中学堂五年;第三段为高等教育,包括高等学堂或大学预科三年,分科大学堂三年或四年,通儒院五年。与之并行的有师范教育系统和实业教育系统。师范教育系统包括初等师范学堂和优级师范学堂。实业教育系统包括艺徒学堂、实业补习普通学堂、初等实业学堂、中等实业学堂、高等实业学堂,分别属于初、中、高等教育性质。另设译学馆、方言馆和专门为新进士及已仕官员学

---

① 《光绪朝东华录》(五),总第5390—5393页。

习新知识所设的进士馆与仕学馆。儿童自七岁入初等小学至通儒院毕业，共计学习 25 至 26 年。

五、晚清自己创办的大学

河北医学院。前身为光绪七年（1881 年），直隶总督李鸿章在天津创办的医学馆。光绪十九年（1893 年）改为北洋医学堂。

北洋大学。前身是光绪二十一年（1895 年）盛宣怀创办的天津北洋西学堂，次年改称天津大学堂。光绪二十八年（1902 年）迁至天津西沽新校址，改名为北洋大学堂。

上海交通大学。前身是光绪二十二年（1896 年）盛宣怀于上海创设的南洋公学。先后设立师范学院、经济特科、商务班、铁路班、电机专科、船政科、驾驶班等。

浙江大学。前身是光绪二十三年（1897 年）创办的求是书院。光绪二十七年（1901 年）改称浙江求是大学堂，次年改为浙江大学堂。光绪二十九年（1903 年）改称浙江高等学堂。

京师大学堂。中国近代最早的国立大学。光绪二十四年六月（1898 年 7 月）创办于北京，是百日维新的重大成果。孙家鼐为管学大臣。光绪二十六年（1900 年）八国联军入京后停办。光绪二十八年（1902 年）复校，京师同文馆并入。张百熙为管学大臣，设速成、预备两科，速成科分仕学、师范两馆，预备科分政科与艺科。光绪二十九年（1903 年）增设进士馆、译学馆、医学实业馆。改管学大臣为学务大臣，统辖全国学务。另设总监督，专管京师大学堂事宜，张亨嘉为第一任总监督，京师大学堂遂成为单纯的高等学校。

北京师范大学。光绪二十八年（1902 年）京师大学堂设立师范馆。光绪三十四年（1908 年）改名京师优级师范学堂。

山西大学。前身为创办于光绪二十八年（1902 年）的山西大学堂和中西大学堂。不久两学堂合并，仍称山西大学堂，校址在太原。

复旦大学。前身为复旦公学。光绪三十一年（1905 年），在原震旦学院中以马相伯为首的爱国师生,因反对帝国主义的文化垄断,脱离该院而创建的。

四川大学。前身为光绪三十一年(1905年)成立的四川法政学堂。改为四川法政专门学校。

北洋女子师范学堂。光绪三十二年(1906年)由总理天津女学事务的傅增湘在天津三洋里创办。辛亥革命后,曾改名为北洋女子师范学校、直隶省立女子师范学校、河北省立第一女子师范学校。著名的教育家张文、张伯苓先后担任过校长。

暨南大学。前身为光绪三十二年(1906年)于南京创立的暨南学堂,主要招收南洋华侨子弟。宣统三年(1911年)停办。

北京女子师范大学。前身是光绪三十四年(1908年)设立的京师女子师范学堂,傅增湘为筹办经理。1913年改称北京女子师范学校。

兰州大学。前身为宣统元年(1909年)建立的甘肃法政学堂。

清华大学。前身是宣统三年(1911年)用美国退还的部分"庚子赔款"办的清华学堂,为一所留美预科学校。地址在北京清华园。

第六章　考据学、经学与诸子学

晚清,考据学、经学(今文经学与理学)与诸子学在不同时期、不同程度上出现了复兴,而其研究路径和方法与鸦片战争前有了很大的不同。地主阶级改革派、维新派和革命派都把学术研究与现实紧密联系起来,反映他们的利益和要求。尤其是资产阶级维新派和革命派,在很大程度上将传统文化作为外壳,内核则是西方资产阶级社会政治学说。当然,在反帝方面,他们也从传统文化中发掘激发民气的思想养料。

第一节　晚清考据学

一、晚清考据学概况

在晚清,考据学处于衰落时期。但这种衰落并非一落千丈,而是一个较长时期的曲折的变化过程。由于考据学的长期学术积累、乾嘉宿儒的重大影响以及考据学治学环境,晚清考据学在衰落的大趋势下又有局部的发展与回升。直到中日甲午战争,考据学派依然保持着强势,不仅人数众多,著述丰富,而且地区分布广泛,在学术界处于主流地位。

从鸦片战争到中日甲午战争前,考据学的影响力主要体现在两个方面。

（一）保持着一支相当规模的学术团体

一些考据学影响较大的地区仍然活跃着一批考据学家。

吴派、皖派虽然昔日的风光不再，但其香火未断，后继有人。

惠栋的弟子江声之孙江沅，精通文字音韵之学，有弟子雷竣继承其学，攻小学，著有《说文外编》《说文引经例辨》等书，并主讲古堂等书院。文字学家朱骏声少时问学于惠栋弟子钱大昕，精于小学，经史诸学，著《说文通训定声》，于汉代许慎《说文解字》多有创见，为清代《说文》名著。

皖派戴震的弟子如段玉裁、王念孙、王引之等人，都是嘉道年间有影响的学者。晚清考据学中不少学者受他们影响。如陈奂就先后师从段玉裁和王念孙、王引之父子，著《毛诗传疏》。其弟子中著名者有陈倬、马钊、戴望、李善兰等。其中，马寿龄治文字学，著《说文段著撰要》。

扬州地区此时已形成扬州学派，并成为考据学界一支重要力量。刘宝楠博览群书，学问功底较深，其所著《论语正义》考证精详，实为清代研究《论语》的总结性著作。

岭南地区学风发生了很大变化。晚清以前，岭南地区的学术可以说是理学的一统天下。自从阮元督两广，在广州创办学海堂，并提倡考据，遂使岭南学风开始转向。陈澧宗考据学而不排斥宋学，以训诂考据为门径，发明经典义理，并提倡自然科学。其著有《汉儒通义》《东塾读书记》《声律通考》《水经注提纲》等书。陈澧弟子众多，是继阮元之后广东学坛影响最大的考据学家。

贵州地区的变化也很显著。当考据学处于鼎盛，在全国许多地区流行之际，贵州则无人问津。这种情况在嘉道以后发生了根本的转变。嘉道年间的莫与俦开始治考据学。其子莫友芝治学兴趣广泛，尤其精于许、郑之学及名物制度、版本与目录学等，并长于诗文，工书法。其著有《韵学源流》《宋元旧本书经眼录》《郘亭诗钞》《郘亭遗文》等书。莫与俦弟子郑珍治学从小学入手，以穷经为业，并兼治宋学，长于礼学，著有《仪礼私笺》《郑学录》等。黄彭年治学秉承考据学家法，心仪许、郑，潜心于学问，功力很深，著有《畿辅通志》《东三省边防考略》等书。

浙江地区的学术在清代向称发达。嘉道以后，虽然考据学衰落，但在该地区仍然具有相当的规模，涌现出一大批考据学者。黄以周主讲江阴南菁书院多年，有弟子千余人。他宗考据学，兼采宋学，精于"三礼"，其所著《礼书通故》100卷，受到学界高度评价。另著有《经训比义》《儆季杂著》等。钱泰吉治学广博，著有《曝书杂记》《海昌学职禾人考》等。俞樾治经以王念孙、王引之父子为宗，于经学、小学、诸子学多有发明。其代表作有《群经平议》《诸子平议》《古书疑义举例》等。孙诒让治学以考据学为宗，旁及史学、诸子学、校勘学等，无不精通，尤以治《周礼》著名。著有《周礼正义》《周礼政要》，受到学界高度评价。另著有《墨子间诂》《古籀拾遗》《契文举例》等。他被称为清代最后的朴学大师。

福建地区的学术变化也值得注意。清初以来，程朱理学在福建学坛占主导地位，考据学在该地区居于从属地位。而嘉道以后，情况发生了重大变化，考据学发展起来，并与理学形成鼎足之势。陈乔枞少承家学，经史兼治，并善文辞，弟子成群，著有《鲁诗遗说考》《齐诗遗说考》《今文尚书经说考》等书。林春溥治学长于经史、文辞，有许多门人，著有《孔子世家补订》《孔门师弟年表》《武王克殷日记》《说文方言》等。

两湖地区向来是理学的阵地，不乏理学的鸿学硕儒，但晚清也涌现出一些讲求考据学的学者。邹汉勋恪守考据学家法，于天文推步、方舆沿革、声韵故训等都有深入研究，著有《谷梁传释例》《说文谐声谱》《六国春秋》《邹叔子遗书》等共14种。王先谦治学承乾嘉遗风，但无门户之见，主张义理、考据、经世并用，在古籍整理方面也有卓著成就，曾仿阮元辑《皇清经解》体例，编辑《续皇清经解》共1430卷，汇集了嘉通以后考据学家说经、注经的主要成果，又编辑《续故辞类纂》28卷。他著有《诗三家义集疏》《汉书补注》《庄子集解》《荀子集解》等数十种。杨守敬于光绪年间出任清政府驻日公使随员，搜集流传于日本的古籍及文物，撰有《日本访书志》，刊成《古逸丛书》，著有《禹贡本义》《古地理志辑本》《历代舆地沿革险要图》《水经注疏》等史地类著作多种。

考据学也在以北京为中心的北方地区流传开来。清政府为了修《四库全书》，把全国各地的考据学家网罗到北京，遂使北京一时成为光大考据学的中心都市。道咸以后，以考据学受知于朝廷而身居高位的有祁寯藻、潘祖荫、张之洞等。祁寯藻著有《说文解字系传校勘记》《亭记》等。潘祖荫刻书几百种，著有《攀古楼彝器款识》《秦輶日记》，刊《滂喜斋丛书》。张之洞治学以考据学为宗而不排斥宋学，对经世之学、西学也予以一定的注意，著述有《书目答问》《劝学篇》等。此外，直隶、山东等省都有一些讲求考据学的学者。苗夔一直好文字学，对许慎《说文解字》用力甚勤，著有《说文声订》《说文声韵表》《经存韵补正》等书。王筠自幼涉猎经史，精于文字学，著有《说文释例》《说文句读》等。

（二）学术研究成果丰硕

晚清考据学虽然就其发展规模、气势而言尚不如乾嘉考据学，但它的研究成果是不容忽视的，在晚清学坛仍具有举足轻重的影响。它的某些方面甚至超过乾嘉时期的水平。

晚清时期，民间刻书、藏书蔚然成风，这为考据学的延续创造了有利的条件。叶德辉在《书林清话》中对当时的刻书之风进行描述："道光朝有伍元薇刻《岭南遗书》。同治朝有胡凤丹刻《金华丛书》，孙依言刻《永嘉丛书》。光绪朝此风尤盛。如孙福清刻《檇李遗书》，丁丙刻《武林掌故丛编》，又刻《武林往哲遗书》，陆心源刻《湖州先哲遗书》，赵尚辅刻《湖北丛书》，王文灏刻《畿辅丛书》，盛宣怀刻《常州先哲遗书》。力大者举一省，力小者举一郡一邑。然必其乡先辈富于著述，而后可增文献之光。"①

在此风的影响下，晚清几十年间出版的解经、训诂之书数量之多，足以与乾嘉时期相媲美。钱仪吉编辑的《经苑》刻于开封大梁书院，共列书目41种，实刻25种。所辑各书主要为宋元明学者解经、训诂之书，弥补了《通志堂经解》的不足。光绪时，江苏学政王先谦编辑《皇清解经续编》尽收乾嘉以后的经学、考据学名著，兼收阮元《皇清经解》于乾嘉以前所遗者，共收书209部，1430卷，作者113家。《续编》一书所收书籍的时间

---

① 叶德辉：《书林清话·书林余话》，岳麓书社1999年版。

期限短，但在收录书的种类、卷数、作者等方面，都超过阮元所刻的《皇清经解》，这明显反映出嘉道以后考据学的发展一度有强劲的势头。

除了汇编经学著作外，晚清考据学家、文献学家还收集汇刻各种文献丛书，也成绩不菲。马国翰收集历代佚书成就卓著，其所编《玉函山房辑佚丛书》，包括各种书籍 33 类，其中经部 452 种，史部 8 种，子部 172 种，共 632 种。王锡祺刻的《小方壶斋舆地丛钞》，是一部汇集清代地理学著作的大型丛书。编者从 1877 年至 1897 年用了 20 余年的时间始刻完，共计收录地理学著作 1400 余种。特别值得称道的是杨守敬随何如璋出使日本，在日本发现大量流散的中国古籍及文物，遂刻意搜寻之。时日本明治维新伊始，唾弃旧学书。因此，所有善本，杨守敬以贱价购之殆尽，满载海舶，回到黄州，有屋数十间充栋焉，①刻成《古逸丛书》。《杨氏旧藏书目》一册，油印刻写本，著录约 1500 种。②

考据学研究的主要内容是经学和小学。由《诗》《书》《礼》《易》《春秋》等儒家经典组成的"五经"，是考据学家们孜孜不倦以追求的永恒学术主题。"五经"中的《书》《易》二经，晚清学者尽管有所论及，但并未超过他们的前代学者。晚清考据学家唯有对《礼》《诗》《春秋》的研究硕果累累，某些方面超越乾嘉学人。

关于《诗》的研究，嘉道以后，成绩突出者有胡承珙、王瑞辰、陈奂、丁晏等人。马瑞辰的《毛诗传笺通释》32 卷，写成于 40 岁以后，积 16 年之功完成。该书不仅继承了毛诗、郑笺等古文经的传统，而且对早已佚亡的齐、鲁、韩等今文经王家诗亦有发掘，同时还吸收了清代治诗家郝懿行、胡承珙等人的成果，为一时宏博之作。陈奂考察了历代治诗的弊端在于兼习毛、郑，不分时代，不尚专修，不审郑氏作笺之盲，而又苦毛义之简深，猝不得其涯际，漏辞偏解，迄无巨观，二千年来毛诗虽存而亡，有固然矣。③ 在此基础上，他撰写《诗毛氏传疏》以总结前人的研究成果。该书专毛废郑，吸收

---

① 《碑传集》三编，《清代碑传全集》下册，上海古籍出版社 1987 年版。

② 郑伟章：《文献家通考》中册，中华书局 1999 年版。

③ 陈奂：《诗毛氏传疏叙》，《诗毛氏传疏》，吴门陈氏扫叶山庄 1883 年刻本。

《毛诗》长于训诂名物的优点,对《诗经》的一些重要问题作了深入研究。梁启超称道其在《诗》的研究方面的卓超成就:"硕甫(陈奂字)以极严谨的态度演绎它(指《诗毛氏传疏》),而不能广采博证成其义,极洁净而极通贯,真可称疏家模范了。"①马瑞辰、陈奂是清代《诗》学的代表人物。

清代学者一向重视《礼》的研究,晚清考据学家对《礼》的研究则备加关注,涌现出更多的研究专家与成果。如丁晏的《仪礼释注》、郑珍的《仪礼私笺》、陈乔枞的《礼记郑读考》、胡培翚的《仪礼正义》、黄以周的《礼书通故》、孙诒让的《周礼正义》等,都是当时的名著。其中黄以周、孙诒让二人所取得的成就尤其引人关注。黄以周治学无门户之见,对"三礼"研究用功最勤。其所著《礼书通故》融会各派见解,博采众长,择善而从,对《礼》作了全面阐述。俞樾曾将该书与秦蕙田的著作相比较,说道:"《礼书通故》足究天人之奥,通古今之宜,视秦氏《五礼通考》博或不及,精过之。"②梁启超称其集清代礼学之大成,赞黄氏对于每项礼制都博征古说而下判断,正和《五礼通考》的性质相反。"他的判断总算极矜慎极通明,但能否件件都算定论,我却不敢说了。"③晚清以前虽然有人治《周礼》,但多是局部性的考察,缺少贯通性的研究成果。孙诒让专攻《周礼》,积20余年之功而写成《周礼正义》,把学界对《周礼》的研究提高到一个新的水平。他认为:"《周礼》不止是一代之典,而是自黄帝、颛顼以来纪于民事以命官,更历八代,斟酌损益,因袭积累,以集于文武,其经世大法,咸粹于是。"④他对前人的研究并不满意,深悉其利弊得失,并且明确指出:"郑注简奥,贾疏术略,未能尽通也。我朝经术昌明,诸经咸有新疏,斯经不宜独阙。"⑤他以《尔雅》《说文》正其训诂,以《礼》、大小《戴礼》证其制度,博采汉唐以来诸家之说,参互证释,写成此书,通解了《周礼》。为此,近

---

① 梁启超:《中国近三百年学术史》,中国书店1985年版。
② 俞樾:《礼书通故序》,《礼书通故》,黄氏试馆1893年刻本。
③ 梁启超:《中国近三百年学术史》,中国书店1985年版。
④ 孙诒让:《周礼正义序》,《清人注疏十三经》第2册,中华书局1998年版。
⑤ 同上书。

人给予了高度评价。章太炎称赞道:"古今言《周礼》者,莫能先也。"①梁启超更是盛赞:"孙诒让费二十年工夫成《周礼正义》六十八卷,这部书可算是清代经学家最后一部书,也是最好的一部书。"又说:"《周礼》一向很寂寞,最后有孙仲容(孙诒让字)一部名著,忽然光芒万丈。"②此外,孙诒让还写了《周礼政要》,论证西方政治与《周礼》有相合之处,为当时的新政提供理论依据,表明其经学研究具有经世致用精神。

二、晚清著名考据学家

(一) 俞樾

俞樾(1821—1907),字荫甫,号曲园,浙江德清人。1850 年(道光三十年)中进士,授翰林院庶吉士。1852 年(咸丰二年)授翰林院编修。1855 年(咸丰五年)充国史馆协修,同年任河南学政。1857 年(咸丰七年)因御史曹泽弹劾而被革职。1858 年(咸丰八年)南归苏州。1860 年(咸丰十年)返回德清,后又辗转绍兴、上虞、宁波、上海等地。1862 年(同治元年)至天津。1865 年(同治四年),经两江总督李鸿章推荐,任苏州紫阳书院主讲。1867 年(同治六年),任杭州诂经精舍主讲。在杭州诂经精舍期间,先后到菱湖龙湖书院、上海诂经精舍、德清清溪书院、长兴箬溪书院讲学。1874 年(同治十三年),在苏购得已故大学士潘世恩故宅,建庭院住宅,题名"曲园",遂自取别号曲园居士。之后往返于苏、杭之间。1898 年(光绪二十四年)辞杭州诂经精舍讲席。1903 年(光绪二十九年),复翰林院编修。1907 年 2 月 5 日(光绪三十二年十二月二十三日)卒。俞樾治学勤奋,长期笔耕不辍,著述繁富,多达 400 余卷,汇刻的《春在堂全书》内容涉及经学、诸子学、校勘学、训诂学、文字学、文学等诸多领域。其主要学术成就则在于校勘、训释群经、诸子和归纳古文"文例"。俞樾宗王念孙、王引之父子,是驰名海内外的考据学大师。他弟子成群,

---

① 章太炎:《孙诒让传》,《章太炎全集》第 4 册,上海人民出版社 1985 年版,第 213 页。
② 梁启超:《中国近三百年学术史》,东方出版社 1996 年版,第 211、225 页。

著名的有戴望、黄以周、朱一新、徐琪、章太炎等。

俞樾用训诂学考证文字字义,解释经史子书的意义。其训诂学著作主要有:

《群经平议》。该书是对《周易》《尚书》《周书》《毛诗》《周礼》《仪礼》《大戴礼记》《小戴礼记》《春秋公羊传》《春秋谷梁传》《春秋左传》《论语》《孟子》《尔雅》等 16 种经书的研究。在清末之前,读书人都通读经书,对经文很熟,从小背诵,但对文义,历代解释多有不同。为解决这一问题,俞樾以训诂为中心,考订经传中的人名、地名、国邑、器物等,并将其中的章句,认为有误读、误解之处,一一加以说明。重在校正经传中的衍脱伪谬与重文讹误。校正误文,发明古义。这部著作集中反映了俞樾经学研究成就。

《诸子平议》。该书包括《管子平议》《晏子春秋平议》《老子平议》《墨子平议》《荀子平议》《列子平议》《庄子平议》《商子平议》《韩非子平议》《吕氏春秋平议》《董子春秋繁露平议》《贾子平议》《淮南内经平议》《杨子太元经平议》《杨子法言平议》,共 35 卷。这部著作集中反映了俞樾子学研究的成就。俞樾对诸子的研究不限于在训诂文字上与经书互证,而且在阐述诸子之意与经书义理之间游刃有余。

《群经平议》与《诸子平议》不仅在国内影响很大,而且蜚声海外,日本、朝鲜学者慕名而来,纷纷向其求教。

《宾萌集》。这是俞樾用《晏子春秋》之例撰写的论文,内容从古至今包罗甚广,分为论篇、说篇、释篇、议篇、杂篇共五部分。俞樾同年、时任福建巡抚的王补帆为其刻《宾萌集》,并为之作序予以高度评价:"余受而读之,其论切当而不浮,其说精微而不腐,其释详明而不烦,其议正大而不诡,其杂文亦有法度而不苟作。"①

《第一楼丛书》。第一楼是俞樾在诂经精舍讲学时的住所。俞樾在《第一楼丛书》序中说:"嗟乎! 著述之事其殆将辍笔乎! 箧中丛残旧稿,

---

① 王补帆:《〈宾萌集〉序》,《宾萌集》,第 1 页。

尚颇不乏,若遂之如弃如,亦不免曹公鸡肋之叹,于是竭炳烛之明,稍稍编辑荟萃成书,凡三十卷,分为几种,而命之曰《第一楼丛书》。"①

《曲园杂纂》。这是俞樾笔记的一种。俞樾在苏州寓所阅读书时,随手所记,日久成书50卷。其中不乏精详的考订。

《春在堂笔记》共10卷。这也是俞樾笔记的一种。其中,有其在治学中对经史、诗文的考证与评论,有游记实录与浙东风土人情、轶闻掌故等。涉及面较广,包括一些少见的文学史料。

《茶香室丛钞》。俞樾笔记的一种。"茶香室"是俞樾夫人居室之名。书中是俞樾在治经史之余,博览群书时随手记下的内容,轶闻轶事、山川人物等包罗广泛,其中有不少有价值的资料。

《九九销夏录》14卷。俞樾读书有得随手记下,久之遂成此书。其中有讲经史子集和古往今来之事,也有论诗之作。

俞樾治经学、子学、史学等主要成就体现在训诂学方面。他在训经方面的突出特点在于不囿成说。其治经学,远则承袭郑玄,近则师宗王念孙、王引之父子。然而,他无论是对王氏父子还是郑玄的经学著作都多有指正。如郑玄说《易》,认为"易一名而含三义",即易、变易、不易,而俞樾则专取"变易"一义。俞樾治《礼》,虽宗法郑玄,但他的治《礼》文作也多有驳正郑玄之说。其所作《郑康成驳正三礼考》,"略为疏通其义,有未安亦稍稍纠正"。② 在《礼记郑读考》中,"其慎也""齐谷王女臣之丧""则岂不得以""犬圭不琢"等七八条,不仅不采郑说,而且加以驳正。俞樾训释的其他各经,驳正郑玄所误之处尚有不少。俞樾治经门径虽然师宗王念孙、王引之父子,但在具体的字、句训释上,俞樾常常不取王氏之说。如《仪礼》"及其夕币""至再拜",《尚书》"各非敢违卜用",《周书》"大武剑勇""惟风行贿赂无成事"等,俞樾都纠正王氏之失误。俞樾还在《朱午桥汉碑徵经序》一文中,对王氏多据《艺文类聚》《北堂书钞》《群书治

---

① 俞樾:《〈第一楼丛书〉序》,《第一楼丛书》,第1页。
② 俞樾:《郑康成驳正三礼考·序》,《俞楼杂纂》卷8,第1页。

要》等类书考订经文颇有微词。他还特别指明："《读书杂志》精密之至，然喜据《群经治要》改易旧文"，然《群经治要》来自东洋，其本身"固不甚精"，因而据其改动必然造成"往往得失参半"的结果。① 这样的例子不胜枚举。另外，俞樾对于经典原文也往往产生疑问，时人也常常因其"好改经字"而诟病之。对此，俞樾则不以为然。他曾指出："自来经师往往墨守本经，不敢小有出入，惟郑学宏通，故其注三礼往往有驳正礼经之误者。"②这表明他并不赞同"墨守本经"。因为经书在长期的流传过程中，传抄、翻刻往往出现错简甚至更加严重的错误，而人们往往"但求大旨之无乖，而不斤斤于字句间也"。③ 这样，遂使本经某些方面失真。

俞樾继承乾嘉学者尤其是王念孙、王引之父子的优良传统，非常注重总结古书校释方面的规律。在归纳条例方面，其专著《古书疑义举例》，无论在数量上，还是在质量上，都超越前人。《古书疑义举例》是俞樾《第一楼丛书》中的一种，该书在校读群书的基础上，归纳条例，其内容涉及古书的文法、修辞、词例、文字、训释、校勘、句读等方面，是阅读、整理古籍与研究古代汉语的一部重要参考书。他在自序中说："夫周、秦、两汉，至于今远矣。执今人寻行数墨之文法，而以读周、秦、两汉之书，譬犹执山野之夫，而与言甘泉、建章之巨丽也。夫大小篆而隶书，而真书，自竹简而缣素，而纸，其为变也屡矣。执今日传刻之书，而以为是古人之真本，譬犹闻人言笋可食，归而煮其簀也。嗟夫，此古书疑义所以日滋也欤！窃不自揆，刺取九经、诸子，为《古书疑义举例》七卷，使童蒙之子，习知其例，有所据依。或亦读书之一助乎？"全书"凡为例者八十有八，每一条各举数事以见例"。④

俞樾把乾嘉考据学的经学研究归纳为"因文见道"四个字。这也是他治学的基本原则和指导思想。他说："国朝经术昌明，超逾前代，诸老

①《左祉文〈诸子补校〉序》，《春在堂杂文五编》卷7，第2—3页。
② 俞樾：《郑康成驳正三礼考·序》，《俞楼杂纂》卷8，第1页。
③ 俞樾：《群经平议》卷23，第27页。
④ 俞樾：《〈古书疑义举例〉序目》，《古书疑义举例五种》。

先生发明古义,是正文字,实有因文见道之功。"①何谓"因文见道"? 就是俞樾所说的"训诂名物以求义理"。② 他多次强调"非先通小学无以通经",也就是通过"治小学"而"贯通群经大义"。③ 也就是说,训诂名物只是治经的方法与门径,而阐发义理才是经学研究的目的。他说:"自来治经者,其要有三,曰义理,曰名物,曰训诂;三者之中,固以义为重。"④俞樾正是由于在训释名物时心中有"义理",因此治经过程中能较好地处理训诂与义理的关系。

俞樾辞世以后,学人纷纷对其评价,而其弟子章太炎的评价最具有代表性。章氏评价俞樾"治群经不如《述闻》(即《经义述闻》),谛诸子,乃与《杂志》(即《读书杂志》)抗衡。及为《古书疑义举例》,韬察鳃理,疏紾比昔,牙角财见,绌为科条,五寸之矩,极巧以展,尽天下之方,视《经传释词》益恢廓矣!"⑤这一评价在学术界已达成广泛共识。

(二) 黄以周

黄以周(1828—1899),字元同,浙江定海人。其父黄式三,博综群经,治学不立门户,经学治《易》《春秋》等,尤长于"三礼"。黄以周恪守家法,继承父业。他认为三代以下之经学,以郑玄、朱熹为代表;而汉学、宋学之末流,背离圣经,尚且不合郑玄、朱熹,就更谈不上合于孔子、孟子了。他遵从顾炎武"经学即理学"的训示,上溯孔、孟遗言,在《易》、《诗》、《春秋》、"三礼"方面,均有著述。其所著《礼书通故》100 卷,是当时有重大影响的名著。该书考释中国古代礼制、学制、封国、职官、田赋、乐律、刑法、名物、占卜等,不仅内容十分丰富,而且纠正了旧注的一些谬误。清代学者通贯群经有影响的礼学著作先后共有三部:第一部是徐乾学的《礼学通考》120 卷,言礼最详备;第二部为秦蕙田的《五礼通考》262 卷,

① 俞樾:《上曾涤生爵相》,《春在堂尺牍》卷 2,第 2—3 页。
② 俞樾:《重建诂经精舍记》,《春在堂杂文一》卷 1,第 1—2 页。
③ 俞樾:《重刻小学考序》,《春在堂杂文四编》卷 7,第 13—14。
④ 俞樾:《何崃青〈五经典林〉序》,《春在堂杂文续编》2,第 19 页。
⑤ 章太炎:《太炎文录初编·文录》卷 2,第 50 页。

是为了续补徐乾学著,虽不如《礼学通考》严整,但内容丰富,是部很好的类书;第三部就是黄以周的《礼书通故》。从时间上这部名著成书最晚,故能够充分吸取前辈著述的成果,并加以发明。因此,该书才成为集清代礼学之大成的名著。《五礼通考》往往按而不断,缺乏自己的主见;《礼书通故》则正好相反,在博征古说的基础上下断论,表明自己的意见,而其结论多谨慎通明。因此,受到后辈学者的极高评价。

黄以周晚年辑录子思的著述。他认为,孟子虽然传承孔子学说,但未亲聆孔子的教诲。孟子与孔子之间有子思,而子思综七十子之前闻,可以上承孔子,下启孟子,是一个关键人物。经过努力,他写成《子思内篇》五卷,《外篇》二卷,得偿其心愿。

黄以周治学承袭乃父之风,实事求是,不立门户。除《礼书通故》外,黄以周的主要著作尚有《经训比义》三卷、《群经说》四卷、《礼说》六卷、《经说略》、《礼说略》、《礼义通诂》、《尚书讲义》、《十翼后录》等。

（三）王先谦

王先谦(1842—1917),字益吾,号葵园,湖南长沙人。曾任国子监祭酒、江苏学政。他虽然政治主张保守,曾先后反对维新变法运动与资产阶级革命运动,但在学术上很有成就。他搜罗人才从事古籍与历史文献的编订刊印工作,对保存历史文化作出了贡献。他在江苏任学政期间,奏设书局,仿阮元《皇清经解》例,校刻《皇清经解续读》210 种,1430 卷,蔚为大观。保存了清代许多考据学家的著作。

他的主要著作有《十朝东华录》、《汉书补注》100 卷、《后汉书集解》、《荀子集解》20 卷、《庄子集解》、《诗三家义集疏》、《续古文辞类纂》28 卷、《虚受堂诗文集》等。尤其是《荀子集解》一书,自杨倞至清儒诸家说网罗无遗,着实下了一番苦功。书中也加上他自己的意见,多有精到之处。对清末诸子学研究的开展具有一定的助力。

（四）孙诒让

孙诒让(1848—1908),字仲容,号籀廎,浙江瑞安人。1867 年(同治六年)中举人,居官不久即病归故里,从此潜心著述达 40 年之久。晚年曾主持温州师范学校,并担任浙江教育会会长。孙诒让在经学、诸子学、文字学、考据学、校勘学、地方文献的整理等方面都有卓越的成就。他又是晚清新教育的开创者之一,在理论与实践上成就卓著,是清末著名的教育家。

孙诒让的主要著作有《周礼正义》86 卷、《周礼政要》、《周礼三家佚注》1 卷、《墨子间诂》15 卷、《墨子目录》1 卷、《墨子附录》1 卷、《墨子后语》2 卷、《札迻》、《契文举例》2 卷、《名原》2 卷。

在经子方面的训诂上,孙诒让的代表作是《周礼正义》与《墨子间诂》。

孙诒让经学训诂的代表作是《周礼正义》。《周礼》亦名《周官》,分为《天官冢宰》《地官司徒》《春官宗伯》《夏官司马》《秋官司寇》《冬官司空》六篇(其中《冬官》在汉初已佚,补以《考工记》),是记录中国古代官制的书。清儒治礼学者不乏其人,而专治《周礼》者却寥寥无几。这是因为《周礼》是今古文争讼的焦点之一:古文经学家认为是周公所作,而今文经学家则认为是六国阴谋之书。孙诒让认为《周礼》是周公致太平之书,先王政教所自出,周代法制之总萃。但是,秦汉以来,诸儒却不能融会贯通。即使人们所公认的大师,也未有令人满意的研究成果,如郑玄注失之简奥,贾逵疏过于疏略。于是,孙诒让从 1873 年开始,至 1899 年,经过长达 26 年之刻苦钻研,写出《周礼正义》煌煌名著。该书广泛而详细地征引各种文献,考证精详,集前人研究《周礼》之大成,匡正包括郑注在内的缺失与谬误,这就为《周礼》的可信性提供了扎实而强有力的证据。为此,章太炎、梁启超对该名著称赞有加,推崇备至。孙诒让注疏《周礼正义》之时,中华大地已受到欧风美雨的冲击,作为学人,他自然不能无动于衷。他说:"中国开化四千年,而文化之盛,莫尚于周。故《周礼》一经,政治之精详,与今泰西各国所以致富强者,若合符契。然则华盛顿、拿破仑、卢梭、斯密亚丹之论所经营而讲贯,今人所指为政之最新者,吾二千年前旧政已发其端。""国家之富强,从政教人,则无论新旧学均可折衷于是书。"①

---

① 孙诒让:《〈周礼政要〉序》。

孙诒让子学训诂的代表作是《墨子间诂》。战国时儒、墨并称为显学，而汉代以后墨学被视为异端，无人问津。由于《墨子》文意古奥，错乱很多，人们难以读懂弄通。乾隆年间，墨学开始复兴，汪中、张惠言、王念孙、毕沅、孙星衍、卢文弨等均公开研究《墨子》。其后，顾涧革、俞樾、苏时学、洪颐煊、戴望等各有著述。孙诒让在前人整理基础上，覃思 10 年，撰成《墨子间诂》14 卷，又辑录《墨子篇目考》《墨子佚文》《墨子旧序》，合为《墨子间诂》1 卷，《墨子间诂》遂成 15 卷。又撰《墨子传略》《墨子年表》《墨子传授考》《墨子绪闻》《墨子通论》《墨家诸子钩沉》各一篇，合为《墨子后语》2 卷。关于孙诒让对《墨子》研究的情况及学人的评价，我们将在本章第三节加以叙述。

在此顺便简要叙述一下孙诒让在文字学与教育方面的成就。孙诒让的《契文举例》是中国第一部考释甲骨文的著作。1899 年，王懿荣发现了甲骨文，但次年便去世。1903 年，刘鹗(字铁云)将其所得甲骨编为《铁云藏龟》。1904 年，孙诒让撰成《契文举例》2 卷。该书分为日月、贞卜、卜事、鬼神、卜人、官氏、方国、典礼、文字、杂例共 10 篇，既释文字又考制度，开了古文字考释与古史考证相结合的先例。他考释的甲骨文字共有 185 个，虽然大半是和单个金文的比较中认出来的常用字，但他是较系统研究甲骨文字的第一人，具有开创之功。他所著《名原》2 卷，综贯音、形、义，从商周文字辗转变易之轨迹，探明古文字的源流，并开了用甲骨文考证古文字的先河。在教育方面，孙诒让不仅亲身践行新式教育，而且具有新式教育思想。他主张普及教育，在其拟定的《温州学务分处暂行学堂管理法》中提出："国民之智愚贤否，关乎国家强弱盛衰。初等小学本应随地广设，使邑无不学之户，家无不学之童。"而普及教育又应从官吏开始。他认为"欲求全国无不受教育之民，必先求无不受教育之官吏"。[1]为此，他建议清政府明文规定：十年之外，非京师大学堂毕业者，不得为知府；非各省中学以上毕业者，不得为州县。十年之内，因京师大学堂和

---

[1] 孙诒让：《学务本义》。

各省中学堂名额有限,一时不能满足这一要求,可采取变通办法,即开设"吏治简易学堂",通过短期进修方式,让官吏接受新式教育。孙诒让还重视师范教育,注重师资队伍建设。他说:"推广学堂而不先设师范,犹之无耜而耕,安期收获"。"西国教员多为师范出身,故胸有成竹"。他认为"学校教育之良否,由于教员人格之若何,盖教员一举一动,一言一语印于儿童脑中,共感化有永不能灭者"。因此,他对教师的素质提出了全面而具体的要求:第一,教师必须热爱教育事业;第二,教师要有丰富的科学文化知识;第三,教师要掌握教育学和心理学知识;第四,教师要有科研能力;第五,教师要有健康的身体。

孙诒让是有清一代考据学的殿军。在晚清考据学的文坛上,他与俞樾并称于时,是晚清考据学的重镇。对于孙诒让的学术成就,学者好评如潮。兹举数例以证之:

俞樾高度评价他"精熟训诂,通达假借,援据古籍以补正讹夺,根柢经义以诠释古言,每下一说,辄使前后文皆怡然理顺"。[1]

支伟成赞誉他说:"盖其学术,实兼包金榜、钱大昕、段玉裁、王念孙四家。其明大义,钩深穷高,几驾四家上。岿然为清三百年朴学之殿,洵不诬矣。"[2]

郭在贻称颂道:"孙诒让为清代考据学的最后一位大师,其训诂学的成就,可与高邮王氏父子相颉颃。所著《周礼正义》,为经学名著,同时也是一部训诂学的集大成之作。其中有大量关于古代字义(或词义)以及典章名物的资料,定供训诂学者采获之用。《札迻》为札记体的训诂专著,内容为对于七十七种古籍字义的考释,其中胜义结论,美不胜收。"[3]

周予同、胡奇光对其更是赞许有加:"孙氏之学,承乾、嘉以来经术训诂的方法,广泛地使用于先秦古籍的发掘整理;而又运用新的材料,开辟了新的途径,上推语言、制度、历象之原。治学范围之广,致力之深,清朝

---

① 俞樾:《〈札迻〉序》。
② 支伟成:《清代朴学大师列传》。
③ 郭在贻:《训诂学》,湖南人民出版社1986年版,第206页。

一代学者少有可以比并者。他的《周礼正义》笼取汉代以来《周官》学说，而为之理董发正，被认为清代最后也最为精赡之作；《墨子间诂》集中了百年间的校勘发明，给沉埋已久的哲学典籍作了整理发挥，对后来的古代思想研究工作不小影响。而孙氏对于甲骨彝器刻辞的探讨诠释，在近五十年来文字学、考古学的发展中尤有启导恢张之功。章炳麟说他'三百年绝等双'，诚然不是过誉。"①

（五）章太炎与刘师培

清末，亦即辛亥革命时期，出现了考据学短暂的兴盛局面。有人称之为"戴学的复兴"，实则不然。戴震是乾嘉时期的考据学大师，搞的是纯学术；而以章太炎、刘师培为代表的一批具有深厚旧学功底的革命党人，则把考据学作为宣传资产阶级革命的工具。因此，他们的考据学已不是传统意义上的考据学，其外壳是考据学，内核却是资产阶级社会政治学说；打的是考据学的旗号，反映的却是新兴资产阶级的利益和要求。

章太炎、刘师培治学有诸多相似之处，且一生都是复杂的人物。

章太炎（1869—1936），名炳麟，字枚叔，浙江余杭人。少时受外祖父朱有虔影响，明"夷夏之防，同于君臣之义"。又读蒋良骐《东华录》，遂产生逐满之志（这是他参加革命后极力宣传"反满"的思想基础）。28岁时，章太炎已经是一位小有名气的青年考据学家了。然后，他并没有沿着老一代汉学家的道路走下去。1897年，他任《时务报》撰述，宣传维新变法，积极投入到维新变法运动之中。戊戌变法失败后，他逃往日本。1900年，他与维新派决裂，走上反清革命道路。1903年，他发表《驳康有为论革命书》，并为邹容《革命军》作序，遂引发"苏报"案，而被捕入狱。1904年，与蔡元培等人发起成立光复会。1906年出狱，东渡日本，加入同盟会，并任同盟会机关报《民报》主编。民国初年，攻击并迫使孙中山让位，拥护袁世凯。宋教仁案发生后，袁世凯独裁面目暴露，他又劝阻袁世凯

---

① 周予同、胡奇光：《孙诒让与中国近代语文学》"引言"，杭州大学语言文学研究室编：《孙诒让研究》。

称帝而被软禁。"五四"以后,他反对新文化运动,攻击孙中山的"三大政策"。九一八事变后,他批判蒋介石的不抵抗政策,并公开斥责蒋介石为卖国贼。

章太炎著作繁富,约 400 余万字。在日本出版的其早期著作有《訄书》《国故论衡》,辛亥革命后编定的有《章氏丛书》《章氏丛书续编》等,部分遗著后人辑为《章氏丛书三编》,但漏刊的依然很多。改革开放后,上海人民出版社系统整理出版了《章太炎全集》。

章太炎出身于书香门第,曾祖父、祖父、父亲都在考据学方面有一定的修养,这使他自幼便受到考据学的熏陶,外祖父朱有虔更是在文字音韵方面对他进行训练。之后,他攻读了《说文解字》,打下了古文字的基础;又通读了《皇清经解》《皇清经解续编》,全面了解清代考据学的成就,从而具备了扎实的基本功。21 岁入杭州诂经精舍,从著名考据学家俞樾问学。在此,他写出了学术专著《膏兰室札记》与《春秋左传读》。前者共四册,从文字入手,校勘考释经籍、诸子著作;后者九卷,洋洋 50 余万言,诠释《左传》中各种难解或疏解歧异的古言古字、典章名物,疏证《左传》体例、叙事与立论所蕴含的本义,反驳刘逢禄等人的《左传》古文说。七年后,他离开杭州书院,而此时他已成为俞樾的高足与得意门生了。

章太炎治学范围广泛,涉及经学、小学、史学、佛学、医学等。治小学,以音韵为骨干,上探语源,下明流变,颇多创获,代表作有《文始》9 卷、《国故论衡》3 卷、《新方言》11 卷、附《岭外三州语》1 卷、《小学答问》1 卷。他研讨文字之原,认为文字虽繁,却有根本可寻,文字先有声而后有形,字的创造及其孳乳,均"自音衍"。[①]

他治经信守古文经学,力驳今文经学攻击古文经学之非,其所著《〈左氏春秋考证〉砭》《〈后证〉砭》《驳〈箴膏肓评〉》即属于这种情况。《左氏春秋考证》等三书,原是今文经学家刘逢禄的名著,书中猛烈攻击清代考据学家所尊崇的汉代古文经学。此说后经龚自珍、崔述、廖平、康有为等人的引申

---

① 《自述学术次第》稿本。

演绎,把正统的古文经,说成是刘歆为帮助王莽篡汉而伪造的经书。

发掘《春秋》"夷夏之防"的思想,论证推翻清政府的必要性与合理性,是章太炎革命宣传最得力,也是当时影响最大的部分。他说:"《春秋》内诸夏而外夷狄,其于夷夏之防,持之甚严,圣人之微意乎?《春秋》凡通仇者必大书复仇也,何仇乎尔?言乎国之不可辱也。"[1]章太炎的许多文章,充斥着"严夷夏之防"的古训,以及"逆胡""腥膻"等污辱满族的词语。他反满是"因为清国政府不是我们汉族的政权,我们汉族最高统治权被满洲人占了,所以我们要颠覆这个异族政权"。[2]有的学者为此断定章太炎是地主阶级反满派的代表。其实,这种认识有失偏颇。章太炎等人的反满,与明末清初地主阶级反满派有着本质的区别。明末清初的反满带有明显的民族复仇主义色彩。当时地主阶级反满派所发动的反满运动,就其实质而言,是满、汉地主阶级这一派还是那一派掌权的问题。清初统治者采用"文治武攻"两手,使得清王朝逐渐巩固下来,得到汉族地主阶级的广泛支持。经过二百多年,地主阶级反满派已不复存在,失掉反满的阶级基础。满汉矛盾虽然依旧存在,但在乾隆以后,也逐渐淡薄,主要表现在清王朝上层统治阶级内部权力再分配上。辛亥革命时期,反满是包括孙中山在内的资产阶级革命派的共同主张。但他们民族主义的本义,并不是民族之间的仇杀,而是把矛头指向把持清王朝政权的满洲贵族,即"则仇一姓不仇一族是也。夫为我汉族不共戴天之仇者,就广义言之,厥为满族。更进而言之,则实满族中之爱新觉罗一姓"。当时最大的民族危机是帝国主义的侵略,这是革命最主要的对象,为什么他们把主要矛头指向清政府呢?因为《辛丑条约》签订后,清王朝已成为帝国主义的走狗、"洋人的朝廷",是对外求独立、对内致富强的一大障碍,革命的直接目标,因此,"吾族欲破列强之势力范围,又非先破除异族之恶劣政府不为功,断可知也"。[3]章太炎的反满,是与推翻清王朝封建

---

[1]《国学讲习记》,《国粹学报》第20期。
[2]《民报裁判情形报告书》,《中华民国开国五十年文献》第1编第1、2册。
[3]《辛亥革命前十年间时论选集》第三卷,第41、42、43页。

专制统治,建立资产阶级共和国联系在一起的,具有鲜明的资产阶级性质。他说:"同盟之后,当扫除鞑虏,恢复中华,建立民国,平均地权。有渝此盟,四万万人共击之。"①

章太炎治经,却把攻击的矛头指向孔子。在《訄书》中,就有《订孔》《学度》等篇,称孔子为"古之良史",批评其"虚誉夺实"。自 1906 年,他对孔子的指斥达到了高峰。是年 7 月 15 日,在日本东京留学生欢迎会上的演说辞中,他提出救世的良药在"宗教"和"国粹",并强调提倡国粹"不是要人尊信孔教",并批判说"孔教的最大污点是使人不脱离富贵利禄的思想"。在《论诸子学》(又名《诸子学略说》)中,他把孔子本人说成是一个湛于富贵利禄、趋时、狡诈、阴狠忌刻、言不必信、行不必果的巧伪人,并认为汉武帝时"罢黜百家,独尊儒术"是一个绝大的错误:"春秋以上,学说未兴;汉武以后,一尊于孔子,虽欲放言高论,犹必以无碍孔氏为宗,强相援引,妄为皮傅,愈调和者愈失其本真,愈附会者愈违其解故。"②章太炎贬斥孔子及其儒家思想,实际上是对封建统治思想的极大冲击,为资产阶级革命制造舆论。

刘师培(1884—1919),字申叔,号左盦,江苏扬州人。出身于经学世家。17 岁补县学生员,18 岁中举。1903 年会试不中,南返经上海时,结识章太炎、蔡元培,投身革命,先后加入光复会、岳王会、同盟会。投身于拒俄运动,参与刺杀广西巡抚王之春,担任过《民报》主编。1903 年至1908 年,他成为宣传资产阶级革命的著名人物。1905 年前后,他与章太炎成为国粹派的代表人物。1905 年,他东渡日本,参与发起组织"社会主义讲习会",创办《天义报》,极力鼓吹无政府主义,与巴黎《新世纪》派构成当时的无政府主义两大派别。他还介绍过《共产党宣言》,肯定马克思主义阶级斗争学说与历史唯物主义部分思想。1908 年,刘师培叛变革命,成为清王朝两江总督的奸细,出卖革命党人。袁世凯窃国后,他又参

---

①《社会通诠商兑》,《民报》第 1、2 号。
②《章太炎选集》,第 354 页。

与组织"筹安会",为袁世凯复辟帝制效劳。1917年,时任北京大学校长的蔡元培念及曾是战友的旧情,聘请他为北京大学教授。翌年,他计划复刊《国粹学报》,以对抗《新青年》。1919年病逝。

刘师培是清末著名的考据学家,与章太炎、黄侃齐名。除治经外,他对诸子学、小学、史学、地理学、文论、佛学、伦理学都有研究。他的著作约300多万字。经学方面主要有《经学教科书》、《汉代古文学辩诬》、《论孔子无改制之事》、《非古虚》、《近儒学术统系论》、《近代汉学变迁论》、《孔学真论》、《群经大义相通论》、《毛诗札记》、《尚书源流考》、《礼经旧说》17卷、《逸礼考》、《西汉周官师说考》2卷、《周礼古注集疏》13卷、《读左札记》、《春秋古经笺》、《春秋左氏传古例诠微》;小学方面主要有《毛诗词例举要》、《荀子词例举要》、《古书疑义举例补》、《尔雅虫名今释》、《小学发微补》、《理学字义通释》、《论小学与社会学之关系三十三则》、《古本字考》;关于诸子校释的著作24种,50多万字,主要有《晏子春秋校补》、《荀子补释》、《老子斠补》、《墨子斠补》、《庄子补》、《周书补正》、《管子斠补》、《韩非子斠补》、《贾子新书斠补》、《杨子法言斠补》、《白虎通德论补释》。文集有《刘申叔先生遗书》,收录了刘师培的大多数著述。

刘师培治经,远袭扬州,近承家学以古文为宗。清代扬州考据学亦可称蔚为大观,王念孙父子、任大椿、汪中、阮元、焦循等,皆推衍戴震学术之余绪而名噪一时。阮元、焦循之后,并世治经者又五六家,属于戴震的再传,刘师培的曾祖父刘文淇即其中一家。刘文淇及其子刘毓崧、孙刘寿曾,均以治古文《春秋左氏传》称名于道、咸、同、光之际,传列《清史稿》。祖孙三代相继撰写《左传旧注疏证》,虽经刻苦努力,但终未完成。刘师培"束发受经",即"思述先业"。① 在扬州学风与家学的熏染下,刘师培走上了古文经学家治经的道路。在《汉代古文学辩诬》与《论孔子无改制之事》两著作中,他对今文经学家的"孔子改制"说与"古文伪经"说进行了尖锐而系统的批判。他明确指出:"孔子以前久有六经,孔子之于六

---

① 《读左札记》,第1页,《刘申叔先生遗书》第7册。

经也,述而不作。"①而孔子为"素王"、创法改制的说法,也纯属今文经学家曲解附会。历史事实证明,孔子是"从周制"的,"谓之改古制不可,谓之改周制尤不可"。② 因此说孔子根本不是什么改革家,而是地道的保守派。至于"古文伪经"说,刘师培经反复考证认为,在刘歆以前,古文经早已同今文经并存,而今文与古文之说宗旨亦大多相同。在《读左札记》一文中,他征引《韩非子》《吕氏春秋》《淮南子》三书所引《左传》条文 54 条,以证明《左传》并非生当西汉末年的刘歆所能伪造。他又进一步证明,古文经不仅与今文经并存,而且"优于今文"。③ 首先,从经典的版本、内容方面而言,古文经比今文经真实可靠。其次,从治学方法上比较,古文经学家"详于训诂,穷声音文字之原",④因此学有根柢。今文经学家则不然,"大抵以空言而相演,继以博辩其说","穿凿其词,曲说附会"。⑤《汉代古文学辨诬》与《论孔子无改制之事》,是刘师培批判今文经学的代表作,是直接针对康有为所代表的君主立宪派的,是他革命宣传活动的重要组成部分。

发掘传统经学中"攘夷""民本"思想,以服务于资产阶级民主革命,是刘师培前期经学研究的主要内容与特点。

在儒家传统思想中,有一种"尊王攘夷"的大汉族主义理论,即认为中央政权可以因革,但只能由汉族人做君主;如果少数民族入主中原,就应将其驱逐出去。这就是"尊王攘夷"的基本理论。在辛亥革命时期,"攘夷"不仅时髦,而且是革命派最响亮的口号。刘师培在《攘书》《中国民族志》《读左札记》《国学发微》等著作中,多方考证,反复申明"区析华戎"不仅为春秋时期的孔子所赞同,也是两汉及以后历代经学家所倡明的。"自孔子言裔不谋夏,夷不乱华,而华夷之防,百世垂为定则。"⑥《春秋》三传中,《公羊传》《谷梁传》攘夷"粹言尤多",《左传》虽详于纪事,但

①《汉代古文学辨诬》,第 1 页,《刘申叔先生遗书》第 44 册。
②《论孔子无改制之事》,第 1 页,《刘申叔先生遗书》第 45 册。
③《汉代古文学辨诬》,第 39 页,《刘申叔先生遗书》第 44 册。
④《〈经学教科书第一册〉序》,《政艺通报》第 23 号。
⑤《近代汉学变迁论》,《国粹学报》第 31 期。
⑥《攘书》,第 2 页,《刘申叔先生遗书》第 18 册。

"亦首严华戎之界"。①《易》《诗》《礼》《尚书》《论语》《孝经》等也都讲"种族之学",都倡导"贵华夏而贱殊族"。两宋时期国势日衰,不断受到北方少数民族侵扰,先是辽、金南下,西夏东进,最后竟至为蒙古族所灭。当时理学家"以古经有攘狄之义也,于是引伸之,光大之,上竞于朝,下争于野,……倡内夏外夷说。汉族守其遗训者,卒成明太祖光复之勋"。② 清王朝是满洲贵族建立起来的,刘师培发挥儒经民族主义理论,号召人们奋起推翻清王朝:"复仇之说,则今文、古文二家均持此义。今文《公羊》说有百世复仇之语,古文《周礼》说则以复仇之义不过五世,五世之外,施之于己则无义,施之于彼则无罪。立说虽殊,然私仇犹复,况于公仇。"他历数了清军入关后屠戮的种种罪行,坚决主张"故复仇以百世为限,满洲之仇不可忘,即以五世为限,满洲之仇亦不可不复"。③

"华戎之辨""夷夏之防"是传统的大汉族主义的理论,明末清初地主阶级反满派据此举起了反满大族。刘师培重新祭起这面旗帜,提出反满口号,阶级内容发生了质的变化。他说:"就种族而言,则满洲之君为异种,就政界而言,则满洲之君为暴主。今日之讨满,乃种族革命与政治革命并行者也"。④ 实际上,从形式上看,是"种族革命",从实质上看则是"政治革命",即推翻封建专制,建立资产阶级共和国。当时共和国的观念已经深入人心。从后来的袁世凯称帝全国共诛之、全民共讨之,以及张勋扶宣统短命复辟、狼狈作鸟兽散,就足以证明这一点。

刘师培还发掘传统经学中某些具有民主思想的资料,作为历史依据,为宣传资产阶级民主服务。他依据《尚书》中"民惟邦本,本固邦宁"思想,认为"古代帝王咸以神道临民,惟民为邦本之义尚未尽沦,……足证上古帝王咸有保护人民之义务,故曰为人民尽义务,而所享权利或不

①《读左札记》,第2页,《刘申叔先生遗书》第7册。
②《中国民族志》,第40页。
③《普告汉人》,《民报》临时增刊《天讨》。
④ 同上。

克相偿"。① 他发现《左传》"责君特重,而责臣民特轻"之意,认定书中"所载粹言,亦多合民权之说"。② 既然"民惟邦本",那么民理应为国家主体,而君为客体,作为君主应当为民办事,勤于理事。而当今,君主反倒成了国家的主体,专横暴虐,视人民为奴仆,甚至如草芥。对于这样的君主专制政权,人民完全有权推翻它:"若君主放僻自肆,则为汉儒所不与,或斥为夷狄,如刘向谓《春秋》斥郑伯为夷狄是也;或斥为匹夫,如何休谓鲁隐争利,与匹夫无异是也。故君失其道,则臣民咸有抗君之权,如董子论汤、武伐桀、纣是也。"③他又进一步引用《孟子》《左传》等儒学经典,以证明诛独夫民贼的正义性与合理性。他还以中国除灭暴君的改朝换代比附欧美资产阶级革命,突出说明暴力革命是天经地义的:"盖人君既夺人民之权利,复挟其权利以临民,则为人民者亦当挟权利以与君主抗,以复其固有之权。《民约论》不云乎:不正之约,非由主权所生之法典,即不得为人民应尽之责。……是建立民约之初,不独与人民以抵抗命令之权,且与人民以倾覆政府之权矣。汤、武之革命,不过为人民复此权利耳。"④他奋起号召大家齐心协力,团结一致,誓死推翻封建君主专制政府,建立资产阶级民主共和国:"欲行民约,必先合群力以保国家;欲保国家,必先合群力以去君主。盖团体不固之民,未有能脱专利之祸首也。又《民约论》之论去君主之阻力也,谓必人人竭其能尽之力,集合一气,分之不散,誓尽去之而后已。则共和政府之成立,由于民之群聚明矣。"⑤

时人称刘师培为"东亚一卢骚(梭)",⑥说明他在资产阶级民主革命宣传中的影响之大。其实,他在宣传过程中也存在着一定的缺陷,主要有两点:其一,存在着浓厚的大汉族主义思想。诚然,这种大汉族主义不唯刘师培、章太炎有之。同盟的纲领为首的就是"驱除鞑虏,恢复中华",

---

① 《古政原论》,《刘申叔先生遗书》第 19 册。
② 《读左札记》,第 2 页,《刘申叔先生遗书》第 7 册。
③ 《两汉学术发微论》,第 4 页,《刘申叔先生遗书》第 15 册。
④ 《中国民约精义》,第 1 卷,第 13—14 页,《刘申叔先生遗书》第 16 册。
⑤ 《中国民约精义》,第 2 卷,第 12—13 页,《刘申叔先生遗书》第 16 册。
⑥ 棣臣:《题国粹学报上刘光汉同志诸子》,《国粹学报》第 16 册。

即孙中山所说的"民族主义"。反满口号所由产生。这种民族主义在辛亥革命时期起到了一定的积极作用,即促进了清王朝土崩瓦解的过程。但是,南京临时政府成立后,其消极作用日渐显现出来,不仅旧官僚、军阀纷纷钻入革命政权,而且成为孙中山让位、袁世凯轻易窃国的原因之一。其二,把古代民主性因素如"民本"思想与西方近代资产阶级民主思想简单比附。它们之间不仅仅是程度不同,而是阶级属性的根本差异,所附着的政治制度也大相径庭,不可同日而语。

第二节 经学

一、今文经学的复兴

(一) 庄存与开创常州学派

清代今文经学的复兴,以常州学派的出现为标志。常州学派的代表人物有庄存与、刘逢禄、宋翔凤。因为庄存与、刘逢禄都是江苏常州人,所以称为常州学派。

庄存与(1719—1788),字方耕,号养恬。其祖父、父亲在清政府均官居高位。他幼年入私塾,即立志成为古代那样的大学问家。1745 年(乾隆十年)会试,中式一甲第二名(榜眼),入翰林院编修;三年后散馆试,成了二等之末,遭乾隆训斥,并取消编修衔。经发愤复编修。历任乡试正考官、学政、内阁学士、礼部侍郎。主要著作有《春秋正辞》11 卷、《春秋举例》1 卷、《春秋要指》1 卷、《彖传论》1 卷、《象传论》1 卷、《系辞传论》1 卷、《八卦观象解》2 卷、《卦气解》1 卷、《尚书既见》2 卷、《书说》1 卷、《毛诗说》2 卷、补 1 卷、附 1 卷、《周官记》5 卷、《周官说》5 卷。著作汇集为《味经斋遗书》。

庄存与和戴震是同时代的人,稍晚于惠栋,但他们研究经学的途径大相径庭。他不是重于名物训诂,而是于六经皆能阐抉奥旨,"独得先圣微言大义于语言文字外"。[①] 他通五经,对各经都有著述,而特别长于《春

---

① 阮元:《庄方耕宗伯经说序》。

秋》。其所著《春秋正辞》11卷,是常州学派的第一部著作。他作《春秋正辞》,就是专门发挥《春秋》的微言大义,以经世致用为宗旨。他认为,"《春秋》非记事之史,不书多于书,以所不书知所书,以所书知所不书","所以约文而示义也"。①

庄存与虽然率先提倡今文经学,但他不是一个纯粹的今文经学家。他兼采汉宋而不存门户之见。理学与公羊学相结合,不仅使《春秋》成为后世帝王治天下的范本,而且成为后世帝王的道德规范。他不仅兼采汉宋,而且兼采古今。他的著述除了关于今文经学的《春秋正辞》等著述以外,又有关于古文经学的《周官记》《周官说》《毛诗说》等著述。《尚书既见》《尚书说》也不区分《尚书》今古文文字的不同。不分汉宋,不分古今,说明他与宋学、古文经学有着千丝万缕的联系。

庄存与在乾嘉考据学占压例优势的时候,打起了今文经学的旗帜,开始了转变学风的工作,为其后今文经学的兴盛,以及后人援引今文经学从事政治改革,进行了有利的铺垫。此后,清代今文经学派的重要人物,或与他有师承关系,或受到他的影响,其开创之功不可没。梁启超明确指出:"今文学启蒙大师,则武进(属常州)庄存与也。"②龚自珍认为他"以学术自任,开天下知古今之故,百年一人而已矣"。③

传庄存与之学的,有其族人庄述祖与庄有可。

庄述祖(1750—1816),字葆琛。10岁丧父,自幼随伯父庄存与学经。1780年(乾隆四十五年)中进士,官至同知。主要著作有《夏小正经传考释》10卷、《毛诗考证》4卷、《毛诗周颂口义》3卷、《尚书今古文考证》7卷、《书序说义考注》2卷、《左传补注》1卷、《谷梁考异》2卷、《五经小学述》2卷。此外有《说文古籀疏证》6卷、《古文甲乙篇》4卷、《甲乙篇偏旁条例》25卷、《说文谐声》1卷、《说文转注》20卷、《钟鼎彝器释文》1卷、《声字类苑》1卷。著述结集为《珍艺宦丛书》。庄述祖在常州学派中,起

---

① 《春秋要旨》,《皇清经解》卷387。
② 梁启超:《清代学术概论》,第121页。
③ 龚自珍:《资政大夫礼部侍郎武进庄公神道碑铭》,《龚自珍全集》,第141页。

着承前启后的重要作用。

庄有可(1744—1822),字大久,庄存与族孙。喜读书而淡于名利,科举仅至庠生。他对各经均有研究,尤其醉心于《春秋》。著有《春秋注释》16卷、《春秋字数义》104卷、《春秋天道义》94卷、《春秋人伦义》56卷、《春秋地理义》16卷、《春物类义》6卷、《春秋字本义》4卷、《春秋小学》7卷、《春秋异文小学》1卷、《春秋地名考》2卷、《春秋人名考》2卷。《春秋》而外,有关各经的著作有《周易卦序别臆》1卷、《周易集说》7卷、《周义条析》1卷、《周易原本订正》1卷、《尚书经文集注》6卷、《尚书序说》2卷、《毛诗说》5卷、《毛诗述蕴》4卷、《毛诗序说》1卷、《毛诗字义》5卷、《毛诗异闻》2卷、《周官集说》12卷、《周官指掌》4卷、《考工记集说》1卷、《礼仪丧服经传分释图表》、《礼记集说》49卷。此外尚有《各经传记小学》10卷、《传记不载说文解字》3卷。

(二)刘逢禄、宋翔凤与常州学派壮大

在清代,比较鲜明地举起今文经学旗帜的,是刘逢禄和宋翔凤。

刘逢禄(1776—1829),字申受,江苏常州人,庄存与外孙。1804年(嘉庆九年)进士,官礼部主事。他学识渊博,著述颇丰。主要著作有《公羊何氏释例》10卷、《公羊何氏解诂笺》1卷、《申何难郑》4卷、《春秋论》上下篇、《左氏春秋考证》2卷、《易虞氏变动表》、《六爻发挥旁通表》、《卦象阴阳大义》、《虞氏易言补》各1卷、《易象赋》、《卦气颂》、《尚书今古文集解》30卷、《书序述闻》1卷、《诗声衍》27卷、《论语述何》2卷。

刘逢禄自幼随外祖父庄存与、舅父庄述祖学经,但并不像庄存与那样治经不分今古,而是专攻今文。他认为治经必须首辨家法,并严守家法。对于《易》经,专治今文虞氏;对于《书》经,匡正郑玄、马融的缺失;对于《诗》经,偏好齐、鲁、韩三家。而他研究最深入的则是《春秋》,尤其喜好何休、董仲舒、李育的公羊学说。在汉代,今文、古文两派曾围绕《春秋》三传中的《公羊传》与《左传》展开过长期的争论。东汉今文经学家何休与他的老师羊弼追述李育的学说,责难《左传》《谷梁传》两书,作《公羊墨守》《左氏膏肓》《谷梁废疾》。古文经学家郑玄则作《发墨守》《针膏肓》

《起废疾》予以反驳。由于郑学兴盛，今文学家遂偃旗息鼓，销声匿迹。此时，刘逢禄重新挑起了这场争论，向古文经学发难。他撰《申何难郑》，把攻击的矛头指向郑玄，并极力为何休辩护。在《左传春秋考》中，他证明说，《春秋左传》的名称本来为《左氏春秋》，司马迁就是这样称呼的，本来像《晏子春秋》《吕氏春秋》一样，是记事的史书，并不是解释《春秋经》的书。由于西汉末年刘歆为了王莽篡汉的需要，仿效《公羊传》增设体例，推衍史实，伪改内容，《左氏春秋》才被称作《春秋左氏传》，从而被说成是阐释《春秋经》的。为此，他极力主张删去刘歆的伪改，把《春秋经》与《左氏春秋》区别开来，还《左氏春秋》以本来面目。① 他在论证之后，接下来就全面否定了《左传》，把《左传》从经典中剔除出去。他排斥《左传》，攻击刘歆的武断说法，经后人推衍，到康有为时发展到极端。此后，今文经与古文经之间的斗争愈益激烈，而在这种斗争的背后，是各种政治力量之间的较量。

刘逢禄研究今文经学，旨在寻求其中的"微言大义"，并不求章句训诂之学。因此，他特别推崇《公羊传》，认为能够贯通全经，阐明《春秋》幽深微妙旨意的，唯有《公羊传》。公羊学派的祖师是西汉的董仲舒。到了东汉，公羊学受到了郑玄、马融等人的严重挑战。何休发愤刻苦钻研，经过17年孜孜不倦的努力，终于写成《春秋公羊解诂》，为《公羊传》制定义例。他说《公羊传》有"三科九旨"，②系统地阐发了《春秋》中的微言大义：孔子为"素王"，创法改制；"三统""三世"说。这是"孔子改制""通三统""张三世"说的源头，并成为后来今文经学家议政的主要依据。刘逢禄研究公羊学，特别推重何休，他称何休"廓开众说，整齐传义，传经之功，时罕其匹"，③并撰写了《公羊何氏释例》《公羊何氏解诂笺》，进一步光大何

---

① 《左氏春秋考证》，《皇清经解》卷 1294—1295。
② "三科九旨"指三个科段内有九种意旨。《公羊传》徐彦《疏》引何休《文谥例》说，新周、故宋、以《春秋》当新王，为一科三旨；所见异辞，所闻异辞，所传闻异辞，为二科六旨；内其国而外诸夏，内诸夏而外夷狄，为三科九旨。
③ 《春秋公羊何氏解诂序》，《皇清经解》卷 1290。

休的公羊学,反复阐明"圣人微言大义"之所在。公羊学是今文学说的核心,庄存与虽然研究了《春秋》,但对公羊学尚未予以应有的重视。而刘逢禄把注意力集中到公羊学,从而找到了最适合地主阶级自救的思想方式。

刘逢禄所处的时代,清王朝统治的危机已经逐渐暴露出来。他大谈《春秋》微言大义,试图从中找到解救危机的灵丹妙药。他认为,《春秋》治国之法,万世不朽,可以决断天下的疑难,可以"救万世之乱"。① 和庄存与一样,他也发挥《春秋》大一统思想。但侧重点有所不同:庄存与所谓的大一统是要皇帝整饬身边的权臣,防止权力多中心,皇权旁落;刘逢禄则强调从皇帝做起,进行改革以消除弊端,才能巩固大一统。他说:"欲正士庶,先正大夫,欲正大夫,先正诸侯,欲正诸侯,先正天子京师。"②他还引申公羊学家"王鲁"的说法,表达出要求改革的愿望。"王鲁者即所谓以《春秋》当新王也。"③春秋时,天下大乱,诸侯坐大,周王室衰落。孔子希望挽救当时"礼崩乐坏"的局面,于是写了《春秋》,以其作为"新王"创法改制、开创新局面的范本。但孔子本人虽是圣人,却不在王位,创法改制缺乏权威,于是便"惟鲁为近,故据以京城,张治本",④因鲁是周至亲,托据鲁为王的名义,以便于自己的主张能够推行。刘逢禄引用"王鲁"的故事,盼望"新王"的出现,实际上是针对当时清政府的情况,希望通过自上而下的改革,解除危机,稳定统治秩序,使清王朝出现一个新的面貌。

刘逢禄鲜明地举起了今文经学的旗帜,张扬公羊学说,并对儒家各经都有比较全面的阐述,从而为今文经学的复兴奠定了基础,对后人产生了重大影响。

宋翔凤(1776—1860),字于庭,江苏长洲(今苏州)人,庄存与外孙。

---

① 《释内事例》上,《刘礼部集》卷 4。
② 《公羊何氏释例·诛绝例第九》,《皇清经解》卷 1283。
③ 《公羊何氏释例·王鲁第十一》,《皇清经解》卷 1285。
④ 同上书。

1800 年(嘉庆五年)举人,历任学正、知县。主要著作有《周易考异》1 卷、《卦气解》1 卷、《尚书略说》2 卷、《尚书谱》1 卷、《论语说义》10 卷、《论语郑注》10 卷、《大学古义说》2 卷、《孟子赵注补正》6 卷、《孟子刘熙注》1 卷、《四书释地辨证》2 卷、《四书纂言》40 卷、《小尔雅训纂》6 卷、《尔雅释服》1 卷、《五经要义》1 卷、《五经通义》1 卷、《过庭录》16 卷。其著述结集为《浮溪精舍丛书》。

宋翔凤是常州学派的又一重镇。他年轻时在家学的基础上随舅父庄述祖学经,深受庄述祖今文经学影响,立志研究今文经学,发挥经书的微言大义。与刘逢禄一样,他也认为《左传》是记事之书,对于《春秋》的微言大义,"盖阙而不言"。东汉以后,由于古文经学盛行,今文经学几乎失传,遂造成"微言大义晦矣"的局面。① 今文经学家尊崇孔子,认为六经为孔子所作,是孔子(素王)创法改制的范本。但今文经学家历来注重对《春秋》的研究,而对于记载孔子言行的《论语》却少有涉及。宋翔凤则着力研究《论语》,著《论语说义》10 卷。他认为《论语》20 篇是孔子微言大义之所在,与《春秋》相通,研究《论语》就能达到"太平之治,素王之业备焉"。② 宋翔凤《公羊》学的核心内容,是在对"性与义理"《公羊》化解释上。他撰《论语说义》,旨在发挥《公羊》义理。《论语说义》开篇明义:"《论语说》曰:'子夏六十四人共撰仲尼微言,以当素王。'微言者,性与天道之言也。"③

宋翔凤继刘逢禄认定《左传》不传《春秋》的作法,又把攻击的矛头指向《孝经》。他考证说《孝经》亦为孔子所作,但古文《孝经》早已佚亡,后世所传《孔安国传》古文《孝经》,实为"近儒欲崇古学,妄作此传"。④

宋翔凤成年后曾向段玉裁问学,受考据学家影响,故在今文经学之外,兼治东汉训诂之学。郑玄《论语》注早已佚亡,但散见于其他书籍的,

---

① 《过庭录》,《皇清经解续编》卷 414。
② 《论语说义·序》,《皇清经解续编》卷 389。
③ 同上。
④ 《过庭录》,《皇清经解续编》卷 415。

尚可见其梗概,于是辑成《论语郑注》10卷。又撰小学《尔雅训纂》6卷。

针对当时清王朝吏治败坏、民不聊生的局面,宋翔凤发挥圣人经典的"微言大义",反复申明为君之道、为臣之道。在《大学古义说》中,他认为,王者治天下,首先在于施德政,而德政的主要内容是亲民爱民。为君者施德政,就要"先修其身",才能为臣下树立楷模。[1] 他斥责无休止地掠夺民财的行为,指出,"德者,本也,财者,末也",如果不体恤百姓,横征暴敛,"外本内末,争民施夺",最终会造成"财敛民散而身随以亡"的恶果。因此,他发出警告:"有天下者,不益当知所慎哉!"[2]

宋翔凤与刘逢禄推动了今文经学的发展,壮大了常州学派的声势,对后人产生了重大影响。龚自珍的诗句"万人丛中一握手,使我衣袖三年香",[3]正是这种影响的明证。

在乾嘉时代的今文经学界,常州学派而外,较有成就的是凌曙。

凌曙(1775—1829),字晓楼,江苏江都(今扬州江都区)人。自幼家贫,10岁起便为人作工。因无钱读书,夜晚便到邻家偷听塾师讲座,为先生斥骂。从此发愤自学,白天劳作,夜晚苦读,通宵达旦。最终学成,为塾师。开始宗古文经学,崇郑玄。待读到刘逢禄《春秋公羊何氏释例》,被深深吸引,转而宗今文经学。他认为,《春秋》之义存于《公羊传》,公羊之学存于董仲舒《春秋繁露》。《春秋繁露》一书,乃发微言大义之作,其文意深奥,难于领会贯通。凌曙遂深研博采,认真梳理,作《春秋繁露注》17卷。另著有《公羊礼疏》10卷、《公羊礼说》1卷、《公羊问答》2卷、《四书典故覈》6卷、《礼论》1卷。

(三)龚自珍、魏源与常州学派的影响扩大到全国

龚自珍、魏源在今文学上的主要贡献在于他们改造了公羊学说,作为论证封建"衰世"到来、批判专制黑暗统治、倡导变革的哲学思想武器。

龚自珍(1792—1841),又名巩祚,字瑟人,号定盦,浙江仁和(今杭

---

① 《大学古义说一》,《皇清经解续编》卷387。
② 《大学古义说二》,《皇清经解续编》卷388。
③ 《投宋于庭》,《龚自珍全集》,第462页。

州)人。他出身于官僚家庭,祖父与父亲都曾为京官。他科场屡试不第,1829 年(道光九年)才中进士,任内阁中书、礼部主事。他一生在官场不得志,在居京期间长期受当权派官僚的排挤、打击,1839 年辞官南下,两年后病逝于丹阳云阳书院。他治学范围极其广泛,对经学、史学、诸子学、地理学、文字学、金石学、佛学、诗词等都有研究。经学方面的主要著作有《六经正名》《六经正名答问》《五经大义终始论》《五经大义终始论答问》《泰誓答问》《春秋决事比答问》《尚书大义序》《尚书马氏家法》《左氏春秋服杜补义》《左氏决疣》《群经学官答问》《诗班序》《非毛》《非郑》等。著述已编为《龚自珍全集》。

龚自珍 12 岁开始随外祖父、著名考据学家段玉裁学习《说文》,从小受到经文训诂的严格训练。但是,在当时严重的社会危机的刺激下,他并没有沿着正统考据学的道路走下去。自青年时代起,他就关心政治,开了晚清一代议政之风。1819 年(嘉庆二十四年),他在京从刘逢禄学习《春秋》公羊学,同时又与宋翔凤结识,从此改换门户,借今文经学指斥政治,要求变法改治。把今文经学引向现实政治实为龚自珍所首创。他写的一系列政论文章,成为当时士大夫的一面镜子。

龚自珍治今文经学,进一步扩大攻击古文经学的范围。刘逢禄攻击《左传》为刘歆伪造,龚自珍仿效其手法,攻击《周官》为晚周士人胡乱编成的。它所记录的典章制度,既没有在周代实行过,也没有在秦代实行过,只是一些士人的空想。把《周官》附于《礼》,称之为《周礼》并尊为经,则是王莽所为,更加荒唐。因此,《周官》不仅不能称为经,甚至还比不上《左氏春秋》。①

龚自珍虽然宗今文经学,却不拘泥于师法、家法,甚至对于今文学大师的观点,也敢提出异义。汉代今文学家以五行灾异与谶纬之学附会今文经学,宣传“天人感应”。龚自珍对此明确表示反对,他针对谶纬化了的京房的《易传》、刘向的《洪范五行传》、班固的《五行志》,指出日食、月

---

① 《六经正名答问》,《龚自珍全集》,第 40—41 页。

食、彗星的出现,都是自然现象,而不是什么"天人感应"。① 他在《非五行传》著述中,反对以阴阳去解说《易》,以五行去解释《尚书·洪苑》,以灾异去解说《春秋》,主张还经书以本来面目:"以《易》还《易》,《范》还《范》,《春秋》还《春来》",②把灾异迷信与经书从根本上区别开来,才能真正发挥《易》《洪苑》《春秋》中的微言大义。为了使经学研究为现实服务,他主张不必对经学、史学进行严格区分,应该就经学、史学的内容作一番选择取舍,区别哪些是需要暂缓实行的,哪些是立即实行的,哪些是可行的,哪些是不可行的。③ 他也不像一般经学家那样,凡是经典上写了的,就是金科玉律,是神圣的,不容有丝毫改动。如他在对"私"字的解释上,就具有新义。他认为人性是自私的,从圣贤到普通百姓莫不如此,自私乃人之本性。④ 在奴隶社会与封建社会,财富主要为奴隶主、封建主所占有,虚伪的道德学说掩盖了他们贪得无厌的私有欲,因此他们大肆标榜、宣扬"大道为公",而极力讳言"私"。龚自珍尚"私"的观点,一定程度上反映了当时资本主义萌芽所带来的人与人之间在观念形态上变化的新动向。在此之前,庄存与、刘逢禄等人借经言政,还犹抱琵琶半遮面,只是从经书故事中找出经世致用的方案,而龚自珍除了在经书中寻求"微言大义"外,承袭今文经学家多发新奇议论的传统,发扬经世致用精神,根据当时社会的实际需要,而加入某些新的因素。

龚自珍既不盲目崇拜今文经学,也不完全排斥古文经学。从外祖父段玉裁问学的经历、古文经学家治经的方法对龚自珍有一定的影响。他反对考据学家穷经皓首,终身埋头于名物训诂而远离社会现实的处世态度,主张"抱小""以俟来者",⑤亦即把小学训诂作为研究经书、探究微言大义的手段。对于今文经与古文经的区别,龚自珍也采取了历史主义的

---

① 《与陈博士笺》,《龚自珍全集》,第 346 页。
② 《非五行传》,《龚自珍全集》,第 130 页。
③ 《对策》,《龚自珍全集》,第 114—117 页。
④ 《论私》,《龚自珍全集》,第 92 页。
⑤ 《抱小》,《龚自珍全集》,第 94 页。

态度。他认为,伏生壁中书其实也是用古文记录的,弟子用当时通行的隶文记录下来,于是成了今文经;孔壁所出书虽然是用古文记录的,但孔安国把它们介绍给世人的时候,用的也是当时通行的隶文,也应是今文经。也就是说,无论今文经还是古文经,在没有用隶文记录的时候,都是古文经;一旦用隶文记录下来,就都成了今文经。据此他断定,后来之所以出现今、古文之争,是由于后人的解说不同,遂出现了"源一流二,渐至源一流百"的局面。① 因此,他不赞同争论西汉今文经、东汉古文经孰为正统的问题,而主张把注意力放在区分经与非经上面,"以经还经,以记还记,以传还传,以群书还群书,以子还子",②即把经与解说经的记、传以及诸子和其他书籍区分开来。他认为只有六经,即《诗》《书》《易》《礼》《春秋》《乐》,所谓"十三经"有许多是非经。依照这种划分,不仅今文的《左传》《周礼》等不能成为经,而且今文的《公羊传》《礼记》等也不能称为经。

龚自珍生当封建末世,各种社会矛盾复杂而尖锐。他勇敢地揭露和批判现实社会的种种黑暗现象。他说,在京城,那些品质恶劣之徒,欺诈无能之辈,却高官厚禄,坐着华贵的车子,成为朝廷生存的基础。③ 在地方,司法制度非常腐败,幕僚势力很大,相互勾结在一起,像豺狼一样盘踞着,像猫头鹰一样盯着你,像毒藤一样到处伸展,像苍蝇一样遍地繁殖。农民种出的粮食,织出的布,都被这些人占去了。这些人住着富丽的宫室,穿着华丽的衣服,车水马龙,仆妾成群。④ 而"自京城始,概乎四方,大抵富户变贫户,贫户变饿者",⑤普通民众饿寒交迫,生活在水深火热之中。他看到清王朝已是夕阳西下、每况愈下的"衰世"。⑥ 他尖锐指出,造成"衰世"的根源,是最高统治者的专制独裁。帝王把臣下变成唯

---

① 《泰誓答问》,《龚自珍全集》,第 75 页。
② 《六经正名答问》,《龚自珍全集》,第 40 页。
③ 《尊隐》,《龚自珍全集》,第 87 页。
④ 《乙丙之际塾议三》,《龚自珍全集》,第 3 页。
⑤ 《西域置行省议》,《龚自珍全集》,第 106 页。
⑥ 《乙丙之际箸议第九》,《龚自珍全集》,第 6—7 页。

唯诺诺的奴婢,多叩头,少说话,大学士曹振镛即其典型。皇帝还"震荡摧锄天下人之廉耻",臣下(包括士人)的廉耻之心被消灭了,只能苟且偷生,国家能不腐败吗?①

龚自珍不仅揭露清王朝的黑暗与腐败,而且引用今文经学的变易思想,力主清政府进行改革。他说:"弊何以救? 废何以修? 穷何以革?《易》曰:'穷则变,变则通,通则久。'恃前古之礼乐道艺在也。"②他根据公羊学家的"三世"说,把社会历史的发展分为据乱世、升平世、太平世三个阶段,并指出"易世而升平矣,又易世而太平矣",而由据乱世进到升平世,再到太平世,关键在于变革。③ 他通过历史考察,指出变革必然性,"自古及今,法无不改,势无不积,事例无不变迁,风气无不移易"。④ 只有变革才能适应形势的发展。

龚自珍的改革方案涉及内政与外交。在内政方面,包括经济、吏治、取士等方面。外交方面包括独立自主、严禁鸦片、抵抗侵略等。

龚自珍开创了把今文经学与经世致用之学相统一的一代新风,对清末思想解放产生了重要影响。称龚自珍为近代中国思想解放潮流的先驱,在学术界已形成共识。

魏源(1794—1857),字默深,湖南邵阳金潭(今湖南隆回县)人。他的祖先本是"家道素封"的地主,但到其祖父时,因赋税繁重而中落。1813 年,他随父亲到北京。不久,他即从刘逢禄学习《春秋》公羊学,同时与龚自珍一起研讨学问,从此奠定了他以今文经学议政的基础。1822年,他替贺长龄编辑《皇朝经世文编》,倡导注重现实,指出学者要通今博古,强调解决实际问题。同时,他又帮助江苏巡抚陶澍筹议漕运、盐政、水利等问题。从此,他即以擅长经世致用之学而闻名当世。

1828 年,魏源在北京任内阁中书。1830 年,他随杨芳镇压回民起

---

① 《古史钩沉论一》,《龚自珍全集》,第 20 页。
② 《古史钩沉论四》,《龚自珍全集》,第 28 页。
③ 《古史钩沉论四》,《龚自珍全集》,第 27 页。
④ 《上大学士书》,《龚自珍全集》,第 319 页。

义。1831 年,他再度南下,重入陶澍幕府,以后即长期居住在江苏,先后协助陶澍、林则徐等处理各种政治、经济问题。

鸦片战争期间,魏源在署两江总督、钦差大臣裕谦幕府参与筹划浙江防务,抵抗英国侵略。鸦片战争的失败,使他受到很大刺激。他写了《圣武记》,企图用清初的武功激励清朝统治者振兴武备,抵抗侵略。1844 年(道光二十四年),他中了进士,被派到江苏任知州。1845 年,他受林则徐嘱托,在《四洲志》的基础上编成《海国图志》。

1853 年,当太平军攻克南京时,魏源在高邮以知州的身份举办团练,对抗太平军。1854 年,他参与周天爵幕府,继续与太平军为敌。不久,他即因悲观厌世弃官而学佛,1857 年病逝于杭州。

魏源一生著述数十种,约 600 万字,今有诗文合编选录本《魏源集》。其主要经学著作有《书古微》12 卷、《诗古微》20 卷、《公羊春秋论》、《董子春秋发微》7 卷、《庸易通义》、《孝经集传》、《论语孟子类篇》、《孟子小记》、《子思子章句》、《大学古本》、《孔子年表》、《孟子年表》、《两汉经师今古文家法考》。

魏源青年时代先从姚镜塘研究理学后,从刘逢禄学习《春秋》公羊学,崇尚今文经学。他由于亲身经历了鸦片战争,对民族危机的感受特别深刻。他的经学是与反对西方资本主义国家的侵略、维护民族独立结合在一起的,是与向西方学习、改革现状的要求结合在一起的。

由于魏源与龚自珍早年的从学经历不同,因此二人的今文经学特点各异:龚自珍的今文经学带有古文经学家的色彩;魏源的今文经学带有理学家的色彩。魏源在两汉今文经学中,推崇西汉董仲舒的今文经学而贬抑东汉何休的今文经学,认为后世学者对《春秋》最有研究的是董仲舒。在儒学的统系中,董仲舒上承孔、孟传统儒学,下启两宋理学,他既是今文经学的祖师,又是两宋理学的祖师。魏源之所以推崇董仲舒,与他的今文经学具有理学色彩是一致的。庄存与吸取理学以弥补公羊学在道德学方面的不足,魏源则吸收理学的哲理以充实今文经学。譬如,他吸纳程朱“天地之间皆有对”的命题,并加以发挥,提出“有对之中必一主一辅"的新见解。① 也就是说，任何事物都包含着矛盾的两个方面，而两方面必有一方是主要的，而另一方是次要。魏源虽然吸纳程朱理学的某些哲理以弥补今文经学的不足，但作为当时经世派的主要代表，对理学的空疏大有微词。他指斥理学家空谈性命而远离社会现实，不关心民间疾苦，不研究官吏为政之道，更不过问国家大计、边疆安危这样的头等国家大事，那么"天下亦安用此无用之王道哉？"②

魏源否定古文经学较之刘逢禄、龚自珍有过之而不及。他认为，古文经学家搞名物训诂，烦琐考证，对社会现实是无用的学问，"毕生治经，无一言益己，无一事可验诸治者"。③ 他甚至把今文经学奉为"真汉学"④，而把古文学的考据学斥为"伪汉学"。刘逢禄认定《左传》是伪品，龚自珍否认《周礼》是经。魏源进而把古文《尚书》《毛诗》也排除在经之外。在《书古微》中，他证明不仅东晋梅赜所发现的《尚书》和《尚书孔氏传》是伪品，而且东汉郑玄、马融所见到的古文《尚书》也不是孔安国的真品，而是由东汉古文经学家杜林伪造的。他认为，西汉《尚书》今文、古文都出自伏生，而由欧阳生、大小夏侯、刘向传下来的。《书古微》还专门申述伏生《尚书大传》，欧阳、夏侯、刘向遗说，以此驳难郑玄、马融。《诗古微》则是专门申述今文齐、鲁、韩三家诗说，以证明《毛诗》及《毛诗》中的"大序""小序"都是后来的伪品。刘逢禄、龚自珍、魏源把某些古文经说成是后人伪造的，为廖平、康有为所宣扬刘歆为王莽篡汉而遍伪群经的"新学伪经"说作了扎实的铺陈。

从庄存与到龚自珍，都阐发微言大义，但都不如魏源全面而具体。为了阐明今文经之中的微言大义，魏源专门著《书古微》《诗古微》与《董子春秋发微》："《书古微》何为而作也？曰：所以发明西汉《尚书》今

---

① 《默觚》，《魏源集》上册，中华书局 1976 年版，第 26 页。
② 同上书，第 36 页。
③ 同上书，第 24 页。
④ 《武进庄少宗伯遗书序》，《魏源集》上册，第 237 页。

古文之微言大义,而辟东汉马、郑古文凿无师传也。"①"《诗古微》何以名?曰:所以发挥齐、鲁、韩三家《诗》之微言大义,被苴其罅漏,张皇其幽渺,以豁除《毛诗》美、刺、正、变之滞例,而揭周公、孔子制礼正乐之用心于来世也。"②"《董子春秋》何为而作也?曰:所以发挥公羊之微言大义也。"③魏源发掘微言大义的重点在《春秋公羊传》的"三世""三统"。今文经学的"三统"说,是魏源变易思想的主要依据。"三统"说认为,新王朝取代旧王朝时,新王朝为了表示自己"承应天命",就必须"改正朔,易服色,制礼乐",以做到"一统于天下"。"通三统"理论讲三代各黑、白、赤三统,宣扬帝王"应天命而王"。魏源十分推崇《董子春秋》(即董仲舒的《春秋繁露》),重视其中的"三统之义",认为"上下古今,贯五德、五行于三统,可谓穷天人之绝学"。④"三统"说到了魏源这里,已经成为宣扬"变易"与改革的理论依据。他认为,"天下无数百年不弊之法,无穷极不变之法"。⑤而且"变法愈尽,便于愈甚"。⑥

　　魏源不仅提出变法要求,而且有全面的改革方案。为了总结历史经验,以为改革的借鉴,他协助贺长龄编辑《皇朝经世文编》120卷,自己编写《明代食兵二政》78卷;为了改革河工、漕运、盐政(当时的三大"弊政"),他编写了《筹河篇》《筹漕篇》《筹鹾篇》;为了向西方学习,他编著了《海国图志》(先是50卷本,后增补为100卷);还有《圣武记》《元史新编》等史学著作,涉及政治、军事、经济、文化、外交等方面的内容。

　　魏源改革中最精彩的部分,亦即最有特点的部分,是提出向西方学习的主张与具体方案,开了近代中国向西方学习的先河。

---

① 《书古微序》,《魏源集》上册,第109页。
② 《诗古微序》,《魏源集》上册,第119—120页。
③ 《董子春秋发微序》,《魏源集》上册,第134页。
④ 同上书,第135页。
⑤ 《筹鹾篇》,《魏源集》下册,第432页。
⑥ 《默觚》,《魏源集》上册,第48页。

在《海国图志》中,魏源力排众议,提出"师夷长技以制夷"的口号。①
他认为:"夷之长技三:一战舰,二火器,三养兵练兵之法。"②在《海国图
志》中,魏源收辑了大量仿造西洋船炮器械的资料和图说,并反复强调向
西方学习的必要性和重要性。他还提出了向西方学习的一整套方案:1.
设译馆了解外国情况;2. 设立船局炮厂,制造船炮军械;3. 编练新式水
师;4. 凡有益于国计民生的西方科学技术都要学习,如量天尺(测量仪)、
千里镜(望远镜)、龙尾车(火车)、火轮机、火轮舟、风锯、火锯、自来火、自
转锥千斤秤(起重机),等等。③ 他的指导思想是:"尽转外国之长技为中
国之长技。"④并满怀信心地认为,这样将会"风气日开,智慧日出,方见东
海之民犹西海之民也"。⑤

魏源还在《海国图志》中用一定的篇幅介绍西方的政治制度。他看
到西方有君主制、民主制、宰相执政、君民共主制。对于美国总统四年一
选举,他认为是"一变古今官家之局,而人心翕然,可不谓公乎!"⑥议会选
举,议论表决时少数服从多数,他认为"不可谓周乎!"⑦他还把"国无苛
政,风俗俭朴,数万年不见兵革"的瑞士歌颂为"西土之桃花源"。⑧ 他对
西方政治制度的介绍还很肤浅,并未认识到其本质,也未提出要中国仿
行。他对西方某些政治制度的模糊好感,也带有浓厚的追思三代遗风的
复古情怀。然而,这毕竟使闭塞已久的中国人大开眼界,接触到外界新
鲜空气,具有一定的启蒙作用。

鸦片战争时期及其后,研究今文经学的人越来越多。这些学者中,
有的是专门的今文经学家,有的虽然不是专门的今文学家,但在今文经

---

① 《海国图志序》,《海国图志》(50 卷本)卷首。
② 《筹海篇三》,《海国图志》卷 3。
③ 同上。
④ 《圣武记》卷 10,第 75 页。
⑤ 《筹海篇三》,《海国图志》卷 3。
⑥ 《外大西洋墨加利总叙》,《海国图志》卷 59。
⑦ 同上。
⑧ 《瑞国沿革》,《海国图志》卷 47。

学研究方面卓有成效。今文经学兴盛起来，并发展到全国。各地今文经学研究著名的有江苏的陈立、连鹤寿、柳兴恩、许桂林、梅毓、刘宝楠，浙江的冯登府、钟文丞、戴望、邵懿辰，福建的陈寿祺、陈乔枞，广东的侯康，湖南的皮锡瑞，湖北的刘恭冕，四川的廖平，等等。

（四）康有为与今文经学达于鼎盛

康有为（1858—1927），字广厦，号长素，广东南海人。出身于官僚地主家庭。少年时代受过严格的儒学传统教育，从 19 岁起到广州，从著名理学家朱次琦学习三年，使他对乾嘉以来主流学派"汉学"表示怀疑和反对。1879 年，他在家乡讲佛道之书。同年，到香港旅行，"览西人宫室之瑰丽，道路之整洁，巡捕之严密，乃始知西人治国有法度，不得以古旧之夷狄视之"。[①] 1882 年，应顺天府乡试不中，返乡途经上海，"益知西人治术之有本"，"大购西书以归"，开始讲求西学，努力阅读江南制造局与外国教会翻译的西书，以及《海国图志》《瀛环志略》等介绍外国情况的著作。从此，他认识到西方资本主义的社会制度优越于中国封建的社会制度，决心向西方寻求救国救民的真理。

中法战争失败后，中国的内外危机更加严重，康有为强烈要求改变现状，发愤图强。1888 年，他趁此次入京参加顺天府乡试之机，第一次上书光绪皇帝，陈述变法的必要与紧迫性，提出"变成法、通下情、慎左右"的主张。这封上书虽因顽固派阻挠而未递到皇帝手中，但在一些具有爱国维新思想的人士中传诵，产生了一定的社会影响，提高了康有为的声誉。

1890 年 1 月，康有为返回广东。同年春，他见到今文学家廖平，受其启发，将今文经学的"三统说"阐发为改制因革的理论；将今文经学的"三世说"推衍为"据乱世""升平世（小康）""太平世（大同）"人类社会进化的系统程序。这样，西方资产阶级的社会政治学说与自然科学、中国儒家今文经学的"三统""三世"说，就成为康有为政治思想的两个来源。他根

[①]《康南海自编年谱》，"光绪己卯，二十二岁"。

据这个思想学说,构筑自己维新变法的理论体系。1891 年,康有为讲学于广州长兴里,宣传自己的政治理论与变法主张,并积极培养维新变法运动的骨干。1893 年,康有为中举人。

1895 年 4 月,康有为在北京参加会试期间,传来了日本逼签《马关条约》的消息。在全国的义愤中,康有为发动 1300 多名举人联名上书光绪皇帝,指出割地、赔款的严重后果,提出"拒和、迁都、变法"的主张。这就是有名的"公车上书"。此次上书产生了广泛的社会影响,康有为从此确立了维新变法运动领袖的地位。"公车上书"不久,康有为考中进士,授工部主事。之后,他又五次上书光绪皇帝,受到光绪的重视。与此同时,他发起组织学会,创办报刊,建立学堂,逐渐把维新变法运动推向高潮。百日维新期间,康有为被任命为总理衙门章京上行走,光绪特许他专折奏事,参与策划、领导维新运动。

康有为的经学思想驳杂而多变。少年时接受古文经学的严格训练,成年后拜朱次琦为师,学习程朱理学,尤好陆王心学,进而喜好佛学。曾攻击公羊学家何休的今文经学说。中法战争后,曾专门著书宣传今文经学的许多基本观点。受到廖平启发后,对古文经学发起了总攻击。其经学著述主要有《何氏纠谬》《政学通义》《教学通义》《春秋董氏学》《春秋笔削微言大义考》《春秋三世义》《大学注》《中庸注》《礼运注》《论语注》《孟子微》《新学伪经考》《孔子改制考》等。其他著述主要有《大同书》《诸天讲》《长兴学记》《桂学答问》《戊戌奏稿》《日本明治变法考》《俄大彼得变法致强考》《突厥守旧削弱记》《波兰颁记》《法国革命记》《欧洲十一国游记》《广艺舟双楫》《康南海文集》等。著述集有《万木草堂丛书》《康有为政论集》《康有为全集》。

《新学伪经考》与《孔子改制考》是康有为维新变法的理论基础。

《新学伪经考》于 1891 年刊行。在该书中,康有为把东汉以来占主要地位的古文经学的经典都说成是刘歆伪造的,应该废弃,今文经学的经典才是真经,而且是唯一的经典。他的用意很显然,就是以此来证明,今文经的《春秋》公羊学,公羊学中的"三统""三世"说,进而其自己的"三世"进化论,都是儒学的真谛,才是正宗的,具有至高无上的、神圣不可侵犯的权威性,是唯一应该奉行的学说。

康有为这种观点的形成继承了前辈今文经学家的成果,有一个历史过程。刘逢禄、龚自珍、魏源考证了部分今文学经书是伪作。到了廖平,则系统考证,认定所有的古文经都是西汉末年刘歆及其弟子们伪作的。康有为在廖平的基础上走得更远,不仅认为所有古文经由刘歆等人伪作,而且包括书写古文经的古文,历史上都不曾存在过,也是刘歆搞的伪品。康有为认为刘歆为了王莽篡汉而伪造了古文经,所以称之为"新学",即新莽一朝之学,根本与孔子无关。自东汉以后,古文经学一直成为封建专制制度的理论基础,精神支柱。康有为突然宣布它们是伪品,一堆废纸,这不仅沉重打击了古文经学,而且对封建专制制度无异于釜底抽薪,为维新变法制造了理论根据。

《孔子改制考》于 1898 年刊行。该书把孔子打扮成一位改革家,一位虽不在位而主张改革的"素王"。今文经的六经是孔子制作的,是唯一的创始人,其中寄托着孔子的改革主张。康有为抬出孔子的用意在于:既然最受尊崇的"大成至圣文宣先师"孔子也是一位改革家,则当下的维新变法是按照孔子的经典行事的,是完全符合孔子大义的,因而是无可非议的。

为了证明孔子是一位改革家,康有为考证了两个问题。其一,孔子是一位"素王",即不在位之王。因为按照经学家所说,"非天子不议礼,不制度"。自古创法改制之权属于王,而孔子从未为王,这是不争的事实,怎么能创法改制呢? 康有为根据今文学家的变通说法,证明孔子虽未为王,却是不在位的"素王",也是可以创法改制的。其二,孔子是六经的制作者,而不仅仅是传授者;是"圣人"而不是"贤人"。按照儒家的说法,"圣人"是代天传言的,只有他们才能创作新制,对前代的礼仪制度沿革损益。这里关键的问题是,六经是否孔子所作。因此,康有为驳斥古文经学家关于六经为周公所作的观点,而不厌其烦地考证"六经皆孔子所作",①孔子是当之无愧"先圣"。他还进一步论证孔子托古改制:孔子

---

① 《孔子改制考·六经皆孔子所作考》。

在六经中所提到的尧、舜、禹、汤、文、武、周公的遗文圣训,并非这些人所为,而是孔子自己的东西。这种托古的风气,如老子托黄帝,墨子托夏禹,许行托神农,都是如此,并非孔子一人。

那么,孔子为什么要进行改革呢? 康有为认为,这是因为孔子认识到历史是发展变化的,所以要改革,以适应历史的发展变化。孔子的这种思想,体现在其经典的微言大义中,具体的就是公羊学家所反复阐述的"三统""三世"说。康有为借用"三统""三世"说,阐明历史的进化论观点,为维新变法进一步提供理论依据。

公羊学家的"三统"说,实际上是一种历史循环论。"三统"说在西汉时的《尚书大传》中即有记载。之后,董仲舒在《春秋繁露》,东汉班固在《白虎通》中都有发挥。按照他们的说法,每一个朝代都有一个"统",而"统"是受命于天的,旧王朝违背了天命,便由新王朝"承天命"来代替。新王朝必须对旧制度进行某些改革,即"改正朔,易服色,殊徽号,变牺牲,异器械,明受之于天,不受之于人"。① 其中最重要的是"改正朔",服色、徽号等都随着正朔的改变而改变。"正朔"就是正月初一,即历法。"正朔"有三种,即所谓"三统"。夏以寅月(农历正月)为正月,以黑色为上色,故服色、徽号、牺牲等均为黑色,称黑统,又称人统;商代夏,改以丑月(农历十二月)为正月,尚白色,称白统,又称地统;周以子月(农历十一月)为正月,尚赤色,称赤统,又称天统。继周而起的朝代必循此黑统、白统、赤统,循环不已。历代封建帝王利用"三统"说,主要是利用它证明朝代虽有更替,但封建的纲常名教不变。但是,"三统"说虽然在整体上是循环论,但在局部上毕竟承认王朝更替时有因革损益,不是一成不变的,"殷因于夏礼,所损益可知也;周因于殷礼,所损益可知也;其或继周者,虽百世可知也"。② 这里包含着"变易"观,康有为接受并鼓吹"三统",正是利用其中的"变易"观作为维新变法的理论依附,③并在传统的因革损

① 何休:《公羊解诂》。
②《论语·为政》。
③ "古今递嬗,事变日新,故《春秋》立三统之法以贻后王。"康有为:《长兴学记》。

益观中加进了资产阶级的民主要求。他认为，既然夏、商、周三代可以因革损益，那么，当前的国家政治为什么不能改革呢？

　　所谓"三世"说，是公羊学家根据《春秋》隐公元年的一句经文繁衍而来的。《春秋》隐公元年九月记载了一件事——"公子益师卒"，本来意思简单而明白。《公羊传》就这句话发挥说："何以不日？远也。所见异辞，所闻异辞，所传闻异辞。"意思是说，人的死在《春秋》中有记载日的，有不记载日的。公子益师之死为什么不记日呢？这是因为孔子作《春秋》，记事依时代的远近而有详略。"所见"指孔子当代的事，记载详细；"所闻"指距孔子生活年代较远的事情，记载简略。隐公元年是《春秋》所记事最远的年代，所以不书公子益师卒日。"异辞"，记载的笔法各不相同。《公羊传》对经文的解释，虽有铺陈之嫌，但还不算复杂。这里首次提出了按时代的远近把历史划分为"所见""所闻""所传闻"三个阶段的概念。到董仲舒，说法就复杂一些了。他将三个阶段称为"有见、有闻、有传闻"。他认为，孔子的"异辞"不仅是记事的详略不同而已，还包含着孔子对所记事件或人物远近亲疏、贵贱轻重、阴阳黑白不同的态度。到何休，又有了进一步发展。他认为，孔子记事有所"异辞"，隐含褒贬，是有针对性的。孔子生活的年代，"恩衰义缺"，子弑父，父杀子，臣弑君，君杀臣，礼崩乐坏，因此，孔子用《春秋》笔法来进行褒贬，"以理人伦，序人类，因制治乱之法"。整顿君臣之伦，安排父子之序，制定治乱的法则榜样。他进而根据种种理由断定，"所传闻"世是"见治起于衰乱之中"，"所闻"世是"见治升平"，"所见"世是"著治太平"。[①]　就这样，他正式将"所传闻""所闻""所见"发展为"衰乱""升平""太平"，即公羊学家的"三世"说。这种"三世"说到了康有为这里，则进一步与《礼记·礼运》中的儒家"小康""大同"理想杂糅，与西方资产阶级社会学说结合，构成了康有为自己关于社会发展三个阶段的新学说。他的三个阶段的提法是"据乱世""升平世""太平世"，与公羊学家基本相同，但内容则有根本区别。对于具体阶

---

① 何休：《公羊解诂》。

段的划分,他在戊戌变法前后的解释与表述并不一致。戊戌变法前,有两种解释:一种解释是先秦为"据乱世",汉唐至明清为"升平世",资产阶级君主立宪社会为"太平世";另一种解释是将整个封建社会归为"据乱世",资产阶级君主立宪社会的"升平世"(亦即"小康"之世),资产阶级民主共和制社会为"太平世"(亦即"大同"之世)。戊戌变法后采用了戊戌变法前的第二种解释,但表述上略有不同:"据乱则内其国,君主专制之世也;升平则立宪法,定君民之权之世也;太平则民主,平等大同之世也。"①

康有为把今文经学发挥到了极致,这在当时封建顽固派占绝对优势的历史条件下有着巨大的政治进步意义。但从学术的角度讲,则多有武断之处,属于无稽之谈。戊戌变法失败后,康有为继续在公羊三世说的外衣下宣传资产阶级民主思想,对于推动立宪运动,加速清王朝灭亡仍然有积极作用。但他反对资产阶级革命,发起成立孔教会,主张以孔教为国教,实行开明专利,甚至扶助溥仪复辟封建帝制,则是反动的。

二、理学的复兴

(一)从清代前期汉宋之争到晚清汉宋合流

乾嘉之际,汉学盛极一时。维护宋学的主要代表桐城派的方苞、姚鼐、翁方刚等人,虽以理学为学术宗旨,但其学术研究汉、宋兼采。直至"姚门四杰"的方东树、管同、梅曾亮、刘开才公开打击反对治学的旗帜,从此汉宋之争变得显著而尖锐起来。其中对汉学批评最力且系统的是方东树。他虽然久居阮元幕府,并参与编修阮元主持的各种文献的编辑工作,但在学术上,二人的门户之见很深。阮元编辑的《皇清经解》与江藩撰写的《汉学师承记》都受到方东树较为严厉的批评。他说:"江氏作《汉学师承记》,阮氏集《经解》于诸家著述,凡不关小学、不纯用汉儒古训者,概不著录。……徒以门户之私,与宋儒为难。非徒不为公论,抑岂能

---

① 《答南北美洲诸华商论中国只可行立宪不可行革命书》,《康有为政论集》上册,第476页。

求真得是！"①在批评汉学的过程中，方东树显示出其良好的作为从事汉学研究基本功的考据学素养。因此，乾嘉时期有名的汉学大师惠栋、戴震、钱大昕、汪中等人，都遭到了他的抨击。

方东树对乾嘉汉学批评最力，也是最切中要害的当属其割裂知识与道德联系的学术路径。乾嘉汉学家的学术宗旨是"求真"。然而事实上，乾嘉汉学家对于同一名物器数的研究却常常得出相互矛盾的结论，这种研究状况自然被精通考据学的方东树很快发觉。他尖锐指出："汉学诸人，坚称义理存乎训诂典章制度，而如考工本制，江氏有考，戴氏有图，阮氏、金氏、程氏、钱氏皆言本制，同时著述，言人人殊，迄不知谁为定论。他如秦氏赋役，沈氏禄田，任氏、江氏、贺氏、张氏宫室，黄氏、江氏、任氏、戴氏方服冕弁，各自专门，亦相互排斥，不知谁为真知定见？"②汉学家通过实证考据的结果"言人人殊"，"相互排斥"，方东树看出这是汉学内部存在的严重危机。清代汉学初兴之际，学者潜心研究名物制度旨在经世致用。但后来现实政治压力日益严重，学术与政治日益分离，且汉学家们所考证同一对象却得出不同的结论，这就使经世致用成为一句空话。对此，方东树批评说："汉学诸人，言言有据，字字有考，只向纸上与古人争训诂形声，传注驳杂，援据群籍，证佐数百条，反之身己心行，推之民人家国，了无益处，徒使人狂惑失守，不得所用，然则虽实事求是，而乃虚之至者也。"③方东树指出名为实学的汉学实为地道的虚学，因为它既不利于"身己心行"，也无益于"民人家国"。

在方东树之后，不少宋学者对乾嘉学进行了批判。

由于汉学家对自身流弊的认识的加强以及宋学对汉学的攻击，汉学在道光以后逐渐开辟出新的影响，即晚清学界蔚为风气的汉宋融合潮流。

---

① 方东树：《汉学商兑》，江藩、方东树：《汉学师承记》（外二种），生活·读书·新知三联书店1998年版，第260页。
② 同上书，第405页。
③ 同上书，第276页。

被誉为汉学护法的阮元与理学名臣曾国藩站在各自的立场上号召汉宋融合。阮元虽尊崇汉学,但并不鄙视宋学。他认为汉宋两者不可偏废,"学人求道太高,鄙视章句,譬犯天际之翔,出于丰屋之上,高则高矣,户奥之间未实窥也。或者但求名物,不论圣道,又若终年寝馈于门庑之间,无复知有堂矣。是故正衣尊亲,恶难从易,但立宗旨,即居大屋,此一弊也。精校博考,经义确然,虽不逾闲,德便出入,此又一弊也。"①汉学与宋学各有所长,又有所短,二者融合互补,才能相得益彰。他在撰修《儒林传》时,便能够"指汉学、宋学之平",②体现了博通融合的学风。曾国藩也认为汉学、宋学的治学宗旨有相通之处,理应合流。他说:"近世乾嘉之间,诸儒务为浩博。惠定宇、戴东原之流钩研训诂,本河间王实事求是之旨,薄宋贤为空疏。夫所谓事者,非物乎?是者,非理乎?实事求是,非即朱子所称即物穷理者乎?"③当时,汉、宋两家都主张汉宋融合,但立场有所不同:汉学家主张吸收宋学义理之学,尊汉而兼采宋;宋学家极力将汉学归于宋学,以宋学融合汉学。

道光朝后期,学者纷纷提出汉宋合流或汉宋不争的主张。到了咸丰朝,主张汉宋融合更是成为一种学术潮流,江、浙、岭南地区,乃至西南地区,学者们争相发表自己的见解。冯桂芬说:"说经家汉、宋一界也。汉之中,《易》则虞、王,《书》则今古文,《诗》则三家,《春秋》则三传,各一界,甚且东西京亦各一界。宋之中朱、陆亦各一界。稍秩其界,则曰:此外道也,于吾家不合。韩非子言儒分为八,取舍相反不同,而皆自谓真。盖自周时已然。于是调人之说,无所施。惟有专所学以訾所异。平心论之,汉学杂鐵纬,朱学近禅,各有所蔽。汉学善言考据,宋学善言义理,亦各有所长。且汉儒何尝讳言义理,宋儒何尝尽改汉儒考据。汉古而宋今,汉难而宋易,毋蔑乎古,毋薄乎今,毋畏乎难,毋忍乎易,兼收并蓄,不调

---

① 阮元:《拟国史儒林传序》,《揅经室集》(上),中华书局1993年版,第37—38页。
② 《拟国史儒林传序》阮福案语,同上书,第38页。
③ 曾国藩:《诗文》,《曾国藩全集》,岳麓书社1986年版,第166页。

而调,圣人复起,不易吾言矣。"①冯桂芬在此阐述得比较清楚,他认为汉、宋本为一家,都是经家(儒学)的重要组成部分。汉、宋"各有所弊","亦各有所长",本来就你中有我,我中有你,"兼收并蓄,不调而调",汉、宋调合是很自然的事。浙江主张汉宋调和的代表人物是黄式三、黄以周父子。黄式三"博综群经,尤长于"三礼",谨守郑学而兼宗朱子。尝谓读书而不治心,犹百万兵而自乱之。子以周少承家学,以为三代下之经学汉郑君、宋朱子为最。而汉学、宋学之流弊乖离圣经,尚不合于郑、朱,何论孔孟"。② 黄式三治经以汉学为宗,兼采宋学。黄以周主张汉宋合流,采汉宋之长,而避汉、宋之短。在岭南地区,主张汉宋合流的学者以陈澧为最。他说:"自宋以来,学术迭变,固由风气之转移,亦由门户之竞争。有竞争,故有兴衰。然门户之争,总不出孔门之四种:德行,道学传也;言语,文苑传也;文学,儒林传也;政事则大而将相、小而循吏传也。四科之人,皆天下所不可无,故孔门兼收而不偏废,尤不交争。争则有胜负,有胜负则必偏废,偏废则天下受其害矣。"③陈澧认为宋学(德行)、文学(汉学)均属"孔门",即儒学范畴。他主张儒学之内兼收并蓄,"尤不交争"。因为争就会有胜负,"有胜负则必偏废"。偏废不仅关乎胜负双方的问题,而是关乎全局的问题,使"天下受其害"。在咸同年间,学界在汉宋合流问题上已形成共识,汉宋合流遂成定局。

(二)晚清著名理学家

1. 曾国藩

曾国藩(1811—1872),字伯涵,号涤生,湖南湘乡人,出身于地主家庭。他22岁中秀才,之后入湖南岳麓书院。该学院素来学风严谨,历届山长以治程朱理学著称,这对曾国藩学术思想的形成有着重大影响。1834年曾国藩中举,1838年中进士。历任四川乡试正考官、翰林院侍读学士等,擢礼部右侍郎,历署兵部、吏部等侍郎。1853年丁忧在籍期间,

---

① 冯桂芬:《阙里致经堂记》,《显志堂稿》卷3,光绪二年刻本。
② 徐世昌:《儆居学案上》,《清儒学案》第3册,中国书店1990年版,第793页。
③ 陈澧:《东塾读书记(外一种)》,生活·读书·新知三联书店1998年版,第342页。

奉命为湖南帮办团练大臣,后扩编为湘军。1855年湘军练成,为日后镇压太平军主力。1860年8月,授两江总督、钦差大臣,统辖江南军务。1864年破天京后,加太子太保,封一等侯爵。后又奉命镇压捻军。从1865年起,与李鸿章等搞洋务运动。1867年授大学士。1868年8月,调任直隶总督。1872年3月病逝于南京。著述结集为《曾文正公全集》。

1841年,曾国藩开始阅读《朱子全集》,并向同乡长辈、理学家唐鉴求教。他治理学之初,受唐鉴、倭仁影响,致力于修身养性之道,由于不耐静坐之苦,再加上身体染疾,遂中途停止。其后,他将兴趣转向"义理之学",认为这是理学的精髓之所在。

曾国藩认为,《大学》一书,实为读书人安身立命之根本,而其中切要之处,则在于"格物"与"诚意"两项。前者指"致知",后者在"力行"。力行的意义是指努力根据自己的体会去办事,既不自欺也不欺人。如能将"诚"字渗透,"下学上达"的内蕴尽在其中。① 他对"诚"字特别着重,认为"诚"字是宇宙万物的主宰及其变化的根源:"尝抉剔平生之病源,养痈藏瘤,百孔杂出,而其要在不诚而百矣。窃以为天地之所以不息,国之所以立,贤人之德业之所以可大可久,皆诚为之也。故曰:诚者,物之终始,不诚无物。"②他将学术界的种种弊端,士大夫中的浮夸,读书人的涂饰,全部归之为不能"诚"心向学所致,认为只有具备"诚"意才能"改善""世道人心"。他指出:"君子之道,莫大乎以忠诚为天下倡。世之乱也,上下纵于无等之欲,奸伪相吞,变诈相角,自图其安而予人以至危。畏难避害,曾不肯捐丝粟之力,以拯天下。得忠诚者起而矫之,克己而爱人,去伪而崇拙,躬履诸艰而不责人以同忠,浩然捐生,如远游之乡而无所顾悸,由是众人效其所为,亦皆以苟活为羞,以避事为耻。呜呼,吾乡数君子,所以鼓舞群伦,历九州而戡大乱,非拙且诚者之效欤?"③他认为,"诚"的关键在于慎独,也就是说,即使一个人独处的时候也应做到忠贞不渝,不作

① 《曾文正公家书》卷1,道光二十二年十月二十六日。
② 《复贺耦庚中丞》,《曾文正公书札》卷1,《曾文正公全集》68。
③ 《湘乡昭忠祠记》,《曾文正公文集》卷2,《曾文正公全集》66。

伪，不欺人。他说："尝谓独也者，君子与小人共焉者也。小人以其为独，而生一念之妄，积妄生肆而欺人之事成。君子懔其为独，而生一念之诚，积诚为慎，而自慊之动密，……则夫善之当为，不善之宜去，早画然其灼见矣。而彼小人者，乃不能实有所见，而行其所知。于是一善当前，幸人之莫我察也，则趋焉而不决；一不善当前，幸人之莫或伺也，则去之而不力。独幽之中，情伪斯出，所谓欺也。惟夫君子者，慎一善之不力，则冥冥者有堕行，一不善之不去，则涓涓者无已时。屋漏而懔如帝天，方寸而坚如金石。独知之地慎之又慎。此圣经之要领，而后贤所切究者也。"①

曾国藩的理学思想不断发展，视野不断开阔，认识不断深化。1869年，曾国藩在《劝学篇示直隶士子》一文中说道："为学之术有四：曰义理，曰考据，曰辞章，曰经济。义理者在孔门为德行之科，今世目为宋学者也；考据者在孔门为文学之科，今世目为汉学者也；辞章者在孔门为言语之科，从古艺文及今世制艺诗赋皆是也；经济者在孔门为政事之科，前代典礼政书及当世掌故皆是。人之才智上哲少而中下多，有生又不过数十寒暑，势不能对此四术遍观而尽取之，是以君子贵慎其所择而先其所急，择其切于吾身心不可造次离者则莫急于义理之学。"②这段话是曾国藩经学思想的全面总结。在此之前，陈澧曾谈到过孔门四科的问题，但没有这样详细而明白。曾国藩在这里实际上讲了三层意思：其一，这四科都属于孔门，即儒学的范畴，不应存门户之见，更不要相互争论；其二，四科学术知识面极广且深奥，除个别人外，绝大多数人在有限的生命旅程中不可能全面通达，因此各学术派别之间应相互借鉴，取长补短；其三，根据目下形势，宋学中的义理之学最能济世，是需要急于掌握的学术。

曾国藩研究学问并不是书生空议论，将其束之高阁，而是主张"事功"，即"实践"，"用世"。他积极促成传统儒学将书本上的义理之学与实践中的事功相结合，对晚清学风的转变起到了很大作用。

---

① 《君子慎独论》，《曾文正公文集》卷1，《曾文正公全集》65。
② 《劝学篇示直隶士子》，《曾文正公杂著》卷2，《曾文正公全集》91。

2. 罗泽南

罗泽南(1808—1856),字仲岳,号罗山,湖南湘乡人。他科场不遇,40岁才补廪生,以后屡试不第。1852年,在籍倡办团练。1853年1月,应曾国藩命率勇赴长沙,协助扩编为湘军,是湘军干将。不久擢知县。他随曾国藩镇压太平军。1856年武昌战役中,中弹重伤而亡。

罗泽南的著述主要有《西铭讲义》1卷、《人极衍义》1卷、《小学韵语》1卷、《姚江学辨》2卷、《读孟子札记》、《周易本义衍言》、《皇舆要览》及诗文集等。

罗泽南治学宗程朱,主性理,反对陆王心学。他把朱熹誉为孔孟之道的传人,认为"孔孟之精微,非朱子无以发;濂洛之蕴奥,非朱子无以明。扫功利,排佛老,摧陷廓清,义精仁熟,此功真在万世"。[①] 那么,朱熹"扫功利,排佛老",为何佛老之学不灭反而历久不衰呢?罗泽南解释说,这正是王守仁以"致良知"为幌子,将佛老之学羼入孔孟之道中,大加张扬蛊惑人心的结果。因此,要破佛老,必破王学,而且破一分王学,则进一分孔孟之道。[②]

罗泽南排斥王阳明理学,主张舍弃名利,排斥佛老,号召士大夫勇于任事。他在《小学韵语·叙》中,讲述他自己在乡间教授蒙童、诸生时,平居无事,总以宋儒义理之学相策励,力倡不以利害动己心,当时人都嘲笑他迂阔。及至粤事大起(太平天国起义),敢以身赴险者,多是他的门生弟子;其余之人,则噤若寒蝉。其原因正在于王学之"良知性命"高论所误。他理论联系实际,使义理之学走出书斋,提出"道"(程朱理学又称"道学")在日用事物之明,"舍日用事物之端而求道于荒茫微渺之域,无怪其不知道也"。[③] 与曾国藩一样,罗泽南也极力倡言"事功"。

3. 刘蓉

刘蓉(1816—1873),字孟容,号霞仙,湖南湘乡人。他不喜科举,30

---

① 《罗山学案》,《清儒学案》卷170。
② 同上。
③ 同上。

岁时在其父督促下赴试,补弟子员。太平天国起义后,助罗泽南办理团练。1854年,随曾国藩湘军镇压太平军,是湘军干将。1860年随骆秉璋入川,被聘为参赞军事。1862年任四川布政使,在任整饬吏治,倡办厘捐。1863年调任陕西巡抚,督办全陕军务。1866年,因惨败于张宗禹所部西捻军,被革职回籍。著有《养晦堂诗文集》14卷及《思辨录疑义》等。

刘蓉治学极为推崇朱熹,认为朱熹是孔孟的传人。他赞誉朱熹的《易》说,认为此说"见之凡羲、文以后,周、孔、程子诸圣贤之说,亦可类推引申,无不各尽其妙,此朱子之功所以为大,而列圣之制所以并重"。① 他指出,明以后,程朱学说难以大倡,庄道之祚未能大明,其原因就在于王学流行。在《复曾涤生侍讲书》中,他说自己也一度惑于王阳明之学,"尝读其书,亦恍然有得焉,以为斯道之传,果出语言文字之外"②,甚至于对研习义理之学都产生了怀疑。只是由于后来"徐检孔孟程朱之训,逐日玩索,乃粗得其所以蔽"。他认为王学之"蔽",就在于王守仁以"良知""顿悟"之神通妙用为诱惑,鼓吹"一起而立悟",完全背弃了理学应以"强探力索之劳,履规蹈矩之苦,铢积寸累之勤",方能"入圣"的艰辛过程。③ 在此,显露出刘蓉"事功"思想端倪。

刘蓉在推崇程朱理学之时,并未脱离社会现实,而不忘古今利病得失、风俗人情,其少时即立志以天下为己任。他与同乡友人曾国藩、胡林翼、罗泽南、左宗棠等相互策励,对湖湘学派"事功"思想的形成有一定的推动作用。

4. 倭仁

倭仁(1804—1871),乌齐格里氏,字艮峰,蒙古正红旗人。理学家唐鉴的弟子,曾与曾国藩、何桂珍等"讲求宋儒之学"。道光朝进士。1832年授编修,1844年擢大理寺卿。1855年擢侍讲学士。1862年擢工部尚书,命授皇帝读,不久授为文渊阁大学士。同治年间的"理学大师",清政

---

① 《湘乡学案》下,《清儒学案》卷178。
② 同上。
③ 同上。

府中顽固派的代表人物之一。1867年,他上奏反对奕䜣等人在京师同文馆设天文算学馆,尤其是选用科甲出身的官员入馆学习的主张,认为"立国之道,尚礼义不尚权谋;根本之途,在人心不在技艺",引起洋务派与顽固派之间一场大的争论。1871年授为文华殿大学士。其著述有《倭文端公遗书》。

倭仁极力主张采用程朱理学,特别反对王阳明"心即理"的说教。他认为,追随程朱,专研"性理"之学,即使无大进,犹不失为谨学之士;而追随陆王,就会为"良知"说所蛊惑,而走向"狂禅"迷途。① 咸丰帝即位后,他立刻上书,认为"优惟行政莫先于用人,用人莫切于严辨君子小人",建议咸丰帝延请"老成贤儒,讲论道义",以求达到"人君修养身心之要,用人行政之原"的目的。②

第三节　晚清诸子学复兴

晚清时期的诸子学研究,与清代前期相比,有了突破和创新,形成诸子学研究的热潮。正如梁启超所说:"晚清'先秦诸子学'之复活,实为思想解放一大关键。此种结果,原为乾嘉派学者所不及料,然非经诸君下一番枯燥极麻烦的校勘工夫,则《墨子》《管子》一类书,并文句亦不能索解,遑论其中所含义理。所以清儒这部分工作,我们不能不竭诚感谢。"③这个时期,除了在学术上注解和研究诸子学的学者越来越多而外,人们对诸子的评价也日渐客观而公正。学者们或深入研究各部子书,或提倡"通子致用",或一再论证"西学源于诸子",进而更有学者大胆借用诸子学说以阐发变革图强的政治主张。在中外社会环境与古今历史条件的深刻变化中,在中学与西学彼此之间的论争碰撞与交汇融合中,先秦诸子的多元价值被深度发掘,其现代意义(当时的现代即我们所谓的近代)也日益凸显。所有这些,

---

① 梁启超:《中国近三百年学术史》,东方出版社1996年版,第274页。
②《清儒学案》卷178。
③ 梁启超:《中国近三百年学术史》,第274页。

都为日后诸子学研究的进一步发展奠定了深厚的基础。

晚清在诸子学研究方面出现了许多有影响的学者与著作。

一、诸子学复兴的标志

（一）评价诸子的根本转变

辟老庄、排墨学是儒家陈陈相固的传统，因此，一般士大夫对老庄、墨学的评价就成为诸子评价的基本标尺。在晚清，一般学者大胆肯定老庄的言论俯拾皆是。如唐晏肯定老子的"无为思想"，他说："无为之说与不为大异。夫不为者乃坐视事机之放弃而不知挽，若夫无为则熟思审处，灼见事机，因其利而导之，如大禹之行水，韩白之用兵。"①他对庄子的评价则更高，认为《庄子》一书，"不可以常理喻之"。其《天下篇》之讲义、礼、仁、乐，"虽《六经》之论何以加之"。其讲衣、食、仁、慈，"虽《孟子》之谈王道何以加之"。《庄子》"明于本数，系于末度，六通四辟，大小精粗，其运无乎不在，虽《中庸》之道何以加之"。② 同光年间的史念祖也对《庄子》非常感兴趣，取《庄子》"静无为，无为则俞俞"之意，为其书斋取名为"俞俞斋"。他说："俞读庄周书将二十年，然后知古称周为狂为高者，皆非周也。周，古之知（智）者也。"他认为，庄子的地位虽不如尧、舜、汤、武，"而无愧于尧、舜、汤、武，天下之所独也"，③评价非常之高。光绪年间的著名诗人陈三立也很推崇老子。他明确指出："孔子周流以明用，老子养晦以观度，其志一也。故老子明其原而孔子指其流，老子质言之以牗当时，孔子则修其辞以训后世。……盖天下不一道，道不一圣，圣不一治。文质之变各有其宜，升降之数各有其情。同之、非之、攻之、因之，揭揭焉抢攘于其间，非所以顺大数参万世明治而善学也。"④

最能显示诸子地位变化的学派当属墨家。由于儒、墨的矛盾及孟子

---

① 唐晏：《扬老》，《涉江先生文钞》，不分卷铅印本。
② 唐晏：《谳庄》，《涉江先生文钞》，不分卷铅印本。
③ 史念祖：《读庄子》，《俞俞斋文稿初集》卷 2，1896 年桂林刊本。
④ 陈三立：《老子注叙》，《散原精舍文集》卷 1。

激烈的辟墨之调,墨学一直受到正统文化的压制。长期以来,一般士大夫很难逾越否定、贬抑墨学的鸿沟。而到了晚清,由于内外形势的巨大变化,以及正统儒学的衰微,儒家的训诫基本失效。如强汝询认为:人们对墨学总是"几几于孟子有微词,论者虑其张异端,眩后学,余谓不足虑也。……夫读《孟子》而不能为益者,则读《墨子》亦恶能为害哉!"①他在这里已经摆脱了儒门的羁绊。光绪初年黄以周所编的学生阅读材料中,收录了丁国钧的《读墨子》一文。文中说:"余读先秦诸子,求其言切实有用而文反覆详明者,莫如是书。""今天下溺于异俗之学比然矣!诘其用夷变夏之由,莫不齐口于实用,而不知彼所谓算学、重学、化学、光学者,胥已包括于是书中,……然而读是书者探索而发明之,其裨于实用岂有既哉!"②作者把墨学视为最有实用社会价值的古学。此文是学生必读的教学材料,其对后学的影响不可低估。

从晚清风靡半个多世纪的《皇朝经世文编》系统内容的变化,可以明显看出诸子学地位的变化过程。魏源、贺长龄首编《皇朝经世文编》时,在"学术类"根本未收录诸子学方面的文章。之后《皇朝经世文》续编、三编、四编、新编的"学术类"中,诸子学的位置逐步提高。但到1901年出版的《皇朝经世文统编》在"文教部"单独设"诸子"一目,并且还收录了极力推崇、赞颂诸子的文章。其中关于《墨子》的文章尤其引人关注:《述墨子为算法所出》论述《墨子》为西学之源,肯定墨学的重要价值,这是"西学源于诸子"说的代表作。另一篇文章高举为墨学昭雪的旗帜。文章说:"语曰:一犬吠影,百犬吠声,诚哉是言也!自孟子以无父无君距杨朱,至痛诋为禽兽,于是后世言异端者首以杨墨为诟病,而次及佛老。……询以天下一家,中国一人,老有所终,壮有所用,幼有所养为何气象,则又大言曰:是上古大国之治也,而不知此即墨子兼爱之旨。""余尝读亲士、修身两篇,觉固通达时变有道之语。经上、下两篇则与六经训诂互相发明。此外若尚

---

① 强汝询:《黑子跋》,《求益斋全集》卷1,光绪戊戌年刊本。
② 丁国钧:《读墨子》,黄以周选刊《南菁讲舍文集》卷5,1889年雕版。

贤、尚同、兼爱、非攻、节用、节葬、明鬼、非命等篇,言之有物,文成一家,要
其旨为大抵不离乎兼爱者。近是他若公输、备城门等篇固已开西人机器先
声。虽云绪余,亦征博学。后儒攻辟墨氏,不过授异端口语,授兼爱、节葬
为话柄。鄙人间儒墨相非之意,权其轻重,衡其得失,较其利害,辨其是非,
觉流弊之祸多而且烈者莫儒为甚!""孰知兼爱不行于中,已行于西久矣!"
因此,"是不可不昭雪之"。① 作者颂墨斥儒,洗刷了墨学异端的种种罪名。
如果这种激烈的言辞出现于私人日记、书信中,社会影响相对较小。而《昭
墨篇》一文恰恰收录于流传甚广、社会影响较大的《皇朝经世文编》系统中,
正说明墨学在学术界已获得相当高的地位。

(二)阅读子书逐渐成风

19 世纪末期,子书已成为一般士子的学习内容。如戊戌变法前,康
有为授徒讲学时,爱讲且学生最感兴趣的课程是《古今学术源流》。梁启
超回忆说:"先生每逾午则座讲古今学术源流,每讲辄历二三小时,讲者
忘倦,听者亦忘倦。每讲一度,则各欢喜踊跃,自以为有所创获,退省则
醰醰然有味历久而弥永也。"②梁启勋说得则更加具体,他回忆道:"我们
最感兴趣的是先生所讲的'学术源流'。'学术源流'是把儒、墨、法、道等
所谓九流,以及汉代的考证学,宋代的理学等,历举其源流派别。"③由此
可见,先秦诸子是康有为在万木草堂讲学的重要内容,也是学生们感兴
趣的重要学问。康有为在桂林讲学期间,更明确指出:"周、秦诸子宜读。
各子书,虽《老子》《管子》亦皆战国书,在孔子后,皆孔子后学。话虽相
反,然以反比例明正比例,因四方而更可得中心。""子家皆文章极美,学
者因性之所近,熟读而目得之。"④与此同时,他还提出"最初应该之书"的
"子部",包括孟、管、荀、墨、老、列、吕氏春秋、淮南子等子书。⑤ 由于康有

---

① 《昭墨篇》,《皇朝经世统编》卷 4,《文教部四·诸子》,光绪辛丑年上海宝善斋石印本。
② 《南海先生七十寿言》,《饮冰室合集》文集之四十四(上),第 28 页。
③ 梁启勋:《万木草堂回忆》,《文史资料选辑》第 25 辑,中华书局 1962 年版。
④ 康有为:《桂学答问》,第 34 页,《长兴学记、桂学答问、万木草堂口说》,第 25 辑,中华书局
　1962 年版。
⑤ 同上书,第 53—54 页。

为主张学生应阅读子书,因此他的学生以及受其影响的一批青年士子读子书、研究子书渐成风气。梁启超、陈千秋、麦孟华等学生中的骨干、其得意门生对乃师所讲授的今文经学及理学"弗嗜也,则相与治周秦诸子及佛典,亦涉猎清儒经济书及译本西籍"。对于诸子,梁启超尤"好《墨子》,诵说其兼爱、非攻诸论"。①

维新变法运动期间,梁启超、熊希龄等在湖南长沙开办的时务学堂,制定了《时务学堂学约》,其第四条"读书"规定:"每日一课,经学、子学、史学与译出西书四者间为课。"其第九条"经世"规定:"今日而言经世与唐宋以来之言经者又稍异,必深通六经制作之精意,证以周秦诸子及西人公理公法之书以为经。"②在时务学堂,子书不仅是学生的必修课,而且是讲求经世致用的重要思想来源。

梁启超在上张之洞书中提出:"书院课程应以六经、诸子为经。经学必以子学相辅然后知六经之用。诸子亦皆欲以所学治天下者也。"③张之洞在论及读书时指出:"读子为通经(以子证经,汉王仲任已发此义),子有益于经者三:一证佐事实;一证补诸经伪文、佚文;一兼通古训古音韵。然此为周秦诸子言也。"④虽然张之洞主张读子书以通经为目的,但他毕竟是赞成士子们读子书的。张之洞是晚清朝廷重臣,他的意见与态度在社会上具有举足轻重的影响。此后士子们阅读子书蔚为风气。这不仅使晚清学术文化格局发生重大转变,同时也成为诸子学复兴的标志之一。

二、诸子学研究的兴起

(一)子学通论

晚清诸子学研究起步于道咸年间,主要成就出现于同光年间。综合研究子书的学者,魏源、陈澧是道咸朝时期的代表,俞樾、孙诒让则是同

---

① 梁启超:《清代学术概论》,第 61 页,《饮冰室合集》专集之四十四。
②《湖南时务学堂学约十章》,《皇朝经世文统编》卷 9,《文部九·书院》。
③ 梁启超:《上南皮张尚书》,《饮冰室合集》文集之一,第 106 页。
④ 张之洞:《輶轩语》,第 28—29 页,《张文襄公全集》卷 204。

光朝时期的大家。魏源广注诸子书,主要有《老子本义》《墨子注》《孙子集注》等。陈澧在《东塾读书记》中,也综合研究了诸子,主要评释了《老子》《庄子》《管子》《墨子》《韩非子》《商君书》等。魏源、陈澧体现着当时盛行的汉宋兼采之风,而俞樾、孙诒让则继承了乾嘉考据学风。

在诸子综合研究方面,最著名且最有份量者当属俞樾的《诸子平议》。该书约成于 1870 年(同治九年),对先秦及秦汉诸子书进行训解,共 15 部 35 卷:《管子》6 卷,《荀子》《淮南内篇》各 4 卷、《墨子》《庄子》《吕氏春秋》各 3 卷、《春秋繁露》《贾子》《杨子法言》各 2 卷、《老子》《晏子春秋》《商鞅书》《韩非子》《列子》《杨子太元》各 1 卷。俞樾研究诸子的范围远不止于此。他自己曾讲:"余喜读古书,每读一书必有校正,所著《诸子平议》凡十五种,而其散见于'曲园''俞楼'两杂纂者又不下四十种。"①《诸子平议》模仿王念孙的《读书杂志》,内外证结合,广引古籍,以达到校勘文字、训释音义的目的。他的研究工作收获颇丰,有许多新的发现。比如,他在校训《管子·牧民》"守国之度,在饰四维"一句时说:"樾谨按:礼义廉耻,非由修饰。'饰'当读为'饬'。《诗·六月篇》:'戎车既饬。'《毛传》曰:'饬,正也。'饬四维者,正四维也。饬与饰,古通用。《易·杂卦传》:'蛊则饬也。'释文曰:'王肃本作饰'。《礼记·乐记篇》:'复乱以饬归。'《史记·乐书》作'复乱以饰归'并其证矣。"②校训细致,考证精详。这类见解在《诸子平议》中比比皆是。

与俞樾《诸子平议》相类似的著作有孙诒让的《札迻》12 卷。其校释先秦子书的篇目包括卷 4、卷 5、卷 6、卷 7,共 4 卷,涉及《管子》、《老子》、《庄子》、《韩非子》、《列子》、公孙龙等多家。《札迻》在治学方法上与王念孙、俞樾一样,其校训是比较精审的。章太炎评论道:"《札迻》者,方物王念孙《读书杂志》。每下一义,妥聑宁极,淖入凑理。书少于《诸子平议》,校雠之勤倍《诸子平议》。"③这个评价是公允的。

---

① 俞樾:《〈札迻〉序》,光绪二十年刊本。
②《诸子平议》卷 1,中华书局 1954 年版,第 1 页。
③ 章太炎:《孙诒让传》,《章太炎全集》(四),第 213 页。

（二）子学专论

1.《墨子》研究

《墨子》研究方面，在晚清有王闿运的《墨子注》，对《墨子》进行了简要注释；邹伯奇的《学计一得》，最早用西方科技解《墨经》；陈澧主要对《墨经》进行了文字考释；苏时学著《墨子刊误》，改正了《墨子》中的一些文字错讹。以上这些著述在学术界影响不大。

孙诒让的《墨子间诂》吸取了乾隆以来毕沅、王念孙父子、洪颐煊、俞樾、戴望等人的校注成果，是集大成之作。该书考证精密，从学术源流方面着眼，论定真伪。它的附录部分，有篇目考、佚文、传略、年表、传授考、绪闻、通论、诸子钩沉等。这些是向来治子书者所未曾做过的。《墨子间诂》从 1892 年完成初稿，到 1907 年定稿，前后达 15 年之久。其学术上最突出的成就在于突破了以往学者以子证经或以子援经的范式，采用了子经互证的研究路径。

由于《墨子》在流传中出现太多的错讹，因此孙诒让考据此书时"校"多于"训"。他广泛吸取前人的研究成果，取舍精审。但他采众家之长并不盲从，坚持自己的见解。比如，他训《尚同上》"上之所是，必皆是之。所非，必皆非之。上有过则规谏之，下有善则旁荐之"的最后一句说："案：'旁'与'访'通。王训为'偏'，非也。义详中篇。"[1]他认为，《尚同中》"己有善，旁荐之"一句"'旁'当为'访'之借字，皆从方得声，古多通用"。[2]在此，他训"旁"为"访"，更正了毕沅、王念孙等人的误训。他对《墨子》还进行了一些新的解释，这方面主要体现在他以西方科技解《墨子》上，比如《墨经》上下与《经说》上下四篇。他认为，"四篇皆名家言，又有算术及光学、重学之说，精眇简奥，未易宣究。其坚白异同之辨则与公孙龙书、《庄子·天下篇》所述惠施之言相出入"。[3] 在这方面，孙诒让主要吸取了张惠言、邹伯奇、陈澧的解释，又加上他自己的研究所得。因此，他

---

[1]《墨子间诂》，第 45 页。
[2] 同上书，第 48 页。
[3]《墨子间诂》，第 190 页。

对《墨子》的校释比前人迈进了一大步。

　　对于孙诒让《墨子间诂》一书,时人给予了很高的评价。一代考据学大师俞樾予以这样的评价:"瑞安孙诒让仲容乃集诸说之大成,著《墨子间诂》,凡诸家之说,是者从之,非者正之,阙略者补之。至《经》《说》及《备城门》以下诸篇,尤不易读。整纷剔蠹,脉摘无疑。旁行之文,尽还旧观。讹夺之处,咸秩无紊。盖自有《墨子》以来,未有此书也。"①章太炎评价说:"诒让集众说,下以己意,神恉迥明,文可讽诵。自《墨子》废二千岁,儒术孤行,至是较著。"②梁启超的评价则更高:"大抵毕注仅据善本雠正,略释古训;苏氏始大胆刊正简错;仲容则诸法并用,识胆两皆绝伦,故能成此不朽之作。然非承卢、毕、孙、王、苏、俞之后,恐亦未易得此也。仲容于《修身》《亲士》《当染》诸篇,能辨其伪,则眼光远出诸家之上了。其《附录》及《后语》,考订流别,精密闳阔。现代墨学复活,全由此书导之。古今注《墨子》者莫能过此书,而仲容一生著述,亦此书为第一也。"③

　　与孙诒让同时治《墨子》而较有成就者是曹耀湘。他是湖南人,咸丰朝进士,墨学著述有《墨子笺》,即大规模考订。该书注重"义理"与"考据"相结合,除训释文字之外,每篇结尾均有主旨简评。这些结论多能得墨学之要领,并且彻底摆脱了孟子辟墨以及长期以来排斥、否定墨学的陈旧观念与门户之见,从学理上肯定《墨子》。学术史家张舜徽评论说:"就晚清全国范围来说,专治《墨子》的注家,以孙著的《墨子间诂》和曹氏之笺最精。孙著以考证名物训诂为详,曹笺以畅通指要为归。各有攸长,可以媲美。由于曹氏深藏若虚,不自表襮,他的书一直没刊行。直到1915 年才由湖南官书报局排印行世。但印数不多,流传甚少。"④

　　2.《老子》《庄子》研究

　　晚清老学研究出现了较繁荣的局面,人数众多,著作繁富。据不完

---

① 俞樾:《〈墨子间诂〉》序,孙诒让:《墨子间诂》,中华书局 1954 年版,第 1 页。
② 章太炎:《孙诒让传》,《章太炎全集》(四),第 213 页。
③ 梁启超:《中国近三百年学术史》,第 255 页。
④ 张舜徽:《清儒学记》,齐鲁书社 1991 年版,第 357 页。

全统计,晚清老学著作即有 50 余部。它们是:李涵虚的《道德经注释》、陈宗起的《老子笔记》、王时行与茆泮林合著的《老子河上公注》、王用之的《重校老子河上公注》、邓延桢的《老子韵文》、魏源的《老子本义》、梁章钜的《老子随笔》、方东树的《老子章义》、宋翔凤的《老子章义》、吴云的《老子道德经幢残石校记》、朱骏声的《老子简端记》、徐鼒的《老子杂释》、陈澧的《老子注》《老子考》、郑珍的《老子注》、李慈铭的《论老子》《订老子佳兵不详章》《校老子集解考异》、俞樾的《老子平议》、丁杰的《道德经直解》、高延第的《老子证义》、陶鸿庆的《读老子札记》《老子王弼注勘误》、王家璧《老子注》、魏锡曾的《校老子》《道德残幢校语》、德园子《道德经证》、陆心源的《道德真经指归校补》、黄裳的《道德经讲义》、易顺鼎的《读老札记》《读老札记补遗》、吴汝纶的《点勘老子读本》、谭献的《读老子》、郭阶的《老子识小》、张元道的《老子释》、阙名的《老子约》、易佩绅的《老子解》、滕云山的《道德经浅解》、李宝泾的《老子文粹》、王闿运的《老子注》、杨文会的《道德经发隐》、熊元锷的《评点老子》、严复的《老子道德经评点》、孙诒让的《老子札迻》、文廷式的《老子枝语》、刘师培的《老子韵表》《老子校补》、陶邵学的《校老子》、陈仁恩的《黄老指归》、戴祖启的《老子新解》、杨浑的《道德经列传》、余明善的《道德经注解》、叶德辉的《辑叶梦得老子解》、于鬯的《老子校书》、王儒舱的《老子道德经点句》、赵熙的《道德经批注》、王仁俊的《老氏微言》《老子正义》《老子异同》、王宜之的《老子王弼注鉴定》。①

晚清老学研究最有代表性的是魏源的《老子本义》与陈澧的《老子注》。

魏源《老子本义》2 卷,成书于 1848 年。全书共 68 章,采名家注,并附己见。每章末,集各家解于后。《老子本义》附录 1 卷,引古书中有关《老子》之文字而成。魏源青年时代受到湖南"经世致用"之理学的影响,接受了今文经学,注重经学的"微言大义",并且"留意经济之学"。然而,

---

① 严灵峰:《周秦汉魏诸子知见书目·中国老子书目录》,台北中正书局 1975 年版。

他在从儒学经典中努力寻找治国方略的过程中，发现儒家"内圣外王"之学已无力挽救中国的危机，遂扩大了其研究范围，把学术重点由经学转向子学。他潜心研究《老子》，撰成《老子本义》，书中大胆地肯定《老子》的社会价值，把《老子》视为"救世之书"。①　这样，魏源便把通"经"致用发展到通"子"致用。

魏源首先从《老子》中汲取哲学营养。如老子说："道生一，一生二，二生三，三生万物。万物负阴而抱阳，冲气以为和。"②魏源对此深入研究，颇有创获。他认为："君子之道，始于一，韬于一，积于一，优游般乐于一。一生变，变生化，化生无穷。……天下物无独必有对；又谓两高不可重，两大不可容，两贵不可双，两势不可同，重、容、双、同必争其功。何也？有对之中必一主一辅，则对而不失为独。……虽相反如阴阳、寒暑、昼夜，而春非冬至不生，四夷非中国莫统，小人非君子莫䏁㦬，相反适以相成也。"③在此，可以明显看出魏源从对《老子》的认真研究中获得了关于事物的对立统一关系、矛盾的普遍性及主要矛盾方面、事物的变化规律的认识。然而，他并未在哲学层面进一步深入研究《老子》，对其做重要重构与发展，重心放在以《老子》的哲学精髓作为经世致用指导思想的理论基础。魏源主要从社会价值层面阐述《老子》，以求找到经世之术。

"自然"是《老子》的主要思想之一，其中包含了人生观的内涵，又与社会政治主张相通，因此，魏源注重对其进行研究。他认为："道本自然，法道者亦法其自然而已。自然者性之谓也。人而复性，则道之量无不全矣。"④在此，他把"自然"看作得道的根本途径。他又是如何理解"道"的呢？他说："老之自然，从虚极静笃中得其体之至严至密者为本。欲静不欲躁，欲重不欲轻，欲蓄不欲丰。容胜苛，畏胜肆，要胜烦，故于事性因而

---

① 魏源：《论老子》（二），《老子本义》，第 2 页。
② 《老子本义》第 36 章，见《诸子集成》（三），上海书店 1986 年影印本。
③ 《默觚上·学篇十一》，《魏源集》（上），第 26—27 页。
④ 《老子本义》，第 21 章。

不倡,迫而后动,不事先而为,夫是之谓自然也,岂滉荡为自然乎!"①他对
"自然"的理解与魏晋以来的士人们有很大的差别,更近于老学的本意。
与"自然"相通的是《老子》"无为而治"的思想。魏晋以来士大夫对此误
解而加以排斥,封建统治者外儒内法,都把"无为而治"视为消极避世或
无所作为。魏源通过自己的刻苦钻研重新发现了"无为而治"思想的重
大社会价值,并对其真实内涵详细阐释:"无为治天下,非治之不治,乃不
治以治也。功惟不居故不去,名为不争故莫争;图难于易,故终无难;不
贵难得之货,而非弃有用之地也;兵不得已用之,未尝不用兵也;去甚去
奢去泰,非并常事之去也;治大国若烹小鲜,但不伤之,即所保全之也。
以退为进,以胜为不美,以无用为用,孰谓无为不足治天下乎?"②由此可
见,魏源所主张的无为而治,不是无所作为,而是举动得时、得体,采取体
察民情、顺应民意、休养生息的政策。对于《老子》的"慈""俭""不敢为天
下先"等思想,都进行了充分论述。《老子本义》是19世纪即诸子学研究
兴起阶段老学研究最重要的著作。

陈澧的《老子注》1卷,约成书于1861年。该著作没有逐句注解《老
子》全书,但在文字训释、义理阐述等方面常有独到见解。如《老子》第16
章"知常容"一句,陈澧注:"知万物皆当归根复命,自不争竟而能容物。"
有些注释则反映了陈澧鲜明的思想倾向。如《老子》"道可道,非常道",
陈澧注:"言常道不可道,常名不可名也。常道常名谓道也。""道在天地
之先,而万古不变,故曰常也。既有天地之后,万变不穷,其道可道,其名
可名,然变成非常矣"。在此,他虽然也认为"道"生于天地之先,但认为
"道"并非守"常"不变的,从而赋予"道"发展变化的性质,直接为通"子"
致用寻找根据。这与以往注释《老子》认为"道"深隐幽冥而不可言有很
大的不同。如《老子》第60章"古之善为道者,非以明民,将以愚之",陈
澧注:"秦法如此。"③表现了他对秦朝专制统治的憎恨,实际也隐含着他

---

① 《论老子》(三),《老子本义》,第3页。
② 同上。
③ 陈澧:《老子注》(手抄本),第16、1、57页。

对当时政治的不满。

晚清研究《庄子》最重要的成果是郭庆藩的《庄子集释》与王先谦的《庄子集解》。

《庄子集释》成书于 1894 年。郭庆藩在此书中集录了晋代郭象《庄子注》、唐代陆明德《经典释文》、成玄英《庄子疏》及清代卢文弨、王念孙、王引之、俞樾等人的《庄子》校释。他对其中部分文字附以案语，抒发自己见解。该书广集前人成果，对《庄子》进行了详细校注与阐释，因此，其卷帙浩繁，为晚清《庄子》注本之最。郭庆藩偏重文字校释，自己的思想阐述不多。

《庄子集解》成书于 1909 年。王先谦不像一般人那样，视《庄子》为出世之书，而是认为《庄子》"意犹存乎救世"，"非果能回避以全其道者也"。然而，略感遗憾的是，他并未就此深入研究下去，对《庄子》思想，阐述极少。他继承乾嘉学风，"艾取众长，间下己意，辑为八卷"。[1] 王先谦广泛吸取前人的注疏成果，共引述前人《庄子》校注 20 余家，包括经、史、子、集等古籍40 多种。但《庄子集解》并不像郭庆藩《庄子集释》那样，照录前人注疏，而是进行大规模的删选，一般只取结论而不讲考据的经过。从一般读者角度而言，简明扼要，阅读方便；若从研究者角度而言，则失之简略。

3.《管子》研究

晚清俞樾著《管子平议》6 卷，校训多有创获，而戴望《管子校正》则后来居上。

戴望为浙江著名学者，其《管子校正》24 卷，成于同治年间。他集王念孙、洪颐煊、俞樾等人之所长，承乾嘉考据学之遗风，校正了原书许多讹误。如《管子·牧民》"地辟举则民留处"一句，"望案，朱东光本作'地举辟则可留处'。据尹注，似亦作'地举辟'，举处为均，上下文皆协均。此不宜独异。《轻重》甲篇曰：'地辟举则民留处。'《事语》《地数》二篇并曰：'壤辟举则民留处'，是其明证。朱本'可'字误。"[2]在此，他以内证方

---

① 王先谦：《庄子集解》"自序"。
②《管子校正》卷 1，第 17 页，《诸子集成》，上海书店 1986 年版。

法校正了以"民"为"可"之误。这类事例非常之多。时人潘祖荫(江苏吴县人,字伯寅。咸丰朝进士。官累迁至军机大臣。)评论戴望《管子校正》"实事求是,深恶空腹高心之学,是书精当,必传无疑。"①《管子校正》为清代考证《管子》集大成的著作,亦为流传广泛的最新读本。

4.《荀子》研究

《荀子》在子书中地位比较特殊,它既是儒学的重要著作,又是法家学说的重要源头。因此,乾嘉时期,即经学考据风靡一时之际,荀子就成复兴之势,研究《荀子》者名家辈出,荀子研究在清代有一个很好的基础。晚清《荀子》研究的最重要著作是王先谦的《荀子集解》。

《荀子集解》20卷,成书于1891年。该书以杨倞注本为底本,综合乾嘉以来卢谢本、顾广圻、郝懿行、刘台拱、陈昌齐、王念孙、俞樾等10余家校注成果,详加考释,择善而从。它是清代考据荀子的总结性著作。由于王先谦学问功底深厚,其中不乏他自己的独到见解,订正前人的不当之处。譬如《荀子·劝学篇》中"方其人之习君子之说,则尊以遍矣,周于世矣"一句,王先谦说:"当其人习说之时,则尊高而遍用世事矣,六经则不能然矣。郝懿行曰:'案,方古读如旁,亦读如傍,此方当读依傍之傍。言亲近其人而习闻其说,则禀仰师承周遍于世务矣。故曰,学莫便乎近其人'。先谦案,郝读方为傍则'习'上'之'字不可通。'习'有积贯之义,其近其人则不能常习其说。《吕览·任数篇》,习者曰高注:习,近。是'习'与'近'义亦相能,言'习'其说即知是'近'其人。不必读'方'为'傍',转致文义支离也。"②在此,王先谦更正了郝懿行的误释。这种精刊的训释在该书中随处可见。

著名学者支伟成评价《荀子集解》说:"《荀子集解》二十卷。用高邮王氏《读书杂志》例,取诸家校本,参稽考订,补正杨注凡数百事,可谓阐陵功臣。"③

---

① 潘祖荫:《〈管子校正〉序》。
② 《荀子集解》卷1,第8页,《诸子集成》,上海书店1986年版。
③ 支伟成:《清代朴学大师列传》"提倡朴学诸显达列传第二十",岳麓书社1986年版。

5.《韩非子》研究

清代研究《韩非子》的总结性著作当属王先谦之弟王先慎的《韩非子集解》。

《韩非子集解》成书于1895年,刊行于1896年。该书体例仿乃兄王先谦的《荀子集解》。该书以宋乾道本为底本,收集了清代卢文弨、顾广圻、王念孙、张文虎、俞樾、孙诒让等诸家的有关校注,并以唐、宋类书如《群书治要》《太平御览》《艺文类聚》《北堂书钞》等资料参照校释。与此同时,该书也集录了前人的序跋列入"考证"一目。

清代有的学者对《韩非子集解》评价不高。比如梁启超就评论它"荟集众说,较称善本,但比诸乃兄之《荀子集解》差多了"。[①] 在此,梁启超只是就王先慎的《韩非子集解》与乃兄王先谦的《荀子集解》相比较而言。综观《韩非子集解》,虽有某些疏漏,但王先慎综合前人的成果,其中不乏个人见解,训释亦有精到之处。实际上,这是清代第一部全面校释后的《韩非子》读本,其在学术界的贡献不应抹杀。

三、诸子学研究的发展

(一) 作为思想启蒙的诸子学

梁启超、严复都是戊戌变法时期的启蒙思想家,而他们之转向诸子学的研究是在20世纪初年。他们的诸子学不仅仅是学术研究,而且更重要的是思想启蒙意义。

1. 梁启超

20世纪初年,梁启超对诸子学的贡献主要是对墨学的研究。梁启超喜好墨学思想,一是渊源于康有为在万木草堂讲授诸子学,一是受孙诒让《墨子间诂》的直接影响(孙氏《墨子间诂》出版后即寄给梁氏一部)。1896年,梁启超认为,当此"守旧之风,不敌开新"之际,应提倡中学与西

[①] 梁启超:《中国近三百年学术史》,第258页。

学并举,主张"墨子之学当复兴"。① 戊戌变法失败后,梁启超流亡日本,广泛接触西方社会政治学说,视野大为开阔。他在介绍西学的同时,全面反思中国传统文化并有选择地研究。

孙诒让的《墨子间诂》是 19 世纪考据《墨子》的集大成者,梁启超则是 20 世纪初年阐扬墨学的顶尖人物。1904 年,梁启超在《新民丛报》上发表《子墨子学说》,全文包括叙论和五章正文,另外又发表了《墨子之伦理学》,专述其逻辑思想。

对《墨子》带有功利主义色彩的经济学说,梁启超做了辩证分析。一方面,他赞赏墨学注重道德与实利相统一的观点。他总结墨学实利主义的三条公例是:"凡事利余于害者谓之利,害余于利者谓之不利";"凡事利于大多数者谓之利,利于少数者谓之不利";"凡事能使吾心泰然满足者谓之利,否则谓之不利"。他认为,《墨子》的实利主义"大率毗于物质上,而精神上未免阙如"。有了这三条,则"墨子之言利,圆满无遗憾也"。② 这样,他阐述了墨学关于"兼相爱、交相利"的思想,从而对墨子"节用""节葬"的主张均表赞同。但另一方面,他又批评墨子"功利主义"的极端倾向。他对墨子"非乐"的观点表示反对,认为他"知有物质之大利,而不知有精神上之实利",③是一个很大的缺憾。梁启超这样的分析是客观公正的。

梁启超对《墨子》政治思想也有辩证的评价。他认为:"墨子之政术,民约论之政术也。泰西民约主义,起于霍布士,盛于陆克,而大成于卢梭,墨子说,则视霍布士为优,而精密不逮陆、卢二氏。"其根据是什么呢?梁启超说:墨子论国家起源由"人人恣其野蛮的自由"到"选择贤圣立为天子"。这与霍、陆、卢诸氏看法相同。立"天子"之后,墨子提出"上同于天子"。这与陆、卢的民权主张不同,而类似霍布士的"君权神圣说"。但墨子又有"天子未得恣己而为政,有天正之"(《墨子·天志》)的思想,因

---

① 《西学书目表后序》,《饮冰室合集》文集之一,第 126—128 页。
② 《子墨子学说》第 2 章,《饮冰室合集》专集之三十七,第 29 页。
③ 同上。

而对君权有所限制,较霍布士学说圆满。① 在此,梁启超把《墨子》的政治思想阐释为近乎近代西方的"君主立宪"制度。

梁启超墨学研究有两个鲜明的特点:

其一,梁启超最先采用西方社会科学的理论和方法治墨学。他校释《墨经》时,强调"在善疑、在求真、在创获"。因此,他的思想解放,大胆采用西方科技原理释《墨经》,受到学术界的承认与重视。然而,更为重要的是,梁启超最先采用西方社会科学(如政治学、经济学、哲学等)理论与方法阐发墨学。

其二,梁启超的中外学说比较,使墨学研究达到了前所未有的思想深度。他不仅把墨学与儒、道、法等家中国的传统学派比较论述,而且把墨学与古希腊学说、近代欧洲哲学社会科学以及基督教比较研究,议论纵横,开辟了崭新的诸子学研究路径。他将墨子的经济学说与边沁的功利主义、"兼爱"与西方社会主义、基督教的博爱,墨子的政治主张与西方国家学说进行全面比较,等等。他发掘墨家有价值的思想,又分析其缺陷之所在。

20 世纪初年,在浩如烟海的古籍中,梁启超为什么青睐《墨子》呢?除了前面提到的梁启超的墨学渊源以及子学复兴潮流的推动外,这与当时的政治形势和作为政治家、思想家的梁启超的思想活动密切相关。戊戌变法的惨败,使梁启超深刻反思。他看到国人沉睡,认识到启蒙教育的重要性和紧迫性。他利用自己的学问功底和宣传家的特长,在其主办的《新民丛报》上连篇累牍地发表了"新民说"等文,指出"新民为今日中国第一要务",呼吁改造国民性。他的启蒙宣传一方面引进西学,另一方面努力发掘古代优秀文化中切合现实的思想养料,使二者结合起来。梁启超发现墨学的价值恰恰适应了当时的这种需要。

辛亥革命前,梁启超研究诸子的第二个重心是法家学。1906 年 7 月,清政府宣布"预备仿行立宪",资产阶级立宪运动走向高涨。1908 年 2 月,梁启超将活动阵地从海外转移到国内。他在从事宪政活动的同时,

---

① 《子墨子学说》第 4 章,《饮冰室合集》专集之三十七,第 37—40 页。

研究中外法制思想，以为政治运动服务。这一年，梁启超撰写了《王荆公》《管子评传》等。

《管子评传》共十三章，书中介绍了管子的时代及其经历，而重点在于阐述其思想。梁启超指出："今天下言治术者"最发达的"曰国家思想也，曰法治精神也，曰经济竞争也，曰帝国主义也"。他认为这是国家富强的根本思想，而我国古代的管子就已具备这种思想了。①

梁启超认为"管子之内政以理财、治兵、教育为三大纲"。② 他对管子的经济思想给予了高度关注，从生产、消费、分配等主要方面进行阐释。他指出，管子是主张国家干预生产的。因为不干预则不能"举自由竞争之实"，而国家干预生产的办法"大旨主于尽地利劝农事"，奖励生产。但管子并非传统观点所说的"重农抑末"，"其言奖励工业者，不胜枚举"，"而商业又其所最重也"。③ 梁启超认为国家干预生产与亚当·斯密的放任政策、重商主义不同，"足证斯密之误"。在消费方面，《管子》一书思想较庞杂，既崇俭，反对奢侈，又肯定在一定条件下"奢侈"对刺激生产的有利作用。梁启超对《管子》的"侈靡"主张不感兴趣，而对管子的崇俭思想非常赞赏，"于崇俭之旨，三致意焉"。梁启超主要阐述了《管子·轻重》中的分配思想。他说："考其枢纽所在，不外操货币以进退百物"，但《管子》的货币包括金属与谷物两种。管子"币与谷权百物，复以币与谷相权"。政府根据市场价格的涨落而确定货币与谷的"聚散"，从而通过对市场的控制而干预人民的消费。梁启超对《管子》的"金融"思想评价很高。他认为《管子》的金属货币与谷犹如近代的纸币和实币，"与今世各国调和实币与纸币之策若合符节也"，"天下各国人民养生送死之具，其柄无不操自管子"。因而能"九合诸侯，一匡天下"。④ 他在《管子》与近代西方经济学的比较研究中，表现出对自由放任的资本主义经济的不满和

①《管子评传》第 1 章，第 1 页。
②《管子评传》第 11 章，第 37—38 页。
③ 同上。
④《管子评传》第 11 章，第 39—50 页。

对国家干预经济的赞同。从中也看出当时梁启超思想的矛盾状态：既想发展中国经济，又要避免西方资本主义的弊端。

"法治主义"的政治思想是《管子评传》最重要的议题。梁启超说："其以伟大之政治家而兼伟大之政治学者"，在中国只有管子和王安石二人。① 他认为，管子是我国"法治主义"之祖。"今世立宪之国家，学者称为法治国。法治国者，谓以法为治之国家也。而通五洲万国数千年间，其最初发明此法治主义以成一家言者谁乎？则我国之管子也。"②梁启超以西方政治学说为参照，立足于当时社会需要而阐释《管子》思想。

梁启超阐扬《管子》政治思想的另一个重心是"国家主义"。他认为在诸子各派中法家最具国家主义思想。他说："道家主张非专制主义，儒、墨、法三家，皆主张开明专制主义，而三家之中，儒、墨皆以人民利益为标准，法家则以国家利益为标准。"③戊戌变法失败后至 1903 年以前，梁启超从思想到言论都比较激进；而 1903 年以后，他已失去了当年的朝气。此时，卢梭的"民约论"在其思想中已失去地位，他接受了德国思想家伯伦知理的"国家主义"。他认为："若卢梭为 19 世纪之母，则伯伦知理其亦 20 世纪之母焉矣。"④

2. 严复

严复的启蒙思想与梁启超有些差别，他不像梁启超的启蒙思想那样庞杂并且注重对中国古代文化的阐发，而是通过大量翻译工作使中国人对西方文化的认识与接纳从器物、制度层面深入到哲学领域。与此同时，他将中西文化融合，并以西学为参照来剖析中国古代文化。

严复评点老庄十分典型地反映了中西思想文化会通的潮流，与他的启蒙思想又是完全一致的。严复所接受与传播的主要是 19 世纪西方达尔文、斯宾塞、孟德斯鸠、亚当·斯密、穆勒等人的学说。因此，他认为老

---

① 《管子评传》第 1 章，第 2 页。
② 《管子评传》第 6 章，第 9 页。
③ 《开明专制论》，《饮冰室合集》文集之十七，第 23—24 页。
④ 《政治大家伯伦知理之学说》，《饮冰室合集》文集之十七，第 89 页。

庄学说与"达尔文、孟德斯鸠、斯宾塞相通"。① 对于 19 世纪的西方思想，严复根据中国社会的现实需要而进行取舍，而对于中国的传统文化如老庄，严复则主要基于他所接受的西学进行理解、阐发与批评。

严复注意到《老子》在形而上学方面的突出成就。对于《老子》第一章"同谓之玄，玄之又玄，众妙之门"，严复评点说："西方哲学所从事者，不出此十二字。"②这种评论是基于老子建立了超越一般知识的本体论。这个本体论即老子含义十分丰富而深刻的"道"。严复主要从万物的本原方面理解老子的道。他认为："老谓之道，《周易》谓之太极，佛谓之自在，西哲谓之第一因，佛又谓之不二法门。"③究竟如何理解老子"道"作为万物本原的特性呢？ 具有丰富近代自然科学知识的严复主要从物质性方面阐释。对《老子》第二十一章的"道"论，严复很明确地说："有象之物，方圆也；有物之物，金石是也；有精之物，草木虫人是也；以夷、希、微之德而涵三有。甚真，故可观妙；有信，故可观徼；为一切之因，而有果可验。物之真信，孰逾此者。"④严复这种阐释带有明显的唯物论倾向，远远超出前人关于"道"的玄虚说法。

在《庄子》评点中，严复注重进化论思想的发掘。他评说《庄子·齐物论》中"夫吹万不同，而使其自己也"一句时，说："一气之转，物自为变。此近世学者所谓天演也。"⑤在此，他把"吹万"之声衍释为"天演"之义，明显支离了。对于《庄子·至乐》"种有几"一句，他阐释为："此章所言，可以与晚近欧西生物学家所发明者互证，特其名词不易解释。""然有一言可以断定者，庄子于生物功用变化，实已窥其大略，至其细琐情形，虽不尽然，但生当二千余岁之前，其脑力已臻此境，亦可谓至难而可贵矣。"⑥在此，严复用西方的进化论、发展观阐释《庄子》。虽然从学术的角度而

---

① 《严复集》第 4 册，第 1100 页。
② 同上书，第 1075 页。
③ 同上书，第 1084 页。
④ 同上书，第 1083 页。
⑤ 《庄子评语》，《严复集》第 4 册，第 1106 页。
⑥ 《严复集》第 4 册，第 1127 页。

言训释不够严谨，但从思想的角度讲，有着重要的启蒙意义。

严复对老庄的评点又明显地与西方自由、民主观念融会起来。他说："今日之治，莫贵乎崇尚自由。自由则物各得其所自致，而天择之用存其所宜，太平之盛，可不期而自至。"①如《老子》第三十五章"往而不害，安、平、太"一句，严复注云："安，自由也；平，平等也；太，合群也。"这种评点与以往学者的训释大相径庭。严可均说："'年太'，《御注》《大典》作'平泰'。"王引之在《经传释词》中认为："安，犹于是也，乃也，则也。老子曰'往而不害，安平太'，言往而不害，乃得平泰。"②从文字训释而言，严可均、王引之的注解更通达。严复着意从思想阐释，在《老子》的旧瓶中装进了西方自由、平等思想的新酒。

在《庄子评语》中，严复更发挥了"自由"思想。他指出：《庄子》者，非出世之学也。"③如他批点《庄子·应帝王》时，认为："言治国宜听民之自由自化，故狂接舆以日中始之言以欺德。""郭注云：夫无心而任乎自化者，应为帝王也。此解与晚近欧西言治者主张合，凡国无论其为君主，为民主，其主治行政者，即帝王也。为帝王者，其主治行政，凡可以听民自为自由者，应一切听其自为自由，而后国民得各尽其天职，各自奋于义务，而民生始有进化之可期。"④

（二）作为国粹的诸子学

章太炎与刘师培都是资产阶级革命派中反满最激烈者，又都师承古文经的学术传统。他们在学术上的建树代表了 20 世纪初年国粹派知识分子的倾向。

1. 章太炎

1903 年至 1910 年，是章太炎学术创获的黄金时期，同时也是他研究先秦诸子的最重要时期。胡适说："校勘训诂的工夫，到孙诒让的《墨子

---

① 《严复集》第 4 册，第 1082 页。
② 朱谦之《老子校释》，中华书局 1984 年版，第 140、141 页。
③ 《严复集》第 4 册，第 1104 页。
④ 《严复集》第 4 册，第 1118 页。

间诂》,可谓最完备了。但终不能贯通全书,述墨学的大恉。到章太炎方才于校勘训诂的诸子学之外,别出一种有条理系统的诸子学。"①在此,胡适既肯定了章太炎诸子学研究的重要意义,又指出其诸子学研究的重要特征。章太炎的诸子学研究在于贯通,以阐明诸子学的义理。

章太炎对先秦逻辑学(中国古代称之为名学)进行了比较深入的研究。他认为:"凡正名者,亦非一家之术,儒、道、墨、法必兼是学,然后能立能破。"②他重视荀子、墨家的逻辑思想。他说:"自惠施、公孙龙,名家之言,务求其胜,其言不能无放纷,尹文尤短。察之儒墨,墨有《经》上下,儒有孙卿《正名》,皆不为造次辩论,务求其柢。鲁胜有言:取辩乎一物而原极天下之污隆,名之至也;墨翟、孙卿近之矣。"③因此,他主要研究了墨家的荀子。他以佛学、《荀子·正名》与《墨经》互相参照,阐释"名"的形成。他认为:"名之成,始于受,中于想,终于思。"④这样,章太炎把"名"的概念的形成分为受、想、思三个阶段。他指出,在先秦逻辑学中,"言名相则荀优,立辩论则墨当"。⑤ 因此,他重点研究了墨家的逻辑推理。

章太炎研究先秦诸子的中心是道家,尤其是《庄子》。《诸子学略说》、《国故论衡》中的"原道"、《庄子解故》、《齐物论释》等是他研究老庄的力作。

以佛学解《老子》是章太炎治"老子"的重要特色。在其眼中,"老子"与佛学是相通的。他认为老子颇知涅槃之义,"老庄盛言缘起内证,少言涅槃。唯庄子说卜梁倚不死不生,老子说此道者不欲盈,夫唯不盈,故能蔽不成新,皆涅槃义。盈者赢也,蔽者毕也"。⑥ 就这样,章太炎把老子与佛学融合起来,会通佛道。

章太炎更为重视《庄子》。他明确否定"庄子足以乱天下"的传统说

---

① 胡适:《胡适文集》(六),北京大学出版社 1998 年版,第 181 页。
②《诸子学略说》,《章太炎政论选集》(上),第 300—301 页。
③《国故论衡·原名》。
④ 同上。
⑤ 汤志钧编:《章太炎年谱长编》上册,第 307 页。
⑥《菿汉微言》,第 22 页。

法,他严正指出:"庄周愤世湛浊,已不胜其怨,而托危言以自解,因以弥论万物之聚散。其于治乱也何庸?"①1906 年,章太炎在其撰写的《诸子略说》中,对庄子的人格评价最高。他说:"庄子晚出,其气独高,不惮评弹前哲,愤奔走游说之风,故作《让王》以正之;恶智力取攻之事,故作《胠箧》以绝之。其术似与老子相同,其说乃与老子绝异。"②辛亥革命前夕,《庄子》成为章太炎心目中最完美的古学思想宝库。他说:"若夫九流繁会,各于其党,命世哲人,莫若庄氏:《逍遥》任万物之各适,《齐物》得彼是之环枢,以视孔墨,犹尘垢也。"③在此,他把《庄子》的《逍遥游》《齐物论》作为中心内容。

章太炎发挥万物齐一、否定是非的思想,对近代价值观念发表了许多独到的见解。其中最突出的就是"平等思想"。他在《齐物论释》中开宗明义:"齐物者,一往平等之谈。详其实义,非独等视有情,无所优劣,盖离言说相,离名字相,离心缘相,毕竟平等,乃合齐物之义。"④这就是他所谓的抛弃一切标准,等视万物的绝对平等。那么,如何解决理想与现实之间的矛盾呢? 他的办法是:"齐其不齐,下士之鄙执,不齐而齐,上哲之玄谈。自非涤除名相,其孰能如此。"⑤也就是说,他主张不要强行消灭一切已经存在的差别,而是任凭万物无拘无束地发展,从而在这种不平等中体现平等。

他在阐述《庄子》"齐文野"时,表现出民族主义的正气。章太炎对西方列强的侵略疾恶如仇。他明确指出:"吾种族革命则满人为巨敌","若就政治社会计之,则西人之祸吾族,其烈千万倍于满洲。"⑥因此,《齐物论》就成为他强烈反对西方侵略的有力武器。《齐物论》"尧问"一段,大意是舜劝尧不要征伐卑微褊小的三国,包含破除文野之见的意义。章太

---

① 《訄书初刻本·儒道》,《章太炎全集》(三),第 9 页。
② 《诸子学略说》,《章太炎政论选集》(上册),第 293 页。
③ 《庄子解放》,《章太炎全集》(六),第 127 页。
④ 《齐物论释定本》,《章太炎全集》(六),第 61 页。
⑤ 《齐物论释定本》,《章太炎全集》(六),第 61 页。
⑥ 《革命军约法问答》,《章太炎政论选集》上册,第 432 页。

炎认为,本节是全篇的主旨:"尧问一章,宜在最后,所以越在第三者,精入单微,还以致用,大人利见之致,其于是斯。"①他非常看重本章的主旨,认为"应物之论,以齐文野为究极。"②因此,他借阐释《齐物论》,并以此为武器,猛烈抨击西方列强打着传播文明的旗号而行侵略之实。他指出:"志在兼并者,外辞蚕食之名而方寄言高义。若云使彼野人获与文化,斯则文野不齐之见,为桀跖之嚆矢明矣。"③章太炎反复宣传"齐文野"思想,力图摧毁侵略者的理论根基。他说:"文明野蛮的话,本来从心上幻想出来,只是事实上看,什么唤做文明,什么唤做野蛮,也没有一定的界限,而且彼此所见,还有相反之处。""所以,第一,要造成舆论,打破文明野蛮所见,使那些怀挟兽心的人,不能借口"。④ 这是半殖民地国家有良知的思想正义的呼声与庄严的声明,具有积极的思想意义与重大的社会价值。

2. 刘师培

刘师培治诸子范围较广。他研究了《老子》《墨子》《管子》《庄子》《晏子春秋》《荀子》《杨子法言》《韩非子》等。他对诸子学的研究分为前期和后期:1903 年—1908 年为前期,阐释诸子思想;1909 年—1919 年为后期,校勘诸子著作。他对诸子学的贡献主要在前期。

刘师培认为道家学说与西方社会学相通。他说:"盖道德家言由经验而反玄虚,以心体为主观,以万物为逆旅,以本为精,以物为粗,以有积为不足,而与时为迁移,乃社会学之归纳派也。今西儒斯宾塞尔作《社会学原理》,以心理为主,考察万物,由静观而得其真,谓人类举止悉在因果律之范围,引其端于至真之原,究其极于不遁之效。旁及国种盛衰之故,民心醇驳之源,莫不挥斥旁推精深微眇,而道家之说适与相符。"同时,他又认为,"阴阳家言执一理以推万事,推显而阴幽,由近而及远,即小以该

①《齐物论释定本》,《章太炎全集》(六),第 64、101、100 页。
②同上。
③同上。
④《论佛法与宗教、哲学以及现实之关系》,《中国哲学》第 6 期,第 309—310 页。

大,乃社会学之分析派也。"但是他也发现道家与阴阳家的不足,指出:"道家言多舍物而言理,阴阳家言复舍理而言数,此其所以逊西儒也。"①刘师培以当时的西学阐释道家与阴阳家虽然牵强附会,但其探索精神与思想意义还是应该予以肯定的。

对于墨家,刘师培在儒、墨两家伦理规范的对比中进行评说。他指出儒家"以社会国家之伦理皆由家族而推,由亲及疏,由近及远,重私恩而轻公谊,盖仍宗法制度之遗训则也。"反观墨家,"倡兼爱之说集矢于儒书,揆其意旨欲人人兼爱交利,爱人犹己,争竞不生。儒家斥之以为失亲疏之别未为当也"。② 在论述"政法学"时,刘师培认为:"儒家所言政法,不圆满之政法学也。墨家不重阶级,以众生平等为归,以为生民有欲无主则乱,由里长、乡长、国君以上同于天子。而天子者又当公好恶,以达下情,复虑天子不能践其言也,由是倡敬天明鬼之说以儆惕其心。是墨子者以君权为有限者也,较之儒家其说进矣。"③在此,刘师培在儒墨两家的对比研究中参照西学思想、基督教思想,批儒扬墨,其思想倾向性显而易见。

刘师培对法家的论述比较多,也是在儒法对比中进行评说的。他指出儒家"以德礼为本,以政刑为末,视法律为轻的偏向"。④ 他认为"儒家不尚成文之法典","儒家制礼首重等差,以礼定分","是则儒家所谓法典者不外礼制之文而已"。⑤ 他对儒家"以礼定分"不以为然,而对管子、商鞅、韩非子等法家人物评价较高:"管子以法家而兼儒家,以德为本而不以法为末,以法为重而不以德为轻。合管子之意观之,则正德利用者,政治之本原也,以法治国者,政治之作用也。举君臣上下同受制于法律之中,虽以主权归乎君,然亦不偏于专制。特法制森严,以法律为一国所共

① 《周末学术史序・社会学史序》,《刘申叔先生遗书》第14册,第7—8页。
② 《周末学术史序・伦理学史序》,《刘申叔先生遗书》第14册,第4—5页。
③ 《周末学术史序・政法学史序》,《刘申叔先生遗书》第14册,第12—13页。
④ 《周末学术史序・政法学史序》,《刘申叔先生遗书》第14册,第12页。
⑤ 《周末学术史序・法律学史序》,《刘申叔先生遗书》第14册,第43—44页。

守耳。商鞅著书亦知以法治国之意，重国家而轻民庶，以君位为主，以君为客，然立法不泥古，此其所长。韩非亦然，复以峻法严刑，助其令行禁止。"①刘师培重视法家学说，实际上是提倡以法治国的"法治"精神，有着"君主立宪"的意味。他也看到自秦以后法家思想所出现的弊端："申韩以术辅法，李斯以术督臣，此则法家之弊矣。"②实际上，自秦以后，外儒内法，"法、术、势"相结合，实行封建专制主义，刘师培对此进行批判："愚锢人民，束缚言论，相沿至今莫之或革，此中土之隐忧也。"③

刘师培还阐释了法家的经济思想。他说："管子持国家主义亦以利民为先，以正德为本，在于利用厚生。故富贵之法约有三端：一曰改圜法，二曰兴盐铁，三曰谋蓄织。而理财之法亦与列国迥殊，有所谓贷国债者矣，有所谓税矿山者矣，又有所谓选举富商者矣。与晢种（晢种即白种，指西方国家）所行之政大约相符。"他在肯定管子经济思想的同时，对法家"重农抑商"的政策提出批评："法家者流亦以商业农业不两立，至欲废商而重农。中国虽以农立国，然商贾亦列四民之一，不得斥为贱民。而战国诸儒独斥商贾为末业者，以列国兵争，士无恒产，疾贫妒富，肆为愤激之言。"又因战争需财力支持，"由是托抑末之名以行征商之实。后儒不察，以为商业足以病农，岂通论哉！"④其实，传统的"商"不是专指商人和商业，也包括盐铁等工业。刘师培批判传统的"重农抑商"（亦称"重本抑末"）政策，具有划时代的进步意义。

刘师培广泛研究评价先秦诸子，并直接明了地以西方社会科学体系剖析之，在晚清诸子学领域占有重要地位。

---

① 《周末学术史序·政治学史序》，《刘申叔先生遗书》第 14 册，第 13—14 页。
② 《周末学术史序·法律学史序》，《刘申叔先生遗书》第 14 册，第 45 页。
③ 《周末学术史序·政法学史序》，《刘申叔先生遗书》第 14 册，第 14 页。
④ 《周末学术史序·计学史序》，《刘申叔先生遗书》第 14 册，第 16—17 页。

第七章　史学、考古学与地理学

晚清，在史学领域，不仅传统史学有了新的发展，而且在西方史学影响下，出现了"史学革命"。至清末，资产阶级新史学初步形成，不仅有理论，而且有方法，同时一些史学大师按照新的理论与方法写出一大批新的史学著作。晚清是中国近代考古学形成的重要奠基时期：古器物学的形成与西方考古学思想的传入奠定了学术和理论基础；西方人在华探险的"考古"活动传入了西方近代田野考古方法。鸦片战争的炮声使经世派猛醒，急切要求了解西方，出现了"开眼看世界"思潮，于是出现了研究世界舆地的热潮。这股热潮又推动了边疆史地研究，乃至促进了沿革地理的发展。

第一节　史学

一、传统史学的新发展

（一）纪传体著作

《国朝先正事略》，李元度撰。同治五年（1866 年）成书。全书共 60 卷，分名臣、名儒、经学、文苑、遗逸、循良、孝义七门，为清开国至咸丰朝 500 人立传，附见者 608 人。

《续碑传集》，缪荃孙撰。共 86 卷，仿《碑传集》体例，为道光、咸丰、同治、光绪四朝人物传记,共收入 1111 人。

《碑传集补》,闵尔昌撰。共 60 卷,又卷末 1 卷。以清末人物为主,并补前集所遗漏者共 800 余人。

(二)纪事本末体著作

清季五种《方略》《纪略》。《钦定剿平粤匪方略》(1850 年 6 月—1866 年 4 月),420 卷。是关于太平天国的清方记载。其内容偏于军事方面,杂有关于太平天国活动的情报。《钦定剿平捻匪方略》(1851—1868 年),320 卷。是关于捻军活动的文书汇编。捻军不同于太平天国,本身很少有文书传世,《钦定剿平捻匪方略》便成为研究捻军的主要书籍。《钦定平定陕甘新疆回匪方略》(1855—1888 年),320 卷,是关于镇压西北回民起义的公文汇编,主要是谕旨和奏折。《钦定平定云南回匪方略》(1855—1879 年),50 卷,提供了云南回民起义始末及清方镇压回民起义的主要史料。《钦定平定贵州苗匪纪略》(1855—1881 年),40 卷,是关于贵州苗民起义和教军起义以及清军进行镇压的清方文书汇编。

《道光洋艘征抚记》,魏源著。2 卷。成书于道光二十二年(1842 年)。对鸦片战争进行了简洁而忠实的描述和记载。

《中西纪事》,夏燮著。全书共 24 卷。成书于同治四年(1865 年)。该书较完整而客观地记录了两次鸦片战争的史实。

《圣武记》,作者是魏源。他在嘉、道之际寓居北京,"得借观史馆秘阁官书及士大夫私家著述、故老传说",因而搜集到许多关于清朝历史的资料。后来离开北京,寓居江淮,有感时事,"乃尽发其椟藏,排比经纬",写成《圣武记》14 卷(见该书道光二十二年自序)。此书的刊行,已在鸦片战争之后,并经过几次重订。它以纪事本末体,叙述了清初到道光年间的军事历史,并记述了各项军事制度,从中可以了解当时的阶级斗争和民族关系的许多史实。记事年月间或不详,但笔势浩瀚,甚受推崇。

(三)编年体著作

《明通鉴》,100 卷,首 1 卷。夏燮著。同治十二年(1873 年)刊行。此外他还著有《明史纲目考证》《明史考异》等。《明通鉴》将明代历史分为《明前纪》《明纪》《附编》三大部分。其《附编》自崇祯十七年五月（1644年6月）清兵攻入北京，下迄南明灭亡，记南明之史。该书首尾完整，广征博引，而其鉴别与考证史料颇见功力，是传统史学的佳作。

《湘军志》，16卷。王闿运著，成书于光绪七年（1881年）。论述曾国藩创建湘军及其镇压太平天国和捻军的全过程。对湘军的抢掠、败北及内部矛盾也不讳饰。

《湘军记》，20卷。王定安著。该书记载了从太平天国起义到左宗棠收复新疆时湘军的情况，并征集了湘军、淮军将领所提供的史实，其内容比《湘军志》更丰富，更翔实可靠。

（四）蒙元史和南明史研究的代表作

《元史新编》，95卷，魏源著。光绪三十一年（1905年）刊刻。是书对明修《元史》进行了正误补阙、删繁弥漏的工作，并在体例上有所创新。

《元史译文证补》，30卷，洪钧著。成书于光绪十八年（1892年）。作者曾出使俄、德、荷、奥等国，接触到西方蒙古史著作。他以《多桑蒙古史》和波斯文《史集》俄译本为主，参考其他资料，编成此书。书中对汉文史籍的薄弱环节，如蒙古早期历史及其兴起、西征、西北四大汗国世系及史迹、西北宗藩及元廷的战争、西北地理及蒙汗国境内各种复杂的民族关系与宗教关系等，都有所弥补，引起了当时元史研究者的广泛注意。

《蒙兀儿史记》，48卷，屠寄著。成书于宣统三年（1911年）。该书纠正了《元史》的许多史实错误，并补充了许多重要资料。在运用各种史料及参考他人成果时，都亲自进行了考证，自成一家。

《元朝秘史注》，15卷，李文田著。光绪二十三年（1897年）刊行。征引史料60余种，对《元朝秘史》中年代、史实、地理进行校勘、考释。此书是中国第一部有关《元朝秘史》的系统注释。

《元朝秘史补注》，15卷，沈曾植著。此书偏重史实考证，时有自己独到见解，并对《元朝秘史》记事的一些纰漏也作了有益的提示。

《新元史》，257卷，柯劭忞撰。成书于民国年间。其结构基本与《元史》相同,但比《元史》排列更合理。该书采取了多方面的材料,对《元史》增补、考订,除《蒙古秘史》《元典章》《蒙古源流》和残存于《永乐大典》中的《元经世大典》等资料外,还利用了金、元、明初人的文集、金石志和有关蒙元史的外文资料,因而史料价值较高。

《小腆纪年附考》与《小腆纪传》。二书为姊妹篇,均为徐鼒撰。成书于咸丰十一年(1861年),为南明史研究的代表作。《小腆纪年附考》20卷。起自崇祯十七年(1644年),迄于康熙二十三年(1684年),记载了南明各个政权的历史。他还就《纪年》同时期的各个重要人物,编写了《小腆纪传》65卷、《补遗》5卷、《补遗考异》1卷。二书记述史事、人物各有侧重。

二、政书

《清朝续文献通考》,400卷,刘锦藻著。此书为政书《十通》之一,因《清文献通考》只写到乾隆五十年(1785年),乃续之。起自乾隆五十一年(1786年),迄于宣统三年(1911年)。共分三十考(门):田赋、钱币、户口、职役、征榷、市籴、土贡、国用、选举、学校、职官、郊社、群祀、宗庙、群庙、五礼、乐考、兵考、刑考、经籍考、帝系、封建、象纬、物异、舆地、四裔、外交、邮传、实业、宪政。在每一考(门)下,又分若干目,共136个目。

光绪朝《会典》《会典事例》与《会典图》。光绪年间,光绪帝命续修《清会典》,成书于光绪二十五年(1899年)。起自嘉庆十八年(1813年),迄光绪二十二年(1896年)。此次续修,遵前人旧例和编纂规模,只是取材更加广博。光绪朝《会典》100卷,另编《会典事例》1220卷,《会典图》270卷。典则与事例的关系,大致"以典为经,例为纬","经纬殊途同归"。事例作为会典的辅助,是制度施行的具体情况。另外,把礼部的仪式、祭器、卤簿,户部的舆图,钦天监的天体图等,绘编成《会典图》,一目了然。

三、外国人著作

（一）外国人编译的外国史主要著作

〔英〕艾约瑟辑译的《欧洲史略》《希腊志略》《罗马志略》，〔日〕冈本监辅著《万国史记》和冈千仞著《米利坚志》《法兰西志》等著作，被中国学者誉为佳作，在当时最有影响。光绪十二年（1886 年）译成的《俄史辑译》，是中国较早较全的俄国史译本。广学会编译出版的《泰西新史揽要》一书，主要记述了 19 世纪欧美资本主义国家发展的历史，而对法国资产阶级革命与英国工业革命介绍尤为详备，对中国维新派影响很大。

（二）外国人著、中国人翻译的中国史及中外关系史主要著作

〔日〕稻叶君山《清朝全史》、〔美〕马士《中华帝国对外关系史》、〔英〕格林堡《鸦片战争前中英通商史》、〔英〕伯尔考维茨《中国通与英国外交部》、〔美〕丹涅特《美国人在东亚》、〔德〕《十九世纪的德国与中国》、〔日〕田保桥洁《甲午战前日本挑战史》、〔美〕范勒魏克《中国早期工业化》等等。

四、"史学革命"与新史学

（一）19 世纪七八十年代的史学著作

70 年代，王韬先后辑撰《法国志略》与《普法战纪》。前者于法国开国纪元、王朝更替、资产阶级大革命、对外和战等分门别类叙述，是一部内容丰富的国别史。后者比较全面地叙述了普法战争与欧洲形势，是当时人们了解世界大势的重要著作。是书不仅在国内流传，而且影响了日本。

80 年代，黄遵宪撰《日本国志》，分国统、邻交、地理、职官、食货、礼俗、工艺等十二志，从各个角度系统地研究了日本的历史与现状，特别是明治维新后的制度，同时也阐述了效法日本、学习西方，要求在中国维新变法的思想。

（二）维新运动时期的史学著作

戊戌维新运动中,康有为撰《日本明治变政考》《俄罗斯大彼得变政记》《突厥削弱记》《波兰分灭记》《法国革命记》等,意在让清朝统治者汲取外国经验、教训,学习明治与彼得,变法维新,对内防止人民革命,对外挽救瓜分危机。

（三）"史学革命"与资产阶级历史学的形成

20 世纪初年,资产阶级历史学初步形成。这时不仅有理论,而且有方法,并按照新理论与方法写出一批新著作。

梁启超是资产阶级历史学的开创者和理论奠基者。光绪二十七年(1901 年)至二十九年(1903 年),梁启超发表了《中国史叙论》《新史学》《中国史界革命案》等史学论文。光绪二十八年(1902 年),在《新史学》中,梁启超鲜明地提出了"史学革命"的口号,并主张破旧史学,立新史学,成为资产阶级新史学产生的标志。

梁启超认为古史书有以下弊端:为少数贵族而作,不是用于国民教育。为死人而作,人主纪其"盛德"以昭于子孙——隐恶扬善,而后世更不外为子孙者为其父祖而作——不客观。古代帝王家谱,是本纪、列传的汇集和史实的堆砌,不能说明社会进化与历史事件的因果关系,不能指出社会发展的趋势。

于是,他提出下列主张:史以生人为本,为生人而作;史应近于客观性,各还其本来面目;史学范围应重新规定,以收缩为扩充,将谱牒、嘉言、天文等划归各专门科学,而以总神经系自居,作综合的研究。中心是"叙述人群进化之现象,而求得公理公例",亦即帮助后人掌握这些公理公例以增进人们的幸福。

章太炎著《中国通史略例》,也批判古史书不能说明"社会政治盛衰蕃变之所原",主张新史书应根据重大的历史事变,说明历史进化的情况。他最主要的成就,是对中国学术史的第一次尝试,对周秦诸子、两汉经师、五朝学、隋唐佛学、宋明理学、清代学术,都有详论。他是近代中国第一位系统地尝试研究学术史的学者。他主张考镜源流,不同于理学家的心传,也不同于公羊学家的口授、托古;科学整理诸子,打破被中古传袭所封闭的神秘壁垒,拆散中古偶像崇拜的庙堂,根据自己的判断能力,重现一个近代人眼光下所看到的古代思想世界。

一些试图用资产阶级观点来阐述、解释中国历史的著作相继问世。光绪三十年(1904 年),梁启超以"扪虱谈虎客"的笔名出版了一部中国近代史,取名《近世中国秘史》。这是中国人自己写的第一部中国近代史。同年,夏曾佑出版了《最新中学中国历史教科书》(后改称《中国古代史》),提出明"古今人群进化之大例"。宣统元年(1909 年)前后,刘师培出版了《中国历史教科书》,说明写作此书旨在使"人群进化之理可以稍明"。在体裁上,破本纪、列传等模式,按照历史分期,分段叙述。

不久,一大批新史学著作问世,并出现了一些史学大师。其中,王国维异军突起,不仅史学著作繁富,而且取得了多方面的学术成就。在史学方法上,王国维也进行了创新。他在总结自己治史经验的基础上,提出了著名的"二重证据法"。此方法重视用可靠的、未经后人修饰的地下实物史料与古籍文献记载的史料相互印证,相互比勘,以得出更接近于历史事实的结论。这一方法的提出,不仅丰富了研究方法,大大拓宽了历史学研究的学科领域,而且使历史研究更加科学化。梁启超、王国维、夏曾佑被时人称为"史学三巨头"。

第二节　考古学

晚清是中国近代考古学的形成奠基时期。传统金石学的空前发展与古器物学的形成,为中国近代考古学的形成奠定了学术基础;西方考古学思想的传入为中国近代考古学的形成奠定了理论基础;西方人在中国探险的"考古"活动及其对中国出土文物的劫掠对学术界是一个很大的刺激,同时传入了西方近代田野考古方法。

一、中国传统金石学发展的高峰

"金石学"的"金"即"吉金","以钟鼎彝器为大宗,旁及兵器、度量衡器、符玺、钱币、镜鉴等物,凡古铜器之有铭识或无铭识者皆属之"。"石"又称为"乐石","以碑碣墓志为大宗,旁及摩崖、造像、经幢、柱础、石阙等物,凡古石刻之有文字图像者,皆属之"。而"金石学",就是"研究中国历代金石之名义、形式、制度、沿革,以及所刻文字图像之体例、作风,上自经史考订、文章义例,下至艺术鉴赏之学"。① 中国"金石学"在宋代形成以后,历经元代、明代的中衰,到清初得以复兴,而晚清进入发达期。

(一)晚清著名金石收藏家

吴式芬,山东海丰(今无棣县)人。道光进士,官至内阁学士。"酷好金石文字。"据其《双虞壶斋藏器目》所记,他收藏铜器七十七件,汉封泥三百多方及其他古器物若干种。他曾就孙星衍著《寰宇访碑录》补其未备,书约60卷,名曰《攈古录》。此外,荟萃金石目录,分州县编之,成《金石汇目分编》,约40卷。后又编有《封泥考略》一书,于光绪三十年(1904年)出版。

李佐贤,山东利津人。官至汀州知府。据《石泉书屋藏器目》所记,他收藏金石文物,计有刀币二千多品,拓本五千多张。还收藏有三代铜器48件,其中以易州六器为上品。著作有"《古泉汇》六十四卷,分元亨利贞四集"。②

陈介祺,山东潍坊人。道光进士,授翰林院编修,后弃官回乡。因收藏著名铜器《曾伯霥簠》,故以"宝簠斋"为室名,号称"簠斋"。他"收藏金石之富,甲于海内",收藏铜器达443件之多,"尤著者为《毛公鼎》,文七百余字,为天下金器之冠"。其他还有井人安钟、虢叔旅钟、兮仲钟等十余品,因而又号称"十钟山房"。在其收藏的铜器中,还有不少兵器,如郾王戈、吕不韦戈等。此外,还藏有"三代沙器数百件,周印数十方,汉印万余,秦诏版十余,魏晋六朝造像数百,自来收藏家所未有也"。③

潘祖荫,江苏吴县人。咸丰进士,官至工部尚书。"节俸入购古器,

---

① 朱剑心:《金石学》,文物出版社1981年版,第3页。
② 陆心源:《金石学录补》卷4。
③ 同上,又陈公柔:《陈介祺》,《中国大百科全书·考古卷》,第67页。

藏六百余品。《盂鼎》《克鼎》《齐侯铸》为宇内重宝。""又藏有古埙五品,为考古学家所未见者。"他还"曾得二匋罂,大容数石"。石刻方面也不乏珍品,如"梁永阳王萧敷及敬太妃墓志二品、汉夏承碑,俱世间孤本也"。除此而外,他还注意收集外国文物资料,"埃及古文刻石,我国人知之者希。公属人访得拓本数纸,以泰西水泥仿制二碑,拓赠同好。好古家始获见之"。对"山东古匋文字",他也大力搜集,"所获至数千品,与簠斋(陈介祺)相埒"。①

吴大澂,江苏吴县人。同治进士,授翰林院编修,曾主陕甘学政,官至广东巡抚、河东河道总督与湖南巡抚。因得《周愙鼎》,故以"愙斋"为室名,别号愙斋。据《愙斋藏器目》所记,吴大澂所藏自商周至唐代器共240件。《愙斋吉目》,共见341器。其金石著录有《恒轩所见所藏吉金录》2卷及《愙斋集古录》26卷等。此外,他还有专门古玉研究著作《古玉图考》等。②

端方,满洲正白旗人。光绪举人,官至四川总督。据《匋斋吉金录》与《匋斋藏石记》所记,端方收藏彝器共600余种。其最著名的收藏,为"陕西凤翔县斗鸡台出土之铜柉禁,上置卣尊大小各一、觚一、斝一、爵一、觯一、盉一、角一,大卣内有勺一,共酒器十二件,为自来言彝器者所未见"。后陈介祺所藏之器,又为端方收得。端方将所藏铜器"特绘诸器形制,精拓文字,为《匋斋吉金录》十卷,又《续录》四卷"。此外,他还"搜汉至宋元碑碣至千余品,因录诸碑全文,加以考证,为《匋斋藏石记》十二卷,附藏砖四卷"。并将"所藏汉瓦当四百余品","拓其文字,为《匋斋藏瓦》六卷"。"集三代至汉匋器,模其形制款识",编为《匋斋藏匋》十卷。将周秦汉官私玺印为《匋斋藏印》十卷。端方不仅大力搜集中国历代文物并加以著录出版,而且也注意外国出土古代文物。他"奉使欧美时,特至埃及、意大利,搜得石刻造像及陶俑、瓶匋、印记等百余品"。因此,端

---

① 褚德彝:《金石学录续补》上卷。
② 陈公柔:《吴大澂》,《中国大百科全书·考古卷》,第548页。

方成为我国晚清最为有名的金石收藏家。"公之所藏,桓碑彝器,实集古今中外之大成。"①

(二)金石著录的出版

1. 青铜器著录

吴云的《两罍轩彝器释》12 卷,同治十一年(1872 年)自刻本,收入铜器 110 件,其中商器 19 件、周器 40 件、秦汉以后器 51 件。书中绘出器物原形,摹出铭文,标出尺寸、重量,并加以考释。本书图绘花纹与以前双钩不同,改用实笔而较为逼真。但有一些失传的器物,仍用双钩摹出。

潘祖荫的《攀古楼彝器款识》,同治十一年(1872 年)刻本,共收入 50 器。此书乃著名学者吴大澂为其图绘器形、摹录铭文,铭文考释为其本人及张之洞、王懿荣、吴大澂等学者所作。考释广为吸收他家成果,因此较为精湛。王懿荣为其楷书,器形、铭文摹绘较精细。

方濬益的《缀遗斋彝器考释》30 卷,同治八年(1869 年)至光绪十年(1884 年)间完成,共收录铜器 1383 件。方濬益,安徽定远人,咸丰进士,官至知县。他收藏有《凤伯敦》《刺鼎》等数十器,并有饼金十余金品,是一位金石收藏家和研究家。他的《缀遗斋彝器考释》一书,将所收铜器铭文按钟、鼎、簠、盘等项分类,每一器摹写铭文,指出来源,并参考成说加以考释。卷首为彝器说上、中、下,实为考器、考文、考藏的三篇研究论文。此书收集丰富,是一部重要的金石著作。②

吴式芬的《攈古录金文》3 卷,于光绪二十一年(1895 年)刻成。他广为收集诸家原器精拓本及传世摹本,集商周铜器铭文 1334 件,以文字多少为序,结集为《攈古录金文》一书。书中每件器铭下附有释文,并有其考证和前人说解。当时所出重器,如《毛公鼎》等都已收入书中。此书"摹刻精善,木刻金文中以此为第一"。③

---

① 褚德彝:《金石学录续补》上卷。
② 褚德彝:《金石学录续补》上卷。
③ 同上书。

2. 石刻著录

张德容《二铭草堂金石聚》16 卷，同治十一年（1872 年）刊成。张德容，浙江西安（今衢县）人。咸丰进士，官至湖南常德知府。"好金石文字。尝以自来言碑刻者仅录文字，不见古人精神"，因而将周秦、两汉、六朝碑刻"俱取旧拓本，双勾其文，凡一百四十八通，辑为此书"。每碑目次之下，"凡已见著录者，书名一一条举"。并记尺寸以及"出碑之郡县"等，文后还加以考释。北魏以后则仅录其文而不加考释。①

杨守敬《望堂金石初集》，同治至宣统间飞青阁钩刻本，为杨守敬"取旧拓碑版，为世所罕见者，自汉至唐，凡四十六种双钩付刻"而成。由于他"好古博学，藏碑甚富，鉴别古拓，凡字画之齾缺沿革，无不精究"。此书每碑之下，都指出据何人拓本勾勒，并作有考释。②

3. 古代钱币著录

李佐贤《古泉汇》64 卷、续 14 卷、补遗 2 卷。同治三年（1864 年），石泉书屋刻本。李佐贤为著名古币收藏家，将自藏及搜集到的历代钱币拓本纂为《古泉汇》一书刊出。全书将所辑历代古币分为元、亨、利、贞四目，元集主要为古布币，亨集主要为古刀币，利集主要为圜法正品，贞集主要为杂泉异品。该书历代古钱币网罗宏富，共收入五千种以上。而且不乏精品，编纂体例也有所创新。在所著录的历代圜钱中，尤以"农民军和地方割据势力所发行者"最为珍贵。而此书"将泉范及范母同钱币一起列入钱谱，则是李氏的创举"。但限于当时的条件和水平，书中也收入了一些赝品，或把"虞化一金"误认为虞舜货币，等等。"尽管如此，《古泉汇》仍是一部有价值的古钱学专著。在李氏以前，初尚龄的《吉金所见录》最为著名，但所收钱币仅一千五百余品，不过是李书所收的四分之一。以材料之丰富而言，《古泉汇》超过了以前诸家。"③

李佐贤、鲍康合著《续泉汇》14 卷、补遗 2 卷，于同治十二年（1873

---

① 容庚：《殷周青铜器通论》，文物出版社 1984 年版，第 148 页。
② 褚德彝：《金石学录续补》下卷。
③ 吴荣增：《古泉汇》，《中国大百科全书·考古卷》，第 144 页。

年)编成,光绪元年(1875年)刊出。此书仍按《古泉汇》的体例,收入历代古钱币上千种。《续泉汇》与《古泉汇》互相补充,也是钱币学研究的重要著作。上述二书,是集当时古钱币之大成式的著录。

(三)金石学研究著作

叶昌炽《语石》于光绪二十七年(1901年)完稿,宣统元年(1909年)出版。叶昌炽,江苏长洲人,光绪进士,授翰林院编修,官至甘肃学政。叶昌炽"博学好古,藏碑拓数千通,经幢五百通,名所居曰'五百经幢馆'"。[①] 他对碑石"访求逾二十年,藏碑八百余通,朝夕摩挲,不自知其毫"。他将平日研究心得"辑为此编,以飨同志",即《语石》,"都四百八十通,分为十卷"。本书"上溯古初,下迄宋元,元览中区,旁征岛素,制作之名义,标题之发凡,书学之升降,藏弆之源流,以逮摹拓装池,轶闻琐事,分门别类,不相杂厕。自首至尾,可析可并。既非欧赵之目,亦非潘王之例。非考释,非辑录。但示津涂,聊资谈囿"。[②]《语石》第一卷为三代古刻一则、秦一则、汉一则等28篇,介绍历代碑石。第二卷为宋元碑难得一则、总论各省石刻一则、陕西石刻三则、直隶四则、山东五则等29篇,论及各省及朝鲜、日本、安南等国碑石。第三卷为论碑石之名义缘起一则、碑穿二则、碑额七则及典章、谱系、界至等共19篇,考证了碑石的起源及碑石种类。第四卷为诗文、墓志等6篇。第五卷为造像、画像、地图、桥柱等26篇,为各种碑石的杂记。第六卷为总论撰书一则等28篇。第七卷为总论南北朝书人一则等60余篇。第八卷为唐宋宸翰五则等30余篇。第九卷为阳文一则、反文一则等20余篇。第十卷谈古碑一刻再刻三刻等27篇。本书涉猎广泛,是晚清研究石刻的重要著作。

陆心源的《金石学录补》于光绪十二年(1886年)刊出。该书是道光四年(1824年)刊刻的李遇孙《金石学录》的补编;而李氏《金石学录》全书四卷,"自三代以来,至汉魏六朝唐宋元明,以及本朝诸家,凡为金石学

---

① 褚德彝:《金石学录续补》下卷。
② 叶昌炽:《语石序》,光绪二十七年(1901年)。

者,得四百余人,兹有著述以传于世,即志一隅,说一事,无不备见于录"。此书卷三、卷四专列清朝自孙承泽至冯云鹓、姚观光等金石学家 165 人,并对其有关金石的搜集和著述都进行了介绍或评介,以使他们的"作述之精神,不至沉霾于后世"。① 而陆心源的《金石学录补》,则补入了李书所未收的学者,"自汉至今,凡得一百七十人。今复搜采群书,证以闻见,又得一百六十余人,重加编次,定为四卷,合之李氏原书,都得八百余人"。② 而清代的金石学家,在《金石学录补》中有 157 人之多,道咸以来的金石学家,诸如吴式芬、吴云、陈介祺的成就及生平,在书中都有所反映。因此,陆心源的《金石学录补》和李遇孙的《金石学录》互为表里,是研究中国金石学史与考古学史的重要参考文献。

吴大澂最大的成就,是他的《说文古籀补》14 卷,于光绪十年(1884年)刊出。他不仅是一位勤于著录的金石学家,而且还"工篆籀,研究古文、几忘寝馈。每释一字,皆能追造字之原",又是一位有很高造诣的古文字学家。他"取古彝器文,择其显而易明,视而可识,约三千五百字,依《说文》部目汇录成编",这就是《说文古籀补》一书的纂成。他在此书中,把收集到的铜器铭文、石鼓、古币、古玺、古陶上的古文字,都注明出处,并"参以故训,附申己意",力图订正《说文》阙误,探讨文字的源流。至于一些"其旧释有司从而未能尽信,己意有所见而未为定论者,别为附录一卷",对文字的考释,坚持科学态度。他还把多年积累的心得,著《字说》1卷,也在光绪十年(1884 年)刊出。该书"足正宋人王俅、薛尚功之误"。吴大澂的《说文古籀补》等古文字学研究著作,"言金文者视为导师",③不仅对当时,而且对后世的古文字研究也有很大影响。

孙诒让在金石学方面的研究著作,主要有《古籀拾遗》3 卷,自刻于光绪十四年(1888 年)。其内容为校订《历代钟鼎彝器款识》《积古斋钟鼎彝器款识》《筠清馆金石文字》等三书之误五六十处而成。他的《宋政和礼

---

① 李遇孙:《金石学录序》。
② 陆心源:《金石学录补》序,1886 年。
③ 褚德彝:《金石学录续补》上卷。

器文字考》一书,自刻于光绪十七年(1891 年),后收入《古籀拾遗》内。还有《古籀余论》3 卷,则校订《攈古录金文》一书 105 器之误,并对其自己的误说也作了修订。孙诒让更为重要的著作,还有《名原》与《契文举例》二书。《名原》2 卷,撰成于光绪三十一年(1905 年)。主要依据金文材料,并涉及石鼓文和一些甲骨文材料,探索文字的源流及演变的发展规律。《契文举例》一书是甲骨学史上"第一部考释文字的专著",成书于光绪三十年(1904),该书在《铁云藏龟》出版仅仅一年后,就能按甲骨文的内容分为月日、贞卜、卜事、鬼神、卜人、官氏、方国、典礼、文字、杂类等十项,这在当时是非常难能可贵的。而且此书与《名原》互为表里,考释古文字的一些方法,诸如以《说文》为证、以金文互证等等,在《契文举例》中,基本都用上了。这就是《契文举例》可贵之所在。① 以《名原》和《契文举例》为代表的孙诒让的古文字学研究,对后世的"最大贡献就是对不同时代的铭文作偏旁分析,借以追寻古文字的发展规律"。而且他的金文研究,"不像吴大澂那样局限于形体,对训诂假借也很通达,使金文研究方法有很大的改进"。②

二、古器物学的形成

(一)外国人在中国探险式"考古"活动

19 世纪末至 20 世纪初,一些国家纷纷派遣考察人员潜入中国,以考古研究为名,掠夺珍贵文物。最早来中国进行"考古"活动的是日本人鸟居龙藏,中日甲午战后,在旅大、台湾等地活动。稍后是俄国人克列缅茨,光绪二十四年(1898 年)进入新疆吐鲁番地区活动。20 世纪初年,外国探险家蜂拥而来,有英国的斯坦因,瑞典的斯文赫定,德国的格伦威尔德、勒柯克,日本的大谷光瑞、桔瑞超,法国的伯希和,俄国的科兹洛夫、奥尔登堡等人。光绪二十六年(1900 年)以后的十余年间,他们在新疆、

---

① 萧艾:《第一部考释甲骨文的专著——〈契文举例〉》,《社会科学战线》1978 年第 2 期。
② 陈公柔:《孙诒让》,《中国大百科全书·考古卷》,第 508 页。

甘肃等地发掘的地点有：民丰尼雅遗址，罗布淖尔楼兰遗址，吐鲁番的高昌古城遗址、交河古城遗址、阿斯塔那古墓群，吉木萨尔的北庭都护府城址，敦煌、酒泉和额济纳河流域的汉代烽燧遗址、西夏到元代的黑城遗址等。他们不仅窃取了汉晋简牍、高昌文书、汉唐丝织品和其他珍贵文物，而且窃取了克孜尔石窟、柏孜克里克石窟、库木吐喇石窟的精美壁画，还从敦煌石窟骗取了学术价值很高的大量写本文书。同时，他们更以非科学方法进行野蛮发掘，致使许多古代遗址遭到严重破坏，造成了中国文化遗产的极大损失。

（二）西方近代考古学传入中国

19 世纪末至 20 世纪初，西方考古学已进入成熟期，出现了一批近代考古学著作及其成果。这引起了中国学术界的关注，一些学者将其翻译介绍到中国来。光绪二十六年（1900 年），章太炎在《中国通史略论》中说："今日话史，不专赖域中典籍，凡皇古异闻，种界实迹，见于洪积石层，是以补旧史所不逮者。"①光绪二十八年七月初五日（1902 年 8 月 8 日），章太炎在《致吴君遂书》中谈到撰述历史著作时，明确指出考古材料的重要性："上古草昧，中古帝王之行事，存于传记者已寡，惟文字语言留其痕迹，此与地中僵石为无形之二种大史。"②同年，《译书汇编》发表了署名宄甫、根据当时日本史学界最新成果而编译的《史学概论》一文，此文"是中国近代虽极简略但是比较系统的介绍西方资产阶级史学研究方法的第一篇译作"，它"把考古学作为史学的辅助学科之一，这在我国近代学术史上还是第一次提到"。③ 关于西方考古学的内容，《史学概论》指出："一般所谓考古学者，常分为书契以前与书契以后之两部。自人类学者言之，则书契以前之一部为最重，而自史家之眼观之，则书契以前尚为无史之时代，以关系较少，无待探求，从而史学上所谓考古学者，其意味必为

①《訄书》第五十九，《哀清史》附。
②《章太炎政论选集》，第 172 页。
③ 俞旦初：《二十世纪初年西方近代考古学思想在中国的介绍和影响》，《文物与考古》1983 年第 4 期。

书契以后之考古学。"即考古学应包括无文字记载的"史前考古学"与有文字记载的"历史考古学"两部分内容。并且该文认为"通俗所谓考古者,颇误以为有古董学之专门",把"古董学"即古器物学作为近代考古学是不正确的。关于西方考古学的研究对象,《史学概论》说明其广泛性,"自土木工事之类,若建筑、若道路、若桥梁,迄于器用、兵械、装饰品,及仪仗、礼式之变迁,皆属考古学之范围。即精密言之,又得分为古土木学、古器学,及掌故学"等等。但是,在进行历史研究时,这些资料需要与文献资料结合使用。因为"遗物者,虽为考古要件,然而不免断片散逸,或可谓偶尔发见者。故三种之资料('遗物''纪念物''记录'),不得偏重其一"。关于西方考古学的手段、目的,《史学概论》简言之:"在研究古物,由其时代,而调查其制作意匠式样手法之变迁,即何时之社会,先有何物,及其次之时代,变为何风,如是网罗证明之,以备史学之参考。"也就是说,通过调查与考古发掘,得到古代的实物史料,用以说明历史的变迁,为历史学研究服务。

中国学者还把西方考古学所取得的重要成果介绍到中国,以使中国学术界认识和了解。梁启超在《中国史叙论》中介绍说:"1847年以来,欧洲考古学会,专派人发掘地中遗物,于是有史以前之古物学,遂成为一学派。近所订定而公认者,有所谓史前三期:其一石刀期,其二铜刀期,其三铁刀期,而石刀期又为新旧二期,此进化之一定阶级也。虽其各期之长短久暂,诸地不同,然其次第则一定也。"他认为这是"物质上之公例,无论何地,皆不可逃者也",并以"三期说"来认识中国古代社会:"据此种学者所称旧新两石刀期,其所经年代,最为绵远。其时无家畜、无陶器、无农产业。中国当黄帝以前,神农已作耒耜,蚩尤已为弓矢,其已经过石器时代,交入铜器时代之证据甚多。然则人类之起,遐哉邈乎,远在洪水时代以前,有断然也。"光绪三十三年正月(1907年2月)《湘学报》第1号《历史》专栏发表的吴渊民编译的《史学通义》中,也介绍了欧洲考古学"三期说"的创立:"丹麦地质学者法鲁柯翰麦尔、动物学者斯丁士卢布、考古学者威尔沙鲁,受北方考古学会嘱托,研究发掘出之遗迹。""于是学者因人类使用之器具，及其器具之性质，察其智识及开化之程度，别有史以前为'三时代'。"而石器时代的旧石器和新石器两个时代，"为英国学者波奇氏所分，而世界各国学者所采用者"。并对"三期说"作了进一步分析："所以分定此三时代之依据，虽有多端，然其最大者，则因丹麦大泥泽中之一事。泥泽中凡三层，其最上层有铁器，次层有青铜器，最下层则纯为石器。瑞士某湖中亦有此同一之事。"指出："人类进化先后之秩序，各国皆同。惟各国进化之年代，不必尽同。如意大利之青铜时代，其他欧洲各地，则犹在石器时代，而希腊则已达铁器时代。观荷马诗中所言，知希腊进于铁器时代之时，在纪元前第十世纪以前。纪元后第十五世纪时，西班牙人发现加纳黎岛，其岛人犹在石器时代。"西方考古学最新成果，也被介绍到中国。如光绪二十七年（1901 年）法国学者在苏撒发现的《汉穆〔谟〕拉比法典》，也于光绪二十九年（1903 年）《新民丛报》（第 33期、34 期《历史》专栏）上，由署名观云的《世界最古之法典》一文予以介绍，认为此法典"为历史研究之要品"，是"世界最古之法律"。

（三）古器物学研究形成

19 世纪末至五四运动前，是古器物学形成的时期。随着大批新史料的先后发现，甲骨学、简牍学、敦煌学的研究高潮迭起，逐渐在中国形成几个全新的学科。这样就给传统金石学注入了新的活力，并促使其成为"广义的金石学"，即古器物学。

这一时期，金石学研究的范围空前扩大，主要表现在：对墓葬明器的收集；古器物范收集的增多；封泥（古代封检函牍之泥印章）的收藏及著录；西北地区"塞上"及古"丝绸之路"汉晋简牍的发现，为简牍学研究开了先河；敦煌经卷和佛教艺术的研究，为中国敦煌学的建立奠定了基础。

王懿荣和罗振玉在推动传统金石学研究向古器物学研究转变方面作出了突出贡献。王懿荣开创了古器物学研究的先河，而罗振玉将古器物学研究进一步推向深入。

王懿荣，光绪进士，授翰林院编修，官至侍郎。他嗜金石，是晚清著名金石学家，翁同龢、潘祖荫均称道其学。王懿荣在其《天壤阁杂记》中说:"天下之地,青齐一带,河陕至汉中一路,皆古董坑也,余过辄流连不忍去。"他在山东、陕西、四川等地居官期间,大力搜求古代文物。《王文敏公年谱》光绪二十三年(1897年)条记:"公性嗜古。凡书籍字画,三代以来之铜器、印章、泉货、残石、片瓦,无不珍藏而秘玩之。钩稽年代,补证经史。搜先达所未闻,通前贤所未解。"为购藏珍贵文物,甚至不惜典当举债。由于王懿荣收藏和研究了很多古代文物,又常与著名金石学家陈介祺、潘祖荫、吴大澂、胡石查等切磋交流,因此在古代文物的鉴赏和古文字学的研究方面有很深的造诣。其主要著作有《汉石存目》《古泉精选》《天壤阁杂记》《翠墨园语》及《王文敏公遗集》8卷等。王懿荣正因为对金石文字有较为精深的研究,所以才成为中国鉴定和购藏甲骨文的第一人,对保护和发扬中国古代文化遗产和甲骨学的建立作出了重大贡献。

罗振玉自宣统三年(1911年)至五四运动时期,潜心整理出版中国古代文物和典籍,使他的研究高于同代的金石学家,其成就超过了前人。"这期间是他著述极旺盛之时,每年必成书数种,文若干篇,有时一年竟成书十多种。甚至一月成书两三种。"①这期间,罗振玉出版的甲骨文和殷墟古器物著作有《殷墟书契》8卷、《殷墟书契菁华》、《殷墟书契考释》3卷、《五十日梦痕录》、《铁云藏龟之余》、《殷墟书契后编》、《殷墟书契待问编》、《殷墟古器物图录》。他出版的金石文字和古器物著作有《雪堂金石文字跋尾》4卷、《秦金石刻辞》2卷、《蒿里遗珍》1卷、《考释》2卷、《唐三家碑录》3卷、《芒洛冢墓遗文》、《西陲石刻录》1卷、《后录》1卷、《恒农冢墓遗文》、《海外贞珉录》、《殷文存》2卷、《古镜图录》3卷、《历代符牌图录》2卷、《古器物范图录》2卷、《附说》1卷、《金泥石屑》、《石鼓文考释》、《瓌郼草堂吉金图》3卷、《续编》1卷、《六朝墓志》初编及二编。他出版的古砖瓦和古明器著作有《秦汉瓦当文字》《砖志征存》《恒农砖录》《楚州城砖录》《古明器图录》。从罗振玉在日本期间的著作目录,可以明显看出,

① 杨升南:《罗振玉传略》,《中国现代科学家传略》(第3辑)。

他的研究与 19 世纪末至 20 世纪初我国新史料的大发现密切相关。正是新史料的大发现，推动了我国传统金石学向古器物学研究的转变。而这一转变的实现，与王懿荣、罗振玉等学者努力搜集和保护我国古代文化艺术珍品是分不开的。特别值得一提的是，罗振玉在日本八年期间，废寝忘食，并利用西方先进的科学技术与方法，全力以赴对积累的大批材料进行整理和研究，出版了一大批著作，从而把古器物学研究推向了深入。因此，在传统金石文字研究之外，形成了甲骨学、简牍学与敦煌学等几门全新的学科。

第三节 地理学

一、鸦片战争后介绍外国舆地的热潮

鸦片战争的失败，使经世派受到很大的刺激。他们对"天朝上国"被"蛮夷之邦"所打败大惑不解，迫切要求了解欧美各国的地理、历史和社会状况，以便寻求正确的答案，制定切实可行的对策。于是，鸦片战争后出现了研究世界舆地的热潮。

《四洲志》。林则徐是世界舆地学研究的开创者之一。在他的主持下，袁德辉把英人慕瑞的《世界地理大全》部分章节译成中文，书名为《四洲志》，道光二十一年（1841 年）刊行。该书共八万七千字，概述世界五大洲三十余国的情势，详于记述各国现状，而略于介绍各国的历史沿革。书中对英、美等一些国家的人口、官制、政事、外交、军队、财政、税收、工业、教育、图书、文字、习俗等等，都有比较详细的描述。它不仅介绍了俄国的疆域辽阔，而且突出地讲述了彼得大帝亲自到欧洲先进国家参观学习造船、火器等技术，回国后发愤学习这些先进国家的科学技术与练兵方法，"所造火器、战舰反优于他国"，所练军队素质大大提高，国势大增，遂使俄国突飞猛进，由弱变强，成为"欧罗巴最雄大国"。[①]《四洲志》的编

---

① 《小方壶斋舆地丛钞》再补编，第 12 帙。

译与刊行，促进了近代舆地学研究的兴起。

《英吉利小记》。道光二十年(1840年)秋，魏源在钦差大臣伊里布幕府，有机会参与审讯英俘安突德，根据审讯口供并参照其他资料，于道光二十一年(1841年)著成《英吉利小记》，详细记录了英国的地理、税收和文武员弁的薪俸、宫室、王位继承、民风、宗教等情况。还特别提到"英吉利不产鸦片，亦不食鸦片，而坐享鸦片烟之利，富强甲西域"。[①] 他据此揭露英国的鸦片侵略。

《海国图志》。道光二十一年五月(1841年6月)，魏源受林则徐嘱托，编著《海国图志》，次年成书刊行，50卷。道光二十七年(1847年)增补为60卷，咸丰二年(1852年)扩编为100卷。此书主要根据林则徐的《四洲志》、历代史志、明末以来至鸦片战争时期西方人所写的世界历史、地理著作、地图、有关科技资料，编排纂辑而成。这是一部系统介绍西方史地、科技知识的著作，堪称近代中国开端时期首部体制完备、内容宏富的世界舆地学著作。《海国图志》还总结了鸦片战争的经验教训，并对学习西方、如何富国强兵问题进行了比较深入的探索，提出了以"师夷"为手段、"制夷"为目的的爱国进步主张。该书不仅对中国思想界产生过重要的启蒙作用，而且传到日本后对明治维新有过重要影响。

《英吉利地图说》。道光二十二年六月(1842年7月)，台湾道姚莹根据所缴获的英国地图及英俘颠林的口供，详考各种地志，绘成详图，撰文解说，成《英吉利地图说》1卷。此书对英国与世界各国地理位置及有关情况的介绍和图示，比较清晰、完整。对英国的衣冠、风俗、民情、物产、国势等情况，在图中都有清楚的记载。其中，对英国在海外殖民通商码头的考察，尤为详备。

《瀛环志略》。道光二十八年(1848年)，徐继畬撰成《瀛环志略》10卷刊行。此书对地球作了详细的概述，指明了东西两半球与南、北极，论定了赤道。全书以图为纲，依图立说，篇首均附较粗略的地图；按世界五

----

① 《小方壶斋舆地丛钞》第19册。

大洲分国叙述地理位置、面积、人口、历史、风土、人情、宗教、与中国关系；还介绍了西方资本主义国家的政治制度、殖民情况、科学文化及经济发展等情况。是书以考证精详、体例严谨、文词优雅简洁而著称于世，成为与《海国图志》齐名的世界舆地名著。

《海国四说》。梁廷枏于道光二十四年（1844 年）至道光二十六年（1846 年）间，先后撰成《耶稣教难入中国说》《合省图说》《兰仑偶说》《粤道贡国说》等四部著作，并于道光二十六年（1846 年）合刊为《海国四说》。这是研究英国历史沿革及其舆地情况、南洋各国与西洋一些国家在广州通商情况和耶稣教情况等方面的重要著作。

二、西北、西南、东北边疆史地研究

《朔方备乘》。世界舆地的研究推动了边疆史地的研究。何秋涛充分利用俄国赠送给中国的俄文书籍，并博采官私载籍，深入地研究了俄国的地理、历史、社会状况、中俄边疆沿革、中俄交通始末等情况，于咸丰八年（1858 年）辑成《北徼汇编》6 卷，而又增衍图说，扩大为 80 卷，进呈"御览"。咸丰帝深为赞赏，尤其称道是书对于有关制度沿革、山川形势参证精详，特赐名为《朔方备乘》。该书是中国近代史上第一部最为详细而又系统的中俄边疆舆地著作，也是当时最负盛名的著作之一，其深远影响不下于《海国图志》与《瀛环志略》。

《康𬨎纪行》。姚莹的《康𬨎纪行》是西南边疆研究的代表作。他在鸦片战争中任台湾兵备道，曾有效抗击了英军，但事后却遭诬陷贬官，被罚往四川与西藏。他以满腔爱国之情，从事调查研究，"就藏人往西事"，写成记述我国西藏地区以及印度、尼泊尔以至英、俄等国有关情况的《康𬨎纪行》。在四川时，他就对英国侵略者在西南贩卖鸦片的活动路线作了调查，到西藏后又详细调查了印度、尼泊尔的进藏路线，并将西藏外各国地形绘制成图。他尤其关注英、俄有关情况，认为英国有"长驱入藏"的野心，主张利用二者的矛盾而采取"制驭"方略。书中不仅详载进藏路线、距离，而且介绍了西藏的民俗、生活及宗教等情况。姚莹对西南边疆情形的调查与研究,在当时尚无出其右者。

《东北边防辑要》《西伯利亚东偏纪要》《东三省舆地图说》。中俄边界一度是边疆史地研究的热点。曹廷杰于 1884 年至 1887 年,通过有关史料与实地勘察,先后写成《东北边防辑要》《西伯利亚东偏纪要》《东三省舆地图说》等书,详细记述了沙俄侵占我国东北领土的情况,尤其是拓回永宁寺碑文,对于研究明代东北边疆,具有重大意义。

《黑龙江舆地图》《中俄交界全图》《中俄界记》。19 世纪屠寄著有《黑龙江舆地图》,洪钧著有《中俄交界全图》。20 世纪初年,邹代钧又著有《中俄界记》。这些著作,又进一步研究了东北地区的地理形势及沙俄侵占我国东北的具体情况。

晚清边疆史地的研究,促进了历史沿革地理学的发展,造就了一批专家,其中尤以杨守敬、丁谦成果最多,影响最大。杨守敬著有《汉书地理志补校》《隋书地理志考证》《水经注疏》《历代舆地图》《水经注图》,均为当时名作。丁谦所编的《蓬莱轩舆地丛书》等,则为社会普及了地理学知识。

第八章 文学与艺术

晚清,文学与艺术发生了很大的变化。文学方面,无论是经世派还是资产阶级维新派和革命派,都把文学作为宣传其思想的工具。所谓"诗界革命""文界革命""小说界革命",实则是文学改良运动。20世纪初年翻译小说之所以达到高潮,就是因为大量的"政治小说"曾在西方政治斗争中起到了作用。艺术方面,中国传统艺术有了新的发展,特别是国粹京剧形成,这是中国艺术史上的一件大事。在音乐与美术方面向西方学习,理论、方法、内容等方面都发生了新的变化。同时,引进了西方剧种话剧与综合艺术电影。

第一节 文学

一、诗歌

(一)经世派诗歌

经世派的诗歌以龚自珍最负盛名。他把自己的诗看作是"清议"或"评论"的工具。显然他把诗与史、诗人与史官在社会作用的基础上统一起来了。龚自珍的诗,以其先进的思想,别开生面,真正打破了清中叶以来诗坛"模山范水"的沉寂局面。他的诗绝少单纯地描写自然景物,而总是着眼于社会现实,抒发感慨,纵横议论。"欲为平易近人诗,下笔情深不自持。"他的诗饱含着社会、历史内容,是一个历史家或政治家的诗,有极强的现实政治意义。但是,他的兴趣,并不在于具体地、详细地描写现实政治事件,而是把现实政治的普遍现象,提到社会、历史的高度,指出问题,抒发感慨,表示态度和愿望。

魏源虽然不以诗人著称,但他对诗歌创作也是非常刻苦努力的。他的一些作品反映了人民的疾苦,揭露了统治阶级的腐朽无能,反对帝国主义的侵略,表现了深厚的爱国主义感情。

林则徐从广东查禁鸦片到谪戍新疆伊犁时期的部分诗篇,表现了强烈的爱国主义精神,也表达了对投降派的指责与愤慨。

这时期许多诗人都表现了爱国主义立场,如张亮基的《浴日亭》、张维屏的《三元里》,都是很著名的。

后辈诗人贝青乔是一个"跌宕有奇气""生平具干济才"的爱国者。他在鸦片战争中参加过浙江沿海的抗英斗争。他的严峻的讽刺诗,有力地揭露了清王朝腐朽的军事史和昏庸误国的罪状。

(二)维新派诗歌

维新变法运动期间,出现了诗歌改良运动,即所谓"诗界革命"。"诗界革命"的发生,是维新变法运动的需要,并成为这个运动的有机组成部分。它是近代中国进步诗歌潮流的进一步发展。梁启超、夏曾佑、谭嗣同等人都提出"诗界革命"口号,并试作"新诗"。开始时所作"新学之诗",只是拾扯新名词以表自异。但诗界这种尝试,反映了人们对新思想新文化的要求,并试图解决诗歌为维新变法运动服务的问题,还是有一定意义的。戊戌变法失败后,梁启超逃亡日本,在其所著《饮冰室诗话》中,继续鼓吹"诗界革命"。他批评"以堆积满纸新名词为革命"的诗风,认为"能以旧风格含新意境,斯可以举革命之实矣。苟能尔尔,则虽杂一二新名词,亦不为病"。这是"诗界革命"的一个发展。

最早从理论与创作实践上给"诗界革命"开辟道路的是黄遵宪。他是"诗界革命"的一面旗帜,也是龚自珍以后最杰出的一位诗人。黄遵宪是一位外交家与维新派的积极活动者,也是一位努力向西方寻求真理,企图改革腐朽的内政,挽救民族危亡的爱国者和诗人。他在诗歌创作上提出比较进步的主张。早在二十一岁时作的《杂感》诗里,他即反对传统诗坛的拟古主义,提出"我手写我口,古岂能拘牵? 即今流俗语,我若登简编。五千年后人,惊为古斓斑"的现实主义观点,"有别创诗界之论"。后于伦敦使署作诗集自序,他要求"诗之外有事,诗之中有人",即要求诗歌要为事而作,反映现实生活和斗争,要表现自己的思想感情,不必去模拟古人,因为"今之世异于古,则今之人亦何必与古人同",进一步明确了诗歌创作的现实主义精神。但在表现手法上,他却主张利用古人优良的艺术传统,力求变化多样。对于语言材料,他认为要尽量利用那些切用的古今历史语言材料,并结合"古人未有之物,未辟之境,耳目所历,皆笔而书之",从而创造那种"不名一格,不专一体,要不失为我之诗"。他的诗论主张表现了变古革新精神,他的创作实践也表现了"新诗派"的风貌。黄遵宪的诗,反映新世界的奇异风物以及新的思想文化,开辟了诗歌史上从未有过的广阔领域。但更重要的是,他时刻关心国家民族命运,描写了一系列重大历史事件,突出地反映了中国近代社会的主要矛盾,尤其是帝国主义与中华民族的矛盾,表现了强烈的爱国主义精神。他的诗有"史诗"之称。他知识渊博,当时所谓新学与新世界的见闻,以及传统的历史文化,无不用来作诗。他的作品多宏篇巨制,给人一种五光十色、博大宏深的感觉。在手法上,他努力使传统的诗歌形式与新内容谐和,使严整的韵律与散文化的笔法谐和,使"流俗语"、新名词与旧格调谐和,因而他确实创造了"旧风格含新意境"的诗,成为"诗界革命"的一面旗帜。

（三）革命派诗歌

随着同盟会的成立,资产阶级民主革命运动高涨,出现了资产阶级革命文学团体——南社。它酝酿于光绪三十三年(1907年),正式成立于宣统元年(1909年),发起人为陈去病、高旭、柳亚子,主要成员还有苏曼殊、马君武等。南社大张旗鼓地反对拟古主义与形式主义的宋诗派、"同光体"诗,成为"诗界革命"与"同光体"斗争的继续和发展。它"鼓吹新思潮,标榜爱国主义",宣传推翻清政府,主张建立民主共和国,积极为资产阶级民主革命服务。

陈去病是同盟会中一位活跃的革命分子。他的诗大抵歌颂宋明民族英雄、革命烈士与游侠剑客,借以抒发革命怀抱。

高旭是中国同盟会江苏主盟人。他汲取了"诗界革命"的进步因素,作了不少通俗诗歌,鼓动革命。他的诗,一般摆脱约束,开阔奔放,直抒革命怀抱。

柳亚子于光绪三十二年(1906年)加入同盟会,他是南社当中年轻的诗人。他的诗,追怀革命英雄,悼念革命烈士,揭露清王朝的腐朽黑暗,抒发怀抱与理想,表现了旺盛的革命热情与坚强的革命意志。他的诗风格朴实清新,流畅自如。辛亥革命失败后,他不像许多南社诗人那样容易消沉颓丧,并批判革命党人对袁世凯的妥协。在讨袁中,他的意志依然是昂扬的。柳亚子是南社诗人中一位少有的随着时代前进的爱国诗人。

(四)诗歌流派

1. 宋诗派

在诗界,宋诗派曾盛极一时。宋诗派又称"宋诗运动",是道光、咸丰年间形成的一个脱离实际、思想保守、内容贫乏的诗歌流派。此派尊崇宋诗,其作品大多是官场应酬之作,或吟咏山水景物,或抒发士大夫个人情怀之类的陈词滥调,并走上了新的拟古主义道路。该派由汉学家程恩泽倡导,由其门生何绍基、郑珍、莫友芝等人所推行,为宋诗运动奠定了基础。后经曾国藩极力推波助澜,至同治、光绪年间形成了宋诗派的末流——"同光体"诗派。它的代表人物有陈三立、郑孝胥、沈曾植、陈衍等。其作品大都是抒发封建文人悲伤、孤独与逃避现实的情感,而且诗句艰涩深奥,故弄玄虚。它限制了诗歌的社会功能,而使诗歌自身大有衰颓之势。

2. 汉魏六朝诗派

以模拟汉魏六朝诗为尚,代表人物为王闿运与邓辅纶。陈衍曾称,王闿运的诗,"杂之古人集中,直莫能辨"。① 柳亚子则斥之为"古色斓斑直意少,吾先无取是王翁"。②

3. 晚唐诗派

以标榜晚唐诗为尚,代表人物为樊增祥、易顺鼎。他们推崇李商隐、温庭筠、韩偓的诗作,实际上主要模拟"香奁体",以善作艳体诗自夸。柳亚子曾斥之为"樊易淫哇乱正声"。③

二、词

(一) 经世派词

据叶恭绰《全清词钞》载,晚清道光以后的词人有 1300 余家。前期代表作家为龚自珍、蒋春霖。龚自珍的部分作品抒发了壮志不遂的感慨,表现出历史转折时期进步文士的伤时之情。《金缕曲》(我又南竹鱼)写于早年,"纵使文章惊海内,纸上苍生而已",它表现了一个年轻人救国济时的远大志向。《丑奴儿令》(游踪廿五年前到)写于晚年,"江也依稀,山也依稀,少壮沉雄心事违",它表现了年华虚度、不能有所作为的怅惘。他的词自成一派,绵丽处如周邦彦,飞扬处似辛弃疾。陈去病曾称:"近代词人惟定庵龚氏足以名家。"④其虽属偏激之论,但可看出龚词在近代进步作家心目中的地位。与龚自珍同时,林则徐、邓廷桢虽不以词名家,但都写出了一些反映时事、具有爱国激情的词作。如林则徐《高阳台》(和嶰筠前辈)反映虎门销烟事件:"浮槎漫许陪霓节,看澄波,似镜长圆。更应传,绝岛重洋,取次回舷。"字里行间,洋溢着斗争胜利的喜悦。陈澧是学者,但他的词也很有特色。《水龙吟》(是谁前度登高)作于鸦片战争之后,"凭高酹酒,而今只愿,八荒无事",约略地反映出时代的影子。他的《百字令》(江流千里)写夏日山雨,结句云"晚来新霁,一星云犹湿",新

① 《近代诗钞》。
② 《论诗六绝句》。
③ 同上。
④ 《病情词话》。

颖而富于联想。蒋春霖喜好纳兰性德的《饮冰集》和项鸿祚的《忆云词》,因自署为水云楼,并以之作为词集名字。《台城路》(易州寄高寄泉)写仕途坎坷、穷愁潦倒的情绪。《渡江云》(燕台游踪,阻隔十年,感事怀人,书寄王午桥、李润生诸友)等写对清王朝的哀叹,表现出对太平军的敌视。他工于造境,注意练字练句,如《柳梢青》(芳草闲门)写"一片春愁,渐吹渐起,恰似春云"。谭献曾将他和纳兰性德、项鸿祚并提,誉为"二百年中,分鼎三足"。[①]

(二)维新派词

同治以后,外患日迫,词的政治性、现实性有所增强。梁鼎芬的十首《菩萨蛮》写中日甲午战争。他叹惜清军的失利,含蓄地指斥西太后弄权误国,对光绪帝表示同情。文廷式是帝党的重要人物,同情变法。他的《广谪仙怨》(玄菟千里烽烟)慨叹清廷臣僚懦弱怯敌,只图全身之计。《鹧鸪天》(劫火何曾燎一尘)曲折隐晦地反映光绪年间的政治斗争。"重重宿雾锁重闱",含有对政局的比喻。《水龙吟》(落花飞絮茫茫)用"小游仙"的笔调,勾画出"万重苍翠"的"空中楼阁",其正拟"骖鸾归去时","层霄回首,又西风起",隐约写出了理想不能实现的悲哀。他的词,或慷慨激越,或清远深微,兼有豪放、婉约两派的特点,是戊戌变法前后最重要的词人。这一时期,以词影响较大的作家还有谭献、庄棫、王鹏运、郑文焯、朱孝臧、况周颐、陈廷焯、夏敬观、王国维等。谭献是常州词派后起的理论家,他推崇比兴,力尊词体,所作小令文词隽秀,琅琅可诵。王鹏运和郑文焯、朱孝臧、况周颐并称为晚清四大词人,曾共同组织宣南词社。他提出"重、拙、大"的美学原则,主张"自然从追琢中来"。他的词风早年接近王沂孙,甲午战争后接近辛弃疾。朱孝臧被时人誉为"宗匠"。他取径吴文英,上窥周邦彦,旁及宋词各大家。《鹧鸪天》(野水剑桥又一时)悼念变法被杀的刘光第,其词多有关系时事之作。他精通格律,有"律博士"之称。

（三）革命派词

20世纪初年,资产阶级革命派词人崛起。秋瑾的词声情并壮,慷慨激烈,充分表现了一个女革命家的精神世界。《满江红》(小住京华)写"身不得,男儿列,心却比,男儿烈"。《鹧鸪天》(祖国沉沦感不禁)写"休言女子非英物,夜夜龙泉壁上鸣"。都是传统词坛上从未发出过的声音。宣统元年(1909年)成立的南社团结了革命派中的大部分词人,代表作家有柳亚子、高旭、陈去病、宁调元、庞树柏等。柳亚子大力推崇辛弃疾,反对周邦彦和吴文英,认为"词至美成而始衰,至梦窗而流极"。[①] 他在南社成立大会上就说:"南宋的词家,除了李清照是女子外,论男性只有辛幼安是可儿,梦窗七宝楼台,拆下来不成片段,何足道哉!"[②]曾因此和庞树柏展开激烈辩论。他的词也确实体现了辛弃疾的特点。《满江红》(禹甸尧封)祝革命喉舌《民吁日报》出版,鼓励编者"向昆仑顶上大声呼,撑天阙",《金缕曲》记南社在西湖的盛会,抒发"铁骑长驱河朔靖,勒石燕然山里"的志向,反映了一个革命志士的心声。

三、散文

（一）经世派散文

鸦片战争时期,清王朝危机四伏,以包世臣、龚自珍、魏源为代表的经世派散文逐渐兴起。包世臣批评"非言道则无以自尊其文"的现象,反对专讲孔孟程朱之道,提倡于国计民生有用的实学。魏源于道光六年(1826年)编成《皇朝经世文编》,主张文章贵能联系实际,切合时用,明确树立了经世派散文的旗帜。他的《圣武记》《海国图志》等书,都是为反对外国入侵而作。龚自珍的散文以政论为主,也写过不少寓言、小品和杂文。他上承先秦诸子,风格奇特,瑰丽中有古奥,简括中有铺陈,散行中有骈偶。由于不能畅所欲言,有时不免朦胧晦涩。他的《尊隐》描绘了当

---

① 《庞壁子遗集序》。
② 《南社纪略》。

时"夜之漫漫,鹈旦不鸣"的黑暗、死寂状态,期待着"山中之民,有大音声起"。《病梅馆记》寓意深长,表现作者摆脱束缚的愿望。龚、魏之后,继续发展经世派的是冯桂芬和王韬。冯桂芬尖锐批判桐城派的"义理"和"义法",认为"道必非天命率性之谓",举凡典章制度、名物象数,"无一非道之所寄,即无不可著之于文"。① 他的《校邠庐抗议》即是其散文理论的具体实践。王韬长期在香港办报,面对广大读者,认为"文章所贵,在乎纪事述情,自抒胸臆,使人人知其命之所在",②因此,他的文章明白畅晓,是近代报刊新派散文的萌芽。太平天国时期,洪仁玕曾发布《戒浮文巧言谕》,反对"古典之育",要求"朴实明晓",提倡"文以纪实,一一叙明,语语确凿,不得一词娇艳,毋庸半字虚浮"。这一主张在扫荡旧古文上是有积极意义的,却也反映出太平天国领袖们忽视了文学的特征。

（二）桐城派古文"中兴"

鸦片战争后,桐城派古文依然处于散文的"正宗"地位。所谓桐城派,本是清初以来为封建主义统治服务的"正宗"文学流派。它以"义理、考据、辞章"相标榜,以维护封建主义道统和文统为己任,并极力排斥民间文艺、新兴小说和戏剧文学。直至清代中叶,这个代表封建统治阶级正统思想的文学流派才一度衰落下来。其代表人物有方苞、刘大槐、姚鼐。鸦片战争后,桐城派古文试图"中兴"。其代表作家有梅曾亮和曾国藩。梅曾亮师事姚鼐,为文清淡简朴,但缺少内容。曾国藩往来于梅曾亮之门近十年,以继承姚鼐的余绪自诩,声言"粗解文章,由姚先生启之"。③ 但他的文章与桐城派并不一致。他自称:"平生好雄奇瑰伟之文",又于义理、考据、辞章之外,标榜"经济",因此被称为湘乡派。其弟子中著名的有张裕钊、吴汝纶、黎庶昌、薛福成。其中黎庶昌编《续古文辞类纂》,包括经、史、子、集等门类,补姚鼐《古文辞类纂》所未备。咸丰、同治年间,由于以理学与学术经世相标榜的曾国藩举起桐城派

---

① 《复庄卫生书》。
② 《弢园文录外编自序》。
③ 《圣哲画像记》。

这面旗帜，并极力扩大桐城派古文的范围及其影响，遂使日趋衰微的桐城派古文为之一振。但桐城派的所谓"中兴"，实际上并无新意，文风上也未有任何建树。

（三）"文界革命"

所谓"文界革命"是指资产阶级维新派所倡导的散文改良运动。它是为宣传资产阶级维新思想服务的。其代表作家有康有为、梁启超、谭嗣同等。康有为的散文汪洋恣肆，富于想象和瑰丽之辞，有明显的龚自珍的影响，但较平实。谭嗣同的散文开始较多地出现新式词语和外来语，表现出时代的新色彩。戊戌变法前后的梁启超，大张"文界革命"的大旗，指斥桐城派与八股时文的僵化腐朽，积极倡导文体改革。光绪二十二年（1896 年），他在上海创办《时务报》，鼓吹变法图存，发表了一系列宣传资产阶级维新思想的文章。这类文章思想新颖，文体流畅，笔锋常带感情，鼓动性与说服力极强，时人多相效仿，号称"新文体"，又称"时务文体"，风靡全国，从而取代了旧体散文。戊戌变法失败，梁启超逃亡日本后，相继创办《清议报》与《新民丛报》，继续用新文体宣传改良思想。因其极力鼓吹"新民"，故又有"新民体"之称。

（四）白话文运动

白话文运动是戊戌维新时期的新潮流。早在光绪十三年（1887 年）前后，黄遵宪就主张"语言与文字合"，要求书面语言能做到"明白畅晓，务期达意"，"适用于今，通行于俗"。[①] 光绪二十四年（1898 年），裘廷梁发表《论白话为维新之本》一文，认为"愚天下之具，莫文言若；智天下之具，莫白话若"。在实践上，他率先创办了《无锡白话报》。此后，陆续出现了一批白话刊物，成为"五四"时期白话文运动的先导。

20 世纪初年，资产阶级革命派日益成为文化战线上的活跃力量。在革命派作家中，邹容、柳亚子等继承了"新民体"的特点，以跳踉恣肆、感情洋溢的鼓动文字宣传革命的必要性。邹容的《革命军》犀利泼辣，淋漓

---

① 《日本国志·学术志》。

痛快,是这一时期最重要的宣传读物。柳亚子的散文气势奔腾,剀切的说理与热烈的呼喊相结合,表现出一个年轻革命者的蓬勃精神。其代表作有《郑成功传》《中国立宪问题》《哀女界》等。陈天华更多地致力于通俗化。他的《猛回头》是白话说唱体,《警世钟》则是白话文。它们以明快的风格、节奏短促的语言表现出催人奋进的力量,在清末曾广为传播。这一时期,白话文运动继续发展。林獬(白水)先在浙江办《杭州白话报》,后又在上海办《中国白话报》,积极提倡白话文和白话作品。维新派、革命派作家的散文写作都表现出复杂的倾向。与维新派散文、白话文的发展潮流相反,严复、林纾、章太炎等崇尚古文。严复是著名的翻译家,提倡以“汉以前的字法、句法”翻译西方资产阶级社会科学著作。《天演论》是其代表作。林纾以古文译述西方小说,获得了巨大的声名。章太炎以晚周、魏晋文相号召,写了许多广博渊深的宣传反清思想的文章,在当时也产生了很大的影响。

四、诗集、词集与散文集

《宋诗精华录》,宋诗选集,晚清陈衍编。入选作者 120 余人,录诗近 700 首。编者认为唐诗有初、盛、中、晚,宋诗亦同。本书即依此分卷,以元丰、元祐以前西昆体作家及苏舜钦、梅尧臣、欧阳修为初宋,元丰、元祐至北宋末王安石、苏轼、黄庭坚等为盛宋,南渡之后曾几、陈与义、范成大、陆游、杨万里等为中宋,四灵以后至谢翱、郑所南为晚宋。

《辽文存》,辽代诗文总集,晚清缪荃孙编。6 卷。收辽代诗文 200 余篇,以文体分类,分诗、诏令、策问、文、表、奏疏、铭、记等 16 类。

《辽文萃》,辽代诗文总集,晚清王仁俊编。本书收缪荃孙《辽文存》以外的作品,共 100 余篇,4 卷,又《补遗》1 卷,《作者考》《逸目考》各 1 卷,分类编次与《辽文存》大体相同。

《金文雅》,金代诗文选集,晚清庄仲方编。16 卷。选入 80 人的作品,分赋、五言古诗、七言古诗、诏令、册文、奏疏等 27 类,以文为主,书前有简明扼要的作者考。

《金文最》,金文总集,晚清张金吾编。60 卷。凡已见于《金文雅》者,只存目,不录原文。全书包括赋、骚、册文、制诰、策问等 42 类,保存了大量金代文献资料。

《古代诗词选集》,晚清曾国藩编。28 卷。选诗 6599 首,有少量点评和校注。该书于每一时代选取一些大家,以代表这个时代的主要风貌。魏晋南北朝取曹植、阮籍、陶渊明、谢灵运、鲍照、谢朓,唐代取王维、孟浩然、李白、杜甫、韩愈、白居易、李商隐、杜牧,宋代取苏轼、黄庭坚、陆游,金代取元好问。每一家中,均取其一种或数种体裁,不求众体兼备,以代表其主要成就。

《四印斋所刻词》,词总集,晚清王鹏运编。共 62 卷。刻于光绪十四年(1888 年)。收南唐冯延巳,宋代苏轼、贺铸、李清照、周邦彦、辛弃疾、姜夔、张炎、王沂孙、朱淑真,金代蔡松年,元代白朴等 19 家词集及《花间集》《草堂诗余》《蛾术词选》等 3 种。光绪十九年(1893 年),编者又汇刻《宋元三十一家词》,收宋代潘阆、朱敦儒,元代刘秉忠、陆文圭等人作品,共 31 卷,附入《四印斋所刻词》中,晚清大规模汇刻词集,自本书始。

《清诗铎》,原名《国朝诗铎》,清代诗歌总集,晚清张应昌编。26 卷。选入清初至同治年间诗人 911 家,诗 2000 余首。编者希图继承杜甫的"三吏""三别"以及元稹、白居易等人的乐府诗的传统,使诗歌有裨于封建统治,因此选入了大量有关时政和民生疾苦的作品,按题材内容分岁时、财赋、漕船、流民等 152 类,比较集中地反映了清代的社会矛盾。其中鸦片烟类及岛夷类的部分作品,从不同侧面记载了中国人民的反帝斗争。

《清文汇》,原名《国朝文汇》,清代散文总集。晚清沈粹芬、黄人、王文濡等辑刊。收作者 1365 家,文 1 万余篇。其甲前集收明遗民文,甲集收顺治、康熙、雍正三朝文,乙集收乾隆、嘉庆两朝文,丙集收道光、咸丰两朝文,丁集收同治、光绪两朝文。取材宏富,是一部大型的清代散文总集。

《晚晴簃诗汇》,徐世昌编。200 卷。收诗人 6100 余家,诗 2.7 万余首。全书首录皇帝、亲王之作,然后依科甲次第选录各时期诗人的作品;无科甲的,略依生平卒年先后为序。它保存了大量的清诗资料。但所选作品代表性不够,很少反映社会矛盾和反帝、反封建斗争。

《全清词钞》,叶恭绰主编。40卷。选录3196人,词8260首。取材广泛,是收录清词最多的选本。此书受朱孝臧影响很大,其词学观点,也和朱氏一致,推崇周邦彦、吴文英。因此选词往往失之于偏。

五、小说

(一)"小说界革命"

"小说界革命"是戊戌变法前后兴起的小说改良运动。它最先由严复、夏曾佑等倡导。光绪二十三年(1897年),他们在天津《国闻报》上发表《本馆附印说部缘起》一文。这是近代中国首次论述小说社会功能的理论文章。由于他们极力鼓吹,小说的地位大大提高。接着,梁启超、吴趼人等相继发表论述小说的文章,使"小说界革命"的理论广泛传播。光绪二十八年(1902年),梁启超在日本横滨主编的《新小说》月刊,是为中国近代最早创办的小说刊物。他在创刊号上发表《论小说与群治之关系》,全面而深入地论述了小说的作用、影响、艺术特点及其在文学中的地位,并首次明确提出了"小说界革命"的口号,认为:"今日欲改良群治,必自小说界革命始;欲新民,则必自新小说始。"①此文一出,许多专论小说理论的文章争相发表,各种新小说作品不断问世。新的小说刊物相继出现。较著名的《新小说》、《绣像小说》(1903年)、《月月小说》、《小说林》(1907年),被称为清末"四大小说杂志"。其中,《月月小说》是第一个刊载短篇小说较多的文艺刊物,对提倡短篇小说的创作与翻译,起了开创性作用。

(二)谴责小说

20世纪初年,在文学方面小说异军突起,出现了空前的繁荣。仅宣统元年(1909年)就出版小说达97种以上,是历年小说出版的高峰。就

---

① 《饮冰室合集》文集之十,第10页。

在小说创作的高潮中,出现了一批谴责小说。其中以李宝嘉的《官场现形记》、吴沃尧的《二十年目睹之怪现状》、刘鹗的《老残游记》、曾朴的《孽海花》最有代表性,被称为清末"四大谴责小说"。此类小说无情地揭露、鞭挞封建官场与当时社会的种种病态。但是,对清政府抱有幻想,对帝国主义的本质认识不清。在艺术上比较粗糙,对典型人物塑造不够,而且抓住一些社会新闻和官场丑闻草率成篇。而后来,这类小说便堕落为专门揭人阴私、进行人身攻击的黑幕小说。

由于谴责小说的堕落与西方侦探、侠情小说的大量翻译,在小说创作中出现了拟旧小说、写情小说、嫖界小说的创作逆流。从光绪三十四年(1908 年)前后,写情与嫖界小说逐渐发展成为鸳鸯蝴蝶派小说。代表人物及其作品有徐枕亚的《玉梨魂》、陈蝶仙的《泪珠缘》、李定夷的《美人福》,等等。此派的主要刊物是《礼拜天》。

（三）狭邪小说与侠义公案小说

鸦片战争以后,封建文人的小说走向穷途末路。主要有两种:一是狭邪小说;一是侠义公案小说。

1. 狭邪小说

19 世纪后半期,出现了不少描写妓院生活的长篇小说,它们大都把妓女写成色美艺绝的"佳人",把嫖客写成品学高深的"才子",把本来肮脏龌龊的关系,蒙上温情脉脉的面纱。这类作品有《品花宝鉴》《花月痕》《青楼梦》《海上花列传》《九尾龟》《海上尘天影》,等等。才子佳人式的狭邪小说,泛滥了五六十年。它公然赞美妓院制度,歪曲和丑化被蹂躏的妇女,露骨地宣扬地主阶级的腐朽生活,发泄封建知识分子的颓废没落情绪。它们在当时只能起到消蚀革命意志、维护旧制度的作用。相对于《红楼梦》来说,它们是言情小说的堕落。

2. 侠义公案小说

19 世纪后期,侠义公案小说也风行一时。其中最有代表性的是《三侠五义》《彭公案》等。侠义公案小说主要描写所谓"清官"在侠客义士的辅佐下如何审案平冤、"除暴安良"、镇压农民起义的故事,以及侠客义士十足的奴才相,并大肆宣扬封建迷信。在艺术上也十分拙劣、粗糙。相对于《三国演义》和《水浒传》来说,它们是历史演义小说和英雄小说的堕落。

（四）翻译小说

近代中国翻译文学起于甲午战争后,而在 20 世纪初年形成高潮。光绪二十四年(1898 年),梁启超在《清议报》上发表著名论文《译印政治小说序》,深刻阐述了翻译小说的重要性。他将西方一些曾在政治斗争中起作用的小说称为"政治小说",并大力提倡翻译政治小说以为宣传改良思想的工具。此后,翻译小说蔚然成风。20 世纪初年,翻译小说猛增,至光绪三十三年(1907 年)前后进入鼎盛时期。就翻译风气倾向而言,前后期大不相同。前期以"政治小说"居多,而后期则侦探小说、言情小说泛滥成灾。最终的恶果是翻译侦探小说与谴责小说同流合污,导致了"黑幕小说"的兴起。

近代中国著名的外国小说翻译家以林纾最负盛名。林纾(1852—1924),字琴南,号畏庐,别号冷红生,晚称践卓翁,福建闽侯人。他是近代中国以古文笔法译西洋小说的第一人。他译书共 160 余种,其中最著名的译著是《巴黎茶花女》《黑奴吁天录》(即《汤姆叔叔的小屋》)等。此外,他翻译的言情小说《迦茵小传》也名噪一时。在其翻译的小说中,主要是英国小说,其次是法国、美国与俄国小说。林纾是特殊翻译家,他本人并不懂外文,全凭别人口译,他用文言文记录与润色。其译笔生动、流畅、传神,深受广大读者喜爱。

除林纾外,著名翻译家还有周桂笙、吴梼、包天笑等。

第二节 艺术

一、音乐

（一）革命民歌

这是人民群众在反帝反封建斗争中进行宣传而创作的歌曲。如太平天国时期流行在山东的《四月榴花火样红》，歌颂"长毛兵，是天兵，杀富济贫救百姓"，生动地反映了人民群众对太平军的拥戴。蒙古民歌《引狼入室的李鸿章》，愤怒地揭露了卖国贼的罪行。《义和团》则表现了义和团战士勇往直前的英雄气概。《行军歌》反映了辛亥革命时期湖北义军占领武汉三镇的胜利情景。此外还有诉说工农被压迫的苦情，如《做工五更》《矿工苦》等等。这类民歌大都用民间小曲填词，简单明确，朗朗上口，便于广泛流传，对鼓舞人民的革命斗争起了积极作用。

（二）学堂乐歌

19世纪末以后，废科举，兴学校，学习西方科学文化成为不可抗拒的潮流。这些新式学校设有音乐课，教授唱歌和课程，名为"学堂乐歌"。它的内容多以反帝、抗暴、御侮的爱国主义思想为主题，或者宣传妇女解放，破除迷信，要求民主和科学。如《中国男儿》《国耻》《劝用国货》《勉女权歌》《勉学》等等。《演说》歌曲中提出"政自由、教自由"的口号，《婚姻祝词》中赞扬婚姻自主，都有强烈的现实主义。当时，传唱学堂乐歌成为社会的新风尚。这些乐歌多数是填词歌曲，起初用欧美或日本的旧曲填以新词，后来也有用民间小曲填词或者创作新曲。随着学堂乐歌的发展，西洋的歌曲、演唱形式、钢琴、风琴、小提琴以及简谱、五线谱等也相继传入，并流传到社会，成为我国近代民主主义音乐文化的重要开端。著名的学堂乐歌作者有沈心工和李叔同。沈心工是国内学校唱歌教材的最早编辑者，他编辑的《学校歌唱集》，两年内刊印五版，深受民众的欢迎。李叔同早年留学日本，回国后专事音乐教学，他填写的《祖国颂》风行一时。

（三）广东音乐

这是晚清在珠江三角洲兴起的民间器乐曲。它的前身主要是粤剧过场音乐和烘托表演用的小曲，又称"过场谱子"，按其长短又分为大调和小调。还有广东地方性的民歌，如山歌、儿歌、粤讴、南音等，外省人笼统地称为"广东音乐"。20世纪初年，有些小曲发展成独立的演奏曲。广东音乐也成为这些器乐曲的专有名称,如《梳妆台》《柳青娘》等。早期乐曲,节奏变化不大,多是民间群众的集体创作,后来经过作曲家、演奏家的改编和创作,成为旋律谐和而又丰满的乐曲。如《旱天雷》从粤讴前奏的琵琶小曲改编,以活泼酣畅的旋律,表现人们在旱天喜逢降雨的欢乐心情,改变了原曲的平板格调,创造出新的意境。合奏时多用二弦、提琴、三弦、箫、笛等,独奏则多用琵琶或扬琴,19世纪50年代以来又加用大阮、中胡,还吸收了低音提琴、小提琴等乐器。著名的曲子有《雨打芭蕉》《赛龙夺锦》《平湖秋月》等。

（四）江南丝竹

这是近百年来流行在苏南、浙西和上海地区的器乐曲。由于以丝弦和竹管乐器演奏,故称之为"江南丝竹"。乐曲大都来源于民间,又称"细吹细打",多用于婚丧喜庆和庙会的娱乐活动。20世纪初年以上海为中心,出现了若干演奏团体,演奏以花（花彩）、细（纤细）、轻（轻快）、小（小型）为特色。在农村中则以吹鼓手居多,再配以锣鼓,气氛热烈。著名的"八大曲"即《中花六板》《欢乐歌》《三六》《行街》《四合如意》《花三六》《慢六板》《元庆》等。从结构上大致分为三类:有以一个基本曲调的变奏,有近似西洋音乐的回旋曲式,还有多曲牌的联奏套曲。其中尤以多个曲调回旋演奏的《三六》流传最广。

（五）西方音乐的引进与吸收

鸦片战争以后,基督教的传播和教会学校的兴办,向中国的教民和学生传授了教会的赞美诗和一些音乐小品。同治十一年（1872年）上海出版《圣诗谱》,编有三百多首欧洲流行的宗教乐曲。光绪九年（1883年）出版的《小诗谱》,运用了中国民歌曲调作练习曲。这些乐书对西洋乐理的推广起了积极的作用。

20世纪初年,洋务派在军队中首先使用西洋钢管乐,接着中小学也陆续兴办军乐队,欧洲的乐器和乐曲从此大量传入中国。

二、绘画与书法

（一）晚清爱国宣传画

1. 新闻画

19世纪末，新闻画家吴友如根据中法战争的报道，绘制了一系列严惩法国侵略者的战争场面。《自取挠败》表现了黑旗军以千军万马包围法军的阵势。《角江战争》以传统的版画风格，描绘了中国军队的自卫反击战。《镇南关大败法军》则以凌厉的气势，再现了抗击法军、大获全胜的景象。

2.《点石斋画报》

甲午战争期间，画家又创作了揭露日本侵略者罪行的宣传画和时事画，在天津等大城市出售。《点石斋画报》经常刊载战争题材的画面，表现了中国海军与日军的殊死战斗，多方面反映了人民群众的战斗激情。义和团运动期间，描绘团民攻打帝国主义租界的民间版画，深受广大人民群众的欢迎。

3.《神州画报》与时事画

20世纪初年，全国各大城市爆发拒俄、拒法、抵制美货运动等，在画报中都有反映。《神州画报》《时事画报》揭露帝国主义列强肆虐的作品，人民群众抵制洋货的招贴画，都深入人心。这些绘画突破了旧传统的规范，在通俗化方面作出了自己的贡献。

4. 漫画

辛亥革命前后，在中国绘画史上崛起了一个新型的画种，即漫画。在古代，虽然也不乏有讽刺意义的作品，但从艺术手段与表现形式看还不同于近代的漫画。漫画又称时画、讽画、笑画、谐画、滑稽画，直到30年代，《文学周报》上首标丰子恺的漫画题头，才正式命名为漫画。中国的漫画，从一诞生就有强烈的政治性和战斗性。作者用极其夸张的手法抨击、讽刺一切不合理的社会现象。这是中国漫画鲜明的民族特色。早在鸦片战争时，讽刺英国侵略军怀抱古瓶、跪在地上觅宝的《英军劫掠队》,就在群众中不胫而走。

漫画《苛政猛于虎》,把清朝官吏画成头戴花翎的老虎,张牙舞爪,扑向一群被水淹没的羔羊。《官场之手眼》,画一侏儒,身穿朝服,两手伸入云霄,两眼死盯着钱眼,突出了官吏的贪婪。《老猿百志图》《万人唾骂》等成为鞭挞袁世凯的声讨书。30年代的漫画更为发展,出现了丰子恺、张乐平等一批漫画家,绘制了大量讽刺国民政府对外妥协、对内压迫人民的漫画,深受人民喜爱。《三毛流浪记》等流传最广。

(二)民间绘画与太平天国绘画

1. 民间绘画

清代前期民间绘画本已兴盛,晚清又有进一步的发展。民间绘画作品出自民间画工之手。他们社会地位低下,生活贫苦,大多是在极其艰苦的条件下进行创作,但其作品深受广大群众喜爱。民间绘画遍及全国,各地自有特色。民间画工的行当极多,绘画的范围极广,品种繁多。大的如画寺庙的壁画、画建筑图案、画船花,小的如画鸡蛋的彩蛋画。此外还有年画、彩灯、扇面、瓷器、窗花、纸鸢、扎纸冥屋、卷轴画等等,[①]应有尽有。晚清的民间绘画中,木板年画花样翻新,最为兴盛,咸丰、同治年间已空前发达,各地城乡村镇很普遍。年画已成为最普及、最大众化的艺术品,"在中国绘画史上,没有哪一种民间美术比得上民间年画接触群众多、影响广"。[②] 年画生产与销量极大,全国有许多制造年画的中心。天津杨柳青、山东潍县杨家埠、苏州桃花坞、福建泉州与漳州、河北武强、广东佛山、四川绵竹、陕西凤翔、浙江杭州,都是驰名中外的木板年画生产基地。[③] 各地产品独具特色,内容丰富多彩。此外,江西、湖南、安徽、贵州等地,也都有大小不一的年画铺,所产年画颇具地方特色。

杨柳青年画早在乾隆年间就已进入兴盛期,晚清更有新的发展。仅光绪前后的著名画师就有高桐轩等二十余人。杨柳青年画构思新颖,布

---

① 王伯敏:《中国绘画史》,上海人民美术出版社1982年版,第677、679页。
② 王伯敏:《中国绘画史》,第653页。
③ 同上书,第654页。

局雅致,人物刻画生动,绘刻、印刷精美,远销全国各地,经久不衰。

苏州桃花坞的年画历史悠久。在晚清,它首先采用西方传入的石印技术印刷,继而采用西方进口的"洋红""洋绿"等颜料,后又改用洋连纸(油光纸),桃花坞年画的色彩更鲜艳,且价格低廉,备受各地群众欢迎。

年画取材广泛,内容丰富多彩。凡天下大事、巷里所闻、寿星、娃娃、财神、菩萨、风景、花鸟、人情风俗、戏曲故事、士农工商、男耕女织等等,无所不包。其中也有一些封建迷信等不健康的内容。民间年画偏重写实,色彩明快,生活气息浓厚,刻画人物简洁而又深刻,艺术感染力很强,因此在民间长期流传。

2. 太平天国绘画

太平天国的绘画独具风采,在绘画艺术上也有所创新。其中以壁画最为发达,其次是年画、卷轴画。其绘画的取材与内容,大都以反映太平天国的风物时尚、花卉鸟兽和军民英勇作战、战争情景为主。太平天国的壁画以天京最为兴盛,各王府内部都绘有壁画。在已发现的太平天国壁画中,以南京堂子街壁画中的《江防望楼图》最具有代表性。画面中以显著地位突出一座五层高的平顶望楼,真实地描绘了太平军守卫江防的实际情景。绩溪曹氏支祠的壁画场面壮观,细致地描绘了太平军英勇征战、架梯登城的真实情况。

(三)绘画革新与流派

1. 岭南画派

此派为辛亥革命时期广东地区部分画家形成的新的国画派。他们受欧风美雨的影响,不满意画界的临摹、法古、守旧之风,认为"中国画至今日,真不可不革命","艺术关系国魂,推陈出新",力主革新,创造新型的中国画。首先在题材上打破传统的格局,生活中出现的新事物,如飞机、汽车、电线杆皆可入画,扩大了社会内容。强调写生,面向现实,吸收西洋的形理技术,充实以中国画的精神意境,兼采中西绘画之长,将人文画与工匠画熔于一炉,不中不西,亦中亦西,所以又称"折中派"。其代表人物有号称"岭南三杰"的高剑父、高奇峰兄弟和陈树人。他们还在广州开办美学馆,培养人才。他们所作的种种努力,对中国画的推陈出新,有不可磨灭的贡献。

2. 上海画派

上海画派又称海上画派,简称海派。它是 19 世纪末至 20 世纪初,即光绪、宣统年间在维新思潮影响下成长的中国画派,反映了上海地区经济、文化发展中资产阶级自由主义的时代思想和新的审美趣味,该派敢于标新立异,突破传统藩篱。它继承了扬州八怪的传统,又吸收了西洋用色、解剖、光、投影的技巧,从内容到形式都创造了一种新的格调。海派的崛起及其在中国画坛独树一帜,使道、咸、同三朝一度冷落的花鸟画盛极一时,大放异彩,对后世画家有深刻的影响,对近代花鸟画的发展作出了较大的贡献。[①] 海派"起于赵之谦,盛于任颐、吴昌硕,是近百年绘画发展史上有着较大影响的画派"。[②]

赵之谦(1829—1884),字益甫、捣叔,浙江绍兴人,咸丰举人。集绘画、书法、篆刻于一身,尤以写意花卉为特长,笔力雄劲,用墨饱满,色彩浓丽,富有创新精神。[③] 作画常取材于田园农家,所画地瓜、萝卜、蒜头,表现出浓厚的生活气息。

任颐(1840—1896),初名润,字小楼,后字伯年,浙江绍兴人。早年在上海扇庄当学徒,曾一度入太平军司军旗,旋离军回上海,以卖画为生。所画花鸟画生动有神韵,画风清新活泼,富于创新,遂使"海派"绘画名声大振。[④] 但他在画坛上的影响却是人物画远过于花鸟画。[⑤]

吴昌硕(1844—1927),原名俊,后改俊卿,字昌硕、仓石,号缶庐等。浙江安吉人,寓居苏州、上海,曾任丞尉,旋升江苏东安(今涟水)县令,一月便辞去,因此常以"酸寒尉"自嘲。后复寓居上海,即工书法、篆刻,擅写"石鼓

---

① 王伯敏:《中国绘画史》,第 597—598 页。
② 同上书,第 666 页。
③ 同上书,第 668 页。
④ 同上书,第 672 页。
⑤ 同上书,第 674 页。

文"，能破陈规，自成一家；篆刻雄浑苍劲，自创面目。三十余岁始学画，能融各家之长，七十岁以后在艺术上成为"后海派"最杰出的大家。① 专精花卉，亦能山水与人物。所画梅、竹、松、石、兰、葡萄、紫藤、荷花等最有特色，气势磅礴，着色独特，"成为历代写意画中最善于着色者"。② 并以诗、书、画、印四者巧妙配合而见长，达到艺术上的高度结合，成为晚清画家中最有成就和最杰出的画家，对近代中国的绘画极有影响。其作品传世极多，其中《红梅》《水仙山茶》《荷花》《墨竹》等等，均为匠心独运的精品。

与任伯年、吴昌硕同时代的著名花鸟画家还有虚谷（海派）、蒲华等人。

3. 国画

中国画是以墨线和点造型，并不借重光色来表现物象。中国文字的方块结构，以及题诗、落款的书法，使得画与书、诗结合一体，形成统一的艺术意境，所运用的工具和材料又为中国特制的笔墨纸砚和绢，这些都构成了国画表现手法的基本特征。画家借助水墨的作用，创造出表现物象的质感、运动感和空间感的多种多样的线条。晚清西洋画法的传入，更加丰富了国画的表现力。近代生活的广泛题材，画家对生活的深刻观察，在美术创作方面展现了新的精神风貌，衰落了数百年的人物画在国画中重新崛起。道光、咸丰年间，人物肖像画盛极一时，著名人物画家有苏六朋、苏长春、费丹旭、任熊等人。光绪、宣统年间，人物画进一步发展，而人物画最有成就、最有影响的画家，则首推任伯年。他精于写像，"是一位杰出的肖像画家"。③

（四）书法

1. 碑学与帖学

碑学指研究考证碑刻的源流、背景、体制和拓本真伪及其内容的学问。帖学则指研究考订摹刻在石（或木）版上的法书学或拓本真伪优劣

① 王伯敏：《中国绘画史》，第 677—678 页。
② 同上书，第 677—678 页。
③ 同上书，第 639 页。

及其源流、内容的学问,有时也指崇尚碑或帖本的书派。碑学与帖学经常相对称。碑与帖本常被今人混同。大致说来,帖本是指诗文卷尺牍,碑类则指摩崖碑碣、造像题名、墓志等。

清代前期的书法界墨守宋、明传统,重视在法帖上用功力,陈陈相因,而很少创新。虽然书法名家为数不少,但他们的成就则远逊于明代书法家。到了晚清,出土的汉、魏晋、南北朝的石刻极为丰富,且多精品,其中尤以北朝碑刻出土最多。从书法艺术上看,北朝碑刻的字体是一种极具艺术特性的"书体",故有"魏体"之称,又称"魏碑""北碑"。道光以后,汉魏碑志出土渐多,拓本流传日广,书家眼界大开,遂为书法艺术开辟了新的天地。咸丰、同治之际,"碑学"以异军突起之势称雄于晚清书坛,而一扫宋明帖学之积弊。今人祝嘉指出:"自碑学勃兴,一扫帖学纤弱衰颓之势,大家辈出,追攀高古,小而造像墓志,大而丰碑摩崖,无体不备,无妙不臻。"①于是把书法艺术推向新的境界。"碑"学以魏碑为主,亦包括秦篆、汉隶在内。清代最早正式写魏碑,并为碑学劈山开路的是乾嘉时期的大书法家邓石如;而最早倡导碑学的则是嘉道时期大学者阮元。其后"包世臣、康有为继之,主张更力",②遂蔚然成风。包世臣、康有为一致推崇精于篆隶的邓石如为清代书法界卓然大家,认为他"各体兼善,千年来无与比者"。③ 包世臣、康有为之论虽有言过其实之嫌,而邓石如对晚清书法发展影响最大则是众所公认的。

邓石如(1743—1805),原名琰,字石如,后名石如,字顽白,号完白山人,安徽怀宁集贤关人。他既无功名,又不曾做官,但其书法则被清代书法界公推为"国朝第一",④尤以篆、隶最精绝,用力最深。邓石如写魏碑(北碑),为书法界独辟蹊径,近世学书法者从之如流。因此,晚清及其以后魏碑风靡书坛,篆、隶诸书成就非凡,各有名家,各家自有特长。

---

① 祝嘉:《书学史》,成都古籍书店 1984 年版,第 320 页。
② 祝嘉:《书学史》,第 321 页。
③ 同上书,第 321 页。
④《沙孟海论书丛稿》。

晚清帖学也有新的发展,涌现出一批名家。最著名的有:

包世臣,字慎伯,号倦翁,安徽泾县人。嘉庆举人,官新渝知县。他的字多取法邓石如,用邓氏的方笔之法写北碑,颇见功力。

何绍基,字子贞,号东洲,一号蝯叟,湖南道州人,道光进士,官编修。工各体书,隶书第一,真书其次。早年宗颜体,中年极意北碑,积数十年功力,上追秦汉六朝,探源篆隶,所取极博,功候殊深。他的隶书,用笔灵空,体态洒脱,当为第一流书家。

赵之谦,书、画、篆刻皆名噪一时。书法初学颜体,后习北碑,取法邓石如。其特点是把森严方朴的北碑写得宛转流利,自成一家,为时人所宗。

张裕钊,字廉卿,湖北武昌人,道光举人,官内阁中书。工北碑,自信能化北碑为己用,其书法劲法清拔,饱墨沈光,精气内敛,为咸丰、同治年间一大家。

吴昌硕,工篆书。作篆取法邓石如,但不主故常,"随时有新意出来",字体凝炼遒劲。常把三代钟鼎陶器文字的体势糅杂其间,风格不凡。① 但也有的论者贬之为"纵挺横张,略无含蓄,村气满纸,篆法扫地尽矣"。②

康有为,提倡碑学不遗余力,于历朝碑版无所不摹,对邓石如、张裕钊倾心拜倒,作书时常参入邓、张的笔意。用笔力主运腕,笔力矫健,善作大字。

沈曾植,字子培,号乙叟,又号寐叟,浙江嘉兴人。光绪进士,官至安徽布政使。工草书。早年曾取法包世臣;晚年取法明代大书法家黄道周,但不拘一格。所作草书"遂尔抑扬尽致,委曲得宜"。"有清一代草书,允推后劲。"③

2. 篆刻与印章

清代随着金石考据之学的盛行,人们对古代文化艺术有了更深刻的

---

① 《沙孟海论书丛稿》,第45页。
② 《霎岳楼笔谈》,祝嘉:《书学史》,第403页。
③ 同上书,第402页。

理解,篆刻艺术从清代中叶开始,进入繁荣时期。丁敬用涩刀,仿汉印,朴实中不失灵秀,影响所及,形成浙派。邓石如把对篆书的理解运用在篆刻中,刚健婀娜。其后的艺术家多兼取两派之长,并从更广阔范围内(如权量、诏版、瓦当、泉布文字)取得借鉴,形成了晚清篆刻艺术群星璀璨的局面。

印章自清代以来,成为书法与绘画作品中十分重要的组成部分,诗、书、画、印的全面发展,成为艺术家明确追求的目标。

三、近代建筑艺术的引进与发展

鸦片战争以后,伴随着外国资本主义的入侵,各种西洋建筑在沿海沿江地区的通商口岸城市出现,同时随着近代中国社会的变迁和工程技术的进步,逐渐形成了独具中国特色的中国近代建筑艺术。

中国近代建筑艺术随着列强的侵入而产生,主要分布在通商口岸的租界内。建筑类型多为领事馆、教堂、洋行、银行、学校与娱乐场所。建筑风格多为欧洲古典式及带有殖民主义色彩的"券廊式"。这个时期引进的西式砖木结构,比传统的木架结构前进了一步。由于外国资本的流入和民族资本主义的发展,中国近代建筑艺术有了初步发展。在建筑类型中,会堂、金融、商业、交通、教育、娱乐等各种各样的公共建筑类型更加多样。居住建筑突破了传统的民居模式,发展了近代化的独院式别墅和集体公寓。建筑风格保持着欧洲古典式和折衷主义式面貌。所谓古典式是指18世纪60年代到19世纪末流行于欧美各地的建筑形式,所谓折衷主义式是指19世纪末到20世纪初流行于欧美各地的建筑形式。它们都以欧洲古典主义为美学基础。

四、戏曲与电影

(一)京剧的形成与发展

京剧是在皮黄戏的基础上发展而来的。关于京剧形成于何时的问题,学界有不同的观点:有的认为形成于道光年间,有的认为形成于光绪年间,有的认为形成于同治、光绪年间。后两种意见比较接近,而第三种意见并强调了形成的过程。

为了说明这个问题,我们稍作一下考察。

道光年间,汉调(西皮)艺人进京,与早已进京的徽调(二簧)艺人结合,形成徽汉二腔合流,即皮黄戏。本来,皮黄戏继续发展下去,有可能很快形成京剧,但是,咸丰年间由于清政府严令禁止演戏以"除奢靡积习",戏剧的发展大受挫折。同治、光绪年间,皮黄戏艺人经过长期的努力,吸收、融化了昆曲、京腔、秦腔及其他梆子剧种的精华部分,构成了一套完整的体系。在皮黄戏向京剧衍化过程中,伴奏乐器由笛子改为胡琴(即后来人们所称的"京胡"),并随之陆续出现了一批著名演员,同时通过集体创作和向其他剧种及说唱文学吸收了大量剧目,在长期的舞台演出实践中形成了一整套剧本,许多都是群众喜闻乐见的。这样,就形成了一个崭新的剧种——京剧。

同治、光绪以后,京剧大发展,并有自己的战斗历程。辛亥革命前,许多京剧艺人激于祖国危亡的义愤,曾演了不少适应当时政治形势要求的剧目,有些爱国艺人还直接参加了革命斗争的实践。如汪笑侬,不仅是一位杰出的表演艺术家,而且是一位革命志士。

(二)话剧的产生与发展

话剧,初名新剧,后又称文明戏,话剧是后来才固定下来的名称。

传统戏剧中本来就有话剧的因素。但是,我国的话剧是在外国文化影响下产生的。甲午战争后,一些爱国知识青年曾介绍过欧洲的话剧。光绪三十三年(1907年),中国留日学生曾孝谷、李叔同、欧阳予倩等人受日本新派剧的影响,组织了"春柳社",并把林纾等人翻译的《黑奴吁天录》(即《汤姆叔叔的小屋》)改编为五幕话剧,在日本正式公演。演出获得了很大成功。演员们的出色表演和话剧这一新颖的艺术形式大大吸引了观众。当时看过这次演出的日本戏剧家也给予很高的评价。尤其是剧中所揭示的反对帝国主义压迫黑人的主题思想,对于长期遭受帝国主义侵略的中国人,不能不引起强烈的同情和共鸣,这就更使此次演出受到热烈的欢迎。春柳社当时选择了这一小说改编的剧本,是适应客观形势的要求,用来表达他们的爱国主义的思想感情和激发群众的民族意识的。

《黑奴吁天录》是中国正规的、完整的话剧的一次公开演出,它标志着中国话剧正式诞生。《黑奴吁天录》在日本东京的演出,影响很快扩大到国内。不久,王钟声等人在上海成立"春阳社",演出该剧,而剧本是另外改编的。宣统二年(1910年),在日本时就受"春柳社"影响的任天知,在上海组织了职业话剧团"进化团"。所演剧目多半是反映当时的政治问题,暴露清政府的腐败,宣传爱国和革命思想的。尤其是武昌起义后,进化团更是热情配合当时的革命需要,编演了《黄金赤血》(劝募爱国捐)、《共和万岁》(歌颂辛亥革命的胜利)、《黄鹤楼》(赞武昌起义)等剧目。1912年秋,进化团解体。而就在这一年,欧阳予倩等人组织了"新剧同志会",建立"春柳剧场",成为不同于进化团的话剧艺术的另一有影响的流派。

(三)著名地方戏剧

1. 评剧

评剧原流行于河北、天津、北京及东北地区,后流传至南北各地。最初由河北滦县、昌黎一带的对口莲花落发展为演唱"拆出"(小戏)的落子。光绪二十六年(1900年)前后进入唐山市,成为唐山落子。唐山落子传到东北,形成高亢粗犷的大口落子(奉天落子)。

评剧唱腔有流畅自然、明白如话的特点。基本板式有四种:慢板(一板三眼,板落,上下句反复,每句四小节,速度较慢,曲调性较强,宜于抒情,原为女腔专用)、二六板(一板一眼,应用广泛,具有抒情、叙述两种性质)、垛板(又名楼上楼,一板一眼,板起、板落,上下句反复,每句四小节,节奏鲜明,朗诵性强,用于表现激昂情节)、流水(有板无眼或散板,有紧流水、慢流水之分,用于表现悲愤、惊讶和呼号)。

2. 河北梆子

河北梆子曾名直隶梆子、京梆子,流行于华北、东北地区及山东北部,系山陕梆子流传到北京、河北地区,逐渐与当地语言结合,并吸收民间音乐成分演变而成。初期唱腔和念白都保留山陕梆子的风格特点。河北梆子音乐具有高亢激昂、慷慨悲壮的特点。不同地区的唱腔又各具特色。男女唱腔基本相同。青衣、老生唱腔比较丰富,净角唱腔比较简单。男演员唱腔一般在高音区用假声或将声腔移至下五度调演唱。唱腔为板腔体,或称板式变化体。梆子、皮黄系统剧种可作为板腔体的代表,在近代戏曲音乐的发展史上有重大影响。主要是徵调式。常见的板式有慢板、小慢板、二六板、快板流水、散板流水、尖板、哭板。弦乐曲牌多为河北梆子所独有。

3. 秦腔

秦腔是陕西中路秦腔的简称。它以西安为中心,在同州梆子的基础上逐渐演变而成,经近百年的发展成为秦腔的主流。现流行于西北各省(区)及西藏等地。秦腔为板腔体剧种。主要板式有:(1)慢板。一板三眼,起于中眼,落于板。唱词为十字句或七字句。(2)二六。一板一眼,起于眼,落于板。唱词为七字句或十字句。(3)带板。有板无眼,或紧打慢唱。(4)尖板。又名介板、垫板。属于散板,具有朗诵性质,旋律性较强。唱词为五字句、七字句或十字句。(5)滚白。散板,朗诵性强,用于表现悲剧,故只有苦音而无花音。常用乐器,文场有二股弦、板胡、月琴、笛、唢呐、海笛、笙等,武场有干鼓、暴鼓、堂鼓、战鼓、大锣、手锣、马锣、碰铃、铙钹、梆子、指板等。其音乐与同州梆子主要区别是拖腔中无闲字,主要乐器由同州梆子的二股弦改为板胡,音乐风格也发生了变化。打击乐器,对革了鼓面。还吸收了其他剧种特别是京剧的锣鼓经,丰富了打击乐器的表现力。

4. 越剧

越剧是浙江湖州一带民间曲艺"三跳"流传至嵊县,结合当地语言及"呼山牛歌"等,逐步融合而成的民间小型戏曲。宣统元年(1909年)第一次登上农村舞台。剧目多反映农村生产活动和生活琐事。唱腔为上、下句变化反复,曲尾加"啊呵令哦今哦"人声帮腔的"令吓调"。只用一绰板及一扁小鼓压拍打花点伴奏,全由男性业余演员演唱。

5. 粤剧

粤剧流行于广东和广西的粤语区,远及东南亚、北美、澳大利亚、墨西哥、古巴等粤籍华侨聚居地区,已有一百多年的历史。

道光以后,又逐步糅进广东民间音乐。光绪十五年(1889 年)后,增加以当地传说为题材的剧目,以"白话"(粤语)取代"官话",将假嗓改为"平喉"(真嗓),并在基本腔调"梆黄"以外,加入"南音""龙舟""水鱼"等曲艺的腔调,这种改变至清末民初尤为明显,并趋于稳定。音乐均属板腔体。此外,还有"梅花腔"(苦喉),属于粤剧特有的"乙反调"(即"乙凡调")。曲调中突出"乙"(sì)、"凡"(fa)两音,具有怨慕悲凉的情调,唱词结构基本上是七字句和十字句,现在则普遍用长句和自由句格。唱腔形成大喉、平喉、子喉三种。大喉高亢激昂,为武生专用。平喉稳重厚实,为小生、文武生专用。子喉清圆委婉,为旦角专用。伴奏乐器有管弦乐器及打击乐器。

(四)戏剧表演

1. 唱念做打

中国戏剧是一种综合性的表演艺术,它把文学、音乐、舞蹈、说白、武术、杂技、美术等多种艺术形式相结合,表现丰富的生活内容,展现曲折复杂的故事情节。戏剧中的唱念做打,是戏剧表演的基本手段,四者有机结合,构成了戏剧表现的形式特点。戏剧的唱,是塑造人物的重要手段之一。唱功的第一步是喊嗓、吊嗓,扩大音域、音量,锻炼歌喉的耐力和音色,还要分别四声的阴阳、尖团、清浊、五音四呼,练习咬字、归韵、喷口、润腔等技巧。唱词都是诗词体。一般在叙事、写景、争辩、斥责等场合,常发挥唱的功能。唱和念、做、打是相互结合的。念白与唱相互配合、补充,以表达人物思想感情。念白要掌握口齿、力度、亮度要领,还须根据剧情变化处理轻重、缓急、抑扬、顿挫的节奏变化。念白大体可分为两大类:一种是韵律化的"韵白",一种是以各自方言为基础,接近生活语言的"散白"(如黄梅戏的安庆语、苏剧的吴语、京剧的京白等)。念白近乎朗诵体,具有节奏感和音乐性。做功泛指表演技巧。演员除练就腰、腿、手、臂、头、颈的各种基本功外,在创造角色时,手、眼、身、步各有多种程式,髯口、翎子、甩发、水袖各有多种技法。打是传统武术的舞蹈化,一般分为"把子功""毯子功"两大类。凡用古代刀枪剑戟等兵器对打或独舞的,均称把子功。在毯子上翻滚跌扑的技艺,称为毯子功。毯子功近似杂技,把子功近似武术,连贯在一起,成为舞蹈语言。

2. 戏剧音乐

戏剧音乐包括声乐和器乐两部分。声乐部分有唱腔和念白,器乐部分有伴奏、开场、过场等音乐。其中唱腔在戏剧中占主导地位。演唱形式有独唱、对口、齐唱和帮腔。唱腔的伴奏、过门和行弦,起到托腔保调、衬托表演的作用;开场和过场音乐则用以渲染、烘托舞台气氛;武功的打击乐对于统一和增强舞台节奏等起着重要作用。戏剧音乐可以使戏剧达到更好的艺术效果。戏剧音乐有其独特的结构形式和表现方法。在演奏中,有板式变化(如慢板、原板、快板等诸种板式的转换)、曲牌变化(各种曲牌联结成套)、声腔变化(如西皮转二黄、北曲转南曲)、调式调性的变化(如正调转反调、欢音转苦音),以及音色的变化(各种行当的不同唱法,多种乐器的配套与组合)等方法。各种曲牌种类繁多,名称各异,但戏剧唱腔大体可分为三种类型:一为抒情性唱腔,速度缓慢,旋律婉转曲折,字少腔多,抒情性强;二为叙事性唱腔,速度略快,旋律平直简朴,字多腔少,朗诵性强;三为戏剧性唱腔,是节拍自由的散板节奏,速度伸缩有极大灵活性,善于表现强烈激昂的情绪,具有节拍规整的曲调所不能达到的艺术效果。这三类具有不同性能的曲调交替运用,构成了戏剧音乐丰富多彩的戏剧性。

3. 脚色行当

史称角色、部色,昆曲称家门,通称行当,简称行。将不同性别、年龄、性格、身份的人物划分为若干类型就是行当。各剧种分类不尽相同。汉剧、粤剧等分为末、外、生、小生、旦、贴、净、丑、夫、杂十类。京剧发展至今,归并为生、旦、净、丑四大行当,各行当又有分支。习惯上把生、旦、净、丑作为行当的基本类型。

生,是扮演男性人物的角色,又分老生、小生、武生、娃娃生和红生等。旦,是扮演女性人物的角色,旦行又分青衣、花彩、花旦、刀马旦(武旦)和老旦等。净行扮演威重、粗犷、豪爽等特殊男性人物,其中又分铜锤、架子花脸、武净等。丑行中种类繁多,如文丑、武丑、丑婆或彩旦等。各行中唱功最重的是老生、青衣、铜锤(或黑头),其次为老旦、小生、花旦及架子花脸。老生(中年以上的正面人物)用真声(即本嗓),念用韵白。旦行中青衣(庄重的女性)、花旦(活泼的女性)都用假声(即小嗓),也可以真假声掺和着用。青衣的念白用韵白,花旦基本用京白。小生(男性青少年)用真假声相结合,念用韵白。老旦(老年妇女)用真声,念用韵白。净行重做派,特别着重工架和念白(韵白、京白两用),演唱偏重表演气势。丑重念白,着重插科打诨,嗓音要求结实脆高。多用京白和韵白,少用方言白口。

4. 表演基本功

戏剧演员必须具备的基本技能,包括练声吊嗓和形体训练两个方面。形体训练分为共同训练项目、男女分别训练项目和行当分别训练项目。

共同训练项目,首先是脚功,这是各门训练的基础,有"一腿扶千斤"之说。腿功训练,可以使腿部肌肉和关节松弛、柔软、灵活、轻快,从而能熟练运用腿部技巧。练习的主要程序是耗、压、悠、踢、骗和劈、搬、抬等,依次进行。其次是腰功,从拿顶(倒立)开始,依次进行耗、担、涮、翻身等。腰是人体所有关节的总枢纽,四肢的活动,无不受腰的控制,"气沉丹田,头顶虚空,全凭腰转,两肩放松"是形体动作的要领,"腰硬"被视为一种"艺病"。通过腰的训练,达到表演身段的灵活优美。

男女分别训练项目,首先从站法(步法)、手势、膀位开始训练,手和脚的基本功是基础,要达到"指有指法""站有站相",然后练习台步、圆场和起霸、趟马。男演员以老生、武生为标准;女演员以青衣、刀马旦为标准。

行当分别训练项目,有老生必练的髯口功、甩发功、靠背功,小生的翎子功、扇子功,旦角的水袖功、扇子功,丑角的矮子功,武生、武净的毯子功(即筋斗、斤斗)、把子功(即武打)、靠背功,武旦的出手功等。

形体训练中有些项目,例如台步,不同行当和不同角色均有不同的走法,即使同行当同类型的角色,根据人物的年龄、身份、扮相、性格的不同,也有所差异。基本功只能使初学者学到基本要领,至于在具体人物身上则要由剧目要求去解决。在基本训练中学习程式的运用手法,掌握和运用基本程式是衡量基本功深浅的尺度。

5. 舞台美术

舞台美术是戏剧人物造型和景物造型的总称。其中主要是人物造型,景物造型比较简单,只是晚清才发生变化。

戏剧人物造型,在化妆方面主要有两种方法,即面具和涂面。汉唐百戏中都用过假面,以后不断提高丰富。戏剧涂面又称脸谱,大体可分为:美化化妆,通常为俊扮,为一般生、旦所采用;性格化妆,表现得最突出的是净、丑脸谱;情绪化妆,俗称变脸,各种颜色都有;形象化妆,脸谱中有一类画各种动物形象图案,称为象形脸。

戏剧服装称行头,又称戏衣。经过历代戏剧演员和戏装行业的民间艺人的辛勤创造,戏衣也不断丰富提高,使人物造型更具有鲜明的艺术特点。具体特点有三个方面:(1)可舞性。戏剧服装实际是种舞衣,许多戏衣缀有水袖,以便于舞蹈,其他如雉翎、纱帽翅、靠旗、鸾带以及化妆上的甩发、髯口等,都可以被演员用来加强表演的节奏感和美感。(2)装饰性。戏剧化妆和服装都重视装饰。净、丑脸谱是图案化的性格化妆;生、旦化妆虽不用图案花纹,但其描眉画眼、抹粉涂脂也有浓厚的装饰趣味。旦角的贴片子,可以起到勾勒面部轮廓和美化脸型的作用。生角髯口既是为了可舞,也是为了装饰。戏剧服装,在金、元多为"绘画之服",后来采取刺绣,成为精美的艺术品。晚清戏衣的样式、色彩、花纹和质料更加丰富和多样化,对人物造型都很重要。(3)程式性。戏剧人物造型同戏剧表演一样,也有程式。在化妆上,无论生、旦、净、丑都有各自的基本谱式,在服装上则有一定的穿戴规则,其基本原则是能较好地表现所演人物的年龄、性别、社会地位、生活境遇及人品特征,能给观众一个初步的概念。

（五）著名曲艺

1. 快板书

快板书由数来宝演变而成。因沿用数来宝的击节乐器——两块大竹板(大板儿)和五块小竹板(节子板儿)而得名。大小竹板儿合称为"七块板儿"。快板书突破数来宝原来的"三、三、七"的句式,在七言对偶的基本句式之外,增添了单字垛、双字垛、三字头、四字联、五字垛等句式,以及重叠、连叠句和长句式。随着句式的丰富,"七块板儿"的运用也有了新的演变,并且将评书、相声及西河大鼓等说唱艺术手法融合到快板艺术中,增强了刻画人物、描述情景的表现力。以竹板为击节乐器,类似快板书的还有山东快书、任丘竹板书、四川金钱板以及锣鼓书等。山东快书的唱词基本上是七字句的韵文,穿插一些口白、夹白或较长的说白。语言明快风趣,情节生动,表情动作夸张,节奏较快,长于演说英雄人物除暴安良的武打故事。四川金钱板,击节乐器为三片九寸长的楠竹片。演唱者一手执两片的下端,上端张合击拍;一手执一片竹片敲打那两片竹片击节。因三片竹片上端嵌有铜制钱,所以叫"金钱板",可以打出风云雷雨九种不同的节奏、音响。唱词为七字句或十字句,可根据需要适当伸缩,两句一联。

2. 大鼓

大鼓主要流行于我国北方各省市。有西河大鼓、京韵大鼓、乐亭大鼓、梅花大鼓、山东大鼓、东北大鼓等曲种。由一人自击鼓、板演唱,以三弦为主要伴奏乐器。曲目短篇居多,也有长、中篇的。唱词多以七字、十字句为主。唱腔曲调与当地语言和民间音乐有密切关系。京韵大鼓流行于北京、天津等华北各地,是在木板大鼓的基础上与清音弟子书相结合,并不断吸收京戏、梆子及其他说唱艺术等发展而成的,有一百多年的历史。梅花大鼓又称梅花调,起源于北京。其前身是清代中叶在八旗子弟中流行的"清口大鼓",又称"北板大鼓"。晚清,南城艺人金万昌等对北板大鼓进行了改革,使唱腔旋律委婉曲折,常用大腔,并丰富了伴奏乐器。演出时,三弦、四胡、琵琶、鼓、板等五个伴奏者坐在台上,形似梅花的五个花瓣,因得名梅花大鼓。西河大鼓起源于河北省中部地区,由乾隆年间流行于冀中地区的"弦子书"和"木板大鼓"衍变发展而成,有近两百年的历史。乐亭大鼓产生于河北乐亭县,流行于乐亭、昌黎、丰润、滦州、唐山及华北、东北部分地区,系由木板大鼓衍变而成,约有一百八十年历史。东北大鼓旧称奉天大鼓,流行于东北各地,产生于东北农村,后逐渐流入城市,约有两百年历史。

3. 山东快书

山东快书流传于山东鲁中南和鲁西南地区。形成时间说法不一,或谓咸丰年间,或谓明万历年间,或谓道光年间。以后分为不同的流派,并曾在上海、南京、苏州、杭州等地演唱,扩大了影响。高元钧以注意刻画人物、表演生动风趣见长,被称为"高派"。山东快书自形成以来就以说唱武松故事为主,故演员被称为"说武者二的""唱大个子的"。唱词基本上是七字句的韵文,穿插一些过口白、夹白或较长的说白。语言明快风趣,情节生动,表情、动作夸张,节奏较快,长于演说英雄人物武松除暴安良的故事等。

4. 河南坠子

河南坠子流行于河南省及邻近各省,有一百五十多年的历史。是由河南、皖北的曲艺"三弦书""道情书""莺歌柳书"等结合而成。早期的演员,多是上述各路艺人。他们虽同用坠琴伴奏,也有大致相同的腔调,但三弦书、道情调的根底仍存,于是便形成了两大流派:一是由道情艺人改唱坠子后发展的东路调,一是由三弦书艺人改唱坠子后发展的西路调。光绪三十一年(1905年)前后,开始有女演员,多唱小段儿,特别重视音乐唱腔。根据女声圆润婉转的特点,加了不少花腔。此外,还不断吸收民歌、小调、戏剧和其他曲艺的腔调。表现形式,早期为一人自拉自唱,后来有一拉一唱、对口唱的形式。一拉一唱是演员一人自打檀木简板,另

257

一人以坠琴伴奏;对口唱为其中一人打单钹或书鼓。唱词以七字句、十字句为主。音乐唱腔有过板、引子、平腔、寒韵、牌子、五字嵌、十字韵、快扎板等。过板是唱段开始前的过门,引子是正书开始的引句。平腔是用得最多的唱腔。主要用于叙事部分。有慢、中、快三种速度,又有开唱句、叙述句之分。开唱句是四句式或三句式。叙述句是二句式的多次反复。寒韵用以表达悲切之情。牌子、五字嵌、十字韵等均作为独立的曲牌穿插运用于平腔之间。快扎板用于唱段的结束部分。主要伴奏乐器坠琴是由三弦改制成的拉弦乐器,音色悠扬动听。曲目中有长、中、短三类。长、中篇有说有唱,以说、表为主;短篇只唱不说。现代题材作品多为短篇。

5. 道情

随着道教的衰落,道教故事渐为民间故事、神话、传奇、小说所取代,扩大了道情的题材,又同各地的民间音乐相结合,形成了同源异流的多种曲艺形式,如洪洞道情、神池道情、江西道情、湖北渔鼓、湖南渔鼓等。在四川则称为四川竹琴。道情多以唱为主,以说为辅,也有只唱不说的。唱腔各不相同。为坐唱、站唱、单口、对口等不同的表演形式。除渔鼓、简板外,也有加用其他乐器伴奏的。洪洞道情发源于山西洪洞县一带,流行于晋南临汾地区各县。其演唱形式为演唱者右手握简板,击强拍,左手抱渔鼓,拍花点,伴奏有四胡、枚笛、撞钟与八仙锣等,唱腔主要由平调、高调、宫调等三部分组成。神池道情又称晋北道情,发源于山西神池,流行于晋西北、雁北各县,及内蒙古和陕北部分地区。江西道情是流行于江西省各地道情、渔鼓的统称,有南昌、高安、宁都、吉安、抚州等地的道情,有鄱阳、湖口、宁冈、萍乡等地的渔鼓。也有称为鼓文或话文的,分于都、安康、石城鼓文和广昌、黎川话文等若干种,内容多为长篇故事,以唱为主。湖北渔鼓又称道情渔鼓、筒子腔、南话筒,相传是乾隆年间道情传入湖北后演变发展而成。湖南渔鼓又称道情渔鼓,流行于湘南、湘西等地区。乾隆年间,道情传入湖南并与当地民间流传的乐曲、民歌小调合流,结合地方语言发展而成。曲调纯朴明朗,长于抒情。

6. 单弦

单弦也称单弦牌子曲、八角鼓。流行于北京、天津、东北地区和河北省各地。由明、清流行的时调小曲与清代岔曲合流后逐渐形成。其音乐结构是将岔曲分成曲头、曲尾两部分，中间插以各种牌子。传唱过程中又吸收了戏剧和其他说唱音乐，加上艺人自己的创造，曲牌日益丰富。常用的有《数唱》《太平年》《云苏词》《湖广调》《叠断桥》《剪剪花》《金钱莲花落》《打新春》《南锣北鼓》《怯快书》等数十支。现为一人演唱并手持八角鼓司节奏，另由伴奏者弹三弦。常由演员自弹自唱。现有"单弦联唱"等新的形式出现。

（六）电影艺术的引进及其在中国的兴起

电影艺术在 20 世纪初年传入中国。光绪二十九年（1903 年），中国商人林祝兰从欧美带回影片和电影机，在北京打磨厂天乐茶园放映。从此，西方电影艺术开始输入中国。光绪三十一年（1905 年），中国自制的第一部戏剧片《定军山》，由著名京剧大师谭鑫培主演，北京丰泰照相馆技师摄影。这部影片还只是片断无声片。宣统三年（1911 年），中国摄制的新闻纪录片《武汉战争》在上海谋得利戏园上映。这是中国记录武昌起义的唯一新影片。

五、文艺理论著作

（一）诗论

《饮冰室诗话》，梁启超著。反映晚清"诗界革命"的历史风貌，评论"新诗派"的代表性作家、作品，并注意总结经验的诗论专著。撰写于光绪二十八年（1902 年）至光绪三十三年（1907 年），初刊于《新民丛报》，计 204 条。梁氏用进化论观点论诗，热情地肯定现在，积极地着眼未来，坚定地相信今胜于古。他说："中国结习，薄今爱古，无论学问、文章、事业，皆以古人为不可几及。余生平最恶此言。窃谓自今以往，其进步之远轶前修，固不待善龟，即并世人物，亦何遽让于古所云哉！"《饮冰室诗话》的突出特点，也就在于集中录、评当世新诗，推动

"诗界革命"。"熔铸新理想,以入旧风格","以旧风格含新意境",是梁启超为改革旧诗界、开创新诗界提出的理论纲领。所谓"新理想""新境界"主要是指资产阶级的社会理想。梁氏把黄遵宪的那些记述世界大事、抒发爱国深情、感慨民族兴亡的优秀诗篇,名曰"诗史",表现了对国家危亡的深切关怀。梁氏还提倡诗乐结合,要求诗的语言通俗,"使合儿童讽诵,又不失祖国文学之精粹"。

《清诗话》,诗话丛书,丁福保编。此书专辑清人论诗之作,凡43种,51卷。其中王夫之《姜斋诗话》、叶燮《原诗》、沈德潜《说诗晬语》及王士禛、赵执信、翁方纲诸作,皆为清代诗论中有代表性的论著。此书有两点不足。一是搜罗欠广,取舍失当,"黜随园、瓯北诸家不录;时贤所作,概从屏弃"。潘德舆《养一斋诗话》《李杜诗话》、翁方纲《石洲诗话》等,亦以繁重不载。因此,不能反映清代诗论全貌。二是版本失择,校勘疏漏。

《清诗话续编》,诗话丛书,郭绍虞编,富寿荪校点。共辑入清人诗话34种。所选以评论为主,其中如毛先舒《诗辩坻》、贺贻孙《诗筏》、贺裳《载酒园诗话》、吴乔《围炉诗话》、张谦宜《𬤊斋诗话》、乔忆《剑溪说诗》、赵翼《瓯北诗话》、翁方纲《石洲诗话》、管世铭《读雪山房唐诗序例》、余成教《石园诗话》、潘德舆《养一斋诗话》、朱庭珍《筱园诗话》等,都有较高的理论价值。书中所收诗话,有几种以前绝少流传。本书于名家诗话后均附有富氏所撰的校记,共约三千余条,也很有参考价值。

（二）词论

《人间词话》,王国维撰。作者文艺哲学成熟的代表作,其中标举的"境界说",则是其理论核心。该书沿用中国传统的诗话、词话形式,取康德、叔本华、尼采的美学观念与中国固有的词、诗、曲创作的丰富材料相结合,兴之所至,随感而发。仅于手定本略加编次,以突出中心论点。其开宗明义云:"词以境界为最上,有境界则自成高格,自有名句。五代北宋之词所以独绝者在此。"接着他依次提出"有造境,有写境","有有我之境,有无我之境",有大境界,有小境界,有"隔",有"不隔",有"客观之诗人",有"主观之诗人",以及"诗人对于宇宙人生,须入乎其内,又须出乎其外"等一系列命题,从而构成王氏"境界说"的独立体系。王国维的"境界说"虽然使用了中国古代文学与文论中的大量材料,但理论的性质与传统文论中的"意境说"有着根本的不同。他说:"自然中之物,互相关系,互相限制,然其写之于文学及美术中也,必遗其关系限制之处。"这里表述的即是以叔本华的生命意志论为基础的文学观和美学观,它是王氏"境界说"赖以建立的理论基石。王氏取外来之观念与中国固有之材料相结合,使外来的理论、观念民族化,并用外来理论、观念对中国传统思想资料作出新的理论概括。这正是《人间词话》的特色。

（三）音乐理论

《乐经律吕通解》,乐论律学著作合集,汪烜撰。5 卷。同治元年(1862 年)据手写本刊行。卷一为《乐记》《乐经或问》;卷二、卷三为南宋蔡元定的《律吕新书》上、下,除原书本注外,并纂辑他说,且作附论阐述自己见解;卷四、卷五《续律吕新书》上、下,则为作者续蔡氏书而作,以"考证乐器,均调音节","亦以终西山(即蔡定元)之志云"。

《今乐考证》,姚燮撰。全书 12 卷。包括《缘起》《宋剧》各 1 卷,著录10 卷。主要录载宋、元至清咸丰以前的杂剧、传奇作家 512 人和作品2066 种的名称,道光、咸丰时流行的地方戏部分剧目,以及摘录诸家有关论曲文字。《缘起》征引各书,考订了戏曲(南北曲、今曲流派)、曲艺(西曲、小曲、山歌、陶真、连厢等)、舞蹈、工尺、乐器的来历和演变。载有《乐府浑成》谱目和用宋俗字记录的《娟声谱》片断及关于琵琶指法的考释等。

（四）画论

《绘事发微》,唐岱撰。论绘画之历史沿革、画法及修养等。分 24节而论,由"正派"始,以"游览"终。曰正派,曰传授,概言画派之分合沿革,为历史之叙述;曰品质、画名,概言品质之如何提高,画名之如何得传;曰丘壑、笔法、墨法、皴法、著色、点苔、林木、坡石、水口、远山、云风、烟雨、雪景、林寺,为实言以如何用笔墨绘画之法;曰巧势、自然、气韵,则言于笔墨之外,更当有所注意者;曰临旧、读书、游览,则言画学家之养学。论次既得先后之次序,措词能尽浅深之义理,可谓山水画学有价值之著述。

《写真秘诀》,丁皋撰。这是一部绘画人物之经验总结。此书以小引为首,分部位论、起稿论、心法论、阴阳虚实论、天庭论、鼻准论、两颧论,以及提神要法、纸画法、绢画法及笔墨论等。是一部人物画法的专著。

《墨林今话》,蒋宝龄撰。全书 18 卷,附《续编》1 卷。用随笔、散记等手法评述画家艺术。书中记述了乾隆、嘉庆、道光、咸丰四朝共 1286 位画家。其论述内容主要是品评画家的艺术特点和优劣,并涉及篆刻、诗文、书法等,是《国朝画征录》的续书。

《书画书录解题》,余绍宋撰。全书 12 卷。著录从东汉至近代有关书画书籍共 850 余种,按其性质,分为史传、作法、论述、品藻、题赞、著录、杂著、丛辑、伪托、散佚等 10 类,每类又分子目。除散佚外,作者都记述了这些书的卷数、版本、著作人和内容得失,并考订其疏漏错误之处。为中国书画论著书目提要,是研究者的重要参考资料。

《美术丛书》,邓实、黄宾虹合编。是一部中国美术论著的汇编。收辑历朝有关绘画和画学的著作 257 种,包括书画、雕刻、刻印、瓷铜、玉石、美学及杂论等。所辑间有稀见之本,但若干未录全文,存在割裂成篇的现象。总的说对中国画论的研究甚有益处。

（五）书法论

《艺舟双楫》,包世臣著。计有论文 4 卷,论书 2 卷,称为"双楫"。论文多为品评古代书法作品,亦录有书序、碑传;论书着重总结书法的经验和用笔的源流。所论常有独创见解,受到艺林的重视。作者提倡学习北碑,这对晚清道、咸以后北碑的盛行,起了很大的推动作用。

《广艺舟双楫》,又名《书镜》。6 卷。康有为撰。该书承《艺舟双楫》中论书部分,扩为 27 篇,提倡碑版,攻击帖学,尊崇南北朝诸碑。该书综述书体的变迁、论其优劣得失,使碑学独立并与帖学对峙,有重要影响。

（六）戏曲论

王德晖、徐沅徵《顾误录》。王德晖,字晓山,山西太原人;徐沅徵,字惺守,北京人,曾为县令。二人分别精研曲学,各自积有心得,王德晖因此著有《曲律精华》,徐沅徵则著有《顾误》。咸丰元年(1851年),二人相见于北京,同道相遇,叹为知音,各出手稿,彼此参校,因而将两书合为一种,名之曰《顾误录》刊行于世。书中所论律吕宫调理论,大多承袭前人成说,略无新意。谈论度曲歌唱和南北方音的文字则颇有精当之处。诸如"度曲十病""度曲八法""学曲六成""头腹尾论""南北方音论"等等,详校发声、出字、做腔、收韵之法则,由芝庵《唱论》、沈宠溪《度曲须知》、徐大椿《乐府传声》等论唱之书一脉相承,不失为一部总结性的著作。

梁廷枏《曲话》。梁廷枏(1796—1861),字章冉,号藤花主人,广东顺德人。副贡生,官澄海县训导、内阁中书、侍读等。学问广博,通史学、金石、音律、绘画等,著书数十种。喜读剧本消遣,作有杂剧四种,合称"小四梦",又作有《了缘记》传奇一种。

梁廷枏《曲话》卷首引录古今剧目,第四、五卷论曲律声韵,多采录前人成说,仅第四卷评论几部曲谱稍有可取。第二、三卷评论元明清曲作家作品,时时有精到之处。例如第二卷说:"以白引起曲文,曲作未尽,以白补之,此作曲圆密处,元人百种多未见及",点明了曲白相生的现象,并指出这种现象是元杂剧之后编剧法日渐周密的产物,很符合事实。评论作品注意从剧场结构着眼,是其曲论别具眼光,超出以往诸多曲话的地方,其中对于清代作家作品的评论,是此著颇具史料价值之处。

梁廷枏立足于编剧技巧已经得到长足发展的清代,立足于他本人的编剧经验,评价作品的着眼点一改以往曲话的词采格律,而放在了结构布局的完整性上。

姚燮《今乐考证》。姚燮(1805—1864),字梅伯,号复庄,镇海(浙江宁波)人。为清末博学才子,著述颇丰,诗词曲画皆能,有传奇二种,《今乐府选》500卷。《今乐考证》是他的曲学力作。书中运用了清人擅长的考证功夫,对戏曲的缘起、杂剧院本中传奇名称的演变、戏曲角色的变化、戏班的历史、戏曲的声腔流派、道具乐器行头、工尺谱、舞蹈以及一些专用术语等,都作了考究;又按朝代著录宋杂剧、金院本、元杂剧、明清传奇杂剧名目,并在每一作家或作品后面辑录各家对其有关评论。姚燮的工作基本上是汇集资料,集前代戏曲历史考证、剧目搜集之大成。这些资料将戏曲发展史勾勒出一个大致面貌,为后人提供了当时最完备的剧作目录,功不可没。他的著述是古典戏曲学中最完备的史著,但也昭示着古典戏曲学的先天缺陷。

王国维《曲录》《戏曲考原》《优语录》《唐宋大曲考》《古剧角色考》《宋元戏曲考》。王国维(1877—1927),字静安,号观堂,浙江海宁人。清末诸生。1901年游学日本,习日、德、英文,涉猎西方哲学与美学,偏爱尼采、叔本华哲学等。王国维是中国历史上旧时代最后一位,也是新世纪第一位国学大师。他既精于乾嘉朴学,又借助西方现代文艺观与历史观的眼光来研究中国古代学术,因此取得了惊人的成就,为现代文艺学、美学、戏曲学、考古学、历史学、古文字学、音韵学、版本目录学、敦煌学、边疆地理等诸多学科的先行者和奠基者。1907年到1912年,王国维致力于戏曲历史的考订和研究。先后撰写了《曲录》《戏曲考原》《优语录》《唐宋大曲考》《古剧角色考》《宋元戏曲考》等著作。

《曲录》将自古以来全部戏曲作品目录统计出来。这是王国维从事戏曲研究的第一步,也是基础的一步。现代史学观念的指导,促成了他的科学戏曲史著的产生。从《曲录》入手,王国维首先掌握了中国古典戏曲的创作全貌,继而撰《戏曲考原》,追寻戏曲在元杂剧之前的源头。在这部著作里,王国维提出了一个极为重要的定义:"戏曲者,谓以歌舞演故事也。"这一定义,用朴素的语言,极其精炼而又明确地概括出中国戏曲这种特殊样式的本质内涵。由于对本质的准确把握,王国维能够透过复杂的历史现象,抓住戏曲发展史的真正动因,因而能从浩如烟海的文献史料中,立即勾辑到有关戏曲历史的真正有用的材料。这部著作涉及汉代百戏中的歌舞剧《东海黄公》,唐代歌舞剧大面、拨头、踏摇娘,宋代杂剧、鼓子词、大曲等。这些方面都成为后来出现的现代戏曲史著的重要组成部分。王国维由戏曲的综合性特征出发来寻找其来源,确为精见,入手即上了路子,奠定了其成功的基础。王国维书中提出从歌舞剧到戏曲的明确界限："由叙事体而变为代言体,由应节之舞蹈而变为自由之动作。"这样,他就真正把握了戏曲起源和发展的脉搏。《优语录》是搜集元以前历代有关戏剧表演史料的另外一部基础性著作,《唐宋大曲考》是研究戏曲音乐的专门个案,《古剧角色考》则是考察戏曲角色历史演变情况的专门性著作。这样,王国维具备了戏曲史研究的专门眼光,同时又日益积累了有关的特殊知识,为他最终写出划时代著作《宋元戏曲考》做好了充分的铺垫。

在《宋元戏曲考》里,王国维第一次架构起科学的戏曲史体系。它的严谨和完备达到极高的程度,彻底涤除了以往曲话著作的附会臆测和片章只简状态。王国维在此书中的贡献至少有以下几个方面:(1)正确追寻到了戏曲起始的最初源头——原始祭祀乐舞。以往的曲论通常对戏曲起源语焉不详,或谈到古优,或论及古诗,都是从个别现象入手。王国维借鉴了西方文化人类学的历史眼光和研究方法,到中国古籍里寻找例证,一下子就发现了上古巫觋祭祀乐舞与模仿人生表演之间的密切关系,得出戏曲起源的科学结论。(2)从戏曲作为综合艺术的特性出发去绎述其历史演变脉络。王国维既然将戏曲定义为"用歌舞演故事",就建立起一种科学眼光:戏曲的源头不是单一的,它的历史演变必然呈现为多维交织状态。王国维从不同方位去观察戏曲的来路(歌舞剧、滑稽剧、百戏杂技等),并注意它们彼此之间的联系和交叉影响,因而得以描绘出一幅百川归海式的复杂而真实的戏曲演变图景。(3)准确描绘出了中国成熟的戏曲样式——元杂剧形成的过程。王国维在这里进一步将他的戏曲定义修正为"合言语、动作、歌唱以演一故事",他因而找到了元杂剧是如何从宋代的杂剧、说话、傀儡戏、社火舞队等多种元素综合孕育、脱胎而出的过程。更为重要的是,他正确绎叙了元杂剧的音乐结构和演唱方式是如何由鼓子词、传踏、大曲、唱赚、诸宫调表演一脉承传而来的。(4)科学考察了元杂剧的兴起过程、流传地域、发展周期(三期分法)、作家群貌、作品状况、演出结构、舞台特征等情形,第一次从社会学和历史学的角度勾勒出元杂剧的生存态势。(5)独具慧眼地指出元杂剧所获得的历史性成功。尽管从戏剧技巧和思想表达的深度看,元杂剧显得贫乏浅陋,但其文词的自然天真却是后人所不可企及的,因而王国维说:"元杂剧最佳之处,不在其思想结构,而在其文章。其文章之妙,亦一言以蔽之,曰有意境而已矣。"他接着分析道:"何以谓之有意境?曰:写情则沁人心脾,写景则在人耳目,叙事如其口所出也。"前人论及元杂剧的成就时,常用情景交融、文词本色来概括,都不如王国维在此状摹得贴切生动。尤其是王国维进一步指出,元杂剧"以其自然故,故能写出当时政治及社会情状",达到反映现实的广泛与深刻,这是元杂剧能够取得极高历史价值的关键所在。(6)王国维用同样的方法也考察了南戏的来源、兴起、发展演变、创作情况、历史价值,等等。

第九章 哲学、伦理学与佛学

晚清,时人把哲学、伦理学与佛学作为理论武器。在哲学方面,经世派虽然主张改革,但其理论依据仍然是中国传统的"变易"观和"道器"说;而资产阶级维新派和革命派则采用了西方的进化论。在伦理学方面,资产阶级维新派和革命派也依据西方理论。

第一节 哲学

在晚清哲学领域,经世派依然用传统的哲学思想为武器。维新派虽然认同西方的进化论,但除严复外,康有为、梁启超、谭嗣同等主要代表人物则犹抱琵琶半遮面,羞羞答答,或在形式上,或在内容的某些方面留有传统哲学思想的痕迹。资产阶级革命派则直截了当地采用西方的进化论。

一、魏源的哲学思想

魏源从朴素的唯物主义认识论出发,批判程朱理学的"知先行后说"。他明确指出:"'及之而后知,履之而后艰',乌有不行而知者乎?"为此,他进行了具体论证:"披五岳之图,以为知山,不如樵夫之一足;谈沧滇之广,不如估客(商人)之一瞥;疏八珍之谱,不如庖丁之一啜。"①他强调实践第一,反对先验的"知"。魏源还非常注重后天的学习,认为"绝世之资,必不如专门之夙习"。②

魏源坚持历史进化观点,反对理学唯心主义的历史退化论,并进而认为这种历史进化的客观趋势是"便民"的。他说,"变古愈尽,便民愈甚",指出:"天下事,人情所不便者,变可复;人情所群便者,变则不可复。江河百源,一趋于海,反江河之水而复归之山,得乎?"③

但是,魏源的历史进化观点又是不彻底的。他的历史进化仅限于"势",而"其不变者道而已",④亦即在维持封建统治秩序的前提下进行枝节改革。

二、康有为的哲学思想

康有为把中国传统的"穷变通久"的变易观与西方进化论巧妙结合起来,形成变易进化观点。他按照传统的"变易"观,首先强调变是历史发展的趋势:"圣人之为治法也,随时而立义,时移而法亦移矣。"而今时势巨变,法亦应根本变革,"中国今日不变日新不可,稍变而不尽变不可,尽变而不兴农工商矿之学不可"。⑤ 为了进一步论证变法的合理性,他用传统"变易"观比附西方进化论,宣扬"变"是自然界和人类社会的普遍规律,认为"物新则壮,旧则老,新则鲜,旧则庸,新则活,旧则板,新则通,旧则滞,物之理也"。⑥ 这种变易进化观是对"天不变,道亦不变"唯心论和形而上学的否定,为资产阶级维新变法从哲学上寻找理论根据。

康有为还积极宣扬资产阶级自然人性论。他倡导人欲,反对天理,反对封建的禁欲主义。他多方论证了人生去苦求乐的正义性与合理性,

①《默觚中·学篇一》,《古微堂内集》卷2。
②《默觚下·治篇一》,《古微堂内集》卷3。
③《默觚下·治篇五》,《古微堂内集》卷3。
④ 同上。
⑤《日本书目志序》。
⑥《上清帝第六书》。

肯定发展物质文明的必然和幸福，迫切要求改善人们的苦难生活。他指出"孔子之道"就是本于"人性"，"循人之性以为道"，而"人性"则"本于天生"。这种天性即情欲快乐等人的肉体和精神的需要。他说："人道无求苦去乐者也"，"普天之下，有生之徒，皆以求乐免苦而已，无他道矣。"①在这里，自然的人性"人欲"被认为是"善"，而压抑人欲的"天理"则被认为是"恶"。这就为中国资产阶级争取个性自由、个人权利，找到了理论依据。

三、谭嗣同的哲学思想

谭嗣同是中国近代最具哲学气质的思想家之一。在其代表作《仁学》中，他企图提供一个比较完整的世界观，作为维新变法运动的理论基础。但他所构造的哲学体系还不成熟，并未完成这个任务。在这个不完整的世界观中，充满着尖锐的自相矛盾：既有唯物主义的内容和因素，又作了唯心主义的规定和解释；既敢于冲破旧事物旧秩序，有与僵死的封建形而上学斗争的辩证法精神，又表现出资产阶级相对主义和诡辩论性质。

（一）唯物主义因素

谭嗣同认为世界统一于"以太"，把"以太"作为整个宇宙存在的基础，把"以太"视为一种不依人的主观意识而独立存在的客观物质，是物质最后不可分割的分子；"以太"是一切自然现象的基础，声、光、热、电、风、雨、云、露、霜、雪等自然现象，是由"以太"凝结、构成、传播的，具有波的性质；"以太"是一切社会现象的基础，个人之间、家庭、社会、国家，由"以太"相维系；"以太"为人的感觉现象的基础，眼能视、耳能听、鼻能嗅、舌能尝、身能触，是由于"以太"的作用。

"以太"是19世纪末20世纪初的物理学名词，作为传导光、热、电的媒质，用以说明物质间的联系，实际上是一种科学假说。"以太"说由于

---

① 《大同书》。

未被科学证实而遭放弃。

由于谭嗣同所选择的"以太"这种科学概念本身模糊不清,他容易为其加上神秘主义色彩而与唯心主义妥协,表现出唯物主义的不彻底性。谭嗣同认为,"以太"之所以构成万事万物,是由于有相互吸引的属性,而这种属性及其作用就是"仁"。"以太"最灵敏,"于人身为脑","于虚空则为电,而电不止寄于虚空"。"脑为有形质之电,是电必为无形质之脑。"电和脑一个作用,"人知脑气筋(神经)通五官百骸为一身,即当知电气通天地万物人我为一身也"。谭嗣同认为"以太"的能为"仁",似吸引力。"仁"是精神现象,是知觉、感觉,"唯心唯识"。"仁"是"以太"派生的东西,依赖于"以太"。但是,谭嗣同当时并不了解精神是高度物质的组织现象,是物质高度发展的结果。他认为,"同一大圆性海",而成为不同的事物,是由于得到"仁"的数量多少而已。"以太"不生不灭,造成"仁"不生不灭。由此引申出物质普遍有"灵",意识永恒。"灵魂"为不生不灭的"知",认为物质无灵魂,即物质无"以太"。表现出浓厚的"唯能论"思想,这是受当时科学发展所限。

用能量解释物质,是唯物论。认为精神表现为能,无相对存在的东西,就由机械唯物论走向唯心论。

(二)认识论

认识论是中国近代哲学的主题,而这一主题直到谭嗣同才变得突出起来。谭嗣同保留了"仁"这个原本属于封建伦理学的范畴,以之作为本体论的应用。但在当时佛释儒的思想影响下,他把儒学的"仁"也逐渐隶属于佛学的"识"。这样,本体论、自然观就完全归宿为认识论。于是,谭嗣同的唯物主义自然观就步入了唯心主义的认识论。

谭嗣同认识论正确的一面在于他开始意识到认识对象及真理的客观性。他认为"眼耳鼻舌身又各有所见,一一成相",而知有天地万物,"知其在内而不在外"。反之,"心在外而不在内",因为"心之生也,必有缘(联系),必有所缘"。也就是"致知藉乎格物","大脑之所在,藏识之所在"。

他认为认识由感性认识到理性认识,即由"业识转智慧"。但是,谭嗣同并不了解认识的全过程,不了解认识与实践以及感性认识与理性认识的关系,而是把对绝对真理的认识一下子完成。他认为"识者,无始也,有终也,业识转为智慧,是识之终矣",把绝对真理与相对真理看作完全割裂的东西。这样,他的最后"真理"就完全否定了相对真理的绝对性和客观性。这种认识使谭嗣同反转过来又抛弃感官的实践性和理性思维,而求助于神秘主义的"直觉""顿觉","不以眼见,不以耳闻,不以鼻嗅,不以舌尝,不以身触,乃至不以心思,转业识成智慧,然后'一多相容''三世一时'之真理乃日见于前"。

（三）自然人性论

谭嗣同认为人性善,情亦善,最根本的性为"仁"。"天理,善也;人欲,亦善也。""天理即在人欲之中,无人欲即无天理。"从根本上反对程朱理学的"存理灭欲"观点。他由"以太"自然观直接引申为人性论。

他认为人间一切道德规范都从"仁"出发。封建社会的道德规范为名教,谭嗣同认为"仁"之所以被搞乱,乱于名,由于名与"仁"并列,所以因名之弊而累教。他认为一切违反"仁"的观念如三纲五常应该取消。

谭嗣同认为辨别"仁"与"不仁"的标准是"通"与"塞"。通才能流,流才能平。他把"仁""通""平"作为世界的最高规范,旨在反对"闭关锁国"政策和封建政治经济方面的"壅塞""俭""静",为变革封建的政治经济制度制造舆论。

（四）辩证观念

谭嗣同认为事物的联系及统一产生、存在和体现在事物的运动变化之中。运动的连绵和持续形成了万物的变化和发展。"不息故久,久生不息。则暂者绵之永,短者引之长,涣者统之萃,绝者续之亘,有数者浑之而无数,有迹者沟之而无迹,有间者强之而无间,有等级者通之而无等级。""则日日生者,实日日死也。天曰生生,性曰存存。继续承承,运以不停。"

谭嗣同这种观点是为了指出在现实社会中必须不断地革旧更新,改变制度,这是必然的规律。

他认为,"以太"是在"微生灭"(不生不灭)运动中,万物是在"生灭"运动中,由于"以太"的"微生灭"形成万物的"生灭",而万物的"生灭"形成天地的"日新"。"新"是世界的公理,万物川流不息,改变旧的,产生新的,历史不断延续和进化。谭嗣同认为事物运动有规律,"数"(规律)的推移像齿轮一样,不以人的意志为转移。

但是,谭嗣同不能解决世界的统一性和多样性的矛盾。如在"破对待(差异)"时,他认为"仁一而已;凡对待之词,皆当破之"。"无对待,然后平等。"他否认事物的多样性,并认为事物的差别是由于人的意识的错误,世界的多样性是"心"所造成的,走向了唯心论。

四、梁启超的哲学思想

(一) 唯心主义先验论的认识论

梁启超从主观唯心论出发,否认实践第一的观点,认为先有思想和理论,然后才有"事实"和"实事"。他说:"思想者,事实之母也。欲建造何等之事实,必先养成何等之思想。"[1]又说:"天下必先有理论然后有实事。理论者实事之母也。凡理论皆所以造事实。"[2]这就完全颠倒了思想、理论与实践的关系。

为了宣扬唯心主义的先验论,梁启超还从中国古代唯心主义思想家王阳明那里搬出"致良知"说。他吹捧王阳明的唯心主义先验论为"今日学界独一无二之良药",认为王阳明"提出致良知为唯一之头脑,是千古学脉,超凡入圣不二法门"。[3] 不仅如此,梁启超还极力鼓吹王阳明先验主义真理,认为求得"真是真非"在于"返诸最初之一念"。他说:"我辈生于学绝道丧之今日,为积习熏染,可谓至极,然苟发返诸最初之一念,真是真非,卒亦未尝不有一隙之明,即此所谓良知也。"[4]王阳明所谓"良

---

① 《国家思想变迁异同论》,《饮冰室文集》之六。
② 《新民议·叙论》,《饮冰室文集》之七。
③ 《德育鉴·知本》,《饮冰室专集》之二十六。
④ 同上。

知",是指封建主义的纲常伦理,他把这种纲常伦理说成人心所固有。梁启超不仅宣扬唯心主义真理观,而且把封建道德视为先天存在的绝对原则。

梁启超还引进西方唯心主义先验论哲学大家康德的哲学比附王阳明的"良知"说。他认为康德哲学"以良知说本性,以义务说伦理",①和王阳明之学说"若合符节"。② 尤其是康德的先验主义与王阳明完全相同:"阳明之良知,即康德之真我,其学说之基础全同。"③

（二）英雄史观

是主张时势造英雄,还是坚持英雄造时势? 这是唯物主义历史观和唯心主义历史观的分水岭。

梁启超顽固坚持英雄造时势的唯心主义历史观,认为"英雄之能事在造时势而已"。④ 在他看来,世界历史是英雄所创造的历史:"世界者何? 豪杰而已矣,舍豪杰则无世界。"⑤

梁启超在宣扬英雄史观时,所采用的是折中主义的手法。他一面说"英雄固能造时势",另一方面又说"时势亦能造英雄","英雄与时势,互相为因,互相为果"。⑥ 他采取了一种混淆视听的伎俩。实际上,他所谓的"英雄与时势互为因果"就是英雄"以用时势为起点,以造时势为究竟"之意。⑦ 在此,时势已成为英雄的工具。

五、孙中山的哲学思想

（一）进化论的自然发展观

坚持进化发展的普遍观念,是孙中山哲学世界观的一项基本内容。

---

① 《近世第一大哲康德之学说》,《饮冰室文集》之十三。
② 《新民说·论私德》,《饮冰室专集》之四。
③ 《近世第一大哲康德之学说》,《饮冰室文集》之十三。
④ 《自由书·文野三界之别》,《饮冰室专集》之二。
⑤ 《自由书·豪杰之公脑》,《饮冰室专集》之二。
⑥ 《自由书·英雄与时势》,《饮冰室专集》之二。
⑦ 同上。

他确信世界处在不断进化发展的状态中,是一个持续的自然历史过程。自然界和人类社会都处在不断更替和发展中,并由简单和低级阶段上升到有质的差异的高级阶段。孙中山简略地描述了宇宙和自然形成的历史过程:"推到地球没有结成石头没有之前","是一种流质,更在流质之先,是一种气体。所以照进化哲学的道理,地球本来是气体","日久就凝结液体,再由液体固结成石头"。"讲地球的来源,便由此推究到人类的来源,地质学家考究到人类初生在二百万年以内,人类初生以后到距今二十万年,才生文化。二十万年以前,人和禽兽没有什么大分别,所以哲学家说人是由动物进化而成,不是偶然造成的,人类庶物由二十万年以来,逐渐进化才成今日的世界。"①孙中山首先在自然领域内贯穿了发展变化的观念,指出宇宙乃是长期发展演化的结果。

孙中山把社会历史也看作自然历史过程。他说:"民权之萌芽,虽在二千年以前的罗马希腊时代,但是确立不摇,只有一百五十年,前此仍是君权时代,君权之前是神权时代,而神权之前便是洪荒时代。"

孙中山进而循序考察了物质与精神的关系问题。他说:"六合之内,一切现象,厘然毕陈,种类至为繁夥","然总括宇宙现象,要不外物质与精神二者"。②

但是孙中山没有彻底理解精神乃是高度发展的物质的属性。正因为如此,他在构成人类的物质实体即"生元"(细胞)面前显得十分困惑:"生元之为物也,乃有知觉灵明者也,乃有动物思为者也,乃有主意计划者也。"③他感叹道:"生元者,何物也,曰:其为物也,精矣、微矣、神矣、妙矣,不可思议者矣。"④

孙中山既然没能科学地解说精神发生过程及其实质,于是就把能动的方面加以抽象地发展了,从而夸大了精神的意义。他认为一旦丧失了

---

① 《民权主义第一讲》。
② 《军人精神教育》。
③ 《孙文学说》。
④ 同上书。

精神,官骸虽具,但不能言语,不能动作,而"体即成为死物矣"。①　于是,精神似乎成了一种具有独立性甚至独立实体的东西。本来,精神丧失正是其物质基础即官骸损坏的结果,而不能颠倒过来。在此,就出现了把物质与精神分离和以为物质是精神的表现的二元论以至唯心论的倾向。

（二）"知难行易"学说

认识论是孙中山哲学思想中最光辉的部分。他把"行"即实践提到重要的地位,认为"知"是"行"的结果。他说:"宇宙间的道理,都是先有事实然后才发生言论,而不是先有言论,然后才发生事实。"②在此,孙中山把客观存在的事实看作第一性的,而认识是第二性的,是外在世界的反映,基本上走着唯物主义路线。

孙中山认为人们所需要的"知"是"真知",即"科学的知",并非事物的片面或表面。他说:"舍科学而外之所谓知识者,多非真知识也。"③凡是真正的知识必须从科学而来。而人们获得这种"真知"是艰辛的,因此"知难"。孙中山强调科学知识和理性认识重要,这是孙中山知行学说的重点所在。他又强调客观存在是不断发展的,因而人类的认识也就不能停滞不前。孙中山重视理论,强调基于实践基础的科学真知,突出理性认识的价值,是值得称道的。

但是,孙中山的认识论也有缺点。他对于实践的理解是狭隘的、直观的,把人类的实践活动主要归结为"力学"和"历学",而其内容不外是"实验""研究""探索""冒险"之类,没有认识到实践的真正社会历史的内容和性质,特别是对生产斗争和阶级斗争缺乏科学的理解。他的"知行学说"还没有达到真正抽象思辨的理论高度,始终带有浓厚的直观性和经验性,基本上还是经验论的认识论。

（三）民生史观

在社会历史领域中,孙中山以"民生史观"为理论基础。孙中山认为

---

① 《军人精神教育》。
② 《民权主义第一讲》。
③ 《孙文学说》。

"历史的重心是民生","民生是社会进化的重心"。① 他所谓的"民生",就是"人民的生活,社会的生存,国家的生计,群众的生命"。② 在他看来,决定社会面貌和进程的是人的"生存"问题,这正表现了他对人民生活状况的关怀。正由于他把社会历史的"重心"和社会发展归结为人民的生活,首先是物质生活,这就使孙中山站在人民群众立场上作出许多接近正确的对社会现象的论断,驳斥了当时西方流行的资产阶级唯心主义社会学的观点。他说:"实际则物质文明与心性文明亦相待而后能进步,中国近代物质文明不进步,因之心性文明进步亦为稽延。"③这种论点正反映了当时的客观实际。孙中山反对"英雄造时势"的主观唯心主义观点,而赞同"时势造英雄"的正确论断,并就美、法当时的国内形势评价华盛顿、拿破仑。他还特别指斥了"社会达尔文主义",认为"物竞天择,适者生存"的规律只适用于比较低级的"物种进化之时期",不能用来解释人类社会的历史现象。他说:"乃至达尔文氏发明物种进化之物竞天择原则后,而学者多以仁义道德皆属虚无,而竞争生存乃为实际,几欲以物种之原则而施之于人类之进化,而不知此为人类已过之阶段,而人类今日之进化,已超出物种原则之上矣。"④

孙中山在理论上把人、国家和政治抽去了社会阶级内容,认为人是"心之器也";国家是超历史、超阶级的"人之积也";政治是超历史、超阶级和抽象的"管理众人的事",属于"人群心理之现象"。他说:"物种以竞争为原则,人类则以互助为原则。社会、国家者,互助之体也,道德仁义者,互助之体也。"不能理解国家是阶级压迫的专政工具,表现了孙中山民生史观的严重弱点。

---

① 《民权主义第一讲》。
② 同上书。
③ 《孙文学说》。
④ 同上书。

六、章太炎的哲学思想

（一）《訄书》的唯物主义认识论和生物进化论

《訄书》是章太炎早期的著作,其中《公言》《原变》《原人》等篇宣扬了唯物主义认识论和生物进化论,为资产阶级民主革命的政治路线服务。

《訄书》反对唯心主义先验论,认为认识客观事物不能离开感觉,而感觉不是主观自生的,它来源于事物对感觉器官的刺激。他说:"黄赤碧涅修广以目异,征角清商叫啸喝于以耳异,酢甘辛咸苦涩隽永百旨以口异,芳苾腐殠腥蝼膻朽以鼻异,温寒熙湿平棘坚疏枯泽以肌肉异,是以人类为公者也。"①也就是说,眼用以辨别各种颜色,耳用以辨别各种声音,鼻用以辨别各种气味,舌用以辨别不同的味道,身用以辨别不同的事物。作为正常的人,都具有相同的感觉。章太炎指出,当人们的感觉器官没有和外物相接,尚未产生某种感觉的时候,决不能说客观事物不存在,因为客观世界是独立于人们意识之外的。他说:"以目之眚者,视火而有青炎,因是以为火色不恒,其悖矣。""火之有青炎,火者实射之,不眚目则亦不可见也。烛炧钩冶之上,七色而外,有幻火变火,可以熔金铁,而人目不能见,不能见其火,而不得谓之无色;见者异其光,而不得谓之无恒色。"也就是说,视觉有毛病的人看见光为青色,如果以为青色就是光的唯一颜色,而否认其他六色,那就和光的真相违背了。人的眼睛没有看到的东西,不能说它们是不存在的。

章太炎认为,仅仅依赖感觉是不够的,还必须进行判断、推理的理性认识活动。他说:"夫物各缘天官所合以为言,则又譬称之以期至于不合,然后为大共名也。虽然,其已可譬称者,其必非无成极,而可恣膺腹以为拟议者也。"也就是说,感觉器官(天官)与外物相接(所合),是进行推理的基础,而推理的理性认识(譬称)是从个别到一般,因而得出关于事物的普遍概念(大共名)。这种理性认识不同于感觉,所以说"以期至于不合"。但是,理

---

① 《訄书·公差》。

性认识并非漫无标准(成极),不能凭着主观想象去进行。

但是,章太炎不了解在实践的基础上感性认识向理性认识的飞跃,甚至有时片面强调理性认识的作用,并把它和感性认识割裂开来。他说:"观今西方之哲学,不赍万物,为当年效用,和以天倪,上酌其言,而民亦沐浴膏泽。虽玄言理学,至于浮屠,未其无云补也。"这种认识是错误的。科学的抽象和荒唐的抽象是有本质区别的,只有科学的抽象才能正确地反映事物及其规律性。

《訄书》也反对宗教神学,否认鬼神。章太炎认为,宗教神学是由于人们不能对自然现象作出科学的解释而杜撰出来的。不仅无神仙,人死后亦不会变鬼。他说:"人死而为枯骸,其血之转磷或为茅搜,其炭其盐,或流于草木,或铁在矿,其肌肉或为虫蛾蛩豸。"章太炎根据近代自然科学知识,说明人死后变为无机物或有机物,以此驳斥人死后变鬼的说教。

章太炎还以达尔文的进化论说明人体的形成:"赭石赤铜箸乎山,莙藻浮乎江湖,鱼浮乎薮泽,果然貜狙攀援乎大陵之麓,求明昭苏而渐为生人。人之始,皆一尺之鳞也。"①他认为水生动物变为猿,猿再变为人。他强调自然环境的改变会引起生物的变化,并且以拉马克"用进废退"的观点来解释动物某些器官的变化。他说:"鲸有足而不以尒,羖有角而不以触,马爵有翼而不以飞,三体勿能用,久之则将失三体。"②也就是说,鲸有足而不用来爬行,公羊有角而不用来触物,鸵鸟有翼而不用来飞翔,结果这些器官逐渐在它们身上失去作用。由此强调:人的智力如不经常使用,不与外物相接,就会日益衰退。章太炎以此说明人们必须开动大脑机器,注视并设法挽救民族危机,不要弃智力于无用之地。但是,进化论不能阐明复杂的社会历史现象,也不能科学地说明人的思维的产生和发展。20世纪初年中国资产阶级革命家章太炎企图以"用进废退"的观点,或者以自然环境改变引起生物体变化的原理来说明思维问题,在理论上

①《訄书·原人》。
②《訄书·原变》。

是不正确的。因此,当他进一步推论,认为恶劣的自然环境造成被压迫民族的落后状态,而看不到是帝国主义侵略的结果,看不到被压迫民族的人民蕴藏着无穷的革命精力,这正突出地表现出资产阶级革命家的软弱性和妥协性。

（二）章太炎对基督教宗教神学的批判

光绪二十七年（1901 年）,美国传教士怀定的《神政汇考》出版,荒谬地从形式逻辑上推论"上帝"的存在。他的所谓"论据",就是用宗教神学歪曲形式逻辑,把它变成诡辩论。光绪三十二年,章太炎写了《无神论》一文,[1]运用形式逻辑的推理去证明基督教"上帝"创世说是荒谬的。

怀定说:"物各有序,及各类相应之理。""即如青草萌芽,花卉含苞,人之四肢为体,各适其用,天之四时三光,咸得其宜,不失序,不乱位,人苟审察研究,不能不思夫有具大智慧者主宰之也。"这就是基督教神学的"因果论",宣扬"上帝"（因）创造出万物（果）,并使它们具有一定的秩序。这就把整个世界编造为"上帝"有目的的活动的结果。

章太炎在《无神论》中针锋相对地指出,有神论实际上是外因论:"若万物必有作者,则作者亦更有作者,推而极之至于无穷。然则神造万物,亦必被造于他,他又被造于他,此因明（逻辑）所谓犯无穷过者。"也就是说,有神论者把世界万物形成归结为"外因",即"上帝",依外因论的推论,"外因"更有"外因",以至可以无限推演,而陷于形式逻辑恶性循环的谬误。由此章太炎根本否定"上帝"的存在。

章太炎进而驳斥"上帝""全知全能"的神学说教:"耶和瓦〔华〕既全能矣,必能造一纯善无缺之人,而恶性亦无自起,恶性既起,故不得不归咎于天魔";"耶和瓦〔华〕既已全能,何不造一不能违背命令之人,而必造此能违背命令之人?"在此,他利用假言三段论的逻辑推理证明"上帝全知全能"的判断不能成立。章太炎从形式逻辑批判基督教神学虽然是一种机智的做法,但他没有把批判建立在唯物主义认识论的基础上。因

---

[1]《民报》第 8 号,1906 年。

此,他的批判只是抓住了若干表面现象,而未能深刻地揭示其实质。

章太炎对有神论的批判曾伸展到认识论领域,反对用不可知论为"上帝"和僧侣主义保留地盘。在这方面,他把康德作为典型而加以批判。康德承认在人的意识以外存在着"物自体"的客观世界,但他又认为物自体是不可知的,是人们的认识能力不能达到的"彼岸世界"。章太炎明确指出康德的不可知的"彼岸世界"是"千虑一失",是康德哲学体系中的一个严重错误。他进一步论证说,"物者五官所感触,我者自内所证知",而"上帝"既不像物质那样被人的感官所感触,也不能以概念、判断和推理的理性认识证明其存在。因此,"上帝"只是人们虚构出来的一个莫须有的概念,与其说"上帝"超越认识范围之外,毋宁断言其根本就不存在。这样,章太炎把批判有神论与批判不可知论结合起来了。

七、王国维的哲学思想

(一)译读西方哲学

王国维学习与研究哲学时,首先从译读包尔生《哲学概论》和文德尔班《哲学史》开始。王国维通过对《哲学概论》的翻译,对西方哲学的基本理论及其主要内容作了较为系统的介绍,从而推动了中国近代哲学的建设。

与此同时,王国维还翻译了西方的《伦理学》《西洋伦理学史要》以及有关逻辑的《辩学》。这不仅使王国维在哲学、伦理学方面作出积极贡献,同时对他早期哲学、伦理思想产生了很大影响。王国维反对将介绍西学作为论证手段,而主张视为目的的观点,也为其后来将学术视为独立的纯学术研究奠定了基础。他说:"学术之发达必视学术为目的而不视为手段而后可。""学术之发达存乎其独立而已。"①

(二)研读康德、叔本华哲学

王国维"体素羸弱,性复忧郁,人生之问题,日往复于吾前。自是始

---

① 《王国维先生全集》第 5 册,第 95、97 页。

决从事于哲学"。① 他由于性格与叔本华的悲观主义哲学颇有相投之处，因而在哲学方面的注意力及学术功力多用于叔本华哲学。

王国维接受叔本华哲学，是由研究康德引入的。他在《静安文集·自序》中说："始读汪德（康德）之《纯理批评》，至《先天分析论》，几全不可解，更辍不读，而读叔本华之《意志及表象之世界》中《汪德之批评》一篇，为通汪德哲学之关键。"叔本华素以其反理性主义的唯意志论和悲观主义的人生观而著称。以康德为起点，叔本华提出"物自体"即意志，以纠正康德不可知论的观点，强调世界的可知性。叔本华认为，世界的本体是意志；意志是一切客观事物所具有的共同本质，是先于认识的生命冲动，是一种盲目的无止境的原始欲望；意志不可认识，人所能认识的只是世界的表象。他还把柏拉图的"理念"引进其体系中，认为理念是意志的客观化。世界从低到高的无数级别的事物，都是各种相应级别理念的客体化。这样，叔本华就把世界划成"意志—理念—表象"，构成其唯意志论哲学体系的基本框架。

叔本华认为意志的特征是"生存欲望"，意志通过欲望表现，而欲望是无止境的，所以痛苦是无边际的。叔本华进一步发挥，认为意志现象愈完善，痛苦也就愈显著；对人而言，智力越发达，痛苦越深重。因此，天才最痛苦。欲摆脱痛苦，就要舍弃欲求，摆脱意志的束缚，否定生命意志。叔本华主张通过艺术达到暂时的解脱，也可通过禁欲来达到永久解脱。在此，最高之善与痛苦的彻底解脱在灭绝生活之欲上统一起来。叔本华的意志论、悲观论、善恶论也由此形成了"完美"的统一，建构起自己完整的哲学体系，亦即王国维所说："建设形而上学，复与美学、伦理学以完全之系统。"②于是，一直困扰王国维的人生终极问题终于得到解决，"生活之本质何？欲而已矣"③，从而使认识理性的效用范围得到限制，使主体感性意欲的本体地位得到确立。

---

① 《教育世界》第 6、第 12 期，《王国维先生全集》第 5 册，第 1894—1902 页。
② 《叔本华之哲学及其教育学说》，《静安文集》第 32 页，《王国维先生全集》第 5 册。
③ 《红楼梦评论》，《王国维先生全集》第 5 册，第 1718 页。

王国维从悲观主义出发,接受叔本华哲学,进而全面接受叔本华的哲学体系,并对叔本华推崇有加。他在《叔本华之哲学及其教育学说》中,对康德与叔本华的哲学及其地位进行比较:"汗德之学说仅破坏的而非建设的,彼憬然于形而上学之不可能,而欲以知识论易形而上学。故其说仅可谓之哲学之批评,未可谓之真正之哲学也。叔氏始由汗德之知识论出而建设形而上学,复与美学、伦理学以完全之系统。"①叔本华哲学中的悲观论、唯意志论以及美学思想深深影响了王国维。

(三)改造中国传统哲学

王国维认为,哲学为中国故有之学,中国哲学并不是不如西方。但由于中国古书繁散无纪,论述缺乏系统,因而中国哲学难以理解。他主张用西方哲学观点和方法加以阐释。他说:"欲通中国哲学,又非通西洋哲学不易明也。近世中国哲学之不振,其原因虽繁,然古书之难解,未始非其一端也。苟通西洋之哲学以治吾中国之哲学,则其所谓当不止此。"②

"性""理""命"是中国古代哲学中三个基本范畴,也是中国哲学史上长期争论不休的问题,对其哲学内涵的阐释常成为划分哲学家之思想流派的重要标志。王国维以西方哲学的观点与方法,重新考察分析"性""理""命"范畴。在《论性》一文中,王国维以康德哲学中的知识论为立足点,批判自古以来性善、性恶说的矛盾,断言"性之为物超乎吾人知识之外"。他说:"孟子曰人之性善,在求其放心而已。然使之放其心者谁欤?""荀子曰人之性恶,其善者伪也。然所以能伪者何也?"他进一步认为中国古代之性论,均是"无益之议论",即使孔、孟之圣,程、朱之贤,所论也不过是空论。他认为康德把知识分为先天、后天两种观点,无疑是正确的。他对"性"的认识是:"今试问性之为物果得从先天中或后天中知之乎?先天中所能知者,知识之形式而不及于知识之材质,而性固一

———————

① 《王国维先生全集》第5册,第46页。
② 王国维:《哲学辩惑》,《教育世界》第55号。

知识之材质也。若谓于后天中知之，则所知者又非性。何则？吾人经验上所知之性，其受遗传与外部之影响者不少，则其非性之本来面目已久矣。"人性既然超出人们知识范围之外，则所有关于人性的争论只能是空论，而且表现为自相矛盾："人性超乎吾人知识外，既如斯矣，于是欲论人性者非驰于空想之域，势不得不从经验上推论之。夫经验上之所谓性，固非性之本然，苟执经验上之性以为性，则必先有善恶二元论起焉。""何则？超乎经验之外，吾人固有言论之自由，然至欲说明经验上之事实时，则又不得不自圆其说而复反于二元论。故古今言性者之自相矛盾，必然之理也。"①王国维的观点是，论"性"只能在经验的范围内讨论，超出经验范围，则为不可知；在先于经验去观察"性"时，则出现二律背反。王国维用康德认识论分析、评判中国传统性论，给这一历史争论以新的结论，宣布这场争论应该结束。

在《释理》一文中，王国维以叔本华哲学的充足理由律为基点，对中国古代诸家学说进行分析、评判。他指出康德把理性分为纯粹与实践两种，态度暧昧，前后不一致。在这方面，他赞同叔本华对康德的批评，并赞成叔本华严格悟性与理性之区别。叔本华论证充足理由律时，证明直观中已有悟性之作用存在；有悟性的作用，才有直观的世界；有理性的作用，才有概念的作用。王国维进而指出，理即理由及理性之定义，理由及理性又是人的"知力"的形式和作用，所以理是"主观的而非客观的"。他认为："理性者，知力之一种。故理性之作用，但关于真伪，而不类于善恶。""理性者除为行为手段外，毫无关于伦理上之价值，不是善恶的标准。"王国维否定理的伦理学价值，就从根本上否定了程、朱等理学家们的"理""天理"说。王国维根据叔本华的哲学思想，得出"所谓理者，不过理由、理性二义，而二者皆主观上之物也"。他认为"理""不存在于直观之世界，而惟案于广漠暗昧之概念中。易言以明之，不过一幻影而已

---

① 《王国维先生全集》，第1639—1640页。

矣"。①"理"是幻影这个结论,使王国维把世间一切事物都看作幻影,并由此而衍生出悲观主义。

王国维在《原命》一文中,对中国哲学中"命"说进行了分析、评判。他用西方哲学中的定命论(今译宿命论)和定业论(今译决定论)来诠释中国的"命"说。他从叔本华的因果律入手,认为因果律在自然界和人的意志中同样存在,意志进入经验界,就无处不受动机所决定。意志之本体有无自由,我们无法知道。意志在经验世界中表现为动机,动机亦即生存意志。求生之欲望是生命的基本原则,它支配意志,故意志也是不自由的,由此推衍出"自由是不存在的"结论,从而亦以不可知论对中国哲学史上的"命"说作了评判。

从王国维对"性""理""命"三命题的探索中,可以清楚地看出他从康德、叔本华哲学体系中汲取近代西方哲学观念来解决中国哲学史上聚讼不已的问题。他的这些探讨、分析,对于介绍西方哲学进入中国以及中西哲学交通融汇作出了独特的贡献。

然而,王国维的哲学思想主要来源于康德和叔本华,其核心部分并未超出二人的哲学范畴。偶有创见,则是借用西方哲学之概念、思想以阐述中国哲学问题所发挥者;虽有开创之功,但并无深刻而有系统之研究。

第二节 伦理学

维新变法运动和辛亥革命时期,西方资产阶级伦理学说大量传入中国,给中国资产阶级维新派与革命派以深刻影响,思想领域内发生了重大变化。维新派与革命派在吸取西方伦理思想的同时,也发掘了中国传统伦理思想中对当时的斗争有益的东西。然而,由于当时救亡图存是历史的主题,他们未能对西方伦理思想进行系统深入研究,也未能对中国传统伦理思想进行细致分析取舍,因而未能构建新的伦理思想体系。

---

① 《王国维先生全集》,第 1674、1676 页。

一、康有为的伦理观

（一）对自由、平等、博爱诸范畴的阐释

康有为对西方的人道主义、自由、平等、博爱和天赋人权论等有初步了解。他借用其中的某些伦理道德范畴，并赋予一些新意。他认为，西方近代的自由、平等、博爱和天赋人权学说，在儒家传统伦理道德体系中都可以找到类似的观念。他在阐释子贡"我不欲人之加诸我也，吾亦欲无加诸人"时，说道："子贡不欲之加诸我，自主自由也；无加诸人，不侵犯人之自立自由也。人为天之生，人人直隶于天，人人自立自由。不能自立，为人所加，是六极之弱而无刚德，天演听之，人理则不可也。人各有界，若侵犯人之界，是压人自立自由。悖天定之公理，尤不可也。子贡尝闻天道自立自由之学，以定人道公理，急欲推行于天下。"又说："近者，近世升平，自由之义渐明，实子贡之为祖，而皆孔学之一支一体也。"[①]在此，与他在政治上宣扬孔子改制，把孔子打扮成改革鼻祖，加进西方资产阶级政治思想内容一样，他把子贡改扮成提倡自由的鼻祖，实则借以宣扬西方卢梭等人的伦理观。

关于"平等"的政治伦理范畴，康有为在解释孔子"性相近，习相远"时，认为："夫相近则平等之谓，故有性无学，人人相等，同是食味别声被色，无所谓小人，无所谓大人也。"[②]又说："盖天之生物，人为最贵，有物有则，天赋定理，人人得之，人人皆可平等自主，故可以全世界皆善。""人人皆天生，故不曰国民而曰天民；人人既是天生，则直隶于天，人人皆独立而平等，人人皆同胞而相亲如兄弟。"[③]在此，康有为又认为从先秦儒家思想中找到了"平等"这一政治伦理的原型，实则其宣扬的正是西方的平等观。这正表现了中国早期民族资产阶级的软弱性。

---

① 康有为：《论语注》卷5。
② 康有为：《长兴学记》。
③ 康有为：《孟子微》。

康有为的"博爱"观,表面上似乎沿用儒家传统道德的"仁爱"范畴,而实际上,他对博爱观的论述内容明显带有西方近代资产阶级"博爱"观的色彩。他说:"生于大地,则大地万国之人类皆吾同胞之异体也,既与有知,则与有亲。"又说:"康子不生于他天而生于此天,不生于他地而生于此地,则与此地之人物,触地为缘,相遇为亲矣。""日读数千年古人之书,则与古人亲;周览大地数十国之故,则与全球之人亲;能深思,能远虑,则与将来无量世之人亲。"①

（二）以人道主义批评封建礼教

康有为是近代中国第一位主张以人道主义批评并破除封建礼教的思想家。他认为人的自由、平等权利是天赋的,任何人不得加以剥夺。他说:"若夫名分之限禁,体制之压迫,托于义理以为桎梏,比之因于囹圄尚有甚焉。君臣也,夫妇也,乱世人道所号为大经也,此非天之所立,人之所为也。而君主之专制其国,鱼肉其臣民,视若虫沙,恣其残暴;夫之专制其家,鱼肉其妻孥,视若奴婢,恣其凌暴。在为君为夫则为乐矣,其如为臣民为妻者何!"又说:"人天所生也,托借父母生体而为人,非父母所得专也,人人直隶于天,无人能间制之。盖一人身有一人身之自立,无私属焉。然或父听后妻之言而毒其子,母有偏爱之性而虐其孙,皆失人道独立之义而损天赋人权之理者也。"②康有为在此揭露了封建专制主义和封建礼教的反人道性,要求恢复人类自由、平等和博爱的自然权利。

在"三纲"中,有两纲涉及家庭伦理道德。因此,康有为在对封建君权进行激烈批评的同时,还斥责父权和夫权,主张"去除家界""男女平等"。

"去家界为天民"是康有为以人道主义伦理观破除封建礼教的一项重要内容。他认为人的自由、平等权利不能实现,其重要原因就在于"家人强合"。他说:"夫天下之至大者,莫如意见矣,强东意见而从西意见,

---

① 康有为:《大同书》,第3—5页。
② 康有为:《大同书》,第43—44页。

既已相反，即难相从；不从则极逆，从之则极苦。"这样就违背了人人自主独立、人人自由平等的道德原则。他还说："悍妇制妇而绝粒，恶姑凌妇而丧命"，"童媳弱妇，死于悍姑，孤子幼女，死于继母"，"名为兄弟姊姒，而过于敌国，名为妇姑叔嫂而怨于路人"，"其礼法愈严者，其困苦愈深"。不仅如此，一家之中，互为所累，互不自由："一家之中分利者众，生利者寡，妇女无论矣，孩童无论矣，即壮岁子弟亦常仰食于父兄，故家长为一家人所累，终岁勤劳而犹不足自给，一家之人，亦为家长所累，半生压制，而终不得自由。"①总之，无论作为家长的父兄，还是作为家庭成员的一分子，都受到家庭宗法制度和封建礼教的"强合之苦"。实际上，家族宗法制和封建礼教不仅违背天赋人权的自由、平等原则，而且束缚劳动力之解放，阻碍社会生产的发展，约束人们的言行，扼杀人的个性独立。

"三纲"的另一项重要内容是"夫为妻纲"。康有为对此也进行了批评。他从更广泛的意义上阐明"男女平等，各自独立"是人们取得一切权利的始基："故全世界人欲去家界之累乎？在明男女各自独立之权始矣，此天予人之权也；全世界人欲去私产之害乎？在明男女平等、各自独立始矣，此天予人之权也；全世界人欲去种界之争乎？在明男女平等、各自独立始矣，此天予人之权也；全世界人欲致大同之世、太平之境乎？在明男女平等、各自独立始矣，此天予人之权也。"②康有为指出人类走向文明过程中，女子最有功于人道："全世界进化，日趋文明，凡吾人类所享受以为安乐利赖，而大别于禽兽及野蛮者，非火化、熟食、调味、和齐之食乎？非范金、合土、编草、削木之器乎？非织麻、蚕丝、文章、五彩之服乎？""凡此皆世化至要之需，人道至文之具，而其创始皆女子为之，此则女子之功德孰有量哉！岂有涯哉！"③他从人类社会历史发展的角度，指出妇女所起的重大作用，以批评"男尊女卑""夫为妻纲"等封建伦理道德。

---

① 康有为：《大同书》，第182—184页。
② 同上书，第252—253页。
③ 同上书，第149页。

二、梁启超的功利主义伦理观

"功利主义"一词,梁启超称之为"乐利主义"。这种伦理学说以实际功效或利益作为道德的基本标准,认为个人的功利是伦理学的基础。功利主义伦理学创始于公元前 5 世纪古希腊的"智者"派,而最终形成于边沁、约翰·穆勒的资产阶级功利主义伦理学。

梁启超深受功利主义学说代表人物边沁的影响,他提出的一些功利主义伦理范畴,有不少来源于边沁。

梁启超认为"利己"是人类的本性,不应受到指责。他说:"为我也,利己也,私也,中国古义以为恶德者也。是果恶德乎? 曰:恶,是何言。天下之道德法律,未有不自己而立者也。""故人而无利己之思想者,则必自放弃其权利,弛掷其责任,最终至于无以自立。"①

梁启超伦理观的特点之一,是边沁功利论与达尔文的进化论的有机结合。"利己""爱己"的功利主义思想是以进化论为理论依据的。他说:"芸芸万类,平等竞存于天演界中,其能利己者必优而胜,其不能利己者必劣而败,此实有生之公例矣。""西语曰:'天助自助者。'故生人之大患,莫甚于不自助而望人助我,不自利而欲人利我。"②他认为,望人助我、欲人利我是一种恶习。不会利己,就不会利人、利群。只有首先学会利己以自立,然后才不至于因我而累及他人。

梁启超认为,从表面上看,利己与利他、爱己与爱他似乎是根本对立、不可调和的两个问题,但实质是"一而非二","异名同源",两者最终统一于爱己,而非统一于爱他。他说,欧美近代一些哲学家们"谓人类皆有两种爱己心,一本来之爱己心,二变相之爱己心。变相之爱己心者,即爱他心是也"。③ 而所谓"爱他心",又可分为两种:"感情的爱他心"和"智

---

① 《十种德性相反相成义》。
② 同上。
③ 同上。

略的爱他心"。他对这两种"爱他心"分别作了解释："何谓感情？盖己所亲爱之人，其所受之苦乐，几与己身受者为同一关系，故不觉以其自爱之心爱之，盖如是然后心乃安。其爱之也，凡为我之自乐也。"①对于"智略的爱他心"的解释是："凡人不能以一身而独立于世界也，于是乎有群。其处于一群之中，而与俦侣共营生存也，势不能独享利益，而不顾俦侣之有害与否。苟或尔尔，则己之利未见而害先睹矣。故善能利己者，必先利其群，而后己之利亦从而进矣。以一家论，则我之家兴我必蒙其福，我之家替我必受其祸。以一国论，则国之强也，生长于其国者罔不强；国之亡也，生长于其国者罔不亡。故其爱己者，不得不推此心以爱家、爱国，不得不推此心以爱家人、爱国人，于是乎，爱他之义生焉。凡所以爱他者，亦为我而已。"②

梁启超以"利己主义"为基础的近代伦理观念在当时对于唤醒人们的爱国热情，激发进步知识分子投身于救亡图存和社会变革的斗争中去，起到过积极作用。同时，他的伦理思想从根本上也是与封建主义"存天理，灭人欲"的禁欲主义道德伦理完全对立的。他主张保护个人私利，强调合理利己，这正是中国新兴资产阶级维护自身经济利益的要求在伦理观念上的反映，是对封建统治者侵犯个人利益、扼杀个人私欲的伦理观的否定，是合乎时代潮流发展的。

梁启超伦理观的另一个特点是将一切欲望、苦乐都分成两类：精神的与肉体的。因为梁启超不仅受西方近代功利主义伦理观影响，还受佛学宗教伦理学说的熏陶。

他根据佛教伦理学说，认为"我之一身"具有两种生命，两个我，即"肉身之我"与"灵魂之我"，而两者之中只有"灵魂之我"才是"真我"，而"肉体之我"不过"躯壳"而已。③ 梁启超由轻视"肉体之我"进而轻视"肉体之乐"。他说："真苦真乐必不存于躯壳，而存于心魂。躯苦而魂乐真

①《乐利主义泰斗边沁之学说》。
②《十种德性相反相成义》。
③《德育鉴·存养》，《饮冰室专集》之二十六。

乐也;躯乐而魂苦真苦也。"①这样,梁启超就公开向人们表明他的苦乐观和生死观,并劝告人们不要追求物质享受,因为他认为"物质上之欲惟患其多,精神上之欲惟患之少"。② 由于梁启超的苦乐观和生死观建立在佛教伦理思想基础之上,因此他晚年的苦乐观已远远偏离其曾大力提倡的"合理利己主义"的轨道,而最终走向它的反面。

三、严复的"自由"伦理观

严复提出"自由为体,民主为用"的命题,③认为"民主"不是西方资本主义国家政治制度的根本,只不过是"自由"这个伦理学范畴在政治上的一种表现。因此,"自由"才是西方资本主义国家政治制度和伦理思想的实质所在。"自由为体,民主为用"从根本上破坏了森严的等级制度,冲决了封建伦常关系和道德观念的束缚,人人可以享受各种自由。

根据"自由为体,民主为用"的体系,严复将西方的民主思想与中国传统的"民本"思想在伦理学的意义上区别开来。他认为中国传统的"民本"思想重点讲的是统治者应该发施仁政,从臣僚百官到普通百姓要普遍地赐予仁爱,其目的是不让载舟之水转而覆舟,以牢固地维护统治者一家一姓天下之长治久安。这种"民本君末"道德观念,在长期的封建社会中备受进步思想家信奉、宣扬和发挥,在历史上起过一定的积极作用。但是,从实质上讲,"民本"道德观念仍然是封建主义的东西。因为它并没有给人民群众自由自主的权利,也没有给人民群众参与国家政治的机会。他们只有在封建统治者所谓"仁政"下,充当安分守己的"顺民"。而西方的"民主"是资产阶级政治制度和伦理观念。资产阶级享有自由自主权利,其中包括参与国家政治活动的权利等。西方"民主"思想主要侧重在承认"民"在政治经济方面应有的地位和在国家事务中的各种权利。

---

① 《德育鉴·存养》,《饮冰室专集》之二十六。
② 《自由书·无欲与多欲》。
③ 《原强》。

无论国家的管理者是谁,资产阶级都能行使自己的各种权利,他们与统治者之间的伦理关系是不变的。

在自由与法律、个体自由与群体自由的伦理关系问题上,严复也受到西方启蒙思想家卢梭、孟德斯鸠的直接影响。严复认为,不应该把自由理解为个人欲望的绝对放纵,而应该受到法律的严格制约。他在论述自由的法律与伦理关系时,还引用孟德斯鸠的话说:"政府国家者,有法度之社会也。既曰有法度,则民所自由者,必游于法中。""假使有国民焉,得取法所禁者而为之,将其群所常享之自由立失。何则? 法律平等,一民之所为者,将尽民皆可为之也。"①但是,严复又认为,中国封建社会所谓的"法律",根本不具有真正意义上的近代法律的实质。这种"法律"的作用,只能是"束缚其民,而国君则超乎法之上,可以随意用法易法,而不为法所拘"。② 严复所要求用以制约人们自由的法律,是近代西方资产阶级的法律,而不是封建君主专制制度下的王法;他所要求的自由,是广大人民群众在资产阶级法律所容许的范围内的各种自由,而不是封建王法所规定的君主一人的自由。

在个体自由与群体自由的伦理关系上,严复认为,个体自由并不是人们对群体和政府的绝对违背。个人应该享有充分的自由权利,任何人,包括君主和政府都不能剥夺这种神圣的权利;但是,个体自由也有一定的前提条件,即个体自由从其伦理学的基本意义而言,必须服从群体自由,违背群体自由的个体自由是不能容许的。否则,这种个体自由最终也不能实现。

四、谭嗣同"崇奢黜俭"的功利主义伦理观

在中国传统道德观念中,"黜奢崇俭""安贫乐道"是普通百姓信奉与恪守的道德规范及生活习惯,并成为人们修身养性之道。而谭嗣同则认

---

① 《法意》。
② 同上。

为,"黜奢崇俭"这种传统的道德观念对近代社会生产力的发展造成严重的危害。

　　首先,谭嗣同深入探讨了"黜奢崇俭"道德产生的历史根源。中国长期的封建社会中,工商业落后,士农工商、三教九流中,商业为末。造成这种局面的思想历史根源,一是"重农抑商"(亦称"重本抑末")、"重义轻利"的传统观念,二是道家所主张的"柔""静""俭"的伦理道德观。他重点批评了道家观念对社会工商业的发展和社会道德风尚的危害。他说:"李耳之术乱中国也,柔静其易知矣。若夫力足以杀尽地球含生之类,胥天地鬼神之沦陷于不仁,而卒无一人能知其非者,则曰'俭'。"①谭嗣同认为,人们没有必要区分什么"奢"与"俭"。因为人们对奢与俭的区分没有任何理论及社会根据。他说:"夫俭之与奢也,吾又不知果何所据而得比较,差其第等,以定阙名,曰某为奢、某为俭也。今使日用千金,俗所谓奢矣,然而有倍蓰者焉,有什佰千万者焉。"谭嗣同指出,所谓"奢"与"俭"并设有什么具体标准而言。他说:"俗以日用千金为奢,使人万金焉,则固不名之奢而名之俭,以其尚储九千于无用之地也。俗以日用百钱为俭,使人不逮百钱,则不名之俭而名之奢,以其聪明才力仅足以及此也。溢则倾之,歉则纳焉,是俭自有天然之度,无待崇也。"②谭嗣同认为,如果说有谁是最奢的话,那么佛便是"奢至于极",因为他是"金刚以为地,摩尼以为座,种种璎珞帝网,种种宝幢宝盖,种种香花衣云,种种饮食胜味"。以此来看世人,还有谁算得上"奢"呢? 因此,"奢之名是不得而定的"。"今使日用百钱,俗所谓俭矣,然而流氓乞丐,有日用数钱者焉,有掘草根、屑树皮,苟食以待尽,而不名一钱者焉。"如果谁是最俭朴的话,那么禽兽便是"俭至于极",因为禽兽"穴土栖木以为居而无官室;毛羽蒙茸以为暖而无衣裳;恃爪牙以求食,而无耕作贩运之劳"。这与世人相比,还有谁能称得上如此"俭"呢? 所以"俭"之名不得而定。他进一步推

---

① 《仁学一》,《谭嗣同全集》下册,第 321 页。
② 同上书,第 322 页。

论说,既然世界上最奢的是佛,最俭的是禽兽,那么俭与奢的道德观念就与人类社会没有关系。他的结论是:"本无所谓奢俭,而妄生分别以为名,又为之救曰黜奢崇俭。"①因此,这种区分毫无道理,也是没有必要的。谭嗣同进一步指出,如果人们按照"黜奢崇俭"的说教从事,仅仅为养成自己的"俭、德"而不去发展农工商业,"今日节一食","明日缩一衣",那么天下必有受其饥寒之人,"家累巨万"而无异于乞丐。这样,天下之人虽然都养成节俭的"美德",却整日忍饥挨饿,久而久之,"羸瘠盈沟壑,饥殍蔽道路"。因此,他认为"愈俭则愈陋,民智不兴,物产凋窳","转辗相苦,转辗相累,驯至人人俭而人人贫,天下大势遂乃不可以支"。② 至此,谭嗣同就道家伦理学说对社会的危害作了这样的推论:"惟静故惰,惰则愚;惟俭故陋,陋则愚。兼此两愚,固杀尽食生之类,而无不足。故静与俭,皆愚黔首之惨术,而挤之于死也。"③

谭嗣同还深入分析了"黜奢崇俭"道德观产生的政治根源。他认为"崇俭"是封建统治阶级"以剥削贫民为务"的兼并之术。他深刻指出,天下之人都以为"俭者美德也",其实不然。因为这正"是以奸滑桀黠之资,凭借高位,尊齿重望"的豪强贵族们用以"欺世盗名"的"兼并之术"。这些富家贵族,虽然都"以俭为莫大之宝训",但为了聚积"富宝",他们不顾"左右比邻以及附近之困顿不自聊者",不惜用"放债""巢汆"的手段谋取厚利。于是,无以自养身家的贫民"遂不得不供其奴役而入租税于一家"。因此,所谓"节俭"之美德,不过是"乡愿之所以贼德,而允为金人之尤矣"。④ 在揭露和批判"崇俭"之德的同时,谭嗣同还对"黜奢"的道德提出质疑。他一反几千年来对"奢侈"的传统看法,指出所谓"奢",实质上是"富民""利民"的代名词,是值得人们赞颂的美德。为此,他对自己的观点进行了论证:"夫岂不知奢为害烈也,然害止于一身家,而利十百矣。

---

① 《仁学一》,《谭嗣同全集》下册,第 321—322 页。
② 同上书,第 321 页。
③ 同上书,第 321 页。
④ 同上书,第 322 页。

锦绣珠玉栋宇车马歌舞宴会之所集,是故农工商贾从而取赢,而转移执事者所奔走而趋附也。"①在此,谭嗣同从发展社会生产的角度指出,如果说"奢"之为害,那也只是害于一身一家,对于千百万人是有利的。因为"奢"的结果,会使农工商各行各业都从中获利,有关各方之人"奔走而趋附",可以使无业者得到就业的机会。于是,从事社会各行业生产的工商企业都会随之兴旺发达起来。

当时,封建顽固派利用传统的"黜奢崇俭"的道德观并将其推到极致,极力散布什么"机器夺民之利"的观点。他们利用中国自然经济状态下小农业与家庭手工业十分普遍的现实,利用小生产者对机器生产的恐惧心理,煽动反对资本主义大机器生产的情绪。针对这种观点,谭嗣同首先明确指出,机器生产是否"夺民之利",只要看一看欧美各国的实际情况就十分清楚了。他认为,使用机器可以极大地提高劳动生产率,减轻劳动强度,节约劳动时间。机器可以使"货愈益饶,民愈益富",是"广民利"的大好事。他说:"民之贫也,贫于物产之饶乎?抑贫于物产之绌乎?求富民者,将丰其物产以富之乎?抑耗其物产以富之乎?"有人发问道:"机器兴,物产饶,物价宜廉矣,而欧美反贵者,何也?"谭嗣同就这个问题分析说:"此机器之所以利民也。小民穷岁月之力,拮据辛劳,一成一物,岂不欲多得值钱?而价止于此,此其可哀甚矣。盖物价之贵贱,隐视民命之重轻以为衡。治化隆美之世,民皆丰乐充裕,爱惜生命,不肯多用人力,人亦从而爱惜之焉,故创造一物,即因其力之可贵而贵之。苟或不贵,固不急求售,亦将不复造。且贫皆富矣,虽多出值复何吝?然非机器,又何由皆富厚若此?机器兴而物价贵,又以见机器固非夺民利矣。"因此,大力发展机器生产,非但不是"夺民之利",反而是"富国利民"的"弥天之德"。他进一步深刻指出,如果中国再不知变革旧的伦理道德观念和社会习俗,固步自封,墨守成规,那么,"不数十年,其醇其庞,其廉其俭,将有食槁壤,饮黄泉,人皆饿殍,而人类灭亡之一日。何则?生计绝,

①《仁学一》,《谭嗣同全集》下册,第322页。

则势必至于此也"。①

五、孙中山人格与国格乃"民族之魂"的伦理观

孙中山对中国传统文化有一定的研究，并深受中国传统伦理道德的熏陶。在长期的革命斗争实践中，他认识到伦理道德对社会政治革命所产生的重大影响。他对中国传统伦理道德的某些内容大加称赞。"人格""国格"观念则是孙中山从中国传统伦理道德中着重汲取的思想资料。他在演讲中不厌其烦地讲述中国古代的"政治哲学"，认为这是中国文化的"真谛"。他说："欧洲之所以驾乎我们中国之上的，不是政治哲学，完全是物质文明。因为他们近来的物质文明很发达，所以关于人生日用衣食住行种种设备，便非常便利，非常迅速。关于海陆军的种种武器弹药非常完全，非常猛烈。所有这些新设备和新武器，都是由科学昌明而来的。""中国没有的东西是科学，不是政治哲学。至于讲到政治哲学的真谛，欧洲人还要求之于中国。"②孙中山很推崇《大学》中的政治哲学，将其视为至宝。他说："中国有一段最有系统的政治哲学，在外国的大政治家还没有见到，还没有说到那样清楚的，就是《大学》中的'格物、致知、诚意、正心、修身、齐家、治国、平天下'那一段话。把一个人从内发扬到外，由一个人的内部做起，推到平天下止。像这样精微发展的理论，无论外国什么哲学家都没有见到，都没有说出，这就是我们政治哲学的知识中独到的宝贝，是应该要保存的。"③不仅如此，而且还要用"中国政治哲学"去补救西方"科学之偏"，要以恢复中国固有的道德去恢复中国在世界上固有的地位。

孙中山认为，一个革命者应从"修身"出发，以锻炼革命意志，最终达到治国平天下即振兴中华的目的。他强调"修身"必先"正心"，若不"正

---

① 《仁学一》，《谭嗣同全集》下册，第 322 页。
② 《孙中山选集》下卷，第 636 页。
③ 同上书，第 653 页。

心",革命党员"存心做官发财",那"党员的人格,便非常卑劣",就会丧失人心。他在《国民党员不可存心做官发财》的演讲中指出:"人心就是立国的根本。""得人心的方法很多,第一要本党现在的党员人格高尚,行为正大,不可居心发财、想做大官,要立志牺牲,想做大事,使全国佩服,全国人都信仰。"①他指出,人类的人格改好,社会当然进步;我们要造成一个好国家,便先要人人有好人格;四万万人都变成好人格,以改良人格来救国。"合大家力量,用一种宗旨,互相劝勉,彼此身体力行,造成顶好的人格。"②他把人格与社会进步联系起来,认为好的人格可以形成良好的社会道德风尚,可以推动社会向前发展。这就赋予中国传统伦理道德中的"人格"和"国格"观念以新意,并把"人格"观念升华为革命者应具有的高尚品德。由此可以看出,孙中山虽然用的是古老伦理学的范畴,但却注入了时代的新内容。

孙中山还吸收了中国古代大同理想的"天下为公"思想,从塑造完善人格的角度论证利己与利人这一伦理学的基本问题,要求人们以一定的自我节制以至自我牺牲的方式妥善处理利己与利人的矛盾。他说:"重于利人的人,只要是于人家有益的事,每每至于牺牲自己亦乐而为之。这种思想发达,于是有聪明才力的人,就专用彼之才能,以谋他人的幸福,渐渐积成博爱的宗教和慈善事业。"③由此出发,孙中山将"利人"解释为"替众人服务"的高尚道德情操。他说:"现在文明进化的人类,觉悟起来,发生一种新道德,就是有聪明才力的人,应该替众人服务","聪明才力愈大的人,应尽其能力而服千万人之务,造千万人之福"。"所谓'巧者拙之奴'就是这个道理,至于全无聪明才力的人,也应该尽一己之能力,以服一人之务,造一人之福","这种替人服务的新道德,就是世界道德的新潮流"。④

---

① 《孙中山选集》下卷,第460—463页。
② 《孙中山全集》卷8,第316页。
③ 《孙中山选集》下卷,第706页。
④ 《世界道德的新潮流》,载《孙中山选集》。

孙中山在多次演讲中要求革命党人一定要将"现在将士之升官发财、自私自利之思想化除"。① 认为只有如此，革命者才能立下大志气，为国家为民族努力奋斗。

孙中山对传统伦理道德的"人格"与"国格"观念的重新解释，并赋予其新的革命内容。从理论上讲，他把崇高的"人格"解释为"利人"，即"替众人服务"，为国家社会贡献个人的一切。这是对传统的"人格"和"国格"观念的理论深化和道德境界的升华；从实践上讲，他批评革命队伍中某些借革命而图个人私利的投机分子，并且身体力行，"替众人服务"，不谋私利，为革命者树立了"舍身救国"的楷模。

从上述可以看出，孙中山的"人格""国格"道德观念的核心是一个"公"字。他抽掉了传统道德观念中誓死效忠皇权的封建意识，代之以为国为民奉献一切的新观念，力图在传统的"人格""国格"范畴内注入新内容，铸造出具有时代意义的"民族之魂"。他把这种崇高的"民族之魂"作为中华民族不可或缺的群体意识和文化心理，作为民主革命和民族独立的重要精神武器和道德规范。这充分显示出孙中山在继承和发扬中国传统道德精华为实现革命目标服务时所具有的思想深度。

六、章太炎革命道德之伦理观

在《革命之道德》一文中，章太炎提出了"道德衰亡，诚亡国灭种之根极"的观点，认为道德决定国家和民族的兴亡，也决定政治革命和社会革命的成败。他认为，革命者应该具有高尚的道德情操，否则革命是不能成功的："道德堕废者，革命不成之原"；"今日之革命，惟有道德可以取胜"。何谓"革命道德"？ 根据章太炎的解释，这种道德是人与人之间互助关系的扩大与升华，即人人为共同的理想而献身的崇高道德境界："今日之革命，非为一己，而为中国。中国为人人所共有，而战死亦人人所当有"，人们不能推诿应对国家所负有的责任，更不能以人才难得、保存实

---

① 《孙中山选集》下卷，第 485 页。

力为借口而害怕牺牲。他认为,人才并不是天生的,而是在革命实践中造就的:"且人才非天成也,固以人事感发而兴之,前者以身殉中国矣,后者慕其典型,追其踵武,则人才方益众多,夫何匮乏之忧乎?"①假如社会上没有自我牺牲的崇高道德风尚,放弃对社会、对国家民族应尽的义务,就不会有人才辈出的局面,革命也不会取得胜利。

章太炎还对革命者提出具体的道德要求,即"重然诺、轻生死"的人生价值观。他说:"道德者,不必甚深言之,但使确固坚厉,重然诺,轻生死,则可矣。"他所说的"重然诺"就是要求革命党人必须言行一致,不能光唱革命高调,而无革命的实际行动;"轻生死",就是希望革命者为了实现自己的理想,将生死置之度外,亦即能够破除个人的"功名利禄"和"妻子儿女"私念,"不执一己为我","一切以利益众生为念"。② 为了实现"重然诺、轻生死"的道德观,章太炎还提出革命者所必须具备的四种优良品德:知耻、重厚、耿介、必信。他认为,"举此四者","若能则而行之,率履不越,则所谓确固坚厉,重然诺,轻生死者,于是乎任"。③

为了完成革命任务,实现革命的目标,章太炎十分注重革命者的意志和修养。究竟怎样才能培养革命者的坚定性和不畏艰难困苦、不怕流血牺牲的高尚道德品质呢? 他认为最好的办法有两种:"第一,用宗教发起信心,增进国民之道德;第二,用国粹激动种性,增进爱国的热肠。"④章太炎指出,中国传统孔教叫人生利禄之心,不可以利用;基督教崇拜上帝,更不能用。只有佛教在中国最能也最适用于增进国民之道德。他认为,当今之世,"非说天生,则不能去畏死心;非破我所有,则不能去拜金心;非谈平等,则不能去奴隶心;非示众生皆佛,则不能去退屈心"。⑤ 由此可见,章太炎利用佛教崇尚人们心力、意志的作用,

---

① 《革命之道德》,《民报》第 8 号,1906 年 10 月 8 日。
② 同上。
③ 同上。
④ 《演说录》,《民报》第 6 号。
⑤ 《建立宗教论》,《民报》第 9 号。

并加以改造,赋予其新的含义:要求有强烈的革命意志,克服畏死心、拜金心、奴隶心、退屈心,乃至怯懦心、浮心、猥贱心、诈伪心等等,树立艰苦卓绝、勇猛无畏、置个人生死于度外的牺牲精神。因而这已不是佛教本来的含义。

第三节　佛学

在中国近代,出现了佛学复兴的局面。佛学在中国近代复兴的原因之一,就是进步思想家把佛学作为斗争的一种思想武器。鸦片战争后,出现了严重的民族危机,“中国向何处去”的时代课题摆在了人们面前。然而,面对数千年来未有之强敌的坚船利炮,不仅“夷夏之防”的古训失灵,而且传统经学的义理和思维方法也不能救中国。在这种情况下,具有深沉忧患意识、以天下为己任的知识分子,一方面如饥似渴地向西方学习;另一方面从中国传统文化中寻求精神力量。佛学中的“济人救世”“自尊”“威力”“勇猛”“大无畏”“无我”等思想被知识界引为同调,一拍即合。于是,研究和推崇佛学成为知识界的一种风尚,顿成一股社会潮流。从魏源、康有为、谭嗣同、梁启超直到章太炎,无一不是佛学的宣传者与信奉者。但是,由于家庭背景不同,个人经历各异,学术道路有别,因而他们的佛学思想不尽相同,具有各自的特点。现就几位有代表性人物的佛学思想进行分析探讨。

一、杨文会的佛学思想

杨文会是既通佛学又通西学的人物。同治二年(1863 年),他在病后读《大乘起信论》,“不觉卷之不能释”,从此一心学佛,遍求佛经,认真阅读。他约好友十余人,募捐集资,于同治五年(1866 年)在南京创立金陵刻经处,从事刻经事业。光绪四年(1878 年)杨文会随曾纪泽出使英法,这期间除学习了西学知识外,并在伦敦结识了日本著名佛教学者南条文雄。后来,他与南条文雄书信往来,畅谈佛学,从而得知日本流传中国的佛书甚多,因而托其"广求中国失传古本"。并陆续由日本寻回中国久佚的隋唐古籍,其中有许多是唯识论书,如《唯识述记》《因明论疏》等,总计三百余种。有些属于寺庙中"尊藏之本,不能购买"者,还托当时在日本的苏少坡"抄稿寄回"。他从这些佛书中,挑选出一部分刊行,编入《大藏辑要目录》。

杨文会的佛学思想,据他给日本南条文雄的信中讲:"大乘之机,启自马鸣;净土之缘,因于莲池;学华严则遵方山,参祖印则景仰高峰。他如明之憨山,亦素所钦佩。"①但他有时却强调要"专心研究因明唯识二部,期于彻底通达,为学佛之楷模"。认为只有弄通了唯识思想,才能使人"不致颠顶优侗,走入外道而不自觉",并把它视为"振兴佛法之要门"。② 因此,他在重兴法相唯识之学,开一代佛学义理研究之风方面,有其不可磨灭的贡献。

唯识宗的基本思想是"唯识无境",即主张"外境非有,内识非无"。杨文会继承了这一思想,并有所发展。他说:"现前山河大地,尽属假有,无非唯心所现。"又说:"大地山河,目前万物,唯识所现,了无实体。"在他看来,"大而天地日月,小而纤芥微尘,无一不是唯心变现。倘离心之外,实有山河大地,则尽法界众生,永无出生死之日"。③ 他把宇宙的一切,看成是心所变现,没有自己的实体。他进一步阐明这一思想,不仅日月山河大地,包括自身,都是"识""心"所变现:"阿赖耶识变成根身器界,山河大地皆是心变,何况自身?"④他不仅认为现实世界的一切都是"唯心所现",而且佛教所追求的理想世界(西天、极乐世界)也是"唯心所现":"婆娑(现实世界)既唯心所现,极乐(净土世界)岂外乎唯心?"⑤

杨文会作为中国近代佛教史上一位开拓佛学研究的著名人物,占有重要地位。

---

① 《与日本南条文雄书二》。
② 《与桂伯华书》。
③ 《与释幻人书一、二》。
④ 《答释德高质疑十八问》。
⑤ 《西方极乐世界依正庄严圆图跋》。

二、谭嗣同的佛学思想

《仁学》是谭嗣同的代表作,内容十分庞杂。其思想来源是多方面的,既有中国传统文化,其中包括儒学尤其是古代大同理想和佛学以及中国哲学史,又有西方的自然科学和基督教。光绪二十一年(1895 年),强学会被封禁以后,维新变法运动遭受挫折,暂时进入低潮。光绪二十二年(1896 年),谭嗣同带着一种"悲凉"的心情开始了"北游访学",同时也抱着"虚心受教"的宏愿去见更大的世面,寻找救国救民的真理。在此期间,不仅见到康有为、梁启超等维新派领袖人物和著名的西方传教士,而且在北京还结识了吴雁舟、吴小村父子和夏穗卿等一批提倡佛学的人(这些人也都是具有维新思想的人,后来到南京又结识了杨文会)。他称吴雁舟"为余学佛第一导师",杨文会"为第二导师"。[①] "北游访学"以后,谭嗣同在政治上参加了维新变法运动,在思想上则"沉醉于宗教"。[②] 当时以佛解释孔、孟等,[③]以佛释儒,对谭嗣同有直接影响。谈西学则取证佛经成为思想界的一股潮流,[④]并成为维新思潮的一个特色。软弱的资产阶级维新派由于政治上害怕人民群众,感到自身力量缺乏;他们学来一些自然科学片断又上升不到唯物主义的高度。因此,深感缺乏理论武器,只好乞灵于宗教,尤其崇拜佛学,企图借宗教的力量来鼓舞自己的斗志。佛学成为《仁学》的主要思想来源并占据支配地位,绝非偶然。

谭嗣同皈依佛教"三界惟心,万法惟识"。[⑤] 他认为,无始无终、不生不灭的"以太"并不是存在于人们意识之外的物质实体,而是"唯识之相分"。[⑥] 所谓"相分",按照佛教唯识宗的说法,就是"似所缘相,说名相

---

① 《金陵听法诗注》,《湖南历史资料》1960 年第 1 期。
② 梁启超:《诗话》,《饮冰室文集》之四十五(上)。
③ 杨文会著有《论语发隐》《孟子发隐》。
④ 皮锡瑞《师伏堂未刊日记》光绪二十三年十一月十六日,《湖南历史资料》1958 年第 4 期。
⑤ 《仁学》,第 80 页。
⑥ 同上,第 42 页。

分"。① 唯识宗认为,客观世界是根本不存在的,人们所感觉到的"境"(外界、对象)是不真实的,只不过是人们的主观意识(心)所变现出来的一"相分"。"相分"就是从属于"心"的可以被认识的形相。谭嗣同把以太说成唯识宗的"相分",这就否定了以太是作为物质概念而客观存在的,从而把世界的统一性归于人们的识(心)。

谭嗣同还公开宣扬灵魂不灭和轮回因果报应之说:"今使灵魂之说明,虽至暗者犹知死后有莫大之事及无穷之苦乐,必不于生前之暂苦暂乐而生贪着厌离之想;知天堂地狱,森列于心目,必不敢欺饰放纵,将日迁善以自兢惕。"他还以"道力不足任世之险阻",引述孟子所谓"知命者,不立乎岩墙之下",向人们鼓吹孔、孟的"修身俟命之学"。②

谭嗣同从"三界惟心,万法惟识"的主观唯心主义出发,否认物质世界存在的真实性,也否认人的感觉的真实性。他认为,人的感官(眼、耳、鼻、舌、身)是"不足恃"的,因为它们所接触到的仅仅是色、声、香、味、触五者而已。他说:"以法界虚空界、众生界之无量无边,其间所有,必不止五也明矣。仅凭我所有之五,以妄度无量无边,而臆断其有无,奚可哉!"③在此,他以世界的无限性和人的感觉能力的有限性来否认世界存在的真实性。谭嗣同虽然承认世界是运动变化的,但认为世界是虚幻的、不断消逝着的,人的感官感觉到的外物都是靠不住的。他以光速和音速传播之迅捷为例,说明人们永远见不到真实的形象,听不到真实的声音,甚至说"悬虱久视,大如车轮;床下蚁动,有如牛斗",④企图借此证明人的感觉是虚幻的,因而世界也是虚幻的。

由于谭嗣同否认认识是客观存在的反映,因此,在名实问题上,他的主观唯心论也暴露得很清楚。他说:"名本无实体","由人创造"。⑤ 也就

---

① 《成唯识论》卷2。
② 《仁学》,第21页。
③ 同上书,第28页。
④ 同上书,第29页。
⑤ 同上书,第11页。

是说,名(事物的名称或概念)不是客观事物的特征和本质在人们头脑中的反映,只不过是人们任意虚构的抽象观念。

"贵知不贵行",崇拜灵魂,轻视实践,是谭嗣同唯心主义认识论的又一重要特点。他认为,"知"属于"灵魂之事",即精神的东西,而"行"则属于"体魄之事",即物质的东西。"行"是有限的,"知"则是无限的,而且"行不能及知",因为"手足之所接,必不及耳目之远;记性之所含,必不及悟性之广";"实事之所丽,必不及空理之精"。因此,他认为要得到"真知",并不依靠直接经验,即"行",而是靠他所谓"思之思之,鬼神通之"那样的"悟性"。① 谭嗣同既然否认了人的感觉能力,否认了人的实践,也就根本不能得到真知。

谭嗣同由于否认人的感觉和思维能力,轻视实践的作用,因而也就必然转向崇拜"心力"(灵魂),无限夸大人的精神作用。他认为,人们所感觉到的客观世界不是真实的,只有产生感觉的"心力"才是真实的,而且"心力最大者,无不可为",②"虽天地之大,可由心成之,毁之,改造之,无不如意"。③ 谭嗣同虽然看到了自然科学的巨大进步,但他并没有把这种进步看作是人类社会实践的结果。恰恰相反,他把科学的进步归结为"心力",从而转到了以唯心主义否定科学的立场上去。他幻想将来科学愈加昌明、社会愈加进步的结果,必须使人们"日趋于灵",出现一种没有体魄、"纯用灵魂"的所谓"灵人"。④ 于是,人类将进到一个脱离了物质的、纯粹的精神世界,即神仙世界。另一方面,谭嗣同作为一个软弱的资产阶级改良主义者,由于害怕人民群众的革命斗争,也就不可能找到改造世界的真正动力。在现实世界的矛盾中,尤其在帝国主义侵略和封建主义压迫面前,感到"无术以救之",只有向内求助于"心力"。他说:"缘劫既由心造,自可以心解之。"从而引出了"以心挽劫"的结论。他把中国

---

① 《仁学》,第 77、70 页。
② 同上书,第 66 页。
③ 《北游访学记》,《谭嗣同全集》,第 319 页。
④ 《仁学》,第 75 页。

社会的落后与痛苦解释为由于人们"心源不洁",企图凭借"心力",实际上就是企图凭借资产阶级维新派的主观愿望来摆脱现实的矛盾,改变中国社会的面貌。他所理想的"大同"世界就是一个没有矛盾、没有斗争的虚幻世界。这样,谭嗣同就从他的"心力"说通向了神学。

谭嗣同陷入主观唯心主义,是与他宣扬所谓"一多相容""三世一时"的相对主义分不开的。"一多相容"和"三世一时",是佛教华严宗的唯心主义理论。华严宗认为,"一"和"多"即一般和个别是没有差别的,"一即多,多即一"①;三世(亦称"三际"),即过去、现在、未来"相由成立,融通无碍,同为一念",②都不过是人们的主观精神。华严宗企图通过这种相对主义诡辩论来否认时间和空间是物质存在的形式,抹煞客观事物的矛盾,宣扬佛教僧侣主义。谭嗣同在佛学唯心主义影响下,把"一多相容""三世一时"奉为"天地万物自然而固然之真理"。③ 从而使自己陷入了主观主义和怀疑论。他认为,"念念生灭"的世界是不可知的,譬如,眼睛是看颜色的,等到颜色进入眼里的时候,颜色就已经消逝了;耳朵是听声音的,等到声音传到耳朵里的时候,声音已经消逝了。他因此而怀疑一切事物的真实存在。并且在他看来,甚至连真和假的界限也是没有的:"何幻非真? 何真非幻?"假的就是真的,真的也是假的,一切是非的客观标准都没有了。最后,他认为"一多相容"和"三世一时"本身都是"无可知"的。谭嗣同认定真实的物质世界是不存在的,人们只能追求这样一个理想的天国:"佛外无众生,众生外无佛;虽真性不动,依然随处现身;虽流转世间,依然满布法界。往而未尝生,生而未尝往。一身无量,一心无量。一切入一,一入一切。"④于是,谭嗣同就从绝对怀疑论和不可知论最终通向了僧侣主义。

---

① 《华严一乘教义分齐章》卷4。
② 《大方广佛华严经金狮子章》。
③ 《仁学》,第27页。
④ 同上书,第28、80页。

三、梁启超的佛学思想

梁启超与佛学有不解之缘。早在戊戌变法前后，他就鼓吹、宣传佛学，企图以此作为维新派从事政治变革的思想武器。到了晚年，由于政治上失意，精神上苦闷，他又从佛学中寻找精神寄托，对佛学的笃信到了痴迷的程度。

戊戌变法时期，梁启超大力宣传佛学；戊戌变法失败后尤其是晚年，他从理论上对佛学进行研究，形成了自己系统的观点和方法。他先后写了《印度佛教概观》《说无我》《佛教教理在中国之发展》《说四阿含》《说"六足"、"发智"》《说大毗婆沙》《读修行道地经》等一系列佛学著作。梁启超对佛教推崇备至，认为"佛教是建设在极严密、极忠实的认识论之上，用巧妙的分析法解剖宇宙和人生成立之要素及其活动方式，更进而评判其价值，因以求得最大之自由解放而达人生最高之目的者也"。① 他的佛学思想主要有以下几个方面。

（一）从认识论出发的因缘观

梁启超认为佛教的"因缘"即世界万事万物互相依存的关联。他提出"有此则有彼，此生则彼生，此灭则彼灭"的命题。也就是说，宇宙间不存在绝对的事物，都具有相对性，既有同时依存的关系，又有异时依存的关系，从而构成各种"因缘"。具体而言，按人从生到死历程，共有十二缘：无明（无意识的本能活动）、行（意志之活动）、识（能认识之主观要素）、名色（所认识之客观要素）、六入（感觉的认识机关，即眼耳鼻舌身意）、触（感觉）、受（爱憎的感情）、爱（欲望）、取（执著）、有（世界及各个体之物理的存在）、生（各个体之生存）、老死（各个体之死亡）。梁启超认为，这十二缘"为佛教一切原理所从出"，"佛以为一个人的生命，并非由天所赋予，亦非无故而突然发生，都是由自己的意志力创造出来的。现在的生命，乃由过去的'无明'与'行'所构成。当生命存在期间，'识''名

---

① 《饮冰室专集》第五十九。

色''六入''触''受''爱''取''有'刹那刹那,辗转相缘,增长'无明'的业力,又造出来的生命,于是乎继续有'生'、有'老死'"。① 梁启超在此说"佛以为一个人的生命,并非天所赋予",看来他是反对上帝造人说的客观唯心主义的。但是又认为一个人的生命"都是由自己的意志力创造出来的",陷入了主观唯心主义,关于生命的延续亦是如此。

(二)业与轮回

关于业与轮回,梁启超作了这样的解释:"'世'梵名 Karma,音译为'羯磨'。用现在的话来解释,大约是各人凭自己的意志力不断地活动,活动的反应的结果,造成自己的性格,这性格又成为将来活动的根底支配自己的命运。从支配命运那一点说,名曰业果或业报","业果业报决非以一期的生命之死亡而终了。死亡不过这'色身'——物质所构成的身体循物理的法则由聚而散。生命并不是纯物质的,所以各人所造业,并不因物质的身体之死亡而消灭。死亡之后,业的力会自己驱引自己换一个别的方向、别的形式,又形成了一个新生命。这种转换状态名曰'轮回'。懂得轮回的道理,便可以证明'业力不灭'的原则。"他又进一步解释说:"依佛的意思,人生时时刻刻都在轮回中,不过有急性,有慢性。慢性的叫做'生灭',或叫做'变',急性的叫做'轮回'。你看,我们肉体天天变化,我身上骨血肉,不到一个礼拜就已经变成了街上的泥粪土。何止生理上如此,心理上的活动,还不是时时刻刻变迁,现在站在讲堂上的梁启超和五十年前抱在他母亲怀里的梁启超到底是一个人还是两个人,也很可以发生疑问。这种循环生灭之相,我们便叫它做轮回也可以。不过变异得甚微而且甚慢,我们不觉得不惊异。这种循环生灭,常人以为到死便全部停息。依佛的观察则不然。只要业力存在,生灭依然相续,不过经一个时期,划一段落,到那时忽然现一种突变状态。这种突变状态,给它一个特别名词叫做轮回。"②

---

① 《饮冰室专集》第五十四。
② 《饮冰室专集》第五十四。

"业"，按照佛经解释为造作之义。"业力"为：善业有生乐果之力用，恶业有生恶果之力用。"业果"为：业为善业恶业，果为其所感，人天鬼畜等之果报也。"业报"为：应于善恶业因之苦乐果报。实际上就是善有善报，恶有恶报。梁启超只讲业果或业报支配自己的命运，至于什么命运他未讲，只讲轮回时业力仍在起作用。他把生人的轮回解释为人的身体与精神在不断新陈代谢，是科学的。但他按佛经本义解释人死后"业力"依然存在，生灭相续，出现"轮回"，则是唯心主义的。

（三）无常与无我

"无常"在佛经是指：世间一切之法，生灭迁流，刹那不住，谓之无常。无常有二：一刹那无常，谓刹那有生住异灭之变化也；二相续无常，谓一期相续之上有生住异灭四相也。也就是说，世界一切事物时时刻刻都在不停地运动变化之中，永无常态。而且这种运动变化是分阶段的，每个阶段运动变化的特点与规律又是不同的。"无我"按照梁启超的解释，包括两个方面：其一，生命是物质和精神两个方面要素在特定时期的因缘和合。人的生命也是如此。其中物质的构成是多种多样的，精神的分布也是变幻莫测的，如果指出哪一部分是我，并不准确。其二，即使讲物质和精神的总和构成的是我，也不科学，因为"我"时刻变化，没有常态。因此，佛典认为所谓"真我"都是虚构的、不存在的，"无我"才是正确的。

（四）解脱的涅槃

"解脱"，佛经谓之"离缚而得自在之义。解惑业之系缚，脱三界之苦果也"，也就是达到没有烦恼、脱离苦海之境地。这种境地只有靠修行即自我修养才能达到。梁启超对此大加赞赏，认为这种修养是积极而有益于人类的。佛经有"二解脱""三解脱""八解脱"之说，梁启超采用《大乘义章十八·俱舍宝疏二十五》关于"二解脱"之解释"心解脱"与"慧解脱"。他认为前者从情意方面获解放，后者从哲理和智慧方面求解放。具体有三个方面：其一，智慧的修养。主要指从哲理上、知识上去理解佛经对人生价值的判断，"一面观察世相，深通因缘和合无常无我之理，不受世俗杂念之所缠绕；一面确认理想界有高纯妙乐之一境，向上寻求"。

其二,意志的修养。分两个层次:一是向"无我"高峰攀登,去掉庸俗的欲望,不要做"我"的奴隶,不要为小事而烦恼;二是为大而高尚的目标奋斗不止,"勇猛""精进""不退转"。其三,感情的修养。就是让世人树立一种同情心,所谓"万法以慈悲为本"。梁启超对佛经作这样的解读,有其积极社会意义。

"涅槃",旧译为"灭度、寂灭、不生、无为、安乐、解脱等",新译为"圆寂"。《大乘义章十八》讲:"外国涅槃,此翻为灭,灭烦恼故,灭生死故,名之为灭;离众相故,大寂静故,名之为灭。""涅槃"是佛教所追求的最高理想,一种最高境界。究竟是一种什么样的境界,佛经讲只有达到那种境界的人才能体会得到。实际上是"佛"的境界。梁启超解释说:"大概是绝对清凉无热恼,绝对安定无破坏,绝对平等无差别,绝对自由无束缚的一种境界。"

四、章太炎的佛学思想

光绪二十九年(1903年),章太炎因"苏报"案而被捕入狱。在狱中,他研读佛学。光绪三十二年(1906年),章太炎出狱任《民报》主编,此间他发表了一系列宣传佛学的文章,企图建立一种符合中国资产阶级利益和要求的"新宗教",作为反对帝国主义和清朝统治的思想武器。他说:"近日办事的方法,全在宗教、国粹两项。"[1]又说:"宗教之高下胜劣,不容先论。要以上不失真,下有益生民之道德,为其准的。"[2]依据章太炎的解释,所谓"不失真",就是把资产阶级的平等观和政治要求加以神秘化,建立一种"新"宗教去"刺激"人们的"爱国心肠",抵御帝国主义的侵略和反对封建主义的统治。

在论证所谓"新"宗教时,章太炎转向了佛教法相唯识宗。他说:"今

---

① 《演说录》,《民报》第6号,1906年。
② 《建立宗教论》,《民报》第9号,1906年。

之立教,惟以自识为宗。识者云何? 真如即是惟识真性,所谓圆成实也。"①他把"识"(精神、观念)看成是唯一真实存在,而物质世界只是"识"变现出来的虚假现象。

宣统二年(1910 年),章太炎进一步论证说:"宇宙本非实有,要待意想安立为有。若众生意想尽归灭绝,谁知有宇宙者?"他认为"意想"(思维、意识)是第一性的,而物质世界是派生的。又说:"即此万物见相有色、有声、有香、有味、有触者,惟是依它起性,属于幻有,故曰无有。"他否认感觉是事物作用于人们的感官的结果,认为感觉是由意识所造成的,是虚幻的,不真实的。②

章太炎也否认时间和空间是物质存在的形式。他把时间观念的发生说成是"心法生灭,相续而已",认为时间是主观意识所构成的前后连续的观念。③ 至于空间,他则认为是主观意识所制造的关于事物的界限。

章太炎由此进而否认因果律和自然规律的客观实在性。他认为,"因果非物,乃原型观念之一端",把因果律说成是由先验的观念制造出来的。他不认为自然规律为客观事物本身所固有,而是只存在于人的主观意识之中。

章太炎在世界本原、时间空间、自然规律等问题上所持的唯心主义观点,导致了极端的个人主义,竟然声称:人"非为世界而生,非为社会而生,非为国家而生,非互为他人而生,故人对于世界、社会、国家与其对于他人,本无责任"。④ 在他看来,自然界和社会的规律都是对于个人"自主"的束缚,只有否认一切事物及其规律,然后才能求得所谓的"自由"。这种认识不仅在理论上是荒谬的,而且在实践上也是有害的。

章太炎所谓"自我意识"实质上是资产阶级、小资产阶级平等观和"个性自由"之类。他把这些片面地膨胀为世界的本原,把一切归结为

①《建立宗教论》,《民报》第 9 号,1906 年。
②《齐物论释》。
③ 同上。
④《四惑论》,《民报》第 22 号,1908 年。

"自我",从而走入否认客观真理、抹煞事非区别的虚无主义歧途。这正反映出 20 世纪初中国资产阶级、小资产阶级革命派理论家的软弱性。他们不了解社会历史发展的客观规律,认识不到广大人民群众的伟大力量,因而找不到科学真理,只能到佛学中去寻找思想武器。这样的思想武器既不能抵御帝国主义的侵略,也不能推翻封建主义的统治。

第十章　经济学

　　本书对晚清经济思想的分期与传统的经济思想史不同,评述也有差异。传统的经济思想史分期往往受政治史的影响。其实,经济思想有其本身的规律性。对于某些人物经济思想的评述,以往也常常模式化。例如,鸦片战争时期龚自珍的经济思想,因龚自珍属于经世派即地主阶级改革派,政治思想进步且激进,就先验地认为其经济思想也是进步的而大加称道。洪仁玕的经济思想虽然产生于太平天国农民战争时期,但它并不是农民思想的反映,《资政新篇》是一个发展资本主义的方案。这一方面与洪仁玕个人的特殊经历有关,也与当时中国社会发展的方向和要求相一致。《资政新篇》就其实而言,更接近洋务派,即在不改变政治体制的前提下汲取西方的物质文明。

第一节　鸦片战争时期的经济思想

一、魏源的经济思想

　　魏源是鸦片战争时期地主阶级改革派经济思想的最主要代表人物。

　　在"本"与"末"的关系上,魏源对传统的"重本抑末"论作了修正,提出了"缓本急标"的理论。他说:"语金生粟死之训,重本抑末之谊,则食先于货;语今日缓本急标之法,则货又先于食。"①也就是说,从一般意义而言,"本"比"末"重要,"食"居"货"先;而从当前形势需要来看,"标"(末)比"本"更急迫,"货"应放在优先地位考虑。这一新论点为魏源在鸦片战后更重视工商业和商品货币问题提供了理论依据,以至提出传统经济思想不曾涉及的建立新式机器工业的问题。魏源虽然尚未从根本上否定传统的"重本抑末"论,但初步打开了一个缺口,为后来的思想家彻底抛弃"重本抑末"论提供了思想资料。

在"利国"与"利民"的关系上,魏源鲜明地提出"利国"必先"利民","益上"必先"益下"。他说:"专主于便民者,民便而国亦利;专主于利国者,民不便,而利归中饱,国乃愈贫。"②魏源"便民"的出发点在"富民",尤其是"有田之富民"的利益。为此,他极力论证富民对社会的重要性。他说:"富民一方之元气,公家有大征发、大徒役皆倚赖焉;大兵燹、大饥馑,皆仰给焉。"③魏源反对向富人征收重赋。他说:"善赋民者,譬植柳乎!薪其枝叶,而培其本根;不善赋民者,譬则剪韭乎! 日剪一畦,不尽不止。"④正是统治者这种剪韭式的赋税,破坏了富民的财产,从而破坏了国家本身的基础:"彼贪人为政也,专朘富民;富民渐罄,复朘中户;中户复然,遂致邑井成废。"⑤

二、包世臣的经济思想

"本末皆富"是包世臣的一个基本经济观点。他认为封建国家不应再实行"重本抑末"政策,而应把"本末皆富"作为"千古治法之宗"与"子孙万世之计"。⑥ 这一观点是包世臣各种经济改革主张的出发点。

在漕运问题上,包世臣主张改河运为海运,改官运为商运。他的这

①《军储篇一》,《圣武记》卷14,第31页。
②《元史新编》卷88,《食货志盐法》。
③《治篇十四》,《古微堂内集》卷3,第43页。
④ 同上。
⑤ 同上。
⑥《庚辰杂著二》,《安吴四种》卷26,第1页。

种思想早于魏源。嘉庆七年（1802 年），包世臣进行了调查：当时上海有沙船三千五六百只，每只载货五六百担至三千担不等，每只船造价银五六千两。有的商人有船五六十只。他们把北方的大豆、小麦南运，北来时载茶、布，价格不一致，但经常放空。包世臣认为，以北来放空之船运漕粮对国家、商人都有利。他是把船商利益、政府支出、农民负担三者进行综合考虑的。但值得注意的是，他在此提出依靠一般商人的经营活动来代替封建官府漕运机构的主张。

包世臣的盐政改革计划，在更大程度上体现了他重视私人商业活动的思想。当时清朝的盐政沿袭了明朝的纲盐制度，即由封建国家给予特许的商人（官商）以收购和运销食盐的垄断权力，把一定产区的食盐分为若干纲，分给某些商人经营，称为"纲商"。封建国家又委派很多盐官征收盐税和管盐政。在全国形成许多官商勾结的封建割据性盐业集团。由于食盐购销中的指派、报效和其他各种弊端，盐价不断上涨，于是私盐大肆泛滥，国家收入减少，人民负担加重。包世臣提出裁撤大小官垣，不设商垣，普通商人领票号，自由运销。他的这种主张与魏源一致，但比魏源早二十年。

三、谢阶树的经济思想

谢阶树是当时保守派的思想代表。他极力宣扬"世可变，道不可变"的观点。[1]　谢阶树关于变法的观点，是其经济思想的主要理论基础。他的经济思想的实质是：维护当时社会中一切适合地主阶级利益的制度或关系，企图竭力压抑和"纠正"一切对封建主义生产方式有破坏作用的因素。谢阶树的经济思想，主要由三方面内容构成："保富"论、"抑末"论、"明宗"论。

谢阶树的"保富"论是为地主阶级利益，尤其是为大地主的土地兼并作辩护的理论。他把"保富"宣布为封建国家的基本政策，认定"富者，生

---

[1]《论世》，《约书》卷 6，第 8 页。

人之大命也;保富者,先王之大政也"。为何"保富"为"先王之大政"呢? 其根据是:富人"养活"穷人。他说:"富民者,所以助君相养贫民者也", "富甲一县者,则一县食之;富甲一乡者,则一乡食之;富甲一族者,则一族食之"。①

当时,地主阶级保守派一般都是"重本抑末"论者,但像谢阶树那样煞费苦心为"重本抑末"论寻找种种理由者,实不多见。其理由是:

一曰,"末业"的发展是造成社会普遍贫困的原因。他站在大地主的立场上,竭力为地主阶级的残酷压榨剥削,尤其是大地主的土地兼并和封建政权的横征暴敛开脱罪责,而把广大群众的贫困破产的原因完全归到商业资本上。他说:"今天下贫三而富一:君贫,臣贫,民贫,是三贫也;而富一,则商贾而已。"②

二曰,"末富"是剥削别人的,"与人争利",而"本业"即封建农业是"与地争利",是不剥削别人的,并造成"利均"即共同利益。他说:"与地争利曰本富,其利均;与人争利曰末富,其利偏。偏财争,争则困,困争穷。夫本富则农是已,末富则商贾是已。农者自安作息,终岁勤劬,人皆贱其业而不恤;奸商黠贾操其奇赢之数不劳四体而利擅王侯,显荣逸乐终身,人皆慕效之,皆背本而趋末也。凡物,出于地者无穷,出于人者有制。"③

三曰,"民以食为天",所以"本业"比"末业"重要:"食出于农,衣出于工,财货出于商。无财货则贫,无衣则寒,无食则死。三者食为急,故农尤重。"④

四曰,"本富"比"末富"更牢固可靠,也更能维持久远。他说:"凡致富之道,本与末异;本富劳,末富逸;本富迟,末富速;本富难,末富易。凡人之情,未有不好逸而恶劳,喜速而嫌迟,避难而就易者。故天下之背本逐末者多,亦其情也。敦本业者,虽无兼人之富,而亦得以长其业以食子

---

① 《保富》,《约书》卷8,第5页。
② 《理财》,《约书》卷9,第2页。
③ 《保富》,《约书》卷8,第5页。
④ 同上,第6页。

孙;末富则虽兼擅天下之利而犹不厌,聚散之数不能相准,故世有十世之农而无三世之贾者,本富久,末富暂也。"[1]

谢阶树的"明宗"论就是重申严格的封建宗法制度,其目的是对付当时严重的流民问题。他深感当时社会上大量流民的存在对封建统治秩序的严重威胁,同时又看到商品货币经济的发展、商业资本作用的增长对封建制度的侵蚀破坏作用,忧心忡忡,企图寻找一种长治久安之策。"明宗"论的主要内容是把封建国家的政治强制作用与封建宗法制度的束缚作用结合起来:首先用政府法令禁止人民迁移出所居住的乡村,然后用宗法关系将其严密控制起来。禁止迁徙的办法是:"凡寄民田宅契约,满百年始得占籍,寄籍五世始得与有司试;凡寄民虽已占籍,必别其籍,著其所自徙,有司以时稽核。凡商民,父母在,一岁不归者服不养之刑;父母没,五岁不祭者,服忘本之刑;妻子在,三岁不归者,服不慈之刑。若有故,则以告于有司;假一岁,犹不归,则夺其产。凡寄民之无归者别编为籍,有故而去亦必告于有司:归必告,娶必告,死必告,出入必告,有司亦以时稽核。如此,则民重去其乡,虽去,归必速,而族可合矣。"[2]以宗法关系加强束缚、控制的办法是:"合族之法,先修族谱,序次昭穆以示子姓兄弟,则尊卑定;尊卑定则礼让行;礼让行则廉耻立。""若以时日祠祭某祖、某考,则必论说某祖、某考之先德以训示其子弟,子弟立而敬听之,退则率而行之,若不率者挞之,不勤者督之,无业无行者不得入于祖庙。游于外,必知其方,五年不返则除名,有故则假之时日,及期不返,虽归不录","子弟不考除名,不弟(悌)除名,非所宜者除名,去不知所往除名。贫不能娶者,族为之娶,不能葬者族为之葬,穷而无告者族食之,少者须其长,老者须其死然后已。凡族,必敛财以置族田,若族有周恤之事,则取给焉。如是,则民未治于官,先治于家矣,而天下无不可治之民矣。"[3]

---

[1]《保富》,《约书》卷8,第6页。
[2]《明宗》,《约书》卷9,第21—22页。
[3] 同上。

四、王鎏的经济思想

王鎏的经济思想集中在货币问题上。其中心内容是鼓吹无限制地发行不兑换纸币，并把这说成是解决一切财政、经济问题的万应灵丹，是既"利国"又"利民"的绝好办法。他说："今钞法欲造百万，即百万，欲造千万，即千万，其富国固不待言"，"国家既富，则必有善政之施，而钱粮关税皆可以减，而谋生之途亦日宽矣"。[1] 又说："国用既足，则官加俸，吏增禄，田赋可减，关税可轻，鳏寡孤独皆养之，由是兴水利，垦荒田，积义仓，修学校，将使天下无一夫之不获，岂止利国已哉？"[2]

王鎏"造百万即百万，造千万即千万"的观点，是针对"钞虚银实"的观点提出的。王鎏根本否认货币本身具有内在的价值，且根本抹煞金属币和纸币的区别。他诡辩说："至谓钞虚而银实，则甚不然。言乎银有形质，则钞亦有形质；言乎其饥不可食，寒不可衣，则银钞皆同。"[3]王鎏在此把"实""虚"解释为是否有形质，是否可食可衣，实际上是采用一种混淆价值和使用价值的手法，利用货币不具有某些特定的使用价值（可食、可衣）来"证明"货币本身没有价值。

既然他断言货币没有内在价值，那么，货币的价值又从何而来呢？王鎏认为是国家的权势所创造出来的。他说："行钞之利，取之天地者也，故利无穷而君操其权。"[4]既然国家能创造货币的价值，那就可以滥发纸币而不必加以任何限制了。但他又顾虑到广大人民对于滥发纸币深恶痛绝，有时把自己的真实意图隐藏起来，诡称自己也是主张限制纸币发行数量的。他说："钞虽取之不尽，而国家制钞，但求足用而止，自可为之限量。"[5]然而，究竟达到什么样的"限量"才能"足用"呢？对此，王鎏有

①《拟富国富民第一策》，《钱币刍言续刻》，第1页。
②《钞币问答三十》，《钞币刍言》，第51页。
③《与包慎伯明府论钞币书》，《钱币刍言续刻》，第14页。
④《钱钞议九》，《钞币刍言》，第12页。
⑤《与包慎伯明府论钞币书》，《钱币刍言续刻》，第16页。

几种不同而且相互矛盾的说法。有时说发钞数量要达到足以"易天下百姓家之银而止"①，有时说"以天下论，银之行用本虑其少，则以银易钞，适如其数，虽倍加之，尚未至于多而轻也"。② 这一说法比前一种说法一下增加了一倍。有时干脆直接用足"国用"作为"足用"的内容。他说："若论国用，则当如《王制》以三十年之通制国用，使国家常有三十年之蓄可也。"③这一说法才真正暴露出王鎏所谓"足用"的真正含义，即清政府搜括民财的无尽欲壑。

五、许楣的经济思想

许楣的经济思想也主要集中在货币问题上。他与王鎏针锋相对，对王鎏的货币观点进行详尽而全面的驳斥。

许楣认为货币本身必须是有价值的商品。金、银、铜等能作为货币，并不在于它们的形制或其他，而是由于它们本身具有价值。他说："白纹、元丝、洋钱不同，而同归于银。"④又说："有物于此，值银一两，有银杯于此，其重一两，因以杯市。推而至于十两、百两皆然。"⑤

能不能"以纸代钱"，是许楣与王鎏争论的焦点。他说："钞以代钱之用，此著书者（王鎏）之症结。"⑥为什么不能"以纸代钱"呢？许楣认为："夫天生五金，各有定品，银且不可以代金，而谓纸可以代钱乎？弗思耳矣。"⑦又说："夫纸与银，其贵贱之相去也远矣。人之爱银与其爱纸，其相去也又远矣。千万之纸而易一星之银，则笑而不语，千万之银而易以一束之纸，则欣然与之，岂其明于爱纸而昧于爱银耶？不知爱银之甚于爱纸，而欲以其所甚贱，易其所甚贵，且欲以其贱而少者，易其贵而多者，乃

①《与包慎伯明府论钞币书》，《钱币刍言续刻》，第16页。
②《钞币问答三十》，《钞币刍言》，第51页。
③《与包慎伯明府论钞币书》，《钱币刍言续刻》，第16页。
④《钞利条论十四》，《钞币论》，第19页。
⑤《行钞条论九》，《钞币论》，第31页。
⑥《造钞条论一》，《钞币论》，第21页。
⑦ 同上。

曰：如是则天下皆争以银来易银钞，於乎！吾不知其何以来易也。"①在他看来，货币与货币交换，货币与商品交换，甚至货币与纸币交换，都应像商品与商品交换一样，必须以其实体价值为根据。

许楣还批判了王鎏关于国家权力决定货币价值的名目主义观点。他说："造百万即百万，造千万即千万，虽尽蠲天下之赋可矣，如不能何！"②王鎏否认滥发纸币会引起物价腾贵，并狡辩说，物价腾贵只是因为一般商品自身贵了，与纸币无关。许楣驳斥说："谓行钞而物价腾涌，此论者不善立说之过。夫以万贯老钞易一饼，非饼之贵，乃老钞之贱耳。董石之乱，则诚米贵而非钱与金之贱也。"③

对于王鎏关于"造钞约已足天下之用，则当停止"的虚伪说法，许楣一针见血地批驳道："宋、金、元之钞，未尝不欲足用而止也，而卒至增造无艺者，能足天下之用，而不能足国家之用故也。""势不得不于常赋之外，诛求于民，而行钞之世，则诛求之外，惟以增钞为事，然不增则国用不足，增之则天下之钞，因已足用，而多出则钞轻，而国用仍不足。宋、金、元之末流，弊皆坐此。"④许楣在此指出这样一种恶性循环：国家为财政目的而滥发纸币造成货币迅速贬值，使国家财政收入更感不足，从而更加滥发纸币。

第二节　太平天国时期的经济思想

一、洪仁玕的经济思想

洪仁玕的经济思想集中体现在其代表作《资政新篇》中。"因时制宜，审势而行"是其改革的总的指导思想。

在经济改革方面，洪仁玕十分重视西方国家的先进生产技术和科

---

① 《通论一》，《钞币论》，第1—2页。
② 《钞币论》，第16页。
③ 《杂论三》，《钞币论》，第39页。
④ 《造钞条论七》，《钞币论》，第24—25页。

学文化，对西方国家的生产、运输机械和科学仪器，赞赏有加，称之为真正的宝物："中地素以骄奢之习为宝，或诗画美艳，金玉精奇，非一无可取，第是宝之下者也。夫所谓上宝者，以天父上帝、天兄基督、圣神爷之风三位一体为宝"，"中者以有用之物为宝，如火船、火车、钟表、电火表、寒暑表、风雨表、日晷表、千里镜、量天尺、连环枪、天球、地球等物，皆有夺造化之巧，足以广闻见之精，此正正堂堂之技，非妇儿掩饰（饰）之文，永古可行者也"。

为了能够自行生产这些宝物，洪仁玕提出了建立和发展新式工、矿、交通事业以及其他经济事业的主张。在这一方案中，他主张建立制造"精奇利便"的"器皿技艺"的新式工业；主张"兴宝藏，即开发金、银、铜、铁、锡、琥珀、美石等矿藏"；主张"兴车马之利"，"兴舟楫之利"，制造"利便轻捷"的火车、轮船，修筑省、郡、县、市镇的公路，建立邮政，设邮亭、书信馆；主张建立水利工程，"凡水患河路有害于民者，准者申请，大者发库助支，小者民自捐助"。他还主张开办银行，建立保险公司，以利"商贾士民"。

洪仁玕不仅提出广泛建立和发展这些新式生产、流通等事业，而且十分明确提出兴办这些事业必须采用西方资本主义经营方式，变革旧的生产关系。

第一，他主张依靠"富民"的经济力量来实现他所提出的建立和发展生产、流通事业的方案，如"兴银行"，他提出"倘有百万家财者，先将家资契式禀报入库，然后准颁一百五十万银纸（银行券）"，"或三四富民共请立，均无不可也"。在"兴邮亭"项下，除"邮亭由国而立外"，余如书信馆、新闻馆等，"准富民纳饷禀明而设"。他如建立工厂、修筑铁路、制造轮船、开矿等，也主张由"富民投资"。

第二，洪仁玕明确主张在兴办这些生产、流通事业时，应采用资本主义的雇佣劳动。如提出应效法西方国家，兴办新式工矿业"准富人请人雇工，不得买奴"。为保证"富民"得到所需的劳动力，他主张通过教育和行政强制手段，使"惰民"都有一定职业，即迫使他们接受资本主义劳动纪律。

第三，洪仁玕明确主张采用资本主义的利润制度。如对兴银行的富民,"准每两取息三厘";对兴宝藏的富民,准其取得生产总值十分之二的利润,等等。

第四,洪仁玕主张效法西方国家,对投资兴办新式工商业的富民实行一些鼓励和保护措施。如主张实行西方国家的专利制度,对创造发明火车、轮船及其他工艺产品的,"准其自售,他人仿造,罪而罚之"。"器小者赏五年,大者赏十年,益民多者年数加多,无益之物有责无赏。限满他人仿造。"

二、王茂荫的经济思想

王茂荫的经济思想集中在货币问题上。"以实运虚"是他解释纸币流通的基本观点,也是他的货币改革方案的基本立足点。这一观点,是以"纸虚银实"的说法以及他对纸币的数量及其价值的相互关系的认识为依据的。他从中国历史上发行纸币的经验看出:"钞无定数,则出之不穷似为大利;不知出愈多,值愈贱","种种扰民,皆由此出"[①];"造钞太多,则壅滞而物力必贵"。[②] 他企图通过限制纸币发行数量并且使它保持同银一定联系的办法,来防止纸币贬值。

王茂荫把自己的两个货币改革方案都称作"以实运虚"之法。咸丰元年八月(1851 年 9 月)他的第一个方案中,"以实运虚"的主要内容是"以数实辅一虚",其具体办法是:发行以银两计算的"银钞",面额分十两、五十两二种,最高发行额限定为一千万两,并且采用审慎的办法在若干年内逐渐发行到这一最高限额;银钞发行后,白银并不退出流通,而是以若干倍于银钞的数量和银钞同时流通。这就是王茂荫所说的"以数实辅一虚"。他认为这样就可保证纸币流通而不致贬值。他说:"请仿国初之法,每岁先造钞十万两,计十两者五千张,五十两者一千张,试行一二年,计可流通,则每岁倍之,又得流通,则岁又倍之。极钞之数,以一千万

①《条议钞法折》,《王侍郎奏议》卷 1,第 3 页。
② 同上,第 2 页。

两为限。盖国家岁出入不过数千万两,以数实辅一虚,行之以渐,限之以制,用钞以辅银,而非舍银而从钞,庶无壅滞之弊。"①

咸丰四年(1854 年),王茂荫为制止已经发生的通货膨胀,提出了第二个货币改革方案。这个方案共包括四条建议:1. "拟令钱钞可取钱也",2. "拟令银票并可取银也",3. "拟令各项店铺用钞可以易银也",4. "拟令典铺出入均准搭钞也"。后两条属于商人之间相互往来中钞币的使用问题,前两条则是关于持票人同国家的关系问题,并且是这个方案的关键。

关于第一条,他说:"查市行钱票与钞无异,而商民便用者,以可取钱也。宝钞准交官项,本自贵重,而人总以为无可取钱,用多不便。若于准交官项外,又准取钱,自必更见宝贵。"②王茂荫所谓"取钱",是指持票人向国家兑取现钱。为了保证兑现,他建议在户局每月解部之钱中扣下十万余串,三个月可积三十余万串,作为所发百余万钱钞的兑现准备金。他认为,"此法每年虽似多费数十万之钱,而实可多行百余万之钞"。③

关于第二条,他认为,"现行银票、钞票,均属天下通行,而行远要以银票为宜。欲求行远,必赖通商,欲求通商,必使有银可取"。④"今若于准交之外,再加准兑换一层,则钞益贵重。"⑤

王茂荫所提出的两个关于纸币问题的方案,虽然内容有所不同,但都体现着反对通货膨胀的精神:第一个方案是要通过事先严格限制纸币发行量,以防止纸币贬值;第二个方案则是要通过兑现,刹住继续增发纸币的势头,从而制止已发生的通货膨胀。

---

①《条议钞法折》,《王侍郎奏议》卷 1,第 3 页。
②《再议钞法折》,《王侍郎奏议》卷 6,第 22 页。
③ 同上,第 22 页。
④ 同上,第 23 页。
⑤ 同上,第 23 页。

第三节　洋务运动时期的经济思想

一、李鸿章的经济思想

"必先富而后能强"是李鸿章经济思想的核心，也是其兴办民用企业的总的指导思想。

李鸿章对机器生产十分赞赏。早在筹办军事工业之初，他就开始认识到，"洋机器于耕织、印刷、陶埴诸器，皆能制造，有裨民生日用，原不专为军火而设。妙在借水火之力以省人物之劳费"，并且预言"数十年后，中国富商大贾必有仿造洋机器制作以求利益者"。① 随着军事工业的开办和经营，原料、经费等困难日益严重，交通、通讯等也日感不便，这使李鸿章越来越深刻认识到，军事工业需要完整的近代工交体系，需要雄厚的经济基础，从而产生了推广机器生产的要求，产生了大力发展工商业的思想。他说："船炮机器之用，非铁不成，非煤不济。"②"欲自强必先裕饷，欲浚饷源莫如振兴商务。"③"古今国势，必先富而后能强，尤必富在民生，而国本乃可益固。"④"惟中国积弱由于患贫。西洋方千里数百里之国，岁入财赋动以数万万计，无非取资于煤铁五金之矿，铁路电信局丁口等税。酌度时事，若不早图变计，择其至要者逐渐仿行，以贫交富，未有不终受其敝者。"⑤

然而，在半殖民地的中国，求富便不能不和外国侵略者"争利"。当时，中国沿海与长江的航运几乎全被外轮公司霸占，以纱、布为大宗的洋货正以日益增长的势头涌入内地，外国资本家还贪婪地觊觎着中国开采煤铁矿产、经营铁路电报、兴办纺织等工业的利权。主权不保，利源外

---

① 《置办外国铁厂机器折》，《李文忠公全集》，奏稿 9。
② 《筹议制造轮船未可裁撤折》，《李文忠公全集》，奏稿 19。
③ 《议复陈启照条陈折》，《李文忠公全集》，奏稿 19。
④ 《试办织布局折》，《李文忠公全集》，奏稿 43。
⑤ 《复丁稚璜宫保》，《李文忠公全集》，朋僚函稿 16。

泄,是中国日益穷蹙的根源。李鸿章对此有清醒的认识。在创办轮船招商局时,他就明确指出:"此举为收回中国利权起见",[①]"庶使我内江外海之利不致为洋人占尽",[②]"为中国数千百年国体、商情、财源、兵势开拓地步"。[③] 经过与外国轮船公司长期"跌价相争",终于站稳了脚跟,打破了外轮独占中国航运的局面。轮船招商局曾开辟外洋航线。李鸿章还支持创设赴英贸易的轮船公司,虽因外国竞争和刁难而未获成效,但李鸿章这种"自扩利源,劝令华商出洋贸易,庶土货可畅销,洋商可少至,而中国权利可逐渐收回",[④]"俾补洋损一分之利,即中国益一分之利"的"商战"思想,[⑤]是应当肯定的。他积极倡导"用洋法开采煤铁"。开平矿务局的兴办使他感到欣慰,认为"从此中国兵商轮船及机器制造各局用煤,不致远购于外洋,一旦有事,庶不致为敌人所把持,亦可免利源之外泄。富强之基,此为嚆矢"。[⑥] 他很早就有"改驿递为电信、土车为铁路"的打算,[⑦]认为"铁路、电线二者相为表里,无事时运货便商,有事时调兵通信,功用最大。东西洋各国富强之基,胥赖此以充拓"。[⑧] 天津电报局的成立,限制了丹麦大北公司和英国大车公司在中国沿海各口间架设海线的既得利权,制止了英、法、美、德各国公使在上海设立万国电报公司的策划,并以"利权所在,军务、商务消息岂能使别国操之"为由,[⑨]抵制了德国在中国架设陆线的要求,确实起了"杜外人觊觎之渐而保中国自主之权"的作用。[⑩] 他提出了建造南北四条铁路干线的计划,指出"铁路为富强要图,况洋人常以代中国兴利为词,今我先自兴其利,且将要路占尽,庶足

---

① 《复陈招商局务折》,《李文忠公全集》,奏稿36。
② 《试办招商轮船折》,《李文忠公全集》,奏稿20。
③ 《复张振轩制军》,《李文忠公全集》,朋僚函稿20。
④ 《创设公司赴英贸易折》,《李文忠公全集》,奏稿41。
⑤ 《议复陈启照条陈折》,《李文忠公全集》,奏稿39。
⑥ 《直境开办矿务折》,《李文忠公全集》,奏稿40。
⑦ 《复丁雨生中丞》,《李文忠公全集》,朋僚函稿13。
⑧ 《复王补帆中丞》,《李文忠公全集》,朋僚函稿14。
⑨ 《议驳德使请设电线》,《李文忠公全集》,译署函稿19。
⑩ 《商局接办电线折》,《李文忠公全集》,奏稿45。

关其口而夺其气,使之废然而返",①并成立天津铁路公司,着手建造唐山到天津的第一条铁路。对于纺织等轻工业,李鸿章也很重视,他说:"溯自各国通商以来,进口洋货日增月盛","出口土货年减一年,往往不能相敌。推原其故,由于各国制造均用机器,较中国土货成于人工者省费倍蓰,售价既廉,行销愈广。自非逐渐设法仿造,不足以分其利权。盖土货多销一分,即洋货少销一分,庶漏卮可期渐塞。"②为此,他积极筹建上海机器织布局,在织布局毁于大火灾后又立即重建,"并厘定章程,号召华商多设分厂,以资推广","且恐洋商自运机器来华制造纱布,则中国自有之利权必至一网打尽",因而主张"必须华商资本方准领照购机,择地开办","如果洋商贩运轧花、纺纱、织布及棉子榨油机器进口自行制造",必须"查明禁止","自保利权,断不容外人稍生觊觎"。③ 一方面,"购器设局,自行制造,以敌洋产",④"渐期收回利源"⑤;另一方面,"杜渐防微,勿任(洋商)以机器推广制造各种土货",⑥"保我自主权利"。⑦ 很显然,这是保护和发展民族工业的积极方针。外国侵略者曾一再企图染指中国的煤铁、纺织等工业,因为受到抵制,在甲午战争前始终未能得逞。

二、陈炽的经济思想

陈炽十分重视经济问题,其《续富国策》就是一部专门论述经济问题的著作。他已认识到国家财政只能实现已有财富的再分配,只有生产才是"富国之源"。他说:"昔者吾友尝言之矣,曰:'三代后之言财用者,皆移之耳,或夺之耳,未有能生之者。'移之者何? 除中饱是也;夺之者何? 加赋税是也。然亦未能移夺外国之财以归中国者。若生财之道,则必地

---

① 《妥议铁路事宜折》,《李文忠公全集》,奏稿 39。
② 《试办织布局折》,《李文忠公全集》,奏稿 43。
③ 《扩广织布局折》,《李文忠公全集》,奏稿 78。
④ 《议制造火柴》,《李文忠公全集》,译署函稿 20。
⑤ 《复沈幼丹制军》,《李文忠公全集》,朋僚函稿 16。
⑥ 《致左相》,《李文忠公全集》,朋僚函稿 20。
⑦ 《寄译署》,《李文忠公全集》,电稿 14。

上本无是物，人间本无是财，而今忽有之。"①

陈炽对流通和生产，商业和工、农、矿业的关系也作了分析，提出了"商之本在农""商之源在矿""商之体用在工"的观点，②实际上指出了各种生产部门才是财富的来源，而商业只不过是把工、农、矿业中所生产出来的商品加以流通而已。

陈炽主张发展大工业生产，但主要是从对外贸易差额的角度论证发展工业的必要性。他说："外洋入口之货，皆工作所成，中国出口之货，皆土地所产，工拙相越，贵贱相悬，而中国金银山崩川竭矣。"③

在农业方面，他注意的主要是生产出口商品和工业原料的农业。他本来已经提出了财富来源于生产领域这一命题，但接下来又说："农也，矿也，工也，商也，为华民广一分生计，即为薄海塞一分漏卮；为闾阎开一分利源，即为国家多一分赋税；为中国增一分物业，即为外国减一分利权。"④这种用国家主义的眼光来解释财富来源的观点，正是重商主义思想的重要特征之一。他不曾意识到，这种观点和他自己前面所提出的财富来自生产领域的命题是直接矛盾的。

陈炽经济思想的重商倾向还表现在突出地强调财富的货币形式。他断言中国贫穷的根源在于货币制度的不善，并由此出发，把货币改革的作用提到极为不适当的程度："至今日而上下困穷"，"患寡患贫"，"寻源探本，则圜法之弊，一言蔽之矣。对症用药，则整顿圜法之弊，一方括之矣"。⑤

陈炽反对外国资本主义经济侵略的思想很突出。他认为当时中国最严重的问题是外国资本主义经济侵略造成的财富"不在上（朝廷），不在下（人民），不在中（官吏贪污中饱），而溢于外"的情况，⑥中国要谋自

---

① 《续富国策·自叙》。
② 《创立商部说》，《续富国策》卷4，第2页。
③ 《考工》，《庸书》外篇上卷，第19页。
④ 《续富国策·自叙》。
⑤ 《开矿禁铜说》，《续富国策》卷2，第19页。
⑥ 《商务》，《庸书》外篇上卷，第21页。

救，必须"振兴商务，开拓利源，出土地之所藏，以与之争，逐互市"。① 他坚决反对外国侵略者所取得的协定关税、内河航行等特权，认为"利之所在，即权之所在，不可轻以假人"，②要求清廷将其废除。甲午战前，他已对列强在中国夺取修路、设厂权的企图感到严重忧虑，非常担心中国长此积弱，将会出现"西人于内地广驶舟车，大兴制造"，③而中国工商业却得不到发展的严重局面。

三、张之洞的经济思想

张之洞提出"以工为本"论，即把发展近代新式工业视为中国经济发展的关键。他说："就外洋富强之术，统而言之，则百工之化学机器开采制造为本，商贾行销为末，销土货敌外货为先，征税裕饷为后。"④又说："世人皆言外洋以商务立国，此皮毛之论也。不知外洋富民强国之本，实在于工，讲格致，通化学，用机器，精制造，化粗为精，化贱为贵，而后商贾有懋迁之资，有倍蓰之利。"⑤后来在《劝学篇》中，他对这一思想作了进一步阐发："工者，农商之枢纽也，内兴农利，外增商业，皆非工不为功。""外国工商两业，相因而成，工有成器，然后商有贩运，是工为体，商为用也。"⑥

工业与商业的关系，实际上就是生产与流通的关系。张之洞强调工业生产对商业流通的决定作用，同时又强调了商业流通对工业生产的促进作用，讲到了与商品生产有关的市场、成本、创新等问题。他说："其精于商术者，则商先谋之，工后作之。先察知何器利用，何货易销，何物宜变新式，何法可轻成本，何国喜用何物，何术可与他国争胜，然后命工师

①《庸书·自叙》，外篇下卷，第 74 页。
②《税司》，《庸书》外篇上卷，第 42 页。
③《养民》，《庸书》外篇下卷，第 59 页。
④《张文襄公全集》卷 27，奏议 27，第 9 页。
⑤《张文襄公全集》卷 37，奏议 37，第 31 页。
⑥《劝学篇·农工商学》。

思新法,创新器,以供商之取求。是商为主,工为使也。"①也就是说,商品生产必须进行周密的市场调查,包括产品的销路、样式、成本、消费者喜好等,这样才能掌握竞争的办法,努力降低生产成本,采用新技术,创造新产品,以适应市场的需求。从这个意义上讲,是"商为主,工为使"。很明显,张之洞在此所说的"工"是指以市场为目标的商品生产(以市场为导向)。

对于工业与农业的关系,张之洞对传统的"以农为本"思想作了新的诠释,提出发展本国工业产品,必须重视农业的思想。他说:"中国以农立国,盖以中国土地广大,气候温和,远胜欧洲,于农最宜","夫富民足国之道,以多出土货为要义,无农以为之本,则工无所施,商无所运。"②又说:"利民之事,以农为本,以工为用,中国养民急务,无过于此。"③在他看来,要达到"富民足国"的目的,只有发展本国工业产品的生产,而发展工业又必须首先重视农业,以便为工业提供更多的原料。因为落后国家在工业化初期,轻工业和原料加工业在工业生产中占有主要地位,这就导致了对农业产品原料的较大需求,农业能够提供原料的多少,就成为工业发展的一个重要因素。从这个意义上,他强调"以农为本"。但这里的"以农为本"并非传统的"重农"思想,其所要发展的农业,是与工业化相联系的近代农业。

张之洞主张大力发展工业是要解决当时中国的两大现实问题——"养民"和"收漏卮",即解决贫民的生计,减少中国财富的外流。他说:"中国生齿繁而遗利少,若仅恃农业一端,断难养赡,以后日困日蹙,何所底止!故尤宜专意为之(指工业——引者注),非此不能养九州数百万之游民,非此不能收每年数千万之漏卮。今宜于各省设工政局,加意讲求。查各关贸易册中每年出口易销之土货,则加工精造之,扩充之,以广其出;进口多销之洋货,则加工仿为之,以敌其人。""中国人数

---

① 《劝学篇·农工商学》。
② 《张文襄公全集》卷54,奏议54,第11页。
③ 同上,卷57,奏议57,第9页。

之多,甲于五洲,但能于工艺一端蒸蒸日上,何至有忧贫之事哉!此则养民之大经,富国之妙术。不仅为御侮计,而御侮自在其中矣。"[1]在此,张之洞实际上提出了一个非常重要的问题:对于一个人口众多、经济落后的国家来说,应该采取什么样的工业化模式?他所主张的工业化模式,类似于现代经济理论所说的发展中国家工业化初期普遍采用的模式,即利用本国丰富的廉价劳动力,通过实行"初级产品出口战略"和"进口替代战略"来实现工业化。所谓"初级产品出口战略"即利用本国的自然资源和人力资源,发展农矿初级产品的生产和出口,来推动本国经济发展,积累工业化所需要的资金。所谓"进口替代战略"即发展过去依靠进口来满足国内需要的工业产品的生产,以节省经济发展所需的外汇,减少对外贸易中的逆差,达到国际收支平衡,即利用国际贸易所开拓的国内市场来发展经济,对于最初选择初级产品出口的国家而言,进口替代必然成为其国内工业化的起点。张之洞的工业化模式正是从中国的基本国情来考虑的。

第四节　维新运动时期的经济思想

一、康有为的经济思想

康有为一直明确地把生产视为商业发展的基础。他说:"商之源在矿,商之本在农,商之用在工,商之气在路。"[2]又说:"大抵中国之土产、矿产、工作之事,患我无货,不患不销;患我不运售,不患彼不收买;患我不精良,不患彼不好尚。"在国民经济各部门中,康有为特别重视工业,不但把建立和发展大机器工业看作"富国""强兵"的首要措施,而且还论证了发展大工业对"智民"的重要作用。他驳斥了封建顽固派所竭力鼓吹的"重本抑末""以农立国"的陈词滥调,指出"国尚农则守旧日愚,国尚工则

---

[1]《张文襄公全集》卷37,奏议37,第31—32页。
[2]《条陈商务折》,《知新报》第70册。

日新日智"。① 在列强环伺威逼下,中国若仍旧停滞在落后的农业国地位,而不急谋发展大工业,就难逃灭亡的厄运;只有大力发展资本主义大工业,才能改变中国贫穷、落后、守旧、愚昧的状态,成为富强的"无敌于天下"的国家。

基于这种认识,他向光绪帝提出了把中国"定为工国"的主张。他说:"夫今已入工业之世界矣,已为日新尚智之宇宙矣,而吾国尚以其农国守旧愚民之治与之竞,不亦俱乎? 皇上诚讲万国之大势,审古今之时变,知非讲明国势,移易民心,去愚尚智,弃守旧,尚日新,定为工国,而讲求物质,不能为国,则所以导民为智,自有在矣。"②康有为是中国近代著名思想家中最先提出资本主义工业化主张的人。

康有为很重视货币信用制度方面的改革,主张设官银行,集中全国现银准备,统一全国的纸币发行;以广东省已开铸的银元式样成色为标准,在各省普遍铸造银币;并在将来黄金储备较多时,逐渐铸造金元。他之重视货币信用问题,是为了建立资本主义的货币、信用制度。他关于货币信用制度的主张,是其整个发展资本主义经济纲领的重要组成部分。他鉴于实行"新政",大力发展资本主义工商业,必须筹集大量资金;同时他看到当时中国货币流通中异常紊乱的状况,是和资本主义经济发展要求不相适应的,因而主张进行改革,以统一币制。他所要设的官银行,不但有给予政府贷款和代理国库出纳的作用,而且还要集中存储全国各银号的现银,便利各银号的周转流通;在银号资金不足或面临亏折时官银行也要给予支持和援助。这种官银行,实际已具有资本主义国家中央银行的雏形。

在政治改革和经济改革的关系问题上,康有为认识非常清楚。他说:"今天下之言变者,曰铁路,曰矿务,曰学堂,曰商务,非不然也;然若

---

① 《请励工艺奖创新折》,《戊戌变法》(二),第 226 页。
② 同上,第 227 页。

是者,变事而已,非变法也。"①又说:"若决欲变法,势当全变。"②也就是说,仅从经济方面进行改革,还不能实现变法的目标。如何做到"全变"呢? 康有为的建议是:设"制度局"统筹全局,实行变法。他所设计的制度局,是一个制定国家政策、权衡变法大计的权力机构。制度局下设法律、度支、学校、农、工、商、铁路、邮局、矿物、游会、陆军、海军等十二局,对当时的"部""寺"等中央机构"分其事"。他又提出:制度局及其所属十二局的主管官吏,都要选拔主张变法或同情变法的"通才"来担任;对原来各种高级政府机构和负责这些机构的老耄守旧大臣,表面上都暂时维持不动,但所有新政事宜均不让他们过问。这样,制度局及其所属十二局事实上就成了掌握实权的"维新内阁"。

二、谭嗣同的经济思想

谭嗣同极力宣扬"人我通""中外通"的经济自由理论。"人我通"和"中外通"是谭嗣同在《仁学》中表达自己经济见解的两个基本概念。他把"人我通"在经济上的意义解释为在人与人之间做到"其财均以流"。③他所谓的"均",并不是平均财富的意思。他一再解释说:"均以流"决不是把富人所占有的财富"悉以散诸贫无资者",④只是要劝他们投资建立新式工商企业,以促进国民经济的发达和社会生产的增加,并且使雇佣劳动者可以获得就业机会。谭嗣同认为,如果富人肯这样做,就可以"收博施济众之功",⑤亦即做到"其财均以流"了。

谭嗣同把发展资本主义大机器生产视为迅速增殖财富,活跃流通,达到贫富"两利",实现"人我通"的关键。他说:"有矿焉,建学兴机器以开之,辟山通道浚川凿险咸视此。有田焉,建学兴机器以耕之,凡材木、

---

① 《敬谢天恩并统筹全局折》,麦仲华编:《戊戌奏稿》下,第17页。
② 同上,第16页。
③ 《仁学》,《谭嗣同全集》第44页。
④ 同上,第40页。
⑤ 同上,第41页。

水利、畜牧、蚕织咸视此。有工焉，建学兴机器以代之，凡攻金、攻木、造纸、造糠（糖）咸视此。大富则设大厂，中富附焉，或别为分厂。富而能设机器厂，穷民赖以养，物产赖以盈，钱币赖以流通，己之富亦赖以扩充而愈厚。"①

谭嗣同为了充分发展资本主义的生产和流通，实现其倡导的"人我通"，主张必须使人人能够"从容谋议，各遂其生，各均其利"。② 这就是西方资产阶级经济学家所曾倡导过的"自由放任"，即要求给予资本家以经营企业、雇佣劳动力的充分自由，给予雇佣劳动力以出卖劳动力的"自由"。在当时的中国，实现这种经济自由的最大障碍是使"君权日以尊"的封建君主专制政体，因而强调以"兴民权"作为"人我通"的前提。

谭嗣同"人我通"不仅意味着要求国内给予私人资本以充分活动的自由，而且还要求在国与国之间实行自由的国际贸易，做到"中外通"。他认为这种"中外通"也是"人我通""之一端"。③ 他从使用价值的角度看待对外贸易，认为两国通商，彼此都可以获得自己所需要的货物，又可免去自行生产的劳费，因此是彼此之间的"两利之道"。

三、梁启超的经济思想

梁启超经济思想中最有特点的就是他的托拉斯思想。他把托拉斯的产生及其势力扩大说成是"物竞天择自然之运"，④并鼓吹在中国建立这种垄断组织。但由于中国资产阶级力量薄弱，不可能在一般的工业中特别是重工业中建立起强大的垄断组织，于是他主张在一些为国际市场所需要的土特产，如丝、茶、皮货、瓷器等生产与贸易领域，建立托拉斯，

---

① 《仁学》，《谭嗣同全集》，第 40 页。
② 同上，第 43 页。
③ 同上，第 45 页。
④ 《二十世纪之巨灵托拉斯》，《饮冰室合集》文集之十四，第 38 页。

并认为将会产生"使欧美产业界瞠然变色"的效果。①

梁启超知道鼓吹在中国建立托拉斯会受到人民的谴责,于是又制造了"大资本家利益至上"论。他说:大资本家的利益是"生计界进化之正轨","国民社会之公益",②而工人、劳动群众的利益只不过是"小数"的利益。因此,即使建立托拉斯会使"劳力者""劳庸"受害,他们也应为"社会进步"而"忍其痛苦",决不应"以小数之不便不幸"而阻碍"全体"利益。③梁启超鼓吹"大资本家利益至上"论的另一个理由是:大资本家是抵制外国经济侵略,使中国独立富强的决定性力量。他说:"自今以往,我中国若无大资本家出现,则将有他国之大资本家入而代之,而彼大资本家既占势力以后,则凡无资本者,或有资本而资本不大者,只能宛转瘐死于其脚下,而永无复生之一日。"④

第五节　辛亥革命时期的经济思想

一、孙中山的经济思想

(一)民生主义学说的产生及其特点

孙中山经济思想的主要内容是其民生主义学说。民生主义学说产生于 19 世纪末 20 世纪初,是当时特殊历史条件下的产物。孙中山从中国社会实际情况和他自己的切身经历中,认识到要想通过自上而下的改革来发展资本主义是没有希望的;必须通过革命推翻清朝统治,才能解决土地和资本问题。但是,正当他积极向西方寻求真理、为争取建立资产阶级共和国而奋斗时,西方国家已进入垄断资本主义阶段。孙中山目睹西方资本主义社会矛盾激化,又受到西方社会主义运动和社会主义思潮的影响,于是就产生了这样的矛盾:世界历史已经向中国人昭示了西

---

① 《二十世纪之巨灵托拉斯》,《饮冰室合集》文集之十四,第 61 页。
② 同上,第 52 页。
③ 同上,第 53 页。
④ 梁启超:《杂答某报》,《新民丛报》第 86 号。

方资本主义并不是天堂,然而当时中国人除资本主义外还不能找到其他道路,这种矛盾就使孙中山产生了矛盾的思想体系。他既希望中国能够学习西方走向富强,又幻想能够设法"避免"在将来产生欧美同样的社会问题和社会冲突,因而产生了"与其医于已发,不如防于未然"的想法,①产生了把发展资本主义的经济纲领解释为社会主义的主观社会主义理论。

孙中山民生主义学说直接来源于美国人亨利·乔治的《进步与贫困》一书。该书写成于 19 世纪 70 年代末,后来在欧洲大为流行。书中的基本思想是把私人对土地的占有看作是阻碍社会进步、造成社会不平的根本原因,所以主张用征收单一地价税的办法把土地价格转归国有,以消除资本主义的矛盾。但是,不能把孙中山的民生主义学说与亨利·乔治的学说等量齐观,因为二者产生的历史条件不同。亨利·乔治在资本主义已经高度发达的美国,把土地国有化作为医治资本主义的"万应灵丹",实际上把这种激进的资产阶级思想改造为一种反动的、冒牌的社会主义理论。孙中山在半殖民地半封建中国的旧民主主义革命时期,吸收了亨利·乔治的论点来建立自己"防止"资本主义的理论,这固然是一种错误的主观社会主义的理论;但是,孙中山并没有根据这种理论来制定阻碍、破坏资本主义发展的纲领,而是制定了反封建的、有利于资本主义发展的经济纲领。列宁在评论孙中山的民生主义这一特点时指出:'中国社会关系的辩证法就在于:中国的民主主义者真挚地同情欧洲的社会主义,把它改造成为反动理论,并根据这种'防止'资本主义的反动理论制定纯资本主义的、十足资本主义的土地纲领!"②

民生主义学说的形成也受到中国历史上某些思想的影响,"如三代之井田,王莽之王田及禁奴,王安石之青苗,洪秀全之公仓,均在讨论之列"。③ 中国古代的大同思想对孙中山有很大影响。

---

① 《民生主义和社会革命》,《孙中山选集》上卷,第 85 页。
② 《中国的民主主义和民粹主义》,《列宁全集》第 18 卷,第 155 页。
③ 冯自由:《同盟会四大纲领及三民主义溯源》,《革命逸史》第三集,第 213 页。

（二）关于土地问题的纲领和理论

在旧民主主义时期的经济纲领中,孙中山只列入"平均地权"一项,表明了他对此问题的重视。在半殖民地半封建的中国,把"平均地权"作为民主革命纲领的一个组成部分提出来,这本身就具有反对封建地主土地所有制的意义。他在解释这一纲领时,一再批判对土地的私人垄断,对地主土地所有制进行直接抨击。他说:"原夫土地公有,实为精确不磨之论。人类发生以前,土地已自然存在;人类消灭以后,土地必长此存留。可见土地实为社会所有,人于其间又恶得而私之耶?或谓地主之有土地,本以资本购来,然试扣其第一占有土地之人,又何自购乎。"①孙中山在此用资产阶级自然法观点,从理论上来否定地主阶级的封建土地所有权。

但是,在旧民主主义革命时期,孙中山对封建主义的认识还不够清楚,对中国土地占有的情况很不了解,错误地认为中国现实的土地问题还不严重,还没有大地主,只有将来革命后才会随着地租和地价的增长而出现地主靠垄断土地成为暴富的情况,才会出现严重的贫富不均的现象。因此,不是把"平均地权"看作当前消灭封建土地所有制的民主革命措施,而是看作防止未来的贫富不均和私人垄断的社会主义政策。

既然认为地主阶级占有土地是对自然资源的霸占和对社会所有物的盗劫,那么,逻辑的结论应该是:由国家没收地主所占有的土地,消灭封建土地所有制。但是,孙中山虽然从理论上论证了土地国有的合理性,在实际上却不主张无偿没收地主土地,而是倾向于和平收买。他说:"求平均之法,有主张土地国有的,但由国家收买全国土地,恐无此等力量。"②倾向于收买地主土地,又感到没有那么多资金,于是,孙中山就主张采用约翰·司图尔特·穆勒的办法,把土地原价归地主,增价归公作为实施平均地权纲领的具体措施。这种措施的具体内容是:在革命政权

---

① 《社会主义之派别与方法》,《总理全集》第二集,第110页。
② 《民生主义与社会革命》,《孙中山选集》上卷,第86页。

建立后，令地主自行申报地价，并准其保有这一地价，国家只照价每年征收一定比例的地价税，同时保留收归国有的权利，以防地主故意少报地价，减少纳税负担；在革命后土地价格增长时，增加的部分，则全部归国家。在《同盟会宣言》中，对这种措施作了原则规定："文明之福祉，国民平等以共享之。当改良社会经济组织，核定天下地价。其现有之地价，仍属原主所有；其革命后社会改良进步之增价，则归于国家，为国民所共享。"[1]很显然，孙中山平均地权所规定的措施或实施办法，在激进的程度上是落后于其纲领和理论的，二者是有一定矛盾的。

在旧民主主义革命时期，贯穿于孙中山的土地纲领、理论和措施的最大缺陷是：都是从城市土地问题着眼，企图通过改革消灭城市和工业地区及铁路沿线的土地私人垄断，以便为资本主义工商业的发展扫除障碍，而没有直接提出农民土地问题。孙中山只是攻击了在资本主义发展条件下地主坐享暴利，而没有致力于揭露中国广大农村中地主对农民的残酷剥削，也没有提出满足农民土地要求的正式主张和具体办法。

二、章太炎的经济思想

章太炎的经济思想是很独特的。在反对代议政治时，他就提出："凡是皆可以抑官吏而伸齐民也。政府造币，惟得用金、银、铜，不得用纸，所以绝虚伪也。""不使钱轻而物益重，中人以下皆破产也。轻盗贼之罪，不厚为富人报贫者也。限袭产之数，不使富者子孙蹑前功以坐大也。田不自耕植者不得有。牧不自驱策者不得有。山林场圃不自树艺者不得有。盐田池井不自煮暴者不得有。旷土不建筑穿治者不得有。不使枭雄拥地以自殖也。官设工场，辜较其所成之值四分之一，以为饩廪，使役庸于商人者，穷则有所归也。在官者身及父子皆不得兼营工商"，"不与其借政治以自利也。凡是皆所以抑富强振贫弱也。夫是则君权可制矣，民困可息矣"。[2]

① 《同盟会宣言》，《孙中山选集》上卷，第 69 页。
② 章太炎：《代议然否论》。

目睹国外资本主义社会的现实和面临国内资本主义的兴起,章太炎抱着强烈的怀疑、恐惧和敌对的情绪。他认为在欧美已是"以贫病箠挞死者,视以罢工横行死者,一岁之中,数常十倍",在中国则将"以意絜量,不过十年,中年以下不入工场被箠楚,乃转徙为乞丐,而富者愈与哲人相结,以陵同类,验之上海,其仪象可见也"。① 所以他主张不仅要"均配土田",而且还要着重打击工商资本,甚至荒唐到反对一切近代资本主义生产力的地步。

章太炎独特的经济思想具有一个相当鲜明而一贯的理论体系。这个理论体系与进化论大不相同。他这时抛弃了他曾信奉的文明进步、物质幸福等等主张,宁肯要古代的俭朴生活也不要近代的繁华世界。他认为所谓进化并不带来幸福、快乐和道德,而是乐进苦亦进,善进恶亦进:"若以道德言,则善亦进化,恶亦进化。若以生计言,则乐亦进化,苦亦进化。"②所谓进化、幸福只是动物性的东西,无道德可言:"知文明之愈进者,斯蹂践人道亦愈甚。"③章太炎认为,不是生物进化而是社会心理和意识即道德才是社会发生和进步的动力。因此,他竭力倡导"增进国民的道德"。讲道德、重历史,始终贯穿于章太炎整个思想之中。用所谓道德来衡量品评一切,是章太炎非常突出的思想特征。

章太炎从所谓道德标准出发,把当时社会分为 16 个等级,并认为这些等级是与人们的"职业",即在社会生产和生活中的客观地位、职能密切关联的:"今之道德,大率从于职业而变。都计其业,则有十六种人:一曰农人,二曰工人,三曰裨贩,四曰坐贾,五曰学究,六曰艺士(医生画家等),七曰通人(高级知识分子),八曰行伍,九曰胥徒,十曰幕客,十一曰职商,十二曰京朝官,十三曰方面官,十四曰军官,十五曰差除官,十六曰雇译人。其职业凡十六等,其道德之第次亦十六等。"④这是一种非常独特的行业分析。章太炎把下层人民自食其力不剥削压迫别人的"职业"

---

① 《总同盟罢工序》。
② 章太炎:《俱分进化论》。
③ 章太炎:《记印度西婆耆王纪念会事》。
④ 章太炎:《革命之道德》。

与"不知诈幻""刚毅不屈"的道德品级联系起来,把上流社会的道德堕落与他们压迫剥削巧取豪夺的"职业"联系起来。矛头指向上流社会,独特地反映了他对上层社会腐败恶劣的愤恨与憎恶。

章太炎上述独特的经济思想,正反映出软弱的民族资产阶级的矛盾状态。一方面向西方资产阶级革命时期的武库中借取思想武器,企图在中国建立资产阶级共和国;另一方面,又不能不看到西方社会的黑暗面,对其进行揭露和批判。但是,这种揭露和批判,并未揭示其阶级实质;主观上想避免重蹈西方资本主义的"复辙",但又提不出合乎科学的方案。

三、张謇的经济思想

张謇的经济思想中最具特色的是他的以"棉铁主义"为中心的振兴实业的思想。他把"振兴实业"视为决定国家命运的根本问题。他说:"救国为目前之急。""譬之树然,教育犹花,海陆军犹果也,而根本则在实业。若骛其花与果灿烂甘美而忘其本,不知花与果将何附而何自生。"①张謇是近代中国"实业救国"论的典型代表。

在各种工业部门中,张謇特别重视棉纺织和钢铁两种工业,认为要振兴实业,必须以建立和发展这两种工业作为中心。他之所以主张首先发展棉纺织和钢铁两种工业,主要是看到外国进口的这两类工业产品,在中国市场上销路最广,认为中国企业主办这两类企业,容易得到优厚的利润。在棉、铁两种工业中,他尤其重视棉纺织业,正是由于棉纺织业投资额较少,周转期短,因而比钢铁工业利润更高。他说:"救穷之法惟实业,致富之法亦惟实业。实业不能三年、五年、十年、八年,举全世界所有实业之名,一时并举,则须究今日如何致穷,他日如何致富之业。私以为无过于纺织,纺织中最适于中国普通用者惟棉。"②

张謇说他提倡"振兴实业"的目的之一是"堵塞漏卮"。他说:"国人

---

① 《对于救国储金之感言》,《张季子九录》,《政闻录》卷 3,第 31 页。
② 《拟请酌留苏路股本合营纺织公司意见书》,《张季子九录》,《实业录》卷 5,第 5 页。

但知赔款为大漏卮，不知进出口货物相抵，每年输出，以棉货一项论，已二万一千余万两，缺已八千余万两，暗中剥削，较赔款尤甚。若不能设法，即不亡国，也要穷死。"①目的之二是对抗设在中国的外国企业。他说："惟吾国尚有特别情形，如各通商口岸外人设立之工厂，类皆利用吾国丰富之原料，低廉之佣工，其制出之品，又能深投习尚，视销路为转移，最为心腹之患。"②目的之三是"养民"。他说："中国生齿繁而遗利少，若仅恃农业一端，断难养赡。以后日困日蹙，仍何所底止？故尤宜专意为之。非此不能养九州数百万之游民，非此不能收每年数千万之漏卮。"③

四、西方经济学在中国的传播

最先把西方资产阶级经济学传入中国的是京师同文馆。同治六年（1867年），美国传教士丁韪良为同文馆开设"富国策"讲座，他把西方资产阶级经济学系统介绍到中国来。同治五年（1866年）出版了英国经济学家杰文斯的《政治经济学入门》，同时还出版了一些介绍西方经济制度和经济政策的译本。到19世纪末，与西方经济学有关的著作出版仅十几种，对中国知识界的经济思想并未产生多大影响。

进入20世纪后，西方资产阶级经济学逐渐得到比较广泛的传播。光绪二十七年（1901年）出版了严复翻译的亚当·斯密的《国富论》，受到民族资产阶级及其知识分子的欢迎。光绪二十九年（1903年）梁启超编写的《生计学学说沿革小史》，比较系统地介绍了西方资产阶级经济学发展史。从戊戌变法到辛亥革命这一时期出版的与西方资产阶级经济学有关的著作达四十余种。

---

① 《辛亥五月十七日召见拟对》，《张季子九录》，《政闻录》卷3，第37页。
② 《遵拟整饬国货建议案办法呈》，《张季子九录》，《政闻录》卷9，第18页。
③ 《代鄂督条陈立国自强疏》，《张季子九录》，《政闻录》卷1，第20页。

第十一章　丛书、类书、书目与图书馆

　　丛书是由很多书汇编成集的一套书，按一定的目的，在一个总名之下，将各种著作汇编于一体的集群式图书，又称丛刊、丛刻或汇刻等。形式有综合型与专门型两类。一般而言，丛书所辑录的大都是校勘较好的本子。类书是中国古代的百科全书，其编制方法系按类汇编群书，即将当时能搜集到的所有书中的内容拆散，重新按类或主题进行编排，以便需要时能快速地查到。因其主要是按类编排的，所以被称为"类书"。明清时期，也有少数按韵目进行排检的。

第一节　丛书

　　《守山阁丛书》，112种，665卷。钱熙祚辑刊。钱氏喜欢藏书又勤于校勘，道光初年得张海鹏《墨海金壶》残版，加上从文渊阁本《四库全书》所录流传较少的书，辑成本书。当时参加校勘的有张文虎、顾观光等名家，质量较高。全书刻成于道光二十三年（1843年）。

　　《珠丛别录》，28种，82卷。钱熙祚编辑。钱氏在序中说："一名一物，亦足以博闻多识。"因而收罗范围较广，除文史外，医学、农学、道家、艺术等书，都有收录。校勘质量较好，如宋人孔平仲的《珩璜新论》就补正了《唐宋丛书》中的几条。

《指海》,90 种,236 卷。钱熙祚辑刊。以张海鹏《借月山房汇钞》残版为基础编成。钱熙祚在自序中谈到自己的收书标准:"凡古今书籍佚而仅存向无刊本,及虽有而道远不易购,或版废而不可再版者,又或碎金片玉,别本单行,易于散佚者,又道藏流传,未经著录,及近人著述有关学问、政治、风俗人情者,皆罗而聚之。"他去世后,其子培让、培杰续刻八集,但流传很少。

《得月簃丛书》,20 种,52 卷。荣誉辑刊。荣誉,满洲正白旗人,曾任河南鲁山知县。丛书初刻、次刻各 10 种,分别刻竣于同治十年(1871年)、十二年(1873 年)。每种书前都有小序。荣誉自称要刻印世上罕见的书,但限于见闻,除毛晋《海岳志林》、薛俊《日本考略》外,都较为常见。

《玉函山房辑佚书》,594 种,600 卷。马国翰辑。马国翰,道光进士,辑录唐以前古籍,分经、史、子 3 编,其中经编较完备,史编仅 8 卷,子编除儒家、农家外均无目录,舛乱无条理,当是未定稿。在各书前都有序录,说明内容源流。马国翰去世后,书版归章丘李氏,而由丁稚璜、文质夫等人补辑印行,但其中仍缺马氏提到过的 9 种,另有目无书的 40 余种。丛书后附马国翰自著《玉函山房目耕帖》31 卷,均为考订经义心得。

《汉学堂丛书》,215 种,219 卷。黄奭编。黄氏为道光举人,曾任刑部郎中。其为江藩的学生,有志于辑佚,先后辑成 280 余种以及郑玄遗著 11 种。黄奭去世后,经过战乱,书仅存 210 种左右。经部与马国翰所辑相比并无出色之处,子、史钩沉部分的史部有独到之处,这也是该书得以流传的原因。

《宜稼堂丛书》,12 种,250 卷。郁松年刊。郁松年藏书很多,选择其中的元明旧本,陆续刊行,道光二十一年(1841 年)刻成。而宋代萧常、元代郝经两家的《续汉书》及秦九韶《数书九章》、杨辉《详解九章算法》等书都是珍贵罕见的版本。尤其是算书,可以补戴震所校《算经十书》之不足。丛书校勘精慎,各书后有校记。

《连筠簃丛书》,12 种,112 卷。杨尚文校刊。杨氏好金石之学,他委托自己的家塾老师张穆编辑了本书。所收多是清人著述,涉及音韵、地理、金石、数学等方面。其中《元朝秘史》、李志常述《长春真人西游记》、徐松《唐两京城坊考》等都是较重要的著作。全书刊成于道光年间。

《别下斋丛书》，27 种，91 卷。蒋光煦辑刊。他先刻成《宜年堂丛刻》，后于咸丰六年（1856 年）重编为本丛书。多是清人著作，主要是词集、词话，亦有经学、史学，有的刊本后附赵德《诗辩说》。

《涉闻梓旧》，25 种，114 卷。蒋光煦辑刊。该丛书主要是经史、金石学方面的研究著作，选择了较好的刊本。书后附有自著《斠补隅录》，为蒋氏读书札记。

《粤雅堂丛书》，208 种，1089 卷。伍崇曜校刊。伍崇曜之父为大商人，家道殷实。他与文人学士交友，编有《岭南遗书》《粤十三家集》《楚廷耆旧遗诗》。丛书编于道光三十年（1850 年）至光绪元年（1875 年），由谭莹任校订。各书都有伍崇曜的跋文，述流传过程及作者生平，最后 10 种则由伍绍棠作。因散失或重编的缘故，丛书各刊本略有不同。

《琳琅秘室丛书》，30 种，94 卷。胡珽校刊，董金鉴重刊。胡珽之父喜藏书著书，他继承家学，以父书斋为名刻成此书。丛书所收品类较杂，大体以笔记、小说、佛道类为主。版本多据宋元旧本，用活字翻印，每种书前有叙录，后附校勘记，排版时的讹误，则另作《校讹》以正误。由于战乱，本书传本很少，光绪年间董金鉴重加编订，仍用活字版排印，成为现在的通行本。

《十万卷楼丛书》，50 种，385 卷。陆心源校刊。陆氏系咸丰举人，官至福建盐运使，清代大藏书家。本丛书依据他自己收藏的宋元旧本刻成。共 3 编，均按四部分类，多是流传较少的宋元人著作，如宋人金履祥《书经注》、宋人史炤《资治通鉴释文》30 卷等。但由于选材偏重版本，因而仍以小说、笔记、医书为多。

《古逸丛书》，277 种，1186 卷。黎庶昌校刊。黎氏曾就学于曾国藩，官至川东兵备道。他在出使日本期间，搜得许多中国古籍，经杨守敬校订，在日本影刻，于光绪十年（1884 年）完成。各书都有自撰解题，考订版本源流。书后大都有杨守敬跋语。其中较为重要的书有《文馆词林》《太平寰宇记》等。

《畿辅丛书》,170 种,1530 卷。王灏辑刊。王氏,咸丰举人。他非常富有,在张之洞等人劝说下,收集了自秦至晚清的直隶乡邦文献,在保定设局,请黄国瑾、钱恂等人校订,书未刊完即去世。光绪二十年(1894 年)礼部右侍郎李文田任会试考官时,抽印其中 35 种。后由陶湘编定总目,书商集资刻成书。丛书所收均为校雠精流传少的书,其中包括颜恕、崔述等六人的全集。

《咫进斋丛书》,35 种,92 卷。姚觐元编。姚氏道光进士,官至广东布政使。他承其祖父姚文田家学,精于考据,因而书中收录很多考据方面的著作,如凌曙《公羊礼疏》《公羊答问》等。丛书第 3 集所收《销毁抽毁书目》《禁书总目》《违碍书目》,反映了清代统治者大兴文字狱、摧残文化的状况。初刻时并无全面计划,分类较为混乱,后由序言作者陈澧弟子陶春海编定,分为 3 集,刊成于光绪九年(1883 年)。

《灵鹣阁丛书》,57 种,93 卷。江标校刊。江氏光绪进士,任湖南学政。丛书收集了很多金石著作,如阮元《积古斋藏器目》、王懿荣《天壤阁杂记》等。此外还有 8 种介绍西方政治、文化的书,如李凤苞的《使德日记》、徐建寅译《德国议院章程》,反映了编者的政治倾向。丛书于光绪二十年(1894 年)刻印。

第二节 类书

《格致镜原》,100 卷。陈元龙撰。陈氏是康熙进士,官至文渊阁大学士。本书分为 30 部,除皇亲、礼仪、武功、伦常、品行等部,还汇辑古籍中有关博物和工艺的记载,对事物起源加以考订。采录书籍以经史为主,旁及杂记、俗说、野乘。编辑很有条理,首尾贯串,可供研究中国古代文化和科技史参考。"格致",即"格物致知"的略语,义为考究事物原理以获得知识;"镜原",即"考镜源流"之义。有光绪十四年(1888 年)上海大同书局石印本。

《壹是纪始》,22 卷,补遗 1 卷。魏崧编。此书是考证事物起源的书,共分22类,1500则,每条摘取书籍中有关事物起源的诗文词句,下面征引文献说明。收录常见习语较他书为多,但也有穿凿附会之说。有光绪年间文奎堂刊本。

《清稗类钞》,徐珂编。徐氏,光绪举人,曾入袁世凯幕府,后在上海商务印书馆任编辑。他长于文学,喜收集清代轶事。本书仿《宋稗类钞》编成,收集野史笔记及新闻报刊中关于清代朝野遗闻及社会经济、学术、文化资料,分为92类,按性质、年代先后排列,可供研究清史者参考。

第三节 书目

一、目录学概述

目录学是研究图书目录工作形成和发展的一般规律的学科。随着人类社会的发展,由文字发明到书籍大量出现,为目录学产生提供了条件。人们要利用图书资料,就要有目录来检索。为了编制利用目录,目录学遂应运而生。目录学属于社会科学,它与图书馆学有密切关系、互相依存,但也有自己研究的对象和领域,是一门独立学科。

目录学的研究对象是书目、索引、摘要、述评的编制原理和方法,也包括查明、著录、揭示和评定各种文献资料的理论和方法。因此,目录学亦可谓书目工作实践经验的理论概括和总结。

中国目录学历史悠久,其内容非常丰富,归纳起来有三个方面。第一是揭示文献的研究。要揭示文献,首先要认识与熟悉文献的知识,包括对文字记载或声像手段记载的知识的了解和掌握。然后才能进行书目编制原理方法和报道手段的研究。第二是关于目录学发展史和现状的研究。主要研究中国古代目录学的产生发展,批判继承优良传统。另外是国内外目录学现状的研究。第三是关于文献利用的研究,通过二次和三次文献的编撰,为读者提供所需文献资料。

目录学是读书治学的门径,科学研究的指南。

二、书目

《书目答问》,光绪元年(1875 年)张之洞督学四川时所编。这是旧学书籍的综合性选目,历来被看作指导读书门径的重要导读书目。本书按照学术源流的发展实际分类,所收之书重学术、重实用、重后出。

《泰西著述考》,光绪十五年(1889 年)王韬所编。本书介绍了自明末利玛窦至清初来华传教士所著自然科学书籍,目的是提倡新学。

《西学书目表》,光绪二十二年(1896 年)梁启超编。该书介绍了甲午战前翻译出版的西书三百多种。

《日本书目志》,光绪二十二年(1896 年)康有为撰。此书把日本明治维新以来的书刊介绍到中国。

《古越藏书楼书目》,光绪三十年(1904 年)出版。它开创了我国近代图书馆藏目录的先例,混合新旧图书为一编,分学、政两部,每部各分为24 类,共 332 个子目。这是创造新的图书分类的尝试。

第四节　图书馆

一、图书馆学概述

图书馆学是研究图书馆事业的发生发展、组织形式及其工作规律的科学。它所研究的内容与范围,主要是图书馆事业建设原理、图书馆方针任务、读者工作、藏书组织与目录工作、业务辅导、图书馆分工与协作、图书馆建筑、图书馆事业史等。图书馆学的对象及相关学科,是图书馆学基础、图书馆目录学、图书分类学、目录学、图书学、情报学、工具书和图书管理学等。

19 世纪末,维新变法运动之后,在主张学习西方办学堂、开报馆的同时,还提倡创办公共图书馆。图书馆学专著的不断涌现,为中国图书馆学的创建和发展作出了贡献。

图书馆学属于社会科学,但它与自然科学有着广泛的联系。因此,从某种意义上讲图书馆学也是一门综合性学科。人类社会生产活动、社会实践和科学实验不断发展,新学科不断涌现,原有学科也在不断充实和完善。人们需要大量信息,因而图书馆和图书馆学愈益受到人们的重视。

二、晚清所建重要图书馆

国家图书馆。它不仅在亚洲藏书量最大,而且是世界五大图书馆之一。其前身是清末筹建的京师图书馆,始建于宣统二年(1910 年)。

上海东方图书馆。原是商务印书馆附设的公共图书馆。光绪三十年(1904 年)张元济创建"涵芬楼",藏书只供编译所工作人员参考研究。

湖北图书馆。张之洞督鄂时利用武昌博文书院改建而成,光绪三十年六月(1904 年 7 月)正式开放,当时藏书四万余册,是中国最早的公共图书馆之一。

湖南图书馆。创办于光绪三十年(1904 年),由梁焕奎、龙绂瑞、谭延闿等发起捐助,设在长沙城东定王台,全名为湖南图书馆兼教育博物馆。后经湖南巡抚奏请拨款扩建,命名为湖南图书馆。

山东图书馆。位于济南市大明湖畔,光绪三十四年(1908 年)创建。

中山图书馆。位于广州市文德路,原名广东省立图书馆,宣统二年(1910 年)建立。

天津图书馆。原址位于天津市和平区承德道,现已迁往天津市南开区复康路新馆。其前身是光绪三十三年(1907 年)建立的直隶图书馆。

浙江图书馆。位于杭州西子湖畔,成立于宣统元年(1909 年),其前身为浙江藏书楼、浙江官书局。

北京大学图书馆。其前身是光绪二十八年(1902 年)建立的京师大学堂藏书楼。

清华大学图书馆。创建于宣统三年(1911 年),原名清华学堂图书室。

南京大学图书馆。光绪二十八年(1902 年)成立。

上海交通大学图书馆。建立于光绪二十二年(1896年),原名南洋公学图书室。

同济大学图书馆。光绪三十三年(1907年)建立。

四川大学图书馆。光绪三十一年(1905年)创建,其前身最早为清末张之洞主持的尊经书院。

第十二章　少数民族文化

有清一代,关于少数民族文化的大部分事项贯穿始终,对于这些事项所涉及的内容,本书已将其放在清朝前期来写,而清朝后期不再赘述;凡是在清朝后期有所发展,或出现变化的事项,其发展或变化部分的内容,本书将其放在清朝后期来写。

第一节　满族

一、满汉全席

满汉全席是满族传统饮食文化的巅峰。它源于清宫,清代中期流行于地方官场,而在民间发展并形成多派系则是在晚清。一部分人出于对皇家宫廷文化的向往与好奇,以及夸富心理的作用,推动了满汉全席在民间的发展和变异,满汉全席五花八门。各地形成了"大满汉全席""小满汉全席"以及各具地方风味的满汉全席。

大满汉全席有菜点108品,通常用两天四餐吃完;小满汉全席有菜点64品,需当天用尽。

大满汉全席菜肴108品计有四整鲜(山东苹果、深州蜜桃、新疆葡萄、汕头柑桔),四蜜碗(蜜汁樱桃、蜜汁海棠、蜜汁菠萝、炒红果),四干果

（琥珀核桃仁、糖炒大扁、葡萄干、蜜饯莲子），四面果（绿豆糕、福寿糕、芙蓉糕、萨其马），四铺底（青梅、冰糖、瓜条、蜜枣），四荤凉碟（糟鸭片、青酱肉、炝青虾、酥鱼），四青凉碟（辣黄瓜皮、素十景、素鹅、松子香菇）；酒类（远年陈绍、状元红、绿荫陈、莲花白、五加皮、山东黄），头菜一品官燕，带四小菜（余白牡丹茉莉、炒江豆腐、龙凤呈祥、红烧天花菌），头道甜菜（桂花山药、拔丝莲子、核桃酥、陈子羹），二菜有黄鱼肉翅，带四小碗（口磨锅巴、象眼鸽蛋、辣鱼粉皮、翡翠羹），三菜有凤阳乌参，带四小碗（原桶鲍鱼、酱爆核桃鸡、雪花鱼球、溜南北），四菜有红烧猴头蘑，带四小碗（凤凰余牡丹、奶油玉米鸭掌、糖溜鱼片、烧羊肚蘑菇），头道点心（四喜饺、三庆合子、贺面、珍珠汤），五菜有扒熊掌，带四小碗汤（爆双脆、糟蒸鸭肝、赞沙子蟹、炒芙蓉片），二道甜食（酿苹果、蜜汁金枣、冰糖菠萝、百子汤圆），六菜有（原处缺略），七菜有清蒸鲥鱼，带四小碗（奶油扒广肚、高丽银鱼、炸烹对虾段、炸鸭腰），八菜有蚝油裙边，带四小碗（冰糖哈士馍、九转大肠、芫爆羊肚仁、干烤冬笋），三道点心（三鲜烧麦、水煎包、炸春卷、酥合子），四烤（烤全猪、烤全羊、烤北京鸭、烤天鹅），四压桌（贵妃鸡、长生不老、万年青、菊花鱼锅），四小炒（姜丝肉、八宝酱、炒泡菜、虾子腐竹），四蒸食（银丝卷、菏叶卷、佛手卷、盘龙头），四粥碗（菏叶粥、八宝粥、秫米粥、元米粥），四粥碟（京酱萝卜、虾油小菜、白糖、红糖）。[①]

小满汉全席与京津地区的燕翅席相类似。

各地满汉全席更是别有风味。较有名的是晋式、鄂式、川式、粤式。

晋式满汉全席共有菜点 124 品。其中除摆式与满汉全席程序相同，以及有部分满菜外，大部分是山西传统风味。

鄂式满汉全席实际上是按照满汉全席程序制作的全鱼宴，带有浓厚的湖北地方风味，并加入了一些洋味。

川式满汉全席具有鲜明的川菜特点，共有菜点 84 品。其中，满族风味点心 5 品，满族风味菜肴 20 品，汉族风味点心 19 品，汉族风味菜肴 40

---

① 林苟步编著：《满汉全席》，上海交通大学出版社 1995 年 10 月版，第 36—38 页。

品。连花、茶在内共 128 品。分两天四餐用毕。汉菜主要用川菜。

粤式满汉全席共有菜肴 105 品。除形式和部分已粤化的满族风味以外，主要是广东风味菜。①

二、晚清满族教育的发展

官学的延续。满族官学设有宗学、觉罗学与八旗官学等。平定太平天国后，清政府出现了"同治中兴"的局面，满族官学再度兴起。同治九年（1870 年），为了加强满族的文化教育事业，准吉林将军富明阿奏请，特增补乌拉官学满教习 1 员、伯都纳官学满教习 1 员，由无品级笔帖式担任，三年一聘。光绪元年（1875 年），又添设三姓左右翼学汉教习 4 员。由于学额增多，由官绅捐资改修东西厢各 5 间，取名东斋和西斋。东斋学员专学满文，西斋学员专学汉文。光绪七年（1881 年），经吉林将军铭安奏准，每所官学各增补满文教习 3 人，加强教学。两年后铭安又奏请设立吉林翻译学校官学，该校至 1891 年建成。

新式教育的兴起。晚清新式教育的兴起分为两个时期：同治元年（1862 年）至光绪二十七年（1901 年）为第一时期，即新式教育初起时期；光绪二十七年（1901 年）至宣统三年（1911 年）为第二个时期，即有系统教育时期。第一个时期，由于当时清政府急需大量外语人才，一些专门外语学校出现，除京师同文馆外，在东南沿海也出现了类似的外语学校。这一时期出现的满族女子学校是满族教育史上的重大突破。第二个时期，光绪二十八年（1902 年），清政府下令将宗学、觉罗学、八旗官学，改为小学堂或中学堂，由京师大学堂统一管理。各省八旗官学也改为小学堂。主要招收满族子弟的京师同文馆也并入了京师大学堂。同年（1902年），清政府成立了宗室觉罗八旗中学，学制 5 年，由吏部尚书张百熙兼任校长，开始了班级授课制。光绪二十九年（1903 年），北京的八旗学校

---

① 李学诚：《试论满族饮食文化的发展》，《辽宁广播电视大学学报》2001 年第 2 期；包玉坤：《满族饮食文化研究》，吉林大学硕士学位论文，2008 年。

改为八旗第一至第八高等小学堂。光绪三十年至三十一年(1904 年至 1905 年)又建左翼八旗第一至第八小学和右翼第一至第七小学堂。在满族人口较多的奉天省也建立了一批高等小学堂和盛京八旗中学堂。吉林、黑龙江除为满蒙八旗子弟设立初等、高等小学堂、中学堂外,还设立了各类初等与高等实业学堂。光绪三十四年(1908 年),黑龙江将军程德全在齐齐哈尔创设满蒙师范学堂。光绪三十二年(1906 年),清政府设立旗员仕学馆,专门教习实缺候补及在籍旗员,学额 89 名,学制 2 年。其办学宗旨是"储新政人才"。光绪三十一年(1904 年),奉天将军创立奉天法政学堂,这是大学专科学校,招收省内候补官员及满汉士绅子弟。学习科目较新,引用国外教科书,聘外国教师及归国留学生任教。①

第二节 蒙古族

一、科学技术的发展

清末数学家都伦,著有一部《贻笑大方算草》,又名《少广章初稿》,光绪三十二年(1906 年)刊行。此书对数学科学的发展有一定的影响。另一部数学家瑞浩撰的《筹算浅说》一书,曾收入《八旗艺文编目》。

晚清,在蒙古医学的发展中,有一些医学著作问世。20 世纪初,内蒙古医学家龙日格丹达尔注解《四部医典诠释》,锡林郭勒的吉格木德丹金扎木苏著《观音之喜》,鄂尔扎克旗敖斯尔著《普济验方手册》等。这些著作使蒙古医学体系更趋完善。同治十一年(1872 年),较知名的蒙药学著作《普济杂方》出版。该书分 16 章节,收载 280 余种验方,搜集整理了蒙古族民间流传的各种单方、验方,内容极其丰富。②

---

① 王维:《晚清伯都讷满族教育概况》,《松原日报》2013 年;程平生:《清代京师八旗官学教育研究》,陕西师范大学硕士学位论文,2008 年;张杰:《清代东北满族文化教育简论》,《满族研究》1995 年第 2 期。
② 董杰、郭世荣:《草原科技文明的历史分期与基本特征》,《论草原文化(第六辑)》2009 年;马桂英:《略论蒙古草原的科技文化》,《哈尔滨学院学报》2013 年第 2 期。

二、晚清婚丧习俗的变化

　　清末蒙古地区许多婚俗又有了新的变化。例如东北的扎赉特、郭尔罗斯、杜尔伯特等部："结婚重媒妁，聘用牛马，多寡不等，首饰必备，分两期纳之。吉礼有大娶小娶之别。殷富者，馈牛马四头，行迎娶礼，曰大娶。娶时，婿身披红布，曰哈喳布，佩腰刀，示尚武。先赴女家，宿留兼旬，曰吃筵。迨新妇车轿出门后，请喇嘛沿途颂经，新妇入洞房，婿佩刀悬房门外。是日，邀亲戚邻里相宴饮。小娶者，贫不能具礼赘女家，女仍垂髫，不妇装，异时婿积资稍裕，可补行大娶礼。往往子女成行，随母入门，而翁姑受拜，仍以新妇称之。"①实际上，补行婚礼时多禁忌，蒙人小娶，婿赘归家。所生子女，正娶时不能由门登车，皆自窗间抱出。喇嘛在婚礼中的作用也不限于颂经，"蒙古婚，迎新妇至门，男女各解其发，由喇嘛合并梳之，盖取结发之义"。②

　　清末受周围民族的影响，某些地区蒙族的葬式又有新的变化。如东北扎鲁特地区，受满、汉民族影响较多。"初丧，丧主赴土地祠醮奠，并请喇嘛诵经，无丧制服、棺木……""今多仿行旗籍，稍变旧俗，坟式下方而上锐，富家亦庙葬。初丧家人舁尸端坐，周身缠白布，殓入坐棺。就门前除地筑庙如坛埠，瘗柩其中。惟此耗资甚巨，此等坛墓多不见。"③在察哈尔地区受汉族影响也有这种情况："近渐有坟园者，然无多耳。"④各地都有服丧习俗。父母亡，守孝七七四十九日。并从死者亡日起，诵经四十九日。其家不杀生，其子不理发，以尽孝道。丧葬之日亦如此。夫死，其妻剪发，卸下耳环，脱去外褂，四十九日不穿着佩带彩绸衣物。⑤ 忌日致祭，各地习俗大同小异。在扎鲁特"忌日祭……蒙籍则延喇嘛诵经，仅

---

① 《龙城旧闻》卷3。
② 桂丽：《布里亚特婚礼仪式及社会角色的转换研究》，中央民族大学硕士学位论文，2012年；阿古拉：《民族学视野中的呼和浩特蒙古族婚礼仪式研究》，内蒙古大学硕士学位论文，2011年。
③ 《龙城旧闻》卷3。
④ 《蒙古行纪》。
⑤ 《西域图志》卷39。

备香供,无筵席"。① 在卫拉特地区,每到忌辰,则贡上果品乳类祭祀,每到草青时节,悼念其先祖,也以一醊奠之。②

三、晚清蒙古族教育的发展

蒙旗官学与私塾的建立。同治四年(1865 年),在科尔沁建立了昌图蒙古族小学堂。光绪十二年(1886 年),在卓索图盟唐古特喀尔喀王府设蒙文家塾。光绪十八年(1892 年),在库伦卧力吐还兴办了汉学私塾,用儒家思想进行启蒙教育。次年,在岗岗也办起了一所私塾。清晚西部蒙旗教育又有新的发展。道光二十五年(1845 年),在杨家巷设义学一所。光绪十一年(1885 年),又增设四所义学。这些义学,均以学习"四书""五经"为主。同治九年(1870 年),先后又设立"长白书院"和"古丰书院"。此后,自光绪三十年(1904 年)至三十一年(1905 年)间,在归化、绥远二城,设有"左右翼五路蒙养学堂""满蒙学堂""土默特小学堂""土默特蒙养学堂""武备学堂"等。光绪二十四年(1898 年)10 月,库伦办事大臣还创办了一所官学。

晚清蒙旗学校教育的发展。光绪三十四年(1908 年),由学部奏准于京师创办"满蒙文高等学堂"。宣统元年(1909 年)1 月 9 日,蒙藩王公等于北京创设"殖民学堂"。光绪三十一年(1905 年),清政府废科举,兴学校,东蒙古各"蒙旗兴学"进入了一个新的时期。是年,科尔沁左翼后旗札萨克亲王捐资在本旗马家屯设蒙汉小学堂一处,后称麦林布伯小学堂。同年七月,在昌图城外僧王祠设公立蒙古小学堂一处,学制五年,设修身、历史、地理、算术、读经字、体操六门学科。同年,在开鲁设私立国民小学堂一所。次年,在昌图府城外僧王祠院内,创建初高等学堂一所,名为科尔沁左翼三旗蒙汉小学堂。光绪三十四年

---

① 《龙城旧闻》卷 3。
② 《西域图志》卷 39。白沙如拉:《试论科尔沁蒙古族丧葬习俗的变迁》,内蒙古大学硕士学位论文,2012 年。

（1908 年），库伦兴源寺二十二世掌教喇嘛札萨克达阿克旺巴勒丹在寺内创办蒙汉学堂一所。宣统元年（1909 年），库伦旗街里建立一所初、高两级学堂，至宣统三年（1911 年），学生已近 500 人，规模较大。清末，在昭乌达盟各旗和辽北蒙边也办起几所学校。宣统二年（1910 年），巴林右旗创办新式学校。在辽北蒙边元康平还建立了蒙古博王府学校。同年，在奉天省城设立了"奉天蒙文学堂"。清末，在内蒙古西部以土默特旗地区为中心同样创办了许多学堂。如 1907 年 2 月，归化城土默特副都统文哲辉奉部令，将启运书院改为土默特高等小学堂。1908 年 7 月，把归化小东街文昌庙的蒙小学堂，正式改为土默特第一初等小学堂。次年，又在小东街关帝庙内添设土默特第二初等小学堂。与此同时，经绥远将军贻谷批准，在包头镇召梁街福徵寺设半日制小学一所，名为土默特第三初等小学堂。除上述小学外，在土默特旗境内四乡各村镇，广设半日学堂，普及教育。官立、私立、全日制、半日制小学堂纷纷设立。

同一时期，在外蒙古地区也出现了一些学校。早在 1898 年 10 月，由库伦办事大臣衙门主持建立了一所官学。光绪三十四年（1908 年），在库伦建立一所"育养学堂"。宣统二年（1910 年），在乌里雅苏台、札萨克图盟、赛音诺颜盟所在地，分别建立一所"满蒙学堂"。宣统三年（1911 年），又建立了一批满、蒙、汉文学校。

清末，位于我国西部的青海蒙古族地区，居住着 28 个旗的蒙古族人民。在青海，近代学校教育直至宣统二年（1910 年）才开始出现。是年，青海办事大臣于西宁创办蒙古学堂一所，专收蒙族子弟。在此之前，青海蒙古地区实行寺院教育。①

---

① 王胡伊乐：《清末民初蒙古族学校教育发展研究——以〈盛京时报〉为例》，内蒙古师范大学硕士学位论文，2012 年。

第三节　回族

一、晚清回族文学与艺术的发展

文学方面。晚清回族诗坛人才济济。福建萨门诗人依然人才辈出。萨玉衡长子萨大文,道光二十年(1840年)中举人,与弟大年合著《荔影堂诗钞》2卷。萨龙田(1811—1881)有《湘南吟草》1卷。四川诗人马叙午(1864—1912)长于诗词歌赋,有诗集《月赋》。山东青州人丁渥恩,同治年间举人,有《郭仁堂诗钞》1卷。安徽桐城人马宏遇(1812—1875),有《米山诗存》2卷;马迪元(1814—1849)有《涵达堂诗草》2卷。湖北地区诗人辈出,李若虚之子李瑜,善诗,有《颐云书屋诗钞》。李瑜之子李征棠,有《养愚书屋诗钞》。马元恺(1835—1894),曾创诗社,留下许多诗篇,辑成《覆礜山房诗集》《红杏山房诗集》。晚清随着西北地区文化教育事业的发展,回族文士也日益增多。兰州皋兰人马世焘(1809—1875),自幼酷爱诗词,曾创作大量诗篇,今仅存《枳香山房诗草》2卷。甘肃回族诗人马中律,同治十二年(1873年)进士,善诗文,有《雪斋拾遗》1卷。清末,回族作家的散文写作不再停留在自然景物的描写和碑传题跋酬赠之作,改革社会、争取民主成为散文的主流。光绪三十三年(1907年),国内14省留学日本的36名回族青年发起成立了"留东清真教育会"。次年,该会在日本东京出版了刊物《醒回篇》。《醒回篇》第一号上发表的10篇论说与几篇内地来稿,代表了这个时代觉醒的回族新一代追求民主的资产阶级知识分子的政治、宗教观点,配合了当时蓬勃开展的国内民族民主运动。①

艺术方面。晚清最有名的画家郑珊(1811—1897),安徽怀宁人。其画以山水、墨梅为主,旁及人物、花鸟。尝游黄山,作《黄山画》24幅,名闻遐迩。曾收徒黄宾虹,为近代国画大师。其弟郑琳(约1819—1898),于

---

① 朱昌平、吴建伟主编:《中国回族文学史》(近代部分),宁夏人民出版社2006年版。

山水、人物、花鸟、草虫均极擅长，作品造型准确、自然生动。现存作品有《花卉轴》《梅鸟条轴》《雪中送炭图》《春江水暖鸭先知》等。安徽怀宁还有一位画家郑镜，工墨笔花卉，又善画蟹。安徽太和人马存一（1811—1900），其画既师法传统，又重视师法自然，充满浓厚的生活气息和强烈的生命力，书法造诣也高。西北地区晚清画家马虎臣（1824—1898），甘肃兰州人，晚年喜以泼墨作山水，曾在兰州五泉山千佛阁东壁作《五松流泉图》，观者叹服。善墨牡丹，人称"马牡丹"。他在西北，特别是回族中有很大影响。清末还有几位回族画家名闻画坛。马荣卿之子马光荣，承家学，喜画鸟虫。安徽和县人王仁斋，擅画工笔花鸟画和人物画，故宫紫光阁有其手绘"五十二功臣像"。光绪十年（1885年）入如意馆，加六品御史，书画名闻京师。安徽无为人安和，学米芾山水画，以大混点写雨景，山水用墨点染，颇得米派真意。云南大理人马国庆，擅长山水画。浙江嘉兴人金尔珍（1840—1919），与当时著名书画家吴昌硕、任伯年等过往甚密，结为兄弟。擅画山水，尤喜画梅。作品有《仿李长蘅溪山晴霭图》《梅花草堂岁朝图》《梅花奇石图》等。天津书画家刘小亭（1843—1924），其画笔锋挺秀，气韵沉厚，既注重传统笔法，又富于写实创新，能融书画笔画技法为一体，遗作收入《玲珑画》。晚清回族中有许多造诣颇深的书法家。湖北沔阳人马家麟（1810—1887），书法宗颜、柳，早年以行楷著称，晚年善写草书。南京人端木埰，道光二十九年（1849年）优贡，曾任内阁侍读，书法宗颜真卿，工小楷，曾手抄《经史粹言》《读史法戒录》。福建晋江丁燧，精草书，颇有怀素之风。河南济源人袁森，善真草隶篆，作品受江南人喜爱。马维琪（1846—1911），云南阿迷人，官至四川提督。工书法，学颜真卿，遗墨有武侯祠石刻《隆中对》。吴翼修（1879—约1947），河南邓县人，秀才，酷爱书法，临摹颜、柳、欧、赵，渐成一家。书法名扬中原。阿拉伯文书法在晚清有了很大的发展，并进一步普及，作为一种书法艺术更加成熟。天津人曹万兴，擅长用"改兰体"书写阿拉伯文。现天津大寺北讲堂、礼拜殿等处保存有其中堂、经文楹联。万景和，穆斯林尊称其为"万巴巴"（先师之意），所抄《古兰经》，书法精美，后代竞相仿效。

天津张名远,善"水笔体"。阿拉伯文书法,作品苍劲古拙,有朴穆之气。道光二十六年(1846年)所书三块阿拉伯文巨匾现存天津大寺殿中腰门上方悬挂。在金石、碑刻、古器物鉴赏方面,回族中也出现了许多专家。哈少夫(1856—1935),江苏南京人,著名金石、书画、古器物收藏家与鉴赏家,著有《宝铁斋书画》5卷。鉴赏家袁回子,佚其名,也是江苏南京人,光绪初在北京琉璃厂开设古玩店,精于鉴赏书画、碑帖,对碑帖中诸本字数差异,熟悉得不差毫厘。在篆刻方面,晚清回族也有几位负有盛名的专家。穆云谷(1875—1938),字寿山,天津人。有画名,善山水、花卉,尤精于篆刻,金石界有"南有吴昌硕,北有穆寿山"之誉,著有《寿山印谱》。梁文越,字砚生,北京人,就学于篆刻名家吴梦兰,开设"印痕楼"刊印社,成为当时著名的金石篆刻家。在砖刻方面,河州砖雕艺术又取得了重大进步。光绪年间马忠良为宁夏同心清真寺制作了大量砖雕作品,其中巨幅壁照,长9米,高6米,极其精妙壮观,为中国砖雕艺术杰作。与此同时,天津砖雕也在晚清崛起,堪与河州砖雕媲美。玉器工艺是回族的传统民间工艺。晚清北京牛街有一位姓刘的玉器雕刻艺人,以雕刻烟壶闻名。烟壶两耳所做兽头俗称"兽面",人们将"兽面"雅称为"寿面",故称这位艺人为"寿面刘"。他有弟子18人,均为玉器雕刻专家。清末评书艺人马诚方,原籍甘肃永昌。父为运河船夫,因生计困难,随父飘泊江湖,以说《水浒》为生。后定居北京,演技日臻,自成一派,成为京中著名评书艺人。[①]

二、教育、宗教、翻译学与史学

晚清回民新式教育始于光绪三十二年(1906年),当年童琮于镇江创办穆原学堂。童琮(1864—1923),江苏镇江人,毕生致力于回民教育。

[①] 凌明、世愉、杨林:《回族美术史稿》,《新美术》1992年第2期;朱淑娥:《阿文书法在回族民间工艺美术中的应用研究——以宁夏地区为例》,《美与时代(中)》2014年第11期;洪梅香、刘伟:《回族雕刻艺术》,宁夏人民出版社2006年版。

创办《益我报》宣传普及教育主张,又发起组织东亚清真教育总会,对推动回民教育,贡献甚大。同年,安铭在北京创办宛平民立初级小学。翌年,王宽在北京创办回文师范学堂,马邻翼在湖南邵阳创办清真偕进小学。此外,全国各地,凡有回民之处,无不设立回民小学。在创办回民小学乃至推动整个回民教育中,著名回族教育家王宽起了很大作用。王宽(1848—1919),北京人,出身于经学世家,曾出任各地教长,致力于培养经师。光绪末年朝觐时赴土耳其、埃及考察,大长见识,始知世界大势非重视教育,不足以图存,遂大力提倡兴学。归国后,即在京师与王友三、达浦生等创办回教师范学堂。翌年,又在马邻翼等帮助下,创立京师清真第一两等小学堂。这所学校是回民近代小学的典范。学校实行七年一贯制,初小四年,高小三年;课程有修身、国文、历史、地理、几何、代数等,每周加授五节阿拉伯文。不久,北京陆续建起 12 所分校。当时著名的小学还有达浦生于 1908 年创办的江苏六合广益小学、1908 年创办的开封养正小学堂、1908 年创办的上海务本两等小学、1912 年武昌创办的清真小学等。

晚清,正当伊斯兰教在中国的译经活动衰落之时,以马德新为首的回民穆斯林云南学派,继承马注的学术传统,异军突起,活跃于经学论坛。马德新(1794—1874),云南太和(今大理)人。他精通阿拉伯文、波斯文。1841 年至 1848 年,曾赴麦加朝觐,遍历阿拉伯、西亚、东南亚各伊斯兰国家。归国后在云南各地设帐教学。晚年致力于伊斯兰教著述活动。主要有阿拉伯文著作《朝觐途记》《道行究竟》《天方历源》《礼法启爱》等。他是我国第一位用阿拉伯文著书立说的穆斯林。汉文译著有《宝命真经(古兰经)直解》(未译完)、《四典要会》、《大化总归》、《醒世箴》等共达 30 余种。其徒马安礼,云南泸西人。马德新的大多数阿拉伯文著述,均由他协助译为汉文。马德新的另一位弟子马联元(1841—1903),云南新兴州(今玉溪)人。他首创汉文、阿拉伯文双语学堂,致力于编写经堂教育教材,有《绥勒府》《纳哈五》《穆希莫提》《尔姆德》等;汉文著作有《辨理明证》;《亥听译解》是我国最早的《古兰经》汉选译本之一。晚年在印度讲经,所著《讨绥哈》上卷在孟买出版。其他阿拉伯文著作还有《四篇要道》《性理本经》《教典经注》等。

晚清有不少善于翻译的回族学者、通事。光绪年间,马安礼据埃及诗人舍赖弗丁·穆罕默德·蒲绥里所著《衮衣颂》并参考其他阿拉伯诗作译解为汉文。共 10 篇,每篇若干章,有阿拉伯文原诗对照,及译者注释。是书于光绪十六年(1890 年)完成并刊印出版。著名大阿訇王静斋,原名文清,天津人,曾留学埃及艾资哈尔大学,回国后主持回教俱进会所属之中国回教典籍编译社。他学识渊博,精通伊斯兰教经典及阿拉伯文、波斯文、英文。

晚清回族史学家李心地(1852—1931),湖北沔阳人。光绪十八年(1892 年)进士。曾编制周秦至清末《历代帝王世系表》,撰有《说文部首注释》《沔阳州志举正》。①

三、晚清回族服饰与饮食的变化

晚清回族服饰在回族聚居区有着明显的特色。头部装饰最为典型。男子喜戴用白布制作的圆帽,一种是平顶的,一种是六棱形的,有的还在圆帽刺上精美的图案。圆帽有的是用白漂布制成,有的用白线或黑色丝线织成,往往还织成精美的几何图案。回族妇女常戴盖头,盖头分三种:老年妇女戴黑色,中年妇女戴白色,未婚姑娘戴绿色或彩色。盖头料子多用质地柔软的丝绸或细棉布制成。海南羊栏回族妇女的盖头保持"存古"风格,早期的盖头罩住全脸,只露眼孔,后来逐渐演变成自头顶下套,垂至肩后,遮住两耳。在服装方面,西北回族聚居区的老汉爱穿白色衬衣,外套黑坎肩。回族妇女冬季一般戴黑色或褐色头巾,夏季戴白纱巾,并有扎裤腿的习惯;青年妇女冬季戴红、绿、蓝色头巾,夏季爱戴红、绿、

---

① 张学强:《西北回族教育史》,甘肃人民出版社 2002 年版;纳麒:《从回族角度谈伊斯兰教中国化》,《回族研究》1999 年第 4 期;孙忠伟:《清代回族学者史学成就述论》,兰州大学硕士学位论文,2010 年。

黄色薄纱巾。西北山区回族妇女爱穿绣花鞋。海南羊栏回族妇女，上衣都为右斜襟大褂，在顶襟按银（布）扣三颗，肋下二颗，两袖均为驳袖，大小不一，胸、背均开中骨，衫长至臀，布料多为纯白布薄布，胸前另围一条凸字形的黑色似围裙的布幅；裤子多为黑色，很少穿裙。

　　晚清各地回族不断改进烹饪技术，逐渐形成了中国清真菜肴的主要系统：一是以北京为中心、长江以北的北方清真系统，它受山东、淮扬菜影响较多，烹调方法精细，特别擅长牛羊肉的加工；二是以新疆、甘肃为主的西北清真菜系，保留了较多阿拉伯、中亚地方的饮食特点，以炸、煮、烤口味浓厚的菜为多；三是杂居南方、沿海地区的回族清真菜，风格比较多样，口味较清淡，以海鲜、河鲜、禽类为原料的烹饪尤具特色。①

第四节　维吾尔族

一、晚清维吾尔族文学与艺术的发展

　　文学方面，生活于 19 世纪末的这一代维吾尔族文学家将他们所目睹所记忆的事物，从各自的视角作了广泛而真切的记述，开创了维吾尔纪实文学的新阶段。问世于这一时期的文学作品中，颇具影响的有阿若孜·穆罕默德著《伊斯兰之书》、艾里毕著《崇高的爱弥尔》、乌米德著《战斗之书》、穆罕默德·艾兰木著《喀什噶尔史》、卡赛木伯克著《固尔扎事件汇编》、穆罕默德·萨里赫·雅尔坎迪著《穆斯林国家的圣战》、毛拉毕拉勒·玉素甫著《中国穆斯林的圣战》《长毛子玉素甫》《努祖古姆》、萨依德·穆罕默德著《苦难记》、毛拉夏克尔著《凯旋书》、玛赫穆德·谢赫艾里毕著《阿古柏汗历史》、库尔班素皮著《毕达吾来特历史》、毛拉穆萨·赛拉米著《安宁史》和《伊米德史》、穆罕默德·阿扎日甫著《费尔干纳和

① 白世业：《回族服饰》，宁夏社会科学出版社 2005 年版；楼望皓：《新疆穆斯林饮食文化》（第三章　回族饮食文化），新疆青少年出版社 2012 年版；杨英杰：《近代保定回族与饮食业探析》，《中国回商文化（第二辑）》2009 年；李正清：《昭通回族文化史》，云南大学出版社 2009 年版。

喀什噶尔史》、阿不都拉阿帕尔・穆罕默德尼雅孜著《穆斯林的圣战》。《安宁史》和《伊米德史》是问世于这一时期的诸多作品中具有代表性的两部著作。它们记述了 1864 年席卷天山南部的维吾尔族农民起义的宏伟场面,记述了阿古柏入侵天山南部并逐一毁灭喀什噶尔和田、库车等地维吾尔农民起义的过程,记述了清军消灭阿古柏收复南八城的经历。全书布局严谨,行文流畅,表述清晰,是两部有着极高文学价值和学术价值的作品。

艺术方面,晚清维吾尔族的民间舞蹈,擅长于头部和手腕的运用。通过头、颈和手腕的多种变化,加上昂手、挺胸、立腰、跳跃等姿态,以及眼神的巧妙配合,使其舞蹈别具一格。微颤和旋转,是维吾尔族民间舞蹈中富有特色的动作,膝部规律性的连续微颤,或变换动作一瞬间的微颤,使舞蹈动作柔和优美;旋转动作形式多样,各种舞蹈都有其特点,通常把竞技性的旋转表演作为舞蹈的高潮。晚清维吾尔族各类建筑装饰图案花纹美观,结构精巧,变化无穷,以植物、动物、几何图案为主,多为二方连续、四方连续,各种纹样均以对称、并列、交错、连续、循环等手法构图。各种图案花纹大体上可分为七类:一为植物花纹,二为几何图形,三为各种自然现象,四为亭台楼阁、山水风景,五为生产、生活用具,六为各种乐器,七为《古兰经》经文、诗歌和圣、哲、贤人的至理名言等优美的书法。①

二、晚清维吾尔族丧葬习俗与饮食的变化

晚清维吾尔族葬礼。死者临终前,亲友都要前来念"都瓦"告别,儿女在床前领受遗嘱,阿訇盖章以示证明。去世之后,其面部要朝西南方向安放,并用干净白布遮盖,用白布绑住其下巴,使其嘴闭着。堂兄弟或

---

① 阿不都克热木・热合曼主编:《维吾尔文学史》,新疆大学出版社 1998 年版;黎蔷:《新疆民族舞蹈史略》,《新疆艺术》1997 年第 2 期;左力光:《新疆伊斯兰教建筑装饰艺术的特征》,《兵团教育学院学报》2003 年第 3 期。

宗教职业者为死者净身,若死者是女的,则要由同辈的妇女来洗。用净水洗涤三周,然后缠以白布。一般男性缠 3 层,女性缠 5 层,再在死者身上撒香料。家属将分好的钱和财物分给寺里的阿訇和其他人,每人一份。然后行"站礼",参加葬礼的亲友都要戴上"拜勒瓦舍"(系在腰间的白布),由阿訇念经祈祷,并介绍死者的业绩和为人,祈求真主保佑,愿死者安息。站礼结束后,将遗体抬往墓地。墓成长方形,长 2 米,宽 1 米左右,深近 2 米。在坑壁上挖一洞穴,置尸于洞中。入葬前,由阿訇念经,送葬人各抓一把土,在念经后撒在尸体周围。坟的外形大都是长方形的,也有圆形的。在坟旁插一树枝,作为标记。有的坟地周围还砌成长方形的墙。送葬的当天晚上,死者的亲属(男性)要在墓前点灯守灵,并请阿訇念"平安经"。如死者是家长或家中重要成员,家属在 40 天内不理发、不梳头、不唱歌跳舞,并为死者服孝 7 日。有的地方人死后 40 日内,家中的灯必须长明不熄。入葬后举行祭奠仪式,死后 3 天、7 天、40 天和周年,均要请阿訇念经,并要请亲友前来参加。

晚清维吾尔族的食物种类更多。平时饮食以面食为主,最常吃的有馕、抓饭、包子、面条、拉条子、揪面片、面丝汤等。米食中主要有抓饭。馕是最主要食物,有多种。一种叫"格吉德"馕,用发酵的面做成,直径约 10 厘米,厚约 5—6 厘米,中间有一个孔。这是所有馕中最厚的,维吾尔族多吃这种馕。一种叫"艾曼克"馕,直径约有 40 厘米～50 厘米,中间薄,边沿略厚,是最大的馕,也是用发酵的面制作。一种叫"托喀西"馕,最小的馕,只有茶杯口那么大,厚约 1 厘米。一种叫"西克曼"馕,是把冰糖化成水涂在馕的表面,烤成后冰糖在表面结成晶。一种叫"阔西"馕和"阔西格吉达"馕,都是肉馕,作法是把肥羊肉切碎,放上洋葱、盐和一些佐料,然后在发酵的面里或包在里面烤成。一种叫"喀克齐"馕和"比特尔"馕,都是油馕,作法是以没有发酵的面和羊油、清油,擀薄后烤成。各种馕都是用馕坑烤成。包子的种类也很多,主要有烤包子(沙木特)和薄皮包子(皮特尔曼吐)。烤包子的基本方法是:用油、牛奶加水和面,用羊肉、洋葱、孜然粉、胡椒粉等拌成馅,包成方形或三角形,用花刀切花边,然后在馕坑里烤熟。薄皮包子的制作方法与烤包子差不多,但不在馕坑里烤,而是用蒸笼蒸。这种包子的特点是皮擀得很薄,透过外面的皮几乎可以看到里面的馅。抓饭也是维吾尔族最富特色的食品之一。其做法简单,用料主要有大米、胡萝卜、肉(羊、鸡、牛肉均可)、油、葱头。有的抓饭还放葡萄干、杏干等。较有特色的肉食有烤羊肉串、烤全羊、煮羊杂碎等。①

三、晚清维吾尔族教育的变化

阿古柏入侵新疆时期维吾尔族教育。阿古柏入侵天山南部的过程中,曾疯狂地破坏过各地的教育设施。只是到了后期,阿古柏才逐渐省悟到他对各地教育设施的毁坏只能加深当地维吾尔百姓同他的隔阂。于是,他让一些知名度较高的教育机构恢复了教学活动。根据阿古柏的命令,建造和田的"加迈清真寺"的同时,建造了"迈德力斯"。这座教育设施的主要建筑物,除课堂、宿舍外,还有配套的炊事和卫生设施。逐渐恢复的教育机构,尤其是高等教育机构,为阿古柏培养了一批下层军政官员和神职人员。在阿古柏统治的十余年间,毕业于各处迈德力斯的学生不断被派到军政单位,充当下级军政官员,或分配到各地清真寺,主持宗教事务。由于沙皇俄国最终占据了中亚地区,所以19世纪70年代以后,不再有维吾尔族迈德力斯毕业生赴中亚布哈拉城深造。结果直接获取"达赫毛拉"学位的人数大大减少。随之,"达赫毛拉"学位失去其原有的含义,逐渐成为对知识渊博的人的泛称。继续演化之后,"达赫"一词被等同于汉语的"大"字,出现了"大毛拉"的称号。同一时期,由于路途遥远,费用巨大,赴印度深造的维吾尔族迈德力斯毕业生也越来越少。于是享有"迈力维"学衔的人如凤毛麟角。这一时期,备受推崇的教育家有赛依德·阿尔德拉尼。他在喀什噶尔的阿帕克和卓迈德力斯执教数

---

① 开赛尔·库尔班:《维吾尔族的丧葬文化》,《中国民族》2008年第5期;罗会光:《简论维吾尔族饮食文化》,《中国穆斯林》2008年第4期。

十年。另一受推崇的教育家是毛拉穆罕默德·谢日甫。他在艾提卡迈德力斯执教近60年，弟子众多。毛拉阿布里米提也是当时享有盛名的教育家之一。他曾就学于中亚布哈拉城，见多识广，治学严谨，受到人们的普遍敬重。

　　左宗棠、刘锦棠主政新疆时期的维吾尔族教育。1880年5月25日，左宗棠向清朝中央政府报告新疆善后事宜的时候，将教育（义塾）列为善后工作的七大重点之一。1883年8月，新疆学堂增到77处。每堂学童15至20名不等。学童使用的教材以及各种文具均由当地政府提供。1886年，刘锦棠建议将维吾尔学童中能诵经书、讲解文艺者，取作佾生。清政府批准了刘锦棠的建议，从而开辟了维吾尔学童的科举之路。在维吾尔民族文化史上，突起于这一时期的世俗教育，有着重大而深远的意义。开创这一事业的是一位名叫扎伊提的维吾尔学者。扎伊提出生于霍尔果斯的麻扎村，早年曾赴俄求学。学成归来后，在宁远（今伊宁市）创立了第一所维吾尔世俗学校，取名为"伊犁学校"。与此同时，在天山南部，也兴办了一系列世俗学校。其中著名的有阿图什的"玉赛音尼亚学校"。这是由当地绅士玉赛音·穆萨巴耶夫于1885年创办的。1889年，玉赛音·穆萨巴耶夫在伊犁又兴办了一所世界学校，也取名"玉赛音尼亚学校"。塔塔尔族的文化人士对维吾尔世俗教育事业的发展作出过重大的贡献，尤其在伊犁地区，维吾尔世俗学校的算术课程，基本上是由塔塔尔族教员担任的。一位名叫嘎宾托夫·谢尔甫丁的塔塔尔富商因为出资给"伊犁学校"建造了2间教室、18间学生宿舍，而受到当地公众普遍的赞誉。出现在这一时期的维吾尔世俗教育，虽然对社会的覆盖面极为有限，但是，它的出现毕竟给维吾尔族社会带来了一种新的激励。尤其需要强调的是，由清政府地方当局出资开办的义塾和由民间资助兴办的世俗学校，成为这一时期维吾尔族教育事业的一大特征。①

---

① 何向红：《维吾尔族教育近代化的历程》，《新疆师范大学学报（哲学社会科学版）》2003年第2期；热合木吐拉·艾山：清末维吾尔族教育改革运动（一）》，《和田师范专科学校学报》2012年第3期。

第五节 藏族

一、晚清藏族教育的发展

清代前中期,藏族教育以寺院教育为主体,满足不了整个藏族社会各种范畴、各种类型、各个阶层的需要。甘、青、川藏区由于与汉地接近,私塾教育出现较早。主要是土司头人的子弟进入私塾,或将私塾设在土司衙门,请教员讲授。同时,在清末,藏汉杂居区设立许多书院。四川甘孜地区的私塾教育比其他藏区见长。1904 年,打箭炉直隶厅同知办大同学校;王锡珍办官话(汉语)学堂。1904 年至 1907 年,驻藏大臣等在拉萨试办蒙养院,招收藏汉子弟读书。这一时期噶厦政府还请英国、印度在亚东、江孜、拉萨等地开办英语学校,入校学生百人左右。同时,噶厦政府也曾派少量人员出国留学。

清末,赵尔丰任边务大臣时,在东部藏区大力发展新式教育,这是清代藏族教育发展的高峰期。1907 至 1911 年间,赵尔丰在巴塘、理塘、稻城、雅江、盐井、乡城等处设立新式学堂。大致情况是:1907 年,巴塘有学校 2 座,学生 60 名,教员 4 名;1908 年,巴塘、理塘、乡城、盐井等地有学校 34 座,学生 1038 名,教员 37 名;1909 年,上述地区等有学校 39 所,学生 1500 余人;1910 年,上述地区及邓柯、江卡、乍丫、察木多等处有学校 122 所,学生 3100 余名,教员 122 名;1911 年,上述地区及定乡、江口、稻城等处有学校 200 余所,学生 9000 余名。五年之中,学校、学生数均有大幅度增长,并且十分重视培养师资队伍。1911 年,清川边关外学务局招收学生 30 名,在炉城开办藏语专修学校。在此之前,1906 年在打箭炉曾设速成师范学校;在成都设藏文学堂,学制二年,以修习藏文及英文为主。赵尔丰在兴学上采取了许多措施。从教材与课程设置来看,当时所办的藏文学校,较为时兴,也较实际。以成都藏文学堂为例,所设科目有:修身伦理、藏语语文、英语语文、国文、历史、舆地、图画、测绘、算术、体操。课程的内容也很丰富,这从历史课教材大纲即可看出:1. 唐诏土蕃之归服及其改流;2. 土司 48 种支族及其党目风土;3. 土籍之遗传、殷周之挞伐、武侯之定泸、唐李韦之平戡、国朝之平定两金川;4. 藏卫自唐以来之沿革,达赖、班禅坐床次数;5. 戎兵额及建置驻藏大臣原委;6. 唐古忒兴废记;7. 西人逾印度、喜马拉雅山而窥藏始末;8. 廓尔喀之关系;9. 古来由蜀通印度之故事;10. 川滇藏之关系中原。1907 年满蒙文高等学堂附设藏文科,分藏文预科、正科、别科,招收藏族学生。藏文预科,学制 2 年;藏文正科,学制 3 年;藏文别科,学制 3 年。[①]

二、晚清藏族文学与宗教

文学方面,米旁嘉措(1846—1912)生于雅曲定琼(今四川省甘孜藏族自治州德格县)。据有关资料,他一生撰写了 32 部著作,涉及文学、佛学、工艺、历算等多个领域。著名的有《国王修身记》《诗注妙音喜海》等。在文学上颇有成就,有思想。在寓言小说方面,广大藏族学者写出了一批以动物为比喻的寓言体短篇小说。如西藏多仁·丹增班觉的《猴鸟的故事》、四川甘孜石渠巴珠·乌金吉美却吉旺波(1808—1887)的《莲苑歌舞》、甘南夏河贡却加措(1791—1858)的《牦牛、绵羊、山羊和猪的故事》。这三部作品齐名,被称为藏族寓言小说的三大名著。他们虽出生地域不同,出身、经历各异,但作品有一个共同点,即以犀利的笔锋,借助动物影射现实弊端,语言生动精确,抒发了人民的爱与憎。正因为如此,百余年来这些作品成为藏百姓喜爱的读物。

宗教方面,江珠云丹嘉措(1813—1899)生于康区江边的绒甲贝巴地方,幼时拜高僧为师,长成遍访高学,遂学问渊博,淹贯全藏。其著述颇丰,主要有《知识总汇》,是以佛学为主的五明学科知识。喜饶嘉措(1883—1968),生于青海省化隆县道帏乡。少时入古雷寺学经。长成前往拉萨哲蚌寺学习,遍修"五部大论"及五明诸科,遂声誉满全藏。主要

[①] 朱解琳:《藏族近现代教育史略》,青海人民出版社 1990 年版。

著作有《嘉饶嘉措佛学论文集》《喜饶嘉措文集》(1—3)等。①

第六节　壮族

一、晚清壮族地区教育的发展

(一)新学在壮族地区的兴起

19世纪90年代,维新派的首领康有为曾两次到广西讲学,来听讲的人很多。后来做过两广总督的岑春煊也常来听讲并与康有为"纵谈时事"。康有为在广西实力派人物唐景崧、岑春煊、蔡希邠等人的协助下,于1897年在桂林发起成立"圣学会"。不久,又创办了"广仁学堂",讲授经学、中西历史、中西地理等。康有为在广西桂林的两次教育活动是广西兴新学之嚆矢。巡抚黄槐森于光绪二十五年(1899年)奏设"体用学堂"于桂林,学生100人,开设经学、史学、算学、格致等科,并授英文。"体用学堂"开广西新学之始,是广西近代史上第一所既学中学又学西学的新型学校。1902年,广西巡抚丁振铎将广西体用学堂改为广西大学堂,裁撤桂林的桂山书院、秀峰书院、宣城书院,将这些书院的财物拨给广西大学堂使用,开设的课程有伦理、经学、历史、政治、文学、舆地、英文、算学等科。在教学方法上也进行了改革,将教学、自学、答疑结合在一起,学生颇受益。光绪三十一年(1905年)七月,清廷明诏废除科举,兴办学校。广西当局也以兴办学堂为急务,使广西各类学堂发展起来。如壮族聚居的州县龙州、归顺(今靖西),此时学堂大兴,甚至超过一些汉族聚居的州县。据1908年统计,龙州有两等小学堂1所,学生129人;初等小学堂17所,学生547人;归顺建两等小学堂8所,学生639人;初等小学堂9所,学生467人。此外,龙州还建立了广西边防将弁学堂、广西陆

---

① 马学良:《藏族文学史》,四川民族出版社1994年版;唐景福:《藏族文学史略》,青海民族出版社1998年版;王辅仁:《西藏佛教史略》,青海人民出版社1982年版;弘学:《藏传佛教》(第三次修订本),四川人民出版社2012年版。

军测绘学堂、广西边防法政学堂、龙州边防初级师范学堂、龙州实业学堂、广西边防陆军步兵教导团、广西陆军讲武堂、龙州师范讲习所、广西官立第二中等学堂及农业学堂。壮族学者曾汝璟从体用学堂毕业后不久，便于1903年资送日本留学。1906年，他的门生曾彦、张炳朝学成回国，受曾汝璟嘱托，在归顺将庙宇改做校舍教室，开设两等学堂，并增设中学部，后来学生增多，又另设师范班。从此，归顺学风大振。1907年曾汝璟学成回国，奉命为劝学所长，更积极兴办新式教育，使归顺被誉为"边疆模范"。

（二）教育行政机构的建立

光绪二十九年（1903年），岑春煊任两广总督，兼督广西军务。期间，他推行"富国强兵"之策，大力"办学育才"，选将练兵。是年七月，特设两广学务处，督办两广学务，制订兴学进行程序和实施第一期兴学计划。两广学务处为管理两广教育的行政机构。地方厅州县成立地方学务公所，选用绅耆，专管兴办学堂事宜。地方学务公所是厅州县的教育行政机构。

（三）壮族地区教育大发展

光绪三十一年（1905年），清廷明诏废除科举，此时广西各级教育机构日臻完善，管理得到加强，教育教学水平不断提高。特别是初步建立了一个包括由小学到大学和职业教育在内的教育体系。壮族地区教育从此步入大发展时期。

1. 小学教育

小学有小学堂、高等小学堂、两等小学堂三种。早在光绪二十八年（1902年），桂林、榴江、宜山、陆川、思恩五县就开始办小学堂。边远的壮族聚居区恩隆县（今田东县），1905年将原来的经正书院改为恩隆两等小学堂，1906年又在县内新建了祥周、平马、四平、林逢、作登五所小学堂。各府治所在地建立的两等小学堂和小学堂就更为普遍了。1906年12月确定以小学为各类学校教育之基础，七岁以上的国民，均有就学的义务，调查适龄儿童，分区设立小学。此外，由提学使司发布告：报名入初等小学,不须考试,不收学费,入学之后,查有程度较高者,直接挑选进高等小学堂学习。这是广西实施义务教育之先声。据宣统元年(1909年)统计,全省建有小学、两等小学堂1078所。另建女子小学堂20所。

私塾仍是广大壮族农村中最有影响的教育场所。私塾教师大多墨守成规,阻碍新学的发展。为此,当局对私塾制定改良章程,实行改革,规定私塾办学宗旨。为严格按学堂办法办学,还规定自光绪三十四年(1908)正月后,各地私塾必须到学务公所或劝学所教育会禀报注册,领改良章程,遵照办理。每月由视学员查视,办得有效,承认为合法,可立案,作为初等小学堂或两等小学堂;若仍从旧习,不遵守规定的,则予以取缔。

2. 中学教育

壮族地区最早的中学堂是1906年开办的"泗色中学堂"。到1911年辛亥革命前,广西全省共建中学堂16所。中学堂一般采用四年制,两年预科,两年本科。也有五年制或两年制的,但为数极少。

此外,还特设土司学堂,专门培养壮族土官子弟以使承袭。清初,壮族地区"改土归流"很不彻底。据统计,到清末尚有43个土司未归流,因此,"改土归流"仍是当局的政治要务之一。而要完成这一要务,就必须培训其政治人才。光绪三十三年(1907年),由广西巡抚张鸣岐奏请清政府批准于桂林设立一所土司学堂,于1908年8月开学。土司学堂"章程"中明确规定,学堂必须以"养成土族人才,改良土属之政治、风俗、文化为宗旨"。土司学堂分初等小学、高等小学、中学兼法政三级。

3. 师范教育

师范教育分为初期师范学堂与优级师范学堂。初期师范学堂包括讲习科、传习所等短期训练机构在内,主要是以培养小学堂教员为宗旨;优级师范学堂则以培训初级师范学堂和中学堂之教员为目标。

广西师范学堂始创于光绪二十九年(1903年),其前身为传经书院改办的梧州师范讲习社。后又于1904年在省高等学堂内附设师范速成科。光绪三十二年(1906年),又将广西高等学堂改为简易师范学堂。

1908年再改为广西优级师范学堂,面向全省招生。有些州县于1906年间先后开办简易速成师范学堂、师范讲习所或师范传习所等短期师资训练机构。至光绪末年,前后共办约34所,毕业生共2000余人,对解决师资的紧缺起了一定的作用。

广西提学使李翰芬上台后,为推广教育,决定分三区置初级师范学堂。平乐、梧州、当州、玉林为一个区,设校于梧州,于1908年2月先行开办,称为第一初级师范学堂;桂林、柳州、庆远、思恩为一个区,设校于桂林,称为第二初级师范学堂,同年9月开办;南宁、太平、泗城、镇安、归顺、百色、上思为一区,设校于南宁,称第三初级师范学堂,于1908年落成,1909年3月开学。1907年底,在省城桂林开办了女子师范学堂。

为了改良私塾,培养师资,1900年至1908年间,开办了38所塾师研究所,培训1000多人。这样,一个从简易到初级再到高级的师范教育体系建立起来了。

4. 实业教育

广西实业教育起步于1902年。根据广西的实际情况,当局确定发展实业教育"先兴农业,再及工商"的方针,认为农业之中蚕桑为大利所在,而广西气候温和,最宜种桑养蚕,于是在光绪三十二年(1906年)在梧州市郊长洲创设了梧州蚕业学堂。1907年,又在龙州设边防中等实业学堂,先办预科,随后专办蚕业本科。两所蚕业学堂学生毕业后,派往各地推广蚕业,改进养蚕技术。这样,容县、贵县、隆安、左州(今崇左)、玉林、那马(今马山)、马平(今柳州)等地便建立起讲习所传授种桑养蚕技术。1907年6月,黄锡铨从日本考察农业畜牧业与访聘教师回广西后,于临桂县同和村开办了广西农林试验场,并附设讲习所,于1908年正式开学,还聘用了外国教师。试验场附入学堂,供学生实习之用。学生由各地选送,以培养农林劝业员为目标。不久,这三所学校分别改为梧州中等农业学堂、龙州中等农业学堂、桂林中等农业学堂。开设的科目除蚕业外,还增加了农林兽医等科。1909年前,桂林已开设了两所艺徒学堂,两所速成工业学堂和一所工业简易教员讲习所。宣统三年(1911年),开始筹办中等工业商业学堂,分设于桂林、梧州、邕宁。桂林校以桂、庆、恩3属合办;梧州校以平、梧、浔、玉4属合办;邕宁校以南、太、泗、镇、归、百、上7属合办。此外,从1909年开始还筹设一些初等实业学堂或实业补习学堂。

5. 高等教育和留学教育

广西高等教育起步较晚且不发达,直至光绪二十八年(1902年)才在桂林体用学堂的基础上创办了广西大学堂,是为广西举办高等教育之开端。光绪三十四年(1908年),又在桂林创办广西法政学堂一所,设预科、本科。至清末,广西全省有高等学堂两所。

随着新学的兴起和发展,壮族地区留学之风遂开。壮族最早的留学生是归顺人曾汝璟,于1903年公费留学日本。清末广西公、私费留学生245人,其中不少来自壮族县份。如龙州有杨奇才等15人,宁明有甘浩泽等10人,归顺有曾汝璟等13人。主要是留学日本,也有留学美国、英国、德国的,学习农林、蚕桑、制革、工业理化、铁道、警察、陆军、法政等科。①

二、晚清壮族作家文学的发展

晚清,壮族文人辈出,其中一些文人在当时的文坛上颇有名气。

郑献甫(1801—1872),壮族,广西象州人,道光十五年(1835年)进士,官至刑部主事,从事教育工作30年,培养了不少人才。著作有《补学轩文集外编》12卷,收入序、论、说、传、铭等文章140多篇;《补学轩诗集》16卷,收入各种诗2800多首。郑献甫是当时岭南的有名诗人,也是当时中国诗坛的明星。

韦丰华(1821—1905),壮族,广西武鸣人。拔贡出身,执教10余年。著作有《今是山房吟草》,存诗400余首;《今是山房吟余琐记》5卷,记述

---

① 李彦福:《壮族教育发展概略》,《纪念〈教育研究〉创刊二十周年论文集(14)——中国地方教育研究(含民族教育等)》,2009年;李彦福、何龙群:《浅论壮族教育发展的分期及其特点》,《中国民族教育》1994年第2期。

了粤西一带的政治、历史、文化、风俗等方面的琐闻轶事。

黄焕中(1832—1912),壮族,广西宁明县人。贡生出身,曾为黑旗军首领刘永福幕僚 20 余年,归里后从事教馆。著作有《天涯亭吟草》,收入诗 400 余首。

赵荣正(1830—1900),壮族,广西龙州县人,拔贡出身,从事教育 10 余年。著作颇丰,今只存《霞坡吟物》一本及一些诗。

曾鸿燊(1865—约 1931),壮族,广西同正(今扶绥境)人,光绪十九年(1893 年)举人,从事教育 30 余年。著作有《瓶山全集》12 卷,分诗集和文集两大部分。[①]

第七节　其他少数民族(一)

一、锡伯族

(一)晚清锡伯族教育

1. 晚清西迁伊犁锡伯族教育的发展

据记载,西迁伊犁锡伯族的学校教育是从光绪八年(1882 年)开始的。当年,清军从沙俄手中收复伊犁,伊犁将军金顺进驻伊犁惠远城,清政府在伊犁的军政组织重新建立起来。随即锡伯营的旗营制也重新恢复和健全。清政府准备补发伊犁被陷时各部落、各营官兵的欠饷。当时署理锡伯营总管色布喜贤是一位崇尚文化教育的远见之士。他看到清政府给伊犁补发的经费数额很大,可以办一些事业,便把本民族的文化教育作为一项大事来抓。他与各旗官吏协商,拨出一部分款项,在八旗每个牛录各设一所义学,招收锡伯族学龄儿童学习文化知识。其教习主要来源于惠远城官办义学毕业生。光绪十二年(1886 年),总管色布喜贤又与惠远城管理官仓的主事徐老总(汉族)协商,借助徐老总的热心扶

---

① 欧阳若修等:《壮族文学史》,广西人民出版社 1986 年版;周作秋等:《壮族文学发展史》,广西人民出版社 2007 年版。

植,从官仓的汉族办事人员中聘请三名教师,在官仓大院内修葺几间房屋,从锡伯营八个牛录中的义学里挑选优秀生30余人,送到惠远城专学汉语文,学生在学习期间的一切经费均由徐老总处解决。光绪二十七年(1901年),色布喜贤被授任锡伯营领队大臣。他又在惠远城的衙门里办学校,招收60余名锡伯族子弟,进行满、汉文教学。并在锡伯营四、六牛录陆续修建校舍,挑选该牛录百余名学生集中学汉文。从此,锡伯族的学校普遍开展学汉文活动。几年内,锡伯营培养了一批精通汉语文的人才,这些人才在后来的锡伯族教育事业中发挥了积极作用。辛亥革命前,色布喜贤与索伦营老领队协商,两营联名上书伊犁将军,陈述伊犁地处边陲,为以后边务着想应积极培养懂俄语的人才,得到将军的同意。于是,他们从锡伯、索伦、新满洲(由锡伯营挑选出调拨到惠远城入了满籍的锡伯人)中挑选优秀青年学生20余人,送到俄国阿拉木图和托木斯克学习俄语,学费由国家负担。这批留俄学生回国后,为锡伯族文化教育作出很大贡献。到光绪末年,锡伯营领队大臣富尔固伦等主持锡伯营,自筹经费,在六牛录成立一所高等学堂,从八个牛录的义学里选拔优秀生百余名到学堂深造,每期三年左右。这所高等学堂为锡伯族培养了大批有文化的人才。

2. 晚清东北地区锡伯族教育

光绪二十七年(1901年),奉天筹办了一所大学堂。光绪二十八年(1902年),奉天省各级学堂,次第创办,其中有八旗公立小学堂,锡伯族子弟也可入校读书。到光绪三十四年(1908年),奉天省已建有大、中学堂以及师范、高等实业学堂30余所。在承德县(今属沈阳)、辽中县、新民县境内建立各类小学堂458所,学生18671名,教职员582名。而锡伯族多居住在农村,经济比较落后,这部分锡伯族分布区并未建立新式学堂,仍实行私塾教育,因而文化教育相对落后,其教育水平低于上述平均线。①

---

① 葛丰文、锋晖:《新疆锡伯族教育研究述略》,《民族教育研究》2003年第1期;葛丰文:《东北锡伯族教育述略》,《满族研究》1997年第1期;刘成:《锡伯族近现代教育概略(一)》,《新疆教育学院学报(汉文版)》1999年第1期。

（二）晚清锡伯族住宅的变化

晚清，锡伯族住宅总的来看是庭院式。大多数锡伯族的家院都筑有围墙。围墙是用泥土筑成的。房屋一般都在院中间，将庭院分为前后院。住房多坐北朝南，讲究对称。正房以三间居多，不盖四间，系忌讳"四六不成才"。家中人口多者盖五间。三间房东西屋住人，中间为堂屋做厨房。长辈住西屋，屋内南、北、西三面都有炕，西炕、西墙供祖宗和箱框上放祭器等。长辈睡南炕，幼辈睡北炕。窗户南三北二，窗纸糊在外面。儿媳住东屋。东屋近天棚处，横安一根椽子，以备吊小孩摇篮用。盖五间屋的，中间堂屋与西间之间只有屋梁，没有墙，连成特大间，外门与南炕之间有个固定屏风，不设锅灶。又在东、西间的两侧盖起稍低些的房子各一间，共五间。西厢房为内房或客房，东厢房为厨房。也有把东西厢房作贮存粮食、放农具的屋子。两厢房南头是碾房，碾房南面是马圈（也有放在东厢房南头的）。挨着马圈是猪圈。东厢房南头是磨房，磨房南边是牛圈、羊圈。烟筒均设在屋外东南、西北两角，厕所一般在东侧、北侧房外，严禁在西山墙外大小便。正房前面的东侧是狗窝，西侧是鸡架、鸭架。正房后面是后院，多是种植各种果树的，也有种植各种花卉的。再往后是菜园，种各种蔬菜。大门外和后院外，栽上柳树、榆树、槐树等。

锡伯族稍贫困人家的住房多是土房，用泥土堆垛而成，屋顶是用草铺的。富裕人家的住房多是砖房，用砖砌墙，屋顶用瓦铺盖。屋内陈设因各家条件与喜好不同而各异。[①]

二、鄂温克族

鄂温克族礼仪严格。

（一）尊敬老人

平时，晚辈见到长辈必须施礼问安，晚辈不准叫长辈的名字，要用尊

---

① 贺灵：《锡伯族风俗志》，中央民族学院出版社 1994 年版；贺灵：《中国锡伯族》，宁夏人民出版社 2012 年版。

称。长辈间谈话时,晚辈不准随意插话。若长辈向晚辈问话,晚辈则有问必答。长辈进屋,晚辈要立即站起来让座问安,未经长辈允许,晚辈不能入座。在路上遇见长辈,要下马向前问安。晚辈要出远门时,行前须向长辈请安。从外归来时,也要先向老人问安。老人外出归来时,晚辈要到室外或大门外迎接。鄂温克人的礼节是屈膝、侧身、作揖、叩头。鄂温克人吃、睡的位置都依辈分大小来安排,不能弄错。吃饭时,只有长辈动筷之后,晚辈才能用餐。吸烟时晚辈先向老人敬烟,晚辈吸烟不能向老人要火。

（二）家规严明

1. 儿女之规

鄂温克人严格要求儿女遵守礼节规范。要求姑娘老实、稳重、温顺、心灵手巧、上尊下爱。姑娘从八九岁就开始学打扫卫生、铺叠被褥等活儿,十几岁便学缝纫、绣花。大姑娘不能单独出门访客或游山玩水,必须跟随长辈或同姐妹结伴而行,不准出入男性青年之家。姑娘的婚姻由父母做主,父母去世,则由兄嫂做主。姑娘衣着要整洁。谈话要和颜悦色,不许大声喧哗,不能张口大笑。走路要稳重斯文,不能蹦蹦跳跳。站要直腰拢腿,坐要盘腿端正。姑娘出嫁后要孝敬公婆,尊老爱幼,做贤妻良母,勤俭持家,并做到井然有序。

儿子五六岁就开始接受各种礼仪和技能的培训。自幼学射箭、骑马,跟随大人狩猎。儿子必须孝敬父母,在父母面前要规规矩矩,和长辈说话要起身,在父母面前不能饮酒。父母在世时,儿子不能留胡子。儿子的婚姻由父母做主,成家后要顶起门户。在父母面前要表现出对媳妇和儿女的威严,要应酬家里对外交往。凡婚丧嫁娶,都由长子主持。父母健在时,长子要维持家庭团结,父母去世后,长子要照顾好弟弟妹妹。

2. 公伯之礼

鄂温克族的男子做了公公或大伯子之后,不能随意言语或谈论男女风情之事。若儿女、弟媳说错话或做错事,公公或大伯子不能当面批评她们,而要由婆婆或嫂子出面教育她们。如果婆婆、嫂子不在家,则要把儿子、儿媳或弟弟、弟媳一同叫来,当面温和地指出错在哪里,教导他们应该如何做。公公、大伯子在儿媳、弟媳面前不能袒胸露怀,不准在儿女、弟媳炕上坐,更不准躺在儿媳、弟媳的床铺上休息或睡觉。

3. 婆媳之间

旧时,鄂温克族儿媳在家庭中不仅地位低,而且有的还受欺。鄂温克族要求儿媳穿戴整洁,言谈举止有规矩。儿媳在老人面前不能大声说话,不准同丈夫争吵。儿媳每天要早起晚睡,早晨起来后,先给老人敬烟,帮婆婆梳洗。晚上也要向老人敬烟,给老人铺放被褥。每天做饭前,儿媳必须问婆婆做什么菜,婆婆说做什么就做什么。老人吃饭时,儿媳要在旁边伺候盛饭,待老人吃完后,儿媳方可用餐。家里来客人,儿媳要向客人敬烟,并做饭菜招待客人。如果儿媳想回娘家走亲戚,必须事先征得婆婆同意,还要经过丈夫的允许,否则不能随便回娘亲。儿媳只有当上婆婆,或者公婆谢世后,才能主持家政,提高在家中的地位。

(三) 礼貌待客

鄂温克人认为家里来了客人是好事。不管认识与否,总是满腔热情地招待,让座、敬烟、倒奶茶、吃手扒肉等,把最好吃的东西拿出来招待客人。客人可以尽情地享用主人提供的美味佳肴。倘若不吃不喝,主人便认为是对他的嫌弃,会感到很不高兴,只有客人尽情地吃喝,主人才会感到这是真正的朋友。[①]

三、赫哲族

晚清时期,松花江沿岸的苏苏屯、大屯、嘎尔当和乌苏里江沿岸等地设立了学校。附近的官吏"哈番""拨什库"和少数富裕人家,可将子女送去学习满文和满族礼节。

[①] 朝克、杨宏峰:《中国鄂温克族》,宁夏人民出版社 2013 年版;卡丽娜:《驯鹿鄂温克人文化研究》,中央民族大学 2004 年;刘青:《中国礼仪文化》(第八章第十五节　鄂温克族),时事出版社 2009 年版。

衣饰方面,布匹大约在二三百年前已输入赫哲族地区。在赫哲族上层人物中,由于向中原历代王朝进贡得到回赏,或对朝廷有功而受赏,才把绸缎、布匹带回本族。因此,当时数量有限。而布匹大宗地输入是在晚清,当时到三姓城购买的人逐渐增多。晚清,赫哲族的衣饰多受满族影响,上衣式样如同旗袍,襟长过膝,腰身稍窄,下身肥大,袖肥而短,只有窝领而没有衣领,喜紫色。梳方头,穿厚底龙舟鞋。年青的佩戴耳钳(乌雅坎),年纪大的戴耳环(希坎)。无论老年或青年妇女都戴手镯。①

婚姻习俗方面,晚清赫哲族受满汉影响较大,婚姻仪式也较繁琐。男女双方父母为子女选择配偶标准,不是以门当户对为主要条件,多是以劳动好、捕鱼打猎的能手为选婿的标准。还有的用比武选婿。选媳则以劳动好、手艺巧、聪明贤慧为条件,人的仪表好坏不是选媳的主要标准。清末,随着社会经济的变化,选婿也以贫富为标准了。商量婚期和彩礼时,未婚夫要跪在酒桌前,向列酒席者叩拜。其长辈给某人敬酒时,未婚夫要向某人跪着,饮酒毕,岳父才让其起来。结婚的时间大多在黎明。结婚的第二天,新媳妇要早起拜见公婆和其他长辈,然后到院子里用陪嫁的小斧子劈木材后,再去挑水做饭。这些家务劳动是自觉自愿的。寡妇改嫁不受限制,只要给死去的丈夫"撂"过了"档子"("撂档子"就是送死者的灵魂去阴间,一般是在死后百日办理此事,要举行既隆重又严肃的仪式。用苇席或白布搭棚,用木做一个偶——赫哲族叫木古法,穿戴起来代表死者,放在棚中,请送魂萨满在"木古法"旁边喃喃自语地跳三天神。"撂档子"第三天晚上,将"木古法"放在"拖日气"上送走。送死者灵魂去阴间的时候,萨满站在高处或搭的高架上,要向西方射三箭,指示死者的灵魂朝着第三箭的方向走去。萨满则自称将死者的灵魂送到了阴间。最后全家在墓上处理"档子"所用的物品和脱孝服),脱掉了孝服,就可以改嫁。改嫁后不再返回前夫家中。寡妇改嫁与初婚相

---

① 孙俭平:《漫谈赫哲族服饰》,《戏剧之家》2010 年第 2 期。

似，但喜车上无彩蓬，中途遇着大树时，寡妇须抱大树，以去晦气。①

四、鄂伦春族

晚清鄂伦春族住宅的变化。土窑子是清末鄂伦春族中部分人经营农业而出现的一种建筑。一般建在有山有水、离耕地和猎场近的地方。具体建法有两种。较早期是在朝阳的山坡上先挖一个深一米、宽若干米的坑，土坑内立几根柱子，钉上横梁，在横梁上再摆上一些椽子，一头插入土坑边，并钉在横梁上。然后盖上一层笆条，抹上泥，泥上苫草。朝阳的一面安上门窗。屋内搭 2—3 张床铺，屋中央生火。后来有所改进，大小、盖法与前期差不多，差别在于不挖土坑，而是在平地上垛墙，然后加盖，屋内不搭木架床，而是搭火炕。②

鄂伦春族礼仪周到。

（一）礼节

晚辈见到长辈要致请安礼，平辈人见面也要互相请安问候。其姿势男女有所区别：男子请安时左膝向前，右腿向后微屈，右手稍向前伸；女子请安时两腿并拢，右手或双手扶膝，然后双膝向下微屈。向长辈请安时要口称："阿巴嘎日阿？"（意为"平安吗？"）受礼者回答："平安！"向平辈人请安时要口称："文亚？"（意为"您好吗？"）受礼者回答："好！"另外一种礼节是磕头礼，主要是在敬神祭祖时向祖先、神灵磕头；婚丧大事、年节等隆重场合向长辈磕头；或因违犯习惯法而进行赔礼道歉时需磕头。其姿式是：双膝跪地，两手着地，连磕三下，但头不磕地面。

（二）待客礼

鄂伦春族自古热情好客，不论本民族或外族人，不论认识不认识，都热情接待。一般是先让客人坐在正位"玛路"席上，然后敬烟倒茶，远道

---

① 杨光：《浅析赫哲族的民俗文化》，《黑龙江科技信息》2009 年第 23 期；孙玉民、孙俊梅：《中国赫哲族》，宁夏人民出版社 2012 年版。
② 董秀玲：《清末民初鄂伦春族文化变迁研究》，哈尔滨师范大学硕士学位论文，2010 年；傅学等：《鄂伦春民居的发展与演变分析》，《山西建筑》2014 年第 34 期。

而来者还要好酒好茶招待。客人也必须实实在在,否则被认为不够朋友,瞧不起主人。如客人有什么困难,主人会慷慨相助。

客人到主人家,必须坐主人指定的位子,不能随意乱坐。男子不能坐女子的铺位,女子也不能坐男子的铺位,更不能随意坐在"玛路"席上,否则被认为不懂礼貌,缺乏教养。

（三）敬老济危扶贫

晚辈在老人面前必须毕恭毕敬,同老人说话,不能指手划脚,更不能大声嚷叫。称呼老人不能直呼其名。在各种场合必须长幼有序,走路、吃饭等必须长辈先行、先吃。长辈也要严格要求自己,为晚辈做出榜样。

鄂伦春人济危扶贫,平时生活中无论谁有了困难,大家都要帮助,婚丧等大事大家都要相助,自私自利者会受到人们的鄙视。①

五、达斡尔族

（一）晚清教育的发展

光绪三十一年(1905年),墨尔根、瑷珲各设初级学校。在西布特哈尼尔基也设一初级小学。光绪三十二年至宣统二年(1906—1910年),达斡尔地区较大的村落设初级小学,重要的城镇设立高级小学。在海拉尔城设立的官学改为初高级小学堂。新疆伊犁、塔城也办了小学。达斡尔族子弟由学习满文转向学习汉文,为达斡尔人接受汉文化开辟了道路。

除了官学外,民间也办起私塾,集资聘请教师。清末,齐齐哈尔的哈拉屯,办私塾一所,学生30余人。在瑷珲、海拉尔也都有私塾,学习满文、汉文以及蒙文。由于私塾的兴起,达斡尔族地区文化教育得到发展。

光绪三十一年(1905年),东布特哈设立初级师范预科。光绪三十四年(1908年),黑龙江省创办满族师范学堂,一部分达斡尔族青年入校学习。其后,达斡尔族教育家积极投身教育,使达斡尔族地区的教育得到

---

① 刘青:《中国礼仪文化》(第八章第十三节　鄂伦春族),时事出版社2009年版;关小云、王再祥:《中国鄂伦春族》,宁夏人民出版社2012年版。

更快的发展。①

（二）达斡尔族礼仪

达斡尔族素重礼仪。最突出的是敬老,长老、老年人普遍受到尊敬。在日常生活中,晚辈要向长辈行请安礼,遇到同辈也要行请安礼。男子行礼左脚向前迈半步,将左手放在左膝盖上,然后曲膝弯腰;女子行礼,双脚并拢,两手放在膝盖上部,稍低头,双膝弯曲行礼。入席时,请长辈坐首席,先给长辈斟酒,长辈举杯饮酒,别人方可饮。饭后儿媳要给长辈点烟。在路上相遇时,要给长辈让路。晚辈出门数日回来,要向长辈请安问候。晚辈不能直呼长辈的名字。②

六、朝鲜族

（一）文学与艺术

文学方面,宣统三年(1911 年),南通翰墨林印书局刊印了金泽荣的《沧江稿》14 卷,稍后又刊行了《韶濩堂集》15 卷。这两部诗文集用汉语文言文写成,收有朝鲜族作者的 1000 多首诗和 500 多篇散文,包括作者在中国创作的诗、赋、书、启、序、记、铭、赞、箴、解、论、说、辨、杂言、私议、代疏、志、传、祭文、哀词、诔、行状、事略、家述、志碣等多种体裁。宣统二年(1910 年),日本吞并了朝鲜,大批不甘心做亡国奴的爱国志士纷纷迁入中国东北。其中,一些具有反日思想的进步作家也来到中国定居。山河破碎,人民流离失所,激起了朝鲜族作家们的无限感慨。他们在艰苦的岁月中以笔为武器,开始创作新体裁小说。这一时期出现的小说,主要有崔曙海的《出走记》、姜敬爱的《人间问题》、安寿吉的《黎明》等。这些作品的出现,开创了我国朝鲜族早期现代小说的历史。20 世纪初,朝鲜族诗人在民谣、时调、歌辞、杂歌等民族古典诗歌的基础上,采用"四四调""三四调",用汉文创作了大量的诗歌,当时仅在延边流行的就有百余

---

① 滕绍箴:《达斡尔族文化教育发展的历史回顾》,《社会科学战线》1994 年第 1 期。
②《中国达斡尔》(第四章第八节　交往礼仪),宁夏人民出版社 2012 年版。

首。这期间,涌现了金泽荣、申樨、申采浩等著名诗人。余泽荣(1850—1927),生于朝鲜开城,光绪三十一年(1905年)定居江苏省南通市。他的作品寓意深邃,语言透辟。著名学者严复、俞樾等予以很高的评价。其代表作有《农家权》《义妓歌》《感中国义兵事五首》《赠严几道》《曹公亭歌》《呜呼赋》《题花九感时五言律四首后》等。申樨(1899—1922),宣统三年(1911年)参加武昌起义,是一位爱国诗人。他的汉文古体诗豪迈俊爽,炽热奔放。著有诗集《儿目泪》、长篇政论《痛言》。代表作有《抵燕京》《赠徐血儿》《壬子春赠天仇》《宝剑赠黄克强》《元旦杂感寄南社》等。申采浩(1880—1936),早在宣统三年(1911年)就以诗人特有的敏锐,大胆突破传统的诗歌模式,用朝鲜文创作富有时代气息的新体诗。代表作有《思韩》《你的》《晨星》等。

艺术方面。曲艺盘索里作为朝鲜曲艺的主要艺种,出现于18世纪。20世纪初,随朝鲜族的迁入传到我国。"盘索里"一词是朝鲜语的直译音,意思是在大庭广众面前演唱的歌。演员以唱为主,说唱结合。一个人可以出演有多种人物出场的情节复杂的大型作品,如《春香传》《沈青传》等。叙事性强,可以表达人物的内心世界。唱剧是朝鲜族仅有的戏曲艺术,20世纪初在汉城问世。清末,汉城有一条"清人街",街上有座戏楼名"清龙馆",经常上演京剧。当时,李朝末代国王纯祖下旨要创作朝鲜戏剧,并成立了"圆觉社",邀集270人从事创作活动。他们借鉴中国京剧的表演方法,兼收西方歌剧艺术,在盘索里的基础上创作了唱剧。唱剧以唱为主,兼以道白,并融合舞蹈塑造各种人物形象,分场分幕演出,配以乐队伴奏。19世纪中叶,朝鲜族迁入中国东北后,创作了大量表达民族感情和愿望的音乐作品。20世纪初,一些朝鲜族画家陆续来中国定居。池昌翰(1851—1921)是朝鲜族反日画家。①

---

① 吴相顺主编:《中国朝鲜族文学史》,民族出版社2007年版;中国朝鲜族音乐研究会:《中国朝鲜族音乐文化史》,民族出版社2010年版;一鉴:《朝鲜族美术史略》,《新美术》1994年第1期;千寿山:《朝鲜族风俗》,延边人民出版社1997年版。

（二）教育

19世纪中叶，朝鲜族人民"冒禁"迁入，散居在东北山乡僻地。当时，虽然生活贫困，但朝鲜族人民克服种种困难，积极开办书堂。这种旧式书堂延续到20世纪初。旧式书堂继承了朝鲜的教育传统、教育内容与教育形式，教授《千字文》《童蒙学习》《大学》《中庸》《论语》《孟子》等语言文字和封建伦理道德。20世纪初，在近代文化思潮尤其是在朝鲜爱国文化启蒙运动的影响下，朝鲜族人民掀起了群众性的民族教育运动。通过学校教育，传播现代文化知识，灌输反日民族思想。不少旧式书堂改变了性质，开设了朝鲜语、朝鲜历史与朝鲜地理等课程。清光绪三十二年（1906年），李相卨、王昌东等人在延吉县龙井村创办了朝鲜族第一所私立学校"瑞甸义塾"。第二年，学校被"日本统监间岛派出所"取缔，师生们继而分头到各地坚持创办学校。光绪三十四年（1908年）春，在今延吉市西郊的卧龙洞建立了"昌东讲习所"，在东郊的小营子建立了"光成讲习所"。同年四月，在和龙县明东村建立了"明东讲习所"。宣统二年（1910年），在和龙县光开乡子洞村建立了"正东讲习所"，在珲春县建立了"北一学校"。"明东讲习所"建校不久便改名为"明东学校"，两年后设立了中学部，于第三年设立了女子班。1910年，日本帝国主义侵占朝鲜，大批反日知识分子来到东北，努力兴办学校。在延边大力办学的同时，辽宁、黑龙江和吉林通化等地的朝鲜族也积极创办学校。据统计，民国五年（1916年）末，短短几年内，我国东北地区的朝鲜族私立学校就发展到239所。在近代文化的影响下，朝鲜族开始重视女子教育，提倡男女平等。这一时期延边各地建立了女子学校，如和龙县龙岩洞明东女校、延吉县新明村新明女校、大教洞韩成女校、龙井尚贞女校、小营子吉新女校等。

清朝末年，地方官府开始在朝鲜族聚居区兴办教育。最早在吉林省延边和龙县泉坪（今井县）创办"养正学堂"，招收朝鲜族学生。这一时期，日本帝国主义为了在"南满"地区（辽宁和吉林的部分地区）对朝鲜族实行"文化统治"，也开办了一些学校。光绪三十四年（1908年），日本帝国主义首先在吉林省龙井开办了"间岛中央学校"。次年,日本帝国主义在延吉、珲春、百草沟、头道沟和安东(今丹东)等地开设了"普通学校",并在各地设立了40余所"辅助学堂"。①

(三)宗教

20世纪初,佛教在我国延边地区的朝鲜族中比较兴盛。

19世纪末,基督教与天主教在我国朝鲜族中广泛传播。清光绪二十五年(1899年)前后,天主教传入延边。光绪三十一年(1905年),天主教在龙井、和龙等地设立了教堂,并建立了海星学校、主日学校等教会学校,教势日益兴旺。同治六年(1867年)前后,基督教开始在我国朝鲜族中传播。宣统二年(1910年)左右,信奉基督教的反日民族主义者迁入我国柳河、兴京一带定居,基督教传教士也随之迁来。基督教在延边的传播始于光绪二十九年(1903年)前后。光绪三十二年至宣统二年(1906—1910年),信奉基督教的反日民族主义者迁入延边,他们一边传播基督教,一边进行反日活动。

东学教系统。东学教由崔济愚于1860年所创建。1864年3月10日,朝鲜官府将崔济愚逮捕并处以死刑。东学教的教徒们一面为教祖鸣冤,一面反抗朝廷暴政,于1894年爆发了东学教徒金琫准领导的农民起义。朝鲜政府请求清政府派兵镇压东学军,日本乘机出兵朝鲜,导致中日甲午战争的爆发。1905年,东学教的第三世教主孙秉熙开除了教内的亲日分子,改东学教为"天道教",使其发展为东学教的正统。光绪三十四年(1908年),天道教在延边设宗理院,在农村设十余所布教所,开办学校。在"南满"地区,天道教在新宾、长白等地设宗理院,在集安、临江、通化、宽甸、柳河、桓仁等地设布教所,使教势扩展。1901年,东学教始祖崔济愚的得意弟子之一李容九,趁教主孙秉熙赴日之机,投靠日本帝国主义,以东学教为地盘,支援日本帝国主义的军事行动。孙秉熙得知后非常生气,将李容九等62名亲日分子开除出天道教。李容九等人另组织

---

① 丁月牙:《社会变迁中的朝鲜族传统文化教育》,《中国民族教育》1999年第4期。

了"侍天教",以李容九为教祖。光绪三十三年(1907 年),日本帝国主义侵略延边,侍天教在朝鲜居住区鼓吹亲日思想,使一时不明真相的群众信仰侍天教。宣统元年(1909 年),《间岛协约》签订,日本宪兵撤走。由于朝鲜族人民的强烈反对和地方当局的限制,被迷惑的群众纷纷脱离侍天教。侍天教从此衰落,以致于 30 余年后在中国朝鲜族中绝迹。[1]

第八节 其他少数民族(二)

一、东乡族

（一）教育

据清宣统元年(1909 年)《河州志》记载,旧时,学校教育较落后,民众自筹经费在东乡扎木池办义学,叫敦德蒙学堂;在东乡杨妥家设正兴蒙学堂;在平善集设慎修蒙学堂;在新同集设敦睦蒙学堂;在唐汪川设养正蒙学堂和经正蒙学堂;在喇嘛川设新德蒙学堂。[2]

（二）妇女服饰

20 世纪初,较富裕的家庭妇女的服饰是:上衣齐膝盖,领圈及大襟都绣有花朵。袖子很宽大,袖口上滚着两道绣花边。下穿名叫"西古"的套裤,裤管上镶着两道绣花边。裤管后面有小叉,用飘带束着裤管。此外,还流行假袖,即从袖根到袖口间,用红、绿、蓝各色布缝成彩段,制成假袖,并在假袖的各段上绣以花边。每逢喜庆节日,她们则身穿绣花裙子,足蹬高跟绣花鞋,不戴盖头,只包头巾,发髻插银制饰品,或插用羊毛制作的毛蓝花,胸前佩戴饰物。

青年妇女戴黑色"昂处"(一种帽子),其特点是帽子的后面留一个束口,帽沿上穿着一根丝线,丝线两头挽有丝穗,戴上帽子,束好束口,然后

---

[1] 金钟国:《中国朝鲜族宗教信仰的历史变迁》,《延边党校学报》2009 年第 5 期。

[2] 张国艳、朱永明:《东乡民族文化与教育》,《甘肃科技纵横》2009 年第 3 期;马福元、杨志峰:《中国东乡族》,宁夏人民出版社 2012 年版。

把穗子别在两鬓。少女则戴莲花帽,绿色平顶,粉红边上绣小花。戴上莲花帽,再勒以昭君蛇头带,即两节柳叶似的绣花带,柳叶尖对尖处,拴一蛇头骨,系在额前。上穿绿色衬衫,外套一件形似旗袍的黑色坎肩,长过膝盖,黑坎肩边上绣花,胸前两边绣两团大花,并从右肩头开口,一直开到右腋下面。下穿浅蓝、黑色或绿色裤子,裤管绣以花朵。鞋为缎子绣花鞋,有绿、红、蓝三种颜色。姑娘结婚时,穿"苏换池",即多褶的裙子,有的还穿"过美",即绣花裙,多为绿、黑、浅蓝三色,裙下沿以五寸宽的花边。

老年妇女头戴"闹毛"(帽子),以黑缎或黑绒做成筒式,顶端束在一起,后面再做一个半圆扇苦盖住脖颈,戴时要先在头上缠好白布头巾。穿大襟夹袄,并用达子花瓣沿边,左胸前用锦线绣一团牡丹或豆花之类的大花。下穿大裆裤,裤口沿以三寸的花边。[①]

二、土族

(一)清末土族教育的发展和变化

互助地区。清光绪二十三年(1897年),威远堡始设义学,有学生30余人,另设私塾3处。在东沟大庄、桦林庄、阿士纪、贺尔川、麻其、双树、周家庄、董家寨、白嘴堡、下马圈、北沟、五其、甘家堡等农村也设有私塾。

民和地区。自清光绪二十八年(1902年)起,先后在马营设鸿零义学,在靖阳乡(北山)庄子沟设蒙养学校,在北山甘王家设私立总义学,在北山甘沟成立育英学校,在村堡设私塾。学习内容为"四书""五经"。光绪三十一年(1905年)废除科举制度,义学改为学堂。

大通地区。至光绪三十一年(1905年),先后在卫城(今门源县)及卫属之向阳堡和县治(今城关镇)、大通营城(今门源县境)、燕麦川古边庄(今互助县境)等地设义学15处,并先后建立"三川书院""大雅书院"(同

---

① 陈文祥:《新疆东乡族文化变迁研究》,兰州大学博士学位论文,2008年;陈其斌:《东乡族服饰变迁研究》,《民族服饰与文化遗产研究——中国民族学学会2004年年会论文集》,2004年。

治十三年更名为"崇山书院")和"泰兴书院"。光绪三十一年(1905年)废除科举制度,书院、义学均改为学堂,并将"泰兴书院"改立为大通县高等小学校,学生12人,教习2人。同时,还设立初等小学校4处,每校教习1人,学生无定额。[①]

（二）土族礼仪

待客礼仪。土族人十分好客,对朋友忠实、守信。客人到家,竭诚招待,大声呼喊:"客来了,福来了!"首先让客人进屋坐定,接着就捧出一杯香浓浓、加青盐的烫茯茶,再端出西瓜大的焜锅馍,殷勤劝食。若招待贵宾或重大喜庆节日招待客人时,一般要吃三道饭:头道饭,吃焜锅馍,喝茯茶;第二道饭,吃清油煎饼,喝奶茶;第三道饭,客人起程前吃面片或面条,谓之"起发面"。此外,还要敬三次酒,每次三杯,以象征吉祥。敬酒时要唱祝酒歌。当客人来到主人家门前敬三杯酒,叫做"临门三杯酒";客人坐到炕上敬三杯酒,叫做"吉祥如意三杯酒";客人辞行出门敬三杯酒,叫做"上马三杯酒"。实在不能喝酒的人,可用无名指醮酒对空弹三次,以示祈谅敬谢之意。若能喝酒而假装不能喝,主人得知后,会很不高兴,认为是看不起自己。他们认为客人喝醉了才算尽了心意,才能说明自己招待得好,才感觉到光彩。招待客人时,长短不齐的筷子不能给客人用,敬茶、敬饭、敬酒要用双手,以示尊敬。

敬老礼仪。土族人民素以朴实、忠厚、勤劳著称。尊敬老人,长幼有序,是土族人民的传统美德。人们认为孝顺父母、赡养老人是儿女应尽的责任。在日常生活中,第一杯酒要敬给长辈;第一碗饭和第一杯茶要端给年纪最大的人。平时土族人家,一日三餐,老人坐在炕的上方,小辈坐在下方,媳妇坐在炕沿端送饭食;晚上老人上炕睡下,小辈才能去睡。宴席上须将老人安排在上席就坐,老人没动筷子前,其他人不得开席。青年人坐在一起聊天,见到长辈走来,要起立让座。走路让年长的老人

[①] 张国艳、朱永明:《东乡民族文化与教育》,《甘肃科技纵横》2009年第3期;张生寅等:《中国土族》(第八章第一节　民族教育的发展)。

走在前面,年轻人不得从老人面前横过,而要从老人背后绕过去。骑马、乘车见到长辈或亲戚,要停车、下马问好。

互助友爱。土族人十分重视家族、邻里和亲戚朋友之间的团结互助。土族老人常以先民吐谷浑王阿才临终令子弟折箭的故事,告诫晚辈团结的重要,只有团结才有力量。土族人有着一家有事,众人相帮的良好传统风尚,特别是像打庄廓、修房屋这类事,前来帮忙的亲友们,总是自告奋勇干重活,不计报酬,不辞辛劳,把庄廓修建得坚固、美观,使主人感到满意。当合龙口那天,由主人家阿舅带上酒、肉等食品,前来慰劳参加建庄廓的人。新屋落成时,亲友们都来祝贺。①

三、保安族

(一)晚清保安族教育的发展变化

自清同治初年保安族定居甘肃积石山开始,到光绪末年,这一时期保安族的主要教育形式由家庭教育转向经堂教育,亦即寺院教育。保安族的经堂教育,在胡登洲所倡导的经堂教育的影响推动下,伴随着保安族宗教领袖所创立的伊斯兰教崖头门宦和高赵家门宦的产生和发展而产生和发展起来的。崖头门宦和高赵家门宦都在各自的清真寺内设立了规模大小不等的经堂教育,招收一定数量的满拉,传授伊斯兰经典与知识,培养本门宦的各级宗教人士,其中还将一些优秀人才培养成为专门的宗教职业者。清同治年间,崖头门宦建立的大河家清真寺,是一座海乙(中心)寺,除管辖30余座小寺,设有小学经堂(儿童习读经文,也称他们为小满拉)外,还设有阿拉伯文中学,有男生100余人,女生80余人。绝大多数保安族人,只是将自己的子女送进小学经堂学习,使其成为一个适应宗教生活的普通穆斯林而已,只有少数学生毕业后进入阿拉伯文中学,极少数人进入阿拉伯文大学(阿訇一级)。

---

① 胡廷:《土族礼仪文化探析》,《青海民族研究》2002年第1期。

光绪末年以后,保安族学校教育开始兴办。光绪三十年(1904 年),在保安族聚居的刘家集建立修义义学,在大河家建立亲仁义学。这是保安族学校教育之肇始。①

（二）保安腰刀制作工艺的发展

清同治元年(1862 年),保安族有人从藏族制刀工匠处学到了制刀工艺。在同治年间保安族迁徙途经青海循化地区时,又向塔撒坡修制土枪的工匠处学习打刀技术。到甘肃大河家地区后,开始大量制作腰刀。保安腰刀之所以质量好、工艺精湛、品种发展快,是保安族人善于学习、钻研、借鉴其他民族的制刀长处,工艺不断复杂,技术不断提高的结果。②

（三）保安族服饰的变化

清咸丰年间,保安族在青海同仁居住期间,因受藏、土等族服饰的影响,男女在春、夏、秋季穿斜襟长袍、长衫,戴礼帽。有的男子穿高领白色短褂,外套黑色坎肩,年轻人多穿"柔纳",式样像藏袍,一种大斜领、大斜襟的长袍。老年人穿青、蓝、灰三色盘袄,外套青色团花缎褂,褂为对襟,后无开岔,裤子均为大裆裤,秋天还套套裤。青年男子喜戴"一连鹰"狐皮帽。夏天,男子多穿圆口单鞋,白色丝袜或布袜;冬天,穿底厚一寸的"索巴鞋"。有的女子服饰,兼有藏族、土族风采,妇女头上都包有包头,青壮年为青色,显得青春勃勃,老年为白色,显得持重老成。包头时用两米长的纱或布把头包住,后面挽一个鬏鬏,上别一个两头大、中间细、柳叶形钗子。清同治年间,保安族迁到甘肃大河家以后的较长时间里,因与回、东乡、汉等民族来往密切,以及生产活动的需要,保安族男女服饰都有了明显的变化。③

---

① 李燕青:《保安族教育史略》,《民族教育研究》1993 年第 1 期。
② 马少青、马沛霆:《保安腰刀》,甘肃人民出版社 2009 年版。
③ 杨文炯主编:《保安族服饰文化解读》,甘肃人民出版社 2011 年版。

四、柯尔克孜族

（一）巫术

晚清，柯尔克孜族民间有一种求雨魔石，名为"加达塔什"，人们以为它具有魔力，可以凭它的魔力以求得雨水。一旦久旱不雨，有人便拿求雨石求雨。柯尔克孜人还存在以巫术求雪的习俗。其牛羊重雪水，不下雪，则延请毛拉咒经，以绳系龟壳一、蛤蟆一、悬净水上，咒之。龟背浸浸，见水珠点，顷刻即下雪，谓之下剳答。

人一旦患病，民间往往以巫术祛病驱邪。其中一种是借畜驱魔。有病者，毛拉禳之，屠羊于前，击鼓踏舞。谓鬼附羊身以灭。如家中有人患疯癫病，特别是小孩惊风，以患者名义找一只公羊羔，让羊从左到右绕患者转三圈。转圈时，如羊撒尿或打喷嚏，则认为吉祥。然后让羊与患者为伴直到好转为止。柯尔克孜族认为，疾病将随羊而去，不再返回。之后，将羊放生。放生的羊不得卖给他人，不得送给亲友，也不能剪毛，必须放归自然，任其老死。另一种为"乌楚克塔西"的巫术，如患头痛、牙痛、肚痛、发烧等，用一块浸过水的被毡片或烂鞋垫拍打痛处，以为这样，可使病魔离去，病即痊愈。[1]

（二）制造技术

晚清柯尔克孜族的制造技术为世人所瞩目。他们用黄金、白银、红铜等镶嵌制造的耳环、手镯、项链、戒指等，具有特殊的民族风格和艺术特征。用铁铜等制造的各种餐具、工具与生活用具也别具一格。尤其是铁制与铜制茶壶，其工艺精致，轻便而实用。其中较为流行的有羊嘴壶、鱼嘴壶、龙头壶、卧羊壶、卧驼壶、卧马壶等。壶面上还刻有漩涡纹和几何纹。铁制锅也很有特色，普遍使用的有圆形四耳锅，锅耳多为动物形状，有的为羊耳，有的为马耳，有的为鹿耳。另外，他们还有一种铁制或

---

[1] 阿地里·居玛吐尔地：《柯尔克孜族民间信仰与社会》（第八章第一节），民族出版社2009年版。

铜制小锅,锅耳多为钩形,并在钩端铸有龙头或其他飞禽的头像。他们还用金属制造刀、剑、盒、纽扣、铃铛等。刀式多为直式、箭式、鸽嘴式。刀、剑上刻有兽头、花卉、漩涡和几何图案。刀与剑把多用兽角、木料和金属,其形状似山羊角,并在其上镶有金银铜铁块或有色玛瑙、宝石等。铜制的针盒、烟盒、火药盒等多为牛角形,长约十厘米。盒面刻有几何图案与花卉、箭戟与巨龙。金属纽扣多为方形、圆形,并铸有鹰头、星辰、花冠等图案。铃铛多用红铜、白铁制作,其形状像喇叭花,常作为摇篮、马与骆驼笼头的饰物。①

五、哈萨克族

(一)造型艺术

晚清哈萨克族民间造型艺术既继承传统而又不因袭陈套。它表现在物质文化的各个方面,从花帽、头饰、套头盖巾、服装、首饰、腰带、箱套、帐帘、花毡、壁挂、马鞍、床、箱、摇床、木门及各种铁木器生活用具与生产用具,大多都有精美的装饰图案。这些图案、纹样的制作,都是从生活中吸取素材,但又不拘于自然。结构严谨,色彩瑰丽,线条粗犷,造型有方,丰富多彩。

哈萨克族民间最基本的图案是日月星辰、动物、花卉、树木与漩涡状、流水状、云头状、三角形、弓形、折线形及其他各种几何图案。虽然一般用对比手法,但表现风格不落俗套。刺绣从题材、内容到色彩,都与牧民生活息息相关。如贴花毡上一般用各种呢子和布片剪成羊角花、鹿角花等图案,精心缝贴在毡子上。补花毡大多绣有羊角、鹿角、树枝、云等花纹,用黑、桔、绿、蓝等色布套剪,正反对补,虚实相映。图案色彩富有象征性,如绿色象征青春和春天,蓝色表示蓝天,红色象征太阳和太阳的光辉,白色表示真理、快乐和幸福,黄色象征智慧和苦闷,黑色象征大地

---

① 阿地里·居玛吐尔地:《中国柯尔克孜族》(第三章第一节 民间科技),宁夏人民出版社 2012 年版。

和哀伤。[1]

（二）礼仪

相见礼仪。晚清哈萨克族素不相识的人在路上相见，也要点头示意，互相问候。相识的人在路上见面，更为热情，先在马上用右手抚胸躬腰，互道"阿斯拉姆"或"赛拉姆""加克斯"等问候语，然后相互询问家中大小及牲畜等情况，问候一般由近及远，由个人问到妻子、儿女；从高堂、兄弟姐妹问到邻居、阿吾勒；从健康、疾病和生活安乐到收成好坏；由一日三餐问到牛羊马驼，问候快得像连珠炮一样，使人应接不暇；即使是同一阿吾勒的人，也总是见面必问。这套问候辞无论是成人或是小孩，都了如指掌，见人问话，运用自如。亲友相见，长辈吻幼辈前额或面；年岁相当的则热情拥抱。若挚友见面，妇女施拥抱礼，男人行握手礼，即双方两只手掌对手掌紧贴在一起。

待客礼仪。哈萨克人待客礼仪，客人进屋后，既坐，藉新布客前，设茶食、醴酪。贵客至，则系羊马户外，请客观之，始屠以飨客。杀牲，先诵经。马以菊花青白线脸者为上，羊以黄首白身者为上。血净始烹食，非本民族人宰割亦不食。吃饭时，净水盥手，头必冠侥。事急遗忘，则以一根草插头上，方敢就食。以手抓饭招待贵宾。割肉以刀，不用箸。禁烟酒，忌食猪肉。客至门，无论认识不认识，皆留食宿。[2]

六、乌孜别克族

晚清乌孜别克族婚姻制度。

晚清乌孜别克族以一夫一妻制为主，因受伊斯兰教影响，也存在一夫多妻现象，但为数不多。

晚清婚姻制度主要有如下特点：

---

① 李安宁：《新疆民族民间美术》，新疆人民出版社 2006 年版；保尔江·欧孜拉：《哈萨克族手工艺文化》，新疆美术摄影出版社 2012 年版；张建琴：《浅析哈萨克民间图案艺术》，《民间文艺》2014 年第 10 期。
② 许前：《哈萨克礼俗志》，《伊犁师范学院学报》1989 年第 28 期。

第一，近亲结婚多。由于乌孜别克族人数较少，客观上造成了本民族通婚的范围狭小，同时他们认为近亲结婚是最理想的婚姻，可以亲上加亲，互相照应。因此，在缔结婚姻时，严禁与同胞兄弟姐妹和同吃一个母奶的人或辈份不同的人通婚，除此之外，均可通婚，一般不受年龄差别的限制。首先考虑在表兄弟姐妹中选择。过去，堂表婚、姑表婚、舅表婚、姨表婚现象很普遍。此外，也有个别人家两兄弟同娶一家姐妹的现象。

第二，允许异族通婚。由于乌孜别克族长期与其他民族交错杂居，不同民族之间通婚的现象不少。但主要是乌孜别克族男子娶外民族女子为妻，本族姑娘嫁给外民族的现象十分罕见。南疆的乌孜别克族由于长期与维吾尔族生活在一起，与维吾尔族通婚的较多。北疆的乌孜别克族与哈萨克族、柯尔克孜和塔塔尔族关系较密切，娶这些民族姑娘为妻的现象也不少。

第三，结婚顺序由长至幼。按习惯，哥哥结婚前，妹妹不能出嫁；姐姐出嫁前，弟弟不能娶妻。总之长者在前，幼者在后。

第四，存在招赘现象。无儿子、只有女儿的家庭，可以招婿入赘。上门女婿一般是孤儿或家中兄弟多而经济困难的。上门女婿一般不给彩礼，成亲时由女方请客。女方父母视上门女婿为自己的亲儿子一样。

第五，普遍早婚。乌孜别克族有句谚语说："女孩子一帽子打不倒，就可以结婚。"如果姑娘过了十四五岁还不嫁，社会舆论就会给父母带来相当大的压力，迫使他们不加选择地把女儿嫁出。这常给女儿带来终生不幸和痛苦。

第六，存在转房制度。乌孜别克族与哈萨克、柯尔克孜等民族一样，存在"兄亡弟及"的婚姻制度。兄死后，若弟未娶妻，可娶嫂子为妻。弟如已有妻室，则不能娶其嫂。不过，若弟死后，其兄无论有无配偶，均不得娶其弟媳。此外，还存在娶亡妻姐妹的现象。

第七，离婚权操于男子之手。乌孜别克族离婚现象不多，但夫权统治下的妇女并没有离婚的自由，是否离婚完全由男子决定。如果丈夫要和妻子离异,只要说一声"塔拉克",即表示休妻,妻子就必须离开他的家。离去时,妇女可以带走自己的嫁妆,并取得"讨休钱"(一定数量的钱财和一些物品)才离开。按伊斯兰教教规,妇女离婚后,必须等到3个月零10天后才能改嫁。在此期间,看妇女是否怀孕,如怀孕,所生子女仍归原夫。离婚后,如双方愿意也可以复婚,请宗教职业者来家念经禳解,就可以恢复夫妻关系。但是,如果男的说了三声"塔拉克",复婚就相当困难了,必须让妻子与他人结婚后又离婚,才能履行复婚手续。①

第九节　其他少数民族(三)

一、塔塔尔族

设施齐全的塔塔尔族住宅。

塔塔尔族民间住宅最有代表性的是位于伊宁市西侧的诺盖依库提城。该城建于清末,最初是塔塔尔人为自己建筑的聚居区。"诺盖依"是新疆维吾尔、哈萨克等民族对塔塔尔族的别称,故他们所居之城被称为"诺盖依库提城"。城长约三公里,东西横向穿越伊宁市区。

城内住宅为砖木结构的平房,布局规整。一幢幢小巧玲珑的房屋,墙壁粉刷得洁白,窗户面向大街。通常一户一庭院,每个庭院都很宽敞,除住房外,还有厨房、库房、浴室、花池、果园、畜圈、污水坑和厕所等。庭院中草木成荫,花卉吐香,幽雅清静。庭院内的房屋墙壁都很厚,有的房顶略有坡度,有的房顶覆有铁皮,以防漏雨或积雪融渗。房檐下用红砖或青砖装饰。居住在城市里的塔塔尔族,大多依照诺盖依库提城的庭院建造住宅。

住房为砖木结构的长方形建筑,一般是坐南向北、一明两暗的三间房子。中间房子的门向外开,里面左右两间房子的门向里开。左边一间

---

① 米娜瓦尔·艾比布拉·努尔、杨宏峰:《中国乌孜别克族》(第四章第四节　婚姻文化),宁夏人民出版社 2012 年版。

为客厅,右边一间为寝室。均为木制顶棚、油漆地板,以蓝色或淡黄色油漆为涂料,使室内生辉夺目。每个房子都有壁炉,一般高两米,呈圆形,包一层黑铁皮。室内陈设也很讲究,一般摆放木床或铁床、衣柜、角柜、长方形木箱等。窗户和门柜,分别挂着窗帘和门帘。室内光线明亮,一尘不染。

生活在牧区的塔塔尔族与哈萨克、柯尔克孜等民族一样,春、夏、秋三季住毡房。冬天住土、石、木结构房屋。[①]

二、裕固族

晚清裕固族的佛教改革。

裕固族的藏传佛教与其他民族有所不同。

其一,是宗教观念有所不同。清末,裕固族宗教首领顾嘉堪布七世学识渊博,才华出众。他为了本民族的兴旺发达,进行宗教改革。他首先更新宗教观念,主张"宗教家以普渡众生为天职,普渡原理虽一,而方式则因地因时而不同"。他力图发展教育与科技,发展农牧业生产,把"来世"的追求转移到"今生"。他对"众生平等"也作出新的解释,他说:"佛说众生平等,人民康乐,培植人才亦为此也。"他积极主张兴办学校教育,试图以教育作为实现平等的途径之一,认为要在"政治、经济、社会各方面能居于平等地位,舍教育不为功"。并说:"今日之教育学说与佛说不二。"他亲自讲经,传授新的宗教观念。其次,他言行一致,身体力行,在他的大力倡导下,裕固族地区各寺院办了小学五所,由五名喇嘛兼任义务藏文教师。虽然设备简陋,教学质量低下,但在当时的条件下,能从无到有,办起学校,已经是很不简单了。这些学校的学生,学到了一定的科学知识,在社会中起着重要作用。顾嘉堪布开创的在寺院兴办学校的途径,为宗教如何适应社会发展提供了有益的启示。

其二,是僧人娶妻。根据藏传佛教黄教教规,僧人是严禁娶妻的。

---

① 陈媛:《寻访塔城老宅》,《塔城日报》2011年。

但是,在裕固族地区就不同了,有些入寺的喇嘛可以娶妻生子;这种现象在东裕固族中最为普遍。有的在家中娶有妻室,或与戴头女同居。平时在家,从事耕牧,遇宗教节日则入寺念经。西部裕固族地区的喇嘛虽不公开娶妻生子,实际也是有家室的,这种行为并不被认为是违反教规。

其三,是裕固族地区堪布(大寺院主持人)转世制度。堪布转世始于顾嘉堪布一世。顾嘉堪布一世名嘉纳尔根齐吉嘉穆参,生于明成化年间,卒于明万历年间。由于他知识渊博,受到僧众们的崇敬,在当地僧侣的一致请求下,准其依照藏传佛教的惯例,寻觅灵童。于是,堪布便像活佛转世一样,有了二世、三世,直到七世。

其四,是与萨满教、自然崇拜等早期宗教信仰并行不悖,相互默认。裕固族虽然早已信奉了藏传佛教,但各种早期崇拜仪式仍长期存在,互不排斥。[①]

三、撒拉族

(一)晚清撒拉族服饰

晚清撒拉族人的民族服饰一般是:男子头戴白色或黑色的圆顶帽,身穿白色的"汗搭儿"(衬衫),外套黑色坎肩,腰系红绿布或红绿绸腰带。下穿黑色或蓝色长裤,脚穿布鞋或用牛皮制作的"洛提"鞋。男子十分忌讳穿红色或黄色衣服。老年人多穿长衫,撒拉语叫"冬",头缠长约数尺的白布(尤其是做礼拜时),撒拉语叫"达斯达尔"(头巾)。冬天多穿白板老羊皮袄,富有者穿带布面或绸缎面、条绒面的羊羔皮袄。

妇女喜欢穿颜色鲜艳的衣服,一般是内穿红、绿色或花布制作的大襟上衣,外套黑色或紫色长坎肩,腰系绣花围肚,胸前佩带绣花荷包,下身穿各色长裤,脚穿布鞋、绣花鞋或姑姑鞋。姑娘七八岁开始披头巾,婚后戴绿色盖头,中年人戴黑色盖头,老年人戴白色盖头。妇女常戴的装

---

① 钟进文:《裕固族宗教的历史演变》,《西北民族研究》1991年第1期;贺卫光:《浅析裕固族地区藏传佛教与萨满教的并存状况》,《甘肃民族研究》1992年第2—3期。

饰品有戒指、手镯、耳环等,年轻姑娘还喜欢在发夹上插几朵绢花。

婴儿出生后,即穿一件无纽扣和袖领的白色衣服,它意味着洁白圣洁来到人间。小孩会走路时,男女服饰开始有别,女孩穿戴花衣服和扎辫子。有些人家在小孩脖子挂一块三角形白布护符,里面装有避邪驱鬼的经文。[1]

（二）晚清撒拉族丧葬礼俗

晚清撒拉族人去世称"口唤"或"无常",忌讳说"死"。人去世之后,丧家一面速派人向远近亲属报丧,通知本村清真寺阿訇,一面把遗体放在专供亡人净身的尸床上,上盖一布单。亲属及同族乡邻听到消息后,纷纷前来吊唁,并向遗体告别。然后按教规给亡人净身:男尸由阿訇或村中德高望重的老人洗;女尸由女人洗。洗完后,用三丈三尺白布(女尸用得多一点),缠在亡人身上。之后将尸体放在公用的抬尸床(平时放在清真寺内)上,上盖大线毯,由亲属中的男子抬出。先出头后出脚,以示和家庭告别。然后改变方向,送至寺院或坟地。全村男子和男性亲友都来送葬(妇女不参加)。先举行名为"非提耶"的仪式,即众人围成一圈,死者亲属将施舍的钱用布包好,按顺序每人抓一下,人们抓起钱,往胸口一贴,口念:"我接受了,然后我还给你。"念毕,再还给亲属,接着由下一个人抓。这样来回几遍之后,随即举行"站礼",替亡人祈祷,由开学阿訇或死者亲属中的阿訇领头,为死者念经超度。"站礼"仪式结束后,送葬者就按各村各孔木散分坐,领死者亲属布施的钱或食盐、茶叶、火柴等,分完即散开。其后举行下葬仪式。

死者必须葬在本"孔木散"的公共墓地上。墓穴为长方形土坑,一律南北向,先垂直挖二米深左右,再往西挖一个侧洞。下葬时,把尸体送入墓穴,放进侧洞,将面部的白布解开,使其脸朝西。然后用土坯堵好侧洞门,并铲土填穴,使其形成一个坟堆,上放一些黑白相间的石块。最后,

---

[1] 服文:《青海撒拉族服饰文化》,《青海民族研究》1995 年第 1 期;马成俊:《论撒拉族服饰文化》,《青海民族学院学报》2000 年第 3 期。

阿訇念经。念毕,送葬者高呼"阿敏"(伊斯兰教祈祷用语)。至此,葬礼结束。

葬后第三天,死者家属要宰羊,煮"麦仁饭",请亲友和同村老少共餐。来客亦携带茯茶等表示安慰。麦仁饭在下午吃,一般是男人先吃,女人后吃。吃完后,每人再盛满一碗带回家去吃。

人死后"头七""二七""三七""四十天"和"百天",家人要请阿訇上坟念经。长辈亡后每年要按一定仪式祭祀。服丧期间,男人要戴白色圆顶帽,妻子要戴白盖头,一般以一年为期。另外,人死后三天内,家人不动烟火,饮食由亲友邻居馈送。[1]

四、塔吉克族

塔吉克族礼仪热情周到。

(一)相见礼仪

塔吉克族相见礼谦恭亲切,别具一格。

两个素不相识的男子相遇,也要热情问候,并双手拇指并在一起说:"更艾力卖古卓"(意为"相互支持")。

熟悉的人相遇,因相见者性别、年龄不同而不同。男子相见,如是平辈,首先握手问安,然后同时举起握着的手互吻对方手背;如辈份不同,幼辈首先俯身吻长辈的手心,长辈则吻幼辈的面额。

女子相见,如是平辈,互吻面额,近亲则吻唇;如辈份不同,长辈吻幼辈的眼睛或前额,幼辈则吻长辈的手心。男女相见,一般行握手礼;如男子是亲近的长辈,男长者伸出左手,手心朝上,妇女拉着长者的手指尖吻一下手心,男长者则要轻轻按一下妇女的头部。有亲属关系的男女相见,多女方吻男子的面额,较亲密的互相接吻,最亲密的要相互拥抱。

亲属或朋友久别相见时有许多问候语,从家中大小身体、工作情况问到牲畜、庄稼等情况。

---

[1] 马孚义、马成俊编著:《撒拉族风俗志》(人生礼仪·丧葬),中央民族学院出版社 1989 年版。

（二）待客礼仪

对于来客，无论认识与否，无论是否同一民族，也无论是否懂他们的语言，都热情接待。他们认为，客人会给他们带来吉祥和幸福，家里来的客人越多，主人越感到光彩。

到塔吉克族家做客，如果是骑马去，千万别在门口下马，更忌讳快马到门口下马。因为在塔吉克族看来，这种方式表示前来报丧或急告不吉利的消息。当快到家门口时，应慢步绕到毡房后面下马。这时，主人会前来扶客人下马，并拴好马。如客人把马鞭交给主人，即表示客人将在这一家歇息。这时，主人和你握手并互吻手背，孩子们也会一个个过来吻你的手心，然后请你进屋，并请上大炕就座。塔吉克族特别尊重女客，来客中的女客，一定要请到上席。如果女客超过三人，还要另设一席。客人坐定后，男主人问候说："胡西阿美地！"（你很高兴吧！）客人答："巴力克拉！"（非常高兴！）然后，女主人拿来一块大餐巾铺在客人面前，并端来奶茶、馕、糖果等。如果客人长途跋涉而来，主人会先请你在炕上躺着休息一会儿再喝茶吃点心。

如果是较尊贵的客人，主人还必须宰羊款待。宰羊前，主人先把羊牵到客人面前，并说："贵客临门，我家没有什么可招待的，这只羊虽然不肥，却是我家一点心意，务请客人赏光！"客人象征性地念一段经文，然后双手抚面，道一声："阿门——阿不拉海拜！"主人得到客人应允后，才心满意足地把羊拉出去宰杀。

羊肉煮熟后，先给客人端来一碗鲜美的羊肉汤。喝过汤之后，女主人用大盘盛来"手抓羊肉"。这时，客人应先从盘中取出一大块肉，献给女主人，以示谢意。吃肉时，主人首先将羊肉献给席间最尊贵的客人，客人接过羊头割食一块肉后，要用双手把羊头还给主人。然后，男主人持刀在手，给客人分割佳肴。先把白色羊尾切成薄片，夹在羊肝内，献给各位客人享用。塔吉克族认为，夹油的羊肝是最好的食品。接下来是吃手抓羊肉，吃法与哈萨克族等不同。一般是由主人分肉给客人吃，把肉送到每一个人的面前。先分什么肉，后分什么肉，都有一定次序。分给客人的肉,客人吃得多,主人才高兴。吃完肉后,塔吉克青年还喜欢折羊胛骨,折羊胛骨不仅需要力量,还需要技巧。折断羊胛骨的人受到大家的敬佩。

食毕,主客要一起做一个感谢真主的仪式,即两手掌伸出,朝面部向下一挥,同时说一声"俄罗阿克巴"(意为"感谢真主")。随后,主人将餐布、餐具收走,待客宴席便告结束。

如客人留宿,主人会为你铺好被褥。客人睡后,主人才睡。

客人离开时,主人必须为客人备好马鞍,并把马牵到门前。宾主互道"和西布尔"(再见)。[1]

五、俄罗斯族

俄罗斯族礼仪带有异国风情和宗教色彩。

相见礼仪。俄罗斯族人讲究礼仪,有道"早安""午安""晚安"的习惯。节日前夕见面时要说"预祝节日愉快"。熟人见面时一般要行鞠躬礼或握手。握手时如戴手套要先脱去手套,轻轻摇动。遇见长辈、上级或妇女时,不宜先伸手,等对方主动伸手时再与之握手,分别时要说声"再见"。亲友相会时要热烈拥抱,并行"吻礼"。平时问路,也要首先问个好。

亲朋相见,如果给对方递烟,递一支是失礼的,应该将烟盒递过去。若不是十分熟悉的朋友,不要随便打听对方的年龄、收入等情况,否则会引起反感。双方交谈时,千万别当着人家的面抠鼻孔、打喷嚏。朋友在一起时,如有人打喷嚏,其他人要说几句祝他健康的话,他也应说谢谢。

好客是俄罗斯族的习俗之一,尤其是对远方来的客人,传统礼仪是献上面包和盐,这是待远客的一种最高礼遇,象征着善意和友谊。来客须用刀子切下一块面包沾少许盐吃下后方可进屋。这种礼仪旧时也用于迎接新娘。到俄罗斯族家作客,第一别忘了敲门,第二别忘了把脚擦

---

[1] 西仁·库尔班等:《中国塔吉克》,新疆大学出版社 1994 年版。

干净以后再进屋。进了屋要脱帽,坐在主人让给的位子上,不要随便坐人家的床,应坐在指定的地方。如果吸烟的话,最好征得主人的同意,烟灰和烟头不要乱扔。如果送礼物,忌送黄色礼物,他们认为黄色表示不忠诚,蓝色代表友谊。

送别礼。亲人外出,不论出远门,还是数日的离别,均须举行祈祷仪式。当外出者一切准备停当之后,与送别的家人、亲朋和邻里互相告别。互道珍重后,本已站立、即将分手的人们,这时要重新坐下,静默数分钟后,送行者才簇拥着外出者登上行程。人们笃信,只有这样,外出者方可平安归来,与家人团聚。同时,俄罗斯族人在家人外出后的第一天内,不许扫地。他们认为,"扫地"意味着将人扫出去,亲人永远不会重归家园。

为新入伍的士兵送行,更是肃穆、庄严、隆重。送行时,全村出动,先由神甫手持十字架为每个士兵祈祷祝福,唱诗班则唱赞诗,然后父母为入伍的儿子佩戴"平安符",相互拥抱吻别。最后,以圣像为前导,浩浩荡荡簇拥上路。

洗礼。中国的俄罗斯族生了孩子,要抱到教堂中去接受洗礼。俄罗斯族对这一仪式极为重视,认为它是东正教最庄严的"圣事"之一。根据教规,如不举行洗礼,婴儿长大结婚时,教堂不予证婚,死后也不予超度。

洗礼一般在婴儿诞生后的第二天举行,之所以生下第二天便匆忙为之洗礼,是因为如果婴儿在洗礼前夭亡,则上帝不会视婴儿为自己的臣民,灵魂得不到拯救,教会也不承认其为正式的东正教徒,死后也不得葬入东正教徒墓地。

仪式由教堂主教或神甫主持。洗礼前,由神甫颂祷词,用净水冲洗三次,并为婴儿佩戴十字架,绕祭坛三周,以示进入东正教的神秘世界。①

---

① 苏闻宇等:《中国俄罗斯族》,宁夏人民出版社 2012 年版。

第十节　其他少数民族(四)

一、景颇族

(一)学校

19 世纪末,基督教传入景颇族地区。传教士约翰逊夫妇创制了一套用拉丁字母拼写的景颇族(景颇支系)文字。后来,传教士们开始利用这种文字在缅甸出版《圣经》《赞美诗》《教徒手册》、小学课本及书报杂志等。由于语言相同,这套字母也很快流传到中国景颇族地区,在教徒和某些山官上层中流行。后来,传教士在中国德宏地区创办教会学校。自1894 年以后,在德宏地区共创办了 26 所教会学校,其教师均由教牧人员担任。景颇族地区教会学校的教师绝大部分是缅甸籍克钦族年轻人,主授科目是景颇文和英语。[①]

(二)宗教信仰

1. 原始宗教

原始宗教祭司"董萨"的产生,是为了适应景颇族的原始宗教观念及其祭祀活动的需要。董萨除了主持部落、村社的祭祀外,还兼为社会成员"驱鬼医病",因此又是巫师。董萨因其本身对宗教祭祀、占卜内容的掌握程度,一般分为斋瓦、大董萨、小董萨三个等级。

斋瓦是巫师中的地位最高者。他对本民族的历史、掌故、诗歌等文化知识有较深的了解,社会知识丰富。只有他才有资格念祭"木代"鬼。大董萨是专门祭天鬼(木代鬼除外)、地鬼的巫师。他们有资格祭以牛、猪作牺牲的鬼,其地位仅次于斋瓦,其中部分人被斋瓦选为助手。西早和迷堆也属于这一等级。小董萨地位最低,仅能祭以鸡、干鱼、干老鼠等为祭品的小鬼魂。各等级的董萨一般都可以通过其宗教活动收取一定

---

① 雷兵:《景颇族教育传统的历史演进》,《云南民族大学学报(哲学社会科学版)》2009 年第 3 期。

数量的财物。其中斋瓦因其负责为世袭氏族头人祭"木代",收入最丰,每次可得一二头牛及绸缎与毯子等物;大董萨的收入次之,每次祭鬼后,可得到一头牛或猪的后腿等。

无论是哪级董萨,"锁"是他们供奉的保护鬼。在景颇族社会中,董萨的身份通常是百姓,神职并不世袭。在宗教活动中,高级董萨可视下级董萨的本事给予提携。此外,董萨忌食虎、豹咬死的野兽与家畜。

2. 基督教与天主教

19 世纪末 20 世纪初,外国传教士到景颇族地区传授基督教与天主教教义,培养神职人员,创办教会学校,部分景颇族人开始信仰基督教与天主教。

景颇族语称基督教为"亏斯督棒"。其教会的教牧人员大体分为"朋屋"(即牧师)、"朋岛"(即长老)、"得亚柯司拉"(即传道士或传教士)、"朋朗"(即知事)、"棒司朗"(即礼拜长)等五级。他们各自有自己的圣职。"朋屋"的主要职责有宣传福音,包括讲道、查经等。主领礼拜,包括施行圣礼、主领各种聚会、举行婚丧庆礼等。教育信徒,包括带领信徒和培养信徒。治理教会,探望信徒,为信徒服务,管理教务,包括建教堂、修教堂等事务性工作。"朋岛"的主要职责是协助牧师抓好教堂治理与宣教工作。"得亚柯司拉"的职责为协助牧师行圣事。"朋朗"和"棒司朗"的职责分别是协助牧师管理教堂事务、参与管理教堂事务和主持礼拜日宗教活动等。

景颇族地区的基督教对教牧人员有如下规定:不调戏妇女,不淫乱;不说谎,不作伪证;礼拜日要休息做礼拜;不偷盗;不杀人;不抽烟,不饮酒;不跳民族民间舞,不唱山歌;靠拢支持传教人;并协助传教;尊敬父母守国法;爱人如己,互相帮助,不可嫉妒等。教徒如有违反,将受到惩罚。

教徒的生活主要是礼拜日上午 9 时许,自觉地集中到教堂做礼拜,每月至少吃一次圣餐。因居住分散,交通不便者,由牧师委托传道员代发圣餐。每年春天过"复活节",冬天过"圣诞节"。大多数教徒懂景颇文,有礼貌,讲卫生,不酗酒,不吸食毒品。[①]

二、羌族

(一)教育

晚清羌族地区学校教育得到进一步发展,如咸丰元年(1851年)建汶川"云峰书院"。茂州也于道光七年(1827年)在"九峰书院"外又设义学四处。光绪二十九年(1903年)改书院为高等小学堂,后又增设八所蒙养学堂。北川在宣统二年(1910年)初高等学堂已发展到41所,学生839人。

在清末"废科举,兴学校"运动中,羌族地区除小学外,又设立了中学、师范等。

此外,法、英、美等国传教士在第二次鸦片战争后,也陆续到羌族地区先后开办了一些学校。如北川"福音堂小学校"、茂县"华西小学"、汶川"萝卜寨边民小学"等。其中以北川"福音堂小学校"最为著名。[②]

(二)科学技术

羌族历来是一个尚武的民族,兵器是其最为重视的器械。道光朝《茂州志》记岷江上游羌族风俗云:"好弓马,以勇悍相尚。"羌族武装男丁的装备火枪、刀、弹药,也多能自制。

毛织业也是羌族手工业中最具特色和最为著名的。羌族地区"织毪子"十分普遍。它不仅是一项重要的家庭手工业,而且在城镇也有专门的作坊生产。茂县城在清末有此种工厂十余家,每家约有十余名工人。其毛织业颇为兴盛,所织"毪子"除售于本州外,还销往绵竹、北川、灌县等地。

晚清,羌族地区羌医、中医、西医并存。在农村、山寨,羌医最为活

---

① 桑耀华:《景颇族的原始宗教信仰与两个文明建设》,《民族学研究》(第八辑)1986年;路义旭:《景颇族基督教信仰的特点》,《中国宗教》2003年第2期;鲍宏光:《试论基督教在景颇地区的本土化问题》,清华大学硕士学位论文,2005年。
② 朱晟利、吴定初:《近百年羌族学校教育发展述析》,《民族教育研究》2008年第3期。

跃。羌医与中医关系密切,有许多共同之处。但在采集、加工与用药习惯方面,羌医又自有特点。羌医十分重视药材采收的季节性。如立夏挖冬虫夏草,认为虫草初生疗效最佳;端午挖贝母,立秋挖羌活、大黄、独活、黄芪、素芄等。在用药方面,或是外敷,或是内服,或以水煎,或以酒渍。单味药使用尤多。经常使用的药物在百种以上。民间保存了许多羌医单方、验方。[①]

（三）服饰与饮食

晚清,羌族服饰基本上承袭了古代袍服之制,服饰面料仍以皮裘、毛、麻织品为主。道光朝《茂州志》载:"其服饰,男毡帽,女编发,以布缠头,冬夏皆衣毡。"

晚清,羌族饮食以玉米、土豆、小麦、青稞为主食,辅以荞麦、油麦、大米。蔬菜有圆根、萝卜、青菜、白菜及豌头、黄豆、杂豆等。日常吃的"面蒸蒸",是将玉米面置入适量的开水拌好后蒸成。有将麦面或玉米面做成馍放入火塘火灰中烧熟,香脆可口,便于携带。也吃玉米粥和"搅团"等。喜食酸菜。习惯在冬至后杀猪,制成腊肉,供常年食用。忌食狗肉、马肉。酸菜"搅团""荞面"与"洋芋糍粑",风味独特。待客"宴席"则在主食、菜肴、坐次上很讲究,有所谓"九大碗、九大盘"之说。待客必饮酒,酒有白酒、咂酒、面蒸蒸酒和米酒等,其中尤以咂酒风味独特。饮时,大家围坐在火塘旁,由一长者致开坛吉词,然后依长幼顺序轮流咂吸。若为"重阳酒",味道更加醇厚。饮时,常伴以酒歌助兴,气氛欢快热烈。羌民喜饮咂酒,他们自豪地称之为"尔玛西",即羌族人的酒。[②]

三、普米族

普米族生育礼俗比较复杂。

---

① 张曦、黄成龙:《中国羌族》(第三章第二节　民间科技),宁夏人民出版社2012年版。
② 陈蜀玉:《羌族文化》(第八章　羌族的衣食住行),西南交通大学出版社2008年版。

（一）孕育

普米族有很多祈育的宗教活动。"内考姑"（转山洞）是普米族古老的祈育仪式。在宁蒗县阿布流沟山麓有一个石洞，称为"移木洞"，相传是人类始祖"阿移木"的住地，每年三、五、七月人们都成群结队地朝圣，并为不育妇女举行称为"内考姑"的祈育仪式。祈育的人们先在洞外被称为"久橹"的石祖巨石下放三个小石头，在石头中间烧一堆柴火，然后，祈育的夫妻俩向东方磕头，祈求"久橹"赐育。祈祷完结，祈育的妇女在女伴的陪同下进石洞，她们先在洞中的水塘里洗个澡，洗完澡再回到"久橹"石下，接过巫师作过"法"的细竹管，一头衔在嘴里，一头插在"久橹"石的凹坑水眼中，吸吮三次，称为喝"哈吉"。喝过"哈吉"后，提起裙子到"久橹"旁的小石笋上坐一坐，称为"娜窝"。她们相信，经过这些仪式，会获得生育能力。此外，木里县大坝乡的鸡儿洞、屋角区的喇孜山岩洞也是祈育的"圣地"。从"内考姑"仪式可以看出，尽管举行仪式时仍以女性为生育子女的主要体现者，但普米族已认识到男女双方在生育中都是不可缺少的因素。

妇女一旦受孕会受到特别的照顾。孕期的妇女在家休息，不再上山放牧、做重活，不乱吃外面的东西，不参加各种集会，不能在黑夜出门，不能和男人同床。其婆婆或母亲要给予指导，并为即将降生的婴儿作各种物质准备，但不能准备婴儿穿的衣物，因为普米族认为给婴儿提前准备衣物意味着给婴儿准备葬服。分娩前，请韩归举行"今依"仪式，即未来的爸爸到山上砍一根直木，挖空，削成一幢房子的样子，放入一个用粑粑揉做的小孩，周围用各种彩条装饰起来，然后放在孕妇分娩的床前，请韩归念经祈祷。祈祷完毕，韩归将其拿到屋外的山沟里，放在常人看不见的地方，不能让人发现或损伤，否则不吉利，须重新举行一次"今依"仪式。"今依"仪式要悄悄举行，不让外人知道。仪式后的第二天，家里老人到村头的一棵老松树下烧香磕头，祝福将要出世的孩子像青松般壮实。

（二）生育与禁忌

普米族妇女在专门房室中生产。宁蒗永宁妇女在正房的后室生产。

产房的地上要铺木板,垫干草与旧毯子、旧裙子等物。生产时,产妇在其母或有经验的妇女协助下采取坐式或卧式生产。婴儿出生时,接生者用剪刀剪断脐带,然后要用旧衣包裹新生儿。如遇难产,就在产妇旁边放一条孩子父亲的裤子,认为这样就可借助男人的力量分娩。

孩子生下后,一般都要给产妇吃白酒炒鸡蛋和甜酒煮鸡蛋,以酒暖腹、催眠。普米族十分重视加强产妇的营养。产妇坐月子期间,每日三顿正餐,主食酒、鸡蛋、排骨、猪肘、鸡汤等。产妇的休息时间取决于家庭人口的多少和经济条件的好坏,三天到一二个月不等。

普米族生育孩子的每个环节都有讲究和禁忌,且各地有所不同。兰坪地区,在产后的三天三夜里,产妇不能躺卧,只能坐在床上靠着。最初的七八天里,不能吃猪肉,只能吃鸡蛋、羊肉、鸡肉等。产后五六天出门,也不能见阳光。宁蒗地区的产妇,产后即可躺卧,但三天内要由老妇人照应,孩子父母不得入内。坐月子期间,累出了汗的人和马都不许进院子。孩子出生后三天,要用全村年纪最大的长者的衣服给小孩做顶帽子,十几天后给孩子吃些酥油。

宁蒗普米族人很注意产后来家的第一个客人,客人健全就迎进门,否则闭门不纳。客人进门先请饮杯冷水,暗示家中刚生了孩子,然后再向客人报喜。丽江地区,产妇门前放一个簸箩,上插一炷不点燃的香,表示家中有产妇,外人不要随便进来。门上方还要横插一枝荆条,以避邪。生孩子的头几天,为避邪,院子里烧松树叶、柏树叶和杜鹃树叶;在铜瓢中放进蒿子及一个烧得很烫的鹅卵石,然后放进一些冷水,待瓢中冒出白色气体,并散发出一种特殊气味时,主人拿着铜瓢熏屋内屋外及各个墙角。未满月的产妇出门,头上必须戴一顶簸帽,有见不得天日之意。

普米族孩子出生后第二三天,举行命名仪式,也有满月时命名的。举行仪式前,孩子父母要清扫房屋卫生,在房门、屋梁、天柱上摆满象征吉祥的彩色布条,在火塘上方的神台上摆放婴儿的被子及海螺、银碗等及各种贡品和祭食。孩子的父亲要杀一只羊,准备好猪膘肉,邀请全村的老人及亲友前来助兴。仪式开始时,先由孩子的母亲给婴儿洗全身,然后父亲燃香绕婴儿走三圈,以示除掉婴儿身上所有不干净的东西。净身后,再给婴儿穿上新衣,裹好皮袄,并在腰间捆扎一根红腰带,再抱着坐在火塘下方。起名的老人在婴儿脖子上套一串玉石珍珠及松枝,向神台"宗巴拉"敬清茶、牛奶、酒等祭食,致贺词,然后才取名。命名的方式很独特,普米族的东西南北四个方位,都有象征物,这些象征物分别象征本民族的倔强、善良、粗犷和豪放的性格。给男孩子取名就从南方结合母亲的年龄,按顺时针方向推算,算到哪个方向便取那方象征物的名字。除此之外,也有按民族信奉的图腾和吉祥物,再根据孩子的性别、父母的本命属相、出生时辰命名的。普米人认为沾了别人的光,小孩就命大福大,因此有认干爹、干妈的习俗。认干爹、干妈的方式很特别,即在路上、河沟处搭一座桥,用绳拦起,请一个端公,用一只公鸡、一盘菜、一份纸馃作祭祀,认第一个通过这里的人为干爹或干妈。找到干爹、干妈后,孩子改从干爹或干妈的姓,并由干爹或干妈给孩子起名,所起的名字一直用到结婚才改回原名。每逢过年,孩子也要给干爹或干妈拜年。[①]

四、独龙族

独龙族晚清居住与其生活环境有直接关系。

独龙族的村寨大都分布在独龙河西岸,并且在相当长的时期内,没有形成固定的村落。据清末夏瑚《怒俅边隘详情》记载,(俅人)"今年种此,明年种彼,将住房之左右前后土地分年种完,则将房屋弃之也,另结庐居,另坎地种"。已定居的村寨一般也是二三户到四五户不等,最多的也只有十几户。各村寨之间相距几十里,甚至一百里。每个村寨实际上就是一个父系家族公社。每个家族公社按照山林溪谷的自然地势来划分界限。独龙族曾有过"巢居""穴居"生活,后来形成了两种风格的建筑:上江地区受纳西族、藏族的影响,建木垒房;下江、江尾和江心坡一带

---

① 和向东:《中国普米族》(第四章第四节 诞生习俗,第五节 取名习俗)》,宁夏人民出版社2012年版。

则以竹蔑草房最多。这两种类型的建筑都是长方形,都依山而建,靠山打桩。屋面离地二三尺高,房屋一边两角凌空高悬,另一边两角靠近斜坡地面。江心坡一带甚至建在树上。据夏瑚的记载,江心坡民居"且多结房于树以居,如有巢氏之民者",并由此考究了独龙族先民巢居的由来。据其记载:"考其巢居之由,在昔野兽较多,白昼且将啮人而食,逮晓则成群入室,抵御无方,故其先人创此巢居以避虎患。近则杀人拉人,所在恒有,亦仍以巢居避患为禾。有就地以居者,必其族大丁繁也。"

无论是木垒房,还是竹蔑房,都不用钉子,全采取木榫相咬合的办法,或用竹藤捆绑,既耐雨又耐潮,一般寿命为 5—7 年。木垒房四周以由下而上排列起的椽子为墙,上覆以砍刀劈开的木板或茅草,内铺木板或编制的竹篱笆,只设一道山门,门向东方,竹房则四周围以编制的竹篱笆为墙,上覆茅草,内铺竹蔑笆,两端都设门,架独木为梯。两种房屋中间,都设有一个或两个火塘,竹篾房内的火塘设在长方屋子的两旁,中间为通道,火塘大体上是对称排列。木垒房无通道,火塘即在房屋的四角。每一个火塘象征一个小家庭,长辈的火塘在上方,晚辈的火塘依次排列在下方。大家一起过着"诸媳轮流煮饭,由主妇分食"的大家庭生活。①

五、阿昌族

阿昌族传统节日很有特色。

阿昌族传统节日主要有窝罗节、会街节、尝新节、火把节、浇花水节等。节日内容因地区不同而略有差异。

(一)窝罗节

窝罗节是阿昌族盛大的传统民族节日。在每年的农历正月初四举行。

窝罗节是为纪念远古时期人类始祖遮帕麻和遮米麻造天织地、为民除害、造福人类的功绩而举的。届时,远近村寨的男女老幼穿着节日盛

---

① 云南省设计院:《云南民居》,中国建筑工业出版社 1986 年版。

装,汇集到原先指定好的"窝罗"场,放鞭炮,载歌载舞,通宵达旦地尽情狂欢。人们围着场中央的"窝罗"台跳"窝罗舞",唱"窝罗"歌。并将一碗碗醇香的米酒和佳肴美果虔诚地祭献于"窝台"上。

"窝罗"台高1米,4米见方,中央矗立着两块牌坊,牌坊顶端的中间高高耸立着一把巨大的被称为神箭的木刻满弦弓箭。神箭标志着阿昌族的始祖遮帕麻用它射落了妖魔腊訇的假太阳,恢复了大地万物的生机。

"窝罗"台坊上的左牌坊顶端绘着光芒四射的太阳,右牌坊顶端绘着蓝空皎月,紧接着是太阳、月亮图,下边左牌坊绘着一幅阿昌族男子的彩图,右牌坊绘着一幅阿昌族妇女的彩图,分别表示阿昌族的始祖遮帕麻和遮咪麻。左、右牌坊都绘着阿昌族妇女筒裙花纹节子花等,极富民族特色。

（二）会街节

会街节,阿昌族称之为"阿露"。主要盛行于陇川县的户撒、腊撒一带地区,每年10月18、19两日,即农历九月中旬举行。

会街节原来是迎接菩萨下凡、纪念英雄的盛大宗教性集会。会街节的来历,有两个传说:一是阿昌族信奉的"个打马"(阿昌语,意为菩萨)的灵魂,在上天取经的路途中,克服重重困难,终于把真经取到,并决定于九月十五日返回人间。人们为了迎接"个打马"的归来,便扎起青龙、白象,由男女青年收斋米,煮出斋饭供奉。以后,便逐渐演变成会街节。另一种传说是远古时候,遇上了大旱,为了拯救生灵,一个修行成佛的人骑上红牙白象去与旱魔搏斗,最后赶走了旱魔。为了纪念此人,阿昌族世世代代举办以耍白象、舞青龙,跳象脚鼓舞为主的"会街"活动来表示纪念。

会街节的一项重要内容就是耍白象和舞青龙。白象和青龙是由民间艺人用竹木纸布等材料精心编扎而成的,精细别致。耍白象时,一人藏在白象肚子里,双手来回拉动连着象鼻、带有滑轮的绳子,象鼻就上下左右地甩起来,活灵活现。青龙一般由盛装打扮的小伙子耍舞,表演各种动作。

会街开始，人们给白象、青龙系上红绸，男女老少簇拥着白象、青龙队列，敲锣打鼓绕寨一周，然后来到广场，围着白象和青龙，跳起欢快豪放的象脚鼓舞。这时广场上，象脚鼓声、锣声、镲声震天动地。音乐声、欢呼声此起彼伏，一浪高过一浪。

（三）尝新节

在每年芋头结实、玉米成熟、天上月亮最圆的时候，家家户户都过尝新节。阿昌语称为"佳舍甲"，意为"吃新米饭的节日"。后来，阿昌族百姓在与其他民族长期接触交往的过程中，学会了推算历法，于是就把尝新节固定在每年农历八月十五日举行。

尝新节这天，人们要举行隆重的祭献仪式。他们先把屋里屋外打扫干净，然后拔一蓬籽多实大的芋头，破开一棵结了双穗的玉米，把芋头与玉米捆在一根长竹棍上，整齐地靠在堂屋的左角或右角上，随后用新谷舂成的米蒸成饭，摘来脆栗甜梨，杀一只肥鸡，恭恭敬敬地摆在桌上，祭献老姑太。

关于尝新节祭老姑太的习俗，流传着这样一个故事：很久以前，阿昌族有个老寡妇，她勤耕苦织，善于农事，左邻右舍都羡慕佩服她。人们跟她换籽种，向她学习耕作播种和田间管理技术，这样家家丰收，人人温饱。寨子里数她年岁大，大家都尊称她为"奶其"（即老姑太）。她越来越衰老，眼睛也瞎了，天天拄着一根竹棍，由小孙女搀扶着，走家串户，传授生产经验。他的儿子十分孝顺，经常到山里打鹧鸪炖给她补养身体。老姑太临终时，要儿子把她的拐棍放在堂屋里，说这样在她死后，儿孙们也不愁吃穿。后来，人们一看到老姑太的拐棍，就想起她在世时传下来的生产技术。代代相传，每年庄稼一熟，总是用第一顿新米饭祭献她，她生前爱吃鹧鸪肉，后人便杀只鸡作祭品。这就是阿昌族世代相沿的尝新节的来历。

（四）火把节

不同地区的阿昌族都过火把节，但在时间和内容上略有差异。

云龙漕涧阿昌族的火把节就在农历六月二十五日举行,内容主要是敬献五谷神,祈求五谷丰登。当日晚饭后,举行赛马射箭游艺,入夜后全村点燃木火把,撒木火灰,驱除灾害疾病。

梁河、陇川地区的阿昌族在农历六月二十四日过火把节。这一天,村村寨寨杀黄牛,家家户户烧火猪,做米线,舂软米花粑粑。男男女女都用金绷花等植物加熟石灰把手指甲包红。入夜,人们点燃火把,绕着村寨游动,以示驱除疫病。夜间还要挖取河沙,撒在家畜厩周围,认为这样做会给家畜带来安全。梁河一带的阿昌族新婚妇女,都要回娘家过火把节。

（五）浇花水节

浇花水节,也叫"泼水节",是陇川户撒、腊撒一带的阿昌族传统节日。在每年的农历三月间举行,节期三天。第一天上山采锥栗花。第二天将锥栗花和其他花一起插在场中的花塔上,浇花水,"蹬窝罗"（跳窝罗舞）。第三天泼水,跳象脚鼓舞。节日期间,每家的堂屋供桌上都要插锥栗花,男女老少都要佩戴锥栗花。

锥栗花,阿昌语叫"桑建"。传说在古时候,阿昌族祖先在始祖遮帕麻和遮咪麻的授意下,用"桑建"醮葫芦水救活过被染上瘟疫的人畜。"桑建"水使阿昌族先民免除了一切灾难。为了纪念这段历史,三月间"桑建"盛开时,人们就要选一个日子（一般是在清明节后第七天）上山采"桑建",插在搭好的花塔上,互泼花水,祝福对方吉祥如意。这一天,男女青年三五成群地走村串寨,用新盆盛水,互相浇泼,然后,互相邀约,成群结队来到村寨外河边或林荫草地上,互相对唱情歌,寻找意中人。因此,浇花水节被称为"青年男女的节日"。[①]

六、珞巴族

珞巴族禁忌比较多。

---

① 曹先强:《阿昌族文化大观》,云南民族出版社 1999 年版;刘江:《阿昌族文化史》,云南民族出版社 2000 年版。

（一）行猎过程中的禁忌

行猎时，不能直说所猎对象的名字，只能说隐语，否则不但猎不到野物，而且还有生命危险。

猎人出门行猎前，两天内不能扫地，认为扫了地失了财气，打不到野兽。

上山行猎安装捕兽器、暗箭等，起程前一天，在家门口插上树枝作标记，禁止外人入室，如有外人闯入，就会猎不到野兽或被野兽咬伤；在山上下的暗弩、扣索，不能让外人看到，有人看了，野兽就不来了。

安装地套捕猎獐子时，当天晚上不能与外人说话，否则套不到野兽；架设捕获野牛的围栏，十天内不能与他人说话，否则会惊吓野兽。

打到野牛时，煮野牛肉的汤不能倒在猪、牛粪堆上，如果违反了，下次就打不到野牛了。

行猎季节，夫妻之间禁止共用一个容器盛饭菜用餐。

架设鱼亮子，五天之内不能同外村人讲话，否则捕不到鱼。

（二）农事活动方面的禁忌

村子里村人预祝庄稼丰收，请巫师念经一天，要在村外路上横拦树枝，严禁外人进入村里或庄稼地内，全村人也禁止下地劳动。

早稻收割季节，凡有客人来，不能向他提供午饭带走；收割早稻时，割稻的妇女不准说话，也不能到邻居家串门。

（三）日常生活中的禁忌

珞巴族视火塘为最圣洁的地方，禁止任何人从屋内的火塘上跨越或和在火塘上方挂衣裤、裙子等；严禁在火塘旁边放鞋、伸脚；禁止在火塘里烧死的禽兽及野兽的毛皮和朝火塘内扫地上的脏物。

家里有了病人，请巫师念经驱鬼时，在门前插树枝，禁止外人进入，怕外人将鬼带进，使病情加重。远途来的客人更禁止入病人家门，否则会引起怨恨与纠纷。

阉猪时，主人家门前要插上树枝，三天之内禁止把家里的东西借给外人。

凡有人死亡,同氏族人要停止劳动五天,同村其他氏族的人停止劳动一天,否则庄稼会歉收。

首次到藏区去进行交易的青年人,旅途上不准吃鱼肉,否则脚掌会裂开。

出远门或外出交换时,先要占卜,按卜好的吉日起程,一旦上路要朝一个方向走,不能随便走岔路,否则不吉利。

凡家里女人生孩子,全家人要停止劳动一至五天,以防脐带弄坏或不利小孩健康成长。

妻子怀孕三个月后,禁止丈夫参加捆绑猪牛等动物,并禁止杀牲。

（四）专门对妇女的禁忌

家里悬挂的牛头骨,妇女不能触摸,月经期间不能靠近。

烘烤酒曲时,不能让邻居妇女进入自家门。

妇女在月经期内,不能到交换场地。严禁与丈夫同床。

男子行猎前修理弓箭时,不准妇女在其前面经过,否则打不到猎物。

火塘周围的座次有明确规定,严禁女人坐在男人的位置上。①

七、门巴族

（一）节日

门巴族一年中最大的传统节日是新年,门巴语叫做"达娃当巴洛桑"。"达娃当巴"是一月的意思,"洛桑"为节日。人们十分重视新年的到来。从藏历十二月二十五日开始,就动手准备过年的食品了。家家户户杀猪、杀鸡、制酒、炸油饼等,忙个不停。门隅地区的门巴族,男女群众在十二月二十八日这天,还要洗头洗脚,打扫室内外的环境卫生,生活富裕的家庭要派专人去藏区买来腔羊,然后将羊头的毛烧光洗净,再将染的各种颜色的酥油涂在羊头上,同时在三个糌粑团上各插上一根麦穗放在窗台上,以祈求来年农牧业丰收。正月初一这一天,人们一起床,先要

---

① 格桑、玉蔷:《中国珞巴族》(第四章第九节　禁忌习俗),宁夏人民出版社2012年版。

将白灰浆洒洒在房外四周墙上,每户的屋前还要插上用各色小布条做成的彩旗,以求平安吉祥。生活水平一般的人家,只是买几条羊腿和血肠作为过年的荤食,其他方面也较富裕户简单。节日期间,男女老幼都穿上最漂亮的盛装,妇女们佩戴闪闪发光的装饰品,带着酥油茶、青稞酒和最好的食品,欢聚在村内的广场。最活跃的青壮年男子这时戴上假面具,装扮成历史上的英雄人物,仿照藏戏的表演方式,在鼓钹的伴奏下,登场演出。这种娱乐活动一般要进行四五天,这期间人们停止生产,尽情欢乐。一些群众喜闻乐见的节目,还要被邀请到其他村寨作巡回表演。大年初一凌晨,门巴族还保留着背"吉祥"水的习俗。人人都早早起来,争先到泉边"抢水"。最先到达的人,要在泉边石上抹点酥油,供上油条和酒,然后点燃柏树枝,以求水神保佑。背回水时,在途中一定要有意把新衣的一角打湿,以求免遭水灾。"抢"完水后,人们互相宴请,如果第一个来家中的客人是女的,即预示着在新的一年里,家中的母牛会生下小母牛,否则,认为要生小公牛。大家喝酒时,像其他节日一样,都要用中指醮酒茶弹向天空,表示先敬神,然后再进口。同一时辰,还要在牛角和牛眼边抹上酥油,他们认为这样做使牛在新的一年内可以免遭病灾。

门巴族过的第二个节日是"雀可节",时间约在每年藏历的七八月间,这是一个庆祝和祈祷丰收的节日,相当于藏族的望果节。每年这一天到来时,各村群众都请一个宁玛派喇嘛念经,届时全村男女老少还要跟着喇嘛再绕丰收在望的庄稼地一周,祈求风调雨顺,免受风、雪、水旱、虫灾,求得当年农业生产获得丰收。民间还在此时举行一些游乐、体育比赛表演活动。

第三个节日是"萨嘎达瓦节"。这是藏族传统的宗教节日,为纪念佛祖释迦牟尼诞生和圆寂的日子,时间在藏历四月十五日。这一天,门隅地区的所有寺庙不分派别一律进行念经祷告,举行法事活动。门巴族男女信徒前往寺庙烧香拜佛转经。每户还要拿出一定数量的糌粑、酥油和青稞酒交给寺庙,由寺庙的管事人员将糌粑、酥油做成供品"措",分给大家吃,众人相互敬酒吃喝。到了晚上,家家户户房前屋后点起酥油灯,纪念佛祖诞生,祈求当年水草丰美,五谷丰登。[1]

（二）礼俗

门巴人敦厚诚挚,热情好客,平时十分注重礼节。比如客人到家作客时,主人一定要起来迎接,让座。富裕点的人家,要在客人的座位上铺较讲究的毛质花垫;一般家庭也要铺上兽皮垫。客人就座后,要在其面前放一小矮桌,尔后男主人陪客人谈话,女主人把盏敬酒。主人请客人喝酒,客人不能拒绝,即使不会喝或不愿意喝,也要喝一点。否则,会引起主人的猜疑,认为是客人怀疑酒中有异物,不放心。这时,主人就会把酒倒在手心里先喝一口,然后继续向客人敬酒。客人拒绝主人敬酒,被视为不礼貌。招待客人的饭菜一般由一家之主的男人去做,女人不做,以示对客人的尊重。客人吃饭时,主人不陪吃,这时,客人要特别注意饭菜不能吃光,不管锅里、碗里一定要剩一点,以示对主人的尊重。客人如留宿,主人要陪坐聊天,直至客人睡下,才能离开。客人不睡,主人先去休息,即被认为失礼。另外,家中有客,其家庭成员不能在客人面前随便走动,要绕到客人身后躬腰行走。特别是妇女在客人面前不能坐正堂,不能多说话嬉笑,始终站在下位或门边热情侍候客人。客人若带礼物,主人一定要还礼,并相互说些道谢的话。

家里如有人外出,长辈要用中指、食指和无名指在他鼻梁上和喉部外表抹点锅烟灰,这样做被认为可以让外出的人路上不遇鬼邪,与人友好相处,确保平安。与此同时,相关的亲朋好友要来这家敬酒,表示欢送。外出的人回来之后,亲友还要持酒前去欢迎,门巴人称之为"苏羌"。

家中杀牛或牛病死,宰杀之后,要给亲戚朋友及同村每个家庭送去一份牛肉,收到牛肉的各家要提一竹筒酒,到送肉者家中共饮,主人家要备酒菜热情招待每一位来者,联络彼此间的亲密感情。

平时谁家要盖房建仓,全村的壮年男子都来帮忙协助,不取报酬。盖完房大家一起备酒欢宴,庆祝主人家房屋落成,基业旺盛,人畜平安。

---

[1] 陈立明:《门巴族的节日和礼俗》,《西藏民俗》1994 年第 4 期。

如果谁家死了人，全村人停止劳动前来慰问，不管有亲无亲都送来粮食、米酒、钱物作礼物，帮助主人办丧事之用。[①]

八、彝族

（一）文学与科学技术

1. 文学

鲁大宗(1847—1922)，字森亭。彝族诗人，云南禄功人。主要作品有诗集《听涛轩诗钞》，杂体文《听涛轩杂录》《听涛轩试帖》《桑香举要》等。

余若琼(1869—1934)，字达甫，贵州彝族诗人。主要作品有《愫雅堂诗集》《罂石精舍文集》《蠖盦拾尘录》《且兰考》等。

2. 医药

彝文古籍《药典》，作于清道光二十年(1840年)，共5039字，作者阿初巴、李正伯巴等7人。书中记载了80种病例与200余种动、植物药名。这些都是彝族山区常见的多发病。

著名的彝药云南白药，又名"百宝丹"，是彝族医生曲焕章(1882—1938)发现与研制而成。据传曲焕章也是个猎人，他好几次射伤了虎，请人去抬时却不见了踪影，后来发现伤虎吃了一种草就止住了伤口的血。这就是后来的云南白药，专治跌打损伤、慢性胃痛、妇科病等，能止血、消炎，既可外敷，又可内服，疗效显著。[②]

（二）禁忌

1. 日忌

凉山彝族鼠日忌送灵，若送灵，灵位要被老鼠拖走；牛日忌娶媳妇，娶媳妇子孙不兴旺；虎日忌立房架，否则房屋要倒塌；兔日忌送灵、娶媳妇、出行等；龙日忌丢失东西，丢了就找不回来；蛇日忌作巫术仪式，否则

---

① 陈立明：《门巴族的节日和礼俗》，《西藏民俗》1994年第4期。

② 陈久金等：《彝族文学史》，云南人民出版社1984年版；罗国清：《彝族医药简史》，《中国民族医药杂志》1997年第1期。

对自己不利;马日忌建房,建房有病灾;羊日忌治病,治病病不愈;猴日忌缝衣扞毡,否则会成丧服;鸡日忌剃头,剃头要丧命;狗日男子忌出行,出行不吉利;猪日女子忌出行……

2. 食忌

彝族忌食狗肉。凉山彝族忌食猫、猴、熊、马等动物,认为这些动物与人同出于一源。巫师还禁食耕牛,认为耕牛难免染上土邪地怪,其肉污秽不洁。

3. 行为忌

忌讳女人跨越男人的衣服,更不能从男人身上、头上越过。忌讳女人上楼、上房顶。忌讳触摸男子的"天菩萨"(头顶上留的头发,又叫"子尔"),犯忌者要宰牲、打酒,谢罪赔礼。女人抓摸了"天菩萨",此男人将终身不吉,事后必须将"天菩萨"剃去,否则死后不能魂归祖界。忌讳女人将送给自己的首饰、衣物转给别人,认为女人的生育魂附在这些物件上,送给别人会影响生育和孩子的顺利成长。日常生活中,忌舀汤时反手用木勺。忌和燕麦面时顺时针方向搅动。忌人出门便扫地,因为这些都是丧葬时的习俗。忌讳言死,而称"老了"。忌讳自己的影子被人踩踏,被踩者为此而报复对方。禁止在放置祖筒的祖灵箐洞附近鸣枪行猎或砍树烧荒。禁止在焚场或墓地打猪草、放牧。参加祈雨仪式时,禁止男子戴帽,女子缠包头。禁止有淫污的妇女制作祭祀的祭品和接近祖灵灵位。禁止跨越火塘或踩踏锅庄石等。[①]

第十一节　其他少数民族(五)

一、纳西族

(一)藏传佛教

在木氏土司等纳西族历代统治者、藏族活佛及僧人的大力倡导下,藏传佛教在纳西族地区得到了广泛传播。在维西等一些地区的纳西族

---

① 白兴发:《彝族禁忌文化研究》,四川大学博士学位论文,2001年。

中,出现了"头目二、三子,必以一子为喇嘛"的盛况,可见信佛已成为当地纳西族人的一种时尚。除了噶举教派,格鲁(黄教)教派以及宁玛(红教)教派等诸派,均源源不断地从藏区传入了纳西族地区,礼佛者日渐增多。在纳西族中还出现了以丽江普济寺四世活佛圣露为代表的一批高僧。圣露活佛于1871年生于丽江县黄山乡白华村,1893年赴西藏朝拜大宝法王受戒并习经深造,学成后在拉萨等地居留十余年,同达赖、班禅等上层宗教人士都有交往。回到丽江后,被滇西北十三大寺众僧公推为"中华佛教总会云南丽维分部"会长,先后到大理鸡足山、昆明、南京等地各大寺讲座,深受教徒欢迎。[1]

(二)节庆

1. 春节大祭天

春节的实际活动是从农历冬月宰杀年猪、腊月置办年货、除夕炖猪头与宰鸡祭拜灶君和祖先等开始的,直到正月十四日祭过天才算告一段落。

除夕备办好丰盛的晚餐,先燃香拜祭灶君并迎请祖先回家过年;如家中有人外出远地未归,也要在餐桌上摆一副碗筷,象征全家在一起过团圆年。同时要以米饭和肉喂狗,观察狗先吃什么,来预测未来粮食和肉类的丰歉贵贱。大年初一清晨,男子先起来烧火,然后点上香去"买水"。黎明前须在院内放好供桌和祭品,由家长主持烧天香,放鞭炮,并祭拜天地和祖先。吃完早餐后,全家相携去祖先坟上拜祭,或到同姓宗亲家拜年。从大年初二开始,可到非宗姓亲属和友邻家相互拜年,还有轮流请客吃饭的习俗。

祭天分为春祭与秋祭,春祭一般在春节期间举行,而且比秋祭隆重得多,因而称为"春节大祭天"。祭天有专门的祭天场,场内设有祭台,场的周围用石头围砌而成,并种植有高大的树木。祭天又分为"祭天群",大的祭天群有数十户人家组成,较小的也有十几户。各祭天群祭天的时

---

[1] 和少英:《纳西族文化史》(第五章 多元的宗教),云南人民出版社,2011年。

间不尽相同,仪式持续时间也有长有短,但都必须在正月十五日前完成祭天活动。一般在有"祭天东巴"的地方,可请该东巴主持祭天仪式;而在没有"祭天东巴"的地方,则由通晓本族群历史与掌故、有较高威望的长者或族长充任祭司。

2. 元宵灯会与农具赛会

正月十五元宵佳节前后,丽江一带纳西族聚居区还举办别开生面的灯会,其中以元宵节当晚的灯会最盛。灯会中除了舞龙、耍狮子、跳凤凰、麒麟舞等内容外,还用纳西话上演本民族的一些民间传说故事。

正月二十日的白沙农具赛会,是丽江纳西族的传统节日。届时,远处赶来的各族农民集中白沙街,邻近村寨则几乎是盛装前来参加。街道两旁不仅摆放着各式农具,还摆着各种小孩玩具及土杂货。这是新的一年开始的一次盛会。它标志着节日活动达到高潮,也是这个节庆的结束和新的一年备耕生产的开始。

3. 三朵节

农历二月初八的三朵节,又称"北岳神会",是纳西族祭祀本民族的保护神及战神"阿溥三朵"的盛大节日。

每年的二月初八日与八月羊日,远近的纳西人云集玉龙山麓的三朵庙,用全羊做牺牲举行被称为"三朵颂"的隆重祭拜仪式,人山人海,香烟缭绕。届时各家各户也要在家中烹制食品,烧香祭拜。节日期间,青少年还可以相互邀约到野外或集会场所,举行野餐和郊游等活动。

4. 龙王庙会与骡马交流会

农历三月十五日前后的龙王庙会,既是纳西人祭祀龙王的节日,也是各族群众之间互通有无的物资交流盛会。此庙会地点一般定在丽江县城的黑龙潭畔,参加者除丽江及邻县的农民外,还有大理、保山、昆明乃至外省的一些客商。会期一个星期左右。庙会期间,还展开唱纳西族民歌、演奏纳西古乐及赛马等各种文化娱乐活动。

七月中旬的骡马交流会,一般在丽江坝中央的狮子山坡上举行。会期七至十日,以交易骡马等大牲畜为主,云南省各地以及外省区的农民纷纷前来,交易农副土特产品,购买著名的丽江马和铜器等物品。在会期中上市以及成交的大牲畜往往达到一万匹(头)左右,是西南诸省中交易量首屈一指的集市。会期中还组织赛马、民歌对唱等活动,青年男女的笙歌劲舞更是通宵达旦。

5. 火把节

每年农历六月二十五日至二十七日,是纳西族的火把节。关于火把节的传说很多,其中较为流行的一种传说是这样的:玉皇大帝在天宫中过得烦闷无聊,某日打开天门一看,见纳西人生活的地方繁花似锦,绿草如茵,到处一派歌舞升平的景象,顿生忌妒之心,便派一员天将下凡将其一把火烧尽。那员天将来到这里一看,感到分外美好,不忍心下此毒手,便回天庭向玉帝禀报已经烧尽。当玉帝于农历六月下旬再度打开天门下望时,发现自己受骗上当,便下令杀了那员天将,另遣一员天将下凡执行命令。但这员天将亦不忍心放火焚烧,就给纳西人出了个主意,即要纳西人连续三夜处处点起火把以蒙骗玉帝。纳西人如法炮制,那员天将回去复命时玉帝见下面已成一片火海,也就不再发怒了。为了纪念那两位好心的天将,纳西人每年六月的这三天都要点起火把过节。

在火把节期间,人们在白天赶街、斗牛、摔跤并对唱民歌;入夜,家家户户都扎好大火把摆放在大门前,或将火把高插在粮架顶上或树上,火把上饰以花卉及果品;在院子中央则点燃许多小火把,供小孩们玩耍与跳越。小孩们手持火把,成群结队四处游转,青年男女则跳芦笙舞。

6. 中元节"烧包"祭祖

农历七月中元节"烧包"祭祀,一般是在七月十三、十四两天举行。第一天在家中迎接祖先来探家,准备好几个印有经符图案框边、内装草纸和叠好的金银箔的白纸包,写上祖先姓名并用托盘盛好,再带上香、茶、酒等祭品,到家门前以唱名的方式迎接祖先回家。然后将上述物品置于正房堂屋内的供桌上,并加上些干鲜果品、糕点花卉等,于晚餐前拜祭。第二天傍晚时分,再把那些白纸包带到河边焚烧,并将灰烬和一些供品扔进河水中,意味着送祖先回到他们居住的阴间去。

7. 朝拜狮山"干术"女神

农历七月二十五日,是滇川边境泸沽湖畔摩梭人朝拜狮山"干术"女神的盛大节日,又称为"转山节"。

根据摩梭人的神话传说,狮子山是"干术"女神的化身。她主管这一带人口兴衰、农作物丰歉及牲畜增减等大小事,同时还影响着妇女的健美、婚姻与生育。每年七月二十五日这一天,各地山神来此聚会娱乐。摩梭人为了给"干术"山神助兴,并祈求她保佑,这一天都要穿上节日盛装进行朝拜。朝拜者拿出各种祭品,诚心诚意地叩头朝拜。朝拜完毕,载歌载舞地欢庆,并就地野餐。归途中还要组织赛马等活动,有些青年男女则结伴环游狮子山或泸沽湖,谈情说爱,对唱山歌。①

二、拉祜族

拉祜族禁忌涉及生产和生活各个方面。

饮食禁忌。禁用母猪及母兽肉做"剁生",认为生命为母性所给,剁其肉会遭到所有兽鬼的报复。禁食献祭在路边、树林里的肉食,因为那是给鬼神吃的。忌讳在属鸡日尝新,认为鸡消化能力强,属鸡日尝新米,常年肚子饿得快。忌吃牛肉,《牡帕密帕》说拉祜族靠牛生存,故不仅不吃牛肉,牛死后还要将其埋掉。

住房禁忌。禁止住因难产死过人的房屋,否则后住者也会遭此厄运。禁止挪动房内的神桌,否则会触犯祖先和众神。忌讳跨越房内柴头,亦不得坐在柴头中间,否则将使犯忌者骨肉分离。

服饰禁忌。忌讳用破统裙缝补男人的衣服,否则男子打猎时会受枪法或为野兽所伤。澜沧茨竹河一带的拉祜族认为红色不吉利,因而忌穿纯红色的衣裤,也禁止外人带入红毯子、红毛巾等物。

丧葬禁忌。禁止在不吉利的日子下葬,认为不吉利的日子送不走亡

---

① 蔡晓龄、和建华:《纳西族》,中国人口出版社2014年版。

魂。忌讳单人参加葬礼,否则灵魂将与亡魂配对留在阴间,因而参加葬礼的人必须成双成对。禁止将凶死者埋在公共墓地,否则凶死事件会不断发生。

婚姻禁忌。禁止在父母禁日办婚事,否则将一世艰辛。新婚夫妇忌用有缺口的碗,否则生下子女也会缺嘴。

生养禁忌。孕妇禁止爬树,忌讳摘瓜果,忌杀生,否则会流产。禁止丈夫在妻子坐月子前 12 天出远门,否则婴儿会受到"朴死鬼"的伤害。忌讳骂婴儿,否则会遭"婴儿鬼"的报复。

生产禁忌。属马日不能下种,认为马胃口大,会造成粮食歉收。玉米、荞麦只能在属虎日开种,因为虎不吃玉米、荞麦。忌讳在父母忌日下种,否则粮食会被阴间收走。狩猎日忌带肉食,捕鱼忌带腌菜,否则猎神会发现肉食和臭味,致使渔猎无获。忌讳在火塘边商议猎事,否则火炭会通知野兽逃走。忌讳进烤酒房不加柴火,否则会使酒量减少。春节在第一天打雷,全寨停止劳动一天,且不舂碓。

节日禁忌。禁止在大年初一下地干活、砍柴、洗衣、舂碓、杀生、割采、做生意、借东西、放养牲畜等,按拉祜族的话说即是"凡动的不能打,凡绿的不能动"。忌讳在大年初一说错话,做错事。①

三、基诺族

(一)族源

有关基诺族的汉文记载始于 19 世纪。道光朝《云南通志》卷 187"种人"条下记载:"三撮毛,即罗黑派,其俗与摆夷、僰人不甚相远,思茅有之。男穿麻布短衣裤,女穿麻布短衣桶裙。男以红黑藤篾缠腰及手足。发留左、中、右三撮,以武侯曾至其地,中为武侯留,左为阿爹留,右为阿嬷留;又谓左为爹嬷留,右为本命留者。以捕获野物为食。男勤耕作,妇女任力。""种茶好猎。雉发作三髻,中以戴天朝,左右以怀父母,普洱府

---

① 杨春:《中国拉祜族》,宁夏人民出版社 2012 年版。

属思茅有之。"至今基诺族男子头顶仍留三撮头发,可见基诺族就是史料中所描绘的"三撮毛"的后裔。[1]

(二)分配与祭祀仪式

如猎获麂子后,由击中的猎手在麂子一后腿上划一刀口,意在向兽神表明,这兽已属他所有。然后用藤子和木棍将麂子捆起,置于大挎包内,并砍一竹子制成七节竹筒,敲打回村。回村后,将麂子放在竹楼架上,麂子前竹桌上放有米、盐、槟榔、树皮、银子等供品,并请巫师在麂子头前致祭。祭毕,猎手把带尖叶的马刺树棍六根和扭成三段的马刺树叶,分别放在麂子的腋下、腹下和胯部,然后收起来在麂子身上擦三圈,再插在竹楼梁架上。剥麂子皮时先剥四肢再剥到胸,然后割下一点肉和肝、肺穿在木棍上,在火塘上烤一下,猎手跪下将此串肉在麂子身上转三圈,把肉煮熟后放在竹筒内,供首席长者献兽神后食用。麂子皮剥开后,先分出七份给七位长者,每份包括肝、肺、肠、肉、肚皮六种。猎手分配其余麂子肉,击中麂子的猎手分得一只连下肢的后脚、麂子头、里脊肉和肠、肝、肺、肾的一部分;猎手的所属氏族,每家分得后臀后;猎手家庭分得两根带肉的肋骨;首席长者分得第二根肋骨、一个肩外加一点瘦肉;剩下连脖的第一根肋骨加兽头肉,供晚上举行仪式时男子们食用。[2]

四、傈僳族

习惯法在调节傈僳族社会矛盾方面起着重要作用。

旧时,傈僳族社会内部若发生一些矛盾和纠纷,一般事情靠族中有声望的长者出面调停,虽然没有成文的法律,但多年来也形成了一些共同遵守的习惯法。

春夏季封山育林,已形成山寨的制度,如有人进山采伐林木,就要受

---

[1]《基诺族简史》编写组:《基诺族简史》,民族出版社 2008 年版。
[2] 张云、杨宏峰:《中国基诺族》,宁夏人民出版社 2012 年版。

到惩罚，杀猪、宰牛请全村人吃饭。

和有夫之妇通奸，如被发现，丈夫可以告到头人那里，集中全村人兴师问罪，罚奸夫赔一头牛、一个三角架，给丈夫一件衣服。如果奸夫当场被打伤，甚至打死，不追究责任。拐逃别人妻子或未婚妻，必须由拐骗者的姐妹去顶替，还要赔牛。

为了结婚或祭鬼向别人借牛，一般一头牛一年的利息是一拳。做法是用绳子把牛的胸围量一下，然后对折，再用拳头量，如果是五拳，明年就要还六拳大的牛，如果所还的牛比六拳大或不到六拳，就用粮食折合，退还或补足。借牛的凭证用一截竹子劈成两半，双方各执一半。

傈僳族认为偷窃是不道德、最可耻的行为，处罚一般是偷一罚二。若偷者无力赔还，由亲戚代赔。在人家地里偷粮食，或进家行窃，被当场抓住，打残、打死不追究责任。偷青玉米，除赔原物外，还要罚宰杀一头猪，给每家送去一块肉。如果诬陷别人偷窃，则要重罚。傈僳族民谚："偷的罚十，冤的罚十三。"诬陷者要杀猪煮酒，请被冤枉者的氏族亲友吃饭，并送一头小猪给被冤枉者，表示赔礼道歉。

还有一种神判，即通过中人调停不能解决，就用"神判"。这种方法有三：一是"抛血酒"；二是"吃血酒"；三是"捞油锅"。

氏族间或村寨间发生纠纷，要进行谈判，不能杀害或侮辱使者，谈判人也不能带弩弓、刀。

在婚姻、土地、水源等比较大的事情上发生争端，双方请中人，喝酒唱调子，进行调解；调解无效，就械斗解决。械斗前双方要协商日子，一般选猴日或虎日，猴日象征动作灵活，头脑机灵，虎日象征勇猛。械斗时，男子参加战斗，女子救护伤员、传递信息等。双方都不得杀害妇女。如果一方妇女跑到战场上挥动裙子或摘下头上噢勒帽或包头，大声喊停止，激战双方必须停战，否则女子将觉得没有面子而自杀。械斗完毕还要请中人调解。如果双方死亡人数相等，互相抵销，如果不一样，少的一方要向多的一方赔偿"命金"。所赔财物由集体分摊，当事人和近亲要多摊，得到命金的一方也是大家分享，亡人家属多得。获胜一方在野杀牲喝酒庆贺，并奖励勇敢善战者。①

五、哈尼族

（一）饮食与待客礼俗

哈尼族普遍敬重长辈。吃饭时，好菜放在老人一边，让老人先尝。儿女要给老人斟酒、盛饭，双手捧上。在山间田野劳动休息喝水，要让长辈先喝，如果人多，按年龄大小顺序饮用。当劳动归来，晚辈要给长辈端茶水、递上水烟筒。

哈尼族热情好客，在路上遇到相识不相识的人，总要含笑问候、让路，并热情地邀请到家里做客。客人到家，全家老小都要起身让座，很快捧出一碗"焖锅酒"。客人饮过酒，主人会喜笑颜开地倒上一杯浓茶，倾心交谈。对客人必用最好的饭菜盛情款待。进餐时，先给客人斟酒，当给所有的人斟完酒后，还要给客人再斟一次，以示酒源不断，吉祥幸福。若是逢年过节到哈尼人家里作客，主人还会拿出雪白团圆的糯米粑粑到火塘边烘烤，待烤得两面金黄开花时，吹拍干净双手捧给客人。客人上路，主人一直送到村边。②

（二）学校教育

分布于墨江哈尼族自治县、普洱哈尼族彝族自治县等的哈尼族较早接受汉文化教育。早在清光绪三十年（1904 年）墨江县哈尼族聚居的癸能村水癸大寨创立了小学堂。读书 10 年以上的哈尼族 23 人，其中秀才 4 人。他们中许多人一生教书，有的还到过县城高等小学堂任教。水癸初级小学堂进行"哈汉双语教学"，即以哈尼话讲解汉文教材的内容，一年级用哈尼话授话，二年级以后逐年增加用汉语讲授的比重。教师常在夜晚察访学生在家温课情况，勉励子弟勤奋读书。寨子里的哈尼人尊师

---

① 汪湧：《解析傈僳族传统习惯法》，《云南警官学院学报》2011 年第 3 期。
② 李泽然等：《中国哈尼族》，宁夏人民出版社 2011 年版。

重教,学风日上。①

六、白族

(一)科学技术与教育

晚清,白族人民的医学知识更加丰富。民间城乡普遍有草药医生,接骨治疗很有方术。太和人周鸿雪善用石膏医疗残疾,人称"周石膏"。医学著作有奚毓崧的《训蒙医略》《伤寒逆症赋》《先哲医案汇编》《六部脉生病论补遗》《药方备用论》《治病必术其本论》《五脏受病舌苔歌》,李钟浦的《医学辑要》《眼科》诸书。

教育方面,清末白族地区相继废除旧学制,推行新学制,学宫改为学堂。有的还仿照西洋方式办学。白族有一批人留学日本、美国、安南等多国,造就了一批具有世界现代化知识、中外文水平相当高的知识分子。白族接触、研习西方先进科技和政治历史文化,由此时开始。②

(二)节庆

1. 过年节

大理、剑川、鹤庆、云龙等白族地区的年节就是汉族的春节,但具有本民族的特色。在节日期间,一般都有狮子、龙灯等舞蹈和演唱大本曲、吹吹腔、滇戏等文娱活动。有些地方还有"迎神赛会",分别迎送"本主",以求一方清吉、五谷丰登。

碧江四区一带白族的年节,则是由一村氏族共同选择在十二月下旬的属猪或属蛇日,节日活动内容与内地白族也不尽相同。在除夕的早上,全村各氏族成员,拿着 30 块、15 块或 10 块不等的糯米粑,同到村寨西边大树下举行祭树仪式,由氏族中选出的长者代表全村成员祷告,祈求大树神灵保佑一村之人健康长寿,五谷丰登,人畜兴旺。祭毕,在友好

---

① 雷兵:《哈尼族文化史》(第十一章　教育),云南民族出版社 2002 年版。
② 刘毅、郑进:《云南白族医药》,云南科技出版社 2010 年版;李红凯:《大理洱海地区白族传统教育研究》,北京师范大学硕士学位论文,2006 年。

的祝愿中互赠祭品,然后各自回家宰杀年猪。所有杀猪人家,每户拿出重约十斤的猪肉一块,放在一起煮熟后按全村人口每人均分一份。不杀年猪的人家,除每人同样分得一份熟肉外,凡杀猪的亲友都以"亲肉"的礼节分送一块给他们。饭前,各家祭祀祖先,饭后再以火烧米粑数个,祭祀家中一切用物,如木柜、铁锅等。节日清晨,各家再用前一日做好的少许米饭、猪肉、猪肝、猪心、猪腰等物,在屋内向东方祭祀祖先和三脚架,并念祝词。这里的过年节长达20天,在此期间,除背水煮饭外,不得舂米、打柴及进行其他生产活动。禁忌习惯认为,这段时间一切神灵都出来活动,人行动会触怒神灵,招来灾祸。

2. 三月街

三月街,又名"观音市",是白族盛大的节日和街期。每年夏历三月十五日至二十日在大理旧城西的点苍山麓举行。神话传说,"观音大士"开辟了大理地区,各族人民为了纪念他,每届这个时期,都要远道而来聚会,表演各种舞蹈和赛马等。后来三月街又逐渐变为一个盛大的物资交流会。

3. 绕三灵

"绕三灵",大理白族人民盛大的民间传统连情朝圣狂欢节日。每年夏历四月二十三日至二十五日举行。届时,洱海四周成千上万白族男女老少盛装打扮,负行李炊具,以村为队,载歌载舞,先后巡游佛都崇圣寺、神都圣源寺、仙都金圭寺,至马久村散去。三日内,情歌不断,乐舞不停;夜晚或在林中篝火露营对歌;或在庙中央娱神歌舞达旦。餐则支三石野炊,成群结伙共饮。青年男女日夜迷醉在绵绵情恋及狂欢浪潮之中。此节日在怒江勒墨支系白族中保存较为完整,家家户户为姑娘单独建盖自由恋爱的"串女郎屋"。剑川白族人民每年夏历六月十五日这天,要绕剑湖一周,叫做"绕海会",情形与大理的"绕三灵"大体相似。

4. 火把节

火把节是白族盛大的节日,是白族人民在秋收前夕预祝五谷丰登、人畜兴旺的活动,剑川一带每年夏历六月二十四日、大理一带每年夏历六月二十五日举行。这天晚上,每家门口都竖有火把一柱,村口更有全村公立的大火把,上插红绿纸旗,写上"一年清吉""五谷丰登"等吉利话;农民群众拿着火把在田间游行一周,捕灭虫害。

相传这个节日是纪念唐代六诏时邓睒柏洁夫人的。她在邓川德源城听到"火烧松明楼"的消息,黄夜点着火把率部乘马飞奔蒙舍诏,用手刨夫骨,把十个指头都磨出血来。因此,这天白族妇女都用凤仙花染红指甲,养马的人家也要在村外跑马。

5. 石宝山歌会

剑川、鹤庆、丽江、洱源、兰坪各县白族人民每年农历七月底至八月初一、二日,数万男女汇聚于石宝山寻情赛歌、拜佛。石宝山为滇西北佛教圣地山地,上有释迦、观音、南诏、大理国臣民及女阴石刻雕像。密林掩映寺庙,风光极为秀美。届时老人拜神求嗣子孙,青年男女隐密连情,日夜对歌。

6. 本主会

白族地区普遍崇信保佑本境安宁的英雄本主神。每神皆有寿诞或被祭祀的日子。届时,全体村民盛装出动抬扛本主像游村。以歌舞娱神,并杀猪宰羊宴贺,娱悦一天。[1]

七、怒族

(一)伦理道德

在长期的历史发展中,怒族人形成了尊老爱幼、扶弱济贫、互帮互助的传统美德。具体表现如下:

缺地少地的农户可以向有地户借地耕种,借地面积在一架以下者不送任何酬礼,参与共耕即可。如在一架以上,亦只需送两只簸箕或一头小猪。

贫困户可共养家畜,宰杀时饲养户仅多分一个头。

---

[1] 王锋、张云霞:《中国白族》,宁夏人民出版社 2012 年版。

农忙季节各户之间互相助耕和换工。

如有疾病或丧事可向亲友借猪、鸡作祭品，凡病者或办丧事者的借贷不计利息。

贫困户缺乏口粮和种籽可向家族成员要粮，送一只小鸡或一碗水酒即可得到十天的口粮，且无需归还。

一家盖房，全村协作。协作者都要自己携带一捆茅草或木料送给房主，而房主则以水酒和玉米稀粥招待，无须付其他报酬。

狩猎所得，见者一份，平均分配，猎获者仅多获兽皮和兽头。

年节祭祀所杀的鸡要送给村里的寡妇，因为没有人替寡妇打猎。

称呼老人和长辈从不指名道姓，而冠以各种尊称，即使是同辈人也很少直呼其名。

每逢饮酒吃饭，均以双手捧给老人和长辈先食用。凡杀猪、羊、鸡或酿酒，都要请村里的老人和长辈前来共餐，并把最好的脑、肝、肾、心、舌等给老人食用。

行路遇到老人、前辈或生人，主动打招呼，笑脸相迎，并让路下侧，让老人、先辈或生人先行。

婚丧嫁娶等红白喜事，不请自到，主动帮忙。

不贪占他人财物，不拿别人遗失在路上的东西。[1]

（二）习惯法

对于日常生活中违反公德或侵犯他人财产和人身的行为，以及各种纠纷，则按照传统习惯法裁决。

习惯法包括神判和实物赔偿两种。前者是在难以认定原告与被告谁是谁非的情况下采用；而后者则是在事实明白、是非确定的情况下由家族村社头人裁决。

神判方式有捞沸锅、拔火桩、喝血酒、泼血酒等数种。由巫师和头人主持，气氛严肃，两方亲友均到场，并事先捐赠若干财物和黄牛，根据神

---

① 毛公宁等：《中国少数民族风俗志·怒族风俗志》，民族出版社 2006 年版。

判结果,归胜诉一方所有。赔偿条件事先讲定,被告因故不能捞沸锅或拔火桩,可请人代劳,若获胜,牛和财物归代劳者。捞沸锅和拔火桩一般是对严重的土地纠纷、盗窃事件以及怀疑被告施巫术摄魂降灾等诉案的裁决。届时原告在场上架起大锅,里面盛满江水、河水、泉水混合的圣水,锅下按被告的性别烧不同数量的木柴,即男性烧九背柴,女性烧七背柴。当事人双方均要请各自的巫师来祈求神灵,获取胜诉。原告方的祭词大意是:"请高山铜神,请岩峰铁神,显示神威,严惩骗子。把开水变成铜水,把开水变成铁水,让骗子的手像树皮一样脱落,让坏的手像芋头皮一样溃烂。"而被告方巫师的祭词则相反,其大意是:"请高山雪神,请岩峰冰神,显示神威,严惩诬陷。把开水变成雪水,把开水变成冰水,让无辜者的手像先前一样平滑,让清白者的手像先前一样无事。"祭拜神灵时,被告的手一直泡在冰水里;祭毕,中人将石子投入沸腾的开水锅里,被告在众目睽睽之下,将手伸进锅里捞出石子,然后用三碗谷子搓手。若手没有烫伤,三天之内亦无溃烂,则裁定原先为诬告;若手被烫伤或三天之内有溃烂,则认为被告罪有应得。拔火桩则是要被告把烧烫的石桩拔出来,其裁决方法与捞沸锅大体相同。而喝血酒则是当事人双方喝过血酒后,三年内无病无灾者胜诉。

其他以赔偿实物为惩罚手段的裁决,则主要用于明确的侵犯人身安全造成伤亡或与有夫之妇通奸等事件。赔偿的数额不等。命案一般要赔偿七头牛。而通奸则由通奸双方分别给对方配偶赔偿一定的实物用以"遮羞"。另外,拐带他人妻子潜逃者,其家中父母要按命案赔偿黄牛或以其他女人顶替方可了结。[①]

八、苗族

(一)学校教育

从清光绪三十年(1904 年)宣布废科举、兴学校以后,苗族地区也开

---

① 《怒族简史》编写组:《怒族简史》(修订本),民族出版社 2008 年版。

始兴办学堂,设立初级小学校,但农村的苗族子弟入学的极少。清光绪三十一年(1905年),英国基督教循道公会首先在贵州威宁县石门坎开办了一所光华小学,而且专门招收苗族农村子弟入学,这在当时产生了极大的反响。到了宣统二年(1910年),英国传教士柏格理又以石门坎光华小学校为中心,在其周围扩建了若干所分校,同时又与苗族基督教徒杨雅阁等共同用拉丁字母为基础创制了柏格理苗文,并用以编写苗文课文,翻译出版苗文版《新约全书》和赞美诗之类的宗教读物,正式在光华小学校内使用,用苗文进行教学,使学生易学易懂,学习效果很好,深受苗族学生欢迎。柏格理去世后,又由其他传教士继续工作。

清光绪三十二年(1907年),中华基督教内地会英籍传教士党居仁在苗州安顺县传教时,也在柴家苑设立了一所小学,专门招收当地的苗族和其他少数民族的子弟入学。上述这些小学校,尽管都是基督教传教士所办,以宣传其宗教为目的,但对当时贵州苗族的学校而言,确实产生了较大的反响,在苗族的学校教育史上,也有不可磨灭的贡献。①

(二)土葬

晚清各地苗族实行土葬。其中有用木棺、石棺的,也有不用棺的;有横葬也有顺葬的。各地丧葬形式和过程也不完全一致。兹仅以贵州省黔东南州凯里一带为例,略述苗族土葬的情况。

1. 卧地铺

为了避免死者的亡灵再回到原床上来使活人遭厄难,往往当病人生命垂危之际,就必将病人移到火坑边的地铺上来睡,直到停止呼吸。

2. 报丧

当病人与世长辞后,全家人都向死者放声大哭,并头披白布和麻;由一男子出门外鸣三枪报丧。邻居闻讯后,每家都自觉由一男子带一升米来丧家帮忙;女婿和舅姑家也都送七尺黑布、香烛等表示哀悼。

---

① 杨大勇:《西方传教士对贵州近代教育的影响》,西南师范大学硕士学位论文,2001年。

3. 停尸

由同性人为死者换衣,先用一尺长、三寸宽的白布巾擦身,然后把白布挂在堂屋的中柱上,替死者换上里白外黑的单层寿服(即衣三裤三);如是女性,要梳头、插木梳,下着百褶裙。要让死者眼嘴均闭,双手握拳。然后按男左女右,在堂屋的一侧放上停尸桌,按先男后女,先大后小的次序,把子女送来的兜尸单铺在桌上,再移尸于其上,头枕单数钱纸,脚朝大门外,停尸桌下点一盏茶油灯,放一个盛稻谷香斗,孝子和女婿不离香斗。在停尸期间,要作好出殡前的如下准备工作:

(1)择时。请巫师根据死者的死亡时辰来择定出殡日期,避忌戌、亥日(狗、猪日),选辰、巳、午、未、申日;有的迷信认为男白天死,女夜间死,均不吉利,要先请巫师来"调解",别让死者的灵魂去缠活人,然后按选定的吉日,平安出殡。

(2)买水。由巫师和一中年男子带木槽、竹筒和一小块银片去水边买水,将木槽、竹筒插入水中,放银片于其下,由巫师喃喃念咒撒米,然后将槽、筒的水与银片取回家,置于停尸桌下。家人开始为亡灵杀牲(男用牯牛,女用猪),杀单不杀双。

(3)买地。传说土地归山神所有,如不花钱买地,即使葬了,山神也要催促搬走;即使葬进了龙口,子孙也得不到好处。故要请巫师和孝子一起带祭品和银片到选定的安葬地点摆好,由巫师喃喃念咒,抛酒、饭、肉于其地,在放银片处挖一块草皮,作为要开挖坟坑的记号。

(4)生死别。据说死者的亡灵与活人的魂魄常在一起,如果亡灵要把活人的魂魄带走,会使活人生病,故需举行"生死别"仪式,把两者分开。由丧家先准备未分雌雄的小鸡(有几个儿女就准备几对小鸡),一对一干一生的李树枝,一对一干一生的青杠树枝,以及几串糯稻谷穗等。然后巫师提起小鸡站在桌前,子女站在桌子两边,巫师念咒指出死者必须到阴间去,死人不能纠缠活人。念咒毕,巫师将一只小鸡摔死在停尸桌下,把其余的小鸡交由丧家养大了杀吃。把象征死者的干树枝焚烧,把象征活人的青树枝和糯稻谷穗捆好挂在门楣上让它自由干去。

（5）开路。由巫师念咒给死者指明到阴间去的路线，同时由巫师把丧家宰杀的水牯牛或猪及亲友送来的祭品，一一交待给死者，并令带到阴间去过生活。巫师念咒完毕便把桌下放的大红公鸡摔死，扔在停尸桌下，让公鸡为亡灵引路。如果是在夜晚去世，还要用纸糊个假月亮挂在路边，为亡灵照明。

4. 出殡

这是丧家人及亲友向死者最后告别的仪式。大多是把棺材放在门外，出殡时连兜单一起先脚后头把尸体抬出放入棺木，同时要打着一把黑伞，避开阳光。在大门外拴一根弧形竹篾，篾上缠鱼籽草。然后抬棺上山，只由男人送葬，女人送到村边止步。抬棺时，前两人是死者的二三女婿或侄女婿；后两人是儿子或侄子；大女婿留在家中收拾尸衣及地铺上的稻草等，并拿去村边焚烧。送葬队伍排列不一样，有的孝子在前，有的手持木槽、竹筒者在前，并把木槽、竹筒放在村边的路旁，让送葬者回来洗手。其后是肩扛大马刀、手持茅草的嘴不时念咒的巫师，接着是抬棺的人群，最后是丧家，其他人和来送葬的亲友。

在下棺前，有的是由巫师手舞大刀或巴茅草表示驱赶妖怪恶魔，大声喝令："一切妖魔鬼怪，前去三百步，后退三百庹。"然后盖紧棺盖，在棺木上猛砍一刀，把棺木放入墓穴，再放入水筒等。最后盖土成坟。有的在下棺前先在挖好的墓穴里烧纸钱，把灰扒平，再放棺于穴内，摆正死者的头和衣物，由长子把米、银片等生活用品放在棺木两侧，盖紧棺盖，孝子和女婿大喊"爸（或妈）"三声，然后由长子先挖三锄土盖棺上，众人才动手堆土成坟，放鞭炮。

5. 招魂

安葬后的当天，丧家备好酒肉和香纸，到墓前烧篝火。燃香烧纸钱，摆好酒肉，呼死者名字享有祭品，把酒肉倒在坟前回家。每过一座桥或岔道口，都呼死者名字，并在路边放买路纸钱，插一炷香，回到家门口时，在神龛下放一凳子，表示请亡灵进屋就座，认为从此亡灵进入祖宗之列。

6. 吊丧

把死者安葬后，又请三亲六戚来吊丧。死者女儿不回来，但礼物要重于其他亲友。一般要送丧家粮食、酒、钱等。进餐后，客人回家时，也要在沿途桥上插香，在岔道口放纸钱，表示也请亡灵到家中作客。

7. 焚巾

当吊丧客人走后，丧家还要举行焚巾仪式，即取出给死者洁身的白布巾交给巫师，设一香案，摆上酒肉、糯米饭等，由巫师用悲痛的曲调诵焚巾词，赞颂死者的生平事迹，并送亡灵去见姜央；颂毕，焚烧洁身的白布巾。

葬后的第三天，由死者长子把亡灵带到女儿家作客，再带回家看自家的田园庄稼，希望亡灵保佑丰收。丧葬仪式，到此全部结束。①

第十二节　其他少数民族（六）

一、佤族

佤族习惯法严厉而复杂。

凡泄露机密（主要指军事机密）而造成严重后果者，要受到严厉的惩罚，轻者被抄家，重者被赶出山寨或处死刑；未造成后果，只批评教育。

打仗，全寨成年男子都踊跃参战。无故不参加者，要受到社会的谴责，并且还要被罚财物甚至被抄家。

村寨公益劳动，每户出一人参加；不参加者，一日出稻谷若干，由头人收取，为全寨公用。

说话和行动犯了"阿瓦理"（即习惯道德规范）而使别人在物质或精神上受到损失时，须以实物赔偿损失，重者被抄家。

欠债逾期不还，债主可以抄负债人的家、拉负债人的牛；若负债人没有可抄可拉者，也可拉其近亲或同姓人的牛以作赔偿。

---

① 《苗族的宗教式丧葬文化》，《青春期健康·人口文化》，2010 年第 2 期。

对于偷盗犯的处罚,若非惯偷而偷的东西又不多,犯者退还赃物并接受失主与自己亲属的批评教育了事;惯犯与偷的数量大、情节严重者,或赶出村寨,或处以死刑。

如果发生作案者不明的偷盗案件,便采取原始的"神判"方法来断案。第一步,用"鸡"卦的办法认定作案者,失主请魔巴杀鸡看卦,看卦前失主先怀疑某一个人,若应卦,便认定被怀疑者是偷盗者;若不应卦,就再怀疑另一个人,直到确认为止。偷盗者被认定后,失主告知"偷盗者"(实际上是被怀疑者),要他赔偿损失。若被怀疑者不承认,就进行第二步——"神判"。失主与被怀疑者请头人及一些老人为主持人和见证人,用下列方法判定被怀疑者是否偷盗者:

第一种方法是"摩手掌"。失主与"被怀疑者"互相摩掌,哪个先摩出血就是哪个错。失主先出血,就是错怪了人;被怀疑者先出血,就是偷盗者;若同时出血,就认为都不错。

第二种方法是"竹签扎手"。请公正老人或头人用竹签扎双方的手,扎进后立刻拔出,若血随签急出即错;血缓出则不错;双方出血一样,就认为都不错。

第三种方法是"捞汤锅"。烧一锅开水,放入鸡蛋,让双方用手捞起,取出后,主持者立即用布擦干取者的手,手上起泡者为错,不起泡者为对,双方情况一样,认为都不错。

第四种方法是"站穴顶板"。挖一穴,深约半尺许,大小只容双足,让双方轮流站在穴内。主持者将一块木板放在站者的头上,连放三次,每次几秒钟。若站不稳板子掉下来,就算错,否则就不错,双方情况一样则都不错。

通过上述某一种方法,若失主错,就认为是诬赖好人,犯"阿佤理",听从"被怀疑者"(即便确是偷盗者)处罚;若"被怀疑者"错,即便没有偷盗也无法辩解,只得听从失主处罚,赔偿失物,甚至被抄家。这种"神判"的方法,不仅用于偷盗案,也用于双方争执不下的其他案件。

同姓通婚、发生性关系,惩处的具体办法各寨子虽有不同,但都把同姓通婚或发生不正当关系者分开，并杀猪、杀牛祭鬼，还把牛头劈两半，以示男女从此永远断绝关系。

已订婚的姑娘，男青年不能同她再谈情说爱；有夫之妇如与人通奸，丈夫将奸夫杀死不需要赔偿，并可以抛弃妻子。[①]

二、布朗族

布朗族有着很高的道德准则。

(一)尊老扶幼

尊老扶幼是布朗族人的高尚品德。在每个家族里，老人休息、睡觉之处以及座位，年轻人不随便去躺睡坐着，以免老人休息不好。老人说的话，后辈要听从。吃肉、喝酒需先敬老人。晚辈在老人面前，不准有粗鲁的语言，言行要庄重。妇女经过老人面前，须弯腰。老人很重视对后代子孙的教育和爱护，不仅教育他们热爱劳动，而且不断教育子孙后代怎样做人和遵守习惯法。布朗族老人对社会孤儿都要收养，并承担一切抚育费用。

(二)热心公益

在布朗族人中，每个寨民都很关心自己村寨的公益事业。村寨里凡是盖缅寺、建凉亭、搭桥铺路、盖新房子等，只要头人号召，男女青年都踊跃参加，男子做男活，女子做女活，齐心协力共同建设布朗寨。

(三)团结互助

布朗族人民都有着团结互助的高尚美德。村寨的孤寡老弱缺乏劳动力时，村民们会自动去帮助劳动，不取报酬。遇村寨里有婚丧之事，大家纷纷带去米、茶、烟、酒、肉等物品馈赠，并帮助砍柴、挑水、煮饭等。寨子里的本家族人相互借种土地、借粮食等都不付租金利息。

(四)陪同守灵

在布朗族人中，不管哪家有人病故，村寨的诸亲友和邻居不仅给以资助，还帮助照料丧事，到死亡者家中陪同守灵，以示悼念死者，安慰家

---

① 赵富荣：《佤族风俗志》，中央民族大学出版社 1994 年版。

属,体现布朗族人之间的温暖和善良。

（五）路不拾遗

路不拾遗是布朗族人民美好的道德。长辈们历来教育下辈人不擅拿别人的财物,更不许偷窃;拾到东西,要及时归还失主;借别人的东西,要按时归还。[①]

三、德昂族

德昂族家庭形式与特点带有一定的原始色彩。

晚清德昂族还有较浓厚的父系家长制大家庭形式。有三四代不分家的,家长为自己的儿女娶妻、招赘组成大家庭。也有的是老一辈去世后若干个叔伯兄弟不分家而保存大家庭。大家庭中一般都有五六对夫妻,也有十余对夫妻的,人口达七八十人。这种大家庭形式,人口多,很热闹,大屋里整天都有人进进出出,煮一顿饭要 60 多斤米;逢年过节,宰牛杀猪,全家成员团聚,吃饭时在宽敞的走道上摆开长长的篾桌,按长幼次序就坐。小男孩也有他们的席位,吃饭时由母亲照料。

大家庭的组织领导权掌握在老一辈男成员手中,祖父辈是大家庭的领导核心,长兄是大家庭的总管,运筹整个大家庭的生产生活。其他弟弟分管生产、粮食、财物以及支出和社交活动。大家庭内的重大决策,如一年的生产规划、出售剩余粮食和大牲畜等都由他们商量决定。为了把大家庭内生产搞好,也得征求有经验和有才能的儿孙的意见,特别是耕地的选择、开垦与农活安排,多依靠中年人。

农业是德昂族大家庭成员生活的基础,主要种田和开垦种旱地、种植棉花等农作物,这项劳动主要是由大家庭内青壮年人承担。家庭成员间按实际情况和掌握技术水平来分工,年老体弱做家务,青壮年多从事体力消耗大的劳动,煮饭、做家务活由妇女轮流承担,一年一换班。家庭成员日常工作由家长的妻子安排。

---

① 陶玉明:《中国布朗族》,宁夏人民出版社 2012 年版。

德昂族女性自幼学习纺织,技术好的妇女留在家中,让她们专门纺纱织布、做裙子,不参加粮食生产。在大家庭内部出现了初步的专业化分工。此外,大家庭中也有制作银首饰和打制铁质工具的。他们都是农忙务农,农闲做手工,没有完全独立于农业的。

大家庭既是德昂族的生产单位,又是消费单位,每个家庭成员的劳动成果都属于大家庭所有,不论生产什么或贡献大小,都是大家庭的共同消费者。从分配到相互关系仍然体现着原始平均主义的一些基本准则。[①]

四、侗族

(一)建筑艺术

1. 鼓楼

纪堂鼓楼。贵州省黎平县肇兴乡的纪堂寨包括新堂、塘明两个自然寨。该寨建有 3 座鼓楼,一座立于塘明,两座立于新塘,以塘明那座最为壮观,俗称纪堂上寨鼓楼。上寨鼓楼始建于道光二十三年(1843 年),曾多次修茸。该楼 9 层重檐,高约 22 米,由 12 根大杉木立于柱础支架而起。用逐层内收的梁枋和金瓜柱支撑着层层挑出的重檐。楼里无楼层板,也无走廊楼梯,空至宝顶。鼓楼底层为方形,上部重檐为八角形。顶部为四角攒尖顶,用密集的人字格斗拱托起。铁制叠球形宝顶,宝顶下饰如意头纹、屋顶覆小青瓦,四条白色脊。翼角高翘,上饰狮、虎、凤、猴、兔、蛇、虫、鸟等雕塑。每层檐板上彩绘各种人物花卉。底层与一层檐之间有二龙戏珠木雕。底层中间用青石板镶成火塘,火塘四周置有杉木长凳。鼓楼前铺石板坪。石板坪长 30 米,宽 10 米。对面建有小巧侗戏台。

2. 风雨桥

三江县有一座在侗族建筑史上最有价值的风雨桥。它横跨于琶团寨旁的苗江河上,名琶团桥。此桥为托架简梁式木桥,建于宣统二年

---

① 《德昂族简史》编写组:《德昂族简史》,云南教育出版社 1986 年版。

（1910年）。桥长50米，一墩二孔三桥亭，在桥梁功能处理有独到之处。桥面分人行道和畜行道高低两层。人行道宽3.1米，净高2.4米。畜行道宽1.4米，净高1.9米。人行道部分托架梁有两层，下层伸出2.8米，上层伸出4米，各以9根直径40厘米的圆木排成。桥的标高在百年一遇的洪水水位以上。东岸边依山势地形有两个入口。独特的构思使它成为一座颇为先进的、有立体功能分工、人畜分道的壮观木桥。在结构上，亭、廊、阁、栏的处理都独具匠心，既加强桥梁的整体性，又能满足过桥、休息、乘凉、眺望等功能要求，堪称是多功能建筑范例，被建筑学者誉为"古今中外，独一无二"。

贵州的侗族风雨桥以地坪风雨桥最著名。地坪风雨桥建立在黎平龙额的南江河上。始建于光绪二十年（1894年），1959年毁于大水，1964年按原样重建。该桥一墩二孔，用32根直径1米左右的杉木作为两翼托架，分双层双排呈天平状向两边悬空挑出，上面再铺桥面。全桥共用杉木400根。桥身总长70米，宽4米多，高距水面8米（正常水位）。桥面上盖长廊，两侧置护栏，靠栏杆设长条板凳。桥上建有楼亭三座，中间楼亭为五重檐四角攒尖顶，两端楼亭均为三重檐歇山顶。楼亭的翼角饰有套兽。中桥四根柱子上绘有青龙，楼顶天花板上绘有一彩凤。廊内两侧绘有侗族人物故事壁画。原桥廊内有双龙戏珠雕刻图案。桥北端还配建一座高约5米的六角攒尖顶风雨亭。有一位守桥老人常驻于此。亭内一年四季备有茶水、草鞋，冬季燃起火堆，给人以方便和温暖。①

（二）有关礼仪

1. 出生

每当一个新生命诞生后，家里便要为他（她）驱邪护身，希冀其顺利成长。添丁之家首先要在家门口上方挂一束树叶，表明家里刚添小孩，告诫生人不要冒昧闯入，以免惊吓婴儿。接着向外婆家报告喜讯，生男

---

① 吴正光：《侗寨的鼓楼、戏楼、风雨楼》，《小城镇建设》1996年第11期；张柏如：《侗族建筑艺术》，湖南美术出版社2004年版。

送去一只雄鸡,生女则送去一只雌鸡。

出生三日办三朝酒,或满月后办满月酒。通道坪坦一带称吃吊肉。是日,外婆家村寨的姑娘们,一二十人或更多,穿着一色的盛装,挑着礼物前来祝贺。主人们用篾条穿上腌鱼、煮熟的猪肉、豆煮品串成圈,以飨客人。每人一串或几串。客人多半不食而带回家中。宴庆中还要进行有趣的"涂黑脸"活动。外婆家来的姑娘与夫家本族的小伙子都在手指上蘸上桐油和锅灰,争相抹到对方的脸上。女方往往集中数人合攻一男。男方也不示弱,奋力反攻。若女方不敌,同来的中年妇女可以上前助阵,但男方不可有人帮忙。旁观的中老年和儿童看到有人被涂上,便大声欢呼,给添丁之喜更添欢乐气氛。

榕江三宝地方,婴儿从外婆家过满月回家时,外婆须用铁灰于婴儿额头正中画一"十"字,外婆家的亲友为其祝福,曰:"去外婆家,得个标志",以避邪驱鬼。

会同炮团等地,当婴儿首次剃发时,要用一个熟鸡蛋在婴儿头上轮番滚动,然后剥掉鸡蛋壳,将鸡蛋切成数块,分给邻童吃,认为通过这样的仪式,孩子长大后能与他人和睦相处,不致惹事生非。

2. 添粮

侗族人十分敬重老人,都希望老人长寿。除为老人祝寿、在特定场合诵读《赞老人》之歌外,三江独洞一带有为老人"添粮"的风俗。那里的人们认为一个人一生吃多少粮食是命中注定的。命中注定的粮食吃尽之日也就是生命结束之时。当老人身体衰弱或患有疾病时,即预示着他的那份预定的粮食已经所剩无几了。只有为老人"添粮",才能延长他的寿命。"添粮"有一定的仪式。哪家需要为老人"添粮",选定"添粮"日子后就通知亲友。到了那天,亲友们挑着禾把赶来"添粮"。子女则亲自去寨上"人多粮足"的人家"筹粮",每户抓三把米。亲友们送来的禾把用绳子捆好让人挑上,筹来米装在箩筐里也让人挑着。这些人组织一支"卖粮队",在寨上周游一圈,边走边叫"卖粮咯!"最后转回到主家大门口。主家故意把大门关上,在门里问道:"你们是哪里人? 从什么地方到这里卖粮?""卖粮队"回答道:"我们从天脚云头运粮来。小孩吃了我们的粮,会长得竹鼠一样胖,老人吃了我们的粮,就会百病消除,寿命像江水一样长流。"主人听后说:"我们家有人正需要添粮,你们就一起进来吧。粮食我全买下了。"于是主人燃放鞭炮,开门迎接"卖粮队"进屋。需要"添粮"的老人端正坐堂屋中,前面放置一个口袋准备装粮。请来的一位身体健康的老者在旁边唱起《添粮祝寿》歌。歌毕,众人按班辈长幼依次给老人添粮,每人从挑进来的粮食中抓三把米或三穗禾投入老人面前的口袋中,并高呼:"我为某某添寿增福。"之后,主家置办酒席,酬谢大家运粮辛苦。①

五、水族

水族禁忌比较烦琐。

(一)农时禁忌

1. 忌春雷。每年立春后第一次听到春雷后,家家忌雷。忌雷期间,不许动土,但可以干其他农活。第一次忌雷九天,第二次忌七天,第三次忌五天,第四次忌三天,第五次忌一天。

2. 春播后忌吹芦笙,吹芦笙会把播下的种子吹走,影响收成。

3. 种棉花时忌说不利于棉花生长的话,否则不长棉苗或不结棉桃。

(二)节日禁忌

1. 过端午节的头天晚上忌吃荤,吃荤是对祖宗的不敬。

2. 忌在丁卯日过卯节,否则会痛眼睛。

3. 节日忌杀狗,忌用狗肉供祭祖先。至亲、朋友来访,也不能请吃狗肉。

4. 春节初一忌扫地,这天扫地会把钱财扫出门外。

(三)婚姻禁忌

1. 迎亲队伍忌路见死人出殡,如撞上,认为新娘新郎就会死。

2. 迎亲队伍忌见鸟横飞道路,如见,认为新人要生病或不吉。所以

---

① 杨筑慧:《中国侗族》,宁夏人民出版社 2012 年。

迎亲队伍前面几十丈远,专门有小伙子持长竹竿驱散鸟群。

3. 迎亲路上忌闻雷声,如听到雷声认为有大祸发生,要请鬼师杀肥猪禳解。

4. 迎亲路上忌踩脚印。即碰上另一队迎亲人群,走另一个新娘走过的路,如遇上,认为新娘要下马,互换纸伞。

5. 迎亲队伍忌遇孕妇,如遇上,认为新娘会遭不育。

6. 新娘第一次进夫家门,忌见屋中有人,所以在新娘进屋前,夫家人都得回避。

7. 姑娘出嫁后回娘家,忌自己开门进屋,忌进娘家禾仓。

8. 寡妇再嫁,后夫向前夫家中人交退彩礼时,只能在荒山、石山坡等不毛之地交付。如在寨中、田边、家里交付,认为那里就草木不生,庄稼歉收,人畜遭殃。

9. 寡妇再嫁后,忌回前夫寨中或家里。

10. 寡妇再嫁后,要过一年才能回娘家,否则,认为娘家人畜不旺。

11. 媒人说亲,若在途中遇见抬死人,办丧事或见死猫死狗,不吉,须另选日子再去。

12. 岳父岳母病危时,女婿和姑娘必须马上离开岳父母家,即使立刻要断气,也不能前去看望。

（四）生育禁忌

1. 妇女怀孕后,家中禁止撤大件东西,特别是拆灶、换灶,否则,孕妇会流产。

2. 妇女忌在娘家生孩子,违者娘家人畜都会受害。

3. 妇女生孩子没有满月,忌去别人家,否则会害人生病。

4. 婴儿未满月忌背背上,背了对孩子健康不利。

5. 未结婚的姑娘怀孕,受社会谴责。有的地区,把姑娘赶出家门,甚至加以更严厉的惩罚。

6. 忌私生孩子。有些地区对未婚先孕的妇女,生产前被强迫去山上住牛棚,满月后才准进寨。

（五）丧葬禁忌

1. 人死,家人、亲属一律忌吃油荤。

2. 老人死,洗尸、穿寿衣的人只许穿草鞋,腰间扎草绳。

3. 死人寿衣忌穿双数,寿衣忌落地上。

4. 死者双脚忌落地。

5. 与死者生辰相同的人,忌见死者,否则就会被死者勾走生魂。

6. 死者未入殓,或在抬上山的时候,送葬的人忌叫唤名字,认为违者灵魂将被死者鬼魂摄去。

7. 男人死,忌杀母牛、母猪;妇女死,忌杀马和公牛。

8. 孕妇和未满月的婴儿死,忌全尸葬当阳处,否则就认为将变厉鬼为害。

（六）其他禁忌

1. 扫寨时,忌外人进寨,否则扫寨不灵。

2. 忌日蚀、月蚀;日蚀、月蚀被认为是大蛤蟆吃了太阳、月亮,是不吉之兆,家家户户要鸣枪、敲锣、击鼓营救。

3. 赶集、做生意,出门前忌打破碗缸,否则主不吉。①

六、布依族

（一）文学与艺术

晚清,随着汉文化不断深入布依族地区,也出现了一些布依族文人用汉文写作的诗文。其中有的在全国文坛上还占有一定的地位。他们是布依族作家文学的先驱。这一时期较著名的作家和诗人有道光至同治年间的莫与俦、莫友芝、莫庭芝父子三人,光绪年间的黄锦辉、韦清兰、王由孝等。他们的作品主要有诗词和散文,而以诗词为多。有同情人民生活疾苦、揭露旧社会黑暗现象、描写山川风物和个人生活等内容,都有一定的历史意义。

---

① 罗春寒:《水族风俗志》,上海锦绣文章出版社 2016 年版。

莫氏父子三人为今贵州独山县人,父莫与俦为清代著名汉学家和教育家,善诗文,诗风淳朴,留有《贞定先生遗文》4卷。子莫友芝为清代著名学者,精研经学、汉学、声韵学、训诂学等,并擅长书法、诗词,平生著作很多,遗诗近千首,以山水诗及生活小诗最引人注目,集有《邵亭诗钞》《邵亭遗诗》《邵亭遗文》《影山词》《黔诗纪略》等。莫庭芝,莫友芝弟,著名教育家,精文字学,善诗词古文,词的艺术造就较高,多为摹拟山水、描写风云花月之类,有的流露对黑暗社会现实的不满。文学著作有《青田山庐诗集》2卷、《青田山庐词》1卷。黄锦辉,今贵州册亨县人,清末秀才,出口成章,才气惊人,为人刚直不阿,不畏权势,曾以才华打下州官蔑视布依人的威风,深受群众赞颂,其诗得以口耳相传。内容有关心群众疾苦、不满统治者欺压百姓的《为民诗》及歌咏山川风物、描写劳动生活的诗。韦清兰和王由孝皆为今贵州望谟县人,清末诗人,未见专著,仅留一些风物诗和生活诗。

说唱艺术。布依族民间说唱,是一种新兴曲艺形式,产生于晚清。它有说有唱,边说边唱,说唱结合。说的部分用叙述性散文体语言交待故事原委,歌唱部分是抒情性的韵文体唱词,表现喜怒哀乐的情感。整个说唱有人物,有故事,有曲折的情节,生动活泼,优美动人。说唱由民间艺人演唱,大多用月琴或四弦胡琴伴奏,有一人自拉自唱的,也有一人唱一人伴奏的,歌唱者常常辅以生动的表情和手势,因而引人入胜。布依族民间说唱内容丰富,题材有来源于本民族民间故事的,也有来源于汉族故事的。比较流行的有《桄苞沙》《南荷斑》《王玉莲》《螺蛳姑娘》《英台姑娘与山伯相公》等。

戏剧艺术。布依族的戏剧,是在民间说唱的基础上发展起来的一种综合性艺术,也是在晚清出现的。主要有布依戏、地戏、花灯戏三个剧种。

布依戏起源于贵州和广西交界的册亨、兴义、安龙、贞丰等县。它有两种类型:一种是根据布依族民间故事改编的,反映布依族社会生活,演员穿布依族服装,用布依语演唱。主要剧目有《三月三》《六月六》《穷姑爷》《人财两空》《金竹情》《罗细杏》《红康金》《四结亲》《借亲记》等。内容非常丰富,反映了布依族人民的反抗斗争、风俗习惯和男女爱情等。另一种是根据汉族故事或说唱改编的,服装和道具也和汉族戏剧基本相同,用汉语道白,布依语演唱。主要剧目有《蟒蛇记》《百合记》《朱砂记》《鹦歌记》《摇钱记》《玉堂春》《秦香莲》《祝英台》等。

布依族地戏是一种以面具装扮人物,以歌唱来"演故事"为主要形式而夹杂某些戏剧身段和舞蹈动作的民间艺术,属傩戏类。主要流行于贵州中部及西部与汉族杂居地区。因在平地演出,不需要搭台,故叫"地戏"。演出时,演员根据扮演角色,头戴各种不同面具,身穿各种不同服装,手持刀斧等兵器道器,随着锣鼓、笛子、二胡、月琴等乐器伴奏进行表演。传统剧目有《杨家将》《精忠传》《薛仁贵征东》《三国演义》等。

布依族花灯戏是在汉族民间小调的基础上发展起来的,后来又吸收了广西壮族的彩调艺术,流行于部分布依族地区,以黔南独山花灯戏最著名。生旦净丑彩绘脸谱,文巾彩装,紧锣密鼓,兼有二胡、笛子伴奏,曲调很多。传统剧目有《借亲配》《金铃记》《金猫和宝瓢》《梁山伯与祝英台》《王祥卧冰》《王三打鸟》《玉堂春》《金刚大王》《八仙过海》《蒋三下南京》等。①

(二)学校教育

自清同治至宣统三年(1911年)的40余年间,布依族已有一些拔贡、恩贡、岁贡及入翰林院或任县知事等科举仕进人物。

光绪三十一年(1905年),清政府下令废科举,兴学堂,布依族地区的书院改为官立高等或两等小学堂,除讲经读经外,开设修身、国文、算术、历史、地理等课程,是布依族地区有新式学校之始。至宣统三年(1911年),各州、县已在城乡开办一批小学堂,有的设于布依族村寨,不少布依族子弟入学。中学堂则由府开办,兴义、都匀、安顺各府先后建立中学

---

① 韦启光:《布依族文化研究》,贵州人民出版社1999年版。

堂,亦有部分布依族子弟肄业。①

七、傣族

傣族社会等级森严及其原因。

封建领主制社会实质上是建立在等级关系上的一种奴役制度。晚清,西双版纳是傣族保存领主制比较完整的地区。这里,领主和农奴都划分为不同等级。维持等级秩序,是封建领主制得以生存的基本保证。

以当时封建领主统治中心景洪坝为例,这个坝子内共分六等人。这六等人是:

1. 孟,是最高的贵族。这等人都是召片领(宣慰使)的血亲,他们有资格继承召片领的职位,或担任议事庭长,或受封到所属各勐当召勐(土司),享有很多俸禄。

2. 翁,是宣慰使的家臣。包括四大臣(四大卡贞)、八大臣(八大卡贞),都由翁级头人担任,享有多少不等的俸禄。

3. 召庄,又称鲁郎道叨,是召片领的远亲,属贵族的后裔,因人数太多自己立寨自食其力,但享有比一般农民较优厚的待遇,属于自由民阶层。他们中个别人可上升为统治集团内部的要人,绝大多数人种田也要上官租,同样受封建领主剥削。

4. 傣勐,是农奴中的最高等级。

5. 领囡,次一等的农奴等级。

6. 洪海,又叫"卡召",意为主子的奴隶,是农奴中的最低等级,其中一部分是领主的家奴。

以上六个等级中前两个等级靠剥削农民生活,属封建领主等级,是傣族社会里占统治地位的贵族。后面四个等级,虽内部待遇有别,尤以召庄地位较高,但都参加生产劳动,都受领主不同程度的剥削。

---

① 伍文义:《简论布依族地区学校教育的产生及发展》,《贵州民族研究》2000 年第 2 期。

由于西双版纳农村基本保存着农村公社制度,而每个农民等级的成员又聚寨而居,因此,村社内部农民均不分等级;而村社与村社之间却有等级差别。如景洪坝中有傣勐寨 17 个,领因寨 42 个,洪海寨 15 个,另有寺奴寨 3 个。傣族的村社制度使村社内部关系能够比较和谐,而村社与村社之间因等级不同,占有土地数量不等,有的领因寨、洪海寨要向傣勐寨集体租种土地,于是相互间常发生土地、水源等方面的纠纷,这种冲突有时会掩盖领主和农奴之间的直接矛盾。这也是这种落后的压迫制度能长期维持的原因之一。[①]

八、仡佬族

仡佬族婚姻习俗及各地区的差异。

晚清,仡佬族不仅不限制本民族各支之间的通婚,而且也不限制本民族与其他民族通婚。

晚清仡佬族大部分婚姻习俗基本上同于汉族。婚姻缔结听从父母意见,请媒人上门提亲撮合。实行一夫一妻制。个别富户纳妾。

在婚姻禁忌上,仡佬族严格实行同姓不婚。在某些姓氏之间也禁止通婚。例如道真县仡佬族韩何二姓不婚,张邓二姓不婚。旧时还流行姨表、姑表优先婚,"亲上加亲"视为理想婚姻。结婚年龄在 16—20 岁,一般要求男女年龄相当,也有的地方要求女子年龄略大于男子,婚姻关系牢固。丧偶再婚不受限制。

联姻程序及婚礼仪式,各地不尽相同。受《周礼》影响,一般有六道程序:一是提亲。男方家请媒人带上酒、糍粑、鸡或布等礼物到女方家提出联姻意向。女方家在媒人来两三次之后,如果不同意,将礼物退回,此门婚事即作罢。如果女方家同意,即"放话",请亲友喝酒,说明同意订婚,此酒称"允口酒"。平坝仡佬族的习俗,此时女方家要杀鸡敬祖,用鸡股骨卜卦,故此酒又称"鸡卦酒"。道真仡佬族习俗,男家具聘礼,下"聘

---

① 《傣族简史》编写组:《傣族简史》,云南人民出版社 1985 年版。

书"，女方家则回"允书"。二是问名，即问女子生辰。此项在贵州仡佬族称为"开庚"，即开出女子年庚生辰。三是纳吉，即卜得吉兆，确定婚姻。此项在贵州仡佬族称为"烧香"，即纳聘定婚。四是纳征，即送钱财给女方家。此项在仡佬族称为"过礼"，即将彩礼开列清单送往女家。五是请期，即确定婚期。此项贵州仡佬族称为"报期"，即通知女方家结婚日期。六是迎亲，即迎娶新娘成婚。此项仡佬族与其他民族不同，有"男不迎亲"的习俗，即新郎不去迎亲，而由媒人和男方家至亲备花轿前往女方家迎娶。

黔北仡佬族新娘出嫁前一二个月即停止农活，专门做针线，称为"赶嫁"。出嫁前三五日，兴"哭嫁"，用哭嫁的唱词告别父母家人及尊亲外戚。亲友们则以钱物相赠，称为"包礼"。迎娶之日，女方家门边置两桶，盛满清水，一伙青年女子持瓢等候，一俟娶亲队伍到来，即舀水泼洒，淋湿以媒人为主的迎娶者，称为"打湿（实）亲"。迎娶者只有尽快冲进女方家，才能免于继续被水淋。出嫁时辰，新娘由本亲族妇女挽扶，辞拜自家祖宗、父母、尊长。将启程时，新娘丢一把新筷子在身后，然后由兄长或亲族长辈扶入花轿，由亲兄弟"送亲"到男方家。在男方家门口停轿，新娘下轿，陈酿脯奠神驱邪，称为"还车马"或"回喜神"。当天拜天地，拜祖宗。次日拜父母，拜其他亲人。夫妻不对拜。第三天，新郎新娘回拜娘家，称为"回门"。

黔西大方的仡佬族在娶亲时有"打亲"的习俗，其意是打掉晦气邪念，迎来吉祥如意。当迎亲人来到新娘家时，新娘村中的男女青年就用细竹条或荨麻"打"迎；迎亲人要及时准备打帚防备挨"打"。只要闯进大门，"打"就停止了。进门后，新娘的长辈用对歌的形式敬酒，大家围着盛满水花酒的大酒坛跳起舞来。舞毕，各自拿起酒竿吸吮坛中的酒。然后，迎亲人向新娘父母送"养身布"，报答养育之恩。在新娘父母和亲友簇拥下，迎亲人将新娘扶上马接走。

旧时仡佬族迎娶新娘，或骑马，或步行，或坐轿，各地形式不同。除上述黔北的大部分坐轿，黔西的大部分骑马而外，清镇县的仡佬族和郎岱的仡佬族也有骑马的习俗。平坝县的仡佬族旧时还有让新娘穿草鞋踏进男方家门后才能更换新鞋的习俗,以示不忘祖宗创业的艰苦。

广西隆林县三冲一带的仡佬族,男方去接新娘时,须送酒、肉、米和礼金,一般女方也要给男方回送礼物。有的女方要给男方送一头牛,称为"祭父母牛";待以后岳父母病故时,女婿再送回一头牛作祭品。

仡佬族允许"招婿婚"。一般因为"膝下无子",或虽有子而年幼,才招赘上门。入赘的女婿改从女方姓,所生子女也随女方姓。入赘女婿名份列入宗支,享有继承财产的权利,也受到亲友的尊重与支持。数代以后,可以"还宗",即改回原来入赘前的姓氏。如果是寡妇招赘,要宴请族内长辈,立字约为凭。这种入赘男子无须改姓,不顶宗支,也无财产继承权。寡妇与前夫所生子女有前夫财产的继承权,赘夫所生子女也无财产继承权。一旦妻子亡故,赘夫就得携其子女他往,由原主亲属继承其所遗财产,并负责料理丧事。①

第十三节　其他少数民族(七)

一、毛南族

(一)医药

清代开始出现中医师。如咸丰年间,著名的中医师谭翠品、谭云锦等人,皆精通中医药,而且各有专长。其中谭云锦以治温病闻名。道光年间的谭清修以治便血、血晕、崩漏为专长,被群众誉为"妙手婆心"。尔后的谭妙品、谭怀瑜以治骨折著称。对断骨和粉碎性骨折,经施药对接,治愈较快。谭妙品不仅医术高明,医德也高尚,他常常无偿为贫困农民治病,因此享有较高声誉。此外,擅长针灸的谭玉厚,善于弘扬祖传民间医术的草医谭梦熊、中医师谭履宜、治蛇毒能手谭光立等人,都为世人传

---

① 陈天俊等:《仡佬族文化研究》,贵州人民出版社1999年版。

颂,受人尊敬。[1]

（二）节日

1. 春节

从除夕至元宵,节日活动有访友走亲戚,赶歌圩,舞狮看彩调,民间体育竞赛等,蕴含丰富的饮食文化、体育文化、宗教文化与文学艺术。其中富有特色的几项是:

百鸟祭祖。所谓百鸟,是以昌蒲叶编成形似鹧鸪、鹭莺等各类飞禽,然后灌入用盐和佐料调制的香糯、饭豆、芝麻和肉丁。煮熟了挂在一根甘蔗上,再悬吊于堂屋的"天地君亲师位"神台下,点香祭祖,名叫"槽鸟",从除夕供至元宵。

招魂。除夕下午,有小孩的人家将烹饪的整鸡、肉、红蛋、粽子等食品放在托盘内,端到村屯保护神李广神龛前,点香烧纸放炮,给他灌酒祈护佑,俗谓替小孩"要魂"。

放竹炮。毛南人于大年初一子时很少燃放鞭炮,多捶竹兆吉。是时,家家户户都将预备好的十二节大竹子逐段放在火上烤,膨胀时取出击响,一节代表一个月,全响全吉,某节不响便提防当月降灾。

晨读。大年初一凌晨,毛南人习惯叫小孩诵读诗文,以祈聪明伶俐,养成好习惯。

放飞鸟。元宵当天,姑娘与小伙子们从神台前取下"飞禽"粽,抬到屋外有树的地方象征性地抛起来,让"鸟"回林,然后回收重煮,合家享用。此俗旨在祈求一年稻香果甜,猪肥牛壮,家业兴旺。传说曾有位小鸟姑娘把糯谷撒遍毛南山乡,使这里五谷丰登,财源不断,因此放鸟飞表示纪念,以讨吉利。

2. 清明节

清明扫墓有三种方式:各户自祭祖坟、房族兄弟一道为祖宗扫墓、氏族联宗祭祖。扫墓时有在坟地聚餐的习俗,食品花样颇多,除常用的猪

---

[1] 马四补:《毛南族医药研究》,贵阳中医学院硕士学位论文,2007年。

牛鸡鸭肉外，另备乳猪在坟地屠杀，用鲜血淋坟生祭，用"马蹄香"作菜，用洗净的包生菜叶裹酸菜、肉粒而吃，别有风味。

赶祖先圩。又叫阴圩。清明节凌晨，人们即打着火把、灯笼从四面八方汇集于下南乡坡屯东头的坟山顶上一块狭长平地。小贩们像沿街摆卖一样，就地设摊，与顾客交易。但与一般场圩不同，每个摊位前面都点灯或蜡烛，放一个面盆，装上清水，用来投放硬币。据称，沉下水的属阳人，浮起来的属阴人，不能使用。天亮前散圩。

3. 端午节

同其他兄弟民族一样，毛南族视五月端午为"药王晒药日"，故当日家家户户都上山采集中草药材备用或加工出售，在门窗悬挂艾叶、菖蒲等以除毒去邪。同时，用干柚皮、桔子皮、苍术、白芷、烟叶等混合燃烧，对室内烟熏火燎，"净化"空气。晚上，则用菖蒲、艾叶、火力王、茅根、苦藤、柚叶、黄皮果叶、枇杷叶、路边青、田基黄、葫芦茶等煮成一大锅，用来沐浴治病防病。

吃凉粽药粑。包小个无馅凉粽分送给亲友、邻居早已成为一种风尚。此粽作法：用稻草灰浸水，滤去渣，取咸水泡糯米，并掺入少量硼砂，然后用竹叶包裹成粽，呈三角、四角扁平状，煮熟晾干，即可食用，也可保留稍长时间。食时剥掉竹叶，盛于碗内，再以蜜糖（或黄糖煮稀）作佐料，拌匀而吃，爽口香甜。药粑乃将糯米浸水混姜片、大败叶磨成浆，吊干，用竹叶裹住蒸熟食之。或将糯米泡在药水内，取出做成药粽子。

4. 分龙节

毛南族特有的传统节日。来由与古吴越传说、族人的气象经验和宗教观念有关。据称，每年夏至"龙各有分域，雨赐往往隔一辙而异"。故此后第一个辰日属分龙日。为求得风调雨顺，五谷丰登，约定当日为分龙节，在它之前二天举行乡村集体庙祭，该日家祭。因本地区地势西南高、东北低，遂以铁岭为界，前段称"上团"，后段称"下团"。"上团"先于"下团"五天取亥日过节，以便族人来往，增添节日气氛。活动的内容方式相同。

庙祭。第一天白日请巫师于三界庙或雷王庙内念经请神,晚上穿法衣戴木面具,脚挂长鼓跳神演唱,男女老少都来观看。次日,在庙前椎牛(白牛牯或马)祭神。事前,在牛头上挂满纸金锭、银金锭,牛角系一条红布,并将四条腿绑牢。巫师一面嗫嗫请神,一面将一只尖锐耙钉立在牛的天庭,命一壮汉用锤猛击,使耙钉椎入牛脑致死,再放血取其头尾四肢等祭三界诸神。

家祭。第三天(辰日、亥日),家家户户蒸制五色糯饭、粉蒸肉,宰鸡鸭祭祖先及神农氏,供桌边摆几株青苗,祈丰收。同时,用粉蒸肉糯米饭团喂牛,以酬劳作。用五色糯饭揉成小团粒插在青竹枝上,象征果实累累,丰收在望,并摆在祖先灵台上供奉。是日,亲友往来,年轻后生和姑娘们穿起节日盛装,成群结队走出村子到山坳口和阴凉地方对歌,进行娱乐活动。①

二、仫佬族

(一)族规乡约

1. 族规

仫佬族地区各姓居住的村寨中存在宗族制度,按各姓或"冬"(房族)立祠堂,订有族规。族内推举房族班辈高、年纪大、有知识经验、办事较公道的成年男性为族长。族长在房族内的地位颇高,他管理房族内事务,主持宗祠内祭典,审核宗祠的财产,制订和执行族规、家训,保管和修写谱牒、报丁册;族内的婚丧事,买卖田地,寡妇再嫁等,均要听从族长的吩咐。

各姓宗族的族规和家训,或载于族谱,或镌刻于石碑,其主要宗旨是维护封建宗法、伦理道德及宗族制度。在此仅举罗城县四把乡大梧村二冬、五冬吴姓《祠堂规则》为例,其主要内容为禁止乱伦、偷盗、通匪,不沾

---

① 谭自安:《中国毛南族》,宁夏人民出版社 2012 年版;杨茂锐:《贵州毛南族独特的节日文化》,《理论与当代》2009 年第 6 期。

嫖赌、吸鸦片烟等恶习,敬祖宗,保护家庭及家族财产利益等。在仫佬族各大姓的宗族祠堂与族谱中,往往刊刻有类似的族规家训。族规的权力相当大,族人如触犯族规,轻则处罚,重则革除,甚至将全部家产没收,充作蒸尝田产。对勾结盗匪、乱伦、忤逆不孝者,严重的可处死刑。

会款:"冬"祠一般每年举行一次大集会,称为"会款",全"冬"成年男子集中到冬祠开会,集资杀牲公祭祖先,会宴,推举款头、续议款约,其主要内容为禁止偷盗、乱伦、损害庄稼林木,保卫本地方安全。

2. 乡约

同住一村同耕土地的农户也可订立本村公约,如《土岭公约》,便是土岭全村农户于每年五月初五那天,到土岭集会,议订公约,会后共饮一场,然后再按户按人分发一小块猪肉。公约写在木牌上,竖在路旁或三叉路口,使全村人均能看到,共同遵守。《土岭公约》的主要内容是:禁止偷盗和损害果木作物,保护财产所有权。

(二)农村定期赶圩及商品市场的形成

晚清,仫佬山乡在定期圩市的基础上形成了固定的市场。如罗城县所在东门街,于咸丰年间(1851—1861 年)平日赶街人数常达二三千人,节日里要增加好几倍,交易使用铜钱和碎银。光绪年间(1875—1908 年)这里的商业已较发达,商品种类增多,输入山乡的商品除了传统的海盐、铁器等物外,洋纱、洋布、煤油等外国商品也陆续转运而来,市场上形成了专门的行业,如布疋、杂货、屠宰、生猪、牛、马、饮食等。[①]

三、黎族

黎族非常重视伦理道德。

(一)尊老爱幼

在黎族地区,尊老爱幼成为美德。晚辈跟长辈对话时,常用第一人称代词"后",不用"迭","后"表示谦称,"迭"表示通称。晚辈用"后"是对

① 路义旭、罗树新:《中国仫佬族》,宁夏人民出版社 2012 年版。

长辈的尊敬;在途中相遇,晚辈一般都主动向长辈打招呼,并主动给长辈让路;吃饭时,小辈一般主动给长辈打饭、斟酒;在家中,父母对子女或养子女一视同仁。父母老了,子女或养子女都自觉地承担起赡养父母的责任,感谢父母的养育之恩。

（二）互相帮助

互相帮助是黎族人民历来的优良传统。村里有人盖新房,同村人一般都主动去帮工。有人生育时,各家各户都很高兴。妇女们把此当作喜事临门一样,纷纷将鸡蛋、糯米甜酒等送到产妇家,供产妇滋补用。某家有丧事,乡亲们也主动出钱、物和人力等协助办理。某家结婚,村里或峒里的亲朋好友以及乡亲们也都从各个方面提供力所能及的资助。对于鳏寡老人和由于遭受自然灾害而断粮的人,乡亲们也尽其责任帮助解决。他们认为,帮助别人摆脱灾难是一种大功大德的表现,是祖先留下来的美德。

（三）路不拾遗

路不拾遗是黎族人民的传统族规,也是良好的伦理道德。平时,他们在路上见到遗失物件时,一般不要,还将遗失物挂在路旁显眼处,让遗失者寻找时容易看见。他们认为盗窃或捡拾别人的东西,是一种不道德的行为,谁这样做,谁就违背了祖训和违反了族规;谁若有偷窃行为,就要受到处罚。如未婚者偷窃,就得不到他人爱慕;已婚者若偷窃,将会成为夫或妻离婚的一个原因。红毛峒黎族有这么一个习惯:在葬礼上,有一个人装作死者,或可以说是死者的代理人。这个人向死者之子提出忠告,"我现在要到祖先所在的地方去,你不能成为小偷,不能偷水牛或黄牛,你要始终是一个好人,就使你发财"。《广东新语》也有黎人对于死者遗物不敢窃取的记载:"父母死,敛所遗财帛,会黎长与众瘗之,以为父母恩深,我无以报,不敢享其遗赀,而旁人也不敢窃取……"

（四）礼貌待客

黎族很讲究礼貌待客。宾客至,主人先取出炭火、烟、烟筒和槟榔在门口招待。接着把宾客的行李收进屋里,然后准备酒菜,请客人用饭。

请酒时,主人先双手举起酒碗向客人表示请酒,然后自己把酒一饮而尽。接着,把米酒逐个捧给客人。客人把酒喝完了,主人还给客人送肉菜,表示尊敬。客人按习惯用手接过来吃。由于地区不同,招待客人的方式也略有区别。如在纹茂地区,主人请客人吃饭,不能把筷子交叉放在碗上,据说这样做是对客人不恭;也不能把两根筷子头尾颠倒放在碗口上,据说这样做是对客人的最大侮辱。此外,主人只陪客人喝酒,不陪客人吃饭。因此,在客人吃饭时,主人应自动退出酒席(陵水、三亚地区自始至终陪客人吃)。

(五)恪守诺言

黎族人民很讲信用,不论干什么事情,只要订了约、立了誓言,是不会弃约、违言的。对弃约、违言者,应加以处治。这方面有很多记载。[1]

四、京族

京族有独具特色的哈节。

京族人民除了同汉、壮等民族共同过春节、清明节、端午节、中元节、中秋节等节日外,还传承着独具特色的哈节(亦称唱哈节)。这是京族最隆重、最热闹的民族传统节日。哈节在哈亭内举行。哈亭在晚清时期还比较简陋,只是木柱、草盖的亭子。哈节的日期,各地不尽相同。红坎在农历正月十五日,巫头、沥尾在农历六月初十日,山心在农历八月初十日。在哈节来临时,家家户户把庭院打扫干净,布置一新,并准备好菜肴,以备待客。哈节到来的那天,全村男女老少身穿节日盛装,云集于哈亭内外,兴高采烈地欢度佳节。整个节日的活动,大致为如下过程:

1.迎神。在哈节的前一天,村民们集队举旗擎伞,抬着神座到海边,遥遥迎神,把本村信奉的诸神灵请进哈亭。这一天,有的村还举行盛大的斗牛活动。由"哈头"二人预先养好两头水牛牯,到时把它们牵到哈亭前的空地上互相搏斗,众人围观喝彩。斗罢后无论胜或负都拿来宰杀煮

---

[1] 王学萍:《中国黎族》,民族出版社2004年版。

食。斗牛是揭开哈节的序幕，山心岛民间流传着这样一首民歌："无论你在哪里做买买，八月初十也要回来看斗牛；尽管你的买卖繁多百过头，八月初十也要回家看斗牛。"

2. 祭神。节日当天下午三时开始祭神。祭祀仪式与当地汉族在祠堂里举行春秋二祭大体相同，有主祭、陪祭、礼生（司仪）、执事（传递祭品者）。祭神时，先由主祭读祝文："恭维王！三江孕秀，五岳储精。秉北方之正气，维东海之英灵。天地共其德，日月秉其明。……"然后给神灵烧香进酒，同时唱"进香歌"，跳"进香舞""进酒舞""天灯舞"等，表达对神灵的崇敬之情。

3. 哈宴（俗称"坐蒙"）。祭神礼毕后，入席饮宴与听哈。成年男子按高、中、低不同等级入席就座，每席 6—8 人，边吃边听哈唱。酒肴除少数由"哈头"提供外，大部分由各家自备。妇女不能入席，只能帮捧菜上桌，站在旁边听歌。唱哈有三人，一个"哈哥"（男琴师），两个"哈妹"（女歌手）。由哈妹轮流演唱，哈哥持琴伴奏。主唱的哈妹站在哈亭中间，手拿两块竹片，边唱边敲；伴唱的哈妹坐在旁边地上，两手敲击竹梆子和之。哈妹唱完一句，哈哥就依曲调拨奏三弦琴一节。唱哈是有歌本的，内容有关于民间宗教诗、民间叙事诗、汉族古典诗词、情歌等。唱哈一般要持续三天三夜。

4. 送神。唱哈结束后，便送走神灵（沥尾岛另择吉日）。送神时要念《送神词》："今日良辰，起驾还宫。来年仲秋，再御龙亭。承蒙圣德洋洋，瞻仰天恩浩浩。相安相乐，男女康宁。"送神后，哈节便告结束。①

五、土家族

（一）教育

1901—1905 年，清政府陆续颁布实施废科举、兴学校等法令。自此

---

① 宗贤：《京族的"哈节"》，《中国民族》1980 年第 10 期；黄安辉：《中国京族哈亭研究》，《广西民族研究》2011 年第 1 期。

时起,土家族地区陆续改建旧书院为学堂,各县也相继建立高等小学堂。在永顺、施南两府建中学堂。这时的学校,有官办的,也有私办的,还有绅士倡导、县署资助的。1906 年,永顺县设立私立国民学校,至 1915 年,古丈县私立小学达 50 所。女子学校也开始出现,1907 年,巴东县建立高低两等女小学堂,1911 年,永顺县设立女子学校。①

（二）作家文学

晚清,各土家族地区都有作家文学的创作者活跃。作者不仅有土司及其子弟,也有平民百姓。这一时期的代表作有:长阳的彭秋潭著《秋潭诗集》《秋潭外集》《秋潭败帚》《秋潭窃言》《长阳竹枝词》,石门的覃远王进著《程墨文》《程墨诗》各 1 卷、《杂志》1 册、《小瀛洲七律百首》,酉阳冉崇文著《西阳直隶州总志》24 卷、《二西纪闻》16 卷、《访樵联吟》4 卷、《小西山房杂录》40 卷、《冉氏家谱》12 卷及散落于民间的诗文、碑铭、杂著,五峰的田泰斗著《养心花斋诗草》《望鹤楼诗钞》《柏一山房诗纱》《五峰竹枝词》20 余首,酉阳陈汝燮著《答猿诗草》,黔江陈景著《壮游》《磨铁》《田居》《尘劳》《拾余》《感旧》《津门》《耄游》《沪滨》,永顺彭勇行著《笃庆堂古文辞》2 卷、古近体诗 2 卷、骈体文 1 卷、竹枝词 41 首,咸丰温朝钟著《掷地金声集》。②

六、瑶族

瑶族禁忌方面主要是生产禁忌比较多。

（一）生产禁忌

1. 忌鼠日

正月初六、十六和二十六日,广西金秀的花蓝瑶、拉珈瑶,湖南江华和广东连山的勉瑶忌鼠日,不出工。

---

① 王明露:《清末民族土家族新式教育初探》,《决策》2013 年第 1 期。
②《土家族文学史》,湖南文艺出版社 1989 年版。

2. 忌鸟日

二月初一,广西金秀、贺县、田林和湖南江华的勉瑶为忌鸟日。该日,将糯米做成糍粑,粘在竹尖上,插在田间地头上让鸟吃,鸟就不再吃谷子。

3. 忌龙日

五月初五日,广西金秀的拉珈瑶、山子瑶、勉瑶忌龙日。不许挑粪和畲箕出门,不许晾晒衣服和其他东西。

4. 忌野猪

三月初三,湖南江华瑶族不下田干活,否则粮食作物会遭兽灾。

5. 忌风

六月初六,广西田林、湖南江华等地的勉瑶忌风,不出工,否则庄稼会遭风灾。

6. 忌雷婆

七月二十七日,广西金秀山子瑶忌雷婆,不出工。广西富川县富阳瑶族和金秀山子瑶是八月十日忌雷婆,不出工,否则会遭雷劈人。

(二)孕妇、坐月子与死亡的禁忌

广东连山勉瑶孕妇,夫妻都忌摘果子,否则果子会变酸。同时,还忌使用剪刀。

产妇未满三朝,忌来客,产妇忌出产房门。于是在大门旁插上桃树枝、茅标或挂草鞋、筛子之类,一则避邪;二则示意客人不得入内。

家里死人,未经道公举行"开路"前亲属忌哭丧。守孝者,七天内忌出外干活。忌使用刀、斧和枪支,以免出现伤亡事故。广西都安县布努瑶父母死后,三年内忌吃牲口血、肠、肚,忌带银饰,忌穿红装,十天内忌下地干活。守孝者,四个月内夫妻不得同房。父母死亡日和葬日,忌结婚或盖新房、立柱子等,以示孝顺。

(三)饮食禁忌

勉瑶禁杀狗,忌吃狗肉,狗死了加以埋葬。因为狗是人们捕猎的好助手,也是部落、家族的好"卫士"。同时,在瑶族《龙犬盘瓠神话》中相传:龙犬,在古代战胜过敌国,为国家太平立过功勋;之后,化身成了一位英俊的小伙子——盘瓠(盘王),与国王的公主结为夫妻。所以瑶族民间把龙犬当作宠物、英雄、神。

(四)其他禁忌

大年初一至十五日,忌往门外扫地。如果要扫,得从外往里扫,把垃圾先堆于门角处,过了十五日再往外倒。诸如此类的禁忌文化,不胜枚举。[①]

七、畲族

畲族的娱乐性节日和宗教性节日很有特色。

(一)年节

农历十二月二十四日的"祭灶""送神"就是畲族民间活动之始。他们在这一天将家里的烟尘打扫干净。家家户户备办糖、花生、桔子等供品,给灶神饯别。

祭灶神后,就是准备"除夕"的"年夜饭",合家"围炉"。这是畲族家过年最忙碌的一天。新年的许多民俗事象都在这一天表现出来。如户里户外清理卫生,更新桃符,粮仓及各种坛坛罐罐都要贴上红纸封条,祝愿仓盈库满、人寿年丰。家家蒸制"黄粿("黄金糍"),吃"黄粿"是畲族人民过新年的特色之一,表示畲家人团圆共聚天伦和来年日子过得比今年好的情愫。"围炉"后,主妇选一根七八厘米粗的楮木放在灶膛里燃烧,烧至一定火候以灰烬掩埋之,使之不至熄灭,为正月初一的火种,俗称"留隔年火种"。是夜,万家灯火,通宵达旦,尽情欢乐"守岁"。初一凌晨,鸡鸣第一声,各个畲村不约而同地打开厅门,燃放大炮(双响纸炮)。人们都遵循一个定式:走村串寨,平辈互相道贺新年大吉,晚辈向长辈拜年,主妇争先恐后到井里挑水,煮线面充作早餐,寓意家人平安长寿;儿童三五成群到竹林里"摇竹娘",以示像毛竹一

---

① 刘保元:《瑶族风俗志》,中央民族大学出版社2007年版。

样茁壮成长;青少年参加各种娱乐活动。活动一直持续到"元夕节",欢度新春佳节才告结束。

（二）娱乐性节日

"二月二",又称"会亲节",是畲族仅次于春节的传统节日。所谓"会亲",系指原由福鼎双华、福安坂中分炉至浙南、闽东各地的畲族于每年农历二月初二回祖地相聚,举行会亲活动。福鼎双华"会亲节"规模最大,闻名遐迩。节日这天,畲家门前都升起白底红边的三角形族旗和颇似古时"华盖"的圆伞。从双华分支出去的各地族人都盛装打扮回到祖地会亲,歌声笑声不绝于耳。特别是夜幕降临后,松明火照耀得如同白昼,更增添了节日气氛,歌会达到高潮,通宵达旦,热闹非凡。

"三月三",又称"乌饭节"。相传唐高宗时,畲族英雄雷万兴领导义军反抗唐朝,被官军围困在大山里,粮断援绝,有全军覆灭的危险。时值天寒地冻,山里只有一种叫乌稔的野生植物,枝条上还挂有串串甜果。畲军采集回营,军粮解决了。雷万兴整军于三月初三日杀出重围。翌年三月初三日,雷万兴想吃当年的乌稔果,而此时乌稔树刚吐芽抽叶,士兵只采回叶子,加入糯米蒸制,饭呈蓝黑色。后来,畲族人民为纪念民族英雄雷万兴,"三月三"衍成节日风俗。每年"三月三"都要蒸乌米饭,合家共餐,馈赠亲友。举办歌会,集体对歌,欢庆节日。

"分龙节"也是畲族的一个娱乐性节日。根据古老传说,环围福安有木龙、鼓龙、带龙和沙龙等。龙多,要么不治水,要么乱行雨,百姓遭殃。后来,畲族法师上疏玉皇大帝,状告诸龙罪恶,玉帝大怒,将诸龙召至天廷,为其划定地界,令各司龙职,及时行雨,不误农时。玉帝分司龙职这一天正是农历节气夏至后逢"辰"的日子,遂定这一天为"分龙节"。畲族群众这一天不事劳动,披上节日盛装,兴高采烈地赴歌会,歌词多歌颂劳动、喜庆丰收和表达爱情等,场面十分动人。

（三）宗教性的节日

畲族的"招兵节"是一个颇具民族特色的传统宗教性节日。相传远古时期的盘瓠往番邦取番王头时,被番兵追赶,到了海边,得到神兵的帮助,才安然返国。畲族人为了纪念自己的始祖,感谢神兵,每三五年举行一次"招兵",向他们献祭。畲族地区举行"招兵"大典的时间不尽一致。粤东畲族地区"招兵"仪式在公厅举行,请法师主持,厅内搭一个高高的木台,台上设神坛,以米粒装满香火炉,插上各路兵马的令旗,由法师做法。法师在高台上掷杯筊于地,如出现胜筊(即一阳一阴),表示兵马已请到。此时,台下已站立着经挑选的几个壮士,到神坛前各领一支令旗前往公厅正面拜祖,祈求五谷丰稔,人民安居乐业。"招兵"典礼结束,称为"推龙"。

粤东北九连山畲族地区的"招兵节"活动分祭祀与礼拜两部分。祭祀的内容与粤东地区基本相同,只有祈祷部分,是九连山畲族的创造,它使原来的"招兵节"图腾宗教信仰仪式发展为趋吉求福的传统民间习俗活动。在"招兵"仪序中,九连山畲族还创造出一套别具风格的"关山门"与"开山门"的独特程式。它是由族长挑选数十名彪形大汉,手持令旗、刀叉兵器,交叉而立,象征天兵天将在封锁寨门;当嘉宾莅临之际,"天兵天将"立即分开刀叉,伫立两旁,行注目礼,以示接受检阅和迎宾入寨。[1]

八、高山族

高山族祭祀特点鲜明。

高山族传统祭祀兼具历法,是一种独特的农事祭历。按照祭祀对象与功能,大致包括生产劳动、成年礼俗与有关敌灵、祖灵等三大类。

生产劳动类祭祀以渔神、猎神、谷神、土地神为奉祀对象,包括渔业、狩猎业、农业以及建筑等方面的祭典,尤其是农业祭典,围绕农时节令安排,具有系统化特点。比较重要的祭祀有飞鱼祭、造船祭、海神祭、河渔祭、渔捞祭、共猎祭、狩猎祭、陷猪祭、少年首次出猎祭、射耳祭、洗眼祭、出猎祭、战祭、武器制造祭、猪头祭、拟垦祭、开垦祭、播种祭、种薯祭、种芋祭、种稻祭、种稗祭、除草祭、间苗祭、农具祭、收藜草祭、收割祭、收糯

---

① 施联朱:《畲族风俗志》,中央民族大学出版社 1989 年版。

稻祭、入仓祭、尝新米祭、煮新米祭、开仓祭、采薪祭、建房祭、制陶器祭，等等。此外，还有许多临时性祭典，如求雨祭、乞晴祭、除虫祭、驱鸟祭、驱鼠祭。

成年礼俗类以祭祀生命之神和祖灵等为祭祀对象，主要有催生祭、诞生祭、满月祭、命名祭、祓除祭、平安祭、童子庆祭、长子庆祭、猴祭、狩猎祭、成年祭、结婚祭、老人晋级祭、临终祭、安葬祭、招魂祭、驱病祭、绝恶疾祭、巫神酬谢祭、驱瘟祭，等等。

此外，还有许多有关饲养、行旅、歌舞、占卜等的祭祀。

综观名目繁多的祭祀庆典，其特点是：其一，祭祀以维护渔猎、农业生产与社会生活为主旨，兼有宗教禳祝与组织生产双重职能。尤其是农业祭祀几乎与节令性生产活动同步安排，对劳动生产起了动员、示范、组织与总结的积极作用；其二，祭祀伴随大规模的聚饮与歌舞，表现出娱人娱灵的浓厚色彩；其三，祭祀遵守既定程序，祭前占卜，祭间恪守禁忌，祭后多数举行渔猎等解禁仪式。[1]

---

[1] 许良国：《高山族风俗志》，中央民族大学出版社 1988 年版。

结　语

明清两朝约五个半世纪的文化状况至此梳理完毕。在梳理过程中，笔者感慨良多，兹择其三点，加以叙述，姑作全书的结语。

第一，中华民族的智慧令其每个成员感到自豪。明清两朝，汉族及国内各兄弟民族或协作，或独立进行，在文化上作出了伟大的创造，不仅内容丰富，而且许多方面独具特色，或在世界上位列前茅，使中华民族受到世界各国人民的敬重，使世人无不为中华民族的智慧而折腰。言念及此，中华民族的每一个成员，无不以自己为其成员之一而引以为荣，并下定决心，进一步作出贡献，为本民族增光，告慰先人。

第二，明清先人熔古今中外为一炉的治学方法，为后人提供了宝贵的启发。明清两朝的文化，既注重总结前人的研究心得，又注重收集当代人的创造，还注重域外知识的学习，更注重在融汇前三种成果的基础上，进一步搜集新资料，加上个人的再研究，从而得出更新更深的结论。这种熔古今中外为一炉的研究方法，避免了人人皆从头作起，也避免了简单的重复传递，是实现一代代治学水平不断提高的必须路径。后人当充分重视之。

第三，清朝后期之大力学习西方，令人敬佩，而之前曾忽视居安思危，更留下一大教训。面对亡国灭种危险，清朝后期之中国人没有气馁，而是愤发图强,大力学习西方,如所周知,这为当时抵抗逆境和后来之中国终于翻身作出了重大贡献。当时中国人之不屈服,顽强抗争,值得后人赞扬和尊敬。但是在此之前的清朝中期,中国人若能早日睁眼看世界,预见西方日后必然更加强大,自身居安思危,高度警惕,及早向西方之先进方面用力学习,而不只重视"国语骑射"这一过时法宝,在"天朝上国"的迷梦中打盹,将不会出现鸦片战争的惨败以及之后的落后受欺悲剧。历史上的这一教训,中国人是必须永远牢记的。回顾明清五百多年中国古代传统社会和近代社会交界时期的文化历史,除了应从成就、经验方面获得自信心、受到鼓舞外,在一定意义上讲,中国人自己更应多从教训方面加以关注,杜绝挫折之重现。

后　记

　　本书之撰写，开始于上个世纪 80 年代初，断断续续，直至本世纪第二个十年的中期才得完成，前后历时接近 40 年。由于是结合承担大学历史学科的教学和科学研究任务而进行的，其各卷撰写先后安排与明清两代的时间顺序，未能相合。其中清朝前期（鸦片战争前）部分撰写于上个世纪 80 年代前期至中期；明朝部分撰写于上个世纪 90 年代初至本世纪第一个十年之中期；清朝后期（鸦片战争后）部分撰写于本世纪第二个十年之初期至中期。2016 年对三部分进行了第一次统稿。2018 年又对全书作了第二次修改。

　　本书明代卷之绪论、第一章、第五章、第七章第一节由南炳文执笔，第二至四章、第七章第二至六节由何孝荣教授执笔，第六章由陈安丽教授执笔，最后全卷由南炳文统稿。清前期卷之绪论、第一章第二至六节、第二至五章由南炳文执笔，第一章第一节由李小林教授执笔，第六章由傅美林教授执笔，第七章由李晟文教授执笔，最后全卷由南炳文统稿。清后期卷之各章由傅美林教授执笔，南炳文撰写了绪论及结语，并参与了全卷章节之安排与调整事宜。本书副主编何孝荣教授、李小林教授在全书编务及联络出版社各项事宜中都作了大量工作，付出了许多脑力与体力。

友人胡宝亮先生对本书的编写和出版非常关心,给予了许多帮助。江苏人民出版社领导、编辑王保顶、卞清波等先生,在本书的出版上付出了辛勤的劳动。没有他们的热心协作和支持,本书之顺利出版是不可想象的。谨向他们致以衷心的感谢。

本书在写作过程中曾借鉴了前人的研究成果,书中尽量予以注明。或有遗漏,敬请原谅。

南炳文

2018 年 8 月 31 日写于廊坊师院明史及明代文献研究中心